omnibus

Les grands romans de
LA GUERRE DU PACIFIQUE

James Jones
Tant qu'il y aura des hommes

Norman Mailer
Les Nus et les Morts

Pierre Boulle
Le Pont de la rivière Kwaï

Postface de Claude Aziza

OMNIBUS

ISBN : 2-258-00143-9 N° Editeur : 6223
Dépôt légal : avril 1994

SOMMAIRE

James Jones

TANT QU'IL Y AURA DES HOMMES

From Here to Eternity
(1951)
Traduit et adapté par G.-M. Dumoulin

PREMIÈRE PARTIE

La mutation

1

Lorsqu'il eut achevé d'empaqueter son barda, Prewitt contempla une dernière fois, à travers le fin grillage des moustiquaires, le panorama familier des bâtiments de la caserne, les trois rangées superposées de rectangles sombres, la vaste cour épuisée, exposée sans défense aux coups du soleil implacable de ce février hawaiien. Avec la lente ascension du brouillard d'air chaud, chargé de poussière rouge, montait jusqu'à lui, assourdie, l'orchestration confuse des bruits du matin : vacarme des roues bandées d'acier sur les pavés sonores, claquements des courroies de cuir huilé, explosions vocales rauques et inarticulées des sous-offs... Et le garçon se sentit envahi d'une sorte d'affection bizarrement mitigée pour ce poste d'observation qu'il allait quitter.

« Que tu le veuilles ou non, mon gars, se dit-il, impeccable et fluet dans sa tenue d'été, ces choses-là sont devenues ton patrimoine. Tu ne peux pas les renier sans renier le but de ta propre existence. Et tu les renies, pourtant, puisque tu renonces à la place qu'elles t'ont procurée... »

Derrière lui, dans la chambrée, les hommes commençaient à se retourner dans leurs lits, ou tâtaient d'un orteil circonspect le sol encore mouvant d'un univers qu'ils avaient rejeté en s'endormant la veille. Des pas approchaient. Prewitt songea soudain qu'il avait été, en somme, bougrement agréable de dormir tard chaque matin, et de s'éveiller, avec le reste de la clique, au bruit cadencé des godillots de biffins valsant déjà sur le terrain d'exercice.

— Dis donc, t'as pas emballé mes pompes fantaisie, demanda-t-il au bruit de pas. Je voulais te le dire, et ça m'est parti de l'idée. Elles s'esquintent si facilement...

— Elles sont sur ton plumard. Les deux paires... coupa l'interpellé d'un ton morose. Avec les tenues fraîches que tu voulais pas friper. Le reste est empaqueté.

— Bon ! Je suppose que tout est paré, soupira Prewitt.

Ce n'était pas un soupir ému, mais bien celui qui marque le relâchement d'une certaine tension.

— Allons casser la graine, ajouta-t-il. J'ai encore une heure avant de me présenter au rapport, à la compagnie G.

— Je continue à penser que tu fais une drôle de couillonnade, marmonna l'autre.

— Ça va, je le sais. Y a quinze jours que tu me le répètes, mais tu peux pas comprendre, Red.

— Peut-être que oui. Peut-être que non, grogna Red. Je comprends en tout cas une chose : c'est que je suis bon musicien, mais, pour ce qui est du clairon, je t'arrive pas à la cheville. T'es le meilleur clairon du régiment. Sans doute le meilleur de toute la base de Shofield.

— C'est vrai, acquiesça pensivement le jeune homme.

— Alors, pourquoi que tu t'es fait muter, bon Dieu ?

— Je me suis pas fait muter, mon p'tit gars ; j'ai été muté, c'est pas la même chose.

— Des clous ! s'emporta Red. Tout ça, ça ne serait pas arrivé si t'avais pas été engueuler Houston : c'est pas comme si tu t'étais fait saquer pour donner ton grade à son merdaillon. Là, alors, je te dirais rien. Mais t'as toujours ton grade !

— Non. Pas depuis que Houston a demandé ma mutation au Vieux.

— Si t'avais été voir le Vieux comme je te le disais, y te l'aurait rendu. Houston ou pas Houston.

— D'accord. Et son petit merdeux serait toujours premier clairon. Non, pas de ça, Red. D'ailleurs, les papelards sont déjà signés, cachetés et tout.

— Foutaise ! rétorqua Red, écœuré. Tu peux te les carrer où je pense, les papelards signés, pour l'importance qu'ils ont. T'as tes entrées, Prew, ou du moins tu pourrais les avoir.

— Tu viens chez Choy avec moi, avant la curée ? trancha Prew, désignant d'un signe de tête la chambrée bourdonnante.

— Je suis fauché, grogna Red.

— Est-ce que je t'ai demandé de payer ? C'est moi qui suis muté, c'est moi qui régale.

— Garde ton pognon. On peut bouffer à la cuisine.

— Pas envie d'encorcer leur rata, ce matin.

— Pardon. Y a des œufs sur le plat, aujourd'hui, rectifia vivement Red. On les aura encore bien chauds, si on se grouille. T'auras besoin de ton pognon, là où tu vas.

— O.K. ! concéda Prewitt avec lassitude. Mettons que ce soit histoire de dépenser mon pognon, parce que je change de crémerie. Tu viens ou tu prends racine là ?

— Je viens, capitula Red, à regret.

Ils dégringolèrent les trois étages, tournant le dos au quartier de la compagnie A, où logeait la clique. La chaleur du soleil les assaillit et les abandonna tout aussi brusquement, lorsqu'ils s'engouffrèrent sous le tunnel, peint aux couleurs de l'unité, qui traversait le bâtiment du Q.G. de part en part et recélait, pompeusement exposés dans leurs vitrines laquées, les trophées athlétiques du régiment.

— T'es en train de te tailler une réputation de forte tête, Prew, insista Red. Tu vas au-devant d'un tas d'emmerdements.

Prewitt ne répondit pas.

La cantine était vide. Les deux Chinois, Choy père et fils, jacassaient derrière le comptoir. La barbe blanche et la toque noire disparurent dans la cuisine, et ce fut le jeune Choy qui vint s'occuper d'eux.

— Hello ! Plew, pépia-t-il. Moi entendle dile que toi changer qualtiers bientôt, je pense, peut-êtle, eh ?

— Et comment ! Aujourd'hui, Sam, riposta Prew.

— Aujould'hui ? Muter aujould'hui ?

Sam Choy secoua tristement la tête en souriant d'une oreille à l'autre.

— Letomber deuxième classe ? Faile exelcice et colvées, au lieu musique !

— Ça va ! Tu nous sers, oui ou merde ? s'impatienta Prewitt.

— Bon, bon, acquiesça le jeune Choy. J'appolte tout de suite.

Il disparut derrière la porte battante de la cuisine, et Prewitt le suivit des yeux.

— Sale tête de citron ! bougonna-t-il.

— Te mets pas en rogne. Y dit ça amicalement, expliqua Red, conciliant.

— Sûr. Comme tout le monde. Mais je commence à en avoir marre.

Red haussa les épaules, vaguement offensé, et tous deux attendirent, vautrés et silencieux, dans la fraîcheur relative de la salle. A travers la moustiquaire, une faible brise charriait les claquements monotones des culasses manœuvrées à intervalles réguliers par une compagnie de mitrailleurs, sinistre prophétie qui gâchait partiellement le plaisir qu'éprouvait Prewitt à se tourner les pouces pendant que le programme de la matinée suivait à l'extérieur son cours habituel.

— Toi, soldat modèle, dit le jeune Choy, toujours tristement hilare, en rapportant leurs assiettes. Toi, futule lengagé.

— Tu l'as dit, Sam. J'en ai pris pour trente ans, acquiesça Prewitt.

Red disséquait son premier œuf.

— Même ta vahiné sera contre toi, quand elle saura ça, marmotta-t-il, la bouche pleine.

— Je voudrais bougrement bien qu'elle soit contre moi... en ce moment, s'esclaffa Prew.

Mais Red ne se dérida point.

— Les fumelles, on en rencontre pas des régulières à tous les coins de rue, énonça-t-il sentencieusement. Les putains, c'est bon pour les bleus, pour la première année. Mais pour trouver une bonne chasse gardée, c'est dur. Trop dur pour qu'on puisse courir le risque de la perdre. Tu pourras pas aller à Haleiwa tous les soirs, quand il faudra que tu reprennes l'exercice dans une compagnie de biffins.

— Faudra pourtant qu'elle se décide, Red, coupa Prewitt. Y avait longtemps que ça mijotait, cette histoire-là, et c'est pas seulement parce que ce salaud de Houston a nommé sa lopette premier clairon.

Red le regarda de travers. Les goûts du chef de musique Houston pour les jeunes gars bien balancés étaient de notoriété publique, et Red se demanda un instant s'il n'avait pas fait des avances à Prewitt. Mais non, c'était impossible. Prew l'aurait laissé sur le carreau, chef de musique ou pas.

— Qu'elle se décide ! reprit amèrement Red. Qu'elle se décide avec quoi ? Et où qu'elle place son cerveau, hein ? Dans son crâne, ou entre ses cuisses ?

— T'occupe pas de ma vie privée, ricana Prewitt. Elle le place vingt centimètres plus bas que son nombril, et c'est bien comme ça que je l'entends, tu piges ?

— Oh ! ça va, dit Red. Te fâche pas.

Prew alluma une cigarette et se retourna pour observer les gratte-papiers qui venaient de s'installer devant leur tasse de café, à l'autre bout de la salle. Ces gars-là, qui auraient dû être déjà au boulot dans les locaux de la compagnie, se ressemblaient tous : de grands types minces, au visage fragile, naturellement attirés par la supériorité mentale de la paperasserie. L'un d'eux pérorait. Les autres feignaient de l'écouter, mais, en réalité, se bornaient à guetter le moment où il reprendrait haleine pour lui souffler la parole, et Prewitt rit sous cape.

— T'es T/4 [1] et première classe, raisonnait Red. Bon ! Tu pratiques ton instrument deux heures par jour, et le reste du temps t'es ton maître. C'est la bonne vie. Tous les régiments ont une clique. C'est comme les ouvriers spécialisés par rapport aux manœuvres, dans le civil. On se fait du lard parce qu'on a des capacités particulières.

— Les ouvriers spécialisés se font pas de lard, dans le civil ! Faut déjà qu'y s'estiment veinards si y z'ont seulement du boulot.

— La question n'est pas là, protesta Red. Ça, c'est à cause de la crise. Pourquoi que je suis dans cette saloperie d'armée, d'après toi, hein ?

— J'en sais rien. Et toi ?

— Parce que, triompha Red, j'y vis mieux que je vivais dans le civil. Tout pareil que toi !

— Logique, approuva Prewitt en souriant.

— Je te le fais pas dire. Et pourquoi que je suis dans la clique ?

— Parce que c'est logique aussi, répliqua Prew. Seulement, voilà, c'est pas pour ça que je suis dans l'armée. Et c'est pas pour ça que je suis... pardon, que j'étais dans la clique.

1. T/4 : spécialiste de quatrième catégorie.

— Je sais, gouailla Red, tu vas me ressortir toutes tes balançoires au sujet du soldat de carrière !

— Faut bien avoir un but, dans la vie, concéda Prewitt.

— D'accord ! Alors, t'es soldat de carrière, t'es musicien par vocation, et tu lâches la clique ! Ça tient pas debout !

— Et toi, contre-attaqua Prewitt. T'es dans l'armée à cause de la crise, mais, si la crise se termine du jour au lendemain, c'est pas ça qui t'en fera sortir !

— J'allais pas bouffer des briques dans le civil, alors que je pouvais me faire nourrir dans l'armée, se défendit Red dignement. Pour l'instant, je marque le pas. Mais, quand ce qu'ils sont en train de nous préparer éclatera, y aura belle lurette que j'aurai vu la quille, et je fabriquerai des périscopes, ou quelque chose dans ce goût-là, pendant que vous autres, les soldats de carrière, vous vous ferez trouer la paillasse !

Mais Prew ne l'écoutait qu'à demi. Il se disait que Red pouvait rester dans la clique, et jouer du clairon pour des fins strictement utilitaires, parce que Red n'était pas un vrai clairon, tandis que lui, Prew, se devait de quitter la clique — alors même qu'il avait une folle envie d'y rester — parce qu'il avait le clairon dans la peau. Ça semblait idiot, mais c'était pourtant la vérité.

— Tu sais qui c'est qui commande la compagnie G, Prew, pas vrai ? insista Red en désespoir de cause.

— Qui c'est qui le sait pas ? fit Prewitt en haussant les épaules.

— Le capitaine Dana E. Holmes, gémit Red. Dynamite Holmes, l'entraîneur de la section de boxe du régiment... Je connais l'histoire de Dixie Wells, Prew. Tu me l'as jamais dit, mais je suis au courant. Il a fallu que tu quittes le 27e. Quand t'as plus voulu boxer, y t'ont mis les pieds dans les reins jusqu'à ce que tu te fasses muter.

— J'ai fait ce que je voulais faire, trancha Prew, maussade.

— Sans blague ? s'esclaffa Red. Au temps des pionniers, peut-être, un gars pouvait faire ce qu'il voulait. Y pouvait prendre le maquis et vivre seul dans les bois, si ça lui chantait. Mais, maintenant, y a plus de bois, et y te foutront pas la paix tant que tu feras pas ce qu'y voudront... Je t'en ai jamais parlé, Prew, mais je t'ai vu boxer dans la coupe, l'année dernière. Moi et des flopées d'autres gars. Holmes t'a vu aussi, et depuis que t'es là j'ai toujours eu la frousse qu'y te remette les pieds dans les reins.

— Moi aussi, avoua Prew. Seulement je suppose qu'y sait pas que je suis là.

— Y le verra sur ton questionnaire numéro 20, quand tu seras dans sa compagnie, et y te voudra dans sa section de boxe.

— Minute ! Y a rien dans les règlements de l'armée qui oblige un gars à boxer si y veut pas boxer.

— Mon œil, grommela Red. Tu crois qu'y se laissera arrêter par les règlements de l'armée, Holmes, alors que le grand chef veut garder la coupe ? Tu crois qu'y va laisser un boxeur de ta réputation hiverner en paix ? Dans sa propre compagnie ? Sans le faire combattre pour les couleurs du régiment ? Juste parce que t'as décidé une fois pour toutes que tu boxerais plus ? Tu me fais rire, tiens !

— Tout ça, c'est pas prouvé, objecta Prew. Le caporal Choate est dans sa compagnie. Il était champion poids lourds de Panama, lui.

— Ouais, dit Red. Mais le caporal Choate est le chouchou du grand patron, parce que c'est le meilleur joueur de base-ball de tout le secteur hawaiien. Holmes peut pas se permettre de le bousculer. N'empêche que Choate est à la G depuis quatre ans, et qu'il est toujours caporal.

— Bah ! riposta Prew, si Choate voulait se faire muter, il pourrait passer sergent dans n'importe quelle autre compagnie. Si ça devient intenable, je pourrai toujours me refaire muter.

— Tu crois ça ? Tu sais qui qu'est juteux à la G ?

— Ouah ! dit Prew. Warden.

— Exactement, fiston, précisa Red. Warden. Milton Anthony Warden. Notre ancien sergent dans la compagnie A, et le plus beau salopard de toute la base de Shofield. Et qui peut pas te voir en peinture, en plus.

— Ça, c'est marrant, murmura Prewitt. J'ai jamais eu l'impression que Warden pouvait pas me voir. Moi, j'ai rien contre lui.

Red sourit amèrement.

— Tu te fous de moi ? Après toutes les bagarres que t'as eues avec lui ? C'est pas possible que t'en soyes encore là !

— Il n'y mettait pas de malice. Y faisait seulement son boulot, le gars.

— Alors, mettons qu'il le faisait de bon cœur, grogna Red. Et, maintenant, c'est plus seulement un caporal-chef ; il a deux sardines et une étoile. Écoute, Prew. Tout est contre toi. T'as pas une chance de t'en sortir.

— Je le sais, dit Prew, morose.

— Alors, va voir le Vieux, supplia Red. T'as encore le temps, ce matin. Tu sais bien que tu peux me croire. J'ai louvoyé toute ma vie pour avoir ce que je voulais. Je renifle les choses de loin. T'as qu'à aller voir le Vieux, et je flanque mon billet qu'y foutra les papelards au panier.

Prew se leva et, abaissant les yeux vers le visage anxieux de son ami, il sentit l'énergie presque palpable que déversait le regard de Red, avec une violence de lance d'incendie et qui avait nom : sincérité.

— Je peux pas faire ça, Red, dit-il simplement.

Comme si pour la première fois il abandonnait vraiment la partie, Red retomba sur sa chaise, vaincu par cette obstination qu'il ne parvenait pas à comprendre.

— Ça me fait quelque chose de te voir partir, avoua-t-il gauchement.

— Je peux pas faire autrement, Red.

— Comme tu voudras, fiston. C'est toi qui l'auras voulu.

Et Red passa sa langue sur ses lèvres sèches.

— Qu'est-ce que tu comptes faire au sujet de la guitare, Prew ?

— Garde-la. Elle t'appartient déjà à moitié, de toute façon. J'aurai guère l'occasion de m'en servir.

— Je voudrais au moins t'en payer une moitié, toussota l'autre. Seulement, je suis fauché, pour l'instant, se hâta-t-il d'ajouter.

Prewitt sourit. Ça, c'était le Red qu'il connaissait depuis toujours.

— Je te fais cadeau de ma moitié, Red. Sans obligation de ta part... Qu'est-ce qu'il y a ? T'en veux pas ? Allez, si t'as des remords, dis-toi que c'est pour m'avoir aidé à faire mon paquetage.

— C'est pas régulier, s'obstina Red.

— Alors, disons que je reviendrai de temps en temps m'en servir. C'est pas comme si je rentrais aux États.

— Non, tu reviendras pas, s'obstina Red. Tu le sais très bien, et je le sais aussi bien que toi. Quand un gars déménage, c'est définitif. Et c'est pas une question de distance.

Devant cette franchise soudaine, Prew détourna les yeux. Red avait raison, Prew le savait, et Red savait qu'il le savait. Muter, dans l'armée, équivaut, pour un civil, à changer de commune. Ou ses copains le suivent, ou ils ne le revoient plus jamais.

— Le meilleur trompette du régiment ! répéta Red, conscient de son impuissance. Quitter la clique pour se retaper l'exercice et les corvées. C'est bien la première fois que je vois ça !

Prew tourna les talons, évitant le regard de Red.

— Allez, faut que j'y aille, lança-t-il par-dessus son épaule.

Red le suivit des yeux.

— Bonne chance ! cria-t-il au moment où la porte-moustiquaire retombait sur son copain.

Puis, regrettant que l'heure ne lui permît point de boire une chope, il rapporta sa tasse au comptoir, derrière lequel Sam Choy Junior s'escrimait sur le percolateur nickelé, hérissé de robinets cracheurs et de tubulures.

L'espace d'un instant, Prew resta immobile devant la vitrine aux trophées. Parmi les coupes et les statues, à la place d'honneur, trônait le suprême trophée de la division hawaiienne, que les poulains de Dynamite Holmes avaient remporté l'an passé : deux boxeurs dorés dans un ring de fils d'or.

Il haussa les épaules et se retourna pour tomber en arrêt, comme toujours, devant le tableau émouvant qu'encadrait l'entrée de pierre du tunnel. Au premier plan, les bourgerons bleus de la compagnie D, sur le fond vert pâle saupoudré de rouge du terre-plein ; derrière eux, la blancheur aveuglante des bâtiments affectés au 2e bataillon ; au fond, descendant en pente douce, les canelures rouges et vertes, d'une régularité mathématique, des champs de grenadiers parmi lesquels besognaient des silhouettes indistinctes. Et, en montant toujours, les premiers contreforts luxuriants, vert de ce vert gorgé de sève à qui l'eau n'a jamais manqué. Enfin, couronnant le paysage, mordant de ses crocs acérés un ciel tout pareil au bleu des bourgerons, la chaîne de Waianae, avec la profonde échancrure du col de Kolekole, aussi prometteuse que la robe du soir d'une putain... Et aussi décevante, puisque Prew était monté jusqu'à Waianae et que de l'autre côté il n'avait rien trouvé qui sortît de l'ordinaire.

Une nouvelle fois, Prew haussa les épaules et il s'éloigna, de son pas souple de pugiliste, le corps en parfait équilibre, le képi légèrement incliné sur l'oreille, droit comme un I, tiré à quatre épingles, vivante image du bon soldat.

2

Prewitt avait appris à jouer de la guitare longtemps avant de savoir boxer ou jouer du clairon, quand il était tout gosse, et il avait appris en même temps un grand nombre de blues et de rengaines. Dans les montagnes du Kentucky, à la frontière de la Virginie-Occidentale, tous les petits gars apprennent à jouer de la guitare alors même que leur taille les oblige encore à tenir l'instrument comme une contrebasse. Blues et rengaines s'étaient gravés à jamais dans l'esprit du petit Prewitt, mais la guitare elle-même l'avait laissé parfaitement froid. Il n'avait aucune vocation pour la guitare.

Il n'avait d'ailleurs aucune vocation, non plus, pour la boxe. Mais il était véritablement très rapide et possédait un punch incroyable, cultivé sur le trimard par la nécessité bien avant qu'il entrât dans la carrière.

A vrai dire, il n'avait aucune vocation, non plus, pour la carrière. Du moins pas à cette époque. En tant que petit gars révolté contre son sort de mineur du comté de Harlan, il avait inéluctablement gravité vers elle, la seule qui lui fut ouverte. Mais il n'avait jamais eu de vocation réelle jusqu'à ce que, pour la première fois, il eût eu un clairon entre les mains.

Cela n'avait été, tout d'abord, qu'une plaisanterie. Il n'avait fait que brandir l'instrument sans parvenir à en tirer plus de deux ou trois sons gémissants. Mais, tout de suite, il avait senti qu'il y avait là quelque chose de différent, de troublant, de sacré, en quelque sorte. Il s'était imaginé, l'espace d'un éclair, sous la tunique du héraut sonnant de la trompette aux couronnements ou conviant au repos les légions accroupies autour des feux de camp par les longs soirs bleus de la vieille Palestine. Il avait su, brusquement, que, s'il parvenait un jour à jouer du clairon avec cette douloureuse intensité, sa vie, du moins, n'aurait pas été vaine, et il avait su, au même instant, qu'il venait enfin de trouver sa voie.

Prew avait beaucoup entendu parler de la carrière, dans sa prime jeunesse, par John Turner, son oncle, un grand gaillard anguleux, tout en os, qui s'était enfui de la maison paternelle, étant enfant, pour trouver l'aventure, et qui avait été caporal aux Philippines, pendant l'insurrection. Ni Pa Prewitt, ni les autres n'étaient jamais sortis de leurs collines, et dans l'esprit déjà révolté du jeune garçon, le fait d'avoir appartenu à la carrière conférait à tonton John une distinction qu'il était seul à posséder. Quant aux histoires qu'il racontait, elles prouvaient de façon concluante qu'il existait un monde au-delà des tas de charbon et des arbres aux feuilles perpétuellement souillées de noir.

Il y en avait une que l'oncle John racontait plus volontiers : celle des *juramentados* mauresques, que le grand prêtre oignait en présence de toute la tribu et consacrait au ciel qu'ils allaient servir, avant de leur ficeler très proprement les organes génitaux à l'aide de lanières humides, pour que la souffrance engendrée par les contractions du cuir brut en voie d'asséchement soutînt jusqu'au bout leur fanatisme religieux. Voilà, disait l'oncle John, la raison pour laquelle l'armée avait, à l'origine, adopté le 11,25. Parce que tout un chargeur de 9,5 ne suffisait pas à descendre un *juramentado*, et que, dans son état, il n'était visiblement d'autre solution que de le descendre. Et le 11,25 vous culbutait son homme à coup sûr, même si le pruneau ne lui emportait que le bout du petit doigt. Garanti sur facture, remboursement assuré en cas d'insuccès.

Le jeune Prewitt était assez sceptique, en ce qui concernait le petit doigt, mais l'histoire lui plaisait beaucoup, comme toutes celles que racontait tonton John. Et pourtant, ce n'était pas tonton John qui avait poussé le petit Prewitt vers la carrière, car il avait l'esprit bien trop pratique pour laisser son neveu se forger des illusions quant aux possibilités d'aventures à trouver de ce côté-là. Le destin s'en chargea. Le destin fait bien les choses quand il s'y met...

A la mine, il y avait eu grève, cet hiver-là, et Pa Prewitt alla en taule, avec une fracture du crâne et deux coups de couteau dans la poitrine. Caché derrière un mur, Robert avait vu tonton John descendre trois flics à l'aide de son fidèle 11,25. C'était l'occasion rêvée de vérifier si le 11,25 était aussi efficace que le prétendait tonton John ; mais, comme les trois policiers avaient été touchés en plein crâne, la curiosité du jeune garçon était demeurée insatisfaite, tonton John n'en ayant touché aucun à l'extrémité du petit doigt.

Tonton John enterré, Pa Prewitt en taule, maman Prewitt emportée à son tour par sa vieille tuberculose, il ne resta plus personne pour empêcher Robert de quitter à jamais l'étroite vallée noire où le charbon régnait en maître. Il avait en poche deux pièces d'un dollar trouvées au fond d'un vieux pot de grès et, sur les épaules, le poids de la mort de maman Prewitt, cette mort que n'avait marquée aucune apparition d'anges, aucune manifestation surnaturelle, gage d'immortalité. Sur son lit de mort, maman Prewitt lui avait seulement demandé de jurer qu'il ne ferait jamais de mal à qui que ce fût, sauf en cas d'absolue nécessité. Elle n'ignorait pas que, sans elle, papa Prewitt et son fils se fussent probablement entretués, mais ce qu'elle ne pouvait prévoir, c'était l'influence qu'aurait sur la vie du jeune garçon le serment qu'elle lui avait extorqué, car de tels serments n'ont plus leur place en un temps d'évolution incessante et de lutte farouche pour la vie.

Prew avait dix-sept ans et trois jours lorsque l'armée l'accueillit finalement en son sein, après l'avoir, en raison de son jeune âge, plusieurs fois rejeté à son existence incertaine de vagabond. C'était 1936, une année particulièrement fertile en engagements dans toutes les armes. Il fut envoyé à Fort Myer, où il apprit à boxer, passa première classe avant la fin de sa première année, puis découvrit le clairon et lâcha le ring au profit de la musique. Il n'avait pas encore assez de classe, malgré son punch démesuré, pour que quiconque dans la section pugilistique regrettât sérieusement son départ. Par contre, dix-huit mois plus tard, poussé par sa vocation, il s'était taillé une réputation musicale suffisante pour qu'il lui fût donné de jouer la sonnerie de l'Armistice à Arlington, Mecque de tous les bons trompettes militaires.

Ayant enfin trouvé sa voie, il projetait de rempiler sur place, à Fort Myer, et de tirer ses trente ans dans la clique, lorsqu'une fille de bonne famille, avec laquelle il avait depuis six mois une liaison fort satisfaisante sous tous les rapports — y compris financier — lui colla inopinément la chaude-pisse.

En privé, personne n'attachait d'importance à la chaude-pisse. Le seul ennui, c'était le traitement assez long et douloureux, mais, somme toute, on ne passait pour un vrai soldat que lorsqu'on se l'était offerte une fois au moins.

Officiellement, c'était une autre paire de manches. Quand Prewitt sortit de l'hôpital, il s'aperçut qu'il avait perdu ses qualifications de T/3 et de première classe, et qu'il y avait pléthore de clairons dans la clique. Il dut reprendre l'exercice jusqu'à la fin de son engagement.

Quand vint le jour de la quille, il rempila sans hésiter — il n'avait pas envie de laisser la prime de rengagement lui passer sous le nez — mais il n'avait pas envie, non plus, de s'éterniser dans le secteur, et ce fut pour cette raison qu'il choisit Hawaii. Avant de partir, il rendit une visite d'adieu à la fille qui l'avait contaminé. Contrairement à la majorité des autres gars, il ne lui en voulait pas. Ce qui le mettait en rage, c'était que cette histoire lui eut coûté son clairon et que la fille ne lui eût pas dit loyalement le cadeau qu'elle lui destinait. Cette dernière visite, cependant, lui apprit qu'elle n'en avait rien su, à l'époque, et qu'elle aussi avait été un peu secouée par l'histoire. C'était un ami d'enfance qui l'avait fadée, et elle avait eu un mal de chien à se faire soigner sans que ses parents fussent mis au courant de son inconduite.

Ce fut la perte de son clairon qui incita Prewitt à reprendre la boxe lorsqu'il débarqua à Shofield, où le noble art était encore plus prolifique qu'à Fort Myer. Il avait pris du poids et figurait désormais parmi les welters. Il gagna le championnat du 27e, passa caporal, puis, comme il avait travaillé dur, en vue du championnat divisionnaire, et qu'on plaçait sur lui les espoirs de sa catégorie, il se vit bientôt nommé sergent. Et il serait parvenu à se convaincre que le clairon ne l'avait jamais vraiment intéressé, n'eussent été son serment à sa mère et l'histoire de Dixie Wells, un petit gars qui aimait la boxe et ne vivait que pour elle. Dixie s'était engagé uniquement pour pouvoir mûrir son style et atteindre la grande forme sans avoir à bouffer la vache enragée qui est le lot de tous les ambitieux, jusqu'à ce qu'ils accèdent à la grosse vedette. On avait l'œil sur lui, de l'extérieur, et lorsqu'il quitterait l'armée il pourrait rapidement prétendre au titre. Il aimait travailler avec Prewitt, en raison de sa vitesse, et Prewitt faisait de gros progrès au contact de Dixie. Ce jour-là, c'était Dixie qui était venu le chercher parce qu'il avait un combat en ville, à l'auditorium d'Honolulu. Et c'était également Dixie qui avait voulu mettre les six onces. Quant aux casques, ils n'en portaient jamais.

Bon Dieu ! Des choses comme ça, ça arrive plus souvent qu'on ne le croit, et il n'y avait aucune raison valable pour que Prewitt se sentît coupable. Il se trouvait, simplement, que Dixie n'avait pas rompu, comme le boxeur expérimenté qu'il était, devant un coup parfaitement ordinaire. Comme ce n'était, après tout, qu'une séance de sparring, peut-être avait-il relâché un instant sa vigilance, sans que Prewitt eût compris ce qui s'était produit ? Toujours est-il qu'il s'était écroulé face contre terre et que, d'après sa façon de tomber comme une masse, Prew avait compris qu'il y avait quelque chose d'anormal. Les boxeurs ne s'écroulent pas plus face contre terre que les judokas. Ramenant sa main en arrière, Prew l'avait contemplé, incrédule, les yeux écarquillés, comme un gosse qui vient de toucher un poêle rougi. Puis, sortant de son hébétude, il avait couru chercher le toubib. Le petit Dixie était resté toute une semaine dans le coma et n'en était ressorti que complètement aveugle. Le toubib de l'hôpital avait parlé de traumatisme, de fracture et de lésion du nerf optique, de tas de choses. Prew était allé voir Dixie, mais après sa seconde visite il n'y était pas retourné. C'était trop déprimant. Ils avaient parlé de boxe, au cours de cette seconde visite, et Dixie s'était mis à pleurer, et le spectacle de ces larmes coulant d'yeux qui ne voyaient plus avait été pour Prewitt plus qu'il n'en pouvait supporter. Non, Dixie ne lui en voulait pas. Il était malheureux, simplement. Dès qu'il pourrait être transporté, avait-il dit à Prew, ils le renverraient aux États-Unis, dans un foyer pour soldats retraités ou dans un centre de rééducation... Oui, des choses comme ça arrivent plus souvent qu'on ne le croit, et pas seulement dans la boxe, mais ce sont précisément ces choses-là que ceux de la profession ne racontent pas aux profanes.

Sans doute son attitude eût-elle été la même, après l'histoire de

Dixie Wells, s'il n'y avait pas eu la promesse faite à Ma Prewitt sur son lit de mort. Chose étrange, ce fut le souvenir de ce serment qui paracheva sa déroute. Maman Prewitt avait raison ; boxer, c'était accepter de faire le mal, accepter de le faire en dehors de toute nécessité, dans le seul but de procurer des sensations à des tas de sadiques qui n'ont pas assez de cran pour monter eux-mêmes entre les cordes. Ils avaient beau qualifier ça de sport et parier sur l'un ou l'autre, la duperie n'en était pas moins flagrante. Et s'il y avait une chose que Prew détestait entre toutes, c'était d'être couillonné.

La catastrophe s'était produite après la fin de la saison. Il aurait pu se reposer sur ses lauriers et attendre le commencement de la saison suivante pour leur faire part de sa décision. Mais il n'était pas assez candide pour accepter de les duper alors que lui-même refusait d'être leur dupe. Il n'avait pas cette candeur de l'honnête homme à qui tout réussit parce qu'il n'essaie jamais d'aller jusqu'au fond des choses. Il parla.

Au début, personne ne voulut le croire. Puis, lorsqu'ils virent qu'il était décidé, ils conclurent que Prew n'était pas un « sincère », qu'il n'était entré dans la section que pour en tirer des avantages matériels, et ils le firent saquer avec une vertueuse indignation, s'attendant à le voir faire amende honorable. Il s'en abstint, et ils continuèrent à ne pas comprendre. Ils se mirent alors à le harceler, à lui parler d'homme à homme, à lui rappeler sa valeur, à lui dire ce qu'on attendait de lui, à lui expliquer tout ce qu'il devait à son régiment, à lui démontrer l'étendue de sa honte. Ce fut alors qu'il demanda sa mutation.

Il avait été nommé dans cet autre régiment à cause de sa clique, la meilleure de tout le secteur. Il fut muté dès qu'ils l'eurent entendu jouer du clairon : ils étaient à la recherche d'un bon trompette...

3

Prewitt était encore en train de faire ses paquets lorsque, à huit heures, ce matin-là, le sergent-chef Milton Anthony Warden quitta la salle de service de la compagnie G et s'attarda un instant sous le porche. Il faisait frais, pour l'instant, mais la journée serait torride, comme la veille, comme le lendemain, comme tous les autres jours, jusqu'à ce que commence la saison des pluies et qu'il faille lutter, pied à pied, contre l'envahissement de la moisissure. Warden venait d'expédier le rapport et le cahier de visites et, la cigarette aux lèvres, il s'offrait le luxe de regarder la compagnie partir pour l'exercice avant de se rendre au magasin d'habillement, où l'attendait — comme tous les autres jours — un travail qui n'était pas le sien.

Milton Anthony Warden avait trente-quatre ans. Depuis huit mois qu'il était juteux à la G, il l'avait fourrée dans sa poche avec son mouchoir par-dessus, l'arrachant une fois pour toutes aux ornières d'une administration je-m'en-foutiste. Il y avait travaillé avec une ardeur brutale. En fait, lorsqu'il y pensait — et il y pensait souvent —, il était obligé de reconnaître que personne n'était plus apte à réussir tout ce qu'il entreprenait que Milton Anthony Warden.

Il regarda disparaître les derniers hommes de la compagnie, jeta son mégot dans la boîte de tôle peinte en rouge et noir — les couleurs du régiment — puis arpenta le sol cimenté du porche et pénétra dans le magasin d'habillement, clignant des yeux pour les accoutumer à l'obscurité sans fenêtres du magasin, que deux ampoules nues dissipaient à peine. Placards, étagères, piles de caisses cernaient étroitement le comptoir de fortune à l'intérieur duquel l'exsangue et grimaçant première classe Niccolo Leva tapait laborieusement sur sa machine avec ses deux index, dans le rond lumineux de sa lampe de bureau.

— Saint Niccolo de Wahiawa, gouailla Warden. Est-ce que t'es jamais fatigué de cette vie d'ermite ? Je parierais n'importe quoi que t'as les roustimballes couvertes de moisi.

— Ta gueule, sergent, dit Leva sans lever la tête. Est-ce que le nouveau est arrivé ? Ses papiers sont prêts ?

— Pas encore. — Warden s'accouda au comptoir. — Et j'espère qu'il arrivera pas de sitôt.

— Pourquoi ? s'informa Leva d'un air innocent. J'ai entendu dire que c'était un excellent soldat.

— C'est une forte tête, dit aimablement Warden. Je le connais depuis longtemps. Au fait, il y a combien de mois que t'es pas allé chez la grosse Suzy, à Wahiawa ? Son cheptel a tout ce qu'il faut pour te les démoisir.

— C'est pas avec ce que je touche ici que je peux faire des galipettes, riposta Leva. J'ai entendu dire, reprit-il avec malice, que ce Prewitt serait une bonne recrue pour l'écurie de Dynamite.

— C'est un dur, une forte tête, répéta Warden, mais une forte tête qui, avec son punch, sera caporal dans six semaines et sergent en décembre, et qu'il faudra que je nourrisse à rien foutre, comme tous les autres !

— Pauvre petit homme incompris, exploité par l'humanité ! ricana Leva. Dis donc, c'est aussi un drôle de bon trompette. Je l'ai entendu. Le meilleur trompette de toute la base, ou je connais rien à la musique !

Le poing de Warden s'abattit sur le comptoir.

— Alors, il avait qu'à rester dans la clique, au lieu de revenir m'emmerder ! explosa-t-il.

Il releva la partie mobile du comptoir, poussa du genou la porte de contreplaqué et rejoignit Leva parmi les tas de chemises, de pantalons et de leggins amoncelés sur le plancher.

Leva se mit à pianoter, le nez sur sa machine à écrire.

— Et ces états d'habillement, y sont terminés ? tempêta Warden.

— Demande ça au sergent-fourrier O'Hayer, répliqua Leva. Moi, je suis que le sous-ordre, dans cette boîte.

Aussi subitement qu'il s'était emporté, Warden se calma.

— Et ton illustre patron, môssieur O'Hayer, a-t-il daigné se montrer, ce matin ?

Leva déplia sa longue silhouette filiforme pour allumer une cigarette.

— D'après toi ? rétorqua-t-il.

— D'après moi, non, bien sûr, ricana Warden. Après tout, il n'est que huit heures. On peut pas demander à une légume comme lui de se lever à huit heures en même temps que le vulgaire populo.

— Tu peux toujours rigoler, sergent, c'est pas moi qui suis le pire dindon, dans l'histoire, insinua Leva.

— Peut-être qu'il est en train de compter ce qu'il a encaissé la nuit dernière ? suggéra Warden. T'aimerais avoir une petite vie peinarde comme la sienne, pas vrai ?

— J'aimerais avoir dix pour cent sur ce qu'il rafle dans son hangar, chaque jour de prêt, murmura rêveusement Leva en inclinant la tête dans la direction générale des remises où chaque mois, après avoir poussé les 37 millimètres, les affûts et mitrailleuses et tout le bazar, on jouait ferme jusqu'au matin.

Et c'était invariablement O'Hayer qui se relevait avec les poches les mieux garnies.

— J'ai cru comprendre, observa Warden, que c'était à peu près ce qu'il te versait pour faire son boulot à sa place.

Leva le foudroya du regard, et Warden ricana encore.

— Je te crois, dit Leva. Encore un peu, et tu vas me menacer de me faire saquer si je ne te paie pas ta commission.

— Ça, c'est une idée. Merci. J'y avais jamais pensé, fiston.

— Cause toujours, aboya Leva. Tu trouveras ça moins marrant le jour où je te laisserai ce foutu magasin sur les bras, avec un Jean-foutre comme O'Hayer pour le tenir.

— Tu te feras jamais muter, Niccolo, susurra Warden. Tu deviendrais aveugle si tu quittais ton magasin en plein jour.

— Tu crois ça ? J'en ai marre de faire le boulot du sergent-fourrier pendant que Jim O'Hayer glane les honneurs et le pognon sous prétexte qu'il est dans la section de Dynamite et qu'il casque au régiment pour tenir son hangar. C'est même pas un bon boxeur.

— C'est un bon joueur, dit Warden, et c'est ça qui compte.

— Sûr que c'est un bon joueur ! Je me demande combien y crache à Dynamite tous les mois, en plus du régiment.

— Mais, Niccolo, ce serait illégal, dit Warden. C'est écrit en toutes lettres dans les règlements de l'armée.

— Merde pour les règlements de l'armée, gronda Leva, le visage congestionné. Un de ces quatre, y me foutra en pétard. Je pourrais me faire muter du jour au lendemain et avoir le grade en même temps que la fonction, Milt. La compagnie M cherche un fourrier, et...

Il s'arrêta brusquement, conscient d'avoir trahi un secret qu'il n'avait pas eu l'intention de divulguer.

— T'en fais pas, Niccolo, ce sera pas toujours comme ça, dit Warden, prenant mentalement note du renseignement. Tu fais tout le boulot, t'auras le grade... j'y veillerai...

— Pas tant que Dynamite commandera la compagnie et qu'O'Hayer boxera pour lui. Inutile de me dorer la pilule. Il y a treize ans que je suis dans l'armée, commenta mélancoliquement Leva.

— Dis donc, t'as pas besoin d'un coup de main ? biaisa Warden, désignant une pile d'imprimés.

— Non. J'ai même pas assez de boulot pour me maintenir le moral.

— Passe-m'en toujours la moitié, dit Warden. A nous deux, on peut expédier ça aujourd'hui. Je sais pas ce que je ferais si je t'avais pas dans cette saleté de compagnie, Niccolo.

Mais Leva ne se dérida pas au compliment.

« Il n'a pas cru un seul instant que je pouvais réellement lui faire avoir son grade, songea Warden. C'est pas un vieux singe comme lui qu'on peut avoir avec des épluchures de cacahuètes. Il faut transporter ça sur le terrain personnel, faire appel à son amitié, à son orgueil... »

— T'es aussi casse-pieds que les gars de la cuisine, Niccolo, dit-il. Y sont toujours à menacer de foutre leur démission parce que Preem est sergent d'ordinaire. Mais y le font jamais. Y z'ont bien trop peur des armes à feu.

Il étala sa part d'imprimés sur le comptoir, s'empara d'un haut tabouret et dégaina son vieux stylo.

— C'est pas moi qui les blâmerais, si y rendraient leur tablier, dit Leva.

— Moi non plus, souligna Warden. Au contraire. Mais y le font jamais. Et tu le feras pas non plus, Niccolo, bien que ce soit pas pour la même raison. Tu voudrais pas me quitter en me laissant dans le pétrin. Au fond, t'es un bon gars...

— Que tu dis ! Attends, Milt, attends un peu..., menaça l'autre.

Mais le cœur n'y était plus. Il était visible qu'il plaisantait, à présent, et tous deux se mirent au travail.

« Quel beau salaud tu fais ! se dit Warden avec dégoût. Cajoler Niccolo et lui faire rater une meilleure place, rien que pour empêcher la pagaïe de se réinstaller dans ton magasin d'habillement. Tu as tellement dit de blagues dans ta vie que tu ne distingues plus le vrai du faux. Et tout ça parce que tu veux que ta compagnie soit de première bourre. Ta compagnie ? Des noix ! La compagnie d'Holmes, Dynamite Holmes, entraîneur de la section de boxe, homme de cheval et passeur de pommade diplômé auprès de Notre-Père-quiêtes-au-Q.G., le colonel Delbert. C'est sa compagnie, pas la tienne. Alors, quand te décideras-tu à retirer tes billes du jeu pendant qu'il est encore temps de sauver le peu d'estime qu'il te reste envers toi-même ? Jamais, hein ? Tu as bien trop peur de découvrir qu'il ne t'en reste plus une parcelle, de cette estime. Et c'est pourquoi tu continues... » Rageur, il s'attaqua aux imprimés étalés devant lui avec une énergie sauvage, la même énergie qui, derrière lui, animait Niccolo Leva.

Ils travaillaient toujours, une heure plus tard, quand l'entrée soudaine du sergent O'Hayer vint brusquement réfrigérer ce chaud courant d'énergie. Warden dut déplacer tous ses papiers et quitter son siège pour permettre au grand Irlandais de passer derrière le comptoir. O'Hayer portait un de ses uniformes coupés sur mesure, avec les trois sardines brodées à la main. Warden, silencieux, le regarda évoluer entre les piles d'équipement avec la souple délicatesse du pugiliste, puis reposa ses imprimés sur le comptoir et se remit à l'œuvre.

— Vous vous en sortez, Leva ? demanda O'Hayer.

— Couci-couça, sergent, couci-couça.

— Nous sommes en retard, vous savez.

L'Irlandais jeta un coup d'œil circulaire, redressa quelques piles croulantes.

— Il faudra que tout ça soit rangé par tailles, dit-il.

— C'est déjà fait, riposta Warden sans lever les yeux. D'où sortez-vous qu'on vous y reconduise ?

— Vraiment ? s'enquit O'Hayer avec désinvolture. Alors, il faudra que nous leur trouvions une place. On peut pas les laisser là.

— Ça se peut qu'y vous dérangent, dit Warden. Moi, y me dérangent pas.

C'était une situation délicate — comme toujours lorsqu'il parlait à Jim O'Hayer — et il sentait qu'il devait se contenir. Mais les situations délicates avaient le don de lui porter sur le système.

— Vous m'ôterez tout ça du plancher, ordonna O'Hayer à Leva. Ça plairait pas au Vieux, si y voyait cette pagaïe.

— O.K. ! sergent. Maintenant ? soupira Leva.

— Aujourd'hui même.

O'Hayer sortit de derrière le comptoir et s'en alla fourrager dans le magasin.

Warden avait failli intervenir, et il reprit son travail avec difficulté, furieux d'avoir laissé passer l'occasion. Un peu plus tard, quand il se leva brusquement pour vérifier la taille d'un lot de chemises, il télescopa O'Hayer, et ce fut l'explosion.

— Allez-vous me foutre le camp d'ici ? beugla-t-il. Allez vous balader dans votre Dusenberg. Allez compter la razzia de cette nuit. Allez où vous voudrez, mais foutez le camp d'ici. On fait votre boulot. Tout ce qu'on vous demande, c'est de nous foutre la paix !

L'explosion s'était un peu trop prolongée pour une seule haleine, et les derniers mots firent long feu.

— Entendu, sergent, acquiesça O'Hayer, les bras ballants contre ses hanches. Vous savez que je ne discute jamais avec le sergent-chef.

— Sergent-chef. Des clous ! râla Warden, curieux de voir jusqu'où il faudrait pousser ce joueur impassible pour que son visage exprimât une émotion quelconque.

Froidement, il envisagea de lui flanquer son poing sur la gueule, histoire de voir quelles seraient ses réactions.

— C'est pas le sergent-chef qui parle, continua-t-il, c'est Milton Anthony Warden. Et je vous répète de foutre le camp d'ici.

Le sourire d'O'Hayer s'accentua.

— Pour moi, vous êtes toujours le sergent-chef, dit-il. A tout à l'heure, Leva.

Il tourna le dos et quitta le magasin.

— Un de ces jours, ce gars-là me fera perdre mon sang-froid, dit Warden. Mais je me demande s'il est capable de perdre le sien.

— Tu l'as vu combattre, sergent ?

— Ouais. Je l'ai vu gagner aux points contre Taylor.

— Six coups en vache, il lui a fait, dit Leva. Je les ai comptés. Et jamais le même, pour ne pas se faire disqualifier. Il a mis Taylor en pétard. Mais, quand Taylor l'a repayé, y s'est pas mis en pétard. C'est un marle, je te dis. Il a raflé assez de pognon, dans son hangar, pour faire venir toute sa famille des États, payer un restaurant à son dab, une boutique de lingerie fine à sa sœur, où se fournissent toutes les familles de la haute, et leur faire bâtir une maison de dix pièces, à Wahiawa. Moi, j'appelle ça un marle. Et avec ça il paraît qu'il a une maîtresse pleine aux as !

— Nom de Dieu ! fit Warden, écrasé. Tu crois qu'y va l'épouser et prendre sa retraite ? reprit-il, plein tout à coup d'un fallacieux espoir.

— On aura pas cette veine, dit Leva.

— Y me cause plus d'emmerdements que Preem. Preem est rien de plus qu'un poivrot, se lamenta Warden. Mais l'autre... Ah ! l'autre...

— Si on travaillait, maintenant ? suggéra Leva.

Ils se mirent à griffonner, mais leurs deux têtes se relevèrent en même temps au bruit d'une voiture s'arrêtant à l'extérieur.

— Qu'est-ce que c'est encore ? grogna Leva, écœuré.

Par la porte restée ouverte, Warden vit une grande blonde descendre de voiture, suivie d'un enfant d'une dizaine d'années, et s'engager sur la piste cimentée qui conduisait aux locaux de la compagnie. Ses seins étaient vivants et libres sous le chandail pourpre. Warden redoubla d'attention et conclut qu'elle ne portait pas de soutien-gorge. Ils bougeaient trop, et l'on en voyait trop les pointes.

— Qui c'est ? fit Leva.

— La femme d'Holmes, dit Warden avec mépris.

Leva se redressa et alluma une autre cigarette.

— Elle et ses maudits chandails, soupira-t-il. Elle va s'amener là-dedans, si elle trouve personne dans la salle de service. A chaque fois, ça me coûte trois dollars au *Nouveau Congrès*, plus le taxi aller et retour en ville. C'est pas les petites gosses de la grosse Suzy qui peuvent me faire avaler ça !

— Elle est bien roulée, admit Warden à contrecœur en contemplant la jupe collante sous laquelle, au niveau de la hanche, se dessinait, en relief, le mince ourlet du slip.

« Cadre d'un facteur crucial de l'existence d'une femme, mais qu'aucune femme n'accepte jamais de reconnaître », pensa-t-il. Warden avait sa théorie sur les femmes. « Ça vous plairait de coucher avec moi ? » demandait-il, depuis des années, à celles qui l'intéressaient. Et toujours elles se montraient choquées, même les moins farouches. Elles couchaient avec lui, bien sûr, mais seulement après qu'il eut souscrit aux travaux d'approche exigibles en pareil cas. Aucune n'avait la franchise de répondre : « Oui, ça me plairait de coucher avec vous. » C'était plus fort qu'elles. Elles ne pouvaient pas s'y résoudre.

— Sûr qu'elle est bien roulée, admit Leva. Et elle sait à quoi ça sert.

— Sans blague ? ricana Warden. Je suppose que tu te l'es envoyée ?

— Foutre non, pas moi ! s'exclama Leva. J'ai pas assez de galons. Les simples trouffions l'intéressent pas, poursuivit-il amèrement. Mais O'Hayer, oui. Et le sergent Henderson, qui s'occupe des bourrins d'Holmes au train des équipages, et joue à dada avec elle trois fois par semaine, et l'ordonnance d'Holmes, le caporal Kling. Ils y sont tous passés. Tout le monde le sait dans la compagnie. Elle doit prendre son plaisir à s'envoyer les sous-fifres de son mari, pour lui apprendre à la négliger.

— T'as étudié la psychologie ?

Ils l'écoutèrent frapper à la porte de la salle de service, puis entendirent grincer les gonds lorsque, ne recevant aucune réponse, elle en poussa le battant.

— Pas besoin d'être psychologue pour savoir ça, répliqua Leva. Je parie que tu l'as pas vue embrasser Champ Wilson après sa victoire, l'an dernier ?

— Sûr que je l'ai vue. Et alors ? Wilson est le cogneur maison de Dynamite, et il avait décroché le coquetier. C'était normal.

— C'est ce qu'elle savait que tout le monde penserait, dit Leva. Mais elle l'a embrassé sur la bouche, sang, collodion et tout le reste, et elle lui a jeté ses bras nus autour des épaules. Du sérieux ! Quand elle l'a lâché, sa robe était noire de sueur, et elle avait la figure toute barbouillée de sang. Alors, me raconte pas d'histoires.

— Dis donc, c'est toi qui m'en racontes, lui fit remarquer Warden.

— Si elle t'a pas encore fait d'avances, c'est parce que t'es nouveau dans la compagnie.

— Y a huit mois que j'y suis, objecta Warden. Ça devrait suffire.

Leva secoua sentencieusement la tête.

— Elle peut pas courir de risques. A part O'Hayer, ils étaient tous à Fort Bliss avec Holmes. Wilson, Henderson et Kling. Elle...

Il entendit claquer la porte de la salle de service et s'arrêta.

— Et, maintenant, elle va s'amener là-dedans, gémit-il. Et ça me coûte quatre dollars à chaque fois. Si tu me décroches pas mon grade pour que je puisse en avoir ma part, y va falloir que j'emprunte du pognon à vingt pour cent.

— Qu'elle aille se faire voir, dit Warden. On a du boulot.

Mais il écouta les pas résonner sous le porche.

Elle pénétra dans le magasin.

— Où est le sergent-chef ? demanda-t-elle.

— Je suis le sergent-chef, madame, aboya Warden avec cette soudaine véhémence qui surprenait toujours, comme un coup de tonnerre dans un ciel sans nuage, et que, depuis son premier galon, il s'était toujours appliqué à cultiver.

— Oh ! fit-elle. Parfaitement. Comment allez-vous, sergent ?

— Que puis-je faire pour vous, madame Holmes ? questionna Warden sans quitter son tabouret.

— Oh ! vous me connaissez donc ?

— Pourquoi pas, madame ? Je vous ai vue assez souvent.

Il la contemplait posément, des pieds à la tête, glissant avec impudence dans ses yeux bleu pâle, écarquillés et candides sous ses sourcils broussailleux, le défi secret qu'il ne pouvait se permettre d'énoncer.

— Je cherche mon mari, dit-elle avec une légère emphase.

Elle esquissa un sourire et attendit sa réponse. Il continua de la regarder gravement et attendit la suite.

— Savez-vous où il est ? fit-elle enfin.

— Non, madame, dit Warden.

— Est-il venu ici, ce matin ?

Elle soutenait calmement son regard, et il pensa qu'elle avait les yeux les plus froids qu'il n'eût jamais vus chez une femme.

— Vous voulez dire : « Est-il déjà venu », madame. Avant huit heures et demie ?

Toujours assis devant sa machine, Leva riait sous cape. Warden n'avait pas son pareil pour jongler avec les nuances.

— Il m'a dit qu'il viendrait ici, insista-t-elle.

— Mon Dieu ! madame...

Il changea brusquement de tactique et se leva, débordant d'une courtoisie raffinée.

— Il vient presque tous les jours, tôt ou tard. Il viendra probablement ce matin. Je lui dirai que vous le cherchez, si je peux lui mettre la main dessus. Ou je peux lui faire la commission, si vous le désirez.

Il surgit soudain de derrière le comptoir, l'acculant dans l'espace confiné où elle se trouvait. Lentement, elle battit en retraite jusque sous le porche, et Warden sortit à sa suite, sans regarder Leva que convulsait une muette hilarité.

— Il devait m'acheter diverses choses, reprit Mme Holmes, désarçonnée.

C'était la première fois que le sergent-chef sortait de son rôle de figurant dans la tragi-comédie qu'était l'existence quotidienne du capitaine Holmes, son époux.

Le petit garçon faisait de l'acrobatie sur l'une des rampes métalliques qui longeaient la piste cimentée.

— Junior, arrête ! Retourne dans la voiture ! cria Mme Holmes. Je pensais, continua-t-elle d'un ton plus posé, qu'il avait pu en faire l'achat et tout laisser ici à mon intention.

Le sourire de Warden se teinta d'astuce. Elle n'aurait jamais parlé comme ça si elle avait continué à ne voir en lui qu'un quelconque sous-fifre. Karen Holmes comprit le sens de ce sourire et, simultanément, pour la première fois, nota les manches retroussées sur de puissants avant-bras couverts de poils noirs, les muscles ondulant sous la chemise tendue. Warden la vit détourner les yeux et comprit le sens de ce fléchissement, mais elle se reprit aussitôt et affronta son regard sans battre une seule fois des paupières. Il décida qu'elle avait du cran.

— On peut toujours voir dans la salle de service s'il y a quelque chose pour vous, madame, proposa-t-il. Il a pu venir et repartir pendant que je travaillais au magasin d'habillement.

Elle le suivit sans mot dire à l'intérieur de la salle où elle était entrée seule quelques instants plus tôt.

— Il n'y a rien, constata-t-il, feignant la surprise.

— Je me demande où il peut être ? s'exclama-t-elle avec irritation.

Warden marqua une pause, ménageant soigneusement son effet.

— Moi foi, madame, si je connais bien mon capitaine, il doit être déjà au club avec le colonel Delbert, à discuter le problème domestique en buvant quelques tournées.

Mme Holmes l'examina froidement, comme elle eût examiné une préparation microscopique. Ses yeux niaient qu'elle eût jamais eu connaissance des partouses organisées au club par le colonel Delbert, ou du penchant forcené de son mari pour les servantes indigènes. Mais Warden, qui l'observait, crut discerner au fond de ses prunelles une lueur presque imperceptible d'amusement.

— Merci beaucoup de la peine que vous avez prise, sergent, laissa-t-elle tomber de très haut.

Elle tourna les talons et s'en alla.

— De rien, madame, cria-t-il allégrement. De rien ! A votre entière disposition.

Du porche, il la regarda grimper dans sa voiture. En dépit de tous ses efforts, elle ne put empêcher le soleil de resplendir une fraction de seconde sur sa longue cuisse dévoilée, et Warden sourit plus largement.

— Alors, tu viens avec moi chez Mme Kipfer, ce soir, Milt ? lui lança Leva lorsqu'il réintégra le magasin d'habillement. Elle a reçu deux nouvelles des États : une brune et une rousse.

— Des clous, Niccolo, répliqua Warden. Quand y faudra que je paie pour ça, je prendrai ma retraite.

Leva éclata de rire. On eut dit un tuyau d'échappement.

— Après ce que tu viens de subir, je pensais que ça pourrait t'intéresser. Ça empêche pas qu'elle est un peu là, hein ! la môme Holmes.

— J'ai vu mieux, dit Warden avec indifférence.

— On se demande comment un type peut courir la fille avec quelque chose comme ça à la maison et un bon plumard par-dessus le marché.

— Elle est froide, dit Warden. Une vraie banquise.

— Ouais ? ironisa Leva. C'est peut-être pour ça que tous les autres s'en sont fatigués. En tout cas, froide ou pas froide, j'ai encore jamais rencontré de paire de fesses qui vaille vingt piges à Leavenworth.

— Moi non plus, dit Warden.

— Faut être piqué pour risquer un pépin avec la femme d'un officier.

— Sûr, dit Warden. En cas de surprise, elle a qu'à crier au viol et, passez muscade, le gars est enveloppé.

A travers la sortie cochère, au sud-est du terre-plein, il apercevait en partie la maison d'Holmes, avec deux fenêtres sur sa face latérale. L'une d'elles était celle de la chambre à coucher. Il y était entré une fois, pendant que le capitaine changeait d'uniforme, pour lui faire signer quelque paperasse urgente. Bientôt, il vit la voiture se ranger le long de la maison et Karen Holmes pénétrer chez elle, gracieusement portée par ses longues jambes nerveuses. Brusquement, il se souvint de l'allure qu'avait le second lit jumeau, avec les fines chaussures de femme posées dessous...

— Au boulot ! grogna-t-il. Le nouveau vient à neuf heures et demie ; j'ai une conférence avec Holmes et un de ces maudits cuistots prévue pour ce matin. Alors, si tu veux un coup de main, c'est tout de suite ou jamais.

— D'accord, sergent. T'as qu'à commander, sergent, dit Leva, souriant.

— Et n'oublie pas que môssieur O'Hayer veut que tout ce bordel-là soit rangé aujourd'hui.

— Ta gueule, sergent, dit Leva, toujours aimable.

— La tienne, riposta Warden. Au boulot.

4

De la salle de service, Milt Warden entendit, avec cette partie de son esprit qui n'était jamais totalement absorbée par ce qu'il se trouvait en train de faire, Prewitt, le nouveau, arpenter le ciment du porche. La conférence suscitée par le plus geignard des cuistots de la compagnie n'était pas encore près de se terminer. Le cuistot, qui s'appelait Willard et pilonnait dur pour s'adjuger le grade du sergent d'ordinaire, avait exposé, en long et en large, comment lui, Willard, devait quotidiennement, moyennant sa solde de cuisinier-chef, accomplir la besogne de Preem, le sergent d'ordinaire, que son ivrognerie rendait inapte à tout travail suivi. Il s'était littéralement surpassé, mais Holmes, pour qui Preem ne demeurait pas moins un de ceux qui avaient servi sous ses ordres à Bliss, avait fini par démontrer que Willard ne remplissait pas assez bien les fonctions de sergent d'ordinaire pour mériter sa solde de cuisinier-chef.

Warden se moquait comme de sa première chemise du résultat final, mais puisque de temps à autre il trouvait l'occasion de critiquer à la fois le sergent Preem, qu'il voulait faire saquer, et le cuisinier-chef Willard, dont il ne voulait à aucun prix comme successeur, il continuait à prêter l'oreille, guettant l'occasion d'en finir pour pouvoir s'occuper du nouveau et retourner aider Leva. Leva était à peu près le seul type consciencieux de l'unité, et son départ serait pour l'administration de la compagnie une perte pratiquement irrémédiable...

Bercé par le bourdonnement monotone des voix, Prewitt s'était installé sur une chaise et avait sorti de sa poche l'embouchure du clairon qui ne le quittait jamais, un clairon acheté à Myer, avec le produit d'une partie de passe anglaise. C'était celui dont il s'était servi à Arlington, et le simple fait de le contempler ne manquait jamais de recréer autour de lui l'ambiance de ce jour mémorable, que glorifiait la présence du président appuyé sur un de ses gardes du corps. Il y avait bien eu un nègre, encore, meilleur trompette que lui-même, mais celui-là, en raison de sa couleur, avait été posté dans les collines pour jouer l'écho de la propre sonnerie de Prew. Tendrement, il réempocha la petite merveille, croisa les bras sur sa poitrine et attendit. Une machine à écrire cliquetait par à-coups spasmodiques à l'intérieur du magasin d'habillement, et devant la porte-moustiquaire de la cuisine un homme de corvée pelait des salsifis, en s'arrêtant de temps à autre pour chasser les mouches qui ronflaient autour de sa tête.

— Chouette passe-temps, hein ? lança-t-il en embrochant férocement un nouveau tubercule. Recommandé aux hypernerveux. C'est toi, le nouveau ?

Prew baissa les yeux vers le petit Italien crépu, dont les épaules osseuses pointaient sous le maillot de corps.

— Qu'est-ce que ça peut te foutre ? laissa-t-il tomber.

Il n'avait jamais aimé les macaronis.

— Ben, t'aurais pu mieux choisir, mon pote, c'est tout.

— J'ai pas choisi...

— A moins, enchaîna l'autre, négligeant l'interruption, que tu sois fortiche dans un sport quelconque, n'importe quel sport, mais de préférence la boxe. Si t'es boxeur, alors, là, mon pote, t'as tapé dans le mille et je t'appellerai caporal avant la fin de la semaine.

— Je ne suis pas sportif, trancha Prew.

— Alors, je te plains, mon pote, je te plains, c'est tout. Je m'appelle Maggio, et tu peux voir par toi-même que je suis pas un fort-en-muscles. Mais je suis le champion des éplucheurs. Maggio, le meilleur éplucheur de toute la base de Shofield, territoire d'Hawaii. Et je m'entraîne régulièrement.

Le bourdonnement qui s'en venait de la salle de service s'éleva soudain d'une octave.

— T'entends ça ? continua Maggio, désignant la fenêtre du bout de son gratte-légumes breveté. C'est ce qui te pend au bout du blair, frangin : Warden et Dynamite en train de bouffer le rata du cuisinier-chef Willard. Et c'est pas exceptionnel. Y se trouve simplement que Willard est de service aujourd'hui. Et, quand y z'en auront fini avec lui, y se vengera sur ma peau. Willard ferait même pas un bon éplucheur dans n'importe quelle autre compagnie, mais ici il est cuisinier-chef, parce que personne d'autre veut venir bosser sous les ordres du sergent d'ordinaire Preem, qu'est blindé les trois quarts du temps.

— Ç'a l'air d'un bon petit coin pépère, ici, constata Prew.

— Tu t'y plairas, mon pote, prédit Maggio d'un air sombre. Tellement que tu voudras plus en partir. Y a six semaines que je fais plus l'exercice avec les bleus, et je voudrais déjà retrouver Brooklyn et mon petit turbin peinard.

Il secoua douloureusement la tête.

— Si quelqu'un m'avait dit ça il y a six mois, je lui aurais dit de le prendre et de se le carrer quelque part.

Il fourragea dans l'eau sale du chaudron n° 18 et brandit un dernier salsifis.

— Fais pas attention à moi, mon pote, soupira-t-il. Ce qu'y me faut, c'est une visite au claque Kipfer, et après ça ira mieux pendant une semaine.

Il se leva, s'étira, gratta sa tignasse noire, marmotta quelque chose au sujet d'une autre chaudronnée à éplucher et disparut.

A pas lents, Prew poussa une pointe jusqu'à la salle de récréation, demeura un instant immobile devant le vieux billard, puis il alluma l'ampoule au-dessus du tapis vert, choisit une queue et dispersa les boules.

Le bruit sec de l'impact multiple claqua, énorme, dans le sourd silence du matin.

— Qu'est-ce que vous foutez ici ? hurla une voix, brusquement. Comment vous appelez-vous ?

Prew se retourna sans hâte.

— Prewitt, muté de la compagnie A, riposta-t-il avec calme. Et tu me connais, Warden.

— Ouais, je te connais, acquiesça le sergent, sa déconcertante fureur aussi soudainement disparue qu'apparue. Mon petit joueur de clairon, je t'appellerai tout à l'heure.

Avant que Prew ait eu le temps de répondre, il s'était escamoté, et Prew reprit sa partie de billard solitaire, songeant à quel point cette attitude convenait à Warden. Tout autre juteux lui eût ordonné d'arrêter, mais pas Milt Warden, car Warden était au-dessus de ces petites vacheries gratuites. Prew sortit méthodiquement toutes les boules, puis les rangea et alla raccrocher la queue au râtelier, incapable de poursuivre un passe-temps devenu soudain plus insipide qu'un vieux verre de bière. La lampe éteinte, il regagna le porche.

Ça bardait toujours, dans la salle de service. Maggio pelait une nouvelle marmitée de scorsonères. Casseroles et chaudrons s'entrechoquaient dans les profondeurs invisibles de la cuisine, mais le tacatac irrégulier de la machine à écrire s'était interrompu. Prew eut l'impression de s'être égaré au sein d'un désert d'activités abstraites, tandis que la vie végétative de la compagnie G se déroulait comme chaque matin, indifférente à cette mutation qui, pour lui, prenait figure d'événement. Le cuisinier jaillit soudain de la salle de service, la face rouge brique, et s'engouffra dans la cuisine après avoir dit à Maggio de foutre le camp du chemin avec sa saloperie de chaudron. Pour Prewitt, les événements se remirent en route.

— Qu'est-ce que je t'avais dit ? lança Maggio, hilare.

— O.K. ! Prewitt, hurla presque simultanément Warden.

« Un à zéro », songea Prewitt à contrecœur. Comment Warden pouvait-il savoir qu'il avait quitté la salle de récréation ? Il y avait en Milt Warden une sorte de connaissance sardonique des ressorts de l'âme humaine qui touchait au surnaturel.

Prew jeta son fusil sur son épaule, le bras passé dans la bretelle, et pénétra dans la salle de service.

— Soldat Prewitt convoqué au rapport par le commandant de la compagnie, récita-t-il, rejetant avec la formule consacrée tout ce qu'il y avait en lui d'humain et de naturel.

Le capitaine Dynamite Holmes tourna sévèrement son visage aux pommettes saillantes, au nez en bec d'aigle, aux cheveux soigneusement ratissés en travers d'une calvitie naissante, vers le soldat Prewitt, et, sans le regarder, prit sur son bureau l'ordre de mutation.

— Repos, dit-il.

Son bureau était juste en face de la porte, celui de Warden, à gauche en entrant, perpendiculaire à celui du capitaine. Tout en avançant le pied gauche et croisant les mains derrière le dos, Prew risqua un rapide coup d'œil dans la direction du sergent-chef. Le regard de Warden était ambigu, mi-enjoué mi sur le qui-vive. L'air de guetter quelque chose.

Le capitaine Holmes tourna un instant son fauteuil vers la fenêtre, offrant à Prewitt la vision édifiante de son profil accentué, nez impérieux, bouche énergique et menton en galoche. Puis, d'un seul coup, il refit un quart de tour en sens inverse et prit la parole.

— J'ai pour règle de conduite d'accueillir personnellement mes nouveaux hommes, Prewitt, annonça-t-il. J'ignore ce qui se passe dans la clique, mais, chez moi, il faut que ça marche. Tout individu qui se croit plus fort que les autres est rapidement mis au pas. Les têtes brûlées et les tire-au-cul n'ont pas leur place dans ma compagnie. C'est au dur qu'ils ont leur place... jusqu'à ce qu'ils aient appris leur métier de soldat.

Il décroisa ses bottes, dont les éperons sonnèrent, ponctuant son avertissement. Il s'échauffait au son de sa propre voix.

« Vous avez devant vous, proclamait toute son attitude, un soldat qui ne mâche pas ses mots, qui n'a pas peur de parler à ses hommes dans leur propre langage et qui les comprend ! »

— Mais, continua-t-il, quand un type fait son travail, exécute les ordres et se tient à carreau, il a chez moi plus de chances d'avancement que partout ailleurs, parce que chez moi il n'y a pas de favoritisme. A chacun selon ses mérites. Ni plus, ni moins. Il ne tient qu'à vous d'agir en conséquence, Prewitt. Compris ?

— Oui, mon capitaine, dit Prewitt.

— Très bien, conclut sévèrement Holmes.

De son bureau, Milt Warden observait avec sagacité le déroulement de cette conférence qu'il connaissait par cœur. Son visage était impassible, mais ses sourcils souriaient à Prew, et des lueurs irrévérencieuses dansaient au fond de ses prunelles attentives.

— Pour monter en grade dans ma compagnie, disait le capitaine Holmes, il faut connaître son travail. Il faut être un vrai soldat. Il faut montrer qu'on a quelque chose dans le ventre.

Il releva brusquement les yeux.

— Compris ?

— Oui, mon capitaine.

— Très bien. Une parfaite compréhension doit toujours exister entre un officier et ses hommes.

Il repoussa son fauteuil et, magnanime, sourit à Prewitt.

— Content de vous avoir à bord, Prewitt, comme disent nos collègues de la flotte. Un bon soldat est toujours le bienvenu chez moi, et je suis content de vous avoir.

— Merci, mon capitaine, dit Prew.

— Que penseriez-vous de devenir clairon dans ma compagnie, temporairement ?

Holmes s'interrompit pour allumer une cigarette.

— Je vous ai vu combattre l'année dernière dans la coupe, contre Connors, du 8e de ligne. Un combat remarquable. Avec un peu de veine, vous deviez gagner. J'ai bien cru que vous alliez l'envoyer au tapis pour le compte, à la deuxième reprise.

— Merci, mon capitaine, dit Prew.

Le capitaine Holmes parlait presque joyeusement, à présent.

« Nous y voilà, songea Prew. Tu l'as cherché, maintenant, débrouille-toi. Ou plutôt, laisse-le débrouiller ça tout seul. »

— Si j'avais su que vous étiez dans ce régiment en décembre dernier, au début de la saison, je vous aurais fait convoquer, reprit Holmes.

Prew sentit, plus qu'il n'entendit, Warden renâcler de dégoût, à sa gauche, en remuant une pile de paperasses.

— J'ai besoin d'un bon trompette, Prewitt, dit Holmes. Le mien n'a aucune pratique, et son élève n'occupe ce poste que parce que c'est un si mauvais soldat que j'ai craint qu'il ne tue quelqu'un en faisant l'exercice.

Il éclata de rire et regarda Prewitt, l'invitant à faire chorus.

Milt Warden, qui avait suggéré de nommer Salvatore Clark élève-trompette, après que celui-ci eut failli se flanquer une balle dans la peau pendant son tour de garde, continua d'examiner ses papiers, mais ses sourcils frémissaient.

— Ce poste vous confère le grade de première classe, dit Holmes. C'est peu de chose, bien sûr, mais notre liste de sous-officiers est au complet, quoique les engagements de deux d'entre eux se terminent le mois prochain. Il est dommage que la saison soit presque terminée, vous auriez pu reprendre l'entraînement dès cet après-midi... A ce propos, comment se fait-il, Prewitt, que vous soyez dans ce régiment depuis un an et que personne ne l'ait su ? Comment se fait-il que vous ne soyez pas venu me voir, puisque c'est moi l'entraîneur, et que nous sommes champions de la division ?

Prew respira profondément.

— J'avais peur que vous me demandiez de combattre pour la section, mon capitaine, dit-il.

« Et voilà, pensa-t-il, soulagé, les cartes sont tombées. A lui de jouer, maintenant. »

— Évidemment, s'exclama Holmes. Nous avons besoin de bons boxeurs. Surtout dans votre catégorie des welters. Si nous perdons le championnat cette année, ce sera en raison de notre faiblesse dans cette catégorie.

— J'ai quitté le 27e parce que j'avais abandonné la boxe, mon capitaine.

— Abandonné la boxe ? répéta Holmes. Pour quelle raison ?

— Peut-être avez-vous entendu parler de ce qui m'était arrivé, avec Dixie Wells, mon capitaine ? suggéra Prewitt.

Holmes le regarda, les yeux saturés d'innocence.

— Non, ma foi. Je vous écoute.

Pour lui, pour Warden sarcastiquement attentif, Prew dut raconter son histoire, sachant parfaitement qu'ils la connaissaient aussi bien que lui, et forcé, malgré tout, de jouer sans défaillance le rôle qu'Holmes lui avait assigné.

— C'est terrible, concéda le capitaine lorsqu'il eut terminé. Et je comprends vos sentiments. Mais ce sont des choses qui arrivent, de temps à autre. Que faudrait-il, d'après vous ? Interdire la boxe parce qu'un boxeur est devenu aveugle ?

— Non, mon capitaine, dit Prew. Je ne...

— C'est aussi ridicule, coupa Holmes, que de prétendre interdire la guerre parce qu'un soldat a été tué. Notre saison de boxe est le meilleur moyen que nous ayons pour soutenir le moral des troupes cantonnées loin du pays.

— Je ne demande pas qu'on interdise la boxe, mon capitaine, protesta Prewitt, sentant trop tard le degré d'absurdité auquel on l'avait acculé. Mais aucun homme n'est obligé de boxer s'il ne le désire pas, conclut-il désespérément.

— Et c'est pour cette raison que vous avez quitté le 27e ?

— Oui, mon capitaine. Parce qu'ils voulaient m'obliger à continuer.

— Je vois.

La question semblait avoir soudain perdu tout intérêt pour le capitaine Holmes. Il consulta sa montre, se souvenant brusquement qu'il avait rendez-vous à midi et demi, pour une promenade à cheval avec la femme du major Thompson.

Il se leva et prit son chapeau.

Pour un beau chapeau, c'était un beau chapeau, un Stetson impeccable et coûteux, à quatre alvéoles se rejoignant au sommet en une pointe acérée, l'ample jugulaire de la cavalerie remplaçant la mince courroie réglementaire dans l'infanterie. Près du chapeau reposait une cravache dont le capitaine s'empara également. Il n'avait pas toujours été dans l'infanterie.

— Enfin, dit-il avec indifférence, il n'y a rien dans les règlements de l'armée qui oblige un homme à boxer s'il n'en a pas envie. Nous ne chercherons pas à faire pression sur vous, comme ils l'ont fait au 27e. Si vous ne voulez pas boxer, nous ne voulons pas de vous dans la section.

Il se dirigea vers la porte, puis, au moment de sortir, se retourna brusquement.

— Pourquoi avez-vous quitté la clique ? lança-t-il.

Mal à l'aise, Prew chercha refuge dans le fait que les affaires personnelles d'un homme sont toujours inviolables, même celles d'un simple soldat.

— C'est une affaire personnelle, mon capitaine, dit-il.

— Je vois, fit Holmes.

C'était une réponse qu'il n'avait pas envisagée et devant laquelle il ne savait trop quelle contenance adopter. Du regard, il invita Warden à intervenir, mais Warden, qui avait suivi les débats avec un intérêt croissant, contemplait la cloison voisine d'un air indifférent. Holmes s'éclaircit la gorge. Warden ne broncha pas.

— Vous n'avez rien à ajouter, sergent ? dut finalement lui demander Holmes.

— Qui ? Moi ? Oh ! si, mon capitaine, explosa Warden avec cette indignation spontanée dont il avait fait un système. Quel grade aviez-vous dans la clique, Prewitt ?

— Première classe et spécialiste de 4e catégorie, dit Prewitt, le regardant droit dans les yeux.

— Et vous avez lâché ça pour retomber simple soldat dans une compagnie de fantassins, parce que l'exercice et les corvées vous manquaient, je suppose ?

— C'est une affaire personnelle, répéta stoïquement Prewitt.

— Le commandant de la compagnie en décidera, rectifia instantanément Warden.

Holmes lui fit signe de continuer.

— Ainsi, vous ne vous êtes pas fait muter parce que M. Houston a nommé le jeune MacIntosh premier clairon ? s'informa Warden d'une voix de velours.

— J'ai été muté à la requête du chef de musique Houston, riposta Prewitt, impavide. C'est une affaire personnelle.

Warden se renversa en arrière et ricana tout bas :

— Muter pour une raison pareille ! Dans cette armée, vous êtes toute une bande de fortiches qui avez besoin d'apprendre que les bonnes planques ne se trouvent pas sous la queue d'un cheval !

Dans la violence de l'hostilité qui venait de jaillir entre eux comme la foudre entre deux nuages, ils avaient oublié le capitaine Holmes.

— Il me semble, trancha-t-il, que vous êtes en train de vous tailler rapidement une réputation de forte tête, Prewitt. Et les fortes têtes ne vont jamais bien loin, dans l'armée ! Le sergent Warden va s'occuper de vous et vous assigner un peloton. Y a-t-il autre chose, sergent ?

— Oui, mon capitaine, dit Warden avec véhémence.

— Alors, occupez-vous-en. Je passerai demain matin signer les papiers. Si quelque chose se présente cet après-midi, signez à ma place. Je n'ai pas de temps à perdre avec les détails !

Il foudroya Warden du regard et tourna les talons.

— Gaaaarde... à vous ! hurla Warden.

— Repos, dit Holmes.

Il toucha du bout de sa cravache le bord de son chapeau et disparut. Il n'avait pas reparlé du poste de trompette. Un instant plus tard, sa voix retentit à travers la fenêtre ouverte.

— Sergent Warden !

— Oui, mon capitaine ! cria Warden en bondissant à la fenêtre.

— Qu'est-ce que c'est que ça ? Et ça ? Et là-bas, près des

poubelles ? Est-ce que c'est une caserne ou une porcherie ? Faites-moi nettoyer ça immédiatement.

— Oui, mon capitaine ! hurla Warden. Maggio !

Le petit Italien surgit devant la fenêtre.

— Mon capitaine !

— Maggio, dit Holmes. Qu'est-ce que c'est que cette tenue ? Où est-ce que vous vous croyez, sacré nom de Dieu ? Au bord de la mer ? Allez m'enfiler tout de suite votre veste de treillis !

— Oui, mon capitaine.

— Maggio ! beugla Warden. Allez chercher les hommes de corvée et nettoyez-moi tout ça. Vous avez entendu ce qu'a dit le capitaine !

— Oui, sergent, dit Maggio, résigné.

Holmes montait l'escalier extérieur du Q.G. régimentaire, se rendant comme chaque matin au bureau du colonel Delbert. Warden avait son opinion bien arrêtée sur les officiers. Avec le nombre des galons croissait le degré de vacherie. Il n'y avait rien à faire contre ça. Ils étaient les plus forts et ils le savaient bien. Mais au-delà du Q.G., à travers l'entrée cochère, il y avait la chambre à coucher d'Holmes, dont la fenêtre avait l'air de lui faire de l'œil ; la fenêtre derrière laquelle, en ce moment même, Karen Holmes était peut-être en train de dévoiler langoureusement les ondes laiteuses de son long corps blond pour l'offrir à l'eau fraîche d'un bain parfumé, ou aux caresses d'un de ses amants... Warden sentit sa poitrine se gonfler mâlement, démesurément, et jugea le moment venu de regagner son bureau.

Prew l'attendait sans mot dire, épuisé, vidé, rompu par ses propres craintes et la tension de ce dangereux conflit avec l'autorité. Sa chemise, impeccable à huit heures du matin, n'était plus qu'un chiffon bon à tordre.

« Encore un peu de cran et ce sera terminé, songeait-il. Ensuite, tu pourras respirer. »

Warden s'assit derrière son bureau, et tous deux s'observèrent longuement en silence. Il n'y avait aucune inimitié dans leurs regards, rien que l'antagonisme inhérent à leurs positions respectives. Comme deux philosophes partis du même point et parvenus, au moyen d'arguments irréfutables, à des conclusions diamétralement opposées.

Ce fut Warden qui, le premier, reprit l'offensive.

— T'as pas changé d'une broquille, hein ! Prewitt ? dit-il sarcastiquement. T'as encore rien compris ! T'avais une bonne petite planque dans la clique, et tu la fous au rancart parce que cette vieille tante de Houston t'a blessé dans ton amour-propre. Tu pouvais te sauver la mise en boxant pour Holmes, et t'envoies le capitaine au bain. T'aurais pas dû faire ça, Prewitt. Ça te plaira pas de reprendre du service actif dans ma compagnie.

— Toi non plus, tu n'as pas changé, Warden, dit Prewitt. Mais tu oublies que je suis pas un bleu. J'ai déjà fait la pelote dans l'infanterie. Et c'est pas sur le terrain que tu me prendras en défaut.

— Quand je te dis que t'as encore rien compris ! constata tristement Warden. D'abord, je cherche pas à prendre qui que ce soit en défaut. Je fais mon boulot, même si ça me plaît pas toujours. Et, deuxièmement, c'est pas en étant bon soldat qu'on arrive à quoi que ce soit, dans l'armée. Alors, si jamais tu changes d'avis et que tu te décides à boxer pour Dynamite, oublie pas une chose. Ici, c'est pas la compagnie A. C'est la G, et c'est moi qu'en suis le sergent-chef. Holmes en est le capitaine, d'accord, mais il est comme tous les officiers : c'est un foutu sagouin qui signe les papiers et qui monte à cheval et qui fait sonner ses éperons et qui se saoule la gueule au club des officiers. Ce qui fait que le gars qui dirige vraiment la compagnie, c'est bibi.

— Sans blague ! s'esclaffa Prew. Alors, t'es pas bien fortiche, mon pote. Si c'est toi qui diriges la G, comment que ça se fait que Preem en soit sergent d'ordinaire ? Et comment que ça se fait qu'O'Hayer en soit sergent-fourrier, alors que c'est Leva qui se farcit tout le boulot ? Et comment que ça se fait que presque tous les officiers subalternes de « ta compagnie » soient des boxeurs de Dynamite ? Me fais pas rigoler.

Le blanc des yeux de Warden rougit lentement.

— Et tu sais pas tout, fiston, ricana-t-il. Attends de connaître Galovitch et Henderson, et Dhorn, le sergent instructeur.

Il ôta sa cigarette de sa bouche et l'écrasa sauvagement sur un cendrier.

— Tout ce qu'il y a de sûr, c'est qu'Holmes crèverait la gueule ouverte si j'étais pas là pour lui racler les amygdales.

Il se leva en s'étirant languissamment, comme un gros chat ankylosé.

— Comme ça, on sait où on en est, pas vrai, fiston ?

— Je sais où j'en suis, riposta Prewitt. Mais j'ai jamais pu comprendre où tu en étais. Y a des moments...

Il s'interrompit en entendant un bruit de pas, car il s'agissait là d'une affaire entre Warden et lui-même, d'une conversation hors protocole qu'un gradé n'eût pas appréciée. Warden sourit malicieusement.

— Repos, repos, repos, ne vous levez pas pour moi, dit une voix à l'intérieur.

Tous deux étaient debout, mais cette inconséquence ne parut nullement gêner le minuscule sous-lieutenant, plus petit que Prewitt, qui pénétra au pas de charge dans la salle de service. Raide comme un piquet sous son uniforme taillé sur mesures, il s'arrêta pile en voyant Prewitt.

— Je ne vous connais pas, n'est-ce pas ? affirma-t-il. Comment vous appelez-vous ?

— Prewitt, mon lieutenant, dit Prewitt.

— Prewitt, Prewitt, Prewitt, répéta le petit homme. Vous devez être nouveau. Récemment muté. Parce que je ne connais pas ce nom-là !

— Muté ce matin de la compagnie A, mon lieutenant, dit Prew.

— Ah ! je m'en doutais. J'ai passé trois semaines à me fourrer dans le crâne la liste des effectifs de cette compagnie pour pouvoir appeler chaque homme par son nom. Mon père me disait toujours qu'un bon officier doit connaître chaque homme de son unité par son nom, ou mieux encore par son sobriquet. Quel est votre sobriquet ?

— On m'appelle Prew, mon lieutenant, dit Prew, abasourdi par cette fusillade verbale.

— Évidemment ! J'aurais dû m'en douter, mitrailla le petit homme. Je suis le lieutenant Culpepper, récemment sorti de West Point, et nommé dans la compagnie. Vous êtes le nouveau boxeur, n'est-ce pas, le welter ? Dommage que vous ne soyez pas arrivé avant la fin de la saison. Content de vous avoir à bord, Prewitt, comme diraient le Vieux et ses collègues de la flotte !

Il parcourut la petite pièce au grand galop en posant des papiers dans diverses corbeilles à courrier.

— Vous me connaissez probablement, si vous avez lu les chroniques régimentaires, continua-t-il. Mon père et son grand-père ont tous deux commencé leur carrière comme sous-lieutenants dans cette compagnie, pour arriver finalement à la commander, puis à commander le régiment, avant de devenir officiers d'état-major. Je marche sur leurs illustres brisées. Mais oui, mais oui ! Où est mon sac de golf, sergent Warden ! J'ai rendez-vous sur le terrain dans un quart d'heure avec la fille du colonel Prescott. Ensuite, nous déjeunerons et nous retournerons sur le terrain.

— Ici, dans le placard, répondit Warden. Derrière le classeur.

— Ah ! parfaitement, dit le lieutenant Culpepper, fils du général de brigade Culpepper, petit-fils du lieutenant-général Culpepper, arrière-petit-fils du lieutenant Culpepper, je vais le prendre moi-même, sergent, ne vous dérangez pas, dit-il à Warden qui n'avait pas bougé. Il faut que je fasse mes dix-huit trous aujourd'hui. Grande réception au club, ce soir. Je dois être en forme.

Il s'empara de son sac de golf, fit choir une pile de dossiers, qu'il ne se donna pas la peine de ramasser, et disparut aussi vite qu'il était venu, sans ajouter un seul mot à l'adresse de Prewitt.

Avec un dégoût non dissimulé, Warden ramassa les dossiers et les remit en place.

— Suis-moi, dit-il à Prewitt. J'ai encore du boulot.

Il passa derrière le bureau d'Holmes et se planta devant le tableau des effectifs de la compagnie répartis en sections et en groupes, le nom de chaque homme étant imprimé sur un papillon de carton amovible.

— Où est ton barda ? dit-il.

— Resté à la A. J'ai pas voulu empaqueter mes tenues fraîches.

— Toujours à cheval sur la toilette, hein ? T'as décidément pas changé. Mais c'est pas l'uniforme qui fait le soldat. Loin de là.

Il inscrivit le nom en capitales d'imprimerie sur un papillon prélevé dans l'un des tiroirs du bureau d'Holmes.

— Il y a un affût de mitrailleuse contre le mur du magasin d'habillement. T'as qu'à le prendre pour transporter ton barda. Ça t'évitera de faire quatre ou cinq voyages.

— O.K. ! dit Prew, incapable de cacher son étonnement.

Warden s'esclaffa, heureux de sa surprise :

— Ça m'embêterait de te voir friper tes tenues fraîches, fiston, dit-il. J'ai horreur de voir gaspiller de l'énergie, sous n'importe quelle forme. On doit pouvoir te caser dans une bonne section, continua-t-il. Qu'est-ce que tu dirais de celle du caporal Choate ?

— Tu crois peut-être que tu vas m'avoir ? riposta Prew. Je te vois pas du tout me coller dans la section du grand chef. Je te vois plutôt me coller dans une des sections commandées par un des poulains de Dynamite.

— Sans blague ?

Les sourcils de Warden tressaillirent délicatement, et il inséra le papillon sous le nom du caporal adjoint Choate.

— Là, tu vois ? Je suis probablement le meilleur copain que t'aies jamais eu, fiston, et tu t'en doutes même pas. Allons au magasin d'habillement.

Leva s'arrêta de scribouiller juste assez longtemps pour délivrer à Prew sa nouvelle literie et porter ses initiales sur l'imprimé ad hoc.

— 'Jour, Prew, dit-il en souriant.

— 'Jour, Niccolo, dit Prew. Alors, toujours à la G ?

— Tu vas rester avec nous, ou tu viens juste passer le week-end ? s'enquit Leva.

— Il va sans doute rester avec nous quelque temps, dit aimablement Warden.

Puis il escorta Prew jusqu'à la rangée de châlits occupée par le groupe de Choate et lui désigna sa place.

— T'as jusqu'à une heure pour te préparer, Prew. Rassemblement à une heure pour les corvées.

Et Prew se mit à ranger son barda dans la chambrée trop vaste pour un seul homme, où le martèlement de ses talons rebondissait d'un mur à l'autre en une suite ininterrompue d'échos caverneux.

5

Ce fut avec la certitude de s'être montré parfaitement à la hauteur des circonstances que le capitaine Holmes quitta la salle de service. Willard, le cuistot, avait été dûment renvoyé à ses casseroles. Quant à Prewitt, l'ancien welter du 27e, Holmes était convaincu qu'il n'attendrait pas le début de la saison suivante pour changer d'avis et reprendre l'entraînement. Ce n'était qu'une question de semaines.

Le capitaine Holmes grimpait toujours avec plaisir l'escalier extérieur du Q.G. Plusieurs générations d'intempéries et de brodequins militaires en avaient poli le béton poreux, au point de le transformer en une sorte de simili-vieux marbre, veiné de noir et de gris. « Oui, lui promettaient ces marches vénérables, oui, renchérissait le cuir souple de ses bottes fidèlement entretenues jour après jour, par son ordonnance, oui, capitaine, il y a toujours eu, il y aura toujours une armée. Tant qu'il y aura des hommes, il y aura des soldats... »

Ce tableau radieux de la pérennité militaire lui était cependant — comme d'habitude — quelque peu gâché par la perspective de son entrevue avec le colonel Delbert. Non que le Vieux lui inspirât une quelconque antipathie. Mais quand un type est placé plus haut que vous sur l'échelle hiérarchique et qu'il tient votre grade de major dans le creux de sa main, le moins qu'on puisse faire est de tourner sa langue sept fois dans sa bouche avant d'émettre la moindre opinion.

Au sommet de l'escalier, un deuxième classe en treillis crasseux promenait une serpillière sur le carrelage, d'un mouvement rythmique et lent qui trahissait une longue pratique. Holmes marqua une pause, mais dans l'intensité de sa concentration le soldat n'aperçut le capitaine que lorsque celui-ci passa brusquement du sec au mouillé, entre deux balancements méthodiques, et que la frange de la serpillière cingla le talon d'une botte impeccable. Atterré, le soldat bondit au garde-à-vous, regarda d'un air indécis la serpillière pendant au bout du bras, puis il ramena le manche contre son flanc droit, telle la hampe d'un pavillon, et se tourna vers le capitaine. Irrité par cette peur du galon, chaotique, déraisonnable, exaspérante, Holmes lui jeta un regard dédaigneux et poursuivit sa route.

Le colonel Delbert était dans son antre. Derrière son immense bureau, à l'autre bout d'une surface impressionnante de plancher poli comme un miroir, entre le drapeau des États-Unis et celui du régiment, il avait l'air étonnamment frêle. Mais c'était en réalité un grand et gros homme, assez grand et gros pour que sa minuscule moustache grise déconcertât toujours le capitaine Holmes, malgré ses efforts héroïques pour rester impavide. En dehors du cocker noir qui dormait sur le plancher et de deux simples chaises de bois, le bureau était nu, ainsi qu'il sied à tout local militaire.

Lorsque Dynamite Holmes salua son colonel avec une froide impersonnalité, il sembla que le cocker lui-même eût cessé de respirer. Puis, le Vieux ayant rendu le salut avec la même précision, tout reprit son cours normal et le colonel sourit. Lorsqu'il souriait, il avait vraiment l'air presque paternel.

— Eh bien ! lança le colonel en reculant son siège pour se taper plus commodément sur les cuisses. Qu'est-ce qui vous amène, Dynamite ?

Holmes sourit à son tour et s'empara d'une des deux chaises. Quand diable cesserait-il d'éprouver ce trac ridicule en présence du Vieux ?

— Eh bien ! voilà, mon colonel. Un de mes anciens...

— Nous nous sommes couverts de ridicule en base-ball, dimanche dernier, martela le colonel. Vous avez assisté au match ? Une tripotée ! Une véritable tripotée que nous a flanquée le 2e ! Et ç'aurait été pire si le caporal Choate n'avait pas été là. C'est le meilleur joueur de base-ball que j'aie jamais vu. C'est aussi le seul que nous ayons, malheureusement. Sinon, je l'aurais déjà muté à la compagnie de commandement et nommé sergent-chef...

Le capitaine Holmes se demanda s'il avait l'intention de continuer, ou s'il pouvait placer lui-même ce qu'il avait à dire, puis il conclut qu'il valait mieux attendre plutôt qu'interrompre le Vieux, s'il reprenait la parole.

— Croyez-vous, questionna le colonel après une pause, que nous remporterons encore le championnat de boxe cette année, capitaine ?

— Mon colonel, répondit Holmes, nous avons actuellement cinquante chances sur cent de le remporter. Nous battons le 27e aux points, mais nous n'avons pas une supériorité suffisante pour que ce soit du tout cuit.

— Alors, vous ne croyez pas que nous le remporterons ?

— Je n'ai pas dit ça, mon colonel.

— Voyons, capitaine, ou vous croyez que nous garderons le titre, ou vous croyez que nous ne le garderons pas. Il n'y a pas trente-six solutions !

— Non, mon colonel.

— Alors ?

— Pardon ? sursauta Holmes. Oh !... nous le garderons, mon colonel.

— Parfait ! Nous ne nous sommes pas consacrés assez sérieusement aux sports, ces deux dernières années.

— Non, mon colonel, acquiesça Holmes après mûre réflexion. Mais je crois pouvoir dire que les autres entraîneurs et moi-même avons fait de notre mieux.

— J'en suis convaincu, approuva énergiquement le colonel, mais ce qu'il nous faut, ce sont des résultats. L'exercice est nécessaire, pour occuper les hommes. Mais, en temps de paix, vous savez aussi bien que moi que ce sont nos performances athlétiques qui nous posent aux yeux du public. Surtout ici, dans le Pacifique, où les grandes compétitions sont inexistantes. J'ai déjà parlé à tous les autres entraîneurs. Et j'ai décidé de relever le major Simmons, qui s'occupait du football.

Le colonel arbora un sourire significatif et sa petite moustache s'infléchit sardoniquement.

— Des résultats ! Ce sont les résultats qui comptent ! Il a demandé sa réaffectation dans la métropole, comme de juste, ajouta-t-il.

Holmes fit un léger signe de tête et réfléchit en quatrième vitesse. Tout ceci avait dû se passer récemment. Aujourd'hui, sans doute, sinon il l'eût su déjà. Il y avait donc un poste à prendre, et celui qui prendrait le poste serait probablement recommandé pour le grade, à moins qu'ils importent quelqu'un des États-Unis entre-temps.

Le colonel posa ses grandes mains bien à plat sur son bureau vierge de paperasses.

— Alors, qu'est-ce que vous me vouliez, Dynamite ?

Holmes avait presque oublié le motif initial de sa visite.

— Oh !... C'est au sujet d'un de mes anciens de Fort Bliss, mon colonel. Il est venu me voir la semaine dernière. Il est à Fort Kamehameha, dans l'artillerie côtière, et voudrait se faire muter ici, avec moi. Je tenais à vous en parler, pour être sûr que ça se ferait sans anicroches.

Les ailes de la petite moustache frémirent délicatement.

— Encore un boxeur, hein ? Nos effectifs sont déjà un peu chargés, mais il y a des accommodements avec le ciel. J'écrirai au ministère, s'il le faut.

Holmes se pencha pour caresser le chien du colonel.

— Non, mon colonel, ce n'est pas un boxeur. C'est un cuisinier. Un excellent cuisinier, d'ailleurs. Le meilleur que j'aie jamais eu.

— Hé ! Hé ! dit le colonel.

— Il a servi à Bliss sous mes ordres, mon colonel. Je réponds de lui personnellement.

— Je ferai le nécessaire, promit le colonel. Dites-moi plutôt comment se porte votre compagnie, capitaine. Toujours de première bourre ? Votre compagnie m'intéresse, mon garçon. Elle vient à l'appui de ma théorie : les bons athlètes font les bons officiers subalternes et les bons chefs ; les bons chefs font les bonnes unités. C'est de la logique pure et simple. Il y a en ce monde pas mal de bétail qu'il faut faire marcher à coups de trique ! C'est pourquoi rien ne s'accomplit jamais sans chefs dignes de ce nom.

La vieille timidité revint au galop, brouillant le regard du capitaine Holmes.

— Je me flatte d'avoir la meilleure compagnie du régiment, mon colonel, dit-il avec un sourire plein d'embarras.

— Mais oui, mais oui ! Et votre sergent-chef Warden, par exemple, est une parfaite illustration de ma théorie. C'était un athlète complet, c'est un excellent officier subalterne. C'est aussi un excellent rouspéteur, j'imagine, mais tous les bons soldats sont nés rouspéteurs et, comme le disait mon grand-père, c'est quand un bon soldat cesse de rouspéter qu'il faut commencer à se demander ce qui ne va pas !

Le capitaine Holmes acquiesça d'un vigoureux signe de tête.

— Ça, c'est bien vrai, mon colonel ! s'écria-t-il avec un enthousiasme d'autant plus sincère que cette philosophie universellement répandue n'était pas une trouvaille de grand-papa Delbert.

Elle était exacte, d'ailleurs, surtout en ce qui concernait Warden. Holmes se sentait déjà mieux.

Le colonel Delbert rapprocha soudain son fauteuil du bord de son bureau et reprit d'un ton sec :

— Parlons peu, parlons bien, capitaine ! Quels sont au juste vos espoirs pour l'année prochaine ? Nous allons gagner cette année, dites-vous, très bien, votre parole me suffit. Mais, pour gagner, il faut prévoir..., comme le disait également mon grand-père. Ce n'est pas assez de gagner cette année, nous devons nous préparer à gagner l'année suivante. Soyez vainqueur, vous serez considéré. Telle est la loi de ce monde-ci, et de l'autre aussi, probablement, quoi qu'en dise la curetaille ! Croyez-vous que nous aurons autant de chances de gagner dans un an que nous en avons cette année ?

— Eh bien ! pas exactement, mon colonel, balbutia Holmes, acculé.

Il s'était pratiquement engagé à gagner cette année. Son avancement était à ce prix. Et voilà maintenant que le Vieux essayait de le coincer pour l'année suivante.

— Nous allons perdre trois de nos meilleurs pugilistes, mon colonel. Leur temps expire cette année.

— Je sais, dit le colonel. Mais il vous reste les sergents Wilson et O'Hayer. Quels remplacements avez-vous en vue ?

— J'ai un nouveau poulain qui s'est bien défendu cette année, dans la coupe. Le soldat Bloom. J'ai l'intention de le pousser un peu et de le présenter comme challenger dans les moyens, l'année prochaine.

Le colonel ne le quittait pas des yeux, et, malgré tous ses efforts, Holmes ne parvenait pas à soutenir son regard. Sa joue le démangeait. Il aurait voulu avoir une tablette de chewing-gum, mais s'il l'avait eue il n'aurait pas pu la mâcher en parlant au colonel. Alors ? Il aurait mieux fait de se pendre que de monter ici aujourd'hui, se dit-il brusquement.

— Bloom ? dit le colonel. Bloom ? Un grand diable de Juif avec un crâne plat et une tignasse crêpue ? Rien d'autre ?

— Hélas ! non, mon colonel. A ce propos, je voulais vous demander quelque chose. Je n'ai pas un seul poids lourd qui vaille la peine d'être cité, et le caporal Choate était champion poids lourd de Panama, il n'y a pas si longtemps. Depuis que je suis ici, j'essaie de lui faire remettre les gants, mais...

— Inutile, trancha le colonel. Il ne les remettra pas.

— Bien, mon colonel.

— Le caporal Choate est probablement le meilleur joueur de base-ball de tout le Pacifique. Vous ne voudriez pas nous priver de notre meilleur joueur de base-ball, hein ? Hein ?

— Non, mon colonel.

— Alors, j'ai bien peur que vous ne puissiez compter sur lui.

Holmes hocha la tête pour marquer sa compréhension. L'équipe de base-ball perdrait de toute manière, mais lui, il faudrait qu'il gagne. Ce sont les vainqueurs qui tiennent la queue de la poêle. Le sale cabot du colonel roupillait toujours comme un bienheureux, vautré sur le plancher, avec les pattes de derrière étendues dans le prolongement du corps et les pattes de devant nonchalamment croisées. Et dire que tous les officiers du régiment étaient tenus de peloter cette saloperie de bestiole !

« Pourquoi que tu ne laisserais pas tout choir, Holmes ? songea le capitaine. Mais ensuite ? Que faire ? Où aller ? »

— J'ai un nouvel affecté, mon colonel, enchaîna-t-il. Un nommé Prewitt. Il boxait au 27ᵉ. Challenger dans les welters. Il vient d'être muté chez moi. De la clique.

Le colonel arbora son sourire paternel.

— Eh bien ! voilà. Mais c'est parfait ! Et vous dites qu'il était dans la clique ?

Holmes commençait à en avoir plein le dos.

— Oui, mon colonel, dit-il.

« Sale petit clebs », se dit-il sauvagement en caressant le cocker.

— Depuis un an, ajouta-t-il.

« Saloperie de petit clebs ! »

— Depuis la dernière saison de boxe, précisa-t-il suavement.

« Et je te roupille, et je te m'emplis la panse, et je te condescends à me laisser peloter, et je te me la coule douce pendant que tu transpires, idiot ! Sale petit cabot ! »

— Remarquable ! s'exclama le colonel. Dans la clique ! Dommage que nous ne l'ayons pas su cette année. Il aurait pu nous servir. Mais on ne sait jamais ce qu'il y a dans la clique. Vous lui avez parlé ?

— Oui, mon colonel.

« Autant se foutre à l'eau tout de suite. »

— Il refuse de reprendre la boxe.

« Si tu avais eu un gramme de cran, Holmes, se reprocha-t-il, tu aurais ajouté : Lui aussi. »

— Comment ? Impossible ? dit le colonel avec raideur.

— Oui, mon colonel, il a refusé.

Holmes comprit soudain qu'il venait de faire un faux pas. Et puis après ? Il s'en foutait comme de son premier caleçon. Et pourtant, qu'est-ce qu'il ferait s'il quittait l'armée ? Il s'abstint de parler du poste de clairon qu'il avait offert à Prewitt.

— Non, dit le colonel d'un ton catégorique, le regard étrangement glacial. Vous vous imaginez qu'il a refusé, mais c'est votre rôle de le convaincre. Dites-lui que c'est pour le régiment et que nous avons absolument besoin de lui.

— Oui, mon colonel. Je vais m'en occuper.

Le grincement d'un tiroir couvrit sa voix. Il n'y avait pas moyen de s'y tromper. C'était le geste rituel qui mettait fin à tout entretien avec le colonel Delbert, et lorsque le Vieux releva les yeux du tiroir ouvert pour jeter au capitaine un regard interrogateur, Holmes était déjà sur pied, en train de ranger sa chaise contre le mur du fond. Le colonel ne s'opposerait pas à la mutation de Prewitt, et c'était toujours ça d'obtenu.

Les bruits de bois heurté réveillèrent le cocker ; il se leva, étira ses pattes l'une après l'autre, déroula le ruban rose de sa langue, dans un bâillement d'une extrême insolence, puis, se léchant les babines, il gratifia l'intrus d'un regard assassin que le capitaine lui rendit avec usure. Il aperçut soudain sa main serrée sur le dossier de la chaise, l'ôta et se retourna pour sacrifier au rite impersonnel du salut. Il allait sortir lorsque le colonel reprit la parole :

— A propos, capitaine, comment va Mme Holmes ? Mieux, j'espère ?

— Un peu mieux, depuis quelque temps, dit Holmes en revenant sur ses pas.

Une petite flamme rouge s'était allumée au fond des yeux brusquement insondables du colonel.

— C'est une femme charmante, reprit le Vieux. Je ne l'ai pas revue... voyons... depuis la réception donnée au club par le général Hendricks. Ma femme donne un bridge cette semaine. Elle serait heureuse de l'y voir venir.

Holmes dut se forcer à secouer la tête.

— Je sais que ma femme en serait enchantée, dit-il, mais je doute qu'elle se sente assez solide pour répondre à l'aimable invitation de madame la colonelle. Elle n'est toujours pas très bien, vous savez, et ces choses-là la fatiguent énormément.

— C'est bien ce que je craignais... comme je l'ai dit à ma femme. Enfin... Croyez-vous qu'elle sera suffisamment remise pour la prochaine réception donnée par le général Hendricks ?

— Je l'espère, mon colonel. Je sais qu'elle serait navrée de ne pas y assister.

— Je l'espère aussi pour elle... et pour nous tous. Nous apprécions tellement sa compagnie. Vous avez vraiment une femme charmante, capitaine.

— Merci, mon colonel, dit Holmes, s'efforçant de ne pas regarder la petite lueur rouge qui dansait toujours au fond des yeux de son supérieur.

— Ah !... Au fait, capitaine ! Je monte une petite bombe, la semaine prochaine. J'ai retenu le même appartement que la dernière fois, au premier étage du club. Vous en êtes, bien entendu ?

Une fois de plus, le regard d'Holmes se brouilla, tandis qu'il esquissait un sourire.

— J'en serai, mon colonel, répliqua-t-il.

— Très bien ! Très bien ! Très bien !

Le colonel ouvrit un second tiroir, et le capitaine Holmes sortit du bureau.

La future partouse du colonel le consolait un peu de s'être laissé extorquer la promesse implicite d'enlever à nouveau le championnat. Comment pouvait-on jamais être sûr du résultat final ? Du moins était-il certain de ne pas encore figurer sur la liste noire, car les bringues organisées par le colonel Delbert étaient toujours très exclusives. C'étaient des bringues de gradés, et non des moindres !

Mais ça ne changeait rien au fond même des choses, et les marches qu'il redescendait à présent pour aller déjeuner ne chantaient plus, comme tout à l'heure, la pérennité de la profession militaire. Un jour ou l'autre, il serait réaffecté ailleurs, aux États, de préférence, en tout cas quelque part où il pourrait reprendre du service dans la cavalerie. Quelle idiotie d'être allé se faire verser dans l'infanterie, histoire de visiter les îles, leur foutu paradis du Pacifique ! « Bah ! se dit-il. Ce n'est pas comme si je devais passer toute ma vie à Shofield. Le Vieux ne peut rien contre moi, sinon me brider dans mon avancement. »

Il faudrait tout de même qu'il en parle à Karen. Le colonel serait ravi de la voir à la réception du général Hendricks. Il faudrait qu'il trouve un moyen de la convaincre. Si seulement elle consentait à se montrer aimable avec cette vieille baderne, il décrocherait peut-être son grade de major, même si ses poulains se laissaient déposséder du titre. Il n'exigeait pas qu'elle couche avec lui, non, inutile de dramatiser. Qu'elle soit gentille, simplement. Gentille...

Il rendit leur salut, sans les voir, à quelques soldats qui sortaient de la cantine et traversa rapidement la rue pour rentrer chez lui.

6

Karen Holmes brossait sa chevelure blonde lorsqu'elle perçut le claquement assourdi de la porte de service et le pas de son mari sur le carrelage de la cuisine. Il y avait près d'une heure qu'elle se brossait ainsi, toute au plaisir purement sensuel que lui procuraient les jeux ondulants de sa toison d'or sous les poils raides de la brosse, accédant peu à peu, par étapes insensibles, à cette sorte de transe euphorique où plus rien n'existait pour elle, que le reflet mouvant, dans son miroir, de ce bras qui semblait avoir cessé de lui appartenir.

Qu'elle se brossât les cheveux, qu'elle se lançât dans quelque réalisation culinaire ou lût avec avidité tout ce qui lui tombait sous la main, c'était toujours le même oubli total du monde extérieur qu'elle recherchait en toutes choses. Elle n'était pas précisément taillée de l'étoffe dont on fait d'ordinaire les femmes d'officiers, Karen Holmes.

La porte, en claquant, rompit le charme ; elle rejeta sa brosse et couvrit son visage de ses mains, pour n'en plus voir le reflet livide, barré par la sanglante blessure de la bouche lourdement fardée. Implacables, les pas traversèrent la salle à manger, et le capitaine Holmes envahit la chambre, le chapeau toujours sur la tête.

— Oh !... bonjour, s'excusa-t-il. Je ne savais pas que tu étais là. Je venais seulement changer d'uniforme.

Karen reprit sa brosse et se remit au travail.

— La voiture est cependant rangée devant la maison, riposta-t-elle d'une voix brève.

— Ah ? Je ne l'ai pas vue.

— Je suis allée jusqu'à ton bureau, ce matin, expliqua-t-elle.

— Pour quelle raison ? Tu sais que je n'aime pas te voir là-bas, au milieu des hommes.

— Je voulais te demander de faire quelques courses pour moi, dit-elle évasivement. Je pensais t'y trouver.

— J'avais d'autres chats à fouetter, grogna-t-il en ôtant sa cravate.

Il la jeta sur le lit et s'assit sur le bord du matelas, tire-botte au poing.

— Ça ne te dérange pas, je suppose ?

— Pas le moins du monde. Tu n'as aucun compte à me rendre. C'est ce qui a été convenu entre nous.

— Alors, pourquoi revenir là-dessus ?

— Pour te montrer que toutes les femmes ne sont pas aussi bêtes que tu veux bien le dire.

Holmes rangea ses bottes près de son lit, quitta sa chemise et sa culotte de cavalier trempées de sueur.

— Qu'est-ce que tu as encore trouvé, bon Dieu ! jura-t-il.

— Mais rien, dit-elle en souriant. Tu peux sortir avec autant de femmes qu'il te plaira, voilà bien longtemps que ça ne me regarde plus. Alors, pour l'amour de Dieu, ne te crois plus obligé de me raconter des histoires !

— Des histoires ! gémit-il en enfilant une paire de chaussettes propres. Pourquoi diable te raconterais-je des histoires, au point où nous en sommes ? De quel droit m'accuses-tu de cette façon ?

— De quel droit ? répéta-t-elle en le suivant des yeux dans la glace ; et il y avait tant de haine dans son regard qu'Holmes battit en retraite.

— Oh ! bon Dieu ! Toujours cette histoire ! gémit-il. Combien de temps faudra-t-il encore pour que tu oublies ? Combien de fois devrai-je te répéter que c'était un accident !

— Oui, évidemment, ça change tout ! On passe un coup de gomme et c'est comme si rien n'était arrivé, railla-t-elle.

— Je n'ai pas dit ça, s'écria Holmes. Je sais ce que tu as ressenti, mais comment aurais-je pu me douter ? Je ne l'ai su moi-même que beaucoup trop tard. Que veux-tu que je te dise de plus, sinon que je suis désolé ?

Sa feinte indignation ne put résister au regard de Karen. Il baissa la tête et contempla, vaguement honteux, ses vêtements tachés de sueur, étalés sur le plancher, puis il se leva d'un air accablé pour aller chercher un uniforme propre dans la penderie. L'impatience avec laquelle il avait attendu l'heure de son rendez-vous équestre n'était plus qu'un souvenir. Il commençait même à se demander s'il irait vraiment à ce rendez-vous.

— Tu t'en es tiré à bon compte, lui lança Karen. Ça ne t'a pas laissé la moindre marque, à toi !

Furtivement, secrètement, elle passa sa main sur son ventre, tâtant du bout des doigts l'épais bourrelet de sa cicatrice. « C'est là qu'est le mal », songea-t-elle, à bout de nerfs. Le fruit mutilé, vidé de ses graines, flétri sur l'arbre toujours vivant. Tant de souvenirs atroces et sordides auxquels, depuis huit années, elle s'efforçait d'échapper en vain.

Une fois dans la penderie, Holmes décida qu'il irait faire du cheval de toute façon, même s'il n'en avait plus envie, et qu'il se munirait d'une bonne bouteille. Lorsqu'il reparut, dans son linge de corps immaculé, il avait déjà changé d'attitude. Il n'avait plus cet air prostré des coupables, et son assurance transparaissait à travers l'allure faussement penaude qui était son arme dernière et qui manquait rarement d'arracher la victoire aux cendres d'une défaite trompeusement acceptée.

Karen ne connaissait que trop cette attitude. Elle apercevait dans son miroir le reflet de son mari, massif, velu, avec ses jambes grotesquement arquées par les flancs des chevaux qu'il avait montés à Bliss, où il commandait l'équipe de polo, et l'épaisse toison noire qui, jaillie de son maillot de corps comme le kapok d'un coussin éventré, montait en boucles touffues jusqu'à la limite de son cou rasé. Son visage bleu de barbe avait cet air de sensualité primitive et d'orgueilleuse expiation des pasteurs qui ont engendré une nombreuse famille. A la vue de celui qui était toujours son époux, Karen sentit son estomac se tordre comme un poisson visqueux accroché au bout d'un fil. Elle se déplaça légèrement sur son siège pour ne plus voir cette image détestée.

— J'ai vu le colonel Delbert, ce matin, dit Holmes. Il m'a demandé si nous irions à la prochaine réception donnée par le général Hendricks.

D'un air détaché, il se déplaça à son tour, lui restituant ainsi son image, et, sans cesser de l'observer, enfila son pantalon. Karen le suivait des yeux, sachant quel but il poursuivait, mais incapable de contrôler ses nerfs qui vibraient comme les cordes d'une guitare.

— Il faudra que nous y allions, continua-t-il. Impossible de se défiler. Sa femme donne un bridge, de son côté, mais je me suis débrouillé pour t'éviter cette corvée.

— Débrouille-toi pour m'éviter l'autre également, dit Karen.

Mais son ton manquait d'énergie ; le cœur n'y était plus.

— Si tu veux y aller, vas-y tout seul.

— Je ne peux pas continuer à y aller seul, se plaignit Holmes.

— Si ! Tu leur diras que je suis malade, ce qui sera parfaitement exact. Laisse-leur entendre que je suis infirme, tu ne seras pas loin du compte.

— Simmons a été balancé de l'équipe de football, expliqua-t-il. C'est un poste à prendre, et le grade avec. Le Vieux m'en a parlé et, juste après, il m'a demandé si tu viendrais à la soirée du général.

— La dernière fois que je l'ai rencontré dans une soirée, je suis rentrée avec ma robe fendue jusqu'en bas, tu te souviens ?

— Oh ! Il était un peu parti, dit Holmes. Il n'avait pas de mauvaises intentions, le pauvre vieux.

— Je l'espère, dit Karen sans conviction. Si j'avais envie de coucher avec un homme, j'en chercherais un vrai ; je ne voudrais pas de ce gros sac de tripes rempli de bière.

— Je parle sérieusement, protesta Holmes en transférant ses insignes de sa chemise sale à sa chemise propre. Maintenant que Simmons est balancé, il est plus important que jamais que tu te montres gentille avec le colonel.

— Tu sais que je t'ai toujours secondé de mon mieux, rappela-t-elle. J'ai assisté à des réceptions empoisonnantes. J'ai joué mon rôle d'épouse idéale ; c'était convenu comme ça. Mais s'il y a au monde une chose que je ne ferai pas pour toi, c'est bien de coucher avec le colonel Delbert !

— Il n'en est pas question. Tout ce que je te demande, c'est d'être polie avec lui.

— Polie ! Avec ce vieux satyre ? Sa seule proximité me donne envie de vomir.

— Des galons de major valent bien une envie de vomir ou deux, plaida Holmes. Un ancien de West Point qui décroche maintenant son grade de major sera général à la fin de la prochaine guerre. Tout ce que je te demande, c'est de lui sourire et de l'écouter débloquer sur son grand-père.

— Lui sourire ? Rien que ça ! Autant l'inviter carrément à vous glisser la main entre les jambes ! Il a une femme, oui ? Pourquoi ne s'en prend-il pas à elle plutôt qu'aux femmes des autres ?

— Oui, pourquoi ? releva Holmes.

Karen perdit légèrement contenance devant cette accusation implicite. Elle savait qu'il n'avait parlé que pour le principe, mais cette comédie de l'amant délaissé lui brisait littéralement les nerfs.

— C'était convenu comme ça, dit tristement Holmes.

Elle haussa les épaules avec lassitude.

— Bon, j'irai, c'est entendu. Et maintenant parlons un peu d'autre chose.

— Qu'est-ce qu'on mange, à midi ? s'enquit Holmes. J'ai une faim de tous les diables. Entre les discours de Delbert, les jérémiades du cuistot et le nouvel affecté Prewitt, j'ai passé une matinée exécrable. J'ai les nerfs à fleur de peau.

— C'est le jour de sortie de la bonne, tu sais, lui rappela-t-elle avec calme.

— Non ? s'écria Holmes, consterné. Bon Dieu ! Je croyais que c'était mercredi.

Il consulta sa montre et haussa les épaules.

— Il est trop tard pour monter au club, maintenant. Si j'essayais tout de même...

Karen s'efforçait de ne pas sentir sur ses épaules le poids de ce regard qui la transperçait. Il ne déjeunait jamais chez lui, cela faisait partie de leurs conventions, mais elle ne parvenait pas à trouver normal qu'une épouse refusât de servir son mari.

— Le mieux que j'aie à faire, c'est d'aller prendre un sandwich à la cantine, reprit-il d'un ton résigné.

Il tourna dans la chambre comme un ours en cage et se laissa choir sur le lit.

— Qu'est-ce que tu vas manger toi-même ? s'informa-t-il avec l'expression d'un homme qui décide de renoncer à toute dignité.

— Je me fais un potage, en général, soupira Karen.

— Oh ! tu sais que je n'aime pas le potage.

— Je te réponds, simplement, riposta-t-elle en s'efforçant de conserver un ton égal. Je me fais de la soupe, un point, c'est tout. Pourquoi mentirais-je ?

Holmes se releva d'un bond.

— Allons, allons, chérie, ne t'énerve pas, je vais pousser jusqu'à la cantine, ça ne me fait absolument rien. Tu sais que ça ne te vaut rien de sortir de tes gonds. Tu risques de te rendre malade.

— Je ne risque rien du tout, protesta-t-elle, et tu ne m'as pas vue bien souvent couchée !

Il n'avait pas le droit d'employer de tels mots avec elle, il n'avait pas le droit de l'appeler chérie, comme il le faisait toujours lorsqu'ils se chamaillaient ainsi. Ces mots étaient autant d'épingles qui la clouaient au mur, parmi les autres papillons de la collection Holmes. Elle se vit, en imagination, lui jeter à la face tout ce qu'elle pensait de lui, remplir une valise et partir loin, vivre et gagner sa vie. Elle trouverait toujours un emploi, un appartement. « Mais quel genre d'emploi ? se demanda-t-elle. Avec ta santé chancelante, que peux-tu faire ? Que sais-tu faire, sinon tenir la maison d'un homme, la maison de ton mari ? »

— Calme-toi, chérie, détends-toi, disait Holmes.

Et, d'un geste de tendre apaisement, il posa ses mains sur ses épaules, tout en cherchant son regard avec sollicitude dans le miroir omniscient.

Sous le poids effrayant de ces mains immobiles qui l'écrasaient, qui la liaient au même titre qu'était liée sa vie, Karen retrouva brusquement l'impression qu'elle avait ressentie, étant enfant, un jour où, retenue par des fils de fer barbelés, elle s'était violemment débattue, laissant finalement la moitié de sa robe aux ergots de la haie, tandis que sa mère accourait pour la délivrer.

— C'est ça, détends-toi, répéta Holmes en souriant. Écoute, tu vas préparer à déjeuner comme si je n'étais pas là, et je mangerai exactement comme toi. D'accord ?

— Je peux te faire un sandwich rôti au fromage, capitula-t-elle, épuisée.

— O.K. ! dit-il. Du fromage. Ça ira très bien. Ce sera merveilleux.

Il la suivit dans la cuisine et, tandis qu'elle préparait le déjeuner, l'entoura d'une sollicitude attentive. Karen se flattait d'être un cordon bleu. La cuisine était le seul art qu'elle se fût donné la peine d'apprendre, mais elle le possédait à fond. Ce jour-là, cependant, rien ne semblait marcher. Elle laissa bouillir le café, fit roussir le sandwich. Mais Holmes bondit à la rescousse, avec un empressement magnifique, fit montre d'un merveilleux appétit et déclara qu'il boirait une tasse de café à la cantine. Karen le regarda partir, souriant et affectueux, puis regagna sa chambre et s'épuisa en vains efforts pour retrouver sa sérénité compromise.

Furtivement, comme animée d'une vie propre, sa main remonta jusqu'à son ventre et, avec lenteur, effleura le bourrelet de sa cicatrice. L'horreur que lui inspirait son propre corps, sa propre chair mortelle et putrescible, l'envahit à nouveau comme une armée nauséeuse. Le fruit mutilé, vidé de ses graines, flétri sans avoir accédé à la maturité... « C'est faux, protesta-t-elle, tu sais bien que c'est faux. Tu as porté son fils dans tes entrailles. Ta vie n'a pas été stérile, puisque tu as été mère... »

« Quelque part, plus haut, plus loin, ailleurs qu'ici, quelque part, lui soufflait une voix, il doit exister autre chose, on doit pouvoir être autre chose que vierge, mariée, mère, grand-mère, honorée, respectable, pour aboutir finalement à la mort. Il doit être possible d'échapper à cette évolution infernale, il doit être possible de posséder autre chose qu'une cuisine ultra-moderne, avec frigidaire, ustensiles escamotables et tubes fluorescents... »

Parmi les débris répugnants d'une civilisation boueuse, Karen Holmes cherchait désespérément sa vie, insoucieuse des éclaboussures qui pouvaient souiller ses mains. Il y avait déjà tant, tant de boue dans son existence misérable.

7

En moins d'une demi-heure, Prewitt eut fait son plumard au carré, rangé ses uniformes dans son vestiaire mural, ses pompes dans son coffre, et confectionné un paquetage impeccable, un paquetage d'ancien. Un bleu tel que Maggio eût mis des heures à atteindre le même résultat, mais Prewitt n'en tirait ni fierté ni satisfaction d'aucune sorte. Ce n'était jamais drôle de déménager, de ne se sentir enraciné nulle part, d'être toujours en route, comme si la vie était un perpétuel trimard. Heureusement qu'il y avait les cartes et la possibilité de faire une partie de « solitaire ». Le solitaire, c'est le jeu des exilés...

Ayant enfilé un bourgeron propre, Prewitt faisait donc une partie de solitaire en attendant la soupe quand Anderson et Clark, respectivement clairon et élève-clairon de la G, firent irruption dans la vaste chambre étrangère. Prew les connaissait de vue. Il posa ses cartes et les regarda traverser la chambrée. Il les avait entendus jouer de la guitare, le soir, dans la cour du quartier. Ils y tâtaient beaucoup mieux qu'à leurs clairons.

Ce jugement instinctif le replongea brusquement dans l'atmosphère de la clique, et il se sentit balayé par une insupportable nostalgie. Les voix métalliques des bugles lançant, sur différents registres, des sonneries contradictoires, hardiment attaquées et laissées en suspens, faute de souffle, et, dans le chœur malhabile des exercices, le rare motif parfaitement exécuté, fruit d'un merveilleux élan fugitif qui prenait soudain son essor et s'en allait porter au loin l'expression d'un insaisissable état d'âme. Il n'était pas jusqu'à l'odeur âcre de la pâte à récurer les cuivres qui manquât cruellement à Prewitt.

Il était onze heures. Les répétitions étaient terminées et les gars de la clique avaient quartier libre pour le restant de la journée. Anderson et Clark étaient célèbres parmi les musiciens pour leur façon de surveiller la pendule. Ils étaient toujours les premiers à se cavaler pour rejoindre leurs guitares et les pincer jusqu'à ce que la compagnie rentrât de l'exercice. Le clairon n'était pour eux qu'un moyen de couper au service actif et d'avoir plus de temps pour faire de la guitare. Ils voulaient jouer de la guitare, mais la guitare n'a pas sa place dans l'orchestre d'un régiment. Ces deux-là possédaient les choses auxquelles Prew attachait tant de prix, et ce n'était pas ces choses-là qu'ils désiraient. Ils n'en voulaient pas, donc, rien ne les empêchait de les conserver. Prew tenait à son clairon, donc, il avait été contraint de l'abandonner. Telle est la logique de l'existence !

Lorsqu'il reconnut Prewitt, Anderson hésita, puis se détourna et passa sans un mot, les yeux obstinément rivés au plancher de la chambre. Clark voulut imiter son professeur, mais ne put s'empêcher de saluer Prewitt au passage, d'un petit signe de tête plein d'embarras.

Ils sortirent leurs guitares et se mirent à jouer de tout leur cœur, comme pour repousser cette présence étrangère. Progressivement, ils s'assagirent, puis, s'arrêtant complètement, jetèrent un coup d'œil dans la direction de Prewitt et conférèrent à voix basse.

Ce fut en les écoutant ce jour-là que Prew s'aperçut pour la première fois qu'Anderson et Clark étaient des as, des as de la guitare. Mais c'était toujours pareil. On vivait pendant des années aux côtés d'un type sans jamais s'apercevoir de son existence, puis on était balancé dans sa compagnie et on découvrait d'un seul coup qu'il ne faisait pas seulement partie du décor, mais possédait, lui aussi, sa vie et ses aspirations particulières.

En sortant de leur palabre, les deux guitaristes rangèrent leurs instruments, puis, toujours sans lui adresser la parole, repassèrent devant Prewitt et se dirigèrent vers l'autre bout de la galerie, où se trouvaient les cabinets. Ils l'évitaient avec ostentation. Prew alluma une toute faite et la contempla, impassible, affreusement conscient de sa qualité d'intrus.

Il regrettait qu'ils se fussent arrêtés. Ils avaient joué ce qu'il préférait : des blues, des rengaines nostalgiques, ces choses que sentent et jouent tous les anciens trimardeurs, et les gars d'usine, et les péquenots qui vont à l'armée pour tenter d'échapper à leurs existences vaines. Prew reprit ses cartes, et il allait entamer une autre réussite lorsqu'il entendit revenir les deux guitaristes. La voix excitée d'Anderson vola jusqu'à ses oreilles.

— ... le meilleur clairon du régiment, vociférait-elle sur le mode indigné. Du moment que je te le dis !

— Ouais, mais c'est pas comme si..., riposta Clark d'un ton perplexe. Ils s'engagèrent dans l'escalier, et Prew n'entendit plus rien.

Lâchant ses cartes, il jeta sa cigarette et jaillit sur le palier.

— Hé là ! Remontez un peu ici, tous les deux, lança-t-il.

La tête consternée d'Anderson, que le plancher de l'étage semblait isoler du tronc, fit une brusque volte-face, comme un ballon de baudruche pris dans un tourbillon. Les inflexions malveillantes de Prew le ramenèrent sur le palier avant que son esprit eût accepté la chose. Clark le suivit à contrecœur.

Prew ne se donna pas la peine de tourner autour du pot.

— Si j'avais voulu continuer à jouer du clairon, j'aurais pas bougé d'où j'étais, gronda-t-il d'une voix blanche. Je suis pas venu ici pour vous soulever votre petite planque de sales corniaux ! Compris ?

Anderson se balançait stupidement d'un pied sur l'autre.

— T'es assez bon clairon pour l'avoir quand tu voudras, dit-il en regardant ailleurs.

— Je le sais ! coupa Prewitt.

La brume de la colère l'enveloppait tout entier, estompant le visage de ses interlocuteurs.

— Mais j'ai jamais rien soulevé à personne, excepté au jeu ! C'est pas ma façon de procéder, tu piges ? Je suis pas un gars à faire des coups en dessous.

— O.K. ! dit Anderson d'un ton conciliant. O.K. ! Prew, t'énerve pas.

— M'appelle pas Prew, t'entends ?

Clark, à l'écart, souriait d'un air gêné et promenait de l'un à l'autre ses bons gros yeux écarquillés.

Prewitt avait eu l'intention de dire que le capitaine lui avait proposé le poste en question et qu'il avait refusé, mais quelque chose dans le regard d'Anderson l'en dissuada *in extremis*.

— Personne aime l'exercice et les corvées, dit maladroitement Anderson.

Avec une soupe-au-lait comme Prewitt, il valait mieux y aller doucement.

— Je sais que t'es bien meilleur que moi, t'as joué à Arlington, alors, ça veut tout dire. T'aurais pas de mal à me soulever ma place, mais ce serait pas régulier.

Il laissa sa voix sombrer dans le vague.

— Je voudrais pas être la cause de ta mort, gouailla Prewitt. Cesse de te casser le tronc.

— Bon... merci, Prew, dit Anderson d'un ton lamentable. Je veux pas que tu croies que... enfin, je veux dire que...

— Va te faire cuire un œuf, trancha Prew. Et m'appelle pas Prew. Pour toi, je suis Prewitt. Pas autre chose.

Il tourna les talons, écouta les pas des deux gars décroître lentement dans l'escalier. Joli début ! Ça promettait d'être intéressant ! Comme s'il avait jamais eu l'intention de leur soulever leur sale petite planque !

Il sortit son embouchure de sa poche, s'assit, la soupesa, promena longuement son pouce sur la délicate encolure. Un beau travail de précision. Trente dollars. C'était le meilleur placement qu'il eût jamais fait.

Bon Dieu ! Vivement la fin de la semaine, qu'il puisse décarrer de cette saloperie de piaule et aller voir Violette à Haleiwa. Il y avait des gars qui se vantaient d'avoir une chasse gardée ici ou là, mais il y en avait peu qui étaient assez veinards pour en avoir une vraiment. Ils en parlaient tous, essayant de s'entre-convaincre et de se convaincre eux-mêmes qu'ils avaient des filles splendides et bien à eux, mais malgré tout leur chiqué on les retrouvait finalement au boxon, où ils attendaient avec les copains qu'on les soulage à trois dollars par tête de pipe ! Prewitt savait qu'il était un sacré veinard d'avoir rencontré Violette. Assis sur son lit, il attendait la soupe, il attendait la fin de la semaine.

Quand sonna la soupe, Prew se mêla au troupeau qui dégringolait vers le réfectoire, dont la porte, trop petite pour les laisser passer tous en même temps, les obligeait à refréner leur ardeur. Avec leurs physionomies luisantes et rieuses, leurs mains propres et leurs treillis éclaboussés d'eau, ils auraient fait une bonne affiche de recrutement ; il fallait les regarder de plus près pour voir les bracelets de crasse qui entouraient leurs poignets et la couche de poussière qui souillait leur cou et le derrière de leurs oreilles. Tout ça chahutait, débloquait, rigolait et s'entre-empoignait classiquement au bas-ventre en gueulant : « Tu l'as bouffé ! » Mais Prewitt était en dehors de tout ça.

Deux ou trois types qu'il connaissait de nom lui adressèrent la parole avec une grande réserve et retournèrent partager avec les autres leurs motifs de rigolade. La compagnie G était un organisme vivant dont il ne constituait pas encore une cellule. Il avala en silence, dans le bourdonnement des conversations et le vacarme de la vaisselle heurtée, conscient des regards curieux qui l'examinaient de toutes parts.

Après la soupe, ils remontèrent l'escalier, par deux ou par trois, la folle exubérance qui les poussait toujours à s'extérioriser au début de la trêve de midi complètement chassée par la perspective des corvées fastidieuses qu'il allait falloir exécuter en pleine digestion.

Prew fit la queue avec les autres, devant la cuisine, laissa choir ses rogatons dans la poubelle malodorante et jeta son plateau et sa tasse sur le vaste évier encombré. Maggio s'arrêta juste assez longtemps pour lui décocher un clin d'œil, et Prew remonta dans la chambre. Il alluma une cigarette, déposa son allumette dans la vieille boîte de conserve qui lui servait de cendrier et s'allongea sur son plumard, au sein de la chambrée bourdonnante. Il fumait tranquillement, les mains croisées sous la nuque, lorsqu'il vit approcher le caporal Choate.

Le gigantesque Indien de pure race Choctaw, à la parole aussi mesurée que les gestes, aux yeux inexpressifs dans un visage morne — mais qui, en cours de compétition, devenait soudain plus vif qu'une panthère —, s'assit sur la couchette voisine avec un bref sourire. Ils se fussent volontiers serré la main, s'ils n'avaient été tous les deux esclaves d'un formalisme qui les paralysait.

Durant tout l'automne dernier, le caporal Choate, qui, pendant toute la saison de football, était exempté de faire l'exercice, avait déjeuné chaque matin chez Choy en même temps que Red et Prewitt. Prew eût aimé le lui rappeler, et lui dire à quel point il était heureux de se trouver dans son groupe, mais il savait qu'il lui serait impossible de le dire sans les gêner considérablement tous les deux. Depuis qu'il avait fait la connaissance du colossal Choctaw à face de lune, Prew avait suivi religieusement tous les matches et toutes les rencontres auxquels l'Indien participait, c'est-à-dire presque tous, car Wayne Choate, en matière de sport, ne connaissait jamais de repos. En automne, c'était le football, où il jouait arrière, et c'était le seul homme de l'équipe qui fût capable de résister à soixante minutes de football tel qu'on le pratique dans l'armée. En hiver, c'était le basket-ball où, toujours arrière, il occupait la troisième place sur la liste des plus forts marqueurs de paniers. L'été le retrouvait sur le terrain de base-ball en tant que meilleur joueur de toute l'armée, après qu'il eut, au printemps, décroché quelques premières places dans les lancers athlétiques et bien servi son équipe dans les relais.

Dans ses quatre ans de compagnie G, il n'avait jamais tiré un seul jour de corvée, et s'il avait consenti à boxer pour Holmes, il eût été sergent-chef deux semaines plus tard. Tout le monde ignorait pour quelle raison il ne se faisait pas muter dans une compagnie moins exclusive sur le chapitre de l'avancement, ni pour quelle raison il s'obstinait à ne pas céder aux injonctions de Dynamite Holmes, car le caporal Choate ne parlait jamais de lui-même. Au lieu de se faire mousser, il restait à la G, caporal à perpète, et tous les soirs, chez Choy, se fusillait à la bière, de telle sorte qu'environ trois fois par semaine un piquet de cinq hommes devait venir le chercher pour le ramener au corps sur un affût de mitrailleuse lourde.

Son coffre était plein de médailles d'or glanées dans l'Archipel, à Panama, à Porto Rico, médailles qu'il bazardait ou prêtait moyennant finances à certains athlètes de pacotille qui voulaient en faire accroire aux copains. A chacune de ses mutations, il avait laissé derrière lui des brassées de citations sportives, et ses admirateurs d'Honolulu eussent été scandalisés s'ils avaient pu le rencontrer chez Choy, l'œil vitreux, avec son énorme ventre tendu comme une outre par d'invraisemblables quantités de bière.

— Le juteux me dit qu'il t'a mis dans mon groupe, commença-t-il soudain, à sa manière solennelle d'ours débonnaire. Alors, je viens te donner le topo de la section.

— O.K. ! dit Prew. Vas-y.

— Chef de section : Ike Galovitch.

— Déjà entendu parler de lui.

— T'en entendras encore parler. C'est un drôle de numéro. Y remplace Wilson, qu'est le vrai chef de section, pendant la saison de boxe. Tu verras pas souvent Wilson avant le mois de mars.

— C'est quel genre de type, Champ Wilson ? s'informa Prew.

— Faut le comprendre, dit lentement le caporal Choate. Y parle pas beaucoup et y fréquente personne. Tu l'as vu sur le ring ?

— Ouais. C'est un dur.

— Si tu l'as vu sur le ring, t'en sais autant sur lui que n'importe qui. Il est copain avec le sergent Henderson, qui soigne les bourrins d'Holmes. Ils ont servi ensemble sous ses ordres, à Bliss.

— D'après sa façon de boxer, ça doit être un beau salopard, dit Prew.

Choate le regarda dans les yeux.

— Peut-être bien, dit-il, mais, si tu lui fous la paix, il en fait autant. Y te cherchera pas de rognes si t'essaies pas de discutailler, et dans ce cas-là personne peut dire si y fera marcher ses galons ou pas. Il est capable de tomber la veste, mais je l'ai vu aussi envoyer pas mal de types au dur.

— Merci de l'avertissement, dit Prew.

— Tu me verras pas souvent non plus, continua le caporal. Même quand Wilson est là, c'est Galovitch qui se farcit tout le boulot. Je passe la revue de détail le samedi matin, mais Ike la repasse toujours en personne, même quand tous les cabots lui ont fait leur rapport.

— Alors, à quoi que tu sers ? s'esclaffa Prew.

— A pas grand-chose. C'est Ike qui fait tout. Les cabots sont la cinquième roue de la charrette, à la G, parce que les groupes, y z'existent qu'en théorie. On se rassemble par sections, on fait l'exercice par sections, pas par groupes.

— Tu veux dire qu'y a pas de fusiliers, pas de voltigeurs, pas de servants du B.A.R.[1] ? On se place n'importe comment, à la va-comme-je-te-pousse ? s'étonna Prew.

— Sur le papier, c'est chacun à sa place, dit lentement le caporal, mais sur le terrain le cabot se place à la tête de la colonne et les autres s'alignent comme y veulent...

— A Myer, c'était pas comme ça, dit Prew. Je me demande si ça me plaira ou non.

— Ça m'étonnerait que ça te plaise, mais c'est comme ça. Ike va pas tarder à rappliquer pour te passer au crible et te mâcher ton boulot. Tiens, qu'est-ce que je disais ?

Prew leva la tête pour regarder dans la direction de l'escalier.

— Eh ! caporal, dit-il. Maggio, le petit macaroni. Il est dans quel groupe ?

— Le mien. Pourquoi ?

— Sa tête me revient. On a fait connaissance ce matin. Je suis content qu'y soit dans ton groupe.

— C'est un bon petit gars. Y a qu'un mois qu'il a fini ses classes et y se fait refiler toutes les corvées, mais c'est un bon petit gars. Et il est marrant comme tout. C'est lui qui fait rigoler tout le monde dans la section.

Galovitch s'avançait entre les deux rangées de plumards, et Prew avait un mal de chien à se persuader que c'était vrai. Ike Galovitch avait des pieds interminables, des jambes en parenthèses, des bras si longs qu'ils risquaient à chaque pas de se prendre dans ses genoux, et une petite tête dont les cheveux drus coupés en brosse descendaient presque jusqu'entre ses sourcils. Ses oreilles, collées à son crâne, ses longues lèvres lippues et sa forte mâchoire prognathe eussent achevé de le faire ressembler à un singe s'il avait eu les yeux plus malins et le cou moins décharné. Il avait une dégaine invraisemblable, qui projetait son torse et sa tête en avant comme s'il avait transporté un coffre-fort sur ses épaules.

— C'est ça, Galovitch ? souffla Prew.

— C'est lui, approuva le caporal, s'efforçant de cacher sa gaieté sous une solennité accrue. Attends de l'avoir entendu parler.

L'apparition s'arrêta devant eux, au pied du lit de Prew, les contempla de ses yeux rouges, enfoncés dans deux entonnoirs cannelés de mille rides, et rumina un instant ses lèvres flasques, comme un édenté.

— Prewitt ? questionna Galovitch.

— C'est moi.

— Sergent Galovitch, chef je suis de c'te section, annonça fièrement l'autre. Quand affecté à c'te section vous êtes, devenez

1. Browning Automatic Rifle.

sous mes ordres. En conséquence, un de mes hommes. Suis venu vous éclairer la lanterne.

Il marqua un temps, posa sur le pied du lit les jambons noueux qui lui tenaient lieu de mains et se remit à manger ses lèvres en foudroyant Prew du regard.

Prew jeta un coup d'œil vers le caporal pour lui communiquer sa stupéfaction, mais l'Indien s'était allongé sur le plumard voisin et, la tête renversée en arrière, il semblait refuser de participer plus longtemps à ce qui se passait autour de lui.

— Regardez pas lui, ordonna Galovitch. C'est moi qui cause à vous, pas lui. Il est seulement caporal. Le sergent Vilsanne est chef de section, et y a que lui pour vous dire ce que je vous dis pas de faire. Le matin au réveil, première chose : le lit. Au carré, avec le surplus de la couverture bordé sous le polochon. J'inspecte tous les plumards de la section. Pas fait au poil, tout par terre, et on recommence. Ensuite, mission de ce groupe : briquer la galerie, en dehors le foyer. Après nettoyé sous plumard, z'allez là-bas avec les autres. Pas de tire-au-cul dans la section ! Personne coupe à la pelote ou aux corvées, sans quoi corvées en plus !

Pleins d'espoir, les petits yeux rouges défiaient Prewitt d'émettre la protestation qui lui permettrait, à lui, Galovitch, de clamer sa loyauté envers Holmes, Wilson, la compagnie, la cause tout entière, dont le nom importait peu, pourvu qu'elle engendrât des vocations sans nombre.

— Et croyez pas, enchaîna Galovitch, qu'on peut venir ici boxeur et se décharger sur le dos des copains sous prétexte qu'on est un dur. Les durs... au dur, et en vitesse. Dans cinq minutes, rassemblement pour la corvée. C'est tout.

Il jeta à Prew un dernier regard assassin, à Choate, étendu sur le dos, un regard accusateur, et, de sa démarche simiesque, repartit vers son propre lit où il continua de servir son Dieu inconnu en reprenant les souliers à moitié cirés qu'il avait lâchés pour venir chapitrer Prewitt.

Lorsqu'il eut disparu, le caporal Choate ramena sa masse imposante sur le plan vertical, au grand dam des ressorts du sommier, qui grincèrent lamentablement.

— Tu vois ça d'ici, quand il fait faire de l'ordre serré à la section, dit-il.

— Oui, dit Prew, je vois. Dis donc, y sont tous comme ça, dans la compagnie ?

— Pas tous dans le même genre, dit le caporal avec philosophie en roulant une autre cigarette. J'ai dans l'idée, ajouta-t-il gravement, qu'il a dû apprendre que tu boxerais pas pour Holmes.

— Comment voudrais-tu qu'il l'ait déjà appris ?

Choate haussa les épaules.

— C'est difficile à dire, mais je crois qu'il l'a appris. Si ç'avait été le contraire, une supposition que tu sois venu comme boxeur, y t'aurait offert la compagnie sur un plateau d'argent et léché le train en long, en large et en travers.

Prew éclata de rire, mais le visage solennel et rond du caporal était absolument inexpressif. Il semblait juste un peu surpris qu'on puisse trouver matière à rire dans toute cette histoire, ce qui, bien entendu, redoubla l'hilarité de Prewitt.

— Bon, gouailla Prew. Ce point étant acquis, qu'est-ce que tu vas me dire de plus avant que je prenne le voile ?

— Pas grand-chose, riposta solennellement l'autre. Pas de bouteilles dans le fond des coffres. Le Vieux les passe en revue tous les samedis et barbote celles que j'ai pas raflées avant lui.

— Vaudrait peut-être mieux que je note ça sur mon agenda, dit Prew.

— Ensuite, continua lentement le caporal, aucune femme dans la caserne après dix heures du soir. A moins qu'elles soient blanches. Toutes les autres, jaunes, noires ou café au lait, je les descends à la salle de service, où Homes me donne un reçu et les transmet au colon.

Il regarda sérieusement Prew qui faisait semblant de prendre des notes sur sa manchette.

— Rien d'autre ? s'enquit-il.

— C'est tout, dit le caporal.

Prew lui adressa un sourire de complicité, pensant à sa vahiné d'Haleiwa dont l'allusion de Choate aux femmes de couleur avait ramené l'image dans son esprit. C'était la troisième fois qu'il pensait à elle depuis ce matin, et, chose étrange, cette pensée ne le torturait plus, puisqu'il y avait au monde des milliers de femmes qui ne demandaient qu'à être séduites, possédées et comblées de présents. Ce n'était pas vrai, bien sûr, mais l'amitié inerte et pataude du caporal Choate avait rempli un compartiment vacant du cœur de Prewitt.

Il avait même retrouvé son esprit critique et, quand sonna le rassemblement, il put conclure en toute objectivité que c'était bougrement mal joué et qu'il aurait fait beaucoup mieux lui-même.

— Faut que tu y ailles, dit Choate, toujours solennel, en se redressant. Je crois que je vais aller me glisser dans mes toiles et me taper un bon petit roupillon...

— Egoïste ! dit Prew en prenant son chapeau.

— Ensuite, à quatre heures, je descendrai m'en jeter un chez Choy, histoire de vérifier la température de sa bière. C'est ma saison d'entraînement.

En riant de bon cœur, Prew se dirigeait vers l'escalier. Brusquement, il se retourna.

— Dis donc, finies les parlotes du petit déjeuner, chez Choy, lança-t-il avant d'avoir compris qu'une fois lâchées ces paroles les gêneraient tous les deux.

— Quoi ? dit le caporal, impassible. Oh !... Ouais, sûrement.
Il tourna vivement les talons et mit le cap sur son propre plumard.

8

Il existe dans toutes les armées une certaine catégorie d'activités méconnues, mais très importantes, fort pertinemment englobées sous le terme général de « corvées ». Tout chasseur qui, après avoir tiré deux ou trois cartouches dans la nature, doit passer une heure à nettoyer son fusil en vue de la prochaine sortie sait ce qu'est une corvée. Toute ménagère qui, après un triomphe culinaire, doit laver sa vaisselle en sachant parfaitement qu'il faudra recommencer le soir même sait ce qu'est une corvée. C'est précisément ce retour inéluctable, à intervalles plus ou moins réguliers, des mêmes choses fastidieuses qui fait la corvée.

Et tout chasseur qui, après avoir tiré trois balles dans la nature, donne son fusil à son fils avec les instructions nécessaires, toute ménagère qui, après avoir gavé ses invités et reniflé l'encens de leurs compliments, ordonne à sa fille de s'occuper de la vaisselle, oui, ces adultes savent ce que ressent un officier envers les corvées. Quant au fils et quant à la fille, ils savent ce que ressent un simple soldat envers ces mêmes corvées.

Les corvées, dans l'armée, représentent cinquante pour cent du service actif, mais ces cinquante pour cent semblent avoir été bannis des belles affiches de recrutement, où il est question de voyages et d'aventures, de soldes élevées, de chances égales pour tous et des multiples avantages d'une profession qui vous nourrira jusqu'à la mort. La nouvelle recrue ne découvre l'existence des corvées qu'après avoir signé son engagement, lorsqu'il est trop tard pour revenir en arrière.

La plupart des corvées ne sont que fastidieuses, mais il en est d'avilissantes. Il n'y a qu'un officier pour rapporter de ses campagnes des souvenirs glorieux, parce qu'il n'est pas obligé de changer la litière de son cheval, ni de gratter la boue de ses bottes. Le soldat, qui, après chaque séance sur le terrain, doit rebriquer sa cartouchière, peut trouver ça empoisonnant, mais n'en souffre pas dans son amour-propre. Le même soldat qui, chaque après-midi, doit tondre les pelouses, laver les vitres, balayer les cours et nettoyer les rues du quartier des officiers mariés, trouve ça non seulement empoisonnant, mais profondément dégradant.

Après chacune des soirées données au club des officiers, il fallait bien qu'une âme patriotique se dévouât pour vider les cendriers et nettoyer l'alcool répandu. Mais il y avait mieux. Il y avait une chose qui soumettait le dévouement patriotique à une épreuve encore plus rude, et c'était, revenant tous les douze jours pour chacune des compagnies, le ramassage des résidus (essentiellement distinct du ramassage civil des ordures), dans le quartier des officiers mariés.

N'osant les livrer aux tuyaux d'écoulement, qui eussent pu se boucher, ni aux bons soins des collecteurs civils, qui eussent pu tout laisser choir, les épouses de ces messieurs déposaient leurs compresses périodiques souillées dans leurs boîtes à résidus. Vider un de ces récipients réclamait déjà un certain patriotisme, mais à la fin de l'après-midi, lorsque le camion était plein jusqu'au bord, le patriotisme exigé du piquet de corvée était véritablement incommensurable. Ces hommes méritaient la croix pour service rendu à la patrie lorsque, sur le chemin de la décharge, ils préféraient marcher plutôt que voyager à bord dudit camion.

Il n'était point jusqu'à l'estomac le mieux placé du patriote le moins délicat qui ne finît par se rebeller à la longue. Et, comme c'était Warden qui désignait les piquets de corvées à la G, l'estomac le plus éprouvé était invariablement celui du soldat Prewitt. Il devint progressivement évident qu'à chaque fois que Prewitt se trouvait placé en tête des détachements de corvéables, Warden commençait l'appel des corvées par celles qui exigeaient le patriotisme le plus endurci.

La corvée de boucherie, par exemple. En leur qualité de spécialistes, les bouchers débitaient la barbaque à longueur de journée, mais, pour le déchargement des bêtes entières et la manipulation des quartiers de viande, ils faisaient appel aux hommes de corvée. Un après-midi de ce passe-temps convertissait les beaux treillis coupés sur mesure de Prewitt en une carapace de graisse et de sang séché. Il en avait plein la figure, plein les oreilles et plein les cheveux, et traînait dans son sillage une douce puanteur d'abattoir. Warden l'attendait généralement à l'entrée du corridor, manches retroussées, propre et frais au sortir de la douche, un sourire affectueux au coin des lèvres.

— Magne-toi d'aller te laver, disait-il. La soupe est presque terminée. Ou tu ferais peut-être mieux d'y aller comme t'es et de te laver plus tard ?

— Non, répondait sérieusement Prew. Je préfère me laver d'abord.

— Comme tu voudras, mon prince, ricanait Warden.

Il lui demanda un jour s'il n'avait pas envie de reprendre la boxe, ou tout au moins de faire du base-ball.

— T'as l'air vachement claqué, fiston. Si tu faisais du sport, tu couperais aux corvées.

— Qu'est-ce qui te fait croire que les corvées m'embêtent ?

— J'ai pas dit que ça t'embêtait, fiston, dit Warden avec une certaine complaisance. J'ai simplement dit que t'avais l'air claqué. Lessivé à double zéro.

— Si tu crois que t'arriveras à me refaire boxer, Warden, tu te goures, répliqua fermement Prewitt. Je suis capable de digérer tout ce que tu peux me servir, toi et Dynamite avec. J'en vaux deux comme toi. Si t'avais pas des sardines, je te prendrais d'homme à homme et je réduirais ta grosse carcasse en purée. Et, si mes poings n'y suffisaient pas, je me paierais un surin et je t'attendrais dans un coin sombre.

— Te laisse pas arrêter par mes sardines, gouailla Warden. Je peux toujours ôter ma liquette. Tout de suite si tu veux.

— Ça te plairait, hein ? s'esclaffa Prewitt. Tu pourrais me faire coller un an de dur, après la bagarre, pas vrai ?

Il pivota sur lui-même et s'engagea dans l'escalier.

Il avait eu l'intention de profiter de son premier week-end pour filer à Haleiwa et s'expliquer avec sa vahiné, mais toute la semaine, en sa qualité de nouveau, il s'était vu gratifier d'un tas de corvées supplémentaires. Warden usait et abusait implacablement de ses pouvoirs.

Quand arriva le milieu de la semaine et que Prewitt cessa de voir son nom sur les listes de corvées, son intuition de soldat lui chuchota de s'attendre au pire. Et le vendredi matin, quand la liste des hommes de corvée pour le week-end fut placardée sur le tableau de service, ses soupçons se réalisèrent. Warden l'avait réservé pour la bonne bouche. Prew était de cuisine le dimanche et de chambrée le samedi. Il n'aurait même pas un jour de sortie pour sauter à Haleiwa. Les dispositions prises par Warden avaient quelque chose de diabolique. Quand on est de cuisine le samedi, on coupe à la revue de détail du samedi matin, alors que l'homme de chambrée doit s'y soumettre comme tout le monde en plus de son travail supplémentaire. Pas d'erreur, Warden était fortiche. Quand il voulait s'y mettre, personne n'existait devant lui.

Le samedi matin, de bonne heure, frais et dispos pour la revue, Warden sortit de la salle de service et, debout contre le chambranle de la porte, regarda Prew briquer la galerie, son habituel sourire affectueux au coin des lèvres. Prew continua de travailler avec zèle, en feignant de ne rien remarquer, mais il se demandait si tout cela était la conséquence d'ordres donnés par Holmes, pour l'obliger à reprendre la boxe, ou bien — et en vertu de quelle antipathie nébuleuse ? — le simple fruit des talents personnels de Milton Warden ?

Le lendemain dimanche, à onze heures, Warden pénétra dans la cuisine pour y prendre son petit déjeuner. En sa qualité de sergent-chef, il n'était pas astreint aux horaires stricts des autres. Il s'assit à la table de pâtisserie et se mit à manger avec un appétit féroce, au nez et à la barbe des hommes de corvée qui suaient sang et eau. Puis il passa dans l'arrière-cuisine et reprit sa position favorite contre le chambranle de la porte.

— Ça, alors, dit-il sans sourire. Que je sois pendu si c'est pas mon petit copain Prewitt ! Qu'est-ce que tu penses du service actif, fiston ? Ça te plaît, la vie de fantassin ?

Les cuistots et les autres gars de corvée observaient le tableau.

Warden passait rarement ses dimanches à la caserne, et ça promettait quelque chose de sensationnel.

Torse nu, souliers et pantalon saturés de sueur et d'eau grasse, Prew détourna son regard de l'évier fumant vers lequel il était penché.

— Et comment, chef, dit-il avec un sourire qu'il espérait convaincant. C'est pour ça que je me suis fait muter. Ici, c'est la vie de château. La première perle que je trouve, on fait naffe à naffe, d'accord ? Après tout, ce sera grâce à toi que je l'aurai trouvée.

— Voilà, dit Warden en souriant aimablement. Voilà ce que j'appelle un pote régulier. Dynamite avait Preem et Galovitch a Bliss. Moi, j'avais Prew à la A. Quand des hommes ont servi ensemble, y feraient n'importe quoi l'un pour l'autre. C'est si vrai que je vais voir si je peux pas t'en trouver davantage, Prew, puisque t'aimes tellement ça.

Il sourit, et Prew n'oublia jamais ce regard de compréhension qui les isola tout à coup du reste de l'univers et les laissa seuls, face à face, les yeux dans les yeux, deux rudes jouteurs conscients de leur valeur réciproque. La main de Prew agrippa une lourde tasse, au fond de l'évier, mais, comme si les yeux de Warden eussent eu le pouvoir de percer la matière et l'eau savonneuse, il sourit affectueusement, une dernière fois, et s'éloigna sans hâte, laissant Prew absurdement seul avec son intention inemployée.

Cependant, malgré la menace de Warden, le nom de Prew disparut des listes quotidiennes et, le samedi suivant, il put en toute liberté se rendre à Haleiwa. Fait curieux, qu'il avait noté bien des fois, lorsqu'il était à la A : quelles que fussent ses bizarreries, Warden, à sa manière, était scrupuleusement régulier et ne forçait jamais la frontière qui, dans son esprit, séparait l'inique de l'équitable.

Prew avait eu, au milieu de la seconde semaine, l'idée fugitive d'écrire un petit mot à Violette. Mais à quoi bon ? Violette n'existait, pour lui, qu'à chacune de ses visites, lorsqu'elle recommençait à vivre au moment précis où il l'avait quittée la fois précédente. Entretemps, elle n'existait que dans l'esprit de Prew, et comment eût-il pu écrire au fruit de sa propre imagination ? Il se souvenait toujours des lettres qui étaient arrivées après la mort de sa mère, encore adressées à la personne vivante qu'elle avait cessé d'être. Comment accorder le moindre crédit à un moyen d'expression qui ne respecte aucune des réalités de la vie, de l'instabilité humaine et de la mort ? Aussi avait-il jugé préférable de renoncer à écrire et d'attendre son premier jour de sortie pour aller voir Violette à Haleiwa.

Violette l'attendait, comme d'habitude, derrière la porte-moustiquaire, accotée à l'un des montants, une main accrochée à l'autre, comme pour interdire l'accès de la maison à quelque représentant invisible. Prewitt avait l'impression confuse qu'il eût pu arriver à n'importe quelle heure du jour ou de la nuit, elle eût toujours été là, dans cette posture exacte, l'attendant aussi sûrement que s'il l'avait prévenue de son arrivée. On eût dit — c'était étrange — qu'aucune de ses visites, si inopinée fût-elle, ne la prenait jamais au dépourvu. Mais tout ce qui touchait à Violette était étrange. Il n'avait jamais prétendu la comprendre depuis le jour où ayant fait sa connaissance à Kahuku, il l'avait emmenée à la fête et qu'elle lui avait donné, le soir même, la preuve irréfutable de sa virginité. Le fait en soi était déjà surprenant, et Prew n'avait jamais eu, depuis, le loisir de s'en remettre.

Violette Ogure. Il fallait avoir un cheveu sur la langue pour prononcer la dernière syllabe avec un *d* fantôme entre le *r* et le *e*. Oh-gou-rdhie. Le rapprochement même de ce nom de fleur anglaise et de ce patronyme transmis depuis le fond des âges était aussi indéchiffrable que les générations de croisements obscurs entre colons, indigènes et soldats mystérieusement réabsorbés par la mythique « Métropole », qui avaient produit la population actuelle d'Hawaii. Violette elle-même était la vivante image d'Honolulu, avec ses trusts puissants dirigés par des missionnaires et ses minables cinémas japonais où se coudoyaient tous les produits d'hérédités inextricables. Prew avait appris à prononcer correctement le nom de Violette. Et ses découvertes n'étaient jamais allées plus loin.

Tout de suite, ils firent le tour de la maison. C'était un rite qu'ils respectaient toujours, car, depuis qu'ils connaissaient Prew, jamais les parents de Violette ne l'avaient invité ni autorisé à pénétrer dans la pièce du devant. Un rideau hermétique de plantes grimpantes entrelacées transformait la galerie postérieure en une vaste tonnelle qui servait de salon à la famille Ogure et qu'envahissait l'odeur pénétrante du poulailler, indissolublement associée, dans l'esprit de Prew, à l'existence de Violette.

Contiguë à la cuisine, la chambre de Violette était toujours en désordre, son lit de fer à la dorure écaillée toujours défait, ses vêtements toujours étalés sur le pied du lit et le dossier de l'unique chaise, sa boîte de poudre toujours renversée sur sa coiffeuse de fortune. La penderie tapissée de cretonne à grosses fleurs agressives était l'œuvre personnelle de Violette. Elle était vide, mais symbolisait ses espoirs en des jours meilleurs.

Prew se débarrassa de ses vêtements et, complètement nu, avec l'aisance que confère une longue liaison, chercha son short dans le capharnaüm environnant. Ce fouillis ne le gênait pas le moins du monde. Il l'explorait des pieds et des mains, beaucoup plus chez lui dans cette piètre bicoque que ne l'était Violette elle-même. Ces masures qui montaient à l'assaut de la colline, de part et d'autre de la route, c'était Harlan, son village natal, avec la couche de charbon en moins. La terrasse postérieure avec sa pompe rouillée, l'évier ébréché avec sa cuvette de zinc et sa lourde écope taillée dans la pierre, toutes ces choses faisaient partie du décor de sa vie, et il évoluait au sein de cette pauvreté avec le naturel de ceux qui l'ont toujours connue.

Tout en cherchant son short, il lui parla de sa mutation et des événements qui l'avaient tenu éloigné d'elle.

— Mais pourquoi que tu t'es fait muter, Bobbie ? pépia-t-elle de sa voix flûtée qui ne manquait jamais de le faire sourire.

Assise sur le lit, elle le regarda enfiler ses vieilles espadrilles.

L'air frais du dehors s'insinua par l'unique fenêtre, dissipant l'odeur de linge sale, effleurant le corps de Prew d'une caresse revigorante. Il regarda Violette, qui ne portait rien de plus qu'un short et un soutien-gorge, et sentit la vieille marée primitive lui durcir le ventre et rendre moite la paume de ses mains.

— Quoi ? sursauta-t-il. Oh !... Je me suis pas fait muter. J'ai été muté. C'est Houston qui m'a fait cette vacherie, parce que je lui ai dit ses quatre vérités... Dis donc, y a personne chez toi. Si on prenait un acompte ?

Trois semaines que le sang lui montait aux yeux, à chaque fois qu'il y pensait, trois semaines sans, c'était beaucoup trop long.

— Attends, coupa-t-elle. T'aurais pas pu aller voir l'officier et demander à rester ?

— Si, bien sûr.

Prew secoua nerveusement la tête, songeant à quel point l'armée peut vous chauffer un bonhomme, lui rendre la chasteté prolongée encore plus insupportable.

— J'aurais pu y aller, mais je pouvais quand même pas me conduire comme un lèche-cul.

— Je vois... Mais j'aurais cru qu'une discussion, ça pouvait toujours se tasser, objecta Violette. Je veux dire, quand on a une bonne place et qu'on y tient...

— Ç'aurait peut-être pu s'arranger, mais y a pas une place qui vaut ce prix-là, pas une, tu piges ? Y avait rien d'autre à faire. Écoute, maintenant, viens. Viens donc ici.

— Pas tout de suite.

Elle l'observait avec une sorte de curiosité.

— C'est une honte de perdre une bonne place comme ça. Et ta spécialité avec !

— C'est une honte, approuva-t-il. (« Je m'en fous éperdument », pensait-il.) Est-ce qu'y a à boire, dans la cambuse ?

— Y a ce que t'as laissé la dernière fois, et une autre fois, y a longtemps, une pleine et une entamée. C'est à toi. J'y ai pas touché.

Elle se leva fièrement.

— Tu veux boire un verre ?

— Oui.

Il la suivit dans la cuisine. Il allait lui parler des changements que sa mutation allait apporter dans leur vie, mais, au dernier moment, il se ravisa. Inutile de tout gâcher maintenant, ça viendrait toujours assez tôt.

— Montons là-haut, à notre petit coin, proposa-t-il d'un ton romantique.

Il avait honte de sa voix suppliante, mais quelle dignité attendre d'un gars sevré depuis plus de trois semaines ?

— D'accord, dit-elle.

Il attendit qu'elle levât les bras pour attraper la bouteille dans le placard et, par derrière, lui prit les seins à pleines mains. Rageusement, elle ramena ses bras le long de son corps, la bouteille dans la main droite. Il la fit tourner sur elle-même, la ceintura, bras collés aux flancs, et l'embrassa tout son saoul. Pieds nus, elle était un peu plus petite que lui.

Prew portant la bouteille, ils escaladèrent la colline, sous le soleil qui desséchait l'herbe touffue et chauffait agréablement leurs dos nus. Parvenus au petit bouquet d'arbres qui en marquait le sommet, ils s'allongèrent sur le paillasson vert et brun de l'herbe. Leurs regards plongeaient tout droit jusqu'à la maison.

— C'est joli, pas vrai ? dit Prew.

— Non, le contredit-elle. C'est laid. C'est horriblement laid !

— Quand j'étais gosse, j'habitais dans un bled comme celui-là, expliqua Prew, désignant d'un geste large le village chancelant dont aucune carte touristique ne portait le nom. Sauf que c'était plus grand, mais c'était la même chose...

Il s'arrêta, consterné par le vide affreux de ces souvenirs perdus, incommunicables, qui lui revenaient en foule.

— Et ça te plaisait ? questionna Violette.

— Non, mais j'ai vu pire, depuis...

Il se renversa sur le dos et regarda le soleil filtrer à travers le feuillage. Il connaissait bien cette sensation. C'était le cafard classique des samedis de permission. « La vie ne recommence que lundi matin, se chuchota-t-il. Si seulement la vie pouvait être une éternelle permission de quarante-huit heures. »

— Allez, redescends sur terre, Prewitt.

Il but un coup à la régalade, tendit la bouteille à Violette, et elle but, appuyée sur un coude, le regard perdu parmi les masures éparpillées. Elle buvait le whisky aussi aisément que lui-même, comme du petit-lait.

— C'est horrible, répéta-t-elle. On devrait pas être obligé de vivre dans un endroit pareil. P'pa et m'man sont venus d'Hokkaido. C'est même pas à eux, la maison.

Elle lui rendit la bouteille. Il la saisit par le bras, la tira à lui, l'embrassa, et, pour la première fois, elle répondit à son baiser, en lui caressant doucement la joue.

— Bobbie, murmura-t-elle. Bobbie.

— Viens, souffla-t-il. Viens ici avec moi.

Elle résista, l'œil fixé sur sa montre-bracelet de pacotille.

— P'pa et m'man vont pas tarder, dit-elle.

— Et alors ? s'impatienta-t-il. Y vont pas monter ici.

Prew s'assit dans l'herbe.

— C'est pas ça, Bobbie. Attends ce soir. C'est la nuit que ça se fait ces trucs-là, soupira-t-elle.

— Non. C'est toutes les fois qu'on en a envie.

— Alors, j'en ai pas envie. Y vont rentrer tout de suite.

— Mais y savent bien qu'on couche ensemble la nuit !

Et tout à coup il se demanda s'ils le savaient vraiment.

— Ils le savent, pas vrai ?

— L'après-midi, c'est autre chose. Y sont pas encore rentrés de travailler. Et puis, t'es soldat. J'ai été à l'École supérieure de Wahiawa, moi.

« Oui, mais t'as jamais passé l'examen de sortie, ma jolie », songea-t-il. Il avait vu l'école en question. C'était une école comme n'importe quelle autre école.

— Eh ben ! oui, je suis soldat, dit-il. Et après ? C'est des gens comme les autres, les soldats !

— Je sais, mais y a tant de filles du pays qui sortent avec eux. Et tout ce qu'ils veulent, c'est coucher avec elles.

— Les civils aussi. Où est le mal ?

— Nulle part, mais une Hawaiienne honnête sort pas avec des soldats.

— Une fille blanche honnête non plus, aucune fille honnête sort avec des soldats ! Et pourquoi ça ? Tous les hommes sont foutus de la même façon.

— N'empêche que les gens critiquent les filles qui sortent avec des soldats.

— Alors, tes vieux ? Pourquoi qu'y disent rien, pourquoi qu'y me foutent pas dehors, si ça leur plaît pas.

— Y feraient jamais une chose pareille, dit Violette, surprise.

— Mais sacré bon sang, les voisins voient bien que je suis tout le temps fourré avec toi !

— Oui, mais ils en parlent jamais.

Le regard de Prew s'attarda sur son short étroitement tendu, sur ses cuisses tachées de soleil.

— T'aimerais décarrer d'ici ? s'enquit-il prudemment.

— Je pense bien.

— T'en auras peut-être l'occasion prochainement, dit-il, tâtant le terrain.

— Si c'est pour qu'on se mette en ménage, tu sais bien que je peux pas.

— On y est déjà, en ménage. Seulement, tu vis chez tes parents.

— C'est pas du tout pareil, dit Violette. Tu sais bien que je peux pas faire ça.

— Ouais, dit Prewitt. Ça pourrait attendre encore.

Il laissa son regard se perdre dans le bleu incroyable du ciel hawaiien.

— Regarde-moi ces nuages, dit-il. Y a une tempête qui vient sur nous. C'est bientôt la saison des pluies.

— Ils sont beaux, déclara Violette. Tout noirs, et empilés comme des rochers...

Elle attrapa la bouteille.

— Mais le toit de la maison est percé.

— Pourquoi y t'ont pas foutue dehors, tes vieux, si ça leur plaît pas que tu m'aies amené chez eux ? reprit brusquement Prewitt.

Violette resta bouche bée.

— Mais je suis leur fille !

— Ah ! oui ? On ferait mieux de redescendre. Y va pleuvoir.

Les nuages s'amoncelèrent sur les montagnes, et presque aussitôt l'orage éclata. A l'heure du dîner, il pleuvait à verse. Prew resta seul sous la tonnelle, tandis que Violette et sa mère préparaient le repas et que le père se retirait dans la pièce de devant. Les « vieux » étaient rentrés juste avant le déluge, entassés avec plusieurs voisins dans la Ford antique qu'ils avaient achetée en commun avec quatre autres familles, comme ils avaient construit et possédaient en commun les kilomètres de vieilles « coulottes » à eau, rongées par les intempéries, qui serpentaient à travers la petite vallée, tels de fragiles échafaudages utilisés aux temps préhistoriques pour bâtir les montagnes.

A peine arrivés, les vieux avaient traversé la maison et la galerie postérieure sans regarder Prew ni Violette, pour aller biner avant l'orage le petit potager bien tenu qu'irriguaient les coulottes. En observant leurs silhouettes voûtées, leurs visages qu'on eût dit sculptés dans de vieilles pommes desséchées, Prew ressentit une indignation vertueuse contre le genre humain pris en bloc, qui obligeait ces gens à vivre d'une façon telle qu'à quarante ans à peine on les eût pris volontiers pour les grands-parents ou les arrière-grands-parents de Violette. Ce petit jardin bien peigné, bien divisé en sections géométriques, utilisé jusqu'à son dernier centimètre, était à l'image de leur vie industrieuse. Ils ne rangèrent leurs outils que lorsque la pluie eut pris de la violence. Quand ils réintégrèrent la maison, ni l'un ni l'autre ne semblèrent remarquer la présence de Prew.

Seul sous la tonnelle, il écoutait les deux femmes bouger dans la cuisine et sentait renaître son indignation à la pensée que chaque homme était seul, sans défense, au milieu de ses semblables, plus isolé que l'abeille dans sa cellule. Ce fut seulement lorsque l'odeur chaude des légumes et du porc parvint à ses narines qu'il retrouva sa sérénité. Malgré les salves de la pluie et les roulements menaçants du tonnerre, l'humanité continuait d'exister et préparait le repas du soir.

Il mangea de fort bon appétit le porc fumant et les fades légumes exotiques. Warden, et l'armée, et le lundi matin, tout ça n'existait plus que dans un monde de cauchemar aussi glacial que la lune, et tout aussi lointain. Après le repas, et toujours sans mot dire, les deux vieux se retirèrent dans la pièce de devant, où Prew n'était jamais entré, et qui renfermait les petits autels familiaux. Violette et lui s'attardèrent quelques instants encore dans la cuisine, buvant tasse après tasse de thé parfumé. Le vent rudoyait la bicoque, et la pluie faisait un vacarme de tous les diables sur le toit de tôle ondulée. Lorsque Violette et lui allèrent poser leurs assiettes sur celles des vieux, dans l'évier de la terrasse, Prew se sentit plus chez lui que jamais, rassasié et content de son sort.

Ils passèrent dans la chambre de Violette, et elle omit négligemment de refermer la porte derrière eux. La lumière qui émanait de la chambre des vieux se réfléchit sur toute la surface dorée de sa peau lorsqu'elle lui tendit son corps d'un geste dont le naturel sans mystère enchantait toujours Prewitt, car il lui procurait la sensation délicieuse, rarement accessible au soldat, d'être installé de façon permanente dans une existence immuable. Mais cette porte ouverte gâchait un peu son plaisir. Il avait peur d'être vu, et son désir violent lui inspirait une sorte de honte.

Lorsqu'il se réveilla, au milieu de la nuit, l'orage était passé et la lumière de la lune illuminait la chambre. Violette lui tournait le dos, la tête posée sur son coude replié. La raideur insolite de son attitude lui apprit qu'elle ne dormait pas. Il posa sa main sur la hanche nue de sa maîtresse et la retourna face à lui. Dans la courbe de cette hanche, dans l'articulation cachée de la cuisse, il discerna un instant l'art infini de l'orfèvre et se sentit pénétré d'un respect omniscient et purificateur qui fit monter jusqu'à ses yeux des paillettes d'or liquide.

Elle roula à sa rencontre, bien éveillée, consentante, et il se demanda quelles pensées secrètes avaient peuplé son insomnie. Il s'allongea au-dessus d'elle et comprit une fois de plus qu'il allait posséder une inconnue. En accomplissant cet acte qui place deux êtres humains aussi près l'un de l'autre qu'il est possible de l'être, qui les unit si étroitement que l'un d'eux vit et bouge à l'intérieur de l'autre, Violette restait toujours une étrangère pour lui.

Pour un homme qui passe le plus clair de sa vie parmi d'autres hommes anguleux et velus, toutes les femmes sont rondes et douces, toutes sont étranges et indéchiffrables, et Prew cessa rapidement de penser à quoi que ce soit.

Le lendemain matin, il se réveilla sur le dos, complètement nu. La porte était toujours ouverte, et les deux femmes s'affairaient dans la cuisine. Il fut pris d'une violente envie de ramener les couvertures sur sa nudité, mais il se leva aussi naturellement qu'il le put et enfila son short, honteux et embarrassé de sa propre réalité encombrante de mâle, que haïssent toutes les femmes. Lorsqu'il entra dans la cuisine, la vieille continua de travailler sans lui prêter aucune attention.

Une fois le ménage terminé, et les deux vieux partis chez leurs voisins, Prew rumina toute l'histoire et, faute d'une meilleure entrée en matière, déclara tout à trac :

— Je veux que tu viennes t'installer à Wahiawa et qu'on se mette en ménage.

— Pourquoi, Bobbie ?

Accoudée au bras de son fauteuil, elle le dévisageait avec sa curiosité coutumière, comme si elle distinguait pour la première fois les rouages subtils desquels elle tirait son plaisir, et qu'elle avait toujours crus si simples.

— Parce qu'autrement je pourrais plus venir te voir qu'une fois par semaine et que c'est pas assez. Pour moi, du moins.

— Si t'en fais une condition et qu'on se sépare, ce sera encore moins souvent. Tu trouveras jamais une femme pour accepter de vivre avec la paie d'un simple soldat.

— Tes parents me gênent, y m'aiment pas. Puisqu'on est comme ça, autant pas faire les choses à moitié.

— Il faudrait que je retrouve du travail à Wahiawa, et c'est presque impossible, à moins de servir dans un bar, et, ça, je pourrai jamais. J'avais une bonne place à Kahuku. On me considérait presque comme de la famille. Je l'ai quittée pour revenir dans ce sale trou, pour que tu puisses venir avec moi tous les soirs, parce que tu me l'avais demandé.

— Je sais, coupa-t-il. Mais je savais pas que c'était à ce point-là.

— Qu'est-ce que tu croyais ? Tu gagnes pas assez pour entretenir un ménage, Bobbie.

— Avant, si ! J'ai encore un mois de prêt à toucher comme première classe et spécialiste de quatrième catégorie. Ce sera assez pour tenir un mois, jusqu'à ce que tu retrouves du boulot et que je retouche de l'argent. Avec tes gages et mes vingt et un dollars, on peut vivre mieux que tu vis ici. Y a pas de raison que tu viennes pas.

Il s'arrêta, le souffle court, étonné d'avoir parlé si vite.

— T'as pas voulu m'entendre quand je t'ai dit qu'on se séparerait si t'en faisais une condition, dit doucement Violette. Mais p'pa et m'man me laisseraient pas partir, Bobbie.

— Pourquoi qu'y t'empêcheraient de partir ? protesta-t-il. Parce que je suis soldat ? Ça te fait quelque chose, à toi, que je sois soldat ou pas ? Non ? Alors, comment qu'y t'empêcheraient de partir ?

— Y seraient déshonorés, Bobbie, dit Violette.

— Oh ! merde, dit-il, incapable de se contenir plus longtemps. Si j'étais un miteux du pays au lieu d'être soldat américain, ça marcherait comme sur des roulettes, pas vrai ?

Il avait toujours su que ça finirait comme ça. Ils vivaient comme des porcs, plus dénués de tout que les mineurs de Harlan, mais ils se considéreraient comme déshonorés si leur fille se mettait à la colle avec un troufion.

— C'est pas comme si on était mariés, expliqua Violette.

— Mariés !

Prew en perdit le souffle, tandis que l'image de Dhom, le gros sergent chauve de la compagnie G, remorquant dans son sillage son énorme épouse philippine et ses sept gniards café au lait, traversait lentement son champ de vision. Rien de drôle que Dhom soit une telle peau de vache, condamné comme il l'était à crever en exil parce qu'il avait épousé une femme du cru...

Violette sourit de sa consternation.

— Tu vois bien. T'as aucune envie de m'épouser. Alors, mets-toi à ma place. T'as pas l'intention de m'emmener quand tu rentreras aux États-Unis ? Et tu voudrais que je laisse mes parents et que je me retrouve un beau jour sans personne, ni eux ni toi. Et peut-être avec un bébé ?

— Ça leur plairait, à tes vieux, qu'on se marie ?

— Non, mais ils aimeraient mieux ça que si on se mettait en ménage, ou que ce qu'on fait maintenant.

— Y seraient toujours déshonorés, hein ? grinça Prew. Tu viendrais avec moi si on se mariait ?

— Bien sûr. Et on rentrerait ensemble aux États-Unis, puisque je serais ta femme.

« Ma femme, pensa-t-il. Pourquoi pas, après tout ? » L'idée lui parut tout à coup si séduisante qu'il réagit violemment. « Minute, papillon ! C'est comme ça qu'ils se laissent coincer tous. C'est comme ça que Dhom s'est fait avoir. D'un côté, la liberté. De l'autre, une paire de fesses à la maison, toujours prête à vous recevoir, sans stratégie fastidieuse, sans ces manœuvres d'encerclement qui durent quelquefois des semaines. A moins d'aller carrément au bordel. Alors, matelot, qu'est-ce que tu dis de ça ? »

— Si je t'emmenais aux États-Unis, dit-il prudemment, mariés ou pas, ce serait le même tabac. On serait des pestiférés. Personne voudrait nous fréquenter. Et c'est pas parce qu'on serait mariés que je t'emmènerais avec moi. Ça prouve rien d'être mariés. Y a des tas de gens pour qui ça compte pas. (« Dhom, par exemple, pensa-t-il. Il s'est marié because la paire de fesses, et une fois marida elle a plus voulu la lui donner. »)

— Mais tu veux toujours pas m'épouser ? conclut Violette.

— Et comment, que je veux pas ! dit-il d'autant plus violemment qu'il se sentait coupable. Je suis militaire de carrière et appelé à voyager. Et, comme simple soldat, je toucherais pas un rond pour ma petite fa-femme. Même pas d'indemnité de transport. Pour un gars comme moi, c'est pas le filon de se marier !

— Alors, restons comme on est.

— Ah ! non. Une fois par semaine, ça me suffit pas.

Il se leva et s'approcha d'elle.

— Pourquoi diable que tu voudrais que je t'épouse ? gronda-t-il. Pour avoir une portée de morveux derrière le train ? Pour être cloué ici jusqu'à la fin de mes jours faute de pouvoir rentrer en Amérique ?

Pourquoi que tu crois que je me suis foutu dans l'armée ? Parce que je voulais pas me crever la paillasse toute ma vie dans une mine et traîner derrière moi une portée de lardons qu'auraient tout de même eu l'air de moricauds, à cause du charbon... comme mon père, et mon grand-père, et tous les autres ! Ah ! les femmes. Tant qu'elles vous ont pas ficelé un boulet à la patte, elles sont pas satisfaites ! C'est malheureux de voir ça...

Il parvint enfin à maîtriser la colère brûlante qui s'était emparée de lui. Elle n'avait pas cherché à l'interrompre. Elle s'était laissé balayer par sa fureur comme un forçat révolté par le jet de la lance d'incendie, pliant devant la force au lieu de la combattre, avec une patience issue d'innombrables siècles de dos courbés et de visages sculptés dans de vieilles pommes.

— Je regrette, Violette, dit Prew d'une voix glacée.

— Ça ne fait rien, dit-elle.

— Je voulais pas te faire de la peine.

— Ça ne fait rien.

— A toi de décider, maintenant. Cette mutation va changer complètement ma vie. C'est la dernière fois que je viens ici. Toi, fais comme tu voudras, je peux pas te forcer, mais si on continuait comme ça j'en aurais vite marre et j'essaierais de trouver une planque. Et ça, je veux pas le faire et je veux pas que personne sache que j'y ai pensé. Alors, à toi de voir ce que tu dois faire...

— Je peux pas aller avec toi, Bobbie, dit-elle sans changer d'attitude ni d'intonation.

— O.K ! dit-il. Alors, je vais m'en aller. Y a des tas de gars qui sont à la colle, à Wahiawa. Y se paient du bon temps. Ils organisent des petites fêtes avec leurs vahinés et y sont ensemble au cinéma et au café, et tout ce qui s'ensuit. Comme ça, les mômes sont pas toutes seules. Pas plus que n'importe qui, en tout cas.

— Et qu'est-ce qu'elles deviennent, quand les soldats rentrent chez eux ? s'enquit-elle, les yeux dans le vague.

— J'en sais foutre rien et je m'en tamponne le coquillard. Probable qu'elles trouvent d'autres soldats. O.K. ! je vais me tirer.

Il s'habilla, roula ses espadrilles dans son short, avec les deux bouteilles de whisky. Ces choses sans importance déposées chez Violette avaient constitué son permis d'entrer, le seul gage qu'il eût jamais eu de posséder une autre vie, totalement étrangère à celle de la caserne. En les reprenant, il renonçait à ses droits sur cette vie.

Violette n'avait pas changé de position. Il lui sourit, les mâchoires serrées, mais elle ne le vit point. Il descendit les trois marches pourries et contourna la maison. La voix de Violette le rattrapa sur la route.

— Au revoir, Bobbie.

Prew sourit à nouveau.

— *Aloha nui oe*, cria-t-il en retour, fortement conscient du caractère dramatique de son personnage.

Lorsqu'il franchit le sommet de la petite colline, il s'abstint de regarder en arrière, mais il savait qu'elle le suivait des yeux, debout dans l'encadrement de la porte, comme pour interdire l'accès de la maison à quelque représentant invisible, et, comme s'il eût été lui-même sur le seuil de cette porte, il vit en imagination le tableau tragique de sa propre silhouette disparaissant de l'autre côté de la colline. Le plus étrange, c'était qu'il n'avait jamais autant aimé Violette, parce qu'en cette minute mémorable elle était devenue lui-même.

Quand, à la fin du mois, il toucha son dernier prêt de première classe et spé-quatre — celui-là même qui lui eût permis d'installer Violette à Wahiawa —, il alla d'un pied ferme le flamber au jeu, sur la table du sergent-croupier O'Hayer. Le geste était joli, plein d'une ironie élégante qui le séduisit. Il avait décidé de repartir à zéro. Il ne garda même pas de quoi se payer un flacon ou une passe à trois dollars au *Nouveau Congrès*, mais les mises considérables qu'il perdit en moins d'un quart d'heure créèrent une certaine sensation.

DEUXIÈME PARTIE

La compagnie

9

L'hiver, à Hawaii, ne diffère pas sensiblement du reste de l'année. Le ciel est à peine moins bleu, la température, à peine moins élevée, l'eau toujours aussi rare dans les champs de grenadiers. Le seul changement radical survient à la saison des pluies, et c'est un changement qui comble d'aise les étrangers à l'île, ceux qui ont vécu l'hiver sous d'autres latitudes. Il n'y a, dans cette catégorie d'individus, que les touristes pour se déclarer mécontents.

La saison des pluies ne vient pas sans crier gare. Il y a d'abord les deux ou trois orages de fin février, faibles comme des sursauts de moribond, qui promettent la fraîcheur sans la donner encore, laissant la terre à peine moins altérée. Début mars : les averses se prolongent et se multiplient, jusqu'à ce qu'il n'y ait plus qu'une seule averse continuelle, dont la terre se gave avant d'en restituer le surplus aux ruisseaux des rues, aux pentes des collines et aux tranchées d'irrigation qui se transforment rapidement en torrents. Et c'est ainsi jusqu'à ce que, telle une jeune mariée en voyage de noces, la terre n'aspire plus qu'à retrouver sa soif.

Pour les soldats de Shofield, heureusement sauvés de l'ennui par la volupté de se sentir au sec tandis que l'eau ruisselle au dehors, commence alors la saison des cours et de la théorie en chambre, par quoi l'armée remplace les divertissements de plein air.

Deux sortes d'imper jaillissent des paquetages : celui qui absorbe la pluie comme du papier buvard, et l'autre, plus luxueux, si étanche à l'air comme à la pluie qu'on en ressort ruisselant de sueur.

La saison des pluies et de la théorie en chambre est aussi celle de la boxe. Ce fut un peu avant le milieu du mois de mars que Dynamite Holmes commença à porter sur ses épaules le poids de la calamité imminente. Il restait trois manches à disputer pour le titre de champion divisionnaire, mais d'ores et déjà son écurie était battue. Le 27e lui avait mis trente points dans la vue ! C'était deux fois plus qu'on ne pouvait espérer rattraper dans les trois derniers matches, et le ring d'or avait déjà quitté sa vitrine en vue de sa présentation au vainqueur, à la fin de la saison. Le bruit courait que Dynamite allait être saqué de son poste d'entraîneur, et, pour la première fois depuis bien longtemps, deux hommes de la compagnie G furent traduits devant le conseil de guerre et envoyés au dur dans l'espace d'un seul mois.

Mais le régiment souffrait beaucoup moins de sa défaite que Dynamite lui-même, ou que Dynamite se l'imaginait. Ce que voulaient les hommes, ce n'étaient pas des victoires, c'étaient des distractions. Le jour du prêt était beaucoup plus proche que la saison de boxe suivante, et l'on chuchotait que presque toutes les maisons comprises entre la rue du Fleuve et l'avenue Nuuana avaient « touché » leur nouveau contingent de filles.

Mais si l'honneur du régiment n'avait d'autre défenseur que Dynamite Holmes, il avait là quelqu'un d'entièrement dévoué à sa cause. « Il nous reviendra ! », déclara-t-il, en parlant du trophée. Et la saison n'était pas terminée qu'il tirait déjà des plans sur la comète pour gagner la prochaine.

Un jour qu'il pleuvait à torrents, Warden, qui flânait sous le porche, devant la salle de service, le vit traverser la cour d'un pas martial, bien sanglé dans sa capote au col relevé, insoucieux de la boue qui souillait ses bottes, et quelque chose dans l'allure décidée de son capitaine lui dit qu'il allait y avoir du grabuge.

— Merde et remerde, lança-t-il à haute voix pour sa satisfaction personnelle.

Puis, désireux de se prouver sa propre indépendance, il tourna le dos à Dynamite et réintégra la salle de service.

— Faites-moi régler ça tout de suite, ordonna Holmes un instant plus tard, en tirant des papiers de sa capote ruisselante. Où est Mazzioli ?

— Le sergent-major O'Bannon a convoqué tous les secrétaires ce matin, expliqua Warden sans enthousiasme.

— Alors, il va falloir que vous fassiez ça vous-même, dit Holmes en lui remettant les papiers. Je veux que ça parte aujourd'hui, avec une bonne lettre de recommandation. Ce Stark était à Bliss avec moi. C'est un type très bien. J'en ai parlé au colonel Delbert, qui a déjà écrit au G.Q.G. Je fais toujours tout ce que je peux pour mes anciens.

— Bien, mon capitaine, dit Warden.

Il parcourut rapidement les papiers.

— En avez-vous également parlé au sergent Preem, mon capitaine ? reprit-il avec une indifférence apparente. Son équipe actuelle de cuistots lui donne entière satisfaction, pour autant que je sache.

Mais son indépendance n'était pas assez bien simulée. La rondeur enjouée du capitaine disparut illico, remplacée par une sévérité des plus carrée.

— Le sergent Preem ne s'opposera certainement pas à ma décision, sergent.

— Non, dit Warden. Une bouteille, et ça lui passera.

— Pardon ?

— Je ne pense pas qu'il s'y opposera.

Holmes lui jeta un coup d'œil incrédule.

— Preem et Stark ont travaillé ensemble aux cuisines, à Bliss. Et je n'ai pas l'habitude de consulter mes subordonnés avant de prendre une décision.

— Non, mon capitaine, dit Warden, soutenant son regard.

— Quand j'aurai besoin de votre avis, je vous le demanderai.

— Oui, mon capitaine, dit Warden sans baisser les yeux.

Holmes savait qu'il n'aurait jamais de meilleur sergent-chef, et Warden savait qu'il pouvait se permettre ça. Le capitaine fusilla son sergent du regard, histoire de ne pas perdre la face à ses propres yeux ; mais il y avait dans l'attitude de Milt Warden tant d'impassible dérision qu'il perdit contenance et prit le parti de secouer son chapeau.

— Bon Dieu ! quelle flotte, marmotta-t-il.

— Oui, mon capitaine, dit Warden.

Il regarda Dynamite s'asseoir en fredonnant derrière son bureau et, puisqu'il avait le dessus pour l'instant, décida de forcer la dose.

— Est-ce que ça peut attendre deux ou trois jours, mon capitaine ? Leva est à la bourre avec ses états d'habillement, et je lui donne un coup de main. J'ai pas mal de travail urgent, et cette affaire-là n'est pas à un jour près.

— Et le sergent O'Hayer ? s'informa sarcastiquement Holmes. Que fait-il pendant ce temps-là ?

— Il est beaucoup trop occupé avec sa saloperie de tripot, mon capitaine. Il n'a pas le temps de travailler au magasin.

— Pas le temps ! Qu'est-ce que ça veut dire, pas le temps ? Il est sergent-fourrier. *Il doit* faire son travail. Vous avez quelque chose à dire, sergent ?

— Non, mon capitaine, hurla Warden.

— Très bien. Alors, qu'il fasse son boulot. Il est payé pour ça. Tant que je commanderai cette compagnie, chacun y fera son travail et tout marchera selon mes ordres. Et je veux que ces papiers soient faits tout de suite !

— Oui, mon capitaine, vociféra Warden. (« Et merde pour le magasin et tout le reste avec, pensa-t-il. Voilà qu'on va avoir cinq types de Bliss pour foutre la pagaïe dans la compagnie. »)

Il se mit au travail avec une application méprisante, sans plus regarder Holmes que s'il n'eût pas été là.

— A propos, sergent reprit calmement Dynamite. Nous avons un galon de première classe de disponible, n'est-ce pas ? Vous direz à Mazzioli de rédiger l'ordre de nomination du soldat Bloom !

Warden leva le nez de son clavier, les sourcils en bataille.

— Bloom !

— Oui, Bloom, répéta Holmes avec une sorte de jubilation. Il a l'étoffe d'un bon officier subalterne. Il est fort bien noté par le sergent Galovitch. Il y a belle lurette que j'ai l'œil sur lui. Je suis ma compagnie de beaucoup plus près que vous le pensez. Les bons athlètes font les bons soldats, précisa-t-il malicieusement, et Bloom a gagné cette année quatre de ses combats. Il peut fournir l'année prochaine le champion divisionnaire de sa catégorie. Il va travailler avec le sergent Wilson. Vous direz à Mazzioli de s'en occuper dès demain... N'est-ce pas, sergent ?

— Oui, mon capitaine, répondit Warden sans lever les yeux.

Warden termina posément son travail, se demandant si Holmes était assez bête pour croire ce qu'il disait, ou s'il ne parlait que pour l'effet produit ; mais c'était comme ça qu'avaient démarré la moitié des officiers subalternes de la compagnie.

Holmes collectionna les papiers avec une expression de souverain bien-être.

— Je suppose que tout est en bon ordre ?

— Mon capitaine ! explosa Warden. Quand je m'occupe de quelque chose, c'est toujours en bon ordre !

— Allons, sergent, dit Holmes en levant la main comme pour une bénédiction, je sais que vous êtes un excellent sergent-chef. Mais je tiens au bon acheminement de cette mutation.

— C'est moi qui ai constitué le dossier, mon capitaine !

— Certes, mais vous pensiez à Leva et au magasin d'habillement. Si vous ne tentiez pas de faire le travail du fourrier et du sergent d'ordinaire en plus du vôtre, tout marcherait à merveille.

— Il faut bien que quelqu'un le fasse, mon capitaine, objecta Warden.

— Allons, allons, s'esclaffa Holmes, n'exagérons rien, sergent.

Vous vous forgez des soucis superflus. A propos, comment marche Prewitt, le nouvel affecté ?

— Très bien. Ce garçon est un excellent soldat.

— Je sais, je sais, dit Holmes. C'est bien là-dessus que je compte. Je n'ai jamais vu de bon soldat rester longtemps deuxième classe. Il reprendra dans la boxe cet été. Les lions eux-mêmes finissent par se laisser dresser, dans l'armée. C'est un vieux dicton, mais il est exact.

— Je ne sais pas, mon capitaine. Je ne pense pas qu'il reprenne jamais la boxe.

— Attendez la fin des pluies et les manœuvres d'été, sergent, et nous en reparlerons.

Il cligna de l'œil d'un air entendu et reprit son chapeau trempé. Il était sûr de ce qu'il disait. Prewit faisait partie de ses plans, comment diable pourrait-il ne pas faire partie de la section ?

Warden le regarda repartir sous la flotte et comprit soudain pourquoi il le haïssait. C'était parce qu'il avait toujours eu peur de lui, non de sa personnalité, tant physique que mentale, mais de ce qu'il représentait à ses yeux. Dynamite avait tout ce qu'il fallait pour finir général. Les bons généraux doivent posséder cet esprit objectif qui ne voit les hommes que sous l'aspect de masses anonymes, de groupes numériques d'infanterie ou d'artillerie qu'on ajoute ou retranche sur le papier au même titre que le reste du matériel. Les bons généraux ne doivent pas voir les hommes en tant qu'individus, mais en tant qu'entités abstraites mises à la disposition de leurs techniques personnelles. Les bons généraux sont tous comme Blackjack Pershing qui, soucieux de la moralité de ses troupes, avait voulu, pour tranquilliser les mamans, fermer les portes des bordels français, mais crevait de fierté dans sa peau quand ses hommes mouraient sur le champ de bataille.

Holmes disparut dans les profondeurs argentées de la pluie, et la rage de Warden finit par faire place à une inexplicable mélancolie. Brusquement, il frissonna et enfila sa veste. Aux étages supérieurs, cris et bruits d'eau signalaient les préparatifs des hommes en vue du repas. La tête chauve de Leva flotta dans l'encadrement de la fenêtre, cinglant vers la cuisine où, comme Warden, il prenait ses repas au lieu de becqueter au réfectoire.

— Qu'est-ce qu'il y a au menu ? beugla Warden.

— Boulettes maison, gouailla Leva, laconique, en continuant sa route.

En langage clair : singe sauce chef ! Ce poivrot de Preem commençait à charrier dans les bégonias et finirait par ruiner la compagnie en bicarbonate de soude. Warden regagna son bureau, sortit d'un tiroir le 11,25 réglementaire qui s'y trouvait toujours, le soupesa, l'équilibra dans la paume de sa main. Son père avait rapporté le même du front, en 1918. Même poids, même forme, même teinte bleu foncé. De temps en temps, il le barbotait dans le tiroir paternel et s'en servait pour faire partir des amorces avec son copain Frankie Lindsay.

Il tendit l'oreille. La compagnie dégringolait l'escalier, en route pour le miam-miam. Le bruit des pas décrut, cessa. Warden braqua le pistolet vers le cabinet des archives et l'arma. Le chien, ramené en arrière, fit un déclic menaçant, et la main libre de Warden s'abattit sur le dessus du bureau.

— Ah ! ah ! bougre de salaud ! dit-il à haute voix. Tu croyais que je t'avais pas vu.

Il se leva, le sourcil agressif, l'œil fixé sur l'inoffensif réduit vide.

— Tu veux rempiler, hein ? Ben ! c'est moi, Wolf Larsen, et personne rempile sans consulter ce vieux dur à cuire de Larsen... Bouge pas, que je te dis !

Il avança vers le réduit, menton en avant, et, hargneusement, pressa la détente, mais le chien retomba avec un petit bruit mesquin, décevant, indigne des menaces prometteuses du déclic de tout à l'heure. Warden rejeta le lourd pistolet sur la tablette du réduit.

— La suite au prochain numéro, dit-il.

Avec ses lignes simples et sa belle couleur de métal, ce pétard avait une personnalité qui se suffisait à elle-même, comme le mollet d'une femme. Mais le mollet d'une femme n'a de valeur qu'en tant que symbole de tout le reste. Qui se contenterait du mollet d'une femme ?

Rageusement, il reprit le 11,25, ramena la culasse en arrière, la laissa revenir brutalement, glissa une cartouche dans le magasin. Puis il pointa le pistolet chargé vers sa propre tête et posa son doigt sur la détente. « Où commence la folie ? pensa-t-il. Le type qui tirerait maintenant serait cinglé. Est-ce que je suis cinglé de tenir ce pétard chargé contre ma tempe et de chatouiller ainsi la détente ? » L'espace d'un instant, il regarda la mort en face avec une sorte de sombre volupté, puis il abaissa l'arme, éjecta la cartouche, remit le pistolet dans le tiroir et, se carrant dans son fauteuil, écouta un instant la rumeur du réfectoire.

Au bout d'un moment, il se releva, prit une fiole de whisky dans le tiroir de son classeur et avala une bonne goulée. Après quoi, il quitta la salle de service, parcourut la galerie et pénétra dans la cuisine où Leva mangeait un morceau sur le pouce, adossé à l'évier de fonte.

L'occasion se présenta plus tôt qu'il ne l'avait escompté. Vers midi, le lendemain, la pluie cessa un instant, comme pour regrouper ses vagues d'assaut. Le ciel traînait au ras des toits une panse menaçante, quand Holmes traversa la cour, en civil, costume de tweed marron clair, manteau léger sur le bras. Il informa Warden qu'il descendait en ville avec le colonel Delbert et qu'il ne rentrerait pas de la journée.

Brusquement, Warden comprit que le moment était venu de passer aux actes. Il ne savait pas exactement pourquoi. Ce n'était pas une simple question de fesses. Il y avait en ville des tas de femmes qu'il pouvait avoir. Non, c'était beaucoup moins clair et beaucoup plus grave que ça.

Jusqu'à présent, il n'avait fait que jongler avec l'idée, la caresser. Les femmes de militaires ne lui disaient rien qui vaille ; elles étaient froides, incapables de donner du plaisir et incapables d'en prendre. Elles couchaient par désœuvrement plutôt que par vrai désir. Or, d'après les propos de Leva et ce qu'il avait pu observer lui-même, Karen Holmes devait entrer dans cette catégorie.

Mais il savait qu'il ferait quand même ce qu'il voulait faire. Pas pour se venger, non, ni même pour se payer une pinte de bon sang, mais simplement pour s'extérioriser, pour reconquérir la personnalité qu'Holmes et tous les autres lui avaient ôtée, sans même s'en apercevoir. Il comprenait soudain pourquoi le pauvre type qui, rouage obscur d'une énorme machine, a trimé toute sa vie au service d'une grosse industrie, peut se suicider un beau jour rien que pour rappeler au monde qu'il est un homme libre, se détruire bêtement dans le seul but de prouver sa propre existence.

— Rentrerez-vous pour l'extinction des feux ? demanda-t-il à Holmes, négligemment, sans lever les yeux de son travail.

— Diable, non ! répondit gaiement Holmes. Ni pour le réveil, selon toute vraisemblance. J'ai dit à Culpepper de me remplacer. S'il n'est pas là, remplacez-le.

— Entendu, mon capitaine.

Holmes dansait sur place. Warden l'avait rarement vu dans un tel état d'excitation débridée et de plaisir anticipé.

— Dîner d'affaires, naturellement, dit Holmes en clignant de l'œil.

C'était une œillade mâle, au fond de laquelle oscillait l'appareil gorgé de sève qu'il fallait bien soulager. Elle lançait un pont provisoire au-dessus de l'abîme social qui le séparait du sergent.

— Vous devriez prendre un jour de bon temps vous-même, enchaîna-t-il. Il y a des choses plus gaies que toutes ces paperasses, en ce bas monde.

— J'y songe sérieusement, mon capitaine, riposta Warden.

Jeudi. Jour de sortie de la bonne. C'était un moment comme un autre.

Il scruta le visage d'Holmes, qu'empourprait une joie bovine, surpris de le trouver plus sympathique, en cet instant saugrenu, qu'il ne l'avait jamais été.

— Eh bien ! je m'en vais, annonça Holmes. Je vous fais confiance, sergent.

Impulsivement, il posa sa main sur l'épaule de Warden.

— Comptez sur moi, dit Warden aimablement ; mais il sentait qu'il jouait simplement son rôle.

Le cœur n'y était pas.

« Attention, Milton, faut préparer ton coup si tu veux pas de pépins », songea Warden. Il regarda Holmes traverser la cour et se remit au travail en attendant Mazzioli, parce que, même en cet instant capital, il ne voulait pas laisser la salle de service sans personne. Tout Warden était là.

Il se mit au travail comme un sauvage, passant sa haine sur les paperasses, fonçant tête baissée dans la besogne comme un Japonais fanatique, emplissant la petite pièce d'une somme fantastique d'énergie.

Mazzioli arriva finalement, trempé comme une soupe, car la pluie tombait de nouveau.

Le visage de Warden se durcit.

— Qu'est-ce que t'as foutu toute la sainte journée ? gronda-t-il.

— Tu le sais bien, où j'étais, riposta le secrétaire. Avec O'Bannon, comme tous les autres.

Ancien universitaire, Mazzioli avait soin de toujours prouver sa supériorité intellectuelle en châtiant son langage et en prenant part à toutes les controverses autour des guéridons de Choy père et fils.

— Je n'ai jamais vu personne qui ait autant l'air d'une vieille fille..., reprit-il, mais Warden lui coupa le sifflet.

— Grant est entré à l'hosteau, aujourd'hui, trancha-t-il. Est-ce que tu le savais ? Il a la chaude-pisse. Tu sais ce que ça veut dire ?

Frappé au défaut de la cuirasse, le secrétaire prit un air contrit.

— Est-ce que t'as rempli son carnet de maladie ? appuya Warden. Est-ce que tu l'as mentionné sur le rapport ? Sur le registre de prêt ? Sur sa fiche individuelle ? Sur le cahier des visites ? C'est ton boulot, sacré nom de Dieu ? Est-ce qu'y faut que je fasse aussi ton boulot ?

— Je n'ai pas eu le temps, commença Mazzioli. Les toubibs ne renvoient jamais le cahier de visites avant onze heures, et...

— Pas d'histoires, bachelier ! Le cahier était là avant neuf heures et demie. O'Bannon t'a envoyé chercher à dix heures. Qu'est-ce que t'as foutu entre-temps ? T'es resté assis sur ton cul à faire des mots croisés. Faudra que je te dise combien de fois de tenir ton boulot à jour ? Fais-le quand y se présente. Une fois que t'es à la bourre, t'en sors plus.

— O.K. ! chef, dit Mazzioli, subjugué, sa belle assurance évanouie. Je vais m'en occuper tout de suite.

Il vit l'œil mauvais de Warden et se hâta d'enchaîner :

— ... Quand j'aurai classé tous ces dossiers !

Warden lança le cahier de visites sur les six chemises bulle.

— C'est déjà fait, dit-il avec dégoût. Je m'en suis occupé moi-même.

— Merci, chef, murmura Mazzioli, sincèrement admiratif.

— Va te faire foutre, dit Warden, reprenant la mouche. Si tu marches pas droit, tu vas te faire tanner le cul à grands coups de quarante-quatre fillette, et t'iras te taper l'exercice avec les copains. Trois jours, et on t'enterre ! Ah ! Y sont chouettes, les produits de la pédagogie américaine !

La menace n'inquiétait guère Mazzioli, mais à toutes fins utiles il prit un air consterné dont Warden ne fut pas dupe.

— Tu crois que je rigole, hein ? dit-il avec sa violence écrasante. Continue comme ça et t'iras pêcher des perles à la cuisine. C'est moi le sergent-chef, pas toi, et si quelqu'un doit se les rouler, ici, c'est moi, tu piges ? Et quand y a pas assez de boulot pour deux, c'est à toi de bosser ! De quoi t'as parlé aujourd'hui, avec les autres grands cerveaux ?

— De Van Gogh, dit Mazzioli. C'est un peintre.

— Merci, gouailla Warden. T'as lu *The Moon and Sixpence*, de Maugham ?

— Oui, dit Mazzioli, stupéfait. C'est l'histoire d'un peintre : Charles Strickland. Tu l'as lu ?

— Non, dit Warden. Je lis jamais.

Mazzioli se retourna.

— Eh ! tu te fous de moi ?

— Te pousse pas du faux col, fiston !

— Je parie que tu l'as vu, dit Mazzioli, lâchant son classement. Dis donc, j'ai une théorie sur Gauguin.

— Fous-toi-la où je pense, coupa Warden. Et gratte ! J'ai autre chose à faire.

Il éclata de rire en voyant Mazzioli plonger dans son classeur pour essayer de cacher sa colère.

— Nous disions donc que Grant s'était enrhumé, amorça-t-il aimablement.

— Je lui avais dit de prendre un antiseptique ou de mettre une capote, explosa Mazzioli, écœuré.

— Tu te laves les pieds avec tes chaussettes, toi, fiston ? s'informa Warden.

— Elle est vieille, celle-là, commenta amèrement le secrétaire.

— Où est-ce qu'il l'a attrapée, d'après lui ? grogna Warden.

— Au *Ritz*, dit Mazzioli du bout des lèvres.

— Bien fait pour ses pieds ! On a pas idée d'aller dans une cochonnerie de boîte pareille ! Y va se retrouver dans le rang en sortant de l'hosteau. Que ça te serve de leçon, caporal, si tu tiens à tes sardines !

— Moi ? sursauta Mazzioli.

— Oui, toi, mon joli ! Sors pas sans tes saloperies de caoutchoucs et mets-toi dans la pédale, comme te le conseillent nos conférenciers.

— Eh ! toi, dit Mazzioli, indigné.

— Eh ! toi-même, hurla Warden. Je sors, et je serai pas de retour avant quatre heures. Bouge pas d'ici jusqu'à ce que je revienne, compris ? Si j'apprends que t'es sorti, même pour aller aux goguenots, je te saque.

— Minute, sergent, protesta Mazzioli. J'ai des choses à faire, moi, cet après-midi.

— Moi aussi, dit Warden. Et c'est tout ce qu'y a d'officiel. T'as eu ta matinée pour discuter peinture. Si tu veux plus de ta planque, laisse-la à un autre. Mais sois là quand je rentrerai, ou gare ! Y a une demi-douzaine de bafouilles à taper et l'emploi du temps de la semaine prochaine à mettre au net. Sans compter le classement que t'as en retard.

— Entendu, sergent, gémit Mazzioli, voyant sa sieste s'envoler sur les ailes noires de la tyrannie. Warden est un paranoïaque, conclut-il soudain avec ravissement, un paranoïaque mégalomane.

Warden endossa son imper, se munit d'une liasse de documents et quitta la salle de service. Mazzioli le regarda s'éloigner sous la pluie battante. Mission officielle, au bout d'une perche. Il faillit s'écraser le nez sur la vitre en voyant Warden monter l'escalier du Q.G. régimentaire.

Par-dessus son épaule, Warden lorgna la silhouette de Mazzioli collée à la fenêtre éclairée de la salle de service. Sacré Mazzioli ! Il était aussi fait pour être soldat que Karen Holmes pour être bonne sœur. Il éclata de rire à l'idée de la profanation qu'il s'apprêtait à commettre et tira ses papiers de sous son imper pour voir s'ils avaient souffert de la pluie. C'étaient des lettres que le capitaine aurait dû effectivement signer avant de partir. « Toujours prêt, telle est la devise de l'éclaireur », songea-t-il en souriant.

Quelqu'un l'appela de chez Choy, mais il se contenta de lever la main et poursuivit sa route. Si elle s'était envoyé tous les autres, il n'y avait pas de raison pour qu'il fasse exception. Il respira lourdement et frappa à la porte de derrière, en appelant :

— Madame Holmes !

Quand elle vint ouvrir, elle était vêtue d'un short et d'un paréo.

— Qu'est-ce que c'est ? Oh ! bonjour, sergent Warden. Entrez avant d'être complètement noyé. Mon mari n'est pas là, si c'est lui que vous cherchez.

Warden franchit d'un bond le rideau de pluie qui ruisselait de la gouttière.

— Et si ce n'est pas lui que je cherche ? s'enquit-il.

— Il n'est toujours pas là.

Il reprit haleine et se mit à la contempler goulûment. Les jambes, d'abord, depuis les chevilles jusqu'aux cuisses nues. Le creux invisible du nombril. Le paréo tendu sur les seins. Les yeux, enfin, qui suivaient avec indifférence l'ascension admirative de son regard.

— Vous n'êtes pas frileuse, constata-t-il.

— Non. Que désirez-vous, sergent ? dit-elle avec calme.

Warden sentit sa respiration descendre lentement au-delà de son diaphragme, dans les profondeurs insondables de son bas-ventre.

— Je veux coucher avec vous, dit-il d'un ton naturel.

C'étaient les mots et les intonations exacts qu'il avait préparés, mais une fois lâchés ils lui parurent complètement stupides. Ce fut à peine si les yeux de Karen Holmes s'élargirent. « Elle a du sang-froid, la sœur », songea-t-il.

— C'est une idée comme une autre, dit Karen Holmes avec la même indifférence, et elle désigna les papiers que tenait Warden. Qu'est-ce que c'est que ça ? Je pourrais peut-être vous renseigner.

Le sourire de Warden se congela sur son visage.

— Pouvez-vous imiter la signature de votre mari ? s'informa-t-il.

— Je n'ai jamais essayé, dit-elle, impassible.

— Moi, je peux, expliqua Warden. Je peux tout faire à sa place, sauf porter ses foutus galons. Pour ça, bidon sur toute la ligne. Mais ces trucs-là vont au G.Q.G., il faut qu'il les signe lui-même.

— Alors, il vaudrait peut-être mieux que j'appelle le club ? proposa-t-elle. Il y est sûrement.

— Rideau, dit Warden. J'aime pas déranger un homme qui boit. Je boirais bien quelque chose moi-même. De bon cœur.

— Mais, si c'est urgent...

— De toute façon, je ne pense pas que vous le trouviez au club. J'ai une vague idée qu'il a fait une descente en ville avec le colonel Delbert.

Karen Holmes ne répondit pas. Elle le regardait sans sourire, pensive et froide, semblant avoir oublié jusqu'à la présence du sergent.

— Vous ne me dites pas d'entrer ? demanda Warden.

— Mais si, sergent, entrez donc.

Elle recula jusqu'à la cuisine avec une lenteur extrême.

— Qu'est-ce que vous voulez boire, sergent ?

— Ça m'est égal. N'importe quoi !

— Vous n'avez pas envie de boire, dit Karen Holmes d'une voix lasse. Ce que vous voulez réellement, c'est ceci.

Elle baissa les yeux vers son corps en écartant lentement les bras.

— C'est ça que vous voulez, n'est-ce pas ? C'est ça que vous voulez tous. Ça, et pas autre chose. Dites-le donc.

Warden sentit un frisson de crainte ramper le long de son échine. « Qu'est-ce que c'est que ce travail, Milton ? »

— Oui, dit-il tout haut, c'est ça que je veux. Mais je boirai tout de même quelque chose.

Elle s'assit près de la table laquée.

— Dans le frigidaire, dit-elle. Buvez tout ce que vous voudrez, sergent, mais servez-vous vous-même.

— Je mets votre verre ?

— Non, dit-elle.

Puis, se ravisant :

— Au fait... si. J'en aurai sans doute besoin, pas vrai ?

— Sans doute, approuva-t-il.

Il prit deux verres dans l'évier et les emplit à mi-hauteur, provisoirement incapable de comprendre cette femme.

— A la fin de la Virginité ! dit-il.

— Pourquoi pas ? dit-elle en levant son verre.

L'alcool lui fit faire la grimace.

— Savez-vous que vous risquez gros ? Êtes-vous sûr que le jeu en vaille la chandelle ? Si Dana rentrait à l'improviste, je crierais au viol, et c'est ma parole qui prévaudrait. Vous n'y couperiez pas de vingt ans à Leavenworth.

— Y rentrera pas, dit Warden en remplissant les verres. Je sais où il est. Y va même probablement découcher. D'ailleurs, j'ai déjà deux copains à Leavenworth. Je serais pas dépaysé.

Elle vida son verre d'un trait.

— Que leur est-il arrivé ?

— Y se sont fait coincer en bagnole avec la femme d'un colonel.

— Tous les deux ?

— Oui. La petite en voulait. Mais ils ont tout de même bloqué vingt piges. C'est l'ordonnance du colon qui les a coincés. J'ai entendu dire qu'il avait fait ça par jalousie.

Karen Holmes sourit avec indulgence.

— Pourquoi tant d'amertume, sergent ?

Elle se renversa en arrière, contre le dossier de sa chaise.

— La femme de peine risque d'arriver d'un instant à l'autre, vous savez.

Warden secoua la tête. Ses premières appréhensions dissipées, il imaginait Karen allongée sur un lit, lui ouvrant les bras.

— Non, dit-il. C'est son jour de sortie.

— Vous pensez à tout, n'est-ce pas, sergent ?

— J'essaie, rectifia-t-il. Dans ma situation, c'est indispensable.

Karen Holmes s'empara des lettres.

— Inutile à présent, sans doute ? Ces papiers sont sans importance ?

— Mais non, ce sont des lettres. Vous auriez voulu que j'emporte des papiers sans importance ? Pour que Dynamite tombe dessus ? Ou qu'ils vous servent à prouver que j'ai prémédité mon coup ? Vous pouvez m'appeler Milt, maintenant que nous sommes intimes.

— C'est ce qui me plaît en vous, sergent : votre présomption. C'est aussi ce qui me déplaît en vous.

Elle déchira lentement les lettres et jeta les débris derrière elle, dans une corbeille à papiers.

— Maintenant, nous sommes quittes, dit-elle. Vous payez toujours, n'est-ce pas... malgré votre fichue présomption masculine.

Warden comprenait de moins en moins. Il ne s'était attendu à rien de semblable.

— Pas quand je peux faire autrement, dit-il. J'ai les doubles au carbone de toutes ces lettres, ce sera vite fait de les recopier.

— Vous, au moins, vous êtes gonflé, dit-elle. La plupart des hommes sont des bravaches. Pas vous. Remplissez les verres et dites-moi d'où vous vient cette belle confiance ?

— J'ai un frère curé, dit-il, saisissant la bouteille.

Elle haussa les sourcils.

— Et alors ? Qu'est-ce qu'il vient faire là-dedans ?

— Tout, bébé. En premier lieu, ce n'est ni de la présomption ni de la confiance en soi. C'est de la franchise. Étant prêtre, mon frère prône la continence. Il a une barbe qu'il rase de très près, il croit au péché mortel et est adoré par ses ouailles. Matériellement parlant, il a la bonne vie.

— Et alors ?

— Comment, et alors ? C'est son exemple qui m'a fait opter pour la franchise, donc tout le contraire de la continence. Parce que je veux pas me détester moi-même et détester tous les autres, comme lui. Et j'ai décidé de ne pas croire au péché mortel, parce qu'un Créateur juste ne peut condamner sa créature à l'enfer sous prétexte qu'elle possède des désirs qu'il a lui-même créés en elle. Logique, hein ? Ces problèmes théologiques, sociaux et psychologiques étant maintenant résolus, que diriez-vous d'un autre verre ? Je crois que nous ne l'avons pas volé.

— Non seulement viril, mais intelligent de surcroît, commenta-t-elle avec sa froideur retrouvée. Heureuse petite femme, choisie pour servir d'écrin au symbole d'une telle virilité ! Mais si vous croyez que le gaspillage conscient d'énergie est un péché, ne croyez-vous pas que c'en est un de répandre la semence... sans ensemencer ?

Warden sourit et salua.

— Touché, madame, et cette fois, au défaut de la cuirasse. Mais, franchement... non, à condition que ce soit utile.

Karen vida son verre et le remit sur la table.

— Je ne tiens pas à entendre votre définition du mot « utile ».

Sa main disparut dans son dos et dégrafa le paréo qui tomba sur le sol. Sans se départir un instant de son étrange indifférence, sans cesser un instant d'observer Warden à travers la brume liquide de son propre regard, sans même quitter sa chaise, elle ôta son short et l'envoya rejoindre le paréo.

— Là, dit-elle. Voilà ce que vous voulez. Voilà sur quoi roule toute la conversation. Voilà ce que vous voulez tous, intellectuels ou non, vous autres, les mâles intelligents, forts et virils, mais désarmés comme des bébés quand vous n'avez pas un fragile corps de femme pour y planter vos racines !

Warden contemplait la cicatrice qui partait du nombril tordu pour se perdre dans la toison blonde, si pâle, si ancienne à présent qu'il la distinguait à peine.

— Joli, pas vrai ? dit Karen. Ça aussi, c'est un symbole. Un symbole de l'énergie gaspillée.

Warden posa doucement son verre et s'approcha d'elle, admirant ses seins aux pointes finement plissées comme des fleurs refermées pour la nuit, flairant la vivante odeur primitive qu'il aimait, l'odeur si souvent répudiée, si souvent masquée sous le parfum, mais toujours présente en fin de compte, la saine odeur de la chair des femmes.

— Attends, dit-elle. Pas ici, petit goulu. Viens dans la chambre.

Il la suivit, furieux du « petit goulu », mais reconnaissant l'exactitude du terme et se demandant une fois encore avec étonnement quels replis ténébreux recélait l'âme de cette femme.

Tandis qu'elle refermait la porte derrière eux, il se débarrassa de ses vêtements. Tournée vers lui, à l'aveuglette, les seins haut dressés par la véhémence de ses bras tendus, elle dit :

— Maintenant. Ici et maintenant.

— Quel est le lit de Dynamite ? s'informa-t-il.

— L'autre.

— Alors, allons-y.

Elle rit franchement pour la première fois.

— Toi, au moins, tu ne cocufies pas à moitié.

— Pas lui, en tout cas, grogna-t-il.

Ils allaient se rejoindre lorsqu'ils entendirent claquer la porte de derrière. Des pas résonnèrent dans la maison, tranquilles, insistants.

— Vite, haleta Karen. Prends tes vêtements et enferme-toi dans la penderie. Vite, pour l'amour du ciel.

Warden franchit l'autre lit en voltige et disparut en un temps record, avec tous ses vêtements. Karen enfila un kimono de soie et s'assit devant sa coiffeuse, à proximité de la fenêtre qu'on apercevait de la salle de service, à travers l'entrée cochère de la caserne. Elle se brossait calmement les cheveux lorsque l'intrus frappa à la porte de la chambre, mais son visage était mortellement pâle.

— Qui est là ? cria-t-elle, inquiète d'entendre sa voix trembler.

— C'est moi, répondit la voix d'un jeune garçon.

Il frappa de nouveau, impérieusement.

— Je peux entrer, maman ?

— Mais bien sûr. C'est ouvert.

Un Dana Holmes de neuf ans pénétra dans la pièce, vêtu d'un pantalon long et d'une chemise hawaiienne bariolée. Son visage exprimait la malveillance boudeuse commune à bien des produits de faillites matrimoniales.

— Ils nous ont laissés partir plus tôt, à l'école, expliqua-t-il de fort mauvaise grâce. Tu es toute pâle. Qu'est-ce que tu as ? T'es encore malade ? questionna-t-il avec le dégoût inconscient des gosses bien portants envers les malades chroniques, et cette supériorité méprisante de mâle qu'il contractait, depuis un an ou deux, au contact de son père.

— Je ne suis pas très bien depuis quelques jours, admit-elle, écœurée d'avoir nourri de ses entrailles cette longue figure à la mâchoire bovine, autrefois si ronde et joyeuse, à présent si semblable à celle de son père.

L'homme qui l'attendait, caché dans sa penderie, cessa brusquement de peser sur sa conscience, n'y laissant subsister que la colère sourde engendrée par cette nécessaire dissimulation.

— Je vais à la compagnie cet après-midi, annonça le petit. Je veux mon uniforme.

— Est-ce que ton père est d'accord ? demanda-t-elle. Tu sais qu'il n'y est pas, aujourd'hui.

Ses yeux s'embuèrent à la pensée de la vie qui attendait son fils, et elle eut envie de le prendre dans ses bras pour lui expliquer bien des choses.

— J'ai pas dit qu'il y était. Il y est jamais l'après-midi. Et il est toujours d'accord, pourvu que je sois pas familier avec les hommes. C'est pas parce que tu peux pas voir la compagnie que t'as le droit de m'enfermer ici.

— Grand Dieu, mon petit, je ne veux nullement t'enfermer ici. Et la compagnie m'est indifférente. Je voulais juste...

— Je m'en fiche, de ce que tu voulais, dit le gosse, les poings enfoncés dans ses poches. Du moment que papa est d'accord, j'irai de toute façon.

— Alors, à quoi bon venir me le dire ?

— Je ne suis pas venu te le dire. Je suis venu mettre mon uniforme et faut que tu m'aides, voilà tout ! Dépêche-toi, je suis pressé. Je vais aider le sergent Preem à faire la cuisine et manger là-bas, avec eux.

— C'est d'accord avec le sergent Preem ? questionna-t-elle en se levant pour le suivre.

Il répondit orgueilleusement :

— Faut bien qu'il soit d'accord. C'est papa qui commande !

Dans la petite chambre de l'enfant, elle le déshabilla et le rhabilla vivement, parachevant ce que Dana Holmes avait fait, en tirant d'un appareil photographique qui avait nom Karen Jennings, de Baltimore, Maryland, cette parfaite réplique de lui-même. Avec l'uniforme et les emblèmes régimentaires au grand complet, il était, déjà, la réduction du jeune sous-lieutenant qu'il serait inévitablement plus tard. Quoi d'étonnant que l'appareil photographique détérioré eût été remisé pour toujours sur son étagère ? Le travail était fait, la plaque sensible en cours de développement. « Puisse Dieu te venir en aide, pensa-t-elle, et plus encore à la femme que tu épouseras pour produire une nouvelle réplique de toi-même. » C'était la seconde génération d'une dynastie de soldats engendrée par un fils de fermier du Nebraska que la terre n'intéressait pas et dont le père connaissait un sénateur.

Impulsivement, elle le prit dans ses bras. Elle s'était toujours juré de ne jamais faire payer au fils — à l'instar de tant d'autres femmes — les ravages que le père avait provoqués dans sa vie.

— Mon petit, murmura-t-elle. Mon tout petit !

— Eh ! fais pas ça, cria-t-il, excédé. Laisse-moi tranquille !

Il se dégagea et lui jeta un regard plein de ressentiment.

— Tu as dérangé ton calot, dit-elle.

Elle le lui recampa coquettement sur l'oreille, et il alla s'examiner dans la glace, hocha la tête d'un air approbateur, prit son argent de poche sur la commode et s'en alla d'un pas martial, conscient de son rang et de ses responsabilités, en jetant par-dessus son épaule :

— J'irai peut-être au cinéma. M'attends pas encore comme si j'étais un gamin.

— Fais attention aux voitures, cria-t-elle.

Elle se mordit aussitôt les lèvres, mais il était trop tard.

Lorsqu'elle réentendit claquer la porte de derrière, elle regagna sa chambre et s'assit sur son lit, le visage enfoui dans ses mains, craignant de céder une fois de plus aux pleurs, qui étaient toujours sa dernière ressource. Au bout d'un instant, elle alla ouvrir la porte de la penderie, malade d'humiliation à la pensée de cette épreuve injuste et dégradante qui leur avait été imposée.

— Je crois qu'il vaut mieux que vous partiez, dit-elle. C'était mon fils. Il est reparti, mais...

Elle s'arrêta, stupéfaite, et les mots moururent dans sa gorge. Warden était assis en tailleur sur son propre uniforme roulé en boule, un invraisemblable turban, composé de plusieurs jupes, enroulé autour de la tête, et ses larges épaules nues étaient secouées par un fou rire silencieux et inextinguible.

— Qu'est-ce qu'il y a ? s'emporta-t-elle. Pourquoi riez-vous, espèce d'idiot ?

— Je dois... avoir... bonne mine ! hoqueta-t-il entre deux quintes de rire.

Et, brusquement, le fou rire la gagna à son tour. Il eût suffi qu'une lubie traversât l'esprit de cette espèce de cinglé pour qu'il jaillît tout nu de son placard et criât « Huo ! » derrière le dos de son fils. Elle se représenta Warden en train d'agir ainsi, et son fou rire redoubla. Elle n'éprouvait plus aucune honte à la pensée que son fils avait failli la surprendre en pleine consommation d'adultère, mais ce fou rire torturant la conduisait impitoyablement aux larmes.

Ce fut au tour de Warden de la regarder sans comprendre. Il rejeta son turban, sortit du placard et la prit dans ses bras.

— Ne pleure pas, dit-il. Je ne peux pas voir une femme pleurer.

— Tu ne sais pas ce que c'est, gémit-elle, sanglotante. Lui et le gosse. C'est plus que n'importe quelle femme en supporterait.

Warden se demanda un instant avec ennui comment diable il avait pu se laisser embarquer dans cette galère.

— Là, dit-il. Il est parti. Là... Là.

Le kimono s'était ouvert. Le sein nu de Karen reposait dans sa main accueillante, doux et chaud comme un oiseau frémissant.

— Ne fais pas ça, s'emporta-t-elle une seconde fois. Tu ne sais pas et tu t'en moques. Qu'est-ce que je suis, pour toi ? Une occasion de faire l'amour ! Va-t'en. Laisse-moi tranquille.

— O.K. ! dit-il, presque soulagé.

Elle le regarda ramasser sa chemise.

— Qu'est-ce que tu fais ? cria-t-elle frénétiquement.

— Je m'en vais. C'est bien ce que tu veux, non ?

— Tu ne veux plus de moi, toi non plus ?

« Eh bien ! Si je suis foutu d'y comprendre quelque chose ! » songea-t-il.

— Bien sûr que si, nom de Dieu ! Je croyais que tu voulais que je parte, fit-il tout haut.

— Fais comme tu veux. Je ne t'en voudrai pas. Pourquoi resterais-tu puisque je ne suis même plus une femme.

— Oh ! que si, que tu es une femme, protesta Warden. Et une sacrée belle femme, crois-moi sur parole.

— Pour toi, peut-être, mais c'est tout. Je ne suis rien. Je ne peux même pas travailler. On n'a besoin de moi nulle part au monde.

Il revint s'asseoir auprès d'elle, lui enleva doucement son kimono.

— Quelqu'un a besoin de toi, ici même, tout de suite, dit-il. Rien n'est plus nécessaire au monde qu'une belle femme.

— C'est ce que disent toujours les hommes. Nécessaire pour quoi faire ? Pour être la putain légitime d'un sagouin quelconque. Et je ne suis même pas ça !

— Tu as une jolie peau bronzée, dit-il, promenant sa main dans son dos nu. Il fait un vrai temps à être allongé sur la plage de Kaneohe. Y doit pas pleuvoir, là-bas.

— J'aime pas Kaneohe, objecta Karen. Il y a presque autant de monde qu'à Waïkiki.

— Peut-être, mais je connais un chic petit coin du côté de Blowhole. Personne le connaît et personne n'y va jamais. La falaise surplombe une toute petite plage de sable, et on peut nous voir de nulle part. C'est comme quand on est gosse et qu'on reste bien tranquille dans une cave ou un buisson pendant que tout le monde cherche. On n'a même pas besoin de costume de bain et on peut bronzer des pieds à la tête.

— Tu m'y emmèneras ? supplia-t-elle.

— Quoi ? Oh ! oui, sûr que je t'y emmènerai.

— La nuit, j'aimerais. On nagerait au clair de lune, et on sécherait sur la plage, et tu me prendrais sur le sable, loin des gens, loin de tout...

— Mais oui, mais oui, on fera tout ça, quand tu voudras.

— Oh ! j'aimerais, j'aimerais, dit Karen en le regardant avec adoration. Jamais personne n'a fait des choses comme ça pour moi. Tu veux vraiment m'y emmener ?

— Bien sûr, dit Warden. Quand veux-tu y aller ?

— La semaine prochaine. Pour le prochain week-end, tu veux ? Je prendrai la voiture de Dana, et nous nous retrouverons quelque part en ville. Nous emporterons des sandwiches et de la bière.

Elle lui sourit, transfigurée, jeta ses deux bras autour de son cou et l'embrassa.

— Entendu, murmura Warden.

Il lui rendit son baiser, explorant de ses mains avides l'évasement harmonieux des longs muscles fuselés, depuis la taille mince jusqu'aux larges épaules rondes, sentant sur son visage la douceur consentante des lèvres fraîches et, contre sa poitrine, la pression jumelée des jolis seins fermes. Quel était ce ravissement enfantin qui avait illuminé le visage de Karen, si soudain, si surprenant, si différent de la dureté sophistiquée dont elle avait fait preuve dans la cuisine ? « Oh ! Milton, mon vieux Milton ! dans quel pétrin t'es-tu fourré ? Toi et ta connaissance des femmes ! » se lamenta-t-il intérieurement.

— Viens ici, dit-il d'une voix enrouée. Viens ici, bébé, viens ici avec moi.

Toute la tendresse inemployée qu'il portait en lui depuis toujours l'envahit comme une marée, le submergea.

— Mon Dieu, murmura Karen, les yeux agrandis. Je n'aurais jamais cru que ça puisse être comme ça.

Dehors, la pluie dansait et cascadait inlassablement sur le toit, sans couvrir tout à fait le bruit fatidique des balais du piquet de corvée au travail dans la rue adjacente.

10

La promotion de Bloom au grade de première classe ne surprit personne à la compagnie G. Jusqu'à la fin du mois de décembre, il n'avait été qu'une tête de Turc comme les autres. Mais, depuis ses quatre victoires dans la coupe inter-régimentaire, tout le monde s'attendait à le voir bénéficier du premier galon disponible. D'un tringlot plus que médiocre, la boxe avait fait un première classe privilégié que tout permettait de croire en passe de devenir caporal. Cette nomination avait semé la discorde dans les rangs de la G. Il y avait, d'une part, le commun des mortels, que ce flagrant favoritisme emplissait d'amertume et de hargne. Il y avait, d'autre part, les adeptes des différents sports, qui, bien que se souciant du sort de Bloom autant que d'une guigne, se devaient de le serrer fraternellement sur leur sein et d'embrasser énergiquement sa cause, en vertu de la doctrine selon laquelle les bons athlètes font les bons chefs, doctrine qui leur servait à se justifier aux yeux des autres deuxièmes classes incapables de décrocher la moindre sardine.

La hargne du petit Maggio était particulièrement virulente.

— C'est même pas un bon soldat, répétait-il à Prew, qui couchait à trois lits du sien, dans le groupe du caporal Choate. C'est juste parce qu'il est boxeur. Y a qu'un mois que j'ai fini mes classes et je suis meilleur soldat que lui.

— C'est pas en étant un bon soldat qu'on arrive à quelque chose, Angelo, mon p'tit gars !

— Ben, ça devrait. Attends un peu que je me tire des pattes, mon pote, y pourront courir pour me rattraper. Si faut que je sois larbin, femme de ménage et bonne à tout faire d'une lopette d'officier, je veux que ça me rapporte. Tu piges ?

— Toi ? Tu rempileras ! s'esclaffa Prew.

— Au bout d'une perche, que je rempilerai. C'était à toi qu'elle revenait, cette sardine, et comment. T'es le meilleur soldat de la G, mon pote, et ça fait pas un pli.

La tranquille compétence avec laquelle Prewitt démontait fusils, revolvers, B.A.R. et mitrailleuses en égrenant posément le nom de chacune des pièces, avait fait naître dans le cœur de Maggio une admiration sans bornes envers les capacités militaires de Prew. Et lorsqu'il avait appris que Prew avait boxé au 27e, mais refusait de remettre les gants pour le compte de Dynamite, son admiration avait ouvert le chemin à une amitié déclarée.

— Si t'avais voulu boxer pour Holmes, c'est toi qui l'aurais eue, c'te sardine, et comment ! Viens donc faire une partie dans les goguenots. Je te gagnerai peut-être assez pour descendre en ville.

— O.K. ! dit Prew, souriant.

La fin de la saison de boxe avait temporairement relâché la tension qu'il avait apportée dans la compagnie, et tant que dureraient la saison des pluies et la théorie en chambre il serait à peu près peinard.

Trois ampoules sous globe éclairaient chichement les latrines du premier étage. Six hommes s'assirent en tailleur autour d'une couverture — celle de Maggio — étalée sur le sol entre la rangée de sièges percés, d'une part, et, le long du mur opposé, la gouttière de l'urinoir et les lavabos.

Maggio battit les cartes, en regardant les trois types installés sur les sièges, le pantalon tirebouchonné à la hauteur des chevilles, et se boucha le nez.

— Alors, tonna-t-il, c'est salle de jeu ou c'est des goguenots, ici ? Gaaarde à vous ! Rectifiez la tenue !

Les trois hommes levèrent les yeux des magazines qu'ils lisaient, jurèrent et se remirent au travail.

— Distribue, Angelo, distribue, dit Anderson, le clairon de la compagnie.

— Et tu vas voir comment que je distribue ! crâna Maggio.

— Tu pourrais même pas distribuer de la merde avec une pelle, Angelo, gouailla Prew.

— Tiens, zyeute-moi un peu ça, dit Maggio. Il fit voler les cartes de sa main droite à sa main gauche avec un passable brio. Puis il les distribua, et ils se mirent à jouer.

— Oh ! papillon, dit avec ferveur Salvatore Clark, l'élève-clairon. Sûr que j'aimerais gagner assez pour le porter chez O'Hayer et faire un coup fumant.

C'était ce qu'ils espéraient et désiraient tous.

— Je te ferais une de ces ribouldingues à tout casser ! Je me retiendrais tout le *Nouveau Congrès* pour une nuit, et faudrait qu'elles y passent toutes, à la casserole, ou que ça dise pourquoi.

Il n'avait même pas assez de cran pour entrer seul dans un bordel, et il se mit à rire timidement de sa propre utopie.

— T'as jamais été au *Nouveau Congrès*, chez Mme Kipfer, pas vrai, Prew ?

— J'ai encore jamais eu assez de galette, dit Prew en lui jetant un coup d'œil protecteur.

Avec ses bons gros yeux de chèvre et son sourire toujours embarrassé, Sal était comme l'idiot du village, qui, totalement dénué de malice, d'envie, de méfiance et d'ambition, vit de l'air du temps, sous la protection unanime des êtres normaux dont l'occupation principale est de se dévorer entre eux sans la moindre vergogne.

C'était uniquement à cause de lui que Prew avait fini par accepter, en même temps que son amitié obtuse et sans détours, celle, maintes fois offerte, mais beaucoup moins spontanée, d'Anderson. Ça s'était passé juste avant la saison des pluies, par une de ces nuits chaudes où l'on pourrait toucher les étoiles du doigt. Anderson et Clark étaient à leurs guitares. Ils chantaient un blues, accompagnés en sourdine par un chœur improvisé, et Prewitt s'était approché du cercle désœuvré qui s'agglomère toujours autour des joueurs de guitare. Andy l'avait tout de suite aperçu.

— Eh ! Prew, rapplique un peu. On demande un bon guitariste !

— Non, merci.

Prew détestait ce genre de flatterie, surtout en public. Il recula d'un pas, prêt à partir.

— Allez, Prew, te fais pas prier !

Mais les yeux d'Anderson évitaient ceux de Prew, comme d'habitude, et Prew n'avait jamais pu accepter l'amitié des gars qui avaient peur de lui.

C'est alors que Clark était intervenu, le regard brillant d'enthousiasme.

— Sûr, Prew, rapplique. Oh ! papillon, on est vachement en forme ce soir. On a même de la bière.

Puis, une pensée chassant l'autre à mesure qu'elles lui venaient en tête :

— Eh ! je commence à être pompé. Si tu prenais un peu celle-là ?

Il ne pouvait en offrir davantage, et c'était l'évidence même du geste qui avait touché Prewitt.

— O.K. !

Il avait repris la guitare, incapable de repousser une amitié aussi simplement proposée, sachant parfaitement que s'il refusait Clark ne comprendrait jamais la raison de sa disgrâce.

— Alors, qu'est-ce qu'on joue ?

— *Red River Valley* ? avait suggéré Sal sans le moindre artifice.

C'était la chanson favorite de Prew. Accroupi devant les deux guitaristes, Sal avait entonné le refrain de sa voix nasillarde, les yeux mi-clos, la tête rejetée en arrière, avec une joie magnifique.

Ensuite, sur la proposition d'Anderson, ils avaient joué *Talkin Blues*. C'était la préférée d'Andy, qui n'aimait pas la jouer en public, mais, aujourd'hui, l'offrait à Prew.

— J'espérais bien que tu viendrais avec nous un de ces jours, dit Clark pendant qu'ils jouaient.

— J'étais occupé, riposta Prew sans lever la tête.

— Ouais, je sais... Dis donc, elle est pas aussi bonne que celle d'Andy, ma poêle à frire. C'est celle qu'il avait avant d'acheter sa nouvelle. Mais quand tu voudras t'en servir, pas la peine de rien me demander, prends-la juste dans mon coffre ; il est jamais bouclé.

Prew l'avait regardé, frappé par le bonheur candide qui se dégageait du long visage olivâtre de Clark, certain qu'il venait de perdre un ennemi et de gagner un camarade :

— O.K. ! Sal, et merci. Merci beaucoup.

Il s'était repenché vers les cordes, tout chaud lui-même à l'intérieur, parce qu'il s'était fait, lui aussi, deux amis aujourd'hui...

— Deux putains, annonça Maggio, retournant ses cartes.

— Deux pruneaux, s'esclaffa Prewitt en retournant les siennes.

Il y eut un concert de jurons et de grognements, tandis qu'il ajoutait la petite monnaie éparse sur la couverture aux quatre dollars qu'il avait gagnés depuis le début de la partie, deux heures auparavant.

— Encore un peu, et je vais faire sauter la banque chez O'Hayer, dit Prew.

Il y avait beau temps que le clairon de garde avait sonné l'extinction des feux et que les derniers pisseurs étaient venus se soulager pour la nuit, mais ils jouaient toujours avec cette passion généralement attribuée à l'amour et ressentie par si peu d'hommes envers si peu de femmes.

Le premier à se retirer du jeu fut le soldat Readall Treadwell, natif de Pennsylvanie méridionale, qui n'avait pas gagné une seule partie et dont l'énorme enveloppe adipeuse cachait une force herculéenne. Assis auprès du vif petit Maggio, il avait l'air d'un gigantesque bouddha. Il s'attarda un instant encore à regarder jouer les autres, puis s'en alla, paisiblement, ni plus ni moins satisfait que s'il avait décroché la timbale.

Puis ce fut Maggio qui se mit à gagner avec une régularité implacable. Son corps osseux dégageait une énergie presque palpable qui semblait repousser les fausses cartes et attirer à lui les cartes décisives.

— Je suis en veine, constata-t-il. Je sens ça dans mes tripes. Passe-moi une sèche, Prew. On peut pas refuser une sèche à un type qu'est en veine.

— Tu me prends ma galette et maintenant faut que je t'entretienne en tabac, ricana Prew. J'aime mieux me barrer tout de suite. Il a fallu que j'emprunte pour acheter ce paquet.

— T'en achèteras un autre. T'as pas encore tout reperdu, sale radin.

— Alors, une pour deux, c'est tout ce que je peux faire.

Prew puisa deux cigarettes dans son paquet presque vide, une pour Clark et Anderson, une pour Maggio et Julius Sussman, le sixième homme de la soirée, célèbre dans toute la compagnie pour l'amour qu'il vouait à sa motocyclette. Il en grilla une lui-même, tandis que les autres se repassaient les leurs et que Maggio se remettait à gagner.

Andy avait retrouvé la donne lorsque les portes battantes claquèrent contre le mur et continuèrent de grincer longuement derrière le première classe Bloom, dont le crâne plat et les épaules titanesques emplirent soudain la pièce.

— Doucement, corniau, lança Maggio. Tu veux nous faire repérer par le type de garde ?

— Le type de garde, je l'emmerde, rugit Bloom de sa grosse voix habituelle. Et toi avec, petit macaroni !

D'un bond, Maggio alla se planter devant l'énorme Bloom, qui le dominait de sa hauteur et de sa masse musculeuse.

— Ecoute, siffla-t-il entre ses dents, j'aime pas que n'importe qui m'appelle macaroni, compris ? Je suis pas un gros dur, comme toi, et je travaille pas pour Dynamite, mais, pour toi, je m'appelle toujours Maggio. Et si je t'assaisonne un jour, ce sera avec une chaise ou un surin.

— Sans blague ? rigola Bloom.

— Tu peux me croire sur parole, dit Maggio, sarcastique.

Bloom se pencha vers lui au sein du silence tendu qui précède toujours une bagarre.

— Laisse tomber, Bloom, dit Prew, surpris de la claire autorité de sa propre voix dans le silence ambiant. Viens te rasseoir, Angelo. Je dis cinq.

— Je couvre, répliqua Maggio sans se retourner. Casse-toi, petit joueur, ajouta-t-il à l'adresse de Bloom en pivotant sur lui-même pour regagner sa place.

Bloom vint s'asseoir entre Clark et Sussman.

— Donnez-moi des cartes, dit-il en écartant ses deux voisins avec ses coudes.

— On est déjà cinq, dit Maggio.

— Et alors ? On peut jouer à dix, si on veut.

— Peut-être qu'on se trouve bien comme ça, suggéra Prew.

— Qu'est-ce qui vous prend ? Mon pognon est aussi bon que le vôtre.

— Pas sûr ! Si tu paies en jetons, y seront sûrement faux, dit Maggio.

Perplexe, incapable de discerner s'il s'agissait ou non d'une insulte, incapable, dans l'affirmative, de discerner les motifs d'un tel antagonisme, Bloom prit le parti d'en rire.

Clark, pendant ce temps, avait rassemblé le jeu pour la donne suivante, profondément gêné par ce déploiement d'hostilité dont il ne comprenait pas le sens.

— Est-ce que je lui donne des cartes ? demanda-t-il doucement à Prew.

— Va toujours, dit Prew.

— Eh ! Robinson, s'esclaffa Bloom. C'est lui ton Vendredi ? Est-ce qu'il lui faut aussi ton autorisation pour pisser ?

Sal baissa la tête et rougit.

— Sûr, que c'est lui mon Vendredi, intervint Prewitt en voyant l'embarras de Clark. Ça te dérange ?

Bloom haussa les épaules avec indifférence.

— C'est pas mes oignons, dit-il.

Il ne vit pas le regard de gratitude que jeta Sal à Prewitt en commençant à distribuer les cartes.

Ils se remirent à jouer, mais l'arrivée de Bloom avait détruit l'atmosphère de chaude camaraderie qui régnait auparavant. Tout le monde se taisait. Personne ne plaisantait plus. On aurait pu se croire chez O'Hayer. Maggio gagna encore plusieurs parties, et Bloom salua chacune de ses victoires d'une bordée de jurons.

— Vas-tu fermer ta gueule, sacré nom de Dieu ? éclata finalement Julius Sussman. Tu commences à me faire honte d'être juif.

— Ouais ? rugit Bloom. Et qu'est-ce que t'es de plus que moi pour avoir honte d'être juif... ?

— Il est peut-être juif, mais c'est pas un youpin, si tu comprends la nuance, coupa Maggio. Allez, rideau pour moi, les gars. Je reprends mes billes et je vais tâcher de convertir cette poignée de piécettes en gros talbins, chez sa majesté O'Hayer.

Bloom bondit sur ses pieds.

— Eh ! minute. Tu vas pas te retirer gagnant.

— Sûr, que je me retire gagnant. Tu voudrais peut-être que je me retire perdant ? Où que t'as appris à jouer ? Chez les dames patronnesses ?

Bloom se retourna vers les autres toujours assis et tenta de les rallier à sa cause.

— Vous allez le laisser se barrer comme ça ? Et porter tout notre pognon chez O'Hayer !

— Tu croyais peut-être qu'on jouait pour les prunes et qu'on rendait l'argent à la fin de la soirée ? gouailla Prew. A quoi que ça sert à tout le monde d'avoir de la mitraille dans les poches si personne essaie d'en gagner assez pour aller jouer chez O'Hayer ? Te conduis pas comme un moutard.

— Qu'est-ce que c'est que cette combine ? se rebiffa Bloom d'un ton accusateur. Vous servez tous de compères au petit Rital, non. J'ai perdu deux dollars d'une partie entre copains. Je te prenais pour un mec régule, Prewitt, et je prenais même ta défense, quand les autres disaient que t'avais les jetons de remettre les gants, mais on dirait que je me suis foutu le doigt dans l'œil à ton sujet.

Prew empocha lentement la menue monnaie qui lui restait et se releva à son tour, les mains pendantes, prêtes à l'action, les lèvres exsangues, les yeux aussi durs que des pierres.

— Écoute, enfant de salaud, dit-il avec une merveilleuse sensation de détente, tu vas tâcher de fermer ta grande gueule, ou c'est moi qui vais te la boucler, et j'aurai pas besoin de mettre les gants, ni de prendre une chaise pour t'assaisonner.

— Ouais ? dit Bloom, reculant d'un pas. A ton service, mon pote. Quand tu voudras.

Déjà, il déboutonnait sa chemise.

— Quand je me déciderai, t'auras pas le temps d'ôter ta liquette, s'esclaffa Prew.

— C'est facile, de causer, remarqua Bloom en sortant sa chemise de son pantalon.

Prew allait lui sauter dessus et frapper le premier, alors que les bras du grand Juif étaient encore à moitié ligotés par les manches de la chemise, lorsque Maggio s'interposa.

— Attends une minute. Tu risques de t'attirer des emmerdements. C'est mon affaire, pas la tienne. Doucement, vieux, t'énerve pas.

Il parlait d'un ton conciliant, faisant pour Prewitt ce que Prewitt avait fait pour lui, quelques instants auparavant.

— Ça va, dit Prew, vaguement honteux de la froide extase homicide qui s'était emparée de lui. Écarte-toi, Angelo. Il arrivera rien ce soir.

— C'est bien ce que je pensais, triompha Bloom en reboutonnant sa chemise.

— Fous le camp, dit Maggio, écœuré.

— Et comment, mon pote ! Tu crois peut-être que je vais rester ici à me faire plumer ? Je savais pas que vous étiez tous une bande de faisans.

Et, sur ce mot de la fin, il sortit en claquant la porte, exprimant ainsi tout le mépris que lui inspirait la corporation des tricheurs.

— Personne te demandait de jouer, lui cria Maggio. Un jour, continua-t-il d'une voix calmée, y me mettra tellement en pétard que je lui fendrai la gueule.

— J'ai rien contre lui, commenta Prew, mais je sais pas pourquoi faut toujours qu'y me fasse sortir de mes gonds.

— C'est un salopard, dit fermement Maggio. Je peux pas le voir en peinture.

— Faut dire aussi qu'on l'a pas traité bien amicalement, concéda Prewitt.

— Va-t'en traiter amicalement un mec pareil, protesta Maggio. Attends qu'y passe cabot, et tu verras si y nous traitera amicalement. Y nous en fera baver, oui !

— Sûrement, dit Prewitt.

— Nous, on va aller à la deuxième séance, annonça Anderson. Prête-moi vingt cents, Prew, qu'on puisse aller au ciné. Y me reste bien encore vingt cents, mais Sal a plus rien.

Prew lui remit les soixante cents qui lui restaient.

— Tiens, dit-il amèrement. Prends tout. Pour ce que je pourrais en foutre !

— Ah !... non, je te demande que vingt cents, protesta Anderson, mais il ne retira pas sa main, et ses yeux évitèrent le regard de Prew, parce qu'il mentait, ne voulait pas mentir, et tenait à garder l'argent.

— T'en as soixante, alors, ferme ta gueule, dit Prew. Et, quand tu parles à quelqu'un, regarde-le dans les yeux, nom d'un chien ! Tu me donnes la chair de poule.

— O.K. ! Prew. Tu veux que je les prenne ?

— Tu les as, oui ? Alors, vas les claquer et fous-moi la paix.

— O.K. ! répéta Andy. Tu viens, Sal ? On va faire une partie ou deux jusqu'à l'heure de la séance.

Prew le regarda de travers et s'approcha de l'urinoir, le ventre tenaillé par l'envie d'une femme.

— Eh ! Prew, cria Maggio, de la galerie. Sors avec moi une minute.

— Pour quoi faire ? riposta Prew, conscient de se conduire en mauvais joueur, mais incapable d'agir autrement. T'as le pognon. Va le flamber !

— Sors avec moi une minute, sacré bon sang ! insista Maggio.

— Ça va. J'arrive.

Andy ne leva pas les yeux lorsqu'il passa près de lui, mais Sal Clark lui sourit et le suivit de son bon regard de chèvre.

— Vas-y mollo, Vendredi, lui lança Prew gentiment.

11

Maggio l'attendait, frissonnant et contracté sous son maillot de corps, les yeux perdus dans les torrents argentés qui ruisselaient au-delà des moustiquaires. Le martèlement de la pluie emplissait la galerie, couvrant le chœur des ronflements qui émanaient de la chambrée.

— Tu descends en ville avec moi, si je gagne ? suggéra-t-il en se tournant vers Prew.

— Qu'est-ce qui te prend ? grogna Prew, irrité. T'as pitié de moi ?

— Qu'est-ce que tu te files comme coups de pied dans les chevilles ! J'aime pas descendre tout seul en ville, un point, c'est tout. Je connais personne en ville.

— Moi non plus, dit Prew.

— J'aime pas me trouver seul en ville. On s'y sent encore plus seul qu'ici, quand on y va tout seul, tenta d'expliquer Maggio.

— Pas quand on a du pognon, coupa Prewitt. Prends ce que t'as et descends tout de suite, pendant que tu l'as encore. Si tu vas le porter chez O'Hayer, tu l'auras pas longtemps, conclut-il brutalement.

— Écoute, reprit Angelo, te mets pas en boule à cause de ce que t'a dit Bloom. Tout le monde sait que c'est le roi des cons, et personne a jamais cru que t'avais les jetons de remettre les gants. Il a dit ça pour te foutre en pétard.

Prew, qui avait tourné les talons, revint sur ses pas.

— Écoute, Angelo, dit-il, que tu le croies ou non, je me fous de ce que pense Bloom et tout le reste du monde avec, tu piges ? Alors, c'est pas la peine d'en causer.

— O.K. ! dit Maggio. Attends que j'aille passer ma liquette, je gèle. Je croyais qu'y avait jamais d'hiver, à Hawaii ?

Il s'esquiva sur la pointe des pieds, revint avec sa chemise, son imper et le chapeau dont il était si fier, le chapeau qu'il faisait religieusement amidonner une fois par semaine depuis qu'il avait terminé ses classes.

— Où est-ce que je te retrouve ? demanda-t-il en s'habillant.

— Dans la salle de récréation, dit Prew. Ou dans les goguenots.

Maggio boutonnait son imper avec autant de solennité qu'un seigneur revêtant son armure avant de partir au tournoi.

— Tu peux préparer une brouette pour m'aider à ramener le pognon, crâna-t-il.

— Je te conseille de gagner, sacré nom de Dieu, riposta Prew. Y a plus d'un mois que j'ai pas sauté une fille.

— Pas étonnant que tu sois pas à prendre avec des pincettes, rigola Angelo. Moi, c'est seulement depuis le dernier prêt.

Il enfonça le galurin sur sa tête.

— Donne-moi une pipe pour me porter chance.

— Bon Dieu ! s'exclama Prewitt.

Mais il préleva une cigarette dans son paquet invisible et la tendit à Maggio.

— Depuis quand que je suis chargé de t'entretenir ?

— Qu'est-ce que t'as à râler ? Je t'en paierai toute une cartouche en revenant. Maintenant, passe-moi une allumette, et je me tire.

— Tu veux pas que je crache pour toi aussi ? s'informa Prew.

— Pas par terre, s'écria Angelo, feignant l'horreur. Un soldat ne crache pas par terre à l'intérieur de la caserne.

— Y a rien d'autre que je puisse faire pour toi ? Te prêter ma gueule pour faire un cendrier ? Me couper les pelotes pour jouer aux billes ? Cherche, tu trouveras bien quelque chose.

— Non, dit Maggio, mais t'es un pote. Si jamais tu passes par Brooklyn, viens me voir, je te recevrai comme tu le mérites.

Prew lui donna du feu et, rasséréné, un demi-sourire aux lèvres, le regarda disparaître, espérant vaguement qu'il ramènerait la victoire.

C'était, une fois de plus, la vieille attente familière, la vieille chasse aux piécettes devenues tout à coup aussi grandes et aussi rares que des dollars et qui ne faisaient jamais, en fin de compte, assez de dollars pour payer un verre ou deux et une paire de fesses.

« Même si Angelo ramène du pognon, pensa-t-il, tu ne trouveras ce que tu veux dans aucun bordel. Tu t'es conduit comme un triple crétin en précipitant les choses, avec Violette. Elle ne te donnait peut-être pas exactement ce que tu cherches toujours auprès d'une femme, mais au moins tu aurais pu monter la voir une fois par semaine ; voire même une fois par mois. Il ne te reste même pas ça, maintenant. Tout ce qu'il te reste, c'est le claque et le souci de glaner un pognon toujours introuvable, sauf le jour du prêt où les filles ont tellement à faire qu'il faut tirer son coup en trois minutes maximum ! Au moins, avec Violette, tu avais une femme et pas seulement une paire de fesses. Tu pourrais peut-être aller la revoir et tout lui expliquer », pensa-t-il. Mais il savait que ce serait inutile, que leur liaison appartenait désormais au passé, qu'elle lui avait sans doute déjà trouvé un remplaçant, un autre soldat, peut-être, ou même un homme de sa propre race. C'était ce qu'elle avait toujours désiré. « Tu aurais peut-être dû l'épouser, pensa-t-il. Ouais, tu aurais peut-être dû, aussi, rester dans la clique ; à ce train-là, ça pouvait aller loin. »

— Bloom est revenu pendant que t'étais pas là, lui annonça Andy, lorsqu'il réintégra les latrines.

— Ah ? répliqua-t-il avec une indifférence aussi sincère qu'absolue. Qu'est-ce qu'y voulait ?

— Y cherchait à emprunter cinquante cents pour prendre un taxi jusqu'en ville.

— Alors ? Tu les lui as prêtés ?

— Tu crois peut-être que je lui aurais prêté ton pognon ? s'exclama Andy, outré.

Puis il se rendit compte que Prew l'avait fait marcher et baissa la voix.

— On a juste quatre-vingts cents à nous deux, maugréa-t-il. Si je lui en avait prêté cinquante, on pouvait pas aller au cinéma.

— Je pensais que t'avais pu les lui prêter, insista Prew. T'es le plus riche de tout le secteur, Angelo excepté.

— Je lui ai rien prêté du tout, répéta Andy. Et, si tu veux ton fric, je te le redonne tout de suite.

— Foutre non ! s'esclaffa Prew. Qu'est-ce que tu voudrais que j'en fasse.

— Je suppose que tu vas descendre en ville avec Angelo ? questionna Andy d'un ton douloureux.

— A condition qu'il gagne, précisa Prew.

Andy regarda Clark d'un air entendu.

— C'est bien ce qu'on avait gambergé, dit-il.

Prew revint se planter devant Anderson.

— Qui ça on ? dit-il. Si quelqu'un a gambergé quoi que ce soit, c'est toi tout seul, et pas Sal. Ça te dérange que je descende avec Angelo ? Tu voudrais que je reste ici et que j'aille avec vous au cinéma, sous prétexte que vous pouvez pas descendre en ville ?

— J'ai pas dit ça, se défendit Anderson. Bloom voulait que je descende en ville avec lui ce soir.

— Alors, vas-y, si c'est ça qui te travaille. Tu peux descendre en ville avec qui tu veux, je m'en fous éperdument. Qu'est-ce que va faire Vendredi ?

— Y pourra aller au cinéma tout seul. Je prends que cinquante cents pour le taxi.

— J'irai pas au cinéma, déclara béatement Vendredi. Je vais rester ici et m'apprendre à jongler avec ces brêmes. Ça m'économisera trente cents.

— Qu'est-ce que vous allez foutre en ville, toi et Bloom, s'informa Prew. Si toutefois c'est pas indiscret.

— On verra bien.

— Vous verrez pas grand-chose, avec rien dans les poches. Et vous reviendrez comment ?

— Ben, voilà, expliqua Andy. Bloom a repéré un pédé plein aux as, à Waïkiki, et y croit qu'on pourra lui faire son portefeuille.

— A ta place, moi, j'irais pas, dit Prew.

— Tiens, tu peux te permettre de parler, toi, tu vas descendre avec Angelo, s'écria l'autre, indigné. Et pourquoi que j'irais pas ?

— Parce que Bloom te raconte des histoires, c'est tout vu ! Tu devrais savoir depuis longtemps que les pédés d'Honolulu prennent jamais d'argent sur eux. Avec tous les soldats qu'y a là-bas, y se feraient faire la peau tous les soirs.

— Bloom dit que si ça marche pas, on pourra toujours se faire payer à boire et le retour en taxi.

— Y te raconte des histoires. Y sait très bien que les pédés d'Honolulu se laissent pas dévaliser comme ça. Pourquoi qu'y te ment ? Moi, j'aurais pas confiance en un gars qui m'aurait menti. Qu'est-ce qui te dit qu'y lui sert pas de rabatteur, à c'te tantouse ? Tout ce que tu risques, c'est de te faire mettre. Y a en Bloom quelque chose que j'aime pas.

— Alors, tu voudrais que je laisse tomber, hein ? s'emporta Andy, évitant de regarder Prew. Je suis assez grand pour me défendre contre n'importe quel pédé. J'ai rien demandé à personne, c'est lui qu'est venu me chercher et j'y vais, que ça te plaise ou non.

— Encore une fois, je m'en fous éperdument, dit Prew. Je trouve que tu te conduis comme un cave, un point c'est tout. Si tu veux chasser le pédé, vas-y tout seul.

C'était sur le trimard, à l'âge tendre de douze ans, qu'il avait eu lui-même son premier contact avec la grande confrérie des invertis. Il s'était agi d'un véritable viol, puisqu'il avait fallu qu'un autre type le tienne solidement pour que la tante — un vieux sagouin d'une cinquantaine d'années — arrive à ses fins. C'était toujours sur le trimard, à l'âge beaucoup moins tendre de quinze ans, qu'il avait balancé un autre pédé entreprenant sur une pente abrupte, en Géorgie, après une brève empoignade. Il avait déjà quitté la région lorsque les journaux lui avaient appris la découverte du corps.

— Fais comme tu voudras, conclut-il à l'adresse d'Anderson. Après tout, c'est pas mes oignons.

— T'essaies de me flanquer les foies ? ricana Andy. Qu'est-ce que tu fais, Sal, tu restes là ? Faut que j'aille me changer. J'ai rendez-vous avec Bloom au foyer, dans un quart d'heure.

— Tu ferais mieux de l'écouter, dit Clark. Tu ferais mieux de pas aller avec Bloom.

— Oh ! la barbe, grogna Andy. On peut pas rester toute sa vie assis sur son cul dans cette saloperie de caserne. Est-ce que tu vas au ciné, ou est-ce que t'y vas pas ?

— Je vais y aller, décida Clark. Je pourrai m'exercer à donner les cartes un autre jour. Pourquoi que t'empruntes pas dix cents, Prew ? J'en ai trente. On irait ensemble au ciné.

— Non, merci, Vendredi, répliqua Prew, sentant à nouveau déferler sur lui la chaleur de cette amitié naïve. J'ai promis à Angelo de l'attendre.

— Comme tu voudras, dit Clark. Amuse-toi bien en ville, si tu descends.

— Merci. Te laisse pas entraîner par Bloom à la chasse aux pédés, t'a compris ?

— Pas de danger, dit Clark, solennel. J'aime pas ces gars-là. Je suis pas tranquille, avec eux. Y me font un drôle d'effet.

Prew les regarda partir, s'empara du jeu de cartes abandonné et se disposa à tuer le temps de son mieux. Mais son attente fut de courte durée. Les autres n'avaient pas quitté les latrines depuis dix minutes que le petit Angelo y faisait une entrée tumultueuse.

— Alors ? dit Prew. Combien que t'as gagné ?

— Gagné ! vociféra Maggio. J'ai gagné une quarantaine de dollars, en une seule partie. C'était tout de même pas assez pour descendre en ville !

— Non, dit sèchement Prew. Combien que t'as perdu ?

— Perdu ! glapit Maggio. J'ai perdu quarante-sept dollars, toujours en une seule partie : la deuxième. Bon Dieu de bon Dieu !

Il chercha quelque chose à casser, ne trouva rien, prit son beau chapeau, le jeta sur le sol et, d'un coup de pied rageur, l'envoya sous l'urinoir, où il alla le récupérer aussitôt, le visage crispé d'émotion.

— Là ! Regarde ce que je viens de faire, gémit-il en désignant la coiffe bosselée. Tu me demandes pas pourquoi je me suis pas arrêté après la première partie ? Vas-y, demande-le-moi.

— Pas la peine, dit Prew. Je sais pourquoi.

Mais Angelo avait soif de mortification.

— J'ai cru que je pourrais en gagner davantage, dit-il. J'ai cru que j'en gagnerais assez pour une vraie descente en ville. Peut-être même pour deux vraies descentes en ville. Oh ! merde.

Il enfonça le chapeau bosselé, boueux, poussiéreux sur sa nuque et regarda Prew, les poings sur les hanches.

— Rideau ! dit Prew.

Il tordit les cartes dans ses deux mains et les éparpilla sur le sol.

— Ceinture ! La corvée de chiottes ramassera tout ça demain.

— Anderson et Vendredi sont allés au ciné ?

— Ouais.

— Y t'a pas rendu ton pognon ?

— Non.

— Merde, réitéra Angelo. Y me reste que cinquante cents et je connais une table, à la compagnie C, où ils acceptent les mises à partir d'un dollar. Mais y me reste que cinquante cents.

— Te casse pas le tronc, dit Prew. Y te faudrait toute la nuit pour te refaire et retourner chez O'Hayer.

— T'as raison, admit Angelo.

Il ôta son imper et déboutonna sa chemise.

— Je vais descendre en ville avec mes cinquante cents et tâcher de lever un pédé. Je l'ai jamais fait, mais si les autres le font y a pas de raison que je le fasse pas. Y a des moments où j'en ai tellement marre que je voudrais dégueuler mes tripes sur le plancher, me coucher dedans et pas m'en relever.

Prew regardait ses mains pendantes.

— Y a des moments où je peux pas dire que je t'en blâmerais, dit-il.

— Viens avec moi, proposa Maggio. Tu trouveras bien quelqu'un pour te prêter cinquante cents. Si on se casse le nez, on reviendra en auto-stop.

— Non, merci, dit Prew. Je suis pas d'humeur à descendre en ville et j'aime pas les tantouses.

— Je vais me changer, dit Angelo. A demain, si je suis rentré. Sinon, viens me voir au dur.

Prew éclata de rire, mais son rire sonnait faux.

— O.K. ! dit-il. Je t'apporterai une cartouche de cigarettes.

— Donne-m'en une tout de suite à titre d'acompte, murmura Maggio, tout penaud. J'ai pas pensé à en acheter pendant que je tenais la galette.

— Bien sûr, fit Prew. Tiens.

Il lui donna une cigarette, prit la dernière, froissa le paquet vide et le jeta dans un des trous.

— Non. Pas si c'est tes dernières, protesta Maggio.

— Te fais pas de bile, trancha Prew. J'ai encore du tabac.

Maggio le remercia d'un signe de tête et alla endosser sa tenue fantaisie, dans l'immense respiration laborieuse de la chambrée obscure. Prew le regarda disparaître, poussa du pied les cartes tordues, et, puisqu'il n'avait pas sommeil, décida de descendre dans la salle de récréation. Les hommes qui s'y trouvaient déjà, vautrés dans les fauteuils de similicuir, une pile d'illustrés écornés sur les genoux, ne levèrent même pas la tête à son entrée. Il marqua une pause devant le billard, jeta un coup d'œil à la table de ping-pong, qu'il avait toujours connue sans filet, et se demanda, vaguement, ce qu'il était venu foutre ici. La radio ne marchait plus depuis la semaine d'avant le dernier prêt. « A l'extérieur, songea-t-il, le temps est mesuré en jours et en heures, mais dans l'armée on compte exclusivement par jours de prêt : le dernier prêt, le prochain prêt, et, entre les deux, un laps de temps aussi interminable que vite oublié. »

Il préleva une pile de magazines sur l'une des étagères et s'installa dans un fauteuil. Les histoires ne l'intéressaient pas, mais il y avait des tas de photographies et de dessins publicitaires.

« Jimmy travaille mieux à l'école... depuis qu'il mange les flocons d'avoine Untel... Faites comme moi, voyagez en Pullmann. Le caoutchouc donne de meilleurs résultats. (Il sourit en lisant ce dernier slogan)... N'attendez plus pour acheter votre Cadillac. 1 345 dollars seulement... Donnez-lui la cuisine moderne de ses rêves... »

Il y avait aussi pas mal de dessins sur l'armée, depuis le début de la campagne de recrutement. Il admira l'annonce des cigarettes Pall Mall, qui représentait cinq soldats sur le champ de tir, trois à l'arrière-plan, armes pointées vers les cibles, deux autres au premier plan, assis dans l'herbe verte, en train de fumer des Pall Mall. Joyeux soldats d'une armée idéale. Il déchira la page, songeant qu'elle serait bougrement décorative, une fois fixée avec quatre punaises à l'intérieur du couvercle de son coffre.

La vision des toutes faites immaculées lui donna une furieuse envie de fumer, et sa main montait déjà vers sa poche lorsqu'il se souvint qu'il avait grillé la dernière dans les latrines, en compagnie d'Angelo. Il plia le dessin en quatre, le glissa dans sa poche vide et se roula une cousue main avant de reprendre sa lecture.

Il feuilleta rapidement plusieurs magazines, en quête de placards publicitaires. Beaucoup d'entre eux contenaient de belles filles, et c'était précisément ce qu'il cherchait. Les photos coloriées étaient peut-être plus réelles, mais elles étaient généralement plus habillées que les dessins, et, sous ce rapport, ne valaient pas les croquis stylisés, aux seins légèrement exagérés, avec les plis en éventail suggérant le renflement de l'entre-jambe.

Longuement, il contempla la blonde fuselée du savon facial Treeburn, allongée sur le sable en costume de bain, et vers laquelle se penchait un beau type aux larges épaules. Elle avait les paupières lourdes et les lèvres sensuellement boudeuses de la femme troublée par le mâle. Pour du beau travail, c'était du beau travail.

Puis il tomba sur la publicité d'une marque de sous-vêtements féminins et retint son souffle devant une poitrine parfaite étroitement moulée par le léger tissu d'une frêle chemisette. Quelques demi-cercles estompés suggéraient les pointes des seins, foncées et proéminentes sous la mince étoffe. Deux douzaines de coups de crayon en moins, et le dessin eût été un nu. Mais l'artiste connaissait son affaire, et l'illusion était si forte que Prew se surprit à essayer de distinguer, sous le voile, la surface vivante de la chair.

Il sentit ses mains devenir moites, ses muscles se mirent à trembler tout le long de la région interne de ses cuisses. « Vaut mieux que tu laisses tomber, mon petit Prew, s'admonesta-t-il. C'est pas le moment d'admirer des dessins suggestifs, au milieu du mois, alors que t'es complètement fauché, qu'il est trop tard pour essayer d'emprunter trois dollars aux usuriers à vingt pour cent et filer à Wahiawa chez la grosse Suzy. Vaut mieux te rabattre sur le *Saturday Evening Post*, frangin. »

Mais la première chose qui lui sauta aux yeux fut le placard en pleine page des lignes d'autobus Greyhound, vantant, sous la forme séduisante d'une baigneuse en bikini, aux hanches pleines de sensualité, la magnificence des soleils du Sud.

« C'est ça, pensa-t-il, c'est parfait, c'est merveilleux. Ils appellent ça des pin-up girls et bavent d'attendrissement en pensant que "nos fils", à présent sous l'uniforme, aiment à découper leurs images pour les coller dans leurs armoires. Et c'est avec le même attendrissement qu'ils bouclent le plus grand nombre possible de bordels, pour que "nos fils" ne risquent point d'être contaminés. »

Il arracha la page du *Saturday Evening*, la froissa, la jeta sur le sol humide, la piétina jusqu'à ce qu'il n'y ait plus, sous sa semelle, qu'un magma informe, déchiqueté. Puis il s'arrêta, dégrisé, honteux d'avoir détruit de la beauté pour en faire une chose répugnante.

Il remonta l'escalier ténébreux, esclave de sa virilité refoulée, reniée, dénoncée, acculée, révoltée, damnée, condamnée. « Rien d'étonnant, songea-t-il, que tant de pauvres types se laissent prendre au piège du mariage. Mais quand on n'est pas marié, et que toute cette virilité inemployée vous coule, brûlante, dans les veines, il n'y a plus qu'une chose, une seule chose à faire. »

12

Assis à son bureau, la joue posée sur son énorme poing, Milt Warden contemplait la photo que Karen Holmes lui avait donnée la nuit de leur baignade au clair de lune. Elle la lui avait remise presque immédiatement, dans l'auto, sans attendre qu'il y songeât, craignant, peut-être, qu'il puisse n'y pas songer.

C'était un excellent instantané qui la représentait allongée sur une couverture, devant chez elle, dans sa courette ensoleillée, vêtue d'un maillot de bain dont la blancheur contrastait violemment avec le hâle profond de sa peau. Les yeux protégés par des lunettes noires, une jambe légèrement relevée, mettant en valeur la convergence harmonieuse des lignes de la cuisse et du mollet vers l'étroitesse du genou, elle lisait, et sa féminité glorieuse semblait réclamer l'attention du mâle, de la même façon qu'un boulevard encombré de jolies femmes aux longues jambes bronzées, aux seins orgueilleusement dressés sous leurs toilettes estivales, attire le regard du passant et lui fait tourner la tête avant qu'il songe à réprimer son impulsion. Mais la photo ne montrait pas tout, et il y avait longtemps que Warden avait passé l'âge du jouvenceau qu'aveugle la joie religieuse de son premier contact avec la chair féminine au point de lui faire oublier, à l'intérieur de cette chair dévouée à son désir, l'existence complexe d'un être indépendant doté d'une volonté propre.

Pourquoi cette baignade au clair de lune, projetée avec tant d'enthousiasme, avait-elle si lamentablement échoué ? Warden eût été bien incapable de le dire. Rien n'y manquait, cependant, ni l'éclat somptueux de la lune sur le sable de la petite plage, ni le doux ressac et sa frange d'écume blanche, ni la brise dans les arbres invisibles, loin au-dessus de leurs têtes, ni même le café bouillant dans une bouteille thermos, l'alcool, les sandwiches et les couvertures. Mais Karen avait glissé en descendant sur la plage et s'était écorché le bras. Puis elle avait déchiré sa robe — l'une de ses plus belles, avait-elle dit — sur une branche épineuse. Ils avaient couru dans l'eau, la main dans la main, magnifiquement nus sous la lumière diffuse de la lune. Mais Karen avait eu froid, et tous deux étaient revenus vers la plage, où il l'avait enveloppée dans une couverture. Le plus terrible, c'était qu'il n'avait pas froid du tout, lui, qu'il brûlait, au contraire, d'un désir ardent ; mais allez donc faire l'amour d'une façon satisfaisante tout en essayant de maintenir une couverture trop étroite autour d'une femme frigorifiée ! Plus tard, dans la voiture, il avait repris rendez-vous avec elle avant de tenter une dernière fois, sans la moindre conviction, de lui faire boire un verre ou deux, espérant vaguement la saouler assez pour qu'elle acceptât de le suivre à l'hôtel et sauver au moins quelque chose. Mais elle n'avait pas voulu boire, et la solution de l'hôtel était trop dangereuse ; et quant à le faire dans la voiture, non, c'était par trop dégradant...

Elle l'avait laissé sur sa faim, après lui avoir timidement rappelé leur futur rendez-vous, et Warden était allé prendre une cuite chez Wu Far, dans la rue des Hôtels, en plein cœur du quartier réservé. Ensuite, il avait opéré au *Nouveau Congrès* une descente d'étalon en rut si intensément satisfaisante qu'il était ressorti du bordel avec la ferme intention de ne pas aller à ce foutu rendez-vous, quoi qu'il eût pu lui promettre, et c'était toujours à cela qu'il pensait en glissant la photo derrière son laissez-passer permanent, lorsque les pas de Mazzioli résonnèrent dans le corridor. Du moins pouvait-il, grâce à cette photo, se permettre de jubiler intérieurement à chaque fois qu'il montrait ses papiers aux gars de la police militaire ou qu'il sortait son portefeuille de sa poche en présence de Dynamite.

Mazzioli jubilait, lui aussi, et pas tout à fait intérieurement, en remettant à Warden la pile de paperasses au sein de laquelle il avait dissimulé l'ordre de mutation, apostillé de toutes parts, du cuisinier de Fort Kamehameha. Il resta debout, immobile, attendant l'explosion, tandis que Warden feuilletait d'un doigt expert cette dose quotidienne de mémorandums, d'ordres généraux, de notes de service et de circulaires du ministère de la Guerre, qui pouvaient toujours recéler quelque chose d'important.

Mais il eut beau asticoter le sergent, après que celui-ci eut enfin mis la main sur l'ordre de mutation, Warden se contenta de le regarder en silence, droit dans les yeux, jusqu'à ce que Mazzioli, déçu et furibard, prît le parti de battre en retraite. Et Warden se remit au boulot avec une amertume qu'atténuait à peine la facilité avec laquelle il avait percé à jour le petit complot de Mazzioli. « Si seulement je pouvais deviner ce qui se passe en Karen Holmes avec autant de facilité, songea-t-il, ou même prévoir ce que va donner cette nouvelle mutation... »

Il tira son whisky du classeur, but un verre, puis deux, et se rendit compte que toute la bouteille n'y suffirait pas. Ce qu'il lui fallait, c'était une bonne séance de punching. Mais pas sur un petit punching-ball comme Mazzioli, tout juste bon pour parfaire sa vitesse. Non, ce qu'il lui fallait aujourd'hui, c'était le sac de sable, pour le travail en force, et, depuis qu'il était à la G, Warden n'avait jamais trouvé de meilleur sac de sable que Pete Karelsen, le chef du groupe de tir, avec lequel il partageait sa chambre.

Quittant la salle de service, il monta au premier étage et fonça dans la place en mugissant comme un taureau furieux.

— Pete, j'en ai ma claque, je leur fous ma démission. Cette compagnie est le pire bordel que j'aie jamais vu ! Entre les sportifs et les anciens de Bliss, y finiront bien par avoir ma peau ! Et v'là qu'y m'en collent encore un, et un cuistot, par surcroît !

Assis sur le bord de son lit, par égard pour sa vieille arthrite, si familière à présent qu'elle lui tenait compagnie, Pete Karelsen acheva d'ôter son dentier et le laissa choir dans le verre d'eau posé sur la table. Le mieux, quand ce cinglé de Milt était pris d'une de ses crises, c'était de garder son calme, de le laisser dire et de compter sur la providence.

— Tu as reçu l'ordre de mutation du type de Fort Kam ? s'informa-t-il de sa voix cultivée.

Le poing de Warden s'abattit violemment sur le pied de son propre lit.

— Et de qui que je parle, d'après toi ? hurla-t-il. Tout le monde veut être cuistot, dans cette compagnie, et faut qu'y m'amène encore ce Stark de sa saloperie de Bliss !

— Sûr que ça n'est pas drôle, approuva Karelsen en se penchant sur son ventre pour ôter ses brodequins boueux. Et qu'est-ce que Dynamite a l'intention de faire ? Nommer Stark sergent d'ordinaire à la place de Preem ?

Mais Warden était lancé, et trop heureux de l'être pour s'arrêter en si bon chemin. Tout y passa, Galovitch-l'homme-des-bois, et les officiers subalternes qui appartenaient comme par hasard aux diverses sections sportives, et môssieur Jim O'Hayer qui était sergent-fourrier et passait son temps à tenir un tripot, et ce salaud d'Henderson qui n'avait pas fait un jour d'exercice depuis deux ans parce qu'il chouchoutait les bourrins de Dynamite au train des équipages, et où est-ce que Dynamite allait pêcher tout le pognon qu'y se permettait de paumer au poker à leur saloperie de club des officiers, et pourquoi qu'y continuerait, lui, Warden, à se crever pour tous ces sagouins alors qu'y pourrait se faire muter du jour au lendemain dans une compagnie où l'on saurait au moins reconnaître ses mérites ?

— Oh ! ta gueule ! hurla finalement Karelsen, arraché à son îlot de calme systématique par ce torrent d'énergie verbale qui menaçait de l'engloutir. Ferme ta gueule, fous-moi la paix ! Pourquoi que tu te fais pas muter, si la G te dégoûte à ce point ? Au moins, là, tu me foutrais la paix !

— Pourquoi ? T'as le culot de demander pourquoi ? vociféra Warden, outré. C'est parce que j'ai beaucoup trop bon cœur pour faire passer mes intérêts avant tout, voilà pourquoi ! Si je quittais cette foutue compagnie, elle s'écroulerait comme un château de cartes ! Voilà pourquoi !

— Comment que ça se fait que le G.Q.G. t'ait pas encore découvert ? beugla Pete à son tour, incapable de se contenir.

Le chiendent, c'était que presque tout ce que disait Milton était vrai. Ç'aurait été beaucoup plus facile à supporter s'il n'y avait eu dans tout ça que de vaines vantardises.

— Parce que c'est une bande de corniaux, Pete, voilà pourquoi, dit Warden d'un ton brusquement redevenu normal. Donne-moi une pipe, tiens !

— Y a des moments où je me demande comment un type aussi merveilleux que toi a jamais pu venir au monde ! beugla Pete.

— T'énerve pas, dit Warden. Je me le demande souvent moi-même. Je t'ai demandé une cigarette.

— Je m'énerve pas. Et c'est pas toi qui changeras l'armée...

Il s'aperçut, avec quelques mesures de retard, que Warden avait cessé de gueuler et, baissant la voix au beau milieu de la phrase commencée, acheva d'un ton normal :

— ... Alors, pas la peine de partir en guerre contre les moulins à vent.

Il lança à Warden hilare un paquet de cigarettes détrempé. Ce silence soudain, que rompait seulement, à nouveau, le bruit de cascade monotone de la pluie, était assourdissant.

— C'est tout ce que t'as à m'offrir ? dit Warden avec une moue dégoûtée. Y a même pas moyen de les allumer.

— Qu'est-ce qu'y te faut, se remit à hurler Karelsen. Des bouts dorés, mon prince !

— Pourquoi pas ? s'esclaffa Warden.

Il se renversa sur son lit, purgé, soulagé, avec une ineffable sensation de bien-être, et croisa les jambes.

— Allons, Pete, faut pas t'énerver comme ça. Garde ton sang-froid.

— Tu crois peut-être que je sais pas ce que tu fais, quand tu débarques là-dedans comme un fou furieux ? beugla Pete. Tu crois peut-être qu'y a que toi de fortiche, ici ? Tu crois peut-être que je vais continuer indéfiniment à te servir de repoussoir sous prétexte que t'es le juteux ? Non, mon p'tit gars. Un de ces jours, je vais te laisser tomber, et comment ! Même s'il faut que j'aille coucher dans la chambrée avec les hommes.

Warden le regarda, vaguement offusqué et sincèrement peiné.

— Si t'es si fortiche, continua Pete, pourquoi que tu mutes pas Prewitt dans ma section, comme je te l'ai demandé l'autre jour ?

— Parce que je veux qu'il reste dans celle de Galovitch, Pete, tout simplement.

— Avec ce que ce gosse sait sur les mitrailleuses, il ferait tout de suite un bon chef de groupe, et je le bombarderais chef de section à la première occasion.

— Tu ignores si je n'ai pas d'autres intentions à son égard.

— A moins, suggéra Pete, que ce soit Dynamite Holmes qui ait d'autres intentions à son égard !

Il observa Warden un instant et enchaîna :

— Tu sais ce que je crois ? Eh bien ! je crois surtout que t'es cinglé. Fou à lier. Siphonné à zéro. Je crois que tu sais pas toi-même ce que t'as l'intention de faire avec qui que ce soit. Et pas plus avec Prewitt qu'avec ce nouveau cuistot.

« Est-ce qu'il a raison ? pensa Warden. Pour sûr qu'il a raison, puisque, dans cette inextricable vallée de larmes, on ne peut plus oser le moindre geste, prendre la moindre décision sans créer quelque situation étrange qu'on n'avait nullement prévue. »

— Voilà ce que je crois, conclut Pete.

Warden se contenta de le regarder affectueusement, avec un demi-sourire, et Pete fit de vains efforts pour conserver une dignité durement reconquise que le sourire de Warden recommençait à désagréger.

L'esprit ailleurs, Milt contemplait son compagnon de chambre, à présent dévêtu, dont le corps dégageait cette vague odeur stagnante des gens d'un certain âge qui boivent un peu trop et ne peuvent plus assimiler l'alcool qu'ils rejetaient autrefois avec une si parfaite désinvolture. On racontait, dans la compagnie, qu'issu d'une famille opulente du Minnesota, Pete s'était engagé pour sauver le monde, pendant la dernière guerre, qu'il avait attrapé la chaude-pisse en France, avec une infirmière militaire, et que, sa famille l'ayant rejeté vertueusement de son sein, il était resté dans l'armée pour bénéficier gratuitement des soins adéquats, si rares et si coûteux à l'époque. Pilier des discussions philosophico-intellectuelles entre secrétaires, Pete entretenait volontiers cette légende. Tout portait donc à croire qu'elle était méticuleusement fausse. Il y en avait tant qui, par une sorte de sentimentalité à rebours, se flattaient de leur inadaptation. Mais, de l'autre côté de la barricade, que trouvait-on ? Les officiers. Il fallait choisir entre une fausse défaite et une victoire fallacieuse, entre un faux démon et un dieu de carton-pâte ! La chaude-pisse, du moins, était vraie, qu'il l'eût contractée auprès d'une infirmière militaire ou d'une putain parisienne. La chaude-pisse et l'arthrite et les fausses dents, appareil complet, bridge inférieur et supérieur. « Est-ce ainsi que je vieillirai ? » se demanda anxieusement Warden.

Et pourtant, lorsque le dentier rendait leur forme aux lèvres affaissées, on retrouvait, dans les fermes contours reconstitués de la mâchoire, l'écho de possibilités oubliées, dans le regard brusquement éclairci, la vive intelligence d'un homme qui connaissait les armes automatiques sur le bout du doigt et savait qu'il les connaissait, ultime satisfaction d'un vieillard en puissance dont la marotte actuelle était de collectionner les photos pornographiques !

— Où vas-tu, petite tête ? lança Warden en le voyant s'engager dans le corridor, une serviette nouée au niveau de la taille, les pieds chaussés de sandales japonaises à lanières de cuir et semelles de bois.

— Prendre ma douche, si le sergent-chef n'y voit pas d'objections. Qu'est-ce que tu croyais ? Que j'allais à poil au cinéma ?

— Et moi qui voulais t'emmener chez Choy boire un pot ou deux ! ricana Warden.

— Je suis fauché, dit Pete. J'ai pas un flechtard.

— Puisque je te dis que c'est moi qui régale.

— Alors, tu crois que c'est pas plus difficile que ça ? Tu t'imagines que tu peux me casser les pieds tout un après-midi et m'acheter ensuite avec quelques verres de bière ! Non, merci. Je boirais pas ta bière, même si c'était la dernière qu'il y ait à boire dans le monde.

— Même si c'était la vraie dernière ? gouailla Warden.

Pete essayait vainement de cacher son envie.

— Même si c'était la vraie dernière, affirma-t-il. Mais j'espère fermement que le niveau de la bière dans le monde ne descendra jamais aussi bas.

Milt Warden sourit, et la chaleur de son sourire balaya tout le reste, malgré la sévérité du regard de Pete.

— Viens donc avec moi chez Choy. On va se saouler comme des cochons et démolir les tables et les chaises, histoire de rigoler.

Pete ne peut s'empêcher de sourire.

— Si c'est toi qui paies la note..., capitula-t-il.

— Sûr, que je paie la note. Toutes les notes. Même celles des autres. Va prendre ta douche, je t'attends. Encore deux ou trois jours, et on verra de quel bois est fait ce Stark et Fort Kam.

Mais ils n'eurent même pas à attendre aussi longtemps, car le nouvel affecté, Maylon Stark, arriva le lendemain, avec des sacs et son paquetage.

C'était un de ces premiers jours d'accalmie qui prophétisent la fin de la saison pluvieuse. La pluie avait cessé vers midi et l'air fraîchement lavé était clair et sonore comme une coupe de cristal. Tout était propre, et il y avait dans l'atmosphère cette odeur de vacances qui accompagne chaque changement de saison. Travailler par un jour semblable était un sacrilège, mais il fallait bien que Warden fût là pour recevoir le cuistot de Fort Kamehameha.

Il attendit que le taxi qui avait amené Maylon Stark eût repris le chemin de la ville pour sortir de la salle de service et s'approcher du nouvel affecté.

— Je me fous que ce soit un ancien soldat, dit le cuistot en lui faisant face. C'est tout de même exagéré.

— Il a sans doute une souris indigène et cinq ou six moutards à nourrir, répliqua Warden.

— J'y suis pour rien, dit Stark. Le gouvernement pourrait quand même rembourser les frais de transport, quand on change d'affectation.

— Il les rembourse, dit Warden. Sauf à ceux qui sont mutés sur leur propre demande.

Stark encaissa le coup de patte sans sourciller.

— Il les rembourse bien aux officiers, dans tous les cas, insista-t-il. Tout le monde est d'accord pour plumer le griffeton. Même les anciens griffetons.

Il sortit sa blague à tabac et se mit à rouler une cousue main.

— Où est-ce que je fourre mon barda ?

— Dans le dortoir des cuistots.

— Est-ce que je vois le grand chef maintenant, ou plus tard ?

— Dynamite n'est pas là, riposta Warden en souriant. Sait pas quand y rentrera.

Le regard de Stark croisa celui de Warden.

— Y savait que j'arrivais ?

Warden prit le plus gros sac et la petite valise de raphia.

— Sûr, qu'il le savait, ricana-t-il. Mais il avait des affaires pressantes... au club !

— Il a pas changé, fit Stark, qui prit le reste de son barda et, chargé comme une mule, suivit Warden à travers la galerie et le réfectoire désert.

Warden le conduisit au petit dortoir du personnel de cuisine, situé à l'arrière du bâtiment.

— O.K., dit Stark en dénouant la corde de serrage d'un de ses sacs. Voilà mes papiers, chef.

Warden regagna la salle de service et plongea son nez dans les papiers de Stark. Il apprit ainsi que Maylon Stark avait vingt-quatre ans, qu'il avait rempilé deux fois et n'avait jamais fait de prison militaire. C'était tout, et c'était bien peu, mais Warden avait déjà partiellement jugé Stark, et lorsque Dynamite Holmes eut, en sa présence, infligé au cuistot l'habituelle conférence d'accueil, il savait, très exactement, ce qu'il allait faire.

Maylon Stark était de taille et de corpulence moyennes, ni grand ni petit, ni gros ni maigre, et les lignes qui encadraient sa bouche, beaucoup plus profondes à droite qu'à gauche, donnaient à son visage une expression particulière. Il semblait toujours sur le point de s'esclaffer sarcastiquement, de pleurer lamentablement ou de ricaner belliqueusement. Mais, en réalité, il ne faisait jamais rien de semblable.

— C'est un bon soldat, sergent Warden, insista Holmes lorsque Stark se fut retiré, toujours impassible, après avoir remercié pour la forme et salué avec toute la rigidité d'usage son ancien et nouveau capitaine. Stark me fera un excellent cuisinier.

— J'en suis persuadé, mon capitaine, dit Warden.

— Vraiment ? s'étonna Holmes. Eh bien ! comme je le dis toujours, on ne rencontre pas de vrais soldats à tous les coins de rue et, lorsqu'on en trouve un par hasard, on le reconnaît tout de suite.

Warden s'abstint de tout commentaire. Holmes avait dit la même chose au sujet d'Ike Galovitch, lorsqu'il l'avait nommé sergent.

Satisfait de lui-même, le capitaine s'éclaircit la gorge et se composa un visage sérieux et réfléchi pour dicter l'emploi du temps de la semaine suivante à Mazzioli, qui était arrivé pendant la conférence. Il le dicta lentement, pour que Mazzioli puisse le suivre, en se promenant de long en large d'un air absorbé, et Mazzioli le dactylographia sans relever la tête, avec un profond dégoût, sachant parfaitement que Warden remplacerait cet emploi du temps par un programme de son cru, qu'il lui faudrait retaper au propre et que Dynamite signerait, l'âme sereine, sans s'apercevoir de quoi que ce soit.

Dès que le capitaine fut reparti, Warden courut au dortoir des cuistots, à demi sorti de ses gonds par les éternels remâchages de Dynamite, se demandant ce que ferait Dynamite s'il s'apercevait un jour de sa propre inutilité et de l'importance ridicule qu'il se donnait — « T'inquiète pas, se dit-il, il s'en apercevra jamais, ça le tuerait. » —, mais espérant, par-dessus tout, que cette comédie n'avait pas donné à l'un quelconque des autres cuisiniers le temps de parler avec Stark avant que lui-même l'ait revu.

— Viens avec moi, lui dit-il, content de le retrouver seul. Faut que je te parle et je voudrais pas qu'un des autres cuistots me voie avec toi.

Warden le fit asseoir en face de lui, sur le plumard de Pete, et alluma une cigarette. Stark se mit à en rouler une.

— Tu veux une toute faite ?

— Non, merci, je préfère ça, répliqua Stark, ouvertement sur le qui vive, en désignant sa blague.

Warden posa le vieux cendrier entre eux, sur le plancher.

— J'ai l'habitude de jouer franc jeu, Stark. Je t'avais dans le nez avant que t'arrives, parce que t'avais servi à Bliss, avec Dynamite.

— Pas la peine de me faire un dessin, dit Stark.

— T'es du Texas, pas vrai ?

— Tout juste. Né à Sweetwater.

— Pourquoi que t'as quitté Fort Kam ?

— Je m'y plaisais pas.

— Tu t'y plaisais pas, dit Warden d'un ton presque cassant.

Il alla puiser dans son placard et revint avec une bouteille de trois étoiles.

— Soif ? questionna-t-il.

— Sûr, dit Stark. Un soupçon.

Il jeta un coup d'œil respectueux à l'étiquette, puis leva la bouteille, la retourna et but.

— T'as déjà tenu un mess, Stark ?

La pomme d'Adam du cuistot s'immobilisa.

— Sûr, dit-il. A Kam.

— Je veux dire : vraiment tenu... Ordinaire, approvisionnement, tout compris ?

— C'est bien ce que je veux dire aussi, dit Stark.

A contrecœur, il se sépara de la bouteille.

— Fameux, commenta-t-il.

Warden la posa près de lui.

— T'avais quel grade ? s'enquit-il.

— Première classe. Je devais passer spé-six, mais ça s'est jamais fait. Je tenais le mess et je me farcissais tout le boulot. Seulement, je portais pas les sardines et je touchais pas le pognon.

— Et ça te plaisait pas, ronronna Warden.

Stark lui jeta un rapide coup d'œil.

— La combine, non. Le boulot, oui, c'est mon boulot, dit-il.

— Au poil !

Warden s'octroya une gorgée de trois étoiles.

— J'ai besoin d'un type bien pour tenir mon mess, un sur qui je puisse compter ; un qui porterait les sardines et palperait le pognon. Qu'est-ce que tu dirais de première classe et spé-quatre, pour commencer ?

Stark le regardait attentivement.

— Ça me paraît pas mal, dit-il. Si ça se fait. Et ensuite ?

— Les sardines de Preem, dit crûment Warden.

Stark tint conférence avec sa cigarette.

— Je demande à voir, murmura-t-il.

— Y a déjà quatre anciens de Bliss, dans cette compagnie. Sergents, tous les quatre. Rien à craindre de ce côté-là.

— Je commence à voir, dit Stark.

— Le reste est aussi simple. Tu te tiens à carreau et tu prouves que t'es meilleur que Preem. A partir d'aujourd'hui, t'es premier cuisinier, avec le grade de première classe et spé-quatre. Tout ce que t'as à faire, c'est de remplacer Preem à chaque fois qu'il se montre pas, c'est-à-dire presque tous les jours.

— Je suis nouveau ici. Les cuistots ont l'esprit de clan. Et Preem a toujours son grade.

— Te casse pas la tête pour le grade. Je veillerai au grain. Quant aux cuistots, y vont tout faire pour t'empoisonner, au début, surtout le gros Willard, qu'est premier cuisinier et qui vise les sardines de Preem. Mais Dynamite peut pas le souffrir. Alors, essaie pas de discuter avec eux. Viens me voir. C'est toujours toi qu'auras raison.

Stark reprit la bouteille que Warden lui tendait.

— Une chose encore, chef. Si je prends la cuisine, je la tiens à ma façon. Autrement, zéro.

— C'est bien comme ça que je l'entends, dit Warden. Tiens-la bien, et elle est à toi.

— C'est pas ce que je veux dire, s'obstina Stark. Bien ou mal tenue, faut qu'elle soit à moi, sans que la salle de service y vienne fourrer son nez. D'accord ?

Warden lui sourit, les sourcils en mouvement.

— D'accord, dit-il. (« Qu'est-ce que tu risques, salopard, pensait-il, y a trente-six façons de tenir une promesse. »)

— O.K. ! dit Stark.

Warden lui tendit la bouteille. La partie était jouée. Le donneur ramassait les cartes. La conversation reprit, spontanée, dans une atmosphère détendue.

— Ce que je vois pas très bien, dit Stark, c'est ce que ça peut te rapporter à toi.

— Rien, sauf que c'est ma compagnie. Y a que Dynamite pour croire sérieusement que c'est la sienne.

La bouteille passait régulièrement de l'un à l'autre, tissant entre eux et autour d'eux une trame irréelle aux brillants coloris.

— Envoie la bouteille, dit Stark. Est-ce qu'il a toujours sa femme avec lui ?

— Qui ça ? sursauta Warden.

— Dynamite... Une grande blonde bien balancée. Karen, qu'elle s'appelle. Est-ce qu'ils sont toujours mariés ?

— Ah !... oui, dit Warden, ils sont toujours mariés. Elle vient ici de temps en temps. Pourquoi ?

— Comme ça, dit Stark que l'alcool rendait philosophe. Sais pas pourquoi, je m'étais figuré qu'y seraient plus ensemble depuis longtemps. A Bliss, c'était une vraie chatte en chaleur, mais plutôt garce, comme si elle détestait ça, mais pouvait pas s'en passer. A Bliss, tout le monde disait qu'elle s'était envoyé la moitié de la garnison.

— Ah ! tout le monde disait ça ? fit Warden.

— Et comment ! J'ai même entendu dire qu'elle avait bloqué la chaude-pisse, là-bas. La seule différence qu'y avait entre elle et une putain, c'est qu'elle était mariée.

— Bah ! je me demande ce qu'y a de vrai dans toutes ces histoires, dit brusquement Warden. On raconte la même chose sur toutes les femmes qui vivent dans une garnison. Je crois plutôt que c'est des inventions de gars qui prennent leurs désirs pour des réalités.

— Ah ! oui ? s'écria Stark, indigné. Ben ! c'est pas le cas. Je l'ai baisée moi-même, à Bliss, alors je peux t'en parler.

— C'est vrai que j'ai entendu pas mal de sales histoires sur son compte, admit Warden. — Qu'avait-elle dit, l'autre jour, là-bas, chez elle, tandis que la pluie murmurait au dehors ? Ah ! oui. « Tu n'as plus envie de moi, toi non plus ? »

— Tu peux les croire toutes, affirma Stark. Je comprends qu'une célibataire couchotte un peu par-ci par là. Je comprends même qu'une femme mariée en fasse autant. Mais je ne peux pas comprendre qu'une femme, surtout mariée, couche avec n'importe quel cochon coiffé. Une putain est une putain, c'est comme ça qu'elle gagne sa vie. Mais quand je vois une femme coucher histoire de coucher, et qu'elle aime pas ça, alors, là, je flaire du vilain.

— Tu crois que c'est ce qu'elle fait... Je veux dire : la femme d'Holmes ? questionna Warden.

— Naturliche. Pourquoi qu'elle s'en serait pris à un vulgaire deuxième classe comme moi, qu'avait même pas un rond à dépenser pour elle ?

Warden haussa les épaules.

— Qu'est-ce que ça peut me foutre, après tout ? Je me l'enverrai peut-être moi-même, un de ces jours ?

— Je te le conseille pas, mon gars, dit Stark avec solennité. Elle est plus froide et plus vache que la pire des putains.

Sa voix était convaincue, convaincante.

— Bois un coup, dit Warden. Te laisse pas abattre pour si peu.

Stark prit la bouteille sans la regarder.

— J'en ai trop vu, de ces garces pleines aux as. Elles sont pires que des tantouses. Je peux pas les voir en peinture.

— Moi non plus, dit Warden.

Stark changea de conversation, et Warden s'entendit lui répondre, mais son esprit continua de rouler sur la même pente. C'était bien ce qu'avait dit Leva, mais Leva ne le savait que par ouï-dire, il n'avait pas eu de contact personnel avec elle. Et Stark n'avait été qu'un jeunot de dix-neuf ans, un bleu mal dégrossi tirant son premier engagement lorsqu'il avait couché avec elle. Mais il avait fallu que ce soit une sacrée aventure pour qu'il en parle encore de cette manière, au bout de cinq ans.

La femme qui s'était baignée avec lui au clair de lune était-elle capable de s'être envoyé la moitié de Fort Bliss ?

Warden eut envie de brandir la bouteille et de la casser sur cette tête indistincte à la bouche trop bavarde. Non parce que le cuistot avait couché avec cette femme qu'il avait — n'aie pas peur des mots, Milton — qu'il avait, donc, baisée lui-même ; il ressentait, au contraire, une sorte d'étrange camaraderie envers Stark, comme deux hommes qui se serviraient de la même brosse à dents. Est-ce que deux hommes s'étaient jamais servis de la même brosse à dents ? Non, il avait envie d'aplatir ce crâne avec cette bouteille simplement parce qu'il se trouvait là et que lui-même éprouvait, brusquement, sans raison précise, le besoin de casser quelque chose.

— Y vaut mieux que tu redescendes, maintenant, et que tu finisses de ranger tes frusques, dit Warden à la fois surpris et fier du calme de sa propre voix.

Stark se leva d'un bond.

— Nom de Dieu, j'y pensais plus !

Warden eut l'impression que son visage se craquelait, mais il savait qu'il souriait, et c'était l'essentiel. Il attendit que Stark fût parti pour s'allonger sur son lit, les mains sous la nuque, et reprendre le fil de ses propres pensées, comme un type qui ne peut s'empêcher de tripoter à tout bout de champ une dent malade.

Il se représentait si bien la chose comme elle avait dû se passer. Stark ému, encore hésitant au-dessus d'elle, et Karen allongée sur le lit, telle qu'il l'avait vue lui-même, nue, ouverte, haletante, avec le tremblement exact de ses paupières closes au moment où plus rien ne vous rattache à votre propre réalité. « Stark lui a peut-être donné plus de plaisir que toi, songea-t-il, appuyant sauvagement sur la dent malade ; il n'en est peut-être pas un qui ne lui ait donné plus de plaisir que toi. » C'était la première fois qu'il pensait à Holmes de cette façon, mais il se demanda, brusquement, si Karen n'avait pas continué de coucher avec lui, pendant tout ce temps.

« Mais qu'est-ce qu'y te prend ? songea-t-il. Qu'est-ce que ça peut te foutre ? T'es pas amoureux d'elle. En quoi ça te regarde qu'elle couche toujours avec Holmes ou non ? Ou avec qui que ce soit ? T'as décidé de plus la revoir, de toute façon. »

Mais à quoi bon laisser filer une occasion gratuite, alors que le même article coûtait trois dollars chez Mme Kipfer ? Il irait au rendez-vous donné par Karen, et à celui-là seulement, ne serait-ce que pour satisfaire sa curiosité.

Puis, pour n'y plus penser, il se hâta de redescendre dans la salle de service, où il rédigea sans plus attendre les papiers nécessaires à l'avancement du cuisinier Maylon Stark.

Le reste marcha comme sur des roulettes. Stark éprouva les difficultés prévues avec les autres membres du personnel de cuisine qui, le gros Willard en tête, se rebellèrent contre l'autorité du nouveau venu. Voyant s'envoler ses plus chers espoirs, Willard se remua comme un beau diable jusqu'à ce que Stark l'emmenât sur le pré et lui flanquât une telle raclée que le gros poussah n'osa même plus ouvrir la bouche. Lorsque tous les autres se coalisèrent pour lui mettre des bâtons dans les roues, Stark transporta les débats dans la salle de service, Warden rendit son verdict et Stark réintégra la cuisine. A la fin de la première semaine, le capitaine Holmes était tellement persuadé d'avoir découvert un cuistot de génie qu'il fit en présence de Warden une conférence sur l'utilisation rationnelle des compétences dans l'armée.

Quant à Maylon Stark, il aimait déjà « sa » cuisine comme une nouvelle maîtresse. Il menait la vie dure aux cuistots et aux hommes de corvée, mais travaillait autant qu'eux, sinon davantage. Sous son impulsion, la trésorerie de la compagnie sortit de sa vieille léthargie, il fit acheter de nouveaux couverts et préconisa l'emplette d'un équipement de cuisine plus moderne. Il y avait même des fleurs fraîches sur les tables, de temps en temps ; de mémoire d'homme, on n'avait jamais vu ça à la G. En ce qui concernait la bonne tenue à table, Stark était un véritable tyran. Quiconque renversait de la sauce sur la toile cirée se retrouvait brusquement devant la porte au beau milieu du repas. Les hommes de corvée vivaient leur enfer sur la terre, mais le regard pensif de Maylon Stark était toujours si totalement exempt de méchanceté qu'ils ne parvenaient pas à le haïr. Ils le voyaient travailler aussi dur qu'eux-mêmes, et sa façon de faire valser les cuistots les consolait de bien des peines.

Moins de deux semaines après l'arrivée de Stark, juste avant la fin du mois de mars, le cadavérique sergent Preem fut dégradé et renvoyé dans les rangs. Dynamite Holmes pouvait se montrer aussi dur qu'un autre, lorsque c'était nécessaire. Il fit appeler Preem et lui apprit la chose sans ménagements, avec une brutalité toute militaire. Parce qu'après tout c'était bien sa faute, à lui, Preem. Personne ne lui avait donné une plus belle occasion de courir sa chance que le capitaine Holmes. Mais, à la G, les postes de confiance revenaient toujours aux meilleurs. Preem avait le choix entre la mutation dans une autre compagnie ou dans un autre régiment, car il est impossible de laisser un ancien officier subalterne demeurer comme simple soldat dans la même unité. Très mauvais pour la discipline.

Preem, qui s'était levé tous les jours à midi pour descendre errer comme une âme en peine dans sa cuisine, à présent scintillante et bourdonnante d'activité, où il n'y avait plus de place pour lui, choisit la mutation dans un autre régiment, parce qu'il avait honte de lui-même. Il ne dit rien. Il n'avait rien à dire. Il était foutu et il le savait. Ses jours dorés étaient révolus. Il accueillit l'énoncé de son destin avec un visage aussi abruti qu'impassible. C'était un homme fini.

— Mon capitaine, s'enquit Warden après son départ, comment faut-il que je rédige cet ordre ? Dégradé pour incapacité ?

— Oui, bien sûr, dit Holmes. Comment voulez-vous le rédiger autrement ?

— On pourrait peut-être le porter dégradé pour insubordination. Tout le monde a été dégradé au moins une fois pour insubordination. Celui qui n'a jamais été dégradé pour insubordination n'est pas un vrai soldat. Alors que le type qui a « dégradé pour incapacité » sur ses états de service est un type flambé.

— Mon Dieu, oui, sergent, allez-y pour « insubordination ». Je suppose que personne n'ira chercher la petite bête. Autant laisser à Preem une chance de repartir à zéro, du moment que le sort de ma compagnie n'est pas en jeu. Après tout, il a servi à Bliss sous mes ordres.

— Bien, mon capitaine, dit Warden.

L'ordre fut rédigé de cette façon, mais il savait que c'était un geste futile. Dès que Preem apparaîtrait dans sa nouvelle unité, avec son air d'avoir reçu un coup de matraque derrière le crâne, personne n'aurait besoin d'un dessin pour comprendre !

Ce soir-là, Stark acheta les boîtes de cigares traditionnelles et les fit passer après la soupe. Tout le monde était satisfait de la nouvelle nourriture, de la nouvelle direction, du nouveau sergent d'ordinaire. Le deuxième classe Preem mangea dans un coin obscur, déjà oublié, avec, sur ses manches, le plus touchant stigmate de toute la carrière militaire : les places trop neuves, trop foncées, qu'avaient recouvertes les galons disparus.

Prewitt fut l'un de ceux de la G qui entrèrent chez Choy ce soir-là et auxquels Maylon Stark paya le demi traditionnel que tout nouvel officier subalterne offre à chacun des hommes de sa compagnie. Mais lorsque Prewitt entra, Warden, aux trois quarts ivre, le prit à partie.

— Et alors, qu'est-ce qu'y se passe, fiston ? lança-t-il d'une voix légèrement incertaine, une mèche rebelle en travers des yeux. Serais-tu fauché, par hasard ? Ça me fait de la peine de te voir rappliquer pour la distribution, moi qui sais que t'as de l'orgueil. Hé ! Choy, une caisse de ta meilleure brune pour mon copain Prewitt ! T'auras qu'à la mettre sur mon compte !

Et il se mit à rire bruyamment.

Stark regarda Warden, regarda Prewitt et parut réfléchir. Puis il offrit à Prewitt de lui payer un deuxième verre de bière, en plus du demi réglementaire. Mais Prew refusa, s'en alla, et Stark hocha pensivement la tête...

13

Tout, se disait Prewitt, avait commencé avec son départ de la clique. Le reste en avait naturellement découlé, comme les marches d'un escalier qui descend et dont le pied n'est pas un lieu géométrique, mais une illusion d'optique impossible à atteindre. En quittant la clique, il avait mis le pied sur la première marche de cet escalier, et toutes les autres n'avaient fait que suivre — la perte de ses qualifications, sa rupture avec Violette, son refus de boxer —, toutes les marches intermédiaires qui l'avaient conduit à ce palier anonyme, sans argent, sans spécialité et sans femme. Mais ce premier pas, du moins, il l'avait fait de son plein gré (quoique à la réflexion il n'avait eu le choix qu'entre deux possibilités, et, la seconde étant impraticable, il n'avait, en fait, même pas eu à choisir), de sorte que cette première marche n'était pas vraiment une première marche, mais une autre illusion d'optique dont l'origine se perdait dans le passé, longtemps avant sa propre naissance. Il savait, maintenant, avec une absolue certitude, qu'il ne lui eût pas été possible d'agir autrement qu'il l'avait fait. Ce qu'il y avait, simplement, c'était qu'à la longue, après un nombre incommensurable de marches insoupçonnées, les jambes qui avaient descendu si facilement chacune de ses marches commençaient à se fatiguer.

Il s'était attendu à ce que, Warden aidant, son tour de corvée retombât une fois de plus le jour du prêt, et fut non seulement surpris, mais presque satisfait de voir son nom sur la liste trois jours avant la fin du mois, deux jours après la capitulation misérable de Preem. Comme le reste de la compagnie, il avait observé la bataille du mess d'un œil impartial, sachant fort bien d'avance comment tout cela finirait, et la victoire de Stark l'avait laissé parfaitement froid.

Mais dès le soir de la grande ribouldingue, après que Stark, en dépit des sarcasmes de Warden, lui eut offert de lui payer un deuxième verre, il n'avait pu s'empêcher d'être heureux que Stark eût gagné. Bien que son amour-propre — et les galons fraîchement acquis de Stark — lui eussent fait refuser cette offre, alors même qu'il avait une envie furieuse de l'accepter, il s'était senti attiré vers Stark. Il avait senti, derrière l'impassibilité apparente du nouveau sergent, une grande faculté de compréhension. Et Prewitt avait besoin de compréhension, de compréhension masculine. Presque autant, davantage, peut-être, qu'il avait besoin d'une femme. Il voyait en Stark un type admirable et il avait également besoin de pouvoir admirer quelqu'un. C'était la raison pour laquelle il attendait son jour de corvée de cuisine avec une sorte d'impatience, malgré le dégoût invincible que lui inspiraient les reliefs d'un repas, même excellent, lorsqu'une alchimie subtile les avait transformés, dès la fin dudit repas, en choses répugnantes. Il espérait que tout se passerait bien.

Mais, dès le début, tout alla de travers. En premier lieu, il était de corvée avec Bloom et Readall Treadwell. Ce qui signifiait qu'il lui faudrait laver la vaisselle en compagnie de Bloom, ou se farcir le boulot dégueulasse par exemple des marmites et des poêles et laisser Reedy travailler avec Bloom. Car il n'y avait aucun espoir que

Readall Treadwell, qui arrivait partout bon dernier, descendrait à temps pour faire équipe avec Prew à la vaisselle et laisser à Bloom le gros décrassage. Angelo Maggio était de réfectoire, ce même jour, et Prew se surprit maintes fois à souhaiter que Bloom eût été désigné pour le réfectoire à la place de Maggio et Maggio affecté aux cuisines à la place de Bloom, même si ça n'était pas très chic pour Maggio.

S'étant endormi avec l'idée de descendre le premier, au cas ou Reedy tomberait de son plumard, il s'éveilla de bonne heure, repoussa le sommeil qui tentait de le clouer à son lit, enfila ses treillis et descendit sur la pointe des pieds, dans cette fraîche grisaille de l'aube qu'il fait si bon ne pas voir. La cuisine était encore déserte, inhumaine et glaciale, avec ses machines inactives accroupies dans les coins d'ombre. Prewitt s'assit et se mit à fumer avec la sensation bizarre qu'il éprouvait, autrefois, lorsqu'il débarquait, à l'aube, d'un wagon de marchandises, dans quelque village inconnu où ne brillait encore aucune lumière.

Le gros Willard, qui était redevenu premier cuisinier lorsque Stark était passé sergent d'ordinaire, pénétra dans la cuisine en boutonnant sa braguette quelques instants après que Prewitt eut entendu sonner son réveil dans le dortoir des cuistots. Il était mal réveillé et visiblement d'humeur agressive, car ses fonctions l'obligeaient à allumer les poêles à mazout et à préparer une cruche de café pendant que les autres dormaient encore.

— Déjà là ? ricana-t-il en apercevant Prewitt. Faut que t'aies envie de décrocher la bonne planque pour te lever deux heures avant tout le monde !

— C'est ce que tu crois, riposta Prewitt, parce que t'es de la race des marmottes.

— Bah ! tu te serais bien levé quand même, rien que pour avoir la bonne planque, hein, pas vrai ? appuya Willard en souriant méchamment.

— Exactement, Gras-du-Bide, riposta Prewitt, brusquement sorti de ses gonds par ce gros plein de soupe qui, ayant horreur de se lever tôt, passait sa hargne sur le premier venu. Qu'est-ce que tu veux que je te dise ? Que je préfère les sales boulots, comme tézigue ?

— En attendant, mézigue, y coupe aux corvées ! s'esclaffa Willard en retirant le café de sur la flamme.

— T'es de corvée tous les jours, Gras-du-Bide, mais t'es trop corniau pour t'en rendre compte.

— N'empêche que t'aimerais mieux toucher ma paie que la tienne.

— Peut-être, mais tu y es pour rien. S'y fallait que tu bouffes ce que tu cuisines, tu serais pas aussi gras.

Délibérément, Prewitt se servit une tasse de café, puis y ajouta un mince filet de lait condensé.

— A la tienne, dit-il.

— Eh ! c'est le café des cuisiniers, protesta Willard. Attends qu'on te le dise.

— Si j'attends que tu me le dises, j'ai le temps de crever la gueule ouverte, répliqua Prewitt. Bon Dieu ! Qu'est-ce qui rend les gros hommes si agressifs et si mesquins, Gras-du-Bide ? Est-ce que c'est parce qu'ils ont peur de pas avoir assez à manger ? Ça doit pas être marrant d'être gros.

Sa tasse à la main, il entra béatement dans la chaleur du poêle et but avec volupté, sentant le froid matinal et les derniers lambeaux du sommeil s'envoler à tire d'aile.

— Nom de Dieu ! s'étrangla Willard. Continue à ouvrir ta grande gueule et tu vas te retrouver de corvée le jour du prêt. J'ai encore assez de galons pour pas être obligé de supporter les salades d'un homme de corvée !

— On est gradé ou on l'est pas, hein, Gras-du-Bide, rigola Prewitt en remplissant sa tasse. On veut bien charrier les autres, mais, quand les autres vous charrient, on fait valoir son grade. C'est pas d'aujourd'hui que je sais ce que tu vaux, Gros Lard.

— Prie le bon Dieu de pas tomber sur les marmites, eh, mariolle ! rétorqua Willard.

Quand les autres cuisiniers firent leur apparition, Willard abandonna la partie, mais Prew savait très bien que s'il en avait l'occasion il lui ferait payer cher de n'avoir pas accepté docilement ses sarcasmes.

Peu à peu, la cuisine s'emplit d'une agréable chaleur et d'une activité méthodique, qui se transformèrent bientôt en atmosphère d'étuve et en agitation frénétique à mesure qu'approchait l'heure du petit déjeuner. Stark était là depuis le début, une liasse de papiers à la main, préparant déjà le travail du lendemain et veillant simultanément à tout ce qui devait être fait le jour même.

Prew se faisait cuire des œufs au bacon sur un coin de poêle — privilège que jusqu'à l'avènement de Stark, Willard avait formellement interdit aux hommes de corvée, mais que Stark avait aussitôt rétabli lorsque le sergent d'ordinaire appela son premier cuisinier.

— Faudra que je te dise combien de fois de mesurer le lait que tu incorpores aux œufs brouillés ? s'informa Stark. Fous-moi ça en l'air.

— Mais c'est du gâchis. Va falloir tout recommencer.

— Fous-moi ça en l'air, Gras-du-Bide, dit Stark. Et quand tu seras prêt, baisse un peu ton poêle, si tu veux pas leur servir du caoutchouc brouillé. T'auras pas le temps de recommencer deux fois.

— Oh ! bon Dieu, gémit Willard, les yeux au plafond. Faut toujours que ça tombe sur moi. Eh ! Machin, beugla-t-il à l'adresse de Prew. Oui, toi, là-bas. Fous-moi ça en l'air.

— Tu sais très bien comment je m'appelle, Gras-du-Bide, riposta Prewitt.

Willard se tourna vers Stark.

— Là. T'as entendu ? C'est de l'insubordination. Y fait que ça depuis ce matin.

— Balance-les toi-même, dit Stark en souriant. Il est en train de préparer son déjeuner. C'est toi qu'as bousillé tous ces œufs, pas lui.

— Ça va, dit Willard. Et comment que je vais le faire moi-même, puisque j'ai un sergent d'ordinaire qui soutient même pas ses propres cuisiniers.

— Tu dis ? aboya Stark.

— Rien, répondit Willard.

Il n'avait pas oublié la raclée que lui avait flanquée Maylon peu de jours auparavant.

— Si y m'a pas compètement dans le nez, à présent ! dit Prew lorsque Willard fut parti.

Il approcha un tabouret de la table de pâtisserie et se mit à manger.

— Y t'a déjà dans le nez ? s'enquit Stark.

— Oui, parce que j'ai répondu coup sur coup à ses salades et que j'ai pris du café sans lui en demander l'autorisation.

Stark arbora son sourire asymétrique.

— Toujours en train de défendre ses droits. Comme cuisinier, il est infect. Je suppose qu'y sue dans toute la boustifaille. Mais les gars comme lui se contentent de parler, y sont pas réellement à craindre.

Stark se trompait. Willard n'avait nullement abandonné ses projets de revanche. Et comme le première classe Bloom descendit bien longtemps avant Readall Treadwell, Willard eut la satisfaction de voir Prewitt où il avait rêvé de le voir, c'est-à-dire affecté au gros récurage.

— Alors ? demanda Bloom en posant son café près de celui de Prew, quel boulot que t'as choisi ? Autant décider ça tout de suite. L'évier de rinçage est le plus facile, mais ça m'est égal d'avoir celui de lavage. Lequel tu veux ?

— Sais pas encore, répondit Prew, vouant mentalement Reedy Treadwell et sa flemmardise à tous les diables de l'enfer.

— Tu sais pas encore ! s'exclama Bloom.

— Non. Je pensais que tu voudrais peut-être les poêles et les marmites.

— Tu te fous de moi ? s'enquit Bloom. Très peu pour ma pomme, fiston.

— Y en a qui préfèrent ça, expliqua Prewitt. Y en a qui disent que c'est plus vite tiré et qu'on a plus de temps pour respirer, dans la matinée.

— Espérons que Reedy sera de cet avis-là, s'écria Bloom. Entre nous, ça me disait rien de bosser avec lui. Il est pas assez rapide. A nous deux, on pourra liquider tout en vitesse et prendre un peu de bon ce matin et cet après-midi.

— Y a des patates à éplucher pour le dîner, lui signala Prew.

— Oh ! bon Dieu, soupira le première classe Bloom.

— Tu veux toujours pas les poêles et les marmites ?

— Foutre non ! Tu me prends pour un cinglé ?

— Alors, je vais les prendre. Tu feras la vaisselle avec Reedy.

— Tu veux dire que tu veux les prendre ?

— Bien sûr, affirma Prewitt.

— Alors, pourquoi que tu m'as demandé si je les voulais ?

— Parce que t'aurais pu les vouloir aussi. J'aurais pas voulu t'en priver.

— Ouais ? grogna Bloom, soupçonneux. Ben, je voudrais pas t'en priver non plus. Je vais prendre l'évier de rinçage, et Reedy prendra l'autre, puisqu'il est le dernier.

Et, sans laisser à Prew le temps de changer d'avis, il alla coiffer de sa casquette de corvée le robinet de l'évier de rinçage. Il était heureux d'avoir eu Prewitt au tournant.

Prew était déjà en train de se débattre avec les poêles du petit déjeuner quand, précipité hors des toiles avec le reste de la compagnie par la sonnerie du réveil, Readall Treadwell apparut finalement. Il regarda Prewitt, agréablement surpris de trouver quelqu'un à l'évier du gros nettoyage, et rejoignit Bloom aux autres éviers.

L'homme de réfectoire, Angelo Maggio, faisait rapidement la navette entre la cuisine et le réfectoire, brandissant joyeusement ses plateaux, déployant une autorité outrancière à laquelle personne ne prêtait attention, moins que quiconque les huit garçons de table préposés au service du petit déjeuner.

— Hein ? Qu'est-ce que tu dis de ça ? souffla-t-il à Prew. On a de la poigne ou on en a pas. Paraît qu'y veulent me nommer général.

Prew s'arrêta juste assez longtemps pour lui sourire et se remit à gratter, laver et rincer les marmites et les casseroles et les récipients divers qui, malgré tous ses efforts pour se maintenir à jour, s'empilaient inexorablement devant lui.

— Je n'en sais rien, disait le futur caporal Bloom, penché sur l'évier de rinçage. Prewitt était arrivé le premier et c'est lui qui les a choisies ; ça, c'est une question réglée. Ce qu'est pas réglé, c'est que t'es en retard, Treadwell. Ton évier est déjà presque plein d'assiettes.

— Tu crois ça, que je suis en retard ? gouailla le deuxième classe à vie Readall Treadwell. On voit bien que tu sais pas. Habituellement, quand j'arrive, mon évier déborde.

— Personnellement, affirma le futur caporal Bloom avec une profonde psychologie, je tenais pas à bosser avec Prewitt. A nous deux, on peut les torcher en vitesse, Treadwell. Mais faut que tu y mettes un coup. J'attends après toi.

— Faut pas t'énerver, grogna le deuxième classe à vie Readall Treadwell. Moi, je perds jamais les pédales, et ça me réussit toujours.

Et les poêles et les casseroles continuaient à cerner Prewitt de toutes parts. C'était la première fois de sa vie qu'il voyait une équipe de cuistots utiliser tant de récipients à la fois, et avec une telle rapidité. Il lui fallut un bon bout de temps pour comprendre le tour que Willard était en train de lui jouer, mais il devenait de plus en plus évident, à mesure que s'avançait la matinée, qu'aucun cuisinier n'avait jamais utilisé un tel tonnage de batterie de cuisine, même au club, pour un banquet d'officiers, ces dames comprises.

Mais ce fut seulement vers dix heures, lorsque Maggio eut dévotement renvoyé ses garçons de table à l'exercice et briqué les toiles cirées, lorsque Bloom et Treadwell eurent fini leur vaisselle et que tous trois se furent attelés à la corvée de patates, suivis des yeux avec nostalgie par un Prewitt enrobé de graisse des pieds à la tête, que Maylon Stark remarqua quelque chose. Willard était beaucoup trop avisé pour lui signaler la lenteur de Prewitt.

— Ça va pas vite, les casseroles, aujourd'hui, observa Stark en désignant les piles de récipients graisseux. Tu devrais avoir fini depuis longtemps. Les cuistots vont bientôt en avoir besoin pour la croûte de ce midi.

— Y z'en ont sans doute déjà besoin, puisqu'y en a que j'ai déjà lavées trois fois.

— On peut pas faire la cuisine sans salir des casseroles.

— Non, mais on peut la faire sans cracher dedans, je suppose. Je croyais qu'un bon cuistot salissait jamais plus de casseroles qu'il lui en fallait, histoire de pas donner du boulot inutile à ses hommes de corvée ?

— C'est ce qu'ils sont censés faire, en tout cas, dit Stark en se roulant une cigarette avec cet air modeste, honteux, en quelque sorte, qu'ont les bons flics et bons sous-offs quand ils sont obligés de faire usage de leurs prérogatives.

— Alors, autant que tu me signales tout de suite, dit Prew. Je suis pas capable de faire plus vite.

— J'aime pas faire coller qui que ce soit de corvée plus souvent qu'à son tour, dit Stark sans se compromettre, mais avec une compréhension si totale que Prewitt oublia que c'était lui, Stark, qui avait affirmé que Willard le laisserait tranquille.

— Tu veux mon idée ?

— Bien sûr. J'écoute toujours les deux sons de cloche.

— Mon idée, c'est que Willard salit tout ce qu'il peut salir, en fait de casseroles et de poêles, pour me foutre dans le lac parce que je lui ai pas léché le cul ce matin. Et, si tu me crois pas, t'as qu'à le regarder là-bas qui fait semblant de bosser, mais qu'en perd pas une miette, ce gros salaud !

— Willard, viens ici ! Tout de suite ! cria Stark. Ce gars-là est en pétard. Y prétend que tu salis toutes les casseroles possibles pour lui coller du boulot et le mettre dans le pétrin. Qu'est-ce que t'as à dire ?

— Je peux pas faire la cuisine sans salir de casseroles.

— Me raconte pas d'histoires, Gras-du-Bide, dit Stark.

— Faut compter les casseroles qu'on salit, maintenant ? gouailla Willard. Pour qu'un « faignant » de type de corvée puisse se les rouler ?

— Qu'est-ce que tu veux que je fasse ? lança Prewitt avec véhémence. Que je me fasse pousser une autre paire de bras ?

— Tout ce que je demande, dit Willard, très digne, c'est que les casseroles soient propres quand j'en ai besoin, pour que je puisse préparer comme elle doit être préparée la nourriture d'hommes qui travaillent dur toute la journée et qui ont besoin d'un régime nourrissant pour reconstituer leurs forces.

— Oh ! ta gueule, dit Stark.

— O.K. ! dit Willard, je réponds à tes questions. Mais, si jamais tu veux mon turbin, t'as qu'à le...

Il laissa la phrase en suspens.

— Méfie-toi, Gras-du-Bide, répliqua Stark. Je pourrais te prendre au mot.

— Ça va, dit Willard. Si tu me prends pour un fumiste...

— Je te prends pour un gros cuistot qui sait pas faire la cuisine, dit Stark. Parce qu'il est beaucoup trop occupé à faire respecter ses sardines par les hommes de corvée. Fous-moi le camp faire ton boulot et tâche de salir moins de casseroles, parce que je te surveille !

— Très bien, dit Willard avec une dignité méprisante, si c'est comme ça...

Il leur tourna le dos et s'éloigna.

— C'est comme ça, lui cria Stark.

Puis, revenant vers Prew :

— Il essaiera plus de t'enfoncer, maintenant, ou, s'il essaie, viens me trouver. Mais ça va pas t'aider à faire toutes celles-là, continua-t-il. Attends un peu, je vais te donner un coup de main. Je vais les laver, et tu vas les rincer et les essuyer.

Il jeta son mégot dans la boîte à ordures de Prew, s'empara d'une cuiller de bois et se mit à racler l'une des marmites les plus dégoûtantes avec l'adresse et l'économie de mouvements de l'artiste.

— Willard est foutu d'en crever, dit-il avec son sourire de guingois. Le sergent d'ordinaire aidant un homme de corvée à faire les poêles et les marmites ! Chez moi, quand on divisait le travail entre Blancs et Noirs, c'étaient les nègres qui se farcissaient ce boulot-là.

— Y avait pas de nègres, dans mon bled, dit Prew.

Il lui fallait travailler dur pour pouvoir l'étaler avec Stark-le-Styliste, mais il se sentait merveilleusement bien, sachant que tous les cuistots et jusqu'aux hommes de corvée les observaient à la dérobée, parce que Stark mettait quelquefois la main à la corvée de patates, mais aux poêles et aux marmites, ça, c'était du jamais vu !

— Ils les empêchaient d'entrer dans la ville, expliqua-t-il, se remémorant brusquement, avec une colère sourde, l'écriteau que des mineurs avaient accroché sur le quai de la gare, à l'intention des nègres qui attendaient la correspondance : LE SOLEIL DE HARLAN NE BRILLE PAS POUR LES NÈGRES !

— Ça m'étonne pas, dans une ville où y en avait jamais eu, opina Maylon Stark, c'est dur de reconnaître un bon nègre d'un mauvais nègre, quand on les connaît pas. Chez moi, les familles de ceux qui étaient là y vivaient depuis plusieurs générations, alors, on les connaissait.

Pour ne pas être en reste, Prew lui raconta comment, sur le trimard, alors qu'il était gosse, un nègre l'avait tiré, au péril de sa propre vie, des mains d'un salopard qui le poursuivait, couteau en avant, pour lui prendre ce qu'il avait à manger, alors que les Blancs présents sur les lieux n'avaient même pas levé le petit doigt pour le défendre. Stark lui répondit par une anecdote personnelle, et, de confidence en confidence, ils liquidèrent le tas de récipients graisseux avec une telle rapidité que Prew en éprouva une sorte de déception, tant l'amitié reconnaissante qu'il éprouvait envers Stark lui avait réchauffé le cœur.

— Et voilà, dit Stark en passant à Prew la dernière marmite.

Il releva le bouchon de vidange, le suspendit au robinet à l'aide de sa chaîne et sourit.

— Quand t'auras nettoyé tes éviers, va les aider à finir les patates, dit-il. Et, si Willard fait encore des siennes, viens me trouver.

— Manquerai pas, riposta Prewitt, essayant de mettre dans sa voix tout ce qu'il ne pouvait dire sans déchoir. Et comment que j'y manquerai pas !

Et ce fut d'un cœur particulièrement léger qu'il alla éplucher des patates avec Maggio, Bloom et Readall Treadwell, dont les visages renfrognés exprimaient le profond dégoût de n'avoir pu marquer une seule pause au cours de la matinée.

Au milieu de l'après-midi, cependant, ils purent se payer le luxe incroyable d'un long entracte de près de deux heures, qui, après le vacarme et le travail frénétique du repas de midi, leur procura une sensation d'inconcevable richesse.

Maggio et Prew envisagèrent de faire une partie de cartes, mais tous deux étaient fauchés, et Maggio, en particulier, devait déjà la totalité de son prochain prêt et une partie du suivant.

— Tout ce que je veux, précisa-t-il, c'est faire quelque chose quand ce tordu de Bloom va monter. Y m'a raconté toute la matinée comment y va s'y prendre pour gagner le championnat des moyens, l'année prochaine, alors, ça me suffit pour aujourd'hui. Je t'attendrai là-haut.

— D'ac ! répliqua Prew.

Willard n'avait plus cherché à l'empoisonner, et il avait terminé les casseroles du déjeuner avant même que Bloom et Reedy aient fini leur vaisselle. Il aurait voulu rebavarder un peu avec son copain Stark, pas spécialement des nègres, pas spécialement de quoi que ce soit, juste bavarder avec lui. Mais Stark était en plein travail. Prew monta donc derrière Maggio et prit une douche, heureux de sentir l'eau trop chaude décaper énergiquement toute cette graisse écœurante dont il était enduit. Maggio était vautré sur son plumard, les cheveux encore humides, frais et rose et visiblement content de l'être, simplement vêtu, comme lui, d'un short propre dans lequel il flânerait jusqu'à l'heure de réintégrer la cuisine. Readall Treadwell ne tarda pas à les rejoindre, drapé dans une serviette, gros et gras, mais solidement musclé sous sa graisse, avec son nombril en fossette et son épaisse toison bouclée.

— Est-ce qu'on joue aux cartes, maintenant ? demanda Prewitt.

— C'est pas marrant de jouer sans pognon, puisqu'on est tous fauchés... Si on regardait mon album de photos ? proposa soudain Maggio, illuminé.

— D'ac ! dit Prew.

Il n'avait pas envie de jouer aux cartes, lui non plus, mais il fallait bien trouver quelque chose pour passer le temps.

Maggio sortit son album, un gros album presque plein qu'il leur avait déjà montré des dizaines de fois et que Prew connaissait aussi bien que s'il eût été le sien propre.

Le premier tiers de celui d'Angelo était consacré à un Angelo plus jeune, d'Atlantic Avenue (Brooklyn), qui avait une famille, incroyable, mais vrai, approchez, venez voir, un soldat qui avait réellement une famille et, qui plus est, une grande famille, quinze personnes en tout : papa Maggio, le doux et bienveillant papa Maggio, trop souriant derrière sa fausse dignité, maman Maggio, la sévère et dominatrice maman Maggio, trop digne derrière son faux sourire, et leurs treize rejetons, bien peignés, tirés à quatre épingles, avec leurs mines figées de gens-qu'on-photographie. Les deux derniers tiers de l'album étaient consacrés à Hawaii, photos à usage de touristes, le temple des Mormons, la plage de Waïkiki, les grands hôtels *(L'Halekulani, Le Royal Hawiien. Le Moana)* où jamais Angelo ni aucun de ses camarades n'étaient entrés, Diamond Head, le Wahiawa pittoresque, un panorama de Shofield, si beau qu'il vous eût donné envie de vous engager, rien que pour visiter cette terre bénie.

— Hawaii, paradis du monde, murmura Prew, et il se mit à siffler sarcastiquement l'air du refrain.

Ils étaient toujours plongés dans l'album d'Angelo quand Bloom revint à son tour de la douche et, sans attendre d'y être invité, s'installa près de Readall Treadwell.

Tout quatre formèrent pendant quelques instants un petit groupe silencieux, immobile, apparemment inoffensif. Mais Bloom était incapable de participer à quoi que ce soit sans essayer bientôt d'occuper le centre de la scène. Peut-être tenait-il simplement à leur faire remarquer que le Grand Bloom était arrivé, puisque personne n'avait paru s'en apercevoir ?

Tout se passa en un clin d'œil. A un moment donné, il y avait ce tableau paisible de quatre hommes groupés autour d'un album, et l'instant d'après le tableau se craquelait de toutes parts, se résolvait, comme dans un mauvais rêve, en une série d'actions apparemment incohérentes, sur le mode frénétique des films d'autrefois.

La grosse patte de Bloom passa soudain entre les têtes d'Angelo et de Prew, désigna la photo d'une jouvencelle de quinze ans, qui était la plus jeune sœur d'Angelo et qui, vêtue d'un maillot de bain, campée dans une posture très hollywoodienne sur le toit de tuiles d'un appentis, offrait au soleil de Brooklyn son joli corps juvénile aux formes déjà pleines. Elle était visiblement fière de ce jeune corps que les hommes devaient commencer à regarder, mais il était également évident qu'elle n'avait de son avenir de femme qu'une idée des plus vagues et des plus romantiques. Ce qui n'empêcha nullement Bloom de s'exclamer d'un ton facétieux :

— Oh ! dis donc, tu parles d'une chouette petite paire de fesses à b... ; et de rire avec complaisance de son propre trait d'esprit.

Prew, qui savait que la petite était la sœur de Maggio, et qui savait que Bloom le savait, puisqu'ils avaient tous vu des tas de fois cet album, sentit un froid terrible l'envahir, aussitôt chassé par la flamme dévorante d'une haine subite, implacable, envers Bloom, Bloom qui avait fait ça délibérément, moins par stupidité que pour taquiner Maggio à sa manière bovine, méprisante, dominatrice, piétinant avec une malice dégradante l'un des rares tabous universellement respectés, même dans l'armée.

La rage de Prewitt n'eut pas le temps de se traduire en actes. Il s'aperçut, soudain, que le poids de l'album reposait sur ses seules mains, vit Maggio ouvrir son placard, revenir sur ses pas avec une queue de billard raccourcie et, silencieusement, l'abattre de toutes ses forces sur la tête de Bloom.

Prew referma soigneusement l'album, le lança sur un autre lit, pour qu'il ne soit pas abîmé dans la bagarre, et se leva, prêt à l'action.

« Fallait bien que ça vienne », se dit-il.

Readall Treadwell avait vu revenir Angelo et s'était écarté pour ne pas le gêner.

— Bon Dieu ! dit Bloom, tandis que l'écho reproduisait impartialement le bruit de la queue de billard sur son crâne. Tu m'as tapé dessus, petit macaroni !

— Et comment ! gouailla Maggio. Et je suis tout prêt à recommencer encore !

— Quoi ? dit Bloom, battant des paupières.

Ce coup, qui eût assommé un bœuf, n'avait pas ébranlé son crâne massif au point de le coucher ou de l'asseoir, mais le choc avait été assez violent pour ralentir sa compréhension déjà lente et retarder d'autant la montée de son indignation.

— Avec une queue de billard ? bégaya-t-il finalement.

— Tout juste, articula Maggio. Et je suis prêt à le refaire, maintenant ou n'importe quand, à chaque fois que tu reviendras rôdailler autour de mon plumard ou autour de moi, pour n'importe quelle raison.

— Mais pourquoi ? C'est pas une façon de se battre. Si tu veux te bagarrer, dis-le, on va sortir.

Bloom porta sa main à son front, ramena du sang. Il acheva de comprendre, d'un seul coup, et, à la vue de son propre sang, devint fou de rage.

— J'aurais sûrement une chance, avec toi, rien qu'avec mes poings, hein, Bloom ? dit Maggio.

— Espèce de petite saloperie d'enfant de salaud de sale petit macaroni, égrena Bloom à toute vitesse. Espèce de sale petit trouillard de petit Rital de merde ! Ah ! c'est comme ça que tu veux te bagarrer !

Il ne fit qu'un saut jusqu'à son propre lit, en jurant à jet continu, arracha sa baïonnette de son paquetage et revint au galop, vomissant toujours un torrent d'obscénités, l'arme huileuse et nue pointée droit devant lui, tandis que pour avoir ses coudées franches Maggio gagnait l'allée centrale et marchait à sa rencontre, son gourdin à la main. Sans faire plus de bruit qu'un boxeur aux semelles enduites de résine, la mort était entrée dans la place et s'apprêtait à frapper.

Mais avant qu'ils eussent pu se rejoindre et jouer le dernier acte de cette tragédie que leur auditoire encore pétrifié ne voulait pas voir, l'omniscient sergent-chef Warden était déjà entre eux, brandissant une barre de fermeture cueillie au passage sur un râtelier d'armes, jurant comme un charretier et leur gueulant de rappliquer pour qu'il leur règle leur compte à tous les deux. Il était sorti de sa chambre pour faire cesser le vacarme qui avait troublé sa sieste et, comprenant ce qui se passait, s'était hâté d'intervenir. Mais, aux yeux des spectateurs foudroyés, il figurait le génie tout-puissant de la discipline et de l'autorité, mystiquement surgi du plancher, et sa simple présence avait suffi à stopper les deux adversaires en plein élan.

— Si y a quelqu'un à tuer dans ma compagnie, c'est moi qui m'en chargerai, continua Warden, sarcastique. Et pas deux tordus mal sevrés que la vue d'un macchabée ferait ch... dans leur froc. Alors ? Rappliquez ! Qu'est-ce que vous attendez ?

En quelques phrases, il les avait rendus si grotesques à leurs propres yeux que leur amour-propre n'était plus menacé, que l'abandon pur et simple était au contraire le meilleur moyen de le sauver.

— Pas d'amateur ? ricana Warden. Alors, jette ta baïonnette sur ce plumard, Bloom, si t'as pas l'intention de t'en servir. Là, c'est ça, mon chou.

Bloom obéit docilement, le front toujours ensanglanté, mais le visage envahi par une expression d'indubitable soulagement.

— T'as eu peur, hein ? rugit Warden. T'as bien cru qu'y aurait personne pour t'arrêter ! Et ça se prend pour des tueurs ! Pour des durs ! Ça veut du sang ! Donne cette chocotte à Prewitt, Maggio.

Maggio s'exécuta, penaud, et le charme se rompit.

— Si vous voulez vous bagarrer, brailla quelqu'un, sortez dehors, et faites-le avec les poings.

— Ta gueule ! hurla Warden. Y aura pas de bagarre. Et je veux pas des foutues suggestions d'une bande de sagouins qui allaient laisser ces deux corniaux-là s'entre-tuer !

Il jeta autour de lui un regard belliqueux, et tous les yeux se baissèrent à la ronde.

— Quant à vous deux, reprit-il, vous êtes pas assez grands pour qu'on vous autorise à vous bagarrer. Faut être un homme pour se bagarrer. Si vous vous conduisez comme des moutards, on vous traitera comme des moutards !

Personne ne souffla mot.

— Vous en aurez, de la bagarre, prédit Warden. Plus de bagarre que vous avez de cran, c'est moi qui vous le dis. Et ça va pas tarder, maintenant. Attendez d'entendre les balles vous siffler aux oreilles sans même que vous soyez foutus de voir celui qui tire et on verra si vous vous prendrez encore pour des tueurs. Des tueurs, des vrais tueurs ! Bon Dieu, si y a pas de quoi se marrer !

Personne ne souffla mot.

— Et maintenant, conclut Warden, si y a plus rien que je puisse faire pour vous, mes petits enfants, je vais aller reprendre mon roupillon. Et je veux plus entendre un pet. Compris ?

Il tourna les talons et regagna sa chambre, l'air complètement écœuré. Les hommes se remirent à circuler sur la pointe des pieds, la chambrée reprit son équilibre, avec Bloom dans un coin et Maggio dans l'autre, sans se douter que Warden gisait à présent sur son plumard, la bouche sèche, épongeant la sueur qui baignait son front et se forçant à attendre dix minutes avant de traverser la chambrée pour aller chercher le verre d'eau dont il avait grand besoin.

— Eh ! chuchota Maggio à l'adresse de Prewitt. Warden, c'est un drôle de chouette type, tu sais.

— Bien sûr, que je le sais, riposta Prew sur le même ton. Il aurait pu vous envoyer au dur tous les deux. On en fait pas beaucoup des comme lui.

— J'ai jamais vu de macchabée, continua Maggio, excepté mon grand-père, quand j'étais gosse, et ça m'avait rendu malade.

— Moi, j'en ai vu pas mal, quoi qu'en dise Warden. C'est pas pire que de voir un chien crevé, une fois qu'on y est habitué.

— Même un chien crevé me retourne l'estomac, confessa Maggio. J'ai dû me gourer quelque part, mais je sais pas où. Je vois pas comment j'aurais pu agir autrement, après ce qu'avait dit ce salopard-là.

— Je vais te dire où tu t'es gouré. C'est quand tu l'as pas sonné assez fort pour l'envoyer à dame. Une fois assommé, il aurait pas pu prendre le mors aux dents. Il aurait peut-être voulu te ressauter dessus en revenant à lui, mais j'en doute.

— J'ai cogné aussi fort que j'ai pu, protesta Maggio dans un souffle. Y doit avoir un crâne en ivoire massif.

— C'est bien ce que je me suis dit, chuchota Prewitt. Mais si ce salaud-là me recasse les pieds, c'est pas sur la tête que je cognerai.

— Je suis quand même drôlement content que Warden nous ait arrêtés, avoua Maggio.

— Moi aussi, dit Prew.

14

Tout le monde resta sur ses positions jusqu'à ce que retentît le sifflet de la cuisine. Alors ils descendirent, un par un, silencieusement, et cette journée de corvée se termina sans les parlotes ni les chahuts habituels. Pour la première fois, peut-être, de sa vie, Bloom lui-même n'avait pas envie de bavarder. Sans doute essayait-il encore de déterminer si son honneur avait souffert ou non de cette escarmouche et de son dénouement inopiné.

Stark lui-même remarqua leur mutisme et vint demander à Prew ce qui s'était passé. Il était impossible qu'il ne connût point déjà l'essentiel de l'histoire, car il y a toujours quelqu'un, dans ces cas-là, pour propager aussitôt la nouvelle, mais Prew lui raconta l'aventure dans tous ses détails, heureux qu'il se fût adressé à lui et à personne d'autre.

— Si ça pouvait lui servir de leçon, à cette espèce de grand youpin, dit Stark.

— Rien ne peut servir de leçon à un type pareil.

— T'as sûrement raison, approuva le sergent d'ordinaire. Les Juifs ont la tête dure. Y s'imaginent qu'y sont toujours le Peuple élu. Mais celui-là est appelé à devenir quelqu'un dans la compagnie. J'ai entendu dire que le pitaine allait lui faire suivre le peloton des élèves-officiers en avril. Y va passer caporal d'un jour à l'autre. Et y vous en fera baver, à Angelo et à toi, quand il aura ses sardines.

— Y en a des plus forts que lui qui m'en ont fait baver, pour essayer de me faire remonter sur le ring, dit Prew, et y z'ont pas encore réussi.

— T'as peur de rien, pas vrai ? gouailla Stark.

— C'est pas ça, protesta Prew. Mais je peux quand même pas me laisser forcer la main par une bande de sagouins pareils. Je dis pas ça pour crâner.

— Je sais, acquiesça Stark. Mais j'ai jamais cru en l'utilité d'aller au-devant des emmerdements.

— Je vais pas au-devant des emmerdements !

— Je sais que tu le fais pas pour les provoquer. C'est eux qui se l'imaginent.

— Tout ce que je veux, c'est qu'on me foute la paix.

— A l'époque où l'on vit, personne fout la paix à personne, dit Stark en sortant sa blague.

Il se roula une cigarette, la colla soigneusement, et continua :

— Prends un quart d'heure de bon. On est pas bousculés, ce soir... Dis-donc, ça te plairait pas de venir travailler pour moi à la cuisine.

Prew posa délicatement sa cuiller de bois.

— A la cuisine ? Pour toi ? répéta-t-il.

— Bien sûr, dit Stark en lui offrant sa blague.

Prew accepta et se mit à en rouler une.

— Merci, dit-il. Je sais pas. J'ai jamais pensé à ça.

— Tu peux t'attendre à en voir de drôles avec Galovitch, Wilson et son copain Henderson, Dhom et Dynamite et tous les autres, quand la compagnie va reprendre les manœuvres, après la fin des pluies. Surtout avec la saison de boxe qui se rapproche. A moins que tu changes d'avis, bien entendu, et que tu te décides à remettre les gants.

— Je suppose que tu veux savoir pourquoi je veux pas les remettre ?

— Non. Je sais. Ike Galovitch parle à peu près que de ça. Si t'étais à la cuisine, Prewitt, y pourraient plus t'empoisonner.

— J'ai besoin de personne pour veiller sur moi, dit Prew.

La voix de Stark se fit soudain plus distincte.

— Je te propose pas ça par charité, mon pote, dit-il. C'est pas avec de la charité qu'on fait marcher une cuisine. Si je te croyais pas capable de faire le boulot, je te le proposerais pas.

— J'ai jamais beaucoup aimé le travail d'intérieur, dit lentement Prewitt, comprenant tout à coup que Stark parlait sérieusement, et songeant à quel point il serait agréable de travailler sous les ordres d'un gars tel que Stark.

Choate était comme ça, lui aussi, mais, dans cette compagnie, les caporaux ne commandaient pas leurs propres groupes. C'étaient des chefs de section, même pas fichus de parler anglais, qui les commandaient ! Mais c'était vraiment Stark qui faisait marcher la cuisine.

— Je ferais d'une pierre deux coups, depuis le temps que je veux saquer Willard, continua Stark. Je reprendrais Sims comme premier cuistot, je te prendrais comme apprenti et je te nommerais deuxième cuistot dès que t'aurais assez de présence pour qu'on puisse pas m'accuser de favoritisme.

— Tu crois que je pourrais faire le boulot ?

— Je sais foutre bien que tu pourrais le faire, ou je te l'aurais pas demandé.

— Tu crois que Dynamite signera le business, quand y verra que c'est de moi qu'y s'agit ?

— Oui, si c'est moi qui le propose, dit Stark. Pour l'instant, c'est moi qui suis le chouchou, alors faut en profiter le temps que ça dure.

— J'aime la vie au grand air, dit Prew de plus en plus lentement. Et la boustifaille, ben, je l'aime bien dans l'assiette, mais, dans la marmite, elle m'écœure. J'en perds l'appétit.

— Me fais pas de baratin, trancha Stark. J'ai pas l'intention de te supplier. Ou tu marches, ou tu marches pas.

— J'aimerais bien, concéda Prewitt.

Il marqua une pause.

— Mais je peux pas, parvint-il finalement à conclure.

— O.K. ! dit Stark. C'est toi qui l'auras voulu.

— Eh ! minute, protesta l'autre. Faut que tu comprennes mon point de vue.

— Je le comprends très bien.

— Non, tu comprends pas. Écoute. Y a rien dans le code, ni dans les règlements de l'armée qui m'oblige à boxer, pas vrai ? Alors, c'est mon droit, en tant qu'homme, de refuser de boxer si j'ai une bonne raison pour ça... sans que personne ait le droit de me...

— Persécuter, lui souffla Stark.

— C'est ça... Alors, si je me planque à la cuisine, je renonce à l'un de mes droits, je reconnais que j'ai tort et qu'y m'ont forcé la main. Que je remonte sur le ring ou que je me planque à la cuisine, y m'auront toujours forcé la main, pas vrai ?

— Si t'avais été malin, t'aurais fait comme moi. Tu serais resté dans la clique jusqu'à ce que tu saches où t'allais.

— J'avais pas de porte de sortie, objecta Prew.

— Justement. T'aurais dû attendre d'en avoir une. Et maintenant que je t'offre l'occasion de te remettre à l'abri, tu refuses. C'est pas malin.

— Si j'acceptais, j'aurais l'air de renier tout ce que j'ai fait jusqu'à présent.

— Y vaut quelquefois mieux repartir du bon pied que s'acharner à rester sur la même pente.

— Pas si t'as rien pour remplacer ce que t'as perdu. Toi, t'as ta cuisine.

— Ça va, je sais que j'ai de la veine, dit Stark, mais j'en ai supporté pas mal pour y arriver.

— C'est pas ce que je veux dire, Stark. Je t'assure que j'aimerais travailler pour toi.

Stark jeta son mégot.

— Je te reverrai tout à l'heure, conclut-il. Y vont pas tarder à rappliquer, et faut que je voie si le repas est bien en route.

Il s'éloigna, le visage toujours aussi faussement impassible, et

Prew se remit au travail, tandis que le bref crépuscule insulaire commençait à descendre sur la caserne.

La compagnie dîna bruyamment et but son café tout à loisir. Le soir est le moment le plus agréable de la vie de garnison, le seul qui appartienne vraiment au soldat et qu'il puisse gaspiller à sa guise, sans la moindre restriction.

En quittant le réfectoire, Anderson et « Vendredi » Clark passèrent par la cuisine pour demander à Prew s'il se joindrait à eux lorsqu'ils sortiraient leurs guitares, vers neuf heures, après l'extinction des feux. Étant clairon de garde, Andy ne serait libre qu'à neuf heures, jusqu'à la retraite.

— D'ac ! dit Prew. Vous aurez qu'à venir me prendre au billard. J'y serai avec Angelo.

— Ça te fait rien que je reste avec vous pour marquer les points ? s'informa Vendredi. Je peux pas rester avec Anderson. Je me suis déjà fait vider du poste cet après-midi.

— Et pourquoi que tu jouerais pas, au lieu de nous regarder ?

— Non, j'aime mieux marquer les points. Je suis pas assez fort pour jouer avec vous.

— O.K. ! Et maintenant, barrez-vous, que j'en finisse avec toutes ces casseroles.

Une fois le dîner terminé, la compagnie recommençait à vivre. Ceux qui avaient de l'argent — ils étaient rares — se disputaient les taxis. Ceux qui n'en avaient pas — ils étaient légion — essayaient de faire de l'auto-stop, ou se disposaient à aller au ciné, ou au gymnase, voir l'exibition des champions de basket du 35e. Prew les entendait bavarder au-dehors et, plus que jamais pressé d'en finir, travaillait comme un véritable démon. Il était en train de rincer ses éviers lorsque Maylon Stark vint lui demander s'il voulait l'accompagner en ville.

— Je suis raide, riposta Prew. Comme un vrai passe-lacet.

— C'est pas ce que je veux dire. J'ai du pèze. J'en ramasse toujours pour la fin du mois, quand y a presque personne en ville, au lieu de descendre le jour du prêt, où y a même pas moyen de foutre les pieds dans un troquet, et encore moins dans un bordel.

— C'est tes oignons, répliqua Prewitt. Si tu veux en dépenser la moitié pour moi, je vois pas pourquoi je refuserais. Tu pars à quelle heure ?

Le besoin, trop longtemps refoulé, d'une chair féminine remontait brusquement dans sa gorge, empâtait sa voix malgré tous ses efforts.

— Après la retraite, c'est le meilleur moment. C'est pas marrant de descendre tout seul, et t'as l'air de pas être descendu depuis un bon moment, conclut-il avec son sourire de guingois.

— On ne peut rien te cacher, petit frère, ricana Prewitt.

Et ce fut tout ce que l'un comme l'autre s'autorisèrent à dire sur cette invitation inattendue.

Prew termina vivement son récurage, réconcilié avec le monde par la chaleur de cette amitié bougonne, toutes les promesses de la soirée lourdement concentrées dans son ventre, et rejoignit Angelo qui l'attendait près du billard en pratiquant des coups difficiles.

Ce fut une rencontre mémorable, extrêmement équilibrée, entre le champion d'Atlantic Avenue et l'ancien trimardeur qui gagnait son argent de poche en lançant des défis aux étoiles locales, dans les cafés-billards des petites villes. Prew finit par l'emporter de justesse. il était si heureux, ce soir-là, qu'il tenait une forme étonnante.

Vendredi les observait, perché sur l'une des fenêtres ; la partie l'intéressait, mais il attendait avec impatience le moment d'aller chercher les guitares. De minute en minute, les spectateurs s'agglomé-raient plus nombreux autour du billard, et, perché entre les coups sur la seconde fenêtre, chapeau rejeté en arrière, boucles agglutinées par la sueur de la concentration, Maggio commentait béatement les points qui requéraient l'appréciation bruyante de l'assistance.

A neuf heures, Andy revint du poste de garde, le clairon toujours en bandoulière, le pistolet à la ceinture.

— J'éteins les feux et je suis libre jusqu'à la retraite, annonça-t-il. Allez chercher les guitares.

— J'y vais, hurla Vendredi en se ruant vers l'escalier.

Dès qu'Andy eut sonné l'extinction des feux, ils allèrent s'installer derrière la cuisine, sur les marches de bois, et se mirent à jouer doucement, dans l'obscurité, pour ne pas attirer les gars en masse. Sorti de son mess dès les premières notes, Stark se tenait légèrement à l'écart, muet comme une carpe, les yeux perdus dans le vague, comme s'il se fût efforcé d'apercevoir son lointain Texas. Assis sur la première marche du perron, Maggio écoutait avec une ferveur égale, semblable, avec ses épaules rondes, au singe accroupi d'un joueur d'orgue de Barbarie.

— Vous savez, dit-il au bout d'un moment, à la façon que vous jouez vos blues, c'est plus du folklore que vous faites, mais du jazz, du jazz lent, du vrai jazz nègre, comme y le jouent dans les boîtes de la 52e Rue.

Ils se remirent à jouer, à chanter et à bavarder, sans que Maylon Stark intervînt jamais dans la conversation.

— T'as sonné l'extinction comme un pied, dit soudain Prewitt à Andy, du ton péremptoire de l'expert. Faut que ce soit joué staccato, sans s'attarder sur les notes longues. Le couvre-feu est une sonnerie impérieuse. Tu leur dis d'éteindre leurs foutues lumières, et plus vite que ça, parce que tu toléreras pas de discussions. Alors, faut que ce soit net et rapide, sans liaisons entre les notes. Et un peu triste, au fond, parce que tu le fais pas pour les embêter.

— On peut pas tout faire, riposta Andy. Moi, je suis guitariste. Toi, t'es clairon avant tout.

— Sûr, dit Prew.

Et il lui rendit sa guitare. Anderson s'en saisit et rattrapa la mélodie que Clark n'avait pas interrompue, scrutant le visage de Prew à travers les ténèbres.

— Tu veux sonner le retraite à ma place ? proposa-t-il. Si ça peut te faire plaisir...

Prew réfléchit un instant.

— T'es sûr que ça t'est égal ?

— Puisque je te le dis. J'suis pas clairon, j'suis guitariste. J'ai jamais été foutu de la sonner proprement, de toute manière.

— O.K. ! passe-moi l'outil. Tiens, v'là ton embouchure. J'ai justement la mienne dans ma poche.

Il prit le clairon de garde terni, le frotta légèrement sur sa manche, puis le posa sur ses genoux. Les deux guitaristes se remirent à jouer. Deux ou trois hommes s'arrêtèrent à proximité, saisis par l'espoir obsédant, désespéré, qui se dégageait du rythme prenant de leur blues. Mais Stark le silencieux était sur le qui-vive. Il jeta sa cigarette dans leur direction, d'une sauvage pichenette, et la vit s'écraser à leurs pieds, dans une gerbe d'étincelles. Ce fut comme si une main invisible les avait repoussés. Les intrus passèrent leur chemin, étrangement remués.

A onze heures moins cinq, ils s'interrompirent et se dirigèrent vers le grand cornet amplificateur, à l'exception de Stark, qui resta adossé au mur, une cigarette au coin des lèvres. Prew sortit son embouchure de sa poche, l'ajusta sur le clairon et s'arrêta devant l'énorme porte-voix de métal, remuant nerveusement les lèvres.

— Y a des mois que j'ai pas touché à un clairon, j'y arriverai jamais, dit-il d'une voix saccadée. J'ai la bouche molle comme de la chique.

Il restait là, debout dans le clair de lune, se balançant nerveusement d'un pied sur l'autre, secouant le clairon avec une sorte de colère, éprouvant la fermeté de ses lèvres contre l'embouchure.

— Bon Dieu ! je pourrai jamais la jouer comme on doit jouer, chuchota-t-il. La retraite, c'est quelque chose...

— Allez, vas-y, l'encouragea Andy. Tu sais très bien que ça ira tout seul.

— J'ai pas dit que ça irait pas, non ? s'emporta Prewitt. Ça t'arrive jamais d'être nerveux ?

— Jamais, riposta Andy.

— Alors, c'est que t'as pas un gramme de sensibilité, ni de sympathie, ni de compréhension... gronda Prew.

— Pas pour toi, en tout cas, répliqua Andy, furibard.

— Ferme ta gueule, bon Dieu ! vociféra Prewitt.

Il regarda sa montre et, lorsque l'aiguille des minutes toucha le chiffre 12, il leva le clairon vers l'amplificateur. Sa nervosité l'abandonna comme un manteau qui tombe, et il fut seul, tout à coup, loin des autres et du reste de l'humanité.

Triomphalement claire, sans une ombre d'incertitude, sans le moindre tâtonnement, la première note déferla sur la cour de la caserne, indûment prolongée d'une fraction d'instant, exprimant dans sa plénitude la fuite harassante des jours. La note suivante fut abrupte, escamotée, trop vite enfuie, comme les minutes passées avec une prostituée, comme une courte trêve dans un jour de corvée ; et ce fut, victorieuse, la dernière note de la première phrase, qui jaillit, sûre d'elle-même, rétablissant le rythme légèrement brisé, planant à l'inaccessible altitude de sa fierté sereine, hors des servitudes dégradantes et des humiliations sans nombre.

Ce fut sur ce rythme haletant, puis placide, et soudain rapide et serein à nouveau, qu'il joua toute la sonnerie. Les notes prenaient leur essor et vibraient, caressantes, dans l'air de la caserne, chargées d'une tristesse et d'une patience infinies, clamant l'orgueil sans objet du simple soldat, nimbant comme autant d'auréoles les têtes des hommes endormis dans les chambrées obscures, parant toute vulgarité d'une beauté souveraine qui était celle de l'amitié des hommes. « Regardez-les, disaient les notes, ils sont tels que vous les avez faits ; regardez-les et ne détournez pas les yeux en frissonnant d'horreur. » C'est la bonne chanson, la seule vraie, la chanson de la chair à canon, la chanson de la multitude anonyme, non celle des héros spectaculaires ; la chanson des taulards puants sous leur carapace de sueur et de poussière siliceuse, la chanson des hommes de corvée, de ces hommes sans femmes qui ramassent le club des officiers après chaque partouse et vident sans vergogne les verres parfois souillés de rouge à lèvres, que les bringueurs de la veille ont pu se permettre de laisser à moitié pleins.

C'est... fini...
C'est... la nuit...
Sur le lac
Sur les monts
Dans le ciel...
Dors en paix
Fier soldat
Dieu... est... proche...

Et comme la dernière note rejoignait le silence et que l'exécutant changeait l'orientation du cornet amplificateur avant la reprise traditionnelle, des silhouettes jaillirent de chez Choy, et quelqu'un s'écria, du ton triomphant de l'homme qui vient de remporter un pari :

— Je te l'avais dit que c'était Prewitt !

Et ce fut la reprise, dont les notes mélancoliques répétèrent la même histoire, avant de mourir à leur tour dans la vaste cour silencieuse.

Partout, alentour, des hommes avaient quitté les salles de récréation pour écouter sonner la retraite, submergés par ce sentiment de fraternité qui parle en certaines circonstances au-dessus des attirances personnelles. Immobiles dans l'ombre des galeries, ils s'étaient sentis, brusquement, très proches les uns des autres : des soldats, comme eux, qui, comme eux, seraient appelés à mourir un jour. Et, lorsque le silence retomba, ils réintégrèrent les salles de récréation, tête baissée, honteux de leur propre émotion, honteux d'avoir contemplé, à nu, l'âme d'un de leurs semblables.

Maylon Stark, lui aussi, avait honte. Honte de sa propre bonne fortune, qui lui avait rendu sa raison de vivre. Honte du malheur de cet homme, qui avait perdu la sienne. Il écrasa sa cigarette entre ses doigts, se brûlant avec volupté, et la lança de toutes ses forces sur le sol argenté par la lune, honteux de l'injustice écrasante d'un monde qu'il ne pouvait, ni se résignait à accepter tel qu'il était, ni réformer en aucune façon.

A contrecœur, Prewitt reprit son embouchure et rendit le clairon à Andy. Ses lèvres étaient rouges et pincées.

— Bon Dieu, dit-il d'une voix enrouée, j'ai besoin d'un verre d'eau, je suis claqué. Et je dois descendre en ville avec Stark. Où il est, Stark ?

L'embouchure serrée dans sa main droite, il fit quelques pas à l'aveuglette, encore inconscient de l'atmosphère qu'il venait de créer.

— Bon sang, souffla Maggio. Comment qu'il y tâte, le gars ! Pourquoi qu'il en joue jamais ? Avec ce qu'y sait faire, y devrait être dans la clique.

— Il y était, bougre d'andouille, s'exclama dédaigneusement Anderson. Mais il leur a foutu sa démission. Y voulait plus jouer pour eux. Il a sonné pour l'armistice à Arlington.

— Non ! sans blague ? dit Maggio.

Il chercha des yeux la silhouette de Prew.

— Non, mais, vous vous rendez compte ! Ce gars-là !

— Où est-ce qu'il va ? lança Maylon Stark en s'approchant d'eux.

— Y te cherche, répliqua Andy. Pour descendre en ville.

Stark rattrapa Prewitt et le prit par le bras.

— Allons-y, fiston, dit-il. On va s'en payer une drôle de tranche.

TROISIÈME PARTIE

Les femmes

15

Ce fut dans un état de chancelante euphorie que Prew et Maylon Stark montèrent à tâtons le petit escalier obscur de l'hôtel du *Nouveau Congrès*.

La première partie de leur programme s'était déroulée d'une manière fort satisfaisante. Ils avaient bien bu, bien ri, bien reluqué les femmes sans en souffrir, puisqu'ils savaient que le soulagement était proche, et cette perspective les emplissait d'un inaltérable optimisme. Stark s'était même payé le luxe de flanquer son poing sur la figure d'un pédé entreprenant, et comme cela se passait au bar de chez Wu Far et que c'était Stark et non le pédé qui dépensait le plus de pognon, le barman était sorti de derrière son comptoir pour montrer la porte au pédé groggy et s'était excusé ensuite en disant qu'il n'aimait pas ces cocos-là, lui non plus, mais que tant qu'ils se tenaient tranquilles...

Très ivre, mais toujours capable de rouler adroitement une cigarette dans l'obscurité, Maylon craqua une allumette avant de frapper à la porte d'acier massif percée d'un judas rectangulaire qui marquait le sommet de l'escalier, et la flamme dansa un instant sur les dessins qui couvraient presque complètement les murs. Œuvres d'art anonymes (ou parfois même signées et agrémentées de légendes en vers), léguées à la postérité par des générations d'hommes en uniformes.

Stark frappa vigoureusement à la porte métallique.

Instantanément le judas s'ouvrit, et l'énorme tête noire d'une grosse Hawaiienne s'encadra dans l'ouverture.

— Ouvrez la porte, lui dit Stark d'un ton tragique. Ouvrez la porte à de pauvres voyageurs égarés dans la froide, froide nuit !

Sa tirade se termina dans un superbe hoquet.

— Vous êtes saouls ! répliqua la tête noire. Allez-vous-en. On veut pas d'ennuis avec les M. P. ! C'est une maison respectable, ici. Allez-vous-en.

— M'énerve pas, Minerve, chantonna Maylon, ou je te renvoie

faire l'exercice avec les copains. Va plutôt demander à Mme Kipfer pourquoi elle n'est pas à la porte pour accueillir son chéri de toujours.

— Je vois, dit la femme, soupçonneuse. Attendez ici !

Le judas se referma avec un claquement.

Prewitt eut l'impression que les poitrines idéales et les longues cuisses irréelles qui avaient défilé toute la soirée devant ses yeux s'estompaient insensiblement et menaçaient de disparaître.

— Là, dit Stark amèrement. Tu vois. Elle nous croit saouls !

— Tu te rends compte ! riposta Prew. Cette espèce de vieille chouette !

— A chaque fois qu'une femme voit un soldat, elle s'imagine qu'il est saoul. Et tu sais pourquoi ?

— Parce que c'est vrai, dit Prewitt en toute simplicité.

— Exact ! approuva gravement Stark. C'est toujours pareil. Aucune confiance en l'humanité. Pour un rien, je laisserais choir et j'irais ailleurs. Elle s'imagine peut-être que c'est le seul bordel de la ville ? Y a même un établissement de massage électrique japonais, à quatre ou cinq maisons d'ici.

— Allons-y. Je sais pas ce que c'est.

— Impossible, s'esclaffa Stark. C'est fermé. Y ferment à onze heures.

Puis, comprenant soudain ce que Prew venait de dire :

— T'es jamais allé dans un étab...

— Non, coupa Prewitt.

— Ben, mon 'ieux, d'où que tu sors ? dit Stark.

— Je sais même pas de quoi il s'agit, avoua Prewitt, infiniment amer.

— Ça, alors. Je parierais que Wahoo est le seul endroit au monde où on peut se faire un massage électrique japonais, et tu profites pas de l'occasion ! Tu sais pas ce que tu perds, Prewitt, tu négliges ton éducation. Je vais t'expliquer ça en deux mots. Y te font allonger sur le côté, et puis y a une petite Japonaise bien gironde qui s'amène et qui te balade un vibreur électrique sur tout le corps. Partout. Elle est complètement à poil, mais t'as pas le droit de la toucher, même avec un doigt. Y t'expliquent tout ça avant. Et au cas où t'aies pas bien compris, y a un type de garde. Un gars expert en judo. Y te le présentent avant de commencer le traitement.

— Mais je voudrais la toucher, protesta Prewitt. J'aimerais la toucher.

— Moi aussi. C'est justement ce qui en fait la valeur. Tu veux, mais tu peux pas. Elle est là, tout entière, et tu peux pas la toucher. C'est très particulier, comme sensation. Y a rien de comparable. Fallait un Japonais pour inventer un truc pareil.

— Faut aussi un Japonais pour le goûter, je suppose.

— Non, dit Stark. Moi, j'ai trouvé ça bien. Ça te regonfle à bloc, ça te fortifie le sang. Après un massage électrique japonais, je serais capable de m'envoyer tout un bordel, même à jeun. Et pourtant faut que j'aie bu pour valoir quelque chose dans un bordel. Ça te fait apprécier une femme — même une putain — à sa juste valeur. Ça te donne une grande compréhension de l'humanité. De toute l'humanité.

— Je suis sûr que ça me plairait pas, s'obstina Prewitt.

— Comment que tu peux le savoir ? s'obstina Maylon Stark. Ça m'a plu, à moi ! Pourquoi que ça te plairait pas, à toi ?

— Parce qu'y faudrait que je la touche, ce serait plus fort que moi.

— Le champion de judo aussi serait plus fort que toi, lui rappela Stark. Bon Dieu ! elle y met le temps, l'autre enflée... Eh !

Il se mit à cogner dans la porte.

— Alors, ça vient, oui ou non ?

Le judas s'ouvrit aussitôt, comme si la jolie femme blanche qui leur souriait gentiment à travers l'ouverture avait été là depuis le début, derrière la porte, à écouter ce qu'ils disaient.

— Mon Dieu ! mais c'est Maylon. Minerve ne m'avait pas dit que c'était vous, s'écria-t-elle d'un air ravi. Comment allez-vous, mon cher ?

— Je suis sur le point d'éclater, dit Stark. Ouvrez la porte !

— Eh bien ! Maylon, le gourmanda-t-elle, est-ce que c'est une manière de me parler ?

Devant cette réserve de grande dame, cette réserve presque virginale, Prew sentit le sol manquer sous ses pas et, comme toutes les autres fois, dans toutes les autres boîtes, éprouva une violente envie de s'en retourner. « Je me demande ce que Violette Ogure fait en ce moment », pensa-t-il.

— Nom de Dieu ! hurlait Stark. Vous avez tout de même pas peur que je casse tout dans votre baraque ?

— Pas le moins du monde, Maylon, dit la femme en souriant. Et je vous prie de ne pas jurer ainsi devant moi.

— Mme Kipfer, reprit Stark, partiellement dégrisé par la gravité de la situation, votre attitude me surprend et me peine. M'avez-vous jamais vu venir ici en état d'ébriété ?

— Nullement, Maylon, nullement. Vous vous êtes toujours fort bien conduit sous mon toit.

— Merci, m'dame, dit Stark. Et maintenant, s'il n'y a plus de malentendu entre nous, ouvrez la porte, je vous prie.

— Tout homme, en état d'ébriété, contre-attaqua Mme Kipfer, met en danger l'avenir d'une maison respectable.

— Mme Kipfer, dit Stark, je vous donne ma parole d'honneur que nous ne mettrons pas votre avenir en danger.

— Du moment que vous me donnez votre parole, je suis certaine que vous la tiendrez, Maylon, riposta Mme Kipfer, apaisée.

Il y eut un long frottement métallique, et la porte s'ouvrit. Prew se trouva en présence d'une grande femme aux cheveux relevés, à la longue silhouette voluptueuse étroitement moulée dans une robe du soir de couleur paille avec une applique d'orchidées pourpres sur l'épaule. Elle lui sourit avec une indulgence presque maternelle, et il comprit pourquoi tous ceux qui fréquentaient les maisons d'illusions parlaient toujours de Mme Kipfer et l'admiraient tant. C'était parce que Mme Kipfer était une si grande dame, et parce qu'elle leur pardonnait tout. Derrière lui, Minerve refermait la porte et remettait en place la lourde barre d'acier.

— Maylon, dit Mme Kipfer, je n'ai pas l'impression de connaître votre ami.

— C'est la première fois que vous me faites le coup de la porte, Mme Kipfer, lui reprocha Stark. On se croirait presque dans une boîte interdite par la loi, au lieu d'être dans le meilleur bordel d'Honolulu.

— Ne soyez pas grossier, dit Mme Kipfer d'un ton glacial, sous prétexte qu'il y a eu un malentendu. Vous savez quel effet me produit la vulgarité de ce mot. Je serais désolée d'avoir à vous demander de partir immédiatement, Maylon, mais je m'y résignerais, si vous continuiez à vous montrer désagréable.

Stark s'enferma dans un silence buté.

— J'estime que vous me devez un mot d'excuse pour cette dernière remarque, continua Mme Kipfer.

— D'accord, grogna Stark. Je m'excuse.

— Et j'ai toujours l'impression de ne pas connaître votre ami, conclut-elle.

Stark fit les présentations, avec une révérence narquoise, mais en face de Mme Kipfer il avait beaucoup plus l'air d'un petit garçon récalcitrant que d'un homme en colère.

— Enchantée, dit Mme Kipfer en souriant à Prew. Je suis toujours heureuse de connaître un nouveau membre de la compagnie.

— Enchanté-de-faire-votre-connaissance, marmotta Prewitt, se demandant anxieusement où diable étaient les femmes.

Il se sentait mal à l'aise devant tant de bonnes manières et se souvenait brusquement de ce que son oncle John Turner, qui ne s'était jamais marié, disait toujours avec amertume : « Ce sont les femmes qui font marcher le monde, mon garçon. Dieu leur a mis tous les atouts entre les jambes. Elles n'ont pas à risquer leur chance, comme nous autres, hommes. »

— Je vais vous appeler Prew, si ça ne vous ennuie pas ? suggéra Mme Kipfer avec un charmant sourire, en leur montrant le chemin de la salle d'attente.

— Bien sûr, dit Prew.

Il voyait enfin des femmes. Pas celles qu'il avait vues en imagination, durant toute la soirée, mais des femmes, enfin. Des femmes disponibles.

— Personne m'appelle jamais par mon prénom, ajouta-t-il.

Elles étaient sept dans la salle d'attente, l'une, debout à l'écart en compagnie d'un soldat, deux autres assises sur un canapé, en train de bavarder avec deux marins, quatre, enfin, assises sur des chaises, dans divers coins de la pièce. Trois d'entre ces dernières, étonnamment semblables dans leurs costumes réduits, entraient dans cette catégorie de grosses mollasses lymphatiques qui s'en foutent et ruminent leur chewing-gum, jusqu'à ce que le prochain prêt les réabsorbe dans l'activité fiévreuse des jours d'affluence. Mais la quatrième — une frêle petite brune portant la robe longue de la classe supérieure, assise très droite et parfaitement immobile, avec ses mains jointes sur ses genoux — était d'une espèce différente.

L'œil expérimenté de Prewitt avait déjà remarqué que les quatre filles minces de la meilleure catégorie — dont la petite brune en question — portaient les classiques robes longues à fermeture éclair qui les distinguaient nettement des trois grosses ruminantes. C'était donc ici comme partout ailleurs, malgré tout ce qu'on disait à la compagnie : prends-en pour tes trois dollars et fous le camp ! Et, malgré cela, il ne pouvait s'empêcher d'observer la petite brune, qui était si manifestement différente, même de ses trois collègues de la meilleure catégorie...

L'une de celles qui étaient assises avec les deux marins se leva et vint à leur rencontre, longue et mince dans sa robe bleue dont la fine étoffe laissait entrevoir le triangle sombre de la toison pubienne.

— Voici Maureen, annonça Mme Kipfer. C'est la première fois que Prew vient ici, Maureen. Tu vas le présenter à tout le monde, n'est-ce pas chérie ?

— Mais oui, chérie, répliqua la blonde, sacarstique, en prenant Prewitt par le cou. Viens par ici, mon chou.

Puis elle aperçut Stark et courut vers lui.

— Oh ! Maylon, vieille branche, as-tu un petit cadeau pour moi ?

Stark recula en souriant.

— Doucement, bébé, dit-il, ou je risque de plus l'avoir.

Mme Kipfer sourit avec indulgence.

— Maureen est notre petit boute-en-train, n'est-ce pas, Maureen chérie ?

— C'est comme ça que je gagne ma vie, chérie, répondit Maureen d'un ton suave. En étant un boute-en-train.

— Prenez tout votre temps, Prew, continua Mme Kipfer avec la même indulgence. Nous ne sommes pas bousculées, ce soir, n'est-ce pas, Maureen chérie ?

— Bien sûr, chérie, dit Maureen.

Puis, se tournant vers Prew :

— Je peux pas t'offrir l'idylle au clair de lune, mon chou, mais, si t'as besoin d'une bonne partie de jambes en l'air, j'ai tout ce qu'y te faut. Demande plutôt à Stark, y me connaît. Pas vrai, Stark ?

Mme Kipfer tourna les talons et disparut dans le hall.

— Un peu mécanique, dit Stark, mais tout de même digne d'éloges.

Maureen éclata d'un rire triomphant et, saisissant Stark par le bras, l'entraîna vers le phonographe automatique.

— Ah ! ma vache, dit-elle. Rien que pour ça, je t'autorise à me jouer un peu de musique.

Mme Kipfer réapparut.

— On ne trouve plus de bon personnel, dit-elle à Prew d'un ton contrit. Je suis complètement à la merci de ce que les agences condescendent à m'envoyer de la métropole.

— Je vois, dit Prew.

— Elle ne vous a même pas présenté à qui que ce soit, n'est-ce pas ? poursuivit Mme Kipfer sans reprendre haleine. Ne vous en offusquez surtout pas, je vous prie, je vais me charger de vous moi-même... Lorene, tu n'es pas occupée, chérie ? Veux-tu venir ici un moment ? C'était Lorene, dont je voulais surtout que vous fissiez la connaissance. Elle est vraiment très, très gentille...

— Bien sûr, dit Prew, bien sûr.

Mais il ne l'écoutait plus. Il regardait la frêle petite brune se diriger vers lui, le visage toujours serein. Il distingua les mots « ... presque comme ma propre fille », mais il n'écoutait pas vraiment. Le triangle noir transparaissait également à travers la robe de la petite brune, mais ça ne faisait pas le même effet que chez Maureen, qui n'en avait même plus conscience. Celle-ci en avait conscience, comme elle avait conscience du regard de Prew, mais elle était visiblement au-dessus de ces choses. Elle en avait conscience, mais feignait de n'en rien savoir.

Elle devait avoir vingt-trois ou vingt-quatre ans ; elle se tenait très droite, et ses cheveux étaient coiffés en un rouleau circulaire qui descendait très bas dans son cou. Elle avait de très grands yeux, qui regardaient droit devant eux sans la moindre expression, et, lorsqu'elle lui sourit, Prew remarqua que sa bouche aux jolies lèvres pleines était un peu grande pour l'étroitesse enfantine de son visage. « Elle est rudement bien de figure », pensa-t-il.

Mme Kipfer les présenta l'un à l'autre et demanda à Lorene de s'occuper de lui, puisqu'il était nouveau dans le secteur.

— Bien sûr, dit-elle. Viens donc t'asseoir.

Elle avait une belle voix grave, aussi calme, aussi stable que le reste de sa personne. Elle avait, songea Prewitt en s'asseyant auprès d'elle, cette sérénité qu'il avait toujours cherchée lui-même et jamais découverte, la sérénité engendrée par une grande sagesse. Par une grande sagesse née de la souffrance et de la compréhension de cette souffrance. La sérénité qu'il n'avait jamais pu acquérir et dont il avait besoin. Dont tous les hommes ont besoin, pensa-t-il vertigineusement, et que tu n'aurais jamais cru rencontrer dans un bordel. Précisément, pensa-t-il. Tout cela n'est sans doute qu'une impression provoquée par la surprise de rencontrer dans un bordel un visage aussi tragiquement beau. Oui, c'est ça, pensa-t-il. Ça, et le fait que tu sois à moitié blindé.

Il en était là de ses réflexions nébuleuses lorsqu'il vit Stark et Maureen qui, renonçant à faire de la musique, se dirigeaient vers eux. Il espéra un instant qu'ils passeraient tout droit, mais telle n'était pas l'intention de Stark.

— Mais c'est la princesse, dit-il. Salut, princesse. Je croyais pas que t'étais encore là.

— Bonjour, Maylon, riposta Lorene sans sourciller.

On eût dit, songea Prew, que son regard paisible voyait jusqu'au fond de l'âme de Maylon Stark.

— Dis donc, fils, tu commences par le haut de l'échelle ! lança Stark. Comment que t'as fait pour établir le contact avec la princesse ? La première fois que tu la vois ?

— C'est Mme Kipfer qui nous a présentés, rétorqua Prewitt, brusquement en colère. Pourquoi ?

— Foutre ! Faut que ta tête lui revienne, fiston. C'est seulement à ma troisième visite qu'elle m'a présenté la princesse, et je suis revenu deux fois encore avant que la princesse monte avec moi. Et encore, c'était pas de bon cœur, pas vrai, princesse ?

— Je monte avec tous ceux que ce que j'ai intéresse, répliqua Lorene sans se départir de sa sérénité.

— Une vraie princesse, répéta Maylon en l'observant d'un air pensif. Une vraie princesse jusqu'au bout des ongles.

Maureen éclata d'un rire enroué, et Stark lui sourit en clignant de l'œil. Et pourtant, c'était vrai, Lorene avait vraiment l'air d'une princesse, inaccessible et sereine. Tellement au-dessus de la vie et des hommes. Surtout des hommes, songea Prewitt, la gorge soudain serrée par l'intensité de son désir.

— La princesse Lorene, la Vierge de Waïkiki, continua Stark.

Il s'interrompit brusquement.

— Je crois que je vais aller serrer la main à Jules, annonça-t-il. Est-ce que les goguenots sont toujours à la même place ?

— On ne change jamais rien, ici, répondit Maureen de sa voix enrouée.

Elle prit Prewitt par le bras et le tira à elle.

— Viens, mon chou, je vais te présenter à tout le monde.

Lorene ne broncha pas, tandis que Maureen entraînait Prewitt à travers la pièce, le poussait dans un fauteuil et se perchait sur ses genoux.

— Je te présente Billy, commença-t-elle en désignant la petite Juive brune au regard fiévreux qui se tenait debout au côté du soldat lorsqu'ils étaient arrivés et qui était maintenant assise sur ses genoux. Stark dit que vous allez rester toute la nuit, poursuivit Maureen. Est-ce que t'as à boire, mon chou ?

— Non, dit Prew, les yeux toujours fixés, à travers la pièce, sur Lorene immobile et sereine. Je croyais que c'était pas permis, de toute façon ?

— C'est permis nulle part, confirma Maureen. Mais presque

partout y laissent les gars qui restent toute la nuit introduire une ou deux bouteilles. Ici, cette vieille sorcière le défend à tout le monde. A tout le monde !

— T'as pas l'air d'aimer beaucoup Mme Kipfer ?

— Moi ? Je l'adore, déclara Maureen. Je rigolerais pas souvent, si je la connaissais pas. Elle et ses manières de femme du monde !

— Comment diable a-t-elle démarré dans ce business ?

— Comme toutes les autres. Elle est partie du bas de l'échelle.

— Elle a l'air rudement bien balancée.

— Elle a de beaux restes, dit perfidement Maureen. Mais, si ça te tente, tu peux en faire ton deuil. Autant que t'essaies de coucher avec la reine d'Angleterre.

Elle lui bâilla au nez et s'étira longuement.

— Mais revenons à nos présentations. Celle-là, c'est Sandra.

Elle désigna la grande brune qui était restée assise avec les deux marins, lorsqu'elle-même s'était levée à l'entrée de Mme Kipfer, de Stark et de Prew. Sandra éclata de rire, plissa son nez retroussé et secoua sa longue chevelure étincelante, tout en continuant à babiller avec les marins.

— Elle est fière de ses cheveux, expliqua Maureen avec l'indifférence engendrée par une longue habitude. Elle dit qu'elle sort d'une université, et je sais qu'elle est en train d'écrire un livre sur sa vie de putain.

— Sans blague ? dit Prew.

— Sûr, affirma Maureen. C'est pas la première... Et celles-là, là-bas, reprit-elle en désignant les trois ruminantes, c'est Moe, Larry et Curly.

Prew éclata de rire.

— T'es un drôle de numéro, toi, dit-il.

Maureen le regarda et sourit.

— Je vais leur acheter un jeu d'échecs, après la prochaine paie, dit-elle, à condition qu'elles promettent de renoncer au chewing-gum. Y en a quatre ou cinq autres dans la deuxième salle d'attente, mais je ne serais pas étonnée qu'elles soient toutes en train d'en écraser.

— Pas la peine de les déranger.

— Ça, c'est gentil de ta part, minauda Maureen.

— C'est la moindre des choses, dit Prew sur le même ton.

— Alors, vois-tu quelques chose qui te plaît ? J'ai pas toute la nuit devant moi. Décide, en vitesse.

— Elles me plaisent toutes. Surtout Moe, Larry et Curly, répondit Prewitt, guettant toujours Lorene à la dérobée.

— Elle est bien, la princesse, pas vrai ?

— Hein ? fit Prew. Mon Dieu !... couci-couça.

— Tu veux dire qu'elle fera l'affaire, à défaut d'autre chose ? insinua Maureen.

— C'est à peu près ça, dit Prew.

Maureen se leva d'un bond et lissa sa robe du revers de la main.

— J'ai bien peur que tu doives m'excuser, chéri, minauda-t-elle. Je vois bien que tu ne veux pas de mes services. Toutes les putains ne peuvent pas ressembler à des vierges chastes et pures...

— Personne n'a l'air de l'aimer beaucoup, dans cette boîte, remarqua Prew. Pourquoi ça ?

Maureen haussa les épaules.

— Appelle ça de la jalousie professionnelle, faute d'une meilleure explication. Et maintenant, je dois partir, malgré tout l'agrément que me procure ta compagnie. J'entends Minerve ouvrir la porte et, comme dit maman Kipfer, le travail passe avant le plaisir.

— Dans ce cas, je ne veux pas te détourner de ton devoir, répliqua Prewitt.

Il lui sourit sans gaieté, parce que tout ça avait cessé d'être drôle, mais gentiment tout de même, parce qu'elle lui était sympathique et qu'il voulait se débarrasser d'elle sans l'offenser plus que de raison.

Elle lui rendit un sourire d'entière compréhension et disparut dans le corridor, vertigineusement perchée sur des talons hauts et grêles comme des échasses. Prew allait rejoindre Lorene, la gorge à nouveau serrée par le désir, lorsqu'une voix bien connue retentit dans le hall d'entrée.

C'était, dans toute sa gloire, le puissant organe brooklynesque du deuxième classe Angelo Maggio.

— Que je sois pendu si ce n'est pas mon vieux camarade, compatriote, compagnon d'armes et sergent d'ordinaire, Maylon Stark en personne ! C'est fou ce que le monde peut être minuscule. Je parie que tu t'attendais pas à voir ce vieil Angelo ici ce soir, hein ? accusa la voix triomphante. Où est mon copain Prewitt ?

— Où diable es-tu allé chercher ton pognon ? s'informa la voix de Stark.

— Ah ! ça, c'est toute une histoire ! riposta celle de Maggio.

Précédés de Maureen, Stark et Angelo pénétrèrent bras dessus bras dessous dans la salle d'attente. Maggio pinça délicatement les fesses maigres de Maureen. Maureen éclata de rire, lui tira l'oreille et soupira :

— Angelo, mon Roméo !

Et Mme Kipfer apparut sur le seuil de la pièce, le visage épanoui. Angelo s'inclina très bas, Stark le redressa d'une bourrade et Maggio continua d'adresser des saluts à la ronde, d'un air conquérant.

Il s'arrêta devant Prew, sans avoir lâché Stark, jeta son bras libre autour du cou de Prewitt, rapprocha les têtes de ses deux amis et chuchota :

— J'suis saoul, mes enfants. J'ai bu des cocktails au champagne toute la soirée, et j'suis fin saoul. Mais faut pas le dire à maman Kipfer, ou elle me foutrait à la porte. Il faut pas lui parler non plus de la bouteille de whisky que j'ai derrière ma ceinture, sous cette ample liquette hawaiienne.

Il se redressa, jeta un coup d'œil circulaire et fit signe à Sandra, toujours assise avec les deux marins.

— Epatantes, les chemises hawaiiennes, pas vrai, poupée ? Elles vous tiennent au frais, et y a de la place pour se remuer. J'adore les chemises hawaiiennes. Est-ce que t'adore les chemises hawaiiennes ?

Sandra éclata de rire et secoua sa chevelure en plissant son nez retroussé.

— J'adore les chemises hawaiiennes, Angelo, dit-elle.

Les deux matelots fusillèrent Maggio du regard.

— Je prends celle-là, chuchota Angelo en rapprochant à nouveau les têtes de Stark et de Prew. Je la prends pour toute la nuit. A moins que l'un de vous l'ait déjà retenue. J'aime les grandes bringues, mes amis. Plus y a de surface, plus ça me plaît !

— Ce que je voudrais savoir, dit Stark, c'est comment t'as trouvé tout ce pognon.

— Si vous voulez l'entendre, suivez-moi aux goguenots, dit Maggio.

— J'en viens, objecta Maylon.

Maggio se tapa sur le ventre.

— Ouais, mais je parie que tu y as pas trouvé ce que j'y trouverai, triompha-t-il.

— Gi, dit Stark.

Et, bras dessus bras dessous, tous trois prirent le chemin des cabinets où, dans l'âcre odeur d'ammoniaque dégagée par les urines d'un millier d'hommes, Prewitt décacheta la bouteille et Maggio commença son histoire.

— Après que vous soyez partis, tous les deux, je me suis demandé pourquoi diable que je resterais à la maison, et j'ai téléphoné à mon pédé ; Hal, qu'y s'appelle. J'ai fait sa connaissance le soir qu'on est restés tous fauchés, après la partie de poker, tu te souviens, Prew ? Il est venu me chercher à Wahiawa, le bougre de salaud. Y voulait pas, mais je l'ai fait chanter avec ça... — Maggio leva son index raidi —... poliment, bien entendu, parce que c'est un intellectuel et il est très sensible. Je lui ai dit que j'étais dans une position critique et que, si y venait pas en aide à ses amis quand y z'étaient dans une position critique, y méritait pas d'avoir des amis. Il a compris. Y m'a payé un beefsteak aux pommes chez Lau Yee Chaï. Chez Lau Yee Chaï, les gars, ça vous dit rien ? Pas de petits estaminets pour Maggio ! Quand Maggio s'y met, y décroche la timbale. Ensuite, on est allés boire des cocktails au champagne à la taverne de Waïkiki, où vont tous ces gars-là... J'ai expliqué à ce cher Hal que j'avais emprunté vingt dollars à un usurier à vingt pour cent de la compagnie et qu'y fallait que je les lui rende tout de suite, parce qu'y menaçait de me porter au rapport, et que si y faisait ça on m'enverrait au dur et que ce cher Hal reverrait pas son petit pote avant six mois... Et voilà, les gars, c'est tout. Y m'a avancé les vingt dollars. Y voulait me les donner, mais je suis trop malin pour avoir accepté.

Je sais comment qu'y faut pratiquer avec lui. Si jamais y pigeait que j'suis en train de le faire marcher, j'en tirerais même plus un flechtard. Je lui dois donc vingt dollars, mais, conclut-il triomphalement, je préfère les lui devoir toute ma vie que de les lui faire perdre. Je suis honnête, moi !

— Tu lui as dit que t'irais au dur si tu remboursais pas les vingt dollars ! s'esclaffa Stark en tendant la bouteille à Maggio. Y sait donc pas que c'est contre les règlements de l'armée de prêter du pognon avec intérêt, et que le gars qui fait ça peut pas le récupérer légalement ?

— Y sait rien sur l'armée ! ricana Angelo. Y fait croire qu'y sait des tas de choses, mais y sait rien du tout. C'est pas comme sur la marine. Alors, là, il en connaît un rayon !

Il reboucha la bouteille, la remit en place, reboucla sa ceinture et rabattit sa chemise.

— Eh ! il est pas loin de deux heures, les enfants. Vaudrait peut-être mieux retenir nos filles avant que les matelots mettent l'embargo dessus.

— La mienne est déjà retenue, dit Stark, soudain réticent.

— Ouais ? C'est pas Sandra, j'espère ? questionna anxieusement Maggio.

— Non, c'est Billy, la petite Juive, dit Stark sans les regarder. Je lui ai déjà demandé, et elle est d'accord.

— Oh, oh ! la petite Juive aux yeux vicelards, commenta Maggio.

— Et alors, s'emporta Maylon. Ça te dérange ?

— Moi ? Pas du tout ! J'ai l'intention de l'essayer un de ces jours, moi aussi, dit Maggio en souriant.

— Alors, rideau, grogna Stark. Tu prends Sandra, je prends Billy, un point, c'est tout.

— Moi, ce que j'en disais...

— Maureen est encore libre, intervint Prew.

— Je me fous de Maureen, je sais ce que je veux, oui ? Aujourd'hui, c'est Billy que je veux. Si ça vous plaît pas...

— O.K. ! O.K. ! dit Maggio, cesse de t'exciter. Tu l'as, oui ? Alors, râle pas comme ça. Moi, c'est Sandra qui me plaît. Ça, c'est de la bagnole. Y a de la surface portante et du répondant, c'est moi qui vous le dis ! Oh ! papillon !

Puis, se tournant vers Prew :

— Et toi, laquelle tu prends ?

— La princesse ! gouailla Maylon.

— Non ? Sans chiqué ? s'étrangla Angelo.

— Puisque je te le dis, grommela Stark. La princesse Lorene en personne. La Vierge de Waïkiki.

— C'est une snobarde, protesta Maggio.

— Et alors ? dit Prew. Je vous dis pas qui vous devez prendre, non ? Alors, je prends qui je veux.

— Je te dis pas qui tu dois prendre, maugréa Stark. Tu peux prendre Minerve, si ça te chante, pour ce que j'ai à en foutre !

— Faut aussi qu'on s'arrange à avoir trois chambres contiguës, pour pouvoir partager le whisky, dit Maggio. T'as parlé à Lorene, Prew ?

— Non, admit Prew à regret. Je lui ai pas encore parlé.

— Alors, tu ferais bien de te grouiller, mon pote. Les matelots ont l'air disposés à passer la nuit, eux aussi. Fais gaffe de pas te faire griller.

— T'as parlé à Sandra, toi ? s'informa Prewitt.

— Bon Dieu ! non, s'écria Maggio. J'ai complètement oublié ! Retournons là-bas en vitesse, les enfants !

16

Ils reparcoururent les longs couloirs aux murs percés d'innombrables portes donnant accès à des chambres minuscules, toutes semblables.

— C'est une grosse boîte, dit Maggio.

— Ils ont une grosse clientèle à satisfaire, dit Stark.

Prew ne dit rien.

Lorsqu'il retrouva Lorene assise à la même place, il se sentit partiellement soulagé. Mais il y avait un soldat auprès d'elle, un soldat qu'il n'avait pas encore vu et dont elle écoutait les paroles avec une attention sereine.

Prew s'arrêta, indécis, sur le seuil de la salle d'attente, laissant les deux autres passer devant, parce que sa vieille faim l'étouffait à nouveau et que c'était Lorene qu'il lui fallait, pas une autre, et qu'il avait peur d'avoir déjà trop attendu.

« Bon Dieu ! s'emporta-t-il intérieurement, qu'est-ce que t'as dans le ventre aujourd'hui ? C'est rien de plus qu'une vulgaire putain, ou, tout au mieux, une putain pas vulgaire, alors pourquoi toutes ces giries ? Celle-là ou une autre, qu'est-ce que ça peut te foutre ? Demande à Maureen, elle a l'air de te gober... Ce que t'as dans le ventre, pensa-t-il, c'est que t'as pas eu de femme depuis si longtemps que tu te ferais avoir jusqu'au trognon par n'importe quelle petite futée. Voilà ce que t'as dans le ventre. Alors, pour l'amour du ciel, cesse de tergiverser et demande à Maureen. »

— Es-tu libre, Lorene ? s'enquit-il gauchement.

Les intonations de sa voix surprirent le soldat bavard, qui releva la tête et le regarda en souriant.

« Dieu soit loué, y a quand même un moyen de le faire taire », songea Prewitt.

— Oui, Prew, dit calmement Lorene. On causait, comme ça.

Elle se leva, sourit au soldat bavard, et Prew songea qu'il n'avait jamais vu de soldat bavard aussi visiblement déçu.

— Je veux dire... pour toute la nuit, ajouta-t-il, la gorge nouée.

— Tu veux rester toute la nuit ? murmura Lorene. Je croyais que tu voulais dire : pour tout de suite.

— Je veux dire : es-tu déjà retenue pour toute la nuit ? répéta Prew d'une voix plus ferme.

— Pas encore, Prew.

— Eh bien ! tu l'es, maintenant, dit Prewitt en regardant fixement le soldat bavard.

— Entendu, riposta Lorene en souriant. Mais il n'est que deux heures moins vingt. Viens t'asseoir un peu ici.

Le soldat était assis à sa droite. Elle tapota le siège qui était à sa gauche avec un sourire serein, rassurant, presque maternel.

— Nous parlions de ski nautique, reprit-elle, tandis que Prew se laissait choir sur la chaise désignée. Bill est cantonné à De Russey, et c'est son sport favori. Il le décrit d'une façon saisissante.

Le soldat bavard se pencha en avant pour regarder Prew.

— T'as déjà fait du ski nautique ? s'informa-t-il.

— Non, dit Prew, se penchant à son tour.

Le soldat bavard sourit à Lorene.

— Sûr que vous autres, les gars de Shofield, cantonnés à l'intérieur des terres comme vous l'êtes, vous avez pas souvent l'occasion de voir la mer.

— Non, dit Prew. Mais on a les montagnes. T'as déjà fait de l'alpinisme ?

— Un peu, répliqua le soldat bavard, souriant toujours à Lorene. Et toi, t'en fais souvent ?

— Jamais, dit Prew. Tu sais piloter un avion ?

Le soldat bavard eut un sourire bref.

— J'ai pris quelques leçons, dit-il. A l'aérodrome John Rogers.

— Moi, je connais rien aux avions, dit Prew. T'as déjà plongé en eaux profondes ?

Lorene, qui regardait le soldat bavard, se retourna vers Prew en fronçant les sourcils d'un air sereinement sévère.

Le soldat bavard fronça les sourcils, lui aussi, avant de sourire brièvement et de répliquer :

— Non, j'ai jamais plongé en eaux profondes. Est-ce que c'est marrant ?

Il se laissa retomber contre le dossier de sa chaise et se remit à noyer Lorene dans un flot constant de paroles qui semblait ne devoir jamais cesser.

— Hé, trancha finalement Prew, se penchant jusque devant Lorene. Pourquoi que tu montes pas avec elle, Bill ? A moins que tu sois simplement venu pour lui offrir une carte de membre du club nautique de De Russey ?

Le soldat bavard s'interrompit et sourit tristement à Lorene.

— Bon sang, lui dit-il. Un biffin qui fait de l'esprit !

— Ça vaut mieux que d'appartenir à l'artillerie côtière et de passer son temps à faire joujou sur les vagues, riposta Prewitt. As-tu l'intention de la b..., oui ou non ?

Lorene lui jeta un regard horrifié, et Prew sourit malicieusement en réponse.

— Alors ? répéta-t-il.

— Est-ce que tu voulais monter avec moi, Bill ? demanda Lorene. Nous avons encore le temps, tu sais.

— Oui, bien sûr, ça vaudrait peut-être mieux, dit Bill. Ça commence à puer sérieusement, ici, tu ne trouves pas ?

— Ouais, j'avais remarqué, gouailla Prew délibérément. Bougre de salopard !

— Écoute, vieux... commença Bill.

— Viens, Bill, coupa Lorene en lui prenant la main avec une sorte de timidité virginale. Plus vite nous monterons, plus nous aurons de temps à passer ensemble.

— O. K. ! dit Bill en se laissant entraîner vers la porte.

Au moment de sortir, elle se retourna juste assez longtemps pour jeter à Prew un regard désapprobateur et lui montrer le sourire radieux qu'elle adressait à Bill.

— Oublie pas de lui montrer tes photos sur skis, Bill, rigola Prewitt.

Mais, lorsqu'ils eurent disparu, il cessa de rigoler et s'effondra sur sa chaise jusqu'à ce que sa ceinture touchât presque le rebord du siège. Prewitt-le-Fortiche ! Qui s'en prend à un pauvre bougre tellement assoiffé — comme lui — de la conversation d'une femme qu'il eût volontiers payé ses trois dollars rien que pour bavarder avec elle ! « Tu l'as bien eu, hein ! Prew-le-Fortiche ? Il a tout encaissé sans se fâcher, et t'avais pourtant bien envie de lui casser la gueule, hein ! Prew-le-Pacifiste, que ses instincts humanitaires empêchent de reprendre la boxe dans la cochonnerie de section de Dynamite Holmes ! T'as produit une telle impression sur Lorene qu'avec tes beaux yeux et tes quinze dollars je parie même qu'elle va accepter de passer la nuit avec toi. Et c'est tout ce que tu veux, pas vrai, Fortiche ? »

Dès que la porte de communication avec la deuxième salle d'attente se fut refermée derrière les deux matelots, Maggio poussa un profond soupir, se laissa choir dans un fauteuil, attira la grande Sandra sur ses genoux... et disparut complètement.

— Eh ! cria-t-il d'une voix étouffée, ça va pas du tout comme ça. Si je m'asseyais sur tes genoux, pour changer un peu ?

— Pourquoi pas ? pouffa Sandra en secouant sa longue cascade de cheveux noirs et plissant gaminement son nez retroussé.

Ils échangèrent leurs positions respectives, et Maggio eut aussitôt l'air d'un minuscule cornac perché sur son éléphant favori.

— Hé, regardez-moi cette circonférence ! s'écria-t-il en arrondissant comiquement ses deux bras.

— Qu'est-ce que tu veux dire par là ? protesta Sandra, qui, sa poitrine mise à part, était extrêmement mince. Si tu veux insinuer que je suis grosse, mets tes lunettes, fiston.

— C'est pas ce que je voulais dire, bébé, repartit Maggio. Et pas la peine de m'appeler fiston. T'es pas assez vieille pour être ma mère... Oh ! Prew, enchaîna-t-il brusquement, ces deux matelots me rappellent que j'ai oublié de te dire quelque chose. J'ai rencontré notre copain Bloom, ce soir, à la taverne de Waïkiki.

— Ouais, dit Prew. Avec qui ?

— Avec une espèce de grande tantouse du nom de Tommy, encore plus énorme que lui, si tu peux imaginer ça... Quand y m'a vu, et que j'ai vu la gueule qu'y faisait, j'ai commencé à regarder autour de moi si je voyais une bonne chaise bien lourde.

— Tu veux dire qu'il a pas semblé content de te voir ? questionna Prew.

Maggio éclata de rire.

— Il avait une croix de sparadrap comaque sur la tronche, expliqua-t-il. Mon copain Hal connaît bien ce Tommy. Y lui prête sa bagnole de temps en temps, pour balader Bloom. Y dit que Tommy gagne à peine assez pour vivre, alors, je commence à me demander si Bloom fait pas ça pour le plaisir.

— C'est bien possible, dit Prew.

Maggio se retourna vers Sandra.

— J'ai becqueté chez Lau Yee Chaï, ce soir, crâna-t-il.

— Chez Lau Yee Chaï ? répéta-t-elle, nullement impressionnée. C'est mon restaurant favori. J'y mange presque tout le temps. Ils croient que je suis une riche touriste.

— T'as déjà mangé de son pa-pa-ya ? questionna Maggio.

— J'en mange souvent, dit Sandra. J'adore ça.

— J'en ai mangé ce soir pour la première fois, avoua Angelo. Ç'a pas de goût. Faut qu'y z'y mettent du citron pour qu'on sente quelque chose.

— C'est comme les olives, dit Sandra. Il faut s'y habituer.

— C'est comme l'avocat ou les escargots, intervint Stark avec l'autorité du spécialiste. Ce sont des choses qu'il faut apprendre à goûter.

— Avec du citron dessus, je trouve que ça sent le vomi, protesta Angelo. Et j'apprendrai jamais à goûter le vomi !

Il rit si fort qu'il faillit choir du giron de Sandra. Sandra lui jeta un regard perplexe.

— Vous savez de quoi vous avez l'air, tous les deux ? s'esclaffa Maylon. D'un ventriloque et de sa marionnette.

— Le maître d'hôtel hawaiien était tout le temps derrière moi, continua Maggio, hilare. Y devait avoir peur que je me goure de fourchette et que je scandalise la clientèle. Quand il a apporté ce truc-là, je lui ai demandé en douce ce que c'était. « Mais, c'est du papaya, monsieur », qu'y me répond comme si c'était l'évidence même. « Y sera pas dit qu'Angelo Maggio aura reculé devant quoi que ce soit », que je lui réponds, et je presse la tranche de citron sur le fourbi. « C'est curieux, que je lui dis ensuite, avec le citron dessus, ça sent exactement le vomi, pas vrai ? » Et, pour pas lui faire de peine, je lui ai glissé dans le tuyau de l'oreille : « Ça fait rien, mon pote, j'adore le vomi ! »

A l'exception de Prew, tout le monde éclata de rire, même Billy. Angelo, sur son perchoir, n'avait plus l'air d'un cornac, mais d'un perroquet content de soi, parce qu'il vient de dire un mot grossier à la vieille bonne.

— J'ai cru que ce cher Hal allait s'en faire claquer la panse, à force de rigoler, conclut Angelo. Mais le gars n'est plus resté derrière moi, après ça.

Comme si cet éclat de rire l'avait sortie d'une transe, Billy quitta d'un bond les genoux de Stark, étira fiévreusement son petit corps voluptueux, braquant vers le sergent cuistot ses seins pointus et fermes que plus d'une femme vertueuse lui eût enviés, tout en les considérant comme l'insigne maléfique de sa profession, leurs auréoles brunes clairement visibles à travers la mince étoffe.

— Alors, Maylon ? chuchota-t-elle d'une voix rauque. Y aura plus de retardataires maintenant, et il est trop près de deux heures pour que je m'en charge, de toute façon.

Elle se cambra vers lui, avidement, fièrement.

— Si on commençait par un voyage autour du monde, mon chou ? suggéra-t-elle.

— Oui. Cinq dollars, pas vrai ? dit Stark d'une voix pâteuse.

— Oui. Cinq dollars supplémentaires. Mais ça les vaut, Maylon, je te garantis que ça les vaut.

— Adjugé, soupira Stark, les yeux cernés et injectés de sang.

— Vous venez ? cria Billy à Maggio et Sandra. Vous avez la bouteille ?

— Chhhhh, fit Maggio.

— Zut ! cracha Billy. Merde pour la vieille sorcière !

— On y va, dit Sandra en souriant. On y va, cocotte.

Billy éclata d'un rire fiévreux.

— Je sais pas comment elle s'y prend, dit Sandra à Angelo. A sa place, je serais déjà morte, moi ou n'importe quelle autre femme.

Lorsqu'ils passèrent devant Prew, elle se pencha vers lui.

— Tu diras à Lorene, quand elle reviendra, qu'on prend les chambres du fond, au-dessus de l'escalier. Elle comprendra.

— O. K. ! dit Prew.

Il les regarda disparaître. Qu'est-ce que ça pouvait lui foutre, il n'était pas encore deux heures. Mais il était seul, à présent. Seul avec le phonographe automatique débranché. Et rien n'est plus triste qu'un Phonomatic silencieux et sans lumière, quand il n'y a plus personne autour pour le faire marcher.

Lorsqu'il entendit enfin la voix grave de Lorene dans le corridor, il se leva vivement. « Trop vivement, pensa-t-il, furibard ; tu veux qu'elle se rende compte de ton impatience ? » Mais il resta debout, tandis qu'elle prenait congé de Bill, plus longuement, lui sembla-t-il, plus amicalement qu'il n'était nécessaire, et il se demanda si elle ne faisait pas ça pour le remettre à sa place. Mais il resta debout, malgré tout, et ne se sentit vraiment soulagé que lorsqu'elle entra finalement, souriante.

— Tu devrais avoir honte d'avoir autant malmené ce pauvre bougre, lui dit-elle sans cesser de sourire.

— J'ai honte, riposta-t-il.

— Toi, au moins, tu as de l'argent. Le pauvre Bill voulait rester toute la nuit, mais il n'avait pas la somme nécessaire. Je crois même que c'était ses trois derniers dollars, et maintenant il va falloir qu'il rentre à pied à Waïkiki.

— Pauvre vieux, dit-il. Je regrette sincèrement de l'avoir asticoté.

Il se revoyait lui-même, plongé jusqu'au cou dans l'eau grasse et complètement fauché, il y avait de ça quelques heures. Ça semblait si loin, maintenant.

— Sandra m'a dit de te dire qu'ils prenaient les chambres du fond, au-dessus de l'escalier, coupa-t-il. Elle a dit que tu comprendrais. Angelo a une bouteille, et on veut tous en profiter.

— Oh ! Très bien, murmura Lorene, le regard limpide. Allons-y.

Elle lui prit la main, et, comme Bill un quart d'heure plus tôt, il se laissa conduire.

— Ces chambres ne servent que les jours de prêt, dit-elle en s'arrêtant finalement devant une porte. Dans l'intervalle, on les garde pour ceux de nos... amis qui restent toute la nuit... ceux avec qui ce n'est pas comme avec les autres. Personne ne risque de venir nous y déranger, comme dans celles de devant...

— Est-ce que je suis de ces... amis-là ? demanda-t-il d'une voix qui lui parut inhabituellement épaisse.

— Mon Dieu, tu es ici, pas vrai ? dit-elle avec coquetterie.

Elle était féminine jusqu'au bout des ongles quand elle faisait la coquette.

— Sûr. Mais c'est parce que Billy et Sandra y ont amené les deux autres avant moi.

— Est-ce que c'est tellement important ? le taquina-t-elle.

— Oui, c'est important, parce qu'on est nombreux et qu'on a l'air de se ressembler tous, mais qu'on a tout de même besoin de savoir qu'on se souviendra de nous. On demande pas qu'on ait besoin de nous, tout ce qu'on demande, c'est qu'on se souvienne de nous...

Il vit sa surprise et referma précipitamment sa bouche, d'où venait de jaillir ce torrent dont il n'avait pas soupçonné l'existence.

— Si c'est tellement important pour toi, dit Lorene, oui, tu fais partie de ceux avec qui ce n'est pas comme avec les autres.

Prew secoua la tête.

— C'est pas une réponse, dit-il.

Et, pour la seconde fois, il referma précipitamment la petite source du torrent insoupçonné.

— Qu'est-ce que tu veux que je réponde ?

— Je ne sais pas, dit-il misérablement. Parlons d'autre chose. C'est ici ?

— Oui, dit-elle.

Puis elle posa sa petite main de femme sur le bras de Prew et murmura :

— Écoute ! d'un ton de plaisanterie.

Il tendit l'oreille et perçut le gémissement rythmique du sommier dans la chambre voisine.

— Déjà au travail, dit-elle, essayant de tourner la page et d'écrire la suivante à sa façon.

Mais l'incertitude de ses intonations gâcha l'effet de sa plaisanterie.

— Oui, déjà ! dit Prew, impassible, prêtant l'oreille au rythme implacable, régulier comme un métronome.

Il avait envie d'attraper la fille, et de la serrer contre lui, et de l'embrasser sur la bouche pour lui communiquer ce qu'il ressentait. Mais on n'embrasse pas une putain. Elles disposent de leurs baisers, comme la plupart des femmes disposent de leur corps. Elle ne comprendrait pas et lui en voudrait de violer une loi solidement établie par la tradition.

— Je plaisantais, dit-elle.

Ils entrèrent, et elle donna de la lumière. La chambre était semblable à n'importe quelle autre chambre de bordel, avec l'indispensable bidet dans un coin.

— Il faut que je te demande l'argent, dit-elle gauchement.

— Ah ! oui, dit-il. J'oubliais...

Il tira son portefeuille de sa poche et lui donna les quinze dollars de Stark.

Surprise par sa propre gêne, elle tenta de la dissiper en sortant deux couvertures d'un placard et en les jetant sur le lit.

— Le piquet de corvée de Minerve ne fait les lits que pour le travail à la chaîne, mais, pour toute la nuit, il nous faut des couvertures, expliqua-t-elle gaiement.

Mais ce nouveau rappel à la réalité ne franchit qu'à demi la barrière de son embarras et se brisa comme le premier sur le visage impassible de Prew.

Elle le regarda se déshabiller. C'était le moment où les plus endurcis perdaient leur belle assurance. Mais il se déshabillait sans hâte excessive, sans la moindre maladresse, avec un naturel parfait. Il n'était pas endurci. Il n'était pas maladroit et gauche. Il avait plutôt l'air de n'être pas vraiment là, et elle se sentait curieusement remuée...

« Tant d'attente pour si peu de chose », songea-t-il ensuite, allongé près d'elle, vidé de cette faim ardente qui lui paraissait maintenant invraisemblable et calmée pour jamais et qui reviendrait, pourtant, tôt ou tard. Ils ne bougeaient pas, ne parlaient pas, et les bruits de la rue leur parvenaient à travers la moustiquaire, par la fenêtre ouverte sur la fraîcheur de la nuit.

Un peu plus tard, quelqu'un frappa, la porte s'entrouvrit, et le maigre bras nu d'Angelo Maggio s'introduisit dans l'ouverture, brandissant triomphalement la bouteille de whisky. Puis la tête hilare d'Angelo suivit le bras et la bouteille, et Prew remarqua, bizarrement, que Lorene ramenait la couverture sur ses seins et la serrait étroitement contre ses épaules.

— J'ai rien entendu, expliqua la tête d'Angelo, alors, j'en ai conclu que vous respiriez un brin.

— On se repose, dit Prew.

Il souriait, lui aussi, comme à toutes les fois qu'Angelo faisait son apparition quelque part.

— Tu veux boire un coup ? demanda-t-il à Lorene en s'asseyant sur le bord du lit.

— Non, merci.

— Qu'est-ce qu'y a ? s'enquit Angelo. Tu bois pas ?

— Pas beaucoup. Et jamais d'alcool pur.

— Non ? s'étonna Prewitt.

— Non... Oh ! un cocktail, bien sûr, de temps en temps, ou une bouteille de bière, mais c'est tout. Pourquoi ? Y a-t-il une loi qui oblige les putains à être des ivrognesses ?

— Non, dit Angelo, mais elles le sont presque toutes.

— Eh bien ! pas moi. Je crois que c'est une faiblesse.

— Ça, tu peux le dire, pouffa Angelo.

— J'aime pas la faiblesse. Et toi ? demanda-t-elle à Prew.

— Moi non plus. Mais j'aime bien boire, dit-il.

— Chez certains hommes, ce n'est pas une faiblesse, exposa Lorene. Chez certains hommes, d'une manière ou d'une autre, ça prend l'allure d'une vertu.

— Là, alors, j'y pige que dalle, dit Angelo. Vertu !

— Je pige pas non plus, avoua Lorene. Mais je le sens.

Elle sourit à Prew et se rapprocha de lui, sous les couvertures, pour donner un peu plus de place à Angelo.

— Il y a des hommes, continua-t-elle, dont les faiblesses semblent faire la force, au lieu d'être de la faiblesse.

— Ça, c'est profond, commenta Angelo. C'est sans doute pour ça que j'y pige que dalle.

— N'empêche que c'est comme ça, affirma Lorene en souriant à Prew du même air de confortable intimité.

— Hé ! protesta Maggio, est-ce que t'as l'intention d'épouser ce type ? D'après ta façon de le regarder, on te prendrait pour sa légitime.

— Ah ? fit Lorene.

Elle releva le nez vers Prewitt pour lui sourire, et brusquement, l'espace d'un éclair, chacun d'eux put lire sur le visage de l'autre que c'était exactement comme si elle eût été sa femme, sa propriété personnelle et que ce lit fût leur lit à eux, et qu'un étranger, un ami très cher, bien sûr, mais tout de même un étranger, eût amicalement forcé leur porte, et que la présence de cet homme, qui ne la connaissait pas tout entière comme son mari la connaissait, eût souligné la profondeur de leur intimité.

La main de Prew chercha la hanche frémissante et ronde de Lorene qui, momentanément, lui appartenait, et il lui sembla qu'elle ronronnait silencieusement sous ses doigts, et, pour la première fois, il envisagea avec stupéfaction la possibilité que faire l'amour avec elle n'avait nullement conjuré la possibilité qu'il pût être tombé amoureux d'elle.

« Quelle possibilité ! songea-t-il. Oh ! papillon, quelle possibilité ! Mais de quelle femme un soldat eût-il pu tomber amoureux dans ce désert où les filles blanches — fussent-elles de classe moyenne — étaient d'affreuses petites snobardes, où les filles indigènes elles-mêmes, qui représentaient la classe inférieure, étaient déshonorées lorsqu'on les apercevait en compagnie d'un soldat ? Alors, pourquoi pas d'une putain ? C'était non seulement possible, c'était logique. Peut-être même était-ce la seule solution. »

Peut-être tout cela n'était-il qu'une impression fugitive provoquée par l'intrusion d'Angelo ? Peut-être était-ce simplement parce qu'il n'avait pas eu de femme depuis si longtemps que son esprit était disposé à explorer et à cultiver le premier champ d'illusions aperçu en chemin ? Ou, troisième possibilité, la plus étrange de toutes, se pouvait-il que l'amour naquît ainsi, entre un homme et une femme, de la rencontre d'une situation fortuite avec une coïncidence sans signification ?

— Vous avez l'air contents, tous les deux, dit Angelo, sentant lui-même quelque chose d'inhabituel. Est-ce que vous êtes contents ? Moi, je suis content.

— Autant qu'on peut l'être, répondit Lorene en souriant, et, sous la couverture, Prew sentit la petite main de femme se poser doucement sur sa cuisse.

— Eh ! j'ai tout vu, vociféra Angelo. Bon Dieu, Prew, regarde-la donc ! Elle a rougi !

Prew chercha en secret la main de sa compagne et la pressa fortement contre sa chair.

— Si t'as encore soif, mon pote, dit Angelo, tu feras bien de te grouiller, parce qu'il en restera pas lourd quand ma grande sera repassée par là.

— Stark a eu sa part ?

— Stark se fout d'avoir sa part ou non, dit Angelo. J'ai écouté à sa porte avant de venir ici et j'ai rien entendu. J'ai frappé, et personne a bougé. J'ai regardé par le trou de la serrure et j'ai rien vu. Y devait y avoir une liquette de pendue à la poignée. Je suis même monté sur la poignée, côté couloir, pour voir si y z'étaient morts ou non, et cette espèce de salaud avait tendu une serviette en travers de l'imposte. Y a des gars qui savent vraiment pas vivre !

— Tu veux dire que Stark a l'esprit soupçonneux ? commenta Prewitt en souriant.

— Ouais, dit Angelo. Comme si quelqu'un aurait jamais l'idée de les zyeuter à travers son imposte !

Il les regarda d'un air si courroucé que Lorene ne put s'empêcher de rire.

— Allons, je vois que ma visite a assez duré, dit Maggio. Je vais vous laisser un peu de whisky dans un verre, comme ça vous pourrez le boire quand ça vous fera plaisir.

Il trouva un gobelet sur le lavabo, vida l'eau qu'il contenait et l'emplit de whisky. Le whisky avait considérablement réduit le taux normal d'agitation du petit Italien crépu. C'était la première fois que Prewitt le voyait se mouvoir à peine plus vite que le commun des mortels.

— Ça suffira ? s'informa Angelo.

— Je pense bien. Si jamais je bois tout ça, je serai à peu près aussi réveillé qu'une marmotte.

— O.K. ! A demain matin. On ira tous les trois se taper un bon petit déjeuner quelque part. Peut-être à l'*Alexander Young ?* Y z'ouvrent de bonne heure et y servent des petits déjeuners au poil. Y a rien de tel qu'un bon déjeuner, après une nuit en ville. D'ac ?

— D'ac ! dit Prew. A tout à l'heure.

— Tu l'aimes bien, hein ? s'enquit Lorene après le départ d'Angelo. C'est un de tes meilleurs copains ?

— Oui, dit Prew. C'est un petit bougre tellement marrant, dans son genre, et pourtant y a des fois qu'y me donne envie de chialer en même temps que je rigole. Je sais pas pourquoi. Peut-être que je suis cinglé. Est-ce qu'il y a des gens qui te font cet effet-là, à toi ?

— Oui, dit Lorene. Beaucoup. Angelo, par exemple, à chaque fois que je le vois. Et toi aussi, un peu.

— Moi !

— Oui, dit-elle d'une voix presque imperceptible. Tu es un drôle de numéro, tu sais.

— Et les autres, tu les trouves pas drôles ?

— Pas comme toi. Pas de la même façon que toi.

— Tu te souviendras peut-être de moi, alors ?

— Oui. Et pas peut-être. Sûrement.

— Tu te souviendras de moi dans deux jours ?

— Oui. Et même la semaine prochaine.

— Et dans un mois d'ici ?

— Oui.

— Je te crois pas.

— Mais je m'en souviendrai, je t'assure.

— Alors, je te crois. Moi, je me souviendrai de toi.

— Pourquoi ?
— Parce que.
— Mais pourquoi ? insista-t-elle.
— Pour ça, dit-il en souriant.
Il saisit un coin de la couverture, la lui arracha de sur le corps et la regarda sans qu'elle bougeât autrement que pour lui sourire.
— Seulement pour ça ? demanda-t-elle.
— Non. Aussi parce que tu m'as touché, pendant qu'Angelo était là.
— Et c'est tout ?
— Non, c'est pas tout. Mais c'est beaucoup.
— Mais pas à cause de ma conversation ? dit-elle malicieusement.
— Si. Je comprends, que si ! Mais pour ça également, dit-il en la regardant.
Elle sourit avec satisfaction, repoussa la couverture et le regarda comme il l'avait regardée tout à l'heure.
— Eh bien ! eh bien !... le réprimanda-t-elle.
— Oui. C'est honteux, pas vrai ?
— Je me demande ce qui a pu provoquer ça !
— J'y peux rien. Ça m'arrive à tout bout de champ.
— Il faut absolument y remédier !
Prew éclata de rire, et ce fut très, très différent de la première fois.
Prew, plein de reconnaissance, se pencha vers ses lèvres mais elle le repoussa.
— Non, ne fais pas ça, je t'en prie !
— Mais pourquoi ?
— Parce que j'aime mieux que tu ne le fasses pas. Ça gâcherait tout. Et je ne veux pas que tout soit gâché.
— D'accord ! dit-il. Je regrette.
— Ne regrette rien. Ce n'est pas grave. Mais n'oublie pas où nous sommes. N'oublie pas qui je suis.
— Ça, alors, je m'en fous éperdument.
— Moi, je m'en fous pas. Si tu le faisais quand même, ça redeviendrait pareil qu'avec tous les autres, les pochards, les brutes. Tous, ils essaient de nous embrasser, comme s'ils voulaient en prendre un peu plus que les autres.
— Oui, dit Prew. C'est sans doute pour ça qu'ils le font... Je regrette.
— Y a pas de raison de regretter quoi que ce soit, dit Lorene. Retire-toi, maintenant, veux-tu ?
Elle se leva, revint vers lui au bout d'un moment et lui sourit.
— Prew, dit-elle, mon petit Prew, mon drôle de petit numéro. Je regrette d'avoir dû te refuser ça, mon petit Prew.
— Ça ne fait rien.
— Si, ça fait quelque chose ! Mais je n'y peux rien. C'est à cause de... cette boîte... et des autres. Tu ne comprends pas ?

— Mais si, je comprends.
— Comment pourrais-tu comprendre ? Tu n'as jamais été femme, non ?
Elle se lava soigneusement les mains, revint s'allonger près de lui, éteignit la lumière.
— On dort un peu ? dit-elle.
— Oui, répliqua-t-il dans l'obscurité. Tu vas souvent à la plage ?
— Quelle plage ?
— Waïkiki, théâtre des exploits de Bill-le-Surhomme.
— Oh !... oui, souvent. A chaque fois que je peux. Pourquoi ?
— Je ne t'y ai jamais vue.
— Tu ne me reconnaîtrais pas, même si tu m'y rencontrais maintenant. Je porte un chapeau grand comme une ombrelle, une cape de plage et un pantalon de toile. Pour éviter de bronzer. Tu me prendrais pour une vieille sorcière en balade.
— Pas maintenant que tu m'as renseigné. Je sais où et qui chercher, maintenant.
— Non, ne fais jamais ça, je t'en prie.
— Pourquoi... commença-t-il.
— Parce que je ne veux pas, dit-elle sèchement en s'asseyant dans le lit. Parce que, si tu fais ça, je ne veux plus rien avoir à faire avec toi. Jamais ! Tu as compris ?
Il sentit qu'elle parlait sérieusement et tenta de plaisanter :
— Mais pourquoi éviter de bronzer ? insista-t-il. Ça t'irait, tu sais. Je te vois très bien avec la peau brune !
— Tu veux me faire flanquer à la porte de la boîte ? Tu n'as jamais remarqué qu'aucune fille n'était bronzée, dans les maisons d'Honolulu ?
— J'avais jamais fait attention à ça.
Elle rit.
— Si tu étais tombé sur une fille avec la forme du slip et du soutien-gorge dessinée en blanc sur le reste du corps bronzé, je t'assure que tu l'aurais remarquée. Il nous est interdit de bronzer, même de visage. Les soldats et les matelots exigent que leurs putains gardent une blancheur virginale.
— Touché ! dit-il. A toi le round. N'empêche que je te vois très bien tout de même avec la peau brune.
« Bon Dieu ! Les seules femmes qui nous soient accessibles, dans ce désert, pensait-il, et défense de les reconnaître en dehors du bordel ! Dès qu'elles en sont sorties, elle s'escamotent. Je l'ai peut-être déjà vue à Waïkiki, et je ne l'ai pas remarquée. Je crois que j'ai besoin de boire un coup. »
Il se souvint du whisky d'Angelo, le chercha dans l'obscurité, en but la moitié, posa le gobelet près du lit, sur le plancher, et se recoucha. Mais il en eût fallu davantage pour combler le vide béant dans lequel il avait versé l'alcool.
— J'aimerais regarder la peau blanche, à côté de la peau bronzée,

dit-il rêveusement. Et je penserais que, sur la plage, toute cette peau blanche est cachée et que je vois ce que les autres ne voient pas.

— Tu es un drôle de numéro, mon petit Prew.

— Qu'est-ce que tu veux dire par là ? s'informa-t-il, et il remarqua que la voix de Lorene lui parvenait par bouffées irrégulières, tantôt forte, tantôt étouffée par le rideau du sommeil.

« Peut-être que je dors déjà, pensa-t-il. Peut-être que je suis en train de rêver. Ou que je suis schlass. »

— Tu crois peut-être, expliqua Lorene, que toutes les putains ont été kidnappées, violées et embarquées de force. Détrompe-toi. Il y en a beaucoup qui sont volontaires. Quelques-unes parce que cette vie-là leur plaît et qu'elles se foutent de ce qu'elles ont à faire pour obtenir tout le reste. D'autres parce qu'un sagouin quelconque a bien profité d'elles et les a plaquées ensuite et qu'elles s'imaginent prendre leur revanche de cette façon. C'est comme dans l'armée, mon petit Prew, il y en a beaucoup qui s'engagent.

— Et beaucoup qui rempilent. Et beaucoup qui finissent militaires de carrière.

— Pas tellement. La plupart font comme moi. Elles calculent tout d'avance. Elles s'engagent, d'accord, mais elles ne rempilent pas à la fin de leur temps.

— C'est ce que tu as l'intention de faire ?

— Tu voudrais peut-être que je reste ici toute ma vie ? Histoire de rigoler ? Non, je suis dans cette boîte depuis un an, et dans un an d'ici je rentrerai chez moi avec assez de galette pour me la couler douce jusqu'à la fin de mes jours.

— Mais qu'est-ce qu'ils diront chez toi ? demanda Prew.

— Ils ne diront rien, pour la bonne raison qu'ils n'en sauront rien. Là-bas, dans mon bled, où ma mère vit toujours — avec l'argent que je lui envoie —, tout le monde croit que je suis la secrétaire particulière d'un gros manitou de l'industrie sucrière hawaiienne. Je suis une courageuse petite serveuse qui a suivi des cours du soir pour devenir secrétaire et qui fait des économies pour rentrer bientôt chez elle et s'occuper de sa vieille mère infirme.

— Et si quelqu'un te reconnaissait ? demanda Prew à la voix qui lui parlait en rêve.

— Qui pourrait me reconnaître ? Dans la petite ville d'Oregon où je suis née, il n'y a que les gens très riches qui poussent parfois une pointe jusqu'à Seattle. Quand je rentrerai à la maison, dans mon tailleur très sévère de secrétaire particulière, et qu'ils me verront vivoter paisiblement sur mes économies, qui diable ira douter de ma parole ?

— Personne, mais comment se fait-il que cette idée te soit venue ?

— J'étais serveuse dans un drugstore. Le... garçon... appartenait à l'une des familles les plus riches de la ville. C'est toujours la vieille histoire, la même histoire. Il a épousé la fille riche que ses parents lui destinaient, après avoir couché pendant deux ans avec moi.

— Salaud ! murmura Prew. Bougre d'enfant de salaud.

— Oh ! rien que de très banal, sourit la voix. On pourrait en faire un film.

— On en a déjà fait un film, dix mille films !

— Oui, mais aucun ne finissait comme le mien. Après son mariage, je suis allée travailler à Seattle comme serveuse. Je n'ai pas eu de peine à intéresser à mon sort un maquereau de grande envergure qui fréquentait l'établissement. Le plus dur a été de coucher avec lui et de lui donner l'impression que ça me plaisait plus que tout au monde, pour l'amener à me proposer ce qu'il avait toujours eu l'intention de me proposer. Seulement, je me suis arrangée pour venir ici, au lieu d'être expédiée à Panama ou au Mexique. Tout ça parce qu'il m'aimait et que je l'aimais. Ce qu'il n'a jamais su, c'est qu'à chaque fois qu'il me quittait je me relevais pour aller vomir...

— Lorene, dit Prew, Lorene... — mais tout cela n'était probablement qu'un drôle de rêve —... t'as du cran, Lorene.

— C'est pas le cran qui compte, trancha la voix. C'est ce qu'on peut faire avec du cran. Si le prestige, la position sociale et l'argent sont ce que les hommes respectables attendent de leur épouse, eh bien ! j'aurai tout ça. De la seule manière possible. Avec de l'argent. Et quand je serai rentrée chez moi, avec mon bas plein de gros billets, et que je me serai réinstallée avec ma mère et que je ferai partie du club de golf et du club de bridge et du cercle littéraire et de tout le saint-frusquin, il y aura bien un homme respectable pour me trouver digne de lui, et je serai très heureuse !

— Lorene, rêva Prew. J'espère que tu arriveras, Lorene. Bon Dieu, j'espère que tu y arriveras.

— Y a aucune raison pour que ça rate. Tout est déjà là. Un, deux, trois. Noir sur blanc. D'autres l'ont déjà fait, dans mon bled, mais en amateur. C'étaient des « maîtresses », au lieu de putains. Et, quand tout ça sera réglé, rien ne pourra plus m'arriver, et le reste ne sera plus qu'un mauvais souvenir...

— Lorene, rêva Prew, je crois bien que je t'aime. Lorene. T'es belle et t'as du cran, et je crois bien que je t'aime.

— Tu es saoul, murmura la voix lointaine. Comment un homme pourrait-il aimer une putain qu'il vient de trouver dans un bordel ? Tu es saoul comme un cochon. Dors !

— J'aurais parié que tu me répondrais ça, se plaignit-il.

— Comment le savais-tu ?

— Je le savais, affirma-t-il. Je te connais, Lorene. Mais est-ce qu'y t'aimera, Lorene, ce type riche ? Est-ce qu'y t'aimera comme je crois bien que je t'aime ?

— Tu es saoul, lui dit la voix de son sommeil. Et ce sera pas un type riche.

— Mais il aura le prestige, la position sociale, et de l'argent, tout ce qu'on aura jamais, nous autres, les paumés. Mais je crois pas qu'y t'aimera, Lorene, pour une raison ou pour une autre, je crois pas qu'y t'aimera.

— Il ne saura jamais que j'étais une putain...

— C'est pas ce que je voulais dire, Lorene.

— Et je saurai me faire aimer. Parce que d'ici là je serai tout de même bien placée pour ça, non ?

— Non... On n'a jamais tout à la fois, Lorene. Et on a même jamais la possibilité de choisir vraiment. Y t'aimera pas, Lorene, ce type respectable. Toi-même, tu le laisseras pas t'aimer vraiment. C'est le prix que t'auras à payer. Tout ce qu'on a dans la vie, on le paie en n'ayant jamais ce qu'on aurait voulu le plus avoir.

— Il est grand temps que tu roupilles, petit Prew.

Et il sembla soudain à Prew que la frêle apparition aux seins nus se penchait vers lui avec un bugle d'or massif dans la main gauche et deux boîtes de singe dans la main droite et qu'elle l'embrassait sur la bouche parce qu'il avait choisi la mauvaise main.

— Dors, maintenant, ordonna-t-elle.

— Pourquoi que tu m'as embrassé ? Tu crois que je suis saoul et que je m'en souviendrai pas, mais je m'en souviendrai, et je reviendrai te voir. Tu m'as embrassé, Lorene !

— Chut, chut. Bien sûr que tu reviendras.

— Faut à tout prix que je m'en souvienne. C'est sérieux. Reste là, Lorene, me quitte pas.

— Je ne bouge pas d'ici. Dors, maintenant.

— Oui, je vais dormir, maintenant. Je vais dormir, Lorene, dit Prew d'une voix enfantine.

17

Il n'avait rien oublié. Il avait été très ivre et presque endormi, mais il n'avait rien oublié. Il n'arrivait qu'assez difficilement à séparer le rêve de la réalité, mais il se souvenait très bien qu'elle l'avait embrassé sur la bouche, et aucune putain n'embrasse un soldat sur la bouche, pas plus qu'elle ne lui raconte l'histoire de sa vie. Mais il n'avait oublié aucun des détails de son histoire, ni la manière dont la sérénité méticuleuse et l'accent cultivé, tous deux probablement acquis à force de patience, s'étaient envolés d'un seul coup, cédant la place à la véritable Lorene, une Lorene brillante et dure et froide comme le diamant, mais une Lorene plus vraie, plus proche et farouchement vivante.

Il avait forcé sa porte, comme un homme force rarement la porte d'une femme, et comme un soldat ne force jamais la porte d'une putain, et il retournerait la voir au prochain prêt, coûte que coûte, parce que rien n'est plus rare, dans ce monde de travestis et de déguisements, que de rencontrer un être humain au moment précis où, tous ses masques enlevés, il ne joue aucune comédie et se laisse aller à n'être que lui-même.

Stark, Angelo et lui rentrèrent trop tard pour le réveil, après le déjeuner projeté à l'*Alexander Young*, trimbalant sur leurs épaules de monumentales gueules de bois, mais allégés pour un temps de cette surpression qui arrête parfois les machines les mieux réglées. Ils sautèrent du taxi à une certaine distance de la caserne, au cas où Warden ou Dynamite Holmes fussent en train de guetter leur arrivée. Prew était un peu ennuyé, Angelo l'était au-delà de toute expression, et Maylon Stark, pour qui le réveil n'existait pas, les charriait en douceur, sans trop appuyer.

Mais leurs inquiétudes étaient sans objet. Pour une fois, ils avaient eu de la veine. Le caporal Choate les attendait sous le porche. Ni Warden, ni Holmes, ni Dhom n'avaient été là pour le réveil, leur expliqua-t-il. Il n'y avait eu que le sous-lieutenant Culpepper, et Choate avait pu porter son groupe présent au complet, sans que le chef de section Galovitch, dont le zèle n'avait d'égal que la bêtise, se fût aperçu de quoi que ce soit, mais sacré nom de Dieu, d'où sortaient-ils tous les deux à une heure pareille ?

Pleinement conscients de leur chance, ils se ruèrent dans l'escalier et enfilaient déjà leurs bourgerons lorsque le caporal Choate, qui les avait suivis, pénétra dans la chambrée, aussi lourd et placide que de coutume, après sa cuite de la veille.

— Changement de programme, annonça-t-il. Flingue et leggins.

— Bon Dieu ! Pourquoi que tu l'as pas dit tout de suite ? s'emporta Maggio, qui s'était cru déjà prêt.

— Vous m'en avez pas laissé le temps, répliqua le caporal.

— Faut se magner le train ! gémit Angelo en fonçant vers son placard.

Prew scruta la face de lune du gigantesque Choctaw, une face qui ne révélait absolument rien des possibilités qu'impliquait ce changement d'uniforme.

— Bon sang ! ça veut dire qu'on va sur le terrain ?

— Tu l'as dit, bouffi. L'emploi du temps a été blackboulé ce matin de bonne heure. On dirait que les pluies son finies ! Faudrait voir à vous grouiller un peu.

Prew acquiesça d'un signe de tête et se dirigea vers son placard, tandis que le caporal Choate allumait une cigarette.

— Ike t'a réclamé, ce matin, dit-il à Prewitt. Je lui ai fait croire que t'étais parti chercher un paquet de pipes à la cantine.

— Merci, chef, dit Prew.

— Pas de quoi. J'aime pas les mercis.

Angelo laçait fiévreusement son premier houseau.

— J'ai toujours dit que ce mec-là était un salaud ! lança-t-il.

Choate feignit de n'avoir rien entendu.

— Y z'ont déjà reçu des ordres, dit-il à Prew. Y vont t'en faire baver sur le terrain, mon gars.

Prew continua de lacer ses leggins sans rien dire. Il n'y avait rien à dire. Il savait depuis longtemps que ce jour-là viendrait comme les autres, mais son arrivée le prenait tout de même au dépourvu. Un peu comme la mort.

— Encore une blague comme celle de ce matin, et t'es cuit, reprit le caporal. J'ai risqué gros, aujourd'hui, pour te tirer des flûtes, mais je recommencerai pas.

— Je sais, dit Prew.

— Je peux pas me permettre de recommencer, dit placidement Choate.

Il n'y avait ni remords, ni emphase dans sa voix. Il énonçait un simple fait.

— Comme on est copains, tu croiras peut-être que je te laisse tomber, alors, j'aime mieux te mettre les points sur les *i*.

— Je croirais pas ça, dit Prew. J'ai pigé.

— Je suis bien avec le colonel, expliqua Choate, mais pas à ce point-là. Je te donnerai un petit coup de main, à chaque fois que je le pourrai. Mais je tiens à garder ce que j'ai et je veux pas risquer de le perdre. Je me plais dans cette unité.

— Moi aussi, dit Prew. C'est marrant, mais c'est vrai.

— Oui, dit le caporal. Marrant comme tout.

— Marrant pour tout le monde, sauf pour moi, dit Prew.

— Qu'est-ce que tu veux ! Tu mets des bâtons dans les roues d'une grosse machine en refusant de boxer. C'est les boxeurs qui tiennent les ficelles de cette compagnie, et peut-être du régiment tout entier. Y veulent te faire remettre les gants, même si faut qu'y te fassent maigrir de deux ou trois catégories avant d'y arriver. Dynamite veut récupérer le titre, l'hiver prochain, et y te veut dans la course.

— Je vois pas ce qu'y peut faire, tant que je sors pas des règlements.

— Me fais pas rigoler, dit Choate. T'es pourtant pas un bleu. T'as dû entendre parler de ce que ça donne, quand y se mettent tous d'accord pour infliger le « traitement » à un type.

— Oui, j'en ai entendu parler.

— Y z'en ont peut-être pas encore fait une science exacte, mais je te garantis que c'est efficace. Ou le type finit par s'avouer vaincu, ou il en crève. J'ai vu ça qu'une fois, dans le temps. Le gars a déserté, y s'est terré dans le bled et il a épousé une indigène. Quand y l'ont rattrapé, y lui en ont collé pour douze ans. Et il a fini dans la peau d'un taulard à perpète.

— Y m'auront pas, dit Prew. Et j'ai la vie dure. Je crèverai pas facilement.

Mais il connaissait cette sensation de raideur qui commençait à s'étaler sur son visage et lui plaquait les lèvres contre les dents et creusait une cavité sous chacune de ses pommettes. C'était l'expression qu'il avait sur le ring, quand son adversaire essayait de le toucher, ou quand un type sortait un couteau de sa poche, au cours d'une rixe, et généralement à chaque fois qu'il y avait du danger, une menace dans l'air.

Choate le contemplait, impassible, mais Angelo, qui l'observait également, fut sensible à cette transformation soudaine. « On voit tous ses os, songea-t-il, on dirait une tête de mort, une vraie tête de mort sans lèvres et sans joues. Humphrey Bogart acculé, dans une de ses créations les plus saisissantes. »

— Je suis capable de digérer tout ce qu'y me serviront et d'en réclamer davantage, dit Prew en souriant.

— Ouais, moi aussi, souligna Maggio.

— Toi, fiston, ferme ta grande gueule, lui conseilla sérieusement le caporal. C'est ses crosses, et pas les tiennes. Si tu veux t'en mêler, tu feras qu'empirer les choses.

— C'est vrai, Angelo, dit Prew.

Il regarda le petit Italien rageur aux épaules étroites et sentit son visage se détendre.

— J'aime pas voir un type se faire marcher sur la gueule, dit furieusement Angelo.

— Faudra que tu t'y habitues, fiston, riposta Wayne Choate, parce que tu verras ça un certain nombre de fois avant de mourir. Mais toi, Prew, je vois pas pourquoi tu t'entêtes. C'est ton affaire, bien sûr, mais je voudrais pas te voir finir en taule, comme le gars que je t'ai dit.

— T'as refusé de boxer pour Dynamite, toi aussi.

— Ouais, mais je connaissais la musique. Je savais que je pouvais le faire. Toi, t'as personne derrière toi pour te soutenir.

— On verra ça. J'ai encore jamais refusé d'exécuter un ordre pendant le service, mais je crois pas qu'ils aient le droit de me dicter ce que je dois faire en dehors du service !

— Droit ou pas droit, c'est la même chose. La question est de savoir si y a des heures où le soldat est pas en service, si le soldat a le droit d'être un homme.

— Plus ça va, plus c'est douteux, admit Prew.

— Et pas seulement dans l'armée, souligna Maggio, et Prew comprit qu'il pensait au sous-sol du grand magasin dans lequel il avait travaillé à Brooklyn.

— C'est juste, dit Choate. Et alors ?

— Alors, ça va bien dans l'armée, en temps de guerre, dit Maggio. Mais on est en temps de paix.

— Pour une armée, c'est toujours le temps de guerre, répliqua le caporal.

— C'est vrai, dit Prew, mais je pense pas que la section de boxe de Dynamite joue un rôle essentiel dans l'effort de guerre constant.

— Demande à Dynamite ce qu'il en pense, répondit Choate.

— Ça, alors, c'est vraiment pas la peine, dit Maggio, dégoûté. Le sirop de West Point lui sort jusque par les oreilles...

— Peut-être, approuva Choate. Mais c'est lui qui commande la compagnie.

En bas, sur le terre-plein, le clairon de garde sonna le rassemblement. Choate se leva et plongea son regard inexpressif dans celui de Prew.

— Eh bien ! dit-il. Eh bien !... on se reverra.

— Au dur ! compléta Prewitt.

Il regarda le colosse trotter souplement jusqu'à son propre placard.

— Joli cadeau pour l'enfant prodigue, dit-il à Maggio.

— Merde, pour eux, riposta Angelo. Y peuvent rien faire, non ! Qu'est-ce qu'y peuvent faire ?

— Rien, dit Prew.

Il accrocha le fourreau de sa baïonnette à sa cartouchière, tandis que Choate bouclait son propre équipement sur sa vaste personne, dont les dimensions inusitées réduisaient la baïonnette à la taille d'un cure-dents, le paquetage d'entraînement à celle d'une boîte d'allumettes et le gros Springfield 1903 à celle d'une carabine Eurêka.

— Pour lui aussi, ajouta Angelo. En fait de copain, j'ai déjà vu mieux.

— Y peut pas faire plus, répondit Prewitt. C'est pas parce qu'on a souvent pris le petit déjeuner ensemble chez Choy qu'il est obligé de se mouiller pour me sauver la mise. Choate est un chic type.

— Tu parles, maugréa Angelo. Dans le genre de Ponce Pilate !

— Oh ! ça va, s'impatienta Prewitt. Garde ton esprit pour les choses que tu peux comprendre.

— O. K. ! dit Angelo.

Il fourra ses cigarettes et un carnet d'allumettes dans une des poches de sa cartouchière.

— On va en avoir besoin, grogna-t-il. Bon Dieu ! ma caboche. Et ce salaud de Stark qu'est en train de cuver sa gueule de bois dans le dortoir des cuistots ! Y a tout de même des gars qui sont vernis ! Tu crois pas qu'on ferait mieux de descendre ?

Le clairon lui répondit, de l'extérieur, et la voix tonnante du sergent Dhom résonna dans la cage de l'escalier.

— Eh ! là-haut, tout le monde en bas pour l'appel. Tenue d'exercice. Magnez-vous le train !

— En avant, les gars de mon groupe, la guerre est déclarée, beugla Choate.

Il s'engagea dans l'escalier en chantant d'une formidable voix de basse les paroles adaptées sur la sonnerie du rassemblement pour l'exercice :

En bas pour la pelote !
Une minute, mon pote,
Laisse-moi l'temps d'bouffer.
En bas pour la pelote !

Et comment donc, mon pote,
L'pitaine est arrivé.

— Mais y sait chanter ! dit Angelo à contrecœur.

— Allons-y, grommela Prewitt.

Ils prirent leur fusil au râtelier et descendirent.

— Dis donc, t'as pas l'air en forme, lui souffla Angelo, tandis qu'ils s'alignaient avec la première section.

— Ça va passer. C'est ma gueule de bois, répliqua Prew.

Mais il avait déjà fait l'exercice avec des gueules de bois pires que celle-là et n'avait jamais ressenti ce qu'il ressentait aujourd'hui. Aujourd'hui, c'était autre chose, et c'était beaucoup plus grave. Le tableau, militaire entre tous, de la vaste cour fourmillante d'hommes en train de s'aligner, n'avait pas réveillé en lui l'enthousiasme habituel. L'armée, jusqu'à ce jour, avait été son univers, le seul qu'il désirât connaître, parce que c'était le seul à l'intérieur duquel il eût jamais trouvé place. Qu'arriverait-il si les mois à venir continuaient à grignoter, lentement, le culte qu'il portait à cet univers ?

Le plus curieux, c'était que toutes ces choses imprévisibles qui allaient peut-être lui coûter sa foi en l'armée, cette foi qui avait toujours fait partie intégrante de lui-même, n'avaient aucun rapport réel avec le métier de soldat. « Prewitt, Prewitt, se dit-il, je crois bien que t'es en train de lâcher les pédales. » Mais le malaise persista ; même après que le gigantesque sergent Dhom leur eut fait mettre l'arme sur l'épaule et que toutes les crosses de la section eurent claqué avec une simultanéité fort satisfaisante ; même après que la compagnie eut abandonné le pas de parade et qu'ils se furent engagés sur la belle route bordée d'ormes vénérables qui conduisait au terrain de manœuvres.

Mais le simple soldat Robert E. Lee Prewitt était désormais insensible à la beauté de cette colonne d'hommes en marche qui était la compagnie G. Le vieux frisson martial ne courait plus le long de son échine, parce qu'il savait désormais ce que les autres ignoraient encore ; parce que tout cela n'était qu'apparence, façade, illusion, trompe-l'œil, derrière lesquels se dissimulait la hideuse réalité.

18

Comme tous les enfants mâles du comté de Harlan — ceux, du moins, auxquels une impitoyable sélection naturelle permettait de survivre —, Prew supportait admirablement la souffrance physique sous toutes ses formes et, lorsque le caporal Choate avait évoqué pour lui le « traitement » qui l'attendait sur le terrain, il ne s'était pas inquiété outre mesure. Il savait qu'ils pourraient lui en faire baver jusqu'à ce qu'il s'écroulât, mais que jamais ils ne viendraient à bout de cette sauvage endurance qu'il tenait de son père et dont il avait eu maintes fois l'occasion d'éprouver la solidité. Il n'avait vu dans tout cela qu'une rencontre de volontés adverses et, si, jusqu'à un certain point, cette façon de voir était juste, il avait, cependant, commis une grave erreur en situant cette rencontre sur le seul plan physique.

Lorsque le sergent Dhom, entraîneur de la section de boxe et moniteur d'éducation physique, lui eut fait recommencer divers exercices pendant que la compagnie était au repos, après l'avoir informé, comme un vulgaire bleu, qu'il aurait des ennuis s'il ne faisait pas mieux la prochaine fois ; lorsque le sergent Ike Galovitch, « spécialiste » de l'ordre serré, dont l'anglais massacré et la cadence inégale plongeaient une fois sur trois la compagnie tout entière dans une pagaïe indescriptible, l'eut appelé hors des rangs, mitraillé de postillons, et — comme un vulgaire bleu — envoyé faire la pelote sous les ordres d'un caporal pour « les commandements exécuter lui apprendre » ; lorsque le sergent Thornhill, technicien du camouflage et de la progression en rase campagne, qui avait dix-sept ans de service, lui eut infligé une semonce pour « inattention » et — comme un vulgaire bleu — l'eut renvoyé faire la pelote de l'autre côté de la route, sous les ordres d'un caporal ; lorsque tous les sous-offs de la compagnie eurent expérimenté à ses dépens leurs méthodes personnelles de dressage ; lorsque Champ Wilson lui-même, le seigneur du ring, eut condescendu, avec son indifférence habituelle, à lui infliger une nouvelle semonce aussi injustifiée que les précédentes, sur sa façon de distribuer son feu pendant les exercices de tir, Prewitt put enfin mesurer toute l'étendue de son erreur.

Il écouta cette dernière semonce comme il avait écouté les autres, appuyé sur son fusil, les yeux dans les yeux de l'orateur et l'esprit à des lieues de là. Il savait, à présent, qu'il avait eu tort de compter sans le facteur moral. Il savait, à présent, qu'il avait eu tort de se croire invulnérable ; tort de croire que tous ces hommes ne signifiaient plus rien pour lui, alors que c'étaient ceux-là mêmes qui, la veille au soir, étaient sortis dans la cour pour l'écouter sonner la retraite ; ceux-là mêmes dont la voix symbolique lui était parvenue à travers le vaste terre-plein cerné de silhouettes immobiles : « Je vous l'avais dit que c'était Prewitt ! »

Ces hommes étaient les mêmes que la veille, et cependant, à l'exception d'Angelo Maggio, aucun d'entre eux n'avait eu pour lui le moindre regard, le moindre sourire, le moindre geste furtif d'encouragement. Seuls parmi les sous-offs de la G, Choate et le vieux Pete Karelsen s'étaient abstenus de lui tomber dessus à bras raccourcis, mais, bien qu'ils fussent notoirement ses amis, ils s'étaient contentés, comme le reste de la compagnie, de regarder au loin d'un air embarrassé chaque fois qu'un autre officier subalterne lui avait imposé quelque nouvelle humiliation.

Et alors ? Qu'avait-il donc espéré ? Que, révoltée par tant d'injustice, la compagnie se soulèverait comme un seul homme pour voler à son secours ? Foutaise ! Ses meilleurs amis ne pouvaient rien pour lui. Personne ne pouvait rien pour lui. Il était libre de lui-même. Libre de choisir entre : 1° Reprendre la boxe ; 2° Ne pas reprendre la boxe, faire explosion et se retrouver au dur ; 3° Ne pas reprendre la boxe, ne pas faire explosion et continuer à subir ce lent travail de désagrégation qui, par le truchement d'une gamme progressive de sanctions pour « incapacité », le conduirait immanquablement au dur.

Ce n'était pas chez lui, ni à l'école, ni à l'église, mais au cinéma, ce quatrième grand modeleur de la conscience sociale, qu'il avait appris, avec John Garfield, et George Raft, et James Cagney, et Henry Fonda, à toujours épouser la cause du plus petit contre le plus grand. Et cette philosophie acquise durant son enfance était lentement devenue, sans qu'il y prît garde, la base sur laquelle il avait édifié sa vie. En Espagne, où les communistes étaient opprimés, il eût combattu pour les communistes ; en Russie, où les communistes étaient au pouvoir, il eût combattu contre les communistes ; de même qu'il eût été partisan des Juifs en Allemagne et farouchement antisémite dans Wall Street ou à Hollywood. De même qu'il était partisan des Noirs contre les Blancs parce que les Noirs n'occupaient nulle part le haut de l'échelle. Il se rendait parfaitement compte que c'était une philosophie profondément irrationnelle, une philosophie de caméléon, dont le moindre changement dans le paysage risque de modifier la couleur. Mais l'époque elle-même était celle du caméléon, un caméléon qui vivait couché sur une couverture écossaise.

L'empoisonnant, c'était qu'il avait des projets, pour le jour du prêt, que cette histoire absurde pourrait fort bien se solder par des corvées supplémentaires, et que — comme par hasard — ces corvées pourraient fort bien tomber ce jour-là ! « Eh bien ! soit, pensa-t-il, révolté, on jouera le jeu, on leur en donnera pour leur argent. C'est de la haine qu'ils veulent ! On leur en donnera. On leur en donnera, et on sera le parfait soldat. On leur en donnera, et on exécutera les ordres au quart de poil. On leur en donnera, et on se gardera bien de piper mot ou de commettre la moindre erreur. On se contentera de les haïr, et de le leur faire comprendre, mais, pour avoir Prewitt au tournant, faudra qu'ils se lèvent de bonne heure, les gars ! »

Prew savait qu'en agissant ainsi il les blesserait avec leurs propres armes, il les frapperait dans leur estime envers eux-mêmes ; il savait que malgré tous leurs efforts ils n'arriveraient pas à le coincer pour le jour du prêt, et il espérait, enfin, pouvoir les purger, à la longue, de leur aveugle iniquité.

Il pensait ainsi que la corvée de l'après-midi marquerait une sorte de trêve dans le déroulement de l'opération Prewitt. Ses espoirs furent déçus, car il ne trouva pas dans cette corvée le soulagement escompté, mais il reperdit l'avantage qu'il avait si durement acquis au cours de la matinée.

Il faisait partie du piquet de corvée d'Ike Galovitch. Il avait pris l'habitude de rester dans la chambre jusqu'au dernier moment avant de descendre s'aligner avec les autres pour la corvée. De cette manière, il était toujours à la queue de la file, et comme la seconde moitié, ou le troisième tiers de la compagnie — selon le nombre d'hommes prélevé chaque jour pour les corvées régimentaires —, était toujours affectée à la corvée de quartier, sous les ordres d'Ike Galovitch, c'était exactement comme s'il se fût trouvé hors du champ d'action de Milt Warden. Il ne décrochait jamais les corvées les plus agréables, comme le nettoyage du club des officiers ou l'entretien du terrain de golf, mais il ne tombait jamais non plus sur le « ramassage des résidus », ou la corvée de boucherie. Warden aurait pu facilement renverser la vapeur et commencer par l'autre bout de la compagnie, ou garder les pires corvées pour la fin, après avoir attribué à Galovitch le contingent nécessaire à la corvée de quartier, mais Prew savait depuis longtemps que Warden n'agissait pas de cette manière, et cette certitude établissait entre eux une sorte de compréhension tacite plus étroite, sur un certain plan, plus absolue que celle qui existait entre Prewitt et Maggio.

Lorsque Warden eut fait l'appel des corvées, Ike rassembla ses hommes et les fit mettre au garde-à-vous, tandis que les autres piquets se dispersaient lourdement à travers le terre-plein.

— Aujourd'hui, annonça-t-il en remuant ses babines, toutes les fenêtres en haut et en bas nettoyer et briquer. Et les murs de la salle de récréation, du corridor et de la galerie lessiver au poil pour le capitaine inspecter demain matin, alors de l'huile de coude et pas de feignantise ! O.K. ! Pas de questions ? Alors, comptez-vous *deux* ! Les uns aux fenêtres et les deux aux murs !

Prewitt et Maggio, qui s'étaient délibérément alignés avec un type entre eux, faisaient tous deux partie de l'équipe affectée au lessivage des murs. Galovitch les repéra au moment où ils partaient chercher à la cuisine les brosses et les gros pains de savon à décrasser.

— Hé, vous là-bas, Prewitt, Maggio, beugla-t-il. Ici tout de suite, gros malins. Comment ça se fait que tous les deux dans les deux vous êtes ?

— C'est toi qui nous as comptés, Ike, riposta Angelo.

— Vous croyez que ce vieux Ike on peut l'avoir comme ça ? ricana Galovitch en leur jetant un regard soupçonneux. A un vieux singe, c'est pas qu'on apprend des grimaces. Je laisse pas vous deux ensemble. Maggio aux fenêtres avec les uns. Tu dis au sergent Lindsay renvoyer Treadwell en bas avec les deux. C'est une corvée, pas une partie de plaisir. Sous mes ordres vous êtes et pas de parlotes je veux pendant le travail, compris ?

— On se retrouvera tout à l'heure, dit Maggio à Prew.

— O.K. ! répliqua Prew avec l'indifférence du parfait soldat.

— O.K. ! répéta Galovitch. Magniez-vous le train. Toute la journée vous avez pas ! Prewitt, au travail avec les deux, tout de suite. Je suis là toujours et quitterai pas de l'œil, compris ?

Il tint parole. Chaque fois que Prewitt descendait de son escabeau pour rincer son chiffon, chaque fois qu'il sortait pour aller changer l'eau sale de son seau, chaque fois qu'il se retournait pour remettre du savon sur sa brosse, il se trouvait nez à nez avec Ike Galovitch dont les petits yeux congestionnés luisaient d'espoir, tandis que son immense bouche aux lèvres molles se fendait en un rictus sarcastique :

— C'est une corvée, Prewitt, pas une partie de plaisir !

Prew en avait vu bien d'autres durant toute la matinée, et, comparés aux trouvailles sans cesse renouvelées des autres sous-offs, les efforts de Galovitch avaient quelque chose de presque pathétique. Ce fut seulement lorsque Dynamite Holmes, rasé, douché, pomponné de frais, traversa rapidement la cour de la caserne et martela de ses bottes resplendissantes le sol de la galerie, que l'eau savonneuse et sale, l'odeur âcre du plâtre humide et les constants rappels à l'ordre de Galovitch commencèrent à exaspérer Prewitt et à lui donner la nausée.

— Gaaaa... rdavous ! beugla Galovitch en arrimant ses bras interminables le long de ses flancs.

Les hommes juchés sur les escabeaux ou agenouillés sur le ciment continuèrent de travailler.

Souriant, Dynamite s'arrêta pour regarder les murs.

— Parfait, sergent Galovitch, dit-il. Je vois que tout sera prêt pour demain.

— Oui, mon capitaine, grogna Galovitch avec adoration, les pouces contre les coutures de son pantalon, au niveau approximatif de ses genoux. Tout sera prêt selon les ordres, mon capitaine.

— Très bien, approuva Holmes. Continuez, sergent.

Ike salua, le dos grotesquement arqué, et beugla à nouveau :

— Gaaaa... rdavous !

Les hommes continuèrent leur besogne, tandis que le capitaine disparaissait dans la salle de service.

— Activons, les gars, reprit fièrement Galovitch en dansant sur place derrière les hommes. Parce que le commandant de la compagnie vient d'arriver, c'est pas une excuse pour arrêter le travail, compris ? C'est une corvée, pas une partie de plaisir.

Personne ne prêta attention, et Prew tordit son chiffon avec rage, surpris d'étouffer, tout à coup, dans cette odeur de plâtre humide qu'il avait si bien supportée jusqu'alors. Il avait brusquement envie d'une belle paire de bottes resplendissantes.

— Activons, Prewitt, tonna Galovitch, incapable de trouver autre chose. C'est une corvée, pas une partie de plaisir. Dernier avertissement, cette fois. Activons, sacré nom de Dieu !

Si Galovitch ne l'avait pas directement interpellé, Prew n'aurait sans doute pas aussi stupidement perdu son sang-froid. Mais il imagina tout à coup Holmes, assis derrière son bureau, dans la salle de service, et écoutant, le sourire aux lèvres, les vociférations de son sergent favori. Les mots cessèrent soudain de passer sur Prew sans l'atteindre. Pour une fois ça ne lui ferait peut-être pas de mal, au grand chef, d'apprendre ce que pensaient les hommes de son sergent favori ! Il entendit avec surprise sa propre voix couvrir celle de Galovitch.

— Qu'est-ce que tu veux que je foute de plus ! lança-t-il avec violence. Que je me fasse pousser une autre paire de bras ?

— Hein ? Quoi ? s'étrangla Galovitch.

— Oui, quoi ? ricana Prewitt. Si tu trouves que je vais pas assez vite, pourquoi que tu mets pas la main à la pâte, au lieu de rester là à brailler des ordres que personne n'écoute !

Cette fois, tous les hommes s'immobilisèrent et, tout aussi machinalement, regardèrent Prewitt. Une rage folle bouillonnait dans ses veines, sans qu'il en comprît l'exacte raison. Il savait que tout cela n'avait aucun sens et que ça pouvait même devenir dangereux, mais l'espace d'un éclair il se sentit gonflé d'orgueil.

— Répliquer comme ça, je veux pas entendre, dit Galovitch, complètement désarçonné. Au travail tout de suite, et silence !

— Va-t'en te faire foutre, dit sauvagement Prew en frottant toujours. Je travaille, oui ? Qu'est-ce que tu croyais ? Que je me tournais les pouces ?

— Quoi ? quoi ? hoqueta Galovitch.

— Qu'est-ce que c'est que tout ce vacarme, Prewitt ? rugit Dynamite Holmes en sortant de la salle de service.

Galovitch bondit au garde-à-vous, le dos plus cambré que jamais.

— Forte tête, mon capitaine, expliqua-t-il. Répond à sous-officier en service commandé.

— Quelle mouche vous pique, Prewitt ? s'enquit sévèrement Dynamite. Depuis quand un soldat se permet-il de parler sur ce ton à un sous-officier ?

— Je n'ai jamais laissé personne me pisser sur la gueule, mon capitaine, répondit Prewitt avec véhémence. Même pas un sous-officier !

Warden apparut derrière Holmes, sur le seuil de la salle de service, et observa la scène, le regard pensif et lointain.

Holmes avait l'air d'un homme qui, sans provocation de sa part, vient de recevoir en pleine figure un verre d'eau glacée. Lorsqu'il reprit la parole, sa voix tremblait de rage autant que de stupéfaction.

— Soldat Prewitt, j'estime que vous devez des excuses au sergent Galovitch ainsi qu'à moi-même, dit-il.

Il s'arrêta et attendit.

Prewitt ne répondit pas. Il sentait son ventre se contracter à la pensée de ce qu'allait lui coûter cette idiotie, et il se demanda avec désespoir comment il avait bien pu se fourrer dans un pareil pastis.

— Eh bien ? insista Holmes. — Aussi déconcerté que tous les autres, aussi surpris que Prewitt lui-même, il avait dit la première chose qui lui était venue à l'esprit et ne pouvait plus, maintenant, faire machine arrière.

— J'attends vos excuses, Prewitt.

— Je ne dois d'excuses à personne, s'obstina désespérément Prew. S'il faut que cette histoire se termine à tout prix par des excuses, j'estime que c'est plutôt à moi qu'elles sont dues ! Bon Dieu ! Pourquoi avaient-ils toujours l'air de s'adresser à des gosses insupportables ?

— Quoi ? explosa Holmes, provisoirement à court d'inspiration.

Il tourna vers Galovitch des yeux larges comme des soucoupes. Puis il regarda Warden et vit tout à coup, assis sous le porche, le caporal Paluso, demi de mêlée dans l'équipe de rugby régimentaire, un costaud à mine d'assassin qui s'efforçait toujours de faire oublier son physique patibulaire en pratiquant une sorte d'humour massif. Il n'avait pas raté une seule occasion d'en faire baver à Prewitt, pendant l'exercice, et ses yeux étaient aussi larges que ceux de tous les assistants, aussi larges que ceux du capitaine Holmes.

— Caporal Paluso ! rugit Holmes de sa voix la plus sonore.

Paluso se leva d'un bond.

— Mon capitaine ?

— Vous allez monter avec cet homme et lui faire préparer son paquetage de campagne *complet*, avec casque et souliers de rechange ! Ensuite, vous vous procurerez une bicyclette, vous l'escorterez jusqu'au col de Kolekole, aller et retour au pas cadencé, et vous me le ramènerez. C'est tout.

C'était tout, et c'était beaucoup pour la voix qu'il avait adoptée.

— Oui, mon capitaine, dit Paluso. Viens, Prewitt.

Warden tourna les talons, sans prononcer une parole, réintégra la salle de service, et Prew suivit Paluso jusqu'à la chambrée. Les gars qui se trouvaient là s'assirent sur leurs plumards pour l'observer en silence, comme ils eussent observé un cheval malade dont la mort n'est plus qu'une question de temps.

— Oublie pas les pompes de rechange, dit Paluso d'un ton d'excuse.

Prew défit son paquetage et recommença à zéro.

— Oublie pas le casque, dit Paluso d'un ton d'excuse.

Prew l'accrocha à la partie inférieure du paquetage et hissa le tout sur son dos. L'un suivant l'autre, ils redescendirent l'escalier.

— Attends que je me trouve une bécane, dit Paluso d'un ton bref.

Prew attendit. Les courroies qui retenaient dans son dos les trente ou trente-cinq kilos d'équipement commençaient déjà à entraver la circulation du sang dans les veines de ses bras. Il y avait quelque chose comme huit kilomètres, de la caserne au col de Kolekole. Le silence le plus total régnait dans le corridor.

— Allons-y, ordonna Paluso d'un ton bref, parce qu'ils étaient au rez-de-chaussée et que les oreilles de Dynamite Holmes étaient proches.

Prew jeta son fusil sur son épaule, et tous deux sortirent de la cour silencieuse. A l'extérieur, la vie de la garnison suivait son cours normal, béatement ignorante du cataclysme qui venait de se produire. Ils passèrent devant le théâtre, devant le gymnase, devant le terrain d'exercice et s'engagèrent sur la route, sous le soleil implacable.

— Tu veux une cigarette ? offrit Paluso.

Prew secoua la tête.

— Allez, prends-en une, insista Paluso. T'as pas de raisons d'être en pétard après moi. Ça me plaît pas plus qu'à toi !

— Je suis pas en pétard après toi.

— Alors, prends une cigarette.

Prew obéit, et, soulagé, Paluso se mit à faire mille excentricités pour essayer de dérider son compagnon.

Ils dépassèrent le terrain de golf, le train des équipages, le sentier où les officiers venaient faire de l'équitation, la chambre d'entraînement au port du masque à gaz... Prew marchait en s'efforçant de ne penser à rien d'autre qu'à exécuter parfaitement le pas cadencé tel que le lui avaient enseigné les anciens, jadis, à Fort Myer. Lever le pied en n'utilisant que les muscles de la cuisse, la jambe ballante portée en avant par l'impulsion donnée au corps, et laisser retomber la jambe sans jamais se servir des muscles du mollet ni de la cheville. Lever, laisser retomber, lever, laisser retomber, aussi régulièrement qu'un métronome. Qu'ils aillent tous se faire foutre. Il pourrait parcourir deux fois cette distance, avec un chargement double, et sur la tête, encore !

Lorsqu'ils atteignirent la dernière montée abrupte qui conduisait à l'entrée du col, Paluso s'arrêta et descendit de sa bicyclette.

— On va retourner, dit-il. Pas la peine de monter jusque là-haut. Tu penses bien qu'y s'en doutera pas.

— De la merde, dit Prew sans même ralentir. Il a dit le col. J'irai jusqu'au col.

Il jeta un coup d'œil vers la carrière de silex, taillée à flanc de colline, où travaillaient les taulards.

« C'est là que tu seras demain à la même heure, se dit-il. O.K. ! O.K. ! Comme ça, la question sera réglée. On pourra parler d'autre chose. »

— Qu'est-ce qu'y te prend ? s'emporta Paluso, stupéfait. T'es cinglé.

— Oui, riposta Prew par-dessus son épaule.

— Si tu crois que je vais pousser cet engin-là jusque là-haut, tu te goures, dit Paluso. Je t'attends ici.

Des prisonniers, les ayant vus, leur lancèrent des plaisanteries indistinctes, jusqu'à ce que les gigantesques policiers militaires intervinssent pour les remettre au travail, silhouettes bleues au dos barré d'un énorme P majuscule, courbées en deux dans le lourd nuage de poussière siliceuse.

La sueur coulait en ruisseaux sous les vêtements de Prewitt lorsqu'il parvint au sommet de la montée et qu'il reçut en pleine figure la gifle glaciale de la bise. Transpercé jusqu'aux moelles, il s'attarda un instant pour contempler, trois cents mètres plus bas, les crevasses basaltiques de Waianae, où ils étaient allés, en septembre dernier, pratiquer, comme chaque année, le tir à la mitrailleuse. Il emplit ses poumons de vent, fit volte-face et redescendit vers Paluso.

Lorsqu'ils rentrèrent à la caserne, les vêtements de Prewitt étaient bons à tordre. Paluso alla chercher Holmes. Prew mit l'arme au pied et salua le capitaine.

— Alors, s'informa Dynamite avec une sorte d'indulgente ironie, êtes-vous toujours disposé à donner des conseils aux sous-officiers sur la manière de diriger un piquet de corvée, Prewitt ?

Prew ne répondit pas. Il ne s'était attendu ni à cette indulgence, ni à cette ironie. Et les autres schnocks qui lessivaient toujours leurs murs, là-bas, dans le corridor, sans même se douter de leur bonheur.

— Alors, je suppose, continua Holmes du même ton narquois, que vous êtes disposé à faire des excuses au sergent Galovitch ainsi qu'à moi-même, maintenant ?

— Non, mon capitaine, dit Prew, maussade.

Paluso émit un hoquet de stupéfaction, derrière son dos, mais ce fut à peine si les yeux du capitaine s'écarquillèrent. Il avait eu le temps de recouvrer son sang-froid. Il savait à quoi il pouvait s'attendre. Toute trace d'ironie, toute trace d'indulgence disparurent instantanément de son visage. Il fit un signe de tête dans la direction du col.

— Deuxième édition, Paluso, ordonna-t-il. Ce gaillard-là n'a pas encore compris.

— Oui, mon capitaine, dit le caporal en lâchant son guidon d'une main pour saluer.

— Nous verrons ce qu'il répondra la prochaine fois, continua Holmes. Je n'ai rien à faire ce soir. J'ai toute ma soirée devant moi.

— Bien, mon capitaine, dit Paluso. Allons-y, Prewitt.

Prew remit son arme à la bretelle et, pour la seconde fois, suivit le caporal, plus écœuré, plus fatigué qu'il ne l'avait jamais été.

— Bon sang, protesta Paluso dès qu'ils furent hors de vue, t'es complètement braque, mon pote. Si t'es cinglé au point de pas comprendre que t'es en train de creuser ton propre trou, fais-le au moins pour moi, j'ai les jambes fatiguées, grogna-t-il.

Prew ne parvint même pas à sourire. Il avait conscience qu'il était cuit, rôti, lessivé, en un mot bon pour le dur, et cette certitude ajoutait encore au poids qu'il devait trimballer pendant seize nouveaux kilomètres. Ce qu'il ne savait pas, ce qu'il ne saurait jamais, c'était ce qui, la première fois, avait provoqué l'humeur bienveillante de Dynamite et ce qui, maintenant, se passait dans la salle de service.

— Vous m'en reparlerez, vous, de vos idées géniales sur la façon de traiter les fortes têtes ! vociférait le capitaine, incapable d'endiguer plus longtemps sa fureur.

Warden quitta la fenêtre à travers laquelle il avait observé toute la scène, mais s'abstint de tout commentaire. Il ne réagit même pas lorsque Dynamite lui ordonna de préparer immédiatement l'ordre de comparution du soldat Prewitt devant le conseil de guerre, pour insubordination et refus d'obéir à un ordre direct d'un officier supérieur. Il sortit les longs imprimés du classeur métallique en souhaitant avec ardeur que l'autre gueulard s'absentât assez longtemps pour qu'il pût sortir sa bouteille de whisky. Mais Dynamite venait de s'effondrer, à bout de souffle, derrière son propre bureau, et regardait d'un œil morne la porte qui donnait sur le corridor.

— Vous et vos idées géniales ! ricana-t-il.

Warden haussa les épaules en transportant les papiers jusqu'à la machine à écrire.

— Moi, ce que j'en disais, murmura-t-il, c'est juste parce que nous avons eu déjà trois cas de conseil de guerre en six semaines et que ça risque de faire mauvais effet au G.Q.G.

— Merde pour le G.Q.G., dit le capitaine.

Mais le ton n'y était pas. Et le cœur non plus.

Warden se mit à pianoter, sans cesser d'observer Holmes à la dérobée, s'assurant que la colère du capitaine suivait maintenant sa courbe descendante. Ça ne valait vraiment pas la peine de s'exposer à de gros ennuis personnels pour un âne bâté comme Prewitt, pétri de conceptions surannées sur la justice et l'intégrité de l'individu, mais tout de même, tout de même, ne serait-ce que pour le plaisir de remporter une seconde victoire, dans des conditions beaucoup plus périlleuses encore que la première... quel fleuron ce serait pour ta couronne, hein, Milt ?

— Dommage pour la section qu'il faille perdre un welter comme celui-là, dit-il enfin, avec une parfaite indifférence, en replaçant ses carbones pour remplir le second feuillet du formulaire.

— Hein ? Quoi ? sursauta Holmes.

— Ben. Y sera toujours au dur au début de la coupe intercompagnies, pas vrai ? supputa Warden avec indifférence.

— Merde pour la coupe intercompagnies, fulmina Holmes. O.K. ! se reprit-il. Changez le motif. Mettez : simple insubordination.

— Mais j'ai déjà tapé : insubordination et refus d'obéir à un ordre direct..., gémit Warden.

— Eh bien ! recommencez tout, sergent, trancha le capitaine. Vous n'allez tout de même pas prolonger inutilement le séjour d'un homme au dur pour une simple question de paperasse !

— Oh ! soupira Warden en déchirant les formulaires partiellement remplis. Ces foutus montagnards du Kentucky, maugréa-t-il en réajustant ses carbones. Ils sont plus cabochards qu'un troupeau de mules. Une fois qu'il sera bien entraîné pour le championnat divisionnaire, il est fichu de refaire une couillonnade qui le réexpédiera en taule. Ces gars-là n'ont pas plus de cervelle qu'un nouveau-né.

Holmes fit un bond sur sa chaise.

— Je me fous de ce qu'il pourra faire et je me fous du championnat divisionnaire, beugla-t-il, tandis que le rouge de la fureur s'étendait de nouveau sur son visage. Je suis officier avant tout et je n'ai pas à supporter les insolences de qui que ce soit !

Warden laissa diplomatiquement passer quelques secondes avant de dire au capitaine ce que pensait le capitaine.

— Vous êtes en colère, mon capitaine, dit-il avec horreur. Vous ne parleriez pas comme ça si vous n'étiez pas en colère. Vous ne voudriez pas risquer de perdre le championnat l'hiver prochain à cause d'une simple colère.

— En colère ! gronda le capitaine. Il dit que je suis en colère ! Pour l'amour du ciel, sergent !

Il passa ses mains sur son visage, comme pour se rendre compte du degré de congestion de ses joues.

— Soit, dit-il. Vous avez raison, sergent. La colère est mauvaise conseillère. — Il n'avait sans doute même pas conscience de se montrer insolent. — Vous n'avez pas encore commencé à remplir ces nouveaux imprimés ?

— Non, mon capitaine, dit Warden.

— Alors, remettez-les en place, ordonna le capitaine.

— Et pourtant, il mérite une bonne leçon, objecta Warden.

— Ah ! s'il ne fallait pas que je pense également à la section de boxe, il ne s'en tirerait pas à si bon compte, dit Holmes avec véhémence. Vous allez le porter sur le cahier des punitions, sergent. Trois semaines de consigne au quartier. Je vais rentrer chez moi, maintenant... Chez moi, répéta-t-il à mi-voix, comme pour lui-même. Convoquez-le pour demain. Je lui parlerai en venant signer le cahier.

— Bien, mon capitaine, dit Warden. Si vous croyez que c'est ainsi qu'il faut agir...

Il sortit le cahier des punitions d'un de ses tiroirs et l'ouvrit. Holmes lui sourit d'un air las et quitta la salle de service. Warden referma le cahier des punitions et s'approcha de la fenêtre pour regarder Holmes s'éloigner. Il était presque navré pour lui. Tant d'illusions sur soi-même et si peu de réalité derrière tant d'illusions !

Le lendemain matin, Holmes ne fit qu'entrer en passant, sur le chemin du club. Warden avoua d'un air contrit qu'ayant eu autre chose à faire il avait oublié de s'occuper du cahier de punitions. Le capitaine était pressé. Il dit à Warden de préparer le cahier pour le lendemain.

— Oui, mon capitaine, répondit Warden en dévissant le capuchon de son stylo.

Holmes s'esquiva. Warden revissa le capuchon de son stylo. Or, le lendemain matin, sous la pression d'événements plus récents, Holmes avait tout oublié de cette affaire. Et Warden regrettait presque, après coup, d'avoir parié avec lui-même qu'il le tirerait complètement indemne des pattes de Dynamite...

Ni Prewitt, ni Paluso ne comprirent que le vent avait tourné lorsqu'ils réintégrèrent la caserne, au terme du second voyage, et qu'ils ne virent point Dynamite dans le secteur. Aussi soulagés l'un que l'autre, ils se hâtèrent de disparaître. Paluso se rendit à la cantine, Prewitt monta dans la chambrée, boitilla jusqu'à son plumard, rangea son équipement, alla prendre une douche, changea de vêtements et s'allongea sur son lit, attendant qu'on vint le chercher. Ce fut seulement lorsque sonna la soupe qu'il comprit que quelque chose s'était interposé entre lui-même et son destin. « Warden ! C'est Warden ! » songea tout de suite Prew. « Je me demande de quoi y se mêle, pensa Prewitt avec impatience, en redescendant l'escalier cahin-caha, faut toujours que ce gars-là fourre son nez dans les affaires des autres. »

Après la soupe, il remonta immédiatement s'allonger sur son lit, et Maggio le rejoignit aussitôt pour le féliciter.

— Je suis fier de toi, vieux, dit-il. J'aurais voulu être là pour entendre ça. Quand je pense que j'aurais été là, sans ce salopard de Galovitch ! Mais ça n'empêche pas que je suis fier de toi, vieux, bougrement fier, même.

— Sûr, dit Prew, affreusement las.

Lorsqu'il redescendit, le lendemain, pour l'exercice, il avait complètement perdu ses illusions, quant à la possibilité de les « purger » un jour. Le traitement reprit à l'endroit exact où il avait cessé la veille et Prew se remit à jouer son rôle. Mais il savait, à présent, qu'il livrait un combat sans espoir, un combat que l'intensité de sa haine lui permettrait peut-être de soutenir un certain temps, mais dont l'issue ne faisait désormais aucun doute.

19

Le jour du prêt, l'exercice s'arrête à dix heures. On prend une douche, on se rase, on se change en prenant grand soin de son nœud de cravate, on se nettoie les ongles, on descend dans la cour et on attend, en préservant jalousement la bonne ordonnance de son nœud de cravate et la propreté de ses ongles, parce que — bien que le jour du prêt ne soit pas un jour d'inspection réglementaire — tous les officiers payeurs ont là-dessus leurs vues personnelles, et celles de Dynamite portaient précisément sur la propreté des ongles et la symétrie impeccable du nœud de cravate. De sorte que, si l'un ou l'autre de ces détails ne lui donnait pas entière satisfaction, on risquait d'être vertement tancé et de se trouver renvoyé à l'extrême bout de la queue.

Les conversations allaient leur train, sous le soleil plus brillant que d'ordinaire, jusqu'à ce que le clairon lançât aux quatre vents le refrain bien connu :

Jour de prêt... Jour des gros sous...
Qu'est-ce qu'on peut foutre avec un soldat saoul ?

que suivait aussitôt la réponse :

Jour de prêt... Jour des gros sous...
Le foutre au bloc jusqu'à c'qu'y soit plus saoul !

Sur ses trente dollars de prêt, il ne resta plus à Prewitt, une fois toutes ses dettes réglées, que douze dollars et deux pièces de dix cents — même pas assez pour se payer Lorene de deux à cinq. Et Prew transporta aussitôt sa fortune chez Jim O'Hayer.

Dans les hangars régnait déjà l'agitation fiévreuse des jours de prêt. Les grosses bobines de fil téléphonique et les canons anti-tank de trente-sept millimètres avaient été poussés à l'extérieur et recouverts de bâches goudronnées. Les tables de poker d'as travaillaient à pleins bras, et, sous les ampoules à abat-jour verts, les donneurs à visières vertes au service de Jim O'Hayer distribuaient les cartes. Les trois tables de poker étaient pleines.

Prewitt sentit son ventre se serrer d'impatience, à l'idée qu'il pourrait, lui aussi, figurer parmi les forts gagnants qui cernaient la table. Il ne lui était arrivé qu'une fois, une seule, jadis, à Fort Myer, de faire un de ces coups fumants dont rêvent longtemps les soldats fauchés, entre deux jours de prêt. Et, n'eussent été l'image de Lorene et la perspective de passer la nuit avec elle, sa résolution de se retirer du jeu dès qu'il aurait assez pour descendre en ville se fût évanouie sur-le-champ.

Il travailla méthodiquement pendant deux heures à la table de passe anglaise, jusqu'à ce que son pécule fût passé de douze à vingt dollars, minimum exigé par le donneur, à la table d'O'Hayer. Il s'était promis de se retirer après deux parties gagnantes, parce que deux parties gagnantes à la table de Jim O'Hayer ça représenterait assez d'argent pour cette nuit de jeudi à vendredi, et pour la nuit de samedi à dimanche, et peut-être même pour un bon dimanche avec Lorene (sur la plage, peut-être), si Lorene acceptait.

Stark et Warden étaient parmi les joueurs, mais Stark lui céda presque aussitôt son siège. Il avait, chuchota quelqu'un, reperdu en totalité les six cents dollars qu'il avait gagnés depuis dix heures.

— Tu te retires ? s'informa O'Hayer, le regard impassible et froid sous sa coûteuse visière verte.

— Pas pour longtemps, s'excusa Stark. Juste le temps d'emprunter un peu de pognon.

— Alors, bonne chasse. Et à tout à l'heure, dit O'Hayer.

Prew s'assit à la place de Stark et poussa ses vingt dollars vers le donneur aussi discrètement que possible. Il reçut en échange quinze pièces d'un dollar, six demi-dollars et huit jetons de vingt-cinq cents. Il lança un jeton au centre du tapis, son visage s'empourpra, son cœur se mit à battre à coups précipités, et la partie commença. O'Hayer tournait et retournait deux dollars dans sa main gauche, avec un cliquetis incessant qui vous rongeait les nerfs. Les hommes assis autour de la table n'étaient plus que des paires de mains posées sur le tapis vert, qui soulevaient prudemment les cartes retournées et tripotaient les pièces d'argent ou les billets verts. Un frisson parcourut l'échine de Prewitt et toutes les avanies qu'il avait subies depuis deux mois basculèrent d'un seul coup dans le néant, mortes, oubliées.

Les mises, élevées dès le départ, contraignirent Prewitt à s'engager jusqu'au dernier dollar dans cette première partie. O'Hayer avait deux as, et Prew se voyait déjà lessivé, avec sa malheureuse paire de valets, lorsque la dernière donne transforma sa paire en brelan et lui fit ramasser un pot de quelque cent cinquante dollars.

Comme il s'était promis deux parties gagnantes, il ne bougea pas. Perdit la seconde partie, perdit la troisième, puis la quatrième, et, ruisselant de sueur, dut attendre la sixième avant de voir remonter son pécule jusqu'à plus de deux cents dollars. Ce n'était tout de même pas le moment d'abandonner, maintenant qu'il avait un tel capital pour mener les opérations ! Il continua de jouer avec prudence, passant fréquemment, pesant chaque mise avant de l'engager dans l'attente du gros coup qui lui permettrait de se retirer l'âme en paix.

Ce fut Warden qui le perdit. Une manœuvre habile du sergent lui fit commettre une erreur d'appréciation. Il avait un brelan de dix. Il crut n'avoir devant lui qu'une paire de rois renforcée par une seconde paire, relança vingt-cinq dollars, attendit. Warden sourit, en relança soixante. Prew comprit alors qu'il s'était laissé avoir. Comme un vulgaire débutant. Par un superbe brelan de rois. Il y avait trop de son argent au pot pour qu'il pût courir le risque de s'en laisser déposséder par un bluff. Il lui était impossible de laisser filer...

Cette partie lui coûta deux cents dollars tout rond. Il lui en restait à peu près quarante. Il repoussa son siège et se leva.

— J'aurais pas voulu que ça tombe sur toi, fiston, dit Warden, les sourcils en mouvement. Si j'avais pas autant besoin de pognon, je te rendrais le tien tout de suite.

Tous les autres éclatèrent de rire.

— Oh ! ça va, chef, grogna Prew. Tu l'as gagné, garde-le !

« Pourquoi que tu t'es pas retiré après ta deuxième partie gagnante, comme tu te l'étais promis, bougre de triple andouille », pensait-il, la rage au ventre.

L'air frais du dehors le ramena sur terre. « Allons, allons, se dit-il, te voilà avec vingt dollars de plus qu'au départ. Tu en as assez pour cette nuit. Descends en ville et n'y pense plus... » Il contourna le hangar, traversa la rue. Il avait la main sur la poignée de la porte de la salle de récréation lorsqu'il comprit que tout ça ne rimait à rien, qu'il était inutile de tergiverser, qu'il ne se résignerait jamais à descendre en ville avec quarante dollars alors qu'il en avait eu six fois plus entre les mains, et qu'avec un peu de chance il *pouvait* en regagner autant, sinon davantage.

Il pivota sur lui-même, retourna chez O'Hayer et perdit ses quarante derniers dollars en un quart d'heure et trois parties, comme il avait toujours su qu'il les perdrait, parce que le jeu avait cessé de lui plaire et qu'on ne gagne pas au poker lorsque le temps même mis par le donneur pour distribuer les cartes est pour vous une source d'irritation.

— Et voilà, dit-il, la bouche tordue. Maintenant, je peux aller roupiller.

— Roupiller ! s'exclama Warden. A trois heures de l'après-midi ?

— Pourquoi pas ? répliqua Prewitt. Il n'est que trois heures ? J'avais cru qu'il était beaucoup plus tard !

Warden lui lança un coup d'œil et grogna de dégoût.

— Qu'est-ce que je t'ai toujours dit ? lança-t-il. De t'arrêter avant d'être complètement passé à la raclette ! Mais autant pisser dans un entonnoir, pour le résultat que ça donne.

— J'avais oublié, dit Prewitt. Prête-moi donc cent dollars et je m'en souviendrai.

Un éclat de rire courut tout autour de la table.

— Je regrette, fiston. Tu sais bien que j'en suis encore de ma poche, pour l'instant.

— Ça, alors ! Et moi qui croyais que t'avais gagné.

Il y eut un second éclat de rire, et Prew se sentit mieux... jusqu'à ce qu'il se souvînt que ça ne lui remettait pas un seul cent dans sa poche.

— Pourquoi qu'y faut toujours que tu t'en prennes à ce gosse, chef ? dit la voix de Stark tandis que Prew se frayait un chemin vers la sortie.

— Moi ? protesta Warden. Qu'est-ce qui t'a fourré cette idée-là dans le crâne ?

— D'après ce que j'ai entendu dire, il a besoin de personne pour s'enfoncer dans le pétrin, s'esclaffa le sergent-chef de la compagnie K, un gros chauve aux orbites creuses de buveur invétéré.

— C'est vrai, reconnut Stark. Y se défend assez bien tout seul.

— Y peut encaisser, grogna Warden. C'est un boxeur. Il a l'habitude.

— Si j'étais à sa place, dit le sergent-chef de la K, comment que je me ferais muter en vitesse.

— T'as trouvé ça tout seul, hein ? ricana Warden. Et tu crois que Dynamite le laisserait partir ?

— Allons, les gars, intervint Jim O'Hayer, est-ce qu'on joue ou est-ce qu'on fait salon ?

— J'y vais de cinq dollars, coupa Warden. Ce qui me plaît en toi, Jim, c'est cette pitié, cette douceur qui sont les traits dominants de ton caractère.

Tout en poussant la porte, Prew vit, en imagination, leurs regards s'affronter. Le regard froid, mathématique, du joueur professionnel, contre le regard agressif, sarcastique, de Milton Warden. Tandis que la porte se refermait derrière lui, Prew se rappela soudain qu'il n'avait même pas songé à prendre le sandwich et la tasse de café offerts gratuitement à tous les joueurs par Jim O'Hayer. Trop tard, à présent.

Il plongea rageusement ses deux mains dans ses poches, en sortit une pincée de menue monnaie qu'il contempla d'un œil morne. C'était suffisant pour organiser une partie de poker miniature dans les goguenots, mais l'impossibilité flagrante de reconstituer à partir de cette mitraille les deux cent cinquante dollars qu'il avait reperdus le frappa comme une gifle en pleine figure. Il jeta des piécettes loin de lui, de toute ses forces, et les entendit avec satisfaction rouler et rebondir sur le sol.

« Pas de Lorene pour toi, ce moi-ci, pensait-il en se dirigeant vers la caserne. Et le mois prochain, elle sera peut-être déjà repartie pour les États ! Mais t'as jamais emprunté de pognon à vingt pour cent et c'est pas aujourd'hui que tu vas commencer, poker ou pas poker, Lorene ou pas Lorene... »

Il trouva Turp Thornhill dans son propre hangar, voisin de celui de Jim O'Hayer. O'Hayer ne s'occupait jamais de prêter de l'argent, même à vingt pour cent, lorsqu'il était en train de jouer. Mais Turp Thornhill ne jouait pas. Il passait incessamment d'une table à l'autre, toujours agité, toujours sur le dos de ses donneurs, dans la crainte perpétuelle d'être refait par eux. Dix-sept années de service à la G — dont dix-sept années de léchage assidu des bottes de ses supérieurs — lui avaient permis d'obtenir et de conserver la libre disposition de ce hangar. Il se vengeait à sa manière en traitant tous ceux qu'il savait pouvoir dominer avec une sorte de cruauté sadique.

— Ah, ah ! s'esclaffa-t-il lorsque Prew l'eut appelé à l'écart pour lui emprunter vingt dollars. Prewitt-le-Dur est au bout de son rouleau. Alors, y vient voir ce bon vieux papa Turp ? Où est-ce que t'as l'intention d'aller, fiston ? Au *Ritz*, au *Pacific*, au *Nouveau Sénateur* ou chez la mère Kipfer ? Si y a longtemps que t'es sevré, je te recommande la dernière trouvaille du *Ritz*, mon gars. Elle a l'air de rien, à première vue, mais pour ce qui est de te travailler la peau, alors, là, elle est de première. Qu'est-ce que tu dis de ça, papillon ?

Il parlait assez haut pour être entendu d'un bout à l'autre du hangar ; quelques-uns des joueurs commençaient à rigoler, et, malgré tous ses efforts pour rester calme, Prew serra ses poings.

Turp décocha une œillade à son auditoire. Écoutez celle-là, proclamait toute son attitude. Écoutez celle-là, elle est encore meilleure que les autres. Turp n'était jamais aussi spirituel que devant un auditoire.

Lorsqu'il eut insulté, bafoué, ridiculisé, raillé et fait marcher Prewitt tout son saoul, Turp lui remit finalement les vingt dollars demandés, et Prew remonta se changer pour la ville, se demandant avec dégoût ce qu'il lui était le plus difficile de supporter : l'haleine fétide de Thornhill ou les postillons bilieux de Galovitch. Comme si leurs actes et leurs paroles n'étaient pas suffisamment écœurants sans qu'il faille encaisser ça par-dessus le marché ! Et Prewitt songeait, tout en s'habillant, aux humiliations qu'un homme trouve parfois la force de supporter pour une femme et qu'il ne supporterait pour rien d'autre au monde que pour une femme.

20

Des pensées analogues peuplaient l'esprit de Milt Warden, tandis qu'il se demandait s'il ne ferait pas mieux de se retirer du jeu avant que la chance se retournât totalement contre lui.

C'était moins une question de chance, d'ailleurs, qu'une question d'attention. Deux des dernières parties qu'il avait perdues se seraient sûrement terminées à son avantage s'il n'avait eu en face de lui, chaque fois qu'il levait les yeux, le visage aux traits profondément accusés de Maylon Stark. Peut-être parce qu'il avait rendez-vous le soir même au *Moana*, avec Karen Holmes, Warden ne pouvait détacher son regard de Maylon Stark, dont les yeux et les lèvres avaient également connu la nudité frémissante de Karen pendant l'amour, cette nudité que Warden revoyait si bien et que Stark se remémorait sans doute avec la même netteté. Parce que Stark ne s'était sûrement pas vanté, sacré nom de Dieu, ça n'était pas du tout son genre, et son histoire donnait corps à toutes les autres histoires qui circulaient sur le compte de Karen... Mais elle avait dit : « Je n'aurais jamais cru que ça puisse être comme ça », oui, ça, elle l'avait dit : « Je n'aurais jamais cru que ça puisse être comme ça ! »

— Je me retire, dit-il au donneur. On commence à s'empoisonner ici. Et y a quatre-vingt-dix-sept dollars en pièces dans cette pile. Je les ai comptés.

— Tu te vexeras pas si je les compte aussi, Milt, pas vrai ? plaisanta le donneur.

— Foutre non. Je voulais simplement que tu saches que je les avais comptés.

Le donneur éclata de rire.

— Prends ça aussi, bâilla O'Hayer. Je vais respirer deux minutes. T'as qu'à tout coller dans le tiroir avec le reste.

— D'accord, patron, répliqua le donneur.

Il remit quatre-vingt-dix-sept dollars en billets à Warden et fit choir l'argent d'O'Hayer dans le tiroir ouvert.

— Ce sera là quand tu reviendras, Jim, promit-il fièrement.

Impassible, Warden le vit escamoter un billet de dix dollars — tandis qu'O'Hayer suspendait sa visière à un clou — puis plonger négligemment sa main dans sa poche pour y prendre son paquet de cigarettes. Warden lui tendit une allumette en souriant, et le donneur accepta, sans sourire, le feu qui lui était tendu.

Il gagna la caserne et s'arrêta un instant dans l'escalier, aspirant avec délices l'odeur virile de sa propre transpiration, conscient des muscles puissants qui roulaient dans ses cuisses et jusque dans son dos à chaque fois qu'il montait une marche, la poitrine mâlement gonflée, parce qu'il était heureux, tout à coup, d'être Milton Warden et d'avoir rendez-vous en ville, dans quelques heures, avec Karen Holmes.

La face durement burinée de Maylon Stark apparut alors devant ses yeux. Il se redressa, les mâchoires crispées, frappa la muraille, de toutes ses forces, à l'endroit où s'était dessiné le visage fantôme, puis laissa dédaigneusement retomber le long de son corps sa main endolorie.

Pete Karelsen était dans leur chambre. Son dentier ricanait dans la paume de sa main. Il se hâta de le poser sur la table en entendant la porte s'ouvrir.

— Qu'est-ce que t'as foutu avec ta main ? s'exclama-t-il. Tu t'es encore bagarré ?

— Qu'est-ce que t'as foutu avec tes dents ? riposta Warden. T'as encore voulu manger ?

— Oh ! ça va, grogna Pete, profondément blessé. Je voulais juste savoir ce qui était arrivé à ta main.

— Te fâche pas, répliqua Warden. Je voulais juste savoir ce qui était arrivé à tes dents.

Il alla se regarder dans son miroir, se trouva une sale gueule et commença à déboutonner sa chemise trempée de sueur.

— Faut toujours que tu répondes par des vacheries aux questions les plus amicales, dit Pete. Qu'est-ce que tu fais ? Tu te prépares pour descendre en ville ?

— Non, ricana Warden. Je me prépare pour descendre chez Choy. C'est pour ça que je me change.

— Oh ! va te faire voir, espèce de porc-épic !

Brusquement, Warden se mit à reboutonner sa chemise.

— Après tout, tu me donnes une idée, dit-il. Je descends chez Choy et je vais me saouler la gueule.

— J'étais en train de me demander si j'allais pas faire quelque chose comme ça moi-même, dit Pete, jetant un bref coup d'œil dans la direction de son dentier. Au fond, en ville ou chez Choy, c'est toujours la même gueule de bois qu'on a le lendemain, pas vrai ? Alors...

— Alors, boucle-la et allons-y, coupa Warden. Qu'est-ce que t'attends ? Le déluge ?

— On va chez Choy ?

— Bien sûr. Comme tu viens de le dire, pourquoi qu'on descendrait en ville ?

— Je croyais que t'étais en train de me faire marcher, dit joyeusement Pete.

Il s'empara de son dentier, le remit sur la table en s'exclamant :

— Oh ! et puis, merde ! et suivit Warden hors de la chambre. On va s'installer dans la cuisine, exposa-t-il tandis qu'ils traversaient la vaste chambrée déserte. J'aime pas rester dans la salle, le jour du prêt avec tous ces jeunes gueulards alentour. Ou peut-être qu'on ferait mieux de prendre quatre ou cinq pichets et d'aller les boire sur l'herbe ?... Et quand on sera bien à point, enchaîna-t-il, soudain ragaillardi, on ira tirer un coup chez la grosse Suzy, à Wahiawa, hein ? Juste l'aller et retour en taxi, histoire de rigoler. Attends une minute, je vais rechercher mes dominos.

Warden s'arrêta sans mot dire, alluma une cigarette, croisa les bras et les jambes et ne bougea plus, silhouette immobile et noire dans le crépuscule. La seule chose qui vivait en lui était le point lumineux de sa cigarette, et ce fut de ce point lumineux que parurent jaillir les mots violents et totalement imprévisibles qui accueillirent Pete à son retour :

— Si c'est pas malheureux de voir ça ! On court au cataclysme, mais tout ce qui compte pour toi, c'est de savoir si tu dois mettre ta saloperie de râtelier, au cas où t'irais baiser une souris ! Qu'est-ce que t'attends pour aller rejoindre le curé à l'église et prier avec lui pour la paix ? C'est à peu près tout ce que t'es foutu de faire, maintenant. T'es atteint de la même maladie que tout le reste de l'humanité.

Pete s'arrêta court, figé sur place par la sauvagerie de cette attaque, les deux pouces encore dans la bouche, achevant d'ajuster son dentier.

Abruptement, la silhouette immobile revint à la vie et se rua dans l'escalier obscur, dégringolant les marches trois, par trois, au risque de se casser le cou.

— Alors, imbécile, tu rappliques ? beugla la voix. Qu'est-ce que tu fous ?

Pete serra les mâchoires pour caler son dentier.

— Et toi, qu'est-ce que tu fous toi-même ? haleta-t-il, lorsqu'il eut rejoint Warden au milieu de la cour.

» C'est vrai, ça, continua Pete, à qui la déception d'avoir vu s'écrouler la chaude perspective d'une bonne soirée entre copains donnait des intonations mélancoliques, qu'est-ce que tu viens nous casser les pieds avec ta guerre ? Comme si on n'était pas déjà dedans jusqu'au cou, sauf qu'on a pas encore envoyé de troupes.

— Exactement, dit Warden, joyeux. Exactement !

Il s'engouffra dans la cuisine de Choy, Pete suffoquant et plus outré que jamais sur les talons. Tous deux faisaient partie des rares privilégiés qui avaient toute latitude de s'installer pour boire dans la cuisine du restaurant. Sans se consulter, ils s'assirent, dénouèrent leur cravate, retroussèrent leurs manches, se renversèrent en arrière et posèrent leurs pieds sur la planche à hacher de Choy, exprimant par ces gestes immuables et quasi liturgiques, leur intention de se payer du bon temps.

— Eh ! Choy, vieux Chinois hélétique, lança Warden. Toi appolter bièle tout de suite. Toi appolter deux, quatre, six bièles tout de suite, Chop-chop !

Le vieux Chinois de quatre-vingts ans trottina vers le gigantesque frigidaire en souriant dans sa barbe blanche aux poils clairsemés. Depuis que son fils, le jeune Sam Choy, qui avait abandonné le culte des ancêtres au profit des méthodes commerciales américaines, l'avait relégué dans l'arrière-boutique avec sa barbe, sa calotte de soie noire et son kimono brodé, le vieux Choy idolâtrait Warden, qui venait souvent le taquiner en buvant de la bière, dans la cuisine.

— Vite ! beugla Warden en clignant de l'œil à l'adresse de Pete. Pieds à toi coller plancher, vieux bouc. Moi plessé boile. Wiki-wiki. Chop-chop !

Le vieux posa la bière sur la planche à viande.

— Toi, vieux bouc, Choy, lui dit Warden. Bêêêêêêê...

Il porta sa main à son propre menton et fit bouger ses doigts.

— Moi, pas vieux bouc, pépia le vieillard, enchanté. Toi, bouc, Walden. Moi polter bièle. Toi payer, maintenant.

Warden sortit son portefeuille de sa poche et lui tendit un billet.

— Toi vieux bouc rusé. Toi lamasser beaucoup galette. Fils lamasser millions dollals.

Le vieillard éclata de rire en tapotant de sa main frêle, presque transparente, l'énorme épaule de Warden. Puis il alla entrebâiller la porte qui s'ouvrait derrière le comptoir du restaurant, appela son fils, revint avec la monnaie et, toujours hilare, retourna se percher sur son tabouret habituel, l'œil vif et perpétuellement aux aguets.

Pete, qui, du haut de ses vingt-deux ans de service, avait observé tristement cette scène rituelle, se mit à évoquer le bon vieux temps des quartiers réservés pittoresques et des cinés coupe-gorge où l'on ne projetait que des films pornographiques.

— Le *Bijou*, Milt, tu te souviens du *Bijou* ? J'y suis allé, une fois, avec une fille. La fille d'un planteur qui avait cinq cents ouvriers sous ses ordres, tu te rends compte ? Nous avons soupé dans un restaurant chic et, ensuite, je l'ai emmenée au *Bijou*. Eh bien ! tu me croiras si tu veux, mais elle a pris ça très bien et nous sommes devenus très, très bons amis, par la suite.

Il rejeta le quart de brune qu'il venait de vider.

— Après, dit Warden, subitement écœuré par ces éternels remâchages.

— C'est tout.

— La dernière fois que je t'ai entendu la raconter, elle se terminait autrement. Foutons le camp, j'en ai marre. Quelle heure qu'il est ?

— Huit heures. Mais pourquoi foutre le camp ? Je commençais juste à m'amuser, protesta Pete. Où c'est qu'on va ?

— Si on prenait quelques pichets et qu'on aille s'installer sur l'herbe, proposa soudain Warden, sentant revenir sa lassitude écœurée.

Ils étaient assis dans l'herbe, isolés par la nuit au centre du vaste terrain d'exercice, lorsque sonna l'extinction des feux.

— Ben, voilà, c'est pas mal, dit une voix dans l'ombre lorsque la dernière note se fut perdue dans le silence. Mais ce gars-là n'arrive pas à la cheville du petit Prewitt. Vous étiez là, l'autre soir, quand il a sonné la retraite ? J'ai bien cru que j'allais me mettre à chialer comme un veau. C'est une honte qu'y soit pas resté dans la clique.

— Ouais, je l'ai entendu, répondit une voix qui était celle de Choate. Il est pas verni, ce gosse.

— Et il a pas fini d'en voir, conclut Pete.

Le sergent de la K se remit sur pied et fit quelques pas pour se dégourdir les jambes.

— Je crois que je vais faire un saut chez la grosse Suzy, annonça-t-il. Faut que je sois rentré de bonne heure. J'ai du boulot, demain matin.

— J'en suis, dit Pete. Prête-moi cinq dollars, Milt.

— Sûr, ricana Warden. A vingt pour cent.

Tous quatre éclatèrent de rire. Warden se leva, un pichet à la main.

— Je t'ai eu, cette fois-ci, rigola Pete, j'ai du pognon. Tu viens avec nous ?

— De la merde, dit Warden. Quand y faudra que je paie une femme, je prendrai ma retraite.

— Et toi, caporal ? demanda Pete.

— Je suis le mouvement, dit Choate. Tu viens, Milt ?

— Non. Me faites pas répéter ce que j'ai dit.

— Ah ! viens donc, insista Pete.

— Non ! hurla Warden. Non, sacré nom de Dieu !

Il lança le pichet en l'air, à la verticale, de toutes ses forces, et les trois autres s'écartèrent pour éviter la pluie de bière qui s'échappait de la cruche tourbillonnante, tandis que Warden, immobile, la regardait retomber d'étoile en étoile.

— Youpie ! cria-t-il lorsque le pichet revint s'écraser à ses pieds, dans un dernier jaillissement écumeux qui aspergea son pantalon fripé.

— Bougre de cinglé, grogna le sergent de la K. On aurait pu le prendre avec nous dans le taxi.

Warden passa ses mains sur son visage ruisselant de bière.

— Qu'est-ce que vous attendez pour vous barrer et me foutre la paix ? cria-t-il.

Il leur tourna le dos et se dirigea vers la caserne. Il lui fallait reprendre une douche et changer de vêtements avant de descendre en ville. Avant de retrouver Karen Holmes au *Moana*.

21

Warden était furieux ; furieux d'être dans ce taxi qui l'emmenait vers la ville, furieux d'avoir mis son meilleur costume, celui qu'il avait payé cent vingt dollars et qu'il réservait pour les grandes occasions ; furieux de souffrir de sa main droite, qui allait finir par doubler de volume si elle continuait à enfler comme ça. Et tout ça, à cause d'ELLE !

Il regrettait de ne pas être resté avec Pete et les autres, bien que leur compagnie ne lui eût apporté rien de plus qu'un solide cafard. Il regrettait d'avoir jamais eu cette foutue idée de coucher avec la femme de Dynamite, au lieu de la laisser à quelque petit gigolo assez névrosé lui-même pour pouvoir la comprendre. Il alla même jusqu'à regretter furieusement d'être venu au monde et, à ce symptôme, reconnut qu'il était amoureux.

Lorsque le taxi le déposa en ville, il alla directement acheter une bouteille de whisky et s'enfila avec rage plusieurs verres sur le zinc avant de sauter dans le bus de l'avenue Kalakahua qui l'emmena jusqu'à Waïkiki. Oh ! ça, il était amoureux, aucun doute là-dessus. Et lorsqu'il sauta de l'autobus, devant la taverne de Waïkiki, il était non seulement amoureux, mais aussi à moitié blindé, parce que le whisky ne faisait pas très bon ménage avec la bière de Choy père et fils. Il avait une sacrée envie de casser la gueule à quelqu'un. Mais personne ne semblait vouloir se battre. Tout le monde était trop heureux. C'était la nuit du prêt, et les civils eux-mêmes avaient des visages réjouis, tant la joie ambiante était contagieuse.

Il remonta jusqu'au triangle sablonneux planté de palmiers qui s'appelait officiellement Kuhio Park et qui était le lieu de son rendez-vous avec Karen Holmes. Le parc grouillait dc soldats et de marins, et il douta un instant qu'elle fût vraiment là, dans ce fourmillement incessant de mâles en chasse. Mais il la trouva sur le banc le plus reculé, chevilles croisées et bras serrés le long du corps, les yeux perdus dans l'immensité noire, comme pour ne pas voir ce qui se passait autour d'elle. Il eut, en s'approchant d'elle, l'impression qu'elle soupirait.

— Bonjour, lui dit-elle d'un ton léger. Je me demandais si tu viendrais.

— Pourquoi, grogna-t-il. Je suis pas en retard.

Il se sentait gauche et mal à l'aise et un peu gris, et il était furieux. Ce n'était pourtant pas la première femme mariée avec laquelle il couchait, non ? Seulement, voilà, c'était la première dont il était amoureux.

— Oh ! dit-elle du même ton léger, c'est juste parce que je ne voyais pas pourquoi tu serais venu. Après tout, je t'ai presque imposé ce rendez-vous, la dernière fois. Pas vrai ?

— Mais non, protesta-t-il.

— Mais si.

— Je ne serais pas venu si je n'en avais pas eu envie !

— Bien sûr, approuva-t-elle. C'est moi qui suis arrivée trop tôt. Une demi-heure trop tôt. J'étais trop pressée, je suppose. Toi non. Tu arrives pile à l'heure convenue.

— Doucement, doucement, dit Warden. Qu'est-ce qui ne va pas ?

— Mais rien ! On ne m'a jamais fait que cinq propositions en une demi-heure, pendant que je t'attendais.

— Et c'est ça qui te chagrine ? Aujourd'hui, ça n'a rien d'étonnant.

— L'une des cinq m'a été faite par une femme, continua Karen.

— Une grande blonde oxygénée, aux larges épaules ?

— Oui. Tu la connais ?

— Tout le monde la connaît. Elle est toujours par ici, à essayer de ramasser quelqu'un, homme ou femme. Les trouffions l'appellent la Vierge de Waïkiki.

— Tu as choisi un endroit pittoresque comme lieu de rendez-vous, chéri, dit Karen.

— Je l'ai choisi parce qu'on ne risque guère d'y rencontrer quelqu'un que tu connais. Tu aurais préféré le bar du *Royal Hawaiien* ?

Karen eut un léger sourire.

— Non, dit-elle. Mais n'oublie pas que ces choses-là sont nouvelles pour moi. Ces cachotteries et ces rendez-vous clandestins, comme si nous étions des criminels.

— Tu connais une meilleure méthode ? s'informa Warden.

— Non, dit Karen.

Elle mordit sa lèvre supérieure et regarda un instant l'eau scintillante et noire.

— Tu sais, Milt, reprit-elle soudain, si je t'ennuie déjà, ou si tu en as assez, ne te gêne pas pour me le dire, je ne m'en formaliserai pas. J'ai cru comprendre que les hommes se lassaient vite.

Elle releva la tête et lui sourit, s'attendant visiblement à des protestations.

— Qu'est-ce qui te fait croire que j'en ai assez ? s'exclama Warden.

— Parce que tu me prends sans doute pour une vulgaire putain, dit-elle paisiblement.

Il voyait bien que, cette fois encore, elle s'attendait à des protestations, mais il voyait, aussi, suspendu dans l'air calme entre lui et le tronc d'un palmier, le visage fantôme de Maylon Stark, et il avait besoin de tout son sang-froid pour ne pas faire subir à son poing gauche le même sort qu'à son poing droit.

— Bon Dieu ! Qu'est-ce qui te fait croire que je te prends pour une putain ?

Karen éclata de rire.

— Vraiment, Milt chéri, tu veux dire que ça ne se voit pas sur mon visage ? Tu ne crois tout de même pas qu'on m'aurait fait toutes ces propositions si j'avais eu l'air d'une honnête femme ?

— Oh ! que si. Étant donnés le jour et le lieu...

— L'employé du *Moana* lui-même a compris, lorsque je suis allée retenir la chambre pour le sergent et Mme H.L. Martin. J'ai bien vu sur son visage qu'il avait compris.

— Et alors ? grogna Warden. C'est avec les couples clandestins que les hôtels gagnent le plus d'argent.

— C'est vrai, Milt, j'oublie toujours que nous sommes un couple illégitime, comme des centaines d'autres couples illégitimes. Une femme adultère avec son amant... Mais on ne peut rien contre ça, pas vrai ?

Elle se leva brusquement.

— Je suppose que je ferais mieux de rentrer à la maison, plutôt que de continuer à gâcher ta soirée.

Warden se racla la gorge. Le rôle qu'elle l'obligeait à jouer n'aurait rien d'agréable, mais c'était le seul moyen.

— Écoute, dit-il humblement, je ne sais plus qui a entamé cette discussion... Si c'est moi, je suis le premier à le regretter.

Elle lui prit la main. La main gauche, celle qui n'était pas blessée.

— Et j'aurais fini par tout flanquer dans le lac avec mon sot orgueil de petite bourgeoise, dit-elle. Tu ne dois pas me trouver très drôle, n'est-ce pas. Mais je t'assure qu'il m'arrive d'être gaie... même si ça se voit pas à l'œil nu.

Elle s'appuya contre lui et, levant alternativement des longues jambes harmonieuses, ôta ses souliers. Warden sentit sa mauvaise humeur latente battre en retraite devant une émotion beaucoup plus puissante.

— Comme ça ! dit-elle en éclatant de rire.

Ils marchèrent à la lisière de l'eau, sur le sable humide et ferme.

Karen balançait gaminement leurs mains jointes et, de temps à autre, se renversait légèrement en arrière pour lever les yeux vers son compagnon, révélant au regard troublé de Warden le délicieux abîme de son décolleté. Puis Karen remit ses souliers pour entrer dans la vaste cour-jardin, ouverte sur la plage, de l'hôtel *Moana*.

— Nous y voilà, sergent Martin.

— Entrons, madame Martin.

— J'ai pris une chambre avec vue sur la mer. C'était plus cher, mais nous pouvons nous permettre ça, pas vrai, sergent Martin ?

— Nous pouvons tout nous permettre, madame Martin.

— Attends de l'avoir vue. Elle est grande et très aérée, et nous pourrons nous y faire servir le petit déjeuner demain matin. C'est vraiment une très belle chambre, sergent Martin.

— L'endroit idéal pour une lune de miel, pas vrai, madame Martin ? dit Warden sans vergogne.

La cour était déserte. Il attira Karen contre lui et l'embrassa, debout sur la plage, sa vieille fureur complètement disparue. Puis ils montèrent dans leur chambre, qui était au second étage, la dernière porte à gauche à l'extrémité d'un long couloir semblable à n'importe quel autre couloir d'hôtel.

— Tu vois, dit joyeusement Karen. Ils ont même baissé les stores à l'intention du sergent et de Mme H.L. Martin. Ils doivent certainement nous connaître !

Warden referma la porte à clef derrière eux et se retourna vers cette femme qui lui était familière en tant qu'épouse du capitaine Dynamite Holmes et tellement étrangère encore en tant que maîtresse du sergent-chef Milton Anthony Warden. Elle dégrafait sa robe, les deux mains derrière le dos, et la frêle étoffe estivale moulait étroitement ses seins larges de belle femme épanouie, ses longues cuisses et ses hanches minces ou qui, plus exactement, semblaient minces, à travers le tissu de la robe, car une fois la robe enlevée elles n'étaient pas minces du tout, mais voluptueuses et pleines. Il la prit dans ses bras alors qu'elle faisait glisser la bride de sa combinaison sur son épaule brune et il la souleva et l'emporta vers le lit, certain, tout à coup, que toutes ces histoires de Stark et de Champ Wilson et des autres n'étaient pas vraies, ne pouvaient pas être vraies et ne seraient jamais vraies, ou que de toute façon ça n'avait aucune importance, ça n'aurait jamais aucune importance, parce que ça n'avait jamais été, ça ne serait jamais comme ça... Et lorsqu'il rouvrit les yeux et vit les vêtements épars entre le lit et la porte, il ne put s'empêcher de rire, humble et fier, et repentant et tendre.

— Tu ris bien, mon chéri, murmura Karen d'une voix ensommeillée, et tu fais bien l'amour aussi. Quand tu me prends, j'ai l'impression d'être une déesse adorée par une vilaine grande brute de sauvage...

Warden reposait sur le dos dans le lit saccagé, satisfait et légèrement somnolent comme après un bon repas composé de mets choisis, tandis que la petite main presque diaphane comme celle du vieux Choy, mais si lisse et si différente de celle du vieux Choy, errait doucement sur sa poitrine...

— Personne ne m'a jamais aimée comme ça, murmura Karen.

— Personne.

Elle éclata d'un rire chaud et doux comme le miel.

— Non, personne.

— Pas une seule fois ? Même pas un seul sur la quantité ?

Elle s'assit dans le lit et baissa vers lui un regard brusquement impérieux. Plus impérieux encore que lorsqu'elle lui avait ordonné de se cacher dans la penderie, à l'arrivée de son fils, la première fois.

— Qu'est-ce que tu veux dire, Milt ?

— Rien. Pourquoi ? dit-il, gêné.

— Qu'est-ce que tu voulais insinuer ? insista-t-elle.

— Insinuer ? s'esclaffa-t-il. Mais rien. Je te faisais juste enrager.

— Peut-être, dit-elle. Ou peut-être que tu t'imagines, simplement, qu'il y a quelque chose. Dis-moi ce qui ne va pas.

— O.K. ! grogna-t-il. As-tu déjà entendu parler d'un nommé Stark ? Maylon Stark ?

— Bien sûr, dit-elle d'une voix ferme. Je connais Maylon Stark. C'est le sergent d'ordinaire de la compagnie.

— Tu l'as connu à Bliss, également ? Il y était avec ton mari.

— Oui, dit-elle, je l'ai connu à Bliss, également.

— Tu l'as bien connu, là-bas ?

— Assez bien, dit-elle.

— Tu le connais peut-être encore mieux, maintenant ?

— Non, dit-elle en le regardant sans ciller. Je ne le connais plus du tout, maintenant. Il y a environ huit ans que je ne lui ai pas parlé.

Il ne répondit pas ; elle le regarda plus attentivement et remarqua soudain sa main enflée.

— Tu as dû le cogner rudement fort, constata-t-elle.

— Ne nous égarons pas, coupa Warden. J'ai frappé un mur. Je n'ai pas frappé Maylon Stark.

— Imbécile ! dit-elle avec colère. Bougre de fichu imbécile.

Elle lui prit la main tendrement.

— Aïe, s'exclama-t-il. Vas-y mollo.

— Qu'est-ce qu'il t'a dit ? demanda-t-elle, tenant toujours la main blessée de son amant avec une infinie tendresse.

Warden la regarda, puis regarda sa main et, de nouveau, regarda Karen.

— Il m'a dit qu'il t'avait baisée, répliqua-t-il.

Elle accusa le coup, mais se remit très vite. Merveilleusement vite, songea-t-il, amer et admiratif. Mais il y avait sans doute un bon moment qu'elle le sentait venir.

— Tu n'avais pas besoin de dire ça, murmura-t-elle en reposant avec précautions la main de Warden sur la couverture.

— Oh ! si, j'avais besoin de te le dire. Tu sauras jamais à quel point...

— Soit, admit-elle. Mais pas de cette façon-là. Tu n'aurais pas dû le dire de cette façon-là, Milt. Pas sans me laisser une chance de me défendre.

— Champ Wilson aussi, d'après lui, continua Warden, honteux et misérable, mais incapable de ne pas aller jusqu'au bout. Ce sont les bruits qui courent. Sans parler de Jim O'Hayer et de Liddel Henderson.

— Alors, je suis la putain de la compagnie, maintenant ? Je suppose que j'aurais dû savoir à quoi je m'exposais quand j'ai commencé à sortir avec toi.

— Personne ne sait que tu es sortie avec moi. Personne, Karen.

— J'avais oublié que tu étais un homme, continua-t-elle, et qu'en ta qualité d'homme tu avais le même esprit pourri que tous les autres, et le même orgueil d'étalon qui se vante de ses conquêtes. Oh ! je parie que Stark et toi-même avez passé un bon moment à comparer vos impressions. Dis-moi, qu'est-ce que ça donne, à côté des professionnelles ? Je ne suis encore qu'un amateur, tu sais, je n'ai pas encore tous mes diplômes.

Elle se leva pour chercher ses vêtements épars sur le plancher. Ses cheveux lui tombaient dans les yeux à chaque instant, et elle les repoussait d'une main maladroite et impatiente.

— Tu t'en vas ? questionna Warden.

— J'y pense sérieusement, répliqua-t-elle. Tu as une meilleure idée ? Après tout, c'est fini, n'est-ce pas ? Ça n'a pas été désagréable, tant que ça a duré, mais à présent... bonsoir !

— Alors, je crois que je vais boire un coup, dit Warden, ulcéré jusqu'au fond de l'âme.

« Tu savais ce que tu faisais, pas vrai ? songeait-il. Tu savais que le premier mot entraînerait le second, et ainsi de suite jusqu'à ce que tout devienne impossible. Alors, pourquoi l'as-tu fait ? Qu'est-ce que tu espérais ? Un miracle ? Comment se fait-il qu'on ne puisse jamais parler sans provoquer de catastrophes, sans dire autre chose que ce qu'on avait eu l'intention de dire. » Il se leva, prit la bouteille et but au goulot.

— Tu as soif ? s'informa-t-il.

— Non, merci. Envie de vomir, simplement.

— Tu es écœurée, hein ? Par ce petit salaud de Warden et son sale petit esprit mal tourné ? Tu n'as jamais entendu dire qu'il n'y avait pas de fumée sans feu ?

Il prononça les derniers mots avec une sorte de rage, regrettant aussitôt de les avoir prononcés, mais sachant parfaitement qu'il lui était impossible de ne pas les prononcer, le regard attiré, malgré lui, par ces seins dont sa tête connaissait la douceur, et que la maturité pliait imperceptiblement, leur donnant cette lourde plénitude qui, d'une manière ou d'une autre, manque aux vierges et aux jeunes filles.

— Oui, riposta Karen, je l'ai entendu dire. Et toi, tu n'as jamais entendu dire que toute femme mourait trois fois au cours de son existence ? La première quand elle perd sa virginité, la seconde quand elle perd sa liberté (on appelle ça se marier, je crois), la troisième quand elle prend un amant. Tu n'as jamais entendu dire ça ?

— Non, grogna Warden.

— Moi non plus. Je viens seulement d'y penser. Mais ça vaut bien ton histoire de fumée sans feu. Et, si ça t'intéresse encore, laisse-moi te dire que tu aurais pu m'épargner cette saleté. D'autant plus que tous ces racontars au sujet des autres types ne sont que des racontars et que tu aurais pu le comprendre.

— Les autres, d'accord, dit-il froidement. Mais Stark ?

Karen lui fit face, les yeux étincelants.

— Tu étais vierge quand je suis devenue ta maîtresse, pas vrai ?

— Donc, c'est vrai, constata-t-il d'un ton naturel. Et ça t'a plu ? Autant qu'avec moi ? ou davantage ?

— Il me semble que tu deviens rudement possessif, en vieillissant, dit-elle avec mépris. Je ne vois pas en quoi ça te regarde.

— Oh ! je pensais que je pourrais m'inspirer de sa technique, si tu n'étais pas satisfaite. La compagnie G ne recule devant aucun sacrifice pour satisfaire sa clientèle.

— Ça aussi, tu aurais pu me l'épargner, dit Karen. Mais si ça doit t'enlever un poids de sur le cœur, ça ne m'a pas plu du tout. J'en ai gardé un souvenir horrible.

— Qu'est-ce qui me le prouve ?

— Et qui es-tu pour me demander des comptes ?

— Alors, pourquoi l'as-tu fait ?

— Tu voudrais savoir pourquoi je l'ai fait ? Tu voudrais vraiment le savoir, pas vrai ? Je te le dirai peut-être un jour. Mais pas aujourd'hui. Tu te conduis comme un vulgaire mari. Pourquoi que tu ne te creuserais pas aussi la cervelle dans ton coin, comme un vulgaire mari ?

Elle éclata de rire. Puis son visage se décomposa, d'un seul coup, et, sans transition, elle se mit à pleurer nerveusement.

— Salaud, espèce de salaud, dit-elle, tu tenais à ne me laisser absolument rien, n'est-ce pas ?

— O.K. ! grogna Warden. O.K. ! je peux pas te donner tort.

Elle se leva, pleurant toujours, mais il y avait dans son regard la haine la plus intense que Warden eût jamais lue dans un regard. Et il avait affronté pas mal de regards haineux dans sa vie.

— Non, dit-elle. Je vais te raconter ça tout de suite. Après tout, c'est le moment ou jamais. Et ça vous fournira un beau sujet de conversation, quand vous vous raserez, à la caserne.

Elle laissa choir les vêtements qu'elle avait eu tant de peine à réunir et qu'elle avait tenus jusque-là devant elle, comme un bouclier, puis s'assit et montra la cicatrice verticale qui barrait son ventre.

— Tu ne l'avais jamais remarquée, pas vrai ? s'esclaffa-t-elle nerveusement. Eh bien ! c'est la cicatrice d'une hystérectomie, autrement dit d'une utérectomie, opération qui nécessite l'ablation de l'utérus. Tu reconnais la racine du mot hystérectomie, bien entendu. C'est « hystérie » qui, pour les médecins, est pratiquement synonyme de « femme ». Non sans raison, d'ailleurs, puisqu'ils en tirent le plus clair de leurs revenus. « Quel âge avez-vous, madame ? Trente-cinq ans ? Je vois, je vois... Vous pleurez sans raison, vous êtes nerveuse ? Eh bien ! mais, il n'y a pas de quoi s'inquiéter, c'est tout simplement le retour d'âge qui commence à se faire sentir. Toutes les femmes en sont là, chère madame. » Ils t'auscultent, ils se lavent les mains, ils reviennent avec un large sourire, en opinant du bonnet. Ils sont gynécologistes, alors, ils savent ; ils ont fait des études pour ça. « C'est bien ce que je pensais, chère madame, vous avez simplement besoin d'une petite hystérectomie, un point, c'est tout, rien de plus qu'une petite hystérectomie. » Dieu sait ce que deviendraient les médecins s'il n'y avait pas les hystérectomies et tous les mots dérivés de la même racine. Ils changeraient de métier, je suppose, ou voteraient pour la nationalisation de la médecine. A l'hôpital où j'étais, ils pratiquaient jusqu'à neuf hystérectomies au cours d'unc sculc matinéc. Ça te surprend ? Mais c'est tellement simple, à présent. Avec les progrès constants de la technique chirurgicale, ce sera bientôt à peine plus grave qu'une appendicectomie. L'hystérectomie sera bientôt à la portée de toutes les bourses, et toutes les femmes de plus de trente-cinq ans pourront se payer leur petite hystérectomie maison, avec ablation des ovaires et de tout ce qui ne servirait plus à rien, de toute façon. Ablation de l'appendice à titre gracieux, comme prime à tout acheteur...

» Mais, une fois recousue, on s'aperçoit, trop tard, qu'on n'est plus une femme. Oh ! l'extérieur est toujours le même, bien sûr, les hommes n'y voient pas de différence. Certains médecins vont même jusqu'à vous laisser entendre que vous goûterez mieux les joies de la vie, maintenant que vous n'aurez plus la crainte de concevoir. Ça ne change rien aux apparences, les seins eux-mêmes ne se dessèchent pas grâce à certaines pilules qui en entretiennent les glandes. Des pilules à base d'hormones comme ils disent... »

Elle se releva et sortit de son sac une petite fiole verte.

— Voilà, dit-elle. Les pilules qu'il ne faut jamais oublier. La petite dose d'hormones quotidienne, qui vous permet de garder l'apparence d'une vraie femme. Remarquable, pas vrai ?

Elle remit la petite fiole dans son sac.

— On continue à faire l'amour, les hommes ont toujours ce qu'ils désirent, mais on n'est plus une vraie femme. On n'est plus qu'une coquille vide, un fruit sans graines, un sexe sans signification. On ne peut plus avoir d'enfant.

» C'est sans doute pour ça qu'on recherche aussi désespérément l'amour, parce que l'amour seul peut rendre au sexe et à la vie même leur signification. L'amour est tout ce qui vous reste, à condition de pouvoir le trouver. Non, non, ne dis rien, je n'ai pas encore fini. Tu parleras après, si tu as envie de dire quelque chose. Je n'ai jamais raconté ça à qui que ce soit, tu sais. Sauf à mon médecin... jusqu'à ce qu'il veuille voir comment c'était, avec une femme qui n'avait plus ses organes féminins. Alors, laisse-moi finir, si ça ne te fait rien.

» Il me reste à te dire ce qui a nécessité mon hystérectomie. Je parierais volontiers que tu t'attends à tout autre chose. Mais c'est à la suite d'une gonorrhée. C'est très souvent à la suite d'une gonorrhée. Pas toujours, bien entendu : mais très souvent. Et sais-tu qui m'a repassé ma dose de gonorrhée ? Je parierais volontiers que tu ne trouverais pas ça tout seul non plus, si je ne te le disais pas. Je l'ai contractée de la même façon que la plupart des épouses qui se réveillent un jour avec la gonorrhée. Au contact de mon cher mari, le capitaine Dana E. Holmes. Il n'était que lieutenant, d'ailleurs, en ce temps-là. Ne fais pas cette tête, je ne dis pas ça pour me faire plaindre. J'ai entendu dire que certaines épouses la repassaient également à leur mari, et plus fréquemment qu'on ne le pense.

» Il y avait trois ans que nous étions mariés, à l'époque. J'avais déjà donné le jour à son héritier, la survivance du glorieux nom de Holmes était assurée : une veine, pas vrai ? Évidemment, nous n'étions pas mariés depuis plus de deux mois lorsqu'il a commencé à trotter ailleurs. Lorsque j'ai su, du moins, qu'il me trompait, car il n'avait sans doute pas attendu aussi longtemps. Mais ça, ça fait partie du métier. Je m'y suis habituée, bien que l'éducation que j'avais reçue m'eût donné une tout autre idée du mariage. Et puis, après la naissance de l'enfant, il a cessé, graduellement, de coucher avec moi. En dehors de quelques rares occasions. J'ai fini par m'y habituer, quoique avec un peu plus de difficulté, parce que je ne comprenais pas pourquoi. Un beau jour, ces rares occasions elles-mêmes ont cessé, et j'en ai presque éprouvé du soulagement, parce que ce qui s'était passé dans ces cas-là n'était que trop évident. Il rentrait à moitié saoul, complètement déchaîné parce que la femme avec laquelle il était sorti ce jour-là lui avait filé entre les doigts au dernier moment... Je suppose que c'est pour ça que les hommes se marient. Mais je n'y prenais guère de plaisir dans ces conditions.

» Je ne me suis donc pas étonnée lorsqu'il a complètement cessé de s'intéresser à moi. Comment aurais-je pu savoir qu'il était malade et qu'il était en cours de traitement ? Les femmes respectables ne sont même pas censées savoir ce quc c'cst quc la gonorrhée, pas vrai ? Alors, je n'ai pas pensé à ça lorsqu'il est rentré un soir, plus saoul que d'habitude, trop saoul, peut-être, pour s'en souvenir, ou trop excité pour réfléchir sur le moment. J'ai fini par comprendre, bien sûr, mais un peu tard...

— Bon Dieu ! chuchota Warden. Bon Dieu de bon Dieu de bon Dieu !

Karen esquissa un pauvre sourire.

— J'ai presque fini, dit-elle. Je ne veux plus te parler que de Stark. Dana m'avait conduite au médecin qui le soignait. En ville, bien entendu. C'était un petit bonhomme chauve, très scientifique et très objectif, et qui faisait des affaires d'or. La gonorrhée est courante, au Texas ; j'ignore pourquoi. La proximité de la frontière, peut-être...

— Écoute, dit Warden d'une voix méconnaissable. Attends un peu, écoute...

— Non, j'ai presque fini. Il a fallu que je parte en voyage. La gonorrhée est plus difficile à guérir chez la femme que chez l'homme. Elle entraîne fréquemment une hystérectomie. Stark est arrivé à Bliss pendant mon absence. Ce n'était qu'un bleu quand je suis revenue. Un gosse vantard et tout faraud qui me faisait des avances, histoire de crâner, parce que j'étais la femme du lieutenant, et qui a dû éprouver la plus belle trouille de sa vie lorsque je l'ai pris au mot. Mais il fallait que je fasse quelque chose, que j'aie la preuve de pouvoir exister encore, en tant que femme. Stark n'a été que l'instrument qui m'a servi à parfaire ma guérison. N'importe quel autre eût aussi bien fait l'affaire. Ce n'est arrivé qu'une fois, et j'en suis ressortie blessée dans ma chair et complètement écœurée, mais j'étais guérie, parce qu'il ne s'était aperçu de rien. Est-ce que tu comprends ce que je veux dire ?

— Oui, dit Warden. Je comprends. Mais écoute-moi, maintenant, je...

— C'est tout, dit-elle. J'ai fini, maintenant. C'est tout. Je vais m'en aller dans un instant.

Elle s'assit sur le bord du lit et le regarda, un sourire aux commissures des lèvres. Puis le sourire s'estompa, lentement, cédant la place à une absence totale d'expression plus pénible encore que toutes les expressions torturées qui avaient déformé ses traits pendant son récit. Elle se renversa en arrière, trop lasse pour rester assise, trop lasse pour s'en aller, trop lasse pour vomir, ou pleurer, ou rire nerveusement, ou se réfugier dans l'inconscience. Elle était comme une accouchée qui a senti, jour après jour, grandir et grossir en elle l'enfant d'un homme et que l'accouchement effraierait (bien qu'elle eût toujours su qu'il lui faudrait accoucher un jour) et qui, après l'accouchement, sombre dans un néant miséricordieux.

— Écoute, répéta Warden. Écoute-moi...

Il reprit la bouteille qu'il avait posée sur le plancher et la lui tendit.

— Tu veux que je m'en aille, pas vrai, dit-elle. Je vais m'en aller dans une minute. Laisse-moi seulement me reposer une minute. Après, je m'en irai.

Warden secoua la tête.

Elle le regarda, se redressa et lui prit la bouteille des mains.

— Oui, ça ne me fera pas de mal, avant de partir, dit-elle.

Warden hocha la tête.

— Je ne veux pas que tu t'en ailles, dit-il. Je te demande de ne pas t'en aller.

— Je ne veux pas m'en aller, Milt, dit Karen. Je veux rester, Milt, je ne veux pas m'en aller.

— Voilà, c'est mieux, dit-il. Oh ! l'enfant de salaud. La saloperie d'enfant de salaud !

— Je n'ai pas besoin de rentrer avant demain soir, dit-elle d'un ton vague. Il est invité à l'une des partouses du colonel Delbert, cette nuit.

— Je t'aime, dit Warden. Oh ! le fumier.

22

Le capitaine Holmes pouvait être un fumier doublé d'une saloperie d'enfant de salaud — c'était une simple affaire d'opinion — mais en tout cas le capitaine Holmes n'était pas un imbécile, et il savait que depuis peu sa femme avait un amant. Douze ans de vie commune vous confèrent une sorte de sixième sens infaillible pour ce genre de choses. Ce soir, sa femme avait refusé de lui préparer à dîner. Or elle n'avait jamais refusé, jusqu'à présent, de lui préparer à dîner. A déjeuner, toujours — sans parler du petit déjeuner — mais à dîner, jamais. La préparation du dîner faisait partie de leur accord. « Accord ? pensa Holmes. Trêve armée conviendrait davantage. » Il ne s'agissait pas d'un mariage ordinaire. Ou peut-être que si après tout ?

Le capitaine Holmes avait donc soupé — et bien soupé — au mess des officiers célibataires, avec tous les autres officiers mariés dont les épouses ne préparaient plus le dîner de leur seigneur et maître. Le ventre confortablement garni, mais l'esprit assez peu tranquille, il attendait maintenant au bar l'arrivée de son colonel.

Depuis qu'il s'était laissé ravir le titre de divisionnaire, le capitaine Holmes n'était pas en très bons termes avec son colonel. En fait, lorsqu'il se donnait la peine d'y réfléchir, il devait s'avouer qu'il n'était pas en très bons termes avec qui que ce fût, depuis un certain temps. Avec son colonel, pour commencer ; avec sa femme, ensuite. Mais sa femme, mon Dieu ! ce n'était pas une nouveauté... Ni son sergent-chef, ni son sergent d'ordinaire n'éprouvaient une grande affection à son égard. Cinquante pour cent des hommes de sa compagnie ne pouvaient pas le voir en peinture et les cinquante autres, ceux pour qui il savait avoir fait bien des choses, ne paraissaient même pas s'en douter. Il avait même souvent l'impression que cette seconde moitié de sa compagnie l'aimait encore moins que la première ! Pourquoi tout ça ? Il lui semblait parfois qu'un abîme effrayant était en train de se creuser sous ses pieds. Où était le brillant idéal du meneur d'hommes qui avait quitté West Point pour conquérir le monde ? Où était l'heureux et gai mariage, la vie édifiante, la conscience du chef scrupuleux ? Où étaient les conceptions audacieuses du jeune cavalier intrépide ? Il avait dû perdre tout ça quelque part en chemin, mais à quel endroit exact ? Où les rechercher à présent ?

« Ce doit être un civil, se dit-il après mûre réflexion. Elle est trop discrète pour prendre un officier, elle a trop de classe et de bon goût pour prendre un simple soldat. Conclusion : c'est un civil, riche de préférence. » Le capitaine Holmes avait toujours cru en l'efficacité de la logique syllogistique.

Au fond, c'était plutôt un avantage. Il n'aurait plus besoin, désormais, de rentrer chez lui le soir lorsqu'il n'en aurait pas envie. L'existence de cet amant le libérait d'une agaçante nécessité : celle d'avoir à sauver la face aux yeux de son épouse légitime. Comment se faisait-il qu'il ne se sentît point soulagé ? Ils avaient un point commun, à présent, elle et lui. Un point de contact. Un terrain d'entente. Alors ?

Pour échapper au vertige que suscitait en lui cet abîme sans fond, le capitaine Holmes commanda un autre whisky-soda et noua conversation avec le barman qui, bien que profondément ennuyé, l'écouta avec une sollicitude attentive, parce qu'Holmes était capitaine et que lui-même n'était que première classe. Holmes commençait à se demander irrévérencieusement ce que pouvait bien foutre le vieux Delbert.

En fait, le colonel arriva un bon moment après l'heure convenue, en compagnie d'un général de brigade qu'il présenta au capitaine avec une certaine affectation. Pour une fois, Holmes ne broncha même pas. C'était un sale tour à lui jouer que d'amener un général à la partouse sans même l'avoir prévenu, mais il pensait toujours à sa femme, qui, depuis longtemps, n'était plus sa femme que de nom, mais qu'il avait crue, tout de même, au-dessus de ces faiblesses humaines...

Ensemble, les trois hommes traversèrent la cour, à l'autre extrémité de laquelle brillaient les lumières de l'hôpital militaire, pénétrèrent dans la salle des banquets dont le colonel referma la porte derrière eux avant de montrer au général et au capitaine le chemin de l'escalier qui conduisait aux étages supérieurs.

— Je me flatte d'avoir réalisé un petit tour de force en choisissant cette fois le jour du prêt, remarqua le colonel Delbert.

— Oh ! indubitablement, colonel, répliqua le général d'un ton neutre qui le rendit aussitôt sympathique aux yeux du capitaine Holmes.

Dynamite avait déjà eu l'occasion de rencontrer ce général, mais jamais dans de telles circonstances. Arrivé depuis peu des États-Unis, il passait pour un brillant tacticien, et l'on disait qu'il était sur le point de prendre le commandement effectif de la brigade, dès que le vieux major-général actuellement en fonctions aurait été mis à la retraite, ce qui — affirmait-on — ne saurait tarder. Il était beaucoup plus jeune que le colonel Delbert.

— Nous serons cinq, pour six femmes, messieurs, annonça le colonel en montant l'escalier. C'est plus excitant comme ça ! Et toutes de couleur. Deux Japonaises, une Chinoise, deux Sino-Hawaiiennes et une négresse de pure race ou presque, puisqu'il n'existe plus, paraît-il, d'Hawaiiens de pure race.

— Le colonel Delbert, dit Holmes d'un ton respectueux, est un chaud partisan du vieux précepte militaire selon lequel on doit tirer le meilleur parti possible des lieux dans lesquels on se trouve.

Le général éclata de rire et lui jeta un regard en biais. Le colonel pouffa. Holmes se permit un sourire.

Delbert avait, comme d'habitude, retenu les trois appartements du premier étage et fait ouvrir les portes de communication, de telle sorte qu'ils disposaient de six pièces en enfilade. Ces appartements avaient été aménagés, à l'origine, pour servir de quartiers provisoires aux nouveaux officiers ou aux officiers en visite, mais comme ils n'étaient jamais plus utilisés de cette manière, l'officier qui gérait le club avait eu l'idée de les louer, pour couvrir les frais de gestion, à ceux de ses collègues qui désiraient organiser des réunions en petit comité. Depuis qu'il avait lancé cette idée, non seulement le club couvrait ses frais de gestion, mais il commençait à faire des bénéfices.

— Eh bien ! qu'en pensez-vous, mon général ? s'informa fièrement le colonel Delbert.

Le général, qui était grand et mince, s'étira voluptueusement et jeta un coup d'œil sur les bouteilles cachetées, les siphons et les luxueux verres à cocktail artistement disposés alentour.

— Hé, hé ! dit-il. Ça me rappelle les vieilles sociétés secrètes de West Point.

— J'ai fait apporter tout ça de chez moi par mon ordonnance, expliqua le colonel. Sur le terrain comme au lit, c'est toujours le meilleur équipement qui donne le plus de satisfaction. Jeff — mon ordonnance — est en train de s'arranger avec le cuisinier pour les sandwiches et la glace.

Le général se pencha vers l'étiquette d'une des bouteilles et ne répondit pas.

— Général Slater, dit facétieusement le colonel Delbert, en notre qualité de représentants du Q.G. régimentaire, nous vous souhaitons la bienvenue dans ce havre du mâle oppressé.

Le général se laissa tomber dans un fauteuil.

— Sam Slater, rectifia-t-il. Sam Slater, de Sheboygan. Personne ne tient plus que moi au respect des galons et des prérogatives qui s'y rattachent, Jake, mais en lieu et temps utiles, c'est-à-dire ni ici ni maintenant.

— O.K. ! Sam, dit Jake Delbert avec un sourire gêné. Je ne...

Slater se retourna vers Holmes.

— Vous pouvez m'appeler Sam, vous aussi, dit-il. Mais, si vous vous avisiez de faire une chose pareille en dehors de cet appartement, je vous ferais casser sans l'ombre d'une hésitation. D'accord ?

— D'accord ! dit Holmes en souriant.

Ce Slater lui était de plus en plus sympathique.

— Le chantage n'a jamais été mon fort, de toute manière, ajouta-t-il.

Sam Slater le regarda un instant, puis éclata de rire.

— Votre protégé me plaît, Jake, déclara-t-il.

— C'est un garçon très bien, riposta Jake, mais ce n'est pas exactement ce que j'appellerais mon protégé...

Sans s'excuser, Slater lui coupa la parole.

— Franchement, dit-il à Dynamite, quand ce vieux Jake ici présent m'a annoncé qu'il y aurait un jeune capitaine au nombre de ses invités, j'ai pensé : « Oh ! merde ! » Mais j'aurais bien dû savoir que ce vieux Jake Delbert connaissait ses oignons !

— Je savais bien qu'il vous plairait, Sam, mentit Jake, tandis que sa petite moustache battait désespérément des ailes.

— Je suis sûr qu'il m'a présenté sous des traits extrêmement flatteurs, dit Holmes.

— Mais oui ! affirma Sam Slater. Pas vrai Jake ? Il m'a tout dit sur votre compte. Il est sincèrement désolé que vous ayez perdu ce championnat qui vous revenait de plein droit, d'après lui.

— Je m'efforce toujours de rester juste, dit stoïquement Jake.

— Je n'aurais pas permis à n'importe quel jeune officier de m'appeler Sam, même en de telles circonstances, continua Slater. La plupart d'entre eux n'auraient pas compris. Hein, Jake ?

— C'est vrai, Sam, acquiesça Jake d'un ton légèrement dubitatif.

Il observait Holmes, qui, de son côté, ne s'était jamais senti d'humeur aussi folâtre en présence de son colonel, et faillit éclater de rire. L'accord tacite qui l'unissait provisoirement au général lui garantissait une entière sécurité, et, pour une fois que le Vieux était le dindon de sa propre farce, c'était le moment ou jamais d'en tirer le maximum.

L'arrivée du sergent Jefferson soulagea visiblement Jake Delbert. Il lui ordonna de préparer les premiers cocktails, se fit remettre par lui une paire de jumelles qu'il eût pu saisir en allongeant le bras et, sans le remercier, l'envoya chercher les femmes à Wahiawa.

— Et tâchez qu'aucun civil ne vous voie les ramener dans ma voiture, ou j'aurai votre peau, Jeff, compris ?

— Oui, mon colonel, fit Jeff, impassible.

Jake pointa les jumelles vers les fenêtres illuminées du quartier des infirmières et les régla soigneusement à sa vue.

— Rien, grogna-t-il en rejetant l'instrument sur la table. Même pas une seule à poil !

Personne ne répondit. Sam Slater avait transposé sur le plan général sa réflexion concernant les jeunes officiers et disait à Dynamite Holmes :

— Ce qui m'a tout de suite frappé, lorsque je vous ai vu, c'est que vous n'aviez pas peur. Le plupart des jeunes officiers sont exactement comme les hommes de troupe. Ils ont peur de leurs supérieurs. Leurs moindres pensées, leurs moindres actes sont gouvernés par cette crainte perpétuelle d'une désapprobation officielle. Et cette crainte n'existe pas seulement chez les jeunes officiers. Il est très rare de trouver parmi eux, jeunes ou vieux, quelqu'un avec qui l'on puisse discuter raisonnablement, ce qui ne rend pas les choses particulièrement faciles pour un type comme moi !

— Messieurs ! intervint Jake Delbert en se levant d'un bond. Vos verres sont vides, messieurs. Et nous ne sommes pas ici pour tenir un conseil de guerre. Nous sommes ici pour...

Sa voix sombra dans le vague, comme celle d'un phonographe insuffisamment remonté.

— J'ai soif, conclut-il misérablement.

Sam Slater lui sourit avec un mépris ostensible, et Jake se sentit frémir.

— Bien sûr, Jake, dit Slater. Remplissez les verres, mon vieux, remplissez les verres.

— Messieurs ! dit Jake Delbert. Je bois à vos santés respectives, messieurs.

— Merci, Jake, dit Slater en prenant le verre que lui tendait le colonel.

Son ton conciliant ne rassura nullement Jake Delbert.

« Qu'ils aillent se faire foutre », songea-t-il.

— Dites-moi, Dynamite, s'informa-t-il, êtes-vous parvenu à convaincre ce... comment s'appelle-t-il, déjà ?... ce Prewitt de reprendre la boxe ?

— Pardon ? sursauta Holmes, retombant brusquement de l'abstrait dans le concret où comptent uniquement les résultats. Oh !... Prewitt ! Non, pas encore. Mais tous mes gars s'occupent de lui.

— Ils lui infligent le « traitement » ? s'enquit Slater.

— Oui, dit Holmes à contrecœur.

— Voilà qui va me permettre d'illustrer ma théorie. Combien de temps pourrions-nous maintenir l'ordre dans une armée, d'après vous, si nous n'avions pas d'officiers subalternes qui craignent notre classe au point de tyranniser la leur ?

— Pas très longtemps, riposta Holmes.

— Le secret, continua Slater, est d'inspirer à chacune des classes de la société la crainte des classes supérieures et le mépris des classes inférieures. Vous avez raison de faire faire le sale travail par vos sous-offs au lieu de le faire vous-même. En agissant ainsi, vous rendez encore plus évident l'abîme qui sépare les soldats des officiers, et cela aux yeux des sous-officiers eux-mêmes.

— Mais vous n'avez encore obtenu aucun résultat ? insista Jake, ramenant à nouveau la conversation sur le plan concret, le plus loin possible de cette théorie infernale du jeune Slater. N'oubliez pas que les rencontres intercompagnies doivent commencer en juin, cette année.

Brusquement dégrisé, Holmes se retrouva soudain dans ses petits souliers de simple capitaine.

— Je ne l'oublie pas, mon colonel, dit-il.

— J'en suis persuadé, mon garçon, dit Jake d'un ton chaleureux.

Il se mouvait à nouveau en terrain familier.

— Mais n'oubliez pas non plus que ce Prewitt est apparemment une forte tête, dont le « dressage » met en jeu votre prestige d'officier.

— Mon prestige n'est pas en jeu pour l'instant, se défendit Holmes, blessé par cet accord. Mes gars agissent pratiquement sans intervention de ma part...

Il s'interrompit, comprenant soudain qu'il venait de commettre une erreur.

— Je veux dire... commença-t-il.

Mais Jake avait repéré la brèche et l'agrandissait joyeusement.

— Vos hommes ne risquent-ils pas de s'imaginer que vous craignez d'en endosser la responsabilité ? questionna-t-il, se disant dans son for intérieur : « Ça t'apprendra, jeune blanc-bec ! » En théorie, c'est toujours facile, mais quand il faut passer aux actes...

— Mais non, contre-attaqua Holmes. J'essaie simplement d'arriver au but par l'intermédiaire de mes sous-officiers, comme le général ici présent vient de le dire.

— Ça demandera plus de temps, de cette manière, riposta Jake. Et s'il ne capitule pas assez tôt pour pouvoir s'entraîner sérieusement, il risque de ne vous être d'aucune utilité en juin.

— C'est pour le championnat divisionnaire que je le veux, l'hiver prochain, et non pour les rencontres intercompagnies, répliqua Holmes en souriant avec une certaine complaisance, heureux d'avoir gagné ce round.

— Certes ! insista Jake. Mais, s'il coupe aux rencontres intercompagnies, il vous aura tout de même obligé à céder du terrain, et ça, c'est mauvais... n'est-ce pas, Sam ?

Slater l'observa un instant sans répondre. L'un et l'autre quêtaient son approbation, et il le savait et en jouissait secrètement. Jake était colonel, bien sûr, mais Jake était un couard et un membre de cette vieille école qu'il faudrait inévitablement détrôner un jour. Et, d'autre part, le jeune Holmes lui plaisait.

— C'est exact, dit-il enfin. Mais l'important c'est qu'aucun homme de troupe ne puisse soupçonner que l'un d'entre eux a fait reculer un officier. Cette histoire de boxe n'a aucune importance en elle-même.

Jake jugea préférable de ne pas relever cette dernière phrase. Il avait repris l'avantage, il avait aiguillé la conversation sur une autre voie, c'était l'essentiel. Mais c'était tout de même malheureux qu'il dût s'abaisser, lui, un lieutenant-colonel, à disputer la faveur d'un général à un simple capitaine !

— S'il s'obstine, il faudra bien que vous le matiez, dit-il froidement à Dynamite Holmes. Vous n'avez pas le choix.

Slater et Holmes discutaient toujours lorsque les femmes arrivèrent sous la conduite du sergent Jefferson, et ils continuèrent de discuter après que deux d'entre elles eurent élu domicile sur leurs genoux. Elles se servirent des cocktails, les burent et commencèrent à échanger des regards perplexes lorsqu'elles virent que la discussion s'éternisait et que les deux hommes ne les chassaient pas, mais n'encourageaient pas non plus leurs avances. Jake et les deux majors s'étaient déjà retirés dans les chambres voisines en compagnie des quatre autres filles.

Et les deux hommes discutaient toujours. Holmes écoutait attentivement les paroles du général, qui lui ouvraient des perspectives dont il n'avait fait, jusque-là, qu'entrevoir la profondeur.

— Le tout est basé sur l'appréhension, disait Slater en souriant. La confiance qu'on peut accorder à un homme est en raison directe de l'appréhension qui est en lui. L'étape suivante est, bien entendu, de provoquer cette appréhension par des moyens artificiels. Elle est là, il suffit de la faire fructifier. Plus grande est l'appréhension, plus parfait sera le contrôle.

— Qu'est-ce que c'est, l'après-hension, mon chou ? s'informa la Japonaise assise sur l'accoudoir du fauteuil de Slater.

— La peur, riposta Sam Slater.

— Oh ! dit-elle en échangeant un regard avec sa camarade.

— Qu'est-ce qui va pas ? s'enquit la Chinoise assise sur le genou droit d'Holmes.

— Rien, tout va pour le mieux, dit Slater.

— On vous plaît pas, peut-être ? gazouilla la Japonaise.

— Mais si, mais si, vous êtes gentilles, affirma Slater.

— Viens, Iris, dit la Japonaise. On va aller voil le glos type aux cheveux blancs. Il est avec Beulah. On va peut-être pouvoil ligoler un peu.

Iris se leva.

— J'ai lien fait qui t'a pas plu ? insista-t-elle.

— Mais non, dit Holmes.

— Vous voyez, ricana Slater lorsqu'elles furent parties. Vous voyez ce que je voulais dire en parlant d'appréhension ?

Holmes éclata de rire.

— J'ai essayé cent fois, d'expliquer ça à ce vieux Jake Delbert, continua Slater. Jake a d'énormes capacités, si seulement il voulait bien apprendre à s'en servir.

— Il est peut-être un peu vieux, suggéra prudemment Holmes.

— Il est trop vieux, rectifia Slater. Si j'ai jamais vu un type errer dans l'obscurité, c'est bien ce vieux Jake Delbert. Il a tout ce qu'il faut pour comprendre, cependant, mais il a peur... C'est un tel moraliste qu'il préfère passer son temps à écrire des allocutions sentimentales à l'usage de ses troupes plutôt qu'à essayer de venir en aide à l'humanité. Et il soulage son esprit de ses incertitudes comme on se soulage les intestins : en organisant une partouse de temps à autre... Non que j'en sois ennemi, loin de là ! Je sais en profiter et je m'y amuse. Mais ça ne suffit pas à remplir une vie. L'homme doit avoir foi en quelque chose de plus grand que lui-même.

— C'est ça, souligna Holmes. Croire en quelque chose de plus grand que soi-même. Mais où trouver ce quelque chose dans le monde actuel ?

— Nulle part, dit Slater, nulle part, sinon dans la simple raison. Vous êtes déjà vieux pour un capitaine, Dynamite, mais vous seriez encore jeune pour un major. Je n'étais que major, moi-même, à votre âge. Et je n'avais pas encore commencé à apprendre la logique neuve imposée par l'époque. Si quelqu'un de bien n'avait fait de moi son protégé, je serais toujours major et en passe de devenir un second Jake Delbert.

— Ce qu'il y a, dit Holmes, c'est que vous avez su entendre raison dès que quelqu'un vous a montré la voie.

— Exactement, dit Slater. Et nous avons grand besoin, dans notre profession, de protégés capables d'apprendre cette leçon. Il n'y a pas de limites aux possibilités qui leur seront ouvertes dans quelque temps.

— Le grade m'importe peu, dit Holmes.

Ce n'était pas la première fois qu'il disait cela, mais c'était la première fois qu'il le pensait réellement.

— Tout ce qui m'importe, continua-t-il, c'est de trouver un sol ferme, une base logique, saine et inébranlable. Voilà ce qui m'importe, et le grade peut aller au diable !

— C'est exactement ce que je pensais moi-même, dit Slater. — Il sourit. — J'ai besoin d'un type bien pour secouer un peu mon état-major de crétins empaillés ! Ça vous plairait de venir travailler pour moi au G.Q.G. ?

— Si vous croyez que je serais capable de faire le travail, dit modestement Holmes.

Il voyait déjà la tête de Karen. S'il l'avait écoutée, il ne serait jamais venu à aucune de ces partouses et n'aurait jamais eu l'occasion de bavarder ainsi avec le général Slater. Et le vieux Jake Delbert ! Il voyait sa tête, à lui aussi, à lui qui avait cru faire une blague au pauvre Dynamite en invitant un général de brigade !

— Faire le travail ? Et comment, grogna Slater. Si le poste vous intéresse, il est à vous. Je m'en occuperai dès demain... En réalité, continua-t-il après un court silence, l'histoire de ce dénommé Prewitt n'a aucune importance, ni en ce qui concerne la section de boxe, ni même en ce qui concerne votre prestige. Elle ne doit vous importer qu'en tant que moyen de mettre votre caractère à l'épreuve et de développer votre personnalité.

— Je n'avais jamais envisagé la question sous cet angle.

— Je crois qu'il vaut mieux pour vous que nous ne nous occupions de votre mutation qu'après que vous aurez réglé cette affaire. Ensuite, nous vous ferons muter, et vous pourrez laisser tomber complètement la section de boxe. Nous aurons un meilleur emploi pour votre énergie.

— Oui, je le crois aussi, murmura Holmes, qui se demandait s'il désirait lâcher la section de boxe.

Slater sourit et se leva.

— J'ai soif et j'ai assez parlé comme ça, dit-il. Nous gaspillons un temps précieux. Où sont parties ces foutues souris ?

Il s'empara d'un siphon, et le philosophe disparut instantanément, cédant la place à un quelconque bambocheur.

— Venez, dit Slater. Ils sont tous dans la pièce d'à côté.

— Oui, voilà, répondit le capitaine Holmes en emboîtant le pas de son supérieur.

Il regarda le colonel vautré sur le lit, un verre à la main, en compagnie d'une des filles, les deux majors, le sergent Jefferson, avec son plateau chargé de cocktails, Sam Slater enlaçant une des filles, la fille qu'il avait choisie lui-même... Puis il ne regarda plus que Sam Slater de Sheboygan. Il le regarda comme une femme regarde l'homme par qui elle vient de se laisser séduire et qui commence à ronfler auprès d'elle.

Il se leva et, d'un pas légèrement vacillant, entraîna sa robuste Chinoise dans l'une des chambres voisines.

23

Prewitt, en ce même moment, n'éprouvait aucune inquiétude pour son propre avenir tandis qu'il grimpait allégrement l'escalier du *Nouveau Congrès*. Pour le moment, il lui suffisait de penser à Lorene, et tout le reste était sans importance. Du moins, jusqu'au lendemain matin.

Lorene. Ce n'était pas un nom de prostituée, Lorene. Il lui semblait, en le prononçant, qu'il avait un son spécial, connu de lui seul, comme si nulle autre femme auparavant n'avait porté ce nom. Que diable, il lui suffirait de se faire muter dans une compagnie de vrais soldats et de repartir à zéro, et de regagner ses galons de sergent, puisqu'ils signifieraient à nouveau quelque chose !

Il se rappela soudain que Dynamite n'approuverait jamais sa mutation.

Et alors ? Son temps expirait dans un an, pas vrai ? Lorene avait l'intention de travailler ici encore un an, de toute façon, et dans un an, presque jour pour jour, il serait libre, lui aussi, de rentrer aux États et de rempiler, d'accord, mais en A-mé-ri-que ! Bon soldat comme il savait l'être, il aurait tôt fait de reconquérir ses galons de sergent, il épouserait Lorene, et puisque c'était de confort et de sécurité qu'elle avait envie par-dessus tout, ils s'installeraient dans une petite garnison pépère où elle vivrait sur un pied d'égalité avec toutes les autres femmes de sous-officiers. Est-ce que les vétérans comme Pete Karelsen ne disaient pas que c'étaient les anciennes putains qui faisaient les meilleures épouses ? Pour la bonne et simple raison qu'elles savaient apprécier les petites choses de la vie mieux que n'importe quelle autre femme ! Eh ! merde, elle pourrait même l'épouser maintenant et continuer à travailler pendant un an, comme elle en avait l'intention. Pour tout le bien que la respectabilité leur avait fait, à tous les deux ! Avec de la respectabilité et quinze cents, on a un verre de bière. Avec de la respectabilité et pas de pognon, on n'a rien, pas une broque ; alors, à quoi bon se compliquer l'existence ?

— Mon Dieu, mais c'est Prew !

Il se souvenait à peine d'avoir frappé à la porte métallique, et pourtant c'était Mme Kipfer qui l'accueillait avec effusion et repoussait le lourd battant derrière lui.

— Je ne m'attendais pas à vous revoir si vite ! C'est une bonne surprise.

— Comment vont les affaires ? plaisanta-t-il.

La question était inutile, car les deux salles d'attente étaient pleines à craquer, des hommes hilares s'entrecroisaient incessamment dans les corridors, les deux phonos automatiques beuglaient à pleine voix, des filles apparaissaient et s'escamotaient, martelant le sol de leurs talons pointus. L'odeur était celle d'un cirque : sciure de bois, tabagie et parfums divers. Des portes claquaient à chaque instant dans les profondeurs. Puis une voix enrouée domina le vacarme :

— Des serviettes !

La toilette de Mme Kipfer était toujours impeccable, mais ses yeux étaient légèrement hagards.

— Ah ! ces jours de prêt, soupira-t-elle.

Prew sourit.

— Des serviettes !

Mme Kipfer pinça délicatement les lèvres.

— Pétunia, Josette réclame des serviettes, au n°7.

— O.K. !

La grosse négresse s'éloigna posément.

— Et vois en même temps si personne d'autre n'en a besoin, dit Mme Kipfer. Vite ! Pétunia ! Le pire, c'est qu'elle s'appelle vraiment Pétunia. Mais je ne sais pas ce que je ferais sans elle. Minerve est malade. Elle est toujours malade quand arrive le jour du prêt. Je n'arrive pas à en venir à bout !

— Où est Lorene ? demanda Prew.

Mme Kipfer posa une main légère sur le bras de Prew et lui jeta un regard oblique, le visage épanoui.

— Mon Dieu ! Prew, est-ce pour cela que vous êtes venu spécialement le jour du prêt ? Avez-vous donc emprunté de l'argent ? Juste pour venir ici voir Lorene ?

— Non, j'ai gagné au jeu, dit Prew, irrité, et j'ai décidé de descendre en ville avant d'avoir tout reperdu.

— Mais c'est très bien, ça, mon garçon, minauda Mme Kipfer. Combien avez-vous gagné, mon cher ?

Prew porta une main anxieuse à sa poche-revolver. Son portefeuille était toujours là. Il poussa un soupir de soulagement.

— Oh ! une centaine de dollars, dit-il avec désinvolture.

— Mais c'est très bien, ça répéta Mme Kipfer.

— Oh ! c'est pas grand-chose, répliqua-t-il.

Vingt dollars moins un pour le taxi aller et retour, moins deux verres à cinquante cents qu'il avait bus avant de monter, il ne disposait donc plus que de dix-huit dollars. Quinze pour toute la nuit et trois pour un acompte, en attendant ; c'était juste, trop juste pour qu'il se sentît parfaitement à l'aise.

Mme Kipfer le regardait toujours en biais, avec un sourire complice.

— Vous savez, j'admire la sûreté de votre goût, mon cher, mais Lorene est très demandée, les jours de prêt, et je suis sûre que...

— Écoutez, dit-il, réprimant une violente envie de rire, je suis pas pressé. Dites-moi simplement où je peux la trouver.

Mme Kipfer haussa les épaules, toujours souriante.

— Très bien... Elle est au n° 9. Tout droit, au fond du couloir. Le mieux que vous ayez à faire est de l'attendre devant la porte et d... Oh ! excusez-moi.

Des coups de poing ébranlaient le battant métallique. Elle courut ouvrir le guichet, et Prew l'entendit susurrer, tandis qu'il se dirigeait vers le fond du couloir :

— Je suis navrée, mes enfants, nous sommes au complet, tout à fait au complet, je suis désolée... Oh ! si vous le prenez comme ça, inutile de discuter, allez-y, vous êtes prévenus ! Oh ! Prew-ew..., cria-t-elle.

— Oui ?

— Ils sont saouls comme des Polonais, lui chuchota-t-elle à l'oreille. Pourvu qu'ils ne me fassent pas d'histoires. Je voulais vous demander comment allait le sergent Warden ?

— Qui ça ?

— Milt Warden. Il est toujours à la G, n'est-ce pas ?

— Je comprends, dit Prew.

— Il n'est pas venu nous voir depuis si longtemps que je commençais à me demander s'il ne s'était pas refait muter dans la métropole. Voulez-vous me rappeler à son bon souvenir ?

— Eh bien ! mais... oui, sûrement ! dit Prew, enchanté.

Il irait trouver Warden, dès le réveil, demain matin, et lui répéterait textuellement les paroles de Mme Kipfer.

— Vous savez, dit Mme Kipfer, vous avez de la veine d'avoir un tel homme comme sergent-chef.

— Vous croyez ? gouailla Prew. Oh ! c'est exactement mon avis. En fait, c'est l'avis de tout le monde, à la G.

« Oh ! Papillon », pensait-il.

La porte du n° 9 était ouverte lorsqu'il parvint au fond du couloir. Un sergent en sortit, renouant sa cravate, et Prew le regarda tandis qu'il s'éloignait d'un air absorbé.

Lorene en sortit à son tour, pointillant le sol de ses hauts talons, rapprochant d'une main les bords de sa robe qu'elle n'avait pas pris le temps de refermer, tenant de l'autre main une bouteille pleine d'un liquide sombre et un jeton de poker de couleur blanche.

— Hé ! dit Prew. Lorene !

— Bonjour, chéri, dit-elle.

— Hé ! Arrête-toi une minute, veux-tu ?

— Je suis pressée, chéri ! Il y en a trois ou quatre avant toi.

Puis elle le reconnut et s'arrêta court.

— Oh ! c'est toi. Bonjour. Comment ça va ?

« Comment ça va ? »

C'était tout ce qu'elle trouvait à lui dire ! Il chercha désespérément une réplique cinglante, mais ne trouva rien dans son cerveau anesthésié.

— Ça va, dit-il enfin. Et toi ?

— Oh ! ça va, dit-elle, scrutant les profondeurs ténébreuses du corridor. Écoute, chéri, je pourrai m'occuper de toi dans... disons une demi-heure ? C'est le mieux que je puisse faire, chéri.

— Ouais ?

Il avait la gorge si contractée qu'il dut faire un gros effort pour arriver à dire :

— Est-ce que tu te souviens de moi ?

— Bien sûr, que je me souviens de toi, idiot, dit-elle en fouillant à nouveau du regard les ombres avoisinantes. Est-ce que tu t'imaginais que j'aurai pu t'oublier ? Écoute, j'ai pas le temps de bavarder maintenant, chéri. Pourquoi que tu n'essaierais pas plutôt de revenir dans une heure ?

— Ah ! n'en parlons plus. Ce sera pour une autre fois.

Il fit un pas en arrière, le cerveau de plus en plus vide.

— Je crois que ça n'aurait pas marché, de toute façon, approuva-t-elle. Ils seraient sans doute plus de quatre à m'attendre, d'ici là.

— Ouais. Mme Kipfer m'a dit que tu étais très demandée. N'en parlons plus...

— Écoute, dit-elle. J'en vois aucun des miens. Si je te faisais passer maintenant ?

— Je te demande pas de me faire des faveurs !

Elle lui jeta un regard anxieux, sincèrement anxieux, pas un regard pour client ordinaire.

— Allons, ne sois pas comme ça, lui reprocha-t-elle. Qu'est-ce que tu espérais ?

— J'en sais rien.

— Tu as mal choisi ton moment, voilà tout.

— Ouais ? ricana-t-il. C'est moi qui suis venu y a trois jours, tu te rappelles, et qui suis resté toute la nuit avec toi, et qui t'ai promis de revenir cette nuit pour passer encore la nuit avec toi. Tu te rappelles ? C'est moi qui ai bavardé avec toi l'autre nuit pendant près de trois heures.

— Bien sûr, que je me rappelle.

— Tu parles ! Je suis sûr que tu te souviens même pas de mon nom.

— Mais si, je m'en souviens. Tu t'appelles Prew. Je t'ai expliqué pourquoi j'étais entrée dans ce business. Tu vois que je m'en souviens.

— Oui, grogna-t-il.

— Écoute, va m'attendre au n° 9 et je t'y rejoins dans une minute. Tu n'as qu'à te déshabiller en m'attendant.

— Non, merci. J'aime mieux revenir à deux heures, si ça ne te fait rien. J'ai jamais aimé le travail en série.

Elle s'éloignait déjà, mais les paroles de Prew la firent revenir en arrière.

— Ça marchera pas non plus, Prew, dit-elle doucement. Je suis déjà retenue pour toute la nuit.

— Quoi !

Sa bouche était horriblement sèche.

— Tu m'as pas dit ça l'autre nuit. Tu m'as dit...

— Je ne le savais pas encore, expliqua patiemment Lorene. Je peux gagner plus d'argent le jour du prêt que pendant les trois dernières semaines du mois. Il y a toute une tribu de grosses légumes qui viennent de Fort Shafter, ce soir, et ils ont retenu presque toute la boîte. Ils ont téléphoné ce matin à Mme Kipfer et ils m'ont demandée tout spécialement.

— Mais tu m'avais déjà promis ta nuit, protesta-t-il. Sacré nom de Dieu, tu pouvais pas dire à la vieille que t'étais déjà retenue !

« Alors, Prew, tu la supplies, maintenant ? songeait-il. Qu'est-ce que t'attends pour te mettre à genoux ! »

— T'es tout de même pas bouché à ce point-là ! dit Lorene, exaspérée. Quand les huiles organisent une de leurs bringues dans la boîte, Mme Kipfer boucle avant leur arrivée. Qu'est-ce que tu crois que ça donnerait si elle recevait en même temps des simples soldats et des officiers supérieurs ?

« Oh ! la vieille maquerelle ! songea Prewitt, cette sale Kipfer savait tout ça, et elle m'en a pas soufflé mot ! »

— Je me fous pas mal de ce que ça donnerait, dit-il.

Un grand G.I. assez gros pour être premier cuistot les écarta l'un de l'autre avec ses coudes, et Prew l'apostropha grossièrement, le cœur bondissant d'espoir :

— Eh ! bougre de gros salaud, tu peux pas demander pardon, quand tu passes, non ? Reviens un peu ici...

Le grand type ne se retourna même pas. « Merde, pensa Prewitt, écœuré, même pas moyen de se bagarrer. »

— Tu n'aurais pas pu entrer, expliquait Lorene, même si j'avais refusé le boulot. J'aurais perdu gros, voilà tout, et pour rien. Quand ils viennent de Shafter, ils sèment la galette comme des feuilles de laitue. Y a qu'à se baisser pour la ramasser, et je suis pas ici pour mon plaisir. Je regrette, Prew, mais qu'est-ce que tu voulais que je fasse ?

— Elle regrette ! s'exclama Prew. Et moi qui attendais cette nuit comme un gosse attend le père Noël. Oh ! bon Dieu de bon Dieu !

« Est-ce que tu peux pas fermer ta grande gueule, Prewitt ? Est-ce qu'y te reste même pas un décigramme d'amour-propre ? » se dit-il encore.

— Je regrette, répéta-t-elle fermement, mais t'as pas de droit sur moi, que je sache. On n'est pas mariés, non ?

— Foutre non, qu'on est pas mariés... Bon Dieu, Lorene, s'emporta-t-il brusquement, conscient du ridicule de sa conduite.

— Écoute, trancha-t-elle. Chacune des minutes qu'on passe ici à bavarder me coûte un demi-dollar...

— Et ça représente pas mal d'argent, hein ? ricana-t-il.

— ... Je peux rien faire pour toute la nuit, mais si tu veux que je te fasse passer maintenant, on peut s'arranger, hein, qu'est-ce que tu en dis ?

« Les femmes ont toujours le sens pratique si développé », songea-t-il.

— Alors ? insista Lorene.

Il regarda cette bouche aux jolies lèvres pleines, en ce moment crispées d'impatience, cette bouche un peu grande peut-être pour l'étroitesse enfantine de son visage, et s'entendit répondre : « O.K. ! » et se voua mentalement à tous les diables parce qu'il avait dit oui au lieu de l'envoyer sur les roses.

— Très bien, dit-elle. Au n° 9. Et déshabille-toi. Je vais m'occuper de ça et je reviens.

Elle lui montra le jeton de poker.

Il la regarda s'éloigner, vit un homme la prendre par le bras, la vit sourire, bavarder un instant, s'impatienter et passer son chemin.

« Un second Prewitt », pensa Prewitt.

Il entra dans la chambre n° 9 et s'assit sur le bord du lit, tête basse, incapable d'oublier l'image qu'il s'était forgée de cette nuit avec Lorene et dont le souvenir lui donnait alternativement envie de casser tout, ou bien de chialer comme un gosse.

Il l'entendit revenir. Le temps de relever la tête, elle était déjà là, elle avait refermé la porte et jeté sa robe sur le dossier d'une chaise. Puis elle s'arrêta et le regarda, bouche bée.

— Tu n'es même pas déshabillé !

— Non, tu vois, je suis même pas déshabillé ! gronda-t-il en se levant d'un bond.

Il eut un instant l'impression qu'elle allait se mettre à pleurer.

— Je t'avais dit de te déshabiller en m'attendant, bon sang ! Je te fais passer avant les autres, pour te faire plaisir, et tu n'essaies même pas de m'aider.

Prew ne trouva rien à répondre.

— Enfin, ne pensons plus à ça, dit-elle. Laisse-moi te regarder... Allons !

Il lui remit les trois dollars. Elle repoussa une mèche humide qui lui tombait dans les yeux. Des gouttes de sueur luisaient entre ses seins pointus.

— Tu sais que le temps est compté, les jours de prêt, lui rappela-t-elle. Pétunia va frapper d'un moment à l'autre.

Elle s'était allongée sur le lit, complètement nue, et l'appelait frénétiquement, de la voix et du geste.

— Pourquoi que tu ne reviendrais pas demain soir, suggéra-t-elle. Tu pourrais rester toute la nuit.

« Parbleu, c'était si simple ! » Il ne pouvait tout de même pas lui dire qu'il avait déjà emprunté vingt dollars à vingt pour cent pour pouvoir venir ce soir et qu'il lui serait complètement impossible de revenir le lendemain parce qu'il serait fauché !

— Dépêche-toi, mon chou, dit Lorene. Notre temps est presque écoulé.

Il ne pouvait pas lui dire, non plus, qu'il avait le ventre aussi vide que le cerveau, tout à coup, parce qu'il avait espéré autre chose, parce qu'il avait cru, trois nuits plus tôt, en une communion intime avec une autre âme humaine, et qu'il s'apercevait, aujourd'hui, que tout ça n'avait été qu'illusions, divagations de soldat saoul.

Comme pour le lui mieux prouver, un poing s'abattit sur la porte, et la voix de Pétunia résonna dans le corridor.

— Au suivant, mam'zelle Lo'ene.

— Voilà ! cria Lorene.

Elle se retourna vers Prew.

— Essaie, haleta-t-elle. Ou il va falloir que je te donne une carte.

Essayer ? Essayer quoi ?

— Rideau ! dit-il.

Il se leva, remit son pantalon, sortit un mouchoir de sa poche et s'épongea le front.

— Qu'est-ce qui ne va pas, ce soir ?
— Trop bu, sans doute, mentit Prew.
Il remit sa chemise, s'épongea le front une seconde fois. Il n'avait même pas ôté ses souliers.
— Je suis désolée que ça n'ait pas marché, Prew.
— Y a vraiment pas de quoi. T'as fait de ton mieux.
Elle lui tendit la petite carte imprimée qui lui permettrait de ne payer qu'un dollar cinquante la prochaine fois. Elle avait l'air d'une élève boudeuse, qui vient de se faire recaler sur les travaux pratiques.
— Chéri, je te verrai demain soir ?
— Sûrement pas, dit Prew. Compte pas sur moi, de toute manière. Ça m'ennuierait que tu sois déçue.
Il déchira la carte et posa les morceaux sur le lit.
— Garde ça pour quelqu'un d'autre, ajouta-t-il. Je suis pas inquiet sur le sort de ma virilité.
— Très bien. Si tu veux le prendre comme ça.
— C'est exactement comme ça que je veux le prendre.
— O.K. ! Maintenant, faut que j'y aille. On se reverra bien un de ces jours ?
— Peut-être.
Il la regarda enfiler sa robe, espérant qu'elle dirait autre chose, qu'elle ferait les premiers pas qu'il avait envie de faire, mais qu'il lui était impossible de faire. Malgré sa colère, ça faisait mal de tout détruire entre elle et lui. Au moment de sortir, elle se retourna. Elle espérait, visiblement, qu'il dirait autre chose, qu'il ferait les premiers pas qu'elle ne voulait pas faire. Puis, comme le silence menaçait de s'éterniser, elle pivota sur ses talons et s'en fut.
Il acheva de se rhabiller, seul dans la chambre triste qui sentait la sueur refroidie. « C'est la première fois que ça t'arrive, un truc pareil, songeait-il, les tempes battantes et le sang au visage. Tu dois avoir quelque chose qui tourne pas rond, mon gars. »
Dans le corridor, il vit Maureen qui reprenait son souffle, sur le seuil de sa propre chambre. Quelqu'un avait dû lui passer une bouteille, car elle était à moitié ivre.
— Eh ! t'en fais une gueule, lui cria-t-elle. Tu cherches ta Dulcinée ?
— T'as cinq minutes à me consacrer ? lui dit Prew.
— Qui ? Moi ? Tu veux plus de la princesse Lorene, bébé ?
— Qu'elle aille au diable, dit Prew. C'est à toi que je parle, pour l'instant.
— Ah ! elle a fort à faire, la princesse, avec tous ces zigotos romantiques. Bon Dieu ! ce que j'aimerais avoir l'air d'une vierge pure. C'est plus des putains qu'y veulent, c'est des mamans pour les chouchouter. Tu devrais te marier, bébé.
— O.K. ! Marions-nous, dit Prew.
Maureen cessa de s'esclaffer et le regarda du coin de l'œil.

— Eh ! c'est pas d'une femme que t'as besoin, toi, c'est d'un grand verre de whisky. Je sais ce que tu ressens.

— Comment que tu peux savoir ce que je ressens ? T'es voyante extra-lucide ?

— Non, mais je ressens la même chose deux ou trois fois par semaine et cinquante-deux semaines par an. Me raconte pas d'histoires, bébé. Je suis pas née d'hier.

— Alors, t'as cinq minutes, ou tu les as pas ?

— C'est pas ça qu'y te faut, bébé. Ce qu'y te faut, c'est une bonne cuite, et je sais ce que je dis.

— Pour qui que tu te prends ? Je te demande pas ton avis.

— Je te le donne quand même.

— Des clous. Je suis pas preneur.

— Ta gueule, dit Maureen. Je vais t'expliquer ce que t'as. T'as l'impression d'être bouclé dans une caisse trop petite pour toi et de pas pouvoir en sortir pendant que tout le monde se paie du bon temps à l'extérieur. Je me goure, ou c'est exactement ce que tu ressens ?

— Continue, dit Prew. Tu commences à m'intéresser.

— O.K. ! J'éprouve la même chose environ trois fois par semaine, je te dis, et la seule façon d'en sortir c'est de te saouler la gueule. Je t'en parle par expérience. Alors, colle-toi une bonne cuite et dis-toi bien que c'est la faute à personne, même pas la tienne. C'est comme ça, un point, c'est tout, et personne y peut rien.

— D'ac ! dit Prew. Je vais aller me saouler la gueule. Mais avant de partir, je vais me payer le luxe de dire à la môme Kipfer ce que je pense des mères maquerelles respectables. Cette espèce de vieille putain...

— Laisse tomber la mère Kipfer, veux-tu ! Elle te flanquerait les M.P. sur le dos sans te laisser le temps de te retourner. T'as envie de passer un mois au dur, non ? Alors, contente-toi de te saouler la gueule.

— Ça va, dit-il. T'inquiète pas.

— O.K. ! J'aime mieux ça. Et maintenant, casse-toi, veux-tu ? J'ai pas toute la nuit devant moi.

— Tu parles ! ricana-t-il.

— Au suivant ! hurla Maureen, tandis qu'il se dirigeait vers la sortie.

Mme Kipfer lui ouvrit gracieusement la porte, il se souvint des recommandations de Maureen et parvint à se taire. « C'est la faute à personne, se dit-il en redescendant l'escalier. Qu'est-ce que t'espérais un jour de prêt ? Une fanfare pour t'accueillir ? Une escorte de motocyclistes ? Elle était occupée, voilà tout. Si ta petite amie était vendeuse dans un grand magasin, crois-tu qu'elle aurait le temps de bavarder avec toi un jour de solde, pendant que les clients s'arracheraient la bonne-affaire-du-mois tout autour de son rayon ? »

— C'est comme ça, dit-il tout haut aux marches de l'escalier.

Faut qu'elle gagne sa croûte, un point, c'est tout. Et personne y peut rien. C'est comme ça, la vie.

« C'est comme ça », répéta-t-il avec philosophie en arpentant le trottoir.

Mais il était mal convaincu.

Au fond, cette fille était dans le vrai. Y a qu'une bonne cuite pour vous aider à comprendre les choses. Pas étonnant qu'y ait tant de soiffards dans ce foutu pays. Et dans tous les foutus pays de la foutue terre.

Lorene. Quel nom ! Le nom idéal pour une putain. Romantique, élégant et féminin à souhait. Au diable, Lorene !

Wu Far, premier arrêt. Quelques verres au bar du sous-sol, histoire de voir ce que ça donnera. Ensuite, droit sur Waïkiki, ou Maggio devait retrouver son copain Hal, le pédé, parce qu'une fois toutes ses dettes payées il ne lui restait pas un fifrelin. Avec un peu de veine, il leur tomberait dessus et se ferait payer à boire. Peut-être même que s'il arrivait à se saouler suffisamment il pourrait se trouver un pédé, lui aussi. Il avait essayé tout le reste. Alors, pourquoi pas ça ? Au point où il en était...

24

Il n'eut pas à aller bien loin pour découvrir Maggio. Ce fut Maggio qu'il aperçut d'abord en entrant chez Wu Far. Le petit Italien était juché sur un tabouret et promenait son regard indulgent sur la foule hurlante et hilare qui se pressait autour du comptoir. Sur-le-champ, Prew sentit couler dans ses veines une chaleur que le whisky recommandé comme panacée par Maureen n'eût pu suffire, seul, à lui communiquer.

— Hé ! matelot, hurla Maggio dès qu'il l'aperçut. Hé ! je suis là ! Ici ! Rapplique !

Prew se fraya un chemin jusqu'à lui, un sourire au coin des lèvres.

— Tu peux respirer ? s'informa Angelo.

— Non.

— Grimpe sur mes épaules. Tu verras tout ce qu'y se passe, et l'air est toujours plus pur, aux hautes altitudes.

— Je croyais que tu devais aller à Waïkiki, ce soir ?

— J'y vas, p'tit gars. Je prends des forces. T'aurais pas besoin de prendre des forces, par hasard ?

— Si, haleta Prewitt en agrippant finalement le comptoir.

— Hé ! matelot, un verre pour monsieur ! cria Maggio au barman.

— On dirait que t'es aux as ! Où que t'as trouvé tout ce pognon ?

— J'étais fauché, mais j'ai rencontré un gars de la compagnie à qui j'avais gagné cinq dollars sur parole, y a de ça un bon moment.

On a transigé à deux cinquante, et je suis venu prendre des forces ici avant d'aller bosser à Waïkiki.

— Tu te fous de moi, Maggio !

— Tu me crois pas ? Regarde-moi dans les yeux. Est-ce que c'est les yeux d'un menteur ? Hé ! matelot, cria-t-il au barman, un verre pour monsieur, il a soif.

— Voilà, dit le barman en posant un verre devant Prew.

— T'as pas foutu de tantouses à la porte, aujourd'hui ? lui demanda Prew.

— Non, répliqua le barman. Pas de pédés dans le secteur, aujourd'hui. Les jours de prêt, c'est pas ici qu'on les trouve. Y z'ont d'autres chats à fouetter.

— Pourquoi que tu viendrais pas à Waïkiki avec moi, un peu plus tard ? suggéra Maggio lorsque le barman se fut éloigné.

— Peut-être, mais pas avant qu'on ait pris des forces. J'ai une quinzaine de dollars en poche. Faut juste que je garde cinquante cents pour le retour en taxi. Si je manquais le réveil demain matin, ça se passerait pas comme l'autre fois.

— T'as quinze dollars et tu le disais pas, s'exclama Angelo, scandalisé. Hé ! matelot, à boire.

— Sûr. A boire ! murmura Prewitt, hargneux. Y me faut des forces pour aller à Waïkiki et pour leur casser la gueule à tous.

— Faut pas dire ça, Prew. C'est pas des mauvais bougres. C'est des inadaptés, voilà ce que c'est. Et avec eux on pourra continuer à prendre des forces toute la nuit sans dépenser un rond.

Lorsqu'ils quittèrent Wu Far, vers dix heures et demie, Prewitt avait encore deux dollars en poche, en plus des cinquante cents nécessaires à son retour. Grands seigneurs, ils décidèrent de prendre un taxi pour se rendre à Waïkiki. L'arrière de celui qu'ils trouvèrent était déjà plein à craquer. Ils se casèrent près du conducteur, et le taxi démarra.

— C'est du gâchis, soupira Maggio, pris de remords. Cinquante cents par tête de pipe pour faire cinq bornes, alors qu'y prennent pas plus pour rentrer à Shofield ! Seulement, y a vraiment trop de monde dans ces foutus autobus... Et maintenant, écoute-moi bien, fiston. Faut que je t'éduque. C'est encore une veine que tu sois en fantaisie, parce qu'y z'aiment pas qu'on les voie avec des gars en uniforme. Y z'ont peur que leurs copains de la haute les prennent pour ce qu'y sont.

— Merde ! Y se foutaient pas mal de ça à Washington ou à Baltimore.

— Sûr, dans les grandes villes ! Mais Honolulu est un trou, et tout le monde connaît tout le monde. Je savais pas que t'étais déjà sorti avec des tantes à Washington et à Baltimore ?

— Deux ou trois fois. Moi et un copain, on les refaisait de leur pognon et on se débinait en douce. Tu penses qu'y z'allaient pas porter plainte. On se servait d'une grosse patate d'Irlande dans une chaussette de soldat. Ça gazait au poil. Y z'avaient même pas le temps de faire ouf.

— C'est pas bête, soupira Maggio, admiratif. Chez nous, on se servait plutôt d'un bas rempli de sable. L'embêtant, c'était que le bas risquait de crever quand tu tapais sur la tronche du gars... Mais ici, pour en faire autant, c'est macache. Y trimballent jamais de pognon sur eux, les vaches. Trop de militaires en ville.

Il soupira de nouveau.

Le taxi remontait lentement la rue des Hôtels, claire comme en plein jour. On apercevait au passage le stand de tir anti-aérien, dont les petits avions lumineux s'éteignaient quand les mitrailleuses électriques « faisaient mouche » : le kiosque où l'on se faisait photographier devant une toile de fond représentant un paysan typiquement hawaiien, les bras autour d'une jolie Japonaise bien roulée qui posait pour gagner sa vie ; la baraque aux saucisses chaudes ; la machine automatique qui, pour dix cents, vous permettait de vous photographier. Tout ça bondé, cerné, surpeuplé, avec des douzaines de pochards ronflant sur les pelouses.

— Maintenant, ils ont pigé, reprit Angelo avec mélancolie. Y paient tout par chèque. Et sois pas surpris si tu rencontres la moitié de la compagnie à la taverne. Harris, Martuscelli, Knapp, Dusty Rhodes, et ce vieux Readall Treadwell, et Bull Nair, et Johnson... Bloom et Andy sont là presque tous les soirs, et je ne sais qui encore. C'est plus la taverne de Waïkiki, c'est la cantine de la G.

— Ce salaud d'Andy, murmura Prew. Je lui ai pourtant dit de pas s'y frotter, surtout s'il y va avec Bloom.

Angelo haussa les épaules.

— Ben, il y va quand même. C'est bien simple, va falloir qu'on se syndique, nous autres honnêtes exploiteurs de tantouses, ou faudra bientôt qu'on se fasse inscrire au chômage, avec tous les amateurs qui bloquent le marché !

Ils n'échangèrent plus une parole jusqu'à ce que le taxi les déposât devant le *Moana*.

La taverne de Waïkiki était aussi bondée que le reste de la ville.

— Va voir si tu les trouves, dit Prew. Je t'attends dehors.

— Dis donc, c'est pas la première fois que tu viens ici. Entre avec moi.

— Non, c'est pas la première fois, mais j'aime pas entrer avec les poches vides.

— Tu blagues ! T'as pas les poches vides.

— J'ai pas assez pour nous payer un verre, pas vrai ? Alors, très peu pour moi. Je t'attends ici.

— O.K. ! Fais comme tu veux. C'est rigolo, ce voyage en taxi m'a presque dessaoulé.

Angelo pénétra dans l'établissement, et Prew s'appuya contre un lampadaire, les mains dans les poches. Quelqu'un, à l'intérieur de la taverne, jouait un air classique que Prew avait déjà entendu, mais dont il ignorait le nom. Un groupe de femmes blanches passa près de lui. Elles étaient toutes bien vêtues et donnaient le bras à des jeunes gars — beaucoup plus jeunes qu'elles — qui avaient l'air de troufions en civil.

« Voilà le gibier que t'aurais dû chasser, Prew. Une de ces femmes pleines aux as qui disposent de tout le fric du monde et qui n'ont pas peur de le claquer... » Lorene... Lorene, au *Nouveau Congrès.* Il sentit revenir sa nostalgie et cette vieille impression, que Maureen avait si bien définie, d'être enfermé dans une caisse trop petite. « Bon Dieu ! Ce voyage en taxi m'a dessaoulé, moi aussi ! » protesta-t-il avec colère.

Angelo réapparut soudain sur le seuil de la taverne et chuchota :

— Il est là. Et il a déjà quelqu'un pour toi. Amène-toi en vitesse.

Ils traversèrent le bar et rejoignirent les deux types dans la tonnelle en lisière de la vaste terrasse. L'un était grand et mince, avec une minuscule moustache grise, des cheveux gris coupés en brosse et des yeux extraordinairement brillants. L'autre devait peser ses cent kilos bien tassés, et ses épaules étaient presque aussi larges que la table.

— Voilà Prewitt, mon pote, dont je viens de vous causer, dit Angelo.

Tourné vers Prew, il désigna le grand mince :

— Celui-là, c'est Hal, présenta-t-il. Et celui-là, c'est Tommy.

— Enchanté. Prew, dit Tommy d'une voix de basse. Ça ne te fait rien qu'on t'appelle Prew ?

— Non, dit Prew, indifférent.

— Qu'est-ce que vous buvez ? demanda Hal, ravi.

— Cocktail au champagne, comme de juste, dit Maggio.

— Garçon, la même chose pour tout le monde, je vous prie, cria Hal. Il y a des moments, Tony, où je me demande si tu me fréquentes pas uniquement pour ce que tu peux tirer de moi.

Il se tourna vers Maggio, le visage éclairé par un doux sourire presque juvénile.

— C'est peut-être à cause de ça que tu m'es aussi cher ?

— Ah ! ça, c'est pas vrai. Tu sais bien que c'est pas vrai, Hal, protesta faiblement Maggio. Dis donc ! Prew, regarde, v'là Bloom et Anderson. Je t'avais dit que c'était le rendez-vous de la compagnie G.

Bloom et Andy s'installaient autour d'une grande table, en compagnie de cinq autres types qu'il ne connaissait pas. Bloom parlait fort et agitait ses grands bras.

— Ce cher Bloom, fit Hal avec une moue. Il descend un peu plus bas chaque jour. Je ne serais pas étonné qu'il se suicidât dans un proche avenir.

— Lui ! s'esclaffa Tommy. Allons donc. C'est un porc. Il n'a aucune sensibilité. Par contre, ce petit guitariste qu'il traîne partout avec lui est vraiment bien, mais Bloom ne laisse personne l'approcher.

— Je suis sûr qu'il est en train de fixer un rendez-vous à Flora, dit tristement Hal. Vous voyez ce gros blond, en face de Bloom ? C'est Flora.

Il se tourna vers Prew, les yeux brillants d'excitation.

— Je parie que c'était l'idée que tu te faisais de nous, avant de nous connaître ? questionna-t-il.

Prew regarda le gros blond passer avec affectation ses longues mains blanches sur sa permanente, puis se lever et se diriger vers les toilettes en balançant ses larges hanches.

— Oui, exactement, dit-il.

— Je m'en doutais. Mais nous ne sommes pas des acteurs. Nous ne nous amusons pas à singer les femmes. En fait, moins j'entends parler des femmes mieux je me porte. Parmi toutes les choses que je déteste, ce sont les femmes que je déteste le plus.

— Pourquoi ? s'informa Prew.

Hal fit la grimace.

— Elles sont dangereuses, dit-il. Dominatrices. Et si sûres d'elles-mêmes. Savais-tu que ce pays était un véritable matriarcat ? Les femmes sont dangereuses. Elles engendrent le mal et le péché...

— Le péché ! s'exclama Prew. Ça n'existe pas. Comment se fait-il que tu croies en l'existence du péché ?

— Je n'ai utilisé ce mot que dans le seul but de me faire comprendre, faute d'une meilleure expression, dit Hal.

Maggio soupira :

— Tout ça, c'est bien gentil, mais je boirais bien un autre cocktail au champagne.

— Ce n'est pas parce que tu as de l'argent, et que j'en ai pas, qu'il faut te croire autorisé à m'humilier en public, brailla Tommy.

— Ce que j'aime en toi, répondit Hal gravement, c'est ta merveilleuse simplicité. Tu es limpide comme un cristal. Sortons d'ici et montons chez moi. J'ai une caisse de champagne français qui devrait te plaire. As-tu déjà bu du champagne français ?

— C'est pas du champagne français, ça ? demanda Maggio.

— Non... Fabrication américaine.

— Merde, dit Maggio, affreusement déçu. Je m'étais toujours figuré que c'était du champagne français.

— Ça n'a rien de commun, malgré ce qu'en dit Somerset Maugham. Et je suis bien placé pour le savoir.

— Hal a vécu en France un sacré bout de temps, dit Angelo fièrement.

— Oui, dit Hal. Je vous raconterai ça un des ces jours. Allons-y, maintenant. J'ai acheté ce champagne spécialement pour toi, Tony, et avec leur guerre, là-bas, il est de plus en plus difficile de s'en procurer. Et puis il fait beaucoup trop chaud ici, ce soir. Chez moi, on pourra se mettre à l'aise.

— O.K. ! Tu viens, Prew ?

— Pourquoi pas ? riposta Prew.

— Je suppose que, s'il n'était pas venu, tu viendrais pas non plus ? dit Hal à Angelo.

— Non, dit Maggio, je pourrais pas lâcher mon pote.

— Comme c'est touchant ! soupira Tommy.

Hal appela le garçon, régla l'addition. Par chèque.

— Je règle toujours par chèque... Simple remarque pour le cas improbable où vous auriez de mauvaises intentions, mes très chers, conclut-il en souriant, les yeux luisants d'excitation contenue.

Lorsqu'ils quittèrent le bar, Prew entendit à nouveau cet air qu'il avait reconnu tout à l'heure, sans pouvoir l'identifier.

— Qu'est ce que c'est que ça ? demanda-t-il.

— Ça ? Attends une minute, dit Tommy. Je l'ai sur le bout de la langue.

— C'est le *Prélude en do dièse mineur*, de Rachmaninov, dit Hal. Une spécialité maison. Il y a toujours quelque type, quelque pseudo-intellectuel pour le demander à la vieille pocharde qui tient le piano. Ça fait très chic, apparemment. Mais c'est commun en diable.

— Qu'est-ce que c'est : pseudo ? demanda Prew.

— Ça veut dire que c'est du chiqué, expliqua Maggio.

— C'est ça, renchérit Hal, riant de bon cœur. Faux, si tu préfères.

— C'est un préfixe, dit sèchement Tommy. Et qui signifie : fallacieux, illusoire.

— Pseudo. Chiqué, répéta Prewitt.

— Quand je te le disais que c'étaient des gars bien, conclut Maggio en collant son coude dans les côtes de Prew.

25

Ils redescendirent l'avenue Kalakahua, passèrent devant le *Moana*, longèrent les boutiques à touristes de l'avenue Kaiulani, contournèrent la masse blanche du théâtre de Waïkiki, célèbre dans le monde entier pour ses palmiers cultivés en pleine terre à l'intérieur de la salle, et s'engagèrent dans une petite rue que hantait la rumeur vivante des plantes tropicales invisibles caressées par la brise du soir.

— Comment se fait-il que tu sois resté si longtemps sans venir me voir, petit sauvage ? reprochait Hal à Angelo. Je commence vraiment à croire que tu viens me voir uniquement quand tu as besoin d'argent.

— J'ai été de corvée tous les jours, ce mois-ci, mentit Maggio. C'est vrai. T'as qu'à demander à Prewitt.

— C'est vrai, Prew ? cria Hal.

— Tout ce qu'il y a de plus vrai, riposta Prew. Il est sur la liste noire.

— Quels menteurs ! dit Hal. L'un raconte une histoire et l'autre la confirme sans sourciller. Ils sont formidables !

— T'as de la veine que j'aie dû tout mon prêt, s'esclaffa Maggio. Sans ça, je me serais ressaoulé la gueule, et je me serais refait coincer.

— Il me semble, dit doucement Hal, qu'Angelo est toujours puni aux alentours du jour du prêt.

— Il semble, ricana Maggio, qu'Angelo se saoule toujours la gueule le jour du prêt, et qu'y se fasse coller de corvée tous les jours pendant deux ou trois semaines... C'est pas que je veuille pas venir te voir quand j'ai de l'argent, c'est juste que je peux pas me retenir de me saouler la gueule quand j'en ai. Alors je me laisse ramasser, et rideau pour Angelo. Un point, c'est tout. Je prends une cuite, je fais du foin dans un bordel, et me revoilà coincé pour deux ou trois semaines.

— Est-ce que ça ne te fait pas horreur d'aller dans un... bordel ? s'informa Hal, manifestement choqué.

— Ben, je peux pas dire que ça me plaise autant que ça me plairait avec une fille du pays, mais ça me fait pas horreur, ça non ! Et puis on a pas grand choix, quand on est soldat, dans ce foutu pays.

— Mon Dieu, piailla soudain Tommy. Je pourrais jamais supporter d'être soldat. Je me tuerais, je jure que je le ferais !

— Moi aussi, dit Hal. Mais nous ne sommes pas des primitifs. Nous autres, nous sommes anormalement sensitifs. Voilà ce qu'il en est.

— Oui, c'est vrai, approuva Tommy.

— Je trouve particulièrement savoureux que les scrupules moraux des femmes locales tournent à l'avantage des membres du troisième sexe tels que Tommy et moi-même, dit Hal. Pour vous autres, soldats, il n'y a pas de femmes en dehors des prostituées. Voilà pourquoi certains d'entre vous sont obligés d'avoir recours à nous, qui n'avons pas le sentiment de pécher, comme les femmes « respectables ».

— N'exagérons rien, dit Prew.

Mais sa voix sonna légèrement faux, car il y avait une grande part de vérité dans les paroles d'Hal.

Hal fit entendre son doux rire juvénile, mais n'insista pas.

— Plus une société devient civilisée et respectable, dit-il, plus elle produit d'homosexuels. Ils qualifient ça de « décadence ». Vous êtes-vous jamais demandé pourquoi une société produit toujours son plus grand art dans sa période décadente ? C'est parce que l'homosexualité engendre la liberté, et que la liberté engendre l'art. Pourquoi faut-il que la liberté soit trop lourde à porter et qu'une société finisse toujours par amener sa propre chute... Mais ça, c'est une tout autre histoire !

— Quel art as-tu jamais produit ? s'informa Prew, sarcastique.

— Moi ? Oh ! pas grand-chose. J'ai écrit un roman sur la vie d'un androgyne. Personne n'a jamais voulu le publier, bien que tout le monde ait toujours été fort impatient de le lire. L'un des éditeurs auxquels je l'ai proposé ne me l'a rendu qu'au bout de sept mois. Mais mon propre cas n'a aucune importance. Regarde les Grecs, si tu ne me crois pas. Regarde les Romains. Regarde notre sainte mère l'Église pendant la Renaissance.

— Crotte, dit Tommy.

— Faudra que tu me prêtes ton bouquin, un de ces jours, ricana Prewitt.

— Je n'y manquerai pas, promit Hal. Nous voilà arrivés.

Il ouvrit la porte d'une maison de deux étages, entièrement peinte de blanc.

— Faites comme chez vous, mes enfants, dit-il lorsqu'ils eurent refermé la porte derrière eux. Moi, je vais me mettre à mon aise. Vous pouvez en faire autant, si vous le désirez.

Et il disparut.

— Qu'est-ce que tu dis de ça, fiston ? souffla Maggio à Prewitt. Tu te vois habiter dans un truc comme ça ?

— Foutre non, dit Prew, subjugué, sur le seuil du salon. Je m'y vois pas du tout.

— Tu comprends, maintenant, pourquoi que je viens ici, chuchota le petit Italien. Dans ces foutues casernes en béton, on peut pas se figurer qu'y a des piaules pareilles sur la terre.

Fatigué de marquer le pas derrière eux, Tommy les poussa de côté, traversa le salon et se laissa choir dans un des vastes fauteuils de cuir et d'acier chromé. Le charme fut rompu.

— Faut que je pisse, annonça Maggio, et j'ai une soif de tous les diables. Les goguenots sont par là. Je reviens tout de suite.

Prew acquiesça distraitement et se retourna pour inspecter le salon. A gauche, en entrant, sur une sorte d'estrade entourée d'une luxueuse rambarde de fer forgé, se dressaient une petite table et quatre chaises de cuir et de tubes chromés au-delà desquelles s'ouvrait la porte de la cuisine. La paroi du fond n'était qu'une immense baie à demi masquée par de lourdes tentures. A droite, telle une pendule entre ses candélabres trônaient un meuble combiné radio-tourne-disques et deux classeurs pleins d'épais albums. Une large bibliothèque bourrée de belles reliures, un bureau moderne et quelques fauteuils complétaient l'ameublement. Prew fit le tour de la pièce, cherchant quelque chose à dire au nommé Tommy.

— As-tu déjà eu quelque chose de publié ? s'enquit-il finalement.

— Bien sûr, dit sèchement Tommy. Une nouvelle, dans un magazine, il y a tout juste quelques semaines.

— C'était quel genre d'histoire ?

Prew regardait les albums de disques. Il n'y avait là rien que de la musique classique, symphonies et concertos.

— Histoire d'amour, répliqua Tommy.

Prew lui jeta un rapide coup d'œil, et Tommy s'esclaffa.

— L'histoire d'une jeune actrice débutante et d'un jeune producteur de Broadway. Il l'épouse et fait d'elle une star...

— Ça arrive jamais pour de bon, ces trucs-là, dit Prew.

— C'est justement pour ça que les gens aiment à les lire. Les femmes, surtout. Elles sont si romantiques, si moralistes... si déplorablement stupides ! Il faut bien qu'elles prennent leur plaisir d'une façon ou d'une autre, puisque leur haute moralité les empêche de le prendre au lit !

— C'est à voir, dit Prew, qui pensait à Lorene.

— Les femmes et leur fichue morale, continua Tommy avec haine. Un de ces jours, elles se retrouveront sans hommes du tout, si elles n'y prennent pas garde.

— C'est drôle. J'y avais jamais pensé de cette façon-là, murmura Prew.

Maggio rentrait dans le salon, suivi d'Hal qui s'était drapé dans un paréo tahitien aux couleurs éclatantes.

— Vous savez que certains d'entre nous sont nés comme ça, avoua Hal en souriant pudiquement, le visage plus juvénile que jamais.

— Te fatigue pas les méninges, grogna Prew. J'ai connu trop de pédés pour gober cette histoire d'invertis de naissance.

— Tu serais plutôt sympa si tu ne faisais pas exprès de te montrer aussi désagréable, dit Hal, écœuré. A mes yeux, c'est une véritable tragédie.

— Pas aux miens, grogna Prew.

— Hé ! Où est le champagne, Hal ? clama Angelo. Je croyais qu'on était venus ici pour boire du champagne, non ? Et du français, par-dessus le marché !

— Tout de suite, mon mignon, tout de suite, dit Hal.

Il se retourna vers Prewitt.

— En vieillissant, déclara-t-il, tu t'apercevras que l'imagination peut quelquefois engendrer une vérité plus grande que les faits eux-mêmes.

— Je comprends ça. Mais y a autre chose que je pige pas. Plus je t'entends parler, plus tu me fais l'effet d'un curaillon, gronda Prew, l'œil mauvais.

Tommy se leva et s'approcha de Prew, l'air inquiet et protecteur.

— Est-ce que tu vas lui fiche la paix, à ce petit ? reprocha-t-il. Cesse donc de le tourmenter.

— Si ma façon de traiter mes invités ne te plaît pas, coupa Hal en souriant, tu as toujours la ressource de rentrer chez toi. A quelle heure faut-il que vous soyez à la caserne, les enfants ?

— Six heures, dit Angelo. Pour le réveil.

Il regarda la pendule posée sur le bureau, comme s'il venait de se rappeler soudain qu'il lui faudrait mourir un jour.

— Saloperie d'engin ! fulmina-t-il. A boire, pour l'amour du ciel.

— Oh ! toi, espèce de sale individu, vociféra Tommy, je ne sais pas ce qui me retient de m'en aller immédiatement.

— Moi, je le sais, riposta Hal en disparaissant dans la cuisine. Viens donc m'aider à préparer les cocktails.

— Je viens, dit Tommy à contrecœur, et il se dirigea sans entrain vers la cuisine.

— Eh ! Prew, vas-y mollo, chuchota Maggio dès qu'il eut disparu. Tu veux tout foutre par terre, ou quoi ?

— O.K. ! Je regrette. Je sais pas ce qui m'a mis en rogne. Cette histoire de naissance, je suppose. Ces gars-là me tapent sur le système. Faut toujours qu'y z'essaient de te convaincre qu'être pédé est ce qu'y a de meilleur au monde.

— T'as qu'à pas discuter avec eux. Est-ce que je discute, moi ? J'écoute et je fais « oui-oui » de la tête et je réclame à boire. C'est tout ce que je fais.

— Je suppose que je suis pas taillé pour ce genre de truc, soupira Prew.

— Possible. Tout ce que je veux, moi, c'est garder ma source de revenu. Alors, vas-y molo, maintenant, gars, supplia-t-il.

Hal et Tommy revenaient de la cuisine, portant chacun deux coupes de cristal pleines d'un liquide doré.

— Je suis navré que nous n'ayons pas de plateau, dit Hal, mais les verres, tout au moins, sont dignes de leur contenu. On ne peut boire des cocktails au champagne dans des verres à eau.

Maggio prit une coupe et décocha une œillade à Prewitt.

— Puisque nous sommes entre amis, je propose que vous vous mettiez tous à votre aise. Ça sera plus intime, insinua Hal.

Tommy approuva avec ardeur, remit une coupe à Prewitt et posa la sienne sur un guéridon, puis se dépouilla de tous ses vêtements, à l'exception de son slip. En dehors de son visage et de ses avant-bras, sa peau était d'une blancheur maladive qui contrastait péniblement avec le hâle profond du dos et de la poitrine d'Hal.

— Je sais que vous autres, soldats, ne portez jamais de sous-vêtements, dit Hal. J'ai un short pour Tony, mais je n'ai rien pour toi, Prew.

— Aucune importance, dit Prew. J'aime autant conserver mon pantalon.

Hal haussa les sourcils délicatement.

— Moi, c'est ce que je porte toujours à la maison, dit-il en arrangeant négligemment les plis de son paréo. C'est conforme à la tradition hawaiienne. On ne le porte plus sur les plages, hélas ! depuis l'avènement des missionnaires. A Tahiti, le paréo reste à l'honneur, mais un professeur comme moi n'a pas beaucoup de chance d'y trouver du travail.

— Dis donc, y a longtemps que t'as été en France ? coupa Prew, agacé.

— J'y suis allé fréquemment, au cours des quinze dernières années.

Je travaillais à New York, j'économisais mon argent et j'allais le dépenser en France. Mes enfants, j'ai même failli me faire naturaliser Français. La France est le plus beau pays du monde. Je regretterais d'avoir changé de nationalité, en ce moment, bien entendu... Avec cette guerre... Là, on savait ce que c'est que la liberté.

— J'ai pas l'impression que le mot « liberté » signifie encore quelque chose, marmotta Prew.

— Je me considère comme un homme libre, riposta Hal.

— Moi aussi, je suis libre ! brailla soudain Maggio en se renversant en arrière et en agitant frénétiquement ses jambes. Je suis libre comme un zoiseau. Toi, Prew, t'es pas libre. T'as trente ans à tirer. Trente années d'esclavage. Mais, moi, je suis libre... Jusqu'à six heures du matin !

— Doucement, Tony, murmura Hal. Tu vas réveiller ma propriétaire. C'est elle qui occupe le rez-de-chaussée.

— M'en fous, cria Maggio. Qu'elle aille se faire foutre !

— Je crois qu'il est grand temps que tu ailles te coucher, Tony.

— Toi, je te vois venir, avec tes gros sabots. Youpie ! J' suis saoul comme un Polonais, les gars ! Si t'étais pas militaire de carrière, tu me serais vraiment sympa, Prew. Mais je déteste l'armée. Je te parie qu'on aura c'te saloperie de guerre sur le dos avant que j'aie eu le temps de voir la quille ! Oh ! bon Dieu ! ce que je peux pas voir cette saloperie d'armée !

Prew se leva. Sa tête tournait. Il avait désespérément envie de casser quelque chose. Quelque chose qui empêcherait les aiguilles de tourner, de progresser inexorablement vers l'odieuse ligne verticale du réveil à six heures. Il jeta un coup d'œil autour de lui et ne trouva rien à casser. Hal tentait d'arracher Maggio à son fauteuil et de l'entraîner dans une chambre, mais Angelo se cramponnait de toute sa force et refusait de se laisser persuader.

Soudain, il se hissa hors des profondeurs moelleuses de son fauteuil et gagna la porte en trébuchant.

— Tony, où vas-tu, Tony ? cria Hal. Reviens, Tony, tu n'es pas en état de te promener dans les rues. Oh ! mon petit Tony !

— Besoin d'air, hurla Angelo. Besoin de respirer un peu.

Ils entendirent claquer la porte-moustiquaire, et les pieds nus d'Angelo cherchèrent à l'aveuglette les marches de l'escalier extérieur. Il heurta violemment quelque chose, jura comme un possédé. Puis le silence retomba. Les trois hommes se regardèrent.

— Va le chercher, Prew, supplia Hal. Il va se faire ramasser si tu ne vas pas le chercher. C'est ton copain...

— Sûr, ricana Prew, c'est pas ma copine !

— J'irais moi-même, si je le pouvais, gémit Hal. Si jamais il se fait ramasser dans cet état, il va nous coller la police sur le dos.

— Tant mieux, je commençais à m'emmerder ici, dit Prew, tout à fait saoul et très heureux.

Hal se tordit les mains.

— Mais ils nous connaissent, se lamenta-t-il. Ils n'attendent qu'une occasion comme celle-là pour nous pincer.

— Vraiment ? ricana Prew. T'inquiète pas, bon Dieu ! T'as du courage.

Il regarda Tommy, qui se rhabillait.

— Où vas-tu ? lui demanda sèchement Hal.

— Je rentre chez moi, riposta Tommy, très digne.

— Écoute, Prew, supplia Hal, j'irais le chercher, si je le pouvais. Tu ne sais pas ce que ce petit bougre signifie pour moi. Mais, si je me fais ramasser, je suis perdu, tu comprends. Et si quelqu'un me voit en sa compagnie, dans l'état où il est, je suis sûr d'être ramassé, tu comprends, parce qu'ils m'ont à l'œil. Je perdrais ma situation... — il fit un geste circulaire —... ma maison. Va le chercher. Je te le demande à genoux.

Prew remit posément ses chaussettes et ses souliers.

— Tu n'es pas trop saoul ? s'inquiéta Hal.

— Non. Je suis jamais trop saoul.

— Tu vas le retrouver, Prew, pas vrai ? Et si vous vous faites ramasser, tu n'amèneras pas la police ici, pas vrai ?

— Parmi les gens de ma classe, rétorqua Prewitt, une telle question est considérée comme une injure.

Il se releva et récupéra sa chemise.

— Bonsoir ! dit Tommy. A bientôt, Hal. A un de ces jours, Prew, j'espère.

Il sortit, et la porte claqua derrière lui.

— V'la ce que j'appelle un type poli, dit Prew en riant.

— Oh ! Dépêche-toi, mon petit Prew. Nous avons perdu assez de temps. Tony est trop saoul pour savoir ce qu'il fait. Ramène-le à la caserne et fourre-le dans son lit.

— Ses frusques sont ici ?

— Emporte-les. Si tu le ramènes ici, je le connais, il va faire du tapage.

Hal ramassa les vêtements de Maggio et les glissa dans un grand sac en papier.

— O.K. ! Hal, tout ça c'est bien gentil, mais j'ai pas de galette pour le taxi, moi.

Hal courut jusqu'à sa chambre et revint avec son portefeuille.

— Prends cinq dollars, haleta-t-il. Ça suffira, pas vrai ?

Prew fit la moue.

— J'en doute. Il est trop tard pour l'autobus. Faut déjà rentrer en ville en taxi.

— D'accord. Voilà dix dollars.

— L'ennuyeux... — Prew secoua tristement la tête — ... c'est que les taxis de Shofield marchent plus, à cette heure-là. Va falloir prendre un taxi d'Honolulu et lui payer son retour.

— Ils ne marchent plus à cette heure-là... ? Le jour du prêt ?

— Tous les jours, dit Prew, solennel. Ils s'arrêtent tous les jours à deux heures. Et puis, je le connais, mon Angelo. Quand il est saoul comme ça, faut qu'y tire un coup, et si y a pas moyen y fait du grabuge. C'est presque toujours pour ça qu'y se fait ramasser.

— Mon Dieu ! soupira Hal. Trente dollars, ça va ?

Prew les repoussa avec indignation.

— Et puis non, tiens, je veux pas te prendre ton pognon comme ça. J'arriverai bien à le ramener, de toute façon.

— Tiens, tiens, clama Hal, frénétique. En voilà quarante. C'est tout ce que j'ai sur moi. Mais dépêche-toi, dépêche-toi, Prew ! Tu n'es pas trop saoul, au moins ?

— Jamais trop saoul, je te dis. J'ai pas plus envie que toi qu'y se fasse ramasser, bien que ce soit pas pour la même raison.

Hal lui serra la main.

— Reviens me voir un jour sans Tony, murmura-t-il. Tu n'as pas besoin d'attendre qu'il te ramène. Tu seras toujours le bienvenu.

— Merci, Hal, murmura Prew. J'y manquerai pas. J'ai toujours aimé fréquenter les gars qu'avaient le courage de leurs convictions.

Lorsqu'il eut gagné la rue, il se retourna. Aucune lumière ne brillait déjà plus dans la petite maison d'Hal. Prew sourit aux anges. Les quarante dollars craquaient agréablement dans sa main, à l'intérieur de sa poche. Il trouva la vie belle.

26

Pas d'Angelo à l'horizon. Tommy avait disparu, lui aussi, mais qu'importait à Prew ? C'était Angelo qu'il fallait retrouver. Où diable était passé ce petit salopard ? Il avait pu remonter vers l'avenue Kalakahua. Ou décider d'aller piquer une tête dans le canal Ala Waï, histoire de se rafraîchir les idées. Prew mit sous son bras le sac en papier qui contenait les vêtements et les godillots d'Angelo. Il lui sembla que le papier froissé faisait un vacarme de tous les diables dans le silence de la nuit. De Maggio, pas trace.

Prew repartit dans la direction de la taverne. Pas une bagnole, pas un bus, pas un piéton en vue. Comme ses souliers martelaient le sol, il descendit du trottoir et marcha dans l'herbe, l'oreille tendue. Puis il se souvint qu'Angelo était pieds nus et vêtu d'un simple short...

Les M.P. étaient des durs, dans le coin. Des gars de Shafter, des types énormes qui remorquaient par couples leurs gros godillots ferrés couronnés de leggins blancs, insignes de leur état. Ceux de Shofield étaient aussi costauds, et tout aussi vaches, mais Prew en connaissait plusieurs, de telle sorte qu'ils lui paraissaient plus humains dans l'ensemble. Il avait fait la traversée avec quelques-uns d'entre eux, et ce n'étaient pas de mauvais bougres, pas plus mauvais que n'importe qui... jusqu'à ce qu'ils revêtissent leurs foutus leggins blancs. A Shofield, il aurait eu deux chances sur trois de tomber sur un gars qu'il connaissait et de s'en tirer à bon compte, mais ici... Surtout avec Angelo complètement blindé et pratiquement à poil ! Prew éclata de rire, et le bruit de son rire le fit taire.

Il parcourut lentement l'avenue Kalakahua, explorant les recoins obscurs et regardant sous les bancs et poussant les portes entrebâillées, dépassa la rue Lewers, après avoir regardé des deux côtés. Et à proximité de Seaside Street, bien en face du *Royal Hawaiian Hotel*, Maggio ! Maggio paisiblement assis sur un banc, les bras étendus de part et d'autre, sur le dossier du banc, et dormant, ou feignant de dormir.

— Eh ! Angelo, réveille-toi, bon Dieu ! Réponds-moi, bougre de salaud !

Maggio ne broncha pas. Prew se planta devant lui et sourit, brusquement détendu, sentant autour de lui la présence de la richesse et du confort qui filtraient à travers l'écran de plantes exotiques du *Royal Hawaiian*.

« C'est là que descendent les stars de cinéma quand elles viennent tourner ou se reposer à Hawaii », pensa-t-il. Prew n'avait jamais franchi cet écran de palmes murmurantes, mais il avait parfois aperçu les stars, à l'intérieur du patio de l'hôtel, en passant sur la plage. « Ce qui serait épatant, songea-t-il, ce serait qu'une d'entre elles sorte en ce moment, m'aperçoive et me fasse monter avec elle dans sa chambre. »

Il leva brusquement la tête et regarda, hypnotisé, la route carrossable qui conduisait à l'hôtel et sur le seuil duquel cette femme allait apparaître, en quête d'un homme. On disait qu'elles faisaient ça couramment... Une sorte de crampe brutale traversa le ventre de Prew, et il revit Lorene au *Nouveau Congrès*. Quelle foutue manière de gagner sa vie !

— Hé ! réveille-toi, Angelo. On va redescendre en ville et se payer une bonne paire de fesses.

Angelo ne bougea pas.

Prew empoigna la maigre épaule nue de son copain et la secoua énergiquement.

— Allons, réveille-toi, bougre de soiffard.

— J'suis réveillé. C'est juste que j'ai pas envie de bouger. J'ai pas envie de rentrer au corps, gémit Angelo.

— Grouille-toi. Y faut qu'on rentre, tout de même. Dis donc, t'es complètement blindé, mon gars. Allez, grouille, enfile tes frusques et viens.

— J'ai pas besoin de frusques. Je suis bien comme ça, dit Angelo.

— J'ai les tiennes dans un sac.

— Crotte. J'en veux pas. A propos, est-ce que t'as pas parlé d'une paire de fesses ?

— Ouais. J'ai refait ton petit copain de quarante dollars. Il avait les foies que tu te fasses ramasser et que tu ramènes les flics avec toi.

— Merde, alors ! dit Angelo, complètement réveillé, en se frottant les yeux. Et moi qui voulais t'« éduquer ». T'as pas besoin de leçons, matelot ! Le plus que j'aie jamais pu lui barboter, c'est vingt-deux dollars cinquante. Et encore, j'étais censé les lui rendre un jour. J'lui rendrai jamais, naturellement. Tu parles !

— J'aurais pu courir s'il n'avait pas eu les jetons au point de faire caca dans son froc, rigola Prew.

— Sans blague ? fit Maggio, émerveillé. Dis donc, Prew, regarde : je suis pas saoul. Je vous ai eus, tous, hein ?

Il se leva et retomba immédiatement contre un lampadaire secourable, auquel il s'agrippa des deux mains.

— Tu vois, dit-il à Prew.

— Sûr que je vois, dit Prew, soupçonneux. T'es pas saoul. Seulement...

— Seulement quoi ? J'ai juste mis le pied dans un trou. A t'entendre, on croirait que je suis saoul. Youpie ! cria-t-il à pleins poumons, la tête rejetée en arrière.

— Ta gueule, bon Dieu !

— Vive l'armée ! Je veux rempiler ! brailla brusquement Angelo.

— Boucle-la ! Tu veux nous flanquer les M.P. sur le dos !

Il saisit le petit Italien sous les aisselles et le traîna rapidement jusque dans les buissons, à l'abri des regards.

— Eh ! protesta Angelo. Vas-y mollo, Prew. Tu me râpes le cul sur les graviers !

— Y t'arrivera pire que ça, si tu te grouilles pas d'enfiler tes frusques, qu'on puisse foutre le camp, riposta Prew... Écoute ! Les cognes !

Souffle retenu, ils tendirent l'oreille.

De lourds godillots résonnaient sur la chaussée, très près.

Les M.P. se promenaient par couples, écrasant le sol de leurs lourds godillots et balançant négligemment leur chocotte partout où pouvaient se trouver des soldats. Et la crainte de cette loi brutale qu'ils incarnaient les précédait, et les isolait, et les mettait en quarantaine et les rendait chaque jour un peu plus vaches. Ils arrivaient par couples partout où des soldats buvaient pour oublier, braillaient pour oublier, se bagarraient pour oublier, ou mettaient leurs mains dans leurs poches pour se souvenir. Un soldat n'a pas le droit d'oublier, un soldat n'a pas le droit de se souvenir ; tout cela n'est qu'une trahison.

— Ça y est, se lamenta Prewitt. On est frits. Viens vite. Par ici. Foutons le camp.

Toujours à l'abri des buissons, ils contournèrent le prestigieux domaine des stars et coururent jusqu'à la route de Kalia, en bordure de la plage.

— Vite, haleta Prew. Balance ce truc-là et enfile tes frusques.

— O.K. !... Passe-moi le sac. Qu'est-ce que je fais du short, vieux frère ?

— Donne-le-moi. Et enfile tes frusques, vite. Écoute, Angelo, es-tu sûr que ça va mieux, maintenant ? Ces gars-là vont nous attendre dans l'avenue Kalakahua, et peut-être qu'un des deux va descendre la rue Lewers pour essayer de nous coincer par ici. Le mieux qu'on ait à faire est de filer par la route de Kalia jusqu'à Fort De Russey et de revenir à pince de là-bas, sans rentrer dans l... Est-ce que tu m'écoutes, sacré bon Dieu ?

Maggio leva la tête, et Prew vit qu'il pleurait à chaudes larmes.

— Oh ! merde, gémit Angelo. Foutre le camp comme un vulgaire criminel. J'en ai marre. Vivre toujours avec la trouille qu'un M.P. vous tombe sur le poil. J'en ai marre et marre. Je supporterai pas ça plus longtemps, tu piges ?

— Doucement, Angelo, doucement, dit Prew avec une sorte de tendresse. Tu veux pas qu'y te ramassent. T'es encore trop saoul.

— Sûr, que je suis saoul. Et alors ? Est-ce qu'un type peut pas boire un coup de trop, une fois de temps en temps ? Est-ce qu'un type peut pas faire ce qui lui plaît, une fois de temps en temps ? On a même pas le droit de foutre ses mains dans ses poches quand on est dans la rue. Pourquoi que je me ferais pas ramasser ? Je suis pas un froussard. Y me font pas peur. Je suis pas un voleur. Je suis pas un assassin. J'ai pas à prendre la fuite devant ces salauds-là.

— O.K. ! Angelo, vas-y doucement, t'énerve pas, ça ira mieux dans une minute.

— Mieux ? Ça ira jamais mieux. Ça va pour toi qu'as l'intention d'en tirer trente piges. Mais, moi, qu'est-ce que j'en ai à foutre, de ces mecs-là ? Je les ai au cul, moi, ces mecs-là ! J'en ai ma claque, moi, de ces mecs-là !

— Respire profondément, Angelo. Compte jusqu'à dix et respire bien. Je fous le truc à l'eau et je reviens.

Quand il revint sur ses pas, Maggio n'était plus là.

— Angelo, appela doucement Prewitt. Eh ! Angelo, t'es là ? Angelo... Mon petit Angelo.

Pas de réponse. Il tourna les talons et remonta la rue Lewers, courant à perdre haleine sur la pointe des pieds.

A l'autre extrémité de la rue, dans la mare lumineuse qu'un lampadaire répandait sur le sol, Maggio se battait avec les deux gigantesques policiers militaires de Fort Shafter.

— Allez-y, hurlait Maggio. Allez-y, tas d'enfants de putains. C'est tout ce que vous pouvez faire ! Deux salauds comme ça contre le petit Maggio ! Mais cognez donc, bande de vaches...

Il tenta de se redresser et fut rejeté à terre.

Prew courait à présent, calculant déjà le bond qu'il allait faire pour entrer dans la bagarre.

— Toi, fous le camp ! hurla soudain Maggio. C'est pas tes oignons. J'ai pas besoin de toi.

Un des M.P. se retourna et voulut foncer sur Prewitt. Mais, sans se relever, Maggio le plaqua aux jambes, et le gars tomba face contre terre. Tout de suite, Maggio sauta à califourchon sur ses épaules, l'empoigna par les oreilles et lui cogna la tête contre le sol.

— Barre-toi, hurlait-il. Ça donnerait rien. C'est pas tes oignons.

Le M.P. se redressa lentement, Maggio toujours cramponné à son dos. Puis, se penchant brutalement en avant, il désarçonna Angelo comme un cheval se déleste de son cavalier, et le petit Italien atterrit à quatre pattes sur la chaussée.

— Fous le camp, cria-t-il avec désespoir en voyant l'autre policier sortir son revolver.

Prew se rejeta dans l'ombre et plongea dans les buissons à corps perdu, rampant et roulant sur lui-même comme sur le terrain d'exercice, tandis que la voix de Maggio clamait dans la nuit :

— Cognez donc, salauds ! Vous pouvez même pas m'assommer ? Barre-toi, hé ! Machin, retourne à la caserne. Mais cognez donc, bande de vaches, puisque c'est tout ce que vous savez faire !

Frissonnant, Prew entendait retomber les matraques. La voix d'Angelo était de plus en plus faible, de plus en plus chevrotante, puis elle se tut, mais les coups continuèrent de pleuvoir. Prew s'aperçut soudain que ses mains lui faisaient mal. Il les regarda, étonné, vit que ses ongles étaient profondément enfoncés dans ses paumes. Là-bas, les coups avaient cessé, comme épuisés.

— On cherche l'autre, Jack ? haleta une voix.

— Non, il doit être loin, maintenant. Embarquons celui-là.

— Si t'as pas tes galons de sergent, après ça ! Je me demande ce que ce mec-là avait dans le ventre. Il est complètement cinglé.

Prew repartit vers la plage, courbé en deux sous le couvert des buissons. Lorsqu'il parvînt à la route de Kalia, qui conduisait à Fort De Russey, il s'assit un moment sur le sable, bercé par le jeu murmurant des vagues. Son visage était inondé de larmes.

Puis il se souvint des quarante dollars qu'il avait en poche.

27

Quand Prewitt apprit que Maggio était passé devant le Conseil et qu'il avait été condamné à faire six mois au camp disciplinaire de Shofield, il se produisit en lui une transformation que le traitement lui-même n'eût jamais été capable d'opérer. Comme si quelque chose s'était détraqué tout au fond de son âme. C'était dur et ça se cramponnait parce que, contrairement à la plupart, Prewitt avait admiré et chéri le métier de soldat, mais ça venait quand même, non sans résistance, à la manière, un peu, d'un chauffeur maladroit qui fait longuement grincer les engrenages de sa boîte de vitesses.

Tout d'abord, il ne toucha pas aux quarante dollars soutirés à Hal. Il avait décidé de les consacrer à la séduction méthodique de Lorene. Il rembourserait Turp Thornhill lors du prochain jour de prêt, et Angelo ne lui en voudrait pas d'utiliser cet argent pour son propre compte.

Fort de cette résolution, il passa des heures ennuyeuses à risquer, chez O'Hayer, des mises qu'en d'autres circonstances il eût jugées ridicules. Mais il poursuivait un but précis et se retira sagement lorsqu'il eut augmenté son pécule d'une vingtaine de dollars. Ses comptes étaient déjà faits : trois « nuits » à quinze dollars, trois bouteilles à trois dollars cinquante, le reste des soixante dollars pour les frais de taxis aller et retour. S'il arrivait à ses fins, il n'aurait plus besoin de se tracasser pour l'argent. L'aventure valait la peine d'être tentée, et c'était un excellent moyen de passer le temps, pendant que Maggio attendait sa comparution devant le conseil de guerre. Perdu dans l'élaboration de ses plans, absorbé par l'attente anxieuse du jugement de Maggio, il en oubliait presque les subtilités du « traitement » qu'ils continuaient à lui appliquer avec une régularité implacable.

Un jour, au cours des six semaines qui précédèrent le jugement, Prew acheta deux cartouches de toutes faites et parcourut les trois kilomètres qui séparaient la caserne du camp disciplinaire. Il dépassa les courts de tennis, le terrain de golf, la piste équestre et le train des équipages. Et, tandis qu'il marchait et transpirait sous le soleil ardent, il aperçut un grand nombre d'officiers, de femmes d'officiers et d'enfants d'officiers, tous hâlés et d'allure très sportive, qui s'ébattaient au grand air en poussant des cris d'allégresse. Dressés au centre d'un vaste champ plat que cernaient de grands chênes, les bâtiments peints en blanc du camp disciplinaire rappelaient à s'y méprendre un groupe d'écoles rurales. Mais il ne put ni franchir la haute palissade de barbelés, ni même laisser les cartouches de toutes faites à l'intention d'Angelo. Chaque prisonnier recevait chaque jour sa ration de « gros cul », et tout apport extérieur était strictement interdit. Prew ne put voir Angelo et dut remporter ses cigarettes. Il n'éprouva, cependant, aucun ressentiment à l'égard des factionnaires. Ils eussent pu tout aussi bien accepter de remettre les toutes faites au prisonnier Angelo Maggio et les fumer eux-mêmes par la suite. Prew se vit donc contraint de fumer les cigarettes qu'il avait achetées. Il les fuma. Il ne pouvait tout de même pas les jeter. Mais, jusqu'à la dernière bouffée de la dernière cigarette, pas un instant sa conscience ne cessa de le tourmenter.

Elle le tourmentait également pour une autre raison, et c'était l'une de celles qui l'avaient poussé à tenter de voir Angelo. Il se sentait responsable, dans une certaine mesure, de ce qui était arrivé. Ce n'était certes pas la première fois qu'Angelo montait chez Hal, et jamais rien de semblable ne s'était produit. Angelo n'était pas le genre de type à se laisser invertir ; il ne voyait dans tout cela qu'une source de revenu ; mais il avait suffi que Don Quichotte-Prewitt apparût sur la scène, avec ses scrupules et ses questions brutales, pour que Maggio se sentît coupable et perdît le contrôle de ses actes.

Lui, Prew, aurait dû trouver un moyen de prévenir la catastrophe. Il n'aurait jamais dû laisser Angelo tout seul pour aller jeter ce short dans l'eau. Il aurait dû se mêler à la bagarre, quelles qu'en soient les conséquences, malgré les exhortations d'Angelo. A eux deux, ils seraient bien venus à bout de ces saletés de M.P., malgré leurs matraques, et ils se seraient arrangés, ensuite, pour rejoindre la compagnie. Plus il y réfléchissait, plus il se sentait responsable de ce qui était arrivé à Angelo. C'était pour cela qu'il avait essayé de le voir. Les cigarettes n'avaient été qu'un prétexte. Mais il n'avait pu obtenir l'autorisation de parler à Angelo...

Il avait heureusement, pour occuper ses pensées, l'« opération Lorene », et ce fut au cours de sa deuxième nuit à quinze dollars qu'il découvrit qu'elle ne s'appelait pas Lorene, mais Alma. Lorene était un « nom de guerre » que la mère Kipfer avait déniché dans la publicité d'une marque de parfums et dont elle avait gratifié la plus savoureuse de toutes ses pensionnaires. Alma n'étant, à son avis, ni assez français ni assez recherché pour la perle de son établissement. Pour comble, le nom de famille d'Alma était Schmidt.

Nul ne fut plus étonné que Prewitt lorsqu'il vit pour la première fois la petite maison qu'Alma Schmidt partageait avec une fille des « Service Rooms ». Juchée sur une crête, en lisière d'un quartier chic, elle ressemblait, avec son toit débordant et ses murs soigneusement crépis, à une hacienda espagnole surgie tout droit d'un conte de fées et elle s'ouvrait par derrière sur une petite terrasse d'où l'on découvrait les rues de Palolo Valley, et plus loin, vers l'ouest, l'Université et les hauteurs de Saint-Louis. Ce fut sur cette terrasse qu'un samedi soir, alors que le soleil commençait à rougir les toits avant de plonger dans la mer, Alma Schmidt dit à Prew qu'elle avait le béguin pour lui et que, tout de suite, Prew commit sa première bévue.

Hanté par la vision radieuse d'une petite garnison tranquille où il pourrait rapidement reconquérir ses galons de sergent et donner à Alma la respectabilité qu'elle désirait, il lui avoua qu'il en était coiffé depuis le premier jour et lui demanda de l'épouser.

C'était sa première erreur de jugement depuis le début de son plan de séduction méthodique. Il comprit aussitôt qu'elle était de taille. Peut-être était-ce à cause du coucher de soleil ? Les couchers de soleil lui donnaient toujours des idées romantiques. A moins que ce ne fût la proximité troublante du corps d'Alma ? Il savait pertinemment que la présence d'un joli corps de femme dans ses bras possédait la faculté de lui brouiller les idées, plus encore, peut-être, que les couchers de soleil. Quelle qu'en pût être la raison, l'erreur était aussi dangereuse qu'impardonnable. Il ne dut son salut qu'à la rapidité avec laquelle il se ressaisit et tourna l'affaire en plaisanterie. Alma l'observa longtemps avec une attention gênante, se demandant visiblement s'il ne serait pas plus prudent de le flanquer tout de suite à la porte. Puis elle se laissa convaincre, rit avec lui, l'entraîna dans le salon et prépara des martinis après avoir mis le souper à chauffer sur le réchaud. Alma ne buvait jamais chez la mère Kipfer, mais au dehors elle n'avait aucune aversion particulière pour les breuvages alcoolisés. Ils burent quelques martinis, soupèrent et allèrent se coucher d'une manière très conjugale, comme si rien ne s'était passé.

Mais Prew n'oublia pas à quel point il avait été près de tout gâcher, et, bien qu'il se fût solennellement promis de ne pas renouveler une telle erreur, il ne reprit confiance en lui-même qu'après une certaine partie de natation nocturne, extrêmement romantique et propice aux erreurs de jugement, dont il parvint à se tirer sans prononcer une parole déplacée. Ils avaient emprunté, pour la circonstance, la Chrysler décapotable de Georgette, collègue et colocataire d'Alma. Le but que poursuivait Alma lui interdisait de se laisser aller à d'aussi lourdes dépenses.

Comme il n'avait pas d'argent, c'était Alma qui lui en fournissait pour payer ses taxis. Elle lui avait fait faire une clef de l'appartement, et il prit l'habitude d'y venir passer tous ses week-ends. Lorsqu'il n'était pas de corvée, il quittait la caserne aussitôt après l'inspection du samedi matin et se faisait conduire chez Alma aussi vite qu'il le pouvait.

C'était un long trajet, qu'il connaissait à présent par cœur. Le taxi lui paraissait toujours trop lent, et lorsqu'il arrivait à destination, Prew était invariablement épuisé d'impatience. Il ouvrait la porte et claquait avec enthousiasme le battant derrière lui au nez du monde extérieur, du « traitement », de l'armée tout entière. Il fallait descendre trois marches pour accéder à l'immense salon carrelé rouge, remonter trois marches pour passer sur la terrasse ou pénétrer dans les chambres, dans la cuisine ou dans l'une des deux salles de bain. La cuisine, très américaine et ultra-moderne, était la seule pièce dont les murs ne fussent pas revêtus d'un léger placage de bois blond dont la teinte rappelait celle du miel.

Il arrivait parfois qu'Alma fût là pour l'accueillir, mais il préférait ouvrir la porte avec sa propre clef et se mouvoir en l'attendant parmi les choses familières, puis s'installer, en short, sur la terrasse, dans la chaise longue, et lire un peu, et boire beaucoup, jusqu'à ce qu'il fût confortablement ivre. Puis tout ce qu'il avait subi au cours de la semaine écoulée se volatilisait enfin en une brève apothéose, lorsque vers deux heures Alma revenait de chez la mère Kipfer. Utiliser ainsi sa propre clef donnait à Prew le sentiment d'être chez lui, de posséder un vrai foyer. C'était la première fois de sa vie qu'il avait une clef, et le seul fait de la sentir dans sa poche, d'un bout à l'autre de la semaine, valait qu'il ne proposât plus jamais à Alma de l'épouser.

L'une des autres choses qui enchantaient Prewitt, lorsqu'il « montait » chez Alma, c'était la soudaineté quasi surnaturelle avec laquelle tout uniforme disparaissait du paysage dès que le bus franchissait l'avenue Waialae et continuait à monter vers les hauteurs chic de la ville. Prew n'arrivait pas à comprendre qu'Alma et sa collègue eussent pu trouver à se loger dans un tel quartier. Personne, bien entendu, ne savait où elles travaillaient, ni quel était le genre de leur travail. Le loyer devait être fort coûteux, mais c'était le seul luxe qu'Alma ne se fût point laissé interdire par sa politique d'économie. Elle avait loué la maison par l'intermédiaire de Mme Kipfer, qui l'avait découverte elle-même par l'entremise d'une des nombreuses relations qu'elle avait à Honolulu. Personne ne savait au juste quelles relations possédait la mère Kipfer à Honolulu ; tout ce qu'on savait, c'était qu'elle avait des relations et que ces relations étaient puissantes. Et Lorene était de loin sa favorite, la seule qui, de temps à autre, pût se permettre de prendre un jour de repos sans contestations de sa part. Mme Kipfer ne tenait nullement à ce que l'étoile de sa troupe vînt travailler avec une mine défaite et des poches sous les yeux.

Prew lui avait tout raconté : la section de boxe, et Dynamite, et le « traitement » en cours, et tous deux pouvaient être bien ivres lorsqu'ils allaient se coucher, rien n'empêchait Alma de régler la sonnerie du réveille-matin avec un soin religieux, de se lever très tôt, le lendemain, pour lui préparer son petit déjeuner, et de le congédier, comme une sage petite épouse, un bon moment avant l'heure du premier autobus, pour qu'il ne risquât pas d'être porté absent au réveil.

Mais c'étaient les samedis que Prew préférait. Il était presque toujours endormi, dans le grand lit de deux personnes, lorsque Alma rentrait. Elle le réveillait d'un baiser, l'emmenait dans le salon et préparait en hâte un drink avant de se coucher près de lui, ou parfois elle se glissait simplement à son côté et ne le réveillait qu'après, pour organiser ce qu'elle appelait une « petite fête ». C'étaient ces nuits-là qu'elle lui disait combien elle l'aimait et combien elle avait besoin de lui. Oh ! il ne saurait jamais combien elle avait besoin de lui !

Lorsque Prew commit sa seconde erreur de jugement, ce fut à l'issue de leur première soirée en public. Ce n'était pas lui qui en avait eu l'idée, car il était en train de devenir très homme d'intérieur. Avant de quitter la maison, Lorene lui avait remis deux billets de vingt dollars, en toute simplicité, et ils étaient allés souper chez Lau Yee Chaï. C'était la première fois que Prew soupait chez Lau Yee Chaï, et c'était quelque chose ! Les quarante dollars y avaient à peine suffi, mais ça valait ça. Puis ils avaient dansé. Alma était une merveilleuse danseuse. Très supérieure à Prew, mais elle lui avait promis qu'elle lui donnerait des leçons, chez eux, à la maison.

Ce fut lorsqu'ils rentrèrent en taxi, après avoir dépensé les quarante dollars, que Prewitt comprit soudain, pour la première fois, qu'il était, depuis quelque temps déjà, un « homme entretenu », voire un maquereau, sur un certain plan, bien qu'évidemment il n'eût rien à voir avec la profession de sa maîtresse. Au premier abord, il se sentit abaissé, dégradé. Puis il s'interrogea mieux, et il se sentit honteux de ne découvrir en lui aucune trace de honte. Et ce fut seulement lorsqu'ils se retrouvèrent sur la petite terrasse et qu'ils contemplèrent, épaule contre épaule, les rues, et les arbres, et les lumières, en bas, ce fut seulement alors qu'il lui demanda, pour la seconde fois, de l'épouser. Il lui demanda donc de l'épouser avec l'impression délicieuse de jeter tout bon sens aux quatre vents. Il lui avoua le rêve qu'il avait fait d'une petite garnison peinarde où elle pourrait vivre heureuse et respectée, au milieu de toutes les autres épouses de sous-officiers. Peu importait qu'elle eût l'intention de travailler ici pendant encore une année, puisque son propre temps, à lui, n'expirait que dans une année. L'argent qu'elle gagnait de son côté leur permettrait de bien vivre jusqu'à ce qu'il pût devenir sous-off (ce qui ne tarderait guère s'il se mettait en tête de le devenir), et peu importait qu'elle gagnât cet argent en faisant ce qu'elle faisait, puisqu'elle en avait toujours eu l'intention et que, de toute manière, il profitait déjà de cet argent dans une certaine mesure. Il se perdait un peu dans sa propre éloquence, mais, simultanément, se sentait assez fier de sa largeur d'esprit.

Elle l'écouta attentivement, sans le regarder, et demeura longuement silencieuse.

— Tu dis que tu es amoureuse de moi et que tu as besoin de moi, résuma Prew. O.K. ! Je te crois. Moi, de mon côté, c'est la même chose. Alors, marions-nous, c'est ce que nous pouvons faire de plus logique !

— Tu as besoin de moi maintenant, parce qu'ils sont en train de t'en faire voir de toutes les couleurs, dans ta compagnie, objecta-t-elle sagement. Mais quand tout ça sera fini et que tu rentreras aux États-Unis ?

— Je t'aimerai toujours, riposta-t-il impulsivement, parce que c'était la seule réponse logique.

Il devina qu'elle souriait, dans l'obscurité, et se rendit compte à quel point ce qu'il venait de dire était ridicule et si manifestement impossible à soutenir.

— Tu m'as eu ! bougonna-t-il. Et bien eu, même.

— Tu l'as bien voulu, plaisanta-t-elle.

— Mais je t'aime, maintenant !

— Moi aussi, je t'aime, maintenant. Mais ça ne veut pas dire que je t'aimerai encore dans un an, quand je changerai de vie. Comment pourrais-je te le promettre, alors que j'ignore si je pourrai, dans un an, tenir ma promesse ?

Il sentit la mauvaise humeur l'envahir.

— Tu le pourrais, si tu le voulais.

— Bien entendu. Mais suppose qu'une fois le besoin disparu ni toi ni moi n'en ayons plus envie ?

Et comme Prew ne répondait pas :

— Tu vois ? triompha-t-elle. Évidemment, je pourrais faire semblant. Comme tu pourrais faire semblant de te moquer que ta femme soit une ancienne putain ! Comme tu pourrais faire semblant de ne jamais douter de ma fidélité, une fois que nous serions partis d'ici. Comme tu pourrais faire semblant de ne pas avoir peur de me laisser sortir seule. Comme tu pourrais faire semblant de ne pas avoir honte si d'autres personnes découvraient que...

— N'en jetez plus, dit-il sombrement. La cour est pleine.

Il y eut un long silence.

— Mais c'est pas la vraie raison, insista-t-il tout à coup, histoire de dire quelque chose. Allez, dis-moi la vraie raison pour laquelle tu veux pas m'épouser ?

— Peut-être que j'ai pas envie de devenir la femme d'un sous-officier de l'armée américaine, murmura la voix rêveuse d'Alma.

— En travaillant dur, avec le nouveau programme d'avancement, je pourrais devenir officier, si je le voulais.

— Peut-être que j'ai pas envie, non plus, de devenir la femme d'un officier de l'armée américaine.

— O.K. ! O.K. ! C'est le grand maximum de ce que je pourrais jamais faire pour toi, ma poupée.

— Tu veux que je te la dise, la vraie raison pour laquelle je peux pas t'épouser ? reprit Alma en souriant. Ton argent présent et à venir n'a rien à voir là-dedans. Je peux pas t'épouser tout simplement parce que t'es pas assez respectable. Et, maintenant, allons boire quelque chose.

— O.K. ! dit-il avec simplicité. C'est pas de refus.

Prew était vaincu. Il n'en parlerait plus jamais de cet idiot de mariage. Ils rentrèrent dans le salon et burent un martini. Puis ils en burent d'autres, et d'autres encore, et ils se saoulèrent comme ils ne s'étaient jamais saoulés et ils pleurèrent dans les bras l'un de l'autre parce qu'il leur était impossible de se marier. Ce fut ainsi que Georgette les trouva en rentrant. Elle voulut savoir ce qui se passait, et ils le lui expliquèrent, et Georgette voulut boire quelque chose et elle se saoula et se mit à pleurer avec eux.

— Tu comprends, faut qu'elle épouse un homme, expliqua-t-elle, en sanglotant, à Prew, qui soit au-dessus de tout soupçon et qui ait tant de prestige et de respecta...bilité que personne puisse jamais s'imaginer que sa femme est une ancienne putain. C'est une honte, pas vrai ? Mais tu vois pourquoi qu'elle peut pas épouser un soldat, ni même un général. C'est une honte, mais on y peut rien...

Elle se prépara un autre cocktail.

Ils ignoraient encore qu'ils arrosaient, cette nuit-là, une longue séparation. Lorsque Prew rentra au corps, le lendemain, avec une monumentale gueule de bois, il trouva de nouveaux ordres placardés sur le tableau de service et annonçant quinze jours de manœuvres antisabotage autour de l'aérodrome d'Hickam. La seule chose qui contrariait Prewitt, c'était l'impossibilité, pendant quinze jours, de monter chez Alma, car il préférait de fort loin la vie sous la tente à la vie de garnison. Il parvint à s'esquiver, dans la confusion des préparatifs, fila chez Choy et demanda le numéro d'Alma. Ce fut Georgette qui prit la communication. Non, elle ne manquerait pas de mettre Alma au courant et elle lui souhaitait bonne chance sur le terrain. Quinze jours seraient vite passés, n'est-ce pas ? S'il avait su, il aurait sans doute demandé à Georgette de lui transmettre un tout autre message. Mais il croyait avoir tout prévu. Il se savait capable de supporter le « traitement » presque indéfiniment, à présent qu'il possédait, pour s'y réfugier, ce sanctuaire. Il ne se trompait pas, du reste, sur ce point, car ce ne fut pas le « traitement » qui l'envoya finalement au dur. Mais la providence n'avait-elle pas toujours fait preuve, à son égard, d'une cruelle ironie ?

Bientôt les deux tonnes cinq arrivèrent, se rangèrent devant les quartiers du deuxième bataillon ; chaque homme boucla la dernière courroie du gros paquetage de campagne, dévala l'escalier et se vit assigner un camion. La ridelle arrière une fois relevée, le convoi s'ébranla dans un grand vacarme d'échappements libres.

Bon Dieu ! Ça, c'était la vie militaire, la vraie, telle que l'avait rêvée Prewitt.

28

Ce fut pendant qu'ils étaient cantonnés autour de l'aérodrome d'Hickam qu'ils créèrent, sur un air de « blues », la *Complainte du Rempilé*.

Il y avait longtemps qu'ils en parlaient, les hommes, mais ils ne l'auraient sans doute jamais écrite si Bloom n'avait pas suivi le peloton des élèves sous-officiers, si Maggio n'avait pas été au dur, en train de purger sa peine, si Prew ne s'était trouvé loin d'Alma, et si Anderson, Vendredi Clark et Prew lui-même n'avaient été brusquement rassemblés sur le terrain, sans autres occupations que de tailler des bavettes et de faire de la musique. Ce fut ainsi que naquit la *Complainte du Rempilé*.

Les hommes avaient dressé leur bivouac au pied du remblai d'une voie de chemin de fer abandonnée, dont les flancs, bizarrement stériles au milieu du fouillis végétal environnant, les rendaient invisibles de la grand-route de Pearl Harbor. Ayant tendu dans leur secteur le double réseau de barbelés prescrit par le programme de surveillance, il ne leur restait plus qu'à répéter indéfiniment la vieille routine des deux heures de garde, quatre heures de repos, deux

deux heures de garde, quatre heures de repos, en ayant soin de ne pas se laisser prendre en défaut par les rondes d'inspection. La vie de château, en somme, n'eussent été les moustiques !

Ce bivouac n'abritait, d'ailleurs, que les deux tiers de la compagnie, le reste gardant une sous-station électrique, sur la route de Fort Kamehameha, à huit kilomètres vers l'est. Quant à la section de boxe, elle était demeurée à Shofield, où elle s'entraînait pour les rencontres intercompagnies.

Le capitaine Holmes avait établi son poste de commandement sur la route de Fort Kam, à huit kilomètres vers l'est, auprès du troisième tiers de la compagnie, non pour des raisons stratégiques, mais simplement parce que les moustiques y étaient beaucoup moins nombreux. Stark, en revanche, avait dressé ses fourneaux au gros de la troupe. Il avait prêté deux de ses cuisiniers et une de ses roulantes au capitaine Holmes, à condition que Dynamite se chargeât de fournir ses propres hommes de corvée. Andy, en sa qualité de clairon, demeurait attaché au P.C. de Dynamite, et il arrivait chaque nuit avec sa guitare, dans le camion du lieutenant chargé d'inspecter les postes de surveillance. Et pendant que le lieutenant Culpepper partait à pied avec Ike Galovitch ou le caporal de garde, Andy rejoignait Prew et Vendredi, et tous trois s'en allaient pincer les cordes au sommet du remblai, où la brise venue de Pearl Channel réussissait à maintenir les moustiques au ras du sol.

Et la vie de la G sur le terrain suivait son cours monotone, avec le cabot de service qui tire le dormeur par les pieds au moment de la relève en jurant dans sa barbe, et la reptation silencieuse hors de la tente basse, pour essayer de ne pas déranger le copain endormi, et l'attaque virulente des moustiques contre les jambes et les fesses nues du type encore mal réveillé, qui trébuche en enfilant son froc et ses chaussettes, achève de s'équiper dans l'obscurité et se dirige vers la vaste tente hospitalière, où il trouvera, grâce à Stark, le café brûlant et les sandwiches chauds qui achèveront de le remettre d'aplomb.

Puis c'était la relève et les deux heures de faction nocturne que Prewitt aimait tant et pendant lesquelles il avait parfois l'impression confuse de n'être plus un être distinct des autres êtres, mais de s'incorporer à la nuit et à la nature et de faire partie d'un tout qu'il lui semblait alors pouvoir comprendre et chérir à nouveau.

C'était Readall Treadwell qui devait le relever cette nuit-là. Il vint avec un léger retard, annoncé par le bruit de ses propres pas et l'écho des gifles qu'il destinait aux moustiques et ne s'administrait jamais qu'à lui-même.

— Vendredi m'a dit de te dire qu'y serait à l'autre bout des barbelés, vers le poste de garde des gars de l'aviation, maugréa-t-il en s'arrêtant lourdement devant Prew.

— Qu'est-ce qu'y peut bien foutre là-bas ?

— Comment que tu veux que je le sache ? Je te dis ce qu'y m'a dit de te dire.

— O.K. ! fit Prewitt, et il se racla la gorge.

Il éprouvait toujours le besoin de se racler la gorge, après ses deux heures de faction.

— J'ai dû le réveiller quand je suis sorti de la tente.

— Ouais ? Je me recoucherai tout à l'heure pour le plaindre. As-tu vu cette petite vache de Culpepper ?

— Non, pas encore.

— Alors, c'est sur moi qu'y va tomber, c'est du tout cuit. Ce salaud-là vient jamais plus tard qu'onze heures. Je vais même pas pouvoir piquer un roupillon pendant ma faction. Si c'est pas malheureux de voir ça !

— Je me recoucherai tout à l'heure pour te plaindre, s'esclaffa Prew. T'as qu'à faire les cent pas et échanger tes impressions avec le suivant ou griller une pipe en douce.

— Des clous, trancha Treadwell. C'est de roupiller que j'ai besoin, et c'est justement ce que je peux jamais faire. Dis au grand chef de m'envoyer un type quand y verra arriver le lieutenant, si y veut qu'y ait une sentinelle éveillée à ce foutu poste de garde.

Le caporal Choate était allongé sur le dos à l'intérieur de sa tente-abri et lisait un recueil d'histoires en images, sous sa moustiquaire, à la lueur d'une bougie collée sur son casque. Choate logeait toujours seul, sur le terrain. Il y avait à peine assez de place pour lui dans une tente-abri réglementaire.

— Hé ! chef, dit Prew, Reedy m'a dit de te dire de lui envoyer un type, si le lieutenant rapplique dans le secteur.

— Y sait pourtant bien que je suis de repos, protesta le caporal.

— Moi, je te dis juste ce qu'y m'a dit de te dire, répliqua Prewitt.

— Cette espèce de gros plat de nouilles..., grogna le caporal en laissant choir son livre, qui, sur sa vaste poitrine, prit aussitôt l'allure d'un timbre-poste. Il est tellement flemmard que si on lui foutait le feu au cul il aurait même pas le courage de l'éteindre lui-même. Y gueulerait jusqu'à ce qu'on vienne l'asseoir dans une cuvette. Enfin... je m'en occuperai.

Il reprit son recueil d'histoires en images et se replongea dans les aventures de Dick Tracy.

Vendredi bavardait avec une sentinelle du champ d'aviation, par-dessus le double réseau de barbelés. Il y avait un marais tout contre, et les assauts des moustiques étaient encore plus nombreux et plus agressifs, dans ce coin, que partout ailleurs.

— Qu'est-ce que tu fous à côté de cette vacherie de marais ? vociféra Prewitt en essayant futilement de disperser les nuages compacts, fantomatiques et vrombissants du sein desquels jaillissaient les minuscules flèches acérées qui transperçaient à chaque instant son épiderme.

— On discute sur l'armée, mon pote. Faut pas qu'y s'éloigne

trop. Son poste est là-bas, sur la route. Y dit que l'aviation, c'est ce qu'y a de pire, et moi je dis que l'infanterie, y a pas plus moche. Qu'est-ce que t'en penses, toi, Prew ?

— Je pense qu'elles valent pas tripette, ni l'une ni l'autre, riposta Prewitt en bataillant de plus belle au sein des nuages de moustiques.

— Tu le penses pas vraiment ! s'exclama le gars de l'aviation d'un ton surpris.

— Et pourquoi que je le penserais pas vraiment ?

— C'est mon copain Prewitt, dont je viens de te causer... présenta Clark.

— Oh ! s'exclama le gars. Fallait le dire tout de suite. Je pouvais pas savoir.

— Faut pas faire attention à ce qu'y dit, expliqua Clark. Il a l'intention de tirer ses trente ans dans l'infanterie. Il adore l'infanterie. Y te dira tout ce que tu veux savoir.

— Au poil ! Content de faire ta connaissance, Prewitt. Je m'appelle Slade.

— Et qu'est-ce qu'y veut savoir ? demanda Prew en lui serrant la main.

— Y veut se faire muter dans l'infanterie, répliqua Vendredi.

— Dans l'infanterie !

— Ouais. Et dans notre compagnie, encore.

— Pourquoi dans notre compagnie, bon sang ?

— Parce que je me suis engagé pour être soldat, intervint Slade d'une voix excitée, et pas pour être jardinier.

— Les trois quarts des gars que je connais veulent se faire muter dans l'aviation, objecta Prew.

— Je lui ai dit que tu saurais comment faut qu'y s'y prenne, intercala Vendredi, pour se faire muter dans notre compagnie.

— Oh !... Bien sûr. Tout ce qu'y faut qu'y fasse, c'est d'aller voir le pitaine de la compagnie après qu'on sera rentrés en garnison, et...

— En garnison, souligna Slade, radieux. Ça, c'est la vraie vie militaire.

— Mais comment ça se fait que tu veux te faire muter dans l'infanterie ? insista Prew. J'ai toujours entendu dire que les aviateurs méprisaient les biffins.

— J'ai toujours aimé l'infanterie, dit Slade avec ferveur. Dans l'infanterie, c'est des soldats qu'y a, pas des civils en uniforme. L'infanterie, c'est la base de l'armée. L'aviation, l'artillerie, le génie, y sont tous là pour assister l'infanterie. Parce qu'en dernier ressort faut toujours des biffins pour prendre le terrain et l'occuper.

— Sûr, dit Prew sans enthousiasme.

— Y a longtemps que j'avais envie de bavarder comme ça avec des gars de chez vous, continua l'autre. Vous avez un chouette campement, là-bas, et vous avez l'air de vous payer du bon temps. Toujours en train de chanter et de rigoler. Vous bossez dur, mais vous savez rigoler. Ça, au moins, c'est pas une armée pour fillettes ! Je savais pas que c'était vous qui jouiez de la guitare comme ça, tous les soirs. C'est lui qui me l'a dit.

Il désigna Vendredi d'un signe de tête.

— Vous les emportez toujours, pendant les manœuvres, comme ça ?

— Quand on peut, oui, dit Prew.

— C'est pas à Hickam qu'on verrait des trucs comme ça, dit Slade avec amertume.

— On va en jouer, ce soir, quand notre copain va venir du P.C., pourquoi que tu viendrais pas nous écouter, si t'aimes ça ? lui proposa Prewitt.

— Hé ! je disais pas ça pour ça, se défendit Slade, mais si ça vous embête pas, sûr que j'aimerais venir.

— Puisqu'on te le dit, c'est que ça nous embête pas.

— Alors, O.K. ! Mais je suis encore de garde pour une demi-heure, à peu près.

— Ben, on t'attendra pour commencer, dit Prew.

— Ça, ce serait chic de votre part à tous, s'exclama Slade. Vous êtes sûr que ça vous embête pas ?

Prew secoua la tête.

— Mais non. Si t'aimes ça, ça nous dérangera pas que t'écoutes. On est pas bien fameux, mais...

— Moi, je vous trouve épatants.

— Hé ! Slade, intervint Vendredi. Y a une bagnole qui rapplique là-bas, sur ta route.

Slade pivota sur lui-même.

— Ça doit être encore le sergent Follette. C'est la troisième fois qu'y passe par ici depuis que j'ai pris mon tour.

— C'est peut-être notre lieutenant, suggéra Prew.

— Non, souffla Vendredi. Il aurait déjà tourné vers le camp.

— C'est bien Follette, déclara Slade. Y a deux mois qu'il essaie de me coincer pour me faire balancer de la garde et recoller au nivelage et à l'entretien du terrain.

— Y t'a dans le nez ? s'informa Prew.

— Oui, dit Slade. Parce que je l'ai traité d'âne pompeux, une fois, et qu'il a fallu qu'y cherche le mot « pompeux » dans le dictionnaire. Y savait pas ce que ça signifiait.

— Tu ferais mieux de gagner ton poste en vitesse, dit Prew.

— J'y vas, dit Slade. Je vous retrouve ici dans une demi-heure ?

— Ouais.

— Vous oublierez pas, maintenant ?

— Non.

— Tu ferais mieux de filer en vitesse, dit Vendredi nerveusement, hypnotisé par la lente progression des phares.

Slade s'éloigna en courant, s'arrêta au bout de quelques pas et revint en arrière.

— J'ai pas souvent l'occasion de bavarder avec des gars comme vous, cria-t-il. Dans l'aviation, y a pas de vraie camaraderie comme chez vous autres, les biffins. Vous serez là dans une demi-heure, pas vrai ?

— Ça va, riposta Prew. Grouille-toi de rejoindre ton poste, nom de Dieu !

— Merci, cria Slade. Merci, Prewitt.

Il fonça, tête baissée, dans l'obscurité.

Inconsciemment, Prew empoigna un piquet rouillé et le serra de toutes ses forces. Près de lui, Vendredi Clark soufflait comme un phoque. Ils virent Slade s'évanouir dans les ténèbres, tandis que les phares s'arrêtaient à une courte distance. Puis la voix de Slade cria : « Qui va là ? » et, presque aussitôt, il sortit de l'ombre, posément, tout comme s'il n'avait jamais cessé de se promener de long en large à proximité de son poste.

— Ouf ! J'ai bien cru qu'y l'étalerait pas, chuchota Vendredi. J'en ai chaud !

— Moi aussi, avoua Prew.

Il regarda sa main et la frotta sur son pantalon pour la débarrasser des miettes de rouille qui s'y étaient incrustées.

— Quel tordu de courir des risques pareils !

— Il avait pas l'air de se frapper, chuchota Vendredi. Sûr qu'il en pince pour l'infanterie.

— Ben, l'infanterie est pas une mauvaise arme, comparée à toutes les autres.

— Non, dit béatement Vendredi. Je suis content d'être dans la biffe et pas dans l'aviation.

Il s'interrompit pour se gifler à toute volée.

— Allez, viens, s'impatienta Prewitt. Si on reste ici, ces saloperies-là vont nous bouffer vivants.

— On attend pas Slade ?

— On va l'attendre à la cuisine et on reviendra le chercher. Je suis pas bon pour poireauter ici une demi-heure.

— Oh ! sûrement, approuva Vendredi. Allons-y.

Ils trouvèrent le cuistot de nuit ronflant, la tête sur la table. Le cabot qui avait relevé Choate était assoupi sur l'unique chaise pliante. Il releva la tête en les entendant.

— Est-ce que mon lieutenant a..., commença-t-il. Oh ! c'est vous autres. Qu'est-ce que vous foutez debout ? Vous êtes pas de garde.

Puis il aperçut la guitare dans la main de Vendredi, murmura : « J'aurais dû m'en douter », laissa retomber son menton sur sa poitrine et referma les yeux.

Le cuistot se dressa sur son séant, réveillé par la voix du caporal.

— Qu'est-ce que vous voulez, vous deux ? C'est pas un restaurant ouvert toute la nuit, ici, non ? Vous pouvez venir bouffer et boire le jus quand vous êtes de garde, au début et à la fin, mais, en dehors de ça, je suis pas à votre disposition.

— On veut pas à bouffer, dit Prew.
— Alors, pourquoi que vous m'avez réveillé ? lui reprocha le cuistot.
— On veut juste une tasse de jus, continua Prewitt.
— De la merde, beugla le cuistot, indigné. Comment que vous voulez que je roupille un peu si vous vous amenez à n'importe quelle heure ? Vous avez rien à foutre ici jusqu'à ce que vous resoyez de garde.
— Ça te tuera pas de nous donner une tasse de jus, dit Prew.
— Ça m'a déjà tué, riposta le cuistot en se recouchant sur la table. Vous m'avez réveillé. Je suis pas...
Le caporal releva la tête, et ses yeux se rouvrirent, dans le vague. Puis ils se fixèrent sur le cuisinier.
— Tu vas fermer ta gueule, sacré nom de Dieu ? C'est toi qui fais tout le foin ici. Laisse-les prendre une tasse de jus, du moment qu'y font pas de bruit.
— Oh ! merde, gémit le cuistot.
— Servez-vous vous-mêmes, ordonna le cabot à Prew et à Vendredi. Et tâchez de faire moins de bruit que l'autre enflé.
Il laissa retomber son menton sur sa poitrine et referma les yeux.
Le café était encore brûlant, et ils le savourèrent à petites gorgées, debout, dans la chaleur du poêle à essence.
— Vaut mieux qu'on tarde pas trop, chuchota nerveusement Vendredi. Si Slade revient et qu'on est pas là, y va croire qu'on l'a laissé choir.
— Tout de suite, murmura Prew, que révoltait secrètement la perspective de retourner dans ce coin impossible où l'on respirait littéralement des moustiques. Sans parler du chemin à refaire le long des barbelés, sans lampe électrique, bien entendu, au risque de se flanquer les pattes dans un trou et de s'amocher la gueule en tombant.
— Vaudrait mieux qu'on y aille, insista Vendredi.
Prew posa doucement sa tasse.
— O.K. ! Allons-y, bon sang ! chuchota-t-il. Autant se débarrasser de ça tout de suite.
— Oh ! papillon, dit béatement Vendredi lorsqu'ils se retrouvèrent à l'air libre, on va lui montrer, à Slade, ce que c'est que des vrais guitaristes, quand Andy sera là. On va lui montrer ce que c'est que les biffins.
— Oh ! merde, grogna Prew, je me suis recollé la patte dans un trou.
Slade faisait le pied de grue lorsqu'ils arrivèrent.
— Je commençais à croire que vous viendriez pas, dit-il d'un ton penaud. J'allais repartir.
— Écoute, Slade, lui dit Prew. Quand on promet à un gars de revenir le chercher, on revient le chercher. On est de parole.
Slade alluma sa torche électrique.

— Ah ! je le savais bien, mais y a si longtemps que je suis avec ces faux jetons de l'aviation que j'en ai perdu l'habitude.

— Vaut mieux que t'éteignes ta loupiote, lui signala Vendredi. Faut pas de lumière pendant la surveillance.

— Oh ! — Slade éteignit vivement sa lampe. — Vous devez me prendre pour un vrai bleu, pas vrai ?

Ils repartirent vers la cuisine, butant sur des racines invisibles, écartant les branches qui leur barraient le passage, Prew et Clark d'un côté du réseau de barbelés, Slade tout seul de l'autre.

— Est-ce que ces vacheries de moustiques t'empoisonnent pas l'existence ? lança Vendredi, qui, derrière Prewitt, se démenait comme un possédé.

— Pas tellement, dit Slade. — Il hésita. — D'un côté, ça me déplaît pas qu'y soient là.

— Ça te déplaît pas ! s'étrangla Vendredi.

— Mon Dieu !... pas exactement, expliqua Slade, mal à l'aise. Mais y me donnent l'impression d'être quand même un soldat, dans une certaine mesure. Évidemment, c'est rien à côté de ce que vous avez à faire, mais...

— Merde ! alors, s'exclama Vendredi.

Il réfléchit un bon moment et reprit :

— Tu veux quand même pas dire que ça te plaît d'être piqué par ces saloperies-là ? Tu t'es pas porté volontaire pour ce poste de garde, non ?

— Oh ! ça va, Vendredi, boucle-la, grogna Prew, irrité.

— Je sais bien que je dois vous avoir l'air un peu maboul, continua Slade. J'ai pas demandé spécialement ce poste-là, non. J'étais à l'entrée principale du terrain, mais c'est Follette qui m'a fait balancer là-bas.

— Ben, moi, j'ai jamais rien vu de pire que ces sales moustiques, depuis que je suis dans l'infanterie, déclara Vendredi en se giflant.

— On voit bien que t'as jamais fait les manœuvres d'hiver à Fort Myer, protesta Prew en se giflant à son tour. Eh ! Slade, ça te dirait de boire une tasse de jus avant qu'on commence ?

— Et comment ! répliqua Slade. Vous avez même du café toute la nuit, sur le terrain ? Nous, on en a pas, et on a pourtant un poste de garde permanent.

— Pas de café la nuit ! s'écria Vendredi, horrifié. Moi, je pourrais pas monter la garde en pleine nuit sans une tasse de jus.

— Oh ! y a bien un perco électrique dans la salle de récréation, pour qu'on s'en prépare nous-mêmes. Mais les trois quarts du temps y nous foutent dehors et nous empêchent de nous en servir. C'est ça, l'armée de l'air !

— Ça te dirait de bouffer un sandwich, aussi ? lui proposa Prewitt.

— Un sandwich ! s'exclama Vendredi. Écoute, Prew...

— Tu veux dire que vous pouvez aussi avoir des sandwiches quand vous en voulez ? Bon sang ! mais vous vivez comme des rois.

— Qu'est-ce que c'est qu'une tasse de jus sans un bon sandwich chaud ? dit dédaigneusement Prew.

— Et y sont chauds, par surcroît ! s'exclama Slade, ivre d'extase.

— Écoute, Prew... fit encore Vendredi.

— Bien sûr, dit Prew fièrement. On a un sergent d'ordinaire qu'est drôlement à la hauteur.

— Faut qu'y le soit, commenta Slade.

— On se fout pas mal de passer la moitié de ses nuits dehors, quand on a un type comme ça à la cuisine, affirma Prew.

— Mais, Prew... Écoute, Prew, réitéra Vendredi, misérable.

— Nous y voilà, annonça Prew.

Ils avaient atteint la brèche, par laquelle entraient les camions. Slade les rejoignit, et, sous la conduite de Prew, tous trois se dirigèrent vers la cuisine. Rien n'avait bougé depuis qu'ils l'avaient quittée. Au bruit de leurs pas, le cuistot se dressa sur sa table.

— Bon Dieu ! Qu'est-ce que c'est encore ? Qui c'est, ce type-là ?

— Un de nos copains de l'armée de l'air, répondit Prewitt. Il aimerait boire une tasse de jus.

Bien à l'abri derrière les deux autres, Vendredi se recroquevilla dans l'attente de l'explosion.

— Une tasse de jus ? répéta le cuistot, les yeux ronds. Pour qui qu'y nous prend ? Pour la Croix-Rouge ?

— Où sont les sandwiches ? s'informa Prew avec douceur.

— Les sandwiches ! explosa le cuistot. Les sandwiches ! Tu m'as pas regardé ! Des sandwiches !

— Bien sûr, s'obstina Prewitt. Pour aller avec notre tasse de jus.

— Sainte Mère de Dieu ! gémit le cuistot. Des sandwiches !

— Y a là tout ce qu'y faut, dit Prew. On va se les préparer nous-mêmes, pour t'éviter du boulot.

— Foutre non, dit le cuistot. Jamais de la vie ! Ces rations-là sont pour ceux du troisième tour.

— Vendredi est du troisième tour, dit Prew.

Le caporal se leva brusquement et promena sur tous les visages un regard profondément attristé.

— C'est pas encore ici que je pourrai roupiller, maugréa-t-il. On se croirait à la foire. Autant que j'aille inspecter mes postes de garde.

Il se fraya un chemin entre Prew et Slade et sortit de la cuisine.

— Dis donc, je suis pas chargé de nourrir tout l'aérodrome d'Hickam, Prewitt, dit le cuistot, très digne.

— Mais t'as plus de camelote qu'y t'en faut pour la nuit, gémit Prew.

— J'ai qu'à vous donner des sandwiches, et tout le monde va me tomber sur le dos à n'importe quelle heure et je pourrai même pas roupiller une minute. Alors, très peu pour mes plumes.

— T'es de repos demain toute la journée, insista Prew. Tu pourras roupiller toute la journée. Nous, on sera de garde. Je comprends pas pourquoi tu te mets en pétard comme ça tout d'un coup. Toi qui nous as jamais renvoyé une seule fois les mains vides.

— Sans blague ? grogna le cuistot. Mettons que c'est l'exception qui confirme la règle. Pas de jus. Et pas de sandwiches.

— Si ces hommes-là veulent des sandwiches, donne-leur des sandwiches ! Compris ?

Comme un seul homme, Prew, Vendredi, Slade et le cuistot se retournèrent. Maylon Stark se tenait à l'entrée de la tente, tel le héros d'un mélo surgissant brusquement au centre de la scène à la dernière minute du dernier tableau du dernier acte. Son visage était bouffi de sommeil, sa voix pâteuse, et il avait visiblement dormi dans son uniforme.

— Oh ! salut, Maylon, dit le cuistot, qu'est-ce que tu fais debout à une heure pareille ?

— Tant que je serai sergent d'ordinaire, affirma Maylon Stark en regardant droit devant lui, y aura des sandwiches et du café toute la nuit pour les hommes de garde.

— D'accord, Maylon, approuva le cuistot. Mais ces types-là, y sont pas de garde. Y sont juste en train de se balader au lieu d'être au pageot. Y en a un qu'est même pas de la compagnie, c'est un gars de l'aviation. Comment que tu veux que j'arrive à roupiller s'il faut que je donne à bouffer à tout l'aérodrome d'Hickam ?

— T'es pas là pour roupiller, dit Stark d'une voix épaisse.

Il traversa majestueusement la tente et se laissa choir sur la chaise abandonnée quelques instants plus tôt par le caporal.

— T'es pas là pour roupiller, et tu roupilleras pas. T'as toute ta journée de demain pour roupiller, parce que tu roupilles pas cette nuit. Si tu veux bosser demain, t'as qu'à roupiller maintenant.

Il cessa de regarder dans le vide pour lever les yeux vers l'infortuné cuistot et lui souffler son haleine empestée de whisky.

— Alors, qu'est-ce que t'en dis, cuistot de mon cœur ? Tu veux roupiller ? Roupille. Va te coucher. Je passerai le reste de la nuit à ta place. Et oublie pas de venir gratter demain.

— C'est pas ce que je voulais dire, Maylon... bredouilla le cuistot.

— Alors, ferme ta gueule !

Stark se détourna et regarda Prew sans avoir l'air de le reconnaître.

— Vous voulez des sandwiches, vous aurez des sandwiches. Faut que les hommes mangent. Y peuvent s'entre-tuer toute la journée, mais les survivants, faut qu'y mangent. Tant qu'y restera un type debout, faudra qu'y mange. Compris ?

Personne ne répondit.

— Prépare-leur des sandwiches, enfant de salaud ! tonna Stark, les yeux à nouveau plongés dans le lointain.

— O.K. ! Maylon, riposta le cuistot.

— Alors, grouille-toi, enfant de salaud ! dit Stark d'une voix de plus en plus incertaine.

— On peut les préparer nous-mêmes, Maylon, intervint Prewitt d'un ton conciliant. Il a pas besoin de nous les préparer.

— Merde pour lui, trancha Stark. Il est pas ici pour dormir. C'est la tente de la cuisine, ici. Vous avez envie de manger ici, vous mangerez ici. Il a qu'à protester, et je lui tords le cou, à cette espèce d'enfant de salaud. J'ai besoin de bons cuistots, pour changer.

— Sincèrement, on préfère les emporter avec nous et les préparer nous-mêmes, dit Prew.

— O.K. ! approuva Stark. Vas-y. Sers-toi. Vous allez jouer de la guitare, pas vrai ? Toi, va dormir, enfant de salaud.

— Mais j'ai pas sommeil, Maylon, protesta piteusement le cuistot.

— J'ai dit : va redormir ! rugit Stark.

— O.K. ! balbutia le cuistot, et il retourna s'étendre sur sa table en s'efforçant de ne faire aucun bruit.

Dès que Prew eut achevé de préparer les sandwiches, il versa du café dans trois gobelets de papier, passa le tout à la ronde et fit signe aux autres de sortir. Avant de laisser retomber la toile de tente, il se retourna pour remercier Stark, mais le sergent d'ordinaire ne releva même pas la tête.

Du haut du remblai, le halo lumineux de l'aérodrome d'Hickam était clairement visible dans le ciel nocturne. Les pilotes s'entraînaient à voler de nuit, et les hangars étaient illuminés comme des théâtres vides. Des lumières rouges et vertes et bleues clignotaient au-dessus du cantonnement et de temps à autre un projecteur fouillait les nuages.

— Qu'est-ce que tu penses de notre sergent d'ordinaire, Slade ? questionna Prew, la bouche pleine. Je t'avais dit que c'était un chic type.

— Je l'avais pas imaginé comme ça, dit Slade sans se compromettre.

— Y fait marcher sa cuisine comme un dictateur, dit Prew.

— Je m'en suis rendu compte.

— Il avait un peu bu, ce soir, comme de juste, continua Prewitt d'une voix qui excusait.

Un camion franchit la brèche, tous phares éteints. Quelques ombres en descendirent, qui se dirigèrent vers la cuisine, puis, au bout d'un moment, une seule d'entre elles ressortit de la tente et vint à leur rencontre.

— Je croyais qu'y fallait pas de lumière ? murmura Slade.

— C'est le lieutenant, dit Prew. Alors, tu comprends...

— L'autre, c'est Andy avec sa guitare, murmura dévotement Vendredi, en désignant la silhouette solitaire.

— Hé ! les gars, chuchota Andy. Regardez ce que j'ai là.

Et il brandit triomphalement une bouteille tirée de sous sa chemise.

— Eh ben ! mon colon, où que tu as déniché ça ! s'extasia Vendredi.

— Je l'ai achetée à Warden. Ce cochon-là dénicherait du whisky dans une île déserte. Il était avec nous, dans le camion, saoul comme un Polonais.

— Le lieutenant lui a rien dit ?

— Tu sais bien que le lieutenant dit jamais rien à Warden.

— Qui c'est, Warden ? s'enquit Slade.

— Notre sergent-chef, dit Prew, qui présenta Slade à Andy, s'empara de la bouteille et la tendit au gars de l'armée de l'air.

— Fais gaffe ! Les revoilà, annonça Andy, montrant les lumières qui venaient de ressortir de la cuisine. Y sont que trois, Warden doit pas être avec eux.

— On a une bonne heure devant nous, dit Prew.

— Bon Dieu, dit béatement Slade en rendant la bouteille à Andy, vous avez vraiment la belle vie.

— Je te le fais pas dire, gouailla Prew. Seulement, je me demande bien ce que Warden peut bien être venu foutre ici.

29

Milt Warden ne savait pas exactement lui-même ce qu'il était venu faire ici. Une lubie lui avait fait quitter le P.C. dans le premier véhicule disponible, parce qu'il n'aimait pas le P.C. et parce qu'il en avait par-dessus la tête de regarder le visage du capitaine Holmes. Et c'était ici que cette lubie l'avait conduit ! Dans ce sale trou infesté de moustiques, en compagnie du jeune lieutenant Culpepper. Plus il regardait Culpepper, et plus Milt Warden se demandait s'il n'avait pas quitté la poêle à frire pour sauter dans le feu.

Il avait l'impression, depuis un certain temps, que le capitaine Holmes se payait sa tête, en secret, comme s'il eût été au courant de quelque bonne farce dont Warden serait le dindon à plus ou moins longue échéance. Est-ce que, par hasard, Holmes se douterait que ?... Milt Warden n'avait pas voulu tomber amoureux de la femme du capitaine Holmes. Il avait simplement voulu prendre une petite revanche sur le capitaine Holmes, pour la simple raison que le capitaine Holmes était un salopard d'officier. Tout le reste n'était qu'un accident regrettable dont Milt Warden avait, depuis quelque temps, tendance à tenir le capitaine Holmes personnellement responsable. Si cette espèce d'enfant de putain s'était mieux occupé de sa femme, rien de tout ça ne serait arrivé. Et Milt Warden pourrait continuer à goûter en paix les joies de l'existence au lieu d'être profondément et bêtement amoureux.

Milt Warden et Karen Holmes s'étaient revus deux fois depuis le fameux jour de prêt. La première fois, ils avaient repassé la nuit au *Moana*, la seconde fois, à l'*Alexander Young*, en vertu de la théorie selon laquelle on risque moins de se faire repérer si l'on ne vient pas trop souvent au même endroit. Ces deux rencontres s'étaient terminées par une longue discussion sur ce qu'ils allaient faire. Ils étaient d'accord sur un point : ça ne pouvait pas continuer ainsi. Karen avait finalement suggéré à Warden de suivre un des nouveaux programmes d'instruction accélérée et de travailler dur pour passer officier aussi vite que possible.

S'il était nommé officier — lui avait-elle expliqué —, il serait automatiquement affecté à un nouveau poste de commandement aux États-Unis, où personne ne le connaissait et où elle pourrait le rejoindre. S'il était nommé officier, elle pourrait quitter Holmes, lui laisser son héritier et se remarier avec Warden. Mais il leur serait impossible d'agir tant que Milt ne serait que sergent, surtout dans la compagnie de son mari, alors qu'elle était certaine que Milt ferait un officier remarquable à tous points de vue.

Warden avait été non seulement choqué, mais profondément humilié de ce programme. Il était prêt à faire bien des choses pour Karen, mais là, vraiment, c'était trop lui demander. Il avait donc résolu, pour la septième fois depuis qu'ils se connaissaient, de ne plus la revoir, et c'était l'une des raisons pour lesquelles il était fin saoul ce soir.

— Quelle calamité de devoir inspecter des postes de garde dans un aussi sale coin, dit le lieutenant Culpepper en sautant à terre. On entend beaucoup parler d'officiers nouvellement formés, dans le cadre des programmes d'expansion, mais on ne nous en envoie guère.

Warden sourit méchamment. Le lieutenant se détourna et prit le chemin de la cuisine. Il ignorait ce que le sergent-chef était venu faire ici. Il n'aimait pas beaucoup se trouver en compagnie du sergent-chef Warden, dont la proximité lui causait toujours un certain malaise. Il se demandait, parfois, si Milton Anthony Warden n'était pas un peu fou ; en tout cas, il n'avait jamais l'air d'attacher la moindre importance à quoi que ce fût.

Warden attendit qu'Anderson et le lieutenant Culpepper se fussent fondus dans la nuit, puis il prit le soldat de première classe Weary Russell, chauffeur du camion, par le bras et l'entraîna à l'écart.

— Écoute, Duschnock, lui chuchota-t-il à l'oreille. Si je suis pas là pour rentrer au P.C. avec vous autres, tu reviendras me chercher ici à deux heures, compris ?

— Grand Dieu, chef, je ne..., commença Weary Russell, se voyant déjà condamné à rester éveillé sous sa tente, montre en main, au lieu de roupiller comme d'habitude.

— Pas de discussion, trancha Warden. Tu m'as entendu.

— Mais qu'est-ce que tu vas foutre ici, chef ? Y a pas de femmes, y a rien...

Devant le sourire énigmatique de Warden, il capitula :
— O.K. ! Alors, donne-moi juste un coup à boire.
— Ça va, ricana Warden. Si tu oublies, je te mets en charpie. Et maintenant, fous le camp.
Il lui flanqua une bourrade dans le dos pour l'aider à démarrer, le regarda se diriger vers la cuisine et, après un moment de réflexion, le suivit.
Stark semblait dormir, sur sa chaise pliante, lorsque Warden pénétra dans la tente, et le cuistot de nuit était debout devant le poêle, préparant hâtivement des sandwiches pour les nouveaux venus. Andy repartit le premier, sa guitare à la main, suivi du lieutenant et de Russell. Et le cuistot retourna s'allonger sur la table.
— Eh ! Toi ! dit Stark sans ouvrir les yeux.
— Qui ? Moi ? sursauta l'homme.
— Évidemment. A qui que tu crois que je parle ?
Stark ouvrit les yeux et désigna la sortie d'un signe de tête.
— Fous le camp. Barre-toi. Rien que de te regarder, ça me rend malade.
— Mais... où veux-tu que j'aille ?
— Va te coucher. T'as l'air à moitié crevé. Je peux pas supporter de te regarder. Je vais passer le reste de la nuit à ta place. J'aime mieux ça que de t'avoir devant les yeux.
— O.K. ! répondit le cuistot en tentant vainement de cacher sa jubilation. O.K. ! Maylon, puisque c'est toi qui le dis.
Il s'esquiva sans demander son reste.
— Faut que tu sois cinglé pour rester debout toute la nuit quand c'est pas ton tour, dit Warden avec dédain.
— Peut-être que ça me plaît comme ça ? Qu'est-ce que ça peut te foutre ?
— T'es complètement blindé, Stark. Où que t'as planqué ta boutanche ?
— Peut-être que j'avais une bonne raison de la faire disparaître, ricana Maylon Stark.
Il plongea son bras tout entier entre la toile de tente et une armoire à ustensiles, puis lança la bouteille à Warden.
— Bois un coup. Tu vas en avoir besoin, marmonna Stark. Faut que je te parle.
Warden ôta le goulot de ses lèvres et s'assit sur le bloc à hacher :
— Pas envie de t'écouter, murmura-t-il paresseusement. Je suis en vacances. Toi et ta foutue cuisine...
— C'est pas de ma cuisine qu'y s'agit, déclara Stark d'un ton plein de mystérieux sous-entendus. Y s'agit d'une affaire privée. On m'a dit que t'avais une nouvelle poule ?
Warden ne marqua aucun temps d'arrêt, aucune hésitation. Il alluma une cigarette et murmura :
— Qui ça, on ?
Stark le regardait toujours, morose.

— J'ai mes sources de renseignements, fils.

— Sans blague ? Et « on » t'a pas dit, aussi, de te mêler de tes oignons ?

— Supposons que je veuille pas me mêler de mes oignons ? dit Stark.

Il but une gorgée d'alcool, revissa le bouchon et lança la bouteille à Warden, qui l'attrapa au vol.

— Supposons que je veuille que tu t'en mêles ? dit Warden.

Il but une gorgée d'alcool, revissa le bouchon et lança la bouteille à Stark, qui leva languissamment son bras droit et la cueillit au passage, comme une fleur.

— T'as appris ça comment, Stark ?

— ...'ccupe pas de ça. Ce qui compte, c'est que je le sais. Y a qu'une chose qui m'étonne, c'est que toute la base le sache pas aussi. Je t'ai pourtant dit de pas t'y frotter ou que tu t'en mordrais les doigts. Je sais de quoi je parle, je m'y suis frotté moi-même, à Bliss.

— Et ça t'a plus ? s'informa Warden, pensif.

— Non, dit Stark. Oui. Je sais pas. La vérité, c'est que j'en savais pas assez long là-dessus, à l'époque, pour pouvoir en juger. Mais la question est pas là. La question...

Il s'interrompit, secoua douloureusement la tête :

— Moi qui te prenais pour un type intelligent.

Warden se leva, contourna la chaise de Stark et reprit la bouteille qui pendait au bout de son bras droit. Il devait y avoir moyen de régler ça en douceur. Y avait toujours un moyen de tout régler en douceur. Mais ça finissait par vous porter sur le système, de toujours être obligé de louvoyer et de nager entre deux eaux et d'opérer en douceur.

— Je veux savoir comment que t'as appris ça ! hurla-t-il brusquement dans l'oreille de Stark.

— Je vous ai vus tous les deux à l'*Alexander Young*, y a même pas une semaine, dit Stark sans se départir de sa placidité. Moi et sans doute des milliers d'autres gars de Shofield. Faut que tu sois complètement cinglé. Y a pas d'autre explication.

Warden recula d'un pas, la bouteille dans la main gauche.

— Et qu'est-ce que t'as l'intention de faire ? s'enquit-il. Si toutefois t'as l'intention de faire quelque chose.

— Ainsi, s'exclama Stark, tu te donnes même pas la peine de nier !

— Pourquoi nier ? Tu m'as vu, oui ou merde ?

Stark se redressa sur sa chaise.

— J'ai l'intention de faire quelque chose, marmotta-t-il. Et rien de ce que tu pourras dire ne changera ma décision. C'est pas la peine que t'essaies... Si t'es pas foutu de faire attention à tes plumes, faut bien que quelqu'un y fasse attention pour toi. Tu sortiras pas de cette tente avant de m'avoir donné ta parole de soldat que tu verras plus cette sale putain !

— Oh ! là, là ! Ma parole de soldat ! s'esclaffa Warden.

— Est-ce que t'as plus un brin d'amour-prop', sergent-chef ? dit Stark de plus en plus saoul. Est-ce que t'as plus un brin de respect pour l'uniforme que tu portes ? Tu d'vrais avoir honte. Tu déshonores tes galons, sergent-chef.

— T'es pas un peu tombé sur la tête ? rugit Warden, hors de lui.

— Mais tu te rends donc pas compte de ce qu'elle te fait ? se lamenta Stark, les bras au ciel. On voit bien que tu la connais pas comme moi. Elle est terrible ! Épouvantable ! Pire qu'une putain. Tu sais pas ce qu'elle te fera faire ! Mais elle te...

Il s'interrompit et croisa les bras.

— Mais je te laisserai pas faire, moi, reprit-il. Tu vas me donner ta parole, sergent-chef, ou gare.

— Gare à quoi ? s'enquit Warden.

— Fais gaffe, sergent, dit Stark. Plaisante pas avec moi, sergent, je te connais. Mais je sais comment m'y prendre avec toi. Promets-moi, Warden. J'attends ta promesse.

Warden observait Stark avec attention, pensif. Stark était blindé à fond. Demain, il aurait tout oublié. Mais demain Milt Warden reverrait son visage s'interposer entre lui et les objets environnants, comme le jour où il avait frappé de toute sa force le mur de l'escalier.

— Ma parole ! rugit-il soudain. Je vais te la donner, ma parole, espèce de salaud ! T'as pas le droit de parler comme ça de la femme que j'aime !

Et d'un direct du droit il envoya danser Stark et sa chaise entre le bloc à hacher et l'armoire aux ustensiles.

Stark atterrit sur le dos, les pieds en l'air, mais sa nuque avait à peine touché terre qu'il rebondissait comme une balle de caoutchouc, se cramponnant d'une main au bloc à hacher, de l'autre au bord de l'armoire.

Sa main droite avait raflé le hachoir au passage. Il le brandit et s'avança lentement vers Milt Warden, en lançant un chapelet d'effroyables jurons qui remplissaient la tente comme le gaz emplit un ballon de baudruche.

En proie à un ravissement sans mélange, Warden recula et lança la bouteille qu'il tenait à la main gauche. Stark l'esquiva sans même un battement de paupières et continua d'avancer en beuglant de plus belle. La bouteille poursuivit sa trajectoire, se fracassa en mille morceaux sur le bord du bloc à hacher, et Warden bondit hors de la tente. Il entendit, derrière lui, le hachoir déchirer la toile de tente et il fonça droit devant lui, à corps perdu, dans l'obscurité, jusqu'à ce qu'il donnât du front contre une branche et sentît ses jambes se dérober sous lui. Quelque part, dans les ténèbres, Stark jurait et cherchait son hachoir, à quatre pattes.

« Voilà, t'as gagné, mon petit Milt, se dit Warden. Le seul bon sergent d'ordinaire qu'il t'ait jamais été donné de voir à l'œuvre, voilà que tu lui fous ton poing dans la gueule. »

— Pire qu'une putain, mâchonnait Stark dans l'obscurité. Rien à faire. Lui gâchera sa vie. Je vais lui faire voir, moi. Ousqu'il est, c'tordu-là ?... s'qu'il est passé ?... ferai son affaire, moi ! J'lui apprendrai... Ousqu'il est, c'tenfant de salaud ?

Puis il réintégra sa cuisine. Warden l'entendit balayer les tessons en blasphémant affreusement, puis il se tut, terrassé par le whisky.

— C'est tout de même pas une espèce de sagouin de cuistot qui va m'apprendre à moi, Milton Anthony Warden, avec quelle femme je dois coucher ou pas coucher. Si j'ai envie de coucher avec Karen Holmes, je coucherai avec Karen Holmes, sacré nom de Dieu ! et c'est pas un misérable ver de terre de saoulard de cuistot qui va m'en empêcher, grogna le sergent-chef.

Il s'allongea confortablement sur le sol, satisfait de penser qu'à cause du cuistot il serait obligé de revoir Karen Holmes, tandis que, dans la nuit, résonnaient les « blues » lancinants qui se lamentaient sous les doigts amoureux d'Andy et de Prew.

30

— Écoutez celui-là, murmura Andy.

Instantanément, Vendredi posa sa main sur les cordes de sa propre guitare, pour en arrêter les vibrations.

— Vas-y, dit-il.

Andy joua une courte phrase, sur un rythme de blues, très lentement d'abord, puis un peu plus vite, enchaîna une seconde phrase, s'arrêta de nouveau, attendit...

— Eh ! dis, où que t'as été pêcher ça ? souffla Vendredi avec admiration.

— Oh ! y a déjà un moment qu'y me trotte dans la tête. C'est tout.

— Joue-le encore.

Andy s'exécuta.

— Ça, c'est quelque chose, comme blues ! murmura Slade, émerveillé.

Andy haussa les épaules.

— J'ai soif, laissa-t-il tomber.

Prew lui tendit la bouteille avec dévotion.

— Pas à dire, y a rien au-dessus de cette musique-là, chuchota Vendredi. Il est rudement chouette, Andy, ton blues.

— On a une idée pour un blues qui s'appellerait la *Complainte du Rempilé*, expliqua Prew à Slade. Y a déjà la *Complainte du*

Chauffeur routier, la *Complainte du Moissonneur*, la *Complainte du Maçon*. Nous, on l'appellerait la *Complainte du Rempilé*.

— Ça, c'est une idée ! s'exclama Slade, enthousiasmé. Vous êtes formidables, les gars.

— Attends ! T'excite pas ! On l'a pas encore faite, lui rappela Prewitt, prudent.

— Eh ! pourquoi que vous prendriez pas le blues d'Andy pour ça ? suggéra Slade, très excité. Eh ! Andy, tu pourrais le terminer, pas vrai ? Rejoue ton départ, avec la réponse, tâche de trouver un motif central et reprends ta première phrase. Tu dois pouvoir y arriver.

Andy reprit sa guitare, joua de nouveau sa première phrase ; puis la réponse, en sourdine ; tâtonna un instant ; recommença ; retomba dans le même motif ; recommença encore... Empoignés par la solennité du moment, les trois autres retenaient leur souffle. Finalement, Andy poussa un soupir de satisfaction, fredonna quelque chose entre ses dents, puis joua, d'un bout à l'autre, sa composition.

— Bravo ! Ça, c'est un blues, répéta Slade avec conviction. J'ai peut-être cinq cents disques à la maison, avec au moins cinquante pour cent de blues, et j'ai jamais rien entendu de pareil, y compris *Saint-Louis Blues*.

— Oh ! non, il est pas si bon que ça, protesta faiblement Andy.

— Mais si, mais si, affirma Slade. Et je sais ce que je dis. Je collectionne les disques de blues.

— Vrai ? sursauta Andy, oubliant son attitude réservée de faux modeste. Eh ! as-tu déjà entendu parler d'un nommé Django ? Django quelque chose ?

— Tu parles ! s'exclama Slade. Django Reinhardt. Le guitariste français. C'est un drôle d'as !

— Là, tu vois, dit Andy à Prew. Tu croyais que j'avais inventé tout ça, hein ?

Il se retourna vers Slade, incapable de tenir en place.

— T'en as, des disques de ce Django Machin ?

— Non, dit Slade. Il est très difficile de se les procurer. Y sont tous fabriqués en France et y sont plutôt en bagarre, là-bas. Mais j'en ai entendu pas mal. Tu le connais, ce vieux Django Reinhardt ?

— Non. Mais je connais sa musique. Y en a pas un qui lui arrive à la cheville dans le monde entier.

— Dites donc, suggéra Slade, d'une voix hésitante, après un silence, maintenant que vous avez la mélodie pour votre *Complainte du Rempilé*, pourquoi que vous en feriez pas les paroles ?

— Oh ! on les fera plus tard, à la caserne, dit Prew. Tu te rappelleras bien ton air, Andy, pas vrai ?

— Faut jamais remettre les choses, insista Slade avec une sorte de frénésie. Autrement, on les fait jamais.

— C'est que... je sais pas par où commencer, avoua Prew.

Andy reprit sa guitare et se remit à jouer son blues en sourdine.

L'enthousiasme de Slade était contagieux, il sécrétait littéralement de l'énergie. « Comme Angelo Maggio, lorsqu'il se remontait lui-même pour gagner au poker », songea Prew.

Il s'empara de sa torche électrique, dont il dirigea le faisceau vers le calepin de Slade.

— Note, gars. Qu'est-ce que vous diriez de ça, pour commencer : « Lundi, c'est l'jour que j'vois la quille. » Écris toujours. Et on peut continuer avec tous les jours de la semaine, jusqu'au lundi d'après, où que le gars rempile.

— Au poil ! s'écria Slade. « Lundi, c'est l'jour que j'vois la quille », crayonna-t-il sur son calepin.

— « Et qu'j'mets des fringues de civ'lot », suggéra Andy, pinçant doucement ses cordes.

— « A moi les bars, à moi les filles : mes poches sont bourrées de gros fafiots », enchaîna Vendredi, pourpre d'excitation.

— « J'aim' mieux vous dir' qu'ça va boumer. C'est la Complaint' du Rempilé », acheva Prew.

— Cré bon sang ! Fameux ! s'extasia Slade. Mais allez pas trop vite. J'ai pas le temps de tout noter.

Ils étaient lancés, à présent, galvanisés par l'excitation communicative de Slade et surpris de la fécondité d'une faculté créatrice qu'ils n'auraient jamais cru posséder.

— Crotte ! V'là quelqu'un qui s'amène par ici, chuchota tout à coup Vendredi.

— C'est sûrement Weary Russell, expliqua Andy. Il vient me chercher pour retourner à ce foutu P.C.

— Oh ! recrotte, gémit Vendredi. On va pas avoir le temps de finir.

— Vous aurez qu'à le terminer après mon départ, dit Anderson avec amertume. Vous me montrerez ça demain soir.

— Jamais de la vie, protesta Prew. On l'a commencé ensemble. Faut le finir ensemble. Weary dira rien si tu le fais attendre un peu.

— Weary, non. Mais le lieutenant...

— Oh ! tu sais comment ça se passe, dit nerveusement Prewitt. Y traînaillent toujours pendant une demi-heure avant de repartir. Relis-nous tout ça en vitesse, Slade. On a plus beaucoup de temps devant nous pour finir.

Slade se racla la gorge et annonça d'une voix émue :

— *La Complainte du Rempilé...*

Lundi, c'est l'jour que j'vois la quille
Et qu'j'enfil' des fringu's de civ'lot.
A moi les bars, à moi les filles !
Mes poch's sont bourrées d'gros fafiots.
J'aim' mieux vous dir' qu'ça va boumer.
C'est la Complaint' du Rempilé.

Mardi, je m'trouve une piaule en ville,

Dans un hôtel pas trop rupin.
D'main, je cherch'rai un boulot tranquille
Mais, ce soir, j'vais voir les copains.
Oh ! frangin, c'qu'on va rigoler !
C'est la Complaint' du Rempilé.

Mercredi, jour de ribouldingue !
J'rencontre un' môm' d'premier carat.
Dès que j'la vois, j'en suis louftingue.
Et j'l'embarqu' sans plus d'embarras.
Tous les deux, c'qu'on s'est régalés
C'est la Complaint' du Rempilé.

Jeudi, j'fais un' drôl' de binette,
En m'réveillant seul dans l'paddock.
La garce m'a r'fait toute ma galette
Et s'est taillée en loucedock.
J'vous jur' qu'j'pourrais en chialer...
C'est la complaint' du Rempilé.

Vendredi, comme j'ai soif de bière
J'vais r'voir l'barman du mercredi,
Et j'lui d'mand' de m'payer un verre.
« Fous l'camp, 'spèce de paumé ! » qu'y m'dit.
C'que j'ai fait, ben, vous l'devinez.
C'est la Complaint' du Rempilé.

— Voilà, conclut triomphalement Slade. Je me fous de ce que les autres pourront en dire, mais, moi, je trouve ça épatant !

Prew fit claquer nerveusement ses doigts.

— Passons au samedi, maintenant. Qu'est-ce que vous diriez de...

— Bon Dieu ! gémit Vendredi. On est faits comme des rats. C'est pas Weary Russell !

Ils firent volte-face, et le faisceau lumineux de la torche électrique effleura deux galons dorés. D'un adroit coup de pied, Andy envoya rouler la bouteille de whisky presque vide de l'autre côté du remblai, tandis que Slade, interloqué, se tournait vers Prew.

— Garde à vous ! cria Prew automatiquement.

— Peut-on savoir ce que vous faites ici à cette heure de la nuit ? s'informa le lieutenant Culpepper, sarcastique.

— Nous jouions de la guitare, mon lieutenant, répondit Prew.

Le lieutenant Culpepper tordit ses lèvres minces :

— J'aurais pu trouver ça tout seul. Et que signifie cette lampe allumée au sommet d'un talus ?

— Nous étions en train de recopier des notes, mon lieutenant, dit Prew d'une voix qui vibrait de rage et de désappointement. Il y avait des lumières un peu partout, mon lieutenant. Nous ne pensions pas que...

— Allons, allons, Prewitt, dit le lieutenant, de plus en plus sarcastique. Nous sommes censés garder cet aérodrome dans les conditions aussi proches que possible de celles du temps de guerre, n'est-ce pas ? Et la première de ces conditions est un black-out absolu.

— Oui, mon lieutenant.

— Les lumières en question étaient celles des rondes d'inspection, poursuivit le lieutenant. Elles ne sont utilisées que pour inspecter les postes de garde.

— Est-ce qu'on utiliserait des lampes électriques pour inspecter les postes de garde en temps de guerre ? hasarda Slade en tremblant.

Dans le style militaire traditionnel de la famille Culpepper, qu'avaient perfectionné quelques générations de Culpepper, le lieutenant Culpepper tourna la tête, sans bouger ses épaules droites de vrai Culpepper ni courber son échine raide d'irréprochable descendant de toute une lignée de Culpepper.

— Lorsque vous vous adressez à un officier, soldat, dit-il avec sévérité, vous devez inclure son titre dans votre question. C'est une chose que je ne devrais pas avoir besoin de vous rappeler.

— Oui, mon lieutenant, dit Slade.

— Qui êtes-vous, du reste ? Je croyais connaître tous les hommes de la compagnie.

— Soldat Slade, mon lieutenant. De la 17e escadrille de la base d'Hickam.

— Qu'est-ce que vous faites ici ?

— Je suis venu écouter la musique, mon lieutenant.

— Pendant votre tour de garde ?

— Non, mon lieutenant.

— Savez-vous bien, commenta Culpepper, de plus en plus sarcastique, que, dans l'infanterie, nous n'autorisons pas les hommes des autres unités à rôder à l'intérieur de nos cantonnements ? Particulièrement au milieu de la nuit. Compris ?

Nul ne répondit.

— Prewitt ! jappa le lieutenant Culpepper.

— Mon lieutenant ?

— C'est vous le plus ancien ; c'est vous que je tiens pour responsable de tout ceci. Il y a dans ce camp des hommes qui essaient de dormir. Certains d'entre eux vont prendre la garde...

Il consulta son chronomètre.

— ... Dans trente-sept minutes !

— C'est pourquoi nous sommes venus nous installer ici, mon lieutenant, dit Prew. Personne ne s'est jamais plaint de nous, à ma connaissance.

— C'est possible. Mais il n'empêche que ceci est contraire aux règlements généraux et, à partir de maintenant, aux ordres que je vous donne. Il n'empêche que vous vous trouviez avec une lampe allumée, au-dessus de la ligne d'horizon, pendant une manœuvre antisabotage nécessitant un black-out absolu.

Nul ne souffla mot. « Elle resterait donc inachevée, songeaient-ils avec désespoir, cette complainte qui ne retrouverait sans doute jamais le climat d'enthousiasme frénétique où elle était née ! Maudit soit le lieutenant Culpepper ! »

— Et maintenant, si vous ne voyez plus d'autre sujet de controverse, conclut Culpepper, je propose que nous mettions un terme à cette conversation. Je vous autorise à faire usage de votre torche électrique pour redescendre jusqu'au bivouac.

— Bien, mon lieutenant, dit Prew, et il salua.

Le lieutenant lui rendit son salut et, comme si cet échange de saluts était venu subitement les rappeler à leurs devoirs, Andy, Slade et Vendredi Clark saluèrent à leur tour avec un ensemble touchant.

— Alors, qu'est-ce que tu penses de l'infanterie, maintenant ? chuchota Prew à Slade, quand le lieutenant eut disparu.

Il y avait de l'amertume dans sa voix.

Slade ne répondit pas, et aucune autre parole ne fut prononcée jusqu'à ce qu'ils rejoignissent Weary Russell auprès du camion.

— J'ai rien pu faire, s'excusa-t-il. Il vous a foncé dessus dès qu'il a vu votre loupiote. J'ai même pas pu vous crier de faire gaffe.

— Ça va, dit Prew. Te casse pas le tronc. C'est pas grave.

Le lieutenant Culpepper arrivait derrière eux. Il s'approcha du camion, le contourna.

— A propos, Prewitt, cria-t-il en grimpant sur le siège, inutile de retourner là-bas après mon départ. J'ai donné ordre au caporal de garde de vous avoir à l'œil.

— Bien, mon lieutenant, dit Prew.

— Où est le sergent-chef, Russell ? s'enquit Culpepper.

— Je n'en sais rien, mon lieutenant, répliqua Weary. Je suppose qu'il a pas l'intention de rentrer tout de suite.

— Et par quel moyen rentrera-t-il au P.C. ?

— J'en sais rien, mon lieutenant, dit Weary.

— Eh bien ! tant pis pour lui, ricana le lieutenant Culpepper. Il faut qu'il soit là-bas pour le réveil. Ça ne lui fera pas de mal de marcher un peu ! Montez, Anderson, nous partons.

Prew, Slade et Vendredi, immobiles, regardèrent le camion virer en trois temps, franchir la brèche et s'éloigner rapidement.

— Tiens, dit Slade à Prew, v'là les feuilles de mon calepin. La complainte est dessus.

— T'en veux pas un exemplaire ?

Slade secoua la tête.

— Vous aurez bien l'occasion de me les passer une autre fois, dit-il. Vaut mieux que je rentre, à présent.

— Plutôt, dit Prew. Fais gaffe qu'y te recoince jamais par chez nous.

— Tu parles ! s'exclama Slade. Je vous reverrai un de ces jours.

Il se glissa dans la nuit sur les traces du camion.

— Tu crois qu'y va se faire muter ? demanda Vendredi en se grattant pensivement la tête.
— J'en ai pas l'impression, dit Prew qui ricanait. Tiens, prends ça. Pour Andy. C'est sur sa musique.
Vendredi plia les feuilles de calepin et les rangea soigneusement dans sa poche.
— On la finira un de ces jours, dit-il. Quand on sera rentrés à la caserne.
— Sûr, dit Prew, laconique.
— Pourquoi qu'on la finirait pas maintenant ? suggéra Vendredi, les yeux brillants. On pourrait s'installer dans la cuisine. On n'a plus besoin de la musique, maintenant.
— Finis-la tout seul. Moi, je vais faire un petit tour. J'en ai sacrément besoin.
Il pivota sur lui-même et s'éloigna.

31

Lorsqu'il atteignit la route, Prew s'arrêta. Tourner à droite, c'était se flanquer dans les pattes du gars qui avait relevé Slade. Le gars lui crierait : « Qui va là ? » s'apercevrait qu'il avait affaire à un simple troufion et, histoire de passer le temps, se dépêcherait d'engager la conversation. Ce n'était pas ce que voulait Prew, qui tourna à gauche et ralentit le pas. Il se mit en marche sur le bas côté de la route, dont les graviers crissaient sous les lourdes semelles de ses brodequins. Il avait bu pas mal de whisky et regrettait de ne pouvoir en boire davantage. Il avait envie de se saouler à mort. Non seulement on lui avait pris son clairon, dans cette saloperie d'armée, mais on l'empêchait même d'écrire une malheureuse complainte, de mettre des paroles sur un air de blues !
Il avait eu presque toute la strophe suivante dans la tête, lorsque le lieutenant Culpepper était arrivé. Le couplet suivant se passait à la prison...

Samedi, j'vous jur' qu'c'était pas drôle
D'entendr' tous les autr's se marrer
A travers les f'nêtr's de la taule...
Moi, grimpé sur un tabouret,
J'pouvais qu'regarder l'défilé !
C'est la Complaint' du Rempilé.

Ça lui était arrivé, à lui, de regarder mélancoliquement les gens qui prenaient du bon temps, un samedi soir, par la fenêtre d'une cellule, à la prison de Richmond, dans l'Indiana. Il avait fallu que les prisonniers montent sur les tabourets, pour voir, parce que les fenêtres étaient très hautes. Ils étaient sept, dans la même cellule. Tous coffrés pour vagabondage. On les avait relâchés au bout d'une semaine, parce qu'il n'y avait plus assez de place, dans la taule, pour les trimards qu'on ramassait chaque jour. Voyons ! Ça s'était passé en 1935. Il y avait six ans de ça.

Il n'entendait plus, derrière lui, les voix d'Andy bavardant avec Vendredi et fredonnant l'air de leur blues. Il était seul, dans un monde fermé, bien à lui, et c'était ce qu'il avait désiré. Mais, à présent, il n'avait plus envie d'être seul. Il se mit à courir, se voua mentalement à tous les diables, s'arrêta, se remit à marcher. Inutile, inutile, le monde irait toujours plus vite que lui. Le monde, avec toutes ses familles Culpepper. Au diable, Culpepper !

Subitement, Prew éclata de rire. Un rire plein d'amertume.

— Halte-là !

Prew s'arrêta court. Depuis quand y avait-il une sentinelle à cet endroit-là ?

— Qui vive ? continua la voix.

Prew distingua une silhouette noire, perçut un vague reflet métallique.

— Ami, répliqua-t-il selon les règles prescrites.

— Avance, ami, et fais-toi reconnaître, dit la voix.

Prew avança lentement, selon les règles prescrites.

— Halte-là ! commanda la voix.

Prew s'arrêta court. Ceci n'était plus du tout conforme aux règles prescrites.

— Qui va là ? reprit la voix.

— Ami, sacré bon Dieu !

— Avance, ami-sacré-bon-Dieu, et fais-toi reconnaître.

Prew fit un pas en avant.

— Halte-là ! cria la voix, tandis que les mains invisibles agitaient le reflet métallique.

Prew s'arrêta.

— Eh ! Qu'est-ce que c'est que ce travail ?

— Silence, rugit la silhouette noire. Repos ! En avant, marche ! Rectifiez la tenue ! Qui va là ?

— Soldat Prewitt, de la compagnie G, dit Prew, de plus en plus sceptique.

— Avance, soldat Prewitt, de la compagnie G, et fais-toi exécuter, beugla la silhouette.

— Va te faire foutre, Warden, riposta Prew en continuant d'avancer.

— Pan ! hurla la silhouette en pointant vers lui l'objet aux reflets métalliques. Pan ! Pan ! Je t'ai eu ! T'es mort ! Pan !

— Eh ! Change de disque, Warden, rétorqua Prewitt. Et passe-moi ta boutanche de whisky.

— T'as marché, pas vrai ? s'esclaffa Warden au comble du

ravissement. Qu'est-ce que tu fous par ici ? Tu sais pas que tu risques de te faire flanquer une balle dans le cul ?

— Je me promène, riposta Prew d'un ton belliqueux.

— Ah, ah ? commenta Warden. Le lieutenant a interrompu votre petite fête ?

— Cette espèce de petit enfant de salaud..., marmotta Prewitt.

— Halte ! trancha Warden en le menaçant de l'index. Est-ce que c'est une façon de parler d'un Culpepper ? Est-ce que tu sais pas qu'y a toujours eu des Culpepper dans l'armée depuis que Zacharie Taylor a pris la Californie au Mexique ? Qu'est-ce que tu crois qu'on pourrait faire, sans la Californie ? Où est-ce qu'on ferait du cinéma ? Où est-ce qu'on serait, à ton avis, si on n'avait pas eu les Culpepper ?

— Merde pour les Culpepper, dit Prew.

— Aucune éducation, ce gars-là ! dit tristement Warden. Aucune idée des grands problèmes mondiaux. Aucun raffinement.

Il s'assit au milieu de la route et tendit la bouteille à Prew.

— Tiens, vieux frère. Bois un coup, je te dis.

Prew s'essuya la bouche, s'assit près de Warden et lui rendit sa bouteille.

— C'est tout de même une vacherie d'existence, déclara-t-il, très morne.

— Dégueulasse. Absolument dégueulasse.

Il porta le goulot de la bouteille à ses lèvres et but une lampée.

— On peut même plus s'amuser gentiment !

— C'est vrai, acquiesça Warden. V'là qu't'es sur la liste noire de Culpepper, maintenant.

— J'suis sur toutes les autres listes noires. Pourquoi pas aussi sur la sienne ? grogna Prew.

— Écoute, Prewitt, dit Warden avec un brusque attendrissement. Pourquoi qu'y faut toujours que tu fasses la forte tête ? Pourquoi qu'y faut toujours que t'ailles au-devant des emmerdements ?

— J'sais pas, dit Prew d'un ton misérable. Y a des années que j'essaie de le comprendre. Sans doute que j'suis né comme ça.

— De la merde, dit Warden.

Il avala une nouvelle gorgée de whisky et regarda Prewitt de côté.

— De la vraie merde en bâton. Essaie un peu de dire le contraire. Vas-y, essaie un peu de dire le contraire !

— J'sais pas, répéta Prewitt plus misérablement encore.

— De la merde, je te dis, insista Warden. Y a personne qui naît comme ça. Regarde-moi, tiens. Bois un coup.

Il regarda boire son compagnon et reprit la bouteille.

— Oui, c'est une vacherie d'existence, continua-t-il. T'es en train d'aller tout droit au dur, et moi je vais me faire balancer un de ces quatre matins. Et on est assis tous les deux au milieu de c'te vacherie de route. Qu'est-ce que ça donnerait si un camion nous passait dessus ?

— Ce serait terrible, jura Prew.

Le whisky était en train de composer un mélange explosif dans son estomac. Il allait sûrement voler en éclats d'un moment à l'autre.

— Pas toi, Prew. Moi, j'suis vieux, fiston, pleurnicha Warden. J'ai trente-quatre ans. Toi, t'en as que vingt-deux à peine. T'as toute ta vie devant toi.

— Mais j'ai pas de raisons de vivre, s'obstina Prewitt. Toi, t'as la compagnie à faire marcher. C'est les sous-offs qui font marcher l'armée. Sans toi, y aurait pas d'armée, et qu'est-ce qu'y feraient, tous les Culpepper, si y avait pas d'armée ? Reste pas là. Va t'asseoir sur le côté de la route.

Warden le prit par le cou.

— T'es maboul, fiston, lui dit-il avec affection. Tu peux pas sauver un vieux briscard comme moi. C'est à toi de sauver ta peau. Et tu la sauveras.

— Non, sergent. Jamais de la vie, sergent. Prewitt a jamais lâché un copain en danger. Je resterai jusqu'au bout.

— Mais qu'est-ce que j'ai donc fait au bon Dieu ? gémit désespérément Warden.

— Tout le monde s'en fout, se lamenta Prew. Tout le monde se fout de ce qui peut nous arriver. Merde pour eux tous, tant qu'y sont. Je serai aussi bien mort.

Ses yeux se remplirent de larmes, et il reprit la bouteille.

— D'abord, avoua-t-il d'une voix pâteuse, je crois pas que je pourrais me tenir debout, de toute façon.

— Moi non plus, reconnut Warden. Il est trop tard. Adieu ! Prewitt.

— Adieu ! Warden.

Ils se serrèrent la main avec solennité, refoulèrent les larmes de la séparation, indignes des soldats qu'ils étaient, se redressèrent tant bien que mal et firent face à leur destin.

— Je veux juste que tu saches, Prewitt, que j'ai jamais eu de meilleur copain que toi.

— Moi non plus, reconnut Prewitt.

— Pas de bandeau sur les yeux, dit Warden avec mépris en rejetant sa tête en arrière. Est-ce que v'nous prenez pour des gosses ? Pouvez vous torcher le cul avec, bande de salauds !

— Ainsi soit-il, conclut Prewitt.

Ils partagèrent équitablement la dernière gorgée d'alcool et, poitrine bombée, ils s'étendirent sur le dos et s'endormirent paisiblement en travers de la route.

C'est là que le première classe Weary Russell les trouva lorsqu'il revint chercher Warden pour le ramener au P.C. Il freina désespérément, dérapa sur les graviers et s'arrêta finalement à trois mètres des pieds du sergent. Il examina le tableau à la lueur des phares et jura entre ses dents.

— Réveille-toi, salopard ! cria-t-il à Prew en le secouant de toutes ses forces. Je sais que t'es pas mort. Faut que tu m'aides à charger le sergent dans le camion, que je puisse le ramener au P.C. Si Dynamite apprenait ça, il le balancerait, et comment !

— Dynamite pourrait pas l'balancer, bredouilla Prewitt. Qui qu'y nommerait sergent-chef, si y le balançait ?

— J'en sais rien, dit Weary, pensif. Y pourrait peut-être... Oh ! bon Dieu, je suis pas là pour discuter avec un poivrot. Aide-moi à le charger dans le camion. Qu'est-ce que vous auriez fait si ç'avait été un autre que moi ? Y vous aurait peut-être même pas vus et y vous aurait passé dessus ! Allez, grouille-toi le mou. Aide-moi à le charger dans le camion.

— Tout de suite, dit Prewitt avec force. J'veux pas qu'il arrive quoi qu'ce soit à mon copain Warden.

— A ton quoi ? s'exclama Weary, stupéfait. Faut-y que tu soyes saoul pour causer comme ça !

— T'as p'faitement compris ! beugla Prewitt, outré. J'ai dit mon copain Warden. Mon bon copain Warden, à qui je veux pas qu'il arrive quèque chose. T'as compris ? J'suis pas saoul.

Weary l'avait ceinturé et tentait de le mettre sur pied.

— Lâche-moi, toi, brailla Prew. Faut qu'tu m'aides à charger mon copain Warden dans le camion. Faut qu'j'm'occupe de lui, on peut pas l'laisser là, l'meilleur soldat d'c'te foutue compagnie.

Il réfléchit un instant.

— L'seul soldat d'c'te foutue vacherie d'compagnie, rectifia-t-il.

Weary le regarda zigzaguer jusqu'à Warden, essayer de le relever et s'écrouler par-dessus le sergent en se lamentant :

— Ouille ! J'suis noir !

— Tu vois bien ! Je te le fais pas dire, grogna Weary, profondément écœuré.

Il aida Prewitt à se relever, puis ils remorquèrent le grand corps inerte de Warden jusqu'à l'arrière du camion et le poussèrent à l'intérieur.

— C'est toi, Russell ? questionna soudain le sergent d'une voix d'outre-tombe.

— ... faitement ! gronda Russell. C'est moi Russell la nourrice sèche, c'est moi Russell la poire notoire et professionnelle.

— Écoute, dit Warden. J'veux qu'tu fasses quèque chose...

Il se dressa sur son séant. Prewitt était déjà sur le siège de devant, le menton sur la poitrine, profondément endormi.

— J'veux qu'tu r'conduises c't'homme-là à son biva... bivouac !

— O.K. ! trancha Russell. Mais cesse de bafouiller comme ça, tu m'as eu une fois, mais ça prend plus. T'as fait mine de pas te réveiller pour qu'on te porte dans le camion, mais t'es pas aussi saoul que tu veux bien le faire croire.

Warden éclata de rire.

— Et comment que je t'ai eu, hein ? jubila-t-il. Mais c'est pas tout. Quand tu l'auras déposé chez lui, j'veux qu'tu dises au caporal de garde que le sergent-chef a dit qu'le soldat Prewitt était exempté de garde pendant tout le reste de la nuit, pour avoir aidé le sergent-chef à effectuer une reconnaissance.

— Mais tu peux pas faire ça, chef, dit Russell, effaré.

— T'as entendu ce que j'ai dit, oui ? s'emporta Warden. C'est moi, ou c'est toi, le sergent-chef ?

— C'est toi, mais pour ce qui est de me foutre des sales corvées, t'es un peu là.

— Écoute ! — Warden saisit Russell par le bras. — Tu sais donc pas qu'y faut qu'on s'occupe de c't'homme-là ? chuchota-t-il à l'oreille de Weary. C'est l'meilleur soldat de la compagnie. — Il réfléchit un instant. — Le seul vrai soldat de c'te foutue compagnie, rectifia-t-il.

— Allons bon, voilà que ça recommence, gémit Weary.

— Faut qu'on prenne soin de lui pendant qu'on le peut, continua Warden. Y restera peut-être plus bien longtemps parmi nous, alors, faut qu'on prenne soin de lui pendant qu'on le peut.

— D'accord, chef, d'accord, dit Weary. Roupille, maintenant.

— C'est important, ajouta Warden. Tu peux pas savoir. C'est très important.

— Bien sûr, dit Weary. Tu ferais mieux de repioncer, maintenant.

— Tu me donnes ta parole ?

— Ouais, soupira Weary avec lassitude, je te donne ma parole. Dors, maintenant.

— Alors, ça va, bafouilla Warden, satisfait. Oublie pas, c'est très important.

Il s'allongea confortablement sur le plancher du camion.

— Ça peut arriver d'un jour à l'autre, conclut-il.

Trois secondes plus tard, il dormait profondément.

Weary secoua tristement la tête, remonta sur son siège et repartit vers le bivouac.

32

Prew avait rêvé de monter chez Alma le soir même où la compagnie réintégrerait la caserne. Mais les hommes proposent, les événements disposent, et il y avait loin d'Alma à ses rêves...

A la grande surprise de tous, le soldat de première classe Bloom était debout dans la galerie avec le reste de la section de boxe lorsque les camions envahirent la cour de la caserne. Le bruit courut aussitôt que Bloom avait été sacqué, une semaine auparavant, du peloton des élèves sous-officiers pour incapacité partielle. Les non-sportifs s'empressèrent de faire remarquer que c'était là tout ce qu'on pouvait attendre du « système Dynamite », qui était de faire suivre le peloton des E.S.O. à des boxeurs dépourvus de toutes possibilités intellectuelles. « Pardon, rétorquèrent les sportifs, regardez Malleaux, le nouveau poids plume, qui est en train, lui, de prendre la tête de son groupe ! Bloom n'est qu'une exception, et on peut très bien passer sous-off, même après s'être fait sacquer du peloton des E.S.O. ! »

Quant à Bloom lui-même, il prétendait que la véritable cause de sa disgrâce n'était autre que cette malencontreuse enquête de mœurs à laquelle il avait été mêlé. Personne, bien entendu, ne voulait l'écouter. Les non-sportifs n'avaient jamais eu aucune sympathie pour lui et, depuis qu'il avait compromis leur réputation, les sportifs n'en avaient pas davantage.

Depuis le moment où la compagnie se mit à décharger les camions jusqu'au lendemain dans l'après-midi, Bloom passa des heures fort désagréables à essayer de se justifier aux yeux de gars qui ne désiraient pas l'entendre et qui saluaient son arrivée par des concerts de railleries. En désespoir de cause, il décida finalement d'abandonner la partie et d'aller terminer l'après-midi au cinéma pour essayer de se calmer les nerfs, car il disputait un combat le soir même, dans le cadre des premières rencontres intercompagnies.

Prew ne s'était pas associé aux railleries qui avaient accueilli Bloom lorsque celui-ci — qui était de repos toute la journée en vue de son combat du soir — était venu haranguer le piquet de corvée, parce que Prew se foutait éperdument que Bloom passât ou non caporal. Tout ce qu'il voulait, c'était monter voir Alma. Il y avait deux semaines à présent qu'il ne l'avait pas vue et, rien que de penser à elle, il en avait chaud.

Ils étaient toujours en train de briquer la remorque au matériel de cuisine lorsque Champ Wilson et son inséparable Liddell Henderson revinrent du gymnase. Le sergent Henderson était resté avec le train des équipages, pour s'occuper des chevaux du capitaine Holmes. Il n'entrait jamais au gymnase qu'en qualité de spectateur, pour assister aux séances d'entraînement de son copain Champ Wilson. Ce fut lui qui attrapa Lady, la petite chienne de Bloom, et, histoire de s'en payer une tranche, suggéra qu'on allât chercher le grand chien policier de la compagnie F, qui rôdait dans le secteur depuis pas mal de temps, et qu'ils l'aident à couvrir Lady.

— Ce salaud de Bloom en bavera des ronds de chapeau, quand Lady lui déposera une portée de chiens policiers sur son oreiller, ricana-t-il.

— J'ai jamais aimé cet enfant de putain de Bloom, de toute façon, souligna le sergent Wilson d'un air vache en s'accroupissant pour tenir les pattes de Lady.

Le sergent Wilson disait tout ce qu'il disait d'un air vache. Le sergent Wilson était un dur. Le sergent Wilson était le champion poids légers du secteur hawaiien. Il avait une réputation à soutenir, le sergent Champ Wilson, et c'était l'une des raisons pour lesquelles il avait pris un air vache en s'accroupissant pour tenir les pattes de devant de la petite chienne.

Bientôt, il y eut tout un attroupement autour des deux chiens et des deux hommes. Bloom était légendaire dans la compagnie pour l'ardeur avec laquelle il chassait les chiens mâles qui venaient rôder autour de sa chienne. Le grand bougre de chien policier de la compagnie F, en particulier, était son plus farouche ennemi. Y avait de quoi se marrer sur toute la ligne. Et Lady elle-même, qui était un petit corniau, un sale paquet de nerfs sans race bien déterminée, ne faisait rien pour améliorer les choses. Elle n'avait aucun sens militaire, et l'une des plus grandes joies de la compagnie était d'entendre Bloom l'injurier, la maudire et la menacer des pires châtiments lorsque, chaque matin, la tête basse et la queue entre les jambes, elle essayait de le suivre jusqu'au terrain d'exercice avec une obstination pleine d'humilité, assurément digne d'un meilleur sort.

Lady était loin d'être vierge, et sa moralité ne s'élevait guère au-dessus d'une honnête moyenne. Le grand chien policier lui était certainement beaucoup moins antipathique qu'à Bloom lui-même, mais ils l'avaient effrayée, et elle s'efforçait de maintenir son arrière-train aussi près du sol que le sergent Henderson voulait bien le lui permettre. Le grand chien policier gambadait alentour en aboyant avec véhémence. Les spectateurs ricanaient et mitraillaient les deux sergents de conseils variés et goguenards, et tout le monde pensa d'abord que c'était une bonne blague à faire à ce cochon de Bloom.

Puis, comme Lady, terrorisée, commençait à gémir et à hurler et que les deux complices avaient toutes les peines du monde à la retenir, l'histoire ne fut plus ni tout à fait nouvelle, ni tout à fait drôle, et les spectateurs s'égaillèrent un à un, assez peu fiers d'eux-mêmes. Mais le sergent Henderson refusa de s'avouer vaincu.

Prew les avait laissé faire pendant un bon bout de temps. Ce n'était pas son chien et ce n'étaient pas ses oignons. Bloom n'avait qu'à être là pour protéger sa saloperie de petit clebs. Mais cette histoire commençait à l'agacer passablement. C'était la goutte d'eau qui fait déborder le vase, et il commençait à les haïr, tous, en bloc, les gars qui s'étaient éloignés et ceux qui étaient restés, comme il haïssait tous les Champ Wilson et tous les Henderson du monde, tous ces salopards de tire-au-cul qui coupaient systématiquement à l'exercice, autant qu'il haïssait ce gros porc de Bloom et sa sale ordure de petit cabot.

Il se fraya un chemin parmi les derniers assistants et frappa un bon coup l'épaule d'Henderson, qui culbuta les quatre fers en l'air et lâcha l'arrière-train de Lady. La petite chienne détala sans demander son reste, son prétendant sur les talons, puis, brusquement, elle fit volte-face, babines retroussées, mordit le grand bougre de policier et reprit sa course folle, suivie, cette fois, à distance respectueuse.

— T'es pas louf ? Qu'est-ce qui t'a pris de faire un truc pareil ? vociféra Henderson.

— Il m'a pris que j'aime pas voir un type se montrer plus salaud encore qui l'est au naturel, riposta Prew. Retourne donc aux écuries avec tes bourrins.

Henderson ricana et plongea sa main droite dans sa poche.

— Qu'est-ce qu'y se passe, Prewitt ? Tu manques d'estomac, ou quoi ? Tu te transformes en enfant de Marie tout d'un coup, pas vrai ?

Sa main droite tripotait dévotement quelque chose à l'intérieur de sa poche.

— Essaie jamais de sortir ton surin avec moi, espèce de salaud, gronda Prew, je m'en servirais pour te trancher la gorge.

Henderson cessa de sourire, mais déjà Champ Wilson l'entraînait par le bras et murmurait :

— Viens, Liddell. Faut pas faire du foin pour ça.

— Un jour, t'iras trop loin, Prewitt, hurla Henderson, d'un seul coup. Je te mettrai les tripes au soleil, t'entends ?

— Quand tu voudras, dit Prew, souriant avec nonchalance.

Tous les hommes se dispersèrent, cette fois, un peu déçus d'avoir été frustrés de ce qui avait l'air de s'annoncer comme une bagarre intéressante. Prew, lui, n'était pas très sûr d'être déçu ou non. « Il était évident, songea-t-il avec une amère ironie, que toute la compagnie G devait déjà savoir depuis quelque temps que le soldat Prewitt était à cran. » L'affaire n'aurait sans doute pas eu la moindre suite si le première classe Bloom, avec son tact habituel, ne l'avait remise sur le tapis, le soir même, après la soupe.

Le repas venait de se terminer, et Prew regardait Stark, ruisselant de sueur, bavarder à la table des sergents. Il se donnait un mal fou, Stark, pour que tout le monde soit content. C'était un chic type, Stark, et Prew l'aimait comme un frère. Le seul de la compagnie pour lequel Prew eût fait n'importe quoi.

Ce fut à ce moment précis de ses réflexions que Bloom vint s'asseoir en face de Prew, après avoir posé son couvert de l'autre côté de la table. Il y eut une pause pleine d'attente dans les conversations.

— Je viens te remercier d'avoir pris la défense de mon chien pendant que j'étais pas là pour le faire, beugla Bloom avec emphase.

— Y a vraiment pas de quoi, grogna Prew en reposant sa tasse vide.

Bloom s'empara de la cafetière de métal et remplit la tasse de Prew :

— On peut toujours reconnaître ses amis d'après la façon dont y traitent vos animaux, beugla-t-il avec une emphase grandissante. On peut toujours dire ce que vaut un type d'après la façon dont y traite les animaux ! Je te dois beaucoup, Prew.

— Tu me dois absolument rien, Bloom. Je n'aime pas voir un

salaud quelconque tourmenter un cabot, voilà tout. N'importe quel cabot. C'est pas pour le propriétaire que je l'ai fait, c'est pour le cabot lui-même. En fait, je savais même pas que c'était ta chienne, conclut-il, en mentant sans vergogne.

— Allons donc ! Tout le monde sait que c'est ma chienne, protesta Bloom.

— Moi, je le savais pas. Si je l'avais su, je les aurais laissé faire. Alors, tu me dois rien. Tout ce que je te demande, c'est de me foutre la paix.

Les conversations, qui avaient repris au cours des premières répliques, s'interrompirent de nouveau, cédant la place à une silencieuse expectative.

— Enfin, sacré nom de Dieu, dit Bloom, est-ce que c'est une façon de traiter un type qui vient pour te remercier ?

— J'ai rien à foutre de tes remerciements, Bloom. Tiens-toi ça pour dit.

— Et pour qui ça se prend ? vociféra Bloom. Pour le roi de Prusse ? C'est des miteux comme ça qui se permettent de mépriser les autres !

— Qu'est-ce que t'essaies de faire ? s'informa Prewitt. Tu me cherches, Bloom !

— Est-ce qu'on t'a demandé quelque chose, moi et mon chien ? râla Bloom. Non ! On t'a rien demandé. Alors, la prochaine fois, attends qu'on te demande quelque chose, espèce de salaud...

Prew tenait toujours sa tasse à café. Il la lança, et le lourd cylindre de faïence grossière atteignit Bloom en plein front. Il cligna des yeux fronça les sourcils, tandis que la tasse rebondissait sur le sol et roulait sans se briser sous la table voisine.

Avant qu'ils eussent pu se colleter, Stark était debout entre eux, son éternel mégot au coin des lèvres. Il bloqua Prew de sa hanche et repoussa Bloom en lui appliquant ses deux mains sur la poitrine.

— Pas de bagarre dans mon réfectoire ! On y mange, dans mon réfectoire, un point, c'est tout, dit-il sèchement. Si vous voulez vous bagarrer, sortez dehors. Et t'as de la veine de pas avoir cassé ta tasse, Prewitt, ou ça t'aurait coûté dix cents au prochain prêt.

Bloom regarda autour de lui. Il y avait une tache rouge au milieu de son front.

— Tu veux qu'on sorte dehors ? siffla-t-il entre ses dents.

— Pourquoi pas ? Allons-y.

Bloom sortit en déboutonnant sa chemise, suivi de Prew. En un clin d'œil, le réfectoire s'était vidé, et les combattants se trouvèrent au milieu d'un cercle compact de spectateurs. De partout, les hommes accouraient hilares, enchantés. On eût dit que la bagarre avait été annoncée depuis longtemps et qu'ils n'avaient attendu que le premier signal pour se précipiter avec avidité vers le lieu du carnage.

Le combat dura une heure et demie. Bloom n'avait pour ainsi dire jamais interrompu son entraînement, depuis le mois de décembre, et son ventre était dur comme un roc. Quant à son crâne, il avait toujours été dur comme un roc, et, s'il avait accepté d'encaisser les coups au lieu d'essayer de les esquiver, il eût pu mettre fin au combat dès les premières minutes. Prew, de son côté, était tellement hors de forme qu'il n'eût pas eu la moindre chance de s'en tirer avec honneur, n'eût été sa vitesse naturelle, qu'il avait développée, à Fort Myer, au point d'en faire un style personnel.

Il pouvait toucher Bloom presque à volonté, mais, bien que son punch eût toujours été remarquable pour un homme de son poids, il s'aperçut bien vite que ses coups n'avaient guère d'effet sur Bloom. Il le frappa du gauche, plusieurs fois, au creux de l'estomac, puis y renonça et décida de s'en prendre au nez. Le premier contact du gauche qu'il réussit à placer en l'appuyant suffisamment cassa l'arrête nasale de son adversaire. Il sentit l'os craquer sous son poing, mais ce fut à peine s'il vint un peu de sang, si les yeux de Bloom s'embuèrent, et sa lèvre supérieure n'enfla pas. « Autant essayer d'assommer un bison à coups de poing », songea Prew dans une sorte de brume.

Prew continua de viser le nez de Bloom, mais Bloom pratiquait l'esquive à la Arturo Godoy, en fléchissant les genoux et se ramassant sur soi-même, de manière que le gauche de Prew passât au-dessus de sa tête. Les deux ou trois premières fois que Bloom pratiqua ce genre d'esquive, il eût pu placer son gauche à l'estomac de Prewitt et plier en deux son adversaire, mais il s'obstina à essayer de rentrer au flanc d'un large punch circulaire du droit, derrière lequel il y avait tout le poids de son corps. Le coup était beaucoup trop lent pour atteindre son but, et Prew remarqua que Bloom portait alors son gauche du côté droit de son visage, laissant, du côté opposé, un trou béant dans sa garde. Il se mit donc à feinter du gauche et à lancer un direct plongeant du droit, en plein dans l'ouverture, et parvint ainsi à toucher durement Bloom sous l'œil gauche ; Bloom aurait un superbe coquard, mais ce n'était qu'une bien piètre consolation, car ce coup, pas plus que les autres, n'avait sérieusement ébranlé le colosse.

Bloom finit par éventer la manœuvre et, lorsque Prew feinta du gauche une nouvelle fois, il baissa simplement la tête, et le poing droit de Prew s'écrasa contre son crâne de granit. Une des phalanges de Prew céda. Elle n'était pas fracturée, seulement démise, mais il n'en fallait pas davantage pour rendre sa main pratiquement inutilisable, et Bloom se redressa, souriant d'une oreille à l'autre. Prew continua pourtant à le travailler du gauche, réservant sa droite endommagée pour frapper à la pomme d'Adam dès qu'il en aurait l'occasion. C'était à peu près tout ce qu'il lui restait à faire. Il commençait à se sentir très fatigué.

Il n'y avait pas beaucoup de sang de répandu, mais, pour une fois, les spectateurs n'en avaient cure. Le commencement de la saison de boxe remettait le problème Prewitt plus que jamais à l'ordre du jour, et les efforts intellectuels qu'il faisait pour tenter de venir à bout du gigantesque Bloom intéressaient tout le monde. Chaque fois qu'il mettait une nouvelle tactique à l'épreuve, il les entendait en discuter alentour avec une remarquable objectivité. Bon Dieu ! c'était facile de peser les chances de succès de telle ou telle stratégie lorsqu'on n'avait pas, tout en essayant de l'appliquer, à se garer des poings de l'adversaire. Surtout lorsque les poings de l'adversaire avaient, comme ceux de Bloom, la taille d'un jambon !

La fatigue ralentissait le jeu de jambes de Prew ; ses avant-bras, ses coudes et ses épaules étaient engourdis par les coups qu'ils avaient parés ; sa main droite enflait à vue d'œil, et Bloom, qui s'en était aperçu, le chargeait avec une audace grandissante. Prew n'avait pas encore trouvé l'ouverture pour placer sa droite à la pomme d'Adam de Bloom. Est-ce que l'occasion s'en présenterait jamais ? Il ne voulait tenter la chose qu'à coup sûr, car sa main ne supporterait plus de nombreux atterrissages sur le crâne de Bloom.

Bloom le chargeait sans arrêt maintenant, l'acculant contre les spectateurs. Prew buta contre un pied et tomba à la renverse sans avoir été touché. Il vit approcher le godillot de Bloom et roula sur lui-même, instinctivement, envahi par une fureur meurtrière qu'il n'avait pas ressentie jusqu'alors. Quelqu'un s'interposa et cria à Bloom que frapper un type à coups de pied pendant qu'il était à terre n'était foutre pas régulier. C'était la voix de Stark, et la foule fit chorus. Personne ne voulait que soit gâchée une aussi belle exhibition en se bagarrant à terre ! Bloom n'était pas d'accord et ne cacha pas son mécontentement, mais il laissa Prew se relever.

Lorsque Prew revint à la charge, Bloom ramenait son poing droit en arrière, prêt à frapper. Prewitt laissa choir lourdement son talon ferré sur le cou-de-pied de Bloom, qui ouvrit la bouche pour beugler, sa droite toujours ramenée en arrière, mais provisoirement oubliée. Prew réussit à placer un excellent direct du gauche sur le nez ensanglanté de son adversaire. Bloom se remit à beugler, oublia de se couvrir, et Prew le frappa du gauche, aussi bas que possible, sans toucher le bas-ventre. Momentanément démonté, Bloom baissa ses deux poings, découvrant tout le haut de son corps. C'était l'occasion rêvée. La droite de Prew atterrit sur la pomme d'Adam de Bloom, et le choc fut si violent que Prew faillit crier de douleur, mais ça valait le coup d'essayer. Pour la première fois, Bloom alla toucher terre, suffoquant et tenant sa gorge à deux mains.

Lorsqu'il eut toussé, craché et hoqueté tout son saoul, il vomit son dîner, puis se redressa et fonça la tête en avant, comme un bélier.

Il fut heureux pour Prewitt qu'il eût reculé de quelques pas, sinon il n'aurait jamais eu le temps de flanquer son genou dans la figure de Bloom avant que le crâne de celui-ci lui emboutisse l'estomac. Ce furent les muscles de sa cuisse, et non son genou, qui frappèrent Bloom en plein visage et le renvoyèrent à la renverse, respirant désespérément et regardant Prew, le nez cassé, mais nullement enflé, l'œil noirci, mais nullement fermé, le ventre martelé, mais nullement meurtri, la pomme d'Adam douloureuse, mais toujours capable de laisser passer sa salive. Il se releva de nouveau et revint vers Prew, la garde hermétique, et Prew se mit en garde, lui aussi, à demi mort de fatigue, se demandant ce qu'il fallait faire à cette espèce de gros mammouth pour qu'il vous foute enfin la paix ? Et ce fut à ce moment-là que l'aumônier du bataillon, le sous-lieutenant Anjer C. Dick, fendit la foule et pénétra à l'intérieur du cercle des spectateurs.

— Allons, allons, les enfants dit-il, vous ne croyez pas que ç'a assez duré ? Ce n'est qu'un gaspillage d'énergie qui ne prouve jamais rien en fin de compte. Si vous mettiez tout autant d'énergie à vous entraider qu'à vous entre-taper sur la figure, nous nous porterions tous beaucoup mieux et je perdrais sans doute ma planque.

Tout le monde éclata de rire, et le lieutenant Dick sourit à la ronde.

Bloom et Prew, bien que secrètement soulagés de son intervention, gardèrent le silence.

— En outre, poursuivit le lieutenant Dick, Bloom ici présent figure sur la liste des rencontres prévues pour ce soir. Si vous continuez à ce train-là, il n'aura même pas le temps de changer de vêtements avant de monter sur le ring.

Sur quoi le lieutenant Dick mit son bras gauche autour des épaules de Bloom et conclut :

— Serrez-vous la main, les enfants. Une petite bagarre amicale dans ce goût-là ne fait de mal à personne, ça vous rafraîchit le sang, mais il ne faut tout de même pas pousser les choses trop loin. Je veux que vous vous arrêtiez et que vous vous serriez la main.

Ils obéirent à contrecœur. Prew se dirigea en titubant vers les quartiers de la G, tandis que Bloom se dirigeait en titubant vers le gymnase, pour se préparer au combat.

Prew resta un bon moment sur le bord de son plumard, dans la chambre déserte, puis il alla vomir son souper dans les latrines, sans se sentir mieux. Il avait une migraine atroce, son oreille était en feu, et sa main droite continuait d'enfler. Ses bras étaient couverts de coups et ses jambes se dérobaient sous lui chaque fois qu'il tentait de se mettre debout. La pensée de se mettre au lit avec Alma ne lui disait absolument rien. Lorsqu'il entendit les clameurs qui saluaient toujours l'arrivée des boxeurs sur le ring, il alla prendre une douche, enfila un uniforme propre et gagna la brasserie de la base, où il retrouva le caporal Choate.

Le « grand chef » était assis sous les arbres, à l'une des tables extérieures. Il y avait eu trop de monde chez Choy, comme toujours au début de la saison de boxe, mais la forêt de bouteilles vides était semblable à celle qui s'élevait sur sa table, chez Choy, tous les soirs.

— Assieds-toi, dit-il à Prew. T'as une bien belle oreille.

— Elle me brûle, concéda Prew en riant. Mais elle en a pas reçu assez pour tourner à la feuille de chou.

— Bois un coup, dit Choate en poussant une canette vers Prew avec la solennité d'un général remettant une médaille.

— Tu t'es bien débrouillé, gars, d'après ce que j'ai entendu dire, continua-t-il posément. Surtout si on considère que t'étais loin d'être en cours d'entraînement.

Prew crut un instant qu'il se moquait de lui, puis il vit qu'il n'en était rien et il se sentit rasséréné. Le grand chef n'acceptait pas n'importe qui à sa table, pas plus qu'il ne distribuait sa bière à n'importe qui.

— Je commence à être trop vieux pour ce genre d'exercice, dit-il modestement. Foutre ! Je vois pas comment Bloom va pouvoir monter sur le ring ce soir. Ni boxer, à plus forte raison.

— Y boxera, affirma le caporal. Ce gars-là est un vrai bœuf. Et y veut ses sardines.

— J'espère que tu dis vrai. Ça m'embêterait qu'y puisse pas boxer ce soir à cause de notre bagarre.

— T'as pourtant fait tout ce que t'as pu pour ça, d'après ce que j'ai entendu dire, murmura Choate.

Prew lui sourit, se renversa en arrière et saisit la canette de bière.

— Aaaah ! soupira-t-il, après avoir bu, ça, ça vous remet un bonhomme. Y avait longtemps que l'enfant de salaud cherchait ça, pas vrai ?

— Ça, tu peux le dire, approuva béatement le caporal.

— Mais je voudrais tout de même pas que ça l'empêche de boxer ce soir.

— Y boxera, répéta le chef. C'est un vrai bœuf. S'il avait autant de cran que de possibilités physiques, y aurait même pas un poids lourd dans tout le secteur hawaiien qui pourrait le descendre.

— Il encaisse comme pas un, mais il a peur des coups, dit Prew.

— C'est bien ce que je veux dire, acquiesça Choate. Mais il boxera ce soir et il gagnera probablement. Il rencontre un toquard de la I. Il boxera, mais je crois qu'on entendra pas beaucoup sa grande gueule pendant deux ou trois jours.

— Sûrement, approuva Prewitt avec béatitude.

— Et il va s'imaginer que tu l'as fait exprès pour le brider ce soir.

— Ouais. Dynamite aussi.

Le caporal secoua pensivement son énorme tête, comme si ce simple geste lui demandait un gros effort.

— De toute façon, tu risques rien. T'es déjà sur la liste noire. Et je vois pas comment Dynamite pourrait te faire passer au falot pour un combat loyal, alors que c'est toujours ce qu'il préconise. Bloom serait pas si cloche s'il voulait bien oublier qu'il est juif, ajouta le caporal, pensif.

Prew sentit remuer quelque chose au fin fond de son esprit.

— Eh ! merde, je me fous pas mal qu'y soit juif, protesta-t-il.

— Et moi, donc ! Y traitent Sussman de youpin à tout bout de champ et y s'en fout. Y traitent Bloom de youpin et y veut casser la gueule à tout le monde. Y me traitent bien de Peau-Rouge, moi ! Ben, et alors ? J'suis peau-rouge ? Et Bloom est juif, pas vrai ? Qu'est-ce que ça peut foutre ?

— Sûr, dit Prew.

Il sentit le « quelque chose » sombrer à nouveau dans son esprit.

— Moi, j'ai des Français et des Irlandais et des Allemands dans mon ascendance. Bien, je me fâcherais pas, même si y me traitaient de tête carrée, pas vrai ?

— Naturellement, dit Choate.

— Naturellement, répéta Prewitt lentement.

« Il va falloir que je lui parle, songea-t-il, les yeux au loin. Faut pas laisser ça comme ça ! Il va falloir que je parle à Bloom pour lui dire que je ne me suis pas battu avec lui parce qu'il est juif, mais simplement parce qu'il fallait que je me batte avec quelqu'un, tout comme il fallait qu'il se batte avec quelqu'un, depuis deux jours qu'il essayait de se justifier aux yeux de tout le monde et que personne ne voulait l'entendre... »

C'était la seule raison pour laquelle ils s'étaient battus, bien qu'ils fussent probablement plus proches l'un de l'autre que de tous les autres hommes de la compagnie, à l'exception peut-être d'Angelo Maggio ; simplement parce qu'ils étaient à cran et qu'ils avaient les nerfs à fleur de peau et que c'était beaucoup plus facile que de trouver et de combattre l'ennemi réel, l'ennemi commun, dont ils ne connaissaient même pas la nature exacte, et non parce que Bloom était juif et que Prewitt ne l'était pas...

« Il va falloir que je lui exprime tout ça, songeait Prew, et que je lui parle aussi de mon histoire avec Dixie Wells. Je n'avais pas pensé à Dixie depuis longtemps. J'avais pourtant cru, une fois, que je ne pourrais jamais oublier Dixie. Il va falloir que je lui explique... »

Mais il savait, déjà, que ce serait impossible, parce Bloom ne le croirait jamais. Il était parfaitement inutile, en conséquence, d'essayer de lui expliquer quoi que ce soit...

Surgi du chaos de la conversation, quelque chose qu'il eût été incapable de définir lui disait qu'il faudrait essayer cependant de tout expliquer à Bloom, même si ça ne devait rien donner, même en sachant parfaitement que ça ne pourrait rien donner.

Cette première soirée de boxe se termina vers dix heures. Il y avait eu un nombre inusité de knock-out. Les trois gars de la compagnie avaient gagné leur combat, mais le nom de Bloom était sur toutes les lèvres. Bloom était monté sur le ring avec le nez cassé, un œil au beurre noir, incapable de prononcer une parole ; il avait combattu malgré l'interdiction du toubib de la section et il avait remporté la victoire par knock-out technique au bout d'une minute de combat !

— Sûr qu'y tient à passer caporal, commenta Choate sans enthousiasme.

— Je suis content qu'il ait pu boxer et encore plus content qu'il ait gagné, dit Prew.

— Je te l'avais dit, que c'était un bœuf. J'étais comme ça à son âge. Je suis sûr qu'y pourrait en refaire autant et même pas s'en ressentir.

— Faut tout de même avoir du cran, dit Prew.

— Pas quand on est un bœuf, Prew. Pas quand on est un bœuf.

Prew prit congé du caporal, dont les yeux devenaient de plus en plus vagues à mesure que la forêt de canettes envahissait toute la surface de la petite table. Il n'avait aucune envie de rencontrer qui que ce fût, mais une ombre sortit des ombres et vint à sa rencontre lorsqu'il s'engagea sous la galerie de la compagnie G. Malgré l'obscurité partielle, il n'eut aucun mal à identifier les longs bras simiesques du sergent Galovitch. Ike avait visiblement du vent dans les voiles.

— Alors, est-ce qu'une bonne tripotée on leur a foutu ce soir ou non ? beugla-t-il cordialement. Est-ce que fier on peut être à la G ou pas, hein ?

— Salut, Ike, dit Prew.

— Qui c'est qu'est là ?

Ike Galovitch se pencha en avant, cherchant à distinguer les traits de son interlocuteur.

— C'est pas Prewitt, non, par hasard ?

— Prewitt c'est, oui, par hasard, ricana Prew.

— Nom de Dieu ! explosa Ike. Du culot il faut pour te montrer ici dedans ce soir, Prewitt. Pour un traître comme toi, la place est pas dans cette caserne de dormir.

— Comme tu voudras, dit Prew, mais jusqu'à ce que muté je sois, dormir ici je dois néanmoins.

Il essaya de contourner Galovitch, mais le sergent fit un pas de côté pour lui barrer la route.

— Muté au dur, oui, gronda-t-il. Poignarder dans le dos le gab'daine Holmes tu as essayé, après que ta chance il t'a donnée l'autre fois. Pour mordre la main qui lui donne à manger, on abat les chiens comme des chiens !

Prew ne put s'empêcher de rire.

— Dommage qu'on abatte pas encore les hommes, hein, Ike ? gouailla-t-il.

— Sûrement, sûrement, vociféra Galovitch. Pour un chien enragé, une balle dans la peau, c'est tout ce qu'il faut faire. Une bonne leçon il faut pour t'apprendre à respecter des gens comme le gab'daine Holmes quand y sont assez bons pour faire des choses pour toi.

— Et t'aimerais bien qu'on te laisse le soin de me la donner, hein ? riposta Prew. Écoute-moi bien. J'ai essayé de te contourner une fois. Je recommencerai pas. Tu pourras m'en faire baver demain à l'exercice, quand je pourrai pas te répondre, mais pour l'instant ôte-toi de mon chemin que je puisse aller me coucher.

— Hein ? rugit Ike. Trop bon pour toi il a été, le gab'daine Holmes. Et de la reconnaissance tu as ? De la merde, oui. Peut-être la leçon je te donnerai tout seul, puisque, le gab'daine, il est trop bon pour te donner lui-même... Tu as essayé de démolir Bloom exprès, hein ? La leçon je te donnerai tout seul.

— O.K. ! dit Prew en souriant. Quand est-ce qu'on commence ? Demain matin, à l'exercice ?

— Exercice, de la merde ! Tout de suite, je commence, et pas demain, tu vas voir !

S'il ne tira pas son couteau avec la souple aisance d'un chourineur professionnel comme le sergent Henderson, l'ongle de son pouce trouva néanmoins la fente de la lame et la sortit juste assez de son logement pour qu'il pût l'accrocher au bord de sa poche et l'ouvrir d'un coup sec en une succession de mouvements rapides.

Prew le regarda faire avec une sorte d'allégresse, heureux d'affronter enfin l'ennemi. L'ennemi commun. Le véritable ennemi.

Sa main gauche para le coup, écarta de son flanc le poignet armé d'Ike Galovitch, et Galovitch s'écroulait déjà, emporté par son élan, lorsqu'il le frappa de la main droite, à la pointe du menton. Il avait cogné de toutes ses forces et il eut la satisfaction de voir Galovitch partir à reculons, aussi vite que ses pieds pouvaient le porter. Puis les talons du sergent rencontrèrent la marche de la cuisine, il parcourut le dernier mètre sur les reins et s'arrêta finalement contre la plate-forme aux poubelles, la tête douillettement posée sur un petit tas d'ordures.

Prew l'observa un instant, massant son poing douloureux. Puis il s'approcha de lui et mit son oreille contre la bouche du sergent. Ike Galovitch, vieux gorille fatigué qui avait couru tant de chemins, depuis sa Yougoslavie natale, pour venir trouver en Hawaii une idole qu'il pût adorer, dormait comme un bienheureux, serrant toujours dans sa main droite le manche de son couteau. Allons ! Ce n'était pas vraiment l'ennemi commun. Ce n'était rien d'autre qu'un vieux paysan slave, à l'haleine pourrie, dont la vie ou la mort n'avaient jamais intéressé personne, même pas sa propre mère, même pas Dynamite Holmes, son idole.

Prew contempla un instant encore l'affreux bonhomme endormi, si pathétiquement inoffensif dans son lourd sommeil. Puis il s'empara du couteau, en rompit la lame dans une fissure de la plate-forme de béton qui supportait les poubelles, remit le manche amputé dans la main du sergent et monta se coucher.

Il ne vit pas les sergents Wilson et Henderson sortir des ténèbres de la galerie et se diriger vers Galovitch. A ce moment-là, il était déjà dans la chambrée en train d'ôter ses godillots. Mais il ne se serait guère inquiété s'il les avait vus, car la bière qui emplissait son estomac lui donnait un solide optimisme.

Il se réveilla avec le faisceau lumineux d'une torche électrique en pleine figure et, vivement, consulta sa montre. Il était minuit, et Prew se sentait encore légèrement ivre. Ce devait être un exercice d'alerte.

Un bras portant les sardines de caporal s'introduisit dans le cône de lumière, secoua Prewitt par l'épaule.

— Debout, Prewitt, ordonna une voix.

— Qu'est-ce qu'y se passe, bon Dieu ! Enlevez-moi donc cette saloperie de lampe de dans les yeux !

— Ta gueule ! chuchota la voix. Tu veux réveiller toute la compagnie ? Allez, debout, grouille-toi !

Prew reconnut le caporal Miller.

— Qu'est-ce qu'y se passe ? répéta-t-il.

— Debout, chuchota le caporal. T'es en état d'arrestation.

— Pour quel motif ?

— J'en sais rien... C'est lui, sergent, continua le caporal. C'est l'homme que vous cherchez.

— O.K. ! caporal, dit une seconde voix. Vous pouvez aller vous recoucher. Je me charge du reste.

— Qu'il se lève et qu'il s'habille, ordonna une troisième voix. Je n'ai pas toute la nuit devant moi.

— Oui, mon lieutenant, dit le sergent de garde.

Le bras du caporal réapparut à l'intérieur du cône de lumière et secoua Prew par l'épaule. « Y s'en donne un mal pour se faire bien voir », songea Prewitt en ricanant.

— Lâche-moi, Miller, dit-il. Je peux me lever tout seul.

La courroie de la matraque qui pendait au côté du sergent émit un grincement menaçant.

— Moins vous ferez d'histoires, mieux cela vaudra pour vous, soldat, dit la voix du lieutenant. Nous sommes très capables de vous emmener de force, si nécessaire.

— Je veux pas faire d'histoires. Je veux simplement qu'y me lâche. Qu'est-ce qu'on me reproche ?

— On dit : mon lieutenant, quand on parle à un lieutenant, lui rappela le sergent. Qu'est-ce qui te prend, Prewitt ?

— Aucune importance, dit la voix du lieutenant. Qu'il s'habille et qu'il nous suive. Je n'ai pas toute la nuit devant moi.

Par la force de l'habitude, Prew se glissa hors de son lit sans le défaire, pour n'avoir besoin que de le redresser, et il se souvint ensuite qu'il n'aurait sans doute pas à faire son plumard au carré demain matin. Il s'habilla rapidement et demanda la permission de prendre son portefeuille dans son coffre. Tout autour de la chambrée, des hommes assis dans leurs lits observaient à présent la scène, et leurs yeux grands ouverts réfléchissaient la lumière de la lampe.

— Ne vous occupez pas de votre portefeuille, s'impatienta le lieutenant. Vous n'en aurez pas besoin. Votre équipement sera mis en sécurité. Eh ! vous autres, recouchez-vous et dormez. Tout cela ne vous concerne en aucune façon.

Instantanément, les yeux disparurent et les plumards grincèrent avec ensemble.

— Il y a de l'argent dedans, mon lieutenant, protesta Prew. Si je le prends pas, il y sera plus lorsque je reviendrai.

— Alors, prenez-le, dit sèchement le lieutenant. Mais hâtez-vous !

Ce fut seulement lorsqu'ils descendirent l'escalier que Prew put identifier le lieutenant. C'était Van Voorhees, un grand type au crâne plat et aux larges narines, qui était attaché au Q.G. du bataillon. Il n'y avait que trois ans qu'il était sorti de West Point.

— Merci, caporal, dit le sergent lorsqu'ils parvinrent au rez-de-chaussée. N'oubliez pas de porter la chose au rapport en vous réveillant demain matin. Désolé d'avoir dû vous faire lever.

Prew se tourna vers le lieutenant Van Voorhees.

— De quoi suis-je accusé, mon lieutenant ? lui demanda-t-il.

— Vous l'apprendrez toujours assez tôt, répliqua le lieutenant en jetant un coup d'œil à son bracelet-montre.

— Mais j'ai le droit de savoir de quoi je suis accusé, insista Prewitt. Qui a porté plainte contre moi ?

Van Voorhees le regarda.

— Vous n'avez pas besoin de me dire quels sont vos droits, soldat, répliqua-t-il. Je les connais. C'est le capitaine Holmes qui a porté plainte contre vous. Et je n'aime pas beaucoup vos manières. Allons-y, sergent.

Prew siffla entre ses dents.

— Zut, alors, dit-il, qui que ça puisse être, ils n'ont pas perdu de temps. Il a fallu qu'ils le tirent du lit.

— Tu ferais mieux de la boucler, Prewitt, dit le sergent à Prew. Plus tu l'ouvres, plus ça risque de te retomber sur les doigts. Allez, démarre.

Ils l'entraînèrent au poste de garde, lui donnèrent une couverture et lui firent franchir la grille qui séparait le bureau de l'arrière du poste.

— Nous ne fermons pas la porte à clef, lui dit le lieutenant, à cause des hommes du piquet de garde, qui dorment là derrière, mais il y aura une sentinelle armée dans ce bureau toute la nuit. Tâchez de ne réveiller personne en allant vous coucher.

— Bien, mon lieutenant, dit Prew. Merci, mon lieutenant.

Il emporta la couverture, trouva une couchette inoccupée, s'assit sur le bord du châlit, parmi les gardes endormis, ôta ses souliers, s'allongea sur la couchette et s'enroula dans la couverture.

Ce n'était pas la première fois qu'il respirait l'air d'une prison. Il savait que cette sensation d'étouffement ne serait qu'éphémère, qu'elle s'apaiserait bientôt, que c'était uniquement une question d'attente.

C'était sûrement à cause de Galovitch qu'ils l'avaient arrêté.

Et pourtant, si Wilson et Henderson n'avaient pas essayé d'aider le chien policier à monter la chienne de Bloom, Bloom n'aurait pas essayé de le remercier. S'il ne s'était pas battu avec Bloom, Ike n'aurait pas essayé de le piquer. Si Galovitch n'avait pas essayé de le piquer, il ne serait pas actuellement en route pour le dur ! Tout cela était extrêmement complexe et totalement illogique. Il devait y avoir autre chose derrière ce désordre apparent, autre chose qu'il finirait peut-être par comprendre un jour.

Fatigué, il cessa de réfléchir et s'endormit comme un enfant.

33

Le lieutenant Culpepper avait été désigné pour assumer la défense de Prew, et cette perspective le remplissait d'un enthousiasme que Prew ne partageait guère, car il n'avait pas oublié l'escarmouche d'Hickam, la nuit où Culpepper les avait empêchés de terminer leur complainte.

La première visite du lieutenant lui apprit que c'étaient les sergents Wilson et Henderson qui avaient témoigné contre lui et que le sergent Galovitch avait mentionné dans sa déposition, faite et signée sous la foi du serment, que le soldat Robert Lee Prewitt était ivre et qu'il avait frappé le sergent Galovitch lorsque celui-ci lui avait ordonné d'arrêter son tapage, qui risquait de nuire au repos de la compagnie. Personne, bien entendu, n'avait parlé du couteau de Galovitch, et les charges qui pesaient sur Prew étaient les suivantes : ivresse, tapage et désordre ; insubordination ; refus d'obéir à un ordre direct ; coups à un sous-officier dans l'exercice de ses fonctions et conduite indigne d'un soldat...

— Pratiquement les mêmes chefs d'accusation que pour Angelo, souligna le lieutenant Culpepper avec enthousiasme, excepté en ce qui concerne la résistance à l'arrestation. En outre, les débordements d'Angelo Maggio s'étant produits sur la voie publique, il avait également contre lui le bureau du prévôt, alors que, dans notre cas, c'est uniquement le capitaine Holmes, votre commandant de compagnie, qui a porté plainte contre vous. Ça n'ira pas chercher plus de trois mois de camp disciplinaire et confiscation des deux tiers de votre prêt.

— Magnifique ! grogna Prew entre ses dents.

— Mais nous pouvons obtenir beaucoup moins si nous savons nous y prendre, continua le lieutenant Culpepper. Vous êtes coupable, aucun doute là-dessus, et vous avez également contre vous la réputation de forte tête que vous avez acquise depuis que vous êtes entré à la G. C'est pourquoi...

Le lieutenant ménagea son effet.

— ... c'est pourquoi nous allons plaider coupable, déclara-t-il d'un ton triomphant. J'ai étudié ces choses à fond, Prewitt. J'ai écrit sur ce même sujet, lorsque j'étudiais à West Point la procédure des conseils de guerre, un papier qui a fait sensation. J'y démontrais que c'était l'élément humain, plutôt que la justice abstraite, qui déterminait les verdicts rendus.

— Cette histoire a dû vous aider énormément, à l'époque, dit poliment Prewitt.

— M'aider ! s'écria Culpepper. Elle m'a consacré, Prewitt. Entendez-vous ? Et c'est exactement la même chose dans le cas qui nous occupe. Exactement la même chose.

Le lieutenant Culpepper respira profondément.

— C'est pourquoi je veux que vous plaidiez coupable, Prewitt. C'est une chose, voyez-vous, qui est sans précédent dans les annales des conseils de guerre. Personne ne plaide jamais coupable devant un conseil de guerre, parce que contrairement aux tribunaux civils jamais une cour martiale ne fait de concessions à la clémence.

— Justement, je ne vois pas... commença Prew.

— Attendez, attendez, j'ai tout préparé dans ce sens, vous n'avez plus qu'à signer...

Le lieutenant Culpepper sortit un feuillet dactylographié de la belle serviette de cuir jaune, close sur trois côtés par une longue fermeture éclair, qu'il avait achetée pour la circonstance, et le tendit à Prew.

— Lisez, lisez, dit-il. Je ne voudrais pas que vous signiez quoi que ce fût sans le lire au préalable. Ne signez jamais rien sans le lire au préalable, Prewitt. C'est la meilleure façon de s'attirer des empoisonnements. Lorsque vous aurez lu et signé cette déposition, dans laquelle vous reconnaissez que vous étiez ivre et que vous ne saviez pas ce que vous faisiez, nous la rangerons bien soigneusement parmi les autres pièces du dossier, nous la sortirons devant le conseil et nous ferons appel à sa clémence. Et ils ne pourront décemment vous donner plus d'un mois et confiscation des deux tiers de votre prêt.

— Mais je croyais que jamais une cour martiale ne faisait de concessions à la clémence, objecta Prewitt.

— Nous y voilà ! s'exclama le lieutenant Culpepper avec enthousiasme. Je serais prêt à parier que ça ne s'est jamais fait. Du moins à ma connaissance. Et c'est là que nous les aurons...

— Mais je... dit faiblement Prewitt.

— Attendez, attendez, le réprimanda Culpepper. Vous n'avez pas entendu le plus beau. Personne — il marqua une pause — dans l'armée — il marqua une pause — ne considère l'ébriété proprement dite comme une faute ou un péché. Vous savez cela aussi bien que moi. C'est contre le règlement, mais tout le monde le fait. Moi le premier, au club. Comme tous les autres, du reste. En fait, la plupart des officiers préfèrent leurs hommes les plus exubérants, parce qu'ils savent que ce genre d'attitude est précisément celle qui fait les meilleurs soldats. J'irai même plus loin, la plupart des officiers considèrent qu'un soldat qui ne se saoule jamais et ne provoque pas quelque esclandre de loin en loin est un individu à surveiller. Est-ce exact ?

— Mais ça ne me dit pas pourquoi je dois plaider coupable.

— Grand Dieu ! Prewitt. Mais en admettant que vous étiez ivre, nous leur coupons l'herbe sous le pied, puisque l'ébriété en elle-même est considérée comme une vertu inhérente au métier de soldat plutôt que comme un péché. La cour ne peut se montrer intransigeante envers un accusé simplement parce que c'est un vrai soldat ! Notre but est d'influencer l'élément humain qui régit le code légal et détermine par conséquent leurs décisions.

Le lieutenant Culpepper regarda triomphalement Prew, sortit son stylographe Parker 51 de sa poche et le lui tendit.

— C'est sans doute une excellente idée, mon lieutenant, dit Prewitt à regret. Et ça m'ennuie de vous décevoir après que vous avez travaillé si dur sur tout ça, mais... je ne peux pas plaider coupable.

— Mais pour quelle raison ? explosa le lieutenant. Et, d'autre part, ce n'est pas pour moi que je vous demande de le faire. Je viens de tout vous expliquer avec une clarté absolue. Je ne puis rien faire pour vous si vous refusez de plaider coupable. C'est la clef de voûte de mon argumentation, sans laquelle votre affaire ne sera qu'une affaire comme des milliers d'autres, qui ne nous apportera rien, moins que rien, ni à l'un ni à l'autre...

— Je suis désolé, mon lieutenant, mais je suis pas coupable... alors je peux vraiment pas plaider coupable.

— Grand Dieu ! s'écria le lieutenant Culpepper, exaspéré. Qu'importe que vous soyez coupable ou non. La question n'est pas là. La question, c'est qu'aucune cour militaire ne vous donnera le maximum si vous reconnaissez que vous étiez ivre et que vous avez simplement tapé au hasard, sans savoir sur qui vous tapiez. L'ivresse et la bagarre font non seulement partie intégrante de la nature du soldat, ce sont presque ses devoirs les plus sacrés. Tout comme Ernest Hemingway a dit que la syphilis était le passe-temps des toreros et des soldats. C'est exactement la même chose.

— Vous l'avez eue, vous, mon lieutenant ?

— Quoi donc ?

— La syphilis ?

— Qui ? Moi ? Diable, non ! Qu'est-ce que ça vient faire là dedans ?

— Je ne l'ai jamais eue non plus, dit Prew. Mais j'ai eu la chaude-pisse. Et, si la syphilis est le passe-temps du soldat, je préfère déserter tout de suite. En outre, j'ai jamais léché les bottes à personne, et c'est pas maintenant que je commencerai. Je ferai pas appel à leur clémence, mon lieutenant, même si ça devait me faire acquitter.

Le lieutenant Culpepper se gratta la tête avec son stylographe Parker 51, puis le remit dans sa poche, en sortit son stylomine Parker 51, tira une feuille blanche de sa serviette et se mit à dessiner des figures géométriques.

— Réfléchissez, Prewitt, dit-il. Songez que nous pouvons poser les bases d'une nouvelle procédure à l'usage des générations futures de soldats.

— C'est tout réfléchi, mon lieutenant, riposta Prew. Je suis désolé de vous décevoir, après tout ce travail, mais je plaiderai pas coupable.

— Enfin, vous l'avez frappé, oui ou non ? s'emporta le lieutenant.

— Bien sûr. Et je recommencerais de bon cœur.

— Donc, vous êtes coupable !

— De l'avoir frappé, oui, mon lieutenant. Mais je plaiderai pas coupable pour le tout.

— Seigneur ! gémit le lieutenant. Je n'ai jamais vu pareil entêté. Vous n'avez pas plus de gratitude qu'un bloc de granit ! Si vous tenez à vous perdre, pensez au moins à moi. Je n'ai pas demandé à assumer votre défense, moi !

— Je le sais, dit Prew. Je suis désolé, mais je plaiderai pas coupable.

Le lieutenant Culpepper soupira, remit son stylomine Parker 51 dans sa poche, à côté de son stylographe Parker 51, rangea les dessins géométriques et la sensationnelle déposition non signée dans sa belle serviette, manœuvra la longue fermeture éclair et se leva.

— Réfléchissez tout de même, dit-il. Je reviendrai vous voir demain.

Prew se leva pour prendre congé de lui. Le lieutenant Culpepper lui serra la main.

— Du cran ! dit-il.

Prew le regarda franchir la grille, saluer le caporal de garde et regagner le monde extérieur, sa belle serviette toute neuve bien serrée sous son bras. Alors il retourna s'asseoir sur sa couchette et reprit le vieux jeu de cartes qui l'aidait à tuer le temps, lorsqu'il n'arrachait pas, sous bonne garde, les mauvaises herbes du terrain de jeux des enfants d'officiers. Il n'avait fait que cinq parties lorsque Warden pénétra dans le bureau, de l'autre côté de la grille, avec les treillis propres réclamés par le lieutenant de la garde.

— Y me faut un permis pour donner ses fringues propres à l'ennemi public ou je peux le faire comme ça, sans chichis administratifs ? demanda Warden au caporal.

— Quoi ? sursauta le caporal en essayant de cacher l'illustré qu'il était en train de lire. Oh ! allez-y, sergent. Vous aviez pas besoin de les apporter vous-même, sergent.

— Non ? rugit Warden. Et qui est-ce qui les aurait apportés, si je les avais pas apportés moi-même ?

— Je sais pas, se défendit le caporal. Je disais juste...

— Vous voulez pas fouiller ces treillis ? trancha Warden. Peut-être que j'y ai planqué une lime ou deux ?

Le caporal lui jeta un regard effaré, puis éclata de rire et secoua la tête.

— Comment que vous savez si je suis pas un tueur de flic déguisé ? insista Warden.

— J'en sais rien, dit le caporal en rigolant. Mais allez-y donc, sergent, faites comme chez vous.

Milt Warden franchit la grille et s'avança d'un air écœuré entre les deux rangées de couchettes, toujours inoccupées l'après-midi.

— Je sais pas pourquoi je me fatigue à faire de l'esprit avec des crétins pareils, dit-il en jetant les treillis propres sur la couchette. C'est toi qui gagnes ou c'est toi qui perds ?

Prew baissa les yeux vers les cartes étalées sur sa couverture.

— Je sais pas encore, dit-il.

— Te casse pas la tête, fiston, t'auras tout le temps de te faire la main.

— Y z'ont pas encore fixé la date du jugement ! maugréa Prew.

— Non, je voulais dire : quand tu seras parti d'ici, rectifia Warden.

— Oh !... Tu crois qu'y me laisseront jouer aux cartes, là-bas, même tout seul ?

Il se leva et commença à se dépouiller de ses treillis sales.

— Sans doute que non, grogna Warden. Le jugement est pour lundi prochain, dans quatre jours. Je viens juste de recevoir les papiers.

Prew enfila les treillis propres et reprit place sur le bord de la couchette.

— Culpepper dit qu'y pense pas que j'aurai plus de trois mois et confiscation des deux tiers de mon prêt, puisque tout s'est passé entre membres de la même famille.

— C'est ce qu'y faut compter, acquiesça Warden. A moins que tu dises quelque chose qui les mette en pétard, pendant le jugement. Alors, là, ça pourrait te coûter plus cher.

— Je l'ouvrirai pas, dit Prew.

— Je croirai ça quand je le verrai, s'esclaffa Warden. Oh !... à propos.

Il tira une cartouche de cigarettes de sa poche-revolver.

— V'là des toutes faites.

— Merci, dit Prew. C'est chic, Warden.

— C'est pas moi, fiston. C'est de la part d'Andy et de Vendredi Clark. Tu penses bien que je te paierais pas des cigarettes. Tu m'as donné à peu près une semaine de boulot supplémentaire en paperasserie de toutes sortes.

Prew ne put s'empêcher de sourire.

— J'en suis vraiment navré pour toi, Warden, dit-il, mais je peux t'assurer que si ça n'avait tenu qu'à moi...

Warden le regardait avec une féroce indignation. Puis, avec sa soudaineté coutumière, il sourit, s'assit sur la couchette, déchira la cellophane de la cartouche de toutes faites, ouvrit l'un des paquets et alluma une des cigarettes de Prew.

— Y me semble que tu salis tes treillis en vitesse, remarqua-t-il. Qu'est-ce qu'y te font faire comme ça ?

— Du jardinage, dit Prew. J'arrache les mauvaises herbes, sur le terrain de jeux, le matin et l'après-midi. Je m'en plains pas, d'ailleurs.

— C'est pas tellement désagréable ?

— Non. Y a qu'une chose qui me chiffonne, c'est de savoir que tous ces petits mômes deviendront sans doute des officiers.

— Probablement, acquiesça Warden. C'est dégueulasse, pas vrai ? J'ai fait ce que j'ai pu pour accélérer la paperasserie. C'est jamais marrant de rester cent sept ans en préventive. Il a fallu que je tombe à bras raccourcis sur cette couleuvre de Mazzioli pour qu'y tape les dépositions des témoins...

— Je suppose qu'y a toujours rien dedans, au sujet du surin ? dit lentement Prewitt.

Warden leva les yeux pour le regarder attentivement.

— Quel surin ? dit-il enfin.

— Celui d'Ike Galovitch, avec lequel il a essayé de me piquer.

Warden demeura silencieux pendant un bon moment.

— T'en as déjà parlé à quelqu'un d'autre ? s'informa-t-il.

— Non, dit Prew. Et j'en ai pas l'intention.

— Tu pourrais prouver qu'il a voulu te piquer ?

— Y pourraient démolir le coin de la plate-forme aux poubelles à coups de masse. La lame est au fond d'une fissure. Je l'ai cassée dedans avant de monter me coucher.

Pensif, Warden se caressa le menton.

— Culpepper le ferait, dit-il. Personne d'autre ne le ferait, mais lui, oui, parce que c'est sa première affaire et qu'il veut en faire un grand boum. Est-ce que tu vas lui en parler ?

— Non, dit Prew. Je ne le pense pas.

— Et pourquoi ? Ça en vaut la peine.

— Bah ! y pouvaient pas m'envoyer au falot pour l'histoire de Bloom, et le « traitement » a rien donné, alors je voudrais pas les obliger à tout recommencer.

Warden éclata de rire.

— Je parie que Galovitch est en train de suer sang et eau en ce moment, s'esclaffa-t-il.

— Non, dit Prew. Je voudrais bien qu'y soit en train de se faire des cheveux, mais je suis sûr qu'y croit déjà en sa propre histoire. Wilson et Henderson n'y croient sûrement pas, mais lui, si.

— Oui, t'as sans doute raison, acquiesça Warden, et il en faudrait plus que ça pour que Wilson et Henderson se fassent des cheveux, pas vrai ? Mais vaudrait peut-être mieux que t'en parles à Culpepper. Si ça pouvait me permettre de faire sacquer deux ou trois de ces cocos-là, ce serait déjà pas si mal.

— Tu y arriverais pas, dit Prew. Pas avec Holmes derrière eux. Y trouveraient toujours moyen d'arranger les choses à leur sauce et ça finirait par se retourner contre moi. Non, si y z'ont décidé de m'envoyer au dur, je leur donnerai pas la satisfaction de gigoter au bout de la ficelle. Qu'ils aillent tous se faire foutre !

Il y eut un long silence.

— T'as peut-être raison, dit enfin Warden. Et, de toute manière, c'est tes oignons, et t'as le droit de les cultiver comme ça te chante.

Prew distingua une lueur de respect dans les yeux bleus de Warden et, sur son visage, une compréhension totale qui le gonfla d'orgueil, parce que, pour une raison nébuleuse, et bien qu'il eût été parfaitement incapable d'expliquer pourquoi, l'opinion de Warden lui importait beaucoup plus que toute autre opinion au monde. C'était pour cela qu'il lui avait raconté l'histoire du couteau de Galovitch, et il était fier, à présent, d'avoir mérité ce respect, d'avoir gagné cette compréhension.

— Y pourront me tuer, mais y pourront jamais me bouffer, pas vrai, chef ? dit Prew.

Warden lui flanqua une énorme claque sur l'épaule. C'était le premier geste de franche amitié que Prew l'eût jamais vu faire envers lui-même ou envers qui que ce fût. Il le sentit couler dans ses veines comme une gorgée d'alcool. Rien que ce geste valait bien trois mois d'emprisonnement dans n'importe quel camp disciplinaire. Le visage de Prew resta scrupuleusement impassible.

— A bientôt, fiston, dit Warden.

Il se leva et se dirigea vers la grille.

Prew le rappela.

— Warden, dit-il. Tu voudrais me rendre un service ?

Warden fit volte-face et revint sur ses pas.

— Deux si tu veux, grogna-t-il. Si toutefois c'est en mon pouvoir.

— Tu voudrais monter à cette adresse — il la lui donna — et dire à... Lorene qu'elle ne me verra pas pendant un certain temps, avec toutes les explications nécessaires.

Il n'avait pu se résoudre à l'appeler Alma, même devant Warden.

— Pourquoi que tu lui écris pas ? riposta Warden. A chaque fois que je fais la connaissance d'une femme, elle me tombe toute rôtie dans les bras. Ça finit par être fatigant et je voudrais pas te faire ça à toi, conclut-il, les sourcils tremblotants.

— O. K. ! dit Prew. Alors, téléphone-lui de ma part.

Il lui donna le numéro.

— Dès qu'elle entendra ma voix, elle va essayer de me filer un rancard, objecta Warden. Et j'ai peur de pas avoir la volonté de lui refuser.

— Oh ! très bien, s'obstina Prewitt. Va la voir au *Nouveau*

Congrès, explique-lui toute l'histoire et monte avec elle pendant que tu y seras.

Warden le regardait en souriant malicieusement.

— A propos, continua Prew, la dernière fois que je suis allé là-bas, ta chère amie Mme Kipfer m'a dit de te dire qu'elle pensait toujours à toi et de te demander pourquoi elle te voyait plus depuis longtemps. J'avais oublié de te faire la commission.

Warden éclata de rire.

— Cette vieille Gerty, s'étrangla-t-il. Cette vieille maquerelle ! Qui diable aurait cru ça d'elle ?

— Alors ? Tu téléphoneras à Lorene de ma part ? insista Prew.

— Entendu, riposta Warden. Mais je te promets pas de pas sortir avec elle si elle me le demande.

— Je te demande pas de me le promettre, non ?

— O. K. ! J'y manquerai pas... Oh ! j'allais oublier. J'ai d'autres nouvelles pour toi. Le soldat de première classe Bloom passe caporal. On a deux cabots qui finissent leur temps ces jours-ci, et Bloom hérite des sardines d'un des deux. J'ai rédigé son ordre de nomination ce matin...

— Bloom doit être rudement content, dit Prew.

— Lui ? Oh ! non, pas encore. Y a aussi deux de nos sergents qui finissent leur temps le mois prochain, expliqua Warden. Allons, plus que quatre jours jusqu'à lundi, fiston, et tu pourras commencer à les rayer sur ton calendrier.

Prew regarda la silhouette athlétique de Warden franchir à nouveau la grille et sortir du poste à destination du monde extérieur. Il resta un instant immobile, les yeux dans le vague, avant de reprendre sa partie de solitaire.

Durant les quatre jours suivants, il reçut de nombreuses visites, en plus de l'incursion quotidienne du lieutenant Culpepper. Andy et Vendredi Clark et Readall Treadwell et Nair-le-Taureau et Rhodes-le-Poussiéreux vinrent passer avec lui quelques minutes, de même que le caporal Choate et la plupart des « non-sportifs » de la compagnie. Quelques-uns des sportifs vinrent également, à sa grande surprise. Il ne s'était jamais imaginé qu'il avait tant d'amis. Il semblait que, tout comme Angelo, il fut devenu célèbre du jour au lendemain.

34

Sa célébrité ne le suivit pas au dur. Évidemment, il était impossible qu'ils eussent entendu parler, au dur, de son sensationnel jugement. Prew espérait fermement qu'ils n'en avaient pas entendu parler. Il s'était déroulé, cependant, avec la précision implacable d'une pièce de théâtre longuement répétée. Les trois témoins avaient récité par cœur leurs dépositions écrites. L'accusation avait énuméré les infractions commises et les peines encourues. L'accusé avait refusé de témoigner pour sa propre défense. Tout se passait pour le mieux devant le meilleur des conseils de guerre lorsque, dans un sursaut de révolte uniquement compatible avec un grand désespoir, le lieutenant Culpepper s'était mis à plaider furieusement coupable et à solliciter la clémence de la cour, sous prétexte que tous les bons soldats étaient des ivrognes. Il y avait eu un long silence pétrifié, durant lequel l'accusé eût volontiers assassiné son défenseur. Mais la cour avait su se montrer à la hauteur des circonstances. Les arguments de la défense avaient été dûment enregistrés, juste comme s'il se fût agi d'une chose parfaitement normale, les trois membres du conseil avaient tenu leur conférence habituelle de trente secondes et prononcé la sentence de trois-mois-de-travaux-forcés-et-confiscation-des-deux-tiers-du-prêt-pendant-la même-période, juste comme si rien ne s'était passé. L'accusé les eût volontiers embrassés.

Il fut grandement soulagé d'être immédiatement reconduit au poste de garde, sans avoir à se retrouver en présence du lieutenant Culpepper.

Ils vinrent le chercher l'après-midi même, signèrent au bureau du poste de garde les papiers de prise en charge du soldat Prewitt et de ses treillis propres, déposèrent le tout soigneusement sur le siège avant de leur jeep et repartirent aussi vite qu'ils étaient venus.

Prew se sentait bien petit et bien mal vêtu entre ces deux géants étincelants et impeccablement harnachés qui mesuraient pour le moins un mètre quatre-vingt-dix. Pas un mot ne fut prononcé jusqu'à ce que le gardien du portail, armé d'un mousqueton, eût refermé derrière eux la porte de la grille d'enceinte, que les géants eussent troqué leurs matraques et leurs pistolets contre de simples matraques, à l'intérieur de l'armurerie où veillait une sentinelle armée d'un mousqueton, et qu'ils eussent emmené le prisonnier au magasin d'habillement, à l'extrémité d'un long couloir.

— Occupe-toi de lui ! dit un des deux géants.

Le prisonnier chargé de tenir le magasin bondit sur ses pieds, derrière son comptoir, et se frotta joyeusement les mains comme si l'arrivée d'un nouveau pensionnaire l'emplissait d'un ravissement sans mélange.

— Nous avons justement une très jolie chambre au dixième étage, avec vue sur le parc, salle de bains et deux immenses penderies pour y ranger les costumes, dit-il, je suis sûr que vous vous y plairez beaucoup.

— Je t'ai dit de t'occuper de lui, coupa le géant. Trêve de couillonnades.

— O. K. ! Hanson. O. K. ! riposta l'homme de confiance. On peut bien rigoler un peu.

— Tu rigoleras quand t'auras fait ton boulot, répliqua le géant.

L'autre n'avait pas encore ouvert la bouche. Tous deux s'adossèrent au mur avec leur matraque sous le bras, pendant que l'homme de confiance délivrait à Prewitt divers articles de toilette. Puis Hanson, le premier géant, s'empara du portefeuille de Prew, compta l'argent qu'il contenait, marqua la somme sur un morceau de papier, mit le papier dans le portefeuille et l'argent dans sa poche, avec un sourire obscène à l'adresse de Prew. L'homme de confiance échangea les deux chemises de treillis apportées par Prewitt contre deux autres dans le dos desquelles figurait déjà une énorme lettre P, visiblement peinte au pochoir.

— C'est pour que tu puisses commencer à bosser aujourd'hui, expliqua-t-il béatement à Prew, sans avoir besoin d'attendre qu'on peigne les tiennes. Les tiennes, on les donnera à un autre plus tard, quand elles seront prêtes.

Prew passa l'une de ses nouvelles chemises et constata qu'elle lui descendait presque jusqu'au genou, que les manches lui couvraient entièrement les mains et que les emmanchures, au lieu d'être sur ses épaules, se trouvaient légèrement au-dessus de ses coudes.

— Zut, alors, c'est pas de veine, dit l'homme de confiance, rayonnant. Et c'est ce que j'ai de plus proche de ta taille, actuellement. Peut-être qu'on pourra te les changer plus tard, hein, qu'est-ce que t'en penses ?

— C'est un détail, murmura Prew.

— Bah ! tu risques pas de rencontrer des poupées pendant un bon moment, s'pas, en dehors des femmes d'officiers qui passent quelquefois à cheval, au-dessus de la carrière. Et tu pourrais pas te les envoyer de toute façon, même si t'étais en liberté, alors, te casse pas la tête.

— Merci pour le tuyau, dit Prew. Je m'en souviendrai.

Les deux géants souriaient en tirant sur leurs cigarettes.

— Ça te travaillera peut-être un peu, au début, continua l'homme de confiance du magasin d'habillement, mais tu verras, on s'y habitue...

L'image d'Alma, nue et étendue sur le lit, dans la chambre de la petite maison familière, traversa l'esprit de Prew comme une flèche enflammée, et il sentit une vague de nostalgie naître au creux de son estomac et descendre jusqu'à son ventre. Il compta avec désespoir qu'il ne l'avait pas revue depuis plus de trois semaines et que trois mois faisaient quatre fois trois semaines et que ça ferait en tout quatorze semaines lorsqu'il ressortirait, quatorze semaines sans la voir, quatorze semaines sans savoir ce qu'elle faisait...

— Ce qu'est rageant, continua l'homme de confiance, du haut de sa vieille expérience, c'est qu'on se demande tout le temps ce qu'elles sont en train de faire...

— Ouais ? ricana Prew.

Il savait que ce n'était pas sur le plan physique qu'un autre type pourrait la séduire et la détacher de lui. Ce n'était pas pour ça qu'elle l'avait aimé. Si seulement il avait pu l'avertir, lui parler une minute, la mettre en garde contre tous ceux qui essaieraient de l'attendrir, de capter son intérêt pendant ces trois longs mois. Il dut résister à l'envie de se retourner vers les fenêtres grillagées. Il sentait que s'il le faisait il ne pourrait peut-être pas s'empêcher de se mettre à hurler et à se rouler par terre en battant le sol de ses poings, devant ces trois salopards qui l'observaient étroitement.

— Qu'est-ce qu'y se passe ? s'enquit l'homme de confiance avec une sollicitude outrée. J'ai dit quèque chose qu'y fallait pas ?

Prew sentit sa bouche se crisper et comprit qu'il souriait. « Dieu merci ! », pensa-t-il. Il se retourna vers les deux géants. « C'est à moi que tu parles ? s'informa sa voix. Pourquoi ? » « Ça y est, ça a marché, j'y suis arrivé », pensa-t-il. Mais les deux géants souriaient, eux aussi, et il savait très bien qu'ils n'étaient pas dupes. La seule chose qu'il pût sauver, en agissant ainsi, c'était son amour-propre, mais sûrement pas la face. Ils avaient tous compris qu'il était amoureux et qu'il était en train de sonder l'abîme de toutes ces semaines à passer sans elle. « Pourquoi la physionomie humaine est-il aussi transparente ? », songea-t-il avec amertume.

Il prit les deux chapeaux de corvée que l'homme de confiance lui tendait, en mit un sur sa tête et l'enfonça jusqu'aux oreilles. Si seulement il pouvait en rire, prendre tout à la rigolade...

— Le portrait craché de Clark Gable, s'esclaffa l'homme de confiance. Surtout quand tu l'enfonces jusqu'aux oreilles.

— Je vois pas comment je pourrais faire autrement, répliqua Prewitt.

Le baraquement dans lequel ils conduisirent Prew était très long et tout juste assez large pour contenir deux rangées de couchettes superposées par paires, avec une allée de moins de deux mètres entre les deux rangées. Les fenêtres étaient grillagées et inamovibles. Il n'y avait ni coffre, ni armoire : rien qu'une petite étagère, à la tête de chaque couchette, sur laquelle étaient rangés, dans un ordre inflexiblement immuable, les quelques vêtements et objets de toilette réglementaires qui, pendant trois mois, seraient les seules possessions terrestres de Prew, de par son état de prisonnier.

Prew fit son lit et rangea son équipement après avoir soigneusement étudié l'étagère voisine de la sienne. Lorsqu'il eut fini, Hanson vint y jeter un coup d'œil.

— Très bien pour le plumard, dit-il.

— Ben, et l'étagère ?

— Zéro, dit Hanson. Laisse-la comme ça, et t'es bon comme la romaine.

— Bon pour quoi ? s'informa Prew.

Hanson se contenta de sourire.

— Je veux dire : qu'est-ce que je risque ?

Hanson sourit.

— Ton installation vaut pas tripette, dit-il. T'es nouveau, alors j'aime mieux te prévenir. Demain, y sera trop tard.

— Mais ça me paraît très bien comme ça, dit Prew.

— Sans blague ? Regarde un peu les autres.

— Eh bien ? J'y vois pas de différence.

— Y a combien de temps que t'es dans l'armée ?

— Cinq ans.

— Fais comme tu voudras, dit Hanson. T'es prêt à partir ?

Il fit un pas vers la porte. Prew sentit une vibration dangereuse naître au fond de son esprit et s'apaiser graduellement.

— Attends un peu, dit-il d'une voix sourde. Je veux que ce soit bien fait.

Turnipseed le silencieux éclata d'un rire sarcastique. Hanson revint sur ses pas.

— Le major Thompson passe l'inspection tous les matins, dit-il en fermant un œil pour mieux mesurer l'équilibre de l'étagère. Y trimballe toujours un fil à plomb dans sa poche.

Prew regarda son étagère, reprit tout son équipement, le posa sur sa couchette et se remit à tout ranger, article par article.

— Les lignes de ta boîte à rasoir sont pas dans le prolongement du blaireau ni du savon à barbe, lui disait Hanson à mesure. Ta boîte à savon occupe pas exactement le centre de ta serviette.

Lorsqu'il en eut terminé avec les objets de toilette, Prew rangea ses vêtements.

— Tu sais ce que c'est qu'un fil à plomb ? lui demanda Hanson.

— Ouais.

— J'en avais jamais entendu parler jusqu'à ce que je vienne ici, reprit Hanson. C'est les charpentiers qui se servent de ce machin-là, pas vrai ?

— Ouais, dit Prew. Et les maçons, surtout.

— Pour quoi faire ?

— Pour voir si leurs murs sont droits.

Il se sentait mieux, à présent. Mais il lui suffit de le constater pour s'apercevoir aussitôt combien cette amélioration était fallacieuse et fragile. Il lui suffit de regarder les fenêtres grillagées pour se rappeler tout à coup, avec un brusque écœurement, qu'il était ici, et qu'« elle » était là-bas, et qu'il ne pouvait pas partir d'ici pour aller là-bas, là-bas, dans la petite maison qu'il revoyait si bien en imagination. Il avala sa salive et serra les dents et pressa fortement sa langue contre son palais. « Sauvé, pensa-t-il, sauvé. » Le tout est de voir arriver la crise pour pouvoir la prévenir. « Alma, pensa-t-il, Alma. Non, se gourmanda-t-il, non, bougre de salopard, non ! »

Ce n'était tout de même pas la première fois qu'il faisait de la taule ! Il en avait vu de dures, dans le temps, sur le trimard. Il se souvenait d'une prison rurale, en Géorgie, et d'un pénitencier municipal, dans le Missisipi, qui n'avaient pas été piqués des vers. Et jamais il n'avait ressenti ce qu'il ressentait actuellement.

Seulement, il n'était pas amoureux, en ce temps-là. C'était le fait d'être amoureux qui le rendait particulièrement vulnérable, parce qu'il désirait quelque chose de provisoirement inaccessible. Le plus étrange et le plus cruel de l'histoire, c'était qu'il n'avait réellement compris à quel point il l'aimait que lorsque les grilles du camp disciplinaire s'étaient refermées derrière lui.

Lorsqu'ils quittèrent le baraquement, Prew remarqua qu'il y avait trois baraquements semblables, dans l'enceinte du camp, et qu'ils étaient totalement indépendants les uns des autres.

— Celui du milieu est pour les récalcitrants, l'informa Hanson, suivant la direction de son regard.

— Les fortes têtes, précisa Turnipseed.

— Les « durs », souligna Prew en souriant.

— Exactement, dit Hanson. La nuit, y a des projecteurs de braqués sur les espaces qui séparent les baraquements.

— Et combien de mitrailleuses ? s'informa poliment Prewitt.

— Une sur chaque, dit Hanson laconiquement. Mais y en a pas mal d'autres de prêtes à servir en cas de besoin.

— Très efficace, commenta Prew.

— Tu parles, grogna Turnipseed.

Ils le firent arrêter devant le tableau d'affichage, dont un portrait dessiné de John Dillinger occupait le centre. Le portrait avait été découpé dans un journal et collé sur un rectangle de carton, il devait y avoir très longtemps, car le papier était jauni.

> C'EST AU CAMP DISCIPLINAIRE DE LA BASE DE SHOFIELD, DANS LE TERRITOIRE D'HAWAII, QUE LE DÉFUNT ENNEMI PUBLIC NUMÉRO I JOHN DILLINGER A FAIT DE LA PRISON POUR LA PREMIÈRE FOIS. LA PRISON MILITAIRE DE SHOFIELD A LA RÉPUTATION D'ÊTRE LA PLUS SÉVÈRE DE TOUS LES ÉTABLISSEMENTS DISCIPLINAIRES DE L'ARMÉE AMÉRICAINE, ET C'EST PROBABLEMENT VRAI PUISQUE C'EST EN SORTANT DE CETTE PRISON QUE JOHN DILLINGER JURA DE SE VENGER DES ETATS-UNIS, MÊME S'IL DEVAIT Y LAISSER SA PEAU.

Sous cette légende, un lascar avait ajouté au crayon : « Il l'y a laissée. »

Prew ne sut jamais comment il était parvenu à dominer la rage aveugle, meurtrière, que ce tableau avait suscitée en lui. Peut-être fut-ce parce que Hanson et Turnipseed le regardaient aussi fièrement que si cette coupure de presse avait été leur œuvre personnelle, avec l'orgueil possessif d'un guide touristique faisant admirer une cathédrale. Il n'avait, après tout, aucune raison de leur en vouloir et ne se sentit pas le courage de les désappointer.

— Bon, eh bien ! vous me l'avez montrée, l'attraction, dit-il rudement. Où va-t-on, maintenant ?

— Rendre visite au major, dit Hanson. Et après, au boulot !

Il n'y avait aucune malice dans le sourire de Hanson. Rien qu'une sorte d'amusement blasé, sans méchanceté véritable.

— En avant, matelot, reprit-il d'un ton amical. Et pas cadencé, à partir de maintenant.

— Prisonnier, à droite, droite !

Ils atteignirent le bâtiment administratif. Les deux gardes marquèrent le pas, tandis que Prew exécutait son quart de tour, et pénétrèrent à sa suite dans le bureau du major Thompson.

— Prisonnier, halte ! dit Hanson.

Prew s'arrêta pile à deux pas du bureau de chêne ciré du major Thompson, impeccablement encadré par ses deux anges gardiens. Pour du beau travail, c'était du beau travail, exécuté avec une précision toute militaire, et le major Thompson jeta un coup d'œil approbateur, puis se remit à étudier à travers ses lunettes à fine monture d'or le dossier qui reposait sur son bureau. Le major Thompson était un petit homme trapu à qui l'uniforme seyait à merveille. Sur sa poitrine rutilait le ruban de la Victoire avec trois étoiles, ainsi que le ruban de la Légion du mérite, montés sur le même fil d'acier. Il avait un teint coloré et les cheveux en brosse des vieux officiers de carrière. Il était évident qu'il portait ses galons depuis une éternité.

— Je vois que vous êtes originaire de Harlan, dans le Kentucky, dit-il. Nous avons de nombreux pensionnaires du Kentucky et de la Virginie-Occidentale. Je pourrais presque dire qu'ils composent l'essentiel de notre pratique. La plupart d'entre eux sont d'anciens mineurs, mais vous n'avez pas la carrure d'un mineur.

— Je ne suis pas mineur, dit Prew. Je n'ai jamais été...

Le bout d'une matraque heurta violemment son dos, près de la hanche, et il crut un instant qu'il allait vomir.

— Monsieur, ajouta-t-il vivement.

— Très bien, approuva le major Thompson. Vous ne voudriez tout de même pas partir du mauvais pied ?

Prew ne répondit pas. Son dos lui faisait très mal, et il ne voyait dans cette question qu'une simple formule de rhétorique. L'extrémité de la matraque entrant de nouveau en contact avec son dos lui apprit aussitôt qu'il se méprenait, tandis que la douleur s'étendait graduellement jusqu'à ses testicules.

— N'est-ce pas ? enchaîna le major Thompson.

— Non, monsieur, dit promptement Prew, qui commençait à comprendre l'astuce.

— Nous partons du principe, continua le major Thompson, que vous ne seriez pas où vous êtes si, d'une manière ou d'une autre, vous n'aviez failli à votre condition de soldat. C'est pourquoi notre objectif est de vous rééduquer avec le maximum d'efficience et le minimum de temps perdu. C'est le moins que nous puissions faire pour les contribuables américains qui entretiennent notre armée, n'est-ce pas ?

— Oui, monsieur, dit vivement Prew.

Il vit, en imagination, le bras du soldat de première classe Hanson revenir en arrière et poussa un léger soupir.

— Je crois que vous ferez un prisonnier modèle, dit le major Thompson.

— Je l'espère, monsieur.

— Nos méthodes pourront vous paraître exagérément brutales, reprit le major, mais le moyen le plus rapide et le plus efficace d'éduquer ou de rééduquer un soldat est de rendre la non-observation des règles tellement pénible pour lui-même qu'il préférera finalement les observer en toutes circonstances. Vous me suivez ?

— Oui, monsieur, dit vivement Prew.

— Il existe évidemment des hommes, continua le major, qui ne feront jamais de bons soldats. Eh bien ! ces rares exceptions, pour qui le métier de soldat est plus pénible que le séjour dans ce camp disciplinaire, nous voulons les découvrir, le plus vite possible, et les rejeter du sein de l'armée avant qu'ils aient eu le temps matériel de contaminer ceux qui les entourent. Le soldat considéré comme un individu distinct ne nous intéresse nullement. Ce qui nous intéresse, c'est l'armée, prise comme un tout. Vous voyez ce que je veux dire ?

— Oui, monsieur, dit vivement Prew.

— Nous saurons découvrir si vous voulez réellement faire un bon soldat ou non.

Il se tourna vers l'homme qui était assis derrière le second bureau.

— N'est-ce pas, sergent Judson ?

— Oui, mon général, répondit Judson.

Instinctivement, Prew tourna la tête dans sa direction, et, pour la troisième fois, l'extrémité de la matraque le frappa avec une précision implacable. Il se remit aussitôt à regarder droit devant lui, mais il avait eu le temps d'apercevoir une énorme tête juchée sur un énorme torse aux muscles énormes enrobés d'énormes couches de graisse qui faisaient ressembler le sergent Judson à l'un des petits cochons de Walt Disney. Ses yeux étaient morts, les plus morts que Prew eût jamais vus, semblables à deux boutons de bottine posés sur une assiette blanche.

Interdiction de recevoir des visites, interdiction d'avoir en sa possession des cigarettes toutes faites, inspection quotidienne, réclusion individuelle en cas d'infractions répétées... le bourdonnement monocorde ne parvenait à Prew qu'à travers l'écran immatériel de sa souffrance.

— Pendant toute la durée de sa peine, exposa paisiblement le major, chaque interné perd son droit au titre honorifique de « soldat » et n'est jamais appelé autrement que « prisonnier Untel ». En cas d'absence de ma part, le sergent Judson, ici présent, me remplace dans toutes mes fonctions. Est-ce bien compris ?

— Oui, monsieur, dit vivement Prew.

— Ce sera tout, conclut le major Thompson. Pas de questions, prisonnier ?

— Non, monsieur, dit vivement Prew.

— Très bien. Le soldat de première classe Hanson va vous conduire au travail.

— Oui, monsieur, dit Prew.

Il leva le bras pour saluer, et la matraque s'abattit une fois de plus, avec une rapidité prodigieuse, l'empêchant d'achever son geste.

— Un prisonnier ne salue pas, expliqua posément le major Thompson. Le soldat a droit au mutuel compliment du salut, mais un prisonnier n'est plus un soldat.

— Bien, monsieur, dit Prew, chancelant de souffrance, de rage et de haine.

— C'est tout, dit le major. Prisonnier, demi-tour, droite ! Prisonnier, en avant, marche !

En proie à une sorte de délire intérieur, Prew exécuta mécaniquement les ordres du major, puis ceux du soldat de première classe Hanson, et ne remarqua même pas à quel moment, ni dans quelle direction, s'en alla Turnipseed. Mais il était seul avec Hanson lorsque celui-ci le fit arrêter devant l'atelier où un homme de confiance lui remit une masse de huit kilos, puis, devant l'armurerie, où Hanson rendit sa matraque à la sentinelle armée et reçut un mousqueton en échange.

— Tu t'es pas mal défendu, dit Hanson à Prew lorsqu'ils furent installés à l'arrière du camion de deux tonnes cinq qui les attendait à la sortie du camp, juste en retrait du portail. Quatre, que t'as encaissés, pas vrai ?

— Oui, quatre, dit Prew.

— C'est bien, affirma Hanson. J'en ai vu en recevoir jusqu'à dix ou douze, au cours de leur première visite. J'en ai même vu perdre complètement les pédales au point qu'y fallait les assommer et les emporter après à deux bonshommes. Le moins que j'ai vu, c'est deux, et encore c'était Jack Malloy, qu'est un vrai de vrai. Quatre, c'est déjà exceptionnel.

— Content de l'apprendre, gouailla Prew. Je commençais à croire que je m'étais comporté comme un bleu.

— Oh ! non, protesta Hanson. J'étais fier de toi. Quatre, c'est honorable. Et comme tout le monde y passe pour le salut, ça en fait que trois, en réalité. Jack Malloy lui-même y a pas coupé, pour le salut. C'est instinctif, comme y disent.

Il fallait que le camion contournât le terrain de golf pour prendre la route du col de Kolekole.

— Regarde-moi tous ces enfants de salauds, dit amèrement le soldat de première classe Hanson. T'as déjà joué au golf, toi ?

— Non, répondit Prew.

— Moi non plus, dit Hanson. Regarde-moi un peu tous ces enfants de salauds !

Le camion déposa Prewitt à l'entrée de la carrière. Hanson le remit entre les mains d'un des gardes, remonta à côté du chauffeur, et le camion s'éloigna. Toute la base militaire de Shofield était étendue aux pieds de Prew, comme sur une carte en relief.

— Mets-toi où tu voudras, grogna le garde. Tout ce qu'on te demande, c'est de pas arrêter ton marteau.

La carrière était une vaste demi-lune creusée à flanc de coteau et rejoignant les bois clairsemés qui conduisaient à la cime désertique du mont Kaala. Prew se dirigea vers la pointe de la carrière, le plus près possible de la libre sauvagerie des montagnes environnantes. Une sorte d'étrange gnome surgit soudain devant lui, les dents et les yeux tranchant violemment sur son visage que masquait une grise poussière siliceuse.

— Salut, petite tête, cria Angelo Maggio, hilare. Comment ça va depuis qu'on s'est vus, mon pote ?

— J'ai des douleurs dans le dos, riposta Prew, grimaçant un sourire.

— Eh ben ! J'aurais voulu que tu voies le mien, fiston. Il est resté noir et bleu pendant plus de quinze jours. A chaque fois que j'allais pisser, j'avais l'impression d'être plombé !

Prew posa son marteau près de celui d'Angelo et lui serra la main.

— Eh ! là-bas, hurla le garde, qu'est-ce que vous êtes en train de mijoter ?

— On se serre la main, cria Maggio. C'est un geste usité entre chrétiens civilisés qui se sont pas revus depuis longtemps.

— Ta gueule, Maggio. Pas d'histoires avec moi où je t'envoie au trou. Faites danser les marteaux, ou gare. Vous êtes pas ici pour jacter.

— D'accord, tête de lard, grogna Maggio.

Quelques prisonniers se tournèrent vers lui en ricanant, mais il ne les entendit même pas.

— Bon sang, je suis rudement content de te revoir ! s'exclama-t-il. Faisons comme si on travaillait...

Il reprit son marteau et le laissa retomber de tout son poids sur un quartier de roche.

— Je suis pas gourmand, je t'en laisse la moitié, gouailla-t-il. Y a bien assez de place là-dessus pour nous deux.

— Merci, dit Prew, mais je voudrais pas te priver.

— Au boulot, vous deux, hurla le garde.

— Oui, commandant ! Entendu, commandant ! riposta Maggio.

— Je suppose qu'on a pas le droit d'enlever sa liquette ? lui demanda Prew en soulevant sa masse.

— Non, dit Maggio. A cause du P, qui constitue une cible idéale. Et le galure non plus, au cas où tu voudrais te gratter la tête. Pour quelle raison qu'y t'ont coincé, en fin de compte ?

Prew lui raconta toute l'histoire.

— O joie, ô bonheur, commenta dévotement Maggio. Alors, t'as rossé ce vieux Bloom ?

— On s'est entre-corrigés, rectifia Prew, avec peut-être un léger avantage de mon côté.

— Et il a fallu qu'y déclare forfait, naturellement, pour sa rencontre du soir ?

— Penses-tu. Y passait en match-vedette. Et il a gagné par k.-o. technique.

— La vache ! dit amèrement Maggio. Enfin, on peut pas tout avoir. Et ensuite t'as flanqué une avoine à ce vieux Galovitch quand il a voulu te piquer !

— Exactement.

— Tout ça pour trois mois et deux tiers de confiscation de prêt ! admira Angelo. Là, au moins, ça valait le jus ! T'as déjà fait la connaissance de papa Thompson, puisque t'as des douleurs dans le dos, continua-t-il, mais est-ce que Gras-Double était là ?

— Tu veux dire : le sergent Judson.

— Tout juste, mon gars ! Le bras droit de papa Thompson. Celui qui exécute les ordres en les pimentant, au besoin. Qu'est-ce que tu penses de lui ?

— Y m'a pas paru tellement amical, mais c'est peut-être un grand timide.

— Amical ! s'esclaffa Maggio. Tout ce que je peux te dire, c'est que si Gras-Double te demande un jour de bouffer une assiette de merde, le mieux que t'auras à faire, c'est de la bouffer et d'avoir l'air de trouver ça bon !

— T'es dans quelle baraque ? s'enquit Prew.

— Celle du milieu.

— Oh !... Celle des durs, commenta Prew.

— Exactement. Qu'est-ce que tu veux ! Je suppose que j'ai la langue trop bien pendue. Y m'ont tombé dessus, j'ai parlé encore un peu plus et y m'ont collé trois jours dans le trou. Attends d'avoir vu le trou, fiston.

— Oh ! Je suis pas pressé.

— Écoute, chuchota Angelo, le regard brusquement illuminé. J'ai un plan. Je...

Il s'interrompit, jeta un regard circulaire. Partout, alentour, les autres prisonniers maniaient rythmiquement leur marteau en bavardant à voix basse, du coin de la bouche, sous le couvert de leur dos courbé. Maggio secoua nerveusement la tête et murmura en se penchant :

— Trop de moutons. Je te raconterai ça plus tard. Y a qu'à Jack Malloy que j'en ai parlé, et y dit que ça peut pas rater, mais y a trop de moutons dans le secteur. Je veux pas courir de risques...

Il avait l'air, tout à coup, d'un avare qui possède un trésor inestimable et qui sait qu'on le lui volera s'il n'y prend pas garde. Abruptement, il changea de conversation.

— Quand je suis ressorti du trou, y m'ont donc flanqué à la deux, avec tous les durs, continua-t-il, reprenant où il l'avait laissé le fil de son histoire. J'avais un peu les foies, au début. Mais y a pas meilleurs zigues. On se paie des vraies tranches de rigolade. Jack Malloy est à la deux. Faudra que tu t'y fasses coller avec nous, le plus tôt possible.

— Moi, je veux bien, mais par quel moyen ? dit Prew.

— Le mieux, c'est de râler après la boustifaille. Y te diront peut-être rien la première fois, parce que t'es nouveau. Mais, la deuxième, t'y couperas pas de tes trois jours dans le trou, et quand t'en ressortiras y te balanceront à la deux. Jack Malloy te plaira, fiston. C'est tout à fait ton genre de type.

— Depuis que je suis arrivé ici, grogna Prew, j'entends parler que de ce Malloy. Jack Malloy par ci, Jack Malloy par là ! Hanson en avait plein la bouche...

— Sûr, dit Angelo, parce que c'est un vrai dur et qu'il est trop malin pour eux en même temps. Y savent qu'y peuvent rien contre lui.

— Et quoi encore ? gouailla Prew.

— Ben, c'est le type le plus chic, le plus franc et le plus régulier que j'aie jamais rencontré dans ma garce de vie, dit Angelo, rayonnant.

— Sans blague ? ricana Prewitt, jaloux et honteux de l'être.

« Tu ne veux pas qu'Angelo ait une autre idole, pas vrai, Prew ? » se dit-il.

— Y commence à me casser les pieds, ton Malloy, commenta-t-il à haute voix.

Angelo parut légèrement choqué.

— Il était mécanicien de profession, expliqua-t-il, et y travaille au garage du camp. Du moins... quand il est pas dans le trou. Mais y lui redonnent toujours son boulot, parce qu'y z'ont personne d'autre pour s'occuper de leurs camions.

Et, comme Prew manifestait peu d'enthousiasme, il poursuivit :

— Attends de faire sa connaissance. De toute façon, tu pourrais pas rester avec tous ces tordus et tous ces lèche-culs de la une ou de la trois. Ce sera pas marrant, je te préviens. Y jouent dur, surtout si Gras-Double est dans le coup. Mais tu le regretteras pas après.

— O. K. ! Angelo, j'en suis.

Le regard de Maggio s'illumina de plaisir, et un large sourire craquela le masque siliceux qui recouvrait son visage.

— Je savais que t'hésiterais pas, dit-il fièrement, entre deux coups de marteau. Sacrée vieille tête de lard, va. T'as trouvé le moyen de te payer Bloom et Galovitch, hein ? Et tout ça pour trois malheureux petits mois. T'es verni !

— Ce vieil Angelo, ricana Prew. Angelo-la-Terreur. Tâche de bosser avec un peu plus d'ardeur, espèce de parasite.

— Est-ce que Lorene sait que t'es là ? questionna Maggio.

— Sais pas, dit Prew. Je l'espère.

Il se mit à cogner de toutes ses forces, de toute sa haine, sur le quartier de roche. « Alma, pensa-t-il désespérément, Alma. Ils m'ont séparé de toi, les salauds ! » Il avala sa salive et serra les dents et pressa sa langue contre son palais et se mit à cogner de plus belle.

— On fera ça demain midi, reprit Angelo, et quand tu remonteras du trou tes frusques seront déjà à la deux.

— Pourquoi pas aujourd'hui ? s'enquit sauvagement Prew.

— Je veux en causer avec Jack Malloy, auparavant, répondit Angelo. Je veux pas prendre de risques inutiles, pas quand y s'agit de toi.

— Nom de Dieu ! explosa Prew. J'ai pas besoin de l'autorisation de M. Malloy pour râler sur la boustifaille !

— Mollo, mollo, chuchota Maggio. Jack Malloy connaît les ficelles mieux que n'importe qui. Les petits trucs qui peuvent rendre une histoire comme ça moins pénible. C'est pas à négliger. Et puis, c'est pas à un jour près. Après tout, t'as encore trois mois devant toi !

Trois mois ! Quatre-vingt-dix jours ! Quatorze semaines ! « Alma, cria Prew dans son cœur, Alma ! » Et il passa sa rage sur le quartier de roche, et il eût volontiers martelé de la même façon le crâne d'Angelo, jusqu'à le réduire en pulpe, pour lui avoir rappelé Alma et réveillé son mal.

— Eh ! pas la peine de faire tant de zèle, le nouveau, beugla un des gardes. Je vous vois bien jacter depuis un moment, toi et Maggio ! Fermez vos gueules et tâchez de marner un peu, ou gare !

— Qu'il aille se faire foutre, râla Angelo entre ses dents. Oh ! Qu'ils aillent tous se faire foutre ! Tous !

35

Le visage d'Angelo Maggio avait beaucoup changé, au cours des deux derniers mois. Il ne portait plus trace de l'ancien cynisme naïf qui avait été l'un de ses plus grands charmes, et maintenant que le long nez italien avait cédé la place à un nez écrasé du genre « boxeur », c'était un visage sans nationalité. Et puis il y avait les cicatrices, toutes fraîches encore : celle qui partait de son menton et montait presque jusqu'à sa lèvre inférieure, et celle, en forme de V, qui barrait son front. Trois incisives manquaient à l'appel, d'un côté de sa mâchoire supérieure, et ses lèvres semblaient plus épaisses, comme celles d'un vieux pugiliste. Son oreille gauche, à présent en feuille de chou, accentuait la ressemblance avec un boxeur. Sa personnalité était demeurée la même. On voyait, simplement, qu'il s'était endurci.

Mais lorsqu'ils se séparèrent, ce soir-là, pour aller s'entasser avec les autres dans les trois camions qui allaient les reconduire aux trois baraquements du camp disciplinaire, il y avait, dans l'œillade qu'Angelo décocha à Prewitt, la même fervente amitié qu'autrefois. Elle lui rappelait en outre, cette œillade, le plan qu'ils avaient commencé à dresser pour le lendemain et dont ils n'avaient guère cessé de parler depuis que Maggio l'avait suggéré.

Le lendemain, Angelo ne vint pas travailler à la carrière, et Prew dut se contenter de se creuser la cervelle en silence. A part Maggio, personne ne le connaissait encore au camp, et il était inutile de tenter de nouer la conversation avec l'un ou l'autre des prisonniers.

Sous l'ardent soleil du matin, que chaque minute faisait plus torride, la carrière prenait peu à peu l'aspect fantomatique d'un cauchemar de dément. La demi-lune de roches blanchâtres semblait capter toute l'intolérable lumière, et les prisonniers maniaient leurs lourdes masses dans un univers aveuglant. Prew se demanda brusquement s'il n'avait pas rêvé sa conversation avec Angelo. La chaleur menaçait de lui faire fondre la cervelle. Il n'était pas possible qu'on eût vraiment l'intention d'imposer à un homme tel que lui de cogner neuf heures par jour et sept jours par semaine et quatre semaines par mois pendant trois mois sur ces maudits cailloux qui ressemblaient à autant de soleils en miniature. C'était inhumain, effroyable ! Un gardien allait venir lui frapper sur l'épaule, tout à l'heure, et dirait qu'il s'agissait d'une erreur monstrueuse, qu'il n'avait et n'aurait plus rien de commun avec ces animaux aux visages grimaçants de gargouille qui cassaient des cailloux alentour... Si seulement Angelo avait été là, près de lui ! C'est moins dur de souffrir, quand on a un ami près de soi. Mais Angelo lui-même l'avait abandonné ! Angelo avait choisi Malloy.

Prew se remit à cogner sur les quartiers de roche, en proie à une sorte de frénésie rythmique, sentant avec délices éclater ses ampoules contre le manche de son marteau, déjà rendu glissant par la sueur, jusqu'à ce qu'un long et maigre vieillard de vingt ans, qui dit s'appeler Berry, vînt lui annoncer avec toutes les précautions d'usage qu'il était de la deux et qu'Angelo Maggio avait été recollé dans le trou.

Prew se mit à rire de soulagement.

— Je le savais bien, chuchota-t-il. Je savais bien que c'était quelque chose comme ça. Qu'est-ce qu'il a fait ?

— Le garde l'a signalé, hier au soir, pour avoir passé son après-midi à bavarder.

Maggio en avait pour quarante-huit heures, cette fois-ci. Il envoyait toutes ses amitiés à Prew, lui faisait dire qu'il regrettait ce contretemps, mais qu'il était sûr du succès de leur petite affaire.

Il apparaissait que Maggio avait passé le message à Jack Malloy juste avant d'être emballé par Brownie, Hanson-le-Beau-Mec et Tête-de-Navet, et Malloy avait dit à Berry de le passer à Prewitt, le nouveau.

— C'est la cinquième fois que le petit Rital descend dans le trou, continua Berry fièrement. Tu le savais ?

— Non, y me l'avait pas dit. Mais j'ai vu qu'il avait quelque chose comme cicatrices. Bon sang ! Qu'est-ce qu'il a pris !

— Et moi, donc ! Tiens, regarde celle-là !

Berry lui montra une longue boursouflure qui déformait sa mâchoire.

— Et regarde mon tarin. Un de ces quatre, je te montrerai mon dos et ma poitrine, là ousque Gras-Double m'a assaisonné.

— Tu veux dire qu'y s'est servi d'un fouet ?

— Foutre, non ! explosa Berry, indigné. Tu sais pas que les fouets sont interdits par la loi, dans ce pays. Y s'est juste servi d'une matraque, mais comment qu'y sait la manier, la vache ! J'aurai sa peau un jour ou l'autre, pour m'avoir fait ça !

Prew sentit un frisson glacial le parcourir.

— Il le sait ? demanda-t-il.

— Bien sûr, ricana Berry. Je le lui ai dit.

Prew revit soudain les yeux de Gras-Double.

— Et qu'est-ce qu'il a répondu ?

— Rien. Y s'est mis à cogner plus fort.

— Je me demande pourquoi qu'y m'ont pas embarqué, moi aussi, hier soir, dit Prew.

— Y z'en veulent au petit Rital, expliqua Berry. Parce qu'y z'ont beau lui cogner dessus jusqu'à plus pouvoir lever les bras, y a rien à faire pour qu'y lui fassent bouffer leur merde. On le croirait pas, à le voir comme ça, mais tout maigrichon qu'il est, c'est le plus dur de tous les gars de la deux. Après Malloy, naturellement.

Il humecta de sa langue ses lèvres craquelées et prit congé :

— Faut que je me barre avant qu'un de ces salauds-là nous repère. Y pètent le feu, aujourd'hui.

Puis il s'éloigna au sein des myriades de cailloux microscopiques en suspension dans l'air embrasé. Prew attendit quelques secondes avant de risquer un regard dans sa direction. Allons ! Le petit Angelo n'avait pas perdu son temps, puisqu'il était parvenu, en deux mois, à gagner l'admiration sans réserve des durs à cuire du camp, et Prew l'envia d'avoir déjà conquis sa place dans cette confrérie secrète des « irréductibles », des gars du malheur, dont la protection lui était maintenant acquise, à lui, l'ami d'Angelo.

Avec une rapidité étonnante, Prew se réadaptait aux mœurs de cet univers terriblement clos qu'il est si facile d'oublier, ou d'ignorer, et qui n'existe jamais pour les autres, ceux du dehors, que sur l'écran des cinémas. Pour un vieux pilier de prison comme lui, qui avait si longtemps vécu sur le trimard, c'était presque un retour au bercail.

Il avait assisté, le matin, à sa première inspection quotidienne. Au « dur », le réveil était à 4 h 30, le petit déjeuner à 5 h 30, l'inspection à 6 heures. Elle durait, en principe, jusqu'à sept heures. Le major Thompson entrait le premier, suivi respectueusement, à deux pas de distance, du sergent Judson, chacun d'eux muni d'une matraque. Le major Thompson avait, en outre, son fil à plomb et un gant de toile d'une blancheur impeccable à l'aide duquel il décelait infailliblement toute trace de poussière oubliée. Ni le major, ni le sergent n'étaient armés, mais trois géants montaient la garde à l'entrée de la baraque, deux à l'intérieur, un seul, porteur des clefs, de l'autre côté de la grille, tous prêts à faire usage de leur mousqueton et du pistolet qui pendait à leur ceinture.

Tout de suite, Prew put constater que, selon les paroles de Berry, le sergent Judson, dit « Gras-Double », savait manier élégamment sa matraque. Le major Thompson était également expert en la matière, mais il semblait qu'il laissât à son subordonné le soin de régler ces menus détails. Bon gré, mal gré, il fallait admirer leur adresse.

Le pied droit d'un des prisonniers dépassant d'un centimètre ou deux l'alignement, le major Thompson le désigna d'un léger signe et passa. Durant une interminable seconde, l'homme tenta désespérément de ramener son pied en arrière, mais, déjà, le sergent Judson entrait dans la danse et levait sa matraque, l'abattait comme un pilon sur le cou-de-pied fautif et, sans se retourner ni ralentir sa marche, suivait le major. Prew vit le visage de l'homme se convulser et pâlir effroyablement, mais pas une plainte ne sortit de ses lèvres.

La seconde victime fut l'infortuné possesseur d'un ventre proéminent, un gars qui avait été cuistot au 8e de ligne.

— Rentrez-moi ça, prisonnier, dit le major Thompson en enfonçant, au passage, l'extrémité de son bâton dans la panse du cuistot.

Et le sergent Judson renchérit en frappant à son tour le malheureux ; il n'avait pas rentré son ventre, bien au contraire. Incapable de résister à la douleur, il le tenait maintenant à deux mains et ne le lâcha qu'après que la matraque du sergent l'eut frappé en travers des tibias. Deux grosses larmes coulèrent sur les joues du cuistot, et Prew détourna les yeux, dégoûté de l'humanité entière.

Le troisième fut un jeune fermier de l'Indiana, qui avait osé regarder le major du coin de l'œil pendant l'inspection de son équipement.

— On regarde droit devant soi, prisonnier, lorsqu'on est au garde-à-vous, dit doucement Judson, et sa matraque vint adroitement frapper le gars sur le côté du crâne.

Le type partit en zigzag à travers l'allée centrale, comme s'il avait décidé, tout à coup, de ne pas fréquenter ces gens-là une seule minute de plus, mais, presque aussitôt, ses genoux plièrent sous lui, et il s'écroula sur le sol.

— Ramassez-le, dit Gras-Double sans se retourner.

Les deux voisins de l'assommé se précipitèrent pour le relever, mais, comme ses jambes refusaient toujours de le supporter, ils ne purent que l'encadrer et le soutenir, avec des visages coupables, comme s'ils avaient craint de voir le blâme retomber sur eux-mêmes.

— Giflez-le, ordonna le sergent Judson en emboîtant le pas du major jusqu'à la couchette suivante.

Ils obéirent, et le fermier recouvra suffisamment le contrôle de ses jambes pour pouvoir se tenir debout. Il saignait, et un peu de son sang souillait le plancher, à l'endroit où il était tombé.

— Essuie ça avant que ce soit sec, ordonna Gras-Double.

Le gars de l'Indiana se tourna vers son étagère et s'arrêta court. Puis il eut une inspiration. Sortant son mouchoir de sa poche, il essuya le plancher d'un air profondément rêveur, puis s'essuya aussi la tête et remit son mouchoir dans sa poche. Il ne paraissait pas souffrir. On eût dit, simplement, qu'il prêtait l'oreille à quelque mélodie lointaine, d'une beauté infinie. Puis l'inspection s'acheva, la sentinelle referma la grille et une sorte d'immense soupir de soulagement sembla monter du baraquement.

Prudemment tout d'abord, puis avec une confiance croissante, comme les victimes d'une catastrophe qui ne savent pas encore si elles sont blessées, les hommes se remirent à bouger, à se racler la gorge et à rouler la cigarette de gros cul dont ils avaient impérieusement besoin.

Prew mourait d'envie d'en fumer une, lui aussi, mais il s'interdit de fumer tout de suite et se contenta d'observer les gars d'un œil glacé, bouleversé par le dégoût, le plus violent dégoût qu'il eût jamais éprouvé. Il ne savait pas même si la part de ce dégoût allait aux hommes qui l'entouraient, ou au major Thompson, ou au sergent Judson, ou à lui-même, simplement parce que lui aussi appartenait à la race humaine. Mais ce qu'il commençait à comprendre, en évoquant les paroles d'Angelo et de Berry, et tout ce qu'ils lui avaient dit de Jack Malloy, c'était qu'ils préférassent être internés à la deux et aussi qu'ils en fussent très fiers, comme il serait fier de se joindre à eux un jour.

Les hommes durent deviner son écœurement, car ils ne tentèrent pas de lui adresser la parole, pas plus qu'ils n'essayèrent de venir en aide aux trois victimes, qu'aucune consolation n'eût d'ailleurs pu atteindre. Le cuistot sanglotait maintenant en travers de son lit. Le gars au pied meurtri s'était assis sur le plancher pour ôter sa chaussure, et, momentanément soulagé, comme la grosse dame qui vient d'ôter son corset après une journée harassante, massait tendrement l'endroit douloureux en blasphémant tout bas. Quant au fermier de l'Indiana, il n'avait pas bougé. Il contemplait seulement son étagère d'un air rêveur, comme s'il se fût demandé pourquoi diable il n'y avait pas trouvé de chiffon, ou comme si ses oreilles eussent toujours perçu quelque mélodie lointaine et bizarre. Prew sortit, proche de la nausée.

Quelques jours plus tard, Prew s'aperçut que son dégoût initial était en voie de guérison, et c'était peut-être cela qui l'effrayait le plus. Qu'arriverait-il s'il en venait à n'être même plus révolté par ces ignominies ?

Il s'en ouvrit à Angelo, lorsque le petit Italien remonta du « trou », le troisième jour.

— Je sais, acquiesça Angelo. Il m'est arrivé la même chose. J'ai même eu peur un moment de caner comme un capon et de finir dans la peau d'un homme de confiance.

— Moi aussi, murmura Prew.

— Mais ça te fait pas le même effet quand c'est sur toi qu'y tapent, le prévint Angelo. Alors, là, j'aime mieux te dire que ça te révolte ! C'est une des raisons pour lesquelles je suis content d'être à la deux. Tu t'occupes plus de ça, quand t'es à la deux. Tu penses qu'à pas te laisser avoir toi-même, un point, c'est tout.

Il sourit de tout son visage décharné et flambant d'énergie. Il avait ramené une nouvelle cicatrice en souvenir de ce cinquième séjour au trou. Ce n'était, pour l'instant, qu'une estafilade en voie de guérison, mais ce serait, plus tard, une cicatrice qui traverserait à jamais, en diagonale, son sourcil gauche.

— Écoute, Prew, j'ai recausé du plan prévu par Jack Malloy, et Jack est pour, les doigts dans le nez. C'est la seule méthode rapide pour se faire balancer à la deux.

— T'as pas besoin de me faire l'article, lui dit Prew. J'étais déjà convaincu avant. J'ai attendu seulement parce que tu m'avais fait dire de patienter jusqu'à ton retour.

— Et t'as rudement bien fait, p'tite tête, dit Maggio avec ferveur. Malloy m'a refilé deux ou trois tuyaux que j'aurais pas pensé à te donner et qui pourront te faciliter les choses. D'abord, faut pas leur laisser voir que tu veux aller à la deux, naturellement. Faut qu'y croient qu'à côté du transfert à la deux le passage à tabac et les trois jours dans le trou sont des cadeaux de la providence.

— O.K. ! dit Prew.

— Mais ce qu'y faut pas, surtout, c'est que t'essaies de te rebiffer quand y te passent à tabac. Faut que t'encaisses et que tu la fermes. C'est même ça qu'est le plus important, d'après Jack.

— Mais pourquoi que j'essaierais pas de leur en flanquer une bonne, moi aussi ? protesta vivement Prew.

— Parce que ça fait qu'empirer les choses et que ça donne absolument rien.

— Mais je veux pas qu'y me prennent pour un dégonflé !

— Sûr que, si tu te mets ça dans la tête, t'essaieras de leur rentrer dans le chou... Seulement, y te laisseront sur le carreau !

— Toi et Berry, vous vous êtes bien rebiffés, non ?

Angelo sourit amèrement.

— D'accord, dit-il, et on est pas les seuls. Mais c'est pas un exemple à suivre. Malloy nous engueule tout le temps à cause de ça. Berry, encore, il y pige que dalle. Mais moi, je sais qu'il a raison. Seulement, c'est plus fort que moi, quand j'y suis, faut que je riposte. Je perds la boule et je me fous complètement de ce qu'y peut m'arriver.

Prew ricana :

— Peut-être que je pourrai pas me retenir, moi non plus ?

— Y a pas de quoi rire, reprocha Angelo. Faut qu'un type soit cinglé pour se faire esquinter plus que nécessaire. Et on peut leur porter sur le système de cette façon-là beaucoup mieux qu'en essayant de riposter. Malloy appelle ça le principe de la résistance passive. Et il est efficace, parce que j'ai vu Malloy le mettre à l'épreuve. Si je le fais pas, c'est parce que je suis pas foutu de le faire.

— Et qu'est-ce qui te fait croire que je pourrai le faire, moi ? s'emporta Prewitt.

— Oh ! toi, c'est pas pareil, je t'ai vu à l'œuvre. T'es comme Jack Malloy, t'es un bon soldat, et faut être un drôle de crack, avec une volonté du tonnerre, pour tenir en échec un autre bon soldat comme Gras-Double, quand il a tous les atouts en main.

— Foutaise ! grogna Prew, gêné de s'apercevoir que Maggio avait trouvé son point faible et qu'il ressentait, tout à coup, une fierté absurde, une fierté qu'il estimait n'avoir point le droit d'éprouver devant ce nouvel Angelo Maggio au visage couvert de cicatrices.

— Tu me poses des questions, je te réponds, se défendit Maggio.

— O.K. ! O.K. ! grogna Prew. C'est tout ?

— Juste une chose encore, dit Maggio. Le trou. Faut que tu saches comment te conduire, dans le trou.

— Mais je croyais qu'on y était seul ? objecta Prew.

— Justement, dit Maggio, ponctuant chaque phrase d'un coup de marteau, pour que le garde ne remarque rien et ne vienne pas les interrompre. Au début, t'es plutôt soulagé, parce qu'y viennent de te passer à tabac, et pendant un bon moment tu penses à rien, qu'à te détendre. Et puis ton cerveau se remet à fonctionner. T'y vois pas, t'entends rien, tu peux guère bouger, tu peux rien faire d'autre que de penser. Moi, au bout d'une heure ou deux, je m'imagine que les murs sont en train de se resserrer sur moi et je commence à suffoquer...

Il s'interrompit pour reprendre haleine.

— Continue, dit Prew.

— T'as pas de place pour marcher, bien sûr, reprit Angelo. Faut que tu restes assis ou allongé. Mais surtout faut pas te mettre à gueuler. Tu m'entends ?

— Ouais, dit Prew. Et après ?

— Plus tu peux dormir, mieux ça vaut, bien sûr, mais y en a qu'y arrivent pas, parce que c'est pas une couchette qu'y a là-dedans, c'est une douzaine de tuyaux de fonte assemblés, sans matelas ni couverture, bien entendu. Malloy dit qu'y faut contrôler son esprit pour arriver à ne plus penser, mais moi j'ai jamais pu. J'ai mes petits trucs à moi, comme de compter ma respiration. J'inspire en comptant jusqu'à huit, je la retiens en comptant jusqu'à quatre, j'expire l'air en comptant jusqu'à huit, je me retiens jusqu'à quatre, etc. Malloy dit qu'y faut pas manger, non plus. Et y te donnent une tranche de pain et une tasse d'eau trois fois par jour... Paraît qu'y faut juste boire l'eau et qu'après le premier jour on n'a plus faim, mais j'ai jamais pu le faire, non plus. Je mange le pain, et j'ai encore plus faim, et je vois des poulets, des beefsteaks, des frites, des tables pleines de boustifaille, avec de l'argenterie et des cristaux, comme dans les magazines. C'est idiot, hein ?

— Oui et non, dit Prew, pensif. J'aime bien becqueter, moi aussi.

— Autre chose encore, reprit Angelo avec délicatesse. Faut pas trop penser aux dames, non plus. Y te balancent à poil dans le trou, alors, si tu te mets à penser aux femmes, tu finis toujours par te b... et, au lieu de te soulager, ça te fait perdre encore plus la boule et tu recommences et t'es à moitié braque quand y te sortent de là. C'est arrivé à Berry, et ça m'est arrivé aussi, une fois, conclut Maggio en s'empourprant pudiquement sous sa carapace de poussière siliceuse.

— Alors, à quoi qu'y faut penser, sacré bon Dieu ?

— Justement. Justement. C'est là qu'est le hic, fit le petit Maggio. Malloy dit qu'y peut rester plusieurs jours sans penser à quoi que ce soit. Y dit qu'il a lu ça dans un bouquin sur les yogis, mais qu'il avait jamais pu le faire avant d'être descendu dans le trou. Faut concentrer toute ton attention sur un point imaginaire et, chaque fois qu'une idée te passe par la tête, tu la repousses et tu te reconcentres sur ton point noir. Y paraît qu'au bout d'un moment y te vient plus d'idées du tout et que tu finis par plus rien voir, qu'une espèce de grande lumière.

— Tu parles d'un truc ! s'exclama Prew. Je pourrai jamais faire ça. Tu y arrives, toi ?

— Non, avoua Angelo. J'ai jamais pu.

— Alors, qu'est-ce tu fais, en réalité, Maggio ?

— Moi ? J'ai deux trucs. D'abord, j'en fais un jeu. Je me dis : vous voulez me mater, salauds, mais vous me materez pas. Vous pouvez me regarder à n'importe quel moment, mais vous me verrez jamais perdre les pédales. Faut jamais oublier qu'y peuvent te regarder à n'importe quel moment, sans que tu t'en doutes.

— Je crois que je pourrai faire ça, murmura Prew.

— Mon deuxième truc, c'est de me rappeler des souvenirs agréables. Mais faut pas qu'y se rapportent à des gens !

— Là, alors, je te suis pas très bien.

— Mais si ! Quand tu penses à des gens, tu penses aux choses que t'as faites avec eux et t'es foutu, parce qu'immédiatement t'as envie de les refaire, et comme tu peux pas...

— Oui, je comprends, dit Prew, tandis que les images fugitives d'Alma Schmidt et de Violette Ogure passaient devant ses yeux. Mais comment...

— Tu penses à des bois où que tu t'es promené, à des lacs et à des montagnes que t'as vus ou visités. Comment que c'est en automne, avec toutes les couleurs, comment que c'est en hiver, avec de la neige partout. Écoute, une fois, j'ai vu une tempête de neige...

Maggio s'arrêta et sourit mystérieusement.

— Dis donc, c'est combien, le plus longtemps que t'es resté dans le trou ? demanda Prew d'une voix troublée.

— Six jours, répliqua fièrement Maggio. Mais j'y resterais aussi bien vingt jours. Je sais que t'y arriverais. Tu verras... Si jamais je...

Il s'arrêta brusquement, comme s'il se fût tout à coup rendu compte qu'il était sur le point de trahir quelque dangereux secret. Son visage reprit cette expression avide qu'il avait eue le premier jour, en faisant allusion à son fameux « plan ».

— On reparlera de ça plus tard, enchaîna-t-il. Pour l'instant, faut que tu viennes avec nous. Après, on verra.

— Quand ?

— Le plus tôt sera le mieux, dit Maggio sans hésiter. Faut jamais réfléchir trop longtemps sur ces choses-là. T'auras qu'à te mettre à râler tout à l'heure, à la soupe.

— O.K. ! dit Prew.

Si ce petit Maggio à la poitrine pathétiquement étroite, aux membres pathétiquement grêles, avait passé six jours dans le trou, il pourrait bien lui-même y passer trois jours sans perdre les pédales pour si peu.

— C'est Malloy qui m'a fait te dire tout ça, continua soudain Maggio, le regard brillant de fièvre. J'avais pas l'intention de t'en parler. J'avais peur que tu changes d'avis, si je t'expliquais tout ça d'avance.

Prew serra les poings.

— Qu'est-ce qui te faisait croire que je pourrais changer d'avis ?

— C'est parce que je sais foutre bien que j'aurais changé d'avis, moi, si on m'avait tout expliqué d'avance, dit Angelo avec simplicité.

— Mais je ne changerai pas d'avis, se jura Prew. Je supporterai tout.

Il savait qu'il le ferait parce qu'il tenait à gagner l'admiration d'Angelo Maggio, et de Jack Malloy, et du grand Berry. Il le ferait parce qu'il voulait être semblable à eux et parmi eux. Et parce que c'était pour lui le seul moyen de pouvoir continuer à se considérer comme un homme, au sens que possédait pour lui le mot « homme ».

Mais quand la sirène hurla et que Maggio l'eut quitté, Prew se sentit effroyablement seul. Plus seul qu'il ne l'avait été de sa vie.

36

Au même moment, le caporal Isaac Nathan Bloom se sentait effroyablement seul, lui aussi, en sortant du réfectoire pour aller s'étendre sur son plumard.

La chambre était déserte. Depuis quinze jours, Bloom était toujours le premier à quitter le réfectoire, et la chambrée était toujours déserte lorsqu'il montait s'étendre sur son plumard, mais il espérait toujours, malgré tout, que quelqu'un d'autre l'y aurait précédé. Aujourd'hui, surtout, avec cette chaleur, il s'était imaginé qu'il ne serait pas le seul à bouder sur la boustifaille. Il ne voyait pas comment on pouvait continuer à se bourrer la panse de nourriture chaude avec une chaleur pareille. Il s'était obligé lui-même à ingurgiter une faible portion de frichti brûlant ; ceci, pour deux excellentes raisons : d'abord, parce qu'en sa qualité de pugiliste il devait songer à préserver sa santé ; ensuite, parce qu'il ne tenait pas à se faire remarquer en quittant tout de suite le réfectoire. Et le peu qu'il avait absorbé lui pesait sur l'estomac comme un repas de cérémonie. Bloom avait de sérieuses inquiétudes au sujet de son appétit.

Après avoir ôté sa chemise, ses godillots et ses chaussettes, il s'allongea sur son lit, dans la pénombre de la chambrée, qui procurait, au début, l'illusion de la fraîcheur ; illusion qui, malheureusement, ne durait guère. Bon Dieu ! Dire que, cette nuit, il ferait assez froid pour qu'ils fussent tous obligés de reprendre leur couverture de rab ! Pourquoi diable ne servaient-ils pas le repas le plus important à la soupe du soir, au lieu de le servir à la soupe du midi, en pleine chaleur ? Est-ce que les officiers prenaient leur repas principal au milieu de la journée, eux ?

Les « petits mangeurs » commençaient à remonter du réfectoire, et Bloom craignit un instant qu'ils vinssent s'asseoir auprès de lui pour lui lécher les bottes, maintenant qu'il était caporal. Mais ils s'en abstinrent, et Bloom respira plus librement.

Trois gars se mirent à jouer aux dés pour des toutes faites. Un moment, Bloom eut envie d'aller les rejoindre, mais y renonça finalement. D'ailleurs, il n'avait pas de toutes faites.

Le caporal Miller passa devant lui sans s'arrêter ni lui adresser la parole. Bloom se sentit offensé jusqu'à ce qu'il se souvînt que c'était une très mauvaise politique pour des officiers subalternes de bavarder entre eux et de se montrer humains devant les simples soldats. C'était l'A.B.C. du métier, mais il fallait le temps de s'y habituer. C'était moins marrant qu'il l'avait cru d'être un officier subalterne.

Il se tâta pensivement du bout des doigts, à travers la doublure de sa poche de pantalon. Si seulement il avait assez de pognon pour faire un saut chez la grosse Suzy, ce soir ! Mais il se rappela qu'elle l'avait traité de youpin, devant toutes ses pensionnaires, la dernière fois qu'il était allé chez elle et qu'il s'était bien promis de ne plus fréquenter cette sale turne. Mais ça, c'était avant qu'il fût nommé caporal ! Elle changerait d'avis quand elle verrait ses sardines et son prêt. Sans parler des galons de sergent que Dynamite lui avait pratiquement promis, après son dernier knock-out. « Eh, eh ! fiston, se dit-il en riant sous cape, t'es pas en si mauvaise posture, après tout. Attends un peu d'avoir cette troisième sardine, et la grosse Suzy pourra toujours essayer de te raccrocher ! Très peu pour le sergent Bloom, ce sera le *Nouveau Congrès* pour le sergent Bloom, et rien que le meilleur pour le sergent Bloom, avec toutes faites à bout doré, comme celles que fumait cette saloperie de tantouse de Flora ! »

Enthousiasmé, Bloom se retourna sur son plumard au moment précis ou Vendredi Clark pénétrait à son tour dans la chambrée en suçant une glace au chocolat. Instantanément, ce spectacle doucha l'enthousiasme de Bloom. Il était tout de même scandaleux qu'une espèce d'idiot de village comme le simple soldat Vendredi Clark eût assez de fric pour se payer une glace au chocolat, alors que les caporaux étaient complètement fauchés. S'il avait eu lui-même assez de sous pour se payer une glace au chocolat, peut-être aurait-il pu retrouver son appétit ? Un boxeur doit avoir de l'appétit. Un boxeur doit manger pour conserver ses forces. Il en voulait à son estomac de le trahir au moment le plus critique.

Désœuvré, Vendredi sortit sa guitare et se lança dans une série de blues mélancoliques. Quand ce vieux Prew reviendrait, faudrait qu'y se réunissent avec Andry pour terminer la *Complainte du Rempilé*. Et plus tard, quand y serait redevenu civil et qu'y pincerait, devant son vieux et devant les voisins qui l'avaient connu tout petit, les cordes de la belle guitare neuve qu'il aurait achetée d'ici là et que son vieux lui demanderait : « Où est-ce que t'as appris à jouer de la guitare comme ça, fiston ? », il lui répondrait : « Dans l'archipel Hawaiien, p'pa, de l'autre côté de l'océan Pacifique, ousque j'ai collaboré à l'écriture de la chanson que je suis en train de jouer. » Il savait déjà ce qu'il répondrait et sur quel ton il le dirait, sans avoir l'air d'y attacher d'importance. Et son vieux expliquerait aux voisins : « Dites donc, les amis, vous entendez ce qu'est en train de jouer mon gars ? Ben, cette chanson-là, c'est lui qui l'a faite lui-même. » Et toutes les filles du quartier lui cavaleraient derrière, et peut-être qu'il finirait par monter sur les planches, comme Eddy Lang, ou comme ce Django dont parlait toujours Andy.

Étendu sur sa couchette, le caporal Bloom rageait en silence. Est-ce que cet idiot-là ne se rendait pas compte qu'il empêchait les hommes de faire leur sieste ? Bloom n'était pas indigné pour lui-même, puisqu'il avait tout l'après-midi devant lui, mais presque tous ces hommes ne disposaient que d'une heure à peine avant les corvées.

— Arrête, bon Dieu ! beugla-t-il sans se relever. Y a des gars qu'essayent de dormir, ici.

Vendredi ne l'entendit même pas. Seule comptait actuellement pour lui cette étrange faculté qu'il possédait de produire des sons aussi mélodieux.

Incrédule, Bloom se dressa sur son séant. Est-ce que l'imbécile n'avait pas compris que c'était un ordre ? Le caporal Bloom ne pouvait laisser passer une chose pareille. Il bondit, traversa la chambrée comme un bolide et arracha la guitare des mains de Vendredi.

— Je t'ai dit d'arrêter, Rital, beugla-t-il. C'était un ordre. Donné par un sous-officier. Et c'est pas parce que t'es Rital qu'y faut te croire autorisé à pas obéir.

— Hein ? sursauta Vendredi, brusquement expulsé de sa tour d'ivoire par une force extérieure dont il n'avait pas encore très bien saisi la nature. Hein ? Qu'est-ce qui se passe ?

— Je vais te montrer ce qui se passe, hurla Bloom, agitant la guitare derrière son dos, à l'intention du reste de la chambrée. Tous ces hommes-là sont en train d'essayer de dormir. Dans une heure, faudra qu'y z'aillent se taper les corvées pendant que toi et moi on restera ici à se tourner les pouces. Y veulent faire la sieste, et y feront la sieste, c'est moi qui te le dis, même s'y faut que je t'encadre avec ta guitare pour leur permettre de roupiller.

— Oh ! pour l'amour de Dieu, ferme ta gueule, Bloom, coupa une voix lasse. Tu fais plus de boucan que le gosse avec sa guitare.

Bloom se retourna et sentit sa vertueuse indignation s'évanouir et disparaître comme les premières gouttes d'eau de la saison des pluies.

— Laisse-le tranquille et retourne te coucher, continua le caporal Choate du même ton profondément ennuyé qu'acquièrent les vieux sous-offs à force de distribuer à la ronde des ordres que personne ne discute.

— O.K. ! chef, dit Bloom.

Il fit choir Vendredi sur son plumard, d'une petite poussée, jeta la guitare à côté de son propriétaire et conclut :

— Je passe pour cette fois, Clark. Mais que ça se renouvelle pas. T'as de la veine que je sois bien disposé, aujourd'hui.

Il retourna s'allonger sur son lit, tandis que le caporal Choate reprenait sa sieste interrompue. Il croisa ses bras sur ses yeux et feignit de dormir, mais ce fut avec gratitude qu'il entendit finalement le clairon appeler les hommes de corvée. Une demi-heure plus tard, les joueurs de base-ball, les boxeurs et autres exemptés permanents descendirent à leur tour, et Bloom se retrouva seul dans la chambrée, en face de ses innombrables problèmes.

Qu'importait qu'il fût devenu caporal. Qu'importait qu'il fût à la veille de passer sergent. Il s'appelait toujours Isaac Nathan Bloom, et Isaac Nathan Bloom était juif. Lorsqu'il avait vu combien les boxeurs étaient respectés à la G, il était devenu boxeur. Lorsqu'il avait vu combien les sous-offs étaient estimés, il avait travaillé dur pour devenir sous-off. Lorsqu'il s'était rendu compte que les champions divisionnaires étaient encore plus admirés que les autres, il était devenu challenger de sa catégorie et décrocherait le titre lors de la prochaine saison. Lorsqu'il avait constaté que plus un sous-off avait de galons, plus il était vénéré, il avait décidé de ne pas s'arrêter aux sardines de caporal. Et que lui avaient apporté toutes ces choses déplaisantes auxquelles il s'était astreint ? L'admiration, le respect, l'estime, la sympathie de ceux qui l'entouraient ? Des clous, oui ! Plus il glanait les honneurs et plus ils avaient l'air de le mépriser et de le détester. Tout ça parce qu'il était juif. Il avait espéré que ce serait différent, dans l'armée, mais il s'apercevait que c'était comme ailleurs. Toujours la même injustice, la même mauvaise foi. Il n'était rien qui ne lui eût cassé entre les mains. Il s'était fait sacquer du peloton des E.S.O., et Prewitt avait tenu le coup devant lui.

Qu'importait que l'aumônier eût arrêté le combat. Qu'importait que Bloom fût ensuite monté sur le ring et qu'il eût mis knock-out son adversaire. Prewitt l'avait battu. C'était tout ce dont ils se souviendraient. Prewitt lui avait flanqué une correction. Prewitt le gringalet ! Bloom en faisait deux comme lui !

S'il avait corrigé Prewitt...

S'il ne s'était pas fait sacquer du peloton des E.S.O...

Mais à quoi bon tout ça ? Ils n'étaient pas près de l'oublier. Ils ne l'oublieraient probablement jamais. Pas plus qu'ils n'oublieraient jamais qu'Isaac Nathan Bloom était juif.

Sautant de son plumard, il alla se planter devant le râtelier aux fusils, au centre de la chambrée déserte. Le sien devait être le troisième en partant de la droite. Il vérifia les matricules. C'était le quatrième en partant de la droite. Exactement comme pour tout le reste, songea Bloom, toujours à côté de ce qu'il fallait. Ça, c'était de l'Isaac Nathan Bloom tout craché.

« Ce qui serait marrant, songea-t-il, ce serait qu'il se débrouille pour avoir une bonne pincée de pruneaux et qu'il en descende quelques-uns avant de se faire buter à son tour. » Comme ça, y se souviendraient d'Isaac Nathan Bloom le youpin et y mettraient les flingues sous clef après l'exercice, comme y devaient le faire, au lieu d'attendre l'extinction des feux...

Il sortit son fusil du râtelier et l'emporta avec lui jusqu'à son lit. Qui donc avait dit que le fusil de guerre Springfield était peut-être la plus belle chose qui eût jamais été fabriquée en Amérique ? Prewitt ! C'était encore ce salaud de Prewitt, qui n'était pas juif et qui était si bon soldat, malgré tout ce qu'on lui faisait subir. Meilleur soldat qu'Isaac Nathan Bloom le youpin ne le serait jamais.

Comme dans un rêve, il introduisit la cartouche dans le magasin de cartouches de 7,5 mm qu'il avait chipées pendant la dernière saison de tir pour pouvoir les manipuler tout à son aise, tant il les trouvait fascinantes et belles dans leur trompeuse inertie.

Comme dans un rêve, il introduisit la cartouche dans le magasin du Springfield, reverrouilla la culasse, repoussa soigneusement le cran de sûreté et s'assit sur son lit, fusil en travers des genoux.

Puis il leva la main à son nez, le palpa délicatement. Il était peut-être un peu moins juif qu'avant, son nez, depuis que Prew l'Aryen le lui avait cassé, mais c'était toujours, visiblement, un nez de youpin. « Et tu voudrais être respecté, Isaac ? Tu voudrais être admiré, Nathan ? Tu voudrais être aimé, Bloom ? Tu voudrais être accepté comme tous les autres, avec tes défauts et tes qualités ? Allons donc, pas avec un nez comme le tien, Isaac Nathan Bloom. »

Aussi loin qu'il puisât dans ses souvenirs, Bloom ne se rappelait pas qu'une seule personne l'eût jamais aimé pour lui-même, pour sa propre personnalité.

Ayant vérifié le cran de sûreté, il introduisit le canon du Springfield dans sa bouche. Il dut en pousser l'extrémité jusqu'à son palais pour que le point de mire passât derrière ses dents. Un goût d'huile emplit sa bouche. Dans cette position, son pouce ne pouvait atteindre la détente. Il essaya de la toucher avec son index, parvint tout juste à l'effleurer.

« C'est bien ce que je pensais », se dit Bloom.

Il remit le fusil sur ses genoux et le contempla longuement. Était-il possible que cet objet inanimé, d'apparence tellement innocente lorsqu'il était posé ainsi, en travers de ses cuisses, pût faire une chose pareille ?

Délibérément, Bloom ôta son soulier droit, se redressa, remit le canon du Springfield dans sa bouche et glissa son gros orteil à l'intérieur du pontet. Il ne risquait rien. L'arme était au cran de sûreté.

Une fois encore il remit le fusil sur ses genoux. La chambrée déserte lui parut soudain silencieuse comme la tombe. Il aurait bien voulu que quelqu'un entrât.

Mais, si quelqu'un était entré, quelle rigolade ! Toute la caserne en aurait fait des gorges chaudes. Ils le feraient passer, une fois de plus, pour un esbroufeur qui en disait beaucoup, mais ne faisait jamais rien.

Il aurait tout de même bien voulu que quelqu'un entrât, qu'un bruit quelconque rompît ce silence. Il imagina quelles têtes ils feraient tous, s'ils devaient arriver trop tard. Ils seraient navrés pour le pauvre youpin, mais il serait trop tard. Ils ne diraient plus qu'il n'avait rien dans le ventre. Ils ne le prendraient plus pour un pédé. Mais il serait trop tard.

Bientôt ce serait la guerre. Elle existait déjà, là-bas, en Europe. Le fruit de la haine, pensa tragiquement Bloom. La haine telle qu'on l'inculquait aux chrétiens envers les juifs ; telle qu'on l'inculquait aux juifs envers les chrétiens. La haine, se répéta Bloom, au paroxysme de la tristesse. Nulle part dans le monde il n'y avait un seul être humain qui aimât ou qui eût aimé Isaac Nathan Bloom pour lui-même, pour sa propre personnalité, pour ses qualités individuelles.

— Je serais aussi bien mort, dit-il à haute voix.

Personne ne le contredit dans l'immense chambrée déserte.

Alors il remit le canon du fusil dans sa bouche, posa la lourde crosse sur le plancher. Le cran de sûreté était hors de sa portée, et il dut sortir le canon de sa bouche, une fois de plus. Il lui répugnait de défaire le cran de sûreté.

« Tu es un pédé, Bloom, songea-t-il amèrement. Tu t'es laissé faire une fois, par ce salaud de Tommy, et ça t'a pas déplu. Tout le monde sait que t'es un pédé, en plus d'un juif et d'un dégonflé. Tu mérites pas de vivre. »

Sa main poussa le cran de sûreté. Il remit le canon du Springfield dans sa bouche et glissa son gros orteil à l'intérieur du pontet, contre la détente. Le pied nu d'un homme lui parut une chose disgracieuse, écœurante, répugnante. Son orteil pressa la détente.

La détonation fracassa le silence, et, durant une éternelle seconde, Bloom eut l'impression qu'on lui arrachait la tête.

« Je voulais pas faire ça, pensa-t-il, au cours de cette éternelle seconde, je retire ce que j'ai fait, je plaisantais, je faisais de l'esbroufe ! »

Trop tard ! Toute sa vie, il avait rêvé de commettre un acte fort, irrévocable, fruit de sa seule volonté, et non du hasard ou des circonstances extérieures, il avait enfin commis un tel acte, pour s'apercevoir, une fraction de seconde trop tard, que ce n'était pas le bon. Il y avait tant de choses qu'il aurait pu dire, pour sa propre défense. Il y avait dans le monde tant de beefsteaks à manger, tant de putains à baiser, tant de bière à boire. « Oubliez jamais les beefsteaks, et la bière, et les putains, les gars, aurait-il voulu leur crier, oubliez jamais ça, les gars. »

« Quelle connerie, songea-t-il. Quelle connerie d'avoir fait ça. Tu seras même pas là pour voir leurs visages. »

Vendredi Clark, qui bayait aux corneilles en bas de l'escalier, accourut le premier. Niccolo Leva, qui travaillait dans le magasin d'habillement, arriva sur ses talons. Warden, qui se trouvait seul dans la salle de service, arriva le troisième. Derrière lui, il y eut les cuistots, les hommes de corvée, tous ceux qui avaient entendu la détonation.

Bloom gisait en travers de son lit, un pied chaussé, l'autre nu. Il y avait une tache de sang et de matière cérébrale au plafond, à l'endroit où la balle l'avait traversé. C'était toujours le visage de Bloom, bien sûr, mais on avait l'impression qu'il ne restait plus rien derrière...

— Grand Dieu ! cria Niccolo Leva, dans une sorte de hoquet étranglé.

Et, sans s'arrêter, il courut jusqu'aux latrines.

Vendredi Clark était un peu surpris. Leva était allé vomir. Mais lui, Vendredi, ne se sentait pas mal au cœur. Il était assez fier d'avoir plus d'estomac que Niccolo Leva.

— O.K. ! grogna finalement Warden. Dehors, tout le monde. Y a rien que vous puissiez faire ici. Retournez au boulot.

Personne ne bougea, et il se mit à vociférer avec une sorte de gratitude :

— Vous avez entendu ce que j'ai dit ! Dehors ! Vous avez tous vu ce qu'y avait à voir. Maintenant, foutez-moi le camp d'ici. Et que personne touche au corps ni au fusil avant que le lieutenant de garde soit venu.

Il y eut un remous dans la foule des spectateurs, dont les visages exprimaient clairement l'indignation que leur inspirait ce spectacle.

— L'avait pas le droit de faire un truc pareil, hasarda un homme avec sévérité.

— Surtout dans la chambre, souligna un autre.

— Mais y faut tout de même du cran, murmura Vendredi d'un ton vague. Y faut du cran pour faire un truc pareil. Moi, je...

— O.K. ! trancha Warden, dont la voix trahissait un certain malaise. Puisque vous voulez rester là, tâchez au moins de vous rendre utiles. Une échelle double à la cuisine. Qu'un autre monte sur le toit pour voir si la balle l'a traversé et, si oui, qu'il aille demander du papier goudronné à Leva pour boucher le trou.

Il y eut un concert de protestations véhémentes, puis les hommes se dispersèrent enfin et reprirent le chemin de l'escalier.

— Sûr que je vais pas me taper la corvée de nettoyer après un salaud qui s'est fait sauter le caisson, gémit une voix.

— Filez ! beugla Warden. Les vacances sont finies !

Niccolo Leva revenait des latrines, le visage pâle et tiré.

— Bon Dieu ! quel gâchis ! dit-il. Je dors ici, moi, ce soir.

Il regarda le plafond :

— Y a pas deux heures qu'il est venu me voir en bas, pour toucher une paire de brodequins neufs, ajouta-t-il avec une sorte d'incrédulité.

— Pourquoi que vous croyez qu'il a fait ça ? demanda Vendredi.

Il se sentait vaguement honteux, comme quand ses petits frères s'oubliaient dans leur pantalon, à la maison.

— Comment que tu veux que je le sache, pourquoi qu'il a fait ça ? répliqua Warden. Y a des moments où je serais tout disposé à en faire autant, dans ce bordel de compagnie... Niccolo, quand le lieutenant de garde sera venu, tu prendras quelques bonshommes et tu leur feras nettoyer ce gâchis.

— Je le ferai, moi, offrit Vendredi. Ça m'est égal de le faire.

— Tu pourras pas le faire tout seul, dit Warden. Va chercher le lieutenant, avec Leva.

— Entendu, chef, acquiesça Vendredi, plein d'admiration.

— Je me demande pourquoi qu'il a fait ça, répéta-t-il d'un ton perplexe. Il était champion des moyens, caporal, bientôt sergent... Il avait tout pour lui...

— Au nom du ciel, vas-tu fermer ta gueule ! s'écria Leva, exaspéré.

— Fallait tout de même qu'il ait du cran, insista Vendredi.

Il lui semblait qu'il y avait quelque chose à dire, au sujet de Bloom. Si seulement il avait su quoi.

— Moi, j'aurais jamais assez de cran, conclut-il piteusement.

« Attends un peu que ce vieux Prew apprenne ça », songeait-il.

37

Prew apprit la mort de Bloom en remontant du « trou », trois jours plus tard. Il est pratiquement impossible de communiquer avec un prisonnier lorsqu'il est dans le « trou », ce « trou » que la phraséologie officielle désigne par l'expression moins argotique — mais beaucoup moins imagée — de « réclusion individuelle ».

Prew en sortit à 18 h 40, après la soupe du soir, tremblant d'inanition et complètement aveuglé par la lueur crue des ampoules de 40 watts. Exactement trois jours, sept heures et trente minutes après avoir commencé à marteler son assiette avec sa fourchette. Cela s'était passé en somme beaucoup mieux qu'il l'avait escompté. Tel est l'avantage du pessimisme : ça n'est, en dernière analyse, jamais aussi terrible qu'on se l'imaginait.

Les prisonniers ne disposaient, en fin de compte, que de cinq minutes environ pour prendre leur repas. C'était peu, mais tout le monde savait que le « dur » n'était pas un lieu de villégiature. Et l'emploi du temps était très chargé, au camp disciplinaire de la base de Shofield !

Selon les instructions de Jack Malloy, transmises à Prew par le truchement d'Angelo, Prew avait le choix entre deux solutions : manger en quatrième vitesse et réclamer une assiettée de rab, auquel cas Gras-Double lui administrerait une dose massive d'huile de ricin, après l'avoir obligé à ingurgiter deux autres portions de rata ; ou ingurgiter une seule bouchée et déclarer bien haut que la pitance était immonde, auquel cas Gras-Double lui administrerait une dose massive d'huile de ricin après l'avoir obligé à ingurgiter deux assiettées de rata. Prew avait choisi la seconde solution, parce qu'il n'aurait ainsi dans l'estomac que deux assiettées de frichti au lieu de trois à soumettre aux effets de l'huile purgative.

Il travaillait dur sur la deuxième assiette lorsque les hommes de la baraque deux pénétrèrent à leur tour dans le réfectoire. La baraque deux, celle des fortes têtes, était toujours servie la dernière. Prew évita soigneusement de regarder Angelo Maggio, ou le grand Berry, ou ce costaud à la mine rêveuse qu'il n'avait jamais vu auparavant, mais qu'il devinait être Jack Malloy ; les regarder était une de ces choses qu'Angelo lui avait dit d'éviter de faire.

Lorsqu'il eut terminé ses deux assiettées de rata, le sergent Judson lui administra personnellement la dose habituelle d'huile de ricin. Le sergent Judson avait sa méthode personnelle pour la purge : il empoignait par les cheveux le prisonnier solidement maintenu sur sa chaise par deux gardiens, lui renversait la tête en arrière et lui entonnait le goulot de la bouteille dans la bouche, tandis qu'un troisième gardien bouchait les narines de l'homme. Ils n'eurent pas besoin, d'ailleurs, de boucher les narines de Prew, car il suivit à la lettre les instructions de Malloy et il avala sans protester le demi-litre d'huile de ricin. Alentour, les hommes de la baraque deux, tête baissée sur leurs gamelles, mâchonnaient le rata avec une solide indifférence.

Après quoi, Prew ayant été conduit au « gymnase », cette petite salle nue où l'on passait les prisonniers à tabac, Gras-Double lui demanda gentiment comment il se sentait. Prew avoua en toute franchise qu'il avait un peu mal au cœur et, lorsque Gras-Double le frappa au creux de l'estomac, il vomit avec une gratitude infinie le mélange de rata et d'huile de ricin. Ses tortionnaires le plaquèrent alors contre le mur, et Gras-Double, Turnipseed et le soldat de première classe Hanson se relayèrent pour le tabasser. Ils ne se servirent qu'une seule fois de la matraque, lorsque Gras-Double le frappa en travers des tibias, rouvrant une de ses anciennes blessures. Prew avait l'œil droit complètement fermé lorsqu'ils le sortirent du gymnase pour le conduire au trou, mais dans l'ensemble ils s'étaient abstenus de le frapper au visage, et ce fut en se remémorant la figure d'Angelo que Prew comprit à quel point les instructions de Malloy étaient judicieuses. Il lui avait fallu beaucoup de volonté pour se contenir et ne pas se laisser aller à dire ou faire des choses regrettables, mais il y était parvenu en se disant que c'était lui qui avait cherché la bagarre, après tout, pour se faire transférer à la deux et que ce passage à tabac ne les amusait pas plus que lui-même.

— Ça nous fait plus de mal à nous qu'à toi, lui avait dit Gras-Double à deux ou trois reprises.

Et Prew était sûr que le gars était sincère.

Entièrement nu, il descendit une dizaine de marches pour accéder au « trou », aéré par une petite ouverture grillagée. Rien dans la cellule, hormis les tuyaux de fonte qui tenaient lieu de couchette et la grosse boîte de conserve en guise de seau hygiénique. Le pain et l'eau étaient poussés, trois fois par jour, à travers une « chatière » que fermait un volet d'acier. La tasse était de métal et impossible à briser. Tel quel, Prew trouva l'ensemble extrêmement « professionnel ».

Lorsqu'il entendit les pas décroître dans l'escalier, lorsque la trappe se referma sur lui, il connut pourtant un moment de terrible panique. Le silence était absolu. Les seuls bruits qu'il percevait étaient les battements de son cœur et sa respiration haletante. Il s'en effraya, car il lui semblait tout à coup que c'était là un moyen bien précaire d'entretenir une chose aussi importante que la vie.

Le soir, dans son égarement, lorsque le gardien lui apporta son premier repas, Prew crut que Gras-Double venait le chercher et que ses trois jours de « trou » étaient déjà écoulés. Quand il s'aperçut de son erreur, il se dit qu'il deviendrait fou s'il n'essayait le système préconisé par Malloy. Il se souvint qu'il ne fallait pas manger le pain, se contenta de boire l'eau de la tasse. Puis ce fut une sorte de néant, dans lequel il se plongea de toute sa force.

Une éternité, ou, quelques minutes plus tard, une main le secoua, et, revenant à lui, il vit que c'était le sergent Judson.

— Salut, Gras-Double, dit-il, en constatant avec une parfaite lucidité qu'il avait à peine assez de souffle pour pouvoir faire entendre sa voix. Derrière Gras-Double, il y eut un hoquet de stupéfaction.

Impassible, Judson le gifla, mais Prew ne sentit même pas le coup.

— Encore un dur, constata tristement Gras-Double. Qu'est-ce que tu dirais de trois jours de plus dans le trou, hein, tête de pioche ?

Prew s'esclaffa faiblement.

— Pas la peine d'essayer de m'avoir, sergent. Je sais bien que j'en ai encore tiré qu'un seul jour. Oui, je crois que ça me plairait d'y rester trois jours de plus. J'étais en train de faire un rêve épatant. Disons, six jours de plus, même, et on pourra additionner les neufs jours pour faire mes soixante-douze heures. Hein ! qu'est-ce que tu dis de ça ?

— Un vrai dur, répéta Gras-Double plus tristement.

Et sa grosse patte s'abattit de nouveau :

— Allez, rapplique, salopard.

Ils le mirent sur pied, l'entraînèrent, et il comprit avec stupeur que les trois jours étaient réellement terminés. En sortant, il heurta les neuf tranches de pain empilées près de la porte. Pour une bonne blague, c'était une bonne blague.

— Ouais, s'emporta soudain Gras-Double, je les ai vues, salopard. Mais si tu crois que tu peux te faire sortir du trou plus vite en faisant la grève de la faim, tu te fourres le doigt dans l'œil. On connait le truc. T'as fait tes trois jours, continua-t-il fièrement. Plus quelques heures, parce que j'étais trop occupé sur le moment pour t'en sortir, et ce sera pareil à chaque fois. La grève de la faim, ça impressionne personne, ici, salopard !

Pour un type comme Gras-Double, c'était un véritable sermon, et Prew, avec une sombre fierté, se dit qu'il l'avait eu, le Gras-Double.

— Pas la peine de faire le malin, conclut le sergent. Tu peux te tenir debout !

Prew s'appuya contre le mur et, sans cesser de sourire, se rhabilla sans hâte. C'était le soldat de première classe Hanson qui accompagnait Gras-Double ; c'était le soldat de première classe Hanson qui avait hoqueté de stupéfaction.

« Je l'ai eu, aussi, le soldat de première classe Hanson », pensa Prew, content.

Hanson lui souriait comme souriait Angelo Maggio quelques instants plus tard, lorsqu'ils poussèrent Prew à l'intérieur de la deux.

Les gars de la deux avaient tout rangé pour son arrivée. Même sa couchette était faite, prête à le recevoir. Ils avaient leur orgueil, ces gars-là. Ils avaient conscience d'être des durs, la crème des durs. Ils portaient comme un trophée le numéro de leur baraque, et la réception d'un nouveau était pour eux une sorte de cérémonie.

Angelo vint s'asseoir sur le bord de sa couchette et, fièrement, fit les présentations. Tous approchèrent, un par un, deux par deux, pour écouter Prew raconter son histoire. Berry vint le premier, mais le grand costaud aux yeux pénétrants et rêveurs attendit que Prew fût seul pour approcher à son tour.

Et Angelo raconta alors comment Bloom était mort, sans omettre un détail, pas même la portion de cervelle tartinée au plafond.

— Bon Dieu ! Tu dis qu'il s'est fourré le canon du flingue dans la bouche et qu'il a pressé la détente avec son gros orteil ? répéta Prew, les yeux exorbités.

— Exactement ! grogna Angelo, indigné.

— Et que le pruneau lui a étalé la moitié de la cervelle au plafond ?

— Sûr. Paraît qu'il avait un trou de sept ou huit centimètres derrière le crâne.

— Et y l'ont enterré dans le vieux cimetière militaire ?

— Dame ! Y peuvent pas mettre la main sur sa famille.

— C'est pas un endroit où je voudrais être enterré !

— Moi non plus ! fit Angelo avec une grimace.

— J'aurais voulu sonner aux morts à son enterrement, maugréa Prewitt, je lui aurais joué une vraie sonnerie aux morts. N'importe quel soldat mérite ça..., tenta-t-il gauchement d'expliquer.

— Eh ! merde, répliqua Maggio, embarrassé, avec beaucoup trop de compréhension ; il est mort, alors, pour ce que ça change...

— Tu peux pas comprendre, dit furieusement Prew.

Le plus douloureux de l'histoire, c'était que lui-même n'arrivait pas à se représenter clairement la chose. La dernière image qu'il avait de Bloom était celle d'un énorme bloc de vitalité indomptable traversant la cour de la caserne pour se préparer à monter sur le ring, après une bagarre qui avait duré une heure et demie !

— Je me demande pourquoi il a fait ça, cria-t-il avec une intensité presque douloureuse.

— D'après moi, dit Angelo d'un ton sagace, il avait peur d'être devenu pédé.

— T'es louf ! Si y en avait un qu'était pas pédé, c'était bien Bloom ! protesta Prew.

— J'ai pas dit qu'il l'était. J'ai dit qu'il avait peur de l'être. C'est pas la même chose.

— Je voulais retourner le voir après la bagarre, confessa Prewitt. Je voulais lui dire que je m'étais pas battu avec lui parce qu'il était juif, ni pour aucun autre truc personnel, mais y m'ont embarqué le soir même...

— Bon sang ! Y s'est pas tué parce que tu l'avais corrigé, si c'est ça que tu veux dire ! s'exclama Angelo.

— Je l'ai pas corrigé !

— Parce que vous vous êtes bagarrés, si tu préfères. Hal avait prédit que Bloom se suiciderait un jour, tu te rappelles ?

Il y eut un long silence, durant lequel ils s'entre-regardèrent, incapables d'analyser quels sentiments suscitait en eux le suicide de Bloom.

— C'est drôle, essaya d'expliquer Maggio. Un type meurt, et il est parti, et y a plus rien à faire. Tout ce qu'il a été, tout ce qu'il a fait dans sa vie... tout est fini, parti, comme ça.

— Ouais, grogna Prew. Mais je voudrais bien savoir pourquoi il a fait cette connerie-là...

Ce fut alors que le costaud à l'étrange regard rêveur vint s'asseoir auprès d'eux sur la couchette de Prew, attirant leur attention comme un aimant attire le fer, et tous deux se tournèrent vers lui avec une sorte de gratitude.

— C'est Jack Malloy, dit Angelo avec le même orgueil que s'il eût présenté à Prew son ami personnel le nizam de Hyderabad, l'homme le plus riche du monde.

— J'ai pas mal entendu parler de toi, dit Prew, embarrassé.

— Moi aussi, riposta chaleureusement Malloy en lui tendant une poigne grosse comme un jambon. Et je veux te serrer la main, citoyen. Tu es le seul parmi tous les bourrins de cette écurie qui aies bien voulu écouter et suivre mes conseils.

Il avait élevé la voix et, bien qu'il tournât le dos au reste de la baraque, tous les prisonniers assis sur le plancher cessèrent de parler et contemplèrent leur cigarette d'un air absorbé.

— Si j'avais douze types comme toi, citoyen, une douzaine, pas plus, qui fassent ce que tu as fait, continua Malloy d'une voix forte, dans trois mois, papa Thompson et Gras-Double seraient à l'asile d'aliénés. Il y en aurait deux autres pour les remplacer, bien sûr, et tout serait à recommencer, mais l'établissement disciplinaire le plus sévère de toute l'armée des États-Unis deviendrait aussi l'affectation la plus dure de toute l'armée des États-Unis, et, lorsque nous en aurions envoyé suffisamment à la suite de Gras-Double et de papa

Thompson, ils n'auraient plus qu'à fermer boutique et à laisser chacun rentrer chez soi.

Le soldat de carrière toujours en éveil chez Prewitt se demanda si « chacun chez soi » voulait dire « chacun dans son unité » ou « chacun chez soi, dans la vie civile ».

Personne ne protesta. L'impression générale semblait être que Jack Malloy était parfaitement capable de faire ce qu'il disait. L'atmosphère de la deux, songea Prew, dégageait également une autre impression qu'il n'avait jamais ressentie à la trois : l'impression qu'on y pouvait tout dire, absolument tout, à haute voix. C'était une impression bougrement agréable.

— Une cigarette, citoyen ? lui proposa Jack Malloy en lui tendant un paquet de toutes faites.

Il avait repris sa voix normale, et tous les autres se remirent à fumer et à bavarder en sourdine.

— Oh ! des toutes faites, dit Prew, embarrassé. Merci. Si vous sortiez un peu ce que vous avez dans le crâne ? Y a une semaine que je me creuse la cervelle à me demander ce que c'est.

Il s'était tourné instinctivement vers Jack Malloy, qui lui répondit :

— C'est Angelo qui en a eu l'idée, c'est à lui de le raconter.

Et Prew songea soudain qu'il n'avait jamais vu de tendresse comparable à celle qui emplissait le regard de Jack Malloy, furtivement posé sur Angelo Maggio. Ça valait ça, exulta-t-il secrètement, ça valait dix jours dans le trou, de se trouver ici parmi de tels hommes.

Angelo fit un pas vers le fond de la baraque, où se trouvaient les deux sièges sanitaires. Il avait retrouvé l'expression rusée et mystérieuse qui avait frappé Prew, à la carrière, chaque fois qu'Angelo faisait allusion à son plan.

— Alors, venez par ici, dit le petit Italien.

— Prew n'a peut-être pas envie de se lever, suggéra doucement Jack Malloy.

— Alors, faudra qu'il attende, dit Angelo avec emphase. Si j'en parle, j'en parlerai là-bas, où y a personne.

— Bon, ça va, j'arrive, dit Prew.

Et ce fut assis sur le couvercle baissé d'une des lunettes, avec Angelo juché en face de lui sur le second siège et Jack Malloy debout à sa droite contre l'évier de fonte, que Prew écouta le récit du plan secret, du rêve mirifique d'Angelo Maggio.

— J'en ai jamais parlé qu'à Berry et à Malloy, expliqua Maggio. Y a personne d'autre qu'est au courant, pas vrai, Jack ?

Prew regarda le visage de Malloy, et le visage de Malloy était parfaitement expressif.

— C'est vrai, citoyen, dit-il avec douceur.

— S'ils étaient au courant, y en a peut-être un qui l'essaierait avant moi, gronda sauvagement Maggio, et c'est celui qui l'essaiera le premier qu'aura toutes les chances de réussir. Après, macache.

Papa Thompson, c'est pas un idiot, et Gras-Double non plus. Puisque c'est moi qu'y ai pensé, j'ai le droit de l'essayer le premier, pas vrai, Jack ? conclut-il anxieusement.

— Sûr, riposta Jack Malloy, le visage toujours expressif. Et, pour dire vrai, personne d'autre n'aurait le cran de le faire.

Maggio se tourna vers Prew.

— Voilà, dit-il. Le type qui reste vingt et un jours dans le trou est envoyé automatiquement à l'hosteau, section des maladies mentales. J'ai jamais entendu parler d'un cas semblable, mais c'est la règle. Alors, voilà ! Je vais faire explosion à la carrière et sauter sur le garde en brandissant mon marteau.

— Mais tu vas te faire descendre ! s'exclama Prew.

— Sûr, mais y a pas moyen de faire autrement. Et si je me dirige vers le gardien, au lieu de m'en éloigner, y a de grandes chances pour qu'y tire pas. Y me flanquera simplement un coup de crosse sur la gueule.

— Y te passeront drôlement à tabac, après un coup pareil, dit Prew.

— Bien sûr, mais qu'est-ce que ça peut me foutre ? Y pourront pas me faire pire que ce qu'y m'ont déjà fait ? Tout ce qu'y peuvent faire, c'est de rallonger la sauce, et, quand ça se prolonge trop, on finit par plus rien sentir, pas vrai ?

Il fit claquer ses doigts, et Prew sentit une sorte de crampe naître au creux de son estomac. Vingt et un jours de pain et d'eau ; vingt et un jours de silence, de cécité. L'enfer. Un avant-goût de la mort.

— Et ensuite, y t'expulseront de l'armée, dit-il, la gorge serrée.

— Sûr ! Et qu'est-ce que j'y perdrai ?

— Tu pourras pas trouver de boulot sans montrer tes papiers, dit Prew.

— Du boulot ? Très peu pour Maggio. J'irai au Mexique et je me ferai cow-boy ou quelque chose comme ça. Dis-moi que t'es pour, Prew ?

— Je suis pour, dit Prewitt gravement.

— Ohé ! La vie est belle, jubila l'Italien.

Il s'éloigna. Squelettique, jambes arquées, bras filiformes et épaules étroites, digne représentant de cette nouvelle race de troglodytes pour qui les muscles sont superflus, les métros, bus, ascenseurs, et toute la lyre remplaçant avantageusement les jambes, les bras et les dos musculeux de jadis. Un produit de la civilisation du XXe siècle. Il irait au Mexique et se ferait cow-boy ! Seigneur ! ricana désespérément Prew.

Il se glissa sous sa couverture, et ce fut alors, et alors seulement, que Berry et les autres gars recommencèrent à circuler à travers la baraque. Oui, c'étaient des durs, les gars de la deux, c'étaient des durs entre les durs, c'était la crème de la crème.

38

Milton Anthony Warden, qui, depuis le jugement de Prewitt, était sorti chaque après-midi avec Karen Holmes, ne se demandait nullement pourquoi Bloom s'était suicidé. Il suffisait amplement qu'il se fût suicidé et que le travail consécutif à ce suicide mît un terme à la vie privée de Milt Warden aussi efficacement que si le troisième Reich eût envahi New York ou que les Japonais eussent attaqué Pearl Harbor en plein midi.

Lorsqu'ils s'étaient retrouvés, affamés l'un de l'autre et heureux comme des collégiens, quand la compagnie était rentrée de l'aérodrome d'Hickam, Karen, délicatement, avait fait comprendre à Milt qu'elle n'exigerait jamais de lui qu'il suivît le programme d'instruction accélérée pour passer officier, et Milt avait aussitôt répondu qu'il était fermement décidé à le suivre. Il le ferait pour elle, rien que pour elle, et tout ce qu'elle pourrait dire ne changerait absolument rien à ses intentions. Sur quoi Karen s'était mise à pleurer de tendresse et d'admiration, et les choses s'étaient arrêtées là.

Ils s'étaient revus le lendemain, et le surlendemain et les jours suivants. Ils parcouraient l'île en tous sens, dans la vieille Buick du capitaine Holmes, Milt en short, les pieds nus dans des sandales, Karen en bikini et paréo assorti. Ils s'arrêtaient pour nager lorsque l'envie les en prenait et pour faire l'amour à chaque fois que Milt en avait envie. Karen ne détestait pas ça, bien sûr, mais estimait qu'il y avait tout de même d'autres moyens de prouver son amour ; toutefois elle ne se refusait pas aux joutes amoureuses, et ces longs après-midi passaient comme des rêves.

Au bout de quelques jours, lorsqu'elle lui demanda s'il avait fait sa demande, il répondit qu'elle était en route et nota dans un coin de son esprit de la rédiger, de la faire signer par le capitaine Holmes et de l'expédier avec le courrier du lendemain. Mais, une fois de plus, il ne put s'y résoudre. Il n'avait foutre pas l'intention de renoncer à ces après-midi merveilleux pour suivre des cours stupides. L'avenir était un placement trop vague pour qu'il pût y risquer tout son capital. Au diable l'avenir, tant qu'il lui resterait ses après-midi de farniente et d'amour.

Bien sûr, il y avait l'échange des anciens Springfield contre les nouveaux Garand M-I, que Leva ne pourrait pas faire tout seul, et le programme de réforme des cadres, attendu depuis si longtemps, qui nécessiteraient un monceau de paperasserie administrative. Mais il y avait eu, avant ça, l'échange des vieilles baïonnettes noires contre les baïonnettes chromées, et l'histoire de Prew, et Warden avait réglé tout ça sans manquer un seul de ses après-midi. Le gouvernement s'apprêtait peut-être à entrer dans la bagarre, mais il n'était pas encore dans la danse. Et cette perspective n'était après tout qu'une raison de plus de profiter de la vie pendant que c'était encore possible. Quant aux dangers de sa double existence, Milt Warden n'en avait cure. S'il y avait au monde quelqu'un qui n'avait jamais laissé tomber Milt Warden, c'était bien Milt Warden lui-même.

Ce qu'il n'avait pu prévoir, évidemment, c'était qu'un imbécile se ferait sauter le caisson dans sa propre compagnie ! L'armée a horreur des suicides encore plus que des meurtres, surtout en cette époque incertaine de préhostilités. Il y eut un nombre presque infini de rapports à établir, pour démontrer que la responsabilité de l'armée ne pouvait, en aucun cas, être mise en jeu. L'enfant de salaud aurait pu tout au moins avoir la décence de donner à son suicide l'allure d'un accident, en se balançant du haut d'une falaise ! rageait Warden.

Après que la mort de Bloom eut été officiellement constatée, Milt put faire un saut en taxi jusqu'à Wahiawa et téléphoner à Karen, de l'arrière-boutique d'un cafetier chinois, qu'il connaissait depuis longtemps. Elle se préparait à partir pour venir le rejoindre et elle entra en rage. Les téléphonistes militaires affectés au standard de la garnison connaissaient par cœur tous les numéros du quartier des officiers et se montraient volontiers aussi bavards que n'importe quelle standardiste féminine, surtout lorsqu'il s'agissait d'un officier. Milt avait toujours évité le plus possible d'utiliser le téléphone et, lorsqu'il devait s'y résoudre, utilisait une sorte de langage secret. La colère de Karen se calma lorsque Milt lui eut appris qu'il lui parlait de Wahiawa et que la communication devait en conséquence passer par le réseau civil avant d'être transmise au standard de la garnison, mais elle lui demanda tout de même de raccrocher et d'attendre qu'elle le rappelât d'une des cabines publiques de la cantine. Ce n'était là qu'une des nombreuses petites choses que l'on ne prévoit pas lorsqu'on tombe amoureux d'une femme mariée.

Il eut un mal de chien à lui faire comprendre ce qui était arrivé. Leur code secret n'avait pas prévu de traduction pour le suicide d'Isaac Nathan Bloom.

— Mon Dieu, mais qu'allons-nous faire ? demanda-t-elle lorsqu'elle eut enfin saisi. Avez-vous pensé à ce que nous allions faire ?

— Oui. Ce nouveau travail va me prendre sans doute près d'un mois. J'ai donc bien peur qu'il faille remettre à plus tard la réunion prévue. Votre frère va-t-il prochainement retourner aux États-Unis pour ses affaires ? Ce qui signifiait en langage clair : « Dana Holmes va-t-il bientôt retourner à l'une de ses partouses ? »

— Vous savez ce que c'est, répondit calmement la voix de Karen. Rien n'est prévu d'avance. Il y a un certain temps qu'il n'y est pas allé, et je pense que ses supérieurs ne tarderont guère à le convoquer, mais il est impossible de dire exactement dans combien de temps.

Ainsi, Dana irait sans doute bientôt refaire une petite orgie au club des officiers, mais Karen jugeait imprudent de profiter de l'occasion lorsqu'elle se présenterait.

— Mais je ne voudrais pas remettre la réunion à plus tard, dit-il sauvagement.

— Moi non plus, riposta la voix avec le même calme incroyable. Toutefois, les affaires quotidiennes de mon frère ne permettent guère, non plus, de faire des projets...

Cela signifiait sans doute que les sorties habituelles de Dana, au club, ou dans les bars, ou bien en ville, avec une souris quelconque, ne pouvaient être considérées comme des occasions propices.

— Je crois que le mieux que nous puissions faire est d'attendre que votre frère retourne aux États-Unis, dit laborieusement Warden.

Il craignit un instant qu'elle n'eût point compris, mais ce fut de la même voix paisible qu'elle lui répondit :

— Le hic, c'est que j'ignore absolument quand il y retournera. Et malheureusement je n'ai aucun moyen de vous toucher en temps utile.

Cela signifiait qu'elle refusait de lui téléphoner.

— Je pourrais peut-être le lui demander et me mettre en rapport avec vous ? insista-t-il désespérément.

— Mais par quel moyen pourrez-vous me joindre ? questionna la voix paisible.

Cela signifiait, bien entendu, qu'elle ne voulait pas qu'il lui retéléphonât. Même s'ils ne devaient pas se revoir avant un mois !

— Mais sacré bon sang ! s'exclama Warden, incapable de refréner plus longtemps sa propre colère. Cette réunion est très importante pour moi. Je la dois à tout un tas de gens...

— Vous croyez peut-être que je ne suis pas déçue moi-même ? trancha la voix, un ton plus haut.

« S'il y a un opérateur en train d'écouter sur la ligne, y a pas de danger qu'il y pige quoi que ce soit, songea Warden avec amertume ; il doit plutôt nous prendre pour une paire de cinglés ! »

Il la voyait si bien assise dans la cabine, avec la porte refermée sur elle pour plus de sécurité. Elle devait porter une de ses robes imprimées, au large décolleté carré, si audacieusement féminines sans jamais tomber dans l'affectation ni dans l'indécence. Est-ce qu'elle se rendait compte à quel point elle l'excitait ? Elle disait toujours qu'elle ne s'en rendait pas compte, mais il ne la croyait qu'à demi.

Warden eut envie d'arracher le téléphone et rêva d'étrangler Alexandre Graham Bell qui avait inventé cet instrument de torture.

— *All right !* dit-il. Je vais tâcher de terminer mon travail en une semaine. Est-ce que ça ira comme ça ?

— Ce serait merveilleux, si vous le pouviez, répondit la voix paisible.

Il aurait voulu raccrocher sur une note glaciale, mais il ne put s'empêcher d'ajouter, avec une anxiété beaucoup trop évidente :

— Alors, aujourd'hui en huit. Au même endroit. D'accord ?

— D'accord, mon cher ami, dit la voix lointaine.

Il raccrocha, sachant parfaitement qu'elle n'en dirait pas plus long au téléphone, et réintégra le bar d'Al Chomu.

Dire qu'on appelait ça le sexe faible ! Des clous, oui ! C'étaient les femmes qui gouvernaient le monde, et nul ne le savait aussi bien qu'un homme amoureux !

Un mois de boulot ? Et alors ? Pourquoi diable serait-ce impossible ? S'il y avait dans toute l'armée un seul homme capable de régler une affaire de suicide en une semaine, c'était bien le sergent-chef Milton Anthony Warden !

Il bondit dans son taxi, sachant tout à coup qu'il lui faudrait épouser cette femme, pour l'amour de laquelle il se sentait dans des dispositions aussi combatives, regagna la caserne et plongea en rugissant dans le vif de la question.

Ce fut également au cours de cette folle semaine, durant laquelle il se coucha tous les soirs aux environs de minuit, qu'il se mit à faire joujou avec l'idée de prendre la permission de rengagement de trente jours qu'il avait toujours différée depuis qu'il était entré à la G, il y avait plus d'un an de cela. Il restait longuement éveillé, dans son lit, s'imaginait seul avec elle, canne à pêche au poing, luttant avec quelque belle prise, au large de la côte de Kona, ou bien encore à Wailuku, dans quelque auberge rustique renommée pour sa bonne chère. Il possédait six cents dollars, six cents dollars qu'ils pourraient gaspiller tous les deux à leur guise, pendant ces trente jours enchantés ! Il était rudement content d'avoir songé à mettre de côté la moitié de ses gains chaque fois qu'il avait fait un coup fumant au poker !

Milt Warden était bel et bien cuit.

Il savait, évidemment, que tous ces projets n'étaient que rêves, mais qu'importait après tout puisque, au fond de lui-même, il ne croyait pas vraiment en la possibilité de les voir se réaliser un jour. Il se contentait de les rêver, parce qu'ils l'aidaient à s'endormir et qu'il avait besoin de sommeil s'il voulait venir à bout de ce suicide...

Karen était ravissante, lorsqu'elle le rejoignit, huit jours plus tard, à l'endroit habituel, au jour convenu, mais il ne la désira pas plus, sur le moment, qu'un mari ne désire son épouse légitime par un jour de grosse chaleur, et il ne put s'empêcher d'en éprouver quelque inquiétude. Il grimpa auprès d'elle, parmi les cris aigus de la foule asiatique, se renversa contre le dossier du siège et alluma une cigarette sans même lui dire bonjour.

39

Le soir même du jour ou Milt lui avait téléphoné pour la mettre au courant du suicide catastrophique d'Isaac Nathan Bloom, Karen apprit, par le truchement de son propre mari, ce qu'elle soupçonnait depuis longtemps déjà, mais qu'elle n'avait jamais eu l'intention de demander à Milt lui-même : à savoir que le sergent-chef Milton Anthony Warden n'avait encore rien fait pour suivre le programme d'instruction accélérée qui lui permettrait de passer officier. Holmes s'était montré particulièrement amer sur ce point, car si Warden se décidait à faire sa demande — et devenait, par la suite, l'excellent officier, qui, selon Holmes lui-même, dormait en lui —, le mérite de l'avoir « formé » reviendrait au capitaine de la compagnie G et compenserait largement la mauvaise impression produite par le suicide de Bloom. Les temps avaient certainement bien changé ! Il fallait à présent qu'un officier suppliât un homme de troupe pour qu'il condescendît à devenir officier, et encore, rien ne prouvait que ledit homme de troupe se laisserait finalement convaincre ! De tout ce discours imprégné d'amertume, Karen n'avait retenu qu'une seule chose : Milt lui avait menti ; pendant ces quinze jours du plus grand bonheur qu'elle eût jamais connu, et durant lesquels elle s'était délibérément abstenue de le questionner pour lui prouver sa confiance en lui, il l'avait tout aussi délibérément menée en bateau !

Elle avait projeté de l'en punir avec usure, préparant soigneusement les paroles acérées qu'elle lui dirait, puisant d'avance dans son amour des trésors de cruauté et farouchement déterminée à lui faire boire la coupe jusqu'à la lie avant de se laisser fléchir ; mais lorsqu'elle le vit se hisser près d'elle, avec son visage défait, elle comprit que quelque chose de grave s'était passé, et ses projets de vengeance s'évanouirent instantanément, chassés par une vague submergeante de tendresse maternelle et de colère meurtrière à l'égard de quiconque avait osé lui faire du mal.

Ils atteignaient le bout de la rue de l'Université lorsqu'il jeta sa cigarette par-dessus bord et se décida enfin à parler.

— Et voilà, conclut-il au moment précis où elle stoppait la voiture à l'ombre d'un bosquet, non loin du vaste parc de stationnement de la baie d'Hanauma. Ce salopard de Leva s'est fait muter, et je suis dans le pétrin jusqu'au cou.

— Il n'y a rien d'autre que tu aurais pu faire ?

— Si. J'aurais pu le persuader d'y renoncer une fois de plus.

— Non, trancha Karen d'un ton catégorique. Pas si tu es vraiment Milt Warden.

— Ça n'aurait pourtant pas été la première fois, grogna Warden, écœuré.

— Alors pourquoi ne l'as-tu pas fait, cette fois-ci ? triompha-t-elle.

— Pourquoi ? explosa-t-il. Parce que je voulais voir si cette espèce d'enfant de salaud y renoncerait de son propre gré. Et, naturellement, il n'en a rien fait !

— Tu croyais qu'il le ferait ?

— Foutre non, mentit Warden.

Elle ne répondit pas tout de suite.

— Alors il va falloir que nous renoncions à nous voir tous les après-midi pendant un temps indéterminé ? chuchota-t-elle enfin.

— Quelque chose dans ce goût-là, oui, grogna Warden.

— Oh ! Milt. N'y a-t-il vraiment rien que nous puissions faire ?

— Je me demande quoi. A moins que tu puisses sortir le soir.

— Tu sais bien que c'est impossible.

— Tu le feras quand je serai officier, pas vrai ?

— Oui, mais ce ne sera pas la même chose. Ce sera pour de bon...

— O.K. ! Tu as une autre idée ?

— En travaillant dur, tu ne pourrais pas faire toute la paperasserie le matin ?

Warden se remémora la somme de travail incroyable qu'il avait abattue au cours de la semaine écoulée et faillit lui rire au nez nerveusement.

— Je le pourrais, oui, dit-il, mais cette fois-ci ce n'est pas tellement une question de travail, c'est plutôt une question de présence pendant les heures de service. Il faudra des mois avant que la situation commence à s'éclaircir.

— Alors tu ne pourras pas t'absenter ? Cela risquerait de compromettre tes chances de devenir officier, et ce n'est pas ce que nous voulons.

— Non, dit Warden sans conviction, ce n'est pas ce que nous voulons ! Rien d'autre ?

— Écoute, chéri, dit-elle avec conviction, s'il faut que nous cessions de nous voir pendant quelque temps pour préserver notre avenir, eh bien ! il faut que nous le fassions.

— Tu as tout prévu, pas vrai ? O.K. ! Disons que nous devons cesser de nous voir pendant quatre mois. Pour préserver notre avenir, comme tu dis. Et encore, je suis optimiste. Mais as-tu songé que, dans un an d'ici, nous pouvons très bien être en guerre ?

— Je ne le crois pas. Mais, de toute façon, je n'y peux absolument rien.

— Tu peux noter ça sur ton calendrier. Le 23 juillet 1941, Milt Warden a déclaré que dans un an les États seraient en guerre. Et je ne serais pas étonné que ce soit dans beaucoup moins d'un an, marmonna-t-il, noircissant les choses avec une sombre joie.

— Très bien, dit paisiblement Karen. Supposons qu'avant une année nous soyons en guerre. Cela signifie-t-il que tout ce qu'il y a eu entre nous doive être automatiquement effacé ? Cela signifie-t-il que les plans dressés pour notre avenir doivent être abandonnés ? Et que ferons-nous, dans ce cas, après la guerre ?

— Je n'ai pas dit ça, protesta Warden, que tant d'incompréhension commençait à rendre enragé. J'ai dit qu'il était stupide de vivre toute sa vie dans l'attente de l'avenir, alors qu'il n'y aura peut-être pas d'avenir. Faisons des plans pour l'avenir, d'accord, mais que ça ne nous empêche pas de vivre également dans le présent.

— Et moi, riposta Karen, je dis que, si quelque chose doit souffrir, ce doit être plutôt le présent, pour la sauvegarde de l'avenir !

— Et moi, contre-attaqua furieusement Warden, je dis que, si nous ne pouvons plus avoir nos après-midi, nous pouvons prendre une nuit de temps en temps, même si c'est un peu plus dangereux. Nous n'aurons sans doute même pas ça, dans un an d'ici.

— Tu connais mon opinion là-dessus, dit Karen d'une voix nette. As-tu quelquefois pensé à ce qui arriverait si nous étions surpris ensemble ? Un homme de troupe avec la femme d'un officier ? Et pas n'importe quel officier, s'il vous plaît ! La femme du commandant de sa propre compagnie !

— Mais je m'en fous, des risques ! s'emporta Warden. Quand on est à la veille d'une guerre, le mieux qu'on puisse faire est de vivre au jour le jour. Si tu avais été en Chine, tu comprendrais ce que je veux dire.

— Peut-être, dit ironiquement Karen, mais dis-moi si c'est en vertu de cette philosophie que tu t'es abstenu de toute initiative au sujet du programme d'instruction... Tu prétendais cependant avoir fait ta demande ?

Warden avait été sur le point d'étayer sa théorie par des arguments irréfutables, mais cette question l'arrêta net.

Il y eut un très long silence.

— Oui, dit-il enfin d'une voix étranglée. C'est pour ça.

— Alors, répliqua Karen d'une voix de glace, je ne vois pas pourquoi je courrais de tels risques dans le seul but de te procurer quelques nuits agréables. Et c'est probablement tout ce que tu cherches, puisque tu refuses de faire la seule chose qui pourra nous permettre de nous marier plus tard !

— Je l'ai fait, je veux dire : je l'ai pas fait, parce que je voulais pas que leurs fichus cours nous privent de nos après-midi, s'enferra Warden. C'est pour ça que je l'ai fait.

— Et pourquoi ne me l'as-tu pas dit, au lieu de me mentir ?

— Parce que je savais foutre bien que tu réagirais comme tu viens de le faire.

— Tu n'as jamais pensé que je n'aurais peut-être pas réagi comme ça, si tu avais été sincère ? Tu étais sincère, Milt, au début. C'est même cela qui m'a attirée vers toi. Tu disais ce que tu pensais, sans détours, sans fioritures, et au diable les conséquences ! Je cherchais cela, quand nous nous sommes rencontrés, un homme fort, inflexible, et j'ai cru que tu étais tout ça. Je me suis trompée.

— J'en ai autant à ton service, coupa Warden, mauvais. Tu étais dure comme un roc, au début, et te voilà devenue si pleurnicharde que je ne peux même plus te dire la vérité, parce que tu ne la supporterais pas. La première fois, chez toi...

— Tu crois peut-être que c'est facile de te faire confiance, coupa-t-elle. Combien de fois je t'ai vu déshabiller des yeux les filles qu'on croise dans les rues — même quand on les croise en auto à quatre-vingts à l'heure — et les conduire mentalement au dodo sans même te rappeler que je suis assise auprès de toi !

— Oh ! dit Warden, suffoqué. Et combien de fois je t'ai regardée partir en me disant que tu allais dormir dans la même chambre que l'autre enfant de salaud et peut-être dans le même lit, pour ce que j'en sais !

Ils restèrent longuement silencieux, meurtris, mais conscients d'avoir dit ce qu'ils avaient à dire, égarés dans l'éternel antagonisme des deux sexes.

— Je ne me suis jamais senti aussi misérable que depuis que je te connais, dit enfin Warden.

— Moi non plus, dit Karen.

— Mais je n'en regrette pas une seule minute.

— Moi non plus, dit Karen, souriante.

Et elle le regarda, les yeux brillants, les lèvres entrouvertes, avec cette expression avide, ardente, qu'il connaissait si bien et qui lui donnait chaque fois un furieux désir d'elle.

— Oh ! toi ! gronda sourdement Warden. Dire que je suis parvenu à me faire ma place au soleil sans jamais transiger, sans jamais lécher les bottes de personne, et voilà, maintenant, qu'il faut que je devienne officier, le symbole même de tout ce que j'ai toujours détesté ! Toute ma vie, je me suis bagarré pour rester sincère. As-tu jamais vu un officier sincère avec lui-même ? Moi, jamais.

Elle le regarda pensivement et dit enfin d'une voix lente :

— Alors, tu ne peux pas faire ça, Milt.

— Si. Non seulement je peux, mais je vais le faire, brailla Warden, soudain gonflé d'une force de géant. Je les aurai jusqu'au trognon, tu verras.

— Mais, Milt, je ne veux pas être l'appât, Milt. Je t'aime. Je veux t'aider, non te faire du mal.

— Écoute, coupa Warden avec un brusque enthousiasme, j'ai une perme de trente jours à prendre et 600 dollars à la banque. On ira où tu voudras, nous deux, et on va se payer du bon temps que personne pourra jamais nous reprendre, guerre ou pas guerre, quoi qu'il puisse arriver.

— Oh ! Milt, fit-elle doucement, et il y avait tant d'amour dans sa voix que Warden se sentit soudain s'épanouir d'un plaisir inconnu de lui jusqu'alors. Oh ! Milt, ce serait merveilleux. Tous les deux, rien que toi et moi, sans avoir besoin de se cacher ni de jouer la comédie. Oh ! Milt, ce serait merveilleux.

— Ce sera merveilleux, rectifia Warden.

— Non, Milt, car je ne pourrai pas m'absenter aussi longtemps. C'est un rêve merveilleux, mais ce n'est qu'un rêve. Je ne consentirai pas à laisser Junior seul pendant tout un mois.

— Pourquoi pas ? s'obstina Warden. Tu le quitteras pour de bon, un jour ou l'autre, pas vrai ?

— Bien sûr, dit Karen, mais ce n'est pas la même chose. Jusqu'à ce que tout soit décidé, j'ai une responsabilité envers lui. Le pauvre petit aura suffisamment la vie dure avec l'avenir que son père lui a choisi. Je lui dois au moins ça. Et comment justifier mon absence pendant tout un mois ? Dana soupçonne déjà quelque chose, et si...

— Laisse-le soupçonner autant qu'il voudra, l'enfant de salaud ! Il a été régulier avec toi, peut-être ? aboya Milt.

— Mais il faut que nous gardions le secret jusqu'à ce que tu sois officier et sorti de sa compagnie, Milt, tout le succès de nos projets en dépend.

— Je sais, murmura Warden, mais il y a des moments où ça me met hors de moi.

— Je pourrais m'absenter pendant dix jours, Milt, mais pas pendant un mois, dit rêveusement Karen. Tu pourrais peut-être prendre ta permission, et je te rejoindrais, une semaine plus tard, et je resterais avec toi pendant dix jours. Comme ça, peut-être...

Warden essayait de diviser son rêve par trois, et c'était un drôle de boulot. Malheur ! Ils n'arriveraient même pas à dépenser 600 dollars en dix jours !

— Oh ! Milt, j'en serais tellement heureuse. Mais pas pendant un mois, Milt. C'est impossible...

— O.K. ! murmura Warden, doucement. O.K. ! bébé. Dix jours, ce sera déjà très beau.

Sa large main caressait délicatement la nuque fragile qui lui donnait toujours un sens aigu de sa propre force et de sa dangereuse maladresse.

— Dix jours, mais c'est le bout du monde, bébé. Ne t'inquiète pas, tu verras que tout ira bien.

— Je ne pourrai plus supporter ça très longtemps, Milt, sanglota Karen, le visage appuyé contre la chemise kaki et humant l'odeur mâle. Non, je ne le supporterai plus très longtemps.

Warden sentit tout son sang monter jusqu'à ses yeux, et il lui sembla tout à coup, bizarrement, que le paysage se colorait de rouge.

— Allons, allons, dit-il. Tu verras, bébé, que tout ira bien. Descendons jusqu'à la plage, maintenant, tu veux ? Nous allons faire trempette, puis nous prendrons une chambre quelque part et...

Il comprit sur-le-champ qu'il avait commis une erreur de tactique.

Karen, redressée, le regarda bien en face, les yeux perçants comme ceux d'un chat, le visage encore sillonné de larmes.

— Ce n'est pas seulement une question de désir animal, Milt, n'est-ce pas ? Tu veux bien davantage, Milt, dis ? Il y a autre chose que ça dans l'amour, Milt, dis-moi qu'il y a autre chose que ça dans ton amour.

Warden examina soigneusement, longuement, son amour, à travers la lentille grossissante du désir animal.

— Pas vrai, Milt ?

— Mais oui, chérie. Il y a bien autre chose...

Inutile d'essayer de lui expliquer que l'un n'allait pas sans l'autre. Il venait de la désirer furieusement et la désirait encore, mais il savait, à présent, que l'amour animal ne serait pas pour aujourd'hui, et ce fut sans enthousiasme qu'il ajouta :

— Viens, maintenant, allons nous baigner.

— Mais est-ce qu'il ne faut pas que tu rentres à la caserne ? demanda-t-elle d'une voix pleine d'appréhension.

— Au diable, la caserne !

— Non, fit Karen, catégorique. Je ne te laisserai pas faire ça. J'en ai autant envie que toi, mais ce serait une folie. Je vais te ramener en ville, et tu prendras un taxi jusqu'à la caserne.

— O.K. ! bébé, dit Warden. Je voulais pas nager, de toute façon.

Il était épuisé. Il n'avait plus envie de rien, ni de se baigner ni de faire l'amour, c'était trop de business pour y arriver, il fallait dépenser trop de salive en arguments de toutes sortes. Docile, il se laissa reconduire en ville. Karen tenait fièrement son volant, avec l'air de consentir un gros sacrifice, comme un boy-scout en train d'accomplir sa bonne action quotidienne.

— Tu m'écriras quand tu connaîtras la date de ta permission ? Tu mettras ta lettre dans une enveloppe ordinaire et tu me l'enverras de la ville. Au lieu de me téléphoner. Ce n'est pas trop demander, n'est-ce pas ?

— Non, soupira Warden. Ce n'est sûrement pas trop demander.

Après, ça, elle voulut absolument rester au coin de la rue jusqu'à ce qu'elle l'eût vu monter dans un taxi de Shofield. Il n'osa même pas se risquer à aller boire un verre au *Chat Noir* avant de regagner la caserne et la vit passer à quelques mètres de lui, au volant de la vieille Buick d'Holmes, tandis que le taxi achevait de se remplir.

« Cette dégoûtation de Buick de Dana », se répéta-t-il furieusement. (Il appelait presque toujours Holmes Dana, en esprit ; coucher avec la femme d'un type engendrant apparemment une sorte d'intimité secrète. Probablement pour ça que l'armée punit si sévèrement les hommes de troupe qui s'offrent les femmes des officiers.) La Buick de Dana ! Karen aimait Milt, bien sûr, mais elle était toujours la femme de Dana, c'était de lui qu'elle tenait la sécurité, la liberté et l'argent qui lui étaient nécessaires pour pouvoir entretenir avec Milt Warden des rapports illégitimes. Un argent qui tombait régulièrement tous les mois et non de temps à autre, comme celui qu'il gagnait au poker. Cette sécurité, Milt Warden ne pourrait la lui offrir avant de nombreuses années. Cette liberté, Milt Warden ne pourrait jamais la lui offrir, s'avoua-t-il avec franchise.

La Société, la Respectabilité, la Tradition, la Moralité, le Temps, la Sécurité (particulièrement la sécurité), tout penchait en faveur de Dana, sans parler de l'expérience multiséculaire d'innombrables générations de maris cocus, qui prouve que la femme adultère finit généralement par se lasser de l'amour et revient un beau jour vers la sécurité. Ce n'était qu'une question de patience.

Oui, cet enfant de salaud, avec sa grosse assurance de bourgeois, détenait en fin de compte tous les atouts. Et le plus terrible, c'était que, pour lutter contre ça, Milt Warden ne disposait même plus de cette énergie farouche et illimitée qui avait toujours fait sa force et son orgueil. Car, depuis qu'il aimait Karen, Milt Warden n'était plus absolument libre d'agir à sa guise. Elle pouvait tout exiger de lui, même qu'il devînt officier. Il était en son pouvoir comme Dana ne l'avait jamais été, parce qu'il l'aimait, lui, et qu'il le lui avait avoué, et qu'il se l'était avoué à lui-même.

L'ennuyeux, c'était qu'il ne pensait jamais à toutes ces choses-là lorsqu'il était avec elle. Lorsqu'il était avec elle, il ne pensait qu'à goûter le bonheur d'être éperdument amoureux.

Il rédigea sa fameuse demande le soir même, la signa, la déposa sur le bureau d'Holmes, termina rapidement les dernières pièces du dossier Bloom et s'installa confortablement sur sa chaise pour attendre la soupe et les événements.

Le capitaine Holmes ayant trouvé la demande signée sur son bureau, cette heureuse surprise le disposa si agréablement envers son sergent-chef qu'il lui offrit sur-le-champ une permission de trois jours. Warden se fit un devoir de la refuser, étant donné l'état lamentable dans lequel se trouvait l'administration de la compagnie. Mais, lorsque la pagaïe se serait atténuée, est-ce qu'il pourrait prendre sa permission de rengagement de trente jours ? Devant cette requête inattendue, la bonne humeur du capitaine Holmes s'assombrit visiblement.

— Grand Dieu, sergent ! Trente jours ! Mais c'est impossible ! Vous le savez aussi bien que moi. Je vous signerais volontiers une permission de trois jours ; deux permissions consécutives de trois jours, si vous le désirez. Et vous pourriez prendre par la suite votre permission intacte. Mais trente jours dans les circonstances actuelles ! Vous n'y pensez pas, sergent !

— Il y a plus d'un an que cette permission m'est due, insista Warden, implacable.

La bonne volonté du capitaine Holmes fondait comme neige au soleil.

— D'après le règlement, vous n'y avez même plus droit, sergent.

Toute permission de rengagement reportée à plus de trois mois est annulée. Vous auriez dû la prendre à bonne date.

— C'est pour remettre la G sur pied que je n'ai pas pris ma permission de rengagement, mon capitaine, riposta Warden.

— Mais trente jours ! Dans les circonstances actuelles ! C'est tout simplement impossible !

— C'est pour le bien de la compagnie que je l'ai toujours remise, mon capitaine, insista Warden.

Il ne menaçait pas ouvertement. Il savait que dans ce cas Dynamite refuserait tout net, par orgueil. Mais la menace était implicite. Et la mutation de Leva était trop récente pour que Dynamite eût oublié qu'il n'était plus le chouchou du vieux Jake Delbert.

— Je vais vous dire quelque chose, sergent, reprit confidentiellement Holmes. Vous serez bientôt officier vous-même et ça pourra vous servir de connaître les ficelles. Et, tout d'abord, asseyez-vous, sergent, asseyez-vous. Que diable, dans deux ou trois mois d'ici, nous nous rencontrerons au club, et vous me battrez au poker, alors, inutile de conserver ce formalisme...

Warden s'assit à contrecœur.

— Écoutez, sergent, poursuivit Holmes, j'attends ma nomination de major, au G.Q.G. de la brigade, en tant qu'aide personnel du général Slater.

— Nom de Dieu ! s'écria Warden avec la dose de stupéfaction voulue.

Holmes sourit modestement et poursuivit :

— Ceci ne se produira pas avant un mois ou deux, mais c'est aussi sûr que deux et deux font quatre. Si vous n'étiez pas en voie de devenir officier vous-même et si je n'avais pas cru que cela puisse vous aider, je ne vous en aurais rien dit. Mais, lorsque je quitterai cette unité, je vous proposerai pour une permission de deux semaines. Qu'en pensez-vous ?

— Je la préférerais maintenant, gémit Warden, et je voudrais les trente jours, puisqu'ils me reviennent de droit...

Dynamite secoua la tête.

— Je vous fais une proposition équitable, sergent. C'est beaucoup plus une proposition de frère d'armes qu'une proposition d'officier, mais, comme vous allez le devenir vous-même, je vous traite d'ores et déjà en égal... Alors, sergent, qu'en pensez-vous ? Deux semaines, dans deux mois d'ici. C'est le mieux qu'il soit possible de faire, étant données les circonstances.

— Entendu, marmotta Warden.

Inutile d'insister davantage. Lorsqu'on presse une orange au-delà d'un certain point, non seulement il n'en sort plus une goutte de jus, mais on déchire la peau de l'orange.

— Allons, à tout à l'heure, sergent, dit gaiement le capitaine. Il faut que j'aille jusqu'au Q.G.

De la fenêtre de la salle de service, Warden le regarda traverser la cour.

« Deux mois, songea-t-il. Deux longs mois. Il y avait de fortes chances pour que cette vieille toupie de Gert Kipfer rempochât un peu de sa galette, entre-temps. »

Faute de trente jours, il fallait bien en accepter dix. Faute de Karen aujourd'hui, il fallait bien se contenter de l'avoir dans deux mois. Faute d'une permission de trente jours maintenant, il fallait bien accepter une permission de deux semaines dans deux mois. Le Prophète lui-même était allé à la montagne, lorsque la montagne avait refusé de venir à lui. C'était la façon normale de procéder, et personne ne pourrait jamais rien contre ça.

40

Pour les hommes de la deux, Jack Malloy était une énigme. Prew en vint à le connaître mieux que quiconque pendant les « trente » jours que passa Maggio dans le trou. Ce fut pour Prewitt une période aussi pénible que dangereuse. Il avait souvent imaginé les dernières conversations d'adieu, la dernière poignée de main, le soir où Maggio lui annoncerait son intention d'agir le jour suivant. Mais, en réalité, les choses se passèrent d'une façon fort différente...

Il y avait un mois que Prew était à la deux et, malgré son courage fantastique, Angelo n'avait pu se décider encore à passer aux actes. C'était une entreprise presque surhumaine devant laquelle Maggio lui-même ne pouvait s'empêcher de reculer, et, lorsque les événements se déclenchèrent enfin, ce fut pour une raison totalement étrangère à sa volonté, qui surprit tout le monde, y compris Angelo, et rendit les adieux impossibles.

Pour quelque raison obscure connue de lui seul, le gardien Tête-de-Navet Turnipseed avait pris Maggio en grippe ; il rappelait le petit Italien à l'ordre à chaque fois qu'il arrêtait son marteau pour reprendre haleine et le couvrait d'injures particulièrement choisies dès qu'il prononçait le moindre mot ; ce jour-là, pour une peccadille, Turnipseed s'approcha d'Angelo, son mousqueton en travers du bras, et le gifla de toutes ses forces. Prew était assez près du petit Italien pour pouvoir intercepter son regard et, pour la première fois, il ne vit pas trace, au fond de ses yeux noirs, de fureur concentrée. Les yeux de Maggio étaient seulement froids et calculateurs, et Prew retint son souffle. C'était la situation même qu'Angelo avait projeté de créer artificiellement, et il ne trouverait sans doute jamais le courage de la provoquer à nouveau s'il laissait passer l'occasion. L'expression d'Angelo était celle d'un homme qui se voit obligé d'accomplir un geste qu'il eût préféré éviter, sous peine de passer pour un lâche à ses propres yeux.

Lorsque Turnipseed recula pour observer l'effet de sa semonce,

Maggio laissa tomber son marteau et sauta à la gorge du gardien avec un long cri de rage. C'était plus que Turnipseed en avait espéré. Pris au dépourvu, il tomba à la renverse, les deux mains d'Angelo solidement crispées autour de son cou. A deux exceptions près, tous ceux qui travaillaient alentour appartenaient à la deux, et personne ne bougea. Turnipseed parvint à se dégager en frappant Maggio à coups de crosse et se releva. Hurlant toujours, Angelo revint à la charge, serrant le garde de trop près pour qu'il pût faire usage de son arme, et Turnipseed n'eut d'autre ressource que de l'assommer avec le canon du mousqueton, exauçant à la lettre les espoirs d'Angelo.

— Salopard ! haleta Turnipseed, le souffle court, en frottant d'une main son cou douloureux. Alors... Qu'est-ce que vous attendez, vous autres ? Allez-y. Essayez de faire quelque chose !

Personne ne bougea, personne ne répondit.

— J'aimerais bien que vous essayiez de faire quelque chose, continua Turnipseed, jetant à la ronde un regard soupçonneux. Ça me ferait plaisir d'en truffer un ou deux. Bande de sagouins. Y en a pas un qu'aurait fait un geste pour empêcher ce maboul de m'étrangler !

Personne ne répondit.

— Prenez-le à deux et portez-le sur la route, aboya Tête-de-Navet. Tous les autres, au boulot, et pas dans quinze jours !

Deux types de la trois s'avancèrent à contrecœur.

— Allez-y, ramassez-le ! glapit Turnipseed. Vous pouvez y aller, il est pas mort. Hé ! continua-t-il à l'adresse des deux autres gardes qui s'étaient approchés et observaient la scène, tenez-moi ces gars-là à l'œil. J'aimerais foutre bien les voir se mutiner. On rigolerait cinq minutes !

Lorsque les deux brancardiers d'occasion ramassèrent Angelo, Prew distingua vaguement l'énorme bosse sur le front de l'Italien et le mince filet de sang qui coulait entre ses yeux. Qu'Angelo mourût dans le trou ou qu'il parvînt à se faire démobiliser en fin de compte, Prew savait, d'ores et déjà, qu'il ne le reverrait jamais. C'était toujours ainsi, dans l'armée, où les amitiés sont le fruit du hasard et des nécessités communes. Mais ce départ laissa un grand vide dans sa vie. Bien qu'il admirât tout autant Milt Warden et Jack Malloy, Prew sentait obscurément que le petit Italien rageur et courageux avait été plus proche de lui que ne le seraient jamais les êtres d'une classe supérieure tels que Malloy ou Milt Warden.

41

Ce fut au cours du mois qui suivit le départ de Maggio que Francis, le petit gars de l'Indiana que Prew avait vu frapper à la tempe par Gras-Double, fut à son tour balancé à la deux, avec les durs.

Ses crises de fureur homicide s'étaient multipliées depuis ce temps-là. Une fois, au réfectoire, il avait retourné son assiette de fayots sur la tête de son voisin de table, puis il avait essayé de l'égorger avec son couteau ; ce qui avait sauvé l'homme, c'est que la coutellerie des réfectoires militaires ne réussirait même pas à couper une motte de beurre en plein été. Le gars de l'Indiana avait passé trois jours dans le trou, aussi doux et aimable que de coutume, mais le jour même où il avait revu la lumière il s'était rué sur le prisonnier le plus proche à la carrière, en brandissant un éclat de silex de dimensions inquiétantes. Parfois, au milieu de la nuit, un des hommes de la trois s'éveillait en sursaut pour se trouver nez à nez avec une sorte de démon aux yeux exorbités qui essayait de l'étrangler. La bagarre arrachait deux ou trois autres prisonniers à leur sommeil, et tout le monde s'asseyait sur le fou jusqu'à ce qu'il eût recouvré son sang-froid. Les gars de la trois avaient toujours loyalement gardé le secret sur ces agressions nocturnes, mais ils avaient fini par établir un système de garde. Sur quoi, un beau jour, Francis s'en prit à Gras-Double lui-même, au réfectoire, reçut un nouveau coup de matraque sur le crâne et fut derechef envoyé dans le trou, d'où il ne remonta que pour venir s'installer à la deux.

Le seul ennui, c'était qu'il n'était pas plus à sa place, parmi les hommes de la deux, qu'un mouton blanc dans une horde de loups. Mais Francis accepta ce déménagement avec son habituelle égalité d'humeur, reconnut Prewitt, dont il rechercha aussitôt l'amitié, et devint le plus fervent admirateur de Jack Malloy.

Là, personne ne se soucia d'établir un système de garde. Les durs de la deux avaient tous pratiqué la bagarre depuis leur première culotte, et personne ne jugeait dangereux le petit fermier de l'Indiana. Si d'aventure l'un d'eux se réveillait avec Francis sur l'estomac, les mains du fou nouées autour de la gorge, il l'envoyait prestement dinguer les quatre fers en l'air, l'endormait d'un bon coup de poing et le recouchait sans histoire. Le lendemain matin, Francis, ayant tout oublié, se réveillait gentil comme tout.

Un après-midi, Prew, qui travaillait à la carrière entre le grand Berry et Stonewall Jackson, remarqua que Francis flottait manifestement dans l'état de béate hébétude qui précédait ses crises. Dès que le fermier laissa choir son marteau et promena autour de lui un regard égaré, les trois gars lui sautèrent dessus et le maintinrent solidement jusqu'à ce qu'il se calmât. Puis ils reprirent leur travail comme si de rien n'était. Un peu plus tard, le gars de l'Indiana vint vers eux et supplia qu'on lui cassât un bras.

— T'es complètement maboul ! s'exclama Prew.

— Je veux aller à l'hôpital, expliqua le gars avec obstination. J'en ai marre de ce sale trou.

— Et comment que tu veux qu'on te le casse, ton bras ? Sur un genou, comme un morceau de bois ? Ça se casse pas si facilement que ça, un bras.

— J'y ai pensé, triompha le gars. Je peux caler mon bras entre deux cailloux, et vous me taperez dessus avec une masse.

— Possible, mais ne compte pas sur moi pour ça, murmura Prew, vaguement écœuré.

— Et toi non plus, tu veux pas me casser le bras, Stonewall ? marmotta Francis.

— D'abord, pourquoi que tu veux aller à l'hosteau ? grogna Jackson. C'est pas mieux qu'ici. J'y ai été, moi, à l'hosteau, et je peux t'en causer.

— En tout cas, y a pas de Gras-Double, et t'es pas obligé de casser des cailloux toute la journée.

— Non, seulement tu t'emmerdes tellement à regarder à travers leurs saloperies de fenêtres grillagées que t'as hâte de revenir casser des cailloux.

— La boustifaille est meilleure !

— Ça, oui, mais tu t'en lasses quand même.

— Alors, tu veux pas me casser le bras ? T'es pas un pote, reprocha doucement Francis.

— Oh ! je veux bien te rendre service, protesta Jackson, mais j'aimerais mieux autre chose.

Le grand Berry s'avança d'un pas.

— Je le ferai, moi, si tu y tiens vraiment, Francis. Où c'est qu'y a des cailloux potables ?

Le visage de Francis rayonna :

— Là-bas, où je travaille, j'en ai préparé deux.

— O.K. ! Allons-y. Ça vous fait rien, non ? demanda-t-il aux deux autres. S'il en a vraiment marre à ce point-là, le p'tit, y a pas de raison de lui refuser ça.

— C'est pas mes oignons, fit Prew. Je comprends son point de vue, mais je me sens pas de le faire, voilà tout.

— Moi idem, approuva Jackson.

— Fais gaffe à ces deux salopards de gardiens, murmura seulement Prew.

— Si j'attends qu'y z'aillent faire un tour, on risque d'être là jusqu'à la fin des siècles, riposta Berry.

— Y vont probablement se déplacer dans un petit moment, insista Prew.

— Aaaah ! merde pour eux, gronda Berry. Y sont trop gourdes pour comprendre ce qu'y se passe, de toute façon.

Francis s'agenouilla dans la poussière et posa son avant-bras gauche, comme un pont jeté en travers d'un gouffre, sur deux cailloux plats écartés l'un de l'autre d'une vingtaine de centimètres.

— Comme ça, ça risque pas de me briser une articulation, expliqua-t-il gentiment. Je préfère que ça soit le bras gauche, parce que ce sera plus facile de manger avec le droit, et je pourrai quand même écrire à mon dab... O.K. ! Vas-y !

— Gi ! Voilà, servi, répondit le grand Berry, qui mesura soigneusement l'endroit à frapper et abattit son marteau avec la puissance et la précision d'un vieux bûcheron entamant le tronc d'un arbre.

Le cri que poussa Francis contenait autant de surprise que si le choc eût été inattendu. Puis il se releva, le visage verdâtre, et contempla son avant-bras qui enflait à vue d'œil.

— Les gars, je crois que j'ai une double fracture, dit-il béatement. Au moins pour trois semaines à l'hosteau. Peut-être plus...

Il s'interrompit, tomba brusquement à genoux, soutenant son bras gauche avec sa main valide et vomit.

— Foutre, ça fait mal, murmura-t-il lorsqu'il fut parvenu à se relever. J'aurais jamais cru que ça faisait aussi mal ! Merci quand même, Berry, merci beaucoup.

— De rien, riposta Berry. Content de t'avoir rendu service, mon gars.

— Ben, y me reste plus qu'à aller montrer ça aux gardes, murmura Francis. A un de ces jours, les potes.

Il s'éloigna en soutenant amoureusement son bras fracturé.

— Cré bon Dieu ! souffla Prewitt, le dos ruisselant de sueur froide.

— Sûr que j'en ferais pas autant, dit Jackson, même si ça devait me faire sortir d'ici du jour au lendemain.

— Dites, vous avez jamais entendu parler des gangsters qui s'opèrent eux-mêmes, quand y z'ont une balle dans la peau ? ricana Berry. C'est encore pire que ça.

— J'en ai jamais entendu parler ailleurs qu'au cinéma, objecta Prew.

Là-bas, le garde décrochait le téléphone de campagne, et le camion de deux tonnes cinq arriva à toute allure, repartit avec le jeune fermier de l'Indiana.

— Servi, enlevé, pesé, rigola Berry. Je sais pas ce qui me retient d'en faire autant.

Lorsqu'ils rentrèrent au camp, ils apprirent que Francis avait été transporté à l'hôpital pour fracture simple, et ils respirèrent. Tout sembla normal.

Puis, après la soupe, juste avant l'extinction des feux, Gras-Double et le major Thompson en personne surgirent dans la baraque deux, une matraque sous le bras. Trois gardes armés de mousquetons restaient près de la grille fermée. En regardant le major, Prew eut un petit frisson et pensa qu'il n'aurait pas fait une autre tête s'il eût surpris sa femme en flagrant délit d'adultère.

— Le prisonnier Murdock s'est cassé le bras cet après-midi et a été envoyé à l'hôpital, commença le major en promenant sur les hommes son regard rageur. Il a été envoyé à l'hôpital parce que, nous autres, nous aimons laver notre linge sale en famille, mais nous ne sommes pas dupes : Murdock ne s'est pas cassé le bras tout seul. C'est là un genre de plaisanterie que nous n'apprécions guère ici. Et Murdock, quand il reviendra, saura qu'il ne fait pas bon tirer au cul quand on est au dur. Et maintenant, qui a cassé le bras de Murdock ?

Pas un cil ne bougea. Pas une voix ne répondit.

— C'est bien. Je vois qu'il est temps que vous appreniez, à la baraque deux, qui est le chef. Je vous donne une dernière chance : que le coupable sorte des rangs.

Et, comme les prisonniers restaient impassibles, il appela simplement :

— Sergent !

D'un bout à l'autre de la ligne des prisonniers, Gras-Double, équitablement, demanda par cinq fois :

— Qui a cassé le bras de Murdock ? distribuant non moins équitablement ses coups de matraque dans les ventres et dans les tibias.

Et, d'un bout à l'autre de la ligne de prisonniers, Gras-Double ne reçut qu'une seule réponse :

— Je ne sais pas, sergent.

Il ne put lire sur les visages, quels qu'ils fussent, que mépris et dégoût. C'étaient les gars de la deux, et les gars de la deux formaient un bloc solide comme le roc.

Mais ni le mépris, ni le dégoût ne pouvaient troubler Gras-Double.

Gras-Double faisait son travail méthodiquement, parce qu'il aimait la belle ouvrage bien faite. Lorsqu'il eut terminé, il revint près du major, et tout deux se dirigèrent vers le grand Berry. Et, lorsque le major demanda lui-même, cette fois : « Qui a cassé le bras de Murdock ? », tous les gars de la deux comprirent que le major savait.

Les yeux droit devant lui, Berry resta impassible. Gras-Double le frappa, et le grand Berry sourit.

— Voyez-vous, dit le major doucement, il se trouve justement que nous savons qui a cassé le bras de Murdock...

Gras-Double frappa encore, et le grand Berry sourit.

— Sortez du rang, dit le major.

Berry avança de deux pas, reçut la matraque de Gras-Double sur le nez, s'agenouilla, le sang coulant à flot de ses narines. Quand il se releva, il sourit au major de ses lèvres ruisselantes de pourpre.

— Vous vous prenez pour un dur, Berry, dit le major en lui

martelant la poitrine de petits coups de matraque. Je vais vous apprendre comment on traite ici les prisonniers qui se prennent pour des durs. Une dernière fois, est-ce vous qui avez cassé le bras de Francis Murdock ?

— Va te faire foutre ! riposta Berry d'une voix rauque ; et la matraque du sergent s'abattit sur les lèvres qui avaient prononcé ce blasphème.

Berry chancela, mais ne tomba pas. Ses yeux se voilèrent, et il cracha dédaigneusement deux dents aux pieds de Gras-Double.

— Si jamais je sors d'ici vivant, Gras-Double, dit-il en souriant, j'aurai ta peau. Je te jure que j'aurai ta peau. Je te trouverai dans un coin et je te mettrai les tripes à l'air, si tu ne m'as pas tué avant.

Les menaces, comme le mépris ou le dégoût, laissaient Gras-Double insensible. Tout ce qu'il savait faire, c'était obéir et cogner. Il leva sa matraque, mais le major l'arrêta d'un signe :

— Inutile de salir cette baraque plus que nécessaire. Conduisez cet homme au gymnase. Vous autres, nettoyez ce gâchis.

— Bas les pattes, gronda Berry en se dégageant d'une secousse comme le sergent essayait de l'entraîner. Je peux encore marcher.

La grille se referma sur eux.

Les gars de la deux nettoyèrent le plancher sans un mot. Et Berry se mit à hurler. C'était la première fois qu'un gars passé à tabac au gymnase hurlait. Et comme il s'agissait du grand Berry, c'est que la chose était sérieuse, que le major et Gras-Double s'entêtaient, que la rage avait rompu la dernière barrière imposée par papa Thompson. Le fait que les lumières ne soient pas encore éteintes à neuf heures passées démontrait la gravité de la situation. Il était quelque chose comme onze heures lorsque le major revint. Les gardes qui l'accompagnaient avaient mousqueton au poing et revolver au côté. Les gars de la deux marchèrent jusqu'au gymnase et se disposèrent sur trois côtés de la salle, les gardiens derrière eux, prêts à tirer. Debout, appuyé au mur, le grand Berry souriait toujours, de sa bouche tuméfiée. Le sang coulait de son nez fracassé, et ses yeux étaient clos. De ses oreilles à demi décollées, sourdait un mince filet noirâtre.

— Bon Dieu ! Il est mort, souffla une voix horrifiée derrière Prew.

Gras-Double, Turnipseed et Brownie, manifestement épuisés, flanquaient le grand Berry.

— Voilà le sort que nous réservons à ceux qui se croient capables de faire marcher l'armée, cria Thompson. Sergent !

— Demi-tour, ordonna Judson au prisonnier. Face au mur.

— Tue-moi, Gras-Double, chuchota Berry, et le sang coula plus fort de sa bouche. Tue-moi tout à fait, sinon, c'est moi qui aurai ta peau

Il hurla quand Judson lui envoya un coup de genou dans les testicules.

— Demi-tour, aboya le sergent Judson. Face au mur.

Cette fois, Berry obéit :

— Bougre de salaud ! réussit-il à dire encore. Tue-moi, ou je t'aurai...

Il semblait que ce fut la seule idée cohérente qui lui restât et qu'il s'acharnait à la fixer à tout jamais dans son esprit. Il continua à psalmodier sa litanie entre ses dents quand Gras-Double demanda une fois de plus :

— C'est toi qu'as cassé le bras de Murdock ?

Seule, la menace de Berry lui répondit.

— Brow ! ordonna-t-il, cogne !

La matraque de Brow s'abattit en travers des reins du grand Berry. Berry hurla, toussa, cracha du sang.

— Va te faire enc... murmura-t-il. Je t'aurai, Gras-Double.

Même quand les hommes furent revenus à la deux et que les lumières furent éteintes, les hurlements ne s'arrêtèrent point au gymnase, et les gars ne dormirent pas de la nuit, tendus vers la salle où le grand Berry saignait sous les coups sans plier.

Le grand Berry mourut le lendemain vers midi. « Hémorragie cérébrale et lésions internes provoquées vraisemblablement par une chute du haut d'un camion », dit le rapport.

— Je tuerai Gras-Double, dit Prewitt à Jack Malloy. Je jure de le descendre. Une fois libéré, je le retrouverai en ville et je lui trouerai la peau, je l'aurai comme il a eu Berry.

— Il le mérite, dit simplement Malloy. Mais pas plus que Thompson. C'est Thompson qui donne les ordres.

— Possible. Mais le major est un officier. On s'attend à ça de la part d'un officier, d'un type sorti de West Point. On sait bien qu'ils sont de l'autre côté de la barricade, eux. Mais Gras-Double est un gars qui s'est engagé, un gars comme toi et moi, un homme de troupe. Et il se retourne contre nous.

Jack Malloy le regarda avec curiosité et dit lentement :

— Tu aimes l'armée, pas vrai ?

— Je sais pas, avoua Prew en baissant la tête. Peut-être que oui. J'ai toujours eu l'intention d'y tirer mes trente ans.

— Alors, c'est que tu aimes l'armée. Et Gras-Double fait partie de l'armée contre ton sergent-chef Warden, dont tu parles tout le temps. Sans les Gras-Double, tu n'aurais pas les Warden. Et, quand il n'y aura plus de Gras-Double, y aura plus de Warden et y aura plus d'armée.

— Je comprends ce que tu veux dire, Jack, mais je ferai quand même son affaire à Gras-Double. J'ai pas le choix. C'est le seul moyen que j'ai de me montrer que je suis encore un homme.

— O.K. !

Jack Malloy haussa les épaules, et son regard parcourut le baraquement dans toute sa longueur. Les lumières étaient éteintes, les hommes dormaient.

— O.K. ! répéta Jack. Je vais te dire quelque chose à mon tour. Quelque chose que je voulais garder pour moi. Je vais foutre le camp d'ici.

Prew sentit un silence qui n'était pas seulement celui de la nuit se refermer lentement sur lui.

— Comment feras-tu ? murmura-t-il.

— C'est facile. Je volerai des outils au garage et je percerai un trou dans ces murs.

— Mais les projecteurs ?

Malloy sourit dans la lueur rouge de sa cigarette.

— N'aie crainte. Je ne me laisserai pas repérer.

— Le grillage électrifié ? Le système d'alarme ?

— Une pince à poignées isolantes et un grand bout de fil métallique pour chaque brin coupé, afin de fermer le circuit. Je m'évaderai du garage. Pas un type là-bas n'essaiera de m'arrêter.

— L'argent ?

— Pas besoin. J'ai des amis en ville. Ils me donneront des fringues et me cacheront jusqu'à ce que je regagne les États.

— On dit que les États vont entrer en guerre, Jack...

— Oui. Et je rempilerai aux États sous un faux nom.

— Emmène-moi, Jack, supplia Prew.

Jack Malloy releva la tête, et, à la lueur confuse de la cigarette, Prew vit le sourire le plus triste, le plus tendre, le plus amer qu'il eût jamais vu sur un visage humain.

— Tu ne sais pas ce qui t'attendrait si tu venais avec moi. J'ai déjà été traqué...

— Moi aussi, Jack.

— Pas comme moi, de ville en ville, de shérif en shérif. Cette fois, il y a cinquante chances sur cent pour que je ne revoie jamais les États. Ta place, à toi, c'est dans l'armée. Tu as beau dire et beau faire, tu l'aimes. Moi, je n'ai jamais rien aimé suffisamment pour y trouver ma place. Ce que je cherche à aimer, je ne le trouverai jamais. Je ne te dirai pas au revoir, p'tit gars, parce que je ne sais pas quand viendra le moment de partir. Alors, ne pense plus à ce que je t'ai dit. Oublie-le, jusqu'à ce que tu ne me revoies plus. Tu sauras que Jack Malloy a gagné la belle...

— Bon Dieu ! jura Prew en serrant les poings, on dirait que la vie s'acharne à vous coller avec des gens qu'on n'aime pas et à vous séparer des amis...

— Ça, c'est de la merde, articula Malloy avec une vulgarité qui n'était pas habituelle chez lui. De la merde sentimentale. Que je t'entende jamais dire un truc pareil. Maintenant, rideau. Et roupillons.

Il s'évada une semaine plus tard. C'était la première fois depuis dix ans qu'un homme s'évadait du camp, et toute la police de l'île fut alertée. Mais Jack Malloy semblait s'être volatilisé, et les hommes de la deux se sentirent aussi fiers de lui que les membres d'un parti dont le leader aurait triomphé aux élections. Puis son évasion sombra insensiblement dans le néant des vieilles histoires.

Prew continua à casser des cailloux, à charger le silex concassé dans les camions. Travail sans but, travail sans fin, mains saignantes, calleuses, cornées. Pas de danger qu'on manquât un jour de montagne, au camp disciplinaire de Shofield. Les muscles vous faisaient mal et durcissaient à vue d'œil. Et le ventre vous faisait mal, chaque fois qu'on pensait à une femme. On ferait un drôle de soldat, dur, implacable, et infiniment dangereux, le jour où on sortirait du camp disciplinaire de Shofield...

42

En comptant le rabiot que lui avait valu son séjour au fond du trou et son transfert à la deux, Prew resta quatre mois et dix-huit jours au dur. Lorsqu'il réintégra son unité, la G avait changé de fond en comble.

Warden était absent, en permission de deux semaines. Leva était parti, muté à la M, avec le grade de sergent. Maylon Stark était passé sergent-chef et le lieutenant Culpepper commandait temporairement la compagnie. Dynamite Holmes avait été réaffecté au quartier général de la brigade avec le grade de major et il avait emmené Jim O'Hayer avec lui. On attendait un nouveau commandant de compagnie, un capitaine, qui devait arriver des États. La G n'était plus la G. C'était un monde tout différent de celui dont Prew avait gardé le souvenir.

Il alla toucher sa literie, son équipement et son ancien coffre avec tous ses effets personnels au magasin d'habillement. C'étaient les mêmes couvertures, la même cartouchière, le même paquetage, mais ce n'était plus Leva qui siégeait derrière le comptoir. C'était Malleaux, le nouveau sergent-fourrier, derrière lequel souriait amicalement Pete Karelsen, encore de service temporaire au magasin. Ils lui posèrent des tas de questions, au sujet de Maggio. Prew parla peu. Il s'était promis d'attendre neuf jours avant d'agir.

Il y avait beaucoup de nouveaux, et pas mal d'anciens avaient fini leur temps et quitté la compagnie pendant l'absence de Prew. A la soupe du soir, tous les nouveaux regardèrent Prew avec une sorte d'effroi respectueux.

Ce même soir, Prew, assis sur son plumard, étudia en silence le nouveau Garand M-I qui avait remplacé son ancien Springfield. Choate et tous les autres chefs de groupes et chefs de sections vinrent lui serrer la main et lui flanquer de grandes claques dans le dos, sauf le sergent Ike Galovitch, qui resta obstinément seul, boudeur, dans son coin. Le « traitement » était fini, selon toutes les apparences.

Tout le monde voulait savoir ce qu'était devenu Maggio. Prew ne dit rien. Il s'était promis d'attendre neuf jours avant d'agir.

Depuis le départ d'Holmes, boxeurs et sportifs n'avaient plus dans la compagnie qu'une importance fort restreinte. Toutes les forces et contre-forces qui avaient amené la catastrophe étaient révolues, évanouies, passées de mode. On attendait le nouveau commandant de compagnie d'un jour à l'autre. Prew ressentait la même impression qu'un alpiniste cramponné au flanc d'une montagne, à qui l'on a lancé trop tard la corde salvatrice, et qui la voit pendre, désormais inutile, à quelques mètres de sa tête, tandis qu'il commence à tomber dans le vide.

Mais aucun d'entre eux, mais rien ici ne semblait plus avoir d'importance, à présent. Ces hommes n'étaient pas réels. Seuls, le dur conservait sa réalité. Ces hommes ne pouvaient plus arriver jusqu'à lui à travers la réalité unique du camp disciplinaire et des neuf jours d'attente qu'il s'était imposés.

Prew attendait. Prew se forçait à attendre neuf jours. Pas une fois il ne sortit de la caserne. Pas une seule fois il ne succomba à la tentation d'aller voir Alma dans la petite maison familière.

Le nouveau commandant de compagnie, un premier lieutenant et non le capitaine attendu, arriva le cinquième jour, prit la G en charge et fit un beau discours. Il s'appelait Ross, il était juif et c'était un officier de réserve qui venait tout juste d'être réintégré. Le lieutenant Culpepper, dont le père et le grand-père avaient commandé le bataillon, puis le régiment, n'était pas particulièrement content. Il avait attendu un capitaine, on envoyait un lieutenant pour le remplacer, lui, lieutenant lui-même, et Culpepper par-dessus le marché. Le lieutenant Culpepper avait une triste opinion du lieutenant Ross en tant que soldat, mais, pour le simple soldat Robert E. Lee Prewitt, ce changement ne changeait absolument rien. Il attendait le moment de venger le grand Berry et tous les gars du dur.

Il n'avait pas l'intention de se sacrifier pour eux s'il pouvait faire autrement. Il voulait non seulement survivre, mais vivre sa vie dans l'armée. Il s'était assuré, avant de quitter le dur, que d'autres prisonniers seraient libérés après lui, au cours de ces neufs jours. Cela répartirait les soupçons, même si l'on ne tenait pas compte des centaines de prisonniers qui étaient passés avant lui par le dur. Neuf jours était un chiffre suffisamment insolite pour ne pas éveiller l'idée d'une période préméditée, comme dix jours ou bien une semaine. Et Gras-Double Judson se rendait à la *Cabane Bambou* presque tous les soirs. Rien ne pressait, par conséquent.

Prew acheta le couteau chez un vieux Chinois de la rue des Hôtels, le soir où il descendit en ville. Il le choisit soigneusement parmi une douzaine de couteaux exactement semblables, noyés dans un fouillis de sifflets, d'insignes, de boucles de ceinture et autre bric-à-brac du même genre. C'était peut-être le dixième couteau similaire qu'il possédait depuis son enfance. Le Chinetoque en vendait probablement une demi-douzaine chaque jour. Il le paya en petite monnaie, quitta la boutique, tâta le fil du couteau, en éprouva soigneusement le ressort, puis le rangea dans sa poche et s'en alla boire un verre.

La *Cabane Bambou* était une de ces boîtes faussement pittoresques, fréquentées par des soldats, où les touristes peuvent se rendre sans danger lorsqu'ils veulent voir l'armée dans son habitat naturel. C'était un établissement très moderne, brillamment éclairé par des tubes fluorescents, et d'une classe légèrement inférieure au bar-restaurant chinois de Wu Far. Tout aussi lucide que s'il eût été parfaitement à jeun après une douzaine de verres, Prew guetta Gras-Double au coin de l'allée obscure qui conduisait à la *Cabane Bambou*, lorsque la boîte ferma ses portes à une heure du matin.

Gras-Double sortit enfin, en compagnie de deux marins. Des camarades de boisson, à n'en pas douter. Rien à craindre de ce côté-là. Un des marins en racontait une bien bonne, et Gras-Double se tordit de rire. C'était la première fois que Prew entendait le rire du sergent Judson.

Comme ils s'éloignaient en direction de la rue Beretania, Prew sortit de sa cachette, envahi par un sentiment d'attention concentrée qu'il n'avait que bien rarement connu dans sa vie, sauf lorsqu'il jouait du clairon.

— Salut, Gras-Double, dit-il.

Le vieux sobriquet usité au dur le cinglant aussi sûrement qu'un lasso, le sergent Judson s'arrêta et se retourna. Les matelots s'arrêtèrent pile.

— Ça, alors, ricana Gras-Double, en plissant les paupières pour mieux distinguer les traits de Prew dans la semi-obscurité. Allez, les gars, enchaîna-t-il à l'adresse de ses compagnons. On se reverra la semaine prochaine. C'est un vieux copain à moi que j'ai pas vu depuis un bon bout de temps. On a à causer.

— O.K. ! Jud, répliqua l'un des matelots d'une voix incertaine. A la semaine prochaine.

Ils s'en furent vers la rue Beretania, et Gras-Double s'approcha de Prew.

— Merci, murmura Prew.

— De quoi ? s'informa Gras-Double en souriant. J'ai pas besoin d'une escorte. T'as quèque chose à me dire, Prewitt ?

— Oui. Viens là-bas au coin, qu'on puisse bavarder tranquillement.

— A ton service, ricana Gras-Double.

Il contourna la *Cabane Bambou*, bras ballants et légèrement penché en avant, comme un vieux pugiliste s'attendant à une attaque.

— Quelle impression ça fait d'être dehors ? s'enquit-il narquoisement.

— C'est à peu près comme je m'y attendais, riposta Prew.

— Alors ? Qu'est-ce que t'avais à me dire ? J'ai pas toute la nuit devant moi.

— Ça, répliqua Prew.

Il sortit son couteau de sa poche, l'ouvrit, et le déclic résonna comme un coup de tonnerre dans le silence de la nuit.

— J'ai entendu dire que t'avais toujours une lame sur toi. Montre-la.

— Peut-être que j'en ai pas, ricana Gras-Double.

— J'ai entendu dire que tu sortais jamais sans.

— Supposons que je veux pas m'en servir ?

— Tant pis pour toi.

— Supposons que j'essaie de me cavaler ? ricana Gras-Double.

— Je te rattraperai.

— On pourrait te voir. Et si j'appelle au secours ?

— Je me ferais peut-être coffrer. Mais ça te sauverait pas.

— T'as tout prévu, pas vrai ?

— A peu près.

— Dans ce cas-là...

Gras-Double haussa les épaules, sortit sa lame et fit un pas en avant, incroyablement rapide pour un aussi gros homme. Derrière eux, la porte de la *Cabane Bambou* s'ouvrit tout à coup, livrant passage à un groupe de buveurs attardés, dont les voix décrurent dans la direction de la rue Beretania.

— Mais j'aime pas prendre leurs joujoux aux enfants, ricana Gras-Double.

Son couteau oscillait lentement d'avant en arrière comme la tête d'un serpent, tandis qu'il s'en venait à la rencontre de son adversaire, la lame dans la main droite, le pouce appuyé à la virole, le bras gauche levé en guise de garde, les épaules voûtées, dans la position classique du surineur expérimenté.

La *Cabane Bambou* vomit ses derniers clients dans la nuit, leurs voix s'évanouirent lentement, tandis que Prew et Judson tournaient en rond, à moins d'un mètre l'un de l'autre.

Gras-Double porta sa main gauche vers le visage de Prew, feinta avec sa lame au-dessus de la garde de son adversaire et, Prewitt ayant levé la main pour parer le coup, Gras-Double modifia la trajectoire de son couteau. La lame acérée brûla les côtes de Prew comme de la neige carbonique et s'enfonça dans le large muscle du dos, sous son aisselle. Il avait abaissé sa main droite une seconde trop tard, et la lame glissa le long de son flanc comme la queue d'une comète.

S'il n'avait pas contre-attaqué au moment précis où Gras-Double l'avait frappé, s'il avait hésité une fraction de seconde, si ses muscles l'avaient trahi à l'instant crucial, le combat se fût terminé sur-le-champ et il n'eût dépendu que de Gras-Double de l'achever ou non. Mais ses années de boxe avaient inculqué à Prew un instinct qui ne requérait plus ni pensée, ni courage. Son couteau pénétra avec une violence terrible dans le corps de Gras-Double au niveau du diaphragme, juste au-dessous des côtes. Contre-punch automatique du droit au plexus solaire.

Ils oscillèrent quelques secondes, cuisse contre cuisse. Puis, le bras de Gras-Double retomba, le couteau rebondit sur les cailloux avec un bruit de ferraille.

Lorsqu'il sentit l'homme s'effondrer, Prewitt pressa fortement son bras gauche contre la brûlure de son flanc, acheva d'enfoncer la lame dans la plaie jusqu'à ce que la virole disparût dans l'ouverture, puis en retourna le tranchant vers le haut et maintint le couteau de toutes ses forces, laissant le corps se déchirer sur la lame, coupant dans la chair vive vers le côté gauche. Il était venu pour tuer Gras-Double, et il ne tenait pas à être obligé de l'achever.

Le sergent Judson atterrit sur son épaule droite et roula sur le dos, la tête appuyée contre le mur, les yeux déjà vitreux. Puis il grogna en levant la main gauche jusqu'à son ventre :

— Tu m'as tué. Pourquoi que t'as voulu me tuer ?

Puis l'expression de surprise et de reproche et d'incompréhension totale avec laquelle il venait de poser sa dernière question se figea avec lenteur sur son visage.

Prew le regarda un instant, vaguement choqué par cette réprobation. Là-bas, dans l'allée, les barmen de la *Cabane Bambou* fermaient la porte de la boîte et s'éloignaient paisiblement.

Prew referma son couteau et le mit dans sa poche. Puis, de son mouchoir, il fit une boule qu'il glissa sous sa chemise, comprimant la blessure avant que le sang ne ruisselât jusqu'à son pantalon. Et, sans hâte, il gagna une autre allée, s'assit par terre et s'adossa au mur. Il se sentait apaisé, en règle avec lui-même.

La rue des Vignes ne devait pas être très loin d'ici. Il avait dépassé la rue Beretania, au-delà de laquelle commençait un des faubourgs indigènes. Il ne connaissait pas le coin. Tout ce qu'il savait, c'était que la rue des Vignes montait vers l'est pendant un bon bout de chemin. Et c'était vers l'est qu'il lui fallait se diriger.

Inutile de se leurrer : s'il rentrait au corps dans cet état, il serait arrêté le lendemain matin, dès que le cadavre de Gras-Double aurait été découvert, en supposant même qu'il parvînt, ce soir, à franchir le portail. Il ne lui restait qu'une seule solution : traverser la ville et monter chez Alma. S'il pouvait aller jusque-là, il serait sauvé.

Le sang avait saturé son mouchoir et recommençait à couler le long de son flanc. Il déplaça le linge, appuya plus fort son bras gauche sur la blessure. Il était fou de songer à monter dans un autobus ou un tramway avec cette chemise déchirée et sanglante, surtout si le sang recommençait à pisser.

Mais, à vol d'oiseau, il devait y avoir sept ou huit kilomètres d'ici à la petite maison d'Alma Schmidt. Il fallait compter un kilomètre ou deux de plus, à cause des détours, pour éviter les rues trop éclairées. Dix kilomètres à pied pour trouver la sécurité. Il ne courrait le risque de héler un taxi — à condition qu'il pût en trouver un dans l'une des rues de traverse — qu'à la dernière extrémité.

Il se paya le luxe de fumer une cigarette avant de repartir et pensa que c'était la meilleure cigarette qu'il eût jamais savourée. Curieux comme les petites choses de ce genre peuvent paraître merveilleuses, lorsqu'on est en si sale posture qu'on se demande si on s'en tirera jamais.

Il s'arracha péniblement à la fausse sécurité de l'impasse ténébreuse. Toute l'aventure commençait à revêtir à ses yeux l'aspect irréel d'un cauchemar, et cela, c'était dangereux. On ne prend jamais les périls tout à fait au sérieux, dans un cauchemar, parce qu'on sait bien, malgré tout, qu'on va s'éveiller d'un moment à l'autre. Mais ce n'était pas un cauchemar. « Ce n'est pas un cauchemar, Prew », se rappela-t-il à lui-même.

« Faudra que tu ailles jusqu'au bout, coûte que coûte. Tire la barre, Prew. Finie, pour toi, l'armée. Quand y te verront pas demain et qu'y trouveront ce vieux Gras-Double dans le coin, y comprendront tout de suite qui c'est qu'a fait le coup. Cette fois-ci, t'es bel et bien déserteur. »

Rue des Vignes... Rue Miller... Rue du Capitaine Cook... Rue Lunalilo. Non, pas la rue Lunalilo. Elle se terminait en cul-de-sac !

Au-delà de l'avenue Kalakahua il y avait des rues de traverse, en direction de la plage, mais de ce côté-ci de l'avenue Kalakahua il n'y avait que des impasses sans issue. Tout ça était bougrement compliqué. Pourquoi tout était-il aussi compliqué, même les choses les plus simples, lorsqu'on se trouvait au pied du mur ?

Il s'égara, revint sur ses pas. Ses nerfs commençaient à lâcher prise. A partir de la rue Alexandre, il ne cessa plus de rire tout seul, sans savoir exactement pourquoi. Il marchait mécaniquement, parcourant rue après rue d'un pas de somnambule. Une seule chose était claire dans son esprit : Alma. S'il pouvait aller jusque chez Alma, il serait sauvé.

En traversant le canal, il laissa glisser le couteau dans l'eau noire et fut pris d'une silencieuse hilarité lorsque les bulles vinrent crever à la surface.

« Ça va te faire une belle cicatrice de plus, Prew. Les cicatrices d'un homme racontent l'histoire de sa vie. Gras-Double devait avoir quelque chose comme cicatrices, lui aussi... »

Ses pieds reconnurent enfin la pente abrupte de la rue qui conduisait à la maison d'Alma Schmidt.

« Tu t'essouffles, Prewitt, mon gars, tu commences à vieillir. Faudrait que tu fasses du sport ! »

Il y avait de la lumière dans la petite maison. Chouette ! Il ne serait pas obligé de chercher sa clef dans toutes ses poches. Il ne se rappelait même pas s'il l'avait emportée. Parole ! Il n'avait jamais eu l'intention de déserter, ni de venir ici ce soir. Il avait l'intention de rentrer à la caserne, tout simplement. Mais c'est le destin qui mène les hommes, pas vrai ?

Il laissa tomber le marteau de bronze. Alma vint ouvrir la porte, Georgette sur les talons. Les deux femmes ouvrirent des yeux terrifiés.

— Mon Dieu ! dit Alma.

— Doux Jésus ! dit Georgette.

— Salut, bébé, dit Prew. Salut, Georgette, la compagnie. Longtemps qu'on s'est pas vu.

Et il s'effondra, la tête en avant, à l'intérieur de la maison.

QUATRIÈME PARTIE

La complainte du rempilé

43

Il ne commença vraiment à souffrir de sa blessure que le lendemain matin.

Mais il savait ce que c'était que souffrir. La souffrance était pour lui comme une vieille amie. Il savait comment l'accueillir et la traiter. La souffrance est comme une eau froide dans laquelle il vaut mieux plonger d'un seul coup, sans chercher à se raidir, plutôt qu'essayer de s'y enfoncer progressivement. Plus on résiste, plus l'on souffre.

Il avait repris connaissance vers les cinq heures, avec l'impression horrible qu'il avait été ramené au dur, pendant son sommeil, et que le major Thompson était en train de lui brûler sous le bras gauche un P majuscule au fer rouge. Et plus il tentait de se débattre pour échapper à la brûlure, plus la brûlure s'accentuait... Il était allongé sur le divan. Georgette, assise au bord du grand fauteuil, l'observait anxieusement. Un peu plus loin, Alma dormait dans la chaise longue de rotin, les yeux clos, soulignés de cernes bleuâtres. Elles l'avaient déshabillé, nettoyé, pansé, durant son sommeil. Il y avait une grosse compresse de gaze sur la blessure elle-même et un large bandage autour de sa poitrine.

— Quelle heure est-il ? murmura Prew.

— Environ cinq heures, dit Georgette en se levant, et Alma, réveillée en sursaut, accourut auprès du divan.

— Comment te sens-tu, mon petit Prew ?

— Plutôt mal. Ce bandage est bougrement serré.

— C'est exprès, dit Alma. Tu as perdu pas mal de sang. On te l'enlèvera demain et on t'en mettra un autre moins serré.

— Qu'est-ce que ça dit ? s'informa-t-il.

Georgette fit la moue :

— C'est pas joli, joli, mais ç'aurait pu être pire. Y a pas de muscles sectionnés. Tu peux remercier le bon Dieu de t'avoir donné des côtes, mon garçon.

— Vous auriez dû être infirmières, toutes les deux.

— Toutes les putains devraient avoir leur brevet d'infirmières, s'esclaffa Georgette. Y a des moments où c'est bien utile.

— Et l'autre ? demanda Alma avec curiosité.

— Mort, dit Prew, laconique.

Le sourire des deux femmes s'estompa graduellement.

— Qui c'était ?

— Le gardien-chef du camp disciplinaire.

— Oui ?... Eh bien ! je vais aller te faire chauffer un bol de bouillon de viande, fit Georgette. T'as besoin de reprendre des forces.

Alma la suivit des yeux jusqu'à ce qu'elle eût disparu dans la cuisine.

— Tu voulais le tuer ?

— Oui.

— C'est bien ce que je pensais. C'est pour ça que tu es venu ici, pas vrai ?

— Non, je te jure. Je voulais rentrer à la caserne. Je serais venu te voir dans un jour ou deux.

— Il y a combien de temps que tu es sorti ?

— Neuf jours, répliqua-t-il automatiquement.

— Plus d'une semaine, murmura-t-elle, et tu ne m'as même pas téléphoné !

— Je voulais pas risquer de te causer des ennuis. J'avais pas pensé que je pourrais me faire assaisonner moi-même au point de ne pas pouvoir rentrer au corps... T'as pas vu Warden pendant que j'étais là-haut ? Je lui avais dit de venir.

— Si, répondit Alma. Il est venu au *Nouveau Congrès*. Autrement, j'aurais même pas su que tu étais en prison. Tu aurais tout de même bien pu m'écrire.

— Tu sais, j'ai jamais été fichu de tourner proprement une lettre, avoua Prew.

— Oh ! alors..., ironisa-t-elle.

— Est-ce que Warden...

Il s'interrompit, releva la tête.

Elle le regarda, méprisante, attendant la suite.

— Est-ce que Warden... quoi ? S'il est monté avec moi ? Il s'est conduit comme un parfait gentleman, si c'est ça que tu veux dire ?

Prew hocha vaguement la tête et tenta de se représenter Warden sous les traits d'un parfait gentleman, y réussit mal.

— C'est un chic type, concéda-t-il. Mais tu peux pas savoir ce que c'était, là-haut. Quatre-mois et dix-huit jours, avec des heures d'insomnie, tous les soirs, après l'extinction des feux... Sans parler de tout le reste.

Toute trace de mépris déserta le visage d'Alma. Un sourire maternel, tendre et fier éclaira son visage.

— Tu en as vu de dures, murmura-t-elle, pleine de remords et de sollicitude. Et je suis là à te dire des mots, pendant que tu souffres et que tu as besoin de repos. J'ai bien peur d'être amoureuse de toi, Prew.

Prew la regarda d'un air de triomphe, bien que sa blessure fût en train de le torturer, songeant que c'est bougrement plus difficile de gagner l'amour d'une putain — qui connaît trop bien la musique — que celui d'une femme respectable. « Peu d'hommes parviennent à se faire aimer de vraies putains », songea-t-il avec orgueil.

— Tu en as vu de dures, répéta Alma, pleine d'admiration.

— Je pourrai pas rentrer, même quand je serai guéri, murmura Prew avec une sorte de calme désespoir. Quand y me verront pas aujourd'hui, y comprendront que c'est moi qui a fait le coup.

— Ici, tu es en sûreté. Personne ne sait qui nous sommes. Tu peux rester si tu le désires, conclut Alma en regardant Georgette d'un air interrogateur.

— Aussi longtemps que tu le voudras, fiston, souligna Georgette.

— Ce n'est pas de ça qu'on parlait, dit Alma. Mais c'est bien ce que j'allais te demander.

— J'ai toujours eu un faible pour les cinglés, déclara Georgette. Et je dois rien à la loi, à part ma visite médicale gratuite, tous les vendredis.

— Je suis un meurtrier, aux yeux de la loi, leur rappela Prew avec honnêteté.

— En parlant poliment, dit Georgette, merde pour la loi. Tu peux t'asseoir, pour boire ton bouillon ?

— Et comment !

Il se redressa d'un effort brusque, et tout un feu d'artifice explosa devant ses yeux, tandis qu'une brume chaude s'étendait alentour.

— Bougre de triple idiot ! dit Alma, furieuse. Tu veux recommencer à saigner ? Recouche-toi tout de suite et laisse-moi t'aider.

— Je suis assis, maintenant, riposta Prew d'une voix faible. Mais tu m'aideras à me recoucher quand j'aurai bu le bouillon.

— T'as pas fini d'en boire, lui prédit Georgette en approchant le bol des lèvres de Prew. Tu vas même en boire tellement que t'en auras sans doute marre avant peu.

— Pour l'instant, c'est fameux, dit-il entre deux gorgées.

— Attends jusqu'à demain.

— Demain, dit Alma en souriant, on te fera manger un bon gros beefsteak, pas trop cuit et bien saignant.

— Avec du foie et des oignons, ajouta Georgette.

— Arrêtez, arrêtez, gémit-il. Vous êtes en train de m'achever.

Il y avait maintenant sur le visage des deux filles la même expression de tendresse béate.

Alma lui glissa une cigarette entre les lèvres et la lui alluma, après l'avoir aidé à se recoucher. Il souffrait énormément, mais il savait par expérience qu'il souffrirait encore davantage le lendemain. « O.K. ! O.K. ! », pensa-t-il en se laissant glisser à nouveau dans cette irresponsabilité bienheureuse qui semble être la compensation accordée aux grands malades.

— O.K. ! dit-il, ça va, maintenant. Vous pouvez vous recoucher.

Il resta longuement éveillé, dents serrées contre la souffrance et bouillant de fièvre, mais content tout de même, car il entendait, non loin de lui, les respirations conjuguées des deux femmes, tangibles, consolantes, rassurantes. C'était presque comme un retour au bercail.

Il était moins bien le lendemain matin, lorsqu'il se réveilla. Alma et Georgette avaient exploré le journal de fond en comble. Mais il n'y avait rien encore sur la découverte du cadavre.

Alma avait téléphoné à la mère Kipfer qui, avec des tas de lamentations, lui avait octroyé trois jours de repos. La mère Kipfer n'avait pas cru un instant qu'elle avait ses règles, mais c'était l'excuse classique des filles (l'équivalent de la grand-mère morte dans le métier militaire). Personne n'était censé y ajouter foi.

Si Prew s'était attendu à voir la nouvelle du meurtre s'étaler en première page avec son nom en caractères gras, il fut déçu. Le récit de l'affaire parut le lendemain en page quatre, sous forme d'un bref entrefilet disant que le cadavre du sergent James R. Judson, originaire du comté de Breathitt, dans le Kentucky, avait été trouvé au fond d'une impasse, à proximité du bar-grill-room *La Cabane Bambou*. On supposait qu'il s'agissait là d'une vengeance d'ancien prisonnier, et la police voyait un coupable possible en la personne d'un convict récemment évadé du nom de John J. Malloy. Aucun témoin ne s'était encore présenté.

Prew souffrait beaucoup trop pour pouvoir se concentrer sérieusement sur la signification de cet article, mais il parvint tout de même à en déduire une ou deux petites choses. D'abord, les deux marins qui étaient sortis de la *Cabane Bambou* en même temps que Gras-Double ne s'étaient pas présentés et ne se présenteraient probablement jamais. Ensuite, un gars avait apparemment découvert le corps avant la police et s'était approprié le couteau de Gras-Double. Et, enfin, le nommé John J. Malloy, récemment évadé, dont il était question dans l'article, ne pouvait être que Jack Malloy en personne !

Le plus clair de l'histoire, à son avis, c'était qu'on lui tendait un piège à lui, Prewitt-le-meurtrier, pour l'inciter à rejoindre sa compagnie dans l'espoir de s'en tirer avec une simple punition pour désertion temporaire. Là, on le cueillerait comme une fleur... Ils pouvaient courir. Pas folle, la guêpe !

Quant à John J. Malloy, ils pouvaient toujours cavaler derrière lui. Celui qui le reprendrait n'était pas encore né, se dit Prew avec une sombre jubilation.

Le lendemain matin, après une bonne nuit de sommeil due aux sédatifs d'Alma, il tenta de se lever et y parvint. Il dut faire appel à toute sa volonté pour pouvoir se mettre sur pied, et sa blessure protesta vigoureusement, mais il y parvint en fin de compte et comprit que le plus dur était passé. Non, parce qu'il avait réussi à se lever, mais parce qu'il avait continué de le vouloir, malgré sa souffrance.

Les deux femmes remplacèrent son bandage par un pansement moins serré. Le sang, en se coagulant, avait fait adhérer la compresse à la blessure, et elles ne l'enlevèrent que deux jours plus tard, non sans cris d'effroi de leur part et sans jurons de Prew. Le lent travail de cicatrisation était déjà ébauché. Pour une belle cicatrice, ce serait une belle cicatrice. Une de plus, se dit Prew.

Elles le gardèrent au lit pendant toute une semaine, le couvant de leur tendresse et de leur sollicitude et visiblement ravies de s'occuper de lui. Prew en était sincèrement sidéré. Des filles ultra-réalistes comme celles-là, qui se vantaient volontiers de leurs fins strictement utilitaires ! Elles n'essayaient même pas de cacher leurs sentiments. Pour la première fois de leur vie, elles avaient trouvé un excellent motif pour épancher leur instinct maternel.

Prew se levait, bien entendu, en leur absence, enfilait son pantalon et s'entraînait à marcher, de long en large, dans le salon. Ce n'était pas parce que l'instinct maternel des deux filles avait besoin d'un exutoire qu'il allait se travestir en incurable !

Au début de la deuxième semaine, elles l'aidèrent à revêtir la robe de chambre qu'elles lui avaient achetée après maintes discussions sur le style et la couleur et elles lui permirent de descendre dans le salon, émerveillées par la facilité avec laquelle il se mouvait.

Après leur départ, il se débarrassait prestement de sa robe de chambre, enfilait ses vêtements, se préparait un drink (elles ne lui permettaient jamais de boire de l'alcool lorsqu'elles étaient là), s'installait sur la petite terrasse (elles le lui interdisaient, à cause des risques de refroidissement, lorsqu'elles étaient là), lisait un peu, ou contemplait longuement le paysage. Il était toujours profondément endormi lorsqu'elles revenaient de travailler, et elles ne découvrirent le pot aux roses qu'un soir où Alma se pencha vers lui, en rentrant, et, sans l'avoir voulu, renifla son haleine qui fleurait le whisky. Outrée, elle le réveilla sur-le-champ, et Prew lui dévoila son secret.

La mort dans l'âme, elles se résignèrent à la nouvelle de sa totale guérison. Leur air douloureux était celui de la maman qui trouve dans la poche de son fiston la carte d'un bordel notoire. Et toutes les interdictions furent levées.

Chaque jour, Prew songeait à nouveau qu'il avait devant lui toute l'éternité et exultait : pas de réveil le lendemain, par de perm de week-end expirant le lundi matin, pas d'endroit déterminé ni d'heure limite, pas de restrictions dans le temps ni dans l'espace. Il écoutait religieusement tous les disques, parcourait tous les livres de Georgette (abonnée depuis trois ans au Club du Livre, bien que n'ayant jamais lu aucun de ceux qu'elle recevait), promenait avec délices ses mains sur les meubles, ses pieds nus sur les dalles du salon et sur les nattes japonaises de la terrasse, et, le soir, se préparait lui-même son dîner, dans la cuisine blanche dont chaque objet lui était désormais familier. Et puis il y avait le bar, le joli bar abondamment garni, devant lequel il se plantait pour savourer un scotch ou un whisky-soda... La vie de château, quoi ! Pour un gars qui voulait tirer ses trente piges dans le militaire, il avait l'air de bougrement bien s'adapter à la vie civile !

Et puis il se souvenait, tout à coup, qu'il n'était pas vraiment civil, parce que les civils doivent gagner leur vie, et qu'il n'était plus, qu'il ne serait jamais plus militaire, parce que l'armée lui était désormais interdite... Et il n'y avait plus de joie en lui.

44

Il y avait deux jours que Prewitt était absent lorsque le sergent-chef de la compagnie G revint de permission.

Un vieux dicton usité dans l'armée régulière prétend qu'on ne rentre de permission que pour se reposer : sinon on ne rentrerait jamais. Milt Warden ne faisait pas exception à la règle. Réintégrant sa salle de service après deux jours de biture, il y fut accueilli par le sergent-faisant-fonction-de-sergent-chef Dhom-le-Chauve, qui l'informa que sa permission était terminée depuis quatre heures et qu'il avait été porté déserteur au rapport du matin.

Warden ne se donna même pas la peine de sourire. Si, depuis quarante-huit heures, il n'avait guère cessé d'être ivre, c'était parce que son idylle de dix jours avec la femme de sa vie s'était soldée par un fiasco lamentable. Pour digérer une chose pareille, ce n'était pas quarante-huit heures de cuite qu'il fallait à un homme normalement constitué, mais au moins une semaine... Et le fait que, pendant ses quatorze jours d'absence, l'administration de sa compagnie eût été confiée à un âne bâté tel que Dhom-le-Chauve ne contribuait pas à lui rendre son optimisme.

Ce fut dans un silence amer qu'il écouta le portrait parlé du nouveau commandant de compagnie. Selon sa promesse, Dynamite avait proposé son ancien sergent-chef pour une permission de quatorze jours juste avant de partir pour le G.Q.G. de la brigade, et Warden n'avait donc pas encore fait la connaissance du premier lieutenant de réserve William L. Ross. Mais ni le grade, ni le fait que le nouveau commandant de compagnie fût homme de loi dans le civil, et juif par surcroît, ne parvinrent à tirer Milton Anthony Warden de son apathie.

Puis Dhom-le-Chauve l'informa que le soldat de deuxième classe Prewitt n'était pas rentré à son corps depuis quarante-huit heures, et, cette fois, Warden bondit sur son siège.

— Hein ?

— Quarante-huit heures répéta Dhom, le visage coupable.

— Mais il était encore au dur quand je suis parti !

— Je sais bien. Il est sorti trois jours après ton départ. Il s'est montré doux comme un mouton pendant neuf jours et, le dixième, il était plus là.

— Sacré nom de Dieu de bon Dieu !

Instantanément, Warden oublia les ennuis sans nombre que lui avait causés, en se suicidant, un des juifs de la compagnie et ceux qu'allait probablement lui causer, dans un avenir très proche, le juif qui portait désormais sur ses épaules le sort de la G.

— Dis donc, on dirait que t'as fait un foutu gâchis dans ma salle de service, toi, gronda Warden. C'est tout de même malheureux que je puisse pas prendre quinze jours de permission sans que vous fassiez tous des conneries !

— C'est pas de ma faute... commença Dhom.

— Non, coupa Warden.

Pourquoi diable n'avait-il pas été informé que Prewitt était sur le point de sortir du dur ? Il fallait qu'y fasse tout lui-même, dans cette saloperie de compagnie !

— Alors, tu l'as porté absent...

— Eh ! non, murmura Dhom-le-Chauve, mal à l'aise, pas encore. Je...

— Quoi ?

— Attends... Ross connaît presque personne par son nom, dans la compagnie... en dehors de quelques sous-offs.

— Et alors ! Je vois pas ce que ça vient foutre là-dedans...

— Eh bien !... le caporal Choate l'a porté présent au réveil, le premier matin et... tu devais rentrer le surlendemain, alors je me suis dit que vingt-quatre heures de plus ou de moins...

— Ça alors, c'est la première fois que...

— C'est ta salle de service, lui rappela Dhom, impassible. Moi, j'ai fait qu'assurer l'intérim. Et j'espérais qu'y rentrerait avant que tu reviennes.

— Oh ! t'espérais ça, hein ?

— Ouais.

— Depuis quand est-ce que Prewitt est un de tes copains ?

— C'est pas un de mes copains.

— Alors peux-tu me dire pourquoi diable t'as essayé de lui sauver la mise ?

— J'ai pas essayé. Je me suis dit qu'y rentrerait sans doute.

— Seulement, il est pas rentré ?

— Non, admit Dhom. Pas encore.

— Et qui c'est qui va payer les pots cassés, maintenant ?

Dhom haussa ses épaules massives et regarda Warden avec l'air ostensiblement innocent des coupables qui, malgré leur faute, se savent parfaitement en sécurité.

— Ah ! écoute, chef, je croyais que tu serais content que j'aie attendu que tu sois là pour t'en occuper toi-même.

— De la merde ! beugla Warden. V'là maintenant qu'y va falloir que je le porte absent rétroactivement depuis le 16 — on est dans quel mois ? —, depuis le 16 octobre. De quoi que ça va avoir l'air dans le rapport ?

— Moi, j'ai fait ça pour te faire plaisir, dit le sergent Dhom.

— Tu parles ! ricana Warden.

Il se gratta la tête avec ses ongles.

— O.K. ! Mais y a une chose que je voudrais bien savoir, et c'est comment que tu t'es débrouillé pour que le reste de la compagnie s'étonne pas de l'absence de Prewitt ?

— Comment ça ? s'informa Dhom, ahuri.

— Tu vas pas me dire que personne a remarqué qu'il était plus là ?

— J'avais pas pensé à ça, riposta Dhom. Je suppose qu'y z'ont tous remarqué son absence, mais Ross connaît personne et y lui doivent rien... Et tu connais Culpepper. C'est pas lui qu'aurait remarqué quoi que ce soit. Je veux dire...

— Je sais ce que tu veux dire, trancha Warden. Autre chose encore. Comment Choate s'est-il débrouillé pour que Galovitch remarque rien ? Tu vas pas me dire que ce cher Ike est dans le coup, lui aussi ?

— Tu m'as pas laissé le temps de t'expliquer ça, répondit le sergent Dhom. Galovitch est plus chef de la deuxième section. Y s'est fait casser.

— Casser ! s'exclama Warden.

— Ouais. Casser. Sacquer. Dégrader. Balancer, énuméra Dhom avec satisfaction, d'une haleine.

— Par qui ?

— Ross.

— Pour quel motif ?

— Incapacité.

— Qu'est-ce qu'il avait fait ?

— Rien.

— Tu veux dire que Ross l'a sacqué sans motif ? Pour incapacité ? Comme ça ? Sans donner de raison ? Mais faut tout de même qu'il ait fait quelque chose, non ?

Dhom haussa les épaules.

— Ross l'a vu faire de l'ordre serré, l'autre jour.

— La vie est belle ! s'écria béatement Warden. Et qui c'est qu'on a nommé chef de section à sa place ?

— Le caporal Choate.

— Et comment, que la vie est belle ! s'écria plus béatement encore Warden.

Dhom saisit la balle au bond.

— Tu vois bien que je pouvais pas être au courant. Qui diable aurait pu croire que le caporal Choate porterait Prewitt présent le premier jour ? T'aurais cru ça, toi, chef ?

— Oh ! non, ironisa Warden. Oh ! non, sûr que non !

— Et tu sais comment est Champ Wilson. Y fait jamais attention à ce qui se passe dans sa section. Surtout pendant la saison d'entraînement. Alors tu vois bien que je pouvais pas le savoir.

— Oh ! oui, je vois ça très bien, acquiesça Warden. Rien d'autre ?

— Non, c'est tout, répondit Dhom en se levant. Ça t'embêterait que je prenne le reste de la matinée, chef ?

— Et pour quelle raison ? hurla Warden. Qu'est-ce que t'as fait de bien pour que je t'accorde le reste de ta matinée ?

— Ben, le temps que j'aille changer d'uniforme et que je monte au terrain d'exercice, y seront pratiquement sur le point de rentrer, expliqua Dhom, impassible. Oh !... à propos, t'as lu les journaux, ce matin ?

— Tu sais bien que je lis jamais les journaux, Dhom.

— Ben... Gras-Double Judson, tu sais... le gardien-chef du camp disciplinaire... y s'est fait refroidir y a deux nuits derrière la *Cabane Bambou*. Un coup de couteau dans la panse.

— Et alors ?

— Je croyais que tu le connaissais, prétendit le sergent Dhom.

— Je le distinguerais pas de Buster Keaton si je le rencontrais dans la rue.

— Alors, c'est tout, conclut Dhom, debout dans l'encadrement de la porte. Ça te fait rien que je prenne le reste de la matinée ? Faut que je remette un joint à un robinet qui fuit, à la maison.

— O.K. ! dit Warden, vas-y, casse-toi. Autant que tu prennes le reste de ta matinée, puisque si tu restes ici tu travailleras pas, de toute façon.

— Merci, chef, dit Dhom.

— Va te faire foutre ! riposta Warden.

Il regarda partir l'énorme sergent, dont les épaules gigantesques effleuraient des deux côtés l'encadrement de la porte et dont la grosse tête atteignait presque le sommet de l'huisserie. Dhom-le-Chauve, mari d'une grosse truie philippine, père d'innombrables petits métis au nez morveux, moniteur d'une des pires sections de boxe dans les annales du régiment, sergent-faisant-fonction-de-sergent-chef-intérimaire d'une des compagnies les plus catastrophiques, soldat depuis dix-huit ans et condamné par sa famille de moricauds à demeurer exilé jusqu'à la fin de ses jours : un homme qui avait loyalement et cruellement donné l'exemple, lorsqu'il s'était agit d'appliquer le « traitement » prescrit par Dynamite pour « guérir » Prewitt de son obstination ; et qui, tout aussi loyalement, avait donné l'exemple lorsqu'il s'était agi de protéger ce même Prewitt des conséquences de sa désertion, probablement consécutive au meurtre de Gras-Double ! Sans doute se justifiait-il à ses propres yeux par quelque balançoire sentimentale sur la solidarité proverbiale de « nous autres, les anciens » ? Et, tandis qu'il le regardait s'éloigner, Warden discernait également, tout autour de lui, la trame invisible de cette conspiration tacite : rien d'ouvert, rien de convenu, rien d'avoué, juste une volonté générale de ne rien voir, une brusque ignorance universelle que ni rien ni personne ne pourrait ébranler.

Warden se renversa sur sa chaise, se demandant tout à coup ce qu'avait pensé Prewitt lorsqu'il avait appris que Milt Warden allait devenir officier. Puis ses yeux tombèrent sur le cahier de rapport, et il sentit renaître sa fureur. « Qu'est-ce que tu vas faire, Warden, se demanda-t-il en mettant le cahier sous clef dans son tiroir particulier. Parce qu'y a pas à tortiller, va falloir que tu fasses quelque chose ! »

Il pourrait toujours donner une semaine ou deux de sursis à ce propre à rien de Prewitt. A moins d'imprévu, comme les manœuvres annuelles, dont c'était bientôt la date. Même s'il n'arrivait à lui faire gagner que quatre ou cinq jours, ce serait toujours ça de pris, quand il reviendrait. Car Warden ne doutait pas un seul instant que Prewitt revienne un jour ou l'autre. Un engagé pour trente ans fait souvent des fugues. Pour sûr. Mais un engagé pour trente ans ne fait jamais un déserteur. Un rengagé ne déserte pas.

Ayant atteint cette conclusion satisfaisante, Warden se leva, ouvrit le dernier tiroir de son classeur, en sortit sa bouteille de whisky, dont il avait prudemment marqué le niveau sur l'étiquette, avant de partir, s'en octroya une large gorgée, pour dissiper sa gueule de bois, et grimaça :

— Pas fameux, ce whisky.

« Est-ce que ce salopard de Dhom en aurait pas remplacé la moitié par de la flotte pendant mon absence ? »

Il en but une autre gorgée. Aucun danger de se saouler avec ça ! Et il retourna s'asseoir à sa place, dans son costume à cent vingt dollars qu'il avait tant soigné naguère, avant son idylle d'une décade avec Karen Holmes. Il était écœuré. Voilà ce qui attendait un homme, quand il avait la prétention de se payer un peu de bon temps ! Non seulement on lui foutait la pagaïe dans son boulot, mais on lui foutait aussi de la flotte dans son whisky. Y avait plus moyen d'avoir confiance en qui que ce soit !

Surtout pas en soi-même.

L'hôtel... pardon, l'auberge, était perchée au sommet de la chaîne de Koolau, dans la vallée de Kaneohe. Il l'avait choisie pour des raisons d'esthétique, et aussi parce que c'était le seul endroit dans l'île où ils pussent aller sans risquer d'être repérés par un quelconque sagouin. Karen avait prétexté une visite à sa sœur qui habitait Kauai. Holmes l'avait conduite au bateau et s'était attardé si longtemps dans le secteur que Warden avait à peine eu le temps de l'en faire redescendre avant qu'ils relèvent la passerelle. L'hôtel, pardon, l'auberge, n'était rien de plus qu'un piège à touristes, mais d'une telle classe que seuls les touristes les plus raffinés en connaissaient l'existence. Il y avait passé un week-end, dans le temps, et, cette fois, s'était donné la peine de retenir par téléphone un appartement de deux pièces, en coin, au troisième (et dernier) étage, avec vue sur la vallée s'étendant jusqu'à la mer, d'un côté, vue sur les montagnes, de l'autre. C'était vraiment une magnifique auberge, très retirée et très exclusive, avec de grands beaux arbres alentour, un joli parc et des écuries. Cette fois, ce serait parfait, de gré ou de force ! Cette fois, il avait bien l'intention de calfeutrer toutes les fissures à travers lesquelles pourrait s'infiltrer le monde extérieur.

L'une des premières choses qu'elle voulut savoir fut comment il se faisait qu'il connût l'existence d'un endroit aussi adorable, aussi cher et aussi retiré. Il lui avait répondu quelque chose, il avait oublié quoi, mais ça n'avait aucune importance. La toile de fond de leurs dix jours d'escapade était déjà partiellement tissée.

Ils allèrent se promener à cheval plusieurs fois, sur les pistes de montagne. Karen adorait monter à cheval.

Ils allèrent se promener en auto presque tous les soirs.

Ils allèrent se baigner deux fois, sur la plage de Kalama.

Ils étaient parfaitement hors d'atteinte du monde extérieur. C'était comme ça que tout le personnel de l'auberge gagnait sa vie : en maintenant à distance le monde extérieur.

Il n'avait oublié qu'une chose, c'est qu'il est parfaitement inutile de fermer la porte au nez du monde extérieur puisqu'il faut bien la rouvrir pour pénétrer soi-même dans la tour d'ivoire et que, quoi que l'on puisse faire, on introduit partout le monde extérieur avec soi.

Peut-être que s'ils avaient eu plus d'argent...

Mais non. Ce n'était pas une question d'argent. Il lui restait encore plus de la moitié de ses six cents dollars. Et ç'avait été un drôle de boulot d'en dépenser la moitié avec Karen toujours sur le dos pour lui reprocher son extravagance, comme l'aurait fait une chère épouse.

Peut-être que s'ils avaient eu plus de temps...

Mais non. Ce n'était pas non plus une question de temps. Ils avaient eu trop de temps devant eux plutôt que pas assez. Et ç'avait été un drôle de boulot, pour Warden, de résister à la tentation de payer la note, et de rentrer à la caserne, et de la laisser rentrer chez elle, de couper court, en un mot, à ce qui ressemblait fort au banal fiasco des congés annuels, tout comme un vulgaire mari.

Ils avaient passé le plus clair de ces dix jours à s'entre-déchirer à belles dents. Vache pour vache. Au début, c'était : je te mets sur un piédestal et tu me mets sur un piédestal, mais, une fois le chef-d'œuvre créé, c'était : je te fous par terre et je te piétine et tu me fous par terre et tu me piétines.

Elle lui en voulait de l'avoir rendue si amoureuse de lui qu'elle avait laissé son fils entre les mains d'une servante indigène, et elle le lui faisait payer cher.

Il lui en voulait de l'avoir rendu si amoureux d'elle qu'il avait laissé sa compagnie entre les mains du sergent Dhom, et le lui faisait payer cher.

Elle lui en voulait d'avoir fait d'elle une putain, et le lui faisait payer cher.

Il lui en voulait d'avoir essayé de faire de lui un officier, et le lui faisait payer cher.

L'amour, but suprême de l'existence. Qu'ils disent !... Bon, admettons-le pour les besoins de la discussion. Mais, une fois ce but atteint, où aller ensuite ? Ça, l'histoire ne le disait pas ! Si seulement on pouvait s'arrêter là, jouir en paix du chef-d'œuvre créé. Mais a-t-on jamais vu un être humain se montrer capable de s'arrêter ainsi et de cesser de créer ? Et l'on ne recrée pas un chef-d'œuvre. On ne peut que le démolir !

Rageusement, Warden alla reprendre sa bouteille dans le tiroir du classeur et but une nouvelle gorgée de whisky baptisé. L'ennui, c'est que lorsqu'on veut rester scrupuleusement sincère, on n'arrive pas à conserver une seule de ses illusions.

Mû par une idée machiavélique, il posa la bouteille bien en vue, sur le coin de son bureau, au lieu de la remettre dans sa cachette. Puis il se renversa sur son siège, dans son costume civil à cent vingt dollars, sale et fripé, posa ses pieds sur son sous-main et sourit à la bouteille innocente. Qu'est-ce qu'il attendait pour s'amener, cette espèce de salopard de lieutenant Ross, avocat à Chicago ? C'était peut-être lui, après tout, l'enfant de salaud, qui avait mouillé son whisky ?

« Le moins qu'y puisse faire, c'est de me muter, songea-t-il, plein d'espoir. Ou peut-être même qu'y va me dégrader ? Il a bien dégradé Galovitch, pas vrai ? »

45

« Si encore ç'avait été tout le temps comme le soir du *luau* », pensait Warden, les pieds sur son bureau et les mains sous la nuque. C'était comme ça qu'il aurait fallu que ce soit tout le temps. Le *luau* avait eu lieu le huitième soir. Il avait fallu qu'elle fût à bout de ressources pour accepter. Car c'était à Waïkiki, où ils risquaient fort de rencontrer quelqu'un qu'ils connaissaient, et ce n'était même pas un vrai *luau*. C'était un *luau* pour touristes, et les touristes avaient tous lu Somerset Maugham, en guise de préparation à leur voyage sous les tropiques, et portaient tous des costumes ou des robes de toile blanche, mais au bout de quelques verres on oubliait les touristes, et c'était exactement comme un vrai *luau*, parce que tout le reste, du moins, était là.

Le long fossé avec le feu rougeoyant sur les pierres chaudes, et le cuisinier noir étalant en couches successives les feuilles de bananier sur lesquelles reposeraient les aliments pendant leur cuisson ; et puis la musique et les premières danses tandis que les odeurs commencent à émerger des feuilles de bananier, faisant monter l'eau à la bouche des spectateurs : la *pusa* en train de rôtir, avec un gros fruit dans la gueule, et les couennes grattées et le ragoût hawaiien dans les calebasses, et les poissons innombrables, et les fruits exotiques, papayes, anones, malada, écorce de canne à sucre.

Les seuls *luaus* auxquels Karen eût jamais assisté, à Shofield, n'étaient que de pâles imitations organisées à l'usage des officiers. Elle n'avait jamais vu les danseurs de hula dont la grâce anguleuse et agile, les puissants et sauvages corps de bronze aux muscles luisants à la lueur des feux éclipsaient les tailles souples et les hanches mouvantes des vahinés. Elle n'avait jamais vu battre les petits tam-tams avec les genoux et les coudes, assis en tailleur sur le sol. Elle n'avait jamais mangé de peau de cochon ni de *poi*. Et comme elle n'avait jamais mangé, non plus, de ces vieux plats authentiques, dont les odeurs de fientes semblent disparaître comme par enchantement dès qu'on a le courage d'en mettre un morceau dans sa bouche, elle n'avait pu faire la comparaison. Pas plus qu'elle n'avait pu comparer ces chansons et ces danses à celles qu'on jouait et dansait autrefois chez Tony Paea, dont le père, Ioane Paea, avait été jadis seul propriétaire de l'île de Paea, avant l'arrivée des missionnaires. Ce vieux Tony était aux États, maintenant.

Plats et spectacle, Karen avait tout absorbé, tout dévoré. Presque tout le monde était ivre — même parmi les touristes — lorsque Milt avait envoyé promener sa chemise et ses sandales, roulé son pantalon jusqu'au-dessus du genou, sauté dans la lueur des flammes et dans *Meliani Oe*, après avoir calé derrière son oreille un gardénia cueilli dans la chevelure de la plus jeune vahiné, tandis que les danseurs hawaiiens hilares — qui finissaient toujours par oublier leur qualité d'amuseurs rétribués — marquaient le rythme tout autour de lui, ceux qui étaient assis en frappant le sol avec leurs mains, ceux qui étaient debout en le martelant avec leurs pieds.

Cela fit une certaine sensation. Peu de Blancs sont capables de danser la hula, et moins encore de la bien danser. Mais Warden n'avait pas oublié les leçons du vieux Tony, et son physique s'y prêtait à merveille.

Lorsqu'il était revenu, le sourire aux lèvres, il avait planté le gardénia dans les cheveux de Karen, tandis que les touristes s'entre-glissaient dans le tuyau de l'oreille qu'il devait appartenir à quelque vieille famille insulaire, car en dépit de sa couleur il avait l'air plus sauvagement hawaiien que les natifs de l'endroit.

— Des natifs, s'était esclaffé Warden, qui reprendraient demain matin leurs emplois de filles de salle chez Walgreen et de mécaniciens dans quelque garage, et que les touristes ne reconnaîtraient même pas s'ils entraient chez Walgreen ou faisaient reviser leur carburateur au garage du coin !

— Tu es toujours plein d'imprévu, lui avait dit Karen en souriant. Tu aimes choquer les gens, n'est-ce pas ? Où as-tu appris à danser comme ça ?

Et cette nuit-là, lorsqu'ils étaient revenus à l'hôtel — pardon, à l'auberge —, ç'avait été, à nouveau, comme ça n'était plus depuis longtemps et comme il aimait que ce fût. La déesse adorée par la vilaine grande brute de sauvage.

— Mon sauvage, avait-elle murmuré avec une ironie infiniment tendre. Mon grand cinglé de vilain sauvage.

La nuit suivante — l'avant-dernière —, il avait commis l'erreur de vouloir retrouver tout ça, et non seulement elle l'avait repoussé, mais elle avait bondi hors du lit, et, après une longue série d'invectives au sein desquelles transparaissaient à nouveau ses inquiétudes au sujet de son fils (« Et s'il était malade ? Comment le saurais-je ? S'il mourait, pendant que je suis là, dans un hôtel, avec un autre homme, comme une vulgaire putain ? »), elle avait fini par dormir dans le second lit...

« Au fond, dit à Warden la partie toujours strictement objective de son esprit, ce que tu aimes le plus en Karen, c'est toi-même. Aussi longtemps qu'elle te place sur un piédestal et te fait aimer Milt Warden davantage, parce que c'est un homme tellement différent des autres, tu l'aimes aussi, naturellement. Parce qu'elle fait de toi un homme remarquable. Mais dès qu'elle se met à tout reflanquer par terre et à te piétiner et qu'elle te fait détester Milt Warden, parce que c'est un tel propre à rien, alors, là, bien sûr, tu l'aimes déjà beaucoup moins. Parce que tu n'es plus, alors, qu'un enfant de salaud comme tous les autres. Et, si ça continue trop longtemps comme ça, tu finiras par ne plus l'aimer du tout. Ce qu'il fallait démontrer. »

Il regarda mélancoliquement sa bouteille de whisky, mais le whisky n'avait aucune valeur thérapeutique contre ce genre de maladie. Il venait de l'essayer pendant quarante-huit heures, et ça n'avait absolument rien donné.

Lorsque le lieutenant Ross fit enfin son entrée dans la salle de service, il feignit superbement de ne pas remarquer la bouteille posée bien en vue sur le coin du bureau de son sergent-chef. Il lui serra la main, échangea quelques paroles avec lui, histoire de faire connaissance, toujours sans paraître remarquer le whisky, le costume civil fripé, ou la barbe de trois jours qui noircissait les joues de son sergent-chef.

« Le salopard, pensa Warden. Y sait foutre bien qu'y pourra jamais la faire marcher sans moi, sa putain de compagnie ! Si je lui offrais de boire un coup, est-ce qu'y ferait toujours mine de pas remarquer ma bouteille ? »

— J'ai quelque chose pour vous, sergent, annonça le lieutenant Ross en tirant un papier de sa poche. Suite à la demande que vous avez faite, j'ai le plaisir de vous apprendre que vous allez pouvoir passer l'examen sans avoir à suivre les cours ! Ceci en raison de vos années de service, de votre grade, de votre expérience... et d'une lettre écrite par le colonel Delbert, demandant que l'on vous en dispensât.

Il s'arrêta, sourit d'un air engageant.

Warden ne répondit pas. Qu'était-il censé devoir faire exactement ? Se taper le derrière par terre en poussant des cris de joie ?

— Voilà une copie du questionnaire auquel vous serez soumis lundi prochain, reprit le lieutenant en posant le papier sur le bureau de Warden. Le colonel Delbert vous l'envoie avec ses compliments, pour que vous y jetiez un coup d'œil avant l'examen.

— Merci, dit nonchalamment Warden sans regarder le questionnaire. Mais j'en aurai pas besoin. Vous ne voulez pas boire un coup, mon lieutenant ?

— Pourquoi pas ? répondit le lieutenant Ross. Le colonel Delbert m'avait prévenu que vous répondriez sans doute de cette manière, en le refusant tout net ou en disant que vous n'en auriez plus besoin, mais il tenait tout de même à ce que je vous l'apporte, pour que vous sachiez que nous sommes tous avec vous.

Furieux, indigné, révolté, Warden le regarda déboucher calmement la bouteille de whisky.

— Un peu faiblard, pas vrai ? opina le lieutenant.

— Un salaud quelconque m'a foutu de la flotte dedans pendant que j'étais en permission, expliqua Warden, les yeux dans les yeux de William L. Ross.

— C'est vache, confirma le lieutenant avec une moue.

— C'est marrant, dit Warden avec nonchalance, j'aurais plutôt cru que ce vieux Jake Delbert ferait tout ce qu'il pourrait pour me couler, au lieu de me donner un coup de main. Surtout depuis son histoire avec Holmes...

— D'après ce que j'ai cru comprendre, expliqua Ross, le colonel Delbert a une excellente opinion de vous, en tant que soldat. Beaucoup trop excellente pour qu'un désagrément personnel l'empêche de vous épauler, s'il estime que vous le méritez.

Warden attendit qu'il fût parti pour reprendre la copie du questionnaire. Pas étonnant qu'ils aient de tels corniaux en fait d'officiers, avec des examens aussi enfantins ! Il connaissait les réponses aux questions avant même d'avoir fini de les lire. « Si vous avez des questions à me poser, ne vous gênez pas, ricana-t-il. Merde ! » Il fourra le papier dans sa poche et regarda le lieutenant s'éloigner par la fenêtre de la salle de service. William L. Ross pliait les genoux d'une drôle de façon en marchant, et son uniforme lui allait comme un tablier à une vache. Un fier soldat ! Un homme du monde ! Poli, aimable, et tout et tout. Warden alla ranger sa bouteille dans le tiroir du classeur. Eux et leur foutu questionnaire ! Quelle blague !

Mais ce soir-là, pendant que Pete était parti rendre visite à l'un de ses vieux copains du 27e, il parcourut à nouveau le texte de l'examen. Et le lundi suivant, lorsqu'il alla passer l'épreuve au Q.G. régimentaire, il rédigea dédaigneusement toutes les réponses, jeta sa feuille sur le bureau du sous-lieutenant chargé de minuter l'examen et quitta dédaigneusement le Q.G., sentant sur sa nuque le regard incrédule du sous-lieutenant. Il avait répondu à toutes les questions en moins de la moitié des deux heures allouées aux candidats par le règlement de l'examen.

Ce fut lorsqu'il regagna la salle de service, ce matin-là, que Rosenberry, le nouveau secrétaire, lui tendit l'ordre spécial du ministère de la Guerre décrétant que les manœuvres d'automne commenceraient, cette année, le 20 octobre, c'est-à-dire deux jours plus tard.

Milt Warden porta Prewitt présent au rapport du matin jusqu'au jour où la compagnie partit pour les manœuvres. Il avait pu lui donner une semaine de sursis. Ce serait probablement suffisant pour lui sauver la mise, en cas d'enquête sur la mort de Gras-Double Judson. Et c'était le mieux qu'il pût faire.

La veille de leur départ, il se rendit au café de *L'Ancre Bleue*, dans la rue du Roi, à deux pas du *Nouveau Congrès*. C'était le lieu de pèlerinage favori de la compagnie G, d'abord parce que le verre de whisky n'y coûtait pas cher, ensuite parce que c'était à deux pas de chez la mère Kipfer. Les gars de la compagnie l'appelaient *Le Chancre Bleu*. Il n'y rencontra personne. Les gars étaient tous en train de se préparer au départ du lendemain. Milt passa quatre heures à boire du whisky et de la bière en bavardant avec Rose, la serveuse chinoise, mais Prewitt ne se montra pas. Rose déclara qu'elle ne l'avait pas vu depuis des mois et des mois. Mais, dans le cas contraire, Rose l'eût-elle renseigné ? Rose et Charlie Chan, le barman propriétaire de la boîte, en savaient aussi long sur les affaires de la compagnie G que l'administration de la compagnie G elle-même. Rose avait été mariée à la petite semaine avec presque tous les sous-offs de la G.

Pour une raison ou pour une autre, le sergent Warden avait espéré rencontrer Prew ce soir. Prew ne rentrerait peut-être jamais à la caserne, mais il ne resterait pas indéfiniment sans nouvelles de la compagnie, et *Le Chancre Bleu* serait le premier endroit où il se rendrait pour en avoir. Ce n'était qu'une intuition, mais basée sur une saine logique.

Le lendemain, la compagnie partit en manœuvres, et il dut se résigner à porter Prewitt absent au rapport du matin.

Le lieutenant Ross, que ses premières manœuvres rendaient extrêmement nerveux et qui, avant d'apprendre l'absence de Prewitt, avait ignoré jusqu'à son nom, entra tout d'abord dans une colère folle et voulut le faire passer au conseil de guerre. Warden dut lui expliquer que Prewitt était probablement ivre mort dans quelque cabane, en compagnie d'une vahiné, et qu'il se présenterait sans doute au P.C. de la baie d'Hanauma, dans un jour ou deux, avant que le lieutenant veuille bien accepter l'idée de Warden, qui était de porter simplement Prewitt sur le cahier de punitions. Le lieutenant Ross s'efforçait d'apprendre les us et coutumes de l'armée régulière. Il éclata de rire et revint à de meilleurs sentiments.

Ce que Warden espérait, en réalité, c'était que les manœuvres finiraient par ramener Prewitt au bercail. Il installa son P.C. dans la baie d'Hanauma et attendit patiemment le retour de Prew, se demandant pourquoi il se cassait tellement la tête pour ce salopard. Il fallait qu'il ait une sérieuse case de vide pour s'esquinter le tempérament à essayer de tirer des flûtes un type qu'il avait qualifié lui-même de forte tête le jour de son arrivée à la G ! Mais il lui semblait que, s'il pouvait sauver Prewitt, il sauverait également quelque chose de plus. Quelque chose qui justifierait autre chose. Prew était devenu, pour lui, le symbole de quelque chose, et lorsque les jours commencèrent de passer sans amener le retour de Prewitt, il s'aperçut qu'il prenait cette histoire à cœur autant que s'il se fût agi d'une affaire personnelle. D'autant plus que la bonne humeur du lieutenant Ross commençait visiblement à s'user sur les bords !

Warden finit par conclure que Prew s'imaginait sûrement qu'on le recherchait pour le meurtre de Gras-Double. Comment lui faire savoir qu'il n'en était rien, puisque tout le monde ignorait où il se cachait ? Et pas moyen d'essayer de lui mettre la main dessus, avec ces foutues manœuvres.

Cette année, le canevas des manœuvres prévoyait un débarquement de forces ennemies dans la baie de Kawela, à l'extrémité nord de l'île. Le 27e et le 35e d'infanterie, auxquels était adjoint le 4e d'artillerie, constituaient les forces rouges assaillantes ; le 19e et le 21e, avec le reste de l'artillerie de campagne et la totalité de l'artillerie côtière constituaient les forces blanches défensives. Les rouges débarquaient le troisième jour. La compagnie G fit une marche forcée de cinquante kilomètres, creusa des tranchées qu'occupèrent une autre unité, fut transportée à huit kilomètres au-dessous de Kahuku, creusa de nouvelles tranchées, fut mise en réserve et passa le reste des quinze jours de manœuvres à jouer aux cartes, jusqu'à ce qu'on vînt les informer que la bataille était finie, que tous les ennemis avaient été repoussés et capturés et qu'il était temps de relever le camp. Ils démontèrent le bivouac, s'empilèrent dans des camions et reprirent le chemin de Shofield. Jusque-là, tout était normal. Les manœuvres avaient été d'honnêtes manœuvres, en tous points semblables à celles des années précédentes.

Puis le tableau changea. Au lieu de les ramener à Shofield, les camions les reconduisirent aux positions qu'ils avaient occupées le premier jour, sur les plages, en même temps que d'autres camions venus de Shofield déversaient sur le sable des piles de bêches, de pics et de pioches, des tas de sacs de ciment et de planches de coffrage. De l'un des camions sortirent même trente perceuses Barco à essence.

Personne ne savait dans quel but.

Comme en réponse, leur parvinrent des ordres de construire des casemates bétonnées sur toutes leurs positions, et, simultanément, arrivèrent des camions pleins de tentes « pyramide » et de couchettes volantes, qui transformèrent les bivouacs temporaires en campements permanents.

Warden réinstalla son P.C. dans la baie d'Hanauma. C'était la première fois qu'on voyait une chose pareille dans l'île. Ceux qui s'y trouvaient depuis deux ou trois décades (comme Turp Thornhill ou Pete Karelsen) étaient tous là pour le dire.

Jusqu'à présent, ils s'étaient toujours contentés de dresser les mitrailleuses à l'air libre et de roupiller sur le sable, roulés dans leurs couvertures. Ils avaient toujours su, bien entendu, que si l'île était attaquée un jour, les forces navales ennemies n'auraient pas grand-chose à faire, dans ces conditions, pour nettoyer les plages de tous leurs défenseurs avant même de débarquer un seul homme. Mais du moment que Waïkiki n'était pas loin, avec ses bars et ses bordels, et qu'il y avait alentour des douzaines et des douzaines de gentilles filles indigènes à qui montrer les redoutables machines de guerre, tout le monde s'en foutait éperdument. Et d'ailleurs, qui diable s'aviserait jamais d'attaquer l'île ? Les Japonais ?

Montrer les mitrailleuses aux petites Hawaiiennes était vraiment ce qu'on faisait de mieux dans l'art de la séduction éclair. Pratiquement irrésistible. En plus de l'effroi engendré par la mort en puissance qu'elles contenaient, les mitrailleuses avaient cet attrait de la machine inconnue, qu'aucun Américain des deux sexes, blanc, noir ou café au lait, ne peut résister à l'envie de tripoter pour voir ce qu'elle a dans le ventre. Devant une vertu particulièrement récalcitrante, il était recommandé de faire asseoir la poupée derrière la mitrailleuse, de lui permettre de faire virer l'engin sur son pivot et de presser la détente, à vide. Même une vahiné authentiquement vierge ne pouvait résister à ça, et elle se moquait, ensuite, d'être dépucelée sur le sable, à l'intérieur d'une tente-abri. On disait que toutes les autres unités d'infanterie agissaient de même et construisaient les abris bétonnés autour de leurs nids de mitrailleuses, mais la compagnie G n'en avait cure. Elle avait plus de paires de fesses à sa disposition qu'elle n'en avait jamais eu ; sans compter les bouteilles de whisky qu'achetaient les vahinés avec l'argent qu'ils leur donnaient, ou qu'elles achetaient elles-mêmes, si leurs séducteurs étaient fauchés. La grande qualité des vahinés, fiston, quand on les compare avec les femmes blanches, c'est qu'elles aiment leur radada avec une bonne dose de whisky, tout comme nous autres soldats de cette belle armée.

Seul peut-être au sein de l'allégresse générale, Milt Warden se demandait parfois si ce n'étaient pas là les signes avant-coureurs de la grande bagarre, si Washington n'avait pas eu connaissance de certaines informations ultra-secrètes qui portaient à croire que... Mais, puisque personne ne semblait s'en soucier, ce n'était pas à lui de jouer les trouble-fêtes.

46

Ce fut pendant ces six semaines de grâce, du 16 octobre au 28 novembre, tandis que les hommes de la G suaient sang et eau sur le rocher de Makapuu et se fussent volontiers laissé amputer du bras gauche pour changer de place avec lui, que Robert E. Lee Prewitt commença à comprendre que cinquante pour cent de l'agrément procuré par une permission semble provenir du fait, désagréable en soi, qu'elle n'est pas éternelle et que, bon gré mal gré, il faudra bien rentrer à temps pour le réveil.

Il était parfaitement au courant des manœuvres : Alma et Georgette lui en avaient apporté la nouvelle deux jours avant qu'elles fussent commencées. Et puis il y avait les articles de journaux qui se servaient des manœuvres annuelles pour examiner la situation en Europe. Mais ce que disaient les journaux n'intéressait pas Prew. Il les lisait cependant d'un bout à l'autre, parce que cette lecture repoussait de deux heures le moment où il se retrouverait seul avec le bar-radio, le tourne-disque et la vue sur la vallée, dont les charmes avaient fortement pâli à ses yeux, depuis qu'il était impossible de les quitter. Il n'éprouvait même plus aucun plaisir à avoir sa propre clef dans sa poche, puisque, ne pouvant plus sortir de la maison, il n'avait plus jamais l'occasion de s'en servir.

Ce fut ainsi qu'il se jeta sur les livres de Georgette avec une voracité qu'il n'avait ressentie qu'une seule fois auparavant, pendant son séjour à l'hosteau de Myer, après que sa maîtresse du moment, la jeune fille d'excellente famille, lui eut traîtreusement refilé la chaude-pisse. Il lut nuit et jour pendant plus de deux semaines. Lorsque les femmes se levaient à midi, ou rentraient de leur travail vers deux heures du matin, elles le trouvaient invariablement plongé dans un livre, avec le dictionnaire et un verre de whisky à portée de la main, car il s'était aperçu que trois ou quatre verres de whisky rendaient beaucoup plus plausibles les histoires les moins vraisemblables. Alma, excédée, le coinça dans la cuisine en tête à tête, un matin, et ordonna :

— Flanque-moi ce bouquin de côté, veux-tu, et écoute-moi ! Je commence à en avoir plein le dos de parler perpétuellement à la couverture d'un livre. C'est tout juste si j'aperçois ta figure une fois par jour, et quand tu daignes me regarder c'est avec des yeux de somnambule... comme en ce moment ! Je m'appelle Alma, tu te souviens ? Et je veux savoir ce que tu as l'intention de faire. Retourner dans l'armée ? Rester ici et trouver du boulot ? Rentrer aux États ? Quoi ?

Prew déchira un morceau de journal pour marquer sa page et jeta son livre à l'autre bout de la table, hors de sa portée.

— A franchement parler, je me le suis pas encore demandé. Pourquoi ?

— Pourquoi ? ironisa-t-elle. Eh bien ! mais parce que dans moins d'un an je rentre chez moi, tu sais. Il faudra bien que tu trouves quelque chose d'ici là !

— O.K. ! riposta-t-il, je vais y réfléchir.

— Tu sais très bien que je ne peux pas te ramener avec moi en Oregon, si c'est à ça que tu es en train de penser, lui dit-elle avec une froideur visiblement calculée.

Il y avait pensé, effectivement, mais il en avait abandonné l'idée.

— Est-ce que je t'ai jamais demandé de me ramener avec toi ?

— Non, admit-elle.

— Alors pourquoi que t'attends pas qu'on te le demande avant de te mettre à distribuer des refus à la ronde ?

— Parce que je veux pas me réveiller sur le bateau avec toi dans ma couchette.

— T'inquiète pas, y a pas de danger que ça t'arrive. Alors, maintenant que t'es rassurée, attends que le moment soit venu de te tracasser à mon sujet, veux-tu ?

— Pour ce que c'est agréable de t'avoir là ! se rebiffa-t-elle. Depuis trois semaines, t'as rien fait de plus que de bouquiner sans arrêt en buvant comme une éponge ; les seules fois où t'en es sorti, ç'a été pour faire du gringue à Georgette !

— Et c'est pour ça que tu me tombes dessus de cette façon ?

— Peut-être que t'aimerais tout simplement rester à la colle avec elle, après mon départ ?

Il y avait également songé. Il avait déjà songé, en fait, à des tas de choses. Mais il se fâcha de le lui entendre dire.

— C'est peut-être pas une si mauvaise idée, après tout, ricana-t-il.

— A première vue, non, dit froidement Alma, mais il se peut que Georgette ne puisse ni conserver cette maison, que nous payons toutes les deux, ni continuer à t'entretenir comme je le fais actuellement.

— O.K. ! trancha-t-il en se levant. Tu veux que je mette les voiles maintenant ?

Les yeux d'Alma s'écarquillèrent, et Prew l'observa en silence, assez fier de sa contre-attaque.

— Où est-ce que tu irais ? riposta-t-elle.

— La question n'est pas là.

— Oh ! ne fais pas l'idiot, s'emporta-t-elle brusquement.

Prew sourit, sachant parfaitement que d'une manière ou d'une autre il avait repris l'avantage. Leur vie ressemblait un peu plus chaque jour à une partie de tennis âprement disputée. Avantage dedans ; avantage dehors ; avantage dedans ; avantage dehors.

— Y a des tas d'endroits où je pourrais aller, reprit-il, désireux de gagner le jeu. Je trouverais bien du boulot. Ou une autre putain pour qui maquereauter. Je pourrais peut-être même rentrer à la compagnie. Y savent sans doute pas que c'est moi qu'ai piqué Gras-Double, de toute façon, conclut-il, mentant sans vergogne.

L'allusion au maquereautage éventuel d'une autre putain n'atteignit nullement Alma.

— Ce serait te fourrer dans la gueule du loup, et tu le sais très bien, dit-elle avec irritation.

— Je pourrais même m'embarquer en douce sur un rafiot, continua-t-il. J'irais au Mexique et je me ferais cow-boy !

— Je n'ai jamais eu l'intention de te demander de partir avant que tu saches où aller, s'écria-t-elle. Pour qui me prends-tu ? J'aurais cru que tu me connaissais mieux. Tu n'as pas à partir si tu n'en as pas envie. Moi, je ne demande qu'à ce que tu restes.

— On le dirait pas, à t'entendre !

— Tu crois peut-être que c'est drôle de te voir passer ton temps à reluquer Georgette en calculant tes chances ?

— Et tu crois peut-être que c'est drôle de vivre à tes crochets et de me l'entendre reprocher à chaque fois que t'es en pétard après moi ? Qu'est-ce que je suis censé faire quand tu rentreras chez toi pour épouser un richard ? T'accompagner jusqu'à la passerelle et me foutre à l'eau ensuite avec une pierre au cou ? Y me semble que t'en exiges beaucoup d'un seul homme !

— Je pense pas que ce soit trop exiger de te demander de me préférer aux autres femmes, riposta-t-elle, sérieuse. Du moins, tant que je suis là. Je sais comment sont les hommes ; je suis payée pour le savoir. Mais je pense pas que ce soit trop exiger de te demander ça.

— C'est difficile de préférer une femme quand elle a visiblement pas envie de coucher avec vous !

— C'est difficile d'avoir envie de coucher avec un homme qui ne vous préfère même pas aux autres femmes, rétorqua Alma. Surtout quand il a même pas l'air de vous reconnaître quand il vous regarde !

— Alors tu veux que je m'en aille, oui ou non ? coupa-t-il.

Alma se leva, éteignit le réchaud à gaz et se mit à préparer du café frais.

— Oh ! Prew, Prew... Pourquoi as-tu fait ça ? Pourquoi as-tu tué ce type ? Ça marchait si bien, nous deux, jusqu'à ce qu'ils t'envoient au dur. Pourquoi a-t-il fallu que tu fasses une chose pareille ?

— Je l'ai toujours fait, dit-il simplement, contemplant ses poings. J'ai toujours abîmé tout ce que je touchais. Peut-être que tous les hommes font pareil, ajouta-t-il, se remémorant les paroles de Jack Malloy. Je sais pas pourquoi, mais je sais que je l'ai toujours fait.

— Y a des moments où j'ai l'impression de même pas te connaître, dit Alma. Quand ton sergent-chef Warden est venu me voir, il m'a dit que t'aurais pu t'en tirer sans même aller au dur, si t'avais voulu.

Prew releva vivement les yeux.

— Il est revenu te voir là-bas ? Quand ça ? Réponds-moi, sacré nom de Dieu !

— Non, dit Alma. Je parle de la première fois, quand il est venu me dire que t'étais en prison. Il a fait allusion à quelque chose qui aurait pu te sauver la mise, mais que tu n'avais pas voulu dire. Pourquoi t'énerves-tu comme ça ?

— Je sais pas, dit Prew. Je me demandais s'il était revenu te voir.

— Tu crois tout de même pas que c'est lui qui te trahirait, non ?

— Je sais pas, dit-il, contemplant à nouveau ses poings. J'ai jamais été fichu de savoir s'il le ferait ou pas.

— Je te plains, dit sincèrement Alma.

— Tu peux pas comprendre, répondit-il. Y a des moments où je voudrais être revenu au dur...

Angelo Maggio. Jack Malloy. Le grand Berry. Francis Murdock. Stonewall Jackson. Les longues soirées de parlotes à la lueur des cigarettes.

— Et, quand tu es sorti, tu es resté neuf jours sans venir me voir ni même me téléphoner, lui reprocha-t-elle.

— Je voulais pas risquer de t'impliquer dans une sale histoire, sacré bon Dieu ! vociféra-t-il.

Elle s'abstint de rire. C'était la première fois, depuis que la blessure de Prew était guérie, qu'elle ressentait à nouveau, envers lui, ce curieux sentiment, si bizarrement proche de l'amour maternel.

— Prew, mon petit Prew, murmura-t-elle en lui prenant doucement la tête entre ses mains. Viens, Prew. Viens avec moi.

Prew se releva et la suivit dans la chambre à coucher. Puis ils regagnèrent la cuisine, où Georgette ne tarda pas à les rejoindre, amicalement impudique dans son mince peignoir de tissu imprimé qui moulait étroitement ses formes généreuses, Georgette, si semblable aux héroïnes décrites dans les ouvrages que lui envoyait le Club du Livre.

Alma regarda Prew, se détourna ostensiblement, et Prew s'efforça de ne pas regarder Georgette. Même lorsqu'il s'adressait à elle, c'était Alma qu'il regardait, ou le mur d'en face, ou ses poings fermés. Au bout d'une demi-heure de ce manège, Georgette se leva, manifestement offensée et, perplexe, passa dans sa chambre, s'habilla et sortit. Alma suivit son exemple, après avoir annoncé, tout comme Georgette, et sèchement, qu'elle ne rentrerait pas déjeuner.

Prew se retrouva seul dans la petite maison.

Il tenta de reprendre sa lecture, mais l'escarmouche de la matinée avait achevé de détruire le mythe qui, de toute manière, commençait à donner des signes de fatigue. Il ne pouvait plus s'intégrer à l'univers imprimé. Il ne pouvait plus lire. Même après cinq ou six verres de whisky. Il ne pouvait s'empêcher de penser à chaque instant que l'armée lui était désormais interdite.

« Alors ? Qu'est-ce que tu as l'intention de faire, Prew ? »

Alma avait dans un de ses tiroirs un 9,5 Smith et Wesson qu'un flic de l'endroit lui avait offert.

Quoi qu'il puisse arriver, Prew n'avait pas l'intention de retourner au dur. Avec Angelo, Malloy, Berry et tous ceux d'avant, oui, à la rigueur. Mais pas maintenant que tout avait dû changer, à l'exception, peut-être, de papa Thompson.

Il y avait des cartouches de rechange dans une petite boîte. Prew ôta celles qui garnissaient le chargeur depuis sans doute bien des années, les remplaça par des projectiles neufs, en empocha une poignée supplémentaire et glissa l'arme sous sa ceinture. Puis il prit quelques dollars dans un autre tiroir, quitta la maison, descendit à pied jusqu'à la rue Kaimuki et sauta dans un tramway qui le déposa à proximité du *Chancre Bleu*.

C'était épatant de se retrouver au grand air après tout ce temps. Son flanc était encore tout raide, mais la marche ne le faisait pas souffrir. Il n'y avait personne de la compagnie, au *Chancre Bleu*, et Charlie Chan lui apprit que tous les hommes de la G étaient à la pointe de Makapuu, en train de bâtir des casemates. Bon sang ! Ils n'avaient jamais parlé de ça, dans les journaux.

Rose les rejoignit au bout d'un moment et demanda à Prew comment il trouvait la vie civile. Cette question le fit sursauter ; puis il se souvint qu'il était normal, après tout, que le patron et la serveuse du *Chancre Bleu* fussent au courant de son histoire, et tous trois analysèrent pendant un bon moment les avantages comparés de la vie civile et de la vie militaire. Personne ne fit la moindre allusion à Gras-Double Judson.

Rose apprit également à Prew que Galovitch avait été renvoyé dans le rang, que Warden était en passe de devenir officier — peut-être l'avait-il déjà entendu dire, pendant ses neuf jours d'attente, mais, pour sensationnelle qu'elle fût, la nouvelle n'était pas allée jusqu'à son cerveau — et qu'enfin le nouveau commandant de compagnie, un certain lieutenant Ross, n'avait pas l'air d'un mauvais bougre, d'après ce qu'en disaient ceux de la G.

Plus ils bavardaient, plus Prewitt sentait croître sa nostalgie. Il dut se tenir à quatre pour ne pas se saouler, ce qui, bien entendu, était la dernière chose à faire. Ils devaient en voir de dures, à Makapuu, pour creuser les assises de leurs casemates dans un tel bloc de pierre. Mais, chose curieuse, au lieu d'augmenter sa joie de n'y point participer, cette image redoublait son désir de se retrouver là-haut avec toute la bande.

Il resta chez Charlie jusqu'à près de dix heures, écouta complaisamment au comptoir les lamentations du patron, mangea des saucisses chaudes avec plus d'appétit qu'il n'avait jamais dégusté les petits plats fins d'Alma, tandis que Rose partageait son temps entre les clients occasionnels et le sergent d'artillerie auquel elle réservait actuellement ses faveurs. Charlie ne parlait guère d'autre chose que de « ces salopelies de manœuvles, qu'étaient comme ça poul la plemièle fois, et qu'il avait hâte de voil se telminer, palce que depuis que tous les biffins étaient sul les plages, les affailes malchaient pas folt ».

Prew allait partir lorsque Rose revint vers lui. Elle venait de se rappeler que le « selgent Walden avait demandé aplès lui, juste la veille des manœuvles, et voulait savoil ce qu'il faudlait lui dile, s'il levenait ».

Charlie éclata de rire. Lui aussi trouvait la blague excellente.

— Dites-lui que je suis venu, répliqua sérieusement Prew. Dites-lui que ça me ferait plaisir de revoir sa sale gueule et que, s'il a envie de me voir, c'est ici qu'il a le plus de chance de me rencontrer.

Rose et Charlie acquiescèrent, sans marquer le moindre étonnement. Ils avaient l'habitude. « Gars de l'almée, plesque tous un peu beaucoup cinglés. »

Prew rentra vers minuit, toujours en tramway (probablement à cause de cette impression de liberté que lui procurait la présence, autour de lui, de tous ces gens qui pouvaient aller et venir sans avoir la sensation d'être suivis des yeux par tous les flics croisés en chemin) ; impression qu'il n'eût point éprouvée dans la solitude d'un taxi.

Il remit soigneusement le pistolet à sa place habituelle et les cartouches de rechange dans la petite boîte de carton. Il dormait profondément lorsque Georgette et Alma rentrèrent de leur travail, vers deux heures et demie du matin.

47

Ce fut parce que Rose lui avait rapporté les paroles de Warden que Prew retourna au *Chancre Bleu*. Il savait qu'il risquait gros. Une fois, pour avoir des nouvelles, passe encore. Récidiver était non seulement dangereux, mais inutilement téméraire : c'était un défi à la providence. Et, pourtant, il dut retourner quatre fois au *Chancre Bleu* avant d'y rencontrer Warden. Chaque fois, il se munissait du revolver d'Alma et le remettait en place à son retour. Alma et Georgette avaient remarqué qu'il était de meilleure humeur depuis quelque temps, mais elles étaient loin d'en soupçonner la raison.

Les trois premières visites de Prew, qu'il avait eu soin de répartir sur un certain laps de temps, furent infructueuses, car la compagnie était toujours à Makapuu, en train de bâtir des casemates, mais la quatrième fois — c'était le 28 novembre — il tomba sur toute une brochette de gars de la G : le grand chef Choate (sergent à présent), Vendredi Clark et Anderson, le sergent Lindsay, le caporal Miller, Pete Karelsen, le sergent-fourrier Malleaux, Rhodes-le-Poussiéreux, Nair-le-Taureau et quelques-unes des nouvelles recrues. Ils n'étaient rentrés que depuis quelques heures et paraissaient en pleine forme, hâlés, rasés de frais, avec des mines de durs à cuire et des mains aussi calleuses que s'ils venaient de passer six semaines au dur. Tous les gars furent heureux de le voir et le manifestèrent en lui flanquant de grandes claques dans le dos. Stark n'était pas là, et Prew fut déçu. Il eut un mal de chien à ne pas se laisser saouler et à ne pas prononcer le nom de Warden.

Le lendemain soir, malgré le risque, Prew revint au *Chancre Bleu*. Quelqu'un avait pu le signaler, mais au fond de lui il était persuadé du contraire, et, bien que tous les autres eussent imité son mutisme, la veille, au sujet de Warden, il avait l'intuition que le sergent-chef viendrait ce soir. Il les revit presque tous, et aucun d'entre eux ne lui parla de Warden, mais il continua d'attendre en buvant de la bière, sans jamais cesser de surveiller la porte, les paumes moites à la pensée que certains de ces hommes étaient allés ou iraient ce soir au *Ritz* ; au *Ritz*, où travaillait Georgette.

Warden apparut enfin, mais il n'entra pas dans l'établissement ; il ne jeta même pas un coup d'œil à l'intérieur de la salle. Il passa, lentement, devant la porte ouverte et redisparut. Personne n'eut l'air de l'avoir vu. Prew attendit deux ou trois minutes, acheva de vider son verre de bière et sortit.

Warden fumait une cigarette, adossé au mur d'un immeuble voisin.

— Ça, pour une surprise, c'est une surprise, dit-il sobrement.

— Tu parles ! ricana Prew.

— Je te croyais déjà aux États, continua Warden.
— T'as vu Rose ?
— Oui. Cet après-midi. Je savais bien que tu pourrais pas rester éloigné jusqu'à perpète.
— Alors ? dit Prew. Où est-ce que j'en suis ?
— Traversons, riposta Warden. Je tiens pas à ce que mes bleus me voient discuter avec un déserteur. Y savent pas encore ce que c'est que l'armée.
Ils traversèrent la rue et pénétrèrent dans un bar semblable à celui de Charlie, mais fréquenté par les gars d'une des compagnies du 8e d'artillerie. Warden commanda une tournée de whisky, la paya.
— Pourquoi que t'es pas revenu quand les manœuvres ont commencé, reprocha-t-il à Prew. J'avais bien préparé le terrain...
— J'ai pas pu. J'étais en train de me remettre d'un coup de surin dans les côtes. Alors, est-ce qu'y savent que c'est moi qu'ai piqué Gras-Double, ou est-ce qu'y le savent pas ?
— Gras-Double ? questionna Warden.
— Gras-Double Judson, précisa Prew. Tu sais de qui je veux parler. Cesse de me faire marcher.
— Jamais entendu parler de lui, répliqua Warden.
— Des clous ! trancha Prewitt. Fais pas l'idiot et dis-moi comment ça s'est passé.
Ils parlaient à mi-voix, au sein du vacarme. Warden regarda autour de lui avant de répondre.
— T'es prêt à tout, pas vrai ? s'enquit-il.
— Je retournerai pas au dur, si c'est ça que tu veux dire, riposta Prew. C'est pour ça que je veux savoir où j'en suis.
Warden fit signe à la serveuse de renouveler leurs consommations.
— Personne ne sait rien, au sujet de Gras-Double Judson. Ou, du moins, personne ne fait de rapprochement entre lui et toi.
— Comment que tu le sais ?
— J'en ai pas la certitude, admit Warden. Mais personne est jamais venu se rancarder à ton sujet de la part du prévôt de gendarmerie. S'ils avaient pensé à toi, y z'auraient déjà envoyé quelqu'un. J'en mettrais bien ma main au feu.
— Alors, je peux rentrer, dit joyeusement Prew. Tu peux avoir confiance en moi, papa. Je ferai plus jamais l'école buissonnière.
— Attends, l'interrompit Warden. Si t'étais rentré au début des manœuvres, j'aurais pu te tirer de là avec deux semaines de corvées supplémentaires. Mais y a six semaines que t'es parti, depuis le début des manœuvres. Et même un gadouilleux comme Ross pourra pas laisser ça là.
— Je retournerai pas au dur, intervint vivement Prew. Même si je dois me terrer quelque part tout le restant de ma vie.
— Je vais t'expliquer ça en deux mots, reprit Warden. Je pourrais te dire que tu t'en tireras avec quinze jours de salle de police, mais c'est encore un coup de falot, et comme t'as déjà été au dur, ça

peut aller chercher deux mois et confiscation de deux tiers de ton prêt.

— A moins qu'y m'en collent pour six mois, dit Prew.

— Non, riposta Warden. Je peux te promettre que ça ira pas chercher plus de deux mois. Et je crois pouvoir t'en tirer avec un mois seulement.

— Alors, je rentre pas.

— Bon Dieu ! qu'est-ce que tu espérais ? Y a six semaines que t'es parti !

— Je sais pas ce que j'espérais. Mais je sais que je retournerai pas au dur. Même pour un mois. Et c'est tout ce que je sais.

Warden se redressa sur sa chaise.

— Comme tu voudras. Mais c'est le mieux que je puisse faire pour toi. Ross est en pétard parce qu'y croit que tu t'es barré pour couper aux manœuvres.

Prew fronça les sourcils d'un air perplexe.

— Mais j'étais parti depuis une semaine quand les manœuvres ont commencé !

— Ça, il en sait rien.

— Mais...

— Sacré nom de Dieu ! s'impatienta Warden. Choate t'a porté présent, et Dhom-le-Chauve en a fait autant. J'étais en permission, et c'était Dhom qui faisait fonction de sergent-chef. Il aurait fallu que je te porte absent rétroactivement, alors, j'ai laissé courir...

— Mais ta permission expirait trois jours après que je sois parti !

— Te fais pas d'illusions, gronda Warden. Je sais même pas pourquoi je suis en train de me casser le cul à discutailler avec toi.

— C'est parce que t'as honte de devenir officier, repartit Prewitt en souriant.

— J'ai jamais eu honte de quoi que ce soit que j'aie fait dans ma garce de vie, grogna Warden. Un type qui sait ce qu'il veut ne sait pas ce que c'est que la honte.

— Dans quel bouquin que t'as lu ça ?

— Si j'avais seulement pour deux liards de cervelle, j'aurais commencé par pas venir ici, grogna Warden.

— T'as pas été au dur. Je les ai vus tuer un type à force de lui cogner dessus, s'excusa Prewitt.

— Il l'avait sans doute cherché.

— Le gars l'avait effectivement cherché, continua Prew, mais ça leur donnait pas le droit de lui faire ça. C'était un copain à moi, et c'est Gras-Double Judson qu'était responsable de sa mort.

— Me raconte pas tes soucis, murmura Warden. J'ai assez des miens. Je t'ai dit ce que je pouvais faire pour toi, et c'est le mieux que je puisse faire.

— Tu comprends pourquoi je peux pas rentrer, maintenant ? demanda Prew.

— Je comprends rien du tout, ricana Warden. Tu comprends pourquoi je vais devenir officier ?

— Sûr, dit Prew, je comprends ça très bien. Y a des moments où ça me plairait, d'en être un. Tu vas faire un officier de première bourre.

— Ah ! tu comprends ça très bien ! répéta Warden. Ben ! t'as de la veine. Je voudrais bien pouvoir en dire autant. Foutons le camp de ce sale boui-boui.

Ils quittèrent l'établissement, s'arrêtèrent pour allumer une cigarette et durent se ranger contre le mur pour ne pas être entraînés par le flot constant d'hommes de Shofield qui coulait sur les trottoirs.

— C'est joli, dit Prew en désignant les enseignes. J'ai toujours aimé les tubes au néon. Ça me plaît de les voir briller, d'un bout à l'autre d'une grande rue. Y a cinquante villes dans ce pays qu'ont des rues plus belles que Broadway. Memphis, Albuquerque, Miami, Colorado Springs, Cincinnati...

Warden ne répondit pas.

— J'aimerais rentrer, reprit Prewitt au bout d'un moment. Je voudrais rentrer. Mais je veux pas retourner au dur, même pour pouvoir rentrer.

— Y aurait qu'une façon que tu puisses rentrer sans retourner au dur, dit sauvagement Warden. Ce serait que les Japs ou quelqu'un d'autre attaquent l'île et qu'y libèrent tous les prisonniers pour les envoyer au casse-pipe.

— Ça me fait une belle jambe, dit Prew.

— J'y peux rien, répliqua Warden.

— Ouais, dit Prew.

— Tâche de pas trop te balader en ville, lui conseilla Warden. Depuis les manœuvres, y vérifient souvent les permissions et les laissez-passer.

— Merci du tuyau.

— Y a pas de quoi.

— Alors... à un de ces jours, dit Prew.

— A un de ces jours, répondit Warden.

Il traversa la rue pour retourner au *Chancre Bleu*, et Prewitt repartit vers le centre de la ville. Ni l'un ni l'autre ne regardèrent en arrière.

Tout en se frayant un chemin à travers la foule, Prew songeait aux dernières paroles de Warden. Si les Japs attaquaient l'île et qu'y libèrent les prisonniers... ! Sa seule chance de rentrer sans retourner au dur. Ouais...

En traversant la rue Maunakea, il rencontra Nair-le-Taureau et Rhodes-le-Poussiéreux qui zigzaguaient, bras dessus, bras dessous, d'un bord à l'autre de la chaussée. Ils voulurent à tout prix lui payer un verre.

— On sort du *Ritz*, lui confia Nair. C'est pas aussi rupin que chez la mère Kipfer, mais c'est justement pour ça que ça me plaît mieux...

— C'est comme si que je venais de reperdre mon pucelage, renchérit Rhodes, l'œil rêveur.

— Depuis le temps qu'on était sevrés, souligna Nair.

La tournée expédiée, ils ressortirent dans la rue.

— Quand est-ce que tu reviens, Prew ? s'informa Nair-le-Taureau.

— Sais pas, je suis pas encore fatigué de la vie civile, mentit Prew.

— Alors, à un de ces jours, vieille branche.

— A un de ces jours.

Prew les regarda s'éloigner, bras dessus, bras dessous, rempli d'une immense amertume. Puis, au lieu de gagner la station de tramway, il se dirigea tout droit vers le *Ritz*.

L'établissement était bondé, et il dut attendre un bon moment avant d'apercevoir Georgette. Il avait les mains de plus en plus moites, la gorge serrée, le visage empourpré, les tripes rongées par un feu d'enfer. Que tout s'écroule ! Que tout aille au diable. Que plus rien ne subsiste, rien, rien...

Il la vit enfin traverser le hall et la prit par le bras. Lorsqu'elle vit que c'était lui, elle l'emmena dans une chambre vide et lui demanda ce qui n'allait pas. Au début, elle eut l'air un peu emprunté, puis elle se mit à l'aise, mais, lorsqu'il lui tendit l'argent, elle éclata de rire et refusa. Voyant qu'il s'obstinait, elle reprit son air offensé et accepta l'argent sans mot dire.

Il avait eu l'intention d'attendre Alma et d'en finir tout de suite avec cette histoire, mais lorsqu'il eut regagné la maison, il s'entonna whisky après whisky et s'endormit sur le tapis du salon.

Lorsqu'il se releva le lendemain matin et passa dans la cuisine pour se plonger la tête dans l'eau froide, Alma était déjà assise devant la table, en train de boire une tasse de café. Au regard qu'elle lui jeta, il comprit tout de suite que Georgette lui avait tout dit, hier soir, peut-être, ou de bonne heure ce matin. La garce ! Il avait toujours su qu'elle le lui dirait. C'était pour ça qu'il l'avait fait. Mais il avait eu l'intention de tout lui raconter lui-même, hier soir. Seulement, voilà, il s'était saoulé la gueule pour pouvoir le faire.

Alma ne se mit pas en colère, elle ne fit aucune allusion à cette histoire. Elle se montra, par la suite, extrêmement amicale et pleine de prévenance à son égard. Elle était si chaleureuse, et si indulgente, et si tendre que Prew ne put jamais trouver le courage de lui en parler.

Furieux, frustré, il prit le parti de coucher sur le divan du salon, pas tellement fier de lui, et Alma ne fit aucune allusion à ce déménagement. Elle n'avait jamais été aussi gentille avec lui depuis qu'il la connaissait. Au cours de la semaine suivante, elle vint même le rejoindre une fois ou deux sur le divan.

Georgette ne se montra ni moins, ni plus aimable avec lui. Elle ne resta à la maison ni moins, ni plus souvent. Ils étaient tous les trois comme une grande famille unie. Ce fut pendant cette curieuse semaine qu'il reconstitua de mémoire et termina les paroles de la *Complainte du Rempilé.*

Mais en fouillant dans un tiroir, le troisième ou quatrième jour, il constata qu'elle avait retiré tout l'argent qu'elle y rangeait habituellement. Cette découverte ne lui fit aucun effet. Tout ce qu'il demandait, c'était qu'elle ne fermât point le bar-radio.

Deux ou trois jours après, ils se chamaillèrent. Cela démarrait sous un prétexte futile, puis tout y repassait, les reproches, les rancœurs et les petites vacheries réciproques. Avantage dedans, avantage dehors, avantage dedans, avantage dehors. Prew se tirait toujours glorieusement de l'affaire. C'était le silence qui lui faisait le plus d'effet. Il arrivait toujours à reconquérir l'égalité, sinon l'avantage, avec le coup droit infaillible que constituait sa vieille menace de filer sur-le-champ. Quoi qu'Alma pût lui dire, elle était toujours ébranlée par cette menace. Prew se demandait parfois si elle n'avait pas toujours eu l'intention de l'épouser, jusqu'à cette histoire de Georgette. Il était dans l'état d'esprit d'un homme à qui l'on vient de retourner sa bague de fiançailles.

48

Milt Warden ne se leva pas exactement de bonne heure, le matin du jour J. En fait, il ne s'était pas couché.

Il était retourné au *Chancre Bleu*, espérant vaguement y rencontrer Prewitt une seconde fois, après avoir quitté Karen, vers neuf heures et demie. Il avait raconté à Karen toute l'histoire de Prewitt, y compris le meurtre de Gras-Double et l'amour de Prew pour cette Lorene, vedette du *Nouveau Congrès*. Cette histoire avait ému Karen jusqu'aux larmes, et c'était un peu pour ça que Warden était retourné au *Chancre Bleu*. Il n'y avait pas rencontré Prewitt, mais il était tombé sur le vieux Pete et le sergent Choate, et tous trois avaient passé le reste de la nuit à jouer au poker en buvant du whisky dans l'arrière-boutique de Charlie, après la fermeture de l'établissement. Charlie jouait comme un pied, mais il leur cédait son whisky au prix de gros et, de temps à autre, ils lui laissaient gagner une partie, histoire de ne pas lui enlever ses illusions sur ses capacités de joueur de poker.

Ils étaient rentrés en taxi vers six heures et demie. Comme c'était dimanche, tout le monde était plus ou moins ivre, et, comme il y avait eu bal, la veille, au club des officiers et qu'aucun d'entre eux ne s'était levé pour venir partager l'ordinaire des hommes de troupe, ce matin-là, ils étaient pour ainsi dire en famille. Personne ne se souciait de châtier son langage ni de sacrifier à la politesse militaire.

La conversation roulait principalement sur le nouveau contingent de filles reçu par Mme Kipfer, pour faire face à l'augmentation incessante des effectifs stationnés dans l'île. L'une d'entre elles était une adorable petite chose aux cheveux noirs, qui débutait apparemment dans la carrière et promettait de connaître une vogue comparable à celle de Lorene, lorsque Lorene rentrerait aux États. Elle s'appelait Jeanette, et son nom était déjà chaudement recommandé à la ronde.

Stark était le seul, en dehors de Warden et de Dhom-le-Chauve, qui n'eût point fait la veille une incursion ou deux chez Mme Kipfer. Mais il était ivre, lui aussi. On disait qu'il s'était déniché une chasse gardée de premier carat, pendant les manœuvres, et certains prétendaient qu'ils avaient vu la fille et que c'était une vahiné faite au moule, avec de ça et de ça et un drôle de petit air vicelard, mais Stark n'en parlait jamais et s'abstenait de répondre aux questions qu'on lui posait. Il n'avait pas adressé la parole à Warden, sinon sur le terrain strictement professionnel, depuis leur bagarre nocturne d'Hickam.

C'était le type même du premier dimanche matin après le jour de prêt. Un bon tiers de la compagnie était encore en ville. Le second tiers était dans la chambrée, en train de roupiller. Mais le troisième tiers faisait autant de boucan que si toute la compagnie avait été présente au petit déjeuner.

Son assiette à la main, Warden allait au rab, avec cet appétit vorace qui, chez lui, suivait invariablement les nuits de bombe, lorsque la première explosion ébranla le plancher du réfectoire, secoua la vaisselle sur les tables et se propagea à travers la cour de la caserne comme une lame de fond sous la coque d'un transatlantique.

Il s'arrêta sur le seuil de la cuisine et se retourna vers le réfectoire. Dût-il vivre cent ans, jamais il n'oublierait ce tableau. Le silence était absolu. Tous les gars s'étaient arrêtés de mastiquer ou de brailler et s'entre-interrogeaient du regard.

— C'est le génie qui fait joujou avec sa dynamite, sur le champ d'atterrissage de Wheeler, suggéra timidement un homme.

— J'ai entendu dire qu'y z'étaient en train de niveler un autre bout de terrain, pour faire une nouvelle piste, renchérit un autre.

Et tous de se remettre à manger et à rire. Warden fit un pas à l'intérieur de la cuisine.

Alors vint la seconde explosion. Juste avant, il la sentit ramper sous ses pieds, tandis que la vaisselle dansait dans les éviers et sur les égouttoirs. Les deux hommes de corvée, bouche béante, se tournèrent vers lui.

Assez fier de son calme, Warden allongea le bras, posa son assiette et réintégra le réfectoire.

L'assiette tomba sur le sol et s'y fracassa, mais personne ne l'entendit, la troisième explosion ondulait sous le plancher, les tasses et les couverts grelottaient à nouveau sur toutes les tables.

— Merde ! Cette fois, nous y v'là, dit une voix inexpressive lorsque Warden atteignit la table des sous-offs.

Warden s'aperçut soudain qu'il regardait Stark et que Stark le regardait. Il n'y avait rien sur le visage de Stark, en dehors de la paisible apathie des lendemains de biture, et Warden savait qu'il n'y avait rien, non plus, sur son propre visage. Il sourit en montrant les dents, et Stark lui rendit un rictus identique. Leurs regards s'affrontaient toujours.

Warden rafla d'une main sa tasse de café, de l'autre, sa bouteille de lait et gagna la sortie par les voies les plus directes, Pete Karelsen, Choate et Stark sur les talons. Le grand Choate avait emporté son assiette et mastiquait en courant.

Une large colonne de fumée noire s'épanouissait lentement dans le ciel. Les gars se bousculaient pour sortir. Ils avaient tous emporté leur bouteille de lait, pour qu'elle ne disparût point dans la pagaïe générale.

— Passe-moi un peu de ton café, dit, derrière lui, la voix blanche de Stark. Ma tasse est vide.

Warden se retourna. Un grand rouquin dégingandé accourait à leur rencontre, sa tignasse en bataille, ses genoux pointus montant à chaque pas jusqu'au niveau de son menton. Il semblait perpétuellement sur le point de tomber à la renverse.

— Eh ! Poil-de-Brique, tu sais ce qu'y se passe ? hurla Warden.

Le rouquin continua de courir avec application sans cesser de regarder droit devant lui, les yeux à demi sortis des orbites.

— Les Japs sont en train de pilonner l'aérodrome de Wheeler, haleta-t-il par-dessus son épaule. J'ai vu les ronds rouges sous leurs ailes.

Il continua de courir. Derrière lui, un grondement sourd naquit, qui s'amplifia graduellement jusqu'à ce qu'un avion franchît soudain la cime des arbres.

Il les survola, disparut, tandis que les éclats de silex arrachés au sol leur rebondissaient dans les jambes. Avec une mesure de retard, les hommes refluèrent vers la porte, aussitôt repoussés par ceux qui n'avaient rien vu.

Warden cligna des yeux et, cette fois, il vit scintiller des avions tout autour de la colonne de fumée. Brusquement ils se mirent à grandir, devinrent énormes.

— Rentrez, bande de tordus ! hurla Warden. Vous voulez recevoir une balle dans le cul ?

Le rouquin dégingandé gisait sur le sol, les yeux démesurément ouverts. La ligne pointillée qui courait sur l'asphalte disparaissait en touchant son corps et reprenait de l'autre côté.

— Vous avez vu, maintenant ? hurla Warden. C'est pas du bidon, c'est du vrai ! Rentrez tous immédiatement !

A contrecœur, les hommes reculèrent. L'un d'entre eux courut jusqu'au mur d'en face, sonda un trou avec son canif, en sortit une balle. C'était un pruneau de 12,5 mm.

— Ça va me faire un chouette souvenir, annonça-t-il. Une balle tirée par un avion, le premier jour de la guerre.

Le reflux général vers la salle de récréation s'arrêta net.

— Rends-moi mon café, hurla Warden à l'adresse de Stark. Et aide-moi à faire rentrer tous ces tordus-là !

— Mais qu'est-ce que tu veux que je fasse, Milt ? questionna Choate, la bouche pleine, son assiette toujours à la main.

Un autre avion aux ailes ornées de disques rouges surgit au-dessus des arbres, et les amateurs de souvenirs sprintèrent, coudes au corps. L'avion passa en ıase-mottes ; l'espace d'un éclair, ils distinguèrent nettement la tête casquée du pilote, le visage jaune protégé par des lunettes carrées, la longue écharpe flottant au vent et le sourire sardonique sur les lèvres du Jap.

Warden, Stark, Pete et Choate bloquèrent rudement les hommes au moment où ils repartaient vers la sortie, jusqu'à ce qu'ils fussent tous réunis dans la salle de récréation, et se campèrent en travers du seuil. Warden ingurgita le reste de son café, posa sa tasse sur le bord d'une étagère, fendit la presse et grimpa sur la table de ping-pong, dans un vacarme indescriptible.

— Vos gueules, là-dedans, hurla-t-il à pleins poumons. C'est seulement la guerre ! Vous savez ce que ça veut dire ?

Le mot « guerre » eut l'effet escompté. Ils se mirent tous à s'entre-gueuler de la « boucler et d'écouter Warden ».

— Tout le monde là-haut. Chaque homme sous les ordres de son chef de section, cria Warden. Chefs de section, faites déboucler les râteliers et que chacun prenne son fusil et reste auprès de son plumard. Personne dehors ! C'est pas des manœuvres. Si vous sortez, vous réussirez qu'à vous faire descendre sans profit pour personne. Ceux qui veulent mourir en héros pourront le faire d'ici peu. Vous aurez sans doute chacun une demi-douzaine de Japs sur les bras quand on ira occuper les positions côtières. Restez à l'intérieur des bâtiments ! Je rends chaque chef de section personnellement responsable de ses hommes.

Il y eut un brouhaha de protestations indignées. Les menues secousses sismiques dont l'épicentre était l'aérodrome de Wheeler n'impressionnaient déjà plus personne. Un avion passa, mitraillant à cœur joie.

— Vous avez pigé ! beugla Warden. Ceux qui veulent des souvenirs en achèteront plus tard aux veuves de ceux qui seront allés les chercher. Le premier que j'attrape dehors, je lui casse la gueule moi-même et je le fais passez au falot. Et je veillerai à ce qu'il ait le maximum ! Compris ?

Il y eut une seconde vague de protestations indignées.

— Et si ces salauds-là nous bombardent ? brailla quelqu'un.

— Si y z'avaient dû nous bombarder, ils l'auraient sans doute déjà fait, riposta Warden. Je crois plutôt qu'y vont mettre toute la gomme sur l'aérodrome de Wheeler et Pearl Harbor.

— Ouais, rugit un autre. Mais si y nous bombardent ?

— Alors, tout le monde dehors, je dis bien : dehors, pas dans la cour, et dispersez-vous !

— Ça nous fera une belle jambe si on a déjà un pruneau sur la gueule, râla un homme.

— Ça va, beugla Warden. Rengaine ton compliment. Chefs de section ! Conduisez vos hommes là-haut et exécutez les ordres. Mitrailleurs, chefs de groupes et sous-offs, à mes ordres !

Cette fois, les hommes quittèrent la salle. Un avion passa. Puis un autre, et encore un autre. Puis un groupe en même temps. Warden sauta à terre.

— Qu'est-ce que je fais, chef ? questionna Stark.

Son visage avait toujours la même expression de refus catégorique (à la manière, un peu, d'un estomac délicat refusant énergiquement une certaine nourriture).

— Qu'est-ce que je dis à mes cuistots ? Je suis blindé, mais je peux encore me servir d'un fusil-mitrailleur.

— Tu vas commencer à m'emballer ta cuisine, répliqua Warden. On va partir pour la côte à la première accalmie et faut que tout soit prêt d'ici là. Roulantes et tout le bordel. Et par la même occasion, prépare une chaudière de jus sur ton grand fourneau.

— O. K. ! dit Stark en se dirigeant vers la sortie.

— Attends ! aboya Warden. A la réflexion, fais-en préparer deux chaudières. On va en avoir besoin.

— O. K. ! riposta Maylon Stark. Son visage était toujours figé dans son inexpression, mais sa voix ne l'était pas. Elle était bien éveillée, cette voix, pleine de compétence et d'efficacité.

— Eh ! vous autres ! vociféra Warden.

Il frotta son visage avec ses deux mains, mais c'était inutile. Dès qu'il cessait de le frotter, il le sentait reprendre sa propre impassibilité figée, comme des cheveux trop longtemps peignés dans le même sens retrouvent infailliblement leur position initiale.

— Tous les mitrailleurs au magasin. Sortez les mitrailleuses et tous les chargeurs disponibles et grimpez-les sur le toit. Feu à volonté et rappelez-vous de tirer largement en avant des avions. C'est tout. Exécution !... Chefs de groupes, gardez tous vos hommes à l'intérieur des bâtiments, à l'exception des mitrailleurs. Contre un avion, les fusils sont à peu près aussi efficaces que des lance-pierres. Alors, personne dehors ! Compris ?

Ils acquiescèrent avec ensemble. Presque toutes les têtes étaient tournées dans la même direction, écoutant les avions qui passaient toujours en grondant au-dessus de la caserne. C'était plutôt marrant de les voir tous hocher la tête du même côté, comme ça. Warden faillit éclater de rire, se retint.

— Qu'est-ce que je fais avec mes mitrailleuses, Milt ? s'enquit Pete Karelsen.

Son ton paisible stoppa Warden. Ivre ou pas, Karelsen semblait être le seul qui ne parût pas excité, et Warden se rappela soudain qu'il avait passé deux années en France, au cours de la dernière guerre.

— Ce que tu jugeras bon de faire, Pete.

— Je vais en monter une sur le toit. Y pourraient jamais en alimenter plus d'une dans ces conditions. Je prendrai Mikeovitch et Grenelli avec moi.

— Tu vas pouvoir faire du tir anti-aérien avec ces trépieds de sol ?

— On va l'installer à cheval sur une cheminée, expliqua Pete, et on maintiendra les pieds à deux bonshommes.

— O. K. ! Pete, dit Warden. C'était tout de même épatant d'avoir un type dans la compagnie qui soit capable de prendre ses propres décisions lui-même.

— Mikeovitch, Grenelli, suivez-moi, cria Pete. On va prendre celle de Grenelli, puisqu'on s'en est servi déjà.

— Pour la dernière fois, vous autres, rappela Warden aux chefs de groupes, tout le monde à l'intérieur des bâtiments. Même si vous devez les assommer à coups de crosse pour les empêcher de sortir. Moi, je serai sur le toit avec un fusil-mitrailleur. Si vous voulez monter aussi, assurez-vous auparavant que tous vos hommes sont à l'abri. Et pas dans les galeries ! Dans la chambrée ! Compris !

— Tu parles, gouailla Liddell Henderson. C'est pas moi qu'on attrapera sur le toit. Je reste en bas avec mes hommes.

— O. K. ! dit Warden en braquant vers lui un index péremptoire. Alors je te charge de réunir dix ou douze hommes et de leur faire préparer des chargeurs de fusils-mitrailleurs et des bandes de mitrailleuses. Y a personne d'autre qui veut grimper ?

— Je reste en bas avec Liddell, grogna Champ Wilson.

— Alors je te nomme chef en second du piquet de chargement, ricana Warden. Et tâchez de vous manier le train. On va avoir besoin de toutes les munitions disponibles. O. K. ! Allons-y ! Si vous avez des bouteilles, montez-les. Je vais monter la mienne.

Sous la galerie, quelques hommes discutaient violemment avec le sergent-fourrier Malleaux, devant la porte du magasin.

— M'en fous, disait Malleaux. J'ai mes instructions. Je peux pas délivrer de munitions sans un ordre signé par un officier.

— Mais on en verra peut-être pas un seul avant midi, eh ! duschnock, cria quelqu'un, rageusement.

— J'y peux rien, les gars. J'ai mes ordres. Pas de papelard signé, pas de munitions. C'est clair.

— Qu'est-ce que c'est que ce travail ? hurla Warden.

— Y veut pas nous donner de munitions, chef, expliqua l'un des hommes.

— Il a bouclé la lourde et il a les clefs dans sa poche, se lamenta un autre.

— Donne-leur les clefs, ordonna Warden.

Tristement, Malleaux secoua la tête.

— J'ai mes ordres, sergent. Je peux pas délivrer de munitions sans un ordre signé par un officier.

Pete Karelsen sortit de la cuisine en s'essuyant la bouche.

— Qu'est-ce qu'y se passe ? demanda-t-il béatement à ses deux mitrailleurs.

— Y veut pas nous donner de munitions, Pete ! cria Grenelli.

— Eh ben ! merde, alors, s'exclama Pete, sidéré.

— J'ai mes ordres, sergent, s'obstina Malleaux.

Un nouvel avion survola la caserne, et ses balles traçantes poussèrent leurs orbes meurtrières jusque sous la galerie, tandis que le petit groupe d'hommes se ruait à corps perdu vers l'abri de l'escalier.

— Au cul, tes ordres ! hurla Warden. Donne-leur les clefs !

— Impossible, sergent. Je tiens mes ordres du lieutenant Ross lui-même.

— O.K. ! dit Warden. Chef, enfonce la porte !

Choate, Mikeovitch et Grenelli reculèrent. Malleaux se posta devant la porte du magasin, les bras ouverts :

— Vous pouvez pas faire ça, sergent !

— Et comment ! Vas-y, ricana Warden à l'adresse de Choate. Y s'enlèvera de la trajectoire, c'est moi qui te le dis.

Choate et les deux mitrailleurs s'élancèrent, l'épaule en avant. Malleaux s'écarta, la porte craqua, ne céda point.

— Vous prenez ça sous votre responsabilité, sergent, dit Malleaux à Warden. J'ai fait ce que j'ai pu pour vous en empêcher.

— Ça va, je te ferai décorer, dit Warden.

A la troisième tentative, les vis de la serrure se disjoignirent, et la porte s'ouvrit. Warden entra le premier, les deux mitrailleurs sur les talons. Mikeovitch se mit à puiser dans les caisses de munitions, cherchant des bandes chargées, tandis que Grenelli décrochait amoureusement sa mitrailleuse du ratelier. Il y avait déjà quelques hommes sur les toits du 1er et du 3e bataillon. Muni d'un fusil-mitrailleur et d'un sac de chargeurs, Warden reprit le chemin de la sortie, après avoir noté dans un coin de son esprit de passer un drôle de savon à ce couillon de Malleaux, dès qu'il en aurait le loisir. Aucun des fusils-mitrailleurs de la compagnie n'avait été déchargé ni graissé depuis les derniers exercices de tir, qui remontaient au mois d'août.

Pete, Grenelli et Mikeovitch étaient déjà dans l'escalier, avec la mitrailleuse, le trépied et huit boîtes de bandes. Warden stoppa auprès du sergent Henderson.

— Distribue les armes et les munitions, lui ordonna-t-il, et fais préparer les chargeurs de fusils-mitrailleurs et des bandes de mitrailleuse. Wilson, monte chercher une douzaine de types. Dès que vous en aurez un paquet de chargé, envoyez-les-nous là-haut par deux ou trois types et continuez. Mettez trois hommes sur les bandes de mitrailleuse, le reste sur les chargeurs de fusils-mitrailleurs ! O.K. ?

— O.K. ! chef, dit nerveusement Henderson.

Warden s'élança dans l'escalier, mais fit un crochet par sa chambre pour y prendre sa bouteille de réserve, celle qu'il conservait pour les cas de force majeure. Un concert de récriminations et de questions diverses l'accueillit lorsqu'il traversa la chambrée. Tous les regards convergeaient vers lui, et Warden comprit qu'il lui fallait absolument répondre quelque chose.

— Enfilez vos tenues de campagne et préparez vos paquetages, ordonna-t-il. On part dans un quart d'heure. Équipement de campagne !

— Alors, qu'est-ce que tu fous avec un fusil-mitrailleur ? lança une voix.

— Tenue de campagne, répéta implacablement Warden. Équipement de campagne. Chefs de section, mettez vos hommes au boulot !

D'un même geste plein de dégoût, chaque soldat jeta son arme vide sur son plumard, tandis qu'avec un semblable dégoût chaque chef de section commençait à houspiller ses hommes.

Couché sous son lit, sur lequel il avait empilé trois matelas supplémentaires, le sergent Turp Thornhill, originaire du Mississipi, gisait à même le sol cimenté, son fusil dans les bras, son casque sur la tête, uniquement vêtu de son linge de corps.

— Tu vas t'enrhumer, Turp, ricana Warden en passant près de lui.

— Va pas là-haut, chef, supplia Turp. Tu vas te faire buter. Y nous tirent dessus, ces vaches-là. Tu vas te faire descendre. Va pas là-haut, que je te dis !

— Tu ferais mieux d'enfiler ton falzar, répliqua Warden.

Il s'arrêta sur le seuil de sa propre chambre, dont le plancher disparaissait littéralement sous les éclats de verre. Armoires et coffres étaient criblés de balles. Il y avait une large flaque, sous l'armoire de Pete, et l'air empestait le whisky. Warden jura en ouvrant son propre coffre. Une balle avait fracassé sa boîte à rasoir en matière plastique et plié en deux le rasoir lui-même. Dans le fond du coffre, il trouva deux autres pruneaux douillettement logés dans ses chaussettes et son linge de rechange, l'un à droite, l'autre à gauche de sa bouteille de whisky.

La bouteille était intacte.

Warden empocha les deux balles, s'empara de la bouteille, ouvrit la porte de son armoire murale, s'assura d'un rapide coup d'œil que ses disques et son tourne-disques étaient indemnes et se jeta à plat ventre dans les éclats de verre, la bouteille sous lui, en entendant arriver un nouvel avion.

Lorsqu'il retraversa la chambrée, où les hommes préparaient, en rouspétant à qui mieux mieux, leur équipement de campagne, il constata que Thornhill était toujours sous ses quatre matelas et que le simple soldat Ike Galovitch reposait, immobile, sur son plumard, son polochon sur la tête et son fusil contre le flanc.

Quand Warden jaillit à son tour à travers la trappe qui donnait accès au toit, il trouva deux sous-offs de la G en grande discussion avec une brochette d'hommes de la F. Étant arrivés les premiers, ceux de la G avaient pris possession des cheminées de la F pour y disposer leurs armes et les gars de la F protestaient à présent contre cette annexion arbitraire. Il y avait maintenant des hommes sur tous les toits, postés autour des cheminées ou agenouillés derrière les petits murs qui bordaient les terrasses. Les seuls simples soldats visibles à la ronde étaient Readall Treadwell et les deux autres mitrailleurs de la G.

— Jetez vos chargeurs vides dans la cour de la compagnie, hurla Warden. Faites passer le mot de jeter les chargeurs vides dans la cour de la compagnie pour qu'y nous les rechargent en bas. Jetez vos ch...

Trois avions naviguant en V revenaient du sud-est, leurs mitrailleuses en action. Les tireurs à l'affût poussèrent une clameur d'allégresse, et toutes les bouches à feu se mirent à cracher dans un vacarme assourdissant. Du coup, sur le toit de la F, la discussion cessa, tandis que les gars plongeaient avec ensemble derrière une cheminée. Warden s'arrêta court, se retourna et tira, la bouteille de whisky fortement coincée entre ses genoux, la mitrailleuse lourde lui martelant durement l'épaule. A sa droite, Pete Karelsen actionnait avec fièvre sa mitrailleuse braquée vers le ciel, et, cramponnés à deux branches du trépied, Mikeovitch et Grenelli rebondissaient grotesquement comme deux balles de son au bout de leur ficelle.

Les trois avions continuèrent leur route sans le moindre dommage et amorcèrent un virage sur l'aile.

— J'ai jamais autant rigolé de ma vie ! hurla Choate de sa formidable voix de basse.

— Merde, dit Pete derrière le dos de Warden. J'ai mal calculé mon angle. Je l'ai tiré beaucoup trop long.

Warden abaissa son fusil-mitrailleur, reprit sa bouteille entre ses genoux et but une gorgée d'alcool qui, plus qu'une gorgée d'alcool, était l'extériorisation d'un sentiment trop fort pour qu'il pût le garder sous clef à l'intérieur de lui-même. « C'est ma compagnie, songeait-il avec quelque chose qui ressemblait à de l'amour. C'est mes gars ! »

— Eh ! Milt, tu peux venir, brailla Pete. On a assez de place pour toi et ta bouteille.

— J'arrive, les gars, rugit Warden, qui tendait l'oreille.

Un clairon sonnait quelque part.

Warden s'approcha du petit mur de la terrasse et se pencha vers la cour. Planté devant l'immense porte-voix de métal, parmi les silhouettes frénétiques des hommes du piquet de chargement, le clairon de garde sonnait la charge !

— Qu'est-ce que tu fous ? hurla Warden.

Le clairon de garde leva la tête et haussa les épaules.

— Ordres du colonel, cria-t-il.

— Les revoilà, Pete, en revoilà un ! glapit Grenelli d'une voix de fausset.

Les mitrailleuses crachèrent. En bas, la cour s'était vidée comme par enchantement. Warden reboucha sa bouteille, courut jusqu'à la cheminée de Pete et se retourna pour tirer. Les lignes de fumée de ses balles traçantes se perdirent derrière la queue de l'appareil. Pas tiré assez loin en avant, songea-t-il, hargneux.

En bas, le clairon s'était remis à sonner la charge.

— Écoutez-moi l'autre schnock, ricana Warden. Ordres du colonel Delbert.

— J'aurais jamais cru que le colon serait levé si tôt, soupira Pete avec admiration.

— Ce vieux Jake a dû servir autrefois dans la cavalerie, dit Warden avec un ricanement.

— Eh ! Pete, implora Grenelli, quand est-ce que tu vas me laisser tirer un peu ?

— Moi d'abord, coupa Mikeovitch.

— De la merde ! beugla Grenelli. C'est ma bécane, oui, c'est pas la tienne !

— Vos gueules, tous les deux, dit calmement Pete. Vous aurez bientôt l'occasion de montrer votre savoir-faire, c'est moi qui vous le dis.

Deux avions passèrent, disparurent, après avoir arrosé la cour à nouveau désertée. Warden n'avait pu leur tirer dessus, car il venait de repérer, sur le toit du Q. G., le colossal « Petit-Jean » Deterling, moniteur de football, qui tenait couchée sur son bras gauche une mitrailleuse de 7,5 mm sans trépied, dont le recul, chaque fois qu'il tirait, menaçait de l'envoyer dinguer les quatre fers en l'air et l'obligeait à faire machine arrière, titubant et tressautant, d'un bout à l'autre du toit. Il n'y avait qu'un autre homme avec lui, sur le toit du Q. G., et pour autant qu'on en pût voir, les rafales désordonnées de Petit-Jean Deterling avaient l'air de l'inquiéter beaucoup plus que celles des avions japonais. Warden en était malade de rire.

— Y a un moment que je l'observe, cria Choate en souriant. Il est encore bourré à double zéro. Il était chez la mère Kipfer en même temps que Pete et moi, hier soir, plein comme une bourrique.

— J'espère que sa femme le saura pas, commenta Warden, les yeux humides.

— Si on lui colle pas une médaille après ça ? rigola Choate.

— Il en aura une, prédit Warden.

Ils ne le surent que beaucoup plus tard, mais John L. Deterling décrocha effectivement une médaille : l'Étoile d'argent pour « conduite particulièrement héroïque durant la première attaque ennemie ».

Un nouveau triangle d'avions fonçait sur la caserne ; Warden, les yeux exorbités, regarda ses balles traçantes se perdre dans l'essaim de balles traçantes qui assaillit soudain l'avion de tête, saupoudrant le nez de la carlingue, le cockpit et, finalement, l'empennage. L'avion parut frémir comme un homme qui essaie désespérément d'échapper à une douche glacée. Le pilote sursauta, leva les bras, comme pour tenter de repousser cette mort qui se déversait impitoyablement sur lui, et une longue ovation s'éleva de toutes parts quand le petit appareil alla s'écraser au sol, à cent mètres de là.

— Tu l'as eu, Pete, répétait Grenelli, cramponné au trépied de la mitrailleuse, tu l'as eu, celui-là !

— Des clous, riposta Pete sans cesser de tirer, on saura jamais qui a eu ce gars-là !

— Hé, Milt !

C'était l'organe puissant du caporal Choate, vociférant dans l'accalmie.

— Hé ! Milt. On t'appelle d'en bas.

— J'arrive, beugla Warden.

Il gagna en trois bonds le bord de la terrasse, se pencha vers la cour et vit le lieutenant Ross, les cheveux hirsutes, les yeux soulignés d'énormes poches, les souliers non lacés, la ceinture pendante. Lorsqu'il vit apparaître la tête de Warden, il se mit à boutonner son pantalon sans regarder ce qu'il faisait.

— Qu'est-ce que vous foutez là-haut, sergent ? hurla-t-il. Pourquoi n'êtes-vous pas en bas à vous occuper de la compagnie ? On va partir pour la côte dans moins d'une heure. Toutes les plages doivent déjà fourmiller de Japonais.

— Tout est paré, mon lieutenant. Les hommes sont en train de préparer leur paquetage de campagne, dans la chambrée.

— Mais la cuisine..., commença le lieutenant Ross.

— Stark s'en occupe. Je lui ai donné des ordres. Tout sera prêt dans un quart d'heure !

— Et le magasin ?

— Y sont en train de nous approvisionner en chargeurs et en bandes, répliqua Warden. Tout ce qu'y zont à faire, c'est de coller les mitrailleuses dans les camions, avec la vieille caisse à outils de Leva, et y sont prêts à partir. Les cuistots nous préparent aussi du café et des sandwiches. Tout est paré. Pourquoi que vous montez pas nous rejoindre avec un fusil-mitrailleur ?

— Il n'y en a plus un seul dans le magasin ! s'emporta le lieutenant Ross.

— Alors, mettez-vous à couvert, hurla Warden. Les revoilà, les vaches !

Le lieutenant Ross s'engloutit sous la galerie, et l'entonnoir de feu remonta de tous les toits avoisinants pour cracher sur l'avion isolé qui surgissait. Il semblait impossible qu'il pût passer à travers ce barrage sans y laisser quelques plumes. Mais il passa.

Puis un autre avion apparut, volant vers le nord, et l'entonnoir de feu pivota dans sa direction sans qu'une seule détente eût été lâchée.

Le réservoir d'essence de l'appareil explosa presque aussitôt, et tout le cockpit disparut instantanément derrière un écran de flammes, tandis que l'avion continuait sa route, lancé à pleine vitesse. Il rasa les toits de la caserne, les hommes, effondrés, purent voir, sous son aile gauche, le cercle bleu marqué d'une étoile blanche. Puis il alla s'écraser sur une maison, qui flamba à son tour.

— Bon Dieu ! C'était un des nôtres, dit Readall Treadwell d'une toute petite voix.

— Manque de pot, répondit Warden en se retournant pour tirer sur deux nouveaux Japs. Ce salaud-là n'avait rien à foutre par ici.

Lorsque les deux Japs se furent éloignés, parfaitement indemnes, Warden se mit à cavaler tout autour de la terrasse, avec cet air d'avoir reçu une paire de gifles qu'il avait parfois et qui faisait que personne n'osait le regarder.

— Attention, les gars, beugla-t-il. Le dernier était un des nôtres. Tâchez de bien les reconnaître avant de tirer. Tous ces crétins de l'aérodrome de Wheeler sont foutus de venir se balader par ici, alors tâchez de voir leurs cocardes avant de tirer...

Il y avait dans sa voix la même tension que sur son visage.

— Sergent Warden ! hurlait le lieutenant Ross. Sergent Warden !

Il regagna le bord de la terrasse.

— Quoi encore ?

— Je veux que vous descendiez, sacré nom de Dieu !

Le lieutenant avait bouclé sa ceinture et lacé ses souliers et se passait la main dans les cheveux pour tenter de mettre un peu d'ordre dans sa coiffure.

— Je veux que vous m'aidiez à emballer la salle de service. Vous n'avez rien à faire là-haut ! Descendez !

— Je suis occupé, bon Dieu ! riposta Warden. Prenez Rosenberry. On a une guerre sur les bras, mon lieutenant !

— J'ai vu le colonel Delbert, glapit le lieutenant. Il faut que nous soyons prêts à partir dès que ce raid sera terminé.

— La compagnie G est prête à partir, rétorqua Warden. Et je suis occupé. Dites à ce salaud d'Henderson de nous envoyer des chargeurs et des bandes.

Le lieutenant Ross disparut sous la galerie et réapparut aussitôt. En courant.

— Je le lui ai dit ! hurla-t-il.

— Et dites à Stark de nous faire monter du café.

— Sacré nom de Dieu ! s'étrangla le lieutenant Ross. Vous êtes pas en pique-nique, là-haut, non ? Descendez, sergent. J'ai besoin de vous. C'est un *oooordre* ! Tous les commandants de compagnie ont reçu l'ordre d'être prêts à partir avant une heure.

— Hein ? hurla Warden. Je vous entends pas !

— J'ai dit qu'on partirait avant une heure...

— Quoi ? hurla Warden. Comment ? Attention, les revoilà qui reviennent !

Le lieutenant Ross replongea sous la galerie, et les deux porteurs de munitions, dont les têtes venaient d'apparaître à travers la trappe, se renfoncèrent à l'intérieur du bâtiment.

Warden rejoignit Pete derrière sa cheminée, posa son mitrailleur sur le coin de l'assise de maçonnerie et lâcha une courte salve dans la direction des trois Japs.

— Apportez les munitions, bon Dieu, hurla-t-il, tourné vers la trappe.

— Milt ! cria Choate, Milt, y t'appelle, en bas.

— Tu peux pas me trouver, vociféra Warden. Je suis parti ailleurs.

Choate acquiesça et se pencha par-dessus bord.

— Je peux pas le trouver, mon lieutenant. Il est parti ailleurs.

Il écouta consciencieusement, penché vers la cour, et se retourna vers Milt Warden.

— Ross dit qu'on part avant une heure, cria-t-il.

— Tu peux pas me trouver, répliqua Warden.

— Les revoilà, aboya Grenelli, cramponné à son trépied.

Warden réussit à rester sur le toit jusqu'à la fin du raid, tandis que le lieutenant Ross mettait la main à la pâte, dans le magasin, pour faire accélérer le chargement des bandes de mitrailleuses et des chargeurs. L'entonnoir de feu du régiment avait abattu quatre appareils ennemis, dont deux avaient peut-être été déjà touchés par celui du 27e avant de passer au-dessus de leur caserne. A deux reprises, Maylon Stark leur avait monté personnellement du café et des sandwiches, en reconnaissance de quoi Pete Karelsen lui avait laissé faire joujou un moment avec sa mitrailleuse.

Les hommes fumèrent une dernière cigarette sur le toit, dans le silence énorme qui suivit l'attaque, puis, à contrecœur, redescendirent dans la chambrée.

Warden se rendit tout droit à la salle de service et, dans les trois heures et demie qui précédèrent le départ, réalisa le tour de force de la faire emballer complètement et arrimer en bon ordre dans le camion. Le lieutenant Ross, dont seule la compagnie put partir dans les délais prescrits, oublia sa colère et l'aida de son mieux. La seule chose que Warden oublia fut de préparer son propre paquetage et d'endosser une tenue de campagne, ce qui l'obligea à dormir pendant cinq jours sans couverture ni tente-abri et il eût accueilli avec joie le moindre tricot de laine. Il ne comprit jamais comment il avait pu oublier une chose pareille !

Maylon Stark mit à profit la première incursion du lieutenant

Ross au magasin d'habillement pour pousser une pointe jusqu'à la salle de service.

— Le camion de la cuistance est chargé et fin prêt à partir, annonça-t-il.

— O.K. ! riposta Warden sans lever les yeux.

— Je voulais te dire que t'avais fait un drôle de chouette boulot, murmura Stark d'une voix étranglée. Y a pas une autre cuistance dans tout le régiment qui sera prête avant deux ou trois heures ; et y en a sans doute plusieurs qui vont rester sur place et qui nous rejoindront qu'un peu plus tard.

— Toi aussi, t'as fait du bon boulot, répliqua Warden, toujours sans relever les yeux.

— C'est pas moi, dit Stark, c'est toi. Et je voulais juste que tu saches ce que j'en pensais.

— O.K. ! grogna Warden. Merci, Maylon.

Et il continua de travailler sans relever les yeux.

Quand le régiment fut enfin parti, Warden voyagea en tête du convoi de la compagnie, dans la jeep du lieutenant Ross. Le spectacle était presque hallucinant. A perte de vue, ce n'était qu'un flot de taxis et de camions, pare-chocs avant contre pare-chocs arrière, les camions emmenant les hommes vers leurs nouvelles positions, sur les côtes, les taxis les reconduisant à Shofield.

Tous les camions étaient débâchés, et sur chaque cabine se dressait un fusil-mitrailleur ou une mitrailleuse, avec son servant prêt à tirer, debout sur la ridelle antérieure du camion hérissé de têtes casquées.

Ils avaient tout laissé derrière eux ; vêtements civils et pompes fantaisie, collections d'insignes et albums de photographies, objets et papiers personnels. Cette fois, c'était la guerre. Ils n'auraient plus besoin de tout ça. A l'exception de Pete Karelsen, qui avait passé deux années en France à la dernière guerre, ils n'avaient emporté que le rudimentaire équipement de campagne.

Lentement, mètre après mètre, les camions progressaient vers l'inconnu qui les attendait sur les plages. Jusqu'à présent, ça n'avait été qu'un jour de perm, une immense rigolade. Ils avaient abattu deux ou trois avions, les cuistots leur avaient monté des sandwiches et du café chaud, et le seul homme qui eût été blessé dans tout le régiment n'avait rien récolté de plus grave qu'une balle de 12,5 mm dans le gras du mollet !

Pourtant, Pearl Harbour était en miettes. Lorsqu'ils étaient passés devant l'aérodrome de Wheeler, ils avaient déjà éprouvé un certain malaise. Mais l'aérodrome de Wheeler était retiré à l'intérieur des terres, alors que certains quartiers de Pearl Harbour longeaient la voie de grande communication sur laquelle ils roulaient.

Ce fut lorsqu'ils traversèrent les nouveaux quartiers des sous-officiers mariés, récemment bâtis en lisière de Pearl Harbour, que les femmes, les enfants et les vieillards commencèrent à les acclamer. Surpris, tout d'abord, les hommes se contentèrent de les regarder en silence. Puis, à mesure que l'ovation se répétait, tout le long du parcours, ils sortirent de leur torpeur et saluèrent à leur tour. Les jeunes filles leur envoyaient des baisers, et les mères, des larmes plein les yeux, encourageaient leurs filles !

Et devant toute cette jeune chair fraîche courant en liberté, mais à laquelle il leur était impossible de toucher, les soldats se remémoraient avec rancune le temps si proche où ces oiselles les fuyaient comme la peste. Et ils répondaient aux baisers en fermant le poing et en poignardant l'air de leur index raidi, ce qui signifie, pour tous les soldats du monde : « Je te baise ! », et, pour la première fois depuis qu'ils avaient quitté Shofield, échangeaient entre eux des rigolades de complicité.

Lorsque le convoi eut dépassé Waïkiki, la compagnie commença à se désagréger pour déposer chaque piquet de trois ou quatre hommes et un sous-off à l'endroit prévu par le plan défensif. Il régnait dans tous les camions une atmosphère indicible de ferveur patriotique qui se traduisit par une faible ovation et quelques saluts en V, lorsqu'ils passèrent devant Warden et le lieutenant Ross, debout sur le bas-côté de la route qui conduisait au P.C. de la baie d'Hanauma.

Le lieutenant Ross secoua tristement la tête, le visage bouleversé, les épaules visiblement voûtées par le poids de ses effrayantes responsabilités, et Warden, qui l'observait du coin de l'œil, éprouva une envie furieuse de lui botter solidement les fesses.

La ferveur patriotique dura exactement trois jours. Pourquoi s'éteignit-elle ? Peut-être à cause des barbelés qu'il fallut tendre autour des positions construites joyeusement si peu de temps auparavant ? Peut-être parce qu'au bout de vingt-quatre heures, tout le monde commença à sentir le fauve et à soupirer après les douches de la caserne ? Peut-être aussi parce qu'il fallut coucher sur le sol, enroulé dans ses couvertures, même sous la pluie ? La guerre, qui avait commencé pour eux dimanche matin de manière si séduisante et leur avait donné de si grands espoirs pour l'avenir, sombrait en fin de compte dans l'ornière habituelle des grandes manœuvres. Avec cette différence que l'aboutissement de ces grandes manœuvres-là n'était nulle part en vue.

Cinq jours s'écoulèrent avant que Warden pût retourner à Shofield pour en ramener tout ce que les hommes avaient jugé inutile d'emporter. Mais il ne tarda pas à découvrir que les listes d'objets-personnels-à-rapporter remises par les gars de la compagnie ne lui seraient d'aucun secours. Un nouveau régiment occupait la caserne, coffres et armoires avaient été proprement vidés de leur contenu, et, bien entendu, aucun des hommes qu'il interrogea n'eut l'air de comprendre ce qu'il réclamait.

Ses disques et son tourne-disques s'étaient envolés, avec son beau costard à cent vingt dollars et le smoking qu'il avait acheté un jour de folie et qu'il n'avait jamais porté ; envolés, ses uniformes. Et la guitare électrique, encore à moitié impayée, qu'Anderson et Vendredi avaient achetée pendant que Prewitt était au dur. La seule chose qui ne semblât pas avoir tenté les voleurs, c'était le tas de tentes « pyramides », pliées et empilées dans le magasin d'habillement.

A la fin du septième jour, lorsque les tentes eurent été dressées, tous ceux de la G avaient rejoint leur corps. Y compris les deux gars qui étaient au dur au moment de l'attaque et qui venaient d'être libérés avec le reste des prisonniers.

Un seul manquait encore : Prewitt.

49

Prewitt dormit comme un bienheureux pendant toute la durée de l'attaque. Il s'était saoulé, la veille, encore plus fort que d'habitude, parce que le samedi soir est toujours un soir de perm. Il n'apprit la nouvelle de l'agression japonaise que lorsque le bourdonnement insistant de la radio finit par transpercer la brume épaisse de sa gueule de bois. S'ébrouant comme un chien mouillé, il s'assit sur le bord du divan — il dormait toujours en short, depuis qu'il avait cessé de coucher avec Alma — et il vit les deux femmes penchées vers le poste de radio, le visage tendu, les yeux anxieux.

— J'allais t'appeler, lui cria Alma.

— M'appeler ? Pourquoi ? grogna-t-il.

La première pensée qui lui vint fut d'aller se plonger la tête dans l'eau froide, et il mit le cap vers la porte de la cuisine.

... Mais les dommages infligés à Pearl Harbor sont de fort loin les plus sérieux, bourdonnait la radio. *Il ne semble pas qu'un seul immeuble ait été respecté par les bombes. L'un des navires de guerre ancrés à l'intérieur du port a été envoyé par le fond et la plupart des autres bâtiments ont subi de sérieux dommages. Après Pearl Harbor, c'est le champ d'aviation d'Hickam qui semble avoir le plus souffert. Une torpille est tombée sur le réfectoire principal de la nouvelle caserne d'Hickam, où quatre cents de nos aviateurs prenaient leur petit déjeuner sans rien soupçonner de ce qui se préparait...*

Alors, seulement, Prew comprit de quoi il s'agissait et revint comme un fou dans le salon. Il n'y avait pas trente-six moyens de se débarrasser d'une gueule de bois de cette importance. La seule chose à faire était de s'envoyer un verre ou deux, bien tassés, pour s'éclaircir les idées.

— Où est mon falzar ? brailla-t-il en ouvrant la porte du bar, au-dessus des têtes penchées d'Alma et de Georgette.

— Là-bas, sur la chaise, répondit Alma. Qu'est-ce qu'y t'arrive ? T'es devenu aveugle ?

— Non, pas celui-là, mon pantalon d'uniforme. Y a un pantalon d'uniforme à moi, dans cette maison, oui ?

Il but d'un trait l'alcool qu'il venait de verser dans un verre à cocktail et frissonna de la tête aux pieds. Mais il savait que ça lui ferait du bien.

— Qu'est-ce que tu vas faire ? cria Alma. Qu'est-ce que tu vas faire ?

— Je vais boire assez de gnôle pour me remettre de ma gueule de bois et rejoindre ma compagnie en quatrième vitesse, répliqua-t-il. Qu'est-ce que tu croyais ?

Il se servit une autre rasade d'alcool et l'avala d'un seul trait.

... *Il serait vain de nier que notre flotte a subi une grave défaite,* marmottait la radio. *La plus grande, peut-être, de son histoire...*

— Mais c'est impossible, cria désespérément Alma. Tu ne peux pas rejoindre ta compagnie. C'est impossible, je te dis !

— Et pourquoi ça ? T'es cinglée, non ?

— Mais parce que tu es toujours recherché pour meurtre, lui rappela-t-elle, à deux doigts de la crise de nerfs. Tu ne crois pas qu'y vont laisser tomber ça comme ça ! Guerre ou pas guerre !

— C'est vrai... j'avais oublié, dit-il.

Il but une troisième dose de whisky.

... *Au-delà de cette défaite brille une grande lumière qui servira d'exemple à tous les Américains, et c'est le courage héroïque de nos combattants qui, malgré la soudaineté meurtrière de cette attaque imprévisible, ont relevé le défi et répondu aux coups de l'ennemi, autant que le leur permettaient les circonstances, avec cette bravoure et cette grandeur d'esprit qui ont toujours été l'apanage de la flotte et de l'armée des États-Unis...*

La bouteille dans la main et le verre dans l'autre, Prew s'assit sur un tabouret, entre les deux femmes, devant le poste de radio. Il avait l'air hébété d'un gars à qui un expert en judo vient de faire le coup du lapin.

— J'y pensais plus, dit-il piteusement. J'avais complètement oublié.

— Tu feras bien de t'en souvenir, dit Alma, un peu plus calmement. Si tu rentres maintenant, y vont te rebalancer au dur et te juger pour meurtre. Guerre ou pas guerre. Et c'est pas ça qui contribuera à sauver le pays !

... *Par leur tranquille héroïsme sous le feu de l'ennemi, par leur attachement à leur devoir, par la bravoure silencieuse avec laquelle ils souffrent et meurent — à l'instant même où je vous parle —, dans les infirmeries et les hôpitaux, ils posent un exemple de foi et de dévouement et d'héroïsme stoïque que nous autres, les civils d'Hawaii, qui avons assisté, qui assistons présentement à ces choses, n'oublierons jamais plus. Ces hommes, ces jeunes gens — et la plupart d'entre eux ne sont rien de plus que de très jeunes gens —, viennent de créer une légende, d'écrire une page de l'histoire de la Démocratie qui restera longtemps inégalée et sèmera la terreur dans le cœur des ennemis de la liberté...*

— Bon Dieu ! s'exclama Georgette d'une voix excitée, ces petits salauds jaunes vont pas tarder à comprendre qu'y peuvent pas nous faire ça à nous et l'emporter en paradis !

— Je dormais, dit Prew d'un ton morne. Je me suis même pas réveillé.

— Nous non plus ! expliqua Georgette. On en savait rien. C'est juste parce que j'ai allumé la radio...

— Et je dormais, répéta Prew. Je ronflais comme un sonneur.

Il remplit son verre, le vida. Sa tête était complètement lucide maintenant. Ses idées étaient claires comme de l'eau de roche.

— Oh ! ces enfants de putains d'Allemands ! dit-il.

— Quels Allemands ? questionna Georgette.

— Eux ! s'étrangla-t-il en désignant la radio d'un geste vague.

... *Je les ai vus arriver dans les salles du nouvel hôpital militaire,* continuait le speaker, *les uns en uniforme, les autres dans leur linge de corps, quelques-uns complètement nus, tous horriblement blessés, horriblement brûlés...*

— Et Shofield ? demanda Prew. Qu'est-ce qu'il a dit, au sujet de Shofield ?

— Rien, répondit Georgette. Il en a même pas parlé. L'aérodrome de Wheeler a été bombardé, et celui de Bellows, et la base aéronavale de Kaneohe, et la base navale d'Ewa. Et Hickam et Pearl Harbor. Mais pas Shofield.

— Il en a pas parlé du tout ? insista Prew, le regard soupçonneux.

— Puisqu'elle te le dit, intervint Alma.

— Alors, y z'ont pas dû bombarder Shofield, soupira-t-il, immensément soulagé. Y z'ont dû simplement les mitrailler un peu. C'était aux terrains d'aviation qu'y z'en avaient, bien sûr. Y z'ont sûrement pas bombardé Shofield.

... *L'hôpital général Tripler est un grand hôpital, pourvu de toutes les ressources de la science médicale moderne, mais insuffisamment, malgré tout, pour faire face à une catastrophe d'une telle envergure. On n'y peut loger qu'une faible portion des victimes de l'attaque, et nombreux sont ceux qui meurent et mourront sur leurs civières improvisées, dans les halls et les corridors, simplement parce qu'il n'y a pas assez de place pour les recevoir, ni de personnel spécialisé pour s'occuper d'eux. Et cependant, nulle part dans le vaste hôpital, je n'ai entendu un seul gémissement, une seule protestation. En revanche, combien de fois ai-je entendu des gamins de dix-neuf, vingt ans, grièvement blessés, les cheveux et les sourcils carbonisés, dire au médecin qui s'approchait d'eux pour les soigner : « Occupez-vous de mon copain d'abord, docteur ; il en a beaucoup plus besoin que moi. » Mais tout le reste était silence. Un silence accusateur. Un silence plein d'une colère contenue...*

— Oh ! les salauds, dit Prew d'un ton morne. Oh ! ces saloperies de salauds d'Allemands.

Il but un nouveau verre de whisky.

— C'est les Japs, cria Georgette, exaspérée. Les Japs, pas les Allemands ! Y nous sont tombés dessus sans prévenir, pendant que leurs hommes de paille étaient encore à Washington en train de prêcher la paix !

... Le spectacle de la virilité avec laquelle ces enfants de chez nous endurent leur souffrance a renforcé ma confiance en une forme de gouvernement qui peut produire des héros tels que ceux-là, non par dizaines ou par vingtaines, mais par centaines et par milliers, et j'aurais aimé que chaque concitoyen américain puisse m'accompagner à travers les salles de l'hôpital Tripler, pour y voir ce que j'y ai vu...

— C'est Webley Edwards ? s'informa Prew, le visage baigné de larmes.

— Certainement, dit Georgette. C'est sa voix.

— C'est quelqu'un, ce gars-là, murmura Prew.

Il reprit la bouteille de whisky.

— Tu ferais mieux de t'arrêter de boire, dit Alma, inquiète. Il est encore très tôt.

— Tôt ? répéta-t-il. Tôt ? Oh ! ces salauds d'Allemands ! Et qu'est-ce que ça change que je me saoule ou pas ? Puisque je peux pas rentrer, de toute façon. On va tous se saouler la gueule... Oh ! ces vaches d'Allemands...

... Parce qu'il s'agit d'un cas de force majeure et pour faciliter la coordination des divers facteurs de défense, le général Short a déclaré que le territoire d'Hawaii serait désormais régi par la loi martiale, annonça la radio.

— Je vais te dire quelque chose, sanglota Prew après avoir vidé son verre. Je suis pas recherché pour meurtre ?

— Tu n'es pas recherché pour meurtre ? dit Alma, étonnée.

— Y recherchent plus personne, pour le meurtre de Gras-Double. C'est Warden qui me l'a dit, et y m'aurait pas menti.

— Mais si tu rejoins ta compagnie, est-ce qu'ils ne vont pas te renvoyer au dur, pour désertion ? objecta Alma.

— Justement ! gémit-il. Je peux pas rentrer quand même, parce qu'y me renverraient au dur, et que je retournerai jamais au dur. Jamais ! Tu m'entends ! Misère de misère !

Alma posa sur le bras de Prew une main apaisante.

— Arrête de boire, Prew, je t'en prie. Donne-moi cette bouteille.

Mais il se dégagea d'une brusque secousse, remplit de whisky son verre à cocktail et la regarda d'un air belliqueux.

— Va-t'en avant que je perde mon sang-froid. Et laisse-moi tranquille.

Il avait des yeux de meurtrier.

— Jamais je rentrerai tant que ce sera pour qu'y me recollent dans leur saloperie de camp ! Jamais !

Les deux filles ne répliquèrent point et se dirigèrent vers la cuisine. Prew, vissé près du poste de radio, acheva de vider sa bouteille de whisky, en déboucha une autre et repoussa les sandwiches qu'elles avaient préparés pour lui.

... *Nos jeunes hommes*, disait la radio, *ont chèrement payé la leçon que le pays a dû apprendre en ce jour maudit. Mais ils l'ont payée sans peur et sans amertume. Entretenues par le pays pour être toujours prêtes à combattre et mourir pour le pays, notre armée et notre flotte ont pleinement justifié la confiance et la foi que nous avons toujours eues en elles et mérité l'estime que nous avons toujours eue pour elles...*

— Je dormais, sanglota Prew. Je me suis même pas réveillé.

Elles avaient espéré qu'il boirait suffisamment pour perdre la notion des choses, mais il était apparemment dans cet état d'esprit où un homme peut boire presque indéfiniment sans tomber ivre mort. Il restait là, simplement, figé sur son tabouret devant le poste de radio, de plus en plus sombre, de plus en plus irritable, buvant, pleurant et buvant encore.

Au début de l'après-midi, la radio répéta un appel du docteur Pinkerton priant les donneurs de sang volontaires de se présenter aussitôt que possible à l'hôpital de la Reine. Georgette et Alma décidèrent de s'y rendre immédiatement.

— Moi aussi ! hurla Prew en se levant d'un bond.

— Tu ne peux pas, Prew, lui rappela prudemment Alma. Tu tiens à peine debout. Et il faut certainement présenter une pièce d'identité. Alors...

— Je peux même pas donner du sang, dit-il d'un ton lamentable, en se laissant retomber sur le tabouret.

— Nous ne serons pas bien longtemps parties, poursuivit Alma.

Tu nous raconteras ce qu'ils auront dit à la radio, quand nous rentrerons.

Il ne répondit pas. Il ne releva même pas la tête lorsqu'elles quittèrent le salon pour aller s'habiller.

— Il faut que je sorte d'ici, dit Alma à Georgette. Je n'ose même plus respirer.

— Tu crois que ça va lui passer ? chuchota Georgette. J'avais pas compris à quel point...

— Bien sûr, que ça va lui passer, trancha fermement Alma. Il est bouleversé et il a trop bu, voilà tout. C'est l'affaire d'un jour ou deux.

— Il ferait peut-être mieux de retourner ? suggéra Georgette.

— S'il rentre, ils vont le renvoyer au dur, pas vrai ? Alors, ne dis pas de sottises !

Il n'avait pas bougé lorsqu'elles quittèrent la maison. Il ne semblait pas avoir bougé lorsqu'elles revinrent, deux heures plus tard ; son attitude était restée la même, mais la bouteille qu'il avait débouchée avant leur départ était presque vide et la tension s'était encore accrue à l'intérieur de la petite maison.

— Qu'est-ce qu'on va faire de lui ? chuchota Georgette. Il me rend à moitié folle.

— Dans deux ou trois jours, il n'y paraîtra plus, répondit Alma. Le mieux est de ne pas faire attention à lui.

Elle ralluma la radio dans la cuisine, où Georgette la suivit, profondément agitée.

Lorsqu'elles réintégrèrent le salon, après avoir dîné, il était toujours assis sur le divan, mais il avait débouché une nouvelle bouteille prélevée dans la réserve de Georgette. La première avait été plus qu'à moitié pleine, il avait bu la seconde tout entière et entamé la troisième, et l'alcool ne l'avait pas encore terrassé.

Lorsqu'elles se levèrent le lundi matin, il s'était endormi, tout habillé, sur le divan, verre et bouteille à portée de la main, sur le carrelage. Les deux sandwiches qu'Alma avait préparés la veille, et enveloppés à son intention, n'étaient plus sur la table de la cuisine. Ni Alma ni Georgette n'allèrent travailler ce jour-là, Mme Kipfer ne téléphona que le troisième jour, pour dire à sa favorite de venir travailler le lendemain vers dix heures du matin. La patronne du *Ritz* appela Georgette quelques heures plus tard, pour lui donner des instructions similaires. En raison du couvre-feu institué par la loi martiale, il n'était plus possible, désormais, de travailler la nuit, mais Mme Kipfer avait appris, de source autorisée, que l'armée aussi bien que la flotte allaient prochainement délivrer des permissions à leurs hommes, par roulement. En attendant, la seule clientèle du *Nouveau Congrès* se composait de rares petits groupes d'officiers supérieurs, qui venaient dans le courant de l'après-midi, au lieu de retenir l'établissement pour la nuit comme ils le faisaient naguère, et les filles passaient le plus clair de leurs heures ouvrables à bavarder ou à jouer aux cartes. Le temps leur semblait long, et plusieurs d'entre elles avaient déjà retenu leur place sur les navires affectés au rapatriement des femmes et des enfants.

Quant à Prew, il ne se rasait plus, ne se lavait plus, dormait tout habillé. Il errait, bouteille et verre en main, de la cuisine au salon et des chambres à la terrasse, et l'ardeur intense, presque tragique, de son regard — cette ardeur qui avait tellement attiré Lorene, lorsqu'elle n'était, pour lui, que Lorene, du *Nouveau Congrès* — avait totalement disparu.

Devant son air sauvage, Alma ne pouvait s'empêcher de penser à ce qu'il avait fait au gardien du camp disciplinaire. Pourtant, elle ne pouvait se résoudre à le laisser partir, à l'abandonner à lui-même.

— Tu comprends, expliqua-t-elle à Georgette le cinquième jour, s'il regagne sa compagnie, ils vont le renvoyer au dur et il s'y fera probablement tuer. Comme toute l'île est pleine de flics qui vérifient les permissions et les laissez-passers, c'est ici le seul endroit où il soit en sécurité. Et nous ne pouvons même pas lui retenir une place sur un navire à destination de la métropole, comme on aurait pu le faire avant l'attaque. L'armée contrôle tous les embarquements, étant donné que le moindre navire doit être convoyé à présent. D'un autre côté, ajouta-t-elle pensivement, j'arrive pas à perdre tout espoir...

— Tu veux dire que tu ne veux pas qu'il s'en aille ?

— Bien sûr, que je ne veux pas qu'il s'en aille ! s'exclama la fille.

— Et qu'est-ce qu'il va devenir, quand nous allons partir nous-mêmes pour les États-Unis ?

— Je ne suis pas encore partie ! riposta fiévreusement Alma.

— Mais ta place est retenue, comme la mienne, objecta Georgette.

— J'ai toujours la ressource de laisser le bateau partir sans moi, pas vrai ? dit Alma d'un air de défi.

— Eh bien ! tu es rudement chipée, constata Georgette.

Huit jours s'écoulèrent, jusqu'à ce que, dans l'après-midi du huitième, Prew découvrît en dernière page du journal l'article qui devait décider de son sort. Il s'était remis à lire régulièrement les journaux (si l'on peut appeler « lire » le fait de promener vaguement son regard sur des signes noirs incompréhensibles, inscrits sur du papier blanc). Mais, lorsque ses yeux tombèrent sur cet article, les signes se remirent brusquement à former des mots, les mots à former des phrases et le sens des phrases à parvenir progressivement jusqu'à son cerveau anesthésié. « Le 7 décembre, disait l'entrefilet, tous les prisonniers internés au camp disciplinaire de la base de Shofield ont été libérés et rendus à leurs unités respectives. »

« La seule façon que tu puisses rentrer sans retourner au dur, avait dit Warden, ce serait que les Japs ou quelqu'un d'autre attaquent l'île et qu'on relâche tous les prisonniers pour les envoyer au casse-pipe. » Il s'était creusé la cervelle pour ne pas quitter Prew sans lui laisser, malgré tout, un léger espoir, et c'était précisément ce qui venait de se produire !

Tout, d'un seul coup, redevenait possible. Il suffirait à Prew de regagner la compagnie, sans se faire ramasser par les M.P., et de faire confiance à Warden. Le cœur bondissant d'allégresse, Prewitt se leva...

Lorsque les deux femmes rentrèrent, le soir du huitième jour, Prew les attendait impatiemment dans le salon, le journal à la main ; bien que légèrement incertain, son regard était lucide ; il s'était rasé, lavé, peigné ; il avait changé de vêtements.

L'étonnement des deux femmes fut tel qu'elles ne remarquèrent pas tout de suite qu'il avait revêtu son uniforme, calot compris. Son visage était extraordinairement juvénile et propre, malgré l'enflure bleuâtre qui soulignait ses yeux.

— Si j'avais eu trois liards de bon sens, je serais rentré dimanche matin comme j'en avais l'idée, dit-il béatement en leur fourrant l'article sous le nez. Si j'étais allé directement au P.C. de la baie d'Hanauma, je suis sûr que j'y serais arrivé avant les prisonniers libérés.

Alma lut l'article et tendit le journal à Georgette.

— Si j'étais rentré dimanche matin, continua Prew, ça se serait passé comme une lettre à la poste. Y avait tant de gars qu'essayaient de rejoindre leur unité que personne aurait fait attention à moi. Maintenant, ça va être plus dur, mais, une fois que j'aurai regagné la compagnie de mon plein gré, tout ira bien.

— Je vois que tu as pris mon revolver, dit Alma en désignant l'arme glissée sous la ceinture de Prew.

— J'en aurai sûrement pas besoin, expliqua Prew. C'est juste par mesure de précaution. Je te le rapporterai dès ma première perm. Vaudra mieux que vous éteigniez les lumières quand je sortirai.

Il se dirigea vers la porte.

— Mais tu ne vas pas partir maintenant, s'écria Alma. Il fait presque nuit.

— Et comment, que je pars maintenant ! rétorqua-t-il. Je vous ai simplement attendues pour que vous vous demandiez pas ce qui m'était arrivé.

— Ça, c'est vraiment gentil de ta part, riposta Alma.

— Je vous devais bien ça ! s'exclama-t-il avec conviction.

— Pour ça, oui, tu nous devais bien ça, répéta sarcastiquement Alma.

Il avait déjà la main sur la poignée de la porte, mais il se retourna brusquement et revint sur ses pas.

— Eh ! qu'est-ce qu'il y a ? s'inquiéta-t-il. A t'entendre, on croirait que je m'en vais pour toujours ! Je vais peut-être être consigné pendant quinze jours, mais, dès que j'aurai une perm pour descendre en ville, je reviendrai.

— Non, dit Alma. Parce que je serai plus là. Et Georgette non plus.

— Comment ça ?
— Parce qu'on rentre toutes les deux aux États ! cria-t-elle.
— Quand ?
— On a nos places retenues sur le bateau qui partira le 6 janvier !
— Pour quelle raison ? demanda-t-il.
— Parce qu'on nous évacue ! répondit nerveusement la fille.
— Ah !... Alors, j'essaierai de revenir avant ça, dit Prew d'une voix blanche.
— J'essaierai de revenir avant ça, ricana-t-elle. C'est tout l'effet que ça te fait ? Tu sais très bien que tu pourras jamais revenir avant ça !
— Peut-être que si, insista-t-il. Qu'est-ce que tu veux que je fasse ? Que je reste ici jusqu'à ce que tu partes ? J'ai déjà trop tardé. Si j'attends encore, je pourrai plus rentrer du tout.
— Tu pourrais au moins rester jusqu'à demain matin, dit-elle. Ils mènent des patrouilles toute la nuit. Et l'heure du couvre-feu est passée.
— Y mènent aussi des patrouilles toute la journée. Et si je veux rentrer, c'est la nuit qu'y faut que je le fasse.
— Peut-être que tu changerais d'avis si tu restais jusqu'à demain matin, sanglota-t-elle tout à coup, sans que rien ne l'eût fait prévoir.
Georgette disparut dans la cuisine.
— C'est quand même pas trop te demander, sanglota lamentablement Alma.
— Changer d'avis à quel sujet ? objecta Prew, mal à l'aise. Si je dois rentrer ou non ? Et qu'est-ce que je ferai quand tu retourneras aux États-Unis ?
— Peut-être que j'y retournerai pas, lui offrit-elle en pleurant.
— Sacré nom de Dieu de bon Dieu ! s'écria-t-il.
Sa voix trahissait clairement son dégoût et son impatience.
— Je croyais qu'y fallait que tu rentres !
— Je peux très bien ne pas rentrer, cria-t-elle, mi-furieuse, mi-suppliante. Mais, si tu franchis le seuil de cette porte, je m'en irai plutôt deux fois qu'une ! Quelle raison que t'as de rejoindre ta compagnie ? Qu'est-ce que l'armée a jamais fait pour toi, sinon te faire souffrir et te traiter comme une canaille et te jeter en prison comme un criminel ? C'est tout ça que tu veux aller retrouver ?
— Mais... je suis un soldat, moi, dit Prew d'un ton perplexe.
— Un soldat ! s'étrangla-t-elle. Un soldat !
Elle cessa de pleurer pour se mettre à rire comme une folle.
— Un soldat de carrière ! Un soldat de l'armée régulière. Un engagé-pour-trente-ans ! Laisse-moi me tordre, tiens !
Il sourit timidement, comme un homme qui n'est pas très sûr d'avoir bien compris le sens d'une plaisanterie.
— Naturellement, dit-il. Un engagé-pour-trente-ans.
Puis il sourit pour de bon.
— A qui il reste plus que vingt-quatre ans à peine, précisa-t-il.

— Mon Dieu ! gémit Alma. Mon Dieu, mon Dieu, mon Dieu !

— Tu vas éteindre la lumière pendant que je sortirai ? questionna-t-il.

— N'aie crainte. Je m'en charge, dit fermement Georgette, du haut des marches de la cuisine.

Elle s'approcha du commutateur, leva la main, éteignit la lumière. Prew se glissa au-dehors, et la nuit se referma sur lui.

50

Aucun rai de lumière ne transparaissait à travers les rideaux soigneusement tirés. Il se retourna vers la petite maison et la contempla un instant, savourant avec béatitude la sensation enivrante d'avoir brusquement recouvré sa liberté.

Alma n'y penserait plus dans deux ou trois jours et, quand il reviendrait la voir, à sa première perm, elle serait plus heureuse que jamais de le retrouver. Il était certain que le bateau partirait sans elle, le 6 janvier. Un des avantages de l'armée, c'est qu'elle empêche les hommes de voir souvent leurs « femmes », évitant ainsi la traditionnelle lassitude. Et inversement.

Il s'arrêta au bout d'un moment, transféra le pistolet dans la poche de son pantalon, un lourd pistolet qui pesait sur sa cuisse à chaque pas. Mais s'ils s'avisaient de l'arrêter en route... Il grimaça.

Alors, tant pis pour eux ! Il était bien décidé à ne pas se laisser interdire le chemin de sa compagnie. Quand bien même tous les M.P. de Fort Shafter s'y attelleraient.

Jusqu'au golf de Waialae, il courait un certain risque, mais ensuite il connaissait le terrain comme sa poche. Il lui faudrait sans doute trotter comme un lièvre pendant près d'un kilomètre, sur la route qui conduit à Koko Head, à travers les marais salants, mais, ensuite, bonsoir ! C'était le secteur assigné à la compagnie G, et il pourrait se présenter à n'importe quelle position. Seulement, c'était au P.C. lui-même, dans la baie d'Hanauma, qu'il avait l'intention de faire sa rentrée. De son propre gré.

La traversée du terrain de golf lui rappela le cauchemar infernal de sa longue marche délirante, le soir où Gras-Double l'avait si bien tailladé. Rien ne bougeait alentour, dans l'obscurité d'encre. Il était seul dans un monde silencieux et opaque. Pas une lumière en vue. Pas une fenêtre éclairée. Pas un lampadaire. Pas une enseigne. Pas même un phare d'auto. Hawaii était en guerre, et Prew était heureux que Hawaii fût en guerre, puisqu'il rejoignait sa compagnie.

Une seule fois, sur la grande-route, il vit les lumières bleues d'une jeep s'éloigner lentement vers l'ouest, et ce spectacle l'excita étrangement. Ces lumières bleues étaient peut-être invisibles, du haut des airs, mais sur terre on les voyait foutre bien à plus d'un kilomètre !

Il avait franchi le premier carrefour sans incident ; il franchit le second avec la même prudence. La route descendait doucement, en terrain découvert. Après une brève halte, il reprit hardiment son chemin.

Il ne vit la jeep que lorsqu'elle ralluma brusquement ses phares et braqua vers lui le doigt de son projecteur, d'un bleu presque blanc, à peine voilé. « Je crois que tu es fait, Prew, mon gars », se dit-il.

— Halte-là ! ordonna une voix agressive.

Mais il était déjà immobile. Oh ! les salauds, les enfants de putain ! Se poster comme ça au milieu de la route, avec leurs phares éteints, alors que tout marchait si bien...

La jeep démarra doucement, s'arrêta à dix mètres de lui, avec ses quatre M.P. casqués, bleus de lumière et de frousse. Prew vit un canon de mitraillette appuyé sur le pare-brise. « Enfants de salauds ! » répéta-t-il pour lui-même.

— Qui va là ?

— Ami, dit Prew, dont le cœur sautait.

Deux M.P. assis à l'arrière de la jeep sautèrent sur la route, pistolet au poing.

— Avance, ami, et fais-toi reconnaître, ordonna le plus grand d'une voix rauque.

Puis il se racla la gorge.

Prew obéit, songeant avec désespoir que cette minute absurde où ces quatre hommes tenaient son sort entre leurs mains était l'aboutissement fatal, illogique et cruel du processus compliqué qui avait commencé avec le chef de musique Houston, et passé par les étapes incohérentes de Dynamite Holmes, de la boxe et du « traitement », de Galovitch et du camp disciplinaire, et de Jack Malloy et du défunt Gras-Double, pour finir ici, sur cette route, où quatre hommes qui le voyaient pour la première fois tenaient, sans le savoir, son sort entre leurs mains. Quelque chose de marrant, à bien y penser.

— Ça va, Harry, c'est un G.I., dit un des hommes en affermissant sa voix.

Tout le monde soupira, comme de soulagement, et l'homme à la mitraillette Thompson se rassit.

— Qu'est-ce que tu fous là, toi ? aboya un des M.P. qui portait des galons de sergent. Ça t'amuse, de nous foutre le trouillomètre à zéro ? On a reçu un coup de fil de la position n° 16 signalant quelqu'un sur le terrain de golf, et on se voyait avec un commando de parachutistes sur les reins !

Prew jura mentalement. L'idiot, c'était lui. Ainsi, on avait repéré sa silhouette, lorsqu'elle s'était interposée entre la position 16 et les faisceaux bleus des phares de la jeep qu'il avait regardée s'éloigner !

Quelqu'un de la compagnie G ! Pour un gars qui se piquait d'être un parfait fantassin, c'était vraiment pas bien malin !

— Je regagne ma position, expliqua-t-il.

— Ouais ? Laquelle ?

— Numéro 18. Tout droit, un peu plus loin.

— Dix-huit, hein ? Quelle unité ?

— Compagnie G, ...ième d'infanterie.

Le sergent poussa un nouveau soupir.

— Est-ce que par hasard on connaîtrait pas l'heure du couvre-feu, à la compagnie G du...ième d'infanterie ?

— Si.

— Alors, qu'est-ce que t'es en train de foutre ici ?

— J'ai été voir ma vahiné, elle habite de l'autre côté du terrain de golf.

— T'as un laissez-passer ?

— Non.

— O.K. ! Embarquons-le et finissons-en, intervint le caporal qui avait déjà rengainé son pistolet.

— Eh ! là. T'emballe pas, caporal Oliver, dit le sergent.

— Oh ! moi... commença le cabot.

— Qui commande la position 18, mon pote ? questionna le sergent, soupçonneux.

— Le sergent Choate.

Les deux M.P. s'entre-regardèrent.

— Tu sais qui commande la 18, Harry ? cria le sergent.

Les deux M.P. restés dans la jeep se concertèrent.

— Non, répondit Harry. Mais c'est pas difficile de s'en assurer.

— O.K. ! conclut le sergent. On va le conduire.

— Moi, reprit le caporal, je trouve qu'y vaudrait mieux l'emmener au poste. Regarde son uniforme, Fred. C'est une tenue fantaisie, et repassée au quart de poil. Qu'est-ce qu'y fout par ici en tenue fantaisie ? Et que je sois pendu si c't'uniforme-là sort d'un paquetage. C't'uniforme-là a pas vu l'intérieur d'un paquetage depuis qu'il est sorti du teinturier !

— On peut toujours aller avec lui jusqu'à la 18, répéta le sergent.

— Moi, je dis ça comme ça, insista le caporal. Mais ça peut nous retomber sur les doigts, si jamais y nous fausse compagnie.

— Comment qu'y nous fausserait compagnie ? On est quatre.

— Et si jamais il avait volé c't'uniforme tout propre ? suggéra le caporal. C'est peut-être un saboteur ; et il a peut-être des copains qui nous attendent un peu plus loin pour nous faire notre affaire. Moi, je dis ça comme ça, mais qu'est-ce qui te dit que c'est pas un espion ou quèque chose dans ce goût-là ?

Le sergent se gratta méditativement l'oreille.

— Alors ? Qu'est-ce que tu dis de ça, mon pote ? demanda-t-il. Paraît que t'as des copains qui nous attendent un peu plus loin pour nous tomber dessus ?

— Je suis pas un espion, sacré bon Dieu ! Est-ce que j'ai une gueule d'espion ?

Ça, c'était un truc auquel il n'avait pas pensé. Qu'ils pourraient le prendre pour un espion et le ramener au poste ! Elle était courte, mais elle était salée, celle-là !

— Moi, je dis ça comme ça, reprit le caporal. Mais qu'est-ce qui nous prouve que c'est pas un espion ?

— Rien, ironisa le sergent. Ça peut être aussi bien Tojo en personne.

— Peut-être qu'y mijote de faire sauter le palais du gouverneur, suggéra le caporal. Moi, je dis ça comme ça, mais, si on le ramène au poste, on sera plus responsable de lui.

— Ah ! c'est pas un espion, dit le sergent, complètement dégoûté.

Il avait toujours son revolver à la main et le laissait pendre au bout de son bras ballant.

— T'as un papelard sur toi, mon pote ? Quèque chose qui nous prouverait ton identité ?

— Non.

— Rien du tout ?

— Non.

— Alors va falloir qu'on t'emmène au poste, mon pote, s'excusa le sergent. Tu devrais au moins avoir un papelard sur toi. Ça m'embête de te faire ça, mais on peut pas laisser n'importe qui se balader dans la nature sans même un papelard dans sa poche !

Prew sentit la sueur mouiller son front et ses lèvres. Cette fois, ça y était. Il était fait comme un rat. Le sergent était un brave type. Sans ce petit salaud de caporal, il l'aurait laissé se tirer !

— Eh ! minute, les gars, tenta Prew. Vous savez bien que je suis pas un espion. Y a six ans que je suis dans l'armée, et j'ai l'intention d'en tirer encore vingt-quatre piges. Si vous me ramenez au poste, je suis bon pour le dur, aussi certain que deux et deux font quatre. Y a six ans que j'attendais c'te guerre et c'est pas au dur que je pourrai faire quèque chose d'utile pour la défense du pays. Alors, faites pas les vaches, laissez-moi une chance de m'en tirer comme ça.

— T'aurais dû y penser avant, jappa le caporal.

— Si y avait une seule chance sur cent que je sois un espion, passe encore. Mais vous savez très bien que je suis pas un espion.

— Tu savais qu'y fallait rentrer avant le couvre-feu, pas vrai ? dit le caporal. T'as été voir ta souris, c'est ton affaire, mais tu savais ce qui te pendait au bout du nez si tu te faisais coincer ? Moi, je dis ça comme ça, mais tout le monde sait que c'est le secteur de la G, par ici.

— Ta gueule, Oliver, trancha le sergent. C'est toi ou moi qui suis chargé de commander cette patrouille ? T'as raison, dans ce que t'as dit au sujet du dur, mon pote. C'est pas là que tu pourras faire quèque chose d'utile pour le pays, et c'est pas malin d'immobiliser un type pour un truc comme ça, quand on a une guerre sur les bras. C'est con comme la lune !

— Sûr ! acquiesça Prew, fervent.

— Mais, d'un autre côté, faut que je soye certain. T'as pas un malheureux papelard sur toi ?

— Alors, ça se grouille ? cria Harry, du siège avant de la jeep. On perd du temps.

— Ta gueule, répliqua le sergent avec dignité. C'est moi qui suis responsable, oui ou merde ? Va falloir que je t'emmène, mon pote, continua-t-il à regret, en désignant la jeep du canon de son pistolet.

— Et sors tes mains de tes poches, sacré bon Dieu ! souligna le caporal. Moi, je dis ça comme ça, mais y a combien de temps que t'es dans l'armée, mon pote, pour garder tes mains comme ça dans tes poches ?

— Allons-y, dit le sergent à contrecœur.

— Et sors tes mains de tes poches, sacré bon Dieu ! répéta le caporal.

Et Prew obéit. Il sortit ses mains de ses poches, le 9,5 d'Alma solidement calé dans sa paume droite. Sa main gauche arracha le pistolet du sergent, l'envoya voltiger de l'autre côté de la route, tandis que son autre main plaquait le canon du 9,5 en travers de la mâchoire du caporal casqué.

Puis il fonça dans la nuit, droit devant lui, à corps perdu, sans menottes, sans entraves, avec une sensation de liberté si intense que l'espace d'un éclair il faillit se croire vraiment libre, libre de respirer, libre de courir, dans la nuit sans obstacles du terrain de golf de l'avenue Waialae. Il se souvenait qu'il y avait un grand trou de creusé dans le sable, quelque part par là... C'était par là qu'il fallait cavaler !

Sans cesser de courir de toutes ses forces, il jeta un rapide coup d'œil par-dessus son épaule. Les types étaient restés là, figés, immobiles, dans la lueur bleue des phares. Le caporal et le sergent. Ils n'auraient jamais dû faire ça, commenta mécaniquement son esprit. La première chose à faire, c'était de sortir de la lumière. Il aurait pu les abattre tous les deux, comme des lapins, même avec ce pétard qu'il ne connaissait pas.

Son menton dans sa main gauche, le caporal achevait de se redresser, les genoux tremblants. Son 11,25 aboya une fois.

Prewitt se mit à courir en zigzag. A part leur première erreur de tactique, ces gars-là étaient à la hauteur. Où diable était passé ce trou ?

— Au téléphone de campagne, au carrefour ! Tous les hommes disponibles, hurlait le sergent. Et qu'ils alertent les positions côtières. Ce type-là était pas un soldat.

Le moteur de la jeep se mit à rugir.

— Non, pas maintenant, bougre de corniau ! Le projecteur, d'abord. Allume le projecteur.

Prew aperçut le trou, à sa gauche, non loin de lui. Le projecteur s'alluma. Prew se retourna, fit front, et, presque simultanément, la Thompson d'Harry se mit à cligner de l'œil.

Prew resta debout au bord du trou, face à la jeep.

Peut-être fut-ce parce que le sergent avait parlé d'alerter les positions côtières et que Prew avait au plus haut degré la hantise, commune à tous les biffins, de se faire tirer dessus par les hommes de sa propre unité ? Ou peut-être parce qu'il ressentait envers ces hommes une sorte de chaude affection, née de la compétence avec laquelle ils faisaient face à une situation imprévue, et de l'orgueil que lui inspirait le spectacle de cette compétence ? Ou peut-être, tout simplement, parce que le sergent avait dit : « Ce type-là était pas un soldat ! » A moins que ce ne fût un réflexe mécanique provoqué par la lueur brutale du projecteur, le geste instinctif du Kentuckien, qui, contrairement au biffin, a l'habitude de se faire tirer dessus par ses amis, mais ne voudrait pour rien au monde recevoir une balle dans le dos ? En tout cas, Prew savait parfaitement que la Thompson d'Harry était en train de lui faire de l'œil lorsqu'il se retourna vers eux.

Il aurait pu les descendre comme il l'aurait voulu avec le 9,5 d'Alma, pendant ces deux ou trois secondes, ces hommes qui, debout dans la lueur bleue des phares de la jeep, constituaient une double cible idéale. Mais il ne tira pas. Il n'éprouvait aucun désir de tirer. Ces gars-là faisaient partie de l'armée, eux aussi. Et pourquoi diable aurait-il tué deux soldats, simplement parce qu'ils faisaient ce qu'ils avaient à faire, comme ils devaient le faire ? Il avait déjà tué un homme. C'était juste, bien sûr, mais qu'est-ce que ça lui avait donné ? Peut-être même que ça ne donnait jamais rien, de tuer un homme ? Pas plus que d'en tuer des milliers ? Ces gars-là, c'était l'armée, au même titre que lui-même. Et on ne tue pas ce qu'on aime. Qu'avait dit Jack Malloy, un jour ? « Ce sont les choses qu'on aime qui finissent par vous tuer. Et peut-être que ça vaut mieux comme ça. »

Trois balles s'échelonnèrent à travers sa poitrine. Il tomba à la renverse, et la Thompson d'Harry cessa brusquement de cracher.

Il gisait maintenant au fond du trou, le visage enfoui dans le sable, et toute sa poitrine n'était qu'une vaste douleur sourde. Puis il les entendit approcher lentement, sur la route, et il ne voulut pas qu'ils le vissent ainsi, tête collée dans le sable. Ses jambes ne lui obéissaient plus, mais, en se servant de ses coudes, il parvint à se retourner. Puis il ne bougea plus, mais il était content. Il pourrait du moins les regarder en face, quand ils se pencheraient vers lui.

— Y s'est arrêté, se lamentait un des hommes en s'approchant du trou. Pourquoi qu'y s'est arrêté ? Je cherchais pas à lui tirer dessus, moi ! Je tirais, comme ça, simplement. Et y s'est arrêté.

Prew était heureux, si heureux d'avoir pu se retourner sur le dos !

Des pensées étranges affluaient dans sa tête : « Tu te rappelles, fiston, que tu te demandais toujours comment ça t'arriverait ? Tu t'étais toujours imaginé que ce serait quelque chose de spécial. Ce que tu n'avais jamais envisagé, c'était ce caractère banal, quotidien, de la chose. Un truc qui se fait couramment ; tous les jours. Comme de digérer. Ou baiser une fille. Ou rouler une cigarette. Rien de grandiose. Une chose à laquelle on pensait toute sa vie, en se demandant quelle tête on ferait, le moment venu, et puis, quand ça vous arrivait, on se demandait pourquoi on en avait fait un tel raffut. Comme c'est facile, en somme, de mourir ! »

— Bon Dieu ! souffla le caporal en l'apercevant, ces Thompson font un drôle de boulot.

— Vous le savez bien que je voulais pas le buter, gémissait le type à la mitraillette. Y s'est arrêté. Je pouvais pas prévoir qu'y s'arrêterait.

Prew se sentait glisser doucement le long d'une pente invisible. Il lui semblait qu'il commençait à sortir de lui-même et que l'étrange lien qui l'unissait à son corps, et dont il avait constaté l'existence, au dur, pendant son séjour dans le « trou », se tendait et s'amenuisait de plus en plus à mesure qu'il glissait le long de la pente. Et, brusquement, il cessa de tomber, comme si quelque chose qui n'était pas encore tout à fait décidé à mourir le retenait légèrement en arrière.

Trop longtemps. Ça durait trop longtemps. Malgré sa poitrine déchiquetée. C'était une honte. Et même pas moyen de leur dire : « Attendez un peu, les gars, ça sera plus très long, maintenant. Une minute ou deux. Une minute encore, une toute petite minute, et ce sera fini. Attendez, les gars. Me laissez pas seul. »

Fini. Il s'obligea à regarder le fait bien en face. Fini.

— J'ai peur.

Dieu ! que le monde était désert tout à coup. Est-ce que tous ceux qui mouraient se sentaient aussi seuls ?

— Sûr que ces Thompson font du drôle de gâchis ! murmura le caporal. Est-ce qu'il est mort, maintenant ?

— Je peux pas comprendre pourquoi qu'y s'est arrêté, gémissait le gars à la mitraillette. Ou pourquoi qu'il a pas tiré. J'aurais moins l'impression d'être un beau dégueulasse. Mais je voulais pas le buter. Je tirais, comme ça. Je le visais pas. Sincèrement, je voulais pas le buter. Eh ! sergent, écoute. Sergent, sergent, écoute-moi, je te dis.

— Ta gueule ! gronda le sergent.

— Sincèrement, sergent. Écoute-moi...

— Je t'ai dit de la fermer, gronda le sergent en le secouant. Vas-y mollo, maintenant.

— Autant que je le fouille, à présent, marmotta le caporal. Dis donc, regarde un peu, sergent, ce qu'y a d'écrit sur la première page de ce calepin ! Appartenant au soldat Robert E. Lee Prewitt, de la compagnie G,...ième d'infanterie... Si c'est bien lui, devait y avoir un bout de temps qu'il était pas rentré à son corps. Je savais bien que son uniforme était pas régule.

— Pauvre gars ! Y devait essayer de rejoindre sa compagnie, marmotta le sergent. Faut qu'on se mette en rapport avec eux, pour qu'y viennent l'identifier. Reste ici, toi. On va aller téléphoner.

Warden était seul dans la tente de service lorsque la communication lui fut transmise. Warden laissa la salle de service entre les mains de Rosenberry, ordonna à Russell de conduire la jeep.

Il y avait déjà, autour du mort, deux capitaines, un major et un lieutenant-colonel.

— Pourquoi diable votre commandant de compagnie n'est-il pas venu lui-même, sergent ? s'écria le lieutenant-colonel lorsque Warden se fut présenté à lui.

— Il est en mission, mon colonel, répondit Warden.

— Et les autres officiers de votre compagnie ?

— Ils sont tous en mission, mon colonel.

— C'est impossible ! s'exclama le lieutenant-colonel. Ils ne peuvent pas être tous en mission !

— Nous avons vingt ou vingt-cinq kilomètres de positions côtières, qui doivent être continuellement inspectées, mon colonel.

— Hum ! Connaissiez-vous personnellement cet homme, sergent ?

— Oui, mon colonel.

Une torche électrique camouflée d'un volet bleu éclaira le mort. Warden leva les yeux.

— C'est bien Prewitt, mon colonel. Il était absent irrégulièrement depuis le 20 octobre.

— Alors, vous l'identifiez ? questionna le lieutenant-colonel. Je veux dire : officiellement ?

— Oui, mon colonel.

Warden remonta pesamment sur la route.

— Cet homme était un déserteur, expliqua le lieutenant-colonel. Lorsque mes hommes ont voulu l'emmener au poste de garde, il a tenté de prendre la fuite. Mais, lorsqu'ils ont ouvert le feu, il leur a fait face et n'a pas cherché à s'écarter de leur ligne de tir. Vous direz à votre commandant de compagnie de venir me voir demain, au bureau du prévôt. Qu'il demande le lieutenant-colonel Hobbs. J'ignore, bien entendu, quel verdict rendra la commission d'enquête, mais vous en serez informé.

— Par égard pour les parents de la victime, mon colonel, ne vaudrait-il pas mieux le porter décédé en service commandé ? hasarda Warden d'une voix neutre. Les noms de vos hommes ne seraient même pas prononcés, et l'incident serait tout de suite clos.

Le lieutenant-colonel lui jeta un regard empreint d'une certaine curiosité.

— C'est une excellente idée, approuva-t-il. J'allais précisément vous le proposer.

— J'en suis heureux, mon colonel.

— Nous allons prendre le corps en charge, naturellement. Il sera probablement enterré au nouveau cimetière de Red Hill.

— Mon colonel, dit Warden avec brusquerie, puis-je vous demander, d'ores et déjà, de prendre les mesures nécessaires pour qu'il soit enterré au cimetière militaire permanent de la base de Shofield ?

— Le cimetière de Shofield est un cimetière permanent, objecta le lieutenant-colonel, avec un nouveau coup d'œil perplexe sur Warden. Je croyais vous avoir entendu dire que cet homme avait des parents vivants ? Depuis Pearl Harbor, tous les enterrements provisoires ont été faits au nouveau cimetière de Red Hill.

— Oui, mon colonel. Mais il faudra sans doute attendre la fin de la guerre pour que les corps puissent être rapatriés. Et cet homme était un soldat de l'armée régulière. Il avait au moins huit ans de service, affirma-t-il, mentant sans la moindre vergogne.

— Oui... Eh bien ! je vais m'en occuper, sergent, concéda finalement le lieutenant-colonel. Je suis un vieux soldat moi-même, sergent.

— Oui, mon colonel.

— Nous sommes tous navrés de cette histoire, bafouilla le sergent de la patrouille après avoir demandé au lieutenant-colonel la permission de prendre la parole. C'est pas comme si c'était un Jap ou quelque chose comme ça. Vous croyez peut-être qu'on raconte des blagues, sergent, mais c'est exactement ce qu'il a fait. Y s'est arrêté et y s'est juste collé dans la ligne de tir. C'était un de vos copains ?

— Non. Pas exactement, dit Warden, les yeux au loin.

— Je vais demander à ce qu'on me change de secteur, grogna le sergent. J'en ai marre de cette vacherie de sable. Cette putain de vacherie de sable ! On se croirait dans le désert !

— Y a pas moyen de couper au sable, aux Hawaii, dit Warden doucement.

— On voulait juste que vous sachiez qu'on était tous navrés, insista le sergent nerveusement.

— Je sais, dit Warden. — Il lui frappa sur l'épaule. — Merci, sergent.

Lorsque la jeep roula de nouveau sur la grand-route, il se retourna pour regarder décroître les lumières bleues des jeeps de la Military Police. La seule pensée qui lui venait à l'esprit, une pensée stupide et obsédante, était qu'il n'y avait plus de saison de boxe, de toute façon, à présent.

— J'en ai la chair de poule, marmotta Weary, les mains crispées sur son volant. Il aurait quand même bien pu sauter dans ce trou, bon sang. Tu te rappelles la nuit où que j'ai failli vous passer dessus, à tous les deux, parce que vous aviez tourné de l'œil au milieu de la route ? continua Weary Russell.

Warden ne répondit pas. Il y avait encore une chose à faire pour

Prewitt : aller voir Lorene. A moins de lui renvoyer sa clef dans une lettre ?

— Qu'est-ce que vous teniez comme biture, tous les deux ! s'extasia Russell.

— Ouais, dit Warden en pensant qu'il préférerait prendre une volée de coups de matraque plutôt que d'aller voir Lorene.

Mais il savait qu'il irait, en fin de compte.

— Pourquoi que tu crois qu'il a fait ça ? demanda Weary Russell anxieusement.

Warden ne répondit pas. Il était en train de se demander pourquoi les sales histoires avaient toujours la spécialité de vous tomber dessus en vrac, par fournées ? Et la mort de Prewitt était bien une des plus sales histoires qui lui soient arrivées.

51

Il se trouvait que le sergent Milt Warden avait, le matin même, reçu la confirmation de sa nomination de sous-lieutenant d'infanterie dans les cadres de réserve.

C'était une lettre du ministère de la Guerre, couverte de mentions approbatrices et de signatures, adressée pour approbation définitive au commandant de la compagnie G. La première réaction de Warden, lorsque le lieutenant Ross, avec une indifférence calculée, jeta le document sur le bureau de son sergent-chef, fut celle d'un coupable surpris en flagrant délit. Il faillit déchirer la lettre et l'enfouir tout au fond de la corbeille à papiers avant que quiconque pût en soupçonner l'existence. Puis il pensa à Karen Holmes et se contint.

Et, de toute façon, Ross en avait déjà pris connaissance.

Ross et Rosenberry, et le lieutenant Culpepper, qui étaient présents, et le sous-lieutenant Cribbage, un nouveau dans la compagnie, qui commandait la position 28, à la pointe de Makapuu, et venait d'entrer par hasard, avaient tenu à le féliciter et à lui serrer la main.

Ils souriaient tous, avec le même air entendu des crétins qui se croient obligés de féliciter un type parce que sa femme vient d'avoir un bébé.

— Il faudra que vous signiez quelques papiers et que vous prêtiez serment, dit le lieutenant Ross, mais d'ores et déjà, vous voilà officier de l'armée des États-Unis.

— Quel effet ça vous fait, sergent ? s'informa Culpepper, hilare.

— Quel effet est-ce supposé me faire ? riposta Warden, très froid.

— Mon Dieu ! c'est un peu comme la prise du voile pour une novice.

— Est-ce qu'il va me pousser des petites ailes d'or, pour aller avec les sardines ? grogna Warden.

— A quand la distribution de cigares ? intervint Cribbage.

— Jamais le sergent Warden ne distribuera des cigares pour une chose aussi insignifiante qu'une malheureuse petite promotion, ricana Culpepper. On voit que vous ne connaissez pas l'individu, Cribbage.

— C'est ce que nous verrons, répliqua Cribbage.

— Bien entendu, vous n'en demeurez pas moins sergent-chef de ma compagnie jusqu'à ce que vous soyez réaffecté, sergent, commença le lieutenant Ross sur un ton de plaisanterie.

Puis il s'arrêta et murmura :

— Bon Dieu ! en parcourant des yeux une seconde lettre qu'il venait d'ouvrir.

— Qu'y a-t-il, Ross ? demanda Culpepper.

— Tenez, voyez vous-même, dit Ross.

Quand Warden lut l'ordre de mise à la retraite de Pete Karelsen, chef du peloton de tir de la compagnie G, il ne put s'empêcher de ressentir un petit choc au cœur. L'enveloppe renfermait une simple circulaire du ministère de la Guerre stipulant que tous les militaires au-dessous du grade de sergent-chef ayant dépassé la limite d'âge prescrite et remplissant des fonctions autres qu'administratives devaient en être immédiatement relevés et leurs noms soumis aux services de rapatriement, en même temps qu'une demande de complément d'effectif.

Deux noms étaient soulignés à l'encre rouge sur la circulaire régimentaire épinglée à celle du ministère de la Guerre :

Sergent Peter J. Karelsen, compagnie G ;

Soldat de première classe Ike (N.M.I.), Galovitch, compagnie G.

— Bon Dieu ! gémit Cribbage. Plus de sergent Karelsen, plus de peloton de tir.

Personne ne parla d'Ike (N.M.I.) Galovitch.

— Je crois que je vais aller faire un tour jusqu'à la position 16, annonça brusquement Culpepper. Ça m'évitera d'y aller ce soir.

— Autant que je rentre à Makapuu, dit précipitamment le sous-lieutenant Cribbage, puisqu'y a pas de courrier pour moi.

— Ils ont eu vite fait de se tirer des pattes, grommela le lieutenant Ross, plein de rancune, lorsqu'ils furent partis. Croyez-vous que si j'écrivais une lettre ?... C'est pour moi, la corvée.

La circulaire était maintenant entre les mains de Rosenberry.

— Ça donnerait absolument rien, coupa Warden.

— Non. Sans doute que non, acquiesça le lieutenant d'un ton misérable. Bon Dieu ! sergent, je ne peux pas me permettre de perdre le sergent Karelsen ! Ils ne vont quand même pas me faire ça, à moi !

Il ne parla pas, lui non plus, d'Ike (N.M.I.) Galovitch. Depuis qu'il l'avait renvoyé dans les rangs, il avait essayé de le faire muter par tous les moyens possibles, sans résultat, bien entendu, car aucune autre unité n'en voulait, ni pour or ni pour argent.

— Ces bandes de salopards de Washington ! fulminait le lieutenant

Ross. Tout ce qu'ils connaissent, c'est les statistiques. Mais qu'est-ce qu'ils savent de la situation réelle ? Rien. Qu'est-ce que ça peut leur foutre que ça creuse un trou dans ma compagnie ? Ce n'est pas eux qui ont le souci de la faire marcher. Eh bien, sergent ? Qu'en pensez-vous ? Tâchez de trouver quelque chose.

Une vague de crainte et de rébellion parcourut Warden des pieds à la tête, à l'idée du désarroi de Pete.

— Il y a six ans qu'il est dans la compagnie, dit-il. Vous pourriez peut-être appuyer là-dessus.

— Naturellement, acquiesça le lieutenant Ross avec feu. Un vieux soldat comme lui ! C'est fichu de lui briser le cœur.

Rosenberry vint reposer la circulaire sur le bureau du lieutenant sans émettre le moindre commentaire.

— Rosenberry, vociféra le lieutenant Ross. Vous avez besoin d'air. Allez faire un tour. Vous avez une mine de déterré.

— Oui, mon lieutenant, dit tranquillement Rosenberry.

— C'est fou ce que ce garçon me porte sur les nerfs, soupira le lieutenant lorsque Rosenberry se fut escamoté. Il est trop tranquille... Eh bien ! sergent, qu'est-ce que nous allons faire ?

Les soldats retraités qui avaient un peu d'argent achetaient un petit chalet dans l'avenue Kahala, au pied de la pointe du Diamant, et divisaient leur temps entre la pêche et la chasse, comme le vieux Snuffy Cartwright, l'ancien sergent-chef de la G. Mais Pete n'avait pas un sou. Il n'avait jamais eu de femme pour lui en mettre à gauche, comme Snuffy Cartwright. Il n'avait même pas assez d'argent pour faire la conquête d'une femme de son âge, à plus forte raison d'une plus jeune que lui. Pas d'économies gagnées au jeu. Pas de femme. Pas d'enfants. Rien qu'un vieux soldat retraité, à mettre au rebut. La vague de révolte et de crainte submergea de nouveau Milt Warden. Il fallait absolument tirer Pete de là.

— Je crois qu'il va falloir que vous l'emmeniez à Shofield avec vous, dit-il au lieutenant Ross, et que vous montiez voir personnellement le colonel Delbert.

Ils le mettraient peut-être dans un centre d'instruction, où il végéterait pendant un an ou deux, peut-être jusqu'à la fin de la guerre. Les bleus ne demanderaient pas mieux que de payer à boire à un vieux de la vieille comme lui. Il pourrait se saouler tous les soirs, s'il en avait envie, sans cesser de participer à la guerre, en quelque sorte.

— Pourquoi n'y allez-vous pas vous-même, sergent, suggéra le lieutenant Ross, plein d'espoir. Vous êtes beaucoup plus ancien que moi dans le régiment, après tout.

— C'est vous qui êtes le commandant de la compagnie, mon lieutenant, à vous d'agir.

— Mais si ça ne réussit pas, c'est moi qui serai sur la liste noire du régiment, ce ne sera pas vous ! gémit Ross.

— Vous essayez de faire marcher votre compagnie, ou de passer capitaine ? riposta Warden.

— Pour vous, ce serait la moindre des choses ! Vous allez foutre le camp d'ici dans un mois ou deux... Oh ! merde. Allez au diable, sergent !

Le lieutenant gagna la sortie en deux bonds, hurla :

— Rosenberry ! Qu'est-ce que vous foutez dehors ! Allez me chercher le sergent Karelsen et tâchez de vous manier le train !

— Il est à Makapuu, mon lieutenant, répondit posément Rosenberry, qui était tranquillement demeuré dans les parages.

— Alors prenez une jeep et allez me le chercher, beugla le lieutenant Ross. Est-ce que vous croyez que je ne sais pas où est le sergent Karelsen ? Qu'est-ce que vous avez dans le cul, aujourd'hui, Rosenberry ?

— J'y vais, mon lieutenant, répondit tranquillement la voix déjà lointaine de Rosenberry.

— Ce garçon me porte sur les nerfs, gémit le lieutenant pour la seconde fois de la soirée, en regagnant sa place.

Il se gratta la tête et reprit :

— Je conduirai la jeep moi-même. Je préfère être seul avec lui. Je lui dirai ça en douceur, sur la route de Shofield. Je crois que c'est le mieux que je puisse faire.

— Oui, mon lieutenant.

Le lieutenant Ross sortit son calepin de sa poche et se mit à préparer les arguments qu'il assènerait au colonel. Puis il s'interrompit, jura et biffa tout ce qu'il avait écrit.

Il était toujours en train de prendre des notes et de les griffonner à mesure, lorsque Rosenberry revint de Makapuu en compagnie de Pete Karelsen.

— Venez, sergent, dit le lieutenant d'un air sombre, en fourrant son calepin dans sa poche. Il faut que nous allions à Shofield tous les deux.

— Bien, mon lieutenant, riposta Pete après avoir salué.

Il était trop vieux dans la corporation pour ne pas se douter qu'il s'agissait d'un emmerdement quelconque. C'était la première fois depuis Pearl Harbor qu'il avait mis son râtelier en dehors des repas.

Lorsque Ross fut parti, Warden sortit de ses poches le portefeuille, le canif, la clef et le carnet noir découverts par les M.P. dans celles de Prewitt.

Il ouvrit le calepin noir, n'y trouva rien de plus qu'une longue liste de titres et de noms d'auteurs, et il fut surpris de constater que Prewitt eût pu désirer les lire. Il allait rejeter le carnet lorsqu'il aperçut une feuille de papier pliée en quatre, entre la dernière page et la couverture. Il la lissa soigneusement sur son bureau, lut le titre : *La Complainte du Rempilé*, puis les couplets, et lorsqu'il eut fini il releva lentement la tête, resta longuement immobile, les yeux dans le vague.

Il était près de onze heures lorsqu'il entendit la jeep s'arrêter dehors. Il replia soigneusement la feuille de papier, la remit entre la dernière page et la couverture du carnet noir et rangea le tout dans un petit coffret de métal, dont il referma le couvercle à double tour.

Il comprit tout de suite que la visite au colonel Delbert était un parfait échec.

— Voilà ! aboya le lieutenant Ross en jetant son casque sur la couchette vierge de literie qui occupait l'un des coins du P.C. ; il s'assit et passa une main graisseuse sur son front poussiéreux. Il y a une circulation terrifiante, reprit-il au bout d'un moment. Même à l'heure qu'il est. Je parie qu'il nous a fallu plus de quatre heures pour faire le trajet.

Pete Karelsen fit un pas en avant, se mit au garde-à-vous, la colonne vertébrale en parenthèse, les fesses légèrement saillantes, selon son inconsciente habitude, exécuta son large salut de vétéran chevronné et déclara :

— Mon lieutenant, le sergent Karelsen désire remercier le commandant de compagnie de ce qu'il a fait pour lui.

— Je n'ai rien fait du tout, grommela le lieutenant Ross. Tout ce que j'ai fait, c'est de me faire porter sur la liste noire du vieux Delbert.

— Le commandant de compagnie a fait tout ce qu'il a pu, reprit Pete Karelsen. Et c'est ça qui compte avant tout.

— Non, ce n'est pas ça qui compte, vociféra le lieutenant Ross. Ce sont les résultats qui comptent. J'ai misérablement échoué. Un point, c'est tout.

Il parvint à ramener sa voix dans son registre habituel.

— Et cessez de me parler à la troisième personne comme si j'étais quelqu'un d'autre, sergent Karelsen. Repos, repos.

Pete déplaça son pied de trente centimètres vers la gauche et joignit ses mains derrière son dos.

— Je tiens à faire savoir au commandant de compagnie combien j'ai apprécié ce qu'il a fait, dit-il, le visage toujours immobile, comme celui d'un soldat au garde-à-vous. Je n'oublierai jamais, mon lieutenant.

Ross l'observa un instant et passa de nouveau sa main sur son visage.

— Autant que vous dormiez ici pendant les quelques jours à venir, sergent Karelsen, soupira-t-il. Jusqu'à ce qu'ils vous convoquent. Vous direz au sergent Malleaux de vous faire installer une couchette dans la tente du Q.G... Autant que le peloton de tir apprenne à se passer de vous dès maintenant.

— Oui, mon lieutenant. Merci, mon lieutenant.

Il se remit au garde-à-vous, lentement, selon toutes les règles de l'art, et donna un second échantillon de son savoir-faire en matière de salut.

— Si le commandant de compagnie veut bien excuser le sergent, le sergent demande la permission de se retirer, dit-il.

— Accordé, murmura le lieutenant avec lassitude.

Pete exécuta un parfait demi-tour et se dirigea vers la sortie.

— Attends une minute, Pete, appela Warden. Ça t'intéresse également et il raconta la mort de Prewitt.

— Eh bien ! mais c'est parfait, s'exclama le lieutenant Ross, les yeux exorbités. C'est merveilleux. C'est épatant. Après ça, il n'y a plus qu'à tirer l'échelle.

— Bon Dieu ! Quand est-ce arrivé, Milt ? s'informa Pete Karelsen, d'une voix redevenue brusquement humaine.

Il y avait dans ses intonations une sorte d'écœurement qui fit naître en Warden une colère homicide.

— Vers huit heures, répondit Warden, le visage fermé.

— Eh bien ! se lamenta le lieutenant, ce garçon a fait en somme tout ce qu'il a pu pour flanquer par terre la réputation de mon unité, et je me souviens même pas de l'avoir jamais vu !

— Si le commandant de compagnie veut bien m'excuser à présent..., recommença Pete Karelsen.

— Allez-y, allez-y, sergent, coupa Ross. Allez dormir. Nous en avons besoin tous les deux.

— Oui, mon lieutenant, merci, mon lieutenant, dit Pete.

Il se remit au garde-à-vous, exécuta un nouveau salut de grand style, puis un demi-tour irréprochable et reprit le chemin de la sortie.

— J'ai eu deux bouteilles à Shofield, Milt, chuchota-t-il en passant devant Warden. Du nanan. Rendez-vous tout à l'heure à la cuisine.

— Vous aviez une haute opinion de ce Prewitt, n'est-ce pas, sergent ? demanda brusquement le lieutenant qui tambourinait la table de ses doigts.

— En tant que soldat, oui.

— Il ne l'a guère justifiée, dit le lieutenant Ross avec rancune.

— Je crois qu'il avait une case de vide. Il aimait l'armée. Quiconque aime l'armée a une case de vide. Il l'aimait comme la plupart des hommes aiment leur maîtresse. Quiconque aime l'armée à ce point-là doit avoir une case de vide.

— Je suis bien de votre avis, approuva le lieutenant.

— Un pays en guerre a besoin de tous ses bons soldats. Un pays en guerre n'a jamais assez de bons soldats.

— Un soldat de plus ou de moins..., soupira le lieutenant Ross avec lassitude. Ne savez-vous pas que c'est la production seule qui gagne les guerres ?

— C'est une des raisons pour lesquelles le type qui aime sincèrement l'armée a forcément une case de vide.

— Oui, acquiesça le lieutenant. Allons, je vais pousser une pointe jusqu'à Makapuu avant d'aller me coucher. Cribbage ne va pas rigoler tous les jours, maintenant que le sergent Karelsen est parti.

Dehors, il faisait frais, et la lune commençait tout juste à monter par-delà les montagnes, du côté de Koko Head. Warden sortit à son tour et s'engagea au petit bonheur, dans un des sentiers nouvellement frayés au milieu des buissons par les allées et venues des hommes de la compagnie. La brise marine était fichtrement agréable à respirer. Milt marcha longtemps, tentant en vain d'analyser ce qui se passait en lui. Puis il remonta vers les tentes éparses du campement. Il n'y avait pas de lumière dans celle du Q.G., où Rosenberry et Vendredi Clark ronflaient comme des sonneurs. Mais, dans la tente-magasin, Pete et Maylon Stark étaient assis l'un en face de l'autre, les bouteilles de Pete posées entre eux, sur une table improvisée faite de deux tréteaux et de planches de coffrage. Une lanterne camouflée oscillait au-dessus de leurs têtes.

— Je te dis que c'est plus la même compagnie qu'avant, bredouillait Stark d'une voix pâteuse.

Warden constata que la bouteille débouchée était encore plus qu'à moitié pleine. Stark avait dû commencer à boire seul, avant l'arrivée de Pete. Warden se délesta de son fusil, s'assit près de Pete et but une première rasade de whisky.

— Où est Russell ? questionna-t-il. Je croyais le trouver ici, en train de raconter son histoire.

— Il est venu, déclara Stark d'un ton sinistre.

— Il est en face, à la cuisine, en train de la raconter aux cuistots ajouta Pete.

— Qu'est-ce qu'y va faire, quand y trouvera plus personne à qui la raconter ? grogna Stark.

— Explosion sans doute, riposta Pete avec humour.

— J'ai jamais vu une compagnie changer autant en si peu de mois, reprit Stark du même ton sinistre.

— Eh ! je croyais venir ici pour rigoler, lança Warden. Mais on dirait plutôt une veillée funèbre.

— Ça pourrait en être une, trancha Stark, soudain agressif.

— Sans blague ?

— Prewitt, c'était peut-être pas un bon copain à toi, mais c'était sûrement un bon copain à moi, enchaîna Stark. Rien ne va plus à la G. Écoutez un peu, les gars : Leva muté à la M. Bloom suicidé. Maggio enlevé du programme. Holmes et Jim O'Hayer partis au G.Q.G. Toutes ces nouvelles gueules. Et maintenant Prewitt. Et ce vieux Pete qui va nous quitter dans deux ou trois jours.

— Sans oublier ce cher Ike, ajouta Warden en rigolant et se servant à boire.

— Rappelez-vous bien de ce que je vous dis, prophétisa Pete Karelsen. Finie la belle vie dans tout le secteur. Quand y vont commencer à redonner des perm de sortie, y aura des queues interminables devant les bars et les bordels et y aura plus moyen de rigoler nulle part, mais ce vieux Pete sera plus là pour voir ça. Pas fou, le vieux Pete. Y sera aux États-Unis, en train de se payer du bon temps et se saoulera la gueule en pensant à vous tous les soirs.

— Tu peux dire que t'es un foutu veinard de te barrer au moment où la compagnie commence à plus valoir tripette, admira lugubrement Stark.

— Des femmes par douzaines ! brailla Pete. Des hôtels au poil pour les y emmener. Et des bars ! Et des bons restaurants ! Tout ça sous la main pendant que vous serez ici à dormir sur la pierraille, à manger froid dans des gamelles et à marner comme des nègres.

Il se leva d'un bond.

— Pendant que vous vivrez sur les plages, leur jeta-t-il à la face. Pendant que vous ferez la queue pour boire un verre ou baiser une fille ! Sans compter que vous serez aux premières loges pour recevoir des pruneaux sur la gueule et les premiers à partir, quand y faudra reconquérir toutes ces vacheries d'îles occupées par les Japs !

Penché en avant, le torse raide, ses grosses fesses plus proéminentes que jamais, le visage rouge et sillonné de larmes, il leur parlait comme il les eût injuriés, la bouche mauvaise.

— Assis sur un baril de poudre, avec la mèche allumée ! acheva-t-il dans un sanglot.

Warden bondit, le saisit à bras-le-corps au moment précis où il allait perdre l'équilibre.

— Allons, allons, Pete, assieds-toi, bois un coup, ça va se passer.

— Au fait, devine qui j'ai rencontré aujourd'hui à Shofield, Milt, reprit Pete Karelsen, en faisant un effort méritoire pour aiguiller la conversation sur une autre voie.

— Sais pas, dit Warden. Qui ça ?

Il tendit sa propre tasse dans la direction de la bouteille.

— La femme du capitaine Holmes, répondit Pete en versant du whisky dans la tasse de Warden. Tu te rends compte ? Y avait des mois que je l'avais pas vue. Elle était au service de rapatriement du régiment quand je suis allé chercher mon ticket. Elle rentre aux États sur le même bateau que moi.

— Qui ça ? insista Warden, les yeux écarquillés.

— La femme du capitaine — pardon, du major — Holmes. T'as pas oublié Dynamite Holmes, non ?

— Non, sûrement pas, dit Warden lentement.

— Ben, y z'habitent apparemment toujours au même endroit, dans le quartier des officiers mariés du régiment, puisque c'est au Q.G. régimentaire et pas au G.Q.G. de la brigade qu'elle s'est présentée pour avoir son ordre d'évacuation. Y en avait tout un tas dans le bureau : la femme du major Thompson ; celle du colonel Delbert ; je les connais pas toutes. Et la femme d'Holmes part sur le même bateau que moi, le 6 janvier. Oui, et elle me demandait même des nouvelles de la compagnie, poursuivit Pete. Du magasin d'habillement, avec le nouveau sergent-fourrier et tout. Elle a même demandé si tu t'entendais bien avec le nouveau commandant de compagnie.

— Moi ? dit Warden, l'air innocent.

— Oui, toi, riposta Pete. Eh ! dis donc, Stark, qu'est-ce qui t'arrive ? Qu'est-ce que t'as à te marrer comme un tordu ?

— Moi ? Rien, s'esclaffa Maylon Stark.

— Au fond, elle m'a paru bougrement sympa, conclut Pete.

— Pas possible ! ricana Stark. Ben, tu devrais te présenter à elle, à bord du bateau. Pas vrai, Milt ?

— Elle sera en première classe et moi dans les soutes, probable, dit Pete. Je la verrai même pas.

— Aucune importance, affirma Stark. Monte la voir et demande-lui de t'inviter dans sa cabine. Elle le fera. Pas vrai, Milt ? Et, pendant que tu y seras, demande-lui poliment la permission de la baiser. Elle te la donnera. Pas vrai, Milt ? Elle adore cette compagnie, je te dis !

Pete n'avait pas l'esprit très vif, mais une expression bizarrement choquée assombrit lentement son visage, à mesure qu'il réalisait le sens des paroles de Stark.

— Tu vas pas fermer ta gueule, bougre d'enfant de salaud ! gronda Warden.

— Tu crois peut-être que je blague, Pete ? renchérit Maylon Stark. Ben, t'as tort. Demande à Milt. Elle l'a eu jusqu'au trognon, lui ! J'ai couché avec elle, moi aussi. Seulement, moi, je me suis pas laissé avoir... Y a qu'une chose que je te recommande, si tu te l'envoies : c'est de te taper un bon prophylo, après la bataille, ou tu risques de te réveiller enrhumé du cerveau !

Il y eut un silence. Warden observa pensivement le visage de Stark, dont l'hilarité cachait mal quelque chose qui ressemblait à du désespoir.

— O.K. ! Bougre d'enfant de salaud ! articula-t-il enfin. Maintenant, c'est moi qui vais te dire quelque chose. Tu sais qui lui a refilé sa dose de chaude-pisse, à Bliss ? Tu veux savoir qui l'a arrangée comme ça ? Eh bien ! je vais te le dire. C'est son cher mari, le capitaine Dana E. Holmes en personne, Dynamite pour les dames.

— Je te crois pas, articula Stark, mortellement pâle.

— C'est pourtant vrai, soupira Warden. La pure vérité.

— Je te crois pas, je te dis. Le bruit courait que c'était un lieutenant qui tenait le club des officiers... six mois avant que je fasse sa connaissance. J'ai causé avec des gars qui...

— Ils te racontaient des histoires, trancha paisiblement Warden.

— Je te crois pas. Je sais que c'était vrai.

Pete les regardait, les yeux soudain attentifs, à demi dégrisé.

— Je le tuerai ! explosa Maylon Stark, le visage convulsé. Je le tuerai, c't'enfant de putain ! Je lui ferai son affaire !

— Tu ne tueras personne, dit, presque tendrement, Milt Warden. Pas plus que j'ai tué qui que ce soit, moi.

— Je l'aurais épousée ! bégaya Stark. Elle avait huit ans de plus que moi, mais je l'aurais épousée. J'allais quitter l'armée, pour pouvoir l'épouser. Je te jure que je l'aurais fait !

— Et tu l'aurais fait vivre avec quoi ? s'informa doucement Warden. Elle, une fille de richard !

Le visage blême de Stark se contracta :

— Elle m'aimait ! cria-t-il. Je sais qu'elle était amoureuse de moi ! On est sortis ensemble six mois, à Bliss. Je l'aurais prise sans rien, moi !

— Seulement, tu ne l'as pas fait, dit gentiment Warden. Tu l'as laissée tomber sans même lui donner une chance de présenter sa version de l'histoire.

Les yeux de Pete couraient de Maylon Stark à Milt Warden et de Milt Warden à Maylon Stark. S'il pensait encore à ses propres ennuis, après ça ! C'est pas tous les jours qu'on tombe sur une histoire aussi juteuse que celle-là ! « Oh ! papillon ! » se dit-il, jubilant.

— Elle m'en a jamais rien dit !

— Tu le lui as demandé ? répliqua Warden, impitoyable.

— Oh ! ta gueule, fit Stark. Ta gueule, ta gueule, ta gueule !

— Vous autres, méridionaux, ricana Warden, tous les mêmes. Vous buvez comme des trous et vous courez les putains, mais vous êtes les pires moralistes...

Il esquiva avec adresse la tasse pleine de whisky que Maylon Stark venait de lui jeter à la tête. Un peu plus vieux, un plus saoul et nullement sur le qui-vive, c'est Pete qui reçut en pleine poitrine la tasse et son contenu.

— Tu crois ça, que je vais pas le tuer ? hurlait Stark. Et comment, que je vais le tuer. Je vais lui fendre la gueule ! Je vais tout casser dans sa baraque...

Il sortit de la tente.

Warden se renversa sur la couchette vacante aussi vide, aussi détendu qu'après un orgasme. Il avait toujours soupçonné que Stark et Karen étaient sortis ensemble plus souvent qu'elle ne le lui avait dit, mais jusqu'au dernier moment il avait espéré le contraire.

— Bon sang, gémit Pete, je dois puer le whisky à trois kilomètres.

Il tamponna délicatement sa chemise trempée.

— Tu devrais lui courir après, Milt. Il est rond comme une boule. Y pourrait lui arriver quelque chose.

— O.K. ! dit Warden, qui reprit son fusil et quitta la tente.

La lune était accrochée plus haut dans le ciel maintenant et brillait de tout son éclat. Warden se dirigea vers la cuisine.

Ainsi ils étaient sortis ensemble pendant six mois, à Fort Bliss ? Ça ne faisait pas tellement plus de six mois qu'il sortait lui-même avec elle. Comment était-elle, lorsqu'elle était plus jeune ?

Qu'avaient-ils fait ? Où étaient-ils allés ? De quoi avaient-ils ri ensemble ? Il n'était pas jaloux. Il aurait voulu, simplement, partager tout cela, comme il avait toujours envie de partager tout ce qui, de près ou de loin, se rapportait à elle. Pauvre vieux Stark !

A l'intérieur de la cuisine, des cuistots terrorisés, serrés les uns contre les autres, se terraient comme des moutons, dans le coin de la tente le plus éloigné du bloc à hacher.

— Où est-il ?

— Sais pas, rétorqua l'un d'eux. Je lui ai pas demandé ! Tout ce qu'on sait, c'est qu'il est entré ici comme un fou, en jurant et en parlant tout seul, qu'il a pris son hachoir et qu'il est reparti aussitôt.

Warden reprit le chemin de la tente-magasin. Stark n'était tout de même pas assez noir pour entreprendre à pied la route de Shofield ! Il avait dû descendre vers la plage, où il cuverait probablement son whisky sur le sable jusqu'au lendemain matin. Le mieux était de le laisser ronfler en toute quiétude.

Une ombre jaillit des ombres et, emportée par son élan, lui rentra dedans la tête la première.

— Chef ! C'est vous, chef ? s'informa la voix tremblante du clairon de la compagnie, Andy-Anderson.

— Qu'est-ce que tu fous ici, toi ? Pourquoi que tu n'es pas au P.C. à garder le standard ?

— C'est Stark, chef ! Il a son hachoir et il est en train de tout casser.

Warden prit son fusil à la main et se mit à courir.

— Il s'est amené en jurant et en gueulant qu'il allait le tuer, haleta Anderson en trottant derrière lui. Y répétait qu'il allait le tuer, qu'il allait tuer c't'enfant de salaud ! D'abord, j'ai cru qu'y voulait parler de vous. Et puis, y s'est mis à débloquer sur le capitaine Holmes. Mais comme y a belle lurette que le capitaine Holmes est plus là et qu'il est major, maintenant, faut qu'y soit complètement cinglé, Stark !

— Garde ton souffle ! ordonna Warden par-dessus son épaule et en courant vers la salle de service.

Stark avait mis en pièces détachées les deux tables de fortune qui servaient de bureau à Ross et à Warden, et aucune des quatre chaises n'était intacte. Le classeur de campagne gisait à terre, renversé, et le coffret métallique de Warden avait eu droit, lui aussi, à son coup de hachoir. Il y avait du papier déchiré dans tous les coins. Par bonheur, le standard téléphonique portatif ne semblait pas avoir été touché.

Seul document intact au milieu du désordre inouï, tel un bébé indifférent, assis sans la moindre égratignure parmi les décombres d'une maison éboulée, la lettre du ministère de la Guerre confirmant la promotion de Milton Anthony Warden au grade de sous-lieutenant d'infanterie reposait sur une litière de papier haché.

Apparemment impassible, Warden contempla un instant cette

scène de désolation, puis il empoigna subitement son fusil par le canon et frappa le sol de la crosse du Star Gauge 1903, qui se brisa au niveau de la poignée.

Anderson, élevé dans les principes de l'armée régulière, où le simple fait de laisser tomber son fusil en cours d'exercice constitue une offense grave, passible de quinze jours de corvée, poussa un cri d'horreur et lui jeta un regard effaré.

— Vérifie le standard, ordonna Warden avec un pâle sourire. Passe un appel de contrôle à toutes les positions, ainsi qu'au G.Q.G. du bataillon et au central. Vérifie toutes les fiches.

— O.K. ! chef, soupira Andy.

D'un air penaud, Warden ramassa les deux morceaux de son fusil. Il y avait quatre ans qu'il l'avait, ce flingue. Un flingue qui l'avait suivi partout, à la A, à la G ; c'était avec lui qu'il avait arraché au sergent-major O'Bannon le titre de champion régimentaire. Morose, il vérifia le bon fonctionnement de la culasse et du percuteur. Tout allait bien de ce côté-là, et il respira plus librement. La crosse pourrait être remplacée, mais si le percuteur avait été endommagé... Il posa avec précaution les deux morceaux de fusil près de la sortie du P.C., ramassa la lettre du ministère, la déchira en deux, en quatre, en huit, voluptueusement, avant de l'envoyer rejoindre le reste des débris informes qui jonchaient le sol.

— Tout va bien, chef, annonça Anderson.

— O.K. ! Reste ici jusqu'à la fin de ton quart et fais ce que je t'ai dit. Moi, je vais me coucher.

— Vous... vous laissez ça comme ça..., bredouilla Anderson.

— Ross s'en occupera, gouailla Warden.

Il ramassa les morceaux de son fusil et quitta le P.C.

Dehors, tout était silencieux. On avait beau dire et beau faire, mais il venait toujours un moment où la seule décision logique à prendre, c'était d'aller se coucher.

Warden posa son fusil mutilé au pied de sa couchette et se glissa avec délices dans ses toiles.

Le lendemain matin retrouva Stark profondément endormi sur la plage, son fidèle hachoir sous la nuque, sublimement ignorant de la bagarre oratoire qui se déroulait au P.C. entre Milt Warden et le lieutenant Ross, que le spectacle de sa salle de service mise à sac avait plongé dans une rage indescriptible.

— Vous pouvez pas le casser, mon lieutenant. C'est le seul qui puisse faire marcher la cuisine comme elle marche en ce moment, avec la compagnie éparpillée sur plus de vingt kilomètres.

— Des noix ! que je ne peux pas le casser ! hurla le lieutenant. Je le casserai, plutôt deux fois qu'une, même si la compagnie doit crever de faim jusqu'au dernier homme !

— Mais qui diable s'occupera de l'ordinaire, mon lieutenant ?

— Je me fous de qui s'occupera de l'ordinaire ! hurla Ross. Regardez-moi ce tableau, sergent ! Je ne peux pas laisser passer une chose comme ça, sacré nom de Dieu ! Il faut tout de même qu'il y ait de la discipline !

— Faut aussi qu'y ait de quoi manger, mon lieutenant.

— Il s'occupera de l'ordinaire en tant que simple soldat ! hurla furieusement le lieutenant.

— Il refusera de le faire.

— S'il refuse, je le ferai passer au falot !

— Vous êtes homme de loi, mon lieutenant. Vous savez très bien que vous ne pourrez jamais le faire passer au falot pour avoir refusé de remplir la fonction sans avoir le grade !

— Je ne peux pas laisser passer une chose comme ça, répéta furieusement le lieutenant.

— Je parle dans l'intérêt de la compagnie, mon lieutenant.

— Je sais, je sais, ricana Ross. Dans le seul intérêt de la compagnie !

— Vous êtes responsable de la compagnie prise comme un tout, lui rappela Warden.

— O.K. ! dit le lieutenant Ross. O.K. ! O.K. ! Je connais mes responsabilités, sergent.

— Oui, mon lieutenant, dit Warden.

Ceci posé, il l'informa qu'il avait décidé de refuser sa promotion au grade de sous-lieutenant.

— Quoi ! explosa le lieutenant Ross. Mais vous êtes cinglé, ma parole !

— Ma décision est prise, mon lieutenant, dit fermement Warden.

— Oh ! Jésus ! Oh ! Seigneur ! Comme s'ils n'avaient pas pu me verser dans l'artillerie côtière, gémit le lieutenant Ross. Je ne comprendrai jamais rien à cette foutue saloperie d'armée !

52

Milt réussit à revoir Karen avant qu'elle partît, bien qu'il fût très difficile de tout concilier. Il n'était plus possible de circuler maintenant sans un ordre de mission. Aucun soldat n'était autorisé à se mettre en civil, et le simple fait de posséder même des vêtements civils était un motif de comparution devant la cour martiale. Et tout soldat en uniforme circulant en ville sans ordre de mission serait immédiatement arrêté.

Bars et salles de spectacle avaient provisoirement fermé leurs portes. La direction des grands hôtels était devenue extrêmement pointilleuse. Tous les touristes avaient regagné la métropole, ou attendaient, claquemurés dans leurs chambres, que l'armée voulût bien les faire rapatrier. Même une automobile stationnée sur le bas côté d'une route risquait d'attirer l'attention et ses occupants avaient neuf chances sur dix d'être soumis à une inquisition en règle.

D'ailleurs, en raison du couvre-feu, Karen ne pourrait venir de Shofield qu'en plein jour et rentrer de même. Mais Warden ne pouvait quitter le P.C. en plein jour sans être immédiatement découvert. Ne fût-ce que pour une heure. Et, de toute manière, une heure n'eût point suffi.

La nuit, oui, il pouvait se tirer, du moment qu'il y avait quelqu'un pour garder le standard. Stark allait voir sa vahiné toutes les nuits, à la station radiophonique navale de Wailupe, qui était à deux pas. Mais Karen ne pourrait faire la route en pleine nuit sans être arrêtée.

La seule solution possible était de trouver un endroit où elle pût se rendre en plein jour et l'attendre sans risquer de se faire remarquer. Il faudrait également qu'elle pût y passer la nuit et repartir le lendemain pour Shofield. Les hôtels de Waïkiki étaient hors de cause. En outre, Waïkiki était beaucoup trop loin. Et tous les gens que Warden connaissait habitaient également à Waïkiki, ou à Honolulu, qui était encore plus loin.

Il étudia le problème pendant huit jours et, finalement, s'en vint trouver Maylon Stark.

La vahiné de Stark était une ravissante Sino-Hawaiienne qui logeait, avec son mari, un Japano-Philippin, dans une des petites maisons de la vallée de Kuliouou, à moins de trois kilomètres de la baie d'Hanauma.

Non sans un immense embarras, Warden demanda à Stark s'il ne voyait pas une possibilité d'arranger quelque chose pour que Karen et lui pussent se revoir une dernière fois avant que la jeune femme repartît pour les États-Unis.

— Bien sûr, répondit Stark sans la moindre hésitation. Ils seront très heureux de rendre service.

— Est-ce qu'il ne vaudrait pas mieux que tu leur demandes avant ?

— Pas besoin. La petite et son mari feraient n'importe quoi pour moi. Je l'aide à rembourser l'emprunt qu'ils ont fait pour payer leur maison. Tu piges ?

— Et comment ! dit Warden.

— Tu n'auras qu'à me dire quel jour elle viendra, et je leur passerai le mot. Je te montrerai le chemin moi-même, pour que tu risques pas de t'égarer.

Warden téléphona à Karen, et Karen répondit sans la moindre hésitation qu'elle viendrait dès qu'il le voudrait.

Ce fut une étrange aventure.

Stark accompagna Warden jusqu'à une courte distance de la maison, dans l'obscurité absolue.

— C'est ici, annonça-t-il.

Warden écarquilla les yeux et reconnut, dans la minuscule courette, la vieille Buick si intensément familière.

— Tu retrouveras ton chemin pour rentrer ? s'enquit Stark.

— Oui, bien sûr.

— Alors, je te laisse.

— Tu n'entres même pas ?

Stark baissa la tête et marmotta :

— Non. Je suis venu hier soir et je viendrai sans doute demain soir.

— Mais elle va vouloir te remercier.

— Elle n'a pas besoin de me remercier. Tu comprends, ça pourrait la gêner de me voir, expliqua Stark. Et, de toute façon, je préfère pas.

— O.K. ! vieux, dit Warden.

— Tu pourrais peut-être lui..., commença Stark.

— Quoi ? l'encouragea Warden.

— Rien, dit Stark. Rien, à demain.

Il disparut dans la nuit. Warden attendit que le bruit de ses pas eût cessé pour frapper à la porte de la petite maison.

Oui, ce fut une bien curieuse aventure, à tous les points de vue.

La Sino-Hawaiienne, d'une beauté presque supra-terrestre, vint lui ouvrir la porte, les yeux brillants comme des escarboucles. Puis son regard se voila.

— Maylon n'est pas venu ? demanda-t-elle doucement.

— Trop occupé. Il m'a chargé de vous dire qu'il viendrait demain.

— Ah ! soupira-t-elle en baissant la tête. Entrez, sergent.

Elle referma la porte derrière lui et ralluma la lumière. En chemise d'une blancheur éclatante et pantalon bleu de la flotte, son mari lisait le journal dans le petit salon.

— Votre amie est ici, dit la vahiné en désignant du regard une porte fermée. Elle est très belle, votre amie.

— Merci, dit Warden. Et merci d'avoir fait tout ça pour nous.

— Ce n'est rien, sergent. Mais vous n'êtes pas venu pour bavarder avec nous. Vous êtes venu pour voir votre amie. Je vais vous conduire.

Tout cela était assez étrange, et cette même impression d'étrangeté colorait toutes choses.

Karen était assise dans un grand fauteuil et lisait à la lueur d'une petite lampe lorsque la jeune métisse referma doucement la porte sur Warden et le monde extérieur. La valise qu'il connaissait si bien était posée à même le plancher, devant la commode, et Karen semblait heureuse, en paix avec elle-même et la terre entière.

— Bonsoir, chéri, dit-elle.

— Bonsoir, répondit Warden. Bonsoir.

Elle se leva pour venir à sa rencontre, avec cet air curieusement réservé dont il ne l'avait jamais vue se départir.

Quand il la prit dans ses bras et chercha ses lèvres, elle lui rendit son baiser, mais elle se dégagea avec douceur, retourna s'asseoir dans le grand fauteuil, prit ses genoux dans ses bras et les remonta gaminement jusqu'à son menton.

— Non ! Tu vas t'exciter tout de suite, lui dit-elle en souriant. Bavardons un peu tous les deux, veux-tu ? Assieds-toi.

Docile, Warden s'assit sur le bord du lit.

— Tu n'as pas changé, constata-t-elle gaiement.

— J'ai l'impression d'avoir changé.

— C'est gentil de leur part de nous avoir permis de venir ici.

Elle le dit sincèrement, quoique sans la moindre surprise, comme s'il n'y avait là rien que de très naturel.

— C'est Stark qui a arrangé ça, dit Warden.

— Je sais. Son amie me l'a dit. Elle est très jolie.

— Oui.

— Et elle est très amoureuse de Stark.

— Oui.

— Est-ce qu'il est amoureux d'elle ?

— Je n'en sais rien. Je le crois. Mais pas autant qu'elle. Et pas de la même façon.

— Je sais, dit-elle vivement. Je lui ai fait beaucoup de mal.

— Non. Il s'en est fait à lui-même.

Il ne parla pas des six mois à Bliss. Il les regarda s'estomper graduellement, tout au fond de son esprit, jusqu'à ce qu'il n'eût plus du tout envie d'en parler.

— J'espère qu'il finira par l'aimer autant qu'elle l'aime, murmura Karen. Il le mérite. J'aimerais pouvoir le remercier, avant qu'il reparte.

— Il n'est pas venu. Il était occupé.

— Ce n'est pas vrai, dit Karen.

— Non, ce n'est pas vrai, avoua Milt. Il a eu peur que ça te gêne.

Des larmes apparurent dans les yeux de Karen et séchèrent sans rouler sur ses joues. Warden détourna la tête.

— Tu as pu t'échapper sans difficultés ? questionna-t-il.

— Oui.

— Holmes ne t'a rien dit ?

— Holmes ? Il m'a défendu de venir, répondit-elle simplement.

— Et tu es venue quand même ?

— Bien sûr, chéri, dit-elle en souriant. Je t'aime.

Il ne put supporter de la duper plus longtemps.

— Il faut que je te dise quelque chose, commença-t-il.

— Quoi donc ?

— Au sujet de ma promotion au grade de sous-l...

— Je sais, dit-elle en souriant. Il n'y a pas eu d'autre sujet de conversation à Shofield, durant toute la semaine dernière.

— Tu le savais déjà quand je t'ai téléphoné ?

— Je le savais depuis beaucoup plus longtemps que ça. Je crois bien que j'ai toujours su que tu finirais par refuser. Seulement, je ne voulais pas l'admettre. Et pourtant, c'est peut-être pour ça que je t'aime, parce que j'ai toujours su que tu refuserais en fin de compte. On n'aime peut-être jamais que les choses qu'on ne peut avoir. Je t'ai détesté, bien souvent. Dans tout amour, il y a une part de haine. On déteste ceux qu'on aime parce qu'ils nous obligent à sacrifier une part de notre liberté, et on tente de s'en venger en aliénant la leur autant qu'il nous est possible de le faire.

— J'ai essayé, dit Warden d'une voix sourde. Personne ne peut savoir à quel point j'ai essayé.

— Moi, je sais.

— Non, tu ne peux pas savoir. Mais quand je les ai regardés, Culpepper, et Cribbage, et Ross, et tous les autres, et quand j'ai vu ce qu'ils étaient... ç'a été plus fort que moi, j'ai pas pu.

Elle rit doucement.

— Bien sûr, chéri. Si tu avais pu t'y résoudre, tu ne serais pas vraiment Milt Warden, et je ne t'aimerais pas comme je t'aime.

— Mais nos projets ? Tout le reste ? Tout ! J'ai tout flanqué par terre.

— Cela n'a pas d'importance.

— Mais je ne t'ai jamais rien donné, s'accusa Warden. Tu m'as toujours donné, mais, moi, je n'ai jamais fait que prendre.

— Non, c'est faux, protesta Karen. Tu m'as rendu ma liberté. Tu m'as mise hors d'atteinte de Dana. Il ne peut plus me faire de mal à présent. Tu m'as fait comprendre que j'étais jolie. Tu as fait de moi une femme aimée.

— Stark aussi t'avait donné tout ça, à Bliss.

— Non. Du moins, s'il me l'a donné, il a tout repris à la fin, tout détruit, tout annihilé.

— Comme moi, maintenant, dit Warden avec amertume.

— Non, Milt. Car notre amour ne s'éteindra jamais et restera en nous comme un rêve. Alors que si nous nous étions mariés...

— Je ne veux pas te perdre, chuchota Milt en s'agenouillant près d'elle. J'ai besoin de toi.

Il posa ses deux mains sous la jupe de Karen, sur les cuisses nues de Karen.

— Non, protesta-t-elle doucement. Ne fais pas ça, je t'en prie. Tu vas tout gâcher.

— Ce n'est pas pour ça, mentit Warden. Je ne veux que te toucher. Rien de plus.

— Tu sais comment ça va finir, et je ne veux pas... Pas maintenant.

— Je ne veux que te toucher, répéta-t-il. Rien de plus.

Il posa son visage sur les cuisses nues de Karen.

— C'était si merveilleux, Milt. Tu vas tout gâcher.

— Non, promit-il. Je t'aime. Je ne veux pas tout gâcher.

Oui, ce fut une bien curieuse aventure.

Lentement, Karen se soumit à ses caresses, avec réserve, tout d'abord, puis sans la moindre réticence, et se mit elle-même à lui caresser les cheveux, le visage, les mains, jusqu'à ce qu'il s'assît sur l'accoudoir du fauteuil pour l'embrasser tout à son aise, dans une extase amoureuse d'une extraordinaire intensité.

— J'aime te toucher, chuchotait Karen. J'aime te câliner et que tu me câlines, mais tu sais comment ça finit toujours. Tu ne sauras jamais combien de fois j'ai eu envie de te toucher, de te caresser, et combien de fois je ne l'ai pas fait, parce que ça conduit toujours à la même chose...

— Pas aujourd'hui, chuchota Milt Warden. Pas cette fois-ci, je te le promets...

Et, enfin, ce fut elle qui chuchota :

— Laisse-moi découvrir le lit. Cela m'est égal, à présent. Je sais que tu le désires, et cela m'est égal, à présent...

Jusque-là, tout était parfaitement normal. La même chose s'était produite bien des fois.

Mais, cette fois-ci, ce fut Warden qui refusa, pour une raison qu'il eût été incapable de définir lui-même.

— Puisque cela m'est égal, à présent, répéta Karen avec une tendresse infinie. Rien ne peut plus gâcher ce qu'il y a entre nous, maintenant. Et je sais que tu le désires tant !

Il refusa. Il y avait apparemment en lui des profondeurs qu'il ne soupçonnait pas lui-même, car la pensée de faire l'amour avec elle, dans de telles conditions, le choquait d'une façon étrange.

C'est ainsi qu'ils restèrent longtemps serrés l'un contre l'autre, assis dans le grand fauteuil, le visage de Milt sur la poitrine de Karen, et leurs mains se cherchant et se fuyant doucement, et leurs lèvres disant des mots qu'ils entendaient à peine. C'était l'aventure amoureuse la plus étrange et cependant la plus intense que Milt eût jamais vécue. Averti par une sorte d'instinct secret, il la quitta au moment où la tension devint presque insupportable, s'assit sur le lit et alluma une cigarette. Chose curieuse, il ne se sentait ni satisfait, ni frustré. Il sourit à Karen et s'allongea sur le lit, plutôt fier de lui-même, malgré sa faim inapaisée, comme s'il avait triomphé de quelque chose de très difficile.

C'était la sensation la plus extraordinaire qu'il eût jamais éprouvée, bien qu'il pensât vaguement qu'elle était tout de même un peu trop intense pour l'usage courant.

— Maintenant, tu sais ce que peut être l'amour, dit Karen avec fièvre. Je t'aime, Milt.

Ils demeurèrent allongés l'un près de l'autre tout le reste de la nuit sans dormir, sans faire l'amour, et ils parlèrent beaucoup. Milt raconta le dernier chapitre de l'histoire de Prewitt, et Karen pleura. Ils se sentaient très heureux. Ils bavardèrent jusqu'à ce que le réveil portatif de Karen fît entendre sa sonnerie impérative, à quatre heures et demie du matin. Warden se leva et se rhabilla.

— Ce n'est pas un adieu, chéri, n'est-ce pas ? dit Karen.

— Bien sûr que non ! s'écria Warden.

— Deux êtres qui ont tant signifié l'un pour l'autre ne peuvent pas ne pas se revoir, dit encore Karen.

— Bien sûr que non, répéta Warden. C'est impossible.

— Ceux qui ont été aussi proches l'un de l'autre que nous l'avons été se retrouvent toujours, continua Karen. Tu as mon adresse dans le Maryland ?

— Oui. Et tu peux toujours m'écrire à la compagnie. Où que nous puissions aller, le secteur postal reste le même. Tu n'auras pas d'ennuis avec Holmes ?

— Karen répondit d'un haussement d'épaules.

— Embrasse-moi encore une fois, Milt, pria-t-elle. Je t'aime.

Il l'embrassa, se dirigea vers la porte, se retourna et leva la main. Et Karen lui sourit, de son lit. Puis elle se laissa retomber en arrière, sur l'oreiller, la gorge atrocement serrée. Elle guetta le léger claquement de la porte qui donnait sur la rue, ce léger claquement qui signifierait : « C'est fini, Milt a quitté la maison. » Et, quand elle l'eut entendu, elle se retourna, épuisée, pour enfouir son visage dans l'oreiller.

« Il y en avait eu quatre », songeait Warden en s'avançant à tâtons dans les ténèbres denses. La Russe blanche, pendant son séjour en Chine. Et, avant elle, la très jeune épouse du vieux négociant de Manille. Et avant celle-ci l'étudiante de l'Université de Chicago, pendant qu'il était à Fort Sheridan. Et avant celle-là, chez lui, dans le Connecticut, la jeune protestante qui avait été la cause de son engagement.

Quatre, en tout.

Cinq, en comptant Karen.

Cinq vraies. Cinq qui avaient compté. Et ça, réparti sur combien d'années ? Réparti sur seize années.

Peut-être que, avec un peu de chance, il aimerait encore deux ou trois fois, avant d'être trop vieux. Les hommes vieillissent tellement vite dans l'armée. Pete Karelsen n'avait pas cinquante ans.

Deux ou trois fois encore, avant d'être trop vieux. Peut-être.

Mais ça n'avait jamais été, dans le passé, ce ne serait jamais plus, dans l'avenir, comme avec Karen. Il le soupçonnait ; il le craignait ; et, tout au fond de lui, tout au fond, il l'espérait.

Il pressa le pas. L'important était que Karen n'eût pas d'histoires avec Dynamite, quand elle rentrerait.

53

Or le major Holmes attendait sa femme.

Elle ne rentra que vers onze heures. La petite Sino-Hawaiienne l'avait laissée dormir jusqu'à près de neuf heures. Elles avaient pris leur petit déjeuner dans le salon : deux épouses adultères discutant dans une atmosphère de chaude intimité les traits de caractère de leurs amants respectifs. Le ciel, l'air, l'univers entier avaient un parfum de vacances. Karen n'avait jamais éprouvé une impression semblable et n'eût point voulu en être privée pour tout l'or du monde, quand bien même il lui eût fallu faire attendre Holmes jusqu'à cinq heures de l'après-midi. Ce parfum de vacances l'accompagna jusqu'à sa propre maison.

Holmes était assis dans la cuisine, une tasse de café à la main.

— Pourrais-je savoir d'où tu viens ? demanda-t-il, très agressif.

— Tiens ! Bonjour, riposta-t-elle gaiement. Comment se fait-il que tu ne sois pas au bureau ?

— J'ai téléphoné et j'ai obtenu ma matinée.

— Où est Bella ?

— Je lui ai accordé sa journée.

Karen se versa une tasse du café de son mari et s'assit en face de lui, de l'autre côté de la table.

— Tu as dû lui faire un grand plaisir, dit-elle joyeusement. Et, maintenant, tout est prêt pour la représentation ?

— Je veux savoir d'où tu viens, répéta Holmes sans élever la voix. Et avec qui tu étais.

— Mais je t'ai expliqué tout ça hier, chéri. Je suis allée dire au revoir à quelqu'un qui m'est cher.

— Ne m'appelle pas chéri.

— Comme tu veux, dit gaiement Karen. Au fond, ce n'était qu'une formule de politesse.

— Tu ne m'as rien dit du tout ! s'écria Holmes, dont les yeux brillaient d'un éclat frénétique au milieu du masque craquelé qui était son visage. Tu ne m'as pas dit où tu avais rendez-vous avec lui, ni de qui il s'agissait.

— Je n'ai pas dit que c'était un « lui », plaisanta Karen.

— Non, mais je le sais. Et ce n'est pas d'aujourd'hui. J'ai essayé de fermer les yeux, mais tu as dépassé la mesure. Je veux savoir où tu l'as rencontré et de qui il s'agit.

— C'est une affaire qui ne te regarde en aucune manière, mon cher.

— Je te demande pardon, je suis toujours ton mari. Jusqu'à nouvel ordre.

— N'empêche que c'est mon affaire, dit Karen. Et pas la tienne. Ni celle de qui que ce soit.

— Je suppose que tu vas demander le divorce, maintenant ?

— Comme il te plaira. A parler franc, je n'y avais pas pensé.

— Oui ? Eh bien ! je ne te l'accorderai pas.

Karen goûta le café. Il n'était pas fameux. C'était le major Holmes qui l'avait fait lui-même. Elle ne s'était jamais sentie aussi heureuse, aussi pleine d'une vitalité purement animale, depuis sa jeunesse, avant qu'elle eût épousé Holmes.

— Tu m'as entendu ? cria-t-il. Je ne t'accorderai pas le divorce.

— Très bien. Pas de divorce, alors, dit-elle d'un ton conciliant.

Il lui jeta un regard désespéré, mais il était visible qu'elle ne jouait nullement la comédie.

— C'est peut-être moi qui vais le demander, le divorce, attaqua-t-il de front.

— Très bien, approuva Karen.

— Ah ! ça te plairait que je demande le divorce, hein ? triompha Holmes. Mais je ne demanderai pas le divorce. Et, si tu essaies de le demander, je ne te l'accorderai jamais. Jamais, tu m'entends.

— Très bien, dit gaiement Karen. Alors, pas de divorce.

— Quelle impression ça te fait de savoir qu'il te faudra vivre avec une horreur comme moi jusqu'à la fin de tes jours ? questionna Holmes, le visage décomposé.

— Assez désagréable, admit joyeusement Karen, mais j'ai la compensation de savoir que la réciproque est également vraie.

— Bon Dieu ! s'écria Holmes. Comment peux-tu plaisanter de cette manière après ce que tu as fait ? Est-ce que tes responsabilités ne signifient rien pour toi ? Est-ce que tes années de mariage ne signifient rien pour toi ? Et ton fils, notre fils, est-ce qu'il ne signifie rien pour toi, lui non plus ? Est-ce que tu n'as pas honte de toi-même ?

— Ma foi non, avoua Karen d'un ton rêveur. Pas le moins du monde. C'est curieux, mais c'est ainsi.

— Tu devrais avoir honte !

— Je sais, mais je n'y arrive pas. C'est terrible, n'est-ce pas ?

— Terrible ? s'exclama frénétiquement Holmes. Une femme de ta classe ! De ton milieu ! De ton éducation ! Une femme mariée, avec un fils de huit ans. Et tu qualifies ça de terrible.

— Je n'y comprends rien moi-même, dit joyeusement Karen.

Une par une, toutes les vieilles flèches se brisaient sur l'armure inviolable de sa gaieté et de son bonheur.

— Tu ne sais donc pas ce que tu m'as fait ?

Et, comme elle ouvrait des yeux stupéfaits, il explosa :

— Tu as gâché ma vie ! Tu étais ma femme. J'avais confiance en toi. Tu as sapé les fondements de notre union.

— Mon Dieu, soupira Karen, je suis désolée, bien entendu, de t'avoir fait tout cela. Mais je suppose que c'était inévitable ?

— Pourquoi crois-tu que j'aie fait tout ce que j'ai fait ? dit dramatiquement Holmes avec un geste large.

Karen haussa les sourcils.

— Bon Dieu ! Si j'ai travaillé comme un forçat pour cette maudite section de boxe que j'ai toujours détestée, léché les bottes du colonel Delbert et du général Slater, accepté de m'abaisser continuellement... pour qui crois-tu que c'était ?

— Je me le demande, fit Karen d'un air innocent.

— Tu me le demandes ?

Le major Holmes leva les bras au ciel.

— C'était pour toi. Parce que tu es ma femme. Pour toi, et pour notre fils, et notre foyer.

— Curieux ! Je me suis toujours imaginé que c'était simplement par ambition, constata Karen, de plus en plus naïve. Je suppose que je te dois de la reconnaissance ?

— De la reconnaissance ! souligna Holmes avec désespoir. Pour l'amour de Dieu, Karen !

— Je suis peut-être totalement amorale ? suggéra joyeusement Karen.

D'un seul coup, sans avoir compris comment, Holmes se retrouva sur la défensive, en train de plaider une cause perdue d'avance.

— Où irait ce pays si toutes les épouses faisaient comme toi ? dit-il avec sévérité.

— Je n'en ai pas la moindre idée, avoua-t-elle. En fait, je n'avais jamais envisagé la question sous cet angle.

— Les hommes ne réagissent pas comme les femmes dans une telle situation, continua Holmes. Les femmes savent que pour un homme, une aventure de ce genre n'a guère d'importance. Mais, dans le cas inverse, c'est différent. Ça blesse un homme dans son orgueil, dans sa virilité...

— Je me demande pourquoi les hommes réagissent différemment des femmes, dit Karen avec une sorte d'intérêt scientifique.

— Je l'ignore, riposta Holmes d'un ton misérable. Tout ce que je sais, c'est que ce n'est pas la même chose.

— Tu ne sais pas ce que je vais faire ? reprit gaiement Karen. Il fait un temps magnifique. Je vais aller me balader un moment et déjeuner au club. J'ai une faim de loup. Et tu pourras prendre une décision avant que je revienne.

— Je préférerais que tu ne partes pas tout de suite, dit Holmes. Je voudrais régler la question une fois pour toutes.

— Je croyais qu'elle était déjà réglée !

— Je suis disposé à te pardonner. Dis-moi où tu étais et avec qui. Et je te pardonne tout.

— Je regrette, bâilla Karen. Je n'ai rien à dire.

— Il faudra bien que tu me le dises, tôt ou tard.

— Pourquoi ?

— Parce que je suis ton mari. Tu ne pourras pas me le cacher indéfiniment.

— Mon Dieu, soupira Karen, je n'ai pas l'intention de te cacher quoi que ce soit. Je ne te le dirai pas, tout simplement. Ça n'est pas du tout la même chose... Mais je dois tout de même te faire un aveu : je t'ai déjà trompé. Une fois. Tu ne l'as jamais su. Et il est possible que je te trompe encore, un jour ou l'autre. Alors je préfère que tu sois au courant de cela avant de te laisser décider quoi que ce soit, car il faudra que nous changions les termes de notre accord. Tu me comprends, n'est-ce pas ? Et maintenant parlons d'autre chose. Junior ne va pas tarder à rentrer, et j'imagine que tu ne voudrais pas que nous poursuivions cette discussion devant lui.

— J'ai faim, murmura Holmes, misérable.

— Il y a de la viande froide et des tas de choses dans le frigidaire. Et je serai rentrée avant l'heure du dîner.

— Mais... et le déjeuner de Junior ?

— Bella le prépare toujours après le petit déjeuner et le laisse dans le frigidaire, tu te souviens ? Junior a l'habitude.

— Cela t'ennuierait que je t'accompagne au club ? s'enquit Holmes avec humilité.

Karen fit la moue.

— Je préfère y aller seule. Il fait très beau, et je veux profiter de cette journée sans avoir à discuter de problèmes domestiques. Ah ! autre chose. Si tu ne laisses pas ton café bouillir, il sera beaucoup moins amer. J'ai pensé que le renseignement te ferait plaisir. Au revoir, à tout à l'heure.

Elle sortit et s'éloigna, l'âme sereine, dans le grand soleil qui baignait l'avenue Waialae. C'était vraiment une journée magnifique, et la caserne de Shofield était vraiment une jolie caserne. Les canons anti-aériens étaient bien jolis, eux aussi, derrière leurs sacs de sable. On creusait des tranchées-abris un peu partout, mais il n'était pas jusqu'aux tas de glaise fraîchement retournée qui ne fussent absolument ravissants. Tout était joli, sous ce grand soleil, et Karen savourait le monde en gourmet.

Elle sentait obscurément qu'elle n'aimerait jamais un autre homme que Warden. Mais si le temps d'aimer était révolu, le temps de vivre, lui, ne l'était pas.

Alors, brusquement, elle se mit à pleurer, toute seule, dans le grand soleil qui baignait de sa radieuse lumière les charmants canons anti-aériens et les jolis tas de glaise fraîchement retournée.

Dès que la porte eut claqué derrière son épouse, le major Holmes se leva, sortit la viande froide du frigidaire, prépara deux sandwiches, les mangea, but un verre de lait, lava son assiette et la rangea.

Puis il alluma une cigarette.

La cigarette lui parut aussi abominable que les sandwiches et le lait froid. Le major Holmes avait horreur du lait froid. Et son éducation culinaire avait été singulièrement négligée. Pourquoi diable avait-il accordé sa journée à la bonne ? Dès que Karen serait partie, il pourrait manger au mess des officiers célibataires. C'était l'affaire d'une quinzaine de jours. Elle partait le 6 janvier.

Il écrasa sa cigarette dans un cendrier, se leva et s'enfuit comme un malfaiteur. Il était déjà en sécurité, dans son bureau du G.Q.G. de la brigade, lorsque son fils vint déjeuner à la maison.

54

Le 6 janvier fut un jour mémorable.

C'était le premier jour, depuis Pearl Harbor, où des permissions de sortie étaient accordées aux troupes du secteur hawaiien, et, quand sonnèrent dix heures du matin, de tous les points de la côte déferlèrent vers Honululu des hordes assoiffées et hurlantes qui, jusqu'à l'heure du couvre-feu, firent la queue devant les bars et les bordels, dans un vacarme assourdissant.

Oui, les 6,7 et 8 janvier 1942 furent des jours mémorables, qui ne sont pas près de sortir de la mémoire des barmen, ni des tenancières de maisons closes qui eurent le bonheur de les vivre.

Les ordres précisaient qu'à aucun moment, sous aucun prétexte, aucune position ne devait être démunie de plus du tiers de ses effectifs. Pour la compagnie G, qui tenait quatorze positions côtières, se posait le problème de la distribution. Le commandant de chaque position fut chargé par le lieutenant Ross de fournir les noms d'un premier tiers de ses effectifs. Ce fut à Warden qu'il incomba de répartir les jours de perm entre les divers employés du P.C., à Maylon Stark de remplir le même office auprès du personnel de cuisine.

Une loi tacite, consacrée par l'usage, veut qu'aucun commandant n'aille en permission avant que tous ses hommes eussent été servis et, puisqu'ils ne pouvaient appartenir à la première fournée, les sous-offs-commandants de position — qui, contrairement aux officiers, n'avaient point conscience de s'abaisser en traitant avec les simples soldats — glanèrent le 5 juillet des pots-de-vin de toutes natures, espèces, souvenirs, voire sacro-saintes bouteilles de whisky.

L'honneur interdisait à Stark et à Warden de porter leur propre nom sur cette première liste, mais Warden s'arrangea tout de même pour qu'ils pussent descendre en ville. Il remplit tout bonnement deux permissions supplémentaires, en plus du contingent officiel, et les proposa à la signature du lieutenant Ross. Personne ne releva cette infraction aux ordres reçus, et le lieutenant Ross moins que quiconque. Le lieutenant Ross n'avait pas la tête dure, et, depuis le jour où Warden avait refusé sa promotion, le sergent-chef Warden avait eu toute la compagnie dans sa poche, avec une demi-douzaine de mouchoirs par-dessus.

Leur première visite fut pour le *Chancre Bleu*, qui n'était pas, de loin, aussi couru que les bars de grande classe. C'était à peine s'il y avait quatre ou cinq rangées de types tout le long du comptoir. Les deux compères n'avaient bu que six verres sur le pouce, au sein de la bousculade, lorsqu'ils purent enfin se jucher à leur tour sur les hauts tabourets.

— Aaaah ! soupira Stark, ça fait du bien de s'asseoir un peu.

— Hello, Stark ! Hello, Walden ! leur cria Charlie. Longtemps qu'on s'était pas vus. Bonne joulnée pas vlai ?

— Et comment ! riposta Warden.

— Tellement bonne, dit Stark avec sérénité, que j'ai une envie folle de me saouler comme un cochon et de casser la gueule à un salopard quelconque.

— Stark, t'es un homme du Texas, lui dit Warden, et les hommes du Texas aiment leurs copains, le Texas et leur mère. Mais y peuvent pas voir les nègres, les juifs, les étrangers et les femmes de mauvaise vie... à moins qu'ils soient précisément en train de les baiser.

— On dirait qu'on est en avance, constata Maylon Stark. Y a pas un gars de la G dans la boîte.

Ils avaient effectivement quitté le P.C. à neuf heures cinq, au lieu d'attendre dix heures, comme tous les autres. Le seul visage familier, dans toute la boutique, était celui du sergent d'artillerie qui couchait avec Rose. Il était assis dans sa loge habituelle, avec trois de ses copains, et tous avaient l'air en excellente forme.

— Tout le monde saoul, aujould'hui, tout le monde louler pal telle, déclara Charlie, au comble du ravissement. Celle-là, c'est la toulnée du patlon, les enfants !

— Brave cœur ! s'extasia Stark.

— Oui, c'est un type épatant, opina Warden.

— Tu crois qu'y peut se permettre de payer une tournée ?

— Mmmm ! Pas sûr.

— Il aurait besoin d'aide, derrière son comptoir.

— Il en aurait besoin aussi dans la salle, ricana Warden en désignant Rose, qui essayait simultanément de servir ses clients sans trop priver son sergent d'artillerie de sa présence.

— Hé ! Rose, beugla Warden.

Elle quitta la loge des artilleurs avec un geste d'irritation.

— Comment qu'y s'appelle, ton petit copain, Rose ?

— Pourquoi que tu me demandes ça ? C'est pas tes oignons.

Warden reluquait avec convoitise les seins plantureux de la fille.

— Il est dans quelle unité ? s'informa-t-il d'un ton naturel.

— Eh ! qu'est-ce que ça peut te faire ? Je croyais que tu voulais quèque chose. T'es saoul, oui ? Je sers dans la salle. Au comptoir, c'est Charlie.

Elle tourna les talons dignement et regagna la loge des artilleurs.

Comme un seul homme, Stark et Warden pivotèrent sur leurs tabourets pour la regarder s'éloigner. Ses reins cambrés formaient une courbe concave qui s'épanouissait en deux courbes convexes dont l'ensemble réalisait le postérieur le plus aguicheur qu'ils eussent jamais vu.

— Seigneur, soupira Maylon Stark, les yeux au ciel. Quelle croupe !

— *Amen*, dit tranquillement Milt Warden.

Il passa sa langue sur ses lèvres, sentant remonter en lui comme une marée belliqueuse, la vieille agressivité nébuleuse de l'ivresse.

— Ça boume ? lui dit Stark.

— Au poil.

— Ça, c'est la belle vie, renchérit Stark.

— Ouais, dit Warden.

Il marqua une pause et continua :

— L'ennui, avec toi, Maylon, c'est que t'es du Texas et que t'as pas le moindre sens de l'humour.

— Sûr, que j'ai le sens de l'humour.

— Non. Moi, j'ai le sens de l'humour. Et c'est pour ça qu'un type comme moi peut faire faire à un type comme toi à peu près tout ce qu'y veut.

— Tu ne me feras pas faire ce que je veux pas faire, déclara Stark avec gravité.

— Non ? Tu veux parier ? ricana Warden.

— Sûr, que je veux parier.

Warden vida son verre, puis se redressa :

— Hé ! Rose.

Rose revint vers lui, les sourcils froncés.

— Qu'est-ce que tu veux encore ?

— Un autre whisky, bébé, voilà ce que je veux.

— Demande à Charlie.

— Au diable Charlie ! Je veux que ce soit toi qui me serves, Rose.

— O.K. ! Mais tu as juré de me faire tourner en bourrique ? dit Rose en soupirant.

— Comment qu'y s'appelle, ton petit copain, Rose ?

— Zut !

— Il est dans quelle unité ?

— Re-zut !

— Tu sais pourquoi je veux que ce soit toi qui me serves, Rose ? C'est parce que ça me plaît de te regarder t'en aller après. T'as une croupe du tonnerre, Rose.

— Je suis mariée, riposta-t-elle avec dignité.

Ce qui signifiait que, pour l'instant du moins, la chasse était gardée, mais elle était visiblement flattée.

— Comment qu'y s'appelle, ton petit copain, Rose ?

— Oh ! merde ! explosa-t-elle. Fiche-moi la paix et va te faire voir !

Le sergent d'artillerie quitta sa loge.

— Je m'appelle Berny, dit-il. Sergent Ira Berny, du 8ᵉ d'artillerie de campagne. C'est tout ce que tu veux savoir ?

— T'as quel âge ? s'informa Warden, pensif.

— Vingt-quatre ans. Rien d'autre ?

— T'as une bien jolie chasse gardée, pour un si jeune homme.

— Et j'ai l'intention de continuer à la garder. Rien d'autre ?

— Si. Tu bois un verre avec nous ?

— Pourquoi pas ?

— Rose, mon chou à la crème, dit Warden, sers un verre à monsieur.

— Whisky, dit le sergent.

Rose servit le whisky. Warden le paya. Berny le but.

— O.K. ! A un de ces jours, conclut Warden en se retournant vers Stark. Amusez-vous bien, ajouta-t-il avec un geste bénisseur.

Puis il se remit à bavarder avec Maylon Stark.

Rose et son sergent demeurèrent une seconde immobiles, stupéfaits, puis ils regagnèrent leur loge et entamèrent une violente discussion devant les trois autres artilleurs.

— Qu'est-ce que t'es en train de foutre ? s'informa Stark, les yeux ronds. Tu cherches la bagarre ?

— Je cherche jamais la bagarre.

— On la lui casse maintenant, ou plus tard ?

— Quoi ? A qui ?

— La gueule. A ton copain le sergent.

— Qu'est-ce que tu nous chantes ? s'étonna Warden, le regard innocent. Ah ! oui... ? C'est vrai que t'es du Texas ! Dis donc, homme du Texas, j'ai entendu dire que t'étais un tireur d'élite. C'est vrai, ça ?

— Je sais quel œil il faut fermer, répliqua Stark.

— Qu'est-ce que tu dirais d'un petit concours de tir, homme du Texas ? Cent dollars contre cent. D'accord ?

— Quand tu voudras.

Stark sortit de sa poche un paquet de billets, en ôta un de dix dollars, trois d'un dollar et jeta le reste sur le comptoir.

— Cent dollars. Voilà. Quand tu voudras.

Composée de billets d'un et de cinq dollars, la liasse paraissait plus grosse qu'elle l'était réellement. Stark la caressa du doigt et la remit dans sa poche.

Pendant qu'il rangeait sa fortune. Rose passa derrière eux, sa jolie croupe plus dansante que jamais. Plus tentante que jamais.

Warden, tourné brusquement sur son tabouret, pinça légèrement l'une des tendres fesses épanouies. Tout de suite, Rose lui fit face, la paume déjà en mouvement, mais Warden arrêta posément la gifle et, tout aussi posément, lui croisa les deux mains dans une seule de ses grosses pattes, la maintenant à distance, souriant avec une béatitude infinie.

— Doucement, bébé, doucement, lui dit-il. Je te veux pas de mal. T'es une gosse comme je les aime, mais tâche de pas trop m'exciter. Je serais capable de te baiser devant tout le monde, là, sur le plancher.

Rose rugit et lui cracha en pleine figure. Mais Warden s'étant penché vers la gauche, comme un boxeur esquivant un direct, ce fut Maylon Stark qui reçut le jet.

— Espèce de saligaud... siffla Rose entre ses dents.

Ira et ses copains étaient déjà sur pied, dans leur loge.

— Eh ! là ! C'est pas une façon de traiter une dame, reprocha le sergent.

— Sûr ! Lâche-la tout de suite, souligna un de ses copains.

Warden les regarda, le regard plus innocent que jamais.

— Quoi ? Pour qu'elle me griffe ? Vous êtes piqués, les gars... Doucement, bébé, doucement. Tu vas avoir une attaque, je te dis.

Les quatre artilleurs avancèrent avec un ensemble touchant, comme une rangée de voitures repartant au signal de l'agent, et Warden secoua la tête d'un air profondément désapprobateur.

— Tss ! Tss ! Eh bien ! eh bien ! les réprimanda-t-il.

— Vas-tu me lâcher, espèce de bougre de salaud... siffla Rose.

Cette fois, il la poussa hors de son chemin, comme un objet qui a rempli son office, et fonça à la rencontre des quatre artilleurs avec une sauvagerie si soudaine qu'elle les prit tous à l'improviste. Son poing atterrit à toute volée sur le nez d'Ira Berny, le sergent, qui tomba à la renverse, les narines ensanglantées, et il reçut l'attaque concentrée de ses trois copains avec un rugissement de jubilation, tandis que Rose, rebondissant contre le mur comme un pugiliste dans les cordes du ring, lui sautait dessus par-derrière, cherchant à lui mordre l'oreille. Puis elle se rabattit sur son épaule, qu'elle entailla à belles dents, à travers chemise et tricot de corps. Ils étaient à terre, tous les cinq, et formaient, sur le plancher du *Chancre Bleu*, un magma informe et grouillant, hors duquel jaillissaient des pieds, des poings et des têtes échevelées. Warden s'ébroua violemment, catapulta Rose contre le mur. Elle revint aussitôt à la charge, criant à gorge déployée, mais le poing d'un de ses propres protecteurs la toucha en plein front, et elle s'écroula, définitivement hors de combat.

Charlie Chan s'arrêta de se lamenter en chinois et de se tordre les mains juste assez pour la prendre sous les aisselles et la remorquer derrière le comptoir. Toute la belle affluence, dont il avait été si fier, s'était volatilisée et, regroupée devant la porte, à travers les vitrines ouvertes, contemplait le spectacle gratuit qui lui était offert.

Pour une belle bagarre, ce fut une belle bagarre.

La masse grouillante se rompit tout à coup. Warden se releva d'un bond, le sourire sanglant. Ses lèvres remuèrent et, d'un air dramatique, il cracha deux dents. Sa chemise et son pantalon étaient en lambeaux. A ses pieds gisait l'un des copains du sergent Ira Berny, aussi paisible, aussi abandonné, en cet instant critique, que Rose elle-même. Debout au-dessus de lui, tel saint Georges après qu'il eut terrassé le dragon, Warden souriait béatement et cognait avec enthousiasme dans tous les ventres et sur toutes les figures qui passaient à sa portée.

Ses coups envoyèrent dinguer l'un des supporters d'Ira Berny à l'intérieur de la loge, où il s'assit posément, plongé dans une visible euphorie, l'autre contre le comptoir au pied duquel il s'effondra. Stark saisit le troisième — qui se trouvait être le sergent Berny — par le col de sa chemise, le tira en arrière et, lorsqu'il se retourna, le frappa à la pomme d'Adam avec une précision quasi chirurgicale. Ira recula en trébuchant, essayant vainement de reprendre son souffle, et s'assit à son tour dans sa loge habituelle, non loin de son camarade prostré.

Celui qui s'était effondré au pied du comptoir venait de se relever. Saisissant une bouteille de bière, il la fracassa sur le bord du zinc et revint à la charge, brandissant le goulot brisé aux arêtes meurtrières et jurant entre ses dents. Un murmure de réprobation courut dans la foule amassée devant le *Chancre Bleu*, mais personne ne fit un geste pour stopper l'énergumène, et Warden leva les deux bras, dans la position classique du catcheur, le sourire aux lèvres et l'œil aux aguets.

Maylon Stark agit alors avec une promptitude à laquelle son air profondément écœuré donna des allures de nonchalance. Délicatement, sans paraître y attacher d'importance, il interposa son propre pied devant ceux de l'agresseur qui, brandissant toujours son tesson de bouteille, exécuta une sorte de vol plané.

Warden fit un pas de côté pour lui laisser la place et le temps d'atterrir, puis se rapprocha calmement et assomma le dernier artilleur d'un coup de pied savamment dosé au-dessus de la tempe.

Le tout avait duré environ six minutes.

Déjà, les sifflets des M.P. retentissaient à l'extérieur, quelque part, au bout de la rue.

Charlie Chan se mit à pleurer sans cesser de se tordre les mains.

— V'là les M.P., à plésent. Finies les affailes poul la joulnée. Une si belle joulnée. Sûl qu'y vont felmer la boutique.

— Vingt-deux ! Les v'là qui rappliquent, homme du Texas, s'esclaffa Warden. Suis-moi. Je connais une planque.

Il se débarrassa des débris de son pantalon et fendit férocement la foule, Maylon Stark dans son sillage, tous deux fonçant à corps perdu vers la rue du Fleuve, riant à en pleurer et courant de toutes leurs forces, tandis que derrière eux redoublaient les coups de sifflet.

— Cette Rose ! haleta Maylon Stark, les yeux pleins de larmes de rigolade. Elle en pince drôlement pour toi, mon pote. La prochaine fois que tu retourneras au *Chancre*, mets ta ceinture de chasteté, sinon elle est foutue de te violer avant que vous soyez arrivés chez elle.

— C'est pour ça que j'y retournerai pas, ricana Warden. Par ici, vite !

Il s'engagea dans l'allée qui coupait en deux le pâté de maisons.

C'était près de l'entrée de cette même allée qu'il avait échangé quelques mots avec Prewitt, avant d'aller boire un verre en sa compagnie au troquet d'en face, la dernière fois qu'il l'avait vu vivant. Cette pensée traversa fugitivement son esprit, tandis qu'il courait de plus belle.

— C'est le premier endroit où y vont nous poirer ! se lamenta Maylon.

— T'occupe pas. Je sais ce que je fais. Par ici !

Il tourna à gauche pour la seconde fois, reprit sa course folle, à l'intérieur du pâté de maisons. Ils dépassèrent la porte de derrière du *Chancre Bleu*. La face postérieure de l'immeuble suivant comportait une échelle d'incendie, que Warden se mit à escalader avec une agilité invraisemblable. Stark le suivit. En bas, quelque part, les M.P. sifflaient toujours. Ils traversèrent trois ou quatre toits avant que Warden finît par s'arrêter.

— Ça doit être ici, murmura-t-il, les sourcils froncés.

Penché au-dessus du vide, il frappa à l'une des fenêtres de l'immeuble voisin. Personne ne répondit. Il fit un geste d'impatience et frappa encore.

Du haut de leur perchoir, ils découvraient un vaste panorama de terrasses et de toits qui descendaient par paliers successifs jusqu'au pied de l'avenue Nuuanu. L'eau bleue scintillait et renvoyait en apothéose la lumière du soleil tropical ; derrière l'index braqué vers le ciel de la tour d'Aloha, dans le canal de Sand Island, un navire quittait doucement le port. Un des paquebots de la Matson ; le *Lurline*, sauf erreur. C'était le 6 janvier.

Involontairement, les deux hommes se redressèrent pour observer la lente glissade impitoyable du navire, aussi écrasante, aussi inéluctable que la marche du temps. La proue était déjà hors de vue, cachée par un des grands buildings. Les deux hommes attendirent que le bateau tout entier eût achevé de disparaître.

— Alors, on y va, dans cette foutue baraque, ou on reste là ? demanda Stark d'une voix rauque.

Warden se retourna brutalement et le regarda, les yeux écarquillés, comme s'il venait seulement de s'apercevoir qu'il n'était pas seul à regarder partir le *Lurline*. Comme si Stark fût venu se glisser derrière lui sans qu'il l'eût entendu approcher, pour le surprendre en flagrant délit. Il demeura un instant immobile, silencieux, comme hébété, puis il se pencha vers la fenêtre et, pour la troisième fois, frappa au carreau frénétiquement.

— Qui est là ? questionna enfin une voix de femme.

— Ouvrez, Gert, cria Warden. On a les M.P. aux fesses !

La fenêtre s'ouvrit.

— Qui est là ? répéta la femme.

— C'est moi, Milt. Pourquoi que vous faites pas laver vos carreaux ? Vite, poussez-vous.

Il sauta du toit sur le rebord de la fenêtre d'en face et pénétra dans la maison, suivi de Stark.

La femme était en robe du soir et portait un bouquet de gardénias en travers de son décolleté.

— Mme Kipfer ! s'exclama Stark, incrédule. Eh ben, mon 'ieux !

— Oh ! c'est vous, Maylon Stark ! dit sévèrement Mme Kipfer.

Warden éclata de rire.

— Le sergent Stark est le héros du jour, Gert. Sans lui, et ses réflexes prompts, votre serviteur ici présent aurait peut-être été défiguré, ou laissé pour mort dans l'une de ces sombres impasses d'Honolulu grâce auxquelles nous avons pu échapper au bras vengeur de la Loi pour venir vous demander asile en ce saint monastère.

— Mais vous êtes blessé, Milt !

Elle s'approcha de lui, lui fit signe d'ouvrir la bouche et examina ses gencives avec l'air compétent et réprobateur d'une infirmière professionnelle.

— Oh ! Milt. Vous y avez laissé deux de vos dents ! Quelle honte ! Et comment, je vous le demande ! En provoquant quelque sotte altercation, dans le seul but de vous distraire ! Quand atteindrez-vous l'âge de raison ?

— Je dois vous dire que j'ai subi ces dommages en défendant le plus beau de tous les sexes : le sexe féminin, déclama Warden. Et l'armée m'en paiera deux autres.

— Comment voulez-vous raisonner avec un individu pareil ? s'exclama désespérément Mme Kipfer.

— Oui, c'est un drôle de coco, s'pas, dit Stark, plein d'admiration.

— Vous êtes blessé, vous aussi, Maylon ?

— Rien de plus qu'un coquard, répondit Stark en montrant fièrement sa pommette sur laquelle apparaissait lentement un coucher de soleil miniature.

Mme Kipfer examina la meurtrissure et hocha tristement la tête.

— Où est votre pharmacie portative, Gert ? demanda Warden, les yeux pétillants de malice.

— J'aimerais que vous cessiez de m'appeler Gert, s'impatienta Mme Kipfer. Je trouve ça extrêmement vulgaire.

Warden éclata de rire.

— Venez, ordonna-t-elle. Il faut que vous fassiez un brin de toilette, et j'ai quelques tenues dépareillées dans lesquelles vous allez pouvoir puiser.

Warden suivit Mme Kipfer, sans cesser de bavarder avec enjouement. Stark leur emboîta le pas, regardant curieusement autour de lui. C'était la première fois qu'il pénétrait dans le secteur « privé » du *Nouveau Congrès*. Les étagères de la salle de bains étaient garnies de poudres et d'onguents et de sels pour le bain. Le savon était parfumé au gardénia.

— Hé ! s'écria-t-il soudain, la main dans la poche de son pantalon. Mon pognon !

Warden se remit à rire.

— Tu vas pas me dire que t'as perdu ta galette ?

— Je la trouve plus, dit Stark, piteusement, en retournant toutes ses poches.

— Gert..., hoqueta Warden entre deux accès d'hilarité. Gert va peut-être avoir une loupiote à nous prêter, pour qu'on puisse explorer l'allée... Ah ! non, c'est vrai, j'y pensais plus... On est en plein jour, pas vrai ?

Il s'adossa au mur pour rire tout à son aise, les bras ballants contre ses hanches étroites.

— Que se passe-t-il ? s'informa Mme Kipfer.

Elle revenait vers eux, de l'autre bout du couloir, les bras chargés d'effets militaires.

— Oh ! Papillon ! s'étranglait Warden. Cette triple buse a perdu son pognon dans la bagarre. C'est la plus grosse poire que j'aie vue de ma vie. Comme si t'avais besoin de sortir ta galette dans un endroit pareil ! C'est sans doute rien que pour ça qu'y z'ont déclenché la bagarre.

— Des clous ! C'est toi qui l'as déclenchée, la bagarre, maugréa Stark.

— Combien aviez-vous d'argent, Maylon ? s'enquit Mme Kipfer.

— Cent treize dollars.

— Oh ! comme c'est contrariant, gémit-elle. Y a-t-il quelque chose que je puisse faire.

— Oui ! Lui prêter cent treize dollars, pouffa Warden.

— Non, gémit Stark. On les retrouvera jamais, mes fafiots. Surtout maintenant.

— Je parie que c'est Rose qui te les a piqués, explosa Milt Warden. Je parierais que c'est Rose ! Tu n'as plus qu'à rempiler, homme du Texas.

— J'ai plus qu'à rentrer, oui. Je suis ratiboisé. J'ai plus un radis.

— Attends une minute, coupa Warden. Y sont déjà en train de faire la queue devant la porte. C'est pire qu'un jour de prêt, quand la flotte est dans le port.

Il sortit son portefeuille de sa poche.

— Écoutez, Gert, j'ai ici deux cent six dollars. Je vous en donne cent cinquante si vous allez nous chercher deux de vos poupées, pour moi et mon copain, et si vous nous permettez de nous installer ici pour le restant de la journée.

— Tu te prends pour le père Noël ! murmura Stark.

Mais la mère Kipfer fit la moue :

— Elles pourront gagner plus d'argent que ça, dans leur journée, un jour comme aujourd'hui, objecta-t-elle.

— J'en doute, Gert, j'en doute sincèrement, dit Warden. Mais je vais vous dire ce que vous allez faire. Je consens à monter jusqu'à deux cents dollars si vous vous chargez aussi de nous fournir une brochette de beefsteaks et une demi-douzaine de bonnes bouteilles.

— Des beefsteaks ! Où veux-tu que j'aille pêcher des beefsteaks ?

— Allons, allons, Gert, la réprimanda gentiment Warden. Je sais que vous avez toujours de quoi dans le frigidaire, pour quand les grosses légumes descendent de Fort Shafter. Alors ? Marché conclu ? Deux cents dollars, et vous nous fournissez les beefsteaks et le whisky ?

— Eh bien !... c'est bien pour toi, dit Mme Kipfer d'un ton dubitatif.

— On les fera cuire nous-mêmes, trancha Warden. J'adore faire cuire les beefsteaks. Apportez le vôtre, Gert, on vous le fera cuire en même temps !

— Grand Dieu ! non, minauda-t-elle. Si je mangeais un beefsteak aujourd'hui, avec la tension nerveuse que j'ai à subir, j'en mourrais probablement... Eh bien !...

— Vite, Gert. Il est déjà près de midi, et faudra qu'on parte vers cinq heures et demie pour rentrer avant le couvre-feu. C'est à prendre ou à laisser. Marché conclu ?

— Eh bien !...

— Marché conclu ! triompha Warden. Marché conclu, Gert, si vous m'aimez autant que vous l'avez toujours prétendu.

Il prit Mme Kipfer par la taille et l'entraîna dans une danse frénétique, tout le long du corridor.

— Pour l'amour de Dieu ! haleta Mme Kipfer. Lâche-moi, Milt !

Elle recula, rougissante, et remit de l'ordre dans sa coiffure.

— Je vais aller vous les chercher. Vous savez où est le frigidaire. Et le réchaud à gaz.

— Je veux la nouvelle, dit Warden, les sourcils en bataille. Cette... Jeanette.

— Très bien. Et vous, Maylon ?

— Je me le demande, s'interrogea Maylon Stark, légèrement abasourdi de sa bonne fortune. Lorene, peut-être ?

— Lorene est partie aujourd'hui, sur le *Lurline*, répondit tristement Mme Kipfer. Mais Sandra est toujours là. Elle ne part que le mois prochain.

— Viens, beugla Warden, après le départ de l'honorable directrice du *Nouveau Congrès*. On va se faire cuire un beefsteak. On va faire cuire quatre beefsteaks. Un par tête de pipe. Pour commencer. J'ai une faim de tous les diables.

— Faut qu'on change de pelures, avant de commencer, dit Stark.

— Vas-y, riposta Warden. Je vais mettre les beefsteaks en route. J'arrive tout de suite.

— Dis donc, y m'arrive un truc marrant, constata soudain Stark, très excité. Je suis plus saoul du tout, avec tout ce qu'on a déjà bu.

— Moi non plus, dit Warden. C'est l'exercice et les émotions. Tu le veux saignant, pas trop cuit, ou bien cuit ?

— Saignant, répondit Maylon Stark, de l'eau plein la bouche.

Quand Jeanette et la grande Sandra refermèrent à clef derrière elles la lourde porte d'acier qui isolait le secteur privé du bordel proprement dit, elles s'arrêtèrent pile, freinées par le vacarme et l'odeur des beefsteaks en train de rissoler.

— Oh ! s'écria la petite Jeanette, la nouvelle. Oh ! ce qu'on va bien s'amuser ! J'adore les surprises-parties.

— 'Pas, bébé ? Tiens, c'est à celui-là que tu dois ça, dit Stark, désignant Milt Warden.

Debout devant le réchaud à gaz, Warden posa sa fourchette près de la poêle, se retourna et s'inclina cérémonieusement.

— Viens ici, poupée, dit-il.

Il la prit par la taille, la souleva de terre et l'assit sur un de ses genoux, comme une vraie poupée.

— Alors, paraît que t'es française ?

— Papa et maman sont français, répondit sagement Jeanette. Oh ! ce qu'on va bien s'amuser !

— Où qu'est le whisky ? s'enquit Stark, très affairé.

— Je vais le chercher, riposta Sandra. Qu'est-ce que vous lui avez fait, à la vieille toupie, pour qu'elle soit aussi généreuse ?

— Alors, on a beaucoup de choses en commun, toi et moi, dit Warden à Jeanette. J'ai des ancêtres français, moi aussi.

— Le pognon, ça fait des miracles, dit Stark sentencieusement.

— Est-ce que tu m'aimes, poupée ? demanda Warden.

— Et comment, que je t'aime ! dit Jeanette avec conviction. Je t'adore ! Je ferais n'importe quoi pour l'homme qui m'a tirée de là-bas un jour comme aujourd'hui !

— Moi aussi, je t'aime, déclara Warden.

— Tu parles, si je t'aime, s'esclaffa la grande Sandra en revenant avec deux bouteilles. Y a une heure et demie que j'ai la dent. Alors, tu parles, si je t'aime !

— Moi aussi, je t'aime, dit Stark.

— Bébé et moi, on va prendre un acompte, cria Warden du corridor. Surveillez les beefsteaks, vous deux.

Assis sur une chaise capitonnée, Stark, Sandra sur les genoux, tourna la tête paresseusement.

— Hé ! Grouillez-vous !

— Minute ! Laisse pas brûler les beefsteaks ! beugla Warden.

55

Debout sur le pont-promenade du *Lurline*, les yeux fixés sur le rivage, Karen Holmes songeait mélancoliquement que c'était péché que de quitter un endroit aussi beau.

Elle était restée immobile tandis que la clique de la marine jouait

Aloha Oe et que les passagers excités jetaient vers la terre les serpentins et les confettis rituels. Le navire glissait maintenant sur le canal de Sand Island et les passagers s'étaient dispersés, mais Karen Holmes était demeurée là, pensive.

Une vieille légende hawaiienne assurait que si l'on jetait ses leis à la mer en passant au large de Diamond Head on pouvait savoir si l'on reviendrait un jour. Karen était persuadée qu'elle ne reverrait jamais Hawaii, mais elle décida de mettre la légende à l'épreuve, malgré tout, en passant devant Diamond Head, et de voir ce que ça donnerait.

Elle portait, au total, sept leis. Le premier était un lei de papier noir et rouge, dont le régiment faisait présent à tous ceux qui le quittaient. Puis il y avait, par ordre de valeur croissante, le lei d'œillets que lui avait offert le club des officiers, celui de la femme du major Thompson, celui de la femme du vieux commandant de bataillon de Dynamite Holmes, celui de la femme du colonel Delbert, celui du général Slater et finalement le lei de gardénias blancs qu'Holmes en personne lui avait offert en la conduisant à l'embarcadère.

Les sept leis formaient un collier de fleurs qui lui montait jusqu'aux oreilles.

Enfin délivré de l'ennuyeuse nécessité d'agiter son mouchoir pour dire au revoir à son père, Dana Junior faisait des glissades sur le plancher luxueux du pont des premières classes avec deux autres garçons de son âge. Il ne risquait rien, et les stewards étaient bien assez grands pour défendre leur plancher eux-mêmes. C'était là un des avantages de se trouver sur un bateau, et Karen avait la ferme intention d'en profiter avec usure.

La ville. Ses faubourgs multicolores montant à l'assaut des collines, et, couronnant le tout, les montagnes verdoyantes des tropiques, dont l'exubérance semble défier orgueilleusement la reptation laborieuse des routes et des maisons créées par l'homme. Il est impossible de mieux comprendre et voir Honolulu que du pont d'un navire...

En face, sur le rivage, elle reconnut le bassin de Kewalo, port d'attache de la flottille de pêche. Ensuite viendraient le parc de Moana, le bassin des yachts. Puis Fort De Russey, et finalement Waïkiki.

— C'est magnifique, n'est-ce pas ? dit une voix d'homme, près d'elle.

Elle se retourna, sourit à un jeune lieutenant-colonel de l'armée de l'air.

— Oui, approuva-t-elle. C'est magnifique.

— Je crois que c'est l'endroit le plus merveilleux que j'aie jamais vu de ma vie, enchaîna-t-il avec ardeur.

— C'est bien ce que je crois aussi, répondit Karen.

Elle était un peu étonnée de le voir, si jeune, avec le grade de lieutenant-colonel, mais ils étaient tous comme celui-là dans l'armée de l'air.

— Et maintenant ils me renvoient à Washington, dit-il amèrement.

— Mais comment se fait-il qu'un pilote comme vous ne voyage pas en avion ? demanda Karen.

Il désigna sa poitrine, où ne figuraient point les ailes habituelles.

— Je ne suis pas pilote, avoua-t-il, confus. Je suis dans les services administratifs.

Karen réprima une envie de rire et dit :

— Ce n'est pas une raison pour qu'ils vous fassent voyager en bateau.

— Priorité, chère madame. Personne ne sait ce que c'est, personne n'y comprend rien, mais c'est la priorité. De toute façon, j'aime autant ça. Je ne suis pas sujet au mal de mer, mais j'ai toujours le mal de l'air. Vous ne trouvez pas ça d'un comique irrésistible ?

Ils éclatèrent de rire.

— C'est la guerre, reprit le jeune lieutenant-colonel. Aussi, vais-je à Washington où je ne connais absolument personne. Pour y contribuer à l'effort de guerre. Maintenant que je suis ici depuis deux ans et que j'y connais presque tout le monde...

— J'ai beaucoup de relations à Washington, proposa Karen. Je pourrai vous donner leurs adresses, si cela peut vous faire plaisir !

— Mais avec joie. Vous êtes trop aimable.

— Je vous en prie. Ce ne sont pas des sénateurs ni des présidents de quelque chose, mais ils sont tous très gentils. Quant à moi, c'est à Baltimore que je vais. Mes parents habitent Baltimore.

— Vraiment ? dit le jeune lieutenant-colonel.

— Oui. J'y vais avec mon fils, pour la durée de la guerre.

— Votre fils !

— Mais oui... Là, le plus grand des trois.

Le jeune lieutenant-colonel se mit à la dévisager, et Karen se sentit subtilement complimentée.

— Est-ce possible ? Il a l'air d'un vrai petit homme.

— Oui. Et déjà promis à West Point, des pieds à la tête et de la tête aux pieds.

Elle se demanda, après coup, s'il avait senti son amertume.

— Eh bien ! je vous reverrai plus tard, dit-il. N'oubliez pas de me donner ces adresses avant la fin de la traversée. Et ne regardez pas trop s'éloigner le rivage.

Puis il remit ses deux mains sur le bastingage et soupira :

— Voilà le *Royal Hawaiian*... Ils ont là-dedans le bar le plus somptueux que j'aie jamais vu. J'aimerais bien avoir dix pour cent sur tout ce que j'y ai dépensé. Je ne serais pas riche, bien sûr, mais j'aurais de l'argent de poche pour un bon moment.

Karen reconnut, noyée dans la verdure, à l'intérieur des terres, la tache rose désormais si familière. C'était la première chose que tout le monde lui avait fait remarquer, lorsqu'elle était arrivée, il y avait un peu moins de deux ans. Et non loin du *Royal*, sur la droite, elle reconnut la tache blanche du *Moana*. Personne ne lui avait désigné le *Moana*, lorsqu'elle était arrivée, deux ans auparavant.

Lorsqu'elle se retourna, le jeune lieutenant-colonel de l'armée de l'air était parti. Elle n'avait pour compagnie, sur le pont-promenade, qu'une frêle jeune fille tout de noir vêtue.

Karen Holmes, pour qui le temps d'aimer était révolu, se sentit vaguement soulagée et, tournée vers l'avant du navire, regarda approcher Diamond Head.

Si les leis flottaient vers le rivage, on était supposé revenir un jour. S'ils partaient vers le large, on ne revenait jamais. Elle les jetterait tous, tous les sept ; cela vaudrait mieux que de les voir se flétrir et se dessécher. Ou plutôt, non. Elle garderait le lei en papier noir et rouge offert par le régiment. Ce serait parfait, comme souvenir. Tous les soldats qui étaient passés par ce régiment avant d'être réaffectés aux États-Unis avait probablement le même, dans leur coffre. Mais Karen avait une grande compréhension pour les us et coutumes des simples soldats depuis quelques mois.

— C'est très joli, n'est-ce pas ? dit la jeune fille en noir.

— Oui, approuva Karen en souriant. Très.

La jeune fille se rapprocha d'elle, le long du bastingage. Elle ne portait aucun lei. Karen se demanda qui elle pouvait bien être. Elle l'avait déjà remarquée auparavant. Une star de cinéma, peut-être, surprise pendant ses vacances par l'agression japonaise et incapable de rentrer plus tôt. Son tailleur noir était très simple, presque sévère, mais il avait dû coûter un joli prix. Elle ressemblait beaucoup à Hedy Lamarr.

— Qui pourrait croire que nous sommes en guerre ! murmura la jeune fille.

— Vu d'ici, tout paraît normal et paisible, acquiesça Karen, l'examinant du coin de l'œil.

La perle qu'elle portait à la main droite et le collier qu'elle avait autour du cou soulignaient encore cette impression d'exquise simplicité. Et ce n'étaient sûrement pas des perles de culture. Une si coûteuse simplicité n'est pas chose aisée. Karen le savait par expérience.

— Je vois presque l'endroit où je travaillais, dit soudain la jeune fille.

— Où donc ? s'informa Karen.

— Je pourrais vous le montrer, mais vous ne le verriez pas, à moins que vous connaissiez déjà l'immeuble.

— Où travailliez-vous ? l'encouragea Karen.

— Chez les Courtiers américains, dit la jeune fille. J'étais secrétaire particulière.

Elle se détourna, sourit à Karen. Son visage était enfantin, à peine hâlé, ses longs cheveux, noirs comme les ailes d'un corbeau.

« Elle a un visage de madone, songea Karen avec ravissement.

Rien qu'à la contempler, on a l'impression de visiter une galerie d'art. »

— C'était pourtant un bon job, dit Karen.

— Oui.

Le visage de madone s'assombrit.

— Mais je n'ai pu rester.

— Excusez-moi, dit Karen. Je ne voulais pas être indiscrète.

— Oh ! ce n'est rien, murmura l'exquise jeune fille. Mais c'est que... voyez-vous, mon fiancé a été tué le 7 décembre.

— Oh ! je suis navrée, dit sincèrement Karen.

La jeune fille lui sourit tristement.

— C'est pourquoi je n'ai pu rester. Nous devions nous marier le mois prochain. J'adore les Iles, mais vous comprenez pourquoi je n'ai pu rester.

— Oui, c'est bien naturel, répondit Karen, embarrassée.

— Il avait été affecté dans les Iles voici plus d'un an, expliqua la jeune fille, et j'étais venue travailler auprès de lui. Nous économisions tous les deux, pour acheter une petite maison. Nous voulions l'acheter avant de nous marier.

— Oh ! mon Dieu, dit Karen, incapable de trouver autre chose.

— Excusez-moi, se reprit la jeune fille. Je ne veux pas vous attrister avec mes histoires.

— Si cela vous soulage de parler... parlez, je vous en prie, dit gauchement Karen en pensant que c'était le courage obscur, l'héroïsme anonyme de ces jeunes gens, de ces jeunes couples, qui faisait de ce pays ce qu'il était et rendait l'éventualité d'une défaite si manifestement impossible. Karen se sentait bien petite devant tant de bravoure.

Ils avaient dépassé Diamond Head, et déjà Koko Head se profilait au loin, en avant du navire.

— Il était pilote de bombardier, continua la jeune fille. Stationné à l'aérodrome d'Hickam. Il lui ont décerné l'Étoile d'argent, à titre posthume, pour avoir tenté de mettre son appareil à l'abri pendant l'attaque. Ils l'ont envoyée à sa mère, mais elle m'a écrit que c'était à moi qu'elle revenait de droit.

— C'est très beau de sa part, approuva Karen.

— Ce sont des gens très bien, expliqua la jeune fille. Il descendait d'une vieille famille virginienne. Son arrière-grand-père avait été général sous les ordres de Lee pendant la guerre civile. C'était pour ça qu'ils l'avaient appelé Robert E. Lee. Robert E. Lee Prewitt.

— Comment ? bégaya Karen, ahurie.

— Robert E. Lee Prewitt ! répéta la jeune fille, au bord des larmes. C'est un nom étrange, n'est-ce pas ?

— C'est un très joli nom, balbutia Karen, de plus en plus effarée.

— Oh ! Bob, Bob, Bob, gémit la jeune fille, tournée vers le rivage.

— Allons, dit Karen, sentant tout son chagrin s'évaporer dans une violente envie de rire. Allons, je vais vous reconduire à votre cabine, si vous le désirez, offrit-elle en mettant son bras autour des épaules de sa compagne.

— Non, merci, murmura la madone éplorée. Merci. Je vous dois des excuses. Et bien des remerciements. Excusez-moi, je vous en prie.

Elle s'éloigna, vivante image de la perfection féminine. Attitude. Démarche. Goût. Simplicité. Rien ne clochait.

Ainsi, c'était Lorene, du *Nouveau Congrès*. C'était la première fois de sa vie que Karen était en contact direct avec une prostituée professionnelle.

— Vous avez une amie bien jolie, dit le jeune lieutenant-colonel de l'armée de l'air en revenant s'accouder auprès de Karen. C'est vraiment une beauté.

— Elle est adorable, n'est-ce pas ? riposta Karen. J'ignore son nom, mais je pourrai peut-être vous la présenter, si vous le désirez.

— Non, merci, se récusa le jeune lieutenant-colonel. Elle est si belle qu'elle me met mal à l'aise. Qui est-ce ? Une star de cinéma ?

— Non, mais je crois qu'elle a quelque chose à voir avec un art quelconque, tout de même. Et je ne pense pas que cela vous avancerait de faire sa connaissance. Son fiancé a été tué le 7 décembre. Il était pilote de bombardier, à Hickam.

— Oh ! dit le jeune lieutenant-colonel, impressionné.

— Elle paraît très affectée, dit Karen.

— J'étais à Hickam, le 7, reprit le lieutenant-colonel, du même ton de circonstance. Comment s'appelait-il ? Je le connaissais peut-être.

— Prewitt, dit Karen. Robert E. Lee Prewitt. Elle m'a dit qu'il descendait d'une vieille famille virginienne.

— Non, je ne devais pas le connaître. Mais il y avait des tas de pilotes de bombardiers à Hickam, et il y en a eu beaucoup qui se sont fait démolir, ce jour-là.

— Ils lui ont décerné l'Étoile d'argent, ne put s'empêcher d'ajouter Karen avec une sorte d'amertume.

— Alors, je devrais le connaître, reprit le jeune lieutenant-colonel toujours aussi lugubre. Mais, soit dit entre vous et moi, ils ont décerné tant d'Étoiles d'argent, à titre posthume ou autre, que ça ne facilite guère les recherches. Ils m'en ont bien collé une à moi-même.

Karen baissa les yeux et vit ce qu'il voulait dire, juste à côté du ruban du « Purple Heart ».

— Oh ! Je n'ai absolument rien fait, se hâta-t-il d'ajouter, sinon me faire souffler par une bombe que je n'aurais pas pu éviter, de toute façon. Je suppose que je ne devrais pas l'avoir.

— Pourquoi ? questionna Karen.

— Eh bien ! il y a tant de pauvres types qui auraient dû l'avoir et qui ne l'ont pas eue.

— Ça n'aurait rien changé pour eux, même si vous aviez refusé la vôtre.

— C'est vrai, dit-il, soulagé. C'est bien ce que je me suis dit.

Il changea de ton et de position.

— Ainsi, vous êtes de Baltimore, et je vais à Washington ? Le monde est vraiment petit.

— Oui, de plus en plus petit, acquiesça Karen.

« Là, songea-t-elle. Il va me demander maintenant si je l'autorise à venir me voir, quand il se sentira trop seul à Washington. »

Mais il s'en abstint.

— A quelle table êtes-vous ? s'enquit-il.

— Onze, dit Karen. Et vous ?

— Onze également, s'exclama-t-il. Quelle heureuse coïncidence ! Eh bien !... à tout à l'heure. Je vous verrai au dîner. J'ai quelques petites choses à faire.

— A tout à l'heure, répondit Karen en souriant. Il va falloir que j'aille ouvrir mes valises, moi aussi.

Il s'éloigna de quelque pas, tourna court et revint.

— Je ne suis pas à la table onze, dit-il, je suis à la neuf. Je vous ai menti. Mais j'y serai à l'heure du dîner. C'est l'une des choses que j'ai à faire. Vous n'êtes pas fâchée ?

— Pourquoi donc ? repartit joyeusement Karen. Mais je suis heureuse que vous m'ayez tout avoué.

— J'ai trouvé que c'était plus correct, dit-il.

Il la regarda un instant, attentivement, mais respectueusement, et sourit.

— Alors... à tout à l'heure, au dîner.

— Nous y serons, dit Karen en cherchant son fils des yeux.

Il était toujours là, avec les autres garçons. Ils jouaient toujours aux glissades, mais ils étaient cinq, à présent. Pauvre plancher !

Diamond Head était déjà loin derrière eux. Ils allaient passer devant Koko Head. A l'est de l'énorme rocher qui lui rappelait toujours la tête d'une baleine, elle imagina, plutôt qu'elle ne reconnut, la dépression où se trouvait l'immense parc de stationnement de la baie d'Hanauma... derrière elle, la petite troupe de jeunes garçons s'étaient accrue de deux nouvelles unités. Ils avaient renoncé à jouer aux glissades et s'entre-pourchassaient d'un bout à l'autre du pont, index braqué, pouce replié, avec des cris guerriers.

Karen ôta les six leis fleuris qui entouraient son cou et les jeta par-dessus bord. Diamond Head, Koko Head, la pointe de Makapuu. Une pointe en valait une autre. Les six leis tombèrent ensemble, le vent les rabattit contre le flanc du navire, et elle ne put voir quelle direction ils avaient prise.

— Eh ! m'man, cria soudain Junior, derrière elle, je commence à avoir faim. Quand est-ce qu'on mange, ici ?

— Ça ne va pas tarder, maintenant, dit-elle.

— Dis donc, tu crois que la guerre va durer assez longtemps pour que je sois ressorti de West Point et que je puisse en être ? Jerry Wilcox dit que non.

— Non, répéta Karen. Je ne le pense pas.

— Zut ! alors, protesta Junior en faisant la moue. Je voudrais bien en être, moi.

Karen lui caressa le front et dit amèrement :

— Allons, ne te désole pas trop. Tu vas peut-être manquer celle-là mais tu auras juste l'âge pour la prochaine.

LA COMPLAINTE DU REMPILÉ

Telle qu'elle fut trouvée dans le carnet de R.L. Prewitt.

LUNDI, c'est l' jour que j' vois la quille,
Et qu' j' renfil des fringu's de civ'lot.
A moi les bars, à moi les filles :
Mes poch's sont bourrées d' gros fafiots.
J'aim' mieux vous dir' qu' ça va boumer.
C'est la Complaint' du Rempilé.

MARDI, je m' trouve un' piaule en ville,
Dans un hôtel pas trop rupin.
D'main, j' cherch'rai un boulot tranquille,
Mais, ce soir, j' vais voir les copains.
Bon sang, c' qu'on a pu rigoler !
C'est la Complaint' du Rempilé.

MERCREDI, jour de ribouldingue,
J'rencontre un' môm' d' premier carat.
Dès que j' la vois, j'en suis louftingue,
Et j' l'embarqu' sans plus d'embarras.
Tous les deux, c' qu'on s'est régalés !
C'est la Complaint' du Rempilé.

JEUDI, j' fais un' drôl' de binette,
En m' réveillant seul dans l' paddock.
La garc' m'avait r'fait d' ma galette
Et s'était tirée en loucedock.
J' vous jur' qu' j'en aurais bien chialé.
C'est la Complaint' du Rempilé.

VENDREDI, j'avais soif de bière :
J' vais r'voir l' barman du mercredi
Et j' lui d'mand' de m' payer un verre.
« Fous l' camp, spèce de paumé ! » qu'y m' dit.

C' que j'ai fait, ben, vous l' devinez...
C'est la Complaint' du Rempilé.

SAM'DI, j' vous jur' qu' c'était pas drôle
D'entendr' tous les aut's se marrer,
A travers les f'nêt's de la taule.
Moi, grimpé sur un tabouret,
J' pouvais qu' regarder l' défilé !
C'est la Complaint' du Rempilé.

DIMANCH', à l'heure de la grand-messe,
Je m' suis réveillé sur un banc.
J'avais plus un radis en caisse,
Et rien à m' coller sous la dent.
C' jour-là, c' que j'ai pu la sauter !
C'est la Complaint' du Rempilé.

LUNDI, j'ai r'gagné la caserne,
Et j'en ai r'piqué pour trois ans.
J'aim' mieux vous dir' qu' j' l'avais en berne
Quand j' suis r'passé à l'habillement.
... Après tout c' que j'avais rêvé...
C'est la Complaint' du Rempilé.

VOUS TOUS qui s'rez bientôt d' la quille,
Souv'nez-vous de c' que j' vous dis là.
Méfiez-vous des bars et des filles,
Ou c'est vous qui s'rez chocolats,
Et tout comm' moi, vous la chant'rez,
C'te vieill' Complaint' du Rempilé.

LES NUS ET LES MORTS

The Naked and the Dead
(1948)
Traduit par Jean Malaquais

A ma mère et à Béa.

PREMIÈRE PARTIE

La vague

1

Personne ne pouvait dormir. Quand le matin sera venu les embarcations d'assaut seront mises à la mer et une première vague de troupes piquera à travers le ressac et débarquera sur la plage d'Anopopéi. Dans le convoi, à bord de chaque navire, l'on savait que dans quelques heures quelques-uns seraient morts.

Étalé sur sa couchette, yeux clos, un soldat repose. Il ne dort pas. Tout autour de lui, pareil au susurrement du ressac, il entend le murmure des hommes dans leur sommeil inquiet. « Je ne le ferai pas, je ne le ferai pas », crie quelqu'un dans son rêve. Le soldat ouvre les yeux et son regard qui fait lentement le tour du poste se perd parmi un fouillis de hamacs et de corps nus et d'équipement qui pendille. Il décide qu'il a envie d'aller aux latrines et, jurant un peu, il se désentortille, s'assied, la jambe pendue, le dos oppressé par la barre d'acier du hamac supérieur. Il soupire, prend ses chaussures qu'il a attachées à une épontille, se chausse avec lenteur. Sa couchette est la quatrième dans une rangée de cinq, et il se laisse descendre avec incertitude dans la demi-obscurité, de peur de marcher sur l'un de ceux qui gisent dans les hamacs inférieurs. En bas, il avance à travers un amoncellement de sacs et de balles, bute sur un fusil, se fraie un chemin vers la porte dans la cloison. Il passe dans un autre poste, tout aussi encombré, et finalement il arrive aux latrines.

L'air y est brûlant. Même à présent un homme accapare l'unique douche d'eau douce — cette douche qui reste occupée depuis que les troupes sont montées à bord. Le soldat passe outre les parties de poker d'as qui se jouent dans les douches d'eau salée, et il s'accroupit sur l'humide plancher à claire-voie. Il a oublié ses cigarettes, et il en demande une à un homme assis à quelques pieds de là. Tout en fumant il regarde le plancher noir et humide couvert de mégots, et il écoute l'eau chasser dans les canalisations. Il n'a eu, au fait, aucune raison d'y venir, mais il continue à croupir parce qu'il y fait plus frais, et que l'odeur des latrines, de saumure, de chlore, de métal douceâtre et gluant, oppresse moins que la lourde et fétide sueur du poste. Le soldat y reste un long temps, puis il se redresse lentement, remonte son pantalon, et il songe à l'effort de regagner sa couchette. Il sait qu'il y attendra l'aube sans pouvoir dormir et il se dit je voudrais qu'il soit temps déjà, je m'en fous, je voudrais qu'il soit temps déjà. Et tout en revenant sur ses pas il pense à une aube de son enfance, une aube sans sommeil parce que c'était son anniversaire et que sa mère lui avait promis une fête.

Tôt ce soir-là Wilson et Gallagher et le sergent-chef Croft avaient commencé une partie de poker à sept cartes avec deux plantons du Q.G. Ils avaient accaparé la seule place vide sur le plancher du poste où l'on pouvait voir après l'extinction des lumières. Mais même ainsi ils devaient loucher car l'unique ampoule qui brûlait au plafond était passée au bleu, et il était difficile de distinguer la couleur rouge de la noire. Ils jouaient depuis des heures, et ils se trouvaient dans un état proche de la stupeur. Quand la donne était médiocre, les enchères s'ensuivaient automatiquement, presque inconsciemment.

La chance de Wilson avait été bonne dès le commencement, mais après un tour où il gagna trois donnes de suite elle devint phénoménale. Il se sentait de bonne humeur. Une pile de livres australiennes s'entassait en un désordre extravagant sous ses jambes croisées, et encore qu'il sût que compter son argent porte malheur, il n'ignorait pas qu'il avait gagné une centaine de livres. Il en ressentait une épaisse et lascive sensation dans la gorge, une de ces sensations que lui valait toute espèce d'abondance. « Je te le dis, annonça-t-il à Croft de sa molle voix de méridional, ce drôle d'argent il va être ma perdition. Je pourrai jamais me reconnaître dans ces sacrées livres. Ils font tout à l'envers, ces Australos. »

Croft ne répondit pas. Il était légèrement perdant, mais ce qui l'ennuyait c'est qu'il ne cessait pas d'avoir de sales cartes de toute la nuit.

Gallagher grogna avec mépris. « Nom de Dieu, avec la chance que t'as, t'as pas besoin de te reconnaître dans ton argent. Tout ce qu'il te faut c'est un bras pour le ramasser. »

Wilson fit entendre un petit rire. « T'as raison mon pote, mais c'est un bras drôlement costaud qu'il faudra. » Il rit de nouveau, avec une allégresse facile, presque enfantine, et il se mit à servir les cartes. C'était un grand bonhomme d'une trentaine d'années, avec une belle crinière d'un brun doré et une face saine et haute en couleur dont les larges traits avaient une coupe régulière. Assez bizarrement, il portait des lunettes rondes cerclées d'argent qui lui donnaient à première vue un air studieux ou, du moins, une apparence ordonnée. Tandis qu'il servait, ses doigts semblaient savourer le contact des cartes. Il rêvait d'alcool, se sentant plutôt triste parce que malgré tout l'argent en sa possession il ne pourrait pas même se payer une pinte. « Vous savez, dit-il, le rire facile, j'en ai pourtant bu de la gnole, mais je peux jamais me rappeler le goût qu'elle a si j'ai pas la bouteille sous la main. » Il réfléchit une seconde, prêt à servir une carte, puis il pouffa : « C'est comme baiser. Un gars qui baise régulièrement et tout, eh bien il peut jamais se rappeler comment que c'est quand il a rien à baiser. Et si c'est quand il a rien, c'est midi sonné pour se rappeler l'air que ç'a, un con. Y en avait une que j'ai eue, la femme d'un copain dans le bas de la ville, elle avait le plus formidable roulis de fesse qu'un gars peut rêver. Avec toutes les filles que j'ai eues, j'oublierai jamais cette petite vieille garce. » Il secoua la tête en signe d'hommage, s'essuya le dos de la main sur son front haut et sculpté, se la passa sur sa crinière dorée, et pouffa joyeusement : « Mon pote, dit-il doucement, c'était comme plonger dans un tonneau de miel. » Il distribua deux cartes couvertes à chaque joueur, puis, au tour suivant, une troisième, à découvert.

Pour une fois Wilson eut une mauvaise main, et après être resté le temps d'un tour parce qu'il était gros gagnant, il quitta le jeu. Quand on aura débarqué, se dit-il, il faut que je dégote un moyen pour me fabriquer de l'alcool. Y a un sergent de mess à la compagnie C qui a dû se faire ses deux gros mille en se faisant payer cinq livres le litre. Tout ce dont on avait besoin c'était du sucre et de la levure et de ces boîtes de pêches ou d'abricots. Il sentit, par anticipation, une douce et tiède lueur dans sa gorge. Quoi, on pouvait en fabriquer même avec moins. Son cousin Ed, il s'en souvenait, en avait fait avec de la mélasse et du raisin, et ç'a été un article tout à fait décent.

Durant un moment, toutefois, Wilson se sentit découragé. S'il voulait s'en fabriquer, de cet alcool, il lui faudrait, une de ces nuits, voler sous la tente du mess les ingrédients et trouver une place où les cacher pour une couple de jours. Puis il lui faudrait un bon petit coin où laisser la liqueur une fois faite. Pas trop près du bivouac ou alors n'importe qui y buterait, et pas trop loin non plus si on avait envie de siroter un coup à la hâte.

Il allait y avoir un tas de problèmes à résoudre, à moins d'attendre jusqu'après l'attaque, quand on sera établi dans un camp permanent. Mais ça allait prendre du temps. Qui sait, trois ou peut-être quatre mois. Wilson commença à se sentir mal à l'aise. Dans l'armée, dès qu'un homme voulait obtenir quelque chose pour lui-même, c'était tout un casse-tête.

Gallagher, qui venait lui aussi d'abandonner la partie, regardait Wilson avec ressentiment. Il fallait quelqu'un comme ce crétin de vantard pour gagner toutes les grosses mises. Gallagher avait des remords de conscience. Il avait perdu au moins trente livres, presque une centaine de dollars, et bien que cet argent il l'eût gagné au cours de la traversée, cela ne l'excusait pas pour autant. Il pensait à sa femme, Mary, enceinte de sept mois, et il essayait de se rappeler comment elle était. Mais tout ce qu'il ressentait, c'était un sentiment de culpabilité. Quel droit avait-il de jeter de l'argent qu'il aurait dû envoyer à sa femme ? Il éprouvait une profonde et familière amertume ; tout, avec lui, devenait pouilleux tôt ou tard. Sa bouche se contracta. De quelque façon qu'il s'y prît, aussi durement qu'il travaillât, il semblait qu'il dût faillir en fin de compte. Devenant plus aiguë, son amertume le submergea pour un instant. Il y avait quelque chose qu'il souhaitait, quelque chose qu'il pouvait sentir, et qui lui filait entre les doigts tout en le bafouant. Il regarda un des plantons, Lévy, qui battait les cartes, et il donna du gosier. Ce Juif avait une sacrée veine, et soudain, changée en rage, son amertume lui comprima la gorge d'où elle fusa dans un sourd vrombissement de jurons. « Ça va, ça va, fit-il. Si on les laissait faire, ces cartes, hein ? Arrête de les enculer, et qu'on joue. » Il prononçait les a et avalait les r à la façon des Irlandais de Boston. Tout en le regardant, Lévy l'imita : « Ça va, on les laisseaaa faire ces caaates, et qu'on joue. »

« Bien drôle, espèce de trou du cul », grommela Gallagher pour lui-même. C'était un homme de taille médiocre, avec un corps sec et noué qui donnait l'impression d'être tortu et revêche. Sa figure, qui s'y accordait, était petite et laide, marquée par les traces d'une acné qui lui faisait une peau grumeleuse, tachetée de rouge. C'était peut-être cette couleur, ou peut-être même la forme de son long nez irlandais hargneusement oblique, qui lui donnait l'air d'être toujours courroucé. Il n'avait que vingt-quatre ans.

Un sept de cœur fut retourné. Il regarda précautionneusement ses deux cartes, découvrit que toutes deux étaient des cœurs, et il se permit un peu d'espoir. Il n'eut pas un seul floche de toute la nuit, et il se dit que c'était bien son tour. Pas même *eux* me baiseront pas ce coup-ci, pensa-t-il.

Wilson misa une livre, et Gallagher renchérit. « Ça va, faisons-y un bon pot », grogna-t-il. Croft et Lévy suivirent, et quand le dernier joueur eut passé Gallagher se sentit volé. « Qu'est-ce qu'y a ? dit-il. T'as la chiasse ? C'est rare qu'elle sera pas amochée demain, ta sale tête de con. » Son énoncé se perdit dans le froissement des billets sur la couverture pliée qui leur servait de tapis, mais il en éprouva une froide angoisse, comme s'il eût blasphémé. « Sainte Marie, mère de... », se dit-il précipitamment. Il se vit couché sur la plage, avec en place de sa tête un caillot sanguinolent.

Sa carte suivante tomba : un pique. Est-ce qu'ils expédieraient son corps au pays, se demandait-il, et Mary viendrait-elle sur sa tombe ? Il était délicieux de s'apitoyer sur soi-même. Le temps d'un instant il eut la nostalgie du regard compassé de sa femme. Elle le comprenait, se dit-il ; mais quand il essaya de penser à elle, il ne vit que l'image de « Marie, mère de... », telle qu'elle demeurait dans sa mémoire d'après quelque peinture religieuse dont il avait acheté la reproduction à l'école paroissiale. Comment était-elle, Marie, c'est-à-dire la sienne ? Il s'efforça de se souvenir, de reconstituer en esprit son visage. Mais il ne le pouvait pas dans cet instant ; elle lui échappait comme l'air d'une chanson à moitié oubliée qui sans cesse se confond avec quelque mélodie plus familière.

La carte suivante fut un cœur. Cela lui faisait un total de quatre cœurs, et deux cartes restaient encore à venir. Son angoisse s'apaisa, résorbée dans l'émotion de la partie. Il coula un regard sur ses partenaires. Lévy avait quitté le jeu, et Croft avait une paire de dix. Croft misa deux livres, et Gallagher décida qu'il avait un troisième dix. Si les cartes de Croft ne s'amélioraient pas, ce dont Gallagher avait la certitude, alors Croft jouerait droit dans son floche.

Wilson poussa un petit rire et tâtonna mollement à la recherche de son argent. « Ce coup-ci ça va être un grand gros pot », dit-il, jetant sa mise sur la couverture pliée. Gallagher éprouva du pouce ce qui lui restait de billets, se disant que c'était la dernière occasion de se retaper. « Et deux de plus », grommela-t-il, se sentant saisi par une sorte de panique. Pourquoi ne vit-il pas plus tôt que les cartes de Wilson montraient trois piques ? C'était bien sa guigne !

Les enchères, cependant, ne faisaient que commencer, et Gallagher se calma. Wilson n'avait pas encore son floche. Ils étaient au moins à égalité, et il se pouvait que Wilson n'eût pas d'autres piques que ceux qu'on lui voyait ; peut-être même ne jouait-il pas le floche. Gallagher espérait que Croft et Wilson s'abstiendraient de passer. Il allait enchérir jusqu'à son dernier sou.

Lors de la donne suivante Croft, le sergent-chef Croft ressentit une vive émotion. Il n'avait pris qu'un médiocre intérêt à la partie, mais la nouvelle distribution lui valut un sept, ce qui lui fit deux paires. Dans cet instant il eut la soudaine et puissante conviction qu'il allait enlever le pot. Il savait, il était sûr que sa prochaine carte allait être un sept ou un dix. Cela était hors de doute. Une certitude aussi éclatante devait avoir une signification. Il jouait habituellement avec une sagace appréciation des probabilités, et il possédait une connaissance effective de ses partenaires. Mais c'était la marge d'inconnu qui, à ses yeux, donnait son sens au poker. Dans tout ce qu'il entreprenait il apportait toute la préparation et le savoir-faire dont il était capable, mais il savait qu'en fin de compte les résultats dépendaient aussi de la chance. Il faisait bon accueil à la chance. Il avait la profonde, l'ineffable croyance que les choses étaient de son bord, et présentement, après une longue nuit de cartes quelconques, il avait potentiellement un jeu de belle venue.

Gallagher eut un cinquième cœur, et Croft lui imagina un floche. Les trois piques de Wilson ne furent pas améliorés par le carreau qui lui échut, mais Croft supposa qu'il avait déjà son floche et qu'il jouait à coup sûr. Croft s'étonnait toujours combien madré était le jeu de Wilson, par contraste avec son air bon enfant.

— Deux livres, dit-il.

Wilson obéit, et Gallagher renchérit de deux autres livres. Croft décida que Gallagher avait son floche tout rond.

Il compta nettement quatre livres sur le tapis. « Et deux de plus », dit-il. La tension éveillait un goût agréable dans sa bouche.

Wilson pouffa niaisement. « Nom de Dieu, ça va être un grand pot, dit-il. Je ferai mieux de me tirer de là, mais j'ai jamais pu m'empêcher de zyeuter la dernière carte. »

Maintenant Croft était convaincu que Wilson lui aussi avait un floche. Il vit de l'incertitude chez Gallagher — un des piques de Wilson était un as. « Et deux de plus », fit Gallagher un peu désespérément. Croft pensa que s'il avait dès à présent son foule en mains il aurait renchéri sur Gallagher toute la nuit, et d'ailleurs il valait mieux économiser son argent pour la septième carte.

Il ajouta deux livres au tas qui s'empilait sur la couverture, et Wilson l'imita. Lévy leur distribua la dernière carte, couverte. Dominant son excitation, Croft promena un regard par le poste qui se perdait dans l'ombre, contempla les rangées de couchettes qui tissaient une toile d'araignée au-dessus du groupe des joueurs. Il aperçut un soldat qui se retournait dans son sommeil. Puis il prit sa septième carte. C'était un cinq. Il mélangea ses cartes avec lenteur, désorienté, tout à fait incapable de croire qu'il ait pu se tromper à ce point. Écœuré, il abandonna son jeu sans même prendre la peine de dire qu'il passait. Il commençait à se sentir en colère. Il observait les joueurs, quiètement, et il vit Gallagher misant son dernier billet.

« Je me gourre fameusement, mais je vas voir, dit Wilson. Qu'est-ce que t'as, mon pote »

Gallagher devint brutal, comme s'il avait su qu'il était perdant. « Qu'est-ce que tu penses que j'ai, face de cul ? Un floche à cœur, par le valet. »

Wilson soupira. « Ça me fait mal de te faire ça à toi, mon pote, mais je te possède à pique avec ce gars-là », dit-il, pointant son as.

Gallagher garda le silence pendant plusieurs secondes, mais sur sa face les sombres grumeaux devinrent d'un pourpre épais. Puis, d'un seul coup, il parut exploser. « De tous les enculés du monde il faut que c'est ce fils de garce qui rafle tout ! » Il restait là, pris de frissons.

Un soldat irrité se souleva sur son coude, dans une couchette près de l'écoutille. « Au nom de Dieu, les gars, cria-t-il, si vous la fermiez un peu et qu'on pionce un coup !

— Va te faire enculer ! hurla Gallagher.

— Vous ne savez donc pas quand ça suffit, non ? »

Croft se mit debout. C'était un homme décharné, de taille moyenne, mais il se tenait si droit qu'il en paraissait grand. Sous le globe bleu de l'œil sa face étroite et triangulaire était absolument sans expression, et il semblait que rien n'était superflu dans le modelé de sa mâchoire, dure et petite, de ses joues fermes, de son nez court et droit. La lumière accentuait des reflets indigo dans ses cheveux noirs et fins, et son regard de glace était très bleu. « Dis donc petit soldat, fit-il d'une voix égale et froide, arrête de cracher.

On jouera notre jeu comme ça nous plaît, et si ça te va pas c'est du pareil au même, à moins que tu préfères venir te frotter à nous cinq. »

Il y eut un grognement indistinct du côté de la couchette, que Croft ne quittait pas des yeux. « Si t'en as vraiment envie, tu peux venir te frotter à moi tout seul », ajouta-t-il. Sa phrase était calme et clairement énoncée, avec une trace d'accent méridional. Wilson l'observait attentivement.

Cette fois le soldat qui s'était plaint n'émit pas de réponse, et Croft, souriant du bout des lèvres, se rassit. « Te cherches la bagarre, mon pote, lui dit Wilson.

— J'ai pas aimé le ton de ce gars », dit Croft brièvement.

Wilson haussa les épaules. « Bon, allons-y, suggéra-t-il.

— Je m'en vas », dit Gallagher.

Wilson se sentit mal à l'aise. Ce n'était pas drôle du tout, décida-t-il, de rafler tout son fric à un gars. Gallagher était plutôt un brave type, et c'était doublement moche quand il s'agissait d'un copain qui a dormi trois mois sous la même tente que vous. « Écoute, petit gars, proposa-t-il, c'est pas une raison de bousiller une partie parce qu'on est à sec. Laisse-moi miser pour toi quelques-unes de ces livres.

— Nix, je m'en vas », répéta Gallagher avec colère.

Wilson haussa de nouveau les épaules. Il ne pouvait pas les comprendre, ces hommes qui, tels Croft et Gallagher, prenaient tellement à cœur une partie de poker. Lui aussi aimait le jeu, et il n'y avait rien à fiche pour passer le temps d'ici le matin, mais le poker n'était pas *si* important après tout. Un tas d'argent qui s'empile devant vous vous donne une agréable sensation, mais lui aurait préféré plutôt à boire. Ou une femme. Il gloussa tristement. C'était joliment loin, une femme.

Fatigué à la longue de sa couchette, Red se faufila derrière la sentinelle et monta sur le pont. L'air y semblait froid après la station prolongée dans le poste. Il aspira profondément, avançant avec précaution dans l'obscurité, voyant les contours du navire se dessiner peu à peu. La lune illuminait les roufs et les apparaux d'un calme lustre argenté. Il regardait fixement devant lui, conscient du souffle muet des hélices, du lent roulis du navire dont il avait perçu les vibrations en bas dans sa couchette. Il se sentit rassuré du coup, car le pont était presque désert. Un marin était de garde à côté d'un canon tout proche, mais en comparaison avec le poste l'isolement ici était complet.

Red s'approcha de la lisse et regarda la mer. Le navire bougeait à peine et le convoi tout entier semblait à l'arrêt, le nez dans l'eau, comme un chien qui flaire une piste incertaine. Très loin à l'horizon la ligne escarpée d'une île s'élevait en pente rapide, devenait montagne, puis déclinait de nouveau dans une cascade de collines.

Ceci était Anopopéi, décida-t-il, haussant les épaules. Quelle différence cela faisait-il ? Toutes les îles se ressemblent.

Confusément, sans anticiper, il songea aux jours à venir. Demain, quand ils auront accosté, ils auront les pieds dans l'eau et du sable plein les chaussures. Il y aura à décharger les embarcations, une après une autre, à coltiner des caisses et des caisses sur la plage où elles s'empileront en tas. S'ils ont de la chance il n'y aura pas d'artillerie japonaise, et pas trop de tireurs embusqués. Il ressentit une fatigue mêlée de crainte. Il y aura cette attaque et une autre et puis une autre, et il n'y aura jamais de fin à cela. Il se massa la nuque, regardant obstinément l'eau, son corps maigre et long gauchi dans chacune de ses jointures. Il était une heure du matin. Dans trois heures les canons auront démarré et les hommes auront ingurgité un chaud, nauséeux casse-croûte.

Il n'y avait rien d'autre à faire que de se laisser vivre d'un jour à l'autre. A tout prendre, sa section avait de la chance quant aux journées à venir. Ils auront à bosser sur la plage pour une semaine environ, et pendant ce temps-là les premières patrouilles auront déjà reconnu les pistes un peu dangereuses, puis la campagne retombera dans la routine et l'ennui familiers. Il cracha, pétrissant du bout anguleux de ses doigts couverts de cicatrices les jointures nouées de ses phalanges.

Vu en silhouette contre la lisse, son profil consistait presque entièrement en une large tache en forme de nez et en une longue mâchoire bas pendue, mais dans cette lumière de la lune l'image était trompeuse car on ne pouvait voir la rougeur de sa peau et de ses cheveux. A l'exception de ses yeux calmes, d'un bleu pâle, pris dans un filet de rides et de taches de rousseur, son visage semblait bouilli et toujours en colère. Quand il riait il montrait ses longues dents, jaunes et déjetées, et sa rude voix explosait dans une hilarité méprisante sans mélange. Tout en lui était osseux et noueux, et quoiqu'il eût plus de six pieds il était douteux qu'il pesât ses cent cinquante livres.

Il se gratta l'estomac, laissant sa main s'y attarder quelques secondes. Il avait oublié sa ceinture de sauvetage. Il eut le réflexe de l'aller chercher, mais il réagit avec colère contre lui-même. Cette sacrée armée vous rend si trouillard qu'on finit par avoir peur de se retourner, pensa-t-il en crachant. On gaspille la moitié de son temps à se rappeler ce qu'ils vous disent de faire. Le temps d'un instant il hésita encore s'il ne devait tout de même pas l'aller chercher, sa ceinture, puis il sourit à belles dents. — Haha, on n'est jamais tué qu'une fois.

Il l'avait dit à Hennessey, un garçon qui avait rejoint son unité peu de semaines avant l'embarquement de la force divisionnaire en vue de la présente expédition. Une ceinture de sauvetage, pensa-t-il, qu'Hennessey se fasse de la bile pour une ceinture de sauvetage.

Une nuit, au cours d'une alarme antiaérienne, il leur arriva de se trouver ensemble sur le pont. Ils regardaient les bâtiments du convoi cingler dans l'eau noire. Près de la culasse d'un canon tout proche, l'attitude des servants était tendue. Un Zéro avait attaqué, et une douzaine de projecteurs essayaient de le repérer. Des centaines de balles traceuses dessinaient des arcs rouges dans le ciel. Bien différent, tout cela, des combats qu'il avait connus ; c'était sans chaleur, sans fatigue, beau et irréel comme un film en couleur ou une image de calendrier. Absorbé par le spectacle, il ne s'était même pas baissé quand, dans un éventail jaune et livide, une bombe fit explosion au-dessus d'un navire à quelques centaines de mètres de là.

Ce fut alors qu'Hennessey lui gâta son plaisir. « Jésus, je viens seulement de me rappeler, avait-il dit.

— Quoi donc ?

— J'ai pas une seule cartouche d'air comprimé dans ma ceinture de sauvetage. »

Red était parti d'un gros rire. « Je te dirai quoi. Quand le bateau coulera, t'as qu'à chevaucher un gros rat bien gras jusqu'à la terre.

— Non, écoute, c'est sérieux. Bon Dieu, je ferais mieux de la gonfler. » Il avait tâtonné à la recherche de la valve, la trouva, gonfla sa ceinture. Red l'avait observé avec amusement. C'était un tel gosse. De la manière dont on leur faisait la leçon, tous ces gosses ne pensaient qu'à obéir aux règlements. Red en eut presque de la tristesse. « Te voilà tout paré, hein, Hennessey ?

— Écoute, avait-il dit en jactant, je cours pas de risques moi. Parce que si des fois le bateau il est touché ? Je vais pas aller à la flotte au dépourvu. »

Maintenant, dans le lointain, le rivage d'Anopopéi glissait doucement, semblable lui aussi à un énorme vaisseau. Nix, pensa Red, Hennessey ira pas à l'eau au dépourvu. C'était le genre de gosse qui mettrait de l'argent de côté pour son mariage avant même d'avoir connu la fille. Voilà ce qu'on devenait quand on suivait le texte des règlements.

Il se pencha, se plia par-dessus la lisse, et regarda l'eau. Malgré l'apparente immobilité du navire, le sillage clabaudait rapidement. La lune avait disparu derrière un nuage, et l'eau paraissait noire et malveillante, terriblement profonde. Il y avait comme une auréole autour d'un bâtiment qui se devinait à une cinquantaine de mètres sur le côté, mais au delà il n'y avait que ténèbres, si vastes, si denses, qu'il ne put plus délimiter l'arête d'Anopopéi. L'eau brassait une grise et épaisse écume qui tourbillonnait et frissonnait le long des vagues que le navire soulevait à son passage. Red eut ce sentiment de triste compassion quand il semble que tout vous devient compréhensible — tout ce que les hommes désirent et qu'ils ne réussissent pas à réaliser. Pour la première fois depuis des années il se revit rentrant de la mine à l'heure du crépuscule, sa peau d'une sale couleur pâle contre la neige, passant le seuil de la maison, mangeant son repas en silence tandis que sa mère le regardait d'un air maussade. Maison froide et hargneuse où chacun avait grandi de son côté, et durant toutes ces années il n'y repensa jamais sans amertume. Mais dans cet instant, tandis qu'il regardait l'eau, il ressentait pour une fois de la compassion : il comprenait sa mère et les frères et les sœurs qu'il avait presque oubliés. Il comprenait bien des choses, il revoyait de mornes incidents, de tristes incidents survenus au cours des années passées à bourlinguer, il se souvenait d'un ivrogne dévalisé sur les marches qui mènent à Bowery Park, près du pont de Brooklyn. Cette sienne compréhension, si spéciale, ne pouvait être que l'effet d'un moment comme celui-ci ; elle était le fruit de toute son expérience passée, de deux semaines d'agitation incessante à bord, de l'atmosphère de cette nuit où l'on s'avançait vers les plages ennemies.

Mais sa compassion ne dura que quelques minutes. Il comprenait tout cela, il savait qu'il ne pouvait rien là-contre, et d'ailleurs il n'était pas tenté d'y faire quoi que ce soit. A quoi bon ? Il soupira, et sa perspicacité s'échappa de lui avec son soupir. Il y a des choses contre lesquelles on ne pourra jamais rien. Elles sont trop embrouillées. Il faut savoir se tirer d'affaire par ses propres moyens, sinon on devient comme Hennessey, on se tracasse à propos des clous.

Il n'en voulait pas, lui, de tracasseries. Il ne ferait de mal à personne s'il pouvait l'éviter, et il n'avait encore jamais glissé dans la merde. Jamais encore, se dit-il fièrement.

Il resta longtemps à regarder l'eau. Il n'avait jamais fait de grandes découvertes. Tout ce qu'il savait concernait les choses qu'il n'aimait pas. Il éternua, écoutant le vent qui se plaquait contre la coque. Tout son corps était conscient de l'écoulement des secondes qui se précipitaient à la rencontre de l'aube. Ceci était la dernière fois qu'il se trouvait seul pour des mois à venir, et il en savourait la sensation. Il avait été toujours un solitaire.

Il n'y avait rien dont il eût envie, se dit-il de nouveau. Ni argent, ni femme, ni rien. Quand il se sentait le besoin d'une compagnie, la première petite grue de rencontre faisait son affaire. Il n'était pas homme à se laisser embobiner par une donzelle. Il sourit contre le vent qui se rabattait sur son visage, puis, saisissant la lisse, il aspira l'épaisse odeur végétale qui arrivait de l'île.

« Je me fiche pas mal de ce que t'en penses, disait le sergent Brown à Stanley. La vérité c'est qu'on peut pas leur faire confiance. » Ils se parlaient à mi-voix de leurs couchettes adjacentes, que Stanley eut soin d'occuper dès que lui et Brown eurent mis pied à bord. « Ça existe pas, une femme en qui on peut avoir confiance.

— Je n'en sais rien, ça n'est pas toujours vrai, chuchota Stanley. Moi je fais confiance à ma femme. » Il n'aimait pas le tour que prenait la conversation ; elle nourrissait le ver du doute qui rongeait son esprit, et d'autre part il savait que le sergent Brown n'aimait pas qu'on le contredît.

« Écoute, dit Brown. T'es un bon petit gars, et t'es intelligent, mais ça sert à rien de faire confiance à une femme. Prends voir la mienne. Elle est belle, je t'ai montré sa photo.

— Elle est vraiment bien de sa personne, se hâta d'approuver Stanley.

— Je te crois qu'elle est belle. Et tu penses toi qu'elle va rester tranquille à m'attendre ? Non, elle va pas. Elle se paie du bon temps.

— Je ne dirais pas des choses comme ça, suggéra Stanley.

— Pourquoi pas ? Tu peux y aller, je me vexerai pas. Je sais ce qu'elle fait, et quand je rentrerai je réglerai mes petits comptes avec elle. La première chose que je lui demande, c'est : « T'es sortie avec des gars ? » et si elle me dit : « Oui », je lui fais cracher son histoire en cinq secs. Et si elle dit : « Mais non, chéri, parole que je suis pas sortie, tu me connais », je fais ma petite enquête et si je découvre qu'elle en a menti, eh bien je la bascule et puis mon vieux je la rosse et je la flanque dehors à coups de pied. » Il secoua la tête avec conviction. Il était de taille moyenne, un rien gras, avec une face d'adolescent, un nez camus, des taches de rousseur, des cheveux d'un brun roux. Des rides se dessinaient autour de ses yeux, et il y avait plusieurs abcès des tropiques sur son menton. Vu plus attentivement, il accusait bien ses vingt-huit ans.

« Ça sera certainement un sale moment à passer si jamais on s'en revient », proposa Stanley.

Le sergent Brown approuva sobrement, puis son expression devint amère : « A quoi que tu t'attends ? Est-ce que tu crois qu'on va te fêter comme un héros ? Quand tu seras de retour chez toi les gens te regarderont dans les yeux, disant : « Arthur Stanley, voilà un bout de temps que t'étais parti », et toi tu diras : « Voui », et alors eux ils diront : « Elle a été bien dure la vie ici, mais je suppose que ça va s'arranger un peu. T'as bien de la chance que t'as pas été là. »

Stanley rit. « Je ne connais pas grand-chose, dit-il modestement, mais je sais que ces pauvres civils sont loin du compte.

— Je te crois qu'ils sont loin du compte, dit Brown. Regarde, t'as assez participé à l'attaque de Motome pour en avoir une idée. Quand je pense que ma femme se paie des virées pendant que je sue là en attendant le matin, je commence à devenir fou... fou. Il fit craquer ses phalanges avec nervosité, tâta la barre d'acier entre les deux hamacs : C'est pas que ça va être bien mauvais demain bien qu'on se crèvera le cul au boulot, mais c'est pas ça qui nous tuera, un peu de boulot. Il renifla. Merde, si le général Cummings venait me voir demain pour me dire : « Brown, je te colle au déchargement pour la durée de la guerre », tu crois que je bisquerais ? Foutre, je bisquerais. J'ai vu assez de bagarres pour dix hommes, et cette invasion demain, je te le dis, si qu'on nous arrose d'obus du bateau à la plage et de retour ça commencera même pas de ressembler à Motome. Ça, à Motome, je *savais* que j'allais être tué. Je comprends toujours pas comment je m'en suis tiré.

— Comment est-ce arrivé ? » demanda Stanley. Il plia ses genoux avec précaution, pour éviter de se cogner à l'homme qui couchait dans le hamac supérieur, à un pied au-dessus de sa tête. Il avait entendu cette histoire une douzaine de fois depuis son arrivée dans la section, mais il savait que Brown aimait à la raconter.

« Eh bien, quand ils ont détaché notre section à la Baker Company pour cette affaire de canots pneumatiques, on a su tout de suite qu'on était dans le bain. Mais qu'est-ce qu'on pouvait faire ? » Il raconta comment, ayant quitté leur torpilleur plusieurs heures avant l'aube, ils furent pris dans la marée descendante et repérés par les Japonais. « Mon vieux, si tu penses que je ne serrais pas les fesses quand ces Japonais ont commencé de nous canarder avec une batterie de canons antiaériens. Y avait pas un seul de nos canots qu'a pas été touché et en train de couler, et à côté du mien y avait le canot du commandant de la compagnie, Billings il s'appelle je crois, et le pauvre bâtard il s'est tout simplement effondré. Il pleurait et gémissait et il essayait de faire partir une fusée pour avertir le torpilleur qu'on avait besoin de couverture, mais il tremblait si fort qu'il pouvait pas tenir le fusil. Alors au milieu de tout ça Croft se met debout dans son canot et il dit : « Eh toi, sacré fils de garce, donne-moi ce fusil. » Billings le lui donne, et debout en pleine vue de tous ces Japonais sur la plage Croft tire deux fusées, puis il recharge l'arme. »

Stanley secoua la tête en signe de commisération. « C'est un type, ce Croft, dit-il.

— Et quel type ! Je te le dis, il est de fer. C'est le seul homme à qui je chercherai jamais des crosses. C'est probablement le meilleur sergent dans l'armée, et le pire. Il a pas de nerfs, ajouta-t-il avec amertume. De tous les vieux de la section, y a pas un seul dont les nerfs ont pas pété. Je te dirai, j'ai la trouille tout le temps, et Red aussi. Et Gallagher. Y a que six mois qu'il est avec nous mais il a été dans le bain et il compte lui aussi je suppose, il a la trouille, et Martinez qu'est le meilleur petit éclaireur que tu peux trouver il a encore plus la trouille que moi, et Wilson qui laisse jamais rien voir il est pas trop heureux lui non plus. Mais Croft — je te le dis —, Croft aime la bagarre. Il l'aime. Y a pas de pire homme pour vous commander, ou de meilleur, ça dépend comment tu vois ça. Des dix-sept gars de notre section on en a perdu onze en comptant le lieutenant qu'était avec nous, les meilleurs gars du monde, et nous autres on a été bons à rien pour une semaine, mais le jour d'après Croft a demandé d'aller en patrouille et ils l'ont détaché à la compagnie. A jusqu'à ce que toi et Ridges et Toglio vous êtes arrivés pour reboucher les trous, de quoi refaire une escouade.

— Est-ce que tu crois que nous recevrons assez de renfort pour reformer la section ? demanda Stanley, que la question intéressait.

— Quant à moi, dit Brown, j'espère qu'on les recevra jamais, les renforts. Pour le moment on est tout juste une escouade retapée, mais si même on est au complet on sera jamais que deux pouilleuses escouades de huit hommes chacune. C'est ça le moche quand on est dans une section de reconnaissance ; on est tout juste deux escouades ratatinées, et ils vous envoient dans des missions où t'as vraiment besoin d'être de la taille d'une honnête section d'infanterie.

— Oui, et puis on est désavantagé du côté des promotions, dit Stanley. Dans n'importe quelle autre section du régiment vous seriez sergents-chef, toi et Martinez, et Croft serait adjudant. »

Brown sourit à belles dents. « Je ne sais pas, Stanley, dit-il, si nous recevrons du renfort, mais il y a toujours cette place de caporal à prendre. Tu dédaignerais pas ça, pas vrai, dis ? »

Malgré tous ses efforts, Stanley se sentit rougir. « Ah, zut, chuchota-t-il, qui est-ce que je suis, moi, pour penser à cela ? »

Brown rit doucement. « Ça vaut la peine d'y penser. »

Stanley se dit avec colère que la prochaine fois il devrait être plus prudent avec Brown.

Lors d'une fameuse expérience un physiologiste avait nourri un chien au son d'une cloche. Bien entendu, le chien salivait à la vue de la nourriture.

Après un certain temps le physiologiste supprima la nourriture, tout en continuant à sonner la cloche aux heures des repas. Le chien continua à saliver au son de la cloche. Le physiologiste poussa plus loin son expérience : il supprima la cloche et lui substitua toutes sortes de bruits. Les glandes salivaires du chien continuèrent à fonctionner.

Il y avait un soldat à bord, qui était comme ce chien. Il y avait un long temps qu'il était outre-mer, et il avait vu un grand nombre de combats. Dans les commencements, le sifflement et la déflagration d'un obus étaient inséparables d'avec la peur qu'il en avait. Mais après bien des mois, ayant connu bien des terreurs, tout bruit soudain lui causait la panique.

Toute cette nuit il était resté dans sa couchette, frissonnant au brusque éclat des voix, au changement des pulsations dans la chambre des machines, au bruit que faisait une pièce d'équipement quand quelqu'un y butait. Jamais encore, aussi loin qu'il pût se souvenir, ses nerfs ne furent tendus à ce point, et il suait à grosses gouttes, pensant avec terreur au matin qui venait.

Le soldat s'appelait Julio Martinez, sergent ; il était l'éclaireur de la section de reconnaissance, attachée à la compagnie du Q.G. du 460e régiment d'infanterie.

2

Le bombardement naval d'Anopopéi commença à quatre heures zéro minute, peu d'instants après que la fausse aurore des tropiques eut rechuté dans le noir. Les grosses pièces de la flotte d'invasion partirent l'une après l'autre, à deux secondes d'intervalle, et la nuit tremblait et oscillait comme un grand tronc d'arbre qui s'écrase sur les brisants. Les bâtiments roulaient et claquaient sous la décharge, fouaillant l'eau avec fureur. Le temps d'une minute, la nuit, déchiquetée et immense, fut saisie de convulsions démoniaques.

Puis, après les premières salves, le feu devint irrégulier, et la tourmente retomba dans l'obscurité. Isolés dans la nuit, les bruits retentissants de la canonnade résonnaient comme d'immenses trains de marchandise qui ahanent et avancent par saccades le long d'une rampe. On pouvait entendre le murmure, le soupir désenchanté des obus. A Anopopéi, les rares feux de camp éparpillés sur la plage avaient disparu.

Les premiers projectiles tombèrent à la mer, soulevant de lointains jets d'eau ; mais, bientôt, un chapelet d'obus éclata sur la plage et la vie s'éveilla à Anopopéi, luisant comme une braise. Ici et là, à la lisière de la plage, la jungle prenait feu, et parfois un obus qui tombait trop loin allumait de petits incendies dans la brousse. L'arête de la plage devint nette, elle clignotait comme un port vu d'une grande distance tard la nuit.

Un dépôt de munitions commença à brûler, arrosant une partie de la plage d'éclats roses. Quand plusieurs obus eurent atteint le dépôt, les flammes s'élevèrent à une hauteur fantastique, prenant leur essor dans un nuage de fumée brune. Les obus continuèrent à raser la plage, puis le tir s'allongea. Déjà le bombardement avait acquis un rythme régulier, fixe presque. Plusieurs bâtiments déchargeaient leur volée en même temps, viraient de bord, et une autre file de bâtiments venait s'y substituer. Le dépôt de munitions brûlait toujours, mais la plupart des feux avaient diminué sur la plage, et les volutes de fumée furent impuissantes à masquer la côte dans les premières lueurs de l'aube. A peu près à un mille dans les terres quelque chose avait pris feu au sommet d'une colline, et très loin derrière l'incendie le mont Anaka s'élevait au-dessus d'un collier de fumée brunâtre. Malgré la robe pourpre à ses pieds, la montagne imperturbable reposait au cœur de l'île, regardant la mer. Le bombardement la laissait tout à fait indifférente.

En bas, dans la cale aux troupes, les bruits étaient plus sourds et plus persistants ; ils cognaient et grondaient comme une rame de métro. Rallumée après le casse-croûte, la lumière électrique, d'un jaune blême, vacillait tristement, couvrant d'ombre les panneaux des écoutilles et les rangées de couchettes, éclairant les hommes qui se pressaient dans les passages et s'agglutinaient autour de l'échelle qui menait sur le pont.

Martinez écoutait anxieusement les bruits. Il n'eût pas été surpris si le panneau qui lui servait de siège avait glissé de dessous son séant. Ses yeux injectés de sang clignotaient dans la lueur fatigante des ampoules. Il aurait voulu se rendre insensible à toute chose, mais un tic inconscient contractait ses jambes chaque fois qu'un cognement plus fort ébranlait la cloison. Sans raison apparente, il n'arrêtait pas de se répéter la dernière phrase d'une vieille plaisanterie : « Je m'en fiche si j'en meurs, si j'en meurs, j'en meurs. » Sa peau semblait brune dans la lumière jaunâtre. C'était un Mexicain de petite taille, svelte, beau, la chevelure ondoyante et soignée, les traits menus. Même dans cet instant il avait le port et la grâce d'un cerf. Quelque rapides que fussent ses allures, leur mouvement restait toujours souple et sans effort. Et comme chez un cerf, sa tête n'était jamais immobile, ni ses yeux tout à fait au repos.

Par-dessus l'aboiement régulier des canons, Martinez pouvait entendre des voix se détacher distinctement pour une seconde — et se perdre de nouveau. Un brouhaha s'élevait dans chaque section ; la voix d'un chef de groupe venait bourdonner à son oreille comme le vol d'un insecte, indistincte et plutôt contrariante. « Alors, c'est bien compris : je veux pas qu'il y en a qui s'égarent quand on accostera sur la plage. Tenez-vous tous ensemble, c'est très important. » Martinez remonta ses genoux, se reculant sur ses reins jusqu'à ce qu'il sentît les os de ses hanches lui perforer les fesses.

La petite équipe de Croft paraissait insignifiante en comparaison avec les autres sections. Croft parlait embarcations d'atterrissage, et Martinez, l'esprit absent, écoutait mal. « Très bien, disait Croft doucement. Ça sera la même chose que la dernière fois. Pas de raison que ça marche mal, au contraire. »

Red partit d'un gros rire méprisant. « Voui, et comment qu'on débarquera tous comme un seul homme, dit-il. Mais sûr et certain qu'un con de fils de garce va s'amener pour nous dire de retourner à la cale.

— Tu crois que je chialerais, si on nous disait de rester ici jusqu'à la fin de la guerre ? fit le sergent Brown.

— Ça suffit, leur dit Croft. Si *vous* savez mieux que moi de quoi il retourne, n'avez qu'à prendre ma place et le dire. Il fronça les sourcils, puis reprit : Nous sommes au canot vingt-huit. Vous savez tous où c'est, mais de toute façon on y ira tous ensemble. Si un homme découvre tout à coup qu'il a oublié quelque chose en bas, ça sera merde et remerde : personne reviendra sur ses pas.

— Voui les gars, oubliez pas vos capotes », suggéra Red. Tous rirent. Croft parut en colère pour une seconde, mais il dit d'une voix traînante : « Je sais que Wilson n'oubliera pas les siennes. » Ils rirent de nouveau. « T'as foutrement raison », s'ébroua Gallagher.

Wilson poussa un petit rire contagieux. « Je te dirai, fit-il. J'y laisserai plutôt mon flingue, parce que si jamais y avait un bout de môme sur cette plage là-bas et que j'aie pas mes capotes, je me flanque une balle tout de suite. »

Martinez sourit, mais leur rire l'irritait. « Qu'est-ce qui va pas, mange-Japonais ? » demanda Croft d'une voix égale. Leurs yeux se rencontrèrent dans un regard intime de vieille amitié. « Aaah, sacré estomac pas aller », dit Martinez. Il énonçait clairement, mais d'une voix basse et hésitante, comme s'il traduisait de l'espagnol au fur et à mesure. Croft le dévisagea de nouveau, puis revint à ses hommes.

Le regard de Martinez errait par le poste. A présent que les hamacs étaient roulés et amarrés, l'inhabituelle largeur des passages entre les couchettes le mettait vaguement mal à son aise. Il songea que cela ressemblait aux passages entre les casiers de livres à la grande bibliothèque de San Antonio, et cela lui rappela une chose déplaisante — quelque fille qui lui avait parlé sur un ton blessant. « Je m'en fiche si j'en meurs, si j'en meurs », traversa de nouveau son esprit. Il se secoua. Quelque chose de terrible allait lui arriver aujourd'hui. Le bon Dieu vous laisse toujours voir Sa bonté, et vous devez... veiller, devez faire attention à vous-même. Il s'adressa la dernière partie de la phrase à lui-même, en anglais.

La fille était bibliothécaire et elle avait cru qu'il essayait de voler un livre. Il était bien petit alors. Il prit peur et répondit en espagnol, et elle l'avait réprimandé. Il y eut une contraction dans ses jambes. Elle l'avait fait pleurer, il s'en souvenait. Nom de Dieu de fille. A présent il aurait su lui répondre. Il en ressentit une agréable sensation de méchanceté. La petite bibliothécaire, maintenant, il lui aurait craché dessus. Mais les passages entre les casiers de livres redevinrent une cale à troupes, et Martinez retrouva sa peur.

Un sifflet retentit, qui le fit sursauter. « Hommes pour le canot quinze ! » cria une voix dans l'écoutille. Une section démarra, grimpant l'échelle. Tout autour les voix s'étaient tues, et Martinez put sentir que chacun était tendu à l'extrême. Pourquoi ne les appelait-on pas ? se demanda-t-il, haïssant la tension accrue qui venait de l'attente. Quelque chose allait lui arriver. Cela, maintenant, il le savait.

Leur tour vint une heure plus tard. Ils montèrent l'échelle, attendirent en rang près de la trappe une longue minute que l'ordre leur fût donné d'avancer vers leur embarcation. Le pont était très glissant dans la brume matinale, et tout en avançant pesamment ils trébuchaient et juraient. Quand ils eurent atteint leur embarcation, ils formèrent une ligne brisée et attendirent de nouveau. Red frissonnait dans l'air frais du matin. Il n'était pas encore six heures, et le jour avait déjà la déprimante qualité des petits matins à la caserne. Et maintenant cela signifiait qu'ils étaient en route, cela signifiait quelque chose de neuf, quelque chose de déplaisant.

Sur le navire, les opérations de débarquement allaient un train inégal. Quelques embarcations d'assaut étaient déjà à la mer, remplies de troupes et circulant autour du navire comme chiots sur laisse. Là dedans les hommes agitaient la main vers le pont, leurs faces couleur chair irréelles sur le fond gris des canots et le fond bleu de la mer matinale. L'eau était d'un calme d'huile. Près de la section un groupe d'hommes abordait une embarcation, et une autre, ayant fait son plein, commençait sa descente dans un grincement de poulies. Et, partout sur le pont, des hommes attendaient leur tour.

Les épaules de Red commençaient à s'engourdir sous le poids de son équipement, et le canon de son fusil résonnait contre son casque. Il se sentait de mauvais poil. « T'as beau le porter une chiée de fois ton sacré barda, y a rien à faire pour s'y habituer, dit-il.

— Est-ce que tu l'as bien ajusté ? » demanda Hennessey. Sa voix était guindée et elle tremblait un peu.

« Mon cul, l'ajustement, dit Red. Ça me fait mal de partout. Je suis pas fait pour le barda, j'ai trop d'os. » Tout en continuant à parler, il coulait de temps à autre un regard sur Hennessey pour voir si son ami perdait un peu de sa nervosité. L'air était froid, et sur sa gauche le soleil était encore bas et quiet et sans chaleur. Il battit des pieds, aspirant une odeur de bateau, d'huile, de goudron, d'eau qui sentait la poissonnerie.

« Quand est-ce qu'on monte dans les canots ? » demanda Hennessey.

Le bombardement continuait toujours, et l'île était d'un vert pâle dans le petit matin. Une fine traînée de fumée rampait le long de la côte.

Red rit. « Quoi ! Tu penses pas que ça va être différent aujourd'hui ? On poireautera sur le pont toute la matinée. » Mais, tout en parlant, il aperçut un groupe d'embarcations d'assaut qui tournoyaient sur la mer, à un mille de là. « La première vague a pas encore fini de se dépêtrer », dit-il pour rassurer Hennessey. Il se rappela l'invasion de Motome, sentant une trace de panique le ressaisir. Il avait encore le souvenir du bord caoutchouté du canot sur le bout de ses doigts, quand, engoncé dans l'eau, il se cramponnait de toutes ses forces ; il avait encore le goût salé de l'eau de mer au fond de sa gorge, il se rappelait sa muette, sa larmoyante terreur de couler à l'instant où ses forces l'abandonneraient — et les Japonais qui n'arrêtaient pas de les canarder. Il regarda de nouveau devant lui, et pour un long moment sa face hirsute prit une expression de morne tristesse.

Dans le lointain, à la lisière de la plage, la jungle avait pris l'aspect nu et mutilé qui lui vient des bombardements. Les palmiers, dénudés de leur feuillage, devaient s'y dresser comme des colonnes que la flamme avait noircies. Loin à l'horizon le mont Anaka était à peu près invisible dans la brume d'un gris bleu pâle où se fondaient les nuances du ciel et de l'eau. Tandis qu'il regardait devant lui, un gros projectile atterrit sur la côte, soulevant une fumée plus dense que les deux ou trois obus qui l'avaient précédé. Il sera facile ce débarquement, se dit Red, sans cesser de penser aux canots pneumatiques. « Nom de Dieu, je voudrais qu'ils l'esquintent pas tout à fait, ce pays, dit-il à Hennessey. On va avoir à y vivre, nous autres. » Il y avait une espèce de goût cru dans cette attente. Il aspira, puis s'accroupit sur ses talons.

Gallagher commença à jurer. « Putain de merde, combien de temps qu'on va poireauter ici ?

— Ta gueule, lui dit Croft. La moitié des sections de commando vient avec nous, et ils sont même pas encore montés sur le pont.

— Ben, pourquoi qu'ils sont pas là ? » dit Gallagher. Il repoussa son casque sur sa nuque. « C'est bien un coup de ces bâtards de nous faire poireauter sur le pont pour nous faire amocher la gueule.

— T'entends de l'artillerie japonaise, toi ? demanda Croft.

— Ça veut pas dire qu'ils en ont pas », dit Gallagher. Il alluma une cigarette d'un air boudeur, la protégeant dans le creux de sa main comme de crainte qu'on ne la lui arrachât à l'instant.

Un obus siffla au-dessus du navire et, inconsciemment, Martinez se recula contre une tourelle. Il se sentait nu.

La machinerie compliquée des bossoirs saillait en partie au-dessus de l'eau. Harnachés sous leur équipement — ceinturon et fusil, bandoulières et grenades, baïonnette et casque —, les hommes avaient l'impression qu'une porte à tambour leur écrasait les épaules et la poitrine. Ils perdaient leur souffle, et leurs membres s'engourdissaient. Grimper le long du bau qui menait à l'embarcation devenait une aventure assez semblable à celle de marcher sur une corde raide vêtu d'une armure.

Quand ils reçurent l'ordre de monter dans le canot, le sergent Brown s'humecta nerveusement les lèvres. « Ils auraient pu construire ça un peu mieux », grommela-t-il à l'adresse de Stanley au moment où ils se risquèrent sur le bau. Le truc, c'était de ne pas tomber à la flotte. « Tu sais, Gallagher n'est pas un mauvais gars, mais il se fait de la bile, fit Stanley sur un ton de confidence.

— Oui », fit Brown, l'esprit absent. Il pensait à la sale impression que ça ferait si lui, un gradé, tombait à la flotte. Mon Dieu, tu coulerais à pic, songea-t-il. « Je déteste toujours ces moments-là », dit-il à haute voix.

Il atteignit le bord du canot, sauta dedans. Il faillit tomber sous le poids de son équipement, et il se fit mal à la cheville. Tous devinrent très gais tout à coup dans la petite embarcation qui se balançait avec douceur sous le bossoir. « Voilà ce vieux Red qui s'amène », cria Wilson, et tous rirent à la vue de Red qui s'avançait avec précaution le long du bau, sa face plissée comme une prune sèche. Quand il eut touché le bord, il leur décocha un regard méprisant. « Nom de Dieu, je me suis trompé de canot. Z'avez tous l'air trop couillon là dedans pour une section de reconnaissance.

— Grimpes-y, vieux bouc, pouffa Wilson. L'eau est bonne et froide. »

Red fit entendre son gros rire. « Y a que ton chose qu'est pas froid. Je parie que même maintenant il brûle rouge-feu. »

Brown se surprit riant et riant. Quel bon vieux tas de gars il y avait dans cette section, se dit-il. Il lui semblait que le pire de l'expédition était déjà passé.

« Comment qu'il fait, le général, pour monter dans ces canots ? demanda Hennessey. Il est pas jeune comme nous autres, lui. »

Brown fit entendre un petit gloussement. « Ils ont deux troufions pour les porter. » L'éclat de rire qui salua sa sortie le fit resplendir.

Gallagher se laissa tomber dans l'embarcation. « Cette salope d'armée, fit-il. Je parie que c'est dans ces enculés de canots qu'on a le plus de bousillés. » Brown rugit. Gallagher devait avoir l'air furieux même quand il baisait sa femme. Durant un instant il eut la tentation de le dire à haute voix, et cela le fit rire de plus belle. Tout en s'esclaffant il eut la soudaine vision de sa propre femme couchée dans ce moment précis avec un homme, et il y eut une longue seconde d'absence dans son rire. « Hé, Gallagher, dit-il furieusement, je parie que tu pisses jaune même quand t'es avec ta femme. »

Gallagher se renfrogna, puis, contre toute attente, il se mit à rire lui aussi. « Aaah, espèce d'enculé », dit-il, ce qui provoqua une recrudescence de rugissements.

Avec leurs bords carrés, les petites embarcations avaient l'air d'hippopotames qui s'ébrouent dans l'eau. Longues environ de douze mètres, larges de trois, elles avaient la forme d'une boîte de chaussures ouverte munie d'un moteur à l'arrière. En se brisant sur le devant de l'embarcation où s'entassait le gros de la troupe, la vague produisait un bruit confus et fort, et déjà deux ou trois pouces d'eau avaient filtré par les crevasses, clapotant au fond du canot. Red abandonna l'effort de tenir ses pieds au sec. Il y avait plus d'une heure que l'embarcation tournoyait dans l'eau, et il commençait d'avoir le vertige. Parfois un jet d'embrun glacé les cinglait, brusque, saisissant, et un rien pénible.

La première vague d'assaut avait atterri quelque quinze minutes plus tôt, et la bataille qui se déroulait sur la plage crépitait faiblement dans le lointain comme un feu de joie. A cette distance cela paraissait insignifiant. Pour tromper l'ennui, Red risquait des regards scrutateurs par-dessus le bord du canot, en direction de la côte. D'ici, à trois milles au large, elle paraissait toujours déserte, mais le décor de la bataille y était visible — une fine fumée pareille à un brouillard rampait le long de l'eau. Par intervalles, des escadrilles de trois bombardiers en piqué passaient en vrombissant au-dessus de leur tête, et bientôt le bruit de leurs moteurs s'assourdissait en un doux grondement. Il était difficile de les suivre quand ils piquaient sur la plage car ils devenaient à peine visibles, semblables à de brillantes particules de pure lumière. Les bouffées de fumée soulevées par les bombes paraissaient ténues et inoffensives, et les avions étaient presque hors de vue quand le bruit des explosions se mettait à courir sur l'eau.

Red essaya de soulager le poids de son équipement en le comprimant contre le mur du canot. Ce tournoiement sur place qui ne cessait pas, était embêtant. Tandis qu'il regardait les trente hommes encaqués avec lui dans l'embarcation, s'avisant combien peu naturel paraissait le vert de leurs uniformes sur le fond gris-bleu du canot, il éprouva le besoin de rester immobile et d'aspirer profondément à plusieurs reprises. La sueur coulait le long de son dos.

« Ça sera-t-il long encore ? voulut savoir Gallagher. Cette sacrée armée : dépêche-toi et attends, dépêche-toi et attends. »

Red alluma une cigarette, la cinquième depuis que leur canot avait été mis à la mer. Elle avait un goût insipide et déplaisant. « Qu'est-ce que tu crois ? dit-il. Je parie qu'on est pas rendus avant dix heures. » Gallagher jura. Il n'était pas encore huit heures.

« Écoute, reprit Red. S'ils savaient vraiment comment s'y prendre, on serait maintenant en train de casser la croûte, et on monterait dans ces caissons dans deux heures seulement. Il secoua la cendre de sa cigarette : Mais, voilà, un fils de garce de lieutenant nous a fait quitter le sacré bateau pour avoir la paix et pouvoir roupiller tranquille. » De propos délibéré, il parlait d'une voix assez forte pour être entendu du lieutenant de la section des communications, et il rit quand l'officier eut tourné le dos.

Le caporal Toglio, accroupi près de Gallagher, regarda Red. « On est bien plus à l'abri ici, expliqua-t-il avec ardeur. Un canot est une bien petite cible comparé à un bateau, et quand on bouge comme ça il est bien plus difficile de nous toucher que tu ne penses.

— Mes balles, grommela Red.

— Écoute, dit Brown, y a pas une fois que je serais pas plutôt sur ce bateau. Je pense que c'est sacrément plus sûr.

— Je me suis renseigné, protesta Toglio. Les statistiques prouvent que pendant une invasion on est bien plus à l'abri ici que n'importe où ailleurs. »

Red détestait les statistiques. « Cite pas des chiffres, dit-il au caporal Toglio. Si on les écoutait, on prendrait plus un bain vu que c'est trop dangereux.

— Non, je parle sérieusement », dit Toglio. C'était un Italien lourdement taillé, avec une tête en forme de poire, plus large de la mâchoire que des tempes. Quoique rasée de la veille, sa barbe bleuissait sa figure jusque sous ses yeux, avec la seule exception de sa bouche large et amicale. « Je parle sérieusement, insista-t-il. J'ai vu les statistiques.

— Tu sais ce que tu peux en faire », dit Red.

Toglio sourit, mais il était un peu ennuyé. Red était un bien brave type, pensait-il, mais trop indépendant. Où en serait-on, si tout le monde était comme lui ? On n'arriverait nulle part. Il fallait de la coopération en toute chose. Une invasion comme celle-ci était mise au point selon un plan, elle était efficace comme un horaire. On ne pourrait pas faire marcher les trains si les mécaniciens prenaient le large chaque fois qu'ils en auraient l'envie.

Cette idée l'impressionna. Il avait déjà pointé sur Red un de ses gros, puissants doigts en vue de lui dire son idée, quand, soudain, un obus japonais, le premier depuis une demi-heure, souleva une colonne d'eau à quelques centaines de mètres de là. Le bruit, étonnamment fort, les fit tous tressaillir. Dans le silence total qui s'ensuivit, la voix tonitruante de Red se fit entendre d'un bout à l'autre de l'embarcation : « Hé, Toglio, si je devais compter sur toi pour sauver ma peau, y a un an que je serais en enfer ! » Le rire dont il fut l'objet embarrassa Toglio, mais il s'efforça de sourire à son tour. Wilson résuma la situation, en disant de sa molle voix : « Toglio, tu peux toujours calculer un tas de manières de faire une chose, ça sort quand même tout entortillé. J'ai jamais vu un homme si têtu pour rien du tout. »

Toglio se dit que ça n'était pas vrai. Il aimait que les choses fussent faites comme il se devait, et tout simplement ces gars n'y comprenaient rien. Quelqu'un comme ce Red ruinait toujours votre travail en faisant rire tout le monde.

Soudainement, le régime du moteur augmenta, et le canot, après avoir complété un cercle, piqua en vrombissant vers la côte. Tout de suite les vagues commencèrent à cogner sur le mur de devant, et une longue cascade d'embruns arrosa les hommes. Il y eut un gémissement de surprise, suivi d'un silence. Croft enleva son fusil et mit un doigt sur le canon pour le tenir à l'abri de l'eau. Le temps d'une seconde il se sentit comme s'il montait un cheval au galop. « Nom de Dieu, on y va, fit quelqu'un.

— J'espère au moins que ç'a été nettoyé, là-bas », chuchota Brown.

Croft était condescendant et déprimé. Il s'était senti désappointé quand, quelques semaines plus tôt, il avait appris que sa section de reconnaissance avait été assignée au déchargement pour la première semaine de l'invasion ; et il n'éprouva que du mépris quand, à cette nouvelle, les hommes eurent manifesté leur plaisir. « Chiasse de poule », se dit-il à mi-voix. Un homme qui avait peur de montrer le bout de son nez, ne valait foutre rien. Mener les hommes à l'action était une chose qu'il désirait ardemment ; il se sentait alors puissant et sûr de lui-même. Il avait la nostalgie de la bataille qui se déroulait dans l'île, et il en voulait à la décision qui assignait sa section aux travaux de déchargement. Il se passa la main sur sa joue ferme et décharnée, regardant en silence autour de lui.

Hennessey se tenait debout près de la poupe. Croft, qui observait son visage blanc, décida qu'Hennessey avait peur, et cela l'amusa. Le garçon ne tenait pas en place ; il ne cessait pas de s'agiter, et une ou deux fois il tressaillit visiblement au son d'un bruit soudain. La démangeaison prit à une de ses jambes, et il se gratta avec violence ; ensuite, sous l'œil de Croft, il tira son pantalon hors de sa guêtre gauche, le roula au-dessus de son genou, et avec beaucoup de soin appliqua un peu de salive sur l'irritation. Croft considéra sa chair blanche, ses poils blonds, nota la peine qu'il se donnait pour replacer son pantalon dans la guêtre, et il en éprouva une étrange excitation — comme si ces gestes avaient une signification cachée. Il est trop prudent, ce garçon, se dit-il. Puis, avec une certitude passionnée, il pensa : « Hennessey sera tué aujourd'hui. » Il eut envie de rire pour donner libre cours à son émotion. Cette fois-ci c'était une certitude.

Mais, tout à coup, le souvenir lui revint du poker de la veille, du foule qu'il manqua d'avoir, et il en ressentit de la confusion et de l'écœurement. T'as l'air de penser que t'es bien malin, se dit-il. Son dégoût lui venait moins d'une conviction que ce genre de divinations n'avaient aucun sens, que de son sentiment qu'il ne pouvait pas s'y fier. Il secoua la tête, l'esprit vide dans l'attente des événements, puis il s'accroupit dans le fond de l'embarcation d'assaut qui piquait vers la côte.

Martinez vécut ses pires instants juste avant l'atterrissage. Toutes ses agonies de la veille, tous les effrois qui l'obsédaient depuis le matin, avaient atteint leur point culminant. Il appréhendait le moment où le mur de devant s'abaisserait, le moment où il faudrait quitter le canot. Il lui semblait qu'un obus les avalerait tous, ou que braquée face à l'étrave une mitrailleuse se mettrait à tirer à l'instant précis où ils seraient à découvert. Personne ne disait mot, et quand il fermait les yeux le bruit de l'eau qui cinglait le long de l'embarcation était accablant — comme s'il s'y noyait. Il ouvrit les yeux, s'enfonça les ongles avec désespoir dans la paume de ses mains. *Dios mio*, chuchota-t-il. D'un mouvement brutal il essuya la sueur qui coulait de son front dans ses yeux. Pourquoi ce silence ? se demanda-t-il. Et, au fait, tout était silence. Les hommes se taisaient, et une accalmie s'était faite sur la plage ; l'unique mitrailleuse qui crépitait au loin produisait un son creux et irréel.

Un avion surgit tout à coup et les survola en vrombissant, puis vida ses canons sur la jungle. Au bruit, Martinez faillit se mettre à crier, et il y eut des tiraillements dans ses jambes. Pourquoi est-ce qu'ils ne débarquaient pas ? Dans cet instant il se sentait presque prêt à accueillir le désastre qui l'attendait à la seconde où le mur de devant s'abaisserait.

« Est-ce que vous croyez qu'on aura bientôt du courrier ? » demanda Hennessey d'une voix de tête. Sa question se perdit dans un éclat soudain de rires. Martinez rit et rit, tantôt d'un petit rire nerveux, tantôt à pleine gorge.

« Cet enculé d'Hennessey », entendit-il dire Gallagher.

Soudainement Martinez se rendit compte que le canot s'était immobilisé. Le bruit du moteur avait changé, il était devenu plus fort et un peu incertain, comme si les hélices ne mordaient plus l'eau. L'instant d'après il comprit qu'ils avaient atterri.

Pendant plusieurs longues secondes ils restèrent sans bouger. Puis le mur de devant s'abaissa et Martinez entra en clopinant dans l'eau. Une vague se brisa sur ses jarrets, et il faillit tomber. Il avançait tête baissée, regardant l'eau. Ce n'est qu'après avoir atteint la berge qu'il comprit que rien ne lui était arrivé. Il regarda autour de lui. Cinq embarcations avaient atterri en même temps que la leur, et les hommes s'égaillaient sur la plage. Il vit un officier qui venait dans sa direction, il l'entendit demander à Croft : « Quelle section est-ce là ?

— Renseignements et reconnaissance, mon lieutenant. Détachés au service de déchargement. »

L'officier leur donna l'ordre d'attendre près d'un bouquet de cocotiers, à la lisière de la plage. La section s'ébranla lourdement sur le sable mou, et Martinez prit place dans le rang, trébuchant derrière Red. Il ne sentait rien, sinon que son arrêt venait d'être retardé.

Ils parcoururent deux cents mètres environ, puis s'arrêtèrent au bocage de cocotiers. Il faisait déjà chaud. La plupart des hommes se défirent de leur équipement et s'étalèrent sur le sable. D'autres hommes y avaient passé avant eux. Des unités de la première vague s'étaient assemblées tout près car le sable, piétiné tout alentour, était jonché de paquets de cigarettes et de boîtes de rations vides. Mais ces hommes étaient présentement à l'intérieur de l'île, avançant quelque part à travers la jungle, et la plage semblait à peu près déserte. Leur regard portait à deux cents mètres environ dans chaque direction, après quoi la plage disparaissait dans un tournant. Tout était quiet, relativement vide. Il se pouvait qu'il y eût pas mal d'activité de l'autre côté des tournants, mais il ne leur était pas possible de s'en rendre compte. Il était encore trop tôt pour l'arrivée du ravitaillement, et les troupes qui avaient débarqué en même temps qu'eux s'étaient immédiatement dispersées. A une centaine de mètres sur leur droite la marine avait établi un P.C. composé d'un officier, d'une table pliante, et d'une jeep garée dans une enfilade où la jungle rejoignait la plage. Sur leur gauche, à un huitième de mille de là, le personnel du Q.G. commençait à s'affairer. Quelques plantons creusaient des trous pour l'état-major du général, et dans une direction opposée deux hommes déroulaient en titubant un touret de fil téléphonique. Une jeep passa en bordure de l'eau, sur le sable humide et ferme, et disparut derrière le P.C. de la marine. Les embarcations d'assaut qui avaient atterri près des pennons multicolores du Q.G. avaient repris la mer, et on les voyait filer vers la flotte d'invasion. L'eau paraissait très bleue, et les bâtiments semblaient pris d'un léger frisson dans la brume du matin. Par intervalles un des torpilleurs tirait une volée, et une demi-minute plus tard les hommes entendaient le doux soupir de l'obus qui décrivait un arc en direction de la jungle. De temps à autre le vacarme d'une mitrailleuse venait de la brousse, auquel répondait bientôt le son aigu d'une arme japonaise.

Le sergent Brown regarda les cocotiers, dont les obus avaient fauché la cime. Plus loin il y avait un bouquet de cocotiers intacts, et Brown secoua la tête. Des tas d'hommes auraient pu tenir sous un bombardement comme ça, se dit-il. « C'est pas un si mauvais bombardement quand on pense à ce qu'ils ont fait à Motome », fit-il.

Red avait son air acerbe. « Voui, Motome. » Il se coucha sur son estomac, alluma une cigarette. « La plage pue déjà, annonça-t-il.

— Comment peut-elle puer ? demanda Stanley. Il est trop tôt encore.

— Ça pue, c'est tout », répondit Red. Il n'aimait pas Stanley. Bien qu'il eût exagéré le faible relent saumâtre qui venait de la jungle, il était prêt à défendre son affirmation. Il reconnut un ancien et familier découragement s'infiltrer en lui ; il se sentait cafardeux, irritable, il était trop tôt pour manger, et il avait fumé trop de cigarettes. « C'est pas une invasion, dit-il. C'est des exercices. Des manœuvres amphibies. » Il cracha avec dépit.

Croft ajusta sa cartouchière autour de sa taille, jeta son fusil sur son épaule. « Je vais aux renseignements, dit-il à Brown. Toi tu restes ici avec les hommes jusqu'à ce que je revienne.

— Ils nous ont oubliés, dit Red. On peut aussi bien dormir un coup.

— C'est pourquoi je vais aux renseignements, dit Croft.

— Pourquoi que tu nous laisses pas tranquilles, qu'on reste sur notre cul pour la journée ? gémit Red.

— Toi, Valsen, dit Croft, à partir d'à présent tu feras mieux de la boucler, ta grande gueule. »

Red le regarda avec défiance. « Qu'est-ce qu'y a ? demanda-t-il. Tu veux gagner la guerre tout seul ? » Ils se mesurèrent pendant quelques secondes, fixement, puis Croft s'en alla à grandes enjambées.

« Tu choisis le mauvais gars pour t'y frotter », dit le sergent Brown.

Red cracha de nouveau. « Je me laisse emmerder par personne. » Il pouvait sentir les battements accélérés de son cœur. Il y avait quelques cadavres en bordure de l'eau, à une centaine de mètres de là, et tandis que Red les regardait un soldat du Q.G. se mit à les haler sur le sable. Un avion patrouillait au-dessus d'eux.

« Il fait bougrement tranquille », dit Gallagher.

Toglio approuva de la tête. « Je vais creuser un trou. » Il décrocha sa pelle-bêche, et Wilson pouffa. « Te donne donc pas tant de peine », lui dit-il.

Toglio l'ignora et se mit à piocher. « Je vais en faire un moi aussi », dit Hennessey d'une voix flûtée, se mettant au travail à vingt mètres de Toglio. Le temps de quelques secondes il n'y eut pas d'autre bruit que le crissement de leurs pelles dans le sable.

Oscar Ridges soupira. « Crotte, dit-il. Je pourrais ben m'en faire moi aussi. » Il pouffa avec embarras et se pencha sur son équipement. Son rire avait ressemblé à un braiment prolongé.

« Ouaa-a-aaah ! » l'imita Stanley.

Ridges le regarda et dit d'une voix égale : « Ben, crotte, je peux rien comme je ris. C'est ben bon pour moi, je dois dire. » Il pouffa de nouveau, pour prouver sa bonne volonté, mais cette fois son rire fut bien plus châtié. Comme il n'y eut pas de réponse, il se mit à piocher. Son corps court et puissant était trapu et ramassé comme un billot. Il avait une face boulotte, avec une longue mâchoire ballante qui le faisait béer. Ses yeux à fleur de tête ajoutaient à son air benêt et bonne pâte. Ses mouvements, alors qu'il piochait, étaient exaspérément lents ; il rejetait chaque pelletée à l'endroit exact de la précédente, et avant de donner un autre coup de pelle il prenait son temps pour regarder autour de lui. Il y avait une sorte de circonspection dans sa personne, comme s'il avait l'habitude qu'on lui jouât des farces.

Stanley l'observait avec impatience. « Hé, Ridges, dit-il tout en cherchant du regard l'approbation du sergent Brown, si jamais tu étais assis sur un feu, je suppose que tu serais trop fainéant pour pisser dessus. »

Ridges sourit vaguement. « Je dois dire », fit-il quiètement, voyant Stanley s'approcher de lui, s'arrêter au-dessus du trou pour en examiner la profondeur. Stanley était un adolescent élancé, médiocrement bien fait, avec une longue face à l'expression un peu incertaine mais d'ordinaire vaine et dédaigneuse. Il eût été beau, n'était son long nez et sa moustache noire au poil clairsemé. Il n'avait que dix-neuf ans.

« Jésus, tu en as pour la journée, à piocher », dit-il, dégoûté. Sa voix était artificiellement rude, comme celle d'un acteur qui s'essaie à parler le langage des soldats.

Ridges ne répondit pas. Patiemment, il continuait à piocher. Stanley l'observait toujours, s'efforçant de trouver quelque chose de malin à dire. Il commençait à se sentir ridicule, piqué là sans plus, et, cédant à un coup de tête, il poussa du pied un peu de sable dans le trou. En silence, sans changer de rythme, Ridges rejeta le sable. Stanley se savait le point de mire de ses compagnons. N'étant pas sûr qu'ils se rangeraient de son parti, il regrettait un peu d'avoir amorcé l'attaque. Mais il avait été trop loin pour en rabattre. D'un coup de pied il fit tomber un gros tas de sable dans le trou.

Ridges mit bas sa pelle-bêche et regarda Stanley. Il avait toujours son air de patience, avec cependant une trace d'inquiétude dans l'expression. « Qu'est-ce que t'essaies de faire, Stanley, demanda-til.

— Ça ne te plaît pas ? ricana Stanley.

— Non, m'sieu. Ça me plaît point. »

Stanley grimaça un lent sourire. « Tu sais ce qu'il te reste à faire. »

Red avait observé la scène avec colère. Il avait de l'affection pour Ridges. « Dis donc, Stanley, cria-t-il, mouche-toi le nez et arrête de faire l'imbécile. »

Stanley vira sur lui-même et regarda Red d'un air furibond. L'affaire prenait une mauvaise tournure. Il avait peur de Red, mais il ne pouvait plus battre en retraite.

« Red, tu peux la boucler, dit-il.

— A propos de la boucler, dit Red d'une voix traînante, peux-tu me dire pourquoi tu te donnes la peine de cultiver cette mauvaise herbe sous ton nez, quand ça pousse tout de travers dans le trou de ton cul ? » Il avait mis un lourd et sarcastique accent de terroir dans sa parole, et cela fit rire les autres avant même qu'il eût terminé sa phrase. « Sacré vieux Red », pouffa Wilson sous cape.

Stanley rougit, puis fit un pas en direction de Red. « Tu ne vas pas me parler sur ce ton-là. »

Red était en colère. Il avait envie de se bagarrer. Il ne doutait pas qu'il pût corriger Stanley, mais il n'était pas prêt à affronter il ne savait quoi, et il domina sa colère. « Je pourrais te casser en deux », dit-il à Stanley en guise d'avertissement.

Brown se mit debout. « Dis donc, Red, coupa-t-il, tu ne piaffais pas tellement quand il s'est agi d'en découdre avec Croft. »

Red se tut, mécontent de lui-même. C'était donc cela. L'indécision le fit hésiter. « Non, pas tellement, dit-il. Mais y a personne avec qui je me battrais pas. » Il se demandait s'il avait eu peur de Croft. « Merde, vous me faites chier », dit-il, se retournant sur le côté.

S'étant rendu compte que Red ne se battrait pas, Stanley revint à l'attaque. « Ça ne va pas se passer comme ça », dit-il.

Red lui lança un regard. « Va te faire foutre. »

A sa propre surprise, Stanley s'entendit dire : « Qu'est-ce qu'il y a, tu as la chiasse ? » Il avait la certitude d'avoir été trop loin.

« Stanley, dit Red, j'aurais pu te casser la tête, mais j'ai pas envie de me bagarrer aujourd'hui. » Il se sentait repris par sa colère, et il s'efforçait de la dominer. « Allez, finis de m'emmerder. »

Stanley l'observa un instant, puis cracha dans le sable. Il était tenté de dire quelque chose encore, mais il savait que la victoire était de son côté. Il s'assit près de Brown.

Wilson se tourna vers Gallagher et secoua la tête. « J'aurais jamais pensé que vieux Red se dégonflerait », chuchota-t-il.

Voyant qu'on ne le molestait plus, Ridges retourna à sa pioche. Il ruminait un peu sur l'incident, mais le toucher apaisant du manche dans sa main tranquillisa son esprit. Un petit bout d'outil de rien du tout, se dit-il. Père rigolerait bien en voyant ça. Il s'absorba dans sa tâche, se sentant réconforté par le travail. Y a rien de tel comme le boulot pour être content, se dit-il. Le trou était presque terminé et il commença d'en tasser le fond, piétinant le sable dans un rythme égal et lourd.

Un claquement de gifle, pareil au bruit d'un tue-mouches sur le plat de la table, leur fit dresser la tête. Ils regardèrent autour d'eux avec inquiétude. « C'est un mortier japonais, murmura Brown.

— Il est tout près », fit Martinez sur le même ton. C'était le premier mot qu'il avait prononcé de la journée.

Les hommes du Q.G. s'aplatirent sur le sol. Brown prêta l'oreille, perçut un geignement accéléré, et ensevelit son visage dans le sable. L'obus explosa à quelque cent cinquante mètres de là. Couché et immobile, Brown écoutait le net et terrifiant bruit des éclats qui coupaient l'air et fauchaient le feuillage dans la jungle. Il étouffa un gémissement. L'obus avait atterri à une bonne distance, mais... Une déraisonnable panique s'emparait de lui. Il y avait toujours cette minute au commencement d'une alerte, quand il perdait complètement la tête et s'abandonnait à la première impulsion qui lui traversait l'esprit. Tandis que l'écho de l'explosion s'amortissait dans l'air, il bondit sur ses jambes. « Allez, foutons-le-camp d'ici, cria-t-il d'une voix excitée.

— Et Croft alors ? » demanda Toglio.

Brown s'efforça de réfléchir. Il ressentait un besoin urgent de quitter cet endroit de la plage. Une idée se présenta à lui, qu'il adopta d'emblée. « Là, vous autres qu'avez des trous, restez-y. Nous on va piquer un demi-mille par là-bas, et quand Croft reviendra rejoignez-nous. » Il se mit en devoir de ramasser ses affaires, se décida brusquement à les laisser en l'état, grommela : « Merde, prendrai ça plus tard », s'élança au petit trot. Les autres le suivirent du regard avec surprise, puis, haussant les épaules, Gallagher, Wilson, Red, Stanley et Martinez, éparpillés sur une longue file, prirent sa suite. Hennessey les accompagna des yeux, puis se tourna vers Toglio et Ridges. Il avait creusé son trou à quelques mètres seulement de l'îlot des cocotiers, et il essayait de voir à travers le bosquet ; mais, trop dense, la végétation obstruait le regard. Sur sa gauche le trou de Toglio, encore que distant d'une vingtaine de mètres, semblait bien loin ; le trou de Ridges, situé de l'autre côté de celui de Toglio, paraissait à une très grande distance. « Qu'est-ce que je dois faire ? » chuchota-t-il à l'adresse de Toglio. Il regrettait de n'être pas parti avec les autres, mais il avait craint de les suivre, de peur de s'exposer aux moqueries. Toglio regarda autour de lui et, se baissant, courut vers le trou d'Hennessey. La sueur couvrait sa large face.

« Je crois que la situation est très sérieuse, dit-il dramatiquement, fouillant du regard les approches de la jungle.

— Qu'est-ce qui se passe ? » demanda Hennessey. Il sentait un gonflement dans la gorge, qu'il lui était impossible de définir comme plaisant ou déplaisant.

« Je crois que les Japonais ont amené en douce un mortier près de la plage, et il se peut qu'ils nous attaquent. » Il se tamponna le visage. « J'aurais voulu que les gars aient creusé leurs trous ici.

— Ç'a été un sale coup de se sauver », dit Hennessey. Il était surpris par le ton naturel de sa voix.

« Je ne sais pas, dit Toglio. Brown a plus d'expérience que moi. On doit avoir confiance dans ses gradés. » Il fit couler un peu de sable entre ses doigts. « Je retourne à mon trou. Toi, tu ne bouges pas d'ici. Si des Japonais s'amènent, nous aurons à les arrêter. » Sa voix était sinistre. Hennessey approuva de la tête avec ardeur. C'est comme le cinéma, pensa-t-il. De vagues images se chevauchèrent dans son esprit. Il se vit debout, repoussant une charge. « Okay, petit gars », dit Toglio, lui tapant sur l'épaule. Se baissant de nouveau, il dépassa son propre trou et courut à Ridges pour lui donner ses instructions. Hennessey se souvint que Red lui avait dit que Toglio avait rejoint la section après que le pire de la campagne de Motome fut passé, et il se demanda si on pouvait se fier à lui.

Il s'accroupit dans son trou, scrutant du regard la jungle. Sa bouche était sèche, et il n'arrêtait pas de s'humecter les lèvres. Chaque fois qu'un mouvement se produisait dans la brousse, son cœur se contractait. Tout était calme sur la plage. Une minute se passa, et il commença à s'ennuyer. Il entendit un camion qui embrayait dans le bas de la plage. Il risqua un coup d'œil, vit, au large, une nouvelle vague d'embarcations d'assaut qui filaient vers l'île. Des renforts pour nous autres, se dit-il, se rendant aussitôt compte combien son idée était absurde.

Le sec bruit de gifle arriva de la jungle, suivi d'une autre décharge, puis d'une autre et d'une autre. C'est des mortiers, pensa Hennessey, se disant qu'il saisissait vite. Il entendit, presque au-dessus de sa tête, un son aigu et perçant, pareil à celui que font les freins d'une voiture à l'instant de la collision. Instinctivement, il se recroquevilla dans son trou. Il ne sut pas ce qui se passa dans la seconde d'après. Il perçut une effroyable explosion qui sembla se répercuter dans les moindres recoins de sa tête, et la terre trembla et s'ébranla sous lui. Il se sentit pilonné et étourdi par un coup d'air, et criblé par une avalanche de débris. Une autre explosion s'ensuivit, accompagnée de débris et de chocs, et puis un autre coup d'air et un autre. Il se surprit sanglotant dans son trou, terrifié et plein de dépit. Quand un autre obus eut atterri, il se mit à crier d'une voix d'enfant : « C'est assez, *c'est assez !* » Le bombardement avait cessé depuis une bonne minute, qu'il grelottait encore dans son trou. Ses cuisses étaient chaudes et humides, et il pensa d'abord : « Je suis blessé. »

Tout était paisible et plaisant, et il eut la vague image d'un lit d'hôpital. Il se tâta et se rendit compte, à la fois avec gaieté et répugnance, qu'il avait sali son pantalon.

Tout son corps se raidit. Si je reste sans bouger, je ne me salirai pas, pensa-t-il. Il se souvint que Red et Wilson disaient qu'il fallait « serrer le trou de son cul », et il comprit ce qu'ils voulaient dire. Il se mit à pousser de petits rires nerveux. Les bords de son trou s'effritaient, et il eut un instant d'angoisse à l'idée qu'ils s'affaisseraient lors du prochain bombardement. Il commençait à se renifler, et il eut un peu mal au cœur. Est-ce qu'il devait changer de pantalon ? se demanda-t-il. Il n'y avait qu'un seul pantalon de rechange dans son équipement, et il n'en aurait peut-être pas d'autre avant un mois. S'il jetait celui qu'il portait, ils étaient capables de le lui faire payer.

Mais non, ça n'était pas vrai, se dit-il ; on ne paie pas pour les effets perdus en campagne. Il fut repris par un accès de petits rires nerveux. Quelle histoire à raconter à papa ! Le temps d'une seconde il entrevit le visage de son père. Quelque chose en lui aiguillonnait son courage et le poussait à jeter un regard par-dessus le parapet de son trou. Il se souleva avec précaution, de peur aussi bien de salir davantage son pantalon que d'apercevoir quelque ennemi.

Toglio et Ridges se tenaient au fond de leurs trous respectifs, et Hennessey eut le soupçon qu'ils l'avaient abandonné. « Toglio, caporal Toglio », appela-t-il ; mais sa voix ne fut qu'un murmure rauque et enroué. Il n'y eut pas de réponse, et il ne se demanda pas s'ils l'avaient entendu. Il était seul, tout seul, se dit-il, et il éprouva une épouvante énorme de se sentir si isolé. Où pouvaient-ils bien être ? Il n'avait jamais vu de combat avant, et ce n'était pas juste de l'avoir laissé seul. Il se sentait amer d'avoir été déserté. La jungle avait un aspect de mauvais augure, comme un ciel d'orage. Tout à coup il sut qu'il ne pouvait plus rester là. Il sortit de son trou, empoigna son fusil, et se mit à ramper.

« Hennessey, où vas-tu ? » cria Toglio, sortant la tête de son trou.

Hennessey s'arrêta, puis commença à babiller. « Je vais trouver les autres. C'est important, j'ai sali mon pantalon. » Il se mit à rire.

« Reviens ici ! » cria Toglio.

Le garçon coula un regard vers son trou, et il sut qu'il ne lui était pas possible d'y revenir. La plage paraissait si pure et si paisible. « Non, il faut que j'aille », dit-il, se mettant à courir. Il entendit Toglio qui l'appelait de nouveau, puis il ne fut conscient que du bruit de son souffle. Soudainement il se rendit compte que quelque chose ballottait dans la poche que son pantalon faisait à l'endroit de la guêtre. Il se déboutonna, abaissa son pantalon un peu frénétiquement, secoua ses selles, et se remit à courir.

Il passa près des fanions qui signalaient le point d'atterrissage aux embarcations, aperçut un officier de marine couché à plat ventre dans une petite dépression aux approches de la jungle. Tout soudain le bruit du mortier lui parvint, et immédiatement après le tir d'une mitrailleuse. Une couple de grenades firent explosion, éclatant avec le bruit creux et fort d'un sac de papier gonflé d'air. Il y a quelques-uns de nos soldats après ces Japonais avec le mortier, pensa-t-il, écoutant venir sur lui un hurlement de sirène. Il pirouetta sur place, puis se jeta à terre. Peut-être avait-il senti la déflagration avant qu'un éclat de shrapnel lui eût déchiré la cervelle en deux.

Red le trouva, alors que la section était sur son chemin de retour. Ils avaient attendu la fin du bombardement dans une longue tranchée en zigzag, à l'une des extrémités de la plage. Quand le mot leur parvint que les Japonais et leur mortier venaient d'être liquidés, Brown prit la décision de revenir. Ne se sentant pas d'humeur sociable, Red s'était mis instinctivement en tête de colonne. Il venait de sortir d'un virage quand il vit Hennessey, la face dans le sable, une profonde déchirure sur le casque, et un petit cercle de sang sur la tête. Une de ses mains était tournée la paume en l'air, les doigts serrés comme s'il avait voulu retenir quelque chose. Red en eut mal au cœur. Il avait eu de l'affection pour Hennessey — un genre d'attachement qu'il ressentait d'ailleurs pour nombre de ses compagnons, et il y avait toujours la possibilité que cela finît de cette façon-là. Ce qui l'obsédait, c'était le souvenir de la nuit qu'ils passèrent ensemble sur le pont lors de l'attaque aérienne, quand Hennessey avait gonflé sa ceinture de sauvetage ; le souvenir d'un moment de terreur et de panique comme si quelqu'un, *quelque chose*, les avait observés par-dessus leurs épaules en riant. Il y a des corrélations où il ne devrait pas y en avoir.

Brown arriva derrière lui, regardant le corps d'un œil fixe et troublé. « Est-ce que j'aurais pas dû le laisser ? » demanda-t-il. Il s'efforçait de ne pas penser à sa responsabilité.

« Qui prend soin des corps ?

— Le service des enterrements.

— Bon, je m'en vais les trouver pour qu'ils l'enlèvent », dit Red.

Brown se renfrogna. « On doit se tenir tous ensemble. » Il se tut, puis enchaîna avec colère. « Nom de Dieu, Red, t'as drôlement la frousse aujourd'hui. Tu cherches des crosses à tout le monde puis tu te débines, tu piques des attaques de nerfs... » Il regarda Hennessey et ne termina pas sa phrase.

Red l'avait déjà quitté. Cet endroit de la plage, Brown l'allait éviter pour le restant de la journée. Il cracha, essayant d'exorciser l'image qu'il gardait du casque d'Hennessey et de la tache de sang qui s'écoulait par la déchirure du métal.

Les hommes de la section lui emboîtèrent le pas, et quand ils eurent rejoint Toglio, tous se mirent à creuser des trous dans le sable. Toglio tournait nerveusement en rond, répétant sans cesse qu'il avait hurlé à Hennessey de rester en place. Martinez essaya de le rassurer. « Okay, tu peux rien faire », lui dit-il à plusieurs reprises. Il creusait son trou avec rapidité et aisance, se sentant calme pour la première fois de la journée. Sa terreur s'était évanouie avec la mort d'Hennessey. Rien ne pouvait lui arriver maintenant.

Croft, à son retour, ne fit aucun commentaire des nouvelles que lui donna Brown. Brown en fut soulagé, se disant qu'il n'avait à se blâmer de rien, et il cessa d'y penser.

Mais Croft, lui, n'arrêta pas d'y ruminer de tout le jour. Plus tard, alors qu'ils travaillaient au déchargement, il se surprit plus d'une fois à y penser. La mort d'Hennessey lui valut une réaction semblable à celle qu'il éprouva dans l'instant où il découvrit que sa femme le trompait. Dans cet instant-là, avant que sa rage et sa peine eussent commencé d'agir, il avait ressenti une lancinante excitation due à la certitude que sa vie venait de changer, et que certaines choses ne seraient plus jamais les mêmes. Cette certitude, il l'avait de nouveau. La mort d'Hennessey lui avait ouvert des vues d'une telle omnipotence, qu'il n'osait pas les considérer en face. Tout le jour l'événement rôda dans sa tête, l'obsédant de rêves étranges et de présages de puissance.

DEUXIÈME PARTIE

Forme et argile

1

Lors des exposés préliminaires qu'il avait faits devant son état-major, le général de brigade Edward Cummings, commandant en chef des troupes dans l'île, avait décrit Anopopéi comme ayant la forme d'un ocarina. L'image était assez exacte. Une haute arête de montagnes traversait dans son axe longitudinal le corps fuselé de l'île, longue de cent cinquante milles environ, large de cinquante. Faisant une saillie presque perpendiculaire au gros de l'île, une péninsule s'avançait en mer sur une vingtaine de milles.

Les forces du général Cummings avaient débarqué sur la pointe de cette péninsule, et en peu de jours elles firent une avance de cinq milles environ. Ayant jailli hors des embarcations d'assaut, la vague initiale avait remonté la plage en courant et s'était retranchée aux approches de la jungle. Les vagues suivantes passèrent outre, s'infiltrant dans la forêt vierge le long des pistes précédemment déblayées par les Japonais. Il y eut peu de résistance pendant un jour ou deux, le gros de l'ennemi s'étant retiré dès le début du bombardement naval. Les premières avances ne furent que légèrement retardées par des embuscades mineures, établies au fond d'un ravin ou en travers d'une piste. Les troupes ne progressaient qu'avec précaution, quelques dizaines de mètres à la fois, dépêchant de nombreuses patrouilles pour reconnaître le terrain. Plusieurs jours s'écoulèrent sans qu'il pût être question d'une ligne de front continue. De petits groupes se faufilaient dans la jungle, engageaient de courtes escarmouches contre des groupes encore moins nombreux, puis avançaient de nouveau. L'ensemble du mouvement était progressif, mais chaque unité individuelle avançait sans direction déterminée. Elles étaient comme des fourmis dans la haute herbe, qui s'épuisent à haler des miettes de pain.

Le troisième jour les hommes avaient conquis un champ d'atterrissage japonais. Affaire sans importance — une bande de terre défrichée dans la jungle, d'un quart de mille, avec un petit hangar camouflé sous la broussaille et quelques baraques que les Japonais avaient détruites. Cet exploit fut inclus dans le communiqué du Pacifique, et les speakers de la radio annoncèrent la victoire en queue de leur programme. Les deux sections qui avaient déniché l'aéroport réduisirent au silence l'unique mitrailleuse qui défendait l'éclaircie, puis envoyèrent un message sans-fil au bataillon du Q.G. Les troupes du général, qui se retranchaient sur des positions de défense pour la nuit, connurent pour la première fois un semblant de cohésion. Le général fit établir sa ligne du front à quelques centaines de mètres derrière le terrain d'aviation, et ce soir-là il put entendre l'artillerie japonaise qui bombardait le champ. Vers le milieu de la matinée suivante ses troupes avancèrent d'un autre demi-mille le long de la péninsule, et une fois de plus le front se scinda en de nombreuses et lentes gouttelettes de mercure.

Il semblait impossible d'y maintenir quelque ordre. Deux compagnies démarraient au matin avec une liaison parfaitement établie entre leurs flancs, et à la tombée du jour elles bivouaquaient à un mille l'une de l'autre. La jungle leur opposait une bien plus grande résistance que les Japonais, et les hommes s'efforçaient de l'éviter chaque fois que cela leur était possible : ils se frayaient des chemins le long des talus, taillaient des pistes dans la broussaille relativement plus lâche qui entourait les îlots de cocotiers, avançaient avec plaisir à travers les rares échappées couvertes d'herbe kunaï. Mais, ces éclaircies, les Japonais les bombardaient à des heures imprévisibles, et les troupes durent finalement les éviter, progressant à l'aveuglette par les incertains passages qu'offraient les endroits les moins touffus de la forêt vierge.

Au cours de la première semaine de la campagne la jungle fut de loin la pire ennemie du général. La division avait été avertie que les forêts d'Anopopéi représentaient un obstacle formidable, mais cette mise en garde n'allégea en rien la tâche des troupes. Dans les parties les plus serrées de la brousse, un homme mettait une heure pour avancer de quelques dizaines de mètres. Au cœur de la forêt, des arbres hauts de cent mètres étendaient leurs basses ramures dans un rayon de deux cents pieds. Là-dessous poussaient d'autres arbres, dont la végétation massive dérobait à l'œil le tronc du géant, et dans le peu d'espace qui restait, lianes et fougères, bananiers sauvages et palmiers nains, fleurs et arbustes, se pressaient dans un fouillis chaotique, se haussaient vers le peu de lumière qui y filtrait, appelant l'air et la nourriture comme des serpents au fond d'une fosse. Il faisait toujours sombre dans les profondeurs de la jungle, comme sous un ciel d'orage, et l'air n'y bougeait jamais. Tout y proliférait, tout y était chaud et moite comme si la forêt eût été un immense amas de chiffons graisseux qui s'échauffent et fermentent sous les voûtes d'un énorme dépôt. Dans cette température de serre les feuilles se donnaient des dimensions prodigieuses, et là-dessous, dans la fournaise et la déliquescence, rien n'était silencieux. Les oiseaux pépiaient, les petits animaux et parfois un serpent bruissaient et glapissaient — le tout sur le fond d'un calme presque palpable où l'on pouvait entendre la végétation qui croissait dans un borborygme de ravissement.

Nulle armée n'aurait pu y vivre ou s'y frayer un passage. Les hommes contournaient l'épais de la jungle, s'ouvraient des pistes dans les sous-bois, traversaient des îlots de cocotiers — et même là leur vision n'excédait jamais quinze à trente mètres. Aussi, lors des premières phases de l'opération les hommes ne purent avancer que par de tout petits groupes qui allaient en tâtonnant. La péninsule, sur ce point, n'avait que quelques milles de largeur, mais bien que le général eût finalement déployé un front de deux mille hommes, la liaison ne laissa pas d'être imparfaite. Entre deux compagnies de cent quatre-vingts hommes, il y avait toute la place voulue pour que n'importe quel nombre de Japonais pussent s'y glisser. Lors même que le terrain était comparativement clair, les compagnies n'essayaient pas toujours d'établir un commencement de ligne. Après une semaine de tâtonnements, le concept stratégique d'un front continu n'avait guère dépassé le stade d'un concept. Il restait partout des Japonais sur les arrières des troupes, et à travers la jungle, sur tout le terrain que le général avait conquis dans la péninsule, embuscades et escarmouches allaient bon train, au point que la partie saillante de l'ocarina paraissait couverte de cloques. La confusion était intense et continue.

Le général s'y était attendu, et il avait pris ses dispositions en conséquence. Deux tiers de ses forces, qui comptaient six mille hommes, furent gardées en réserve. Elles travaillaient au déchargement et battaient la jungle avec des patrouilles de sécurité. Avant le commencement de la campagne les services des renseignements l'avaient informé que les Japonais avaient au moins cinq mille hommes à lui opposer. Jusqu'à présent quelques centaines seulement de ces Japonais avaient pris contact avec ses troupes. Leur commandant, le général Toyaku, se préparait évidemment pour une défense prolongée. Comme pour confirmer cette supposition, les trop rares avions de reconnaissance que le G.Q.G. de l'armée mettait de temps à autre à la disposition du général Cummings avaient pris des photos montrant une puissante ligne de défense établie par Toyaku sur un front qui courait des contreforts de la montagne à la mer. Quand Cummings aurait atteint la base de la péninsule, il lui faudrait exécuter un tournant de quatre-vingt-dix degrés sur sa gauche et faire face à Toyaku.

Ces raisons justifiaient aux yeux de Cummings la lenteur de son avance. Une fois que ses hommes auront débouché devant la ligne Toyaku il sera essentiel de les ravitailler convenablement, d'où la nécessité d'une route qui pût y suffire. Dès le second jour de l'invasion il avait jugé avec justesse que les batailles décisives se dérouleraient fort loin de ses bases, et il fit immédiatement détacher un millier d'hommes à la construction de la route, qui fut commencée à partir d'une piste en assez bon état dont les Japonais s'étaient servis pour leurs transports motorisés entre le terrain d'aviation et la côte. Le génie de la division s'employa à l'élargir, puis à l'empierrer avec du gravier pris sur la plage. Mais derrière l'aéroport les pistes étaient rudimentaires, et après la première semaine un autre millier d'hommes furent assignés aux travaux de voirie.

Il leur fallait trois jours pour remblayer quinze cents mètres, et les troupes de ligne poussaient constamment de l'avant. Au bout de trois semaines elles avaient remonté la péninsule sur une quinzaine de milles, tandis que la construction de la route n'atteignait que la moitié de cette distance. Au delà, le ravitaillement s'effectuait à dos d'homme, tâche qui occupait à son tour un millier d'hommes.

La campagne progressait sans incidents, de jour en jour. Le communiqué radiodiffusé n'en faisait plus mention. Les pertes étaient légères, et la ligne du front avait finalement acquis une certaine forme. Le général suivait l'activité ininterrompue des hommes et des camions entre le camp sur la plage et la jungle, se contentant temporairement de nettoyer ses arrières des Japonais qui s'y trouvaient encore, de construire la route, et de faire s'avancer ses premières lignes d'un pas mesuré. Il savait que dans une semaine ou deux, dans un mois au plus, la véritable campagne allait commencer.

2

Tout était nouveau pour les bouche-trous fraîchement débarqués, et ils se sentaient misérables. Ils semblaient trempés tout le temps. De quelque manière qu'ils se prissent pour monter leurs tentes, elles s'écroulaient au cours de la nuit. Ils n'arrivaient pas à ancrer dans le sable les piquets de façon à les y faire tenir. Quand il commençait à pleuvoir, ils ne voyaient pas d'autre alternative que de ramasser leurs jambes et d'espérer que leurs couvertures ne seraient pas trop trempées. Au milieu de la nuit on les réveillait pour la garde, et ils allaient en trébuchant s'asseoir dans quelque trou humide, écarquillant les yeux au moindre bruit.

Ils étaient trois cents, et tous se sentaient un peu émus. Tout leur était étrange. Pour une raison ou une autre ils ne s'étaient pas attendus à être de corvée dans une zone de combat, et ils étaient désorientés par le contraste entre l'activité pendant le jour, quand camions et embarcations n'arrêtaient pas d'aller et de venir, et la quiétude des soirs, quand tout devenait paisible. Il faisait alors plus frais, et de l'autre côté de l'eau le coucher du soleil était presque toujours très beau. Les hommes fumaient leur dernière cigarette avant la nuit, ils écrivaient des lettres, ou bien ils s'efforçaient de consolider leurs tentes avec une pièce de bois. Avec la venue de la nuit, la bataille mettait une sourdine ; le crépitement lointain des petites armes à feu et l'écho distant de la canonnade semblaient ne concerner personne. Tout était confus et compliqué, et chacun fut content parmi les bouche-trous quand on les eut enfin incorporés dans leurs compagnies respectives.

Croft, lui, n'était pas content. Il avait espéré, contre toute vraisemblance, que sa section recevrait les huit hommes dont elle avait besoin, et à son dam on ne lui en assigna que quatre. Ce fut, pour lui, le couronnement d'une série de frustrations depuis qu'il avait débarqué avec sa section à Anopopéi.

Première contrariété : ils ne virent pas de combat. Obligé de laisser la moitié de sa division pour faire garnison à Motome, le général n'avait fait venir à Anopopéi qu'une partie seulement de ses officiers et de son personnel subalterne. On leur assigna des tentes dans le bivouac du 460e régiment, et il fut décidé d'établir celles du G.Q.G. à l'ombre d'un bouquet de cocotiers, sur un petit escarpement sablonneux qui dominait la mer.

La section de Croft avait été désignée à cet établissement. Leur nouvelle tâche leur échut après seulement deux jours de corvée sur la plage, et ils passèrent le restant de la semaine à nettoyer les broussailles, à poser des barbelés, à niveler le sol pour les tentes du mess. Ceci fait, leur emploi du temps était devenu tout de routine. Chaque matin Croft devait assembler sa section pour la présenter au travail sur la plage ou bien au chantier de la voirie. Une semaine s'écoula de la sorte, et puis une autre — sans patrouilles.

Croft rongeait son frein. Ces corvées, encore qu'il y eût apporté la même efficacité qu'il mettait à exécuter toute tâche qu'on lui confiait, ces corvées l'irritaient. L'immuable routine quotidienne le dégoûtait. L'arrivée des bouche-trous procura une issue à son ressentiment. Avant qu'ils eussent été repartis dans leurs unités, il ne les avait pour ainsi dire pas quittés des yeux, observant comme ils pliaient leurs tentes, comme ils se présentaient à l'appel pour la corvée, et, tel un entrepreneur qui envisage l'agrandissement de son chantier, il s'était complu à calculer toutes les patrouilles qu'il aurait pu commander avec son plein de dix-sept hommes.

Quand il apprit qu'on ne lui donnait que quatre hommes, il se sentit furieux. Cela lui en faisait treize en tout, quand, sur le papier du moins, une section de reconnaissance devait compter vingt hommes. A Motome, sept de ses gars furent assignés à titre permanent aux services des renseignements du régiment, et ils étaient bel et bien perdus pour lui. Ils n'allaient jamais en patrouille, ils ne montaient jamais la garde, ils ne participaient pas aux corvées, ils étaient commandés par d'autres gradés — si bien qu'il ne se rappelait même plus leurs noms. Et tandis que toute autorité lui fut enlevée sur ces sept-là, il s'était vu obligé de composer des patrouilles de trois ou de quatre hommes seulement, alors qu'il en eût fallu le double.

Pour ajouter à sa déconvenue, il découvrit qu'un cinquième homme, assigné pourtant à sa section, avait été dirigé sur une escouade du Q.G. Après le rata du soir, il gagna à grandes enjambées la tente des officiers de semaine au Q.G. et amorça une dispute avec le capitaine Mantelli, officier d'état-major.

« Dites donc, mon capitaine, vous allez me donner cet autre homme de l'escouade du Q.G. »

Mantelli était un homme blond qui portait des lunettes et qui riait gaiement d'une voix de tête. Devant l'impétueuse sortie de Croft il esquissa un geste moqueur de défense, en se couvrant le visage des deux mains.

« Un instant, Croft, dit-il en riant, je ne suis pas un de ces maudits Japonais. Qu'est-ce qui vous prend d'entrer ici en trombe et de mettre sens dessus dessous cette belle demeure ?

— Mon capitaine, j'ai été à court de monde assez longtemps, et je marche plus. J'en ai marre de risquer la peau de mes gars quand y a sept hommes, sept hommes nom de Dieu, assis sur leur cul au Q.G., faisant le planton et le diable sait quoi pour vous autres les officiers. »

Mantelli poussa un rire. Il fumait un cigare qui avait un air incongru dans son mince visage. « Croft, imaginez que je vous donne ces sept hommes : qui, par tous les diables, qui me passera mon papier hygiénique quand il m'arrive d'en avoir besoin ? »

Croft empoigna le rebord de la table et lança un regard furieux à Mantelli. « Vous pouvez plaisanter, mon capitaine, mais je connais mes droits. Ce cinquième homme appartient à ma section. Tout ce qu'ils lui feront faire, là-bas au Q.G., c'est tailler des crayons. »

Mantelli rit de nouveau. « Tailler des crayons ! Nom de Dieu, Croft, je ne pense pas que vous ayez une bonne opinion de moi. » L'air du soir soufflait du côté de la plage, faisant claquer les rabats de la tente où il n'y avait personne à part les deux hommes.

« Écoutez, continua Mantelli, je sais que c'est une sacrée honte que vous soyez à court d'hommes, mais qu'y puis-je, moi ?

— Vous pouvez me donner ce cinquième homme. Il est assigné à ma section, et je suis le sergent de ma section. Il me le faut. »

Mantelli frotta ses pieds sur le sol battu de la tente. « Qu'est-ce que vous pensez qu'il se passe là-bas, au service des opérations ? Le colonel Newton s'amène, et par Dieu il s'aperçoit que le boulot n'est pas fait, et le voilà qui perd comme qui dirait un soupir : « Les choses ne vont pas bien vite ici », et je voudrais être damné si ça ne me retombe pas sur le dos. Croft, réveillez-vous, vous ne comptez pas, la seule chose qui compte c'est qu'il y ait assez de fonctionnaires pour faire marcher les bureaux du Q.G. » Il fit rouler son cigare dans sa bouche, comme s'il pesait une hypothèse. « Maintenant que le général et tout son état-major bivouaquent ici, en sorte qu'il n'y a plus moyen de cracher sans faire mouche sur quelque conseil de guerre, maintenant on puisera encore davantage dans votre section. Et si vous n'arrêtez pas de rouspéter, je vous mets au nettoyage des rubans de machine à écrire.

— Ça m'est égal. Vous me donnez cet autre homme ou bien je vais voir le commandant Pfeiffer, le colonel Newton, le général Cummings. Je m'en fous. Ma section sera pas toujours de corvée sur la plage, et je veux mon compte de bonshommes. »

Mantelli soupira. « Croft, si on vous laissait faire vous feriez votre tri dans les bouche-trous comme si vous achetiez des chevaux.

— Et comment encore que je le ferais, mon capitaine.

— Mon Dieu, vous ne me laissez jamais un moment de paix, vous autres. » Il se renversa sur sa chaise, flanquant un coup de pied à sa table. A travers les rabats de la tente il pouvait voir la plage, encadrée dans un bouquet de cocotiers. Très au loin une pièce d'artillerie tira un coup de feu.

« Cet homme, vous allez me le rendre, oui ?

— Oui, oui, oui... » dit Mantelli, regardant de côté. Sur le sable, à une centaine de mètres de là, les bouche-trous montaient leurs tentes. Loin en mer quelques bateaux Liberty à l'ancre disparaissaient dans la brume du soir. « Oui, je vous le donnerai, ce pauvre couillon. » Il fouilla dans un tas de feuilles, suivit du doigt une liste de noms, souligna l'un d'eux avec son ongle. « Il s'appelle Roth. Vous en ferez à coup sûr un tirailleur à tout casser. »

Les bouche-trous furent laissés sur la plage pour une autre couple de jours. Au soir du lendemain qui avait suivi l'échange entre Croft et Mantelli, Roth errait tristement entre les tentes. L'homme avec lequel il bivouaquait, un gars de ferme d'un bon naturel, était quelque part sous une tente amie, et Roth n'était pas d'humeur à l'y rejoindre. Il l'avait fait la nuit précédente et comme d'habitude, il s'y sentit en étranger. Son compagnon de tente et les copains de celui-ci étaient tous des jeunes à peine sortis de l'école communale, ils riaient énormément à des plaisanteries stupides, ils luttaient les uns avec les autres, et ils juraient. Il ne savait jamais quoi leur dire. Il éprouvait un vague désir de parler à quelqu'un sérieusement. Il ne connaissait personne assez bien parmi les bouche-trous, tous ceux avec qui il avait fait la traversée ayant été dispersés au dernier dépôt de triage. Mais même ceux-ci furent sans grand intérêt. Tous plus stupides les uns que les autres, pensa-t-il. La seule chose à quoi ils pouvaient songer, c'était les femmes.

Il regarda mélancoliquement les tentes éparpillées sur le sable. Dans un jour ou deux il sera versé dans sa nouvelle unité, et cette perspective n'avait rien de réjouissant. Le voilà tirailleur ! Quelle sale affaire. Ils lui avaient cependant dit qu'il serait employé aux écritures. Il haussa les épaules. La chair à canon, c'est tout ce dont l'armée avait besoin. Même un homme comme lui, de santé délicate et père de famille, ils le bombardent tirailleur. Il était pourtant qualifié pour faire autre chose, il avait son baccalauréat, il avait l'habitude des travaux de bureau. Mais essaie d'expliquer ça à l'armée.

Il passa à côté d'une tente où un soldat enfonçait des piquets dans le sable. Il s'arrêta, puis reconnut l'homme. C'était Goldstein, un de ceux qui furent assignés avec lui pour la section de reconnaissance. « Tiens, tu es tout occupé je vois », dit-il.

Goldstein leva la tête. Il paraissait avoir vingt-sept ans environ. Il était très blond. Ses yeux bleus, légèrement protubérants, avaient une expression amicale et sérieuse. Il regarda Roth avec une attention soutenue, comme s'il avait la vue basse, puis, allongeant le cou, il sourit avec beaucoup de chaleur. Ce mouvement de la tête, et la concentration attentive de son regard, produisaient aussitôt l'impression d'une grande sincérité. « Je suis en train de consolider ma tente, dit-il. J'y ai pensé et repensé tout le jour, et j'ai enfin trouvé ce qui ne va pas. Ces piquets sont trop courts, ils n'ont pas été conçus pour le sable. » Il sourit avec enthousiasme. « Alors je me suis coupé des branches dans la brousse et je me fabrique des pieux. Je parie que cela tiendra dans n'importe quel vent. » Sa parole sonnait toujours juste, bien qu'elle fût un peu précipitée, comme s'il eût craint d'être interrompu. N'eût été l'inattendue expression de tristesse qui traçait une ligne entre les ailes de son nez et les coins de sa bouche, en l'eût pris pour un adolescent.

« C'est une très bonne idée », dit Roth. Il hésita un moment, ne trouva rien à ajouter, s'assit sur le sable. Goldstein se remit à son travail, en fredonnant. « Qu'est-ce que tu penses de notre affectation ? » demanda-t-il.

Roth haussa les épaules. « C'est ce que j'avais prévu : pas bon. » Il était de petite taille, et il avait le dos bizarrement voûté et de longs bras. Tout en lui semblait de guingois ; il avait un long nez triste et des poches sous les yeux ; ses épaules tombaient lourdement, et ses cheveux coupés presque à ras faisaient ressortir ses larges oreilles. « Non, elle ne me plaît pas, notre affectation », répéta-t-il un peu pompeusement. L'ensemble de sa personne faisait penser à un singe lugubre.

« Je crois que nous avons eu de la chance, dit Goldstein doucement. Après tout, ce n'est pas comme si nous devions aller dans le pire de la fournaise. On dit que c'est une bonne unité, et puis on y trouvera un type de gars plus intelligent. »

Roth ramassa une poignée de sable, la laissa tomber. « A quoi bon me faire des illusions ? dit-il. Comme je vois les choses, chaque pas qu'on fait dans l'armée est pire que le précédent, et celui qui nous attend sera le pire de tous. » Il avait la voix caverneuse ; et il parlait si lentement, que Goldstein marqua un signe d'impatience.

« Mais non, mais non, tu es trop pessimiste, dit-il. Il s'empara d'un casque et s'en servit en guise de maillet pour enfoncer un piquet. Si tu me permets cette remarque, ce n'est pas la bonne façon de voir les choses. Il assena plusieurs coups avec le casque, puis laissa échapper un sifflement désabusé. C'est de la camelote, cet acier. Regarde comme je l'ai bosselé en tapant sur le pieu. »

Il y eut une trace de mépris dans le sourire de Roth. L'animation de Goldstein l'irritait. « Tout ça ce sont des mots, dit-il. La vérité, c'est qu'on n'a jamais de répit dans l'armée. Rappelle-toi le bateau sur lequel nous sommes venus. Ils nous ont serrés là-dedans comme des sardines.

— Je suppose qu'ils ont fait du mieux qu'ils ont pu, suggéra Goldstein.

— Du mieux qu'ils ont pu ? Je ne le pense pas. » Il se tut, comme pour faire le tri de ses griefs et en choisir les plus significatifs. « Est-ce que tu as vu comment étaient les officiers ? Ils dormaient dans des cabines de luxe, quand nous étions entassés dans la cale comme des porcs. C'est pour qu'ils se sentent supérieurs, un groupe à part. C'est le même moyen dont se sert Hitler pour persuader les Allemands de leur supériorité. » Il se sentit sur le point de découvrir quelque chose de profond.

Goldstein leva la main. « Mais c'est pourquoi nous ne pouvons pas nous permettre une pareille attitude. C'est contre cela que nous luttons. » Et comme si ses propres paroles avaient frôlé quelque endroit meurtri de son esprit, il fronça les sourcils avec colère. « Ah, je ne sais pas, c'est tous une bande d'antisémites.

— Qui ? Les Allemands ? »

Goldstein ne répondit pas tout de suite. « Oui... prononça-t-il.

— C'est seulement une façon de voir le problème, dit Roth un peu emphatiquement. Cependant je ne crois pas que ça soit si simple que cela. »

Goldstein se sentit tout à coup triste, et il cessa d'écouter. Jusqu'à cet instant il avait été d'une humeur allègre, et soudain il se vit en proie à une vive émotion. Tandis que Roth parlait, il secouait de temps à autre la tête ou bien il faisait entendre un son avec sa langue — sans aucun rapport avec ce que disait l'autre. Il se rappelait un incident survenu cet après-midi. Il avait été témoin d'une conversation entre plusieurs soldats et un chauffeur de camion. Celui-ci, un grand gaillard à la face ronde et rouge, disait aux bouche-trous quelles étaient les bonnes unités, et quelles les mauvaises. Il avait déjà embrayé et mis en marche son camion, quand il lança par-dessus son épaule : « Priez le bon Dieu qu'on vous colle pas dans la compagnie F, où c'est qu'ils fourrent tous ces sacrés Juifs. » Il y eut une explosion de rires, et quelqu'un cria après lui : « S'ils me collent là-dedans, je fous ma démission à l'armée. » Et de rire. Goldstein rougit de colère au souvenir de cette scène. Il sentit tout le désespoir de sa rage, et toute son impuissance. Il regrettait de n'avoir pas dit un mot à ce garçon qui avait répondu au camionneur. Mais ce garçon était sans importance. Il avait seulement essayé de se rendre intéressant. C'était ce chauffeur de camion. Il revit de nouveau sa face rouge et brutale, et malgré lui il eut peur. Ce *grobe yung*, ce paysan, se dit-il. Il se sentait extrêmement déprimé : ce genre de visage-là se profilait derrière tous les pogromes contre les Juifs.

Il s'assit près de Roth, regardant d'un air maussade la mer. Quand Roth eut fini de parler, il approuva de la tête. « Pourquoi sont-ils comme cela ? demanda-t-il.

— Qui ?

— Les antisémites. Pourquoi n'apprennent-ils jamais ? Pourquoi est-ce que Dieu le permet ? »

Roth ricana. « Dieu est un article de luxe que je ne peux pas m'offrir »

Goldstein frappa la paume de sa main avec son poing. « Non, tout simplement je ne comprends pas. Comment Dieu peut-il voir tout ça, et le permettre ? Nous sommes soi-disant le peuple élu. Il renifla avec mépris. Élu ! Élu pour les *tsoris*.

— Personnellement, je suis un agnostique », dit Roth.

Goldstein regarda ses mains un temps, puis il sourit tristement. Les lignes se creusèrent autour de sa bouche et ses lèvres prirent une expression sarcastique. « Quand l'heure sera venue, dit-il solennellement, ils ne te demanderont pas quel genre de Juif tu es.

— Je pense que tu te fais trop de soucis à ce sujet », dit Roth. Il se demandait pourquoi tant de Juifs étaient pleins de toutes sortes de contes de bonne femme. Ses parents, eux au moins, étaient modernes ; mais lui, Goldstein, il était comme un vieux grand-père farci de gémissements et de malédictions, persuadé qu'il allait périr d'une mort violente. « Les Juifs se font trop de mauvais sang », dit-il. Il frotta son long nez triste. C'est un garçon bizarre, ce Goldstein, pensa-t-il. Il s'enthousiasme à propos de tout et de rien, au point que c'en est idiot ; et cependant il suffit de s'embarquer dans une question de politique ou d'économie ou de toucher à n'importe quel sujet d'actualité, et aussitôt, comme tous les Juifs, il ramène la conversation au problème de l'antisémitisme.

« Si nous ne nous faisions pas de mauvais sang, dit Goldstein avec amertume, personne ne s'en ferait. »

Roth trouvait cela irritant. Simplement parce qu'il était Juif lui aussi, les Juifs présumaient toujours qu'il devait réagir de la même façon qu'eux. Il en éprouvait un sentiment de frustration. Sans doute : une part de ses malheurs venait du fait qu'il était Juif, mais il y avait là une simple injustice ; ce n'était pas parce qu'il prenait ou non un intérêt au problème juif, ni non plus parce que le hasard l'avait fait naître Juif. « Bon, ce n'est pas la peine d'en parler », dit-il.

Ils restèrent assis, regardant les derniers rayons du couchant. Au bout d'un moment Goldstein consulta sa montre puis loucha du côté du soleil, presque entièrement disparu sous la ligne de l'horizon. « Deux minutes plus tard qu'hier, dit-il à Roth. J'aime me rendre compte des choses comme celle-ci.

— J'avais un ami, dit Roth, qui travaillait au bureau météorologique de New York.

— Oui ? demanda Goldstein. Tu sais, j'ai toujours voulu faire un travail de ce genre. Mais il y faut une bonne éducation. Ça demande un tas de calculs, je suppose.

— Il a été au collège, admit Roth. Il préférait cette sorte de conversations. Elles étaient moins sujettes à controverse. Oui, il a été au collège, répéta-t-il. Mais c'est égal : simplement, il a eu plus de chance que la plupart d'entre nous. Je sors du collège de la ville de New York, et je ne m'en trouve pas mieux.

— Comment peux-tu dire cela ? demanda Goldstein. Pendant des années j'ai rêvé d'être ingénieur. Pense seulement quelle chose merveilleuse c'est de pouvoir dessiner tout ce que tu veux. Il soupira avec tristesse, puis sourit. Mais je ne m'en plains pas. J'ai eu bien de la chance, malgré tout.

— On se débrouille tout aussi bien sans collège, l'assura Roth. Je ne trouve pas qu'un diplôme serve à grand-chose pour trouver du travail. Il renifla avec amertume. Sais-tu que je me suis promené pendant deux ans sans travail ? Est-ce que tu sais ce que ça représente ?

— Mon ami, dit Goldstein, tu n'as pas besoin de me le dire. J'ai toujours eu du travail, mais certaines de mes occupations ne valent pas la peine qu'on en parle. Il eut un sourire désapprobateur. A quoi bon se plaindre ? demanda-t-il. A tout prendre, nous nous sommes bien tirés d'affaire. Il avança sa main, la paume à l'air. Nous sommes mariés l'un et l'autre, et nous avons chacun un enfant. Tu as un enfant, n'est-ce pas ?

— Oui, dit Roth. » Il sortit son portefeuille, et Goldstein put discerner dans la douteuse lumière du soir les traits d'un joli garçonnet de deux ans. « Il est beau ton petit, dit-il. Et ta femme est très... très plaisante à voir. » C'était une femme sans grâce, avec un visage trapu.

« C'est ce que je crois », dit Roth. Il regarda l'image de la femme et de l'enfant de Goldstein, l'en complimenta automatiquement. Il se sentait tout ému en pensant à son fils. Il se souvenait comment son garçonnet le réveillait, le dimanche matin. Sa femme mettait l'enfant dans leur lit, et le petit s'installait à califourchon sur l'estomac de son père, il lui tiraillait les poils du torse et il gazouillait de plaisir. D'y penser lui donnait des pointes de joie et de regret à la fois, car il se rendait compte qu'il n'avait pas su prendre tout son bonheur avec son fils au temps où il l'avait avec lui. Il s'irritait quand on dérangeait son sommeil, et il était tout étonné maintenant qu'il ait pu passer outre à de si grands bonheurs. Il lui semblait dans cet instant qu'il était très près de se comprendre, de se comprendre fondamentalement, et il en éprouva une sensation de mystère et de découverte, comme s'il eût trouvé des ponts et des abîmes invisibles dans la grise et familière étendue de son existence. « Tu sais, dit-il, la vie est drôle. »

Goldstein soupira. « Oui », répondit-il paisiblement.

Une vague de sympathie porta Roth vers Goldstein. Il y a quelque chose de bien attachant en lui, décida-t-il. Toutes ces pensées qui vous traversent l'esprit, il n'y a qu'un homme à qui on puisse les dire. Une femme doit s'occuper de ses enfants et de toutes les petites choses quotidiennes. « Il y a un tas de choses qu'on ne peut pas dire à une femme, fit-il.

— Je ne le pense pas, dit Goldstein avec chaleur. J'aime discuter avec ma femme. Il y a une merveilleuse camaraderie entre nous. Elle comprend si bien les choses. Il se tut, comme pour trouver le mot juste qui exprimât sa pensée. Je ne sais pas, mais quand j'avais dix-huit ou dix-neuf ans, j'avais une idée différente des femmes. Je les désirais, oui, c'est tout. J'avais l'habitude d'aller chez les filles ; je me souviens comme cela me dégoûtait, mais j'y retournais la semaine d'après. Il regarda l'eau pendant un moment, puis sourit avec sagacité. Être marié m'a fait comprendre bien des choses quant aux femmes. Tout cela est si différent de ce qu'on pense quand on est gosse. C'est... peu importe, je ne sais pas ce que c'est. Les femmes, ajouta-t-il solennellement, les femmes n'aiment pas ça de la même façon que nous. Elles n'y attachent pas un si grand prix. »

Roth eut la tentation de lui poser des questions au sujet de sa femme, mais il hésita. Ce que Goldstein venait de dire lui fit du bien. Les doutes, les souffrances qu'il ressentait en écoutant les soldats parler de leurs affaires d'amour, s'apaisaient. « C'est vrai, admit-il avec plaisir. Les femmes, simplement, ne s'y intéressent pas. » Il se voyait très proche de Goldstein, comme s'ils partageaient en commun un grand savoir. Il y avait quelque chose de très fin, de très bienveillant en lui. Il ne serait jamais cruel avec personne, pensa-t-il. Et, de plus, il avait la certitude que Goldstein l'aimait bien.

« Il fait très bon d'être assis ici », dit-il de sa voix profonde. Sous la lune les tentes se paraient d'un éclat d'argent, et la plage scintillait en bordure de l'eau. Il se sentait plein de choses difficiles à exprimer. Goldstein était une âme sœur, un ami. Il soupira. Pour être compris, sans doute fallait-il toujours qu'un Juif en allât trouver un autre.

Cette idée le démoralisa. Pourquoi devait-il en être ainsi ? Il avait son bachot, il avait de l'éducation, il était bien au-dessus à peu près de tout le monde ici, et à quoi cela lui servait-il ? Le seul homme qu'il ait pu trouver à qui il valût la peine de parler, s'exprimait un peu comme un vieux Juif à barbe.

Ils restèrent assis, gardant le silence. La lune disparut derrière un nuage, et la plage devint calme et très sombre. Des bruits assourdis de conversation et de rire s'échappaient parfois des tentes et filtraient à travers la nuit. Roth pensait qu'il lui faudrait bientôt retourner à sa tente, et il appréhendait la perspective d'être réveillé pour la garde. Il aperçut un soldat qui s'en venait dans leur direction.

« Je crois que c'est Buddy Wyman, dit Goldstein. C'est un brave gars.

— Est-ce qu'il vient avec nous dans cette section de reconnaissance ? » demanda Roth.

Goldstein fit un signe de tête affirmatif. « Oui. Quand nous l'avons appris, nous avons décidé de camper ensemble — s'ils nous laissent faire. »

Roth sourit aigrement. Il aurait dû s'en douter. Comme Wyman s'accroupissait pour pénétrer sous la tente, il se poussa de côté et attendit que Goldstein les présentât l'un à l'autre. « Je crois que je t'ai vu quand ils nous ont désignés, dit-il.

— Oui, bien sûr, je me souviens de toi », dit Wyman affablement. C'était un jeune homme élancé, aux cheveux clairs et à la figure osseuse. Il se laissa tomber en bâillant sur une couverture. « Je ne pensais pas que je resterais si longtemps à bavarder, dit-il à Goldstein en manière d'excuse.

— Ne t'en fais pas, dit Goldstein. J'ai eu une idée pour fixer la tente, et je crois que cette nuit ça tiendra debout. » Wyman examina la tente, nota les piquets. « Dis, c'est épatant, fit-il. Je regrette que je n'étais pas là pour te donner un coup de main, Joe.

— Ça ne fait rien », dit Goldstein.

Roth eut le sentiment qu'il était de trop. Il se leva, en s'étirant. « Je pense que je vais filer, dit-il, frictionnant de la main son maigre avant-bras.

— Reste encore un moment, dit Goldstein.

— Non, je veux piquer un somme avant de monter en garde. » Il s'en fut, traînant les jambes dans le noir. La bienveillance de Goldstein ne signifie pas grand-chose, pensa-t-il. Tout juste un aspect artificiel de son caractère. Ça ne va pas bien loin.

Il soupira. Ses pieds faisaient un bruit de succion sur le sable, comme s'il pataugeait dans la boue.

« Bien sûr, disait Polack, qu'y a toutes sortes de moyens pour se tirer d'affaire. Il avança en souriant sa longue mâchoire vers Steve Minetta. Ça n'existe pas, qu'on peut pas se débrouiller. »

Minetta n'avait que vingt ans, mais ses cheveux étaient suffisamment dégarnis pour lui prêter un front dégagé. Il portait une mince moustache qu'il cultivait avec soin. Une fois on lui avait dit qu'il ressemblait à William Powell, et il se peignait de façon à rendre la ressemblance plus réelle. « Nix, je suis pas d'accord, dit-il. Y a des cas qu'on peut pas se débrouiller.

— Qu'est-ce que te racontes là ? voulut savoir Polack. Il se retourna sur sa couverture pour faire face à Minetta. Une fois, chez la marchande de volailles, j'achète une poule. Y avait un morceau de gras qui venait avec, mais au lieu d'un j'en embarque deux, en douce. » Il se tut, pour plus d'effet, et Minetta rit de voir la grimace sur la bouche impudique de Polack.

« Oui ? Et puis alors ? demanda-t-il.

— Eh bien, la marchande, elle me quitte pas de l'œil, et quand je commence d'emballer l'oiseau, elle dit : « Où qu'il est, l'autre morceau de gras ? » Je la regarde et je dis : « Vous en voulez pas, m'ame, il est tout pourri, ça va vous gâter la marchandise. » Elle secoue la tête et dit : « Vous occupez pas, jeune homme. Remettez-moi ça en place. » Qu'est-ce que je pouvais faire ? J'ai remis tout en place.

— Comment que t'a gagné la partie, alors ?

— Hé, avant de tout remettre, j'y ai crevé la bile, à l'oiseau. Cette poule, elle devait avoir le goût de la merde. »

Minetta haussa les épaules. La lune éclairait suffisamment la tente pour qu'il pût distinguer le visage de Polack. Il souriait largement, et Minetta trouvait que son voisin était bien comique avec les trois dents qui lui manquaient au coin gauche de la bouche.

Polack devait avoir ses vingt-sept ans, mais il avait des yeux malins et obscènes, et quand il riait sa peau se ratatinait comme celle d'un quinquagénaire. Minetta se sentait un peu mal à l'aise dans sa compagnie. Il avait la crainte secrète de n'être pas de force.

« Arrête de crâner, dit-il. Ce Polack, à qui donc croyait-il raconter des histoires ?

— C'est la vérité vraie, dit Polack d'une voix cassée. Il avait une façon particulière d'estropier les mots.

— C'est la vérité vraie, fit Minetta en le singeant.

— Tu t'amuses, hein ? demanda Polack.

— Je peux pas me plaindre, dit Minetta. Tu parles comme un livre d'histoires comiques. Il bâilla. En tout cas, quelqu'un que personne a jamais possédé, c'est l'armée.

— Je me suis pas si mal débrouillé, dit Polack.

— Tant que t'es dans l'armée, t'es pas débrouillé du tout, dit Minctta. Il se frappa le front et s'assit. Ces nom de Dieu de moustiques », dit-il. Il fourragea sous son oreiller fait d'une serviette enroulée autour d'une chemise sale, ramena une lotion contre la morsure des moustiques. Tu parles d'une vie, ronchonna-t-il, tout en s'enduisant le visage et les mains. Il se souleva sur son coude, alluma une cigarette, se souvint qu'il était défendu de fumer. « Eh, et puis merde alors », dit-il à haute voix après une seconde d'hésitation. Mais, inconsciemment, il dissimula la cigarette dans le creux de sa main. « Nom de Dieu, j'aime pas vivre comme un porc », dit-il, se tournant vers Polack. Il tapota son oreiller. « Dormir sur son linge sale, dans ses vêtements sales. Personne vit comme ça. »

Polack haussa les épaules. Il était second dans une famille de sept enfants, et jusqu'au jour où il échoua dans un orphelinat il avait toujours dormi sur une couverture étalée à même le sol, près d'un fourneau à charbon, au centre de la pièce. Quand, vers le milieu de la nuit, le feu avait baissé, celui des gosses qui le premier avait eu froid se levait et regarnissait le fourneau. « C'est pas si mal de porter des vêtements sales, dit-il. Ça chasse les punaises. » Il avait commencé à laver son linge dès l'âge de cinq ans.

« Pas vrai que c'est une saloperie de choix ? demanda Minetta. Renifler ta propre puanteur, ou être dévoré par les punaises. » Il pensait à ses vêtements de civil. On le connaissait dans toute sa rue comme celui qui s'habille le mieux, qui apprend le premier les nouveaux pas de danse, et maintenant il portait une chemise trop grande de deux pointures. « Hé, tu connais la blague sur les frusques de l'armée ? demanda-t-il. Il y en a de deux pointures : les trop larges et les trop étroites.

— Je la connais, dit Polack.

— Ah ! bon. » Il se souvenait comment, vers le milieu de l'après-midi, il passait une heure à s'habiller et à se peigner avec soin. Il y prenait du plaisir alors même qu'il n'avait pas où aller. « Dis-moi comment on se tire de l'armée, et je dirai que tu sais comment on gagne à tous les coups.

— Y a des moyens, dit Polack.

— Bien sûr, y a même des moyens pour aller au paradis, mais qui y va jamais ?

— Y a des moyens », répéta mystérieusement Polack, secouant la tête dans le noir. Minetta ne voyait que son profil, et il se disait qu'avec son nez crochu et sa longue mâchoire qui se rabattait sur ses gencives fuyantes Polack ressemblait à une caricature de l'Oncle Sam.

« Alors, quels moyens ? demanda-t-il.

— T'as pas assez de couilles pour ça, dit Polack.

— Je vois pas que tu te tires toi-même, de l'armée », insista Minetta.

La voix de Polack était grinçante et drolatique. « J'aime ça, l'armée », dit-il.

Minetta commençait à s'irriter. Il n'y avait jamais moyen de gagner un point contre Polack. « Eh, va te faire foutre, dit-il.

— Oui, toi aussi va te faire foutre. »

Ils se tournèrent le dos et restèrent tranquilles dans leurs couvertures. Une brume arrivait de l'océan, et Minetta eut un frisson. Il pensait à la section de reconnaissance dans laquelle ils venaient d'être versés tous deux, et il se demanda avec un petit frémissement d'angoisse s'il allait pouvoir supporter le feu. Tout en s'assoupissant il rêvassait à son retour, il se voyait dans sa rue avec ses rubans sur sa manche. Il se rendit compte que ce retour chez lui était bien lointain encore, et la peur du feu lui revint. Il entendit le bruit distant d'une canonnade, et il tira sa couverture par-dessus ses épaules. Il en ressentit une sensation de bien-être. « Hé, Polack, dit-il.

— Que...oi ? » fit Polack, qui dormait presque.

Minetta avait oublié ce qu'il voulait dire. « Tu penses qu'il va pleuvoir cette nuit ? demanda-t-il au hasard.

— A verse.

— Oui », dit Minetta, fermant les yeux.

Cette même nuit Croft discutait avec Martinez la nouvelle organisation de la section. Ils étaient accroupis sur leurs couvertures, sous leur tente. « Ce Mantelli est un drôle de Macaroni », dit-il.

Martinez haussa les épaules. Les Italiens étaient tout comme les Espagnols, comme les Mexicains. Il n'aimait pas ce genre de conversation. « Cinq hommes nouveaux, marmonna-t-il pensivement. Nom de Dieu grande section. » Il sourit dans l'obscurité et donna une petite tape sur l'épaule de Croft. Il était rare qu'il montrât des marques d'affection. « Section tas de bagarres maintenant, hein ? » ajouta-t-il après un moment.

Croft secoua la tête. « Je voudrais être damné si je sais. » Il se racla la gorge. « Dis donc, mange-Japonais, y a quelque chose que je veux te dire. Je vais nous diviser de nouveau en deux escouades, et je pense que je vais garder la plupart des anciens dans une escouade, et monter l'autre avec toi et Toglio. »

Martinez se toucha le nez, qu'il avait mince et aquilin. « Ancienne escouade avec Brown ?

— Oui.

— Red, caporal de Brown ? » demanda Martinez.

Croft renifla. « Pour rien au monde je choisirais Red. Ce gars-là sait pas obéir aux ordres, alors comment diable pourrait-il en donner ? » Il ramassa un bâton et se donna un coup sur la guêtre. « J'ai pensé à Wilson, dit-il. Mais Wilson sait même pas lire une carte.

— Gallagher ?

— J'aimerais bien, Gallagher. Mais il voit rouge tout le temps. Il hésita un instant. Je te dirai : j'ai pris Stanley. Brown me casse les oreilles avec Stanley, tellement il le vante. Je me suis dit qu'il est fait pour s'entendre avec Brown. »

Martinez haussa les épaules. « Ta section. »

Croft cassa le bâton en deux. « Je sais, Stanley est le plus grand lèche-cul de la section, mais au moins il voulait le boulot, ce qu'on peut pas dire de Red ou de Wilson. S'il fait pas l'affaire je le dégomme, c'est tout. »

Martinez approuva de la tête. « Seulement essayer, je suppose. » Il regarda Croft. « Tu dis j'ai escouade avec sacrés hommes qui sont... sont *nouveaux ?*

— C'est ça. » Il lui flatta l'épaule. Martinez était le seul homme de la section qu'il aimât, et il en prenait un souci presque paternel — tout à fait contraire à sa nature. « Je te dirai, mange-Japonais, fit-il d'un ton brusque. T'en as vu plus qu'aucun homme dans la section, moi y compris. Comme je vois les choses, je m'en vas utiliser les anciens pour la plupart des patrouilles parce qu'ils savent s'y prendre. L'escouade avec les nouveaux se la coulera douce pour un bon moment. C'est pourquoi je veux que tu la commandes. »

Martinez pâlit. Son visage était sans expression, mais un de ses yeux clignota nerveusement à plusieurs reprises. « Brown mauvais nerfs, dit-il.

— Au diable, Brown. Depuis l'affaire des canots de caoutchouc, il a toujours manqué le coup de pétard. C'est son tour. T'as besoin de repos, vieux. »

Martinez effleura sa ceinture. « Martinez sacré bon éclaireur okay, dit-il avec fierté. Brown bon gars, mais ses nerfs... pas foutre bon. Moi avec vieille escouade, okay ?

— La nouvelle se la coulera douce. »

Martinez secoua la tête. « Nouveaux hommes pas me connaître. J'aime pas. Pas foutre bon. » Il se raidit, dans l'effort de traduire ses sentiments en anglais. « Je donne ordre... dispute. Écoutent pas moi. »

Croft fit oui de la tête. L'argument n'était pas sans valeur. Et cependant il savait quelle peur Martinez avait. Parfois, la nuit, il pouvait l'entendre qui gémissait dans ses cauchemars. Quand il le touchait pour le réveiller, Martinez sursautait comme un oiseau qui prend l'envol. « T'es vraiment sûr, mange-Japonais ?

— Oui. »

Quel bon vieux gars ce mange-Japonais, pensa Croft. Il y avait de bons Mexicains et de mauvais Mexicains, mais les bons étaient imbattables. Un vrai homme lâche pas son boulot, se dit-il. Il ressentit un singulier élan d'affection pour Martinez. « T'es un bon vieux fils de garce », lui dit-il.

Martinez alluma une cigarette. « Brown peur, Martinez peur, mais Martinez meilleur éclaireur », dit-il doucement. Son œil clignait toujours. Il semblait que, devenue transparente, sa prunelle révélait les battements angoissés de son cœur.

*
* *

LA MACHINE A FAIRE LE TEMPS : JULIO MARTINEZ. FERRER LA JUMENT

Un Mexicain de petite taille, svelte, très beau, la chevelure ondoyante et soignée, les traits menus. Son corps avait le port et la grâce d'un cerf. Et comme celle d'un cerf, sa tête n'était jamais tout à fait immobile. Ses yeux, d'un brun liquide, semblaient toujours sur le qui-vive, comme s'il eût été sur le point de prendre la fuite.

Les petits garçons mexicains se nourrissent eux aussi de légendes américaines ; eux aussi veulent être héros, aviateurs, amants, financiers.

Julio Martinez, huit ans, marche dans les rues fétides de San-Antonio, 1926. Il trébuche sur les cailloux, et il regarde le ciel du Texas. Hier il a vu un avion dans les airs ; aujourd'hui, étant jeune, il espère voir un autre avion.

(Quand je grand je fais avions qui volent.)

Ses courtes culottes blanches lui arrivent à mi-cuisse. Sa chemise blanche décolletée découvre des bras de garçonnet, fins et hâlés. Son cheveu est noir et bouclé. Madré petit Mexicain.

Professeur m'aime, mama m'aime, grosse grasse mama avec l'haleine ; ses bras sont forts et sa poitrine est molle ; la nuit, dans les deux petites chambres, on entend mama et papa, creuh-crouh, creuh-crouh, pouffe dans ton oreiller. (Quand je grand je fais avions qui volent.)

Dans le quartier mexicain les rues ne sont pas pavées, et de petits auvents de bois penchent dans la canicule. On y respire la poussière, le pétrole, la graisse de cuisine, on y renifle la galeuse odeur d'éparvin des chevaux de trait et des vieillards déchaussés qui sucent leur pipe.

Mama le secoue, elle le houspille en espagnol. Fainéant, va me chercher un poivron et une livre de frijoles. Il prend la pièce de monnaie, elle est froide dans la paume de sa main.

Mama, quand je grand je pilote avion.

Tu es mon brave petit gars (l'humide, le cuisant suçon de ses lèvres, odeur de chair), maintenant va me chercher ce que je t'ai dit.

Il y a beaucoup de choses je ferai, mama.

Elle rit. Tu gagneras de l'argent, tu auras des terres, mais maintenant file.

Les petits garçons mexicains grandissent ; le poil leur vient au menton, pareil à une vigne minuscule. Quand on est paisible et timide, il est difficile de se trouver une fille.

Isidoro est son grand frère ; il a vingt ans et il est chic. Ses souliers sont marron et blanc et ses favoris sont longs de deux pouces. Julio l'écoute.

Je tombe de la bonne camelote. Grandes filles. Filles blond platiné, Alice Stewart, Peggy Reilly, Mary Hennessey. Filles protestantes.

Moi aussi je les tombe.

Isidoro rit. Toi fais l'amour dans ta main. Plus tard tu seras malin. Tu apprendras à jouer la femme comme une guitare.

Julio fait l'amour à quinze ans. Dans la rue en terre battue il y a une petite fille qui ne porte pas de culotte. Isabel Flores, sale petite fille. Tous les garçons elle fait l'amour avec.

Julio, tu es tendre, tendre, tendre.

Sous l'arbre, derrière la maison vide, dans le noir. Julio comme les chiens, okay ?

Il sent la douce nausée qui rend malade. (Filles protestantes m'aiment bien, je gagnerai beaucoup d'argent.) Isabel, quand je grand je t'achète beaucoup de robes.

Le corps velouté et moite de la petite fille se détend. Elle est couchée sur ses vêtements épars, ses jeunes seins s'abandonnant dans la chaleur de l'été. Robes ? elle demande. De quelle couleur seront-elles ?

Julio Martinez est grand garçon maintenant, grand financier ; il travaille dans une gargote. Au comptoir. Pleine, riche odeur de cochon frit, d'ail fondu dans les saucisses sur la grille. Joe et Nemo, Harry et Dick. La gargote s'appelle White Tower. Lardons sur un plateau brûlant et la friture, la graisse rance à gratter avec la spatule. Martinez porte un veston blanc.

Les Texiens sont parfois impatients. Hé, toi le gars, dépêche avec ce chilé.

Oui, monsieur.

Les prostituées le regardent comme s'il n'existait pas. Beaucoup d'assaisonnement, garçon.

Oui, mademoiselle.

Les phares des automobiles flamboient dans la nuit électrique. Sur le sol de ciment ses pieds lui font mal. (Je gagnerai beaucoup d'argent.)

Mais il n'y a pas de travail qui rapporte beaucoup d'argent. Que peut faire un jeune Mexicain à San Antonio ? Il peut travailler au comptoir d'une gargote ; il peut être chasseur d'hôtel ; il peut être ramasseur saisonnier de coton ; il peut ouvrir une boutique ; il ne peut pas être docteur, avocat, grand marchand, patron.

Il peut faire l'amour.

Rosalita a un gros ventre ; c'est un ventre presque aussi gros que celui de son père, Pedro Sanchez. Tu épouseras ma fille, dit Pedro.

Sí. (Rosalita deviendra grasse, des enfants courront par la maison.

Creuh-crouh, creuh-crouh, pouffe dans ton oreiller. Lui creusera des fossés sur les routes.)

En tout cas tu as été son premier.

Sí. (Ça n'était pas sa faute. Sheik, Ramses, Golden Trojan, bonnes capotes pourtant. Parfois c'était deux dollars pris sur les vingt qu'il se faisait par semaine.)

J'en parlerai à Señora Martinez.

Sí. Si vous voulez.

La nuit est lourde de chagrin. Rosalita est tendre, mais il y a des filles plus tendres. Il marche par les rues en terre battue. On commence à les paver.

Fatigué ? Inquiet ? Tomber une fille ? Engage-toi dans l'armée.

En 1937, Martinez est soldat de deuxième classe. En 1939, il est toujours soldat de deuxième classe. Gentil timide Mexicain avec de bonnes manières. Sa tenue est toujours impeccable et c'est bien suffisant pour appartenir à un corps de cavalerie.

Il y a les corvées. Tu sarcles le jardin des officiers, tu peux être boy dans leurs réceptions. Tu panses ton cheval après l'avoir monté ; si c'est une jument, tu lui torches le dessous de la queue. Il fait chaud dans les étables, on y sent le sperme de cheval. (Je t'achèterai beaucoup de robes.) Un soldat frappe son cheval sur la tête. C'est la seule manière que ce con de fils de garce à quatre pattes comprend. Le cheval hennit de douleur, rue des quatre fers. Le soldat frappe de nouveau. Ce fils de garce qui a essayé de me foutre en bas, aujourd'hui. Traite un cheval comme un moricaud et il marchera droit.

Martinez sort de sa stalle. Le soldat vient seulement de s'apercevoir de sa présence. Hé, Julio, dit-il, tu vas la boucler.

Le frisson instinctif. (Hé, toi le gars, dépêche avec ce chilé.)

Le signe de tête affirmatif, le sourire. Je la boucle, dit Martinez.

Le Fort Riley est grand et vert et les casernes sont de brique rouge. Les officiers vivent dans de jolies petites maisons avec jardin. Martinez est l'ordonnance du lieutenant Bradford.

Julio, est-ce que tu cireras bien mes bottes aujourd'hui ?

Oui, mon lieutenant.

Le lieutenant se sert à boire. Tu veux un verre, Martinez ?

Merci, mon lieutenant.

Je veux que tu y mettes un bon coup aujourd'hui, dans la maison.

Oui, mon lieutenant. Un bon coup.

Le lieutenant cligne de l'œil. Fais les choses comme si c'était pour toi.

Oui, mon lieutenant.

Le lieutenant et sa femme sortent. Je pense que tu es le meilleur boy que nous ayons jamais eu, Houlio, dit Mme Bradford.

Merci, m'ame.

Quand la conscription arrive, Martinez fait caporal. La première fois qu'il fait faire des exercices à une escouade il est si épouvanté que c'est à peine s'il peut parler. (Je veux me faire foutre si je me laisse commander par un Mex.) Escouade gauche, à gauche par escouades. En arrière marche ; en arrière marche. (Vous devez bien comprendre vos responsabilités ; il n'y a rien de plus difficile au monde que d'être un gradé parfait. Ferme et distant, ferme et distant, voilà le mot-clé.) COL-onne DROITE. Les chaussures pilonnent l'argile rouge, la sueur coule. Hot, hop, hip, hor, hot, hop, hip, hor. (Je baise filles blanches, filles protestantes, ferme et distant. JE SERAI UN BON GRADÉ.)

Escouade halte ! ReeePOS !

Martinez est versé dans un régiment d'infanterie, division du général Cummings. Il va outre-mer comme caporal dans une section de reconnaissance. Il y a les découvertes. On peut tomber les filles australiennes. Les rues de Sydney, la fille blonde avec les taches de rousseur, qui lui tient la main. Je pense que tu es terriblement gentil, Joolio.

Toi aussi. Le goût de la bière australienne, et les soldats australiens qui le tapent d'un dollar.

Yank, t'as un shilling ou deux ?

Yank ? Okay, bégaie-t-il.

La blonde prostituée avec qui il fait l'amour. Oh, quel rouleau tu as, Joolie, quel sacré sacré rouleau. Redonne-le me le donne.

Je redonne. (Je baise Mme la lieutenante Bradford, je baise Peggy Reilly et Alice Stewart, je serai un héros.)

Martinez regarde un brin d'herbe. BII-Yououou. Le claquement de l'obus se perd en criant dans la brousse. Il rampe, se glisse derrière une souche d'arbre. BII-Yououou. La grenade est lourde et mate dans sa main. Il lui donne de la hauteur, enfouit sa tête dans le secret profond de ses bras. (Les bras de mama sont forts et sa poitrine est molle.) BAAA-ROUOUOUOUOUMM.

Tu l'as eu, le fils de putain ?

Où diable est-il ?

Martinez rampe pouce à pouce. Le Japonais est couché sur le dos, son menton profilé sur le ciel. La tripe blanche de ses boyaux dessine une fleur sur un fond rouge.

Je l'ai eu.

Tu es un bon vieux bâtard, Martinez.

Martinez fait sergent. Les petits garçons mexicains se nourrissent eux aussi de légendes américaines. S'ils ne peuvent pas être aviateurs ou financiers ou officiers, ils peuvent toujours être héros. Pas la peine de trébucher sur les cailloux et de regarder le ciel du Texas. N'importe quel gueux peut être héros.

Mais cela ne te crée pas protestant blanc, ferme et distant.

3

Une altercation était sur le point d'éclater au mess des officiers. Depuis une dizaine de minutes le lieutenant-colonel Conn s'était lancé dans une tirade contre les syndicats ouvriers, et le lieutenant Hearn dominait mal son impatience. Il n'était pas facile de garder son sang-froid dans cet endroit. Monté en grande hâte, le mess n'était vraiment pas assez spacieux pour recevoir quarante officiers. Tout était à l'étroit sous les deux tentes d'escouade mises bout à bout, qu'encombraient six tables, douze bancs, une cuisine roulante. De plus, la campagne venant à peine de commencer, le menu des officiers ne s'était pas encore amélioré par rapport à celui des troupes. Il y eut une ou deux fois du gâteau ou de la tarte, et un jour il y eut de la salade quand on put acheter une caisse de tomates à bord d'un cargo de passage, mais en général les repas étaient plutôt mauvais ; et comme les officiers payaient leur table sur leur indemnité de nourriture, ils ressentaient cet état de choses avec un rien d'aigreur. Chaque plat était salué d'un murmure de dégoût, prudemment atténué du reste, car le général prenait maintenant ses repas au mess, à une petite table située à l'une des extrémités de la tente.

Le désagrément se faisait sentir davantage aux repas de midi. Le mess avait été érigé dans l'aire la moins agréable du bivouac, à plusieurs centaines de mètres de la plage, à l'écart de l'ombre des cocotiers. Le soleil tapait directement sur la tente, si bien que même les mouches voletaient avec paresse dans l'air surchauffé. Les officiers mangeaient dans une atmosphère accablante, perdant leur sueur dans leurs assiettes. A Motome le bivouac permanent de la division avait été monté dans un petit vallon où un ruisseau sourdait dans les rochers adjacents, et ce contraste ne manquait pas d'être exaspérant. Aussi les conversations n'y étaient pas très animées, ni les prises de bec tout à fait exceptionnelles. Mais, du moins, les querelles, quand elles avaient lieu, n'empiétaient pas trop sur les hiérarchies. Un capitaine pouvait avoir eu des mots avec un commandant, un commandant avec un lieutenant-colonel, mais jamais des lieutenants ne firent des observations à des colonels.

Le lieutenant Hearn en était fort conscient. Il était conscient d'un grand nombre de choses, mais même un sot aurait su qu'un sous-lieutenant, en vérité le seul sous-lieutenant au Q.G., ne devrait pas s'amuser à chercher la bagarre. En outre, il n'ignorait pas qu'on le jalousait. Que le général l'eût nommé son aide de camp alors qu'il n'avait rejoint l'unité que vers la fin de la campagne de Motome, cela, aux yeux des autres officiers, constituait un coup de chance tout à fait immérité.

En plus de tout cela, Hearn n'avait guère fait des frais pour se faire des amitiés. C'était un homme de grande taille, avec une toison de cheveux noirs et une face lourde et immobile. Au-dessus d'un nez court, plat, légèrement crochu, le regard de ses yeux marron était froid et imperturbable. Large, fine, sans expression, sa bouche dominait en saillie la masse solide de son menton, et sa voix tranchante, qu'amincissait un filet de mépris, étonnait dans un homme de sa taille. Encore qu'il l'eût nié parfois, il n'aimait que bien peu de personnes, et la plupart de ceux qui avaient affaire à lui s'en rendaient compte avec gêne au bout de quelques minutes. Il appartenait, avant toute chose, à ce genre d'hommes que les autres aiment voir humiliés.

Le bon sens lui commandait de rester coi. Mais, depuis les dix dernières minutes du repas la sueur n'arrêtait pas d'imbiber sa chemise et de couler dans son assiette, et il résistait mal à son envie d'écraser le contenu de son plat contre le visage du lieutenant-colonel Conn. Il y avait deux semaines qu'il mangeait sous cette tente, assis avec sept autres lieutenants et capitaines à cette table qui touchait celle où Conn parlait dans ce moment, et cela faisait deux semaines qu'il l'entendait pérorer sur la stupidité du Sénat (ce sur quoi Hearn eût été d'accord, mais pour des raisons différentes de celles de Conn), sur l'infériorité des armées russe et anglaise, sur la traîtrise et la dépravation des nègres, sur le fait terrible que Juif York était tombé aux mains des étrangers. Rentrant son exaspération, Hearn avait su avec exactitude, dès la première note, quelle allait être la suite de la symphonie. Jusqu'à présent il s'était contenté de regarder avec fureur son plat et de grogner « bougre de con », ou encore d'observer avec une expression de dégoût concentré la faîtière de la tente. Mais il y avait des limites à sa résistance. Avec son gros corps coincé contre la table, avec sa tête à quelques pouces seulement de la toile surchauffée, il n'y avait pas moyen d'éviter la vue des six commandants et colonels assis à la table adjacente. Et leur aspect, qui ne changeait jamais, était enrageant.

Il y avait là le lieutenant-colonel Webber, un Néerlandais gras et courtaud avec un perpétuel sourire stupide, qu'il ne quittait que pour enfourner une bouchée. Il avait le commandement du génie de la division. Il avait la réputation d'un officier capable, mais Hearn ne lui avait jamais entendu rien dire, ni vu rien faire, sinon manger avec un féroce et affolant appétit n'importe quelle ripopée qui sortait de l'inépuisable stock des conserves.

En face de Webber, de l'autre côté de la table, étaient assis les « jumeaux », le commandant Binner, chef d'état-major, et le colonel Newton, commandant du 460e régiment. Tous deux étaient de grande taille ; ils avaient la mine lugubre, le visage long, les lunettes cerclées d'argent, les cheveux prématurément gris. Ils ressemblaient à deux pasteurs, et ils parlaient rarement. Une fois, à l'heure du dîner, le commandant Binner avait manifesté des dispositions religieuses ; il avait entrepris un monologue qui dura dix minutes, avec références appropriées aux versets de la Bible, et cette disposition était la seule chose qui le distinguât aux yeux d'Hearn. Newton, un homme d'une timidité pénible et d'excellentes manières, sortait de West Point. Le bruit courait qu'il n'avait jamais touché à une femme ; mais, ceci étant la jungle du Pacifique du sud, Hearn n'eut pas l'occasion d'observer sur les faits la misogynie du colonel. Cependant, derrière ces bonnes manières se cachait un personnage extrêmement tatillon qui querellait ses officiers d'une voix molle, et dont on disait qu'il n'avait jamais eu de pensée qui ne lui eût été soufflée par le général.

Ces trois-là devaient être assez inoffensifs ; Hearn ne leur avait jamais adressé la parole et ils ne lui avaient pas nui, mais dans ce moment il les abominait avec la violence particulière que l'on éprouve parfois à l'endroit d'un vilain meuble de famille. Ils l'embêtaient parce qu'ils étaient à la même table que le lieutenant-colonel Conn et les commandants Dalleson et Hobart.

« Par Dieu, disait présentement Conn, c'est une belle honte que le Sénat ne les ait pas envoyés paître depuis longtemps. Dès qu'il s'agit des syndicats, le Sénat marche sur la pointe des pieds ; mais essayez seulement d'obtenir un tank de renfort, essayez seulement. » Il était de taille médiocre, plutôt vieux, avec une face ridée et de petits yeux assis un rien inégalement sous son front, comme s'ils ne fonctionnaient pas ensemble. Il était presque chauve, avec une touche de cheveux gris au-dessus de la nuque et des oreilles, et son nez était large, enflammé, veinulé de filaments bleus. Il buvait beaucoup et supportait bien la boisson ; seule l'autorité rauque et épaisse de sa voix prouvait son intempérance.

Hearn soupira, se servit un peu d'eau tiède contenue dans un pot émaillé gris. Des gouttes de sueur pendillaient sous son menton, incertaines si elles allaient s'engager le long de son cou ou plonger dans son assiette. Il s'essuya le menton dans la manche de sa chemise, sentant une brûlure caustique corroder son épiderme. Sous le toit de la tente les conversations papillotaient autour des tables.

« Cette fille avait de quoi. Mon vieux, demandez à Ed, il vous le dira.

— Mais pourquoi ne pas établir ce réseau en jonction avec Paragon Red Easy ? »

Est-ce que ce repas n'allait jamais finir ? Hearn leva la tête, vit le général qui le regarda fixement le temps d'une seconde.

« Quelle honte, crédieu, grommelait Dalleson.

— Je vous le dis, nous devrions pendre haut et court jusqu'au dernier de ces fils de chose. »

Cette dernière sortie devait appartenir à Hobart. Hobart, Dalleson, Conn, trois variantes d'un même thème. Sergents-chefs de l'active devenus officiers. Tous les mêmes, se dit Hearn. Il sourit intérieurement en imaginant ce qui arriverait s'il leur avait dit de la fermer. Hobart — c'était facile. Hobart aurait eu un hoquet de surprise, puis il aurait agité ses galons. Dalleson l'aurait probablement invité à sortir dehors. Mais qu'aurait fait Conn ? Conn était le problème. Conn était un vieux cheval de retour : quoi que vous ayez jamais fait, il l'avait fait avant vous. Quand il ne chevauchait pas la politique il était votre ami, votre paternel ami.

Hearn le laissa de côté, pour reconsidérer Dalleson. Il n'y avait qu'une seule possibilité en ce qui concernait Dalleson : devenir enragé et vouloir se battre. Il était trop fort et trop grand pour être bon à n'importe quoi d'autre, plus grand et plus fort même que Hearn, et sa face rouge, son cou de taureau, son nez cassé, n'exprimaient jamais que rage, ou hilarité, ou ahurissement — un ahurissement passager, jusqu'à ce qu'il eût compris ce qu'on lui voulait. Il avait l'air d'un joueur de football professionnel. Dalleson n'était pas un problème : potentiellement, il avait même de quoi être un brave homme.

Hobart lui non plus n'était pas un problème. Hobart, la Grande Brute Américaine. Hobart, le seul à n'avoir pas été sergent-chef de l'active mais — ce qui valait presque autant — employé de banque ou gérant de succursale de quelque grand magasin. Avec une lieutenance dans la Garde Nationale. Il était ce qu'on s'attendait qu'il fût : jamais en désaccord avec ses supérieurs, jamais d'accord avec ses subordonnés. Il prétendait cependant à l'affection des uns et des autres. Parlant le gros, l'encroûté patois des Légion Américaine-Rotary Club-Chambre de Commerce, il se répandait en menaces et cajolait, ne manquait jamais de faire le bon gars pendant les quinze premières minutes qui suivaient son entrée en scène, pour aussitôt se défier de vous avec l'arrogance innée, avec la suspicieuse et aveuglante arrogance des hommes de sa sorte. Il était grassouillet et rubicond, avec des joues renfrognées et la bouche petite et étroite.

Hearn n'avait jamais questionné la justesse de ces impressions. Dalleson, Conn et Hobart se tenaient toujours ensemble. Il voyait en quoi ils différaient les uns des autres, au fait il détestait Dalleson un peu moins que les deux autres, il reconnaissait leurs traits distinctifs, leurs compétences respectives, et cependant il les confondait dans son mépris. Ils avaient trois choses en commun qui, à ses yeux, effaçaient tout ce qui les différenciait d'autre part. En premier lieu ils avaient tous la face rouge, et le père d'Hearn, un capitaliste du Middlewest qui avait bien réussi dans les affaires, avait toujours exhibé un visage haut en couleur. Deuxièmement, tous trois avaient la bouche petite, étroite, serrée, — ce contre quoi Hearn nourrissait une prévention particulière ; et troisièmement, le pire de tout, aucun d'eux n'avait jamais éprouvé le moindre doute quant à la validité de ce qu'ils disaient ou faisaient.

Il était arrivé à Hearn de s'entendre dire à plusieurs reprises qu'il n'aimait les hommes que dans l'abstrait et jamais dans le concret — un cliché bien entendu, une trop facile simplification, encore que non point sans quelque vérité fortuite. Il méprisait les six officiers de la table voisine parce que malgré leur haine des youpins, des moricauds, des Russes, des Anglais, des Irlandais, ils s'aimaient entre eux, tripotaient joyeusement la femme de leur copain, se soûlaient de compagnie sans craindre de perdre leur tenue, faisaient des virées dans les bordels en dépensant avec allégresse en une soirée ce qu'ils ne gagnaient pas en un mois. Par leur seul fait d'exister ils avaient gauchi les meilleurs esprits, les plus remarquables talents de la génération d'Hearn, en quelque chose de malade, de plus borné que les Conn-Dalleson-Hobart. Il semblait que l'on fût toujours tenu soit de jouer leur jeu, soit d'aller se terrer peureusement dans quelque trou de rat.

La chaleur, qui s'était entre temps solidifiée sous la tente, l'attaquait comme une langue de feu. Les murmures, le vacarme de la vaisselle de fer-blanc, raclaient son cerveau comme une lime. Un planton passa au galop, posant sur chaque table un bol de pêches de conserve.

« Prenez ce bonhomme... disait Conn, mentionnant le nom d'un chef syndicaliste bien connu. Maintenant, par Dieu, je sais de science certaine — son nez remuait avec entêtement — je sais qu'il a une moricaude pour maîtresse.

— Jésus, quand on y pense, gloussa Dalleson.

— J'ai entendu dire de bonne source qu'il a même eu d'elle une couple de petits bâtards basanés, mais ça je ne le garantirais pas. Tout ce que je peux vous dire, c'est qu'il a de fort bonnes raisons pour pousser au passage de ces projets de loi qui feraient du moricaud un Roi Jésus. Cette sienne maîtresse dirige tout le mouvement ouvrier ; tout le pays, le président de la République y compris, est influencé chaque fois qu'elle remue du croupion. »

L'interprétation labiale de l'histoire.

Hearn entendit, venant de sa poitrine, l'accent froid et aigu de sa propre parole. « Comment savez-vous tout cela, mon colonel ? » Sous la table, ses jambes tremblaient de colère.

Conn se tourna vers Hearn, le regardant à travers la transpiration qui s'accumulait profusément en grosses gouttes sur son nez rouge coupé de vésicules. Il demeura en suspens un court moment, incertain si la question était amicale ou non, visiblement ennuyé par cette légère infraction à la discipline. « Qu'est-ce que vous voulez dire comment je le sais, Hearn ? » demanda-t-il.

Hearn laissa s'écouler une seconde, s'efforçant de ne pas outrepasser la mesure. Il se rendit brusquement compte que la plupart des officiers les regardaient fixement, lui et Conn. « Je ne pense pas que vous sachiez grand-chose à ce sujet, mon colonel.

— Vous ne pensez pas, eh ? Vous ne pensez pas, hé ? Bon Dieu, j'en sais sur ces bâtards de syndicalistes infiniment plus que vous. »

Hobart y mit du sien. « C'est bien de foutre les moricaudes et de vivre avec. » Il rit, cherchant l'approbation. « Parfaitement bien, n'est-ce pas ?

— Je ne vois pas que vous sachiez tant de choses à ce sujet, colonel Conn », dit de nouveau Hearn. L'affaire prenait l'allure qu'il avait redoutée. Une ou deux répliques de plus, et il avait le choix soit de battre en retraite, soit de prendre la punition. En revenant à la charge malgré la réponse de Conn, il n'avait fait qu'envenimer les choses.

« Vous pouvez vous taire, Hearn. Quand je dis quelque chose, je sais ce que je dis. »

Dalleson intervint à son tour, en écho. « Nous savons que vous êtes diablement malin, Hearn. » Un petit rire approbatif courut sous la tente. Tous le détestaient donc, se dit Hearn. Bien qu'il le sût, il en éprouva un léger serrement de cœur. Le lieutenant qui était assis à côté de lui se tenait roide et tendu, son coude prudemment éloigné du sien.

Il s'était mis lui-même dans cette situation, et la seule chose à faire c'était d'y aller jusqu'au bout. L'appréhension, et une préoccupation détachée, presque anodine, de ce qui l'attendait, se mêlaient aux battements immodérés de son cœur. La cour martiale, peut-être ?

Tout en parlant, il sentit de la fierté pour la précision de sa voix. « Puisque vous en savez tant à ce sujet, mon colonel, je pense que vous devez l'avoir appris en regardant par le trou de la serrure. »

Quelques rires alarmés lui répondirent, et la rage dilata la face de Conn. Le rouge de son nez déborda lentement sur ses joues, sur son front où ses veines bleues devinrent effrayantes — un nœud de racines pourprées, pleines de bile. Il était visiblement à la recherche de ses mots, tel un joueur qui, ayant laissé échapper sa balle, court frénétiquement en rond pour la localiser. Quand il aura parlé, ça sera terrible. Même Webber s'était arrêté de manger.

« Messieurs, s'il vous plaît ! »

C'était la voix du général, une voix qui arrivait de l'autre extrémité de la tente. « Il suffit comme cela. »

Ils se turent tous. Il y eut un silence dans lequel même le ferraillement de la vaisselle s'évanouit — puis vint la réaction : chœur de chuchotements, petites exclamations, retour gêné vers les plats sur la table. Hearn était furieux contre lui-même, écœuré de s'être senti soulagé par l'intervention du général.

Sujétion au père.

Il se rendit compte que, subconsciemment, il avait su que le général le protégerait, et une ancienne et confuse émotion s'empara de lui, un ressentiment et quelque chose d'autre cependant, quelque chose qui n'était pas très franc.

Conn, Dalleson et Hobart lui jetaient des regards, un trio de marionnettes furieuses. Il porta la cuiller à ses lèvres, mâcha la chair sucrée d'une pêche de conserve dont le goût jurait avec l'aigreur de sa gorge, avec le chaud et l'acide tourbillonnement de son estomac. Il reposa la cuiller avec bruit, puis demeura assis en regardant la table. Conn et Dalleson parlaient maintenant avec embarras, comme des personnes qui se savent écoutées par des étrangers dans un train ou un autobus. Il capta un mot ou deux, quelque chose à propos de leur travail dans l'après-midi.

Au moins Conn lui aussi aura eu son indigestion.

Le général se leva sans hâte et quitta la tente. C'était le signal pour les autres qu'ils pouvaient se lever de table à leur tour. Le regard de Conn rencontra celui d'Hearn pour un instant, puis leurs yeux se détournèrent avec embarras. Après avoir patienté le temps d'une minute, Hearn enjamba le banc et s'en fut. Ses vêtements étaient trempés, et l'air du dehors lui fit l'effet d'une eau fraîche.

Il alluma une cigarette, marchant avec irritation à travers le bivouac, s'arrêtant quand il avait atteint le fil barbelé, revenant sur ses pas vers les cocotiers, regardant avec humeur l'amas éparpillé de tentes d'un vert sombre. Quand il eut parcouru le bivouac en tous sens il descendit la falaise à pic qui menait vers la plage, marchant dans le sable, donnant çà et là un coup de pied distrait dans les déchets qui y traînaillaient depuis le jour de l'invasion. Quelques camions le dépassèrent, une équipe d'hommes s'en allait en corvée, la pelle en travers sur l'épaule, la jambe traînant dans le sable. Loin en mer des cargos à l'ancre chassaient paresseusement dans la chaleur du jour. Sur sa gauche une embarcation d'assaut s'approchait d'un dépôt de ravitaillement.

Hearn jeta sa cigarette et fit un signe de tête courtois à l'adresse d'un officier qui le croisait. L'autre répondit, mais après une pause dubitative. Rien à faire, il était dans le bain à partir d'à présent. Conn était un sale crétin, mais lui avait été doublement crétin. C'était une vieille histoire : quand il ne pouvait plus encaisser quelque chose, il s'enflammait d'un seul coup. C'était la faiblesse même. Il ne pouvait pas supporter ce continuel paradoxe dans lequel ils vivaient, lui et les autres officiers. Ç'avait été différent, en Amérique ; les mess étaient séparés, les quartiers d'habitation étaient séparés, et si vous faisiez une gaffe cela ne tirait pas à conséquence. Mais ici ils dormaient dans des couchettes, tandis qu'à quelques pas de là les hommes dormaient à même le sol ; on leur servait leur repas, de mauvais repas, soit, mais tout de même servis dans des assiettes, tandis que les autres mangeaient sur leurs genoux après avoir fait la queue au soleil. Il y avait plus : à dix milles de là des hommes étaient tués, et cela posait d'autres problèmes moraux que lorsque des hommes étaient tués à trois mille milles de là. Chaque fois qu'il traversait le bivouac il avait cette même sensation : le vilain vert de la jungle qui commençait à quelques mètres à peine derrière le fil barbelé, la délicate rosace des cocotiers contre le ciel, l'aspect jaune, charnu, chancreux de toute chose — tout se combinait pour nourrir son dégoût. Il remonta la falaise, promena son regard sur le champ couvert de tentes de toute grandeur, sur les camions et les jeeps qui s'entassaient dans le parc automobile, sur la file de soldats vêtus de salopettes vertes qui leur allaient mal, sur leur long piétinement dans l'attente du rata. Les hommes, ici, avaient pris leur temps pour arracher à l'épouvantable rudesse du terrain quelques mètres carrés, ils avaient nettoyé la place de ses pires broussailles et racines ; mais là-bas, dans la jungle, les troupes de ligne ne pouvaient pas s'aménager un lieu vivable parce qu'elles ne restaient qu'un jour ou deux dans un même endroit, et aussi parce qu'il eût été dangereux de s'exposer. Ils couchaient dans la boue, avec les insectes et la vermine, tandis qu'ici les officiers râlaient parce qu'on ne leur donnait pas leurs serviettes de papier, parce que le menu laissait à désirer.

Il y avait une espèce de sentiment de culpabilité à être officier. Ce sentiment, ils l'avaient tous éprouvé, au début ; à leur sortie de l'école préparatoire pour officiers, leurs privilèges les avaient d'abord gênés. Mais il était commode d'oublier, et l'on avait toujours les bonnes raisons des manuels — bonnes assez pour vous convaincre dès lors que vous vouliez en être quitte. Bien rares étaient ceux qui n'arrivaient pas à se débarrasser de leurs scrupules.

Cette chose, la culpabilité d'avoir le vent en poupe, existait donc dans l'armée. Chose très subtile, à peine perceptible, et réelle cependant. Lui, par exemple : père riche, meilleures universités, plus tard les bons emplois, et jamais d'épreuves — sinon celles qu'il s'imposait délibérément. Il avait — et bien de ses amis avaient — de quoi nourrir un sentiment de culpabilité. Cela n'était pas tout à fait vrai quant à ceux qu'il avait connus à l'université. De ceux-ci certains furent déclarés non aptes pour le service armé, d'autres furent mobilisés comme simples soldats, d'autres encore devinrent des commandants dans l'armée de l'air ou des fonctionnaires dans les services secrets à Washington, quelques-uns échouèrent dans les camps pour objecteurs de conscience. Par contre, tous ceux qu'il avait connus dans les lycées pour gosses de riche où il fit ses études, étaient maintenant enseignes ou lieutenants. Une classe d'hommes nés pour le bien-être, accoutumés à se faire obéir... Mais cela n'était pas tout à fait correct. Ce n'était pas de l'autorité, c'était cette sorte d'assurance qu'il avait, ou que Conn avait, ou Hobart, ou son père, ou le général.

Le général. Un arrière-goût de son ressentiment lui revint. Sans l'intervention du général il eût été, dans ce moment, en train de faire ce qu'il aurait dû avoir fait. Un officier n'avait d'excuse que s'il était au feu. Aussi longtemps qu'il resterait ici il serait mécontent de lui-même, dédaigneux à l'égard des autres officiers — plus dédaigneux même qu'à son habitude. Il n'y avait rien dans ce Q.G. ; rien — et tout cependant, une étrange satisfaction en dépit des embêtements de la routine. Travailler avec le général offrait des compensations uniques.

Le ressentiment, de nouveau, et cette autre chose, l'appréhension peut-être. Hearn n'avait jamais rencontré quelqu'un qui ressemblât au général, et il était à moitié convaincu que celui-ci était un grand homme. Ce n'était pas seulement parce que, sans contredit, le général était un homme brillant : Hearn avait connu des gens dont l'esprit égalait celui de Cummings. Ce n'était certainement pas à cause de son intelligence, étonnamment inégale au fait, coupée de grandes lacunes. Ce qu'il avait pour lui, c'était son don presque unique d'ajuster sa pensée à des normes d'action immédiate et effective, don qui pouvait passer inaperçu pendant des mois même aux yeux de ses collaborateurs.

Il était plein de contradictions. Hearn croyait que le général était essentiellement indifférent à tout ce qui concernait son confort personnel, et cependant il s'entourait de tout le luxe d'usage pour un officier de son rang. Le jour de l'invasion, dès qu'il eut débarqué sur la plage, il s'installa au téléphone et il y resta jusqu'au soir, élaborant son plan de bataille au pied levé pour ainsi dire, et pendant cinq, six, huit heures d'affilée il dirigea les phases préliminaires de la campagne sans prendre une seconde de répit, sans consulter une seule fois la carte, arrêtant ses décisions sans hésiter d'après les maigres renseignements que lui communiquaient ses officiers de ligne. Ç'avait été une remarquable performance, une concentration d'esprit presque fantastique.

Tard dans l'après-midi de ce premier jour Hobart s'était présenté devant Cummings. « Mon général, où désirez-vous que l'on établisse le bivouac du Q.G. ?

— N'importe où, commandant, n'importe où », avait grogné Cummings, en frappante opposition avec la politesse parfaite dont il usait habituellement à l'égard de ses officiers. C'est que dans cet instant la façade s'était écroulée, exposant la bête sauvage occupée à gruger son os. Hearn en avait ressenti une admiration involontaire ; il n'eût pas été surpris de voir le général dormir sur un lit d'épines.

Mais, deux jours plus tard, quand la première presse de l'invasion se fut calmée, il avait fait déplacer deux fois le bivouac de son Q.G., non sans avoir gentiment réprimandé Hobart, lequel avait fait son choix d'un terrain mal nivelé au gré du général. Sa réputation était bien établie dans le Pacifique du sud ; Hearn, avant son arrivée dans la division, n'avait entendu que des éloges quant à sa stratégie — un tribut de belle taille dans ces régions de l'arrière où les cancans constituaient la meilleure diversion contre l'ennui. Mais le général n'y croyait pas. Une fois ou deux, quand leur conversation avait pris un tour très intime, Cummings avait grommelé : « J'ai des ennemis, Robert, de puissants ennemis. » Une inflexion d'auto-apitoiement s'était faite très distincte dans sa voix, contrastant avec le clair et froid jugement dont il faisait habituellement preuve dans son appréciation des hommes et des choses. La propagande en avait fait le plus sympathique et le plus bienveillant des généraux divisionnaires, son charme était bien connu, mais Hearn avait découvert fort tôt que Cummings était un tyran, un tyran à la voix veloutée il est vrai, mais indéniablement un tyran.

Il était aussi un snob affreux. Hearn, qui s'avouait snob lui-même, n'avait pas de préjugés contre le snobisme, encore que le sien fût d'un ordre différent de celui du général. Hearn avait l'habitude de classifier les gens ; il devait déterminer leur nature, dût-il passer en revue cinq cents variétés d'espèces pour identifier son personnage. Le snobisme du général était d'une sorte bien simple. Il connaissait les faiblesses et les défauts de ses officiers d'état-major, mais quelles que fussent les compétences des uns et des autres, à ses yeux un colonel était toujours supérieur à un commandant. Sa bienveillance à l'égard d'Hearn en était d'autant plus inexplicable. Il l'avait nommé son aide de camp après une entrevue d'une demi-heure, dès l'arrivée d'Hearn à la division, et lentement, progressivement, il lui avait marqué sa confiance. Ceci, en soi, était compréhensible ; comme tous les grands vaniteux, le général entendait s'entourer de gens qui lui fussent intellectuellement égaux ou qui pussent du moins prétendre à une telle égalité, à qui il pût exposer ses idées et théories. Or, de tout son état-major, Hearn était le seul qui eût de quoi le comprendre. Mais aujourd'hui, exactement trente minutes plus tôt, le général l'avait repêché d'une situation qui avait failli devenir dangereuse. Presque toutes ses soirées, depuis le jour du débarquement, s'étaient passées en conversations sous la tente du général, et cela se sut très vite aux quatre coins du bivouac. Le général ne pouvait pas l'ignorer, il devait savoir quels ressentiments cela impliquait, quels dangers pour le moral. Cependant, à l'encontre de ses propres intérêts et en dépit de ses préjugés il tenait toujours à Hearn et, bien plus encore, il s'employait à faire miroiter aux yeux de celui-ci l'indéniable fascination de sa personnalité.

Hearn savait que, n'eût été le général, il eût demandé sa mutation bien avant l'arrivée de la division en vue d'Anopopéi. Il y avait ce sentiment d'être un officier d'ordonnance ; il y avait ce désagréable contraste — toujours si frappant à ses yeux — entre les hommes et les officiers ; il y avait surtout cet écœurement que lui inspiraient les officiers d'état-major, et qu'il dissimulait si mal. Mais c'était l'attitude énigmatique du général à son endroit, qui le faisait patienter. A vingt-huit ans, la seule chose qui l'intéressât réellement était de mettre à jour les équivoques et les faux-fuyants les plus dissimulés, de les débusquer dans chaque homme ou femme qui piquaient sa curiosité. Il avait dit une fois : « Quand j'ai découvert la camelote dont ils sont faits, ils ne font plus que m'ennuyer. Il ne me reste qu'à m'en défaire au plus vite. » Et, en retour, il s'était attiré cette réplique : « Hearn, vous jouissez d'une si bonne santé, que vous n'êtes plus rien qu'une coquille. »

Vrai, probablement.

En tout cas, il n'était pas facile de reconnaître la camelote dont étaient tissés les motifs du général. Il avait, sans doute aucun, ses sales petites démangeaisons, ses convoitises inavouables, que réprouvait l'éthique des hebdomadaires bien-pensants, mais cela ne le diminuait en rien. Il y avait en lui un talent, un facteur additionnel, une convoitise plus profonde que tout ce que Hearn avait rencontré à ce jour, au point qu'il perdait de son objectivité dès qu'il s'agissait de Cummings. Il abominait l'idée même que le général pût l'influencer davantage qu'il n'affectait à son tour le général. Perdre son inviolable liberté signifiait se voir assailli de nouveau par les maux et les misères dont tous pâtissaient autour de lui.

Mais, en dépit de tout, il y avait cette grimaçante attention avec laquelle il observait le déroulement des choses entre lui et le général.

Il revit le général une heure plus tard, sous sa tente. Cummings était seul, étudiant quelque rapport concernant les opérations aériennes. Hearn saisit immédiatement le sens de l'intérêt que le général apportait à cette étude. Après les deux ou trois premières journées de l'invasion, quand l'on constata l'absence d'une attaque aérienne japonaise sur Anopopéi, il fut décidé en haut lieu de relever l'escadrille de combat qui avait opéré depuis une autre île, à quelque cent milles de là. Cette escadrille ne servit pas à grand chose au général, mais il avait espéré qu'après avoir fait élargir le terrain d'aviation capturé par ses hommes, il pourrait se servir de ce support aérien contre la ligne Toyaku. Il avait ragé en apprenant que ces avions avaient été divertis pour d'autres opérations, et c'était alors qu'il avait fait sa remarque quant à ses ennemis.

Il était en train d'étudier des rapports concernant le théâtre des opérations aériennes, afin de déterminer s'il n'y avait pas d'avions utilisés à contresens. Chez tout autre homme cette ténacité eût paru une absurde auto-punition ; mais il n'en était pas ainsi quant au général. Il allait s'assimiler le moindre fait de ces rapports, en sonder les points faibles, et quand le terrain d'aviation serait prêt et le temps mûr, il aurait en mains une suite d'arguments solides puisés dans les rapports mêmes qu'il était en train d'étudier.

Sans se retourner, il dit par-dessus son épaule : « Vous avez fait joliment l'imbécile aujourd'hui.

— C'est ce que je suppose », dit Hearn en s'asseyant.

Le général fit pivoter sa chaise et regarda pensivement Hearn. « Vous comptiez sur moi pour vous tirer d'affaire. » Il souriait cela disant, et sa voix était devenue artificielle, légèrement affectée. Il avait de nombreuses façons de parler ; quand il s'adressait aux hommes de troupe il jurait un peu, et sa voix se donnait une intonation moins précise qu'elle n'avait d'ordinaire. Avec ses officiers il prenait toujours une attitude digne et distante, et ses phrases étaient strictement construites. Hearn était le seul à qui il parlât directement, et quand il ne le faisait pas, quand dans sa phrase se glissait l'affectation genre général-en-chef-à-officier-cadet, cela signifiait qu'il était très mécontent. Hearn avait connu dans le temps un homme qui bégayait chaque fois qu'il disait un mensonge ; à un degré plus subtil, l'accent du général était un indice tout aussi effectif. Il était visiblement furieux d'avoir eu à supporter Hearn d'une façon qui allait faire jaser le Q.G. pendant des jours.

« Je crois que c'est cela, mon général. Je m'en suis rendu compte après coup.

— Voulez-vous me dire pourquoi vous vous êtes comporté comme un âne, Robert ? » Toujours l'affectation — presque efféminée. Dès leur première rencontre le général lui avait fait l'impression de ne dire que très rarement ce qu'il pensait, et Hearn n'eut jamais l'occasion de changer d'avis à ce sujet. Il avait connu des hommes qui lui ressemblaient fortuitement : même accent efféminé, même aptitude éventuelle à une extrême rudesse, mais en lui il y avait autre chose encore, plus de complexité, moins de raidissement, moins d'ouverture par où l'atteindre à peu de frais. A première vue son aspect n'était guère différent de celui des autres généraux en chef. Il était d'une taille légèrement au-dessus de la moyenne, bien en chair, le visage plutôt beau, la peau hâlée, les cheveux grisonnants ; — mais il y avait des différences. Quand il souriait, il ressemblait beaucoup à nombre de sénateurs et d'hommes d'affaires américains, avec leur apparence dure, rougeaude, satisfaite d'elle-même. Mais, lui, il ne gardait pas toujours leur halo de braves types un peu costauds. Il y avait une certaine vacuité dans son visage, la vacuité qui se voit chez les acteurs américains qui jouent les rôles des sénateurs.

Et ses yeux le trahissaient. Des yeux larges, gris, sinistres, pareils à du verre sur une flamme. Il y eut, à Motome, une revue avant l'embarquement des troupes, et Hearn avait marché derrière le général. Les hommes tremblaient devant Cummings, ils bégayaient leurs réponses d'une voix rauque et gênée. Naturellement, leur embarras était dû pour une grande part au fait d'avoir à parler à un général ; mais Cummings avait été si cordial, il avait tâché si ostensiblement de les mettre à leur aise... — En pure perte. Ses grands yeux avec leurs prunelles gris pâle avaient semblé presque vides, deux ovales d'un blanc effrayant. Hearn se souvenait d'un article de journal qui décrivait Cummings comme ayant les caractéristiques d'un bouledogue intelligent et de bonne race, un article qui spécifiait avec une touche de luxuriance que « en lui se combinaient effectivement la force, la ténacité, la puissance contenues de ce vaillant animal, avec toute l'intelligence, le charme et la tenue d'un professeur de collège ou d'un homme d'État ». Cela n'était pas plus exact que la plupart des articles de journaux, mais cela soulignait la théorie préférée d'Hearn quant au général. Pour ce reporter Cummings était Le Professeur, tout comme il était pour bien d'autres Le

Général, L'Homme d'État, Le Philosophe. Chacune de ces poses était une déconcertante mixture de vrai et de faux, comme s'il assumait instinctivement telle de ses poses qui lui faisait plaisir dans un moment donné ; mais, derrière l'attitude demeurait l'homme mû par les seuls ressorts de sa propre loi.

Hearn s'appuya au dossier de sa chaise. « Très bien. Je suppose que j'ai fait l'imbécile. Et puis après ? Il y a une espèce de plaisir à dire à quelqu'un comme Conn d'aller se faire voir.

— C'était complètement dénué de sens. Je suppose que vous considériez comme une espèce d'indignité d'avoir eu à l'écouter.

— Fort bien. Admettons.

— Vous avez agi comme un adolescent. Les droits que vous avez en tant que personne dépendent entièrement de mon caprice. Ça vaut la peine que vous y réfléchissiez. Sans moi vous êtes tout juste un sous-lieutenant, ce qui est, je pense, la définition effective d'un homme sans âme. Vous ne lui aviez pas dit d'aller se faire voir — son déplaisir à prononcer « se faire voir » soulignait sa phrase — c'est moi, de fait, qui le lui ai dit, et je n'avais pas le désir de le faire à ce moment-là. Mais supposons que vous restiez debout pendant que vous m'adressez la parole. Vous pourriez aussi bien commencer par respecter les règlements. Je voudrais être damné si je vais permettre aux gens de vous voir vous prélasser ici comme si cette division était une association entre vous et moi. »

Hearn se leva. Il notait un sombre, un enfantin ressentiment en lui-même. « Très bien », dit-il sarcastiquement.

Le général lui sourit soudainement, d'un air moqueur.

« J'ai entendu Conn débiter ses ordures depuis bien plus longtemps que vous. C'est assommant, Robert, parce que ça ne rime à rien. Je suis un peu déçu que vous ayez réagi d'une façon aussi primaire. Sa voix papillonnait autour de l'ennui grandissant d'Hearn. J'ai connu des hommes qui maniaient l'ordure au point d'en faire un grand art. Hommes d'État, politiqueurs. De propos délibéré, tout en rampant d'ailleurs. Vous pouvez vous abandonner à vos rages vertueuses, mais ce qui en résulte est bien médiocre. La grande affaire c'est de faire de soi-même l'instrument de sa propre politique. Que vous l'aimiez ou non, là réside le plus haut achèvement de la personne humaine. »

Peut-être. Ceci était quelque chose en quoi Hearn commençait à croire. Mais, au lieu d'en convenir, il dit : « La portée de mon tir n'égale pas la vôtre, mon général. Simplement, je n'aime pas me laisser coudoyer. »

Cummings le regarda fixement. « Il y a une autre façon de voir la chose, vous savez. Je ne suis pas en désaccord avec Conn. Il y a un dur noyau de vérité dans bien des choses qu'il dit. Comme, par exemple : Tous les Juifs sont bruyants. Il haussa les épaules. Bien entendu ils ne sont pas tous bruyants, mais il y a une proportion indue de mauvaises manières dans cette race, admettez-le.

— Si cela est, il faut encore le comprendre, dit Hearn. Ils vivent dans une atmosphère de tension bien différente de la nôtre.

— Un exemple typique de boniment libéral. Le fait est que vous ne les aimez pas vous non plus. »

Hearn était mal à son aise. Il y avait... il y avait des traces d'aversion qu'il pouvait détecter en lui-même. « Je nie cela », dit-il.

Cummings sourit de nouveau. « Ou bien prenez l'opinion de Conn sur les « moricauds ». Un peu extravagant peut-être, mais plus près de la vérité que vous ne supposez. Si quelqu'un couche avec une négresse...

— Un Sudiste couchera, dit Hearn.

— Ou un radical. C'est leur mécanisme de défense, il renforce leur « morale ». Il montra ses dents : Par exemple, vous peut-être ?

— Peut-être. »

Cummings regarda ses ongles. Était-ce le dégoût ? Tout à coup il rit avec une joie sarcastique. « Vous savez, Robert, vous êtes un libéral.

— Peau de balles. »

Il prononça le mot avec une tension ravie, comme si quelque chose l'avait poussé à se rendre compte jusqu'à quel point il pouvait ébranler le roc qui venait de lui écraser les orteils. Ceci était de loin la plus grande liberté qu'il avait jamais prise avec le général ; et, au surplus, la plus irritante de toutes. Blasphème et vulgarité semblaient toujours écorcher l'épine dorsale de Cummings.

Le général ferma les yeux, comme pour contempler l'étendue du dommage subi. Quand il regarda de nouveau Hearn, son expression était froide. « Garde à vous », dit-il d'une voix égale. « Supposons que vous me rendiez les honneurs. » Quand Hearn eut obéi, le général esquissa un léger sourire où se notait une pointe d'aversion. « Rude traitement, n'est-ce pas, Robert ? Très bien, repos. »

Le bâtard ! Mais, à son corps défendant, Hearn sentait l'admiration se mêler à sa colère. Le général le traitait toujours d'égal à égal... presque toujours ; puis, à un moment donné, tout d'un coup il le faisait danser au bout d'une corde, rétablissant les relations fondamentales de général à lieutenant avec la brutale secousse que provoque une gifle assenée avec une serviette humide. Et, aussitôt après, sa voix se donnait le traître velouté d'un onguent qui augmente la peine au lieu de la soulager. « Pas très équitable de ma part, n'est-ce pas, Robert ?

— Non, mon général.

— Vous avez vu trop de films. Si vous avez un revolver et que vous tiriez sur un homme sans défense, vous êtes une pauvre créature, un *infâme personnage*. C'est une idée parfaitement ridicule, voyez-vous. Le fait que vous soyez en possession d'un revolver et que l'autre soit désarmé n'est pas dû à un accident. Cette situation est le produit de tout ce que vous avez accompli, elle implique que si vous... si vous êtes assez conscient, vous avez le revolver à la main quand vous en avez besoin.

— J'ai déjà entendu parler de ces idées, fit Hearn en déplaçant ses pieds avec lenteur.

— Est-ce que nous allons recommencer ce garde à vous et les honneurs ? Il fit entendre un petit rire. Robert, il y a une obstination en vous, qui me déçoit. Je nourrissais quelque espoir quant à vous.

— Je suis tout juste un plastronneur.

— C'est cela. Vous l'êtes. Vous êtes... soit, vous êtes un réactionnaire tout comme moi. Mais ce mot vous effraie. C'est le plus grand défaut que je vous trouve. Vous avez tout rejeté de votre héritage, ensuite vous avez tout renié de ce que vous avez appris depuis, et vous n'en êtes pas sorti brisé. C'est ce qui m'a frappé tout d'abord en vous. Jeune homme du monde qui n'a pas été brisé, qui n'a pas perdu le nord. Est-ce que vous vous rendez compte que c'est un accomplissement ?

— Qu'est-ce que vous savez quant aux jeunes hommes du monde... mon général ? »

Le général alluma une cigarette. « Je sais tout. C'est une si sotte affirmation que les gens vous refusent immédiatement leur créance, mais il arrive que cette fois-ci c'est vrai. » Le sourire du brave type monta sur ses lèvres. « L'unique chose qui cloche avec vous, c'est un certain préjugé qui vous reste. Il s'est si bien emparé de vous que vous n'arrivez pas à vous débarrasser de l'idée que « libéral » signifie le bien, et que « réactionnaire » signifie le mal. C'est là votre point de référence : deux mots. C'est pourquoi vous ne comprenez rien à rien. »

Hearn remua ses pieds. « Si je m'asseyais ?

— Certainement. Il le regarda, puis ajouta d'une voix complètement blanche : Vous n'êtes pas vexé, n'est-ce pas, Robert ?

— Non, plus maintenant. » Il venait de comprendre avec une perspicacité un peu tardive que le général avait dû surmonter un grand nombre d'émotions quand il lui avait ordonné de se lever. Il était si difficile d'être certain de ce qui se passait dans sa tête. Durant toute cette conversation Hearn avait été sur sa défensive, pesant ses mots, parlant sans aucune liberté. Et brusquement il se rendit compte que cela était également vrai pour le général.

« En tant que réactionnaire, vous avez un grand avenir devant vous, dit Cummings. Le malheur est que de mon côté, on ait toujours manqué de penseurs. Je suis une exception, et il y a des moments où je me sens seul. »

Il y avait toujours cette indéfinissable tension entre eux, pensait Hearn. Leurs paroles n'atteignaient la surface qu'à travers un épais écran, résistant comme l'huile.

« Vous êtes un sot si vous ne comprenez pas que ceci va être le siècle, peut-être le millénaire, de la réaction. C'est la seule chose que Hitler ait dite, qui ne soit pas complètement hystérique. » De l'autre côté des rabats partiellement écartés de la tente, le bivouac s'étalait sur le terrain défriché, cru et miroitant dans le soleil de l'après-midi. La place était presque déserte, la plupart des hommes étant en corvée.

Cette tension entre lui et le général c'était le général qui l'avait créée, mais il s'y trouvait pris lui aussi. Il tenait à Hearn pourquoi... pour quelles raisons ? Hearn ne le savait pas. Et il se défendait mal contre le magnétisme du général, un magnétisme qui provenait de toutes les données dont était faite sa force. Il avait connu des hommes qui pensaient comme le général ; il en avait même connu qui étaient bien plus profonds. Mais la différence consistait en ce que, fonctionnant dans le vide affairé de la vie américaine, coincés dans les rouages complexes de la calandre, ils ne faisaient rien, ou encore les résultats de leurs actions leur échappaient. Sans cette île où il contrôlait tout, le général aurait peut-être fait figure d'un niais. Cette île donnait une assise à tout ce qu'il disait. Aussi longtemps que Hearn restait avec lui il pouvait suivre tout le processus — depuis la naissance d'une pensée jusqu'à sa réalisation tangible et immédiate le jour suivant ou le mois suivant. Cette sorte de connaissance d'autrui était la chose la plus difficile à obtenir, et cela l'intriguait et le fascinait.

« Que nous soyons dans le moyen âge d'une ère nouvelle, espérant la renaissance d'un pouvoir réel, cela, Robert, vous pouvez le voir de vos yeux. Dans ce moment-ci j'accomplis une fonction plutôt retirée ; je ne suis, au fait, que le prieur, que le seigneur de ma petite abbaye, pour ainsi dire. »

Sa voix continuait et continuait, tissant d'un ton de moquerie soutenue la trame de sa toile unique, alors qu'en lui-même la tension fléchissait et se distendait, cherchant son inexorable satisfaction dans tout ce qui se trouvait entre lui et Hearn, entre lui et les cinq mille Japonais, le terrain, le circuit des hasards, qu'il aura fait couler dans son moule.

*

* *

LE CHŒUR :
LA QUEUE POUR LE RATA

La tente du mess est sur une petite falaise qui surmonte la plage. Sur le devant se trouve une table basse, qui supporte quatre ou cinq pots contenant la nourriture. Les troupes défilent en une ligne irrégulière, leur gamelle à bout de bras. Red, Gallagher, Brown et Wilson sont sur le point de recevoir leur ration. Tout en défilant ils reniflent le mets principal, qui se trouve au fond d'une grande casserole carrée. C'est du singe et de la ratatouille légèrement réchauffée. Le cuistot en second, un bonhomme gras, au visage rouge, à la tonsure au sommet de la tête et à l'air perpétuellement menaçant, flanque une large cuillerée dans la gamelle qu'on lui présente.

RED. — Qu'est-ce que c'est comme merde, cette rinçure ?

CUISTOT. — C'est de la merde de hibou. Qu'est-ce que te penses que c'était ?

RED. — Si c'est ça, ça va bien, parce que je pensais que c'était quelque chose que je pourrais pas manger. (*Rires.*)

CUISTOT (*bien luné*). — Avance, avance, si te veux pas que je te fais pisser le sang.

RED. — Viens ici, que je te la donne à sucer.

GALLAGHER. — Encore ce foutu rata.

CUISTOT (*criant vers les autres cuistots le long de la ligne*). — Le soldat Gallagher rouscaille, messieurs.

LES AUTRES CUISTOTS. — Envoie-le au mess des officiers.

GALLAGHER. — Donne-m'en un peu plus, tu veux ?

CUISTOT. — Ces portions sont scientifiquement mesurées par le quartier-maître. Avance !

GALLAGHER. — Fils de putain, va.

CUISTOT. — Va te branler la bite. (*Gallagher passe.*)

BROWN. — Général Cummings, t'es le meilleur nom de Dieu de gars de l'unité.

CUISTOT. — Te veux davantage de viande ? T'en auras pas. Y a plus de viande.

BROWN. — T'es le pire des gars de l'unité.

CUISTOT (*se tournant vers la file*). — Soldats, le sergent Brown passe la revue.

BROWN. — Repos. En avant arche, arche. (*Il passe.*)

WILSON. — Peste, vous autres des torpilleurs. Connaissez donc qu'une manière de foutre ce rata ?

CUISTOT. — « Quand ça fume, ça cuit ; quand ça brûle, c'est fait. » C'est notre devise.

WILSON (*pouffant*). — Je savais bien qu'avez tous un système pour la foutre.

CUISTOT. — Te veux pas me la sucer, dis ?

WILSON. — Faudra que t'attends ton tour, petite tête. Y a cinq gars de la section qui viennent avant toi.

CUISTOT. — Parce que c'est toi, j'attendrai. Avance, avance. Qu'est-ce que te penses que t'es, pour embouteiller le trafic ?

(*Les soldats défilent.*)

4

Vers la fin du premier mois de la campagne les troupes de ligne avaient atteint la base de la péninsule. A cinq milles de là s'étendait la chaîne de Watamaï, courant des deux côtés de l'île selon une ligne parallèle à la mer. Sur la gauche de la péninsule la ligne Toyaku dessinait un tracé presque droit, allant des contreforts de la montagne pour aboutir à l'océan. Comme le général l'avait exposé à son état-major, il devait « faire un virage à gauche, quitter l'avenue de la péninsule, et s'engager dans une rue étroite flanquée — au figuré — d'un mur d'usine sur sa droite, d'un fossé (la mer) sur sa gauche, et de Toyaku sur le devant. »

Il exécuta l'opération avec brio. Il dut faire faire à sa ligne de front, finalement stabilisée, un mouvement tournant de quatre-vingt-dix degrés, et cela de telle sorte que le flanc gauche, ancré aux approches de la mer, n'eût à se déplacer que d'un demi-mille environ, tandis que le flanc droit, exposé tout au long de sa marche, eût à parcourir un arc de six milles en pleine jungle.

Il eut un choix entre deux possibilités. Le plan le moins hasardeux eût été de faire s'avancer jusqu'au pied de la montagne le bataillon qui formait le flanc droit ; une ligne temporaire aurait pu dès lors être établie, suivant une diagonale dont l'aile droite, en rasant les contreforts, aurait peu à peu atteint les défenses Toyaku. Mais cette manœuvre aurait pris plusieurs jours, une semaine peut-être, et elle se serait probablement heurtée à une vive résistance. L'autre possibilité, bien plus dangereuse, consistait à lancer le flanc droit directement sur le point de jonction de la montagne et de la ligne Toyaku. De cette manière l'ensemble du front aurait pivoté en un seul jour.

C'était une manœuvre très dangereuse. Tout au long du jour le flanc droit se trouverait exposé, car il était évident que Toyaku le ferait contourner pour l'attaquer sur ses arrières. Le général prit ses risques et tourna la situation à son avantage. Le jour de l'opération il fit prélever au chantier de la route un bataillon dont il constitua sa masse de réserve, et donna ordre aux commandants des compagnies de son flanc droit d'avoir à pousser à travers la jungle sans se préoccuper de leurs arrières. Leur mission devait consister à parcourir les six milles du no man's land et à se retrancher pour la nuit au pied de la montagne, à un mille des avant-postes de la ligne Toyaku.

Il avait spéculé correctement. Comme prévu, Toyaku fit passer en tapinois une compagnie de ses troupes derrière la colonne en mouvement, mais Cummings lui opposa son bataillon de réserve et l'encercla presque entièrement. Une bataille extrêmement confuse eut lieu sur les arrières de la ligne nouvellement établie. Cependant, au bout de plusieurs jours le gros de la compagnie japonaise, exception faite de quelques traînards, avait été exterminé. Il restait bien quelques tireurs dans le dos de la division, et une fois ou deux un train de ravitaillement était tombé dans une embuscade, mais c'étaient là des incidents négligeables qui n'inquiétaient guère le général, d'ailleurs trop occupé à consolider ses positions. Les hommes taillaient des pistes, posaient des barbelés, nettoyaient la jungle en y mettant le feu, établissaient des communications téléphoniques. Deux ou trois sorties des Japonais n'eurent pas de quoi embarrasser le général. Quatre jours passèrent ainsi, puis un cinquième, pendant lesquels il n'arrêta pas de renforcer ses positions et de pousser à l'achèvement de la route. Il lui fallait deux semaines encore pour l'amener à pied d'œuvre, et il entendait mettre ce temps à profit. Une attaque majeure de Toyaku aurait pu l'embarrasser, mais c'était là un risque qu'il devait courir.

Entre temps il fit déplacer le bivouac du Q.G. Ses forces avaient progressé de vingt-cinq milles environ depuis le jour du débarquement, et tandis que les lignes téléphoniques s'allongeaient démesurément, les communications par radio devenaient difficiles. Aussi fit-il avancer son bivouac d'une quinzaine de milles le long de la péninsule, où on l'établit dans un autre bouquet de cocotiers, en bordure de la route. La nouvelle installation n'était pas aussi plaisante que celle qui surplombait la plage ; mais quand les hommes eurent passé plusieurs jours à défricher le terrain entre les arbres, à poser les barbelés, à creuser des latrines et des tranchées, à monter les tentes, le bivouac ne prit pas une trop mauvaise figure. L'endroit était bien plus chaud qu'en bordure de la mer car la brise filtrait mal à travers la jungle environnante, mais un ruisseau coulait juste de l'autre côté des barbelés, en sorte que les hommes n'avaient pas à s'éloigner pour prendre un bain.

Le gros du bivouac du 460e régiment fut établi de l'autre côté de la route. A moins d'une retraite désastreuse, le général ne comptait plus déplacer son installation pour le restant de la campagne ; aussi, peu à peu, selon le temps disponible, commença-t-il à s'organiser. Une douche de campagne fut construite pour les officiers, et la tente du mess fut assemblée, et de grandes tentes d'escouade furent mises bout à bout pour abriter les bureaux de l'état-major. On empierra les chemins, on les ratissait tous les matins, et le parc automobile fut doté d'un conduit d'essence fait de barils vides qui aboutissait à l'entrée de la route.

Ces installations valaient à Cummings un constant plaisir. Bien qu'il eût fait dresser nombre de bivouacs, les lentes améliorations de ces aménagements lui procuraient toujours une satisfaction. Il se faisait l'impression, une semaine après le commencement de la manœuvre, d'avoir érigé un petit village. L'activité y était ininterrompue ; les hommes s'affairaient, les camions allaient et venaient, les ateliers d'entretien du matériel fonctionnaient, et dans l'atmosphère somnolente des après-midi le général pouvait entendre, venant de l'autre côté de la route, le grincement des machines-outils. Son propre bivouac avait été considérablement élargi, au point que les fils barbelés entouraient maintenant un périmètre de deux cents mètres de long sur plus de cent de large, et cette ellipse renfermait une centaine de tentes de toutes dimensions, dont vingt pour loger les officiers, trois latrines, deux cuisines roulantes, plus de quarante camions et de jeeps, et trois cents hommes environ.

Là-dedans la section de reconnaissance ne comptait que pour une toute petite part. Avec l'appoint de cinq bouche-trous ses forces comptaient quatorze hommes logés dans sept tentes qu'un espace de dix mètres séparait l'une de l'autre. De nuit, à n'importe quelle heure, deux hommes étaient tirés de leur sommeil pour monter la garde autour d'une couple de mitrailleuses qui faisaient face à la jungle ; de jour, leur coin était virtuellement désert, tous — à l'exception d'un seul — étant en corvée sur la route. Cinq semaines avaient passé depuis le jour de l'invasion, et à part quelques patrouilles de routine autour du nouveau bivouac, la section ne participa à aucune activité. La saison des pluies approchait ; la chaleur se faisait tous les jours plus oppressante, et plus exténuant le travail sur la route. Une semaine après leur nouvelle installation la plupart des hommes dans la section, même les vétérans de Motome, souhaitaient retourner au combat.

Après le rata du soir Red fit sa toilette et gagna la tente de Wilson et de Gallagher. La chaleur avait été extrême de tout le jour, plus étouffante que la veille et l'avant-veille, et Red se sentait de mauvaise humeur. Comme tous les jours, celui-ci s'était passé à trimer sur la route.

Vautrés sous leur tente, Gallagher et Wilson fumaient en silence. « Qu'est-ce que te racontes de bon ? » fit Wilson d'une voix traînante.

Red s'épongea le front. « Ce gars de Wyman ! C'était déjà bien moche de pioncer avec un enfant de chœur comme Toglio, mais ce Wyman alors... Il renifla. Bientôt il vont nous les expédier avec une sucette dans la bouche.

— Voui, la section est comme qui dirait à l'envers depuis qu'on a reçu ces bouche-trous, se plaignit Wilson. Il soupira, tout en s'essuyant le menton dans la manche de sa chemise de travail. Le temps se prépare à nous jouer un tour, dit-il doucement.

— Encore cette merde de pluie », s'ébroua Gallagher.

Des nuages couleur d'ardoise balayaient le ciel à l'est et s'accumulaient au nord et au sud. Lourd, flasque, moite, l'air ne bougeait pas. Même les cocotiers semblaient enflés et sans vie, leur feuillage languidement pendu au-dessus de la terre craquelée du bivouac.

« La flotte va emporter les chemins de rondins », dit Gallagher. Red regarda avec déplaisir le bivouac. Les tentes semblaient s'affaisser, elles avaient un aspect sombre et morne malgré le soleil qui brillait encore d'un lourd éclat jaune du côté du couchant.

« Le principal c'est qu'on se mouille pas la queue », dit-il.

Il hésita s'il devait retourner à sa tente et creuser un peu la tranchée d'écoulement qui entourait son abri car elle avait presque débordé sous l'averse de la veille, mais il décida avec un haussement d'épaules qu'il était temps pour Wyman d'apprendre à se débrouiller tout seul. Il s'accroupit et se laissa aller dans la niche où reposaient Wilson et Gallagher. Cette niche avait deux pieds de profondeur et à peu près la dimension d'un lit pour deux personnes. Wilson et Gallagher y dormaient côte à côte, sur une double couverture. Par-dessus une faîtière de bambou fixée sur des montants ils avaient fait passer leurs deux toiles imperméables dont les bords tenaient au sol avec des piquets. Il était possible de s'agenouiller là-dessous sans cogner sa tête contre la faîtière, mais même un enfant de huit ans n'aurait pas pu s'y tenir debout. De l'extérieur, l'abri paraissait n'avoir pas plus de deux pieds de haut. Cet agencement était typique pour l'ensemble des tentes dans le bivouac.

Red s'allongea entre Wilson et Gallagher, regardant un triangle de ciel et de jungle qu'encadrait l'entrée de la tente. Les deux hommes avaient fait leur niche à la mesure de leur taille, et les longues jambes de Red pendillaient au-dessus de la tranchée d'écoulement. Quand le vent rabattait la pluie vers l'abri, c'est dans cette tranchée, située au-dessous du niveau de la niche, qu'elle s'accumulait. En ce moment le caniveau était encore fangeux de la veille.

« Vous autres les gars, la prochaine fois que vous creusez votre trou faites qu'y a moyen de s'y allonger, dit-il avec un rire bruyant.

— Vous autres les gars, si ça vous plaît pas, avez qu'à foutre le camp, grinça Gallagher.

— C'est ta bonne hospitalité de Boston, dit Red.

— Tu parles qu'on a pas de place pour des vagabonds qui viennent nous emmerder », repartit méchamment Gallagher. Les grumeaux pourprés de son visage semblaient enflés et putrescents dans la morne lumière.

Wilson fit entendre son petit rire bêta. « Je dis que la seule chose qu'y a de pire qu'un sacré yankee, c'est un gars de Boston.

— C'est une ville où qu'on te laissera même pas entrer vu qu'il faut porter des godasses là-bas, aboya Gallagher. Il alluma une cigarette et se coucha sur le ventre. Faut savoir lire et écrire, si que tu veux venir dans le nord. »

Wilson se sentit un peu vexé. « Tu sais, dit-il, je peux peut-être pas bien lire tout ce qu'y a d'écrit, mais y a pas une chose que je ferais pas quand je m'y mets. » Il pensait à la fois où Willy Perkins avait acheté la première machine à laver qu'on ait encore vue dans la localité, et quand cette laveuse tomba en panne c'est lui qui la démonta pièce à pièce pour la réparer. « Y a pas une chose que je réparerais pas, si c'est une machine », dit-il. Il enleva ses lunettes, essuya avec un coin de son mouchoir les verres embués. « Je me rappelle qu'y avait une fois un type chez nous avec une bécane anglaise. Les bécanes américaines c'était pas assez bon pour lui. Il a perdu un roulement à billes et y avait rien pour le remplacer, alors j'ai pris un roulement américain et je l'ai ajusté à sa machine. » Il pointa un de ses gros doigts sur Gallagher. « Quand ç'a été fait, la bécane roulait aussi bien qu'avant.

— Très malin, grommela Gallagher. A Boston t'aurais trouvé tous les roulements à billes qu'on veut.

— Y a des fois qu'il vaut mieux se débrouiller, dit Wilson.

— Je vois pas comment tu te débrouillerais sans ta queue », intervint Red. Ils rirent tous trois. « C'est quelque chose qu'on devrait toujours avoir sous la main », admit Wilson. Il frotta pensivement sa main sur le mur de la niche. « A Boston, dit Gallagher, quand un gars tombe une fille, il le fait savoir aux copains. » Mais, ayant dit, il eut honte tout à coup. Il se promit de se rappeler ce qu'il venait de dire, pour en faire l'aveu au père Hogan quand il irait se confesser. Cette résolution lui fit du bien. Il oubliait toujours ses mauvaises actions quand il allait à confesse. Il avait beau faire l'effort de rassembler ses vilaines pensées avant de voir le père Hogan, il ne réussissait pas à s'en souvenir ; tout ce qu'il pouvait dire c'était : « Mon père, j'ai blasphémé. »

Mary le connaissait si peu, pensait-il. Elle ne savait même pas comment il jurait. Mais, ça, c'était une mauvaise habitude qu'il devait à l'armée. Avant, quand il était avec sa bande, il jurait aussi, mais cela ne comptait pas. Il n'était qu'un gosse alors. Et il ne jurait jamais en présence des femmes.

Il se mit à penser à sa bande. Quel bon tas de gars ils faisaient tous, se dit-il avec fierté. Il se rappelait comment ils avaient distribué des tracts pour les élections de McCarthy, à Roxbury. McCarthy avait même fait un discours plus tard, disant qu'il devait sa victoire à ses loyales cohortes. Et comment une autre fois ils avaient fait une descente à Dorchester, pour donner un leçon aux Yids. Ils s'étaient emparés d'un merdeux de onze ans, qui rentrait de l'école ; ils l'avaient encerclé, et Whitey Lydon avait dit : « Qu'est-ce que t'es, toi ? » Le merdeux avait dit en tremblant qu'il ne savait pas. « T'es un youpin, lui avait dit Whitey. Voilà ce que t'es : un foutu youpin. » Il l'avait empoigné par la chemise, disant : « Alors, qu'est-ce que t'es, toi ?

— Je suis un youpin, avait dit le môme, sur le point de pleurer.

— C'est ça, avait dit Lydon. Epelle ça. Epelle : youpin.

— I-o-u-p-a-i-n », avait bégayé le môme.

Quel éclat de rire ç'a été, pensait Gallagher. I-o-u-p-a-i-n. Le merdeux avait eu tellement peur qu'il avait sans doute sali sa culotte. Ces sacrés Yids ! Il se souvenait aussi comment Lydon était devenu policier. Cette veine qu'il avait, Lydon. Avec un peu de chance lui aussi aurait pu être de la police. Mais, lui, de tout le travail qu'il avait fait pour le Club Démocratique, il n'avait retiré aucun profit.

Qu'est-ce donc qui clochait avec lui ? Il voulait pourtant faire de grandes choses. Il aurait même pu décrocher un boulot aux P.T.T., sans ce conseiller municipal Shapiro et son foutu neveu Abie ou Jakie. Il éprouva un profond ressentiment à ce souvenir. Il y avait toujours quelque chose pour lui tirer dans les pattes. Il jouissait de sentir sa muette colère qui allait croissant, et parce que cela lui valait une riche satisfaction, il éclata soudainement : « Je vois qu'on a deux de ces enculés d'Yids dans la section.

— Oui, dit Red. Il savait que Gallagher était sur le point de se lancer dans une de ses longues diatribes, et cela l'ennuyait. Oui, reprit-il avec un soupir. C'est des fils de garce tout comme nous tous. »

Gallagher se tourna vers lui. « Y a qu'une semaine qu'ils sont arrivés, et voilà déjà qu'on est tous infestés de poux.

— Je sais pas moi, dit Wilson. Ce Roth il vaut pas grand-chose, mais l'autre gars, ce Goldstein, ou Goldberg, ou le diable sait quoi, il est pas un mauvais type. J'ai été en corvée avec lui aujourd'hui, et on a parlé de la meilleure façon de fixer une tente.

— Moi, y a pas un seul de ces enculés-là à qui je ferais confiance », dit rageusement Gallagher.

Red bâilla, puis ramena ses jambes. « Y a la pluie qui commence », dit-il.

Des gouttes de pluie résonnaient sur la tente. Le ciel avait la couleur unie, vert-plomb, d'une vitre dépolie ; mais là-derrière il y avait une sorte de lustre, comme si une intense lumière brillait de l'autre côté du panneau. « Il va pleuvoir comme vache qui pisse, dit Red. Vous l'avez bien amarrée votre tente, au moins ?

— Je pense que oui », fit Wilson. Un soldat passa en courant, et le bruit de son pas évoqua des pensées maussades dans l'esprit de Red. C'était déprimant, un homme qui courait pour se mettre à l'abri. Il soupira de nouveau. « Tout ce que j'ai jamais fait dans ma vie, c'est d'avoir le cul mouillé, grommela-t-il.

— Tu sais, dit Wilson, ce Stanley pisse aux quatre vents maintenant qu'il est caporal. Je l'ai entendu dire à un des bouche-trous comment que ç'a été à Motome. Ç'a été salement dur, il disait. Il fit entendre son petit rire. J'étais content qu'il pense ça, Stanley, parce que moi je suis pas encore sûr. »

Gallagher cracha. « C'est pas moi qui me laisserai emmerder par Stanley.

— Voui », dit Red. Gallagher et Wilson croyaient toujours qu'il avait eu peur de Stanley. Au diable avec eux. Quand il avait appris que Stanley allait être caporal, il n'avait ressenti qu'amusement et mépris. C'était bien ça : Stanley était de la pâte à sergot. « Rien de tel que lécher le cul des officiers pour aller au paradis », grogna-t-il à mi-voix.

Ça n'était pas si simple, cependant. Il se rendit compte brusquement qu'il aurait voulu être promu caporal. Il faillit rire à haute voix, un peu amèrement, comme s'il ne devait jamais venir à bout des surprises. Elle m'a possédé, l'armée, songea-t-il. C'était la vieille sourcière. D'abord ils vous flanquent la trouille, puis ils vous cousent des rubans. Si on lui avait offert son ruban, il l'aurait refusé... Seulement, au moins, il aurait bien rigolé en refusant.

Un éclair flamboya tout contre, et peu de secondes après le tonnerre parut exploser au-dessus de la tente. « Dis, ç'a été pas loin », fit Wilson.

Chargé d'orage, le ciel était presque noir à présent. Red pensait que toute sa vie il n'avait fait que refuser des ficelles, et maintenant... Il se toucha la poitrine avec le plat de la main, à plusieurs reprises, lentement, mélancoliquement presque. Il avait toujours vécu en lui-même, avec, pour tout avoir, ce qu'il pouvait emporter sur son dos. « Plus de choses tu possèdes, plus il t'en faut pour vivre à ton aise. » C'était un sien axiome, mais cette fois-ci il n'en tira pas une bien grande consolation. Il broyait du noir. Il y avait un long, long temps qu'il était un solitaire.

« Voilà la pluie », dit Gallagher.

Le vent fouettait rageusement les tentes. La pluie arriva doucement, tambourina la toile caoutchoutée de l'abri, puis augmenta d'intensité. En peu de secondes elle devint furieuse, enflée comme la grêle. Les tentes se mirent à se cambrer, à forcer sur leurs attaches. Des tonnerres explosèrent au loin, et un nuage creva au-dessus du bivouac.

Un frisson entama les hommes sous la tente. Ceci n'allait pas être un orage ordinaire.

Wilson se souleva, arquant son dos contre le faîtage. « Nom de Dieu, grommela-t-il, ce vent décapiterait un homme. » Au delà des barbelés le feuillage semblait écrasé, comme si une horde d'animaux l'avait piétiné. Wilson risqua un coup d'œil dehors, puis secoua la tête. Au milieu d'un vide verdâtre fait d'herbe et d'arbrisseaux que l'averse écrabouillait, le camp était à peine visible. Le vent soufflait avec une force énorme, et Wilson, qui se tenait à genoux, semblait en mesurer la violence. Bien qu'il se fût reculé à l'instant même où il avait mis le nez dehors, son visage ruisselait d'eau. Il n'y avait pas moyen d'aveugler les fentes et les coutures dans la toile par où l'eau pénétrait rapidement sous la tente, ni d'éviter les coups d'embrun que le vent y rabattait. Ayant submergé la tranchée d'écoulement, la pluie commençait d'inonder la niche. Gallagher plia les couvertures, et les trois hommes, s'étant accroupis sous la toile qui claquait dans le vent, essayaient de la maintenir en place tout en s'efforçant, sans y réussir, de garder leurs pieds au sec. Dehors l'eau formait de grandes mares qui s'élargissaient sans cesse, étendant des tentacules comme autant d'énormes amibes qui avalaient la terre. « Nom de Dieu de nom de nom », dit Wilson.

Goldstein et Ridges étaient trempés. Quand la pluie avait commencé, ils étaient sortis pour consolider les piquets de la tente. Goldstein avait empilé les couvertures dans son sac imperméable, puis il s'était agenouillé pour mieux clouer l'abri au sol. « Ça c'est terrible », cria-t-il.

Ridges fit oui de la tête. Sa face, laide et trapue, ruisselait d'eau, et ses cheveux filasse couleur sable collaient en spirale autour de son crâne. « Rien à faire qu'à attendre », cria-t-il de retour. Sa voix se perdit dans le vent et Goldstein n'entendit que le mot « attendre », dont la longue, gémissante sonorité le fit tressaillir. On eût dit que l'univers tout entier s'était abîmé, ne laissant autour d'eux qu'une grise, rugissante violence. Se redressant comme un bois d'arc la faîtière de bambou s'échappa de ses mains, et il se fit cruellement mal. Il était si trempé, que sa salopette en paraissait noire.

Le fond de l'océan devait ressembler à cela, se dit-il. Il avait lu qu'il existait des tempêtes sous-marines, et cela devait être à peu près pareil. Encore qu'impressionné, et préoccupé à la fois par la stabilité de la tente, il observait l'orage avec fascination. Il se disait que le monde devait avoir eu cet aspect à l'époque où il avait commencé à se refroidir, et il se sentait excité comme s'il assistait à la création des choses. Il était ridicule de se préoccuper en même temps pour la tente, mais il n'y pouvait rien. Il avait cependant la conviction qu'elle résisterait ; les piquets avaient trois pieds de long, et ce sol argileux tenait bon sous le choc. S'il avait seulement su qu'un orage pareil allait éclater, il aurait fait un abri capable de tenir par n'importe quel temps ; il y serait couché en ce moment bien au sec, et sans se faire le moindre souci. Puis Ridges aussi le préoccupait. Il aurait dû lui en avoir parlé, de ces tempêtes ; il aurait dû y avoir pensé, lui, un vétéran. Il lui fallait également songer à bâtir un abri plus solide que celui-ci. Ses chaussures étaient pleines d'eau, et il remuait ses orteils pour les réchauffer. Boulot de récurage que tout cela, se dit-il ; celui qui a inventé l'épuisette avait la même expérience que moi.

Ridges regardait la tempête avec panique et soumission. Les écluses de Dieu débordent, pensait-il. Le feuillage, dans la jungle, s'agitait avec turbulence, et le gris plombé du ciel lui prêtait un vert si varié, si brillant, qu'il l'imaginait pareil au jardin du paradis. Il percevait la pulsation de la forêt comme si elle eût fait partie de lui-même, et la terre, transformée en une flaque d'or, lui semblait vivre. Il ne pouvait détourner son regard de la verdure fantastique de la jungle, du brun orangé de la terre, fébriles, haletants, comme si la pluie y avait ouvert des plaies. Il se sentait anéanti par tant de puissance.

Le Seigneur donne et le Seigneur reprend, pensa-t-il avec solennité. Les orages occupaient une grande place dans son existence ; il avait appris à les craindre, à s'y faire, et finalement à s'y attendre. L'image de son père lui vint à l'esprit, son visage ridé et rougeaud, le triste et calme regard de ses yeux bleus. « Je te dirai, Ossie, lui avait expliqué son père. Un homme travaille et peine, il paie avec sa bonne sueur, il essaie de tirer son pain de la terre ; et quand le travail est fait, s'il plaît à Dieu l'orage emporte tout. » C'était là, peut-être, la plus profonde vérité que Ridges connût : il lui semblait que son père et lui et leur vieille mule avaient toute leur vie lutté avec la terre nue et les insectes et les fléaux, et que le plus souvent le fruit de leur effort s'en était allé en une seule nuit noire.

Il avait aidé Goldstein à enfoncer les piquets parce qu'on doit son aide au voisin qui vous la demande, et l'homme qui couche avec vous sous la même tente, serait-il un étranger, est votre voisin ; mais, en son for intérieur, il avait su que leur tentative de consolider l'abri était vaine. Les voies de la Providence sont ce qu'elles sont, se disait-il, et on doit s'y soumettre. Si l'orage devait emporter leur tente, il le ferait quand ils l'auraient ancrée avec une charrue. Entre temps, ne sachant pas s'il pleuvait ou non dans le Mississipi, il priait que l'orage épargnât le champ de son père. On vient tout juste d'y semer, mon Dieu. S'il vous plaît. Mais même dans sa supplique il n'y avait pas de vrai espoir ; simplement, il priait pour monter qu'il était respectueux.

Le vent se démenait dans le bivouac comme une faux immense, et la pluie cinglait le feuillage des palmiers. Ils virent une tente quitter d'un coup sec ses amarres et partir dans les airs en se débattant comme un oiseau terrifié. « Je me demande ce qui se passe en première ligne », cria Goldstein, qui venait de se rendre compte avec une sorte d'épouvante que la jungle recélait bien d'autres bivouacs. Ridges haussa les épaules. « Tiennent bon, je pense », cria-t-il en réponse. Goldstein se demandait comment c'était, là-haut ; depuis qu'il était dans la section, il n'avait vu que le tronçon de la route où il allait en corvée. Il eut un mouvement de recul en essayant d'imaginer une attaque dans cette bourrasque. Toute son énergie était concentrée sur la faîtière, qu'il maintenait à deux mains. Pourquoi les Japonais n'attaqueraient-ils pas ici même ? Il aurait voulu savoir si quelqu'un était de garde à l'emplacement des mitrailleuses. « Un général qui serait malin, nous sauterait dessus, fit-il.

— Je dois dire », répondit quiètement Ridges. Le vent venait de tomber depuis un instant, et il y eut quelque chose de tamisé et d'incertain dans leur voix, comme s'ils avaient parlé dans une église. Goldstein abandonna la tige de bambou, sentant sa force s'écouler de ses bras. La circulation du sang dissout les effets de la fatigue, pensa-t-il. Peut-être l'orage était-il fini ? Le sol, dans leur niche, n'était qu'une flaque de boue, et il se demandait où ils allaient pouvoir dormir cette nuit. Il frissonna, devenant sensible tout à coup au poids glacé de ses vêtements.

Le souffle se leva de nouveau, et de nouveau ils s'appliquèrent, muets et tenaces, à préserver leur abri. Il semblait à Goldstein qu'il pesait sur une porte que quelqu'un de bien plus fort que lui essayait d'enfoncer. Il vit deux autres tentes partir dans le vent, puis des hommes qui couraient à la recherche d'un abri. Riant et jurant, Wyman et Toglio se précipitèrent dans leur niche. « Notre tente vient de s'envoler », cria Wyman, son jeune et osseux visage éclairé d'un sourire. « Nom de nom, ça c'est quelque chose », rugit-il. L'expression de son visage était à mi-chemin entre la surprise et l'enchantement : on eût dit qu'il était incertain si la tempête était une catastrophe ou un spectacle de cirque.

« Et vos affaires ? cria Goldstein.

— Perdues. Enlevées. Laissé mon fusil dans une mare. »

Goldstein s'inquiéta de son fusil. Il l'aperçut sur l'épaulement au-dessus de la niche, couvert d'eau et de boue. Il se reprocha de ne l'avoir pas enveloppé dans sa chemise sale, avant le commencement de l'orage. Je suis encore un bleu, se dit-il ; un vétéran se serait souvenu qu'il faut protéger son fusil.

L'eau s'écoulait du gros nez charnu de Toglio. Il remua sa lourde mâchoire, criant : « Pensez qu'elle tiendra, votre tente ?

— Sais pas, hurla Goldstein. Les piquets, oui. » Encore qu'accroupis, les quatre hommes étaient à l'étroit dans la niche. Ridges observait ses pieds, qui s'enfonçaient dans la boue. On serait mieux pieds nus, se disait-il. On fait des tas d'histoires pour les tenir au sec, et ça vaut pas le coup. Un ruisselet d'eau coulait le long de la faîtière et s'égouttait sur son genou. Il soupira : ses vêtements étaient si froids que là-dessus l'eau semblait tiède.

Un énorme coup d'air s'engouffra sous l'abri, l'enfla comme un ballon, et la faîtière se rompit sec — ouvrant un accroc dans la toile. La tente s'affaissa sur eux comme un drap humide, et ils se débattirent là-dessous, bêtement, jusqu'à ce que le vent se mît à les dégager. Tout en tâtonnant autour de lui, Wyman succomba à un accès de rire. Il perdit l'équilibre et s'assit dans la boue, se démenant sans force sous la toile. « Jésus », faisait-il en riant. Il se sentait pris dans un sac, et il riait. Trop faible pour me dépêtrer d'un sac de papier, se dit-il, et à cette pensée tout lui parut encore plus risible. « Où êtes-vous ? » cria-t-il ; mais à ce moment-là l'air gonfla de nouveau la tente, l'arracha net et l'emporta en tourbillonnant. Un bout de toile resta attaché à l'un des piquets, claquant dans la bourrasque. Les quatre hommes se redressèrent, puis aussitôt s'accroupirent sous la violence du souffle. Le soleil se voyait encore, juste au-dessus de l'horizon, à travers une déchirure dans le ciel, infiniment lointaine semblait-il. La pluie était devenue très froide, presque glaciale, et ils frissonnaient. A peu près toutes les tentes du bivouac étaient parties. Çà et là un soldat sautillait dans la boue, titubant sous l'assaut du vent en une succession de saccades pareilles à celles que l'on voit faire à des personnages dans un film accéléré.

« Jésus, je suis gelé, cria Toglio.

— Allons-nous en d'ici, fit Wyman. Il était couvert de boue, et ses dents claquaient. Nom de Dieu de pluie ! »

Ils sortirent en trébuchant de leur trou et prirent la course en direction du parc automobile pour se mettre à l'abri des camions. Malmené par le vent, ayant perdu le contrôle de ses mouvements,

Toglio chancelait comme s'il avait lâché trop de lest. « J'ai oublié mon fusil ! lui cria Goldstein.

— T'en as pas besoin », gueula Toglio.

Goldstein essaya de s'arrêter, de revenir sur ses pas, mais le vent l'emmenait dans sa course. « On ne sait jamais ! » s'entendit-il hurler. Ils couraient côte à côte, et c'était comme s'ils rugissaient à travers une pièce énorme. Durant une seconde Goldstein éprouva un sentiment de jubilation.

Toute une semaine ils avaient turbiné pour arranger leur bivouac ; tous leurs instants libres furent pris à mettre au point quelque nouvelle amélioration. Et voici que tout était perdu : noyés, ses vêtements et son papier à écrire ; rouillé, son fusil, à n'en pas douter ; trop détrempé, le sol, pour que l'on y pût dormir. Tout n'était que ruine. Goldstein en éprouvait une sorte d'hilarité, comme il arrive quand tout finit dans le désastre.

Lui et Toglio furent soufflés dans le parc automobile. Voulant prendre un virage, ils se télescopèrent l'un l'autre et s'étalèrent dans la boue. Goldstein aurait aimé rester là sans plus bouger, mais il prit appui sur ses mains, se ramassa, et gagna en titubant un des camions. A peu près toute la compagnie s'entassait dans et sous et derrière les camions. Il avait échoué parmi un groupe d'une vingtaine d'hommes agglutinés à l'abri d'une benne. Serrés les uns contre les autres en quête de chaleur, ils frissonnaient et claquaient des dents. Tout ce qu'il pouvait distinguer c'était la silhouette verte du camion et le vert noirâtre des uniformes. « Jésus », fit quelqu'un.

Toglio essaya d'allumer une cigarette, mais elle se défit avant qu'il pût sortir les allumettes de sa bourse imperméable. Il la jeta, regardant comme elle se dissolvait dans la boue. Bien qu'il fût entièrement trempé, le contact de la pluie ne cessait pas d'être pénible ; chaque goutte qui s'écoulait le long de son dos lui faisait l'impression d'une exécrable, d'une répugnante limace froide. Il se tourna vers son voisin, criant : « Partie, ta tente ?

— Voui. »

Il s'en trouva réconforté. Il se passa la main sur sa joue noire et barbue, et soudain il se sentit très proche de tous ces hommes. Une vague de chaleur intérieure les lui fit aimer immensément. C'était tous de bons zigues, de bons Américains, se dit-il. Il fallait être Américain pour supporter une chose comme celle-ci, et pour en rire. Il avait froid aux mains, et il les enfonça dans les poches bouffantes de sa salopette.

Red et Wilson, qui se tenaient à quelques pas de là, se mirent à chanter. La voix de Red était profonde et bourrue, et Toglio rit en les écoutant.

Une fois j'ai construit un chemin de fer, je l'ai fait rouler
L'ai fait courir contre le temps...

chantaient-ils tout en trottant sur place pour se réchauffer.

Une fois j'ai construit un chemin de fer, voilà qui est fait,
Frère, peux-tu me donner un sou ?

Toglio se surprit riant à gorge déployée. Red était un comique, se disait-il tout en se mettant à les accompagner.

Une fois j'ai construit une tour jusqu'au ciel
Briques et rivets et chaux,
Une fois j'ai construit une tour, voilà qui est fait,
Frère, peux-tu me donner un sou ?

Toglio reprit sur la dernière strophe, et Red lui fit un signe encourageant de la main. Ils chantaient à tue-tête, leurs bras enlacés pour se prêter mutuellement un peu de chaleur. Le vent tombait de temps à autre et ils pouvaient alors entendre leurs voix à la sonorité distante, un peu irréelle, comme celle d'un poste de T.S.F. situé dans une chambre adjacente, et dont le volume augmenterait et baisserait, augmenterait et baisserait.

Une fois habillés de kaki
C'est fou ce qu'on était chic
Pleins de ce Yankee Doodly Dum.
Un demi-million de bottes s'en furent cognant par l'enfer,
C'était moi le porte-tambour.
Dis, te rappelles-tu, on m'appelait Al ?
C'était Al encore et toujours.
Dis, te rappelles-tu, je suis ton copain ?
Frérot, peux-tu me donner un sou ?

Ils partirent d'un rire, en finissant, et Toglio s'époumona : « Qu'est-ce qu'on chante maintenant ? Si c'était *Montre-moi le chemin du pays ?* »

— Peux plus chanter ! cria Red. J'ai le gosier trop sec. Besoin de boire un coup. » Il avança les lèvres et roula les yeux, et Toglio rit dans l'averse. Quel vilain comique, ce Red. C'était tous de bons zigues.

Toglio se mit à chanter *Montre-moi le chemin du pays*, et plusieurs voix reprirent avec lui.

Je suis las et je veux aller au lit
J'ai bu un coup il y a une heure
Et ça m'a monté à la tête

La pluie tombait, drue et régulière, et tout en chantant Toglio se laissait aller à une vague et douce sensation. Bien qu'étroitement serré dans la foule, il frissonnait de froid. Il se vit conduisant une voiture par un crépuscule d'hiver, aux approches d'une ville inconnue qui le saluait de sa chaleur et de ses lumières.

N'importe où que j'aille errer
Par terre ou par mer ou par écumes,

Tu m'entendras toujours chanter cette chanson,
Montre-moi le chemin du pays.

Il faisait presque noir, et sous les cocotiers, à l'abri des camions, il devenait difficile de distinguer les visages. L'humeur de Toglio s'assombrit, elle devint triste et mélancolique. Il revit sa femme, l'air qu'elle avait en arrangeant un arbre de Noël, et une larme coula le long de sa joue lourde et charnue. Le temps d'une minute il se trouva loin de la guerre, de la pluie ; bientôt il allait avoir à se préoccuper d'un gîte pour la nuit, mais en attendant il chantait avec résolution, remuait ses orteils, et se laissait envahir par les doux et voluptueux souvenirs que la chanson évoquait dans son esprit.

Une jeep arriva en se dandinant dans la boue, s'arrêta à une trentaine de pieds de là. Le général Cummings en descendit, suivi de deux officiers, et Toglio donna du coude dans les côtes de Red pour le faire taire. Nu tête, son uniforme trempé, le général souriait. Toglio le regardait avec intérêt et une sorte de déférence. Il l'avait aperçu bien des fois dans le bivouac, mais c'était la première fois qu'il le voyait de si près. « Eh bien, eh bien, cria le général tout en s'approchant, comment est-ce, de se sentir mouillé ? » Toglio rit avec les autres, et le général rit à son tour. « Ça ne fait rien, cria-t-il, vous n'êtes pas de sucre. » Le vent reflua, et il fit d'une voix moins forte à l'adresse des deux officiers qui l'accompagnaient : « Je crois bien que la pluie est sur le point de s'arrêter. Je viens de téléphoner à l'instant à Washington, et le ministère de la Guerre me l'a assuré. » Les deux officiers rirent vigoureusement, et Toglio sourit. Le général était un chic type, un parfait exemple d'officier.

« Bien, soldats, dit le général à haute voix, je ne pense pas qu'il reste une seule tente debout dans les parages. Aussitôt que la tempête diminuera on tâchera de faire venir des toiles de la plage, mais je ne doute pas que la plupart d'entre vous passent une mauvaise nuit. C'est regrettable, mais vous avez déjà été mouillés et vous savez ce que c'est. Il y a un peu de casse là-haut, en première ligne, et il se pourrait que certains d'entre vous passent la nuit dans un endroit pire que celui-ci. Il se tut pour un instant, debout dans la pluie, puis ajouta : Je suppose que ceux qui étaient de garde quand l'orage a éclaté, n'y sont pas. S'il s'en trouve ici qui devraient être ailleurs, ils feront bien de disparaître aussitôt que je tourne les talons. » Il y eut un rire gêné. La pluie ayant diminué, le gros de la compagnie s'était peu à peu assemblé autour du général. « Sérieusement, soldats, disait celui-ci. D'après ce qui nous a été communiqué, j'ai idée qu'il va y avoir des Japonais dans nos lignes cette nuit. Aussi vous ferez mieux d'être sur le qui-vive. Nous sommes plutôt loin du front, mais tout de même pas si loin que cela. » Il leur sourit, remonta dans la jeep, ses officiers le suivirent, et la voiture démarra puis disparut dans l'ombre.

Red cracha. « Je savais bien qu'on se la coulait trop douce depuis trop longtemps. Deux contre un qu'ils nous feront attraper la chiasse cette nuit. »

Wilson approuva vivement de la tête. « Voilà pourquoi il faut pas rouscailler quand on se les roule. Tous ces bouche-trous qui voulaient de la bagarre, ils vont changer d'idée.

— Dis, quel chic type, le général », intervint Toglio.

Red cracha de nouveau. « Y a pas un seul général au monde qu'est chic. C'est tous des fils de garce.

— Regarde, Red, protesta Toglio, où c'est que tu trouverais un général comme lui, qui parlerait à un tas de biffins ? Je le trouve très bien, moi.

— C'est un qui aime à plaire aux foules, voilà ce qu'il est, dit Red. Pour quoi foutre qu'il a besoin de nous raconter ses emmerdements ? J'ai assez de mes propres emmerdements. »

Toglio soupira et se tut. Quel type contrariant, ce Red. La pluie avait cessé, et il songeait à s'en retourner à l'ancien emplacement de sa tente. Il se sentit déprimé à cette idée, mais il ne fallait pas se laisser aller — maintenant que l'orage était fini. « Allons-y, on fera mieux de penser à une place pour dormir », dit-il.

Red grogna. « Pour le bien que ça te fera... On sera là-haut, cette nuit. » Avec la descente du soir l'air redevenait suffocant.

Le général était soucieux. « Conduisez-nous à la batterie un-cinq-un », dit-il au chauffeur quand la jeep eut quitté le parc automobile. Il se tourna vers le commandant Dalleson et le lieutenant Hearn, serrés sur le siège arrière. « Si les communications avec le deuxième bataillon sont coupées, nous aurons pas mal de marche à faire avant l'aube. » La jeep passa une ouverture pratiquée dans les barbelés, prit à droite, en direction du front. Le général scrutait le chemin d'un œil morose. C'était là de la mauvaise boue, et qui allait empirer. La voiture dérapait de côté et d'autre sur la route gluante, mais dans quelques heures cela allait devenir gommeux comme de l'argile et les transports s'y embourberaient jusqu'aux essieux. L'air sombre, il regardait la jungle qui flanquait la route de part et d'autre. Ils doublèrent un fossé où gisaient les cadavres putréfiés de quelques Japonais, et le général retint sa respiration. Quelque familière que lui fût devenue cette odeur il la supportait toujours mal. Il fit une note mentale de faire dépêcher une équipe de nettoyage sur la route dès que le calme serait rétabli.

La nuit arriva, et avec elle la menace latente d'un désastre. Il se faisait l'impression, dans cette jeep qui avançait avec lenteur dans le noir, d'être suspendu dans les airs. Le ronron régulier du moteur, le mutisme de ses compagnons, et le lourd, le moite bruissement de la jungle, semblaient l'avoir désincarné. Seul lui restait le travail accéléré de son cerveau. Isolé dans l'espace, il devait, solitaire, supputer et résoudre son problème. L'orage, qui s'était abattu avec une rapidité incroyable, avait suivi à la trace une attaque japonaise. Dix minutes avant le commencement de l'averse un message du deuxième bataillon lui avait annoncé qu'un feu nourri venait d'éclater dans leur secteur ; et là-dessus la tempête hachura en pièces les lignes téléphoniques, son Q.G. fut rasé, la T.S.F. arrêta de fonctionner. Il n'avait pas la moindre idée de ce qui se passait au front. Il se pouvait qu'Hutchins eût eu à battre en retraite ; il se pouvait que, pris d'une frénésie pareille à celle de la tornade, les Japonais eussent troué ses lignes en un nombre de points. Comment, ne recevant pas ses ordres, ils avaient fait face à la situation, Dieu seul le savait. Si seulement ils avaient pu tenir.

Heureusement, deux jours plus tôt, il avait fait monter au deuxième bataillon une douzaine de tanks. Ces machines n'auraient jamais pu faire la route par ce temps-ci ; et si même elles se trouvaient immobilisées maintenant à cause du terrain, l'on pouvait, le cas échéant, organiser une position de défense à leur abri. Quel chaos, peut-être, là-bas. Avant le matin la ligne tout entière menaçait de n'être plus qu'une série de hérissons isolés. Et il n'y pouvait rien — rien avant d'atteindre un câble téléphonique. Le pire était à craindre. En deux jours il risquait de se retrouver à son point de départ, à l'endroit où il avait exécuté sa manœuvre tournante.

Dès qu'il aurait ce téléphone sous la main, il lui faudrait dicter ses décisions sans le moindre délai. Il passait en revue la personnalité de ses officiers en ligne, les caractéristiques distinctives — à supposer qu'il y en eût — des diverses compagnies, des sections même. Sa remarquable mémoire reconstituait quantité de chiffres, d'emplacements, de positions essentielles et incidentes ; il savait effectivement quelle place tout homme, toute arme, occupaient à Anopopéi, et l'image totale de ses dispositifs dans l'île était présente à son esprit. Dans ce moment-là il était un homme d'une extrême simplicité. Tout en lui fonctionnait en vue d'un but unique, et il savait d'expérience, avec une tranquille certitude qui se passait de mots, que, l'instant venu, chaque détail se cristalliserait au gré de sa volonté. Dans l'état de tension qui était le sien, ses instincts ne pouvaient lui faillir.

Cependant, une rage couvait là-dessous, intense et primitive. La tempête s'était mise en travers de ses projets, et il en éprouvait des colères enfantines. De temps à autre un spasme d'irritation déferlait sur son esprit, et l'embourbait. « Pas un mot sur cet orage, grommelait-il çà et là. Un service météorologique qui cloche. Le G.Q.G. de l'armée ne l'ignorait certainement pas, mais m'ont-ils seulement informé ? Pas de rapport sur cet orage, pas un mot. Quel gâchis. Ou peut-être même pas du gâchis. Ils essaient de me tirer dans les jambes. »

La jeep se prit dans une ornière, et le moteur cala. Cummings se tourna vers le chauffeur. Il aurait pu le tuer d'une balle, mais il fit à mi-voix : « Allez, fiston, ce n'est pas le moment de traîner. » Le moteur de la jeep démarra, et ils reprirent la route.

Son bivouac était détruit, et c'est ce qu'il y avait de plus pénible.

Il était préoccupé par les dangers que courait sa division, il en était à vrai dire angoissé — mais abstraitement en quelque sorte. Ce qui faisait mal directement, personnellement, c'était la destruction du bivouac. Il eut presque du chagrin à se rappeler comment les ruisseaux avaient emporté le gravier des chemins, comment sa couchette s'était empalée dans la boue, et le naufrage de sa tente. Quel ravage ! Un nouvel accès de colère déferla sur lui.

« Allumez plutôt vos phares, fiston, fit-il au chauffeur. Sinon ça nous prendra trop longtemps. » S'il y avait des tireurs embusqués dans les parages, c'eût été comme se promener avec une bougie à la main dans une forêt infestée de brigands. Il se carra avec plaisir sur son siège. Le danger lui valait un coup de fouet qui lui faisait apprécier la grandeur de sa tâche. « Vous ferez mieux de couvrir les deux côtés de la route », dit-il à Hearn et à Dalleson. Ils mirent leurs carabines en position, scrutant la jungle. Dans la lumière des phares le feuillage se donnait un éclat argenté et mystérieux.

Le lieutenant Hearn éprouva du doigt le magasin de sa carabine, le fit coulisser, le remit en place, tenant la petite arme dans ses larges mains, le canon pointé sur la jungle. Il se trouvait dans un état d'esprit complexe, où l'excitation et l'abattement se chevauchaient à l'envie. Après tout cet ordre trop strict, après toutes ces avances au chronomètre, le front menaçait de s'effondrer alors que leur jeep errait à l'aveuglette comme un nerf à la recherche d'un muscle ou d'un organe dévitalisés. Le général lui avait dit une fois : « J'aime le chaos ; c'est comme un réactif qui écume dans l'éprouvette avant la précipitation des cristaux. C'est une espèce d'apéritif pour moi. »

Une façon de vous en mettre plein la vue, avait pensé Hearn sur le moment. Le général n'aimait pas le chaos, du moins pas quand lui-même se trouvait dans l'éprouvette. Seulement des hommes comme lui, Hearn, aimaient le chaos — eux qui n'y étaient pas réellement engagés.

Pourtant, oui, le général avait réagi. Hearn se rappelait leur apathie, quand l'orage avait éclaté. Le général était resté une bonne minute à contempler sa couchette maculée, puis il avait ramassé une poignée de boue qu'il s'était mis à pétrir entre ses doigts. L'intempérie leur avait coupé les bras à tous, mais faisant face à la situation, Cummings adressa aux hommes son discours incroyablement courtois — aux hommes qui ne songeaient qu'à replier leur queue entre leurs jambes et à se faufiler en douce sous quelque abri. Au reste, sa réaction était compréhensible : il devait reprendre en mains les rênes de son commandement.

A présent, dans cette jeep, son attitude restait également compréhensible. La tonalité de sa politesse, la qualité de sa voix, apprenaient à Hearn qu'il ne pensait à rien en marge de la campagne et de la nuit à venir. Tout frémissant sous le désir de passer à l'action, il devenait un autre homme.

Cela déprimait Hearn, et à la fois forçait son admiration. Une capacité de concentration de cette espèce était inhumaine : elle lui échappait. Il regardait la jungle d'un air contrarié, éprouvant la carabine dans ses mains. Il était possible qu'une mitrailleuse les attendît au prochain tournant de la route, ou encore, plus vraisemblablement, quelques tirailleurs japonais avec une ou deux armes automatiques. Leur jeep prendrait le tournant, douze balles l'atteindraient d'une seule volée, et c'en serait fait de la petite histoire de ses marches tâtonnantes et de ses misérables mécontentements. Et, avec lui, tout aussi fortuitement, périrait un homme qui était peut-être un génie, et un godiche mastoc comme Dalleson, et un jeune et nerveux chauffeur qui était probablement un fasciste en herbe. Comme cela. En prenant un virage sur la route.

Ou encore, au contraire, lui-même tuerait un homme. Il suffirait de hausser son arme, de presser la gâchette, et un corps porteur de convoitises et d'angoisses et peut-être d'un peu de bonté serait bel et bien mort. Tout aussi facile que d'écraser un insecte. Sinon plus facile. C'était cela, c'était cette chose-là qui causait son état d'esprit. Tout était hors des gonds, aucun joint ne tenait en place. Les hommes avaient chanté dans le parc automobile, et il y eut quelque chose de gentil dans ce chant, quelque chose d'enfantin et de brave, et puis eux sur cette route — un point mouvant le long d'une ligne dans les vastes et neutres espaces de la jungle. Et quelque part devant il y avait peut-être une bataille. Le bruit constant de l'artillerie et des petites armes ne signifiait rien : il pouvait s'agir tout aussi bien d'un feu éparpillé sur toute la longueur du front, que d'une concentration infernale sur un seul point. Mais ni l'un ni l'autre ne correspondaient probablement à la réalité. La nuit les avait tous fractionnés en des îlots isolés.

Une fois de plus il devint conscient de la masse énorme de Dalleson contre son propre corps. Il se raidit un peu, et après quelques instants il pêcha une cigarette dans la poche de sa chemise tout en tâtonnant à la recherche des allumettes.

« Vaut mieux ne pas fumer, grogna Dalleson.

— Les phares sont allumés.

— Oui », grogna de nouveau Dalleson. Il déplaça légèrement son séant sur la banquette, contrarié qu'Hearn prît tant de place pour fumer sa cigarette. Il était nerveux. L'idée d'une embuscade ne le préoccupait guère ; si embuscade il y avait, il y aurait fait face froidement, et il s'en serait acquitté à son honneur. Ce qui l'inquiétait, c'était son ignorance de ce qu'ils allaient faire quand ils atteindraient le 151ᵉ d'artillerie. Il avait le trac d'un étudiant à l'esprit peu vif, le jour des examens. Portant la charge des opérations, il était censé connaître la situation aussi bien que le général, sinon mieux ; mais, sans ses cartes et ses papiers, il se sentait perdu. Si le général s'avisait de lui confier l'initiative d'une décision, ce serait la catastrophe. Il se déplaça de nouveau sur la banquette, renifla la fumée de la cigarette, puis se pencha en avant — et d'une voix qu'il pensait atténuée mais qui résona haut et fort :

« J'espère que tout sera en ordre quand nous arriverons à un-cinq-un, mon général.

— Oui », fit le général, écoutant le bruit des pneus dans la boue. Le mugissement de Dalleson lui avait écorché les oreilles. Ils roulaient depuis dix minutes avec leurs phares allumés, et son sens du danger s'était émoussé. Il était de nouveau anxieux. Si les lignes de communication étaient coupées, ils auraient à rouler dans cette gadouille encore une demi-heure au moins, et il se pourrait que même alors le téléphone lui fasse défaut. Et dans ce moment-ci les Japonais défonçaient peut-être ses défenses.

Il *fallait* pourtant arriver à une ligne téléphonique. Sinon... sinon cela serait comme si, au milieu d'une partie d'échecs, on lui avait bandé les yeux. Il pouvait imaginer le prochain mouvement de l'ennemi, et le parer ; mais il lui serait plus difficile de prévoir leur mouvement suivant, et le suivant, qu'il parerait peut-être à faux, et alors il frôlerait le désastre. La jeep prit un virage en dérapant. En sortant de la courbe, les phares se reflétèrent dans les yeux écarquillés d'un soldat à l'affût derrière une mitrailleuse, sur le côté de la route. La jeep remonta vers lui.

« Qu'est-ce qui vous prend, vous autres, de vous balader avec vos phares allumés, nom de Dieu ! cria-t-il. Il aperçut le général : Pardon, mon général, dit-il, battant des yeux.

— Ça va, fiston. Vous avez raison, j'ai tort de violer mes propres consignes. » Il sourit, et le soldat lui sourit en retour. La jeep quitta la route et s'engagea dans un passage qui menait vers le bivouac. Il y faisait noir et le général hésita un instant, cherchant à s'orienter. « La tente du P.C. est par là-bas », dit-il, s'aidant d'un geste. Les trois officiers mirent pied à terre, s'avançant dans les ténèbres, butant contre les racines et la végétation qui encombraient le terrain mal défriché. La nuit était très sombre, on y sentait une tension contenue, et les trois hommes gardaient le silence. Ils ne croisèrent qu'un seul soldat sur la cinquantaine de mètres qu'ils eurent à parcourir jusqu'au P.C.

Le général écarta les rabats de l'abri et s'engagea avec déplaisir dans le couloir de sécurité. La tente, de toute évidence, avait été mise à bas, traînée dans la boue, puis érigée de nouveau. Le côté intérieur des cloisons était tout visqueux. Arrivé au bout du couloir, il écarta d'autres rabats. Un soldat de deuxième classe et un capitaine étaient assis à une table.

Les deux hommes sautèrent sur leurs jambes. « Mon général ? » dit le capitaine.

Le général renifla. L'air, extrêmement moite, était vicié. Déjà, sur son front et dans son dos, la sueur se mettait à couler. « Où est le colonel McLeod ? demanda-t-il.

— Je vous l'amène, mon général.

— Non, attendez un instant. Pouvez-vous me dire si on peut communiquer d'ici avec le deuxième bataillon ?

— Oui, mon général. On peut. »

Cummings ressentit un profond soulagement. « Appelez-le pour moi, s'il vous plaît. » Il alluma une cigarette et sourit au lieutenant Hearn. Le capitaine prit le récepteur, tourna trois fois la manivelle d'un téléphone de campagne. « Nous devons passer par le relais de la batterie D, mon général.

— Je sais », fit brièvement le général. Familiarisé avec les moindres dispositifs de la division, il montrait toujours de l'impatience quand on croyait devoir lui rappeler quelque détail.

Au bout d'une minute ou deux le capitaine lui remit le récepteur. « Deuxième bataillon, mon général.

— Passez-moi Samson, dit Cummings, appelant le lieutenant-colonel Hutchins par son nom de code. Samson, ici Camel. Je vous parle de Pivot Red. Qu'est-ce qui se passe ? Êtes-vous en communication avec Paragon White et Paragon Blue ?

— Ici Samson. Oui, nos circuits sont ouverts. La voix était faible et distante, et il y avait un bourdonnement dans l'écouteur. Nous avons essayé de vous joindre, continuait Hutchins. Nous avons repoussé une attaque contre Paragon White B et C, et contre Paragon Red E et G. Il énuméra les coordonnées. Je pense qu'ils ont tâté le terrain, et qu'ils recommenceront cette nuit.

— Oui », dit le général, considérant les données de la situation. Il allait falloir faire monter des renforts en ligne. Le premier bataillon du 459e d'infanterie, tenu en réserve et provisoirement détaché aux travaux de la route, pouvait rejoindre le front en deux heures. Il devait cependant garder une masse de manœuvre forte au moins d'une compagnie et d'une section. D'ailleurs, l'attaque pouvait se déclencher plus tôt. Il délibéra, puis décida finalement de ne faire monter en ligne que deux compagnies du premier bataillon, de tenir les deux autres compagnies pour couvrir les arrières, et de mobiliser toutes les sections disponibles aux dépens des unités engagées dans les divers services auxiliaires. Il jeta un coup d'œil sur sa montre. Il était huit heures. « Samson, dit-il, vers onze heures Potential White Able et Dog arriveront dans vos lignes par la piste des convois. Ils doivent prendre contact avec Paragon White et Paragon Red, et être mis à contribution suivant les nécessités. Je dirigerai l'opération à mesure que la situation se développera. » Tout lui paraissait extrêmement clair dans ce moment. Les Japonais attaqueraient cette nuit, probablement contre l'ensemble du front, très certainement contre les flancs. L'orage aura retardé les troupes de Toyaku dans leur marche en direction de leurs points de concentration, et il y avait des chances que le terrain leur eût interdit de déplacer des tanks en nombre. Il se pouvait aussi que leur attaque n'eût pas été un simple sondage pour déterminer les points faibles de sa ligne. Avec cette boue, qui rendait impossibles les manœuvres rapides, Toyaku se verrait obligé de livrer assaut contre des secteurs isolés dans l'espoir d'en forcer les défenses. Cummings sentait qu'il pouvait faire face à une telle éventualité. « Nous subirons cette nuit des attaques locales extrêmement puissantes, dit-il dans le récepteur. Je vous demande d'établir le contact avec toutes les unités du front et de leur ordonner de tenir le terrain. *Il n'y aura pas de retraite générale.*

— Mon général ? » A l'autre bout du fil la voix était indécise.

« Si les Japonais réussissent à pénétrer dans nos lignes, laissez-les passer. Les flancs, à l'endroit des trouées, doivent tenir leurs positions. Je ferai traduire en conseil de guerre tout officier qui, pour des raisons de tactique, fera reculer son unité. Tout ce qui percera à travers nos lignes sera entrepris par les réserves. »

Dalleson était abasourdi. Le stratagème que lui avait envisagé était tout autre : avec une ligne nouvellement établie et soumise à de puissants coups de butoir pour la défoncer, le plus sûr eût été de se replier d'un mille ou deux dans l'espoir de faire retarder l'attaque jusqu'au matin. Il ressentit une profonde gratitude pour le général, qui ne lui avait pas demandé son opinion. Et, sans transition, il accepta comme évident que le général avait raison, et que lui avait tort.

« Et moi ? disait Hutchins. Vais-je recevoir des renforts ?

— Powerhouse vous atteindra à onze heures trente. Vous déployerez les hommes entre Paragon Red et Paragon Red Easy, coordonnées 017.37-439.56 et 018.25-440.06. Il assigna ces positions de mémoire, d'après l'image mentale qu'il gardait de ses cartes d'état-major. Vous recevrez, en plus, une section renforcée du Paragon Yellow Sugar. Vous l'employerez pour former une colonne de ravitaillement et de communication avec Paragon White, et plus tard, si possible, vous la détacherez à Paragon White Baker ou Cat. Nous mettrons ça au point à mesure que les choses prendront corps. Je vais établir mon P.C. temporaire ici. »

Tout lui venait avec aisance maintenant, ses décisions se présentaient à lui dans une succession rapide et — pensait-il — sous une forme instinctivement juste. Il ne pouvait pas être plus heureux que dans ce moment-ci. Il raccrocha, puis regarda pendant un long instant Hearn et Dalleson, se sentant une calme et impersonnelle affection pour les deux hommes. « On aura une nuit bien chargée », fit-il à mi-voix. Il remarqua, indirectement, le capitaine d'artillerie et le soldat de deuxième classe, qui le dévoraient des yeux avec une sorte de terreur. Il se tourna vers Dalleson — presque avec gaieté :

« J'ai promis à Hutchins une section renforcée. Je lui enverrai Pioneer et Demolition, mais il faut y ajouter une escouade de quelque autre section.

— Peut-être de la section de reconnaissance, mon général ?

— Parfait, nous lui donnerons Reconnaissance. Maintenant préparez-moi des ordres de marche. Vivement. Il alluma une cigarette, regarda Hearn. Je vous propose de nous trouver des couchettes, lieutenant. » Il n'avait que faire d'Hearn dans un moment comme celui-ci.

La suggestion d'ajouter une escouade de reconnaissance aux sections Pioneer et Demolition, fut la seule contribution de Dalleson à la bataille qui eut lieu cette nuit-là.

5

Roth rêvait qu'il attrapait des papillons dans une jolie prairie verte, quand Minetta vint le réveiller pour son tour de garde. Il grogna, pensa se rendormir, mais Minetta le secoua de plus belle. « Ça va, ça va, je me lève », fit-il avec humeur. Il se retourna, grogna un peu, se mit à quatre pattes, puis hocha la tête. Trois heures de garde cette nuit, se dit-il avec répulsion, tout en commençant à se chausser.

Minetta l'attendait à l'emplacement de la mitrailleuse. « Jésus, y a des fantômes cette nuit, chuchota-t-il. Je pensais que ça finira jamais.

— Qu'est-ce qui est arrivé ? »

Minetta regarda devant lui la jungle noire. On ne pouvait discerner que le fil barbelé, à une dizaine de mètres derrière la mitrailleuse. « Je croyais qu'y avait des Japonais qui rampaient par là, dit-il à voix basse. Alors, tu feras bien de les ouvrir. »

Roth se sentit malade de peur. « Tu es sûr ?

— Je sais pas. L'artillerie cogne dur depuis une demi-heure. Je crois qu'on se bagarre là-haut. Il prêta l'oreille. Attends ! Une batterie fit feu à quelques milles de là, avec un bruit retentissant et vide. Je parie que les Japonais attaquent. Jésus, les gars de la section vont être pris dans le bain.

— On a de la chance, nous autres », dit Roth.

La voix de Minetta se fit très basse. « Oui, je sais pas. C'est pas fameux, la garde. Attends, tu verras. Trois heures dans une nuit comme ça, y a de quoi devenir maboule. Comment qu'on sait si les Japonais ils passeront pas, et qu'avant que ton tour il est fini on les a pas sur le dos ? On est qu'à dix milles du front. Peut-être qu'ils vont envoyer des patrouilles ici.

— C'est du sérieux, ça », dit Roth. Il se rappela le visage de Goldstein, au moment où celui-ci faisait son barda après l'orage. Il était maintenant là-haut, au combat. Roth ressentit une bizarre sensation. Goldstein risquait même d'être tué. N'importe lequel d'entre eux — Red, Gallagher, le sergent Croft, Wyman, Toglio, Martinez, ou Ridges, ou Wilson. Ils étaient tous là-haut maintenant, en pleine bagarre. Demain, l'un ou l'autre pouvaient manquer à l'appel. C'était horrible, quand on y pensait. Il voulut partager ses idées avec Minetta, mais Minetta se mit à bâiller.

« Jésus, je suis content que c'est fini. Il fit mine de s'en aller, puis revint sur ses pas. Tu sais qui que tu réveilles ?

— Le sergent Brown ?

— C'est ça. Il dort par là-bas, sur une couverture, avec Stanley. »

Il désigna vaguement une direction.

« On n'est que tout juste cinq hommes pour garder cette partie du camp, murmura Roth. Pense seulement, cinq hommes pour un périmètre qui demanderait une section au complet.

— C'est ce que je veux dire, fit Minetta. C'est pas du tir-au-flanc. Là-haut, où qu'ils sont les nôtres, y a au moins un tas de monde. Il bâilla. Bon, je m'en vais. »

Roth se sentit terriblement seul après le départ de Minetta. Il regarda la jungle, puis, aussi silencieusement qu'il le put, il descendit dans le trou derrière la mitrailleuse. Il se disait que ces choses-là étaient au-dessus de ses forces ; il n'avait pas le nerf pour ça. Il y fallait des hommes plus jeunes que lui, des garçons comme Minetta, ou Polack, ou un des vétérans.

Il était assis sur deux caissons de cartouches, dont les poignées lui entraient dans la fesse. Il se déplaçait de temps à autre, et remuait les jambes. L'orage avait transformé le trou en un bourbier, et tout y était humide. Ses vêtements étaient restés trempés pendant des heures, et il avait couché sur sa couverture étendue sur le sol mouillé. Quelle vie ! Il allait attraper froid d'ici le matin, il en avait la certitude. Et bien content si ce n'est pas une pneumonie.

Tout était très calme. Il y avait un silence dans la jungle, une immobilité sinistre, qui lui coupait le souffle. Il écoutait, et brusquement le grand vide se brisa et il devint conscient de la vie nocturne de la forêt, — soupir des arbres et criquets et grenouilles et lézards faisant leur concert monotone dans les broussailles. Puis, soudain, les bruits semblèrent s'évanouir, son oreille ne captait que le silence, et il y eut ainsi, pendant plusieurs minutes, une succession régulière de bruits et de silences, comme s'ils étaient distincts l'un de l'autre et identiques cependant, semblables à ces cubes d'opticien qui changent sans cesse et se montrent tantôt en saillie, tantôt en creux. Un lourd tonnerre se fit entendre au loin, suivi d'un éclair, mais il se souciait bien de la pluie. Il écouta longuement la canonnade, qui sonnait comme une grande cloche emmitouflée dans la lourde moiteur nocturne. Il frissonna, croisa ses bras. Il se souvenait de ce qu'un sergent lui avait dit, lors des exercices d'entraînement, à propos des sales trucs des Japonais, comment ils se glissent derrière une sentinelle et la poignardent. « On n'a pas le temps de faire ouf, avait dit le sergent, sauf peut-être à la toute dernière seconde, quand il est trop tard. »

Une peur lancinante le prit aux entrailles, et il se retourna pour jeter un coup d'œil dans son dos. Il ruminait sombrement sur une mort à coups de poignard, et il tremblait. Quelle fin effroyable ! Ses nerfs se tendaient. Tout en tâchant de distinguer la jungle contre la petite clairière qui la séparait des barbelés, il se sentait succomber à la panique d'un enfant au cours d'un film d'épouvante, quand le monstre s'apprête à fondre sur le héros. Quelque chose se mit à ferrailler dans les broussailles ; il se baissa vivement dans son trou, puis peu à peu il se risqua à glisser un regard par-dessus le parapet, essayant de discerner une forme humaine ou du moins quelque objet reconnaissable dans l'ombre profonde de la forêt. Le bruit disparut, recommença dix secondes après, un bruit éraillé, insistant, et Roth demeurait glacé dans son trou, sentant son pouls battre par tout son corps. Ses oreilles devenaient d'énormes amplificateurs, elles détectaient toute une gamme de sons qu'il n'avait pas perçus avant, — glissades, reptations, craquements de ramilles, froissements de fougères. Il se pencha sur la mitrailleuse, mais il se rappela qu'il ignorait si Minetta l'avait armée. Il aurait dû, pour s'en assurer, rabattre la culasse et libérer le magasin, et il était terrifié à l'idée du bruit que cela aurait fait. Il entreprit de faire doucement coulisser le cran d'arrêt, mais il ne put étouffer un cliquetis métallique qui résona avec force à ses oreilles. Il sursauta, écarquillant les yeux sur les ténèbres, s'efforçant de déterminer l'endroit d'où venaient les bruits ; mais ils semblaient provenir de toutes parts, sans qu'il pût se faire une idée de leur cause et de leur éloignement. Un nouveau vacarme frappa son ouïe ; il fit pivoter la mitrailleuse, maladroitement, figé dans l'attente, couvert de sueur. Le temps d'une seconde il eut la tentation de tirer, aveuglément, furieusement, mais il se rappela que c'était une chose dangereuse à faire. Peut-être eux non plus ne me voient pas, pensa-t-il sans y croire. Il ne s'était retenu de faire feu que par crainte de ce qu'en aurait dit le sergent Brown. « Si tu tires sans voir ton but, tu te fais découvrir dans ton trou et t'es bon pour une grenade », lui avait dit une fois Brown. Depuis un long moment il était convaincu que les Japonais l'observaient, et la rancune se mêla à sa peur. Pourquoi ne viennent-ils pas ? se demandait-il désespérément. Ses nerfs étaient si tendus, qu'il eût accueilli une attaque avec soulagement.

Il enfonça ses pieds dans la vase épaisse qui tapissait le fond de son trou et, regardant toujours la jungle, il enleva un peu de boue sur l'une de ses bottes et se mit à la pétrir comme de l'argile. Il ne se rendait pas compte de ce qu'il faisait. A force de se raidir, il commençait d'avoir mal à la nuque. Il lui semblait que son trou était terriblement exposé, et insuffisamment protégé. C'était abominable d'avoir à monter la garde dans un trou découvert, avec seulement une mitrailleuse pour toute défense.

Il y eut une mêlée frénétique à l'orée de la jungle, et Roth serra la mâchoire pour se retenir de crier. Les bruits se faisaient plus proches, pareils à ceux que feraient des hommes qui rampent, s'avancent de quelques pieds, s'arrêtent, puis repartent de même. Il tâtonna autour du trépied de la mitrailleuse à la recherche d'une grenade, et tout en la tenant à la main il se demandait où il l'allait lancer. Elle semblait extrêmement pesante, et il se sentait si faible qu'il craignait de ne pouvoir la lancer à plus de dix mètres. La bonne distance, avait-il appris lors de son entraînement, avoisinait les trente-cinq mètres, et il avait peur d'être tué par les éclats de sa propre grenade. Il la remit en place, demeurant coi près de la mitrailleuse.

Après un laps de temps son angoisse se mit à décroître. Pendant une bonne demi-heure il s'était attendu à quelque chose d'irréparable ; mais rien ne s'étant produit, il commença à se sentir rassuré. Il ne s'était pas avisé que les Japonais, à supposer qu'ils l'eussent détecté, auraient aussi bien pu mettre deux heures pour avancer de cinquante mètres. Incapable d'endurer plus longtemps cet état de tension, il se persuadait qu'eux ne le pouvaient pas davantage, et il s'assurait qu'il n'y avait rien dans cette jungle que des bestioles en vadrouille. Il se rassit, s'appuya du dos contre la paroi humide du trou, se détendit. Ses nerfs se calmaient lentement, et encore qu'ils le fissent sursauter à tout bruit un peu brusque, ils s'apaissaient de plus en plus, comme une marée qui reflue. Au bout d'une heure il commença d'avoir sommeil. Il ne pensait à rien, ne faisant qu'écouter la vie intermittente de la forêt. Un moustique se mit à chanter autour de ses oreilles, et il attendit que l'insecte se posât sur sa nuque pour l'écraser. Il songea qu'il pouvait y avoir d'autres insectes dans son trou et, déjà certain qu'une fourmi voyageait le long de son dos, il se mit à se tortiller. Il se souvint des blattes qui infestaient le premier appartement qu'il eut après son mariage, et comment il eut à calmer sa femme. « Il ne faut pas s'en effrayer, Zelda. Je t'assure que les cafards ne sont pas méchants, je l'ai appris au collège. » Zelda s'était persuadée, au surplus, qu'il y avait des punaises dans leur literie, et il avait beau la tranquilliser : « Zelda, les cafards mangent les punaises », rien n'y faisait, elle se levait d'un bond, s'accrochait à lui dans sa terreur, disant : « Herman, je sais qu'il y a quelque chose qui me mord.

— Mais je te dis que c'est impossible.

— Ne me parle pas de tes cafards, chuchotait-elle avec colère dans le noir de la chambre à coucher. Si les cafards mangent les punaises, il faut bien qu'ils montent dans notre lit, non ? »

Il avait à la fois du plaisir et des regrets à ces souvenirs. Leur vie en commun ne fut pas du tout ce qu'il avait espéré. Il y eut tant de disputes, et Zelda avait la langue méchante. Il se rappelait comment elle s'était gaussée de son éducation, de son incapacité à gagner de l'argent. Il se disait que cela n'était pas tout à fait la faute de Zelda, mais non plus la sienne. Personne n'était à blâmer. C'est que, simplement, il n'était pas possible d'avoir tout ce qu'on avait rêvé quand on était enfant. Il s'essuya les mains sur son pantalon, d'un geste lent et mesuré. A tout prendre, Zelda était une bonne épouse. Le souvenir de leurs querelles lui devenait aussi difficile à reconstituer que le visage de sa femme. Il en rêvassait, il la voyait sous les traits d'une autre femme, sous les traits de bien des femmes. Une vision lascive se mit à défiler dans son esprit.

Il rêva qu'il faisait des photographies pornographiques d'un modèle qu'il avait fait s'habiller en vachère. Elle portait un chapeau de cow-boy, une frange de cuir large d'un pouce couvrait ses seins, et un ceinturon avec des cartouches et un étui à revolver pendillait sur ses hanches. Il lui disait quelles poses prendre, et elle obéissait avec une provocante insouciance. Il se réveilla, un peu endolori, et il resta là, assis, rêvassant, imaginant des choses.

Bientôt, tout en essayant de lutter contre le sommeil, il commença à s'assoupir de nouveau. Le bruit soutenu de la canonnade, à la sonorité tantôt claire tantôt enveloppée, lui procurait maintenant une sensation de sécurité. Il n'écoutait plus guère les échos de la jungle. Ses yeux se fermaient, ils restaient clos, et il faisait des embardées entre le rêve et la veille. A plusieurs reprises il fut sur le point de s'endormir, mais chaque fois quelque bruit insolite l'avait arraché en sursaut à sa somnolence. Il regarda le cadran lumineux de sa montre, constata avec ébahissement qu'il lui restait encore une heure de garde. Il se cala contre la paroi, ferma les yeux, bien décidé à les rouvrir dans quelques secondes, et il s'endormit.

Il se réveilla presque deux heures plus tard. La pluie avait recommencé. Le crachin avait imbibé sa combinaison et pénétré à l'intérieur de ses chaussures. Il éternua minablement, puis se rendit compte avec surprise du temps qu'il avait dormi. Les Japonais auraient pu me tuer, se dit-il avec un frisson. Cette éventualité le réveilla tout à fait. Il sortit de son trou et s'en fut en clopinant à la recherche de Brown. Il l'eût manqué, s'il ne l'avait pas entendu chuchoter : « Qu'est-ce que t'as à fouiller par là comme un porc dans les ordures ? »

Roth se fit tout petit. « Je n'arrivais pas à te trouver, dit-il d'un ton pleurnicheur.

— Tu parles d'une touche, fit Brown. Il s'étira sur sa couverture, puis se leva. J'ai pas pu dormir à cause de ce sacré boucan. Quelle heure il est ?

— Trois heures et demie passé.

— Tu devais me réveiller à trois heures. »

Roth avait redouté cette remarque. « Je me suis mis à penser, dit-il faiblement, et j'ai oublié de regarder l'heure.

— Mon cul ! » dit Brown. Il finit de lacer ses chaussures et, sans rien ajouter, il se dirigea vers le poste de garde.

Roth demeura immobile un instant, la courroie de son fusil lui écorchant l'épaule, puis il se mit en quête de l'endroit où lui et Minetta avaient fait leur couche. Minetta avait tiré à lui les couvertures, et Roth s'allongea avec précaution tout en s'efforçant de se couvrir à son tour. A la maison, il avait toujours tenu à être nettement bordé ; maintenant, avec ses pieds qui dépassaient la couverture, il se sentait misérable. La pluie continuait à tomber, et il était transi. Tout était humide, avec une touche de moisi qui lui rappelait une odeur de pieds. Il se tournait et se retournait dans son effort de s'accommoder, mais on eût dit qu'il y avait toujours une racine qui se fichait dans le creux de ses reins. Il dégagea sa tête d'entre les couvertures. Le crachin chatouillait son visage, et il transpirait et il frissonnait en même temps. Il était convaincu qu'il tomberait malade. Pourquoi est-ce que je n'ai pas dit à Brown qu'il devait être content que j'aie prolongé mon temps de garde d'une demi-heure ? se demanda-t-il brusquement. Il se sentait amer et frustré de n'avoir pas su le lui dire sur le coup. Attends un peu, je te le dirai demain matin, se promit-il avec colère. Il n'y avait pas un seul homme dans la section qu'il aimât réellement, décida-t-il. Ils étaient tous stupides. Pas un, se disait-il avec une sensation de solitude, pas un seul ne montrerait un peu de sympathie pour un nouveau venu. Il avait froid aux pieds, et quand il eut essayé de remuer ses orteils pour les réchauffer il se sentit accablé par l'inutilité de sa tentative. Il s'efforça de penser à sa femme et à son fils, et il lui sembla bien qu'il ne pouvait pas y avoir de vie plus parfaite qu'auprès d'eux. Il y avait un doux et maternel éclat dans les yeux de sa femme, et son fils le regardait avec enchantement et respect. Il voyait son fils grandir, il se voyait discutant avec lui, faisant grand cas de ses opinions. Le crachin lui chatouillait l'oreille, et il se couvrit le visage avec un coin de la couverture, puis se serra dans la chaleur de Minetta. Il songea de nouveau à son enfant, et la fierté lui gonfla la poitrine. Il pense que je suis quelqu'un, se dit-il. Attends, je leur montrerai. Ses yeux se fermèrent et il laissa échapper un soupir dans la calme, pluvieuse nuit, un long soupir immensément désenchanté.

Ce foutre de Roth, se disait Brown. S'endormir quand on est de garde, et qu'on nous tue tous peut-être. Personne a droit de faire une chose comme ça. Laisser tomber les copains, y a rien pire au monde que ça. Non m'sieu, y a rien pire au monde. Je peux peut-être avoir peur moi aussi, je peux peut-être perdre la boule, mais au moins je fais mon boulot et mon devoir de sergent. Y a pas de tire-au-flanc qui tient quand s'agit de faire ce qu'il faut. Un gars doit faire sa part de boulot, prendre ses responsabilités, et alors il reçoit son dû. Roth, je l'ai à l'œil depuis le premier jour, Roth. Il vaut pas cher. C'est un fainéant, un pas débrouillard, un qui s'intéresse à rien. Je déteste ces aristos qui bisquent parce que les voilà dans le coup pour une fois. Merde, et nous autres alors qu'on est sur la brèche depuis deux ans et Dieu sait pour combien de temps encore ? Nous on était dans la bagarre pendant qu'eux ils baisaient leurs femmes, et peut-être aussi les nôtres.

Il changea de place avec hargne, cherchant à s'accommoder sur les caisses de munitions, regarda la jungle, frotta sa main sur son nez court et camus. Oui, et nous autres alors, assis dans des trous pouilleux, sous la flotte, avec la colique au bide à cause de ces sacrés bruits, pendant que ces femmes là-bas se la coulent douce ? J'aurais dû m'en douter, en me mariant avec une salope de garce comme la mienne. Même du temps qu'on était à l'école, dès qu'elle voyait un pantalon elle s'y frottait. Je sais bien maintenant, va. Je sais que c'est une connerie d'épouser une fille juste à cause qu'on peut pas se l'envoyer autrement. C'est comme ça qu'elle m'a eu, et même aujourd'hui je sais pas si qu'elle était pucelle. Ça existe plus, une femme qu'est propre et décente. Quand y a ta propre sœur qui vient vous dire que c'est pas tes oignons si qu'elle se dévergonde pendant que son mari il est en voyage, eh bien oui il est temps de voir clair. Y a pas une seule à qui on peut faire confiance si on lui tourne le dos. Combien des fois que je me suis envoyé des femmes mariées, des mères de famille. C'est dégoûtant, ce qu'elles font toutes.

Il enleva le fusil de ses genoux et l'appuya contre la mitrailleuse. Comme si c'était pas assez moche avec tout ce qu'on a ici pour se faire de la bile, des gars comme ce foutre de Roth qui s'endort quand il est de garde, des corvées qu'il faut surveiller pour qu'un homme il travaille pas plus que sa part, des pensées où qu'on se demande tout le temps si c'est aujourd'hui le jour qu'on sera amoché, des idées que quand on sera à l'hosto la femme elle aura la décence de tenir ses jambes fermées, et puis non, y en a pas une qui vaut une crotte de bique. Oui, pendant qu'on est là nous autres à se crever la peau dans le métier militaire que c'en est dégueulasse — et puis d'abord nom de Dieu qu'est-ce qu'on peut faire d'autre ? Je devrais plus y penser parce que ça vous enlève la confiance en soi et que je me sentirais plus fort, mais comment faire sans ces garces de femmes et rien d'autre à quoi penser. Tous on y pense, c'est sûr.

Et juste maintenant qu'est-ce qu'elle fait ? Juste maintenant elle est probablement au pieu avec un gars et ils s'imaginent ce qu'ils vont faire avec les dix mille dollars qu'ils toucheront quand je casserai ma pipe. Eh bien je m'en vais leur jouer un tour, je vais pas être tué dans cette sacrée guerre, et puis je m'en vais t'envoyer dinguer ma femme, et puis je m'en vais enlever le gros lot. Va y avoir des tas de moyens de faire du fric après la guerre pour des gars qu'ont pas peur de mettre la main à la pâte, et j'ai pas peur. Tous ici ils disent que je suis un bon sergent. Je suis peut-être pas un aussi bon éclaireur que Martinez et j'ai peut-être pas de la glace dans mes veines comme Croft, mais je suis régulier et je prends mon boulot au sérieux. Je suis pas comme Red qui pense jamais qu'à tirer au flanc ou à trouver des combines au lieu de bosser, je fais vraiment tout ce que je peux pour être un bon sergent parce que si tu réussis dans le métier militaire y a pas une place au monde où c'est que tu réussiras pas. Si t'as une chose à faire tu peux aussi bien la faire comme il faut, voilà ce que je pense.

L'artillerie se mit à tirer sans interruption pendant plusieurs minutes, et il écouta la canonnade avec une attention soutenue. Les copains y prennent pour leur compte, se dit-il. C'est sûr et certain. Les Japonais attaquent, et les gars de la section ils sont juste au milieu de la bagarre. C'est pas une chanceuse, notre section, y a pas à chiquer qu'on a le mauvais lot, mais tout ce que je demande c'est qu'y a personne de bousillé cette nuit. Il regarda droit devant lui, dans le noir. J'ai bien de la chance d'être ici, se dit-il ; je suis bien content que je suis pas dans les chaussures de Martinez. Ça va drôlement chauffer cette nuit, et je suis pas bon. J'en ai eu plein ma part à cavaler dans un champ avec une mitrailleuse qui me crachait dans le dos ou à nager dans la flotte la fois que les Japonais ils nous ont canardés avec leurs canons antiaériens. Je suis fier d'être sergent, mais y a des fois que je voudrais être tout juste un simple biffin et ruer dans les brancards comme un Roth. Faut que je me débrouille tout seul parce que personne le fera pour moi, et j'ai assez sué comme ça pour pas me faire bousiller maintenant.

Il éprouva du doigt un des ulcères qui couronnaient sa bouche. Nom de Dieu, se dit-il, j'espère seulement qu'y a personne d'amoché cette nuit.

Le convoi de camions s'avançait obstinément dans un lit de boue. Bien que l'escouade de la section de reconnaissance n'eût quitté le bivouac que depuis une heure, il semblait à chacun que le voyage durait depuis un long temps. Comme il y avait vingt-cinq hommes par camion et seulement douze places assises, plus de la moitié des occupants s'entassaient sur le plancher dans un fouillis de jambes, d'armes et de bardas. Tous fondaient en sueur dans les ténèbres, et la nuit paraissait extraordinairement dense. Flanquant la route, la jungle exsudait l'humidité.

Personne n'avait rien à dire. Quand ils prêtaient l'oreille, ils pouvaient entendre la tête du convoi qui ahanait le long d'une côte. Parfois le camion qui les suivait s'avançait assez près, et alors ils distinguaient ses lumières camouflées, pareilles à deux minuscules chandelles dans la brume. Un brouillard flottait sur la jungle et, dans le noir, les hommes se sentaient dénudés.

Wyman était assis sur son barda. Quand il fermait les yeux et se laissait aller au roulis du camion, il se faisait l'impression d'être dans le métro. La tension s'était un peu relâchée qui l'avait saisi quand Croft était venu leur dire d'emballer leurs frusques et de se tenir prêts, et maintenant son esprit flottait entre l'ennui et de vagues ressouvenances. Il pensait au temps où il avait accompagné sa mère dans un voyage en autobus, de New York à Pittsburgh. Ç'a été tout de suite après la mort de son père, et sa mère allait voir des parents à elle pour des questions d'argent. La démarche s'était révélée vaine, et à leur voyage de retour, dans un autobus de nuit, lui et sa mère avaient parlé de leur situation et décidé qu'il devrait chercher du travail. Il y repensait avec une sorte d'étonnement. Ç'avait été la nuit la plus importante de sa vie, et maintenant il faisait un autre voyage, bien plus mémorable, sans qu'il eût la moindre idée comment cela finirait. Il se sentit majeur, presque mûr, pendant un moment : ces choses eurent lieu peu d'années auparavant, et les voici déjà insignifiantes. Il essaya d'imaginer le front, la bataille, reconnut qu'il lui était impossible de se les figurer. Il s'était toujours représenté une bataille comme quelque chose de violent, qui se poursuivait sans arrêt, durant des jours et des jours. Mais depuis son arrivée dans la section rien ne s'était produit. Pendant plus d'une semaine tout avait était paisible et délassant.

« Est-ce que tu crois qu'on sera vraiment dans la bagarre, Red ? demanda-t-il doucement.

— Demande au général », gouailla Red. Il aimait bien Wyman, mais il s'efforçait de paraître inamical parce que le jeunot lui rappelait Hennessey. La nuit à venir lui inspirait la plus profonde répugnance. Il avait participé à tant de combats, connu tant de terreurs, vu tant d'hommes tués, qu'il ne se faisait plus d'illusions quant à sa propre invulnérabilité. Il savait qu'il pouvait être tué ; c'était quelque chose qu'il avait accepté, qu'il avait entouré d'une coquille protectrice pour mieux s'en isoler — si bien qu'il y pensait rarement. Toutefois, depuis quelque temps, il se trouvait en proie à une inquiétante sensation qu'il n'avait pas encore traduite en mots, et qui lui pesait. Jusqu'à ce que Hennessey fût tué, il avait regardé la mort de ceux qu'il avait connus comme quelque chose d'énorme et de dévastateur et d'insensé. Les tués étaient simplement ceux que l'on ne voyait plus autour de soi ; ils se confondaient avec ceux qui partaient à l'hôpital et n'en revenaient plus, ou avec ceux qui changeaient d'unité. Quand il lui arrivait d'entendre que tel homme de sa connaissance avait été tué ou grièvement blessé, il manifestait de l'intérêt, il se montrait même un peu affecté, mais c'était un genre d'émotion qu'il eût ressenti en apprenant qu'un sien ami s'était marié, ou avait perdu ou gagné une somme d'argent : tout juste une chose qui arrivait à quelqu'un de sa connaissance. Mais la mort d'Hennessey avait rouvert en lui une secrète angoisse. Le souvenir des paroles d'Hennessey se chargeait d'un sens si ironique, si évident, qu'il se découvrait sur les bords d'une insondable épouvante.

Dans le temps, sans autre retour sur lui-même que sa répugnance pour les peines et les misères des combats, dans le temps il était capable d'envisager avec une froide acceptation ce qu'il savait devoir être un dur engagement. Mais, maintenant, l'idée de la mort l'épouvantait de nouveau.

« Tu veux savoir ? dit-il à Wyman.

— Oui ?

— Y a rien que tu peux y faire, alors la ferme. »

Wyman marqua le coup et se tut. Regrettant aussitôt sa sortie, Red pêcha dans sa poche une barre de chocolat, à moitié fondue et couverte de poussière de tabac. « Eh, tu veux du chocolat ? demanda-t-il.

— Oui, merci. »

La nuit pesait sur eux. Exception faite d'un grognement ou d'un juron occasionnels dus aux cahots, le silence régnait dans le camion. Pris séparément, chaque véhicule faisait tous les bruits qu'un camion pouvait faire : il grinçait, gémissait, bondissait dans les fondrières, clapotait dans la vase ; pris ensemble, ils émettaient un pot-pourri d'échos et de vibrations compliqués qui sonnaient comme un doux et continu ressac de la houle sur les flancs d'un navire. Inconfortablement étalés sur le plancher du camion, leur dos coincé contre les jambes de ceux qui étaient assis, leurs fusils calés au hasard ou maintenus tant bien que mal en travers sur leurs genoux, les hommes regardaient les ténèbres. Croft avait insisté pour qu'ils gardassent leurs casques, et Red suait sous le poids du sien. « On pourrait aussi bien porter un sac de sable », dit-il à Wyman.

Encouragé, Wyman demanda : « Je crois que ça va pas être drôle, hein ? »

Red soupira, refoulant son impatience. « Ça sera pas trop moche, petite tête. T'as qu'à bien serrer le trou de ton cul, et le reste ira bien tout seul. »

Wyman rit paisiblement. Il aimait bien Red, et il se promit de ne pas le quitter. Les camions s'arrêtèrent, et les hommes se mirent à bouger, à se déplacer et à grogner, tout en essayant d'assouplir leurs membres engourdis ; puis, le menton sur la poitrine, ils attendirent patiemment. Leurs uniformes refusaient de sécher dans la lourde atmosphère nocturne. L'air était immobile, et ils se sentaient fatigués et somnolents.

Goldstein commença à s'agiter. Voyant qu'au bout de cinq bonnes minutes les camions n'avaient toujours pas démarré, il se tourna vers Croft. « Sergent, dit-il, est-ce que je peux descendre et jeter un coup d'œil pour voir ce qui nous arrête ?

— Bouge pas d'où que t'es, Goldstein, s'ébroua Croft. Y a personne qui bougera d'ici pour aller se perdre dans le bled comme par hasard. »

Goldstein se sentit rougir. « Je ne songeais à rien de tel, fit-il. Je me suis seulement dit qu'il pourrait être dangereux d'être assis comme ça si des Japonais rôdaient autour. Comment savons-nous pourquoi les camions se sont arrêtés ? »

Croft bâilla, puis le cingla d'une voix froide et égale. « T'en fais pas, t'auras de quoi te faire de la bile. Mais pour le quart d'heure t'as qu'à rester peinard et te branler la bite si que tu commences d'avoir les foies. C'est moi qui fera les esprits supérieurs. » Quelqu'un pouffa à demi, et Goldstein se sentit blessé. Il se dit qu'il détestait Croft, et il se mit à ruminer sur les sarcasmes dont le sergent l'avait accablé depuis son arrivée dans la section.

Le convoi démarra par saccades, parcourut en première vitesse quelques centaines de mètres, s'arrêta de nouveau. Gallagher fit entendre un juron.

« Qu'est-ce qu'y a, petit, t'es pressé ? demanda Wilson avec douceur.

— On fera aussi bien d'arriver où c'est qu'on va. »

Ils restèrent sur place pendant plusieurs minutes, puis l'avance reprit. Une batterie, qu'ils venaient de doubler, faisait feu, et une autre, à quelques milles de là, était également entrée en action. Les obus sifflaient par-dessus le convoi, et les hommes écoutaient dans un silence morose. Une mitrailleuse se mit à tirer au loin, renvoyant l'écho de ses salves, — profonde et creuse sonorité d'un tapis qu'on bat. Martinez enleva son casque et se pétrit le crâne, sentant un marteau cogner dans sa tête. Un canon japonais entra en jeu, avec un cri aigu et pénétrant. Il y eut un flamboiement à l'horizon, et les hommes purent s'apercevoir les uns les autres. Leurs faces leur parurent blanches, puis bleues, comme s'ils s'étaient vus à travers une pièce sombre emplie de fumée. « On approche », dit quelqu'un. Quand le flamboiement se fut éteint ils virent une brume pâle à l'horizon et Toglio dit : « Quelque chose brûle.

— On dirait que ça chauffe dur, suggéra Wyman à Red.

— Nix, ils se tâtent les uns les autres, dit Red. Va y avoir bien plus de ce tonnerre de bruit si ça démarre vraiment. » Des mitrailleuses crépitèrent, puis se turent. Des mortiers atterrissaient quelque part avec un son plat et mat, et une autre mitrailleuse, bien plus loin, se mit à tirer de nouveau. Puis il y eut un silence. Les camions avançaient sur la route noire et boueuse.

Au bout de quelques minutes ils s'arrêtèrent une fois de plus. Quelqu'un, à l'arrière du camion, alluma une cigarette. « Éteins-moi ça », aboya Croft.

Le soldat, qui faisait partie d'une autre section, renvoya la balle. « Qui que t'es, toi ? J'en ai marre de poireauter.

— Éteins-moi ça », répéta Croft. Après une pause le soldat moucha sa cigarette. Croft se sentait irritable et nerveux. Il n'avait pas peur, mais il était impatient et sur le qui-vive.

Red se demanda s'il allait allumer une cigarette à son tour. Lui et Croft avaient à peine échangé quelques mots depuis leur querelle sur la plage, et il était tenté de le défier. Au fait, il savait qu'il ne le ferait pas, et il essayait de comprendre si c'était parce qu'il ne fallait pas fumer, ou parce qu'il avait peur de Croft. Merde, se dit-il. Je l'aurai quand il sera temps, ce fils de putain, et je suis vachement sûr d'avoir le dessus.

L'avance reprit. Au bout de quelques minutes ils entendirent des voix étouffées qui venaient de la route, puis leur camion tourna et descendit en se dandinant dans un passage perdu sous la vase. Le chemin était très étroit, et une branche d'arbre fouailla le camion. « Attention ! » cria quelqu'un. Tous s'aplatirent. Red retira des feuilles qui s'étaient prises dans sa chemise, se piqua une épine dans le doigt. Il s'essuya la main sur son pantalon et se mit à la recherche de son barda, qu'il avait jeté dans le camion au moment de s'y embarquer. Ses jambes étaient engourdies, et il s'efforçait de les assouplir.

« Descendez pas avant qu'on vous l'ait dit », fit Croft.

Les camions s'arrêtèrent. Ils entendaient des hommes qui circulaient dans le noir. Tout était terriblement calme. Accroupis dans le camion, ils chuchotaient. Un officier frappa sur le panneau arrière. « Très bien, descendez et tenez-vous ensemble », dit-il. Ils commencèrent à sauter du camion, lents et incertains. Il fallait se laisser tomber de cinq pieds de haut, et ils ignoraient l'état du sol où ils devaient atterrir. « Baissez le panneau », fit quelqu'un, et l'officier aboya : « Ça va, les gars. Silence ! »

Quand ils eurent tous débarqué, ils attendirent sur place. Les camions remontaient sur la route pour un autre voyage. « Est-ce qu'il y a un officier ici ? » demanda l'officier.

Quelques hommes rirent sous cape. « Silence, taisez-vous, fit l'officier. Que les sergents des sections s'avancent. »

Croft et le sergent de la section Pioneer et Demolition s'avancèrent. « La plupart de mes hommes sont dans un autre camion », fit celui-ci. L'officier lui dit de rassembler ses hommes. Croft lui parla à voix basse pendant une bonne minute, puis dit aux siens : « Faut attendre. Allons nous mettre sous cet arbre. » Il y avait tout juste assez de visibilité pour distinguer l'arbre, et ils s'y dirigèrent lentement. « Où c'est qu'on est maintenant ? demanda Ridges.

— Deuxième bataillon, dit Croft. T'as travaillé tout ce temps-là sur la route et tu sais même pas où que t'es ?

— Crotte, quand je travaille je travaille, je perds pas mon temps à regarder », dit Ridges. Il pouffa nerveusement, et Croft lui dit de se taire. Ils s'assirent sous l'arbre et attendirent en silence. Une batterie camouflée dans un bosquet, à quelque cinq cents mètres de là, tira une salve qui illumina la place le temps d'une seconde. « Qu'est-ce qu'elle fait si près, cette artillerie ? demanda Wilson.

— C'est les canonniers », dit quelqu'un.

Wilson soupira. « Tout ce qu'on fait c'est d'être assis et de se mouiller la queue.

— Il me semble à moi, dit Goldstein cérémonieusement, qu'ils s'y prennent bien mal. » Il y avait de l'impatience dans sa voix, comme s'il espérait s'engager dans une discussion.

« Tu rouscailles de nouveau, Goldstein ? » demanda Croft.

L'antisémite, pensa Goldstein. « J'exprime seulement mon opinion, dit-il.

— Opinion ! cracha Croft. C'est bon pour une sacrée bande de femelles, les opinions. »

Gallagher émit un rire paisible et moqueur. « Hé, Goldstein, tu veux pas une tribune ?

— Tu n'aimes pas plus que moi la vie dans l'armée », dit Goldstein doucement.

Gallagher se tut un instant, puis ricana. « Mes balles, dit-il.

Qu'est-ce qu'y a ? Tu veux un peu de *gefilte fisch* ? » Il se tut de nouveau, puis, comme enchanté tout à coup par ce qu'il venait de dire, il ajouta : « C'est ça, ce qu'il a besoin Goldstein c'est un peu de ce foutre de poisson farci. » Une mitrailleuse se mit à tirer, qui sembla toute proche à cause de la nuit.

« Je n'aime pas ta façon de t'exprimer, dit Goldstein.

— Tu sais ce qui te reste à faire », dit Gallagher. Il était un peu honteux, et, pour s'étourdir, il ajouta sauvagement : « Va te faire foutre...

— Je te défends de me parler sur ce ton », dit Goldstein. Sa voix tremblait. Il sentait un tumulte en lui, il était révolté à l'idée de se battre avec Gallagher, et cependant il en reconnaissait l'inévitable nécessité. Les *goyim*, c'est tout ce qu'ils savent faire, se battre à coups de poings, pensa-t-il.

Red s'en mêla. Il sentait venir le malaise qu'un étalage d'émotions provoquait toujours en lui. « Allez, calmons-nous, bougonna-t-il. Vous aurez toutes les bagarres que vous voulez dans une petite minute, les gars. Se tabasser à cause de l'armée ! Moi, depuis le jour qu'ils ont mis Washington sur un cheval, on a pas fini d'être en pleine merdasse.

— T'as tort, Red, l'interrompit Toglio. C'est pas bien de parler comme ça de George Washington. »

Red s'assena une claque sur le genou. « T'es un vrai petit scout, s'pas, Toglio ? T'aimes les drapeaux, hein ? »

Toglio songea à une histoire qu'il avait lue jadis, *L'Homme sans patrie*. Red était comme cet homme-là. « Je pense qu'il y a des choses dont il faut pas se moquer, dit-il sévèrement.

— Tu veux que je te dise quelque chose ? »

Toglio savait qu'il fallait s'attendre à une nasarde. « Quoi ? demanda-t-il malgré lui.

— La seule chose qui cloche avec cette armée, c'est qu'elle a jamais perdu une guerre. »

Toglio était scandalisé. « Tu penses que nous devrions perdre celle-ci ?

— Qu'est-ce que j'ai contre ces sacrés Japonais ? s'emporta Red. Tu crois que ça me fera quelque chose s'ils gardent cette foutue jungle ? Je me fiche pas mal que Cummings décroche une autre étoile.

— Le général Cummings il est un brave type, dit Martinez.

— Y a pas un seul officier au monde qu'est un brave type, prononça Red. C'est tous une bande d'aristos, qu'ils pensent. Le général Cummings vaut pas mieux que moi. »

Leur voix commençait à se donner de l'amplitude. « Pas si fort », dit Croft. La conversation l'ennuyait. C'était toujours ceux qui ne fichaient jamais rien, qui rouscaillaient.

Goldstein n'avait pas arrêté de trembler. Si intense était son sentiment d'humiliation, que des larmes jaillissaient de ses yeux.

L'interruption de Red l'avait contrarié ; les paroles de Gallagher lui avaient infligé une telle souffrance, qu'il éprouvait un besoin désespéré d'y réagir. Il savait cependant que s'il ouvrait la bouche il se mettrait à pleurer de rage ; aussi gardait-il le silence, s'efforçant de regagner son calme.

Un soldat s'approcha d'eux. « C'est vous les gars Reconnaissance ? demanda-t-il.

— Oui, dit Croft.

— Bon. Vous voulez me suivre ? »

Ils ramassèrent leurs affaires et se mirent en marche dans le noir. Il était difficile de voir celui qui vous précédait. Quand ils eurent parcouru quelques centaines de mètres, le soldat qui leur servait de guide s'arrêta. « Attendez ici », dit-il.

Red jura. L'artillerie recommença à tirer, avec un bruit qui résonna très fort. Wilson laissa tomber son barda. « Dans une demi-minute y a un pauvre couillon qui va l'avoir sur le coin de la gueule », chuchota-t-il. Il soupira, s'assit sur le sol humide. « On penserait pourtant qu'y a mieux à faire pour une escouade que de marcher en rond toute la nuit. Je sais plus si que j'ai chaud ou froid. » Une lourde et moite brouillasse rampait au ras du sol, et les hommes frissonnaient et transpiraient dans leurs uniformes trempés. Des obus japonais atterrissaient à un mille de là, et les hommes écoutaient en silence.

Une section défila devant eux, levant un tintement de canon de fusil contre la tôle des casques. Une fusée monta tout près, et dans la lueur qui s'ensuivit les hommes eurent l'air de silhouettes noires qui se déroulent en face d'un projecteur. Leurs fusils faisaient des saillies bizarres, et leurs bardas leur donnaient une apparence difforme et biscornue. Le bruit de leur marche était confus ; comme celui du convoi, il ressemblait au murmure du ressac. La lueur de la fusée s'éteignit, et la colonne passa son chemin, traînant dans son sillage le doux cliquetis métallique de ses fusils. Une escarmouche éclata à quelque distance de là, et ils entendirent la sonorité caractéristique des fusils japonais. « Écoute-les, dit Red à Wyman. Tic-boum, tic-boum. Tu peux pas t'y tromper. » Des fusils américains retournèrent le feu, produisant un écho plus puissant, semblable à des coups de ceinture sur le plat d'une table. Wyman bougea nerveusement. « A quelle distance tu crois qu'ils sont, les Japonais ? demanda-t-il à Croft.

— Du diable, si je sais. Tu les verras bien assez vite, petit gars.

— Mon œil, qu'il verra, dit Red. On va poireauter ici toute la nuit. »

Croft laissa filer un crachat. « C'est pas toi qui trouveras à y redire, pas vrai, Valsen ?

— Pas moi. Je suis pas un héros. »

Quelques soldats passèrent dans le noir, quelques camions y firent halte. Wyman se coucha sur le sol. Il avait un peu de chagrin que, pour sa première nuit au front, il eût sommeil. Sa chemise, quoique trempée, buvait l'humidité du sol, et il se rassit en frissonnant. L'air était suffocant. Si seulement il pouvait allumer une cigarette.

Une demi-heure s'écoula avant qu'il leur fût ordonné de se remettre en marche. Croft se leva et suivit le guide, et les autres se traînèrent dans son ombre. Le guide les conduisit dans un bouquet d'arbrisseaux où une section d'hommes se tenait autour de six canons antichars. C'était des armes de petit calibre, de six pieds de long, au fût très svelte. Sur un terrain plat et dur, un homme aurait pu tirer son canon sans trop de difficulté.

« On monte au premier bataillon avec les gars des anti-chars, dit Croft. Faut qu'on coltine deux de ces canons. »

Il leur dit de se rassembler autour de lui. « Je sais pas comment qu'elle va être, cette gadouille de piste, dit-il, mais c'est pas difficile à deviner. On sera au milieu de la colonne, nous autres, alors je vais nous partager en trois groupes de trois hommes. Comme ça y aura un groupe au repos à tour de rôle. Je prends Wilson et Gallagher, Martinez peut prendre Valsen et Ridges, et toi Toglio tu auras ce qui reste — Goldstein et Wyman. »

Il s'en fut parler à un officier pendant quelques secondes. « Bon, le groupe de Toglio prendra le premier repos », dit-il quand il fut de retour. Il passa derrière un des canons et lui donna une secousse. « Il va être lourd, le fils de pute. » Wilson et Gallagher se mirent à haler avec lui, et les autres sections, divisées à leur tour en groupes de trois par canon, commencèrent à s'ébranler. Ils traversèrent le camp et sortirent par une ouverture dans les fils barbelés, flanquée d'une mitrailleuse. « Amusez-vous bien, les gars, fit le mitrailleur.

— Va te faire foutre », lui répondit Gallagher. Le poids du canon se faisait déjà sentir dans ses bras.

La colonne, d'une cinquantaine d'hommes, s'avançait très lentement le long d'une piste au cœur de la jungle. Au bout d'une centaine de mètres il leur devint impossible de se distinguer les uns les autres. Les branches se rejoignaient au-dessus de la piste, et les hommes se faisaient l'impression de tâtonner dans un tunnel sans limites. Leurs jambes s'enfonçaient dans la boue profonde, et bientôt leurs bottes furent tapissées de gros quartiers de fange. Ils s'élançaient de l'avant, parcouraient quelques pieds, s'arrêtaient, donnaient un autre coup de collier, s'arrêtaient de nouveau. Environ tous les dix mètres le canon s'enlisait, et les trois hommes consumaient ce qui leur restait de vigueur pour le dégager de son ornière et pour le haler d'une quinzaine de pieds — jusqu'à ce que leur élan perdît de sa force. Tirant, poussant, s'embourbant, la colonne tout entière ahanait et trébuchait pas à pas le long de la piste. Ils s'agglutinaient et se scindaient dans le noir, un attelage talonnant l'autre ou bien s'attardant si loin en arrière qu'à la fin la ligne se brisa en nombre de segments qui se tortillaient comme un ver coupé dont les tronçons continuent à s'agiter. Le pire avait échu au trio qui fermait la marche. Les hommes et les canons qui le précédaient avaient réduit la piste à l'état d'un marécage, en sorte que deux équipes devaient parfois se prêter la main pour transporter la pièce à bras d'homme au-dessus d'un endroit infranchissable.

La piste était très étroite. De grosses racines les faisaient trébucher continuellement, et les branches et les épines leur écorchaient le visage et les mains jusqu'au sang. Ne pouvant se rendre compte, dans les ténèbres qui les enveloppaient, où et comment la piste tournait, il leur arrivait de la quitter à la suite d'une pente, pour atterrir dans quelque fondrière où les avait entraînés leur canon. Ils devaient alors se débattre dans la broussaille en se protégeant les yeux avec leurs bras, et s'épuiser dans une lutte pénible pour ramener la pièce sur le chemin.

Malgré le danger d'une embuscade, il ne leur était pas possible de garder le silence. Les canons grinçaient et craquaient, ils produisaient des bruits de succion avec leurs pneus dans la vase, et les hommes juraient désespérément, haletaient en s'aidant de sanglots comme des lutteurs au terme d'un long combat. Voix et commandements se répercutaient en un chœur d'ahans et de blasphèmes, pour expirer dans un bruit rauque d'hommes écrasés sous l'effort. Au bout d'une heure, pour eux, rien ne subsista de la réalité fors ces canons qu'il leur fallait tirer toujours plus avant le long de la piste. La sueur imbibait leurs uniformes et noyait leurs yeux. Ils se colletaient, ils se débattaient à l'aveuglette avec leur charge, et ils juraient tout en progressant par bonds, de quelques pieds chaque fois, désormais inconscients de ce qu'ils faisaient.

Quand une équipe était relevée, les trois hommes titubaient à la hauteur de leur pièce, tâchant de regagner leur souffle, ou bien ils restaient en arrière pour se donner une seconde de répit. Toutes les dix minutes la colonne s'arrêtait, pour permettre aux traînards de rattraper leur retard. Pendant ces haltes les hommes s'étalaient dans la boue. Ils se faisaient l'impression d'être à la tâche depuis des heures ; ils suffoquaient, et leur estomac se contractait comme s'il eût été vide. Certains commencèrent à se débarrasser de leur barda, à ôter leur casque, à les semer sur la piste. L'air était insupportablement chaud sous la voûte de la jungle, où l'ombre de la nuit n'avait nullement dissipé la chaleur du jour. Marcher là-dedans était comme tâtonner dans un placard sans issue gorgé de vêtements de velours.

Pendant l'une des haltes l'officier qui dirigeait la colonne se mit à la recherche de Croft. « Où est le sergent Croft ? » cria-t-il. Sa question fut reprise par les hommes le long de la piste et transmise à Croft.

« Ici », cria Croft à son tour. Ils s'avancèrent l'un à la rencontre de l'autre, trébuchant dans la boue.

« Comment vont vos hommes ? demanda l'officier.

— Ils vont bien. »

Ils s'assirent sur le côté de la piste. « Erreur, d'avoir entrepris ça, hoqueta l'officier. Faut passer, pourtant. »

Le corps noué et sec de Croft avait relativement bien résisté à l'effort, mais sa voix était coupée et les mots éjaculaient de sa bouche, courts et rapides. « Loin encore ? demanda-t-il.

— Un mille... un mille encore. Plus de la moitié du chemin, je crois. On n'aurait jamais dû entreprendre ça.

— Ils en ont besoin d'urgence, de ces canons ? »

L'officier garda un court silence, s'efforçant de parler naturellement. « Je le pense... ils n'ont pas d'armes contre les tanks, là-bas... en ligne. Nous avons repoussé une attaque deux heures plus tôt... au troisième bataillon. Ordre d'amener des antichars au premier bataillon. Suppose qu'ils s'attendent à un assaut, là-bas aussi.

— Vaut mieux y aller », dit Croft. Il se sentait dédaigneux à l'endroit de cet officier, qui avait cru devoir lui parler. Il aurait dû être capable de s'occuper tout seul de son boulot.

« Je suppose, oui. » L'officier se leva, s'appuya un instant contre un arbre. « Si vous tombez en panne avec un canon, faites-moi savoir. Un ruisseau à traverser... là devant. Mauvais endroit, je crois. »

Il s'en fut en tâtonnant, et Croft s'en retourna à son canon. La colonne s'était allongée sur deux cents mètres. Ils se remirent en marche. Une ou deux fois une fusée répandit une blême, bleuâtre lueur au-dessus d'eux, une délicate lueur qui se perdait dans l'épais du feuillage. Le bref instant de clarté les surprenait à leurs canons, dans l'attitude classique de l'effort où se voyaient le style et la grâce des bas-reliefs antiques. Leurs uniformes étaient doublement noircis, sous l'effet de l'eau et de la boue ; et leurs faces, sous l'éclat diffus, apparaissaient blanches et contorsionnées. Même les canons avaient une beauté svelte et articulée, semblables à des insectes assis sur leurs pattes antérieures. Puis les ténèbres se rabattaient sur eux en tournoyant et la colonne aveugle poussait de l'avant — une file de fourmis qui traîne la charge vers la fourmilière.

Ils avaient atteint cet état de fatigue où tout devient haïssable. Un homme glissait dans la boue et il y restait, la respiration rauque, sans désir de se relever. Ses compagnons s'arrêtaient, attendaient — privés de mouvement, qu'il se relevât. S'il leur restait une trace de souffle, ils juraient.

— Putain de merde de boue !

— Lève-toi ! criait quelqu'un.

— Magne-toi ! Enfourne-le, ce sacré bordel de canon !

— Laisse-moi. Je suis bien où que je suis, y a rien de mal avec moi. Je suis bien, laisse-moi.

— Lève-toi, enfant de pute !

La peine reprenait jusqu'à la halte suivante — à quelques mètres plus loin. Dans ces ténèbres la distance n'avait aucune signification, ni le temps non plus. Ils n'avaient plus chaud ; ils frissonnaient et tremblaient dans la nuit humide, ils n'étaient que fange et bran ; ils puaient, mais non plus d'une puanteur animale ; la nauséabonde pourriture de la jungle avait pénétré leur peau, et un relent putride d'humus et de fèces emplissait leurs narines. Tout ce qu'ils savaient c'était qu'ils devaient aller de l'avant ; et si l'idée du temps effleurait leur esprit, c'était que chaque seconde s'accompagnait d'un hoquet de nausée.

Wyman se demandait pourquoi il ne s'écroulait pas. Son souffle s'échappait de lui en de longues, brûlantes secousses, les courroies de son paquetage l'écorchaient, ses pieds étaient en feu, et il n'aurait même pas été capable de parler car un feutre de laine semblait tamponner sa poitrine et sa gorge et sa bouche. Il n'était plus conscient de la puissante, fétide puanteur qui levait de son uniforme. Quelque part profondément en lui-même quelque chose s'étonnait de son endurance. Il était naturellement paresseux, ne travaillant jamais plus qu'il n'y était obligé, et il évitait de son mieux la peine, l'effort musculaire, l'essoufflement, le goût de la fatigue. Il avait eu de vagues rêves d'héroïsme, présumant que cela lui vaudrait quelque fabuleuse récompense qui lui faciliterait l'existence et résoudrait son problème de subvenir aux besoins de sa mère. Il avait une copine, et il voulait l'éblouir avec ses ficelles. Mais il avait toujours imaginé la guerre comme quelque chose d'excitant, sans peines ni misères. Il s'était vu chargeant des mitrailleuses dans un terrain découvert, sans que, pour avoir couru trop loin sous un barda trop pesant, des pointes dans ses côtes eussent jamais dérangé son imagination.

Il n'avait pas songé qu'il serait enchaîné à un monstre de métal inanimé, avec lequel il devrait se colleter jusqu'à ce que, ses bras pris de tremblements, il fût prêt à s'écrouler ; il n'avait certes jamais pensé qu'il aurait à tituber le long d'une piste au milieu de la nuit, avec ses chaussures enfoncées dans la vase. Il s'attelait au canon, il le soulevait — avec Goldstein et Toglio — quand il s'embourbait dans une ornière, mais d'un effort désormais automatique ; c'est à peine s'il se rendait compte d'un surcroît de souffrance quand il fallait tirer la pièce par les moyeux. Ses doigts avaient perdu leur force préhensile, et souvent ses mains glissaient désespérément sur l'affût, sans l'entamer.

La colonne avançait encore plus lentement qu'au départ, et parfois un quart d'heure s'écoulait avant qu'un canon fût déplacé d'une centaine de mètres. Çà et là un homme s'évanouissait, qu'on abandonnait sur le côté de la piste en attendant qu'il revînt à lui et regagnât son équipe.

Un message, finalement, fut transmis le long de la colonne : « Ne lâchez pas, nous sommes presque arrivés », et le temps de quelques minutes cela agit comme un stimulant — au point que les hommes mirent un renouveau d'espoir dans leur tâche. Mais, bientôt, ne découvrant après chaque tournant que de nouvelles ténèbres et de nouvelles boues, ils furent repris par un accablement sans limites. Il leur devenait de plus en plus difficile de persévérer ; et après chaque arrêt ils se sentaient sur le point d'abandonner.

Le ravin qu'ils devaient traverser, situé à quelques centaines de pieds en deçà du premier bataillon, était bordé par un talus abrupt qui aboutissait au fond d'un ruisseau empierré, pour remonter de même vers l'autre versant — haut de cinq mètres environ. C'était le ruisseau dont avait parlé l'officier. Aux approches du ravin la colonne tout entière s'arrêta, et les traînards purent rejoindre. Chaque équipe dut attendre que celle qui la précédait eût traversé le ruisseau. L'entreprise, à cause de l'obscurité, fut très difficile, et elle prit un long temps. Les hommes devaient se laisser aller le long du talus avec leur pièce tout en s'efforçant d'éviter qu'elle ne leur échappât des mains, ils devaient la porter par-dessus les pierres glissantes qui encombraient le lit du ruisseau, ils devaient la hisser au faîte de l'autre versant. Le pied n'avait pas de prise sur la pente visqueuse des talus ; tel canon, qui plus d'une fois avait atteint le sommet du versant, était descendu à reculons avec son équipe d'hommes accrochés à ses roues.

Quand le tour de Wyman, de Toglio et de Goldstein fut venu d'avancer leur pièce, une demi-heure s'était écoulée pendant laquelle ils avaient pu récupérer un peu de leurs forces. Ils avaient retrouvé leur souffle, et tout en basculant leur canon sur la crête du talus ils se dirigeaient les uns les autres à coups de gosier. Le canon se mit à tirer vers le bas, et ils devaient lui résister désespérément pour l'empêcher d'aller s'écraser au fond du ravin. L'effort draina le peu de forces qu'ils avaient récupérées, et quand ils eurent porté la pièce au pied de l'autre versant ils étaient aussi exténués qu'au pire moment de l'équipée.

Ils firent une halte de quelques minutes pour regagner le peu d'énergie qui leur restait, puis ils entreprirent l'assaut du talus. Toglio soufflait comme un taureau, et ses commandements avaient une sonorité rauque et pressante : on eût dit qu'il les arrachait violemment depuis le dedans de son corps. « Vas-y, POUSSE... POUSSE », grondait-il, et tous trois luttaient pour faire rouler le canon. Il leur résistait, il leur opposait son inertie et sa traîtrise, et la force commençait à s'en aller de leurs membres tremblants. « TIENS-LE, criait Toglio, LE LAISSE PAS FILER ! » Ils se raidissaient derrière le canon, faisant de leur mieux pour caler leurs jambes dans l'argile visqueuse. « POUSSE ENCORE ! » criait-il, sentant la machine s'avancer de quelques pieds. Wyman se disait qu'une tige d'acier se tendait dangereusement à l'intérieur de son corps, que dans un instant elle allait se détendre. Ils s'arrêtèrent de nouveau, puis de nouveau furent de l'avant d'un mètre. Lentement, minute après minute, ils se rapprochaient du sommet. Ils en étaient peut-être à quatre pieds, quand Wyman perdit les dernières réserves de ses forces. Il lutta pour conserver un lambeau d'énergie dans ses membres secoués de tremblements, mais il parut s'écrouler tout d'une pièce, et il resta stupidement calé derrière le canon, ne le supportant plus qu'avec le poids de son corps fléchi. La pièce se mit à glisser, et il se jeta de côté. Toglio et Goldstein restèrent agrippés chacun à son moyeu. Quand Wyman eut lâché prise, il leur sembla que quelqu'un les poussait vers le bas. Goldstein tint bon jusqu'à ce que la roue eût débloqué ses doigts un à un, puis il eut tout juste le temps de crier un avertissement à Toglio. L'instant d'après la machine s'écrasa au fond du ravin. Elle avait rebondi sur les pierres, et une de ses roues se voila complètement. Ils se mirent à la tâter dans le noir, comme des chiots qui lèchent les plaies de leur mère. Wyman sanglotait d'épuisement.

L'accident fut cause d'une grande confusion. L'équipe de Croft venait derrière la leur. « Qu'est-ce qui vous arrête ? commença-t-il à crier. Qu'est-ce qui se passe là en bas ?

— On a eu... un accident, cria Toglio en retour. Attends ! » Lui et Goldstein réussirent à coucher le canon sur le côté. « La roue est foutue, cria-t-il de nouveau. On peut plus le faire rouler. »

Croft jura. « Sortez-le du passage. »

Ils essayèrent, mais ne purent pas le faire bouger.

« On a besoin d'aide », cria Goldstein.

Croft jura de nouveau, puis lui et Wilson se laissèrent glisser le long du talus. Tous ensemble ils culbutèrent la pièce à plusieurs reprises. Sans dire mot Croft s'en retourna à son canon, et Toglio avec les deux autres grimpèrent leur talus et s'en furent en trébuchant par la piste en direction du bivouac du premier bataillon. Ceux qui les y avaient précédés s'étalaient immobiles sur le sol. Toglio s'allongea dans la boue, et Wyman et Goldstein se couchèrent près de lui. Aucun d'eux n'ouvrit la bouche. Parfois un obus explosait quelque part dans la jungle ; leurs jambes alors se contractaient, et c'était là leur seul signe de vie. Il y avait un mouvement continuel autour d'eux, et les bruits de la bataille se faisaient plus proches et plus hargneux. Des voix sortaient de la nuit, quelqu'un criait : « Où est le train de ravitaillement pour la compagnie B ? » et la réponse arrivait, lointaine et amortie, sans que les hommes étalés sur le sol y fissent la moindre attention. Parfois l'un d'eux devenait conscient de l'agitation nocturne ; le temps de quelques secondes son esprit se concentrait sur le tumulte qui émanait de la jungle, puis de nouveau la stupeur le gagnait.

Croft et Wilson et Gallagher amenèrent leur canon peu de temps après, et Croft se mit à appeler Toglio.

« Qu'est-ce que tu veux ? Je suis ici », dit Toglio. Il n'avait pas envie de bouger.

Croft s'approcha et s'assit près de Toglio. Son souffle était long et lent, comme celui d'un coureur après une course. « Je m'en vais voir le lieutenant... lui dire la chose du canon. Comment c'est arrivé ? »

Toglio se souleva sur son coude. L'idée de donner des explications lui répugnait, et il était confus. « Je ne sais pas, dit-il. J'ai entendu Goldstein qui criait attention, et c'est juste alors qu'on a lâché tout. » Il détestait présenter des excuses à Croft.

« Goldstein cria, hein ? demanda Croft. Où il est ?

— Je suis ici, sergent, fit la voix de Goldstein dans le noir.

— Pourquoi t'as crié : attention ?

— Je ne sais pas. J'ai senti tout à coup que je ne pouvais plus tenir. Quelque chose me l'a arraché des mains.

— Qui était l'autre ? »

Wyman se dressa. « Je suppose que c'est moi. » Sa voix était sans force.

« C'est toi qu'as lâché ? »

Wyman sentit une trace de peur à la pensée de l'avouer à Croft. « Non, dit-il. Non, je pense pas. J'ai entendu Goldstein crier, et alors le canon s'est mis à me monter dessus. Je me suis jeté en arrière pour l'éviter. » Déjà il ne savait plus tout à fait comment la chose s'était passée exactement, et une partie de son moi s'efforçait de le persuader qu'il disait la vérité. « Je suppose que c'est ma faute », laissa-t-il échapper honnêtement, pris d'un accès surprenant de honte ; mais si faible fut le son de sa voix qu'elle parut manquer de sincérité, et Croft se dit qu'il essayait de protéger Goldstein.

« Voui, dit-il. Un spasme de rage le saisit, tandis qu'il se tournait vers Goldstein. Dis donc, Israël, fit-il.

— Mon nom n'est pas Israël, dit Goldstein avec colère.

— Je me fous comment qu'il est, ton nom. La prochaine fois que tu nous joues un sale truc comme celui-ci, je m'arrange pour te faire passer devant un conseil de guerre.

— Mais je ne crois pas que ça soit moi qui aie lâché », protesta Goldstein faiblement. A son tour il commença à douter de lui-même. Le souvenir de ses sensations successives, au moment où le canon s'était mis à lui échapper des mains, était trop confus pour qu'il pût se sentir dans son droit. Il avait cru que Wyman avait lâché le premier ; mais quand celui-ci eut admis sa faute, Goldstein éprouva un moment de panique : comme Croft, il pensa que Wyman voulait le protéger. « Je ne sais pas, dit-il. Je ne crois pas que je l'aie fait.

— Tu crois pas, coupa Croft. Depuis que t'es dans la section, Goldstein, t'as jamais rien fait que d'avoir des idées sur ce qu'on devrait faire pour que tout marche mieux. Mais quand s'agit de faire un boulot, t'es toujours en train de ruer dans les brancards. J'en ai marre de me faire emmerder par toi. »

Une fois de plus Goldstein se sentit en proie à une colère impuissante. Son agitation, qu'il était incapable de contrôler, l'emportait sur son ressentiment et paralysait sa parole. Des larmes de frustration lui montèrent aux yeux. Sa colère se retournait contre lui-même et l'accablait d'une honte innommable. Oh, je ne sais pas, je ne sais pas, se répétait-il.

Les sensations de Toglio oscillaient entre le soulagement et la pitié. Il était content que la responsabilité pour la perte du canon ne pût lui être imputée, et en même temps il regrettait qu'un autre eût à en pâtir. Le souvenir de l'effort commun contre l'inertie de la pièce était encore très vif en lui, et il se disait — pauvre Goldstein, c'est un brave gars, il n'a pas eu de veine.

Wyman était trop exténué pour penser clairement. Après avoir déclaré que c'était sa faute il se sentit réconforté en découvrant que, après tout, il n'était pas à blâmer. Au fait, son épuisement le mettait dans l'incapacité de réfléchir d'une façon cohérente ou, en vérité, de se rappeler quoi que ce soit. Convaincu désormais que c'était Goldstein qui avait lâché le canon, il s'abandonnait à une sensation de sécurité. La seule image réelle qui lui restait se rattachait à l'agonie qu'il avait endurée lors de leur tentative d'escalader le talus. J'aurais lâché deux secondes plus tard s'il ne l'avait pas fait, songea-t-il avec un vague sentiment d'affection à l'endroit de Goldstein.

Croft se leva. « Bon, voilà une pièce qu'on récupérera pas de sitôt, dit-il. Je parie qu'elle moisira là-bas jusqu'à la fin de la campagne. » Sa rage le mettait à un doigt de frapper Goldstein. Il les quitta sans rien ajouter et se mit à la recherche de l'officier qui avait dirigé la colonne.

Les hommes s'accommodaient à même le sol et s'endormaient. Des obus explosaient dans la jungle, mais ils n'y faisaient guère attention. Pareille à un orage qui ne se décide pas à éclater, la bataille avait menacé depuis la tombée du jour, et il aurait fallu maintenant un feu de barrage pour les faire bouger. D'ailleurs, ils étaient trop las pour se creuser des trous.

Il fallut à Red plus longtemps qu'aux autres pour s'endormir. Froid et humidité attaquaient ses reins, dont il souffrait depuis des années. Ils lui faisaient mal en ce moment et il se tournait et se retournait, cherchant à se rendre compte s'il souffrirait moins en exposant son dos à l'air nocturne ou au contraire en le mettant à plat sur le sol trempé. Il demeura un long temps éveillé, son esprit évoluant à l'intérieur d'un cadre étroit fait de lassitude et de tristesse. Il pensait à la fois où il s'était trouvé sans travail dans une petite ville du Nebraska, cherchant l'occasion de s'embarquer dans un train de marchandises pour quitter le pays. Il lui paraissait très important en ce temps-là de ne pas mendier sa pitance, et il se demandait s'il aurait encore de ces orgueils. Oh, j'ai été un dur alors, se dit-il. La belle jambe que ça me fait. L'air était froid sur son dos, et il se retourna. Il lui semblait que toute sa vie il avait couché dans des endroits nus et humides, aspirant à un peu de chaleur. Il songea à un vieux chemineau disant : « Cinquante cents en poche et l'hiver qui s'amène », et un peu de tristesse l'envahit — comme alors, en ces crépuscules froids d'octobre. Son estomac était vide. Il se leva après un instant d'hésitation, se mit à fourrager dans son sac, mâcha une barre de fruit compressé qu'il arrosa d'une gorgée d'eau de son bidon. Bien que sa couverture fût encore trempée par suite de l'orage, il s'en enveloppa et s'en trouva un peu mieux. Il essaya de s'endormir, mais ses reins le faisaient trop souffrir et il se rassit, fouillant dans ses cartouchières à la recherche de son trousseau de pansements où il prit le petit sac de papier qui contenait des pastilles calmantes. Il en avala la moitié et vida à demi ce qui lui restait d'eau dans son bidon. Il pensa d'abord ingurgiter la totalité de ses pastilles, mais il se rappela qu'il en aurait peut-être besoin si jamais il était blessé. Son abattement redoubla à cette idée. Il se mit à regarder fixement dans le noir, et peu à peu il put discerner les corps affalés tout autour de lui. Toglio ronflait. Il entendit Martinez qui murmurait quelque chose en espagnol avant de s'écrier : « Je pas tuer Japonais, mon Dieu, je pas tuer lui. » Red soupira et se recoucha. Où sont ceux qui dorment en paix ? pensa-t-il.

Une ancienne colère commençait à monter en lui. Je me fous de tout, se dit-il, écoutant avec inquiétude le sifflement d'un obus. On eût dit des branches d'arbre dans un vent d'hiver. Il se revit marchant à grandes enjambées sur une route nationale, à la tombée du jour. C'était dans une des villes minières de l'est de la Pennsylvanie et il regardait les mineurs au volant de leurs Ford déglinguées, leur visage encore noir de suie et de poussier de charbon. Cela ne ressemblait pas du tout au pays minier du Montana qu'il avait quitté des années auparavant, et c'était pourtant la même chose. Il se revoyait faisant de grands pas et tout en marchant il rumine, il pense aux choses de chez lui, puis quelqu'un l'invite à monter dans une bagnole et ils boivent un pot dans un bar plein de bruit. Il y a quelque chose de beau dans cette tombée de jour vue rétrospectivement, de même que dans la brève vision d'un autre moment — quand il quitte une ville étrangère tapi à l'ombre d'un wagon de marchandises. Mais ces instants-là n'étaient que des lueurs dans la longue et grise suite du temps. Il soupira de nouveau, comme pour ressaisir quelque chose du grand savoir qu'il venait d'entrevoir. On réussit jamais à avoir ce qu'on veut, se dit-il, trouvant plaisir à remâcher ses peines. Il commençait à s'endormir, et il se couvrit la tête de son avant-bras. Un moustique se mit à chanter autour de son oreille et il le laissa faire, espérant qu'il s'en irait. Le sol semblait grouiller d'insectes. La vermine, ça, au moins je m'y connais, pensa-t-il. Pour une raison quelconque cette réflexion le fit sourire.

La pluie recommença, et il se cacha la tête sous la couverture. Son corps s'abîmait lentement dans une somnolence lasse, mais par tranches en quelque sorte, par intervalles, une partie de son être à la fois, au point que longtemps après qu'il eut cessé de penser, un segment de son cerveau continua à percevoir la crampe ou la trémulation qui s'emparaient de ses membres. Le bombardement devenait soutenu, et à un demi-mille de là une mitrailleuse faisait feu. Dormant presque tout à fait, il vit Croft qui étalait une couverture sur le sol. La pluie persévérait. Il cessa bientôt d'entendre le bombardement, mais même quand il fut complètement endormi une zone de son cerveau continua à enregistrer les événements. Bien qu'il n'en eût pas gardé le souvenir lors de son réveil, il entendit des hommes en marche, et il eut conscience que d'autres hommes traînaient les antichars à travers le bivouac. Les Japonais poussent une pointe en direction du camp, se dit-il dans le sommeil. Ils vont le protéger maintenant. Il était probablement fiévreux.

Il se réveilla en entendant crier : « Reconnaissance ! Où est Reconnaissance ? » Le rêve qu'il eut reflua lentement, et il resta couché, à moitié endormi, entendant Croft qui sautait sur ses jambes, criant : « Ici ! Par ici ! » Sachant qu'il lui faudrait se lever à son tour dans peu de minutes, il s'emmitoufla plus profondément dans sa couverture. Il avait mal par tout le corps, et il savait qu'en se levant il serait raide comme un piquet. « Allons les gars, debout ! cria Croft. Allez, debout, faut qu'on déménage ! »

Red dégagea son visage. Il pleuvait toujours, et sa main se mouilla au contact de la couverture. Quand il aura remis sa couverture dans son sac, son sac lui aussi sera mouillé. Il se racla la gorge avec déplaisir et cracha à deux reprises. Il avait un goût infect dans la bouche. Gallagher s'assit à son tour, en grognant. « Nom de Dieu d'armée ! Pourquoi qu'ils nous laissent pas pioncer ? C'est-y qu'on s'est pas assez crevé cette nuit ?

— On est des héros », dit Red. Il se leva et se mit à plier sa couverture. Elle était trempée d'un côté, crottée de l'autre. Il avait dormi avec son fusil près de lui, abrité sous la couverture, mais l'arme elle aussi était mouillée. Il se demandait depuis combien de temps il n'avait plus été au sec. « Merde de jungle, dit-il.

— Allez, les gars, du courage », dit Croft. Une fusée flamboya au-dessus de la brousse, tremblotant sur leurs uniformes mouillés. Red remarqua que la boue recouvrait le visage de Gallagher, et quand il se passa les mains sur son propre visage il les ramena souillées de fange. « Montre-moi le chemin du pays, fredonna-t-il. Je suis las et je veux aller au lit.

— Tu parles », fit Gallagher. Ils finirent de boucler leurs sacs ensemble. La fusée s'éteignit, et le retour des ténèbres les aveugla pour un moment. « Où c'est qu'on va ? demanda Toglio.

— A la compagnie A, dit Croft. Ils s'attendent d'être attaqués, là-bas.

— C'est sûr qu'on est une section qu'a pas de veine, soupira Wilson. Heureusement qu'on en a fini avec ces canons antitanks. Je jure que je me battrais contre un tank avec mes mains nues, avant que je coltine de nouveau un de ces fils de pute de canons. »

L'escouade se forma en file indienne et se mit en marche. Le bivouac du premier bataillon n'était guère grand, et au bout d'une demi-minute ils atteignirent l'ouverture dans les barbelés. Martinez, qui ouvrait la marche, s'avançait précautionneusement le long de la piste en direction de la compagnie A. Sa somnolence avait disparu, et il était sur le qui-vive. Bien qu'il ne pût rien voir, quelque sens spécial semblait le diriger dans les tournants de la piste, de sorte qu'il n'errait que rarement. Il devançait le gros de l'escouade d'une trentaine de mètres, et se trouvait complètement isolé. Si quelque Japonais s'était embusqué le long du chemin, il eût été le premier à tomber dans le piège. Mais il n'avait pas très peur. Ses terreurs fonctionnaient dans l'abstrait ; aussitôt qu'il devait conduire ses hommes, son courage lui revenait. Dans cet instant son esprit était centré autour d'une série de sons et de pensées. Son ouïe explorait la jungle, attentive à tout bruit qui eût indiqué une présence suspecte sur les bas-côtés de la piste ; en même temps elle percevait avec déplaisir les trébuchements et les murmures des hommes qui le suivaient. Son esprit enregistrait les sons intermittents de la bataille et s'efforçait de les classifier ; chaque fois qu'une éclaircie dégageait le ciel, il y cherchait la Croix du Sud pour déterminer la direction que prenaient les tournants de la piste ; chaque fois que cela lui était possible il faisait une note mentale de quelque point de repère, qu'il ajoutait à ceux qu'il avait observés précédemment. Au bout d'un laps de temps il se mit à ressasser une antienne — arbre au-dessus de la piste, crique boueuse, rocher sur la piste, buisson en travers. Au fait, il n'avait aucune raison de le faire : ce chemin menait simplement du premier bataillon à la compagnie A. Mais il avait acquis cette habitude lors de ses premières patrouilles, et il s'y conformait instinctivement.

Une paisible fierté occupait une partie de ses pensées : il était celui dont dépendait la sécurité de l'escouade. Fortifiante idée, qui le soutenait au milieu des dangers devant lesquels sa volonté et son corps eussent fléchi. Au cours de la marche avec les canons antichars il avait été bien des fois sur le point d'abandonner ; contrairement à Croft, il n'avait mis aucun orgueil dans l'accomplissement de cette besogne. Il eût parfaitement consenti à reconnaître que la tâche dépassait ses forces, mais il y avait cette partie de son être qui l'entraînait à faire des choses qu'il craignait et détestait. Sa fierté d'être sergent constituait le noyau autour duquel évoluaient la plupart de ses actes et de ses pensées. Personne voit dans le noir comme Martinez, se dit-il. Il écarta une branche de son bras étendu et, pliant avec aisance sur ses genoux, il passa sous l'obstacle. Ses pieds étaient endoloris et ses épaules et son dos lui faisaient mal, mais c'étaient là des maux dont il ne se préoccupait plus ; il menait son escouade, et c'était bien suffisant en soi.

L'escouade s'étirait derrière lui, et chacun des hommes qui la composaient éprouvait toutes sortes d'émotions. Wilson et Toglio avaient sommeil. Red, sur le qui-vive, broyait du noir : il avait un mauvais pressentiment. Goldstein se sentait misérable et amer ; l'effort de se traîner le long d'une piste dans les heures noires du petit matin, le rendait maussade et triste. Il se voyait mourant, sans ami pour le pleurer. Wyman avait perdu la force de récupérer ; il avançait péniblement, dans un état de stupeur, indifférent à ce qui allait lui arriver. Ridges était las et patient ; il ne pensait pas à ce que les heures à venir allaient lui apporter, et il ne s'abîmait pas davantage dans la contemplation de ses membres endoloris ; simplement, il avançait, et son esprit flottait au gré d'un courant paresseux.

Et Croft. Croft était tendu et passionné et impatient. Toute la nuit il avait pesté contre la corvée qui échut à son escouade. Les bruits de la bataille n'avaient pas cessé de l'exciter. Son esprit s'exaltait au ressouvenir de ses pensées lors de la mort d'Hennessey. Il se sentait fort et sans fatigue et capable de n'importe quoi ; ses muscles étaient aussi éreintés que ceux de n'importe lequel de ses hommes, mais il avait abstrait son esprit de son corps. Il était affamé de la dure et rapide pulsation qu'il ressentirait dans sa gorge après avoir tué un homme.

Sur les cartes un demi-mille seulement séparait le premier bataillon de la compagnie A, mais la piste faisait tant de crochets et de virages que la distance effective était d'un bon mille. Les hommes étaient devenus maladroits, et leur pas se faisait incertain. Leurs sacs s'affaissaient, les fusils glissaient de leurs épaules. La piste était informe ; originellement une voie de gibier, elle avait été partiellement élargie, mais par endroits elle était restée en l'état. On ne pouvait y marcher sans s'écorcher aux branches qui dépassaient des deux côtés. La jungle y était impénétrable, et il eût fallu une heure pour se tailler un chemin de cent pieds en dehors de la piste. Il était impossible d'y voir quoi que ce soit dans la nuit, et l'exhalaison du feuillage mouillé était suffocante. Les hommes devaient marcher à la queue-leu-leu, les uns sur les talons des autres. A trois pieds de distance ils se perdaient de vue, et ils avançaient lourdement en s'agrippant à la chemise de leur voisin. Martinez, qui les entendait, pouvait juger de leur éloignement : ils trébuchaient et se télescopaient comme des enfants qui jouent dans le noir. Ils se courbaient presque en deux, et ils en souffraient cruellement. Leurs corps se décomposaient ; ayant mangé et dormi à contresens depuis nombre d'heures, ils lâchaient des gaz dont l'odeur devenait nauséabonde dans l'air vicié. Les hommes en queue souffraient le plus ; ils se couvraient la bouche et juraient, retenaient leur respiration, frissonnaient de fatigue et d'écœurement. Gallagher, qui se trouvait au bout de la colonne, toussait de temps à autre, et blasphémait. « Arrêtez de péter, sacré nom de Dieu ! » criait-il, et les hommes devant se redressaient un peu et riaient.

« Tu bouffes du caca, hein, petite tête ? » murmura Wilson, tandis que les autres se mettaient à pouffer.

Certains s'endormaient tout en marchant. Leurs yeux clos depuis presque le commencement de la marche, ils s'assoupissaient à l'instant où leur pied quittait le sol, se réveillaient quand leur pied touchait le sol. Depuis plusieurs minutes Wyman se traînait sans plus rien ressentir ; son corps était complètement engourdi. Lui et Ridges sommeillaient continuellement, et ça et là, sur un parcours de dix ou de quinze mètres, ils s'endormaient tout à fait. Il leur arrivait de dérailler et d'aller se cogner stupidement dans les broussailles avant que de regagner leur équilibre. Ils faisaient alors un bruit qui semblait terrifiant dans la nuit, et les hommes se rendaient compte avec inquiétude combien près ils se trouvaient de la bataille. A un demi-mille devant on entendait une fusillade.

« Dieu de Dieu, chuchotait l'un d'eux, pouvez pas rester tranquilles ? »

Ils devaient être en route depuis une bonne demi-heure, mais les premières minutes passées personne ne songea au temps. Se courber en deux, glisser dans la boue, se retenir à deux mains sur celui qui les précédait, était devenu leur unique réalité ; la piste était un calvaire, et ils ne se préoccupaient plus où ils allaient. Pour la plupart d'entre eux la fin de la marche vint en surprise. Martinez était revenu sur ses pas et leur avait dit de se tenir coi. « Ils vous entendent venir depuis dix minutes », chuchota-t-il. Un silence se coucha sur les hommes et ils firent les cent derniers mètres à pas feutrés, ridiculement précautionneux, tous leurs muscles raidis chaque fois qu'ils avançaient la jambe.

Il n'y avait ni barbelés, ni terrain défriché à la compagnie A. La piste s'y divisait en une fourche quadruple, dont chaque branche menait vers un poste différent. Un soldat vint à leur rencontre à l'endroit où la piste se divisait et les mena le long de l'une des branches en direction de quelques petites tentes piquées sous le feuillage. « J'ai la deuxième section, dit-il à Croft. Je suis juste à une centaine de mètres vers le bas de la rivière. Ton escouade peut dormir dans ces trous cette nuit, et monter la garde ici même. Y a deux mitrailleuses pour vous.

— Qu'est-ce qui se passe ? chuchota Croft.

— Ché pas. J'ai entendu dire qu'ils s'attendent à une attaque à l'aube, sur tout le long de la ligne. On a été obligé d'envoyer une section à la compagnie C au début de la nuit, et on est resté moins qu'une section à garder tout cet avant-poste. Il se passa la main sur la bouche, avec un bruit de froissement. Allez, viens que je te montre la place, ajouta-t-il », saisissant Croft par le coude. Croft libéra son bras ; il détestait qu'on le touchât.

Ils s'avancèrent de quelques pas le long de la piste, jusqu'à ce que le sergent de la compagnie A se fût arrêté devant un trou. Il y avait là une mitrailleuse, avec son canon pointé à travers une frange d'arbrisseaux. Croft regarda à travers les feuilles et put voir, dans la faible lueur de la lune, un cours d'eau bordé de chaque côté d'une bande de sable. « Quelle profondeur, la rivière ? demanda-t-il.

— Ben, quatre, cinq pieds peut-être. C'est pas cette eau qui les arrêtera.

— D'autres avant-postes en avant d'ici ? demanda Croft.

— Rien. Et les Japonais savent exactement où nous sommes. Ont envoyé des patrouilles. Il s'essuya de nouveau la bouche et se redressa. Viens que je te montre l'autre mitrailleuse. Ils suivirent une piste taillée grossièrement dans la jungle, à une dizaine de mètres de la grève. Des grillons grillotaient très fort, et le soldat eut un frisson. Voilà l'autre, dit-il. Ici c'est le flanc. Il glissa un coup d'œil à travers les broussailles et sortit sur la bande de sable. Regarde », dit-il. Croft le suivit. A une cinquantaine de mètres sur leur droite s'élevaient les contreforts de Watamaï. Croft regarda en l'air. Les falaises montaient presque verticalement sur un millier de pieds. Malgré l'obscurité il les sentait planer au-dessus de lui. Il força sa vue, pensant apercevoir une trouée de ciel au delà des falaises, mais tout n'était que ténèbres. Il ressentit un curieux tressaillement. « Je savais pas qu'on était si près, dit-il.

— Oh oui. C'est bon et c'est mauvais. On a pas besoin de s'en faire qu'ils nous contournent de ce côté-ci, mais on est quand même le flanc. Si jamais ils cognent dur ici, y a pas grand-chose pour les arrêter. Il rentra dans les broussailles, exhalant son souffle avec lenteur. Je te le dis, ces deux nuits qu'on a passées ici me donnent la chair de poule. Vise-moi cette rivière. Quand y a beaucoup de lune tout ça se met à briller, et t'attrapes la tremblote à la regarder. »

Croft demeura à la lisière de la jungle, regardant le cours d'eau qui, à quelques mètres à peine des falaises, tournait à droite et coulait parallèlement à la montagne, en direction des lignes japonaises : de cet endroit-ci il serait en mesure de voir tout le terrain. Sur la gauche, la rivière s'en allait tout droit pendant plusieurs centaines de mètres, comme une route dans la nuit, prise entre deux talus de haute herbe. « Où est-ce que vous êtes, vous autres ? » demanda-t-il.

Le soldat pointa en direction d'un arbre qui se projetait légèrement au-dessus de la jungle. « On est juste de ce côté-ci de cet arbre. Si t'as besoin d'y aller, reviens à la fourche et prends la piste à l'extrême droite en venant d'ici. Appelle « Buckeye » quand tu t'amènes.

— Bien », dit Croft. Ils parlèrent encore pendant quelques minutes, puis le soldat se tâta à l'endroit de ses cartouchières. « Jésus, je te le promets, ça te rend fou de passer la nuit ici. De la brousse, y a que ça, et toi au bout avec rien d'autre que cette saloperie de mitrailleuse. » Il mit son fusil en bandoulière et s'en fut par la piste. Croft le suivit du regard pendant un moment, puis s'en retourna à ses hommes. Ils l'attendaient à côté des trois petites tentes, et il leur indiqua l'emplacement des deux mitrailleuses. Il leur dit brièvement ce qu'il avait appris, désigna les hommes de garde. « Il est après minuit maintenant, fit-il. On va être quatre à l'un des postes, cinq à l'autre. On changera de garde toutes les deux heures. Le poste qu'aura quatre hommes recevra le cinquième au second tour. » Il les divisa, prit pour lui-même le premier tour de garde à la mitrailleuse sur le flanc. Wilson s'offrit pour le premier tour à l'autre mitrailleuse. « Quand j'ai fini, je veux dormir tout mon saoul, dit-il. J'en ai marre qu'on me réveille juste quand je commence d'avoir un bon rêve. »

Les hommes sourirent tristement.

« Puis écoutez, ajouta Croft, si jamais y a du grabuge ceux qui dorment ont qu'à se lever sacrément dare-dare et se cavaler pour nous donner un coup de main. Y a que deux mètres de vos tentes à la mitrailleuse de Wilson, et y a guère beaucoup plus jusqu'à la mienne. Faudrait pas que ça vous prend plus de trois heures pour vous amener. De nouveau un ou deux hommes sourirent. Bon, c'est tout », dit Croft. Il les laissa et s'en fut vers sa mitrailleuse.

Il s'assit sur le rebord du trou et regarda à travers les broussailles en direction de la rivière. La jungle l'entourait complètement, et maintenant, n'étant plus actif, il se sentit très las et un peu déprimé. Pour y parer, il se mit à reconnaître les divers objets dans le trou. Il y avait là trois caissons qui contenaient des bandes pour la mitrailleuse et une rangée de sept grenades nettement alignées au pied de l'arme, plus une boîte avec des fusées et leur fusil. Il le prit, rabattit avec calme la culasse, y glissa une fusée, arma le chien. Puis il posa le fusil à la portée de sa main.

Quelques obus passèrent en murmurant au-dessus de lui. Il fut un peu surpris de constater combien près ils avaient atterri, de l'autre côté de la rivière. A cette distance le bruit de leur explosion résona très fort ; des éclats de shrapnell cinglèrent la cime des arbres qui l'entouraient. Il cassa une tige, la porta à sa bouche, se mit à la mâcher pensivement. Il supposait que le tir venait de la compagnie A, et il s'efforçait de déterminer quelle piste, à partir de la fourche, l'y mènerait au cas où il devrait se replier avec ses hommes. Il était patient maintenant, et tout à fait à son aise ; l'anticipation qu'il eut d'un combat possible se trouvait neutralisée par le danger même de leur situation, et il se sentait calme, de sang-froid, et très fatigué.

Les obus de mortier tombaient peut-être à une cinquantaine de mètres sur le devant de la section qui se trouvait à sa gauche, et Croft cracha avec flegme. Le tir était trop court pour une simple opération de harcèlement ; quelqu'un avait entendu quelque chose dans la jungle de l'autre côté de la rivière, sinon ils n'auraient jamais tiré au mortier si près de leur propre position. Sa main explora de nouveau le trou et découvrit un téléphone de campagne. Il prit le récepteur, écouta calmement. C'était une ligne à circuit ouvert, restreinte probablement à la section de la compagnie A. Deux hommes parlaient d'une voix si basse qu'il dut faire un effort pour les entendre.

« Allonge d'une cinquantaine de pieds, et après réduis d'autant.

— T'es sûr qu'y a là des Japonais ?

— Je jure que je les ai entendus parler. »

Croft regarda fixement à travers la rivière. La lune s'était dégagée d'entre les nuages, et les grèves de chaque côté du cours d'eau brillaient d'un halo argenté. La jungle, en face, paraissait impénétrable.

Derrière lui les mortiers firent feu de nouveau, avec un son net et cruel. Il vit les obus atterrir dans la jungle, puis gagner la rivière par volées successives. Un mortier répondit de la rive japonaise, et à un quart de mille environ sur sa gauche il put entendre plusieurs mitrailleuses s'arroser les unes les autres dans un vacarme irrégulier. Il décrocha le téléphone, siffla dans le récepteur. « Wilson, chuchota-t-il. Wilson ! » Il n'y eut pas de réponse, et il débattit s'il devait gagner le trou de Wilson. En silence, il se mit à le maudire de n'avoir pas découvert le téléphone, puis se réprimanda lui-même de ne l'avoir pas remarqué à temps. Il regarda à travers la rivière. Le joli sergent que je suis, se dit-il.

Son ouïe s'accordait sur toutes les sonorités de la nuit ; elle les tamisait, les sélectionnait d'expérience. Qu'un animal fît du bruit dans sa tanière, qu'un grillon grésillât, et il n'y prêtait aucune attention : son ouïe les méconnaissait. Dans ce moment-ci il percevait le son étouffé d'un glissement qu'il reconnaissait comme ne pouvant être que celui d'un homme qui se déplace le long d'une piste dans la jungle. Il scruta du regard l'autre rive, s'efforçant de déterminer l'endroit où le feuillage était le moins dense. En un point, entre sa mitrailleuse et celle de Wilson, il y avait un bouquet de cocotiers assez clairsemés pour que des hommes pussent s'y assembler ; comme il y regardait, il eut la certitude d'y entendre quelqu'un bouger. Sa bouche se durcit. Sa main tâta la crosse de la mitrailleuse et, lentement, il pointa l'arme sur le bouquet de cocotiers. Le bruissement se faisait plus audible ; on eût dit que des hommes rampaient dans les broussailles de l'autre côté de la rivière, face à son arme. Croft avala sa salive. De minuscules pulsations semblaient battre dans ses membres, et sa tête était aussi vide et aussi abominablement consciente que s'il l'avait plongée dans un seau d'eau glacée. Il mouilla ses lèvres et se déplaça légèrement, avec la sensation qu'il pouvait entendre le travail de ses muscles.

Le mortier japonais fit feu de nouveau, et il sursauta. Les obus tombaient en direction de la section sur sa gauche. Leur bruit discordant lui était pénible. A force de scruter la rivière où se reflétait la lune, il commençait d'avoir la berlue ; il lui semblait qu'il pouvait voir des têtes tournoyer dans le courant. Il baissa les yeux sur ses genoux pour un instant, puis les reporta de nouveau sur l'autre rive. Il dirigeait son regard légèrement à gauche ou à droite du point où il pensait que les Japonais pouvaient se trouver : sa longue expérience lui avait appris que pour voir un objet dans l'obscurité il ne fallait pas le regarder directement. Quelque chose sembla bouger dans le bouquet d'arbres, et un nouveau filet de sueur coula le long de son dos. Il se tortilla inconfortablement. Sa tension était intolérable, encore que non pas entièrement déplaisante.

Il se demanda si Wilson avait entendu les bruits, et en réponse à sa question il y eut le net, le haut cliquetis d'une mitrailleuse qu'on arme. Pour les sens aigus de Croft l'écho résonna tout le long de la rivière, et il ragea que Wilson eût révélé sa position. Le glissement dans les broussailles devint plus fort, et il eut la conviction qu'il pouvait entendre des chuchotements de l'autre côté du cours d'eau. Il tâtonna à la recherche d'une grenade et la plaça à ses pieds.

Puis il entendit un son qui lui perça les chairs. Quelqu'un appelait depuis l'autre rive : « Yank, Yank ! » Il demeura figé. La voix était fine et perçante, hideuse sous sa forme chuchotée.

C'est un Japonais, se dit-il. Il était incapable de bouger dans cet instant.

« Yank ! » C'était lui qu'on appelait. « Yank. Nous venir chercher toi, Yank. »

La nuit couchait une lourde, étouffante natte sur la rivière. Croft essaya de respirer.

« *Nous venir chercher toi, Yank.* »

Croft eut la sensation qu'une main s'était soudainement abattue sur son dos, qu'elle voyageait le long de sa colonne vertébrale pour le saisir par les cheveux. « Nous venons te chercher, Yank », s'entendit-il chuchoter. Il éprouvait l'agonisante impuissance de celui qui, dans un cauchemar, veut crier et ne peut émettre un son. « *Nous venir chercher toi, Yank.* »

Un terrible tremblement s'empara de lui pour un moment, et ses mains semblèrent gelées sur la mitrailleuse. L'intense pression à l'intérieur de sa tête lui devenait insupportable.

« Nous venir chercher toi, Yank, cria la voix.

— VENEZ ME CHERCHER FILS DE PUTAIN ! » hurla Croft. Il avait hurlé de toutes les fibres de son corps, comme s'il avait plongé dans une porte de chêne.

Il n'y eut aucun son pendant une dizaine de secondes peut-être, rien que l'éclat de la lune sur la rivière et le bourdonnement tendu, extasié des grillons. Puis la voix parla de nouveau : « Oh, nous venir, Yank, nous venir. »

Croft coulissa et remit en place la culasse de sa mitrailleuse. Son cœur continuait à battre frénétiquement. « Recon... RECONNAISSANCE A VOS ARMES ! » cria-t-il de toutes ses forces.

Une mitrailleuse se mit à fouailler sur l'autre rive, et il plongea dans son trou. Elle crachait des lumières blanches et vindicatives, semblables à des torches d'acétylène dans l'obscurité, avec un bruit terrifiant. Croft se dominait par le seul effort de sa volonté. Il pressa la gâchette de sa mitrailleuse, et elle bondit et gigota sous sa main. Les balles traceuses s'égaillèrent sauvagement dans la jungle, de l'autre côté de l'eau.

Mais le bruit, la vibration de son arme, le calmèrent. Il pointa en direction du feu des Japonais et lâcha une volée. Le manche rebondit contre son poing, et il dut l'affermir avec ses deux mains. La chaude odeur métallique du canon redonna un sens à ce qu'il faisait. Il plongea dans son trou dans l'attente de la réplique, frissonnant malgré lui au passage des balles.

BII-YOUOUOUOU !... BII-YOUOUOUOU ! Ricochant sous l'impact, des débris l'atteignirent au visage sans qu'il s'en rendît compte. Il avait l'apparente insensibilité des hommes au combat. Il tressaillait au bruit, sa bouche se durcissait et s'amollissait, ses yeux s'écarquillaient, mais il était oublieux de son corps.

Il tira de nouveau — une longue et méchante volée, puis plongea dans son trou. Un cri effroyable monta dans la nuit, et le temps d'une seconde Croft sourit faiblement. L'ai eu, pensa-t-il. Il vit le métal qui brûlait la chair, qui fracassait les os sur son passage. « AYYYOHHHH. » Il se figea sous le cri, et au cours d'un instant bizarre, d'un instant abstrait, il revécut tout l'ensemble des sons et des odeurs et des visions qui accompagnent le marquage au fer rouge des animaux. « RECONNAISSANCE DEBOUT...BOUT ! » cria-t-il furieusement, lâchant une volée continue pendant une dizaine de secondes pour couvrir l'avance de ses hommes. Quand il s'arrêta de tirer il entendit un bruit de rampement derrière lui. « Reconnaissance ? chuchota-t-il.

— Oui. Gallagher se laissa glisser dans le trou. Sainte mère Marie », murmura-t-il. Croft le sentait qui tremblait à ses côtés.

« Tais-toi ! Il lui saisit le bras avec force. Les autres, debout ?

— Oui. »

Croft regarda de nouveau à travers la rivière. Tout était silencieux ; les sursauts hachurés des mitrailleuses étaient oubliés comme autant d'étincelles évanouies d'une pierre à aiguiser. Maintenant qu'il n'était plus seul, il pouvait réfléchir à un plan. Savoir ses hommes avec lui, savoir qu'ils étaient éparpillés dans les broussailles entre les deux mitrailleuses, lui fit recouvrer son sens de commandement. « Ils vont nous attaquer bientôt », chuchota-t-il d'une voix rauque dans l'oreille de Gallagher.

Gallagher se remit à trembler. « Ohh, tu parles d'un réveil, essaya-t-il de dire d'une voix qui s'éteignait.

— Regarde, chuchota Croft. Rampe le long de la ligne et dis-leur de pas tirer jusqu'à ce que les Japonais se mettent à traverser la rivière.

— Je peux pas, je peux pas », chuchota Gallagher.

Croft fut sur le point de le frapper. « Va ! chuchota-t-il.

— Je peux pas. »

La mitrailleuse japonaise les cingla depuis l'autre rive. Les balles allèrent s'abîmer derrière eux, décousant des feuilles à leur passage. Leur tracé ressemblait à des éclairs rouges. On eût dit que mille fusils tiraient sur eux, et les deux hommes s'aplatirent dans le fond de leur trou. Les bruits craquaient sur leurs tympans. Croft avait mal à la tête. Le tir de sa mitrailleuse l'avait partiellement assourdi. BIIYOUOUOUOU ! Des débris qui ricochaient les atteignirent. Cette fois Croft en ressentit la pluie sur son dos. Il essayait de prévoir le moment où il pourrait relever la tête et se remettre à tirer. Le feu sembla diminuer, et il leva les yeux avec précaution. BIIYOUOUOUOU, BII-YOUOUOUOUOU ! Il se rejeta dans son trou. La mitrailleuse japonaise les canardait à travers les broussailles.

Il y eut un son aigu et perçant, et les hommes se couvrirent la tête de leurs bras. BAA-ROUOUOUOUM, BAA-ROUOUOUOUMM, ROUOUOUMM, ROUOUOUMM ! Des obus de mortier explosèrent tout autour d'eux, et quelque chose souleva Gallagher, le secoua, puis le laissa choir. « Oh mon Dieu », cria-t-il. Une motte de boue le frappa à la nuque. BAA-ROUOUOUOUMM, BAA-ROUOUOUMM !

« Jésus, je suis touché, cria quelqu'un. Je suis touché, quelque chose m'a frappé. »

BAA-ROUOUOUMM !

Gallagher se révolta contre la force des explosions. « Arrêtez, je me rends, cria-t-il. ARRÊTEZ !... Je me rends ! Je me rends ! »

Il ne savait plus, pour lors, ce qui le faisait hurler.

BAA-ROUOUOUMM, BAA-ROUOUOUMM !

« Je suis touché, je suis touché », criait quelqu'un. La mitrailleuse japonaise tirait de nouveau. Croft s'aplatissait dans le fond de son trou, ses mains à plat sur le sol et ses muscles privés de mouvement.

BAA-ROUOUOUMM ! TIIIIIIIN ! Le shrapnell chantait en s'éparpillant à travers le feuillage.

Croft saisit son fusil à fusées. Bien que le feu n'eût pas diminué, on entendit quelqu'un crier en japonais. Il pointa le fusil en l'air.

« Ils arrivent », dit-il.

Il fit partir la fusée et hurla : « ARRÊTEZ-LES ! »

Un cri aigu s'éleva dans la jungle, de l'autre côté de l'eau ; le cri de quelqu'un à qui on aurait broyé la jambe. « AAAIIIIII, AAAIIIIIII ! »

La fusée jaillit au moment où les Japonais passaient à l'attaque. Croft eut l'incertaine sensation que la mitrailleuse japonaise les enfilait de biais et il se mit à tirer automatiquement, sans viser, mais tenant son arme bas et la faisant pivoter sur son axe. Il ne pouvait pas entendre le feu des autres armes, mais il voyait leurs canons cracher des flammes comme d'un tuyau d'échappement.

Il eut la saisissante image des Japonais courant vers lui à travers la rivière. « AAAAIIIIIIIIIIH ! » entendit-il de nouveau. Sous l'éclat de la fusée les Japonais avaient l'aspect roide et livide que prennent les choses dans le halo de l'éclair. Il ne voyait plus très clairement ; il n'aurait pas su dire, dans ce moment-là, où ses mains finissaient et où la mitrailleuse commençait ; il était perdu dans un vaste tourbillon de bruits, d'où çà et là un cri isolé se gravait pour un instant dans son esprit. Il n'eût jamais été capable de compter les Japonais qui chargeaient à travers la rivière ; il savait seulement que son doigt était raidi sur la gâchette de son arme, et qu'il n'y mollirait pas. En ces rares moments, il n'avait aucun sens du danger. Simplement, il continuait à faire feu.

La ligne des attaquants commençait à se briser. L'eau les ralentissait considérablement, et le feu concentré de la section de reconnaissance faisait rage parmi eux comme un vent dans un camp découvert. Ils se mirent à trébucher sur les corps de ceux qui étaient tombés. Croft vit, derrière un des corps, un Japonais lever les bras comme pour s'agripper à quelque chose dans le ciel, et il lui tira dessus pendant ce qui parut être un long temps avant que les bras de l'autre fussent retombé.

Il regarda sur sa droite et vit trois hommes qui essayaient de traverser la rivière à l'endroit où celle-ci faisait un virage pour couler sur une ligne parallèle à la montagne. Il pivota sa mitrailleuse et les cribla de balles. Un des hommes tomba et les deux autres, après une halte indécise, se mirent à rebrousser chemin. Il n'eut pas le temps de les poursuivre ; quelques soldats avaient atteint son rivage et chargeaient sa mitrailleuse. Il tira sur eux à bout portant, et ils tombèrent à quelque cinq mètres de son trou.

Il tirait et tirait, courant de cible en cible avec le réflexe rapide d'un athlète qui bondit après la balle. Dès qu'il voyait des hommes tomber, il attaquait ailleurs. Les Japonais se divisèrent en petites bandes qui vacillaient et commençaient à battre en retraite.

La lueur de la fusée s'éteignit, et pour un moment Croft se trouva aveuglé par les ténèbres. Le silence avait envahi le noir, et il tâtonna à la recherche d'une autre fusée avec une hâte presque désespérée. « Où sont-elles ? chuchota-t-il à l'adresse de Gallagher.

— Quoi ?

— Merde. » Sa main avait découvert la boîte à fusées, et il rechargea le fusil. Ses yeux commençaient à s'habituer à l'obscurité, et il hésita ; mais quelque chose bougeait sur la rivière et il fit partir la fusée. Dans la lumière qui se fit plusieurs soldats japonais furent surpris immobiles dans l'eau. Croft pivota sa mitrailleuse et leur tira dessus. Un des soldats resta debout un temps incroyable. Sa face était sans expression ; il eut un air absent et surpris alors même que les balles se logèrent dans sa poitrine.

Plus rien ne bougeait sur la rivière. Dans la lueur de la fusée les corps avaient un aspect aussi flasque et peu humain que des sacs de grain. Un des cadavres s'en allait avec le courant, la face dans l'eau. Sur la rive près de la mitrailleuse un autre Japonais restait couché sur le dos. Une large tache de sang s'écoulait de son corps, et son estomac, mis à l'air, bâillait comme les entrailles enflées d'un volatile. Obéissant à une impulsion Croft lui envoya une volée de balles, et un frisson de plaisir le parcourut à la vue du corps qui bougea sous l'impact.

Un homme blessé gémissait en japonais. Toutes les quelques secondes il poussait un cri, terrifiant sous la lueur cruelle de la fusée.

Croft s'empara d'une grenade. « Ce fils de pute fait trop de bruit », dit-il. Il arracha la goupille et lança la grenade sur l'autre rivage. Elle tomba sur l'un des corps comme un sachet de fèves, et Croft se baissa en entraînant Gallagher avec lui. L'explosion, puissante et creuse à la fois, ressembla à un coup de souffle qui défonce des carreaux de fenêtre. Après un moment les échos se résorbèrent.

Croft se raidit, écoutant les bruits qui lui parvenaient à travers la rivière. Quiets et furtifs bruits de qui s'enfonce dans la jungle.

« FLANQUEZ-LEUR UNE VOLÉE ! » cria-t-il.

Tous se remirent à tirer, et pendant une bonne minute Croft balaya la jungle par de courtes rafales. Il pouvait entendre le cognement soutenu de la mitrailleuse de Wilson. « Je crois qu'on leur a flanqué quelque chose de soigné », dit-il à Gallagher. La fusée s'éteignait, et il se redressa. « Qui a été blessé ? cria-t-il.

— Toglio.

— Grave ? demanda-t-il.

— Ça va aller, murmura Toglio. J'ai pris une balle dans le coude.

— Tu peux tenir jusqu'au matin ? »

Il y eut un bref silence, puis Toglio répondit faiblement : « Oui, ça va aller. »

Croft sortit de son trou. « Je m'amène, annonça-t-il. Tirez pas. » Il suivit la piste à la rencontre de Toglio. Red et Goldstein se tenaient à genoux près de lui, et Croft leur parla à voix basse. « Bien, dit-il. On va tous rester dans nos trous jusqu'au matin. Je crois pas qu'ils reviennent cette nuit, mais on sait jamais. Et que personne s'endorme. Y a qu'une heure avant l'aube, alors y a pas de quoi chialer.

— De toute façon je ne m'endormirai pas, souffla Goldstein. Tu parles d'un réveil. » C'était la même chose que Gallagher avait dit.

« Oui, bon, moi aussi j'étais pas tranquille pour mon cul en attendant qu'ils s'amènent », dit Croft. Il frissonna dans le petit matin ; avec une pointe de honte au cœur il venait de comprendre que pour la première fois dans sa vie il avait réellement eu peur. Les fils de pute de Japonais, dit-il. Il avait repris le chemin de son trou, marchant sur ses jambes fatiguées. Je hais ces bâtards, se dit-il. Une rage terrible dilatait son corps exténué.

« Un de ces jours je vais vraiment me payer un Japonais », gromme-la-t-il. La rivière emportait lentement les corps au gré du courant.

« Au moins, dit Gallagher, si des fois qu'on va rester ici un ou deux jours, au moins ces enculés ils vont pas empester le coin. »

*
* *

LA MACHINE A FAIRE LE TEMPS :
SAM CROFT. LE CHASSEUR

Un homme décharné, de taille moyenne, mais il se tenait si droit qu'il en paraissait grand. Sa face étroite et triangulaire était absolument sans expression. Rien ne semblait superflu dans le modelé de sa mâchoire, dure et petite, de ses joues fermes, de son nez court et droit. Son regard de glace était très bleu... il était compétent et fort et ordinairement vide et la tournure générale de son esprit était celle d'un mépris supérieur à l'endroit de presque tout le monde. Il haïssait la faiblesse et il n'aimait pour ainsi dire rien. Une crue, une informe vision habitait son âme, mais il n'en prenait que rarement conscience.

Non, mais pourquoi Croft *est-il* comme cela ?

Oh, les réponses ne manquent pas. Il est comme cela à cause de la corruption-de-la-société. Il est comme cela parce que le diable l'a reconnu pour l'un des siens. C'est parce qu'il est Texien ; c'est parce qu'il a renoncé à Dieu.

Il est cette espèce d'homme parce que la seule femme qu'il ait jamais aimée l'a trompé, ou bien il est né comme cela, ou bien il a eu du mal à s'adapter.

Le père de Croft, Jesse Croft, aimait à dire : « Ben, voilà, mon Sam est un vilain garçon. Je dois reconnaître qu'il est né vilain. » Puis, songeant à sa femme souffrante, une personne faible et douce, Jesse Croft ajoutait parfois : « Pour sûr Sam a bu le lait de sa mère pareil qu'un autre de mes gars, mais je me figure que le jus a tourné aigre tout juste pour lui parce qu'autrement il l'aurait pas digéré. » Il ricanait, se vidait le nez dans les doigts, se les essuyait sur sa fesse, le long de sa salopette bleu pâle. (Debout face à sa grange de bois délabrée, le sol rouge et sec du Texas de l'ouest sous ses pieds.) « Ben, je me rappelle une fois j'ai emmené Sam à la chasse, il était encore un bout de nabot de rien du tout, à peine assez grand pour épauler un fusil... mais il a été mauvais dès sa naissance. Et je vous le dis, il n'aimait pas qu'on se mêlait de ses affaires. Une chose qui l'agaçait toujours, çà, même quand il était un bout de bâtard de rien du tout.

« Pouvait pas supporter qu'on le battait à rien du tout.

« Rien à faire qu'il obéissait. Je le cognais qu'il pissait le sang, et puis rien, il disait jamais un mot. Il me regardait tout juste comme s'il pensait me flanquer une tournée, ou peut-être me tirer une balle dans la tête. »

Croft fut à la chasse jeune. En hiver, dans le désert frisquet du Texas, c'était un voyage engourdissant d'une vingtaine de milles par des chemins défoncés où la poussière soufflait comme une poudre d'émeri dans la vieille Ford découverte. Les deux hommes sur le siège devant parlaient peu, et celui qui ne conduisait pas soufflait dans ses mains. Quand ils atteignaient la forêt, le soleil n'avait pas encore réussi à se hisser par-dessus la cime des arbres.

Maintenant regarde, petit, tu vois cette trace, c'est des foulures de cerf. Y a guère d'homme qu'est assez malin pour dépister un cerf. T'as qu'à t'asseoir, et puis t'attends du côté où c'est que le vent souffle du cerf vers toi. Faut que t'attendras longtemps.

Le garçon reste assis dans la forêt. Il tremble de froid. Je suis baisé si que j'attends mon vieux cerf. Je m'en va les dépister.

Il marche à grands pas dans la forêt, avec le vent contre son visage. Il fait sombre, et les arbres sont d'un brun argenté, et le sol de velours est d'un vert-olive profond. Où qu'il est, ce vieux cerf ? Il donne un coup de pied dans une branche sur son chemin, et il se raidit car un daim passe au galop dans les fourrés. De Dieu ! Vieux cerf va vite.

La fois suivante il est plus prudent. Il trouve des foulures de cerf, s'agenouille, touche tendrement la trace du sabot, ressent une vive émotion. Je m'en vas dépister ce vieux cerf.

Pendant deux heures il marche à pas de loup dans la forêt, plaçant son pied avec attention, le talon en premier, puis ses orteils, avant d'y porter le poids de son corps. Quand les branches sèches se prennent par leurs épines dans ses vêtements, il les libère doucement, une à une.

Il aperçoit un cerf dans une petite clairière, et il tombe en arrêt. Le vent lui caresse doucement le visage, et il lui semble qu'il sent l'odeur de la bête. De Dieu, se dit-il en chuchotant. Quel grand vieux bâtard. Le cerf tourne sur lui-même avec lenteur, il est à une centaine de mètres, il regarde dans la direction du jeune Croft. Il peut pas me voir le fils de garce.

Le garçon lève son fusil, mais il tremble à un tel point que son point de mire vacille. Il baisse son arme et se maudit. Tout juste comme une petite vieille femme. Il épaule de nouveau, maintient ferme son fusil, dirige le point de mire à quelques pouces au-dessous du muscle des pattes antérieures. Je vais l'avoir droit au cœur.

BAA-WOUOUOUOU !

C'est l'arme de quelqu'un d'autre, et le cerf s'abat. Le garçon se met à courir, pleurant presque. Qui l'a tué ? C'était mon cerf. Je vais le tuer le fils de garce qui l'a tué.

Jesse Croft se rit de lui. Garçon, je t'ai dit de rester assis où c'est que t'as été mis.

C'est moi qu'a dépisté ce cerf.

C'est toi qu'as fait peur à ce cerf. Y a plus d'un mille que je t'entends venir.

T'es un menteur. T'es un sacré menteur. Le garçon se jette sur son père et essaie de le frapper.

Jesse Croft lui donne un coup en travers sur la bouche, et il s'assied par terre. Vieux fils de garce, crie-t-il, se jetant de nouveau sur son père.

Jesse l'immobilise en riant. T'es un petit vieux chat sauvage, pas ? Ben, faut que t'attendras dix ans avant que te pourras rosser ton père.

Ce cerf il était à moi.

Ce cerf il est à ç'ui qui l'a gagné.
Les larmes gèlent dans les yeux du garçon, puis s'assèchent. Il se dit que s'il n'avait pas tremblé, c'est lui qui aurait tué le cerf.

« Oui monsieur, disait Jesse Croft, mon Sam il pouvait pas supporter qu'on le battait à rien du tout. Quand il était dans ses douze ans, y avait à Harper un niais de gosse qui lui filait des trempes à mon Sam. (Grattant sa grise crinière ébouriffée, son chapeau à la main.) Ce gosse rossait Sam tous les jours, et tous les jours Sam s'en retournait pour lui chercher bagarre. Je vous le dis, il a fini par lui faire pisser le sang à ce gosse.

« Puis quand il a été plus âgé, à dix-sept ans peut-être, il montait les chevaux pour la foire là-bas, en août, et c'était connu qu'y avait guère mieux comme cavalier par tout le canton. Puis une fois un gars s'est amené, un gars de la ville de Denison, et il a battu Sam dans un match régulier, avec juges et tout. Je me rappelle que Sam a été si furieux qu'il a parlé à personne pendant deux jours.

« Il est de bonne souche, déclarait Jesse Croft à ses voisins. On a été parmi les premiers nous autres qu'ont poussé jusqu'ici, doit y avoir soixante ans de ça, et y a eu des Croft au Texas depuis plus de cent ans. Je suppose qu'y en avait qu'ont eu le même sale caractère que Sam. C'est peut-être pour ça qu'ils ont poussé jusqu'ici. »

Chasser le cerf et se bagarrer et monter des chevaux à la foire fait un total d'heures qui ne dépasse pas une dizaine de jours dans l'année. Aussi il y a les autres choses, les longues et plates étendues de la plaine, les collines dans le lointain, les repas sans fin dans la vaste cuisine avec ses parents et ses frères et les contremaîtres de la ferme.

Il y a les conversations des cow-boys dans leur dortoir. La molle, traînante sonorité des voix.

Je te le dis, cette petite môme elle va se rappeler de moi à moins qu'elle a été trop saoule.

Ce nègre, après ça, je l'ai seulement regardé et j'y ai dit toi y en pas bon bâtard noir, et j'ai pris cette cognée et je l'a lui flanquée en travers sur la gueule. Mais le fils de pute il a même pas saigné beaucoup. Te peux aussi bien essayer de tuer un éléphant que de tuer un moricaud en lui tapant sur la tête.

Une putain ça fait pas bien mon affaire. Moi y faut que je tire mes cinq ou six coups avant que je suis content, et quand s'agit de le lui foutre une seule fois puis reprendre mon chapeau eh bien moi ça me fait bander de plus belle.

Je l'ai bien à l'œil ce taureau rouge avec la tache derrière l'oreille, ç'ui qui mène le troupeau ; il va devenir méchant quand ça sera la saison.

L'Éducation de Samuel Croft.

Et, jour après jour, la poussière sous le pas du bétail dans le chatoiement des longs après-midis ensoleillés. On s'y ennuie, et il est mal commode de s'endormir sur sa selle. Pensant à la ville, peut-être. (Bar, bordel, boutiques.)

Sam, ça commence à te démanger ?

Une paresseuse, somnolente pulsation dans les reins. Le soleil se réfracte sur la robe de son cheval, il baigne ses cuisses dans une chaleur qui engourdit. Oui, un peu.

On va monter une section de la Garde Nationale à Harper.

Oui ?

Je me figure que va y avoir des femmes qui vont tourner du croupion autour des uniformes, puis y aura pas mal de tir à la carabine.

Peut-être que j'irai là-bas avec toi. Il fait faire un tour à gauche à son cheval et pique de l'avant pour ramener une bête qui s'attarde.

La première fois que Croft tua un homme, il portait l'uniforme de la Garde Nationale. Il y avait une grève dans les champs pétrolifères, à Lilliput, et quelques jaunes ont été mis à mal.

On fit venir la Garde. (Les fils de pute qu'ont démarré la grève sont venus du Nord, New York. Les gars dans les champs de pétrole sont pas de mauvais types mais les rouges leur ont tourneboulé la tête et bientôt te les verras baiser le cul aux nègres.)

Les Gardes ont formé une ligne contre le portail de l'usine, et ils transpiraient dans la chaleur humide de l'été, sous les quolibets et les huées des grévistes.

Hé, perforateurs, ils ont fait venir les boy-scouts.

Faisons-les cavaler. C'est tous des jaunes à la solde de la compagnie.

Croft se tient dans la ligne et sa bouche se durcit.

Ils vont nous faire cavaler, dit le soldat à côté de lui.

Le lieutenant de la Garde est un commis-voyageur en mercerie. Si on vous lance des pierres vous ferez mieux de vous coucher, les gars. Si ça tourne vraiment mal, tirez une couple de salves en l'air.

Une pierre prend de la hauteur. La foule est sombre face au portail, et ça et là quelqu'un lance une injure aux soldats.

Il est pas encore né le fils de pute qui me parlera comme ça, dit Croft.

Une pierre frappe un des soldats. Ils se couchent sur le sol et pointent leurs fusils par-dessus la tête de la foule qui s'avance.

Faisons-les cavaler.

Une dizaine d'hommes se dirigent vers le portail. Des pierres les survolent et s'éparpillent parmi les soldats.

Allez-y les gars, siffle le lieutenant. Tirez en l'air.

Croft baisse le canon de son fusil. Il vise la poitrine du plus proche des grévistes, et il sent une curieuse tentation.

Je vais tout juste presser un peu la détente.

BAA-WOUOUOUOU ! Le coup de feu se perd dans la salve, mais le gréviste tombe.

Croft ressent une bizarre excitation.

Le lieutenant jure. Nom de Dieu les gars, qui c'est qui l'a tué ?

Y aura pas moyen de savoir, mon lieutenant, dit Croft. Il observe la foule qui recule en panique. Bande de chiens, se dit-il. Son cœur bat, et ses mains sont très sèches.

« V'vous rappelez Janey, cette fille qu'il s'est marié avec ? J'y dirai une chose, elle était un vrai vieux sauvageon, faisait Jesse Croft. (Il expectorait un gros crachat, l'écrasait pensivement avec sa botte.) Tout ce qu'y a de plus mauvais comme petite vieille garce. Je vous dirai : ç'a marché jusqu'au jour qu'ils ont eu des bisbilles. Y a pas une seule fille que mes garçons se sont mariés avec, que je changerais contre celle-là. Je suis un vieil homme, mais je vous dirai, quand je la regardais j'avais des démangeaisons aux couilles rien que d'y penser. (Se grattant vigoureusement à travers le pantalon.) Le bête avec Sam, c'est qu'aurait pas dû se marier avec. Quand y a moyen de s'envoyer une femme sans lui passer l'anneau au doigt, ça vaut pas le coup de se mettre en ménage. Une femme qu'aime qu'on la foute va pas se contenter d'un seul homme après qu'elle s'y est habituée. (Pointant son doigt sur ceux qui l'écoutent.) Je dois dire que c'est une loi de la vie. »

Oh, fous-moi mon salaud, fous-moi, JE TE TUE SI TU T'ARRÊTES.

Qui est ton homme ?

T'es mon homme, fous-moi, fous-moi, fous-moi.

Y a pas un qui peut te foutre comme moi.

Y a pas un, pas un, oh t'es tout juste une sacrée machine à foutre.

Le long glissement d'un ventre sur un ventre.

Je te fous comme jamais un autre pourrait le faire.

C'est ce que tu fais, petit, c'est ce que tu fais.

Je suis tout juste une vieille machine à foutre. (Crac... ce... vlan ! Crac... ce... VLAN !)

Après leur mariage Croft loua une petite maison sur le ranch de son père. Lui et Janey épuisèrent leur amour au cours d'une lente, taciturne année remplie de mille incidents vite oubliés, mais dont les effets avaient agi. Le soir ils restaient assis l'un face à l'autre, écoutaient la radio, parlaient rarement. Gauchement, instinctivement, Croft cherchait une voie de communication.

Veux aller au lit ?

Fait pas tard, Sam.

C'est ça. Et une colère se dilatait en lui. Dans le temps, ils furent avides l'un de l'autre ; l'intimité, maintenant, les rendait malades — tout comme la présence des autres du reste. Dans le sommeil, leurs corps se gênaient ; il y avait toujours la jambe de l'un qui écrasait l'autre. Les nuits les épuisaient, et aussi cette existence à deux sous le double poids de la vaisselle quotidienne et des baisers désormais familiers.

L'esprit de corps.

Mais il n'en voulait pas, d'esprit de corps. Pendant les calmes nuits, dans les tristes pièces de cette maison bâtie sur les plaines du Texas, une rage indéfinissable croissait en lui. Il y avait ces choses qu'il ne savait pas dire (les grands espaces de la nuit), l'exaspération qui se mettait en travers de toute joie. Il y avait les virées en ville, les beuveries entre les virées, le feu qui parfois rallumait leur sang et recréait un faux-semblant de leur ancienne passion — et qui ne faisait qu'approfondir l'irréparable.

Il finit par aller en ville tout seul, où il prenait une putain quand il était ivre — qu'il lui arrivait de passer à tabac avec une colère muette. Et Janey finit par se trouver d'autres hommes, des journaliers du ranch, une fois un des frères de Croft.

« Te marie jamais avec une femme qu'a chaud au derrière », avait dit plus tard Jesse Croft.

Croft l'avait appris au cours d'une querelle.

Et puis d'abord tu vas putasser en ville, tu te paies des virées, eh ben pense pas que je reste là à t'attendre. Y a des choses que moi aussi je peux pas te dire.

Quelles choses ?

Te veux savoir, pas ? Te brûles. Me pousse pas trop.

Quelles choses ?

Elle rit. Juste une façon de parler.

Croft la frappe au visage, il la prend par les poignets et il la secoue.

Quelles choses ?

Espèce de salaud. (Ses yeux brillent.) Tu sais bien quel genre de choses.

Il la frappe si durement, qu'elle tombe.

Des choses où que t'as pas eu la meilleure part, crie-t-elle.

Croft reste là en tremblant, puis il bondit hors de la pièce. (Sacré nom de Dieu de putain.) Il ne sent rien puis de la colère et de la honte puis rien de nouveau. Dans ce moment son premier amour, son premier besoin d'elle, le possèdent de toute leur force. (Tout juste une vieille machine à foutre.)

« Si Sam il aurait trouvé un des gars qui fricotaient dans le pantalon de Janey, il l'aurait tué, disait Jesse Croft. Il tournait en rond que t'aurais dit qu'y voulait nous étrangler de ses mains, puis il s'en est allé à la ville et s'est flanqué une cuite comme je l'ai jamais vu. Et quand il est revenu il s'est engagé. »

Après cela il n'eut que des femmes mariées.

Tu dois penser que je suis une coureuse parce que je sors avec toi.

Je dirai pas ça. Tout le monde veut s'amuser.

C'est ça. (Buvant sa bière.) C'est ma philosophie. Tout le monde a besoin de s'amuser. Tu penses pas que je suis une coureuse, dis, soldat ?

Diable, t'as l'air d'une fille trop bien pour que je pense que t'es une coureuse. (Prends une autre bière.)

Et plus tard. Jack me traite pas bien. Tu me comprends.

C'est ça, chérie, je te comprends. Ils se roulent sur le lit.

Y a rien de mal avec cette philosophie, dit-elle.

Foutre rien de mal. (Et... crac... ce... VLAN !)

Vous êtes toutes des foutues putains, pense-t-il.

Ses ancêtres ont poussé de l'avant et travaillé et ahané, ils ont mené leurs bœufs, fatigué leurs femmes, voyagé mille milles.

Lui poussait de l'avant et travaillait en dedans de lui-même et se consumait lentement à la flamme d'une haine infinie.

(Vous êtes toutes une bande de foutues putains.)

(Vous êtes tous une bande de chiens.)

(Vous êtes tous des cerfs à traquer.)

JE HAIS TOUT CE QUI N'EST PAS EN MOI-MÊME

6

La bataille, commencée dans la nuit de l'orage, se prolongea jusqu'au lendemain soir. Échelonnées tout au long de la rivière, de nombreuses attaques — dont celle qui fut repoussée par Reconnaissance — se succédèrent pendant des heures, pour se neutraliser en fin de compte dans un morne essoufflement. Presque toutes les compagnies en ligne durent passer à l'action à un moment ou à un autre, et chaque fois les choses avaient pris le même aspect. Quand un groupe de trente ou de cinquante ou de cent Japonais essayait de traverser la rivière, il se heurtait à une escouade ou à une section de soldats américains retranchés dans un trou flanqué d'une arme automatique. Cette nuit-là les Japonais attaquèrent d'abord le flanc gauche de Cummings, en bordure de l'eau, et à l'aube ils engagèrent les deux compagnies près des falaises où Reconnaissance tenait le flanc d'extrême-droite. Ces deux tentatives ayant échoué, Toyaku attaqua au petit matin le centre de la ligne, faisant passer un mauvais quart d'heure à une compagnie et obligeant une autre à se replier jusqu'aux approches du deuxième bataillon. Le général, toujours à la 151e batterie, prit une décision rapide, confirma sa tactique arrêtée la veille, et ordonna au centre de tenir ses positions.

Quatre cents hommes et quatre ou cinq tanks de Toyaku avaient réussi à traverser la rivière, avant que l'artillerie et les contre-attaques du général sur les ailes de la trouée eussent rendu la pénétration trop coûteuse. Même au plus dangereux de l'assaut, Cummings n'eut d'autre problème à résoudre que celui d'expulser la croupe d'un gros bonhomme lequel, ayant défoncé la litière d'une couche, se tortillerait et bredouillerait des menaces tout en s'efforçant de se dégager par ses propres moyens. Cette croupe, il réussit à la ponctionner en quelque sorte en l'attaquant avec ses réserves, en concentrant tout le feu de son artillerie sur le gros des Japonais qu'il avait rabattu dans une clairière naturelle située derrière ses propres lignes, puis en faisant avancer ses tanks qu'il avait tenus sous pression en un lieu distant d'un quart de mille à peine de l'extrême pointe de la pénétration japonaise. Ç'avait été la plus grande bataille de la campagne à ce jour, et la plus victorieuse. Tard cet après-midi la force d'assaut japonaise fut brisée, et ceux qui, s'étant enfoncés dans la jungle, n'avaient pas réussi à regagner leurs lignes en retraversant la rivière, furent appréhendés un à un au cours de la semaine qui avait suivi. C'était la deuxième fois que le général infligeait une défaite à des forces qui avaient pénétré dans ses lignes, et il fit à Hearn un petit sermon à ce sujet. « C'est ce genre de choses que j'appelle mes tactiques de salle à manger. Je suis cette petite dame qui permet au gigolo de pousser bien loin sous sa jupe avant de lui sectionner le poignet. »

Il y eut, pendant plusieurs jours, nombre d'engagements locaux et de rencontres de patrouilles ; mais, guidé par un instinct que Hearn ne lui disputait pas, le général avait reconnu que malgré les escarmouches et les rapports souvent confus et contradictoires, la bataille, en ce qui regardait Toyaku, était bel et bien finie à partir du moment où son assaut frontal avait été résorbé. Cummings passa le jour suivant à reboucher les trous dans ses lignes et à renvoyer ses réserves aux travaux de route. Deux ou trois jours plus tard, à la suite d'une grande activité de patrouilles, il exécuta une avance de plus d'un mille sans rencontrer d'opposition, ce qui situa ses têtes de colonne à quelques milliers de mètres de la ligne Toyaku. Il estimait qu'il lui faudrait deux semaines de plus pour amener sa route à pied d'œuvre, et une autre semaine pour entamer les défenses de Toyaku. Au cours de la semaine qui avait suivi la bataille il se montra d'une humeur exceptionnellement enjouée, qu'il manifestait en endoctrinant Hearn, en le nourrissant à jet continu de maximes militaires de son cru. « Du point de vue de l'offensive, Toyaku est fini, disait-il. Quand votre stratégie tout entière est réduite à la défensive, il vous faut compter perdre un cinquième de vos forces en contre-attaques, et vous retrancher pour le reste. Toyaku a gaspillé ses opportunités. Ces Japonais couvent leurs campagnes ; ils s'agitent tout en restant sur leur cul, et quand la tension devient trop grande ils explosent. C'est un paradoxe fascinant. Ils cultivent un jeu qui leur est particulier, un jeu fait d'activité fiévreuse, de flancs contournés, d'encerclements, et lorsqu'ils en viennent à combattre ils agissent comme des animaux blessés qui rugissent bêtement sous la piqûre des mouches. Ce n'est pas une façon de s'y prendre. Dès lors que vous prenez d'inutiles précautions, que vous postez des hommes à garder des secteurs qui se passeraient de garde, que vous maintenez vos troupes dans une oisiveté que leur besoin de repos ne justifie pas, vous avez agi, en tant que commandant, d'une manière immorale. Mieux vous saurez éviter les doubles emplois et le gaspillage de vos efforts, plus grande sera la pression que vous exercerez sur votre adversaire. Plus grandes seront aussi les chances qui se présenteront à vous. »

Le second jour après la bataille, en conformité avec ses théories, il détacha une partie de ses troupes à la reconstruction du bivouac. Les tentes furent érigées de nouveau, celle du général eut un plancher de caillebotis, et le gravier joncha les chemins dans la partie du camp réservée aux officiers. Leur mess, mieux situé que sur la plage, fut encore amélioré après l'orage par l'addition de faîtières de bambou qui maintenaient les murs droits. Il y eut un arrivage de viande fraîche, que l'on distribua en rations égales dans la compagnie d'état-major : une moitié pour les cent quatre-vingts hommes de troupe que comptait pour lors le bivouac du général, l'autre moitié pour les trente-huit officiers. Le frigidaire électrique du général fut déballé et branché sur le générateur qui alimentait le camp.

Hearn était écœuré. Une fois de plus il se sentait désarçonné par une de ces petites énigmes qu'offrait l'attitude du général. L'affaire de viande fraîche constituait une injustice flagrante, dont Hobart, en sa qualité de commandant en charge du ravitaillement, eût été fort capable. Mais Hobart n'y était pour rien. Hearn se trouvait sous la tente du général quand, le sourire aux lèvres, Hobart s'y présenta pour annoncer l'arrivage à Cummings. Celui-ci haussa les épaules, puis fit une suggestion fort claire quant à la manière dont la distribution devait se faire. C'était incroyable. Son indéniable perspicacité aurait dû l'avertir des effets qu'une telle disposition pouvait avoir sur les hommes de troupe, et cependant il avait méconnu le ressentiment qui allait en résulter. Il n'avait pas agi de la sorte pour satisfaire sa gloutonnerie car Hearn le vit par la suite manger de cette viande sans y prendre trop de goût, et d'ailleurs il laissait presque toujours son assiette à moitié pleine. Son geste n'était pas davantage imputable à la distraction : il était fort conscient de ce qu'il faisait. Hearn considérait que le général avait agi délibérément. Après le départ d'Hobart, Cummings l'avait dévisagé d'un regard absent, ses grands yeux gris tout à fait sans expression, puis, inexplicablement, il lui fit un clin d'œil. « Faut que je pense à votre bonheur, Robert. Si les repas sont meilleurs, peut-être vous laisserez-vous moins aller à vos humeurs.

— C'est très aimable à vous, mon général. » Et lui, le général, rugissant soudain sous l'effet d'une bizarre allégresse, laissa échapper une cascade de petits rires qui allèrent s'enflant jusqu'au paroxysme, et qui finirent par le rasseoir tout roide sur sa chaise où il se mit à pousser un graillon dans son mouchoir de soie brodé d'un monogramme.

« Je crois qu'il est temps de monter une tente où les officiers pourront, le soir venu, trouver un délassement, dit-il à la fin. Vous n'êtes pas trop pris pour le moment, Robert. Aussi je vous confierai cette tâche. »

Une drôle de tâche dont Hearn ne comprit que plus tard la signification. Il dit au sergent-chef de la compagnie d'état-major de lui donner une équipe d'hommes, les employa à nettoyer une pièce de terrain de ses herbes et racines, à la couvrir de gravier, à y faire ériger une tente d'escouade, à creuser autour de celle-ci une profonde tranchée pour l'écoulement des eaux de pluie. Il fit aménager une double entrée dans la tente et rapporter des pièces de toile sur les interstices, afin qu'aucune lumière ne pût s'en échapper. Quand ils en eurent terminé avec la tente, Hearn leur fit passer un après-midi à couper des bambous, de quoi confectionner quelques tables à écrire et deux tables de jeu. Il avait dirigé ses hommes d'un air renfrogné, conscient de leur ressentiment à son endroit, captant malgré lui leurs remarques acerbes. Le général lui avait confié cette tâche sachant qu'il la haïrait, et c'était pourquoi il avait décidé de s'en acquitter à la perfection. Il se montra très méticuleux à propos de maint détail oiseux relativement à la construction de la tente, et une ou deux fois il eut des mots avec le sergent qui commandait la corvée. Fort bien, mais tout cela parut plutôt maigre pour satisfaire le général.

Le vrai enseignement de la leçon se révéla un peu plus tard. Le soldat qui, pendant le jour, faisait marcher le générateur, avait reçu en guise de corvée supplémentaire l'entretien de la tente-foyer. Il lui incombait de serrer les rabats de l'entrée le matin, de les dérouler le soir, d'assujettir les attaches ; et puisqu'on estimait que le vacarme que faisait le générateur était trop fort pour le maintenir en marche pendant la nuit, le soldat eut pour mission de s'occuper des lampes, de les remplir de pétrole, et de les allumer.

Un soir, quelques jours après la fin des travaux, Hearn pénétra sous la tente et la trouva dans l'obscurité. Il y avait là plusieurs officiers en train de tâtonner et de jurer. « Eh bien, Hearn, l'interpella l'un d'eux, si vous vous démeniez un peu pour qu'on nous apporte de la lumière ? »

Il s'en fut à grandes enjambées vers la tente du soldat et l'engueula d'importance. « Qu'est-ce qui vous arrive, Rafferty, est-ce que vous avez trop de boulot sur les bras ?

— Jésus, mon lieutenant, je vous demande pardon, j'ai oublié d'y penser.

— Bon, ça va, grouillez-vous, ne restez pas à me regarder, s'entendit-il crier. Allez, et vite, voulez-vous ? » Il l'accompagna du regard, avec aversion, le voyant aller son bonhomme de chemin en direction du moteur pour s'y approvisionner en pétrole. Bougre d'imbécile, pensa-t-il, s'avisant tout aussitôt avec une sorte de commotion qu'il commençait à ressentir un soupçon de mépris à l'endroit des hommes de troupe. C'était une sensation ténue, à peine perceptible, et cependant réelle. Ils avaient essayé de lui jouer des tours lors de la construction de la tente, ils avaient tiré au flanc dans les moindres occasions. Ils avaient tiqué avant même d'avoir jamais travaillé avec lui, avant de l'avoir connu ; ils s'étaient mis sous ses ordres avec une méfiance instinctive et immédiate, et il s'en irritait.

Soudainement, la leçon du général lui devint compréhensible. Un nouvel élément était venu s'y ajouter. Par le passé, quand il eut à travailler avec des hommes de troupe, il s'était montré rude parce qu'il estimait que ses sympathies n'avaient rien à voir avec la tâche qui l'absorbait. Les hommes en corvée manifestaient d'ordinaire leur hostilité à l'égard de celui qui les commandait. Cela était sans importance, dès lors que lui n'avait éprouvé aucune hostilité à l'égard de ses hommes.

Mais maintenant ils commençaient à l'irriter. L'idée du général lui devenait fort claire : Hearn était un officier, et en exerçant son métier d'officier il devrait, à la longue, qu'il le voulût ou non, adopter les préjugés affectifs de sa classe. Le général lui rappelait qu'il faisait partie de sa classe. Il se souvint des yeux de Cummings, pâles et sinistres, de son regard sans expression, de son inexplicable clignement. « Faut que je pense à votre bonheur, Robert. » Tout devenait plus clair. Il savait que s'il le voulait il pouvait finir la guerre dans la peau d'un officier supérieur ; il l'avait su à partir du jour où le général l'avait pris sous son aile. Et il nourrissait des ambitions qui l'y inclinaient, des ambitions dont il se défiait. Cummings ne l'ignorait pas. Cummings, de fait, lui avait dit que s'il voulait, s'il était assez fort pour surmonter ses antipathies et ses préventions contre les officiers, ses ambitions seraient exaucées.

Comprends ta classe et travaille dans ses limites. Leçon marxiste à rebours.

Hearn en fut profondément troublé. Il était né dans l'aristocratie des riches familles du Middlewest, et bien qu'il eût rompu avec ses parents, bien qu'il professât des idées et des concepts qui leur répugnaient, il ne s'était en vérité jamais débarrassé du bagage émotionnel de ses premières dix-huit années. Les sentiments de culpabilité qu'il s'infligeait, les courroux qu'il ressentait à la vue de l'injustice, n'étaient jamais authentiques. Il cultivait l'écorchure en la frottant, et il le savait. Il savait aussi, dans ce moment, que de toutes les raisons qui l'avaient poussé à chercher querelle à Conn, au mess des officiers, la raison essentielle était due au fait qu'il craignait de ne se soucier, au fond, que fort peu de ce que Conn disait. Il en était de même pour nombre de ses réactions. Mais, pour lui, agir directement en vue de ses propres intérêts, c'était se rejeter dans l'orbite de son père ; aussi, le seul chemin qui lui offrît une compensation émotionnelle, menait dans une direction opposée : la Gauche. Pendant un long temps il avait cru que là était sa voie ; pendant plus longtemps encore il avait affiché sa politique parce que ses amis et connaissances de New York la pratiquaient comme allant de soi. Mais maintenant, isolé dans l'armée, pris sous la critique inquisitrice du général, ses doigts commençaient à lâcher prise.

Il reprit le chemin du foyer. Rafferty avait rempli et allumé les lampes, et déjà l'affluence nocturne des officiers avait commencé. Deux tables étaient prises par des joueurs de cartes, et plusieurs autres par des officiers qui se préparaient à faire leur correspondance.

« Eh, Hearn, vous voulez jouer au poker ? » C'était Mantelli, un des rares amis que Hearn comptait à l'état-major.

« Très bien », dit Hearn, prenant une chaise. Depuis que le foyer fonctionnait, il y passait ses soirées en manière de défi muet au général. De fait, il trouvait cela ennuyeux et inconfortable parce que la chaleur y devenait vite accablante, tandis que l'air s'emplissait de la fumée des cigares et des cigarettes ; mais sa présence au foyer faisait partie de l'incessant duel qui se livrait entre lui et le général. Le général avait voulu qu'il érigeât cette tente ; très bien, il s'en servirait. Mais, ce soir, après qu'il s'était rendu compte de son attitude avec Rafferty, l'idée de voir le général lui inspirait de la crainte. Il y avait très peu de monde dont il eut jamais peur, mais il commençait à penser qu'il avait peur du général. Son tour arriva de servir ; il battit les cartes et les distribua, jouant mécaniquement, sans y prendre beaucoup d'intérêt. Comme, déjà, il transpirait, il enleva sa chemise et la suspendit sur le dossier de sa chaise. C'était ainsi tous les soirs. Aux environs de onze heures virtuellement tous les officiers étaient en chemisette de corps, et la tente puait la sueur et la fumée.

« Je vais avoir des drôles de cartes ce soir », fit Mantelli en souriant, sa petite bouche entortillée autour d'un cigare.

La fumée saturait le brouhaha des conversations. Quelque part loin dans la jungle une pièce d'artillerie tira un coup unique, dont le bruit sourd vibra dans la tête d'Hearn comme un nerf excédé. L'orgie nocturne de la division, se dit-il en grommelant.

Il n'avait misé que peu de fois avec une chance passable, quand il y eut une interruption. Le général, pour la première fois, venait de faire une apparition au foyer. « Garde à vous ! » brailla quelqu'un.

« Repos, messieurs, fit le général. Il promena son regard par la tente. Ses narines palpitaient légèrement. Hearn ! appela-t-il.

— Mon général ?

— J'ai besoin de vous. » Il agita la main, à peine, la voix animée, impersonnelle. Il quitta la tente avant que Hearn eût boutonné sa chemise.

« Allez-y, courez chez papa », gouailla Mantelli.

Hearn était en colère. Normalement, le fait que le général soit venu le chercher, lui aurait fait plaisir ; mais sa voix l'avait humilié. Il y eut un moment où il balança s'il ne devait pas rester au foyer. « Je vous regagnerai cet argent tout à l'heure, dit-il à Mantelli.

— Pas ce soir, hein ? railla un des officiers à leur table.

— La voix de mon maître », fit Hearn.

Il finit de boutonner sa chemise, remit la chaise en place, et traversa la tente. Dans un des coins plusieurs officiers vidaient leur ration hebdomadaire de whisky.

Il les entendit chanter, puis il se débattit avec les rabats qui camouflaient la double sortie de la tente. Après la lumière qui régnait dans le foyer, il se trouva aveuglé en débouchant dans la fraîche obscurité de la nuit ; si aveuglé, qu'il entra presque en collision avec le général, lequel l'avait attendu.

« Pardon. J'avais cru que vous m'aviez précédé, marmonna Hearn.

— Ça ne fait rien », fit Cummings. Il se dirigea en flânant vers sa tente, et Hearn dut réduire son pas pour ne pas le devancer. M'a-t-il entendu dire : « La voix de mon maître ? » Ah, qu'il aille au diable.

« Pourquoi faire avez-vous besoin de moi, mon général ?

— Nous en discuterons quand nous arriverons à la tente.

— Oui, mon général. » Dans cet instant, entre eux, il y avait une sorte d'hostilité. Ils continuèrent à marcher en silence, faisant crier le gravier sous leur pas. Un ou deux hommes seulement les croisèrent dans l'obscurité ; la nuit tombée, presque toute l'activité s'arrêtait dans le bivouac. Il semblait à Hearn qu'il pouvait sentir la présence des hommes de garde assis dans leurs trous, tout autour de la vague ellipse que formait le camp. « Fait calme, ce soir, fit-il.

— Oui. »

A l'entrée de la tente une autre collision eut lieu. Hearn s'étant arrêté devant les rabats pour permettre au général de le précéder, celui-ci mit la main sur le dos d'Hearn pour lui indiquer que c'était à lui de passer en premier. Ils repartirent du même pas et Hearn bouscula le général, le faisant reculer sous le poids de son grand corps. « Pardon. » Il n'y eut pas de réponse. Avec un petit spasme de colère Hearn écarta les rabats et passa devant. Quand Cummings pénétra à son tour sous la tente, son visage était extrêmement pâle et sa lèvre inférieure montrait la trace de ses dents. Ou bien la collision lui avait fait plus mal que Hearn n'avait pensé, ou bien il en fut assez troublé pour se mordre les lèvres. Mais pourquoi ? Il eût été plus caractéristique, pour Cummings, de trouver quelque drôlerie dans l'incident.

Toujours défiant, Hearn s'assit sans permission. Le général parut sur le point de dire quelque chose, mais il n'en fit rien. Il occupa la chaise près de sa table de travail, se déplaça légèrement pour voir Hearn de face, et le regarda fixement, impassiblement, pendant une longue minute. Son visage avait une expression tout à fait nouvelle, une expression que Hearn ne lui connaissait pas. Ses yeux gris et durs avec leurs pupilles blanches, immenses et effrayantes, semblaient mats. Hearn avait l'impression qu'il aurait pu toucher le globe de ces yeux, et que ces yeux ne cligneraient pas. Le léger pincement de sa bouche, le resserrement des muscles autour des angles de son visage, semblaient le siège d'une bizarre douleur.

Il se demanda, avec un petit choc au cœur, quelle impulsion avait poussé le général à l'aller chercher. Cela devait avoir été humiliant. D'ailleurs, pas même d'artifice en guise de justification, pas trace de travail sur la table du général. Il regarda la carte d'Anopopéi, fixée sur une large planche à dessin. L'ocarina sur lequel le général jouait son petit air.

Une fois de plus il constata combien dénudée était la tente du général. Où qu'il fût, à Motome, dans sa cabine à bord d'un navire, ou ici, il ne semblait jamais y être à demeure. Cette tente était si austère. La couchette avait l'air vierge, la table de travail était nue, et la troisième chaise faisait un angle parfaitement droit avec le plus grand des deux coffres. Le sol était net et propre, pur de toute trace de souillure. La lampe à pétrole dessinait de longues diagonales d'ombre et de lumière autour des objets rectangulaires, et le tout avait l'aspect d'une peinture abstraite.

Et Cummings le dévisageait toujours de ce regard inexplicable, comme s'il ne savait pas qui il était. Une canonnade se fit entendre dans le lointain, pareille au battement de leur propre pouls. « Je me demande une chose, Robert, dit finalement le général.

— Oui, mon général ?

— Vous savez, au fait je ne sais fichtre rien en ce qui vous concerne. » Sa voix était plate et neutre.

« Qu'y a-t-il ? Est-ce que je vole votre whisky ?

— Peut-être bien... au figuré. »

Peste ! Qu'est-ce que cela voulait dire ? Le général se renversa dans sa chaise, demandant d'un ton un peu trop désinvolte : « Comment marche le foyer ?

— Bien.

— L'armée n'a toujours pas mis au point un système pour renouveler l'air dans les tentes prévues pour camoufler la lumière.

— Oh, il pue là-bas bien comme il faut. » Ainsi donc le général s'était ennuyé après lui. Pauvre petit gosse de riche. « Mais j'aurais tort de me plaindre : je me suis fait une centaine de dollars au poker.

— En deux nuits ?

— Non, trois. »

Le général eut un mince sourire. « Il est vrai, cela fait trois nuits.

— Comme si vous ne le saviez pas. »

Le général alluma une cigarette et éteignit l'allumette d'un lent mouvement de sa main. « Je vous assure, Robert, que j'ai encore d'autres soucis en tête.

— Je n'ai pas dit le contraire. »

Délibérément, consciemment, le général donna à ses yeux un éclat fixe et irrité. « Vous êtes devenu si diablement insolent, qu'un de ces jours vous allez mourir devant un peloton d'exécution. » Sa voix avait ressemblé à un mugissement réprimé, et Hearn vit avec une vive surprise que les doigts du général tremblaient. Le soupçon d'une idée monta dans sa tête, faillit s'y préciser, puis s'affaissa comme un fil qui, ayant manqué le chas d'une aiguille, vacille délicatement avant de fléchir.

« Je m'excuse. »

Et cela non plus ne semblait pas la chose à dire. La bouche du général avait pâli. Il s'appuya sur le dossier de sa chaise pliante, aspira longuement à sa cigarette, et tout à coup il sourit à Hearn, un sourire cordial, paternel, incroyablement contrefait. « Vous êtes encore un peu vexé à cause de cette affaire de viande, n'est-ce pas ? »

Vexé. Le général s'était déjà servi de ce mot, une fois. Un mot déjà presque ancien. Avait-il regagné son aplomb ? Il était un peu étrange de sentir que le général s'en venait ; un peu inquiétant. Hearn se raidit instinctivement, se mit sur la défensive, comme si on était sur le point de lui demander une chose qu'il ne voulait pas accorder. Le général ne faisait jamais rien pour faciliter leurs relations. Parfois leurs rapports prenaient l'aspect d'une amitié tacite, une amitié que bien des généraux entretenaient avec leurs aides — officiers supérieurs ou ordonnances. D'autres fois ils se rapprochaient encore davantage — les discussions, les cancans occasionnels. Mais il y avait aussi cet antagonisme entre eux — et il n'arrivait pas à découvrir quel était le tronc sur lequel tout cela se greffait.

« Je pense que je suis vexé, dit-il à la fin. Ils ne vous porteront pas dans leur cœur, les soldats, pour cette viande qu'on leur a filoutée.

— Ils en blâmeront Hobart, ou Mantelli, ou le sergent de mess. C'est d'ailleurs sans importance. Vous ne vous en souciez guère, au fond, et vous le savez. »

Du diable, s'il laissait rien passer. « Si je m'en souciais, vous ne sauriez certainement pas le comprendre.

— Je suppose que si. Je possède, à tout prendre, une dose normale de réactions passablement décentes.

— Ha.

— Vous en doutez, Robert. La racine de toute l'inefficacité des libéraux pousse de chic dans l'incertitude désespérée où flotte leur esprit. »

Pousse de chic dans ! Il était presque plaisant de trouver une trace de terroir du Middlewest parmi les facettes biscautées dont était fait le langage du général. « Il est toujours facile de coller des étiquettes, dit-il.

— Oh, réfléchissez un peu, voulez-vous ? Si vous aviez jamais poussé jusqu'au bout n'importe laquelle de vos idées, vous auriez vu que pas une seule ne tient debout.

— Possible, mais je ne vois toujours pas quel rapport avec la viande.

— Bon, eh bien suivez-moi. Et vous serez forcé de tomber d'accord avec moi, car j'ai étudié mon problème. Quand j'avais votre âge, un peu plus peut-être que votre âge, je me suis préoccupé de savoir ce qui faisait qu'une nation se bat bien.

— Je suppose que ça sera une sorte d'identité entre le peuple et le pays, que ce soit pour le bien ou pour le mal. »

Le général secoua la tête. « C'est une attitude d'historien libéral. Vous seriez surpris de savoir combien ce facteur entre peu en ligne de compte. » La lampe se mit à cracher et il se souleva pour en ajuster la valve. La lumière éclaira sa face pendant une seconde, par en bas, plutôt dramatiquement. « Il y a tout juste deux éléments qui comptent. Une nation se bat bien en proportion du nombre de ses hommes et de la qualité de son matériel. Et l'autre équation c'est que le soldat sera un combattant d'autant plus efficace que son niveau de vie aura été plus bas.

— Et c'est là tout le secret, hein ?

— Il y a un autre gros facteur qui m'avait préoccupé pendant un temps. Si vous vous battez pour la défense de votre propre pays, il se pourrait que vous soyez un peu plus efficace.

— Vous revenez à mon argument.

— Je me demande si vous savez combien tout cela est compliqué. Quand un homme se bat sur son propre sol, il lui est aussi bien plus facile de déserter. C'est là un problème dont je n'ai pas à me préoccuper à Anopopéi. Il est vrai que la première considération transcende la seconde, mais arrêtez-vous-y et réfléchissez. L'amour du pays est bien beau, c'est même un facteur moral au commencement d'une guerre. Mais rien de plus incertain que les émotions belligérantes ; plus une guerre se prolonge, moins elles valent. Quand une guerre a duré une couple d'années, deux choses seulement comptent : une force matérielle supérieure et un niveau de vie bas. Pourquoi pensez-vous qu'un régiment de Sudistes vaut deux régiments de Nordistes ?

— Je ne le pense nullement.

— Eh bien, il arrive que c'est le cas. Il joignit judicieusement le bout de ses doigts et regarda Hearn. Je ne colporte pas des théories. Je parle d'expérience. Et en tant que général d'une division, ces conclusions me placent dans une perspective plutôt médiocre. Notre niveau de vie est le plus haut dans le monde, et, comme il faut s'y attendre, nos soldats, individuellement pris, sont les derniers des combattants que l'on puisse trouver dans aucune armée d'une grande puissance. Ou, du moins, tels ils sont dans leur état naturel. Ils sont comparativement riches, ils sont gâtés, et en tant qu'Américains la plupart d'entre eux partagent les préjugés excentriques de notre démocratie. Ils se font des idées exagérées des droits qui leur sont dus en tant qu'individus, et ils n'ont aucune idée des droits dus aux autres. Il n'en est pas de même quant au paysan, et laissez-moi vous dire tout de go que c'est le paysan qui fait le soldat.

— Aussi, ce qu'il vous faut, c'est les dégrader, dit Hearn.

— Exactement. Les dégrader. Chaque fois qu'un soldat voit un officier jouir de quelque privilège spécial, cela le dégrade un peu plus.

— Je ne le vois pas ainsi. Je dirais plutôt qu'il vous hait un peu plus.

— D'accord. Mais, en même temps, il nous craint davantage. Peu m'importe le type d'homme que vous me confiez ; il suffit que je l'aie assez longtemps sous mes ordres, pour le frapper de crainte. Chaque fois que l'on commet dans l'armée ce que vous appelez une injustice, le soldat qui en pâtit se fait un peu plus à l'idée de sa propre infériorité. Il se lissa les cheveux sur les tempes. Je connais un camp de prisonniers américains en Angleterre, dont les hommes seront la terreur de l'Europe le jour de l'invasion. Nous y emploierons la méthode brutale ; cela va sentir mauvais en fin de compte, mais il arrive que c'est nécessaire. Ici même, dans le Pacifique, nous avons un dépôt spécial de réserve où un attentat avait été commis contre la vie du colonel qui commande le camp. Vous êtes incapable de le comprendre, mais je peux vous dire, Robert, que pour faire une armée digne de ce nom il faut que tout homme qui en fait partie soit dressé à avoir peur. Les déserteurs, les hommes dans les camps des prisonniers, ou ceux dans les dépôts de réserve, relèvent des eaux stagnantes de l'armée où la discipline doit s'exercer avec une vigueur accrue. Une armée fonctionne d'autant mieux que vous craignez vos supérieurs, et que vous méprisez vos subordonnés.

— Et à quoi est-ce que j'appartiens moi dans tout cela ? demanda Hearn.

— A rien encore. Il y a ce qu'on appelle les dispenses papales. » Il sourit, alluma une autre cigarette. Presque entièrement atténuée, une explosion de rires s'échappa du foyer, résona dans le bivouac, et s'infiltra sous la tente du général.

Hearn se pencha en avant. « Prenez l'homme qui est de garde en ce moment, et qui entend ce rire. Il me semble qu'un jour viendra où il fera faire un demi-tour à sa mitrailleuse.

— Oh, c'est possible. Quand les soldats se mettent à faire de ces choses, c'est que leur armée frise la défaite. En attendant, leur haine s'accumule en eux et fait que leurs qualités combatives s'accroissent d'autant. Ne pouvant se retourner contre nous, ils foncent droit devant.

— Mais vous jouez gros jeu, dit Hearn. Si nous perdons la guerre, vous aurez produit une révolution. Il me semble qu'il serait de votre propre intérêt de vous montrer humain avec vos soldats, et éviter une situation révolutionnaire en cas de défaite. »

Cummings rit. « Voilà de quoi faire un éditorial dans un de vos hebdomadaires libéraux, n'est-ce pas ? Vous êtes un âne, Robert. Nous n'allons pas perdre la guerre ; et si nous la perdions, vous ne pensez tout de même pas que Hitler consentirait qu'une révolution ait lieu ?

— Alors, ce que vous êtes en train de dire, c'est que vous autres vous ne sauriez perdre la guerre d'aucune façon.

— Vous autres, vous autres, le pasticha le général. C'est un chapitre de marxisme que vous me servez là, n'est-ce pas ? La grande conspiration capitaliste ? Comment se fait-il que vous en sachiez tant, sur le marxisme ?

— J'en ai tâté.

— J'en doute. Je doute que vous en ayez *réellement* tâté. Il pétrit pensivement le bout de sa cigarette. Vous interprétez mal l'Histoire si vous voyez cette guerre comme une grande révolution. Il s'agit d'une concentration de puissance. »

Hearn haussa les épaules. « Je suis un piètre étudiant en histoire, et je ne suis pas un penseur. Simplement, je crois que ce n'est pas faire preuve de bon sens que de se faire haïr par ses hommes.

— Je vous répète que cela est sans importance, dès lors qu'ils vous craignent. Réfléchissez-y, Robert : avec toutes les haines qu'il y a eues dans le monde, il est surprenant de constater combien peu il y a eu de révolutions. Il s'égratigna le menton, à peine, un peu sensuellement, comme s'il s'absorbait dans le bruit de son ongle contre le poil de sa barbe. Même la révolution russe n'est qu'une forme d'organisation dans l'espace. Le machinisme de ce siècle exige la concentration, laquelle à son tour exige l'exercice de la peur parce que la majorité des hommes doivent être asservis à la machine — une opération dont ils ne jouissent pas d'instinct. »

Hearn haussa de nouveau les épaules. Ses critères, frustes ou intangibles, avaient leur valeur ; mais pour quelqu'un comme le général ses idées n'étaient que du sentiment, du faux sentiment, comme Cummings le lui avait répété bien des fois. Il fit cependant un effort. « Il y a d'autres facteurs, dit-il doucement. Je ne vois pas comment vous pouvez négliger le renouveau et la reproduction continus de certaines grandes idées morales. »

Le général eut un petit sourire. « Robert, il n'y a pas plus de rapport entre la politique et l'histoire, qu'il n'y en a entre les besoins de n'importe quel homme et le code moral. »

Des épigrammes, toujours des épigrammes. Il ressentit une sorte d'aversion pour ce débat. « Mon général, quand vous en aurez fini avec cette guerre, quand vous serez au travail sur votre prochaine grande *concentration*, l'Américain des années quarante se débattra dans les mêmes angoisses que l'Européen des années trente, à la veille de cette guerre dont il ne sortira pas vivant.

— Probable. L'angoisse est l'état naturel de l'homme du vingtième siècle.

— Bah ! » Il alluma une cigarette, constatant avec surprise que ses mains tremblaient. Dans ce moment précis il voyait le général en transparence. Cummings avait commencé cette discussion de propos délibéré, afin de regagner un équilibre qui, pour une raison ou une autre, lui avait fait défaut lors de leur arrivée à la tente.

« Vous êtes trop têtu pour vous rendre, Robert. Il se leva, s'approcha de l'un de ses coffres. Pour vous dire la vérité, je ne vous ai pas fait venir pour entamer une discussion. Je me suis dit que nous pourrions peut-être faire une partie d'échecs.

— Avec plaisir. Il était surpris, et un peu mal à son aise. Je ne pense pas que je vous donne beaucoup de mal.

— Nous verrons. » Il déplia une petite table de camp et se mit à placer les pièces sur l'échiquier. Une ou deux fois Hearn avait dit un mot à propos des échecs, et le général avait vaguement parlé d'une partie. Mais Hearn n'y avait pas compté. « Vous voulez réellement jouer ? demanda-t-il.

— Certainement.

— Joli spectacle, si quelqu'un entrait. »

Le général sourit. « Clandestinité, hein ? » Il finit de placer les pièces, prit un pion rouge et un blanc, présenta ses poings fermés à Hearn. « J'aime ces pièces, dit-il affablement. C'est de l'ivoire sculpté à la main, pas si cher qu'on le penserait, mais l'homme qui les a faites est indiscutablement un bon artisan. »

Hearn ne dit rien. Il eut le pion rouge, et le général, après avoir remis les pièces sur l'échiquier, ouvrit la partie. Hearn fit une réponse conventionnelle, posa confortablement sa tête dans ses larges mains, et s'efforça d'étudier l'échiquier. Mais il était nerveux. Il se sentait tout à la fois excité et déprimé ; la conversation l'avait troublé, et il était gêné de jouer aux échecs avec le général. Du coup, le sens de leurs relations en devenait plus manifeste. Il se faisait l'impression de participer à quelque chose de vaguement indécent, et il entra dans le jeu avec la sensation qu'il serait désastreux pour lui de gagner la partie.

Il joua les premiers coups plutôt négligemment. De fait, il n'y pensait guère, il prêtait l'oreille au grondement occasionnel de l'artillerie, au grésillement soutenu de la lampe à pétrole. Une ou deux fois il crut avoir capté le souffle du feuillage dans le bivouac, et ce bruit le démoralisa. Il se surprit regardant le visage du général, où se lisait la concentration de son esprit. Son expression était semblable à celle qu'il eut sur la plage, le jour de l'invasion, ou dans la jeep, la nuit de l'attaque japonaise, et elle avait la même force impressionnante.

Hearn se réveilla pour se rendre compte qu'il était mal en point après six coups à peine. Il avait assez négligé sa partie pour avoir déplacé deux fois un de ses cavaliers avant d'avoir développé son centre. Sa position n'était pas encore dangereuse, mais le général se lançait dans une offensive plutôt étrange et Hearn devint attentif au jeu. Si le général développait ses pièces et exploitait le léger avantage de position qui en résulterait, il gagnait la partie. Mais c'eût été un long combat, avec une finale certainement difficile. Aussi le général entreprit une attaque avec ses pions du centre — une attaque qui, en cas d'échec, serait devenue très embarrassante car elle aurait compromis son développement et exposé son aile du côté roi.

Pesant ses répliques, Hearn se perdit très vite dans les méandres étourdissants du jeu. Tout en maintenant présente à son esprit l'image totale de l'échiquier, il étudiait les nombreuses ripostes que tel de ses coups pouvait provoquer, et ses propres réponses, plus compliquées à mesure qu'il se perdait dans ses spéculations. Puis il y renonçait, élaborait une nouvelle combinaison, et s'essayait à discerner les variantes qui en résulteraient.

C'était cependant sans espoir. Il se sentit harassé, puis menacé, puis étranglé par l'habileté presque effrayante avec laquelle le général faisait s'avancer ses pions. Hearn avait fait partie de l'équipe d'échecs au lycée, et à différentes époques de sa vie ce jeu l'avait énormément intéressé. Il était assez bon joueur pour se rendre compte de la classe du général, et il s'y connaissait suffisamment pour que le style d'un joueur lui révélât quelque chose de sa nature : celui de Cummings avait été brillant dans sa conception, et il sut extraire, avec une froide efficacité, tous les avantages possibles de la légère supériorité qu'il avait acquise au début de la partie. Après avoir perdu un cavalier et un pion en échange de deux pions, Hearn abandonna. Il s'était piqué au jeu et quoiqu'il se sentît fatigué il éprouvait une sourde envie de recommencer.

« Vous n'êtes pas mauvais, dit le général.

— Je joue passablement », grogna Hearn. Maintenant que la partie était finie, il devint de nouveau conscient de la rumeur qui leur parvenait de la jungle.

Le général remettait les pièces dans leur écrin. Ses doigts semblaient jouir au contact des figurines, à l'instant où il les replaçait sur le velours vert qui revêtait l'intérieur de la boîte. « Ceci est réellement mon jeu, Robert. Si j'ai une passion, c'est bien les échecs. »

Que lui voulait-il au juste ? Hearn se sentit tout à coup excédé. Leur discussion, cette partie, paraissaient venir de quelque désir inexorable qui se dérobait sous les traits impassibles du général. Une inexplicable humeur s'empara de lui, ravivant son sentiment d'oppression. On eût dit que l'air, sous la tente, s'était alourdi.

« Les échecs, prononça Cummings, sont inépuisables. En vérité, la vie même s'y trouve concentrée. »

La maussaderie d'Hearn allait croissant. « Je ne le pense pas, dit-il, écoutant avec une trace de dégoût l'accent de sa voix claire et tranchante. Ce qui m'avait intrigué dans les échecs, et ce qui a fini par m'ennuyer, c'est que rien n'est plus étranger à la vie que ce jeu.

— Que pensez-vous qu'est la guerre, essentiellement ? »

Voilà que cela recommençait. Hearn était conscient que le général le manœuvrait, et il voulait éviter la discussion. Le temps d'une seconde, il eut envie de frapper le général, de voir s'emmêler ses cheveux gris et le sang couler de sa bouche. L'impulsion fut puissante et momentanée, et de nouveau il se sentit excédé. « Je ne sais pas, mais la guerre n'est certainement pas un jeu d'échecs. Vous pourriez le comparer à la flotte, où tout est manœuvre sur des étendues plates et ouvertes avec des unités de feu différentes, où tout est Force, Espace et Temps, mais la guerre est comme une maudite partie de football. Vous commencez votre jeu, et cela ne finit jamais comme vous vous y attendez.

— C'est plus compliqué, mais cela revient au même. »

Hearn se frappa la cuisse avec une soudaine exaspération. « Par Dieu, il vous reste bien des pages à lire pour connaître le fond de l'histoire. Prenez une escouade ou une compagnie — et que diable savez-vous de ce qui se passe derrière leur tête ? Je me demande parfois comment vous pouvez prendre la responsabilité de leur faire faire ceci ou cela. Est-ce que cela ne vous affole jamais ?

— C'est là que vous vous trompez toujours de marchepied, Robert. Dans l'armée, le concept de la personnalité, de l'individualité, n'est qu'un obstacle. Bien sûr, dans toute unité particulière il y a des différences entre les hommes ; mais elles s'annulent les unes les autres, et ce qui vous reste c'est une moyenne. Une compagnie est bonne ou médiocre, elle est propre ou impropre à telle ou telle autre mission. Je me sers de techniques plus grossières, du dénominateur commun.

— Vous êtes si diablement haut perché, que vous n'y voyez goutte. Le facteur moral est trop compliqué, pour que vous puissiez jamais prendre une décision décente.

— Pourtant, vos décisions vous les prenez, et vous les faites exécuter. »

Il y avait quelque chose de malpropre à continuer cette conversation, alors qu'au front, dans quelque trou, les hommes étaient raides de terreur. La voix d'Hearn se fit un peu stridente, comme s'il avait eu communication de cette terreur. « Comment vous y prenez-vous ? Parmi vos hommes il y en a qui n'ont pas vu l'Amérique depuis un an et demi. Comment faites-vous pour calculer s'il est préférable que tant d'entre eux périssent et que les survivants s'en retournent plus tôt chez eux, ou s'il est préférable que tous restent ici et s'en aillent à vau-l'eau pendant que leurs femmes les trompent ? Quelle est votre arithmétique pour ce genre de choses ?

— Ma réponse c'est que je ne me préoccupe pas de ce genre de choses. Il s'égratigna de nouveau le menton avec la pointe de son ongle, puis ajouta, après une brève hésitation : Qu'avez-vous, Hearn ? Je ne savais pas que vous étiez marié.

— Je ne suis pas marié.

— Votre maîtresse vous a plaqué ?

— Non, je n'ai rien laissé traîner derrière moi.

— Alors pourquoi tout ce souci à propos de la « tromperie » des femmes ? Il est dans leur nature d'être infidèles. »

Un peu surpris par sa propre audace, Hearn sourit avec une soudaine désinvolture. « Qu'y a-t-il, mon général ? Vous parlez d'expérience ? » Il se souvint tout aussitôt que le général était marié, renseignement de seconde main apparemment, dû à quelque officier, car Cummings n'avait jamais parlé de sa femme — et, s'étant souvenu, il regretta sa question.

« Peut-être d'expérience, peut-être, dit le général. Sa voix changea abruptement. J'aimerais vous rappeler, Robert, que toute liberté que vous prenez dépend de mon consentement. Je pense que vous êtes allé un peu trop loin.

— Je regrette.

— Taisez-vous. »

Hearn se tut, observant le visage du général. Il avait l'air absent. Ses yeux s'étaient contractés ; on eût presque dit qu'ils supportaient quelque objet dans l'espace, situé à une dizaine de pouces devant lui. Deux taches blanches s'étaient formées sous sa lèvre inférieure, presque directement sous les coins de sa bouche.

« Il est vrai, Robert, que ma femme est une garce.

— Oh !

— Elle a fait à peu près tout ce qu'elle a pu pour m'humilier. »

Hearn était ébahi et révolté. Cet apitoiement sur soi-même était de nouveau apparu dans la voix de Cummings. On ne raconte pas des choses pareilles à tout venant, du moins non pas avec ce ton de voix. Il y avait, apparemment, un général dans le général. « Je suis désolé, mon général », marmonna-t-il à la fin.

La lampe à pétrole s'éteignait, et le tremblotement de la flamme lançait par la tente de longues et mouvantes diagonales de lumière. « L'êtes-vous, Robert, l'êtes-vous vraiment ? Y a-t-il une chose qui vous touche jamais ? » Dans cet instant unique la voix du général était nue. Il allongea son bras et rajusta la lampe. « Vous savez que vous êtes inhumain, dit-il.

— Peut-être.

— Vous ne concédez jamais rien, n'est-ce pas ? »

Était-ce *cela*, la signification de tout ceci ? Il regarda le général dans les yeux, devenus lumineux, presque suppliants. Il eut l'intuition que s'il restait immobile assez longtemps, le général étendrait son bras avec lenteur et le toucherait au genou peut-être.

Non, cela était ridicule.

Il se leva d'un mouvement brusque et agité, fit quelques pas vers l'autre bout de la tente, s'arrêta pour un moment, le regard fixé sur la couchette du général.

Sa couchette. Non, va-t'en de là avant que Cummings ait saisi ce que tu penses. Il fit demi-tour et regarda le général : il n'avait pas bougé, assis là comme un grand oiseau pétrifié, attendant... attendant quelque chose qui devait être indéfinissable.

« Je ne sais pas ce que vous voulez dire, mon général. » Sa voix, heureusement, eut un ton tranchant.

« N'importe. Il regarda ses mains. Pour l'amour du ciel, Robert, si vous avez besoin de vous soulager sortez dehors et arrêtez de faire les cent pas.

— Oui, mon général.

— Nous n'avons à vrai dire jamais fini cette discussion. »

Cela allait mieux. « Eh bien, que voulez-vous que j'admette ? Que vous êtes un dieu ?

— Vous savez, s'il y a un Dieu, Robert, il me ressemble en tous points.

— Se sert de la technique du dénominateur commun.

— Exactement. »

Maintenant ils pouvaient parler parler parler. Et, cependant, un silence se fit entre eux. Entre eux, dans ce moment, une certitude prenait corps : la gênante, la déplaisante certitude qu'ils ne s'aimaient pas du tout l'un l'autre.

La conversation revint, se donna l'air d'une petite controverse, glissa sur le sujet de la campagne. Après un laps de temps propre à sauver les formes, Hearn regagna sa tente. Mais, dans le noir, écoutant le rêche bruit du feuillage dans les palmeraies, il eut du mal à s'endormir. Tout autour de lui s'étalaient la jungle, les espaces infinis des cieux du Sud avec leurs étoiles énigmatiques.

Quelque chose était arrivé ce soir ; mais, déjà, cela semblait exagéré, hors de proportion. Il ne pouvait pas croire, pas tout à fait croire, ce qu'il avait entendu. La scène, maintenant, était enchevêtrée, comme gauchie par un rêve. Il se mit à rire doucement, allongé sur sa couchette.

Le ressort, le mobile de la pacotille.

Quand on fouille une chose avec persévérance, on finit toujours par y découvrir un dépôt de saleté. Et, tout en riant, il avait sa propre image devant ses yeux ; il voyait son grand corps qui gigotait légèrement dans le rire, il voyait sa tignasse noire, il voyait ses traits que tordait cette bizarre, cette convulsive hilarité.

Une femme, qui avait été sa maîtresse pendant un temps, lui présenta un matin un miroir et dit : « Regarde-toi, quand tu es au lit tu ressembles tout à fait à un singe. »

Il y avait une trace d'exaspération, maintenant, dans sa gaieté. Ses membres étaient fiévreux. Jésus, quelle situation.

Mais, le matin venu, Hearn ne fut plus sûr que quelque chose s'était réellement passé.

*
* *

LE CHŒUR :
LES FEMMES

La deuxième escouade creuse une nouvelle latrine. C'est l'après-midi ; le soleil, qui perce à travers une fente dans les cocotiers, rejaillit brillamment sur le monticule de terre crue. Minetta et Polack sont dans le trou, ils travaillent sans se presser. Ils sont torse nu. Sur leur pantalon, au-dessous de la ceinture, une large bande de moiteur fait tache. Toutes les dix ou quinze secondes une pelletée de terre prend de la hauteur et retombe avec un bruit mou sur le tas qui s'amoncelle à côté de la latrine.

MINETTA (*soupirant*). — Toglio, ce chançard de Macaroni. (*Il pose son pied sur la pelle.*) Tu crois qu'on a de la chance d'être ici ? Là-haut on peut attraper la bonne blessure et se faire renvoyer à la maison. (*Il ricane.*) Et puis quoi, y a pas de mal s'il peut pas bouger son coude comme tout le monde.

POLACK. — Qui est-ce qu'a besoin d'un coude pour baiser ?

BROWN (*Il est assis sur une souche d'arbre, à côté du trou.*) — Oui, laissez-moi vous dire quelque chose, les gars. Toglio va rentrer chez lui pour trouver que sa femme court la ville avec tout ce qui porte un pantalon. Y a pas une femme à qui on peut faire confiance.

STANLEY (*Il s'étale à côté de Brown.*) — Oh, je ne sais pas moi, j'ai confiance dans ma femme. Y a toutes sortes de femmes.

BROWN (*amèrement*). — C'est toutes les mêmes.

MINETTA. — Oui, eh bien, j'ai confiance dans ma copine.

POLACK. — Je leur ferai pas confiance pour un sou, à ces garces.

BROWN (*se triturant le nez avec ardeur*). — C'est ce que je crois. (*Il s'adresse à Minetta, qui s'est arrêté de piocher.*) Tu fais confiance à ta copine, hein ?

MINETTA. — Sûr, que j'y fais. C'est pas elle qui lâchera, quand elle tient le bon bout.

BROWN. — Tu crois que ton bout de bidoche il vaut mieux que celui d'un autre ?

MINETTA. — J'ai pas encore perdu au jeu.

BROWN. — T'es qu'un gosse, si tu veux savoir. Tu sais pas ce que c'est, une bonne paire de fesses... Dis-moi, Minetta, t'as seulement jamais pris ton temps pour enlever tes godasses avant de tirer un coup ? (*Stanley et Polack éclatent de rire.*)

MINETTA. — Hi-ha.

BROWN. — Écoute voir, Minetta. T'as qu'à te demander une ou deux questions. Est-ce que tu crois que t'as quelque chose de spécial, toi ?

MINETTA. — C'est pas à moi de le dire.

BROWN. — Eh bien, moi je te le dis, t'en as point. T'es un gars tout ce qu'y a d'ordinaire. Y a pas un de nous tous qu'a quelque chose de spécial, ni Polack ni toi ni Stanley ni moi. On est tout juste une bande de troufions. (*Il prend plaisir à s'écouter.*) Bon, eh bien quand on est à la maison et qu'on le leur fout toutes les nuits, çà, elles sont tout ce qu'y a de minou-minette. Oh, alors y a rien qu'elles feront pas pour toi. Mais la minute que tu tournes les talons, elles commencent à penser.

MINETTA. — Oui, ma Rosie elle pense à moi.

BROWN. — Tu paries qu'elle pense. Elle commence à penser que c'était bien bon de se faire visser réglo. Dis, elle est jeune ta copine, et si qu'elle est aussi belle que ma femme, tu veux pas qu'elle gâche son temps, dis ? Y a des tas de types qui tourniquer autour, des tas de civils et de commandos de pouponnière, et avant longtemps ta Rosie elle se laisse embobiner dans des rendez-vous, et la voilà qui danse, et la voilà qui se frotte contre un gars...

MINETTA. — Rosie m'a écrit qu'elle va pas danser. (*Polack et Brown rient.*)

POLACK. — Il croit ce qu'elles disent, les putes.

MINETTA. — Eh bien, j'y ai fait la preuve cent fois, et je l'ai jamais encore attrapée dans un mensonge.

BROWN. — Ça prouve seulement qu'elle est plus maligne que toi. (*Stanley fait entendre un rire mal assuré.*) Dis, elles sont pas différentes de toi ou de moi, surtout celles qui se sont fait bourrer. Elles aiment ça tout autant que les hommes, et ça leur est foutrement plus facile qu'à nous.

POLACK (*voix de fausset*). — Je sais pas pourquoi j'ai pas plus de succès avec les filles... Je suis si facile à tomber. (*Tous rient.*)

BROWN. — Qu'est-ce que tu crois qu'il est en train de faire en ce moment, le gars de ta copine ? Je te dirai ce qu'il fait. C'est six heures du matin maintenant, en Amérique. Elle se réveille dans un plumard avec un gars qu'est capable de lui donner exactement la même rallonge que toi, et elle lui refile tout le sacré bataclan qu'elle te refilait à toi. Je te le dis, Minetta, y a pas une seule à qui on peut faire confiance. Tant qu'elles sont, elles nous trompent.

POLACK. — Y a pas une de ces enculées qu'est honnête.

MINETTA (*faiblement*). — Ben, je m'en fais pas.

STANLEY. — C'est différent avec moi. J'ai un gosse.

BROWN. — Celles qu'ont des gosses c'est les pires de toutes. C'est celles qui s'ennuient et qu'ont vraiment besoin de se payer du bon temps. Y a pas une femme qui vaut tripette.

STANLEY (*regardant sa montre*). — C'est notre tour de piocher. (*Il saute dans le trou et s'empare d'une pelle.*) Nom de Dieu, vous êtes une bande de tire-au-flanc. Pourquoi diable ne faites-vous pas votre part du boulot ? (*Il pioche furieusement pendant une minute, puis s'arrête. Il transpire profusément.*)

Polack (*souriant*). — Je suis content que j'ai pas à me faire de bile pour une de ces garces qui vous font cocu.

Minetta. — Eh, va te faire bousiller. T'as l'air de croire que t'es foutrement malin.

7

Après l'infructueuse tentative nocturne des Japonais en vue de traverser le cours d'eau, la première escouade demeura trois jours pleins sur ses anciennes positions. Au quatrième jour, le premier bataillon s'étant avancé d'un demi-mille, Reconnaissance quitta son emplacement avec la compagnie A. Leur nouvel avant-poste se trouvait sur la crête d'une colline qui surplombait une minuscule vallée couverte d'herbe kunaï. Ils passèrent le restant de la semaine à creuser des trous, à planter du fil barbelé, et à faire des patrouilles. Le front était devenu quiet. Rien ne leur arriva de spécial, et à l'exception des hommes de la section de la compagnie A dont les positions se trouvaient sur une colline adjacente, à quelques centaines de mètres de là, ils ne virent personne. Les falaises de Watamaï étaient toujours sur leur droite, très proches, et tard dans les après-midi les escarpements de la montagne les dominaient de haut comme des vagues sur le point de se briser.

Les hommes passaient leurs journées assis au soleil sur la crête de la colline. Ils n'avaient rien à faire, sinon manger leurs rations et dormir et écrire des lettres et monter la garde dans leurs trous. Les matinées étaient plaisantes et fraîches, mais ils devenaient moroses et somnolents dans l'après-midi ; la nuit venue leur sommeil était inquiet, car le vent faisait bouger l'herbe dans la vallée en bas et on eût dit qu'une colonne en marche s'avançait en direction de leur colline. Une ou deux fois par nuit l'homme de garde réveillait l'escouade tout entière, et ils restaient accroupis dans leurs trous pendant une heure et plus, fouillant du regard de paysage qui s'étalait à leurs pieds dans l'incertaine clarté de la lune.

Parfois le crépitement lointain d'une fusillade leur parvenait, semblable à un feu de joie un jour d'automne, et souvent un ou deux obus dessinaient un arc paresseux au-dessus de leurs têtes avec un bruit de soupirs et de murmures, avant d'aller s'écraser dans la jungle, derrière leurs lignes. De nuit, l'écho des mitrailleuses était creux et profond, pareil à la note lugubre de quelque tambour primitif. Presque à tout moment ils pouvaient entendre des bruits qui rappelaient la grenade ou le mortier ou le tac tac aigu et insistant des mitraillettes ; mais c'étaient des bruits si lointains et si voilés, que les hommes finirent par n'y plus faire attention. La semaine s'écoula dans une vague et gênante tension qui leur venait de leur crainte muette de la chaîne de Watamaï, dont la muraille verticale se haussait sur leur droite.

Tous les jours une équipe de trois hommes grimpait péniblement la colline adjacente où bivouaquait la section de la compagnie A, pour s'en revenir avec une boîte de dix rations journalières et deux bidons de cinq litres d'eau chacun. C'étaient des voyages sans incidents, et les hommes ne les détestaient pas ; cela rompait la monotonie, et leur donnait l'occasion de parler avec quelqu'un qui ne faisait pas partie de leur propre escouade.

Le sixième jour de la semaine, Croft, Red et Gallagher descendirent les pentes de leur colline et, après s'être faufilés à travers l'herbe kunaï, haute de six pieds, ils prirent la piste qui menait vers la compagnie A. Ayant rempli d'eau leurs bidons vides et sanglé leur barda, ils s'attardèrent à bavarder quelques minutes avant de reprendre leur chemin de retour. Quand ils eurent atteint la piste, Croft, qui marchait devant, s'arrêta et fit signe à Red et à Gallagher de le rejoindre.

« Nom de Dieu, chuchota-t-il, vous faisiez trop de bruit en descendant. C'est pas une raison de s'ébattre comme une sacrée bande de porcs parce que le chemin est pas long et que votre barda est pas bien lourd.

— Bon, d'accord, grommela Gallagher d'un air renfrogné.

— Allez, qu'on avance », grommela à son tour Red. Lui et Croft ne s'étaient guère adressé la parole au cours de la semaine.

Lentement, séparés l'un de l'autre d'une dizaine de mètres, les trois hommes se mirent à descendre la piste. S'avisant qu'il foulait le sol d'un pas circonspect, Red se rendit compte avec un commencement de colère que l'ordre de Croft l'avait influencé. Tout en marchant il s'efforçait de déterminer si c'était sa crainte de Croft qui le rendait précautionneux, ou simplement l'habitude. Il en était encore à se le demander, quand il vit Croft s'arrêter brusquement et se laisser couler dans les broussailles, sur le côté de la piste. Il se retourna, les regarda, lui et Gallagher, puis il leur fit signe d'un lent et silencieux mouvement du bras. Red le dévisagea : sa bouche et ses yeux étaient sans expression, mais il y avait quelque chose d'impératif dans la tension et le port de son corps. Il s'accroupit et s'approcha en rampant de Croft. Quand ils furent réunis tous trois, Croft porta un doigt à sa bouche puis le pointa à travers une fente dans le feuillage. A quelque vingt-cinq mètres de là un petit creux leur apparut. C'était, au fait, une minuscule éclaircie au cœur de la jungle, et là, étendus par terre, la tête sur leurs sacs, trois soldats japonais reposaient tandis qu'un quatrième, un fusil en travers sur ses genoux, se tenait assis avec son menton dans ses mains jointes. Croft ne les quitta pas des yeux durant une longue seconde, puis il reporta son regard tendu sur Red et Gallagher. Sa mâchoire avait durci, et contre son oreille un cartilage palpita à plusieurs reprises. Il se défit doucement de son sac et le posa en silence à ses pieds.

« Impossible de traverser ce fourré sans faire du bruit, chuchota-t-il d'une voix à peine perceptible. J'y flanque une grenade, puis on y va tous ensemble. Compris ? »

Ils approuvèrent de la tête, se défaisant de leurs paquetages. Red coula un regard à travers les broussailles qui les séparaient de l'éclaircie. Si la grenade manquait son but, ils s'offriraient tous trois aux coups des Japonais. Mais, encore que tout son être s'insurgeât contre tout ce qu'impliquait cette situation, il n'y pensait guère. Cela ne se laissait pas penser. Ses réactions étaient toujours les mêmes dans l'instant qui précédait un combat ; il avait l'impression qu'il lui serait impossible de bouger, de faire feu, d'exposer sa vie, — et cependant il avançait. Et, comme toujours encore, une colère accompagnait cet état d'esprit, une rage contre son désir d'éviter le moment à venir. Je suis pas pire qu'un autre, se dit-il, la mort dans l'âme. Il aperçut le visage de Gallagher, blanc de peur, et bien qu'il se sût tout aussi effrayé il ne put se défendre contre une surprenante sensation de mépris. Les narines de Croft s'étaient dilatées, et ses pupilles semblaient glacées et très noires. Red le haïssait ; il le haïssait pour la joie qu'il lui voyait.

Croft fit glisser une grenade hors de sa ceinture, tira la goupille de sûreté. Red coula de nouveau un coup d'œil à travers le taillis, regardant le dos des soldats japonais. Il pouvait voir la face de celui qui se tenait assis, et cela ajoutait à l'irréalité du spectacle. Il eut la sensation que quelque chose l'étranglait. Le soldat japonais avait un visage plaisant et débonnaire, la tempe large, la mâchoire pesante ; il avait un air bovin, et ses mains semblaient épaisses, robustes, calleuses. De se savoir lui-même inaperçu, il éprouva le temps d'une seconde un vague et incongru sentiment de plaisir, à quoi se mêlaient l'épouvante et la certitude que rien de tout cela n'était réel. Il ne pouvait pas croire que, dans quelques instants, ce soldat à la large et plaisante figure serait mort.

Croft ouvrit ses doigts, et la poignée de la grenade se détacha brusquement puis jaillit en l'air. La fusée péta à l'intérieur de la grenade, et un bruit de crachement creva le silence. Les Japonais sautèrent sur leurs jambes en poussant des cris, faisant des pas incertains dans le cercle étroit de la clairière. Red vit une expression de terreur sur le visage de l'un des soldats, il entendit le chuintement de la grenade qui se mêlait aux battements de son cœur, à la sonnerie dans ses oreilles, puis il se jeta par terre au moment où Croft lança la grenade. Il serra sa carabine, le regard intensément fixé sur un brin d'herbe. Il eut encore le temps de songer qu'il aurait dû nettoyer son arme, perçut un épouvantable hurlement, pensa au soldat à la large figure, puis il se trouva debout, fonçant et titubant à travers le fourré.

Ils s'immobilisèrent tous trois en bordure de la clairière. Les quatre soldats japonais étaient couchés sans mouvement dans le kunaï piétiné. Croft les contempla fixement, puis cracha avec calme. « Vas-y voir », dit-il à Red.

Red se laissa glisser dans le ravin où s'étalaient les corps des Japonais. Il vit au premier coup d'œil que deux des hommes étaient certainement morts ; l'un d'eux reposait sur son dos, avec ses mains agrippées sur ce qui avait été son visage, et qui n'était plus qu'une pâte sanglante ; l'autre était affalé sur le côté, avec une grande déchirure dans la poitrine. Les deux autres étaient tombés face à terre, sans qu'il pût voir leurs blessures.

« Achève-les ! cria Croft.

— Ils sont morts.

— Achève-les ! »

Red sentit un sursaut de colère. Si c'était un autre que moi, le bâtard les aurait achevés lui-même, pensa-t-il. Il s'arrêta à côté de l'un des corps, abaissa sa carabine, appuya le bouton de mire sur la nuque du Japonais. Il avala un peu d'air, puis tira une rafale. Il ne sentit rien, sinon la vibration de l'arme dans ses mains. Après avoir tiré, il nota que c'était celui des soldats qui s'était tenu assis avec son fusil sur ses genoux. Pendant une seconde il se trouva à la limite d'une intense angoisse, mais il la refoula et s'avança vers le quatrième des corps.

Comme il le regardait, il se sentit remué par de nombreuses émotions, à la fois subtiles et fugitives. Si on lui avait posé la question, il eût sans doute répondu : « Non, j'ai senti rien du tout », mais il avait une raideur dans la nuque et son cœur battait rapidement. Un intense dégoût le soulevait contre ce qu'il était sur le point de faire, et cependant, tandis qu'il pointait le canon de son arme sur le crâne de l'homme, il avait le sentiment anticipé de quelque chose d'agréable. Il affermit son doigt sur la gâchette pour en rattraper le jeu, se raidissant pour le tir, pour l'instant où les balles ouvriraient des petits trous ronds dans ce corps et le feraient bouger et gigoter sous leur impact. Il anticipa toutes ces sensations, pressa la gâchette... et rien n'arriva. Son arme s'était enrayée. Il se mit à fourrager la culasse de sa carabine, quand le corps à ses pieds se retourna tout à coup. Il lui fallut une longue seconde pour se rendre compte que le Japonais n'était pas mort. Les deux hommes se regardèrent l'un l'autre, l'expression vide et les traits agités d'un tic, puis le Japonais sauta sur ses jambes. Il y eut une fraction de seconde au cours de laquelle Red aurait pu l'assommer d'un coup de crosse, mais la surprise due à l'enrayement de son arme et la secousse qu'il éprouva de voir le soldat en vie, se combinèrent pour le paralyser. Il l'avait vu se lever, s'avancer d'un pas, et ce n'est qu'alors — ses muscles ayant enfin réagi — qu'il lança sa carabine sur le Japonais. Il le manqua, et les deux soldats, à trois mètres à peine l'un de l'autre, continuèrent à se regarder fixement.

Jamais plus il ne devait oublier le visage de ce Japonais ; un visage décharné, à la peau étroitement tirée au-dessus des yeux et des pommettes et des narines, à l'air hagard et quêteur. Red n'avait jamais observé si intensément un visage d'homme ; si fixe était son regard, que le moindre défaut de l'épiderme du Japonais lui devint sensible. Il nota des boutons d'acné noirâtres sur son front, et une petite pustule sur le côté de son nez, et des gouttelettes de sueur dans l'orbite profonde de ses yeux. Ils restèrent à se dévisager pendant une demi-seconde peut-être, puis le Japonais dégaina sa baïonnette et Red se mit à courir. Il le vit qui se précipitait sur lui, et il pensa bêtement — film d'épouvante. « Tue-le, hurla-t-il avec effort par-dessus son épaule, TUE-LE, CROFT ! »

Il trébucha, tomba tout de son long, et demeura immobile, à moitié étourdi. Il essayait de s'apprêter pour le jaillissement de la souffrance à l'instant où la lame plongerait dans son dos, et il retint son souffle. Il perçut une pulsation dans son cœur, puis une autre. Ses sens lui revenaient, et son corps commençait à réagir. Son cœur bondit de nouveau, et de nouveau, et de nouveau. Et, brusquement, il comprit que rien n'allait lui arriver.

La claire et froide voix de Croft grinça dans ses oreilles : « Nom de Dieu, Red, combien de temps que tu vas rester couché ? »

Il se retourna et s'assit. Il réprima un gémissement, avec un effort qui le fit trembler. « Jésus, dit-il.

— Qu'est-ce que tu penses de ton petit copain ? » demanda Croft doucement.

Le Japonais se tenait à quelques mètres de là, les bras en l'air. Il avait laissé tomber sa baïonnette. Croft s'en approcha et la fit voler au loin d'un coup de pied.

Red regarda le soldat japonais, et leurs yeux se rencontrèrent pour un instant avant de se détourner — comme s'ils avaient été surpris dans quelque chose de honteux. Red se rendit compte tout à coup combien faible il se sentait.

Mais, même maintenant, il ne pouvait admettre aucune faiblesse chez Croft. « Nom de Dieu, pourquoi que vous avez mis si longtemps ? demanda-t-il.

— On s'est amenés aussi vite qu'on a pu », dit Croft.

Gallagher se mit tout d'un coup à parler. Il était blanc, et sa bouche tremblait. « J'allais lui flanquer une balle à cet enculeur de sa mère, mais t'étais dans le chemin. »

Croft rit doucement. « Je crois qu'il a eu une plus grande peur de nous autres que de toi, Red, fit-il. Il s'est arrêté joliment vite de te cavaler dessus, quand il nous a vus. »

Red se surprit de nouveau en train de trembler. Il ressentait une admiration rancunière pour Croft, à quoi se mêlait un vif déplaisir d'être en reste avec lui. Pendant une ou deux secondes il essaya d'imaginer un moyen de lui dire son merci, mais il ne put prononcer les mots.

« On fera aussi bien de rentrer », dit-il.

L'expression de Croft parut changer. Une lueur d'excitation s'alluma dans ses yeux. « Pourquoi que t'irais pas en avant, Red ?

suggéra-t-il. Gallagher et moi nous te suivrons dans une couple de minutes.

— Tu veux que j'emmène le Japonais ? » demanda Red avec effort. C'était la dernière des choses qu'il souhaitait de faire. Il se sentait toujours incapable de regarder le prisonnier.

« Non, dit Croft. Nous nous en occuperons, Gallagher et moi. »

Red se rendit compte de quelque chose de bizarre dans l'attitude de Croft. « Je peux l'emmener, si tu veux, dit-il.

— Non, on s'en occupera nous autres. »

Red jeta un coup d'œil sur les corps qui s'étalaient mollement dans la clairière verdoyante. Déjà des insectes voletaient au-dessus du cadavre sans face. De nouveau tout ce qui lui était arrivé lui sembla irréel. Il regarda le soldat qu'il avait fui : son visage lui parut anonyme et lointain, et il s'étonna un peu de n'avoir pas osé rencontrer ses yeux. Jésus, je suis pompé, pensa-t-il. Ses jambes branlaient légèrement quand il se baissa pour ramasser sa carabine. Il était trop fatigué pour dire quoi que ce fût. « Bon, je vous verrai sur la colline », murmura-t-il.

Une obscure raison lui disait qu'il n'aurait pas dû s'en aller, et tout en suivant la piste il éprouva de nouveau l'étrange sentiment de honte et de culpabilité qui lui venait de sa rencontre avec le soldat japonais. Quel bâtard, ce Croft, se dit-il. Il se sentait lourd et fiévreux.

Après le départ de Red, Croft s'assit par terre et alluma une cigarette. Il fumait d'un air absorbé, en silence. Gallagher s'assit à côté de lui, regardant le prisonnier. « Allez, qu'on s'en débarrasse et qu'on rentre, laissa-t-il échapper tout à coup.

— La ferme, dit Croft doucement.

— A quoi bon le torturer, ce pauvre bâtard ? demanda Gallagher.

— Il se plaint pas », dit Croft.

A cet instant, le prisonnier, comme s'il les avait compris, se laissa soudainement tomber sur ses genoux et se mit à sangloter d'une voix de tête. Il avança ses bras d'un geste suppliant et, de temps à autre, il frappait le sol de ses mains, comme s'il désespérait de se faire entendre. Parmi le flot de ses paroles Gallagher crut distinguer quelque chose qui sonnait comme « *kououd-saï, kououd-saï* ».

La soudaineté avec laquelle le combat avait commencé et pris fin, rendit Gallagher légèrement hystérique. La pitié passagère qu'il avait ressentie pour le prisonnier s'était évanouie, remplacée par une intense irritation. « Assez de cette merde de *kououd-saï* ! » hurla-t-il au Japonais.

Le soldat se tut pour un moment, puis recommença à plaider. Il y avait un désespoir dans sa voix, qui écorchait la cervelle de Gallagher. « T'as l'air d'un foutre de youpin avec toute cette gesticulation, cria-t-il.

— Ça suffit », dit Croft.

Le soldat s'approcha d'eux, et Gallagher regarda avec gêne ses yeux suppliants. Une puissante puanteur de poisson venait de ses vêtements. « Ce qu'ils peuvent puer », dit-il.

Croft ne quittait pas du regard le Japonais. Il était en proie à une vive émotion, car le cartilage se remit à palpiter sous son oreille. Il ne pensait à rien, en réalité ; il était pris par un intense sentiment de frustration. Il était toujours dans l'attente de la rafale que Red aurait dû tirer. Plus intensément que Red, il avait anticipé les sursauts spasmodiques du corps sous la percussion des balles, et d'avoir été déçu dans son attente lui procurait une vive contrariété.

Il regarda sa cigarette, et, obéissant à un mouvement impulsif, il la passa au soldat japonais. « Pourquoi que tu fais ça ? demanda Gallagher.

— Laisse-le fumer. »

Le prisonnier tira plusieurs bouffées, à la fois avidement et avec contrainte. Il lançait des regards soupçonneux sur Croft et Gallagher, et la sueur luisait sur ses joues.

« Eh, toi, dit Croft, assieds-toi. »

Le Japonais le dévisagea d'un air incertain. « Assieds-toi », répéta Croft. Il fit des gestes avec ses mains, et le prisonnier s'accroupit contre un arbre.

« T'as quelque chose à manger ? demanda-t-il à Gallagher.

— J'ai une barre de chocolat, de ma ration.

— Fais voir », dit Croft. Il prit le chocolat que Gallagher lui passait et le donna au Japonais, qui le regardait d'un œil hébété. Croft mima le manger, et le prisonnier, ayant compris, déchira le papier et engloutit le chocolat. « Crédieu, tu parles s'il a faim, fit Croft.

— Pourquoi foutre que tu fais ça ? » demanda Gallagher. Son exaspération le mettait à la limite des larmes. La perte de son chocolat, qu'il avait mis de côté pour la bonne bouche, le peinait ; de plus, il oscillait entre l'irritation qu'il ressentait à l'endroit du prisonnier, et un sentiment involontaire de compassion. « C'est vrai qu'il est maigre, ce con de bâtard », dit-il avec l'accent de supériorité dont il se serait servi pour désigner un roquet qui frissonne sous la pluie ; mais, voyant la dernière trace de son chocolat disparaître dans la bouche du Japonais, il grommela avec colère : « Tu parles d'un sacré nom de Dieu de porc. »

Croft pensait à la nuit où les Japonais avaient essayé de traverser la rivière. Un frémissement s'éveillait au dedans de son corps, et il reposa sur le prisonnier un long regard. Une puissante émotion l'attirait vers lui, qui lui faisait serrer les dents. Mais il eût été incapable de dire quelle était cette émotion. Il dégagea son bidon et but un coup. Il vit le prisonnier qui l'observait en train de boire, et d'un geste spontané il lui passa le bidon. « Vas-y, bois », dit-il. Il le regarda avaler de longues, avides gorgées.

« Je suis un fils de pute si je sais ce qui te prend », dit Gallagher.

Croft ne répondit pas. Il ne quittait pas des yeux le prisonnier, lequel avait fini de boire. Il y eut des larmes de joie sur le visage du Japonais, et tout à coup il sourit et désigna une des poches de son uniforme. Croft y prit un portefeuille, l'ouvrit. Il y avait là une photographie du soldat japonais en vêtements de civil, et à côté de lui se tenaient sa femme et deux petits enfants avec de rondes figures de poupée. Le Japonais se désigna lui-même, puis il fit deux gestes de ses mains au-dessus du sol pour indiquer la taille de ses enfants.

Gallagher regarda la photographie, et ressentit un serrement de cœur. Le temps d'une seconde il se rappela sa femme, se demandant à quoi ressemblerait son propre enfant. Il se rendit compte avec stupeur que sa femme pouvait être en couches dans ce moment précis. Pour une raison qu'il ne comprit pas, il dit brusquement au Japonais : « Je vas avoir un bébé dans une couple de jours. »

Le prisonnier sourit poliment, et Gallagher, se désignant lui-même d'un geste coléreux, écarta ses mains à la mesure d'un nouveau-né. « Moi, dit-il. Moi.

— Ahhhhhh, fit le prisonnier. *Chiisaï !*

— Oui, chiis-aille », dit Gallagher.

Le prisonnier secoua sa tête avec lenteur, puis sourit de nouveau.

Croft s'approcha de lui, et lui donna une autre cigarette. Le Japonais s'inclina profondément, puis accepta l'allumette. « *Arigato, arigato, domo arigato* », dit-il.

Croft sentit une intense pulsation battre dans sa tête. Impassiblement, il vit des larmes jaillir dans les yeux du prisonnier, puis il reporta son regard sur la petite clairière, observant une mouche qui bougeait sur les lèvres de l'un des cadavres.

Le prisonnier prit une longue bouffée et s'appuya contre l'arbre. Ses yeux s'étaient fermés, et pour la première fois il y eut une expression rêveuse sur son visage. Croft sentit une tension dilater sa poitrine. Sa bouche devint sèche et amère et avide. Jusqu'alors son esprit était resté complètement vide, mais tout à coup il souleva son fusil et le pointa sur la tête du prisonnier. Gallagher fut sur le point de protester, quand le Japonais ouvrit les yeux.

Le coup de feu lui fit éclater le crâne avant qu'il eût le temps de changer d'expression. Il s'effondra en avant, puis roula sur son côté. Il souriait toujours, mais il avait un air niais maintenant.

Gallagher essaya de parler, mais il en fut incapable. Il ressentit une peur épouvantable, et une fois de plus il songea à sa femme. Oh mon Dieu, sauvez Mary, mon Dieu sauvez Mary, se répétait-il sans penser à la signification de ses mots.

Croft ne quitta pas des yeux le Japonais pendant une longue minute. La pulsation s'atténuait dans sa tête, et la tension refluait de sa poitrine et de sa bouche. Il se rendit soudainement compte que, tout au fond de lui-même, il avait su qu'il allait tuer le prisonnier — qu'il l'avait su dès le moment où il avait renvoyé Red. Il se sentait totalement vide. Le sourire, sur la face de l'homme mort, l'amusait, et il fit entendre un rire trivial qui s'écoula comme un ruisselet de ses lèvres. « Cré nom de Dieu », dit-il. Il pensa de nouveau aux Japonais lors de leur tentative de traverser la rivière, et il poussa du pied le cadavre. « Cré nom de Dieu, dit-il, ce Japonais c'est sûr qu'il est mort heureux. » Le rire, au dedans de lui, gagna en force.

Plus tard, ce matin-là, Reconnaissance reçut l'ordre de retourner sur l'arrière. Ils plièrent leurs tentes, firent leurs paquetages, remplirent leurs bidons à la provision d'eau rapportée par Red, Gallagher et Croft, mangèrent un morceau dans l'attente de la relève. Vers midi une escouade de la compagnie A vint occuper l'avant-poste, et les hommes de Reconnaissance quittèrent leur colline et prirent la piste qui menait au premier bataillon. Ce fut une longue vadrouille sur un sentier vaseux au cœur de la jungle, et au bout d'une demi-heure de marche dans la boue ils se sentirent crouler sous l'accablement. Certains d'entre eux jubilaient ; Martinez et Wyman respiraient librement, et Wilson pensait au whisky. Croft était taciturne, pensif, tandis que nerveux et irritables, Gallagher et Red lançaient des regards au moindre bruit tant soit peu inattendu. Red devint conscient qu'il ne cessait pas de se retourner pour regarder derrière lui.

Ils mirent une heure pour atteindre le premier bataillon, et après un court repos ils reprirent une piste latérale qui menait au deuxième bataillon. Ils y arrivèrent vers le milieu de l'après-midi, et Croft reçut l'ordre de camper pour la nuit dans le périmètre du bivouac. Les hommes se débarrassèrent de leurs sacs, déballèrent leurs toiles imperméables, et se mirent en devoir de remonter leurs tentes. Un poste de mitrailleuse se trouvait en face d'eux, et ils ne prirent pas la peine de se creuser des trous. Ils restèrent à souffler et à bavarder, et peu à peu la fatigue les envahit — accumulée au cours de la semaine. « Nom de Dieu, dit Wilson, tu parles d'un trou isolé, où c'est qu'ils nous ont mis. Je vous le dis moi, je voudrais pas y passer une lune de miel. »

Il se sentait agité. Il y avait un chatouillement dans sa poitrine, et la lassitude lui coupait les jambes et les bras. « Dis, annonça-t-il, pour sûr que je m'enverrais bien une jolie grosse bouteille de gnole. » Il allongea les jambes et bâilla un peu désespérément. « Savez quoi, fit-il, j'ai entendu dire qu'y a un sergent de mess ici qui fabrique de quoi faire pompette. » Personne ne lui répondit, et il se mit debout. « Je vas faire un tour et voir si je peux nous dégoter un peu de gnôle. »

Red le regarda avec irritation. « Non, mais, et avec quel argent ? Je croyais que t'as perdu tout ton fric, là-haut. » Ils avaient joué au poker tous les jours.

Wilson se sentit offensé. « Dis voir, Red, déclara-t-il, j'ai jamais encore été à sec. Je suis joueur de poker, je prétends pas le contraire, mais je te parie qu'y a pas beaucoup qui peuvent se vanter de m'avoir baisé dans une partie. » Au fait, il avait perdu tout son argent, mais quelque obscur sentiment de fierté lui interdisait de l'admettre. Il ne pensait pas, pour l'instant, comment il allait payer le whisky, à supposer qu'il en trouvât. Ce qui l'intéressait en premier lieu, c'était de trouver la boisson. Laisse-moi seulement voir la gnole, pensa-t-il, et je me débrouillerai bien pour la siffler.

Il revint, tout souriant, au bout d'une quinzaine de minutes. Il s'assit à côté de Croft et de Martinez, et se mit à battre le sol avec un bout de branche. « Dis donc, fit-il, y a un petit vieux sergent de mess qu'a un alambic dans la forêt là-bas. J'y ai parlé, et j'y ai fait dire son prix.

— Combien ? demanda Croft.

— Ben, je vas te dire, fit Wilson, c'est comme qui dirait cher... mais c'est de la bonne camelote. Il fricote ça avec des pêches de conserve et des abricots et des raisins et un tas de sucre et de levure. Il m'en a fait goûter. C'est du bon.

— Combien ? demanda Croft de nouveau.

— Ben, voilà, il veut vingt-cinq de ces livres pour trois bidons pleins. J'ai jamais pu calculer ces sacrées livres, mais je dois dire que c'est pas beaucoup plus de cinquante dollars. »

Croft cracha. « Mon œil, cinquante dollars. C'est quatre-vingts. C'est joliment salé pour trois bidons seulement. »

Wilson approuva de la tête. « Sûr, mais puis quoi, on sera quand même bousillés demain. » Il fit une petite pause avant que de reprendre : « Dis, on peut s'y mettre avec Red et Gallagher, alors ça sera cinq livres par tête de pipe parce qu'on sera cinq. Cinq fois cinq, vingt-cinq, pas vrai ? »

Croft réfléchit. « Si Red et Gallagher en sont, Martinez et moi on est du tas. »

Wilson s'en fut parler à Gallagher, et il le quitta avec cinq livres australiennes dans la poche. Il s'arrêta pour faire la causette avec Red, mentionna le prix. « Cinq livres par tête de pipe pour trois pouilleux bidons ? explosa Red. Wilson, pour vingt-cinq livres tu peux avoir cinq bidons.

— Te sais bien qu'on peut pas, Red. »

Red jura. « Et toi, comment qu'elle est la couleur de tes cinq livres, Wilson ? »

Wilson lui montra l'argent de Gallagher. « La voilà, Red.

— Ça sera-t-il pas le pèse de l'un des gars, dis donc ? »

Wilson soupira. « Honnêtement, Red, je sais pas comment diable tu peux penser des choses comme ça d'un pote. » Il était, ce disant, tout à fait sincère.

« Bon, voilà un billet de cinq », grogna Red. Il croyait toujours que Wilson mentait, mais c'était, après tout, sans importance. Il avait besoin de se saouler de toute façon, et il n'avait pas l'énergie de se mettre lui-même en quête de gnôle. Son corps se raidit au souvenir de la panique qui s'était emparée de lui quand, sur la piste où il s'en allait tout seul, il avait entendu le coup de feu tiré par Croft. « N'importe comment, on ne fait jamais que se baiser les uns les autres. » Il ne pouvait pas oublier la mort du Japonais. Il y avait là quelque chose qui clochait. Puisque le Japonais n'avait pas été tué sur le coup, il devait être fait prisonnier. Mais il y avait autre chose. Il n'aurait pas dû s'en aller. Toute une semaine là-haut, la nuit sur la rivière, les tueries. Il soupira lourdement. Que Wilson se donne du bon temps. Il devenait difficile de s'en donner, du bon temps.

Wilson se fit remettre le restant de la somme par Croft et Martinez, se munit de quatre bidons vides, s'en fut voir le sergent de mess. Il lui versa la somme convenue de vingt livres et s'en revint avec quatre bidons pleins. Il en cacha un dans sa tente, sous une couverture pliée, puis il rejoignit les autres, détacha les bidons de sa ceinture. « On fera mieux de les vider dare-dare, dit-il. Cet alcool il peut bouffer le métal. »

Gallagher prit une lampée. « Avec quelle ordure que c'est fait ? demanda-t-il.

— Oh, c'est de la bonne camelote », l'assura Wilson. Il but une longue gorgée et exhala avec satisfaction. L'alcool se répandit dans son gosier et sa poitrine et se déposa tièdement dans son estomac. Une sensation de bien-être se propagea en spirale dans ses membres, et une joyeuse chaleur commença à détendre son corps. « Dis, ça me fait du bien », fit-il. Avec la lampée dans son ventre, et la conscience que d'autres lampées allaient suivre, il se sentait du génie. Un désir lui venait d'aborder des sujets philosophiques. « Te sais, dit-il, le whisky c'est le genre de chose qu'un gars y devrait pas s'en passer. C'est ça qui cloche avec cette nom de Dieu de guerre : y a pas moyen de moyenner et de se payer du bon temps même si ça fait pas de mal à personne. »

Croft grommela dans sa barbe et essuya le goulot du bidon avant que d'y boire. Red laissa couler un peu de terre entre ses doigts. L'alcool avait une saveur douce et rêche qui lui écorchait le gosier et dilatait son irritation. Il frotta son nez rouge et lourdaud, puis cracha coléreusement. « Y a personne qui te demandera ce que tu veux faire, dit-il à Wilson. Tout ce qu'ils savent, c'est t'envoyer te faire crever le cul. » Le temps d'une seconde il revit les cadavres dans la clairière verdoyante, l'air nu de la chair lacérée. « Te fais pas d'idées, dit-il. Un gars est pas plus important qu'un sacré nom de Dieu de clebs. »

Gallagher se rappelait comment les jambes et les bras du prisonnier japonais avaient frémi dans la seconde où Croft avait tiré. « Exactement comme un foutre de poulet à qui on tord le cou », marmotta-t-il hargneusement.

Martinez leva la tête. Son visage était cave, et il y avait des ombres sous ses yeux. « Pourquoi toi pas te taire ? demanda-t-il. Nous voir même chose que toi. » Sa voix, presque toujours calme et polie, eut une note bilieuse et stridente qui étonna Gallagher et le fit taire.

« Faisons circuler le bidon, suggéra Wilson. Il l'inclina et le pompa jusqu'à la dernière goutte. Je crois qu'il faut déboucher un autre bidon, soupira-t-il.

— On a tous payé pour la gnole, dit Croft. Faut que chacun boit sa part. » Wilson pouffa.

Ils restaient assis en rond, se passant le bidon de temps à autre, parlant d'une voix paresseuse et indifférente qui commença à s'empâter avant qu'ils eussent fini leur deuxième gourde. Le soleil s'abîmait du côté de l'Ouest, et pour la première fois cet après-midi les arbres et les tentes en toile imperméable d'un vert noirâtre se mirent à projeter des ombres. Accroupis à une trentaine de mètres de là, Goldstein et Ridges et Wyman se parlaient à voix basse. De temps à autre un bruit filtrait à travers l'îlot des palmiers — camion grimpant le long du chemin qui menait au bivouac, exclamation de quelque soldat en corvée. Tous les quarts d'heure une batterie faisait feu au loin, et chacun attendait inconsciemment l'explosion de l'obus. Rien ne s'offrait à leur vue, hormis le fil barbelé en face d'eux et l'épaisse broussaille au delà de la palmeraie.

« Ben, demain on sera de retour à la compagnie... dit Wilson. Buvons à notre retour.

— J'espère qu'on passera le reste de la campagne à trimer sur cette foutre de route », fit Gallagher.

Croft promena rêveusement un doigt sur son ceinturon. L'excitation qu'il avait ressentie après le meurtre du prisonnier s'était évanouie au cours de la marche, pour se changer en une morne et creuse indifférence quant à tout ce qui l'entourait. Bien que sa maussaderie restât stationnaire, un vague travail se faisait en lui à mesure qu'il buvait. Ses idées s'alourdissaient et se troublaient, et il demeurait immobile et silencieux pendant de longues minutes, attentif au curieux tournoiement qui se donnait libre cours au dedans de son corps. Son esprit bâillait au rythme de son ivresse, pareil à une ombre sous-marine qui ondule autour d'un pilotis. Il lui arrivait de penser — Janey était une putain ivre, et un lourd et douloureux caillot obstruait sa poitrine. « Crac ce vlan », grommela-t-il, son esprit tournoyant avec paresse autour du souvenir sensuel d'une chevauchée sur le haut d'une colline qui surplombait une vallée ensoleillée. L'alcool se répandit dans ses jambes, et pendant un instant il se rappela le mélange complexe de sensations que l'on éprouve quand le soleil a chauffé votre selle et quand l'on s'imprègne de l'odeur de cuir chaud et de cheval en sueur. La sensation de chaleur due à l'alcool recréa pour lui l'éblouissant soleil dans la clairière verdoyante où gisaient les corps japonais, et comme il pensait au regard de surprise qui s'alluma dans l'œil du prisonnier à la seconde de sa mort, un filet de rire se mit à couler en lui et à s'égoutter entre ses lèvres étroites et serrées — semblable à un filet de salive qui glougloute dans la bouche d'un malade. « Sacré nom de Dieu », marmonna-t-il.

Wilson se sentait exceptionnellement en forme. Le whisky avait rempli son corps de sensations roses, d'un bien-être total, et de vagues et lascives images affleuraient à son esprit. Son aine s'engorgeait, devenait tumescente, et son nez frémissait d'excitation au souvenir des effluves sudatoires et fermentescibles d'une femme en chaleur. « Y a rien que je donnerais pas maintenant pour tirer un coup. Au temps que je travaillais comme boy d'étage à l'hôtel Main, y avait là-bas une fille qu'était chanteuse dans un petit vieux orchestre qu'est venu jouer dans notre ville. C'est moi qu'y répondais quand elle sonnait pour qu'on lui apporte à boire. Ben, j'étais un jeunot alors, et j'étais comme qui dira lent à piger, mais un jour que je suis monté dans sa chambre la voilà qui m'attend le cul à poil. Je vous le dis, j'y suis resté pendant trois heures sans descendre pour m'occuper de mon boulot, et y a pas une seule bonne manière qu'elle m'a pas fait. » Il soupira, se servit une longue lampée. « Elle et moi on a niqué tous les après-midi pendant deux mois entiers, et elle m'a dit qu'y avait pas un homme qui pouvait me battre. » Il alluma une cigarette, et ses yeux pétillèrent derrière ses verres. « Je suis un bon zigue, tout le monde peut vous le dire. Y a pas de merdouille de rien du tout que je réparerais pas, y a pas la plus petite bricole dans une machine qu'a jamais pu me baiser, mais je suis un fils de garce quand s'agit de femmes. Y a des tas de femmes qui m'ont dit qu'elles ont jamais trouvé un homme comme moi. » Il passa sa main sur son front massif, et de là sur sa crinière dorée. « Mais y a rien qui bouffe un gars comme de rester sans femme. » Il ingurgita une autre lampée. « J'ai une môme qui m'attend au Kansas, une qui sait pas que je suis marié. On s'est mis ensemble quand j'étais à Fort Riley. Cette petite vieille môme m'écrit tout le temps des lettres, Red vous le dira parce que c'est lui qui me les lit, et elle m'attend que je reviens. Pour ce qu'est de ma vieille, je lui répète tout le temps qu'elle fera mieux d'arrêter de m'écrire ces espèces de lettres où c'est qu'elle me dispute à cause des gosses et pourquoi que j'y envoie pas plus d'argent, parce que sinon je suis bougrement sûr que j'y retournerai pas, chez ma vieille. Me-e-e-rde, de toute façon, j'aime mieux la petite vieille môme du Kansas. Elle me cuit des repas que ça vaut la peine de les manger. »

Gallagher s'ébroua. « Des foutres d'épateurs comme toi, tout ce qu'ils ont le temps de faire c'est baiser et baffrer.

— Ben, qu'est-ce qu'y a de mieux que ça ? demanda Wilson avec douceur.

— Ce qu'y a c'est qu'y a pas moyen de se démerder, dit Gallagher. On se crève le cul, alors je voudrais que ça sera pour quelque chose. Il avait un air lugubre. J'ai un gosse qui me vient à cette heure, il est peut-être en train de naître tout juste pendant que je suis en train de boire, mais sacré nom de Dieu la vérité vraie c'est que j'ai foutre jamais eu de veine. Il fit entendre un petit gémissement de colère et se pencha en avant avec passion. Dis, je me rappelle qu'y avait des temps où c'est que j'avais l'habitude de sortir pour faire un tour, et... je... je voyais des choses, et je savais que j'allais devenir quelqu'un de grand. Il se tut amèrement. Mais y avait toujours quelque chose qui m'a baisé. » Il se tut de nouveau, irrité, comme s'il cherchait ses mots, puis il détourna maussadement son regard.

Red se sentait très ivre et très profond. « Je vous dirai une chose les gars... pas un de vous arrivera jamais à rien. Z'êtes tous de bons gars, mais s'aurez toujours... le bout merdeux du bâton. Le bout merdeux du bâton, c'est tout ce que z'aurez. »

Croft partit d'un rire rugissant. « T'es un bon bâtard, Gallagher », cria-t-il d'une voix morne, tout en lui assenant une tape sur le dos. Il était en proie à une vaste et explosive gaieté qui embrassait tout. « Et toi t'es exactement un vieux coq, Wilson. T'es un sacré nom de Dieu de lécheur... » Sa voix était opaque, et les autres, malgré leur ivresse, le regardèrent avec un sentiment de malaise. « Je parie que t'es né avec ta tringle raide. »

Wilson fit entendre son petit rire : « C'est ce que je suppose moi-même. »

Ils partirent tous d'un rire violent, et Croft secoua la tête comme pour la débarrasser d'un tumultueux vertige. « Je vas vous dire quelque chose, fit-il. Vous êtes tous de bons gars. Vous êtes tous des poules mouillées et vous êtes tous des jaunes, mais vous êtes de bons gars. Nom de Dieu, y a rien qui cloche avec vous. » Il esquissa un mince sourire qui lui mit la bouche de travers, puis il rit de plus belle et se paya une longue lampée. « Nom de Dieu, mange-Japonais que voici est le meilleur ami qu'un homme peut avoir. Mex ou pas Mex, tu peux pas le baiser. Même vieux Red qu'est un navet de salaud de vieux fils de pute, et je vas le tuer un de ces jours, même vieux Red pense pas à mal tout stupide qu'il est. »

Une pointe de peur entama Red, et, le temps d'une seconde, il se trouva sur le qui-vive, comme sous l'action d'une fraise à forer qui taraude une dent. « Autant à ton service, Croft », dit-il.

Le rire de Croft fut intensément gai. « Voyez ce que je veux dire », remarqua-t-il.

Red retomba dans une somnolence chagrine. « Z'êtes foutre tous de bons gars », dit-il avec un vague mouvement de la main.

Croft, soudainement, partit d'un petit rire bête. C'était la première fois que les hommes l'entendaient émettre un tel son. « Comme l'a dit Gallagher, ce vieux con de fils de pute faisant patapouf dans la crasse pareil que s'il était un poulet à qui on a tout juste tordu le cou. »

Wilson pouffa avec lui. Il ne savait pas pourquoi Croft riait, mais il ne s'en souciait pas. Tout ce qui l'entourait était devenu diffus et incertain et plaisant. Il les aimait bien, les hommes qui buvaient avec lui ; supérieurs et aimables — tels ils lui apparaissaient à travers les remous langoureux de son esprit. « Vieux Wilson vous laissera jamais tomber », dit-il, riant sous cape.

Red renifla avec mépris et frotta le bout de son nez engourdi. Il ressentait une furieuse irritation contre un ensemble de choses trop nombreuses et trop subtiles pour qu'il pût les spécifier. « Wilson, t'es un bon pote, dit-il, mais nom de Dieu te vaux pas tripette. Je vas te dire une chose, tous tant qu'on est on vaut pas tripette.

— Red saoul, fit Martinez.

— T'as foutrement raison », cria Red. L'alcool le rendait rarement heureux. Sa mémoire reconstituait une morne enfilade de bars crasseux et de buveurs qui regardaient avec résignation le fond de leur verre. Il revit l'opaque anneau à la base des verres, et, la paupière close, il les vit circuler dans son cerveau. Il se sentit osciller sous l'ivresse, ouvrit les yeux, se redressa violemment. « Allez vous faire foutre, tous tant que vous êtes », dit-il.

Ils ne firent pas attention à lui. Apercevant Goldstein qui, assis tout seul sous une tente, écrivait une lettre, Wilson parut soudainement honteux de faire ribote à part, sans avoir demandé aux autres membres de l'escouade de venir se joindre à leur beuverie. Il l'observa pendant quelques secondes, tout occupé à gribouiller au crayon et à remuer silencieusement les lèvres, et encore qu'il se dit qu'il l'aimait bien, il fut vaguement irrité que Goldstein se tint à l'écart. Ce Goldstein est un bon zigue, pensa-t-il, mais c'est comme qui dirait un je-bouge-pas-de-mon-trou. Il lui semblait que le sens fondamental de la vie échappait à Goldstein.

« Hé, Goldstein, hurla-t-il, viens par ici ! »

Goldstein leva la tête et sourit timidement. « Merci, mais je suis en train d'écrire à ma femme. » Il avait parlé avec douceur mais un accent craintif se devinait en suspens dans sa voix, comme s'il savait qu'il allait être maltraité.

« Eh, laisse tomber cette vieille lettre, dit Wilson. Ça peut attendre. »

Goldstein soupira, se leva, et vint rejoindre les buveurs. « Qu'est-ce que tu veux ? » demanda-t-il.

Wilson rit. La question lui semblait absurde. « Eh, quoi, bois un coup. Pourquoi que tu penses que je t'ai appelé ? »

Goldstein hésita. Il avait entendu dire que l'alcool fabriqué dans les alambics de la jungle était souvent toxique. « Quel genre est-ce ? dit-il pour gagner du temps. Est-ce du vrai whisky, ou du jus de jungle ? »

Wilson se sentit offensé. « Dis donc, c'est de la bonne gnôle, ça. On demande pas des questions comme ça quand on t'invite à prendre un coup.

— Israël, s'ébroua Gallagher, c'est à prendre ou à laisser. »

Goldstein rougit. Par crainte de leur dédain il avait été sur le point d'accepter, mais maintenant il secoua la tête. « Non, non, merci », dit-il. Et si ça m'empoisonnait ? pensa-t-il. Ça serait une jolie façon de laisser Natalie se débrouiller toute seule. Quand on a femme et enfant on ne doit pas courir de risques. Il secoua de nouveau la tête, regardant leurs visages durs et impassibles. « Vraiment, je n'en ai pas envie », dit-il de sa voix douce et comme essoufflée, tout en attendant avec appréhension leur réponse.

Tous lui manifestèrent leur dédain. Croft cracha et regarda ailleurs. Gallagher prit un air vertueux. « Pas un *d'eux* qui boit », grommela-t-il.

Goldstein savait qu'il aurait dû s'en retourner à sa lettre, mais il fit une faible tentative pour se justifier. « Oh, je bois, dit-il. J'aime un verre de temps à autre, avant le repas ou dans une partie de plaisir... » Il se tut. Dès l'instant où Wilson l'avait appelé il eut, au fond de lui-même, l'amère certitude qu'il allait à la rencontre d'un désagrément, certitude qui n'avait servi qu'à émettre au hasard des signaux avertisseurs auxquels il était incapable d'obéir.

Wilson paraissait en colère. « Goldstein, t'es un chialeux, voilà ce que *t'es.* » Du haut de sa supériorité et de son bien-être, il ressentait un ennui condescendant à l'endroit de quiconque était trop stupide pour apprécier la chance qu'il avait tendue à Goldstein.

« Eh, va donc écrire ta lettre », beugla Red. Il était de mauvais poil, et l'air ahuri et humilié de Goldstein l'offusquait. Il le méprisait pour son incapacité de dissimuler ses sentiments ; il goûtait, de plus, un plaisir ironique, à la fois sombre et amusé, d'avoir su avec exactitude ce qui allait arriver. Tout au fond de lui-même il nourrissait une trace de sympathie pour Goldstein, mais il la refoula. « Un homme vaut pas tripette si qu'il sait pas se défendre », grogna-t-il.

Goldstein fit brusquement demi-tour et s'en alla. Le cercle se resserra, qui rapprochait les buveurs, et il y eut un lien presque tangible entre eux. Ils débouchèrent le troisième bidon.

« Ç'a été une erreur d'essayer d'être gentil avec lui », dit Wilson.

Martinez approuva du chef. « Qui payer la gnôle, boire. Personne boire à l'œil. »

Goldstein s'efforça de se remettre à sa correspondance, mais il lui était impossible d'écrire. Il songeait sombrement à ce que les hommes lui avaient dit et à ses propres réponses, regrettant de n'avoir pas imaginé les répliques qui maintenant lui venaient à l'esprit. Pourquoi est-ce qu'ils s'acharnent tellement contre moi ? se demanda-t-il sur le point de pleurer. Il reprit sa lettre, la relut, sans en saisir tout à fait le sens. Il projetait d'ouvrir un atelier de soudure après la guerre, et depuis qu'il était outre-mer lui et sa femme ne cessaient pas d'en discuter dans leur correspondance. Il n'était pas exactement en train d'écrire quand Wilson l'avait appelé ; crayon en main, il songeait avec enthousiasme et joie au jour où il deviendrait un citoyen établi dans la communauté, avec pignon sur rue. Il ne s'agissait pas d'une simple rêverie ; il avait déjà choisi l'emplacement de son futur atelier, et il avait imaginé bien proprement l'argent que lui et sa femme économiseraient si la guerre durait un an ou deux tout au plus — il était très optimiste quant à la durée de la guerre — et il avait même calculé combien ils pourraient mettre de côté au cas où il serait promu caporal ou sergent.

Là était son seul plaisir depuis qu'il avait quitté l'Amérique. La nuit, sous sa tente, il restait éveillé et faisait des projets d'avenir, ou bien il pensait à son fils, ou encore il essayait d'imaginer où sa femme pouvait être à ce moment-là. Et parfois, s'il décidait qu'elle était en visite chez ses parents, il tâchait de reconstituer leur conversation et il gigotait d'allégresse rentrée au souvenir des plaisanteries familiales.

Mais, à présent, il ne lui était pas possible de s'abandonner à ces réflexions. Dès qu'il s'efforçait d'entendre la légère et paisible voix de sa femme, il devenait conscient du rire obscène des hommes qui n'arrêtaient pas de boire. Ses yeux s'emplirent de larmes, et il secoua la tête avec colère. Pourquoi le haïssaient-ils à ce point ? se demandait-il. Il faisait de son mieux pour être un bon soldat. Il ne s'était jamais soustrait à une corvée, il était aussi fort que n'importe lequel d'entre eux, et il travaillait plus consciencieusement que la plupart des hommes de sa section. Malgré bien des tentations il n'avait jamais, étant de garde, tiré un coup de fusil, mais personne ne semblait s'en être aperçu. Croft n'avait jamais reconnu son mérite.

Ce n'est qu'une bande d'antisémites, se dit-il. Tout ce que les *goyim* savent, c'est courir avec des femmes de peu et se saouler comme des cochons. Il regrettait, dans le secret de son cœur, de n'avoir connu que peu de femmes, de ne pas connaître la facile et bruyante camaraderie de l'ivresse. Il était fatigué d'espérer s'en faire des amis ; ils ne voulaient pas de lui, ils le haïssaient. Avec exaspération, il frappa de son poing la paume de sa main. Mon Dieu, comment pouvez-Vous permettre que les antisémites soient en vie ? demanda-t-il. Il n'était pas religieux, et cependant il croyait en un Dieu, un Dieu personnel à qui l'on pouvait chercher querelle, à qui l'on pouvait certainement adresser des remontrances. Pourquoi ne mettez-Vous pas fin à ces choses ? demandait-il avec amertume. Cela lui semblait une chose bien simple à accomplir, et il s'irritait contre le Dieu en lequel il croyait, comme si celui-ci eût été un parent, bon certes, mais un peu étourdi, un peu paresseux.

Il se remit à sa lettre. « Je ne sais pas, chérie, j'en ai tellement assez parfois que j'ai envie de tout plaquer. C'est une chose terrible à dire, mais je hais les soldats avec lesquels je me trouve, c'est une bande de *grobe jungen*. Honnêtement, chérie, il est bien dur de se rappeler toutes nos belles idées. Malgré les Juifs en Europe, il m'arrive de ne pas savoir pourquoi nous luttons... » Il relut ce qu'il venait d'écrire, puis l'effaça violemment, restant là, immobile, saisi d'une angoisse froide.

Il changeait. Il s'en rendit compte, soudainement. Sa confiance s'en était allée, et il n'était plus sûr de lui-même. Il haïssait tous ceux avec qui il vivait et travaillait, alors qu'il ne se souvenait pas d'avoir jamais haï personne. Il se prit la tête, puis, laborieusement, il recommença à écrire. « J'ai une idée qui n'est pas mauvaise. Peut-être devrions-nous essayer d'entreprendre quelque chose du côté des vieilles guimbardes. Il y a des tas de rossignols qui n'auraient besoin que d'un peu de soudure pour remarcher, et à supposer qu'ils n'aient pas l'air très pimpant... »

Wilson ne se sentait pas en place. Il était resté assis au même endroit pendant plusieurs heures, et il commençait à se trouver moins content de la vie. Ses séances de beuverie suivaient toujours la même courbe : au cours des premières heures il se sentait heureux et bienveillant, et plus il buvait et moins digne d'intérêt lui semblait quiconque ne buvait pas. Mais, au bout d'un certain temps le besoin lui venait de quelque excitant supplémentaire, et il commençait à s'ennuyer et à redevenir un rien sobre. Il se trémoussait, devenait agité, puis tout à coup il quittait le bar ou la maison où il buvait, prêt à s'embarquer dans n'importe quelle aventure qui se présentait. Il lui était arrivé bien souvent de se réveiller le jour suivant dans le lit d'une femme inconnue, ou dans un caniveau, ou sur le sofa — dans une chambre de sa petite maison de bois. Et bien rarement il se souvenait de ce qui lui était arrivé.

Il vida les dernières gouttes du troisième bidon et soupira bruyamment. Sa voix était devenue très épaisse. « Qu'est-ce qu'on va fiche maintenant, les gars ? » demanda-t-il.

Croft se mit debout en vacillant et rit de nouveau. Il n'avait pas arrêté de pouffer de tout l'après-midi. « Je vas dormir », annonça-t-il.

Wilson secoua la tête, se pencha en avant, et retint Croft par la jambe. « Sergent — je vas t'appeler sergent parce que t'es un sacré nom de Dieu de commandeur — sergent, c'est pas le moment d'aller au pieu vu qu'il fera pas noir avant une heure, et peut-être deux. »

Gallagher sourit de travers. « Te vois pas que cet enculé de Croft il voit plus clair ? »

Croft se baissa et saisit Gallagher par le col de sa chemise. « Que je suis saoul ou pas saoul, pas un de vous me parlera comme ça, pas un de vous. » Il le repoussa soudainement. « Je me rappelle foutre bien ce que t'as dit... » Sa voix se fit traînante. « Je me rappelle, attends voir jusqu'à demain. » Il se tut, rit de nouveau, puis, d'un pas un peu incertain, il se dirigea vers sa tente.

Wilson faisait aller et venir un bidon vide. « Qu'est-ce qu'on va fiche ? » demanda-t-il, lâchant un rot.

« Sacrée gnole finir trop vite », dit Martinez. Il commençait à se sentir très déprimé à l'idée de l'argent qu'il avait dépensé.

Wilson se pencha en avant. « Dites donc, les gars, j'ai une idée. Vous savez, y a ces Japonais qu'ont des bordels à roulettes qu'ils font venir jusqu'en première ligne.

— Où c'est que t'as entendu ça ? demanda Gallagher.

— Je l'ai entendu, et c'est sûr et certain. Ben, pourquoi qu'on se faufilerait pas cette nuit dans leurs lignes ? On pourrait s'envoyer une de ces jaunes. »

Red cracha. « Qu'est-ce qu'y a, te veux voir si elles ont la raie horizontale ?

— C'est les Chinoises, avec la raie horizontale.

— Wilson, dit Gallagher avec truculence, t'es un qu'aime les moricauds. »

Wilson rit. « Mee-e-erde », fit-il d'une voix traînante. Il avait déjà oublié son projet.

Une fois de plus Red pensait aux corps dans la clairière. Il ressentait une curieuse fascination au souvenir de leur aspect. Un accès de peur le saisit, et de nouveau il regarda par-dessus son épaule. « Pourquoi qu'on irait pas aux souvenirs ? cria-t-il furieusement.

— Où donc ?

— Doit y avoir des Japonais morts par ici », dit-il, résistant à son envie de se retourner.

Wilson poussa un petit rire bête. « Y en a, y en a, fit-il hâtivement. En bas, à deux-trois cents mètres de l'alambic de ce sergent de mess y a eu une bataille. Je me rappelle qu'on est passé juste à côté, juste à côté.

— La nuit quand nous aller à la rivière et quand les Japonais venir, intervint Martinez. Cette nuit les Japonais venir presque jusqu'ici.

— C'est ça, dit Wilson. J'ai entendu dire qu'ils sont venus avec leurs tanks.

— Eh bien, allons-y voir alors, marmotta Red. On ramassera quelques souvenirs. »

Wilson se leva. « Nom de Dieu, si y a une chose que je dois faire quand je suis pompette, c'est battre le pavé. » Il s'étira. « Ben, les gars, allons-y. »

Les autres le regardèrent sans mot dire. Ils flottaient dans un état de stupeur, et ils avaient discouru à tort et à travers, sans but. Ils avaient parlé sans penser à ce qu'ils disaient, et l'énergie de Wilson les déroutait. « Allez, debout les gars », répétait-il.

Ils lui obéirent, parce qu'ils étaient passifs, et parce qu'ils auraient obéi à quiconque leur aurait dit de faire ceci ou cela. Wilson ramassa son fusil, et eux, le voyant faire, prirent les leurs.

« Où diable est-ce qu'on va ? demanda Gallagher.

— N'avez qu'à me suivre », dit Wilson, laissant échapper une toux d'ivrogne.

Ils le suivirent à la queue leu leu, en une file brisée. Wilson les conduisit à travers le bivouac. Sa bonne humeur lui était revenue. « Montre-moi le chemin du pays », chanta-t-il.

Des soldats les regardaient passer, et Wilson s'arrêta. « Les gars, dit-il, y a ces nom de Dieu d'officiers qui vont nous z'yeuter, alors nom de nom qu'on marche comme des soldats.

— Tête droite ! » hurla Red. Il se sentit tout à coup joyeux.

Ils se remirent en route, exagérément précautionneux, et quand il arriva à Gallagher de trébucher, les autres lui adressèrent des regards réprobateurs. « Nom de Dieu *de nom de nom*, Gallagher », le réprimanda Wilson avec douceur. Il marchait d'un air désinvolte, son pas un rien chancelant, et il commença à siffler. Ils sortirent du camp par une ouverture dans les barbelés et s'avancèrent péniblement à travers un champ d'herbe kunaï, qui leur arrivait à la poitrine. Gallagher trébuchait et jurait, et chaque fois Wilson le regardait tout en portant un doigt à ses lèvres.

Au bout d'une centaine de mètres ils se trouvèrent en pleine jungle. Ils continuèrent à patauger dans l'herbe, puis découvrirent une piste. Très au loin une batterie faisait feu. Martinez frissonnait. La marche le faisait transpirer à grosses gouttes, et il se sentait très déprimé. « Où nom de Dieu champ de bataille ? demanda-t-il.

— Tout de suite au bout de la piste », dit Wilson. Il se rappela le quatrième bidon de whisky, celui qu'il avait caché, et il se mit à pouffer. « Dans un petit instant », leur dit-il. Ils ahanèrent le long de la piste pendant quelque cent cinquante mètres, et finalement débouchèrent sur un chemin. « C'est une route japonaise, dit Wilson.

— Où qu'ils sont, ces foutus Japonais ? demanda Gallagher.

— Oh, sont à des milles d'ici, le rassura Wilson. C'est ici qu'on leur a flanqué une pile. »

Gallagher renifla. « Je peux déjà les sentir, annonça-t-il.

— Sûr, dit Wilson. On m'a dit qu'y en a des tas, tout autour. »

Le chemin passa sous une palmeraie, puis s'engagea à travers un champ de kunaï. A mesure qu'ils avançaient, ils devenaient conscients d'une puanteur qu'ils connaissaient bien. C'était une odeur de putréfaction, pas exactement aussi douceâtre, mais assez semblable à celle d'un tas d'ordures et de tripaille : une exhalaison putride de marécage. Le relent variait en intensité et en qualité ; parfois il frappait leurs narines comme une écœurante émanation de pommes de terre qui pourrissent et parfois cela rappelait la tanière d'un skunks.

« Jésus », pesta Red, contournant le corps d'un Japonais qui s'étalait, aplati, sur le chemin.

Dans les palmeraies, sur les bords du champ, les arbres étaient effeuillés, et les troncs apparaissaient noirs, ou bruns, comme s'ils avaient dépéri de sécheresse. Ebranchés pour la plupart, ils se tenaient nus et solitaires, pareils à une rangée de pilotis sur le sable, à marée descendante. Aucune verdure n'y subsistait.

Partout se distinguait la silhouette noire des tanks incendiés. Fondus parmi les arbres dévastés, dans les cercles d'herbe carbonisée, ils semblaient camouflés comme ces visages d'hommes célèbres noyés dans les bosquets — dans tel jeu d'images pour enfants. Une litière de débris recouvrait le champ. Des cadavres de Japonais gisaient de tous les côtés, et sur une petite butte où ils s'étaient retranchés pour quelques heures, l'artillerie avait trituré de grands trous dans la terre.

Les hommes traînaient par le champ, d'une largeur d'un quart de mille environ. Des corps se voyaient dans l'herbe, tordus, infiniment angoissés eût-on dit, figés dans une suprême contorsion. Ils les contournaient, continuant à clopiner sur le chemin. Un peu plus loin une auto-chenille japonaise et un tank américain donnaient de la bande l'un contre l'autre, comme deux vieilles bâtisses prêtes à s'écrouler. Noirs et disloqués, ils ont dû brûler ensemble. Les corps des Japonais ayant été laissés en l'état, on voyait le chauffeur de l'auto-chenille à moitié versé hors de son siège. Sa tête, écrasée de la tempe à la mâchoire, reposait mollement sur le marchepied de la machine, semblable à un sac de fèves. Une de ses jambes était coincée dans le pare-brise, et l'autre, sectionnée à mi-cuisse, faisait un angle droit avec sa tête. On eût dit qu'elle avait une existence à part.

A un pas de là un autre Japonais gisait sur son dos. Un grand trou ouvrait son ventre et ses entrailles se pressaient dehors en une grappe épaisse, pareille aux pétales congestionnés d'une fleur marine. La chair de son abdomen était très rouge et, dans les affres de la mort, ses mains s'étaient jointes au-dessus de la blessure comme s'il avait voulu y attirer l'attention. Il avait un visage plaisant, impersonnel, aux traits menus, et il paraissait calme. Ses jambes et sa croupe ayant gonflé, son pantalon était détiré au point de ressembler à la culotte collante d'un dandy au temps de Napoléon. Il avait l'air d'une poupée qui perd son crin.

Faisant angle avec lui gisait un troisième soldat. Il portait une terrible blessure à la poitrine. Le feu avait attaqué ses cuisses et son torse lors de sa fuite de l'auto-chenille. Il était couché sur le dos, les jambes écartées et les genoux pliés. Le feu ayant consumé son uniforme, on lui voyait les parties. Elles étaient réduites à l'état de filaments, mais la cendre de ses poils tenait encore en place, semblable à une éponge en paille de fer.

Wilson fureta autour des cadavres, puis laissa entendre un soupir. « L'ont déjà été dépouillés de tous leurs souvenirs », dit-il.

Gallagher vacillait sur ses jambes. « Qui ? Qui foutre l'a fait ? Wilson, t'es un salaud de menteur. C'est toi qu'as volé tous les souvenirs. »

Wilson l'ignora. « Tout ce que je peux dire c'est que c'est une honte quand des gars comme nous on a risqué notre cul toute une nom de Dieu de semaine, et qu'y a même pas de souvenirs. » Sa voix devint amère. « Une honte, nom de Dieu. »

Martinez poussa du pied les parties du cadavre carbonisé, et elles s'affaissèrent avec un petit bruissement — comme s'il avait mis son doigt dans la cendre d'un cigare. Il en éprouva une trace de plaisir, aussitôt noyé dans la tristesse. L'alcool l'avait abattu, et la marche ajouta à son découragement. Les cadavres ne lui inspiraient ni horreur, ni crainte ; sa terreur du trépas était étrangère à la puanteur et aux formes cruelles que les corps se donnaient dans la mort. Il n'aurait pas su dire pourquoi il était triste, mais il lui fallait imputer sa tristesse à quelque chose. Il regrettait l'argent dépensé pour le whisky, et depuis une demi-heure il s'efforçait de calculer le temps qu'il lui faudrait pour remplacer la dépense avec le produit de sa solde.

Red s'appuya contre l'auto-chenille. Il avait le vertige, et il allongea le bras pour se retenir au montant de la benne. Sa main se referma sur un fruit charnu, qu'il rejeta avec hâte. Le fruit était rouge, il avait la forme d'une poire, et Red n'avait jamais rien vu de semblable. « D'où ça vient, ça ? demanda-t-il d'une voix enrouée.

— C'est de la boustifaille japonaise, dit Wilson.

— Où qu'ils pêchent ça ?

— Je sais pas », fit Wilson, haussant les épaules. Il fit voler le fruit d'un coup de pied. Une pointe de peur traversa l'ivresse de Red. Pendant une seconde il pensa à Hennessey. « Ben, Wilson, où c'est qu'ils sont, ces foutus souvenirs ? demanda-t-il.

— Faut que me suivez, les gars », dit Wilson.

Ils laissèrent les deux machines, pour se livrer à une petite exploration en marge du chemin, du côté du talus où les Japonais s'étaient retranchés. L'artillerie avait défoncé la plupart des boyaux et des abris blindés qui sillonnaient la butte. Les remparts de terre étaient à moitié démolis, comme des constructions de sable sur une plage qui s'écroulent sous le pied des baigneurs. Des cadavres jonchaient la place, vingt à trente hommes éparpillés par groupes de deux ou de trois ou de quatre. Des milliers d'éclats de maçonnerie couvraient le talus, d'où une intense odeur se dégageait d'ordures qui brûlent. Des provisions de bouche y moisissaient, des caissons d'équipement déversaient leur contenu, des sacs béaient, la rouille attaquait les fusils, et par toute la butte dévastée se voyait un fouillis de chaussures et de bidons et de morceaux de chair en putréfaction. Mille débris s'éparpillaient sur la place en un désordre chaotique. Morts depuis une semaine, les Japonais avaient gonflé énormément, et leurs jambes et leurs ventres et leurs croupes crevaient leurs uniformes. Ils étaient de couleur verte et pourpre, et les larves couvaient dans leurs blessures et grouillaient sur leurs pieds.

Les larves, d'un demi-pouce de long, ressemblaient à des limaces et à des brouailles de poisson. Elles couvraient les cadavres comme des abeilles s'agglutinent autour de la tête d'un apiculteur. Il n'était pas possible de distinguer les blessures ; la vermine pullulait et grouillait paresseusement dans les moindres craquelures de la chair. L'air aviné, Gallagher regardait une théorie de larves qui s'engouffrait dans la bouche béante d'un mort. Peut-être espérait-il qu'elles feraient entendre quelque bruit, car il se sentit en colère à les voir ripailler en silence. La puanteur était pénétrante, et les mouches volaient en essaims autour des cadavres.

« Salopes de mouches », grogna-t-il. Il fit le tour d'un corps et ramassa une petite boîte de carton qui traînait à terre. Pourri par l'humidité, le carton se défit dans ses mains ; il y trouva quelques fioles minuscules, qui contenaient un liquide noirâtre. « Qu'est-ce que c'est ? » demanda-t-il, après avoir contemplé les fioles d'un œil morose. Personne ne lui répondit, et il les rejeta à terre au bout d'un moment. « Ce que je veux savoir, c'est où foutre qu'ils sont, les souvenirs ? »

Wilson essayait d'enlever la culasse d'un fusil rouillé. « Un de ces jours je vas me procurer un de leurs sabres samoreille », annonça-t-il. Tout en grimaçant, il déplaça un cadavre avec la crosse du fusil. « Sacrée charogne, voilà ce qu'on est tous, de la sacrée charogne. » Des côtes perçaient le torse du mort, vaguement argentées dans la lumière du crépuscule, tandis que la chair crue était d'un brun verdâtre. « Ç'a l'air d'une épaule de mouton », affirma Wilson. Il soupira de nouveau et se mit à descendre la butte. Plusieurs grottes naturelles s'ouvraient de l'autre côté du talus, et dans l'une d'elles une demi-douzaine de corps s'empilaient sur le faîte d'une quantité de boîtes et de caisses à claire-voie. « Eh, les gars, appela Wilson, je vous ai trouvé quelque chose. » Il était fier de lui-même. Leurs brocards d'ivrogne l'avaient vexé. « Quand le vieux Wilson vous dit qu'il dégotera quelque chose, alors tu peux compter dessus. »

Un camion vrombit sur le chemin, filant en direction de quelque bivouac. Wilson agita la main puérilement, puis il s'accroupit et regarda à l'intérieur de la grotte. Les autres l'avaient rejoint, et tous examinaient la place. « Y a un tas de cantines là-dedans, fit Wilson.

— C'est que des caisses à claire-voie, dit Red.

— C'est ce que je veux dire, lui expliqua Wilson. On les vide, et on a des cantines qu'on ramène avec nous. »

Red jura. « Si te veux des caisses, y en a tant et plus à la compagnie.

— Mais non, lui expliqua Wilson. C'est de la camelote, leurs caisses. Celles-ci sont faites comme de vraies cantines.

— Je veux être baisé si je vas me coltiner une boîte tout le long du chemin », dit Red.

Martinez s'était éloigné de quelques mètres. Il avait remarqué un cadavre dont la bouche montrait des dents d'or, et il les dévorait des yeux. Il s'immobilisa à la hauteur du corps, le regard fasciné. Il y avait là au moins sept ou huit dents qui semblaient de l'or massif.

Il jeta un coup d'œil rapide sur ses compagnons qui passaient à l'intérieur de la grotte.

Une convoitise tout à coup s'empara de lui pour ces dents d'or. Il entendait les hommes qui farfouillaient dans la grotte, qui se lançaient des jurons, et malgré lui il regarda de nouveau la bouche béante du cadavre. Pas servir à lui, se dit-il. Tendu dans l'angoisse, il s'efforçait d'estimer la valeur de cet or. Trente dollars peut-être, se dit-il.

Il s'en fut, puis revint sur ses pas. Un profond silence planait sur le champ de bataille ; seul s'entendait le bourdonnement des mouches au-dessus de la butte. En bas, dans la vallée, tout n'était que puanteur et dévastation. Des débris d'hommes mutilés et de véhicules jonchaient la place qui ressemblait à un cimetière de ferraille noire et rouille, avec ça et là une tache d'herbe verte. Tout puer, se dit Martinez, secouant la tête. Un fusil traînait à ses pieds ; il le ramassa sans réfléchir, et d'un coup de crosse il défonça la mâchoire du cadavre. Il y eut un bruit mat, comme celui d'une cognée contre une bûche humide. Il souleva le fusil et assena un autre coup sur la bouche du mort, faisant jaillir les dents. Quelques-unes roulèrent à terre, et d'autres s'éparpillèrent sur la mâchoire écrasée. Frénétiquement, il ramassa quatre ou cinq dents en or et les fourra dans sa poche. Il suait terriblement, et son angoisse semblait exsuder à fleur de sa peau, au rythme même de son cœur. Il aspira profondément, à plusieurs reprises, et peu à peu il commença à se calmer. Il éprouvait un mélange de culpabilité et de jubilation, et il pensa à la fois où, tout petit, il avait volé quelques sous dans la bourse de sa mère. « Nom de Dieu », dit-il. Paresseusement, il se demanda quand il pourrait vendre les dents. La bouche écrabouillée du cadavre l'incommodait, et il le fit rouler du pied. Une colonie de larves lui apparut et il frissonna. Il eut soudainement peur, tourna sur lui-même et rejoignit les hommes dans la grotte.

Dans la grotte, petite de dimensions, l'atmosphère était humide et suffocante. Bien que l'air y semblât frais, les hommes transpiraient à grosses gouttes. Tels des sacs de farine, les corps s'empilaient sur les caisses, et quand ils essayaient de déplacer un cadavre les vers fusaient de tous côtés comme une bande de vairons dans l'eau. Il y avait là un chaos de débris et de fragments : objets de toutes sortes noirs de fumée, déchets de métal rouillé, éclats d'obus, boîtes de munitions éventrées, tas de cendre grise pareille à du mâchefer, et même, s'avançant en saillie hors d'un monticule d'ordures, un tibia carbonisé. La puanteur avait l'intensité délirante de l'éther.

« Y aura pas moyen de les avoir, ces nom de Dieu de boîtes », dit Red. Il avait la nausée et son dos commençait à le faire souffrir immodérément à cause de l'effort qu'il fallait déployer pour déplacer les corps du bout de ses doigts.

« Foutons le camp », dit Gallagher. La lumière, à l'entrée de la grotte, semblait se contracter.

« Dites, les gars, on va pas partir maintenant, non ? » plaida Wilson. Il était déterminé à ramener une boîte.

La sueur noyait les yeux de Martinez. Il était irrité et impatient. « Nous retourner maintenant, hein ? » suggéra-t-il.

Wilson rejeta un des corps et se recula en poussant une exclamation. Il venait de mettre à découvert un serpent. Juché sur le haut d'une caisse, le reptile faisait aller sa tête de côté et d'autre. Grognant de peur, les hommes se reculèrent tous ensemble et s'aplatirent contre le mur opposé de la grotte. Red poussa le cran d'arrêt de son fusil et visa avec lenteur la tête du serpent. Ses mains tremblaient, et il regardait intensément les yeux plats du reptile. « Le manque pas », chuchota Wilson.

Le coup de feu répercuta de mur en mur avec la puissance d'une pièce d'artillerie. La tête du serpent fut réduite en pulpe, et son corps continua à frémir frénétiquement pendant de longues secondes. Frappés de terreur, assourdis par le coup de fusil, les hommes le regardaient fixement. « Foutons le camp », cria Gallagher.

Ils trébuchèrent les uns par-dessus les autres dans leur hâte soudaine de vider les lieux. Une violente panique s'était emparée d'eux tous. Dehors, Wilson se mit à respirer bruyamment, et à s'éponger la face. « Je crois bien que voilà une boîte que j'aurai jamais », dit-il avec une feinte désinvolture. Au fait, il se sentait exténué, et son agitation s'était momentanément épuisée. « Je crois qu'on fera aussi bien de rentrer », dit-il.

Ils descendirent la butte et s'engagèrent sur la route qui menait au bivouac. Ils passèrent la carcasse d'un tank qui s'effritait sur le côté du chemin, les chenilles brisées et rouillées, l'air d'un squelette de lézard. « Nom de Dieu serpent comme ça », dit Martinez.

Red grogna. Il regardait un cadavre, presque nu, couché sur le dos. C'était un cadavre éloquent parce qu'on ne lui voyait pas de blessure, et parce que ses mains crispées s'agrippaient à la terre comme pour demander une dernière fois la même question toujours vaine. L'angoisse avait contracté ses épaules nues, et Red pouvait imaginer sans peine l'expression de souffrance qui avait dû se dessiner sur la bouche du cadavre. Mais ce mort n'avait pas de tête, et Red éprouva une sourde douleur à la pensée qu'il ne verrait jamais le visage de cet homme. Un caillot sanguinolent terminait son cou, et il semblait reposer dans un cadre fait de silence.

Tout à coup Red se rendit compte qu'il était sobre et très las. Les autres l'avaient déjà devancé d'un bon bout de chemin, mais retenu par une émotion qu'il eût été incapable d'exprimer, il continuait à regarder le corps décapité. Alors que l'idée de sa propre mort lui semblait toujours un peu incroyable, tout au fond de lui-même il se disait que l'homme couché là avait lui aussi désiré nombre de choses. Il avait eu une enfance, une adolescence, il avait atteint l'âge d'homme — avec ses rêves et ses souvenirs. Comme s'il voyait un cadavre pour la première fois, il songea avec surprise et saisissement qu'un homme était un objet réellement très fragile.

La puanteur de la grotte emplissait encore ses narines, et le cadavre lui inspirait une horreur pareille à celle qu'il ressentit un jour quand, dans un pré, il dut marcher dans un amas de faces humaines. Il y eut quelque chose d'étrangement satisfait dans ces faces, une espèce de je-me-suffis-à-moi-même, qui se voyait aussi dans ce tronc et ces membres. Encore qu'il sût que le sol allait bientôt aspirer et résorber la fétidité qui se dégageait de la dépouille, l'horrible pestilence lui causait de profonds sursauts d'angoisse. Le souvenir de l'odeur dans la grotte se combinait avec cette odeur-ci, et le terrorisait. Il passait par toute la gamme des fragrances, depuis les tièdes exhalaisons d'un commencement de corruption jusqu'au cœur même de la puanteur cadavérique — une âpre, nauséabonde haleine qui l'empoignait comme une main glacée ; odeur de cercueil dont il eût soulevé le couvercle, et elle le pénétrait, elle se maintenait en lui pendant qu'il regardait le corps sans le voir, sans y penser, tandis que dans sa tête des images se chevauchaient de vie et de mort et de sa propre vulnérabilité.

Puis tout se résorba et il se remit en marche, laissant errer ses yeux sur le fouillis qui s'étalait des deux côtés du chemin. La puanteur continuait à l'oppresser. Tout comme deux colonnes de fourmis qui s'entre-tueraient, pensa-t-il. Il rejoignit les hommes, trottant avec eux à travers les palmeraies et le long de la piste, l'esprit maussade. Ils ne parlaient guère, cuvant leur alcool. Red avait mal à la tête. Il trébucha contre une racine, jura, et, sans transition aucune, il grommela : « Sûr et certain que l'homme il a rien de spécial, s'il pue comme ça quand il est mort. »

De retour au deuxième bataillon, Wyman s'amusa à torturer un insecte. Il avait piqué une brindille dans le corps, long et poilu, d'une chenille colorée noir et or. La bestiole se mit à courir en rond, puis s'affala sur le dos, faisant des efforts éperdus pour se remettre sur ses pattes. Wyman la toucha avec le bout rougeoyant de sa cigarette, et elle se tortilla, se recroquevilla en forme de L, et resta prostrée, tandis que ses pattes se débattaient faiblement. On eût dit qu'elle essayait désespérément de respirer.

Ridges avait observé la scène avec déplaisir. Un air de menace ridait son visage long et trapu. « C'est point une manière de traiter un insecte », dit-il.

Wyman était absorbé par les convulsions de la chenille, et l'interruption de Ridges l'irrita. Il se sentait un rien honteux. « Qu'est-ce que te veux dire, Ridges ? C'est-il si important, un insecte ?

— Crotte, soupira Ridges. Il t'a point fait de mal. S'occupait de ses affaires, lui. »

Wyman se tourna vers Goldstein. « Voilà le prédicateur qui s'excite à cause d'un insecte. » Il rit sarcastiquement, puis ajouta : « Tuer une créature de Dieu, pas ? »

Goldstein haussa les épaules. « Chacun son point de vue », dit-il doucement.

Ridges baissa la tête d'un air obstiné. « Je dis point que c'est pas facile de se moquer d'un homme qui croit dans la parole de Dieu.

— Te manges de la viande, non ? » demanda Wyman. Il était content d'avoir le dessus, car il se sentait d'habitude inférieur à la plupart des hommes de l'escouade. « Où c'est-il dit, nom de Dieu, que te peux manger la viande mais que te peux pas tuer un insecte ?

— La viande c'est pas pareil. Je mange pas les insectes. »

Wyman versa un peu de terre sur la chenille et l'observa qui se débattait. « Je vois pas que tu te fais de la bile si que te descends un Japonais, dit-il.

— C'est des *païens*, dit Ridges.

— Excuse-moi, dit Goldstein, mais je ne crois pas que tu aies tout à fait raison. Il y a quelques mois j'ai lu un article qui disait qu'il y a plus de cent mille catholiques au Japon. »

Ridges secoua la tête. « Ben, je voudrais point tuer un de ceux-là, dit-il.

— Mais faudra bien que tu le fais, dit Wyman. Pourquoi que t'admets pas que t'as tort ?

— Le Seigneur me gardera de tuer un chrétien, dit Ridges avec entêtement.

— Aaaaah.

— C'est ce que je crois », dit Ridges. Au fait, il était fort troublé. Le tortillement de l'insecte lui rappelait l'aspect qu'avaient pris les corps des Japonais, le lendemain de l'attaque sur la rivière. Ils avaient ressemblé aux bêtes mortes à la ferme de son père. Il s'était dit : « Ça c'est parce que c'est des païens », mais la déclaration de Goldstein l'avait rendu perplexe. Cela représentait un bien grand nombre, cent mille ; il présumait que c'était au moins la moitié du peuple japonais, et il songeait que parmi ceux qui avaient péri sur la rivière certains devaient avoir été des chrétiens. Il y rumina pendant une minute ou deux, puis comprit. Tout cela était bien simple.

« Te crois qu'un homme il a une âme ? demanda-t-il à Wyman.

— Je sais pas. Une âme c'est quoi, nom de nom ? »

Ridges eut un petit rire. « Crotte, t'es point si malin que te penses. L'âme c'est ce qui s'en va de l'homme après qu'il est mort — c'est ce qui s'en va au ciel. C'est pour ça qu'il est si vilain quand te le vois couché dans la rivière. C'est parce qu'il est point ce qu'il a été avant. C'est quelque chose d'important, son âme qui s'en va de lui.

— Qui c'est qui peut le savoir », dit Wyman. Il se sentait philosophe.

La chenille se mourait sous la dernière poignée de terre sous laquelle il l'ensevelissait.

Cette nuit-là, étant de garde, Wilson siffla son bidon de whisky. Cela raviva un peu son ivresse et lui rendit la bougeotte. Assis sur le rebord de son trou, se déplaçant sans cesse, il regardait avec irritation à travers les fils barbelés. Sa tête roulait de côté et d'autre, et il avait du mal à tenir ses yeux ouverts. Il y avait un arbrisseau à une quinzaine de mètres au delà des barbelés, et cela l'ennuyait. L'arbrisseau projetait une ombre qui s'allongeait en direction de la jungle, et cela lui dérobait une section du périmètre. Son irritation augmentait à mesure qu'il regardait cette ombre. Nom de Dieu de buisson, se disait-il. Te penses que te vas cacher un Japonais, pas ? Il secoua la tête. Pas de salaud de Japonais qui va me sauter dessus.

Il sortit du trou et fit quelques pas. Sa démarche était chancelante, et ça l'embêta. Il revint à son trou et se mit à regarder l'arbrisseau. « Qui que t'a dit de pousser ici ? » demanda-t-il. Le vertige s'emparait de lui quand il fermait les yeux, et il se faisait l'impression de mâcher une éponge. Y a même pas moyen de pioncer un coup avec ce nom de Dieu de buisson, se dit-il. Il soupira, fit aller en arrière et en avant la culasse de sa mitrailleuse, coula un regard le long du canon, visa à la base de l'arbrisseau. « Je t'a dit de pas pousser ici », grommela-t-il, pressant le chien. La crosse de la mitrailleuse rebondit sauvagement alors qu'il tirait une longue rafale. Quand il arrêta de tirer l'arbrisseau était toujours là, et de colère il tira une nouvelle rafale.

Le bruit de la mitrailleuse parut terrifiant aux hommes de la section, qui dormaient à une dizaine de mètres de là. Il les arracha à leur sommeil avec la violence d'une décharge électrique, leur enfonça la tête dans la poussière, puis les jeta à genoux. Ne sachant pas que c'était Wilson qui avait tiré, ils crurent à une nouvelle attaque japonaise, et le temps de plusieurs secondes de terreur ils titubèrent entre le sommeil et la veille, tandis que toutes sortes de pensées et d'angoisses se succédèrent dans leur esprit.

Goldstein pensa qu'il était de garde et qu'il s'était endormi. « Je ne dormais pas, chuchota-t-il désespérément à plusieurs reprises, j'avais seulement fermé les yeux pour tromper les Japonais, j'étais prêt, je jure que j'étais prêt. »

Martinez fit entendre une plainte : « Je rendre les dents, je promettre je rendre les dents. »

Wyman rêvait qu'il laissait partir le canon antitank, et il disait : « C'était vraiment pas ma faute, c'est Goldstein qu'a lâché. » Il se sentait coupable ; mais, à l'instant de se réveiller, il avait tout oublié de son rêve.

Couché sur son ventre, Red pensait que le soldat à la baïonnette lui tirait dessus. « Vas-y, fils de garce, vas-y », marmottait-il.

Gallagher pensait : ils vont m'avoir MOI.

Et Croft vécut un instant de peur qui le paralysa et le cloua pieds et poings liés à sa mitrailleuse, alors que les Japonais chargeaient à travers la rivière. La seconde rafale brisa ses liens et il hurla :

« VENEZ ME CHERCHER ! » La sueur couvrit son visage, et il se trouva rampant vers le trou de Wilson. « RECONNAISSANCE DEBOUT ! DEBOUT EN LIGNE ! » mugissait-il. Il était toujours incertain si tout cela ne se passait point sur les bords de la rivière.

Wilson lâcha une nouvelle rafale, et Croft se rendit compte qu'il ne s'agissait pas d'un feu japonais. Il comprit, dans le même instant, qu'ils se trouvaient au bivouac du deuxième bataillon, loin de la rivière. Il se laissa tomber dans le trou de Wilson, lui secoua le bras. « Sur quoi tires-tu ? » Ce ne fut qu'alors qu'il se réveilla tout à fait.

« Je l'ai eu, fit Wilson. Je l'ai descendu, le fils de pute.

— Qui ? chuchota Croft.

— Le buisson. Il pointa son doigt. Là-bas. J'y voyais pas clair. Ça me rendait tout dingo. »

Les hommes rampaient furtivement vers le trou de Wilson. « T'as pas entendu des Japonais ? demanda Croft.

— Foutre non, dit Wilson. Je me serais pas servi de la mitrailleuse, si que j'avais vu un Japonais. J'aurais pris le flingot. Te voudrais pas que je fais repérer la position à cause d'un pouilleux de Japonais ? »

Croft s'efforça de contenir un violent accès de rage. Encore que Wilson fût bien plus fort que lui, il l'empoigna aux épaules et le secoua. « Je jure, je jure, fit-il d'une voix enrouée, si jamais tu me joues un autre tour comme ça, Wilson, je te tue de mes propres mains, je te... » Il se tut, tremblant de violence contenue. « Retournez à vos places, cria-t-il à l'adresse des hommes qui s'approchaient en rampant. Ç'a été une fausse alerte.

— Qui a tiré ? chuchota quelqu'un.

— Retournez à vos places ! » commanda Croft.

Il revint à Wilson. « De tous les sales coups que t'as jamais joués... A partir de maintenant t'es sur ma liste d'emmerdeurs. » Il sortit du trou et regagna ses couvertures. Il pouvait encore sentir ses mains, agitées de tremblements.

Wilson était ahuri. Il se rappelait la belle humeur de Croft au cours de l'après-midi, et son accès soudain de rage lui restait incompréhensible. Est-ce qu'y avait de quoi se mettre tellement en boule ? se demandait-il. Il rit — puis se souvint comment Croft l'avait secoué, et cela le mit en colère. Ç'a pas d'importance combien de temps que je le connais, se dit-il, il a pas le droit de me traiter comme ça. La prochaine fois qu'il me fait quelque chose comme ça, je lui flanque une tournée. Il regarda hargneusement à travers les barbelés. Maintenant que l'arbrisseau était cisaillé à ras de terre, il pouvait embrasser une large échappée de terrain. J'aurais dû faire ça y a longtemps, se dit-il. Il se sentait très vexé par la sortie de Croft. A cause d'une petite rafale de mitraille de rien du tout. Il se rendit compte soudainement que le bivouac tout entier était vraisemblablement réveillé, et que tous écoutaient avec appréhension.

Quand je suis saoul, c'est *alors* que je me flanque dans le pétrin... pensa-t-il en se mettant à pouffer.

Le lendemain matin Croft et ses hommes retournèrent au bivouac de la compagnie d'état-major. Leur absence avait duré sept jours et huit nuits.

*

* *

LA MACHINE A FAIRE LE TEMPS :
RED VALSEN. LE MENESTREL ERRANT

Tout en lui était osseux et noueux. Il avait plus de six pieds de haut, mais il ne pesait pas ses cent cinquante livres. Vu en silhouette, son profil consistait presque entièrement en une large tache en forme de nez et en une longue mâchoire bas pendue. Cet ensemble lui donnait un visage qui semblait bouilli et toujours en colère. Il affichait une expression de mépris définitif, mais, là derrière, ses yeux étaient paisibles, des yeux fatigués, d'un bleu plutôt émouvant, pris dans un filet de rides et de taches de rousseur.

L'horizon est toujours bas. Jamais il ne se hausse au-dessus des collines qui entourent la ville, jamais il ne surplombe le sommet des puits de la mine ni les vieilles maisons de bois vermoulu où vivent les mineurs. Les collines du Montana, d'un brun pâle, dominent la vallée. Tu dois comprendre que tout appartient à la Compagnie. Il y a longtemps de cela elle avait tracé les chemins qui mènent dans la vallée, elle avait creusé les puits, assemblé les maisons pour les mineurs, monté des magasins d'approvisionnement, bâti une église. Depuis lors la ville est une auge. La paie sort des puits et va s'échouer dans la huche de la compagnie. Quand on a bu dans les cabarets de la compagnie, dépensé pour la nourriture et les vêtements, payé le loyer, rien ne reste du salaire reçu. Tous les horizons aboutissent à l'ascenseur de la mine.

Et cela, Red l'apprend très tôt. Que lui reste-t-il d'autre à apprendre, une fois que son père a été tué dans une explosion à la mine ? Certaines choses sont immuables, et l'une d'elles c'est que dans la ville de la Compagnie, quand un mineur a été tué, le fils aîné de celui-ci devient le soutien de la famille. En 1925, quand Red est âgé de treize ans, d'autres fils de mineurs, plus jeunes que lui, travaillent eux aussi à la mine. Les mineurs haussent les épaules. Il est l'aîné de la famille, et cela suffit.

A quatorze ans il est capable de manier une foreuse. Bonne paie pour un petit gars ; mais, tout au fond du puits, à l'extrême pointe du tunnel, la place manque pour se tenir debout. Même un garçonnet doit y travailler à croupetons, les pieds pris dans le minerai qui a débordé le trop plein des wagonnets. Il y fait chaud bien entendu, et humide, et la lumière fixée sur les casques des mineurs se perd bien vite dans le noir des galeries. Le corps de la foreuse, extrêmement pesante, porte sur la poitrine du garçonnet, et quand la mèche vibre sur la rocaille il doit serrer de toutes ses forces les anses de l'appareil.

Quand le trou est percé on le bourre d'explosifs, et les mineurs se retirent derrière une courbe dans les galeries pour faire partir la dynamite. Après l'explosion on enfourne le minerai sur de petits wagonnets que l'on emmène à mesure, et que l'on arrête ça et là pour débarrasser la voie des débris qui s'y sont accumulés. Puis l'on revient avec des wagonnets vides, et l'on continue à charger. Red travaille dix heures par jour, six jours par semaine. En hiver, il peut voir le ciel le dimanche.

Puberté dans le poussier de charbon.

Le soir, vers la fin du printemps, il va s'asseoir avec sa bonne amie dans un petit parc, au bout d'une rue de la Compagnie. La ville finit derrière eux, et les collines, brunes et nues, plus profondes dans le crépuscule, s'éloignent vers l'ouest. Longtemps après qu'il a fait sombre dans la vallée ils peuvent encore apercevoir les dernières striures du couchant par-delà les sommets.

Belle vue, murmure la jeune fille.

Au diable. Je m'en vais d'ici. Red à dix-huit ans.

Je me demande toujours ce qu'il y a de l'autre côté des collines, dit paisiblement la jeune fille.

Il visse sa chaussure dans l'herbe avare du parc. J'ai des démangeaisons aux pieds, je suis comme l'a été mon vieux, l'a été plein d'idées, avait des tas de livres mais ma mère les a vendus. En voilà une femme.

Comment peux-tu t'en aller, Red ? Elle a besoin de ta paie.

Écoute, quand le temps viendra je ramasse mes jambes et je m'en vas. Un homme qui doit rien à personne, il faut qu'il s'en va. (Regardant dans le noir. Déjà, en lui, l'impatience profonde, la colère, et l'autre chose, la dissolution du couchant par-delà le cercle des collines.) T'es une brave fille, Agnès. (Sentiment d'une perte peu grave, plaisante sensation d'auto-apitoiement à l'idée de la quitter.) Mais je te promets, je vas pas vivre l'espèce de vie que mon vieux il a menée. Je vas pas me crever la peau dans la mine.

Tu feras un tas de choses, Red.

Sûr. (Il aspire l'air sucré de la nuit et il sent l'odeur de la terre. La certitude de la force, le mépris à l'endroit des collines environnantes.) Tu sais, je te dirai quelque chose, je crois pas en Dieu.

Tu n'es pas sérieux, Red !

(Sous la couverture, le corps écrasé, aplati, de son père.) Oui, c'est ça, je crois pas en Dieu.

Parfois moi non plus je n'y crois pas, dit Agnès.

Oui, je peux te parler, tu comprends, *toi*.

Mais tu veux t'en aller.

Vrai. (Il y a l'autre certitude. Le corps d'Agnès est jeune et fort et il connaît le parfum de ses seins pareils à la chair poudrée des bébés, mais toutes les femmes changent ici en bois mort.) Prends ce gars Joe Mackey qu'a fait un gosse à Alice et l'a plaquée, ma propre sœur, mais je te dis que je le blâme pas. Faut que tu comprends ça, Agnès.

Tu es cruel.

Oui, c'est ça. C'est un éloge pour ceux qui ont dix-huit ans.

Bien sûr on peut toujours compter que les puits ferment.

C'est bon pour une semaine ; il y a la chasse au lapin et les jeux à la balle, mais le plaisir s'émousse vite. On passe plus de temps à la maison où, sauf la cuisine, tout est en chambres à coucher. Ses petits frères n'arrêtent pas de faire du bruit et Alice est maussade lorsqu'elle nourrit son bâtard. C'était plus facile quand il travaillait, car il est maintenant tout le temps avec eux.

Je quitte la ville, fait-il à la fin.

Quoi ? Non, au nom du Ciel, non, dit sa mère. Tout à fait comme son père. (Une femme courtaude, ramassée, qui n'a jamais perdu son accent suédois.)

Je peux plus y tenir, je vas y pourrir ma vie. Eric est assez grand pour travailler à la mine si jamais ils rouvrent.

Tu pas partir.

C'est pas toi qui m'empêcheras ! crie-t-il. Qu'est-ce qu'on a ici pour sa peine, nom de Dieu ? Un peu de boustifaille ?

Eric bientôt travailler à la mine. Toi prendre femme. Une jolie Swenska.

Il frappe sa tasse contre la soucoupe. Mon œil, me faire ficeler par le mariage. (Agnès. L'idée n'est pas tout à fait déplaisante mais il la repousse furieusement.) Je m'en vas d'ici, je vas pas gaspiller ma vie derrière une foreuse en attendant que le tunnel me tombe dessus.

Sa sœur arrive à la cuisine. Petit morveux, t'as que dix-huit ans, où c'est que tu parles de t'en aller ?

Te mêle pas, crie-t-il.

Et comment que je m'en mêle, ça me regarde plus que maman. Vous les hommes, tout ce à quoi vous êtes bons c'est de nous fiche dans le pétrin, et ni vu ni connu. Eh bien, te peux pas faire ça ! crie-t-elle.

Non, mais ? T'en fais pas, t'auras toujours quelque chose à bâfrer.

Peut-être que moi aussi je veux m'en aller, peut-être que j'en suis malade à tourner en rond sans qu'y a un homme qui se mariera avec moi.

C'est tes oignons. C'est pas toi qui vas m'arrêter, nom de Dieu.

T'es tout comme ce salaud qui m'a laissé en plan, si y a une chose qui vaut pas cher c'est un homme qu'a pas l'estomac de boire le vin qu'il a tiré.

(Tremblant.) Et si que j'étais Joe Mackey je t'aurais laissée en plan moi aussi. C'est ce qu'il a fait de plus malin de toute sa vie.

Prends parti contre ta sœur.

Nom de Dieu, ça le regarde pas, il a pris tout son plaisir avec toi. (Elle le gifle. Des larmes de colère et de culpabilité lui montent aux yeux. Il les réprime et il regarde sa sœur.)

Sa mère soupire. Alors va. C'est mal quand famille se battre comme animaux. Va.

Et la mine ? (Il se sent faiblir.)

Eric. Elle soupire de nouveau. Mon Dieu, un jour toi apprendre combien tu être mauvais ce soir.

Il faut que je m'en vas. On est pris dans un piège ici. (Cette dernière sortie ne le soulage guère.)

En 1931 toutes les grandes vadrouilles finissent dans la jungle aux vagabonds.

Mais l'itinéraire est varié :

Trains de marchandises qui s'en vont du Montana par le Nebraska dans l'Iowa.

Main tendue dans les fermes, moyennant une journée de travail.

La moisson et le travail dans les greniers.

Tas de fumier.

Nuits dans les parcs, arrestation pour vagabondage.

Quand on le laisse sortir de la maison de redressement, il dépense un unique dollar pour un bon repas et un paquet de cigarettes, et la même nuit il s'embarque dans un train de marchandises. La lune peint un éclat d'argent sur les champs de maïs, et il se recroqueville sur la plate-forme d'un wagon découvert. Une heure plus tard un autre trimardeur s'embarque dans son wagon. Il a un flacon de whisky ; ils le vident à deux et finissent les cigarettes de Red. A plat dos sur le plancher du wagon, avec le ciel qui tremble au bruit et aux cahots du train. On n'y est pas mal du tout.

Jésus, c'est samedi soir, dit l'autre trimardeur.

Oui.

Le samedi soir, dans sa ville minière, il y a toujours un bal dans le sous-sol de l'église. Des nappes à carreaux recouvrent les tables rondes, à chaque famille sa table, les mineurs avec leurs grands fils, les femmes et les filles et les grands-parents et les mioches. Il y a même des bébés qui somnolent en bavant sur le téton de leur mère.

Provincial.

Seulement, il y pue. Les mineurs apportent leur bouteille, se laissent aller à de maussades beuveries — hommes exténués par une semaine de travail. Vers minuit, ils se prennent de querelle avec leurs femmes. Aussi loin qu'il se souvienne il voit son père qui maudit sa mère alors que l'orchestre de la Compagnie — violon, guitare et piano — piaule un quadrille ou une polka.

Se saouler, un samedi soir, sur le plancher d'un wagon de marchandises, c'est toujours amusant pour un jeunot d'une ville minière. L'horizon s'étend sur un million de milles au-dessus des champs de maïs argentés.

Dans la jungle aux vagabonds, parmi les flaques, près des rails de chemin de fer à la lisière des villes, quelques cabanes éparpillées au milieu des mauvaises herbes. Les toits sont de tôle ondulée mangée de rouille, et dedans l'herbe pousse à travers le plancher. La plupart des hommes dorment dehors, à même le sol, et ils font leur toilette dans les lents et paresseux ruisseaux qui forment des marais autour des remblais. Le temps s'écoule avec le soleil ; les mouches sont vert or sur le fond gris et orange des dépotoirs d'ordures. Il y a quelques femmes dans le camp, et, de nuit, Red et d'autres leur tiennent compagnie. De jour on traînaille par la ville, on fouille les boîtes à ordures, on essaie de taper le monde d'un repas. Mais, la plupart du temps, on reste assis à l'ombre, on regarde passer les trains et on cause.

Je le sais par Joe qu'ils vont nous foutre bientôt à la porte.

Les fils de pute.

Va y avoir une révolution les gars, moi je vous dis qu'il faut faire une marche sur Washington.

Hoover vous fera cavaler. Tu te fous le doigt dans l'œil, ou quoi ?

Je peux nous voir marcher — « J'aime Une Parade, Le Bruit Du Tambour. »

Dites donc les gars, j'y ai vu de mes yeux vu depuis que ç'a commencé, c'est ces foutres de Juifs, ces enculés de Juifs internationaux.

Dis, te sais pas ce que te racontes, ce qu'on veut c'est l'action révolutionnaire, on est des exploités. Faut que t'attends la dictature du prolétariat.

Qu'est-ce que t'es, un communiste ? Écoute, moi j'étais établi à mon compte, j'étais une grosse huile dans mon bled, j'avais du pèze à la banque, je marchais sur mes propres pattes mais y a eu une conspiration.

C'est les gros bonnets, z'ont la trouille de nous autres. « Je Serai Joyeux Quand Vous Serez Enterrés, Vous Les Canailles, Vous. » Te crois que ces chansons ça veut rien dire ? C'est la strophe que tout le monde se rappelle.

Red est assis parmi eux, il somnole. (Ils sont pleins de merde. Être fort en gueule ne coûte rien. Ce qu'il faut c'est pas rester en place, et la fermer.)

Te crois que je suis un communiste. J'étudie la nature humaine, moi, je suis un qui s'est éduqué tout seul. Aspirations américaines, voilà ce qu'ils sont ces chants, opium pour les masses, foutaises pour embobiner le bonhomme. Dis... c'est une passion pour le mouvement, c'est pour nous refaire qu'on reste chez soi et qu'on nous exploite.

Aaaah.

Ils vont nous foutre dehors, les gars.

Je m'en vas de toute manière, dit Red. J'ai les pieds qui me démangent.

Il semble bien que, d'une façon ou d'une autre, on ne coule jamais tout à fait ; il y a toujours quelque repas providentiel, ou la paire de chaussures qu'on peut s'acheter quand celles qu'on a aux pieds s'en vont en morceaux. D'une façon ou d'une autre on décroche toujours un petit boulot, une assiette de soupe pour se réchauffer, ou bien il y a une nouvelle ville où aller, et même, une fois tous les mois ou tous les deux mois, l'agréable sensation de sauter dans un train de marchandises, à l'aube, quand la terre sort de la nuit et quand on n'a pas trop faim.

Lorsqu'on jette une poignée de paille dans une rivière, il arrive que des brindilles surnagent même dans un rapide. Il y a toujours quelque chose qui vous maintient à la surface. On continue à avancer, l'été finit, les nuits se font plus fraîches (cinquante cents en poche et l'hiver qui s'amène), mais il y a toujours un rail qui pointe vers le sud et un poste de police où l'on vous laisse passer la nuit.

Et si l'on tient le coup on réussit à décrocher un secours, et même un boulot ça et là. Plongeur, aide-cuisinier, couvreur, journalier dans les fermes, peintre en bâtiment, plombier, poste d'essence.

En 35 il travaille dans un restaurant pendant presque toute une année — le meilleur plongeur qu'ils aient jamais eu. (La presse, de ce côté-ci de la cuisine, dure de midi à trois heures. Les plats arrivent en sonnant dans le monte-charge, un homme balaie de la main les reliefs et les graisses, tripote le bord des verres pour y effacer le rouge à lèvres, flanque le tout dans la machine à laver. La vapeur vibre et chante et s'échappe à l'autre extrémité de la machine où un homme repêche la vaisselle avec des pinces, fait danser les assiettes au bout de ses doigts, les empile en tas. Faut pas les attraper avec tes mains nues, petit vieux.)

Après le travail Red regagne son garni (deux cinquante par semaine, l'âge a épaissi le tapis dans l'escalier et le pied s'y enfonce comme dans un gazon doux et poussiéreux), s'allonge sur son lit. S'il n'est pas trop vanné il se lève au bout d'un moment et s'en va au bar du coin. (L'asphalte gris et craquelé, les boîtes d'ordures débordent dans les passages, le pointillé de la réclame au néon, deux lettres manquent.)

Faut être philosophe. Tu sais, Red, y a eu un temps où je pensais que j'avais fait une boulette en me mariant. Je me fichais en rogne, tu sais, je me demandais pourquoi je bosse, mais, bah, ça passe. Prends ces deux jeunes là-bas qui se pelotent sur la banquette. Tels que tu les vois ils peuvent même pas respirer l'un sans l'autre — c'est comme ça que ma vieille elle a été avec moi. Je me fiche plus en rogne parce que je connais la musique. Ces deux-là ils finiront comme toi, comme moi, comme tout le monde.

(La bière est éventée, elle a un goût de pissat.) Moi, dit Red, je traîne pas beaucoup avec les femmes. Elles veulent toutes vous embobiner, j'y ai vu trop d'exemples.

Eh, c'est pas si mauvais que ça, y a de bonnes choses dans le mariage et dans les femmes, mais c'est pas ce que tu t'imagines au commencement. Tu sais, un homme marié il a des soucis, c'est moi qui te le dis, et y a des fois que je voudrais avoir roulé ma bosse comme toi.

Oui, moi je m'envoie une poule.

Au bordel, les filles portent un soutien-gorge et une culotte collante avec des dessins tropicaux dont le motif a été rendu célèbre par une actrice. Elles se réunissent au salon, comme des reines de burlesque, autour des cendriers et des meubles écaillés d'un style tout moderne.

Ça va, Pearl, viens qu'on monte.

Il la suit dans l'escalier recouvert d'un tapis spongieux, regardant le roulis automatique de ses hanches.

Y a longtemps que je t'ai pas vu, Red.

Y a que deux semaines.

Oui, la dernière fois t'es allé avec Roberta. Elle le gourmande. Mon Chéri.

Dans l'alcôve, pliée au pied du lit, la couverture est souillée par les chaussures des clients. Pearl chantonne. (BETTY COED HAS LIPS OF RED FOR HARVARD.) Elle glisse son dollar sous l'oreiller. Doucement, Red, mama a eu une longue et dure journée.

Frissonnement de transe le long de son dos, qui le laisse insatisfait et mal à l'aise.

Si qu'on tirait un coup à l'œil ?

Oh non, chéri, tu sais bien ce qu'Eddie ferait si qu'il découvrait qu'on donne la marchandise gratis.

Il se rhabille en vitesse, sentant le bras de la fille sur son épaule. Je regrette, Red, mais reviens une autre fois et je te la ferai à la française, hein, entre nous. D'accord ?

Dans cet instant sa bouche est molle et ses seins semblent gonflés. Il lui touche le téton : pastiche de passion, il bande sous son doigt. T'es une brave fille, Pearl.

Une des meilleures.

L'ampoule nue frappe cruellement ses yeux. Il respire l'odeur de sa poudre, la sueur sucrée de ses aisselles.

Comment que t'as commencé le métier, Pearl ?

Je te le dirai un jour qu'on prendra une bière ensemble.

Dehors l'air est froid comme une pomme aigre. Il ressent une profonde mélancolie, plaisante et tenace, et, de retour dans sa chambre, il ne peut pas dormir.

Ça fait trop longtemps que j'y suis, dans ce boulot. (Collines brunes et nues, plus profondes dans le crépuscule. La nuit s'éloigne vers l'ouest.) OÙ EST LA BEAUTÉ QUE NOUS AVONS PERDUE DANS NOTRE JEUNESSE ?

Il se lève, regarde par la fenêtre. Jésus, je me sens vieux. A vingt-trois ans je suis un vieil homme. Plus tard il s'endort.

Le matin, la sueur cuisante tourbillonne dans ses yeux et la vapeur fuse de la machine à laver la vaisselle. Avant d'y mettre les verres effaces-y le rouge à lèvres.

Je crois que je vas me remettre en vadrouille. C'est pas bon de moisir dans une seule place. Mais, cette fois-ci, il y a moins d'espoir dans sa décision.

Un banc de parc est vraiment trop court pour y dormir à l'aise. Si ses pieds pendillent par-dessus le bord, celui-ci lui cisaille les jarrets ; et s'il plie les genoux, il se réveille avec une crampe dans les cuisses. Un homme qui n'a que ses os ne peut pas dormir sur le côté. La planche lui écorche les os du bassin et la raideur se met dans ses épaules. Il doit s'allonger sur le dos, les genoux au ciel, les mains sous la nuque. Quand il se relève, ses doigts restent engourdis pendant de longues minutes.

Un choc qui se répand sous son crâne le réveille. Il s'assied d'un sursaut, aperçoit un agent de police qui brandit son bâton pour lui assener un autre coup sur la semelle des chaussures.

Ça va, je file, vous fâchez pas.

Tu devrais pourtant savoir que c'est défendu.

A quatre heures du matin, dans la fausse aurore, les camions des laitiers avancent lentement par les rues silencieuses. Il observe un cheval qui mâche dans son sac à grains, puis il se dirige vers la voie ferrée. En attendant le matin il entre dans une gargote qui fait face à la toile noire des rails, et il avale une tasse de café et un pet de nonne. Pendant un long temps il regarde le plancher sale, le comptoir de marbre blanc avec ça et là le cercle d'une tasse, les cloches de celluloïd qui protègent la pâtisserie. Il arrive un moment où il s'endort, le front appuyé sur le comptoir.

Eh, y a trop longtemps que je bourlingue. C'est pas bon de moisir, et c'est pas bon de rouler sa bosse. Suffit qu'on se met en peine pour trouver, et on perd tout ce qu'on cherche.

On dirait, au début, que c'est sa période de prospérité relative, puis que ça tourne en queue de comète, mais cela finit par n'être ni l'un ni l'autre. Il trouve du travail comme chauffeur de camion sur le parcours nocturne de Boston à New York, et il y reste deux ans. La route 1 creuse un sillon dans sa cervelle. Boston à Providence à Groton à New London à New Haven à Stamford aux marchés de Bronx, et de retour la nuit d'après. Il a sa chambre dans la 48ᵉ Rue

Ouest, près de la Dixième Avenue, et s'il veut il peut mettre de l'argent de côté.

Mais il hait le camion. C'est la mine au grand air, ça lui cogne le dos de mille petites secousses, ses reins s'en ressentent, et au matin son estomac est trop barbouillé pour qu'il puisse rien avaler. Peut-être y a-t-il eu un banc de parc de trop, peut-être a-t-il plu trop souvent dans trop de places où il a passé la nuit à la belle étoile, mais le camion sur les routes ne lui vaut rien. Pendant les derniers cent milles il conduit les dents serrées. Il hante les bars de la Neuvième et de la Dixième Avenue, boit sec, et parfois il passe son temps libre dans les cinémas de la 42e Rue où l'on projette de vieux films qui regorgent de luxe criard.

Une nuit, dans un bar, il achète pour dix dollars le livret maritime d'un ivrogne sur le point de s'écrouler, et il quitte son travail. Mais une semaine de vadrouille sur les quais épuise sa patience, et il se laisse aller à une longue beuverie. Au bout d'une autre semaine, ses économies étant dépensées, il vend le livret du matelot pour cinq dollars et passe un après-midi à ingurgiter le whisky que cet argent lui procure.

Cette nuit-là il se réveille dans un passage, avec une croûte de sang sur sa joue. Quand il grimace, il peut sentir la croûte qui s'écaille et se lézarde. Un agent de police le cueille et l'envoie à Bellevue, hôpital pour alcooliques, où on le garde deux jours. A sa sortie il se livre à la mendicité pendant deux semaines.

Mais tout est bien qui finit bien. Il trouve finalement à s'embaucher comme plongeur dans un restaurant de luxe, du côté de la 60e Rue Est, se lie d'amitié avec une serveuse, se met en ménage avec elle dans un garni de deux pièces, 27e Rue Ouest. Elle a un garçon de huit ans, qui aime Red, et ils s'entendent bien pendant une couple d'années.

Red change de travail, il devient employé dans un asile de nuit sur le Bowery. C'est moins fatigant que de laver des assiettes, et il touche cinq dollars de plus, vingt-trois par semaine. Il s'y cramponne durant les deux dernières années qui précèdent la guerre. Liquide, puante chaleur des étés sur le Bowery, hivers glacés et humides quand les murs suintent et se couvrent de plaques grises. Longues nuits où l'on ne pense à rien, où l'on suit maussadement le passage périodique des rames du métro aérien de la Troisième Avenue, dans l'attente du matin, quand il pourra rentrer chez lui et retrouver Loïs.

Plusieurs fois par nuit il fait la ronde dans la salle principale où quarante à cinquante hommes dorment d'un sommeil inquiet sur des lits de fer, il écoute leur petite toux qui ne cesse jamais, renifle l'âpre, le rébarbatif mélange de formol et de vieil ivrogne. Le désinfectant pue dans les couloirs et les lavabos, et dans les urinoirs il y a presque toujours quelque poivrot qui se tient langoureusement à la porcelaine de la pissotière et s'efforce de rendre sa liqueur. Il referme la porte et va dans la chambre des récréations, où quelques vieillards jouent aux cartes autour d'une table ronde posée sur un plancher noir de crasse et de mégots. Il écoute le mâchonnement de leurs propos inachevés.

Maggie Kennedy était une femme bien de sa personne, elle m'a dit, na, qu'est-ce qu'elle a dit ?

J'ai dit à Tommy Muldoon qu'avait pas à me fourrer au violon, et quand j'y ai dit il m'a laissé partir, je vous dis que ça. Ils ont peur de moi depuis que j'y ai cassé la mâchoire à Ricchio, vous savez, il était secrétaire au commissariat de police, y a longtemps de ça, oui, attendez une seconde que je me rappelle la date, j'y ai cassé la mâchoire d'un seul coup de poing une nuit de réveillon y a huit ans, c'était en 1924, non, attendez une seconde, en 1933 c'est plus juste.

La vieille blague. Eh, les poivrots, pas si fort nom de Dieu vu qu'on a des visiteurs payants dans la pièce à côté. Je vous flanquerai à la porte.

Ils restent silencieux un moment, puis l'un d'eux marmonne à voix basse : — T'es pas si malin que ça, jeune homme, et si que tu la fermes pas je serai obligé de te rosser.

Sortons dans la rue qu'on règle ça.

L'un des vieux se lève, va à Red, et chuchote : — Tu feras mieux de le laisser tranquille parce qu'il te jettera en bas de l'escalier, le dernier employé de nuit eh bien il lui a cassé la nuque.

Red rit. Ça va. Je regrette que je vous ai dérangé, grand-père. J'y ferai gaffe la prochaine fois.

Ça vaudra mieux, fiston, parce que comme ça toi et moi on aura pas d'histoires.

On entend une boîte à musique qui grince dans un bar, de l'autre côté de la rue.

De retour à sa table, Red branche la radio, en sourdine. (THE LEAVES OF BROWN CAME TUMBLING DOWN.) Un homme se réveille en criant. Red va dans la salle et le calme, il lui tapote l'épaule et le ramène à sa couche.

Au matin les clochards s'habillent en vitesse, et à sept heures la grande salle est déserte. Ils se hâtent le long des rues dans le froid matinal, la casquette engoncée sur les oreilles, le cou emmitouflé dans le col râpé du veston. Comme s'ils étaient honteux, ils ne se regardent pas l'un l'autre, et pareils à des automates la plupart prennent place le long d'une queue dans la Canal Street, aux portes d'une soupe populaire où on leur donnera une tasse de café. Red marche dans les rues avant de prendre l'autobus pour la 27e Ouest. La longue nuit est toujours déprimante.

Il regarde ses pieds qui s'avancent. Rien ne vaut un bon nom de Dieu de nom de nom.

Mais là-bas, dans le garni, Loïs lui prépare son petit déjeuner, et

Jackie, le garçonnet, accourt à sa rencontre, lui montre un nouveau livre de classe. Red se sent fatigué et heureux.

Oui, c'est beau, petit, dit-il, lui flattant le dos.

Quand Jackie est parti pour l'école, Loïs s'assied et prend son déjeuner avec Red. Depuis qu'il travaille à l'asile de nuit, ils n'ont que la matinée pour eux. A onze heures elle s'en va pour son restaurant.

L'omelette est assez cuite pour toi, chéri ? demande-t-elle.

Oui, c'est épatant.

Dehors, dans le frais matin, des camions vrombissent sur la Dixième Avenue. Le bruit du trafic a une qualité matinale. Jésus, c'est bon, dit-il à haute voix.

T'aimes ça, hein, Red.

Oui.

Elle tâte son verre. Écoute, Red, j'ai vu un avocat hier pour mon divorce avec Mike.

Oui ?

Je peux l'avoir pour une centaine de dollars, le divorce, un peu plus peut-être, mais est-ce que je dois, je veux dire bon Dieu à quoi bon si ça sert à rien, ou peut-être mieux vaut pas.

Je sais pas, petite, lui dit-il.

Red, je te demande pas de te marier, tu sais que je te chamaille pas, mais faut que je pense à l'avenir.

Tout recommence pour lui. Le choix de nouveau, et c'est admettre que tout est fini. Je sais pas, Loïs, c'est la vérité vraie. Je t'aime beaucoup et t'es une brave fille, je dirai jamais le contraire, et t'as bien raison, mais faut que j'y pense. Je suis pas fait pour rester sur place, je sais pas, y a quelque chose que je sais pas, c'est comme qui dira qu'on a un grand pays.

Faut que te seras juste, Red. Faut que tu me dis si c'est oui ou non.

Mais la guerre arrive avant qu'il ait pris sa décision. Cette nuit-là tous les poivrots de l'asile sont fort excités.

J'étais sergent dans la dernière, je vas les voir et leur demander qu'ils me reprennent.

Tu parles, ils te feront commandant.

Je te le dis, Red, ils ont besoin de moi. Ils auront besoin de nous tous.

Quelqu'un fait circuler une bouteille, et Red, spontanément, envoie l'un d'eux avec un billet de dix dollars pour acheter du whisky.

Loïs pourrait les employer, ces dix dollars, et puis il connaît la chanson. S'il se marie avec elle il ne sera pas mobilisé, mais il n'est pas encore vieux, il n'est pas si fatigué que cela. Quand on est dans la guerre, on bouge.

THERE'S A LONG LONG TRAIL AWINDING, chante un des clochards.

On va y donner un grand coup de balai, on m'a dit qu'y a des nègres là-bas à Washington, c'est un fait, j'ai lu dans les journaux qu'ils ont un nègre là-bas qui dit aux Blancs ce qu'il faut faire.

La guerre mettra bon ordre à tout ça.

Eh, peau de balles, intervient Red. C'est les grosses huiles qui vont se sucrer une fois de plus. Mais il est excité. Adieu, Loïs. Pas d'alliances qui emberlificotent.

Et Jackie aussi. Un petit pépin de misère. Mais si tu t'arrêtes de bouger, tu crèves.

Bois un coup.

C'est ma gnôle, meugle Red. Qu'est-ce que tu veux dire — bois un coup ! (Rires.)

Sa dernière permission, avant son embarquement, il la passa en vadrouillant dans les environs de San Francisco. Il escalada le sommet de Telegraph Hill, frissonnant dans la brise automnale qui soufflait sur la hauteur. Il suivit des yeux un bateau citerne qui piquait vers le Golden Gate, puis il reporta son regard vers l'Est lointain, par-delà l'Oakland. (Après Chicago le pays était plat sur un millier de milles, depuis l'Illinois par l'Iowa jusqu'à mi-chemin dans le Nebraska. On ouvrait un magazine, on le lisait tout un après-midi, et quand on regardait par la fenêtre du train le pays apparaissait exactement le même qu'au départ. Puis la plaine se mettait à onduler doucement, les champs s'isolaient et devenaient des collines, et au bout d'un millier de milles on roulait en pleine montagne. Et, en cours de route, on passait les abruptes collines qui se massaient dans le Montana.) Peut-être je devrais leur écrire une lettre. Ou Loïs.

Eh, on ne regarde pas en arrière.

Deux enseignes et deux jeunes filles en manteaux de fourrure riaient et s'embrassaient à l'autre bout de la crête pavée de Telegraph Hill. Je ferai aussi bien de descendre.

Il se promena dans Chinatown, finit par échouer dans un burlesque. C'était un mardi après-midi, et la salle était presque déserte. Les filles dansaient sans entrain, les comédiens bafouillaient leur texte. Après le dernier tableau et un finale on redonna les lumières, et les colporteurs se mirent à vendre du chocolat Nestlé et des illustrés. Red resta sur son siège et piqua un somme. Quel sale trou.

Il n'avait rien à faire, et tout au long du film il pensa au navire qui devait bientôt appareiller. On continue à rouler sa bosse et on sait jamais ce qu'y a au bout. Quand on est gosse y a personne qu'est capable de t'apprendre rien du tout, et quand on est plus gosse c'est comme si c'était du tout vu. Faut se contenter de pousser de l'avant, sans regarder en arrière.

Le film fini, le spectacle recommença. Red s'attarda un moment pour écouter la musique, puis il s'en alla. Des bribes de jazz traînaient sous le lourd soleil de l'après-midi déclinant.

NOUS ALLONS SOUFFLETER LE SALE PETIT JAPONAIS.

Foutre.

8

Le premier lieutenant Dove finit de recouvrir ses jambes nues avec du sable. « Oh, Dieu, c'est cruel, s'exclama-t-il.

— Qu'est-ce qui est cruel ? » demanda Hearn.

Dove remua ses orteils à travers le sable. « D'être ici, voyons. Mon Dieu, quelle chaleur. Il y a un an j'étais à Washington, et si vous croyez qu'on ne se la coulait pas douce. Oh, ce nom de Dieu de climat.

— J'ai été à Washington il y a à peu près un an et demi », fit Conn de sa voix avinée.

Il y eut un silence. Hearn soupira, se laissa aller avec douceur sur le sable, la tête contre le sol, sentant le soleil qui traversait ses paupières et excitait des anneaux rouges autour de ses rétines. De temps à autre, comme un appel d'air dans un four dont on ouvre la porte, la jungle exsudait un souffle humide et sulfureux.

Il se rassit, croisa ses avant-bras sur ses genoux poilus, promena un regard sur le rivage. Des officiers étaient en train de nager, d'autres jouaient au bridge à l'ombre d'un cocotier qui s'inclinait sur la plage. Çà et là on entendait le bruit sec et malingre d'une carabine : à une centaine de mètres de là, sur une petite langue de sable, le commandant Dalleson jetait des galets en l'air et tirait à la cible. L'eau, d'un bleu presque transparent le matin, avait pris une couleur soutenue, d'un violet profond, où le soleil se reflétait comme une lumière nocturne dans le macadam pluvieux. A un mille sur la droite un canot d'atterrissage piquait paresseusement vers la côte, après avoir embarqué une charge de ravitaillement pris à bord de l'un des cargos ancrés au large.

Dimanche sur la plage. C'était un peu incroyable. Si l'on y ajoutait quelques parasols rayés, un contingent moyen de femmes et d'enfants, cet endroit serait impossible à distinguer de l'une de ces plages très fermées où sa famille allait parfois prendre des bains en été. Tout au plus il aurait fallu substituer une barque à voiles au canot d'atterrissage, et Dalleson, au lieu de tirer sur des galets, aurait dû pêcher à la ligne. Mais la ressemblance était réelle.

Tout à fait incroyable. C'était peut-être la pudeur qui leur avait fait choisir l'extrême pointe de la péninsule, à vingt-cinq milles de leurs bases où ce même dimanche matin les troupes en ligne patrouillaient aux approches des défenses Toyaku. Allez, mes enfants, et que Dieu vous bénisse, leur avait dit, en fait, le général. Et, naturellement, les hommes de garde le long de la route, et les équipes de corvée de la marine qui bivouaquaient sur la plage et patrouillaient aux abords de la jungle, tout près des baigneurs, les haïraient de les voir s'ébattre, et, comme l'avait dit Cummings, les craindraient d'autant plus.

Hearn se disait qu'il n'aurait pas dû venir. Mais, au bivouac de l'état-major, avec la plupart des officiers absents, la matinée eût été mortelle. Le général aurait voulu lui parler, et il devenait important de s'en tenir à l'écart. D'ailleurs, il devait admettre qu'il faisait bon être ici. Il y avait un long temps qu'il n'avait pas senti la chaleur du soleil détendre son corps, fondre et résorber sa tension.

« L'angoisse est l'état naturel de l'homme du vingtième siècle », avait dit le général.

L'homme du vingtième siècle prenait aussi ses bains de soleil. Très net de sa personne. Il écrasa entre ses doigts un pâté de sable, et l'émietta.

« Oh, je dois vous dire celle-là, faisait Dove présentement. Nous nous sommes réunis une fois chez Fischler, au Wardman Park Hotel, capitaine de frégate Fischler, un vieux copain de mon frère du temps qu'ils étaient à l'université de Cornell, un type épatant qui connaît un tas de Personnes Très Importantes, c'est comme ça qu'il a pu avoir sa chambre au Wardman Park, et au beau milieu de cette soirée il s'est mis à verser des gouttes de whisky dans les cheveux de chacun. Bon pour les pellicules, répétait-il. Oh, c'était merveilleux. »

Il pouffa en s'en souvenant.

« Oui ? dit Conn. Oui ? »

Hearn regarda Dove. Premier lieutenant Dove, U.S. Naval Reserve. Sort de Cornell, Deke — Delta Kappa Epsilon, club select, un parfait trou du cul. Il mesurait six pieds deux et pesait dans les cent soixante livres, les cheveux plats, d'un blond cendré, coupés court, la face nette et démunie d'expression. Il ressemblait plutôt à un clubman de Harvard, la crème des crèmes, membre de l'équipe de course à l'aviron.

Conn se tâta le bulbe rougeâtre qui lui servait de nez. « C'est vrai, dit-il de sa voix enrouée, j'ai eu du bien bon temps à Washington. Les généraux de brigade Caldwell et Simmons — est-ce que vous les connaissez ? — de vieux amis à moi. Et il y avait ce gars de la marine, le contre-amiral Tannache, me suis lié d'amitié avec lui aussi. Un homme très bien, bon officier. » Il regardait sa panse dont les lignes courbes se projetaient nettement au-dessus de son short, comme si un ballon de football s'enflait dans son estomac. « Nous avons fait des fêtes à tout casser. Ce Caldwell est le diable en personne quand il s'agit de femmes. On a fait de ces bombes, lui et moi, à vous faire roussir les poils de la queue.

— Oui, nous aussi on en a fait, coupa Dove avec ardeur. Je ne pouvais pas emmener Jane à Washington, j'y connaissais tant de filles que si j'en rencontrais une alors que j'étais avec Jane, eh bien ça aurait fait des histoires. Jane est une enfant épatante, une épouse merveilleuse, mais vous savez elle prend l'église au sérieux et ça lui aurait fait un rude coup. »

Premier lieutenant Dove. Détaché à la division en qualité d'interprète, presque dans le même temps qu'Hearn, il avait pris soin d'annoncer à chacun avec une étonnante, avec une ébouriffante naïveté que son rang équivalait à celui d'un capitaine dans l'armée de terre, et que ses responsabilités surpassaient celles d'un commandant ou d'un lieutenant-colonel. Cela se passa à Motome, au mess des officiers, et ceux-ci l'en aimèrent en conséquence. Conn ne lui adressa pas la parole pendant une semaine. Mais, comme dit à peu près la chanson, malgré les obstacles qui empêchent la vraie amour, Conn et lui finirent pas être enchantés l'un de l'autre. Hearn se souvint comment Dove lui avait dit, peu après son arrivée à la division : « Réellement, Hearn, vous êtes fait pour comprendre parce que, tout comme moi, vous êtes un homme cultivé, mais vous savez il y a une espèce d'élément grossier chez les officiers de l'armée de terre. La marine est plus circonspecte. » Depuis lors Dove, apparemment, avait fait le sublime effort : il avait accepté Conn.

Ils s'acceptaient tous les uns les autres, avec le temps ; et, bien entendu, avec les cancans que l'acceptation requiert. Des Deke jusqu'au trognon. Même lui, Hearn, et Conn, s'étaient réconciliés. Ils se haïssaient mutuellement, bien sûr, mais il était plus commode de feindre. Une semaine après leur querelle il avait rencontré Conn sous une tente, et Conn, s'éclaircissant la gorge avec conviction, avait dit : « On croirait qu'il va faire plus frais aujourd'hui.

— Oui, avait reparti Hearn.

— Je suis content qu'il fasse plus frais, j'ai du travail sur les bras aujourd'hui », avait ajouté Conn quand ils eurent pris sur eux de s'adresser l'un l'autre un signe de tête affirmatif. Et, ce matin, alors qu'Hearn bavardait avec Dove, Conn était venu les rejoindre.

« Oui monsieur, répétait Conn, on a eu du bien bon temps. Vous parliez de ce whisky et du truc dans les pellicules, comment est-ce déjà son nom, Fischler, quelque chose en commun avec le commodore Fischler ?

— Je ne pense pas.

— Un bon ami à moi, le commodore. N'importe, je me rappelle la fois où Caldwell a amené une femme, et, par Dieu, si vous croyez qu'il ne lui a pas fait pomper sa gnôle par le petit endroit...

— Seigneur, mais elle a dû se brûler à mort ! s'exclama Dove.

— Pas elle. C'était sa spécialité. Caldwell s'est presque crevé la rate à force de rire. Il aimait à se payer du bon temps, Caldwell. »

Dove était visiblement choqué. « Je ne peux pas dire que j'aie jamais vu quelque chose de semblable. Dieu, n'est-ce pas dégoûtant, nous sommes là à nous prélasser au grand air alors que l'aumônier est probablement en train de dire sa messe.

— C'est vrai, nous ne devrions pas parler comme ça un dimanche », acquiesça Conn, mais on est des hommes que diable. Il alluma une cigarette, piqua son allumette dans le sable. La carabine de Dalleson se fit entendre de nouveau, et des éclats de voix arrivaient du côté de l'eau où quelques officiers s'ébattaient dans les vagues peu profondes. « J'ai étudié la question, disait Conn. Une vraie fête ne demande que deux ingrédients, plein à boire et quelques ribaudes de bonne volonté. Prêtes, consentantes, et compétentes. »

Hearn loucha le long du sable. On pouvait sans doute appliquer la formule à quatre genres de fête. Celles dont parlaient les journaux, colonne des mondanités : sénateurs et les plus importants d'entre les députés, industriels, grands caciques de l'armée, dignitaires étrangers, et même son père y avait mis les pieds une fois — pour s'y sentir misérable à coup sûr. D'ailleurs, tous s'y sentaient misérables. Fleuraison d'une culture capitaliste et industrielle, avec ses formes sociales, son pouvoir de troc et d'échange, ses conversations hautement sophistiquées sur l'air du temps, d'où la vraie joie était bannie. Comme de raison chacun y haïssait chacun, car les uns, qui s'y rendaient pour faire des affaires trouvaient que les lieux ne s'y prêtaient guère, et les autres, qui y venaient en snobs porteurs de présents méprisaient ceux qui détenaient le pouvoir et manquaient de savoir-faire.

Il y avait les fêtes dans les grands hôtels : officiers supérieurs et moindres caciques de l'armée, Légion Américaine — Annexe Washington, gros patrons de la petite industrie avec de jolies usines dans l'Indiana, et les poules de luxe. Un ennui désespérant régnait dans ces réunions, jusqu'à ce que tous fussent ivres, et alors ils s'amusaient follement et s'en retournaient chez eux, à leurs bureaux de Washington et d'Indiana, pleins de nouvelles histoires d'alcôve, et les reins délassés. Parfois, si vous aviez réussi à mettre la main sur quelque député pas trop fier, il s'y laissait entraîner ; vous consommiez alors une affaire par des embrassades d'ours ému, et tandis qu'une poule de luxe hurlait dans votre oreille « arrête chéri, arrête », vous acquériez la certitude sentimentale que chacun était le meilleur gars du monde. Encore que son père ne l'eût jamais mentionné, il allait de soi qu'il avait fréquenté ce genre de fêtes.

Il y avait les fêtes que ses propres amis organisaient, quiètes et longues beuveries sous le signe d'un ennui essentiel. Tous les intellectuels américains de collège, ceux qui n'étaient pas trop névrosés, avec leurs claires voix logiques, leurs bonnes manières, leur gentillesse, leur tact et leur morne, lucide et misérable intelligence. Ils étaient tous dans les services gouvernementaux maintenant, ou bien ils portaient épaulettes et remplissaient des emplois secrets, et ils parlaient d'un tel, fils de famille pourtant, disparu au cours de quelque mission d'espionnage, ils analysaient la situation politique, parfois avec espoir, parfois avec tristesse, dans une attitude détachée et impuissante et intrinsèquement supérieure. Ils avaient de l'esprit, ils se passaient des tuyaux sûrs quoique toujours de seconde main, chacun son désespoir sec et racorni, son âme rationnelle soumise à la dessication, sa contemplation désenchantée du diable et de la luxure à jamais incompréhensibles. Anges de William Blake, gris et clairs, planant sur des crottes de cheval.

Et les fêtes de Dove — les mêmes naturellement à San Francisco et à Chicago et à Los Angeles et à New York. Légion Américaine — Annexe Washington, Branche Cadette. Mais avec quelque chose en plus. Faites-leur crédit. Avec leur éclairage adéquat, avec leurs verres adéquats, ces fêtes étaient parfois tristes et magiques, festonnées de tous les échos de tous les trains qui les y avaient amenés, de toute la prémonition qu'ils avaient de gares, grandes et creuses, qui les attendaient à leur retour, et ils étaient toujours jeunes, pilotes de guerre et enseignes, et de jolies filles en manteaux de fourrure, et toujours une ou deux dactylos du ministère, la-fille-qui-travaille-facile-à-basculer parce que pour quelque raison mystérieuse on pouvait compter sur les femmes des classes inférieures pour copuler avec comme des lapins de garenne. Et tous ils savaient qu'ils allaient bientôt mourir dans une attitude britannique, sentimentale et discrète, parfaitement idiote. Ils le savaient par les livres qu'ils n'avaient jamais lus, par les films qu'ils n'auraient pas dû voir ; un savoir nourri par les larmes de leurs mères, et par l'incroyable et atterrante certitude que pas mal d'entre eux mouraient effectivement quand ils s'en allaient outre-mer. Mais les origines de ce savoir étaient truquées ; en réalité ils ne parvenaient jamais à associer le roman de leur mort prochaine avec la banale opération de piloter un avion, d'atterrir et de végéter dans les camps nus et stagnants qui environnaient les aérodromes de l'armée. Ils avaient cependant découvert que c'était là un talisman, ils allaient bientôt mourir, et ils en vantaient si bien la magie que vous finissiez par y croire pour si peu que vous les fréquentiez. Et ils faisaient des choses magiques comme se verser du whisky dans les cheveux les uns les autres, ou mettre le feu aux matelas, ou escamoter le chapeau d'un commerçant respectable. De toutes les fêtes celles-ci étaient peut-être les meilleures, mais Hearn ne se sentait plus d'âge.

« ... et du diable si nous n'avons pas découvert qu'elle avait du poil jusque par-dessus le nombril », dit Conn, finissant de raconter une histoire.

Dove rit. « Si Jane savait tout ce que j'ai fait. »

Leur conversation avait fini par le révolter. Je deviens bégueule, se dit-il. Il était écœuré, sans qu'il y eût vraiment de quoi. Il allongea avec lenteur ses membres, se coucha peu à peu, sentant se tendre les muscles de son abdomen. Pendant un instant il eut la tentation d'empoigner Conn et Dove et de cogner leurs têtes l'une contre l'autre. Fort bien, il était un costaud. Il avait trop de ces tentations dernièrement : au mess des officiers, la fois qu'il pensa frapper le général, ou encore maintenant. Inconvénient d'être un homme de grande taille. Il souleva la tête, considéra la masse de son corps, pinça le rouleau de graisse qui ceinturait son ventre. Sous le poil qui recouvrait son torse, sa chair était blanche. Encore cinq ans, dix tout au plus, et il se pourrait qu'il doive débourser pour tâter d'une femme. Quand le corps d'un homme massif se met à perdre sa forme, le délabrement ne saurait guère tarder.

Il haussa les épaules. Eh bien, il finirait par ressembler à Conn, que diantre. Il s'enverrait des femmes à tant la séance et il en parlerait, ce qui sans doute était sacrément plus facile que de se débarrasser de celles qui disaient avoir trouvé en lui quelque chose qu'il ne possédait pas, ou qu'il ne tenait pas à leur donner.

« Elle regarda les capotes, et elle dit : Mon commandant — j'étais commandant alors — qu'est-ce qu'ils vont pas inventer la prochaine fois ? Des blanches, des argentées, des en or, bientôt ils y mettront le drapeau américain. » Conn rit, puis envoya un crachat dans le sable.

Pourquoi n'arrêtaient-ils pas ? Hearn se roula sur le ventre, sentant le soleil chauffer son corps jusqu'à la moelle. Il commençait à s'ennuyer d'une femme, et à moins de pagayer quelque deux cents milles jusqu'à la prochaine île où il y avait, disait-on, des femmes indigènes, il devrait rester sur son envie.

« Eh, fit-il brusquement à l'adresse de Conn et de Dove, si vous ne pouvez pas faire venir un bordel, peut-être ferons-nous mieux d'arrêter de parler femmes pour un moment ?

— Commence à vous démanger ? demanda Conn avec un sourire.

— C'est cruel », fit Hearn, imitant Dove. Il alluma une cigarette, secouant le paquet pour le vider de son sable.

Dove le regarda, tâta d'un autre thème. « Dites, j'y pensais, Hearn : est-ce que votre père s'appelle William ?

— Oui.

— Nous avions un William Hearn, un Deke, il y a environ vingt-cinq ans de cela. Se pourrait-il qu'il s'agisse de lui ? »

Hearn secoua la tête. « Diable non, mon père ne sait même pas lire ou écrire. Tout ce qu'il sait faire, c'est signer des chèques. »

Ils rirent. « Attendez un moment, dit Conn. Will Hearn, Will Hearn, par Dieu, je le connais, possède des usines dans le Middlewest, Indiana, Illinois, Minnesota ?

— C'est exact.

— Sûr, dit Conn. *Will* Hearn. Vous lui ressemblez, maintenant que j'y pense. Je l'ai rencontré quand j'avais quitté l'armée, en 37, pour organiser le marché pour le compte d'une ou de deux compagnies. On s'entendait bien. »

C'était possible. Il voyait son père qui rejetait d'un mouvement de la tête ses cheveux noirs et drus, qui d'une main charnue et moite assénait une claque sur le dos de Conn. « Et comment donc, fichtre ! pouvait-il l'entendre tonner. Ou bien vous mettez cartes sur table et on cause affaires, ou bien reconnaissez tout de suite que vous êtes un sacré fumiste. » Puis venaient le clignement de l'œil, le charme. « Et on peut alors s'acoquiner, ce qui est, nom de nom, exactement notre but. » Et pourtant non, Conn ne s'y prêtait pas, Conn ne cadrait pas du tout dans le décor.

« J'ai vu sa photographie dans les journaux il y a un mois à peu près, disait Conn. Je me fais envoyer régulièrement une dizaine de journaux. Je vois qu'il s'empâte un peu, votre vieux.

— Garde à peu près sa ligne, je suppose », dit Hearn. Son père avait été malade dans les trois dernières années, et son poids était devenu presque normal pour un homme de sa taille. Conn ne connaissait pas son père. Bien sûr que non. En 37 Conn n'était même pas adjudant. On ne quitte pas l'armée pour organiser des compagnies commerciales quand on est sergent. Il se rendit brusquement compte que Conn n'avait pas putassé avec les généraux Caldwell et Simmons à Washington. Oh, peut-être avait-il pris un verre une fois avec eux, ou plus vraisemblablement il avait servi avant la guerre sous leurs ordres comme sous-off. Mais tout cela était pathétique, et un peu écœurant. Conn, le grand manipulateur. Même dans ce moment ses yeux aqueux à la paupière affaissée, sa panse, son nez moiré en pied de marmite, le regardaient avec une expression de sincérité. Sûr, il connaissait Will Hearn. Mis à la question, il serait mort en jurant qu'il le connaissait, croyant qu'il le connaissait.

« Vous savez, quand vous reverrez Will Hearn dites-lui que vous m'avez vu, ou écrivez-lui, dites-lui ça. »

Quel genre de travail s'était opéré dans la tête de Conn en vingt ans d'armée ? Et plus particulièrement dans les cinq dernières années, depuis qu'il faisait la planche avec des épaulettes d'officier ?

Pif paf ! fit la carabine de Dalleson.

« Je lui dirai. Pourquoi n'iriez-vous pas le surprendre ? Il serait content de vous voir.

— Il se peut que je le fasse. J'aimerais bien le revoir comme qui dirait. On n'en fait pas de plus sociables que votre père.

— Sûr. » Il se fit violence pour se priver du plaisir d'ajouter : « Peut-être vous embaucherait-il comme portier, pour chasser les intrus. »

Il se leva. « Je vais faire trempette », annonça-t-il. Il prit la course, fendit l'eau avec netteté, piqua un plongeon, sentant son hilarité, son dégoût, sa fatigue s'en aller au contact délicieux de la vague froide sur son corps chaud. Il remonta à la surface, clapota joyeusement, se mit à nager. Les autres, sur la plage, se prélassaient toujours au soleil, jouaient au bridge, parlaient. Deux d'entre eux jouaient à la balle. Vue depuis l'eau, la jungle semblait presque charmante.

L'artillerie tonna faiblement par-dessus l'horizon. Hearn plongea de nouveau, remonta avec lenteur. Le général avait dit une fois, savourant son épigramme : « La corruption est le ciment qui empêche l'armée de se disloquer. » Conn ? Cummings n'avait pas fabriqué son mot à l'intention de Conn, et cependant Conn était un produit de cette corruption.

Soit, et c'était tout aussi vrai quant à lui, Hearn. Qu'était-ce donc, la corruption, sinon savoir où est la vertu, et y renoncer ?

Très net, ça. Et comment est-ce que le général cadrait là-dedans ? Ceci était une plus grosse question, ceci était une question que l'on ne pouvait pas expédier en cinq secs. En tout cas, il allait se tenir à l'écart du général. Cummings l'avait laissé tranquille, et il se promettait de lui rendre la politesse. Il prit pied, se redressa, secoua la tête pour dégager ses oreilles. Il faisait bon nager, rudement bon. Propre. Il piqua sous l'eau, remonta sous la poussée d'une brasse puissante, nagea parallèlement à la côte. Conn était probablement toujours en train de dégoiser, en train d'élaborer le mythe qui s'est fait homme.

« Wakara, qu'est-ce que ça veut dire *umareru* ? » demanda Dove.

Le lieutenant Wakara allongea ses maigres jambes et remua pensivement ses orteils. « Eh bien, ça veut dire naître, je suppose. »

Dove laissa errer son regard sur la plage, s'attarda un instant sur Hearn qui s'ébattait dans l'eau. « Oh, sûr, *umareru* — naître. *Umashi masu, u umasho*. Ce sont là les formes verbales de base, n'est-ce pas ? Je m'en souviens. » Il se tourna vers Conn. « Je ne sais pas ce que j'aurais fait sans Wakara. Il faut un Japonais pour se débrouiller dans ce sacré langage. » Il assena une tape sur le dos de Wakara, ajoutant : « Eh, pas vrai, Tom ? »

Wakara approuva lentement de la tête. C'était un homme de petite taille, mince, le visage calme et sensitif, les yeux plutôt ternes, la moustache fine et nette. « Brave vieux Wakara », fit Dove. Wakara continuait à regarder ses jambes. Une semaine plus tôt il avait surpris Dove qui disait à quelque officier : « Vous savez, on fait trop de cas de nos traducteurs japonais. C'est moi qui fais tout le travail dans notre unité. Il est vrai que je suis chargé du service, mais Wakara ne m'aide en rien. Je dois toujours corriger ses traductions. »

Dove massait son torse osseux avec une serviette. « Transpirer au soleil vous donne un merveilleux sentiment de bien-être, grommela-t-il tout en se tournant de nouveau vers Wakara. J'aurais dû connaître ce mot, vous savez c'est ce journal que nous avons trouvé sur le corps de ce commandant japonais, un document fascinant, est-ce que vous y avez jeté un coup d'œil ?

— Pas encore.

— Oh, eh bien, c'est merveilleux. Pas d'informations militaires, mais le type était un lunatique. Les Japonais sont étranges, Wakara.

— Des imbéciles », dit Wakara sèchement.

Conn se mêla à la conversation. « Je dois dire ici que je suis d'accord avec vous, Wakara. Vous savez j'ai été au Japon, en 33. Ce sont des illettrés. Impossible de leur apprendre quoi que ce soit.

— Vrai, je ne savais pas que vous aviez été là-bas, mon colonel, dit Dove. Est-ce que vous parlez le japonais ?

— Je ne me suis jamais donné la peine de l'apprendre. Je n'aimais pas le peuple, et je ne voulais pas m'y mêler. Je savais que nous allions être en guerre.

— Sans blague, dit Dove. Il fit un petit pâté de sable avec le creux de sa main. Ç'a dû être une précieuse expérience. Wakara, quand vous étiez là-bas, saviez-vous que les Japonais préparaient la guerre ?

— Non, j'étais trop jeune, tout juste un enfant. Il alluma une cigarette. J'étais loin de le penser.

— C'est parce que c'est votre peuple », lui dit Conn.

Pif paf ! fit la carabine de Dalleson.

« Je suppose que c'est ça », dit Wakara. Il expira doucement la fumée de sa cigarette. Il put voir un soldat qui patrouillait au tournant de la plage, et il inclina la tête sur ses genoux dans l'espoir de passer inaperçu. Ç'a été une erreur de venir ici. Les soldats américains n'aimaient pas l'idée de protéger un Japonais.

Conn tambourina pensivement sa panse. « Il fait salement chaud, je vais me mettre à l'eau.

— Moi aussi, dit Dove. Il se leva, fit tomber le sable de ses avant-bras, et, après avoir marqué un temps : Voulez venir, Wakara ?

— Non, merci, pas tout de suite. » Il les suivit du regard. Drôle d'homme, ce Dove, plutôt typique, décida-t-il. Dove l'avait vu qui marchait sur la plage, et tout aussitôt il crut devoir l'appeler, lui poser cette question stupide à propos d'*umareru*, après quoi il ne sut que faire de lui. Wakara commençait à trouver fatigant de se voir traiter en phénomène de curiosité.

Il s'allongea sur le sable, soulagé de se trouver seul de nouveau. Un long temps il resta à regarder la jungle qui s'épaississait et devenait impénétrable au bout d'une trentaine ou d'une quarantaine de mètres. Il se demandait s'il était possible de rendre l'effet qu'elle produisait ; peut-être, sur un fond de toile noir et gris, mais c'eût été d'une technique douteuse. N'ayant plus touché à un pinceau depuis deux ans, il eût été certainement incapable de réussir rien de satisfaisant. Peut-être aurait-il mieux fait de suivre sa famille dans les camps pour Américains d'origine japonaise. Il aurait pu, au moins, continuer à peindre.

La chaleur du soleil sur son dos, l'étincellement du sable, lui firent sentir qu'il était très déprimé. Qu'est-ce que Dove avait dit au sujet du journal d'Ishimara ? « Document fascinant. » Est-ce que la lecture de ce journal avait réellement touché Dove ? Il haussa les épaules. Il lui était tout aussi impossible de comprendre des Américains comme Dove, que de comprendre les Japonais. Et cependant, au temps où il avait étudié à l'université de Berkeley, sa peinture avait été remarquée, et de nombreux étudiants américains s'étaient montrés amicaux à son endroit. Mais, naturellement, la guerre avait mis tout ça en pièces.

Ishimara, S., commandant d'infanterie, armée japonaise. C'est ainsi que, se résolvant à l'anonymat, il avait signé son journal.

« Est-ce que vous y avez jeté un coup d'œil ? » avait demandé Dove.

Wakara sourit, regardant le sable. Sa propre traduction se trouvait dans la poche de son uniforme. Pauvre Ishimara, quel qu'il fût. Les Américains avaient pillé le cadavre, et quelque sous-off avait rapporté le journal. Non, pensait Wakara, il était lui-même trop américanisé pour vraiment comprendre le genre de choses qui avaient trotté sous le crâne d'Ishimara. Est-ce qu'un Américain aurait tenu un journal, pris des notes à l'heure qui précède une attaque ? Ce pauvre bâtard d'Ishimara, sot, sot comme tous les Japonais. Il déplia sa traduction, relut un passage.

« Le couchant du soleil était rouge ce soir, rouge du sang de nos soldats morts aujourd'hui. Demain mon propre sang s'y mêlera.

Je ne peux pas dormir, je me surprends à pleurer.

J'ai songé douloureusement à mon enfance, je me suis souvenu des garçons, mes amis d'école, et des jeux que nous avons joués. Je pense à l'année que j'ai passée avec mes grands-parents dans la préfecture de Choshi.

Je pense, je suis né et je meurs. Je suis né, je vis, et je dois mourir, je suis en train d'y penser cette nuit-ci.

Je ne crois pas en l'Empereur, Sa Majesté Très Exaltée, je dois le confesser.

Je vais mourir. Je suis né, je suis mort.

Je me demande : — POURQUOI ? Je suis né, je dois mourir. POURQUOI ? POURQUOI ?

Quelle en est la raison ? »

Wakara haussa de nouveau les épaules. Un penseur, un poète ; bien des Japonais étaient comme celui-ci. Rien de poétique, cependant, dans leur manière de mourir ; ils mouraient dans un état de déchaînement extatique, de frénésie collective. NAZE, NAZE DESU KA ? Ishimara, d'une écriture grosse et tremblante, avait noté : POURQUOI ? POURQUOI EST-CE AINSI ? Puis, la nuit de l'attaque japonaise, il était allé se faire tuer sur la rivière. Il était tombé, en criant sans doute, unité dans la masse anonyme prise d'exaltation. Qui donc pouvait comprendre cela pleinement ? se demandait Wakara.

A l'âge de douze ans, quand il avait été là-bas, le Japon lui avait paru le plus beau et le plus merveilleux pays qu'il eût jamais vu. Tout y était si petit ; un pays fait à la mesure d'un garçon de douze ans. Wakara connaissait Choshi, où Ishimara avait passé une année avec ses grands-parents. Sur la péninsule de Choshi, dans un périmètre de deux milles, on pouvait voir de tout. Il y avait là de grandes falaises, hautes de plusieurs centaines de pieds, qui tombaient dans le Pacifique ; il y avait des bosquets en miniature, taillés comme des émeraudes, et aussi parfaits ; il y avait de minuscules villages de pêcheurs, faits de bois gris et de roc ; il y avait des rizières et des contreforts mélancoliques, et les étroites et suffocantes ruelles dans la ville de Choshi avec leurs senteurs de brouailles et de bran, avec leurs docks barbouillés de sang le long des quais à poisson. Rien n'y était mis au rebut. Toute la terre, depuis mille ans, y était fourbie et refourbie.

Il enfonça sa cigarette dans le sable et gratouilla sa fine moustache. Tout y était comme cela. N'importe où que vous alliez, le Japon était toujours beau, d'une beauté irréelle et achevée, semblable à un paysage en miniature dans une exposition. Depuis un millénaire, ou plus peut-être, les Japonais vivaient comme des gardiens râpeux qui surveillent des bijoux de prix. Ils labouraient le sol, y consumaient leur vie, et n'en jouissaient pas. Même alors, à l'âge de douze ans, il avait su que le visage d'une femme japonaise différait de celui d'une femme américaine. Et aujourd'hui, rétrospectivement, il en éprouvait un regret, vague et bizarrement détaché, comme si les femmes japonaises avaient renoncé même au désir de songer aux joies qu'elles ne connaîtraient jamais.

Tout était nu derrière cette beauté, avec rien d'autre dans leur vie que la peine et l'abnégation. Peuple abstrait qui avait élaboré un art abstrait, qui pensait et parlait par abstractions, qui avait imaginé un cérémonial complexe pour ne rien dire, et qui, plus qu'aucun autre peuple, vivait dans la crainte intense de ses supérieurs.

Et, une semaine plus tôt, un bataillon de ces gens tristes et songeurs s'était précipité dans la mort à grand renfort de cris terrifiants. Oh, pensait Wakara, je comprends pourquoi les Américains qui ont été au Japon haïssent tellement les Japonais. Ils ont eu des airs si pensifs, si charmants, avant la guerre ; les Américains les ont mignotés comme des chiens de luxe, et les voilà furieux que la bête les morde. Les conversations, les échappatoires trop polies, les rires embarrassés que les Japonais leur ont opposés, ont pris tout à coup une signification inattendue et maligne avec l'éclatement de la guerre. Tous, jusqu'au dernier, ils ont conspiré contre l'Amérique. Quelle sottise ! D'entre les millions de paysans qui seront tués, dix peut-être auront eu une vague idée de ce pourquoi on les égorge. Dans l'armée américaine le nombre était encore plus disproportionné.

Mais ils seront tués, parce que les Japonais sont des imbéciles. Des imbéciles depuis mille ans. Il alluma une autre cigarette, laissant filtrer un peu de sable entre ses doigts.

Pif paf ! fit de nouveau la carabine de Dalleson.

Eh bien, il n'y pouvait rien. Les Américains occuperont le Japon, et après vingt ou trente années le pays redeviendra sans doute ce qu'il a été avant l'occupation ; le peuple continuera à vivre dans sa routine abstraite, multipliant en vue d'une autre immolation hystérique. Deux millions, trois millions de tués, c'était tout prévu dans la version orientale de la loi malthusienne. Lui-même pouvait le sentir et le comprendre mieux que les Américains.

Ishimara était un sot. Il n'avait rien compris au problème

démographique ; il avait vu les choses avec ses yeux de myope, observant le coucher du soleil dans un état d'épouvante atavique. Le soleil rouge et son propre sang, voilà ce que Ishimara connaissait. C'était le sacrifice de propitiation des Japonais. Tout au fond de leur cœur, raidis tout au fond de leurs journaux intimes, ils pouvaient se permettre d'être philosophes, des philosophes désenchantés qui ignoraient tout de l'attelage qui les emmenait. Il expectora dans le sable, recouvrit le crachat d'un mouvement furtif et nerveux de la main, puis fit demi-tour et regarda la mer.

Ils étaient des imbéciles.

Et lui était tout seul, un sage à la peau écorchée.

La marée montait, inondant la langue de sable où le commandant Dalleson tirait à la cible. Il se recula d'un pas quand une vaguelette eut clapoté autour de ses chevilles, puis se baissa pour ramasser un galet. Il y avait presque une heure qu'il tirait sur des galets, et il commençait à se sentir las. Sa large poitrine et son ventre avaient rougi au soleil, la transpiration émaillait son poil, et la ceinture de son short — le seul vêtement qu'il portât — était tout à fait trempée. Il grogna, examina les galets dans sa main, en choisit un, l'assujettit entre son pouce et son index. Il se pencha en avant comme un buffle, la tête presque parallèle au sable, le canon de la carabine pointé verticalement sur son orteil. Il se pencha davantage, jusqu'à ce que sa tête ne fût qu'à un pied de ses genoux, puis, se redressant brusquement, il lança le galet en l'air de la main gauche et épaula l'arme de la main droite. Le temps d'une fraction de seconde il captura le galet dans la hausse de la carabine, un atome de poussière contre le bleu du ciel, puis il pressa la détente et le galet éclata.

« De Dieu », fit-il avec satisfaction, essuyant de son puissant avant-bras la sueur sur ses yeux, léchant des cristaux de sel sur les coins de sa bouche. C'était le quatrième galet à la file qu'il touchait.

Il choisit un autre galet, se mit en position, le lança — et le manqua. Ça ne fait rien, de toute façon j'ai fait mouche trois sur cinq, se dit-il. Ça allait bien ; il n'avait pas perdu son coup d'œil. Il faudrait qu'il leur écrive ça, à sa société de tir, à Allentown.

Ce tir au galet avait du bon. Il faudrait qu'il s'y remette, une fois de retour au pays. Si, avec une carabine, il faisait mouche trois sur cinq, on devrait lui bander les yeux avant de lui faire manquer des pipes de terre avec un fusil. Son oreille lui faisait un peu mal, agréablement au fait, à cause du bruit de la carabine.

Conn et Dove s'ébattaient dans l'eau, à une centaine de mètres de là, et il leur fit signe de la main. Une autre vaguelette entoura ses chevilles. Plutôt que d'écrire, il pourrait envoyer une photo à sa société de tir.

Il tourna sur lui-même, regardant du côté des officiers qui jouaient au bridge. « Eh, Leach, où diable êtes-vous ? » meugla-t-il.

Un homme long, svelte, avec un visage maigre et des lunettes cerclées d'argent, se dressa sur le sable. « Je suis ici, mon commandant. Que voulez-vous ?

— Avez-vous pris votre appareil ? Leach fit un vague signe de la tête. Eh bien, apportez-le, voulez-vous ? » cria Dalleson. Leach, un capitaine, était son assistant dans le service des opérations.

Dalleson lui sourit, et Leach vint le rejoindre. Leach était un brave type, agréable, soucieux de plaire, et il faisait bien son boulot. « Dites donc, Leach, je voudrais que vous me preniez une photo pendant que je tire un galet.

— Ça sera un peu difficile, mon commandant. C'est un appareil très ordinaire, le fonctionnement maxima de l'obturateur n'est que d'un vingt-cinquième de seconde. »

Dalleson fronça les sourcils. « Eh, que diable, ça sera assez bon.

— C'est-à-dire, mon commandant, pour être franc — un accent du Sud ramollissait sa voix —, j'aimerais bien vous rendre service mais il ne me reste que trois clichés, et il est pour ainsi dire difficile d'avoir de la pellicule.

— Je vous les paierai, offrit Dalleson.

— Mais non, je n'y pensais pas, mais, c'est-à-dire, voyez-vous...

— Allons, voyons, l'interrompit Dalleson. Tout ce que je vous demande c'est une photo. Que diable, à quoi ça va vous servir, vos clichés ? A prendre ces autres mecs là-bas ?

— Ben, oui, en effet mon commandant. »

Dalleson se fendit d'un sourire. « Très bien. Maintenant regardez, Leach, ce que je veux c'est que vous vous mettiez un peu plus loin sur cette bande de sable et que vous me preniez avec la jungle dans mon dos pour que mes amis sachent où diable ç'a été fait, et je veux aussi que vous me photographiiez ce galet au moment où il éclate en l'air. »

La mine de Leach s'allongea. « Mon commandant, vous ne pouvez pas avoir tout ça sur la photo. Il faudrait un angle de prise de vue de quatre-vingt-dix degrés, alors que la lentille de cet appareil n'a qu'un champ de trente-cinq degrés.

— Voyons, ne m'ensevelissez pas sous tous ces nom de Dieu de chiffres et de détails. Il me semble que ça n'est pas bien difficile de prendre une sacrée petite photo de rien du tout.

— Je pourrais peut-être vous prendre de dos, au premier plan, et incliner l'appareil de façon à inclure le galet dans l'image, mais je vous le dis, mon commandant, c'est gaspiller la pellicule parce que ce galet on ne le verra même pas. C'est bien trop petit.

— Leach, ça n'est pas si compliqué que ça. J'ai pris des photos. Tout ce qu'on a à faire, c'est presser un bout de bouton. Allons, suffit de palabrer. »

Visiblement misérable, Leach s'accroupit derrière Dalleson, sautillant en rond pour trouver l'angle approprié. « Voulez-vous lancer un galet d'essai, mon commandant ? » demanda-t-il. Dalleson s'exécuta. « Allez, ça suffit, ces coups d'essais, grogna-t-il.

— Bon, je suis prêt maintenant, mon commandant. »

Dalleson se pencha, se redressa, et tira au moment où le galet atteignait le sommet de la parabole. Il le manqua, se tourna vers Leach. « Essayons-y encore une fois.

— Très bien », dit Leach à contre-cœur.

Cette fois Dalleson fit mouche ; mais, ayant réagi trop tard, Leach avait pressé le bouton de l'obturateur alors que les éclats du galet s'étaient déjà dispersés. « Dites donc, nom de Dieu ! hurla Dalleson.

— J'ai fait de mon mieux, mon commandant.

— Bon, ne manquons pas le coup la prochaine fois. » Il rejeta les galets qu'il avait à la main, se mit à chercher un projectile plus grand.

« Je n'ai plus qu'un seul cliché, mon commandant.

— Que diable, on réussira bien ce coup-ci. » Il essuya de nouveau la sueur sur ses yeux, se baissa, regarda ses genoux. Le cœur lui battait un peu rapidement. « Attrapez-le dès que vous entendez partir le coup, grogna-t-il.

— Oui, mon commandant. »

Le galet prit de la hauteur, et Dalleson épaula. Il connut un instant de panique, la cible n'était pas dans la ligne de la hausse, puis le galet se mit à descendre et il le situa sur le point de mire de sa carabine, ajusta instinctivement, ressentit la secousse rassurante de la culasse et le léger à-coup quand il eut pressé la gâchette.

« Je l'ai eu cette fois, mon commandant. »

Les éclats du galet firent courir des ondes sur l'eau. « Nom de Dieu, fit Dalleson joyeusement. Je saurai apprécier ça, Leach.

— Il n'y a pas de quoi, mon commandant.

— Laissez-moi payer ça.

— C'est-à-dire...

— J'insiste, fit Dalleson. Il enleva la culasse de la carabine, tira en l'air la balle qui restait dans le canon. Disons que ça sera vingt-cinq cents pour les trois photos. J'espère qu'elles seront réussies. Il tapota l'épaule de Leach. Allons-y, fiston. Allons nous payer une partie de nage, vous et moi. On l'a bien mérité, nom de nom. »

Tout cela était *parfait*.

9

Après leur retour du front, les hommes de la section Reconnaissance furent renvoyés aux travaux de la route. Les compagnies en ligne se déplacèrent à plusieurs reprises, et on disait à l'arrière qu'elles étaient aux abords de la ligne Toyaku. A l'arrière, en fait, on n'avait que de vagues idées quant au déroulement de la campagne ; les jours s'y succédaient sans incidents, et peu à peu les hommes cessèrent de distinguer entre les événements de la veille. Ils montaient la garde de nuit, se réveillaient une demi-heure avant l'aube, cassaient la croûte, rinçaient leurs gamelles, se rasaient, s'embarquaient dans des camions qui les emmenaient par la jungle vers le tronçon de la route où ils travaillaient. Ils s'en revenaient à midi, retournaient sur le chantier après le rata, trimaient jusque tard dans l'après-midi, rentraient pour la soupe, prenaient parfois un bain dans le ruisseau qui coulait à la lisière du bivouac, puis s'en allaient dormir dès la tombée du jour. La garde de nuit leur devint une habitude, chacun son heure et demie, et ils finirent par oublier le goût d'un sommeil fait de huit heures consécutives. La saison des pluies étant arrivée, ils étaient trempés nuit et jour. Avec le temps, ils n'en ressentirent plus la gêne. Porter des vêtements mouillés leur semblait parfaitement naturel, et personne ne se souvenait comment l'on se sent dans un uniforme sec.

Environ une semaine après leur retour le courrier arriva à l'île, le premier depuis un long temps, et pour une nuit le cours monotone de leur existence se trouva allégé. Une des rares distributions de bière eut lieu le même soir. Chacun eut vite fait de vider ses trois canettes, puis tous restèrent assis en rond sans guère se parler. Insuffisante pour les enivrer, la bière les rendit maussades et songeurs ; elle ouvrit les écluses de leurs souvenirs, éveilla leurs tristesses, et les fit aspirer à des choses qu'ils ne savaient pas nommer.

Le soir du courrier Red but sa bière en compagnie de Wilson et de Gallagher, et ne s'en retourna à sa tente qu'à la nuit tombée. Il n'avait pas reçu de lettres, et encore qu'il n'en fût pas surpris car il était resté plus d'un an sans écrire à personne, il éprouva une trace de désappointement. N'ayant jamais écrit à Loïs, il n'eut jamais de ses nouvelles ; elle ne connaissait même pas son adresse. Mais, parfois, lors des arrivages de courrier, il se laissait aller à un petit espoir, aussi passager qu'irrationnel. L'affaire avec Loïs était bel et bien finie, et cependant...

Son cafard s'était accru alors même qu'il se trouvait sous la tente de ses amis. Feuilletant les quinze lettres qu'il venait de recevoir de sa femme, Gallagher s'occupait à répondre à quelques-unes de ses questions, tandis que Wilson se plaignait de la sienne. « Maudite femme, je lui a fait l'amour qu'elle oubliera jamais puis voilà qu'elle arrête pas de rouscailler pourquoi que j'y envoie point une partie de ma solde.

— Toi, te crèveras en taule », dit Red en gouaillant.

Au moment de regagner sa tente, il se sentit très déprimé. Il fit voler d'un coup de pied une canette vide et rampa dans son trou. Tout en étalant sa couverture chiffonnée, il se mit à jurer. « C'est bien les manières de cette nom de Dieu d'armée, fit-il à Wyman. Trois canettes de bière. Ils ont plus d'un tour pour vous faire enrager. »

Wyman se roula sur sa litière. « J'ai bu qu'une de mes bières, dit-il doucement. Pourquoi que tu prendras pas les deux autres Red ?

— Non, merci, petit gars. » Il hésitait. Une tacite amitié était née entre eux depuis qu'ils campaient sous la même tente, mais dernièrement Wyman lui faisait des ouvertures de plus en plus fréquentes. On se laisse aller à copiner avec des gars et puis ils se font bousiller, pensa-t-il. Plus que jamais Wyman lui rappelait Hennessey. « Te feras mieux de boire ta bière, petit, dit-il. Va y avoir un bout de temps avant qu'ils en redonnent, de la bière.

— Non, j'aime pas beaucoup la bière. »

Red ouvrit une canette et la passa à Wyman. « Allez, moitié moitié. » Ces deux canettes, s'il les avait bues tout seul, lui auraient monté à la tête tout juste assez pour lui permettre de s'endormir sans mal. Depuis la nuit du front ses reins le faisaient souffrir constamment et le tenaient réveillé ; et, au cours de ses insomnies, il ne manquait jamais de reconstituer le moment où il s'était attendu à être poignardé par le soldat japonais. Mais, quoi qu'il en fût, deux bières faisaient une grosse, une trop grosse faveur : Wyman aurait eu prise sur lui. Il valait mieux ne devoir rien à personne.

Ils burent en silence pendant quelques minutes. « T'as eu beaucoup de courrier, petit ? demanda Red.

— J'ai eu tout un paquet de ma mère. » Il alluma une cigarette, regardant devant lui.

« Et ta copine, comment qu'elle s'appelle déjà ?

— Je sais pas, j'ai rien reçu d'elle. »

Red grimaça sous le couvert de l'obscurité. Le comportement de Wyman aurait dû l'avertir. Faisant cadeau de sa bière, musardant tout seul sous la tente — il aurait dû se douter de ce qui clochait avec Wyman et éviter de lui en parler. « Eh, que diable, elle t'écrira, petit », fit-il maladroitement.

Wyman tripota sa couverture. « J'y comprends rien, Red. J'ai pas eu de ses nouvelles depuis que je suis parti. En Amérique, elle m'écrivait tous les jours. »

Red se rinça la bouche avec une gorgée de bière. « Ah, c'est seulement cette armée qui s'emberlificote avec le courrier.

— J'y ai pensé, mais j'y crois plus. Quand j'étais au dépôt de remplacement, j'y comptais pas ; mais on a eu déjà deux arrivages de courrier ici, et chaque fois j'ai eu un tas de lettres de ma mère et rien d'elle. »

Red se tâta le nez et soupira.

« Je te dirai la vérité, Red. Maintenant j'ai peur de recevoir une lettre d'elle. Ça sera probablement "mon chéri, j'ai rencontré un homme, je suis sûre que tu comprendras ça..."

— C'est pas les femmes qui manquent, petit. Plus tôt t'as fait ton expérience, et mieux c'est. »

Il y eut de la peine et de l'angoisse dans la voix de Wyman. « Elle est pas comme ça, Red. Elle est vraiment une brave fille. Oh, Jésus, je sais pas, y avait vraiment quelque chose de spécial en elle. »

Red grogna. L'émotion de Wyman l'embarrassait, et il se savait tenu à l'écouter. Il but un peu de bière, grimaça un sourire. Je paie le coup que je bois, se dit-il. Brusquement il s'imagina Wyman qui broyait du noir de toute la soirée, et cette pensée l'attendrit. « C'est comme qui dira plutôt dur de rester là à se faire du tintouin », dit-il. Ainsi, du moins, lui aura-t-il manifesté un peu de sympathie. En général, les soucis d'autrui l'ennuyaient. Chacun se casse le nez à son tour, et c'est maintenant celui de Wyman, pensa-t-il.

« Comment que tu l'as rencontrée ? demanda-t-il.

— Elle est la petite sœur de Larry Nesbitt, tu te rappelles, je t'en ai parlé, un copain à moi.

— Oui, fit Red, qui se souvenait vaguement.

— Eh bien, je la voyais souvent autour de la maison de Larry, elle était tout juste une enfant et j'y ai jamais fait attention. Puis, un jour, deux mois avant d'entrer dans l'armée, je suis allé chez Larry mais il était pas à la maison, et c'est comme ça que j'y ai fait attention à sa sœur. Tu sais, elle a poussé pour ainsi dire. Alors j'y ai demandé de faire une promenade, et on est allé s'asseoir au parc et on a parlé, et... Il se tut. Je pouvais lui parler d'un tas de choses, et je sais pas, on est resté assis sur le banc et j'y ai dit que je voulais écrire sur les sports, et elle a dit qu'elle voulait dessiner des robes, et je me suis mis à rire jusqu'à ce que j'aie compris qu'elle parlait sérieusement, et on a parlé longtemps de ce qu'on voulait devenir. Il avala sa bière. Un tas de gens nous passaient et on s'est mis à jouer, tu sais un jeu où c'est qu'on devine leur âge et ce qu'ils font dans la vie, et elle essayait de deviner s'ils étaient heureux ou pas. Puis on s'est mis à examiner tous nos amis, et on a parlé beaucoup. »

Red sourit. « Et alors tu lui as demandé : Qu'est-ce que te penses de moi ? »

Wyman le regarda avec étonnement. « Comment que tu sais ?

— Eh, j'ai deviné, c'est tout. » Il se rappelait le parc, au bout de la rue principale, dans la ville de la Compagnie. Pour un moment il put revoir le visage d'Agnès, et réentendre le son de sa propre voix : « Tu sais, je crois pas en Dieu. » Il eut un sourire pensif. Il gardait, de ce soir-là, une impression de beauté qu'il n'avait jamais ressentie avec la même intensité. « C'était quand ? demanda-t-il à Wyman. En été ?

— Oui, au début de l'été. »

Red sourit de nouveau. Tous les merdeux y passent, songea-t-il, et tous ils pensent que c'est quelque chose de spécial. Il imaginait Wyman, un adolescent timide sans doute, il le voyait qui parlait dans le parc, qui disait à la jeune fille de ces choses qu'il n'avait jamais su dire à qui que ce fût. Et, naturellement, la jeune fille était à l'avenant. « Je sais ce que tu veux dire, petit, fit-il.

— Tu sais, elle m'a dit qu'elle m'aimait, fit Wyman d'un air de défi, comme s'il s'attendait à voir Red partir d'un éclat de rire. Ç'a été tout ce qu'y a de sérieux entre nous, après cette nuit-là.

— Ta mère, qu'est-ce qu'elle a dit ?

— Oh, elle aimait pas l'idée, mais je m'en faisais pas. Je savais que j'y pouvais compter.

— Y a des fois que ça se complique, dit Red. On sait pas comment ça peut tourner. »

Wyman secoua la tête. « Écoute, Red, ç'a l'air stupide, mais Claire me faisait réellement sentir que je pouvais devenir quelqu'un. Quand je la quittais et que je marchais tout seul dans les rues, eh bien je sais pas moi, je *savais* que j'allais devenir un grand type un jour. J'en étais sûr. » Il se tut pour un moment, absorbé par ce qu'il venait de dire.

Red se demandait ce qu'il devait répondre. « Tu sais, un tas de gens sentent la même chose, petit.

— Oh, nous c'était *différent*, Red. C'était *réellement* quelque chose de spécial. »

Red tressaillit. « Je sais pas, murmura-t-il. Des tas de gens sentent comme ça, et puis pour toutes sortes de raisons c'est la culbute, ou bien on s'aigrit les uns les autres.

— On aurait pas fait la culbute nous autres, Red. Je te le dis, elle m'aimait. Il réfléchit, et son visage se contracta. Il s'emmitoufla dans sa couverture. C'est pas possible qu'elle me mentait, Red, c'est pas son genre. C'est pas une fille à ça. Il se tut, puis laissa échapper soudainement : Tu crois pas qu'elle m'a menti, dis ?

— Nix, elle a pas, dit Red. Il eut un serrement de cœur. Nix, elle t'a pas menti, mais tu sais le monde change.

— Pas elle, dit Wyman. C'était différent, nous autres. » Un accent de frustration se devinait dans sa voix, dû à son incapacité de traduire en mots ses sentiments.

Red songea à la mère Wyman, à ce qu'elle aurait eu à supporter si son fils s'était marié, et il en eut une rapide et concise image — disputes, soucis d'argent, turbin qui éteindra leur jeunesse jusqu'à ce qu'ils ressemblent aux gens qui les ont passés dans le parc — tout cela il le vit clairement. Cette fille-ci ou une autre, indifféremment, parce qu'à trente ans elles se ressemblent toutes et parce que lui, Wyman, n'arrivera jamais à rien qui vaille vraiment. Il eut une vision de l'existence qui attendait Wyman, et cela le révolta. Il aurait voulu pouvoir lui dire quelque chose de plus réconfortant que ce simple fait, à savoir qu'il n'importait guère, après tout. Mais il ne put rien trouver, et il s'installa dans ses couvertures. Son dos lui faisait mal. « Ah, essaie plutôt d'y passer la nuit, dit-il.

— Oui, c'est ça », murmura Wyman.

Comme sous une récidive de fièvre, Red succomba sous la peine familière de l'âge, de la mélancolie, et de la sagesse.

Croft et Martinez eux non plus ne reçurent pas de courrier ; ils n'en recevaient jamais.

Ridges eut une lettre de son père, crayonnée laborieusement sur une feuille de papier d'emballage où la mine avait creusé des sillons. Il demanda à Goldstein de la lui lire.

« Cher fils, moi meime é nou tou tu nou manque, on a moyssoner la récolte é on a mi un peu dargen de coter, asser pour manger Grasse à Dieu. Sim a pousser biento dun mi pié é té zotre frere é seure socupe de lui, mere se sen bien. Le vieu Henry la perdu sé 3 zarpen, sé tune onte, mé la conpanie al veu rian savoir. Nou aprécion largen que tu anvoy, té un bon fils, nou dison tou sa. Ton pere qui teme. »

« C'est une rudement bonne lettre, dit Ridges quand Goldstein eut fini. L'a une belle écriture, papa.

— C'est une très bonne lettre », dit Goldstein. Il relut les dernières lignes dans l'une des lettres que sa femme lui avait écrites. « Hier Danny a demandé où tu étais. Je lui répète tout le temps que papa est à la guerre, et il ne t'a pas du tout oublié. Oh, Joey, il est si mignon, comme je voudrais que tu sois ici pour le voir grandir, il n'y a rien de tel. Hier il a dit : Quand est-ce que papa finir faire boum-boum ? Je ne savais pas s'il fallait en rire ou pleurer. Manny Straus a promis de prendre quelques photos... »

Goldstein but une gorgée de bière et se laissa envahir par une terrible nostalgie.

Le lendemain matin Wilson demanda à Gallagher de lui relire une des lettres de sa femme. Il rit à plusieurs reprises, avec colère, alors que Gallagher lisait.

« Je va pa suporté sa jété une bone fame pour toi et tu sé sa, je ta toujours doné tous largens que tu voulé, et je droi mentenan à sen et vein dollar chaque moi je parlé à Wes Hopekinds o buro du chelieu et il dis que tu doi me doné largens que larmé te done et quia rien que tu peu fair contres. A moin que tu fais comesa Woodrow ou je va écrir une letres à larmé je sé ladrèse pasqué Wes me la dis et coman fair. Jené asé detre une bone fame pour toi pasqué tu veu pa comprendre... »

« Eh bien, comment que te l'aimes, cette vieille merde ? dit Wilson. Il était furieux, et il réfléchissait à sa réponse. Te vas m'écrire une lettre ce soir. Je m'en vas lui dire qu'elle ira pas loin avec toutes ses combines. » Il composa à haute voix quelques phrases qu'il destinait à sa femme. « Je te dis, te feras mieux de marcher comme une femme qu'il faut et finir de t'agiter et de me chamailler ou bien sacrédié c'est sûr et certain que je vas pas revenir chez toi. » Il censura « sacrédié », ayant un obscur préjugé contre l'emploi des blasphèmes dans les lettres. « Y a des tas de femmes qui seraient contentes de m'avoir et tu sais ça. Je peux pas supporter une femme qui essaie tout le temps d'enlever le dernier sou à un homme. Si que je veux dépenser un peu d'argent, je vas l'avoir. Je veux plus rien entendre parler sur cette solde. » Il se sentait amer et juste, et le fait de composer lui procura un plaisir qui lui monta à la tête. Il avait l'esprit plein de choses à l'adresse de sa femme, et une douce chaleur se répandait en lui chaque fois qu'il concevait une phrase mordante.

Il s'assit sur le rebord du trou, à l'entrée de la tente, louchant contre le soleil. « Prends cette autre fille, dit-il à Gallagher. Marche droit, elle. J'ai eu une lettre d'elle au dernier courrier, Red me l'a lue, où c'est qu'elle me dit qu'elle m'attend que je reviens du Kansas pour qu'on se marie et puis qu'on s'en va dans le sud. Ça c'est une femme. Me faisait à manger, reprisait mes vêtements, amidonnait mes chemises pour la revue du samedi, et pour ce qu'est de faire l'amour y a longtemps que j'ai pas eu mieux. »

Gallagher cracha avec dégoût et envie. « L'espèce de bâtard que t'es. Si tu l'aimes tellement, pourquoi que tu lui dis pas que t'es marié, et qu'elle cherche à se débrouiller elle aussi un peu ? »

Wilson regarda Gallagher comme si celui-ci eût été stupide. « Eh, dis donc, pourquoi que j'y dirais ? Je peux pas savoir comment que je me sentirai quand je serai libéré. Peut-être que je voudrai aller au Kansas et me remettre avec elle. On peut pas savoir. Ça serait pitié si que je lui disais, puis qu'elle sera pas à m'attendre quand je serai libre et que j'ai envie d'elle. » Il secoua la tête et pouffa. « Moins que tu dis à une femme, et mieux tu te portes. »

Gallagher piqua une rage. « Foutre d'épateurs ! Vous êtes qu'une bande d'animaux !

— Heeey. »

Une flamme intérieure consumait Gallagher. Un type comme Wilson prenait la vie du bon côté et faisait payer les autres. Il regarda du côté de la jungle, vertueux, envieux.

Il se calma peu après, et se mit à examiner son courrier. Il n'eut le temps, la veille, que de lire les lettres de sa femme ; lettres déjà anciennes, dont la plus récente datait d'un mois, et il ne cessait pas de se répéter avec surprise qu'il était probablement père à l'heure actuelle. La date que sa femme avait mentionnée pour la naissance de l'enfant était échue depuis quelques jours, mais il ne pouvait y croire. Il se faisait l'impression que ce dont elle lui parlait avait lieu le jour même où il lisait sa lettre ; si elle écrivait qu'elle pensait visiter le lendemain une sienne amie, c'est précisément le lendemain du jour où il avait reçu sa lettre qu'il voyait Mary faisant sa visite. Il avait beau se raisonner, elle ne vivait pour lui que dans l'instant exact où il lisait ses lettres.

Présentement il ouvrait le restant de son courrier. Il parcourut rapidement une lettre de sa mère, lut à Wilson quelque passage amusant d'une lettre reçue de Whitey Lydon, puis ouvrit une longue et épaisse enveloppe qui contenait un journal, genre « nouvelles en une ligne », de huit pages pauvrement imprimées. « J'y ai travaillé, dit-il à Wilson.

— Je savais pas que t'étais un reporter.

— Nix, c'est politique, ça. Ils publient le canard au siège du parti, avant les élections primaires. Il vérifia la date. Le numéro du journal remontait au mois de juin. C'est vieux comme tout », dit-il. Il éprouva une pointe d'envie en lisant les noms des gérants ; un de ses amis, resté dans le civil, était chargé du service de publicité. Gallagher savait ce que cela signifiait. Aux dernières élections primaires, avant sa mobilisation, il avait fait du porte-à-porte dans son arrondissement, sollicitant des contributions pour le journal. Celui qui rapportait la plus belle collecte était nommé chef de publicité, et recevait généralement quelque emploi à l'école communale de son quartier. Il avait manqué la ligne de quelques centaines de dollars à peine, mais on lui avait dit qu'il gagnerait certainement l'année suivante.

— C'est bien ma foutue chance de faire le soldat, dit-il avec ressentiment. Il se mit à lire le canard. Un titre attira son attention :

LE CAFARD ANDREWS AU IXe ARRONDISSEMENT
FLANQUONS-LE A LA PORTE

C'est encore ce madré Andrews TOHU-BOHU en Action, exactement comme la dernière fois quand il s'est présenté aux élections législatives avec son mot d'ordre : ANDREWS *contre* LE COMMUNISME, vous vous souvenez ? Mais qu'est-ce qu'il a fait quant au COMMUNISME ? R-I-E-N, pour autant que nous sachions. Un de ses hommes, à son quartier général, était vice-président du C.I.O., et un autre était directeur de la Ligue antinazie de N. Y., rappelez-vous, cette ligue qui n'aimait pas le père Coughlin et qui voulait boycotter le catholique Franco.

Eh bien, Jimmy Andrews, Vieux Loustic, sachez que la vieille jument grise N'est Plus Ce Qu'elle A Été. Aussi ne démarrez pas du pied gauche, ne dupez pas le Public ou les Vétérans, mordez-vous la langue avant de parler. Aidez Les Vétérans. — Ne Trichez Pas. Nous vous avons à l'œil, Jimmy Andrews, et les électeurs du IXe Arrondissement ne veulent pas d'un cafard. Alors gare à vos FRÉQUENTATIONS. Il n'y a pas de place dans le parti pour des hommes comme vous. Nous y veillerons.

PAS DE CAFARDS.
PAS DE COMMUNISTES.
ANDREWS A LA PORTE.

Tout en lisant, Gallagher ressentait une sourde colère. C'est ce genre de types-là qu'il fallait surveiller, les foutres de communistes. Il pensait au temps où il conduisait un camion, et comment la Fédération Américaine du Travail avait essayé de l'enrôler. Il avait signalé le fait au siège du parti, sur quoi l'organisateur en question n'y remit plus les pieds. Il y avait quelque chose de bizarre là-dessous ; il avait noté la présence, dans le parti, de gars qui flirtaient avec les Rouges, des hommes comme Big Joe Durmey ou encore ce type de Jim Andrews — et puis d'abord il ne devrait pas y avoir de place dans le parti pour des cafards. C'étaient des types de cette espèce qui lui tiraient toujours dans les pattes, voilà pourquoi il n'est jamais arrivé à rien. Il pensa à Whitey Lydon, et de nouveau il éprouva une pointe d'envie. Tous le devançaient, alors que lui moisissait ici. Il n'y avait personne à qui l'on pût se fier. Le loup mange le loup.

Il plia le journal et le fourra dans sa poche. Croft les appelait. Ils quittèrent leurs tentes, se dirigeant vers le camion qui devait les emmener à leur travail sur la route. Le soleil ne s'était levé que depuis une heure, et la matinée avait encore toute sa jeune fraîcheur. Gallagher songea vaguement à des frais matins d'été, quand il partait au travail et que le pavé était encore froid et net après la nuit. Il avait oublié son journal, et tout en se hissant dans le camion, il chantonnait.

Au bureau de poste — une tente pyramidale garnie de deux tables — le vaguemestre triait le courrier dont les destinataires n'ont pas pu être touchés. Entouré d'un bout de ficelle, un paquet de vingt lettres adressées à Hennessey traînait depuis des heures sur le coin d'une table. Le vaguemestre, qui le remarqua finalement, fut contrarié : lui qui se piquait de connaître par cœur les noms de tous les hommes du régiment, il ne put situer celui d'Hennessey.

« Est-ce que Hennessey a été changé de compagnie ? demanda-t-il à son aide.

— Je sais pas, le nom est familier. L'aide-vaguemestre réfléchit un instant, puis ajouta : Attends voir, je me rappelle, il a été bousillé le jour du débarquement. Il était content de se souvenir, alors que le vaguemestre avait oublié.

— C'est ça, fit le vaguemestre hâtivement. Droit sur la plage, j'en ai parlé avec Brown. » Il regarda les enveloppes ficelées, soupira, y appliqua un tampon. « Destinataire tué à l'ennemi. » Il fut sur le point de mettre le paquet dans l'un des sacs à ses pieds, quand il nota l'adresse de l'expéditeur. Il parcourut les enveloppes, découvrit qu'elles portaient toutes la même adresse. « Eh, regarde ça », dit-il à son aide.

« Mama et Papa, 12 Riverdale Avenue, Tacuchet, Indiana », lut l'aide-vaguemestre. Pendant un moment il imagina un couple grisonnant, à la joue rose, la Mama et le Papa reproduits à des milliers d'exemplaires sur les affiches qui vantent des limonades et des gargarismes et des pâtes dentifrices. « Dis, si c'est pas triste, fit-il.

— Sûr que c'est triste.

— Ça vous fait réfléchir », dit l'aide-vaguemestre.

Après le repas de midi, Gallagher était assis sous sa tente quand Croft l'appela. « Qu'est-ce qu'y a ? demanda Gallagher.

— L'aumônier veut te voir, dit Croft.

— Pourquoi faire ?

— Je sais pas, fit Croft, haussant les épaules. Pourquoi que t'irais pas voir ? Nous serons partis quand tu seras de retour, alors tu resteras de garde au bivouac pour l'après-midi. »

Gallagher traversa le camp et s'arrêta face à la tente de l'aumônier. Son cœur battait rapidement, et il s'efforçait de contrôler son émotion. Avant le débarquement à Anopopéi il avait demandé à l'aumônier si celui-ci n'avait pas besoin d'un second assistant, et l'aumônier promit de considérer la chose. Pour Gallagher cela signifiait exemption du service et des corvées, et plus d'une fois il se permit de rêver à cette éventualité.

« Bonsoir, mon père, fit-il. On m'a dit que vous vouliez me voir. » Sa voix était polie et incertaine, et l'effort qu'il s'infligeait pour surveiller son langage le faisait transpirer.

« Asseyez-vous, Gallagher. » Le père Leary était un homme entre deux âges, de taille svelte et élancée, au cheveu clair et à la voix câline.

« Qu'est-ce qu'il y a, mon père ?

— Fumez, mon fils, ne vous gênez pas. Il lui donna du feu. Vous recevez beaucoup de courrier de chez vous, Gallagher ?

— Ma femme m'écrit presque tous les jours, mon père. Elle attend un bébé d'un jour à l'autre.

— Oui, fit le père Leary. Il se tut, se toucha la lèvre, puis tout à coup il s'assit. Mon fils, j'ai une mauvaise nouvelle à vous annoncer. »

Gallagher ressentit un froid. « Qu'est-ce qu'il y a, mon père ?

— Voyez-vous, mon fils, bien des choses sont difficiles à comprendre. Mais on doit les accepter avec humilité et croire qu'il y a de justes raisons à cela, que Dieu comprend et voit et fait ce qui est pour le mieux alors même que cela nous paraît incompréhensible. »

D'abord mal à l'aise, Gallagher devint brusquement frénétique. Toutes sortes de pensées folles lui traversèrent l'esprit. « Ma femme m'a pas quitté, n'est-ce pas ? » bégaya-t-il. A peine formulée, sa question lui fit honte.

« Non, mon fils. Quelqu'un est mort.

— Ma mère ? »

Le père Leary secoua la tête. « Non, pas vos parents. »

Gallagher pensa que son enfant était mort en naissant. Il éprouva une vive sensation de soulagement. C'est pas si terrible, se dit-il. Le temps d'une seconde il se redemanda sottement si le père Leary ne l'avait pas fait venir pour lui offrir une place d'assistant.

« Non, mon fils. Je crains que ce ne soit votre femme. »

Les mots glissèrent sur lui sans l'entamer. Il resta assis, sans réagir, ne pensant à rien. Un insecte passa en bourdonnant à travers les rabats repliés de la tente, et il le suivit du regard. « Qu-quoi-quoi ? demanda-t-il.

— Votre femme est morte en couches, Gallagher, dit le père Leary, regardant au loin. Mais on a sauvé votre enfant.

— Mary était pas très forte », dit Gallagher. Le mot « morte » se forma en lui, et parce que ce mot avait acquis une valeur unique dans son imagination, il vit Mary qui frissonnait et se contractait comme le soldat japonais tué dans la clairière. Il se mit à trembler irrésistiblement. « Morte », dit-il. Le mot était dénué de sens. Il demeurait immobile et étourdi ; ses pensées s'étaient retranchées dans quelque profond repli de son esprit, et les paroles de l'aumônier glissaient inefficacement sur la face anesthésiée de sa cervelle. Il eut l'impression, pendant plusieurs secondes, qu'on lui racontait une histoire qui ne l'intéressait guère. Assez bizarrement, la seule chose qui le préoccupât c'était de paraître dégourdi, pour impressionner l'aumônier. « Ohhhhhh », prononça-t-il finalement.

« Je n'ai reçu que des renseignements très superficiels, mon fils, mais je vous donnerai les détails dès que j'en apprendrai davantage. Il est pénible d'être si loin de chez soi, et de ne pas pouvoir embrasser ses bien-aimés une dernière fois.

— Oui, c'est dur, mon père », dit Gallagher machinalement. Comme au point du jour on distingue peu à peu les objets autour de soi, la signification de ce qu'il venait d'entendre se révélait lentement à son esprit. Il commençait à comprendre que quelque chose de funeste était arrivé, et il pensa : j'espère que Mary se tracasse pas à cause des nouvelles. Il se rendit soudain compte que Mary ne se tracasserait pas, et, face à ce déni, il eut un mouvement de recul. Il regardait d'un air hébété la chaise sur laquelle se tenait l'aumônier. Comme s'il avait été à l'église, il coula un coup d'œil sur ses mains et s'efforça d'afficher une expression sérieuse.

« La vie continue. Que votre enfant ait été sauvé, voilà qui n'est pas sans signification. Si vous le désirez, je me renseignerai pour savoir qui prendra soin de l'enfant. Peut-être pourrions-nous obtenir que vous partiez en permission. »

Gallagher reprit courage. Il verrait sa femme. Mais Mary était morte. Cette fois-ci il ne recula pas devant la contradiction. Assis sans bouger, il pensait que la lumière était belle le matin tandis qu'il grimpait dans le camion, et, vaguement, il comprit qu'il souhaitait le retour de cet instant.

« Mon fils, il faut avoir du courage.

— Oui, mon père. » Il se leva. Il ne sentait pas la plante de ses pieds, et quand il se passa la main sur la bouche, elle lui parut enflée et méconnaissable au toucher. Il eut un instant de panique, puis il pensa au serpent dans la grotte. Je parie que le docteur était un foutre de Yid, se dit-il. Encore qu'il l'eût aussitôt oubliée, cette réflexion lui procura une agréable sensation de droiture. « Eh bien, merci mon père, dit-il.

— Retournez à votre tente et couchez-vous, mon fils, fit le père Leary.

— C'est ça, mon père. » Il retraversa le camp. Les hommes étaient en corvée, et le bivouac, presque désert, lui inspira un sentiment de sécurité. Il arriva à sa tente, rampa dans le trou, s'allongea sur la couverture. Il ne sentait rien, sinon une extrême fatigue. Il avait mal à la tête, et il se demanda paresseusement s'il prendrait un comprimé d'atabrine dans son trousseau. Peut-être que j'ai la malaria, se dit-il. Il se rappela le visage de Mary dans les premiers jours de leur mariage, quand elle lui servait un plat. Ses poignets étaient très frêles, et il revit le poil doré sur ses avant-bras.

« Je parie que le toubib était un foutre de Yid », dit-il tout haut. Le son de sa voix le fit sursauter, et il se roula sur le dos. Une colère montait en lui à mesure qu'il y pensait, et une ou deux fois il murmura : « C'est le Yid qui l'a tuée. » Cela lui fit du bien. Il eut une agréable sensation d'auto-apitoiement, et il s'y laissa aller pendant plusieurs minutes. Sa chemise était trempée, et parce qu'il jouissait de sentir ses mâchoires se contracter, de temps à autre il faisait grincer ses dents.

Il se sentit tout à coup moite, et, avec une sorte de précipitation, il commença de comprendre que sa femme était réellement morte. La douleur et la nostalgie dilatèrent sa poitrine, et il se mit à pleurer. Au bout d'une minute il devint conscient du bruit de ses sanglots et il se tut, un peu terrifié, si étrange lui parut son hoquet. On eût dit qu'une couche d'isolant étouffait ses sensations, et qu'il ne s'en dégageait que pour de courts moments, entre deux accès de douleur.

Il se mit à penser aux soldats morts dans la clairière, voyant Mary épouser successivement la posture des cadavres. Il recommença de trembler. Un intense sentiment d'horreur et de nausée et de peur l'envahit. Il s'agrippa à la couverture, grommelant sans se rendre compte de ce qu'il disait : « Y a trop longtemps que j'ai pas été à confesse. » Il perçut avec acuité l'odeur de ses vêtements. Je pue, j'ai besoin d'un bain, pensa-t-il. L'idée commençait de le tourmenter, et il songea à descendre au ruisseau et à s'y jeter. Il quitta sa tente, mais, se sentant trop faible pour parcourir les cent mètres qui le séparaient du ruisseau, il s'arrêta face à la tente de Red et remplit son casque avec de l'eau qu'il prit dans un bidon. En posant le casque par terre il le renversa, et l'eau se répandit sur ses pieds. Il ôta sa chemise, remplit de nouveau son casque, se versa l'eau sur la nuque. Le froid et désagréable contact du liquide le fit frissonner. Il remit machinalement sa chemise, revint en titubant à sa tente, se recoucha, ne pensant à rien. La chaleur du soleil était oppressante sur la toile caoutchoutée. La somnolence le gagna, et il s'endormit à la fin. A travers son sommeil son corps tressaillait de temps à autre.

*
* *

LA MACHINE A FAIRE LE TEMPS : GALLAGHER. LE RÉVOLUTIONNAIRE À REBOURS

Un homme de taille médiocre, avec un corps sec et noué qui donnait l'impression d'être tortu et revêche. Sa figure était petite et laide, marquée par les traces d'une acné qui lui faisait une peau grumeleuse, tachetée de crevasses d'un rouge pourpre. C'était peut-être cette couleur, ou peut-être même la forme de son long nez irlandais hargneusement oblique, qui lui donnait l'air d'être toujours courroucé. Il n'avait que vingt-quatre ans.

Au sud de Boston et à Dorchester et à Roxbury les grises maisons de bois paradent pendant des milles leur laideur et leur désolation et leur délabrement. Les tramways cliquettent dans un désert de cailloux et de bois mort ; la brique est vieille, elle s'effrite sous le doigt si on la frotte vigoureusement. Toute couleur se confond dans la grisaille prédominante ; elle a fini par déteindre sur le visage des gens. Il n'y a là ni Juifs ni Italiens ni Irlandais — leurs traits se sont fondus en un mortier anonyme qui les a rendus homogènes et poussiéreux. Cela se retrouve dans leur parole. Tous parlent la même langue, âpre et triste. « Si j'avais une voituhre, je l'auhrais soignée, je veux dîhre soignée, je la gâhrehrais pas n'impôhrte où. »

Ç'a été fondé par des citoyens et c'est gouverné par des bourgeois ; tout y fonctionne sur une surface unie et glabre, tout est parfait à Boston quand on lit les journaux — qui y sont tous les mêmes, tout y est excellent en politique parce que les partis politiques y sont tous les mêmes. A Boston tout le monde appartient aux classes moyennes, tout le monde et y compris les clochards qui sommeillent et qui dégobillent dans le métro ouvert le dimanche jusqu'à deux heures du matin sur le parcours de Maverick Square. Ils ont dû, jadis, protester contre leur mise dans le mortier commun, mais c'est bien oublié maintenant.

Une routine avilissante et une morose, une hargneuse humeur coulent sous la surface, la glabre surface des *Herald* et des *Post* et des *Traveler* et des *Daily Record* et des *Boston-American* ; cela rejaillit sur les ivrognes qui peuplent le métro — des ivrognes plus nombreux que dans aucune autre ville, cela éclabousse le Scollay Square où la débauche est toujours sordide et où Sodome copule dans les ordures. Cela déborde même sur le trafic urbain, qui est méchant et rageur et frénétique, et cela se lit au front des gosses qui se font rosser dans les ruelles, et des grafitti et des symboles souillent les synagogues et les cimetières — « Foutre de Youpins » et la croix et le svastika. « Je suis désolé de l'entendre », disent les gouverneurs Curley, Seltonstall, Tobin.

Les gosses, en bandes, se bagarrent à coups de pierre et de bâton et de casse-tête ; en hiver, on farcit les boules de neige avec de la rocaille. C'est sans malice bien sûr, c'est seulement le sain-instinct-de-rivalité qui se dérouille.

Eh, Gallagher, la bande à Lefty Finkelstein cherche la bagarre.

Allons leur tomber dessus, les fils de pute. (La peur est quelque chose que le clan ignore ; elle est reléguée au fond de leur estomac.) Y a longtemps que je les ai à l'œil.

Allez chercher Packy et Al et Fingers, on va leur montrer aux Yids.

A quelle heuhre qu'on démâhrre ?

Pouhrquoi fouthre que tu veux savoihr ? T'as les foies ?

Qui qu'a les foies ? Je m'en vas chercher ma batte.

(En route, ils passent une synagogue. « T'as les foies ? » Il crache sur le temple.) Eh, Whitey, j'y crache pour que ça porte chance.

Hé, Gallagher, crient les gosses. Fais gaffe à ton vieux quand il a pris une cuite.

A la maison, sa mère frissonne aux bruits et marche sur la pointe des pieds. Assis dans la salle-à-manger, son père chiffonne puis étale avec ses grandes pattes la nappe jaune, en dentelle d'imitation, qui recouvre la table.

Crédieu, sûr qu'un homme il doit... Fils de pute. Hé, PEG !

Qu'est-ce qu'il y a, Will ?

Son mari se frotte le nez et le menton. Arrête de trotter en rond, marche comme une femme, nom de Dieu !

Oui, Will ?

C'est tout, nom de Dieu. Va-t'en.

Si votre homme est un aussi grand salaud que Will Gallagher, laissez-le seul quand il a pris une cuite. Mais faites attention qu'une de ses grandes pattes ne vous accroche pas au coin de la bouche.

Pesamment assis devant la table, il abat son poing sur la nappe. Il regarde les murs. (Une image brune qui a été verte montre des bergères dans une vallée boisée. Ç'a été pris dans un calendrier.) NOM DE DIEU DE MAISON.

Il abat son poing sur la table, faisant danser le triptyque sur un meuble.

Will, tu bois trop.

LA FERME ! Ferme ta bouche idiote. Il se redresse lourdement, titube vers le mur. La glace qui protège les bergères vole en éclats quand il jette l'image par terre. Il s'étale sur le sofa râpé, gris-brun, regarde la carpette où le canevas gris et lustré montre son usure. Crève-toi le derrière, A QUOI BON ?

Sa femme essaie d'enlever la bouteille de la table. LAISSE ÇA !

Will, tu peux peut-être trouver quelque chose d'autre.

Sûr... sûr. T'entendre gémir j'ai besoin un bout de ci, un bout de ça. Épiciers, bouchers. Et moi me casser le dos à trimer sur ce camion. Quelque chose d'AUTRE. Je suis pris, je suis dans un piège. LAISSE CETTE BOUTEILLE TRANQUILLE !

Il se lève, titube vers sa femme et la frappe. Elle se laisse glisser par terre où elle reste sans bouger, geignant d'une voix sourde et passive. (Une femme élancée, grise et sans charme maintenant.)

ASSEZ DE CETTE SACRÉE NOM DE DIEU DE PLEURNICHERIE ! Il la regarde en silence, se frotte de nouveau le nez, s'ébranle pesamment vers la porte. Ote-toi de là, Roy. Il titube sur le seuil, soupire, puis s'élance dans la nuit.

Gallagher regarde sa mère. Il se sent creux, à la limite des larmes. Là, maman. Il l'aide à se relever. Elle se met à pleurer bruyamment, et il la supporte avec gaucherie.

Ferme ta bouche quand le vieux a pris une cuite, pense-t-il.

Plus tard, dans sa chambre, il lit un livre qu'il a emprunté à la bibliothèque. Le Roi Arthur et Ses Chevaliers de la Table Ronde. Garçon sage, il rêve à des femmes... en robe de lavande de son choix.

Je serai pas comme le vieux. (Lui défendra sa femme à la pointe de son glaive.)

Clair et glorieux intermède de l'adolescence.

Ses maîtres, à l'école communale, ne se souviennent jamais de lui — un écolier renfrogné, morose, sans enthousiasme. Un an avant son certificat d'études, au plus profond de la crise économique, il quitte l'école et trouve à s'embaucher comme garçon d'ascenseur. Cette année-là son père est sans travail, et sa mère fait des journées à Brooklin et à Newton, maisons de stuc, carrelage espagnol, style Colonie. Après dîner il va au lit, tandis qu'au bar du coin son vieux attend l'amateur qui lui offrira soit une discussion soit un coup à boire.

Roy se met à fréquenter la permanence du Parti Démocratique de son arrondissement. Dans les petites pièces de derrière on joue au poker, aux dés, on monte des combines. Les adolescents évoluent dans la grande pièce de devant, parmi la fumée des cigares, les complets veston, les flagorneurs.

Dames d'honneur.

Et les discours de racolage. Steve Macnamara, qui fait son chemin dans le parti :

Sûhr, les gâhrs, regâhrdez-y, regâhrdez seulement autouhr de vous. Les gens se crèvent la rate au boulot. C'est-il pouhr vous, ça ? La seule chose qui mâhrche c'est la politique, la politique, c'est ça qui vous fait faihre du chemin, vous y consacrez un an ou deux, vous leuhr prouvez que vous êtes des gâhrs à la rhedhresse, et t'es âhrrivé, l'ohrganisation s'en châhrge. Je me rhappelle quand j'étais môme comme vous authres, je leuhr ai prouvé que j'étais plein de bonne volonté, et maintenant je suis âhrrivé, vous savez on a un bon âhrrondissement, c'est pas ici que c'est difficile de ramasser des votes.

Sûhr, admet Gallagher, sûhr.

Écoute, Roy, y a un bout de temps que je t'obsehrve, t'es le gâhrs qu'il faut, je peux voihr que t'as de l'avenir ici, seulement t'as à monthrer aux pathrons que t'as de la bonne volonté. Je sais que t'en as mais faut que tu le prouves. Tu sais quoi, les élections préliminaihres pouhr les candidats du pâhrti sont dans un mois, va y avoihr un tas de couhrses à faihre, disthribuer des pamphlets, se mêler à la foule pouhr faihre un peu de tapage quand un de nos candidats fait son discouhrs, on te dîhra quand.

Sûhr, j'en suis.

Sûhr, dis, y a de l'âhrgent à gagner, t'as qu'à te tenihr avec nous et c'est pas les boulots qui te manquehront, et des tas de bon pèse à la clef, tu sehras un ghrand type un jouhr, je peux dîhre que je l'ai vu tout de suite, je vois ça recto pâhrce que j'étudie la nathure humaine, faut que t'enthres dans la combine, que t'atthrapes le coup de la politique, tu sais, le châhrme.

J'y vas passer mes soihrées ici.

C'est ça, quel âge as-tu maintenant ? Dix-huit bientôt, quand t'auhras vingt ans tu fehras dix fois plus d'âhrgent qu'aujouhrd'hui...

En rentrant chez lui il rencontre une jeune fille qu'il connaît de vue, et il s'attarde pour faire un brin de causette.

J'en ai marre de mon boulot, j'ai trouvé mieux que ça, s'exclame-t-il.

Qu'est-ce que c'est ?

Quelque chose de grand. (Il est timide tout à coup.) Grand, quelque chose de grand.

T'es mystérieux, Roy, arrête de blaguer. (Elle pouffe.)

Sûr. (Il ne trouve rien à dire.) Sûr, je fais mon chemin, je vois du monde.

T'es qu'un piaffeur.

Sûr. (Il la regarde, allume une cigarette avec une nonchalance élaborée, plastronne consciemment.) Sûr. (Il la regarde de nouveau, se sent pris de panique.) On se reverra.

Quand il a vingt ans, il travaille dans un dépôt. (Roy, t'as fait du bon boulot, lui a dit Macnamara, te laisse pas dîhre le conthraihre, et les pathrons apprécient ça, tu fais ton chemin. Gallagher s'efforce de dire — sûhr, mais Whitey touche une paie et j'ai fait autant de boulot que lui... Non, écoute Roy, écoute-moi, faut pas qu'on t'entend pâhrler comme ça, Jésus, on pensehra que t'es un aighri, tu te fais un nom chez nous et tu voudhras pas tout gâcher, dis.)

Une nuit il va à Cambridge où il a un rendez-vous avec une fille, mais elle lui a posé un lapin. Il finit par errer dans les rues et le long des rives de la Charles. Maudite poufiasse, je me laisserai pas rouler comme ça, elles sont toutes après les gars à pognon mais j'ai jamais eu ma chance, on me possède avec des cartes truquées, j'ai jamais pu me dépétrer de ma nom de Dieu de guigne. Je me crève le cul dans le parti, et qu'est-ce que j'en tire ?

Il s'assied sur un banc et regarde l'eau languide du fleuve. Les lumières de la cité universitaire de Harvard s'y reflètent. Crève-toi le cul, bosse, bosse, bosse, et qui seulement s'en aperçoit, je suis baisé, si que j'avais du fric elle m'aurait attendu, et avec ses jambes prêtes à se fendre encore, je parie qu'elle a filé avec un Juif qu'a du fric. Je sais pas, ils happent toujours tout l'argent, happent, happent, happent, on dirait qu'y a que ça dans la vie. Dégueulasse.

Deux collégiens de Harvard passent, et il se raidit sous l'effet d'une panique momentanée. Je me demande si j'ai le droit de rester ici. Jésus, j'aurais pas dû m'asseoir sur ce banc.

J'ai tout simplement retenu mon souffle te dis-je, cette arabesque de la Markova était la chose la plus superbement terrifiante que j'aie jamais vue, c'était, oh, simple et subtil et formidable, terrifiant, absolument terrifiant.

Paire de tapettes, qu'est-ce que c'est que cette merde de parler comme des femmes. Il se retourne et regarde les bâtiments éclairés de Harvard. On devrait le raser, ce bordel. Il suit des yeux les autos qui filent le long du Memorial Drive. Vas-y, mets-y les gaz, mets-y, mets-y, cavale tout ton saoul et casse-toi ta sale gueule. Ce Harvard, ce nom de Dieu de nid à mécréants, on devrait le faire sauter ce boxon, crève-toi le cul pour que ces sacrées tapettes se conduisent comme des femmes, vie de Cocagne, comment qu'ils s'y prennent alors, aah, les cartes sont jamais battues honnêtement, je voudrais les tuer tous ces enculés, devrait y avoir quelqu'un pour s'en occuper, pour y flanquer une bombe.

Il demeure sur le banc plus d'une heure, se calme à la fin. La rivière passe lentement ses eaux qui frémissent et brasillent comme un jeu de lumières sur une plaque de métal. En face de lui les dortoirs de l'école commerciale lancent leurs reflets dans l'eau, et, toutes petites au loin, les autos paraissent en vie. Il sent la terre germer dans la nuit printanière, l'apaisante douceur de l'air. Les étoiles parsèment le tiède, l'intime velours du ciel.

Dieu, fait beau dehors. Gamme de désirs, perdus et jamais articulés. Vous fait réfléchir. Il soupire. Vraiment beau, vous fait réfléchir. La femme avec qui il aurait pu partager ça. Je serai quelqu'un.

Crainte. Une nuit comme ça vous fait comprendre qu'il y a un Dieu, bougres d'athées. Jésus, c'est beau, vraiment beau, vous fait sentir que tout ira bien.

Il reste là, absorbé dans la nuit. Je suis pas comme les autres, y a quelque chose de spécial en moi. Il soupire de nouveau. Dieu, faire... faire... Il tâtonne à la recherche de sa pensée comme s'il essayait de pêcher un poisson à la main. Jésus, faire...

Roy, t'es de nothre bohrd, j'ai pas besoin de te le dîhre, tu sais bientôt nous allons te confier quelque chose de réellement ghrand, et pouhr te monthrer tout le bien qu'on pense de toi les pathrons ont décidé que tu vas thravailler pendant quelque temps avec une petite équipe qu'on a, c'est pas qu'elle est exactement du pâhrti (Macnamara fait un geste dépréciateur de la main) mais sans mentionner des noms y a un ou deux des ghrands pathrons qui aiment comme qui dîhra la manière qu'a cette petite équipe de thravailler conthre le complot inthernational, tu sais celui que les riches youpins tiennent tout prêt pouhr nous amener le communisme.

Il touche dix dollars par semaine, bien qu'il ne travaille que de nuit. Sis sous les combles d'une bâtisse de deux étages, le local contient une table et des tas de pamphlets et de périodiques ficelés en liasse. Il y a un grand drapeau au mur, avec une croix et les initiales C et U entrelacées.

Chrétiens Unis, voilà le nom de notre équipe ici, Gallaghehr, CHRÉTIENS... UNIS, tu piges, on va le mettre en pièces ce nom de Dieu de complot, ce qu'il a besoin ce pays c'est d'un peu de sang, t'as peuhr du sang ? demande le gros type assis derrière la table. Ses yeux sont brun pâle, comme de verre dépoli. Faut qu'on commence à se mobiliser pouhr êthre prêts, l'Inthernationale Juive elle essaie de nous pousser dans la guehrre et faut qu'on leur tombe dessus avant, tu vois comme ils raflent toutes les bonnes places, on a qu'à laisser faihre et on est foutus, ils sont fohrtiches mais nous aussi on a nos amis.

Il vend des périodiques au coin des rues (LISEZ LE GRAND COMPLOT ÉTRANGER ! ACHETEZ LE JOURNAL DU PÈRE KILIAN ! APPRENEZ LA VÉRITÉ !), il participe à des réunions secrètes, s'exerce une heure par semaine, dans un club sportif, avec de vieux fusils.

Ce que je veux savoihr c'est quand qu'on va démâhrrer, je veux voihr de l'action.

Faut que te prends patience, Gallagher, faut du temps et qu'on a tout fin prêt et alohrs on sohrtihra au ghrand jouhr, on le fehra mâhrcher dhroit ce pays, t'as qu'à mâhrcher avec nous à fond et t'en es.

Sûhr. (Parfois, la nuit, le sommeil ne vient pas, la lourde et lascive rêverie, le choc rapide au cœur.) Je juhre que je vas éclater si on... si on démâhrre pas.

Mais...

La bonne amie enfin, les hormones qui ne tournent plus au vinaigre.

Tu sais, dit Gallagher à Mary, t'es vraiment une fille épatante, je... je me sens tout chose quand je te parle.

C'est une chic nuit, Roy. (Regardant par-delà la baie, quêtant les lumières du port de Boston qui scintillent comme des constellations d'étoiles dans le ciel incertain. Elle prend une poignée de sable, le fait couler sur sa chaussure, ses cheveux semblent d'or dans la lueur du feu de camp. Sa face longue et mince, tachée de son et triste, paraît plaisante, presque jolie.)

Te veux que je grille une saucisse ?

Non, restons là et parlons, Roy.

Autour d'eux les couples avec lesquels ils sont venus ont déserté le feu, ils poussent de petits rires dans les recoins ombreux de la plage. Feignant la frayeur, une fille pousse un cri qui le fait sursauter : mal à l'aise, il pense qu'il entend le clapoteux, le liquide bruit de l'amour.

Si, c'est une chic nuit, répète-t-il. Il se demande s'il peut lui faire l'amour, et cela le rend timide tout à coup. (Elle est pas comme ça, elle est pure, une fille qu'a de la religion.) Il se sent coupable de la désirer.

Y a des tas de choses dont je voudrais parler avec toi.

Bien sûr, Roy.

Eh bien, tu sais, ça fait deux mois qu'on sort ensemble, tu sais, qu'est-ce que tu penses de moi ? La crudité de sa question le fait rougir, et aussi cette part de lui-même qui espère la possession physique. (Les petits rires, sur la plage, deviennent plus forts.) Je veux dire est-ce que je te plais ?

Je pense que t'es vraiment chic, Roy, tu sais t'es bien élevé, t'es pas grossier comme les autres garçons.

Oh, sûr. Il est désappointé, vaguement humilié, et tout de même un peu flatté. J'ai des idées, moi.

Je sais, t'as toujours l'air de penser, tu sais, Roy, je sais jamais ce que t'as derrière la tête et je voudrais savoir parce que je pense que t'es différent.

Comment ça ?

Eh bien, t'es timide, je veux dire pas timide mais gentil.

Tu devrais m'entendre quand je parle aux gars. (Ils rient.)

Oh, je crois que t'es le même quand t'es avec eux, tu deviens pas un autre. (Sa main se pose distraitement sur le genou de Gallagher, et elle la retire avec embarras.) J'aimerais que t'ailles plus souvent à l'église.

J'y vas bien régulièrement.

Oui, mais y a quelque chose qui te tourmente, je me demande qu'est-ce que c'est, t'es énigmatique.

Oui ? Cela lui plaît.

Roy, tu sembles toujours si en colère contre quelque chose, ça me tracasse. Mon père a parlé de toi, il a dit que t'es dans les Chrétiens Unis, je comprends rien à la politique mais je connais l'un d'eux, Jackie Evans, l'était un mauvais garçon.

Eh, c'est un bon type, y a que je me fais du souci à cause du club, tu sais ils m'ont mis sur la sellette, mais c'est rien de grave.

Je voudrais pas que t'as des ennuis.

Pourquoi ?

(Elle le dévisage d'un regard calme et passif. Cette fois elle pose la main sur son bras.) Tu sais bien pourquoi, Roy.

Sa gorge se contracte et un ardent désir lui oppresse la poitrine. Il frissonne en entendant de nouveau le rire des filles. C'est épatant d'être ici, à City Point, dit-il. (La lourde et lascive rêverie, la nuit, quand il aspire à il ne sait quoi.) Tu sais, Mary, si je savais où j'en suis — le renoncement à soi-même enfle sa voix — je flânerais pas tellement avec eux, parce que tu sais je voudrais te voir plus souvent.

Tu voudrais vraiment ?

Il écoute le clapotis des brisants sur la plage. Je t'aime, Mary, dit-il soudain, se tenant roide et figé, délicatement troublé par une fugitive incertitude.

Je crois que moi aussi, Roy.

Sûr. L'instant d'après il l'embrasse doucement, puis avidement, mais un coin de son esprit s'est replié et demeure froid. Oh, je t'aime, petite, fait-il d'une voix altérée, s'efforçant de cautériser son doute. Il regarde au loin.

City Point est si beau, dit-elle.

Ils ne peuvent pas voir, dans la nuit, les ordures qui jonchent la plage, le varech et les débris qui flottent sur la vague, les capotes qui se balancent paresseusement au gré de l'écume et qui échouent sur la grève comme de minuscules et répugnants animaux marins.

Sûr, c'est quelque chose, dit-il doucement.

Hé, dis donc, Roy, comment va, vieux jeune marié, comment que ça mâhrche la vie de famille, hein ?

Eh, ça va. (Il frissonne dans l'aube qui se lève tristement sur un jour de septembre, sur le pavé gris et les maisons de bois délabrées.) Jésus, fait froid dehors, je voudrais qu'ils les ouvrent, ces sacrés bureaux de vote.

Je suis content que t'es avec moi aujourd'hui, Roy, tu sais qu'on pense au pâhrti que t'es le bon gâhrs, mais on te voit plus souvent.

Aaah, bien, j'ai laissé tomber le C.U., bégaie-t-il, et j'ai pensé que peut-êthre les pathrons sehront pas contents de me voihr.

Bien, t'auhrais dû leuhr dîhre, mais enthre toi et moi cette équipe C.U. le pâhrti la laisse tomber pour un bout de temps, y a eu des pressions d'en haut, fallait qu'ils vident l'état de Massachusetts on m'a dit. Ça paie toujouhrs de rester avec le pâhrti, c'est comme ça qu'on se gouhrre pas, je pâhrie que si t'avais pas été avec le C.U. tu sehrais aujouhrd'hui agent électohral, j'espèhre que c'est sans rancune, Roy.

Non. (Il éprouve un sourd ressentiment.) De retour où que j'avais démâhrré. Je pâhrie que c'est les riches youpins du pâhrti qu'ont dégommé le C.U.

Ça se pouhrrait bien.

La femme a voulu que je les quitte.

Comment va-t-elle ?

Ça va. (Il pense qu'elle dort dans ce moment, il entend son ronflement, rude et vigoureux et étonnamment mâle.)

Ça te va bien, la vie mâhriée ? Qu'est-ce que tu fais ?

Si, ça me va. Je conduis un camion… comme mon vieux. (Mary a acheté une nappe en dentelle d'imitation.)

Dis, M'Gillis se pohrte candidat des Rouges, aye, M'Gillis, une bhrebis galeuse d'Ihrlandais comme y en a jamais eu, imagine un gâhrs qui renie sa religion, mais de toute manièhre les ghrands pathrons se font pas de bile à cause de lui pouhr les primaihres, mais y a une bande de syndicalistes dans cette cihrconscription et Mac dit qu'on doit gagner la manche ici même pouhr leuhr couper l'hehrbe sous les pieds.

On a fait venihr quelques-uns de ceux qui votent deux fois ? demande Gallagher.

Sûhr, mais j'ai ma petite idée à moi. (Il sort d'un sac à papier plusieurs bouteilles de sauce tomate et se met à la répandre sur le trottoir.)

Qu'est-ce que te fais ?

Oh, ça colle, c'est ça qui va enlever le mohrceau. C'est du boulot ça, tu piges ? Toi tu restes ici, tu disthribues les pamphlets, et si que tu leuhr fais le boniment ça peut pas manquer le coup.

Sûhr, elle est bien bonne celle-là. (Pourquoi n'y a-t-il pas pensé, lui ?) C'est ton idée ?

Une idée tout ce qu'y a à moi, quand j'y ai dit à Mac ça l'a tout emballé, il a appelé Nolan qu'est le sehrgent des deux flics de sehrvice ici, comme ça ils vont pas nous enquiquiner.

Gallagher se tient en bordure de la flaque de sauce tomate, et quand les premiers électeurs arrivent et forment la queue devant le bureau de vote, il se met à parler. REGARDEZ VOIR, VOYEZ CE QUI ARRIVE. C'EST DU SANG, VOILÀ CE QUI ARRIVE À DES HONNÊTES AMÉRICAINS QUAND ILS ESSAIENT DE VOTER CONTRE UN ROUGE. ILS SE FONT ASSOMMER PAR DES ÉTRANGERS QUI SONT DERRIÈRE M'GILLIS. VOILÀ LE TRAVAIL DE M'GILLIS, DU SANG, DU SANG HUMAIN.

Pendant une accalmie il examine la sauce tomate. Elle lui semble trop rouge, et il la saupoudre avec un peu de terre. (Bosse et bosse, puis un mec je-sais-tout s'amène avec une idée et il passe pour avoir tout fait, ces nom de Dieu de Rouges c'est eux qui me tirent dans les pattes.)

VOILÀ, REGARDEZ VOIR CE QUI ARRIVE ! crie-t-il, voyant venir des électeurs.

Où vas-tu, Roy ? demande Mary. Il y a un accent gémissant et querelleur dans sa voix, et il se retourne sur le seuil et secoue la tête. Je sors, c'est tout. Elle coupe en deux une pomme de terre, s'en met une grosse portion dans la bouche. Des grumeaux restent collés à ses lèvres, ce qui agace Gallagher. Tu manges jamais rien que des pommes de terre ? demande-t-il.

Roy, nous avons de la viande.

Oui, je sais. Des questions tiraillent son esprit. Il voudrait lui demander pourquoi elle ne mange jamais avec lui quand il rentre le soir, mais le sert d'abord ; il voudrait lui dire qu'il n'aime pas qu'on lui demande où il va.

Tu vas pas à une réunion du C.U., au moins ? demande-t-elle.

Qu'est-ce que ça peut te faire ? (Pourquoi que tu mets jamais une robe sur cette combinaison ?)

Roy, tu vas avoir des ennuis là-bas, j'aime pas ces gens, tu vas seulement te faire mal voir au club, maintenant qu'y a la guerre le parti n'a plus rien à voir avec eux.

Y a rien de mal avec le C.U. Laisse-moi tranquille, nom de Dieu.

Roy, jure pas.

Il claque la porte, s'enfonce dans la nuit. Il neige un peu, et quand il traverse les carrefours ses chaussures craquent dans la fange à demi fondue. Il éternue à plusieurs reprises. Un homme il doit pouvoir sortir et se donner un peu... de relâche. On lutte pour un idéal dans l'organisation, et une femme ça veut vous empêcher. Un jour j'arriverai tout en haut.

A cause des calorifères l'air est chaud et métallique dans la salle du meeting, et les vêtements mouillés de l'assistance dégagent une âcre odeur. Son pied écrase un mégot et le réduit en poudre.

Très bien, nous sommes en guerre mes amis, dit l'orateur, faut qu'on lutte pour le pays, mais c'est pas pour ça que nous allons oublier notre ennemi intérieur. Il abat son poing sur la table recouverte d'un drapeau à croix. Faut qu'on se débarrasse des éléments étrangers qui conspirent pour mettre le grappin sur le pays. Une centaine d'hommes assis sur des chaises pliantes poussent des bravos. Faut qu'on se serre les coudes si on veut pas qu'on nous viole nos femmes et que le Marteau Rouge des Juifs Rouges de la Russie Fasciste DÉFONCE LES PORTES DE NOS MAISONS.

Ça c'est parler, dit quelqu'un à côté de Gallagher.

Sûr, Wat a raison, fait Gallagher. Il a la sensation voluptueuse de la rage qui se forme en lui.

Qui vous chasse de votre travail, qui essaie de vous chiper vos femmes et vos filles et même vos mères parce qu'ils reculent devant rien, qui c'est qui veut vous posséder VOUS et VOUS parce que vous êtes pas un Rouge ni un Juif et parce que vous voulez pas faire la courbette devant un sale vaurien de communiste qui respecte pas le nom du Seigneur et que rien n'arrête.

A mort ! hurle Gallagher. Il tremble d'excitation.

C'est ça mes amis, on va balayer tout ça, après la guerre on aura une vraie organisation, j'ai ici des télégrammes de nos com*pat*-riotes, patriotes aussi bien qu'amis, et ils sont tous avec nous. On est tous du même bord, amis, et ceux d'entre vous qui iront dans l'armée doivent apprendre à se servir de leurs armes de sorte qu'après... après... Vous avez saisi l'idée, amis. Ils nous auront pas, on grandit tout le temps.

Après le meeting Gallagher va dans un bar. La gorge sèche, la pénible tension dans la poitrine. A mesure qu'il boit sa rage se dissout, et il devient morose et amer.

Ils vous possèdent toujours au dernier moment, dit-il à son voisin. Ils ont quitté le meeting ensemble.

C'est un complot.

C'est tout ce que c'est, un sacré nom de Dieu de bordel de complot, mais ils m'auront pas, un jour j'arriverai tout en haut.

Sur son chemin de retour il glisse dans une flaque, se mouille la jambe jusqu'en haut de la cuisse. Va te faire enculer, hurle-t-il à l'adresse du pavé. Complot qu'arrête pas de vous baiser, eh bien moi vous m'aurez pas.

Il rentre en titubant chez lui, se débarrasse de son pardessus. Son nez est congestionné. Il éternue en grinçant, et jure.

Mary se réveille sur sa chaise et le regarde. T'es tout mouillé.

C'est tout ce que t'as à dire ? Je suis... je suis... Nom de Dieu, qu'est-ce que t'en sais ?

Roy, chaque fois que tu rentres t'es comme ça.

Essayer d'empêcher un homme, tout ce qui t'intéresse c'est le sacré nom de Dieu de fric que je t'apporte, eh bien oui JE TE DONNERAI TOUT LE FRIC QUE TU VEUX !

Roy, ne me parle pas comme ça. Ses lèvres tremblent.

Commence à pleurer, vas-y, commence à pleurer, je te connais.

Je me couche.

Viens ici.

Roy, je te fais pas des reproches, je sais pas ce qu'y a avec toi, y a quelque chose en toi que je comprends pas, qu'est-ce que tu veux de moi ?

Laisse-moi tranquille.

Oh, Roy, t'es mouillé, enlève ton pantalon, chéri, pourquoi tu bois, ça te rend toujours si amer, j'ai prié pour toi, je jure que j'ai prié.

Oh, laisse-moi tranquille. Il s'assied, regarde la nappe en dentelle d'imitation qui recouvre la table. Aaah, je sais pas, je sais pas.

Qu'est-ce qu'on a dans la vie ?

Des lendemains de travail.

(Il défendra la dame en robe de lavande à la pointe de son glaive.)

Il s'endormit sur sa chaise, et le lendemain il avait un refroidissement.

10

L'apathie de Gallagher continua. Dans les premiers jours qui suivirent la nouvelle de la mort de Mary il travailla furieusement sur la route, piochant des fossés de drainage, abattant arbre sur arbre pour les chemins de rondin. Il s'arrêtait rarement quand ceux de son équipe faisaient relâche, et le soir, ayant mangé sa soupe à l'écart des autres, il se glissait entre ses couvertures, ramenait ses genoux sous son menton, et s'abîmait dans un lourd sommeil. Wilson, qui l'entendait frissonner au milieu de la nuit, lui jetait sa couverture sur les épaules et gloussait sous cape des misères qui obsédaient son ami. Gallagher ne montrait pas sa peine, il était seulement devenu plus décharné, et ses yeux et ses paupières étaient gonflés comme s'il avait fait la noce ou joué au poker pendant quarante-huit heures à la file.

Les hommes firent de leur mieux pour compatir à sa peine, mais l'événement avait introduit une diversion dans l'écoulement monotone des jours sur la route. Ils lui manifestèrent, au début, une compassion discrète : sa présence les incommodait, et quand il lui arrivait de s'approcher d'un groupe, les voix s'adoucissaient. Mais, bientôt, ils finirent par s'agacer et par se sentir mal à leur aise ; il suffisait qu'il s'assît auprès d'eux pour inhiber leur parole et leur infliger un sentiment aigu de gêne. Red était un peu honteux de sa réaction. Une nuit, alors qu'il était de garde, il y réfléchit et décida qu'il n'y pouvait rien. C'est dur mais j'y peux rien changer, pensa-t-il avec un haussement d'épaules, le regard perdu dans la nuit. Au diable, c'est Gallagher qui saigne du pif, c'est pas moi.

Il y eut des distributions de courrier presque quotidiennes, et il arriva une chose effrayante : Gallagher continua à recevoir des lettres de sa femme. La première lui fut remise peu de jours après que le père Leary lui avait appris la mort de Mary — une lettre postée un mois plus tôt. Ce fut Wilson qui, cette nuit-là, avait fait la levée des lettres pour la section, et il se demanda s'il devait remettre à Gallagher son courrier. « Ça va lui faire bien drôle », dit-il à Croft.

Croft haussa les épaules. « On peut pas savoir. Peut-être qu'il l'attend. » Il était curieux de voir ce qui allait arriver.

La voix de Wilson était désinvolte alors qu'il remettait la lettre à Gallagher. « Du courrier pour toi, petite tête. » Il se sentit embarrassé, et il détourna les yeux.

Le visage de Gallagher blanchit. « C'est pas pour moi, dit-il, regardant la lettre. Y a erreur.

— C'est pour toi, petit. » Il posa la main sur l'épaule de Gallagher, mais celui-ci s'en débarrassa d'une secousse. « Tu veux que je la jette ? » demanda Wilson.

Gallagher identifia la date sur l'enveloppe. Un petit frisson le parcourut. « Non, donne-la moi », bégaya-t-il. Il fit quelques pas, ouvrit l'enveloppe. Il ne distinguait pas les mots ; ils lui paraissaient illisibles. Il se mit à trembler. Sainte Marie Joseph Jésus, se dit-il. Il réussit à centrer son regard sur quelques lignes, et peu à peu leur signification s'infiltra dans son esprit. « Je me fais du soussi à ton sujet, t'es toujours si en colaire à cause de tout et toutes les nuits je prie pour que rien t'arrive. Je t'aime tellement quand je pense au bébé, seulement parfois je peut pas croire que c'est si biento. Le docteur a dit que c'est plus que trois semaines maintenant. » Gallagher replia la lettre et se mit à marcher en rond, aveuglément. Une pustule pourpre, sur sa mâchoire, se contracta nerveusement. « Oh, Sauveur Christ », dit-il à haute voix. De nouveau il fut saisi d'un tremblement.

Gallagher ne pouvait pas accepter la mort de Mary. La nuit de garde, il se surprenait pensant à son retour, imaginant comment ça serait quand Mary viendrait l'accueillir. Un sourd désespoir l'accablait, et il se répétait machinalement : « Elle est morte, elle est morte », sans y croire tout à fait. Il s'étourdissait.

Les lettres de Mary ne cessant pas d'arriver, il commença de se persuader qu'elle était en vie. Si quelqu'un lui avait demandé des nouvelles de sa femme, il aurait dit : « Elle est morte », et cependant il continuait de penser à elle comme par le passé. Quand elle écrivait qu'elle s'attendait à accoucher dans dix jours, il situait l'accouchement dans la dizaine qui devait suivre la réception de sa lettre ; quand elle lui disait qu'elle avait visité sa mère la veille, il pensait — c'était hier, à l'heure qu'on mangeait le rata. L'habitude de participer, pendant des mois, de l'existence de Mary par le seul truchement de ses lettres s'était trop profondément ancrée en lui, pour qu'il pût la surmonter. Il commençait de se sentir heureux ; il espérait l'arrivée des lettres, il y pensait avant de s'endormir.

Pourtant, au bout de quelques jours il se rendit compte avec terreur que la date de l'accouchement se rapprochait de plus en plus, et qu'il y aurait finalement une dernière lettre, après laquelle Mary serait morte. D'elle, il ne resterait plus rien. Jamais plus il ne recevrait de ses nouvelles. Il oscillait entre la panique et l'incertitude ; il avait des moments où il croyait simplement et absolument qu'elle était en vie ; — l'entrevue avec l'aumônier faisait partie d'un rêve. Mais, parfois, quand plusieurs jours s'écoulaient sans lettres, Mary lui devenait lointaine et il comprenait qu'il ne la reverrait jamais. Toutefois, la plupart du temps ses lettres l'émouvaient superstitieusement ; il se mit à penser qu'elle n'était pas morte mais qu'elle allait mourir, à moins qu'il ne trouvât quelque moyen pour la sauver. L'aumônier lui avait demandé à plusieurs reprises s'il voulait partir en permission, mais il fut incapable de considérer la chose : cela lui aurait fait admettre ce à quoi il ne voulait pas croire.

Contrairement à la frénésie avec laquelle il avait travaillé dans les débuts, il se prit à abandonner le chantier, faisant de longues marches solitaires le long de la route. On l'avait mis plusieurs fois en garde contre les embuscades japonaises, mais il n'était pas en état de s'en préoccuper. Un jour il rentra au bivouac à pied, une distance de sept milles. Les hommes pensaient qu'il perdait la raison ; de temps à autre, la nuit, ils en discutaient, et Croft disait : « Ce gars il perd la boule. » Ils ne savaient que faire, ils n'avaient pas la moindre idée de ce qu'ils auraient pu lui dire. Red proposa d'arrêter de lui remettre son courrier, mais les autres avaient peur d'intervenir. Ils éprouvaient le saisissement et la terreur qu'ils auraient ressentis en présence de quelque événement inéluctable. Gallagher ne les embarrassait plus ; ils l'étudiaient avec une curiosité morbide, comme ils auraient observé un malade qui n'a que peu de temps à vivre.

Le vaguemestre, à qui l'on rapporta la chose, s'en fut trouver l'aumônier, lequel parla à Gallagher. Mais quand le père Leary lui eut suggéré qu'il s'en trouverait peut-être mieux s'il s'abstenait de lire les lettres de sa femme, Gallagher plaida sa cause, marmonnant : « Elle va mourir si vous arrêtez son courrier. » Encore que le sens de ces paroles eût échappé à l'aumônier, il devina l'intensité des sentiments qu'elles trahissaient. Troublé, il balança s'il ne devait pas recommander l'envoi de Gallagher dans un hôpital, mais il avait des préjugés contre les asiles d'aliénés : ils lui faisaient horreur. Une démarche, qu'il entreprit confidentiellement en vue d'obtenir une permission pour Gallagher, se révéla vaine ; il fut informé par le G.Q.G. que la Croix-Rouge avait enquêté sur le cas, et que les parents de Mary s'étaient chargés de l'enfant. Finalement, lui aussi se contenta d'observer Gallagher.

Et Gallagher errait de-ci de-là, absorbé par des choses dont il ne parlait pas, et on le surprenait qui souriait parfois à quelque secret savoir de lui seul connu. Ses yeux avaient rougi, et ses paupières semblaient écorchées sur son regard coléreux. Il se mit à avoir des cauchemars, et une nuit Wilson se réveilla en l'entendant gémir : « S'il vous plaît mon Dieu, vous ne pouvez pas la laisser mourir, je serai un bon gars, je jure que je serai un bon gars. » Frissonnant d'horreur, Wilson mit la main sur la bouche de Gallagher. « T'as un cauchemar, petit vieux, chuchota-t-il.

— Oui, bon. » Il se tut, et Wilson se promit de raconter la chose à Croft. Mais, le matin suivant, Gallagher se montra solennel et paisible et il travailla d'arrache-pied sur la route. Wilson garda l'incident pour lui.

Un ou deux jours plus tard la section fut envoyée sur la plage, en corvée de déchargement. Gallagher avait reçu la veille la dernière lettre de sa femme, et il s'efforçait de trouver assez de courage pour la lire. Il était préoccupé et distrait ; il ne fit pas attention à ce qui se disait dans le camion, et bientôt après leur arrivée sur la plage il abandonna le chantier. Ils déchargeaient des caisses d'approvisionnement d'un canot d'atterrissage, et le poids du fardeau qui opprimait ses épaules l'avait irrité. Il laissa choir la caisse qu'il était en train de porter, grommela : « Va te faire foutre », et se mit en route.

« Où que tu vas ? cria Croft après lui.

— Je sais pas, je vas revenir. » Il parla sans se retourner, et comme s'il avait voulu éviter d'autres questions, il prit le trot. Au bout d'une centaine de mètres il se sentit soudainement fatigué, et il se remit au pas. Au tournant de la plage il jeta un coup d'œil désintéressé en direction des hommes au travail. Plusieurs canots d'atterrissage, leur moteur en marche, se balançaient contre le rivage, et deux colonnes d'hommes allaient et venaient entre les embarcations et le dépôt d'approvisionnement. Une brume courait sur la mer, dérobant à la vue les quelques cargos qui chassaient sur leur ancre, au large. Il s'engagea dans le tournant, aperçut plusieurs tentes d'escouade à la lisière de la plage. A travers les rabats roulés il put distinguer, allongés sur des couchettes, des hommes qui se parlaient. « 529ᵉ Compagnie de Camionnage », lut-il machinalement. Il soupira, tout en continuant à marcher. Ces nom de Dieu de camionneurs l'ont toutes les veines, se dit-il sans vraie amertume.

Il passa à l'endroit de la plage où Hennessey avait été tué. Il éprouva un accès de pitié, et il s'arrêta, faisant couler un peu de sable entre ses doigts. Jeune gars, a même pas connu comment qu'elle est cette foutue existence, pensa-t-il. Il se rappela soudainement que lorsqu'ils eurent déplacé le corps d'Hennessey pour le protéger des vagues, son casque avait roulé sur le sable avec un bruit mat et cendreux. On crève, et c'est tout ce qu'on a. Le souvenir lui revint de la lettre dans la poche de sa chemise, et il se mit à trembler. Il avait jeté un coup d'œil sur le cachet de la poste, et il savait que cette lettre était la dernière que Mary lui avait écrite. Peut-être qu'elle en a écrit une autre encore, pensa-t-il, envoyant la pointe de sa chaussure dans le sable. Il s'assit, regarda autour de lui de l'air méfiant d'un animal sur le point de viander dans sa tanière, déchira l'enveloppe. Le bruit du papier grinça à même ses nerfs ; il devenait conscient du caractère définitif de chacun de ses gestes. Tout à coup il se rendit compte de l'ironie de son apitoiement sur Hennessey. J'ai mes propres emmerdements, grommela-t-il. Les feuillets de la lettre semblaient sans consistance entre ses mains.

Il relut deux fois le dernier paragraphe : « Roy, chéri, ça sera la dernière lettre que je t'écrirai avant deux ou trois jours, les douleurs ont commensé y a juste un petit moment et Jamie est descendue chercher le docteur Newcome. J'ai terriblement peur paceque il a dit que ça sera difficile, mais te tourmente pas paceque tout ira bien, je le sais. J'aurais voulue que tu soye avec moi, il faut que tu fasse très attention à toi paceque je peur de rester toute seule. Je t'aime beaucoup, chéri. »

Il replia la lettre, la remit dans sa poche. Son front brûlant était le siège d'une sourde douleur. Il ne pensa à rien pendant plusieurs minutes, et finalement il cracha avec amertume. Aaah, les garces de femmes, l'amour, c'est tout ce qu'elles savent, je t'aime chéri, ce qu'elles veulent c'est tenir leur homme. De nouveau il se mit trembler. Pour la première fois depuis des mois le souvenir lui revenait des frustrations et des ennuis de sa vie conjugale. Tout ce qu'une femme veut c'est tenir son homme et une fois que c'est fait elle devient une laidasse, au diable avec elles. Il pensait combien Mary était pâle au réveil, comment sa joue gauche gonflait dans le sommeil. Des incidents, de petits faits de leur existence fermentaient lourdement dans sa cervelle comme une purée épaisse sur le point de bouillir. Elle avait l'habitude, à la maison, de porter un filet à cheveux étroitement serré sur ses tempes, et la coutume de traîner dans une combinaison à la bordure effilochée. Mais le pire, ce qu'il n'avait jamais consenti à s'avouer, c'est qu'il pouvait entendre, à travers la mince cloison de la salle de bains, les bruits qu'elle y faisait. Les trois années de mariage l'avaient flétrie. Elle prenait pas soin d'elle-même, pensa-t-il avec hargne. Dans ce moment il haïssait son souvenir, il haïssait la souffrance qu'elle lui causa au cours des dernières semaines. Les mamours, y a que ça qui les intéresse, et elles se fouleront pas de ça pour garder la ligne. Il cracha de nouveau. N'ont même pas de... des manières, se dit-il, pensant « modestie ». Il songea à la mère de Mary, une femme grasse et mal fagotée, et une rage inarticulée le saisit contre nombre de choses — à cause de sa belle-mère si immense, du minable petit logement où il avait vécu faute d'argent, de ses guignes à répétition, de sa femme qui le fit cruellement souffrir. Jamais la moindre petite veine, nom de Dieu. Il songea à Hennessey, et sa bouche se durcit. Se faire bousiller... pourquoi, pourquoi ? Il alluma une cigarette, suivit du regard l'allumette qu'il envoya dans le sable. Se battre pour les sacrés nom de Dieu de Yids. Il pensa à Goldstein. Bande d'enculés, lâcher un foutre de canon, boiront même pas un coup à l'œil. Il se leva pesamment, se remit à marcher. La haine, et une sourde douleur, cognaient dans sa tête.

Un varech géant s'était échoué sur la plage, et Gallagher gagna le bord de l'eau pour y jeter un coup d'œil. L'algue, longue d'une cinquantaine de pieds, d'un brun sombre, d'un aspect scintillant caoutchouté, serpentiforme, lui donna une secousse d'horreur. Il se rappela les corps dans la grotte. « Quelle bande de bâtards saouls nous sommes », dit-il. Il était plein de remords, ou, plus correctement, parce qu'il avait le sentiment d'avoir fait quelque chose de mal, il nourrissait son remords. Le varech l'effraya si bien qu'il reprit sa vadrouille.

Après avoir marché quelques centaines de mètres il s'assit au sommet d'une dune qui surplombait la mer. Un orage s'annonçait, et il eut froid tout à coup. Un grand nuage, long d'une trentaine de milles peut-être et taillé en forme d'un poisson plat avait voilé une partie du ciel. Un souffle se leva, fouaillant le sable de nappes horizontales le long de la plage. Gallagher demeurait assis attendant la pluie qui ne venait pas. Il jouissait de son cafard, de la nudité déprimante du paysage, de l'écume lointaine sur le rivage. Inconsciemment, il se mit à dessiner une femme dans le sable. Elle avait de grands seins, la taille étroite, des hanches pleines et très larges. Il examina son dessin avec sérieux, se souvint que Mary avait honte de ses petits bouts de seins. Une fois elle avait dit : « J'aurais voulu qu'ils soient grands.

— Pourquoi ?

— Je sais que t'aimes mieux quand ils sont grands.

— Non, mentit-il, c'est tout juste bien comme ils sont. »

Un remous de tendresse l'envahit. Mary était très petite, et il songea comment parfois elle lui paraissait semblable à une fillette, et combien son sérieux l'amusait. Il rit doucement, et soudain, toutes défenses abolies, il devint conscient qu'elle était bel et bien morte et qu'il ne la reverrait plus. L'idée de sa mort le traversa sans rencontrer de résistance, pareille à un torrent d'eau quand on baisse les écluses. Il s'entendit sangloter, et l'instant d'après il perdit conscience du bruit où s'exprimait son angoisse. Il ne ressentait plus qu'une vaste peine qui l'adoucissait, qui dissolvait les kystes de son amertume et de ses ressentiments et de sa peur, qui le coucha sur le sable et le faisait pleurer. Le souvenir de Mary lui revenait, un souvenir plus doux, plus aimable ; il se rappelait le rythme lourd et liquide de leurs corps dans la chaleur de l'amour, il comprenait maladroitement le sens de son sourire quand elle lui passait sa musette, le matin, alors qu'il partait au travail ; il se rappelait la triste, l'attachante tendresse qui les rapprocha l'un de l'autre lors de la dernière nuit de sa dernière permission, avant son embarquement. Ils avaient fait une promenade au clair de lune dans le port de Boston, et il se rappelait, le cœur battant, comment ils s'assirent en silence face à la poupe d'un navire, se tenant par la main avec une tendre et attentive quiétude, regardant la turbulence du sillage sous le battement de l'hélice. Elle était une bonne fille, se dit-il. Il se disait, sans formuler ses pensées, que jamais personne ne l'avait si pleinement compris, et il goûtait un secret soulagement à se rendre compte que, bien qu'elle l'eût compris, elle l'avait tout de même aimé. Cela rouvrit sa blessure, aiguisant le sentiment de sa perte. Il se vautrait sur le sable et pleurait amèrement, ne sachant pas où il était, sentant une peine énorme par tout son corps. Çà et là il pensait à la dernière lettre de Mary, ce qui provoquait en lui un nouveau spasme de douleur. Il resta ainsi à pleurer presque toute une heure.

Il s'épuisa finalement, et se sentit calme et purgé. Pour la première fois il se souvint qu'il avait un enfant, se demandant de quel sexe il était, et l'air qu'il avait. Pendant un instant il éprouva une joie délicate, pensant — si c'est un garçon je vas l'entraîner de bonne heure, il sera un professionnel de base-ball, c'est là dedans qu'y a le pognon. Ses pensées s'effilochaient, faisant le vide et la paix dans sa tête. Il regarda maussadement la jungle dans son dos, se demandant le temps qu'il lui faudrait pour retrouver la section. Le vent soufflait encore sur la plage, et ses émotions se faisaient vagues et fluides. Il était triste de nouveau, songeant à des choses froides et solitaires comme le vent sur une plage hivernale.

C'était une honte qu'un tel malheur fût arrivé à Gallagher, pensait Roth. Les hommes avaient pris une heure de repos pour casser la croûte, et Roth s'en fut faire une promenade le long de la plage. Il se rappelait l'expression de Gallagher, quand celui-ci rentra de sa vadrouille. Ses yeux étaient très enflammés ; il était visible qu'il avait pleuré. Et pourtant il prend très bien la chose, pensa Roth en soupirant. C'est un garçon ignorant, pas d'éducation, aux sentiments sans doute rudimentaires. Il secoua la tête et continua de patauger dans le sable. Son air absorbé, son menton sur sa poitrine, faisaient ressortir l'apparence contrefaite de son dos.

Le grand nuage s'était dissipé qui, le matin, avait obscurci le ciel, et la chaleur du soleil pesait lourdement sur son képi. Il s'arrêta, s'épongea le front. Ce climat tropical est traître, pensa-t-il. Très malsain, miasmatique. Il avait mal aux bras et aux jambes d'avoir coltiné des caisses, et de nouveau il soupira. Je suis trop vieux pour ce genre de choses. C'est bon pour quelqu'un comme Wilson ou Ridges ou Goldstein même, mais ça n'est pas fait pour moi. Un sourire de travers monta sur ses lèvres. Je l'ai mal jugé ce Goldstein, se dit-il, il est très bien bâti pour un garçon de son poids, il est costaud, mais il a changé, je ne sais pas ce qui lui arrive. On le voit maussade tout le temps, il y a quelque chose qui le harasse depuis qu'il est rentré du front avec la première escouade. C'est le combat, je suppose ; ça vous change un homme. Et c'était un garçon si composé quand je l'avais rencontré, un vrai enfant de chœur, prêt à s'entendre avec tout le monde. Il faut se méfier de ses premières impressions. Quelqu'un comme Brown, qui est trop sûr de lui-même, se fie aux premières impressions, voilà pourquoi il en a après moi. Simplement parce qu'une nuit je suis resté trop longtemps de garde. Si j'avais essayé d'y couper, oui, alors il aurait eu raison ; mais, étant donné les faits, je pense que, simplement, il en a après moi.

Il se frotta le nez et soupira. J'aurais pu me sentir en amitié avec eux, mais qu'avons-nous en commun ? Ils ne me comprennent pas, et à mon tour je ne les comprends pas. Pour être copain il faut avoir une espèce d'assurance de soi-même, que je ne possède pas. N'eût été la crise économique à l'époque où j'avais fini le collège... Mais à quoi bon se raconter des bobards, je ne suis pas le type agressif, de toute façon je n'aurais pas réussi. Inutile de se leurrer. Je le vois bien ici même. Tout ce qu'ils savent c'est que je ne peux pas faire le même travail physique qu'eux, aussi ils me regardent de haut. Ils ignorent ce qui se passe dans ma tête, ils ne s'en soucient pas. Des pensées élevées, l'intellect, qu'est-ce que cela signifie pour eux ? S'ils voulaient, j'aurais pu être leur ami, je suis fait pour l'amitié. J'ai de l'expérience, j'aurais pu leur dire des choses, mais m'écouteraient-ils seulement ? Il fit claquer sa langue en signe de frustration. C'est toujours comme ça que ç'a été avec moi. Si pourtant je trouvais un travail qui corresponde à mes aptitudes, j'aurais pu réussir.

Il passa à côté du varech qui s'était échoué sur la grève, et curieux, il s'approcha pour l'examiner. Varech géant, je devrais m'y connaître un peu, c'était mon sujet au collège, mais j'ai tout oublié. Il se sentit amer à cette pensée. A quoi bon toute cette éducation si on ne se souvient de rien ? Il regarda l'algue, en prit une des extrémités dans la main. Ç'a l'air d'un serpent. Un organisme si simple. Une ancre en queue, par où ça se fixe sur les rochers, et une bouche à l'autre bout, avec une connexion entre les deux. Que pourrait-il y avoir de plus simple ? Un organisme primitif, algue brune, voilà ce que c'est, si seulement je m'y mettais tout me reviendrait. Quelque chose comme macrokyste, c'est le nom que ça porte, vulgairement dit lacet du diable, ou bien est-ce là quelque chose d'autre ? Macrokyste pyrifera, je me rappelle, on a eu une conférence à ce sujet. Peut-être devrais-je reprendre ma botanique, il n'y a que douze ans depuis, j'aurais pu rafraîchir ma mémoire, il doit y avoir de bons emplois dans la partie. C'est un sujet fascinant.

Il abandonna l'extrémité du varech. C'est une plante insolite, je voudrais pouvoir m'en souvenir davantage. Toutes ces plantes marines valent la peine qu'on les étudie, planctons, algues vertes, algues brunes, algues rouges, je suis surpris de voir quelle bonne mémoire j'ai. Il faut que j'écrive à Dora pour lui demander de retrouver mes notes de botanique, je ferais peut-être bien de reprendre tout ça.

Il prit le chemin de retour, examinant les algues et les débris le long de la plage. Choses mortes tout ça, pensait-il. Rien ne vit que pour mourir. Je puis déjà le sentir en moi, je me fais vieux, trente-quatre ans, j'ai probablement dépassé la moitié de ma vie, et qu'ai-je fait de bon ? Il y a un mot yiddish pour ça, Goldstein doit le connaître. Mais je ne regrette pas de n'avoir jamais appris le yiddish, et c'est mieux que vos parents soient à la page comme les miens.

Zut, j'ai mal aux épaules, pourquoi ne nous laissent-ils pas en paix pour un jour ? Il aperçut, au loin, les hommes de la section, et il eut un pincement au cœur. Oh, ils ont déjà repris le travail. Ils vont tous se mettre à me lancer des quolibets, et que puis-je leur dire, que j'examinais une algue ? Ils ne comprendraient pas. Pourquoi n'ai-je pas pensé à me dépêcher ?

Péniblement, craintivement, Roth se mit à courir.

« Qu'est-ce que t'es... *Sicile* ? » demanda Polack à Minetta. Ils pataugeaient côte à côte dans le sable. Grognant, Minetta envoya une boîte de rations vide rejoindre d'autres boîtes vides. « Non, *Venise*, dit-il. Mon grand-père était une grosse huile tu sais, un aristocrate dans les environs de Venise. » Ils revinrent sur leurs pas, se dirigeant vers l'embarcation. « Comment que tu sais ça, les choses sur l'Italie ?

— Eh, qu'est-ce que tu veux dire ? fit Polack. J'ai vécu avec une bande de métèques. J'en sais plus sur eux que toi.

— Non, tu sais pas, dit Minetta. Je raconte jamais ces choses à personne parce que tu sais comment ils sont les gens, ils pensent que tu te paies leur figure, mais tu peux me croire, c'est la vérité, parole. On était du grand monde nous autres, noblesse, là-bas en Italie. Mon père a jamais fait une journée de travail dans sa vie, il faisait que chasser. On avait une vraie propriété.

— Tu parles.

— Tu crois que je te raconte des blagues. Regarde, regarde-moi.

Tu vois, j'ai pas l'air d'un Italien, j'ai les cheveux châtain et la peau claire. Tu devrais voir le reste de ma famille, sont tous blonds, je suis la brebis galeuse. C'est comme ça qu'on reconnaît les aristocrates, ils ont le teint clair. La ville d'où qu'on vient porte le nom d'un de mes ancêtres, le duc de Minetta. »

Polack s'assit. « Pourquoi qu'on se crève le cul ? Laisse qu'on se repose.

— Dis, continua Minetta avec persuasion, je sais que tu me crois pas, mais si jamais tu vas à New York viens me voir et je te montrerai les médailles de ma famille. Mon père nous les montrait souvent. Parole, il en avait plein une boîte. »

Croft passa à côté d'eux, jetant par-dessus son épaule : « Allez troupiers, suffit de vous branler dans la carafe. »

Polack soupira et se mit debout. « Crois-moi, y a rien à chiquer dans ce métier. Qu'est-ce que ça lui fout, à Croft, si on se la coule un peu ?

— Ce gars il pense qu'à ses ficelles.

— Sont tous comme ça », répondit Polack. Il prononçait « zont » pour « sont ».

Minetta approuva du chef. « Attends seulement que je rencontre un de ces gars après la guerre.

— Qu'est-ce que te feras ? Tu lui paieras un verre, à Croft ?

— Tu crois qu'il me fait peur ? fit Minetta. Dis, j'ai été dans les amateurs de boxe, les Gants d'Or, y a pas un de ces gars qui me fait peur. » Le sourire de Polack l'agaçait.

« Le seul gars que tu pourrais rosser, c'est Roth.

— Eh, va te faire foutre, c'est pas la peine de parler avec toi.

— Je suis trop ignorant. »

Ils se chargèrent chacun d'une caisse prise à bord de l'embarcation et se mirent en route vers le dépôt d'approvisionnement. « Dieu, je peux plus supporter ça, explosa Minetta. J'y perds toute mon ambition.

— Tu parles.

— Tu penses que je suis tout juste un jean-foutre ? demanda Minetta. T'aurais dû me voir dans le civil. Je savais comment m'habiller, je m'intéressais à la vie, quand je faisais une chose j'étais toujours le meneur. Je serais un sous-off maintenant si seulement je voulais me remuer pour les ficelles, faire de la lèche comme Stanley, mais ça vaut pas le coup. Faut se respecter.

— Pourquoi que tu te montes le ciboulot ? demanda Polack. Tu sais, je me faisais mes cent cinquante dollars par semaine et j'avais ma propre bagnole. J'étais dans la combine de Lefty Rizzo, mais ce qui s'appelle être dans la combine. Y a pas une poule au monde que j'aurais pas pu m'envoyer, modèles, actrices, les plus jolies gonzesses. Et je travaillais que vingt heures par semaine, non, attends, vingt-cinq, à peu près quatre heures par jour, de cinq à neuf, six jours par semaine, à ramasser les numéros de la loterie.

Bon, est-ce que tu m'entends rouscailler maintenant ? Tout ça c'est dans les cartes, tu vois. C'est écrit. Alors, y a qu'il faut se tenir peinard et pas s'en faire. »

Polack a dans les vingt et un ans, calcula Minetta. Il se demandait si l'autre lui avait menti quant à ses gains. Ça l'embarrassait de ne jamais savoir ce qui se passait dans la tête de Polack, alors que celui-ci semblait toujours deviner ses pensées à lui. Ne sachant que répondre, il attaqua. « Y a qu'il faut se tenir peinard, hein ? T'es dans l'armée parce que tu l'as voulu peut-être ?

— Comment que tu sais si je pouvais pas m'en tirer ?

— Je sais, gouailla Minetta, parce qu'y a pas un avec de la cervelle dans la tête qui serait dans l'armée s'il pouvait faire autrement. Il déchargea son fardeau sur un tas de caisses, reprit le chemin de l'embarcation. Ça te coupe les bras quand t'es coincé dans l'armée. Y a rien que tu peux faire pour te démerder s'il t'arrive un coup dur. Regarde Gallagher. Ce pauvre con, voilà sa femme morte et il peut pas bouger d'ici. »

Polack grimaça. « Tu veux savoir pourquoi Gallagher la trouve mauvaise ?

— Je sais pourquoi.

— Non, tu sais pas. Y avait un cousin à moi que sa femme s'est tuée dans un accident. Jésus, t'aurais dû le voir, celui-là. Et pourquoi, je te demande ? Pour une poule. J'ai essayé de lui parler, j'y ai dit : « Écoute, pourquoi foutre que tu chiales comme ça ? C'est pas les poules qui manquent. Dans six mois te seras tout retapé, et tu te rappelleras même pas l'air qu'elle avait, ta femme. » Il me regarde, et se met à gueuler : « Oh, oh, oh », et moi de lui expliquer une fois de plus le coup. Alors, lui, qu'est-ce que tu penses qu'il me dit ?

— Oui, et alors ?

— Il dit : Six mois, non, mais qu'est-ce que je vas faire cette nuit ? »

Minetta rit malgré lui. « Tu veux que je te croie ? »

Polack haussa les épaules, se chargea d'une caisse. « Qu'est-ce que tu veux que ça me fait, si tu crois ou non ? Je te le dis, c'est tout. » Il se mit en marche. « Hé, quelle heure qu'il est ?

— Deux heures. »

Polack soupira. « Deux heures de plus de cette merde. » Il s'avançait lourdement sur le sable. « Écoute que je te parle de cette gonzesse qu'a écrit un livre », dit-il.

A trois heures de l'après-midi la section fit halte — la dernière de la journée. Stanley s'allongea sur le sable, à côté de Brown, et lui offrit une cigarette. « Vas-y, sers-toi, de toute façon tu vis sur mes cigarettes. »

Brown s'étira en grommelant. « Je me fais vieux. Tu sais, dans cette chaleur tropicale y a pas moyen de montrer ce qu'on est capable de faire comme boulot.

— Pourquoi que t'avoues pas que t'as envie de tirer au flanc ? Un changement s'était produit dans son attitude envers Brown depuis qu'il avait été nommé caporal. Il n'était plus constamment d'accord avec Brown, et il le raillait fréquemment. Une semaine encore et tu seras comme Roth.

— Va te faire enfourner.

— Allez, je te taquine, sergent. » Stanley ne s'était pas aperçu de son changement d'attitude. Constamment sur le qui-vive lors des premiers mois de sa présence dans la section, il n'avait jamais ouvert la bouche sans avoir d'abord réfléchi quant à l'opportunité de ce qu'il allait dire, choisissant avec soin ses amitiés, réglant sa conduite sur les sympathies et les antipathies de Brown. Insensiblement, sans s'être d'ailleurs appesanti sur sa propre attitude, il influença celle de Brown envers ceux des hommes de la section au sujet desquels celui-ci n'avait pas encore d'opinion arrêtée. Par contre, il trouva politique de sympathiser avec ceux dont Brown parlait en termes approbateurs. Mais il ne s'était jamais formulé ces choses clairement ; bien qu'il sût qu'il avait désiré passer caporal, il ne se l'était jamais avoué. Simplement, il avait obéi aux insinuations et aux anxiétés nées de ses rapports avec Brown.

Brown l'avait percé, il riait de lui sous cape, mais il avait fini par le recommander pour la promotion. Encore qu'il n'en eût pas conscience, il se trouva dépendre de Stanley : son admiration et son respect, l'intérêt illimité qu'il manifestait à tout ce que Brown avait à dire, réchauffaient le cœur de celui-ci. Il se disait bien — Stanley me lèche le cul et il se moque de moi, et pourtant, quand Croft lui eut parlé à propos d'un nouveau caporal, il ne put penser à personne d'autre que Stanley. Il découvrit des objections à la désignation de celui-ci ou celui-là ; il avait oublié que son dédain à l'endroit des hommes que lui et Croft passèrent en revue pour la promotion, lui avait été inspiré par Stanley. A sa propre surprise, il s'était vu faisant les éloges de Stanley.

Plus tard, quand Stanley s'accoutuma à donner des ordres, le changement se fit plus apparent. Sa voix acquit de l'autorité, il se mit à brimer ceux qui lui déplaisaient, et il apporta de la familiarité dans ses rapports avec Brown. Là aussi, sans se l'être clairement formulé, il sut que Brown ne lui était plus d'aucune aide ; il allait rester caporal jusqu'à ce que l'un des sergents fût blessé ou tué. Il continua d'abord à manifester sa déférence à Brown, à l'approuver en toutes choses ; mais, étant devenu conscient de son hypocrisie, il se sentit un peu mal à l'aise dans son rôle. Désormais il se rendait compte quand Brown disait des bêtises notoires, et il ne tarda pas à exprimer ses propres opinions. Avec le temps, il se mit à faire de l'épate.

Il exhala posément la fumée de sa cigarette, et répéta : « Voui, tu deviens tout comme Roth. » Brown ne répondit pas, et Stanley cracha. « Je te dirai quelque chose à propos de ce Roth », fit-il. Sa parole était devenue péremptoire, comme celle de Brown. « C'est pas vraiment un mauvais bougre, seulement il a pas de couilles au ventre. C'est le genre de type qui se casse toujours le nez parce qu'il ose pas prendre ses risques.

— Te fais pas des idées, mon pote, lui dit Brown. Y a pas beaucoup de types qui veulent courir le risque quand s'agit de sauver la peau de ses fesses.

— Nix, je veux pas dire ça, fit Stanley. T'as qu'à voir comment qu'il était dans le civil. Il voulait se pousser de l'avant comme toi et moi, mais il a pas eu l'estomac de tenir bon. Il est trop prudent. Il faut savoir s'y prendre, si on veut enlever le morceau.

— Qu'est-ce que t'as donc enlevé toi ?

— J'ai pris mes risques, et j'ai gagné au jeu. »

Brown rit. « Sûr, t'as baisé une poule quand son mari était en voyage. »

Stanley cracha de nouveau — une habitude qu'il contracta chez Croft. « Je m'en vais te dire quelque chose. Tout de suite après que Ruthie et moi on s'est mariés, on a eu l'occasion d'acheter un lot de meubles à un type qui quittait le pays, une occase de première, mais le type voulait du comptant. J'avais pas l'argent nécessaire, et mon vieux pouvait pas m'en donner à ce moment-là. Pour à peu près trois cents dollars on avait le mobilier de tout un salon qui, neuf, devait valoir son billet de mille. Tu sais, ça fait de l'impression quand t'invites du monde. Qu'est-ce que tu penses que j'ai fait ? Que je suis resté à me tourner les pouces, disant que c'est dommage et tant pis ? Foutre non. J'ai pris l'argent au garage où je travaillais.

— Qu'est-ce que tu veux dire t'as pris l'argent ?

— Oh, c'était pas si compliqué si tu savais ouvrir l'œil. J'étais le facturier de cette boîte, et on y encaissait dans les mille dollars par jour en réparations. C'était un grand garage. J'ai pris l'argent dans le tiroir-caisse, et j'ai pas comptabilisé les rentrées sur trois voitures qui totalisaient les trois cents dollars. Le lendemain, pour boucher le trou, j'ai fait les rentrées de la veille, et j'ai pas marqué quelques rentrées du jour.

— Combien de temps t'as fricoté comme ça ? demanda Brown.

— Pendant deux semaines entières. Qu'est-ce que t'en dis, hein ? Y avait des jours où les rentrées étaient pas fameuses, et je suais sang et eau parce qu'avec les trois cents dollars qui manquaient à l'appel, il restait pas grand-chose dans la caisse. Sûr, j'avais toujours les factures de la veille comme si elles étaient pas encore payées, mais y avait parfois si peu de voitures en réparation que ç'aurait fait drôle si quelqu'un avait mis le nez dans mes livres ce jour-là.

— Bon, et comment tu t'en es tiré ?

— Tiens-toi bon ou ça va te renverser : j'ai fait un emprunt de trois cents dollars garanti par les meubles que je venais d'acheter et quand j'ai eu l'argent je l'ai remis en place. Quant à l'emprunt, je l'ai repayé par des versements mensuels. Voilà comment j'ai eu mon mobilier pour une crotte de bique, et tu parles si ça tape dans l'œil des gens. Je l'aurais jamais eu, mon salon, si j'avais pas pris mes risques.

— C'était bien joué », admit Brown. Il était impressionné il y avait là un côté de Stanley qu'il avait ignoré.

« Il fallait avoir du nerf pour le faire, tu peux me croire », dit Stanley. Il se rappelait ses nuits blanches, quand, pendant deux semaines, il n'arrêta pas de se faire de la bile. Toutes sortes de craintes l'avaient obsédé. Dans les heures noires du petit matin ses manipulations d'argent devenaient confuses et incompréhensibles ; sans cesse il revenait aux altérations commises dans ses livres comptables, et chaque fois il se faisait l'impression de découvrir de nouvelles erreurs ; il était convaincu qu'on éventerait sa manœuvre. Il essayait de se concentrer, se surprenait répétant toujours la même addition — « huit plus trente-cinq font... font... huit plus trente-cinq font trois et je retiens un... Il eut des troubles de digestion, et c'est à peine s'il put prendre sa nourriture. Il lui arriva de rester dans son lit, suant, en proie à l'angoisse et au désespoir, s'étonnant que personne ne s'aperçût de rien.

Sa vie sexuelle en pâtit. Il n'avait que dix-huit ans quand il s'était marié, peu de semaines avant cette affaire de meubles, et son inexpérience aidant, il s'était montré aussi bien inepte qu'incapable de se contrôler. Ses transports étaient brefs et nerveux, il lui arriva de pleurer dans les bras de sa femme à la suite de ses échecs. Il s'était marié si jeune parce qu'il était amoureux, mais aussi parce qu'il avait confiance en lui-même, et qu'il piaffait. On lui avait toujours dit qu'il paraissait plus vieux que son âge et il croyait qu'il fallait courir sa chance, assumer ses responsabilités dès lors que l'on se pensait capable de les porter. C'est pour cette raison qu'il acheta les meubles. Mais, à cause de l'anxiété que cette affaire lui valut, les exigences de sa vie matrimoniale excédèrent ses forces. Et son échec au lit ne fit qu'alimenter son angoisse.

Après qu'il eut remis l'argent, sa virilité remonta d'un cran, encore que, sous ce rapport, il eût toujours manqué de confiance en lui-même. Il ressentait une nostalgie inconsciente au souvenir de son célibat, quand il passait de longues heures passionnées à peloter sa future femme. Mais, de tout cela, il n'extériorisait à peu près rien ; il ne raconta jamais à sa femme comment les meubles furent achetés, et il feignait une si grande passion à faire amour qu'il finit par y croire. Du garage, il passa comme employé de bureau chez un expert-comptable, et il étudia la comptabilité dans une école du soir. Il apprit d'autres façons de faire de l'argent, et il conçut son enfant de propos délibéré. Il y eut de nouveaux soucis d'argent, de nouvelles nuits blanches, où, immobile et transpirant, il essayait d'apercevoir le plafond dans l'obscurité. Mais, avec le matin, sa confiance lui revenait, et les risques semblaient toujours valoir la peine d'être courus.

« Il faut du nerf pour le faire, répéta-t-il à Brown. Encore que désagréables, ses souvenirs l'emplissaient de fierté. Si on veut arriver, dit-il, il faut connaître la musique.

— Sûr, il faut savoir à qui faire la lèche, lui rappela Brown.

— Ça fait partie du système », dit Stanley froidement. Brown possédait encore quelques armes qu'il pouvait employer contre lui. Il regarda les hommes étalés sur la plage, cherchant comment il pourrait renvoyer la balle à Brown. Il aperçut Croft qui, marchant à grands pas, scrutait la jungle.

« Qu'est-ce qu'il fait, Croft ? demanda-t-il, le suivant des yeux.

— Il a probablement vu quelque chose », dit Brown, sur le point de se relever. Tout autour d'eux les hommes de la section commençaient de remuer comme du bétail qui tourne la tête dans la direction d'un son ou d'une odeur insolites.

« Eh, Croft est toujours en train de fouiner, grogna Stanley.

— Y a quelque chose qui se passe », marmotta Brown.

A cet instant Croft tira une rafale dans la jungle et se laissa tomber à terre. Les hommes sursautèrent au bruit de la fusillade, désespérément sonore, puis s'aplatirent dans le sable. Un fusil japonais tira en retour, et tous se mirent à canarder la jungle sans discernement. Stanley se surprit à suer si intensément qu'il ne put situer le viseur de son fusil. Il restait là, ses sens brouillés, son corps se contractant inconsciemment au passage des balles. Cela sonnait comme un bourdonnement d'abeilles, et il songea avec surprise — mais quelqu'un pourrait être blessé. Une plaisanterie à ce sujet lui vint tout aussitôt à l'esprit, et il se mit à rire faiblement. Quelqu'un, derrière lui, poussa un cri, et la fusillade s'arrêta. Il y eut un long et anxieux silence parmi les hommes, et Stanley observa l'air chaud qui tremblotait au-dessus du sable.

A la fin Croft se mit debout avec précaution et s'élança vers la jungle. Arrivé à la lisière des broussailles, il fit signe à ceux qui se trouvaient le plus près de le rejoindre. Ne quittant pas le sable des yeux, Stanley espéra que Croft ne le remarquerait pas. Il y eut une pause, une attente de plusieurs minutes, puis Croft et Wilson et Martinez sortirent des broussailles et s'en revinrent le long de la plage.

« On en a eu deux, fit Croft. Je pense pas qu'y en a eu d'autres, ou alors ils auraient laissé leur barda en foutant le camp. Il cracha dans le sable. Qui a été blessé ?

— Minetta », dit Goldstein. Il se tenait agenouillé à côté de Minetta, pressant un pansement de secours sur la jambe du blessé.

« Laisse voir, dit Croft. Il fendit le pantalon de Minetta, regarda la blessure. C'est qu'une écorchure, dit-il.

— Si c'était toi », t'aurais pas dit ça, gémit Minetta.

Croft grimaça un sourire. « T'en mourras pas, mon gars. » Il regarda les hommes qui faisaient cercle autour de lui. « Sacré nom de Dieu, fit-il, dispersons-nous. Peut y avoir d'autres Japonais qui traînent dans le coin. » Les hommes parlaient et babillaient d'abondance, soulagés mais nerveux. Croft consulta sa montre. « On n'a que quarante minutes jusqu'à l'arrivée du camion. Dispersez-vous sur la plage et ouvrez l'œil. C'est fini de décharger pour aujourd'hui. »

Il se tourna vers le pilote de l'une des embarcations. « C'est vous autres qu'êtes de garde cette nuit, au dépôt ?

— Oui.

— Avec ces Japonais dans les parages, je parie que vous dormirez pas beaucoup. Il alluma une cigarette et s'approcha de Minetta. Toi tu bouges pas d'ici, petit gars, jusqu'à l'arrivée du camion. T'as qu'à presser ce pansement sur ta jambe et il t'arrivera rien du tout. »

Stanley et Brown se couchèrent sur leur estomac, échangeant des phrases et regardant la jungle. Stanley se sentait épuisé. Il s'efforçait d'ignorer sa panique, mais il n'arrêtait pas de penser combien ils s'étaient tous cru en sécurité alors que des Japonais avaient rôdé alentour. On sait jamais quand on est à l'abri, se dit-il. Une intense horreur le gagnait, qu'il réprima avec difficulté. Ses nerfs semblaient l'avoir lâché. Il se vit sur le point de dire quelque chose d'absurde, et, obéissant à la première pensée qui lui traversa l'esprit, il proféra : « Me demande comment Gallagher a pris ça ?

— Qu'est-ce que tu veux dire ?

— Eh bien tu sais, les Japonais tués et lui qui pense à sa femme.

— Eh, fit Brown, il a même pas fait le rapport entre les deux. »

Stanley regarda Gallagher, lequel parlait paisiblement à Wilson. « Il a l'air de récupérer », dit-il.

Brown haussa les épaules. « Ça me fait de la peine pour lui, mais si tu veux savoir, il a peut-être de la chance.

— Tu y penses pas, dis.

— On sait jamais comme on est bien quand on s'est débarrassé d'une femme. Je connais pas la femme de Gallagher, mais il est pas costaud lui, il est probablement pas capable de donner tout son plein à une femme. Foutre, elles te font cocu même quand tu leur en donnes qu'elles ont de quoi se rappeler, alors ça m'étonnerait pas beaucoup qu'elle a fait sa petite noce, spécialement dans les premiers mois, vu qu'il y avait pas de risque à cause du moutard qui lui venait.

— Tu penses jamais qu'à ça », grogna Stanley. Dans ce moment il haïssait Brown. Le mépris que celui-ci affichait pour les femmes piquait la jalousie de Stanley, excitait ses craintes, qu'il refoulait d'ordinaire. Pendant un court moment il fut à demi convaincu que sa femme le cocufiait, et encore qu'il eût repoussé cette pensée, elle le laissa troublé et nerveux.

« Je te dirai ce que je pense *moi* de ce qui vient de se passer à l'instant, dit Brown. T'es assis là à causer, et *vlan !* quelque chose démarre. On sait jamais ce qui va te tomber sur le ciboulot. Te crois que Minetta n'a pas peur en ce moment ? Il apprend ce que c'est. Moi, si tu veux savoir, jusqu'à ce que j'aie pas remis les pieds en Amérique y a pas une seule seconde que j'arrêterai de penser que je sais jamais quand ça sera mon tour d'écoper un mauvais coup. Suffit d'un rien et t'es fait, voilà tout. »

Une inexprimable anxiété s'emparait de Stanley. Il comprenait vaguement qu'elle était due en partie à sa peur de la mort, une peur devenue concrète pour la première fois, mais il savait aussi que son inquiétude tenait à tout ce qu'il avait pensé avant le commencement de l'escarmouche. Elle se nourrissait de sa jalousie, de son indifférence à faire l'amour, elle lui venait de ses longues et frénétiques insomnies, là-bas au pays. Pour quelque bizarre raison il trouva tout à coup qu'il était trop pénible de songer à Gallagher et à la mort subite de sa femme. On se tient bien sur ses gardes, pensa-t-il, et on est quand même frappé par derrière. Un traquenard. Un profond malaise le travaillait. Il promena son regard autour de lui, écouta le bruit d'une canonnade au loin, tandis que son angoisse grandissait et devenait presque douloureuse. Il était en sueur et sur le point de se mettre à pleurnicher. L'action conjuguée de la chaleur, de la réverbération du sable, de la tension nerveuse due à l'engagement, draina les derniers vestiges de sa résistance. Il se sentait sans force et terrifié, et il ne comprenait pas. Son expérience du feu se résumait à quelques patrouilles sans histoire, et pourtant la perspective d'autres sorties lui inspirait en cet instant répulsion et frayeur. Il se demandait comment il pourrait mener des hommes au combat alors que lui-même était à ce point terrifié, et cependant il savait qu'il lui fallait décrocher une autre ficelle, puis une autre encore, et qu'il s'efforcerait de grimper les échelons. Quelque chose n'allait pas avec lui, en ce moment, quelque chose qui bouleversait tout son être. « Vous met à plat cette nom de Dieu de chaleur », marmonna-t-il à l'adresse de Brown. Une vague et étouffante sensation d'horreur l'accablait.

« On croit la connaître dans les coins mais c'est jamais tout à fait ça, dit Brown. C'est comme ta combine du garage. T'as eu de la chance, voilà tout. Tu penses qu'on savait qu'y a des Japonais par ici ? Je te le dis, Stanley, ç'a été tout comme toi là-bas. Comment foutre tu savais quand et où quelque chose allait te péter au nez ? C'est du pareil au même dans ma combine à moi, les ventes. Y a des trucs, des moyens de faire la grosse galette, mais t'es jamais sûr de rien.

— Oui », dit Stanley. Il l'écoutait à peine. Il éprouvait une sourde révolte contre tout ce qui le rendait soucieux et envieux, qui le poussait toujours à fureter en vue de quelque avantage. Il ne savait pas quelle en était la cause, mais sans se le formuler explicitement il se disait qu'il y aurait bien des nuits dans sa vie où, suant et inquiet, il serait en proie aux tourments de son esprit.

11

La campagne avait tourné à l'aigre. Après les avances réalisées dans la semaine qui suivit l'attaque des Japonais sur la rivière, Cummings s'arrêta pour quelques jours afin de consolider ses lignes et de compléter son réseau routier. Cet arrêt, considéré comme une halte temporaire avant une attaque frontale contre la ligne Toyaku, se révéla fatal. Bien que la tactique de Cummings, la coordination de ses divers services, le mouvement de ses patrouilles, eussent été tout aussi parfaitement conçus que jamais, le résultat en fut à peu près nul. Le front, qui put se solidifier entre-temps, se comporta comme un animal exténué : il s'endormit, il se laissa aller à un sommeil hibernal. Une profonde léthargie se coucha sur les troupes en ligne.

Au cours des deux semaines qui suivirent la période d'arrêt, après une série de patrouilles intensives et de puissantes attaques locales, Cummings s'avança de quatre cents mètres dans quelques secteurs et captura un total de trois avant-postes japonais. Des compagnies engageaient des combats de patrouille, échangeaient des fusillades stériles, puis se retiraient sur leurs positions. Les rares fois où il leur arriva de conquérir une pièce de terrain de quelque importance, ils l'abandonnèrent à la première contre-attaque un peu sérieuse. Que les pertes se fussent accrues chez les plus braves parmi les officiers en ligne, prouvait assez l'humeur réfractaire des troupes. Cummings savait le type d'engagement que cela représentait : une attaque est lancée sur quelque point fortement défendu, les hommes traînaillent à l'arrière, la coordination laisse à désirer, et tout finit avec une poignée de braves, officiers et sous-officiers, engageant des forces supérieures — tandis que leurs troupes de support se volatilisent.

Cummings fit plusieurs déplacements au front, et il se rendit compte que les hommes avaient fait leur litière. Ils avaient amélioré leurs bivouacs, creusé des fossés de drainage, installé des toits au-dessus des trous de garde, et dans certaines compagnies il vit des chemins de caillebotis recouvrant la boue. De tout cela les hommes n'auraient rien fait, s'ils s'étaient attendus à déménager. Cela voulait dire sécurité et permanence, ce qui à son tour se traduisait par un très dangereux changement dans leur attitude. Une fois que les hommes faisaient halte et restaient assez longtemps sur place pour que celle-ci assumât à leurs yeux un caractère familier, il devenait infiniment plus difficile de les ramener au combat. Ils sont comme des chiens dans leur chenil, décida Cummings ; ils aboieraient avec hargne à tout ordre qu'on leur donnerait.

Chaque jour qui s'écoulait sans quelque changement fondamental sur la ligne du front menaçait d'accroître leur apathie, mais Cummings se savait temporairement sans pouvoir. Après une préparation intensive il avait monté une attaque de grande envergure : feu croisé d'artillerie, support de quelques bombardiers qui ne lui furent accordés qu'à la suite de pas mal de plaidoiries, tanks, troupes de réserve, et au bout de la journée l'entreprise échoua ; les troupes, s'immobilisant devant la plus insignifiante des résistances, ne réussirent à s'avancer que d'un quart de mille dans un seul petit secteur. Ceci fait, les pertes comptées, les altérations secondaires du front consolidées, Cummings eut toujours la Ligne Toyaku en face de lui, intacte, hors d'atteinte. C'était humiliant.

C'était, à vrai dire, désastreux. Les communications en provenance du corps d'armée se faisaient progressivement impatientes. Bientôt, comme un embouteillage routier, cette pression remonterait tout le long du chemin jusqu'à Washington, et Cummings pouvait imaginer sans difficulté les conversations qui se donneraient libre cours dans certains bureaux de l'état-major général de l'armée. « Eh bien, qu'est-ce qui se passe là-bas, comment est-ce déjà, Anopopéi, qu'est-ce qui les arrête, quelle division, Cummings, Cummings, eh bien qu'on le dégomme et qu'on y mette quelqu'un d'autre. »

Rien n'était plus dangereux que de laisser les troupes dans l'oisiveté pendant toute une semaine, il le savait ; mais, ce risque, il dut le prendre en attendant que la route fût terminée — et cela avait agi en boomerang. Le choc en retour entama profondément son assurance. La réaction, la plupart du temps, lui paraissait à peine croyable ; il souffrait les étonnements et les terreurs du conducteur qui découvre que sa machine se dirige d'elle-même, partant et s'arrêtant de son propre chef. Il le savait par ouï-dire, l'histoire militaire regorgeait de ces contes-à-ne-pas-lire-la-nuit, mais il n'avait jamais imaginé que cela pût lui arriver à lui. C'était invraisemblable. Cinq semaines durant la division avait fonctionné comme un prolongement de son propre corps ; et, soudain, apparemment sans cause, ou du moins par suite de causes trop intangibles pour qu'il pût en saisir le mécanisme, ses sens ne répondaient plus à l'appel. De quelque manière qu'il s'y prît pour remodeler ses unités, les hommes s'affaissaient comme une masse réfractaire au modelage, pareille à une chiffe trop molle, trop floue pour conserver la moindre consistance. La nuit, allongé sur son lit de camp en quête d'un sommeil qui ne venait pas, son impuissance le mettait au supplice ; il brûlait, il se consumait au feu stérile de sa rage. Une nuit il lui arriva de rester pendant des heures comme un épileptique qui sort de son coma, ses mains se prenant et se déprenant sans cesse, ses yeux fixés sur l'incertaine silhouette de la faîtière de sa tente. La puissance, l'intensité des impulsions qui le travaillaient, indicibles, frustrées, semblaient courir à travers ses membres, cognant avec une fureur insensée contre les limites de son corps. Il voulait tout tenir sous son contrôle, tout, et il ne pouvait même pas diriger six mille hommes. C'était à croire qu'un seul d'entre eux eût été capable de contrarier ses efforts.

En lançant cette attaque, en faisant patrouiller ses troupes constamment, il avait fait de furieuses tentatives pour ressaisir la situation ; mais, tout au fond de lui-même, sans se l'avouer, il commençait d'avoir peur. Une nouvelle attaque, dont il avait confié la préparation au commandant Dalleson, fut retardée a plusieurs reprises. De bonnes et superficielles raisons furent invoquées chaque fois — des bateaux Liberty avec un gros arrivage de ravitaillement étaient attendus d'un jour à l'autre, ou bien il croyait plus prudent de capturer d'abord quelque bout de terrain insignifiant, de crainte qu'il ne mît un sérieux obstacle à son attaque. Mais, au fond, il avait peur qu'un nouvel échec ne lui fût fatal. Il s'était trop engagé avec sa première offensive, et si celle-ci s'effondrait, des semaines sinon des mois s'écouleraient avant qu'un troisième grand assaut pût être mis à pied d'œuvre. Et, à ce moment-là, on lui aurait retiré son commandement.

Son esprit devint dangereusement las, et, depuis quelque temps, il souffrait d'une pénible diarrhée. Dans son effort d'arrêter le mal il soumit le mess des officiers aux plus rigides inspections ; mais, malgré de minutieuses mesures de propreté, sa diarrhée continua. Il avait les plus grandes difficultés à masquer ses ennuis sous le couvert de cent détails insignifiants qui affectaient tout son être. Les chaudes et humides journées se succédaient, les officiers échangeaient des coups de bec, se laissaient aller à des querelles mesquines, maudissaient la canicule et les pluies incessantes. Rien ne paraissait bouger dans les espaces stagnants de la jungle, et dans cette atmosphère de croupissement personne ne s'attendait à ce que rien y bougeât jamais. La division, insensiblement et inévitablement, s'en allait à vau-l'eau, et Cummings se sentait impuissant à y remédier.

Hearn souffrit directement des conséquences de la situation. Privé de son troublant et fascinant commerce avec le général, il vit ses fonctions se réduire très vite à une pénible et humiliante routine. Un changement s'était produit dans leurs relations, sans à-coups d'ailleurs, qui le laissa dans une position ostensiblement subalterne. Le général ne lui faisait plus ses confidences, il ne le sermonnait plus, et le service d'Hearn, pris jusque-là à la légère de part et d'autre, devint accaparant et tracassier. Avec la campagne qui s'enlisait de jour en jour Cummings se faisait plus strict quant à la discipline dans sa compagnie d'état-major, et Hearn en payait les frais. Tous les matins Cummings se faisait un devoir d'inspecter sa tente, et il manquait rarement de critiquer la façon dont Hearn surveillait la tâche de l'ordonnance. Ce n'était jamais qu'un blâme léger, dit d'une voix cauteleuse qui s'accompagnait d'un regard oblique, mais cela n'en devint pas moins embêtant en fin de compte, et harassant.

Puis il y eut d'autres échanges, saugrenus ceux-ci, ne rimant à rien, et qui finirent par prendre un caractère exaspérant à la longue.

Une fois, presque deux semaines après leur dernière conversation lors de la partie d'échecs, le général, l'ayant gratifié pendant plusieurs secondes de son regard absent, lui dit : « Hearn, je pense que j'aimerais avoir des fleurs fraîches tous les matins.

— Des fleurs fraîches, mon général ? »

Le général esquissa son sourire moqueur. « Mais oui, il me semble que ce n'est pas ça qui manque, dans la jungle. Imaginons que vous disiez à Clellan d'en cueillir tous les matins. Mon Dieu, lieutenant, c'est une affaire bien simple. »

Une affaire bien simple, mais qui ajouta aux tiraillements entre Clellan et lui — chose qu'il détestait. Bien qu'il en eût, il apportait une plus grande attention à la manière dont Clellan faisait la tente du général, et entre l'ordonnance et lui-même les choses prirent l'aspect d'un duel humiliant. Il découvrit, à sa surprise, que le général le rendait vulnérable : l'entretien de la tente commençait de le préoccuper. Dorénavant, tous les matins, carrant ses épaules de déplaisir, il abordait la tente du général pour y continuer sa vendetta avec Clellan.

C'était Clellan qui avait commencé. Un grand et maigre méridional, doué d'un aplomb imperturbable et d'un talent à ne jamais douter de lui-même, il avait ressenti dès le commencement la moindre suggestion que Hearn pût lui faire. Celui-ci l'ignora d'abord, un rien amusé par le souci de propriétaire que Clellan apportait à sa tâche, mais il se rendit compte qu'il avait fini par contribuer à sa vendetta avec l'ordonnance.

Un matin ils s'étaient presque querellés. Hearn arriva à la tente alors que Clellan finissait son travail, et tandis qu'il examinait la place, l'ordonnance, les bras ballants, se tenait contre la couchette du général. Hearn tâta la couche, c'était nettement fait — la couverture supplémentaire pliée avec soin au pied du lit, l'oreiller avec ses coins rentrés bien centré à la tête du lit. « Bon boulot, cette couchette, dit-il.

— Vous croyez, mon lieutenant ? » dit Clellan sans bouger.

Hearn fit demi-tour et examina les rabats de la tente. Ils étaient proprement attachés, et quand il tira sur l'une des cordelettes le nœud ne se défit point. Il fit le tour extérieur de la tente, examina les pieux. Ils étaient tous d'une inclinaison et d'un alignement égaux — et comme il avait plu lourdement la veille, il était clair que Clellan les avait déjà renforcés. Il revint à l'intérieur de la tente, inspecta le plancher — balayé et lavé. « Vous me le salissez, mon lieutenant », dit Clellan, regardant d'un air maussade les pieds d'Hearn.

Hearn jeta un coup d'œil sur la trace boueuse de ses chaussures sur le plancher. « Je regrette, Clellan, dit-il.

— Ça fait un sacré boulot, mon lieutenant. »

Hearn eut un mouvement d'humeur. « Clellan, votre travail n'est pas tuant.

— On peut pas savoir, vu que personne fait rien. »

Eh bien tonnerre de Dieu ! Il l'avait méritée, cette réponse. Il se détourna de nouveau, examina la planche à cartes uniment recouverte d'une housse, avec ses crayons bleu et rouge taillés et rangés dans leurs compartiments respectifs. Il ouvrit un des coffres du général pour vérifier si le linge y était bien serré, alla s'asseoir devant le bureau pour inspecter le dedans des tiroirs. Grimaçant de déplaisir, il passa un doigt sous le rebord de la table à la recherche d'une trace de poussière, se leva pour aller faire le tour des tranchées d'écoulement qui bordaient la tente. Clellan avait déjà enlevé la vase de la veille, et le fond de la tranchée était saupoudré de terre fraîche. Il regagna l'intérieur de la tente.

« Clellan, dit-il.

— Oui ?

— Tout paraît en ordre aujourd'hui, sauf les fleurs. Il faut les changer.

— Je vous le dis mon lieutenant, fit Clellan carrément, ça m'a pas l'air que le général il y tient beaucoup, à ces fleurs. »

Hearn secoua la tête. « Changez-les quand même. »

Clellan ne bougea pas. « Hier le général m'a dit comme ça : Clellan, qui c'est qu'a eu l'idée de ces fleurs ? J'y ai dit que je ne savais pas, mais que ça se pouvait bien que c'était vous.

— Il a dit ça, le général ? D'abord amusé, Hearn devint furieux. Le fils de garce ! Il alluma une cigarette, exhala doucement la fumée. Supposons que vous changiez ces fleurs, Clellan. C'est moi qui entends les complaintes.

— Mon lieutenant, je croise le général peut-être dix fois par jour, et je dois dire qu'il m'aurait dit quelque chose si qu'il s'imaginait que je fais pas bien mon boulot.

— Je vous en réponds, Clellan. »

Clellan avança les lèvres et rougit un peu. Il était visiblement vexé. « Mon lieutenant, faut que vous vous rappelez que le général l'est seulement un homme, l'est pas meilleur que vous ou moi, et qu'y a pas de quoi avoir peur. »

Cela suffisait. Hearn voulait être damné s'il allait rester là à argumenter avec Clellan. Il fit un pas vers la sortie. « Changez ces fleurs, Clellan », dit-il froidement depuis le seuil.

Répugnant, humiliant. Tout en se dirigeant vers le mess pour son petit déjeuner, il laissait errer son regard sur le terrain cru du bivouac. Ce genre de choses pouvait continuer ainsi pendant un ou deux ans, un sale petit exercice quotidien à s'envoyer à jeun. Clellan bien sûr adorerait ça. Chaque réplique qu'il pourrait se payer viendrait renforcer d'autant l'estime en laquelle il se tenait, et chaque nasarde qu'il essuyerait lui donnerait la satisfaction de nourrir ses haines d'opprimé. Il y a de petits avantages à être simple soldat, pensa Hearn en envoyant son pied dans un caillou.

Voyez-les, ces pauvres officiers ! Il se sourit à lui-même et fit signe de la main à Mantelli, lequel lui aussi s'approchait de la tente du mess.

Mantelli coupa vers lui, lui assena une claque sur le dos. « Méfiez-vous de papa aujourd'hui.

— Pourquoi, qu'est-ce qu'il y a ?

— Nous avons reçu la nuit dernière un poulet du corps d'armée. Ils ont dit à Cummings d'avoir à se mettre cul en selle. Jésus ! Il me fera charger à la tête de sa compagnie d'état-major. » Il enleva son cigare de ses lèvres, et l'avança comme une épée.

« Tout ce à quoi vous êtes bon c'est de monter à l'assaut d'une queue devant la roulante.

— N'est-ce pas que c'est vrai. J'ai un emploi de bureaucrate, les pieds plats, genre état-major général de l'armée, je porte des lunettes, je tousse... écoutez. »

Hearn le poussa gaiement. « Voulez-vous une entrevue avec le général ?

— C'est ça, décrochez-moi une planque dans les foyers au front. » Ils pénétrèrent ensemble sous la tente du mess.

Après son petit déjeuner Hearn se présenta devant le général. Assis à son bureau, Cummings étudiait un rapport du corps d'ingénieurs de l'armée de l'air. « L'aérodrome ne sera pas pris avant deux mois. Ils m'ont fait passer en queue de je ne sais quelles priorités.

— Ça c'est raide, mon général.

— Naturellement, je suis censé gagner cette maudite campagne sans l'appoint de l'air. Il serra le poing, machinalement, comme s'il ignorait l'identité de celui qui se trouvait devant lui. Cette division-ci est la seule qui soit en action sans aucun support aérien. Il s'essuya la bouche, soigneusement, regarda Hearn. Je pense que le ménage a été bien fait ce matin.

— Merci, mon général. » Il était contrarié de se sentir sensible au compliment.

Cummings prit une paire de lunettes dans le tiroir de la table, essuya les verres avec lenteur, se les ajusta. C'était une des rares fois où Hearn le voyait chaussant ses lunettes, et cela le vieillissait en quelque sorte. Il les ôta au bout d'un moment et, les gardant à la main :

« Vous autres officiers cadets, est-ce que vous avez tout le whisky qu'il vous faut ?

— Certainement, oui, je pense que oui.

— Humm », fit Cummings, joignant ses mains.

Qu'est-ce que cela voulait bien dire ? se demanda Hearn.

« Pourquoi cette question ? » dit-il.

Mais le général ne lui répondit pas. « Je m'en vais ce matin au deuxième bataillon. Voulez-vous dire à Richman de tenir la jeep prête dans une dizaine de minutes ?

— Dois-je vous accompagner, mon général ?

— Eh non. Voyez Horton. Je veux que vous alliez à la plage et rameniez quelques provisions supplémentaires pour le mess des officiers.

— Oui, mon général. » Un peu surpris, Hearn se rendit au parc automobile pour transmettre l'ordre à Richman, le chauffeur du général, puis il se présenta devant le commandant Horton lequel lui remit une liste de provisions à acheter à bord d'un bateau Liberty, ancré au large.

Ayant réquisitionné une camionnette et trois hommes de corvée, il prit la route de la plage. La matinée était déjà chaude. Masqué par un ciel couvert, le soleil se réfractait dans la jungle et torréfiait l'air humide. L'écho d'une canonnade réverbérait parfois jusque sur la route, lourd et ouaté comme un bruit d'orage une nuit d'été. Quand ils eurent atteint l'extrémité de la péninsule, Hearn était en nage.

Au bout de quelques minutes d'attente il put réquisitionner un canot d'atterrissage, et ils débordèrent en direction des cargos ancrés au loin. A un mille ou deux au large, vue depuis les eaux opaques et stagnantes de la mer, Anopopéi disparaissait presque entièrement dans la brume, et le soleil, d'un jaune sale, ouvrait une brèche incandescente dans la voûte inerte des nuages. Même en mer la chaleur était extrême.

Le moteur coupé, le canot se porta contre le mur du bâtiment. Hearn se saisit de l'échelle de corde et grimpa à bord. Appuyés sur la lisse, plusieurs matelots le regardaient venir, et l'expression d'absence qui se lisait sur leurs visages, critique et un peu hautaine, l'irrita. Il jeta un coup d'œil entre les barres de traverse de l'échelle, vit son canot qui s'accommodait sous le mât de charge, à l'avant du navire. Le petit effort de grimper à bord l'avait couvert de sueur.

« Qui est en charge des magasins ? » demanda-t-il à l'un des matelots accoudés sur la lisse.

Le matelot lui décocha un regard et, sans ouvrir la bouche, pointa son pouce en direction d'une descente. Hearn poussa la lourde porte de l'écoutille, s'engagea dans un escalier. Un souffle de chaleur l'accueillit, étouffant ; il avait oublié combien insupportable pouvait être l'atmosphère d'un entrepont.

Et, naturellement, cela puait. Il se faisait l'impression d'être un insecte qui rampe dans les entrailles d'un cheval. « Peste ! » grommela-t-il avec dégoût. Comme d'ordinaire, le bateau sentait la cuisine refroidie — un mélange de graisse et de quelque chose d'aussi nauséabond que du cambouis au fond d'un grilloir. Machinalement, il fit aller son doigt contre la cloison : partout sur le navire les murs exsudaient une pellicule d'huile et d'eau.

Il s'avança prudemment le long du couloir, étroit et mal éclairé, avec son plancher de fer encombré çà et là de paquetages négligemment recouverts de bâches. Il glissa sur une flaque d'huile, faillit tomber. « Nom de Dieu de sale trou », jura-t-il. Il rageait, en proie à une colère démesurée — sans cause apparemment. Il s'arrêta, s'essuya le front avec sa manche, brutalement. Que diable m'arrive-t-il ?

« Vous autres officiers cadets, est-ce que vous recevez tout le whisky qu'il vous faut ? » avait demandé le général. Quelque chose, à cette question, avait bondi à l'intérieur d'Hearn, mettant ses nerfs à nu. Qu'a-t-il voulu dire, Cummings ?

Il reprit sa marche le long du couloir. L'office chargé des magasins se trouvait tout au bout du passage, dans une cabine de moyenne dimension. L'endroit était encombré d'un assortiment de caisses à claire-voie, de bouts de planchettes provenant des boîtes éventrées, de piles de papier qui débordaient d'une corbeille, d'une large table déglinguée fichée dans un coin.

— Êtes-vous Kerrigan ? demanda Hearn à l'officier assis contre la table.

— C'est ça, fiston, qu'est-ce que je peux faire pour vous ? Kerrigan avait un visage amaigri, plutôt cabossé, et une bouche où manquaient plusieurs dents.

Hearn le regarda un instant, sentant sa colère battre en lui. « Foin de cette merde de « fiston ». Il était surpris par sa propre rage.

« Comme vous voudrez, lieutenant. »

Hearn fit un effort pour se contrôler. « J'ai un canot en bas. Voilà un bon pour des provisions que je voudrais avoir. J'aimerais m'en aller d'ici sans prendre trop de votre temps, ni du mien. »

Kerrigan parcourut la liste. « Pour le mess des officiers, hein, lieutenant ? » Il lut à haute voix, cochant les articles à mesure. « Cinq caisses de whisky, un carton d'huile de salade, un carton de mayonnaise — il prononçait myonèse avec un accent amusé — deux caisses de poulets de conserve, une boîte de condiments, une douzaine de bouteilles de sauce Worcestershire, une douzaine de bouteilles de chilé, une caisse de sauce tomate... » Il leva les yeux. « C'est une liste modeste. Sobre appétit, que le vôtre. Je suppose que demain vous dépêcherez une barque pour ramener deux pots de moutarde. » Il barra de son crayon la plupart des articles. « Je peux vous donner le whisky. Pour le reste — nous ne sommes pas une épicerie.

— Si vous y regardez de près, vous verrez que le bon est signé par Horton au nom du général. »

Kerrigan alluma une cigarette. « Quand le général commandera sur ce bateau, je me mettrai en quatre pour lui. » Il regarda Hearn d'un œil joyeux. « Un des hommes à Horton, un capitaine ou quelque chose dans ce genre, a emmené hier les provisions pour l'état-major de la division. Nous ne sommes pas traiteurs appointés des mess des officiers, vous savez. Vous aurez à prendre vos approvisionnements en gros, et les détailler chez vous. »

Hearn domina son humeur. « Ceci est un achat. J'ai des fonds pour payer la facture.

— En tant que marine marchande je ne suis pas obligé de vous vendre quoi que ce soit. Et je suis joliment sûr que je ne vous vendrai rien du tout. Si vous voulez du singe, ça oui je peux vous le donner, et à l'œil encore. Mais pour ces petits extras, je vous suggérerais d'attendre l'arrivée d'un bâtiment de guerre. Ça n'est pas mon affaire de vous vendre de la myonèse. Il gribouilla quelque chose sur le bon. Si vous portez ça à la cale numéro deux, vous aurez le whisky. Si je n'étais pas tenu à vous le donner, vous ne l'auriez pas eu.

— Eh bien merci, Kerrigan.

— A votre service, lieutenant, à votre service. »

Clignant des yeux, Hearn s'en fut par le couloir. Chavirant sur une levée de lame, le navire lui fit faire une embardée, et il alla s'écraser contre la cloison, se faisant mal à la main dans son effort pour amortir le choc. Il s'arrêta, essuyant de nouveau la sueur sur son front et sur sa bouche.

Il voulait être pendu s'il allait retourner à terre sans les provisions. Le souvenir de Kerrigan souriant ravira sa colère. Il essaya de sourire à son tour. Il fallait pourtant se discipliner. Kerrigan, après tout, avait eu de la classe ; il était amusant. Il devait y avoir d'autres moyens pour se procurer les provisions. Et il allait se les procurer. Pas question de se présenter devant le général avec des excuses.

Il arriva à la cale numéro deux, descendit par l'échelle qui menait à la chambre frigorifique, présenta le bon à l'homme de service.

« Seulement cinq caisses de whisky, hein ? »

Hearn se frotta le menton. Un ulcère des tropiques s'y était formé, et cela cuisait. « Et si on embarquait toute la liste, matelot ? fit-il sèchement.

— Peux pas. Kerrigan l'a barré.

— Dix livres pour vous si vous me donnez cette camelote. »

Le matelot était un homme de petite taille, avec un visage soucieux. « Je me ferai attraper. Des fois si Kerrigan me voit charger la marchandise ?

— Il est occupé. Il ne quittera pas son bureau.

— Je peux pas courir le risque, mon lieutenant. Ça se verrait à l'inventaire. »

Hearn se gratta la tête. Une vague de chaleur lui passa dans le dos. « Dites, entrons dans le frigo, je voudrais être au frais. » Ils ouvrirent l'une des lourdes portes de la chambre, passèrent à l'intérieur, parlant debout parmi un amoncellement de dindes, de jambons, de caisses de Coca-Cola. Hearn arracha un morceau de blanc à l'une des dindes, qu'il se mit à manger tout en parlant. « Vous savez bien qu'on ne verrait rien à l'inventaire, improvisait-il. J'ai été dans le trafic, matelot. Il n'y a pas moyen de rendre compte des provisions de bouche.

— Je sais pas, mon lieutenant.

— Vous voulez me dire que Kerrigan n'est jamais venu ici pour se payer un petit quelque chose ?

— C'est comme qui dirait risqué de vous en parler.

— Et si c'était douze livres ? »

Le matelot réfléchit. « Si qu'on disait quinze ? »

Il le tenait maintenant. « Mon prix c'est douze, fit-il d'un ton sec. Je ne marchande pas.

— Ça va, je risque le coup.

— Bravo. Il arracha un autre morceau de dinde, mangeant de bon appétit. Préparez la marchandise. Je vais dire à mes hommes de venir la chercher.

— D'accord, mon lieutenant, mais faisons vite, pas ? »

Hearn gagna le pont, se pencha sur la lisse, cria à ses trois hommes dans le canot de monter à bord. Quand ils eurent escaladé l'échelle de corde il les mena à la cale, et chacun d'eux se chargea d'une caisse. Après trois voyages le whisky, les poulets de conserve et les divers condiments se trouvèrent sur le pont, et quelques minutes plus tard le filet de charge déposa le tout dans le canot. Hearn paya au matelot ses douze livres. « Allons-y les gars, démarrons ! » cria-t-il. A présent que la transaction était bouclée, il craignait l'apparition inopinée de Kerrigan. Ils dégringolèrent dans le canot, et Hearn jeta une bâche sur les provisions.

Ils étaient sur le point de déborder, quand il aperçut Kerrigan qui se penchait sur la lisse. « Si ça ne vous fait rien, lieutenant, hurla-t-il, j'aimerais jeter un coup d'œil sur ce que vous emportez ! »

Hearn sourit. « Moteur en marche ! » commanda-t-il à l'homme de barre. Il leva la tête, montra un visage inexpressif à Kerrigan. « Trop tard, mon vieux ! » cria-t-il. Mais le moteur toussa, cracha, puis mourut. Voyant ça, Kerrigan enjamba la lisse et se mit à descendre le long du mur.

« *Démarrez ce moteur !* cria Hearn furieusement. Il foudroya du regard l'homme de barre. *Allez-y !* »

Le moteur cracha de nouveau, toussa un instant, puis son régime se stabilisa. En poupe, le remous se fit ferme sous le battement de l'hélice. Kerrigan était à mi-chemin sur l'échelle de corde. « Ça va, allons-y ! » cria Hearn.

Le canot déborda lentement, laissant Kerrigan en panne au milieu de l'échelle. Accoudés sur la lisse, des matelots se mirent à rire en le voyant reprendre sa grimpée. « A bientôt, Kerrigan ! » cria Hearn. Il était joyeux. « Crénom, timonier, dit-il à l'homme de barre, c'était bien le moment de nous flanquer dans le pétrin avec ce maudit moteur. » L'embarcation se soulevait avec régularité en coupant les vagues de traverse. « Je regrette, mon lieutenant, fit l'homme de barre.

— Ça va. Il se sentait relâché, extrêmement relâché par comparaison avec son état de tension pendant le chargement. Il nota avec surprise à quel point ses vêtements étaient trempés. Une poussière d'eau débordait la rampe devant et Hearn s'y porta, se laissant arroser par l'embrun. Au-dessus de lui le soleil forçait les nuages qui se repliaient sur eux-mêmes comme des feuilles de papier au contact d'une flamme. Une fois de plus il se tamponna le front. Le col de sa chemise lui faisait l'impression d'une corde imbibée d'eau et passée à son cou.

Bon, douze livres n'est pas mal du tout, pensa-t-il en souriant. Kerrigan se serait fait payer au moins quinze livres pour ces commissions, sinon vingt. Ce Kerrigan s'était montré un âne, et le général aussi était un âne. Cummings espérait qu'il ramènerait tout juste le whisky. Évidemment. La veille, Horton, parlant d'un certain commissaire de bord, avait dit : « Ce fils de garce refuse de donner le moindre coup de main. » Et ce commissaire de bord était Kerrigan. Le général l'avait envoyé chercher ces petits extras pour le mess alors que, de toute évidence, c'était l'affaire de l'un des officiers de la section d'Horton. Mais il fallait croire qu'il avait pressenti les motifs du général, car sinon pourquoi aurait-il piqué une rage aux insolences de Kerrigan et pris la peine de graisser la patte au matelot ? Ainsi, donc, le général affectait bel et bien son comportement. Il s'assit sur la bâche qui recouvrait les provisions, ôta sa chemise, s'essuya le torse, puis, gardant sa chemise à la main, il alluma une cigarette.

Après l'atterrissage, il fit transporter les provisions sur la camionnette et s'en retourna au bivouac avec ses hommes. Il y arriva avant midi, se rendit à la tente du général pour lui faire son rapport, savourant l'idée de le décevoir — mais le général n'y était pas. Hearn s'assit sur une cantine, examinant la tente avec déplaisir. Rien n'y était changé depuis que, le matin, Clellan y avait travaillé, et dans le soleil qui filtrait à travers les rabats tout sous la tente était rectangulaire, inaccueillant, carré, sans le moindre signe d'une présence humaine. Le plancher était immaculé, la table nette, la couchette nettement bordée. Hearn soupira, sentant une vague inquiétude remuer en lui. — Depuis cette nuit *particulière*.

Le général lui serrait la vis. Ce qu'il lui faisait faire pouvait être accompli assez facilement, mais cela s'accompagnait toujours d'un relent d'humiliation. Il se rendit compte que, d'une certaine façon, Cummings le connaissait mieux qu'il ne se connaissait lui-même. Les tâches qu'il lui confiait, il les exécutait alors même qu'il lui fallait agir en salaud, mais chaque fois qu'il avait agi en salaud il lui devenait un peu plus facile de recommencer. Assez original. Cette affaire avec Kerrigan prenait encore un autre aspect. Quand on y regardait froidement, cela revenait à suborner un homme, à passer en fraude des provisions, et à suer dans son pantalon en attendant que tout soit fini. D'un autre point de vue, ceci était le genre de combine où son père se serait trouvé à l'aise. « Tout homme a son prix, il y a plus d'un moyen pour dépouiller un lièvre. » Oh, il y avait bien des platitudes pour y parer, mais le général était en train de lui montrer qu'il n'était même pas supérieur à des platitudes.

Tout cela n'était qu'une répétition à variantes de cette affaire de foyer pour officiers.

« Vous oubliez, Robert, qu'il y a ce qu'on appelle les dispenses papales. » Parfait, adieu les dispenses. Il n'était qu'un sous-lieutenant pris dans le compresseur, pas plus capable qu'aucun autre officier de la division de se maintenir dans sa propre trajectoire avec un peu de dignité, un peu de réserve. Si cela devait continuer assez longtemps, ses réactions deviendraient automatiques, inspirées par la crainte. De façon ou d'autre, on ne gagnait jamais quand on était sous la coupe du général. Même la nuit où ils avaient joué aux échecs, c'était lui et non pas Cummings qui avait piqué une crise ; c'était lui qui, allongé sur sa couchette, avait pataugé dans la vase et dans les plaies de ses souvenirs.

« Vous autres officiers cadets, est-ce que vous recevez tout le whisky qu'il vous faut ? » Que diable a-t-il voulu dire par là ? Obéissant à une impulsion, il ouvrit le coffre à liqueurs du général et examina les bouteilles débouchées. Il savait que Cummings buvait chaque soir entre un et deux pouces de Scotch, et que, avec une curieuse pingrerie, il marquait au crayon le niveau de la bouteille avant de la remettre en place. Hearn, qui s'en était rendu compte avec amusement, estima que ce petit trait ne manquait pas d'intérêt parmi toutes les contradictions qu'il trouvait au général.

Mais, aujourd'hui, le niveau de la bouteille de Scotch était au moins de deux pouces et demi au-dessous du trait de la veille. Cummings s'en était aperçu le matin, et l'avait réprimandé d'avoir bu à ses frais. « Vous autres officiers cadets, est-ce que vous recevez tout le whisky qu'il vous faut ? » Seulement, c'était absurde : Cummings connaissait son monde mieux que cela.

Ç'aurait pu être Clellan. *Cela se pouvait.* Il était cependant peu probable que Clellan compromît une sinécure comme celle d'être l'ordonnance du général, pour un coup de whisky. De plus, Clellan était assez malin pour démarquer lui-même le niveau de la bouteille s'il lui avait pris d'y siffler.

Tout d'un coup Hearn eut l'image d'un Cummings assis sous sa tente à l'heure de se coucher, examinant avec attention l'étiquette de sa bouteille de whisky ; il le voyait prenant son crayon, réfléchissant une seconde, puis remettant la bouteille en place sans l'avoir marquée. Quelle avait été l'expression de son visage à ce moment-là ?

Ceci n'était plus drôle du tout. Pas après la tente du foyer et les fleurs et Kerrigan. Jusqu'à ce petit épisode Hearn avait pu considérer les bouffonneries du général comme des produits de son intense et retors appétit ; c'était, d'une certaine manière, quelque chose comme un badinage entre amis. Mais *ceci* était pervers. Et effrayant — un peu. Malgré toutes ses préoccupations, malgré tout le poids de ses soucis, Cummings avait trouvé le temps de tramer ces machinations, de se décharger d'une parcelle de la grande frustration qui le travaillait.

Dans ce moment Hearn avait compris que c'était en cela que, fondamentalement, leurs relations avaient toujours résidé. Il avait été l'animal favori, le chien-chien du maître, gâté et choyé, truffé de douceurs — jusqu'à ce qu'il eût la présomption de mordre la main qui le caressait. Et, depuis, Cummings était torturé par le sadisme particulier que la plupart des gens se sentent capables de nourrir seulement à l'endroit d'un animal. Il avait servi de diversion au général, et il en souffrait avec une profonde et muette colère qui lui venait en partie de la conscience qu'il avait d'avoir consenti à jouer son rôle de chien, d'avoir même eu des rêves de chien, soigneusement refoulés, le rêve d'égaler un jour son maître. Et même cela, Cummings l'avait probablement compris — et il s'en était amusé.

Il se souvint d'une histoire que Cummings lui raconta à propos d'un fonctionnaire au département d'État à la guerre, que l'on renvoya après avoir planté de la littérature communiste dans les tiroirs de son bureau.

« Je m'étonne que cela ait réussi, avait fait Hearn. Vous dites que tout le monde savait que cet homme était sans malice.

— Ces choses réussissent toujours, Robert. Vous n'avez pas la moindre idée combien le Grand Mensonge est efficace. Votre homme moyen n'ose jamais supposer que les hommes au pouvoir possèdent toutes les sales impulsions qu'il a lui, avec cette différence qu'eux savent mieux s'y prendre pour les satisfaire. De plus, personne ne peut jurer de sa propre innocence. Nous sommes tous des coupables, voilà la vérité. Le bonhomme en question avait fini par se demander si, après tout, il n'avait pas appartenu au parti. Pourquoi, pensez-vous, Hitler a-t-il été capable de rester impuni si longtemps ? Les diplomates, avec leur mentalité primitive, ne pouvaient simplement pas croire qu'il ne jouait point le vieux jeu sous un nouveau maquillage. Il a fallu des observateurs comme vous et moi pour voir qu'il était l'interprète de l'homme du vingtième siècle. »

Certes, Cummings eût été parfaitement capable de planter lui-même cette littérature communiste s'il l'avait cru nécessaire. Tout comme il avait fignolé l'étiquette de sa bouteille de whisky. Mais il n'allait pas se laisser manœuvrer comme une pièce sur l'échiquier du général. Oui, pas de doute, il avait servi de diversion à Cummings.

Il promena son regard par la tente. Il serait plaisant de l'attendre, pour lui annoncer que les provisions avaient été amenées conformément aux ordres ; mais c'eût été un maigre plaisir, et Cummings s'en serait rendu compte. « Vous avez dû vous donner un peu de mal, n'est-ce pas Robert ? » aurait-il dit. Il alluma une cigarette et se dirigea vers la corbeille à papiers pour y jeter son allumette.

La voilà, la réaction instinctive — *ne jetez pas d'allumette sur le plancher du général.* Il s'immobilisa. Il y avait une limite au-delà de laquelle il ne permettrait pas au général de le pousser en rond.

Le propre plancher. Quand on y regardait objectivement, sans le halo des simagrées militaires, cela devenait absurde, pervers, révoltant.

Il laissa tomber l'allumette près de la cantine, puis, son cœur battant stupidement, il jeta sa cigarette bien au centre du plancher immaculé, l'écrasa brutalement du talon, et resta là à la regarder avec stupéfaction et un orgueil agité.

Que Cummings voie ça. Qu'il le voie.

Vers le milieu de la journée l'air était devenu suffocant sous la tente. Le commandant Binner essuya ses verres pris dans une monture d'acier, toussa tristement, et enleva un filet de sueur au coin de sa tempe impeccable. « C'est une affaire sérieuse, sergent, dit-il paisiblement.

— Oui mon commandant, je le sais. »

Le commandant Binner regarda du côté du général, tambourina le dessus de sa table, puis reporta ses yeux sur le soldat qui se tenait devant lui au garde-à-vous. A quelques pas de là, près de l'un des montants de la tente, Cummings allait et venait sur place.

« Si vous nous donnez les faits, sergent Lanning, cela sera d'un gros poids dans votre conseil de guerre, dit Binner.

— Mon commandant, je ne sais pas quoi vous dire », protesta Lanning. C'était un homme plutôt râblé, avec des cheveux blonds et des yeux d'un bleu pâle.

« Les faits suffiront, fit Binner de sa triste et traînante voix.

— Eh bien nous sommes allés en patrouille, et puisque nous avons été au même endroit avant-hier je me suis dit que ça ne rimait à rien.

— Était-ce à vous de juger ?

— Non mon commandant, pas à moi, mais les hommes n'étaient pas bien heureux, alors quand nous avons eu fait la moitié du chemin j'ai dit à mon escouade de s'asseoir dans une petite clairière, et après une heure d'attente nous sommes rentrés et j'ai fait mon rapport.

— Et le rapport était complètement faux, entonna Binner. Vous avez dit que vous aviez patrouillé en un endroit... *jusques à* un endroit que vous n'avez pas atteint à un mille près. »

Au milieu de sa colère Cummings éprouva un doux mépris pour la façon dont Binner avait estropié sa phrase.

« Oui mon commandant, c'est juste, dit le sergent Lanning.

— Et c'est précisément ainsi que l'idée vous en est venue, spontanément pour ainsi dire ? »

Cummings se retint d'interrompre l'interrogatoire pour le faire activer.

« Je ne comprends pas, mon commandant, dit Lanning.

— Combien de fois avez-vous abandonné vos patrouilles ? demanda Binner tristement.

— Ç'a été la première fois, mon commandant.

— Quels autres sergents dans votre compagnie ou dans votre bataillon ont fait des rapports faux ou trompeurs ?

— Aucun, mon commandant. Je n'en ai jamais entendu parler. »

Le général s'approcha de lui tout d'un coup, le regard furibond. « Lanning, est-ce que vous voulez rentrer en Amérique, ou voulez-vous pourrir ici dans un camp de prisonniers ?

— Mon général, bégaya Lanning, il y a trois ans que je suis dans mon unité, et...

— Peu m'importe que vous ayez été *vingt* ans avec nous. Quels autres sergents faisaient de faux rapports de patrouille ?

— Je n'en connais aucun, mon général.

— Avez-vous une fiancée ?

— Je suis marié, mon général.

— Est-ce que vous voulez revoir votre femme ? »

Lanning rougit. « Elle m'a quitté il y a un an, mon général. »

Le général se détourna, faisant crisser ses chaussures. « Commandant, traduisez demain cet homme devant le conseil de guerre. » Il s'arrêta sur le seuil. « Lanning, je vous préviens, vous ferez mieux de dire la vérité. Je veux le nom de chaque sous-officier de votre compagnie qui s'est livré à ce trafic.

— Je n'en connais aucun, mon général. »

Cummings sortit à grands pas dans le bivouac. Sa rage impuissante lui coupait les genoux. Le nerf de ce Lanning. « Je n'en connais aucun, mon général. » Le front entier était fait de sous-officiers comme lui, et il y avait gros à parier que les trois quarts de leurs rapports étaient faux ; même les officiers en ligne maquillaient probablement leurs patrouilles. Et le pire était qu'il n'y pouvait rien. S'il faisait traduire Lanning en conseil de guerre la sentence serait révisée, et il deviendrait notoire dans tout le Pacifique du sud que l'on ne pouvait pas compter sur ses hommes. Même si Lanning lui disait quels étaient les autres sous-officiers, il ne pourrait pas prendre les mesures qui s'imposaient. Leurs remplaçants seraient probablement pires. Mais plutôt se faire damner que de renvoyer Lanning dans son unité sans l'avoir puni. Le faire périr comme un fruit sur la branche. On pourrait attendre que la campagne soit finie (si jamais elle finit) avant de le traduire en jugement, et entre temps on le soumettrait à toutes sortes d'interrogatoires, on lui ferait toutes sortes de promesses, jour après jour. Il marchait à grands pas, éperonné par sa colère qui se repaissait d'elle-même. Si Lanning résistait à ce traitement, il y avait d'autres moyens pour le briser. Et dût-il frotter le nez de ses hommes dans la boue, il allait leur apprendre que, pour eux, le moindre mal consistait à gagner la campagne. Ils aimaient leurs bivouacs, n'est-ce pas ? Eh bien, il y avait des méthodes pour y mettre bon ordre. Il pouvait y avoir dès le lendemain un mouvement général dans un sens ou dans un autre, des alignements de quelques centaines de mètres — avec de nouveaux trous à creuser, de nouvelles enceintes de fil barbelé à construire, de nouveaux assemblages de tentes. Et s'ils recommençaient à poser des chemins de caillebotis, à perfectionner leurs latrines, il y aurait d'autres mouvements à la clef. C'était ce génie américain pour l'amélioration des domaines immobiliers : bâtissez-vous des maisons, prenez-y de l'embonpoint, et mourez-y.

La discipline devait être resserrée à l'échelle de toute la division. Si d'aucuns tiraient au flanc en patrouille, alors d'autres simulaient des maladies à l'hôpital. Il se promit d'envoyer un mémo à l'hôpital de campagne pour y débusquer les cas douteux. Il y en avait absolument trop qui vivaient dans le coton, qui résistaient et dérogeaient à son autorité. Oh, ils eussent été plus heureux sous un autre général, un boucher qui aurait inutilement gaspillé leurs vies. Parfait, s'ils ne se ranimaient pas avant peu, ils ne tarderaient pas à avoir leur boucher. Ça n'est pas ce qui manquait, les manieurs de cognée militaires.

Il rentra chez lui, furibond. Quelque chose, dans sa tente, avait changé depuis que Clellan y avait fait le ménage. Il tourna sur lui-même, examinant la place avec la sensation d'une angoisse immodérée.

« Dieu ! » Le mot lui échappa, mi-grognement et mi-exclamation. Une lancinante douleur mêlée de crainte lui traversa la poitrine. Une allumette et un mégot traînaient au centre du plancher, réduits en pâte, en un vilain excrément fait de cendre noire, de papier souillé, et de tabac brunâtre.

Il y avait aussi un mot pour lui, sur son bureau, qu'il venait seulement de remarquer :

Mon Général,
Vous ai attendu en vain. J'ai ramené les provisions comme indiqué.
HEARN.

C'était donc Hearn qui avait sali son plancher. Naturellement. En proie à un intense dégoût, il ramassa l'allumette et le mégot, les jeta dans la corbeille à papiers, puis éparpilla du pied une trace de cendre restée sur le plancher. Malgré lui, encore qu'il exécrât l'odeur de la cigarette éteinte, il se mit à renifler ses doigts.

Quelque chose avait réagi dans la profondeur de ses entrailles, et un spasme de diarrhée le couvrit de sueur. Il décrocha l'écouteur de son téléphone de campagne, fit un tour de manivelle. « Trouvez Hearn et envoyez-le moi », murmura-t-il. Puis, comme on se masse un muscle engourdi, il se frotta avec vigueur le côté gauche du visage.

Faire *cela*. Sa rage commençait seulement de fonctionner ; une furieuse, une incontrôlable colère durcit sa bouche, accéléra les battements de son cœur, et lui picota le bout des doigts. Presque insupportable. Il ouvrit son frigidaire et se versa un verre d'eau qu'il vida par de courtes et fiévreuses gorgées. Il y eut, le temps d'une seconde, loin derrière le courant de sa rage, un bizarre mélange d'écœurement et de peur peut-être, et quelque chose d'autre encore, une curieuse et trouble excitation, une sorte de soumission momentanée — comme s'il eût été une jeune fille qui se dévêt à la vue d'une foule d'étrangers. Mais sa rage reprit le dessus, s'épandant par tout son être, coagulant les conduits de ses émotions, le laissant en proie à une intolérable fureur. Si dans ce moment, il avait tenu un animal entre ses mains, il l'eût étranglé.

Et une peur d'un autre genre, évidente, manifeste, se greffait là-dessus : ce que Hearn avait fait équivalait à un attentat sur sa personne. Cummings y voyait le symbole de l'indépendance de ses troupes, de leur résistance à sa volonté. La crainte, le respect qu'il inspirait à ses soldats, n'étaient plus qu'une admission purement formelle du pouvoir qu'il avait de les punir — et cela ne suffisait pas. L'autre espèce de crainte, la crainte irraisonnée où se concrétisait l'immensité de son pouvoir, y faisait défaut ; et le fait de contrarier son pouvoir constituait effectivement une forme de sacrilège. Le mégot sur le plancher prenait l'aspect d'une menace, d'un déni dirigés contre sa personne, tout comme la défection de Lanning ou une attaque japonaise sur ses lignes et il devait y faire face directement et impitoyablement. Plus longtemps on tolérait cette résistance, et plus tenace elle devenait. Elle devait être annihilée.

« Vous voulez me voir, mon général ? » C'était Hearn qui pénétrait sous la tente.

Cummings se tourna lentement et le regarda. « Oui, asseyez-vous, j'ai à vous parler. » Sa voix était égale et froide. Hearn présent, sa colère devint incisive, contrôlable, un instrument d'action. Il alluma une cigarette, posément, la main ferme, exhala sans hâte. « Il y a longtemps que nous n'avons pas eu une petite conversation, Robert.

— Oui mon général, il y a longtemps. »

Depuis la nuit des échecs. Et tous deux ils en étaient conscients. Cummings surveillait Hearn avec répugnance. Hearn était l'incarnation de la seule erreur, de la seule *indulgence* qu'il se fût jamais permise, et depuis lors sa présence lui était devenue intolérable « Ma femme est une garce, Robert. » Il se crispa à ce souvenir, révolté à l'idée de cette faiblesse passagère.

Maintenant Hearn était devant lui, étalé sur la chaise de camp, son grand corps moins détendu qu'il ne semblait, ses lèvres serrées, son regard froid à la recherche du sien. Il y eut un temps où il avait cru voir quelque chose en Hearn, une intelligence assortie à la sienne, une aptitude pour l'exercice du pouvoir, cet appétit particulier qui donnait un sens à la vie ; mais il s'était trompé. Hearn était le vide ; un vide habillé de réactions et d'irritations superficielles. Pas de doute qu'il ait écrasé la cigarette sous la poussée d'une impulsion.

« Je vais vous faire un sermon, Robert. » Jusqu'à cet instant

Cummings n'avait pas eu la moindre idée de la manière dont il allait procéder. Il s'était fié à son instinct. Et c'était bien là la façon de s'y prendre : encadrer la chose de sauce intellectuelle, faire que Hearn s'y englue et ne s'aperçoive pas que l'épilogue approche.

Hearn alluma une cigarette. « Oui, mon général ? » Il tenait l'allumette à la main, et tous deux la regardaient. Il y eut une pause, tout à fait perceptible, avant que Hearn, ayant tâté l'allumette entre ses doigts, l'eût déposée dans un cendrier.

« Vous êtes remarquablement soigneux », dit Cummings aigrement.

Hearn leva les yeux, chercha ceux du général, pesa prudemment sa réponse. « Éducation de famille, fit-il brièvement.

— Voyez-vous, il me semble qu'il y a certaines choses, Robert, que vous auriez pu apprendre chez votre père.

— Je ne savais pas que vous le connaissiez, dit Hearn paisiblement.

— Je connais le type. » Il se raidit : maintenant l'autre question, pendant que Hearn n'y était pas préparé. « Vous êtes-vous jamais demandé, Robert, pourquoi nous sommes en guerre ?

— Est-ce que vous voulez une réponse sérieuse, mon général ?

— Oui. »

Hearn se pétrit la cuisse avec ses larges mains. « Je ne sais pas, je n'en suis pas sûr. Je suppose que, malgré toutes les contradictions, le droit — objectivement parlant — se trouve de notre côté. C'est-à-dire en Europe. Ici, en ce qui me concerne, c'est le coup de dés impérialiste. Ou bien c'est nous qui dépouillons l'Asie, ou c'est le Japon. Et je m'imagine que nos méthodes seraient un peu moins drastiques que les leurs.

— Est-ce là votre contribution ?

— Je ne prétends pas lire l'Histoire à l'avance. Je serai prêt à vous donner la vraie réponse dans un petit siècle. Il haussa les épaules. Je m'étonne que vous cherchiez à connaître mon opinion, mon général. » Ses yeux redevinrent paresseux, d'une indifférence étudiée. Hearn avait de la tenue, c'était indéniable.

« Il me semble, Robert, que vous pouvez mieux que ça.

— Soit, je peux. Il y a une osmose dans la guerre, appelez ça comme vous voulez, qui fait que les vainqueurs revêtent toujours le... le, eh, le harnachement du vaincu. Il se pourrait fort bien que nous devenions fascistes après la victoire, et alors la réponse devient vraiment tout un problème. Il tira sur sa cigarette. Je ne m'engage pas dans des spéculations de longue haleine. Faute d'idées plus nettes, je suppose seulement que c'est une mauvaise affaire que de faire occire des millions d'êtres parce qu'un farceur quelconque prétend faire aboutir son petit système.

— Non pas que vous vous en souciiez *réellement*, Robert.

— Probablement pas. Mais tant que vous ne m'avez pas fourni une idée qui remplace celle-ci, je m'y cramponnerai. »

Cummings lui décocha un sourire. Sa colère s'était transformée en une froide et efficace résolution. Hearn tâtonnait au hasard, cela se voyait. Chaque fois qu'il lui arrivait de chercher ses idées il était visiblement mal à son aise, visiblement préoccupé d'éviter la moindre conclusion.

Hearn parut absorbé pendant un instant. « Nous nous dirigeons vers une centralisation toujours plus accrue, et je ne vois pas comment, en Amérique, la gauche peut gagner cette bataille. Il m'arrive parfois de penser que c'est Gandhi qui est dans le vrai. »

Cummings rit à haute voix. « Vous auriez eu du mal à choisir un personnage moins réaliste. Résistance passive, voyez-vous. Vous seriez parfait dans ce rôle. Vous et Clellan et Gandhi. »

Hearn se redressa un peu sur sa chaise. Redevenu agressif dans un ciel d'où les nuages avaient disparu, le soleil étincelait cruellement au-dessus du bivouac, faisant ressortir les ombres sous les rabats de la tente. A une centaine de mètres de là, sur une pente recouverte d'une maigre verdure, Cummings pouvait apercevoir une file de deux cent cinquante hommes qui pataugeaient dans l'attente du rata.

« Il me semble, dit Hearn, que Clellan est plutôt votre genre. Et pendant que nous y sommes, vous pourriez lui dire que les fleurs c'est votre idée. »

Cummings rit de nouveau. Ainsi, donc, cela a marché. Il écarquilla les yeux, conscient de l'effet que produisait son regard nu et blanc, puis il se frappa le genou avec une hilarité factice. « Est-ce que vous recevez tout le whisky qu'il vous faut, Robert ? » Mais oui, c'est à cause de cela que Hearn avait écrasé la cigarette sur le plancher.

Hearn ne répondit pas, mais il y eut un tremblement perceptible dans ses mâchoires.

Cummings se carra sur sa chaise, jouissant de la situation. « Nous nous égarons un peu. J'allais vous expliquer la guerre.

— C'est ça, si vous me l'expliquiez. » Tranchante, un rien désagréable, sa voix dénotait une trace d'irritation.

« J'aime à l'appeler processus d'énergie historique. Certains pays possèdent une puissance latente, des ressources latentes : ils regorgent d'énergie potentielle pour ainsi dire. Et cela, certains grands concepts peuvent le débloquer, l'exprimer. L'énergie cinétique d'un pays est son organisation, la coordination de ses efforts, votre épithète — le fascisme. Il déplaça légèrement sa chaise. Historiquement, le but de cette guerre est de traduire l'énergie potentielle de l'Amérique en énergie cinétique. Le concept fasciste, bien plus solide que le concept communiste quand on y regarde de près parce qu'il est fermement ancré dans la nature réelle de l'homme, s'est tout bonnement manifesté dans un pays qui n'y était pas prêt, un pays qui ne possède pas assez de puissance potentielle intrinsèque pour lui donner tout son essor. Avec les frustrations fondamentales dues aux moyens physiques limités, les excès étaient inévitables en Allemagne. Mais le rêve, le concept, était parfaitement sain. Il se tamponna la bouche. Comme vous ne l'avez pas si mal dit, Robert, il y a là un processus d'osmose. L'Amérique absorbera ce rêve, elle est en train de l'absorber. Quand on a créé de la puissance, du matériel, des armées, cela ne dépérit pas de soi-même. Notre vacuité, en tant que nation, s'emplit de puissance libérée, et je puis vous affirmer que nous avons quitté les arrière-eaux de l'Histoire.

— Nous devenons destinée, pas ? dit Hearn.

— Précisément. Les courants, une fois libérés, n'iront pas en se résorbant. S'en écarter, équivaut à tourner le dos à la vie. Croyez-moi, j'ai étudié mon problème. Tout au cours du siècle dernier l'ensemble du processus historique tendait vers une consolidation toujours plus grande du pouvoir. Pouvoir physique pour ce siècle-ci, une extension de notre univers, et un pouvoir politique, une organisation politique pour y faire face. En Amérique les hommes au pouvoir, je puis vous le dire, deviennent, pour la première fois dans notre histoire, conscients de leurs buts véritables. Voyez. Après la guerre notre politique extérieure deviendra bien moins travestie, bien moins hypocrite qu'elle n'a jamais été. Nous n'allons plus nous couvrir les yeux de la main gauche, tout en armant notre droite de la griffe impérialiste. »

Hearn haussa les épaules. « Vous croyez que les choses se feront si aisément que cela ? Sans opposition ?

— Avec bien moins d'opposition que vous ne pensez. Le seul axiome que vous me semblez avoir acquis au collège, c'est que chacun est malade et corrompu. Et cela est raisonnablement vrai. Seuls les innocents sont sains, et l'homme innocent est d'une race qui s'éteint. Laissez-moi vous dire que, dans sa presque totalité, l'humanité est morte, n'attendant qu'à être exhumée.

— Et les rares privilégiés ?

— Quelle est, d'après vous, l'aspiration la plus profonde de l'homme ? »

Hearn sourit, son regard tâtant celui de Cummings. « Une bonne paire de fesses, probablement. »

La réponse écorcha la peau de Cummings, levant des fourmillements dans sa chair. Absorbé dans la discussion, exclusivement préoccupé de développer sa thèse, il avait momentanément oublié Hearn, et l'obscénité de celui-ci déclencha en lui de petits remous d'angoisse, ravivant sa colère.

Mais, pour le présent, il ignora Hearn. « J'en doute. »

Une fois de plus Hearn haussa les épaules. Son silence fut désagréablement éloquent.

Il y avait quelque chose d'inapprochable dans Hearn, d'insaisissable, qui avait toujours piqué Cummings, qui l'avait toujours irrité subtilement. La fosse vide, où l'homme aurait dû se trouver. Pouvoir éveiller une trace d'émotion dans Hearn — il le désirait en ce moment avec une tension qui lui bloquait les mâchoires. Des femmes eussent souhaité d'exciter son amour, mais quant à lui Cummings

— voir Hearn effrayé, le voir pris de honte ne fût-ce que pour un instant.

Il continua de parler, la voix calme et neutre. « L'homme moyen se voit toujours par rapport à d'autres hommes en termes d'infériorité ou de supériorité. Les femmes n'y jouent aucun rôle. Elles ne sont qu'un index, une jauge parmi d'autres jauges pour servir de mesure à la supériorité.

— Vous avez trouvé ça tout seul, mon général ? C'est une analyse impressionnante. »

Le sarcasme d'Hearn l'agaça de nouveau. « Je suis persuadé Robert, que vous en connaissez l'ABC ; mais vous n'avez pas, en approfondir le sens. Votre savoir s'arrête là, sur quoi vous revenez à votre point de départ puis recommencez à nouveau. La vérité qui en découle est que l'homme a eu, depuis ses tout premiers pas, une seule grande vision brouillée d'abord par les exigences et les cruautés de sa lutte contre les forces de la nature et plus tard, quand il a commencé de conquérir la nature, par les luttes économiques. Aussi cette vision s'est enlisée, elle s'est déviée de sa course, mais nous entrons dans une époque où nos techniques nous mettront en état de la réaliser. Il exhala lentement la fumée de sa cigarette. L'erreur commune a été de considérer l'homme comme quelque chose entre la brute et l'ange. Au fait l'homme oscille entre la brute et Dieu.

— L'aspiration la plus profonde de l'homme est l'omnipotence.

— Oui. Ça n'est pas la religion il va sans dire, ça n'est pas l'amour, ça n'est pas la spiritualité. Autant de mouillettes dont nous nous gorgeons quand les limitations de notre existence nous détournent de notre grand rêve : celui d'égaler Dieu. Quand nous arrivons en ruant au monde, nous *sommes* Dieu : l'univers est la limite de nos sens. Et quand nous prenons de l'âge, quand nous découvrons que nous ne sommes pas l'univers, nous traversons le plus grand traumatisme de notre existence. »

Hearn se toucha à l'endroit du col. « Je dirais que *votre* aspiration la plus profonde est l'omnipotence, voilà tout.

— Et aussi la vôtre, que vous l'admettiez ou non. »

L'ironie adoucit un peu la voix tranchante d'Hearn. « Quels sont les préceptes moraux que je suis censé tirer de tout cela ? »

La tension de Cummings subit un changement. Il avait éprouvé une profonde satisfaction en exposant ses idées, un plaisir indépendant des autres préoccupations ayant motivé ce débat avec Hearn. « Je me suis efforcé de vous faire comprendre, Robert, que la seule morale de l'avenir est une morale du pouvoir, et que celui qui ne sait pas s'y ajuster est un homme perdu. Il y a une chose à propos du pouvoir : il ne peut s'exercer que de haut en bas. Si des velléités de résistance se manifestent aux paliers intermédiaires, il suffit, pour la réduire en cendres, d'augmenter la pression vers le bas. »

Hearn regarda ses mains. « Nous ne sommes pas encore dans l'avenir.

— Vous pouvez considérer l'armée comme une avant-première de l'avenir, Robert. »

Hearn consulta sa montre. « Il est temps d'aller au rata. » Dehors la terre était presque blanche sous l'éclat surchauffé du soleil.

« Vous irez au rata quand je vous aurai congédié.

— Oui, mon général. » Il racla le plancher avec la semelle de sa chaussure, lentement, le regard paisible et un peu dubitatif.

« C'est vous qui avez jeté un mégot sur mon plancher, n'est-ce pas ? »

Hearn sourit. « Je me suis bien imaginé que ceci allait être le terme de tout ce discours.

— Vous avez trouvé votre geste bien simple, n'est-ce pas ? Vous n'aimiez pas certaines de mes attitudes, et vous vous êtes laissé aller à un accès enfantin de mauvaise humeur ? Mais c'est un genre de choses qu'il me déplaît de tolérer. Tout en parlant, il agita légèrement sa main qui tenait une cigarette à moitié consumée. Si je jetais ceci par terre, le ramasseriez-vous ?

— Je pense que je vous dirais d'aller au diable.

— Je me le demande. Je vous ai manifesté de l'indulgence depuis trop longtemps. Vous ne pouvez vraiment pas croire que je suis sérieux, n'est-ce pas ? Supposons que vous compreniez que si vous ne ramassez pas ce mégot je vous fais traduire en conseil de guerre, avec la perspective de vous faire passer cinq années derrière les barreaux.

— Je me demande si vous en avez le pouvoir.

— Je l'ai. Cela me causerait pas mal de difficultés, votre conseil de guerre serait revisé, il se pourrait que cela fasse *un tout petit peu* de grabuge après la guerre, cela pourrait même me nuire personnellement, mais ma décision serait approuvée. Il faudra bien qu'elle le soit. Même si vous gagniez en fin de compte, vous auriez fait entre temps un ou deux ans de prison au moins.

— Ne pensez-vous pas que c'est un peu raide ?

— Très raide. Il le faut. Il y avait le vieux mythe de l'intercession divine. Vous avez blasphémé, et la foudre vous a frappé. C'est cela qui est raide. Si la punition devait être proportionnée à l'offense, c'est alors que le pouvoir s'abâtardirait. Seul un pouvoir immense et disproportionné est susceptible de créer un climat de terreur et d'obéissance adéquat. Ceci compris, comment pensez-vous que vous réagirez ? »

Hearn se pétrissait de nouveau la cuisse. « Cela me déplaît. C'est une proposition déloyale. Vous videz notre différend en...

— Vous vous rappelez ce discours que je vous ai fait à propos de l'homme armé d'un pistolet ?

— Oui.

— Il n'y a rien d'accidentel dans le fait que je détienne ce pouvoir ; non plus que dans le fait que vous vous trouviez dans la situation où vous voici. Si vous aviez été moins inconscient vous n'auriez pas jeté ce mégot. En vérité, vous ne l'auriez pas fait si j'étais un de ces généraux du type conventionnel, tonitruants et bravaches. Vous ne croyez pas du tout que je sois sérieux, voilà tout.

— Peut-être bien que je ne le crois pas. »

Cummings jeta la cigarette aux pieds d'Hearn. « Parfait, Robert, dit-il paisiblement. Supposons que vous ramassiez ce mégot. »

Il y eut une longue pause. Le cœur de Cummings ahanait douloureusement. « J'espère, Robert, que vous ramasserez ce mégot. Pour votre bien. » Une fois de plus son regard devint fixe.

Et, lentement, Hearn se rendait compte que Cummings ne plaisantait pas : cela se voyait à son expression, cela devenait apparent dans le jeu des émotions, subtiles et contradictoires, qui se succédaient à l'abri de son masque. « Si vous voulez vous amuser », dit Hearn. Pour autant que Cummings put se rappeler, c'était la première fois que sa voix lui parut mal assurée. Après un court instant Hearn se baissa, prit le mégot, et le déposa dans le cendrier. Cummings se fit violence pour soutenir son regard haineux. Il se sentait immensément soulagé.

« Si vous voulez, vous pouvez disposer.

— Mon général, j'aimerais être transféré dans une autre division. » Il alluma une autre cigarette, d'une main qui manquait d'assurance.

« Imaginez que je ne veuille pas y consentir ? Il était calme presque serein. Il s'appuya au dossier de sa chaise, son pied tapotant doucement le plancher. Franchement, je ne tiens pas spécialement à vous garder plus longtemps comme mon aide. Vous n'êtes pas encore prêt à apprécier cette leçon. Je pense que je vais vous envoyer dans les mines de sel. Supposons que vous vous présentiez après déjeuner à la section de Dalleson, et que vous travailliez un temps sous ses ordres.

— Oui, mon général. Son visage redevint neutre. Il se dirigea vers la sortie de la tente, puis s'immobilisa. Mon général ?

— Oui ? » Maintenant que c'était fini, il souhaitait que Hearn s'en allât. Sa victoire commençait de perdre de son tranchant : de petits regrets, de délicates petites réserves, lui soulevaient le cœur.

« A moins d'appeler un à un les six mille hommes de la division et de leur faire ramasser vos mégots, comment ferez-vous pour les impressionner ? »

C'était ça qui lui ternissait son plaisir — il s'en rendait compte maintenant. Oui, il y avait cet autre problème, d'une bien plus grande envergure. « J'en viendrai à bout, lieutenant. Je pense que vous ferez mieux de vous occuper de vos propres affaires. »

Hearn parti, Cummings regarda ses mains. « Si des velléités de résistance se manifestent aux paliers intermédiaires, il suffit d'augmenter la pression vers le bas. » La recette est restée sans effet sur la masse des troupes. Il a pu broyer Hearn, il pouvait avoir raison de tout homme pris individuellement, mais autre chose était de briser une résistance collective. Il exhala son souffle, se sentant un peu las. Il devait y avoir un moyen, et il saurait le trouver. Il y eut un temps où Hearn lui aussi lui avait résisté.

Et, réprimée jusqu'à présent, sa joie du succès le stimula, allégeant dans une certaine mesure les meurtrissures et les frustrations des dernières semaines.

Hearn regagna sa tente sans avoir déjeuné. Pendant presque une heure il resta sur sa couchette, le visage enfoui dans les couvertures, brûlant de honte et de dégoût et de rage impuissante. Une atroce humiliation le malmenait et le persiflait. Qu'il allait au-devant des ennuis, cela il l'avait su à partir du moment où le général l'avait fait appeler — mais il l'avait affronté avec la certitude de ne plier point.

Et, cependant, il avait eu peur de Cummings ; peur, en vérité, dès l'instant où il avait abordé sa tente. Tout son être s'était braqué à l'idée de ramasser le mégot — et il avait obéi, obéi dans un état d'engourdissement d'où sa volonté avait disparu.

« La seule chose qui compte c'est avoir du style. » Il l'avait dit une fois, il avait vécu selon cette règle à défaut d'une autre, elle lui avait servi de guide — presque satisfaisant à ce jour. L'essentiel était de ne permettre jamais, à personne, dans aucune situation fondamentale, de violer votre intégrité. Et voilà que cette situation-ci était fondamentale. Il avait l'impression qu'un kyste immense, sanieux, purulent, s'était débridé au-dedans de lui, infectant son sang, circulant par tous les conduits de son corps avec une soudaine et violente impétuosité. Il était mort s'il ne réagissait pas. Pour la première fois de sa vie il douta de ses moyens. Cela était impossible, il fallait faire quelque chose — et il n'avait pas la moindre idée quant à la manière de s'y prendre. L'atmosphère était intolérable sous la tente surchauffée et sans air, mais il se tenait immobile, son large menton fiché dans la literie de sa couchette, ses yeux clos, comme s'il contemplait la somme de ses expériences, la somme des choses apprises et désapprises au cours de sa vie, et qui, libérées enfin, se déchaînaient dans sa chair avec la meurtrière véhémence de tout ce qui a été trop longtemps refoulé.

Je n'aurais jamais cru que je ramperais devant lui, pensa-t-il. C'était là le choc, c'était là la chose si terrible à admettre.

*
* *

LA MACHINE A FAIRE LE TEMPS :
ROBERT HEARN. LA MATRICE INFÉCONDE

Un homme de grande taille avec une toison de cheveux noirs, une petite voix tranchante, et une face lourde et immobile. Au-dessus d'un nez court, plat, légèrement crochu, le regard de ses yeux marron était froid et imperturbable. Large, fine, sans expression, sa bouche dominant en saillie la masse solide de son menton. Il n'aimait que bien peu de gens, et la plupart de ceux qui avaient affaire à lui s'en rendaient compte avec gêne au bout de quelques minutes.

Au centre, fouaillant vos sens, se trouve la Cité.

La terre et les routes y mènent, depuis des milliers de milles. Les montagnes se sont résorbées en collines, les collines en plaines, les plaines se déroulent et se regroupent en de larges et majestueuses circonvolutions. Personne n'a jamais réellement compris le vaste tableau d'Amérique, et les pointes d'épingle, les additions au tableau — la grande cité et les pistes de fer qui y mènent.

Le ligament.

(Et toute la frénésie des machinations, la fumée de cigare, la fumée de coke, le vomitoire phénique du métro aérien, la passion paniquarde de la bougeotte pareille à celle d'une fourmilière brusquement mise en branle, la vaste, hâtive, grappilleuse combine des milliers de gens dont la réalité se limite à une rue, à un café, et où le présent seul a un sens. L'Histoire, on s'en souvient avec un haussement d'épaules : ses superlatifs ne correspondent pas aux nôtres.

L'immense Moi du peuple citadin.

Comment concevez-vous votre propre mort, votre propre insignifiance au milieu de cette immensité créée par la main de l'homme, de ces voûtes de marbre et d'arêtes de brique et de hauts fourneaux qui conduisent sur la place du marché ? Vous pensez toujours que le monde finira avec votre mort. Il continue, plus intense, plus violent, plus sillonné que jamais.)

Et dans l'humus, au pied du champignon, poussent les banlieues.

Depuis que nous avons ajouté cette dernière aile nous avons vingt-deux pièces, Dieu sait ce que nous allons en faire, crie Will Hearn. Mais Ina essayez donc de lui dire quelque chose, elle s'imagine qu'on en a besoin, et on l'a.

Voyons, Will, fait Ina. (Une jolie femme qui paraît plus jeune et plus svelte que la mère d'un garçon de douze ans. Pas de beauté, toutefois. Elle a la bouche fine et aseptique, les dents légèrement saillantes, le manque de charme des femmes du Middlewest.)

Eh bien je suis franc comme un vieux soulier, dit Will Hearn. J'ai pas de vanité moi, et j'ai pas plus honte que ça de dire que je sors d'une vieille ferme délabrée. Comme je vois les choses on a besoin d'un salon, d'une paire de chambres à coucher, d'une cuisine, peut-être d'une pièce au rez-de-chaussée où chahuter, et avec ça on est paré, d'accord avec moi, madame Judd ?

(Mme Judd est plus grassouillette, plus douillette, avec des airs plus absents.) C'est ce que je pense, monsieur Hearn. Monsieur Judd et moi nous sommes fort contents de notre appartement à Alden Park Manor, c'est si facile à entretenir.

Joli endroit, Germantown. Il faut que nous visitions les Judd là-bas, Ina.

Quand vous voudrez, je vous montrerai les environs, dit Mme Judd. Il y fait un silence, les gens mangent sans faire de bruit, on n'entend pas leur vaisselle. Une vue ravissante là-bas, commente-t-elle.

C'est la seule place où aller pour fuir la chaleur de Chicago, dit Ina. Nous sommes si arriérés par rapport à New York, pensez donc ils n'ont même pas de jardins suspendus sur les toits de leurs hôtels ici. Il fait si chaud pour un mois de mai. Je n'ai pas la patience d'attendre que nous partions pour Charlevoix. Prononcé : Choliveoil.

Michigan, voilà un État avec de la verdure, dit Will Hearn. Il y a un silence et Mme Judd se tourne vers Robert Hearn et dit — tu es un si grand garçon pour tes douze ans, je pensais que tu étais plus âgé.

Non, maame, seulement douze. Il baisse la tête avec gêne alors que le maître d'hôtel lui présente le canard rôti.

Ne faites pas attention à Bobby, il est pour ainsi dire timide, tonne Will Hearn, il est certainement pas le fils de son père. Il repousse ses rares cheveux noirs sur la région chauve de sa tête. Son petit bouton de nez rouge occupe le centre de ses bajoues rondes qui transpirent.

Quand nous avons été à Hollywood, dit Mme Hearn, nous avons fait le tour des studios Paramount avec un assistant de metteur en scène juif, mais il était plutôt gentil. Il nous racontait des tas de choses au sujet des stars.

Est-ce que c'est vrai que Mona Vaginus est une cocotte ? demande Mme Judd.

(Regardant du côté de Bobby, et chuchotant.) Oh, une terrible cocotte, et les choses qu'on dit qu'elle fait. Mais de toute façon elle n'a plus d'avenir, maintenant qu'on ne fait plus que ces films parlants.

C'est pas le moment de parler affaires, madame Judd de Budd (Hearn rit), je parie que vous entendez ça tout le temps, Judd de Budd, mais la vérité est que vous êtes dans les affaires pour faire des affaires, et si c'est pas curieux, moi aussi j'y suis pour la même raison, alors c'est le cas ou jamais de nous entendre sur le prix, mais il y a que cette machine Thompson est sur le point de sortir et si les réformateurs s'en mêlent il y aura du grabuge à moins de mettre du parfum dans les chasses d'eau à l'usine et des trucs comme ça pour tous ces espèces de Polacs qui savent pas la différence entre un chiffon et un vêtement de dessous, alors faut que j'y regarde à deux fois avant de prendre des engagements financiers. Je prévois un krach parce qu'on est en pleine surproduction, et vos prix chez Budd ne me rendent pas les choses faciles.

Madame Judd et moi comptons aller à Paris. On leur sert les petits fours et des glaces qui fondent.

Dites, vous voulez que je vous emmène demain voir ces courses à Indianapolis ? demande Will Hearn.

Pauvre Robert, il tombe de sommeil, dit Ina tout en le poussant du coude.

Dieu ce qu'il fait chaud, dit Mme Judd.

Ina se soulève et rallume la lampe de chevet. Will, comment as-tu pu demander aux Judd où se trouve Mount Holyoke ? Si tu ignores quelque chose, ne pose pas tant de questions.

Et alors, et qu'est-ce que ça fait que leur fille y aille ? Ces maudits Judd ne me font pas peur et je vais te dire quelque chose, Ina, ces gens du monde ne m'impressionnent pas parce que la vérité vraie c'est qu'il n'y a que l'argent qui compte, et nous avons pas de fille pour nous donner la migraine, et pour ce qui est de Robert, avec tous ces livres qu'il lit je le vois pas qui se mêlera beaucoup à la société de toute façon, surtout que toi t'es jamais autour de cette maudite maison et le gosse il a une cuisinière nègre pour mère.

Will, je voudrais que tu ne me parles pas sur ce ton.

Eh bien, Ina, on ne rééduque pas un ours. Moi j'ai mes affaires et toi t'as tes invitations dans le monde, et chacun de nous devrait être heureux. Seulement il me semble que tu pourrais donner un peu de ton temps à Robert, cet enfant il grandit, et il est bien portant, mais il est comme un poisson froid, sans vie.

Il va camper cet été, et à l'automne nous le faisons entrer à Country Day.

La vérité c'est qu'on devrait avoir un autre gosse, ou même une ribambelle de gosses.

Ne revenons pas là-dessus, Will. Elle se réinstalle sous les couvertures.

Non, pas de toi de toute façon, je te le jure, Ina.

Will !

Maintenant, mes petits, dit le surveillant, si vous êtes de bons garçons vous ferez équipe, et si vous êtes carrés et honnêtes vous ferez votre part de besogne. Qui est celui qui n'a pas fait son lit ce matin ?

Pas de réponse. C'est toi, Hearn, n'est-ce pas ?

Oui.

Le surveillant soupire. Garçons, je vais infliger un blâme à cette tente à cause de Robert.

Eh bien, je ne vois pas pourquoi on doit faire son lit quand il faut le défaire le soir. Les garçonnets ricanent.

Qu'est-ce qu'il y a avec toi, Hearn, est-ce que tu es malpropre, comment as-tu été élevé si tu ne fais pas ton lit ? Et pourquoi n'es-tu pas sorti du rang comme un homme, en disant que c'est toi le coupable ?

Ah, laissez-moi tranquille.

Un autre blâme, dit le surveillant. Garçons, c'est à vous de voir que Robert se conduise bien.

Mais, ce même après-midi, au cours du match de boxe, ses deux blâmes lui sont pardonnés. Ses bras fatigués par le poids des gants, agitant désespérément ses poings, il se traîne avec maladresse autour de son adversaire.

Son père est venu le voir ce jour-là. Flanque-lui une beigne, flanque-la lui, Robert, à la tête, dans l'estomac, vas-y.

L'autre gosse lui fiche un coup au visage, et lui s'arrête pour un moment, laisse tomber ses bras, puis il tamponne son nez outragé. Un autre horion déclenche des cloches dans ses oreilles. *N'abandonne pas, Bobby*, crie son père. Un punch manqué voyage autour de sa tête, l'avant-bras de l'autre lui érafle la figure. Il est sur le point de pleurer.

Dans le ventre, Robert.

Il fait des moulinets avec ses bras, fiévreusement. L'autre gosse cueille un coup, s'assied surpris, puis se relève lentement. Robert continue à faire des moulinets, le frappe, et le gosse va à terre de nouveau et l'arbitre arrête le combat. Bobby Hearn vainqueur par knock-out technique, crie-t-il tout en décernant quatre points à l'équipe Bleue. Les gosses lancent des bravos, et Will Hearn donne une étreinte d'ours à son fils quand celui-ci escalade les cordes du ring construit sur l'herbe. Oh, tu l'as eu, Bobby, je t'avais dit de la lui flanquer dans le ventre, c'était ça la façon d'y aller, petit, crédieu, il faut que je te l'apprenne, t'as pas peur d'entrer dans la danse.

Il se glisse hors de l'étreinte paternelle. Laisse-moi tranquille, papa, laisse-moi, et il se met à courir sur l'herbe, vers sa tente, s'efforçant de ne pas pleurer.

Il y a les étés à Charlevoix, la maison en expansion dans les faubourgs de Chicago, le monde des longues et vertes pelouses, des plages paisibles, et des terrains de croquet et des courts de tennis ; il y a tous les intimes et nombreux détails de la richesse, les choses qu'il prend comme allant de soi — et qu'il comprendra et isolera plus tard. Il y a aussi six ans à Fieldmont Country Day, d'autres garçons et d'autres blâmes, le sermon occasionnel, l'éthique empruntée aux écoles préparatoires les plus exclusives de l'Est.

Tu ne mentiras pas — Tu ne tricheras pas
Tu ne blasphémeras pas — Tu ne baiseras pas
Et tu iras à l'église.

Toujours, naturellement, avec la voix sonore, avec la paume charnue de Will Hearn à l'arrière-plan, combinées — presque incroyablement — avec des leçons de danse du samedi matin et les persistantes, les avides aspirations d'Ina Hearn. Bobby, pourquoi n'emmènes-tu pas Elizabeth Perkins à ton Junior Dance ?

Au plus profond du sein qui me protège,
Vert comme l'herbe entre les maisons...
Mais cette idée viendra plus tard.

Dans la semaine qui suit sa sortie de Fieldmont Country Day il s'en va en ribote avec quelques-uns de ses camarades de promotion. Une cabane dans les bois, elle appartient au père de l'un d'eux, une cabane de deux étages avec un bar privé.

C'est la nuit, ils sont assis en rond dans l'une des chambres à coucher du second, se passant la bouteille après y avoir bu précautionneusement.

Si mon vieux savait.

Au diable avec ton vieux. Tous sont choqués, mais c'est Carsons qui a parlé, et son père s'est suicidé en 1930. On peut pardonner à Carsons.

Adieu Fieldmont, bon vieux FCD, c'est qu'on y a passé du temps.

C'est vrai.

Le principal n'était pas un méchant homme mais je n'ai jamais pu le comprendre, et tu te rappelles la jolie femme qu'il avait.

A la santé de sa femme. J'ai entendu dire qu'elle l'a quitté l'année dernière pendant tout un mois.

Oh, non. La bouteille fait son deuxième, puis son troisième tour.

A tout prendre nous avons eu du bon temps là-bas, seulement je suis content d'en être débarrassé, j'aimerais bien pouvoir aller avec vous à Yale.

Dans un coin, le capitaine de l'équipe de football de la saison précédente casse les oreilles à Hearn. Je voudrais bien pouvoir être de retour à l'automne prochain, quelle équipe on va avoir avec ces cadets, souviens-toi de mes paroles, dans quatre ans Haskell sera désigné par les reporters sportifs de toute l'Amérique comme le meilleur joueur scolaire de sa catégorie, et puisqu'on en parle, Bob, je voudrais te donner un petit conseil vu que je te suis depuis longtemps déjà, tu ne te donnes pas assez de mal tu n'y mets pas le coup, tu aurais pu être le premier de l'équipe parce que tu es grand et naturellement doué mais tu ne veux pas, et c'est une honte parce que tu devrais y aller à fond.

Va te fourrer la tête dans un seau d'eau glacée.

Hearn est saoul, hurle le capitaine.

Regardez ce vieux Hearn qui recommence à broyer du noir. Je parie qu'il a eu une prise de bec avec Adélaïde.

C'est une fine mouche mais c'est fou ce qu'elle court, je parie qu'avant de partir pour Princeton, Lantry se faisait de la bile à cause d'elle.

Eh, les frères, ne vous en faites pas, voilà ma théorie. J'ai une sœur, elle ne court pas, mais si elle courait cela me serait bien égal.

Tu dis ça parce qu'elle ne court pas, je veux dire que si elle courait, oh, cette boisson me monte à la tête. Qui est saoul ?

Yippeeee ! C'est Hearn, debout au milieu de la chambre, tête renversée en arrière, haletant au goulot de la bouteille. Je suis un vaurien, alors vous tous je dis mettez cartes sur table.

Dis, il est bu.

Allez-y, défiez-moi de sauter par la fenêtre, voyez si j'ai le trac. Suant, rouge d'un accès soudain de colère, il les repousse, ouvre la fenêtre, fait entendre de petits rires. Je vais sauter.

Arrêtez-le.

Yippeeeeeee ! Et le voilà parti d'un bond dans la nuit. Il y a un bruit mat, un atterrissage brutal dans les broussailles, et horrifiés, tous se précipitent sur la fenêtre. Comment va, Hearn, ça va, dis, où es-tu, Hearn ?

Fieldmont, Fieldmont über alles, mugit Hearn, étalé dans le noir, riant, trop ivre pour s'être fait mal.

Quel drôle de pistolet ce Hearn, disent-ils. Tu te rappelles l'année dernière, quand il a pris une cuite ?

Le dernier été avant le collège est une succession de jours dorés ; les plages étincelantes, la magie des lumières électriques dans les soirs d'été, et l'orchestre de danse au club nautique, UN BILLET D'AVION POUR LES PAYS ROMANTIQUES, et le toucher et l'odeur des filles, odeur de rouge à lèvres, odeur de poudre de riz, et le fin frugal fumet des sièges de cuir dans les décapotables. Le ciel a toujours ses étoiles, il a toujours ses clairs de lune pour dorer les arbres noirs. Les phares projettent un tunnel d'argent à travers le feuillage qui se rejoint au-dessus de la route.

Et il a une bonne amie, une belle prise, la jeune beauté de cette colonie d'estivants, Mlle Sally Tendecker de Lake Shore Drive et ses inévitables allusions aux fêtes de Noël, aux manteaux de fourrure, aux parfums, aux bals de collège dans les salons aux noms ronflants des grands hôtels.

Bob, tu conduis plus vite que tous ceux que je connais, un de ces jours tu vas te tuer.

Euh. Sa parole est encore lente avec les femmes, et pour l'instant il est occupé à prendre un virage. Sa Buick fait un large tournant sur la gauche, résiste et lutte contre la force qui la déporte sur la droite, puis sort du virage et se redresse. Il y eut une seconde de panique suivie de soulagement, d'exaltation, car la voiture file droit devant sur la route.

J'affirme que tu es un sauvage, Bob Hearn.

Je ne sais pas.

Qu'est-ce qui se passe dans ta tête, Bob ?

Il gare la voiture sur le bas côté de la route, se tourne vers son amie avec un brusque débordement de paroles. Je ne sais pas, Sally, je pense parfois... mais ça n'est pas vrai, je me monte la tête et je mijote dans mon jus, et je ne veux rien faire, je vais à Harvard seulement parce que mon père a dit quelque chose à propos de Yale, et je ne sais pas, il y a des choses, puis d'autres encore, je n'arrive pas à y mettre le doigt, je ne veux pas qu'on me bouscule, je ne sais pas.

Elle rit. Oh, tu es toqué, Bob, voilà pourquoi nous autres filles nous sommes toutes folles de toi.

Tu m'aimes, toi ?

Non, mais écoutez-le parler. Voyons, bien sûr que je t'aime, Bobby. Assise à côté de lui sur le siège de cuir, son parfum un peu trop fort, un peu trop mûr pour une fille de dix-sept ans. Et il devine la vérité derrière le badinage, se rapproche pour l'embrasser, le cœur battant. Mais, déjà, comme sur un arrière-plan, il voit se dessiner les fêtes et les fins de semaines prises par des rendez-vous, et l'identification avec ce centre de villégiature, et les vertes pelouses dans les banlieues, et les conversations avec les amis de son père, et le grand mariage.

Tu sais, je ne peux pas faire des plans d'avenir si je dois faire ma médecine, parce que tu sais huit ans, dix ans, c'est long.

Bob Hearn, tu es un prétentieux. Tu crois que cela me fait quelque chose ? Tu es trop prétentieux, voilà tout.

Maintenant, fils, maintenant que tu t'en vas au collège il y a certaines choses dont je voudrais parler avec toi, nous n'avons pas souvent l'occasion de nous dire grand-chose, mais, que diable j'aime croire que nous sommes de bien bons copains, et maintenant que tu t'en vas au collège rappelle-toi seulement que tu peux toujours compter sur moi. Tu vas t'intéresser aux femmes, que diable, tu ne serais pas mon fils si t'avais pas des aventures, pas depuis que je suis marié bien sûr — un mensonge manifeste que tous deux font semblant d'ignorer — mais si tu te fourres dans le pétrin tu peux toujours compter sur moi, que diable, mon vieux avait l'habitude de me dire si t'as le moindre pépin avec l'une de ces filles de la fabrique fais-le moi savoir — l'embarrassante ambiguïté de ce grand-père qui a été tantôt fermier, tantôt propriétaire d'usine — alors c'est valable pour toi aussi, Bob, et rappelle-toi, il est toujours plus facile, toujours plus naturel de se débarrasser d'une femme en lui payant unc sommc d'argcnt quc dc s'cmbcrlificotcr dans dcs allianccs, alors simplement fais-moi savoir, une lettre marquée personnelle suffira.

D'accord.

Et quant à être docteur, eh bien ça va, nous avons des tas d'amis ici, on peut t'installer une belle pratique, t'acheter la clientèle de quelque vieux charlatan prêt à prendre retraite.

Je veux faire de la recherche.

Recherche. Écoute, Bobbo, pas un de ceux que tu connais, pas une de nos connaissances qui ne puisse acheter et vendre des chercheurs par charretées, ce n'est qu'une folle idée que tu t'es mise dans la tête, et tu vas changer d'avis, je peux te le dire dès à présent.

La façon dont je vois ça réellement, ta mère et moi, c'est que tu finiras dans les affaires où est ta vraie place de toute manière.

Non.

Ça va, je vais pas discuter avec toi, t'es un sale gosse et un sot, tu changeras d'idée.

Pendant ses premières semaines au collège il patouille, il erre avec ébahissement dans le préau. Chacun, ici, en sait tellement plus que lui — il leur oppose une résistance instinctive — douteux restants de l'humus au pied du champignon — chacun ici parle avec désinvolture de choses que lui avait pensées dans l'intimité de sa chambre, de sa tête.

Son compagnon de chambre, produit d'une autre ville du Middlewest, d'une autre école Country Day, l'embobine. Tu sais quand Ralph Chestley s'amène par ici, pas que c'est un chic type, tu devrais essayer de le rencontrer, Confrérie de Delphes, c'est plutôt formidable, mieux que tout ce que nous pouvons jamais espérer je peux te le dire, mais on a été désavantagé nous autres, si j'avais su alors ce que je sais maintenant j'aurais fait ma préparatoire à Exeter ou à Andover bien que ça ne soit pas si fameux que ça, c'est ce qu'on m'a dit, mais si nous fréquentons les vrais de vrais nous réussirons à nous faire admettre à la Confrérie des Speakers, ça n'est pas si dur, et à coup sûr au Hasty Pudding, mais le vrai truc c'est d'entrer au Final Club, quoique j'aie entendu dire qu'ils deviennent dernièrement plus démocratiques là-dedans.

Je n'ai pas pensé à tout ça.

Eh bien, tu devrais. Tu devrais t'y employer avec soin.

La première affirmation de sa volonté. Au diable avec tout ça.

Voyons, regarde, Hearn, on s'entend bien toi et moi, alors ne m'abîme pas l'affaire, je veux dire que c'est vite fait qu'un compagnon de chambre vous gâche les bonnes occases, alors ne fais rien d'excessif, tu sais ce que je veux dire.

Pendant sa première année Hearn a peu d'opportunités de faire quoi que ce soit d'excessif. Les choses ne vont pas tout à fait comme sur des roulettes. Il s'enlise, voit rarement son compagnon de chambre, passe presque tous ses après-midi au labo, et ses nuits à étudier. Il se trace un horaire où tout est prévu, y compris le quart d'heure qu'il se donne pour lire les « comics » dans le journal du dimanche et le film qu'il se permet de voir le samedi soir. Il se laisse dériver pendant de longs après-midi, copiant les changes sur le thermomètre qui plonge dans l'éprouvette, marquant les variations de l'hydromètre. Il y a certain nerf dans la tête des grenouilles qu'il dissèque et redissèque. A la quatrième tentative son scalpel fignole avec succès la chair desséchée de la grenouille jusqu'à ce que le nerf, enfin libéré, étincelle comme un fil ténu de salive. Mais, au cœur même de son triomphe, il se sent déprimé. Est-ce que j'ai réellement envie de faire ça ?

En classe, il somnole malgré lui. La voix du professeur aux lunettes à monture d'acier et à la face osseuse, bourdonne à ses oreilles. Ses yeux se ferment.

Messieurs, je voudrais proposer à votre considération le phénomène du varech. Nereocystis lutkeana, macrocystis pyrifera, pylagrophycus porra, écrit-il au tableau noir. Ils constituent une forme très distincte de la vie marine. Considérez ceci : ils n'ont pas de racines, pas de feuilles, ils ne reçoivent pas la lumière du soleil. Le varech géant forme de véritables jungles de végétation sous-marine, où il vit sans mouvement, puisant sa nourriture à même le milieu ambiant de l'océan.

Le bourgeois de l'espèce végétale, murmure l'étudiant à ses côtés, et Hearn se ranime, se réveille en sursaut, excité par une corde familière. Cette phrase, il l'a presque dite lui-même.

Ce n'est qu'à la suite des tempêtes, dit le professeur, que le varech échoue sur les côtes ; dans son état normal, nous devons nous le représenter comme vivant dans le laminaire de la jungle marine, immobile, absorbé dans sa propre nutrition. Alors que d'autres plantes aquatiques ont émigré sur la terre ferme, celle-ci est demeurée dans son milieu primitif. Sa coloration brune, qui constitue un avantage dans la fuligineuse jungle sous-marine, lui serait fatale dans l'intense clarté des terres. Le professeur produit une fronde de fougère desséchée, semblable à un cordage. Faites circuler, messieurs.

Un étudiant lève la main. Monsieur, quel est l'usage principal qu'on en fait ?

Oh, on l'a employé de bien des façons. Essentiellement, il sert d'engrais. On en extrait de la potasse.

Mais des moments comme celui-ci viennent trop rarement. Hearn se sent vide, assoiffé de savoir, — le vaisseau qui doit être empli.

Peu à peu il s'assimile, fait quelques rencontres, commence à sortir. Au printemps de sa première année de collège il se rend par curiosité à un meeting du Club Dramatique de Harvard. Le président est ambitieux, et la discussion des plans est fort minutieuse.

C'est complètement absurde quand on y pense. Il est absolument ridicule de nous coller ces assommantes cacophonies musicales, il nous faut élargir notre activité.

Je connais une fille à Radcliffe qui a étudié Stanislavsky, fait quelqu'un avec une nonchalance affectée. Nous pourrions l'avoir avec nous si nous avions un bon programme, et mettre un peu de méthode dans notre entraînement.

Oh, chic, faisons du Tchékhov.

Un adolescent élancé, aux lunettes d'écaille, se met debout, réclame la parole. Si nous devons jeter la gourme alors je demande, je demande que nous montions *The Ascent of F-6*. Ça pète tout simplement le feu, et on n'en a même pas discuté. Je pense que c'est ridicule quand on y réfléchit, quelle fameuse gloriole nous en tirerions.

Ted, je ne suis pas d'accord avec toi à propos d'Auden et d'Isherwood, répond quelqu'un.

Un étudiant trapu, aux cheveux noirs, à la voix profonde et importante, prend la parole. Je pense que nous devons monter du Odets, c'est le seul auteur dramatique américain qui fasse quelque chose de sérieux, lui au moins plonge ses racines dans les frustrations et les aspirations du peuple.

Bouououououh, fait quelqu'un.

O'Neill et Éliot sont les seuls.

Éliot n'est pas du même lit qu'O'Neill. (Rires.)

Ils argumentent toute une heure, et Hearn écoute les noms qu'on prononce. Certains lui sont familiers, Ibsen, Shaw, Galsworthy, mais il n'a jamais entendu ceux de Strindberg, d'Hauptmann, de Marlowe, de Lope de Vega, de Webster, de Pirandello. Les noms continuent, et il se répète désespérément qu'il doit lire.

Il démarre vers la fin du printemps de sa première année, redécouvre le volume d'Housman qui l'avait nourri à l'école préparatoire, et il y ajoute des poètes comme Rilke et Blake et Stephen Spender. Quand le temps est arrivé des vacances d'été, il a choisi la langue anglaise comme sujet principal de ses études. Pendant bien des après-midi il déserte la plage, les Sally Tendecker et ses doublures, et il passe ses nuits à écrire des nouvelles.

Elles sont assez médiocres, mais, pour le présent, il y trouve un point d'attraction, une réussite partielle. De retour à Harvard il se voit élu, lors des compétitions d'automne, rédacteur en chef de l'un des magazines littéraires du collège, il regarde comme un homme ivre les projecteurs au cours de la cérémonie d'initiation, et il s'acquitte de sa tâche sans se rendre trop ridicule.

Le changement se fait d'abord avec lenteur, puis avec rapidité. Il lit tout, passe beaucoup de temps à la bibliothèque, entend l'orchestre symphonique du vendredi soir, absorbe la plaisante et suggestive odeur des vieux meubles et des vieilles lithos et le parfum malté des canettes de bière vides dans les vieilles pièces qui abritent les bureaux du magazine. Au printemps il erre dans les rues bourgeonnantes de Cambridge, se promène le long de la Charles, ou bien il reste à parler devant l'entrée de sa maison alors que le soir tombe, et toute la magie de la liberté le sollicite.

A plusieurs reprises, de compagnie avec un ou deux amis, il fait la ribote du côté de Scollay Square. Ce sont des affaires préméditées, chacun enfile ses vieilles frusques pour l'occasion — des virées consciencieuses dans tout ce qu'il y a comme bars et gargotes.

Exercice préliminaire à la découverte des cabarets de la Troisième

Avenue à New York, avec leurs planchers saupoudrés de sciure de bois.

Les vomissures sur le plancher les enchantent. Ils appartiennent à des confréries estudiantines, et ils dansent avec des étoiles de cinéma. Mais les états d'esprit changent. Quand ils s'enivrent ils ont le sentiment de la plaisante tristesse des nuits printanières, ils ont la prescience de toutes les espérances et de toutes les nostalgies qui se déploient contre la vilaine usure du temps. Une bonne disposition d'esprit.

Dieu, regarde tous ces gens, dit Hearn. Tu parles d'une existence d'animal.

Que veux-tu, fait son ami, ils sont le sous-produit d'une société d'accumulation, du rebut c'est tout, la suppuration de la cité mondiale de Spengler.

Jansen, tu es un fumiste, que sais-tu de l'accumulation, il y a des choses que j'aurais pu te dire, tu es un fumiste, voilà tout.

Toi aussi. Tous nous sommes des fumistes. Des parasites. Des fleurs de serre. La chose à faire c'est de s'en sortir et de participer au mouvement.

Qu'est-ce qui te prend, demande Hearn, tu me fais la tartine politique ?

Je ne suis pas politique, c'est de la bouse de vache, tout est de la bouse de vache. Il fait un large mouvement de son bras.

Hearn, le menton dans la coupe de ses mains. Tu sais quand tout sera dit je me ferai tante, pas une sale petite tapette tu comprends, mais un joli droit pilier de la communauté, je vivrai sur des pelouses vertes. Bisexué. Jamais un moment d'ennui, homme ou femme c'est du pareil au même pour toi. Excitant.

Jansen renverse sa tête. Engage-toi dans la marine.

Non, merci. Pas de vos copulations mécanisées pour moi. Tu sais, le déboire avec les Américains c'est qu'ils ne savent pas baiser, il n'y a pas d'art dans notre vie, tous nos intellectuels ont un Babbitt dans leur placard. Oh, je l'aime celle-là, elle est bien bonne, mets-la moi en conserve, veux-tu, Jansen ?

Nous sommes tous des névrosés.

Sûr.

Pour un court moment tout cela est parfaitement glorieux. Ils sont sagaces et conscients et malades et le monde dehors est corrompu et ils sont les seuls à le savoir. Weltschmertzen, nostalgies couleur acajou, et Weltanschauungen sont les seules monnaies qui ont cours.

Mais cela ne réussit pas toujours. Je suis un fumiste, dit Hearn, et parfois cela dépasse la désinvolture, le cafard facile, le presque trop agréable dégoût de soi. Il semble parfois qu'il y aurait quelque chose à y faire.

Il y réfléchit au cours de l'été, se prend de dispute avec son père.

Je te le dis, Robert, je ne sais pas où t'as appris toutes ces balivernes sur les syndicats, mais si tu penses que c'est pas une bande de gangsters, si tu penses que mes hommes se trouvaient pas mieux en se reposant sur moi, quand par le Christ je les ai aidés plus d'une fois à se tirer d'un mauvais pas, et les bonis de Noël, laisse donc tomber tout ça, tu sais fichtre pas de quoi tu parles.

Je regrette, mais tu n'as jamais compris ce que c'est le paternalisme.

Peut-être bien que non vu que c'est un gros mot, mais il me semble qu'il est plutôt facile de mordre la main qui te nourrit.

Eh bien, tu n'auras plus à t'en préoccuper.

Voyons, attends donc un instant.

Mais après une autre série de supplications et de querelles il s'en retourne au collège avant la fin des vacances, trouve à s'y embaucher comme plongeur, et garde son travail après le commencement des classes. Il y a des tentatives de réconciliation ; pour la première fois en trois ans Ina vient le voir à Boston, et une trêve rancunière s'ensuit. Il écrit à ses parents de temps à autre mais n'accepte pas leur argent, et c'est une année de turbin — placer des suscriptions pour les œuvres du collège, remâcher les devoirs des cadets, toutes sortes de besognes disparates à faire le samedi et le dimanche, et servir à table au réfectoire au lieu de laver les assiettes. De tout cela il n'aime rien en particulier, mais il y découvre de nouvelles disciplines, de nouvelles sources de force. Au fait, il n'agite jamais plus la pensée de redemander de l'argent à son père.

Et, se sentant vieillir au cours de cette année, se sentant endurcir, il se questionne et ne trouve pas de réponse. Peut-être ai-je l'entêtement de mon père. Les choses les plus proches, celles dont l'accent prédomine, sont celles que l'on ne peut pas résoudre. Il a vécu dans le vide pendant dix-huit ans, rassasié par les nostalgies propres à tout adolescent ; il a abordé le monde du collège, un monde nouveau, écrasant, où il a passé deux ans, assimilant, jetant sa dépouille, poussant des antennes. Et, au-dedans de lui, une transformation eut lieu, qu'il n'a jamais bien comprise. Une dispute fortuite avec son père s'est développée en une rébellion apparemment hors de proportion, mais c'est là la somme d'un tout, il le sait, même des choses qu'il a oubliées.

Les anciens amis sont toujours là, il les apprécie toujours, mais leur charme s'est amoindri. Autour du labeur quotidien — servir à table, donner des leçons, travailler dans les bibliothèques, une certaine impatience est née. Mots et mots, alors qu'il faut faire face à d'autres réalités, se plier, par nécessité, à un horaire. Il passe peu de temps à la rédaction du magazine, enrage au cours de certaines de ses classes.

Le numéro sept possède une profonde signification pour Thomas Mann. Hans Castorp passe sept années sur la montagne, et si vous voulez bien vous rappeler, un grand accent est mis sur les sept premières journées. Le nom de la plupart des personnages principaux est à sept lettres, Castorp, Clavdia, Joachim, cela s'applique même à Settembrini, la racine latine de ce nom étant sept.

Le grattage des notes, le pieux consentement. Monsieur, demande Hearn, quelle est l'importance de tout cela ? Franchement, je trouve que le roman est pompier et raseur, et je pense que cette affaire des sept est un parfait exemple de la didactique allemande qui d'une toquade déduit toutes sortes de boniments critiques, c'est de la virtuosité peut-être mais elle me laisse indifférent.

Son discours crée un petit remous dans la classe, suivi d'une discussion polie que le professeur résume courtoisement avant que de continuer, mais Hearn y voit la preuve significative de son impatience. Il n'aurait pas dit cela l'année précédente.

Pendant un mois il connaît même une lune de miel politique. Il lit un peu de Marx et de Lénine, donne son adhésion à la John Red Society, et argumente tenacement. Je ne vois pas comment tu peux dire ça des anarcho-syndicalistes, ils ont fait du bien bon boulot en Espagne, et s'il n'y a pas eu de plus grande coopération de leur côté...

Hearn, tu apprécies mal les éléments en jeu. Il y a tout un passé d'antagonisme politique profond entre les anarcho-syndicalistes et nous, et historiquement parlant jamais époque n'a été plus propice pour égarer les masses par des utopies irréalisables. Si tu te donnais la peine d'étudier la révolution, tu te rendrais compte que les anarchistes témoignent d'un passé de sensualité et de débauche politiques pendant les périodes de trouble et d'agitation, et que leurs chefs terroristes ont tendance à imposer une discipline féodale. Pourquoi n'étudies-tu pas la carrière de Batko Makhno en 1919 ? Est-ce que tu te rends compte que même Kropotkine a été si écœuré par les excès des anarchistes, qu'il s'est tenu à l'écart de la révolution ?

Devons-nous donc perdre la guerre en Espagne ?

Mais si la guerre était gagnée par des éléments qui, encore que luttant à nos côtés, refuseraient de s'allier avec la Russie ? Combien de temps, penses-tu, tiendraient-ils sous la poussée fasciste qui prévaut aujourd'hui en Europe ?

C'est trop prévoir, pour moi.

Ses yeux font le tour du dortoir ; les sept membres de la John Red Society s'étalent sur la couchette, sur le plancher, sur les deux chaises usées. Il me semble que vous courez au plus pressé, remettant à plus tard la solution du problème.

C'est de la morale bourgeoise, Hearn, assez inoffensive au sein des classes moyennes à cause de leur inertie, mais les moralistes bourgeois savent se servir de cette même morale pour d'autres buts.

Plus tard, après la réunion, autour d'un verre de bière chez McBride avec le président à la face de hibou plutôt triste. Hearn, je t'ai accepté avec plaisir comme membre, je dois l'admettre, j'ai tâtonné moi aussi et je comprends que ce sont des restes de tes aspirations bourgeoises, tu viens d'une classe que j'envie dans la mesure où je ne suis pas encore entièrement éduqué, mais j'aurai à te demander ta démission parce que tu n'as pas atteint un point de développement où nous puissions t'apprendre quoi que ce soit.

Je suis un intellectuel bourgeois, euh, Al.

C'est en partie exact, Robert. Tu as réagi contre les mensonges du système social, mais c'est une rébellion nébuleuse. Tu veux la perfection, tu es un idéaliste bourgeois, et par conséquent sujet à caution.

Est-ce que cette défiance de l'intellectuel bourgeois n'est pas un peu vieux jeu ?

Non, Robert. Elle est fondée sur l'enseignement de Marx, dont la justesse a été démontrée par l'expérience de ces cent dernières années. Si on se tourne vers le parti pour des raisons spirituelles ou intellectuelles, on s'en détourne quand le climat psychologique a changé, qui avait d'abord déterminé ces raisons. Seul celui-là fait un bon communiste qui aborde le parti à cause des iniquités économiques qui l'humilient chaque jour de son existence. Toi, les considérations économiques ne te touchent pas ; aussi tu es sans peur, sans vraie compréhension.

Je pense que je vous quitterai, Al. Mais, amis quand même ?

Certainement. Ils se serrent la main, plutôt embarrassés, et se quittent. *J'ai tâtonné moi aussi et je comprends que ce sont des restes de tes aspirations bourgeoises.* Quelle foutaise, pense Hearn. Il est amusé, un peu dédaigneux. Comme il passe devant une boutique, il examine un instant son image dans la vitre — cheveux noirs, nez crochu et émoussé. J'ai l'air plutôt d'un Juif, que d'un rejeton d'une famille du Middlewest. Si j'étais blond, c'est du coup qu'Al aurait eu à se tâter.

Mais il y a d'autres éléments encore. *Tu veux la perfection.* Peut-être, — ou est-ce quelque chose de différent, de moins définissable.

Lors de sa première année d'université il s'adonne au football avec une surprenante et furieuse satisfaction. Il n'oubliera jamais une de ses parties. Portant la balle, un des joueurs de l'équipe adverse se fraie une sortie à travers une trouée, mais Hearn l'attaque, le contient momentanément, et l'autre reste là, debout, réduit à l'impuissance. Il l'a chargé de toutes ses forces, et on emporte le joueur avec un genou démis, tandis qu'Hearn bredouille :

Ça va, dis, Ronnie ?

Oui, très bien. Bonne charge, Hearn.

Je suis désolé. Mais il sait qu'il ne l'est pas. Il a eu un instant d'énorme satisfaction en sachant l'autre réduit à l'impuissance dans l'attente du choc ; une satisfaction où ne s'est mêlé aucun plaisir cynique d'avoir contribué à la victoire de son équipe.

Et aussi d'autres terrains d'activité. Il se gagne une hargneuse notoriété en séduisant une jouvencelle de la haute société bostonienne. Il renoue même avec certains de ses anciens amis, présentement de la Confrérie des Speakers, et au bout de quatre ans il reçoit une tardive invitation pour l'une des soirées dansantes à Brattle Hall.

Les cavaliers s'alignent contre le mur, bavardent, puis supplantent un danseur en lui enlevant sa partenaire — qu'ils connaissent ou que leurs amis connaissent. Hearn s'ennuie, fume une ou deux cigarettes, puis s'empare d'une petite blonde qui danse avec un grand blond.

Les frais de la conversation :

Et vous vous appelez Betty Carreton, hein, à quelle école allez-vous ?

Oh, chez mademoiselle Lucy.

Je vois. Puis, la cruauté, à laquelle il ne peut renoncer. Et est-ce que mademoiselle Lucy vous enseigne, à vous autres filles, comment le préserver jusqu'au jour de votre mariage ?

Qu'est-ce que vous dites ?

De plus en plus souvent cette inexplicable humeur. Quelque part dans le tissu caverneux et sans doute putréfié dont est fait le cerveau collectif des Al, des Jansen, des rédacteurs du magazine, des critiques littéraires du collège, des esthètes de salon, des gens qui fréquentent les intérieurs modernes dans les rues écartées et paisibles de Cambridge, quelque part couve la passion inavouée d'afficher son ennui et de se montrer supérieur lors d'une soirée dansante à Brattle Hall, — ou encore, sinon, d'aller en Espagne.

Une nuit il fait le point. Il peut se montrer authentiquement indifférent au snobisme des Brattle Hall : son expérience des pelouses vertes, des académies de danse, des virées nocturnes dans les décapotables sur la route de « Choliveoil », l'en a immunisé. Que d'autres, que les salonnards soient attirés et torturés par le surplus des richesses, par la mise en place des barrières sociales.

Et quant à l'Espagne, il sait qu'il n'y pense pas sérieusement. La guerre y est à son dernier printemps, et rien ne l'y pousse qui satisferait à un besoin profond de compréhension, ou de compassion. Il a ses classes, ses examens, il est froid et en bons termes avec ses parents — qui l'ennuient eux aussi.

Qu'est-ce que tu comptes faire, Bob, veux-tu un coup de main ? demande Will Hearn.

Non, je piquerai sur New York, le père d'Ellison m'a promis un emploi là-bas.

New York est une bien grande ville, Bob, dit Will Hearn.

Oui, quatre années plutôt bizarres. Et, au-dedans de lui, il se raidit. *Allez-vous-en, laissez-moi. Vous tous.* Seulement il a appris à ne plus le dire à haute voix.

Pour sa thèse : *Étude sur l'impulsion cosmique chez Herman Melville*, il reçoit le *magna cum laude*.

Tout lui est facile dans les deux années qui suivent, pendant lesquelles il se voit avec amusement, consciencieusement, dans le rôle du Jeune Homme à New York. Il est d'abord lecteur, puis éditeur en second chez Ellison et Compagnie. — New York, annexe de Harvard, comme il dit. Il a chambre et cuisine du côté de la 60e Rue Est. Oh, je suis seulement un littérateur en apprentissage, répète-t-il.

Je ne peux pas vous dire combien j'ai peiné sur la chose, fait la femme de lettres qui écrit des romans historiques. J'étais si préoccupée par les mobiles de Julia, une garce si *évasive*, mais je pense que j'ai réussi à obtenir l'effet voulu, celui qui m'inquiète par contre c'est Randall Clandeborn.

Oui, mademoiselle Helledell, remettez ça garçon. Il allume une cigarette, se tourne avec lenteur sur son siège de cuir rembourré. Vous disiez, mademoiselle Helledell ?

Est-ce que vous croyez que Randall est réussi ?

Randall Clandeborn, hmmm. (Voyons, lequel est-ce déjà ?) Ah, oui, je pense qu'il est réussi dans l'ensemble, mais peut-être demande-t-il à être caractérisé un peu plus nettement. Nous pouvons en discuter une fois de retour au bureau. (Après l'apéritif il aura la migraine.) Franchement dit, mademoiselle Helledell, je ne me fais guère de souci pour vos personnages, je sais qu'ils tiennent debout.

Le pensez-vous vraiment, monsieur Hearn ? Votre opinion signifie tellement pour moi.

Oh, oui, c'est un travail très réussi.

Et George Andrew Johannesson, comment le trouvez-vous ?

Eh bien, pour vous dire la vérité mademoiselle Helledell, je préférerais que nous en discutions le manuscrit à la main. Je me souviens parfaitement des personnages, mais je suis misérable dès qu'il s'agit des noms. C'est un de mes défauts que vous aurez à me pardonner.

Et, toujours, le jeu mental qui consiste à arracher une à une les plumes de son chapeau.

Ou bien le jeune romancier du genre sérieux, loin d'être bon décide-t-il.

Eh bien, monsieur Godfrey, je pense que vous avez là un livre fichtrement bon et c'est une sacrée honte que la situation dans l'édition étant ce qu'elle est, la saison ne soit guère propice, c'était peut-être différent en 36, si ça avait été publié dans les années 20 ça aurait été un classique, George par exemple l'a énormément aimé.

Oui, je comprends, encore qu'il me semble que vous auriez pu prendre le risque après tout, cette cochonnerie que vous publiez, je comprends, bifteck d'abord, mais un livre sérieux est la seule excuse qu'un éditeur puisse invoquer pour justifier sa raison d'être.

Sûr, c'est une sacrée honte. Sirotant d'un air funèbre sa boisson. Vous savez, si jamais vous projetez d'écrire un autre livre, nous y serons prodigieusement intéressés.

Le week-end en été.

Vous devez parler à Carnes, quelle délicieuse humeur. Je ne veux pas dire qu'il est baroque ou rien de semblable, c'est un homme qui a son caractère bien sûr et cela se voit à l'œil nu, mais comme jardinier c'est une trouvaille. Même les gens du pays le considèrent comme un numéro à part avec cet accent de Lancashire qui est le sien — si que ça pleuvrait d'la soupe j'y sera dehors avec une fourche à la main, dit l'hôtesse en reposant son verre.

Et, bourdonnant sous la marquise, les cancans qu'on peut surprendre. Je ne saurais vous dire la garce qu'elle est, cette femme est *incroyable*. Quand elle est partie en voyage elle a trié à la main son chevalier servant, simplement en lui tâtant le manche pour ainsi dire, et lorsqu'il a commencé à faire le joli cœur autour de la pauvre petite Judy, eh bien du diable si Beroma n'a pas donné une réception où elle a invité *tout le monde* sauf la petite Judy et le *corpus delicti*.

Au bureau, dans le milieu de l'après-midi : il arrive aujourd'hui, Hearn, il viendra, nous sommes tous invités. Ellison a suggéré qu'on s'attend à notre présence.

Oh, Dieu.

Abordez-le quand il aura pris cinq ou six verres. Il dit les choses les plus stupéfiantes. Et parlez à sa femme, la nouvelle, elle est fantastique.

Dans un bar, avec un contemporain de Harvard :

Hearn, tu n'as pas idée ce que c'est que de travailler à *Space*. Quel homme ! Il est hideux, il est fasciste. Les écrivains qu'il emploie, leur talent, tout s'effrite à la peine, peur de laisser tomber à cause des deux cents qu'ils touchent par semaine et parce qu'ils ne savent que faire d'eux-mêmes. Je te le dis, j'en ai l'estomac à l'envers chaque fois que je les vois rendre l'espèce de rinçure particulière dont il a le génie. Piquant une cigarette. Toi, quel est ton rôle dans cette entreprise de gangsters ?

J'y suis pour la rigolade.

Tu n'essaies pas d'écrire pour la mauvaise cause, au moins ?

Non, je ne suis pas un écrivain, je n'ai pas la démangeaison qu'il faut.

Jésus, il y a un million de types qui l'ont. Je ne connais personne qui vaille tripette.

Qui donc vaut quelque chose ?

On se fait mettre sous le boisseau, on se fait baiser, puis faut se lever quand même le matin.

Sûr.

Et les femmes :

Hearn, dit-elle de sa voix profonde que l'émotion altère, tu es un coquillage, tu n'es rien qu'un maudit coquillage. Après que tu auras fait monter ici cinquante mille femmes, il y a des chances que tu mettes le cran au robinet et que tu le suspendes pour le faire sécher. Quelque part en cours de route tu as appris à faire le va-et-vient d'une manière acceptable, et tu penses que c'est tout ce qu'il te faut pour passer. Tu en es au stade anal, n'est-ce pas, tu ne peux pas supporter qu'on te touche. Tu me fais prendre de telles rages, tes airs de te trouver à un million de milles, rien ne t'atteint jamais n'est-ce pas. Rien ne mérite de te toucher.

Oh, fait la jeune fille paisiblement d'une voix enfantine et haletante, vous êtes réellement bon, il y a une telle bonté en vous, mais vous avez tort voyez-vous parce que la vraie compassion est malfaisante, quand j'étais à l'hôpital je suis tombée amoureuse pendant quelques minutes de mon docteur, puis j'ai cessé de m'en préoccuper, et quand on m'a appliqué le traitement de choc j'ai continué à penser que le contact est malfaisant et que seule la liberté vaut la peine, c'est pourquoi vous ne voulez pas de moi parce que vous êtes libre et bon.

Sa voix est ténue, bien modulée. Oh, bien, chéri, que pouvais-je faire, c'était parfaitement absurde, tous ces sots apprentis me donnent simplement la *nausée*, tous persuadés bien entendu qu'ils savent faire la chose mieux que moi, et mon Dieu tu aurais dû voir quelques-unes de leurs interprétations, ils se sentaient tout simplement obligés de susciter des ennuis, et ils écrémaient tout tout, entre Eddie et moi, on aurait pu s'envoyer l'ingénu au petit déjeuner, je ne sais pas pourquoi je traîne avec toi, je ne fais que perdre mon temps.

Il y a cependant des exceptions. Femmes différentes, différentes nuits, quand il étreint une femme dont il pénètre la chair jusqu'à ce que le breuvage devienne intolérablement envirant. Vendanges d'amour qui durent parfois des mois quand c'est la même femme, la même aventure, fier et secret savoir du jeu réciproque de leurs reins, admirables accouplements, émus et variés, lascifs ou fougueux ou doucement caressants, d'autres fois doux et purs comme ceux des jeunes amants.

Seulement ça ne dure jamais.

Je ne peux pas te dire pourquoi, fait-il un soir à un ami. C'est que chaque fois que j'ai une aventure, je sais comment elle finira. La fin, en toute chose, est pour moi dans son commencement même. Elle est contenue dans son propre mouvement.

Si tu voyais mon analyste...

Au diable les analystes. Si j'ai peur qu'on me la coupe ou quelque chose comme ça, je préfère ne pas le savoir. Ça n'est pas une cure, c'est une humiliation, un *deus ex machina*. Je découvre ce qui va mal, et bang ! me voilà heureux et en route pour Chicago et faisant des gosses à la douzaine et terrorisant dix mille personnes dans l'une des usines qu'il plaira à mon père de me donner. Si tu es guéri, tout ce par quoi tu es passé, tout ce que tu as appris, aura été inutile.

Et si tu ne l'es pas, ton état ne fera qu'empirer.

Mais, voilà, je ne me sens pas malade. Je me sens creux... supérieur, je m'en fous, j'attends et je laisse venir.

Peut-être. Il ignore lui-même la réponse, ne s'en soucie guère. Pendant des mois, à l'abri des réactions superficielles, des plaisirs et de l'ennui, sa tête demeure à peu près vide.

Quand la guerre éclate en Europe, il décide de s'enrôler dans la Canadian Air Force, mais il ne voit pas assez bien de nuit. Il découvre qu'il ne peut pas supporter de rester à New York, et il songe à quitter la ville. Parfois, de nuit, il erre à Brooklyn ou dans le Bronx, prend l'autobus ou le métro aérien, descend au terminus, explore des rues paisibles. Plus souvent, il fait des marches nocturnes dans les bas quartiers, savourant leur mélancolie particulière ou observant une vieille femme assise sur son escalier de pierre, son morne regard réfléchissant soixante ou soixante-dix ans de maisons comme la sienne, de rues comme la sienne, le triste et plat écho des voix d'enfants qui rebondissent sur l'asphalte inflexible.

Cela finit par lui redonner le goût du mouvement, et grâce à un ami il devient organisateur syndical dans une ville du nord de l'État de New York. Il passe un mois dans une école pour organisateurs, puis un hiver comme ouvrier d'usine, enrôlant les travailleurs. Et, de nouveau la cassure. Après que la majorité des ouvriers est organisée et le syndicat reconnu par le patronat, les leaders décident de ne pas faire grève.

Hearn, tu ne comprends pas, nous ne pouvons pas nous permettre de courir à l'échec, tu es un dilettante dans les questions de travail, et ce qui te semble simple ne l'est pas du tout.

A quoi sert alors d'organiser des syndicats, si on ne fait pas grève ? Ou est-ce tout simplement pour faire entrer des cotisations sur la paie des ouvriers ?

Écoute, je connais ce coin-ci. Si nous faisons grève ils annuleront nos accords, nous mettront tous à la porte, et embaucheront de la canaille. Ceci est une ville manufacturière, ne l'oublie pas.

Et nous les traînerons droit devant le Bureau National de la Main-d'Œuvre.

Sûr, et après huit mois nous obtiendrons une décision favorable, mais que diable veux-tu que les hommes fassent entre temps ?

Pourquoi alors avons-nous démarré ce syndicat et enquiquiné les hommes ? Pour des raisons de haute politique ?

Tu n'en sais pas assez pour juger. Sans nous la C.I.O. y serait l'année prochaine, l'équipe à Starkley, rouge jusqu'à la gauche. Il faut planter des défenses, tu parles comme un bébé, tu voudrais que tout soit simple, fais ceci et t'auras cela, ça ne marche pas comme ça tu peux me croire, il faut planter des défenses autour de ces gars.

Fini l'édition, puis cela aussi, et tout le reste — il s'en rend compte. Un dilettante qui sautille à la corde autour des égouts. Tout est plein de merde, tout est du chiqué, tout se fige dès qu'on y touche. Ça n'a pas été seulement l'expérience. Il y avait cette autre chose, indéterminée, son envie de quoi donc ?

Sur un coup de tête il retourne à Chicago pour passer quelques semaines avec ses parents.

Voyons, Bob, inutile de se leurrer, t'as travaillé chez les autres et quel en est le résultat, tu feras aussi bien de venir avec moi, avec ces contrats de matériel de guerre pour l'Europe et les armées que nous mettons sur pied je peux t'employer, je grossis tellement que je ne connais même pas toutes ces maudites usines où j'ai la main, et je vais grossir de plus en plus. Tu vois c'est différent aujourd'hui que dans le temps où j'étais gosse, tout se tient maintenant tu sais, ça vous échappe comme qui dirait, j'ai une drôle de sensation quand je pense à l'importance que prennent mes affaires, et c'est tout du solide je peux te le dire. T'es mon fils et t'es exactement comme moi, la seule raison pourquoi t'as traînaillé de-ci de-là c'est qu'y a rien d'assez grand pour que tu y mordes.

Possible. Et il s'interroge, sentant remuer de profonds désirs. Je voudrais y réfléchir.

Tout est si pouilleux, alors pourquoi ne pas le faire en grand ?

Il rencontre Sally Tendecker Randolph dans une fête, l'entraîne dans un coin.

Oh, bien sûr Bob, je suis domestiquée maintenant. Deux enfants et Don (un copain de l'école préparatoire) qui prend de l'embonpoint, tu ne le reconnaîtras pas. Ça rappelle des choses, de te voir.

Après les préliminaires d'usage ils ont une petite affaire, et pendant un mois, puis deux, il se laisse flotter en marge du groupe de Sally. (Les quelques semaines se sont allongées.)

Drôle de tournure. A peu près tous se sont mariés, tous avec un ou deux enfants et gouvernante, des enfants que l'on peut parfois voir à l'heure du coucher. Presque toutes les nuits il y a une fête qui émigre de maison en maison le long de Lake Shore Drive, et maris et épouses sont toujours entremêlés, un genre de luxure plutôt irritante, où l'on se pelote plus fréquemment que l'on ne se cocufie.

Et une fois par semaine en moyenne on assiste généralement à une belle querelle en public, ou à de sublimes effusions d'ivrogne qui mettent à nu les nerfs d'Hearn.

Voyons donc mon vieux, lui dit Don Randolph, toi et Sally vous étiez de grands amis, peut-être votre amitié continue encore par Dieu je ne sais pas (le regard ivre accusateur), mais la vérité c'est que Sally et moi nous nous aimons, une grande passion, je me dévergonde et je suis un chien, une fille au bureau, et la femme d'Alec Johnson, à Beverly, tu y étais, tu nous as vus revenant en voiture, me suis arrêté chez elle, oh Dieu, merveilleux, mais je suis un chien, pas de fibre morale, et je suis... je suis... (se mettant à pleurer) de merveilleux enfants, Sally les traite comme une marâtre. Il se lève, s'avance d'un pas pesant sur le plancher pour séparer Sally de son partenaire.

Arrête de boire.

Va-t'en, Don chéri.

Voilà les Randolph qui remettent ça, pouffe quelqu'un. Tout cela fait un remous dans la tête d'Hearn, et il se rend compte qu'il est ivre.

Tu t'en souviens Bob, dit Sally, tu sais quelles capacités j'ai, quel talent. Je te le dis, rien ne peut me laisser froide mais Don est impossible, il voudrait me maintenir dans l'ornière, et mon Dieu il est dépravé, les choses que je pourrais te dire à son sujet, et maussade, une fois nous sommes restés un mois et demi sans nous toucher, et tu sais il n'est réellement pas bon à l'affaire, mon père m'en a dit autant, c'est d'être clouée avec des enfants et rien de plus, tu sais vraiment rien je veux dire rien de consistant où m'accrocher, si j'étais un homme, et je dois prendre des rendez-vous avec le dentiste pour Dorothy et j'ai toujours la hantise du cancer, tu ne peux pas t'imaginer quel profond tourment c'est pour une femme, je n'arrive simplement pas à faire face à tout, il y a eu une fois un lieutenant de l'armée de l'air, jeune mais réellement très gentil, très doux, oh, mais si naïf, tu n'imagines pas combien je me sens vieille, je t'envie Bob, si j'étais un homme.

Il sait que cela non plus ne prendra pas, le Lake Shore et les réunions et les amuseurs qui l'ennuient, la rigidité des bureaux, l'effort d'esquiver sa mère et ses manœuvres de marieuse, la transformation de ses *élans* en wagons de marchandise et en prises de contact, les contributions électorales pour les députés et les sénateurs qui savent se montrer raisonnables, les wagons Pullman, et les courts de tennis, les terrains de golf, les hôtels particuliers, et l'odeur d'alcool et de tapis dans les appartements. Tout cela comporte des satisfactions primitives, mais il a appris, chemin faisant, bien d'autres choses encore.

New York de nouveau, faisant de la copie pour une station de radio, mais c'est un bouche-trou et il le sait. Plutôt machinalement, sans aucune nécessité profonde, il donne beaucoup de son temps à une œuvre de Colis pour la Grande-Bretagne, suit l'avance sur Moscou d'après les titres des journaux, ne songe pas sérieusement à joindre la partie. La nuit, il lui arrive parfois de rejeter ses couvertures et de demeurer nu sur sa couche, écoutant avec une sombre souffrance les bruits du port qui flottent dans la brume. Un mois avant Pearl Harbor il s'engage dans l'armée.

Deux ans plus tard, à bord du transport des troupes qui glisse sous le Golden Gate Bridge en direction du Pacifique, Hearn, debout sur le pont par un froid crépuscule d'hiver, voit San Francisco fondre au loin comme s'éteignent des bûches dans un foyer. Bientôt il ne voit plus qu'une bande de terre sombre et désolée qui sépare l'eau de la nuit envahissante. Les vagues froides éclaboussent la coque.

La nouvelle phase. Lors de la phase passée il avait cherché et cherché et donné du front contre le mur de son propre avenir.

Il s'abrite sous une écoutille, allume une cigarette. Il se dit : — Je suis à la poursuite de quelque chose, mais il pense que cela donne à son problème une importance que celui-ci n'a pas. On ne découvre jamais ce qui vous fait tourner, et à la longue cela ne tire plus à conséquence.

Il y avait maintenant des villes quelque part en Amérique, et des résidus urbains assis sur des marches de pierre, et des signaux électriques qui exigent l'obéissance.

(Toute la frénésie des machinations, la fumée de cigare, la fumée de coke, la passion de la bougeotte pareille à celle d'une fourmilière brusquement mise en branle. Comment concevez-vous votre propre mort parmi les voûtes de marbre, les arêtes de brique et les hauts fourneaux qui mènent sur la place du marché ?)

Tout disparaissait maintenant, l'eau engloutissait presque entièrement le rivage, la longue vaste nuit du Pacifique s'installait au ciel. Et, en lui, un languissement pour la terre qui s'évanouit.

Non pas l'amour, non pas la haine nécessairement, mais une émotion à laquelle il ne s'attendait nullement.

Cette puissance, toujours, qui vous saute dessus, qui vous invite.

Il soupira, revint s'appuyer au bastingage. Et tous les jeunes gens de sa génération ont donné du front contre les choses, jusqu'à ce qu'ils aient faibli, et les choses demeurent toujours debout.

Une bande de dépossédés... dans le rauque, dans le calamiteux giron de l'Amérique.

12

Après avoir reçu sa blessure Minetta fut évacué sur l'hôpital divisionnaire de triage. L'endroit était bien modeste. Huit tentes d'escouade contenant chacune douze lits occupaient un terrain défriché aux abords du rivage. Elles s'alignaient en deux rangs de quatre, avec autour de chacune d'elles un mur de sacs de sable haut de quatre pieds. Là était l'hôpital proprement dit, avec l'exception de quelques autres tentes placées à l'une des extrémités du terrain, qui abritaient la cuisine, les quartiers du médecin, et ceux de son personnel.

Il y faisait toujours grand calme. Vers le milieu des après-midi l'atmosphère s'alourdissait, et sous les tentes surchauffées l'air devenait irrespirable. La plupart des alités succombaient à un assoupissement inquiet, et murmuraient ou gémissaient dans leur sommeil. Rien ne s'y offrait pour tuer le temps. Certains des convalescents pouvaient jouer aux cartes ou lire un magazine ou tout au plus prendre une douche au centre de la clairière où un fût d'essence rempli d'eau a été fixé sur une plate-forme faite de troncs de cocotiers. Il y avait encore les trois repas journaliers, et la tournée matinale du médecin.

Minetta s'y plut d'abord. Sa blessure était à peine plus grave qu'une écorchure ; une déchirure de plusieurs pouces à la cuisse d'où la balle était ressortie d'elle-même, et pas de grosse perte de sang. Une heure après avoir été blessé il avait pu marcher avec un léger boitillement. Il eut une couchette à l'hôpital, des couvertures, et il pouvait rester confortablement allongé et lire des magazines. Un médecin l'examina à la hâte, lui fit un pansement au sulfa, et le laissa seul jusqu'au matin suivant. Il se sentait faible et bien à l'aise. Il souffrait quelque peu de la commotion reçue, juste assez pour se sentir las et ne pas penser à la surprise et à la peine qu'il avait éprouvées quand la balle l'avait frappé. Pour la première fois en six semaines il avait pu dormir sans être réveillé pour la garde, et la couchette était molle et somptueuse en comparaison avec la literie à même le sol. Il joua aux dames avec un des hommes couchés sous la tente, jusqu'à la visite du médecin. Il n'y avait que peu d'hospitalisés, et il gardait un vague et plaisant souvenir de leur avoir parlé la veille, dans le noir. C'est chic, décida-t-il. Il espérait qu'on le garderait là un mois, ou qu'on l'évacuerait peut-être sur une autre île. Il commençait de se dire que sa blessure était très sérieuse.

Mais, après avoir jeté un coup d'œil sur sa jambe et replacé le pansement, le médecin dit : « Vous serez en état de sortir demain. » Minetta éprouva un choc à cette annonce. « Vous croyez, mon capitaine ? » réussit-il à prononcer avec empressement. Il se déplaça sur sa couchette, feignant d'éprouver quelque difficulté à se mouvoir, puis ajouta : « Oui, j'aimerais retourner avec les copains.

— Restez bien tranquille, dit le médecin, et nous verrons ça demain matin. » Il gribouilla quelque chose dans son carnet et s'en alla vers la couchette suivante. Le fils de garce, se dit Minetta je peux à peine marcher. Comme pour le lui prouver, sa jambe commença à le faire souffrir un peu, et il pensa avec amertume — ils se foutent pas mal ici qu'on crève, tout ce qu'ils veulent c'est te renvoyer où que tu peux attraper une balle. Ils vous posent même pas des agrafes. Il se renfrogna, puis s'assoupit jusque vers le milieu de l'après-midi.

Le soir venu, la pluie se mit à tomber, et Minetta se sentit bien en sécurité sous la tente. Dieu, je suis content que j'ai pas à me coller la garde cette nuit, se dit-il. Il prêta l'oreille au tambourinement de la pluie sur la tente, et songea avec une pitié condescendante aux hommes de la section qui, tirés de leurs couvertures humides, iront s'asseoir en tremblant dans le trou boueux flanqué de la mitrailleuse, tandis que la pluie détrempera leurs uniformes. Très peu pour moi, se dit-il.

Mais les paroles du médecin lui revinrent à l'esprit. Demain il pleuvra de nouveau. Il pleuvait tous les jours. Demain il travaillera sur la route ou sur la plage, montera la garde de nuit ira en patrouille peut-être — risquant la mort au lieu de la blessure. Il songea avec une surprise aiguë à ce qui lui arriva sur la plage. Il ne semblait pas possible que quelque chose d'aussi petit qu'une balle ait pu le blesser. Le bruit de la fusillade, les émotions ressenties, lui revenaient en écho et le faisaient frissonner. Cela lui paraissait aussi irréel que son propre visage quand il lui arrivait de se regarder trop longtemps dans la glace. Il tira la couverture sur ses épaules. Ils m'auront pas demain, se rassura-t-il.

Le matin, avant la visite du médecin, il enleva son pansement et examina sa blessure. Elle était presque guérie. Les lèvres de la coupure, jointes par une chair neuve et rose, s'étaient fermées. Ils le renverraient certainement aujourd'hui. Il fit des yeux le tour de la tente. Les autres malades étaient occupés ou bien ils dormaient, et d'un brusque mouvement il rouvrit sa plaie. Elle commença à saigner. La main tremblante, il replaça le bandage, ressentant un mélange de culpabilité et de jubilation. De temps à autre, à l'abri de la couverture, il frottait sa plaie pour en activer le saignement. Il se sentait nerveux et impatient en attendant la visite du médecin. Sa cuisse était tiède et visqueuse sous le bandage. Il se tourna vers son voisin. « Ma jambe saigne, dit-il. C'est des drôles de trucs, ces blessures.

— Voui. »

Il garda le silence pendant que le médecin l'examinait. « Je vois que votre blessure s'est ouverte.

— Oui, monsieur le major. »

Le médecin jeta un coup d'œil sur le bandage. « Vous n'y avez pas touché, n'est-ce pas ? demanda-t-il.

— Je pense pas, monsieur le major. Ça s'est mis à saigner tout seul. Il m'a à l'œil, songea-t-il. Mais ça va bien comme ça, je suis bon pour retourner à ma section, pas ? plaida-t-il.

— Attendons plutôt un jour de plus, fiston. Ça n'aurait pas dû s'ouvrir comme ça. Il lui remit le pansement. N'y touchez pas cette fois », dit-il.

Il passa une journée agitée, s'efforçant d'inventer un moyen pour se faire garder à l'hôpital. L'idée de regagner la section le démoralisait. Il songeait à une succession de combats éternels et à des jours sans fin sur la route. J'ai même pas un copain à la section. On peut pas se fier à Polack. Il pensa à Brown et à Stanley qu'il haïssait, à Croft qu'il craignait. Quelle sacrée clique, se dit-il. Et la guerre qui se prolongera à jamais. Après cette île va y avoir une autre et puis une autre... Ah, faut s'attendre à rien de bon de cette saloperie. Il dormit un peu, s'éveilla plus misérable encore. J'y peux plus, se dit-il. Je suis pas chançard, parce que sinon j'aurais attrapé la vraie bonne blessure et je serais à cette heure dans un avion en route pour l'Amérique. Cette idée lui fit broyer du noir. Il s'était une fois vanté à Polack que si jamais il entrait à l'hôpital, il ne reviendrait plus à la section. « Que j'y entre seulement, et je me débrouillerai », avait-il dit.

Il devait y avoir un moyen. Des idées fantasques, qu'il écartait à mesure, lui traversaient la tête. Il pensa à enfoncer une baïonnette dans sa blessure, à tomber du camion qui le ramènerait à la compagnie. Il se tordait sur sa couchette, plein de pitié pour lui-même, irrité par les légers gémissements que faisait entendre un des soldats. Ce gars il me rendra maboule s'il la ferme pas.

L'idée lui traversa l'esprit sans qu'il l'eût formulée, et, de crainte de l'oublier, il s'assit avec excitation. Oh, c'est ça, c'est ça, se dit-il. La difficulté de l'entreprise lui fit peur. Est-ce que j'ai l'estomac de le faire ? se demanda-t-il. Il reposait sans mouvement, essayant de se rappeler ce qu'il avait entendu dire des soldats qui ont perdu leur raison. Jésus, la Section Huit, se dit-il. Il se souvint d'un soldat, du temps de son instruction militaire, lequel avait éclaté en sanglots pendant un exercice de tir. On l'emmena à l'hôpital, et quelques semaines plus tard Minetta entendit dire qu'on l'avait libéré. Oh, Dieu, se dit-il. Il se sentit heureux pendant un moment, comme s'il se voyait déjà démobilisé. Je suis aussi malin que n'importe lequel de ces gars, je me débrouillerai. Choc nerveux, voilà le filon. Choc nerveux. Je suis blessé, pas ? On s'attendrait qu'ils libèrent un gars qu'a été blessé, mais tout ce qu'ils font c'est rafistoler leur bonhomme et le renvoyer en ligne. Chair à canon, c'est tout ce qu'il leur faut. Il se sentait outragé.

Ses pensées prirent un détour, et de nouveau il eut peur. Si seulement je pouvais parler à Polack, lui il aurait su comment faire marcher la combine. Il regarda ses mains. Je vaux bien un Polack. Je me tirerais d'affaire, que lui serait encore là à tenir le crachoir. Il se prit le front. Ils me tiendront ici deux jours seulement, puis ils m'enverront dans un autre hôpital, où c'est qu'ils gardent les loufoques. Une fois que j'y serai, je pourrai les imiter, les dingos. Tout à coup, il se trouva de nouveau déprimé. Ce toubib m'a à l'œil, ça sera pas facile de l'avoir. Il s'approcha à cloche-pied d'une table, prit un magazine. Si je m'en tire, se disait-il, j'écrirai une lettre à Polack. « Qui est le fou maintenant ? » j'y dirai. Il se mit à pouffer à la pensée de la figure que ferait Polack en lisant ça. C'est seulement une question d'estomac, se dit-il.

Il se recoucha, se couvrit le visage avec le magazine, et resta sans bouger pendant une bonne demi-heure. Le soleil avait surchauffé la tente, on y était comme dans un bain turc, et il se sentait faible et misérable. Il se raidissait intérieurement, et soudain, sans penser, il se leva, criant : « Vous encule tous tant qu'zêtes !

— Te fais pas de bile, va », fit un des hospitalisés.

Minetta lui lança le magazine à la tête. « Y a un Japonais dehors, y a un Japonais, là, là ! » cria-t-il. Il regarda autour de lui, sauvagement. « Où c'est qu'y a un fusil, donnez-moi un fusil ! » Tremblant d'excitation, il s'empara de son fusil et le pointa à travers l'entrée de la tente. « Voilà le Japonais, le voilà ! » hurla-t-il, pressant la gâchette. Il se raidit au bruit de la fusillade, un peu désorienté par sa propre audace. La pensée lui traversa la tête qu'il aurait dû être acteur. Il restait en suspens, s'attendant à être empoigné par les soldats, mais personne n'avait bougé. Ils l'observaient avec méfiance, figés d'étonnement et de crainte. « Jetez vos fusils, ils attaquent ! » dit Minetta, jetant à terre son arme. Il lui allongea un coup de pied, courut à sa couchette, la souleva et la rabattit avec violence, puis il s'écroula sur le sol de terre battue et se mit à hurler. Un soldat lui tomba dessus, pour le maintenir. Il se débattit pendant quelques instants, puis se calma. Il entendait des appels, des bruits de pas précipités. Je parie que ça y est, se dit-il, hurlant et bavant. Ça c'est du boulot. Il revoyait l'image d'un fou dans un film, où l'acteur avait de l'écume à la bouche.

Quelqu'un le souleva rudement et l'assit sur la couchette. C'était le médecin qui avait pansé sa blessure. « Quel est le nom de cet homme ? demanda-t-il.

— Minetta, fit quelqu'un.

— Allez, fit le médecin, ça suffit comme ça, Minetta. Ça ne prend pas.

— Va te faire foutre, t'auras pas le Japonais ! » hurla Minetta.

Le médecin le secoua. « Minetta, *vous parlez à un officier de l'armée américaine*. Si vous ne répondez pas poliment, je vous fais passer en conseil de guerre. »

Pendant une seconde le souffle de la terreur passa sur Minetta. J'y suis, mais *j'y suis* jusqu'au trognon, se dit-il. Ce mot lui rappela la fin d'une plaisanterie obscène, et il partit d'un rire un peu hystérique. L'écho de sa propre allégresse l'encouragea, et il se mit à rire sauvagement. Peuvent rien me faire si je m'y prends comme il faut, pensa-t-il vaguement. Il s'arrêta de rire tout soudain. « Va te faire foutre, fils de pute de Japonais », dit-il. Dans le silence qui s'ensuivit il entendit un soldat : « L'est cinglé, y a pas à dire », puis une autre voix, en réponse : « T'as vu comment qu'il a visé avec son flingue ? Jésus, je pensais qu'il allait nous tuer tous. »

Le médecin devint pensif. « Vous jouez la comédie, Minetta, je vous ai à l'œil, dit-il soudainement.

— T'es un Japonais, dit Minetta. Il fit venir un peu de salive sur sa lèvre inférieure, puis pouffa brièvement. Je l'ai baisé, se dit-il.

— Donnez-lui un sédatif, fit le médecin à l'adresse de l'infirmier, et évacuez-le au numéro sept. »

Minetta regardait le sol d'un œil trouble. Il avait entendu dire que le numéro sept était réservé pour les cas graves. Il se mit à cracher par terre. « T'es un Japonais ! » cria-t-il après le médecin. Il se crispa sous la poigne de l'infirmier, se détendit, puis recommença à rire stupidement. Il ne fit aucun mouvement sous la piqûre hypodermique. J'y tiendrai le coup, se dit-il.

« Allez, Julot, suis-moi », dit l'infirmier. Minetta se leva et le suivit à travers la clairière. Il se demandait ce qu'il lui fallait faire présentement. Rejoignant l'infirmier, il lui chuchota : « T'es une pute de Japonais, mais je le dirai à personne si tu me donnes cinq balles.

— Allez, avance Julot », dit l'infirmier d'un ton las.

Minetta le suivit d'un pas traînant. Quand ils arrivèrent à la tente numéro sept, il s'immobilisa et recommença à hurler. « J'y entre pas ! Y a une pute de Japonais là-dedans qui va me tuer ! J'y entre pas ! »

L'infirmier lui fit une prise de lutteur et le poussa sous la tente. « Laisse-moi ! Laisse-moi ! Laisse-moi ! » hurlait Minetta. Ils parvinrent à une couchette, et l'infirmier lui dit de se coucher. Il s'assit, commença à délacer ses chaussures. Je ferais bien de me calmer pour un instant, se dit-il. Le sédatif commençait d'agir. Il se coucha sur le dos, ferma les yeux. Pendant un bref moment la pensée de ce qu'il avait fait excita une vague sensation au creux de sa poitrine. Il avala à plusieurs reprises, coup sur coup. Son esprit fermentait d'orgueil et de jubilation. Faut que je flanche pas, c'est tout ce qu'y a à faire. Ils m'évacueront dans un jour ou deux.

Il s'endormit presque aussitôt, pour ne se réveiller que le lendemain matin. Il lui fallut plusieurs minutes pour se rappeler les événements de la veille, et de nouveau il eut peur. Il se demandait s'il ne devait pas abandonner la partie et reprendre son attitude normale, mais quand il songea à son retour à la section... Non ! Mon Dieu, non ! Je tiendrai le coup. Il s'assit, examina la tente. Il y avait là trois hommes, dont deux portaient des pansements qui leur enveloppaient la tête ; le troisième reposait sur son dos, sans mouvement, son œil vide et fixe regardant la faîtière. Il est mûr pour la Section Huit, se dit Minetta avec un frisson où se mêlait un élément de gaieté due à l'ironie de la situation. Mais, l'instant d'après, sa frayeur lui revint. C'est comme ça sans doute qu'agit un fou, il bouge pas et il dit rien. Peut-être que j'en ai fait de trop, hier. Il prit la décision de se comporter comme l'autre. C'est foutrement plus facile pour les cordes vocales, se dit-il.

Le médecin arriva à neuf heures, et Minetta se tint sans mouvement, à plat dos, babillant de-ci de-là un mot. Le médecin lui décocha un regard, lui refit son pansement sans mot dire, passa à la couchette suivante. Minetta en éprouva un mélange de soulagement et de contrariété. Ils se fichent qu'on crève, se dit-il. Il ferma les yeux, se mit à réfléchir. La matinée s'écoula paisiblement ; il se sentait de bonne humeur et confiant, et quand il repensait à la visite du médecin il estimait que l'indifférence de celui-ci était un bon signe. Ça y est, ils insistent plus, bientôt ils vont m'évacuer dans une autre île.

Il se mit à rêver à son retour au pays. Il pensait aux rubans qu'il porterait, il se voyait marchant dans les rues de son quartier et parlant aux gens de rencontre. « Comment que ç'a été ? Dur ? » demanderont-ils. « Nan, nan, ç'a pas été trop mal », dira-t-il. « A d'autres, dis, ç'a dû être vachement dur. » Il secouera la tête. « Je peux pas me plaindre, je me la suis coulée douce. » Il se sourit à lui-même. Les gens se diront les uns aux autres : « Ce Steve Minetta est un brave gars, faut lui reconnaître ça. Pensez à tout ce qu'il a souffert, et voyez un peu comme il est modeste. »

C'est ça l'affaire, décida-t-il ; avant tout il s'agit de rentrer chez soi. Il se voyait faisant bringues sur bringues. Quelle sensation il ferait. Les filles seront après les hommes, et il se fera prier. Rosie, ce coup-ci, viendra comme une fleur. Et une fois de retour, il se foulera pas beaucoup ; faut être un con pour se coller des boulots qui vous crèvent la peau des fesses. Le travail a jamais profité à personne.

Au bout de plusieurs heures d'immobilité, des visions érotiques se mirent à peupler son esprit. Le soleil avait de nouveau surchauffé la tente, et il marinait dans un plaisant mélange de chaleur et de sueur. Il se laissait aller à de longues scènes de séduction qu'il échafaudait avec minutie, se rappelant avec de petits frissons de volupté la ferme ceinture de chair qui ondulait au-dessus de la taille de Rosie. Rosie est une chic fille, se disait-il, je m'en vais l'épouser un de ces jours. Il se souvenait de son parfum, de la ligne scintillante de ses cils. Elle y met de la vaseline, décida-t-il, mais ça fait pas de mal quand une fille connaît tous les trucs. Il pensa aux femmes qu'il avait eues depuis son entrée dans l'armée, et il se mit à en faire le décompte. Quatorze, c'est pas mal pour un gars de mon âge, y en a pas beaucoup qu'ont fait mieux que moi. Il revint à ses visions érotiques, mais cela devenait pénible. Elles sont toutes faciles à s'envoyer ; y a qu'à leur filer le boniment, leur dire qu'on les aime. C'est des nigaudes, celles qui se laissent faire. De nouveau il songea à Rosie, et il fut pris de colère. Elle m'enjôle ; cette lettre où elle dit qu'elle dansera avec personne jusqu'à ce que je rentre, c'est du truc à la gomme... Je la connais, elle aime trop danser. Si elle ment là-dessus, pourquoi qu'elle mentira pas à propos de n'importe quoi ? Il devenait jaloux, et pour donner libre cours à sa frustration il hurla tout à coup : « Attrapez ce Japonais ! » C'était si facile à faire. Il poussa un nouveau hurlement.

L'infirmier quitta sa chaise, s'approcha de la couchette de Minetta, lui fit une piqûre dans le bras. « Je pensais que t'étais calmé, Julot, dit-il.

— Le Japonais ! cria Minetta.

— Oui, oui, oui », fit l'infirmier, retournant à sa chaise. Minetta s'endormit bientôt après, et ne se réveilla qu'au matin suivant.

Il se sentait drogué. Il avait mal à la tête et ses membres étaient engourdis. Le médecin passa sans même le regarder, et Minetta se mit à rager. Ces nom de Dieu d'officiers ils croient que toute l'armée est là pour qu'ils se la coulent douce. Il était profondément vexé. Je vaux n'importe qui, moi ; pourquoi qu'un salaud quelconque me donnerait des ordres ? Il se tortillait sur sa couchette, mal à son aise. C'est un complot. Une vague amertume le travaillait contre tout et tous. Le monde entier est que de la fumisterie ; si on est pas de la haute, on a que le bout merdeux du bâton. T'as tout le monde contre toi. Il se rappela comment Croft avait ri en voyant sa blessure. Il se fout des uns et des autres, il nous verrait aussi bien tous morts. La douleur et la commotion et le saisissement lui revenaient, qu'il avait ressentis au moment où la balle l'avait frappé. Pour la première fois il était réellement effrayé. J'y retourne plus. Plutôt me faire fusiller. Il avança ses lèvres. Y a jamais moyen de savoir si on est à l'abri d'un mauvais coup. C'est pas une vie, ça. Il broya du noir de tout l'après-midi. En deux jours et demi il était passé de l'allégresse à l'ennui et au ressentiment, et il se sentait un peu désespéré. Je suis fait de bonne pâte, se disait-il, je suis de pâte à faire un sous-off si seulement ils me donnaient la chance, mais pas Croft. Croft fait que regarder son gars et le juge du premier coup. Il repoussa sa couverture en jouant des jambes. Pourquoi que je me donnerais du mal à me crever le cul ? Je suis bon pour faire le boulot, mais ça paie pas. Ils peuvent se brosser, s'ils croient que je vais me décarcasser pour rien. Il songea au temps où il avait fait son entraînement, quand il était le premier de sa section. Y avait pas un seul troufion qui pouvait me posséder, pensait-il, mais on perd son ambition. Je deviens un clochard. J'en sais trop, voilà ma guigne. Ça vaut pas la peine de se fatiguer, parce que de toute façon on arrive jamais à rien dans l'armée. Il se sentait tout triste d'y songer, et il réfléchissait avec un plaisir désabusé à sa vie ruinée. Je connais la musique, je suis trop malin pour gaspiller mon temps. Une fois libéré, je saurai pas quoi faire de moi-même. Je serai pas capable de travailler, je serai foutu. Y a que les histoires de queue qui m'intéresseront. Il se coucha sur le ventre. Que foutre il y a d'autre dans la vie ? Il soupira. Comme dit Polack, la seule chose à faire c'est de se trouver une combine. Il éprouva un plaisir vindicatif à cette idée, et il s'imagina en prison, un meurtrier, tandis que des larmes de pitié emplissaient ses yeux. Il se retourna de nouveau, avec nervosité. Faut que je me tire de là. Combien de temps qu'ils vont me tenir ici sans même me regarder ou s'occuper de moi ? Faut qu'ils me sortent d'ici en vitesse ou je perds réellement la boule. La stupidité de l'armée l'amusait. Vont perdre un soldat de la manière qu'ils s'y prennent, simplement parce qu'ils s'en occupent pas.

Il s'endormit, se réveilla au milieu de la nuit dans un bruit de voix : les infirmiers aménageaient des blessés sous la tente. Çà et là le contour rougeâtre d'une main lui apparaissait, dont le squelette se dessinait en transparence sur le foyer d'une torche électrique, et une ou deux fois un faible rayon de lumière avait mis une ombre étrange dans la face d'un malade. Qu'est-ce qui se passe ? se demandait-il. Un des blessés poussait des gémissements, et le son de cette plainte lui donna la chair de poule. Le médecin arriva, échangea quelques mots avec l'un des infirmiers. « Veillez au drain de ce thoracique et donnez-lui un hypo, double dose s'il s'agite trop.

— Oui, monsieur le major. »

Y a que ça qu'ils connaissent, pensa Minetta, hypo, hypo, à ce compte-là moi aussi je pourrais être un scieur d'os. Il observait la scène, les yeux clos à demi, écoutant attentivement la conversation des deux blessés à la tête enveloppée de bandages. C'était la première fois qu'il les entendait parler. « Hé, infirmier, demanda l'un d'eux, qu'est-ce qui se passe ? »

L'infirmier s'approcha d'eux et leur parla un court moment. « Paraît qu'y a eu des tas de patrouilles aujourd'hui, et ces gars arrivent à l'instant du Battalion Aid.

— Tu sais pas si la compagnie E était dans le coup ?

— Demande au général, dit l'infirmier.

— Je suis content que j'y ai pas été, grommela un des blessés.

— Pauvre petit oiseau », dit l'infirmier.

Minetta se retourna dans son lit. Tu parles d'un réveil, pensa-t-il. Quelqu'un pleurait à l'une des extrémités de la tente, faisant entendre de gros et épais sanglots qui semblaient sortir en se tordant de sa gorge. Minetta ferma les yeux. Quelle taule, pensa-t-il avec dégoût. Sa contrariété dissimulait une frayeur excessive. Il se rendit compte tout à coup que la jungle haletait à la lisière de la tente, et il éprouva les terreurs d'un enfant qui se réveille dans le noir. « Jésus », marmonna-t-il. Le seul effort qu'il eut à faire en deux jours et demi ayant consisté à se baisser pour prendre son pot de chambre et à manger ses repas qu'on lui apportait au lit, son inactivité presque totale l'avait rendu extrêmement agité. Je peux plus supporter ça, se disait-il. Les pleurs du blessé devenaient des cris d'une telle terreur que, grinçant des dents, Minetta tira la couverture sur ses oreilles. « NYYYY-YOUOUOUOUOUOUOU, NYYYYYYY-YOUOUOUOUOUOURR », gémissait le blessé, imitant le bruit d'un mortier. « Mon Dieu, il faut que vous me sauviez, *il faut que vous me sauviez !* » hurla-t-il.

Il y eut un long et profond silence sous la tente noire, puis finalement quelqu'un grogna : « Un autre loufoque.

— Pourquoi diable qu'on nous a fourrés dans la section pour loufoques ? »

Minetta frémit. Ce lunatique il peut me tuer pendant que je dors. Une pulsation s'empara de sa cuisse, presque guérie pourtant. Faut que je reste réveillé. Il remuait sur sa couchette, inquiet, prêtant l'oreille à la vie animale dans la jungle, contre la tente. Des coups de feu se firent entendre au loin, et de nouveau il se mit à frissonner. Je perdrai la boule d'ici le matin, pensa-t-il tout en se mettant à pouffer. Il sentait un vide dans son estomac, comme s'il avait faim. Pourquoi que je me suis fourré là-dedans ? se demandait-il.

Un des blessés nouvellement hospitalisés se mit à pousser des gémissements qui bientôt finirent par se résorber en une toux mêlée de borborygmes. Ce gars-là paraît mal en point, songea Minetta. La Mort. Elle lui sembla, dans le moment, presque tangible. Il eut peur de respirer, comme si l'air était pollué. Tout paraissait bouger autour de lui, dans le noir. Quelle nuit, se dit-il. Son cœur battait rapidement. Oh, Jésus, faites seulement que je sorte d'ici.

Son estomac se crispait et lui donnait des haut-le-cœur. Je pourrai pas dormir, c'est sûr et certain. La jalousie se prit à le tourmenter. Il se complut dans de longues imageries où il voyait Rosie faisant des avances à un homme ; elle allait danser toute seule à Roseland, puis, de fil en aiguille, cela aboutissait à l'inévitable — et ses épaules et le dos de ses cuisses se couvraient de sueur froide. Il commençait aussi à se faire de la bile à cause de sa famille. Ils vont rester sans avoir de mes nouvelles pendant deux mois. Comment diable que je ferai pour leur envoyer une lettre ? Ils penseront que je suis mort. Il eut un serrement de cœur en songeant à l'angoisse de sa mère. Bon Dieu, les embarras qu'elle faisait quand j'attrapais froid. Les mères italiennes et les mères juives, c'est toujours comme ça qu'elles sont. Il s'efforça de refouler les inquiétudes que lui causait la pensée de sa mère, songea de nouveau à Rosie. Si elle a plus de mes nouvelles, c'est du coup qu'elle se mettra à galoper. Il devenait amer. Eh, qu'elle aille se faire foutre, j'ai eu des poules avec qui je me suis amusé bien mieux qu'avec elle. C'est pas ça qui manque. Il songea à l'éclat excitant de ses yeux, et il éprouva une agréable sensation de peine et de pitié. Il s'ennuyait d'elle.

Le blessé poussa un nouveau cri, et Minetta se dressa dans sa couchette en frissonnant. Faut que je dors un coup, c'est pas possible de continuer comme ça. « Voilà le Japonais, je le vois, *je le vois*, je vais le tuer ! » hurla-t-il. Il quitta sa couchette, se mit à trotter sous la tente. Le sol de terre battue était froid et humide sous son pied nu. Il tremblait pour de bon.

L'infirmier se leva de sa chaise, en soupirant. « Oh, Dieu, quelle piaule. » Il prit une seringue sur sa table, s'approcha de Minetta. « Couche-toi, Julot.

— Va te faire enculer ! » Il se laissa conduire à son lit, retenant sa respiration alors que l'aiguille s'enfonçait dans sa chair. « Oh, quelle vie », grommela-t-il.

Le blessé de la poitrine faisait de nouveau entendre sa toux mêlée de borborygmes, mais il semblait à Minetta que le bruit lui arrivait de très loin. Il se détendit, se sentant au chaud et bien à l'aise. C'est une bonne chose cette camelote, se dit-il, pensant au sédatif. Je deviendrai morphinomane... eh, pourvu que je me tire d'ici... Il s'endormit.

En se réveillant, le matin, il s'aperçut que l'un des blessés était mort. La couverture recouvrait la tête du corps, et la saillie rigide de ses pieds mit une caresse glaciale le long de l'échine de Minetta. Il regarda le cadavre, puis détourna les yeux. Une couche de silence enveloppait le mort. Y a quelque chose de spécial avec un gars quand il est mort, pensa-t-il. Une vive curiosité s'empara de lui pour ce visage que la couverture dissimulait ; il se demandait l'air qu'il avait. S'il n'y avait eu personne sous la tente, il se serait approché du corps et aurait écarté la couverture. C'est le type avec le trou dans la poitrine, se dit-il. Une fois de plus il eut peur. Comment veulent-ils qu'on reste ici quand un pauvre gars a claqué à côté de vous ? Un soupçon d'horreur jaillit en lui, le laissant avec un léger mal de cœur. Le sédatif lui avait donné une violente migraine, son estomac était cru, ses reins douloureux. Oh, Jésus, faut que je me tire de là.

Deux infirmiers firent leur entrée sous la tente, mirent le mort sur un brancard, et l'emportèrent. Aucun des blessés ne dit mot, mais Minetta n'avait pas quitté des yeux la couchette vide. Je peux plus supporter une autre nuit comme la dernière. Un aigre liquide remonta de son estomac à sa bouche, et il l'avala machinalement. Oh, merde.

Quand on lui eut apporté son petit déjeuner, il fut incapable d'y toucher. Il resta sur sa couchette à rêvasser, sachant qu'il était au-dessus de ses forces de passer une autre journée à l'hôpital. Il voulait regagner sa section. N'importe quoi, pourvu que je sorte d'ici.

Le médecin arriva, et Minetta l'observa avec calme qui lui enlevait son pansement. La coupure, entièrement guérie, laissait voir une ligne de chair rosâtre que le médecin badigeonna avec un antiseptique rouge. Il ne lui remit pas le pansement. Le cœur de Minetta battait rapidement. Il avait le sentiment que sa tête était creuse et instable.

Le son de sa voix le surprit. « Eh, docteur, quand est-ce que je sors d'ici ?

— Quoi ? Qu'est-ce que c'est ?

— Je sais pas, je me suis réveillé ce matin. Où c'est que je suis ? Il sourit d'un air hébété. Je me rappelle que j'étais dans une autre tente avec ma jambe, et maintenant je suis ici. Qu'est-ce qui s'est passé ? »

Le médecin le regarda paisiblement. Minetta s'efforça de soutenir son regard ; mais, bien qu'il en eût, il sourit faiblement.

« Quel est votre nom ? demanda le médecin.

— Minetta. Il donna son numéro matricule. Je peux sortir aujourd'hui, docteur ?

— Oui. »

Minetta éprouva un mélange de soulagement et de déception. Le temps d'une seconde il regretta de ne s'être pas tu.

« Oh, Minetta, j'aurai à vous parler quand vous serez habillé. Il lui tourna le dos, puis ajouta par-dessus son épaule : Et ne vous esquivez pas. C'est un ordre. Je veux vous parler.

— Oui, monsieur le major. » Il haussa les épaules. Qu'est-ce qui lui prend ? se demanda-t-il. Il jubilait un peu à la pensée d'avoir si bien mené sa barque. Suffit de penser vite et tu te débrouilles à tous les coups. Il mit ses vêtements, roulés en boule à la tête de son lit, se chaussa. Le soleil ne chauffait pas encore trop, et Minetta se sentait de belle humeur. C'était pas pour moi, pensait-il ; je suis pas fait pour rester à plat dos tout le temps. Il regarda la couchette de l'homme qui venait de mourir, et il haussa les épaules pour surmonter un frisson d'angoisse. On a de la chance de foutre le camp d'ici. Il se souvint brusquement des patrouilles de la veille, et cela le démoralisa. J'espère qu'ils vont pas mettre la section sur la brèche. Il se demandait s'il n'avait pas commis une erreur.

Après s'être habillé il se sentit affamé, et il gagna la tente qui abritait le mess de l'hôpital, où il plaida avec le cuisinier. « Tu voudras pas renvoyer en ligne un gars qu'a rien dans le bide, dis ? demanda-t-il.

— Ça va, ça va, prends-y quelque chose. » Minetta dévora les reliefs d'une omelette gommeuse faite d'œufs en poudre, et but un peu de café tiède qui restait au fond d'une bouilloire de cinquante litres. Le breuvage sentait fortement le chlore, et Minetta fit la grimace. Autant boire de la teinture d'iode, pensa-t-il.

Il assena une tape dans le dos du cuisinier. « Merci, mon pote. Je voudrais qu'ils fricotent si bien que ça dans notre compagnie.

— Tu parles. »

Il s'en fut trouver le sergent en charge du magasin de l'hôpital, se fit remettre son fusil et son casque, puis gagna la tente du médecin. « Vous vouliez me voir, docteur ? demanda-t-il.

— Oui. » Minetta s'assit sur une chaise pliante.

« Levez-vous ! fit le médecin, le regardant d'un œil froid.

— Monsieur le major ?

— Minetta, l'armée n'a que faire d'hommes comme vous. Cette farce que vous venez de jouer ne vaut pas bien cher.

— Je ne sais pas de quoi vous parlez, monsieur le major. » Un accent d'ironie jouait dans sa voix.

« En voilà assez ! dit le médecin d'un ton cassant. Je vous aurais fait passer en conseil de guerre si ça ne prenait pas trop longtemps, et si ça n'était pas précisément ce que vous cherchiez. »

Minetta se tut. Il se sentait rougir, se tenant là piqué raide et plein de rage. Il aurait voulu pouvoir le tuer.

« *Répondez !*

— OUI, MONSIEUR LE MAJOR !

— Recommencez votre truc, et je verrai personnellement à ce que vous écopiez dix ans. J'envoie une note à votre PC pour qu'on vous mette de corvée pendant une semaine. »

Minetta s'efforça d'avoir un air dédaigneux. Il avala, puis dit : « Pourquoi que vous me persécutez, monsieur le major ?

— *Fermez-la !* »

Minetta lui lança un regard furibond. « C'est tout ce que vous voulez, docteur ? demanda-t-il.

— Sortez d'ici. Si jamais vous revenez, vous ferez bien d'avoir un trou dans le ventre. »

Minetta s'en fut à grands pas. Il tremblait de rage. Ces nom de Dieu de salauds d'officiers, se disait-il. Sont tous les mêmes. Il buta dans une racine et, de colère, il piétina le sol. Attends seulement que je lui mette la main dessus après la guerre. Je lui montrerai, à ce fils de pute. Il atteignit la route qui passait à la lisière de l'hôpital et, en attendant l'arrivée d'un camion en provenance de la plage, il cracha à une ou deux reprises. Cet imbécile de bâtard était probablement incapable de gagner sa vie avant la guerre. Une espèce de docteur. Un accès de honte le saisit. Je suis furieux à chialer, pensa-t-il.

Au bout de quelques minutes un camion arriva et s'arrêta en grinçant. Minetta grimpa à l'arrière, s'assit sur un chargement de munitions pour petites armes, et se reprit à rager. Un gars se fait amocher, et comment qu'ils te le traitent ? Comme un chien. Ils se foutent pas mal de nous autres. Je demande moi-même à me faire renvoyer, et il me traite comme si j'étais un criminel. Eh, qu'ils aillent se faire foutre, c'est tous une bande de bâtards. Il repoussa son casque sur sa nuque. Je veux être pendu si je recommence. Je compte plus sur personne. S'ils veulent me traiter comme ça, bon, très bien ! Cette idée le soulagea. Très bien alors, se répéta-t-il.

Il regarda la jungle touffue qui filait des deux côtés du camion. Très bien. Il alluma une cigarette. *Très bien.*

Red vit Minetta au rata du midi, quand la section rentra du chantier sur la route. Après avoir piétiné dans la queue, il alla s'asseoir auprès de Minetta et posa sa gamelle sur le sol. Poussant un grognement, il s'appuya du dos contre un arbre. « T'es rentré, hein ? dit-il, lui faisant un signe de tête.

— Oui, ce matin.

— Ils t'ont gardé bien longtemps pour une écorchure, dit Red.

— Oui. Il resta silencieux un moment, puis ajouta : Bien, tu sais comment c'est ; pas commode d'entrer, pas commode de sortir. Il avala une bouchée de saucisse viennoise. Je me la suis coulée douce là-bas. »

S'aidant de sa cuiller Red arrosa la purée de pommes de terre déshydratées et les haricots verts de conserve. Cette cuiller était son unique couvert ; plusieurs mois plus tôt il avait jeté son couteau et sa fourchette. « Ils t'ont bien traité, hein ? » Il s'en voulait de sa curiosité.

« Fichtrement bien, dit Minetta. Il avala une gorgée de café. Je me suis engueulé avec un toubib là-bas, le fils de pute. J'ai perdu mon sang-froid et j'y ai dit d'aller se faire voir, alors il m'a flanqué de corvée, mais à part ça tout a été très bien.

— Voui », dit Red. Ils continuèrent de manger en silence.

Red se sentait mal en point. Depuis des semaines son mal de reins allait s'aggravant, et ce matin-là, sur la route, en soulevant une pioche, il fit un si grand effort qu'il s'éreinta. Une violente douleur l'avait saisi au moment où il brandissait l'outil. Les mâchoires serrées, les doigts tremblants, il dut bientôt abandonner le travail, et de toute la matinée son dos n'avait pas cessé de palpiter. Quand les camions furent arrivés, il éprouva une grande difficulté à s'y hisser. « Tu te fais vieux, avait gazouillé Wyman.

— Voui. » Les cahots du camion avaient aggravé ses souffrances, mais il s'était tu. L'artillerie tirait sans arrêt, et les hommes parlaient d'une prochaine attaque. Ils vont nous envoyer de nouveau au feu, avait-il pensé ; je ferais bien de me faire retaper. Pendant un bref moment il s'imagina à l'hôpital, mais il en repoussa l'idée avec dégoût. J'ai jamais pris la poudre d'escampette, et c'est pas maintenant que je commencerai. Il n'en continuait pas moins à regarder avec inquiétude par-dessus son épaule. C'est pas encore cette semaine que je crèverai, s'était-il dit.

« Alors, comme ça, ils vous traitent plutôt bien ? » demanda-t-il de nouveau à Minetta.

Minetta reposa son café, regardant Red d'un œil attentif. « Oui, plutôt bien. »

Red alluma une cigarette puis se hissa gauchement sur ses jambes. Tout en rinçant sa gamelle dans un bidon d'eau chaude, il se demandait s'il allait se faire porter malade. Pour quelque raison indécise, cela lui semblait honteux.

Il transigea finalement en allant trouver Wilson. « Écoute, vieux, je crois que je vas me faire porter malade. Tu veux venir avec moi ?

— Je sais pas. J'ai jamais connu un toubib qu'a fait du bien à un homme.

— Je croyais savoir que t'étais malade.

— Vrai de vrai, Red, y a tous mes boyaux qui sont troués comme qui dira avec du plomb. Je peux même pas pisser un coup sans que ça me brûle.

— T'as besoin de glandes de singe. »

Wilson pouffa. « Sûr qu'y a queuque chose avec moi.

— Allons-y alors, que diable, suggéra Red.

— Eh, tu sais Red, si qu'ils peuvent pas voir avec leurs yeux ce que t'as, t'as jamais rien du tout. Ces salauds, tout ce qu'ils savent c'est te donner une purge ou de l'aspirine. Puis j'aime pas tirer au flanc. Je suis parfois un fils de garce, mais personne peut pas dire que je fais point ma part de boulot. »

Red alluma une cigarette, fermant les yeux, réprimant une grimace sous une poussée soudaine de douleur. Le spasme passé, il grommela : « Allez, viens, on carotte une journée. »

Wilson soupira. « Bon, ça va, mais ça me fait suer. »

Ils gagnèrent la tente de l'infirmerie où un scribe prit leurs noms, puis ils traversèrent le bivouac en direction de la tente-hôpital du régiment. Plusieurs hommes s'y tenaient debout, attendant d'être examinés ; une demi-douzaine d'autres, assis sur deux couchettes reléguées à l'une des extrémités de la tente, badigeonnaient avec un antiseptique rouge leurs pieds couverts de mucus. Un soldat examinait les patients.

« L'est foutrement lente, cette queue, se plaignit Wilson.

— Toutes les queues sont lentes, dit Red. Ils ramènent tout à un système. Fais la queue, fais la queue. Crois-moi, plus rien vaut la peine que tu le fais si que t'as à poireauter dans les queues.

— Quand on rentrera, je suppose qu'il faudra faire la queue pour une femme. »

Ils continuèrent de causer à bâtons rompus, tout en avançant avec la queue. Quand Red arriva devant l'infirmier, il ne sut d'abord quoi lui dire. Il se rappela de vieux nomades, leurs membres déformés par les rhumatismes et l'arthrite et la syphilis, leur regard vide, leur ivresse chronique. Ils l'avaient abordé une fois, essayant de le taper — de quoi s'acheter des « pilules ».

Maintenant c'était à son tour de mendier une pilule, et le temps d'une seconde il se trouva muet. L'infirmier le regardait avec ennui.

« C'est mon dos, grommela finalement Red avec embarras.

— Ben, enlève ta chemise, je peux pas voir à travers tes vêtements », cracha l'infirmier.

Sous la repartie de l'autre, Red se réveilla. « Si même je l'enlève t'en sauras pas grand-chose, s'emporta-t-il. C'est mes reins. »

L'infirmier soupira. « Ferez mieux d'inventer autre chose, vous autres. Vas-y par là-bas voir le toubib. » Sans répondre, Red se mit à la queue d'une autre file, plus longue que la précédente. Il se raidissait de colère. Faut pas que je me laisse emmerder, se dit-il.

Wilson le rejoignit au bout d'un moment. « Ils y connaissent rien du tout. Vous renvoient seulement d'un type à un autre. »

C'était le tour de Red d'être examiné, quand un officier entra sous la tente, saluant le médecin. « Venez par ici », l'appela le docteur. Ils parlèrent pendant quelques minutes sous l'œil de Red. « J'ai attrapé un rhume de cerveau, disait l'officier. C'est cet enfer de climat. Pouvez-vous me donner quelque chose pour m'en débarrasser, sans que ça soit votre maudite aspirine ? » Le médecin rit. « J'ai votre affaire, Ed. J'en ai reçu un peu par le dernier arrivage. Loin de suffire pour tout le monde, mais vous êtes le bienvenu. »

Red se tourna vers Wilson et gouailla : « Si *nous* nous amenions avec un rhume, ils nous enverraient chier. » Il avait parlé assez fort pour se faire entendre des officiers, et le médecin posa sur lui un regard glacial que Red soutint sans broncher.

L'officier parti, le médecin dévisagea Red. « Qu'est-ce qui ne va pas avec vous ?

— Néphrite.

— Laissez-moi le soin de faire le diagnostic, si vous n'y voyez pas d'inconvénient.

— Je sais ce que c'est, fit Red. Un docteur, en Amérique, me l'a dit.

— Vous semblez tous savoir ce qui vous démange, vous autres. Il le questionna sur les symptômes, écouta distraitement ses réponses.

Bon, et alors, vous avez une néphrite : que voulez-vous que j'y fasse, moi ?

— C'est à vous d'y répondre. »

Le médecin regarda la faîtière de la tente avec une expression de dégoût. « Ça ne vous ferait rien d'aller à l'hôpital, je suppose.

— Je veux seulement qu'on me retape. » La phrase du médecin l'avait incommodé. Était-ce pour cela qu'il s'était présenté à la visite ?

« Un rapport que nous venons de recevoir de l'hôpital nous demande de débusquer les tireurs au flanc. Comment puis-je savoir si vous ne feignez pas vos symptômes ?

— Y a des tests que vous pouvez faire, n'est-ce pas ?

— Oui, si nous n'étions pas en guerre. Il remit à Red un paquet de cachets, qu'il prit sous sa table. Avalez-en avec pas mal d'eau, et si vous feignez toute l'affaire vous n'avez qu'à fiche ça en l'air. » Red pâlit. « Au suivant », dit le médecin.

Red fit demi-tour et quitta la tente à grandes enjambées. « C'est la dernière fois que j'ai affaire à ces enfournés de toubibs. » Il tremblait de rage. « Si vous feignez... » Il revoyait les endroits où il avait dormi en plein hiver, les bancs dans les parcs, les ruelles glaciales. Eh, qu'ils aillent se faire foutre.

Il se souvint d'un soldat, en Amérique, mort faute d'avoir été admis à l'hôpital. Bien que fiévreux, il dut participer aux exercices pendant trois jours entiers, la loi de l'hôpital étant de n'admettre personne avec moins de trente-neuf degrés de température. Le quatrième jour, peu d'heures après son hospitalisation, l'homme mourait d'une double pneumonie.

C'est du tout prévu avec eux, pensait-il. Plus ils te font enrager plus t'es sûr de te casser la tête contre un mur, et c'est comme ça qu'ils te font marcher droit. Sûr, ça et là un type en crève, mais qu'est-ce que ça lui fout, à l'armée, un gars de plus ou de moins. Ces charlatans reçoivent ordre de te traiter comme un chien. Une juste et amère satisfaction lui venait de cette constatation. On dirait que nous sommes pas des hommes.

Mais, en même temps, il savait que la peur étoffait sa colère. Y a cinq ans, ce toubib je l'aurais envoyé paître. Ces références à ce qu'il aurait fait dans le temps, étaient comme de vieilles plaisanteries cent fois ressassées. Même quand on la fermait, on n'en finissait pas de se faire emmerder. On tiendrait pas le coup un mois si on voulait tout faire à sa tête, se dit-il. Et pourtant la vie ne valait rien si on se laissait marcher sur les pieds. Il n'y avait pas moyen de concilier cette contradiction.

La voix de Wilson le surprit. « Allez Red, viens qu'on s'en va.

— Oui. » Ils se mirent en marche.

Wilson gardait le silence. Son front large et haut était plissé. « Red, je dis que c'est dommage qu'on s'est fait porter malade.

— Oui.

— Faut que je me fais op-pé-rer.
— Tu vas à l'hosto ? »
Wilson secoua la tête. « Nan, le toubib dit que ça peut attendre jusqu'après la guerre. Y a pas de presse.
— Qu'est-ce qui cloche avec toi ?
— J'en sais foutre rien, dit Wilson. Ce gars-là dit que je suis tout bousillé dedans mes tripes. » Il sifflota pendant un instant, puis ajouta : « Mon vieux est mort d'une op-pé-ration, alors j'aime pas ça.
— Eh, dit Red. C'est pas bien grave, parce qu'autrement ils t'auraient pris tout de suite.
— J'y pige rien du tout, Red. Tu sais, j'ai attrapé la pisse cinq fois et je me la suis guérie à chaque coup. Un pote à moi m'a expliqué la combine, ça s'appelle pirdon ou pridion ou queuque chose comme ça, j'avais qu'à en prendre un peu et ça me remettait d'aplomb en cinq secs, mais ce toubib il dit que ça m'a fait rien de rien.
— Il s'y connaît pas.
— Oh, sûr que c'est un fils de garce, mais, Red, la vérité vraie c'est que je suis tout bousillé dedans mes tripes. Je peux pas pisser comme je veux et j'ai mal dans le dos, et parfois j'ai des crampes. Il fit claquer ses doigts avec mépris. C'est foutrement mal goupillé, Red. Tu prends une chose comme l'amour, c'est si bon et tiède et on s'y sent comme coq en pâte, et total ça finit par te mettre les dedans à l'envers. J'y comprends rien, et si tu veux savoir moi je pense que ce toubib-là il se trompe. Faire l'amour ça peut pas faire de mal à un gars.
— Ça peut, dit Red.
— Ben, y a queuque chose de mal foutu dans ce bazar, c'est tout ce que je peux te dire. Ç'a pas de sens qu'une si bonne chose elle finit par te bousiller. Il soupira. Red, je te jure que j'y perds la boule. »
Ils s'en revinrent à leurs tentes.

*
* *

LA MACHINE A FAIRE LE TEMPS : WOODROW WILSON. L'INVINCIBLE

C'était un grand bonhomme d'une trentaine d'années avec une belle crinière d'un brun doré et une face saine et haute en couleur dont les larges traits avaient une coupe régulière. Assez bizarrement, il portait des lunettes rondes cerclées d'argent qui lui donnaient à première vue un air studieux ou, du moins, une apparence ordonnée. « Avec toutes les filles que j'ai eues, j'oublierai jamais cette petite vieille garce », disait-il, s'essuyant le dos de la main sur son front haut et sculpté, se la passant sur sa crinière dorée.

Solidement ancrés dans votre esprit — clichés pareils à une paresseuse décadence, mort et maladie, monotonie et violence. La rue principale assume avec malaise son air de prospérité criarde ; il y fait chaud, cela regorge de monde, les boutiques sont petites et malpropres. Languides et fiévreuses, les filles s'avancent sur leurs jambes maigrichonnes, la face peinte, le regard pris par les affiches multicolores qui tapissent l'entrée des cinémas, la main triturant l'acné à leur menton, les yeux pâles et insolents louchant au soleil qui réverbère sur l'asphalte maculé, sur les papiers piétinés, dont il fait ressortir les crevasses pleines de poussière.

A cent mètres de là les rues de derrière sont vertes et charmantes où le feuillage des arbres se rejoint au-dessus de la chaussée. Les maisons sont vieilles et plaisantes ; vous traversez un pont et regardez en bas vers un ruisselet tortueux qui contourne paisiblement des pierres arrondies ; on entend la voix des choses qui poussent et le sussurrement des feuilles dans la morne brise de mai. Un peu plus loin il y a l'inévitable petit hôtel particulier avec ses persiennes cassées, ses colonnes qui s'écaillent, et ses murs d'un gris noirâtre pareil à celui d'une dent dévitalisée. L'hôtel particulier altère le charme des rues, il les souligne d'un trait sombre et mortuaire.

La pelouse, au centre du square municipal, est déserte, et debout sur son socle la statue du général Jackson regarde d'un air appréciateur la pyramide de balles en ciment et le vieux canon dont la culasse a disparu. Derrière lui le quartier nègre s'étale jusque dans la campagne, le long des chemins sablonneux.

Là-bas, dans le ghetto noir, les huttes et les cabanes fléchissent sur leurs pilotis, le bois s'esquille et meurt, les rats et les cafards se bousculent sur les planches à sec de sève. Tout flétrit dans la canicule.

Tout au bout, presque dans la campagne, les blancs pauvres vivent dans des huttes similaires, espérant de passer un jour de l'autre côté de la ville où vendeurs de chaussures et caissiers de banque et contremaîtres d'usine vivent dans des maisonnettes cubiques le long des rues tracées au cordeau et où les arbres ne sont pas assez vieux pour couvrir le ciel.

Là-dessus plane la morne, l'inerte brise de mai, suffocante avec l'approche de l'été.

Certaines gens ne sont sensibles qu'à la chaleur. Woodrow Wilson, presque seize ans, étalé tout de son long sur un tronc d'arbre en bordure du chemin sablonneux, somnole au soleil. Il a chaud aux reins et une délicieuse paresse coule dans ses membres. Dans une petite heure j'irai voir Sally Ann. De tièdes odeurs, des images de tétin et de pubis chatouillent son nez. Ah, dis, je voudrais qu'on est déjà le soir. Un gars y a de quoi qu'il fondra au soleil à s'imaginer un con. Il soupire, remue paresseusement ses jambes.

Je parie que papa l'écrase.

Derrière lui, sous le porche flanqué de guingois sur des pilotis, son père dort dans un lit-balançoire mangé de rouille, avec sa liquette trempée de sueur qui lui remonte sous les aisselles.

Y a personne qui peut faire pompette comme papa. Il se met à pouffer. Y a que moi, dans une petite année ou deux. Nom de Dieu, on a envie de rien fiche sauf de rester couché au soleil.

Deux garçonnets nègres viennent à passer, menant une mule par la bride. Il se soulève.

Hé, les moricauds, comment qu'elle s'appelle, la mule ?

Leur regard se charge de crainte, et l'un d'eux frotte ses pieds dans la poussière. Joséphine, bégaie-t-il.

Ça va, petit. Il se marre. Dieu, je suis content que j'ai pas à bosser aujourd'hui. Il bâille. J'espère que Sally Ann découvre pas que j'ai point encore mes dix-neuf ans. Mais elle m'aime bien quand même, c'est une bonne petite vieille garce.

Une négresse, dans les dix-huit ans, passe son chemin, ses pieds nus soulevant devant elle un fin nuage de poussière. Elle ne porte pas de soutien-gorge sous son chandail, et ses seins au mouvement balancé semblent très pleins et très doux. Son visage est rond et sensuel.

Il la regarde et remue de nouveau ses jambes. Nom de Dieu. Ses hanches puissantes roulent avec lenteur, et il la suit du regard avec plaisir.

Un de ces jours je vas tâter de cette bidoche-là.

Il soupire une fois de plus, avec complaisance, puis il bâille. L'effet du soleil sur ses reins est presque insupportablement délicieux. C'est sûr qu'il faut pas grand-chose pour qu'un gars il se sent heureux.

Il ferme les yeux. C'est fou le bon temps qu'on peut se payer.

Il fait sombre dans l'atelier de bicyclettes où les établis sont tachés de graisse. Faisant le tour de la bécane, il en scrute les freins à main. Il n'a vu, à ce jour, que des freins à essieu arrière, et cela le confond. Faut peut-être que je demande à Wiley comment qu'on fixe ces petites merdouilles. Il se tourne vers son patron, puis s'arrête. Ferai aussi bien de me débrouiller tout seul, décide-t-il.

Il s'accroupit dans le demi-jour, trace la tension des freins le long du câble, pousse le patin contre la jante métallique. Après examen il découvre qu'un écrou lâchement vissé a relâché le câble, et il le resserre. Les freins se mettent à fonctionner.

— C'est un type calé qu'a inventé ça, se dit-il. Il est sur le point de remiser le vélo, quand il décide de le démonter. Je m'en vas apprendre tous les petits trucs de ces freins.

Une heure plus tard, après avoir démonté et remonté la machine, il sourit de contentement. Y a rien qui vaut une pièce de machinerie. Il éprouve une profonde satisfaction en retraçant dans son esprit les câbles et les boulons et les leviers qui font un frein à main.

C'est simple toute cette machinerie, y a qu'à piger. Il sifflote, satisfait de lui-même. Je parie que dans un an ou deux y aura point de bricole que je saurai pas faire marcher.

Mais, deux ans plus tard l'atelier de bicyclettes ayant fermé à cause de la crise, le seul emploi qui s'offre à lui c'est de travailler au pourboire comme garçon d'étage dans le grand hôtel situé au bout de la rue principale. Il s'y fait quelques sous, et il y a toujours moyen de s'y procurer des femmes et à boire. Quand c'est son tour d'être de service de nuit, il est rare qu'il manque de se trouver quelque fille avec qui passer une couple d'heures.

Un de ses copains possède une vieille Ford, et en fin de semaine, quand il est libre, tous deux s'en vont vadrouiller sur les routes sablonneuses, une cruche d'alcool de maïs ferraillant entre eux, sur le tapis de caoutchouc, contre le levier de changement de vitesse. Parfois ils embarquent une paire de filles avec eux, et bien des dimanches il leur arrive de se réveiller dans une chambre inconnue sans qu'ils sachent comment ils y ont échoué.

Un beau dimanche il se réveille homme marié. (Se retournant dans son lit, coulant son bras autour du ventre rond qui repose à ses côtés. Les draps sont tirés par-dessus sa tête et il regarde la peau tiède et le triangle de poils noirs. Il met son doigt dans le nombril de la femme.) Allez, debout. Il essaie de se rappeler le nom de sa compagne.

Bonjour, Woodrow. Sa face est lourde et puissante, et elle bâille uniment en se tournant vers lui. Bonjour, 'tit mari.

Mari ? Il secoue la tête, et les événements de la veille lui reviennent peu à peu. Vous êtes bien sûrs, vous deux, que vous voulez être mariés ? avait dit le juge de paix. Il se met à rire. Nom de Dieu ! Il essaie de se souvenir où il l'avait rencontrée.

Où qu'est vieux Slim ?

L'est avec Clara dans la chambre à côté.

Marié aussi, vieux Slim ? C'est ça, l'est marié. Wilson se remet à rire. Des scènes d'amour commencent de défiler dans sa mémoire, et son sang s'allume. Il la caresse avec douceur. T'es bonne à croquer si je me rappelle bien, mon chou.

T'es un bel homme, Woodrow, dit-elle d'une voix altérée.

Vo-oui. Il réfléchit pendant un instant. (Faut bien que je me suis marié un jour ou l'autre. Je vas déménager de chez papa et prendre cette maison dans la Tolliver Street, et on va s'installer.) Il la regarde de nouveau, détaille ses charmes. (Je savais ce que je faisais même si que j'étais saoul.) Il pouffe. Mariés nom de Dieu, viens qu'on se donne une bise chérie.

Le lendemain de la naissance de son premier enfant, à l'hôpital, il a une conversation avec sa femme.

Alice, chouchou, je voudrais bien que te me donnes un peu d'argent.

Pourquoi faire, Woodrow, te sais bien pourquoi je garde l'argent, la même chose va arriver que la dernière fois Woodrow, on a besoin de cet argent, faut qu'on a de quoi payer pour l'enfant vu qu'il est né à l'hôpital.

Il approuve de la tête. Alice, un homme ç'a envie de se saouler de temps à autre, je bosse salement dur au garage et j'ai comme qui dira envie de me payer un bout de bon temps, je peux pas être plus franc avec toi.

Elle le dévisage d'un air soupçonneux. T'iras pas au moins coucher avec des femmes.

J'ai plus que marre d'entendre ça, Alice, si que te fais pas confiance à ton propre mari t'es joliment mal fichue, je suis comme qui dira offensé que tu me parles comme ça.

Elle lui fait un chèque de dix dollars, gribouillant laborieusement son nom. Il sait qu'elle est fière de son carnet de chèques. T'écris fameusement bien, dit-il.

Te reviendras demain matin, chéri ?

Sûr.

Dans la rue, après avoir encaissé le chèque, il s'arrête pour boire un coup. Je sais pas, une femme l'est le plus foutu animal que Dieu a jamais fait, annonce-t-il. L'est une chose quand tu te maries avec, et foutre si qu'elles sont pas tout le contraire après coup. Tu te maries avec une fille qu'est pucelle et ça te devient une putasse, et tu te maries avec une putasse et voilà foutre qu'elle fait la popote et elle coud et elle serre les jambes pour tout le monde sauf pour toi, et que je crève si qu'avec le temps quand elle en a marre elle les serre pas pour toi aussi. (Rires.) Je vas vous dire une chose, je vas être un homme libre pendant deux jours.

Il vadrouille sur la route et fait de l'auto-stop par les terres incultes. Plus tard il hisse son gallon d'alcool de maïs sur son épaule et clopine le long d'une piste bordée de pins rabougris. Arrivé devant une cabane de ferme, il en ouvre la porte d'un coup de pied. Clara, mon chou.

Woodrow — toi ici, non mais ?

Oui, me suis dit que je te verrai pour un moment. Vieux Slim fera mieux de savoir qu'on s'en va pas pour toute une semaine, boulot ou pas boulot.

Je pensais qu'il était ton ami.

Sûr, mais sa femme est plus jolie. (Ils rient.) Viens par ici, petite, qu'on boit un coup. Il se débarrasse de sa chemise et attire Clara sur ses genoux. Il fait intensément chaud dans la cabane et il se serre contre la femme. Je vas te dire une chose, y a quelque temps y avait une petite vieille putain que je me suis envoyée douze fois en une seule nuit, et vu comme je bande maintenant et avec tout le jus que j'ai dedans mes tripes, je m'en vas battre ça avec toi.

Te feras mieux de pas boire trop, Woodrow, ça va te la couper.
Y a rien qui me la coupe, je suis un gars qu'est porté sur la chose. Il incline le gallon sur ses lèvres et se flatte le cou avec plaisir tandis qu'un filet de liquide coule le long de son oreille pour aller se perdre parmi le poil doré de son torse.

Woodrow, je pense que t'es un misérable, y a rien de si bas qu'un homme qui raconte des menteries à sa femme et dépense tout leur argent pendant qu'elle est à l'hôpital avec son bébé. (La voix d'Alice est geignarde.)
J'y vas rien te répondre, Alice, mais assez bavardé, je suis un bon mari la plupart du temps et t'as pas à me parler comme ça, je voulais seulement me payer une petite rigolade et je me la suis payée et te feras mieux d'arrêter de me chercher des crosses.
Woodrow, je suis une bonne épouse, je te suis restée fidèle comme une femme peut l'être depuis le jour qu'on s'est mariés, et t'as un enfant maintenant et faut que tu te ranges, qu'est-ce que tu penses que j'ai senti quand j'ai découvert que t'as écrit un autre chèque en mon nom et que t'as pris tout l'argent qu'on avait.
Je me disais que te seras contente de voir que j'ai pris un peu de bon temps, mais tout ce qu'une femme veut c'est qu'on la quitte pas d'une semelle.
Et puis faut encore que t'as attrapé une maladie avec cette garce de rien du tout.
Allez, arrête de me chercher des crosses, j'ai un peu de pyridin ou diable sait comment ça s'appelle, ça me retapera en moins de rien, je me suis retapé avec ça des tas de fois.
On peut mourir de ça.
Te racontes des bêtises. (Il ressent un tremblotement de peur, qu'il refoule avec hâte.) Y a que ceux qu'ont la trouille de bouger de leur coin, qui tombent malades. T'as qu'à te payer une rigolade, et ça te tient en forme. (Il soupire et lui tapote le bras.) Allez, chouchou, voyons, arrêtons tes histoires, tu sais que je t'aime, y a des fois où que je peux être terriblement gentil avec toi.
Il s'offre un nouveau soupir. (Si que seulement on pouvait faire ce qu'on veut, on serait jamais dans le pétrin. Mais comme ça faut que je suis menteur, que je fais l'imbécile, et que je vas cinquante pas à gauche si même quand j'ai envie d'aller dix pas à droite.)

Il suit la rue principale avec sa fille aînée, âgée de six ans. Qu'est-ce que te regardes, May ?
Je regarde, papa.
Bien, ma chérie.
Il la voit qui dévore des yeux une poupée à l'étalage d'une boutique. Au pied de la poupée une étiquette porte le prix : 4.59. Qu'est-ce qu'y a, te veux la poupée ?
Oui papa.

Elle est sa préférée, et il soupire. Chérie, te mettras ton papa à la paille. Il tâte dans sa poche un billet de cinq dollars ; c'est tout ce qui lui reste pour finir la semaine, et on est mercredi. Bon, allons-y, chérie.

Papa, maman sera fâchée contre toi parce que tu me l'achètes ?

Nan, chérie, papa arrangera ça avec maman. Il rit intérieurement. (Quelle maligne petite merdeuse c'est.) Il tapote avec affection son petit derrière. (Un de ces jours elle fera le bonheur d'un gars.) Viens, May.

Sur leur chemin de retour il pense à l'histoire qu'Alice lui fera à cause de la poupée. (Eh, merde, je m'en fous. Qu'elle commence de dégosiller et je lui sors une de mes vieilles petites crises de rage et elle s'arrêtera pile. Y a que leur flanquer la trouille, c'est la seule façon qu'une femme comprend.) Allez, viens May.

Il longe la rue avec sa fille, saluant et interpellant ses amis. (J'arrive pas à comprendre pourquoi quand on baise on fait un gosse, une chose est une chose et une autre chose est une autre chose. C'est foutrement trop compliqué quand on commence de penser le pourquoi du comment et qu'on se demande ce qu'on va faire le coup d'après. Merde, y a qu'à laisser que les choses vous arrivent toutes seules et on se débrouille toujours assez bien.)

L'enfant se met à traînailler et il la prend dans ses bras. Viens, chérie, toi tu portes la poupée et moi je te porte toi, et tout ira très bien.

(Un homme il a qu'à pas s'en faire pour qu'il a la vie belle.) Heureux et content, il continua son chemin vers la maison. Quand Alice se mit à gémir sur le prix de la poupée il lui sortit une de ses vieilles petites crises de rage, puis il se versa à boire.

13

Après le transfert d'Hearn à la section de Dalleson, Cummings eut une semaine fort chargée. L'assaut majeur et final contre la Ligne Toyaku, que Cummings retardait depuis presque un mois, était devenu virtuellement une nécessité. Le caractère des messages qu'il recevait du corps d'armée excluait tout atermoiement, et Cummings avait aussi bien ses propres informateurs dans les hauts échelons : il savait qu'il lui fallait obtenir un succès ou un autre dans la quinzaine à venir. Son état-major avait élaboré le plan de l'attaque dans ses ultimes variantes et détails, et l'assaut devait avoir lieu dans trois jours.

Mais Cummings était mécontent. Les forces qu'il pouvait assembler étaient relativement puissantes pour faire face à la situation, mais il s'agissait d'une attaque frontale et il n'y avait pas de raison de croire qu'elle réussirait davantage que l'attaque antérieure, qui manqua son but. Les hommes s'avanceraient, et à la première résistance sérieuse leur pas retomberait probablement à un simple rampement.

Pendant plusieurs semaines Cummings avait nourri un autre plan, basé sur l'appoint d'une force navale, chose toujours difficile à obtenir. Il avait tâté précautionneusement le terrain à cet effet, et reçut quelques réponses contradictoires qui le laissèrent dans le doute ; aussi, ce plan secondaire, il l'avait remisé sur une voie de garage, dans la nécessité où il se trouvait de réaliser quelque chose de tangible et d'effectif. C'était cependant cet autre plan qui le sollicitait, et un matin, au cours d'une conférence avec ses officiers d'état-major, il prit la décision d'élaborer une série de dispositifs additionnels qui comprenaient l'appoint naval.

Cet autre plan était simple mais puissant. L'extrémité du flanc droit de la Ligne Toyaku était ancrée en bordure de l'eau, à un mille ou deux derrière le point où la péninsule rejoignait le corps de l'île. A six milles de là se trouvait une petite crique appelée Botoï Bay. Le nouveau plan du général consistait à débarquer un millier d'hommes à Botoï et à leur faire remonter l'île selon une diagonale pour prendre à revers le centre de la Ligne Toyaku. En même temps son attaque frontale, quoique réduite en force, s'avancerait à la rencontre des troupes d'invasion. L'invasion pouvait réussir si à son tour le débarquement avait réussi.

Seulement, là gisait l'incertitude. Le matériel flottant dont il disposait pour la navette entre les cargos au large et l'île était suffisant pour lui permettre de transporter ses troupes d'invasion en une seule vague, si besoin ; mais Botoï Bay était presque entièrement hors de la portée de son artillerie, et la reconnaissance aérienne montrait que cinquante ou peut-être même cent soldats japonais étaient retranchés dans des casemates et des blockhaus sur ce bout de terrain. Il était douteux que l'artillerie, ou même un bombardement en piqué, pussent les en déloger. Il aurait fallu qu'un destroyer, et préférablement deux, y fissent feu à bout portant — à un kilomètre au large peut-être. S'il y faisait débarquer un bataillon sans l'appoint naval, un sanglant et désastreux massacre en résulterait.

Et, tout au long d'une ligne de quatre-vingts milles la plage de Botoï Bay était le seul endroit sur la côte où il pût débarquer des troupes. Passé Botoï, quelques-unes des plus denses forêts de la jungle qui couvrait Anopopéi poussaient virtuellement à même l'eau, et plus près de son propre front les falaises étaient trop abruptes pour que des troupes d'invasion les pussent escalader. Il n'y avait pas d'alternative. Pour prendre la Ligne Toyaku à revers il fallait l'appoint de la marine.

Ce qui séduisait le général dans cette invasion de flanc était ce qu'il appelait sa « justesse psychologique ». Les hommes débarqués à Botoï se trouveraient jetés sur les arrières de l'ennemi sans voie de retraite possible, et leur seul salut consisterait à pousser de l'avant pour établir un contact avec leurs propres troupes. Ils seraient *forcés* d'avancer. Et, réciproquement, les troupes qui attaqueraient de front combattraient avec plus d'enthousiasme. Elles seraient contentes de n'avoir pas été de l'invasion et, plus important encore, elles croiraient rencontrer une résistance plus molle, moins décisive, à cause du mouvement tournant.

Le plan de bataille de l'assaut frontal ayant été complété — il ne s'agissait plus que de quelques jours d'attente, jusqu'à ce que les approvisionnements fussent amenés à pied d'œuvre — Cummings convoqua ses officiers d'état-major en conférence spéciale, leur décrivit son nouveau plan, et donna ordre d'en développer le détail en fonction de l'attaque principale. En même temps, par la voie hiérarchique, il fit une demande de trois destroyers. Puis il mit son état-major à l'œuvre.

Après un déjeuner rapide le commandant Dalleson retourna à la tente qui abritait les services de sa section et se mit à travailler au plan pour l'invasion de Botoï. Il s'assit derrière sa table, ouvrit le col de sa chemise, se tailla d'un geste lent et absorbé quelques crayons, puis, sa lèvre inférieure lourde et moite pendillant pensivement, il se choisit une feuille de papier blanc et écrivit en tête de page avec de grosses lettres majuscules : « Opération Coda. » Il soupira de contentement et alluma un cigare, amusé un instant par le mot coda, qui ne lui disait rien. « Veut dire probablement code », murmura-t-il sans y penser. Lentement, laborieusement, il s'efforça de se concentrer sur son travail. Il s'agissait d'un problème qui lui convenait fort bien.

Un homme plus imaginatif aurait détesté cette tâche, car elle consistait essentiellement à composer de longues listes d'hommes et de matériel, et à dresser des horaires. Cela demandait le même genre de patience qu'il faut pour composer des mots croisés. Mais Dalleson prenait plaisir à sa tâche, d'autant plus que d'autres types de travaux le laissaient moins sûr de lui-même. Ce genre d'affaire pouvait être conduit en suivant les instructions contenues dans l'un ou l'autre des manuels à l'usage des officiers d'état-major, et Dalleson éprouvait l'espèce de satisfaction propre aux personnes qui, manquant d'oreille, sauraient reconnaître un air de musique.

Il commença par calculer le nombre de camions nécessaires pour transporter les troupes d'invasion depuis les premières lignes jusque sur la plage d'embarquement. Comme, à ce moment-là, l'attaque frontale serait probablement engagée, il était impossible de décider à l'avance quelles troupes seraient affectées à l'invasion. Cela dépendrait de la situation, mais de toutes façons le prélèvement devrait se faire dans l'un des quatre bataillons de fusiliers ; aussi Dalleson partagea sa donnée en quatre problèmes isolés, allouant un nombre différent de camions pour chaque éventualité. Le besoin en camions pour l'attaque par terre pouvait être déterminé par le service G-4. Il leva la tête et promena un regard de travers sur les hommes et les officiers qui travaillaient sous sa tente.

« Hé, Hearn ! cria-t-il.

— Oui ?

— Portez ça à Hobart et dites-lui de voir où on peut trouver ces camions. »

Hearn opina de la tête, prit la feuille que Dalleson lui passait, et quitta la tente en sifflotant. Dalleson l'accompagna d'un regard intrigué et un rien belligérant. Hearn l'irritait un peu. Il ne savait pas, mais il était un peu mal à son aise avec lui, un peu incertain. Il avait toujours le sentiment que Hearn riait de lui, encore que rien ne vînt concrétiser son impression. Il avait été un peu surpris quand le général avait transféré Hearn, mais ça n'était pas son affaire ; il assigna à Hearn la surveillance du service de cartographie, puis l'oublia presque entièrement. Hearn s'acquittait de son travail assez bien, assez quiètement, et Dalleson, avec plus d'une douzaine d'hommes sous sa tente, lui prêta peu d'attention. Au début, du moins. Depuis peu il semblait que Hearn eût introduit avec lui une nouvelle atmosphère. Une sorte d'aigre ricanement se faisait sentir sous la tente quand la routine devenait particulièrement ennuyeuse ou dénuée de sens, et une fois Dalleson surprit Hearn qui disait : « Sûr, vieux Sang et Tripes soigne la division : il la borde au lit. Il n'a pas d'enfants, les chiens le fuient, alors que voulez-vous ? » Il y eut un éclat de rires qui s'arrêta net quand ils virent qu'il les avait entendus, et depuis lors Dalleson gardait l'idée que Hearn avait parlé de lui.

Il se tamponna le front, se pencha sur sa table, et commença de travailler à l'horaire d'embarquement et de débarquement du bataillon d'invasion. Tout en travaillant il mâchait son cigare avec contentement, s'interrompant çà et là pour fouiller sa bouche avec l'un de ses gros doigts quand un débris de tabac s'était pris dans ses gencives. De temps à autre, par habitude, il levait la tête et regardait par la tente pour vérifier si les cartes étaient en place et les hommes à leurs tables de travail. Quand le téléphone sonnait il s'arrêtait, attendant que quelqu'un répondît, secouant la tête d'un air désapprobateur si la réponse tardait. Sa propre table se trouvait dans le coin droit supérieur de la tente, et si l'envie lui en venait il pouvait embrasser le bivouac d'un coup d'œil. Un petit vent s'était levé, animant légèrement l'herbe piétinée sous ses pieds, rafraîchissant les larges plaques rougeâtres de son visage.

Le commandant avait été un des nombreux enfants dans une famille pauvre, et il se considérait heureux d'avoir pu finir l'école communale. Jusqu'à son entrée dans l'armée, en 1933, il s'était laissé embourber par une série d'opportunités manquées et par la simple malchance. Sa capacité de fournir un effort dur et soutenu et sa loyauté à toute épreuve passèrent relativement inaperçues parce que, jeune homme, il avait été timide et taciturne. Mais, dans l'armée, il fit un soldat parfait. Sous-officier, il apporta une soigneuse perfection à l'accomplissement du moindre détail de son service, et ses promotions ultérieures ne se firent guère attendre. Mais, sans la guerre, Dalleson serait probablement resté sergent-chef jusqu'à sa retraite.

L'affluence des recrues fit de lui un officier, et il passa rapidement de sous-lieutenant à lieutenant puis à capitaine. L'entraînement de sa compagnie avait été exemplaire ; elle avait de la discipline, elle faisait bonne figure aux revues, ses marches étaient précises. Par-dessus tout, il était dit que ses hommes étaient fiers de leur unité. Dalleson ne manquait jamais d'insister sur ce point, et ses discours à sa compagnie assemblée dans la cour de la caserne avaient donné lieu à bien des moqueries. « Vous êtes les soldats les mieux foutus dans la compagnie la mieux foutue du bataillon le mieux foutu du mieux foutu des régiments... » et ainsi de suite ; mais, malgré leurs moqueries, les soldats se rendaient compte de sa sincérité. Il avait une façon à lui de manier les clichés. Il n'était que naturel qu'il fût promu au rang de commandant.

Seulement, c'est avec son rang de commandant que ses ennuis commencèrent. Il découvrit qu'il n'avait plus que rarement un contact direct avec les hommes de troupe, qu'il avait affaire presque exclusivement avec des officiers, et cela le laissa un peu désarçonné. Car en vérité il se sentait mal à l'aise en compagnie des officiers ; quand il était encore capitaine, il se considérait aux trois quarts homme de troupe, et il regrettait le temps où les soldats appréciaient ses gros jurons. Commandant, il devait surveiller ses manières, et il ne savait jamais tout à fait quelle attitude adopter. Secrètement, sans se l'avouer, il finit par se sentir mal fait pour son poste. Il était un peu accablé par le haut rang de ceux avec qui il devait collaborer ; et les responsabilités de sa tâche le déprimaient parfois.

Le fait d'être un G-3 avait contribué à sa gêne. Le G-3 d'une division est en charge du service des opérations détaché auprès de l'état-major du commandant en chef, et pour être effectivement à la hauteur de sa tâche il doit avoir un esprit brillant et méthodique, rapide et cependant capable d'un travail extrêmement minutieux. Dans une autre division Dalleson n'aurait probablement pas conservé son poste, mais le général Cummings avait toujours pris un intérêt plus direct à l'élaboration de ses plans tactiques que le commun des commandants de division ; il y avait très peu de plans qu'il n'eût pas amorcés lui-même, pratiquement pas d'action militaire, quelque insignifiante qu'elle fût, qu'il n'eût pas personnellement approuvée. Dans une telle situation, le travail de hachures auquel se livrait le commandant pour rehausser les ombres dans les dessins du général ne demandait pas tous les talents d'un G-3. Aussi le commandant avait-il réussi à survivre ; en vérité il pouvait se guider sur l'exemple de son prédécesseur, un lieutenant-colonel magistralement fait pour la besogne mais qui avait été transféré précisément à cause de cela — il s'était avisé de prendre sur lui certaines des fonctions que le général préférait garder pour lui-même.

Le commandant barbotait dans son travail, ou plus exactement il y suait d'ahan, car ce qu'il n'arrivait pas à accomplir haut la main, il était déterminé à le produire d'arrache-pied. Avec le temps il s'assimila la routine quotidienne, le mécanisme des plans militaires, les formulaires qu'il devait remplir, mais il n'en demeurait pas moins mal à son aise. Il appréhendait la lenteur de son esprit, le temps excessif qu'il lui fallait pour prendre une décision quand il n'avait pas son document sous ses yeux et que l'heure pressait. Des nuits comme celle qu'il avait passée avec le général lors de l'attaque japonaise, le tourmentaient s'il se permettait d'y penser. Il se savait à jamais incapable de disposer ses troupes avec l'aisance et la rapidité avec lesquelles le général l'avait fait au téléphone de campagne, et il se demandait comment il s'y serait pris si le général lui en avait laissé le soin. Il avait toujours peur qu'une situation se présentât où il devrait faire appel à quelques-unes des brillantes facultés que l'on était en droit de supposer chez celui qui remplissait son emploi, et qu'il ne possédait pas. Il eût préféré tout autre poste à celui d'un G-3.

Cependant, il n'avait jamais songé à demander son transfert ; rien n'aurait pu lui répugner davantage. Il avait toujours nourri une intense loyauté à l'endroit de ses chefs dès lors qu'il pressentait en eux de bons officiers, et personne ne l'avait jamais impressionné comme le général. Le commandant Dalleson ne concevait même pas l'idée qu'il pût abandonner le général, à moins que cela lui fût expressément ordonné ; si les Japonais avaient pris le bivouac, il se serait probablement fait tuer en défendant le général sous sa tente. C'était la seule attitude romantique que son corps et son esprit pesants connussent. D'ailleurs, le commandant avait son ambition pour lui venir en aide. C'était, naturellement, une très modeste ambition ; le commandant n'avait pas plus d'espoir de devenir général qu'un riche marchand au moyen âge ne rêvait de devenir roi. Le commandant voulait être promu lieutenant-colonel avant la fin de la guerre, ou même colonel à tout prendre, ce à quoi sa position de G-3 lui donnait certains titres. Son raisonnement était simple ; il avait l'intention absolue de rester dans l'armée une fois la guerre finie, et il estimait qu'avec le rang de lieutenant-colonel il avait toutes les chances de n'être pas réduit, après la démobilisation, au-dessous du grade de capitaine. Le rang de capitaine était celui qu'il préférait le plus après les épaulettes de sergent-chef, et il sentait avec une trace de désenchantement qu'il ne serait pas très indiqué pour lui de redevenir un sous-officier. Aussi, tristement, il continuait de se débattre avec sa tâche de chef des opérations.

Ayant fini de dresser la table des horaires, il aborda à contre-cœur les ordres de marche en vue de prélever un bataillon en ligne et de le diriger vers la plage. En soi la procédure n'était pas trop compliquée ; mais, ne sachant pas lequel des bataillons allait être déplacé, il devait dresser quatre ordres de marche et établir les mouvements subsidiaires des troupes appelées à boucher les trous dans chaque cas. Cela l'occupa la plus grosse partie de l'après-midi, car, bien qu'il eût assigné une part de la tâche à Leach et à son autre assistant, il était encore nécessaire de vérifier leur travail, et le commandant était très méticuleux, très lent.

Il en vint à bout en fin de compte, et crayonna le projet d'un ordre de marche pour le bataillon d'invasion après l'atterrissage de celui-ci à Botoï. Là il n'y avait pas de précédent qu'il pût suivre ; — le général avait bien tracé un schéma de l'attaque, mais il avait été un peu imprécis. Dalleson savait d'expérience qu'il lui fallait soumettre quelque chose au général, lequel se ferait un devoir de mettre son projet en pièces pour lui indiquer le mouvement de la marche par le détail. Il espérait pouvoir éviter cette situation, mais il n'ignorait pas le peu de chances qu'il avait de réussir ; aussi, suant à grosses gouttes dans la chaleur de la tente, il esquissa une route de marche et de combat le long de l'une des pistes principales et calcula le temps qu'il faudrait pour en remonter les étapes successives. Il s'agissait d'un terrain vierge tout aussi bien dans son propre esprit, et bien des fois il s'interrompit pour s'éponger le front, essayant sans succès de se cacher à lui-même l'angoisse qui l'étreignait. Le murmure soutenu des voix, le va-et-vient incessant des hommes allant d'une table à l'autre, le chantonnement des dessinateurs inclinés sur leur travail, l'irritaient. Il leva une ou deux fois la tête, regarda d'un air sinistre quiconque émettait un son, puis retourna à sa besogne avec un grognement audible.

Le téléphone sonnait fréquemment et, malgré lui, Dalleson se mit à écouter les conversations. Une fois, pendant plusieurs minutes, Hearn bavarda au téléphone avec quelque officier, et finalement Dalleson jeta son crayon et cria : « Nom de Dieu, pourquoi est-ce que vous ne la fermez pas un peu, qu'on puisse se mettre au travail ? » C'était visiblement adressé à Hearn, lequel murmura quelque chose dans l'écouteur et raccrocha après avoir décoché un regard pensif à Dalleson.

« Avez-vous remis ces papiers à Hobart ? demanda-t-il à Hearn.

— Oui.

— Que diable avez-vous fait depuis ? »

Hearn sourit et alluma une cigarette. « Rien en particulier, mon commandant. » Il y eut un rire étouffé du côté des hommes de rang employés sous la tente.

Dalleson se leva, surpris de se trouver soudain en proie à un accès de rage. « Je ne veux pas de votre grande bouche ici, Hearn. » Cela ne faisait qu'empirer les choses ; il était mauvais de réprimander un officier en présence des hommes de troupe. « Allez donner un coup de main à Leach. »

Hearn se tint immobile pendant plusieurs secondes, puis, ayant opiné du chef, il se dirigea nonchalamment vers la table de Leach et s'assit. Dalleson eut de la peine à se remettre au travail. Au cours des semaines écoulées, depuis que la division était bloquée, Dalleson avait manifesté ses préoccupations en menant la vie dure à ses hommes. Il se faisait fréquemment du mauvais sang à cause de ses subordonnés qui s'amollissaient, à cause de leur travail qui traînaillait. Pour y obvier il était tout le temps sur le dos de ses hommes, leur faisant retaper des papiers qui contenaient une erreur de frappe ou seulement une rature, et il brimait méthodiquement ses officiers cadets pour les pousser davantage au travail. C'était, essentiellement, une superstition. Il croyait que s'il arrivait à faire marcher sa petite équipe à la perfection, le restant de la division suivrait son exemple. Une part du malaise que lui causait Hearn venait de sa conviction que celui-ci ne se souciait guère de son travail. Chose dangereuse entre toutes. « Un seul homme peut pourrir toute une unité », était un des axiomes de Dalleson, et Hearn constituait une menace. Il ne se rappelait pas qu'un subordonné lui eût jamais répliqué qu'il ne faisait rien. Quand les choses en venaient là... Il passa le restant de l'après-midi à s'agiter, ébaucha l'ordre de marche après maintes hésitations, et une heure avant le rata du soir il avait suffisamment de matériel concernant le plan de bataille pour le soumettre au général.

Il gagna la tente de Cummings, lui remit les pièces, et attendit avec gêne ses commentaires. Cummings examina les pièces avec soin, de temps à autre levant son regard pour émettre une remarque. « Je vois que vous avez là quatre ordres de repliement et quatre places de rassemblement.

— Oui, mon général.

— Je ne crois pas que c'est nécessaire, commandant. Nous nous déciderons pour un seul point de rassemblement sur les arrières du second bataillon, et quelle que soit l'unité désignée pour l'invasion, c'est là qu'elle se rendra. Cela ne fera jamais qu'une marche de cinq milles tout au plus, qu'il s'agisse d'un bataillon ou d'un autre.

— Oui, mon général. » Il s'affairait, gribouillant des notes sur un petit bloc de papier.

« Je pense que vous feriez mieux d'allouer cent-huit minutes plutôt que cent-quatre pour le voyage en mer.

— Oui, mon général. »

Et ainsi de suite. Cummings faisait entendre ses objections, et Dalleson continuait de les consigner sur son bloc-notes. Cummings l'observait avec un rien de mépris. L'esprit de Dalleson est comme un tableau de distribution, se disait-il. Si votre fiche correspond à l'une des prises dans son système mental, il peut fournir la réponse nécessaire, mais autrement il est perdu.

Cummings soupira, alluma une cigarette. « Nous devons coordonner plus à fond le travail de l'état-major sur ce problème. Voulez-vous dire à Hobart et à Conn de vous accompagner ici demain matin à la première heure ?

— Oui, mon général », gargouilla Dalleson.

Le général se gratta la lèvre supérieure. C'eût été le travail d'Hearn, s'il avait été encore son officier d'ordonnance. Depuis son transfert, Cummings se passait d'aide. Il expira la fumée de sa cigarette. « A propos, commandant, demanda-t-il, est-ce que Hearn fait votre affaire ? » Il bâilla négligemment, mais il était tendu. Sans la présence quotidienne d'Hearn certains regrets, certaines impulsions le sollicitaient de nouveau. Mais il les refoulait. Quel amoncellement de susceptibilités cette affaire avec Hearn, pensa-t-il. Il n'était pas question que Hearn fût rappelé. Cela était exclu.

Dalleson palpa son front massif. « Ça va avec Hearn, mon général. Il l'ouvre trop grande, sa sacrée bouche, mais je suis capable de lui clouer le bec. »

En y pensant maintenant, Cummings se sentait un peu désappointé. Les rares fois qu'il avait jeté un regard sur Hearn au mess des officiers, son visage lui était apparu aussi inexpressif, aussi fermé que jamais. Il n'était pas probable qu'il montrât jamais ce qu'il pensait, et cependant... L'effet de la punition s'était effacé, il était déjà submergé par les petits événements de la routine quotidienne. Il éprouvait le besoin de... d'accroître l'humiliation qu'il avait infligée à Hearn. Le ressouvenir de leur dernière conversation ne le satisfaisait plus aussi profondément maintenant. Il avait laissé Hearn se tirer d'affaire à trop bon compte.

« Je pense à le faire transférer de nouveau, dit-il d'une voix paisible. Comment le prendrez-vous ? »

Dalleson était troublé. Il n'avait pas d'objections au départ d'Hearn, cela lui souriait plutôt, mais il était embarrassé par l'attitude du général. Cummings ne lui avait jamais rien dit à propos d'Hearn, et Dalleson supposait que Hearn était toujours un des favoris du général. Il ne comprenait pas les motifs qui se cachaient derrière la question de Cummings. « Je n'ai pas de préférence spéciale, mon général, que ça soit dans un sens ou dans l'autre, dit-il finalement.

— Eh bien, ça vaut la peine d'y penser. Je doute que Hearn fasse un bon officier d'état-major. » Si Hearn était indifférent à Dalleson, il n'y avait pas de sens à le lui laisser.

« Il en vaut un autre, dit Dalleson prudemment.

— Que pensez-vous d'une unité de combat ? dit Cummings négligemment. Avez-vous idée où nous pourrions l'affecter ? »

Ceci troubla Dalleson encore davantage. Il était très inhabituel qu'un officier général se préoccupât de l'affectation d'un lieutenant. « Eh bien, mon général, la Baker Company du 458e est à court d'un officier parce que les rapports de patrouille de l'une de leurs sections sont toujours signés par un sergent, et puis la compagnie F a besoin de deux officiers, et je crois que la Charley Company du 459e a besoin d'un officier. »

Rien de tout cela ne souriait particulièrement à Cummings. « Y a-t-il quelque chose d'autre ?

— Il y a la section Reconnaissance, à la compagnie détachée au Quartier Général, mais à vrai dire ils n'ont pas besoin d'officier.

— Pourquoi ?

— Le sergent de cette section est un des meilleurs hommes du 458e, mon général. J'avais l'intention de vous parler à son sujet, je pense qu'il devrait passer officier après la fin de la campagne. Il s'appelle Croft. Un bon soldat. »

Cummings considéra ce que Dalleson pouvait entendre par bon soldat. L'homme est sans doute pratiquement un illettré, pensa-t-il, avec pas mal de sens commun et une absence totale de nerfs. Il se toucha de nouveau la bouche. S'il faisait transférer Hearn à la section Reconnaissance, il pourrait toujours l'y surveiller. « Bien, j'y penserai, rien ne presse », dit-il à Dalleson.

Après le départ de Dalleson Cummings se laissa tomber sur sa chaise et, assis sans mouvement, il resta un long temps à songer.

Il y avait toujours cette *chose* avec Hearn. L'agrégat de désirs très particuliers qui avait atteint son point culminant dans l'incident du mégot n'était pas apaisé, pas réellement. Et il avait encore à faire face au problème du support naval.

Bursquement, Cummings fut de nouveau en proie à un accès de dépression.

Cette nuit-là Hearn fut de service pour quelques heures sous la tente du G-3. Les rabats de côté étaient rabaissés, la double entrée close, et les coins aveuglés pour obscurcir la tente. Et comme toujours, il y faisait péniblement humide. Hearn, et le soldat qui était de service avec lui, somnolaient sur leurs chaises, la chemise ouverte, l'œil évitant l'éclat des lampes à essence, la sueur dégoulinant sur leur visage. Le temps était propice à la songerie, car avec l'exception d'accuser les rapports téléphoniques qui arrivaient du front d'heure en heure il n'y avait rien à faire, et les tables nues, les planches à dessin, les cartes au mur qui les entouraient créaient un état d'esprit propre à la somnolence et au recueillement. Sporadiquement, comme des éclats atténués d'un tonnerre, ils pouvaient entendre le feu de harcèlement qui résonait dans la nuit.

Hearn s'étira, regarda sa montre. « A quelle heure êtes-vous relevé, Stacey ? demanda-t-il.

— A deux heures du matin, mon lieutenant. »

La relève d'Hearn était à trois heures. Il soupira, étira ses bras, se cala sur sa chaise. Il parcourut rapidement la revue qu'il tenait sur ses genoux, puis, plutôt ennuyé, il la jeta sur une table. Après un instant il prit une lettre dans la poche de sa chemise et la relut avec lenteur. Elle venait d'un ami de collège.

« Ici à Washington on peut se rendre compte du dessous des choses. Les réactionnaires ont peur. Malgré leur volonté de prendre leurs désirs pour des réalités ils savent que ceci est devenu une guerre du peuple, et que les avant-coureurs de la révolution mondiale se font sentir dans l'air. Le peuple est en mouvement et ils ressortent tout le vieil outillage de la répression pour essayer de l'arrêter. Il y aura une vague de réaction après la guerre, mais elle manquera son but et la volonté fondamentale du peuple de créer une liberté populaire trouvera à s'exprimer. Tu n'as pas idée à quel point les réactionnaires ont peur. Ils livrent leur dernière bataille. »

La lettre continuait sur le même ton. Hearn finit de la lire, puis haussa les épaules. Bailey avait toujours été un optimiste. Un marxiste solidement optimiste.

Seulement, tout cela était de la foutaise. Oui, il y aura une vague de réaction après la guerre, mais elle ne sera pas du tout inspirée par la peur. Que disait-il donc déjà, Cummings ? L'énergie de l'Amérique est devenue une énergie cinétique irréversible. Cummings n'avait pas peur, pas dans ce sens. Ce qui était terrifiant quand on l'entendait, c'était son calme et son inébranlable certitude. La Droite était prête pour la lutte, mais sans anxiété cette fois-ci, sans prêter une oreille angoissée aux pas inévitables de l'Histoire. Cette fois-ci eux étaient les optimistes, cette fois-ci eux passaient à l'offensive. Il y avait ce que Cummings n'avait jamais dit, mais que tous ses arguments impliquaient tacitement. L'Histoire était dans la serre de la Droite, et après la guerre leurs campagnes politiques gagneraient en intensité. Une grande poussée, une grande offensive, et l'histoire de ce siècle-ci était à eux, et peut-être celle du siècle suivant. La Ligue des Hommes Omnipotents.

Ça n'était pas si simple naturellement, rien ne l'est jamais, mais il y avait des hommes puissants en Amérique, debout et en marche, certains d'entre eux peut-être même conscients de leur rêve particulier. Et les outils étaient tout prêts sous la main — des hommes comme son père, ceux qui fonctionneraient d'instinct, ne sachant pas — ne se préoccupant même pas de savoir — où la route les menait. Tout cela pouvait probablement se ramener à une douzaine, à deux douzaines d'hommes, pas même en communication entre eux, pas même situés au même niveau de conscience.

Mais il y avait bien plus que cela. Vous pouviez tuer cette douzaine d'hommes et une autre douzaine viendrait les remplacer, et une autre et une autre. De toutes les vastes pressions, de tous les contre-courants de l'histoire se dégageait l'archétype de l'homme du vingtième siècle. L'être *particulier* qui dirigera ce siècle, qui veillera à ce que « le rôle naturel... soit l'angoisse ». Les techniques ont distancé la psyché, « La majorité des hommes doivent se soumettre à la machine, et ça n'est pas une chose dont ils jouissent instinctivement. » Et dans la zone marginale, dans le hiatus, se trouvaient les singulières tensions qui enfantaient le rêve.

Hearn décocha à la lettre une petite pichenette d'aversion. « L'homme doit détruire Dieu pour l'atteindre, pour l'égaler. » Cummings de nouveau. Ou bien n'était-ce pas Cummings ? Il y avait des temps où la démarcation entre son esprit et celui du général lui devenait indistincte. Cummings aurait pu avoir dit ça. Effectivement, cette idée était à Cummings. Il replia la lettre et la remit dans sa poche.

Où est-ce que tout cela le laissait ? Oui — précisément où ? Il y eut un temps, bien des temps où tout son être eût été sollicité, plus que sollicité... par tout ce que Cummings était capable de faire. C'était bien cela. Débarrassé des trappes de son milieu naturel, des aberrantes et fallacieuses attitudes qu'il avait absorbées, il était fondamentalement comme Cummings. Comme Cummings, encore que sans l'espèce d'impulsion qui faisait dire à celui-ci : « Ma femme est une garce. » Mais, même ainsi, en était-il certain ? Oui, Cummings avait raison : ils étaient tous deux de la même espèce, d'où d'abord leur intimité, l'attraction réciproque qu'ils avaient ressentie l'un pour l'autre, puis la haine.

Cette haine était toujours vivace entre eux, quant à lui du moins. Chaque fois qu'il apercevait Cummings, ne fût-ce que pour un moment, la même peur et la même haine le saisissaient aux boyaux, la même évocation pénible de cet instant où il s'était baissé pour ramasser le mégot. C'était toujours humiliant, toujours révélateur. Il ne s'était jamais rendu compte de l'étendue de sa vanité, ni de la haine dont il était susceptible quand on la blessait. Certes, il n'avait jamais haï personne à l'égal de Cummings. La semaine qu'il avait passée au G-3 sous Dalleson, il la vécut en veilleuse ; il s'était assimilé la routine, avait fait machinalement son travail, s'était laissé lentement consumer par une frustration presque insupportable. Puis il commença de se ressaisir ; cet après-midi il décocha une chiquenaude à Dalleson, ce qui indiquait quelque chose de neuf, quelque chose de pas très plaisant. S'il restait ici il était bon à s'épuiser dans une suite de rébellions sans portée qui ne feraient qu'approfondir son humiliation. Il fallait s'en aller d'ici, se faire transférer, mais Cummings n'y consentirait pas. Et sa rage, qu'il avait sauvagement dominée tout au long de la semaine, recommençait de le travailler. Si seulement il pouvait aller trouver Cummings et lui demander une section en ligne, mais c'eût été fatal. Cummings lui accorderait plutôt n'importe quoi, sauf ça.

Le téléphone sonna et Hearn décrocha l'écouteur. A l'autre bout du fil la voix crachota : « Ici Paragon Red, rapport négatif de 0030 à 0130.

— Bon. » Il raccrocha, regardant le message qu'il venait de gribouiller sur un bloc-notes. Il s'agissait d'un rapport tout ce qu'il y avait de plus routinier, que chaque bataillon communiquait téléphoniquement d'heure en heure. Une cinquantaine de rapports semblables étaient reçus en moyenne au cours d'une nuit ordinaire. Il prit son crayon, sur le point de consigner le message dans le Journal, quand Dalleson pénétra sous la tente. Stacey, qui sommeillait sur un magazine, sauta sur ses jambes. Dalleson avait donné un coup de peigne rapide à ses cheveux, et son lourd visage était rouge de sommeil. Il regarda inquisitivement par la tente, battant des yeux sous la clarté des lampes. « Tout va bien ? demanda-t-il.

— Oui, dit Hearn. » Il se rendit brusquement compte que les soucis de la campagne avaient troublé le sommeil de Dalleson, et cela l'amusa.

« J'ai entendu sonner le téléphone, dit Dalleson.

— C'était Paragon Red, rapport négatif, c'est tout.

— L'avez-vous consigné ?

— Pas encore, mon commandant.

— Eh bien faites-le donc », bâilla Dalleson.

Hearn, qui avait consigné précédemment plusieurs rapports, s'assura d'un coup d'œil de la forme sous laquelle ils étaient couchés dans le Journal, puis il y copia le message reçu.

Dalleson s'approcha, examina le Journal, tâtant du doigt le dos du livre. « Tâchons de le faire plus nettement la prochaine fois. »

Il voulait être pendu s'il allait se laisser chapitrer par Dalleson comme un enfant. « Je ferai de mon mieux, mon commandant », marmonna-t-il sarcastiquement.

Dalleson mit son gros index sous la notation. « De quel temps s'agit-il dans ce rapport ? demanda-t-il à brûle-pourpoint.

— Zéro zéro trente à zéro un trente.

— Alors pourquoi diable ne l'avez-vous pas inscrit comme ça ? Sacré nom de Dieu, vous avez mis vingt-trois trente à zéro zéro trente. Est-ce que vous ne savez même pas lire ? Vous ne savez donc fichtre pas l'heure qu'il est ? »

Il avait simplement recopié le temps du rapport précédent. « Désolé, grommela-t-il, furieux de s'être trompé.

— Qu'allez-vous faire maintenant avec ce rapport ?

— Du diable si je le sais. Je n'ai pas l'habitude de ce travail.

— Eh bien je m'en vais vous le dire, fit Dalleson en se rengorgeant. Si vous débarrassez votre cervelle de ses toiles d'araignée vous saurez que ceci est un rapport de combat ; aussi, après l'avoir annoté dans le Journal et marqué sur la carte vous le verserez dans un dossier pour mon rapport périodique, d'où vous le ressortirez quand j'en aurai fini avec, c'est-à-dire demain, pour le classer dans le dossier Historique après en avoir fait prendre copie par un soldat pour la verser au dossier Journal. Rien de trop compliqué là-dedans pour un homme qui a reçu une éducation universitaire, n'est-ce pas Hearn ? »

Hearn haussa les épaules. « Puisque le rapport ne contient absolument rien, pourquoi toutes ces chinoiseries ? » Il sourit, content de pouvoir renvoyer la balle. « Ça ne m'a pas l'air de rimer à grand-chose. »

La rage s'emparait de Dalleson. Il couvrit Hearn d'un regard menaçant, sa mâchoire se contracta puissamment, amincissant ses lèvres. Un premier filet de sueur contourna son œil, creusant sa joue. « Ça ne vous a pas l'air de rimer à grand-chose. » Comme un lanceur de poids sautille sur un pied pour se donner du ballant, il se tourna vers Stacey. « Le lieutenant Hearn trouve que ça ne rime pas à grand-chose. » Stacey étouffa un rire gêné, tandis que Dalleson oscillait sous l'assaut d'un furieux sarcasme. « Eh bien écoutez-moi lieutenant, il y a peut-être un tas de choses qui ne riment à rien, peut-être ça ne rime à rien pour moi d'être un soldat, ricanait-il, peut-être c'est pas naturel pour vous d'être un officier, peut-être ça rime à rien », faisait-il, répétant la phrase d'Hearn. « Peut-être je ferais mieux d'être n'importe quoi plutôt qu'un soldat, peut-être, lieutenant, je ferais mieux d'être un... un... » Il se tut, cherchant un mot suffisamment odieux, puis serrant ses poings avec force, il cria : « Peut-être ça serait plus naturel pour moi d'être un *poète !* »

La pâleur d'Hearn allait grandissant à mesure que la tirade continuait. Pendant un moment sa colère l'avait rendu muet ; il était ahuri et stupéfait par la force avec laquelle Dalleson avait réagi. Coupé de l'armée, Dalleson deviendrait un garçon de courses si besogneux qu'il en perdrait son pantalon. Hearn avala sa salive, serrant le coin de la table. « Ne vous emballez pas, commandant, voulez-vous ?

— Qu'est-ce que c'est ? »

Mais ils furent interrompus par l'arrivée de Cummings. « Je vous cherchais, commandant ; je me suis dit que vous deviez être ici. » Sa voix était étrange, extrêmement claire et précise, mais tout à fait incolore. Dalleson se recula d'un pas et se redressa instinctivement comme pour se mettre au garde-à-vous. « Oui, mon général ? » Hearn était irrité de se sentir soulagé par cette interruption.

Cummings se toucha lentement le menton. « J'ai reçu un message d'un de mes amis au G.Q.G. » Il parlait d'un ton distrait, comme si la chose ne le concernait pas. « J'arrive tout juste du bureau des dépêches. »

L'explication était superflue, et il était étrange de l'entendre se répéter. En le regardant, Hearn se rendait compte que le général était bouleversé. Droit et roide, le cœur ahanant et le corps couvert de sueur, il était conscient jusque dans sa chair de la présence du général. Il était pénible de se trouver dans le voisinage de Cummings.

Le général sourit, alluma une cigarette. « Comment ça va, Stacey ? demanda-t-il au soldat.

— Très bien, merci mon général. » C'était un des trucs de Cummings. Il se rappelait toujours le nom des soldats à qui il avait adressé une ou deux fois la parole.

« Savez-vous, commandant, dit-il de sa voix encore impersonnelle, je crains que votre travail sur l'opération Coda ne serve à rien.

— Pas de marine, mon général ?

— J'en ai peur. Mon petit ami dit qu'il n'y a guère de chances. Il haussa les épaules. Nous lancerons l'opération Plunger comme prévu. Il n'y aura qu'une seule modification. Je pense que nous devrons nous emparer tout d'abord de l'avant-poste qui fait face à la compagnie I. Rédigez-moi tout de suite un ordre de marche pour Taylor, à l'effet de passer à l'action dès le matin.

— Oui, mon général.

— Jetons-y un coup d'œil. Il se tourna vers Hearn. Lieutenant, voulez-vous me passer cette carte s'il vous plaît.

— Mon général, sursauta Hearn.

— J'ai dit passez-moi la carte, dit Cummings, se retournant vers Dalleson.

— Celle-ci ?

— Quelle autre carte y a-t-il là-bas ? » cracha Cummings.

La carte était fixée sur une large planche à dessin et recouverte d'une feuille de celluloïd maintenue avec des punaises. Sans être lourde, la planche était malaisée à manier à cause de ses dimensions, et Hearn, incapable de voir le plancher, devait se déplacer avec précaution.

Tout à coup il se rendit compte que ce déménagement était inutile. Cummings aurait pu très facilement faire les quelques pas qui le séparaient de la carte, et d'ailleurs il la connaissait par cœur.

« Dépêchez-vous », aboya Cummings.

Dans le moment où Hearn se trouva à la hauteur de Cummings, tout lui apparut grossi. Il vit en détail chacun de ses traits, le rougeoiement de son épiderme dans la chaleur de la tente, ses grands yeux nus qui le regardaient avec une indifférence méprisante.

Cummings avança son bras. « Eh bien, remuez-vous, passez-moi ça. » Ses mains se tenaient prêtes à recevoir la carte.

Hearn laissa aller la planche un peu prématurément, peut-être même la projeta-t-il vers le bas. Peu lui importait, car il savait qu'il voulait la lui faire échapper des mains. Et il y parvint. La planche frappa un coup sourd sur le poignet du général et roula par terre.

En tombant, elle atteignit le général sur le tibia.

La planche rebondit sur le sol, et la carte et la feuille de celluloïd se défirent. Hearn regarda Cummings, éprouvant quelque chose entre la terreur et le triomphe. Il perçut sa propre voix, froide et un rien ironique. « Je suis *désolé*, mon général. »

La douleur était cuisante. Venant à la suite de l'effort qu'il avait fait pour garder sa contenance, elle était insupportable. A son horreur il sentit des larmes lui monter aux yeux et, baissant les paupières, il essaya désespérément de les contenir. « *Nom de Dieu !* rugit-il. POURQUOI NE FAITES-VOUS PAS ATTENTION ? » Aucun d'eux ne l'avait jamais entendu crier, et Stacey frissonna.

Mais, d'avoir crié le soulagea, et il put résister à la tentation de se frotter le tibia. La douleur se résorbait en une sourde pulsation. Il se sentit cependant à la limite de l'épuisement, et une crampe de diarrhée le saisit. Pour la combattre, il se pencha en avant sur sa chaise : « Voulez-vous reclouer le celluloïd, Hearn ?

— Oui, mon général. »

Rampant à quatre pattes, Dalleson et Stacey s'affairaient autour des sections de la carte qui s'étaient détachées dans la chute. Hearn adressa à Cummings un regard vide et se baissa pour ramasser le celluloïd.

« Est-ce que ça fait mal, mon général ? » Sa voix avait un accent de franche sollicitude.

« Ça va, merci. »

La chaleur était devenue plus oppressive sous la tente. Cummings se sentait un peu faible. « Commandant, quand on aura réparé la carte vous prendrez soin de la modification dont je vous ai parlé, dit-il.

— Oui, mon général », dit Dalleson, toujours agenouillé.

Cummings quitta la tente, s'appuyant au passage sur l'un des montants. L'air nocturne était presque froid contre ses vêtements humides. Il regarda autour de lui, se massa délicatement le tibia, puis traversa en boitillant le bivouac.

Il avait éteint sa lampe à essence en sortant, et il s'allongea sur sa couchette dans le noir, regardant les vagues contours de la tente. Comme dans ceux d'un chat, une lueur se réfléchissait dans ses yeux, et en pénétrant sous la tente c'est eux que l'on aurait aperçus avant toute chose. Une puissante pulsation se faisait sentir dans son tibia et son estomac était un peu dérangé. La chute de la planche à dessin sur ses jambes avait libéré tous les maux qui s'étaient accumulés en lui au cours des derniers deux mois de travail et de concentration intenses. Ses chairs grouillaient comme s'il avait la gale et une sueur excessive baignait son corps. Il connaissait ça, il appelait ça « craquer dans ses coutures », ça lui était arrivé à Motome et à plusieurs reprises dans le passé. C'était une contrainte que son corps lui imposait, et avec une acceptation passive, presque soumise, Cummings lui laissait aller son cours, permettant à son esprit de lui emboîter le pas ; puis, toujours, il remontait la pente en une seule nuit de sommeil pour se sentir rafraîchi et puissant au réveil.

Cette fois-ci il prit un léger sédatif et s'endormit au bout d'une petite heure. Il faisait encore noir quand il se réveilla, mais il se sentait agité et sa pensée était extrêmement active. Son tibia était encore sensible, et après l'avoir massé dans l'obscurité pendant un moment il alluma sa lampe de chevet et examina délicatement la contusion.

Ceci n'était pas accidentel. Hearn avait laissé tomber la planche de propos délibéré ou, au mieux, il ne s'agissait que partiellement d'un accident, Cummings en était certain. Et, en guise de confirmation, son cœur se mit à cogner puissamment. Peut-être même avait-il souhaité, lui Cummings, que la chose eût lieu ; en disant à Hearn de lui apporter la planche il avait marqué une certaine vigilance à son endroit, il avait montré qu'il était conscient de sa présence. Il secoua la tête. Il était stérile de sonder ces sortes de choses. Il se comprenait à merveille, et le mieux était de n'y pas penser. Bien qu'il ne fût réveillé que depuis quelques minutes son esprit était péniblement lucide, avec cependant un arrière-goût d'angoisse inexprimable.

Il allait faire transférer Hearn. Il serait dangereux de le garder sous la main. D'autres incidents, d'autres rébellions auraient lieu qui aboutiraient en conseil de guerre, ce qui finissait toujours par faire un gâchis déplaisant. Il n'aurait pas hésité cependant, dans l'affaire du mégot ou dans tout autre incident de cet ordre, mais le recours en appel aurait pu avoir des suites désagréables. On n'aurait jamais annulé sa décision en haut lieu, mais c'eût été tout de même gênant.

Hearn devait partir. Cummings éprouvait un mélange de triomphe et de frustration. Il pouvait faire affecter Hearn où il lui plaisait, et cependant il n'aurait toujours pas réussi à briser en lui un restant de rébellion. Là était le hic. Il loucha contre l'éclat de la lampe, en diminua la flamme, puis il se tâta la cuisse, se rendant compte avec contrariété que c'était un des gestes habituels d'Hearn.

Où l'enverrait-il ? Ça n'avait réellement pas d'importance ; cette section de reconnaissance que Dalleson avait mentionnée ferait assez bien l'affaire. Et cela garderait Hearn sous la coupe du Quartier Général. Il serait ainsi en mesure de se tenir au courant de ce qui arriverait à Hearn. De toute façon il allait s'en occuper dès le matin. Quand il verrait Dalleson à propos de l'avant-poste de la compagnie I, il le manœuvrerait de manière que la décision paraisse venir de Dalleson. Ça serait mieux ainsi, moins apparent.

Il se recoucha, les mains croisées sous sa nuque, regardant la faîtière de la tente. Comme si elle se moquait de lui, la carte d'Anopopéi lui apparut en surimpression sur la toile de la tente et il se tortilla inconfortablement, repris par la colère et la frustration qu'il éprouva en recevant le message que le support naval lui serait probablement refusé. Il avait nourri trop d'espoir ; et maintenant il n'arrivait plus à débarrasser son esprit de l'idée d'envahir Botoï Bay. Une autre manœuvre pouvait être élaborée, il le fallait bien, et cependant sa pensée ne cessait pas d'imaginer les tenailles d'un assaut frontal et d'une invasion sur les arrières des Japonais. Il se demandait s'il prendrait le risque de s'y lancer sans support naval, mais c'eût été un massacre, une nouvelle expédition dans le genre des canots de caoutchouc. Il ne pouvait y aller que si Botoï n'était pas défendue.

Il y avait une idée en germe là-dedans. S'il pouvait raser d'abord les défenses sur la plage, puis alors seulement dépêcher ses embarcations d'assaut... Peut-être un petit détachement réussirait à s'emparer de la plage sous le couvert de la nuit, sur quoi le gros de la force débarquerait au matin. Mais c'était trop risqué. Une invasion nocturne — il ne possédait pas de troupes suffisamment spécialisées pour ce genre d'entreprises.

Une grande force de pénétration, voilà ce qui aurait suppléé la marine. Mais comment s'y prendre ? Impossible de lancer une compagnie directement à partir de ses propres bases à l'effet de percer les lignes ennemies. Peut-être pouvait-il débarquer des troupes à une vingtaine de milles derrière les lignes japonaises, pour les faire ensuite s'avancer le long de la côte. Mais la jungle y était trop dense. Les hommes seraient obligés de s'enfoncer dans les terres par endroits, et derrière Botoï la forêt était impénétrable. S'il pouvait...

Une idée se formait en lui, à peine articulée encore, et il s'y cramponnait avec une sorte de gaucherie, conscient seulement de tenir une idée. Posant ses pieds nus sur le plancher de caillebotis, il quitta sa couchette pour aller examiner des photographies aériennes enfermées dans son bureau. Une compagnie était-elle capable de faire ça ?

La chose était faisable. Il pouvait envoyer une compagnie dans des embarcations d'assaut et lui faire faire le tour complet de l'île pour prendre pied sur le rivage septentrional, encore inexploré, séparé de Toyaku et de ses troupes par la chaîne de Watamaï. Ils seraient alors en position de pousser directement par le centre de l'île, traverser le col du mont Anaka, et redescendre sur les arrières des Japonais pour attaquer à revers Botoï Bay qu'ils tiendraient jusqu'à l'arrivée des renforts. Une réussite était plausible car les défenses de Botoï couvraient la mer ; et, comme dans la plupart des positions japonaises, l'angle de tir y était médiocrement manœuvrable.

Il se frotta le menton. Quel casse-tête de chronométrer ça. Mais quelle conception. L'inorthodoxie, la témérité de l'affaire, le séduisaient puissamment. Mais ce n'était pas à cela qu'il pensait. Comme toujours dans des moments pareils, dès qu'il concevait de nouveaux plans son esprit devenait pratique et direct. Déjà, rapidement, il estimait les distances. Il y avait vingt-cinq milles entre la côte septentrionale de l'île et le versant japonais du col, et de là sept milles jusqu'à Botoï Bay. Sans incidents inattendus une compagnie pouvait faire le chemin en trois jours, en deux si elle y mettait un coup. Il se mit à étudier les cartes aériennes. Le terrain était formidable, certes, mais non pas impassable de l'autre côté de l'île. Il y aurait là, à partir de l'eau, une épaisseur de jungle de quelques milles à peine, puis, jusqu'au col dans la montagne, des espaces relativement ouverts faits de collines et d'herbe kunaï. Le problème consistait à trouver une route dans la jungle sur les arrières des Japonais, après le passage du col. S'il y envoyait une compagnie de but en blanc, elle tomberait presque certainement dans une embuscade.

Il se laissa aller méditativement sur sa chaise. Il lui faudrait d'abord pousser une reconnaissance. Il serait trop coûteux, trop risqué, d'immobiliser une compagnie pour toute une semaine si la chose se révélait impossible. Une patrouille de quelques hommes, une escouade ou deux, voilà qui semblait une meilleure idée. Ils tailleraient une piste, reconnaîtraient les chemins sur les arrières des Japonais, et reviendraient sur leurs pas pour se rembarquer. S'ils revenaient à bon port, il serait à même d'y envoyer une compagnie et mettre son plan à exécution. Il regarda la lampe, fixement, pendant quelques secondes. La première patrouille de reconnaissance prendrait cinq jours, six tout au plus, et à son retour il pourrait dépêcher une compagnie qui atteindrait Botoï en trois jours. Pour s'assurer une marge il lui faudrait compter une dizaine de jours en tout, ou onze de fait, car la patrouille ne serait pas prête à démarrer avant le lendemain soir. Lui-même déclencherait son attaque dans deux jours, et quand il se verrait prêt à lancer son invasion de Botoï Bay son attaque aurait duré neuf jours. La chance aidant, il parviendrait peut-être à défoncer çà et là les lignes japonaises, mais il n'était guère probable qu'un assaut frontal rencontrât un tel succès. Tel quel, le chronométrage pouvait se révéler fort précis. Il alluma une cigarette. L'idée était engageante.

Qui pouvait-il envoyer pour cette première patrouille ? Il songea immédiatement à Reconnaissance, puis, en y réfléchissant, il essaya de se rappeler ce qu'il savait sur son compte. Ils avaient fait partie de l'expédition des canots de caoutchouc, mais quelques-uns seulement survécurent à l'entreprise, pour rester depuis lors dans une inactivité relative. La nuit de l'attaque japonaise sur la rivière ils s'acquittèrent bien de leur tâche, fort bien en vérité. Il y avait ce chef de section Croft, que Dalleson lui avait mentionné. C'était, au surplus, une petite section, qu'il pouvait faire partir en bloc. S'il devait couper en deux une section plus nombreuse, les hommes en partance râleraient contre leur malchance.

Il ressentit une petite secousse en se rendant compte que Hearn allait être affecté à Reconnaissance dès le lendemain matin. L'idée de confier la mission à un officier nullement familiarisé avec sa section n'était pas particulièrement heureuse, mais l'on ne pouvait pas abandonner le destin d'une telle patrouille entre les mains d'un sergent. Et Hearn était intelligent, il était dans une condition physique requise pour une expédition de cette envergure. Dans ce moment Cummings considérait Hearn froidement, comme s'il faisait le bilan des qualités et des défauts d'un cheval. Hearn était homme à mener l'affaire ; il avait probablement la veine d'un chef.

Un doute l'assaillit. Ce nouveau plan comportait un grand nombre de risques, presque un trop grand nombre pour s'y abandonner. Pendant quelques instants il considéra la possibilité d'y renoncer. Mais l'investissement initial était assez insignifiant. Une douzaine ou une quinzaine d'hommes. Rien n'était perdu si, pour eux, les choses tournaient mal. D'ailleurs, la question du support naval n'était pas irrémédiablement compromise. Peut-être pourrait-il faire un saut au G.Q.G. une fois l'attaque déclenchée, et voir s'il ne réussirait tout de même pas à décrocher ces destroyers.

Il revint à son lit et se coucha. Allongé dans son pyjama, la tente lui parut soudain froide et il frissonna, en proie à une sourde exaltation. Il pourrait aussi bien tenter l'affaire. Avec Hearn.

Si jamais ça réussissait. Pendant un instant il se laissa aller à rêvasser aux glorioles qu'une telle victoire lui vaudrait. Il éteignit, reposant immobile sur sa couche, les yeux ouverts sur l'obscurité. Quelque part l'artillerie tirait au loin.

Il savait qu'il ne s'endormirait pas avant le matin. A un moment son tibia eut une pulsation, et il éclata de rire, sursautant presque au bruit de sa propre voix sous le vide noir de la tente. Rien n'était fortuit dans tout ceci. Ceci était un processus qui avait mûri en suivant les routes souterrains de son esprit, pour fructifier au moment nécessaire. Certaines de ses attitudes à l'égard d'Hearn prenaient maintenant tout leur sens. On peut trouver un sens à tout, il suffit de chercher, pensa-t-il. Et, pourtant, je suis sérieux quant à cette patrouille.

L'était-il vraiment ? Tout semblait, dans un même instant, à la fois brillant et impraticable, et la confusion, la complexité de sa propre attitude l'excitaient et le troublaient, le mettant de nouveau à la limite d'un accès de rire.

Mais, au lieu de rire, il bâilla. Cette patrouille était de bon augure. Il était resté trop longtemps à court d'idées, et il avait présentement la certitude que bien d'autres idées suivraient dans la semaine à venir. Il se dépouillerait de la camisole de force qui avait gêné ses mouvements... tout comme il s'était débarrassé d'Hearn. En dernière analyse il n'y avait que la nécessité, et vos propres réactions pour y faire face.

*

* *

LA MACHINE A FAIRE LE TEMPS :
GÉNÉRAL CUMMINGS.
UN ÉNONCÉ SPÉCIFIQUEMENT AMÉRICAIN

A première vue son aspect n'était guère différent de celui des autres officiers généraux. D'une taille légèrement au-dessus de la moyenne, bien en chair, le visage plutôt beau, la peau hâlée, les cheveux grisonnants ; — mais il y avait des différences. Quand il souriait, il ressemblait beaucoup à nombre de sénateurs et d'hommes d'affaires américains, avec leur apparence dure, rougeaude, satisfaite d'elle-même. Mais, lui, il ne gardait pas toujours leur halo de braves types un peu costauds. Il y avait une certaine vacuité dans son visage... une apparence de vacuité peut-être. Hearn avait toujours le sentiment que son visage souriant était figé.

Il y a longtemps que la ville existe dans cette partie du Middlewest, plus de soixante-dix ans aux environs de 1910, mais elle n'est devenue une vraie cité que depuis peu. « Oui, il n'y a pas si longtemps, disent les gens. Je me rappelle quand y avait tout juste le bureau de poste dans cette ville et le bâtiment de l'école, la vieille église presbytérienne et le Main Hotel. Vieux Ike Cummings tenait alors sa boutique et pendant un temps nous avions un type qui faisait la barbe aux gens, mais il a fini par déménager. Et puis — clignement appréciatif de l'œil — et puis y avait une ville à côté qui faisait des affaires dans le canton. »

Et, bien sûr, quand Cyrus Cummings (nommé d'après l'aîné des McCormick) s'en allait dans ses voyages de banque, il ne gaspillait pas son temps. « Croyez-moi, disaient les gens, fallait bien qu'ils la montent ici, cette usine. Cy Cummings n'a pas aidé pour rien McKinley dans ces années quatre-vingt-seize ; c'est un marchand Yankee. Il avait peut-être pas beaucoup de banque dans ces jours-là, mais quand il a fait rentrer toutes les dettes des fermiers la semaine d'avant les élections, ce pays-ci est devenu un canton à McKinley. Cy est même plus malin que le vieux Ike, et vous vous rappelez que quand Ike avait sa boutique personne a jamais pu lui vendre un cheval avec un crapaud à la patte. » Et, tassé sur une caisse à biscuit, le vieillard file un crachat dans un coin de son mouchoir de couleur qui sent le renfermé. « Sûr — une grimace — je dis pas qu'y a des gens qui aiment Cy plus que de raison, mais la ville... (autre grimace) je veux dire la cité lui doit une fière chandelle, en gratitude ou en vrais bons dollars. »

La ville est sise au milieu de la grande plaine américaine. De rares monticules la bordent, petits accidents de terrain sur le plat visage du Middlewest où l'on peut voir quelques arbres le long des rails du chemin de fer, du côté où le ballast les abrite du vent. Les rues sont larges où l'orme et le chêne fleurissent en été, levant un jeu d'ombres qui adoucissent l'âpre et le revêche contour des maisons fin de siècle surmontées de lucarnes et de toits tronqués. Dans la Central Street, qui regorge maintenant de boutiques, il ne reste que fort peu d'immeubles flanqués de fausses façades, et tant de fermiers viennent à la ville les samedis après-midi que l'on commence de paver les rues pour que les chevaux ne s'embourbent pas dans la vase.

Bien que Cy Cummings soit l'homme le plus riche de la ville, sa maison ne diffère pas beaucoup des autres maisons. Les Cummings l'ont bâtie il y a trente ans, à une époque où elle se tenait toute seule à l'extrémité de la ville, et en ce temps-là, pour s'y rendre lors de la fonte des neiges ou des pluies de l'automne, il fallait patauger à mi-cuisse dans la boue. Mais maintenant la ville l'environne, et Cy Cummings ne peut plus grand-chose pour améliorer la situation de sa demeure.

Ce qu'il y a de pire dans les transformations qui y ont été apportées, vous pouvez l'imputer à sa femme. Les gens qui les connaissent disent que c'est sa faute — une de ces femmes maniérées de l'Est avec de la Culture. Cy est un homme dur mais nullement maniéré, et leur nouvelle porte d'entrée avec toutes ces vitres de travers est quelque chose qui vient de France. Elle en a mentionné le nom pendant une réunion à l'église, Newvelle ou quelque chose comme ça. Et Cy s'est même converti à cause d'elle à l'église anglicane, et il a contribué à la construction du temple épiscopal.

Drôle de famille, vous diront les gens, drôles de pistolets.

Dans le petit salon avec ses portraits aux murs, ses sombres paysages dans des cadres festonnés d'or, ses sombres draperies, ses meubles couleur noisette, dans le petit salon la famille est assise en rond.

Cet homme Debs fait de nouveau des histoires, dit Cy Cummings. (Une face aux traits aigus, une tête partiellement chauve, des verres cerclés d'argent.)

Comment, mon cher ? La femme retourne à son ouvrage, brode un autre point doré sur la fesse du cupidon, au centre du napperon. (Une femme jolie, se trémousse un peu, robe longue et giron impressionnant de l'époque.) Eh bien, pourquoi fait-il des histoires ?

Aaah, s'ébroue Cy, manifestant sa répugnance fondamentale pour des questions de femme.

Pends-les, dit Ike Cummings de la voix chevrotante des vieillards. Pendant la guerre (la guerre civile) nous leur passions la corde au cou, puis hop sur la jument, pan sur la croupe de la bête, et on les regardait gigoter du talon.

Cy froisse son journal. Pas besoin de les pendre. Il regarde ses mains, fait entendre un rire froid. Edward est allé au lit ?

Elle lève la tête, répond hâtivement, nerveusement, je crois, c'est-à-dire il l'a dit. Lui et Matthew ont dit qu'ils allaient se coucher. (Matthew Arnold Cummings est le puîné des garçons.)

Je vais voir.

Dans la chambre des garçons Matthew dort, et Edward, sept ans, assis dans un coin, coud des bouts de fil dans un bout d'étoffe.

Le père s'approche, son ombre se projette sur le visage du garçonnet. Qu'est-ce que tu fais, petit ?

Le regard de l'enfant est pétrifié. Je couds. Maman a dit que je peux.

Donne-moi ça. Les bouts d'étoffe, le fil, prennent le chemin de la corbeille à papiers. Monte ici, 'Lizabeth.

L'enfant assiste à la dispute qui fait rage à son propos, chuchotements rauques et passionnés — eu égard à son frère endormi. Je ne veux pas qu'il se conduise comme une imbécile de femme, cesse de lui donner tous ces livres à lire, tous ces boniments de... femmelette. (Le bat et les gants de base-ball se couvrent de poussière au grenier.)

Mais je n'ai pas... je ne lui ai rien suggéré.

Tu ne lui as pas dit de coudre ?

Cyrus, s'il te plaît, laisse-le tranquille. La gifle rougit la joue de l'enfant de l'oreille à la bouche. Il s'assied par terre, répandant des larmes qui tombent sur ses genoux.

Et tu te conduiras comme un homme à partir de maintenant, compris ?

Mais, resté seul, trop de choses assaillent son cerveau. La mère lui a donné le fil à coudre, elle lui a dit de ne pas faire de bruit.

A l'église le sermon tire à sa fin. Nous sommes tous des enfants de Notre Seigneur, des instruments de Sa compassion, envoyés sur la terre pour être les instruments de Sa bonté, pour semer les germes de la fraternité et de la charité.

Un beau sermon, dit la mère.

Hé-hème.

C'est vrai ce qu'il a dit ? demande Edward.

Certainement, dit Cyrus, mais il faut y mettre un grain de prudence. La vie est difficile, et personne ne te donnera rien pour rien. Tu dois tout faire toi-même. Tu as tout le monde contre toi, voilà ce qu'il faut que tu apprennes.

Alors ça n'est pas vrai ce qu'il a dit, père.

Je n'ai pas dit ça. Il a raison et moi j'ai raison, seulement tu agis en religion d'une manière, et dans les affaires, qui est une chose moins importante, eh bien tu agis d'une autre manière. C'est chrétien, ça.

La mère lui caresse l'épaule. Ça a été un sermon merveilleux, Edward.

Presque tout le monde me hait dans cette ville, dit Cyrus. Toi aussi ils te haïssent, Edward, autant que tu l'apprennes assez tôt, y a rien qu'ils haïssent comme les gens qui ont réussi et à coup sûr tu réussiras dans la vie, s'ils t'aiment pas ils peuvent toujours te lécher les bottes.

Mère et fils emballent couleurs et chevalet et se mettent en route par le frais après-midi du printemps ; ils rentrent de leur excursion aux abords de la ville, où ils ont croqué les maigres collines de la plaine.

Tu t'es amusé, Eddie chéri ? Quand elle est seule avec lui, sa voix se donne un nouvel accent, une nouvelle chaleur.

Beaucoup, maman.

Quand j'étais petite fille je rêvais toujours que j'avais un petit garçon et que je sortais avec lui pour faire de la peinture, comme nous venons de le faire. Viens, je vais t'apprendre une amusante chanson pendant que nous rentrons.

Comment c'est Boston ? demande-t-il.

Oh, c'est une grande ville, sale, frrroide, on y est toujours habillé de pied en cap.

Comme papa ?

Elle a un rire hésitant. Oui, comme papa. Mais ne lui dis rien de ce que nous avons fait cet après-midi...

C'était mal ?

Non, mais maintenant rentrons à la maison, et tu ne lui dis pas un mot en arrivant, c'est un secret.

Il la hait tout à coup, et il est taciturne et maussade sur leur chemin de retour. Cette nuit-là il dit tout à son père, puis assiste avec une sorte de terreur et de transport délicieux à la querelle qui s'ensuit.

Je te dis que cet enfant est tout de ta faute, tu le gâtes, tu cultives ce qu'il y a de pire en lui, tu n'as jamais pu te pardonner d'avoir quitté Boston, n'est-ce pas dis, ça n'est vraiment pas assez chic ici pour toi.

Cyrus, s'il te plaît.

Peste et damnation, je vais l'envoyer dans une école de préparation militaire, il est assez grand pour changer de place, il est temps pour un garçon de neuf ans d'agir comme un homme.

Ike Cummings approuve du chef. L'école militaire c'est ce qu'il faut, cet enfant aime écouter les choses de la guerre.

Ce qui se cache en partie là-dessous c'est la conversation que Cyrus a eue avec le médecin du pays. Sa barbe fabuleuse, le clignotement dur et sagace de ses yeux, jouissaient de la situation. Eh bien, monsieur Cummings, je ne vois pas la plus petite chose pour y remédier en ce moment, je n'y peux rien, s'il était un peu moins jeune je vous aurais dit emmenez le garçon chez Sally pour lui faire remonter la queuquette.

L'au-revoir conventionnel quand on a dix ans, le train, l'adieu aux chemins boueux à la périphérie de la ville, aux lugubres maisonnettes de la banlieue, à l'odeur de la banque paternelle et du linge qui sèche sur les ficelles.

Au-revoir, fils, et conduis-toi bien, tu m'entends ?

Il a accepté la décision paternelle sans la moindre réaction, mais il frissonne imperceptiblement sous le toucher de la main sur son épaule.

Au-revoir, maman. Elle pleure, et il ressent un léger mépris, presque une trace de compassion.

Au-revoir, et il va, plonge et se perd dans la routine monacale de l'école, asticotant ses boutons et faisant son lit.

Des changements se produisent en lui. Il n'a jamais été intime avec les autres garçons, mais maintenant il est plutôt froid que timide. Il attache bien moins d'importance à ses aquarelles, à des livres comme *Little Lord Fauntleroy* et *Ivanhoe* et *Oliver Twist* : ils ne lui manquent jamais. Pendant des années il obtient les meilleures notes de sa classe, devient un sportif passable, troisième en force au tennis. Comme son père, il est respecté à défaut d'être aimé.

Et les corvées bien sûr : il se tient contre sa couchette aux inspections du samedi matin, raide comme un piquet, claquant des talons au passage du colonel-proviseur. Suit le cortège des officiers-instructeurs et il attend, tout engourdi, l'arrivée du colonel-adjoint, un long jeune homme aux cheveux noirs.

Cummings, dit le colonel-adjoint.

Oui, mon colonel.

Il y a du vert-de-gris dans les œillets de votre ceinturon.

Oui, mon colonel. Il le suit du regard, et parce qu'il a été remarqué il oscille entre l'angoisse et une troublante excitation. Une réaction inconsciente, car, au point de se singulariser par son abstinence, il ne prend aucune part aux jeux si spéciaux qui se pratiquent parmi les internes.

Neuf ans de ce régime, baraques ascétiques, dortoirs collectifs, crainte des gradés, crainte des inspections, marches exténuantes, vacances idiotes. En été, pendant six semaines, il visite ses parents, les trouve étranges, traite de haut son frère. Mme Cyrus Cummings l'ennuie avec ses nostalgies.

Tu te rappelles, Eddie, quand nous sommes allés peindre sur la colline ?

Oui, mère.

L'école finie, il obtient son certificat de cadet-colonel.

Son uniforme crée une petite sensation dans la ville. Les gens savent qu'il ira à l'école militaire de West Point, et on le désigne aux jeunes filles à l'égard de qui il n'a que politesse et indifférence. Il a belle prestance maintenant, pas trop grand mais bien bâti par contre, et un regard net et intelligent éclaire son visage.

Cyrus lui parle. Eh bien, fils, tu es prêt pour West Point, hein ?

Oui monsieur, je pense que oui.

Humm. Content d'avoir été dans une école de préparation militaire ?

J'ai essayé de faire du mieux que j'ai pu, monsieur.

Cyrus approuve. West Point lui plaît. Voilà longtemps qu'il a décidé que le petit Matthew Arnold continuera la banque, et que ce fils bizarre, tout roide dans son uniforme, se trouvera mieux loin de la maison. Bonne idée de t'envoyer là-bas, dit-il.

Mais... Un vide se fait dans sa tête, tandis qu'une puissante angoisse grimpe le long de son dos. Les paumes de ses mains sont toujours moites quand il parle à son père. Mais oui, monsieur. (Sachant obscurément que c'est ce que Cyrus veut lui entendre dire.) Oui monsieur. J'espère travailler de mon mieux à West Point, monsieur.

Certainement, si tu es le fils de ton père. (Riant de bon cœur, un rire grosse-affaire-cordialement-conclue, puis il lui assène une claque dans le dos.)

Encore... Oui monsieur. Et, réaction fondamentale, il se replie sur lui-même.

Un jour d'été, au cours de sa deuxième année à West Point, il fait connaissance de la jeune fille qu'il devra épouser. Faute de vacances assez longues pour entreprendre le voyage il n'est pas allé chez lui pendant ces deux années, mais l'absence des siens ne lui a pas pesé. Il met à profit ses premières longues vacances pour aller en visite à Boston, chez des parents de sa mère.

La ville de Boston l'enchante ; après le parler cru, inquisiteur, dont il a l'habitude, les manières de ses parents lui sont une révélation. Il est très poli d'abord, très réticent, conscient qu'il ne saura parler librement que s'il connaît les bévues à ne pas commettre. Mais il est ému. Il se promène dans les rues de Beacon Hill, grimpe avec ardeur les trottoirs resserrés qui mènent au State House où il tombe en arrêt, regardant le jeu des lumières sur la Charles qui coule à un demi-mille dans le contrebas. Les heurtoirs de cuivre, les lourds marteaux de cuivre noir l'intriguent ; il observe les portes étroites, touche son képi au passage des vieilles dames vêtues de noir qui esquissent un sourire plaisant, un peu incertain, à l'adresse de son uniforme de cadet.

Voilà un air qui me plaît.

J'aime beaucoup Boston, dit-il quelques semaines plus tard à sa cousine Margaret. Ils sont devenus des confidents.

Vraiment ? dit-elle. Ça devient un peu miteux ici. Papa dit qu'il y a de moins en moins des endroits où on peut aller. (Son visage est délicatement long, plaisamment froid. Son nez, malgré sa longueur, est retroussé du bout.)

Oh, les Irlandais bien sûr, fait-il avec une moue ; mais, conscient de la banalité de sa réponse, il se sent vaguement mal à son aise.

Oncle Andrew se plaint toujours qu'on nous a pris le gouvernement. Je l'ai entendu dire l'autre nuit que nous ressemblons à la France, il a été là-bas tu sais, les seules carrières qui vous restent c'est l'administration ou l'armée, et même là-dessus on ne peut pas trop compter. (Consciente d'une maladresse, elle ajoute vivement). Il t'aime beaucoup.

Ça me fait plaisir.

Tu sais, c'est bizarre, dit Margaret, il y a seulement quelques années Andrew était très intolérant à propos de tout ça. Je te dirai un secret. (Elle rit, passe son bras sous le sien.) Il a toujours préféré la marine. Il dit qu'ils ont meilleure tenue dans la marine.

Oh. (Pendant un moment il se sent perdu. Toute leur politesse, leur façon de l'accepter comme parent, lui apparaissent à l'autre bout de la lorgnette. Le temps d'un instant il essaie de renverser le sens de tout ce qu'il leur a entendu dire, d'examiner leur attitude d'un nouveau point d'approche.)

Ça ne veut rien dire, fait Margaret, nous sommes tous de tels imposteurs. C'est terrible à dire, mais tu sais nous n'acceptons comme bon que ce qui fait partie de la famille. J'ai été terriblement choquée quand je m'en suis aperçu pour la première fois.

Alors je suis parfaitement en règle, dit-il d'un air badin.

Oh non, tu n'es pas en règle du tout. (Elle rit, et il l'imite, un rien hésitant.) Tu n'es que notre cousin au deuxième degré, un cousin de l'Ouest. Ça ne suffit pas. (Son long visage semble gai pendant un moment.) Sérieusement, c'est que nous n'avons connu que la marine jusqu'à présent. Tom Hopkinson et Thatcher Lloyd, je crois que tu l'as rencontré à Dennis, eh bien ils sont tous dans la marine et oncle Andrew connaît si bien leurs pères. Mais il t'aime bien. Je crois qu'il a eu le béguin pour ta mère.

Eh bien, voilà qui arrange les choses. (Ils rient de nouveau, s'asseoient sur un blanc et lancent des cailloux dans la Charles.)

Tu es si admirablement enjouée, Margaret.

Oh, moi aussi je suis un imposteur. Si tu me connaissais, tu dirais que je suis horriblement cafardeuse.

Je parie que tu ne l'es pas.

Oh, j'ai pleuré, tu sais j'ai complètement pleuré quand Minot et moi nous avons perdu la course des canots, il y a deux ans. Ça a été si bête. Père voulait que nous gagnions, et j'étais terrifiée par ce qu'il allait dire. On ne peut pas bouger ici, on ne peut rien faire, il y a toujours une raison qui fait que ceci ou cela n'est pas *convenable*. (Pour un instant sa voix est presque amère.) Toi tu n'es pas du tout comme nous autres, tu es sérieux, tu es important. (Sa voix redevient chantonnante.) Père m'a dit que tu es le deuxième de ta classe. Ça n'est pas des bonnes manières de se pousser comme ça.

Est-ce que bon troisième serait plus respectable ?

Pas pour toi. Tu seras un général.

Je ne crois pas. (Pendant ces semaines à Boston sa voix a acquis le ton qui convient, elle est devenue un peu plus haute, un peu plus paresseuse. Il ne peut pas exprimer l'excitation, ou l'exaltation peut-être, qu'il doit à Boston. Tout le monde est si parfait ici.)

Tu te paies simplement ma tête, dit-il. (Une abominable expression, il s'en rend compte trop tard, et ça le désarçonne pour un instant.)

Oh non, je suis convaincue que tu seras un grand homme.

Je t'aime bien, Margaret.

C'est la moindre des choses, après les éloges que je t'ai prodigués. (Elle rit de nouveau, dit ingénument) Je crois que je veux que tu m'aimes.

Quand il repart à la fin de l'été elle l'étreint, chuchote dans son oreille, j'aurais voulu que nous soyons fiancés pour de bon alors tu aurais pu m'embrasser.

Moi aussi. Mais c'est la première fois qu'il la regarde en femme et il est un peu choqué, un peu effrayé. Dans le train, sur son chemin de retour, déjà elle perd pour lui de son inquiétante individualité pour redevenir l'aimable personnification de sa famille et de la ville de Boston à l'arrière-plan. Il éprouve une inhabituelle, une vivifiante identification avec ses compagnons de classe quand il leur parle de son flirt. Il est important d'avoir un flirt, décide-t-il.

Il ne cesse pas d'apprendre, comprenant déjà que son esprit demande à fonctionner sur plusieurs registres à la fois. Il y a des choses qu'il pense être vraies en soi, la situation objective que son esprit doit démêler ; il y a ce qu'il appelle « la couche profonde », une couche suspendue dans les nuages et dont il se soucie fort peu de connaître le point d'appui ; il y a, et ceci est très important, il y a le registre d'après lequel il doit faire et dire des choses pour l'effet qu'elles exercent sur ceux avec qui il vit et travaille.

Ce dernier point lui devient clair au cours d'une expérience plutôt dramatique qui a lieu dans la classe de Tactique et Histoire Militaire. (La pièce récurée peinte en marron, les tableaux noirs, les bancs où les cadets sont assis en carrés d'échiquier selon une ancienne symétrie à jamais inamovible.)

Mon capitaine (il a permission de parler), est-il juste de dire que Lee était un meilleur général que Grant ? Je sais qu'on ne saurait comparer leurs tactiques, mais Grant était un stratège. A quoi bon la tactique, mon capitaine, si le... l'ensemble du mécanisme qui embrasse hommes et ravitaillement n'est pas correctement conçu, puisque après tout la tactique n'est qu'une partie de cet ensemble ? De ce point de vue Grant n'était-il pas le plus grand des deux, lui qui s'efforçait de tenir compte des intangibles ? Il n'était pas très fort au jeu voyant des claquettes, mais par contre il concevait le spectacle dans sa totalité. (La classe rugit.)

Ça a été une triple erreur. Il a porté la contradiction, il s'est montré rebelle, et il a été facétieux.

Cummings, la prochaine fois vous tâcherez d'exposer vos arguments avec plus de concision.

Oui, mon capitaine.

Il arrive que vous vous trompez. Vous finirez tous par apprendre que l'expérience est bien plus précieuse que la théorie. Il est impossible de tout prévoir dans votre stratégie, les choses ont leur propre façon de s'équilibrer, comme ça a été le cas à Richmond, comme c'est le cas actuellement dans la guerre des tranchées en Europe. La tactique demeure toujours l'élément déterminant. (Il l'écrit au tableau noir.)

Et, Cummings...

Mon capitaine ?

Comme vous aurez bien de la chance si vous commandez un bataillon d'ici une vingtaine d'années, vous feriez bien mieux de vous préoccuper des problèmes stratégiques d'une section plutôt que (un rire en sourdine répond à ce sarcasme) de ceux d'une armée. (Voyant le consentement dans les yeux de l'instructeur, la classe laisse libre cours à sa gaieté, une gaieté qui roussit la peau de Cummings.)

Il en entend parler pendant des semaines. Hé, Cummings, combien d'heures il te faudrait pour prendre Richmond ?

Ed, j'ai entendu dire qu'ils t'envoient comme expert auprès des Français. Avec tes conceptions correctement appliquées, la Ligne Hindenburg serait défoncée en un rien de temps.

Cet incident lui apprend bien des choses ; avant tout il comprend qu'il n'est pas aimé, qu'il ne le sera jamais, et qu'il ne peut pas se permettre des erreurs qui l'exposent à la meute. Il lui faudra patienter. Mais il est froissé, et il ne peut pas s'empêcher d'en parler à Margaret par écrit. Et son mépris pour ses compagnons n'est pas exempt de récompenses : il y a tout un monde d'usages dont ils ne savent rien.

Ses études terminées, la publication estudiantine *The Howitzer* reproduit son brevet sous le titre « Le Stratège » ; et, pour dorer la pilule avec une couche de douceâtre sentimentalité qui sent trop son almanach, on a ajouté avec un rien d'ambiguïté : « Il Fait Bien comme Il est Bien Fait. »

Courte permission qu'il passe avec Margaret, annonce de leurs fiançailles, départ hâtif sur un transport pour l'Europe en guerre.

Il prend ses quartiers dans l'aile d'un château, service stratégique du G.Q.G., où il a une pièce blanchie à la chaux jadis occupée par une fille de chambre, mais cela il l'ignore. La guerre l'a surpris agréablement, l'enlevant à la routine mortelle des formulaires, des corvées qui consistent à mettre au point des mouvements de troupe. Le bruit de la canonnade l'excite au travail, le cru chemin de gravier sous sa fenêtre souligne la valeur de ses calculs.

Une nuit la guerre lui apparaît dans sa totalité, nette comme le tranchant d'une lame, — une nuit où tout s'équilibre dans son esprit.

Il accompagne son colonel dans une inspection au front ; deux autres officiers et un chauffeur sont avec eux. Ça vous a l'air d'un pique-nique avec sandwiches et thermos de café chaud. On emporte même des provisions de conserve, mais il est peu probable qu'ils aient l'occasion de les utiliser. Ils voyagent sur des chemins de terre battue qui mènent vers les premières lignes, rebondissent avec lenteur dans les trous et les ornières, clapotent lourdement dans la boue. Ils se déplacent pendant une heure le long d'une vaste plaine désolée, sous un ciel terne que seul le feu de l'artillerie illumine d'un cru et maléfique clignotement de flamme pareil à celui des éclairs de chaleur par un soir d'été suffocant. A un mille des tranchées ils arrivent en vue d'une crête qui leur masque l'horizon, s'arrêtent, enfilent lentement une tranchée de communication que la pluie du matin a submergée sous un demi-pied d'eau. Le boyau zigzague et s'approfondit à mesure qu'ils s'avancent. Tous les cent mètres Cummings monte sur le parapet et risque un coup d'œil précautionneux dans les ténèbres du no man's land.

Ils prennent position dans un abri blindé, prêtant une oreille respectueuse à la conversation entre leur colonel et le commandant en charge de ce secteur du front. Lui aussi est venu en vue de l'attaque. Une heure avant la tombée du jour l'artillerie déclenche un feu de barrage rasant qui se rapproche de plus en plus des tranchées ennemies, et c'est alors un bombardement de plein fouet qui dure quinze minutes. L'artillerie allemande répond, et de temps à autre un obus perdu s'égare du côté de leur poste d'observation. Les mortiers de tranchée sont entrés en action et le bruit augmente de volume, noie tout, les forçant à crier pour se faire entendre.

Ça y est, ils y vont, mugit quelqu'un.

Cummings ajuste ses jumelles, regarde par une fente dans le mur de béton. Couverts de boue, les hommes ressemblent dans la lueur crépusculaire à des ombres argentées sur le fond blême d'une prairie d'argent. Il pleut de nouveau, et ils vacillent entre la marche et la course, tombent la face la première, chancellent à reculons, rampent à plat ventre dans la fange couleur de plomb. Fureur et déchaînement dans les lignes allemandes d'où l'on rend coup pour coup, d'où lumière et bruit jaillissent avec une rage devenue si énorme que ses sens annihilés ne perçoivent plus qu'une seule toile de fond pour l'avance de l'infanterie à travers la plaine.

Les hommes, à présent, se déplacent avec lenteur, penchés en avant comme s'ils luttaient contre une bourrasque. Il est fasciné par l'inertie de tout cela, par la somnolence avec laquelle ils s'avancent et s'écroulent. L'attaque semble informe, les hommes sans volonté ; ils s'égaillent dans toutes les directions, pareils à des feuilles mortes sur un lac agité, et cependant ils progressent. En dernière analyse les fourmis prennent toutes le même chemin.

Il suit avec ses jumelles un soldat qui court de l'avant, qui plonge la tête la première dans la boue, se relève, reprend sa course. C'est comme d'observer une foule d'une fenêtre haut perchée, ou comme de séparer un chiot du restant de la portée qui se harpaille à l'étalage d'un marchand de chiens. Il y a quelque chose de bizarre, d'irréel, à se rendre compte que la masse est faite d'individus.

Le soldat tombe, frissonne dans la boue, et Cummings ajuste ses jumelles sur un autre objectif.

Ils arrivent dans les tranchées allemandes, crie quelqu'un.

Il regarde hâtivement, aperçoit quelques hommes qui s'élancent par-dessus le parapet, leur baïonnette en avant, comme des sauteurs à la perche à l'instant d'atteindre la barre. Leur allure paraît si peu pressée, si rares sont ceux qui les suivent, qu'il en est tout perplexe. Où sont les autres ? est-il sur le point de dire, quand le commandant pousse un cri : Ils l'ont prise, les braves gars, ils l'ont prise.

Les obus allemands se mettent à tomber sur les positions fraîchement acquises, et des colonnes d'hommes s'avancent avec lenteur dans l'obscurité qui recouvre le champ redevenu quiet, contournent leurs morts, descendent dans les tranchées allemandes. Il fait presque noir, et à l'est, où une maison brûle, le ciel a pris un éclat rosâtre. On ne voit plus avec les jumelles et il les range, regardant la plaine avec un étonnement silencieux. Tout s'y présente sous un aspect rudimentaire, inhabituel, comme on s'imaginerait la surface de la lune. L'eau luit dans les cratères, avec de longs glissements d'ombre ridée qui marquent la chute d'un homme.

Que pensez-vous de ça ? dit le colonel en le poussant du coude.

Oh, c'était... Mais les mots lui manquent. Ça a été trop immense, trop écrasant. Les batailles longuement et sèchement décrites dans les manuels revivent et s'ordonnent dans son esprit, mais il ne peut penser qu'à l'homme qui a donné l'ordre d'attaquer — un homme qui l'émerveille. Quel... courage. Quelle responsabilité. (Faute d'un mot plus riche, il se rabat sur l'expression militaire.)

Il y a eu tous ces hommes, et il y a eu quelqu'un au-dessus d'eux, quelqu'un pour les commander, pour changer peut-être à jamais la texture de leur vie. Il regarde le champ noir, déconcerté par la plus grande vision qui se soit encore emparée de son âme.

Les choses que l'on pourrait faire.

Commander tout cela. Il étouffe sous l'intensité de son émotion, de sa rage, de son exaltation, de l'énormité indéfinissable de son appétit.

Il revient de la guerre avec le grade de capitaine (temporaire), est dégradé au rang de lieutenant (permanent). C'est son mariage avec Margaret contre la subtile opposition des parents de celle-ci, leur brève lune de miel, leur établissement dans la place où il est cantonné, leurs fréquentations mondaines, plaisantes et insipides, et ce sont les soirées dansantes du samedi soir au club des officiers.

Pendant un temps leur vie sexuelle est fantastique :

Il doit la soumettre, l'absorber, la déchirer en pièces et la dévorer.

Le caractère de leurs rapports leur échappe d'abord, obscurci par leur inexpérience commune, par l'étrangeté, la singularité de la chose. Mais ils ne tardent pas à s'y abandonner. Et pendant une demi-année, pendant toute une année presque, il leur arrive de faire l'amour avec une intense exaltation, puissante et rageuse, qui le laisse épuisé et sanglotant de frustration sur le sein de sa femme.

M'aimes-tu, es-tu à moi, aime-moi.

Oui oui.

Je te mettrai en pièces, je te mangerai, oh je te ferai mienne, je te ferai mienne espèce de garce.

Et de surprenantes vulgarités, des mots qu'il s'effraie de s'entendre dire.

Margaret en est exaltée pour un temps, elle en est embrassée, elle y voit une passion qui la fait rayonner, qui la fait s'épanouir, mais pour un temps seulement. Au bout d'un an les choses lui apparaissent dans leur nudité — qu'il s'isole, qu'il se livre des batailles à lui-même sur son corps à elle — et quelque chose se fane en elle.

L'autorité contre laquelle elle s'est insurgée, la famille et les rues de Boston et l'histoire qui les étoffe, elle a tout quitté pour tomber sous la coupe d'une autorité plus terrifiante et bien plus inexorable.

Tout cela, naturellement, transcende les mots ; ces choses, une fois dites, rendraient leur vie insupportable, mais leur mariage s'en ressent, assume l'aspect d'une camaraderie hypocrite, vidée de tout contenu, et leur commerce sexuel est désormais assez rare pour faire péniblement saillie. Il se retire d'elle, lèche ses plaies, et se tortille dans un cercle dont il est incapable de briser les limites. Leur vie sociale prend bien plus de place dans leur existence.

Elle s'occupe à faire marcher sa maison, à tenir la délicate balance des doit-et-avoir de leurs obligations sociales. Il leur faut chaque fois deux heures pour dresser la liste des invités pour leurs réceptions mensuelles.

Une fois ils passent toute une semaine à se demander s'ils peuvent inviter le général, discutant les arguments compliqués du pour et du contre. Ils concluent que cela serait de mauvais goût, que cela pourrait leur nuire alors même que le général viendrait, mais quelques jours plus tard le capitaine Cummings reconsidère la question, se réveille à l'aube, et connaît que c'est un risque qu'il lui faut prendre.

Ils conçoivent leur plan très soigneusement, choisissent une fin de semaine où le général n'a pas d'obligations et où il semble bien que rien d'inattendu ne viendra l'accaparer au dernier moment. Grâce à l'ordonnance du général, Margaret apprend quels sont ses plats préférés ; au cours d'une soirée dansante elle bavarde avec la femme du général pendant une bonne vingtaine de minutes, découvre qu'une connaissance de son père n'est pas inconnue du général.

Ils font partir les invitations et le général accepte. Semaine qui précède l'événement, toute en nerfs, puis l'état de tension pendant la réception. Le général arrive, prend position à la table du buffet froid, picore non sans zèle la dinde fumée pour laquelle Margaret a fait venir des crevettes de Boston.

Tout se révèle finalement un succès, et le général, mis de bonne humeur par son huitième scotch, par les meubles rembourrés garnis de houppes (il s'était attendu à de l'érable), par la douce morsure des sauces doublée de liqueurs, le général adresse à Cummings un brumeux sourire. En disant au revoir il tapote Cummings sur l'épaule et pince la joue de Margaret. La tension s'évanouit, les officiers cadets et leurs épouses se mettent à chanter. Mais tout le monde est trop exténué et la soirée finit tôt.

Cette nuit-là, quand ils se félicitent l'un l'autre, Cummings est content.

Mais Margaret lui gâche sa satisfaction ; elle a acquis le don de gâcher les choses. Tu sais, Edward, je me demande vraiment quel est l'intérêt de tout ça, tu ne peux pas espérer brûler les étapes, et le vieux pet (elle a pris l'habitude de jurer modérément) sera mort quand la question se posera de te pistonner pour tes étoiles de général.

Il faut commencer de soigner sa réputation tôt le matin, dit-il hâtivement. Il a accepté toutes ces mœurs, il s'efforce de s'y soumettre dévotieusement, mais il n'aime pas qu'on les mette en doute.

Oh, quelle chose parfaitement vague à dire. Tu sais, j'ai bien le sentiment que nous avons fait une bêtise de l'avoir invité. Ça aurait été bien plus gai sans lui.

Gai ? (Cela l'atteint au plus profond de son être, le laisse de fait tremblant de colère.) *Il y a des choses plus importantes que la gaieté.* Il se sent comme s'il avait refermé une porte sur lui.

Tu es en danger de devenir un raseur.

Ça suffit, crie-t-il presque, et, devant sa rage, elle bat en retraite. Mais la chose est entre eux, formulée de nouveau.

Je ne sais pas ce qui te prend, grommelle-t-il.

D'autres mouvements encore, d'autres directions le sollicitent. Pendant un temps il fréquente les beuveries au club des officiers, joue au poker, se laisse aller à quelques aventures galantes. Mais, simple réédition de ses rapports avec Margaret, elles ne lui procurent qu'humiliation en fin de compte, et il se replie sur lui-même, se consacre dans les deux années qui suivent au commandement de sa compagnie.

Il y fait preuve de talent. Il embrasse ses problèmes sous tous leurs aspects, pense, de nuit, à la meilleure façon de procéder avec ses hommes, au moyen le plus effectif de les commander ; de jour, il passe presque tout son temps avec sa compagnie, surveillant les corvées, faisant inspections sur inspections. Les compagnies qu'il commande successivement se signalent par leur tenue ; les quartiers de ses soldats brillent par leur propreté.

Les samedis matin chaque section fournit une équipe pour arracher les mauvaises herbes autour des baraques.

Il fait essayer nombre d'encaustiques pour cuivre, choisit la meilleure, et fait afficher un ordre enjoignant aux hommes d'avoir à ne se servir que du produit en question.

Quelque peine que ses hommes se donnent pour tenir en état les latrines, il les trouve toujours en défaut lors de ses inspections quotidiennes. Un matin, il se met à quatre pattes, soulève la plaque de drainage, et punit la section parce que le tuyau d'écoulement est graisseux.

Il fait passer une aiguille dans les fissures des marches pour dépister une trace de poussière.

Dans les épreuves sportives qui ont lieu tous les étés, ses hommes remportent toujours la palme. Il les met à l'entraînement dès le début de février.

Le plancher du mess est récuré à l'eau bouillante après chaque repas.

Il est toujours après ses hommes. Un samedi, jour de grande inspection, comme on s'attend à la visite d'un général, il instruit son sergent-chef à l'effet de voir que les hommes graissent les semelles de leurs chaussures de réserve, lesquelles seront exposées au pied de leur lit.

Il lui arrive, au cours même d'une revue, de démonter un fusil afin de vérifier la propreté du ressort qui actionne la gâchette.

La plaisanterie qui court sur son compte dans sa compagnie c'est qu'il songe à mander à ses hommes d'avoir à se déchausser avant que d'entrer dans la caserne.

Les officiers supérieurs s'accordent à dire que le capitaine Cummings est le meilleur officier subalterne de la place.

Lors d'une visite dans sa famille à Boston, Margaret est interrogée.

Tu ne comptes toujours pas avoir des enfants ?

Non, je ne pense pas, dit-elle en riant. J'ai peur d'en avoir. Edward leur ferait récurer leur berceau.

Ne crois-tu pas que sept années c'est un long temps ?

Oh, je suppose que oui. Et puis je ne sais pas, à vrai dire.

Il n'est pas bon d'attendre si longtemps.

Margaret soupire. Les hommes sont très bizarres, positivement bizarres. Ils ne correspondent jamais à l'idée qu'on se fait d'eux.

Les lèvres étroites de sa tante se pincent. J'ai toujours eu le sentiment, Margaret, que tu aurais mieux fait d'épouser quelqu'un de notre monde.

C'est un préjugé terriblement vieillot. Edward sera un grand général. Tout ce qu'il nous faut c'est une guerre, et je me sentirai comme Joséphine.

(Les coups d'œil sagaces.) Ta désinvolture n'est pas de mise, Margaret. J'avais espéré qu'après toutes ces années le mariage te rendrait plus... féminine. Il n'est pas très sage d'épouser quelqu'un dont on ne sait rien, et j'ai toujours soupçonné que tu as épousé Edward précisément pour cette raison. (La pause significative.) Ruth, la femme de Thatcher, attend son troisième enfant.

(Margaret est en colère.) Je me demande si je serai aussi obscène que toi quand je serai vieille.

J'ai peur que tu sois toujours une *impertinente*, ma chère.

Aux soirées dansantes du samedi soir Margaret s'enivre un peu plus fréquemment. Il y a des moments où elle frise l'inconvenance.

Tout seul, capitaine ? remarque la femme de l'un des officiers.

Oui. J'ai peur que je suis un peu trop vieux jeu. La guerre et... (Son mari a pris du service après 1918.) Je regrette souvent de n'avoir jamais appris à bien danser. (Sa manière d'être, qui devra le distinguer des autres officiers de carrière, commence de se préciser dans ces années.)

Votre femme danse.

Oui. (A l'autre bout du club des officiers un groupe d'hommes forme cercle autour de Margaret. Son rire est très haut, sa main repose sur l'avant-bras d'un sous-lieutenant.) Il la regarde avec dégoût.

Du Webster : *haine*, s. forte aversion ou détestation ; mauvaise volonté ou malveillance invétérées.

Fil qui traverse la plupart des mariages ; qui commence de prédominer chez les Cummings.

La froideur de cette haine. Pas de querelles. Pas d'invectives.

Il est tout application maintenant, tout étude. Chez lui, dans les demeures successives qu'il occupe au gré de ses nominations, il s'enferme dans une pièce et passe cinq ou six nuits par semaine à lire. Il rattrape à pas de géant ce qu'il y a de négligé dans son éducation. La philosophie, d'abord, puis les sciences politiques, la sociologie, la psychologie, l'histoire, et même l'art et la littérature. Il absorbe tout grâce à la puissance fantastique de sa mémoire, absorbe et immédiatement transmue ses acquisitions en quelque chose d'autre, en quelque chose qui satisfasse les tendances dominantes de son esprit.

Cela se manifeste un peu à l'occasion des rares discussions intellectuelles qui ont lieu au niveau d'une place d'armes. Je trouve Freud plutôt stimulant, dit-il. L'idée est que l'homme est un bâtard sans valeur, et le seul problème consiste à savoir comment le contrôler le plus efficacement possible.

En 1931 Spengler lui est particulièrement proche. Il fait de courtes et prudentes causeries à ses hommes.

Hommes, je n'ai pas besoin de vous dire à quel point les choses vont mal. Certains d'entre vous ont pris du service précisément pour cette raison. Mais je voudrais vous faire remarquer que nous pouvons être appelés à remplir un rôle important. Si vous lisez les journaux vous n'ignorez pas qu'il y a des mouvements de troupes partout dans le monde. De grands changements peuvent avoir lieu, et votre devoir sera alors d'obéir aux ordres du gouvernement, tels qu'ils vous parviendront par mon intermédiaire.

Ses conceptions, pas tout à fait claires encore, jamais mises sur le papier, commencent enfin de se préciser. En 1934 le commandant Cummings s'intéresse bien plus à la politique étrangère.

Je vous dis que ce Hitler n'est pas un feu de paille, argumente-t-il. Une idée germe en lui, et de plus il faut rendre justice à son flair politique. Il manœuvre le peuple allemand avec une adresse achevée. A leurs yeux cette affaire de la Ligne Siegfried est d'une importance capitale.

En 1935 Cummings est remarqué pour avoir introduit quelques innovations à l'École d'Infanterie de Fort Benning.

En 1936 il est considéré comme le plus brillant officier supérieur de l'année au War College de Washington. Et il fait de petites étincelles dans la société washingtonienne, lie amitié avec quelques sénateurs, fréquente les salons les plus en vue de la Capitale. Pour un moment il est en passe de devenir le conseiller militaire auprès du beau monde de Washington.

Mais il se déprend toujours. Il dissimule ses confusions, les tendances contradictoires de son être, il les ensevelit sous la concentration avec laquelle il travaille. En 1937, pendant un congé de trente jours, il rend visite à son beau-frère qui passe ses vacances d'été dans l'État du Maine. Leurs relations sont devenues très amicales lors du séjour de Cummings à Washington.

Un après-midi, à bord d'un canot à voiles :

Vous savez, Edward, j'ai toujours été en désaccord avec la famille. Sans qu'il y ait de votre faute, ils ne vous ont jamais tout à fait accepté. Je pense que leur attitude rétrograde est un peu affligeante, mais naturellement vous comprenez ça.

Je crois que je comprends, Minot. (Il y a cet autre réseau d'émotions et d'ambitions où il se trouve repris de temps à autre. L'ineffable perfection de Boston qui l'avait affriandé le laisse toujours curieusement satisfait et troublé à la fois. Il le sait, il s'est servi de Boston pour trafiquer à Washington, consciemment, cyniquement, mais il continue d'en subir l'attrait déroutant.) Le son de sa parole lui semble fleuri. Margaret a été très bien dans tout ça.

Femme admirable, cette mienne sœur.

Oui.

C'est une honte que je ne vous aie pas mieux connu pendant toutes ces années. Vous auriez été tout à fait à votre place aux Affaires Étrangères. Je vous ai suivi dans votre évolution, Edward. Je pense que, quand il le faut, vous témoignez d'autant de perception, de tact, de capacité à saisir rapidement l'essentiel d'une situation, que tous ceux que je connais. Quel dommage qu'il soit trop tard maintenant.

Je me dis parfois que j'aurais pu me rendre utile, acquiesce Cummings. Mais, vous savez, dans un an ou deux je serai lieutenant-colonel, après quoi j'avancerai à l'ancienneté. Il n'est peut-être pas très politique de se donner des gants, mais je devrais avoir mes cinq galons dans l'année qui suivra.

Mmm. Est-ce que vous parlez le français ?

Assez bien. Je l'ai appris là-bas, en 17, et je me suis perfectionné depuis.

Le beau-frère se touche le menton. Vous savez, Edward, tout gouvernement a sa doctrine, mais bien des points de vue s'affrontent aux Affaires. Voyez-vous, je me suis demandé si on ne pourrait pas vous envoyer pour une petite joute en France, dans votre capacité d'officier bien entendu. Rien d'officiel.

A quel propos, Minot ?

Oh, c'est nébuleux. Des conversations çà et là. Certains éléments, aux Affaires, s'emploient à faire changer notre politique espagnole. Je ne crois pas qu'ils y parviennent, cela serait désastreux et équivaudrait à livrer Gibraltar aux Russes. Ce qui me préoccupe c'est la France. Aussi longtemps que les Français ménagent la chèvre et le chou, je ne pense pas qu'il soit de notre intérêt d'intervenir.

Serait-ce à moi de leur persuader de persévérer ?

Rien de cette grandeur. J'ai obtenu des assurances, certains contrats financiers susceptibles d'exercer une petite pression sur qui de droit. Il ne faut pas oublier que tout le monde en France est à vendre, que personne n'y a les mains propres.

Je me demande si j'obtiendrai le congé nécessaire.

Nous faisons partir une mission militaire pour la France et l'Italie. Je peux arranger ça avec le ministère de la Guerre. J'aurai à vous exposer l'affaire en détail, mais vous n'aurez aucun mal à vous y familiariser.

Ça m'intéresse beaucoup, dit Cummings. Les problèmes de manipulation... Il se tait sans terminer sa phrase.

L'eau clapote contre la coque, se referme derrière le gouvernail, doucement, paisiblement, comme un chat qui se pourlèche. Tout autour de l'embarcation le soleil s'éparpille sur la baie, faisant courir un bruit de tintement sur l'eau.

Nous ferons aussi bien de rentrer, dit le beau-frère.

Le rivage est boisé, vert-olive, genre anse préhistorique.

Une sensation que je ne surmonte jamais, dit-il à Cummings. Je m'attends toujours à voir des Peaux-Rouges dans la forêt. Pur pays, le Maine.

Le bureau est plus petit qu'il ne s'y attendait, plus rébarbatif, plus huileux en quelque sorte. La carte de France est écornée et barbouillée de coups de crayon.

Je m'excuse de vous recevoir dans cette pièce, dit l'homme. (Son accent est imperceptible, une certaine précision de la parole peut-être.) Quand vous avez suggéré la nature de notre entretien, je me suis dit qu'il serait sans doute mieux de nous rencontrer ici, non pas que notre réunion soit en rien clandestine mais parce que vous auriez attiré l'attention à mon bureau de la Bourse. Il y a des espions partout.

Je comprends. Il a été difficile de vous rencontrer. Le parti que vous savez avait mentionné monsieur de Vernay, mais je crois qu'il se tient un peu trop éloigné des affaires pour en juger.

Vous affirmez qu'il y a des crédits ?

Plus que suffisamment. Je dois insister sur le fait que rien de ceci n'est officiel. Il y a une entente tacite...

Tacite ? Tacite ?

Une entente avec Leeway Chemical en vue de placer des fonds dans telles entreprises françaises que le parti en question jugera utile. Pas question de pots-de-vin. (Il se demande si son argot est correct.) Une affaire légitime, dont les profits, je pense, sont assez conséquents pour que Sallevoisseux Frères y trouvent leur compte et soient à même de procéder à tels *ajustements* qu'il appartiendra.

On s'arrangera.

Naturellement, il me faudra connaître certains détails quant aux moyens que vous allez employer.

Ah, commandant Cummings, je puis vous garantir le vote de vingt-cinq membres de la Chambre des députés.

Je pense qu'il serait préférable de se passer de vote. Il y a d'autres voies.

Je ne crois pas être autorisé à dévoiler mes voies d'accès.

(Le noyau de la situation.) Monsieur Sallevoisseux, un homme de votre... intelligence ne saurait manquer de voir que l'envergure de l'entreprise que Leeway Chemical soumet à votre considération exige quelque chose de plus concret de votre part. La décision de créer une filiale en France a été prise il y a déjà quelques années ; reste à savoir qui décrochera la concession. J'ai le pouvoir — subordonné à des garanties financières de votre part — j'ai le pouvoir de négocier avec Sallevoisseux Frères. Si vous ne pouvez pas me fournir des assurances plus catégoriques, je me verrai malheureusement obligé de prendre en considération d'autres possibilités, que j'ai actuellement à l'étude.

J'en serais désolé, commandant Cummings.

J'en serais désolé à mon tour.

Sallevoisseux se tortille sur sa chaise, regarde par la haute et étroite fenêtre la rue empierrée. La sonorité des klaxons français semble aiguë à Cummings.

Il s'agit de suivre une certaine filière. Par exemple — je vous présenterai les assurances, les documents, plus tard les personnes intéressées — par exemple j'ai des amitiés chez les Cagoulards qui peuvent influencer certaines maisons — pas la Chemical — grâce à des services rendus dans le passé. Ces maisons pourraient à leur tour contrôler, si nécessaire, la décision d'un bloc de soixante-quinze députés. (Il lève la main.) Je sais que vous préférez ne pas en venir au vote, mais cela personne ne peut vous le garantir. Je suis à même d'ôter au vote tout élément d'incertitude. Nombre de ces députés sont en état d'influencer les membres du cabinet.

Il marque une pause. Cette politique est complexe.

Je m'en rends compte.

Il y a plusieurs radicaux-socialistes haut placés aux Affaires Étrangères, que je puis influencer. Je sais par un de nos services que certaines informations les concernant sont négociables. Ils se montreront raisonnables. J'ai en ma possession des *dossiers confidentiels* sur des douzaines de journalistes, sur plusieurs personnages à la Banque de France. Un bloc de socialistes est contrôlé par un chef syndicaliste avec lequel j'ai mes ententes. Ces filières, toutes indirectes, s'additionnent, créent la dispersion voulue. Vous comprenez bien que je n'agis pas tout seul. Je puis vous donner l'assurance qu'il n'y aura aucune volte-face politique dans les prochains dix-huit mois ; au delà c'est à l'histoire de se prononcer, et elle, personne au monde ne la peut détourner indéfiniment.

Ils parlent pendant plusieurs heures, élaborent les premiers termes d'un accord.

En prenant congé, Cummings sourit. Nous œuvrons, en fin de compte, au bien de la France et de l'Amérique.

Sallevoisseux sourit lui aussi. Cela va de soi, commandant Cummings. Un énoncé spécifiquement américain, savez-vous ?

Vous me communiquerez les dossiers en votre possession. Demain, cela vous va ?

D'accord !

Un mois plus tard, ayant accompli la part qui lui incombe dans la mission, Cummings va à Rome. Un télégramme l'y attend de son beau-frère.

Dispositions préliminaires satisfaisantes. Excellent travail. Félicitations.

Il a une conversation avec un colonel italien qui fait partie de la mission. J'aimerais que vous voyiez, signor maggiore, ce que nous avons fait pour combattre la dysenterie dans notre brillante campagne africaine. Nous avons mis au point une série de mesures sanitaires soixante-treize pour cent plus effectives contre la terrible, la maligne propagation de cette maladie.

La chaleur est étouffante. En dépit des tirades du colonel italien il souffre de la diarrhée, et il pâtit d'un gros rhume. Une lettre lui parvient de son beau-frère.

« Je pense qu'il est honteux de venir gâter la légitime joie que vous devez ressentir après avoir si bien œuvré à Paris, mais je me sens vraiment tenu à vous écrire. Comme vous savez Margaret est descendue chez moi à Washington depuis une quinzaine de jours, et pour juger les choses aussi indulgemment que possible, son comportement est très bizarre. Il y a un certain laisser-aller dans son attitude, qui ne convient pas à une personne de son âge ; je dois confesser qu'il m'est parfois difficile d'admettre qu'elle est ma sœur. Si ce n'était pas par égard pour vous, je lui dirais de quitter ma maison. Je regrette infiniment de ruiner ce que vous devez considérer à juste titre comme vos vacances, mais je pense qu'il ne serait pas mauvais que vous songiez à rentrer. Ne manquez pas de voir Monsignor Truffenio et de lui transmettre mes hommages. »

Haine lassée, désormais sans passion. J'espère seulement qu'elle ne fera pas d'esclandre, se dit-il en jurant. Il a un cauchemar cette nuit-là, et se réveille tout fiévreux dans son lit. Pour la première fois depuis une couple d'années il songe à son père, se souvient de sa mort survenue quelques années plus tôt, et un restant de vieille angoisse s'empare de lui. Minuit passé, obéissant à une impulsion, il se rhabille, marche dans les rues, échoue dans un bar où il s'enivre.

Un petit bonhomme lui flatte le dos. Signor maggiore, vous venir chez moi maintenant ?

Il titube, vaguement conscient de désirer quelque chose qu'il ne peut définir. Dans une traverse le petit bonhomme et un comparse lui sautent dessus, lui font les poches, et le laissent sur le pavé où il revient à lui dans l'âpre éclat de l'aube et la vive puanteur que le premier soleil lève dans les ruelles de Rome jonchées d'ordures. Il réussit à regagner son hôtel sans se faire trop remarquer, se change, prend un bain, et se couche pour vingt-quatre heures. Il se sent comme s'il tombait en morceaux.

Je dois confesser, votre Éminence, que je suis un vieil admirateur de l'Église. Votre grandeur réside dans l'immensité de vos conceptions.

Le cardinal baisse la tête. Je suis aise de vous recevoir en audience, mon fils. Vous avez travaillé pour la bonne cause. J'ai entendu parler de votre activité à Paris contre les menées de l'Antéchrist.

J'ai travaillé pour le bien de mon pays. (Ces mots, pris dans leur contexte, ne lui causent aucun embarras.)

Il y a des travaux plus nobles.

Je ne l'ignore pas, votre Éminence... Il y a des moments où je sens une grande lassitude.

Vous êtes peut-être à la veille de prendre une importante décision.

Je le pense parfois. J'ai toujours regardé l'Église avec admiration.

Il traverse la grande cour du Vatican, regarde pendant un long temps le dôme de Saint-Pierre. La cérémonie à laquelle il vient d'assister l'a ému, submergeant tout son être de musique.

Je ferais peut-être bien de me convertir.

Mais, sur le navire qui le ramène, il pense à autre chose ; en lisant les journaux qu'il a apportés avec lui à bord il apprend avec une paisible satisfaction que Leeway Chemical a ouvert des négociations avec Sallevoisseux Frères.

Dieu, je suis content de laisser les Macaronis et les Mangeurs-de-grenouilles, lui dit un des officiers qui a été de la mission.

Oui.

Cette Italie est un pays arriéré malgré son Musso qui, dit-on, lui a fait un tas de bien. Très peu pour moi. Tous les pays catholiques sont arriérés.

Sans doute.

Tout s'ordonne et se clarifie dans sa tête. La chose qui lui est arrivée dans cette ruelle de Rome est un signe de danger, et il devra être très prudent à l'avenir. Ne plus permettre que cela se manifeste de nouveau. Son attitude envers l'Église catholique s'éclaire pour lui — une démarche éminemment déplacée dans ce moment critique. *Je serai bientôt colonel. Je ne peux pas prendre le risque de me convertir.*

Il soupire. J'ai énormément appris.

Oui, moi aussi.

Il regarde l'eau, lève les yeux, embrasse l'horizon. Lieutenant-colonel... colonel... général de brigade... général de division... général de corps d'armée... général en chef ?

S'il y a une guerre avant longtemps cela arrangerait bien des choses.

Mais après. Les politiciens deviendront encore plus puissants. Après la guerre...

Il ne faut pas encore qu'il se commette politiquement. Il y aura trop de tournants. Cela pourrait être Staline, cela pourrait être Hitler. Mais, en Amérique, la route qui mènera au pouvoir aura toujours pour nom anticommunisme.

Il faut que j'aie les yeux ouverts, décide-t-il.

*
* *

LE CHŒUR :
QU'EST-CE QUE C'EST QUE LA BONNE BLESSURE ?

Les latrines, tôt le matin. Six trous à ciel ouvert, relégués dans les broussailles, à l'une des extrémités du bivouac. Aux deux bouts de l'établissement se trouve un bâton qui supporte un rouleau de papier recouvert d'une boîte de fer-blanc.

GALLAGHER. — Y a des foutus matins comme aujourd'hui où c'est que je voudrais attraper une balle.

WILSON. — Oui, mais la saloperie avec ce truc-là c'est que t'es jamais sûr de l'attraper au bon endroit.

STANLEY. — Dis, si seulement on pouvait choisir sa balle, il y a belle lurette que je me serais taillé.

GALLAGHER. — Aaah, y a pas un foutu endroit où c'est que tu peux attraper la bonne blessure sans que ça te fait mal.

STANLEY. — Je pense parfois que je serais content si je me tirais d'affaire avec une jambe en moins.

WILSON. — L'emmerdant avec une patte en moins c'est comment que te feras pour te cavaler quand t'es à cheval sur une femme et que le mari s'amène ? (*Rires.*)

MARTINEZ. — Peut-être perdre bras.

STANLEY. — Jésus, c'est encore pire. Je ne crois pas que j'aimerais ça. Comment diable peux-tu gagner ta vie si tu es manchot, ou encore, mon Dieu, sans les deux bras.

GALLAGHER. — Aaah, cet enculé de gouvernement te paiera une pension.

WILSON. — D'accord, mais c'est midi sonné pour te branler un coup si que des fois t'en as envie.

GALLAGHER (*avec dégoût*). — Haou.

MARTINEZ. — Blessé, bon. Pas tué, seulement blessé. Nom de Dieu chance de cocu.

STANLEY. — Voui, c'est ce qu'on dit. (*Pause.*) La bonne blessure pour quelqu'un comme Ridges ça serait qu'il perde sa tête. (*Rires.*)

GALLAGHER. — Pour ces Roth et Goldstein, tu peux leur tirer dans les couilles qu'ils s'apercevront même pas de la différence.

STANLEY. — Oh, Jésus, ne parle jamais de ça. Ça me donne la colique.

GALLAGHER. — Ces bâtards de l'armée l'ont tout calculé d'avance, te peux même pas attraper une blessure et te tirer à bon compte.

STANLEY. — Je marche pour un pied quand on voudra. Je signerais le contrat tout de suite.

MARTINEZ. — Moi aussi. Pas si terrible. Toglio, coude bousillé, il est parti.

WILSON. — Si c'est pas de la veine, nom de Dieu ! Je vas vous dire les gars, je me rappelle même plus comment qu'il est fait ce chialeur de Toglio, mais j'oublierai *jamais* qu'il s'est tiré du pétrin avec un coude de traviole.

(*Ils continuent de parler.*)

TROISIÈME PARTIE

Plante et fantôme

Même le plus sage d'entre vous n'est qu'une dissonance et un hybride de plante et de fantôme. Mais est-ce que je vous ordonne d'être soit fantômes soit plantes ?

NIETZSCHE.

1

Reconnaissance partit en patrouille le lendemain après-midi. Ils s'embarquèrent plusieurs heures avant la nuit tombante, et peu de temps après, ayant contourné la péninsule, leur canot d'atterrissage piqua vers la pointe ouest d'Anopopéi. La houle était forte. Bien que naviguant à un mille au large, le canot roulait et tanguait, embarquant des paquets de mer par la rampe devant. C'était un petit canot, identique à ceux dans lesquels ils avaient débarqué le jour de l'invasion, mal équipé pour faire le tour de la moitié de l'île. Entassés sur leurs couchettes et couverts de leurs toiles imperméables, les hommes se préparaient pour un voyage de chien.

Le lieutenant Hearn se tenait près de l'homme de barre, regardant le pont sous lui. Il se sentait un peu las ; une heure après que Dalleson lui eut appris sa nouvelle affectation il était déjà à l'étude des instructions en vue de la patrouille, et le reste de la journée se passa à vérifier l'équipement des hommes, à dresser la liste des rations, et à se familiariser avec les cartes et les ordres de Dalleson. Il avait réagi mécaniquement, efficacement, remettant à plus tard surprise et plaisir de ne plus faire partie de l'état-major de Cummings.

Il alluma une cigarette et regarda de nouveau à ses pieds, où les hommes s'encaquaient dans le caisson rectangulaire en forme de pont. Ils étaient treize, serrés dans un espace de trente pieds de long sur huit de large, avec leur équipement, leurs paquetages, leurs armes, leurs munitions et cantines et couchettes pliantes étalées sur le plancher du canot. Plus tôt dans la journée il avait essayé en vain d'obtenir une embarcation munie de bat-flancs. Maintenant ces couchettes accaparaient toute la place disponible. Les hommes s'y recroquevillaient, s'efforçant de protéger leurs pieds contre l'eau qui clapotait sur le pont. Encore qu'abrités sous leurs toiles imperméables, ils grimaçaient chaque fois qu'un coup d'embrun s'embarquait par la rampe devant.

Hearn les examinait un à un. Il avait pris sur lui d'apprendre leurs noms dès son premier contact avec eux, mais il n'en ignorait pas moins tout sur leur compte et il était essentiel de se former une idée rapide quant à la personnalité de chacun. Il avait échangé quelques paroles avec certains d'entre eux, une plaisanterie occasionnelle, mais ce procédé, auquel il se savait mal fait, ne lui plaisait pas particulièrement. Il pouvait en apprendre davantage en les observant. L'ennui était que l'observation exigeait du temps tandis que dès le lendemain matin, avec leur atterrissage sur la côte et l'entrée en action de la patrouille, le moindre détail appris à leur sujet allait avoir de l'importance.

Tout en les examinant il se rendait compte d'un vague malaise. C'était le genre d'alacrité physique, de culpabilité ténue, de honte peut-être, qui l'assaillaient quand il déambulait par les bas quartiers des villes et prenait conscience de l'hostilité de ceux qui le suivaient de leur regard. Certainement, chaque fois qu'un soldat le regardait, il lui était un peu difficile de ne pas détourner les yeux. La plupart avaient le visage dur ; leur regard était vide, avec quelque chose de froid et d'absent dans l'expression ; on les aurait cru désormais hors d'état de maigrir d'une once et de gaspiller la moindre de leurs émotions. Leur teint était brouillé, presque jaune, et ils avaient les bras, les jambes et la face criblés d'ulcères des tropiques. Presque tous s'étaient rasés avant de se mettre en route, et cependant ils étaient faits comme des torchons dans leurs vêtements débraillés.

Il regarda Croft, lequel avait mis une tenue de corvée propre. Accroupi sur sa couchette, il affilait son couteau de tranchée sur une petite pierre à affûter qu'il avait prise dans une de ses poches. Croft était celui qu'il connaissait peut-être le mieux, ou plus exactement il avait passé avec lui la plus grande partie de la matinée à discuter la patrouille, mais en fait il ne le connaissait pas du tout. Croft avait écouté, il avait opiné du chef, laissé filer occasionnellement un crachat de côté, répondant quand il était nécessaire par des monosyllabes qu'il émettait d'une voix basse et atone. Croft, de toute évidence, menait bien sa section, il était rude et capable, et Hearn était passablement certain que sa présence offensait Croft. Leurs rapports pouvaient devenir difficiles car Croft en savait plus que lui, et à moins de se montrer prudent la section n'allait pas tarder à s'en rendre compte. Presque avec fascination il regardait Croft occupé à son couteau. Il s'y appesantissait sombrement, son visage décharné et froid penché sur ses mains qui allaient et venaient contre la pierre. Il y avait quelque chose de pétrifié en lui, quelque chose de congelé dans le dessin étroit de sa bouche et la concentration de son regard. Croft est un dur à cuire, se dit-il.

Le canot tournait, debout à la vague. Hearn s'agrippa plus fermement à la barre du bastingage pour éviter l'embardée.

Il y avait le sergent Brown, qu'il connaissait un peu ; c'était celui qui avait l'air d'un adolescent avec son nez camus, ses taches de rousseur, et ses cheveux brun clair. Le Soldat Américain Typique — l'agréable et composite poussin incubé dans la couveuse des agences de publicité à grand renfort de fumée de tabac et de maux de tête. Brown ressemblait à tous les soldats qui souriaient du haut des affiches, un rien plus petit peut-être, plus grassouillet, plus amer qu'il n'était permis. Brown a d'ailleurs une drôle de tête, pensa-t-il. Il était couvert d'ulcères, son regard était vague et lointain, sa peau se ridait. Il avait un air étonnamment vieux.

D'ailleurs, tous les vétérans paraissaient vieux. Il était facile de les distinguer. Gallagher, qui avait probablement toujours eu cet air vieillot, faisait tout de même partie de la section depuis pas mal de temps. Et Martinez, qui semblait plus fragile, plus sensible que les autres. Le matin, quand Hearn lui avait parlé, la nervosité se lisait sur ses traits fins, et ses yeux clignotaient. Il faisait l'impression immédiate de quelqu'un sur le point de succomber à une défaillance, et cependant il était sans doute un bon soldat. Pour avoir été promu sergent, un Mexicain devait être un bon soldat.

Il y avait Wilson, et celui qu'ils appelaient Red. Hearn reporta ses yeux sur Valsen. Celui-ci avait un visage bossué dont l'âpre teint bouilli faisait ressortir le bleu du regard. Son rire enroué était tranchant et sarcastique, comme si toute chose l'écœurait précisément de la façon qu'il s'y attendait. Il était probablement le seul avec qui il aurait valu la peine de parler, mais il était visible qu'il allait se montrer inabordable.

Collectivement pris, ils se prêtaient quelque chose les uns aux autres ; ils semblaient plus durs et plus mesquins que si on les avait pris isolément. Sur le pont, parmi l'amoncellement des couchettes, seuls leurs visages paraissaient vivre. Leurs salopettes étaient vieilles, d'un gris pâle décoloré, et les flancs du canot s'étaient couverts d'une rouille brune. Il n'y avait ni couleur ni mouvement en eux, excepté sur leurs visages. Hearn jeta sa cigarette.

A un demi-mille à peine sur sa gauche se profilait l'île. La plage était étroite en cet endroit, et les cocotiers poussaient presque à même l'eau : derrière venaient les broussailles, un dense fouillis de racines, de sarments, de feuillages et d'arbres. Plus loin dans les terres se voyaient des collines lourdement assises, leur crête invisible sous la végétation qui les recouvrait. Leur ligne était laide, brisée et torse, où les rochers mettaient une tache nue pareille à la bosse des bisons, quand, en été, ils perdent leur poil. Hearn sentait le poids et la résistance de cette terre. Si le terrain où ils devaient aborder était similaire à celui-ci, ils allaient avoir mille peines à s'y tailler un passage. Tout à coup l'idée de cette patrouille lui parut un peu fantastique.

Pendant un moment le bruit régulier des moteurs qui actionnaient l'embarcation s'empara de son ouïe. Le fait que Cummings l'eût chargé de cette patrouille, la lui rendait suspecte ; il se défiait des motifs qui avaient poussé le général à concevoir cette mission. Il semblait peu croyable que Cummings l'eût déplacé par inadvertance ; il n'ignorait certainement pas que ce faisant il venait au-devant des désirs d'Hearn.

Se pouvait-il seulement que la décision de le transférer vint de Dalleson ? Hearn en doutait. Il était facile d'imaginer une scène au cours de laquelle Cummings aurait soufflé son idée à Dalleson. Et il se pouvait fort bien que, l'ayant fait affecter à Reconnaissance, Cummings n'eût conçu la patrouille que pour pousser plus avant quelque projet de son cru.

Tout cela paraissait un peu extravagant. Il connaissait les haines dont Cummings était capable, mais il le voyait mal exposant la vie de toute une section à seule fin de satisfaire une petite vengeance. Il y avait d'autres moyens, moins coûteux ; de plus, artiste dans son métier d'homme de guerre, Cummings n'avait rien d'un gaspilleur. La patrouille, à ses yeux, devait faire partie d'une manœuvre en règle. Ce qui préoccupait Hearn, c'est que le général n'était peut-être pas conscient de ses propres motifs.

Qu'ils pussent faire une marche de trente ou de quarante milles à travers une jungle inexplorée, passer un col dans la montagne, reconnaître les arrières des Japonais et revenir sur leurs pas, paraissait à peu près irréalisable ; plus attentivement il considérait l'entreprise, plus il la voyait difficile. Il manquait d'expérience, soit, et, de fait, la mission pouvait se révéler plus facile qu'il n'escomptait, mais la réussite n'en demeurait pas moins douteuse.

D'avoir été chargé de la patrouille lui procurait une douce satisfaction. Quelles que fussent les raisons de Cummings, il n'y avait pas de tâche qu'il préférât à celle-ci. Il prévoyait une suite de contretemps, de dangers, de déceptions inévitables ; mais, au moins, il s'agissait d'une action positive. Pour la première fois depuis bien des mois il lui arrivait de désirer certaines choses, de les désirer simplement, honnêtement. S'il savait s'y prendre, si les événements prenaient la tournure qu'il voulait leur donner, il réussirait à établir une sorte de contact avec ses hommes.

« Une brave section. »

Le cours de sa pensée le surprenait un peu. Une approche trop naïve, trop idéaliste, qui ne lui ressemblait guère. Il suffisait de situer la chose sous un autre angle pour qu'elle apparût dans tout son ridicule. Une brave section... Brave pourquoi faire ? Brave parce que faisant du zèle dans une institution qu'il méprisait, une institution dont Cummings lui avait exposé l'anatomie ? Ou est-ce parce que c'était sa section, son enfant ? Concept de la propriété privée, pour laquelle il se découvrait des sympathies. Du paternalisme ! La vérité, pensa-t-il avec un sourire, la vérité c'est que je ne suis pas prêt pour le nouvel ordre de Cummings, où tout est mis en circulation et où jamais rien n'est possédé en propre.

Quoi qu'il en fût, il n'ignorait pas que la nature de ses propres motifs lui deviendrait compréhensible tôt ou tard. Que c'était mieux ainsi, il le savait d'intuition. Il avait pris en affection la plupart des hommes qui faisaient partie de la patrouille, d'emblée, instinctivement, et, ce qui ne laissait pas de le surprendre, il voulait s'en faire aimer. Il leur avait même fait des avances, insinuant à mots couverts qu'il n'était pas un mauvais coucheur, mettant en œuvre des trucs repris inconsciemment chez son père et chez certains officiers. Il s'entendait à ce genre très particulier de copinage qui manquait rarement son but quand on avait affaire à des Américains ; la technique impliquait pas mal de promiscuité, d'ailleurs peu dangereuse si l'on savait tenir la situation en main, et on y réussissait alors même qu'on était un parfait salaud, mais lui ne voulait pas s'y cantonner.

Qu'y avait-il au fond de tout cela ? Prouver que Cummings avait tort ? Il se le demanda pendant un instant, puis cessa d'y penser. Au diable l'introspection. Penser dans le vide ne rimait pas à grand-chose, et il faisait partie de la section depuis trop peu de temps pour prendre des décisions hâtives.

Directement au-dessous de lui, tassés sur leurs couchettes adjacentes, Red et Wilson bavardaient. Obéissant à un élan spontané, Hearn descendit l'échelle qui menait sur le pont.

Il adressa un signe de tête à Wilson. « Comment ça va ? » demanda-t-il. Une heure plus tôt, au milieu du rire des hommes, Wilson s'était hissé sur la rampe du canot et s'était accroupi par-dessus bord.

« Aou, ça va pas trop mal, mon lieutenant, soupira Wilson. J'espère seulement que ça me passera avant demain. »

Valsen renifla. « T'as rien qu'un litre de bromure te ferait pas passer. »

Wilson secoua la tête. Un air de réflexion obscurcit soudain son visage plein de bonne humeur, un air un peu préoccupé, qui jurait avec l'expression débonnaire de ses traits. « J'espère seulement que cet imbécile de toubib s'a trompé et que j'aurai pas besoin d'une op-pér-ration.

— Qu'est-ce qui va pas ? demanda Hearn.

— Aou, y a que j'ai tout le dedans des tripes bousillé, mon lieutenant. C'est plein de pus là-dedans, et ce toubib a dit qu'il va me couper le ventre. Il secoua de nouveau la tête. J'y comprends goutte, soupira-t-il. C'est pas une fois que je l'a eue, la vérole, et ç'a toujours été rien de rien pour m'en débarrasser. »

Le canot bondit en cognant sur une succession de vagues, et Wilson, accusant la secousse, se mordit les lèvres.

Red alluma une cigarette. « Pour l'amour du Christ, si te crois ce que disent ces cons de toubibs... » Il se redressa pour un moment et cracha par-dessus la rampe, suivant des yeux son graillon aussitôt aspiré par l'écume du sillage. « Tout ce qu'ils savent c'est donner des pilules et faire des boniments, et quand c'est des toubibs militaires ils se foulent même pas pour envelopper leurs pilules dans un boniment. »

Hearn rit. « Vous parlez d'expérience, Valsen ? »

Mais Red ne répondit pas, et après un moment Wilson soupira de nouveau. « Nom de Dieu, si seulement on était pas parti aujourd'hui. C'est pas le coup de collier qui me fait peur, je me fous qu'on me fait faire ça ou autre chose, ça pas d'importance, mais où que ça me fait mal c'est d'être malade comme ça.

— Diable, ça vous passera, dit Hearn d'un ton léger.

— C'est ce que j'espère, mon lieutenant, dit Wilson en s'accompagnant d'un mouvement de la tête. Je suis pas un tire-au-cul, tout le monde vous dira que j'aime mieux bosser que rester sur mon ventre à crever d'ennui, mais depuis quelque temps je me sens pas bon à rien du tout à cause de cette misère, je peux plus faire comme qui dira ce que je faisais avant. Il secoua un de ses larges doigts en direction d'Hearn, lequel regardait le poil roux-blond de son poignet miroiter dans le soleil. C'est possible que je vas un peu mou depuis une semaine, et Croft l'a pas arrêté de m'agoniser tout le temps. Ça la fout mal quand un pote qu'a été deux ans dans la même section que vous s'imagine que t'es rien qu'un tire-au-cul.

— T'en fais pas, Wilson, gouailla Red. Je m'en vas dire à ce con de pilote de faire gaffe avec les vagues. Leur pilote faisait partie d'une compagnie de sapeurs. Je lui dirai d'aller molo. » Une touche d'aversion se trahissait dans sa voix sarcastique.

Hearn se rendit compte que depuis le commencement de la conversation Valsen ne lui avait pas adressé une seule parole directement. Et pourquoi Wilson lui disait-il tout cela ? En guise d'alibi ? Il ne le pensait pas. La voix de Wilson lui avait paru un peu abstraite, comme si tout en parlant il n'avait pas cessé de s'expliquer quelque chose à lui-même. Il fallait se rendre à l'évidence que Wilson l'ignorait, et que Valsen semblait lui en vouloir.

Eh bien, au diable avec eux. Il n'allait pas s'imposer de force. Il s'étira, bâilla un peu. « Tenez-vous au chaud, les gars, dit-il.

— Sûr, mon lieutenant », grommela Wilson.

Red ne dit rien. Irrité et maussade, son regard accompagna Hearn qui remontait l'échelle.

Croft avait fini d'aiguiser son couteau de tranchée, et tandis que Hearn et Wilson étaient encore en train de parler il se fraya un chemin vers l'abri sur le devant du canot. Sautant sur l'occasion, Stanley l'y rejoignit. C'était une place relativement confortable pour engager une conversation ; le pont y était inondé, certes, mais l'étrave en surélévation protégeait contre le vent. L'embrun qui s'embarquait dans le canot s'écoulait vers la poupe sans laisser de flaque.

Stanley se mit à parler d'abondance. « Si c'est pas une sacrée honte de nous avoir collé un officier sur le dos. Personne peut mener la section mieux que toi, et on aurait dû te donner le commandement avant de nous coller un de ces blancs-becs. »

Croft haussa les épaules. Le transfert d'Hearn l'avait atteint plus profondément qu'il n'osait se l'avouer. Il commandait la section depuis si longtemps qu'il lui était un peu difficile de se rendre compte qu'il se trouvait dorénavant sous les ordres d'un supérieur. La présence d'Hearn l'obligeait de se rappeler à tout instant que s'il pouvait encore donner des ordres, le commandement de la section ne lui appartenait plus.

Hearn était son ennemi. Sans qu'il en eût conscience, l'idée était implicite dans tout ce qu'il faisait. Automatiquement, il le considérait fautif de son transfert, et il lui en voulait d'instinct. Ses sentiments étaient d'ailleurs très confus. Pris depuis trop longtemps dans l'engrenage de l'obéissance militaire, il ne pouvait pas s'avouer son animosité. S'irriter d'un ordre, refuser d'y obéir, était immoral aux yeux de Croft. De plus, il n'y pouvait rien. « Ferme ta gueule si t'y peux rien », était une de ses rares maximes.

Le discours de Stanley lui fit plaisir, mais il garda le silence.

« Je pense que je connais comme qui dirait la nature humaine, disait Stanley, et je te dis sans mâcher mes mots que je préfère que toi tu commandes cette patrouille au lieu d'un lieutenant quelconque qui nous arrive tout cuit sur un plateau. »

Croft cracha. Stanley a la langue bien pendue, se dit-il. Sûr, c'est un lèche-cul, mais si à part ça un gars marche recta, j'y vois pas de mal. « P't'être, admit-il.

— Bon, maintenant prends cette patrouille qui va être drôlement dure. On a besoin de quelqu'un qui s'y connaît.

— Toi, qu'est-ce que tu penses de la patrouille ? » demanda Croft doucement. Il fit un plongeon pour éviter un coup d'embrun.

Stanley n'ignorait pas que Croft serait content s'il acceptait la patrouille sans rechigner. Mais il savait qu'il lui fallait répondre avec prudence. S'il se montrait enthousiaste alors qu'aucun des hommes ne l'était, Croft se défierait de lui. Il tripota sa moustache, fine et inégale malgré les soins qu'il y apportait. « Je ne sais pas, fallait bien qu'elle se fasse cette patrouille, alors pourquoi pas nous autres. Pour te dire la vérité, Sam, se risqua-t-il, ça peut te sembler une connerie de ma part, mais je regrette pas qu'on a décroché le morceau. On finit par se fatiguer à ne rien fiche, on a envie de faire des choses.

Croft se toucha le menton. « C'est ce que tu penses, hein ?

— Eh bien, je l'aurais pas dit à tout le monde, mais, oui, c'est ce que je pense.

— Heu-hème. » A moitié délibérément Stanley venait d'effleurer une des passions essentielles de Croft. Après un mois de corvées et de patrouilles de sécurité sans histoires, ses nerfs étaient à nu dans l'attente d'une action. N'importe quelle patrouille digne de ce nom lui aurait souri. Mais celle-ci... rien que sa conception l'impressionnait. Encore qu'il ne le montrât pas, il était impatient ; les heures étaient longues à bord de ce canot. De tout l'après-midi il n'avait pas arrêté d'agiter la question des routes à suivre, passant et repassant en esprit la topographie du terrain. Il n'y avait qu'une seule carte aérienne de cette région, mais il la connaissait par cœur. Et une fois de plus il ressentit une désagréable secousse en se souvenant que la patrouille et la section n'étaient plus sous son commandement.

« Oui, c'est ça, dit-il. Si tu veux savoir, c'est quelqu'un ce général Cummings pour avoir calculé tout ça. »

Stanley approuva de la tête. « Les gars arrêtent pas de râler qu'à sa place ils auraient fait mieux que lui, mais il a pas le boulot facile.

— Je te crois, dit Croft. Il regarda au loin, puis poussa Stanley du coude. Vise », dit-il. Avec une trace de jalousie il observait Wilson qui parlait à Hearn.

Inconsciemment, Stanley contrefit l'accent de Croft. « Tu crois que ce vieux Wilson lui fait de la lèche ? »

Croft émit un rire paisible et froid. « J'en sais foutre rien, il tire au cul depuis quelque temps.

— Je me demande s'il est vraiment malade », dit Stanley d'un ton dubitatif.

Croft secoua la tête. « Y a que si te l'as à l'œil qu'on peut lui faire confiance.

— C'est comme ça que *moi* je l'ai classé. » Stanley se sentait en forme. Si Brown ne faisait que répéter que personne ne pouvait s'entendre avec Croft, c'est qu'il ne savait pas s'y prendre. Croft était régulier. Il suffisait de l'approcher de la bonne manière. C'était bien jouer que de faire copain avec vos sergots.

Mais, tout en parlant, il se raidissait à l'extrême. Pendant les premières semaines de sa présence dans la section il avait éprouvé une tension analogue dans son commerce avec Brown ; maintenant c'était au tour de Croft de l'incommoder. Stanley ne lui disait jamais rien sans quelque arrière-pensée. C'était cependant une façon d'être automatique. Il ne se disait jamais consciemment — c'est une bonne idée de se montrer d'accord avec Croft. Dans le moment où il parlait, il croyait à ce qu'il disait ; son esprit travaillait plus rapidement et plus efficacement que sa langue, en sorte qu'il lui arrivait parfois de s'étonner un peu de ses propres paroles. « Oui, un drôle de type ce Wilson, dit-il à voix couverte.

— Heu-hème. »

Stanley se sentit déprimé. Peut-être s'était-il pris trop tard pour faire copain avec Croft. Quel bien y avait-il à en attendre, maintenant qu'un officier commandait la section ? Une des raisons qui lui rendaient Hearn détestable était que celui-ci lui ôtait sa chance de succéder à Croft le cas échéant. Que Martinez ou Brown pussent commander la section, ne lui venait même pas à l'esprit. En fait, son ambition était vague précisément parce qu'elle ne s'arrêtait pas en si bon chemin. Stanley ne poursuivait pas un but unique ; ses rêves étaient toujours vagues.

En vérité, tout en parlant, Croft et Stanley se découvraient des points communs qui les rapprochaient l'un de l'autre. Croft se sentait une légère affection à l'endroit de Stanley. Ce petit Stanley l'est pas un mauvais zigue, se dit-il.

Le pont, à leurs pieds, vibrait sous le cognement des vagues. Le soleil était presque couché et le ciel se couvrait. Le temps commençait de fraîchir, et il fallait se protéger du vent pour allumer sa cigarette.

Gallagher s'était frayé un chemin vers l'étrave du canot. Il se tenait en silence derrière Croft et Stanley, son corps fin et noué secoué de petits frissons. Il écoutait l'eau clapoter contre les flancs de l'embarcation. « Là t'as chaud et la minute d'après t'as froid », grommela-t-il.

Stanley lui adressa un sourire. Il trouvait nécessaire de ménager Gallagher, puisque aussi bien il avait perdu sa femme et que cette perte le rendait irritable. Au fond, il n'avait que mépris pour Gallagher, qui l'embêtait et le dérangeait. « Comment ça va, petit ? dit-il.

— Ça va », dit Gallagher d'un ton déprimé. La grisaille du ciel le rendait lugubre. Depuis la mort de Mary il était devenu exceptionnellement sensible aux changements du temps, et il lui arrivait souvent de languir dans une douce mélancolie qui le mettait au bord des larmes. Sa volonté et, assez curieusement, son amertume aussi, s'étaient émoussées ; il gardait son masque rageur, il explosait même, de temps à autre, dans un débordement de jurons, mais Red et Wilson et un ou deux autres ne s'y trompaient pas. « Oui, ça va bien », grommela-t-il de nouveau. La sympathie de Stanley l'irritait, car il la sentait fausse ; depuis quelque temps il devenait plus perceptif.

Il se demanda pourquoi il était venu se placer à côté d'eux et songea à regagner sa couchette, mais il faisait moins frais ici. Le pont vibrait et cognait sous ses pieds. « Combien de temps qu'on va rester là comme des sardines ? » grogna-t-il.

Après un silence Croft et Stanley se remirent à parler patrouille, et Gallagher les écouta avec ressentiment. « Te veux que je te dise comment qu'elle sera, cette putain de merde de patrouille ? laissa-t-il échapper. On aura de la veine si qu'on s'en tire avec nos têtes de con sur nos épaules. » Un remords mêlé de peur le saisit. Faut que j'arrête de jurer, se dit-il. Depuis qu'il avait reçu sa dernière lettre, une dizaine de jours plus tôt, il faisait des efforts pour s'amender. Ses blasphèmes étaient impies, croyait-il, et il appréhendait un surcroît de châtiments.

Entendre parler patrouille l'effrayait, à quoi s'ajoutait son remords d'avoir juré. Une fois de plus il s'imagina mort, couché dans un champ, et un spasme nerveux courut douloureusement le long de son dos. Le soldat japonais mort de la main de Croft lui apparut, étalé dans une clairière verte.

Stanley l'ignora. « Qu'est-ce que tu penses faire si on ne peut pas passer le col ? » Il était important de savoir toutes ces choses si jamais il devait finir par commander la section. Personne ne savait quelles sortes d'accidents pouvaient arriver. S'efforçant de ne voir que des morts anonymes, il imaginait des accidents qu'il situait dans l'abstrait, dans un vide de nulle part.

« Je vas te donner un petit conseil, dit Croft. Les mots eurent un son bizarre sur ses lèvres ; il ne donnait presque jamais de conseil. Dans la vie militaire, si y a pas moyen de faire ce qu'il faut d'une manière te feras foutre bien de le faire d'une autre manière.

— Qu'est-ce que tu ferais alors ? T'escaladerais la montagne ?

— C'est pas moi qui commande. C'est le lieutenant.

— Euhee », fit Stanley en grimaçant. Il se sentait tout jeunot à côté de Croft, mais il ne s'efforçait pas de le dissimuler. Sans chercher à comprendre, il présumait que Croft l'aimerait mieux s'il ne se montrait pas trop suffisant.

« Mais si la section était à moi, c'est ce que j'aurais fait », ajouta Croft.

Gallagher ne les écoutait qu'à moitié. Leur conversation le choquait ; son esprit superstitieux, bourré de tabous, lui disait qu'il était dangereux de parler combat. Dans son abattement il se faisait de la patrouille une vision sombre, pleine de fatigue et de dangers et de misères. Il finit par se prendre en pitié, et des larmes lui montèrent aux yeux. Pour les refouler, il s'adressa rageusement à Stanley. « Te crois que t'auras une vue de la montagne ? T'auras de la veine si t'en descends avec tes abatis au complet. » Il se retint à temps pour ne pas jurer.

Cette fois-ci il ne leur fut pas possible de l'ignorer. Le temps d'une seconde Stanley se rappela la façon fortuite, presque ridicule, dont Minetta avait écopé sa blessure, et ce souvenir raviva en lui les émotions qui l'avaient assailli à cette occasion. Sa confiance en soi était entamée. « Tu l'ouvres trop grande, dit-il à Gallagher.

— Te sais ce qui te reste à faire. »

Stanley fit un pas vers Gallagher, puis s'arrêta. Gallagher était de beaucoup plus petit que lui, en sorte qu'il n'y aurait eu aucune gloire à le rosser. De plus, Stanley sentait vaguement que c'eût été comme s'il avait pris à partie un invalide. « Dis, Gallagher, je pourrais te casser en deux », dit-il. Il ne se rendit pas compte qu'il venait de répéter les mots mêmes que Red lui avait adressés le matin de leur atterrissage dans l'île.

« Aaaaah », fit Gallagher, sans faire de mouvement. Il avait peur de Stanley.

Croft les observait avec indifférence. Lui aussi, la sortie de Gallagher l'avait agacé. Il n'avait pas oublié l'attaque japonaise sur la rivière, et il lui arrivait de rêver qu'une grande vague d'eau était sur le point de l'engloutir alors qu'il se trouvait réduit à l'impuissance. Encore qu'il n'eût pas fait de rapprochement entre l'attaque nocturne et le rêve, il sentait intuitivement que celui-ci correspondait à une angoisse inavouée. La sortie de Gallagher l'avait troublé, et le temps d'une seconde il pensa consciemment à sa propre mort. C'est une sacrée connerie de se fourrer ça dans le ciboulot, se dit-il. Mais il ne réussit pas à bannir l'idée de sa tête. Aux yeux de Croft la mort était toujours un décret. Toutes les fois qu'un homme de la section ou de la compagnie était tué, il ressentait une sinistre et paisible satisfaction, comme si toute mort était inévitablement juste. Ce qui l'agaçait dans cet instant c'était de penser qu'il pouvait à son tour être happé par l'engrenage. Croft n'était sujet à aucun des mélanges particuliers de pessimisme et de fatalisme dont souffraient Red et Brown. Croft ne croyait pas que plus longtemps il était sur la brèche moins il avait de chances d'en réchapper. Croft croyait qu'un homme était ou n'était pas destiné à être tué, et il s'était toujours considéré automatiquement exempt. Mais maintenant il n'était plus aussi certain de son affaire. Il était sous le coup d'un mauvais pressentiment.

La menace d'une bagarre s'étant dissipée, ils se tenaient en silence derrière la rampe, sentant la morne puissance de l'océan tout contre la mince plaque métallique du pont. Red les avait rejoints et ils demeuraient immobiles, arqués sous l'embrun, frissonnant de temps à autre. Stanley et Croft repartirent de nouveau sur le sujet de la patrouille, et Red les écoutait avec un sourd ressentiment. Son dos lui faisait mal et le rendait irritable. Le canot qui cognait et rebondissait, la gêne due à l'entassement et au manque d'espace, même le son de la voix de Stanley, tout l'agaçait.

« Tu sais, confiait Stanley à Croft, je ne dis pas que je suis heureux d'être de la patrouille, mais ça sera une bonne expérience tu sais. Je suis qu'un caporal, le dernier dessous quoi, mais on a quand même des devoirs et rien ne vaut l'expérience pour faire proprement son boulot. » Red renifla dédaigneusement : le discours de Stanley avait un ton de modestie trop prononcée à son goût.

« T'as qu'à ouvrir l'œil, dit Croft. La plupart des gars de la section marchent comme une sacrée bande de moutons qui regardent entre leurs pattes. »

Red soupira. Les ambitions de Stanley lui répugnaient, mais son mépris reposait sur un sentiment de malaise qu'il n'était pas tout à fait sans comprendre. Il était un rien envieux. La contradiction acheva de le démoraliser. Eh, pensa-t-il, on fait que se bouffer les rognons, et où est-ce que ça vous mène ? Il pouvait voir Stanley monter en grade de mois en mois sans que ça le rendît jamais heureux. On aura bien de la veine si on attrape pas une balle dans les tripes. Il sentit la peau se durcir dans son dos, et malgré lui il se retourna pour regarder la barre de fer qui courait le long de la rampe. Depuis le jour où, couché par terre sans défense, il avait attendu que le soldat japonais le tuât, il se sentait pris d'accès d'angoisse périodiques. Souvent, la nuit, il se réveillait en sursaut, se tournait dans ses couvertures, et se mettait à trembler immodérément.

Pourquoi diable est-ce que je veux avoir des ficelles ? se demandait-il. Si j'avais un gars de tué dans mon escouade, j'arrêterais jamais d'y penser. Je veux pas prendre des ordres de personne, et je veux pas en donner à personne. Il regarda Hearn, debout à l'arrière de l'embarcation, et une sourde colère lui dilata la poitrine. Ces nom de Dieu d'officiers, s'ébroua-t-il. Un tas de collégiens qui pensent que c'est comme aller à une partie de foot-ball. Il est content d'être de la balade, ce bâtard. Une haine passionnée fermentait au fond de son cœur pour quiconque mettait sa vie en danger. Qu'est-ce que ça lui fout au général si on est bousillés ? Pour lui ça sera tout juste une expérience de foutue. Cochons d'Inde.

Stanley l'amusait, il excitait son ironie. Ses émotions finirent par se changer en paroles. « Eh, Stanley, tu penses qu'on te donnera l'Étoile d'Argent ? »

Stanley le regarda, se raidissant instantanément. « Va te faire foutre, Red.

— Attends seulement, mon pote, dit Red. Il partit d'un gros rire et se tourna vers Gallagher. On lui donnera la médaille du Trou-du-Cul Pourpre.

— Dis, Red », fit Stanley, tâchant de glisser un ton de menace dans sa voix. Il savait que Croft l'observait.

« Aaah », s'ébroua Red. Il n'avait aucune envie de se bagarrer. Son dos, même quand il ne le faisait pas souffrir, le laissait affaibli et léthargique. Il se rendit brusquement compte que lui et Stanley avaient changé depuis leur arrivée à Anopopéi ; Stanley paraissait plus gras, plus luisant, plus sûr de soi. Il poussait encore. Et à cause de tout cela, à cause de ses doutes, et parce qu'il devint conscient de la maigreur fatiguée de son propre corps, son orgueil l'exhorta à persévérer. « Tu pètes plus haut que ton derrière, Stanley, dit-il.

— Qu'est-ce qui te prend, tu fais bande avec Gallagher ? »

Gallagher eut peur de nouveau ; il ne voulait pas être entraîné dans des histoires. Il s'était replié sur lui-même au cours des dernières semaines ; il devenait passif ; ses accès de rage occasionnels le laissaient sans ressort. Et cependant il ne voulait pas battre en retraite : Red était un de ses meilleurs copains. « Red a pas besoin de faire bande avec moi, marmonna-t-il.

— Vous deux, parce que vous êtes dans la bagarre un peu plus longtemps que moi, vous croyez que vous êtes des gars à la redresse ?

— Peut-être », dit Gallagher.

Stanley savait qu'il devait dire son fait à Red s'il voulait gagner l'estime de Croft, mais il s'en sentit incapable. Les sarcasmes de Red avaient lacéré son assurance ; tout à coup il se trouva obligé de reconnaître qu'il était terrifié à la seule pensée d'un combat. Il aspira profondément. « C'est pas le moment, mais attends un peu qu'on rentre.

— C'est ça, envoie-moi une lettre. »

La bouche de Stanley se durcit, mais il ne trouva rien à répondre. Il regarda Croft, dont le visage était impassible. « Vous deux, je voudrais seulement vous avoir dans mon escouade », dit-il à Red et à Gallagher. Ils lui rirent au nez.

Croft était contrarié. Il avait oscillé entre son désir d'assister à une bagarre et son appréhension de l'effet démoralisant qu'elle n'eût pas manqué d'avoir sur le moral des hommes. Maintenant il n'avait que mépris pour Stanley ; un gradé devait savoir comment remettre un homme à sa place sans gâcher la marchandise. Il expectora un petit graillon par-dessus la rampe. « Qu'est-ce qui vous démange ? Voyez tous rouge déjà ? » dit-il froidement. Des parlotes sans objet l'irritaient.

Tous se turent de nouveau. La tension qui les raidissait s'était affaissée comme une feuille de papier imbibée d'eau. Croft excepté, tous se sentaient secrètement soulagés. Mais la pensée de la patrouille les enveloppait d'un sombre suaire. Chacun se retirait dans un silence peuplé de craintes. La nuit descendait sur eux comme un mauvais présage.

S'élevant au-dessus de l'île, le mont Anaka leur apparaissait au loin. Il s'arquait, froid et lointain, au-dessus de la jungle qui l'environnait, se haussant lourdement jusque dans les nuages. La brunâtre lueur du crépuscule le faisait ressembler à un immense éléphant gris dressé sur ses pattes de devant, son arrière-train perdu dans la verte jonchée de sa tanière. La montagne semblait sage et puissante et terrifiante dans ses dimensions. Saisi par une sensation de beauté qu'il se sentait incapable d'exprimer, Gallagher s'absorbait dans le spectacle. L'idée, la vision qu'il s'était toujours faites de quelque chose de plus pur et de plus net et de plus beau que le turbin dans lequel il avait vécu se mirent à vibrer en lui, à résoner avec une force grandissante. Il lui sembla, pendant un instant, qu'il allait pouvoir mettre en mots ce qu'il éprouvait, un instant vite évanoui qui le laissa dans un halo de ravissement et de joie troublante. Il s'humecta les lèvres et se remit à pleurer sa femme.

Croft était remué jusqu'au fond de son être. La montagne l'attirait, elle l'accablait et l'enflammait par sa grandeur. Il ne l'avait jamais vue si nettement ; embourbées dans la jungle, les falaises de la chaîne de Watamaï lui avaient masqué le sommet de la montagne. Il regardait de tous ses yeux, examinant les arêtes, ressentant un désir instinctif d'escalader le mont, de se dresser debout sur sa cime, d'avoir à ses pieds toute sa masse grandiose. Il était intensément ému ; comme après la mort d'Hennessey ou encore quand il avait tué le prisonnier japonais, il était en proie à un respect mêlé de crainte, à des désirs puissants, à une extase singulière. Oublieux des hommes qui l'entouraient, il regardait le pic avec un sentiment proche de la haine. « Cette montagne est fameusement vieille », dit-il à la fin.

Et Red n'éprouvait que de la tristesse, qu'une vague lassitude. La phrase de Croft le troubla insensiblement. Il examinait la montagne sans émotion, avec indifférence presque. Mais quand il détourna les yeux une peur le saisit, la même peur que tous éprouvèrent à un moment ou à un autre de la journée. Comme chacun de ses compagnons, lui aussi se demandait si cette patrouille allait être sa dernière.

Goldstein et Martinez parlaient Amérique. Leurs couchettes se trouvèrent être par hasard l'une contre l'autre, et ils y passèrent tout l'après-midi à l'abri de leurs toiles imperméables. Goldstein se sentait dans un état d'esprit plutôt heureux. Ses rapports avec Martinez ne furent jamais particulièrement soutenus, mais ils bavardaient depuis plusieurs heures et leurs confidences commençaient de prendre une tournure intime. Goldstein se sentait toujours heureux quand il pouvait être sur un pied d'amitié avec quelqu'un ; sa nature ingénue le mettait toujours en confiance. Une des raisons principales qui le rendaient misérable était que les amitiés qu'il se faisait dans la section semblaient ne jamais durer. Ceux avec qui il lui arrivait d'avoir de longues et amicales conversations le blessaient ou l'ignoraient le jour d'après sans qu'il pût comprendre pourquoi. A ses yeux on était amis, ou on ne l'était pas ; revirements et déloyautés échappaient à son entendement. Il était malheureux parce qu'il se sentait constamment trahi.

Cependant, il ne devenait jamais tout à fait découragé. Il était, essentiellement, un homme actif, un homme positif. Si on le heurtait dans ses sentiments, si un de ses amis se révélait indigne de confiance, il couvait ses peines, puis, finissant presque toujours par les digérer, il repartait de plus belle. Ayant essuyé une série de rebuffades depuis son arrivée dans la section, il devint plus astucieux, plus prudent quant à ce qu'il disait et faisait. Mais il était bien trop affectueux pour posséder de réelles défenses ; toute manifestation d'amitié le trouvait prêt à oublier ses griefs et à répondre avec chaleur et simplicité. Maintenant toutes ses sympathies allaient à Martinez. S'il avait eu à exprimer son opinion, il se serait dit : Martinez est un excellent garçon ; un peu lent, mais un brave type ; très démocratique pour un sergent.

« En Amérique, disait Martinez, toujours beaucoup bonnes occasions.

— Oh, ce n'est pas ça qui manque, approuva Goldstein d'un ton doctoral. J'ai mes idées pour monter une affaire à moi, j'y ai beaucoup réfléchi, parce que si on veut aller de l'avant il faut marcher sur ses propres jambes. On peut dire pas mal de bien d'un salaire qui vous tombe régulièrement et de la sécurité que ça vous donne, mais je préfère être mon propre patron. »

Martinez approuva. « Beaucoup argent dans ton affaire, hein ?

— Parfois. »

Martinez considéra la chose. Argent ! Une petite transpiration lui vint sur la paume des mains. Il songea un instant à un nommé Isidoro Juaninez, tenancier de bordel, qui l'avait fasciné dans le temps. Il frissonna au souvenir d'Isidoro agitant de grosses liasses de dollars. « Après la guerre je peut-être quitter l'armée.

— Tu devrais certainement le faire, dit Goldstein. Tu es un garçon intelligent et digne de confiance. »

Martinez soupira. « Mais... » Il ne savait pas comment exprimer sa pensée. Mentionner qu'il était Mexicain l'embarrassait toujours. Il pensait que c'était faire preuve de mauvaises manières ; c'était presque donner à croire à son interlocuteur qu'il le blâmait et le rendait responsable d'un état de fait où les bons emplois n'étaient pas accessibles à un Américain de descendance mexicaine. De plus, il se portait toujours avec l'espoir irrationnel qu'on le prendrait peut-être pour un Espagnol de pure souche.

« Mais je n'ai pas d'instruction », dit-il.

Goldstein secoua la tête avec compassion. « C'est vrai que c'est un obstacle. J'ai toujours voulu finir le collège, et je sens que ça me manque. Mais, dans les affaires, une bonne tête suffit. Je crois sérieusement à l'honnêteté et à la sincérité dans les affaires ; tous les vrais grands hommes ont réussi à force de décence. »

Martinez fit oui de la tête. Il aurait voulu savoir de quelle grandeur est la pièce dont on a besoin pour garder son argent quand on est très très riche. Des images languissaient dans sa tête de vêtements luxueux, d'escarpins cirés, de cravates peintes à la main, de blondes élancées à la grâce froide et au charme fragile. « Un homme riche faire tout ce qu'il plaît, dit-il admirativement.

— Eh bien, si j'étais riche j'aimerais être charitable. Et... ce que je veux c'est vivre à mon aise, avoir une jolie maison, un avenir assuré... Est-ce que tu connais New York ?

— Non.

— Il y a là-bas une banlieue où j'aimerais vivre, dit Goldstein en s'approuvant de la tête. C'est vraiment un bel endroit, habité par des gens sympathiques, instruits, raffinés. Je ne voudrais pas que mon fils grandisse dans les mêmes conditions que moi. »

Martinez acquiesça sagement. Il n'avait jamais eu des convictions ou des ambitions bien définies, et il se sentait toujours humble quand il lui arrivait de parler à quelqu'un qui avait des plans nets et arrêtés. « Amérique bon pays », dit-il avec conviction. Une brève mais vertueuse flambée de patriotisme monta en lui, éclairant l'image à moitié effacée d'une classe où des enfants chantaient *My Country, 'Tis of Thee*. Pour la première fois depuis des années il se revit en aviateur, et de vagues désirs s'éveillèrent en lui. « Je apprendre bien lire à l'école, dit-il. La maîtresse pensait que moi intelligent.

— J'en suis sûr », dit Goldstein avec confiance.

La mer était moins dure, et l'embrun se faisait rare. Martinez promena un regard circulaire par le canot, écouta un instant le bruit des conversations. « Long voyage », dit-il.

Gallagher était revenu à sa couchette, adjacente à celle de Martinez, et se coucha sans mot dire. Goldstein se sentait mal à l'aise en sa présence ; il ne lui avait pas adressé la parole depuis un bon mois. « C'est étonnant que personne n'ait le mal de mer, dit-il finalement. Ces canots ne valent rien pour la navigation.

— Roth, Wyman, ils sont malades », dit Martinez.

Goldstein haussa les épaules avec fierté. « Moi la mer ne me fait rien. J'ai l'habitude des canots. Un ami à moi a une barque à voiles à Long Island, et je sortais souvent avec lui en été. J'aimais beaucoup ça. » Il songea à la baie de la Sound et aux dunes pâles qui l'entourent. « C'était beau, là-bas. Tu sais, on ne peut pas battre l'Amérique pour la beauté de ses paysages.

— Tu peux le redire, bouffi », s'ébroua Gallagher tout à coup.

C'est simplement sa façon de parler, se dit Goldstein ; il ne pense pas à mal. « Est-ce que tu as jamais fait du canot, Gallagher ? » demanda-t-il doucement.

Gallagher se souleva sur son coude « Aaah, de temps à autre, sur la Charles, en aval de West Roxbury. J'y allais avec ma femme. »

Il n'y songea qu'après avoir parlé, et son visage s'altéra pour un instant, prenant l'expression figée d'un masque.

« Oh, je suis désolé, souffla Goldstein.

— Ça va. Ça l'irritait de recevoir des marques de sympathie de la part d'un Juif. Ça fait rien, ajouta-t-il un peu niaisement. Mais, déjà, redevenant tendre de nouveau, il se dissolvait dans un bain de pitié et de tristesse aimables. Dis, fit-il soudainement, t'as un gosse, pas ? »

Goldstein fit oui de la tête. « Oh oui, dit-il avec chaleur. Mon garçon a maintenant ses trois ans. Attends, je vais te montrer sa photo. » Il se roula laborieusement sur le côté, prit un portefeuille dans sa poche-revolver. « Ça n'est pas une bonne photo, s'excusa-t-il ; c'est réellement un des plus beaux enfants que tu puisses imaginer. A la maison nous avons une grande photo de lui, faite par un photographe professionnel, et, sincèrement, c'est imbattable. Une photo à gagner un prix. »

Gallagher regardait la photographie. « Oui, oui, c'est un joli môme, d'accord. » Il était un peu surpris et gêné par l'éloge qui lui avait échappé. Il regarda de nouveau la photographie, la voyant en fait pour la première fois, et il soupira. Depuis la mort de Mary il n'avait écrit qu'une seule fois chez lui, et cela pour demander une photographie de son enfant. Cette image, qu'il attendait avec une impatience grandissante, était devenue un élément important de son existence. Il perdait bien des heures dans de longues et mornes rêveries, se demandant quel air avait son enfant. Encore qu'il n'en sût rien, il présumait que c'était un garçon. « C'est vraiment un joli môme », dit-il d'une voix rêche. Il promena un doigt sur le côté de la couchette et, surmontant son embarras, il laissa échapper : « Hé, comment que c'est d'avoir un gosse ? »

Goldstein balança un moment, comme pour fournir une réponse définitive. « Oh, c'est un tas de... joies. » Il avait été sur le point de dire « un tas de *nochis* ». « Mais c'est aussi un tas de peines. On s'en fait beaucoup de soucis, et il y a bien sûr les difficultés matérielles.

— Oui », dit Gallagher, marquant son accord d'un signe de tête.

Goldstein continua de parler. Il devait se faire un peu violence, car Gallagher était l'homme qu'il haïssait le plus dans la section. La chaleur et la bienveillance qu'il ressentait en ce moment à l'égard de Gallagher le troublaient. Il était toujours conscient de lui-même quand il lui arrivait de parler de Juif à Chrétien ; toute action, tout mot, lui étaient alors dictés par son désir de faire bonne impression. Bien que sensible aux marques de sympathie, il devait une part de sa satisfaction à l'idée que c'était au Juif que les gens manifestaient leur cordialité. Aussi s'efforçait-il de ne rien dire qui pût déplaire à Gallagher.

Mais, parler de sa famille, le plongeait automatiquement dans un sentiment de privation et de solitude. De vagues images peuplées de béatitudes de la vie conjugale flottaient dans sa tête. Il se rappela une nuit où lui et sa femme, pouffant dans le noir, avaient écouté d'une oreille le bizarre et fastueux ronflement de leur bébé. « Ce sont les enfants qui font que la vie vaille la peine d'être vécue », dit-il persuasivement.

Martinez se rendit compte tout à coup que lui aussi était père. Pour la première fois depuis des années il se souvint de la grossesse de Rosalita. Il haussa les épaules. Sept ans maintenant ? Huit ans ? Il avait perdu son compte. Nom de Dieu, se dit-il. Une fois débarrassé d'elle, il ne s'en était jamais souvenu que comme d'une source d'embêtements.

D'avoir engendré un enfant le bouffissait d'orgueil. Nom de Dieu, moi être un dur, se dit-il. Il avait envie de rire. Martinez faire un gosse et foutre le camp. Il en éprouvait une joie malicieuse, comme s'il était un enfant qui tourmente un chien. Qu'est-ce qu'elle faire avec ? Faire fausse couche ? Nom de Dieu ! Sa vanité s'enflait comme un ventre qui se ballonne. Il songeait avec un ravissement naïf à sa virilité, à l'attrait qu'il exerçait sur les femmes. Que l'enfant fût illégitime accroissait son estime de soi ; son rôle en devenait extravagant, d'une grandeur plus imposante.

Il ressentit une affection indulgente, presque condescendante, à l'égard de Goldstein. Jusqu'à présent Goldstein lui avait fait un peu peur, au point qu'il se trouvait plutôt gêné en sa présence. Un jour ils eurent une discussion, et Goldstein s'était montré en désaccord avec lui. Toutes les fois qu'une telle chose lui arrivait, Martinez réagissait inévitablement comme un écolier effrayé sous la réprimande de son maître. Jamais encore il ne s'était senti à l'aise dans son rôle de sergent. Mais maintenant il s'était purifié dans l'affection de Goldstein. Goldstein ne l'avait pas méprisé le jour de leur discussion. Goldstein il est brave, se dit-il.

Il devint conscient des vibrations du bateau, de sa lente et cahoteuse avance parmi les vagues. Il faisait presque sombre. Il bâilla et se roula en boule sous sa toile imperméable. Il avait un peu faim, et il se demanda paresseusement s'il devait manger un morceau ou rester sans bouger. Il songea à la patrouille, et une pointe d'angoisse le fit sursauter. Pas penser à ça, pas penser à ça, se répéta-t-il.

Il se rendit compte soudain que Gallagher et Goldstein s'étaient tus. Levant la tête, il vit que presque tout le monde se tenait debout sur les couchettes ou se pressait à tribord. « Qu'est-ce qu'ils regardent ? demanda Gallagher.

— Le coucher du soleil, je crois, dit Goldstein.

— Le coucher du soleil ? » Martinez regarda le ciel. Il était presque noir, semé de vilains nuages de pluie couleur de plomb. Où coucher du soleil ? demanda-t-il. Il se dressa sur sa couchette, affermit ses pieds sur les montants de bois, et regarda du côté de l'ouest.

Le coucher du soleil déployait une profusion et un chatoiement de couleurs que l'on ne peut voir que dans les tropiques. A l'exception d'une bande étroite située à l'horizon, le ciel entier était couvert de nuages noirs gorgés de pluie. Le soleil avait déjà disparu, mais son reflet se concentrait en une ligne de couleur où le ciel et l'eau se rejoignaient. Le coucher dessinait un arc en forme d'anse, de port étrange et illusoire baigné dans un spectre éclatant fait de cramoisis et de jaunes d'or et de verts canari. Un collier de minuscules nuages semblables à des saucisses en miniature s'égrenait en un pointillé d'un pourpre royal. Bientôt les hommes se firent l'impression d'apercevoir une île fabuleuse sortie de leur imagination. Tout rougeoyait dans cette île, tout y frémissait de réalité. On y voyait une plage aux sables polis et dorés, et sur ce rivage imaginaire un bouquet d'arbres projetait dans le crépuscule un éclat magnifique couleur bleu lavande. Cette plage était différente de tout ce qu'ils avaient jamais connu ; on y reconnaissait le moindre affleurement de roche, le moindre repli des dunes sur un rivage nu et figé, mais ici tout frémissait de vie et de chaleur. La terre s'élevait par-dessus le pourpre feuillage en des vallonnements violets et écarlates, pour se surfiler à même l'ombre qui planait sur le port. Illuminée par le couchant, l'eau s'était donné le bleu clair et profond du ciel un soir d'été.

Ile sensuelle, terre biblique de vins vermeils et de sables dorés et d'arbres indigo. Les hommes regardaient et regardaient. L'île planait devant leurs yeux comme un paradis conçu par quelque monarque oriental, et ils y aspiraient avec une intense et terrible nostalgie. Toutes les beautés auxquelles ils eurent jamais aspiré, toutes les extases dont ils eurent jamais rêvé, étaient contenues dans cette vision. Le temps de quelques minutes elle emporta le long écoulement des jours, les mornes et muets mois de jungle sans espoir et sans orgueil. Chacun d'eux, s'il s'était su sans témoins, aurait avancé ses bras à la rencontre du miracle.

Cela ne pouvait pas durer. Lentement, inévitablement, la plage se résorbait dans la nuit environnante. Les sables d'or s'évanouissaient, prenaient une teinte d'un gris verdâtre qui tournait au noir. L'île s'abîma dans l'eau, et la marée de la nuit emporta les collines de rose et de lavande. Bientôt il n'y eut plus que le gris noir de l'océan, le ciel sombre, et le méchant bouillonnement du sillage. Des particules phosphorescentes tourbillonnaient dans l'écume. L'océan d'encre ressemblait à un miroir de la nuit ; froid, distillant l'épouvante et la mort, il les pénétrait de terreur muette. Ils revinrent à leurs couchettes, s'installèrent pour la nuit, et restèrent un long temps à veiller frileusement sous leurs couvertures.

Il se mit à pleuvoir. Le canot poussait et ahanait dans le noir, roulant à une centaine de mètres seulement de la côte. L'angoissante anticipation de la patrouille à venir pesait sur chacun. L'eau clapotait lugubrement sur les flancs de l'embarcation.

2

Tôt le matin la section prit pied sur le rivage nord d'Anopopéi. La pluie avait cessé, et l'air était frais et plaisant dans le soleil matinal. Les hommes se mirent à flâner sur le sable, suivant du regard leur canot qui débordait de la côte et prenait la mer pour son voyage de retour. Cinq minutes avaient suffi pour lui faire gagner un demi-mille au large, mais il leur paraissait tout proche encore, facile à rattraper en quelques brasses dans cette eau tropicale, claire et scintillante. Ils suivaient l'embarcation d'un regard plein de regret, enviant le pilote qui, à la nuit tombante, jouirait d'un plat chaud dans la sécurité du bivouac. Ça c'est la bonne planque, pensait Minetta.

La matinée avait encore la brillante fraîcheur d'un sou neuf. L'idée de se trouver sur une côte inexplorée ne les excitait pas particulièrement. La jungle, dans leur dos, avait un air parfaitement familier ; nue, isolée, couverte de coquillages qui luisent et miroitent dans la chaleur, la plage ressemblait à bien d'autres plages où il leur arriva de débarquer. Ils s'étalèrent sur le sable, fumant et riant dans l'attente du départ, fort satisfaits de se faire sécher au soleil.

Hearn se sentait un peu tendu. Dans quelques minutes ils allaient entreprendre une marche de plus de quarante milles à travers un terrain inconnu, dont les derniers dix milles sur les arrières immédiats des Japonais. Il se tourna vers Croft et pointa du doigt la carte aérienne qu'ils venaient d'étaler sur le sable. « Il me semble, sergent, que le mieux serait de remonter cette rivière, dit-il, désignant un ruisseau qui débouchait de la jungle à quelques centaines de mètres en amont de la plage. Remontons-la aussi loin qu'il se peut, après quoi nous nous taillerons une piste jusqu'à ce que nous arrivions dans les herbes kunaï.

— M'est avis que c'est ce qu'y à faire, dit Croft. Hearn voyait juste, et ça l'ennuyait un peu. Il se frotta le menton. Ça nous prendra bien plus longtemps que vous pensez, mon lieutenant.

— Peut-être. » Croft le mettait légèrement mal à l'aise. Il avait de l'expérience, c'était évident, mais il n'allait rien dire sans se faire tirer l'oreille. Sacré Sudiste. Il était comme Clellan. Hearn tapota la carte. Déjà, il pouvait sentir le sable s'échauffer sous ses pieds. « Ça ne fait que deux milles de jungle. »

Croft secoua la tête avec obstination. « On peut pas se fier à une carte aérienne. Ce petit vieux ruisseau peut-être bien qu'il nous mènera où c'est qu'on veut aller, mais j'y ferai pas confiance. » Il cracha dans le sable. « Y a qu'à démarrer et voir venir.

— C'est ça, dit Hearn, la voix tranchante. Allons-y, démarrons. »

Croft regarda les hommes. « Allez les gars, en route. »

Les hommes remirent leurs paquetages, se chargèrent de leurs armes, se tortillant sous leur barda pour en répartir le poids et alléger la morsure des bretelles sur leurs épaules. Deux minutes plus tard, formant une colonne désordonnée, ils se mirent à patauger dans le sable. Quand ils eurent atteint le cours d'eau, Hearn leur fit faire halte. « Donnez-leur une idée de ce que nous comptons faire », dit-il à Croft.

Croft haussa les épaules et partit d'une petite harangue. « On va remonter cette rivière que voilà aussi loin qu'on peut, et vous ferez mieux de vous attendre à suer du cul. Alors, si y en a qu'ont envie de râler, ils peuvent aussi bien y aller tout de suite. » Il remonta son barda d'une secousse. « On croit pas qu'y a des Japonais de ce côté-ci, mais ça veut pas dire que vous devez marcher comme une foutue bande de moutons qui regardent entre leurs pattes. Tâchons d'ouvrir l'œil. » Il les regarda, les examinant un à un, trouvant un doux plaisir dans la façon dont la plupart détournaient les yeux. Il marqua un silence, se pourléchant comme pour supputer s'il devait ajouter un mot à son discours. « Quelque chose que vous voulez leur dire, mon lieutenant ? »

Hearn éprouva du doigt la bretelle de sa carabine. « Oui, de fait. » Il loucha dans le soleil. « Hommes, dit-il d'une voix dégagée, je ne connais aucun d'entre vous, et vous ne me connaissez pas. Peut-être n'avez-vous pas le désir de me connaître. » Certains pouffèrent à demi, et il leur sourit tout à coup. « Quoi qu'il en soit, vous m'avez bel et bien sur les bras, j'ai atterri sur vos genoux et vous m'avez pour les bons comme pour les mauvais jours. Je pense, quant à moi, que nous ferons bon ménage. Je tâcherai d'être équitable ; n'empêche, vous me haïrez tout de même comme la peste chaque fois qu'il m'arrivera de vous donner ordre d'avancer alors que vous serez claqués de fatigue. Bon, parfait, mais n'oubliez pas que je serai tout aussi pompé que n'importe lequel d'entre vous, et que je me haïrai à mon tour. » Ils rirent, et pendant un moment il connut la certitude de l'orateur qui emporte la foule. Il en éprouva une puissante satisfaction, presque surprenante dans sa force. Le voilà bien le fils de Will Hearn, à ne pas s'y tromper, songea-t-il. « Bon, allons-y. »

Croft passa en tête de colonne. Le discours d'Hearn l'agaçait. Ça n'étaient pas des choses à dire ; un chef de section ne jouait pas au camarade avec ses hommes. Hearn allait les abâtardir avec ce genre de bavardage. Croft n'avait que dédain pour des gradés qui s'efforçaient de gagner la sympathie de leurs troupiers ; c'était, à ses yeux, agir en femme, et puis ça gâtait les affaires. Cette sacrée section ira à la ruine, se dit-il.

La rivière semblait profonde en son milieu, mais une bande de haut-fond courait le long des deux rives, large d'une quinzaine de mètres, où l'eau crépitait sur les galets. Les quatorze hommes s'avançaient en colonne par un. Pareille à une voûte la forêt sortit bientôt à leur rencontre, et quand ils eurent doublé le premier coude du ruisseau la jungle s'ouvrit comme un tunnel aux parois faites de feuillage et au sol couvert de vase. Filtrant à travers un vaste tamis de feuilles et de fougères et de sarments et de lianes, le soleil absorbait les couleurs de la jungle, pour acquérir à son tour le vert miroitant du velours. La lumière bougeait et changeait comme si elle passait et repassait à travers la dentelure d'une ogive. La jungle les enserrait de toutes parts, sombre et susurrante ; elle les recouvrait de ses bruits et de ses fragrances et de la grasse émanation de sa moisissure. Les odeurs asphyxiantes de ferment, de putréfaction, de nécrose, l'âcre exhalaison de ce qui pousse et croît, obstruaient leurs sens et les mettaient à un doigt de la nausée. « Ça pue nom de Dieu », grommela Red. Si longtemps ils avaient vécu dans la jungle, qu'ils en avaient oublié les effluves ; mais, la nuit, sur l'eau, leurs narines s'étant purifiées, ils redevinrent sensibles à l'intense, à la gluante pesanteur de l'air.

« Sent comme une négresse », annonça Wilson.

Brown pouffa nerveusement. « Quand est-ce que t'as jamais foutu une négresse ? » Mais la remarque de Wilson l'avait troublé, la puanteur de rut et de sperme éveillait de vagues réminiscences.

Le ruisseau creusait son lit dans la jungle. Déjà personne ne se rappelait plus l'aspect que ce cours d'eau avait eu au soleil. Ils étaient assourdis par le vif, le frénétique bruissement des insectes et des animaux, par la rageuse stridulation des moustiques et la rauque jaserie des singes et des perruches. Ils suaient abominablement ; encore que n'ayant fait que quelques centaines de mètres, ils étaient à court de souffle, et des taches de sueur noire mangeaient leurs uniformes. A cette heure matinale la jungle exsudait une brume qui leur arrivait à mi-corps ; elle s'ouvrait à leur passage, se refermait sur eux, paresseusement, comme un limaçon qui se retourne dans sa coquille. A ceux qui avançaient en tête de colonne chaque pas coûtait un effort de volonté énorme. Ils frissonnaient de dégoût, et souvent ils s'arrêtaient pour rattraper leur souffle. Autour d'eux, sur eux, la jungle suintait ; des îlots de bambou poussaient en bordure du ruisseau, leur fin feuillage de dentelle perdu dans un fouillis de végétation. Des plantes parasites grimpaient le long des arbres, croissaient dans leur cime ; le limon noir de la rivière embourbait les racines des broussailles et s'encastrait entre les galets que les hommes foulaient. Des gouttelettes tombaient une à une dans le cours d'eau, avec un léger tintement aussitôt couvert par le cri des oiseaux et le bourdonnement des insectes.

Lentement, tenacement, l'eau imbibait la graisse de leurs chaussures, remontait le long de leurs mollets, atteignait leurs genoux quand il leur arrivait de traverser le ruisseau à gué. Leur barda s'était alourdi ; leurs bras s'ankylosaient, leurs dos devenaient douloureux. La plupart d'entre eux charriaient trente livres de rations et de matériel de couchage, et avec leurs deux bidons d'eau, leurs dix chargeurs de cartouches, leurs deux ou trois grenades, leurs fusils et machettes, chacun avait réparti près de soixante livres d'équipement sur son corps. Presque tout le monde se fatigua très vite, et quand ils eurent fait la moitié d'un mille les plus faibles commencèrent de se sentir à bout de force. La densité de la jungle, la brouillasse miasmatique, les bruits liquides, le harcèlement des insectes, tout avait perdu de son intensité première. Ils n'étaient plus aussi conscients de leur sinistre environnement ; les vagues, les innommables terreurs s'effritaient, qui les avaient assaillis à leur entrée dans le tunnel creusé à même la jungle, s'évanouissant peu à peu sous le monotone et grinçant effort de la marche. Malgré la harangue de Croft ils avançaient la tête baissée, le regard rivé à leurs pieds.

Le cours d'eau se rétrécit et, le long des rivages, la bande de haut-fond n'eut plus que la largeur d'un pas. Le terrain commençait de monter ; la rivière, de fait, avait déjà chuté de plusieurs petites hauteurs semées d'éclats de roche. Sur la berge le sable riverain succéda aux galets, puis la vase au sable. La colonne suivait au plus près de l'eau, et peu à peu le feuillage se mit à les fouailler, obstruant la vue. Ils n'évoluaient plus que très lentement.

Ils firent halte à l'endroit d'un tournant et examinèrent le terrain qui s'offrait à leur regard. Le feuillage, sur ce point, poussait à même l'eau, et Croft, après avoir considéré le problème, s'avança vers le centre de la rivière. Il s'immobilisa à quelque cinq mètres de la rive. L'eau, qui lui arrivait à la ceinture, tourbillonnait puissamment autour de lui. « Faut qu'on se cramponne à la berge, mon lieutenant », dit-il. Se retenant à la végétation, il se mit à avancer en bordure de la rivière, l'eau lui recouvrant les cuisses. Les hommes le suivirent laborieusement, s'étirant le long du rivage. Ils firent ainsi plusieurs centaines de mètres, s'agrippant aux buissons, se tirant et se halant contre le courant. Ils pataugeaient dans la vase qui tapissait le fond du ruisseau, attentifs à ne pas perdre leurs fusils qui leur glissaient constamment des épaules. Leurs chemises, à force de transpiration, étaient aussi trempées que leurs pantalons. En plus de la fatigue et de l'atmosphère glauque et moite qui les mettaient en nage, ils suaient d'angoisse. Le courant avait une force et une ténacité qui semblaient douées de vie. Une sorte de frénésie s'emparait d'eux, la même qu'ils auraient manifestée à la vue d'un animal sauvage mugissant à leurs pieds. Leurs mains saignaient au contact des épines et du feuillage en lame de couteau, et leur barda s'alourdissait.

Ils avancèrent de la sorte jusqu'à ce que la rivière s'élargît de nouveau et redevînt moins profonde. La force du courant décrut, et ils purent progresser avec moins de peine dans une eau qui leur arrivait aux genoux. Après plusieurs coudes ils atteignirent un rocher, plat et large, qui détournait le cours de la rivière, et Hearn ordonna une halte.

Les hommes se laissèrent choir à leurs pieds, demeurant sur place sans mot et sans mouvement. Hearn était soucieux ; son cœur se démenait laborieusement, et ses mains tremblaient. Couché à plat dos, il surveillait par-dessus son torse la rapide pulsation de son estomac. Je suis en mauvaise forme, se dit-il. Les deux jours à venir, et surtout cette première journée, allaient être durs à passer ; depuis trop longtemps il n'avait pris aucun exercice. Mais il allait remonter la pente. Il connaissait sa force.

Et, déjà, il commençait de se faire à la tension de tous les instants. Peut-être était-ce plus pénible pour celui qui menait la colonne. Il lui était arrivé de s'arrêter à plus d'une reprise, de se crisper à la suite d'un bruit inattendu, de tressaillir à la vue de quelque insecte qui se mettait en travers de son chemin — comme ces araignées énormes au corps aussi grand qu'une noix, aux pattes aussi larges que les doigts de sa main ouverte. Ces choses vous épuisaient ; il avait noté que Martinez et Brown en souffraient tout autant que lui. Une espèce de peur très spéciale, propre à tout terrain inexploré, s'emparait de vous ; chaque pas plus avant dans la jungle ajoutait à l'épreuve.

Croft ne s'était pas montré trop incommodé. Ce Croft, quel *gars*, pensait Hearn. S'il ne faisait pas attention, Croft conserverait le commandement effectif de la section. L'embêtant était que Croft en savait plus que lui, en sorte qu'il était vain de le contredire ; la marche, jusqu'à ce point, avait exigé le savoir-faire d'un forestier.

Hearn s'assit et regarda autour de lui. Les hommes s'étalaient sur le rocher. Quelques-uns échangeaient des propos ou lançaient des cailloux dans la rivière, et Valsen effeuillait avec soin une branche qui surplombait le rocher. Hearn consulta sa montre. Cinq minutes s'étaient écoulées depuis le commencement de la halte ; dix minutes de plus n'allaient faire de mal à personne. Autant leur donner un peu de battement. Il s'étira, se rinça la bouche au goulot de son bidon, puis échangea quelques mots avec Minetta et Goldstein.

Ayant regagné son souffle, Brown engagea une conversation avec Martinez.

Brown était déprimé ; les ulcères, sur ses jambes, cuisaient et démangeaient, et il savait que la douleur irait en augmentant à mesure que la patrouille se prolongerait. Futilement, désespérément, il songeait à la joie de rester au soleil avec ses jambes dénudées, permettant à la chaleur de sécher ses plaies.

« Ça va être un fils de pute de boulot », soupira-t-il.

Martinez acquiesça. « Cinq jours long temps. »

Brown baissa la voix. « Qu'est-ce que tu penses de ce nouveau lieutenant ?

— Ça va, dit Martinez avec un haussement d'épaules. Bon type. Il lui fallait répondre avec prudence. On savait qu'il était copain avec Croft, et il ne voulait pas laisser pressentir son hostilité pour Hearn. Avec Croft tout avait bien marché. Trop amical peut-être, suggéra-t-il. Chef de section doit être dur des durs.

— Ce gars-là il se peut bien que c'est un salaud de première », dit Brown. Mais, au fait, il était indécis. Il n'aimait pas particulièrement Croft ; Croft, il en avait le sentiment, le prenait en dédain. Mais, avec lui, il savait au moins à quoi s'en tenir. Avec le nouveau lieutenant il lui faudrait être prudent, faire toujours de son mieux, et même alors il risquait de lui déplaire. « Et pourtant il a l'air d'un bon gars », ajouta-t-il doucement. Il y avait encore autre chose qui le préoccupait. Il alluma une cigarette et expira la fumée avec précaution : ses poumons se ressentaient encore de la marche. La cigarette avait un goût déplaisant, mais il continua de fumer. « Tu sais, Mange-Japonais, laissa-t-il échapper, je te jure qu'y a des fois comme maintenant, quand on est en patrouille, où je voudrais être un simple troufion. Les types croient qu'on se la coule douce nous autres, surtout les nouveaux, qui pensent qu'un sergent c'est la planque où qu'on se foule pas. Il tripota un des ulcères sur son menton. Nom de Dieu, ils savent pas les responsabilités qu'on a. Prends quelqu'un comme Stanley, il a même pas vu le commencement d'une bagarre alors il se pousse, il travaille du coude. Tu sais, Mange-Japonais, j'ai été drôlement fier quand on m'a fait sergent, mais je sais pas si j'aurais accepté si c'était à recommencer. »

Martinez haussa les épaules. Il était un rien amusé. « C'est dur, proposa-t-il.

— T'as foutrement raison que c'est dur. Il arracha une feuille à une branche qui descendait sur le rocher, se mit à la mâcher pensivement. Tu sais, y a une limite à ce qu'on peut encaisser, après quoi tes nerfs s'en vont à la débandade. Je vais te dire une chose, je peux te parler à toi parce que tu connais la musique, mais si c'était à refaire est-ce que t'aurais accepté d'être sergent ?

— Qui savoir ? » Mais Martinez ne doutait pas : il aurait accepté. Il revit en pensée les trois galons qui adornaient son uniforme gris olive, et une bouffée d'orgueil l'envahit mêlée d'un sentiment de malaise.

« Tu sais ce qui me donne les foies, Mange-Japonais ? C'est mes nerfs qui foutent le camp. J'ai parfois la trouille que je vais tomber en morceaux et que je serai plus bon à rien foutre. Tu vois ce que je veux dire ? » L'idée lui donnait du tracas depuis quelque temps et il se sentit soulagé de l'avoir admis, comme s'il avait trouvé une excuse avant la lettre au cas où il en viendrait effectivement à s'effondrer. Il lança un caillou dans la rivière suivant des yeux les ronds qui couraient sur l'eau.

Martinez éprouvait un calme mépris pour Brown. Il lui plaisait que Brown eût peur. Mange-Japonais peur aussi, se dit-il, mais Mange-Japonais... lui pas se rendre.

« Le pire, disait Brown, c'est pas de casser sa pipe parce que, merde alors, ça te fait plus rien après. Mais si un gars de ton escouade écope une balle et que c'est de ta faute ? Jésus, y a plus moyen d'y pas penser. Dis, tu te rappelles cette patrouille à Motome, quand MacPherson a été tué ? J'y pouvais rien, mais tu te rends compte ce que ça m'a fait de le laisser comme ça, de partir et de le laisser derrière moi ? Il fit voler sa cigarette d'une chiquenaude, nerveusement. C'est pas du tout cuit, que d'être un sergent. Quand j'ai pris du service je voulais monter en grade, mais parfois je me demande à quoi bon nom de Dieu. Il réfléchit, puis soupira. Je sais pas, je suppose que vu ce qu'est la nature humaine, j'aurais pas été content de rester un simple troufion. C'est quelque chose d'être un sergent. Cette affirmation lui faisait toujours plaisir. Ça montre que t'as un quelque chose de spécial. Tu sais, je connais mes responsabilités. C'est pas moi qui me dégonflera. Y a pas à chier, je sais foutre bien que je suis forcé de tenir le coup, parce qu'il faut ce qu'il faut. Il se sentit un peu sentimental. Ça montre qu'ils te faisaient confiance s'ils t'ont nommé sergent, et c'est pas moi qui laissera personne dans la panade, je suis pas un gars à ça. Y a rien de plus dégueulasse au monde, voilà ce que je pense.

— Faut se cramponner, reconnut Martinez.

— C'est ça. Quel espèce de type que je serais à prendre tout cet argent du gouvernement, pour me débiner quand ça chauffe ? Nan, c'est vrai, Mange-Japonais, on vient d'un bon coin du pays nous autres, et ça me ferait mal au bide de rentrer chez nous et de montrer ma bouille aux gens si j'avais pas de quoi être fier. Personnellement, comme je suis du Kansas, j'aime mieux mon pays que le Texas, mais nom de Dieu on vient quand même des deux meilleurs États dans le pays. T'as jamais besoin d'avoir honte, Martinez, quand tu dis aux gens que t'es Texien.

— Oui. » Ce nom lui réchauffait le cœur. Il aimait à se considérer comme Texien, mais il n'avait jamais osé se parer de ce titre. Quelque part profondément dans son esprit un point d'angoisse s'était coagulé — le souvenir de tous ces hommes blancs de grande taille, à la voix lente et au regard froid. Il avait peur de ce qu'il aurait vu dans leurs yeux s'il avait dit : « Martinez est Texien. » Son plaisir se glaça, et il se sentit mal à son aise. Moi meilleur sergent que Brown, se réconforta-t-il. Mais il n'en fut guère soulagé. Brown possédait une sorte d'assurance, entièrement inconnue de Martinez ; en lui quelque chose battait toujours en retraite quand il lui arrivait de parler avec des hommes de cette espèce. Il avait la malice, le mépris, et les angoisses du domestique qui se sait supérieur à son maître.

« Bon coin du pays », acquiesça-t-il. Il avait le cafard, et son envie de parler à Brown lui était passée. Il attendit une petite minute, grommela un mot ou deux, puis s'en fut retrouver Croft.

Brown changea de côté et regarda autour de lui. Pendant tout le long de la conversation Polack était resté à quelques pieds de là, étalé sur le rocher, les yeux clos. Brown le poussa légèrement du coude. « Tu dors, Polack ?

— Hein ? Il s'assit en bâillant. Oui, je crois que je me suis endormi. » De fait, parfaitement éveillé, il avait suivi la conversation. Il éprouvait une subtile satisfaction à écouter aux portes ; encore qu'il ne s'attendît que rarement à en tirer quelque profit immédiat, il trouvait la chose fort amusante. « C'est la façon d'avoir barre sur un type », avait-il dit un jour à Minetta. Il bâilla de nouveau. « Nix, dit-il, j'ai piqué un petit somme. Ça y est, on remet ça ?

— Oui, bientôt », dit Brown. Il avait pressenti le mépris de Martinez ; cela l'avait démonté, et il avait besoin de regagner sa contenance. Il s'allongea à côté de Polack et lui offrit une cigarette.

« Naaah, j'économise mon souffle, dit Polack. On a un bout de chemin à faire.

— Ça c'est pas un mensonge, approuva Brown. Tu sais, j'ai tout fait pour éviter à mon escouade d'aller trop souvent en patrouille, mais peut-être que ç'a pas été une si bonne idée. Vous êtes plus en forme. » Il n'avait pas conscience d'exagérer. Dans ce moment, il croyait ce qu'il avançait, et il se félicitait d'avoir si bien protégé son escouade.

« T'as bien fait de nous tenir sur le carreau, on s'en souviendra », dit Polack ; pensant — quel pot de merde ! Brown le divertissait. Y a toujours de ces types, pensait-il, qui remuent la queue pour décrocher une ficelle, et quand ils l'ont ils commencent de se faire de la bile pour savoir si tu penses qu'ils sont de braves potes. Il prit son long et pointu menton dans la main, rejeta un toupet de ses cheveux clairs et raides. « C'est vrai, dit-il. Tu penses que les gars de ton escouade apprécient pas ce que t'as fait pour nous, mais on sait que t'es régulier. »

Malgré ses doutes quant à la sincérité de Polack, Brown fut flatté. « Je te dirai une chose, je serai franc avec toi, fit-il. Y a deux mois que t'es dans la section, et j'ai pas arrêté de te regarder faire. T'es pas bête du tout, Polack, et te sais quand il faut la fermer.

— Je sais me tenir, dit Polack avec un haussement d'épaules.

— Prends mon boulot par exemple. Faut que je fais de mon mieux pour vous rendre heureux, vous autres. Vous le savez peut-être pas mais c'est même écrit dans mon manuel de sergent, comme je te le dis, noir sur blanc. Et je me figure que si je m'occupe de mes hommes, ils s'occuperont de moi.

— Sûr qu'on est tous avec toi. » De la manière dont Polack voyait les choses, on était un sacré couillon si on ne disait pas à son patron ce qu'il voulait que vous lui disiez.

Brown cherchait ses mots. « Y a des tas de façons pour un sergent d'être un saligaud, mais moi je préfère traiter mes hommes comme il faut. »

Que foutre me cherche-t-il ? pensait Polack. « C'est la seule vraie façon de faire, dit-il.

— Oui, mais beaucoup de sous-offs le savent pas. Les responsabilités les foutent par terre. Tu sais pas quel casse-tête c'est. C'est pas à dire que je refuse ma part des responsabilités, parce que la vérité vraie c'est qu'il faut bûcher si qu'on veut aller de l'avant. Ça n'existe pas, des raccourcis.

— Naan, dit Polack en se grattant.

— Prends Stanley. Il est trop malin, mais il se fera mal quand même en fin de compte. Tu sais, il a monté un joli petit coup dans un garage où il a travaillé. Il lui raconta l'histoire. C'est plutôt malin, commenta-t-il, ayant fini de raconter. Mais c'est comme ça qu'on se fout dans le pétrin. Ce qu'il faut c'est tenir bon et prendre le mal comme il vient.

— Sûr », dit Polack. Il songeait qu'il avait sous-estimé Stanley. C'était une bonne chose à savoir sur son compte. Stanley avait plus de couilles au ventre que Brown. Jésus, pensait-il, ce Brown finira par faire marcher une pompe à essence et il croira qu'il est un grand brasseur d'affaires. Stanley, lui, avait des idées. On fait son petit coup, et si on sait tenir sa langue entre ses dents on se tire toujours de la mélasse.

« Allons-y les gars », dit le lieutenant.

Polack se leva en grimaçant. Si ce lieutenant avait pas que du fumier dans la tête, pensa-t-il, il nous ferait revenir sur la plage et nous laisserait frire des guimauves jusqu'au retour du canot. Mais il se contenta de dire : « C'est ça, j'ai besoin d'un petit exercice. » Brown rit.

Ils suivirent la rivière pendant quelques centaines de mètres. Elle coulait, peu profonde, à travers un terrain peu accidenté. Tout en marchant, Brown et Polack devisaient paisiblement. « Quand j'étais gosse j'avais des tas d'idées, disait Brown. Tu sais, mariage, enfants, et tout le bataclan, mais on comprend un peu mieux avec l'âge, on se rend compte qu'y a pas beaucoup de femmes à qui on peut faire confiance. »

C'est des clients comme Brown, pensait Polack, qui se laissent mettre un carcan au cou par les gonzesses. Tout ce qu'elles ont à faire c'est dire oui t'as raison mon pote, et il croit que c'est arrivé.

« Non, disait Brown, on apprend avec l'âge. Tu sais, y a pas beaucoup de choses que tu peux y faire confiance. Il éprouvait un amer plaisir à s'entendre parler. Y a que le pèze qui compte, je te le dis. C'est quand t'es dans le trafic que tu vois la belle vie qu'ils se paient, les grosses huiles. Je me rappelle quelques-unes de ces bombances dans les hôtels. Dis, les poules qu'on s'envoie, et le reste.

— Tu parles si c'est du nan-nan, accorda Polack. Il se souvenait d'une fête organisée par son patron, Lefty Rizzo. Il ferma les yeux pour un instant, se laissant envahir par un filet de passion. Cette blonde, elle savait s'y prendre.

— Si jamais je me tire de l'armée, dit Brown, je me lance du côté où c'est qu'y a du pèze. J'en ai marre d'être dans la débine.

— Le pèze, y a encore personne qu'a inventé mieux que ça. »

Traînaillant du pied dans l'eau, Brown décocha un coup d'œil à

Polack. Ce Polack n'est pas un mauvais type, pensa-t-il. Un petit gars maigrelet qu'a jamais reçu d'instruction. Y a bien à parier qu'il arrivera à rien de bon. « Qu'est-ce que tu comptes faire après la guerre, Polack ? »

Polack perçut le ton condescendant de la question. « Je me débrouillerai », dit-il brièvement. Le souvenir lui revint tout à coup de sa famille, et il grimaça. Quel imbécile de Polack son père a été. Pauvre toute sa vie durant. Ah, ça vous durcit, se dit-il. Que des gars comme Brown travaillent de leur langue, mais quand on sait comment faire sa pelote, on la boucle. A Chicago, on peut faire sa pelote. Ça c'est une *ville*. Des femmes, du bruit à tout casser, des combines à la pelle. « Ils peuvent se la garder, leur putain de jungle », dit-il. L'eau, qui se faisait un peu plus profonde, lui chatouillait les jarrets. S'il n'avait pas été mobilisé, il aurait travaillé à cette heure dans la combine à Kabriskie. « A-a-ah », dit-il.

Brown, lui, était découragé. Il ne savait pas pourquoi, mais la lourdeur de l'air et la résistance du courant l'avaient épuisé. Une vague de peur déraisonnable le saisit. « Jésus, je hais ce nom de Dieu de barda », dit-il.

La rivière suivait une succession de petites cascades. Dans les tournants, où le courant bouillonnait avec la force d'un rapide, les hommes avaient de la peine à ne pas se faire emporter. L'eau glaciale leur coupait la respiration. Ils se traînaient au plus près de la rive, s'accrochant à la végétation qui débordait sur le cours d'eau. « Allons-y, lâchez pas », criait Croft. La berge était haute de cinq pieds au moins, ce qui rendait la marche plus difficile. Leur regard au niveau du sol de la jungle, ils s'avançaient le long de la paroi de glaise humide, saisissaient une racine, se halaient en avant, s'aplatissaient contre le mur, peinaient contre le courant. Ils progressèrent de la sorte pendant une dizaine de minutes, leurs uniformes couverts de boue, leurs mains et leurs visages se couvrant d'écorchures.

De nouveau le terrain s'égalisa, et ils avancèrent en file indienne à quelques pas de la rive, se poussant avec lenteur à travers la vase. Dominés par l'unique réalité de leurs propres hoquets, ils ne percevaient que par intermittence les bruits liquides de la jungle, les cris des oiseaux et des bêtes, le souffle de la rivière. Leur épuisement devenait extrême. Les moins résistants avaient perdu le contrôle conscient de leurs membres ; ils trébuchaient sous l'assaut du courant, patouillaient sur place pendant de longues secondes, pliant sur leurs genoux sous le poids de leur charge.

Ils arrivèrent à un autre rapide, trop rocailleux, trop vif, pour être traversé tel quel. Hearn et Croft débattirent la question, sur quoi celui-ci, accompagné par Brown, escalada la berge, s'ouvrit un passage dans la brousse à coups de machette, puis coupa plusieurs grosses lianes qu'il noua bout à bout au moyen de larges nœuds carrés. « Je m'en vas porter ça de l'autre côté, mon lieutenant », annonça-t-il tout en s'entourant la taille avec l'une des extrémités de la liane.

Hearn secoua la tête. Croft avait mené la patrouille jusqu'à présent, mais ceci était quelque chose dont Hearn pouvait se charger lui-même. « Je prends ça sur moi, sergent. »

Croft haussa les épaules. Hearn assujettit la liane autour de sa ceinture et s'avança dans la chute d'eau. Cette liane, il s'agissait de la porter à contre-courant et de la fixer sur l'autre rive en guise de ligne de sauvetage. Il avait laissé son paquetage et sa carabine à Croft, mais même sans entraves la traversée s'avéra exceptionnellement difficile. Il pataugeait, trébuchait de roc en roc, glissait sur ses genoux. A un moment donné il disparut sous l'eau, se cogna l'épaule contre une des pierres submergées, puis remonta, le souffle coupé et défaillant de douleur. Il lui fallut presque trois minutes pour faire une cinquantaine de mètres, et c'est à bout de forces qu'il atteignit le rivage. Il demeura un temps sans bouger, pantelant, graillonnant l'eau qu'il avait avalée, puis il se mit debout et encorda la liane autour d'un arbre tandis que Brown attachait l'autre extrémité de la ligne à la racine d'un buisson.

Portant l'équipement et la carabine d'Hearn en plus de sa propre charge, Croft fut le premier à faire la traversée. Lentement, un à un, les hommes passèrent la rivière, se retenant à la liane. Certains y suspendirent leur barda, tirant d'une main et se halant de l'autre, battant le ressac de leurs jambes, gigotant avec angoisse pour éviter de se faire écharper sur la rocaille. L'eau leur serait arrivée aux cuisses seulement s'ils avaient pu avancer debout, mais tous étaient trempés des pieds à la tête quand ils eurent atteint l'autre rive. Ils se rassemblèrent dans une petite crique au-dessus du rapide et s'accroupirent dans l'eau, pantelants et sans ressort.

« Jésus », faisait quelqu'un de temps à autre. La force du rapide avait été terrible. Tout en s'agrippant à la liane, chacun d'eux, secrètement, s'était attendu à périr.

Après un repos de dix minutes ils reprirent leur marche. Il n'y eut plus de rapides pendant quelque temps, mais la rivière coulait le long d'une chaîne de récifs, et tous les dix ou quinze mètres il leur fallait escalader un banc qui leur arrivait à mi-corps, s'avancer en tâtonnant du pied la pierre noyée sous quelques pouces d'eau, puis se hisser à quatre pattes sur le banc suivant. Leurs fusils étaient mouillés, et leurs grenades, piquées par le manche dans leurs ceinturons, n'arrêtaient pas de glisser à l'eau. Et, d'une seconde à l'autre, celui-ci ou celui-là lâchait une bordée de jurons.

La rivière se rétrécissait. Dans certains endroits il n'y avait que cinq mètres d'une berge à l'autre, et là-dessus la jungle poussait si dense qu'elle leur éraflait le visage. Ils continuèrent de la sorte pendant un quart de mille, se recroquevillant sous la végétation et rampant sur les récifs. La plupart étaient trop épuisés pour lever la jambe. Ils se couchaient sur le rebord du banc qu'il leur fallait escalader, s'y hissaient à la force du poignet, la jambe traînante, avec des mouvements de saumon qui ahane contre le courant au temps du frai. Des affluents venaient rejoindre la rivière ; tous les cent mètres un ruisselet ou quelque filet d'eau s'égouttait de la jungle, et Croft s'arrêtait alors, examinait le terrain un instant, puis repartait de nouveau. Après son solo à travers le rapide, Hearn n'était pas fâché de laisser Croft reprendre pour un temps la tête de la patrouille. N'ayant pas encore réussi à rattraper son souffle, il suivait péniblement le long de la file.

La rivière vint à se diviser en deux, et de nouveau Croft s'arrêta pour examiner les lieux. Dans cette jungle qui interceptait le soleil, seuls lui et Martinez savaient dans quelle direction la colonne avait voyagé. Croft avait noté que les plus élancés parmi les arbres s'inclinaient vers le nord-ouest ; il s'en était assuré à l'aide de sa boussole, imputant leur torsion aux effets d'un ouragan qui les avait dû frapper quand ils étaient encore jeunes. En les prenant pour point de repère, il put déterminer la direction de leur marche le long du cours d'eau. Comme ils avaient fait plus de trois milles et que l'orientation générale de la rivière pointait vers les collines, il supposait qu'ils avaient à peu près atteint l'orée de la jungle. Mais rien ne permettait de décider quel bras de la bifurcation il leur fallait suivre ; il était probable que l'un et l'autre serpentaient pendant des milles au cœur de la jungle, parallèlement aux collines. Il en discuta avec Martinez, et celui-ci, ayant avisé un grand arbre en bordure du ruisseau, se mit en devoir d'y grimper.

Il se hissa dans l'arbre, s'agrippant aux lianes qui entouraient le tronc, prenant pied sur les loupes. Arrivé à la plus haute des enfourchures il rampa avec précaution vers l'extrémité d'une grosse branche, se redressa, et surveilla le terrain. La jungle, sous lui, s'étalait comme un tapis de velours au poil ras et vert. Il ne voyait pas la rivière, mais à moins d'un demi-mille en avant la jungle finissait tout d'une pièce, faisant place à une suite de collines jaunes et nues qui s'élevaient vers les contreforts lointains du mont Anaka. Il consulta sa boussole pour reconnaître sa direction. Il était heureux de se livrer à une tâche où il se savait compétent.

Il redescendit, fit son rapport à Croft et au lieutenant. « Nous suivre celui-ci, dit-il, désignant un des affluents. Peut-être deux trois cents mètres, puis tailler piste. Pas rivière dans colline là-bas. » Il pointait dans la direction du terrain découvert qu'il avait aperçu.

« C'est bien, Mange-Japonais », dit Croft. Il était content. L'information correspondait à ses calculs.

La section se remit en marche. L'affluent que Martinez avait choisi était très étroit, et la jungle se fermait là-dessus presque complètement. Au bout d'une centaine de mètres ils se virent obligés de ramper à quatre pattes dans l'eau, la tête basse pour se protéger contre une pluie de débris végétaux. Bientôt après le ruisseau n'eut plus que la largeur d'un pas, pour s'effilocher finalement en une suite de minces filets qui suintaient à fleur des rochers. Ils n'eurent pas fait un quart de mille, que Croft décida qu'il était temps d'ouvrir une piste à travers la jungle. D'ailleurs, le ruisseau faisant un coude qui le ramenait en direction de l'océan, il devenait sans objet de s'y attarder plus longtemps.

« Je m'en vas diviser la section pour tailler une piste, dit-il à Hearn. Mais vous et moi on y mettra pas la main, parce qu'on aura assez à faire sans ça. »

Hearn était pantelant. Il ignorait tout de ce qu'il fallait faire dans une situation comme celle-ci, et il était trop recru de fatigue pour s'en inquiéter outre mesure. « Tout ce que vous déciderez, sergent. » Mais, tout de suite après, il fut pris d'un doute. Quand on avait un Croft avec soi, il était trop tentant de lui laisser toutes les initiatives.

Croft jeta un regard sur sa boussole pour s'assurer de la direction dans laquelle il entendait voyager, avisa un arbre dans la brousse, éloigné d'une cinquantaine de mètres, le choisit comme point de repère, puis il assembla la section autour de lui et la divisa en trois équipes de quatre hommes chacune. « On va tailler une piste, leur dit-il. Pour commencer vous pouvez viser à une dizaine de mètres à gauche de cet arbre là-bas. Chaque équipe travaillera cinq minutes, puis se reposera pendant dix minutes. Y a pas de raison qu'on y passe toute la journée, alors pas de tire-au-cul. Vous avez dix minutes avant de démarrer, puis toi, Brown, tu y iras le premier avec tes hommes. »

Ils devaient s'ouvrir un chemin dans un quart de mille de denses broussailles, à travers lianes et buissons et bouquets de bambou, contourner des arbres, mordre dans le plus épais des ronces. Ce fut un lent et pénible travail. Deux hommes peinaient côte à côte, tailladant avec leurs machettes à la base du feuillage, piétinant les chutes à mesure qu'ils avançaient. Ils progressaient de deux mètres à la minute environ, travaillant plus vite quand la broussaille s'amincissait, ralentissant l'instant d'après face à des fouillis de bambou qu'il fallait tailler pouce à pouce. Il leur avait fallu trois heures pour remonter le cours d'eau, et à midi, après avoir taillé et saqué pendant deux autres heures, ils ne gagnèrent que deux centaines de mètres. Mais cela leur était égal : chaque homme ne travaillait que deux à trois minutes sur quinze, en sorte qu'ils avaient le temps de récupérer leur souffle. Ceux qui étaient de repos s'allongeaient sur la piste, se reposant et plaisantant. D'avoir remonté jusqu'ici, les ragaillardissait ; ils savaient instinctivement que les collines à découvert mettraient fin à leurs peines. Après avoir ahané dans la vase et les courants de la rivière, après avoir eu la conviction qu'ils n'en verraient jamais la fin, ils étaient fiers et contents d'avoir tenu le coup, et pour la première fois certains d'entre eux se sentirent optimistes quant à l'issue de la patrouille.

Cependant, Roth et Minetta se sentaient misérables. Minetta était en mauvaise forme après sa semaine à l'hôpital, et Roth n'avait jamais été bien fort. La longue marche en amont de la rivière les avait brisés ; le labeur sur la piste était tuant, et malgré les périodes de repos ils ne parvenaient pas à récupérer leurs forces. Après un effort de trente secondes, quand il avait donné trois ou quatre coups de machette, Roth devenait incapable de soulever son bras. La machette, dans sa main, prenait le poids d'une hache. Il la soulevait à deux mains, la laissait retomber sans vigueur sur une branche ou une liane ; çà et là le couteau s'échappait de ses doigts moites et roulait à terre avec bruit.

Les doigts de Minetta se couvraient d'ampoules, et le manche de la machette faisait entrer la sueur dans ses cloques. Il s'attaquait à un fourré, rageusement, maladroitement, s'exaspérait contre la résistance opiniâtre de la plante, puis s'arrêtait à bout de souffle, coupant ses hoquets de jurons à l'adresse du glauque et pulpeux taillis de verdure. Lui et Roth travaillaient coude à coude, serrés dans l'étroit boyau de la piste. Ils étaient si éreintés qu'ils se cognaient l'un l'autre, et alors Minetta pestait avec fureur. Ils s'étaient pris en grippe, aussi intensément qu'ils haïssaient la jungle, la patrouille, Croft. Minetta ruminait sombrement, à cause de Croft qui ne travaillait pas ; toute son amertume s'y abreuvait. « Ce nom de Dieu de Croft, ça lui est facile de nous dire ce qu'il faut faire, mais il fout rien lui, je le vois pas qui se crève le cul, grommelait-il. Si j'étais sergent de la section je nous aurais pas traités comme ça. Je serais sur la brèche comme tout le monde. »

Attendant leur tour, Ridges et Goldstein se tenaient à quelques pas derrière leurs coéquipiers. Les quatre hommes faisaient partie de la même équipe et, théoriquement, ils devaient se partager les cinq minutes que durait la fournée. Mais au bout d'une heure Goldstein et Ridges avaient pris sur eux trois, puis enfin quatre minutes de la besogne. Tout en regardant Minetta et Roth agiter leurs machettes, Ridges laissait libre cours à son indignation. « Crotte, disait-il d'un ton réprobateur, vous autres les gars de la ville l'avez seulement pas appris à manier un petit vieux couteau comme ça ? »

Essoufflés, rageant, ils ne répondaient pas, et leur mutisme ne faisait qu'accroître la gêne de Ridges. S'agissait-il de lui-même ou d'autrui, il était très prompt à discerner le juste de l'injuste, et il lui paraissait décidément abusif que Goldstein et lui en fissent davantage que leurs coéquipiers. « J'ai fait la même ouvrage que vous, se plaignait-il. J'ai remonté la même rivière que vous, et y a point de raison du tout pour que Goldstein et moi on fera votre part de travail.

— Ta gueule », cria Minetta.

Croft s'était approché par derrière. « Qu'est-ce qui va pas ici ? demanda-t-il.

— Y a rien qui va pas », dit Ridges après un silence. Il fit entendre son rire, semblable à un hennissement. Crotte, on fait que causer. Encore que mécontent de Minetta et de Roth, il ne songeait nullement à s'en plaindre à Croft. Tous ils faisaient partie de la même équipe, et il considérait comme une chose odieuse de se plaindre d'un homme avec qui il travaillait. « Y a rien qui va mal, répéta-t-il.

— Minetta, fit Croft, la voix méprisante, toi et Roth, si vous êtes pas la plus dégueulasse, la plus inutile, la plus baveuse paire de bâtards que j'aie jamais eus... Vous ferez mieux de vous magner le trou du cul. » Sa voix, froide et parfaitement articulée, les cingla comme un coup de verge.

Minetta, quand on le harcelait outre mesure, était capable d'un courage surprenant. Il jeta sa machette à terre et se tourna vers Croft. « Je vois pas que tu bosses, toi. C'est foutrement facile... » Il perdit toute notion de ce qu'il avait voulu dire, et il répéta : « Je vois pas que tu bosses, toi. »

Malin petit new-yorkais, se dit Croft. Il lui décocha un regard furibond. « La prochaine rivière qu'on traverse tu peux porter le sacré barda du lieutenant, et c'est *toi* alors qui bosseras pas. » Il rageait de lui avoir répondu, et il se détourna pour un instant. Il s'était exclu de la corvée parce qu'il considérait nécessaire de conserver, dans sa capacité de sergent, une petite réserve de vigueur. Hearn l'avait surpris en traversant le rapide ; l'ayant suivi le long de la liane, il comprit l'effort que le lieutenant avait dû déployer. Il en fut alerté et troublé. Il tenait encore les rênes de la section, mais Hearn, sa première expérience acquise, allait très vraisemblablement assumer le commandement de la patrouille.

De tout cela, Croft ne s'avouait rien ouvertement. Son sens de la discipline militaire lui disait que son ressentiment à l'égard d'Hearn était dangereux, et il savait aussi que les motifs qui déterminaient bien de ses faits et gestes ne supporteraient pas un examen au grand jour. Il questionnait rarement les raisons qui le faisaient agir, mais dans ce moment il se rendait compte qu'il était incapable de s'interroger, et il en fulminait. Il s'approcha de Minetta et le foudroya du regard. « Bordel de Dieu, est-ce que tu vas pas arrêter de rouscailler ? »

Minetta eut peur de répliquer. Il soutint le regard de Croft aussi longtemps qu'il osa, puis il baissa les yeux. « Aaah, allons-y », dit-il à Roth. Ils ramassèrent leurs machettes et se remirent à taillader les broussailles. Croft les observa pendant quelques secondes, puis il leur tourna le dos et s'en alla par la piste.

Roth sentait que la faute de l'incident lui incombait. Une fois de plus il eut le sentiment corrosif de la faillite qui le poursuivait opiniâtrement. Je ne suis bon à rien, se disait-il. Il assena un coup avec sa machette et, sous le choc, l'outil lui échappa des mains.

« Ohh », fit-il. Mollement, sans ressort, il se baissa pour ramasser le couteau.

— Te peux aussi bien t'arrêter maintenant, lui dit Ridges. Il empoigna une machette et se mit à travailler épaule contre épaule avec Goldstein. A mesure qu'il hachait les broussailles d'un mouvement plein de flegme et de patience, son corps large et trapu devenait moins gauche et se donnait une grâce souple et vigoureuse. Vu de derrière, il ressemblait à un animal qui creuse sa tanière. Un franc orgueil se devinait dans sa force. Alors que ses muscles puissants se tendaient et se relâchaient, que la sueur coulait dans son dos, il se plongeait tout entier dans sa tâche, dans les odeurs de son propre corps, goûtant un bonheur parfait.

Goldstein lui non plus ne trouvait rien à redire à son travail, lui aussi prenait plaisir dans le sûr mouvement de ses membres, mais sa satisfaction était moins innocente que celle de Ridges. Elle était affadie par son préjugé contre le travail manuel. C'est la seule espèce de travail que j'aie jamais trouvé, se disait-il avec tristesse. Il avait vendu des journaux, travaillé dans un entrepôt de marchandises, appris la soudure, et il déplorait de n'avoir jamais eu d'occupation où l'on ne se salit pas les doigts — préjugé profondément enraciné, nourri de souvenirs et de maximes de son enfance. Il oscillait entre des bouffées de chaleur et de dédain à se voir travaillant si bien en compagnie de Ridges. C'est fort bon pour Ridges, se disait-il, c'est un paysan, mais moi j'aurais préféré quelque chose de mieux que ça. Un doux chagrin lui venait au sujet de son destin. Si j'avais de l'instruction, une culture, j'aurais pu faire quelque chose de moi-même.

Il broyait toujours du noir quand ils furent relevés par l'équipe suivante. Il clopina le long de la piste vers l'endroit où il avait laissé son sac et son fusil, et se replongea dans sa mélancolie. Ach, toutes les choses que j'aurais pu faire. Sans cause apparemment, une tristesse illimitée jaillissait dans sa poitrine. Il se prenait en pitié, une pitié qui s'accroissait, qui s'enflait assez pour inclure le monde entier dans sa compassion. Ay ! c'est si dur, si dur, pensait-il. Il n'aurait pas su dire pourquoi il venait de faire cette constatation ; c'était une vérité qui semblait appartenir à la moelle de ses os.

Son état d'esprit ne le surprenait pas ; il y était habitué, il s'y complaisait. Il lui arrivait d'être joyeux pendant des jours, d'aimer chacun, de se contenter de toute tâche qui lui échouait, puis, soudainement, inexplicablement presque, parce que déjà les causes du revirement lui importaient peu, il sombrait dans une mélancolie qu'il entretenait à souhait.

Dans ce moment il se plongeait tout entier dans une mer de découragement. Oh, quelle est la signification de tout ça ? Pourquoi naît-on, pourquoi travaille-t-on ? On naît puis on meurt, et tout serait donc dit ? Il secoua la tête. Regarde la famille Levine. Ils avaient un fils plein de promesses, l'Université de Columbia lui avait donné une bourse, puis il a été tué dans un accident de voiture. Pourquoi ? Pourquoi donc ? Ses parents avaient tant peiné pour l'envoyer à l'école. Il ne connaissait les Levine que superficiellement, mais il était au bord des larmes. Pourquoi doit-il en être ainsi ? D'autres chagrins l'envahissaient, petits et grands, vague après vague. Il se rappela qu'un jour, alors que ses parents étaient très pauvres, sa mère avait perdu une paire de gants auxquels elle tenait beaucoup. Ay ! soupira-t-il de nouveau. Que la vie est dure. Il était loin de la section, de la patrouille qui ne faisait que commencer. Même Croft, que tirera-t-il de tout ça ? Tu viens au monde, puis tu t'en vas. D'en être conscient le mettait en quelque sorte au-dessus du commun. Une fois de plus il secoua la tête.

Minetta était assis à côté de lui. « Qu'est-ce que t'as ? » dit-il agressivement. Il n'avait pas de sympathie pour quelqu'un qui faisait équipe avec Ridges.

« Oh, je ne sais pas, soupira Goldstein. Je réfléchis.

— Oui », dit Minetta, branlant la tête. Il regardait le couloir qu'ils venaient de façonner à même la jungle. Des hommes au repos s'étalaient par terre ou s'accroupissaient sur leurs sacs d'un bout à l'autre du passage qui dessinait une ligne passablement droite sur une centaine de mètres, avant que de contourner un arbre. Le son mat et tranchant des machettes lui parvenait de loin. Leur bruit le déprimait, et il changea de position, sentant l'humidité du sol sur ses fesses. « C'est tout ce qu'on peut jamais faire dans la vie militaire, rester sur son cul et réfléchir. »

Goldstein haussa les épaules. « Parfois ça n'est pas si bon que ça. Je fais partie de ces gens qui s'en trouvent mieux s'ils ne réfléchissent pas trop.

— Oui, c'est comme moi. » Il venait de comprendre que Goldstein avait oublié à quel point Roth et lui-même travaillaient mal, et cela le lui rendit sympathique. Il est pas comme les autres gars, qui te gardent une dent, songea-t-il. Du coup, il se souvint de son argument avec Croft. La colère qui l'avait soutenu était partie, et il ne voyait plus que les conséquences possibles de sa sortie. « Ce fils de pute de Croft », dit-il. Pour surmonter son inquiétude, il essayait de s'exciter de nouveau.

« Croft ! fit Goldstein avec dégoût. Il promena un regard méfiant autour de lui. Je me suis dit que les choses iraient autrement avec le nouveau lieutenant ; il m'a produit l'effet d'un brave type. » Il se rendit compte brusquement quels espoirs il avait nourris parce que Croft ne commandait plus la section.

« Aaah, il fait foutre rien, dit Minetta. Dis, moi je ferais pas confiance à un officier. Ça travaille la main dans la main avec des types comme Croft.

— Oui, mais il aurait dû prendre le commandement, dit Goldstein. Pour quelqu'un comme Croft nous ne sommes que de l'ordure.

— Il nous cherche des crosses, lui dit Minetta. Un hoquet d'orgueil le souleva, de fierté un peu incertaine. J'ai pas peur de lui, j'y ai dit ce que je pense, t'as été là toi.

— Moi j'aurais dû le faire, dit Goldstein. Il était troublé. Pourquoi ne savait-il pas dire aux gens ce qu'il pensait d'eux ? Je suis trop bonne pâte, dit-il à haute voix.

— Oui, t'es ça, dit Minetta. Faut pas te laisser marcher sur la queue par ces gars-là. Y a qu'à leur dire d'aller se faire foutre. Quand j'étais à l'hosto y avait un toubib qu'a essayé de me pousser en rond. Je l'ai envoyé dinguer. » Tout en brodant, il croyait à ce qu'il disait.

« C'est la bonne manière.

— Sûr », dit Minetta, tout content. La fatigue se résorbait dans ses bras endoloris, et un très léger bien-être se répandait dans son corps. Goldstein est quelqu'un, un penseur, se disait-il. « Tu sais, j'ai pas mal roulé ma bosse, la bamboche et des histoires de fille, tu sais. Chez nous à la maison, chaque fois qu'y avait quelque chose c'est moi qui menais la danse, t'aurais dû me voir. Seulement, non, je suis pas vraiment comme ça, parce que quand je sortais avec Rosie par exemple, c'est fou ce qu'on parlait de choses sérieuses. Oh là là, ce qu'on remuait comme problèmes. Voilà ce que je suis vraiment, décida-t-il, je marche à bloc pour des trucs comme la philosophie. C'était la première fois qu'il pensait à lui-même en ces termes, et la classification lui plaisait. Une fois rentrés chez eux, disait-il, la plupart des gars continueront tout juste comme avant, ils tourneront en rond sans rien fiche, mais toi et moi on est différents, tu sais ça ? »

Son amour de la discussion arrachait Goldstein à sa mélancolie. « Tu sais, je me suis souvent demandé : à quoi bon ? » A mesure qu'il parlait, les lignes qui allaient de son nez aux coins de sa bouche se creusaient, devenaient plus pensives et plus tristes. « Tu sais, nous serions peut-être plus heureux si nous ne pensions pas tellement ; peut-être est-il mieux de vivre et de laisser vivre.

— C'est quelque chose que je me suis demandé moi aussi, dit Minetta. Le cours ambigu, incertain, de ses pensées le troublait. Il se sentait sur le point de friser quelque chose de profond. Parfois je me mets à penser, tu sais, de quoi est-ce qu'il retourne dans tout ça ? Y avait un gars à l'hôpital, qu'est mort au milieu de la nuit. J'y pense parfois.

— Oh, c'est terrible, dit Goldstein. Mort comme ça, sans personne autour de lui. » Il fit entendre un gloussement de sympathie et, tout soudain, insolitement, des larmes lui montèrent aux yeux.

Minetta le regarda avec ahurissement. « Jésus, qu'est-ce qu'y a ?

— Je ne sais pas, c'est si triste. Il avait probablement une femme, des parents. »

Minetta branla du chef. « C'est drôle avec vous autres Juifs. Tu sais, vous avez plus pitié de vous-mêmes et de tout le monde, que la plupart des gens. »

Roth, qui reposait non loin de là sans mot dire, se souleva sur son coude. « J'aimerais en être excepté », dit-il. La généralisation de Minetta l'incommodait, comme si un ivrogne l'avait couvert d'injures.

« Qu'est-ce que tu veux dire ? aboya Minetta. Roth l'irritait ; il lui rappelait que dans quelques minutes il leur faudrait reprendre le collier, et cette perspective éveilla sa crainte inavouée de se voir le point de mire de Croft. Qui foutre te demande quelque chose ? ajouta-t-il.

— Je pense que ton affirmation est sans fondement. » La rebuffade qu'il venait d'essuyer le confirmait dans sa défiance. Un gosse de vingt ans, se disait-il, et même lui croit tout savoir. Il secoua la tête et dit de sa lente, pompeuse voix : « C'est un gros problème. Une affirmation comme celle-là... » Il agita la main avec lenteur, en signe de mépris.

Minetta était satisfait de sa phrase, et l'intervention de Roth ne fit qu'alimenter son animosité à l'égard de celui-ci. « Qui est-ce que tu penses qu'a raison, Goldstein ? Moi, ou ce croque-mort-là ? »

Malgré lui Goldstein partit d'un rire. Il éprouvait de la compassion pour Roth quand il ne l'avait pas sous ses yeux, mais Roth était toujours si lent, si solennel dans tout ce qu'il disait. On bâillait d'ennui en attendant qu'il finît une phrase. De plus, l'analyse de Minetta n'avait pas déplu à Goldstein. « Je ne sais pas, je crois que ce que tu as dit ne manquait pas de sens. »

Roth sourit aigrement. J'en ai l'habitude, se dit-il. Tout le monde, toujours, prenait parti contre lui. Tout à l'heure, au travail, il en avait voulu à Goldstein de se montrer si entreprenant à la tâche ; c'était, en quelque sorte, une trahison. Que Goldstein se mît maintenant d'accord avec Minetta ne lui causait pas de surprise. « Absolument sans fondement, répéta-t-il.

— C'est tout ce que tu peux dire ? ricana Minetta. Ab-so-lu-ment sans fon-de-ment !... le singea-t-il.

— Très bien alors, prenez mon cas par exemple, dit Roth, ignorant le sarcasme. Je suis Juif, mais je n'ai pas de religion. J'en sais probablement moins quant aux Juifs que toi, Minetta. Qui es-tu pour dire ce que je sens ? Je n'ai jamais rien constaté qui rende les Juifs tous identiques les uns aux autres. Je me considère Américain. »

Goldstein haussa les épaules. « Aurais-tu honte ? » demanda-t-il doucement.

Roth expira son souffle avec ennui. « Je n'aime pas cette espèce de questions. » Discuter face à ces deux visages vides et froids accélérait les battements de son cœur. Une puissante et irrationnelle angoisse faisait venir la sueur sur la paume de ses mains. « Est-ce là la seule réponse que tu trouves à me donner ? » fit-il d'une voix de tête.

Aaah, les cobayes et les Juifs c'est du pareil au même, se dit

Minetta. S'excitent toujours à propos de balles. Il se sentait au-dessus de la discussion.

« Écoute, Roth, dit Goldstein. Pourquoi, penses-tu, Croft et Brown ne t'aiment pas ? Non pas parce que c'est toi mais à cause de ta religion, à cause de quelque chose que tu prétends ne pas connaître. » Mais il n'était pas très sûr de son argument. Roth l'embarrassait. Il était toujours un peu chagriné que Roth fût Juif, à cause de la mauvaise impression qu'il faisait sur les chrétiens.

Roth éprouva un coup au cœur. Il savait que Croft et Brown ne l'aimaient pas, et pourtant, de se l'entendre dire, lui faisait mal. « Je ne le vois pas ainsi, protesta-t-il. Ça n'a rien de commun avec la religion. » Il était tout à fait décontenancé. Croire que sa religion était cause de leur antipathie l'aurait réconforté, mais d'autres problèmes s'y greffaient immédiatement, d'autres présages de défaite. Il avait envie de se cacher la tête dans ses bras, de remonter ses genoux sous son menton, de fuir l'injustice criante dont il était l'objet, le bruit incessant des machettes, le murmure des conversations, l'effort et la tension atroces de tous les instants. La jungle lui parut accueillante tout soudain, refuge contre toutes les peines à venir. Il aspirait à s'y perdre, à s'y isoler contre ses compagnons. « Je ne sais pas », dit-il. Il lui paraissait important de mettre fin à la discussion.

Ils gardèrent le silence, chacun allongé contre son sac, chacun repris par ses pensées intimes. La fatigue brouillait la rêverie de Minetta et le rendait triste. Il songeait à l'Italie, qu'il avait visitée avec ses parents quand il était encore enfant. Il n'avait retenu que peu de chose de ce voyage ; il revoyait le pays où son père était né, un peu de la ville de Naples, mais tout le reste s'était obscurci dans sa mémoire.

Dans le village de son père les maisons dégringolaient la pente d'une colline, formant un fin lacis de ruelles et de placettes poussiéreuses. Au pied de la colline un petit ruisseau des montagnes fouaillait la pierre et se hâtait vigoureusement vers la vallée en bas. Le matin, les femmes y portaient leur lessive dans des paniers, elles lavaient le linge familial sur la pierre plate du rivage, pétrissant et frappant et frottant d'un geste grave, ancestral, qui est celui des paysannes au travail. Tous les après-midi des garçonnets y venaient puiser de l'eau puis remontaient la colline d'un pas lent, leurs petites jambes brunes bandées comme la corde sous l'effort.

Ces détails, à peu près les seuls dont il eût le souvenir, le remuaient pourtant. Il n'y pensait pas souvent, il avait oublié presque tout ce qu'il avait jamais su d'italien, mais quand il était d'humeur songeuse il lui arrivait de se rappeler l'éclat du soleil sur les murs des ruelles ou encore la senteur mordante du fumier dans les champs.

Dans ce moment, pour la première fois depuis des mois, il rêvassait à la guerre en Italie, se demandant si des bombardements avaient détruit son village. Cela lui semblait presque impossible à concevoir ;

les petites maisons de pierre et de plâtre devaient durer à jamais. Et cependant... Une profonde dépression s'emparait de lui. Il avait rarement songé à retourner dans ce village, mais maintenant, exceptionnellement, c'était la chose qu'il désirait le plus au monde. Jésus, tout ça en ruines, se disait-il. D'y penser le rendait tout triste. Le temps de quelques secondes tout un montage se fit dans son esprit — villes détruites, corps sur les routes, tonnerre incessant d'artillerie à l'horizon ; même sa section s'y trouvait, sur une île, dans quelque océan inconnu. Tout n'était que dévastation d'un bout à l'autre de l'univers. La vision était trop écrasante ; sa pensée vira de bord, donna dangereusement de la bande contre la pierre sur laquelle il était assis, puis se replongea dans les misères et les fatigues de son corps. Aaah, c'est si grand qu'on s'y perd. Y a toujours des salauds pour tirer les ficelles. Mais, malgré lui, il le revoyait, son village en ruines, les murs fracassés, sans vie, debout comme les bras dressés des soldats morts. Il en fut bouleversé ; un sentiment de culpabilité l'assaillit, comme s'il avait imaginé la mort de ses parents, et il s'efforça de chasser la vision. L'idée de cette destruction l'enrageait. De nouveau il lui sembla impossible que les femmes ne vinssent plus faire leur lessive sur les pierres du ruisseau. Il secoua la tête. Aaah, cet enculé de Mussolini. Mais il était décontenancé ; son père lui avait toujours dit que Mussolini avait apporté la prospérité à l'Italie, chose qu'il ne s'était jamais avisé de mettre en doute. Il se rappelait les arguments entre ses oncles et son père. Nom de Dieu, ils étaient si pauvres là-bas qu'il leur fallait un gars pour faire marcher les choses, se disait-il du coup. Il pensait à un cousin de son père, un gros bonnet à Rome, qui avait marché avec l'armée de Mussolini, en 1922. Tout au long de son enfance Minetta avait entendu parler de ces jours-là. « Tous les jeunes hommes, les patriotes, ils combattre avec Mussolini en vingt-deux », lui disait son père, et Minetta avait rêvé de marcher lui aussi avec eux, rêvé d'être un héros.

Tout était si embrouillé. Il lui était difficile de comprendre ce qu'il ne voyait pas de ses yeux, et il était pris dans le dense, dans le palpable filet de la jungle. « Aaah, cet enculé de Mussolini », répéta-t-il comme pour se soulager.

Goldstein, à côté de lui, s'affairait. « Allez, c'est notre tour de nouveau. »

Minetta se leva en titubant. « Pourquoi foutre ils nous donnent pas un bon bout de repos ? Mon Dieu, on vient seulement de s'asseoir. » Il lança un regard furibond à Ridges, qui se frayait un passage le long de la piste déchiquetée. Rien ne restait de sa rêverie, sinon le ressentiment et la fatigue qui l'avaient provoquée.

« D'pêche-toi, Minetta, appela Ridges. Y a de l'ouvrage à faire. » Sans attendre la réponse, il fonça en avant pour relever l'équipe qui venait de terminer sa fournée. Il était tout à la fois perplexe et irrité. Il avait passé son temps de repos à se demander s'il devait nettoyer son fusil, pour décider finalement qu'il ne pourrait jamais le faire comme il faut en dix minutes. Cela le contrariait. Saturé d'eau et de vase, son fusil risquait de rouiller s'il n'en prenait pas soin avant peu. Crotte, se disait-il, t'as jamais le temps de faire une chose, quand on te bouscule pour que te fais autre chose. La stupidité de l'armée piquait agréablement sa rancune et, tout à la fois, éveillait en lui une sensation de culpabilité. Ne pas prendre soin d'un objet de valeur dérangeait son sens de l'honnêteté. Le gouvernement m'a donné ce flingot parce qu'il comptait que j'y ferai gaffe, et j'y fais point. Le fusil devait valoir une centaine de dollars, croyait-il, une somme énorme pour lui. Faut que je le fourbis, mais comment si qu'ils m'en donnent point le temps ? C'était plus qu'il ne pouvait résoudre. Il soupira, ramassa sa machette, et se mit à l'ouvrage. Peu d'instants après Goldstein vint l'y rejoindre.

La section atteignit l'orée de la jungle après cinq heures de travail sur la piste. Un autre ruisseau bordait la forêt, au delà duquel des collines jaunes couvertes d'herbe kunaï et, occasionnellement, d'un massif d'arbustes, s'en allaient ondulant vers le nord. Réfléchie sur l'arc ardent du ciel, renvoyée avec un éclat incroyable par les collines dénudées, la lumière était aveuglante. Accoutumés à la pénombre de la jungle, les hommes clignaient des paupières, mal assurés, plutôt interdits par les vastes espaces qui s'ouvraient devant eux. Tout y était si nu, si pénible.

Tout cet espace !

*

* *

LA MACHINE A FAIRE LE TEMPS : JOEY GOLDSTEIN. LA BAIE DE BROOKLYN

Un homme robuste, de vingt-sept ans environ, des cheveux blonds et droits, des yeux bleus au regard ardent. Son nez est pointu, d'où deux lignes, profondes et tristes, rejoignent les coins de sa bouche. Sans ces rides il aurait paru très jeune. Sa parole est rapide et sincère et un rien essoufflée, comme s'il craignait qu'il ne lui soit pas permis de terminer sa phrase.

La boutique de confiserie est sale et petite, comme le sont toutes les boutiques dans cette rue pavée de galets. Quand il bruine le dessus des galets miroite, et une vague brouillasse s'élève à l'endroit des plaques d'égout. La brume nocturne recouvre les rôdeurs, les bandes de gosses qui errent en poussant des cris rauques dans le noir, les prostituées, les amants qui s'accouplent dans des chambres au papier peint taché de plaques de suint. Les façades suppurent en été, dégoulinent en hiver ; une odeur chronique flotte sur cette partie de la ville, un composé de déchets alimentaires, de lambeaux de crottin pris dans les fentes des galets, de goudron, de fumée, d'aigre sueur propre aux citadins, de fourneaux à charbon, de fourneaux à gaz — une senteur unique, sans identité.

De jour, les marchands des quatre-saisons se tiennent au bord du trottoir et colportent fruits et végétaux. Des femmes entre deux âges vêtues de manteaux noirs sans forme tripotent la marchandise d'un doigt sagace et rancunier, la sondant jusqu'à la moelle. Elles évitent prudemment les flaques qui stagnent dans les caniveaux, elles regardent avec envie les têtes de poisson que le patron poissonnier vient de jeter dans la rue. Le sang, qui donne d'abord un lustre aux galets, s'affadit bientôt, tourne au rosâtre, puis se perd dans l'eau des égouts. Seule l'odeur du poisson persiste, avec celle du crottin, du goudron, et de la riche, de l'incertaine exhalaison des viandes à l'étalage des charcuteries.

La confiserie se trouve au bout de la rue — minuscule boutique aux pâtés de graisse sur le rebord de la fenêtre, aux madrures de rouille en place de peinture. La fenêtre-guillotine donne sur la rue, elle fait comptoir pour le service des passants, mais c'est une fenêtre toute craquelée et la poussière se pose sur les sucreries. Un comptoir de marbre occupe l'intérieur, le long d'un passage large de deux pieds environ où les clients piétinent sur un bout de linoléum élimé, lequel, en été, devient si gluant que les gens y laissent le mastic d'asphalte qu'ils ramassent à la semelle de leurs chaussures. Il y a deux bocaux de verre avec couvercle métallique sur le comptoir, et un louche recourbée pour mesurer l'essence de cerise et l'essence d'orange. (Le Coca-Cola n'est pas encore en vogue.) Entre les deux récipients, sur une planchette de bois, on voit un cube de halvah couleur de tan. Les mouches traînent la patte, il faut les aiguillonner avant qu'elles consentent à s'envoler.

Il n'y a pas moyen de tenir la place propre. Mme Goldstein, la mère de Joey, est une femme industrieuse ; matin et soir elle balaie la boutique, lave le comptoir, époussette les bonbons, frotte le plancher avec une brosse de chiendent, mais la crasse est trop ancienne, elle s'incruste au plus profond des lézardes qui craquellent la boutique, la maison devant, la rue derrière, elle s'est fichée dans les pores et dans les cellules de tout ce qui est animé et inanimé. Il n'y a pas moyen de tenir la boutique propre et toutes les semaines elle est un peu plus sale, un peu plus infectée par la carie de la rue.

Le vieil homme Moshe Sefardnick se tient dans le fond de la boutique, assis sur un tabouret pliant. Il n'y a plus jamais rien à faire pour lui, et en vérité il est trop vieux pour le travail, trop dérouté. Le vieil homme n'a jamais été capable de comprendre l'Amérique. Tout y est trop vaste, trop vite, l'ordonnance séculaire des choses s'y disloque. Les gens n'y connaissent jamais de repos. Ses voisins s'enrichissent, ils quittent l'East Side de Manhattan pour

Brooklyn, pour le Bronx, pour la partie supérieure du West Side ; d'autres, qui perdent leur petite affaire, déménagent vers de nouveaux taudis, ou émigrent à l'intérieur du pays. Lui aussi a été colporteur ; avant la première guerre, dès que le printemps venait, il s'en allait sur les routes avec sa marchandise sur le dos, parcourant à pied les petites villes de l'état de New Jersey, vendant des ciseaux et du fil et des aiguilles. Mais il n'a jamais compris l'Amérique et, présentement, passé la soixantaine, il est prématurément sénile, vieil homme relégué dans le fond d'une minuscule boutique où il se laisse aller au fil des réminiscences talmudiques. (Si un ver ronge le cerveau d'un homme, mettez une feuille de chou contre son oreille et le ver viendra s'y poser.)

Son petit-fils, Joey, sept ans, rentre de l'école en pleurant. Il a une meurtrissure au visage. Maa, ils m'ont battu, ils m'ont battu, ils m'ont appelé Youpin.

Qui, qui a fait ça ?

C'était les enfants italiens, toute une bande, ils m'ont frappé.

Les bruits pénètrent l'esprit du vieil homme, altérant le cours de ses pensées. Les Italiens. Il branle la tête. Un peuple bizarre. Pendant l'Inquisition ils laissent les Juifs entrer à Gênes, mais à Naples, à Naples...

Il hausse les épaules, observe la mère qui nettoie la plaie, qui y colle un morceau de sparadrap. Oh, mein Joey.

Le vieil homme rit dans sa barbe, le rire suave, raffiné, du pessimiste qui se rassure parce que les choses vont mal. Non, cette Amérique n'est pas si différente. Le vieil homme voit le visage du goy qui se penche sur la victime.

Joey, appelle-t-il d'une voix cassée.

Oui, zaydee ?

Les goyim, qu'est-ce qu'ils t'ont appelé ?

Youpin.

Le grand-père hausse de nouveau les épaules. Encore un autre nom. Le temps d'une seconde une ancienne colère le soulève. Il examine les traits du garçonnet, ses cheveux d'un blond clair. En Amérique même les Yiden ont l'air de goyim. Des cheveux blonds. Le vieil homme sort de son apathie, il parle en yiddish. Ils t'ont frappé parce que tu es un Juif. Sais-tu ce que c'est, un Juif ?

Oui.

Le grand-père ressent une bouffée de chaleur pour son petit-fils. Si beau. Si gentil. Lui n'est qu'un vieil homme, bientôt il mourra, et l'enfant est trop jeune pour le comprendre. Toute cette sagesse qu'il aurait pu lui transmettre.

Il est bien difficile de savoir quelle est la signification du Juif, dit-il. Le Juif n'est pas une race, il n'est même plus une religion, il ne sera peut-être jamais une nation. Le vieil homme se rend vaguement compte qu'il a déjà perdu l'attention de l'enfant, mais il continue de rêvasser à haute voix.

Quelle est alors sa signification ? Yehudah Halévy a dit que Israël est le cœur de toutes les nations. Ce qui attaque le corps, attaque le cœur. Et le cœur est aussi la conscience qui souffre pour les péchés des nations. Une fois encore il hausse les épaules, ne sachant plus s'il exprime à haute voix ce qu'il pense, ou si, simplement, il remue les lèvres. C'est un problème très intéressant, mais je crois moi qu'un Juif est un Juif parce qu'il souffre. Tous les Yiden souffrent.

Pourquoi ?

Pour mériter la venue du Messie. Mais le vieil homme ne sait plus au juste. Ça nous rend meilleurs et pires que les goyim, pense-t-il.

Mais les questions des enfants ne doivent jamais rester sans réponse. Il se secoue, se concentre, dit sans conviction — c'est pour que nous puissions durer. Alors qu'il parle, toute sa lucidité lui revient pour un moment. Nous sommes un peuple harcelé, cerné par nos oppresseurs. Nous devons sans cesse voyager de désastre en désastre ; ça nous rend plus forts et plus faibles que les autres ; ça fait que, plus que personne au monde, nous aimons et nous haïssons les autres Yiden. Nous avons tellement souffert que nous savons comment endurer la souffrance. Nous souffrirons toujours.

Le garçonnet n'y comprend à peu près rien, mais il a perçu des mots qui se gravent dans sa mémoire qu'un jour, peut-être, il exhumera. Il regarde son grand-père, il voit les veines qui cordent ses mains, et dans ses yeux pâles de vieil homme il voit la colère et l'éclat fébrile de l'intelligence. Souffrir. C'est le seul mot que Joey Goldstein absorbe. Déjà il a oublié sa honte et sa peur d'avoir été rossé. Il tripote le sparadrap sur sa tempe, se demandant s'il peut aller jouer dehors.

Les pauvres sont de grands voyageurs. Il y a toujours de nouvelles affaires, de nouveaux emplois, de nouvelles places où l'on peut vivre, de nouveaux espoirs qui finissent en queue de poisson.

Il y a cette boutique de sucreries dans l'East Side, qui fait faillite, puis une autre boutique qui fait faillite, puis encore une autre. Il y a des déménagements : dans le Bronx, de retour à Manhattan, à Brooklyn. Le grand-père est mort et la mère, restée seule avec Joey, s'installe finalement à Brownsville, — la même boutique avec la même fenêtre bancale sur la rue, et la même poussière sur les bonbons.

Quand il est âgé de huit et de neuf et de dix ans, Joey ouvre la boutique à cinq heures du matin, vend journaux et cigarettes aux gens qui vont à leur travail, s'en va lui-même à sept heures et demie à l'école, d'où il revient à la boutique pour y rester jusqu'à ce qu'il soit presque temps d'aller au lit. Et sa mère, elle aussi, ne quitte guère son commerce de la journée.

Les années passent avec lenteur dans le néant du travail et de la solitude. Joey est un garçon étrange, si mûr pour son âge, disent les gens à sa mère. Et il est avide de plaire, un bon vendeur dans la boutique, dans le sens honnête du mot, mais il ne promet pas d'être le grand commerçant, le brasseur d'affaires. Il est tout travail, et entre lui et sa mère une union intime s'établit, propre aux gens qui peinent ensemble pendant des années.

Il a des ambitions. Du temps qu'il va à l'école il se berce de rêves impossibles de collège, il se voit ingénieur, ou savant. Dans ses rares moments de liberté il lit des ouvrages techniques, rêve au jour où il pourra quitter la boutique. Mais quand ce jour arrive, il travaille bien sûr dans un entrepôt comme magasinier, tandis que sa mère emploie un mioche pour l'aider à la boutique.

Et c'est la solitude. Il ne parle pas la même langue, vraiment pas, que ceux avec qui il travaille, ou que les garçons de son quartier. Sa parole n'a rien de l'intonation rauque et dure et compatissante de Brooklyn ; sa parole ressemble à celle de sa mère, légèrement formelle, teintée d'un accent imperceptible, où se note une prédilection pour des mots plus solennels qu'il n'est nécessaire. Et quand, le soir, il lui arrive d'aller s'asseoir sur une marche en compagnie de garçons avec qui il a grandi, qu'il a vus jouer à la balle dans la rue pendant des années, la différence se fait sensible entre eux et lui.

Vise les nenettes de celle-là, dit Murray.

Un régal, dit Benny.

Assis sur une marche au milieu d'une douzaine d'adolescents, Joey sourit avec gêne et regarde un arbre dont le feuillage froufroute au-dessus de sa tête avec des trémoussements de bien-être tout bourgeois.

Son père est riche, dit Riesel.

Épouse-la.

Et deux marches plus loin d'autres adolescents discutent les moyennes au base-ball. Quesqué tu veux dire ? Je sais, tu paries que je sais ? Dis, c'était le jour où j'aurais fait seize balles si Brooklyn avait gagné. J'avais misé que Hack Wilson ferait mouche deux sur cinq avec une moyenne de deux cent quatre-vingt-un pour l'année et Brooklyn gagnant, et il a fait trois sur quatre, seulement ils se sont fait avoir dans leur match avec les Cubs sept à deux et j'ai perdu. Alors quesqué tu me racontes que tu veux parier ?

Goldstein en a mal à la mâchoire de son sourire stupide.

Murray le pousse du coude. Comment ça se fait que t'as pas été avec nous voir jouer les Giant ?

Oh, je ne sais pas, je n'arrive jamais à m'intéresser vraiment au base-ball.

Une autre fille passe en se dandinant dans le crépuscule de Brooklyn, et Riesel le clown lui emboîte le pas, faisant le singe. Phiiiiiih, siffle-t-il, et les talons de la fille tapotent avec le bruit coquet d'un battement d'ailes dans la saison des amours, quand la femelle ne s'envole que pour cette nuit-ci seulement.

Tu n'appartiens pas aux Panthères, n'est-ce pas Joey ? dit la jeune fille assise à côté de lui.

Non, mais je les connais tous, de braves garçons, dit-il. Cette année-là, sa dix-neuvième, ayant quitté l'école, il cultive un bout de moustache blonde qui ne prendra pas.

J'ai entendu dire que Larry se marie.

Et Evelyn aussi, dit Joey.

Oui, avec un avoué.

Au centre du sous-sol, sur l'espace dégagé pour faire piste, les danseurs vont bon train. C'est le style ostentatoire, dos rond, mouvement de l'épaule insolent. IS IN THE STAR DUST OF A SONG.

Tu danses, Joey ?

Non. Irritation passagère contre les autres. Ils ont le temps de danser, le temps de devenir des avoués, le temps de s'affiner. Mais c'est une irritation vite passée, elle ne lui ressemble guère, et de nouveau il est repris par son sentiment de gêne.

Excuse-moi, Lucile, dit-il à l'hôtesse, mais il faut que je m'en aille maintenant, je dois me lever tôt, transmets mes affectueux souvenirs à ta mère.

Et, de retour chez lui à l'heure où le monde s'amuse, il reste avec sa mère autour du guéridon à dessus de porcelaine blanche ébréchée, sirotant du thé chaud dans un verre. Il est visiblement déprimé.

Qu'est-ce qu'il y a, Joey ?

Rien. Mais il sait que sa mère devine, et cela lui est intolérable. J'ai beaucoup à faire demain, dit-il.

Ils devraient t'apprécier davantage à ton usine de chaussures pour tout le mal que tu te donnes.

Il incline la boîte de carton, la balance sur son genou et la monte en chandelle pour la déposer sur le dessus d'une pile de sept pieds de haut. A côté de lui le nouvel employé se débat gauchement avec sa charge.

Là, laissez-moi vous montrer, dit Joey. Il faut en vaincre l'inertie, imprimer une force vive à la boîte en sorte qu'elle s'emporte par son propre élan. Il est très important de savoir comment soulever ces choses, sinon on attrape une hernie et toutes sortes de courbatures. J'ai étudié le problème. Ses muscles puissants se contractent à peine tandis qu'il soulève un autre carton. Vous saisirez le coup, dit-il allègrement. Il y a pas mal de choses, dans ce genre de travail, qu'il faut apprendre.

Solitude. Tristesse de feuilleter les catalogues annuels du Massachusetts Institute of Technology, de la Sheffield School of Engineering, de la New York University, et ainsi de suite.

Mais, finalement, une jeune fille avec qui il peut parler, une jolie petite fille aux cheveux bruns, à la voix douce et timide, au menton orné d'un charmant grain de beauté dont elle est fort consciente. Un ou deux ans plus jeune que lui, tout juste frais émoulue de l'école, et elle veut être actrice ou poétesse. Elle lui fait écouter les symphonies de Tchaïkovsky (la Cinquième est sa préférée), lit *Look Homeward, Angel* de Thomas Wolfe, et travaille comme vendeuse dans un magasin pour femmes.

Oh, je ne pense pas que j'ai un mauvais travail, dit-elle, mais... les filles dans mon rayon manquent réellement de classe, rien de spécial en elles qui mériterait seulement qu'on en fasse mention dans une lettre. J'aimerais faire quelque chose d'autre.

Oh, moi aussi, tellement, dit-il.

Tu devrais, Joey, tu es une personne d'un type plus fin que les autres, je vois bien que nous sommes les seuls penseurs. (Ils rient avec une soudaine et magique intimité.)

Désormais, assis sur les coussins rembourrés du sofa marron qui adorne l'appartement de la jeune fille, ils se lancent dans de longues conversations. Ils discutent l'incompatibilité du mariage et de la poursuite d'une carrière, académiquement, abstraitement, car bien entendu ils ne sont pas en cause. Eux sont des personnes qui observent la vie. Et, pris dans l'attrayante toile tissée d'introspections alambiquées où s'engluent des jeunes amoureux, ou plus exactement des jeunes qui se pelotent, ils progressent le long de la plus ancienne route du monde, et de la plus décevante aussi, en tant qu'ils ont la certitude qu'elle leur est unique. Quand enfin ils se considèrent fiancés, le sens à la fois subtil et confus de leur foi engagée leur échappe.

Ils sont mus et émus par leurs confidences réciproques, par leurs longues conversations poursuivies à voix voilée sur le sofa familial, dans les restaurants populaires, parmi le murmure velouté des cinémas où l'on se tient la main à l'abri de l'obscurité. Ils en oublient ce qui les a conduits à l'amour ; seuls les effets de celui-ci les passionnent. Et, naturellement, la teneur de leurs conversations se modifie, où de nouveaux thèmes se font entendre. Il se peut que des jeunes filles timides et sensibles finissent par devenir des poétesses, ou que s'étant aigries elle boivent solitairement dans les tavernes, mais de jolies jeunes filles juives, timides et sensibles, finissent généralement par se marier, sur quoi elles ont des enfants, gagnent deux livres par an, et se préoccupent davantage de rafistoler un vieux chapeau ou d'essayer un nouveau genre de casserole, que de la signification de l'existence. Après leurs fiançailles, Natalie discute avenir.

Oh, chéri, tu sais je ne veux pas te quereller mais nous ne pouvons pas nous marier avec ce que tu gagnes ; après tout, tu ne voudrais pas que je vive dans un logement sans chauffage. Une femme aime à arranger les choses, avoir un joli intérieur, c'est si terriblement important, Joey.

Je comprends ce que tu veux dire, répond-il, mais Natalie chérie, les choses ne sont pas faciles du tout, il est beaucoup question d'une accalmie dans les affaires, et on ne sait jamais, il se peut que nous passions par une nouvelle crise économique.

Joey, ça ne te ressemble pas de parler comme ça, ce que j'aime en toi c'est que tu es si fort et si optimiste.

Non, c'est toi qui me rends fort et optimiste. Il garde le silence pendant un temps. Tu sais, à vrai dire oui, j'ai une idée, je songe à apprendre la soudure électrique, c'est une nouvelle branche, mais pas tellement nouvelle qu'elle ne soit déjà établie. Bien sûr, je pense que l'avenir est aux matières plastiques et à la télévision, mais on ne peut pas encore y compter, et je dois dire que je n'ai pas les connaissances nécessaires pour m'y attaquer.

Ça me paraît raisonnable, Joey. Elle considère le problème. Ça n'est pas la plus noble des professions, mais dans deux ou trois ans tu auras peut-être ton propre atelier.

Un atelier.

Un atelier, *atelier*, il n'y a pas de quoi avoir honte. Tu serais... un homme d'affaires.

Ils en discutent, décident qu'il devra suivre des cours du soir pendant une année pour apprendre le métier. Cette idée lui donne le cafard. Je ne pourrai plus te voir si souvent, peut-être deux soirées par semaine seulement, je me demande si c'est bien sage.

Oh, Joey, tu ne me comprends pas, quand j'ai pris une décision ma décision est prise, je peux attendre, tu ne dois pas te faire du souci à cause de moi. Elle a un rire doux et chaud.

Une dure année commence pour lui. Il travaille quarante-quatre heures à l'entrepôt, avale un dîner rapide, s'efforce de tenir son attention en éveil aux heures de classe et d'atelier. Il rentre à minuit, se couche, s'arrache de son lit le matin suivant. Les mardis et les jeudis il voit Natalie après sa classe, reste avec elle jusqu'à deux ou trois heures du matin — au grand déplaisir des parents de la jeune fille et au scandale de sa propre mère.

Elle le dispute à ce sujet.

Joey, je n'ai rien contre elle, c'est probablement une jeune fille très bien, mais tu n'es pas en situation de te marier, par égard pour elle je ne veux pas que tu te maries. Elle ne voudrait pas vivre comme une pauvresse.

Mais c'est ce que tu ne comprends pas, c'est ici que tu la sous-estimes, elle sait ce qui nous attend, ça n'est pas du tout comme si nous y allions à l'aveuglette.

Vous n'êtes que des enfants.

Voyons, maman, j'ai mes vingt et un ans, je n'ai pas été un mauvais fils, n'est-ce pas, j'ai travaillé durement, j'ai droit à un peu de plaisir, à un peu de bonheur.

Joey, tu parles comme si je ne te l'accordais pas, bien sûr que tu as été un bon fils. Je te souhaite toutes les joies du monde, mais tu ruines ta santé, tu te couches trop tard, et tu vas te surcharger de responsabilités. Oh (des larmes mouillent ses yeux), je ne veux que ton bonheur, tu devrais le comprendre. Quand le temps sera venu de te marier j'en serai la première heureuse, et j'espère seulement que tu te trouves une femme qui soit digne de toi.

Mais c'est moi qui suis indigne de Natalie.

Non-sens ! Rien n'est trop bon pour toi.

Maman, il faut que tu te rendes à l'évidence. *Je vais me marier.*

Elle hausse les épaules. Non, tu as encore une demi-année devant toi, puis il te faudra trouver du travail avec cette soudure. Je voudrais seulement que tu envisages la question sans parti pris, et quand le temps viendra nous verrons.

Mais mon parti est pris. Il ne s'agit plus d'hésiter. Je te jure, maman, tu me rends très malheureux.

Elle garde le silence, et pendant plusieurs minutes ils continuent de manger sans mot dire, troublés tous deux, tous deux remâchant de nouveaux arguments qu'il leur répugne de formuler, de crainte de tout recommencer. Elle soupire finalement, puis regarde son fils.

Joey, tu ne dois pas répéter à Natalie ce que j'ai dit, je n'ai rien contre elle, tu le sais. A moitié convaincue, elle commence, avec circonspection, de ménager la chèvre et le chou.

Il termine ses cours à l'école de soudure, trouve à s'embaucher pour vingt-cinq dollars par semaine, et ils se marient. Les cadeaux de mariage leur font presque quatre cents dollars, de quoi s'acheter une chambre à coucher, et un divan et deux chaises pour le salon. Ils complètent leur appartement avec quelques chromos, une scène de pâturage au crépuscule, une mauvaise reproduction de *La Porte Bleue*, et un Maxfield Parrish découpé dans un placard publicitaire. Natalie dispose sur l'une des tables de nuit leurs photographies de mariage, jointes comme une garde de livre dans un cadre jumelé. La mère de Joey leur donne quelques bricoles et une collection de petites tasses et de soucoupes décorées de chérubins nus et grassouillets qui se poursuivent en rond. Ils s'installent dans leurs deux pièces-cuisine et ils sont très heureux, très épris l'un de l'autre. Avant la fin de leur première année il se fait ses trente-cinq dollars par semaine, et ils s'intègrent dans le cercle régulier, ordonné, où se meuvent leurs parents et amis. Joey devient un adepte du bridge. Peu fréquents, vite oubliés, leurs orages matrimoniaux sont ensevelis sous l'agréable et monotone avalanche du train-train quotidien.

Une ou deux fois il y a du tirage entre eux. Joey, estiment-ils, est très viril, et le fait qu'elle ne réponde pas toujours à ses avances l'emplit d'amertume et de pensées parfois odieuses. Ceci ne veut pas dire que leurs rapports soient toujours décevants, ou même qu'ils en parlent ou s'en préoccupent outre mesure. Mais, tout de même, ça le contrarie. Il ne peut pas comprendre l'imprévisible froideur de Natalie ; ses caresses, au temps de leurs fiançailles, ont été si passionnées.

La naissance de l'enfant apporte avec elle d'autres soucis. Il se fait ses quarante dollars par semaine, et pendant les week-ends il travaille comme garçon de comptoir au débit de glaces et de rafraîchissements du coin. Il est fatigué, souvent préoccupé ; Natalie a eu besoin d'une opération césarienne, et ils s'endettent pour payer le chirurgien. La vue de la cicatrice le trouble ; malgré lui il ne la regarde jamais sans déplaisir, et Natalie s'en rend compte. Elle est tout entière à son enfant, et passe semaine après semaine sans bouger de la maison. Pendant les longues soirées d'hiver il la désire très souvent, se contient, et son sommeil s'en ressent. Une nuit leur accouplement finit par une querelle.

Il a une mauvaise habitude. Quoi qu'il en ait il faut qu'il demande au beau milieu de l'acte — tu es excitée ? Le sourire, si peu engageant, de Natalie l'irrite vaguement.

Un peu, dira-t-elle.

Il ralentit, pose la tête sur l'épaule de sa femme, se détend, respire profondément. Puis il repart.

Et maintenant ? Tu y viens, Natalie ?

Son sourire, de nouveau. Je suis très bien, Joey. Ne t'inquiète pas de moi.

Il se laisse aller à plusieurs minutes d'immobilité, l'esprit ailleurs, imaginant un autre enfant. Ils eurent leur premier après en avoir discuté, après s'être mis d'accord qu'ils voulaient un bébé, mais il ne peut pas se permettre d'en avoir un autre et il se demande si Natalie a bien mis en place le diaphragme. Il lui semble qu'il le peut sentir, et ça l'ennuie. Tout à coup il se sent venir, et il se retient exaspérément.

Tu es bientôt prête ?

Ne t'inquiète pas de moi, Joey.

Il est pris de colère. *Réponds-moi, tu es bientôt prête ?*

Oh, chéri, je ne pourrai pas ce soir, ça n'a pas d'importance, continue, ne t'occupe pas de moi, ça n'a pas d'importance.

Leur querelle les démoralise et les refroidit. Il redoute le fade instant de la jouissance solitaire et il se rend soudain compte qu'il ne peut pas, qu'il ne pourra pas rester au lit avec la sensation déprimante d'un échec.

Il jure, pour une fois. Au diable avec tout ça. Il la laisse, s'approche de la fenêtre, regarde le parchemin décoloré du store. Il tremble, en partie de froid.

Elle vient le retrouver, se blottissant contre lui pour le réchauffer. La caresse, suggestive, incertaine, le fâche. Il la sent toute maternelle. Va-t'en, je ne veux pas de... de mère, explose-t-il maladroitement, pris de doute et d'épouvante à la pensée de la chose redoutable qu'il vient de dire.

Ses lèvres esquissent leur sourire décoloré, puis se rident dans une grimace. Elle pleure sur son lit comme une petite fille. Après deux ans et demi de mariage il découvre tout d'un coup que quand elle a ce sourire-là elle est proche de l'hystérie et de la terreur et peut-être de l'écœurement. A cette découverte tout se fige dans sa poitrine.

Au bout d'un moment il s'effondre à côté d'elle, lui cale la tête sur un coussin, et lui caresse le front et les joues pour la réconforter.

Au matin rien de tout cela ne paraît bien terrible, et vers la fin de la semaine il a à peu près oublié l'incident. Toutefois, pour lui, les joies charnelles du mariage sont finies, ou presque finies ; quant à Natalie, cela signifie qu'elle doit feindre l'excitation pour éviter de le blesser. Leur mariage se tasse, comme des fondations sur une roche de fond. Ce genre d'échec, pour eux, n'est ni très grave, ni réellement dangereux. Ils trouvent des compensations dans leur enfant, en renouvelant leur ameublement, en discutant au sujet d'une assurance-vie dont ils finissent par souscrire une police. Il y a encore des problèmes relatifs à son travail, à la lenteur de son avancement, au caractère de ses compagnons d'atelier. Il joue aux quilles avec certains d'entre eux, Natalie fait partie de la communauté religieuse auprès du temple de leur quartier, et elle finit par persuader les membres du cercle de donner un cours de danse. Le rabbin, un homme jeune, est aimé de tous parce qu'il est moderne. Les mercredis soirs les Goldstein ont quelqu'un pour garder leur enfant, et ils vont entendre le rabbin qui fait sa conférence hebdomadaire sur les livres à succès.

Ils s'étendent, prennent du poids, donnent de l'argent aux organisations charitables d'aide aux réfugiés. Ils sont sincères et amicaux et heureux, et presque tout le monde les aime. En grandissant, en se mettant à parler, leur fils leur procure toutes sortes de joies. Ils sont contents de la vie. Les habitudes de la vie conjugale clapotent autour d'eux comme un bain tiède. Ils n'éprouvent jamais de grandes joies, mais ils sont rarement déprimés et rien ne leur arrive qui soit excessif ou cruel.

La guerre vient et Joey double son salaire à force d'avancement et d'heures supplémentaires. Deux fois il est renvoyé par le conseil de révision, mais en 1943, quand on se met à mobiliser les pères de famille, il ne cherche pas à se faire exempter sous prétexte qu'il travaille dans l'industrie de guerre. L'atmosphère familière de son chez-soi, la gêne de se promener dans les rues en vêtements de civil, lui donnent un sentiment de culpabilité. Plus, il a des convictions, il lit le *P.M.* libéral de temps à autre, encore que — dit-il — ça l'affecte trop. Il en discute avec Natalie et, malgré l'opposition de son patron, il est mobilisé.

Le matin où il se présente au bureau militaire pour se faire désigner son affectation, il entre en conversation avec un père de famille comme lui, un majestueux garçon muni d'une moustache.

Oh non, j'ai dit à ma femme de rester à la maison, dit Joey, ça l'aurait trop affectée.

Ça a été terrible, dit l'autre, liquider tout, c'est un crime ce que j'ai dû accepter pour mon magasin.

En peu de minutes ils se découvrent des connaissances communes.

Oh oui, dit le nouvel ami, Manny Silver, gentil garçon, on s'est bien entendus à la pension Grossinger aux vacances d'il y a deux ans, mais il fréquente un monde un peu trop comme ça pour mon goût. Jolie femme, mais elle ferait mieux de surveiller son poids, je me rappelle, ils étaient inséparables après leur mariage, mais bien sûr il faut sortir de chez soi, voir du monde, ça n'est pas bon pour des gens mariés de rester tout le temps ensemble.

Adieu à tout ça.

Ça a été parfois la solitude, le vide, mais ça a tout de même été un port d'attache. On y laisse ses amis, tous gens qu'on comprend sans difficulté, et dans l'armée, dans le monde nu et étranger des casernes et des bivouacs Goldstein tâtonne à la recherche d'une nouvelle réponse, d'une nouvelle sécurité. Et, dans sa misère, les vieilles habitudes s'évanouissent comme un aboi de chien un jour d'hiver, et il se sent tout dépouillé. Il s'interroge, il sonde une à une les cellules de sa cervelle, pour se retrouver avec son héritage premier, un héritage incrusté depuis un long temps dans le monotone balancement de son berceau fait à l'image des rues de Brooklyn.

(Nous sommes un peuple harcelé, cerné par nos oppresseurs... nous devons voyager de désastre en désastre... âmes indésirables dans un pays étranger.)

Nous sommes nés pour souffrir. Et encore que de toutes les fibres de son cœur il aspire à son chez-soi, à sa baie, sa jambe s'affermit, sa cuisse se bande.

Goldstein présente son visage au vent.

3

Après avoir traversé le ruisseau à gué, la section s'assembla sur l'autre rive. La jungle, derrière eux, ne livrait pratiquement rien de la piste qu'ils venaient d'y tailler. Sur les derniers vingt mètres, en vue des collines, ils se contentèrent de saquer le moins possible dans l'épais de la brousse, pour se glisser à plat ventre vers la périphérie de la forêt. Aussi, à supposer qu'une patrouille japonaise vînt à passer, il était improbable qu'elle découvrît la piste.

« Il est trois heures, les gars, dit Hearn. Il nous reste pas mal de terrain à couvrir. Je veux faire au moins dix milles avant la nuit. Un murmure s'éleva parmi les hommes. Quoi, farceurs, vous rouscaillez déjà ?

— On se donne du cœur au ventre, mon lieutenant, s'écria Minetta.

— Ce que nous n'aurons pas fait aujourd'hui, il faudra bien que nous le rattrapions demain, dit Hearn. Il se sentait un peu agacé. Vous voulez leur dire quelque chose, sergent ?

— Oui, mon lieutenant, dit Croft. Jouant du doigt avec le col de sa chemise, il promena un regard sur les hommes. Je veux que chacun de vous se rappelle où se trouve la piste. Vous pouvez la repérer sur ces trois rochers là-bas, ou sur ce petit arbre courbé en deux. Si, pour une raison quelconque, un de vous se perd, faut qu'il se souvient de ces collines. Comme ça, quand il visera sud et arrivera au ruisseau, il saura s'il faut tourner à droite ou à gauche. Il se tut, rajustant une grenade derrière son ceinturon. A partir de maintenant nous allons avancer sur un terrain à découvert, alors faut garder la discipline. Je veux pas de vos sacrées gueuleries, pas de déconnage, et vous ferez foutrement bien d'ouvrir l'œil. Quand on passera une crête, faudra faire vite et cassés en deux. Si vous marchez comme un tas de moutons, vous tomberez dans une embuscade... Il se toucha le menton. Je sais pas si c'est dix ou deux milles qu'on fera, on peut pas savoir d'avance, mais je me fous de la distance parce que c'est sûr et certain qu'on va pas traîner la patte. » Un rognonnement étouffé lui répondit, et un peu de sang monta au visage d'Hearn. Croft l'avait virtuellement contredit.

« Très bien les gars, en route », dit-il sèchement. Ils s'ébranlèrent d'un pas pesant en une longue colonne désordonnée. Le soleil tropical leur tombait dessus, il réverbérait sur chaque brin d'herbe, et il les aveuglait. La chaleur les faisait transpirer énormément ; imbibés d'eau de mer, de ruissellements de la jungle, leurs uniformes trempés depuis vingt-quatre heures leur collaient à la peau. La sueur dégoulinait dans leurs yeux, le soleil tapait sur leurs képis, l'herbe kunaï les cinglait au visage, les collines sans fin drainaient ce qui leur restait d'énergie. Le cœur battant, le souffle coupé, le visage en feu, ils croulaient sous l'effort. Une paix intense régnait sur les collines, un silence devenu sinistre à force de profondeur. Dans la jungle, aucun d'eux n'avait pensé aux Japonais ; la densité des broussailles, la cruauté de la rivière, avaient accaparé toute leur attention. Une embuscade était la dernière chose à laquelle ils auraient songé.

Mais, dans la grande paix de ces collines dénudées, la contrainte et la peur s'ajoutaient à leur fatigue. Quand ils traversaient la ligne d'une crête tout leur semblait ras et nu par contraste avec la vallée, et ils se faisaient l'impression qu'on les apercevait à des milles à la ronde. Le pays était beau ; de larges courbes doucement infléchies se succédaient les unes aux autres, teintées de jaune canari. Mais, isolés dans l'espace, pareils à une théorie d'insectes qui traversent une plage sans fin, les hommes se souciaient bien de beauté.

Ils firent un mille au fond d'une plate vallée, sous un soleil flamboyant. L'herbe kunaï poussait à des hauteurs fantastiques ; dans la plaine elle atteignait un pouce de largeur sur plusieurs pieds de haut. Il leur arrivait de piétiner pendant une centaine de mètres dans une herbe qui les recouvrait entièrement. Une terreur d'une nouvelle espèce leur en venait, presque insupportable. C'était comme patauger dans la broussaille, mais une broussaille qui n'offrait pas de résistance. Elle ballottait et vacillait et bruissait sous leur pas, elle était molle et inconsistante et nauséeuse. Ne voyant qu'à deux ou trois mètres devant, craignant de perdre celui qui les devançait, ils se marchaient sur les talons les uns les autres tandis que l'herbe leur fouaillait le visage. Çà et là ils dérangeaient un nuage de cousins, qui se mettaient alors à bourdonner autour de leurs oreilles et à les piquer au passage. L'herbe regorgeait d'araignées, et au contact des toiles les hommes se projetaient en avant comme pris de frénésie. Le pollen et toutes sortes de débris volatiles leur irritaient la peau.

Marchant en éclaireur, Martinez poussait droit devant lui comme une flèche. La plupart du temps l'herbe était trop haute pour lui permettre de s'orienter, mais il se dirigeait au soleil sans jamais prendre un instant d'arrêt. Il ne leur fallut que vingt minutes pour traverser la vallée, sur quoi, après un bref repos, ils s'attaquèrent aux collines. Ici la haute herbe était la bienvenue, car ils s'y agrippaient à pleines poignées pour s'aider dans leur ascension et pour freiner dans les descentes. Le soleil continuait à leur taper dessus.

Leur première crainte de se faire repérer par l'ennemi s'était dissoute dans l'effort physique de la marche, mais une nouvelle et plus subtile terreur se mit à les obséder. L'espace était si incommensurable, si totalement silencieux, qu'ils devenaient intensément conscients de sa grandeur inexplorée, de sa morose, somnolente résistance. Ils se souvenaient d'une rumeur selon laquelle les indigènes qui avaient peuplé cette île étaient morts dans une épidémie de typhus quelques décades plus tôt, tandis que les rares survivants avaient émigré vers une autre île. Ils ne s'étaient jamais interrogés à propos des indigènes sinon pour en regretter la main-d'œuvre, mais dans le vaste bourdonnement du silence et du soleil cette pensée les poussait en avant à coups de soubresauts nerveux. Comme pour échapper à une poursuite, Martinez les emmenait à une allure effrénée. Bien plus que les autres, il était terrifié à l'idée de ceux qui vécurent sur cette île, et qui étaient morts. Il lui semblait sacrilège de fouler ce pays et d'en déranger la paix.

Les sensations de Croft étaient d'un ordre différent. A l'idée que pendant de longues années personne n'avait mis pied sur cette terre étrangère, il éprouvait une profonde excitation. Il avait toujours eu un sentiment intime de la terre ; tout rocher, toute colline autour du ranch de son père lui étaient connus à des milles à la ronde, et ce pays-ci, vierge et inexploré, le sollicitait avec force. Toute nouvelle vue qui se découvrait sur le versant des collines accentuait sa satisfaction. Ici tout lui appartenait, toute cette terre était à lui qu'il pouvait patrouiller avec sa section.

Puis, songeant à Hearn, il secouait la tête. Il était comme un cheval fougueux, inhabitué au mors, qu'un coup d'éperon occasionnel faisait se cabrer. Il se retourna, et dit à Red qui marchait derrière lui : « Passe le mot qu'on se grouille. »

Le mot passa le long de la colonne et chacun se dépêcha un peu plus. A mesure qu'ils s'éloignaient de la jungle, que les collines additionnaient les obstacles sur leur chemin de retour, ils poussaient de l'avant avec une nervosité et une peur accrues. Ils marchèrent pendant trois heures entrecoupées de rares arrêts, cinglés par le silence, mus par une sorte d'accord tacite. A la brune, quand ils eurent fait halte pour la nuit, les plus résistants avaient atteint la limite de leurs forces, et les plus faibles étaient sur le point de s'effondrer. Roth s'affala par terre où il resta une bonne demi-heure sans bouger, bras et jambes agités d'un tic irrépressible. Recroquevillé sur lui-même, Wyman était en proie à des haut-le-cœur. Seule leur crainte de se voir abandonnés en route les avait poussés l'un et l'autre à continuer pendant les deux dernières heures ; leurs nerfs les avaient bandés d'une fausse énergie, et maintenant, une fois arrêtés, ils se sentaient incapables de remuer un doigt pour défaire leurs paquetages et étendre une couverture pour la nuit.

Personne ne disait mot. Groupés en cercle contre la nuit qui venait, ceux qui avaient un restant de nerf avalèrent une bouchée, burent une gorgée d'eau, et se firent une litière. Ils campaient dans un creux aux approches de la crête d'une colline, et avant la nuit tombée Hearn et Croft firent une petite reconnaissance aux alentours du bivouac en vue de déterminer l'endroit le plus favorable pour poster la garde. A trente mètres plus haut, sur la cime de la colline, ils purent embrasser le terrain qu'ils allaient devoir couvrir dans la journée du lendemain. Pour la première fois depuis leur débarquement le mont Anaka s'offrit à eux dans toute sa plénitude. Il leur apparut tout proche, bien qu'ils en fussent à une vingtaine de milles encore. Passé la vallée à leurs pieds, le jaune des collines prenait bientôt le teint plus soutenu des bruns et des gris bleus de la roche. La brume du soir y descendait, obscurcissant le col qu'ils devaient passer à l'ouest du mont Anaka. La montagne elle-même se faisait indistincte. Elle se colorait d'un bleu profond de lavande, et toute sa masse se dissolvait et devenait transparente dans le demi-jour. Seul le dessin des crêtes demeurait distinct. Quelques fins nuages sans forme planaient au-dessus du pic.

Croft ajusta les jumelles. La montagne ressemblait à une côte rocailleuse, et le ciel ténébreux à un océan qui brise son écume sur le rivage. Au delà du pic le mouvement des nuages était semblable à un poudroiement de brouillasse. Vu à travers les jumelles, le spectacle qui absorbait Croft devenait de plus en plus fascinant. Figée et silencieuse, la lutte de la montagne et des nuages et du ciel était plus pure et plus intense que celle d'aucun océan contre aucun rivage que Croft eût jamais vu. Les rochers s'assemblaient pour la nuit, ils se serraient contre la furie des eaux. La mêlée semblait avoir lieu infiniment loin, et à la pensée d'atteindre le pic dans la nuit du lendemain Croft tressaillait d'excitation. De nouveau il se sentait sous le coup d'une extase brutale. La montagne, sans qu'il sût pourquoi, le tourmentait, elle l'appelait comme si elle possédait la réponse à ce qu'il cherchait. Elle était si pure, si austère.

Avec colère, avec un sentiment de frustration, il se rappela soudain qu'ils n'escaladeraient pas la montagne. Si la journée du lendemain s'écoulait sans histoires ils passeraient le col à la tombée de la nuit, et il n'aurait jamais la chance de s'attaquer au pic. Il était maussade en passant les jumelles à Hearn.

Hearn était très fatigué. Il avait survécu à la marche sans incident, il s'était même senti capable de marcher plus longtemps, mais il avait besoin de repos. Il était d'humeur taciturne, et quand il eut regardé dans ses verres la vue de la montagne lui inspira un respect mêlé de crainte. Elle était trop immense, trop écrasante. Tout en observant le brouillard qui tourbillonnait au niveau du pic, il ne put se défendre contre un frisson. Il voyait réellement un océan furieux parti à l'assaut d'une côte bardée de rochers, et malgré lui il prêtait l'oreille comme pour capter l'écho de quelque combat titanesque. Pourtant, de très loin, de l'autre versant de l'horizon, un murmure lui arrivait pareil à un ressac, ou peut-être pareil à un tonnerre étouffé.

« Écoutez », dit-il, touchant le bras de Croft.

Couchés tous deux à plat ventre sur le sommet de la colline, ils écoutaient avec recueillement et attention. De nouveau Hearn perçut un fin écho de tonnerre qui lui arrivait dans la nuit tombante.

« C'est de l'artillerie, mon lieutenant. Ça vient de l'autre côté de la montagne. Je crois qu'y a une attaque qui se prépare.

— Vous avez raison. Ils se turent, et Hearn repassa les jumelles à Croft. Vous voulez jeter un autre coup d'œil ? demanda-t-il.

— Si ça vous fait rien », dit Croft, rajustant les jumelles sur ses yeux.

Hearn le regarda. Une étrange expression se peignait sur le visage de Croft. Il n'aurait pas su la nommer, et cependant elle lui envoya un frisson le long de la colonne vertébrale. Son visage était durci, ses minces lèvres s'entr'ouvraient, ses narines palpitaient. Le temps d'une seconde Hearn se fit l'impression de voir tout au fond de Croft, de se pencher sur un abîme. Il se détourna, regarda ses mains. On ne peut pas se fier à Croft. Une sorte de calme lui vint, dû à la banalité même de la constatation qu'il venait de faire. Il jeta un dernier regard sur les nuages et sur la montagne. Cette fois il en fut encore plus troublé. Les rochers montaient très haut, et le ciel obscurci y descendait par vagues successives de brouillard tourbillonnant. C'était une de ces côtes où des navires géants iraient s'échouer, pour se briser en miettes et couler en quelques minutes.

Croft lui passa les jumelles et Hearn les remit dans leur étui. « Allons-y, il nous faut désigner la garde avant qu'il fasse trop noir », dit-il.

Ils se laissèrent glisser le long de la pente, vers le creux où gisaient les hommes.

*
* *

LE CHŒUR :
LES PERMISSIONS

Dans le creux, cette nuit-là, couchés côte à côte.

BROWN. — Écoutez, vous savez, avant qu'on est parti j'ai entendu dire que les permes arrivent la semaine prochaine, et que ce coup-ci c'est notre compagnie qu'aura dix hommes sur la liste.

RED (*ricanant*). — Tu parles si c'est pas pour les ordonnances.

MINETTA. — Dis, ça te fait rien, toi, que nous on fait ce boulot avec pas assez d'hommes dans la section et que là-bas ils ont une douzaine d'ordonnances pour ces pouilleux d'officiers ?

POLACK. — T'accepterais pas, toi, de faire l'ordonnance ?

MINETTA. — T'as foutrement raison que j'accepterais pas, je me respecte moi.

BROWN. — Mais je plaisante pas, Red, peut-être qu'on sera de la fournée, toi et moi.

RED. — Combien de permissionnaires qu'elle a eus le mois dernier, notre compagnie ?

MARTINEZ. — Un. Mois avant, deux.

RED. — Là, un homme par compagnie. Y a au moins cent gars chez nous qu'ont leurs dix-huit mois de campagne. Écoute Brown, calme-toi, tout ce qu'il te faut c'est attendre une centaine de mois.

MINETTA. — Aaah, tu parles d'une poisse.

BROWN. — Qu'est-ce que ça peut te foutre, Minetta ? T'as même pas assez de présence au corps pour avoir attrapé un coup de soleil.

MINETTA. — Si vous les vieux vous bougez pas d'ici, je serai fait comme un rat quand mes dix-huit mois arrivent. C'est tout pareil qu'une prison, Jésus.

BROWN (*pensivement*). — Vous savez, c'est toujours quand c'est ton tour de perme que tu prends la bûche. Vous vous rappelez Shaughnessy, des Pionniers ? C'était son tour, il avait sa feuille de route et tout, puis ils l'ont envoyé dans une patrouille tout ce qu'il y a de pépère et il s'est fait bousiller.

RED. — Sûr, c'est pour ça qu'ils l'ont envoyé en patrouille. Écoute mon vieux, y pense plus, te sortiras pas de l'armée, toi ni aucun de nous.

POLACK. — Vous voulez savoir quelque chose ? Si j'avais mes dix-huit mois j'aurais pu me débrouiller pour décrocher ma perme. Y a qu'à faire de la lèche à Mantelli ou à un gros enculé de sergent là-bas, puis quand tu gagnes un peu de pognon au poker tu leur refiles vingt-trente livres, l'air de dire « voilà pour un cigare, un cigare de perme, compris ? » Y a toujours moyen de moyenner.

BROWN. — Nom de Dieu, Red, Polack a peut-être raison, tu te rappelles quand Sanders a eu sa perme, et qui qu'il était, un bon à pas grand-chose sauf à baiser le cul au Mantelli pendant tout un an.

RED. — Crois-moi Brown, essaie pas le truc, si tu te mets à faire la lèche au Mantelli ça lui plaira tellement qu'il te laissera jamais partir.

MINETTA. — Qu'est-ce que c'est que tout ce trafic, je me demande ? Cette nom de Dieu d'armée qui reprend d'une main ce qu'elle donne de l'autre ? Ça vous crève le cœur.

POLACK. — Tu commences d'y voir clair.

BROWN (*soupirant*). — Aah, ça vous rend malade. (*Se retournant dans ses couvertures.*) Bonne nuit.

RED (*couché sur le dos, regardant les étoiles paisibles*). — Ces permes c'est pas pour envoyer les gars chez eux, c'est pour comment pas les envoyer chez eux.

MINETTA. — Voui, bonne nuit.

(*Voix collective.*) Bonne nuit... bonne nuit.

(*Les hommes dorment entourés par les collines et par le chuchotement silencieux de la nuit.*)

4

Les hommes passèrent une nuit inquiète. Frissonnant sous leurs couvertures, trop fatigués, ils dormirent mal. Celui dont c'était le tour de monter la garde gagnait en titubant la crête de la colline et, les yeux écarquillés, il fouillait du regard l'herbe dans la vallée dessous. Tout était lugubre dans les collines, tout était froideur et argent sous la lumière de la lune. Les dormeurs recroquevillés dans le contre-bas devenaient lointains et irréels. L'homme de garde se sentait terriblement seul, comme s'il s'était égaré parmi les vallées et les cratères de la lune. Rien ne bougeait, et rien cependant n'était au repos. Une brise soufflait, triste et pensive ; l'herbe bruissait, allant et venant par vagues chatoyantes. La nuit était intensément silencieuse.

L'aube venue ils plièrent leurs couvertures, refirent leurs sacs et cassèrent la croûte, mâchant avec lenteur et sans appétit des œufs au jambon de conserve et des biscuits carrés. Leurs muscles étaient engourdis, et la transpiration de la veille ramollissait leurs vêtements. Les plus âgés appelaient de leurs souhaits la sortie du soleil ; toute chaleur semblait absente de leurs corps. Red souffrait des reins, Roth avait des douleurs rhumatismales dans son épaule droite, Wilson eut une attaque de diarrhée après manger. Tous se sentaient mornes, sans volonté, ne pensant guère à la marche qui les attendait.

Debout sur la crête, Croft et Hearn discutaient l'étape à venir. A cette heure matinale une brume planait encore sur la vallée, estompant la montagne et le col. Les deux hommes regardaient vers le nord, détaillant la chaîne de Watamaï. Pareille à un banc de nuages pris dans la brume elle s'étendait à perte de vue, s'élevait précipitamment jusqu'au pic du mont Anaka, puis chutait de même pour faire place au col sur sa gauche, et remontait de nouveau.

— Semble sûr et certain que les Japonais surveillent le col, commenta Croft.

Hearn haussa les épaules. « Ils ont probablement assez à faire sans ça. C'est joliment loin derrière leurs lignes. »

La brume se dissipait et Croft loucha dans les jumelles. « J'en sais rien, mon lieutenant. Ce col est assez étroit pour qu'une seule section le tient jusqu'à perpète. Il laissa aller un crachat. Sûr, faudra aller voir. » Le soleil commençait de faire ressortir le contour des collines, et l'ombre s'amincissait dans les creux et dans les replis.

« Il n'y a fichtre rien d'autre à faire », grommela Hearn. Déjà, il réagissait à l'antipathie réciproque entre lui et Croft. « La chance aidant nous camperons ce soir derrière les lignes japonaises, et demain nous pourrons pousser une reconnaissance. »

Croft en doutait. Ses instincts, son expérience, lui disaient que le passage du col était dangereux, peut-être même futile, et cependant il n'y avait pas d'alternative. Ils pouvaient s'attaquer au mont Anaka, mais Hearn refuserait d'en entendre parler. Il cracha de nouveau. « Rien d'autre à faire, je suppose », dit-il. Mais il ne laissait pas d'être troublé. Plus il examinait la montagne...

« Allez, mettons-nous en route », dit Hearn.

Ils descendirent vers les hommes, ajustèrent leurs sacs et se mirent en marche. Hearn, Brown et Croft passaient alternativement en tête de colonne, tandis qu'agissant en éclaireur Martinez les devançait de trente ou de quarante mètres. L'herbe était humide de la rosée nocturne et les hommes glissaient fréquemment dans les descentes et ahanaient bruyamment dans les montées. Hearn, toutefois, se sentait en forme. Ayant réagi contre les fatigues de la veille, son corps avait gagné en force ce qu'il avait brûlé en déchets. Il s'était réveillé avec une roideur dans les muscles et une épaule endolorie, mais dispos par contre, et de bonne humeur. Ses jambes étaient fermes, et il se savait une réserve accrue d'endurance. Comme ils traversaient leur première crête il resserra son paquetage sur ses épaules et présenta son visage au soleil. Tout sentait bon, l'herbe avait la douce et fraîche odeur des petits matins. « Allons-y les gars, un coup de reins », dit-il allégrement, les regardant passer un à un. Il venait de quitter la tête de la colonne et il allait d'un homme à l'autre, ralentissant ou augmentant son pas pour se tenir à leur niveau.

« Comment ça va aujourd'hui, Wyman, un peu mieux qu'hier ? »

Wyman fit oui de la tête. « Oui mon lieutenant. Je regrette que j'ai flanché hier.

— Diable, on est tous vannés, mais ça ira mieux aujourd'hui. » Il lui donna une tape sur l'épaule et ralentit pour laisser venir Ridges. « Un tas de pays, hein mon gars ?

— Oui, mon lieutenant, un bien grand tas », dit Ridges en souriant.

Il marcha un moment à la hauteur de Wilson. « Alors, on fertilise toujours la terre, mon vieux ?

— Oui, j'ai perdu mon robinet, y a plus moyen de rien garder. »

Hearn lui mit son coude dans les côtes. « Au prochain arrêt on va vous tailler un tampon. »

Tout était simple, tout tournait rond. Il savait à peine pourquoi il bavardait de la sorte avec les hommes, mais ça lui faisait grand plaisir. Il avait écarté de lui ses spéculations et ne se faisait guère de souci quant au sort de la patrouille. La journée s'écoulerait probablement sans histoires, et le lendemain soir ils seraient prêts à prendre le chemin du retour. Dans quelques jours la patrouille serait finie, et tous ils se retrouveraient au bivouac.

La pensée de Cummings réveilla en lui un sursaut de haine, et tout d'un coup il ne désira plus la fin de la patrouille. Sa bonne humeur en pâtit momentanément. Quel que fût le succès de l'expédition, Cummings seul allait en bénéficier.

Au diable avec lui. Il n'y avait qu'ennui à la clef dès lors qu'on s'acharnait à pousser les choses à l'extrême. Le truc consistait à mettre un pied devant l'autre. « Bon les gars, en avant », dit-il paisiblement, les voyant s'attaquer à une pente. « C'est ça, d'emblée. »

Et il y avait encore d'autres problèmes. Il y avait Croft. Plus que jamais il devait être sur ses gardes, happer les choses au vol, apprendre en quelques jours ce que Croft avait acquis pendant des mois et des années. Son commandement, pour l'instant, se trouvait dans le plus précaire des déséquilibres. Croft pouvait, en un sens, le faire culbuter d'une pichenette quand bon lui semblerait. La nuit dernière, sur la crête... Croft détenait une sorte d'emprise maléfique sur la section, une emprise assez effrayante.

Il continua de parler aux hommes tout en marchant à leur hauteur, mais le soleil se faisait plus chaud et chacun redevenait fatigué et irritable. Lui-même les abordait avec moins de spontanéité.

« Comment va, Polack ?

— Pas de gaz », dit Polack évasivement.

Ils lui opposaient une résistance. Ils étaient précautionneux, défiants peut-être. Parce qu'il était officier, ils s'en méfiaient instinctivement. Mais il y avait plus. Croft était avec eux depuis si longtemps, il contrôlait si complètement la section, qu'ils ne pouvaient sans doute pas croire que le commandement ne lui appartenait plus. Ils craignaient de l'accepter, lui Hearn, de peur que Croft ne s'en souvînt quand il aurait repris les rênes. Aussi, pour Hearn, il s'agissait de leur faire comprendre qu'il était avec eux à titre permanent. Mais cela demanderait du temps. Si seulement il avait passé une semaine avec eux au bivouac, s'il avait eu l'occasion de les mener dans quelque patrouille secondaire avant celle-ci. Il haussa les épaules, s'épongea le front. Le soleil devenait brûlant.

Et les collines n'arrêtaient pas de s'élever les unes à la suite des autres. Toute la matinée la section avança dans la haute herbe, montant pas à pas, peinant dans les vallées, escaladant de nouvelles pentes. Leur fatigue s'accroissait, leur souffle se faisait court, le soleil et l'effort allumaient leurs visages. Personne ne disait mot tout au long de la file qui se poussait laborieusement en avant.

Des nuages couvrirent le ciel et il se mit à pleuvoir. L'effet en fut d'abord agréable car la pluie apporta une fraîcheur avec elle et une brise courut au sommet de l'herbe, mais bientôt le sol se ramollit et ils pataugèrent dans la boue. Peu à peu chacun redevint trempé. La tête baissée, le canon du fusil pointé vers le bas pour le protéger de la pluie, la colonne ressemblait à une rangée de fleurs flétries. Tout, sur eux, pendillait et s'affaissait.

Le terrain changeait, devenait plus rocailleux. La pente des collines se faisait plus abrupte, et parfois elles se couvraient de fourrés qui arrivaient à mi-hauteur d'homme. Pour la première fois depuis leur sortie de la jungle ils croisèrent un flot d'arbres. La pluie cessa et le soleil redevint brûlant. A midi ils firent halte dans un bouquet d'arbres, se défirent de leur charge, mangèrent un morceau. Wilson tripota avec dégoût ses biscuits, avala un bout de fromage. « Paraît que ça te constipe, dit-il à Red.

— Foutre, faut que c'est bon à quelque chose. »

Wilson rit, mais il était soucieux. Toute la matinée il avait souffert de la diarrhée, et son dos et son aine lui faisaient mal. Il ne parvenait pas à comprendre pourquoi son corps le lâchait de la sorte. Il s'était toujours glorifié d'être capable d'en faire autant que n'importe qui, et voilà qu'il devait se traîner en queue de la colonne et se retenir à l'herbe même dans les montées les plus insignifiantes. Il se tordait de crampes, transpirait terriblement, et son barda écrasait ses épaules comme un bloc de ciment.

« Je te jure, Red, soupira-t-il, je suis bousillé comme tout dedans mes tripes. Quand je rentrerai je vas me faire cette op-pér-ration. Sans ça je suis plus bon à rien foutre.

— Voui.

— C'est vrai, Red, je fais que retarder tout le monde. »

Red partit d'un gros rire. « Tu crois qu'on est pressés ?

— Nan, mais je peux pas m'empêcher de me faire de la bile. Si jamais qu'on tombe sur quelque chose quand on arrive au col ? Dis, je me rappelle plus comment que c'est un trou de cul qui tient bon. »

Red rit. « Aaah, t'en fais pas, vieux. » Il ne voulait pas se laisser entraîner par les ennuis de Wilson. J'y peux rien, se disait-il. Ils continuèrent de manger sans hâte.

Peu de minutes plus tard Hearn ayant donné l'ordre de reprendre la route, les hommes quittèrent le bouquet d'arbres et se remirent à piétiner au soleil. Bien que la pluie eût cessé, tout était boueux dans les collines où une vapeur s'élevait du sol. Penchés en avant, ils montaient une ligne de crêtes qui s'étendait à l'infini. S'étirant sur une centaine de mètres, ils trébuchaient à travers l'herbe, absorbés dans les maux et les misères de leurs corps. Leurs pieds étaient en feu, leurs cuisses tremblaient d'épuisement. Autour d'eux tout miroitait dans la chaleur de midi, et un silence sans limites s'appesantissait sur la création. Seul se faisait entendre le vrombissement des insectes, presque plaisant dans sa persistance. Pour Croft et pour Ridges, même pour Wilson, l'atmosphère évoquait des images de labour dans les fermes aux jours de canicule, paisibles et bienfaisantes images dont rien ne dérangeait la quiétude sinon le fragile tracé d'un papillon contre le ciel. Paresseusement, comme s'ils déambulaient le long d'un chemin rural, ils se laissaient aller au fil de leurs souvenirs, revoyant l'ondoiement fertile des terres, aspirant des odeurs de germination après l'averse et l'éternelle haleine du sol labouré et des chevaux en suée. Éblouissants, le soleil et la chaleur embrasaient le monde.

Ils marchèrent pendant une heure, grimpant sans cesse, puis ils firent halte près d'un ruisseau pour remplir leurs bidons. Ils s'y reposèrent quinze minutes, et ce fut de nouveau la marche. Trempés et retrempés au moins une douzaine de fois par l'embrun, la rivière, la transpiration, la rosée nocturne, leurs vêtements, à mesure qu'ils séchaient, se couvraient de nouvelles taches. Le sel avait rayé de blanc leurs chemises, et sous leurs aisselles et leurs ceinturons l'étoffe commençait de pourrir. Leur peau était échauffée et couverte de cloques et brûlée par le soleil ; déjà certains d'entre eux boitillaient, incapables de poser à plat leurs pieds ulcérés. Mais, sous le poids écrasant de la marche, sous la fièvre qui les consumait, c'est à peine s'ils s'apercevaient de leurs maux. La fatigue les avait écartelés, elle s'était insinuée dans les plus fragiles recoins de leurs corps, coulant du plomb dans leurs muscles. Ils avaient si souvent goûté à la bile amère du surmenage, ils s'étaient éreintés à l'assaut de tant de collines, qu'ils succombaient enfin à l'anesthésie de l'épuisement. Inanimés, stupides, oscillant en tout sens, ils continuaient leur effort sans plus se demander où ils allaient. Même le poids écrasant de leur charge était devenu partie d'eux-mêmes — un bloc de pierre incrusté a même leur dos.

Poussant plus haut, les taillis et les fourrés leur arrivaient presque à la poitrine. Des ronces se prenaient dans leurs fusils et les agrafaient au passage. Ils se débattaient, plongeaient à travers les broussailles, s'immobilisaient quand les épines les avaient ancrés au sol, se dépêtraient, repiquaient une tête. Rien n'existait pour eux en marge du terrain qui les précédait dans l'immédiat ; ils ne levaient presque jamais la tête vers le sommet de la colline qu'ils escaladaient.

Au début de l'après-midi ils firent une longue halte à l'ombre de quelques rochers. Le temps s'écoula dans une paix léthargique, parmi le stridulement des criquets et le vol languide des insectes. Pitoyablement exténués, les hommes s'endormaient. Hearn lui non plus n'avait aucun désir de bouger, mais la halte se prolongeait trop. Il se leva avec lenteur, ajusta son sac. « Allons, debout les gars », appela-t-il. Il n'y eut pas de réponse, et il ressentit une vive irritation.

Ils auraient obéi à Croft sans lambiner. « Allons-y, mettons-nous en route, les gars. Nous ne pouvons pas rester assis sur nos fesses toute la journée. » Sa voix fut dure et impersonnelle, et les soldats se remuèrent dans l'herbe, avec lenteur et de mauvaise grâce. En les entendant grogner, il devenait conscient de leur grincheuse et maussade résistance.

Ses nerfs étaient plus tendus qu'il ne s'en rendait compte. « Suffit de bisquer et qu'on démarre », s'entendit-il siffler. Il comprit tout à coup qu'ils l'excédaient outre mesure.

« L'espèce de fils de garce », grogna quelqu'un.

Il en fut choqué et vexé, mais il se contint. Leur réaction, après tout, était assez compréhensible. Il fallait bien qu'ils pussent décharger leur fiel sur celui qui personnifiait à leurs yeux les fatigues de la marche, et quoi qu'il fît il allait, tôt ou tard, s'attirer leur haine. Son attitude finirait par les décontenancer et par les embêter. Ils obtempéraient à Croft parce que Croft satisfaisait à leur besoin de haine, l'encourageait, la dominait de haut, et se payait de retour en leur faisant exécuter ses ordres. « Nous avons encore bien du chemin à faire », dit-il plus calmement.

Ils continuèrent de cheminer d'un pas pesant. Le mont Anaka se faisait plus proche. Chaque fois qu'ils atteignaient une crête la muraille verticale des falaises leur apparaissait qui bordait le col, et ils pouvaient même distinguer la silhouette des arbres dans la forêt qui poussait à mi-hauteur de la montagne. Le paysage, l'air même, avaient changé. Il faisait plus frais, et l'air raréfié piquait faiblement leurs poumons.

A trois heures ils atteignirent les approches du col. Croft escalada la crête de la dernière colline, s'accroupit derrière un arbuste et examina le terrain. Une vallée s'étendait au-dessous de lui sur un quart de mille environ, un îlot de haute herbe limité sur le devant par la chaîne des montagnes, et par des collines sur les côtés. Au delà de la vallée le col serpentait à travers la chaîne, gorge rocailleuse prise entre deux murs de pierre perpendiculaires. Dissimulé sous un lit de verdure, le fond du défilé pouvait recéler un grand nombre d'hommes.

Il concentra son attention sur les quelques monticules qui se pressaient à l'entrée du col, fouillant du regard la jungle à leur pied. D'avoir fait tout ce chemin lui procurait une apaisante satisfaction. On a fait un sacré bout de route, se disait-il. Un grondement d'artillerie lui parvenait, amorti dans le grand silence qui planait sur les collines, l'écho sporadique d'une bataille qui se déroulait de l'autre côté de la montagne.

Martinez vint le rejoindre. « Écoute, Mange-Japonais, chuchota-t-il, suivons le bord des collines qui contournent cette vallée. Des fois qu'y a quelqu'un à l'entrée du col, ils nous verraient si on traverse tout droit. » Martinez approuva de la tête, parcourut le sommet de la colline plié en deux, et prit sur la droite pour contourner la vallée.

Ils avançaient avec une grande lenteur, se tenant au plus près de l'herbe. Martinez faisait une trentaine de mètres, s'arrêtait pour un temps, puis repartait. Quelque chose de sa prudence se transmit aux hommes qui le suivaient. Sans que rien n'eût été dit, tous devinrent circonspects. Chacun revint de sa fatigue, les sens alertés, la jambe moins incertaine. Ils faisaient attention où ils posaient leur pied, levant la jambe à chaque pas, la reposant avec fermeté, s'efforçant d'éviter tout bruit. Devenus extrêmement sensibles au silence qui pesait sur la vallée, ils sursautaient au moindre bruit inattendu, réagissaient au bourdonnement des insectes. Leur tension s'accroissait. Ils s'attendaient à quelque événement, et leurs bouches tournaient au sec et leurs cœurs se mettaient à battre immodérément.

Il n'y avait que quelques centaines de mètres entre l'endroit d'où Croft avait examiné le terrain et les approches du col, mais la route prise par Martinez s'étendait sur plus d'un demi-mille. Il leur fallut un long temps pour faire la boucle, une demi-heure peut-être, et leur vigilance s'en ressentit. Les hommes en queue devaient parfois piétiner sur place pendant plusieurs minutes, puis piquer une poussée pour rattraper la file. C'était éprouvant, c'était exténuant, et ça leur mettait les nerfs en pelote. Leur fatigue s'éveilla, elle s'en prit à leurs reins, aux tendons endoloris de leurs jarrets. A moitié accroupis, les épaules cruellement cisaillées par le poids du sac, ils attendaient le signal pour reprendre leur marche. La sueur leur inondait les yeux et les faisait larmoyer. Leur tension se résorbait et se changeait en hargne. Certains se remirent à grogner, et lors d'une halte prolongée Wilson sortit du rang pour se soulager. Le mouvement avait repris tandis qu'il était encore occupé, et une confusion en résulta tout au long de la colonne. Les hommes en queue envoyèrent dire aux hommes en tête de s'arrêter, et pendant une bonne minute il y eut un va-et-vient de chuchotements. L'avance reprit quand Wilson fut prêt, mais la discipline n'y était plus. Encore que personne ne parlât à haute voix, la somme des chuchotements et le relâchement de la vigilance s'additionnaient en un murmure audible. De temps à autre Croft leur faisait signe de se taire, mais sans grand effet.

Ils atteignirent les falaises au pied du mont Anaka et prirent sur leur gauche, piquant de roc en roc vers l'entrée du col. Peu après ils se trouvèrent au bout du défilé ; un espace ouvert s'offrit à eux, un prolongement de la vallée, long d'une centaine de mètres, qui aboutissait au col. Il n'y avait rien à faire pour le contourner. Hearn et Croft s'accroupirent derrière un rempart de rocs et discutèrent leur stratégie.

« Faut qu'on se partage en deux escouades, mon lieutenant, et qu'une traverse pendant que l'autre la couvre.

— Je crois que c'est ça, approuva Hearn. Il était bizarrement, singulièrement agréable de se tenir à l'abri d'un rocher et de se laisser pénétrer de chaleur et de soleil. Il aspira profondément. C'est ce que nous allons faire, dit-il. Quand la première escouade arrivera au col, l'autre démarrera à son tour.

— Oui, dit Croft. Il se massa le menton, examinant le visage d'Hearn. Je prends la première escouade, hein, mon lieutenant ? »

Non ! C'était là où il devait intervenir. « Moi je la prendrai, sergent. Vous me couvrirez.

— Mais... bon, mon lieutenant. Il se tut un instant. Prenez plutôt l'escouade de Martinez. C'est où il y a la plupart des anciens. »

Hearn fit oui de la tête. Il lui sembla déceler une trace de surprise et de désappointement dans l'expression de Croft, et il en éprouva du plaisir. Mais, l'instant d'après, il s'en voulut de sa réaction. Il se laissait aller à des enfantillages.

Il fit signe à Martinez, levant un doigt pour indiquer qu'il voulait la première escouade. Au bout d'une couple de minutes Martinez le rejoignit avec ses hommes. Hearn se sentait un peu tendu, et quand il parla sa voix chuchotante eut une intonation rauque. « Nous allons avancer dans ce champ, et la seconde escouade nous couvrira. Je n'ai pas besoin de vous dire d'ouvrir l'œil. » Il se toucha le torse, se faisant l'impression d'avoir oublié quelque chose. « Gardez une distance d'au moins cinq mètres. » Quelques-uns secouèrent la tête pour marquer leur accord.

Hearn se redressa, escalada le rocher en forme de rempart, et se mit en route à travers le champ découvert en direction du bouquet de verdure qui couvrait l'entrée du col. Derrière lui, sur sa gauche et sur sa droite, il entendait les pas de ses hommes. Il serrait sa carabine au côté, à deux mains, machinalement. Long d'une centaine de mètres et large de trente, le champ était bordé d'un côté par les falaises, de l'autre par la vallée couverte de hautes herbes. Le terrain, qui descendait en pente douce, était jonché d'éclats de roche. Le soleil s'y abattait de toute sa force, réverbérant avec éclat sur la pierraille et les canons des fusils. L'intensité du silence semblait faite de plusieurs couches d'épaisseur.

Chacun de ses pas répercutait sur les écorchures de ses pieds, mais tout ce qui concernait son corps se situait très au loin de lui-même. Il savait vaguement que ses mains étaient moites, qui serraient l'arme. Tendu à l'extrême, il réagissait instantanément à tout bruit insolite, au toucher d'un pied contre la pierre, au frôlement d'un pas sur le sol. Il avala sa salive, jeta un coup d'œil en arrière. Ses sens étaient exceptionnellement alertes et, tout au fond de lui, il frémissait de joie et d'excitation réprimées.

Des feuilles semblèrent bouger à l'entrée du col. Hearn s'arrêta brusquement, examinant la cinquantaine de mètres qui lui restaient à parcourir. N'apercevant rien de suspect, il fit signe à ses hommes et ils reprirent leur avance.

BII -YOOUOUOUOUOU !

Le coup de feu ricocha sur les rocs et s'en fut chantant dans le lointain. Le bouquet de verdure à l'entrée du col retentit soudain d'une fusillade éclatante, et les hommes dans la prairie s'abattirent à terre comme des blés dans la rafale. Hearn se laissa tomber derrière un rocher ; jetant un regard par-dessus son épaule, il vit les autres qui rampaient pour se mettre à couvert, se tortillant et jurant et s'interpellant. Soutenue, méchante, faisant un bruit de forêt qui brûle, la fusillade augmentait d'intensité. Les balles passaient avec un bourdonnement d'insecte ou bien elles ricochaient sur la pierre et déchiraient l'air avec un hurlement de métal qui éclate. BII-YOUOUOUOUOUOU ! BII-YOUOUOUOUOUOU ! TII-OOOOOOOOONG ! Affalés derrière les rochers, pris de tremblements et réduits à l'impuissance, les hommes avaient peur de lever la tête. Au bout d'un moment Croft et son escouade se mirent à tirer en direction du col. Les falaises renvoyaient le bruit dans la vallée où il tourbillonnait en désordre, une vague chevauchant l'autre comme des ondes d'inégale longueur sur une nappe d'eau. Une avalanche de sons s'abattit sur eux, presque assourdissante.

Hearn était couché à l'abri d'un roc, ses membres pris d'un tic, ses yeux noyés de sueur. Engourdi, privé de volonté, il resta de longues secondes à suivre du regard la masse veinulée du granit qui obstruait sa vue. Tout, en lui, se défaisait. Un désir immodéré lui venait de se couvrir la tête et d'attendre passivement la fin de la bataille. Il perçut, avec une sotte surprise, une sorte de gargouillement s'échapper de ses lèvres. Un dégoût passionné l'envahit pour sa peur innommable, indigne d'un homme, un écœurement où tout son être sombrait. Il lui était presque impossible d'y croire. Il n'avait jamais participé à un combat, mais de là à se comporter de la sorte...

BII-YOUOUOUOUOUOU ! Des fragments de roc pulvérisé lui chatouillèrent la nuque. La fusillade était rancunière, vindicative. Elle semblait dirigée sur lui, et toute balle qui passait le faisait sursauter inconsciemment. Toute l'humidité de son corps se précipitait à la surface de sa peau. Il dégouttait de sueur ; elle s'écoulait, sans interruption, de son menton, de la pointe de son nez, de la ligne de ses sourcils. L'escarmouche ne durait que depuis quinze ou vingt secondes, et il était trempé des pieds à la tête. Une bande d'acier s'entortillait violemment autour de ses clavicules, freinant sa respiration. Son cœur cognait comme un poing sur un mur. Il y eut une dizaine de secondes où, écœuré au delà de toute limite à la pensée de se salir, il s'employa de toutes ses forces à contracter son sphincter. « Non ! Non ! » Les balles passaient à toute vitesse avec un son ineffable.

Il lui fallait sortir les hommes de ce guet-apens ! Mais ses bras protégeaient sa tête, et il tressaillait chaque fois qu'une balle ricochait sur la pierre. Il entendait les hommes qui braillaient dans son dos, qui se lançaient des mots incohérents. Pourquoi cet affolement ? Il lui fallait se secouer. Que lui arrivait-il ? C'était incroyable. Pendant une seconde il se revit, honteux et effaré, ramassant le mégot de

Cummings. Il se faisait l'impression de capter tous les bruits, la rauque respiration des hommes, les cris des Japonais qui s'interpellaient les uns les autres derrière le bouquet de verdure, même le bruissement de l'herbe et le stridulement soutenu des criquets dans la vallée. L'escouade de Croft, dans son dos, continuait de tirer. Une volée de balles ricocha sur le roc qui l'abritait, et il piqua un plongeon, s'incrustant dans la terre. De nouveau la pierraille et la poussière lui rasèrent la nuque.

Pourquoi Croft ne faisait-il pas quelque chose ? Tout à coup il se rendit compte qu'il avait espéré que Croft assumerait le commandement, espéré la cassante voix de Croft pour le tirer d'affaire. Une rage violente s'empara de lui. Il fit glisser sa carabine sur le côté de la roche, pressa la gâchette.

Mais l'arme ne partit pas ; il avait oublié d'enlever le cran de sûreté. Cette étourderie le fit fulminer. Pas tout à fait conscient de ce qu'il faisait, il se leva, repoussa le cran de sûreté, et tira une volée de balles.

« RETOURNEZ SUR VOS PAS, RETOURNEZ SUR VOS PAS ! hurla-t-il. ALLEZ, DEBOUT, DEBOUT !... RETOURNEZ ! Il s'entendait crier comme dans le sommeil, d'une voix aiguë et furieuse. ALLEZ, DEBOUT ET COUREZ ! Des balles cinglaient autour de lui, mais, debout ainsi de toute sa hauteur, elles lui paraissaient insignifiantes. RETOURNEZ A L'AUTRE ESCOUADE ! hurlait-il, courant de rocher en rocher, s'entendant brailler d'une voix qui ne lui appartenait pas. Il se retourna, faisant feu de nouveau, aussi rapidement que la gâchette répondait à la pression de son doigt, puis resta sur place sans bouger. DEBOUT ET FEU ! FLANQUEZ-LEUR UNE VOLÉE ! »

Quelques-uns se levèrent et firent feu. Frappé de terreur, le bouquet de verdure se tut pour quelques secondes. « ALLEZ, CAVALEZ ! »

Les hommes sautèrent sur leurs jambes, lui décochèrent un regard muet, et se mirent à courir vers les rochers d'où ils avaient fait leur sortie. Au bout de quelques pas ils firent volte-face, tirèrent une rafale, couvrirent une vingtaine de mètres à la course, s'arrêtèrent de nouveau pour tirer, fuyant pêle-mêle et hoquetant comme des animaux pris de panique. Les Japonais s'étaient remis à tirailler, mais les fuyards n'y faisaient plus attention. Pris de frénésie, ils ne connaissaient qu'une seule chose — atteindre un abri derrière les rochers.

Un à un, haletant, pantelant, ils escaladèrent le dernier étagement de la roche et se laissèrent tomber à terre. Hearn arriva un des derniers. Il roula sur le sol, puis atterrit sur ses genoux. Brown, Stanley, Roth, Minetta et Polack tiraient toujours. Croft l'aida à se relever. Tous s'accroupissaient à l'abri du rempart de pierre. « Tous sont rentrés ? » souffla Hearn.

Croft jeta un regard rapide autour de lui. « On dirait qu'on est tous là. Il cracha. Allons-y, mon lieutenant, faut qu'on se taille d'ici, ils vont nous encercler dans un petit moment.

— Tout le monde est là ? » cria Red. Il portait une longue éraflure sur une de ses joues incrustées de poussière, où la sueur coulait comme des larmes sur un masque sale. Les hommes rampaient à quatre pattes derrière le rempart, criant et s'interpellant avec nervosité.

« Y A-T-IL FOUTRE QUELQU'UN QUI MANQUE ? hurla Gallagher.

— Tout le monde est là », cria quelqu'un de retour.

Tout était silence à l'autre bout du champ, sous le bouquet de verdure. Çà et là une balle isolée passait en bourdonnant au-dessus d'eux.

— Allons-nous en d'ici.

Croft jeta un coup d'œil par-dessus le rempart, fouilla le champ du regard, ne vit rien. Il piqua une tête pour se garder d'un chapelet de balles qui en eurent après lui. « Vous voulez qu'on les met, mon lieutenant ? »

Hearn fut incapable de se concentrer pendant un long moment. Il était encore sous l'effet de l'exaltation qui l'avait arraché à lui-même. Il avait de la peine à croire qu'ils étaient tous de retour et dans un lieu relativement sûr. Il ne parvenait pas à se maîtriser. C'était comme s'il devait entraîner son monde sur un autre parcours de cent mètres, puis de nouveau plus loin, et gueuler des ordres, et beugler de rage. Il se frotta la tête. Il lui était impossible de rassembler ses pensées. Il écumait. « Bon, allons-y », laissa-t-il échapper. Une émotion le travaillait, plus douce que toutes celles qu'il avait jamais connues.

Ils débordèrent du rempart, se tenant au plus près des falaises du mont Anaka. Ils s'avançaient rapidement, courant presque, les hommes en queue talonnant ceux qui les devançaient. Ils eurent à passer une petite colline qui les mit à découvert le temps de quelques secondes, mais ils se trouvaient déjà à plusieurs centaines de mètres du col. Quelques balles tirées au petit bonheur essayèrent de les atteindre quand, un à un, ils eurent plongé vivement par-dessus le sommet du monticule. Ils marchèrent et coururent pendant une vingtaine de minutes, toujours plus à l'est, parallèlement à la base de la montagne. Ils ne s'arrêtèrent qu'après avoir mis plus d'un mille et nombre de petits tertres entre eux et l'entrée du col. Suivant l'exemple de Croft, Hearn choisit un creux près du sommet d'un coteau qu'il flanqua de quatre hommes de garde. Les autres se laissèrent choir à terre, soufflant et peinant.

Ils étaient dans le creux depuis une dizaine de minutes, quand ils s'aperçurent que Wilson ne répondait pas à l'appel.

5

Quand ils tombèrent dans l'embuscade, Wilson prit abri sous un rocher qui avait roulé contre le champ couvert d'herbe kunaï.

Exténué, ankylosé, il s'y tint sans bouger, content de laisser passer l'orage. Lorsque Hearn eut commandé la retraite il se leva, se prit à courir, puis s'arrêta au bout de quelques pas pour faire feu.

La balle le frappa à l'estomac avec la force d'un coup de poing dans le plexus solaire. Elle lui fit faire un tour sur lui-même, l'envoya danser, puis le jeta dans l'herbe. Il y demeura couché, un peu saisi d'abord, en proie à un accès de colère. « Quel est l'enfant de pute qui m'a cogné ? » grommela-t-il. Il se frotta le ventre, prêt à se relever et à chercher raison à celui qui l'avait frappé, mais du sang lui était venu sur la main. Il secoua la tête, prêtant l'oreille à la fusillade, aux cris de l'escouade restée avec Croft de l'autre côté du rempart — éloigné d'une trentaine de mètres seulement. « Tout le monde est là ? » entendit-il quelqu'un crier.

« Oui, oui, je suis là », marmonna-t-il. Il crut avoir parlé à haute voix, mais il n'avait fait que chuchoter. Il roula sur son ventre, pris de peur tout à coup. Nom de Dieu, c'est ces Japonais qui m'ont buté. De nouveau il secoua la tête. En tombant dans l'herbe il avait perdu ses lunettes. De l'endroit où il était il ne voyait qu'un tout petit bout du champ, et le vide qui y régnait lui fit plaisir. Nom de Dieu, j'ai que le vertige, y a pas à chier. Il se défendit pendant un moment, ses sens pris d'un lent remous. De vagues bruits lui arrivaient du côté de la section qui abandonnait le rempart de pierre, mais il y prêtait à peine attention. Tout était quiet et paisible, sauf la sourde pulsation dans son estomac.

Tout soudain il se rendit compte que le feu avait cessé. Faut que je pousse dans l'herbe où les Japonais me trouveront pas. Il essaya de se lever, mais il n'en eut pas la force. Lentement, grognant sous l'effort, il rampa de quelques mètres dans l'épais de l'herbe, se détendit de nouveau, tout content d'avoir perdu le champ de vue. Son vertige, son bien-être, suintaient par tout son corps. Je me sens comme si j'étais plein de gnole. Il remua la tête d'étonnement. Il se revit dans un bar, agréablement ivre, sa main autour des hanches d'une femme assise à ses côtés. Il était sur le point de l'accompagner chez elle, et un filet de passion le traversa à cette pensée. « C'est ça, mon chou », s'entendit-il prononcer tout en regardant la racine de l'herbe au niveau de son nez.

Je vas mourir, se dit-il. Une vague glaciale de peur déferla sur lui, lui arrachant un gémissement. Il imagina la balle entrant dans son corps, déchirant le dedans de sa chair, et il eut la nausée. Un peu de bile s'écoula de sa bouche. Tout ce poison que j'ai dedans moi va faire des saloperies, c'est ça qui va me tuer. Mais il chavirait de nouveau, repris dans un doux lappement de faiblesse et de somnolence. Il n'avait plus peur de mourir. Cette balle va me nettoyer les tripes. Tout ce pus s'en ira maintenant et je serai retapé. Il se sentit tout allègre à cette idée. Père disait que son grand-père avait une vieille négresse qui le saignait chaque fois qu'il avait la fièvre. C'est juste ce que je suis en train de faire. Il regarda le sol d'un œil voilé. La vue du sang qui imbibait le devant de sa chemise lui donna un vague malaise. Il recouvrit la tache de sa main et sourit faiblement.

Ses yeux étaient à deux pouces du sol. Le temps planait au-dessus de lui, immobile, et il sentait la chaleur du soleil dans son dos. Peu à peu il s'anéantissait dans le pullulement rythmique des insectes autour de lui, et le pied carré de terre qu'il embrassait du regard s'amplifia au point que chaque grain lui apparaissait dans sa plénitude et sa perfection. La terre n'était plus brune ; elle représentait une mosaïque de cristaux individualisés, rouges et blancs et jaunes et noirs. Son sens des dimensions s'évanouissait. Il croyait voir des champs et des forêts du haut d'un avion, et l'herbe, méconnaissable à quelques pouces du sol, devenait nébuleuse et mouvante comme une nappe de vapeur. La racine en était étonnamment blanche, recouverte d'une épaisse écorce squameuse pointillée de marron, pareille à celle des bouleaux. Tout ce qu'il voyait avait les proportions d'une forêt, mais une forêt qu'il n'avait jamais vue auparavant, et bien étrange.

Des fourmis s'égaraient sous son nez, se retournaient pour le reconnaître, puis passaient leur chemin. Elles avaient les dimensions d'une vache aperçue du haut d'une colline. Il les suivait du regard jusqu'à ce qu'elles fussent sorties de son champ de vision.

Nom de Dieu, c'est de jolies petites bestioles, pensa-t-il faiblement. Sa tête prit appui sur son avant-bras, la forêt s'obscurcit, se retourna sens dessus dessous, et il s'évanouit.

Il revint à lui une dizaine de minutes plus tard. Il restait sans bouger, oscillant entre la veille et le sommeil. Ses sens paraissaient sans liaison entre eux ; il regardait le sol d'un œil vide, ou bien il fermait les yeux, cessait de respirer, et seule son ouïe demeurait alerte, ou encore sa tête roulait à terre, son nez frémissait aux effluves de la glèbe, à la piquante odeur des racines, aux délétères émanations de la moisissure.

Mais quelque chose n'allait pas. Il leva la tête, prêta l'oreille, perçut des voix assourdies en direction du champ, à une dizaine de mètres de là. Il s'efforça de voir à travers l'herbe, mais il ne voyait pas clair. Il se dit que c'était peut-être quelqu'un de la section, enfla sa poitrine pour appeler — et se raidit.

C'étaient des Japonais, ou du moins il lui semblait avoir entendu des sons gutturaux, étranges, aigus, plutôt essoufflés. Si ces Japonais me dégotent... Une sensation d'horreur l'assaillit, lui coupant la respiration. Tout ce qu'il avait jamais entendu dire en fait d'atrocités japonaises lui traversa l'esprit. Ces fils de pute ils me couperont les couilles. Il sentait son souffle s'échapper de son nez, lentement, interminablement, il le sentait qui remuait les poils dans ses narines. Les Japonais piétinaient sur place, et leurs paroles se détachaient une à une contre ses oreilles.

« Doko ?

— Tabun koko. »

Ils piétinaient l'herbe, se déplaçant en rond. Il les entendait qui se rapprochaient. Absurdement, il se mit à ânonner — « doko koko cola, doko koko cola ». Il enfouit son visage dans la terre, écrasant son nez sur le sol. Les muscles de sa face se contractaient dans son effort de rester coi. Faut que je prends mon flingue. Mais il l'avait laissé à un ou deux mètres derrière lui, quand il s'était enfoncé dans l'herbe. S'il bougeait pour le reprendre il se faisait repérer.

Il s'efforça de prendre une décision, et, de faiblesse, il se trouva au bord des larmes. C'en fut trop pour lui. Il s'incrusta plus profondément dans la terre et essaya de retenir sa respiration. Les Japonais riaient.

Il se rappela les corps qu'il avait dérangés dans la grotte et il se mit à plaider silencieusement comme si, déjà, les Japonais l'avaient capturé. Crotte, je fouillinais seulement pour un petit souvenir, vous comprenez ça vous autres, y avait pas de mal à ça. Vous pouvez faire la même chose avec mes copains, je m'en contrefous, un homme qu'est mort l'est mort, ça lui fait pas de mal. Les Japonais furetaient dans l'herbe, à quelque cinq mètres de lui. Il songea un instant à se précipiter vers son fusil, mais il ne se souvenait pas où il l'avait abandonné. L'herbe s'était redressée sur son passage sans laisser de trace. Oh, nom de Dieu. Il se raidissait, poussait son nez dans la terre. Sa blessure palpitait de nouveau et, partant de ses paupières des ronds bleus et or et rouges se vissaient dans sa cervelle. Si seulement je me tire de là.

Les Japonais s'assirent tout en parlant. L'un d'eux s'allongea, et le froissement de l'herbe arriva nettement à ses oreilles. Il essaya d'avaler, mais quelque chose bâillonnait sa gorge ; il avait peur de hoqueter et il demeurait la bouche ouverte, tandis que la salive s'écoulait de ses lèvres. Il aspirait les exhalaisons de son corps, la morsure aiguë de sa peur, le goût de son sang pareil à du lait vicié. Pendant une seconde il se revit dans la chambre où sa fille May était née. Ses odeurs de bébé lui revinrent, des odeurs de lait et de poudre et de pipi qui se mélangeaient aux siennes propres. Il craignait que les Japonais ne le sentissent.

« Yuki masu », dit l'un d'eux.

Il les entendit se lever, rire, puis s'en aller. Ses oreilles sonnaient et une pulsation travaillait dans sa tête. Il serra ses poings, enfonça de nouveau son visage dans la terre, s'efforçant d'étouffer ses sanglots. Il ne se souvenait pas que son corps eût jamais été aussi faible, aussi vidé. Même sa bouche tremblait. Fils de pute. Il se sentit défaillir, essaya de se soulever, mais ce fut sans espoir.

Il ne revint pas à lui d'une demi-heure. Il reprit ses sens avec lenteur, flottant à la limite de l'inconscience, l'esprit nébuleux. Il resta un long temps sans bouger, sa main calée sous son ventre recueillant des gouttelettes de sang. Où c'est qu'ils sont tous ? se demandait-il. Il se rendait compte pour la première fois qu'il était tout à fait seul. Foutre le camp comme ça. Il se souvint des Japonais qui avaient parlé à quelques pas de lui, mais il ne les entendait plus. Sa peur lui revint, en écho ; une fois de plus il retint sa respiration, ne pouvant croire que les Japonais étaient partis.

Il se demandait où étaient les hommes de sa section, et il se sentait plein d'amertume d'avoir été abandonné. J'ai été un bien bon copain avec pas mal de ces gars et voilà qu'y sont partis et qu'y m'ont laissé. C'est une sacrée manière de traiter le monde. Si que j'étais un d'eux j'aurais sûrement pas lâché un copain. Il soupira et secoua la tête. L'injustice qui lui était faite paraissait lointaine, un peu abstraite.

Il bâilla dans l'herbe, bruyamment. L'odeur, autour de lui, était déplaisante, et il détourna la tête puis se déplaça de quelques pieds en rampant. Son amertume devint brusquement cuisante. J'en ai fait des choses pour eux, mais ils ont même pas su apprécier. La fois que je me suis décarcassé pour leur trouver cette gnôle, et vieux Red qui croyait que je l'a refait. Il soupira. Qu'est-ce que c'est que ces foutues manières de pas faire confiance à un copain ? Penser que je l'a refait. Il secoua la tête. Et puis quand j'ai fusillé ce petit arbuste, et Croft qu'est venu et qui m'a secoué comme ça. L'est tout juste un gueulard, ce gars-là, je lui aurais cassé la tête s'il me l'avait pas faite à la surprise. Ça fait rien, c'est quand même dégueulasse d'agir comme ça rien que parce que j'ai fait un peu le con. Ses pensées allaient leur chemin, et il trouvait une vertueuse satisfaction dans le fait d'avoir été si souvent mal compris. J'offre un coup à boire à Goldstein, ou je voulais lui offrir, mais l'avait tellement la chiasse qu'a seulement pas accepté. Puis Gallagher qui m'appelle un sacré vantard et une pauvre ordure. L'avait pas à dire ça, j'ai été tout ce qu'y a de chic avec lui quand sa femme est morte, mais y a pas un là-dedans qu'apprécie rien du tout, ils pensent qu'à sauver la peau de leurs fesses et au diable les copains. Il se sentait très faible. L'avait pas à m'agoniser, Croft, parce que je suis malade, j'y peux rien si j'ai le dedans des tripes bousillé. Il soupira dans l'herbe qui se brouillait devant ses yeux. Décaniller comme ça, me laisser tout seul, et se foutre pas mal de ce qui m'arrive. Il songeait au chemin couvert depuis leur débarquement, se demandant s'il pourrait le refaire en rampant. Il se traîna pendant quelques pieds puis s'immobilisa, épuisé. Il essayait de se rendre compte de la gravité de sa blessure, mais sa pensée errait sans objet dans la solitude et le néant. L'effort qu'il venait de fournir l'avait replongé dans une stupeur partielle. Il entendit quelqu'un pousser un gémissement, puis un autre encore, et il comprit avec surprise que c'était lui qui exhalait ces plaintes. Nom de Dieu.

Le soleil lui brûlait le dos, imprégnant son corps d'une chaleur bienfaisante. Il se sentait lentement aspiré par la terre ; la tiédeur du sol se répandait par tout son être et le supportait. L'herbe et les racines et la terre sentaient le soleil, et son esprit remonta en tourbillonnant vers des images de champs labourés et de chevaux qui fument, vers cet après-midi où, allongé au bord de la route, il avait suivi des yeux la négresse dont les seins rebondissaient sous le chandail de coton. Il essaya de se rappeler le nom de la fille qu'il allait voir ce soir-là, et il se mit à pouffer. Je me demande si elle sait que j'ai que seize ans. Sa blessure répandait dans son ventre une sorte de tiède nausée assez semblable au glouglou de la passion, et il flottait entre ciel et terre, entre la route en bordure de laquelle se trouvait la maison où il avait vu le jour et le champ d'herbe kunaï où il était couché. De vagues images lascives se poursuivaient en rond dans sa tête. Nébuleuse et mouvante, l'herbe ressemblait à une énorme forêt, et il n'arrivait pas à déterminer s'il était ou n'était pas dans la jungle. Son sens olfactif recréait les odeurs de la brousse, il les amplifiait, il en restituait la grasse puanteur. Nom de Dieu, ça sent tout pareil qu'une femme.

Le sang s'écoulait plus rapidement entre ses doigts et il transpirait, il pensait à des choses liquides, il se perdait dans un fouillis de corps entrelacés dans l'amour, il se remémorait intensément le goût des ventres, des hanches, des bouches de femmes. Le soleil était très lumineux, très bon. Ça vous fout un gars par terre quand il baise pas régulièrement. Je parie que c'est ça qui m'a mis les tripes à l'envers et qui leur a flanqué cette saloperie de pus. Sa rêverie se dissipa à cette pensée. J'en veux pas de leur op-pér-ration, ils me feront mourir avec ça. Quand je rentrerai j'y dirai que j'en veux pas de leur camelote, j'y dirai que mon pus je l'a tout pissé avec mon sang et qu'y a rien de mal avec mes tripes. Il se remit à pouffer faiblement. Nom de Dieu, quand cette vieille blessure se fermera j'aurai deux nombrils, un sous l'autre. Je me demande ce que dira Alice quand elle verra ça.

Le soleil passa derrière un nuage. Il eut froid et se mit à frissonner. Ses idées retrouvèrent leur clarté pour un moment, et avec elles sa peur lui revint. Peuvent pas me laisser tout seul ici, faut qu'ils reviennent me chercher. L'herbe oscillait sous la brise, elle émettait un bruissement lugubre et lui suggérait des pensées qu'il ne voulait pas affronter. Faut que je tiens le coup. Il se souleva, réussit à se mettre debout, aperçut les collines et les falaises au pied du mont Anaka, puis, tout son corps couvert de sueur froide, il se porta en avant. Je suis un homme, se dit-il, je peux pas me laisser tomber en morceaux. Je me suis jamais laissé emmerder par personne, et c'est pas maintenant que je vais commencer. Un homme qu'a la chiasse vaut pas tripette.

Mais ses membres étaient froids et il frissonnait continuellement. Dégagé d'entre les nuages, le soleil ne le réchauffait plus. De nouveau il perçut un gémissement, et il se tordit sous un assaut soudain de douleur. C'est moi qu'a fait ce bruit. La douleur recommençait, martelant ses entrailles. « Nom de Dieu de fils de pute », cria-t-il tout d'un coup. Une rage insensée le prit contre sa souffrance, et il s'entendit cracher le sang dans ses doigts qu'il avait portés à sa bouche. On eût dit le sang de quelqu'un d'autre, et il s'étonna de constater combien c'était tiède. « Y a que ça, faut que je tiens le coup », grommela-t-il en perdant connaissance.

Tout avait marché mal. L'entrée du col était fermée, et dans ce moment même les Japonais étaient sans doute en train d'envoyer un message à leur quartier général. La patrouille, de toute façon, était éventée. A la nouvelle que Wilson avait été laissé en arrière Croft avait presque mugi de rage. Assis sur une pierre, ses minces lèvres blanches de colère, son regard allumé, il frappait la paume de sa main gauche avec son poing droit.

« Ce grand con de bâtard », grognait-il. Son premier mouvement fut d'abandonner Wilson à son sort. Mais il fallait aller à sa recherche ; tel était le règlement, et il n'était pas question de passer outre. Déjà il était en train de se demander qui il allait prendre avec lui pour se mettre en quête de Wilson.

Il en parla à Hearn. « Il me faut tout juste quelques hommes, mon lieutenant. Pas la peine qu'on y va nombreux, puis moins qu'on sera moins on risque d'écoper un mauvais coup. »

Hearn approuva de la tête. Son grand corps était affaissé et son regard froid était pensif. Il aurait dû y aller lui-même, c'était une erreur de laisser l'initiative à Croft, mais il n'ignorait pas que l'expérience de celui-ci le désignait pour la mission. D'ailleurs, il se défiait de ses propres réactions. Lui aussi, la disparition de Wilson l'avait mis en colère, et tout comme Croft son premier mouvement fut de le considérer perdu.

Toutes sortes de désirs s'affrontaient en lui, ambigus, contradictoires, plutôt étrangers à son tempérament. Il lui fallait y réfléchir. « Très bien, prenez qui vous voulez. » Il alluma une cigarette, regarda ses jambières, et congédia Croft.

Les hommes faisaient les cent pas dans le creux, agités, rendus un peu hystériques par la soudaineté de l'embuscade et par la découverte que Wilson s'était perdu. Ils s'adressaient des coups de gueule irrités.

Brown et Red se querellaient. « Tas de bâtards, jurait Red, vous étiez pas dans la danse, vous étiez bien pépères derrière ce nom de Dieu de rocher. Pouviez même pas sortir vos têtes de con pour voir si y avait quelqu'un d'amoché, non ?

— Qu'est-ce que tu nous dégobilles là, Red ? Si on était pas là pour vous couvrir, vous seriez tous crevés à cette heure.

— Aaah, mes balles, bande de froussards qui se cachent derrière ce rocher.

— Va te faire foutre, Red. »

Red se frappait le front. « Doux Jésus, Wilson, de tous les gars fallait que ça soye juste lui. »

Gallagher allait et venait, lui aussi se frappant le front. « Comment foutre qu'on l'a perdu ? demandait-il. Où ce qu'il est ?

— Assieds-toi, Gallagher, cria Stanley.

— Ta gueule.

— La fermez, vous tous, aboya Croft. Tas de nom de Dieu de femmelettes. Il se leva. Il me faut quelques hommes pour aller voir si on retrouve Wilson. Qui veut venir ? » Red dit qu'il venait et Gallagher fit entendre d'un signe qu'il en était.

Les autres gardèrent un bref silence. « Crotte, je peux aussi bien y aller, annonça Ridges.

— J'en veux un de plus.

— Moi j'irai, dit Brown.

— Je prends pas de gradés. Le lieutenant en aura besoin avec lui. »

Il les regarda à tour de rôle. Je ne devrais pas m'exposer, se dit Goldstein. Que ferait Natalie s'il m'arrivait quelque chose ? Mais, personne ne s'étant offert, il se sentit coupable. « Moi aussi j'irai, dit-il brusquement.

— Bon. Nous laisserons nos sacs ici, des fois qu'il faudra faire vite. »

Chacun s'empara de son fusil et ils sortirent du creux, prenant la direction du champ où ils furent embusqués. Ils marchaient en silence, se suivant à la file, séparés les uns des autres par une dizaine de mètres. Le soleil qui s'en allait vers l'ouest frappait leurs yeux. Il leur en coûtait maintenant d'avoir consenti à cette corvée.

Ils suivirent le chemin qu'ils avaient pris dans leur retraite, d'un pas rapide, n'essayant de se camoufler que s'ils avaient une crête à traverser. Le terrain était parsemé d'îlots d'arbres et d'arbustes, mais ils ne les examinaient que superficiellement. Croft était certain que Wilson avait été blessé dans l'embuscade et qu'il n'avait pas quitté le champ.

Il leur fallut moins d'une demi-heure pour atteindre le rempart. Ils s'en approchèrent à pas de loup, courbés en deux. L'endroit paraissait désert et tout à fait silencieux. Croft se hissa sur le rempart de pierre, leva lentement la tête, parcourut le champ du regard. Il n'y vit rien, et à l'autre bout, dans le bouquet de verdure, tout semblait paisible.

« Nom de Dieu, nom de Dieu de fils de pute de ventre. »

Les hommes se raidirent au bruit. Quelqu'un, à dix ou vingt mètres de là, poussait des gémissements. « Nom de Dieu, ohhhhhhhh. »

Croft fouilla l'herbe du regard. « Ohhhh, putain de mère de... » La voix expira dans un bégaiement de jurons.

Croft se laissa glisser du rocher et rejoignit son équipe qui l'attendait nerveusement, le fusil à la main. « Je crois que c'est Wilson. Allons-y. » Il prit sur sa gauche, se hissa de nouveau sur le plat et large rebord du rempart, et se laissa tomber dans l'herbe. Au bout de quelques secondes il découvrit Wilson. Il le retourna avec précaution. « Il est blessé, et comment », dit-il. Il le regardait avec un soupçon de pitié où se mêlait une trace d'écœurement. Si un homme est blessé c'est foutrement sa faute, pensa-t-il.

Ils s'agenouillèrent autour de Wilson, attentifs à se faire camoufler par l'herbe. Wilson avait de nouveau perdu connaissance. « Comment ferons-nous pour le ramener ? demanda Goldstein dans un souffle.

— Ça me regarde », grommela Croft de sa voix froide. Quelque chose d'autre le préoccupait pour l'instant. Wilson avait gémi à haute voix, et les Japonais, s'ils étaient encore à l'entrée du col, l'auraient certainement entendu. Comme ils ne se seraient pas fait faute de venir l'achever, il devenait évident qu'eux aussi s'étaient retirés. Leur feu, trop sporadique, trop peu nourri, indiquait que leurs forces n'excédaient pas une escouade. C'était sans doute un avant-poste qui avait des ordres de se replier dès la première alerte.

L'entrée du col, par conséquent, n'était plus gardée. Il se demandait s'il ne devrait pas laisser Wilson et pousser une reconnaissance avec ses hommes. Mais ça n'aurait pas servi à grand-chose ; il y avait certainement des Japonais en nombre à l'intérieur du col, en sorte qu'il ne passerait jamais au travers. La seule chance d'accomplir leur mission était d'escalader la montagne. Il jeta un coup d'œil sur le mont Anaka, et une fois de plus la vue du pic l'emplit d'un frisson de convoitise.

Il fallait s'occuper de Wilson. C'était enrageant. Et il lui fallait faire face à quelque chose d'autre encore. Au commencement de l'embuscade il s'était trouvé paralysé pendant plusieurs secondes. Il n'était pas question de peur ; simplement, il fut incapable de bouger. Il se sentait un peu contrarié à ce souvenir, presque tourmenté, comme s'il avait manqué une occasion unique. Pour faire quoi ?... Il était perplexe, mais il s'agissait d'une contrariété identique à celle qui lui venait de son impuissance à reconnaître le col. Il y eut un vide avant qu'il eût tiré, et... Il avait voulu quelque chose, pourtant. J'ai cochonné l'affaire, se dit-il avec amertume, pas tout à fait certain de ce qu'il entendait par là.

Et Wilson. Pour bien faire, il faudrait six hommes pour le ramener sur la côte. Il avait envie de jurer.

« Bon, tirons-le à travers l'herbe jusqu'au rempart, puis après on le portera. » Il empoigna Wilson par la chemise et se mit à le tirer, aidé par Red et par Gallagher. Une minute plus tard ils atteignirent le rocher, hissèrent Wilson par-dessus le rebord, et Croft se mit à confectionner un brancard. Il ôta sa chemise, la boutonna, glissa son fusil dans une manche, celui de Wilson dans l'autre. Les canons faisaient saillie à l'endroit de la taille, et les crosses sortaient par les manchettes. Il attacha les poignets de Wilson avec son ceinturon et l'enveloppa dans la couverture qu'il prit dans le sac de celui-ci.

Une fois terminé, le brancard eut environ trois pieds de longueur — de la longueur de la chemise. Ils y placèrent le blessé, glissèrent ses poignets attachés autour du cou de Ridges qui, faisant le brancardier arrière, s'empara des deux crosses. Red et Goldstein prirent chacun un canon sous les cuisses de Wilson, et Gallagher, sur le devant, se saisit de ses chevilles. Croft fermait la marche en guise de garde.

« Allons-nous-en d'ici, grommela Gallagher. Cette foutue place sent la mort. »

Ils prêtaient l'oreille au silence, mal à leur aise, regardant les falaises qui tombaient à pic.

Wilson saignait. Sa face avait blêmi, elle était presque blanche. Ils ne pouvaient pas croire que c'était Wilson. Il aurait pu aussi bien s'agir de n'importe quel blessé ayant perdu connaissance.

Red était en proie à une vague tristesse. Il aimait bien Wilson et Wilson venait d'être salement amoché, mais il se sentait incapable de grandes émotions. Il était trop fatigué, et il voulait s'en aller d'ici. « On devrait lui mettre une de ces sacrées compresses, dit-il.

— Oui. »

Ils reposèrent le blessé par terre. Red ouvrit son paquet de pansements, y prit une boîte qui contenait la compresse, déchira le carton avec ses doigts engourdis, appliqua le côté aseptique du bandage sur la blessure et l'y affermit. « Est-ce que je lui donne des tablettes ?

— Pas avec une blessure au ventre, dit Croft.

— Te crois qu'il va tenir ? » demanda Ridges d'une voix éteinte.

Croft haussa les épaules. « C'est un grand bœuf.

— Tu peux pas tuer vieux Wilson », chuchota Red. Gallagher regardait de côté. « Allez qu'on s'en va. »

Ils se mirent en route, progressant avec lenteur et précaution à travers tertres et collines. Ce fut un labeur exténuant. Ils faisaient halte fréquemment, chaque brancardier prenant la garde à tour de rôle.

Wilson revenait à lui peu à peu, grommelant avec incohérence. Il y eut une bonne minute pendant laquelle il parut tout à fait conscient, mais il ne reconnut personne.

« Doki koko cola », grommelait-il, pouffant faiblement.

Ils firent halte, essuyèrent le sang sur sa bouche, puis se remirent en marche. Il leur fallut plus d'une heure pour revenir vers la section, et ils y arrivèrent à bout de souffle. Ils le couchèrent, défirent le brancard, et se laissèrent aller à terre. Les autres les entouraient nerveusement, posaient des questions, réjouis que Wilson ait été retrouvé ; mais ils étaient trop las pour parler beaucoup. Croft se mit à jurer. « Nom de Dieu vous autres, assez de rester là à vous gratter le trou du cul. » Ils le regardèrent avec ahurissement.

« Minetta et Polack et Wyman et... Roth, allez là-bas dans les arbres et coupez-moi deux perches de six pieds environ sur deux pouces de diamètre, et rapportez-moi deux pièces de traverse de dix-huit pouces chacune.

— Pourquoi faire ? demanda Minetta.

— Pourquoi foutre tu crois que c'est ? Pour faire un brancard. Allez, et que ça grouille. »

Grommelant, ils s'armèrent de leurs machettes et se mirent en marche à la queue leu leu. Deux minutes plus tard on les entendit saper un arbre. Croft cracha avec dégoût. « Ces gars-là ils finissent par vous casser les couilles. » Un petit rire nerveux lui répondit. Inconscient, immobile, Wilson reposait au centre du creux. Malgré eux, ils ne le quittaient pas du regard.

Hearn s'approcha de Croft, et après lui avoir parlé un moment il lui fit appeler Brown, Stanley et Martinez. Il était environ quatre heures de l'après-midi et la chaleur était encore vive. Craignant d'attraper un coup de soleil Croft retira les fusils de sa chemise, la secoua énergiquement, puis l'enfila. Les traces de sang qui la maculaient le firent grimacer. « Le lieutenant pense que tous les gradés doivent discuter la situation, dit-il d'un ton tranchant, comme pour notifier qu'il n'y était pour rien. Nous allons ramener Wilson sur la côte, et je crois qu'il s'agit de choisir les porteurs.

— Combien d'hommes désignerez-vous, mon lieutenant ? » demanda Brown.

Hearn n'y avait pas encore pensé. Combien, en effet ? Il haussa les épaules, tout en essayant de se souvenir du nombre prescrit pour l'occasion dans son manuel. « Eh, je pense que six hommes feront l'affaire », dit-il.

Croft secoua la tête avec une brusque détermination. « Nous ne pouvons pas nous priver de six hommes, mon lieutenant. Faudra s'arranger avec quatre. »

Brown fit entendre un sifflement. « Un putain de boulot pour quatre hommes.

— Oui, quatre hommes pas bon », dit Martinez sarcastiquement. Il savait qu'il ne ferait pas partie des porteurs, et ça le fâchait. Ses nerfs étaient encore tout tendus à la suite de l'embuscade. Il savait que Brown manœuvrerait pour se faire renvoyer avec Wilson, et que lui-même devrait rester avec la patrouille.

Hearn intervint. « Vous avez raison, sergent, quatre hommes c'est tout ce que nous pouvons économiser sur nos forces. » Sa voix était égale, énergique, comme s'il les avait commandés depuis un long temps. « On ne sait jamais quand quelqu'un ramassera une bûche, et il nous faudrait alors d'autres porteurs. »

C'était une chose à ne pas dire. Leur mine s'allongea, leurs lèvres se durcirent. « Cré nom de Dieu, explosa Brown, on a eu de la veine dans cette campagne jusqu'à maintenant. A part Hennessey et Toglio... Pourquoi foutre qu'il fallait que ça soit Wilson ? »

Martinez se frotta le bout des doigts, le regard baissé. « Son numéro, dit-il, écrasant un moustique sur son cou.

— Après tout c'est possible de le ramener à quatre, dit Brown. Vous allez envoyer un gradé avec, pas, mon lieutenant ? »

Hearn ignorait la manière de procéder, mais il n'y avait pas lieu d'afficher son ignorance. « Je pense que l'un de vous pourra l'accompagner. »

Brown voulait en être. Bien qu'il eût réussi à ne pas se trahir, il s'était littéralement décomposé là-haut, derrière le rempart de pierre. « Je pense que c'est le tour de Martinez de rentrer », dit-il toutefois, non sans astuce car il savait que Croft voudrait garder Martinez. Cependant, d'un autre côté, il essayait d'être équitable.

« J'ai besoin de Mange-Japonais, dit Croft sèchement. Je crois que ça sera toi, Brown. » Hearn approuva du chef.

« Comme vous déciderez, dit Brown. Il se frotta la main sur ses cheveux bruns coupés ras, tripota un ulcère des tropiques sur son menton. Il se sentait vaguement coupable. Qui est-ce que je prends avec moi ? »

Croft réfléchit. « Si c'est Ridges et Goldstein, mon lieutenant ?

— Vous connaissez les hommes mieux que moi.

— Eh bien ils valent foutre pas cher mais ils sont costauds, et si tu les pousses un coup, Brown, ils rouscailleront pas trop. Ils ont bien marché quand on a ramené Wilson d'où ce qu'il a été blessé. » Il les regarda, songeant à la bagarre qui avait failli éclater à bord du canot entre Stanley, Red et Gallagher ; mais puisque Stanley s'était dégonflé, il ne lui servirait pas à grand-chose maintenant. C'est pourtant un gars malin, pensait-il, probablement plus malin que Brown.

« Qui d'autre ? demanda celui-ci.

— Je me dis qu'il te faut quelqu'un à la redresse vu que t'auras deux mazettes. Ça te dit de prendre Stanley ?

— Sûr. »

Stanley n'était pas certain de ce qu'il voulait. Il était bon de reprendre le chemin de la côte, d'en être quitte avec la patrouille, et cependant il se sentait joué. En restant, il aurait pu avoir sa chance avec Croft et le lieutenant. Il en avait assez des combats, surtout du genre d'embuscades qu'ils venaient d'essuyer, mais néanmoins... C'est la faute de Brown, se disait-il. « Si tu crois que je dois aller, Sam, j'irai, mais je sens que je devrais rester comme qui dirait avec la section.

— Nan, tu iras avec Brown. » N'importe quelle réponse l'aurait laissé insatisfait. C'était comme jouer à pile ou face pour décider d'une chose, et souhaiter après coup que la pièce fût tombée de l'autre côté. Il ne dit rien.

Hearn se gratta l'aisselle. Quel nom de Dieu de gâchis ! Il mordilla un brin d'herbe, le recracha paisiblement. Quand ils eurent ramené Wilson, il fut... bon, il en fut contrarié. S'ils ne l'avaient pas trouvé tout aurait été relativement simple, tandis que, du coup, la section allait se trouver amputée. C'était une drôle de sensation pour un chef de patrouille. Il lui fallait résoudre certaines choses ; cette patrouille prenait pour lui une signification qu'elle ne méritait pas.

Et tout était bousillé, il ne savait pas au juste ce qu'ils allaient faire. Il devait se prendre en main, réfléchir à la situation.

« Où foutre qu'ils sont ces gars avec les perches pour le brancard ? » demanda Croft d'une voix irritée. Il était déprimé pour une fois, presque effrayé un peu. Ils avaient fini de parler et ils restaient plantés là, gênés les uns et les autres. A quelques pieds de là Wilson geignait et frissonnait dans son délire. Son visage était très blanc, et ses lèvres pleines et rouges s'étaient pincées dans les coins et avaient pris une couleur rose mêlée de gris plomb. Croft cracha. Wilson était un des anciens, et ça faisait plus mal, ça remuait davantage de le perdre lui plutôt que l'un des nouveaux. Si peu des anciens restaient — Brown dont les nerfs étaient en compote, Martinez, Red qui était malade, Gallagher désormais pas bon à grand-chose. Les autres ont été perdus dans l'affaire des canots de caoutchouc, et le restant a été blessé ou tué dans les mois passés à Motome. Et Wilson maintenant. Croft se demandait si son tour venait, à lui aussi. Il n'arrivait pas à débarrasser son esprit du souvenir de cette nuit où, tapi dans son trou, il avait attendu en tremblant que les Japonais eussent traversé la rivière. Ses sens étaient à nu, comme enflammés. Il se rappelait avec une sorte de colère lascive, épaisse, comment il avait tué le prisonnier japonais. Que j'y mette seulement la main, sur ces Japonais. Cette patrouille le contrariait et l'enrageait, et sa fureur qui se dilatait embrassait tout dans sa violence. Il regarda le mont Anaka comme s'il mesurait un ennemi. Dans ce moment lui aussi haïssait la montagne, la considérant comme un affront personnel.

A une centaine de mètres devant lui il aperçut les hommes de corvée qui regagnaient le camp, les perches qu'ils venaient de couper se balançant sur leurs épaules. Tas de fils de pute de fainéants. Il se retint de les engueuler.

Brown les voyait venir d'un œil sombre. Dans une demi-heure il se mettra en route avec ses brancardiers. Ils ahaneront pendant un mille ou plus, puis ils camperont pour la nuit avec ce blessé pour leur tenir compagnie dans la brousse. Il se demandait s'il connaissait son chemin de retour, se sentant tout à fait incertain de lui-même. Et si les Japonais ont envoyé des patrouilles ? Il broyait du noir. Il n'y avait pas moyen de s'en sortir. On aurait dit un complot contre eux tous. Ils étaient trahis, voilà tout. Il ne savait pas qui les avait trahis, mais cette idée, où se nourrissait son amertume, lui procurait un vague plaisir.

Dans les arbres, alors qu'ils taillaient leurs perches, Roth trouva un oiseau. C'était une toute petite chose, plus petite qu'un moineau, avec un plumage brun sombre et une aile cassée, et cela sautillait et gazouillait piteusement, comme à bout de forces. « Oh, regarde ça, dit Roth.

— Quoi ? demanda Minetta.

— Cet oiseau », dit Roth. Il abandonna sa machette et s'approcha à pas attentifs, faisant un bruit de gloussement. L'oiseau fit entendre un petit pépiement et pencha la tête de côté comme une jeune fille timide. « Ah, regarde, c'est blessé », dit-il. Il avança la main et, l'oiseau ne bougeant pas, il le saisit. « Eh, qu'est-ce qui ne va pas ? » dit-il doucement, susurrant un peu comme s'il parlait à un bébé ou à un chien. L'oiseau se raidit dans sa main, essaya de battre des ailes, puis se tassa, ses yeux minuscules examinant avec appréhension les doigts qui l'emprisonnaient.

« Hé, laisse voir, dit Polack.

— Laisse-le tranquille, il a peur », dit Roth, la voix pleurarde. Il se détourna pour protéger l'oiseau, le tenant à quelques pouces de son visage et lui adressant de petits bruits de succion. « Qu'est-ce qu'il y a, poupon ?

— Aaah, pour l'amour de Dieu, grommela Minetta. Allez, rentrons. » Ils avaient fini de tailler les perches ; lui et Polack en portaient une chacun, tandis que Wyman avait ramassé les pièces de traverse et les machettes. Ils revinrent vers le creux, Roth les suivant avec l'oiseau dans la main.

« Pourquoi foutre avez-vous mis si longtemps ? aboya Croft.

— On a fait aussi vite qu'on a pu, sergent, dit Wyman humblement. Croft renifla avec mépris. Bon, allons-y, fabriquons ce brancard. »

Après avoir étalé avec soin la couverture de Wilson sur une toile imperméable, il y disposa les perches à quatre pieds l'une de l'autre, les borda, et ils se mirent à les enrouler aussi étroitement que possible. Quand les perches ne furent plus qu'à une vingtaine de pouces l'une de l'autre il mit les traverses en place, une à chaque bout, à six pouces à peu près du bord de la couverture, et les assujettit avec sa ceinture et celle de Wilson. Ceci fait, il souleva le brancard et le laissa tomber pour en éprouver la résistance. Cela tenait, mais il n'en fut pas satisfait. « Donnez-moi vos ceintures de pantalon », leur dit-il. Il s'y appliqua pendant quelques minutes, et quand il eut fini le brancard faisait un rectangle composé des deux perches, des traverses, et de la couverture et de la toile imperméable — celles-ci formant litière. Là-dessous les ceintures se croisaient diagonalement comme des étais, pour tenir les perches en place. « Je pense que ça va tenir », grommela-t-il. Il fronça les sourcils en apercevant la plupart des hommes rassemblés en cercle autour de Roth.

Roth était tout à son oiseau. Toutes les fois que celui-ci ouvrait son petit bec et essayait de picorer les doigts qui l'emprisonnaient, Roth ressentait un serrement de cœur. Une créature tellement sans défense. Tout son corps vibrait et se débattait, et pourtant ses efforts n'exerçaient aucune pression sur la main de Roth — un corps tiède qui dégageait une délicate odeur musquée semblable à celle de la poudre de riz. Malgré lui Roth le portait à son nez pour le renifler, pour toucher de ses lèvres son doux plumage. Ses yeux étaient si brillants, si alertes. Roth en était tombé amoureux dès l'instant où il l'avait trouvé. C'était si gentil. Toutes ses affections frustrées, accumulées pendant des mois, semblaient se reporter sur cet oiseau. Il le câlinait, il en respirait le bouquet, il examinait son aile démise, plein de tendresse à son endroit. Il éprouvait exactement la même joie que la fois où son fils lui avait tiraillé les poils du torse. Et aussi, encore qu'un peu inconsciemment, il jouissait de l'intérêt que les hommes manifestaient à sa trouvaille. Il était, pour une fois, le centre du spectacle.

Il lui eût été impossible de choisir un moment plus propice pour exciter l'hostilité de Croft.

La confection de la civière avait mis Croft en sueur et, sa tâche terminée, toutes les difficultés de la patrouille l'assaillirent de nouveau. Une rage brûlait en lui, à grandes flammes. Tout allait mal et Roth faisait joujou avec son oiseau, tandis que la moitié de la section bayait d'émerveillement.

Sa colère était trop violente pour lui permettre de réfléchir. Il traversa le creux et s'arrêta devant le groupe qui entourait Roth.

« Qu'est-ce que vous fabriquez là ? demanda-t-il d'une voix basse et tendue. »

Tous le regardèrent, instantanément sur le qui-vive. « Rien, grommela l'un d'eux.

— Roth !

— Oui sergent. » Sa voix faisait des trilles.

« Donne-moi cet oiseau. »

Roth le lui passa et il le garda un moment sans faire de geste. Il sentait le cœur de l'oiseau battre comme un pouls dans la paume de sa main. Ses petits yeux allaient et venaient frénétiquement, et la colère de Croft se concentra dans le bout de ses doigts. Le plus simple serait de le broyer dans sa main ; pas plus grand qu'un caillou — et c'est vivant. D'étranges impulsions se pressaient à travers ses nerfs et ses muscles, comme une eau qui se force un passage dans une masse de rochers. Il oscillait entre la compassion et l'épaisse et lascive poussée qui lui montait à la gorge. Il ne savait pas s'il devait caresser le doux plumage de la bête ou l'écraser dans ses doigts, et les impulsions qui le travaillaient, confuses et puissantes, miroitaient dans sa cervelle comme une lame au soleil.

« Est-ce que je peux le ravoir, sergent ? » plaida Roth.

Le son de sa voix, déjà défaite, envoya un spasme dans les doigts de Croft. L'esprit un peu gourd il perçut le pépiement étranglé de l'oiseau, puis l'affaissement soudain de ses os. La bête se débattit dans la paume de sa main, et sa rage lui revint, mêlée de nausée. Il se vit lançant l'oiseau à l'autre bout du creux, à plus de cent pieds de là. L'air s'échappa puissamment de sa poitrine ; sans s'en rendre compte, il avait oublié de respirer. Ses genoux en tremblaient.

Personne, pendant une longue minute, ne dit rien.

Puis l'orage s'abattit sur lui. Ridges se leva furieusement, s'avança sur lui. La colère épaississait sa voix. « Qu'est-ce que te fais... pourquoi t'as fait ça à l'oiseau ? Qu'est-ce que te ?... » Il bégayait d'excitation.

Choqué, positivement horrifié, Goldstein lui lançait des regards de feu. « Comment peux-tu faire une chose comme ça ? Quel mal t'a fait cet oiseau ? Pourquoi l'as-tu fait ? C'est comme... comme... » Il cherchait un équivalent au plus abject des crimes. « C'est comme tuer un bébé. »

Croft, inconsciemment, avait reculé d'un pas. La force de leur réaction le prit au dépourvu pour un instant. « Va-t'en, Ridges », dit-il entre ses dents.

La vibration de sa propre voix dans sa gorge raviva sa colère. « Je vous dis de la fermer, cria-t-il. *C'est un ordre !* »

Hésitants, incertains, ils se turent. Complaisant toute sa vie, Ridges n'avait pas l'habitude des rébellions. Mais ça... Seule sa crainte de l'autorité l'avait retenu de se jeter sur Croft.

Goldstein vit une cour martiale et la disgrâce et son enfant dans la misère. Lui aussi se replia. « Ohhh », s'exclama-t-il niaisement, étranglé d'émotion.

Red réagit plus lentement, plus délibérément. L'hostilité, entre lui et Croft, devait se déclarer tôt ou tard ; il le savait, et il savait également — encore que sans se l'avouer — qu'il avait peur de Croft. Il ne se disait rien de tout ceci ; il sentait seulement sa colère, et il comprenait que le moment était propice. « Qu'est-ce qu'il y a, Croft, tu gueules des ordres pour sauver la peau de tes fesses ? vociféra-t-il.

— Red, tu me cours. »

Ils ne se quittaient pas du regard. « T'es allé un peu fort ce coup-ci. »

Croft le savait. Mais on est qu'une tête de lard si on va pas jusqu'au bout de ce qu'on fait, se dit-il. « C'est peut-être tes oignons, Red ? »

Ceci était fondamental pour Valsen. Si un jour ou l'autre on lui mouche pas le nez, se dit-il, il nous passera sur le corps. Une sorte d'urgence nourrissait sa colère et son appréhension. « C'est mes oignons », dit-il.

Ils continuèrent de s'observer pendant une longue seconde, — une seconde divisée en nombre de fractions dont chacune était le siège d'un calcul, d'une décision prise et abandonnée en vue du premier coup. Puis Hearn les interrompit, les dispersant avec rudesse. « Allez, rompez, est-ce que vous êtes tous cinglés ? Qu'est-ce qui s'est passé, qu'est-ce qui ne va pas ici ? »

Ils se détournèrent avec lenteur, de mauvaise grâce. « Rien du tout, mon lieutenant », dit Red. Je me ferai plutôt foutre que me faire donner un coup de main par un nom de Dieu de lieutenant, pensa-t-il. Il était content de lui-même et soulagé tout à la fois, et d'un autre côté il se sentait frustré que son règlement de comptes avec Croft fût remis à plus tard.

« Qui a commencé ça ? demanda Hearn.

— L'avait point de raison de tuer ce p'tit oiseau, dit Ridges. Il s'est amené et l'a pris à Roth et l'a tué.

— Est-ce vrai ? »

Croft ne savait pas comment répondre. La voix d'Hearn l'irritait. Il cracha de côté.

Hearn hésita, tout en regardant Croft. Puis il sourit, légèrement conscient de jouir à ce point de la situation. « Bon, ça suffit comme ça, dit-il. S'il faut que vous vous tabassiez, ne vous tabassez pas avec des gradés. » Leur regard se chargea d'amertume. Le temps d'une seconde Hearn put saisir l'impulsion qui poussa Croft à tuer l'oiseau. Il se tourna vers lui, plongeant tout au fond de son regard impassible. « Il arrive que vous avez tort, sergent. Supposons que vous fassiez des excuses à Roth. » Quelqu'un pouffa.

Croft lui décocha un coup d'œil incrédule, avalant l'air à plusieurs reprises. « Allons, sergent, excusez-vous. »

Si Croft avait eu un fusil à la main, il aurait tué Hearn à l'instant même. C'eût été automatique. Mais délibérer, puis désobéir, appartenait à une autre catégorie. Il savait qu'il lui fallait se soumettre. S'il ne le faisait pas, la section se liquéfierait. Pendant deux ans il l'avait modelée, pendant deux ans la discipline ne s'y était jamais relâchée, et il suffisait d'une seule infraction pour anéantir toute son œuvre. C'eût été porter atteinte au seul code moral qu'il connût. Sans lever les yeux sur Hearn il s'avança vers Roth et le regarda. Un tic agitait les coins de sa bouche. « Je regrette », bégaya-t-il, comme si ces mots dont il ignorait l'usage eussent été de plomb sur sa langue. Il avait l'impression que sa chair grouillait de vermine.

« Bon, voilà qui met fin à l'incident », dit Hearn. Il se rendait compte qu'il avait provoqué Croft, et cela l'amusait. Seulement... Cummings avait probablement ressenti la même chose quand, obéissant à son ordre, il avait ramassé le mégot. Tout d'un coup il se sentit écœuré par lui-même.

« Tout le monde par ici, sauf les hommes de garde », cria-t-il.

Ils s'approchèrent, traînant la jambe. « Nous avons décidé que le sergent Brown, le caporal Stanley, Goldstein et Ridges ramèneront Wilson sur la côte. Vous voulez y apporter quelque modification, sergent ? »

Croft regarda Valsen. Il était incapable de réfléchir ; c'eût été comme se battre avec des oreillers. Il eût été mieux de se débarrasser de Valsen dès à présent, mais quelque chose l'en empêchait. Les deux autres qui lui avaient tenu tête s'en allaient avec le blessé. S'il désignait Red, les hommes penseraient qu'il en avait peur. Cette supposition était si neuve pour lui, si contraire à tout ce qu'il avait jamais pu concevoir dans le passé, qu'il en fut désorienté. Tout ce qu'il savait c'est que quelqu'un devrait payer pour son humiliation. « Nan, pas de changements », bégaya-t-il de nouveau. Il était surpris de la difficulté avec laquelle il s'exprimait.

« Bon, alors vous autres démarrez tout de suite, dit Hearn. Quant à nous... Il s'interrompit. Qu'allaient-ils faire, au fait ? Nous allons passer la nuit ici. Que chacun se repose. Demain nous trouverons un moyen de passer le col.

— Mon lieutenant, dit Brown, est-ce que je peux avoir une autre équipe de quatre hommes pour, disons, la première heure et demie de marche ? Nous ferons plus vite comme ça, et demain, quand on se remettra en route, on aura pas les Japonais dans le dos. »

Hearn réfléchit. « D'accord, mais je les veux de retour avant la nuit. » Il regarda autour de lui, désigna au hasard Polack, Minetta, Gallagher et Wyman. « Ceux qui restent prendront la garde jusqu'à ce qu'ils reviennent. »

Il entraîna Brown de côté. « Vous connaissez le chemin jusqu'à la piste dans la jungle ? »

Brown fit oui de la tête.

« Bon. Une fois arrivés sur la plage, attendez notre retour. Ça vous prendra environ deux jours, peut-être un peu plus. Nous y serons dans trois, tout au plus dans quatre jours. Si le canot arrive avant et si Wilson est... est encore en vie, vous repartirez tout de suite et vous leur ferez envoyer un autre canot pour nous reprendre.

— Très bien, mon lieutenant. »

Brown assembla ses brancardiers, fit placer Wilson sur la civière, et ils se mirent en route.

Il n'y eut plus que cinq hommes dans le creux : le lieutenant, Croft, Red, Roth et Martinez. Ils s'assirent, chacun de son côté, sur le tertre qui surplombait le creux, fouillant du regard les vallées et les crêtes. Ils voyaient les brancardiers s'avancer dans les collines, en direction du sud, les deux équipes se remplaçant l'une l'autre toutes les quelques minutes. Au bout d'une demi-heure ils furent hors de vue, et rien ne resta hormis les collines, les falaises muettes, et le ciel de l'après-midi que couvrait déjà l'éclat doré du couchant. A l'ouest, à un mille de là, des Japonais campaient dans le col, et en face, très haut, invisible, pointait le pic du mont Anaka. Chacun d'eux broyait du noir, tout seul avec ses pensées.

A la tombée du jour Brown, Stanley, Ridges et Goldstein furent laissés seuls avec Wilson. L'équipe auxiliaire avait pris le chemin du retour une heure plus tôt, et Brown, après avoir progressé d'un autre demi-mille, décida de faire halte pour la nuit. Ils s'installèrent dans un minuscule îlot d'arbres situé tout juste au-dessous de la jonction de deux petites collines et, ayant étalé leurs couvertures autour de Wilson, ils bavardaient d'une voix assoupie. L'obscurité arriva et, entre les arbres, il fit très noir. Agréablement fatigués, ils avaient plaisir à se rouler dans leurs couvertures.

Une fraîche brise nocturne bruissait dans le feuillage des arbres. Cela faisait songer à la pluie, et les hommes rêvassaient paresseusement à des nuits d'été quand, assis sous leur porche, contents d'être à couvert, ils regardaient les nuages s'amasser dans le ciel. De longues coulées de souvenirs leur revenaient, vagues et tristes — journées d'été, musique de danse le dimanche soir, air profond, odeur de feuilles. Cela les apaisait, les radoucissait. Ils songeaient à des choses oubliées depuis des mois, à l'excitation de conduire une auto sur un chemin campagnard, à la trouée d'or que font les phares dans les feuilles, à la tendresse et à la chaleur de l'amour par une nuit sans souffle. Et ils s'emmitouflaient plus étroitement dans leurs couvertures.

Wilson reprenait ses sens. Il flottait d'un accès de douleur à un autre, grognant et bafouillant inintelligiblement. Son ventre le faisait terriblement souffrir, et il faisait de faibles efforts pour ramener ses jambes sur sa poitrine. C'était comme si quelqu'un lui avait lié les chevilles, et il se débattit si bien qu'il revint tout à fait à lui. Sa face baignait dans la sueur. « Laisse-les, laisse-les, nom de Dieu de fils de pute, laisse mes jambes tranquilles. »

Il jura à très haute voix, arrachant les hommes à leur rêverie. Brown se pencha sur lui, lui barbouilla les lèvres avec un coin de son mouchoir humecté d'eau. « Calme-toi, Wilson, dit-il doucement. Faut que tu restes tranquille, petit vieux, ou tu vas ameuter les Japonais.

— Laisse-les, nom de Dieu de nom de Dieu ! » beugla Wilson. Ses cris l'exténuèrent, et il retomba en silence sur sa civière. Il se rendait vaguement compte qu'il saignait, mais l'instant d'après il ne sut plus s'il nageait ou s'il avait mouillé son pantalon. J'y ai fait pipi, marmonna-t-il, s'attendant à recevoir une claque. Woodrow, Woodrow, t'es un petit pourceau, faisait une voix de femme. Il pouffa, se protégeant contre la claque. Aou, mamma, je voulais pas le faire, hurla-t-il, plaidant, se triturant sur la civière comme pour éviter une taloche.

« Wilson, faut que tu restes tranquille, dit Brown tout en lui massant les tempes. Repose-toi, vieux, on va s'occuper de toi nous autres.

— Oui... oui... Un peu de sang remonta sur ses lèvres et il demeura sans bouger, sentant le caillot sécher sur son menton. Il pleut ? demanda-t-il.

— Nan. Écoute, vieux, faut que te restes tranquille à cause des Japonais.

— Euh-heuh. » Forçant sa stupeur, les mots de Brown l'emplirent de crainte. De nouveau il s'abîmait dans l'herbe kunaï où les Japonais étaient sur le point de le découvrir, et il se mit à pleurnicher inconsciemment comme si ses hoquets sortaient directement de ses nerfs. Faut que je tiens le coup. Mais il sentait son sang s'écouler goutte à goutte de sa blessure, se chercher des rigoles au creux de son aine et faire flaque entre ses cuisses. Je vas mourir. Il le savait. Comme s'il avait eu des yeux dans son ventre, il se forma une image de sa chair roulée et tordue et tortillée sur elle-même d'où le sang continuait à s'égoutter.

« On dira un con, s'entendit-il murmurer, alors qu'il venait de rugir.

— Wilson, faut que tu la fermes. »

Sa frayeur s'évanouit, laissant place à une vague inquiétude qui allait se calmant sous le toucher de Brown. « Y a une seule nom de Dieu de chose que je pige pas, dit-il, chuchotant cette fois. Deux au plumard et on se réveille trois, deux au plumard et on se réveille trois. » Il se répétait comme un tintement de grelot. « L'un, qu'est-ce que ça peut bien foutre avec l'autre ? Te baises et ça te sort un gosse. » Il grimaça, moitié de douleur, puis s'abîma dans le souvenir sensuel d'une femme en train de le chevaucher. L'image se brouilla bientôt, se changea en une série de cercles concentriques qui se vissaient dans sa tête. Faut que je tiens le coup. Quand t'as un trou dans le ventre faut pas t'endormir pendant l'op-pér-ration. Père s'a endormi et il s'a réveillé mort. Son esprit tourbillonna, retrouva son assiette, et soudain il se vit objectivement — un homme sur le point de mourir. Il se débattit contre cette pensée, terrifié, n'y croyant pas tout à fait, semblable à celui qui se regarde dans une glace sans pouvoir admettre que le visage qu'elle réfléchit lui appartient. Reprenant sa course erratique son esprit l'entraîna de nouveau à la dérive, et il entendit sa fille qui disait : « Papa s'a endormi et il s'a réveillé mort. »

« Non ! cria-t-il. Où c'est que t'as pris ça, May ?

— T'as une jolie petite fille, dit Brown. C'est May qu'elle s'appelle ? »

La voix de Brown fit revenir Wilson de sa divagation. « Qui que t'es, toi ?

— Brown. Comment qu'elle est, May ?

— C'est une sacrée petite dévergondée, dit Wilson. La plus maligne petite bestiole qu'y a jamais eu. Il eut vaguement conscience de sourire. Elle peut me retourner à l'envers si qu'elle veut, et elle le sait. Une petite diablesse. »

Il se tut, repris par un nouvel assaut de douleur. Absorbé dans les supplices qui ravageaient son corps, il haletait comme une femme en couches. « Ohhhh », geignait-il d'une voix épaisse.

« T'as encore d'autres gosses ? » demanda Brown avec hâte. Il massait le front de Wilson avec lenteur et tendresse, comme s'il calmait un enfant.

Mais Wilson ne l'entendit pas. Il se colletait avec son mal, presque hystériquement, comme quelqu'un qui se débat dans le noir et roule avec son agresseur le long d'un escalier sans fin. Protestant, gémissant de douleur, il frisait la syncope. Son esprit semblait faire la roue derrière ses paupières closes.

Brown continuait de lui masser le front. Dans cette obscurité le visage de Wilson paraissait n'être qu'un prolongement de ses doigts. Brown avala sa salive. Un bizarre mélange d'émotions le travaillait. Les gémissements de Wilson, ses cris de douleur, l'inquiétaient ; ils menaçaient leur sécurité, ils accusaient le sens de leur solitude parmi la vaste succession des collines autour de leur petit îlot d'arbres. Tout bruit inattendu le faisait tressaillir inconsciemment. Mais c'était plus qu'un simple effroi ; tout frisson, tout tremblement de douleur qui entamait le corps de Wilson, passaient dans ses doigts, dans ses bras, se répercutaient intimement à même son cœur et son esprit surtendus. Sans le savoir, il se crispait chaque fois que Wilson se crispait. C'était comme si sa cervelle avait éliminé tout le poison de son expérience, dissous les durillons, les sels caustiques, les chancres de sa mémoire. Cela le rendait à la fois plus vulnérable et moins amer. Le noir illimité de la nuit, la protection ténue de leur retraite, la souffrance qui tenaillait le blessé, se combinaient pour le dénuder, pour l'isoler, pour l'exposer comme un nerf qui accuserait la moindre saute de l'air que les collines revêtues d'ombre renvoyaient dans leur îlot d'arbres.

« T'en fais pas », vieux, chuchota-t-il.

Tout un monde perdu de passions et d'ambitions de son enfance, d'espoirs rancis et rouillés, clapotait en lui. Un ancien désir se réveillait en lui, libéré par le bavardage de Wilson à propos de sa fillette ; peut-être pour la première fois depuis son mariage il regrettait de n'avoir pas d'enfant, et la tendresse qu'il éprouvait pour Wilson n'avait rien de commun avec la condescendance amusée dont il le traitait d'habitude. Wilson, dans ce moment, ne lui apparaissait pas tout à fait réel ; il concrétisait à ses yeux le corps, la chair de ses propres aspirations. Il était son enfant, et aussi, en même temps, l'agrégation de ses misères et de ses désappointements. Pendant plusieurs minutes il lui fut plus cher que tout autre être au monde.

Mais cela ne pouvait pas durer. C'était comme si, réveillé au milieu de la nuit, il se fût trouvé sans forces au centre d'une intense énergie libérée dans son sommeil. La sortie du rêve, la transition vers l'état de veille, le laissèrent sans défense, titubant encore dans le sillage de sa songerie, isolé de toute expérience, de toutes les banalités reconnaissables et pourtant émoussées de son existence. Dépouillé, perdu au cœur de la nuit, il était le réceptacle non seulement de sa propre histoire, passée et présente, mais encore le dénominateur commun de tout ce qui, homme et bête, errait aveuglément dans la forêt primordiale. Il était dans ce moment l'homme qu'il eût pu être — pour le meilleur ou pour le pire.

Mais, inévitablement, il émerge hors de l'eau, s'agrippe aux quenouilles familières de sa couche, aux pâles rectangles de sa fenêtre, il renifle les odeurs familières de son propre corps, et son angoisse, son feu intérieur, se rabougrissent à leur taille naturelle, puis se dispersent. Les soucis de la journée à venir commencent de le solliciter.

Ainsi donc Brown avait songé à sa femme, avec nostalgie d'abord, avec un sentiment d'amour trop longtemps réprimé, la revoyant tout contre lui, ses seins chaudement blottis contre sa poitrine. Mais le peu de familiarité, la nudité de ses sensations, le désertaient. Il entendit Goldstein et Stanley qui se parlaient, il sentit la moiteur du front de Wilson, et il se trouva rejeté dans les tracas et les problèmes de sa mission. Tel un chien après un os, il s'était cramponné au souvenir de sa femme jusqu'à ce que, son amertume reprenant le dessus, il l'eût chassée de son esprit. Cette coureuse, qui cavale avec tout ce qui porte un pantalon.

Il se mit à penser aux difficultés de ramener Wilson sur la côte. La fatigue accumulée pendant les deux jours de patrouille ne s'était nullement résorbée dans son corps, et la traversée des collines allait être exténuante, maintenant que l'équipe auxiliaire les avait laissés à eux-mêmes. Il se représentait nettement la journée à venir. N'étant que quatre pour porter le brancard ils seront à la tâche sans interruption et, cruellement fatigués après le premier quart d'heure de marche, ils devront s'arrêter toutes les quelques minutes pour récupérer leur souffle. Wilson pesait ses deux cents livres, et avec leur équipement assujetti au brancard le poids total dépassait largement les trois cents livres. Soixante-quinze livres par bonhomme. Il secoua la tête. Il savait d'expérience combien la fatigue le brisait, dissolvait sa volonté, brouillait son esprit. Il était en charge de cette mission, c'était son devoir d'amener Wilson à bon port, mais il se sentait peu sûr de lui-même.

Tout cela — sa sympathie pour Wilson, la purification qu'il en éprouva, puis le retour de son amertume — tout cela lui valut un accès d'honnêteté vis-à-vis de lui-même. Il savait que sa crainte de continuer avec la patrouille lui avait fait désirer cette corvée, et qu'il lui fallait réussir dans sa tâche. Un sous-off qui sait pas cacher qu'il se dégonfle vaut pas un pet de lapin, se disait-il. Mais il y avait plus. Avec un peu de chance il passerait peut-être à travers les mois ou même les années à venir. A tout prendre ils n'étaient au feu qu'une petite fraction du temps, et il se pourrait que même alors rien n'arrivât de fâcheux ; sa peur ne serait pas éventée, personne n'en aurait à pâtir. Si seulement il s'acquittait comme il faut de sa tâche, tout serait bien. Après la campagne de Motome j'ai été bougrement mieux que Martinez dans l'entraînement et les exercices, pensa-t-il.

Ce dont il se rendait partiellement compte c'est qu'il craignait de se liquéfier tout à fait, de n'être bon à rien même en garnison. Faut que je me tiens raide ou je perds mes ficelles. Il lui arrivait parfois de le désirer ; il lui semblait que la vie deviendrait tellement moins compliquée s'il n'avait ni soucis, ni responsabilités. Il s'insurgeait contre une tâche qui consistait à surveiller des corvées et à pousser les gens au travail. Toutes les fois qu'un officier ou Croft passaient au crible le rendement de son escouade, il se sentait sur le gril.

Mais il se savait incapable de renoncer à son grade. Ils m'ont choisi, se disait-il, moi entre cent autres, parce que je le mérite. C'était son rempart contre toute chose, contre ses doutes quant à lui-même, contre les infidélités de sa femme. Cela, ce bouclier, il ne lui était pas possible de s'en défaire. Et cependant il ne cessait pas de se tourmenter. Un sentiment inavoué de culpabilité l'obsédait souvent. Il méritait d'être cassé s'il n'était pas à la hauteur. Faut que je ramène Wilson, se promettait-il. Un peu de sa compassion lui revint. Le voilà qui peut foutre rien, il dépend de moi, et on me croit capable de mener à bien mon boulot. La chose était si claire que c'en devenait effrayant. Il massait avec douceur le front de Wilson, son regard perdu dans le noir.

Il se tourna vers Goldstein et Stanley, qui continuaient leur conversation. « Pas si fort, vous allez l'exciter de nouveau.

— Oui », consentit Stanley doucement, sans manifester de rancune pour la réprimande. Lui et Goldstein parlaient de leurs enfants, chaleureusement, amicalement, rapprochés l'un de l'autre sous le couvert de la nuit.

« Tu sais, disait Stanley, on est vraiment privés de la meilleure part de leur enfance. Ils poussent là-bas, ils commencent de comprendre les choses, et nous sommes ici.

— C'est dur, acquiesçait Goldstein. Quand je suis parti Davy savait à peine parler, et maintenant ma femme me dit qu'il mène une conversation au téléphone tout comme un adulte. C'est un peu difficile à croire. »

Stanley fit entendre un claquement de langue. « Sûr. Je te le répète, on est privés de la meilleure part. Ce n'est jamais la même chose, une fois qu'ils ont grandi. Je me souviens que quand moi j'ai commencé de pousser, je prétendais en savoir plus que mon père. Quel sacré imbécile j'étais. » Il le disait modestement, sincèrement presque. Il avait découvert que les gens l'aimaient quand il leur faisait des confessions de cet ordre.

« Nous sommes tous comme ça, reconnut Goldstein. Je pense que c'est le propre de la jeunesse. Mais avec l'âge on voit les choses bien plus clairement. »

Stanley demeura silencieux pendant un moment. « Tu sais, ça m'est égal ce qu'on dit, mais il n'y a rien de mieux que la vie de famille. » Son corps était raide, et il se retourna avec précaution sous sa couverture. « Rien ne vaut le mariage. »

Goldstein approuva dans le noir. « C'est très différent de l'idée qu'on s'en fait d'abord, mais sans Natalie j'aurais été une âme perdue. Ça vous affermit, ça vous fait prendre conscience de vos responsabilités.

— Oui, dit Stanley. Il tapota le sol avec le plat de sa main. Mais on ne peut pas appeler ça être marié, quand on est de ce côté-ci de l'eau.

— Oh non, bien sûr que non. »

Cette réponse ne fut pas tout à fait au goût de Stanley. Il réfléchit un moment, cherchant à former sa phrase. « Est-ce que tu... eh bien, tu sais, est-ce que tu es jamais jaloux ? » Il avait parlé très bas, pour que Brown ne l'entendît pas.

« Jaloux ? Non, je ne peux pas dire que je le sois jamais, dit Goldstein d'un ton péremptoire. Il eut le pressentiment de ce qui troublait Stanley et, automatiquement, il s'efforça de l'apaiser. Écoute, dit-il, je n'ai jamais eu le plaisir de rencontrer ta femme, mais tu as tort de te tourmenter à son sujet. Ces gars qui ne font que médire des femmes, ils ne les connaissent guère. Ils ont tellement couru de gauche et de droite... Une idée le frappa. Écoute, si tu fais attention tu verras que les jaloux sont toujours ceux qui cavalent avec un tas, eh bien, un tas de femmes légères. C'est parce qu'ils n'ont pas confiance en eux-mêmes.

— Je pense que ça doit être ça. Mais l'explication ne le satisfaisait pas. Je ne sais pas, c'est peut-être parce qu'on est collés ici, dans le Pacifique, sans avoir rien à faire.

— Certainement. Écoute, tu n'as aucune raison de te faire du mauvais sang. Ta femme t'aime, n'est-ce pas ? Eh bien, c'est tout ce à quoi tu dois penser. Une femme décente qui aime un homme ne fait rien de ce qu'elle ne devrait pas faire.

— Après tout elle a un enfant, dit Stanley. Une mère ne se dévergonde pas. » Sa femme lui semblait très abstraite dans ce moment. Il la voyait sous les traits d'une « elle », d'un *x*. Les paroles de Goldstein l'avaient cependant soulagé. « Elle est jeune, mais tu sais elle a été une bonne et sérieuse épouse. Et ç'a été... amusant comme elle s'est chargée de ses responsabilités. Il étouffa un petit rire, décidé à apaiser les maux qui le tourmentaient. Tu sais, nous avons eu un tas de désagréments la nuit de notre mariage. Bien sûr nous les avons surmontés plus tard, mais les choses n'allaient pas du tout cette première nuit-là.

— Oh, tout le monde se retrouve avec ce problème.

— Sûr. Dis, tous ces types qui n'arrêtent jamais de faire de l'esbrouffe, même un gars comme Wilson ici. Il baissa la voix. Écoute, tu ne me diras pas qu'ils n'ont pas eu les mêmes bisbilles.

— Absolument. Il est toujours difficile de s'ajuster. »

Il aimait bien Goldstein. La nuit, le bruissement des feuilles dans les arbres, le travaillaient subtilement, laissant libre cours à ses incertitudes. « Regarde, dit-il soudainement, qu'est-ce que tu penses de moi ? » Il était encore assez jeune pour faire de cette question le clou de toute conversation intime.

« Oh », dit Goldstein. Il répondait toujours à ce genre de questions en disant aux gens ce qu'ils désiraient entendre. Ce faisant, il n'était pas malhonnête de propos délibéré ; même quand celui qui le questionnait n'était pas un ami, il réagissait toujours avec chaleur. « Hum, je dirai que tu es un garçon intelligent bien d'aplomb sur tes pieds. Et tu es plutôt ambitieux, ce qui est une bonne chose. Je dirai que tu réussiras probablement. » Jusqu'à cet instant, et pour cette raison précisément, il n'eut pas beaucoup de sympathie pour Stanley — cela sans se l'avouer d'ailleurs. Mais il avait le respect formel de la réussite, et une fois que Stanley eut exposé ses faiblesses, Goldstein était prêt à lui reconnaître toutes sortes de vertus. « Pour ton âge tu es même réellement mûr, ajouta-t-il.

— A vrai dire j'ai toujours essayé de faire plus qu'on ne m'en demandait. Il toucha son long nez droit, gratouilla sa moustache qui avait poussé de travers au cours de ces deux dernières journées. J'ai été le président de ma classe à l'école, dit-il d'un ton dépréciatif. Il n'y a pas de quoi crever d'orgueil, mais ça m'a appris à me comporter avec les gens.

— Ça a dû être une précieuse expérience, dit Goldstein d'un air songeur.

— Tu sais, se confiait Stanley, un tas de gars dans la section m'en veulent parce que j'ai été promu caporal bien que je sois un nouveau. Ils croient que j'ai fait de la lèche, mais nom de Dieu il n'y a pas un mot de vérité là-dedans. Je n'ai fait qu'ouvrir l'œil et je faisais ce qu'on me disait de faire, mais si tu veux savoir c'est un boulot bien plus difficile qu'on ne s'imagine. Ces gars qui sont dans la section depuis longtemps ils croient que tout leur est dû, alors que tout ce qu'ils font c'est tirer au cul dans les corvées et vous fourrer les bâtons dans les roues. Ils me font chier. Sa voix se fit rauque. Je sais que j'ai un boulot difficile, je ne dis pas que je n'ai pas fait des boulettes, mais j'apprends et je fais de mon mieux. Je prends au sérieux ce que je fais. Est-ce qu'on peut m'en demander davantage ?

— Non, on ne peut pas t'en demander davantage, acquiesça Goldstein.

— Tu sais, Goldstein, je t'ai vu faire, tu es un gars régulier. J'ai vu comment tu travailles dans les corvées, et pas un gradé pourrait t'en demander davantage. Ne pense pas qu'on ne sait pas t'apprécier. » Il se sentait supérieur à Goldstein, d'une manière indéfinissable d'ailleurs ; chaleureuse, compatissante, sa voix trahissait une touche de condescendance. Il était le gradé qui s'adresse au simple troufion. Il avait oublié que, deux minutes plus tôt, il avait attendu anxieusement que Goldstein lui exprimât son estime.

Le contentement de Goldstein s'obscurcit. Voilà comment sont les choses dans l'armée, se dit-il. L'opinion d'un blanc-bec y est de toute importance.

Wilson geignait de nouveau. Ils se turent et, s'étant retournés dans leurs couvertures, ils se soulevèrent à demi. S'aidant d'un soupir, Brown s'assit et s'efforça de le calmer. « Qu'est-ce qu'y a, vieux, qu'est-ce qu'y a ? demandait-il doucement, comme pour réconforter un chiot.

— Ohh, y a mon ventre qui me tue, ce fils de pute. »

Brown lui essuyait le visage. « Qui c'est qui te parle, Wilson ?

— C'est toi Brown, pas ?

— Oui. Il se sentit soulagé. Wilson allait mieux. C'était la première fois qu'il l'avait reconnu. Comment que tu te sens, Wilson ?

— Ça va, mais j'y vois pas clair.

— Il fait noir. »

Wilson se mit à pouffer faiblement. « J'ai cru que c'est ce trou dans mon ventre qui m'a fait aveugle. » Il remua ses lèvres gercées, faisant un son qui, dans cette obscurité, rappelait l'intense ahan d'une femme en labeur. « Quel fils de pute. » Il parut rouler sur le brancard. « Où foutre est-ce que je suis ?

— On te ramène sur la plage, Stanley, Goldstein, Ridges et moi. »

Wilson digéra lentement la nouvelle. « Je suis plus dans la patrouille, hein ?

— Oui. Nous tous, mon vieux. »

Wilson pouffa de nouveau. « Je parie que Croft a râlé comme un frelon. Fils de pute, ils vont m'op-pér-rer et m'enlever tout ce pus, pas, Brown ?

— Oui, ils vont te rafistoler.

— Quand ça sera fait j'aurai deux nombrils, un tout juste au-dessous de l'autre. Nom de Dieu, j'y serai une sacrée attraction pour les gonzesses. Il essaya de rire, se mit à tousser doucement. Ce coup-ci pour faire mieux que moi faudra un gars avec deux bites.

— Sacré vieux bâtard. »

Wilson frissonna. « J'ai le goût du sang dans la bouche. C'est-il bon, ça ?

— Ça peut pas te faire de mal, mentit Brown. Ça vient par les deux côtés.

— Dis si c'est pas dégueulasse, un gars qu'a été aussi longtemps que moi dans la section pour attraper une balle dans une petite bagarre de merde de rien du tout. Il se tut, pour réfléchir. Je voudrais que ce foutu trou dans mon bide il s'arrête de me faire mal.

— Tout ira bien, tu verras.

— Dis, y avait des Japonais après moi dans ce champ, à deux mètres d'où j'étais. Ils causaient, ils baragouinaient doky cola ou quelque chose comme ça. Mais l'étaient après moi. » Il se mit à trembler.

Le voilà qui déménage un coup de plus, pensa Brown. « T'as froid, vieux ? »

Comme en réponse à la question de Brown, un tressaillement entama le corps de Wilson. Tout en parlant il avait peu à peu perdu sa fièvre, et maintenant, frileux et moite, il frissonnait de froid.

« Tu veux une autre couverture ? demanda Brown.

— Oui, tu peux me donner ça ? »

Brown fit un pas en direction de ses hommes. « Y a quelqu'un qu'a deux couvertures ? » demanda-t-il.

Personne ne répondit immédiatement. « Je n'en ai qu'une seule, mais je peux me couvrir avec ma toile », dit Goldstein. Ridges dormait paisiblement. « Moi aussi je m'arrangerai avec ma toile, dit Stanley.

— Mettez-vous ensemble sous une couverture et une toile, et donnez-moi les autres. Il revint à Wilson, le couvrit de sa propre couverture, de celle qu'il venait d'obtenir, et d'une toile imperméable. Ça va mieux mon gars ? » demanda-t-il.

Wilson frissonnait moins fort. « J'y suis bien, murmura-t-il.

— Sûr. »

Ils gardèrent le silence pendant un court moment, puis Wilson se remit à parler. « Vous savez, j'apprécie rudement ce que vous faites pour moi, vous autres. » Un spasme de gratitude le saisit, et des larmes lui montèrent aux yeux. « Z'êtes de sacrés bons gars, y a pas à dire. C'est sûr, y a que ça de bon que si un gars a de vrais copains, et vous autres vous m'avez pas laissé tomber. Je te jure, Brown, on s'a peut-être engueulés de temps à autre, mais y a rien que je ferai pas pour toi quand je serai retapé. J'ai toujours su que t'étais un vrai pote.

— Eh, merde.

— Non, un gars il veut, il veut... Il se mit à bégayer d'excitation. J'apprécie ça, je veux que vous savez que je serai toujours votre pote. Vous saurez qu'y a un homme qui s'appelle Wilson qui dira jamais rien de mal de vous autres.

— Te feras mieux de te reposer, vieux », dit Brown. La voix de Wilson se faisait plus forte.

« Je m'en vas dormir, mais crois pas que j'y pense point. » Il se remettait à parler sans suite.

Au bout de quelques minutes il se tut. Brown regarda dans le noir et, une fois de plus, il se fit une promesse. Faut que je le ramène. C'était, avant toute chose, une exhortation à l'adresse de ce qu'il y avait de meilleur et de plus fort en lui-même.

*

* *

LA MACHINE A FAIRE LE TEMPS :
WILLIAM BROWN. PAS DE TARTE AUX POMMES AUJOURD'HUI

De taille moyenne, un rien grassouillet, avec une face d'adolescent, un nez camus, des taches de rousseur, des cheveux brun roux. Mais des rides s'étaient formées autour de ses yeux, et des abcès des tropiques couvraient son menton. Vu plus attentivement, il accusait bien ses vingt-huit ans.

Les voisins aiment bien Willie Brown, c'est un garçon si honnête, il a ce visage moyen si plaisant qu'on peut voir dans les boutiques, les banques, les bureaux, d'un bout à l'autre du pays.

Un bien joli garçon que vous avez là, disent-ils à son père, James Brown.

Bon garçon, mais vous devriez voir ma fille, c'est elle la bôôôté.

Willie Brown est très populaire. Les mamans de ses amis le cajolent, ses maîtres d'école en font leur favori.

Mais il a le chic pour les mettre en boîte. Aou, ce vieux corbeau, dit-il de sa maîtresse d'école, j'y donnerai pas un crachat. (Crachant sur le gazon poussiéreux du préau.) Je sais pas pourquoi diable elle me laisse pas tranquille.

Et il est d'une bonne famille. Bonne souche. Le père est employé aux chemins de fer de Tulsa, et s'il a commencé dans les ateliers il travaille maintenant dans les bureaux. Et ils ont leur propre maison dans la banlieue, avec un décent bout de terrain pour l'étoffer. Jim Brown est un homme sur qui l'on peut compter, toujours en train d'améliorer sa maison, fixant la canalisation ou mettant d'aplomb le seuil d'une porte qui se coince.

Pas le genre d'homme qui fait des dettes.

Elle et moi nous tâchons de pas dépasser notre budget, dit-il d'un ton moqueur. Si on voit qu'on est allé un peu fort, on coupe simplement sur le whisky de la semaine. (A demi apologétiquement.) Je regarde le whisky comme un article de luxe pour ainsi dire, surtout maintenant qu'il faut contrevenir à la loi pour en acheter, et qu'on est jamais sûr si ça va pas vous laisser aveugle.

Se tient au courant, aussi. Le *Saturday Evening Post* et *Collier's* et abonné au *Reader's Digest* depuis les années vingt. Cela fait bien votre affaire dans les petites conversations quand on va en visite, et la seule malhonnêteté que les gens lui aient jamais vu commettre c'est que tout en puisant dans ses lectures il oublie de citer ses sources.

Savez-vous que trente millions de personnes fumaient des cigarettes en 1928 ? disait-il.

The Literary Digest le tient au courant de la politique. J'ai voté pour Herbert Hoover aux dernières élections, admet-il plaisamment, bien que je sois depuis toujours du parti démocratique. Comme je vois les choses, un parti est au pouvoir pour un moment, puis au tour suivant vous y envoyez l'autre parti.

Et Mme Brown approuve de la tête. Je permets à Jim de me montrer le chemin dans ces choses de la politique. Elle n'ajoute pas ce qu'elle lui permet quant au reste, mais cela se laisse deviner. Braves gens, bonne famille, église le dimanche bien entendu. La seule opinion un peu violente que professe Mme Brown regarde la Nouvelle Moralité. Je ne sais pas, les gens ne craignent plus le Seigneur. Les femmes boivent dans les bars, faisant Dieu sait quoi encore, ça n'est pas juste, pas du tout chrétien.

M. Brown approuve avec indulgence. Il a quelques réserves, mais après tout les femmes sont pour ainsi dire plus religieuses, vraiment plus religieuses que les hommes, dira-t-il dans une conversation confidentielle.

Naturellement, ils sont très fiers de leurs enfants, et ils vous racontent avec amusement comment Patty apprend la danse à William, maintenant qu'il va à l'école.

Avec cette crise et tout nous ne savions pas s'il fallait les envoyer au collège d'État, mais je crois que nous y voyons plus clair maintenant. M. Brown, ajoute-t-elle, a toujours voulu qu'ils y aillent, surtout que lui n'y a pas été.

Le frère et la sœur *sont* de bons amis. Dans le salon où le sofa d'érable est flanqué par le vase (qui a été un pot à fleurs) et la radio, la jeune fille se fait guider par son frère.

Regarde, Willie petit, c'est facile. T'as pas besoin d'avoir peur de me tenir.

Qui qu'a peur de tenir quoi ?

Tu n'es pas un si grossier personnage que ça, dit-elle du haut de la supériorité que lui octroie son aînesse. Bientôt tu auras des rendez-vous.

— Tu parles, s'exclame-t-il avec dégoût. Mais il sent ses petits seins effrontés contre son torse. Il est presque aussi grand qu'elle. Qui c'est qui va avoir des rendez-vous ?

Toi.

Ils traînent leurs pieds sur le carrelage rouge. Hé, Patty, quand Tom Elkins viendra te voir laisse-moi lui parler. Je veux savoir si je serai assez grand l'année prochaine pour entrer dans l'équipe de football.

Tom Elkins, ce vieil imbécile.

(C'est un sacrilège.) Il la regarde avec aversion. Qu'est-ce qui va pas avec Tom Elkins ?

Tout va bien, Willie, tu seras de l'équipe.

Il ne sera jamais d'une taille assez grande pour faire partie de l'équipe de football mais il deviendra chef de claque de son école, et il a persuadé son père de lui acheter une auto d'occasion.

Tu comprends pas, papa, j'ai vraiment besoin d'une bagnole. On a ses courses à faire. C'est comme vendredi dernier, quand j'ai eu à rassembler tout mon monde pour s'entraîner pour le match contre Wadsworth. J'ai perdu tout mon après-midi à courir.

T'es sûr, fiston, que c'est pas une idée extravagante ?

J'en ai vraiment besoin, papa. Je travaillerai l'été pour te rembourser.

C'est pas la question, bien que je pense que tu devrais, rien que pour pas te dévergonder. Tu sais quoi, j'en parlerai à maman.

Il remporte la victoire, et il sourit. Loin derrière sa tête, tout au fond de la sincérité qui marquait sa conversation avec son père, il y a le souvenir de bien d'autres conversations. (Les adolescents qui parlent en se rhabillant après la culture physique, leurs profondes discussions dans les caves converties en clubs.)

Folklore : si tu veux tomber une fille, faut que t'aies une bagnole.

Il s'amuse beaucoup pendant sa dernière année à l'école. Il fait partie du S.G. (Student Government) et il est nommé gérant de la School Dance. Il a ses rendez-vous, les samedis soir, au cinéma Crown, et une ou deux fois il est allé à l'auberge-dancing en dehors de la ville ; il a ses vendredis soir — des invitations chez les jeunes filles, qu'il ne manque presque jamais pendant toute une partie de l'année.

Et il est toujours chef de claque. Il s'accroupit dans son pantalon de flanelle blanche, dans son chandail blanc qui le protège maigrement contre le vent de l'automne. Devant lui un millier d'adolescents en train de hurler, les filles se dandinant sur place dans leurs jupes de tartan vertes, leurs genoux rougis de froid.

Un hourrah pour l'équipe de Cardley, crie-t-il, courant de-ci de-là avec son mégaphone. Il y a un instant de silence, de respectueuse accalmie quand il étend son bras, l'agite au-dessus de sa tête, puis l'abaisse.

CARDLEY HIGH... CARDLEY HIGH.

HIIIIIIIIII SCORE HIIIIIII SCHOOOOOL.

YAAAAAAAAY TEAM !

Et la jeunesse hurle tout en le regardant qui fait la roue, qui retombe sur ses pieds en frappant des mains, le visage tourné vers le terrain de jeu, son corps dans une attitude de dévotion, de supplique. Tout ça est à lui. Un millier d'adolescents dans l'attente de son signal.

Un des glorieux moments, que l'on ressortira plus tard.

Pendant le décalage entre la saison de basket-ball et de base-ball il démonte sa voiture, installe un pot d'échappement (il en a assez de la pétarade qu'elle fait), graisse la boîte de vitesses, et repeint la carrosserie en vert pâle.

D'importantes conversations avec son père.

Il faut que nous songions sérieusement à ce que tu comptes faire, Willie.

J'ai pris pour ainsi dire ma décision, papa. Je serai ingénieur. (Ceci n'est pas une surprise. Ils en ont parlé bien des fois, mais cette fois-ci il est tacitement entendu que c'est sérieux.)

Eh bien, je suis content de te l'entendre dire, Willie. Je ne prétends pas que j'ai jamais essayé de t'influencer, mais il me serait difficile de demander rien de mieux.

J'aime vraiment la mécanique.

Je l'ai remarqué, fils. (La pause.) C'est l'aviation qui t'intéresse ?

Je crois que ça sera ma spécialité.

Oui fils, je crois que c'est un bon choix. Une branche d'avenir. Il lui assène une tape sur l'épaule. Je voudrais cependant mentionner une chose, Willie. J'ai remarqué que tu te montres un peu suffisant, rien de spécial à vrai dire et tu gardes tes manières à la maison, mais ça n'est pas de bonne politique. Il est parfaitement légitime de se dire qu'on est plus capable que son voisin, mais c'est une faute de le lui faire entendre.

J'y ai jamais pensé. Il secoue la tête. Écoute, papa, c'est rien de sérieux. Je ferai attention à partir de maintenant. (Une intuition.) Tu m'as réellement appris quelque chose là.

Le père rit sous cape, plutôt content. Sûr, Willie, ton vieux est encore capable de t'apprendre une chose ou deux.

T'es un brave type, papa. L'atmosphère est chaleureuse entre eux. Il se sent mûrir, devenir l'égal de son père, prêt à lui parler en ami.

Cet été il travaille au cinéma Crown comme ouvreur. C'est un travail plaisant. Il connaît au moins la moitié du public qui y vient, et tout en guidant les gens vers leur siège il échange quelques mots avec chacun. (Bonne idée d'être ami avec tout le monde ; on ne sait jamais quand on aura un service à demander à quelqu'un.)

En vérité, les seuls moments ennuyeux sont ceux de l'après-midi, quand la salle est presque déserte. Il y a généralement quelque fille avec qui on peut causer, mais depuis qu'il a rompu avec son flirt les filles ne l'intéressent pas. Je veux pas de clochette au cou, gouaille-t-il.

Un jour, cependant, il fait la connaissance de Beverly. (La svelte jeune fille dans la travée de gauche, yeux noirs, cheveux noirs, la bouche rouge et excitante peinte sur ses lèvres.) Comment t'as aimé le film, Gloria ? demande-t-il à l'autre jeune fille.

Je crois que c'est un film bien triste.

Oui, c'est terrible. Hello. (A Beverly.)

Hello, Willie.

Il sourit platement. Vous me connaissez ?

Oh, j'étais dans la classe au-dessous, à l'école. Puis je me souviens que vous étiez chef de claque.

Les présentations, les brillants propos. Se rengorgeant de plaisir. Alors vous me connaissiez, hein ?

Tout le monde vous connaît.

Oui, pas vrai que c'est formidable ? Ils rient.

Avant son départ il a pris rendez-vous avec elle.

Les chaudes nuits d'été, la langueur des arbres, le levain dans la terre. Ils gagnent dans sa voiture le parc qui se trouve au sommet d'une colline, sur la route nationale, en dehors de la ville. Ils se roulent et se tortillent dans la voiture, se cognent les genoux et le dos contre le levier de changement de vitesse, le volant, la poignée des portières.

Aou minou, je ferai rien du tout si tu veux pas, mais prête-toi.

Non, je ne veux pas, il vaut mieux pas.

Dieu, je t'aime, Beverly.

Moi aussi, Willie. (La radio de la voiture joue quand il pleut, quand il pleut... des sous du ciel. Ses cheveux ont la pure odeur des racines et son téton est délicatement parfumé contre la bouche de Willie. Il la sent qui se crispe dans ses bras, qui sanglote-palpite.)

Oh, petite.

Je ne peux pas, Willie, je t'aime tellement s'il te plaît je ne peux pas.

Je voudrais qu'on soit mariés.

Oh, moi aussi. (Fouillant dans ses cheveux avec sa bouche.) Ohhh.

Les analyses : ça y est, Willie, tu l'as culbutée ?

Je suis arrivé à l'avant-dernière étape, je la culbuterai, tu verras. Oh, quelle môme.

Qu'est-ce qu'elle faisait ?

Elle gémissait. Doux Jésus, je l'ai dans la peau, je l'ai faite gémir.

Eh, à quoi bon si elles se laissent pas fignoler.

Folklore : si elle baise pas c'est une frigide ; si elle baise c'est une putain.

Je la culbuterai, tu verras. Oublie pas qu'elle est pucelle. (Au fond de tout ça un furtif remords — je t'aime, Beverly.)

Propos sérieux : Tu sais, j'ai rêvé à toi hier, Willie.

Moi aussi. Tu sais, ce film que nous avons vu l'autre jour, *Captain Blood*, eh bien Olivia de Haviland te ressemblait. (Identification avec l'écran dans la caverne noire. Son amour est parfait comme le leur.)

Tu es si doux. (Ineffable attraction pour la jeune fille qui joue les mères. La courbe rouge de ses lèvres.) Si tu n'étais pas si doux, je ne me serais pas... laissée aller si loin. Tu n'as pas une mauvaise opinion de moi ?

Non. (Plaisantant.) J'en aurais une meilleure si... tu sais quoi.

O-oh, maman sait mieux. (Silence, la tête de Beverly sur son épaule.) Ça me fait drôle quand je pense à nous.

Moi aussi.

Est-ce que tu crois que tout le monde est comme nous ? Je me demande si Madge caresse comme moi, elle n'arrête pas de pouffer quand j'essaie de la cuisiner. (Avant-goût de la femme pratique.) Il y a quelque chose de louche là-dedans. (La vierge de nouveau.) Ça ne te fait pas drôle quand tu te mets à penser à ces choses ?

Oui, tout ça c'est très... drôle. (Mais dit avec de la profondeur.)

Je me sens bien plus mûre depuis que je te connais, Willie.

Je sais ce que tu veux dire. C'est rudement bon de causer avec toi. (Elle a tant de vertus ; elle est douce au toucher, et sa bouche l'excite tellement, et elle danse bien, et elle est agréable à voir dans son maillot de bain, et en plus elle est intelligente. Il peut lui parler.

Personne ne possède tout ça comme elle. Il resplendit de toute l'estime qu'elle lui inspire.) Oh, Beverly.

Au collège d'État il est admis dans une bonne confrérie, mais il est vaguement désappointé parce que les rites d'initiation sont interdits. (Il se voit, avec le temps, présidant aux cérémonies.) Mais ça va. Il apprend à fumer la pipe, il s'initie aux récompenses de la vie de collège. Frère Brown, récipiendaire bien estimé de la confrérie des Tau Tau Epsilon, nous allons présider aux rites de circoncision. En langage vulgaire, vous allez perdre votre pucelage.

Le bordel est cher où fréquentent les collégiens. Il est suffisamment ivre pour s'acquitter sans trop d'angoisse. Plus tard, dans la cour de l'école, il chante Une Fois de Temps à Autre... Ouhiiiii-hooooooooh. Une fois de temps à autre, t'as pigé petit pote.

Silence.

T'es un brave fils de garce. (Un thème nouveau.)

Il ne songe jamais à musarder, il est plein des meilleures intentions du monde, mais les rédacs, la trigo, la physique, etc. etc., sont un peu moins folichonnes qu'il ne s'était imaginé. Il essaie d'étudier, mais il y a mieux à faire. On a envie de prendre un peu d'air quand on a moisi tout un après-midi au labo.

Fascination de siroter une bière dans la taverne du cru, de se lancer dans de longues et profondes conversations. J'ai une copine, Gert, je te dis qu'elle est unique. Elle est belle, regarde sa photo. C'est une sacrée honte de me débaucher comme ça, de la tromper, et de lui écrire des lettres pleines de mamours.

Eh, bougre, si tu crois qu'elle se prive là-bas.

Dis pas ça ou je me fâche. Elle est tout ce qu'y a de plus pur.

Ça va, ça va, disons que c'est mon point de vue. Ce qu'elle ignore lui fera pas de mal.

Il y réfléchit, puis se met à rire. Pour te dire la vérité, c'est aussi mon point de vue. Buvons un coup.

J'aimerais vous dire, les gars, (légèrement saoul) ce que tout ce sacré bataclan signifiera pour nous dans quelques années. On apprend des choses par cœur, c'est un fait. Y a pas, ça va j'ai dit y a pas bien que j'aille au collège, mais merde je cause comme les gens de chez nous, y a pas un seul d'entre nous que j'oublierai jamais, c'est vrai de vrai parole de lesbienne.

Qu'est-ce que tu nous dégobilles là, Brown ?

Je veux être pendu si je sais. (Rires.) Au diable les examens de physique demain. J'ai le sang qui me pète les veines.

Amen.

En juin, après avoir été recalé, il est difficile de se présenter devant son père, mais il rentre chez lui avec des résolutions.

Écoute, papa, je sais que je t'ai terriblement déçu, et c'est une sacrée honte après tous les sacrifices que tu as faits pour moi, mais je pense pas que je suis fait pour ce genre de travail. J'ai pas l'intention de m'excuser en disant que je suis pas assez intelligent parce que je crois que je suis tout aussi à la hauteur que n'importe qui de mon âge, mais je suis un type qui a besoin de mordre dans du solide. Je crois que je suis fait pour le commerce ou quelque chose comme ça. J'aime me mêler au monde.

(Le long soupir.) Peut-être, peut-être. Pas la peine de pleurer sur le lait répandu, voilà ma devise. J'en parlerai à quelques-uns de mes amis.

Il trouve du travail dans une compagnie de machines agricoles, se fait ses cinquante dollars par semaine avant la fin de sa première année. Il présente Beverly à ses parents, il l'emmène voir Patty — qui est mariée.

Tu crois que je lui ai plu ? demande Beverly.

Bien sûr que tu lui as plu.

Ils se marient en été et s'installent dans une maison de six pièces. Il se fait ses soixante-quinze dollars, mais ils sont toujours un peu endettés ; la boisson et les sorties leur coûtent de vingt à vingt-cinq dollars par semaine.

Cependant, ça ne va pas trop mal. La nuit des noces est un carnage, mais il se remet rapidement et après un intervalle raisonnable leurs amours deviennent riches et variées. Ils ont un catalogue secret :

Amour sur les marches de l'escalier.

Les obscénités de Beverly quand elle est en rut.

Expériences avec des travestis.

....

(Lui n'y mettra pas de nom parce qu'il l'a appris dans des endroits à ne pas mentionner devant sa femme. Elle n'y mettra pas de nom parce qu'elle est censée l'ignorer.)

Et, bien entendu, tout ce qui semble être sans rapport avec l'amour. Manger l'un en face de l'autre, jusqu'à ce que c'en devienne assommant.

S'entendre l'un l'autre répéter les mêmes histoires à des personnes différentes.

L'habitude qu'il a de se curer le nez.

L'habitude qu'elle a d'ajuster ses bas dans la rue.

Le bruit qu'il fait en crachant dans son mouchoir.

L'air maussade qu'elle a après avoir passé une soirée à ne rien faire.

Il y a aussi des plaisirs innocents : discuter des gens qu'ils rencontrent.

Rapporter les cancans à propos de leurs amis.

Danser ensemble. (Simplement parce qu'ils dansent bien, comme tout le monde d'ailleurs.)

Lui, racontant à Beverly ses soucis d'affaires.

Il y a les choses neutres : rouler dans leur automobile.

Son club à elle : le bridge et le mah-jong.

Ses clubs à lui : le Rotary, l'Association des Anciens Élèves de la High School, la Chambre de Commerce.

Aller à l'église.

La radio.

Le cinéma.

Parfois, quand il a le cafard, il a la mauvaise habitude de passer une soirée avec ses amis du temps de son célibat.

Folklore du célibataire : La seule chose que j'aie contre le mariage c'est que les gens ne sont tout simplement pas assez intéressants pour les forcer à passer toute leur vie ensemble.

Brown : Tu sais pas ce que tu dis. C'est toujours là à t'attendre, propre et sûr, et pas la trouille d'attraper la vérole. La chose à faire avec les femmes, c'est de les essayer...

Folklore (histoires sales) : Sacrebleu, les trente-six manières.

Au milieu de la nuit : Voyons, va-t'en, laisse-moi tranquille Willie, je croyais qu'on était d'accord de ne pas se toucher pendant quelques jours.

Qui était d'accord ?

Toi. Tu as dit que nous nous y habituions trop.

Oublie ce que j'ai dit.

Ohhhh. (Exaspération et soumission.) Tu n'es qu'un vieux chien courant, c'est tout ce que tu es. Toujours envie de te la fourrer quelque part. (Amalgame, unique au mariage, de tendresse et d'irritation.)

Il y a des secousses extérieures à sa vie privée. Sa sœur Patty divorce, et il entend les gens jaser ; ce sont tout au plus de vagues insinuations, mais il est préoccupé. Il lui en touche un mot, subtilement pense-t-il, mais elle s'emporte.

Qu'est-ce que tu veux dire, Willie ? Que Brad aurait pu obtenir le bénéfice du divorce, et pas moi ?

Je veux rien dire. Je te demande seulement.

Écoute, Willie petit, ne me regarde pas de cet œil. Je suis ce que je suis, c'est tout, tu as compris ?

La secousse l'entame, s'enterre profondément en lui, et explose sporadiquement pendant de longs mois. Il a des instants où, au beau milieu de la journée, il s'arrête de rédiger son rapport, et se surprend à regarder son crayon. *Tu n'es pas un si grossier personnage que ça*, dit Patty, svelte et croustillante et virginale, la sœur aînée — moitié mère.

Le fouet de la mémoire. J'y comprends rien de rien. Qu'est-ce qui les change comme ça, pourquoi est-ce qu'une femme peut pas rester honnête ?

Tu seras jamais comme ça, pas, Beverly ? dit-il cette nuit-là.

Aou, mon chéri, comment peux-tu même penser ça ?

Ils se sentent très proches l'un de l'autre pendant un moment, et ses maux se tassent. Vraiment, Bev, j'arrête pas de me décarcasser pour faire face à tout ; tellement, que je voudrais pouvoir rattraper mon souffle, tu vois ce que je veux dire. Ta propre sœur — ça te fiche un coup, va.

Dans les bars, dans les compartiments pour fumeurs, au vestiaire du club de golf, on parle de Patty Brown.

Je te jure, Bev, si jamais je te pince à faire une chose comme ça je te tue, que Dieu me juge je te tuerai.

Chéri, tu peux avoir confiance en moi, dit-elle, le cœur battant à cause du soudain jaillissement de passion qu'elle devine chez son mari.

Je me sens bougrement vieilli, Bev.

Au dix-huitième trou il évalue la pelouse d'arrivée et se prépare pour le coup roulé. C'est un coup de cinq pieds et il devrait le réussir, mais tout soudain il sait qu'il le manquera. Ses mains épousent gauchement le manche du club et la balle est trop courte d'un pied.

Manqué de nouveau, fils, dit M. Cranborn.

Je ne suis pas dans mon bon jour, je crois. Nous pourrions aussi bien gagner le vestiaire. Il garde encore une sensation de gaucherie dans ses mains. Ils marchent lentement. Venez à Louisville, fils, et je me ferai un plaisir de vous emmener à mon club, dit M. Cranborn.

Je pourrais vous prendre au mot, monsieur.

Tandis qu'ils se douchent, M. Cranborn chante — *Quand tu portais une tulipe et que je portais un...*

Que fait-on ce soir, fils ?

On fera la ville, Monsieur Cranborn. N'ayez crainte, je vous mènerai dans les bons endroits.

J'ai entendu dire pas mal de choses à propos de cette ville.

Oui, monsieur, la plupart de ce qu'on en dit est vrai. (L'impudique ricanement dans la douche adjacente.)

Dans la boîte de nuit ils parlent affaires. Toutes les fois qu'il s'appuie au dossier de sa chaise, les feuilles du palmier dans son dos lui chatouillent le cou ; aussi se tient-il penché en avant, respirant la fumée du cigare de M. Cranborn. Eh bien, monsieur, il faut que vous songiez que nous avons droit à un petit profit, je veux dire qu'après tout c'est ce qui fait tourner rond la roue des affaires, et vous ne voudriez pas nous voir travailler pour rien, pas plus que vous-même vous n'aimeriez travailler pour les yeux de la princesse. Ça ne s'appellerait pas faire des affaires, n'est-ce pas ? Son cinquième verre est presque vide, et ses mâchoires se bloquent spongieusement. La cigarette est un peu drôle sur ses lèvres. (Faut que je boive moins.)

Un bon point, fils, un bon point, mais il y a encore le problème de faire quelque chose meilleur marché que le voisin d'en face et ça aussi c'est des affaires, la concurrence. Vous courez votre gibier, moi je cours le mien, et c'est comme ça que les choses tournent.

Oui monsieur, je vois ce que vous voulez dire. Tout ça, pendant un moment, menace de pirouetter et de pirouetter dans sa tête, et il a envie de se jeter dehors, de respirer un peu d'air. Examinons ça d'un autre point de vue.

Qui est cette blonde qui chante, Brown ? Connaissez ça ?

(Il ne la connaît pas.) Eh bien oui, monsieur, mais, franchement, vous ne voudriez pas la connaître. Elle a roulé un peu trop et, oui, franchement, des docteurs s'en sont mêlés. Mais je connais un endroit, monsieur, discret, respectable.

La fille du vestiaire peut l'entendre, qui téléphone. Il s'appuie contre le mur pour éviter de se coucher la face la première contre le téléphone. La ligne est occupée, et pendant un instant il a envie de pleurer.

Hello, Éloïse ? dit-il. La voix de la femme crachote à l'autre bout du fil.

C'est plus rigolo d'être en ribote avec ses collègues de la boîte où il travaille.

Je te le dis j'ai jamais rien vu de pareil, saisir une pièce d'un demi-dollar comme rien du tout, non mais elle l'a tout simplement attrapée sur le rebord de la table. Si je l'avais pas vu de mes yeux, j'aurais dit qu'il faut aller à Paris ou dans un bordel nègre pour y croire.

Faut de tout pour faire un monde.

Oui, c'est ce que je me dis, y a des tas de choses qui fricotent derrière la tête des gens et on s'en doute même pas.

Qu'est-ce que tu crois qui fricote derrière la tête du patron ?

Eh, on parle pas boutique ce soir, c'est entendu une fois pour toutes. Allez, une nouvelle tournée.

Ils vident leurs verres, et c'est une nouvelle tournée.

Je m'en vais vous dire quelque chose les amis, fait Brown, les gens croient que les représentants de commerce se la coulent douce, mais par Dieu la vérité vraie c'est qu'on bosse aussi dur que n'importe qui. Pas que j'ai raison ?

Personne bosse comme nous.

Exactement. Bon, maintenant avant que j'aie été recalé au collège, et je veux que vous sachiez que j'ai été recalé au collège parce que je pense qu'on est un sacré imbécile si on a de la fausse présomption et puis je suis pas de ceux qui la font à l'épate. Je suis simple comme une vieille godasse et je le dis droit à la face des gens.

Brown, t'es un brave vieux fils de garce.

Bon, ça je suis content de te l'entendre dire, Jennings, parce que je sais que tu le penses, et c'est quelque chose, ça. On se crève le derrière à bosser alors on veut avoir de vrais copains, des gens qui vous font confiance et qui vous aiment, parce que si on a pas ça, à quoi bon se crever ?

C'est exactement ça.

J'ai plutôt de la chance, je dirai ça dans les yeux de n'importe qui, mais bien sûr j'ai aussi mes crampes, qui n'en a pas, mais on s'est pas réunis ici ce soir pour gémir, pas que non ? Je vais vous dire les gars, j'ai une femme qu'est belle, là, c'est la vérité ça.

Un de la bande part d'un gros rire. Brown, moi aussi j'ai une femme qu'est belle, mais je te jure, une fois que t'as été marié deux ans ta femme peut aussi bien ressembler à un chien galeux pour tout le bien que ça te fait.

Je suis pas tout à fait d'accord, Freeman, mais y a quelque chose dans ce que tu dis. Il sent ses mots s'égoutter de sa bouche et se perdre dans la babel des conversations et le bruit des verres entrechoqués.

Allez, venez qu'on aille chez Éloïse.

Et l'inévitable retour.

Freeman, t'as dit quelque chose tout à l'heure qui m'a donné un coup pour ainsi dire, mais je veux que tu saches que ma femme est belle et qu'on en fait pas souvent des comme elle. Je pense que c'est une nom de Dieu de honte ce que nous faisons, baisant à gauche et à droite Dieu sait quoi puis rentrant chez nous avec nos femmes, c'est une belle saloperie voilà ce que je dis. Quand je songe à elle puis à ce que je fais, j'ai rudement honte de moi-même.

C'est une belle saloperie.

Exactement. On s'attendrait qu'on ait un peu de bon sens, mais la sale vérité c'est qu'on va baisant à gauche et à droite et buvant et...

Et se payant du sacré bon temps.

Du sacré bon temps, répète Brown. C'est exactement ce que j'allais dire, Jennings, et tu me l'as ôté de la bouche. Il titube, s'assied sur le pavé.

Belle saloperie.

Il se réveille sur son lit, avec Beverly qui le déshabille. Je sais ce que tu vas dire, mon chou, marmonne-t-il, mais j'ai mes crampes, t'arrêtes pas de pousser sur la roue, t'essaies de joindre les deux bouts, t'essaies d'en faire plus et plus parce que c'est ce qui te fait marcher, et ça prend un long temps, c'est, c'est une vie difficile comme dit le pasteur.

Et le matin, massant sa tête endolorie, examinant un devis, il se demande ce que Beverly a fait la nuit précédente.

(Le clignement malicieux de l'œil, la drôle expression d'angoisse de ceux qui ont pris part à la virée. A dix heures Freeman vient le retrouver au lavabo.)

Oh, quelle gueule de bois j'ai.

Je me sens pas sur mes jambes aujourd'hui, dit Brown. Pourquoi peste faisons-nous ça ?

Pour se tirer de l'ornière, je suppose.

Oui. *Oh, nom de Dieu !*

6

Cette même nuit, de l'autre côté de la chaîne des montagnes, Cummings faisait le tour de ses positions. L'attaque progressait favorablement depuis un jour et demi, et ses compagnies en ligne s'étaient avancées d'un quart à un demi-mille. La division était de nouveau en mouvement, d'une façon plus réussie qu'il n'avait espéré, et le long mois d'inactivité et de stagnation semblait fini. La compagnie F avait établi contact avec la Ligne Toyaku, et selon le dernier rapport reçu par Cummings une section renforcée de la compagnie E avait capturé dans l'après-midi un bivouac japonais sur le flanc de la compagnie F. Dans les quelques jours à venir son offensive oscillerait sous les contre-attaques de l'ennemi, mais s'ils tenaient — et il allait veiller à cela — la Ligne Toyaku pourrait être défoncée au bout d'une quinzaine.

Au fond, cette avance le surprenait un peu. Il avait préparé son offensive pendant plus d'un mois, accumulé vivres et approvisionnements, revisé ses plans de bataille jour après jour tout au long des semaines qui suivirent l'infructueuse attaque japonaise sur la rivière ; — il avait fait tout ce qui était dans le pouvoir d'un commandant, et il n'avait pas cessé de tout voir en noir. Le souvenir des bivouacs en première ligne avec leurs tranchées confortables et leurs chemins de caillebotis l'avait déprimé plus d'une fois. Image définitive d'hommes qui se tassent pour un repos permanent — implacablement.

Il savait maintenant qu'il avait eu tort. Les leçons apprises dans chacune de ses campagnes différaient entre elles, mais il avait assimilé un obscur axiome — obscur bien que fondamental. Les hommes qui croupissent dans le désœuvrement finissent par s'agiter, par s'ennuyer, au point que la grise succession des jours leur injecte une nouvelle dose de courage. C'est une erreur de relever une compagnie qui n'avance pas, se disait-il. Laissez-la s'enfoncer dans la boue assez longtemps, et elle passera à l'attaque de son propre mouvement. Ce n'est que fortuitement que son ordre de bataille fut donné à un moment où les hommes en eurent assez de moisir sur place, et, tout au fond de lui-même, il n'ignorait pas qu'il avait eu la main heureuse. Il s'était trompé du tout au tout quant à leur moral.

Si un ou deux de mes commandants de compagnie avaient la faculté de sentir, toute l'affaire aurait été plus simple, plus articulée, mais c'est trop que d'exiger d'un quatre galons de la sensibilité — en plus de tout ce qu'il est censé avoir. Non, c'est ma faute, j'aurais dû le voir malgré eux. C'était peut-être pour cette raison que les premiers succès de son offensive lui donnèrent si peu de joie. Il était content, naturellement, parce que cela l'avait débarrassé d'un gros poids. La pression du corps d'armée s'était relâchée qui avait pesé sur lui, et sa crainte de se voir relevé de son commandement au milieu de la campagne — crainte qui avait dominé pendant un temps ses faits et gestes — s'amenuisait elle aussi, quitte à se résorber tout à fait si l'avance de ses troupes continuait favorablement. Cependant, il ne fit que substituer une contrariété à une autre. Un soupçon l'obsédait, très fugace, à peine formulé, à savoir qu'il n'était pour rien dans le succès de l'attaque, à peu près comme celui qui presse le bouton n'est pour rien dans l'arrivée de l'ascenseur. Cela émoussait sa satisfaction, et il en fulminait secrètement. Il y avait bien des chances que, de toute façon, son offensive s'embourbe tôt ou tard, et lors de sa visite au corps d'armée, qu'il projetait pour le lendemain, ce succès préliminaire menacerait de déjouer ses efforts en vue d'obtenir le support naval pour l'opération Botoï Bay. Au fait, il devrait se commettre à soutenir que la campagne ne saurait être gagnée que grâce à cette invasion, et se lancer dans la scabreuse entreprise de sous-estimer, de dénigrer l'avance de ses troupes.

Mais les choses avaient changé. Reynolds lui avait envoyé un mémo confidentiel que l'on n'était peut-être plus tout à fait réfractaire, en haut lieu, à l'idée de Botoï, et une fois sur place il saurait manœuvrer sa barque. Ce genre de concession n'était pas impossible à décrocher.

Entre temps — il le savait — il mordait à son propre hameçon. Assis tout au long du jour sous la tente des opérations et lisant les rapports qui lui arrivaient du front, il n'avait pas cessé de se sentir un peu agacé. Il se faisait l'impression d'être dans la peau du politicien qui, le soir des élections, suit tout en se lamentant les gains du candidat de son propre parti — parce qu'il avait essayé d'en faire désigner un autre. Cette maudite chose manquait d'imagination, c'était la banalité même, n'importe quel traîneur de sabre aurait pu en faire autant, — et quelle humiliation d'admettre que le corps d'armée avait eu raison.

Mais, bien sûr, le corps d'armée avait tort. Il allait y avoir du grabuge, et cela ils refusaient de l'admettre. Il songea un instant à la patrouille de reconnaissance qu'il avait dépêchée de l'autre côté de la montagne, puis il haussa les épaules. S'ils réussissaient, s'ils rentraient avec des renseignements de quelque valeur, si vraiment il pouvait envoyer une compagnie sur leurs traces et envahir Botoï Bay de ce côté-là, alors le coup serait aussi parfait qu'impressionnant. Mais il était trop hasardeux d'y compter. En attendant le retour de la patrouille d'Hearn, il était plus prudent de ne pas en tenir compte dans ses calculs.

En dépit de ses réserves, il se donna tout entier à sa tâche ; il prêta toute son attention à l'avance des troupes, il s'était concentré sur chaque rapport qui arrivait du front. Ce fut une besogne exigeante, exténuante, et vers la fin de la journée il se sentit fatigué et désireux d'une diversion. Quand sa division était au feu il trouvait presque toujours stimulant de faire son tour quotidien du front. Mais, la nuit étant venue, il ne lui était pas possible d'inspecter les positions de son infanterie. Aussi décida-t-il de visiter ses postes d'artillerie.

Il téléphona pour se faire envoyer son chauffeur avec la jeep, et vers les huit heures du soir il prit la route. La lune était presque pleine. Il se détendit sur le siège avant de la jeep, suivant des yeux le jeu des phares sur le feuillage de la jungle. Ils étaient assez à l'arrière des premières lignes pour n'avoir pas à se préoccuper de camouflage, et le général fumait indolemment, offrant son visage au souffle plaisant de la brise. Il se sentait épuisé, et tendu cependant ; les ornières du chemin, le bruit du moteur, les cahots sur le siège rembourré, le parfum de sa cigarette, le caressaient et apaisaient ses nerfs comme le tiède clapotement d'un bain. Il commençait de se sentir de bonne humeur et agréablement creux.

Après un voyage de quinze minutes ils atteignirent une batterie de 155 située sur le côté de la route. Obéissant à une impulsion il dit à son chauffeur d'y aller, et la jeep rebondit sur un conduit souterrain fait de fûts d'essence vides recouverts de terre. Les roues chassèrent dans la vase du parc automobile, et ils firent halte sur un bout de terrain relativement sec. L'homme de garde avait déjà téléphoné au capitaine, lequel se présenta à la jeep pour recevoir le général.

« Mon général ? »

Cummings fit un signe de la tête. « Rien, un petit tour. Comment va la batterie ?

— Fort bien, mon général.

— Le service d'approvisionnement devait vous apporter deux cents obus il y a une heure environ. Vous les avez reçus ?

— Oui, mon général, dit le capitaine. Il marqua un silence. Vous avez l'œil à tout, n'est-ce pas, mon général ? »

Ceci plut à Cummings. « Avez-vous dit à vos hommes à quel point le feu du bataillon a été satisfaisant cet après-midi ?

— Je leur ai dit quelque chose à ce propos, mon général.

— On ne saurait le souligner suffisamment. Quand les hommes s'acquittent convenablement de leur tâche il est bon de le leur dire. Il est bon qu'ils aient le sentiment de la chose faite.

— Oui, mon général. »

Le général s'éloigna de la jeep et le capitaine lui emboîta le pas. « Vos ordres sont d'entretenir un feu de harcèlement de quinze minutes en quinze minutes. Est-ce correct ?

— Depuis la nuit dernière, mon général.

— Que faites-vous pour relever vos canonniers ? »

Le capitaine eut un petit sourire supérieur. « J'ai divisé les servants de chaque pièce en deux, mon général, et chaque escouade reste avec son canon une heure, faisant feu quatre fois. De cette façon mes hommes ne sont à court que d'une heure de sommeil.

— C'est un fort bon arrangement », approuva le général. Ils traversaient une petite éclaircie de terrain où se trouvaient le mess de la batterie et la tente de service. Les tentes paraissaient d'argent sous la lune, et leurs toits qui s'élevaient abruptement leur donnaient une apparence de cathédrales en miniature. Ils s'engagèrent sur une piste d'une cinquantaine de pieds, taillée à même l'épais d'un taillis. Au sortir de la piste quatre obusiers alignés sur une cinquantaine de mètres pointaient les lignes japonaises par-dessus la jungle. La lune qui filtrait à travers le feuillage dessinait une moucheture mouvante sur les affûts. Derrière les canons cinq tentes d'escouade étaient disséminées dans la brousse, que noyait presque entièrement l'ombre profonde de la jungle. Ceci constituait toute la batterie : le parc automobile, le mess, le dépôt d'approvisionnement, les obusiers, et les tentes. Le général en fit le tour du regard, avisa quelques canonniers qui s'étalaient entre les roues d'un 155, et il éprouva une vague nostalgie. Une tristesse l'envahit pour un instant, un regret passager de savoir que lui n'aurait jamais pu être un canonnier qui n'a que sa seule pitance pour rétribution et pas d'autre perspective que la tâche odieuse de creuser des plates-formes pour l'emplacement des pièces. Un bizarre et inhabituel état d'esprit le sollicitait, un genre tout nouveau d'apitoiement et d'indulgence.

Des rires occasionnels s'échappaient de l'une des tentes d'escouade, des huées rauques.

Il avait toujours été seul, c'est ainsi qu'il avait choisi d'être, et ce n'est pas maintenant qu'il se rétracterait. D'ailleurs, il n'y songeait pas. Les choses les meilleures, les choses qui valent la peine doivent, en dernière analyse, se faire dans la solitude. Des instants comme celui-ci, les doutes passagers, sont des tentations qui s'emparent de vous quand on relâche sa vigilance. Il regarda la vaste et sombre masse du mont Anaka qui se détachait sur la nuit — une masse plus grande que le ciel qui la surmontait. C'était l'axe de l'île, sa clef de voûte.

Il y a une affinité entre nous, se dit-il. Si on voulait faire du mysticisme à ce propos, la montagne et lui se comprenaient l'un l'autre. Tous deux, nus et seuls par nécessité, ils commandaient les hauteurs. Peut-être cette nuit-ci Hearn, ayant doublé le col, voyagerait-il à l'ombre même de l'Anaka. Il ressentit une bizarre secousse faite de colère et d'espoir, sans qu'il sût d'ailleurs s'il voulait ou non que Hearn réussît. La question n'était pas encore résolue de ce qu'il allait faire d'Hearn, elle ne pouvait l'être à moins que celui-ci revînt de sa mission. L'incertitude du sort qu'il réservait à Hearn le troublait.

Le capitaine dérangea sa rêverie. « Nous allons faire feu dans une minute, mon général. Voulez-vous y assister ?

— Oui », dit Cummings. Il accompagna le capitaine vers une pièce entourée de ses servants. Les hommes finissaient d'ajuster la pièce, et l'un d'eux chargeait le long et svelte obus par la culasse. Ils se turent à son approche, se raidirent, l'attitude contrefaite, les mains derrière le dos, incertains s'il fallait se mettre au garde-à-vous. « Repos, dit Cummings.

— Tout est en ordre, Di Vecchio ? demanda un des servants.

— Oui. »

Le général décocha un regard à Di Vecchio, un homme râblé court sur jambes, les manches de sa chemise relevées, un toupet noir sur le devant de la tête. Ragot des villes, pensa Cummings avec un mélange de condescendance et de mépris.

Un des soldats émit un gros rire embarrassé et contraint. Tous ils étaient conscients de sa présence, terriblement conscients, se disait Cummings, comme des morveux à l'entrée d'un bureau de tabac, mal à leur aise parce qu'une femme leur a adressé la parole. Si je n'avais fait que passer ils auraient grommelé, peut-être même se seraient-ils gaussés de moi. Il en éprouva un plaisir aigu, presque poignant.

« Capitaine, *moi* je ferai partir le canon », dit-il.

Tous le regardèrent. Un des canonniers se mit à fredonner un air. « Vous voulez bien que je fasse partir le canon ? demanda le général gentiment.

— Hein ? fit Di Vecchio. Oui, bien sûr que oui, mon général. »

Le chef de pièce lui céda la place et Cummings, s'approchant du canon, saisit le tire-feu, un cordon d'un pied de longueur que terminait une olive. « Combien de secondes, capitaine ?

— Feu dans cinq secondes, mon général », dit le capitaine, regardant avec nervosité sa montre.

Le toucher de l'olive était plaisant dans la main du général. Il regardait le mécanisme compliqué de la culasse revêtue d'ombre, et son esprit oscillait doucement entre l'anxiété et l'excitation. Machinalement, son corps avait pris une posture relâchée et confiante ; toutes les fois qu'il lui arrivait de faire une chose dont il n'avait pas l'habitude il prenait instinctivement une attitude détachée. Cependant, la masse du canon le troublait ; il n'avait pas touché à une pièce depuis West Point, et il ne songeait ni au bruit ni à la concussion mais à la fois où, pendant la Première Guerre, il était resté deux heures sous un barrage d'artillerie. Il avait éprouvé alors le plus puissant effroi de sa vie, et l'écho de cet émoi ricochait dans ce moment dans son esprit. Juste avant de faire partir la pièce une succession d'images défila dans sa tête — le grondement tumescent du canon, le long essor plongé de l'obus dans le ciel nocturne, le sifflement de la chute, la terreur des Japonais, absolue et primordiale, à l'instant où le projectile atterrira à l'autre bout de sa trajectoire. Une étrange extase agita ses membres le temps d'une seconde, puis se résorba avant même qu'il s'en aperçût.

Le général amena à soi le cordon tire-feu.

Le souffle de l'explosion l'assourdit pour un instant, le laissant étourdi et inerte. Il sentit plutôt qu'il ne vit l'énorme langue de feu qui s'échappa de la gueule du canon, puis il perçut avec hébétude le long remous de la décharge qui entamait le cloisonnement solide de la jungle. Les pneus ballon, la flèche de l'affût, vibraient encore sous l'effet du recul.

Tout cela n'avait pris qu'une fraction de seconde. Le souffle qui lui ébouriffa les cheveux, qui lui fit fermer les yeux, s'était résorbé avant même qu'il pût l'enregistrer. L'acuité de ses sens lui revenait par degrés à travers le sillage de l'explosion, et il s'y agrippait comme celui qui chasse son chapeau que le vent emporte. Il aspira, sourit, s'entendit dire d'une voix égale : « Je n'aimerais pas me trouver de l'autre côté », et ce n'est qu'après avoir parlé qu'il redécouvrit la présence des canonniers et du capitaine. Il l'avait dit parce qu'une partie de son esprit tenait toujours compte de la situation objective. Il s'éloigna à pas comptés, entraînant le capitaine sur ses talons.

« L'artillerie est un rien plus impressionnante de nuit », murmura-t-il. Sa tenue s'était légèrement relâchée. Il se serait gardé de faire cet aveu à un étranger, mais il se trouvait encore sous le choc d'avoir fait partir le canon.

« Je sais ce que vous voulez dire, mon général. Ça me donne toujours un coup, les bombardements de nuit. »

Alors tout allait bien. Il se rendait compte qu'il avait presque fait un faux pas. « Votre batterie paraît être en bon ordre, capitaine.

— Merci, mon général. »

Mais il n'écoutait pas. Il reconstituait en pensée l'abatée de l'obus. Combien de temps ça prenait-il ? Une demi-minute peut-être ? Son ouïe était aux aguets dans l'attente de l'explosion.

« Je ne peux pas m'empêcher d'y penser, mon général. Ça doit être l'enfer de l'autre côté. »

Cummings écoutait l'écho assourdi de l'explosion, à des milles dans la jungle. Il imaginait le brillant, le destructif bouquet de flammes, la rupture hurlante du métal qui fuse en chantant dans les airs. Je me demande si ça a tué quelqu'un ? pensait-il. La sensation de soulagement qui se répandait dans son corps lui fit comprendre avec quelle tension il avait attendu l'atterrissage de l'obus. Il se sentait à la fois assouvi et exténué. Les guerres, ou plutôt *la guerre*, est une chose étrange, se dit-il un peu ineptement. Mais il savait ce qu'il entendait par là. Tout y était ennui et routine, règlements et chicanerie, et cependant un cœur battait là-dessous qui vous emportait dans son rythme quand on s'y jetait à corps perdu. Les aspirations secrètes de l'homme, les immolations sur les collines sacrées, le remous des désirs et des convoitises dans la nuit et dans le sommeil, n'étaient-ils pas tous contenus dans le fracas hurlant d'un obus, dans le feu et le tonnerre sortis de la main de l'homme ? Il ne formulait rien de tout cela d'une façon cohérente, mais la trace de ces choses, leurs équivalences émotionnelles, leurs images et sensations, aiguisaient puissamment ses facultés de perception. Il se sentait purifié comme dans un bain d'acide, jusqu'au bout de ses doigts, et tout son être était prêt à saisir le savoir qui se dérobait là derrière.

Il se laissait aller avec plaisir à la complexité de ses spéculations. Alors que les troupes dans la jungle étaient disposées selon l'emplacement qu'il leur avait assigné, lui-même existait sur plusieurs niveaux à la fois ; une part seulement de lui-même avait fait partir le canon. Le complexe mugissement de sons et d'images et d'odeurs, multiplié et remultiplié par tous les canons de la division, se trouvait tout entier dans quelques cellules de sa tête, dans un insignifiant repli de sa cervelle. Tout — toute la violence, toute la coordination des choses avait pris naissance dans son esprit. Dans ce moment, dans cette nuit, il eut un tel sentiment de puissance qu'il connut les bornes du bonheur. Il était calme et sobre.

Plus tard, dans sa jeep, sur son chemin de retour, il fut d'excellente humeur. Il était encore tendu, un rien fiévreux encore, mais le sentiment qu'il en éprouvait chargeait son cerveau d'une intense activité exempte d'agitation. Cependant, sa pensée errait au hasard de sa propre pente ; il s'amusait, comme eût fait un enfant lâché dans une boutique de jouets — un enfant laissé libre de toucher à tout et de tout abandonner au gré de sa fantaisie. Cummings n'était pas sans être conscient de ce jeu. Toute nouvelle activité physique avait le don de l'éperonner, de fouetter ses sensations.

Arrivé dans sa tente, il jeta un regard rapide sur les quelques dépêches qui s'étaient accumulées en son absence. Il n'était pas en humeur de les examiner en ce moment, d'en digérer le détail, d'en assimiler l'essentiel. Il quitta sa tente pour un bref moment, aspirant de nouveau l'air de la nuit. Le bivouac était silencieux, spectral presque, où la lune illuminait des flocons de brume et recouvrait la végétation d'un filet ténu d'argent. Son état d'esprit lui faisait tout voir sous un aspect irréel. Combien la terre paraît étrange la nuit, songea-t-il avec un soupir.

De retour sous sa tente il hésita un instant, puis ouvrit un petit classeur placé sur le côté de sa table où il prit un lourd carnet relié de noir comme un registre. C'était son journal où, depuis des années, il jetait sur le papier ses pensées intimes. Il y eut un temps où il se confiait à Margaret, mais, quand ils se furent détournés l'un de l'autre l'importance de son journal s'était accrue à ses yeux et, les années passant, il avait noirci, scellé et mis sous clef bon nombre de carnets.

Cependant, consigner ses pensées dans son journal s'accompagnait toujours d'un sentiment de clandestinité, comme s'il eût été un adolescent qui, la conscience trouble, s'enferme au lavabo. D'ailleurs, encore que sur un plan plus élevé, son attitude rappelait, à bien des égards, celle de l'adolescent en question ; — presque sans le savoir il se préparait des excuses au cas où il se verrait surpris. « Si vous voulez patienter un instant, commandant (ou colonel, ou lieutenant), je finis de prendre quelques notes pour un mémo. »

Il ouvrit son journal sur une page blanche, le crayon en suspens, l'esprit en éveil. Toutes sortes d'idées et d'impressions lui étaient venues sur son chemin de retour, et il attendit, sachant qu'elles allaient se reproduire dans sa tête. Une fois de plus il se souvint du cordon tire-feu, du contact lisse et ovoïde de l'olive dans sa main. Comme une bête au bout de la laisse, pensa-t-il.

L'image donna le départ à un circuit d'idées. Il annota la date sur le haut de la page, fit rouler le crayon entre ses doigts, et se mit à écrire.

« Il n'est pas tout à fait stérile de considérer les armes comme étant quelque chose de plus que des machines, comme ayant une personnalité peut-être, une qualité humaine. L'idée m'en est venue ce soir, à la batterie, mais à quel point tout cela est comme un processus génératif, sauf que les fins en sont si différentes. »

L'image lui était un peu étrangère, et c'est avec une sorte de répulsion que, tout en songeant à Di Vecchio, il nota les symboles sexuels.

« Le canon comme une reine des abeilles je suppose, fécondée par le faux bourdon. L'obus-phallus qui voyage dans un vagin d'acier brillant s'élève dans le ciel, puis allume la terre. La terre-mère comme dirait le poète, je suppose.

« Le vocabulaire de l'artilleur implique, dans sa grossièreté même, cette signification. Peut-être cela flatte-t-il l'inconsciente satisfaction que nous éprouvons à servir la Mort-notre-Mère. *Mettre en position, hausser sa vis, coucher la pièce*. Je me souviens de cette classe d'entraînement que j'ai inspectée, l'amusement qu'éveillait cette terminologie, et l'officier instructeur disant : « Si vous ne savez pas introduire votre obus dans ce grand trou, je me demande ce que vous ferez quand vous serez plus âgés. » Une notion qui vaut peut-être la peine d'être analysée. Existe-t-il des travaux psychanalytiques à ce sujet ?

« Mais il y a encore d'autres armes. Ces attrape-nigauds dont se servent les Allemands en Europe, ou même notre propre expérience sur la colline 318 à Motome. Petites choses, dangereuses comme une invasion de vermine, petites choses noires qui sapent les hommes, qui les emplissent de nausée et d'horreur jusqu'à ce qu'à force d'écarquiller les yeux on se mette à larmoyer — anticipation de l'explosion, peur que le rampement d'un cafard ne fasse partir la mine.

« Le tank et le camion tels les lourds et massifs animaux de la jungle, cerfs et rhinocéros, la mitrailleuse comme le clabaudage cancanier qui fauche des vies à la douzaine ? Ou le fusil, arme personnelle si tranquille, prolongement de notre force. N'est-il pas possible d'établir un rapport qui leur soit commun ?

« Et, corrélativement, au combat les hommes sont plus proches de leurs machines que de leurs semblables. Une thèse plausible, acceptable. Combat signifie coordination de milliers d'hommes-machines doués d'un sens d'orientation qui s'élancent à travers un champ, qui suent comme un radiateur au soleil, qui frissonnent et se raidissent comme une pièce de métal sous la pluie. Nous ne sommes plus si éloignés de la machine ; je le perçois dans ma propre pensée. Nous n'additionnons plus hommes et chevaux. Une machine vaut tant d'hommes ; la Marine s'en est rendu compte plus finement même que nous autres. Les nations dont les chefs aspirent à égaler Dieu font l'apothéose de la machine. Je me demande si cela est valable pour moi. »

Il se recala sur sa chaise et alluma une cigarette. La lampe à essence se mit à ronfler et, s'étant redressé pour l'ajuster, il se souvint de l'expression d'Hearn quand celui-ci, assis sous cette même tente, avait demandé son transfert. Il haussa les épaules, se réclina de nouveau sur sa chaise, regarda sa table. Transcrite sur le papier sa pensée semblait manquer de profondeur, de simplicité, et il en était vaguement mécontent. Il aurait pu s'en tenir là, mais le souvenir du lieutenant Hearn l'avait troublé, mettant presque à nu une nappe secrète de son esprit. Il chassa résolument l'image d'Hearn, tira une ligne sous sa dernière phrase, et se remit à son journal.

« Je réfléchissais tout à l'heure à une courbe dont les significations sont plutôt nombreuses. La parabole asymétrique, comme celle-ci

ou celle-ci

ou celle-ci

ou celle-ci

« Re : la planche spenglérienne pour toutes les cultures (jeunesses, croissance, maturité, vieillesse, ou bourgeonnement, floraison, flétrissure, putréfaction). Mais la courbe ci-dessus est la forme linéaire de toute culture. Une époque semble toujours atteindre son zénith en un point situé au delà du centre de son orbite. La chute est toujours plus rapide que l'ascension. La voilà bien, la courbe de la tragédie ; je tiens pour un principe esthétique sain que le développement d'un personnage s'élabore plus lentement que sa décadence.

« Mais d'un autre point de vue cette forme est la courbe profilée du sein de l'homme ou de la femme. »

Cummings s'interrompit, sentant un fourmillement nerveux le long de son dos. La comparaison le troubla, et les deux ou trois phrases qu'il nota tout de suite après n'eurent guère de sens pour lui.

« ... du sein de l'homme ou de la femme, la courbe fondamentale de l'amour je suppose. C'est la courbe de toutes les puissances de l'homme (abstraction faite du degré de sa culture ou des signes de sa décadence), et cela semble être la courbe de l'excitation et de la décharge sexuelles qui sont, après tout, le noyau physique de la vie.

« Quelle est-elle, cette courbe ? *C'est le parcours fondamental de tout projectile*, balle, pierre, flèche (la flèche nietzschéenne du désir), obus d'artillerie. C'est la courbe du trait mortel, aussi bien qu'une abstraction de la pulsion vie-amour ; elle démontre la forme de l'existence, et vie et mort ne sont que de différents points aperçus au cours d'une même trajectoire. La vie est le point que nous voyons et sentons quand nous sommes à cheval sur l'obus : c'est le présent, le voir, le sentir, le pressentir. La mort est le point d'où nous embrassons l'obus dans sa totalité ; c'est le moment où l'obus connaît son inexorable fin, le terme vers lequel il a été destiné par des lois physiques inévitables à partir de l'instant de son impulsion primitive, quand il a été catapulté dans les airs.

« Pour pousser cette idée plus loin, il y a deux forces qui contraignent le projectile à suivre son parcours. Sans elles le trait monterait à jamais selon une seule et même ligne droite . Ces forces sont gravité et résistance du vent et leur effet est proportionnel au carré du temps ; elles s'accroissent sans cesse, se repaissent d'elles-mêmes en un sens. Le projectile prétend aller comme ceci , et la gravité va vers le bas , et la résistance du vent va . Ces forces parasitaires augmentent de plus en plus avec le passage du temps, hâtant le déclin, diminuant la portée. Si seule la gravité était en jeu, le parcours serait symétrique

« c'est la résistance du vent qui produit la courbe tragique

« Au sens plus large de la courbe, la gravité occuperait la place de la mort (ce qui va en s'élevant doit choir), et la résistance du vent serait la résistance du milieu... l'inertie de la masse ou des masses qui émousse la vision, ralentit le mouvement ascensionnel d'une culture, hâte sa ruine. »

Le général s'arrêta, regardant d'un œil vide son journal. Un

fragment de sa dernière notation faisait la navette dans son esprit avec une fade régularité. « L'inertie de la masse ou des masses, l'inertie de la masse ou des... » Il en fut tout à coup écœuré.

Je joue avec les mots. Tout ce qu'il venait d'écrire lui semblait dénué de sens, vaniteux. Un spasme de dégoût s'empara de lui pour sa prose et, lentement, d'une pesante pression de son crayon, il tira une ligne sur chacune de ses phrases. La mine cassa au milieu de la page et, la respiration précipitée, il jeta son crayon et quitta la tente.

C'était trop léché, trop simple. Certes, un ordre dominait le monde, mais on ne pouvait pas le réduire à la forme d'une courbe. Les choses lui échappaient.

Ses yeux erraient par le bivouac silencieux, il voyait les étoiles dans le ciel du Pacifique, il entendait le bruissement des cocotiers. Ses sens se dilataient de nouveau, lui faisant perdre la notion des limites de son corps ; de nouveau une ambition sans bornes soulevait tout son être, et si ses habitudes eussent été moins enracinées en lui il eût levé ses bras au ciel. Jamais encore, depuis son jeune âge, il n'avait eu une telle soif de savoir. Tout était à la portée de la main, si seulement on savait s'en saisir. Mouler... mouler la courbe.

Un canon partit au loin, entamant la nuit de part en part.

Cummings prêta l'oreille à l'écho et frémit.

7

Le crépuscule allumait des rouges et des ors dans les falaises du mont Anaka, d'où ils réverbéraient sur les collines et les plaines. Au bivouac, ce qui restait de la section se préparait pour la nuit. Les quatre hommes de l'équipe auxiliaire étaient de retour, et ils étalaient à terre leurs couvertures. Gallagher était de garde sur le tertre qui dominait le creux ; les autres cassaient la croûte ou bien s'accroupissaient dans l'herbe pour se soulager.

Wyman se brossait les dents avec grand soin, versant des gouttelettes d'eau de son bidon sur sa brosse et se massant les gencives avec application.

« Hé, Wyman, appela Polack, pourquoi que tu mettrais pas la radio pendant que tu y es ?

— Naah, j'en ai marre d'écouter la radio », dit Minetta.

Wyman rougit. « Dites donc vous autres, je suis encore civilisé moi, fit-il d'une petite voix. Ça regarde personne si je veux me brosser les dents.

— Il se laisse rien dire, pas même par ses meilleurs copains, gouailla Minetta.

— Aaah, allez vous faire foutre, vous me faites chier. »

Croft remua sous sa couverture, puis se souleva sur son coude. « Fermez-la, vous autres. Voulez ameuter les Japonais, ou quoi ? »

Que pouvaient-ils lui répondre ? « Bon, ça va », grommela l'un d'eux.

Roth les avait entendus. Accroupi dans l'herbe, il regarda craintivement par-dessus son épaule. Il n'y avait rien derrière lui, hormis le vaste et sombre amoncellement des collines. Il devait se dépêcher. Il fureta à la recherche de son papier, mais un nouveau spasme le saisit et il grogna, se retenant à ses propres cuisses.

« Jésus, entendit-il soupirer quelqu'un, qui c'est qui chie comme ça, un éléphant ? »

A la nausée de Roth, à sa faiblesse, vint s'ajouter l'embarras. Il s'empara de son papier hygiénique, remonta son pantalon. Il était si faible. Il se coucha sur sa toile imperméable, tira sur lui sa couverture. Pourquoi faut-il que ça commence maintenant ? se demanda-t-il. Pendant les deux premiers jours ses selles furent dures et lourdes, mais rien n'était pire que ceci. C'est la réaction nerveuse à cause de l'oiseau, se dit-il ; la diarrhée est causée aussi bien par les nerfs que par la nourriture. Comme pour confirmer cette opinion son ventre se contracta, lui infligeant quelques instants d'angoisse. Je serai obligé de me lever au milieu de la nuit, se disait-il. Mais cela ne lui serait pas possible. S'il se mettait à rôder dans le noir, l'homme de garde pourrait lui tirer dessus. Il lui faudrait le faire au pied de sa couverture. Des larmes de frustration et de contrariété lui montèrent aux yeux. C'était injuste. Il en voulait amèrement à l'armée de n'avoir pas pris en considération des situations comme celle-ci. Ohhh. Il retint sa respiration, serra son sphincter, tandis que la sueur coulait dans ses yeux. Il eut la certitude de se salir, et une petite panique s'empara de lui. « Serrer le trou de son cul », disait cette racaille. Qu'en savaient-ils ? C'est leur seule façon de juger le monde, se dit-il.

« C'est quand la merde se met à gicler qu'il faut que tu le serres... » Eh bien, cet après-midi, il l'avait serré sans même y penser.

Mais, en repensant à l'escarmouche à l'entrée du col, toute son angoisse lui revint. Il s'était tassé derrière le rempart, et même quand Croft leur eut hurlé de faire feu il se garda de bouger. Il espérait que, trop occupé, Croft ne s'en était pas aperçu. C'est du coup qu'il en aurait après moi.

Et Wilson. Roth pensa à son visage contre le tissu humide de la toile imperméable. Il n'avait pas songé à Wilson jusqu'à cet instant ; alors même que les autres ramenaient le blessé, qu'ils fabriquaient le brancard, lui avait joué avec l'oiseau. Il avait entrevu Wilson mais il s'était refusé à le regarder, et ce n'est qu'à présent qu'il lui apparaissait en toute clarté. Il revoyait son visage blanc et le sang qui tachait son uniforme. C'était horrible. Il eut mal au cœur au souvenir de ce sang tellement rouge. Je croyais que c'est plus sombre... artériel... veineux... Oh, et puis qu'est-ce que ça fait ?

Wilson a toujours été si vivant, et pas méchant garçon. Il était très amical. C'était impossible. Un seul moment, puis... Si grièvement blessé ; il avait l'air mort quand ils l'ont ramené. C'est difficile à concevoir, pensait-il, frémissant malgré lui. Et si la balle m'avait frappé moi ? Il voyait le sang s'écouler en miroitant d'un grand trou dans son corps. Ooh, la blessure était comme une bouche, elle était horrible à voir. Pour ajouter à sa misère son estomac se mit à bouillir. Couché sur son ventre, il hoquetait doucement.

Oh, c'était abominable, il fallait s'arrêter d'y penser.

Il regarda l'homme couché à côté de lui. Il faisait presque entièrement noir, et c'est à peine s'il distinguait ses traits.

« Red ? chuchota-t-il.

— Oui ? »

Il se retint de dire : « Tu ne dors pas ? », se souleva sur son coude. « Est-ce que tu as envie de parler ? demanda-t-il.

— Je m'en fous. De toute façon je peux pas dormir.

— C'est le surmenage. Nous avancions trop vite. »

Red cracha. « Si t'as envie de rouscailler, adresse-toi, à Croft.

— Non, je crois que tu ne m'as pas compris. Il se tut un instant, puis, incapable de se contenir plus longtemps : C'est terrible, ce qui est arrivé à Wilson. »

Red tressaillit. Il n'arrêtait pas d'y songer depuis qu'il s'était roulé dans sa couverture. « Aaah, on tue pas comme ça ce vieux fils de garce de Wilson.

— Tu crois ? dit Roth, soulagé. Il était tout couvert de sang.

— Que foutre veux-tu que c'est — du lait ? » Roth l'irritait ; n'importe qui l'aurait irrité cette nuit. Wilson était un des anciens de la section. Pourquoi qu'il faut que c'est lui ? pensait-il. Les vieilles angoisses, les angoisses essentielles, s'emparaient de lui. Il aimait bien Wilson ; Wilson était peut-être son meilleur ami dans la section, mais ce n'est pas ce qui comptait ; tout attachement lui répugnait, dont la perte lui eût été pénible. Mais Wilson était de la section depuis aussi longtemps que lui-même. C'eût été différent avec un des nouveaux — de même qu'il lui importait moins si un homme d'une autre section était tué. Ça ne vous affectait pas, ça n'engageait pas votre sécurité. Wilson parti, son propre tour n'allait guère tarder. « Écoute, dit-il à Roth, ce gros fils de garce fallait bien qu'il l'attrape sa balle tôt ou tard. Y avait foutre pas moyen de le manquer.

— Mais c'est arrivé si soudainement.

— Quand ça sera ton tour je t'enverrai un télégramme, gouailla Red.

— Tu ne devrais pas dire ça, pas même en plaisantant.

— Aaaah », dit Red, tressaillant malgré lui. La lune montait dans le ciel, badigeonnant d'argent les arêtes des falaises. Couché sur son dos, il voyait les grands dévers de la montagne s'élever vers le pic. Tout paraissait sens dessus dessous en ce moment ; il était même prêt à croire que sa sortie pouvait porter malchance à Roth. « Y pense plus, dit-il avec moins de rudesse.

— Oh, ça ne fait rien, il n'y a pas d'offense. Je comprends ce qui te travaille. Même moi, je ne peux pas m'empêcher d'y penser. C'est incroyable. Là un homme se porte parfaitement bien, et le moment d'après... Ça me dépasse.

— Ça te fait rien de parler de quelque chose d'autre ?

— Je m'excuse », dit Roth. Son ébahissement, son horreur, ne s'étaient pas encore apaisés en lui. Il était si facile de se faire tuer ; il n'arrivait pas à se débarrasser de son étonnement. Il se retourna pour dégager son estomac, puis aspira profondément. « Oh, je suis claqué.

— Qui l'est pas ?

— Comment fait-il, Croft, pour tenir le coup ?

— Il aime ça, le fils de pute. »

Roth se fit tout petit en pensant à Croft. L'épisode avec l'oiseau lui revint à l'esprit. « Crois-tu que Croft va m'en vouloir ? bégaya-t-il.

— A cause de l'oiseau ? Je sais pas, Roth. Te feras mieux de pas gâcher ton temps en essayant de comprendre ce type-là.

— Je voulais te dire, Red, que... » Il se tut. Sa fatigue, son affaiblissement dû à la diarrhée, ses maux et ses peines, la terreur que lui valait l'état de Wilson, s'abattirent sur lui tout d'un coup. Que plusieurs hommes — que l'homme couché à côté de lui — fussent venus à son aide quand Croft eut tué l'oiseau, l'emplissait de pitié pour lui-même et de gratitude et de chaleur. « Je te suis très reconnaissant pour ce que tu as fait aujourd'hui à propos de l'oiseau, dit-il d'une voix cassée.

— Aaah, y a pas de quoi.

— Non, je... je voulais te dire que ça m'a touché. » A sa grande surprise, il se mit à pleurer.

« Jésus-Christ », dit Red. Les larmes de Roth l'émurent pour un instant, et il se trouva presque sur le point d'allonger son bras et de lui tapoter l'épaule. Mais il réprima son mouvement. Roth était comme ces chiens bâtards aux côtes efflanquées qui hantent les dépôts d'ordures ou les arrières des gargotes à l'heure où l'on vide les rinçures. Si jamais on leur donnait un croûton ou une tape sur la tête, ils vous suivaient pendant des jours, leurs yeux moites de gratitude.

Il voulait témoigner sa sympathie à Roth, mais, s'il le faisait, Roth ne le quitterait plus d'une semelle, l'accablerait de ses confidences, y mettrait du sentiment. Il se collerait au premier venu qui lui témoignerait de l'amitié. Red ne pouvait pas en prendre le risque ; Roth était destiné à ramasser sa balle avant longtemps.

Et, de plus, il n'en voulait pas. Il y avait quelque chose de désagréable, de malpropre, dans l'émotion de Roth. Red se mettait toujours en boule devant un étalage d'émotions. « Pour l'amour de Dieu, ça suffit comme ça, aboya-t-il. Je me fous pas mal de toi et de ton oiseau. »

Roth avala ses larmes comme si on l'avait giflé. Tout en pleurant il s'était attendu pendant un instant au chaud toucher de la main maternelle. C'était parti maintenant ; tout était parti. Il était tout seul. Il en éprouva une amère satisfaction, comme si cette rebuffade lui avait prouvé qu'il venait enfin de toucher le dernier degré de l'humiliation. Les assises de pierre de son désespoir étaient enfin de pierre. Le sourire désenchanté qui monta sur ses lèvres échappait à Red. « Oublions ce que j'ai dit, Red », fit-il, lui tournant le dos, regardant à travers ses larmes les arêtes froides de la montagne. Il eut chaud à la gorge en avalant. Maintenant au moins il n'y a plus rien à désirer, se dit-il. Même son corps lui jouera des tours, et sa femme deviendra de plus en plus acariâtre. Personne ne l'appréciait à sa juste valeur.

Red regardait le dos de Roth ; il était encore tenté d'allonger son bras, de le toucher. Les épaules étroites de Roth, la roideur de son corps, lui apparaissaient comme un reproche ; elles le troublaient, elles lui valaient un sentiment de culpabilité. Pourquoi je l'ai seulement aidé avec ce nom de Dieu d'oiseau ? se demandait-il. Maintenant c'en est fait entre moi et Croft. Il soupira avec lassitude. Ça devait bien arriver, tôt ou tard. Il me fait pas peur de toute façon, se dit-il.

Croft ne lui faisait-il vraiment pas peur ? Il se le demanda — tout en évitant de se répondre. Il était las, et les avances de Roth l'avaient ému malgré lui. Comme cela lui arrivait souvent quand il était exténué, il avait l'esprit clair et dégagé. Il lui semblait qu'il comprenait toute chose. Mais, dans ces instants-là il s'agissait toujours d'un savoir désabusé, alourdi par toutes les fatigues de l'existence. Il songea à Wilson, le revoyant avec netteté, tel qu'il lui était apparu dans l'embarcation d'assaut, le jour de l'invasion. « Grimpes-y vieux bouc, l'eau est bonne et froide, lui avait crié Wilson.

— Va te faire... » lui avait-il répondu, ou quelque chose de semblable, mais quelle différence cela faisait-il ? Wilson était à un mille ou deux de là, mort peut-être, et à quoi bon tout ça ?

Aaah, tout le monde perd à ce jeu-là. Il l'avait presque dit à haute voix. C'était la vérité. Il le savait, eux tous le savaient, du premier au dernier. De nouveau il soupira. Ils le savaient et ils s'attendrissaient pourtant, ils n'arrivaient pas à s'habituer à cette idée.

Même si on s'en tire, on sera baisés. Qu'est-ce que ça leur fera d'être démobilisés ? Ça sera du pareil au même. Rien jamais ne s'arrange comme on veut. Et, cependant, ils n'étaient pas tout à fait des endurcis, ils croyaient encore que tout serait parfait en fin de compte, ils séparaient les grains d'or du sable et ils n'avaient des yeux que pour ça, ne regardant que ça — avec un verre grossissant. Lui aussi faisait de même, lui qui n'avait rien à espérer sinon une succession de petites villes et de chambres meublées et de nuits passées à écouter des hommes qui palabrent dans les bars. Que pouvait-il y avoir d'autre qu'une putain et quelque frisson bon marché ?

Peut-être que je devrais me marier, pensa-t-il, s'accompagnant d'une grimace moqueuse. A quoi bon ? Il a eu sa chance, et il l'a repoussée ; il aurait pu avoir Loïs, et il s'est dérobé. Quand on est comme moi, on a peur d'admettre qu'on se fait vieux. C'était ça, net et simple. On démarre avec quelque chose en mains, quelque chose que chacun possède au départ, puis ça devient du caca en cours de route. Il revit Loïs, elle se lève au milieu de la nuit pour voir si Jackie ne s'est pas découvert, et quand elle regagne le lit elle se serre en frissonnant contre lui pour se réchauffer. Le souffle lui manqua à ce souvenir, et il le réprima. Il n'avait rien à donner à une femme, rien à donner à personne. Qu'avait-il à leur dire ? Que tout n'était que du fumier ? Même un animal blessé se cache pour mourir.

Comme en signe de confirmation, ses reins se mirent à lui faire mal.

Il imaginait néanmoins un temps où toutes ces années de guerre lui paraîtraient différentes, où il rirait au souvenir des hommes de sa section et se rappellerait l'air que la jungle et les collines prenaient parfois à la pointe du jour. Peut-être même regretterait-il la tension que l'on éprouve à chasser un homme. C'était stupide. Il haïssait ça plus que tout ce qu'il avait jamais fait, et cependant il savait que s'il vivait tout se tasserait en fin de compte. Le verre grossissant sur les grains d'or.

Il grimaça. On est toujours pris au piège. Il l'a été, lui aussi ; malgré tout ce qu'il savait, il s'est bel et bien brûlé. Il avait cru aux journaux. Les journaux sont faits pour que des types comme Toglio y croient, et comme par hasard Toglio a attrapé la bonne blessure, et il rentrera chez lui, et il fera des tartines pour qu'on achète les bons de la défense nationale, et il croira chaque mot qu'il dira. « Est-ce que nos soldats doivent mourir en vain ? » Il se souvenait d'un argument avec Toglio au sujet d'une coupure de journal, un éditorial, qu'un des soldats avait reçu de sa mère. « Est-ce que nos poilus sont morts en vain ? »

Il renifla. Qui donc ignorait la réponse ? Bien sûr qu'ils sont morts en vain, tout troufion le savait. La guerre n'est qu'un tas de merde pour ceux qui sont au feu.

« Red, t'es trop cynique, lui avait dit Toglio.

— Oui, faire la guerre pour arranger les choses c'est à peu près comme aller au bordel pour se débarrasser de sa vérole. »

Il regarda la lune. Peut-être ça rimait à quelque chose. Il ne savait pas ; il n'y avait pas moyen de savoir, et aucun d'eux n'en saurait jamais rien. Aaah, à quoi bon se casser les méninges, c'est dans le bain, et puis d'abord qui c'est qui s'en fait.

De toute façon je vivrai pas assez longtemps pour savoir, pensa-t-il.

Hearn lui non plus ne pouvait pas dormir. Il était extrêmement agité, et il sentait une bizarre, une fébrile fatigue dans ses jambes. Pendant presque toute une heure il continua à se tourner et à se retourner sous sa couverture, regardant la montagne, la lune qui la surplombait, les collines, le sol au niveau de ses yeux. Depuis l'embuscade il était en proie à un sentiment indéfinissable, proche de l'angoisse, qui l'épuisait. Il lui était presque pénible de rester tranquille. Il se leva, traversa le creux. L'homme de garde, sur le tertre, ajusta son fusil. Hearn siffla doucement. « Qui est-ce — Minetta ? Ici le lieutenant. »

Il grimpa la pente et s'assit à côté de Minetta. Devant eux, sous la lune, l'herbe dans la vallée oscillait comme une vague d'argent et les collines semblaient de pierre.

« Qu'est-ce qu'y a, mon lieutenant, demanda Minetta.

— Rien, je me dégourdis les jambes. » Ils parlaient en chuchotant.

« Jésus, quelle vie de chien d'être de garde après cette embuscade.

— Oui, dit Hearn, massant ses jambes, essayant de les calmer.

— Qu'est-ce qu'on fait demain, mon lieutenant ? »

Oui, que feraient-ils ? C'est ce qu'il avait à résoudre. « Quelle est votre idée, Minetta ?

— Je pense qu'on devrait faire demi-tour et rentrer. Ce foutu col est fermé, pas ? » Encore qu'assourdie, la voix de Minetta était outragée, comme s'il avait longuement réfléchi au problème.

Hearn haussa les épaules. « Je ne sais pas, peut-être nous ferons demi-tour. » Il resta à côté de Minetta pendant quelques minutes, puis il redescendit dans le creux et se glissa sous sa couverture. C'était aussi simple que ça. Minetta l'avait dit. Pourquoi ne rentreraient-ils pas, puisque aussi bien le col était fermé ?

Parfaitement, pourquoi pas ?

La réponse était bien simple. Il ne voulait pas faire demi-tour et mettre fin à la patrouille. Parce que... parce que... Ses motifs, cette fois-ci, promettaient d'être bien misérables. Il cala ses mains sous sa tête et regarda le ciel.

La patrouille n'avait pas plus de chances de durer qu'une boule de neige aux enfers. Même si les Japonais avaient abandonné le col, ils n'ignoraient plus leur présence, leur mission. Si jamais ils se faufilaient sur les arrières des Japonais, il leur serait presque impossible de passer inaperçus. Vue de près, cette patrouille n'eut jamais la moindre chance de réussite. Cette fois-ci Cummings s'était gourré du tout au tout.

Et il ne voulait pas rentrer parce que cela signifiait se présenter devant Cummings les mains vides, avec des excuses à la clef. Une réédition de l'affaire des approvisionnements sur le bateau Liberty. Kerrigan et Croft. Voilà ce qui expliquait son attitude pendant les deux premières journées de la patrouille. Une liaison amoureuse avec la section — mais c'était ridicule. Il n'avait voulu gagner leurs bonnes grâces que parce que cela aurait augmenté ses chances de réussite. La vérité était que s'il devait se couler, il se fichait pas mal d'eux. A travers la fatigue, l'effort, la petite guerre avec Croft, son motif réel était de reprendre à Cummings ce que Cummings lui avait pris.

Était-ce une revanche ? C'était plus sale que cela. Car, au fond, il ne s'agissait pas de revanche mais de justification. Il voulait que Cummings l'approuvât de nouveau. Il se coucha sur son estomac.

Césarisme !

C'était aussi sale que tout ce qu'on pouvait imaginer. Et il en jouissait. Après l'embuscade, après l'excitation unique — ou l'extase unique — d'avoir ramené ses hommes en lieu sûr, il avait revécu en imagination ces quelques instants, encore et encore, souhaitant qu'ils n'eussent jamais pris fin. Tout au fond de son être, dépassant désormais Cummings, il y avait son désir de mener la section. Cela avait grandi, cela s'était allumé tout d'un coup, pour devenir une des expériences les plus exaltantes de sa vie. Il comprenait Croft qui regardait la montagne à travers les jumelles, Croft qui tuait l'oiseau. S'il s'interrogeait, il était tout juste un autre Croft.

C'était bien cela. Toute sa vie il avait flirté avec des situations où il aurait pu manier les hommes, et toujours, comme s'il avait deviné l'étendue de ses impulsions, il s'était retiré du jeu, abandonnant les choses dès lors qu'elles commençaient de fructifier, laissant tomber les femmes, parce que, tout au fond de lui-même, il avait besoin de dominer et non de s'unir.

Cummings avait dit une fois : « Vous savez, Robert, en réalité il n'y a que deux genres de libéraux et de révolutionnaires. Ceux qui ont peur du monde et qui veulent le changer pour leur propre bénéfice — le libéralisme à la manière juive ; et, d'autre part, les jeunes qui ne comprennent pas leurs propres désirs. Eux aussi entendent refaire le monde, mais ils n'admettent jamais qu'ils veulent le refaire à leur propre image. »

Il l'avait toujours su, en partie consciemment, toujours inconsciemment. Il connaissait ce son de cloche.

Non un fumiste mais un Faust.

Soit, mais qu'allait-il faire ? Sachant ceci, il n'avait pas le droit de continuer la patrouille ; objectivement parlant, il jouait avec la vie des huit hommes qui lui restaient, et il ne méritait pas cette responsabilité. S'il gardait une trace d'honnêteté, il ferait demi-tour le matin venu.

La grimace intérieure. *Il devrait, mais il ne le ferait pas.*

Le choc, le dégoût de lui-même qu'il ressentit à cette découverte, furent surprenants, presque agréables dans leur intensité. Il fut à demi horrifié de se voir si bien en transparence.

Il *devait* revenir sur ses pas.

Il quitta de nouveau sa couverture et se dirigea vers l'endroit où reposait Croft. Il s'agenouilla, sur le point de le secouer, quand Croft se retourna. « Qu'est-ce qu'il y a, mon lieutenant ?

— Vous êtes réveillé ?

— Oui.

— J'ai décidé de rentrer dès le matin. » Ceci dit à Croft, il ne pouvait plus se rétracter.

La lune faisait ressortir le profil immobile de Croft. Seul le muscle de sa mâchoire frémissait peut-être. Il garda le silence pendant plusieurs secondes, puis il répéta : « Rentrer dès le matin ? » Il avait dégagé ses jambes de sous la couverture.

« Oui.

— Vous croyez pas qu'on devra explorer un peu plus le terrain ? » Il cherchait à gagner du temps. Il sommeillait quand Hearn vint le surprendre, et la nouvelle l'étourdit comme un coup d'assommoir. Il se sentait la poitrine vide.

« A quoi bon explorer le terrain ? » demanda Hearn.

Croft secoua la tête. L'embryon d'une idée lui apparut, mais il ne réussit pas à s'en saisir. Son esprit, ses muscles mêmes, étaient tendus en quête d'un appui, d'un avantage. Si, dans cet instant, Hearn l'avait touché, il se serait mis à trembler. « On devrait pas abandonner tout de suite, mon lieutenant. » Sa voix était enrouée. Peu à peu, à mesure qu'il se rendait compte de la situation, sa haine pour Hearn s'éveillait en lui. Il était en proie à la même frustration qui s'était emparée de lui quand Hearn lui avait commandé de s'excuser auprès de Roth, ou quand, après avoir retrouvé Wilson, il avait compris que l'entrée du col n'était pas gardée.

L'embryon de son idée lui retraversa l'esprit. Il s'entendit parler avec une sorte de surprise. « Mon lieutenant, après l'embuscade ces Japonais se sont débinés.

— Comment savez-vous ça ? »

Croft lui raconta la découverte qu'il fit. « On pourrait passer maintenant. »

Hearn secoua la tête. « J'en doute.

— Vous n'allez même pas tenter le coup ? Tout en essayant de comprendre les raisons d'Hearn, il se rendait vaguement compte que Hearn n'agissait pas sous l'emprise de la peur. Il en fut effrayé, car si c'était vrai Hearn n'allait pas changer aisément d'idée.

« Je ne m'en vais pas engager les hommes dans le col après ce qui s'est passé aujourd'hui.

— Eh bien pourquoi vous enverrez pas un homme pour reconnaître le col ? Nom de Dieu, c'est le moins qu'on peut faire. »

Hearn secoua de nouveau la tête.

« Ou bien on peut escalader la montagne. »

Hearn se gratta le menton. « Nous n'y réussirions pas », dit-il finalement.

Croft joua sa dernière carte. « Mon lieutenant, on sait jamais, si on réussit cette patrouille ça pourrait hâter la fin de la campagne. »

Le facteur final de l'équation. Cela devenait trop compliqué. Car il y a un noyau de vérité là-dedans, pensait Hearn. Le succès de la patrouille aurait pu constituer une de ces minuscules contributions au déroulement de la guerre, un de ces points intangibles dont il avait parlé naguère au général. « Comment faites-vous pour mesurer s'il est préférable que la guerre finisse plus tôt et que tant d'hommes rentrent chez eux, ou que tous ils restent ici et s'en aillent à vau-l'eau ? »

Concrètement pris, les troupes de la division s'en trouveraient d'autant mieux que la campagne finirait plus tôt. C'est ce qui l'avait décidé à continuer la patrouille en premier lieu. Mais les choses étaient trop complexes pour être résolues au pied levé. Un seul point s'imposait pour l'instant — répondre à Croft, accroupi à côté de lui avec l'air inflexible d'une pièce de métal.

« D'accord, nous enverrons un homme cette nuit même pour reconnaître le col. S'il s'aperçoit de quoi que ce soit de suspect, nous faisons marche arrière. » Était-ce de la rationalisation ? Ne faisait-il en réalité que se tromper lui-même, que se chercher une excuse pour continuer la patrouille ?

« Vous voulez y aller, mon lieutenant ? » demanda Croft avec une trace de moquerie dans la voix.

Il ne le pouvait pas. S'il était tué, cela ferait trop bien l'affaire de Croft. « Je ne pense pas que c'est à moi d'y aller », dit-il froidement.

Croft raisonnait de la même façon. S'il y allait lui, et était tué, la section ferait certainement demi-tour. « Je crois que Martinez est l'homme qui s'impose. »

Hearn approuva de la tête. « Très bien, envoyez-le. Le matin venu nous prendrons une décision. Et dites-lui de me réveiller quand il rentrera. Il consulta sa montre. C'est mon tour de garde. Dites-lui de venir me voir en partant, pour que je sache que c'est lui qui rôde. »

Croft promena un regard par le creux pour découvrir la couverture de Martinez. Il décocha un coup d'œil à Hearn et s'approcha de Martinez pour le réveiller. Le lieutenant grimpait sur le tertre pour relever l'homme de garde.

Croft dit à Martinez l'objet de sa mission, puis la voix basse, il ajouta : « Si tu vois des Japonais camper, tâche de les contourner et de pousser plus loin.

— Oui, compris, dit Martinez, laçant ses chaussures.

— N'emmène que le couteau de tranchée.

— Bon. Moi de retour dans trois heures peut-être. Dis à la garde. »

Croft le retint par l'épaule. Martinez frissonnait légèrement. « Ça va ? demanda-t-il.

— Oui, ça va.

— Bon, maintenant écoute, dit Croft. Quand tu rentreras, dis rien à personne avant de me voir. Si le lieutenant est réveillé, tu lui diras que rien est arrivé, t'as compris ? » Sa bouche était sèche ; une puissante angoisse le travaillait, qui lui venait de son sentiment de désobéir à un ordre. Et, de plus, il y avait quelque chose d'autre, quelque chose d'inexprimé encore. Il exhala avec difficulté.

Martinez fit oui de la tête, fermant et ouvrant ses poings pour dégourdir ses doigts. « Moi partir maintenant, dit-il en se redressant.

— T'es un bon gars, Mange-Japonais. » Il y avait quelque chose d'étrange dans le fait de chuchoter dans cette obscurité. Les hommes couchés autour d'eux semblaient morts.

Martinez roula son fusil dans sa couverture pour le garder au sec, puis le coucha sur son sac. « Ça va, Sam. » Sa voix tremblait à peine.

« Ça va, Mange-Japonais. » Croft le vit parler quelques secondes avec Hearn, puis s'engager dans l'herbe kunaï et prendre sur sa gauche, parallèlement aux grandes falaises de la montagne. Il se frotta pensivement l'avant-bras, revint à sa couverture et se coucha, sachant qu'il ne dormirait pas jusqu'au retour de Martinez.

Tout, de nouveau, était devant lui. On prenait une décision puis on se rétractait, et aucun des problèmes n'était changé. Si Martinez revenait avec la nouvelle que les Japonais n'occupaient plus le col, ils pousseraient de l'avant au petit matin. Il se gratta l'aisselle, avec douceur, regardant la vallée et les collines — nues et lugubres. Le vent soupirait dans les combes, glissait sur l'herbe kunaï, sifflait sur la crête des tertres, levant un petit murmure sur son passage comme celui d'un ressac dans le lointain.

Ce fut une erreur, et il s'était livré à une curieuse supercherie vis-à-vis de lui-même. Plus encore que d'avoir cédé à Croft il s'était de nouveau soumis à ses propres tendances, rendant la chose si compliquée que jamais il n'allait pouvoir démêler le réel de ce qui n'était que pure rationalisation. Trucs et trucs et tours de passe-passe, et il l'avait permis, il avait su qu'il irait de l'avant si Martinez revenait avec un rapport concluant à l'absence des Japonais.

Quand ils retourneraient à leur bivouac, si jamais ils y retournaient, il pourrait rendre ses galons d'officier. C'était la chose à faire. C'eût été honnête, et propre vis-à-vis de lui-même. Il se frotta de nouveau l'aisselle. Au fond, il n'avait pas envie de rendre ses galons et, naturellement, cette répugnance faisait partie de tout un ensemble de facteurs. On suait dans les écoles préparatoires pour officiers, on en plaisantait dans les bars, on s'en moquait, et avec le temps les choses acquéraient leur existence propre et déteignaient sur la plupart de vos attitudes. Par la suite, essayer de s'en défaire était comme s'amputer un bras.

Il savait quelles en seraient les conséquences. Il serait un poilu de deuxième classe, et quelle que fût son unité les autres poilus découvriraient tôt ou tard qu'il avait été officier et ils le haïraient, ils lui en voudraient même d'avoir démissionné parce qu'ils y verraient un persiflage de leurs propres ambitions, conscientes ou non. Aussi, s'il s'y décidait, cela serait en toute connaissance de cause ; les choses, en fin de compte, ne seraient ni plus propres, ni certainement plus plaisantes. Elles seraient pouilleuses et pénibles, et la seule découverte qu'il ferait éventuellement c'est qu'à l'exemple de tout le monde lui aussi était susceptible d'être dressé à avoir peur.

Mais voilà. Il avait fui la peur, la vulnérabilité, l'aveu qu'étant homme il n'était pas à l'abri de l'humiliation. « Plutôt être traqué que traqueur » — ces paroles prenaient une signification à ses yeux, une valeur.

Narquoisement, il songea au commentaire probable de Cummings : « Un joli sentiment, Robert, un des plus jolis mensonges qui soit, tout comme celui au sujet du riche qui n'ira pas au ciel. » Et, tout en riant, il ajouterait : « Vous savez, Robert, il n'y a *que* les riches qui vont au ciel. »

Eh bien au diable avec Cummings. Il l'y avait envoyé bien des fois, par ressentiment, à contre-cœur, désespérément peut-être, mais enfin Cummings n'avait pas réponse à tout. Si on lui accordait que l'homme n'est qu'un sale bâtard, alors oui, tout ce qu'il disait collait à la perfection. Sa logique, du coup, deviendrait inexorable.

Mais l'histoire lui infligeait un démenti. Soit, tous les grands rêves se sont avilis et corrompus à l'usage et les bonnes choses se sont souvent réalisées pour le mauvais motif, mais encore il n'y eut pas que des méfaits, il y eut aussi des victoires là où il aurait fallu s'attendre à des défaites. Le monde, en toute logique, aurait dû succomber au fascisme — et pourtant.

De vagues bruits s'élevèrent dans la vallée en bas, et Hearn s'empara de son fusil. Au bout d'un moment tout redevint calme dans l'herbe noyée d'ombre et, sans raison apparente, Hearn se sentit déprimé.

C'était un bien maigre espoir, et toutes les contraintes, toutes les machines, pressuraient l'homme toujours davantage ; avec chaque nouvelle arme les chances de l'homme s'amoindrissaient. Principes moraux contre bombes. Même la technique des révolutions a changé — armée contre armée.

Si le monde se donnait au fascisme, si Cummings avait son siècle, une petite chose lui resterait toujours possible. Il y avait toujours le terrorisme. Un terrorisme net, sans sentimentalité larmoyante, sans mitraille ni grenades ni bombes, rien du gâchis habituel, pas de tueries à l'aveuglette. Plutôt le coutelas et le garrot, peu d'hommes bien entraînés, et une liste de cinquante salauds à supprimer, puis une autre cinquantaine après ceux-là.

Un plan d'action concertée, camarades. Il grimaça aigrement. Il y aura toujours cinquante autres après les cinquantes derniers, voilà le hic. Ça ne marchera pas. C'était tout juste bon à vous occuper un peu, à vous rendre content. Ce soir nous frappons le généralissime Cummings.

Aah, crotte de bique.

Point de réponse toute faite, mais aussi certaines époques de l'histoire étaient peut-être réfractaires à toute réponse. Fie-toi à la gaffe, au gâchis. Croise-toi les bras et attends que le fascisme bousille tout.

Seulement, ça ne suffisait pas. Il fallait autre chose. Quelles qu'en fussent les raisons, il fallait continuer à résister. Il fallait faire des choses — comme par exemple rendre ses galons.

Hearn et Quichotte. Libéraux bourgeois.

Cependant, quand il rentrerait, il ferait cette petite chose. A l'examen, ses raisons étaient peut-être malpropres, mais il était encore plus malpropre de mener les hommes pour des raisons évidemment infâmes. Démissionner signifiait laisser la section à Croft, mais persévérer signifiait devenir un Croft soi-même.

Quand les choses commenceront d'aller réellement mal, les Gauches mettront peut-être leurs différents politiques au rancart.

Saison sèche pour les anarchistes.

Martinez fit plusieurs centaines de mètres à travers l'herbe kunaï, se tenant au plus près sous l'ombre des falaises. Tout en avançant il fléchissait ses bras et se pinçait la nuque pour chasser les dernières traces de son sommeil. Il était à moitié endormi en répondant à Croft, et rien de ce qui fut dit n'avait aucune signification pour lui. Il avait compris les instructions concernant sa mission, saisi que Croft lui avait recommandé de faire quelque chose, et, prompt à obéir instinctivement, il ne songea pas à s'appesantir sur le sens des mots. Il ne lui sembla pas particulièrement dangereux ou bizarre d'explorer, de nuit, un terrain qu'il n'avait jamais vu.

Présentement, comme son esprit s'éveillait, la chose lui apparaissait plus clairement. Sacrée folie, se dit-il, chassant tout aussitôt sa pensée. Puisque Croft lui avait dit d'aller, alors bien sûr c'était nécessaire. Les nerfs calmes, les sens aux aguets, il s'avançait d'un pas silencieux, sans effort, le talon le premier, la pointe du pied ensuite, avec douceur, tout son corps oscillant selon le mouvement même de l'herbe. Personne, placé dans un rayon de vingt mètres, n'eût deviné son approche. Et, cependant, sa démarche n'était pas lente ; son pied paraissait connaître le terrain d'expérience, qui évitait pierres et branches, qui se posait avec assurance et sans bruit. Il fonctionnait davantage comme un animal que comme un homme.

Il avait peur, effectivement peur, mais sans panique, et cela le rendait intensément conscient de tout ce qu'il pouvait voir ou sentir. Sur le transport de troupes, dans l'embarcation qui aborda Anopopéi, douze fois depuis, il avait frisé l'hystérie et s'était transformé en chiffe ; cependant, sa peur actuelle n'avait rien de commun avec ces états. Il se serait peut-être décomposé sous un bombardement, ses terreurs n'étaient jamais si vives que lorsqu'il n'y pouvait rien, mais dans cet instant il se trouvait livré à lui-même, en train d'accomplir une tâche pour laquelle il se savait mieux fait que personne qu'il connût — et cela le stimulait. Le souvenir rassurant de toutes les autres missions de reconnaissance qu'il mena à bien depuis une année étoffait son courage.

Martinez meilleur homme dans la section, se dit-il avec orgueil. Croft le lui avait dit une fois, et il ne devait jamais l'oublier.

En vingt minutes il atteignit les abords du roc où ils s'étaient embusqués. Il s'accroupit entre les arbres et examina le rempart pendant plusieurs minutes avant de reprendre son avance. Arrivé au rempart lui-même, il s'arrêta pour surveiller le champ et l'îlot de verdure d'où les Japonais avaient tiré. Le champ était d'un argent blême sous la lune, et l'entrée du col d'un vert noir impénétrable, bien plus profond que l'ombre environnante. Derrière lui et sur sa droite la masse gigantesque de la montagne brillait étrangement dans le noir, comme quelque monument énorme illuminé par des projecteurs.

Pendant cinq bonnes minutes il ne quitta pas du regard le bocage au bout du champ, ne pensant à rien, tout yeux et tout oreilles. La tension avec laquelle il regardait, le raidissement qui lui oppressait la poitrine, lui procuraient un plaisir, complet en soi, pareil à celui que l'on éprouve dans l'ivresse, quand on est heureux d'en ressentir les premiers effets. Inconsciemment, il retenait sa respiration.

Rien ne bougeait. Il ne perçut pas d'autres bruits que ceux de l'herbe. Doucement, posément presque, il se laissa glisser par-dessus le rempart et s'accroupit dans le champ, attentif à découvrir une ombre où il pût se cacher. Mais il n'y avait pas moyen de gagner le bocage sans passer sous la lune. Il réfléchit un instant, sauta sur ses jambes, se tint en pleine vue du bocage le temps d'une seconde terrifiante, puis se jeta à terre. Personne ne tira. Si les Japonais occupaient toujours l'îlot de verdure, il y avait des chances que son apparition les aurait suffisamment surpris et effrayés pour les pousser à faire feu.

Il se releva doucement, parcourut par bonds rapides la moitié du champ, puis se laissa aller d'un plongeon derrière une pierre. Pas de réaction, pas de feu. Il parcourut une autre trentaine de mètres, s'abrita derrière un autre rocher. Les abords du bocage n'étaient plus qu'à une cinquantaine de pieds. Il écouta sa propre respiration, regarda l'ombre ovale que la lune dessinait au pied de son rocher. Tous ses sens lui disaient qu'il n'y avait personne dans le bocage, mais il était trop dangereux de s'y fier. Il se redressa, resta debout toute une seconde, puis se baissa de nouveau. S'ils n'ont pas tiré maintenant... Il se sentait d'humeur fataliste. Il n'y avait pas moyen de traverser un champ découvert éclairé par la lune sans se faire rcpércr.

Il couvrit d'une glissade la distance qui le séparait du bocage, s'immobilisa, s'aplatit contre un tronc d'arbre. Rien ne bougeait. Quand ses yeux se firent à l'obscurité il se laissa couler d'arbre en arbre, séparant au passage la broussaille avec ses mains. Au bout d'une quinzaine de mètres il arriva à une piste, s'arrêta, regarda de gauche et de droite, puis suivit le lacet, lequel le ramena en bordure du bocage, vers une petite éclaircie, où il s'agenouilla pour reconnaître le terrain. Une mitrailleuse avait occupé l'endroit plusieurs jours plus tôt — ce qu'il déduisait du fait que les trous du trépied n'étaient pas plus humides que le sol environnant. D'ailleurs, la mitrailleuse ayant été pointée en direction du rempart de pierre, les Japonais n'auraient pas manqué de s'en servir cet après-midi, lors de l'embuscade.

Doucement, précautionneusement, il examina le pourtour du bocage. Les Japonais n'y étaient plus, et d'après la quantité des rebuts, de la dimension de leur fossé d'aisance, il estima qu'ils devaient avoir été une section complète. Or ceux qui les avaient accueillis à coups de fusil ayant été bien moins nombreux, cela ne pouvait signifier qu'une chose : le gros de leur section s'était retiré la veille ou l'avant-veille, laissant une arrière-garde — laquelle à son tour leva le camp peu après l'escarmouche.

Pourquoi ?

Comme en réponse, le bruit atténué d'une canonnade se fit entendre. L'artillerie avait été active tout au long du jour. Japonais rentrer aider arrêter attaque, pensa-t-il. Cela paraissait plausible, et cependant il demeurait perplexe. Quelque part plus loin dans le col il pouvait y avoir — ou ne pas y avoir — des Japonais. Il frissonna, tenant à la main un carton pourri qui avait dû contenir une ration alimentaire. Quelque part. Il eut une vague et plutôt effrayante vision de soldats qui s'avancent dans le noir, titubant sur leurs jambes. Il risquait de se jeter dans la gueule du loup. Il secoua la tête comme un animal qui se cabre devant un danger. Le silence et l'obscurité du bocage lui pesaient, corrodant son courage. Il lui fallait se remettre en mouvement.

Il s'épongea le front, constatant avec surprise qu'il transpirait et que sa chemise trempée était très froide sur sa peau. Sa tension se résorba pour un moment et il se rendit compte de sa fatigue et de son manque de sommeil. Les tendons de ses jarrets frémissaient et se contractaient. Il soupira. Pas un instant il ne songea à rebrousser chemin.

Il s'engagea avec précaution sur la piste qui menait vers le col. Elle s'étendait sur plusieurs centaines de mètres à travers une forêt de broussailles insuffisamment denses pour faire jungle. A un moment il frôla du visage une feuille, longue et plate, et des insectes en panique se prirent à courir sur sa joue. Il les chassa d'une chiquenaude, les doigts moites d'angoisse. Un des insectes s'y agrippa, puis se mit à remonter le long de son bras. Il le secoua, se tenant immobile et tremblant dans le noir. Le temps de quelques secondes tout fut mis en balance ; sa volonté de pousser de l'avant s'effrita sous la terreur irrationnelle que lui causèrent les insectes, sous sa certitude presque concrète de la présence des Japonais dans le col, et en premier lieu sous le poids sans cesse grandissant de tout ce terrain étrange qu'il devait explorer dans la nuit. Il aspira profondément à plusieurs reprises, se haussant sur ses orteils puis revenant sur ses talons. Un soupçon de brise remua mollement les feuilles, mettant sur son visage un souffle de fraîcheur. La sueur coulait sur sa figure en longs filets, comme un ruissellement de larmes.

Faut aller. Il se le dit machinalement, libérant en lui de nouvelles sources de volonté qui vinrent à bout de sa résistance. Il fit un pas, puis un autre, et son hésitation s'évanouit. Il suivit l'informe sentier que les Japonais avaient taillé à travers l'îlot de verdure, et peu de minutes après il déboucha hors du bocage. Il était dans le col.

Faisant un tour sur la droite, les falaises du mont Anaka étaient de nouveau parallèles à son chemin. De l'autre côté, sur sa gauche, des collines à pente raide, presque escarpée, s'intégraient brusquement dans la chaîne de Watamaï. Le col avait environ deux cents mètres de largeur — une avenue inclinée flanquée de gratte-ciels. Des accidents de terrain dénivelaient le passage ; de gros blocs erratiques et des éboulis de terre saillaient de toutes parts, et çà et là des plaques de verdure giclaient des crevasses de la roche comme la mauvaise herbe jaillit des craquelures dans le ciment. La lune dégageait la cime invisible du mont Anaka et dégringolait tout au fond du col qu'elle tachetait d'ombre. Tout y était très dépouillé, très froid ; Martinez se sentait à mille milles de l'étouffante et veloutée nuit de la jungle. Il quitta l'abri que lui offrait le bocage, s'avança de plusieurs centaines de pieds, puis s'agenouilla à l'ombre d'un bloc de pierre. Derrière lui, presque sur la ligne de l'horizon, il vit la Croix du Sud et, instinctivement, il en nota la direction. Le col s'en allait droit vers le nord.

Lentement, à contre-cœur, il reprit sa marche à travers le défilé, procédant avec précaution parmi la pierraille qui jonchait le col. Au bout de plusieurs centaines de mètres le défilé prit à gauche puis de nouveau à droite, tout en se rétrécissant considérablement. Par endroits l'ombre de la montagne noyait presque entièrement le col. Il progressait d'une allure inégale, faisait des bonds presque téméraires sur de longs parcours, s'immobilisait craintivement, passait des minutes à s'exhorter à reprendre sa course. Tout insecte, toute bestiole qu'il dérangeait, le faisaient sursauter de frayeur. Il ne cessait pas de se décevoir soi-même, décidant de ne pas dépasser le prochain tournant du col, puis, y étant arrivé sans encombre, il se proposait un autre objectif et repartait de plus belle. Il couvrit de la sorte un peu plus d'un mille en moins d'une heure. Le chemin montait presque tout le temps et il commençait de se demander de quelle longueur était ce col. Malgré son expérience il se laissait prendre à l'illusion que toute crête devant lui était la dernière, et qu'à l'autre versant il trouverait la jungle, les arrières des Japonais, et la mer.

A mesure que le temps passait sans incidents, à mesure qu'il couvrait plus de terrain, il devenait plus confiant, plus impatient. Ses arrêts se faisaient moins fréquents, les distances qu'il parcourait d'un seul élan se faisaient plus grandes. A un moment donné le col se couvrit d'herbe kunaï sur un quart de mille et il pataugea là dedans en toute confiance, sachant que l'on ne saurait l'y repérer.

Jusqu'ici le terrain n'aurait pas permis aux Japonais d'établir un avant-poste, et les précautions de Martinez, son attention soutenue, étaient dues davantage à sa frayeur, au silence irréductible qui planait sur la montagne, qu'à la présence même théorique de l'ennemi. Mais la configuration du col se modifiait. La verdure s'épaississait, elle couvrait de plus grandes pièces de terrain ; çà et là elle s'étendait assez pour camoufler un petit bivouac. Il les examinait à la hâte, abordant les bocages du côté ombre, s'avançant de quelques pas puis attendant de longues minutes pour s'assurer qu'aucun des bruits ne s'en échappait qui révèlent des hommes dans leur sommeil. Quand rien ne bougeait hormis les feuilles et les oiseaux et les bêtes, il quittait son abri et reprenait sa marche à grands pas.

Après un autre tournant le défilé se rétrécit davantage ; une cinquantaine de mètres seulement séparait les falaises du col, et en plusieurs endroits des îlots de jungle bloquaient le passage. Il lui fallait du temps pour traverser chacun de ces îlots, et l'effort de se frayer un chemin dans la broussaille sans faire de bruit était exténuant. Il éprouva une sensation de délivrance en atteignant une percée relativement dégagée.

Mais un autre tournant lui découvrit une minuscule dépression limitée par les falaises et recouverte d'une petite forêt qui envahissait le col de part en part. La vue qui s'offrait de là à la lumière du jour devait être parfaite. C'était le meilleur emplacement pour un avant-poste qu'il eût rencontré sur son chemin, et il eut la certitude — immédiate et instinctive — que les Japonais s'y étaient retirés. Il le sut au raidissement de ses membres, au battement accéléré de son cœur. Se tapissant derrière un rocher, le visage pincé et tendu, il examina la place éclairée par la lune. Doucement, sans se donner le temps de réfléchir, il se glissa autour de son rocher et, le visage bas, il se mit à ramper à quatre pattes vers une bande d'ombre profonde qui coulait à l'endroit où la falaise de droite rejoignait la base du défilé. Il observait avec fascination la ligne déchiquetée qui délimitait l'ombre de la clarté, se sentant irrésistiblement attiré du côté de la lumière. Elle semblait vivre, elle semblait douée d'une existence aussi intense que la sienne propre ; il ne quittait pas des yeux le miroitement hypnotique de la lune, et sa gorge se serrait, s'enflait presque. Le bois se rapprochait, distant de vingt mètres, puis de dix. Il s'immobilisa en bordure de la forêt, chercha à repérer l'emplacement d'une mitrailleuse ou d'une tranchée. L'obscurité ne lui révéla rien hormis la masse noire des arbres.

Une fois de plus il pénétra dans un bocage et se tint à l'arrêt, dans l'attente d'un son. N'entendant rien, il s'avança d'un pas précautionneux, séparant les broussailles avec ses mains, puis il fit un autre pas, puis un autre. Son pied se posa sur un monceau de terre meuble, qu'il explora avec frayeur. Il s'agenouilla, tâtonna le sol, reconnut de petites feuilles d'arbuste sur son flanc. Le sol était piétiné, et les broussailles étaient saquées d'un côté.

Il se trouvait sur une piste fraîchement taillée.

Pour corroborer sa déduction un homme toussa dans son sommeil — pas même à cinq mètres de là. Martinez se raidit, sautant presque en l'air comme s'il avait touché quelque chose de brûlant. Les muscles de son visage se contractèrent. Il eût été incapable d'émettre un son dans ce moment.

Il fit machinalement un pas en arrière, et il entendit quelqu'un se retourner sous sa couverture. Il n'osait pas bouger, de peur de frôler une branche et de les réveiller. Pendant une bonne minute il demeura complètement paralysé. Il lui était impossible de battre en retraite. Il n'aurait pas su en donner la raison ; il avait certes peur de faire demi-tour, mais sa terreur était bien plus grande à la pensée de reprendre sa marche en avant. Et, cependant, il n'était pas question de revenir sur ses pas. Une partie de son esprit anticipait avec une incroyable rapidité sur la scène où il se voyait disant à Croft : « Mange-Japonais foutre pas bon. »

Mais quelque chose s'opposait à son avance. Il ne le percevait pas clairement, sa tête semblait prise dans un remous d'huile, et pourtant il devait y avoir une raison. Il ne parvenait pas à en comprendre la cause. Avec répugnance, en proie à une hystérie réprimée qui embrassait tout son être comme s'il devait poser son pied nu dans un amas de larves bouffies, il avança une jambe, puis l'autre — chaque pas une torture. En une minute il ne fit pas plus d'une dizaine de pieds. La sueur lui brûlait les yeux. Il se faisait l'impression de sentir chaque goutte qui exsudait de ses pores et rejoignait les filets de sueur qui se précipitaient selon les plis de son visage et de son corps.

Une chose lui était claire intuitivement. Les Japonais n'auront taillé que deux pistes tout au plus. L'une, celle qu'il foulait à ce moment, se situait à l'orée du bois, face à la vallée, perpendiculairement au col ; l'autre formerait avec celle-ci un T renversé, et traverserait le bois de part en part. Il se trouvait sur l'une des branches du T, qu'il devrait suivre jusqu'à son point d'intersection. Il ne pouvait être question de prendre directement à travers les broussailles ; le moindre bruit l'aurait trahi, et il y avait toujours le risque de buter contre un obstacle imprévu.

Il se remit à ramper à quatre pattes. Les secondes s'écoulaient comme des unités individuelles — presque comme s'il percevait le tictac d'une horloge. Tout murmure que les hommes faisaient entendre dans leur sommeil le mettait à la limite des sanglots. Ils étaient tout autour de lui ! Il semblait s'être divisé en plusieurs parts ; il existait dans ses mains et ses genoux endoloris, dans sa gorge qui s'enflait et s'étranglait, dans l'insupportable activité de son cerveau. Il se trouvait tout proche de l'état d'insensibilité finale propre à celui qui, ayant été roué de coups jusqu'à perte de connaissance, ne se soucie plus de se relever. Venant de très loin, le murmure nocturne de la jungle frappait son oreille.

Il s'arrêta au tournant de la piste, regarda autour de lui — et poussa presque un cri. A trois pieds devant un homme était assis près d'une mitrailleuse.

Martinez rentra la tête dans ses épaules. Aplati sur le sol il attendit que, pivotant son arme, la sentinelle le criblât de balles. Mais rien ne se produisit. Il regarda de nouveau autour de lui, comprit que le Japonais, qu'il voyait de trois quarts, ne l'avait pas aperçu. Derrière la mitrailleuse se trouvait la tige du T. Il ne lui était pas possible de doubler la sentinelle sans se faire repérer.

Il savait pour lors ce qui s'était opposé à son avance. Bien sûr. Pourquoi n'avait-t-il pas pensé qu'ils posteraient une sentinelle le long de la piste ? *El juicio*. Cependant une autre crainte oscillait encore autour de sa peur ; comme le meurtrier qui se remémore tous les petits détails dont il avait oublié de prendre soin en commettant son crime, il sentait une sourde menace dilater sa terreur. Quoi d'autre, *por Dios*, quoi d'autre ? Il observait le mitrailleur avec une fascination qui le paralysait. S'il avait voulu, il aurait pu le toucher de la main. Le soldat était tout jeune, presque un adolescent, les traits inexpressifs, les yeux clos à demi, la bouche étroite. Il paraissait à moitié endormi sous la lueur de la lune qui filtrait à l'orée du bois.

Martinez se faisait l'impression d'être en pleine irréalité. Qu'est-ce qui le retenait de toucher ce garçon, de le saluer ? Ils étaient des hommes. Tout ce qui était guerre s'ébranla dans son esprit, menaça ruine, puis se redressa sous une nouvelle vague de terreur. S'il le touchait, il était un homme mort. Cela semblait inconcevable.

Il ne pouvait plus revenir sur ses pas. Il lui était impossible de tourner sur lui-même sans faire quelque bruit, sans donner l'éveil au mitrailleur. Et il lui était impossible de l'éviter ; la piste côtoyait l'emplacement de la mitrailleuse. Il lui faudrait tuer ce garçon. Malgré leur surtension, tous les sens de Martinez se raidirent à cette pensée. Il demeurait immobile, secoué de frissons, conscient tout à coup de son extrême faiblesse. Toute force, toute capacité de mouvement semblaient absentes de ses membres. Il était réduit à dévorer des yeux le visage du soldat éclairé par la lune qui filtrait à travers la végétation.

Il devait se hâter. A tout moment le mitrailleur pouvait se lever pour aller réveiller celui dont c'était le tour de prendre la garde — et il serait découvert. Il lui fallait le tuer tout de suite.

Et de nouveau quelque chose semblait ne pas aller dans ses prévisions. Il sentait que si seulement il pouvait secouer la tête ou fléchir ses membres, la chose lui deviendrait claire. Mais il était pris. Il toucha son couteau de tranchée, le fit glisser hors de sa gaine. Le manche lui parut malcommode dans sa main, étranger ; bien qu'il se fût servi de son couteau des centaines de fois pour ouvrir des boîtes de conserve ou pour tailler toutes sortes d'objets, il ne savait pas comment le tenir à ce moment. Un rayon de lune se réfléchissait sur la lame et il la recouvrit de son avant-bras, ses yeux écarquillés de terreur ne quittant pas l'homme à la mitrailleuse. Il se faisait l'effet de le connaître de longue date ; ses gestes, lents et paresseux, retraçaient un chemin familier dans l'esprit de Martinez — un sourire tordit sa bouche quand le Japonais se mit à se triturer le nez, un sourire dont il ne se rendit même pas compte si ce n'est que les muscles de ses joues lui firent mal.

Toi le tuer, se commanda-t-il. Mais il ne bougeait pas ; il restait couché à plat ventre avec son couteau caché sous son bras, le sol humide de la piste aspirant la chaleur de son corps. Il se sentait alternativement fiévreux et transi. De nouveau tout lui devint irréel — comme les choses terrifiantes qu'il voyait parfois dans ses cauchemars. Tout cela n'était qu'illusion, et une fois de plus il songea à faire demi-tour. Lentement — il lui fallut plus d'une minute pour le faire — il se mit à quatre pattes, ramena un pied sous lui, se balançant sur place comme une pièce de monnaie qui vacille sur son champ, incertain s'il devait attaquer ou battre en retraite. Puis il devint conscient du couteau dans sa main.

« Méfiez-vous d'un sacré Mex armé d'un couteau. »

La phrase — fragment d'une conversation surprise entre deux Texiens et longtemps demeurée enfouie dans son subconscient — résonna dans sa tête et le piqua au vif. Nom de Dieu mensonge, pensa-t-il. Mais, déjà, l'idée de ce qu'il devait faire reprenait le dessus. Il avala avec effort. Jamais encore il ne s'était senti si gourd. Son couteau lui inspirait une sorte d'amertume étourdissante, d'effroi paralysant, et la lueur de la lune le mettait au supplice. Il chercha des yeux un caillou, en trouva un, et avant même d'avoir pris sa décision il envoya la pierre de l'autre côté de la mitrailleuse.

Le Japonais fit demi-tour en direction du bruit, présentant son dos à Martinez. Il fit un pas silencieux, s'arrêta, puis projeta son bras libre autour de la gorge du Japonais. En silence, sans hâte presque, il plaça la pointe de son couteau au-dessus de la clavicule de l'homme et poussa de toutes ses forces.

Le Japonais se débattit sous son bras comme un animal qu'on empoigne, et Martinez éprouva une vague irritation. Pourquoi faisait-il tant d'histoires ? Le couteau n'entrerait pas assez profondément. Il tira sur le manche, libéra la lame, puis la replongea de nouveau. Le soldat se tortilla pendant une seconde, puis s'écroula.

Toutes les forces de Martinez s'en allèrent d'un seul coup. Il regarda stupidement le corps, se baissa pour ramasser son couteau, essaya de le libérer, mais ses doigts s'agitaient trop. Il sentit le sang s'écouler sur sa paume, se raidit, essuya sa main le long de sa cuisse. Les a-t-on entendus ? Ses oreilles recapturaient les bruits de la lutte comme si, ayant vu les lueurs d'une explosion lointaine, il en avait enfin perçu les échos.

Bougeait-on ? N'entendant rien, il comprit qu'ils n'avaient fait que très peu de bruit.

Puis vint la réaction. La sentinelle morte lui répugnait ; elle lui inspirait le mélange de soulagement et de révulsion que l'on éprouve pour un cafard à qui on a donné la chasse et qu'on a finalement écrasé. C'était exactement ce qu'il ressentait. Il frémissait à cause du sang qui séchait sur ses mains, mais il aurait frémi tout autant à la vue du cafard réduit en pulpe. La seule chose qui importait était de reprendre la marche et, courant presque, il s'élança le long de la branche verticale du sentier.

Il arriva dans un passage découvert, continua en montant sur plusieurs centaines de mètres, puis contourna une série de petits bocages. Il avait perdu sa force de concentration, son sens aigu d'observation s'était émoussé, et il avançait à l'aveuglette. Encore que moins abruptement, le défilé montait toujours. Le col semblait n'avoir pas de fin, et tout en sachant qu'il n'avait couvert que quelques milles, la distance parcourue lui paraissait bien plus grande.

Il parvint à une autre percée bordée par un bois sur sa gauche, et une fois de plus il s'agenouilla dans l'ombre, écarquillant les yeux. Tout à coup il frémit. Il venait de comprendre l'erreur qu'il avait faite en tuant la sentinelle. L'homme dont c'était le tour de prendre la garde dormirait peut-être toute la nuit, mais il était bien plus probable qu'il se réveillerait. Martinez lui-même ne s'endormait jamais profondément qu'après avoir fait son temps de garde. Quand ils auront découvert l'homme qu'il a tué, ils ne fermeront pas l'œil de la nuit. Jamais il ne pourrait leur échapper.

Il avait envie de pleurer. Plus il s'attardait, plus dangereuse devenait sa situation. En outre, ayant fait une erreur comme celle-ci, quelles autres erreurs n'avait-il pu commettre ? De nouveau il frisait l'hystérie. Il lui fallait faire demi-tour, et cependant... Il était sergent, sergent américain.

N'eût été ce sens de loyauté il se serait écroulé depuis des mois. Il s'essuya le visage et reprit sa marche en avant. La singulière idée lui traversa la tête de continuer jusqu'à ce qu'il eût traversé le col, atteint les arrières des Japonais, reconnu les défenses de Botoï Bay. Toute une imagerie glorieuse s'échafauda dans son esprit pendant un instant : Martinez décoré, Martinez au garde-à-vous devant le général, la photographie de Martinez dans le journal mexicain de San Antonio. Mais la vision s'évanouit sous le poids de sa propre absurdité ; il n'avait pas de provisions, pas d'eau, pas même de couteau.

A ce moment, sur sa gauche, il vit un long reflet de lune à l'ombre d'un arbuste qui s'avançait hors d'un bocage. Il se laissa aller sur un genou pour examiner le terrain, quand il perçut la fine sonorité d'un crachat qui gicle à terre. Ceci était un autre bivouac japonais.

Il aurait pu le contourner. L'ombre, ici, était très profonde le long de la falaise ; en prenant ses précautions, il aurait pu passer inaperçu. Mais cette fois ses jambes furent trop faibles, sa volonté trop flasque. Il se sentit incapable de passer de nouveau à la vue d'une mitrailleuse.

Mais il devait continuer. Il se frotta le nez, comme un enfant face à une difficulté insurmontable. Toute la fatigue des deux dernières journées, la tension nerveuse de cette nuit, l'accablèrent de tout leur poids. Nom de Dieu, jusqu'où il veut moi aller ? pensa-t-il avec ressentiment. Il revint sur ses pas, glissa sous l'ombre du bocage qu'il venait de quitter, puis se mit à descendre le défilé. L'idée du temps qui s'était écoulé depuis qu'il avait poignardé la sentinelle, redoublait son anxiété. Ils allaient sans doute patrouiller le col — encore que pas avant l'aube tout de même, et de toute façon il était perdu s'ils avaient découvert leur mort. Il ne fit virtuellement aucun effort pour se camoufler le long du parcours où, à l'aller, il était passé sans encombre. Faire vite était désormais la seule chose qui comptait.

Il arriva sur les arrières du bois que traversait la piste en forme de T, s'arrêta — écoutant. Ne percevant aucun bruit, impatienté, il aborda en rampant la partie verticale du sentier. Le mort reposait paisiblement contre la mitrailleuse. Martinez lui jeta un coup d'œil et se mit à le contourner sur la pointe de ses pieds, quand il remarqua une montre-bracelet sur son poignet. Il s'immobilisa pendant deux longues secondes, regardant la montre, se demandant s'il allait s'en emparer. Il avait déjà tourné le dos au cadavre quand, changeant d'idée, il refit un pas en arrière et s'agenouilla. La main du Japonais était encore tiède. Il se mit à tripoter le bracelet, mais un accès soudain d'horreur et d'angoisse lui fit abandonner le poignet du mort. Non. L'idée de s'attarder dans ce bois lui devint insupportable.

Au lieu de tourner sur sa gauche et de suivre la piste qui courait à la lisière du bois, il évita la mitrailleuse et s'engagea dans la clairière, rampant de rocher en rocher jusqu'à ce qu'il eût atteint la protection de la falaise. Il jeta un dernier regard en direction du bois et se mit à descendre le défilé.

Tout en continuant son chemin il était obsédé par un double sentiment de déception. Il était revenu sur ses pas plus tôt qu'il n'aurait dû, et cela le tracassait. Il se demandait comment modifier son récit pour satisfaire Croft. Mais, plus direct, plus pénible, était son regret de n'avoir pas pris la montre-bracelet. C'eût été si facile. Maintenant qu'il avait le bois derrière lui, il s'en voulait d'avoir eu peur de s'y attarder. Il songeait à tout ce qu'il aurait pu faire. En plus de la montre il aurait pu recouvrer son couteau (il l'avait oublié en se retrouvant face au cadavre), ou encore il aurait pu enrayer la mitrailleuse en versant du sable dans la culasse. Il pensa avec amusement à la mine qu'ils auraient faite, et il se rendit compte avec une secousse combien ils seraient horrifiés en découvrant l'homme mort.

Nom de Dieu, bon vieux Martinez. Il sourit à la pensée que Croft lui ferait ce compliment.

En moins d'une heure il regagna la section et fit son rapport à Croft. La seule chose qu'il inventa fut qu'il n'y eut pas moyen de contourner le deuxième bivouac.

Croft approuva du chef. « Fallait que tu le tues, ce Japonais, hein ?

— Oui.

— Aurait mieux valu pas. Ça les ameutera d'un bout à l'autre de la ligne. Il réfléchit un instant, puis ajouta pensivement : J'en sais rien, on peut jamais dire ce que ça donnera. »

Martinez soupira. « Nom de Dieu, pas penser à ça. » Il était trop fatigué pour éprouver des regrets, mais tout en se glissant sous sa couverture il se demandait combien d'autres erreurs il avait commises, qu'il découvrirait dans les jours à venir. « Nom de Dieu fatigué, dit-il pour éveiller la sympathie de Croft.

— Oui, tu l'as eue raide, dit Croft. Il mit la main sur l'épaule de Martinez et la serra violemment. Pas un foutu mot au lieutenant. T'as traversé le col sans rencontrer rien de rien, compris ?

— Ça va, c'est comme toi dire, fit Martinez, abasourdi.

— C'est ça, t'es un bon gars, Mange-Japonais. »

Martinez sourit mollement. Trois minutes plus tard il était endormi.

8

Le lendemain matin Hearn se réveilla frais et dispos. Il se retourna dans sa couverture, regardant le soleil se lever sur les collines qui semblaient émerger comme des rocs hors de l'eau. Partout la brume matinale s'abîmait dans les creux et les vallées et Hearn se faisait l'effet de voir très loin, presque jusqu'aux limites orientales de l'île, à une centaine de milles de là.

Autour de lui les hommes eux aussi se réveillaient. Croft roulait sa couverture, et un ou deux hommes revenaient d'une visite dans l'herbe. Hearn s'assit, remua ses orteils à l'intérieur de ses chaussures, se demandant paresseusement s'il devait changer de chaussettes. Il avait une paire de réserve, sale elle aussi à présent, mais, haussant les épaules, il décida que la chose ne valait pas le dérangement. Il se mit à ajuster ses jambières.

Red grommelait à côté de lui. « Quand est-ce que cette foutue armée apprendra à faire des jambières mieux que ça ? » Il se débattait avec un lacet qui s'était rétréci au cours de la nuit.

« J'ai entendu dire qu'on aura bientôt des chaussures montantes comme des bottes de parachutiste. C'en sera fait des jambières. »

Red se frotta le menton. Il ne s'était pas rasé depuis le commencement de la patrouille, et sa barbe était d'un blond plutôt barbouillé. « On en verra jamais la couleur, dit-il. Ces foutus magasiniers les garderont toutes.

— Eh bien... » fit Hearn. Il sourit. Le mauvais coucheur. Red était le seul de la section avec qui il valait la peine de causer — le sage. Seulement, il ne se laissait pas approcher.

« Dites, Valsen... dit-il, obéissant à une impulsion.

— Oui ?

— Nous sommes à court d'un caporal ; de deux, maintenant que Stanley est avec Wilson. Voulez-vous faire fonction de caporal pour le restant de la patrouille ? Et quand nous rentrerons, nous tâcherons de vous conserver votre grade. » C'était un bon choix. Red avait la sympathie des hommes, il se montrerait certainement à la hauteur.

Mais il se sentit un peu embarrassé par l'air inexpressif qu'assuma le visage de Red. « C'est un ordre, mon lieutenant ? » Sa voix était mate, un peu rauque.

Voyons, quelle mouche le piquait ? « Non, bien sûr que non. »

Red se gratta le bras avec lenteur. Il fut pris tout à coup d'une rage si démesurée, qu'il en éprouva presque de l'inquiétude.

« Je veux pas de faveurs, grommela-t-il.

— Je ne vous en offre pas. »

Il le haïssait, ce lieutenant, ce grand type avec son sourire faux, toujours prêt à faire camarade. Pourquoi ne le laissait-il pas en paix ?

Le temps d'un instant il fut tenté. Il le sut au bondissement excessif de son cœur. S'il acceptait quelque chose dans ce genre, toutes ses défenses s'écrouleraient. Ils te prennent au piège puis tu te fais de la bile pour faire marcher les choses et tu te mets à chercher noise aux hommes et à lécher le cul aux officiers. Travailler avec Croft.

« Choisissez plutôt une autre poire, mon lieutenant. »

Hearn en fut furieux pendant un instant. « Très bien, je n'ai rien dit », grogna-t-il. Ils le haïssaient, ils ne pouvaient que le haïr, et il devait s'y faire tant que durerait la patrouille. Il regarda Red, sentant refluer sa colère au spectacle de ce corps décharné, de ce visage émacié à l'épiderme rouge et meurtri.

Croft passa à côté d'eux. « Oubliez pas de remplir vos bidons, les gars », commandait-il. Obéissants, quelques-uns s'en furent vers le petit ruisseau qui coulait de l'autre côté du tertre.

Hearn promena un coup d'œil circulaire, aperçut Martinez qui s'étirait sous sa couverture. Il l'avait complètement oublié, et il ignorait tout de son rapport. « Croft ! cria-t-il.

— Oui, mon lieutenant ? » dit Croft. Il était en train de s'ouvrir une boîte de ration alimentaire. Il jeta l'emballage de carton et s'approcha d'Hearn.

« Pourquoi ne m'avez-vous pas réveillé quand Martinez est rentré ?

— De toute façon on y pouvait rien avant le matin, dit Croft d'une voix traînante.

— Bon, eh bien à l'avenir vous me laisserez le soin d'en décider. Il fouilla le regard impénétrable de ses yeux bleus. Qu'a-t-il vu, Martinez ? »

Croft fendit l'enveloppe de papier ciré qui protégeait la ration. Un picotement nerveux se mit à courir le long de son dos. « Le col est désert aussi loin qu'il est allé. Il pense que ces Japonais qui nous ont canardés hier étaient les seuls à l'occuper, et que le col est maintenant ouvert. » Il avait voulu retarder le plus longtemps possible son explication avec Hearn ; il avait même nourri l'espoir irrationnel qu'il n'aurait pas à s'expliquer du tout. Le fourmillement nerveux picotait de nouveau sa chair. Une idée germait là derrière, prudemment tapie sous le couvert de ses paroles. Il parlait les yeux baissés, et quand il eut fini il se détourna vers l'homme qui montait la garde sur le tertre au-dessus d'eux. « Ouvre l'œil, Wyman, appela-t-il doucement. Sacré nom de Dieu, t'as assez dormi. »

Il y avait quelque chose de louche là-dessous. « Ça paraît étrange qu'ils aient abandonné le col, dit Hearn.

— Oui, dit Croft. Il venait d'ouvrir la boîte d'œufs au jambon, et il s'emplissait la bouche à l'aide de sa fourchette. On dirait, fit-il. Il regardait de nouveau à ses pieds. Peut-être qu'on devrait essayer la montagne, mon lieutenant. »

Hearn leva les yeux sur le mont Anaka. Ce matin, oui, le pic n'était pas sans séduction. Ils auraient pu essayer. Mais il secoua la tête avec fermeté : « C'est impossible. » C'eût été de la folie, d'autant plus qu'ils ignoraient si l'autre versant était praticable.

Croft le regardait impassiblement. Depuis le commencement de la patrouille le visage émacié de Croft s'était aminci encore davantage, et les lignes de son petit menton carré s'étaient accentuées. Il avait l'air fatigué. Bien qu'il eût emporté son rasoir il avait négligé de se raser ce matin-là et, du coup, ses traits paraissaient plus étroits que d'ordinaire. « C'est pas impossible, mon lieutenant. J'ai pas arrêté d'examiner cette montagne depuis hier matin. Y a une trouée dans les falaises à cinq milles environ à l'est du col. On démarre maintenant et on escalade ce maudit chose en un jour. »

L'expression de Croft quand il avait regardé la montagne à travers les jumelles. Hearn secoua de nouveau la tête. « Nous tâterons du col. » Assurément, lui et Croft étaient les seuls qui auraient voulu s'attaquer à la montagne.

Croft ressentit un curieux mélange de satisfaction et d'angoisse. Les dés étaient jetés. « Très bien », dit-il, les lèvres gourdes. Il se leva et fit signe aux hommes de se rassembler autour de lui. « Nous allons passer le col », dit-il.

Un grognement maussade s'éleva parmi les hommes.

« Bon, ça suffit comme ça vous autres. On prend le col, et peut-être qu'aujourd'hui vous ferez gaffe. » Martinez le regarda, et Croft lui répondit d'un haussement d'épaules dénué de sens.

« A quoi foutre bon s'il faut qu'on se flanque à la gueule avec ces nom de Dieu de Japonais ? demanda Gallagher.

— Assez de rouscailler, Gallagher. Il ne les quittait pas des yeux. On démarre dans cinq minutes, alors vous ferez mieux de vous mettre le cul en première. »

Hearn leva la main. « Attendez, je veux vous dire quelque chose. La nuit dernière nous avons envoyé Martinez en reconnaissance et il a trouvé que le col était désert. Il y a des chances que nous n'y rencontrions personne. Ils le regardaient avec incrédulité. Si nous tombons sur quoi que ce soit, une embuscade, la trace d'un Japonais, je vous donne ma parole que nous faisons demi-tour pour regagner séance tenante la côte. Est-ce de bonne guerre ?

— Oui, firent quelques voix.

— Bon, alors préparons-nous. »

Quelques minutes plus tard ils se mettaient en route. Hearn boucla son barda et l'amarra sur ses épaules. Allégé de sept rations, le poids de son sac lui paraissait presque confortable. Le soleil qui commençait de chauffer le mit de bonne humeur. Il se sentait en forme ; une nouvelle matinée se levait, et il était impossible de ne point reprendre courage. L'abattement, les décisions de la veille, semblaient ne pas tirer à conséquence. Il savourait l'instant présent, et puisqu'il le savourait — c'était tant mieux.

Très naturellement il prit la tête de la colonne et emmena ses hommes en direction du col.

Une demi-heure plus tard le lieutenant Hearn était tué par une balle de mitrailleuse qui lui traversa la poitrine.

Arrivé au rempart de pierre qui faisait face à l'entrée du col il s'était redressé négligemment, et alors qu'il était sur le point de faire signe aux autres de le suivre une mitrailleuse japonaise ouvrit le feu. Il tomba à la renverse parmi les hommes assemblés derrière l'abri.

Le choc fut intense. Pendant dix ou vingt secondes personne ne fit rien. Serrés derrière le roc, se protégeant la tête du bras, ils gisaient sans mouvement tandis que les balles japonaises sifflaient au-dessus d'eux.

Réagissant le premier, Croft enserra son fusil dans une fente du roc et tira rapidement en direction du bocage, écoutant en silence le bruit cinglant des cartouches qui éjaculaient de son arme. A côté de lui Red et Polack s'étaient suffisamment repris pour se redresser et faire feu à leur tour. Croft éprouvait un profond soulagement ; son corps était tout léger dans ce moment. « Allons-y les gars, flanquez-leur une volée », hurla-t-il. Son esprit travaillait avec rapidité. Il n'y avait que peu d'hommes dans le bocage devant, pas même une escouade peut-être, sinon ils auraient attendu avant de tirer. Ils voulaient leur ôter l'idée d'avancer.

Bon, tout était bien. Il n'allait pas s'attarder ici. Il jeta un bref regard sur le lieutenant. Hearn était couché sur le dos. Le sang jaillissait de sa blessure, maculant son visage et son corps. Croft éprouva de nouveau une sensation de soulagement. Finies la confusion, l'hésitation momentanée, qui le freinaient à l'instant de donner un ordre.

L'escarmouche se prolongea pendant quelques minutes, puis les fusils et la mitrailleuse se turent à l'entrée du col. Croft s'accroupit derrière le rempart. A quatre pattes, un peu frénétiquement, les hommes se mirent à battre en retraite.

« Arrêtez, cria Croft. Foutons le camp en ordre. Gallagher ! Roth ! Restez avec moi pour faire feu. Les autres contournez ce tertre. Martinez, emmène-les — il pointa en direction d'un monticule — et quand tu y seras ouvre le feu sur le col et on vous rejoindra. » Il se redressa pour un moment, tira une rafale, puis s'aplatit derrière le roc tandis que la mitrailleuse japonaise répondait en écho. « Bon, démarrez ! »

Ils démarrèrent en rampant, et quelques minutes plus tard Croft les entendit qui ouvraient le feu. « Allons-y », chuchota-t-il à l'adresse de Gallagher et de Roth. Ils quittèrent leur abri, se traînant à plat ventre sur une cinquantaine de pieds, puis ils se mirent à courir, pliés en deux. Roth avait jeté un coup d'œil sur Hearn alors qu'il le doublait en rampant, et le temps d'une seconde il manqua d'air. « Oh », gémit-il, les jambes coupées. Il eut un accès de malaise, mais il se remit à ramper, puis à courir. « Terrible », marmonna-t-il.

Croft rejoignit les hommes derrière le tertre. « Bon, magnons-nous le cul. Visons droit devant le long des falaises, et que ça gaze. » Il se mit en tête de la colonne et ils s'ébranlèrent hâtivement. Ils couvrirent plusieurs centaines de mètres au trot avant de reprendre un pas de marche, pour se remettre au trot l'instant d'après. En une heure ils firent cinq milles à travers collines et herbe kunaï, sans s'arrêter, sans ralentir pour attendre les traînards.

Roth et les autres oublièrent bien vite le lieutenant. Le saisissement que leur valut cette seconde embuscade s'émoussa dans les rigueurs de leur retraite. Ils n'étaient sensibles qu'à la clameur essoufflée de leurs poumons, au tremblement de leurs jambes exténuées. Quand Croft eut finalement ordonné une halte, ils se laissèrent choir à terre sans même se préoccuper si les Japonais les avaient pris en chasse. Dans ce moment, si on les avait attaqués, ils n'auraient probablement pas bougé un doigt.

Croft seul se tenait debout. Il parlait avec lenteur, le cœur palpitant, la parole distincte. « On va respirer un coup. » Il les regardait de haut, notant l'air hébété avec lequel ils l'écoutaient. « Puisque vous voilà tout dégonflés comme de vieilles capotes, c'est moi qui prendrai la garde. » La plupart d'entre eux l'entendirent à peine, et ceux qui lui prêtèrent leur attention ne comprirent pas grand-chose à ses paroles. Ils gisaient là, tout à fait passifs.

Cependant, peu à peu, ils commencèrent à récupérer ; leur souffle redevenait normal, leurs jambes regagnaient un peu de leur force. Mais l'embuscade et la marche les avaient épuisés. Le soleil, déjà haut dans le ciel, devenait désagréable ; couchés à plat ventre, regardant la sueur dégouliner de leur visage sur leurs avant-bras, ils étouffaient de chaleur. Minetta faisait des efforts pour rendre les secs et aigres caillots de sa ration matinale.

A mesure qu'ils récupéraient leurs forces, la mort du lieutenant les préoccupait de moins en moins. C'était arrivé trop brusquement, trop abstraitement, pour susciter en eux de grandes émotions, et maintenant qu'il était mort c'est à peine s'ils pouvaient croire qu'il avait jamais fait partie de leur section. Wyman se porta en rampant près de Red, se coucha à ses côtés, piquant ça et là un brin d'herbe qu'il mordillait puis recrachait pensivement.

« Ç'a été drôle », dit-il finalement. Il était bon d'être couché là, sachant que dans une petite heure ils reprendraient le chemin de la plage. Un résidu de la terreur qu'il éprouva lors de l'embuscade s'éveilla en lui pour un moment.

« Oui, grommela Red. Et maintenant le lieutenant. » Il revoyait l'expression renfrognée d'Hearn à la suite de son refus de se faire nommer caporal. Son esprit patinait sur la plus fragile des glaces et un vague sentiment d'oppression s'emparait de lui, comme s'il s'efforçait d'éloigner quelque chose qu'il n'osait pas affronter — quelque chose qui allait remonter à la surface.

« Le lieutenant était un bon gars », laissa échapper Wyman tout à coup. Ses propres mots l'émurent profondément. Il venait seulement d'associer l'image qu'il gardait de ses rares contacts avec Hearn et la dernière vision qu'il eut de son corps ensanglanté. « Un bon gars, répéta-t-il en hésitant, comme pour éviter la frayeur que lui causait cette évocation.

— Y a pas un de ces enculés d'officiers qui vaut tripette », jura Red. De colère, ses membres exténués se contractaient nerveusement.

« Oh, j'en sais rien, y a toutes sortes de gars... » protesta Wyman avec douceur. Il essayait d'associer le son de la voix d'Hearn et la couleur de son sang.

« Je me donnerai même pas la peine de cracher à la gueule du meilleur d'entre eux, dit Minetta avec rage. Une vague superstition le troubla — il ne faut jamais médire des morts, mais il la refoula d'un air de défi. J'ai pas peur de dire ce que je pense. C'est tous des salauds. Ses yeux étaient larges et excités sous son front dégagé. S'il fallait qu'il claque pour que nous on rentre, moi ça me va. » Il alluma une cigarette, tirant de petites bouffées prudentes car la fumée lui brouillait l'estomac.

« Qui dit qu'on rentre ? demanda Polack.

— Ce lieutenant l'a dit, fit Wyman.

— Oui, le lieutenant », s'ébroua Red tout en se couchant sur son ventre.

Polack se tripota le nez. « Te veux parier qu'on remet ça ? » Il y avait quelque chose de louche dans toute cette histoire, de louche comme tout. Ce Croft, quel gaillard. Un numéro. Voilà le genre de gars dont on avait besoin à Chicago, un fils de pute de première.

« Aou, fit Wyman vaguement. Il songea un instant à la fille qui avait cessé de lui écrire. Il ne lui importait même plus de savoir si elle était morte ou en vie. Qu'est-ce que ça pouvait bien faire ? Il se mit à regarder la montagne, espérant qu'ils rentreraient malgré tout. Croft a-t-il dit quelque chose à ce propos ? »

Comme pour lui répondre, Croft quitta à pas lents son poste de garde. « Allez, vous autres, en route.

— On rentre, sergent ? demanda Wyman.

— La ferme, Wyman. On va s'attaquer à la montagne. Un chœur de grognements lui répondit, sourd et rancunier. Ça vous convient peut-être pas, des fois ?

— Pourquoi diable qu'on rentre pas, Croft ? demanda Red.

— Parce que c'est pas ce qu'on nous a dit de faire. » Une rage intense s'emparait de lui. Il ne leur permettrait pas de se mettre en travers de ses plans. Le temps d'une seconde il fut tenté de lever son fusil et de l'abattre sur le crâne de Red. Il serra ses mâchoires. « Allez, en route, vous voulez que les Japonais vous tombent dessus une autre fois ? »

Gallagher lui décocha un regard irrité. « Ce lieutenant a dit qu'on rentre.

— C'est moi qui commande maintenant. » Il ne les quittait pas des yeux, les matant de son regard. Ils se levèrent un à un, empoignèrent leurs sacs d'un air morose. Ils étaient tous un peu engourdis et plutôt passifs. « Aah, qu'il aille se faire foutre », grommela l'un d'eux. Croft grimaça un sourire. « Bande de femmelettes ! » dit-il, la voix cinglante.

Ils étaient tous debout, tous prêts. « En avant », dit-il paisiblement.

Ils s'ébranlèrent avec lenteur sous le soleil matinal. Au bout de quelques centaines de mètres leur fatigue les reprit, et ils continuèrent de patauger dans une semi-stupeur. En fait, ils n'avaient jamais cru que la patrouille finirait sans plus. Croft les menait en direction de l'est, parallèlement aux falaises. Après une vingtaine de minutes ils arrivèrent à la première fissure dans les grands escarpements qui s'élevaient à la base de la montagne. Haute de plusieurs centaines de pieds, une rampe dont l'argile rouge reflétait la chaleur du soleil montait vers le ciel. Sans mot dire Croft aborda la pente et les hommes se mirent à escalader la montagne. Ils n'étaient plus que huit.

« Tu sais, dit Polack à Wyman, ce Croft il est un idéaliste, voilà foutre ce qu'il est. » Le grand mot lui plut, qu'il venait d'employer ; mais, bientôt, tout occupé à s'accrocher au sol brûlant de la rampe, il n'y pensa plus. Quelque chose de louche. Il se promit de tirer les vers du nez à Martinez.

Wyman revoyait de nouveau le lieutenant. Quelque chose qui le travaillait depuis l'embuscade, se précisait en lui. Avant de se donner le temps de réfléchir — il craignait comme le feu la dérision de Polack — il murmura : « Dis, Polack, tu crois que Dieu existe ? »

Polack sourit, puis fourra ses mains derrière son sac pour en alléger le frottement. « S'il existe, c'est sûrement un fils de pute.

— Oh, dis pas ça. »

Péniblement, les hommes continuaient de monter la rampe.

*

* *

LA MACHINE A FAIRE LE TEMPS :
POLACK CZYNIEWICZ.
DONNE-MOI UN MACHIN ET JE SOULÈVERAI
LE MONDE

La bouche impudique et mobile, avec ses trois dents qui lui manquaient au coin supérieur gauche... Vingt et un ans peut-être, mais son regard était malin et obscène, et quand il riait sa peau se ratatinait comme celle d'un quinquagénaire. Minetta se disait qu'avec son nez crochu et sa longue mâchoire qui se rabattait sur ses gencives fuyantes, Polack ressemblait à une caricature de l'Oncle Sam. Cependant, il se sentait mal à son aise en sa présence; il avait secrètement peur de mesurer son savoir à celui de Polack.

La serrure de la porte d'en bas est cassée bien sûr, et il y a beau temps que les boîtes à lettres ont été saccagées, dont les charnières se couvrent de rouille. Le couloir sent la pissotière ; le carrelage crasseux de l'entrée a absorbé des odeurs de tuyau qui fuit, de chou et d'ail, d'étoupe de graisse dans la canalisation qui ne fonctionne plus. En montant l'escalier on doit se porter contre le mur car le garde-fou cassé branle comme la carcasse d'un vaisseau qui pourrit sur le sable. Dans les encoignures, le long des plinthes, on peut voir les souris aller l'amble dans la poussière et la pure et fantastique démarche des cafards en promenade.

Le puits d'aérage qui relie les unes aux autres les salles de bains d'étage en étage s'emplit d'impuretés et parfois d'une décharge d'ordures ménagères. Quand ça sera bien engorgé, le concierge y mettra le feu.

Incinérateur improvisé.

L'immeuble ressemble en tous points aux autres immeubles de ce quartier, à un mille à la ronde.

Casimir (« Polack ») Czyniewicz, neuf ans, se réveille le matin, se gratte la tête, s'assied sur l'édredon piqué étalé par terre, regarde le fourneau éteint qui occupe le centre de la chambre. Trois autres enfants dorment ici, et il se recouche, prétendant qu'il est encore endormi. Bientôt sa sœur Marie se réveillera, elle se mettra à trotter et à s'habiller, et il veut la voir.

Dehors le vent frappe contre les persiennes, glisse entre les craquelures et folichonne librement le long du plancher.

Jésus, fait froid, fait-il à l'adresse de son frère couché à côté de lui.

Elle s'est levée déjà ? (Le frère a onze ans.)

Bientôt. Il met un doigt sur ses lèvres.

Marie se lève en frissonnant, furette distraitement autour du fourneau, puis passe sa combinaison de coton par-dessus ses épaules tandis que sa chemise de nuit glisse sur ses hanches. Les deux garçonnets entrevoient un éclat de chair nue et ils pouffent doucement dans leur édredon.

Qu'est-ce que tu regardes, Steve ? crie-t-elle.

Ho, je t'ai vue, je t'ai vue.

T'as pas vu.

Si j'ai vu.

Casimir a avancé la main pour arrêter Steve. Trop tard. Il secoue la tête avec un profond dégoût, le dégoût d'une grande personne. Pourquoi que t'as fait ça, t'as tout gâché maintenant.

Aaah, la ferme.

T'es une andouille, Steve.

Steve lui allonge une bourrade, mais il s'esquive, galope par la chambre, évitant son frère. Arrête ça, Steve, crie Marie.

Assez, assez, hurle Polack.

Vêtu de son seul pantalon, le père, un homme énorme et lourd, arrive de l'autre pièce. Arrêtez ça les enfants, crie-t-il en polonais. Apercevant Steve, il lui flanque une taloche. Espionne pas la fille.

C'est Casimir qui l'a fait le premier.

J'ai rien fait, j'ai rien fait.

Laisse Casimir tranquille. Il flanque une nouvelle taloche à Steve. Ses mains sentent encore l'abattoir.

Je t'aurai, chuchote Steve.

Aououou. Mais Casimir rit dans sa barbe. Il sait que Steve oubliera, et s'il n'oublie pas il y aura moyen de lui échapper. Il y a toujours moyen de se tirer d'affaire.

Dans la classe tout le monde pousse des cris.

Qui c'est qu'a mis du chewing-gum sur les bancs, qui c'est qui l'a mis ?

Mlle Marsden semble sur le point de pleurer. Silence, les enfants, silence s'il vous plaît. John, et toi Louis, commencez à nettoyer les bancs.

Pourquoi nous, mademoiselle ? C'est pas nous qu'on a mis la gomme.

Moi je les aiderai, mademoiselle, dit Casimir.
Très bien, Casimir, tu es un bon garçon.
Les petites filles remuent leur nez, le regard curieux et indigné tout à la fois. C'est Casimir qui l'a fait, chuchotent-elles, c'est Casimir qui l'a fait.
Mlle Marsden les entend à la fin. Est-ce toi qui l'as fait ?
Moi, mademoiselle, pourquoi que je l'aurais fait ?
Viens ici, Casimir.
Il s'approche, s'appuie contre le bras de la maîtresse quand elle lui entoure le cou. Regardant la classe et clignant de l'œil alors qu'il pose la tête sur l'épaule de l'institutrice. (Pouffant.)
Voyons, Casimir, il ne faut pas faire cela.
Pas faire quoi, mademoiselle ?
Est-ce toi qui as mis la gomme sur le siège des bancs ? Dis-moi la vérité, je ne te punirai pas.
Non, mademoiselle.
Y a pas de gomme sur le banc de Casimir, Mademoiselle Marsden, dit Alice Rafferty.
Pourquoi il n'y en a pas sur ton banc ? lui demande-t-elle.
Je sais pas, mademoiselle, peut-être que le gosse qui l'a fait il a peur de moi.
Qui l'a fait, Casimir ?
Oh, je sais pas, mademoiselle. Vous voulez que j'aide à nettoyer les bancs ?
Casimir, il faut que tu tâches d'être un bon garçon.
Oui, Mademoiselle Marsden. Il retourne à son banc, et tout en prétextant d'aider les autres garçons il chuchote à l'adresse des filles.

En été les enfants restent dehors toute la nuit, ils jouent à cache-cache dans les terrains vagues, ils s'arrosent aux bouches d'incendie qu'on a ouverts pour eux. C'est toujours excitant en été. Une maison brûle, ou bien on peut monter sur les toits pour regarder les grands qui baguenaudent avec les filles. S'il fait assez chaud on peut se glisser dans un cinéma, parce que les portes de sortie sont ouvertes pour la ventilation.
Parfois on est des chançards.
Hé, Polack, y a un poivrot qui pionce derrière la maison à Salvatore.
L'a du pèze ?
Comment que je sais, moi ? jure l'autre gosse.
Aaah, allons voir.
Ils traversent un passage à la pointe de leurs pieds, débouchent dans un terrain vague sur les arrières des immeubles. L'ivrogne ronfle.
Vas-y, dit Polack.
Quesqué te veux dire, vas-y ? Comment qu'on partage ?
Te verras comment.

Il rampe contre l'ivrogne, tâtonne doucement son corps à la recherche d'un portefeuille. L'ivrogne s'arrête de ronfler, il s'empare du poignet de Polack.

Laisse, laisse-moi, espèce de... Il rue, sa main libre trouve une pierre, la ramasse, l'abat sur la tête de l'ivrogne. La pression augmente sur son poignet et il frappe de nouveau.

Où c'est, où c'est, vas-y, magne-toi.

Polack fouille au hasard les poches de l'homme, trouve un peu de monnaie. Allez, filons.

Les deux garçonnets s'éclipsent furtivement, puis partagent leur butin à la lueur d'un lampadaire.

Soixante cents pour moi, vingt-cinq pour toi.

Quesqué tu veux dire ? C'est moi qui l'a trouvé.

Quesqué tu veux dire ? C'est moi qu'a risqué le coup, dit Polack. Quesqué tu crois que ça compte pour des prunes ?

Aaah.

Va chier. Il le quitte en sifflant, se met à rire jaune quand il pense comment il a frappé l'ivrogne. Mais, le matin, l'homme n'y est plus, et Polack se sent soulagé. Aaah, c'est solide les poivrots, pense-t-il d'après la science apprise chez les grands.

Il a dix ans quand son père meurt, et après les obsèques sa mère l'envoie travailler aux abattoirs. Mais au bout d'un mois l'inspecteur des écoles en a eu vent et Polack est confié à un orphelinat.

Les nouvelles leçons qu'il faut apprendre, pas si nouvelles après tout. Ici il est même plus important que jamais de ne pas se faire prendre ; ça fait trop mal quand on se fait coincer.

Avance la main, Casimir.

Pourquoi, ma sœur ? Quesqué j'ai fait ?

Ta main. La règle s'abat avec une force surprenante sur la paume de sa main, et il saute en l'air. Nom de Dieu.

Pour avoir juré, Casimir, une nouvelle punition. Une fois de plus le bras vêtu de noir brandit la règle et frappe le dedans de sa main.

Les enfants s'esclaffent tandis qu'il regagne son banc. En dépit de ses larmes il réussit un sourire douteux. C'est rien du tout, chuchote-t-il, mais ses doigts enflent et il dorlote sa main pendant toute la matinée.

C'est de Pfeiffer, l'instructeur de gymnastique, qu'il faut se méfier le plus. Au réfectoire, chacun doit garder un silence de trois minutes pendant qu'on dit les prières. Pfeiffer rôde dans votre dos pour voir si vous chuchotez.

Polack lance un coup d'œil de côté et d'autre. Personne dans les parages. Dis, qu'est-ce qu'on bouffe ce soir ?

Bang ! Sa tête oscille sous la commotion et tout s'ébranle dans son crâne.

Eh bien Polack, quand je dis silence je dis silence.

Il regarde d'un air abasourdi son assiette, attendant que la peine se résorbe. Il a du mal à s'empêcher de se frotter le crâne.

Plus tard : Jésus, ce Pfeiffer l'a des yeux derrière la tête.

Et il y a les combines. Lefty Rizzo, un grand, quatorze piges, commande la place quand Pfeiffer ou les sœurs ou les pères ont tourné le dos. Faut être copain avec lui, ou bien on se casse le nez.

Tu veux que je fais quelque chose pour toi, Lefty ? (Polack a dix ans.)

Lefty parle à ses lieutenants. Fous le camp, Polack.

Aaah, pourquoi ? Quesqué je t'ai fait ?

Fous le camp.

Il traverse le dortoir, scrute du regard les cinquante lits, les cantines à demi ouvertes.

Dans l'une d'elles il y a une pomme, quatre centimes, et un petit crucifix. Il s'empare de la croix, revient en flânant vers la couchette de Lefty.

Hé, Lefty, j'ai quelque chose pour toi.

Quesqué tu veux que j'en fait ?

Donne ça à sœur Catherine, un cadeau.

Lefty réfléchit. Oui... oui. Où t'as pris ça ?

Je l'ai chipé dans la cantine de Callahan. Mais il gueulera pas, t'as qu'à lui dire de la boucler.

J'aurais pu le chiper moi tout seul.

Je t'ai évité le dérangement.

Lefty s'esclaffe, et Polack est adopté.

Il y a des obligations, toutefois. Lefty aime à fumer, et il peut griller son demi-paquet de cigarettes après l'extinction des lumières sans se faire pincer. Une nuit sur deux la corvée aux cigarettes se met en branle pour Lefty.

Le soir, quatre gosses se glissent sous le mur de l'orphelinat, et deux d'entre eux s'y font hisser. Ils se laissent tomber dans la rue, gagnent le quartier commerçant et se mettent à flâner devant un étalage de journaux qui déborde sur le trottoir.

Polack pénètre dans la boutique, s'avance vers le rayon à cigarettes.

Qu'est-ce que tu veux, gamin ? demande le boutiquier.

Eh, je veux... Il glisse un regard vers la porte. M'ssieu, y a ce gosse qui vous vole les journaux ! Et son comparse détale à toutes jambes, avec le boutiquier à ses talons. Polack s'empare de plusieurs paquets de cigarettes, fait un pied de nez à la femme du boutiquier qui pousse des cris, et prend la poudre d'escampette dans la direction opposée.

Dix minutes plus tard ils se retrouvent sous l'enceinte de l'orphelinat. L'un hisse l'autre sur le mur, puis y est hissé à son tour en s'agrippant aux poignets de ses complices. Ils se faufilent par les

couloirs déserts, remettent à Lefty ses cigarettes, et se retrouvent au lit une demi-heure après leur expédition.
C'est rien du tout, chuchote Polack à son voisin de lit.

Une fois Lefty est pris en train de fumer. Les vraies grandes offenses appellent des punitions spéciales. Sœur Agnès dit aux garçons de se mettre en file, tandis que Lefty enfourche un banc la fesse à l'air. Tous doivent défiler devant le coupable, et chacun est censé lui donner en passant une claque sur le postérieur.
Seulement, ils en ont trop peur, et chacun se contente de lui donner une petite tape. Sœur Agnès est furieuse. Il faut que vous le frappiez fort, crie-t-elle. Je punirai tous ceux qui désobéiront.
Celui dont c'est le tour décoche à Lefty une bourrade toute gentille, et sœur Agnès punit le réfractaire d'un coup de règle sur la paume de la main. Tour à tour les enfants effleurent le derrière de Lefty et avancent leur main ouverte pour recevoir la punition.
Sœur Agnès est très troublée. Sa robe bruit avec colère. Frappez-le ! crie-t-elle de nouveau.
Mais personne n'obéit. Ils défilent, prennent leur coup de réglette, et font cercle pour assister au spectacle de Lefty qui s'esclaffe. Quand tous ont défilé sœur Agnès garde le silence, et il est clair qu'elle hésite si elle doit leur faire recommencer la séance. Mais elle capitule, et d'une voix très sèche elle leur dit de se rendre à la salle d'études.
Pour Polack ceci est une grande leçon. Il se dilate d'admiration pour Lefty. Il ne sait pas encore comment l'exprimer, mais il secoue la tête.
Dis, Lefty est un gars à la redresse.

Deux ans plus tard sa mère le fait revenir à la maison. Une de ses sœurs aînées est mariée et deux de ses frères travaillent. En quittant l'orphelinat, il reçoit de Lefty la poignée de mains secrète.
T'es régulier, petit. L'année prochaine, quand je fous le camp d'ici, je te retrouverai.
Dans la rue de nouveau, où l'attendent les sports propres à son âge. Voyager à l'œil sur les tampons des tramways est de la petite bière, chaparder à l'étalage des boutiques est une source de revenu. Du vrai sport est de s'accrocher à l'arrière d'un camion qui file tous gaz dehors et se faire balader à des milles dans la campagne. Sa mère lui trouve du travail comme garçon livreur dans une boucherie où il reste pendant une couple d'années.
Ça ne manque pas toujours d'intérêt.
Quand il est âgé de treize ans une de ses clientes le séduit.
Oh, bonjour, dit-elle en ouvrant la porte, tu es le fils de madame... madame...
Le fils de Madame Czyniewicz, madame.
Oui, je connais ta mère.

Où voulez-vous que je laisse la viande, madame ?

Là-bas. Il pose son paquet, regarde la femme. Je crois que c'est tout.

Assieds-toi, tu dois être fatigué.

Nan, j'ai un tas de commandes à livrer.

Assieds-toi.

Il la regarde. Oui, bon, peut-être bien.

La chose faite, il se sent comme si son éducation venait d'être complétée. Il sait depuis longtemps qu'on ne doit avoir confiance en personne, mais cela ne concernait pas les femmes. Maintenant il est positif qu'à leur tour les femmes sont aussi sûres que le sable mouvant des affaires conclues sur parole.

En s'en allant : Eh bien, au revoir...

Appelle-moi Gertrude. Elle se trémousse.

Il n'a pas pensé à elle comme à quelqu'un avec un nom. Même dans cet instant elle est Mme Untel, une porte où il délivre de la viande.

Au revoir, Gertie. On se reverra.

Ce n'est que des heures plus tard que les avantages, les beautés, les souvenirs absorbants de cette affaire — qu'il connaît de nom depuis si longtemps — se révèlent à lui. Il la revoit le lendemain et lui rend de fréquentes visites au cours de cet été-là.

Les années s'écoulent, il grandit, il est très sagace pour son âge, mais il ne change guère. Il va d'occupation en occupation, devient boucher, travaille aux abattoirs, conduit une voiture de maître pour des gens qui habitent le North Side, mais il a tôt fait d'épuiser les possibilités que lui offrent ces emplois dont il connaît par avance les limitations.

En 1941, âgé de dix-huit ans, il revoit Lefty Rizzo dans un match de base-ball. Ils s'assoient ensemble. Lefty prend déjà de la bouteille, il a l'air de prospérer. Avec sa moustache qui le vieillit de huit ans, on lui donnerait la trentaine.

Eh, Polack, qu'est-ce que tu deviens ?

J'essaie de donner dans le mille.

Lefty rit. Toujours le même vieux Polack, dis, le même rigolo. Pourquoi que t'as pas essayé de me toucher ? J'aurais pu te décrocher un petit quelque chose.

Vrai, j'y ai pas pensé. (Mais il y a plus. Son code, jamais formulé, le gouverne. Quand un copain est à flot, y demande rien sans qu'il te le propose.)

Eh bien, jc pcux t'cmployer.

Hou, Novikoff, espèce de sale Russe, t'as peut-être bientôt fini de taper dans le vide ! crie Polack à l'adresse du batteur. Il pose ses pieds sur la banquette de devant. Quesqué t'as dit ?

Je peux t'employer.

Polack grimace, avance les lèvres. Peut-être qu'on peut s'entendre, dit-il d'un air détaché.

Il s'achète une voiture à crédit, verse le paiement d'acompte avec ce qu'il a économisé pendant ses deux premiers mois. Après dîner il fait le tour des confiseries et des boutiques de coiffeur pour encaisser les mises de la loterie clandestine. Sa tournée finie il remet à Lefty l'argent et les reçus, puis il gagne son nouvel appartement meublé. Il touche cent dollars par semaine.

Une nuit un petit événement a lieu.

Hé, Al, comment va ? Il s'accoude sur le comptoir, se choisit deux cigares de bonne qualité. (Roulant le cigare dans sa bouche.) Quesqué tu dis de neuf ?

Al, un homme entre deux âges, lui passe un sac avec de la monnaie. Hé, Polack, y a un type qui veut être réglé. Son numéro est sorti.

Polack hausse les épaules. Pourquoi que tu dis pas à ce fortuné monsieur que Fred sera ici demain avec le fric ?

J'y ai dit, il me croit pas. Le voilà. (Un bonhomme efflanqué, misérable, le nez rouge et pointu.)

Quesqui va pas, mon pote ? dit Polack.

Dites, je cherche pas d'histoires m'ssieu, je veux pas de casse, mais mon numéro est sorti et tout ce que je demande c'est mon argent.

Doucement, mon pote, laisse qu'on respire un coup. Il cligne de l'œil vers le boutiquier. Te vas pas te mettre en boule des fois ?

Écoutez m'ssieu, tout ce que je veux c'est mon argent. Le 572 est sorti, pas ? Regardez, voilà mon billet. (Deux gosses les observent qui sont venus pour une sucrerie, et Polack saisit le bonhomme par le bras.)

Entrons ici pour discuter le coup. (Il rabat la porte derrière lui.) Bon, t'as gagné Julot, et demain tu seras payé. On a un gars pour ramasser le fric, et un autre gars pour payer les gagnants. On est une grosse affaire nous autres, y a pas que ton ticket.

Comment que je sais qu'on me paiera demain ?

Combien que t'as misé ?

Trois centimes.

T'as gagné vingt et un dollars, hein ? Quesqué tu crois, que ça va nous ruiner ? Il rit. T'auras ton fric, Julot.

(L'autre pose la main sur son avant-bras.) Je voudrais que c'est ce soir, m'ssieu, je la crève de soif.

Polack soupire. Là, Julot, voilà un dollar. Rembourse-le demain à Fred, quand il te paiera.

Le bonhomme prend le dollar, le regarde dubitativement. Vous êtes régulier, m'ssieu.

Oui, Julot, oui. (Il se débarrasse de la main de l'autre, traverse la boutique, monte dans sa voiture.) Tout en conduisant, il secoue la tête. Un profond mépris fermente en lui.

Menu fretin. Un pauvre con qui gagne vingt et un dollars et qui croit qu'on ira se cacher sous la table pour pas le payer. Jésus, quel foutriquet qu'un gars qui se met à chialer pour vingt et un dollars.

Bonjour mamma, comment va, comment va la chérie de Casimir ?

Sa mère jette un coup d'œil soupçonneux par l'entrebâillement de la porte, et, l'ayant reconnu, elle le laisse entrer.

Je t'ai pas vu depuis un mois, fils, dit-elle en polonais.

Deux semaines, un mois, quelle différence que ça fait ? Je suis toujours dans les environs, pas ? Voilà des bonbons. (Voyant le regard dubitatif de sa mère, il fronce le sourcil.) T'as pas encore arrangé tes dents ?

Elle hausse les épaules. J'ai fait de petits achats.

Pour l'amour de Dieu, maa, quand est-ce que tu vas le faire à la fin ?

J'ai acheté du tissu pour des robes.

Marie de nouveau, hein ?

Une fille qu'est pas mariée a besoin de s'habiller.

Aaaah. (Marie vient d'entrer, elle lui adresse un signe de la tête, froidement.) Quesqué tu deviens, bonne à rien ?

Casimir, ta bouche.

Il pince ses bretelles. Pourquoi diable que tu te marieras pas et qu'on fiche la paix à maa ?

Parce que tous les hommes sont comme toi, toujours en chasse. Elle veut se faire nonne, dit sa mère.

Bigre, une nonne. Il la regarde appréciativement. *Une nonne !*

Steve pense qu'elle fera peut-être bien.

Il jauge objectivement son visage étroit, son teint brouillé, le jaunissement de ses paupières inférieures. Oui, peut-être qu'elle fera bien. De nouveau il ressent du mépris, où se mêle une vague compassion. Te sais, momma, je suis un chanceux.

T'es un escroc, dit Marie.

Tais-toi, dit la mère. Eh bien, fils, si t'as de la chance, c'est bien.

Aaah. (Il s'en veut. C'est une mauvaise idée de dire qu'on a de la chance.) Vas-y, fais-toi nonne... Comment va Steve ?

Il travaille si dur. Son Mickey, le plus petit, a été malade.

J'irai le voir un de ces jours.

Vous ferez bien de vous serrer les coudes, les enfants. (Deux sont morts, les autres sont mariés — sauf Marie et Casimir.)

Oui. Il a payé à sa mère cet appartement ; il a offert les napperons de dentelle, la nouvelle chaise capitonnée, les chandeliers sur la table. Mais l'endroit est indiciblement terne. Aaah, c'est à vous dégoûter de tout.

Quoi, Casimir ?

Rien, momma. Faut que je file maintenant.

T'es seulement arrivé.

Oui, je sais. Voilà, voilà un peu d'argent. Est-ce que tu vas te faire arranger les dents, pour l'amour du Christ ?

Au revoir, Casimir. (C'est Marie.)

Oui, au revoir gamine. Il la regarde de nouveau. Une nonne, hein ? Bon. Bonne chance, gamine.

Merci, Casimir.

Sûr, voilà un petit quelque chose pour toi aussi. Vas-y, prends-le. Il lui fourre l'argent dans la main, se glisse par la porte et dégringole l'escalier. Des enfants essaient de faire sauter les enjoliveurs de sa voiture, et il les met en fuite. Il ne lui reste que trente dollars. Pas beaucoup pour tenir pendant trois jours, et dernièrement il perd au poker qui se joue chez Lefty.

Il hausse les épaules. Gagner, perdre, c'est écrit tout ça.

Il se débarrasse de la petite brunette assise sur ses genoux, rejoint en flânant Lefty et le voyou de la bande à Kabriskie. L'orchestre de quatre musiciens engagé pour la soirée joue doucement, et déjà çà et là la boisson a été répandue sur les tables.

T'as besoin de moi, Lefty ?

Faites connaissance. Ça c'est Wally Boletti. Ils échangent un signe de tête, puis causent un peu.

T'es un gars à la hauteur, dit Lefty.

Un de première.

Kabriskie a besoin de quelqu'un pour faire marcher les filles dans la partie sud de son secteur.

C'est ce qu'il a besoin, hein ?

Oui.

Il rumine pendant une minute. (C'est du pèze bien sûr, rudement plus que la loterie, et il en a bien besoin, mais...) C'est une combine casse-cou, grogne-t-il. (Un petit changement dans la politique locale, un coup de pied en vache par un autre secteur, et c'est lui qui sera le bouc émissaire.)

Quel âge que t'as, Polack ?

Vingt-quatre, ment-il.

Foutrement jeune, dit Wally.

Je veux réfléchir à la chose, dit Polack. C'est la première fois de sa vie qu'il se sent incapable de prendre une décision.

Y a pas de presse, mais on dit pas que la place sera toujours à prendre la semaine prochaine.

Eh bien ça sera tant pis pour moi.

Seulement, le lendemain, tandis qu'il hésite encore, une convocation arrive de son centre mobilisateur. Il jure sourdement. Il y a dans la Madison Street un type qui perce les tympans, et il lui donne un coup de téléphone.

Mais, sur son chemin pour l'aller trouver, Polack change d'idée.

Aaaah, merde, la chance tourne casaque. Il fait demi-tour et rentre calmement chez lui. Un étonnement se fait jour dans ses pensées.

C'est quelque chose ça, marmonne-t-il.

Mais ce n'est pas ça. Polack n'a jamais entendu parler d'un *deus ex machina*, et c'est une idée toute nouvelle pour lui.

Tu prévois tous les côtés d'une combine, puis quelque chose d'imprévu arrive. Il se sourit. Y a pas une place au monde où je me démerderai pas.

Son étonnement s'atténue. Même si ce quelque chose d'imprévu arrive, y a toujours des trucs pour celui qui sait ouvrir l'œil.

Biiiiiiiiiip. Il presse son avertisseur, passe en trombe un camion.

9

Quelques heures plus tard, vers midi, à des milles de là, les brancardiers se débattaient avec leur charge. Ils avaient trimballé Wilson toute la matinée sous la chaleur métallique du soleil tropical, leurs forces et leur volonté dissoutes dans leur transpiration. Déjà ils s'avançaient dans un état d'abrutissement ; leur sueur les aveuglait, la langue leur collait au palais, des tremblements continus agitaient leurs jambes. La chaleur réverbérait de toute chose, elle miroitait au-dessus de l'herbe, elle tourbillonnait tout autour avec la résistance assoupie de l'eau ou de l'huile. Ils se faisaient l'impression d'avoir la tête emmaillotée de velours, de respirer un air surchauffé — un mélange combustible qui semblait leur exploser dans les poumons. Ils se traînaient pas à pas, la tête branlante, laissant échapper des sanglots qui leur lacéraient la gorge. Au bout de quelques heures de ce régime ils se faisaient l'effet de marcher sur un lit de flammes.

Ils charriaient Wilson comme ils se seraient débattus avec un roc, ahanant à l'agonie pendant cinquante ou cent ou même deux cents mètres, jouant des pieds et des mains comme des déménageurs de piano, puis ils reposaient le brancard et demeuraient debout sur leurs jambes qui flageolaient, la poitrine avide d'un air désormais tari sous la voûte plombée du ciel. Craignant de s'abandonner, se sentant rivés au brancard, ils se ressaisissaient au bout d'une minute et se remettaient à la tâche pour une nouvelle petite étape à travers les collines dont les jaunes et les verts se succédaient à l'infini. Dans les montées ils s'enfonçaient dans des fondrières, s'immobilisaient sans lâcher prise, leurs jambes incapables d'un autre mouvement, puis ils se raidissaient, avançaient de quelques pas, tombaient de nouveau en arrêt et se regardaient les uns les autres. Et dans les descentes leurs cuisses flageolaient sous l'effort de freiner, de ne pas se laisser emporter à toute allure, tandis que les crampes qui nouaient les muscles de leurs mollets les poussaient à s'effondrer dans l'herbe et à faire le mort pour le restant de la journée.

Wilson était conscient et il souffrait. Tout cahot lui arrachait des gémissements, et ses incessantes contorsions dérangeaient l'équilibre de la civière et les faisaient trébucher. Ils ressentaient vivement les jurons dont il les couvrait de temps à autre. Ses cris et ses hurlements papillotaient dans la chaleur qui les accablait et les aiguillonnaient pour un nouveau parcours de quelques mètres.

« Nom de Dieu vous autres, je l'ai bien vu, pouvez foutre pas faire attention avec un gars qu'est blessé, vous faites que me secouer et remuer le pus que j'ai dedans mes tripes, Stanley te fais ça tout juste exprès pour me faire souffrir. C'est tout ce qu'y a de plus dégueulasse de traiter comme ça un copain... » Sa voix se faisait aiguë, querelleuse. Çà et là un cahot un peu brusque lui arrachait un hurlement.

« Nom de Dieu, laissez-moi tout seul. De douleur, de chaleur, il pleurnichait comme un enfant. Je vous aurais pas fait ce que vous me faites à moi. Il restait sur le dos, la bouche ouverte, son souffle se débattant dans sa gorge desséchée comme une vapeur qui s'échappe en vibrant par le bec d'une bouilloire. Aou, doucement, merde alors, doucement.

— On fait ce qu'on peut, ronchonnait Brown.

— Risquez pas de vous fouler le pouce, vous autres. Wilson l'oubliera pas. *Nom de Dieu de merde.* »

Et ils peinaient pendant une autre centaine de mètres, reposaient le brancard, et se regardaient niaisement les uns les autres.

La blessure de Wilson palpitait douloureusement. Ses muscles abdominaux étaient endoloris et exténués à force de lutter contre la souffrance, et la fièvre drainait l'humidité de son corps. Ses membres devinrent de plomb sous la chaleur du soleil, et il n'y avait pas trace d'humidité dans sa gorge et sa poitrine congestionnées. Toute secousse l'atteignait comme un coup. Il se sentait épuisé comme s'il avait soutenu une lutte de plusieurs heures contre un adversaire bien plus grand et plus fort que lui-même. Il oscillait souvent au bord de la syncope, mais il suffisait d'une embardée du brancard pour le ramener violemment à la conscience. Cela le mettait à la limite des larmes. Les dents serrées, il se raidissait pendant de longues minutes dans l'anticipation de la secousse dont le contre-coup éveillait les lancinements assoupis de sa blessure et râpait ses nerfs enflammés. Il lui semblait qu'il souffrait par la faute des brancardiers et il les haïssait avec la rage que l'on éprouve à l'endroit d'un meuble à l'instant où l'on est venu s'y cogner la jambe. « Brown, espèce de salaud.

— La ferme, Wilson », disait Brown. Il avançait d'un pas chancelant, ses doigts lâchant peu à peu le manche du brancard. Quand il se sentait sur le point de lâcher prise il criait halte, puis, agenouillé à côté de Wilson il se massait une main avec les doigts de l'autre, et essayait de regagner son souffle. « Calme-toi, Wilson, on fait ce qu'on peut, haletait-il.

— Brown, t'es un salaud, tu me secoues exprès. »

Brown avait envie de pleurer ou de le gifler. Les abcès sur ses pieds avaient abouti, ils saignaient à l'intérieur de ses chaussures et le mettaient au supplice dès lors que, faisant halte, il en devenait conscient. Il n'avait plus la volonté de poursuivre, mais sous le regard de ses hommes il se reprenait à marmonner : « Allez, en avant les gars. »

Ils s'avancèrent de la sorte pendant plusieurs heures, ahanant sous la chaleur méridionale. Lentement, irrévocablement, leur volonté et leur résolution se désagrégeaient. Ils se poussaient en avant à travers un flamboiement de chaleur, unis à contre-cœur les uns aux autres dans une association faite d'épuisement et de rage. Toutes les fois que l'un d'eux venait à trébucher, les autres le haïssaient pour la charge subitement accrue qui leur arrachait les bras, tandis que les grognements de Wilson taraudaient leur apathie et les cinglaient comme des coups de fouet. Pas à pas ils s'enfonçaient au plus profond de la détresse. Parfois, succombant à un flot de nausée, ils sentaient leur vue s'évanouir presque entièrement pour de longues minutes. Le sol s'obscurcissait sous leurs yeux et un goût de bile leur montait à la bouche. Ils poussaient de l'avant, gourds, abrutis, souffrant davantage que Wilson. N'importe lequel d'entre eux eût volontiers échangé sa place avec le blessé.

A une heure Brown ordonna une halte. Ses pieds devenaient de bois et il était sur le point de défaillir. Laissant Wilson au soleil ils s'éparpillèrent autour de lui face à terre, avalant de grandes gorgées d'air. Les collines miroitaient dans la chaleur méridionale, leur reflet multiplié sans fin de pente en pente. L'air était stagnant. Wilson marmonnait et extravaguait de temps à autre, mais ils ne lui prêtaient aucune attention. La halte ne les délassait nullement ; tous leurs maux submergés remontaient à la surface et les assaillaient de front. En proie à des haut-le-cœur, à des spasmes périodiques de trémulation qui les attaquaient comme si toute trace de chaleur les avait abandonnés, ils languissaient sous le long et flasque écoulement du temps.

Au bout d'une heure peut-être Brown se rassit, avala plusieurs tablettes de sel comprimé et vida presque la moitié de son bidon d'eau. Le sel gargouilla désagréablement dans son estomac, mais il se sentit un peu soulagé. Quand il se mit debout pour s'approcher de Wilson ses jambes lui parurent étrangères, comme celles d'un convalescent qui quitte sa couche après une longue maladie. « Comment ça va, vieux ? » demanda-t-il.

Wilson leva les yeux. D'un geste agité et tâtonnant de ses doigts il repoussa le mouchoir humide qui lui enveloppait le front. « Brown, vous ferez mieux de me laisser », grogna-t-il faiblement. Depuis une heure il faisait sans cesse la navette entre la veille et le délire, et il était très fatigué, très épuisé. Il ne voyait aucune raison de continuer. Il ne demandait que de rester sur place. Il ne songeait pas du tout aux conséquences. Il savait seulement qu'il ne voulait pas être trimballé, qu'il était incapable de supporter plus longtemps les agonisantes secousses du brancard.

La tentation était grande ; si grande, que Brown n'osait pas en croire ses oreilles. « Qu'est-ce que tu dis, mon vieux ?

— Laissez-moi les gars, avez qu'à me laisser. Des larmes de faiblesse lui montèrent aux yeux. Il secoua la tête, vaguement, abstraitement presque. Je vous retarde, abandonnez-moi. De nouveau tout était confus dans sa tête ; il se disait qu'ils étaient en patrouille, et qu'il traînaillait à cause de sa maladie. Un gars qu'arrête pas de chier il freine tout le monde », dit-il.

Stanley s'approcha de Brown. « Qu'est-ce qu'il veut ? Qu'on le laisse ?

— Oui.

— Tu crois qu'on peut ? »

Brown réussit à piquer une petite crise. « Bordel de Dieu, Stanley, qu'est-ce qui te prend ? » Mais, en lui-même, la tentation n'avait pas diminué. Une profonde lassitude se répandait par tout son corps ; il n'avait aucun désir de continuer. « Allez, allons-y », brailla-t-il. Il aperçut Ridges, endormi par terre, et il en fut enragé. « Allez, Ridges, t'as fini de tirer au cul ? »

Ridges se réveilla lentement, posément presque. « Je faisais que me reposer, c'est tout, se plaignit-il avec douceur. Si qu'on veut prendre un petit repos... » Il se ramassa, boucla son ceinturon et s'approcha du brancard. « Bon, *moi* je suis prêt. »

Ils se remirent en marche, mais leur halte leur avait joué un mauvais tour. L'exhortation, la tension, s'étaient évanouies qui, faute de mieux, les avaient talonnés jusqu'à présent. Au bout de quelques centaines de mètres ils se retrouvèrent tout aussi fatigués qu'avant leur halte, tandis que la chaleur les étourdissait et ajoutait à leur faiblesse. Wilson gémissait presque sans arrêt.

Ses plaintes les tourmentaient. Ils se sentaient impuissants et maladroits. Les souffrances du blessé semblaient s'infiltrer dans leurs bras à travers les manches du brancard, et ils se crispaient de douleur toutes les fois que Wilson faisait entendre un râle. Pendant le premier demi-mille, tant qu'ils eurent un restant de souffle, ils n'arrêtèrent pas de se quereller. Quoi qu'ils fissent ils se tapaient sur les nerfs les uns les autres, et ils s'engueulaient constamment.

« De Dieu, Goldstein, tu peux pas faire attention ? criait Stanley à la suite d'un ébranlement subit.

— Fais attention toi-même.

— Pourquoi que vous mettez pas la main à la pâte au lieu de gueuler ? grommelait Ridges.

— Aaah, la ferme », criait Stanley.

Et Brown intervenait. « Stanley, tu parles foutrement trop. Si tu te mettais un peu au boulot, hein ? »

Ils continuaient d'ahaner, enragés les uns contre les autres. Wilson se remit à babiller, et ils l'écoutaient avec hébétude. « Dis, pourquoi vous me laissez pas, un homme qui sait plus serrer son cul vaut foutre rien du tout. Je fais que vous freiner. Laissez-moi, c'est tout ce que je demande. Vieux Wilson se débrouillera, vous faites pas de bile pour lui. Laissez-moi. *Laissez-moi tout seul je vous dis.* »

Ça leur chatouillait les épaules, ça leur descendait dans le bout des doigts et leur faisait lâcher prise. « Qu'est-ce que tu nous racontes là ? » haletait Brown. Chacun d'eux bataillait contre son propre démon.

Goldstein buta, et Wilson se mit à crier. « Goldstein, espèce de salaud, t'as fait ça exprès, je t'ai vu, t'es un propre à rien. » Le plongeon du brancard lui rappela que le manche du côté droit devant était tenu par Goldstein, et d'avoir braillé son nom des souvenirs remontèrent dans son esprit. « Il vaut foutre rien ce Goldstein, un type qui refuse un coup de gnôle. » Il pouffa faiblement, et un peu de sang opaque remonta des profondeurs desséchées de sa gorge. « Nom de Dieu, ce vieux Croft l'a jamais su que je l'ai baisé d'un bidon. »

Yeux à terre, Goldstein secoua la tête avec colère. Ils n'oublient jamais, les goyim, ils n'oublient jamais, se répétait-il. Il se sentait ligué contre eux tous. Que comprenait-il, ce Wilson, de ce qu'ils faisaient pour lui ?

Et, s'étant calmé, Wilson écoutait le bruit rapide de leur ahan. Ils travaillaient pour lui. Il le comprit tout d'un coup, s'agrippa un instant à cette idée avant qu'elle pût lui échapper, mais l'émoi qu'il en ressentit ne le quitta plus. « Dis, je sais bien ce que vous faites pour moi, mais vous avez pas besoin de continuer. Avez qu'à me laisser, c'est tout. » Et, n'obtenant pas de réponse, il redevint irritable. « Sacré nom de Dieu, je dis que vous pouvez me laisser. » Il pleurnichait comme un enfant fiévreux.

Goldstein avait envie d'abandonner. Il dit que nous devrions le laisser, pensa-t-il. Mais, immédiatement, les paroles de Wilson le bouleversèrent. La chaleur et l'épuisement l'empêchaient de réfléchir, et ses pensées bondissaient par saccades comme des réactions musculaires. Nous ne pouvons pas le laisser, se dit-il, c'est un homme généreux — puis de nouveau il ne put songer à rien sinon au tourment accru de ses bras, à la peine qui nouait chaque muscle de son corps.

Wilson se frotta la langue sur le bord desséché de ses dents. « Oh, dites, j'ai soif », piaula-t-il. Il se tortilla sur la civière, soulevant la tête vers le ciel de plomb poli, sentant dans sa gorge la promesse d'une félicité infinie. Dans un instant ils lui donneront de l'eau, et le feu s'apaisera qui torturait sa langue et son palais. « Dites, donnez-moi à boire, grommela-t-il. Donnez-moi un peu d'eau. »

Ils l'écoutaient à peine. Il n'avait pas cessé de réclamer à boire de tout le jour sans qu'ils prêtassent attention à son babillage. Il laissa retomber sa tête, roulant sa langue empâtée dans la cavité aride de sa bouche. « Un peu d'eau », bêla-t-il. Il attendait patiemment, luttant contre le vertige qui semblait le tourner en rond sur la civière. « Nom de Dieu de nom de Dieu, donnez-moi un peu d'eau.

— Calme-toi, Wilson, grommela Brown.

— *De l'eau*, sacré nom de Dieu. »

Stanley s'arrêta, flageolant sur ses jambes, et ils posèrent le brancard. « Donne-lui un peu d'eau pour l'amour de Dieu, cria-t-il.

— On ne donne pas d'eau à un blessé au ventre, protesta Goldstein.

— Qu'est-ce que t'en sais ?

— On ne peut pas lui donner de l'eau, dit Goldstein. Ça le tuerait.

— Y a plus d'eau, souffla Brown.

— Aaah, vous me faites chier, beugla Stanley.

— Un peu d'eau fera point de mal à Wilson, marmonna Ridges. Il ressentait une trace de surprise et de mépris. On meurt tout pareil avec ou sans eau. » Il se demandait pourquoi tant d'histoires à propos de rien.

« Brown, dit Stanley, j'ai toujours pensé que t'es un dégonflé. Refuser un peu d'eau à un blessé. Il titubait au soleil. Un vieux copain comme Wilson et tu lui donneras même pas un peu d'eau parce que quelque docteur l'a dit. » Une terreur qu'il s'efforçait de nier se tapissait derrière ses paroles. En dépit de son épuisement il savait qu'il y avait quelque chose de malveillant, de dangereusement malveillant dans son insistance. Mais, en s'échauffant, en se mettant dans une colère vertueuse, il réussissait à n'y pas penser. « Voilà ce qu'on gagne quand on essaie de soulager un peu un gars qui souffre, disait-il. Sacré nom de Dieu, Brown, est-ce que tu veux le torturer ou quoi ? Une agitation, une urgence, s'emparaient de lui. Donne-lui à boire, qu'est-ce que ça te coûte ?

— Ça serait un meurtre, dit Goldstein.

— Eh, ta gueule, espèce de bâtard juif, dit Stanley furieusement.

— Je te défends de me parler sur ce ton », dit Goldstein d'une voix de tête. Il tremblait de colère, et derrière son indignation venait le souvenir écrasant d'un Stanley si amical la veille encore. On ne peut faire confiance à aucun d'eux, pensait-il avec une sorte de plaisir amer. Cette fois-ci, du moins, il en avait la certitude.

« Ça suffit comme ça, intervint Brown. Allez, en route. » Sans leur donner le temps de poursuivre il s'empara d'un manche du brancard et leur fit signe d'en faire autant. Ils se remirent à tituber sous l'éclat éblouissant du soleil.

« Donne-moi de l'eau », pleurnichait Wilson.

Stanley s'immobilisa de nouveau. « Donnons-lui son eau, mettons fin à son supplice.

— La ferme, Stanley ! dit Brown, agitant lâchement son bras libre. Avance et tais-toi. » Stanley lui lança un regard furibond. A travers son épuisement il nourrissait une haine intense à l'endroit de Brown.

Wilson fut repris par ses souffrances. Il allait à la dérive, inconscient par moment des cahots du brancard, ne songeant à rien en rapport direct avec lui-même. Filtrées par son délire, des sensations s'écoulaient le long de son corps. Il sentait les tiraillements de sa blessure et il voyait une corne qui fraisait son estomac, s'arrêtait, puis repartait de nouveau. « Ahhhrr. » Il s'entendit gémir, sans sentir sa voix s'échapper de sa gorge. Il avait si chaud. Il dérivait pendant de longues minutes, sa langue explorant la racine de ses dents à la recherche d'une trace d'humidité. Il était convaincu que ses jambes et ses pieds étaient en feu et il les tiraillait, les frottait, comme pour étouffer la flamme qui les consumait. « Éteins-les, éteins-les », marmonnait-il de temps en temps.

Un nouveau lancinement s'empara de lui, familier, pressant. Il ressentit une crampe dans le bas-ventre, et la sueur sur son front se comprima en gouttelettes. Il se raidit, luttant comme un enfant qui craint la punition, puis il céda à la poussée de ses boyaux et s'abandonna au plaisir d'évacuer. Il se trouvait de nouveau sur le devant de la clôture démolie qui contournait la maison paternelle, et le soleil méridional distillait une molle sensualité dans ses reins. « Hé, moricaud, comment qu'il s'appelle ton mulet ? » ronchonna-t-il, content et vidé, poussant un petit rire sans force. Sa main saisit le bord de la civière et, tournant la tête, il suivit des yeux la jeune négresse. La femme, à ses côtés, lui caressait le ventre. « Woodrow, c'est-il que tu craches toujours avant de pisser ?

— Ça porte chance », grogna-t-il à haute voix, sur le point de vider sa vessie. Mais un autre lancinement, aigu et déchirant, lui traversa les reins. Il se souvint, ou du moins sa chair se souvint, de la difficulté qu'il avait à uriner, et ses muscles se nouèrent. Sa vision s'écroula, le laissant conscient et troublé et perplexe — conscient pour la première fois à quel point il s'était souillé. Il imagina l'état dans lequel il se trouvait, et une grande détresse s'empara de lui. Pourquoi diable que ça m'est arrivé à moi ? Qu'est-ce que ç'a de commun avec l'amour ? Il leva la tête, murmurant : « Brown, te crois que cette blessure me débarrassera de mon pus ? »

Mais personne ne lui répondit et il retomba sur son dos, rêvassant à sa maladie. Une suite de souvenirs désagréables l'obséda et il redevint sensible aux cahots de la civière, à la peine de rester à plat dos pendant tant d'heures. Il fit une faible tentative pour se retourner, mais c'était trop douloureux. On eût dit que quelqu'un pesait sur son ventre.

« Allez-vous-en », cria-t-il.

Puis il se ressouvint du poids qui l'écrasait. Des semaines plus tôt, quand les Japonais essayaient de traverser la rivière et qu'il les attendait derrière sa mitrailleuse, il avait ressenti la même pression sur sa poitrine et sur son ventre.

« Nous-vous-venir-chercher. » C'est ce qu'ils avaient crié à Croft et à lui-même. Se couvrant le visage des mains, il se mit à trembler.

« Faut qu'on les arrête les gars, voilà qui s'amènent, gémit-il, s'agrippant à la civière. Banzaaiiiiay aaiiiiiiiiiiay ! hurla-t-il, le bruit gargouillant dans sa gorge. *Allez, Reconnaissance, debout, debout ici !* »

Les brancardiers s'immobilisèrent, posant la civière. « Qu'est-ce qu'il gueule ? demanda Brown.

— Je les vois pas, je les vois pas. Où merde que sont les fusées ? beuglait Wilson. Il serrait la crosse d'une mitrailleuse de la main gauche, l'index sur la gâchette. Qui c'est qu'est avec l'autre mitrailleuse ? Je peux pas me rappeler. »

Ridges secoua la tête. « Il parle de cette attaque japonaise sur la rivière. »

Quelque chose de la panique de Wilson se communiqua aux autres. Goldstein et Ridges, qui étaient de l'attaque, regardaient Wilson avec malaise. Les vastes et nues étendues des collines leur parurent un peu sinistres.

« J'espère qu'on ne tombera pas sur des Japonais, dit Goldstein.

— Pas de danger, dit Brown. Il épongea la sueur sur ses yeux, regarda vaguement au loin. Y a personne par ici », haleta-t-il. Une sensation d'impuissance, de désespoir, s'épancha en lui. S'ils devaient tomber dans une embuscade maintenant... De nouveau il eut envie de pleurer. On exigeait de lui tant de choses, et il était si affaibli. Un tourbillonnement nauséeux lui dilata l'estomac et il rota à vide, vaguement soulagé par la sueur froide qui le couvrit. Il ne pouvait pas abandonner. « Faut qu'on se remet en marche les gars », s'entendit-il dire.

Le mouchoir humide posé sur le front de Wilson l'empêchait de voir clairement. Le carré de coton, d'un brun olive, se chargeait au soleil de jaunes et de noirs qui semblaient pénétrer dans son cerveau. Il se faisait l'effet de manquer d'air. Une fois de plus ses mains se mirent à tâtonner autour de sa tête. « Sacré nom de Dieu, cria-t-il en se débattant, déplaçons ces Japonais si qu'on veut emporter un bout de souvenir. Qui qu'a mis ce sac sur ma tête ? Red, c'est une sale farce de jouer ça à un copain. J'y vois rien dans cette putain de cave, enlève ce Japonais de ma tête. »

Le mouchoir glissa sur son nez et il battit des yeux au soleil, puis il ferma les paupières. « Faites gaffe à ce serpent ! hurla-t-il, le corps crispé. Red, le manque pas, vise bien, vise bien. » Il grommela incompréhensiblement, puis son corps se détendit. « Je vous le dis, un type qu'est mort ressemble à une épaule d'agneau qui sent mauvais. »

Brown replaça le mouchoir, et Wilson se débattit là-dessous. « Je peux pas respirer. Nom de Dieu, ils nous tirent dessus, tu sais nager Taylor, nom de Dieu de merde laisse-moi passer derrière le canot ! »

Brown frémit. Wilson parlait de l'invasion de Motome. Brown se revoyait à la mer, il revivait la terreur finale, déjà mêlée d'abandon, qui vient de l'acceptation de la mort. Son épuisement aidant, il eut, le temps d'une seconde, l'impression d'ingurgiter de grandes gorgées d'eau, éprouvant la même surprise engourdie à constater qu'il ne pouvait pas s'empêcher d'avaler à pleine gorge : l'eau descendait en lui d'un mouvement et d'une volonté qui lui étaient propres.

Voilà où est la cause de tout ça, pensa-t-il avec amertume. La mémoire débridait toujours en lui ces paniques et ces faiblesses. Il avait appris que le fracas tourbillonnant de la guerre le laissait sans ressources, et il n'avait jamais réussi à se reprendre. Avec obstination, à travers son épuisement, il se répétait qu'il lui fallait ramener Wilson à bon port, mais il n'y croyait plus du tout.

Les brancardiers poursuivirent leur marche au cours de tout l'après-midi. Vers deux heures il se mit à pleuvoir, et le sol bientôt devint boueux. La pluie, d'abord, leur parut un bienfait ; elle apaisait leur chair brûlante, ils remuaient leurs orteils dans la fange qui s'infiltrait dans leurs bottes. L'humidité de leurs vêtements était agréable, qui leur apporta un instant de fraîcheur. Mais à mesure que la pluie continuait le sol devenait trop meuble et leurs uniformes se mirent à adhérer inconfortablement à leur peau. Ils glissaient dans la boue et leurs chaussures alourdies s'enfonçaient à chaque pas dans la vase. Ils étaient trop éreintés, trop anesthésiés, pour avoir noté de prime abord la différence, mais au bout d'une demi-heure leur marche se ralentit presque à zéro. Leurs jambes étaient à peu près sans nerf ; il leur arrivait de rester virtuellement sur place pendant de longues minutes, incapables de coordonner le mouvement de leurs cuisses et de leurs pieds. Dans les montées ils n'avançaient que d'un ou de deux pas à la fois, s'arrêtant, se regardant niaisement les uns les autres, haletant, s'enfonçant dans la boue. Çà et là ils reposaient le brancard, prenaient un bref repos, puis se réattelaient à la tâche.

Le soleil réapparut, enflammant l'herbe kunaï et asséchant la terre dont l'humidité monta en des nuages de brouillard inertes. Les hommes pantelaient, avalaient vainement de lourdes et moites gorgées d'air, grinçaient, sanglotaient, tandis que peu à peu, irrémédiablement, leur charge les attirait vers le sol. Ils démarraient en portant le blessé au niveau de leur ceinture, mais au bout de trente ou de quarante mètres son poids les avait courbés au point que le brancard rasait le sol. L'herbe les freinait, elle s'emmêlait dans leurs jambes, emprisonnait leurs mouvements, les cinglait au visage. Ils ahanaient à force de désespoir et de rage, ne s'arrêtant qu'après avoir brûlé les dernières réserves de leur paroxysme.

Aux environs de trois heures ils firent une nouvelle halte prolongée au pied d'un arbre isolé. Personne ne dit mot pendant une demi-heure, mais à travers leur torpeur de puissantes émotions les travaillaient. Couché sur le ventre, Brown regardait ses mains cruellement ulcérées, salies de sang coagulé à la suite de nombre de vieilles plaies et de coupures qui s'étaient rouvertes. Tout à coup il sut qu'il était fini ; sans doute pouvait-il encore se relever, peut-être même se traîner pendant un autre mille d'intolérable agonie, mais il était au bout de son rouleau. Tout, en lui, se détraquait ; il n'arrêtait pas d'éructer à vide depuis qu'ils avaient fait halte, et sa vision devenait incertaine. De minute en minute une vague de défaillance le traversait, obscurcissant sa vue et couvrant son dos d'une transpiration glaciale. Des trémulations agitaient ses membres, et ses mains tremblaient trop pour qu'il pût allumer une cigarette. Il se haïssait pour son délabrement, et il haïssait Goldstein et Ridges parce qu'ils résistaient mieux que lui, et il méprisait Stanley tout en espérant que celui-ci était plus éreinté que lui-même. Son amertume se résorbait en pitié — il en voulait à Croft de ne lui avoir donné que trois hommes. Croft devait savoir que la tâche était infaisable.

Stanley toussait pâteusement dans ses mains pressées contre son visage. En lui décochant un coup d'œil, Brown trouva un point de mire pour son ressentiment. Stanley l'avait trahi. Il l'avait fait nommer caporal, et Stanley s'était retourné contre lui. Avec un autre homme à la place de Stanley ils auraient peut-être pu procéder moins mal.

« Qu'est-ce qu'y a, Stanley ? laissa-t-il échapper. T'es prêt à abandonner ?

— Va te faire enculer, Brown », dit Stanley furieusement. C'est par peur de continuer avec la patrouille que Brown avait accepté cette corvée, et c'est de sa faute si lui Stanley s'y était embarqué. Ce qu'ils avaient souffert était bien pire que tout ce qui pouvait arriver au restant de la section. En continuant avec la patrouille il se serait fait valoir, et Croft s'en serait peut-être aperçu. « Tu penses que t'es un régulier, hein ? dit-il à Brown. Je sais moi pourquoi t'as pris ce nom de Dieu de brancard.

— Pourquoi ? demanda Brown avec une sourde anticipation de ce qui allait venir.

— C'est parce que t'avais foutrement trop la chiasse de rester avec la patrouille. Un sergent qui se colle des corvées de brancard, mon Dieu. »

Brown l'écouta presque avec satisfaction. Ceci était la pire des choses qu'il pût imaginer, c'était l'instant qu'il avait appréhendé depuis si longtemps, et voilà que ça ne lui semblait même pas terrible. « Stanley, t'es tout aussi jaune que moi, on est tous les deux dans la même barque. » Il chercha quelque chose de blessant à lui jeter au visage. « Tu te fais trop de bile à cause de ta femme, Stanley.

— Aaah, ferme ta... » Mais le coup avait porté. Il était convaincu maintenant de la traîtrise de sa femme, et en l'espace de quelques secondes tout un cruel montage de ses infidélités s'échafauda dans son esprit. Il se trouva englué dans un réseau d'incertitudes et se sentit l'envie de pleurer. Il était injuste d'être à ce point abandonné de tous.

Brown poussa ses mains contre le sol, se souleva pesamment.

« Allons-y, en route. » La tête lui tournait, et ses mains avaient la spongieuse mollesse de celui qui, au réveil, n'a pas encore retrouvé son sens préhensile.

Tous se levèrent avec une extrême lenteur, s'agenouillèrent contre le brancard, puis reprirent leur marche. Au bout d'une centaine de mètres Stanley sut qu'il n'allait pas continuer. Il en avait toujours un peu voulu à Wilson parce que Wilson avait plus de mordant que lui, mais dans cet instant il ne songeait guère au blessé. Simplement, il savait qu'il allait abandonner ; c'en était plus qu'il ne pouvait supporter — puis à quoi bon ?

Ils reposèrent le brancard pour un bref instant, et Stanley, ayant fait quelques pas en chancelant, se laissa tomber à terre. Il ferma délibérément les yeux, feignant de s'être évanoui. Les autres firent cercle autour de lui, le regardant sans aménité.

« Crotte, y a qu'à le mettre par-dessus Wilson, dit Ridges, puis on mettra les autres par-dessus çui-là et je vous ramènerai tous. » Il pouffa avec lassitude. Stanley s'était si souvent moqué de lui, qu'il se sentait un peu vengé maintenant. Mais, aussitôt, il eut honte de lui-même. L'orgueil devance la chute, se dit-il avec pondération. Il écoutait les râles de Stanley avec un amusement détaché ; ils lui rappelaient une mule qui, un jour d'été, s'était écroulée après labourage, et il ressentait dans ce moment le même mélange d'amusement et de pitié.

« Que diable va-t-on faire ? » haleta Brown.

Wilson leva tout à coup les yeux. Il paraissait tout à fait conscient. Son visage, large et charnu, semblait incroyablement émacié. « Avez qu'à me laisser, dit-il faiblement. Vieux Wilson est fini. »

Brown et Goldstein furent tentés de lui obéir. « On peut pas te laisser, dit Brown.

— Y a qu'à vous arrêter les gars, et au diable avec tout ça.

— Je sais pas », dit Brown.

Goldstein secoua la tête avec brusquerie. « Nous devons le ramener sur la plage », dit-il. Il eût été incapable d'expliquer pourquoi le souvenir tout à coup lui revint de l'instant où, glissant à reculons, le canon s'était abîmé dans le lit de la rivière.

Brown regarda Stanley. « On peut pas le laisser ici et s'en aller. »

Ridges était écœuré. « Si qu'on commence un boulot, on le finit. On va pas moisir ici à cause d'un traînard. »

Goldstein vit soudainement la solution. « Brown, pourquoi tu ne resterais pas avec Stanley ? » Il était très fatigué, tout près de la prostration lui-même, mais il lui était impossible d'abandonner. Brown était presque aussi malade que Stanley. C'était la seule solution, et pourtant il s'en voulait de l'avoir suggérée. Il faut toujours que je me montre meilleur que les autres, pensa-t-il.

« Comment saurez-vous retrouver votre chemin ? » demanda Brown. Il lui fallait être honnête maintenant, faire face à toutes les objections ; il lui fallait maintenir à tout prix un dernier lambeau de dignité au cœur même de sa défaite.

« Je connais le chemin, grogna Ridges.

— Bon, eh bien, je resterai, dit Brown. Faut que quelqu'un prend soin de Stanley. Il le secoua pendant un moment, mais Stanley continua à gémir. Il est claqué pour la journée.

— Tu sais quoi, dit Goldstein, quand Stanley reprendra des forces vous nous rattraperez pour nous donner un coup de main. D'accord ?

— Bon, d'accord », dit Brown. Tous deux savaient qu'il n'en serait rien.

« Mettons-nous en route », dit Ridges. Lui et Goldstein empoignèrent chacun un côté du brancard, le soulevèrent péniblement et s'éloignèrent en chancelant. Vingt mètres plus loin ils le reposèrent à terre pour se débarrasser de tout leur barda, à l'exception d'un sac et d'un fusil. « Tu ramèneras ça, oui, Brown ? » demanda Goldstein. Brown fit oui de la tête.

Ils se remirent à la tâche, avançant avec une pénible lenteur. Même débarrassée de son équipement, la civière pesait plus de deux cents livres. Il leur fallut presque une heure pour faire un demi-mille le long d'une petite crête.

Quand ils furent hors de vue, Brown enleva ses chaussures et se mit à masser ses pieds couverts de cloques et d'ulcérations. Il leur restait une dizaine de mille à faire. Brown soupira, pétrissant avec douceur son gros orteil. Je devrais rendre mes ficelles, songea-t-il.

Mais il savait qu'il n'en ferait rien. Ça continuera et continuera jusqu'à ce qu'ils me cassent. Il regarda Stanley, toujours étalé par terre. Aaah, on se vaut nous deux. Ça sera à lui bientôt d'être dans mon pétrin.

10

Croft possédait un savoir instinctif du sol ; il devinait les forces et les torsions qui l'avaient soulevé, les vents et les eaux qui l'avaient érodé. Il y avait beau temps que les hommes ne se questionnaient plus sur le choix qu'il faisait de ses routes ; ils le savaient aussi infaillible que la venue du jour après la nuit ou de la fatigue après une longue marche. Ils n'y pensaient même plus.

Lui-même en ignorait la raison. Il eût été incapable d'expliquer ce qui l'incitait à prendre la gauche ou la droite quand il escaladait une falaise, alors que les deux chemins y menaient également. Il savait seulement que celui des chemins qu'il n'avait pas choisi l'aurait mené dans une impasse. La rampe de gauche pouvait bien se rétrécir et s'effacer, celle de droite se perdre au faîte d'un monticule ou d'un affleurement isolés. Un géologue ayant des années d'étude et d'expérience sur le terrain aurait sans doute choisi avec un égal bonheur, mais non pas plus rapidement ; il aurait marqué une pause, invoqué son jargon, pesé les données, estimé les intangibles, comparé les courbes d'érosion et d'affaissement, d'expansion et de contraction, puis il aurait néanmoins hésité. Il y avait, après tout, trop d'éléments en jeu.

Croft sentait la nature du sol et du roc, il la connaissait aussi bien que le fléchissement de ses muscles, il savait comment dans un âge de tempêtes l'écorce terrestre s'est soulevée pour prendre sa forme présente. Jamais ce sentiment de tempête-naissance ne le quittait quand il explorait un terrain ; il savait presque toujours quel aspect prendrait l'autre versant d'une colline. C'est ce savoir qui lui faisait pressentir intuitivement la proximité de l'eau, quelque étranger que lui fût le pays où il voyageait.

Cette disposition était innée, ou peut-être s'était-elle développée pendant des années passées à mener des troupeaux, des patrouilles, au cours de mille occasions où il est important de savoir quelle route empaumer. Quoi qu'il en fût il guidait ses hommes sans hésiter, escaladant, falaise après falaise, se glissant de défilé en défilé, ne s'arrêtant qu'à contre-cœur pour permettre aux autres de le rattraper et de regagner leur souffle. Tout arrêt l'agaçait. Malgré toutes les fatigues passées il était agité et impatient, poussé en avant par une incessante tension. Il avait la montagne aux dents aussi tenacement et aussi définitivement qu'un chien de meute qui dépiste le gibier. Il était sans cesse en hâte de monter plus haut, de voir l'au-delà d'une crête. La masse même de la montagne avait le don de l'enflammer.

Il les emmena au faîte de l'escarpement d'argile d'où, après un moment de repos, il avait pris sur sa droite pour escalader une pente rapide couverte d'herbe kunaï qui aboutissait contre une muraille rocheuse haute d'une trentaine de pieds. Tournant sur sa gauche il découvrit une série de dalles praticables. Au-dessus, une masse confuse de rocs se prolongeait en une ligne d'arêtes étroites qui s'en allait zigzagant vers la mi-hauteur de la montagne. Il s'y engagea, suivi de ses hommes, pataugeant à travers des touffes d'herbe, ne s'arrêtant que si la rampe se rétrécissait dangereusement.

Parsemée de rocs erratiques, l'arête surplombait une falaise presque verticale. Par endroits l'herbe kunaï rendait la marche très incertaine ; ne voyant pas plus bas que leurs genoux, les hommes s'avançaient avec lenteur, s'agrippant à deux mains à l'herbe, le fusil posé en travers sur le sac. Ils continuèrent de la sorte pendant une demi-heure, puis ils firent halte. Il y avait un peu plus d'une heure que Croft leur fit escalader la première falaise et le soleil était encore dans son est, mais ils croulaient sous la fatigue. Ils accueillirent la halte comme une bénédiction et s'étalèrent en file le long de l'arête.

Wyman, qui pendant les dernières vingt minutes avait eu du mal à garder son souffle, reposait immobile à plat dos dans l'espoir de regagner l'usage de ses jambes.

« Comment ça va ? lui demanda Roth.

— Je suis pompé, dit Wyman. Ils continueraient de la sorte toute la journée, et l'expérience acquise au cours de cette patrouille lui disait qu'il ne tiendrait pas le coup. Je m'en vais réduire le poids de mon sac », dit-il à Roth.

Mais tout y était essentiel. Il se demandait s'il allait jeter ses rations ou sa couverture. Ils avaient emporté chacun vingt et une rations, dont sept seulement avaient été consommées jusqu'à présent. Mais s'ils devaient traverser la montagne et patrouiller dans les arrières des Japonais, ils resteraient en route une semaine au moins. Le risque était trop grand. Il retira la couverture de son sac et la jeta à quelques mètres de là.

« A qui est cette couverture ? demanda Croft en s'approchant.

— A moi, sergent, admit Wyman.

— Ramasse-moi ça et fourre-la dans ton sac.

— J'en ai vraiment pas besoin », dit Wyman doucement.

Croft le foudroya du regard. Maintenant que Hearn n'était plus, la discipline redevenait son affaire — une affaire qu'on ne questionnait pas. Des habitudes de veulerie s'étaient implantées avec Hearn, qu'il devait cautériser. De plus, tout gaspillage l'offensait. « Ramasse-moi ça je te dis. »

Wyman se leva en soupirant et ramassa sa couverture. Tandis qu'il la pliait, Croft s'adoucit un peu. Il était content de la prompte obéissance de Wyman. « T'en auras besoin, de cette couverture. Quand t'auras froid au cul cette nuit, tu seras salement content d'avoir de quoi te couvrir.

— Oui, dit Wyman sans enthousiasme, songeant au poids de la couverture.

— Comment ça va, Roth ? demanda Croft.

— Ça va très bien, sergent.

— Je veux pas que tu traînailles aujourd'hui, compris ?

— Non », dit Roth. Il était furieux. Tout en suivant des yeux Croft qui déambulait parmi les hommes et leur adressait çà et là un mot, il arrachait furieusement des touffes d'herbe. « Vous laisse jamais respirer un coup, chuchota-t-il à l'adresse de Wyman.

— Oh, Jésus, si le lieutenant... » dit Wyman. Il se sentit brusquement déprimé. Avant, avec Hearn, on avait sa chance, il s'en rendait compte maintenant. « Quelle sale déveine », dit-il.

Roth fit oui de la tête. Il aurait dû laisser souffler la victime, ce Croft, mais il était comme un loup. « Si je commandais la section, dit-il de sa voix lente et pompeuse, j'aurais laissé souffler mon monde, j'aurais tâché d'être décent, j'aurais fait appel à ce qu'il y a de meilleur en nous.

— Oui, moi aussi, dit Wyman avec abnégation.

— Je ne sais plus », dit Roth en soupirant. Une fois il s'était trouvé dans une situation semblable à celle-ci. Son premier travail, après deux années de chômage pendant la crise économique, avait été chez un gérant d'immeubles. Il faisait les encaissements. Il n'avait jamais aimé ce travail où il était en butte aux invectives des locataires. Un jour il avait visité un appartement occupé par deux vieilles gens qui avaient un arriéré de loyer de plusieurs mois. Leur histoire était triste, comme toutes celles qu'il entendait en ce temps — ils avaient perdu leurs économies dans la déconfiture d'une banque. Il avait failli leur donner un autre délai d'un mois, mais il n'osa pas rentrer au bureau les mains vides. Il n'avait fait aucun encaissement ce jour-là. Et, pour masquer sa sympathie, il se montra rude avec eux et les menaça d'expulsion. Ils plaidèrent, et lui, tout en imaginant leur terreur de se voir évincés, découvrit qu'il jouissait de son rôle. « Ça m'est égal où vous trouverez votre argent, avait-il dit à la fin. Trouvez-en, c'est tout. »

A présent, tandis qu'il y songeait, une angoisse lui en venait, comme si, en se montrant si intransigeant, il avait compromis son propre destin. Eh, pensa-t-il, quelle superstition. L'un n'a rien à voir avec l'autre. Il se demandait si Croft ressentait peut-être la même chose quand il était cruel, mais la supposition lui parut ridicule. C'est du passé tout ça, n'y pense plus, se dit-il. Cependant, il était troublé.

Et Wyman songeait à une partie de rugby dans un terrain vague. Il jouait comme plaqueur dans l'équipe de son quartier contre celle d'un autre quartier. Dans la seconde moitié de la partie ses jambes le trahirent, et il gardait l'humiliant souvenir de l'adversaire qui le débordait presque à volonté, alors que lui ne faisait que se traînailler minablement. Il aurait abandonné, mais il n'y avait pas de remplaçants. Ils perdirent de plusieurs points, mais il y eut un gamin dans son équipe qui ne s'était jamais déclaré battu. Il n'avait pour ainsi dire pas quitté le terrain, hurlant des encouragements, devenant de plus en plus furieux à mesure que l'équipe ennemie l'emportait.

Il n'était pas de cette pâte, lui, pensait-il. Il n'était pas de la pâte des héros. L'idée le frappa avec une soudaineté et une force qui, quelques mois plus tôt, l'eussent anéanti. A présent il n'en éprouvait que de la tristesse. Il ne comprendrait jamais des hommes comme Croft ; tout ce qu'il voulait, c'était de ne pas croiser leur chemin. Mais, encore, qu'est-ce qui les pousse ? se demanda-t-il. Qu'est-ce donc qu'ils ne cessent jamais de chercher ?

« Je la hais, cette sacrée montagne, dit-il à Roth.

— Et moi donc », dit Roth en soupirant de nouveau. Cette montagne était si vaste, si haute. Bien que couché à plat dos, il n'en voyait pas le sommet. Elle se dressait au-dessus de lui falaise après falaise, et dans les hauteurs elle paraissait entièrement faite de rocs. Il haïssait aussi la jungle ; toutes les fois qu'un insecte avait rampé sur sa chair, qu'un oiseau avait soudainement pépié dans la brousse, un frémissement de terreur l'avait entamé. Il avait été incapable de rien y voir, et c'était si plein d'odeurs suffocantes qui vous prenaient à la gorge. On y manquait d'air, et cependant il souhaitait dans cet instant de se retrouver au cœur de la jungle. On s'y sentait si en sécurité par comparaison à ces falaises nues, à ces voûtes dépouillées de pierre et de ciel. Ils continueront de monter et de monter, offrant prise à tous les dangers. La jungle elle aussi regorgeait de menaces, mais elles ne lui avaient pas paru si imminentes ; il s'y était fait en quelque sorte. Tandis qu'ici — un seul faux pas et c'était la mort. Il était préférable de vivre dans une cave que de danser sur la corde raide. Il se remit à arracher rageusement des touffes d'herbe. Pourquoi Croft ne faisait-il pas demi-tour ? Qu'espérait-il atteindre ?

Martinez était fourbu. Il se ressentait de son expédition nocturne, et tout en escaladant la montagne il se traînait d'un pas pesant, misérablement angoissé, les jambes tremblantes, le corps en sueur. Son esprit s'était caparaçonné d'une couche protectrice d'amnésie. Le rapport entre sa reconnaissance et la mort d'Hearn s'estompait, en surface du moins, derrière un bienfaisant brouillard. Cependant, depuis la deuxième embuscade, il éprouvait l'appréhension de celui qui, dans son rêve, se sait coupable et s'attend à subir le châtiment d'un crime dont il n'a pas le souvenir.

Tout en gravissant les premières pentes de la montagne il songeait sombrement au soldat japonais qu'il avait tué. Le cruel éclat du soleil matinal lui restituait son visage avec une netteté et une clarté bien plus vives que la veille, et sa mémoire retraçait le moindre geste du Japonais. Il sentait le sang qui s'écoulait sur ses doigts, et qui les empâtait. En examinant ses mains il découvrit avec un spasme d'horreur un filet de sang coagulé entre ses phalanges. Il grogna avec la répugnance et l'anxiété excessives de celui qui écrase un insecte. Ahrr. Et, sans transition, il revit le Japonais qui se triturait le nez.

Lui seul était à blâmer.

Blâmer de quoi ? Ils étaient dans la montagne maintenant, et s'il n'avait... s'il n'avait pas... Si pas tuer Japonais retourner sur la plage, se dit-il. Mais cela non plus ne rimait à rien, et l'angoisse continua à fourmiller le long de son dos. Il renonça à l'effort de penser, avançant avec lassitude au milieu de la colonne, ne trouvant aucun secours dans les fatigues de la marche. Plus il se sentait fourbu et plus ses nerfs se raidissaient. Ses membres étaient le siège d'une pénible et fiévreuse sensibilité.

Pendant la halte il se laissa aller près de Polack et de Gallagher. Il voulait leur dire quelque chose, encore qu'il ne sût pas quoi au juste.

Polack lui sourit. « Quesqué tu dis de bon, éclaireur ?

— Oh, rien », dit Martinez d'une voix basse. Il ne savait jamais que répondre à des « quesqué tu dis de bon ? » et cela le mettait toujours mal à l'aise.

« Tu devrais avoir un jour de repos, dit Polack.

— Oui. » Il s'était montré un pauvre éclaireur la veille, il avait tout fait à l'envers. S'il n'avait pas tué le Japonais — voilà où était la clef de toutes ses erreurs. Il ignorait quelles erreurs, mais il était convaincu qu'il en avait commis de nombreuses.

« T'as rien vu, hein ? » demanda Gallagher.

Martinez haussa les épaules, puis il vit que Polack regardait le sang coagulé sur sa main. Cela ressemblait à une salissure, mais il dit : « Japonais dans le col, moi tuer un. » Il se sentit soulagé.

« Hein ? dit Polack. Qu'est-ce que c'est que tu nous chantes ? Ce lieutenant a dit que le col était désert. »

Martinez haussa de nouveau les épaules. « Sacré imbécile. Lui discuter avec Croft, affirmer col vide après moi rentrer et dire voir Japonais. Croft lui dire Martinez bon soldat, savoir bien regarder, mais lieutenant pas vouloir écouter. Sacré têtu imbécile. »

Gallagher cracha. « Fallait que t'as bousillé un Japonais et il t'a pas cru ? »

Martinez fit oui de la tête, croyant pour lors que c'était la vérité. « J'ai entendu eux parler, sacré imbécile, je rien dire, Croft lui dire. » Toute la succession des événements était confuse dans son esprit. Il ne l'aurait pas affirmé sous serment, mais il avait bien l'impression de se souvenir d'un débat entre Croft et Hearn, Hearn persistant à vouloir traverser le col et Croft s'y opposant. « Croft moi dire la fermer quand lui parler à Hearn, lui savoir Hearn sacré imbécile. »

Gallagher secoua la tête pour exprimer sa surprise. « Tu parles d'un entêté de con que ce lieutenant. Eh bien, il l'a eu son col.

— Oui, il l'a eu », dit Polack. C'était bien embrouillé, tout ça. Si on vous dit qu'il y a des Japonais dans le col et que vous décidiez sans plus que c'est des blagues... C'était tout de même un peu trop bête. Polack ne savait pas. Il éprouvait une agaçante frustration, comme s'il touchait quelque chose du doigt, quelque chose d'identifiable. Une colère s'emparait de lui, difficile à justifier.

« Alors, comme ça, fallait que tu bousilles un Japonais », dit Gallagher avec une sourde admiration.

Martinez fit oui de la tête. Il avait assassiné un homme, et s'il devait mourir à présent, s'il était tué dans ces montagnes, il périrait avec un péché mortel sur sa conscience. « Oui, moi tuer lui, dit-il, non sans une trace de réconfortante fierté. Glisser derrière lui et *crrréeh...* » Il imita le son d'une déchirure, puis, claquant ses doigts : « Et le Japonais... »

Polack rit. « Faut des couilles, tu sais. T'en as toi, Mange-Japonais. »

Martinez inclina la tête, acceptant la louange avec modestie. Il oscilla entre la gaieté et la démoralisation au souvenir des dents d'or qu'il fit sauter à coups de talon dans la mâchoire du cadavre, et tout soudain il se trouva pris d'un accès d'angoisse et de désespoir. Ce péché non plus il ne l'avait pas confessé. Sa première réaction fut toute d'amertume. L'absence d'un aumônier pour sauver son âme lui paraissait injuste. Le temps d'une seconde il songea à s'éclipser furtivement pour filer à travers les collines en direction de la plage, d'où il rentrerait au camp pour se confesser. Mais il sut immédiatement que c'était chose impossible.

Il savait pour lors pourquoi il s'était laissé aller auprès de Polack et de Gallagher. Ils étaient catholiques tous deux, ils pouvaient le comprendre. Il était si absorbé dans ses pensées qu'il ne doutait pas que Polack et Gallagher en fussent à leur tour préoccupés. « Vous savez, dit-il, nous être blessés, nous claquer, et pas curé. »

Les mots de Martinez cinglèrent Gallagher comme une serviette humide. « Oui, oui, c'est vrai », marmonna-t-il, happé d'un seul coup par une succession d'effrois et de déplaisantes anticipations. L'image se reconstitua dans son esprit de tous ceux de sa section qui furent blessés ou tués, et il se vit lui-même couché par terre et perdant son sang. La montagne serpentait au-dessus d'eux, et il fut pris d'épouvante. Il se demanda si Mary avait reçu l'absolution et, s'étant aussitôt persuadé du contraire, il lui en voulut un peu. Ses péchés retomberaient sur lui. Mais son remords de mal penser à ceux qui n'étaient plus dissipa le train de ses idées. Dans cet instant il ne songeait pas à Mary comme à sa femme morte.

L'apathie, le stoïcisme dont il s'était caparaçonné pour se protéger tout au long de la patrouille, se dissolvaient rapidement. Il haïssait Martinez pour ce qu'il venait de dire. Lui-même n'avait jamais eu le courage de se dire cette chose au cours de la patrouille. « Cette enculée d'armée, fit-il rageusement, tout en se sentant de nouveau coupable de s'être permis une obscénité.

— Pourquoi faire que tu te montes le ciboulot ? demanda Polack.

— Pas curé », dit Martinez passionnément. Polack avait posé sa question avec une telle assurance, qu'il devait certainement avoir une réponse pour échapper à la condamnation.

« Tu crois que c'est pas important ? demanda Gallagher.

— Vous voulez que je vous dise moi ? fit Polack. Vous avez pas besoin de vous faire de bile à cause de ce truc-là. C'est une sale combine, voilà ce que c'est. »

Sa sortie les épouvanta. Gallagher, instinctivement, jeta un coup d'œil furtif sur la montagne. Lui et Martinez regrettaient de se trouver à côté de Polack. « Qu'est-ce que t'es, un foutre d'athée ? » Cette fois-ci le juron ne comptait pas. Il se disait que c'était vrai que les Italiens et les Polacks faisaient de mauvais catholiques.

« Tu crois toi à cette merde ? demanda Polack. Dis, je m'y suis frotté, je connais la musique. C'est une sacrée nom de Dieu de combine pour faire du pèze. »

Martinez s'efforçait de ne pas écouter.

Polack nourrissait sa propre colère. Une vieille hostilité, longtemps réprimée, s'éveillait en lui, et avec elle une bravade soutenue — car lui aussi avait peur. Il se faisait l'effet de se gausser d'un type comme Lefty Rizzo. « T'es Mexicain toi, et toi t'es Irlandais, alors la nom de Dieu de combine vous profite un peu. Les Polacks, eux, ils en tirent rien. T'as jamais vu un cardinal Polack en Amérique ?

Nan. Je sais, j'ai une sœur qu'est nonne. » Il songea à elle un bref instant, de nouveau agacé par une sensation qu'il n'arrivait pas à saisir. Il regarda Martinez. Qu'est-ce qui le démangeait, celui-là ? « Je veux être pendu si je me laisse attacher le grelot », fit-il, pas très certain de ce qu'il voulait dire ou à quoi il se référait. Il tremblait de colère. « Quand on sait la saloperie que c'est, on est un con de se laisser faire, dit-il furieusement.

— Tu sais pas ce que tu dis, grommela Gallagher.

— Allez, ramassez vos bardas. » C'était Croft de nouveau. Polack sursauta, jeta un coup d'œil circulaire, puis secoua la tête au passage de Croft. « Oui, grimpez-y sur la montagne, allez, allez », conspua-t-il. Ses mains s'agitaient de rage.

Leur conversation s'arrêta là, mais chacun d'eux était troublé en se remettant en route.

Le restant de la matinée se passa à grimper le long de la falaise. Elle paraissait n'avoir pas de fin. Ils suivirent des corniches rocailleuses, des pentes en lame de couteau couvertes d'herbe kunaï et si abruptes qu'ils devaient s'y hisser comme sur une échelle, en se retenant à la racine de la végétation. Ils traversèrent une forêt qui enfourchait la falaise et descendait tout en bas du précipice à leurs pieds. Ils continuèrent plus haut et plus haut, jusqu'à ce que leurs jambes fussent sans nerf et que leurs sacs pesassent cent livres la pièce. Et toutes les fois qu'ils atteignaient une crête ils avaient la certitude que le sommet de la montagne était désormais tout proche, alors que tout ce qui se découvrait à eux était un autre demi-mille de corniches tortueuses qui aboutissaient à une autre crête. Croft les avait prévenus à plusieurs reprises au cours de la matinée. « Vous ferez aussi bien de vous mettre tout de suite dans le crâne que cette sacrée montagne est pas une colline et que vous en serez pas quittes en cinq secs. » Ils l'écoutaient dire, mais ils n'y croyaient pas. Il était trop pénible de continuer l'ascension sans l'idée rassurante que leurs peines allaient bientôt finir.

A midi, en arrivant à l'extrémité de l'arête, ils subirent une véritable commotion. La falaise s'y précipitait de plusieurs centaines de pieds dans une vallée de pierre sise au centre de la chaîne d'où le mont Anaka s'élevait dans toute sa grandeur, montant aussi haut que portait le regard, amphithéâtre après amphithéâtre d'argile et de jungle et de rochers, s'étageant vertigineusement sur ce qui semblait être des milliers et des milliers de pieds. Ils n'en voyaient même pas le sommet ; il se perdait dans une touffe de nuages.

« Jésus, est-ce qu'on doit escalader ça ? » haleta quelqu'un.

Croft les regarda avec gêne. Cette phrase, de toute évidence, exprimait le sentiment général. Il était fatigué lui aussi, fatigué comme presque jamais encore, et il savait qu'il lui faudrait les entraîner pas à pas. « On mangera ici un morceau, puis on se remettra en route. C'est bien compris, oui ? »

Un murmure déprimé lui répondit. Il s'assit sur une pierre,

regardant du côté d'où ils venaient. Il voyait, à des milles au loin, les collines jaunâtres où ils furent embusqués et où, quelque part, Brown et ses hommes devaient voyager en ce moment. Plus au loin il percevait la lisière de la jungle qui bordait l'île, et au-delà la mer par laquelle ils étaient venus. Tout y était désert ; personne ne semblait y habiter, pas âme qui vive. La guerre, de l'autre côté de la montagne, était tout irréelle à cet instant.

Derrière lui le mont Anaka pesait dans son dos comme une chose humaine. Il se retourna, regardant le pic avec calme, sentant de nouveau le frisson indistinct que sa vue avait toujours provoqué en lui. Il escaladerait ça — il se le jurait.

Cependant, la résistance des hommes portait sur lui. Il savait qu'aucun d'eux ne l'aimait — et il ne s'en souciait guère — mais maintenant ils le haïssaient, il le sentait presque dans la qualité oppressive de l'air.

Et il fallait bien qu'ils escaladent ça. S'ils échouaient, alors ce qu'il avait fait avec Hearn était mal ; il aura rué dans les brancards, il aura simplement désobéi à un ordre. Il en était troublé. Il devrait pour ainsi dire les porter sur son dos, et cela promettait d'être très difficile. Il cracha, et fendit l'extrémité d'une boîte de rations. Comme en toute chose, il le fit nettement, expertement.

Tard l'après-midi Ridges et Goldstein se débattaient avec Wilson. Ils s'avançaient avec une cruelle lenteur, faisant dix ou tout au plus quinze mètres, puis s'arrêtaient. Une fourmi voyageant en ligne droite aurait, littéralement, fait tout aussi vite. Ils ne pensaient ni à abandonner ni à continuer, ils ne prêtaient guère attention aux radotages de Wilson, et rien n'existait pour eux en marge de la chaleur et de l'effort sinon l'exhortation muette à persévérer. Ils ne parlaient pas, ils étaient exténués au delà de toute parole, ils ne faisaient que se traîner comme des aveugles qui traversent une rue inconnue et terrifiante. Leur fatigue avait descendu tant de paliers, elle avait à tel point émoussé leurs sens, qu'ils étaient réduits au plus bas dénominateur commun de leur existence.

Et, ainsi, pendant des heures, prêts à défaillir à tout moment, conservant néanmoins une dernière étincelle de clarté, s'étonnant malgré tout que l'on pût à ce point abuser de son corps sans le détraquer tout à fait.

Pris d'un accès de fièvre, Wilson flottait à la dérive dans une pesante levée de brouillard. Les cahots du brancard lui devinrent presque plaisants dans leur lourde monotonie. Les rares paroles qu'il percevait, les rauques halètements de Ridges et de Goldstein, le son de sa propre voix — toute sensation entrait dans sa tête comme par autant de conduits individuels. La perception de ses sens était extrêmement aiguë, les secousses de la civière lui communiquaient chaque spasme qui torturait les muscles des porteurs, et par contre les souffrances dues à sa blessure lui semblaient atténuées comme si elles lui parvenaient de l'extérieur. Une chose cependant l'avait fui : il était sans volonté. Complètement passif, béat de fatigue, il lui fallait de longues minutes avant de prendre sur lui de dire un mot ou de porter la main à son front pour chasser un insecte. Et quand il s'y décidait, ses doigts immobiles s'attardaient un long temps sur son visage. Il était presque heureux.

Il lui arrivait de divaguer à jet continu à propos de tout ce qui affleurait à son esprit, d'une voix affaiblie de crécelle ou encore criant sans contrôle. Et les porteurs l'entendaient sans comprendre et sans s'efforcer de comprendre le sens de ses mots.

« Y avait une femme à Kansas quand j'étais à Riley, elle venait me chercher et on vivait comme si j'étais son mari. Je dormais jamais dans cette maudite caserne, j'y disais que ma femme habitait la ville. Elle me faisait la popote et elle me raccommodait mon uniforme et elle empesait mes chemises joli comme tout, y avait rien qu'elle refusait de faire pour moi. Il sourit rêveusement. Attendez un moment, j'ai une photo d'elle, je va vous la montrer. Sa main tâtonnait à l'entour de sa poche, puis il n'y songeait plus. Elle s'imaginait que j'étais pas marié et j'y ai jamais dit le contraire, je me suis dit que je va peut-être me recoller avec elle après la guerre parce que bigre non ç'a pas de sens de perdre une femme qui fait ton affaire, j'ai jamais pu comprendre ça. J'y ai dit que j'étais un licencié et elle m'a cru. Ces bon Dieu de femmes elles gobent n'importe quelle foutaise pourvu que t'arrêtes pas de leur raconter des bobards. Il soupira, toussa faiblement, et un peu de sang remonta sur ses lèvres, ravivant son angoisse. Malgré sa lassitude, il refusait d'abandonner la partie. Quand on me ramènera ces maudits toubibs me retaperont tout neuf. Il secoua la tête. La balle avait fendu ses chairs avec une force incroyable, il saignait par intermittence depuis un jour et demi, il était secoué et cahoté sur le brancard, sa blessure lui infligeait d'atroces accès de douleur, mais l'idée d'abandonner ne lui effleura jamais l'esprit. Il y avait tant de choses qu'il voulait faire. Vous savez, je dis pas que c'est bien de baiser une négresse, mais ça me démange de temps à autre. Y avait une môme noire qui passait presque tous les jours devant la maison de mon père, et je peux encore voir comment qu'elle tournait du cul. »

Il se souleva à moitié sur son coude, regardant Ridges avec insistance.

« Jamais baisé de la bidoche noire ? » demanda-t-il.

Ridges s'arrêta, puis reposa le brancard. Pour une fois il venait de faire attention aux paroles de Wilson. « C'est pas une manière de causer », lui dit-il. Il haletait lourdement, son regard posé sur Wilson comme s'il n'arrivait pas à le distinguer. « Pfoui », fit-il. En dépit de son épuisement il était profondément choqué. « Te devrais savoir que c'est pas des choses à dire, hoqueta-t-il.

— Ridges, t'es qu'un chialeur », dit Wilson.

Ridges secoua la tête comme un taureau. Il y eut bien des choses au cours de sa vie qui lui furent interdites. Faire l'amour avec une négresse était à ses yeux un luxe aussi bien qu'un péché ; cela faisait partie de ces choses monstrueuses qui vous tuent si l'on y touche. « La ferme, Wilson. »

Mais Wilson était déjà loin. La chaleur de son corps, la lourde et plaisante lassitude de ses membres, lui donnaient le change. Il se croyait à l'instant de la passion sexuelle et une lascive volupté épaissit sa gorge. Il ferma les yeux, revoyant un clair de lune au bord de la rivière qui avoisinait sa ville natale. Il rit sous cape, sans force, avala un caillot. Il sentit une crispation dans ses joues et constata avec surprise qu'il pleurait tout doucement.

Tout à coup il redevint conscient de sa bouche, de sa langue qui pendillait dans sa gorge. « Un peu d'eau, hein, dites ? » Il n'y eut pas de réponse, et il répéta patiemment : « Tout juste une petite gorgée, hein, dites ? »

Ils ne lui répondirent pas, et il se mit en colère. « *Bordel de Dieu*, donnez-moi un peu d'eau.

— Patience, dit Ridges d'une voix enrouée.

— Dites, demandez-moi tout ce que vous voulez, mais donnez-moi un peu d'eau. »

Ridges reposa le brancard. Les plaintes de Wilson lui écorchaient les sens ; c'était la seule chose qui pût désormais l'arracher à son apathie.

« Z'êtes qu'une bande de salauds, dit Wilson.

— T'as pas droit de boire », dit Ridges. Le refus qu'il opposait à Wilson lui était d'autant plus pénible qu'il ne voyait aucun mal à lui donner son eau. Mais, en même temps, il lui en voulait. On s'en passe bien nous autres, et sans faire des histoires, se dit-il. « Wilson, t'as pas droit de boire », répéta-t-il. Sa voix fut sans réplique, et Wilson retomba dans sa rêverie.

Ils soulevèrent le brancard, firent quelques pas en titubant, puis s'arrêtèrent de nouveau. Le soleil s'en allait vers l'ouest et le temps fraîchissait, mais c'est à peine s'ils s'en apercevaient. Ils devaient porter Wilson encore et encore, et jamais ils n'en seraient quittes. La chose, sans leur être tout à fait claire, était implicite tout au fond de leur fatigue. Ils savaient seulement qu'ils devaient continuer — et ils continuaient. Tout l'après-midi, et jusqu'à la tombée du jour, Ridges et Goldstein poussèrent de l'avant par petits bouts, et peu à peu les bouts finirent par s'additionner. Quand ils se furent arrêtés pour la nuit, quand ils eurent enveloppé Wilson dans l'une de leurs couvertures et se tassèrent l'un contre l'autre pour un sommeil de mort, cinq milles les séparaient de l'endroit où ils avaient laissé Brown et Stanley. Déjà la jungle n'était pas trop distante. Encore qu'ils n'eussent rien dit, ils l'entrevirent du haut de leur dernière colline. Demain ils dormiraient peut-être sur la plage dans l'attente du canot qui les ramènerait au bivouac.

11

Le commandant Dalleson était dans l'embarras. Ce troisième matin de la patrouille le général venait de partir pour le G.Q.G. en vue d'obtenir un destroyer pour l'invasion de Botoï Bay, et Dalleson se vit en fait chargé du commandement dans l'île. Du point de vue purement technique le colonel Newton, commandant du 460e, et le lieutenant-colonel Conn, étaient ses supérieurs, mais en l'absence du général la charge des opérations incombait à Dalleson, et il se trouvait avec une tâche difficile sur les bras.

L'attaque, pour lors dans son cinquième jour, ne s'enlisa que depuis la veille. La chose avait été prévue car, l'avance ayant dépassé le plan d'exécution, il fallait s'attendre à un accroissement de la résistance japonaise. En conséquence le général lui avait dit de marquer le pas. « Les choses vont se calmer, Dalleson. Je suppose que nous essuierons une ou deux contre-attaques, mais rien de bien grave. Maintenez votre pression sur l'ensemble du front, c'est tout. Si je réussis à leur faire lâcher un destroyer ou deux, nous aurons liquidé la compagne en une semaine. »

Des instructions bien simples, mais les choses ne prenaient pas cette tournure. Une heure après l'envol du général, Dalleson avait reçu un rapport déroutant. Une escouade de la compagnie E ayant poussé une reconnaissance sur un millier de mètres au delà de leur position la plus avancée, elle découvrit un bivouac japonais à l'abandon. A moins que les coordonnées signalées dans le rapport fussent entièrement erronées, le bivouac en question devait se trouver presque sur les arrières de la Ligne Toyaku.

A première vue Dalleson n'en crut rien. Il se souvenait du sergent Lanning et de ses faux rapports, il songeait aux raisons que l'on avait de supposer que bon nombre de chefs d'escouade et de section ne s'acquittaient pas de leur tâche. Cependant, la chose semblait peu probable. Si un homme fabrique son rapport il est plus vraisemblable qu'il prétende avoir tourné les talons après s'être heurté à la résistance de l'ennemi.

Le commandant se gratouilla le nez. Il était onze heures du matin, et le soleil cuisait la tente du service des opérations depuis assez longtemps pour en rendre l'atmosphère irrespirable — à quoi venait s'ajouter la déplaisante odeur de la toile surchauffée. Il suait à grosses gouttes, et la partie du bivouac qu'il apercevait à travers les cloisons ferlées de la tente miroitait et réverbérait dans la chaleur. Il avait soif, et il se demandait s'il devait envoyer un des soldats au mess des officiers pour lui chercher de la bière froide du Frigidaire. Mais c'était se donner trop de peine. C'était un de ces jours où il eût préféré ne rien faire sinon rester derrière sa table de travail et attendre l'arrivée des rapports. A quelques pas de lui deux officiers discutaient le moyen de se procurer une jeep pour un après-midi de sable et de neige. Le commandant lâcha un rot. Comme d'habitude, les journées particulièrement chaudes lui dérangeaient l'estomac. Il s'éventa avec lenteur, vaguement irrité.

« Il paraît, disait un des lieutenants avec une nonchalance affectée, il paraît qu'on nous enverra des filles de la Croix-Rouge après la campagne, mais bien sûr rien n'est moins certain.

— Il faudrait aménager une partie de la plage, faire construire des cabines. Ça pourrait devenir bien agréable, après tout.

— On nous fera reprendre la route, dit l'autre, allumant une cigarette. Le pire de la besogne échoit toujours à l'infanterie. Mais, par Dieu, je voudrais que la campagne soit finie.

— A quoi bon ? Il nous en faudra alors écrire l'histoire. Voilà bien le pire de l'affaire. »

Dalleson soupira. Leur conversation à propos de la fin de la campagne le déprimait. Qu'allait-il faire au sujet de ce rapport ? Il ressentit un doux tiraillement dans ses entrailles. Il n'eût pas été désagréable de rester sur place, d'envisager une visite aux latrines — si seulement on vous laissait tranquille. Une batterie fit feu au loin, entamant d'un écho lugubre l'air suffocant. Le commandant décrocha l'écouteur du téléphone de campagne posé sur son bureau, tourna la manivelle. « Donnez-moi Potential Red Easy », grogna-t-il à l'adresse de l'opérateur.

Il demanda l'officier commandant de la compagnie E. « Windmill, ici Lanyard, dit-il, se servant du code.

— Qu'y a-t-il, Lanyard ?

— Vous m'avez envoyé ce matin un rapport de patrouille. Numéro 318, vous voyez lequel je veux dire ?

— Oui.

— C'est pas des bobards, cette sacrée histoire ? Et accouchez, Windmill. Si un de vos gars l'a fabriquée et que vous le couvriez, je vous fais couper les oreilles.

— Non, le rapport est véridique. Je l'ai vérifié moi-même, j'ai parlé au chef de l'escouade. Il jure qu'il n'a pas monté le coup.

— Bon, je vais me fonder sur le — il tâtonna à la recherche du mot qu'il avait si souvent entendu prononcer — sur la conjecture que le rapport est correct. Et que le ciel vous protège s'il l'est pas. »

Le commandant s'épongea le visage. Pourquoi fallait-il que le général fût absent précisément aujourd'hui ? Il en voulait à Cummings de n'avoir pas prévu la situation. Il lui fallait prendre une initiative séance tenante, mais, ne sachant que faire, il prit la décision d'aller aux latrines.

Assis sur la planche, sentant la brûlure du soleil sur son ventre dénudé, le commandant s'efforçait de réfléchir. Mais il était distrait. La puanteur des latrines était extrêmement puissante dans la chaleur matinale, et il se proposa d'assigner cet après-midi même une corvée pour la construction d'une nouvelle latrine à l'usage des officiers.

Sa figure rougeaude suait profusément dans le soleil. Cette fois-ci j'y ferai mettre un toit, se dit-il, regardant d'un œil morose l'enclos de bambou.

Eh bien, que diable pouvait-il faire sinon envoyer une patrouille pour occuper le bivouac abandonné ? Si l'opération s'accomplissait sans mal, il aurait toujours le temps de se faire du tintouin quant au pas suivant. Un soupçon de brise caressa ses tempes et il songea avec mélancolie à la plage, à l'eau agréablement fraîche de l'océan, aux palmiers dont la silhouette se profilait sur la côte. Quelque part dans la jungle, à des milles de là, quelque chose se passait chez les Japonais. Peut-être leur chef des opérations croupissait lui aussi sur sa tinette en ce moment, songea-t-il avec un sourire.

Mais quelque chose clochait chez eux. Les cadavres japonais semblaient dernièrement plus décharnés que d'habitude. Un blocus était censé couper toutes ces îles de leurs bases de ravitaillement, mais bien sûr pas question de compter sur la marine pour savoir la vérité à ce sujet. Le commandant était las. Pourquoi était-ce à lui de prendre des décisions ? Il perdit la notion du temps à écouter le bourdonnement frénétique des mouches sous les lunettes de la latrine. Quelques-unes vinrent se cogner contre ses hanches nues, et il grogna d'aversion. Foutre oui, on avait sûrement besoin d'une nouvelle chiotte.

Il se redressa, se débrouilla tant bien que mal avec le papier hygiénique détrempé par la pluie nocturne. Il devait y avoir mieux qu'une boîte de conserves comme réceptacle. Il s'efforçait de penser à quelque autre moyen pour garder le papier au sec. Quelle journée poisseuse.

Il se rendit au mess des officiers pour se faire servir une bière glacée. « Comment que ça va, mon commandant ? demanda un des cuistots.

— Ça va. Il se frotta le menton. Quelque chose l'agaçait. Oh oui, dites donc O'Brien, j'ai de nouveau la diarrhée. Vous les tenez au propre, vos casseroles ?

— Vous devriez le savoir, mon commandant. »

Il grogna, jeta un coup d'œil circulaire par la tente, regarda sous les tables de bois flanquées de leurs bancs. Les assiettes de métal grisâtre étaient déjà disposées pour le repas de midi. « Vous devriez pas mettre les couverts trop tôt, dit-il. Ça fait venir les mouches.

— D'accord, mon commandant.

— Bon, pensez-y. » Il attendit qu'O'Brien se mît à ramasser les assiettes, puis traversa le bivouac pour regagner la tente du service des opérations. Il aperçut quelques soldats étalés à l'ombre de leurs tentes, et leur vue l'irrita. Il se demandait à quelle section ils appartenaient, quand il se souvint du rapport. Arrivé à sa table de travail il décrocha l'écouteur et ordonna à Windmill d'envoyer une section équipée au complet pour prendre possession du bivouac japonais. « Faites-leur déployer tout de suite une ligne téléphonique. Je veux un rapport dans une demi-heure.

— Ils n'y seront pas en si peu de temps.

— Bon. Dès qu'ils occupent la place avertissez-moi. »

Le temps traînait en longueur sous la tente surchauffée. Désespérément mal à son aise, le commandant nourrissait l'espoir secret que la section ferait demi-tour. Si cependant elle ne rencontrait pas de résistance ? Il fit appeler le commandant du bataillon de réserve du 460ᵉ et lui dit d'alerter une compagnie pour un ordre de marche dans l'heure à venir.

« Je devrai la prélever sur les effectifs qui travaillent à la construction de la route.

— Faites, faites », grogna le commandant. Il jura en sourdine. Si l'affaire tournait en queue de poisson, le travail de toute une compagnie serait perdu pour une demi-journée. Mais il n'y avait pas d'alternative, car si la section réussissait à s'installer à même la Ligne Toyaku il lui faudrait exploiter la situation. L'esprit du commandant procédait désormais selon une table de vérités évidentes en soi.

Quarante-cinq minutes plus tard Windmill l'informa au téléphone que, s'étant avancée sans incident, la section avait occupé le terrain japonais. Se triturant le nez avec son gros index Dalleson essaya de percer la jungle à travers le feuillage dilaté sous l'intense chaleur matinale.

« Bon, déplacez le restant de votre compagnie à l'exception d'une escouade et des roulantes. Vous avez des rations, pas ?

— Oui. Mais qu'est-ce que je fais pour mes arrières et mes flancs ? Je vais me trouver en pointe à un millier de mètres en avant de Charley and Fox.

— Je m'en occuperai. Mettez-vous en route et soyez-y avec tout votre matériel dans une heure. »

Ayant raccroché, le commandant émit un grognement. Maintenant il allait falloir déplacer tout le monde. La compagnie de réserve du 460ᵉ, destinée à renforcer les flancs et les arrières du saillant, se trouverait à son tour disséminée. Pourquoi les Japonais sont-ils partis ? Était-ce un piège ?

Il se rappela qu'un lourd barrage d'artillerie avait arrosé la veille la position japonaise présentement évacuée. Il se pouvait que l'officier commandant la compagnie japonaise ait pris sur lui de vider la place sans attendre ses ordres. Dalleson avait entendu mentionner des cas semblables, mais cela lui paraissait un peu invraisemblable.

Si tel était le cas, il devrait faire une poussée par la brèche avant que Toyaku pût y parer. Les troupes étaient censées jouir d'une journée tranquille, mais si d'autre part une telle poussée prenait bonne tournure il lui faudrait déclencher une nouvelle attaque frontale, ce qui signifiait l'obligation d'agir vite au cas où des résultats commenceraient à se faire sentir avant la tombée de la nuit.

Cela voulait dire qu'il lui fallait mettre dès à présent tout le bataillon de réserve sur les dents et, faute d'un nombre suffisant de camions pour le transporter d'un seul coup, amorcer sans retard la mise en route. Il tirailla distraitement la toile trempée de sa chemise qui lui collait aux aisselles. C'est du coup que toute la journée allait être perdue quant à la construction de la route ; on n'y avancerait pas d'une semelle car il lui faudrait mobiliser tout son matériel roulant pour monter au front plus de ravitaillement et de munitions qu'il n'avait été prévu. Du beau gâchis en perspective. Un flamboiement de haine le saisit pour ce chef d'escouade qui, ce matin, avait mis en branle tout ce remue-ménage.

Il appela Hobart au téléphone pour lui dire de préparer un horaire de roulage, puis il s'en alla trouver Conn et lui exposa les événements.

« Pardieu, vous vous passez la corde au cou, lui dit Conn.

— Que diable voulez-vous que j'y fasse ? C'est vous le Deuxième Bureau. Pourquoi est-ce qu'il est désert, ce bivouac ? »

Conn haussa les épaules. « Ces maudits Japonais vous tendent un piège. »

Dalleson revint à sa tente mortellement déprimé. C'était un piège, et cependant il lui fallait s'y précipiter. Il grogna de nouveau. Les services d'Hobart s'employaient à dresser un horaire de roulage pour ravitailler les compagnies sur leurs nouvelles positions ; ceux de Conn passaient en revue de vieux rapports de contre-espionnage. Il y avait quelque chose de louche dans l'air. Eh bien, il lui faudrait tâtonner au petit bonheur, envoyer le gros de son artillerie dans la brèche, et espérer que les autres secteurs du front tiendraient avec ce qu'on leur aura laissé.

Le bataillon de réserve ayant été alerté, il ordonna la mise en route du premier convoi. L'heure du déjeuner approchait, et il voyait bien qu'il lui faudrait s'en passer. La bière glacée lui donnait des crampes d'estomac. Il songea avec dégoût au fromage de conserve des rations. Il devrait pourtant s'en contenter en guise de repas.

« Pas d'aspirine sous la tente ? meugla-t-il.

— Non, mon commandant. »

Il demanda à l'un des scribes de lui en apporter de l'infirmerie. La chaleur l'engourdissait.

Le téléphone sonna. Windmill annonçait que sa compagnie était sur ses nouvelles positions. Quelques minutes plus tard l'officier commandant de la première compagnie prélevée sur le bataillon de réserve téléphonait qu'il se retranchait sur les flancs du saillant.

Il lui fallait désormais faire passer en avant tout le bataillon. Il avait mal à la tête. Que feraient-ils, une fois en ligne ? A ce jour il avait toujours pu se référer à quelque précédent, mais ceci était la bouteille à encre. Le dépôt principal de ravitaillement des Japonais se trouvait à un mille et demi environ à l'avant des nouvelles bases de la compagnie E, et peut-être devrait-il essayer de le capturer. Ou de le flanquer peut-être. Mais il n'arrivait pas à se représenter la situation. La trouée n'était qu'une trouée sur la carte. Il avait visité le front, il savait à quoi ressemblait un bivouac, mais il n'avait jamais compris avec exactitude ce qui se passait au juste. Il y avait des espaces vides entre les compagnies. Le front n'avait rien d'une ligne solide — c'était un chapelet de points séparés les uns des autres. A ce moment il avait des hommes derrière les points japonais et il en aurait davantage plus tard, mais qu'y feraient-ils ? Comment s'y prenait-on pour flanquer une défense ? Il eut la brève image d'une colonne d'hommes traînant le long d'une piste dans la jungle et pestant contre la chaleur, mais il ne réussit pas à rattacher sa vision aux cotes relevées sur sa carte.

Un insecte rampait paresseusement sur sa table, et il le fit partir d'une pichenette. Qu'allait-il faire, par les cornes du diable ? Avant la nuit tout ne sera qu'un seul fatras. Personne ne saura où est son voisin, et jamais on n'aura fini de faire marcher les nouvelles lignes téléphoniques. La radio ne fonctionnera probablement pas, à cause des perturbations atmosphériques ou de quelque maudite colline. Elle ne marchait jamais quand on en avait besoin. Jusqu'à présent on s'était débrouillé tant bien que mal, mais maintenant il lui faudrait faire venir Mooney, l'officier de transmissions, dont on avait pourtant grand besoin au service des transports. Le Deuxième Bureau devra veiller avec lui toute la nuit. Oh, quel chambardement. Quel fardeau à se flanquer sur les reins — et juste aujourd'hui de tous les jours de la création. Si ça tournait en eau de boudin, il ne finirait jamais d'en entendre parler.

Il avait envie de rire. Il éprouvait la stupide, l'involontaire hilarité de celui qui, ayant fait tomber un caillou sur la pente d'une colline, s'aperçoit qu'il a déclenché une avalanche. Pourquoi fallait-il que le général fût absent ?

A tout cela venait s'ajouter l'activité qui bourdonnait autour de lui. Chacun travaillait sous la tente du service des opérations, et il voyait des hommes qui allaient et venaient par le bivouac, tous évidemment à leur tâche. Dérangeant l'air caniculaire, les trépidations d'un convoi de camions lui arrivaient de loin. C'est lui qui avait mis tout ça en branle. Il n'arrivait pas à y croire tout à fait.

Le fromage qu'il mâchonnait était sec. Il enrageait de voir que çà et là un homme sommeillait encore sous sa tente, mais il n'avait pas le temps de s'en occuper. Tout était sur le point de se déglinguer. Le commandant se faisait l'effet d'avoir les bras chargés d'une douzaine de colis, dont ceux du sommet commençaient déjà à dévaler. Jusqu'à quel point devra-t-il faire le jongleur ?

Et l'artillerie. Elle aussi, il fallait la coordonner. Il grogna. La machine tombait en pièces, à chaque instant engrenages et ressorts et boulons giclaient de toutes parts. Il n'avait même pas songé à l'artillerie.

Dalleson se prit la tête et s'efforça de réfléchir, mais il se sentait creux. Un message arriva, l'informant que les éléments avancés du bataillon de réserve avaient établi contact avec la compagnie E, installée sur ses nouvelles positions. Quand le restant du bataillon s'y sera rendu, que devra-t-il faire ? Le dépôt japonais de ravitaillement se trouvait dans des souterrains creusés au pied d'une colline. Il pouvait y envoyer le bataillon — et puis quoi après ? Il lui fallait encore d'autres renforts.

Il aurait sans doute hésité s'il avait eu toute sa tête, mais tout ce à quoi il pouvait penser c'était de déplacer des troupes. Il donna ordre à la compagnie Charley de rejoindre le bataillon de réserve, et à la compagnie Baker de s'étendre sur le terrain évacué sur sa gauche par Charley. Cela lui rendait les choses plus simples. Deux compagnies tiendraient des positions normalement assignées à trois compagnies, et c'était tout aussi bien. Il n'aura pas à se faire de bile à leur sujet. Et le flanc droit sera en mesure d'attaquer de front. Que tout l'ensemble se porte en avant, que l'artillerie se débrouille toute seule. Il leur donnera encore un bataillon pour le dépôt de ravitaillement, et après cela tout dépendra des liaisons et de la chance.

Il appela Div Arty. « Je veux que vous fassiez prendre l'air à vos avions de liaison pour tout l'après-midi. Vos deux avions.

— On en a perdu un l'autre jour, rappelez-vous, et l'autre est en panne.

— Pourquoi me l'avez-vous pas dit ? hurla Dalleson.

— Nous vous l'avons dit. Hier. »

Il jura. « Bon, eh bien assignez vos observateurs de ligne aux compagnies Able, Baker, Charley et Dog du 460e, et Charley du 458e.

— Et qu'est-ce qu'on fait pour les communications ?

— Débrouillez-vous. J'ai assez de casse-tête sans ça. » La transpiration lui chatouillait le dos. Il était déjà une heure, et la toile inclinée de la tente cuisait au soleil.

L'après-midi s'avançait avec lenteur. Il était trois heures quand le bataillon de réserve et la compagnie Charley eurent complété leurs mouvements, mais Dalleson se trouvait pour lors au bout de son rouleau. Près d'un millier d'hommes étaient concentrés sur sa base la plus avancée, et il n'avait pas la moindre idée où les diriger. Il songea un moment à les rabattre sur leur gauche, vers la mer. Cela aurait coupé la ligne japonaise en deux, mais il se souvint à temps qu'il avait dégarni son flanc gauche en y prélevant une compagnie. En serrant les Japonais de ce côté-là il risquerait d'exposer ses positions en première ligne. Il avait envie de se cogner la tête contre la table. Quelle gaffe c'eût été !

Il pouvait les envoyer sur leur droite, vers la montagne, mais une fois les défenses japonaises défoncées il lui serait difficile d'amener l'artillerie à pied d'œuvre, et les troupes à l'extrême pointe de l'avance devraient être ravitaillées sur une route démesurément étendue. Il était en proie au même genre de panique que Martinez lors de son solo. Il y avait tant de choses, trop évidentes pourtant, qu'il oubliait.

Le téléphone sonna de nouveau. « Ici Rock and Rye (commandant du premier bataillon, 460e régiment). Nous serons prêts à bondir de l'avant dans quinze minutes. Quelle est notre mission ? Il me faut haranguer mes hommes. »

On lui reposait la même question depuis une heure, et chaque fois il avait mugi : « C'est une mission où il s'agit de saisir l'opportunité. Patientez, nom de Dieu. » Mais à présent il lui fallait répondre. « Portez-vous contre le dépôt japonais de ravitaillement, toutes communications radiophoniques coupées. » Il lui donna les coordonnées. « Quand vous serez prêt à attaquer, envoyez une radio et nous démarrerons l'artillerie. Si votre radio ne porte pas, nous donnerons ici le coup de partance dans une heure exactement, après quoi vous passerez à l'action. Vous avez pour mission de détruire le dépôt, et il faut que vous fassiez salement vite. Je vous dirai la suite plus tard. »

Il raccrocha, consulta sa montre. Sous la tente la chaleur déployait de lourdes draperies. Dehors le ciel s'obscurcissait, et le feuillage bâillait mollement dans un soupçon de brise. Le front était silencieux. Un après-midi comme celui-ci, une demi-heure avant l'averse, on percevait généralement le moindre bruit, mais cette fois-ci le silence était complet. L'artillerie attendait, occupée à faire ses derniers préparatifs, et pas même une mitrailleuse ou un fusil ne se faisaient entendre. Seul le sol s'ébranlait parfois et des mottes de terre giclaient au passage d'un tank. N'ayant pas d'emploi pour les tanks faute de terrain praticable dans la brèche, Dalleson leur faisait couvrir les positions affaiblies de son flanc gauche.

Il se rappela brusquement qu'il avait oublié de pourvoir ses troupes d'assaut de support antitank et, du coup, il grogna tout haut. Il n'était plus temps de faire avancer le matériel pour le commencement de l'offensive, mais peut-être n'était-il pas trop tard de l'y dépêcher en vue d'une éventuelle contre-attaque japonaise. Il alerta la section antitanks du deuxième bataillon et leur fit prendre le chemin de la brèche. Combien de choses encore lui viendront à l'esprit ?

Et, bien entendu, il attendait, jurant par devers soi à mesure que son inquiétude grandissait. Il avait pour lors la conviction que tout irait mal, et tel un garçonnet qui a culbuté un pot de peinture il espérait vaguement se tirer d'affaire d'une façon ou d'une autre. Ce qui le tourmentait le plus dans ce moment c'était de songer au temps que cela prendrait de ramener et de réassortir tout ce monde après que l'attaque aurait failli. Cela demanderait au moins une journée entière — deux jours de perdus pour la construction de la route. Il en avait la tête cassée. Et, avec surprise, il se rendait compte qu'il avait monté une attaque en règle.

Dix minutes avant l'heure H le silence de la radio fut rompu. Toujours inaperçues de l'ennemi, les troupes d'assaut se trouvaient à deux cents mètres du dépôt de ravitaillement. L'artillerie ouvrit le feu et continua à tirer pendant une demi-heure, après quoi les troupes se mirent en marche et capturèrent le dépôt de ravitaillement en vingt minutes.

Dalleson recoupa les événements par degrés. On découvrit bien plus tard que les deux tiers du ravitaillement japonais furent capturés cet après-midi, mais Dalleson n'y songea guère ce soir-là. La nouvelle d'importance était que le général Toyaku et la moitié de son état-major furent tués au cours de cette même avance. Son Q.G., pris d'assaut, se trouvait à quelques centaines de mètres derrière le dépôt.

Les nouvelles étaient trop abondantes pour que Dalleson pût les assimiler sans plus. Il ordonna aux troupes de se retrancher pour la nuit, et entre-temps il fit monter au front tout homme qu'il put trouver. Le Q.G. et les divers services furent entièrement dépeuplés — avec la seule exception des cuistots. Au matin suivant il avait quinze cents hommes à l'arrière des lignes japonaises, et dans l'après-midi les troupes de flanc avaient à leur tour remonté le courant.

Cummings revint ce même jour du G.Q.G. de l'armée. Après pas mal de plaidoiries, après avoir soutenu avec force qu'il ne lui était pas possible de terminer rapidement la campagne sans envahir Botoï Bay, il se vit octroyer un torpilleur. Le bâtiment, qui s'était mis en route immédiatement après le départ de Cummings, devait arriver en vue de la péninsule le lendemain matin. Il ne pouvait être question de le décommander présentement.

Par contre, il mit son état-major à l'œuvre, et toute la nuit se passa à divertir des troupes de la jungle en direction de la péninsule. Le matin venu, il fut à même de mettre à la mer deux compagnies de fusiliers pour l'invasion de Botoï Bay. Exact au rendez-vous, le bâtiment de guerre bombarda la plage, puis s'approcha de la côte pour prêter son appui direct aux troupes.

Quelques rares tirailleurs japonais accueillirent la première vague d'un coup de feu épars, puis se sauvèrent. Au bout d'une demi-heure les troupes d'invasion établirent le contact avec des unités qui manœuvraient derrière le front japonais démoli. Ce soir-là la campagne était finie, exception faite quant aux opérations de nettoyage.

Dans l'histoire officielle transmise au G.Q.G. de l'armée, l'invasion de Botoï Bay était donnée comme raison principale du percement de la Ligne Toyaku. L'invasion a été aidée, disait l'histoire, par de fortes attaques locales qui firent quelques brèches dans les lignes japonaises.

Dalleson n'avait jamais bien compris ce qui s'était passé. Avec le temps il finit par croire que *c'était* l'invasion qui décida de l'issue. Son unique désir était de se voir promu capitaine à titre permanent.

Dans l'agitation, tout le monde oublia Reconnaissance.

12

Le même après-midi où le commandant Dalleson préparait son attaque, la section continuait d'escalader le mont Anaka. A mi-hauteur des falaises la chaleur était épouvantable. Toutes les fois qu'ils traversaient un creux ou une dépression l'air semblait se réfracter au contact brûlant des rochers, et les hommes avaient mal aux joues à force de loucher. Peine insignifiante, qui aurait dû se perdre dans les crampes de leurs cuisses, dans le sourd lancinement de leur dos, mais qui devint leur plus grand tourment. La lumière aveuglante enfonçait des échardes dans le globe de leurs yeux, elle faisait tourner à la base de leur cerveau d'irascibles cercles rouges. Ils avaient perdu toute notion des distances ; tout était confus de ce qui se situait derrière eux, et les tortures propres à chaque espèce de terrain n'avaient plus aucun sens. Ils ne se préoccupaient plus de savoir si les prochains cent mètres étaient faits de rocaille nue ou d'arbustes ou de forêt ; les uns et les autres offraient des désavantages pénibles. Ils titubaient comme une file d'ivrognes, la tête basse, les bras ballants. Leur barda était de plomb, et toutes sortes d'écorchures fermentaient sur la moindre saillie de leur corps. Les courroies des sacs leur avaient fait venir des cloques aux épaules, les à-coups des cartouchières leur meurtrissaient les flancs, le fusil leur défonçait les côtes et les hanches. Leurs chemises montraient de longues traînées blanchâtres aux endroits où leur sueur avait séché.

Ils s'avançaient en désordre de roc en roc, hébétés, pantelant, sanglotant. Bien malgré lui Croft se vit forcé d'ordonner des haltes toutes les quelques minutes ; le temps qu'ils passaient à clopiner égalait celui qu'ils consacraient à souffler couchés à plat dos, bras et jambes étalés. Comme les brancardiers, ils avaient tout oublié ; ils ne se pensaient plus en tant qu'individus, qu'êtres personnels. Ils étaient des réceptacles de souffrance. Ils avaient oublié la patrouille, la guerre, leur propre passé, ils avaient même oublié le terrain qu'ils venaient de gravir. De l'un à l'autre ils se considéraient tout au plus comme de vagues et d'irritables obstacles qui vous font trébucher. Le ciel aveuglant et la roche incandescente avaient bien plus de réalité. Ce qui leur restait de clarté d'esprit se débattait à l'intérieur de leur chair comme un rongeur dans un labyrinthe ; leur pensée se concentrait futilement tantôt sur un membre pris de convulsions, tantôt sur le lancinement d'une écorchure, pour succomber en fin de compte sous l'effort agonisant d'aspirer une bouffée d'air.

Deux choses seulement venaient s'y interposer. Ils avaient peur de Croft — une peur qui ne cessait de s'accroître à mesure qu'ils s'épuisaient davantage ; ils étaient à l'affût de sa voix, extirpant d'eux-mêmes quelques pas additionnels toutes les fois qu'il les cinglait de sa langue. Une abrutissante appréhension leur en venait, une sourde et insondable terreur.

Et, simultanément, ils voulaient abandonner ; ils y aspiraient avec plus de force qu'ils n'eurent jamais mis à rien désirer. Tout pas qu'ils faisaient, toute crampe dans leurs muscles, tout lancinement dans la poitrine, exaltaient cette volonté. Ils s'avançaient, mus par une muette, une cuisante haine pour l'homme qui les menait.

Croft était presque tout aussi exténué ; il jouissait des haltes tout autant que les autres, il consentait à demi que chaque arrêt s'étirât au double du temps primitivement prévu. Il avait oublié le pic de la montagne, il voulait abandonner lui aussi, et toutes les fois qu'une halte venait à finir il se livrait à une brève bataille contre lui-même, contre la tentation d'un repos prolongé — puis il reprenait la marche. Il allait de l'avant parce que quelque part au fond de son esprit une disposition impérative l'y obligeait. Il avait arrêté sa décision dans la vallée, et cette décision reposait dans sa tête comme une amarre de fer. Il ne lui eût pas été plus facile de faire demi-tour que de se suicider.

Tout au long de l'après-midi ils continuèrent à se pousser de l'avant, tantôt sur des pentes douces, tantôt de rocher en rocher. Ils passaient d'une falaise à une autre, trébuchaient douloureusement sur des côtes taillées en écharpe, perdaient pied sur des escarpements faits de glaise humide. La montagne se dressait toujours au-dessus d'eux, incommensurable semblait-il. Ils en entrevoyaient les pentes successives à travers le brouillard de leur effort, ils se suivaient les uns les autres par tours et détours, et ils clopinaient avec une sorte de gratitude si d'aventure le terrain devenait plat pour un moment.

Minetta et Wyman et Roth étaient les plus misérables. Il y avait plusieurs heures qu'ils se traînaient au fin bout de la colonne, suivant le pas avec la plus grande difficulté, et un lien de solidarité s'était établi entre eux trois. Minetta et Wyman avaient de la peine pour Roth. Ils étaient touchés par son épuisement, qui excédait même le leur. Et Roth, sachant qu'ils ne le méprisaient pas, sachant que leur prostration était à peine moindre que la sienne, Roth se tournait vers eux avec confiance.

Il était en train de fournir l'effort le plus intense de sa vie. Tout au long des semaines et des mois passés dans la section il avait accusé de plus en plus douloureusement insultes et rebuffades. Au lieu d'y devenir indifférent ou de s'armer d'un bouclier protecteur, il n'avait cessé de s'y montrer toujours plus vulnérable. La patrouille l'avait tendu au point où l'expectative d'une réprimande lui devenait insupportable, et il se poussait en avant avec la certitude que s'il s'attardait trop la colère et le ridicule s'abattraient sur lui.

Mais, en dépit de tout, il s'effondrait. L'instant approchait où ses jambes allaient lui manquer. Même à l'arrêt elles étaient sur le point de plier sous lui. Vers la fin de l'après-midi il commença à défaillir. Ce fut une lente affaire, échelonnée sur une série de glissades, de faux-pas, de chutes, au bout de quoi il finit par s'écrouler tout à fait. Lors de ses premières défaillances, tandis qu'il parvenait encore à se ramasser et à rejoindre le gros de la colonne, les autres, heureux de pouvoir reprendre haleine, l'attendaient presque avec reconnaissance. Mais ses chutes se faisaient plus fréquentes et ses retours plus longs. Il s'avançait à peu près inconscient, et ses jambes gondolaient sous lui. Au bout d'une demi-heure il fut incapable de se relever sans assistance, et il oscillait alors, incertain comme un bébé qui risque ses premiers pas. Il tombait même comme un bébé ; ses jambes se pliaient et il s'asseyait sur ses cuisses, un peu abasourdi de constater qu'il ne marchait plus.

Peu à peu les hommes commencèrent à s'irriter. Croft ne leur permettait pas de s'asseoir en attendant que Roth reprît l'usage de ses membres, et cela les exaspérait. Ils se mirent à guetter l'instant de ses chutes, dont le retour inévitable leur écorchait les nerfs. Leur ressentiment contre Croft se reportait sur Roth.

La montagne devenait dangereuse. Depuis une dizaine de minutes Croft les conduisait à même les flancs d'une falaise verticale, le long d'une corniche rocailleuse dont la largeur excédait à peine quelques pieds par endroits. Sur leur droite, à un ou deux mètres tout au plus, s'ouvrait un précipice de plusieurs centaines de pieds, et malgré eux il leur arrivait parfois de se voir déportés tout contre l'abîme. Ils avaient hâte d'en sortir, et les arrêts de Roth les impatientaient.

Au milieu du passage Roth tomba de nouveau ; il essaya de se ramasser, mais personne n'étant venu l'aider il s'étala tout de son long. La surface rocheuse de la saillie était chaude, mais il s'y sentait bien. La pluie de l'après-midi qui venait tout juste de commencer pénétrait dans sa chair et rafraîchissait la pierre. Il n'allait pas se relever. Quelque part dans son engourdissement une autre mortification avait pris corps. A quoi bon continuer ?

Quelqu'un le tirait par l'épaule. « Je ne peux pas continuer, haleta-t-il en se débattant, je ne peux pas continuer, je ne peux pas. » Il abattait sans force ses poings sur la pierre.

Gallagher essayait de le soulever. « Lève-toi, fils de pute », criait-il. Il se faisait mal en s'efforçant de le remettre sur pied.

« Je ne peux pas. Va-t'en ! »

Il s'entendit sangloter. Il se rendait vaguement compte que la plupart des hommes faisaient cercle autour de lui, mais cela lui était égal. Il éprouvait une amère satisfaction que les autres le vissent ainsi, une exaltation faite de honte et de fatigue.

Rien, après cela, ne pouvait arriver. Qu'ils le voient pleurer, qu'ils apprennent une fois de plus qu'il était le pire élément de la section. C'était le seul moyen qu'il eût de se faire reconnaître. Après un si long anonymat, un si grand ridicule, ceci était presque préférable.

Gallagher le tirait de nouveau par l'épaule. « Va-t'en, je ne peux pas me lever », brailla Roth.

Gallagher le secouait, éprouvant un mélange de dégoût et de pitié.

Mais, surtout, il avait peur. De toutes les fibres de son être il aspirait à se coucher à côté de Roth. Toutes les fois qu'il avalait un peu d'air, l'agonie et la nausée qui remontaient de sa poitrine lui donnaient envie de pleurer. Il savait que si Roth ne se relevait pas, il s'écroulerait à son tour.

« Lève-toi, Roth !

— Je ne peux pas. »

Gallagher le saisit sous les aisselles et essaya de le soulever. Le poids inerte de ce corps était enrageant. Il le laissa retomber et lui flanqua un coup sur la tête. « Lève-toi, espèce de bâtard juif ! »

Le coup, l'insulte, l'entamèrent comme une décharge électrique. Il se sentit en train de se ramasser, de tituber. Jamais personne ne l'avait injurié de la sorte, et de nouvelles perspectives de revers et de défaites s'ouvrirent à lui. Ce n'était pas assez qu'on le jugeât pour ses propres fautes, pour ses propres insuffisances ; il fallait maintenant qu'on le chargeât des fautes d'une religion en laquelle il ne croyait pas, d'une race qui n'existait pas. « Hitlérisme, théories racistes », marmotta-t-il. Tout en trébuchant le long de la corniche il s'efforçait d'assimiler le choc. Pourquoi l'ont-ils appelé par ce nom ? Pourquoi ne voyaient-ils pas qu'il n'y était pour rien ?

Et autre chose encore le travaillait. Toutes les façades, tous les artifices protecteurs dont il avait entouré sa vie, s'étaient lentement corrodés dans l'atmosphère caustique de la section ; la fatigue avait affaibli les étançons de sa guérite, et le coup de Gallagher fit crouler ce qui restait de l'édifice. Il était nu. C'était révoltant de ne pouvoir pas leur parler, leur expliquer. C'est ridicule, pensait-il. Ce n'est pas une race, ce n'est pas une nation. Si tu ne crois pas à leur religion, alors pourquoi en serais-tu ? C'était précisément là l'étançon qui avait failli, et au cœur même de son épuisement il venait de comprendre quelque chose que Goldstein avait toujours su. Désormais tous ses faits et gestes en porteront la marque. Les gens non seulement ne l'aimeront pas, mais encore ils ajouteront du noir à l'étiquette dont ils l'ont affublé.

Eh bien, libre à eux. Une secourable colère, une magnifique colère lui vint en aide. Pour la première fois de sa vie il était réellement furieux ; la colère stimulait son corps et il couvrit une centaine de mètres, puis une autre centaine de mètres, puis encore une autre. Le coup de Gallagher lui faisait mal à la tête, il chavirait sur ses jambes, mais s'ils n'avaient pas été en train de marcher il se serait peut-être jeté sur eux, il les aurait combattus jusqu'à son dernier souffle. Rien de ce qu'il pouvait faire ne serait valable, rien ne saurait leur plaire. Il bouillonnait, mais cette fois-ci il ne s'agissait pas que de compassion pour lui-même. Il comprenait. Il était le souffre-douleur parce qu'il fallait toujours des souffre-douleur. Le Juif était le punching-ball dont ils ne pouvaient pas se passer.

Il était de taille si médiocre. Sa rage était pathétique, mais il refusait de s'apitoyer. S'il avait été plus fort il aurait pu faire quelque chose. Mais même ainsi, tandis qu'il se traînait au bout de la file, quelque chose de nouveau l'animait, quelque chose d'impressionnant. Dans ce moment les hommes qui le devançaient ne lui faisaient plus peur. Les jambes molles, la tête roulant sur ses épaules, il surmontait son épuisement et, oublieux de son corps, il se traînait dans la solitude d'une rage qui régénérait son être.

Croft était préoccupé. Il n'était pas intervenu lors de la défaillance de Roth. Pour une fois il ne sut que faire. L'incessant effort de mener la section depuis tant de mois, la tension des trois journées passées avec Hearn, produisaient leurs effets. Il était las. La moindre contrariété mettait ses nerfs à nu ; la maussaderie des hommes, leur fatigue, leur répugnance à continuer, l'usaient. La décision qu'il prit après la reconnaissance de Martinez l'avait épuisé. Quand Roth s'était effondré il avait fait un effort pour revenir sur ses pas — pour s'arrêter à mi-chemin. Il s'était senti trop las pour faire quoi que ce fût. Si Gallagher n'avait pas pris les devants il serait sans doute intervenu, mais cette fois-ci il ne fut pas fâché d'attendre. Il s'exagérait ses petites fautes et ses défaillances. Il se souvenait avec répulsion de sa torpeur, la nuit de l'attaque sur la rivière, quand les Japonais l'eurent interpellé ; il repensait sans cesse aux nombreux petits émois qui lui firent perdre contenance avant qu'il pût agir. Pour une fois il était dans le doute. La montagne se gaussait toujours de lui, elle l'attirait toujours, mais c'est mécaniquement, sur des jambes de plomb, qu'il réagissait désormais à son appel. Il savait qu'il s'était mépris quant à la résistance de ses hommes et à sa propre énergie. Il ne restait qu'une ou deux heures jusqu'au coucher du soleil, et jamais ils n'atteindraient le pic avant la tombée de la nuit.

La corniche qu'ils suivaient se faisait plus étroite. A une centaine de pieds au-dessus de lui il apercevait le sommet dentelé de la falaise, presque impossible à escalader. Par delà le sommet la corniche remontait le long d'une autre falaise, derrière laquelle devait se trouver le pic de la montagne. Il ne se pouvait guère que, sur ce point, ils en fussent à plus d'un millier de pieds. Il voulait être à la vue du sommet avant de s'arrêter pour la nuit.

Mais la corniche se faisait dangereuse. Les nuages s'accumulaient au-dessus d'eux comme des ballons gonflés, et ils s'avançaient à travers ce qui était presque un brouillard. La pluie, ici, était plus froide. Elle les glaçait et ils perdaient pied sur le roc glissant. Au bout de quelques minutes la pluie leur déroba le sommet de la falaise, et ils continuèrent à s'avancer pouce à pouce le long de la corniche, le visage plaqué contre la paroi rocheuse.

La corniche, en cet endroit, n'avait qu'un pied de largeur. Les hommes s'y avançaient avec une extrême lenteur, prenant appui sur les touffes d'herbe et de buisson qui poussaient dans les craquelures de la paroi. Tout pas les terrifiait, mais à mesure qu'ils se poussaient le long de la corniche l'idée de faire marche arrière les épouvantait encore davantage. Incapables de concevoir qu'ils pussent jamais remettre pied sur certains passages qu'ils venaient de traverser, ils espéraient ardemment que la saillie s'élargirait à tout moment. Le danger avait secoué momentanément leur apathie et ils s'avançaient avec agilité, étirés le long d'une quarantaine de mètres. Il leur arrivait parfois de couler un regard vers le bas, mais le spectacle était trop affolant. Malgré le brouillard une chute verticale leur apparaissait, d'un millier de pieds au moins, dont la vue leur coupait les jambes. Ils se plaquaient alors de plus belle à la paroi faite d'une rocaille grise, molle, gluante, qui semblait dégager une odeur de peau de phoque. Une sensation odieusement charnue en émanait, qui les emplissait de panique et leur faisait hâter le pas.

La corniche se rétrécit jusqu'à n'avoir plus que neuf pouces. Écarquillant les yeux dans la brouillasse, Croft essayait de se rendre compte si l'épaulement allait s'élargir. C'était la première passe où leur ascension demandait un commencement de savoir-faire. Jusque-là il s'était essentiellement agi d'une trop abrupte colline, mais à présent Croft souhaitait qu'il eût une corde et des piolets de montagne. Il continuait, bras et jambes écartés, étreignant le roc, tâtonnant des doigts à la recherche des fissures.

Il arriva à une brèche, large de quatre pieds environ, qui s'ouvrait à même la corniche. Rien ne rejoignait les lèvres de la trouée, ni buisson ni racine à quoi ils pussent s'agripper. L'épaulement disparaissait, puis continuait de l'autre côté. Une chute verticale séparait la falaise en deux. La traversée de la brèche ne demandait qu'un simple saut, tout au plus un long pas sur un terrain de niveau, mais il s'agissait de bondir de côté, de décoller du pied gauche et d'atterrir du pied droit, de regagner son équilibre en vacillant sur le bord du précipice.

Croft se défit de son sac, le passa à Martinez qui le suivait de près, hésita une seconde, sa jambe droite suspendue sur le vide, puis il sauta de côté et atterrit sur l'autre bord, chancelant un moment avant de s'affermir.

« Jésus, qui c'est qui va pouvoir traverser ça ? entendit-il murmurer quelqu'un.

— Bougez pas, dit Croft. Je vais voir si ça s'élargit. » Il fit une cinquantaine de pieds le long de la corniche et trouva qu'elle s'élargissait. Il en fut profondément soulagé, car il se voyait déjà faisant marche arrière pour chercher une autre route. Et il n'avait plus la certitude de pouvoir relever le courage de ses hommes.

Il s'avança au-dessus de la brèche et se fit remettre son sac par Martinez. La distance était assez petite pour que leurs mains pussent se toucher. Il prit le sac de Martinez et se déplaça de quelques pas. « Allez les gars, en avant, appela-t-il. L'air est salement meilleur de ce côté-ci. »

Il y eut un ricanement nerveux. « Hé, Croft, fit la voix de Red, est-ce que cette saloperie de corniche est plus large là-bas ?

— Oui, et comment. » Il s'en voulait d'avoir répondu. Il aurait dû lui dire de la fermer.

Roth, au fin bout de la colonne, écoutait avec épouvante. Il manquerait probablement son pas, et malgré lui son corps se raidissait d'angoisse. Sa colère était encore en lui, mais elle avait changé en une calme résolution. Il était très fatigué.

A mesure qu'il les voyait passer leurs sacs et sauter, sa peur augmentait. Il n'avait jamais été bon à ce genre de choses, et une vieille panique s'éveillait en lui du temps où, dans la classe de gymnastique, il attendait son tour devant la barre fixe.

Son tour s'approchait irrévocablement. Minetta, le dernier à le précéder, hésita sur le bord du précipice, puis sauta. « Jésus, tu parles d'une acrobatie », dit-il, riant sans force. Roth s'éclaircit la gorge. « Faites place, j'arrive », dit-il doucement. Il passa son sac de l'autre côté.

Minetta lui parlait comme s'il s'adressait à un animal. « T'en fais pas, vieux. C'est deux fois rien. T'as qu'à aller molo et tu l'auras fait.

— Ça va », dit Roth avec ressentiment.

Mais quand il s'approcha du bord et regarda devant lui, ses jambes lui firent défaut. L'autre rebord était très loin. La falaise tombait à ses pieds dans un vide redoutable.

« Je viens », marmonna-t-il de nouveau, ne bougeant pas. Son courage, à l'instant où il allait sauter, l'avait abandonné.

Je vais compter jusqu'à trois, se dit-il.

Un.

Deux.

Trois.

Mais il ne bougea pas. Les secondes critiques s'allongèrent puis s'évanouirent. Son corps l'avait trahi. Il voulait sauter, et son corps s'y refusait.

La voix de Gallagher lui parvint de l'autre corniche. « Minetta, approche-toi du bord et attrape-le, ce sale con. » Il vit Gallagher qui se faufilait entre les jambes de Minetta. Il le voyait ramper vers lui, étendre son bras, lui décocher un regard menaçant. « Allez, tout ce que t'as à faire c'est attraper ma main. Tu peux pas me manquer. »

Ils avaient un air bizarre. Face et bras projetés en avant, Gallagher se tapissait entre les jambes de Minetta. Tout en les regardant Roth se sentit plein de mépris à leur endroit. Il le comprenait maintenant, ce Gallagher. Un bravache, un bravache apeuré. Il allait leur dire un mot ou deux. S'il refusait de sauter, Croft serait obligé de faire demi-tour. La patrouille serait finie. Et, dans cet instant, Roth se connut lui-même ; il sut soudain qu'il était capable de faire face à Croft.

Mais les hommes n'auraient pas compris. Ils se paieraient sa tête, ils se soulageraient de leur propre faiblesse en le lardant de quolibets. Son cœur s'emplit d'amertume. « J'arrive », cria-t-il tout à coup. Puisque c'est ainsi qu'ils l'entendaient.

Il se repoussa du pied gauche et, trop faible pour se donner l'élan voulu, son corps exécuta une maladroite embardée. Le temps d'une seconde il vit le visage étonné de Gallagher, puis il glissa à côté de sa main, puis il égratigna le roc, puis rien.

Dans sa chute Roth s'entendit hurler de colère, et il s'émerveilla qu'il pût faire un si grand bruit. Dans sa surprise, dans sa stupéfaction, une pensée lui traversa l'esprit. Il voulait vivre. Un petit bonhomme, filant à travers l'espace.

Tôt le lendemain matin Goldstein et Ridges se remirent en route avec le brancard. La matinée était fraîche et ils voyageaient finalement sur un terrain plat, mais ils n'y trouvèrent que peu de réconfort. Au bout d'une heure ils étaient replongés dans leur stupeur de la veille. Une fois de plus il leur fallait s'escrimer pendant quelques pas, reposer le brancard, puis reprendre le collier. Tout autour d'eux les contreforts des collines s'élevaient doucement vers les montagnes au nord. Le pays s'étalait en un vaste et paisible paysage d'un jaune pâle, comme des dunes de sable qui se perdent à l'horizon. Rien ne troublait le silence. Ils poussaient de l'avant, haletant et grognant, courbés en deux sous leur faix. Le ciel avait le bleu tranquille des matins, et très loin dans le sud, au delà de la jungle, de fines bouffées de nuages s'étiraient les unes à la suite des autres.

Ce matin-là leur torpeur avait pris un nouvel aspect. L'état de Wilson avait empiré et il gémissait continuellement, réclamant à boire. Ses plaidoiries et ses prières, ses cris et ses injures, leur étaient insupportables. De tous leurs sens seule leur ouïe semblait partiellement en éveil ; ils ne percevaient pas le bruissement des insectes ou la rauque sonorité de leur propre souffle, mais ils étaient sensibles à la voix de Wilson, à ses gémissements, et ses cris à boire râpaient leur peau et déchiquetaient leur résistance.

« *Les gars, faut que vous me donnez de l'eau.* » Une bave rosâtre s'était coagulée dans les coins de sa bouche, et ses yeux allaient et venaient avec inquiétude. De temps à autre il se débattait sur la civière, mais sans force. Il paraissait rabougri ; la chair, sur son crâne à la large ossature, s'était tassée. Il passait de longues minutes à clignoter face au ciel, reniflant avec précaution les odeurs qui flottaient autour de lui. Sans se rendre compte, il se reniflait lui-même. Quarante heures s'étaient écoulées depuis qu'il avait été blessé, et il s'était maintes fois souillé, il avait saigné et transpiré, il avait même absorbé les odeurs moites du sol où ils campèrent la nuit précédente. Il remua la bouche, grimaçant faiblement de dégoût. « Dis, vous puez. »

Ils l'entendirent sans lui prêter attention, avalant l'air avec effort. De même qu'ils avaient pris l'habitude de vivre dans la jungle et d'être toujours trempés, de même qu'ils avaient oublié le goût d'un vêtement sec, tout de même ils ne se souvenaient plus comment l'on respire librement. Ils n'y pensaient pas ; ils ne pensaient certainement pas à la fin de leur voyage. Il était désormais l'expression même de leur existence.

Goldstein s'était réveillé assez tôt pour bricoler à un petit dispositif de son invention. C'était surtout l'engourdissement de leurs doigts qui ralentissait leur avance. Au bout de quelques instants de marche peu à peu leurs mains se mettaient à lâcher prise. Il coupa les courroies de son sac, les lia bout à bout et, les ayant assujetties aux manches du brancard, il se passa la sangle autour des épaules. Quand ses doigts se débloquaient il transférait le poids de la civière à la sangle en attendant que ses mains eussent retrouvé un peu de leur force. Ridges ayant bientôt imité son exemple, ils continuèrent à cheminer sous leur harnais tandis que le brancard était pris d'un lent mouvement d'oscillation.

« De l'eau, putain de Dieu, espèce de...

— Pas d'eau, haleta Goldstein.

— Espèce de sale Youpin », dit Wilson en tonnant. Ses jambes lui faisaient mal. Le souffle qui caressait son visage ressemblait à l'air d'une cuisine surchauffée, aux fenêtres closes. Il haïssait les brancardiers ; il était comme un enfant que l'on torture. Goldstein l'est toujours à faire le cafard, dit-il.

Goldstein sourit d'un mince sourire sans force. Wilson le maltraitait — et tout soudain il l'envia : Wilson, lui, n'avait jamais eu besoin de réfléchir à ce qu'il disait ou faisait. « Tu ne peux pas avoir d'eau », bégaya-t-il, anticipant avec une sorte de volupté les injures de Wilson. Il était comme un animal si habitué au fouet qu'il le trouvait stimulant.

« *Faut que vous me donnez de l'eau* », cria Wilson d'une voix perçante.

Goldstein ne se rappelait plus pour lors pourquoi Wilson ne devait pas boire. Il savait seulement que c'était interdit et il s'irritait d'en avoir oublié la raison. Il en éprouva de la panique. Les souffrances de Wilson l'avaient bizarrement affecté ; peu à peu, à mesure que son épuisement s'était accru, elles avaient pénétré son propre corps. Quand Wilson criait, Goldstein ressentait un élancement ; si le brancard prenait un trop brusque cahot, l'estomac de Goldstein chavirait comme dans la chute d'un ascenseur ; et toutes les fois que Wilson demandait de l'eau, Goldstein avait soif. Il se sentait coupable de boire à son bidon, et plutôt que de provoquer Wilson il se passait d'eau pendant des heures. Wilson avait beau délirer, il semblait bien que jamais il ne manquerait l'instant où l'un des brancardiers s'aviserait de toucher à son bidon. Il ne les laissait jamais tout seuls. Goldstein avait le sentiment qu'il le porterait jusqu'à la fin des temps ; il ne pouvait penser à rien d'autre. Son propre corps, la civière, et le dos de Ridges, constituaient les limites de son monde.

Il ne voyait pas les collines, il ne se demandait pas combien de chemin il leur restait à faire. Rarement, avec incrédulité, il lui arrivait de penser à sa femme et à son enfant. Ils étaient si loin. Si, dans ce moment, on lui avait annoncé leur mort, il aurait haussé les épaules. Wilson était plus réel. Wilson était la seule réalité.

« Dis, je vous donnerai tout ce que vous voulez. Sa voix avait changé, elle était devenue stridente. Il parlait à jet continu, d'un débit monotone, chantonnant d'une voix presque méconnaissable. Avez qu'à le dire, hein, je vous donnerai n'importe quoi, si que vous voulez du fric je vous donnerai cent livres, avez qu'à me poser et à me donner à boire. A boire, hein, c'est tout ce que je vous demande. »

Ils s'arrêtèrent pour une halte prolongée et Goldstein, se laissant aller sur sa face, resta sans bouger pendant plusieurs minutes. Ridges le regarda d'un air hébété, puis il regarda Wilson. « Qu'est-ce que te veux ? De l'eau ?

— Oui, c'est ça, donne-moi de l'eau. »

Ridges soupira. Son corps, trapu et puissant, semblait s'être ratatiné au cours de ces deux jours. Sa bouche, grande et flasque, bâillait. Son dos s'était raccourci, ses bras s'étaient allongés, sa tête s'inclinait sur sa poitrine. Ses fins cheveux couleur sable pendillaient tristement sur son front bombé et ses vêtements humides s'affaissaient. Il avait l'air d'un œuf géant et flegmatique debout sur une souche d'arbre. « Crotte, je sais pas pourquoi te peux point avoir d'eau.

— T'as qu'à m'en donner, y a rien que je ferai pas pour toi. »

Ridges se gratta le cou. Il n'avait pas l'habitude de prendre des décisions. Toute sa vie il avait obéi aux ordres des autres. Il éprouvait un étrange malaise. « Je dois demander à Goldstein, grommela-t-il.

— Goldstein l'est un chialeur...

— Je sais pas », pouffa Ridges. Son rire paraissait remonter depuis le dedans lointain de son être. Il ignorait la raison de son rire. C'était peut-être d'embarras. Lui et Goldstein étaient trop exténués pour se parler, mais encore que lui seul connût le chemin du retour il avait admis comme allant de soi que Goldstein était le chef d'équipe. Ridges n'avait jamais conduit aucune entreprise, et c'est très naturellement qu'il abandonna à Goldstein le soin de prendre les initiatives.

Mais présentement Goldstein était couché à dix mètres de là, face contre terre, presque inconscient. Ridges secoua la tête, se disant qu'il était trop fatigué pour réfléchir. Il semblait cependant absurde de refuser une gorgée d'eau à son prochain. Une petite lampée d'eau fera point de mal à personne, se dit-il.

Mais Goldstein, lui, savait lire. Ridges hésitait à l'idée de contrevenir à quelque loi contenue dans le vaste et mystérieux univers des livres et des journaux. Père avait coutume de dire quelque chose au sujet des malades qui réclament à boire, pensa-t-il. Mais il ne put se souvenir quoi. « Comment ça va, vieux ? demanda-t-il d'une voix incertaine.

— Faut que tu me donnes de l'eau. Je brûle. »

Ridges secoua de nouveau la tête. Wilson avait vécu dans le péché, et maintenant il brûlait dans les flammes de l'enfer. Il en fut épouvanté. Si un homme mourait dans un état de péché, sa punition était certainement terrible. Mais le Seigneur Christ l'est mort pour les pauvres pécheurs, se dit-il. On tombait soi-même dans le péché si on ne faisait pas miséricorde à quelqu'un.

« Je crois que je va t'en donner un peu, dit-il avec un soupir. Il prit son bidon, jeta un coup d'œil sur Goldstein. Il ne voulait pas se faire reprendre par lui. Voilà, t'as qu'à vider ça. »

Wilson but fébrilement. L'eau giclait de sa bouche, s'écoulait sur son menton, mouillait le col de sa chemise. « Oh, *dis.* » Il buvait gloutonnement, avidement, avec une sensation de volupté dans la gorge. « T'es un brave fils de garce », grommela-t-il. Il avala de travers et se mit à tousser violemment, s'essuyant le menton d'un geste furtif et nerveux. Ridges regardait la joue moite de Wilson où, suivant sa course, une gouttelette de sang se donnait une teinte de plus en plus rosâtre.

« Te crois que je m'en tirerai ? demanda Wilson.

— Sûr », dit Ridges en frissonnant. Il se rappelait le sermon d'un prédicateur au sujet du feu éternel. « Vous y coupez pas, votre affaire est bonne si que vous êtes des pécheurs », avait-il dit. Ridges savait qu'il venait de mentir au blessé, et cependant il répéta : « Sûr que te vas te retaper, Wilson.

— C'est ce que je me dis. »

Goldstein posa ses mains à plat sur le sol et se releva avec lenteur. Tout son être aspirait à rester couché. « Je pense qu'il faut remettre ça », dit-il tristement. Ils s'attelèrent au brancard et se remirent à clopiner.

« Vous êtes un tas de bons gars, on en fait pas mieux que vous deux. »

La louange les humilia. Dans ce moment, luttant encore contre les premiers effets de l'effort, ils le haïssaient.

« C'est bon, dit Goldstein.

— Nan, c'est vrai, y a pas un comme vous deux dans toute la foutue section. » Il se tut, et ils s'abîmèrent dans la stupeur de la marche. Wilson délira pendant un moment, puis retrouva ses esprits. Sa blessure se mit à lui faire mal et il les injuria, criant de douleur.

Ridges, du coup, en fut davantage troublé que Goldstein. Il n'avait guère songé à l'agonie de la marche ; il la tenait pour quelque chose qui allait de soi, un peu plus extrême peut-être que tout autre travail qu'il eût jamais fait, mais il avait appris dès son jeune âge que le travail était le propre de l'homme et qu'il était vain de souhaiter autre chose. C'était fatigant, c'était pénible, mais on n'y pouvait rien. On lui avait assigné une tâche et il allait l'accomplir. Cependant, cette tâche, pour la première fois il la haïssait en toute franchise. Il y eut peut-être trop de dérivés dus à sa fatigue, l'effet cumulatif de la peine avait peut-être dissous et remodelé la structure de son esprit, mais en tout cas il avait en abomination cette corvée et, par sucroît, il venait de comprendre soudainement qu'il avait toujours haï le labeur fastidieux de la ferme et la lutte monotone, éternelle, contre un sol aride et ingrat.

La révélation était trop troublante ; il lui fallait battre en retraite. Et il ne lui fut pas difficile de reculer. Il n'avait pas l'habitude de penser ses problèmes, et de plus son esprit était trop émoussé, trop décidément las. L'idée avait explosé dans sa tête, elle y avait ébranlé un grand nombre de tabous, mais la fumée s'était vite dissipée ne laissant derrière elle qu'une vague et gênante impression d'un naufrage, d'un changement. Quelques minutes plus tard seule sa gêne lui demeura ; il savait qu'il avait eu des pensées sacrilèges, mais quelles étaient ces pensées il l'ignorait. Il était de nouveau attelé à son faix.

Mais quelque chose d'autre s'y mêlait encore. Il n'avait pas oublié qu'il avait donné de l'eau à Wilson, et il se souvenait comment Wilson avait dit : « Je brûle. » Ils coltinaient un homme déjà perdu, et cela voulait certainement dire quelque chose. Il se sentit un peu mal à l'aise à l'idée que Wilson risquait de le contaminer, mais une autre chose le troublait réellement. Détournées sont les voies de la Providence. La signification de tout ceci était ailleurs : On les éclairait par l'exemple, ou peut-être payaient-ils pour leurs propres péchés. Il ne s'y appesantit pas, et cependant il lui en vint une épouvante à quoi s'ajoutait le genre d'exaltation due à une extrême fatigue. Faut qu'on le ramène. Comme avec Brown, toutes les complexités et tous les malentendus s'éliminaient dans ce mandat impératif. Il baissa la tête, continuant à pousser de l'avant.

« Dis, vous ferez aussi bien de me laisser. Une larme mouilla les yeux de Wilson. Ça sert à rien que vous vous tuez pour moi. Il était en proie à une fièvre qui excitait une lourde et lancinante extase dans son corps. Il était consumé par le désir d'exprimer quelque chose. Faut que vous me laissez. Allez-vous-en les gars. Il serra les poings. Il voulait leur faire un présent, et son impuissance l'anéantissait. C'était de si bons gars. Laissez-moi », se plaignait-il d'une voix d'enfant qui pleure après une chose qu'il n'obtiendra jamais.

Goldstein prêtait l'oreille, tenté par le même inévitable enchaînement de rationalisations qui eurent raison de Stanley. Il se demanda comment en suggérer l'idée à Ridges, mais il garda le silence.

« Tais-toi, Wilson, murmura Ridges. On va point te laisser. »

Aussi Goldstein nc pouvait-il pas abandonner. Il ne s'y déciderait pas le premier ; il craignait que Ridges, embarquant Wilson sur son dos, ne continuât tout seul. Il aspirait à s'évanouir. Mais une syncope n'arrangerait rien. La désertion de Brown et de Stanley le mettait en colère. Ils ont abandonné, pourquoi est-ce que je n'abandonne pas à mon tour ? se demandait-il tout en sachant qu'il n'en ferait rien.

« Avez qu'à me laisser, allez-vous-en les gars.

— On va te ramener », marmotta Ridges. Lui aussi jouait avec l'idée de déserter Wilson, mais il la repoussa dans un sursaut d'horreur. Laisser mourir un chrétien aurait été un meurtre, un épouvantable péché. Il songeait à la souillure noire qui en résulterait sur son âme. Depuis son enfance il imaginait son âme comme un objet blanc ayant l'aspect et le volume d'une balle de rugby et logé quelque part près de son estomac. Toutes les fois qu'il commettait un péché son âme blanche se couvrait d'une tache noire indélébile dont la grandeur dépendait de celle de la faute. A votre mort, si plus de la moitié de votre balle blanche était noire, vous alliez en enfer. Ridges était certain que le péché d'abandonner Wilson couvrirait au moins un quart de son âme.

Et Goldstein se souvenait des paroles de son grand-père. « Yehuda Halévy écrivait que Israël est le cœur des nations. » Il piétinait, coltinant le brancard à force d'habitude, inconscient des maux qui ravageaient son corps. Son esprit s'était replié sur lui-même ; eût-il été aveugle, il n'aurait pas réussi à se concentrer plus intensément. Il suivait Ridges sans regarder où il allait.

« Israël est le cœur des nations. » Il en était la conscience et le nerf mis à nu ; toutes les émotions du monde passaient par lui. Et il était plus que cela ; il était le cœur qui saignait toutes les fois que le corps avait mal.

Et le cœur, maintenant, c'était Wilson. Goldstein ne se le disait pas, il ne le pensait même pas, mais l'idée prenait forme en lui par delà les mots. Il avait trop souffert au cours de ces deux dernières journées ; il avait connu les premières nausées de la fatigue, les accès de stupeur qui s'ensuivirent, l'exaltation proche de la fièvre. Il y avait autant de paliers à la peine qu'au plaisir. Une fois que sa volonté lui avait interdit de s'effondrer il s'était enfoncé de plus en plus profondément dans son épuisement et son agonie, encore que sans en jamais toucher tout à fait le fond. Mais au point où il en était, toutes proportions avaient perdu leur sens. Sa vue fonctionnait tout juste assez pour lui permettre de se rendre compte spontanément où il posait le pied ; il percevait et flairait de petits événements isolés ; il lui arrivait même de prendre conscience de son corps endolori ; mais tout cela lui était extérieur, comme un objet qu'il eût tenu dans sa main. Son esprit était à la fois émoussé et à vif, dénudé et torpide.

« Le cœur des nations ». Ce mot — après deux jours et quinze milles de titubation sous un soleil tropical, après une éternité passée à coltiner le corps de Wilson à travers un pays étranger et désert — ce mot lui devenait compréhensible. Les sens endigués, l'esprit pris de vertige, il chancelait le long d'une enfilade peuplée de symboles. Wilson était un objet dont il ne pouvait se défaire. Une angoisse l'y liait, qu'il ne comprenait pas. S'il l'abandonnait, s'il ne le ramenait pas, alors quelque chose de véreux, quelque chose de terrible se révélerait à lui. Si le cœur venait à mourir... La suite de sa pensée se perdit dans la fange de son effort. Ils le portaient et le portaient, et il ne mourrait pas. Son estomac était en pièces, il avait saigné et chié, il avait croupi dans les hauts et les bas d'une fièvre de plomb, il avait souffert les tortures d'un brancard grossièrement ficelé et brutalement cahoté, et il n'en était pas mort. Ils le portaient toujours. Il y avait une signification à cela et Goldstein se démenait à sa recherche, son esprit pompant comme les jambes absurdes de celui qui court après un train en marche.

« J'aime bosser moi, je suis pas un sale tire-au-cul, marmottait Wilson. Si que t'as un boulot t'as qu'à le foutre comme il faut, voilà ce que je dis. » Son souffle gargouillait au niveau de sa bouche. Brown et Stanley. Merde, Brown et Stanley ! Il pouffa faiblement. « Quand l'était gosse, petite punaise May chiait toujours dans sa culotte. » Il divaguait à travers de nuageux souvenirs associés avec l'enfance de sa fille. Petit diablotin, si maligne. Quand elle avait deux ans elle faisait sa crotte derrière une porte de placard. Nom de Dieu, marche dedans, salis-toi. Un rire lui échappa, semblable à un souffle asthmatique. Le temps d'un instant il se rappela avec netteté le mélange d'exaspération et d'hilarité qu'il éprouva à la découverte de ses déjections. « Nom de Dieu, Alice piquera une rage. »

Elle s'était fâchée le jour qu'il vint la voir à l'hôpital, elle s'était refâchée quand ils eurent découvert qu'il avait une maladie. « J'ai toujours dit qu'une petite dose a jamais tué son homme. Qu'est-ce que ça peut bien foutre, une petite dose de rien du tout ? J'ai eu mon compte cinq fois et ça m'a jamais fait rien de rien. » Il se raidit, s'exclamant comme s'il était en train de discuter le coup : « Donnez-moi seulement de ce pyrdine machin chose comment que vous l'appelez. » Il se tortilla, réussit presque à se soulever sur son coude. « Si qu'une salope de blessure t'ouvre le bide j'y couperai peut-être à l'op-pér-ration parce que ça te vide de tout ton pus. » Il eut un haut-le-cœur, regarda d'un œil voilé le sang qui dégouttait de sa bouche sur la toile imperméable du brancard. C'était si distant de lui-même, et cependant un frisson le parcourut « Qu'est-ce que t'en dis. Ridges ? Ça te le vide ? »

Ils n'entendirent pas sa question et il continua à regarder le sang s'égoutter de sa bouche.

« Je vas mourir. »

Un tressaut de peur, de résistance, l'entama. Il découvrit le goût du sang dans sa bouche et il se mit à trembler. « Sacré nom de Dieu, je vas pas mourir, j'y vas pas », pleura-t-il, s'étranglant de hoquets et de caillots qui obstruaient sa gorge. Le bruit qu'il faisait le terrifia ; il se retrouva tout à coup dans la haute herbe, son sang bu par la terre tiédie au soleil, les Japonais bavardant à quelques pas de là. « Ils vont m'avoir, ils vont m'avoir, hurla-t-il brusquement. Pour l'amour de Dieu, les gars, me laissez pas mourir. »

Ridges l'entendit cette fois-ci, s'arrêta lourdement, posa le brancard par terre, se désempêtra de son harnachement. Avec des gestes lents et élaborés d'ivrogne qui s'efforce d'ouvrir une porte, il s'approcha de Wilson et s'agenouilla sous ses yeux.

« Ils vont m'avoir », gémissait Wilson, le visage contorsionné, versant inconsciemment des larmes qui coulaient le long de ses tempes et se perdaient dans ses cheveux emmêlés.

Tout en tripotant de ses doigts gourds les poils rugueux de sa barbe, Ridges se pencha sur le blessé. « Wilson, dit-il d'une voix rauque, un rien impérieuse.

— Oui ?

— Wilson, y a encore temps de changer.

— Que ?... »

Ridges avait pris sa décision. Il n'était peut-être pas trop tard. Wilson n'était peut-être pas encore damné. « Faut que te reviens à notre Seigneur Jésus-Christ.

— Euh. »

Ridges le secoua doucement. « Y a encore temps de changer », dit-il d'une voix lugubre et solennelle. Goldstein les regardait, vaguement agacé. « T'iras au Royaume des Cieux. » Sa voix était si profonde qu'elle devenait à peine audible. Les mots frémirent lourdement dans la tête de Wilson, pareils à une basse de viole.

« Euh-heuh, marmonna-t-il.

— Tu te repens ? Te demandes pardon ?

— Oui ? demanda Wilson. Il aspira une bouffée d'air. Qui lui parlait, qui l'embêtait. S'il consentait, on le laisserait en paix. Oui », marmonna-t-il de nouveau.

Des larmes emplirent les yeux de Ridges. Il se sentit exalté. Mère m'a parlé de ce pécheur qu'a été sauvé sur son lit de mort, pensa-t-il. Il n'avait jamais oublié cette histoire contée par sa mère, mais il ne s'était pas imaginé qu'un jour lui aussi ferait quelque chose de tellement merveilleux.

« Sortez de là, nom de Dieu de Japonais. »

Ridges sursauta. Wilson aura-t-il déjà oublié sa conversion ? Il n'osait pas l'admettre. Si Wilson ne s'était repenti que pour retomber aussitôt dans le péché, sa punition serait doublement épouvantable. Aucun homme n'aurait jamais cette audace.

« Rappelle-toi ce que t'as dit, grommela-t-il presque férocement. *T'as qu'à te surveiller.* »

Craignant d'en entendre davantage il se leva, fit le tour du brancard, arrangea la couverture sur les pieds de Wilson, puis reprit le collier. Goldstein s'étant apprêté à son tour, ils se remirent en route.

Ils atteignirent les abords de la jungle après une heure de marche. Laissant Goldstein avec la civière, Ridges explora le terrain sur sa droite à la recherche de la piste taillée quatre jours plut tôt. Il la découvrit à quelques centaines de mètres de là, et il ressentit une vague satisfaction de s'être montré si précis. De fait, il s'était dirigé presque instinctivement. Bivouacs permanents, chemins dans la jungle, bandes de plage, le confondaient toujours ; ils se ressemblaient les uns les autres ; mais, dans les collines, il s'orientait avec un sûr et facile instinct.

Il revint vers Goldstein et une fois de plus ils reprirent leur marche, pour aborder la piste en quelques minutes. La végétation avait considérablement proliféré depuis leur passage, et les pluies avaient détrempé le sol de la piste. Ils titubaient et glissaient fréquemment, leurs pieds alourdis sans prise dans la boue visqueuse. Eussent-ils été moins fatigués, ils se seraient aperçus de la différence ; ils auraient noté avec plaisir que le soleil ne les assaillait plus, et par contre la traîtrise du sol et la résistance des broussailles, des lianes, des ronces, les auraient exaspérés. Mais, de tout ceci, ils se rendaient à peine compte. Ils savaient pour lors qu'il n'y avait pas moyen de porter le brancard sans suer d'ahan, et le caractère particulier des obstacles leur était devenu désormais indifférent.

Toutefois, la lenteur de leur avance s'accrut encore davantage. Sur cette piste taillée pour le passage d'un seul homme, le brancard s'embourba à plusieurs reprises. Une ou deux fois il leur fut tout à fait impossible de passer, en sorte que Ridges dut embarquer Wilson sur ses épaules et piétiner avec sa charge jusqu'à ce que la piste s'élargit de nouveau, tandis que Goldstein suivait avec le brancard.

Ils firent une longue halte à l'endroit où la piste débouchait sur la rivière. Leur arrêt ne fut pas dû à une décision délibérée ; ils pensèrent ne rester sur place qu'un bref moment de répit, mais, s'ajoutant les unes aux autres, les minutes eurent tôt fait de dépasser la demi-heure. Vers la fin, n'y tenant plus, Wilson se mit à trépigner sur sa civière. Ils s'approchèrent de lui en rampant, essayant de le calmer, mais quelque chose semblait le préoccuper et il agitait fiévreusement ses grands bras.

« Calme-toi un peu, dit Goldstein.

— Ils vont me tuer, gémit Wilson.

— Personne te touchera », dit Ridges. Il s'efforça de lui immobiliser les bras, mais Wilson se débattit de plus belle. La sueur lavait son front. « Oh, dis », pleurnichait-il. Il fit un effort pour se glisser au bas de la civière, mais ils le retinrent de force. Ses jambes se contractaient nerveusement et il ne cessait pas de se soulever à demi, de grogner, puis de retomber sur le dos. « Baaouououououom, faisait-il, imitant le bruit d'un mortier, se protégeant la tête de ses bras. Oh, les voilà qui viennent, les voilà, pleurnicha-t-il de nouveau. Merde de merde, qu'est-ce que je fous ici ? »

Le souvenir de la bataille les effraya tous deux. Ils se tinrent cois à côté de Wilson, évitant de se regarder. Pour la première fois depuis qu'ils avaient regagné la jungle elle leur parut maléfique.

« Calme-toi, Wilson, dit Ridges. Te vas ameuter les Japonais.

— Je vas mourir, marmonna Wilson. Il se souleva, s'assit presque, puis retomba. Quand il les eut regardés de nouveau l'expression de ses yeux était claire et très lointaine. Je suis mal en point les gars, dit-il au bout d'un instant. Il fit un effort pour expectorer, mais il ne fit que se salir le menton. Je sens même plus le trou dans mon bide. Ses doigts tâtonnaient à la recherche du pansement sale et coagulé qui tamponnait sa blessure. Bourré de pus, soupira-t-il, se passant la langue sur ses lèvres desséchées. J'ai soif.

— Tu ne peux pas avoir d'eau, dit Goldstein.

— Oui, je sais que je peux pas. Il rit faiblement. T'es une sacrée femmelette, Goldstein. Si t'étais pas si chialeur te serais un brave bon gars. »

Goldstein ne répondit pas. Il était trop las pour saisir le sens des mots.

« Qu'est-ce que te veux, Wilson ? demanda Ridges.

— De l'eau.

— T'en as eu. »

Wilson toussa, et un peu de sang jaillit au coin encroûté et gluant de sa bouche. « Je pisse le sang par le cul aussi, grommela-t-il. Aaah, allez-vous-en vous autres. » Il se tut pour quelques minutes, ses lèvres travaillant dans le vide. « Jamais pu décider si je devais retourner chez Alice ou chez l'autre. » Il avait l'impression qu'un travail tout nouveau s'accomplissait au-dedans de lui. On eût dit que sa blessure était tombée hors de son corps et que s'il mettait la main dans le trou il n'y rencontrerait rien. « Oh », fit-il. Il les regarda d'un œil trouble, puis, pour un bref moment, il les vit de nouveau avec netteté. Le visage de Goldstein était émacié au point que ses pommettes protubéraient et que son nez saillait en bec d'aigle. Les iris étaient d'un bleu brillant et pénible sur le fond rougi de ses yeux, et le poil blond de sa barbe qui recouvrait en broussailles les ulcères des tropiques sur son menton semblait roux et brun et sale.

Et Ridges avait l'air d'une bête fourbue. Ses traits pesants s'affaissaient plus mollement que d'ordinaire, sa bouche restait ouverte, sa lèvre inférieure bâillait. Sa respiration avait un rythme régulier et pantelant.

Wilson voulait leur dire quelque chose. C'est de bons gars, pensait-il. Ils étaient pas obligés de me porter si loin. « Je vous dois une belle chandelle pour ce que vous avez fait », marmonna-t-il. Mais ce n'était pas ça. Il devait leur donner quelque chose.

« Dites les gars, y a un petit alambic de nom de Dieu que je voulais me faire dans la forêt quelque part par là-bas, seulement ce qui la fout mal c'est qu'on reste jamais assez longtemps sur place. Mais je vas m'y mettre. Un dernier semblant d'enthousiasme s'excitait en lui. Il croyait à ce qu'il disait. On peut faire tout le pèze qu'on veut si qu'on se monte un alambic. Y a qu'à tourner le robinet et on a de quoi boire tant et plus. Il perdit le fil, mais, d'un effort, il remonta à la surface. Mais, je vas m'en fabriquer un aussitôt qu'on rentrera et je vous donnerai à chacun un bidon plein de gnôle. Un bidon à l'œil. Leurs visages émaciés restèrent sans expression, et il secoua la tête. Il ne leur offrait pas assez pour leur peine. Dis, je vous donnerai à boire tant que vous voudrez, n'importe quand, ç'a pas d'importance. Avez qu'à m'en demander et ça sera à vous. Il y croyait ferme ; son seul regret était de ne l'avoir pas encore construit, son alambic. Tant que vous voudrez. » Son ventre s'affaissa de nouveau, puis il eut un spasme et il bascula dans l'inconscience, faisant entendre un ultime grognement de surprise à l'instant où il se sentit tourner de l'œil. Sa langue se projeta en avant et un dernier bruit de râpe s'échappa de sa gorge. Il roula au bas de la civière.

Ils l'y remirent. Goldstein souleva le poignet de Wilson pour en tâter le pouls, mais il n'eut pas assez de force pour soutenir son bras. Il promena son index sur le poignet de Wilson. Les bouts de ses doigts étaient trop engourdis et il ne put rien sentir. Il le regarda. « Je crois qu'il est mort.

— Oui », marmonna Ridges. Il soupira, pensant vaguement à dire une prière.

« Mais... Il parlait à l'instant. » Goldstein eut un mouvement de recul sous le choc, et le temps d'une seconde la tête lui tourna.

« On peut aussi bien remettre ça », grommela Ridges. Il se leva pesamment, ajusta les courroies du brancard sur ses épaules. Goldstein marqua un instant d'hésitation, puis l'imita. Ils entrèrent en titubant dans l'eau peu profonde de la rivière et se mirent à descendre d'aval.

Ils ne pensaient pas qu'il y eût rien d'étrange à marcher ainsi avec un mort. Ils avaient trop l'habitude de le reprendre au bout de chaque halte ; la seule chose qu'ils comprenaient c'était qu'ils devaient le porter. Au surplus, ils ne croyaient pas réellement qu'il fût mort. Ils le savaient, mais ils n'y croyaient pas. Ils n'auraient pas été surpris s'il s'était mis à crier pour demander à boire.

Ils parlèrent même de ce qu'ils allaient en faire. Lors d'une halte, Ridges dit : « Quand on le ramènera on lui fera une sépulture en terre chrétienne parce qu'il s'est repenti.

— Euh-heuh. » Mais le sens de leurs propres mots leur échappait. Goldstein refusait de se rendre compte que Wilson était mort ; il en chassait l'idée de son esprit, ne pensant à rien, se contentant de barboter dans l'eau de la rivière, ses pieds glissant sur la pierre plate et polie du fond. Il y avait quelque chose qu'il ne pouvait pas affronter de face.

Et Ridges lui aussi était abasourdi. Il n'était pas convaincu que Wilson avait demandé pardon ; tout s'emmêlait dans son esprit, et il s'accrochait à la pensée que si seulement il réussissait à ramener Wilson, à le faire enterrer décemment, la conversion serait valable. De plus, tous deux se sentaient frustrés de l'avoir porté si loin pour se trouver en fin de compte avec un cadavre. Ils voulaient mener à bonne fin leur odyssée.

Très lentement, plus lentement que jamais, ils se traînaient dans l'eau avec le brancard qui oscillait entre eux. Les arbres et la végétation faisaient voûte au-dessus de la rivière qui serpentait le long d'un tunnel à travers la jungle. Tête basse, ils s'avançaient sur des jambes raides, comme de peur de s'écrouler s'ils devaient plier le genou. Aux arrêts ils se laissaient aller à même l'eau, s'affalant à côté du brancard submergé à demi.

Ils étaient presque inconscients. Leurs pieds tâtonnaient le fond du ruisseau, crissant contre les galets. L'eau était glacée qui frappait à leurs talons, mais ils la sentaient à peine. Ils allaient d'aval, titubant sous la pénombre qui régnait dans la jungle. Les animaux jasaient à leur approche, les singes hurlaient et se grattaient les hanches, les oiseaux s'appelaient les uns les autres ; mais tout se taisait à leur passage et demeurait silencieux pendant de longues minutes. Ils ahanaient comme un couple d'aveugles dont le corps s'exprime avec une muette éloquence. Derrière eux, ayant envoyé des signaux d'alerte le long des labyrinthes congestionnés de la jungle, les animaux se taisaient. On eût dit une marche funéraire.

Ils descendaient des cascades, passant d'un rocher à mi-hauteur d'homme sur un autre rocher, Ridges se laissant aller le premier dans l'écume tandis que Goldstein glissait le brancard par-dessus le rebord de la pierre en attendant de se laisser choir à son tour. Ils se débattaient dans l'eau plus profonde, s'efforçant de tenir la civière à flot parmi les remous qui les cinglaient à la taille. Ils barbotaient le long des rives, ils luttaient et trébuchaient et tombaient avec le corps de Wilson constamment sur le point d'être emporté. Il leur fallait s'arrêter presque à chaque pas, et leurs sanglots rejoignaient les bruits de la jungle et se perdaient dans le clapotis de la rivière.

Ils étaient enchaînés au brancard et à son cadavre. Quand ils tombaient ils se précipitaient d'abord sur le corps de Wilson, ne reprenant leurs sens qu'après l'avoir repêché de la rivière tout en se gorgeant d'eau. Une force les poussait, plus impérieuse qu'aucun instinct. Ils ne songeaient pas à ce qu'ils feraient de lui au terme de leur voyage, ils ne se souvenaient même plus qu'il était mort. Le fardeau, lui, demeurait. Mort, Wilson était aussi vivant pour eux que jamais.

Et cependant ils le perdirent. Ils étaient arrivés à l'endroit du rapide où Hearn avait tendu diagonalement la liane. Elle n'y était plus ; les eaux l'avaient emportée, et le courant se démenait furieusement sur la rocaille où aucun support ne s'offrait pour guider les porteurs. Ils se rendirent à peine compte du danger. Ils s'engagèrent dans le rapide, firent trois ou quatre pas, et l'eau tourbillonnante leur coupa les jambes. Leurs doigts affaiblis lâchèrent le brancard, qui les emporta à sa suite. Pris dans leur harnais, ils s'en furent roulant sur la vague démontée, ricochant contre la pierre, s'étranglant à force d'eau avalée. Ils firent de faibles efforts pour se dégager, essayant désespérément de regagner leur équilibre, mais la violence du courant déjoua leurs tentatives. A moitié noyés, ils se laissèrent porter par l'eau.

La civière se rompit sur un roc et ils entendirent la toile qui se déchirait — sensation isolée au cœur de la panique qu'ils ressentaient en avalant l'eau. Ils se débattirent de nouveau et le brancard se cassa en deux, les libérant de leur harnais. Haletant, virtuellement insensibles, ils furent déportés hors la partie la plus dangereuse du rapide et gagnèrent en titubant la rive.

Ils étaient *seuls*.

Le fait s'imposa à eux peu à peu, les laissant tout ahuris. Il leur était presque impossible de se rendre à l'évidence. L'instant d'avant ils étaient en train de porter Wilson, et voilà Wilson disparu. Leurs mains étaient vides.

« L'est parti... » bégaya Ridges.

Ils se mirent à chanceler après lui le long de la rivière, marchant et tombant et se relevant. A un tournant du cours d'eau une vue de plusieurs centaines de mètres s'ouvrit à eux, et très au loin le corps de Wilson disparaissait dans un virage. « Allons-y, faut qu'on le rattrape », dit Ridges faiblement. Il fit un pas et tomba la face la première dans l'eau. Il se redressa avec une extrême lenteur, et ils reprirent leur marche.

Ils arrivèrent à l'autre virage. La rivière, à partir de là, se transformait en un marécage. Un mince ruban d'eau coulait au milieu d'une fondrière. Wilson s'était embourbé là-dedans, perdu quelque part sous la végétation qui débordait le marais. Il aurait fallu des journées pour l'y retrouver, à supposer qu'il n'eût pas coulé.

« Oh, dit Goldstein, nous l'avons perdu.

— Oui », marmonna Ridges. Il fit un pas, s'étalant une fois de plus dans l'eau. Il était bon d'en sentir le clapotis contre sa face, et il n'eut aucun désir de se relever. « Allez, viens », dit Goldstein.

Ridges se mit à pleurer. Il fit un effort pour se rasseoir et, la tête sur ses bras croisés, il continua à pleurer. L'eau tourbillonnait autour de ses hanches et de ses pieds. Goldstein se tenait en chancelant au-dessus de lui.

« Putain de mère de bordel de fils de pute », hoqueta Ridges. C'était la première fois qu'il jurait depuis son enfance, et les mots, sortant un à un de sa poitrine, laissèrent derrière eux un vide fait de rage et d'amertume. Wilson n'aurait pas de sépulture, mais le fait avait perdu de son importance. Ce qui comptait c'est qu'il avait porté ce fardeau à travers de telles distances dans le temps et l'espace, pour le perdre à la fin. Toute sa vie il avait peiné sans récompense ; son grand-père et son père et lui-même s'étaient colletés avec de maigres récoltes et une pauvreté sans fin. Quel a été le fruit de leur travail ? « Que retire l'homme de tout le travail qui l'occupe sous le soleil ? » Il se souvint de ce passage dans la Bible — un passage qu'il avait toujours haï. Il sentait une profonde, une infinie amertume croître en lui. Ce n'était pas juste. L'unique fois qu'ils eurent une récolte décente, elle fut détruite par un terrible orage. Les voies de la Providence. Une haine subite s'empara de lui. Quelle était-elle cette Providence qui ne manquait jamais de vous filouter en fin de compte ?

Le mauvais plaisant.

Il pleurait d'amertume et de nostalgie et de désespoir ; il pleurait d'épuisement et de déconfiture et de conviction nue et écrasante que rien n'importait plus.

Et, tout contre lui, Goldstein se retenait à son épaule pour s'affermir dans le courant. De temps à autre il bougeait les lèvres, s'égratignait la joue. « Israël est le cœur des nations. »

Mais on peut tuer le cœur, et le corps cependant continuera à vivre. Le martyrologe des Juifs n'aura servi à rien. Aucun sacrifice n'était récompensé, aucune leçon n'était apprise. Tout s'en allait au rebut, tout n'était que statistiques dans le cruel plâtras de l'histoire. Tous les ghettos, tout l'estropiement des âmes, tous les massacres et les pogromes, les chambres à gaz, les fours crématoires — rien de tout cela ne touchait personne, tout était en pure perte. Cela s'accumulait et s'accumulait et s'accumulait, et quand enfin la mesure était comble on s'en lavait les mains. Un point c'est tout. Il était au delà des larmes, il se tenait près de Ridges avec la paralysante sensation de celui qui découvre la mort d'un être chéri. Un vide s'était créé en lui, un vide fait d'une vague colère, d'un profond ressentiment, et des premières atteintes d'un désespoir illimité.

« Allons-y », grommela-t-il.

Ridges se leva finalement et ils s'en furent par la rivière, titubant dans l'eau qui leur arrivait aux chevilles. Le lit allait s'élargissant, devenait caillouteux, puis boueux, puis sablonneux à la fin. Après un dernier tournant ils virent la lumière du ciel et, par delà, l'océan.

Au bout de quelques minutes ils débouchèrent en chancelant sur la plage. Malgré leur épuisement ils continuèrent à se traîner pendant une centaine de mètres. Il leur répugnait de s'arrêter trop près de la rivière.

Comme d'un accord tacite, ils s'étalèrent sur le sable ; immobiles, le visage dans leurs bras, ils se laissaient chauffer par le soleil. On était dans le milieu de l'après-midi. Il n'y avait rien à faire sinon attendre le retour de la patrouille et du canot. Ils avaient perdu leurs fusils, leurs sacs, leurs rations, mais ils ne s'en préoccupaient pas. Ils étaient trop exténués, et plus tard ils pourraient trouver à se nourrir dans la jungle.

Ils restèrent ainsi jusqu'au soir, trop affaiblis pour bouger, prenant un vague plaisir à se reposer au soleil. Ils ne se parlèrent pas. Leur ressentiment s'était retourné contre eux-mêmes, et ils éprouvaient l'un à l'endroit de l'autre la haine acide de ceux qui ont partagé une défaite humiliante. Ils sommeillèrent pendant des heures, reprenant conscience, s'endormant de nouveau, s'éveillant avec la nausée qui vient d'une somnolence prolongée au soleil.

Goldstein s'assit finalement et tâtonna après son bidon. Avec une lenteur extrême, comme s'il apprenait seulement à se servir de ses mains, il dévissa le bouchon et porta le bidon à ses lèvres. Il ne s'était pas rendu compte à quel point il avait soif. Le goût de l'eau lui parut extatique. Il avalait doucement, abaissant son bidon après chaque gorgée. Il l'avait vidé à demi, quand il s'aperçut que Ridges l'observait. Il était clair que Ridges n'avait pas d'eau.

Ridges n'avait qu'à remonter vers le ruisseau pour emplir son bidon, mais Goldstein savait ce que cela signifiait. Il était si faible. La seule pensée de se lever, de faire une centaine de mètres, évoquait un tourment qu'il se sentait incapable d'affronter. Et Ridges devait éprouver la même chose.

Goldstein se sentit agacé. Pourquoi Ridges n'a pas été assez prévoyant pour économiser son eau ? Obstinément, il porta de nouveau le bidon à ses lèvres. Mais l'eau eut tout à coup un goût saumâtre, et il se rendit compte combien tiède elle était. Il s'efforça d'avaler une autre gorgée.

Puis, succombant à un accès indicible de honte, il passa son bidon à Ridges.

« Là, tu veux boire ?

— Oui », dit Ridges. Il but avidement. Quand il eut presque vidé le bidon, il regarda Goldstein.

« Non, finis-le.

— Faudra qu'on farfouille demain la jungle pour trouver à manger, dit Ridges.

— Je sais. »

Ridges sourit faiblement. « On se débrouillera. »

13

Le saut manqué de Roth les avait anéantis. Entassés pêle-mêle sur la corniche, trop saisis, trop horrifiés, il leur fallut dix longues minutes pour se reprendre. Ils étaient en proie à une incommunicable horreur. Ils se tenaient debout, plaqués contre la muraille, les doigts enfoncés dans les fissures du roc, les jambes coupées. Une ou deux fois Croft essaya de les ranimer, mais son commandement n'avait fait que les paralyser et les pétrifier davantage, comme s'ils eussent été des chiens qui rampent sous la botte du maître. Wyman sanglotait d'épuisement nerveux, un sanglot grêle, continu, auquel se mêlait la voix des autres, un grognement ou une plainte ou un juron, au hasard, isolés les uns des autres, en sorte que ceux qui se manifestaient ainsi en étaient à peine conscients.

Ils finirent par recouvrer assez de volonté pour continuer d'une allure désespérément lente, s'arrêtant longuement devant le moindre obstacle, s'agrippant avec rage dès que la corniche se rétrécissait. Au bout d'une demi-heure Croft leur fit finalement traverser la passe. La corniche s'élargit puis finalement enjamba la falaise derrière laquelle il y eut une autre vallée profondément encaissée, une autre pente rapide. Il leur fit faire la descente et se mit à escalader un nouveau versant, mais ils ne le suivirent pas. Un à un ils se laissèrent choir par terre, le regardant de leurs yeux fixes et vides.

Il faisait presque noir, et il comprit qu'il ne saurait les entraîner plus loin ; ils étaient trop exténués, trop terrorisés, et un autre accident pouvait arriver. Il ordonna une halte, approuvant un fait déjà accompli, et il s'assit parmi eux.

Au matin il y aura ce versant à remonter, quelques passes à traverser, puis viendra l'escalade du pic proprement dit. Ils pourraient le faire en deux ou trois heures, si... s'il réussissait à les animer. Dans ce moment il doutait sérieusement de lui-même.

Les hommes dormirent mal. Il leur fut impossible de se faire une litière à plat sur le terrain dénivelé, et bien entendu ils étaient surmenés et surexcités. La plupart eurent leur sommeil troublé de rêves agités. Pour comble, Croft leur ayant imposé une heure de garde à chacun, certains se réveillèrent trop tôt, attendirent trop anxieusement leur tour, et eurent le plus grand mal à se rendormir. Croft ne l'ignorait pas ; il savait que les hommes avaient besoin de cette heure de sommeil dont il les privait et que la présence des Japonais dans ces parages était plus qu'improbable, mais il lui parut essentiel de ne pas briser la routine. La mort de Roth avait ébranlé momentanément son autorité, et il était vital de la restaurer.

Gallagher eut le dernier tour de garde. Il faisait très froid dans la dernière demi-heure qui précédait l'aube et il se réveilla tout hébété, frissonnant sous sa couverture. Il resta un long temps avant de reprendre ses esprits. Tout autour de lui la vaste découpure des montagnes approfondissait les limites de la nuit. Frissonnant, sommeillant, il attendit passivement la venue du matin et de la chaleur du soleil. Une apathie complète s'était abattue sur lui, et la mort de Roth n'était plus qu'une lointaine abstraction. Il se laissait flotter dans la stupeur, l'esprit à peu près inerte, rêvassant languidement à des choses plaisantes d'un passé reculé, comme si, tout au fond de son être, il lui fallait entretenir vivante une flammèche qui le protégeât contre le froid de la nuit, les espaces vallonnés, la multiplication de la fatigue, les menaces de la mort.

L'aube se fit lentement sur la montagne. A cinq heures le sommet de la chaîne lui apparut nettement dans le ciel qui s'éclaircissait, mais pendant une longue demi-heure la visibilité demeura stationnaire. De fait, il ne distinguait rien, mais une paisible anticipation se faisait en lui. Bientôt, à l'est, le soleil se hissera par-dessus les remparts de la montagne et descendra dans leur vallon. Il regarda le ciel, découvrit des traînées rosâtres qui coloraient de pourpre de minces et oblongs nuages au-dessus des pics. La montagne semblait très haute. Gallagher s'étonnait que le soleil pût l'escalader.

Tout devenait plus clair autour de lui, par touches légères, car le soleil demeurait encore caché et la lumière, d'une rose tendre, semblait s'élever du sol. Déjà il discernait clairement ceux qui dormaient à côté de lui, et il ressentit une trace de supériorité. Ils avaient un air émacié et morne dans le petit matin, oublieux de la venue du jour. Bientôt, quand il les réveillera, ils se mettront à grogner en sortant de leur sommeil.

Vers l'ouest la nuit ne s'était pas encore repliée, et il se souvint d'un convoi de troupes qui filait par les grandes plaines du Nebraska. C'était à la tombée du jour, et la nuit, donnant la chasse au train, le gagnant de vitesse, traversa les Rocheuses en route pour le Pacifique. Il était tout triste en songeant à la beauté du spectacle. Une nostalgie de l'Amérique lui vint tout à coup, un désir passionné de la revoir, de sentir l'odeur du pavé humide de Boston par un matin d'été.

Le soleil abordait la lisière orientale de la montagne, et le ciel paraissait vaste et frais et joyeux. Il se vit faisant du camping avec Marie, rêvant qu'il se réveillait sous le toucher velouté de ses seins contre son visage. « Réveille-toi, lézard, regarde le lever du soleil », l'entendit-il dire. Il grogna paresseusement, se blottit contre elle dans son rêve, puis ouvrit de mauvaise grâce un œil en guise de concession. Le soleil *était* à cheval sur le sommet de la montagne, et encore que la lumière fût fugace dans le vallon, elle n'avait rien d'irréel. Le matin était là.

Voilà comment Marie et lui accueillirent l'aube. La montagne secouait sa brume nocturne, et la rosée étincelait. Dans ce bref instant les falaises tout autour de lui eurent quelque chose de tendre et de féminin. Les hommes entassés à ses côtés paraissaient trempés et frileux — ballots revêtus d'ombre d'où la brume s'élevait. Lui seul était réveillé, à bien des milles à la ronde, et toute la jeunesse du matin lui appartenait sans partage.

Sortant de l'aube, venant de l'autre côté de la montagne, un grondement d'artillerie ébranla sa rêverie.

Marie était morte.

Il avala sa salive, se demandant avec un muet désespoir combien de temps encore il continuerait à se leurrer. Il n'y avait plus rien sur quoi anticiper, et il venait seulement de se rendre compte à quel point il était fatigué. Ses membres étaient endoloris et son sommeil semblait ne lui avoir fait aucun bien. La qualité de l'aube changea, le laissant frissonnant sous sa couverture humide et froide de rosée nocturne.

Restait encore son enfant, ce garçonnet qu'il ne connaissait pas, mais cela ne le consolait guère. Il ne se donnait pas assez de temps pour le connaître — une évidence presque indolore, une austère certitude de son esprit. Trop d'hommes ont été tués. Mon tour arrive. Il se représenta avec une fascination morbide l'atelier où l'on fabriquait — où l'on mettait sous emballage la balle qui lui était destinée.

Si seulement j'avais une photo du gosse. Ses yeux se mouillèrent. C'était demander si peu de chose. Si seulement il rentrait de cette patrouille et vivait jusqu'à l'arrivée d'une lettre avec la photo de son gosse.

Il eut de nouveau la misérable certitude qu'il se leurrait. Frissonnant d'angoisse, il jeta un coup d'œil inquiet sur la montagne qui l'entourait de toutes parts.

J'ai tué Roth.

Il se savait coupable. Il se rappelait la fugitive sensation de puissance et de mépris, le vif et sûr aiguillon de plaisir qu'il éprouva en hurlant à Roth de sauter. Il se tortillait avec gêne au souvenir de l'expression d'agonie qu'il vit à Roth à l'instant de la chute. Il le voyait qui tombait et tombait, et la vision raclait son épine dorsale avec un crissement de craie sur un tableau noir. Il avait péché et il allait être puni. Frappé dans la personne de Marie, il avait déjà négligé ce premier avertissement.

Le pic semblait si haut. Les doux contours étaient partis, qui lui étaient venus de l'aube ; l'Anaka se dressait devant lui, dôme après dôme, falaise après falaise. Une escarpe se voyait, qui encerclait le sommet. Elle était presque verticale, et jamais ils ne pourraient l'escalader. Il frémit de nouveau. Il n'avait jamais vu un pays semblable, si dénudé, si lugubre. Même les pentes recouvertes de jungle et de broussaille qui s'étageaient au-dessus d'eux, étaient cruelles. Jamais il ne serait capable de gravir ça aujourd'hui ; il avait mal à la poitrine, et quand il aura amarré son sac et se sera mis à grimper, il manquera de souffle au bout de quelques minutes. Il n'y avait aucune raison de continuer. Ils devaient donc tous être tués ?

Qu'est-ce que ça peut bien lui foutre, à Croft ? se demanda-t-il.

Il aurait été facile de le tuer. Croft serait en tête de colonne et il n'aurait qu'à lever son fusil, à le coucher en joue, et c'en serait fini de la patrouille. Ils pourraient alors revenir sur leurs pas. Il se frotta la cuisse, lentement, gêné par la force avec laquelle l'idée le séduisait. Bordel de sort.

Ce n'était pas une chose à penser. Ses effrois et ses superstitions l'assaillirent de nouveau ; toutes les fois qu'il avait de telles pensées il préparait sa propre punition. Et cependant... C'est Croft qui était coupable de la mort de Roth. Lui, Gallagher, ne méritait à vrai dire aucun blâme.

Un bruit, dans son dos, le fit sursauter. C'était Martinez, qui se frottait la tête avec nervosité. « Merde, pas dormir, dit-il doucement.

— Tu parles. »

Martinez vint s'asseoir à côté de lui. « Mauvais rêves. » Il alluma une cigarette, maussadement. « Comment dormir... eeeeh... Entendre Roth crier.

— Oui, ça te fait quelque chose, grommela Gallagher. Il s'efforçait de réduire les choses à des proportions plus familières. J'ai jamais beaucoup aimé ce gars-là, mais j'y ai jamais souhaité une fin comme ça. J'ai jamais voulu du mal à personne.

— Jamais », répéta Martinez. Il se massa le front avec douceur, comme s'il avait la migraine. Gallagher s'étonnait de lui voir si mauvaise mine. Son visage étroit s'était creusé, et ses yeux avaient un éclat vide. Il portait une barbe de plusieurs jours, et les traînées noires inscrustées dans sa peau le faisaient paraître bien plus âgé.

« C'est une belle dégueulasserie tout ça, grommela Gallagher.

— Oui », dit Martinez. Il exhala doucement la fumée de sa cigarette, et tous deux ils la suivirent du regard qui s'en allait dans l'air matinal. « Froid, dit-il.

— Ç'a été emmerdant de monter la garde », dit Gallagher d'une voix enrouée.

Martinez approuva de la tête. Après son tour de garde, à minuit, il lui fut impossible de se rendormir. Il eut froid sous sa couverture, et il passa le restant de la nuit à frissonner et à se tortiller nerveusement. Même l'aube n'arrivait pas à le calmer. La tension qui l'avait tenu éveillé était toujours présente en lui, et il était obsédé par la même diffuse épouvante dont il avait souffert au cours de la nuit. Elle avait lourdement pesé sur lui, pareille à une fièvre. Il lui fallut plus d'une heure pour se débarrasser du soldat japonais qu'il avait tué. Le très vivace souvenir qu'il gardait de l'expression de son visage reproduisait l'engourdissement qui l'avait saisi alors que, le couteau à la main, il s'était tapi dans la brousse. La gaine vide se balançait contre sa cuisse et il se mit à trembler imperceptiblement, un rien honteusement. Il la toucha d'un geste convulsif.

« Pourquoi que tu la fous pas en l'air, cette gaine ? demanda Gallagher.

— Oui », dit Martinez avec précipitation. Il se sentit embarrassé, humble. Ses doigts tremblaient en défaisant les crochets de la gaine pris dans les œillets de son ceinturon. Il la jeta au loin, tressaillant au bruit qu'elle fit en tombant. Tous deux sursautèrent, et Martinez fut submergé par une vague soudaine d'angoisse.

Gallagher se souvint du tournoiement du casque d'Hennessey sur le sable. « Je bats la campagne », murmura-t-il.

Martinez porta machinalement la main à la gaine de son couteau, se rendit compte qu'il ne l'avait plus, et avec une brusque contraction de tout son être il vit Croft lui disant de se taire quant à sa reconnaissance. Hearn s'était avancé dans le col, croyant... Il secoua la tête, écrasé d'horreur. Ce n'était pas de sa faute s'ils étaient dans ces montagnes.

Tout à coup les pores de son corps s'ouvrirent et il fondit en sueur. Il se prit à frissonner dans la fraîcheur de l'air matinal, se débattant contre la même angoisse dont il avait pâti à bord du transport, avant l'invasion d'Anopopéi. Malgré lui il regarda la mosaïque de pierre et de jungle sur les falaises qui les dominaient et, fermant les yeux, il vit le mur avant de l'embarcation en train de s'abaisser. Tout son corps se raidit dans l'attente d'une rafale de mitraille. Rien n'arriva et il rouvrit les yeux, supplicié par un sentiment aigu de frustration. Quelque chose devait arriver.

Si seulement je pouvais voir la photo de mon gosse, pensait Gallagher. « C'est salement sûr qu'on va se casser la gueule dans ces montagnes », grogna-t-il.

Martinez fit oui de la tête.

Gallagher avança la main et toucha Martinez au coude. « Pourquoi qu'on fait pas demi-tour ? demanda-t-il.

— Je sais pas.

— Merde si c'est pas un suicide. Qu'est-ce qu'on est, une bande de chèvres ou quoi ? Il se frotta le poil dru de sa barbe. Dis, on y laissera la peau. »

Martinez remua ses orteils dans ses bottes avec une morne satisfaction.

« Te veux pas clamser ici, dis ?

— Non. » Il tâtonna dans sa poche la petite blague à tabac où il gardait les dents d'or qu'il avait volées sur le cadavre japonais. Peut-être devrait-il les jeter. Mais elles étaient si jolies, si précieuses. Il hésita, puis les laissa où elles étaient. Il lui fallait surmonter sa conviction que le sacrifice eût été trop grand.

« Merde alors, on a pas une chance sur mille de se tirer d'affaire. » Martinez vibrait à l'unisson, comme si la voix de Gallagher avait mis en branle une caisse de résonance. Ils se regardaient l'un l'autre, liés par leur angoisse commune. Martinez souhaitait vaguement de pouvoir apaiser l'effroi de Gallagher.

« Pourquoi que tu y diras pas, à Croft, de laisser tomber ? »

Martinez frémit. Il savait ! Lui pouvait dire à Croft de faire demi-tour. Mais cette pensée lui était si étrangère qu'il s'en écarta avec crainte. Peut-être, simplement, pouvait-il lui poser la question. Naïvement, une nouvelle approche se faisait en lui. De même qu'à l'instant où il avait hésité avant de tuer la sentinelle japonaise, il se rendit brièvement compte qu'il n'était qu'un homme — et toute l'affaire lui parut incroyable. La patrouille, du coup, lui sembla ridicule. S'il ne faisait que poser la question à Croft, peut-être Croft lui aussi en verrait le ridicule.

« Bon », dit-il. Il se leva, regardant les hommes emmitouflés dans leurs couvertures. Certains déjà s'étiraient. « Nous le réveiller », dit-il.

Ils s'approchèrent de Croft, et Gallagher le secoua. « Allez, debout. » Il était un peu surpris de le voir encore endormi.

Croft grogna, puis s'assit d'un bond. Il laissa échapper un bruit bizarre, presque un gémissement, et tout aussitôt il se retourna pour regarder la montagne. Il venait d'avoir un de ses cauchemars périodiques : il est couché au fond d'un trou où il attend la chute d'un roc, le déferlement d'une vague, et il ne peut pas bouger. Depuis l'attaque japonaise sur la rivière il ne cessait pas d'avoir de ces rêves.

Il cracha. « Oui », dit-il. La montagne était toujours en place. Aucune avalanche n'eut lieu. Ça le surprenait un peu, si vivace avait été son rêve.

Il ramena machinalement ses jambes sur la couverture et se mit à enfiler ses bottes. Ils le regardaient avec calme. Il prit son fusil, qu'il avait gardé à ses côtés sous la couverture, et l'examina pour voir s'il était resté au sec. « Pourquoi diable vous m'avez pas réveillé plus tôt ? »

Gallagher regarda Martinez. « Nous rentrer aujourd'hui, hein ? demanda Martinez.

— Quoi ?

— Nous rentrer », bégaya Martinez.

Croft alluma une cigarette, sentant l'âcreté de la fumée dans son estomac vide. « Qu'est-ce que tu nous casses là, Mange-Japonais ?

— Nous mieux rentrer ? »

Croft ressentit un choc. Est-ce que Martinez le menaçait ? Il était abasourdi. De tous les hommes de la section Martinez était le seul dont l'obéissance n'avait jamais fait de doute pour lui. Il le regardait avec une rage tranquille, se retenant de lui sauter à la gorge. Son seul ami dans la section le menaçait. Il cracha. On ne pouvait se fier à personne, à personne sinon à soi-même.

La montagne, face à lui, n'avait jamais paru si haute ni si lugubre. Peut-être une part de son être aspirait-elle à faire demi-tour, mais il repoussa la tentation. La mort d'Hearn ne rimerait à rien s'ils revenaient sur leurs pas. Son dos se crispa sous la piqûre de mille aiguilles. Le pic de la montagne le sollicitait toujours.

Il lui fallait procéder avec précaution. Si Martinez avait pris cette attitude, la situation était dangereuse. Si jamais ils découvraient... « Nom de Dieu, Mange-Japonais, tu te mets contre moi ? dit-il doucement.

— Non.

— Eh bien, qu'est-ce que c'est que ces foutaises ? T'es un sergent toi, tu te laisses pas embarquer dans une gadouille comme ça. »

Martinez était pris. On mettait en doute sa loyauté. Avidement suspendu aux lèvres de Croft, il attendait le mot redoutable : un sergent mexicain !

« Je croyais qu'on était de bons copains, Mange-Japonais.

— Oui.

— Je croyais qu'y avait rien au monde pour te donner les foies.

— Non. » Sa loyauté, son amitié, son courage étaient mis en cause. Et tandis qu'il regardait l'œil bleu et froid de Croft il était sous le coup de la même maladresse, de la même misère, du même sentiment d'infériorité qu'il éprouvait toujours en s'adressant à... au Protestant Blanc. Mais autre chose s'y ajoutait encore. Le danger indéfinissable dont le pressentiment ne le quittait jamais semblait avoir pris du tranchant et le menacer dans l'immédiat. Que lui feraient-ils, quels supplices lui infligerait-on ? Il suffoquait presque d'angoisse.

« Bon, Mange-Japonais reste avec toi.

— Sûr. » La voix pateline de Croft pesait lourdement sur Martinez.

« Qu'est-ce que tu veux dire, tu restes avec lui ? demanda Gallagher. Dis donc, Croft, pourquoi nom de Dieu que tu rentres pas ? T'as pas assez de ta chiée de médailles ?

— Gallagher, boucle ton sale trou. »

Martinez avait envie de filer en douce.

« Aaah. Gallagher pirouettait entre la crainte et la résolution. Tu me fais pas peur, Croft. Tu sais foutre bien ce que je pense de toi. »

La plupart des hommes s'étaient réveillés et ils ne les quittaient pas du regard.

« Ferme ta gueule, Gallagher.

— Te feras bien de pas nous tourner le dos », dit Gallagher. Il s'en fut, tremblant sous la réaction de son courage. Il anticipait qu'à tout moment Croft lui courrait après et l'attaquerait par derrière. La peau frissonnait le long de son échine dans l'attente du coup.

Mais Croft n'en fit rien. Il se ressentait de l'infidélité de Martinez. La résistance des hommes ne l'avait jamais oppressé plus lourdement. Il lui fallait vaincre la montagne, et eux ne faisaient que le freiner. L'accumulation des difficultés le laissa vide pour un moment, et sans volonté.

« Bon, on se mettra en route dans une demi-heure, alors magnez-vous le cul. » Un chœur de grognements et de ronchonnements lui répondit, mais il préféra ne pas savoir quels étaient les rouspéteurs. Il tendait les derniers ressorts de sa volonté. Il était épuisé, et son corps crasseux lui infligeait d'intolérables démangeaisons.

Que feraient-ils, une fois la montagne escaladée ? Ils n'étaient plus que sept, et Minetta et Wyman ne valaient pas cher. Il observait Polack et Red qui mastiquaient avec obstination leur déjeuner et lui renvoyaient son regard. Mais ces considérations pouvaient attendre. Il serait temps d'y penser quand ils auraient traversé la montagne. C'était le seul problème important.

Red ne le quitta pas des yeux pendant plusieurs minutes, notant chacun de ses gestes avec une sourde haine. Jamais homme ne lui avait inspiré une telle répugnance. Tout en picorant ses œufs au jambon de conserve il sentait chaque bouchée lui rester sur le cœur. La décoction était épaisse et sans goût ; tandis qu'il mâchait, il hésitait entre son envie d'avaler et de recracher. La lourde pâtée s'attardait indéfiniment dans sa bouche. Il jeta finalement la boîte et resta assis, regardant à ses pieds. Son estomac palpitait et lui donnait mal au cœur.

Il lui restait huit rations : trois de fromage, deux d'œufs au jambon, et trois de bœuf et de porc. Il savait qu'il ne les mangerait pas toutes ; elles ne faisaient qu'ajouter au poids de son sac. Aaah, merde. Il prit ses huit boîtes de rations, sépara avec son couteau la partie du carton qui contenait la confiserie, les cigarettes et les biscuits. Il fut sur le point de se débarrasser du reste, quand il songea que quelqu'un d'autre aimerait peut-être l'avoir. Il pensa à le leur demander, mais il se vit passant de l'un à l'autre, les mains chargées de boîtes et essuyant leurs quolibets. Aaah, qu'ils aillent se faire foutre, c'est pas leurs oignons après tout, décida-t-il, jetant les provisions dans une touffe d'herbe. Il resta un temps sur place, son cœur cognant de rage, puis, se calmant, il se mit à faire son sac. Voilà qui sera plus léger, se dit-il, se sentant repris de rage. Qu'elle aille se faire enculer leur armée, qu'elle aille se faire enculer cette salope d'armée. C'est pas bon pour des porcs, leur camelote. Il respirait avec précipitation. Tuer et être tué pour cette merde de nourriture. Quantité d'images embuaient son esprit, les usines où l'on foule et écrabouille et cuit les aliments de conserve, le bruit mat de la balle qui entre dans la chair, le cri de Roth.

Aaah, qu'il aille se faire foutre tout ce nom de Dieu de bordel. S'ils savent pas nourrir leur homme qu'ils aillent se faire foutre tous tant qu'ils sont. Il tremblait si fort qu'il dut se rasseoir.

Il lui fallait regarder la vérité en face. Il s'était fait posséder sur toute la ligne. Il avait toujours cru que si on lui écrasait trop les orteils, il réagirait au moment voulu. Et maintenant...

La veille, il avait parlé avec Polack. Ils avaient spéculé à mots couverts sur Hearn, mais rien n'en résulta. Il savait ce qui lui restait à faire, et s'il se dérobait il n'était qu'un jaune. Martinez voulait rentrer. Et puisque il avait essayé de convaincre Croft, il devait savoir quelque chose.

Le soleil brillait d'un vif éclat sur leur versant de la montagne, où les ombres pourprées prirent un ton lavande et bleu. Il loucha dans la direction du pic. Il leur faudrait toute la matinée pour grimper ça — et puis quoi après ? Ils tomberaient en plein chez les Japonais, qui les massacreraient en un rien de temps. Ils ne seraient jamais capables de refaire la montagne. Obéissant à une impulsion, il s'approcha de Martinez lequel était en train de faire son sac.

Red hésita un instant. Presque tout le monde était prêt, et s'il s'attardait Croft ne manquerait pas de l'engueuler. Il n'avait pas encore serré sa couverture.

Aaah, qu'il aille chier, pensa-t-il, honteux et rageur.

Il garda un bref silence, incertain de ce qu'il allait dire. « Comment va, Mange-Japonais ?

— Ça va.

— Ç'a pas marché pendant une minute entre toi et Croft, hein ?

— Rien spécial », dit Martinez, évitant les yeux de Red.

Red alluma une cigarette, écœuré de se voir prendre des détours. « Mange-Japonais, t'es une espèce de trouillard. T'as envie de laisser tomber et t'as même pas assez de bide pour le dire. »

Martinez ne répondit pas.

« Dis, Mange-Japonais, ça fait un bout de temps qu'on est dans la danse, on connaît la putain de musique. Tu crois que ça sera drôle de monter cette pente aujourd'hui ? Y aura encore un ou deux gars qui se casseront la gueule sur ces corniches, peut-être toi, peut-être moi.

— Laisse-moi tranquille, marmonna Martinez.

— Faut voir ce qui est, Mange-Japonais. Même si on traverse ça, on se fera péter une jambe ou un bras de l'autre côté. Tu veux attraper une balle toi ? Tout en argumentant, il se sentait honteux. Il y avait d'autres moyens de s'y prendre. Tu veux être estourbi ? »

Martinez fit non de la tête.

Les arguments se présentaient d'eux-mêmes à l'esprit de Red. « T'as tué ce Japonais, pas ? T'as seulement jamais pensé que ça rapproche ton propre tour ? »

C'était un point de poids aux yeux de Martinez. « Je sais pas, Red.

— T'as tué ce Japonais, mais t'en as seulement parlé à quelqu'un ?

— Oui.

— Hearn le savait, hein, et il s'est avancé dans ce col tout en sachant qu'y avait des Japonais là-bas ?

— Oui, dit Martinez. Il se mit à trembler. Moi lui dire, moi essayer lui dire, ce grand imbécile.

— Peau de balles.

— Non. »

Red ne savait que penser. Il se tut, puis attaqua d'un autre biais. « Tu sais, ce sabre avec les pierreries que j'ai eu à Motome ? Si tu veux, je te le donne.

— Oh. La préciosité du sabre se refléta dans les yeux de Martinez. Pour rien ?

— Pour rien.

— Allez, en route les gars », cria Croft tout à coup.

Red tourna sur lui-même. Son cœur cognait fort. Il se frotta doucement les mains contre ses cuisses. « On y va pas, Croft. »

Croft s'avança sur lui à grands pas. « T'as décidé ça, Red ?

— Si ça te démange tellement le cul d'y aller, vas-y tout seul. Mange-Japonais nous ramènera. »

Croft regarda Martinez. « T'as changé d'idée de nouveau ? demanda-t-il avec douceur. Qu'est-ce que t'es, une femelle ou quoi ? »

Martinez secoua la tête avec lenteur. « Je sais pas, je sais pas. » Il se mit à grimacer, puis il détourna la tête.

« Red, ramasse ton sac et assez de nous emmerder. »

C'était une erreur d'avoir parlé à Martinez. Red s'en rendait clairement compte à présent. Et odieux aussi, comme s'il avait argumenté avec un enfant. Il avait essayé d'éviter la difficulté, et ça ne marchait pas. Il lui fallait affronter Croft. « Faudra que tu me traînes pour que je monte cette colline. »

Un murmure se faisait entendre parmi les hommes. « Rentrons ! » cria Polack, épaulé par la voix de Minetta et de Gallagher.

Croft les regarda les uns les autres, enleva son fusil, fit jouer la culasse sans se presser. « Red, va ramasser ton sac.

— Oui, tu me tireras dessus quand j'ai pas d'arme.

— Red, ramasse ton sac et la ferme.

— Y a pas que moi. Tu vas nous fusiller tous ? »

Croft se retourna et regarda les autres. « Qui c'est qui veut s'aligner avec Red ? » Personne ne bougea. Red attendit, espérant vaguement que quelqu'un s'emparerait d'un fusil. Croft lui tournait le dos. Le moment était propice. Il pouvait lui sauter dessus, l'étendre par terre d'un coup de poing, et les autres l'achèveraient. Si l'un d'eux bougeait, tous s'amèneraient.

Mais rien n'arriva. Il continuait à se dire de sauter sur Croft et ses jambes refusaient d'obéir.

Croft lui fit face. « Red, va ramasser ton sac.

— Va te faire foutre.

— Je vais te tuer dans trois-quatre secondes. » Il se tenait à six pieds de Red, son fusil à hauteur de sa hanche. Le canon de son arme se mettait lentement en position. Red se surprit en train d'observer le visage de Croft.

Tout à coup il sut avec exactitude ce qui était arrivé à Hearn et une vague de faiblesse le traversa. Croft allait tirer. Il le savait. Il se tenait roide, ne quittant pas du regard les yeux de Croft. « Tuer un homme comme ça, sans plus, hein ?

— Oui. »

Il ne servait à rien de temporiser. Croft voulait le tuer. Le temps d'une seconde il se revit couché sur le ventre, attendant que la baïonnette japonaise s'enfonçât dans son dos. Il entendait son sang battre dans sa tête. Tandis qu'il attendait, sa volonté se dissolvait lentement.

« Alors, Red ? »

La bouche du fusil faisait de minuscules mouvements circulaires, comme si Croft choisissait son point de mire. Red regardait l'index de Croft posé sur la gâchette, il la voyait qui commençait à céder sous la pression de son doigt. « Ça va, Croft, t'as gagné », dit-il d'une voix sans force. Il faisait l'impossible pour se retenir de trembler.

La tension se relâchait, qui raidissait chacun autour de lui. Il avait l'impression que la circulation de son sang s'alentissait, s'arrêtait, puis reprenait son cours, exaspérant la sensibilité de chacun de ses nerfs. Tête basse, il se dirigea vers son sac, plia sa couverture, boucla les courroies, puis se redressa.

Il était baisé. Il n'y avait pas à en sortir. Sa honte s'augmentait d'un sentiment de culpabilité. Il était content que tout fût fini, content que son long conflit avec Croft eût pris fin et qu'il pût désormais obéir aux ordres avec soumission, sans se sentir tenu à résister. C'était là un surplus d'humiliation — une humiliation écrasante. Se pouvait-il que ce fût là tout, était-ce là le terme de tout ce qu'il avait fait de sa vie ? Fallait-il donc toujours mettre bas ses armes ?

Il se mit en ligne et se traîna lourdement au milieu de la colonne. Il ne regardait personne et personne ne le regardait. Tous se sentaient pitoyablement embarrassés. Chacun s'efforçait d'oublier comment il fut tenté de tuer Croft — et comment il manqua de courage.

Tout en marchant Polack n'arrêtait pas de jurer à voix basse et monotone, pleine de mépris pour lui-même. Sale con de lâche, s'injuriait-il, effrayé et bouleversé tout à la fois. Il avait laissé passer le moment propice, il avait eu son fusil à la main et il ne s'en était pas servi. Jaune... jaune !

Et Croft était de nouveau confiant. Ce matin-là ils escaladeront le pic de la montagne. Tout et tous se sont ligués pour le freiner, mais plus rien ne restait pour se mettre en travers de sa route, pas le moindre obstacle.

Les hommes gravirent la pente, passèrent une autre falaise, et descendirent le long d'une jonchée de rocaille dans une nouvelle vallée. Enfilant une petite gorge Croft les mena vers une autre pente, et pendant une heure ils continuèrent à se hisser de roc en roc, couvrant parfois des centaines de mètres à quatre pattes dans une laborieuse avance le long d'une corniche à pic. Vers les dix heures du matin le soleil se fit très chaud, et chacun se retrouva une fois de plus sans forces. Croft les conduisait avec une grande lenteur, faisant entrecouper leur marche de haltes fréquentes.

Ils traversèrent une ligne de sommets et prirent par une douce descente. Un énorme amphithéâtre leur faisait face, bordé en demi-cercle par des escarpements couverts de végétation. Revêtues de jungle, les falaises s'élevaient presque verticalement sur cinq cents pieds — la hauteur d'un gratte-ciel de quarante étages au moins, et là-dessus se haussait le pic de la montagne. Croft avait depuis longtemps noté cet amphithéâtre ; à des milles de distance, il lui était apparu comme un collier passé autour du cou de la montagne.

Il n'y avait pas moyen de le contourner ; de chaque côté de l'amphithéâtre la montagne chutait sur un millier de pieds. Il leur fallait aller droit devant et remonter la jungle. Croft ordonna une halte au pied de la falaise, mais l'endroit était en plein soleil et personne ne profita du repos. Au bout de cinq minutes ils se remirent en marche.

La muraille de végétation n'était pas aussi impénétrable qu'il leur avait paru de loin. Zigzaguant comme une rampe, une litière de rocaille s'enfonçait là-dedans, pareille à des gradins informes. Il y avait là des îlots de bambous, des broussailles, des lianes, de rares arbres dont les racines sortaient horizontalement de la montagne et dont les troncs, faisant un L, s'élançaient vers le ciel ; il y avait de la boue bien entendu, due à l'égouttement des eaux de pluie, et les feuilles et les branches et les ronces gênaient leur marche.

C'était des gradins, mais bien malcommodes. Chaque homme avait le poids d'une valise amarré au dos, et ils devaient gravir ce qui équivalait à quarante étages d'escaliers. De plus, les marches n'étaient pas d'une hauteur égale. Parfois ils devaient grimper des mains et des pieds une succession de rochers qui leur arrivaient à mi-corps, et parfois il leur fallait avancer à quatre pattes sur des pentes semées de galets et d'éclats de roche ; parfois, en vérité, chaque marche différait de la précédente en hauteur et en forme. Et, bien entendu, la végétation envahissait les gradins, en sorte qu'il leur fallait souvent dégager leur chemin et saquer les lianes.

Croft avait estimé qu'il leur faudrait une heure pour gravir la muraille de l'amphithéâtre, mais au bout d'une heure ils ne furent qu'à mi-chemin de leur montée. Les hommes se tortillaient derrière lui comme une chenille blessée. Ils ne s'avançaient jamais tous ensemble. Ils n'en finissaient pas de s'attendre les uns les autres. Ils progressaient par vagues, Croft ahanant en tête et les autres suivant par de courtes embardées semblables à des démarrages spasmodiques. Quand il arrivait à Croft ou à Martinez de saquer des fouillis de bambou à coups de machette, le reste de la colonne tombait simplement en arrêt. Çà et là les gradins s'élevaient d'un seul bond pour former des marches de terre boueuse de sept à dix pieds de haut, qu'ils escaladaient en s'agrippant aux racines.

Une fois de plus les hommes descendirent un à un les échelons de la fatigue, mais cela leur arriva si souvent au cours des derniers jours que la chose leur devint presque familière, presque supportable. Ils ne s'étonnaient pas de l'engourdissement de leurs jambes, qu'il leur fallait traîner après soi comme ces jouets qu'un enfant remorque avec une ficelle. Ils n'enjambaient plus les marches. Ils y jetaient leur fusil, s'affalaient sur le rebord du gradin, et s'y hissaient à la force du poignet, halant sur leurs jambes. Même les moindres des rochers ne se laissaient plus enjamber. Ils soulevaient leurs jambes avec leurs mains et plaçaient leurs pieds sur la marche, chancelant comme des vieillards au sortir du lit.

Çà et là quelqu'un s'immobilisait, se couchait en chien de fusil, exhalant des sanglots de fatigue dont le son contracté et ravi rappelle si bien des cris mêlés de gémissements. Ils se communiquaient les uns aux autres leur vertige, ils écoutaient avec une attention morbide les bruits que leur arrachait leur nausée. Tous avaient des haut-le-cœur. Ils n'arrêtaient pas de tomber. Les rochers rendus glissants par la boue et la végétation, la méchanceté des ronces dans les fourrés de bambou, les lianes où se prenaient leurs pieds, tout se confondait en un vaste tourment. Les hommes grognaient et pestaient, ils tombaient la face la première, ils roulaient et patinaient d'un roc à l'autre.

On ne voyait pas à dix pieds devant, et ils finirent par oublier Croft. Ayant découvert que leur haine de Croft était battue en brèche, ils se mirent à haïr la montagne, à la haïr avec plus de ferveur qu'ils n'avaient jamais haï aucun être humain. Les gradins devinrent vivants, personnifiés; ils semblaient les narguer, les fourvoyer, leur tenir tête à chaque pas. Une fois de plus ils oublièrent les Japonais, oublièrent la patrouille, quasi s'oublièrent eux-mêmes. Cesser de monter était l'unique extase qu'ils pouvaient imaginer.

Même Croft était exténué. Il avait la tâche de mener les hommes, d'élargir la piste quand la végétation se faisait trop dense, et il s'épuisait à force de remorquer son monde. Il ne sentait pas seulement le poids de son propre corps mais encore le poids collectif de la colonne, et cela aussi effectivement que s'il les eût halés à la corde. Ils le tiraient en arrière, ils touaient sur ses épaules et sur ses talons. Et à sa dépense physique s'ajoutait le sentiment aigu que tous ils atteignaient la limite de leur résistance.

Un autre élément y jouait encore. Plus il se rapprochait du sommet de la montagne et plus grande devenait son angoisse. Tout nouveau détour le long de leur montée exigeait de lui un effort extrême de volonté. Une multiple terreur s'était accumulée en lui pendant ces journées passées à pénétrer de plus en plus profondément au cœur de ce pays. Tous ces vastes espaces de terre, toute cette peine tenacement soutenue au flanc rétif de la montagne, avaient annihilé et corrodé sa volonté. Pour la première fois de sa vie il sursautait de crainte quand un insecte venait le frapper au visage, quand une feuille effleurait son cou. Il se poussait de l'avant, brûlant ses dernières ressources, et, aux haltes, il se laissait choir à bout d'énergie.

Mais, chaque fois, le bref répit rechargeait sa résolution, et il remontait quelques mètres de plus. Lui aussi avait presque tout oublié. La mission de la patrouille, la montagne elle-même, ne l'affectaient plus. Il persévérait à la suite d'une sorte de combat intérieur, comme pour déterminer lequel des pôles de son être l'emporterait.

Et, enfin, il pressentit l'approche du sommet. Comme s'il gagnait la sortie d'un tunnel, il perçut un éclat de soleil à travers la dense végétation de la jungle. Cela le stimula et l'épuisa en même temps. Tout pas qui le rapprochait du sommet l'effrayait davantage. Il se sentait prêt à abandonner avant d'atteindre son but.

Mais il n'en eut pas l'occasion. Il venait de buter sur une pierre, eut la vision d'un nid en forme de ballon de rugby d'un brun clair, et, déporté par sa fatigue, il s'y heurta avec violence. Il se rendit compte immédiatement quel était ce nid, mais il était trop tard. Un vacarme s'éleva là-dedans et un énorme frelon de la taille d'une pièce de dix francs s'en échappa, puis un autre et un autre. Cloué sur place, il les regardait tournoyer autour de sa tête. Ils étaient beaux, avec leurs grands corps jaunes munis d'ailes iridescentes. Il devait s'en souvenir plus tard comme d'une chose tout à fait indépendante de ce qui avait suivi.

Pareils à une fusée flamboyante, les frelons dévalèrent rageusement le long de la colonne. Croft s'assena une claque sur l'oreille, mais déjà le frelon l'avait piqué. La douleur était affolante ; elle mordait à son oreille comme une engelure et répandait par tout son corps une fulgurante cuisson. Un autre frelon le piqua, puis un autre ; il se mit à mugir de douleur et à se débattre frénétiquement.

Du coup, les hommes atteignirent le point culminant de leur détresse. Ils restèrent ancrés au sol pendant cinq bonnes secondes, faisant moulinet avec leurs bras, et chaque morsure leur perçait le corps, libérant de nouvelles énergies de désespoir. Calé sans force contre un rocher, battant l'air avec rage, Wyman se mit à brailler comme un enfant.

« J'en peux plus, *j'en peux plus !* » hurlait-il.

Deux frelons le piquèrent presque simultanément. Lançant avec violence son fusil, il poussa un cri de terreur qui entama les hommes comme une déflagration. Il se mit à descendre en courant, et un à un ils le suivirent.

Croft leur cria de s'arrêter, mais ils ne lui prêtèrent aucune attention. Il lâcha un dernier juron, s'agita impuissamment contre l'assaut des insectes, puis s'élança après ses hommes. Dans un ultime sursaut d'ambition il songea à les regrouper au bas de l'amphithéâtre.

Les frelons les poursuivirent tout le long de la descente, aiguillonnant les dernières ressources de leur énergie. Ils couraient avec une surprenante agilité, bondissant de rocher en rocher, se jetant à corps perdu à travers les broussailles. Ils ne sentaient rien hormis la sauvage moucheture des frelons et le mat cognement de leur propre chair contre les rocs. Tout en fuyant ils se débarrassaient de tout ce qui ralentissait leur course. Ils jetèrent leurs armes, et certains se défirent de leurs sacs. Ils avaient la vague notion qu'en abandonnant le gros de leur bagage ils rendraient impossible la continuation de la patrouille.

Devançant immédiatement Croft, Polack vit les fuyards qui, ayant enfin échappé à la poursuite des frelons, s'arrêtaient en désordre. Il lança un coup d'œil par-dessus son épaule sur Croft et se jeta au milieu des hommes, hurlant : « QU'EST-CE QUE VOUS ATTENDEZ ? VOILA CES SALOPES DE BESTIOLES ! » Sans s'arrêter il les dépassa en courant, en hurlant, et ils le suivirent, emportés par un nouvel accès de panique. Ils se dispersèrent sur les gradins de l'amphithéâtre et, continuant du même élan frénétique, ils dégringolèrent jusqu'au vallon — au pied de la falaise suivante. En quinze minutes de sauvequi-peut ils se retrouvèrent au-delà du point où ils avaient campé la veille.

Quand Croft les eut finalement rejoints, quand il les eut rassemblés, il constata qu'ils n'avaient plus en leur possession que trois fusils et cinq sacs. C'était la fin. Il savait qu'il ne pourrait jamais reprendre la montée. Lui-même se sentait trop affaibli. Il accepta le fait passivement, trop éreinté pour éprouver des regrets ou de la peine. D'une voix calme et lasse il leur dit de se reposer avant de reprendre le chemin de la côte.

Leur retour s'effectua dans le calme. Ils étaient lamentablement fatigués, mais du moins allaient-ils en descendant. Ils traversèrent sans incident la coupure où Roth trouva la mort et, ayant dépassé vers l'après-midi les dernières falaises, ils abordèrent le pays vallonné. Le grondement de l'artillerie qui leur parvenait de l'autre côté de la chaîne les accompagna tout au long de leur marche. Cette nuit-là ils campèrent à une dizaine de milles de la jungle, et le lendemain ils débouchèrent sur la côte et se joignirent aux brancardiers. Brown et Stanley ne les avaient précédés que de quelques heures.

Goldstein raconta à Croft comment ils perdirent Wilson. Mais, à sa surprise, Croft ne fit aucun commentaire. Bien autre chose préoccupait Croft. Tout au fond de lui-même il était soulagé par son échec. Cet après-midi-là, alors que les hommes attendaient sur la plage l'arrivée du canot qui devait les reprendre le lendemain, cet après-midi-là Croft se sentit apaisé par l'inadmissible certitude qu'il avait trouvé une limite à sa voracité.

14

Le canot vint les chercher dans la matinée du lendemain et ils s'embarquèrent pour leur voyage de retour. Cette fois-ci l'embarcation avait été pourvue de dix-huit bat-flancs alignés le long des cloisons, et les hommes, s'étant débarrassés de leur équipement, se jetèrent sur les couchettes et s'endormirent. Raides, endoloris, ils ne faisaient que dormir depuis leur sortie de la jungle, l'après-midi de la veille. Certains avaient manqué leur repas du matin, mais personne n'avait d'appétit. Les rigueurs de la patrouille les avaient épuisés de bien des manières. Ils sommeillèrent pendant des heures, et s'ils se réveillaient c'était pour rester sur leurs bat-flancs et regarder le ciel au-dessus de l'embarcation. Le canot piquait et faisait des embardées, l'embrun s'embarquait par-dessus les murs et la proue, mais ils s'en apercevaient à peine. Le bruit du moteur était agréable, rassurant. Déjà la réalité de la patrouille allait s'estompant, pour laisser place à un vague composé de souvenirs distordus.

Dans l'après-midi la plupart d'entre eux étaient réveillés. Ils étaient encore terriblement fatigués, mais ils ne pouvaient plus dormir. Ils étaient trop endoloris pour éprouver le désir de déambuler dans les étroits passages du pont, et cependant ils étaient en proie à une sorte d'agitation. La patrouille était finie — et si peu de chose restait dans l'inconnu. Tout leur était palpable dans les mois et les années à venir. Ils étaient toujours dans le bain ; la misère, l'ennui, l'horreur qui vous disloque... Des choses arriveront et le temps s'écoulera, mais il n'y avait pas d'espoir, pas d'expectative. Il n'y aura rien hormis le profond et sombre abattement qui obscurcit toute chose.

Minetta passa l'après-midi à lambiner yeux clos sur son bat-flanc, s'abandonnant à une très simple, très plaisante vision. Il rêvait qu'il s'écrabouillait un pied. Un de ces jours, en nettoyant son fusil, il pointera le canon juste au milieu de sa cheville et pressera la gâchette. Les os de son pied seront réduits en bouillie, et qu'on l'ampute ou non on le renverra certainement chez lui.

Minetta s'efforçait de peser le pour et le contre. Il ne pourrait plus courir, mais, pour commencer, qui diable avait envie de courir ? Quant à danser, avec leurs membres orthopédiques perfectionnés il se débrouillerait même avec un pied de bois. Oh, ça marchera, ça gazera.

Un moment il fut désorienté. Est-ce que cela faisait une différence, quel pied ? Il était gaucher et il serait peut-être mieux de s'écrabouiller le pied droit, ou bien était-ce la même chose ? Il songea à demander l'avis de Polack, mais tout aussitôt il en abandonna l'idée. Ce genre de choses il faut les combiner tout seul. Dans une quinzaine, un jour comme un autre, il prendra soin de cette petite affaire. Il passera un temps à l'hôpital, trois mois, six mois, puis après... Il alluma une cigarette, suivant du regard les nuages qui se dissolvaient les uns dans les autres, se sentant vaguement attristé parce qu'il lui faudrait perdre un pied et que ce n'était pas de sa faute.

Red triturait une plaie sur sa main, examinant maternellement les crevasses et les arêtes de ses phalanges. Il n'y avait pas à se leurrer davantage. Ses reins étaient bousillés, bientôt ses jambes ne le porteraient plus ; tout son corps se ressentait des dommages dus à la patrouille. Elle l'avait sans doute vidé au delà de toute récupération. Eh bien, à la vieille classe de ramasser les bûches, MacPherson à Motome, Wilson maintenant, et c'était probablement justice. Et il y avait toujours la chance d'écoper une balle et de s'en tirer avec la bonne blessure. Quelle différence, après tout ? Une fois qu'on est devenu un jaune... Il toussa, couché à plat dos, légèrement incommodé par son graillon. Il lui fallut un effort de volonté pour se soulever sur son coude et pour expectorer sur le pont.

« Hé, toi, cria un des pilotes debout sur l'écoutille arrière, c'est pas une porcherie ce bateau. On a pas envie de le récurer après vous.

— Aaah, ta gueule, vociféra Polack.

— Fini de cracher, vous autres », dit Croft depuis sa couchette.

Il n'y eut pas de réponse. Red se fit oui de la tête, à lui-même.

C'était bien ça ; il avait attendu avec un rien d'angoisse que Croft dît quelque chose, et il éprouva un soulagement de n'avoir pas été interpellé par son nom.

Les clochards, à l'asile, qui rampaient quand ils étaient sobres, qui pestaient quand ils étaient saouls.

T'as tenu le coup tout seul aussi longtemps que t'as pu, puis te voilà sans force pour continuer. Tu t'es battu contre tout et tout t'est tombé dessus et t'a cassé, jusqu'à ce que t'as fini par être qu'un petit boulon de rien qui s'accroche et qui gueule quand la machine tourne trop vite.

Il lui fallait compter sur les autres, il avait besoin d'autrui maintenant, et il ne savait pas comment s'y prendre. Un embryon d'idée germait tout au fond de lui, qu'il était incapable d'exprimer. Si, tous, on faisait preuve de solidarité...

Aaah, merde. Tout ce qu'ils savent c'est s'égorger les uns les autres. Il n'y avait pas de réponse, pas même de dignité pour soi en fin de compte. Si encore il avait Loïs. Il jongla un instant avec l'idée de lui écrire, de renouer avec elle, puis l'abandonna. Le moins que je peux faire, c'est quitter comme un homme. Et puis il y avait la pensée qu'elle lui dirait peut-être d'aller se faire pendre ailleurs. Il toussa de nouveau et expectora dans sa main, gardant son crachat pendant plusieurs secondes avant de s'en défaire subrepticement sur la toile de sa couchette. Que le pilote essaie de récurer ça. Il grimaça un sourire, honteux de la satisfaction qu'il en éprouva.

Et Goldstein, couché sur son bat-flanc avec ses bras sous sa tête, pensait rêveusement à sa femme et à son enfant. L'amertume et la frustration d'avoir perdu Wilson s'étaient repliées dans son cerveau, elles s'étaient enkystées temporairement sous la couche de stupeur qui avait suivi cette perte. Il avait dormi pendant un jour et demi, et le voyage avec le brancard paraissait lointain. Il se sentait même de la sympathie pour Brown et pour Stanley parce qu'ils étaient un peu gênés en sa présence et qu'ils semblaient craindre de l'ennuyer. Et il avait un copain. Il y avait une entente entre Ridges et lui. Le jour qu'ils avaient passé sur la plage, en attendant l'arrivée de la section, ne fut pas déplaisant. Et, machinalement, ils avaient choisi des couchettes adjacentes en montant à bord.

Il eut ses moments de révolte. Son ami goy était un goy — un paysan, un paria lui-même. C'était bien *son* lot d'avoir un ami de ce genre. Mais il fut honteux de ses pensées, presque aussi honteux que lorsque quelque pensée caustique lui traversait la tête au sujet de sa femme. Il finit par se défier de lui-même. Il avait un illettré pour ami, et puis après ? Ridges était un brave type. Il y avait quelque chose de longanime en lui. Le sel de la terre, se disait Goldstein.

Le canot roulait à un mille au large. Vers la fin de l'après-midi les hommes commencèrent à bouger un peu, à regarder par-dessus la lisse. L'île passait en glissant avec lenteur, toujours impénétrable, toujours verte et dense avec sa jungle à fleur d'eau. Ils doublèrent une petite péninsule qu'ils avaient remarquée à l'aller, et certains se mirent à calculer combien de temps il leur restait avant d'atteindre le bivouac. Polack grimpa en poupe, où le pilote se tenait contre la barre, et s'assit sous l'auvent de toile. Le soleil glissait sur l'eau, réverbérant avec éclat sur la vague, et l'air dégageait un fin bouquet de végétation et d'océan.

« Dis, fait bon ici », dit-il au pilote.

L'homme de barre grogna. Il était fâché parce que les soldats avaient craché sur son pont.

« Aaah, qu'est-ce qui te démange ? demanda Polack.

— C'est toi le petit malin qui l'as ouvert tout grand tout à l'heure.

— Aaah, fit Polack, haussant les épaules, tu vas pas râler pour ça, dis. On en a vu des dures, nous autres, on a les nerfs en compote.

— Oui, vous devez en avoir vu des drôles.

— Sûr, dit Polack en bâillant. Demain ils nous enverront de nouveau en patrouille pour qu'on se recrève le cul, tu verras.

— Ça sera que du nettoyage.

— Où c'est que t'as pris ça, du nettoyage ? »

Le pilote lui décocha un coup d'œil. « De Dieu, j'ai oublié que vous êtes restés en patrouille pendant six jours. Dis, merde, toute la campagne a pété jusqu'au ciel. On a tué Toyaku. Dans une semaine y aura pas dix Japonais dans le bled.

— Que... oi ?

— Oui. On a pris leur dépôt de ravitaillement. On les égorge. J'ai vu moi-même la Ligne Toyaku hier. Ils avaient des nids de mitrailleuse en béton armé. Des lance-flammes. Tout le sacré bataclan. »

Polack jura. « Tout le truc est fini, hein ?

— A peu près.

— Et nous on s'est cassé le cul pour rien ? »

Le pilote grimaça un sourire. « Haute stratégie. »

Polack redescendit sur le pont et colporta la nouvelle. Cela leur sembla parfaitement raisonnable. Ils rirent acidement et se recouchèrent sur leurs bat-flancs. Mais bientôt ils se rendirent compte que si la campagne était terminée, c'en était fini de patrouiller pour plusieurs mois au moins. Cela les déconcerta, les irrita, au point qu'ils ne surent plus si la nouvelle leur plaisait ou non. Leur dernière patrouille aurait dû y compter pour quelque chose. La fatigue aidant, leur incertitude les plongea dans un état d'hilarité proche de l'hystérie.

« Hé, tu sais, piailla Wyman, avant qu'on est parti j'ai entendu dire qu'on va envoyer la division en Australie pour nous changer en police militaire.

— Oui, police militaire. Ils en riaient à pleine gorge. Wyman, ils nous renvoient chez nous.

— Reconnaissance sera la garde personnelle du général.

— MacArthur nous fera construire une autre maison pour lui à l'île de Holandia.

— On sera des gonzesses de la Croix-Rouge, criait Polack.

— Ils mettent la division à faire des pluches jusqu'à la fin de la guerre. »

Tout, en eux, était sens dessus dessous. L'embarcation, presque silencieuse jusqu'alors, trépignait de leurs rires. Leurs voix, rauques, hilares, rageuses, portaient loin sur l'eau. Tout mot provoquait de nouveaux spasmes d'hilarité. Même Croft s'y vit mêlé.

« Hé, *sergent*, ça me fait mal de te laisser tomber, mais je vas être cuistot.

— Aaah, foutez-moi le camp d'ici, z'êtes qu'un tas de nom de Dieu de femelles », débita Croft d'une voix traînante.

Ça leur parut plus drôle que tout le reste. Ils se retenaient aux montants de leurs couchettes à force de rire. « Sergent, est-ce que je dois foutre le camp tout de suite ? beugla Polack. C'est que ça fait beaucoup d'eau dehors. » Sa sortie les traversa comme une confuse succession de vaguelettes qui jaillissent d'un rocher, pour être aussitôt brouillées par d'autre vaguelettes jaillies d'un autre rocher. Toutes les fois que l'un d'eux ouvrait la bouche ils partaient d'un rire sauvage, hystérique, proche des larmes. Le canot en gigotait.

Cela s'apaisa lentement, perça de nouveau à plusieurs reprises comme une flammèche de sous la cendre, et finalement s'éteignit. Ils se turent, épuisés, frottant leurs yeux larmoyants, bien aises de sentir les muscles de leurs joues se détendre, le mal de rire se calmer dans leurs côtes, pour se retrouver en fin de compte sous le plat et vaste abattement qui accablait toute chose.

Polack essaya de les ranimer en chantant, mais quelques-uns seulement joignirent leur voix à la sienne.

Roule-moi
Dans l'herbe,
Roule-moi,
Couche-moi,
Et refais-le me le fais.

La demi passée trois
Je l'avais sur mes genoux.
Couche-moi,
Roule-moi,
Refais-le me le fais,
Roule-moi dans l'herbe...

Leurs voix résonaient faiblement, emportées par le clapotement placide de la mer, assourdies par les explosions du moteur.

La demi passée quatre
Je l'avais sur le plancher.
Couche-moi,

Roule-moi,
Refais-le me le fais.

Croft quitta sa couchette et se pencha sur la lisse, regardant l'eau d'un œil maussade. Ignorant la date de la victoire, il présumait faussement qu'elle tombait le jour de son échec sur la montagne. S'ils avaient réussi dans leur tentative, l'issue de la campagne eût été portée à leur crédit. C'était l'évidence même. Il en avait l'amère certitude. Ses mâchoires frémissaient tandis qu'il crachait à la mer.

La demi passée cinq
On s'est fait des mamours...

Debout près du gouvernail, Polack et Red et Minetta chantaient comme s'ils sonnaient la cloche. Toutes les fois qu'ils s'interrompaient Polack soufflait dans ses joues, faisant ouaah-ouaaaah, comme une trompette quand on y met la sourdine. Peu à peu les autres s'y laissèrent prendre. « Où est Wilson ? » cria quelqu'un. Tous se turent pour un moment. Ils avaient entendu la nouvelle, mais ils n'en avaient pas enregistré la signification. Et tout à coup ils comprirent que Wilson était mort. La chose les bouleversa, déchaînant à sa suite la familière irréalité de la guerre et de la mort, et leur chant se fit incertain. « Il me manquera ce vieux couillon, dit Polack.

— Allez, remettons ça, grommela Red. Des gars viennent et des gars s'en vont, et après un temps on se souvient même pas de leur nom.

— Roule-moi *dans* l'herbe. »

Le canot décrivait une courbe et le mont Anaka leur apparut au loin. Il paraissait immense. « Dis, est-ce que nous avons grimpé ça ? » demanda Wyman.

Quelques-uns se portèrent contre la lisse, se désignant mutuellement la montagne, discutant pour savoir s'ils avaient gravi telle ou telle des falaises. Ils étaient fiers d'eux-mêmes. « Tu parles s'il est grand, le fils de pute.

— On a bien fait de monter aussi haut qu'on a pu. »

C'était le sentiment général. Déjà ils songeaient comment ils en boucheraient un coin à leurs copains des autres sections.

« On nous a oubliés dans le grand chambardement. Chacun aura son histoire à raconter.

— Et comment. »

Et cela aussi leur plaisait. Le dernier soutien de l'ironie.

Le chant continuait.

La demi passée six
Elle me faisait des trucs.
Couche-moi,
Roule-moi,
Refais-le me le fais.

Croft regardait la montagne. L'éléphant inconquis ruminait sombrement au-dessus de la jungle et des collines.

Tout y était pur et lointain. La lumière déclinante de l'après-midi y levait des verts veloutés et des bleus de roche et des bruns de terre faits d'une tout autre matière que le sol fétide de la jungle.

Son vieux tourment le consumait de nouveau. Un courant de désirs inexprimables battait dans sa gorge, ravivant la familière et indicible tension que la montagne toujours éveillait en lui. Escalader cela.

Il avait failli, et il en souffrait profondément. Sa frustration se donnait de nouveau libre cours. Jamais plus il n'aurait l'occasion de recommencer. Et, cependant, il se demandait s'il aurait pu réussir. L'angoisse et la terreur lui revinrent, qu'il avait éprouvées sur les gradins de l'amphithéâtre. S'il avait entrepris tout seul l'escalade, la fatigue des autres ne l'aurait pas freiné ; mais, aussi, il eût été tout seul — et il se rendit compte soudainement que, sans eux, il eût été incapable de fournir l'effort. Les collines dénudées avaient de quoi corroder le plus grands des courages.

La demi passée sept
Elle se croyait au ciel...

Dans quelques heures ils seront de retour, montant leurs tentes dans le noir, recevant peut-être une gamelle de café chaud. Et, le matin venu, la routine sans fin recommencera, jour après jour. Déjà la patrouille leur était étrangère, irréelle, et cependant le bivouac à venir était lui aussi sans réalité. Dans la vie militaire toute transition était irréelle. Ils chantonnaient, à seule fin de faire un peu de bruit.

... roule-moi
Et refais-le me le fais.

Croft continuait à regarder la montagne. Il l'avait perdue, et en la perdant il avait manqué quelque terrible révélation de lui-même.

De lui-même et de bien davantage encore. De la vie.

Tout.

*
* *

CHŒUR MUET :
DE CE QU'ON FERA QUAND ON LES METTRA

(Parfois parlé, généralement en sourdine, variant avec les circonstances.)

RED. — Reprendrai le même foutu turbin de toujours. Est-ce qu'y a quelque chose d'autre ?

BROWN. — Quand on débarquera à Frisco je toucherai ma solde

et je me flanquerai la plus formidable cuite de tous les temps, je me dégoterai une putain et je ferai que baiser et boire pendant deux semaines bien sonnées, puis je m'en irai chez moi dans le Kansas, sans me presser, m'arrêtant où et quand ça me chantera, me payant un bordel de Dieu de bastringue comme t'en as jamais vu, puis j'irai trouver en douce ma femme, je m'en vas pas lui dire que j'arrive, et je lui ferai la grande surprise de sa vie, et y aura des témoins par Dieu, et je la foutrai dehors, et que les gens sachent comment on traite une pouffiasse après qu'on a pourri ici Dieu sait combien de temps sans savoir quand on allait se faire bousiller, pestant et se faisant chier et découvrant des choses sur vous-même qu'il vaut mieux pas savoir.

GALLAGHER. — Tout ce que je sais c'est qu'y a un bordel de compte à régler, un compte à régler. Quelqu'un va payer ça, on leur fera péter leurs sales têtes de con aux civilots.

GOLDSTEIN. — Oh, je me vois quand j'arrive. Je débarquerai tôt le matin, et je prendrai un taxi au Grand Central et je roulerai jusqu'à chez moi dans le Flatbush, puis je monterai l'escalier et je sonnerai, et Natalie se demandera qui est-ce qui sonne, et puis elle viendra, et puis elle ouvrira la porte... Je ne sais pas. C'est si loin encore.

MARTINEZ. — San Antonio, voir famille peut-être. Se promener, jolies filles mexicaines à San Antonio, grande liasse dollars, rubans, aller église, tuer trop nom de Dieu Japonais. Sais pas, se rengager, foutue armée pas bon, mais bon quand même. Bonne paie.

MINETTA. — Toutes les fois que je verrai un de ces salauds d'officiers en uniforme je lui dirai « Bourrique », à tous tant qu'ils sont, en plein Broadway, et je dénoncerai leur salope d'armée.

CROFT. — Gaspillage de salive tout ça. La guerre durera encore un bon bout de temps.

QUATRIÈME PARTIE

Veillée mortuaire

Les opérations de nettoyage furent éminemment réussies. Une semaine après la prise de la Ligne Toyaku les restes de la garnison japonaise à Anopopéi se trouvèrent réduits en cent puis en mille petits segments. Leur organisation se désagrégea complètement ; des bataillons furent isolés, puis des compagnies, et finalement des sections et des escouades et des groupuscules de cinq et de trois et de deux hommes se disséminèrent dans la jungle, essayant d'échapper à l'avalanche des patrouilles américaines. Leurs pertes, vers la fin de la campagne, devinrent fantastiques. Le cinquième jour deux cent soixante-dix-huit Japonais furent tués, contre deux Américains ; le huitième jour, le plus fécond de la campagne, huit cent vingt et un Japonais furent tués et neuf capturés, contre la perte de trois vies américaines. Concis et modestes, pas tout à fait inexacts, les communiqués se suivaient avec une monotone régularité.

« Le général MacArthur a annoncé aujourd'hui la fin de la bataille d'Anopopéi. Les opérations de nettoyage continuent. »

« Les troupes américaines sous le commandement du général de brigade Edward Cummings annoncent aujourd'hui la capture de cinq places fortes et de grands dépôts de vivres et de munitions ennemis. Les opérations de nettoyage se poursuivent. »

D'étonnants rapports continuaient d'affluer sur le bureau de Cummings. L'interrogatoire des rares prisonniers révéla que depuis plus d'un mois les troupes japonaises avaient subsisté sur des demi-rations, et que vers la fin les vivres firent presque entièrement défaut. Cinq semaines plus tôt l'artillerie avait détruit un dépôt de ravitaillement japonais, et personne n'en sut rien. Leurs ressources médicales étaient épuisées, et depuis six ou huit semaines des parties de la Ligne Toyaku se trouvaient en plein délabrement. On découvrit, en plus, qu'une semaine avant le commencement de la dernière offensive les Japonais avaient presque entièrement épuisé leurs réserves de munitions.

Cummings repassa en revue de vieux rapports de patrouille, relut nombre de relations quant à l'activité de l'ennemi au cours des derniers mois. Il avait même remâché les piteuses trouvailles du Deuxième Bureau. Pas le moindre soupçon, dans tout cela, de la situation réelle des Japonais. Il avait déduit de ces rapports la seule hypothèse possible — à savoir que les Japonais étaient encore en force. Cette leçon, la plus puissante qu'il eût jamais tirée d'une campagne, l'agaçait et l'inquiétait. A ce jour, encore qu'ayant fait relativement peu de cas des informations contenues dans les rapports de patrouille, il leur avait néanmoins prêté quelque attention. Or, tout cela, s'était révélé de nulle valeur.

Il se ressentait encore du choc que lui infligea la victoire du commandant Dalleson. Laisser ses premières lignes par un beau et calme matin et revenir le lendemain pour trouver que la campagne est virtuellement finie ressemblait un peu à l'ébahissement de celui qui, regagnant son chez soi, trouve sa maison partie en fumée. Certes, il avait conduit les opérations de nettoyage avec brio. Après que les Japonais eurent reçu le coup d'assommoir aucune chance ne leur fut laissée de se regrouper, mais c'était là un maigre triomphe — le sauvetage de quelques débris d'ameublement. Il enrageait en secret que la maladresse de Dalleson eût déclenché la campagne ; l'effondrement japonais était dû à ses efforts, et c'eût été à lui Cummings d'avoir le plaisir de faire détoner la fusée. Ce qui l'irritait le plus c'est qu'il devait congratuler Dalleson, peut-être même lui donner de l'avancement. Lui infliger un affront dans ce moment eût été un aveu trop manifeste.

Mais une autre frustration vint bientôt s'y substituer. Que serait-il arrivé s'il avait été présent, si lui-même avait dirigé l'offensive ? Quelle en eût été la vraie signification ? La résistance japonaise était usée au point où toute action concertée, aussi rudimentaire fût-elle, aurait suffi pour défoncer leurs lignes. Il était impossible d'écarter l'idée que n'importe qui aurait gagné cette campagne, laquelle n'avait consisté qu'en un jeu de patience et d'usure.

Pour un moment il admit presque qu'il n'eut que très peu ou peut-être rien à voir avec cette victoire, ou en vérité avec aucune victoire — celle d'Anopopéi était due à un vulgaire concours d'heureux hasards entrelardés dans un réseau fortuit de facteurs trop vastes, trop vagues, pour qu'il pût en appréhender le mécanisme. Il se permit cette pensée, il la cultiva, la traduisit presque en mots, puis il la refoula. Mais elle lui causa une profonde démoralisation.

Si seulement il avait conçu cette patrouille un peu plus tôt, s'il avait eu le temps d'en élaborer le schéma plus en détail. Ce fut un travail mal fait, et Hearn était mort.

Eh bien, ce n'était pas exactement une nouvelle atterrante. Toutefois, ne fût-ce que pour un bref moment, Hearn avait été le seul homme dans la division capable de comprendre le côté profond de ses vues, capable même de le comprendre tout court. Mais Hearn avait manqué d'envergure. Il avait jeté un regard, il avait pris peur, et il s'était retiré à quatre pattes — soulevant de la boue.

Il savait pourquoi il l'avait puni, il savait que ce n'était pas par accident qu'il avait assigné Hearn à Reconnaissance. Et sa fin n'était pas venue par surprise. Cummings y puisa d'abord une trace de plaisir.

Seulement... le temps d'une seconde la nouvelle de la mort d'Hearn lui fit mal. Son cœur se serra cruellement. Il en éprouva presque de l'affliction, mais bientôt quelque chose d'autre, quelque chose de plus complexe l'emporta sur son premier mouvement. Pendant des jours, toutes les fois qu'il lui arriva de penser à Hearn, il ressentait un mélange de peine et de satisfaction.

L'important, en fin de compte, consistait à faire la balance de vos profits et pertes. La campagne avait duré une semaine de plus qu'il ne lui fut accordé, ce qui n'allait pas figurer à son crédit. Mais il y eut un temps — huit ou quinze jours à peine plut tôt — où il envisageait que la conquête de l'île lui prendrait tout un mois encore. De plus, en ce qui regardait le G.Q.G. de l'armée, la campagne avait été gagnée par l'invasion de Botoï Bay. Ceci compterait indéniablement en sa faveur. Somme toute, Anopopéi n'avait ni desservi ni bonifié fondamentalement ses intérêts. Quand l'heure sera venue d'attaquer les Philippines il aura sa division au complet sur la brèche et l'opportunité d'arriver à des résultats plus frappants. Mais avant cela les hommes devront être secoués, tenus vigoureusement en haleine, soumis à une discipline renforcée. La même colère, si souvent ressentie au cours du dernier mois de la campagne, s'emparait de lui. Les hommes lui résistaient, ils résistaient à tout changement avec une enrageante inertie. Quelque dureté que l'on mît à les bousculer, ils ne cédaient jamais que de mauvaise grâce, pour se regrouper aussitôt que la pression se relâchait. On pouvait les travailler, on pouvait les enjôler, mais il y avait des moments où Cummings doutait désormais de pouvoir les changer, les pétrir vraiment. Et la même chose menaçait de se reproduire dans les Philippines. Avec tous ses ennemis au G.Q.G. il n'avait pas beaucoup de chances de décrocher une autre étoile avant les Philippines, auquel cas tout espoir serait perdu d'obtenir le commandement d'une armée avant la fin de la guerre.

Le temps passait, et avec lui les occasions de se signaler. Ce seront les vieilles haridelles qui occuperont la banquette de l'histoire après la guerre, les mêmes empotés qui, incapables de coordination, agissent au gré de leurs impulsions contradictoires. Il prenait de l'âge et il risquait de manquer son heure. Quand la guerre avec la Russie sera venue il ne sera pas assez haut placé, il ne sera pas assez près des gens au pouvoir pour faire la grande enjambée, le grand saut. Peut-être serait-il plus intelligent, la guerre finie, de se mettre sur les rangs pour tâter des Affaires Étrangères. Son beau-frère ne lui ferait certainement pas du tort de ce côté-là.

Peu d'Américains comprendront les contradictions de la période à venir. La route du pouvoir sera le plus avantageusement camouflée sous les auspices d'un conservatisme libéral. Les réactionnaires et les isolationnistes rateront leur coup, et ils causeront presque autant d'ennuis qu'ils occuperont de place. Il haussa les épaules. S'il avait une autre opportunité, il saurait mieux s'y prendre. Quelle frustration ! Savoir tant de choses, et être lié pieds et poings.

Pour se soustraire à sa tension nerveuse, il s'appliqua jusqu'au moindre détail aux opérations de nettoyage.

Sixième Jour : 347 Japonais — 1 Américain
Neuvième Jour : 502 Japonais — 4 Américains

Les patrouilles s'infiltraient le long des pistes derrière les lignes japonaises. Elles battaient, en grand nombre, les passages du labyrinthe, elles taillaient à même la jungle pour débusquer des survivants qui auraient pu se faufiler sur les brisées des bêtes. De l'aube au soir les patrouilles parcouraient la jungle — toujours avec la même mission.

C'était tout simple, une rigolade. Après des mois passés à monter la garde de nuit, à patrouiller sur des pistes où l'on risquait à tout moment de tomber dans une embuscade, les opérations de nettoyage n'avaient rien de désagréable. C'était presque excitant. Les tueries perdirent toute proportion, elles les importunaient moins que de trouver des fourmis dans leur litière.

Certaines choses relevaient de la routine. Au cours des dernières semaines de la campagne les Japonais avaient installé quantité d'hôpitaux volants, et, dans leur retraite, ils achevèrent nombre de leurs blessés. Les Américains finissaient la besogne en écrasant la tête des survivants à coups de crosse ou en les criblant de balles à bout portant.

Mais il y avait d'autres façons de faire, plus personnelles. Un jour, à l'aube, une patrouille découvrit quatre Japonais endormis sur une piste à l'abri de leurs toiles imperméables. L'homme en tête de colonne tomba en arrêt, ramassa quelques cailloux et les lança en l'air. Les cailloux retombèrent avec un léger crépitement de grêle sur l'un des soldats. Il se réveilla avec lenteur, s'étira sous sa toile, bâilla, grogna un peu, s'éclaircit la gorge, émettant toute la gamme de sons inarticulés de celui que l'on tire de son sommeil au petit matin, puis il sortit la tête de sous sa toile. L'Américain patienta jusqu'à ce que le Japonais l'aperçût, sur quoi, le voyant sur le point de pousser un cri, il lui envoya une volée de balles de mitraillette dans le corps. Ensuite, pointant son arme vers le centre de la piste, il piqua une série de trous bien nets à travers les toiles imperméables. Un seul des Japonais était encore en vie, dont les jambes, dépassant la toile, gigotaient du dernier sursaut convulsif de l'animal qui expire. Un des soldats s'avança, fouilla avec le canon de son fusil sous la toile, repéra la tête du blessé, et pressa la gâchette.

Il y avait d'autres variantes.

Il leur arrivait parfois de faire des prisonniers, mais si le jour tirait à sa fin et si la patrouille avait hâte de rentrer avant la nuit, il était préférable que les prisonniers fissent diligence. Une escouade, à qui il arriva de faire trois prisonniers tard dans l'après-midi, se trouva gravement retardée par ses captifs. Un des prisonniers était si malade qu'il marchait à peine, et un autre, un grand bonhomme morose, cherchait une occasion de s'échapper. Les testicules du troisième étaient monstrueusement enflés, et si douloureux qu'il dut découper l'entrejambe de son pantalon — tel celui qui fend sa chaussure pour faire place à son orteil affligé d'un oignon. Il s'avançait pathétiquement, clopin-clopant, soutenant ses testicules et gémissant de douleur.

Le chef de la patrouille consulta finalement sa montre et soupira. « Va falloir qu'on les débarque », dit-il.

Le Japonais morose parut savoir de quoi il s'agissait, car il s'écarta de la piste et, dos tourné, il attendit. La balle le prit derrière l'oreille.

Un soldat vint se placer derrière le prisonnier aux testicules enflés et l'étala par terre d'une bourrade. Il poussa un seul cri de douleur avant de mourir.

Le troisième était dans un semi-coma et n'avait aucune idée de ce qui se passait.

Deux semaines plus tard le commandant Dalleson, assis dans la cabane nouvellement construite pour abriter ses services, ruminait agréablement sur le passé, le présent, et l'avenir. Avec la fin de la campagne l'état-major de la division déménagea à l'ombre presque fraîche et plaisante d'un bouquet d'arbres, non loin de la mer. La brise nocturne y rendait le sommeil fort agréable.

Les exercices d'entraînement allaient commencer le lendemain, et c'était ce côté de la vie militaire que le commandant trouvait le plus sympathique. Tout était prêt. Les troupes, installées sous des tentes d'escouade, avaient établi leur bivouac permanent, les chemins du camp étaient recouverts de gravier, et chaque homme avait fini de fixer une planchette au-dessus de sa couche pour y recevoir son équipement bien au net. La place d'armes était fin prête, et le commandant en était fier car il avait personnellement surveillé les travaux. Ce fut un exploit de taille que de défricher trois cents mètres de jungle et de niveler le sol en dix jours seulement.

Le premier défilé suivi d'une inspection était prévu pour le lendemain, et le commandant savourait son plaisir à l'avance. Il éprouvait une simple, une enfantine joie à voir des troupes parader dans des uniformes propres, à inspecter un fusil piqué au hasard. Il était déterminé à faire reprendre à la division une allure décente avant la campagne des Philippines.

Ses journées étaient fort chargées. Il y avait toutes sortes de détails à mettre au point, et le programme des exercices présentait nombre de difficultés. Faute de conditions appropriées on allait avoir du mal à organiser tous les cours qu'il faudrait. Il allait y avoir des exercices de tir bien entendu, et l'entretien, la nomenclature des pièces détachées, et le fonctionnement des mitrailleuses. Il faudrait une classe destinée aux armes spéciales, une de lecture de cartes et de compas, une autre de discipline militaire. Et, évidemment, il les tiendrait sur les dents avec des défilés et des inspections. Mais il y avait encore bien des choses qu'ils devraient faire. En tout cas il pourrait toujours boucher les trous en leur faisant faire des marches.

L'instruction militaire, voilà ce qu'il aimait ; il n'y avait pas à en démordre. La simple mise au point du programme pour chaque compagnie était tout un problème, mais pas un à la gomme. C'était un peu comme le remplissage des mots croisés. Le commandant alluma un cigare et regarda au delà des cloisons de la cabane en tôle galvanisée, par delà les cents mètres de jungle, vers l'océan qui clapotait doucement contre la plage. Il aspira profondément, savourant l'âcre odeur de poisson qui arrivait de l'eau. Il avait toujours fait de son mieux, personne ne lui disputerait cela. Une rosâtre satisfaction faisait des remous en lui.

A ce moment-là il eut son idée. Il donnera un coup de pouce à la classe de cartographie en y faisant afficher une photographie de Betty Grable en maillot de bain, couleur et grandeur nature, recouverte d'une carte quadrillée. L'instructeur pointera différentes parties de son anatomie et dira : « Donnez-moi les coordonnées. »

Crénom, quelle idée ! Le commandant rit sous cape de pur plaisir. C'est du coup qu'ils feront attention en classe, les petits troupiers.

Mais où allait-il se procurer une photo grandeur nature ? Le commandant chassa la cendre de son cigare. Il pouvait demander au sergent-chef de la lui procurer, mais il voulait être damné s'il allait faire l'imbécile en signant un ordre à cet effet. L'aumônier Davis peut-être, une bonne bête d'homme — mais non, il ferait mieux de ne pas s'adresser à lui.

Dalleson se gratta la tête. Il pouvait écrire au G.Q.G., Services Spéciaux. Ils n'auront probablement pas Grable, mais n'importe quelle fille à poil fera l'affaire.

C'était ça. Il écrira à l'armée. Et entre temps il enverra une lettre au ministère de la Guerre, Section d'Instruction Militaire. Ils cherchent, là-bas, des perfectionnements de ce genre. Déjà il voyait toutes les unités de l'armée se servant de son idée. Il serra les poings avec excitation.

Chic alors !

Pierre Boulle

LE PONT DE LA RIVIÈRE KWAÏ

No, it was not funny; it was rather pathetic; he was so representative of all the past victims of the Great Joke. But it is by folly alone that the world moves, and so it is a respectable thing upon the whole. And besides, he was what one would call a good man.

Joseph Conrad.

PREMIÈRE PARTIE

1

L'abîme infranchissable que certains regards voient creusé entre l'âme occidentale et l'âme orientale n'est peut-être qu'un effet de mirage. Peut-être n'est-il que la représentation conventionnelle d'un lieu commun sans base solide, un jour perfidement travesti en aperçu piquant, dont on ne peut même pas invoquer la qualité de vérité première pour justifier l'existence ? Peut-être la nécessité de « sauver la face » était-elle, dans cette guerre, aussi impérieuse, aussi vitale, pour les Britanniques que pour les Japonais ? Peut-être réglait-elle les mouvements des uns, sans qu'ils en eussent conscience, avec autant de rigueur et de fatalité qu'elle commandait ceux des autres, et sans doute ceux de tous les peuples ? Peut-être les actes en apparence opposés des deux ennemis n'étaient-ils que des manifestations, différentes mais anodines, d'une même réalité immatérielle ? Peut-être l'esprit du colonel nippon, Saïto, était-il en son essence analogue à celui de son prisonnier, le colonel Nicholson ?

C'étaient là des questions que se posait le médecin commandant Clipton, prisonnier lui aussi, comme les cinq cents malheureux amenés par les Japonais au camp de la rivière Kwaï, comme les soixante mille Anglais, Australiens, Hollandais, Américains, rassemblés par eux en plusieurs groupes, dans la région la moins civilisée du monde, la jungle de Birmanie et de Thaïlande, pour y construire une voie ferrée reliant le golfe du Bengale à Bangkok et à Singapour. Clipton se répondait parfois affirmativement, tout en reconnaissant que ce point de vue avait une allure parfaite de paradoxe, et nécessitait une élévation considérable au-dessus des manifestations apparentes. Pour l'adopter, il fallait en particulier dénier toute signification réelle aux bourrades, coups de crosse et autres brutalités plus dangereuses, par lesquels s'extériorisait l'âme japonaise, ainsi qu'au déploiement de dignité massive dont le colonel Nicholson avait fait son arme favorite pour affirmer la supériorité britannique. Cependant, Clipton se laissait aller à porter ce jugement en ces moments où la conduite de son chef le plongeait dans une telle rage que son esprit parvenait seulement à trouver un peu d'apaisement dans une recherche abstraite et passionnée des causes premières.

Il aboutissait alors invariablement à la conclusion que l'ensemble des caractères composant la personnalité du colonel Nicholson (il entassait pêle-mêle dans cette respectable collection le sentiment du devoir, l'attachement aux vertus ancestrales, le respect de l'autorité, la hantise de la discipline et l'amour de la tâche correctement accomplie) ne pouvaient être mieux condensés que par le mot : snobisme. Pendant ces périodes d'investigation fébrile, il le tenait pour un snob, le type parfait du snob militaire, qu'une longue synthèse a lentement élaboré et mûri depuis l'âge de pierre, la tradition assurant la conservation de l'espèce.

Clipton, d'ailleurs, était par nature objectif et possédait le don rare de pouvoir considérer un problème sous des angles très différents. Sa conclusion ayant un peu calmé la tempête déchaînée en son cerveau par certaines attitudes du colonel, il se sentait soudain porté à l'indulgence, et reconnaissait, en s'attendrissant presque, la haute qualité de ses vertus. Il admettait que, si celles-ci étaient le propre d'un snob, une logique à peine plus poussée imposait probablement aussi de classer dans leur même catégorie les plus admirables sentiments, et d'en arriver finalement à discerner dans l'amour maternel la plus éclatante manifestation de snobisme en ce monde.

Le respect que le colonel Nicholson éprouvait pour la discipline avait été illustré dans le passé en différentes régions de l'Asie et de l'Afrique. Il avait été affirmé une fois de plus lors du désastre qui suivit l'invasion de la Malaisie, à Singapour, en 1942.

Après que l'ordre de mettre bas les armes eut été émis par le haut commandement, comme un groupe de jeunes officiers de son régiment avaient établi un plan pour gagner la côte, s'emparer d'une embarcation et voguer vers les Indes néerlandaises, le colonel Nicholson, tout en rendant hommage à leur ardeur et à leur courage, avait combattu ce projet par tous les moyens encore à sa disposition.

Il avait d'abord cherché à les convaincre. Il leur avait expliqué que cette tentative était en opposition directe avec les instructions reçues. Le commandant en chef ayant signé la capitulation pour toute la Malaisie, aucun sujet de Sa Majesté ne pouvait s'échapper sans commettre un acte de désobéissance. Pour lui-même, il ne voyait qu'une ligne de conduite possible : attendre sur place qu'un officier supérieur japonais vînt recevoir sa reddition, celle de ses cadres et celle des quelques centaines d'hommes qui avaient échappé au massacre des dernières semaines.

« Quel exemple pour les troupes, disait-il, si les chefs se dérobent à leur devoir ! »

Ses arguments avaient été soutenus par la pénétrante intensité que prenait son regard aux heures graves. Ses yeux avaient la couleur de l'océan Indien par temps calme, et sa face, en perpétuel repos, était l'image sensible d'une âme ignorant les troubles de conscience. Il portait la moustache blonde, tirant sur le roux, des héros placides, et les reflets rouges de sa peau témoignaient d'un cœur pur, contrôlant une circulation sanguine sans défaut, puissante et régulière. Clipton, qui l'avait suivi tout au long de la campagne, s'émerveillait chaque jour de voir miraculeusement matérialisé sous ses yeux l'officier britannique de l'armée des Indes, un être qu'il avait toujours cru légendaire, et qui affirmait sa réalité avec une outrance provoquant en lui ces crises douloureusement alternées d'exaspération et d'attendrissement.

Clipton avait plaidé la cause des jeunes officiers. Il les approuvait, et il l'avait dit. Le colonel Nicholson le lui avait gravement reproché, exprimant sa pénible surprise de voir un homme d'âge mûr, occupant une position lourde de responsabilités, partager les espoirs chimériques de jeunes gens sans cervelle et encourager des improvisations aventureuses, lesquelles ne donnent jamais rien de bon.

Ses raisons exposées, il avait donné des ordres précis et sévères. Tous les officiers, sous-officiers et hommes de troupe attendraient sur place l'arrivée des Japonais. Leur reddition n'étant pas une affaire individuelle, ils ne devaient en aucune façon s'en sentir humiliés. Lui seul en portait le poids dans le cadre du régiment.

La plupart des officiers s'étaient résignés, car sa force de persuasion était grande, son autorité considérable, et sa bravoure personnelle indiscutable interdisait d'attribuer sa conduite à un autre mobile que le sentiment du devoir. Quelques-uns avaient désobéi et étaient partis dans la jungle. Le colonel Nicholson en avait éprouvé un réel chagrin. Il les avait fait porter déserteurs, et ce fut avec impatience qu'il attendit l'arrivée des Japonais.

En prévision de cet événement, il avait organisé dans sa tête une cérémonie empreinte d'une sobre dignité. Après avoir médité, il avait décidé de tendre, au colonel ennemi chargé de recevoir sa reddition, le revolver qu'il portait au côté, comme objet symbolique de sa soumission au vainqueur. Il avait répété plusieurs fois le geste, et était certain de pouvoir décrocher l'étui facilement. Il avait revêtu son meilleur uniforme et exigé que ses hommes fissent une toilette soignée. Puis, il les avait rassemblés et fait former des faisceaux dont il avait vérifié l'alignement.

Ce furent de simples soldats, ne parlant aucune langue du monde civilisé, qui se présentèrent les premiers. Le colonel Nicholson n'avait pas bougé. Puis, un sous-officier était arrivé avec un camion, faisant signe aux Anglais de placer leurs armes dans le véhicule. Le colonel avait interdit à sa troupe de faire un mouvement. Il avait réclamé un officier supérieur. Il n'y avait pas d'officier, ni subalterne ni supérieur, et les Japonais ne comprenaient pas sa demande. Ils s'étaient fâchés. Les soldats avaient pris une attitude menaçante, tandis que le sous-officier poussait des hurlements rauques en montrant les faisceaux. Le colonel avait ordonné à ses hommes de rester sur place, immobiles. Des mitraillettes avaient été pointées sur eux, pendant que le colonel était bousculé sans aménité. Il était resté impassible et avait renouvelé sa requête. Les Anglais se regardaient avec inquiétude, et Clipton se demandait si leur chef allait les faire tous massacrer par amour des principes et de la forme, quand, enfin, une voiture chargée d'officiers japonais avait surgi. L'un d'eux portait les insignes de commandant. Faute de mieux, le colonel Nicholson avait décidé de se rendre à lui. Il avait fait mettre sa troupe au garde-à-vous. Lui-même avait salué réglementairement, et, détachant de sa ceinture son étui à revolver, l'avait tendu d'un geste noble.

Devant ce cadeau, le commandant, épouvanté, avait d'abord eu un mouvement de recul ; puis il avait paru fort embarrassé ; finalement, il avait été secoué d'un long éclat de rire barbare, imité bientôt par ses compagnons. Le colonel Nicholson avait haussé les épaules et pris une attitude hautaine. Il avait cependant autorisé ses soldats à charger les armes dans le camion.

Pendant la période qu'il avait passée dans un camp de prisonniers, près de Singapour, le colonel Nicholson s'était donné pour tâche de maintenir la correction anglo-saxonne en face de l'activité brouillonne et désordonnée des vainqueurs. Clipton, qui était resté près de lui, se demandait déjà à cette époque s'il fallait le bénir ou le maudire.

A la suite des ordres qu'il avait donnés, pour confirmer et amplifier de son autorité les instructions japonaises, les hommes de son unité se conduisaient bien et se nourrissaient mal. Le *looting*, ou chapardage des boîtes de conserve et autres denrées alimentaires, que les prisonniers des autres régiments parvenaient parfois à pratiquer dans les faubourgs bombardés de Singapour, malgré les gardes et souvent avec leur complicité, apportait un supplément précieux aux maigres rations. Mais ce pillage n'était, en aucune circonstance, toléré par le colonel Nicholson. Il faisait faire par ses officiers des conférences où était flétrie l'indignité d'une telle conduite, et où était démontré que la seule façon pour le soldat anglais d'en imposer à ses vainqueurs temporaires était de leur donner l'exemple d'un comportement irréprochable. Il faisait contrôler l'obéissance à cette règle par des fouilles périodiques, plus inquisitrices que celles des sentinelles.

Ces conférences sur l'honnêteté que doit observer le soldat en pays étranger n'étaient pas les seules corvées qu'il imposait à son régiment. Celui-ci n'était pas accablé de travail à cette époque, les Japonais n'ayant entrepris aucun aménagement important dans les environs de Singapour. Persuadé que l'oisiveté était préjudiciable à l'esprit de la troupe, et dans son inquiétude de voir baisser le moral, le colonel avait organisé un programme d'occupation des loisirs. Il obligeait ses officiers à lire et à commenter aux hommes des chapitres entiers du règlement militaire, faisait tenir des séances d'interrogation et distribuait des récompenses sous forme de satisfecit signés par lui. Bien entendu, l'enseignement de la discipline n'était pas oublié dans les cours. Il y était périodiquement insisté sur l'obligation pour le subalterne de saluer son supérieur, même à l'intérieur d'un camp de prisonniers. Ainsi, les *private*, qui devaient par-dessus le marché saluer tous les Japonais, sans distinction de grade, risquaient à chaque instant, s'ils oubliaient les consignes, d'une part les coups de pied et les coups de crosse des sentinelles, d'autre part les remontrances du colonel et des punitions infligées par lui, pouvant aller jusqu'à plusieurs heures de station debout pendant les repos.

Que cette discipline spartiate eût été en général acceptée par les hommes, et qu'ils se fussent ainsi soumis à une autorité qui n'était plus étayée par aucun pouvoir temporel, émanant d'un être exposé lui aussi aux vexations et aux brutalités, c'était ce qui faisait parfois l'admiration de Clipton. Il se demandait s'il fallait attribuer leur obéissance à leur respect pour la personnalité du colonel, ou bien à quelques avantages dont ils bénéficiaient grâce à lui ; car il était indéniable que son intransigeance obtenait des résultats, même avec les Japonais. Ses armes, vis-à-vis de ceux-ci, étaient son attachement aux principes, son entêtement, sa puissance à se concentrer sur un point précis jusqu'à ce qu'il eût obtenu satisfaction, et le *Manual of Military Law*, contenant la convention de Genève et celle de La Haye, qu'il mettait calmement sous le nez des Nippons lorsque quelque infraction à ce code de lois internationales était commise par eux. Son courage physique et son mépris absolu des violences corporelles étaient aussi certainement pour beaucoup dans son autorité. En plusieurs occasions, lorsque les Japonais avaient outrepassé les droits écrits des vainqueurs, il ne s'était pas contenté de protester. Il s'était interposé personnellement. Il avait été une fois brutalement frappé par un garde particulièrement féroce, dont les exigences étaient illégales. Il avait fini par obtenir gain de cause, et son agresseur avait été puni. Alors, il avait renforcé son propre règlement, plus tyrannique que les fantaisies nippones.

« L'essentiel, disait-il à Clipton, lorsque celui-ci lui représentait que les circonstances autorisaient peut-être une certaine aménité de sa part, l'essentiel, c'est que les garçons sentent qu'ils sont toujours commandés par nous, et non par ces singes. Tant qu'ils seront entretenus dans cette idée, ils seront des soldats et non pas des esclaves. »

Clipton, toujours impartial, convenait que ces paroles étaient raisonnables, et que la conduite de son colonel était toujours inspirée par d'excellents sentiments.

2

Les mois passés au camp de Singapour se rappelaient maintenant aux prisonniers comme une ère de félicité, et ils les regrettaient avec des soupirs, quand ils considéraient leur présente condition dans cette région inhospitalière de Thaïlande. Ils étaient arrivés là, après un interminable voyage en chemin de fer à travers toute la Malaisie, suivi d'une marche épuisante, au cours de laquelle, affaiblis déjà par le climat et le manque de nourriture, ils avaient abandonné peu à peu, sans espoir de les retrouver, les pièces les plus lourdes et les plus précieuses de leur misérable équipement. La légende déjà créée autour de la voie ferrée qu'ils devaient construire ne les rendait pas optimistes.

Le colonel Nicholson et son unité avaient été déplacés un peu après les autres, et le travail était déjà commencé lorsqu'ils étaient arrivés en Thaïlande. Après la harassante marche à pied, les premiers contacts avec les nouvelles autorités japonaises avaient été peu encourageants. A Singapour, ils avaient eu affaire avec des soldats qui, après la première intoxication du triomphe et à part quelques manifestations assez rares de primitive sauvagerie, ne s'étaient pas montrés beaucoup plus tyranniques que des vainqueurs occidentaux. Différente paraissait être la mentalité des officiers désignés pour encadrer les prisonniers alliés tout au long du railway. Dès le premier abord, ils s'étaient révélés de féroces gardes-chiourmes, prêts à se muer en sadiques tortionnaires.

Le colonel Nicholson et les restes du régiment qu'il se glorifiait de commander encore avaient d'abord été accueillis dans un immense camp, servant d'escale à tous les convois, mais dont une partie était déjà occupée en permanence par un groupe. Ils n'y étaient restés que peu de temps, mais avaient pu se rendre compte de ce qui serait exigé d'eux et des conditions d'existence qu'ils devraient subir jusqu'à l'achèvement de l'ouvrage. Les malheureux travaillaient comme des bêtes de somme. Chacun avait à accomplir une tâche qui n'eût peut-être pas excédé les forces d'un homme robuste et bien nourri, mais qui, imposée aux pitoyables êtres décharnés qu'ils étaient devenus en moins de deux mois, les maintenait sur le chantier de l'aube au crépuscule, parfois une partie de la nuit. Ils étaient accablés et démoralisés par les injures et les coups que les gardes faisaient pleuvoir sur leur dos à la moindre défaillance, et hantés par la crainte de plus terribles punitions. Clipton avait été ému par leur état physique. La malaria, la dysenterie, le béribéri, les ulcères étaient monnaie courante, et le médecin du camp lui avait confié qu'il craignait des épidémies beaucoup plus graves, sans pouvoir prendre de mesures pour les prévenir. Il ne possédait aucun des plus élémentaires médicaments.

Le colonel Nicholson avait froncé le sourcil sans faire de commentaires. Il n'était pas « en charge » de ce camp, où il se considérait un peu comme un invité. Au lieutenant-colonel anglais qui en avait la responsabilité sous l'autorité japonaise, il avait exprimé une fois seulement son indignation : lorsqu'il s'était aperçu que tous les officiers, jusqu'au grade de commandant, participaient aux travaux dans les mêmes conditions que les hommes, c'est-à-dire creusaient la terre et la charriaient comme des manœuvres. Le lieutenant-colonel avait baissé les yeux. Il expliqua qu'il avait fait son possible pour éviter cette humiliation, et ne s'était incliné que devant la contrainte brutale, pour éviter des représailles dont tous auraient pâti. Le colonel Nicholson avait hoché la tête d'un air peu convaincu, puis s'était enfermé dans un silence hautain.

Ils étaient restés deux jours à ce point de rassemblement, le temps de recevoir des Japonais quelques misérables provisions de voyage, ainsi qu'un triangle d'étoffe grossière, s'attachant autour des reins par une ficelle, et baptisé par eux « uniforme de travail » ; le temps aussi d'écouter le général Yamashita, perché sur une estrade improvisée, le sabre au côté et les mains gantées de gris clair, leur expliquer en mauvais anglais qu'ils étaient placés sous son commandement suprême par la volonté de Sa Majesté Impériale, et ce qu'il attendait d'eux.

La harangue avait duré plus de deux heures, pénible à entendre et faisant saigner l'orgueil national au moins autant que les injures et les coups. Il avait dit que les Nippons ne leur gardaient pas rancune, à eux qui avaient été égarés par les mensonges de leur gouvernement ; qu'ils seraient humainement traités aussi longtemps qu'ils se comporteraient en « zentlemen », c'est-à-dire qu'ils collaboreraient sans arrière-pensée et de toutes leurs forces à la sphère de coprospérité sud-asiatique. Ils devaient tous être reconnaissants à Sa Majesté Impériale, qui leur donnait l'occasion de racheter leurs erreurs en participant à l'œuvre commune par la construction de la voie ferrée. Yamashita avait ensuite expliqué que, au nom de l'intérêt général, il serait obligé d'appliquer une discipline stricte et de ne tolérer aucune désobéissance. La paresse et la négligence seraient considérées comme des crimes. Toute tentative d'évasion serait punie de mort. Les officiers anglais seraient responsables vis-à-vis des Japonais du comportement et de l'ardeur au travail de leurs hommes.

« Les maladies ne seront pas une excuse, avait ajouté le général Yamashita. Un travail raisonnable est excellent pour maintenir les hommes en bonne forme physique et la dysenterie n'ose pas s'attaquer à celui qui fournit un effort quotidien dans l'accomplissement de son devoir envers l'empereur. »

Il avait conclu sur une note optimiste, qui avait rendu ses auditeurs enragés.

« Travaillez joyeusement et avec entrain, avait-il dit. Telle est ma devise. Telle doit être la vôtre à partir de ce jour. Ceux qui agiront ainsi n'auront rien à redouter de moi, ni des officiers de la grande armée nippone sous la protection de laquelle vous vous trouvez. »

Ensuite, les unités s'étaient dispersées, chacune s'acheminant vers le secteur qui lui avait été attribué. Le colonel Nicholson et son régiment s'étaient dirigés vers le camp de la rivière Kwaï. Celui-ci était situé assez loin, à quelques miles seulement de la frontière birmane. C'était le colonel Saïto qui le commandait.

3

De fâcheux incidents marquèrent les premiers jours au camp de la rivière Kwaï dont l'atmosphère se révéla, dès le début, hostile et chargée d'électricité.

Ce fut la proclamation du colonel Saïto, stipulant que les officiers devraient travailler avec leurs hommes, et dans les mêmes conditions, qui suscita les premiers troubles. Elle provoqua une démarche, polie mais énergique, du colonel Nicholson, qui exposa son point de vue avec une sincère objectivité, concluant que les officiers britanniques avaient pour tâche de commander leurs soldats, et non de manœuvrer la pelle ou la pioche.

Saïto écouta jusqu'au bout sa protestation, sans manifester d'impatience, ce qui parut de très bon augure au colonel. Puis, il le renvoya en disant qu'il réfléchirait. Le colonel Nicholson rentra plein de confiance dans la misérable cabane en bambou qu'il occupait avec Clipton et deux autres officiers. Là, pour sa satisfaction personnelle, il répéta quelques-uns des arguments qu'il avait utilisés pour fléchir le Japonais. Chacun lui paraissait irréfutable, mais le principal, pour lui, était celui-ci : l'appoint de main-d'œuvre représenté par quelques hommes mal entraînés à un labeur physique était insignifiant, tandis que l'impulsion donnée par l'encadrement de chefs compétents était inestimable. Dans l'intérêt même des Nippons, et pour la bonne exécution de l'ouvrage, il était donc bien préférable de conserver à ces chefs tout leur prestige et toute leur autorité, ce qui était impossible s'ils étaient astreints à la même tâche que les soldats. Il s'échauffa en soutenant de nouveau cette thèse devant ses propres officiers.

« Enfin, ai-je raison, oui ou non ? demanda-t-il au commandant Hughes. Vous, un industriel, pouvez-vous imaginer une entreprise comme celle-ci menée à bien sans une hiérarchie de cadres responsables ? »

Après les pertes de la tragique campagne, son état-major ne comprenait plus que deux officiers, en plus du médecin Clipton. Il avait réussi à les conserver auprès de lui depuis Singapour, car il appréciait leurs conseils et avait à chaque instant besoin de soumettre ses idées à la critique d'une discussion collective, avant de prendre une décision. C'étaient deux officiers de réserve. L'un, le commandant Hughes, était dans la vie civile directeur d'une compagnie minière en Malaisie. Il avait été affecté au régiment du colonel Nicholson, et celui-ci avait tout de suite reconnu ses qualités d'organisateur. L'autre, le capitaine Reeves, était avant la guerre ingénieur des travaux publics aux Indes. Mobilisé dans un corps du génie, il avait été séparé de son unité dès les premiers combats, et recueilli par le colonel, qui se l'était également attaché comme conseiller. Il aimait s'entourer de spécialistes. Il n'était pas une brute militaire. Il reconnaissait loyalement que certaines entreprises civiles ont parfois des méthodes dont l'armée peut s'inspirer avec fruit, et ne négligeait aucune occasion de s'instruire. Il estimait également les techniciens et les organisateurs.

« Vous avez certainement raison, sir, répondit Hughes.

— C'est aussi mon avis, dit Reeves. La construction d'une voie ferrée et d'un pont (je crois qu'il est question d'établir un pont sur la rivière Kwaï) n'admet pas les improvisations hâtives.

— C'est vrai que vous êtes un spécialiste de ces travaux... rêva à haute voix le colonel. Vous voyez bien, conclut-il ; j'espère avoir fait pénétrer un peu de plomb dans le crâne de cet écervelé.

— Et puis, ajouta Clipton, en regardant son chef, si cet argument de bon sens ne suffit pas, il y a encore le *Manual of Military Law* et les conventions internationales.

— Il y a encore les conventions internationales, approuva le colonel Nicholson. J'ai réservé cela pour une nouvelle séance, si elle est nécessaire. »

Clipton parlait ainsi, avec une nuance d'ironie pessimiste, parce qu'il craignait fort que l'appel au bon sens ne fût pas suffisant. Quelques échos lui étaient parvenus sur le caractère de Saïto, à l'escale qui avait coupé la marche dans la jungle. Occasionnellement accessible à la raison lorsqu'il était à jeun, l'officier japonais devenait, disait-on, la plus abominable des brutes lorsqu'il avait bu sans modération.

La démarche du colonel Nicholson avait été faite dans la matinée de ce premier jour, accordé aux prisonniers pour leur installation dans les baraques à moitié démolies du camp. Saïto réfléchit, comme il l'avait promis. Il commença à trouver les objections suspectes et se mit à boire pour s'éclaircir l'esprit. Il se persuada graduellement que le colonel lui avait fait un affront inadmissible en discutant ses ordres, et passa insensiblement de la méfiance à une sombre fureur.

Parvenu au paroxysme de sa rage un peu avant le coucher du soleil, il décida d'affirmer immédiatement son autorité et imposa un rassemblement général. Il avait l'intention, lui aussi, de prononcer une harangue. Dès le début de son discours, il fut évident que de sinistres nuages s'amoncelaient au-dessus de la rivière Kwaï.

« Je hais les Britanniques... »

Il avait commencé par cette formule et la plaçait entre ses phrases en guise de ponctuation. Il s'exprimait en assez bon anglais, ayant autrefois occupé dans un pays britannique un poste d'attaché militaire, qu'il avait dû quitter à cause de son ivrognerie. Sa carrière s'achevait misérablement dans ces fonctions de garde-chiourme, sans qu'il pût espérer d'avancement. Sa rancune contre les prisonniers était chargée de toute l'humiliation qu'il avait ressentie à ne pas participer à la bataille.

« Je hais les Britanniques, commença le colonel Saïto. Vous êtes ici, sous mon seul commandement, pour exécuter les travaux nécessaires à la victoire de la grande armée nippone. J'ai voulu vous dire, une fois seulement, que je ne tolérerai pas la moindre discussion de mes ordres. Je hais les Britanniques. A la première protestation, je vous punirai d'une manière terrible. La discipline doit être maintenue. Si certains se proposent d'en faire à leur tête, ils sont prévenus que j'ai sur vous tous droit de vie et de mort. Je n'hésiterai pas à user de ce droit, pour assurer la bonne exécution des travaux que m'a confiés Sa Majesté Impériale. Je hais les Britanniques. La mort de quelques prisonniers ne me touchera pas. Votre mort à tous est insignifiante pour un officier supérieur de la grande armée nippone. »

Il était grimpé sur une table, comme l'avait fait le général Yamashita. Comme lui, il avait jugé bon de mettre une paire de gants gris clair, et des bottes luisantes au lieu des savates qu'on lui avait vu porter dans la matinée. Il avait, bien entendu, son sabre au côté, et frappait à chaque instant sur la poignée pour donner plus de poids à ses paroles, ou bien pour se surexciter et se maintenir dans l'état de rage qu'il estimait indispensable. Il était grotesque. Sa tête s'agitait en mouvements désordonnés, comme celle d'un pantin. Il était ivre, ivre d'alcool européen, le whisky et le cognac abandonnés à Rangoon et à Singapour.

En écoutant cette prose qui affectait douloureusement ses nerfs, Clipton se rappela un conseil, autrefois donné par un ami qui avait vécu longtemps parmi les Japonais. « Si vous avez affaire avec eux, n'oubliez jamais que ce peuple considère son ascendance divine comme un credo indiscutable. » Toutefois, après avoir réfléchi, il s'aperçut qu'aucun peuple sur la terre ne nourrissait le moindre doute quant à sa propre origine divine, plus ou moins éloignée. Il chercha alors d'autres motifs à cette hargneuse outrecuidance. A la vérité, il fut bientôt persuadé que le discours de Saïto empruntait beaucoup de ses éléments fondamentaux à une tournure d'esprit universelle, orientale aussi bien qu'occidentale. Il reconnut au passage et salua diverses influences à travers les phrases qui explosaient sur les lèvres du Japonais : l'orgueil racial, la mystique de l'autorité, la peur de ne pas être pris au sérieux, un complexe bizarre qui lui faisait promener un regard soupçonneux et inquiet sur les visages, comme s'il eût redouté d'y voir un sourire. Saïto avait vécu en pays britannique. Il ne pouvait pas ignorer combien certaines prétentions japonaises y étaient parfois tournées en ridicule, ni les plaisanteries qu'y suscitaient les attitudes copiées par une nation dépourvue d'humour sur un peuple qui en possédait instinctivement le sens. La brutalité de ses expressions et de ses gestes désordonnés devait cependant être attribuée à un reste de sauvagerie primitive. Clipton avait ressenti un trouble étrange en l'entendant parler de discipline, mais il conclut, rassuré, en le regardant s'agiter comme un guignol, qu'il y avait au moins un point en faveur du gentleman du monde occidental : c'était son comportement lorsqu'il était gorgé d'alcool.

Devant leurs hommes, les officiers écoutaient en silence, encadrés par les gardes qui prenaient une attitude menaçante pour souligner la fureur de leur chef. Tous serraient les poings et composaient laborieusement chaque trait de leur face, modelant leur impassibilité apparente sur celle du colonel Nicholson, qui avait donné des instructions pour que toute manifestation hostile fût accueillie dans le calme et la dignité.

Après ce préambule destiné à frapper l'imagination, Saïto entra dans le vif du sujet. Son ton devint plus calme, presque solennel, et pendant un moment ils espérèrent entendre des paroles sensées.

« Écoutez-moi tous. Vous savez en quoi consiste l'œuvre à laquelle Sa Majesté Impériale a bien voulu associer les prisonniers britanniques. Il s'agit de relier les capitales de Thaïlande et de Birmanie, à travers quatre cents miles de jungle, pour permettre le passage des convois nippons et ouvrir la route du Bengale à l'armée qui a libéré ces deux pays de la tyrannie européenne. Le Nippon a besoin de cette voie ferrée pour continuer la série de ses victoires, conquérir les Indes et terminer rapidement cette guerre. Il est donc essentiel que ce travail soit achevé le plus tôt possible ; dans six mois, a ordonné Sa Majesté Impériale. C'est aussi votre intérêt. Lorsque la guerre sera finie, peut-être pourrez-vous rentrer dans vos foyers sous la protection de notre armée. »

Le colonel Saïto poursuivit sur un ton encore plus mesuré, comme s'il était définitivement dégagé des fumées de l'ivresse.

« Savez-vous maintenant quelle est votre tâche, à vous qui êtes dans ce camp sous mon commandement ? Je vous ai réunis pour vous l'apprendre.

« Vous aurez seulement à construire deux petits tronçons de voie, pour le raccordement aux autres secteurs. Mais, surtout, vous aurez à édifier un pont, sur la rivière Kwaï que vous voyez là. Ce pont sera votre principale besogne, et vous êtes des privilégiés, car c'est l'ouvrage le plus important de toute la ligne. Le travail est agréable. Il demande des hommes adroits et non pas des manœuvres. De plus, vous aurez l'honneur de compter parmi les pionniers de la sphère de coprospérité sud-asiatique... »

« Encore un encouragement qui eût pu être donné par un Occidental », songea Clipton malgré lui...

Saïto pencha en avant toute la partie supérieure de son corps, et resta immobile, la main droite appuyée sur la poignée de son sabre, dévisageant les premiers rangs.

« Le travail sera bien entendu dirigé techniquement par un ingénieur qualifié, un ingénieur nippon. Pour la discipline, vous aurez affaire avec moi et mes subordonnés. Les cadres ne manqueront donc pas. Pour toutes ces raisons, que j'ai bien voulu vous expliquer, j'ai donné l'ordre aux officiers britanniques de travailler fraternellement aux côtés de leurs soldats. Dans les circonstances présentes, je ne peux pas tolérer de bouches inutiles. J'espère que je n'aurai pas à répéter cet ordre. S'il en était autrement... »

Saïto retomba sans transition dans sa fureur initiale et se remit à gesticuler comme un forcené.

« S'il en était autrement, j'emploierais la force. Je hais les Britanniques. Je vous ferai fusiller tous si c'est nécessaire plutôt que de nourrir des paresseux. La maladie ne sera pas un motif d'exemption. Un homme malade peut toujours fournir un effort. Je construirai le pont sur les os des prisonniers, s'il le faut. Je hais les Britanniques. Le travail commencera demain à l'aube. Le rassemblement aura lieu aux coups de sifflet, ici. Les officiers se mettront sur les rangs, à part. Ils formeront une équipe qui devra accomplir la même tâche que les autres. Des outils vous seront distribués et l'ingénieur nippon vous donnera des directives. Ma dernière parole, ce soir, est pour vous rappeler la devise du général Yamashita : « Travaillez joyeusement et avec entrain. » Souvenez-vous. »

Saïto descendit de son estrade et regagna son quartier général à grandes enjambées furieuses. Les prisonniers rompirent les rangs, et se dirigèrent vers leurs baraques, péniblement impressionnés par cette éloquence décousue.

« Il ne semble pas avoir compris, sir ; je crois bien qu'il faudra faire appel aux conventions internationales, dit Clipton au colonel Nicholson, qui était resté silencieux et songeur.

— Je le crois aussi, Clipton, répondit gravement le colonel, et je crains que nous n'ayons devant nous une période de troubles. »

4

Clipton craignit un moment que la période de troubles prévue par le colonel Nicholson ne fût de courte durée et ne se terminât, à peine commencée, par une affreuse tragédie. Comme médecin, il était le seul officier qui ne fût pas directement intéressé par la querelle. Déjà surchargé de travail par les soins à donner aux nombreux éclopés, victimes de la terrible randonnée dans la jungle, il n'était pas compté dans la main-d'œuvre ; mais son angoisse ne fut que plus profonde quand il assista au premier heurt, de la baraque pompeusement baptisée « hôpital », où il s'était rendu avant l'aube.

Réveillés dans la nuit par les coups de sifflet et les cris des sentinelles, les hommes s'étaient rassemblés de mauvaise humeur, encore fourbus, sans avoir pu récupérer leurs forces, à cause des moustiques et de leur misérable installation. Les officiers s'étaient groupés à l'endroit désigné. Le colonel Nicholson leur avait donné des instructions précises.

« Il faut, avait-il dit, faire preuve de bonne volonté, tant que cela est compatible avec notre honneur. Je serai, moi aussi, au rassemblement. »

Il était bien entendu que l'obéissance aux ordres de Saïto serait limitée là.

Ils restèrent longtemps debout, immobiles dans une humidité froide, puis, comme le jour se levait, ils virent arriver le colonel Saïto, entouré de quelques officiers subalternes, précédant l'ingénieur qui devait diriger les travaux. Il paraissait renfrogné, mais son visage s'éclaircit lorsqu'il aperçut le groupe des officiers britanniques alignés derrière leur chef.

Un camion chargé d'outils suivait les autorités. Pendant que l'ingénieur s'occupait de la distribution, le colonel Nicholson fit un pas en avant et demanda un entretien à Saïto. Le regard de celui-ci s'assombrit. Il ne prononça pas une parole, mais le colonel feignit de prendre son silence pour un acquiescement et s'approcha de lui.

Clipton ne pouvait suivre ses gestes, car il lui tournait le dos. Au bout d'un instant, il se déplaça, apparut de profil, et le médecin le vit mettre un petit livre sous le nez du Japonais, en soulignant un passage du doigt. Il s'agissait, sans aucun doute, du *Manuel of Military Law*. Saïto restait hésitant. Clipton pensa un moment que la nuit l'avait peut-être ramené à de meilleurs sentiments, mais il comprit vite la vanité de son espoir. Après son discours de la veille, même si sa colère s'était apaisée, l'obligation de « sauver la face » dictait impérieusement sa conduite. Sa figure s'empourpra. Il avait espéré en avoir terminé avec cette histoire, et voilà que ce colonel s'obstinait. Il fut replongé d'un seul coup dans une rage hystérique par cet entêtement. Le colonel Nicholson lisait à voix basse, en suivant les lignes du doigt, sans s'apercevoir de cette transformation. Clipton, qui suivait les jeux de physionomie du Japonais, faillit crier pour prévenir son chef. Il était trop tard. En deux gestes rapides, Saïto avait fait sauter le livre et giflé le colonel. Il se tenait maintenant devant lui, le corps penché en avant, les yeux hors de la tête, gesticulant et faisant grotesquement alterner les injures anglaises et japonaises.

Malgré sa surprise, car il ne s'attendait pas à cette réaction, le colonel Nicholson conserva son calme. Il ramassa le livre tombé dans la boue, se redressa devant le Nippon qu'il dominait d'une tête, et dit simplement :

« Dans ces conditions, colonel Saïto, puisque les autorités japonaises ne se plient pas aux lois en vigueur dans le monde civilisé, nous nous considérons dégagés de tout devoir d'obéissance envers elles. Il me reste à vous faire part des ordres que j'ai donnés. Les officiers ne travailleront pas. »

Ayant ainsi parlé, il subit, passivement et en silence, un deuxième assaut encore plus brutal. Saïto, qui paraissait avoir perdu l'esprit, se jeta sur lui et, se haussant sur la pointe des pieds, lui martela la figure à coups de poing.

L'affaire se gâtait. Quelques officiers anglais sortirent des rangs et s'approchèrent d'un air menaçant. Des murmures se firent entendre dans la troupe. Les gradés japonais hurlèrent de brefs commandements et des soldats apprêtèrent leurs armes. Le colonel Nicholson pria ses officiers de reprendre leur place et ordonna à ses hommes de rester tranquilles. Le sang coulait de sa bouche, mais il avait conservé un air d'inaltérable souveraineté.

Saïto, hors d'haleine, se recula, et eut un geste pour sortir son revolver ; puis il parut se raviser. Il recula encore et donna des ordres d'une voix dangereusement calme. Les gardes japonais entourèrent les prisonniers et leur firent signe d'avancer. Ils les emmenaient vers la rivière, sur le chantier. Il y eut des protestations et quelques velléités de résistance. Plusieurs regards anxieux interrogèrent le colonel Nicholson. Celui-ci leur fit signe d'obéir. Ils disparurent bientôt, et les officiers britanniques restèrent sur le terrain en face du colonel Saïto.

Celui-ci parla encore, d'une voix posée que Clipton jugea inquiétante. Il ne s'était pas trompé. Des soldats s'éloignèrent et rapportèrent les deux mitrailleuses placées à l'entrée du camp. Ils les installèrent à droite et à gauche de Saïto. Les craintes de Clipton se transformèrent en une affreuse angoisse. La scène lui apparaissait à travers la paroi en bambou de son « hôpital ». Derrière lui, une quarantaine de malheureux étaient entassés les uns contre les autres, couverts de plaies suppurantes. Quelques-uns s'étaient traînés à côté de lui et regardaient aussi. L'un d'eux poussa une sourde exclamation :

« Doc, ils ne vont pas... ! Ce n'est pas possible ! Ce singe jaune n'osera pas ?... Et le vieux qui s'entête ! »

Clipton était presque certain que le singe jaune allait oser. La plupart des officiers rassemblés derrière leur colonel partageaient cette conviction. Il y avait déjà eu plusieurs cas d'exécution massive lors de la prise de Singapour. Visiblement, Saïto avait fait éloigner la troupe pour ne pas conserver de témoins gênants. Il parlait maintenant en anglais, ordonnant aux officiers de prendre des outils et de se rendre au travail.

La voix du colonel Nicholson se fit entendre de nouveau. Il déclara qu'ils n'obéiraient pas. Personne ne bougea. Saïto prononça un autre commandement. Des bandes furent engagées dans les mitrailleuses, et les canons furent pointés sur le groupe.

« Doc, gémit de nouveau le soldat à côté de Clipton. Doc, le vieux ne cédera pas, je vous dis... Il ne comprend pas. Il faut faire quelque chose ! »

Ces paroles réveillèrent Clipton, qui s'était senti jusque-là paralysé. Il était évident que « le vieux » ne se rendait pas compte de la situation. Il ne soupçonnait pas que Saïto irait jusqu'au bout. Il était urgent de faire quelque chose, comme disait le soldat, de lui expliquer qu'il ne pouvait pas sacrifier ainsi une vingtaine d'hommes, par entêtement et par amour des principes ; que, ni son honneur ni sa dignité ne souffriraient parce qu'il se serait incliné devant la force brutale, comme tous l'avaient fait dans les autres camps. Les mots se pressaient sur sa bouche. Il se précipita au-dehors en interpellant Saïto.

« Attendez, colonel, un moment ; je vais lui expliquer ! »

Le colonel Nicholson lui jeta un regard sévère.

« Cela suffit, Clipton. Il n'y a rien du tout à m'expliquer. Je sais très bien ce que je fais. »

Le médecin n'eut d'ailleurs pas le temps de joindre le groupe. Deux gardes s'étaient brutalement emparés de lui et l'immobilisaient. Mais sa brusque sortie paraissait tout de même avoir fait réfléchir Saïto, qui hésita. Tout d'une traite, très vite, Clipton lui cria, certain que les autres Japonais ne comprendraient pas :

« Je vous avertis, colonel, que j'ai été témoin de toute la scène, moi et les quarante malades de l'hôpital. Il ne sera pas possible d'invoquer une révolte collective ou une tentative d'évasion. »

C'était la dernière carte, dangereuse, à jouer. Même aux yeux des autorités japonaises, Saïto n'aurait pas pu justifier cette exécution sans une excuse. Il ne devait pas conserver de témoin britannique. Ou bien, logique jusqu'au bout, il allait faire massacrer tous les malades, avec leur médecin, ou bien, il lui faudrait renoncer à sa vengeance.

Clipton sentit qu'il avait temporairement gagné la partie. Saïto parut réfléchir un long moment. En fait, il étouffait entre sa haine et l'humiliation d'une défaite, mais il ne donna pas l'ordre de tirer.

Il ne donna d'ailleurs aucun ordre aux servants, qui restèrent assis devant leur mitrailleuse, l'arme pointée. Ils demeurèrent ainsi longtemps, très longtemps, car Saïto ne pouvait pas accepter de « perdre la face » au point de commander le retrait des pièces. Ils passèrent là une grande partie de la matinée, sans se risquer à bouger, jusqu'à ce que le terrain de rassemblement fût désert.

C'était un succès très relatif, et Clipton n'osait pas trop penser au sort qui attendait les rebelles. Il se consolait en se disant qu'il avait évité le pire. Des gardes emmenèrent les officiers vers la prison du camp. Le colonel Nicholson fut entraîné par deux géants coréens, qui faisaient partie de la garde personnelle de Saïto. Il fut conduit dans le bureau du colonel japonais, petite pièce qui communiquait avec sa chambre, ce qui lui permettait d'aller fréquemment rendre visite à sa réserve d'alcool. Saïto suivit lentement son prisonnier et poussa soigneusement la porte. Bientôt, Clipton, qui dans le fond avait le cœur sensible, frémit en entendant le bruit des coups.

5

Après avoir été battu pendant une demi-heure, le colonel fut placé dans une cabane qui ne contenait ni couche ni siège, et où il était obligé de s'allonger dans la boue humide couvrant le sol, lorsqu'il était fatigué de rester debout. On lui donna comme nourriture un bol de riz couvert de sel, et Saïto le prévint qu'il le laisserait là jusqu'à ce qu'il fût décidé à obéir.

Pendant une semaine, il ne vit d'autre figure que celle d'un garde coréen, une brute à face de gorille, qui rajoutait chaque jour, de sa propre autorité, un peu de sel à la ration de riz. Il se forçait cependant à avaler quelques bouchées, puis lampait d'un seul coup son insuffisante ration d'eau, et se couchait sur le sol, essayant de mépriser ses souffrances. Il lui était interdit de sortir de sa cellule, qui devint un cloaque abject.

Au bout de cette semaine, Clipton obtint enfin la permission de lui rendre visite. Auparavant, le docteur fut convoqué par Saïto, auquel il trouva l'air sombre d'un despote anxieux. Il le devina oscillant entre la colère et l'inquiétude qu'il tentait de dissimuler sous un ton froid.

« Je ne suis pas responsable de ce qui arrive, dit-il. Le pont de la rivière Kwaï doit être construit rapidement, et un officier nippon ne peut pas tolérer cette bravade. Faites-lui comprendre que je ne céderai pas. Dites-lui que le même traitement est appliqué, par sa faute, à tous les officiers. Si cela ne suffit pas, les soldats souffriront de son entêtement. Je vous ai laissés tranquilles jusqu'ici, vous et vos malades. J'ai poussé la bonté jusqu'à accepter qu'ils soient exemptés de travail. Je considérerai cette bonté comme une faiblesse s'il persiste dans son attitude. »

Il le congédia sur ces paroles menaçantes et Clipton fut conduit devant le prisonnier. Il fut d'abord bouleversé et épouvanté par la condition à laquelle son chef était réduit et par la dégradation physique que son organisme avait subie en si peu de temps. Le son de la voix, à peine perceptible, semblait un écho lointain et étouffé des accents autoritaires que le médecin avait encore dans l'oreille. Mais ce n'étaient là que des apparences. L'esprit du colonel Nicholson n'avait éprouvé aucune métamorphose, et les paroles qu'il prononçait étaient toujours les mêmes, quoique émises sur un timbre différent. Clipton, décidé en entrant à le persuader de céder, se rendit compte qu'il n'avait aucune chance de le convaincre. Il épuisa rapidement les arguments préparés, puis resta court. Le colonel ne discuta même pas et dit simplement :

« Faites part aux autres de ma volonté absolue. En aucune circonstance, je ne puis tolérer qu'un officier de mon régiment travaille comme un manœuvre.

Clipton quitta la cellule, partagé une fois encore entre l'admiration et l'exaspération, en proie à une troublante incertitude quant à la conduite de son chef, hésitant à le vénérer comme un héros ou à le considérer comme un effroyable imbécile, se demandant s'il ne serait pas opportun de prier le Seigneur pour qu'il rappelât à lui le plus tôt possible, en lui accordant l'auréole des martyrs, un fou dangereux dont la conduite risquait d'attirer les pires catastrophes sur le camp de la rivière Kwaï. Saïto avait dit à peu près la vérité. Un traitement à peine plus humain était appliqué aux autres officiers, et la troupe subissait, à chaque instant, les brutalités des gardes. En s'en allant, Clipton songeait aux périls qui menaçaient ses malades.

Saïto devait avoir guetté sa sortie, car il se précipita vers lui, et une réelle angoisse se lisait dans ses yeux lorsqu'il demanda :

« Alors ? »

Il était à jeun. Il paraissait déprimé. Clipton tenta d'évaluer ce que l'attitude du colonel pouvait lui faire perdre de prestige, se ressaisit, et décida de se montrer énergique.

« Alors ? Le colonel Nicholson ne cédera pas à la force : ses officiers non plus. Et, étant donné le traitement qui lui est infligé, je ne lui ai pas conseillé de le faire. »

Il protesta contre le régime des prisonniers punis, invoquant, lui aussi, les conventions internationales, puis le point de vue médical, enfin la simple humanité, allant jusqu'à proclamer qu'un traitement aussi cruel équivalait à un assassinat. Il s'attendait à une réaction violente, mais il n'y en eut pas. Saïto murmura seulement que tout cela était la faute du colonel, et le quitta précipitamment. Clipton pensa en cet instant qu'il n'était pas, au fond, réellement méchant, et que ses actes pouvaient très bien s'expliquer par la superposition de différentes sortes de peur : la crainte de ses chefs, qui devaient le harceler au sujet du pont, et celle de ses subordonnés, vis-à-vis desquels il « perdait la face », en apparaissant incapable de se faire obéir.

Sa tendance naturelle à la généralisation amena Clipton à voir en cette combinaison de terreurs, celle des supérieurs et celle des inférieurs, la source principale des calamités humaines. En exprimant pour lui-même cette pensée, il lui sembla avoir lu autrefois, quelque part, une maxime analogue. Il en ressentit une certaine satisfaction mentale qui apaisa un peu son émoi. Il poussa un peu plus loin sa méditation et la termina sur le seuil de l'hôpital en concluant que tout le reste de ces calamités, probablement les plus terribles en ce monde, étaient imputables à ceux qui n'avaient ni supérieurs ni inférieurs.

Saïto dut réfléchir. Le traitement du prisonnier fut adouci pendant la semaine suivante, au bout de laquelle il vint le voir et lui demander s'il était enfin décidé à se conduire comme un « gentleman ». Il était arrivé calme, avec l'intention de faire appel à sa raison ; mais devant son refus obstiné de discuter une question déjà tranchée, il se monta de nouveau la tête et se haussa à cet état de délire où il ne présentait plus aucun caractère civilisé. Le colonel fut encore battu, et le Coréen à face de singe reçut des ordres sévères pour que le régime inhumain des premiers jours fût rétabli. Saïto rossa même le garde. Il ne se connaissait plus lorsqu'il était dans un de ces accès, et l'accusa de se montrer trop doux. Il gesticulait comme un insensé dans la cellule, brandissant un pistolet et menaçant d'exécuter de sa propre main le geôlier et le prisonnier, pour rétablir la discipline.

Clipton, qui essaya d'intervenir encore une fois, fut frappé lui aussi, et son hôpital fut vidé de tous les malades qui pouvaient se tenir sur leurs jambes. Ils durent se traîner jusqu'au chantier, et charrier des matériaux, pour éviter d'être flagellés à mort. Pendant quelques jours, la terreur régna sur le camp de la rivière Kwaï. Le colonel Nicholson répondait aux mauvais traitements par un silence hautain.

L'âme de Saïto semblait se muer alternativement en celle d'un mister Hyde, capable de toutes les atrocités, puis en celle d'un docteur Jekyll, relativement humain. La crise de violence apaisée, un régime extraordinairement adouci lui succéda. Le colonel Nicholson fut autorisé à recevoir, non seulement une ration complète, mais des suppléments réservés, en principe, aux malades. Clipton eut la permission de le voir, de le soigner, et Saïto l'avertit qu'il le tenait personnellement responsable de la santé du colonel.

Un soir, Saïto fit amener son prisonnier dans sa chambre et ordonna aux gardes de se retirer. Seul avec lui, il le fit asseoir, sortit d'une cantine une boîte de corned beef américain, des cigarettes et une bouteille du meilleur whisky. Il lui dit que, comme militaire, il admirait profondément sa conduite, mais que c'était la guerre, dont ils n'étaient responsables ni l'un ni l'autre. Il devait bien comprendre que lui, Saïto, était obligé d'obéir aux ordres de ses chefs. Or, ces ordres spécifiaient que le pont de la rivière Kwaï devait être construit rapidement. Il était donc obligé d'employer toute la main-d'œuvre disponible. Le colonel refusa le corned beef, les cigarettes et le whisky, mais écouta avec intérêt le discours. Il répondit calmement que Saïto ne possédait aucune notion sur la manière efficace d'exécuter un travail aussi considérable.

Il était revenu à ses arguments initiaux. La querelle semblait devoir s'éterniser. Aucun être ne pouvait prévoir si Saïto allait discuter raisonnablement, ou bien se laisser aller à un nouvel accès de folie. Il resta longtemps silencieux, pendant que ce point se débattait probablement en une dimension mystérieuse de l'univers. Le colonel en profita pour placer une question.

« Puis-je vous demander, colonel Saïto, si vous êtes satisfait des premiers travaux ? »

Cette question perfide aurait bien pu faire pencher la balance vers la crise d'hystérie, car les travaux avaient très mal commencé, et c'était là un des principaux soucis du colonel Saïto, dont la situation personnelle était engagée dans cette bataille, au même titre que l'honneur. Cependant, ce n'était pas l'heure de mister Hyde. Il perdit contenance, baissa les yeux, et marmotta une réponse indistincte. Ensuite, il mit un verre plein de whisky dans la main du prisonnier, s'en servit lui-même une large rasade et dit :

« Voyons, colonel Nicholson, je ne suis pas certain que vous m'ayez bien compris. Il ne doit pas y avoir de malentendu entre nous. Quand j'ai dit que tous les officiers devaient travailler, je n'ai jamais pensé à vous, leur chef. Mes ordres concernaient seulement les autres...

— Aucun officier ne travaillera », dit le colonel, en reposant son verre sur la table.

Saïto réprima un mouvement d'impatience et s'appliqua à conserver son calme.

« J'ai même réfléchi depuis quelques jours, reprit-il. Je crois que je pourrais occuper les commandants à des besognes administratives. Seuls, les officiers subalternes mettront la main à la pâte, et...

— Aucun officier ne travaillera de ses mains, dit le colonel Nicholson. Les officiers doivent commander leurs hommes. »

Saïto fut alors incapable de contenir plus longtemps sa fureur. Mais lorsque le colonel regagna sa cellule, ayant réussi à maintenir ses positions intactes, malgré les tentations, les menaces, les coups, et presque les supplications, il était convaincu que la partie était bien engagée, et que l'ennemi ne tarderait pas à capituler.

6

L'ouvrage n'avançait pas. Le colonel avait fait douloureusement vibrer une corde sensible en demandant à Saïto où en était l'exécution des travaux, et il avait porté un sage jugement en prévoyant que la nécessité amènerait le Japonais à céder.

A la fin de ces trois premières semaines, non seulement le pont n'était pas ébauché, mais les quelques opérations préliminaires avaient été si ingénieusement effectuées par les prisonniers qu'un certain temps serait nécessaire pour réparer les erreurs commises.

Rendu furieux par le traitement infligé à leur chef, dont ils avaient apprécié la fermeté et le courage, exaspérés par le chapelet d'injures et de coups que les gardes faisaient pleuvoir sur eux, enragés de devoir travailler comme des esclaves à un ouvrage précieux pour l'ennemi, désemparés d'être séparés de leurs officiers et de ne pas entendre les commandements habituels, les soldats britanniques rivalisaient à montrer le moins d'entrain possible ou, mieux encore, à commettre les bévues les plus grossières, en feignant la bonne volonté.

Aucune punition ne pouvait abattre leur ardeur perfide, et le petit ingénieur japonais en pleurait parfois de désespoir. Les sentinelles n'étaient pas assez nombreuses pour les surveiller à chaque seconde, ni assez intelligentes pour se rendre compte des malfaçons. Le piquetage des deux tronçons de voie avait dû être recommencé vingt fois. Les alignements, les courbes savamment calculées et jalonnées de bâtons blancs par l'ingénieur se transformaient, dès qu'il avait le dos tourné, en un labyrinthe de lignes brisées, coupées d'angles extravagants, qui lui arrachaient des exclamations pitoyables à son retour. De chaque côté de la rivière, les deux extrémités que devait relier le pont présentaient d'impressionnantes différences de niveau, et n'aboutissaient jamais l'une en face de l'autre. Une des équipes se mettait soudain à creuser le sol avec acharnement, obtenait finalement une sorte de cratère, descendant beaucoup plus bas que le niveau prescrit, pendant que la sentinelle, stupide, se réjouissait de voir les hommes mettre enfin du cœur à l'ouvrage. Quand l'ingénieur paraissait, il entrait en rage, et battait indistinctement les prisonniers et les gardes. Ceux-ci, comprenant qu'ils avaient été bernés une fois de plus, se vengeaient à leur tour, mais le mal était fait, et il fallait plusieurs heures ou plusieurs jours pour le réparer.

Un groupe d'hommes avait été envoyé dans la jungle pour y abattre des arbres propres à la construction du pont. Ils faisaient une sélection soigneuse et ramenaient les espèces les plus tortueuses et les plus frêles ; ou bien ils se dépensaient en efforts considérables pour couper un arbre géant, qui tombait dans la rivière et qu'il était impossible d'en retirer ; ou encore, ils choisissaient des bois intérieurement rongés par les insectes et incapables de supporter la moindre charge.

Saïto, qui venait chaque jour inspecter le chantier, exhalait sa fureur en manifestations de plus en plus violentes. Il injuriait, menaçait et frappait à son tour, s'en prenant même à l'ingénieur, qui se rebiffait et déclarait que la main-d'œuvre ne valait rien. Alors, il hurlait plus fort des imprécations plus terribles et essayait d'imaginer de nouveaux procédés barbares pour mettre fin à cette sourde opposition. Il fit souffrir les prisonniers comme peut seulement le faire un geôlier rancunier, à peu près livré à lui-même, et en proie à la terreur d'être limogé comme incapable. Ceux qui avaient été pris en flagrant délit de mauvaise volonté ou de sabotage furent attachés aux arbres, frappés à coups de baguettes hérissées d'épines, et laissés ainsi des heures entières, ensanglantés, nus, exposés aux fourmis et au soleil des tropiques. Clipton en vit arriver le soir à son hôpital, portés par des camarades, en proie à une violente fièvre et le dos à vif. Il ne pouvait même pas les conserver longtemps. Saïto ne les oubliait pas. Dès qu'ils étaient capables de se traîner, il les renvoyait sur le chantier et ordonnait aux gardes de les surveiller spécialement.

L'endurance de ces mauvaises têtes parvenait à émouvoir Clipton, et parfois lui arrachait des larmes. Il était stupéfait de les voir résister à ce traitement. Il y en avait toujours un parmi eux qui, seul avec lui, trouvait la force de se redresser, et de murmurer en clignant de l'œil, dans un langage qui commençait à se généraliser chez tous les prisonniers de Birmanie et de Thaïlande :

« Le *f...ing bridge* n'est pas encore construit, Doc ; le *f...ing railway* du *f...ing* Empereur n'a pas encore traversé la *f...ing* rivière de ce *f...ing* pays. Notre *f...ing* colon a raison, et il sait ce qu'il fait. Si vous le voyez, dites-lui que nous sommes tous avec lui, et que ce *f...ing* singe n'en a pas encore fini avec la *f...ing* armée anglaise ! »

Les violences les plus féroces n'avaient abouti à aucun résultat. Les hommes s'y étaient accoutumés. L'exemple du colonel Nicholson était pour eux une griserie plus puissante que celle de la bière et du whisky dont ils étaient privés. Quand l'un d'eux avait subi une punition trop forte pour pouvoir continuer, sous peine de représailles mettant sa vie en danger, il s'en trouvait toujours un autre pour le relayer. C'était un roulement établi.

Ils avaient encore plus de mérite, pensait Clipton, lorsqu'ils résistaient à la doucereuse hypocrisie que montrait Saïto, en ces heures de découragement où il s'apercevait avec tristesse qu'il avait épuisé la série des tortures courantes et que son imagination répugnait à en inventer d'autres.

Il les fit rassembler, un jour, devant son bureau, après avoir fait cesser le travail plus tôt que de coutume, pour éviter de les surmener, leur dit-il. Il leur fit distribuer des gâteaux de riz et des fruits, achetés aux paysans thaïs d'un village voisin, cadeau de l'armée nippone pour les inciter à ne plus ralentir leurs efforts. Il abdiqua tout orgueil et se vautra dans la bassesse. Il se glorifia d'être comme eux un homme du peuple, simple, ne cherchant qu'à faire son devoir sans avoir d'ennuis. Les officiers, leur fit-il observer, augmentaient la tâche de chaque homme par leur refus de travailler. Il comprenait leur rancune et ne leur en voulait pas. Il leur en voulait si peu qu'il avait, de sa propre autorité, et pour prouver sa sympathie, diminué cette tâche. L'ingénieur l'avait fixée, pour le remblai, à un mètre cube et demi de terre par homme ; eh bien, lui, Saïto, décidait de la ramener à un mètre cube. Il faisait cela parce qu'il avait pitié de leurs souffrances, dont il n'était pas responsable. Il espérait que, devant ce geste fraternel, ils feraient preuve de bonne volonté, en terminant vite ce travail facile, qui devait servir à raccourcir la durée de cette maudite guerre.

A la fin de son discours, il eut presque des accents suppliants, mais les prières n'eurent pas plus d'effet que les tortures. Le lendemain, la tâche fut respectée. Chaque homme creusa et transporta scrupuleusement son mètre cube de terre. Certains, même, davantage ; mais le point où cette terre était apportée était une insulte au plus élémentaire bon sens.

Ce fut Saïto qui céda. Il était à bout de ressources, et l'entêtement de ses prisonniers avait fait de lui un objet digne de pitié. Dans les temps qui précédèrent sa défaite, il parcourait le camp avec l'œil hagard d'une bête aux abois. Il alla jusqu'à implorer les plus jeunes lieutenants de choisir eux-mêmes leur travail, promettant des primes spéciales et un régime très supérieur à l'ordinaire. Mais tous restèrent inébranlables et, comme il était sous le coup d'une inspection des hautes autorités japonaises, il se résigna à une capitulation honteuse.

Il ébaucha une manœuvre désespérée pour « sauver la face » et camoufler sa déroute, mais cette piteuse tentative ne trompa même pas ses propres soldats. Le 7 décembre 1942 étant l'anniversaire de l'entrée en guerre du Japon, il fit proclamer qu'en l'honneur de cette date il prenait sur lui de lever toutes les punitions. Il eut un entretien avec le colonel et lui annonça qu'il avait pris une mesure d'une extrême bienveillance : les officiers seraient exemptés de travail manuel. En contrepartie, il espérait que ceux-ci auraient à cœur de diriger l'activité de leurs hommes, pour en obtenir un bon rendement.

Le colonel Nicholson déclara qu'il verrait ce qu'il aurait à faire. A partir du moment où les positions étaient établies sur une base correcte, il n'y avait pas de raison pour qu'il cherchât à s'opposer au programme de ses vainqueurs. Comme dans toutes les armées civilisées, les officiers, cela était évident pour lui, seraient responsables de la conduite de leurs soldats.

C'était une capitulation totale du parti japonais. La victoire fut célébrée, ce soir-là, dans le camp britannique, par des chants, des hurrahs et une ration de riz supplémentaire que, en grinçant des dents, Saïto avait donné l'ordre de distribuer, pour souligner son geste. Le même soir, le colonel japonais s'enferma de bonne heure dans sa chambre, pleura son honneur souillé, et noya sa rage dans des libations solitaires qui durèrent sans interruption jusqu'au milieu de la nuit ; jusqu'à ce qu'il se fût abattu, ivre mort, sur sa couche, état auquel il ne se haussait que dans des circonstances exceptionnelles, car il avait une capacité singulière, lui permettant généralement de résister aux mélanges les plus barbares.

7

Le colonel Nicholson, accompagné de ses conseillers habituels, le commandant Hughes et le capitaine Reeves, se dirigea vers la rivière Kwaï, en suivant le remblai de la voie auquel travaillaient les prisonniers.

Il marchait lentement. Rien ne le pressait. Tout de suite après sa libération, il avait remporté une deuxième victoire en obtenant, pour lui et ses officiers, quatre jours de repos complet, pour compenser la punition injustement subie. Saïto avait serré les poings en songeant à ce nouveau retard, mais s'était incliné. Il avait même donné des ordres pour que les prisonniers fussent convenablement traités, et avait écrasé la face d'un de ses soldats, sur laquelle il avait cru voir un sourire ironique.

Si le colonel Nicholson avait demandé quatre jours de détente, ce n'était pas seulement pour recouvrer ses forces, après l'enfer qu'il avait traversé, c'était pour réfléchir, faire le point de la situation, la discuter avec son état-major, et établir un plan de conduite, comme doit le faire tout chef consciencieux, au lieu de se lancer tête baissée dans des improvisations, ce qu'il haïssait par-dessus tout.

Il ne lui avait pas fallu longtemps pour se rendre compte des malfaçons systématiques commises par ses hommes. Hughes et Reeves ne purent s'empêcher de s'exclamer en apercevant les surprenants résultats de leur activité :

« Admirable remblai pour une voie ferrée ! dit Hughes. Sir, je suggère que vous citiez les responsables à l'ordre du régiment. Quand on songe que des trains chargés de munitions doivent rouler là-dessus ! »

Le colonel conserva un visage grave.

« Du beau travail, renchérit le capitaine Reeves, ancien ingénieur des travaux publics. Aucune personne sensée ne pourrait croire que leur intention soit de faire passer un chemin de fer sur ces montagnes russes. J'aimerais mieux affronter de nouveau l'armée japonaise, sir, que faire un voyage sur cette ligne. »

Le colonel resta silencieux et posa une question :

« A votre avis, Reeves, votre avis de technicien, tout ceci peut-il être d'une utilité quelconque ?

— Je ne pense pas, sir, dit Reeves, après avoir réfléchi. Ils auraient plus vite fait d'abandonner ce gâchis, et de construire une autre voie, un peu plus loin. »

Le colonel Nicholson parut de plus en plus préoccupé. Il hocha la tête et continua sa marche en silence. Il tenait à voir l'ensemble du chantier avant de se faire une opinion.

Ils arrivèrent près de la rivière Kwaï. Une équipe d'une cinquantaine d'hommes, à peu près nus, portant seulement le triangle d'étoffe attribué comme uniforme de travail par les Japonais, s'affairait autour de la voie. Une sentinelle, le fusil sur l'épaule, se promenait devant eux. Une partie de l'équipe creusait le sol à quelque distance ; l'autre transportait la terre sur des claies en bambou et la jetait de part et d'autre d'une ligne jalonnée par des piquets blancs. Le tracé initial était perpendiculaire à la berge, mais la perfide ingéniosité des prisonniers avait réussi à le rendre presque parallèle à celle-ci. L'ingénieur japonais n'était pas là. On l'apercevait, de l'autre côté du cours d'eau, gesticulant au milieu d'un autre groupe, que des radeaux transportaient chaque matin sur la rive gauche. On entendait aussi des vociférations.

« Qui a planté cette ligne de piquets ? demanda le colonel en s'arrêtant.

— « Il » l'a fait, sir, dit un caporal anglais, en se mettant au garde-à-vous devant son chef, et en montrant du doigt l'ingénieur. « Il » l'a fait, mais je l'ai un peu aidé. J'ai fait une petite rectification après son départ. Nos idées ne correspondent pas toujours, sir. »

Et comme la sentinelle s'était un peu éloignée, il en profita pour cligner de l'œil silencieusement. Le colonel Nicholson ne répondit pas à ce signe d'intelligence. Il resta sombre.

« Je vois », dit-il sur un ton glacial.

Il passa son chemin sans autre commentaire et fit halte devant un autre caporal. Celui-ci, aidé de quelques hommes, dépensait une énergie considérable à débarrasser le chantier d'énormes racines en les hissant au sommet d'une pente au lieu de les faire rouler jusqu'au bas du ravin, sous l'œil inexpressif d'un autre soldat japonais.

« Combien d'hommes au travail, ce matin, dans cette équipe ? » demanda impérieusement le colonel.

Le garde le dévisagea avec des yeux ronds, se demandant s'il était bien dans ses consignes de laisser ainsi interpeller les prisonniers ; mais le ton était si autoritaire qu'il resta immobile. Le caporal se releva vivement et répondit d'une voix hésitante :

« Vingt ou vingt-cinq, sir, je ne sais pas très bien. Un homme s'est senti malade en arrivant sur le chantier. Un éblouissement subit... et incompréhensible, sir, car il était en bonne santé au réveil. Trois ou quatre de ses camarades ont été « obligés » de le porter à l'hôpital, sir, car il ne pouvait pas marcher. Ils ne sont pas encore revenus. C'était l'homme le plus lourd et le plus solide de l'équipe, sir. Dans ces conditions, il nous sera impossible de finir notre tâche, sir. Tous les malheurs semblent se liguer contre ce railway.

— Les caporaux, dit le colonel, doivent savoir exactement le nombre d'hommes qu'ils commandent... Et quelle est cette tâche ?

— Un mètre cube de terre par homme et par jour, sir, à creuser et à transporter. Avec ces damnées racines d'arbre, sir, j'ai l'impression que ce sera encore au-dessus de nos forces.

— Je vois », dit le colonel encore plus sèchement.

Il s'éloigna en murmurant entre ses dents quelques mots incompréhensibles. Hughes et Reeves le suivirent.

Il monta avec sa suite sur une élévation d'où il dominait le fleuve et l'ensemble des travaux. La rivière Kwaï avait, à cet endroit, plus de cent mètres de large, et les berges s'élevaient très haut au-dessus de l'eau. Le colonel inspecta le terrain dans toutes les directions, puis parla à ses subordonnés. Il énonça des lieux communs, mais d'une voix qui avait repris toute sa vigueur :

« Ces gens-là, je veux dire les Japonais, sont tout juste sortis de l'état de sauvagerie, et trop vite. Ils ont essayé de copier nos méthodes, mais ne les ont pas assimilées. Enlevez-leur les modèles et les voilà perdus. Ici, dans cette vallée, ils sont incapables de réussir dans une entreprise qui demande un peu d'intelligence. Ils ignorent que l'on gagne du temps à réfléchir un peu à l'avance, au lieu de s'agiter dans le désordre. Qu'en pensez-vous, Reeves ? Les voies ferrées et les ponts, c'est votre partie.

— Certes, sir, répondit le capitaine avec une vivacité instinctive. J'ai construit aux Indes plus de dix ouvrages de cette sorte. Avec le matériel qui se trouve dans cette jungle, et la main-d'œuvre dont nous disposons, un ingénieur qualifié bâtirait le pont en moins de six mois... Il y a des moments, je l'avoue, où leur incompétence me fait bouillir !

— Moi aussi, reconnut Hughes. Je confesse que le spectacle de cette anarchie m'exaspère parfois. Quand il est si simple de...

— Et moi donc, coupa le colonel, croyez-vous que ce scandale me réjouisse ? Ce que j'ai vu ce matin m'a véritablement choqué.

— En tout cas, je crois que nous pouvons être tranquilles pour l'invasion des Indes, sir, dit en riant le capitaine Reeves, si, comme ils le prétendent, leur ligne doit servir à cela... Le pont de la rivière Kwaï n'est pas encore prêt à supporter leurs trains ! »

Le colonel Nicholson suivait sa propre pensée et ses yeux bleus fixèrent ses collaborateurs.

« Gentlemen, dit-il, je crois qu'il nous faudra à tous beaucoup de fermeté pour reprendre nos hommes en main. Ils ont contracté avec ces barbares des habitudes de laisser-aller et de paresse incompatibles avec leur condition de soldats anglais. Il y faudra de la patience aussi, et du tact, car ils ne peuvent pas être tenus directement responsables de cet état de choses. L'autorité leur est nécessaire, et il n'y en avait pas. Les coups ne peuvent pas la remplacer. Ce que nous avons vu en est une preuve... De l'agitation désordonnée, mais rien de positif. Ces Asiatiques ont démontré eux-mêmes leur incompétence en matière de commandement. »

Il y eut un silence pendant lequel les deux officiers s'interrogèrent intérieurement sur la signification réelle de ces paroles. Elles étaient claires. Ce langage ne dissimulait aucun sous-entendu. Le colonel

Nicholson parlait avec son habituelle droiture. Il réfléchit encore profondément et reprit :

« Je vous recommande donc, comme je le ferai à tous les officiers, un effort de compréhension dans les débuts. Mais dans aucun cas notre patience ne devra aller jusqu'à la faiblesse, ou alors nous sombrerions bientôt aussi bas que ces primitifs. Je parlerai d'ailleurs moi-même aux hommes. Dès aujourd'hui, nous devons corriger les fautes les plus choquantes. Les hommes ne doivent évidemment pas s'absenter du chantier au moindre prétexte. Les caporaux doivent répondre sans hésitation aux questions qu'on leur pose. Je n'ai pas besoin d'insister sur la nécessité de réprimer fermement toute velléité de sabotage ou de fantaisie. Une voie ferrée doit être horizontale, et non pas présenter des montagnes russes, comme vous l'avez dit très justement, Reeves... »

DEUXIÈME PARTIE

1

A Calcutta, le colonel Green, chef de la Force 316, relisait attentivement un rapport qui lui était parvenu, après avoir suivi une filière compliquée, enrichi des commentaires écrits par une demi-douzaine de services occultes, militaires ou assimilés. La Force 316 (« Plastic & Destructions Co. Ltd », comme l'appelaient les initiés) n'avait pas encore atteint le développement qu'elle devait prendre, en Extrême-Orient, à la fin de la guerre, mais elle s'occupait déjà avec activité, amour, et dans un but précis, des installations japonaises dans les pays occupés de Malaisie, de Birmanie, de Thaïlande et de Chine. Elle tâchait à remplacer la faiblesse de ses moyens par l'audace de ses exécutants.

« C'est bien la première fois que je les vois tous d'accord, dit à voix basse le colonel Green. Nous devons tenter quelque chose. »

La première partie de cette remarque était faite à l'adresse des nombreux services secrets, avec lesquels la Force 316 devait obligatoirement collaborer, qui, séparés par des cloisons étanches, jaloux de conserver le monopole de leurs procédés, aboutissaient souvent à des conclusions contradictoires. Cela mettait en rage le colonel Green, qui devait établir un plan d'action d'après les informations reçues. — L'« action » était le domaine de la Force 316 ; le colonel Green ne consentait à s'intéresser aux théories et aux discussions que dans la mesure où celles-ci convergeaient vers elle. Il était même connu pour exposer cette conception à ses subordonnés au moins une fois par jour. — Il lui fallait passer une partie de son temps à essayer de dégager la vérité des rapports en tenant compte, non seulement des renseignements eux-mêmes, mais aussi des tendances psychologiques des différents organismes émetteurs (optimisme, pessimisme, velléité de broder inconsidérément sur les faits ou, au contraire, incapacité totale d'interprétation).

Une place spéciale était réservée dans le cœur du colonel Green pour le vrai, le grand, le fameux, l'unique Intelligence Service, qui, se considérant comme d'essence purement spirituelle, refusait systématiquement de collaborer avec le corps exécutif, s'enfermait dans une tour d'ivoire, ne laissait voir ses documents les plus précieux à aucun être capable d'en tirer parti, sous prétexte qu'ils étaient trop secrets, et les rangeait soigneusement dans un coffre-fort. Ils restaient là pendant des années jusqu'à ce qu'ils fussent devenus inutilisables — plus précisément, jusqu'à ce que, la guerre finie depuis longtemps, un des grands patrons éprouvât le besoin d'écrire ses mémoires avant de mourir, de se confier à la postérité, et de révéler à la nation éblouie combien, à telle date et en telle circonstance, le service avait été subtil en pénétrant le plan complet de l'ennemi : le point et l'époque où celui-ci devait frapper avaient été déterminés à l'avance avec une grande précision. Ces pronostics étaient rigoureusement exacts, puisque ledit ennemi avait effectivement frappé dans ces conditions, et avec le succès qui avait été également prévu.

Telle était du moins la façon de voir, peut-être un peu excessive, du colonel Green, qui n'appréciait pas la théorie de l'art pour l'art en matière de renseignements. Il grommela une remarque incompréhensible en songeant à quelques aventures précédentes ; puis, devant la précision et le miraculeux accord des renseignements dans le cas présent, il se sentit presque chagrin de devoir reconnaître que les services avaient accompli, cette fois-ci, une besogne utile. Il se consola en concluant, avec une certaine mauvaise foi, que les informations contenues dans le rapport étaient depuis longtemps connues dans toutes les Indes. Enfin, il les résuma et les classa dans sa tête, songeant à les utiliser.

« Le railway de Birmanie et de Thaïlande est en cours de construction. Soixante mille prisonniers alliés amenés par les Japonais servent de main-d'œuvre et y travaillent dans d'effroyables conditions. Malgré de terribles pertes, il est à prévoir que l'ouvrage, d'une importance considérable pour l'ennemi, sera achevé dans quelques mois. Ci-joint un tracé approximatif. Il comporte plusieurs traversées de rivières sur des ponts en bois... »

A ce point de sa récapitulation mentale, le colonel Green sentit toute sa bonne humeur revenue et eut un demi-sourire de satisfaction. Il poursuivit :

« Le peuple thaï est très mécontent de ses protecteurs, qui ont réquisitionné le riz et dont les soldats se conduisent comme en pays conquis. En particulier, les paysans sont très surexcités dans la région du railway. Plusieurs officiers supérieurs de l'armée de Thaïlande, et même quelques membres de la cour royale, ont pris secrètement contact avec les Alliés et sont prêts à appuyer à l'intérieur une action antijaponaise, pour laquelle de nombreux partisans sont volontaires. Ils demandent des armes et des instructeurs.

« Il n'y a pas à hésiter, conclut le colonel Green. Il faut que j'envoie une équipe dans la région du railway. »

Sa décision prise, il réfléchit longuement aux diverses qualités que devrait posséder le chef de cette expédition. Après de laborieuses éliminations, il convoqua le commandant Shears, ancien officier de cavalerie, passé dans la Force 316 dès la fondation de cette institution spéciale, et même un de ses promoteurs. Ce corps n'avait vu le jour que grâce à des initiatives individuelles acharnées, soutenues sans enthousiasme par quelques rares autorités militaires. Shears était récemment arrivé d'Europe, où il avait mené à bien plusieurs missions délicates, quand le colonel Green eut une longue entrevue avec lui. Il lui communiqua tous ses renseignements et lui traça les grandes lignes de sa mission.

« Vous emporterez un peu de matériel avec vous, dit-il, et on vous en parachutera suivant vos besoins. En ce qui concerne l'action, vous verrez vous-même, sur place, mais ne vous pressez pas trop. A mon avis, il vaut mieux attendre l'achèvement du railway, et frapper un grand coup, que risquer de donner l'éveil par quelques interventions sans grande importance. »

Il était inutile de préciser la forme exacte de l'« action », ni le genre de matériel dont il s'agissait. La raison d'exister de la « Plastic & Destructions Co. Ltd » rendait superflue toute explication complémentaire.

En attendant, Shears devait prendre contact avec les Thaïs, s'assurer de leur bonne volonté et de leur loyauté, puis commencer l'instruction des partisans.

« Je vois votre groupe composé de trois hommes pour l'instant, proposa le colonel Green. Qu'en pensez-vous ?

— Cela me paraît convenable, sir, approuva Shears. Il faut au moins un noyau de trois Européens ; et, plus nombreux, nous risquerions d'attirer l'attention.

— Nous sommes d'accord. Qui pensez-vous emmener ?

— Je suggère Warden, sir.

— Le capitaine Warden ? Le professeur Warden ? Vous n'avez pas la main malheureuse, Shears. Avec vous, cela fera deux de nos meilleurs éléments.

— J'avais cru comprendre qu'il s'agissait d'une mission importante, sir, dit Shears d'un ton neutre.

— Il s'agit d'une mission très importante, comportant un côté diplomatique et un côté actif.

— Warden est l'homme qu'il me faut pour cela, sir. Un ancien professeur de langues orientales ! Il connaît le thaï et saura parler aux indigènes. Il est raisonnable, et ne se surexcite pas... pas plus qu'il n'est nécessaire.

— Prenez Warden. Et l'autre ?

— Je vais réfléchir, sir. Probablement un des jeunes qui ont terminé le cours. J'en ai vu plusieurs qui paraissaient convenables. Je vous le dirai demain. »

La Force 316 avait établi une école à Calcutta, où s'instruisaient de jeunes volontaires.

« Bien, regardez cette carte. J'ai marqué les points possibles pour un parachutage, et où les agents affirment que vous pourriez rester cachés chez les Thaïs sans risque d'être découverts. On a déjà fait des reconnaissances aériennes. »

Shears se pencha sur la carte et sur les agrandissements photographiques. Il examina attentivement la région que la Force 316 avait choisie comme théâtre de ses opérations hétérodoxes dans le pays de Thaïlande. Il ressentit le frisson qui le traversait toujours lorsqu'il était sur le point de s'embarquer pour une expédition nouvelle dans un pays inconnu. Toutes les missions de la Force 316 présentaient un aspect excitant, mais l'attrait de l'aventure était cette fois épicé par le caractère sauvage de ces montagnes couvertes de jungle, habitées par un peuple de contrebandiers et de chasseurs.

« Plusieurs endroits paraissent convenables, reprit le colonel Green... Ce petit hameau isolé, par exemple, non loin de la frontière de Birmanie ; à deux ou trois jours de marche de la voie ferrée, à ce qu'il paraît. D'après le tracé approximatif, le railway doit traverser par là la rivière... la rivière Kwaï, si le plan est correct... Il y aura là, probablement, un des ponts les plus longs de toute la ligne. »

Shears sourit comme l'avait fait son chef lorsqu'il avait pensé aux nombreuses traversées de rivière.

« Sous réserve d'une étude un peu plus approfondie, sir, je crois que ce point conviendra parfaitement comme quartier général.

— Bon. Il ne reste plus qu'à organiser le parachutage. Ce sera dans trois ou quatre semaines, je pense, si les Thaïs sont d'accord. Avez-vous déjà sauté ?

— Jamais, sir. Ce procédé entrait seulement dans la pratique courante pour nous, quand j'ai quitté l'Europe. Warden non plus, je ne crois pas.

— Attendez un instant. Je vais demander aux spécialistes s'ils peuvent vous faire faire quelques séances d'entraînement. »

Le colonel Green s'empara du téléphone, appela une autorité de la R.A.F. et exposa sa demande. La réponse fut assez longue et ne parut pas le satisfaire. Shears, qui ne le quittait pas des yeux, lui trouva son air de mauvaise humeur.

« C'est vraiment votre opinion définitive ? » interrogea le colonel Green.

Il resta un moment le sourcil froncé, puis raccrocha l'appareil. Après un moment de silence, il se décida enfin à donner quelques éclaircissements.

« Vous voulez avoir l'avis du spécialiste ? Le voici. Il a dit exactement : « Si vous tenez absolument à ce que vos hommes fassent quelques sauts d'entraînement, je leur en fournirai les moyens, mais je ne le conseille vraiment pas ; à moins qu'ils ne disposent de six mois pour une préparation sérieuse. Mon expérience des missions de ce genre sur un pareil terrain se résume à ceci. S'ils sautent une fois, vous m'entendez, ils ont environ cinquante chances sur cent de se casser quelque chose. S'ils sautent deux fois, ils ont quatre-vingts chances sur cent. S'ils sautent trois fois, c'est pour eux une certitude de ne pas s'en tirer indemnes. Comprenez-vous ? Ce n'est pas une question d'entraînement, c'est un problème de probabilités. La véritable sagesse consiste à les lâcher une seule fois : la bonne. »... Voilà ce qu'il a dit. A vous de décider, maintenant.

— C'est un des gros avantages de notre armée moderne d'avoir des spécialistes pour résoudre toutes les difficultés, sir, répondit gravement Shears. Nous ne pouvons pas espérer être plus malins qu'eux. L'opinion de celui-ci me paraît marquée de bon sens, par-dessus le marché. Je suis certain que l'esprit rationnel de Warden l'appréciera, et qu'il sera de mon avis. Nous sauterons une fois comme il l'a conseillé... la bonne. »

2

« J'ai l'impression, Reeves, que vous n'êtes pas satisfait, dit le colonel Nicholson au capitaine du génie, dont l'attitude exprimait une colère contenue. Qu'y a-t-il ?

— Pas satisfait !... Il y a que nous ne pouvons pas continuer ainsi, sir. Je vous assure que c'est impossible. J'avais d'ailleurs pris la résolution de m'ouvrir à vous aujourd'hui même. Et voici le commandant Hughes qui m'approuve.

— Qu'y a-t-il ? répéta le colonel en fronçant le sourcil.

— Je suis tout à fait de l'avis de Reeves, sir, dit Hughes, qui s'était écarté du chantier pour rejoindre son chef. Moi aussi, je tiens à vous signaler que cela ne peut pas durer.

— Quoi donc ?

— Nous sommes en pleine anarchie. Jamais, dans ma carrière, je n'ai vu une pareille inconscience ni une telle absence de méthode.

Nous n'arriverons à rien de cette façon. Nous piétinons. Tout le monde donne des ordres décousus. Ces gens-là, les Japs, n'ont vraiment aucun sens du commandement. S'ils s'obstinent à se mêler de cette entreprise, jamais elle ne pourra être menée à bien. »

L'activité était incontestablement meilleure depuis que les officiers anglais avaient pris la tête des équipes, mais, quoique des progrès fussent perceptibles dans le travail au point de vue de la quantité et de la qualité, il était évident que tout n'allait pas pour le mieux.

« Expliquez-vous. A vous d'abord, Reeves.

— Sir, dit le capitaine en sortant un papier de sa poche, j'ai noté seulement les énormités ; sans cela, la liste serait trop longue.

— Allez-y. Je suis là pour écouter les plaintes raisonnables, et considérer toutes les suggestions. Je sens très bien que cela ne va pas. A vous de m'éclairer.

— Eh bien, premièrement, sir, c'est une folie de construire le pont en cet endroit.

— Pourquoi ?

— Un fond de vase, sir ! Personne n'a jamais entendu parler d'un pont de chemin de fer construit sur un fond mouvant. Seuls, des sauvages comme eux peuvent avoir de ces idées-là. Je vous parie, sir, que le pont va s'effondrer au passage du premier train.

— Ceci est sérieux, Reeves, dit le colonel Nicholson en fixant son collaborateur de ses yeux clairs.

— Très sérieux, sir ; et j'ai essayé de le démontrer à l'ingénieur japonais... Un ingénieur ? Seigneur, un infâme bricoleur ! Allez donc faire entendre raison à un être qui ne sait même pas ce que c'est que la résistance des sols, qui ouvre des yeux ronds quand on lui cite des chiffres de pression, et qui ne parle même pas convenablement l'anglais ! J'ai eu pourtant de la patience, sir. J'ai tout tenté pour le convaincre. J'ai même fait une petite expérience, pensant qu'il ne pourrait pas nier le témoignage de ses yeux. J'ai bien perdu ma peine. Il s'obstine à bâtir son pont sur cette vase.

— Une expérience, Reeves ? interrogea le colonel Nicholson, en qui ce mot éveillait toujours un puissant intérêt de curiosité.

— Très simple, sir. Un enfant comprendrait. Vous voyez d'ici, ce pilier, dans l'eau, près de la rive ? C'est moi qui l'ai fait planter, à coups de masse. Eh bien, il est déjà entré dans la terre d'une très grande longueur, et nous n'avons pas encore trouvé un fond solide. Chaque fois que l'on frappe sur la tête, sir, il s'enfonce encore, comme tous les piliers du pont s'enfonceront sous le poids du train, je le garantis. Il faudrait couler des fondations en béton, et nous n'en avons pas les moyens. »

Le colonel regarda attentivement le pilier et demanda à Reeves s'il était possible de faire l'expérience sous ses yeux. Reeves donna un ordre. Quelques prisonniers s'approchèrent et halèrent une corde. Une lourde masse, suspendue à un échafaudage, tomba deux ou trois fois sur la tête du pieu. Celui-ci s'abaissa d'une manière appréciable.

« Vous voyez, sir, triompha Reeves. Nous pourrions frapper jusqu'à demain, ce serait toujours ainsi. Et il va bientôt disparaître sous l'eau.

— Bien, dit le colonel ; combien de pieds dans le sol, actuellement ? »

Reeves donna le chiffre exact, qu'il avait noté, et ajouta que les plus grands arbres de la jungle ne suffiraient pas pour atteindre un fond solide.

« Parfait, conclut le colonel Nicholson, avec une satisfaction évidente. Ceci est clair, Reeves. Un enfant, comme vous dites, comprendrait. C'est une démonstration comme je les aime. L'ingénieur n'a pas été convaincu ? Je le suis, moi ; et mettez-vous bien dans la tête que c'est l'essentiel. Maintenant, quelle solution proposez-vous ?

— Déplacer le pont, sir. Je crois qu'à un mile d'ici, à peu près, il y aurait un endroit convenable. Évidemment, il faudrait vérifier...

— Il faut vérifier, Reeves, dit le colonel de sa voix calme, et me donner des chiffres pour que je puisse les convaincre. »

Il nota ce premier point et demanda :

« Autre chose, Reeves ?

— Les matériaux pour le pont, sir. Il fait abattre de ces arbres ! Nos hommes avaient commencé une savante sélection, n'est-ce pas ? Eux, du moins, savaient ce qu'ils faisaient. Eh bien, avec cet ingénieur, c'est à peine mieux, sir. Il fait couper n'importe quoi, n'importe comment, sans se préoccuper si les bois sont durs, mous, rigides, flexibles, et s'ils résisteront aux charges qui leur seront imposées. Une honte, sir ! »

Le colonel fit une deuxième entrée sur le bout de papier qui lui servait de carnet.

« Quoi encore, Reeves ?

— J'ai gardé cela pour la fin, parce que c'est le plus important, sir. Vous avez pu voir comme moi : la rivière a au moins quatre cents pieds de large. Les berges sont hautes. Le tablier sera à plus de cent pieds au-dessus de l'eau. Il s'agit d'un ouvrage important, n'est-ce pas ? Ce n'est pas un jouet d'enfant ? Eh bien, j'ai demandé plusieurs fois à cet ingénieur de me montrer son plan d'exécution. Il a secoué la tête à sa manière, comme ils le font tous lorsqu'ils sont embarrassés... jusqu'à ce que je lui aie posé catégoriquement la question. Alors... croyez-le ou non, sir, il n'y a pas de plan. Il n'a pas fait de plan ! Il n'a pas l'intention d'en faire un !... Pas eu l'air de savoir de quoi il s'agissait. Parfaitement ; il se propose de construire ce pont, comme on jette une passerelle sur un fossé ; des bouts de bois plantés au hasard, et quelques poutres par-dessus ! Jamais cela ne tiendra, sir. Je suis réellement honteux de participer à un tel sabotage. »

Il était dans un état d'indignation si sincère que le colonel Nicholson jugea bon de prononcer des paroles apaisantes.

« Calmez-vous, Reeves. Vous avez bien fait de vider votre sac, et je comprends fort bien votre point de vue. Chacun a son amour-propre.

— Parfaitement, sir. Je le dis en toute sincérité. J'aimerais mieux subir encore de mauvais traitements qu'aider à l'enfantement de ce monstre.

— Je vous donne entièrement raison, dit le colonel en notant ce dernier point. Ceci est évidemment très grave, et nous ne pouvons pas laisser aller les choses ainsi. J'aviserai, je vous le promets... A vous, Hughes. »

Le commandant Hughes était aussi surexcité que son collègue. Cet état était assez étrange pour lui, car il était de tempérament calme.

« Sir, nous ne parviendrons jamais à obtenir une discipline sur le chantier, ni un travail sérieux de nos hommes, tant que les gardes japonais — regardez-les, sir, de véritables brutes ! — se mêleront à chaque instant de donner des consignes. Ce matin encore, j'avais divisé chacune des équipes qui travaillent au remblai de la voie en trois groupes : le premier creusait la terre, le deuxième la transportait, le troisième l'étalait et nivelait la digue. J'avais pris la peine de fixer moi-même l'importance de ces groupes et de préciser les tâches, de façon à maintenir une synchronisation...

— Je vois, dit le colonel, de nouveau intéressé. Une sorte de spécialisation du travail.

— Exactement, sir... J'ai tout de même l'habitude de ces terrassements ! Avant d'être directeur, j'ai été chef de chantier. J'ai creusé des puits à plus de trois cents pieds de profondeur... Donc, ce matin, mes équipes commencent à travailler ainsi. Cela marchait admirablement. Ils étaient bien en avance sur l'horaire prévu par les Japonais. Bon ! Voilà un des gorilles qui s'amène, qui se met à gesticuler en poussant des hurlements, et qui exige la réunion des trois groupes en un seul. Plus facile pour la surveillance, je suppose... idiot ! Résultat : le gâchis, la pagaïe, l'anarchie. Ils se gênent les uns les autres, et n'avancent plus. C'est à vous dégoûter, sir. Regardez-les !

— C'est exact ; je vois, approuva le colonel Nicholson, après avoir consciencieusement regardé. J'avais déjà remarqué ce désordre.

— Et encore, sir : ces imbéciles ont fixé la tâche à un mètre cube de terre par homme, sans se rendre compte que nos soldats, bien dirigés, peuvent faire beaucoup plus. Entre nous, sir, c'est la tâche d'un enfant. Quand ils jugent que chacun a creusé, transporté et étalé son mètre cube, sir, c'est fini. Je vous dis qu'ils sont stupides ! Reste-t-il seulement quelques claies de terre à jeter pour raccorder deux tronçons isolés, croyez-vous qu'ils vont exiger un effort supplémentaire, même si le soleil est encore haut ? Plus souvent !

Ils arrêtent l'équipe, sir. Comment voulez-vous que je donne l'ordre de continuer ? Et de quoi aurais-je l'air vis-à-vis des hommes ?

— Vous pensez vraiment que cette tâche est faible ? demanda le colonel Nicholson.

— Elle est tout simplement ridicule, sir, intervint Reeves. Aux Indes, sous un climat aussi pénible que celui-ci, et dans un terrain beaucoup plus dur, les coolies font aisément un mètre cube et demi.

— Cela me semblait aussi... rêva le colonel. Il m'est arrivé de diriger un travail de ce genre, autrefois en Afrique, pour une route. Mes hommes allaient beaucoup plus vite... Il n'est certes pas possible de continuer ainsi, décida-t-il énergiquement. Vous avez bien fait de me parler. »

Il relut ses notes, réfléchit, puis s'adressa à ses deux collaborateurs.

« Voulez-vous savoir quelle est, à mon avis, la conclusion de tout ceci, Hughes, et vous, Reeves ? Presque tous les défauts que vous m'avez signalés ont une seule origine : un manque absolu d'organisation. Je suis d'ailleurs le premier coupable : j'aurais dû mettre les choses au point dès le début. On perd toujours du temps à vouloir aller trop vite. C'est cela que nous devons créer, avant tout, une organisation simple.

— Vous l'avez dit, sir, approuva Hughes. Une entreprise de cette sorte est vouée à l'échec si elle ne possède pas au début une base solide.

— Le mieux serait que nous nous réunissions en une conférence, dit le colonel Nicholson. J'aurais dû y penser plus tôt... Les Japonais et nous. Une discussion commune est nécessaire pour fixer le rôle et les responsabilités de chacun... Une conférence, c'est cela. Je vais en parler à Saïto aujourd'hui même. »

3

La conférence eut lieu quelques jours plus tard. Saïto n'avait pas très bien compris de quoi il s'agissait, mais avait accepté d'y assister, sans oser demander d'explications complémentaires, dans sa crainte de déchoir en paraissant ignorer les coutumes d'une civilisation qu'il haïssait, mais qui l'impressionnait malgré lui.

Le colonel Nicholson avait établi une liste des questions à débattre, et attendait, entouré de ses officiers, dans la longue baraque qui servait de réfectoire. Saïto arriva, accompagné de son ingénieur, de quelques gardes du corps, et de trois capitaines qu'il avait amenés pour grossir sa suite quoiqu'ils ne comprissent pas un mot d'anglais. Les officiers britanniques se levèrent et se mirent au garde-à-vous. Le colonel salua réglementairement. Saïto parut désemparé. Il était venu avec l'intention d'affirmer son autorité, et se sentait déjà visiblement en état d'infériorité devant ces honneurs rendus avec une traditionnelle et majestueuse correction.

Il y eut un assez long silence, pendant lequel le colonel Nicholson interrogea du regard le Japonais, à qui évidemment la présidence revenait de droit. La conférence ne se concevait pas sans président. Les mœurs et la politesse occidentales imposaient au colonel d'attendre que l'autre eût déclaré les débats ouverts. Mais Saïto se sentait de plus en plus mal à l'aise, et supportait avec peine d'être le point de mire de l'assistance. Les façons du monde civilisé le rapetissaient. Devant ses subordonnés, il ne pouvait admettre qu'elles fussent pour lui mystérieuses, et il était paralysé par la peur de commettre quelque bévue en prenant la parole. Le petit ingénieur japonais paraissait encore moins assuré.

Saïto fit un effort considérable pour se ressaisir. Sur un ton de mauvaise humeur, il demanda au colonel Nicholson ce qu'il avait à dire. C'était ce qu'il avait trouvé de moins compromettant. Voyant qu'il ne pourrait rien tirer de lui, le colonel se décida à agir et à prononcer les paroles que le parti anglais, dans une angoisse croissante, commençait à perdre l'espoir d'entendre. Il débuta par « gentlemen », déclara la conférence ouverte, et exposa en quelques mots son objet : mettre sur pied une organisation convenable pour la construction d'un pont sur la rivière Kwaï, et tracer les grandes lignes d'un programme d'action. Clipton, qui était aussi présent — le colonel l'avait convoqué, car un médecin avait son mot à dire sur des points d'organisation générale —, remarqua que son chef avait retrouvé toute sa prestance, et que son aisance s'affirmait à mesure que croissait l'embarras de Saïto.

Après un préambule bref et classique, le colonel entra dans le sujet et aborda le premier point important.

« Avant tout, colonel Saïto, nous devons parler de l'emplacement du pont. Il a été fixé, je crois, un peu vite, et il nous paraît nécessaire maintenant de le modifier. Nous avons en vue un point situé à un mile d'ici, environ, en aval de la rivière. Ceci entraîne évidemment une longueur supplémentaire de voie. Il sera préférable, aussi, de déplacer le camp, de construire de nouveaux baraquements près du chantier. Je pense pourtant que nous ne devons pas hésiter. »

Saïto poussa un grognement rauque, et Clipton crut qu'il allait céder à la colère. Il était facile d'imaginer son état d'âme. Le temps s'écoulait. Plus d'un mois avait passé sans qu'aucun travail positif eût été accompli, et voilà qu'on lui proposait d'augmenter considérablement l'ampleur de l'ouvrage. Il se leva brusquement, la main crispée sur la poignée de son sabre ; mais le colonel Nicholson ne lui laissa pas le loisir de poursuivre sa manifestation.

« Permettez, colonel Saïto, dit-il impérieusement. J'ai fait faire une petite étude par mon collaborateur, le capitaine Reeves, officier du génie, qui est chez nous un spécialiste en matière de ponts. La conclusion de cette étude... »

Deux jours auparavant, après avoir observé lui-même consciencieusement les façons de l'ingénieur japonais, il s'était définitivement convaincu de son insuffisance. Il avait sur-le-champ pris une décision énergique. Il avait agrippé par l'épaule son collaborateur technique et s'était exclamé :

« Écoutez-moi, Reeves. Nous n'arriverons jamais à rien avec ce bricoleur qui s'y connaît encore moins que moi en fait de ponts. Vous êtes ingénieur, n'est-ce pas ? Eh bien, vous allez me reprendre tout ce travail depuis le début, en ne tenant aucun compte de ce qu'il dit, ni de ce qu'il fait. Trouvez-moi d'abord un emplacement correct. Nous verrons ensuite. »

Reeves, heureux de se retremper dans ses occupations d'avant-guerre, avait étudié soigneusement le terrain et fait plusieurs sondages en divers points de la rivière. Il avait découvert un sol à peu près parfait. Le sable dur était tout à fait convenable pour supporter un pont.

Avant que Saïto eût trouvé les mots traduisant son indignation, le colonel donna la parole à Reeves, qui énonça quelques principes techniques, cita des chiffres de pression en tonnes par pouces carrés sur la résistance des terrains, et démontra que le pont, si l'on s'obstinait à l'édifier au-dessus de la vase, s'enfoncerait sous le poids des trains. Quand il eut terminé son exposé, le colonel le remercia au nom de toute l'assistance et conclut :

« Il paraît évident, colonel Saïto, que nous devons déplacer le pont pour éviter une catastrophe. Puis-je demander l'avis de votre collaborateur ? »

Saïto avala sa rage, se rassit, et entama une conversation animée avec son ingénieur. Or, les Japonais n'avaient pas envoyé en Thaïlande l'élite de leurs techniciens, indispensables à la mobilisation industrielle de la métropole. Celui-ci n'était pas de force. Il manquait visiblement d'expérience, d'assurance et d'autorité. Il rougit quand le colonel Nicholson lui mit sous le nez les calculs de Reeves, fit semblant de réfléchir profondément et, finalement, trop ému pour pouvoir faire une vérification, saturé de confusion, déclara piteusement que son collègue était dans le vrai et que lui-même était arrivé depuis quelques jours à une conclusion analogue. C'était une si humiliante perte de face pour le parti nippon que Saïto en devint blafard et que des gouttes de sueur perlèrent sur son visage décomposé. Il ébaucha un vague signe d'assentiment. Le colonel continua :

« Nous sommes donc d'accord sur ce point, colonel Saïto. Cela signifie que tous les travaux exécutés jusqu'à ce jour deviennent inutiles. D'ailleurs, il aurait fallu recommencer, de toute façon, car ils présentent des défauts graves.

— De mauvais ouvriers, maugréa hargneusement Saïto, qui cherchait une revanche. En moins de quinze jours, les soldats japonais auraient construit ces deux sections de voie.

— Les soldats japonais auraient certainement fait mieux, parce qu'ils sont habitués aux chefs qui les commandent. J'espère, colonel Saïto, pouvoir vous montrer bientôt le véritable aspect du soldat anglais... Incidemment, je dois vous prévenir que j'ai modifié la tâche de mes hommes...

— Modifié ! hurla Saïto.

— Je l'ai fait augmenter, dit calmement le colonel : de un mètre cube à un mètre cube et demi. C'est dans l'intérêt général, et j'ai pensé que vous approuveriez cette mesure. »

Ceci rendit stupide l'officier japonais, et le colonel en profita pour aborder une autre question.

« Vous devez comprendre, colonel Saïto, que nous avons nos méthodes à nous, dont j'espère vous prouver la valeur, à condition que nous ayons toute liberté pour les appliquer. Nous estimons que le succès d'une entreprise de ce genre tient, à peu près tout entier, dans l'organisation de base. Voici, à ce sujet, le plan que je suggère et que je soumets à votre approbation. »

Ici, le colonel révéla le plan d'organisation auquel il avait travaillé pendant deux jours avec l'aide de son état-major. Il était relativement simple, adapté à la situation, et chaque compétence y était parfaitement utilisée. Le colonel Nicholson administrait l'ensemble et était seul responsable vis-à-vis des Nippons. Le capitaine Reeves se voyait confié tout le programme d'études théoriques préliminaires, en même temps qu'il était nommé conseiller technique pour la réalisation. Le commandant Hughes, habitué à remuer les hommes, devenait une sorte de directeur d'entreprise, avec la haute main sur l'exécution. Il avait directement sous ses ordres les officiers de troupe, qui étaient promus chefs de groupes d'équipes. Un service administratif était également créé, à la tête duquel le colonel avait placé son meilleur sous-officier comptable. Il serait chargé des liaisons, de la transmission des ordres, du contrôle des tâches, de la distribution et de l'entretien des outils, etc.

« Un tel service est absolument nécessaire, dit incidemment le colonel. Je suggère, colonel Saïto, que vous fassiez vérifier l'état des outils qui ont été distribués il y a seulement un mois. C'est un véritable scandale. »

« J'insiste fortement pour que ces bases soient admises », dit le colonel Nicholson en relevant la tête, lorsqu'il eut décrit chaque rouage du nouvel organisme, expliqué les motifs qui avaient conduit à sa création. « Je me tiens d'ailleurs à votre disposition pour vous fournir des éclaircissements, si vous le désirez, et vous donne l'assurance que toutes vos suggestions seront consciencieusement examinées. Approuvez-vous l'ensemble de ces mesures ? »

Saïto aurait certes eu besoin de quelques autres explications, mais le colonel avait un tel air d'autorité en prononçant ces paroles qu'il ne put réprimer un nouveau geste d'acquiescement. D'un simple hochement de tête, il accepta en bloc ce plan qui éliminait toute initiative japonaise, et le réduisait, lui, à un rôle à peu près insignifiant. Il n'en était plus à une humiliation près. Il était résigné à tous les sacrifices pour voir enfin implantés les piliers de cet ouvrage auquel son existence était attachée. A contrecœur, malgré lui, il faisait encore confiance aux étranges préparatifs des Occidentaux pour hâter son exécution.

Encouragé par ces premières victoires, le colonel Nicholson reprit :

« Il y a maintenant un point important, colonel Saïto : les délais imposés. Vous vous rendez compte, n'est-ce pas, du supplément de travail imposé par la plus grande longueur de la voie. De plus, la construction de nouveaux baraquements...

— Pourquoi de nouveaux baraquements ? protesta Saïto. Les prisonniers peuvent bien marcher un ou deux miles pour se rendre sur le chantier.

— J'ai fait étudier les deux solutions par mes collaborateurs, répliqua patiemment le colonel Nicholson. Il résulte de cette étude... »

Les calculs de Reeves et de Hughes montraient clairement que le total des heures perdues durant cette marche était bien supérieur au temps nécessaire à l'établissement d'un nouveau camp. Une fois encore, Saïto perdit pied devant les spéculations de la sage prévoyance occidentale. Le colonel poursuivit :

« D'autre part, nous avons déjà perdu plus d'un mois, par suite d'un fâcheux malentendu dont nous ne sommes pas responsables. Pour terminer le pont à la date fixée, ce que je promets si vous acceptez ma nouvelle suggestion, il est nécessaire de faire immédiatement abattre les arbres et préparer les poutres, en même temps que d'autres équipes travailleront à la voie, et d'autres encore aux baraquements. Dans ces conditions, d'après les estimations du commandant Hughes, qui a une très grosse expérience de la main-d'œuvre, nous n'aurons pas assez d'hommes pour achever l'ouvrage dans les délais prévus. »

Le colonel Nicholson se recueillit un instant dans un silence chargé de curiosité attentive, puis continua de sa voix énergique.

« Voici ce que je propose, colonel Saïto. Nous utiliserons tout de suite la plupart des soldats anglais pour le pont. Un petit nombre seulement restera disponible pour la voie, et je vous demande de nous prêter vos soldats nippons pour renforcer ce groupe, de façon que cette première tranche soit terminée le plus tôt possible. Je pense que vos hommes pourraient également construire le nouveau camp. Ils sont plus habiles que les miens à travailler le bambou. »

En cette seconde, Clipton plongea dans une de ses crises périodiques d'attendrissement. Avant cela, il avait ressenti, à plusieurs reprises, l'envie d'étrangler son chef. Maintenant, son regard ne pouvait se détacher des yeux bleus qui, après avoir fixé le colonel japonais, prenaient ingénument à témoin tous les membres de l'assemblée, les uns après les autres, comme pour rechercher une approbation quant au caractère équitable de cette requête. Son esprit fut effleuré par le soupçon qu'un subtil machiavélisme pouvait se développer derrière cette façade d'apparence si limpide. Il scruta anxieusement, passionnément, désespérément, chaque trait de cette physionomie sereine, avec la volonté insensée d'y découvrir l'indice d'une perfide pensée secrète. Au bout d'un moment, il baissa la tête, découragé.

« Ce n'est pas possible, décida-t-il. Chaque mot qu'il prononce est sincère. Il a véritablement cherché les meilleurs moyens d'accélérer les travaux. »

Il se redressa pour observer la contenance de Saïto, et fut un peu réconforté. La face du Japonais était celle d'un supplicié parvenu à l'extrême limite de sa résistance. La honte et la fureur le martyrisaient ; mais il s'était laissé engluer dans cette suite d'implacables raisonnements. Il y avait peu de chances pour qu'il pût réagir. Une fois encore, il céda, après avoir balancé entre la révolte et la soumission. Il espérait follement reprendre un peu de son autorité à mesure que les travaux avanceraient. Il ne se rendait pas encore compte de l'état d'abjection auquel menaçait de le réduire la sagesse occidentale. Clipton jugea qu'il serait incapable de remonter la pente des renoncements.

Il capitula à sa manière. On l'entendit soudain donner des ordres d'une voix féroce à ses capitaines, en japonais. Le colonel ayant parlé assez vite pour n'être compris que de lui seul, il présentait la suggestion comme sa propre idée et la transformait en commandement autoritaire. Quand il eut fini, le colonel Nicholson souleva un dernier point, un détail, mais assez délicat pour qu'il lui eût donné toute son attention.

« Il nous reste à fixer la tâche de vos hommes, pour le remblai de la voie, colonel Saïto. J'avais d'abord songé à un mètre cube, pour leur éviter une trop grosse fatigue, mais peut-être jugerez-vous convenable qu'elle soit égale à celle des soldats anglais ? Cela créerait d'ailleurs une émulation favorable...

— La tâche des soldats nippons sera de *deux* mètres cubes, éclata Saïto. J'ai déjà donné des ordres ! »

Le colonel Nicholson s'inclina.

« Dans ces conditions, je pense que le travail avancera vite... Je ne vois plus rien à ajouter, colonel Saïto. Il me reste à vous remercier pour votre compréhension. Gentlemen, si personne n'a de remarque à formuler, je crois que nous pouvons clore cette réunion. Nous commencerons demain sur les bases établies. »

Il se leva, salua et se retira dignement, satisfait d'avoir conduit les débats comme il l'entendait, d'avoir fait triompher la sagesse et accompli un grand pas dans la réalisation du pont. Il s'était montré technicien habile et était conscient d'avoir disposé ses forces de la meilleure façon possible.

Clipton se retira avec lui et l'accompagna vers leur cabane.

« Ces écervelés, sir ! dit le médecin en le regardant curieusement. Quand je pense que, sans nous, ils allaient édifier leur pont sur un fond de vase, et qu'il se serait effondré sous le poids des trains chargés de troupes et de munitions ! »

Ses yeux brillaient d'un étrange éclat tandis qu'il prononçait ces paroles ; mais le colonel resta impassible. Le sphinx ne pouvait livrer un secret inexistant.

« N'est-ce pas ? répondit-il gravement. Ils sont bien tels que je les ai toujours jugés : un peuple très primitif, encore dans l'enfance, qui a reçu trop vite un vernis de civilisation. Ils n'ont vraiment rien appris en profondeur. Livrés à eux-mêmes, ils ne peuvent faire un pas en avant. Sans nous, ils seraient encore à l'époque de la marine à voiles et ne posséderaient pas un avion. De véritables enfants... Et quelle prétention avec cela, Clipton ! Un ouvrage de cette importance ! Croyez-moi ; ils sont tout juste capables de construire des ponts de lianes. »

4

Il n'y a pas de comparaison possible entre le pont, tel que le conçoit la civilisation occidentale, et les échafaudages utilitaires que les soldats japonais avaient pris l'habitude d'édifier sur le continent asiatique. Il n'y a pas davantage de ressemblance entre les procédés employés pour la construction. L'empire nippon possédait certes des techniciens qualifiés, mais ceux-ci étaient maintenus dans la métropole. Dans les pays occupés, la responsabilité des ouvrages était laissée à l'armée. Les quelques spécialistes, rapidement dépêchés en Thaïlande, n'avaient ni autorité ni grande compétence, et le plus souvent laissaient faire les militaires.

La manière de ceux-ci, rapide et jusqu'à un certain point efficace, il faut le reconnaître, leur avait été dictée par la nécessité, lorsque, au cours de leur avance dans les pays conquis, ils rencontraient des ouvrages d'art détruits par l'ennemi en retraite. Elle consistait d'abord à enfoncer des lignes de piliers dans le fond de la rivière, puis à élever sur ces supports un inextricable fouillis de pièces de bois, fixées sans plan, sans art, avec un mépris total de la mécanique statique, et accumulées aux points où l'expérience immédiate révélait une faiblesse.

Sur cette grossière superstructure, qui atteignait parfois une très grande hauteur, étaient posées deux rangées parallèles de grosses poutres, les seuls bois à peu près équarris, supportant les rails. Le pont était alors considéré comme terminé. Il satisfaisait les besoins de l'heure. Il n'y avait ni balustrade ni chemin pour les piétons. Ceux-ci, s'ils désiraient l'utiliser, devaient marcher en équilibre sur les poutres, au-dessus d'un abîme, ce que d'ailleurs les Japonais réussissaient fort bien.

Le premier convoi passait lentement, en tressautant. La locomotive déraillait parfois à la jonction avec la terre, mais une équipe de soldats, armés de leviers, parvenait en général à la remettre sur la voie. Le train poursuivait sa route. S'il avait un peu trop ébranlé le pont, quelques pièces de bois étaient ajoutées. Le convoi suivant défilait de la même façon. L'échafaudage résistait pendant quelques jours, quelques semaines, ou même quelques mois ; puis une inondation l'emportait, ou une série de cahots trop violents le faisait écrouler. Alors les Japonais le recommençaient sans impatience. Le matériel était fourni par l'inépuisable jungle.

La méthode de la civilisation occidentale n'est évidemment pas aussi simpliste, et le capitaine Reeves, qui représentait un élément essentiel de cette civilisation, la technique, eût rougi de se laisser guider par un empirisme aussi primitif.

Mais la technique occidentale entraîne, en matière de ponts, une cascade de servitudes qui enflent et multiplient les opérations antérieures à l'exécution. Par exemple, elle exige un plan détaillé et, pour le tracé de ce plan, elle veut que soient connues à l'avance la section de chaque poutre, sa forme, la profondeur à laquelle seront enfoncés les piliers, et bien d'autres détails. Or, cette section, cette forme et cette profondeur elles-mêmes réclament des calculs compliqués, basés sur des chiffres symbolisant la résistance des matériaux employés et la consistance du terrain. Ces chiffres, à leur tour, dépendent du coefficient caractérisant des échantillons « standard » qui, dans les pays civilisés, sont donnés par des formulaires. En fait, la réalisation implique la connaissance complète *a priori*, et cette création spirituelle, antérieure à la création matérielle, n'est pas une des moindres conquêtes du génie occidental.

Sur les bords de la rivière Kwaï, le capitaine Reeves ne possédait pas de formulaire, mais il était ingénieur expert et sa science théorique lui permettait de s'en passer. Il lui suffisait de remonter un peu plus haut le flot des servitudes et, avant de commencer ses calculs, de faire une série d'expériences sur des échantillons de poids et de formes simples. Il pouvait ainsi déterminer ses coefficients par des méthodes faciles, en utilisant des appareils qu'il fit fabriquer de toute urgence, car le temps pressait.

Avec l'accord du colonel Nicholson, sous l'œil angoissé de Saïto, et sous celui, ironique, de Clipton, ce fut par ces expériences qu'il commença. Pendant la même période, il dessinait le meilleur tracé possible pour la voie ferrée et le remettait au commandant Hughes, pour exécution. L'esprit plus libre, et ayant enfin réuni les données nécessaires à ses calculs, il aborda la partie la plus intéressante de l'ouvrage, le projet théorique et le plan du pont.

Il se consacra à ce projet avec la conscience professionnelle qu'il apportait autrefois à la pratique de son métier aux Indes, lorsqu'il faisait des études analogues pour le gouvernement, mais avec, en plus, un enthousiasme fébrile qu'il s'était vainement efforcé de ressentir auparavant, à l'aide de lectures appropriées (telles que *Les Bâtisseurs de ponts*), et qui s'était brusquement abattu sur lui comme une griserie soudaine à l'ouïe d'une simple réflexion de son chef.

« Vous savez, Reeves, je compte vraiment sur vous. Vous êtes ici le seul homme techniquement qualifié, et je vous laisserai une très grande initiative. Il s'agit de démontrer notre supériorité à ces barbares. Je n'ignore aucune des difficultés, dans ce pays perdu où les moyens manquent, mais le résultat n'en sera que plus méritoire.

— Vous pouvez compter sur moi, sir, avait répondu Reeves, subitement magnétisé. Vous serez content, et ils verront ce que nous pouvons faire. »

C'était l'occasion qu'il avait guettée toute sa vie. Il avait toujours rêvé d'entreprendre une grande œuvre sans être à chaque instant harcelé par des bureaux administratifs, exaspéré par l'ingérence dans son travail de fonctionnaires qui lui demandaient d'insipides justifications, s'ingéniaient à lui mettre des bâtons dans les roues sous prétexte d'économie et réduisaient à néant ses efforts vers une création originale. Ici, il n'aurait de comptes à rendre qu'à son colonel. Celui-ci lui témoignait de la sympathie ; s'il respectait l'organisation et un certain formalisme indispensable, il était du moins compréhensif et ne se laissait pas hypnotiser par des questions de crédits ou de politique en matière de ponts. De plus, avec une entière bonne foi, il avait avoué son ignorance technique et affirmé son intention de laisser à son adjoint la bride sur le cou. Certes, le travail était difficile, et les moyens manquaient, mais lui, Reeves, suppléerait à toutes les insuffisances par son ardeur. En lui grondait déjà le souffle qui attise le foyer créateur de l'âme en faisant jaillir ces grandes flammes dévorantes qui consument tous les obstacles.

A partir de cet instant, les journées ne comptèrent plus pour lui aucune minute de repos. Il ébaucha d'abord rapidement un croquis du pont, tel qu'il le voyait devant ses yeux lorsqu'il contemplait la rivière, avec ses quatre rangées de piliers majestueux rigoureusement alignés ; avec son harmonieuse et audacieuse superstructure, s'élevant à plus de cent pieds au-dessus de l'eau, aux entretoises assemblées par un procédé dont il était l'inventeur et qu'il avait vainement essayé autrefois de faire adopter au gouvernement routinier des Indes ; avec son large tablier encadré de solides balustrades à claire-voie, comprenant non seulement le passage des rails, mais, à côté, une route pour les piétons et les véhicules.

Après cela, il aborda les calculs et les diagrammes, puis un plan définitif. Il avait réussi à obtenir un rouleau de papier à peu près convenable de son collègue japonais, qui se glissait parfois silencieusement derrière lui, contemplant l'œuvre naissante, sans pouvoir dissimuler son admiration effarée.

Il prit ainsi l'habitude de travailler de l'aube au crépuscule, sans un instant de repos ; jusqu'à ce qu'il comprit que le temps s'écoulait trop vite ; jusqu'au moment où il s'aperçut avec angoisse que les journées étaient trop courtes et que son projet ne serait pas terminé dans les délais qu'il s'était imposés. Alors, par l'intermédiaire du colonel Nicholson, il obtint de Saïto l'autorisation de conserver une lumière après l'extinction des feux. Ce fut à partir de cette date que, assis sur un tabouret branlant, son misérable lit en bambou lui servant de pupitre, sa feuille à dessin étalée sur une planche amoureusement rabotée par lui, éclairé par une minuscule lampe à huile qui empestait la cabane de son odeur fétide, déplaçant d'une main experte un té et une équerre taillés avec des précautions infinies, il passa ses soirées, parfois ses nuits, à établir le plan du pont.

Il ne déposait ces instruments que pour saisir une autre feuille de papier et effectuer fiévreusement des pieds carrés de calculs sacrifiant son sommeil, après des journées harassantes, pour incarner sa science dans l'œuvre qui devait démontrer la supériorité occidentale — ce pont qui devait supporter les trains japonais, dans leur course triomphale vers le golfe du Bengale.

Clipton avait pensé que les servitudes du *modus operandi* occidental (d'abord l'élaboration de l'organisation, puis les patientes recherches et les spéculations de la technique) retarderaient la réalisation de l'ouvrage, un peu plus que ne l'eût fait l'empirisme désordonné des Nippons. Il ne fut pas long à reconnaître la vanité de cet espoir, et l'erreur qu'il avait commise en raillant ces préparatifs, au cours des insomnies provoquées par la lampe de Reeves. Il commença à convenir qu'il s'était laissé entraîner à une critique beaucoup trop facile des pratiques civilisées le jour où Reeves passa son plan complètement terminé au commandant Hughes et où l'exécution fut abordée avec une rapidité dépassant les rêves les plus optimistes de Saïto.

Reeves n'était pas un de ces êtres qui, complètement hypnotisés par la préparation symbolique, retardent indéfiniment l'ère de la réalisation, parce que toute leur énergie est dévouée à l'esprit au détriment de la matière. Il conservait un pied sur le sol. D'ailleurs, quand il avait tendance à rechercher un peu trop la perfection théorique et à envelopper le pont dans un brouillard de chiffres abstraits, le colonel Nicholson était là pour le remettre dans le droit chemin. Celui-ci possédait ce bon sens réaliste du chef, qui ne perd jamais de vue le but à atteindre, ni les moyens dont il dispose, et qui maintient chez ses subordonnés une proportion harmonieuse entre l'idéal et la pratique.

Le colonel avait approuvé les expériences préliminaires, à condition qu'elles fussent rapidement terminées. Il avait également considéré d'un bon œil le tracé du plan, et s'était fait expliquer en détail les innovations dues au génie inventif de Reeves. Il avait seulement insisté pour que celui-ci ne se surmenât pas.

« Nous serons bien avancés quand vous serez tombé malade, Reeves. Toute l'œuvre repose sur vous, songez-y. »

Il commença toutefois à dresser l'oreille et à faire entendre la voix du sens commun, le jour où Reeves vint le trouver d'un air préoccupé pour lui exposer certains scrupules...

« Il y a un point qui me tracasse, sir. Je ne pense pas que nous devions en tenir compte, mais je tiens à avoir votre approbation.

— Qu'y a-t-il, Reeves ? demanda le colonel.

— Le séchage des bois, sir. Aucun ouvrage sérieux ne devrait être exécuté avec des arbres fraîchement abattus. Il faudrait les laisser exposés à l'air auparavant.

— Pendant combien de temps faudrait-il faire sécher vos bois, Reeves ?

— Cela varie avec la qualité, sir. Pour certaines espèces, il est prudent d'aller jusqu'à dix-huit mois, ou même deux ans.

— Cela est impossible, Reeves, dit le colonel avec véhémence. Nous ne disposons en tout que de cinq mois. »

Le capitaine baissa la tête d'un air contrit.

« Hélas ! je le sais, sir, et c'est bien ce qui me désole.

— Et quel inconvénient y a-t-il à employer du bois frais ?

— Certaines essences se contractent, sir, et il peut en résulter des fentes et des jeux, une fois l'ouvrage monté... Pas pour tous les bois, d'ailleurs ; l'orme, par exemple, ne bouge presque pas. J'ai choisi évidemment des arbres qui présentent des caractères comparables à celui-là... Les piles en orme du London Bridge, sir, ont résisté pendant six cents ans.

— Six cents ans ! » s'exclama le colonel Nicholson. Une flamme brilla dans ses yeux, tandis qu'il se tournait instinctivement vers la rivière Kwaï. « Six cents ans, ce ne serait pas si mal, Reeves !

— Oh ! c'est un cas exceptionnel, sir. On ne peut guère compter ici que sur cinquante ou soixante ans. Peut-être un peu moins, si le bois sèche mal.

— Il faut prendre cette chance, Reeves, affirma le colonel avec autorité. Utilisez des bois frais. Nous ne pouvons faire l'impossible. Si l'on nous reproche quelque défaut, il suffit que nous puissions répondre : c'était inévitable.

— Je comprends, sir... Encore un point : la créosote, qui protège les poutres contre l'attaque des insectes, je crois que nous devrons nous en passer, sir. Les Japonais n'en ont pas. Nous pourrions évidemment fabriquer un succédané... J'ai songé à monter un appareil de distillation du bois. Cela serait possible, mais demanderait un peu de temps... A la réflexion, je ne le recommande pas.

— Pourquoi cela, Reeves ? demanda le colonel Nicholson que ces détails techniques enchantaient.

— Quoique les avis soient partagés, les meilleurs spécialistes déconseillent le créosotage lorsque les bois ont été insuffisamment séchés, sir. Cela conserve la sève, l'humidité, et risque d'entraîner une moisissure rapide.

— On supprimera donc le créosotage, Reeves. Comprenez-moi bien. Nous ne devons pas nous lancer dans des entreprises au-dessus de nos moyens. Il ne faut pas oublier que le pont a une utilité immédiate.

— A part ces deux points, sir, je suis maintenant certain que nous pouvons construire ici un pont correct du point de vue technique, et raisonnablement résistant.

— C'est exactement cela, Reeves. Vous êtes dans la bonne voie. Un pont raisonnablement résistant et correct du point de vue technique. « Un pont » et non un assemblage innommable. Cela ne sera pas si mal. Je vous le répète, vous avez toute ma confiance.

Le colonel Nicholson quitta son conseiller technique, satisfait d'avoir trouvé une formule brève, définissant le but à atteindre.

5

Shears — « Number one », comme l'appelaient les partisans thaïs, dans le hameau isolé où étaient cachés les envoyés de la Force 316 — était lui aussi d'une race qui consacre beaucoup de réflexion et de soins à la préparation méthodique. En fait, l'estime en laquelle le tenaient ses chefs était due à sa prudence et à sa patience pendant la période précédant l'action, autant qu'à sa vivacité et à son esprit de décision quand l'heure de celle-ci était venue. Warden, le professeur Warden, son adjoint, avait également la réputation justifiée de ne rien laisser au hasard, lorsque les circonstances le permettaient. Quant à Joyce, le dernier membre et le benjamin de l'équipe, qui avait encore en mémoire les cours suivis à Calcutta, à l'école spéciale de la « Plastic & Destructions Co. Ltd », il paraissait, malgré son jeune âge, avoir la cervelle solide, et Shears ne méprisait pas ses avis. Aussi, au cours des conférences quotidiennes, tenues dans la cabane indigène où deux pièces leur avaient été réservées, toutes les idées intéressantes étaient-elles passées au crible et toutes les suggestions examinées à fond.

Les trois compagnons discutaient, ce soir-là, autour d'une carte que Joyce venait d'accrocher à un bambou.

« Voici le tracé approximatif de la ligne, sir, dit-il. Les renseignements concordent assez bien. »

Joyce, dessinateur industriel dans la vie civile, avait été chargé de reporter sur une carte à grande échelle les renseignements recueillis sur le railway de Birmanie et de Thaïlande.

Ceux-ci étaient abondants. Depuis un mois qu'ils avaient été parachutés, sans accident, au point prévu, ils avaient réussi à se créer des sympathies nombreuses, qui s'étendaient assez loin. Ils avaient été reçus par des agents thaïs et hébergés dans ce petit hameau de chasseurs et de contrebandiers, perdu au milieu de la jungle, loin de toute voie de communication. La population haïssait les Japonais. Shears, professionnellement méfiant, s'était peu à peu convaincu de la loyauté de ses hôtes.

La première partie de leur mission se poursuivait avec succès. Ils avaient secrètement pris contact avec plusieurs chefs de village. Des volontaires étaient prêts à les aider. Les trois officiers avaient commencé à les instruire. Ils les initiaient à l'emploi des armes qu'utilisait la Force 316. La principale de ces armes était le « plastic », une pâte molle, brune, malléable comme de la glaise, en laquelle plusieurs générations de chimistes du monde occidental avaient patiemment réussi à concentrer toutes les vertus des explosifs antérieurement connus, et quelques autres supplémentaires.

« Il y a un très grand nombre de ponts, sir, continua Joyce, mais beaucoup sont peu intéressants, je pense. Voici la liste, depuis Bangkok jusqu'à Rangoon, sous réserve d'informations plus précises. »

Le « sir » était adressé au commandant Shears, « Number one ». Pourtant, si la discipline était stricte au sein de la Force 316, le formalisme n'était pas de règle dans les groupes en mission spéciale ; aussi Shears avait-il insisté plusieurs fois auprès de l'aspirant Joyce pour qu'il supprimât le « sir ». Il n'avait pas obtenu satisfaction sur ce point. Une habitude, antérieure à sa mobilisation, pensait Shears, le faisait toujours revenir à cette formule.

Cependant Shears n'avait eu jusque-là qu'à se louer de Joyce, qu'il avait choisi à l'école de Calcutta d'après les notes des instructeurs, d'après son aspect physique, et surtout en se fiant à son propre flair.

Les notes étaient bonnes et les appréciations élogieuses. Il apparaissait que l'aspirant Joyce, volontaire comme tous les membres de la Force 316, avait toujours donné entière satisfaction, et fait preuve, partout où il était passé, d'une extraordinaire bonne volonté ; ce qui était déjà quelque chose, pensait Shears. Sa fiche d'incorporation le représentait comme un ingénieur-dessinateur, employé dans une grosse entreprise industrielle et commerciale ; un petit employé, vraisemblablement. Shears n'avait pas cherché à en savoir davantage sur ce point. Il estimait que toutes les professions peuvent amener à la « Plastic & Destructions Co. Ltd », et que le passé est le passé.

En revanche, toutes les qualités signalées chez Joyce n'auraient pas paru suffisantes au commandant Shears pour qu'il l'emmenât comme troisième membre de l'expédition, si elles n'avaient été renforcées par d'autres, plus difficiles à apprécier, et pour lesquelles il ne se fiait guère qu'à son impression personnelle. Il avait connu des volontaires excellents à l'entraînement, mais dont les nerfs étaient incapables de se plier à certaines besognes qu'exigeait le service de la Force 316. Il ne leur en voulait d'ailleurs pas pour ces défaillances. Shears avait, sur ces questions, des idées à lui.

Il avait donc convoqué ce compagnon éventuel, pour essayer de se rendre compte de certaines possibilités. Il avait prié son ami, Warden, d'assister à l'entrevue, car l'avis du professeur, pour un choix de ce genre, n'était pas négligeable. Le regard de Joyce lui avait plu. Il n'était probablement pas d'une force physique extraordinaire, mais il était en bonne santé et paraissait bien équilibré. Les réponses simples et directes à ses questions prouvaient qu'il avait le sens des réalités, qu'il ne perdait jamais de vue le but à atteindre, et qu'il comprenait parfaitement ce qu'on attendait de lui. Par-dessus tout, la bonne volonté était effectivement lisible dans son regard. Il mourait d'envie, c'était évident, d'accompagner les deux anciens, depuis qu'il avait entendu parler à mots couverts d'une mission hasardeuse.

Shears avait alors soulevé un point qui lui tenait au cœur et qui avait son importance.

« Pourriez-vous vous servir d'une arme comme celle-ci ? » avait-il demandé.

Il lui avait mis sous les yeux un poignard effilé. Ce poignard faisait partie de l'équipement que les membres de la Force 316 emportaient en mission spéciale. Joyce ne s'était pas troublé. Il avait répondu qu'on lui avait appris le maniement de cette arme et que les cours de l'école comportaient un entraînement sur des mannequins. Shears avait insisté.

« Ce n'était pas là le sens de ma question. Je veux dire : êtes-vous sûr que vous « pourriez » vraiment vous en servir, étant de sang-froid ? Beaucoup d'hommes savent, mais ne peuvent pas. »

Joyce avait compris. Il avait réfléchi en silence et répondu gravement :

« Sir, c'est une question que je me suis déjà posée.

— C'est une question que vous vous êtes déjà posée ? avait répété Shears, en le regardant curieusement.

— Véritablement, sir. Je dois avouer qu'elle m'a même tourmenté. J'ai essayé de me représenter...

— Et alors ? »

Joyce n'avait hésité que quelques secondes.

« En toute franchise, sir, j'espère pouvoir donner satisfaction sur ce point, si c'est nécessaire. Je l'espère vraiment ; mais je ne peux pas répondre d'une manière absolument affirmative. Je ferai tout mon possible, sir.

— Jamais eu l'occasion de pratiquer réellement, n'est-ce pas ?

— Jamais, sir. Mon métier ne favorisait pas cet entraînement », avait répondu Joyce, comme s'il cherchait une excuse.

Son attitude exprimait un regret si sincère, que Shears n'avait pu réprimer un sourire. Warden s'était brusquement mêlé à la conversation.

« L'enfant a l'air de croire, Shears, que mon métier, à moi, prépare spécialement à ce genre de travail. Professeur de langues orientales ! Et le vôtre : officier de cavalerie !

— Ce n'est pas exactement ce que j'ai voulu dire, sir, avait balbutié Joyce, en rougissant.

— Il n'y a guère que chez nous, je crois bien, avait conclu philosophiquement Shears, que ce travail-là, comme vous dites, peut être pratiqué occasionnellement par un diplômé d'Oxford et un ancien cavalier... après tout, pourquoi pas un dessinateur industriel ? »

« Prenez-le », avait été le seul conseil, laconique, donné par Warden à l'issue de cet entretien. Shears l'avait suivi. Après réflexion, lui-même n'avait pas été trop mécontent de ces réponses. Il se méfiait également des hommes qui se surestimaient et de ceux qui se sous-estimaient. Il appréciait ceux qui savaient discerner à l'avance le point délicat d'une entreprise, qui avaient assez de prévoyance pour s'y préparer, et d'imagination pour se le représenter mentalement ; à condition qu'ils n'en fussent pas hypnotisés. Il était donc, au départ, satisfait de son équipe. Quant à Warden, il le connaissait depuis longtemps et savait très exactement ce qu'il « pouvait » faire.

Ils restèrent longtemps absorbés dans la contemplation de la carte, pendant que Joyce montrait les ponts avec une baguette et en énonçait les traits particuliers. Shears et Warden écoutaient, attentifs, le visage curieusement tendu, quoiqu'ils connussent déjà par cœur le résumé de l'aspirant. Les ponts suscitaient toujours un intérêt puissant chez tous les membres de la « Plastic & Destructions Co. Ltd », un intérêt d'un caractère presque mystique.

« Ce sont de simples passerelles que vous nous décrivez là, Joyce, dit Shears. Nous voulons frapper un grand coup, ne l'oubliez pas.

— Aussi, sir, ne les ai-je mentionnées que pour mémoire. En fait, il n'y a guère, je crois, que trois ouvrages vraiment intéressants. »

Tous les ponts n'étaient pas également dignes d'attention pour la Force 316. Number one partageait l'opinion du colonel Green sur l'opportunité de ne pas donner l'éveil aux Japonais avant l'achèvement du railway, par des actions de faible importance. Aussi avait-il décidé que l'équipe ne manifesterait pas sa présence pour l'instant, et se contenterait de recueillir, au cantonnement, les renseignements des agents indigènes.

« Il serait stupide de tout gâcher en nous amusant à démolir deux ou trois camions, disait-il parfois, pour faire prendre patience à ses compagnons. Ce qu'il faut, c'est débuter par un grand coup. C'est nécessaire pour nous imposer dans le pays, aux yeux des Thaïs. Attendons que les trains circulent sur le railway. »

Son intention bien arrêtée étant de commencer par un « grand coup », il était évident que les ponts de minime importance devaient être éliminés. Le résultat de cette première intervention devait compenser la longue période inactive des préparatifs, et, à lui seul, donner une allure de succès à leur aventure, même si les circonstances voulaient qu'elle ne fût suivie d'aucune autre. Shears savait que l'on ne peut jamais dire si l'action présente sera suivie d'une action future. Cela, il le gardait pour lui, mais ses deux camarades l'avaient compris, et la perception de cette arrière-pensée n'avait pas ému l'ex-professeur Warden, dont l'esprit rationnel approuvait cette façon de voir et de prévoir.

Elle n'avait pas paru, non plus, inquiéter Joyce, ni refroidir l'enthousiasme qu'avait fait naître en lui la perspective du grand coup. Elle semblait au contraire l'avoir surexcité, en lui faisant concentrer toutes les puissances de sa jeunesse sur cette occasion probablement unique ; sur ce but inespéré soudainement dressé devant lui comme un phare étincelant, projetant le rayonnement éblouissant du succès dans le passé et l'éternité future, illuminant de feux magiques la pénombre grise qui avait obscurci jusqu'alors le chemin de son existence.

« Joyce a raison, dit Warden, toujours économe de ses paroles. Trois ponts seulement sont intéressants pour nous. L'un est celui du camp n° 3.

— Je crois qu'il faut définitivement éliminer celui-là, dit Shears. Le terrain découvert ne se prête pas à l'action. De plus, il est dans la plaine. Les berges sont basses. La reconstruction serait trop facile.

— L'autre est près du camp n° 10.

— Il est à considérer, mais il se trouve en Birmanie, où nous n'avons pas la complicité de partisans indigènes. En outre...

— Le troisième, sir, dit précipitamment Joyce, sans s'apercevoir qu'il coupait la parole à son chef, le troisième est le pont de la rivière Kwaï. Il ne présente aucun de ces inconvénients. La rivière a quatre cents pieds de large et coule entre de hautes berges escarpées. Il ne se trouve qu'à deux ou trois jours de marche de notre hameau. La région est pratiquement inhabitée et couverte de jungle. On peut s'en approcher sans être aperçu et le dominer d'une montagne d'où l'on a des vues sur toute la vallée. Il est très loin de tout centre important. Les Japonais prennent un soin particulier à sa construction. Il est plus large que tous les autres ponts et comporte quatre rangées de piliers. C'est l'ouvrage le plus considérable de toute la ligne et le mieux situé.

— Vous paraissez avoir bien étudié les rapports de nos agents, remarqua Shears.

— Ils sont très clairs, sir. Il me semble à moi que le pont...

— Je reconnais que le pont de la rivière Kwaï est digne d'intérêt, dit Shears en se penchant sur la carte. Vous n'avez pas le jugement trop mauvais pour un débutant. Le colonel Green et moi-même avons déjà repéré ce passage. Mais nos renseignements ne sont pas encore assez précis, et il peut y avoir d'autres points où l'action soit plus favorable... Et où en est l'exécution de ce fameux pont, Joyce, vous qui en parlez comme si vous l'aviez vu ? »

6

L'exécution était en bonne voie. Le soldat anglais est naturellement travailleur et il accepte sans murmure une sévère discipline, pourvu qu'il ait confiance en ses chefs et qu'il aperçoive au début de chaque journée une source de dépense physique assez abondante pour assurer son équilibre nerveux.

Au camp de la rivière Kwaï, les soldats accordaient toute leur estime au colonel Nicholson. Qui ne l'eût fait après son héroïque résistance ? D'autre part, la tâche imposée n'était pas de celles qui autorisent les égarements intellectuels. Aussi, après une brève période d'hésitations, pendant laquelle ils cherchèrent à approfondir les intentions réelles de leur chef, ils s'étaient mis sérieusement à l'ouvrage, avides de démontrer leur habileté à construire, après avoir fourni la preuve de leur ingéniosité en matière de sabotage. Le colonel Nicholson avait d'ailleurs dissipé toute éventualité de malentendu, d'abord par une allocution où il expliqua très clairement ce qu'il attendait d'eux, ensuite en infligeant des punitions sévères à quelques récalcitrants qui n'avaient pas bien compris. Ceux-ci ne lui gardèrent pas rancune, tant ces peines leur parurent motivées.

« Je connais ces garçons mieux que vous, croyez-moi », répliqua un jour le colonel à Clipton, qui avait osé protester contre une tâche jugée trop pénible, pour des hommes insuffisamment nourris et en mauvais état de santé. « J'ai mis trente ans pour arriver à les connaître. Rien n'est plus mauvais pour leur moral que l'inaction, et leur physique dépend largement de leur moral. Une troupe qui s'ennuie est une troupe battue d'avance, Clipton. Laissez-les s'endormir et vous verrez se développer chez eux un esprit malsain. Au contraire, remplissez chaque minute de leur journée d'un travail fatigant : la bonne humeur et la santé sont assurées.

— « Travaillez joyeusement », murmura perfidement Clipton. Telle est la devise du général Yamashita.

— Et ce n'est pas si bête, Clipton. Nous ne devons pas hésiter à adopter un principe de l'ennemi, s'il est bon... S'il n'y avait pas d'ouvrage, j'en inventerais pour eux ! Et, justement, nous avons le pont. »

Clipton ne trouva aucune formule pour traduire son état d'âme, et se contenta de répéter stupidement :

« Oui, nous avons le pont. »

D'eux-mêmes, d'ailleurs, les soldats anglais s'étaient déjà lassés d'une attitude et d'une conduite qui heurtaient leur sens instinctif du travail bien fait. Avant même que le colonel fût intervenu, les manœuvres subversives étaient devenues pour beaucoup un devoir malaisé, et certains n'avaient pas attendu ses ordres pour utiliser consciencieusement leurs bras et leurs outils. Il était dans leur nature occidentale de fournir loyalement un effort considérable en échange du pain quotidien, et leur sang anglo-saxon les poussait à orienter cet effort vers le constructif et la stable solidité. Le colonel ne s'était pas trompé sur leur compte. Sa nouvelle politique leur apporta un soulagement moral.

Comme le soldat japonais est lui-même discipliné et dur à la besogne, comme, d'autre part, Saïto avait menacé ses hommes de leur couper la tête s'ils ne se montraient pas meilleurs ouvriers que les Anglais, les deux sections de voie avaient été rapidement terminées tandis que les baraquements du nouveau camp étaient édifiés et rendus habitables. A peu près à la même époque, Reeves, ayant terminé son plan, l'avait passé au commandant Hughes. Celui-ci entra alors dans le circuit et put donner sa mesure. Grâce à ses qualités d'organisateur, grâce à sa connaissance des hommes et son expérience des multiples combinaisons suivant lesquelles ils peuvent être plus ou moins efficacement associés, l'industriel obtint, dès les premiers jours, des résultats tangibles.

Le premier soin de Hughes avait été de diviser sa main-d'œuvre en différents groupes et d'attribuer à chacun une activité particulière, l'un continuant d'abattre des arbres, un autre faisant un premier dégrossissage des troncs, un troisième taillant les poutres, un des plus nombreux enfonçant les piliers, et bien d'autres pour la superstructure et le tablier. Quelques équipes, et non les moins importantes dans l'esprit de Hughes, étaient spécialisées dans des travaux divers, tels que l'édification des échafaudages, le transport des matériaux, l'affûtage des outils, activités accessoires de l'œuvre proprement dite, mais auxquelles la prévoyance occidentale accorde, et avec raison, autant de soins qu'aux opérations directement productrices.

Ces dispositions étaient judicieuses, et se révélèrent efficaces, comme il arrive toujours lorsqu'elles ne sont pas poussées à l'extrême. Un lot de madriers préparés, et les premiers échafaudages construits, Hughes lança en avant son équipe des piliers. La tâche de celle-ci était pénible ; la plus dure et la plus ingrate de toute l'entreprise. Les nouveaux constructeurs de ponts, privés des précieux auxiliaires mécaniques, en étaient réduits ici à employer les mêmes procédés que les Japonais, c'est-à-dire à laisser tomber sur la tête des piliers une lourde masse, et à répéter cette opération jusqu'à ce que ceux-ci fussent solidement implantés dans le fond de la rivière. Le « mouton » dégringolait d'une hauteur de huit à dix pieds, devait être de nouveau hissé par un système de cordes et de poulies, puis retombait interminablement. A chaque percussion, le pilier s'enfonçait d'une infime fraction de pouce, car le sol était très dur. C'était une besogne harassante et désespérante. Le progrès n'était pas perceptible d'une minute à l'autre, et l'image d'un groupe d'hommes presque nus, tirant sur une corde, évoquait invinciblement une sombre atmosphère d'esclavage. Hughes avait donné le commandement de cette équipe à un des meilleurs lieutenants, Harper, homme énergique, qui n'avait pas son pareil pour entraîner les prisonniers en rythmant lui-même la cadence d'une voix sonore. Grâce à son entrain, ce travail de forçat fut accompli avec enthousiasme. Sous les yeux émerveillés des Japonais, les quatre lignes parallèles s'élancèrent bientôt, coupant le courant, vers la rive gauche.

Clipton s'était demandé un moment si l'implantation du premier support ne donnerait pas lieu à une cérémonie solennelle, mais il n'y avait eu que quelques gestes symboliques très simples. Le colonel Nicholson s'était borné à saisir lui-même une corde du mouton et à tirer vigoureusement pendant le temps d'une dizaine de chocs, pour donner l'exemple.

Dès que l'équipe des piliers eut pris une avance suffisante, Hughes mit en route celles de la superstructure. Par-derrière, suivirent d'autres qui posèrent le tablier avec ses larges voies et ses deux balustrades. Les différentes activités avaient été si bien coordonnées que la progression continua à partir de ce moment avec une régularité mathématique.

Un spectateur peu sensible aux détails des mouvements, et fanatique des idées générales, aurait pu voir dans le développement du pont un processus continu de synthèse naturelle. C'était bien là l'impression du colonel Nicholson. Il suivait d'un œil satisfait cette matérialisation progressive, en faisant facilement abstraction de toute la poussière des activités élémentaires. Le résultat d'ensemble en arrivait à affecter seul son esprit, symbolisant et condensant en une structure vivante les efforts acharnés et les innombrables expériences capitalisés au cours des siècles par une race qui s'élève peu à peu jusqu'à la civilisation.

C'était également dans la même lumière que le pont apparaissait parfois à Reeves. Il le voyait avec émerveillement grandir au-dessus de l'eau en même temps qu'il s'allongeait en travers de la rivière, après avoir atteint presque instantanément sa largeur totale, inscrivant majestueusement dans les trois dimensions de l'espace la forme palpable de la création, incarnant miraculeusement au pied des montagnes sauvages de Thaïlande la puissance fécondante de ses conceptions et de ses recherches.

Saïto, lui aussi, se laissait prendre à la magie de ce prodige quotidien. Malgré ses efforts, il ne pouvait dissimuler que partiellement son étonnement et son admiration. Sa surprise était naturelle. N'ayant pas encore assimilé, ni surtout analysé, les caractères subtils de la civilisation occidentale, comme le disait très justement le colonel Nicholson, il ne pouvait savoir combien l'ordre, l'organisation, la méditation sur des chiffres, la représentation symbolique sur le papier et la coordination experte des activités humaines favorisent et finalement accélèrent l'exécution. Le sens et l'utilité de cette gestation spirituelle seront toujours étrangers aux primitifs.

Quant à Clipton, il fut définitivement convaincu de sa naïveté première et mesura humblement la dérision de l'attitude sarcastique par laquelle il avait accueilli l'application des méthodes industrielles modernes à l'édification du pont de la rivière Kwaï.

Il fit en lui-même amende honorable, avec son habituel souci d'objectivité, mêlé à un certain remords de s'être montré aussi peu perspicace. Il reconnut que les pratiques du monde occidental avaient abouti, en cette occasion, à d'incontestables résultats. Il généralisa à partir de cette constatation, et en arriva à conclure que ces pratiques doivent « toujours » se montrer efficaces et toujours amener des « résultats ». Les critiques qui leur sont parfois adressées ne leur rendent pas suffisamment justice sur ce point. Lui-même, après beaucoup d'autres, s'était laissé tenter par le misérable démon de la raillerie facile.

Le pont croissant chaque jour en taille et en beauté, le milieu de la rivière Kwaï fut bientôt atteint, puis dépassé. Il devint alors évident pour tous qu'il serait terminé avant la date prévue par le haut commandement nippon et n'apporterait aucun retard à la marche triomphale de l'armée conquérante.

TROISIÈME PARTIE

1

Joyce vida d'un trait le verre d'alcool qui lui était offert. Sa pénible expédition ne l'avait pas trop marqué. Il était encore assez alerte et ses yeux étaient vifs. Avant même de se débarrasser de l'étrange costume thaï, sous lequel Shears et Warden avaient peine à le reconnaître, il tint à proclamer les résultats les plus importants de sa mission.

« Le coup est faisable, sir, j'en suis certain, difficile, il ne faut pas s'illusionner, mais possible et certainement payant. La forêt est épaisse. La rivière est large. Le pont passe au-dessus d'un abîme. Les berges sont escarpées. Le train ne pourrait pas être dégagé, à moins d'un matériel considérable.

— Commencez par le début, dit Shears. Ou bien, préférez-vous d'abord prendre une douche ?

— Je ne suis pas fatigué, sir.

— Laissez-le donc faire, grogna Warden. Vous ne voyez pas qu'il a besoin de parler plus que de se reposer ? »

Shears sourit. Il était évident que Joyce était aussi impatient de faire son récit que lui de l'entendre. Ils s'installèrent aussi confortablement que possible en face de la carte. Warden, toujours prévoyant, tendit un deuxième verre à son camarade. Dans la pièce voisine, les deux partisans thaïs qui avaient servi de guides au jeune homme s'étaient accroupis sur le sol, entourés par quelques habitants du hameau. Ils avaient déjà commencé de raconter à voix basse leur expédition et de faire des commentaires flatteurs sur le comportement de l'homme blanc qu'ils avaient accompagné.

« Le voyage a été un peu fatigant, sir, commença Joyce. Trois nuits de marche dans la jungle ; et par quels chemins ! Mais les partisans ont été admirables. Ils m'ont amené, comme ils l'avaient promis, au sommet d'une montagne, sur la rive gauche, d'où l'on découvre toute la vallée, le camp et le pont. Un observatoire parfait.

— J'espère que vous n'avez pas été vu ?

— Aucun risque, sir. Nous ne marchions que la nuit, dans une obscurité telle que je devais conserver la main sur l'épaule d'un guide. Nous nous arrêtions le jour, dans des fourrés assez épais pour décourager les curieux. La région est d'ailleurs si sauvage que ce n'était même pas nécessaire. Nous n'avons pas aperçu une âme jusqu'à l'arrivée.

— Bien, dit Shears. Continuez. »

Sans en avoir l'air, tout en écoutant, Number one examinait minutieusement l'attitude de l'aspirant Joyce et tâchait de préciser l'opinion qu'il avait commencé à se faire de lui. L'importance de cette reconnaissance était double, à ses yeux, car elle lui permettait de juger les qualités de son jeune équipier, lorsqu'il était livré à lui-même. La première impression, à son retour, avait été favorable. De bon augure également était l'air satisfait des guides indigènes. Shears savait que ces impondérables n'étaient pas négligeables. Joyce était un peu surexcité, certainement, par ce qu'il avait vu, par ce qu'il avait à rapporter et par la réaction causée par l'atmosphère relativement paisible de leur cantonnement, après l'émotion des multiples dangers auxquels il avait été exposé depuis son départ. Il paraissait cependant suffisamment maître de lui.

« Les Thaïs ne nous avaient pas trompés, sir. C'est vraiment un bel ouvrage... »

Le temps du grand coup approchait, à mesure que s'allongeaient les deux lignes de rails sur le remblai construit au prix de mille souffrances par les prisonniers alliés, dans les pays de Birmanie et de Thaïlande. Shears et ses deux compagnons avaient suivi jour par jour les progrès de la voie. Joyce passait des heures à compléter et à corriger son tracé d'après les derniers renseignements reçus. Chaque semaine, il marquait en un trait plein, rouge, une section terminée. Le trait était maintenant presque continu depuis Bangkok jusqu'à Rangoon. Les passages particulièrement intéressants étaient marqués par des croix. Les caractères de tous les ouvrages d'art étaient consignés sur des fiches, méticuleusement tenues à jour par Warden, qui avait l'amour de l'ordre.

Leur connaissance de la ligne devenant plus complète et plus précise, ils avaient été invinciblement ramenés vers le pont de la rivière Kwaï, qui s'était imposé à leur attention, dès le début, par une profusion d'attraits. Ils avaient été hypnotisés, en leur vision spéciale des ponts, par cette exceptionnelle abondance de circonstances favorables à l'exécution du plan qu'ils avaient machinalement commencé d'ébaucher ; plan où se mêlaient la précision et la fantaisie caractéristique de la « Plastic & Destructions Co. Ltd ». C'était peu à peu sur le pont de la rivière Kwaï, et sur aucun autre, que, poussés par l'instinct et la raison, ils avaient concentré l'énergie de leur ambition et de leurs espoirs. Les autres avaient été aussi consciencieusement examinés, et leurs avantages discutés, mais celui-ci avait fini par s'imposer naturellement, implicitement, comme but évident de leur entreprise. Le grand coup, d'abord abstraction floue n'existant que comme possibilité de rêve, s'était incarné en un corps rigide, situé dans l'espace, enfin vulnérable, exposé à toutes les contingences, toutes les dégradations des réalisations humaines, et en particulier à l'anéantissement.

« Ce n'est pas là une besogne pour l'aviation, avait dit Shears. Un pont en bois n'est pas facile à détruire de l'air. Les bombes, quand elles atteignent le but, démolissent deux ou trois travées. Les autres sont seulement ébranlées. Les Japs font une réparation de fortune ; ils sont passés maîtres dans cet art. Nous, nous pouvons non seulement briser les piliers au ras de l'eau, mais encore provoquer l'explosion au moment du passage d'un train. Alors, c'est tout le convoi qui s'écroule dans la rivière, causant des dommages irréparables et ne laissant aucune poutre utilisable. J'ai vu cela une fois dans ma carrière. Le trafic a été interrompu pendant plusieurs semaines. Et c'était dans un pays civilisé, où l'ennemi avait pu amener des appareils de levage. Ici, je vous dis qu'il leur faudra dévier la voie et reconstruire le pont entièrement... Sans compter la perte d'un train, avec son chargement. Un spectacle d'enfer ! Je le vois. »

Tous trois voyaient cet admirable spectacle. Le grand coup possédait maintenant une armature solide, sur laquelle l'imagination pouvait broder. Une succession d'images, alternativement sombres et colorées, peuplaient le sommeil de Joyce. Les premières étaient relatives à la préparation dans l'ombre ; les autres se terminaient par un tableau si brillant qu'il en discernait les plus infimes détails avec une extraordinaire précision : le train s'engageait au-dessus du gouffre au fond duquel scintillait la rivière Kwaï entre deux masses compactes de jungle. Sa propre main était crispée sur un levier. Ses yeux fixaient un certain point, situé au milieu du pont. L'espace entre la locomotive et ce point diminuait rapidement. Il fallait appuyer au moment favorable. Il n'y avait plus que quelques pieds, plus qu'un pied... sa main s'abaissait sans une hésitation à l'instant précis. Sur le pont fantôme construit dans son esprit, il avait déjà cherché et trouvé un repère correspondant à la moitié de la longueur !

« Sir, s'était-il inquiété un jour, pourvu que les aviateurs ne s'en mêlent pas avant nous !

— J'ai déjà envoyé un message pour demander qu'ils n'interviennent pas ici, avait répondu Shears. J'espère qu'ils nous laisseront tranquilles. »

Pendant cette période d'attente, d'innombrables renseignements s'étaient accumulés sur le pont, que des partisans espionnaient pour eux d'une montagne voisine, car ils ne s'en étaient pas encore approchés, craignant que la présence d'un homme blanc ne fût signalée dans la région. Cent fois, il leur avait été décrit, et même dessiné sur le sable par les agents les plus adroits. De leur retraite, ils avaient suivi toutes les étapes de la construction, étonnés de l'ordre et de la méthode inusités qui paraissaient régler tous les mouvements et qui étaient perceptibles à travers tous les rapports. Ils étaient habitués à rechercher la vérité sous les bavardages. Ils avaient vite décelé un sentiment voisin de l'admiration dans les récits des Thaïs. Ceux-ci n'étaient pas qualifiés pour apprécier la technique savante du capitaine Reeves, ni l'organisation qui s'était créée sous l'impulsion du colonel Nicholson, mais ils se rendaient bien compte qu'il ne s'agissait pas là d'un informe échafaudage, dans le style japonais habituel. Les peuples primitifs apprécient inconsciemment l'art et la science.

« Dieu les bénisse, disait parfois Shears, impatienté. C'est un nouveau George Washington Bridge qu'ils sont en train de construire, si nos gens disent vrai. Ils veulent rendre jaloux nos amis yankees ! »

Cette ampleur insolite, ce luxe presque — il y avait, disaient les Thaïs, une route assez large, à côté de la voie, pour permettre le passage de deux camions de front —, intriguaient et inquiétaient Shears. Un ouvrage aussi considérable serait certainement l'objet d'une surveillance spéciale. En contrepartie, il aurait peut-être une importance stratégique plus grande encore qu'il n'avait pensé, et le coup serait d'autant mieux réussi.

Les indigènes parlaient aussi souvent des prisonniers. Ils les avaient aperçus, presque nus sous le soleil brûlant, travaillant sans répit sous la surveillance de leurs gardes. Tous trois oubliaient alors un instant leur entreprise pour accorder une pensée à leurs malheureux compatriotes. Ils connaissaient les procédés des Nippons et imaginaient facilement à quel degré pouvait être poussée leur férocité pour l'exécution d'un tel ouvrage.

« Si seulement ils savaient que nous ne sommes pas loin, sir, avait dit un jour Joyce, et que le pont ne sera jamais utilisé, leur moral serait certainement meilleur.

— Peut-être, avait répondu Shears ; mais je ne veux, à aucun prix, entrer en rapport avec eux. Cela ne se peut pas, Joyce. Notre métier exige le secret, même vis-à-vis des amis. Leur imagination travaillerait. Ils se mettraient à vouloir nous aider, et risqueraient de tout compromettre, au contraire, en essayant de saboter le pont à leur façon. Ils donneraient l'éveil aux Japs et s'exposeraient inutilement à des représailles terribles. Ils doivent être tenus en dehors du coup. Les Japs ne doivent même pas songer à leur possible complicité. »

Un jour, devant les singulières merveilles qui lui étaient quotidiennement rapportées de la rivière Kwaï, Shears, incrédule, s'était brusquement décidé.

« L'un de nous doit y aller voir. Le travail approche de la fin, et nous ne pouvons pas nous fier plus longtemps aux récits de ces braves gens, qui me paraissent fantastiques. Vous irez, Joyce. Ce sera un excellent entraînement pour vous. Je veux savoir à quoi ressemble véritablement ce pont, vous m'entendez ? Quelles sont ses dimensions exactes ? Combien a-t-il de piliers ? Rapportez-moi des chiffres. Comment peut-on l'aborder ? Comment est-il gardé ? Quelles sont les possibilités d'action ? Vous agirez pour le mieux, sans trop vous exposer. Il est essentiel que vous ne soyez pas aperçu ; rappelez-vous cela ; mais donnez-moi des renseignements précis sur ce sacré pont, bon Dieu ! »

2

« Je l'ai vu à la jumelle, comme je vous vois, sir.

— Commencez par le début, répéta Shears, malgré son impatience. Le trajet ? »

Joyce était parti un soir en compagnie de deux indigènes, qui avaient l'habitude des expéditions nocturnes silencieuses, entraînés qu'ils étaient à faire passer en contrebande des ballots d'opium et des cigarettes de la Birmanie à la Thaïlande. Ils affirmaient que leurs sentiers étaient sûrs ; mais le secret d'une personne européenne dans le voisinage de la voie ferrée était si important que Joyce avait tenu à se déguiser en paysan thaï et à se teindre la peau avec une préparation brune, mise au point à Calcutta pour une circonstance de ce genre.

Il s'était vite convaincu que ses guides n'avaient pas menti. Les véritables ennemis, dans cette jungle, étaient les moustiques et surtout les sangsues, qui s'accrochaient à ses jambes découvertes, montaient le long de son corps, et dont il sentait le contact gluant chaque fois qu'il passait la main sur sa peau. Il avait fait son possible pour surmonter sa répugnance et les oublier. Il y avait à peu près réussi. De toute façon, il ne pouvait pas s'en débarrasser la nuit. Il s'interdisait d'allumer une cigarette pour les griller et il avait besoin de toute son attention pour garder le contact avec les Thaïs.

« Avance pénible ? demanda Shears.

— Assez, sir. Comme je vous l'ai dit : obligé de garder la main sur l'épaule d'un guide. Et les « sentiers » de ces braves gens sont vraiment curieux ! »

Pendant trois nuits, ils lui avaient fait escalader des collines et descendre des ravins. Ils suivaient le lit rocailleux des ruisseaux obstrués çà et là par les débris à l'odeur nauséabonde d'une végétation pourrie, contre lesquels il butait, récoltant chaque fois de nouvelles sangsues par paquets grouillants. Ses guides affectionnaient ces chemins, dans lesquels ils étaient sûrs de ne pas s'égarer. La marche durait jusqu'à l'aube. Aux premières lueurs, ils s'enfonçaient dans un fourré, mangeaient rapidement le riz cuit et les morceaux de viande grillée emportés pour le voyage. Les deux Thaïs s'accroupissaient contre un arbre et, jusqu'au soir, tiraient des bouffées grésillantes de la pipe à eau dont ils ne se séparaient jamais. C'était, après la fatigue de la nuit, leur façon de se reposer le jour. Ils somnolaient parfois entre deux bouffées, sans changer de position.

Joyce, lui, tenait à dormir pour ménager ses forces, désireux de se rendre favorables tous les facteurs dont dépendait le succès de cette mission. Il commençait par se débarrasser des sangsues qui couvraient son corps. Quelques-unes, repues, s'étaient détachées d'elles-mêmes pendant la marche, laissant un petit caillot de sang noir. Les autres, à demi rassasiées seulement, s'acharnaient sur cette proie que les hasards de la guerre avaient amenée dans la jungle de Thaïlande. Sous la braise d'une cigarette, le corps boudiné se contractait, se contorsionnait, finalement lâchait prise et tombait sur le sol, où il l'écrasait entre deux pierres. Alors, il se couchait sur une mince toile et s'endormait immédiatement ; mais les fourmis ne le laissaient pas longtemps en paix.

Attirées par les gouttes de sang coagulé qui constellaient sa peau, elles choisissaient cet instant pour s'approcher en légions filiformes, noires et rouges. Il apprit bientôt à les distinguer dès le premier contact, avant même d'avoir repris conscience. Avec les rouges, il n'y avait aucun espoir. Leur morsure sur ses plaies était celle de tenailles chauffées à blanc. Une seule était intolérable, et elles arrivaient par bataillons. Il devait céder le terrain et chercher une autre place, où il pût se reposer jusqu'à ce qu'elles l'eussent repéré et attaqué de nouveau. Les noires, les grosses noires surtout, étaient plus supportables. Elles ne mordaient pas et leur frôlement ne l'éveillait que lorsque ses blessures en étaient couvertes.

Il parvenait toujours, cependant, à dormir assez ; bien assez pour être, le soir venu, capable d'escalader des pics dix fois plus hauts et cent fois plus escarpés que les montagnes de Thaïlande. Il était grisé par la sensation d'être livré à lui-même, au cours de cette reconnaissance qui était une première étape dans la réalisation du grand coup. C'était, il n'en doutait pas, de sa volonté, de son jugement, de ses actes, pendant cette expédition, que dépendait le succès final, et cette certitude lui conservait intactes d'inépuisables réserves. Son regard ne se détachait plus du pont imaginé, de ce fantôme qui s'était installé en permanence dans l'univers de ses rêveries et dont la simple contemplation donnait au plus banal de ses mouvements la puissance mystique illimitée d'un effort glorieux vers la victoire.

Le pont matériel, le pont de la rivière Kwaï, s'était révélé à lui soudainement comme ils parvenaient au sommet d'une montagne dominant la vallée, après une dernière ascension plus harassante que les autres. Ils avaient prolongé leur marche plus tard que les nuits précédentes et le soleil était déjà levé lorsqu'ils étaient arrivés à cet observatoire déjà signalé par les Thaïs. Il découvrit le pont comme il l'eût fait d'un avion, à quelques centaines de mètres en dessous de lui, un ruban clair tendu sur l'eau entre deux masses de forêt, juste assez décalé vers sa droite pour qu'il pût apercevoir le réseau géométrique des poutres supportant le tablier. Pendant un long moment, il ne remarqua aucun autre élément du tableau qui s'étendait à ses pieds, ni le camp situé en face de lui sur l'autre rive ni même les groupes de prisonniers qui s'affairaient autour de leur ouvrage. L'observatoire était idéal et il s'y sentait en parfaite sécurité. Les patrouilles japonaises ne devaient pas s'aventurer dans le maquis qui le séparait de la rivière.

« Je l'ai vu comme je vous vois, sir. Les Thaïs n'avaient pas exagéré. Il a des proportions considérables. Il est bien construit. Rien de commun avec les autres ponts japonais. Voici plusieurs croquis ; mais j'ai fait mieux... »

Il l'avait reconnu au premier coup d'œil. Son bouleversement devant cette matérialisation du fantôme n'était pas fait de surprise, mais causé au contraire par son aspect familier. Le pont était bien tel qu'il l'avait construit. Il le vérifia, d'abord avec anxiété, puis avec une confiance croissante. L'ensemble du décor était aussi conforme à la patiente synthèse de son imagination et de son désir Quelques points seulement différaient. L'eau n'était pas brillante comme il l'avait vue. Elle était boueuse. Il en ressentit d'abord une réelle contrariété, mais se rasséréna en songeant que cette imperfection servait leur dessein.

Pendant deux jours, invisible, tapi dans les broussailles, il avait évidemment observé à la jumelle et étudié le théâtre où serait frappé le grand coup. Il s'était gravé dans la tête la disposition d'ensemble et tous les détails, prenant des notes, repérant sur un croquis les sentiers, le camp, les baraques japonaises, les coudes de la rivière et jusqu'aux gros rochers qui émergeaient par endroits.

« Le courant n'est pas très violent, sir. La rivière est praticable pour une petite embarcation ou un bon nageur. L'eau est boueuse... Le pont a une route pour les véhicules... et quatre rangées de piliers. J'ai vu les prisonniers les enfoncer au moyen d'un mouton. Les prisonniers anglais... Ils ont presque atteint la rive gauche, sir, celle de l'observatoire. D'autres équipes avancent par-derrière. Dans un mois, peut-être, le pont sera terminé... La superstructure... »

Il avait maintenant une telle abondance de renseignements à fournir qu'il n'arrivait plus à suivre un plan dans son récit. Shears le laissait aller à sa guise sans l'interrompre. Il serait temps, quand il aurait fini, de poser des questions précises.

« La superstructure est un réseau géométrique d'entretoises qui semble avoir été parfaitement étudié. Les poutres sont bien équarries et ajustées. J'ai vu les détails d'assemblage à la jumelle... Un travail exceptionnellement soigné, sir... et solide, nous ne devons pas nous le dissimuler. Il ne s'agit pas seulement de briser quelques pièces de bois. J'ai réfléchi sur place au moyen le plus sûr et en même temps le plus simple, sir. Je crois que nous devons nous attaquer aux piliers, dans l'eau, sous l'eau. Elle est sale. Les charges seront invisibles. Ainsi, toute la masse s'écroulera d'un coup.

— Quatre rangées de piliers, interrompit pensivement Shears, c'est un gros travail. Du diable s'ils n'auraient pas pu bâtir leur pont comme ils le font habituellement.

— Quelle distance entre les piliers d'une même rangée ? demanda Warden qui aimait les précisions.

— Dix pieds. »

Shears et Warden firent en silence le même calcul.

« Il faut prévoir une longueur de soixante pieds, pour avoir une certitude, reprit enfin Warden. Cela fait six piliers par rangée, soit en tout vingt-quatre, à « préparer ». Cela prendra du temps.

— Cela peut se faire en une nuit, sir, j'en suis certain. Sous le pont, on peut travailler tranquillement. Sa largeur est telle que l'on est complètement caché. Le frottement de l'eau contre les piliers étouffe tous les autres bruits. Je le sais...

— Comment pouvez-vous savoir ce qui se passe sous le pont ? demanda Shears en le regardant curieusement.

— Attendez, sir, je ne vous ai pas tout dit... J'y suis allé.

— Vous y êtes allé ?

— Il le fallait, sir. Vous m'aviez dit de ne pas m'approcher, mais j'étais obligé de le faire pour avoir certains renseignements importants. Je suis descendu de l'observatoire, par l'autre versant de la montagne, vers la rivière. J'ai pensé que je ne devais pas laisser échapper cette occasion, sir. Les Thaïs m'ont guidé dans des pistes tracées par les sangliers. Il fallait marcher à quatre pattes.

— Combien de temps avez-vous mis ? demanda Shears.

— Trois heures environ, sir. Nous sommes partis vers le soir. Je voulais être sur place dans la nuit. Il y avait un risque, bien sûr, mais je voulais voir par moi-même...

— Il n'est pas mauvais parfois d'interpréter largement les instructions, dit Number one avec un coup d'œil à Warden. Vous avez réussi, oui ? C'est déjà quelque chose.

— Je n'ai pas été aperçu, sir. Nous avons atteint la rivière, à environ un quart de mile en amont du pont. Il y a là un petit village indigène, isolé, malheureusement. Mais tout dormait. J'ai renvoyé mes guides. Je voulais être seul pour cette exploration. Je me suis mis à l'eau et me suis laissé descendre dans le courant.

— La nuit était-elle claire ? demanda Warden.

— Assez. Pas de lune, mais pas de nuages non plus. Le pont est très haut. Ils ne peuvent rien voir...

— Procédons par ordre, dit Shears. Comment avez-vous abordé le pont ?

— J'étais allongé sur le dos, sir, avec tout juste la bouche hors de l'eau. Au-dessus de moi... »

« Bon Dieu, Shears, grommela Warden, vous devriez bien penser un peu à moi pour des missions pareilles.

— Je crois que je penserai surtout à moi, la prochaine fois », marmotta Shears.

Il revivait la scène si intensément que ses deux compagnons se laissaient prendre à son enthousiasme et éprouvaient un douloureux regret à la pensée d'avoir manqué cette partie de plaisir.

C'était le jour même de son arrivée à l'observatoire, après les trois nuits de marche exténuante, qu'il s'était brusquement décidé à tenter cette expédition. Il ne pouvait attendre plus longtemps. Après avoir vu le pont presque à portée de sa main, il lui fallait le toucher du doigt.

Étendu dans l'eau, ne distinguant aucun détail dans les masses compactes des rives, à peine conscient d'être emporté par un courant qu'il ne percevait pas, il n'avait comme repère que la longue ligne horizontale du pont. Elle se détachait en noir dans le ciel. Elle s'allongeait en montant vers le zénith, à mesure qu'il approchait, pendant que les étoiles, au-dessus de sa tête, se précipitaient pour s'y engloutir.

Sous le pont, l'obscurité était presque complète. Il était resté là longtemps, immobile, accroché à un pilier, dans une eau froide qui n'apaisait pas sa fièvre, parvenant peu à peu à percer les ténèbres, découvrant sans étonnement l'étrange forêt de troncs lisses émergeant au-dessus des remous. Ce nouvel aspect du pont lui était également familier.

« Le coup est faisable, sir, j'en suis sûr. Le mieux serait d'apporter les charges sur un radeau léger. Il serait invisible. Les hommes, dans l'eau. Sous le pont, on est tranquille. Le courant n'est pas assez fort pour vous empêcher de nager d'un pilier à l'autre. On peut s'attacher, au besoin, pour éviter d'être emporté... J'ai parcouru toute la longueur. J'ai mesuré l'épaisseur des bois, sir. Ils ne sont pas trop gros. Une charge relativement faible suffira... sous l'eau... L'eau est sale, sir.

— Il faudra la placer assez profondément, dit Warden. L'eau sera peut-être claire, le jour du coup. »

Il avait fait une répétition de tous les gestes nécessaires. Pendant plus de deux heures, il avait palpé les piliers, prenant des mesures avec une ficelle, évaluant les intervalles, choisissant ceux dont la rupture causerait la catastrophe la plus tragique, gravant dans son esprit tous les détails utiles à la préparation du grand coup. A deux reprises, il avait entendu des pas pesants, très haut au-dessus de sa tête. Une sentinelle japonaise arpentait le tablier. Il s'était tapi contre un pilier et avait attendu. Elle avait négligemment balayé la rivière avec une torche électrique.

« Il y a un risque à courir à l'arrivée, sir, s'ils allument une lampe. Mais, une fois sous le pont, on les entend venir de loin. Le bruit des pas se répercute dans l'eau. On a tout le temps de gagner une des rangées intérieures.

— La rivière est profonde ? interrogea Shears.

— Plus de deux mètres, sir. J'ai plongé.

— Quelle est votre idée pour le déclenchement ?

— Voilà, sir. Je crois qu'il ne faut pas songer à une action provoquée automatiquement par le passage du train. Les cordons ne pourraient pas être dissimulés. Tout doit être sous l'eau, sir... Une bonne longueur de fil électrique, noyé au fond de la rivière. Le fil ressort sur la berge, caché dans les broussailles... sur la rive droite, sir. J'ai découvert un emplacement idéal. Un coin de jungle vierge, où un homme peut se cacher et attendre. Et il a une bonne vue sur le tablier du pont, par une trouée à travers les arbres.

— Pourquoi sur la rive droite ? interrompit Shears en fronçant le sourcil. C'est celle du camp, si je comprends bien. Pourquoi pas sur la rive opposée, celle de la montagne, couverte d'un maquis impénétrable, d'après ce que vous m'avez dit, et qui doit tout naturellement servir de chemin pour la retraite ?

— Exact, sir. Seulement, regardez encore ce croquis. La voie ferrée, après une large courbe, contourne justement cette montagne après le pont et longe la rivière en aval de celui-ci. Entre l'eau et la voie, la jungle a été abattue, et le terrain débroussaillé. Le jour venu, un homme ne peut y demeurer caché. Il devrait se placer beaucoup plus en retrait, de l'autre côté du remblai, sur les premières pentes de la montagne... Une trop grande longueur de fil, sir, est impossible à dissimuler sur la traversée du chemin de fer, à moins d'un très long travail.

— Je n'aime pas beaucoup cela, déclara Number one. Et pourquoi pas sur la rive gauche, mais en amont du pont ?

— La rive est inaccessible par l'eau, sir, une falaise abrupte. Et plus loin, il y a le petit village indigène. Je suis allé voir. J'ai retraversé la rivière, puis la voie. J'ai fait un crochet pour rester en terrain couvert et je suis remonté en amont du pont. C'est impossible, sir. Le seul poste convenable est sur la rive droite.

— Ah çà, s'écria Warden, vous avez donc tourné toute la nuit autour de ce pont ?

— A peu près. Mais j'étais de nouveau dans la jungle avant l'aube. J'ai regagné l'observatoire dans la matinée.

— Et d'après votre plan, dit Shears, l'homme qui restera à ce poste, comment pourra-t-il se sauver ?

— Il ne faut pas plus de trois minutes à un bon nageur pour traverser ; c'est le temps que j'ai mis, sir, et l'explosion détournera l'attention des Japonais. Je pense qu'un groupe de soutien, installé au bas de la montagne, pourrait couvrir sa retraite. S'il parvient ensuite à franchir l'espace découvert et la voie, il est sauvé, sir. La jungle ne permet pas une poursuite efficace. Je vous assure que c'est le meilleur plan. »

Shears resta longtemps pensif, penché sur les croquis de Joyce.

« C'est un plan qui mérite d'être étudié, dit-il enfin. Évidemment, après avoir été sur place, vous êtes assez bien qualifié pour donner votre avis ; et le résultat vaut la peine de courir un risque... Qu'avez-vous vu encore du haut de votre perchoir ? »

3

Le soleil était déjà haut lorsqu'il avait regagné le sommet de la montagne. Ses deux guides, revenus dans la nuit, l'attendaient avec inquiétude. Il était exténué. Il s'était allongé pour se reposer une heure et ne s'était réveillé que vers le soir. Il l'avoua en s'excusant.

« Bien... Alors, je suppose que vous avez dormi encore dans la nuit ? C'était ce que vous aviez de mieux à faire. Et vous avez repris votre poste le lendemain ?

— Exactement, sir. Je suis resté un jour de plus. Il y avait encore beaucoup de choses à examiner. »

Il lui fallait observer les êtres vivants, après avoir consacré cette première période à la matière inerte. Envoûté jusque-là par le pont et les éléments du paysage auxquels était étroitement liée l'action future, il s'était soudain senti bouleversé par le spectacle de ses frères malheureux, réduits à une abjecte condition d'esclavage, qu'il voyait s'agiter dans le champ de sa jumelle. Il connaissait bien les méthodes que les Nippons appliquaient dans les camps. Une multitude de rapports secrets détaillaient les perpétuelles atrocités commises par les vainqueurs.

« Avez-vous assisté à des scènes pénibles ? interrogea Shears.

— Non, sir ; ce n'était probablement pas le jour. Mais j'ai vraiment été saisi en songeant qu'ils travaillaient ainsi depuis des mois, sous ce climat, mal nourris, mal logés, sans soins, et sous la menace de quelles punitions ! »

Il avait passé tous les groupes en revue. Il avait examiné chaque homme à la jumelle et avait été épouvanté de son état. Number one fronça le sourcil.

« Notre travail ne nous permet pas trop de nous attendrir, Joyce.

— Je le sais, sir, mais ils n'ont plus véritablement que la peau et les os. La plupart ont les membres couverts de plaies et d'ulcères. Certains peuvent à peine se traîner. Personne, dans notre monde, ne songerait à faire exécuter une tâche à des hommes aussi physiquement déchus. Il faut les voir, sir ! J'en aurais pleuré. Ceux de l'équipe qui tire les cordes pour enfoncer les derniers piliers !... Des squelettes, sir. Je n'ai jamais vu un spectacle aussi effrayant. C'est le plus abominable des crimes.

— Ne vous inquiétez pas de cela, dit Shears. Tout sera payé.

— Et pourtant, sir, je dois avouer que leur attitude a fait mon admiration. Malgré leur évidente détresse physique, aucun d'eux ne paraît vraiment abattu. Je les ai bien observés. Ils mettent un point d'honneur à ignorer la présence de leurs gardes, voilà très exactement l'impression que j'ai eue, sir : ils agissent comme si les Japonais n'étaient pas là. Ils sont sur le chantier de l'aube à la tombée de la nuit... comme cela depuis des mois, sans une journée de repos, probablement... Et ils n'avaient pas l'air désespéré. Malgré leur accoutrement, malgré leur état de misère physique, ils n'ont pas des allures d'esclaves, sir. J'ai vu leur regard. »

Tous trois gardèrent le silence pendant un assez long moment, se laissant aller à leurs réflexions.

« Le soldat anglais possède d'inépuisables ressources dans l'adversité, dit enfin Warden.

— Avez-vous fait d'autres observations ? demanda Shears.

— Les officiers, les officiers anglais, sir ! Ils ne travaillent pas. Ils commandent leurs hommes, qui paraissent se soucier beaucoup plus d'eux que des gardes. Ils sont en uniforme.

— En uniforme ?

— Avec les insignes, sir. J'ai reconnu tous les grades.

— Du diable !... s'exclama Shears. Les Thaïs avaient signalé ce point, et je n'avais pas voulu les croire. Dans les autres camps, ils ont fait travailler tous les prisonniers, sans exception... Y avait-il des officiers supérieurs ?

— Un colonel, sir. Certainement le colonel Nicholson, dont nous connaissons la présence là-bas, et qui a été torturé à son arrivée. Il n'a pas quitté le chantier. Sans doute tient-il à être sur place pour s'interposer éventuellement entre ses hommes et les Japonais ; car il a dû y avoir obligatoirement des incidents... Si vous aviez vu l'allure de ces sentinelles, sir ! Des singes déguisés. Une façon de traîner les pieds et de se dandiner qui n'a rien d'humain... Le colonel Nicholson conserve, lui, une étonnante dignité... Un chef, à ce qu'il m'a paru, sir.

— Il faut certainement une autorité peu commune et des qualités rares pour maintenir le moral dans des pareilles conditions, dit Shears. Je lui tire mon chapeau, moi aussi. »

Il avait eu d'autres sujets d'étonnement au cours de la journée. Il poursuivit son récit, visiblement désireux de faire partager aux autres sa surprise et son admiration.

« A un moment, un prisonnier d'une équipe éloignée a traversé le pont pour venir parler au colonel. Il s'est mis au garde-à-vous à six pas, sir, dans son étrange costume. Ce n'était pas ridicule. Un Japonais s'est approché en hurlant et en faisant des moulinets avec son fusil. L'homme avait certainement quitté son groupe sans permission. Le colonel Nicholson a regardé le garde d'un certain air, sir. Je n'ai rien perdu de la scène. Celui-ci n'a pas insisté et s'est éloigné. Incroyable ! Bien mieux : un peu avant le soir, un colonel japonais est venu sur le pont ; Saïto probablement, qui nous a été signalé comme une brute redoutable. Eh bien, je ne mens pas, sir, il s'est approché du colonel Nicholson avec une attitude déférente... parfaitement, déférente. Certains détails ne peuvent pas tromper. Le colonel Nicholson a salué le premier, mais l'autre a répondu précipitamment... et presque timidement ; je regardais bien ! Puis ils se sont promenés l'un à côté de l'autre. Le Japonais avait l'air d'un subalterne à qui on donne des ordres. Cela m'a réjoui le cœur de voir cela, sir.

— Je ne peux pas dire que j'en suis fâché, moi non plus, marmotta Shears.

— A la santé du colonel Nicholson ! dit brusquement Warden, en levant son verre.

— A sa santé, vous avez raison, Warden, et à celle des cinq ou six cents malheureux qui vivent dans cet enfer à cause de ce sacré pont !

— Dommage, tout de même, qu'il ne puisse nous aider.

— Dommage, peut-être, mais vous connaissez nos principes, Warden, nous devons agir seuls... Mais reparlons un peu du pont. »

Ils reparlèrent du pont toute la soirée et étudièrent fiévreusement les croquis de Joyce, lui demandant, à chaque instant, de préciser quelque détail, ce qu'il faisait sans hésitation. Il aurait pu dessiner de mémoire chaque pièce de l'ouvrage et décrire chaque remous de la rivière. Ils commencèrent à discuter le plan qu'il avait conçu, faisant une liste de toutes les opérations nécessaires, détaillant chacune, s'acharnant à deviner tous les accidents imprévisibles qui peuvent surgir à la dernière minute. Puis, Warden s'absenta pour aller prendre des messages, au poste installé dans une pièce voisine. Joyce hésita un moment.

« Sir, dit-il enfin, c'est moi le meilleur nageur de nous trois et je connais maintenant le terrain...

— Nous verrons cela plus tard », coupa Number one.

Joyce était à la limite de ses forces. Shears s'en aperçut en le voyant tituber pour gagner son lit. Après la troisième journée passée à épier, à plat ventre dans les buissons, il avait pris dans la nuit le chemin du retour et était revenu au cantonnement d'une seule traite, s'arrêtant à peine pour manger. Les Thaïs eux-mêmes avaient difficilement pu soutenir le train qu'il leur avait imposé. Ils étaient maintenant occupés à raconter avec admiration comment le jeune blanc avait réussi à les fatiguer.

« Il faut vous reposer, répéta Number one. Il ne sert à rien de se tuer à l'avance. Nous aurons encore besoin de toutes vos forces. Pourquoi êtes-vous revenu si vite ?

— Le pont sera probablement terminé dans moins d'un mois, sir. »

Joyce s'endormit tout d'un coup, sans même s'être débarrassé du fard qui le rendait méconnaissable. Shears haussa les épaules et n'essaya pas de le réveiller. Il resta seul, réfléchissant profondément à la distribution des rôles pour la scène à jouer dans la vallée de la rivière Kwaï. Il n'avait pas encore pris de décision lorsque Warden revint en lui tendant plusieurs messages qu'il venait de déchiffrer.

« Il semble que la date approche, Shears. Renseignements du centre : le railway est presque partout achevé. L'inauguration doit avoir lieu dans cinq ou six semaines. Un premier train bourré de troupes et de généraux. Une petite fête... Un stock important de munitions, aussi. Cela ne se présente pas mal. Le centre approuve toutes vos initiatives et vous laisse entière liberté. L'aviation n'interviendra pas. Nous serons tenus au courant jour par jour... L'enfant dort ?

— Ne le réveillez pas. Il mérite un peu de repos. Il s'est rudement bien débrouillé... Warden, à votre avis, croyez-vous que l'on puisse compter sur lui en « toute » circonstance ? »

Warden réfléchit avant de répondre.

« L'impression est bonne. On ne peut rien affirmer « avant », vous le savez aussi bien que moi. Je vois bien ce que vous voulez dire. Il s'agit de savoir s'il est capable de prendre une décision grave en quelques secondes, même moins, et se forcer à l'exécuter... Pourquoi me demandez-vous cela ?

— Il a dit : « C'est moi le meilleur nageur de nous trois. » Et il ne s'est pas vanté. C'est vrai.

— Quand je me suis enrôlé dans la Force 316, bougonna Warden, je ne savais pas qu'il était nécessaire d'être champion de natation pour jouer les premiers rôles. Je m'entraînerai pendant les prochaines vacances.

— Il y a aussi une raison psychologique. Si je ne le laisse pas faire, il n'aura plus confiance en lui et, pendant longtemps, ne sera plus bon à rien. On n'est jamais sûr « avant », comme vous dites... pas même lui... et il se consume en attendant la révélation... L'essentiel, évidemment, est qu'il ait autant de chances de réussite que nous. Je le crois... et davantage de s'en tirer. Nous déciderons dans quelques jours. Je veux voir comment il sera demain. Il ne faut pas lui reparler du pont pendant un certain temps... Je n'aime pas tellement le voir s'attendrir sur les malheurs des prisonniers. Oh ! vous me direz... je sais bien. Le sentiment est une chose et l'action en est une autre. Il a tout de même tendance à se monter un peu la tête... à tout voir en imagination. Vous me comprenez ?... Il réfléchit un peu trop.

— On ne peut pas établir de règle générale pour ce genre de travail, dit le sage Warden. Parfois, l'imagination, et même la réflexion, donnent de bons résultats. Pas toujours. »

4

L'état de santé des prisonniers inquiétait aussi le colonel Nicholson et il était venu à l'hôpital pour en discuter avec le médecin.

« Cela ne peut pas durer ainsi, Clipton, dit-il sur un ton sérieux, presque sévère. Il est évident qu'un homme gravement malade ne peut pas travailler, mais il y a tout de même une limite. Vous avez maintenant mis au repos la moitié de mes effectifs ! Comment voulez-vous que nous finissions le pont dans un mois ? Il est bien avancé, je le sais, mais il y a encore beaucoup d'ouvrage, et avec ces équipes réduites, nous piétinons. Ceux qui restent sur le chantier ne sont déjà pas si vaillants.

— Regardez-les, sir, dit Clipton qui, à l'ouïe de ce langage, était obligé de se raisonner pour conserver son flegme habituel et l'attitude respectueuse exigée par le colonel de tous ses subordonnés, quels que fussent leur grade ou leurs fonctions. Si je n'écoutais que ma conscience professionnelle ou la simple humanité, ce n'est pas la moitié, c'est la totalité de vos effectifs que je déclarerais incapables de tout effort ; surtout pour un travail comme celui-là ! »

Pendant les premiers mois, la construction avait été poursuivie à un rythme accéléré, sans autre anicroche que les incidents causés par quelques sautes d'humeur de Saïto. Celui-ci se persuadait parfois qu'il devait reconquérir son autorité et puisait dans l'alcool le courage de surmonter ses complexes en se montrant cruel. Mais ces accès étaient devenus de plus en plus rares, tant il était évident que les manifestations violentes étaient préjudiciables à l'exécution du pont. Celle-ci avait été pendant bien longtemps en avance sur l'horaire fixé par le commandant Hughes et le capitaine Reeves, à la suite d'une collaboration efficace, quoique non exempte de frictions. Puis, le climat, la nature des efforts exigés, le régime alimentaire et les conditions d'existence avaient influé lourdement sur la santé des hommes.

L'état physique devenait inquiétant. Privés de viande, sauf lorsque les indigènes du village voisin venaient vendre quelque vache rachitique, privés de beurre, privés de pain, les prisonniers, dont le repas se composait parfois uniquement de riz, avaient peu à peu été réduits à cette condition squelettique qui avait bouleversé Joyce. Le travail de forçat, consistant à tirer toute la journée sur une corde pour hisser une lourde masse qui rebondit interminablement avec un fracas obsédant, était devenu une véritable torture pour les hommes de cette équipe. D'autres étaient à peine mieux partagés, en particulier ceux qui restaient pendant des heures sur un échafaudage, à moitié dans l'eau, pour maintenir les piliers, pendant que le mouton tombait et retombait en les assourdissant.

Le moral était encore relativement bon, grâce à l'entrain de chefs comme le lieutenant Harper. Celui-ci, magnifique d'allant et d'énergie, prodiguait toute la journée de vigoureux encouragements sur un ton jovial, n'hésitant pas à payer de sa personne et à mettre la main à la pâte, lui officier, en tirant sur la corde de toutes ses forces pour soulager les plus faibles. Le sens de l'humour était même encore cultivé en quelques occasions, par exemple lorsque le capitaine Reeves s'amenait avec son plan, sa règle graduée, son niveau et d'autres instruments qu'il avait fabriqués lui-même, et se glissait au ras de l'eau sur un échafaudage branlant, pour prendre des mesures, suivi par le petit ingénieur japonais, qui ne le quittait plus, imitait tous ses gestes et notait gravement des chiffres dans son carnet.

Comme l'attitude des officiers était directement inspirée par celle du colonel, c'était en somme celui-ci qui tenait entre ses mains puissantes le destin du pont. Il le savait. Il en ressentait le légitime orgueil du chef qui aime et recherche les responsabilités, mais aussi, à un degré égal, tout le poids des soucis attachés à cet honneur et à cette charge.

Le nombre croissant des malades figurait au premier plan de ces soucis. Il voyait littéralement fondre ses compagnies sous ses yeux. Lentement, jour par jour, heure par heure, un peu de la substance vivante de chaque prisonnier se séparait de l'organisme humain pour se dissoudre dans l'univers matériel. Cet univers de terre, de végétation monstrueuse, d'eau et d'atmosphère humide constellée de moustiques n'était pas manifestement affecté par cet enrichissement. C'était, au point de vue arithmétique, un échange rigoureux de molécules, mais dont la perte, douloureusement sensible, se mesurant par cinq ccnts fois des dizaines de kilogrammes, ne se traduisait par aucun gain apparent.

Clipton redoutait une épidémie sérieuse, comme le choléra, qui avait été signalé dans d'autres camps. Ce fléau avait été évité jusque-là, grâce à une discipline rigoureuse, mais les cas de malaria, de dysenterie et de béribéri ne se comptaient plus. Chaque jour, il jugeait indispensable de déclarer indisponibles un plus grand nombre d'hommes et de leur prescrire le repos. A l'hôpital, il réussissait à fournir un régime presque convenable à ceux qui pouvaient manger, grâce aux quelques colis de la Croix-Rouge qui échappaient au pillage des Japonais et qui étaient réservés aux malades. Par-dessus tout, une simple détente était un baume pour certains prisonniers dont le « mouton » finissait par ébranler le système nerveux, après avoir brisé les muscles, leur causant des hallucinations et les faisant vivre dans un perpétuel cauchemar.

Le colonel Nicholson, qui aimait ses hommes, avait d'abord apporté à Clipton tout le poids de son autorité pour justifier ces repos aux yeux des Japonais. Il avait calmé à l'avance les éventuelles protestations de Saïto, en exigeant des hommes valides un supplément d'efforts.

Mais, depuis déjà longtemps, il trouvait que Clipton exagérait. Il le soupçonnait visiblement d'outrepasser ses droits de médecin et de se laisser aller, par faiblesse, à déclarer malades des prisonniers qui eussent pu rendre des services. Un mois avant la date fixée pour l'achèvement des travaux, ce n'était certes pas le moment de se relâcher. Il était venu ce matin à l'hôpital pour voir par lui-même, s'expliquer à fond avec Clipton et remettre éventuellement le médecin dans le droit chemin, avec fermeté, mais aussi avec le tact qu'il convenait tout de même d'observer vis-à-vis d'un commandant spécialiste, sur un sujet délicat.

« Voyons, celui-là, par exemple, dit-il en s'arrêtant et en s'adressant à un malade. Qu'est-ce qui ne va pas, mon garçon ? »

Il se promenait entre deux rangées de prisonniers qui reposaient sur des lits en bambou, les uns grelottant de fièvre, les autres inertes, sous de misérables couvertures d'où sortaient des faces cadavériques. Clipton s'interposa vivement sur un ton assez tranchant.

« Quarante de fièvre, cette nuit, sir. Malaria.

— Bien, bien, dit le colonel en continuant sa marche. Et celui-là ?

— Ulcères tropicaux. Je lui ai creusé la jambe, hier... avec un couteau ; je n'ai pas d'autre instrument. J'ai fait un trou assez gros pour y enfoncer une balle de golf, sir.

— C'est donc cela ; j'ai entendu crier hier soir, marmotta le colonel Nicholson.

— C'était cela. Il a fallu quatre de ses camarades pour le tenir. J'espère sauver la jambe... mais je n'en suis pas sûr, ajouta-t-il à voix basse. Vous voudriez vraiment que je l'envoie sur le pont, sir ?

— Ne dites pas de bêtises, Clipton. Naturellement, je n'insiste pas. Du moment que c'est votre avis... Comprenez-moi bien. Il ne s'agit pas de faire travailler des malades ou des blessés graves. Seulement, il faut que nous soyons tous persuadés de ceci : nous avons un ouvrage à terminer dans un délai d'un mois. Il demande des efforts pénibles ; je le sais, mais je n'y peux rien. Par conséquent, chaque fois que vous m'enlevez un homme du chantier, il en résulte une tâche un peu plus dure pour les autres. Vous devez avoir cela présent à l'esprit à chaque instant, saisissez-vous ? Même si l'un d'eux n'est pas au mieux de sa forme physique, il peut tout de même se rendre utile en aidant à des travaux faciles, un assemblage délicat par exemple, ou un peu de fignolage... le polissage que Hughes va commencer bientôt, hein ?

— Je suppose que vous allez le faire peindre, sir ?

— Il n'y faut pas songer, Clipton, dit le colonel avec véhémence. Nous ne pourrions appliquer qu'une peinture à la chaux. Et quelle belle cible pour l'aviation ! Vous oubliez que nous sommes en guerre.

— C'est vrai, sir. Nous sommes en guerre.

— Non ; pas de luxe. Je m'y suis opposé, il suffit que l'ouvrage soit propre, bien fini... Je suis donc venu pour vous dire cela, Clipton. Il faut faire comprendre aux hommes qu'il y a là une question de solidarité... Celui-là, par exemple ?

— Une mauvaise blessure au bras qu'il a contractée en soulevant les poutres de votre sacré bon Dieu de foutu pont, sir, éclata Clipton. J'en ai une vingtaine comme lui. Naturellement, avec leur état général, les plaies ne se cicatrisent pas et s'infectent. Je n'ai rien pour les soigner convenablement.

— Je me demande, dit le colonel Nicholson, têtu, suivant son idée et fermant les yeux sur l'incorrection de ce langage, je me demande si, dans un cas pareil, le grand air et une occupation raisonnable ne favoriseraient pas leur rétablissement mieux que l'immobilité et la claustration dans votre cabane. Hein, Clipton, qu'en pensez-vous ? Après tout, chez nous, on n'hospitalise pas un homme pour une écorchure au bras. Je crois que si vous réfléchissez bien, vous finirez par être de mon avis.

— Chez nous, sir... Chez nous... chez nous ! »

Il leva les bras au ciel dans un geste d'impuissance et de désespoir. Le colonel l'entraîna loin des malades dans la petite pièce qui servait d'infirmerie et continua à plaider sa cause, faisant appel à toutes les raisons que peut invoquer le chef dans un cas semblable, lorsqu'il veut persuader plutôt que commander. Finalement, comme Clipton paraissait mal convaincu, il assena son argument le plus puissant : s'il persistait dans cette voie, les Japonais se chargeraient, eux, de vider l'hôpital, et ils le feraient sans discrimination.

« Saïto m'a menacé de prendre des mesures draconiennes », dit-il.

C'était un pieux mensonge. Saïto, à cette époque, avait renoncé à la violence, ayant fini par comprendre qu'elle ne le mènerait à rien, et fort satisfait, dans le fond, de voir construire, sous sa direction officielle, le plus bel ouvrage de la voie. Le colonel Nicholson s'autorisait cette déformation de la vérité, quoiqu'elle peinât sa conscience. Il ne pouvait pas se permettre de négliger un seul des facteurs favorisant l'achèvement du pont, ce pont incarnant l'esprit indomptable qui ne s'avoue jamais abattu, qui a toujours un sursaut pour prouver par des actes l'invulnérable dignité de sa condition ; ce pont auquel il ne manquait plus que quelques dizaines de pieds pour barrer d'un trait continu la vallée de la rivière Kwaï.

Devant cette menace, Clipton maudit son colonel, mais se résigna. Il renvoya de son hôpital à peu près un quart des malades, malgré les terribles scrupules qui l'assaillaient chaque fois qu'il devait faire un choix. Il restitua ainsi au chantier une foule d'éclopés, de blessés légers et de fiévreux que la malaria habitait en permanence mais qui pouvaient marcher.

Ils ne protestèrent pas. La foi du colonel était de celles qui renversent les montagnes, édifient des pyramides, des cathédrales ou des ponts, et font travailler les mourants avec un sourire. Ils furent convaincus par l'appel fait à leur sentiment de solidarité. Ils reprirent sans murmurer le chemin de la rivière. Des malheureux, dont le bras était immobilisé par un pansement informe et sale, attrapèrent la corde du mouton avec leur seule main valide, et tirèrent en cadence avec ce qui leur restait d'âme et de forces, pesant de tout leur poids réduit, ajoutant le sacrifice de ce douloureux effort à la somme de souffrances qui amenaient peu à peu à sa perfection le pont de la rivière Kwaï.

Sous cette nouvelle impulsion, le pont fut bien vite achevé. Il ne resta plus bientôt à faire qu'un peu de « fignolage », selon le mot du colonel, de façon que l'œuvre présentât cette apparence de « fini », à laquelle l'œil exercé reconnaît du premier coup, dans toutes les parties du monde, la maîtrise européenne et le souci anglo-saxon du confortable.

QUATRIÈME PARTIE

Le grand coup

1

Quelques semaines après l'expédition de Joyce, Warden suivit le même itinéraire que l'aspirant et arriva lui aussi à l'observatoire, après une ascension épuisante. Il s'aplatit au milieu des fougères et contempla à son tour, en dessous de lui, le pont de la rivière Kwaï.

Warden était le contraire d'un romantique. Il ne lui accorda tout d'abord qu'un coup d'œil rapide, juste le temps de reconnaître avec satisfaction l'ouvrage dessiné par Joyce et de vérifier qu'il était achevé. Quatre partisans l'accompagnaient. Il leur dit qu'il n'avait pas besoin d'eux pour l'instant. Ils prirent leur position favorite, allumèrent la pipe à eau, et le regardèrent placidement s'affairer.

Il installa d'abord le poste radio et entra en contact avec plusieurs stations. L'une d'elles, précieuse en pays occupé, lui donnait directement chaque jour des indications sur le départ proche du long convoi qui devait inaugurer le railway de Birmanie et de Thaïlande. Les messages reçus le rassurèrent. Il n'y avait pas de contrordre.

Il prépara alors aussi confortablement qu'il le put son sac de couchage et sa moustiquaire, rangea soigneusement quelques objets de toilette puis disposa de la même façon les affaires de Shears, qui devait le rejoindre sur ce sommet. Warden était prévoyant, plus âgé que Joyce, plus rassis. Il avait plus d'expérience. Il connaissait la jungle pour y avoir fait autrefois quelques expéditions durant ses vacances de professeur. Il savait le prix qu'un Européen y attache parfois à une brosse à dents et combien de jours supplémentaires une installation convenable et une tasse de café chaud prise au réveil permettent d'y tenir. S'ils étaient serrés de près après le coup, ils devraient abandonner ces ustensiles de civilisés. Cela n'aurait plus d'importance. Ceux-ci auraient contribué à les maintenir au meilleur de leur forme jusqu'au moment de l'action. Satisfait de son aménagement, il mangea, dormit pendant trois heures, puis se replaça à l'observatoire, en réfléchissant aux meilleurs moyens de remplir sa mission.

Suivant le plan ébauché par Joyce, cent fois retouché, finalement établi par le trio et dont Number one avait un jour décidé l'exécution, le groupe de la Force 316 s'était séparé. Shears, Joyce et deux volontaires thaïs accompagnés de quelques porteurs s'étaient dirigés en caravane vers un point de la rivière situé bien en amont du pont, car l'embarquement des explosifs ne devait pas s'effectuer près du camp. Ils étaient même allés assez loin, en suivant un itinéraire compliqué, pour éviter quelques hameaux indigènes. Les quatre hommes se laisseraient descendre de nuit vers le pont et prépareraient le dispositif. Ce serait une erreur grossière de croire que le sabotage d'un pont est une opération simple. Joyce resterait caché sur la rive ennemie, attendant le train. Shears rejoindrait Warden et tous deux s'occuperaient de protéger la retraite.

Warden devait s'installer à l'observatoire, garder le contact par radio, épier les mouvements autour du pont et rechercher des emplacements d'où il serait possible de couvrir le repli de Joyce. Sa mission n'était pas strictement limitée. Number one lui avait laissé une certaine initiative. Il agirait au mieux, suivant les circonstances.

« Si vous voyez la possibilité de quelque action secondaire sans risque d'être découvert, bien entendu, je ne vous l'interdis pas, avait dit Shears. Les principes de la Force 316 sont toujours les mêmes. Mais rappelez-vous que le pont est l'objectif numéro un et que, dans aucun cas, vous ne devez compromettre les chances de succès sur ce point. Je compte sur vous pour être à la fois raisonnable et actif. »

Il savait qu'il pouvait compter sur Warden pour être à la fois actif et raisonnable. Quand il en avait le temps, Warden pesait méthodiquement les conséquences de tous ses gestes.

Après un premier tour d'horizon, Warden décide de placer sur ce sommet même les deux petits mortiers dont il dispose, une artillerie de poche, et de maintenir à ce poste deux partisans thaïs, au moment du grand coup, afin d'arroser les débris du train, les troupes qui essaieraient de s'échapper après l'explosion et les soldats qui se précipiteraient à leur secours.

Ceci entrait parfaitement dans le cadre que lui avait implicitement tracé son chef lorsqu'il avait évoqué les principes immuables de la Force 316. Ces principes pouvaient se résumer ainsi : « Ne jamais considérer une opération comme complètement terminée ; ne jamais s'estimer satisfait, tant qu'il reste encore une possibilité de causer un ennui, si minime soit-il, à l'ennemi. » (Le « fini » anglo-saxon était recherché dans ce domaine, comme dans beaucoup d'autres.) Or, ici, il était évident qu'une pluie de petits obus tombant du ciel sur les rescapés serait bien propre à démoraliser complètement l'ennemi. La position surplombante de l'observatoire était presque miraculeuse à ce point de vue. Warden voyait en même temps un autre avantage important à ce prolongement de l'action : il détournerait l'attention des Japonais et servirait ainsi indirectement à couvrir la retraite de Joyce.

Warden rampe longtemps parmi les fougères et les rhododendrons sauvages, avant de trouver des emplacements qui le satisfassent entièrement. Quand il les a découverts, il appelle les Thaïs, en désigne deux, et leur explique clairement ce qu'ils auront à faire, le moment venu. Ceux-ci comprennent vite et paraissent apprécier son idée.

Il est à peu près quatre heures de l'après-midi quand Warden a terminé ces préparatifs. Il commence alors à méditer au sujet des dispositions suivantes, quand il entend une musique monter de la vallée. Il reprend son observation, épiant à la jumelle les mouvements des amis et des ennemis. Le pont est désert, mais une agitation bizarre règne dans le camp, sur l'autre rive. Warden comprend très vite que, pour célébrer l'heureux achèvement de l'ouvrage, les prisonniers sont autorisés, contraints peut-être, à donner une fête. Un message, reçu quelques jours auparavant, laisse prévoir ces réjouissances, décrétées par la bonté de Sa Majesté Impériale.

La musique est émise par un instrument grossier, certainement fabriqué localement par des moyens de fortune, mais la main qui gratte les cordes est européenne. Warden connaît assez les rythmes barbares des Japonais pour ne pas s'y tromper. D'ailleurs, des échos de chansons lui parviennent bientôt. Une voix affaiblie par les privations, mais dont l'accent ne peut tromper, chante de vieux airs écossais. Un refrain connu monte de la vallée, répété par un chœur. Ce concert pathétique, écouté dans la solitude de l'observatoire, éprouve douloureusement l'esprit de Warden. Il s'efforce de chasser les idées mélancoliques et y réussit en se concentrant sur les nécessités de sa mission. Les événements ne l'intéressent plus que par leur relation avec la mise au point du grand coup.

Un peu avant le coucher du soleil, il a l'impression qu'un banquet se prépare. Des prisonniers s'agitent près des cuisines. Un tumulte est observable du côté des baraques japonaises, où plusieurs soldats se pressent en criant et en riant. A l'entrée du camp, des sentinelles tournent vers eux des yeux gourmands. Il est évident que les Nippons se préparent eux aussi à célébrer la fin des travaux.

L'esprit de Warden travaille rapidement. Sa qualité d'homme pondéré ne l'empêche pas de bondir sur l'occasion quand elle se présente. Il prend ses dispositions pour agir cette nuit même, suivant un plan rapidement établi, et que d'ailleurs il a déjà considéré bien avant son arrivée à l'observatoire. Dans un coin de brousse isolé comme celui-ci, avec un chef alcoolique comme Saïto, et des soldats soumis à un régime presque aussi dur que celui des prisonniers, il estime, avec sa profonde connaissance des hommes, que tous les Japonais seront ivres morts avant le milieu de la nuit. C'est là une circonstance singulièrement propice pour intervenir avec le minimum de risques, comme l'a recommandé Number one, et préparer quelques-uns de ces pièges secondaires, assaisonnement piquant du coup principal, dont tous les membres de la Force 316 sont friands. Warden pèse ses chances, juge qu'il serait coupable en ne mettant pas à profit cette miraculeuse coïncidence, décide de descendre vers la rivière et commence à préparer un matériel léger... Et puis, en dépit de sa sagesse, ne faut-il pas qu'il s'approche lui aussi, au moins une fois, de ce pont ?

Il arrive au bas de la montagne un peu avant minuit. La fête s'est déroulée suivant ses prévisions. Il en a suivi les étapes à l'intensité du brouhaha qui parvenait jusqu'à lui pendant sa marche silencieuse : des hurlements barbares, comme une parodie des chœurs britanniques, depuis longtemps éteints. Maintenant, tout s'est tu. Il écoute une dernière fois, caché avec deux partisans qui l'ont accompagné derrière le rideau d'arbres, non loin de la voie ferrée, qui longe la rivière après avoir traversé le pont, comme l'a expliqué Joyce. Warden fait un signe aux Thaïs. Chargés de leur matériel, les trois hommes se dirigent avec précaution vers la voie.

Warden est convaincu qu'il peut opérer en parfaite sécurité. Il n'y a aucune présence ennemie sur cette rive. Les Japonais ont joui d'une si parfaite tranquillité dans ce coin isolé qu'ils ont perdu toute méfiance. A l'heure présente, tous les soldats, et même tous les officiers, doivent être vautrés, inconscients. Warden place tout de même un des Thaïs en sentinelle et commence à travailler, méthodiquement, aidé par l'autre.

Son projet est simple, classique. C'est la première opération enseignée aux élèves dans l'école spéciale de la « Plastic & Destructions Co. Ltd », à Calcutta. Il est facile de dégager les cailloux qui forment le ballast d'une voie ferrée, de part et d'autre et en dessous d'un rail, de façon à creuser une petite excavation, puis d'y insérer, collée contre la face inférieure de ce rail, une charge de « plastic ». Telle est la vertu de cette composition chimique qu'une charge de un kilogramme à peine, convenablement placée, est suffisante. L'énergie emmagasinée dans cette petite masse est brusquement libérée par l'influence du détonateur sous forme de gaz dont la vitesse atteint plusieurs milliers de mètres à la seconde. L'acier le plus solide ne résiste pas et est pulvérisé par cette expansion subite.

Un détonateur est donc fixé dans le plastic. (Il est aussi facile de l'y enfoncer que de planter un couteau dans une motte de beurre.) Un cordon, dit « instantané », le relie à un petit engin merveilleusement simple, caché lui aussi dans un trou creusé sous le rail. Cet instrument se compose principalement de deux lames, maintenues écartées par un fort ressort, et entre lesquelles est insérée une amorce. L'une des lames est placée en contact avec le métal ; l'autre est calée solidement par une pierre. Le cordon détonant est lui-même enterré. Une équipe de deux experts peut installer le dispositif en une demi-heure. Si le travail est fait avec soin, le piège est invisible.

Lorsque la roue d'une locomotive passe au-dessus de l'appareil, la lame supérieure est écrasée sur la deuxième. L'amorce enflammée fait fonctionner le détonateur par l'intermédiaire du cordon. Le plastic explose. Une section d'acier est réduite en poudre. Le train déraille. Avec un peu de chance, et une charge un peu plus forte, la locomotive peut être renversée. Un avantage de ce système, c'est qu'il est déclenché par le train lui-même, l'agent qui l'a installé pouvant se trouver à des kilomètres de là. Un autre, c'est qu'il ne peut pas fonctionner intempestivement sous le pied d'un animal. Un poids très lourd, comme celui d'une locomotive ou d'un wagon, est nécessaire.

Warden le sage, Warden le calculateur raisonne ainsi : le premier train viendra de Bangkok par la rive droite, donc, en principe, sautera avec le pont et s'écroulera dans la rivière. C'est l'objectif numéro un. Ensuite, la voie est coupée ; la circulation interrompue. Les Japonais s'acharnent à réparer les dégâts. Ils veulent le faire le plus vite possible pour rétablir le trafic et venger cet attentat qui est aussi un rude coup porté à leur prestige dans le pays. Ils amènent des équipes innombrables. Ils travaillent sans repos. Ils peinent pendant des jours, des semaines, des mois peut-être. Lorsque la voie est enfin déblayée, le pont reconstruit, un nouveau convoi passe. Le pont résiste cette fois mais, un peu après... le deuxième train saute.

Il y a là un effet psychologique certain de démoralisation, outre les dommages matériels. Warden place une charge un peu plus forte qu'il ne serait rigoureusement nécessaire et la dispose de façon à provoquer le déraillement du côté de la rivière. Si les dieux sont favorables, il se peut que la locomotive et une partie des wagons culbutent dans l'eau.

Warden a rapidement terminé cette première partie de son programme. Il est rompu à ce genre de besogne, s'étant longuement entraîné à déplacer sans bruit les cailloux, à modeler le plastic et à fixer le mécanisme. Il opère presque machinalement et constate avec plaisir que le partisan thaï, un débutant, lui apporte une aide efficace. Son instruction a été bien faite. Warden, le professeur, s'en réjouit. Il a encore pas mal de temps devant lui avant l'aurore. Il a apporté avec lui un deuxième appareil du même genre, mais un peu différent. Il n'hésite pas à aller l'installer à quelques centaines de mètres plus loin, dans la direction opposée à celle du pont. Ce serait un crime de ne pas profiter d'une telle nuit.

Warden, le prévoyant, a de nouveau réfléchi. Après deux attentats dans le même secteur, l'ennemi est en général sur ses gardes et procède à une inspection méthodique de la ligne. Mais on ne sait jamais. Parfois, il répugne au contraire à imaginer l'éventualité d'un troisième forfait, justement parce qu'il y en a déjà eu deux. D'ailleurs, si le piège est bien camouflé, il peut échapper à l'examen le plus attentif ; à moins que les enquêteurs se résignent à déplacer tous les cailloux du ballast. Warden pose son deuxième engin, qui diffère du premier en ce sens qu'il est muni d'un dispositif pour varier les effets et créer une surprise d'un ordre nouveau. L'accessoire consiste en une sorte de relais. Le premier train ne déclenche pas l'explosion, mais amorce seulement ce relais. Le détonateur et le plastic ne sont affectés, eux, que par le passage du « deuxième » convoi. L'idée du technicien, attaché à la Force 316, qui a mis au point ce système délicat, est claire et l'esprit rationnel de Warden l'apprécie. Souvent, après une série d'accidents, la ligne réparée, l'ennemi fait précéder un convoi important par un ou deux vieux wagons chargés de pierres, traînés par une locomotive sans valeur. Rien ne se produit au-dessus du sol à ce premier passage. Alors, l'ennemi est certain qu'il a conjuré le mauvais sort. Plein de confiance, il lance sans précautions le véritable train... et voyez ! le véritable train saute à son tour !

« Ne jamais considérer une opération comme terminée tant qu'on n'a pas causé le plus d'ennuis possibles à l'adversaire » est le leitmotiv de la « Plastic & Destructions Co. Ltd » « Ingéniez-vous toujours à multiplier les surprises désagréables, à inventer des nouveaux pièges qui sèment la confusion chez cet adversaire, au moment où il croit enfin avoir la paix », répètent sans cesse les chefs de l'entreprise. Warden a fait siennes ces doctrines. Quand il a tendu son deuxième traquenard et effacé toutes les traces, il fait de nouveau travailler son esprit, considérant l'opportunité de jouer encore quelque bon tour.

Il a apporté, à tout hasard, d'autres artifices. L'un d'eux, dont il possède plusieurs exemplaires, consiste en une sorte de cartouche encastrée dans une planchette mobile, pouvant pivoter autour d'un axe et se rabattre sur une deuxième planchette, fixe, dans laquelle est fixé un clou. Ces engins sont destinés aux piétons. Ils sont recouverts d'une légère couche de terre. On ne peut imaginer de fonctionnement plus simple. Le poids d'un homme amène l'amorce de la cartouche en contact avec le clou. La balle part, traverse le pied du promeneur, ou, dans les cas les plus favorables, le frappe au front, s'il marche la tête inclinée. A Calcutta, les instructeurs de l'école spéciale recommandent de disséminer un grand nombre de ces engins dans le voisinage d'une voie ferrée « préparée ». Après l'explosion, quand les survivants (il y en a toujours) courent affolés dans toutes les directions, les pièges se déclenchent au hasard de leur émoi, augmentant la panique.

Warden voudrait bien se débarrasser judicieusement de tout le lot, mais la prudence et la raison lui conseillent de renoncer à ces dernières épices. Il y a un risque de découverte, et l'objectif numéro un est trop important pour qu'il se permette de le courir. Qu'un promeneur tombe dans un de ces pièges et l'attention des Japonais sera immédiatement attirée sur un possible sabotage.

L'aube est proche. Warden, le pondéré, se résigne avec un soupir à s'arrêter là et à regagner l'observatoire. Il est tout de même satisfait de laisser derrière lui un terrain assez bien préparé, assaisonné de condiments propres à pimenter le grand coup.

2

Un des partisans fit un geste brusque. Il avait entendu un craquement anormal dans la forêt de fougères géantes qui couvrait le sommet de la montagne. Les quatre Thaïs observèrent pendant quelques instants une immobilité absolue. Warden avait saisi sa mitraillette et se tenait prêt à toute éventualité. Trois légers sifflements furent entendus, un peu en dessous d'eux. Un des Thaïs répondit, puis agita le bras en se tournant vers Warden. « Number one », dit-il.

Bientôt, Shears, accompagné de deux indigènes, rejoignit le groupe de l'observatoire.

« Avez-vous les derniers renseignements ? demanda-t-il anxieusement dès qu'il aperçut Warden.

— Tout va bien. Rien de changé. Je suis ici depuis trois jours.

C'est pour demain. Le train quittera Bangkok dans la nuit et arrivera vers dix heures du matin. Et de votre côté ?

— Tout est prêt », dit Shears, en se laissant tomber sur le sol avec un soupir de soulagement.

Il avait eu une peur affreuse que les plans des Japonais eussent été modifiés au dernier moment. Warden, lui, vivait dans l'angoisse depuis la veille. Il savait que le coup devait être préparé dans la nuit, et avait passé des heures à épier en aveugle les faibles bruits qui montaient de la rivière Kwaï, songeant à ses compagnons qui travaillaient dans l'eau, juste en dessous de lui, évaluant interminablement les chances de réussite, imaginant les différentes étapes de l'opération, et tentant de prévoir les aléas qui pouvaient s'opposer au succès. Il n'avait rien entendu de suspect. Suivant son programme, Shears devait le rejoindre au petit jour. Il était plus de dix heures.

« Je suis content de vous voir enfin. Je vous attendais avec impatience.

— Cela nous a pris toute la nuit. »

Warden le regarda mieux et s'aperçut qu'il était exténué. Ses vêtements encore humides fumaient au soleil. Ses traits tirés, ses yeux profondément cernés par la fatigue, sa barbe de plusieurs jours lui donnaient un aspect inhumain. Il lui tendit un gobelet d'alcool et remarqua qu'il le saisissait maladroitement. Ses mains étaient couvertes de plaies et de crevasses. La peau, d'une teinte blafarde, était plissée, et des lanières en étaient arrachées. Il éprouvait de la difficulté à remuer les doigts. Warden lui passa un short et une chemise sèche, préparés pour lui, et attendit.

« Vous êtes bien sûr qu'il n'y a rien de prévu pour aujourd'hui ? insista Shears.

— Certain. J'ai eu un message ce matin encore. »

Shears but une gorgée et commença à se frictionner avec précaution.

« Travail pénible, dit-il avec une grimace. Je sentirai toute ma vie le froid de la rivière, je crois. Mais tout s'est bien passé.

— L'enfant ? interrogea Warden.

— L'enfant est formidable. Il n'a pas eu une défaillance. Il a peiné plus que moi et n'est pas fatigué. Il est à son poste sur la rive droite. Il a tenu à s'installer cette nuit même et à ne plus bouger jusqu'au passage du train.

— S'il était découvert ?

— Il est bien caché. Il y a un risque, mais il était sage de le prendre. Il faut éviter maintenant les allées et venues près du pont. Et puis le train pouvait être avancé. Je suis sûr qu'il ne dormira pas aujourd'hui. Il est jeune et il est fort. Il est dans un fourré où l'on n'a accès que par la rivière, et la berge est haute. On doit distinguer l'endroit d'ici. Il ne voit qu'une chose, par une trouée dans le feuillage : c'est le pont. Il entendra venir le train, d'ailleurs.

— Vous y êtes allé ?

— Je l'ai accompagné. Il avait raison. C'est un emplacement idéal. »

Shears s'empara des jumelles et chercha à se repérer dans un décor qu'il ne reconnaissait pas.

« Difficile à préciser, dit-il. C'est tellement différent. Je crois pourtant qu'il est là, à une trentaine de pieds derrière ce gros arbre roux, dont les branches retombent dans l'eau.

— Tout repose sur lui, maintenant.

— Tout repose sur lui, et j'ai confiance.

— Il a son poignard ?

— Il a son poignard. Je suis persuadé qu'il pourrait s'en servir.

— On ne sait jamais à l'avance, dit Warden.

— On ne sait jamais, mais je le crois.

— Et après le coup ?

— J'ai mis cinq minutes pour traverser la rivière, mais il nage presque deux fois plus vite que moi. Nous protégerons son retour. »

Warden mit Shears au courant des diverses dispositions qu'il avait prises. La veille, il était encore descendu de l'observatoire, avant la nuit cette fois, mais sans pousser jusqu'à la plaine découverte. En rampant, il avait cherché le meilleur emplacement possible pour y installer le fusil mitrailleur que possédait le groupe et des postes pour les partisans qui tireraient au fusil sur les poursuivants éventuels. Toutes les positions avaient été soigneusement marquées. Ce barrage, conjugué avec les obus de mortier, devait constituer une protection convenable pendant quelques minutes.

Number one approuva l'ensemble du dispositif. Puis, comme il était trop fatigué pour pouvoir dormir, il conta à son ami comment s'était effectuée l'opération de la nuit précédente. Warden l'écoutait avidement, un peu consolé par ce récit de ne pas avoir participé aux préparatifs directs. Ils n'avaient plus rien à faire en attendant le lendemain. Comme ils l'avaient dit, le succès dépendait maintenant de Joyce ; de Joyce et de l'imprévisible hasard. Ils s'efforçaient de tromper leur impatience, et d'oublier leur inquiétude au sujet de l'acteur principal, qui attendait, tapi dans les buissons, sur la rive ennemie.

Dès que sa décision avait été prise au sujet du coup, Number one avait établi un programme détaillé. Il avait distribué les rôles, afin que chaque équipier pût réfléchir à l'avance et s'entraîner aux gestes nécessaires. De cette façon, le moment venu, tous pourraient conserver leur esprit en éveil pour parer aux événements imprévus.

Il serait enfantin de croire que les ponts pussent sauter sans une préparation sérieuse. D'après les croquis et les indications de Joyce, Warden, comme autrefois le capitaine Reeves, avait fait un plan ; un plan de « destruction » : un dessin à grande échelle du pont où tous les piliers étaient numérotés, où chaque charge de plastic était représentée à l'emplacement exact que lui imposait la technique, et où le savant montage de fils électriques et de cordons détonants qui transmettaient la foudre était tracé en rouge. Chacun d'eux avait bientôt eu ce plan gravé dans l'esprit.

Mais cette préparation théorique n'avait pas suffi à Number one. Il avait fait procéder à plusieurs répétitions nocturnes sur un vieux pont abandonné qui traversait un cours d'eau, non loin de leur cantonnement, les charges de plastic étant évidemment remplacées par des sacs de terre. Les hommes qui devaient fixer le dispositif, lui, Joyce et les deux volontaires thaïs s'étaient entraînés à approcher le pont dans l'obscurité, nageant silencieusement, poussant devant eux un léger radeau en bambou fabriqué pour la circonstance, sur lequel le matériel était fixé. Warden servait de juge arbitre. Il s'était montré sévère et avait fait recommencer la manœuvre jusqu'à ce que l'abordage fût parfait. Les quatre hommes s'étaient alors habitués à travailler dans l'eau, sans causer le moindre clapotis, à fixer solidement les charges factices contre les piliers et à les relier par le réseau compliqué des cordons, suivant le plan de destruction. Enfin, Number one s'était déclaré satisfait. Il ne restait plus qu'à préparer le vrai matériel et à mettre au point une foule de détails importants, tels que les emballages étanches pour les éléments qui craignaient l'eau.

La caravane était partie. Par des voies connues d'eux seuls, les guides les avaient amenés en un point de la rivière situé loin en amont du pont, où l'embarquement pourrait avoir lieu en toute sécurité. Plusieurs volontaires indigènes servaient de porteurs.

Le plastic était divisé en charges de cinq kilogrammes. Chacune devait être appliquée contre un pilier. Le plan de destruction prévoyait la pose sur six piliers consécutifs de chaque rangée, soit un total de vingt-quatre charges. Tous les supports seraient donc brisés sur une longueur d'une vingtaine de mètres, ce qui était amplement suffisant pour provoquer la dislocation et l'effondrement sous le poids du train. Shears, prudent, avait pris une dizaine de charges supplémentaires, en prévision d'un accident. Elles pourraient éventuellement être disposées au mieux pour créer quelques ennuis accessoires à l'ennemi. Lui non plus n'oubliait pas les maximes de la Force 316.

Toutes ces quantités n'avaient pas été choisies au hasard. Elles avaient été déterminées après des calculs et de longues discussions, les mesures qu'avait prises Joyce lors de sa reconnaissance servant de base initiale. Une table, que tous trois connaissaient par cœur, donnait la charge nécessaire pour couper net une poutre d'une matière donnée, en fonction de sa forme et de ses dimensions. Dans le cas présent, trois kilogrammes de plastic eussent théoriquement suffi. Avec quatre, la marge de sécurité eût été assez grande pour une opération ordinaire. Number one avait finalement décidé de forcer encore un peu la dose.

Il avait de bonnes raisons pour agir ainsi. Un deuxième principe de la « Plastic & Destructions Co. Ltd » était de toujours majorer les chiffres des techniciens. Après les cours théoriques, le colonel Green, qui dirigeait de très haut l'école de Calcutta, avait coutume, à ce sujet, de prononcer quelques paroles dictées par le bon sens et par sa propre expérience des ouvrages d'art.

« Quand vous avez calculé les poids au moyen des tables, disait-il, et cela toujours très largement, ajoutez encore quelque chose. Ce que vous voulez, pour une opération délicate, c'est une certitude absolue. Si vous avez le moindre doute, il vaut mieux mettre cent livres de plus qu'une livre de moins. Vous auriez l'air malin si, après avoir peiné pendant plusieurs nuits peut-être pour placer votre dispositif, après avoir risqué votre vie et celle de vos hommes, après avoir réussi au prix de mille difficultés, vous auriez l'air malin si, pour avoir voulu économiser un peu de matériel, la destruction n'était qu'imparfaitement réalisée ; les poutres seulement fendues, conservant leur position, ce qui permet une réparation rapide. Je vous parle par expérience. Cela m'est arrivé une fois et je ne connais rien au monde d'aussi démoralisant. »

Shears avait juré que cette catastrophe ne lui arriverait jamais et il appliquait largement le principe. Il ne fallait pas, d'autre part, tomber dans l'excès contraire et s'encombrer d'un matériel inutile, lorsqu'on disposait d'une équipe peu nombreuse.

Le transport par la rivière ne présentait pas de difficulté théorique. Parmi l'abondance de ses qualités, le plastic possède celle d'avoir à peu près la même densité que l'eau. Un nageur peut en remorquer sans peine une assez grande quantité.

Ils avaient atteint la rivière Kwaï à l'aube. Les porteurs avaient été congédiés. Les quatre hommes avaient attendu la nuit, cachés dans un fourré.

« Le temps a dû vous paraître long, dit Warden. Vous avez dormi ?

— A peine. Nous avons essayé, mais vous savez ce que c'est... quand le moment approche. Nous avons passé tout l'après-midi à bavarder, Joyce et moi. Je voulais détourner son esprit du pont. Nous avions toute la nuit pour y penser.

— De quoi avez-vous parlé ? demanda Warden, qui désirait connaître tous les détails.

— Il m'a raconté un peu de sa vie passée... Assez mélancolique, ce garçon, dans le fond... Une histoire en somme assez banale... Ingénieur-dessinateur dans une grosse firme... Oh ! rien de très reluisant ; il ne se vante pas. Une espèce d'employé de bureau. J'avais toujours imaginé quelque chose comme cela. Une vingtaine de jeunes gens de son âge qui travaillent devant des planches, du matin au soir, dans une salle commune. Vous voyez à peu près ? Quand il ne dessinait pas, il faisait des calculs... à coups de formulaires et de règle. Rien de passionnant. Il ne paraît pas avoir apprécié beaucoup ce poste... semble avoir accueilli la guerre comme une occasion inespérée. Bizarre qu'un gratte-papier ait échoué à la Force 316.

— Il y a bien des professeurs, dit Warden... J'en ai connu quelques-uns comme lui. Ce ne sont pas les plus mauvais...

— Ni forcément les meilleurs. Il n'y a pas de règle générale. Il parle de son passé sans aigreur, pourtant... Mélancolique, c'est bien cela.

— Il est bien, j'en suis sûr... Quel genre de dessins lui faisait-on faire ?

— Regardez le hasard. La firme s'occupait de ponts. Oh ! pas des ponts en bois ! Elle ne s'intéressait pas à la construction, non plus. Des ponts métalliques articulés. Un type standard. Elle fabriquait les pièces et livrait le pont aux entrepreneurs... comme une boîte de Meccano, quoi ! Lui, il ne sortait pas du bureau. Pendant les deux années qui ont précédé la guerre, il a dessiné et redessiné la même pièce. Spécialisation et tout ce qui s'ensuit, vous voyez d'ici ? Il ne trouvait pas cela palpitant... Même pas une très grosse pièce ; une poutrelle, c'est le nom qu'il a dit. Il s'agissait pour lui de déterminer le profil qui donnerait la meilleure résistance pour le plus petit poids de métal ; du moins c'est ce que j'ai cru comprendre. Je n'entends rien à ces choses-là. Une question d'économie... La firme n'aimait pas gaspiller le matériel. Deux ans là-dessus ! Un garçon de son âge ! Si vous l'aviez entendu parler de sa poutrelle ! Sa voix tremblait. Je crois bien, Warden, que la poutrelle explique en partie son enthousiasme pour le présent job.

— C'est un fait, dit Warden, que je n'ai jamais vu un être aussi emballé par l'idée de détruire un pont... Il m'arrive de songer, Shears, que la Force 316 est une création du Ciel pour des hommes de sa classe. Si elle n'existait pas, il faudrait l'inventer... Vous, après tout, si vous n'aviez pas eu une belle indigestion de l'armée régulière...

— Et vous, si vous aviez été parfaitement satisfait de professer dans une université ?... Enfin ! Quoi qu'il en soit, quand la guerre a éclaté, il était encore absorbé par sa poutrelle. Il m'a expliqué très sérieusement qu'en deux ans, il avait réussi à économiser une livre et demie de métal, sur le papier. Ce n'était pas mal, paraît-il, mais ses chefs jugeaient qu'il pouvait faire mieux. Il devait continuer pendant des mois encore... Il s'est engagé dès les premiers jours. Lorsqu'il a entendu parler de la Force 316, il n'a pas couru, il a volé, Warden !... Et il y a des gens qui nient les vocations !... Curieux tout de même, Warden. Sans cette poutrelle, il ne serait peut-être pas en ce moment aplati sous les buissons, à moins de cent yards de l'ennemi, avec un poignard à sa ceinture et à côté d'un appareil qui déclenche la foudre. »

3

Shears et Joyce avaient devisé ainsi jusqu'au soir, tandis que les deux Thaïs se parlaient à voix basse, commentant l'expédition. Shears était parfois pris de scrupules, se demandant s'il avait bien choisi, pour le premier rôle, celui des trois qui avait les plus grandes chances de réussir, et s'il ne s'était pas laissé influencer par la chaleur de ses supplications.

« Êtes-vous bien sûr que vous pourrez agir aussi énergiquement que Warden ou que moi dans n'importe quelle circonstance ? avait-il demandé gravement une dernière fois.

— J'en suis certain, maintenant, sir. Il faut me laisser faire. »

Shears n'avait pas insisté et n'était pas revenu sur sa décision.

Ils avaient commencé à embarquer le matériel avant le crépuscule. La rive était déserte. Le radeau en bambou, qu'ils avaient fabriqué eux-mêmes, ne se fixant qu'à eux seuls, était composé de deux sections parallèles séparées, pour faciliter le transport à travers la jungle. Ils le montèrent dans l'eau, ajustèrent les deux moitiés au moyen de deux tiges transversales amarrées avec des cordes. L'ensemble formait une plate-forme rigide. Puis, ils fixèrent les charges aussi solidement que possible. D'autres paquets contenaient les rouleaux de cordon, la batterie, le fil électrique et le manipulateur. Bien entendu, le matériel délicat était enveloppé dans des toiles imperméables. Quant aux détonateurs, Shears en avait emporté un double jeu. Il avait confié l'un à Joyce et s'était chargé de l'autre. Ils les portaient, attachés à leur ceinture, sur le ventre. C'étaient les seuls engins vraiment fragiles, le plastic étant en principe à l'épreuve des chocs.

« Vous deviez vous sentir tout de même un peu lourds, avec ces paquets sur le ventre, fit observer Warden.

— Vous savez bien qu'on ne pense jamais à ces choses-là... C'était un des moindres risques de la croisière... Et pourtant, je vous assure que nous avons été secoués. Maudits soient les Thaïs, qui nous avaient promis une voie parfaitement navigable ! »

D'après les renseignements fournis par les indigènes, ils estimaient la durée du trajet à moins d'une demi-heure. Aussi ne s'étaient-ils mis en route qu'à la nuit noire. En fait, il leur avait fallu plus d'une heure et la descente avait été tumultueuse. Le cours de la rivière Kwaï, sauf dans le voisinage du pont, où il était calme, était celui d'un torrent. Dès le départ, un rapide les avait entraînés dans l'obscurité, au milieu de rochers invisibles qu'ils étaient incapables d'éviter, accrochés désespérément à leur dangereuse et précieuse embarcation.

« Si j'avais connu la rivière, j'aurais choisi un autre moyen d'approche et couru le risque d'embarquer près du pont. Les renseignements simples de cette sorte, Warden, sont toujours faux, qu'ils soient fournis par des indigènes ou par des Européens, d'ailleurs. Je l'ai remarqué bien souvent. J'ai été pris une fois de plus. Vous n'imaginez pas nos difficultés à manœuvrer le sous-marin dans ce torrent. »

Le « sous-marin » était le nom qu'ils avaient donné au radeau, alourdi exprès de bouts de ferraille, qui naviguait la plupart du temps entre deux eaux. Son lest avait été savamment mesuré pour qu'il fût à la limite de flottabilité, livré à lui-même. La simple pression d'un doigt suffisait alors à le faire disparaître complètement.

« Dans ce premier rapide, qui faisait un vacarme aussi violent que les chutes du Niagara, nous avons été secoués, ballottés, roulés, en dessus, en dessous du sous-marin, d'une rive à l'autre, tantôt raclant le fond de l'eau, tantôt jetés dans les branchages. Quand j'ai à peu près compris la situation (cela m'a pris un moment, j'étais suffoqué), je leur ai donné à tous comme consigne de s'accrocher au sous-marin et de ne le lâcher sous aucun prétexte ; de ne penser qu'à cela. C'était tout ce que nous pouvions faire, mais c'est un miracle que personne n'ait eu le crâne défoncé... Un excellent apéritif, vraiment ; juste ce qu'il fallait pour nous mettre en possession de tout notre sang-froid avant le job sérieux. Il y avait des vagues comme dans une tempête en mer. J'en avais mal au cœur... Et pas moyen d'éviter les obstacles ! Parfois — comprenez-vous cela, Warden ?... —, nous ne savions même pas où était le « devant nous ». Cela vous paraît extraordinaire ? Quand la rivière se resserre et que la jungle se referme au-dessus de vous, je vous défie de savoir dans quel sens vous vous dirigez. Nous descendions avec le courant, n'est-ce pas ? Par rapport à nous, à part les vagues, l'eau était aussi immobile que celle d'un lac. Seuls les obstacles nous donnaient une idée de notre direction et de notre vitesse... quand nous les avions heurtés. Un problème de relativité ! Je ne sais pas si vous vous représentez bien... »

Cela avait dû être une sensation peu ordinaire. Il s'ingéniait à la dépeindre aussi fidèlement que possible. Warden l'écoutait avec passion.

« Je comprends, Shears. Et le radeau a tenu le coup ?

— Un autre miracle ! J'entendais des craquements, quand par hasard ma tête était hors de l'eau ; mais il a résisté... Sauf à un moment... C'est le boy qui a sauvé la situation. Il est de première classe, Warden. Laissez-moi vous raconter... Vers la fin de ce premier rapide, alors que nous commencions tout de même à nous accoutumer un peu à l'obscurité, nous avons été précipités contre un énorme rocher qui émergeait au beau milieu de la rivière. Nous avons été lancés en l'air par le bourrelet d'eau, véritablement, Warden, avant d'être de nouveau happés par une veine liquide et entraînés par côté.

Je n'aurais pas cru cela possible. J'ai vu la masse lorsqu'elle a été à quelques pieds de moi à peine. Je n'ai pas eu le temps ; je n'ai songé à rien, qu'à mettre les pieds en avant et à étreindre un morceau de bambou. Les deux Thaïs ont été décrochés. Nous les avons retrouvés un peu plus loin, heureusement. Une chance !... Lui, savez-vous ce qu'il a fait ? Il n'a eu qu'un quart de seconde pour réfléchir. Il s'est jeté les bras en croix à plat ventre sur le radeau. Savez-vous pourquoi, Warden ? Pour maintenir ensemble les deux sections. Oui, une corde avait cassé. Les barres transversales glissaient et les deux moitiés commençaient à se séparer. Le choc les avait dissociées. Une catastrophe... Il a vu cela d'un coup d'œil. Il a pensé rapidement. Il a eu le réflexe d'agir et la force de tenir bon. Il était devant moi. J'ai vu le sous-marin projeté hors de l'eau, faire un saut en l'air, comme un de ces saumons qui remontent les rapides ; exactement, avec lui par-dessus, agrippé de toutes ses forces aux bambous. Il n'a pas lâché. On a rattaché les barres comme on a pu, ensuite. Remarquez que, dans cette position, ses détonateurs étaient en contact direct avec le plastic, et qu'il a dû prendre un fameux coup... Je l'ai vu au-dessus de ma tête, je vous dis. Un éclair !... C'est le seul moment où j'ai pensé que nous transportions des explosifs. Ça ne fait rien. C'était encore le moindre risque, j'en suis persuadé. Et il l'avait deviné, en un quart de seconde. Un garçon peu ordinaire, Warden, j'en suis certain. Il doit réussir.

— Une remarquable combinaison de sang-froid et de promptitude dans les réflexes », apprécia Warden.

Shears reprit à voix basse :

« Il doit réussir, Warden. Cette affaire est la sienne, et personne ne peut l'empêcher d'aller jusqu'au bout. C'est son coup à lui. Il le sait. Vous et moi ne sommes plus que des aides. Nous avons eu notre heure... Il ne faut plus penser qu'à faciliter sa tâche. Le sort du pont est en de bonnes mains. »

Après ce premier rapide, il y avait eu une accalmie, pendant laquelle ils avaient consolidé le radeau. Ensuite, ils avaient été encore secoués dans un étroit chenal. Ils avaient perdu du temps devant un amas de roches qui barrait une partie du cours d'eau, formant en amont un vaste et lent tourbillon, dans lequel ils avaient tourné en rond pendant plusieurs minutes, sans pouvoir regagner le courant.

Enfin, ils s'étaient échappés de ce piège. La rivière s'était élargie, s'apaisant tout d'un coup, ce qui leur avait produit l'impression de déboucher dans un lac immense et tranquille. Leurs yeux devinaient les rives et ils parvenaient à conserver le centre du cours d'eau. Bientôt, ils avaient aperçu le pont.

Shears interrompit son récit et regarda silencieusement dans la vallée.

« Bizarre de le contempler ainsi, par en dessus... et en entier. Il a toute autre physionomie quand on est dessous, la nuit. Je n'ai guère vu que des morceaux les uns après les autres. Ce sont les morceaux qui importent pour nous, avant... après aussi, d'ailleurs... Sauf en arrivant. Alors sa silhouette se détachait sur le ciel avec une netteté incroyable. Je tremblais que nous fussions aperçus. Il me semblait qu'on devait nous voir comme en plein jour. C'était une illusion, bien sûr. Nous étions dans l'eau jusqu'au nez. Le sous-marin était en plongée. Il avait même tendance à couler complètement. Certains bambous étaient fendus. Mais tout a bien marché. Il n'y avait pas de lumière. Nous avons glissé sans bruit dans les ténèbres du pont. Pas un choc. Nous avons amarré le radeau à un pilier d'une rangée intérieure et le travail a commencé. Nous étions déjà engourdis par le froid.

— Pas d'ennui particulier ? demanda Warden.

— Pas d'ennui « particulier », si vous voulez ; à condition que vous trouviez normale une besogne de cette sorte, Warden... »

Il s'arrêta de nouveau, comme hypnotisé par le pont, que le soleil éclairait encore, et dont le bois clair se détachait au-dessus de l'eau jaunâtre.

« Tout ceci me fait l'effet d'un rêve, Warden. J'ai déjà éprouvé cette impression. Le jour venu, on se demande si c'est vrai, si c'est réel, si les charges sont bien là, s'il suffit véritablement d'un petit geste sur le levier du manipulateur. Cela paraît complètement impossible... Joyce est là, à moins de cent yards du poste japonais. Il est là derrière l'arbre roux, regardant le pont. Je parie qu'il n'a pas bougé depuis que je l'ai quitté. Songez à tout ce qui peut arriver avant demain, Warden ! Il suffit qu'un soldat japonais s'amuse à poursuivre un serpent dans la jungle... Je n'aurais pas dû le laisser. Il aurait regagné son poste cette nuit seulement.

— Il a son poignard, dit Warden. Tout repose sur lui. Racontez-moi la fin de la nuit. »

Après un séjour prolongé dans l'eau, la peau devient d'une délicatesse telle que le simple contact avec un objet rugueux suffit à la meurtrir. Les mains sont particulièrement fragiles. Le moindre frottement arrache des lambeaux autour des doigts. La première difficulté avait été de défaire les liens qui fixaient le matériel sur le radeau. C'était des cordes grossières fabriquées par les indigènes, hérissées d'ébarbures piquantes.

« Cela paraît enfantin, Warden, mais dans l'état où nous étions... Et quand il faut faire cela dans l'eau, sans bruit ! Regardez mes mains. Celles de Joyce sont pareilles. »

Il regarda encore dans la vallée. Sa pensée ne pouvait se détacher de l'autre, qui attendait sur la rive ennemie. Il éleva ses mains en l'air, contempla de profondes crevasses que le soleil avait durcies, puis reprit son récit avec un geste d'impuissance.

Ils avaient tous des poignards bien aiguisés, mais leurs doigts engourdis éprouvaient de la peine à les manier. Et puis, si le plastic est un explosif stable, il n'est tout de même pas recommandé de fouiller sa masse avec un objet métallique. Shears s'était vite aperçu que les deux Thaïs ne pouvaient plus être d'aucune utilité.

« Je l'avais craint. Je l'avais dit au boy, un peu avant l'embarquement. Nous ne pouvions compter que sur nous deux pour terminer la besogne. Ils n'en pouvaient plus. Ils grelottaient sur place, cramponnés à un pilier. Je les ai renvoyés. Ils m'ont attendu au bas de la montagne. Je suis resté seul avec lui... Pour un travail de cette sorte, Warden, la résistance physique ne suffit pas. Le boy a tenu le coup d'une façon magnifique ; moi, à peu près. Je crois que j'étais à la limite. Je deviens vieux. »

L'une après l'autre, ils avaient détaché les charges et les avaient fixées à l'endroit prévu sur le plan de destruction. Ils devaient lutter à chaque instant pour ne pas être emportés par le courant. Accrochés par les pieds à un pilier, ils devaient enfoncer le plastic à une profondeur suffisante pour qu'il fût invisible, puis le modeler contre le bois pour que l'explosif agît avec toute sa puissance. En tâtonnant sous l'eau, ils l'attachaient avec ces maudites cordes coupantes et piquantes qui traçaient des sillons sanglants sur leurs mains. Les simples actes de serrer les liens et de les nouer étaient devenus un effroyable supplice. A la fin, ils plongeaient et s'aidaient de leurs dents.

Cette opération avait pris une bonne partie de la nuit. La tâche suivante était moins pénible, mais plus délicate. Les détonateurs avaient été fixés en même temps que les charges. Il fallait les relier par un réseau de cordons « instantanés » pour que toutes les explosions fussent simultanées. C'est une besogne qui exige une tête froide, car une erreur peut causer des déboires. Un « montage » de destruction ressemble à un montage électrique et chaque élément doit y être à sa place. Celui-ci était un peu compliqué, car Number one avait, là aussi, observé une large marge de sécurité, doublant le nombre des cordons et des détonateurs. Ces cordons étaient assez longs et les bouts de ferraille qui lestaient le radeau y avaient été accrochés pour les faire couler.

« Enfin, tout a été prêt. Je crois que ce n'est pas trop mal. J'ai tenu à faire une dernière fois le tour de tous les piliers. C'était inutile. Avec Joyce, je pouvais être tranquille. Rien ne bougera, j'en suis sûr. »

Ils étaient exténués, meurtris et transis, mais leur exaltation augmentait à mesure que l'œuvre touchait à sa fin. Ils avaient démantelé le sous-marin et avaient laissé filer les bambous, l'un après l'autre. Il ne leur restait plus qu'à se laisser descendre eux-mêmes, en nageant vers la rive droite, l'un portant la batterie dans son enveloppe imperméable, l'autre dévidant le fil, lesté lui aussi par endroits, soutenu par une dernière tige creuse de bambou. Ils avaient atteint la terre juste au point repéré par Joyce. La berge formait un talus en pente raide et la végétation arrivait au bord de l'eau. Ils avaient dissimulé le fil dans les broussailles et s'étaient enfoncés dans la jungle d'une dizaine de mètres. Joyce avait installé la batterie et le manipulateur.

« Là, derrière cet arbre roux, dont les branches trempent dans l'eau, j'en suis sûr, dit encore Shears.

— L'affaire se présente bien, dit Warden. La journée est presque écoulée, et il n'a pas été découvert. Nous l'aurions vu d'ici. Personne n'est allé se promener de ce côté. Il n'y a d'ailleurs pas beaucoup d'agitation autour du camp. Les prisonniers sont partis hier.

— Les prisonniers sont partis hier ?

— J'ai vu une troupe importante quitter le camp. La fête devait célébrer la fin des travaux et les Japonais ne tiennent certainement pas à garder ici des hommes inoccupés.

— J'aime mieux cela.

— Il en est resté quelques-uns. Des éclopés, je pense, qui ne peuvent pas marcher... C'est alors que vous l'avez quitté, Shears ?

— Je l'ai quitté. Je n'avais rien à faire là-bas et l'aube était proche. Dieu fasse qu'il ne soit pas découvert !

— Il a son poignard, dit Warden... Tout marchera bien. Voici le soir. La vallée de la rivière Kwaï est déjà sombre. Il n'y a plus guère d'accident possible.

— Il y a « toujours » un accident imprévu, Warden. Vous le savez aussi bien que moi. J'ignore quelle en est la raison secrète, mais je n'ai jamais vu un seul cas où l'action se déroule suivant le plan préparé.

— C'est vrai. Je l'ai remarqué, moi aussi.

— Sous quelle forme « cela » va-t-il se présenter, cette fois-ci ? Je l'ai quitté. J'avais encore dans mes poches un petit sac de riz et une gourde de whisky, la fin de notre provision, que j'avais portée avec autant de soin que les détonateurs. Nous en avons bu une gorgée chacun, et je lui ai laissé le tout. Il m'a affirmé une dernière fois qu'il se sentait sûr de lui. Je l'ai laissé seul. »

4

Shears écoute l'incessant murmure que la rivière Kwaï distille à travers la jungle de Thaïlande et se sent bizarrement oppressé.

Cet accompagnement continu de ses pensées et de ses actes, avec lequel il s'est maintenant familiarisé, il n'en reconnaît, ce matin, ni l'intensité ni le rythme. Il reste longtemps immobile, inquiet, toutes ses facultés en alerte. D'autres facteurs indéfinissables de l'ambiance matérielle se révèlent peu à peu incompréhensiblement étrangers.

Une transformation s'est produite, lui semble-t-il, dans cet entourage, qui s'est imposé à son être, au cours d'une nuit dans l'eau et d'une journée passée au sommet de la montagne. Cela a commencé un peu avant l'aube. Il a été d'abord inexplicablement surpris, puis tracassé par une impression étrange. Par le chemin de sens obscurs, celle-ci a envahi graduellement sa conscience pour se métamorphoser en une pensée, encore confuse, mais qui cherche désespérément une expression de plus en plus précise. Au lever du jour, il ne peut la formuler exactement que par cette phrase : « Il y a quelque chose de changé dans l'atmosphère qui enveloppe le pont et la rivière Kwaï. »

« Il y a quelque chose de changé... » Il répète ces mots à voix basse. Ce sens spécial de l'« atmosphère » ne le trompe presque jamais. Son malaise s'aggrave jusqu'à devenir une angoisse, qu'il essaie de dissiper en raisonnant.

« Évidemment, il y a quelque chose de changé. C'est bien naturel. La musique est différente suivant le point d'où on l'écoute. Ici, je suis dans la forêt, au bas de la montagne. Les échos ne sont pas les mêmes que sur un sommet ou dans l'eau... Si ce travail dure encore longtemps, je vais finir par entendre des voix ! »

Il regarde à travers le feuillage, mais ne remarque rien de particulier. L'aube éclaire à peine la rivière. La berge opposée n'est encore qu'une masse compacte grise. Il se force à penser seulement au plan de bataille et à la position des différents groupes qui attendent l'heure de l'action. L'action est proche. Dans la nuit, il est descendu de l'observatoire avec quatre partisans. Ils se sont installés aux emplacements choisis par Warden, non loin et un peu au-dessus de la voie ferrée. Warden, lui, est resté là-haut avec les deux autres Thaïs, près des mortiers. Il dominera le théâtre, prêt à intervenir lui aussi, après le grand coup. Number one en a décidé ainsi. Il a fait comprendre à son ami qu'il faut un chef, un Européen, en chaque poste important, pour prendre des décisions s'il le faut. On ne peut pas tout prévoir et donner à l'avance des ordres définitifs. Warden s'était incliné. Quant au troisième élément, le plus important, toute l'action repose sur lui. Joyce est maintenant là-bas depuis plus de vingt-quatre heures, juste en face de Shears. Il attend le train. Le convoi est parti dans la nuit de Bangkok. Un message l'a annoncé.

« Il y a quelque chose de changé dans l'atmosphère... » Voilà que le Thaï posté au fusil mitrailleur donne, lui aussi, des signes d'agitation. Il se hausse sur les genoux pour épier la rivière.

L'angoisse de Shears ne se dissipe pas. L'impression cherche toujours à être plus précisément exprimée, en même temps qu'elle se dérobe à l'analyse. L'esprit de Shears s'acharne sur cet exaspérant mystère.

Le bruit n'est plus le même, il pourrait le jurer. Un homme qui fait le métier de Shears enregistre instinctivement et très vite la symphonie des éléments naturels. Cela lui a été déjà utile en deux ou trois occasions. Le frémissement des remous, le grésillement particulier des molécules d'eau frottant contre le sable, le craquement des branches ployées par le courant, tout cet ensemble compose, ce matin, un concert différent, moins bruyant..., oui, moins bruyant que la veille, certainement. Shears se demande sérieusement s'il n'est pas en train de devenir sourd. Ou bien ses nerfs sont-ils en si mauvais état ?

Mais le Thaï ne peut pas être devenu sourd en même temps. Et puis, il y a autre chose. Tout d'un coup, un autre élément de l'impression passe dans la conscience. L'odeur aussi est altérée. L'odeur de la rivière Kwaï n'est plus la même, ce matin. Ce sont des exhalaisons de vase humide qui dominent, presque comme au bord d'un étang.

« *River Kwaï down !* » s'exclame soudain le Thaï.

Et comme la lumière commence à faire naître des détails sur la berge d'en face, Shears a une brusque révélation. L'arbre, le grand arbre roux, derrière lequel est dissimulé Joyce, ses branches ne trempent plus dans l'eau. La rivière Kwaï a baissé. Le niveau est descendu dans la nuit. De combien ? D'un pied peut-être ? Devant l'arbre, au bas du talus, une plage de galets émerge maintenant, encore constellée de gouttes d'eau et brillant au soleil levant.

Dans l'instant même qui suit sa découverte, Shears éprouve une satisfaction d'avoir trouvé l'explication de son malaise et repris confiance en ses nerfs. Il a senti juste. Il n'est pas encore fou. Les remous ne sont plus les mêmes ; ni ceux de l'eau ni ceux de l'air au-dessus. C'est vraiment toute l'atmosphère qui est affectée. Les nouvelles terres, encore humides, expriment cette odeur de vase.

Les catastrophes ne s'imposent jamais instantanément. L'inertie de l'esprit nécessite de la durée. Une à une seulement, Shears découvre les fatales implications de ce fait banal.

La rivière Kwaï a baissé ! Devant l'arbre roux, une large surface plate, hier submergée, est maintenant visible. Le fil... le fil électrique !... Shears laisse échapper une exclamation obscène. Le fil... Il a sorti ses jumelles et fouille avidement l'espace solide qui vient de surgir dans la nuit.

Le fil est là. Une longue section est maintenant à sec. Shears le suit des yeux, depuis le bord de l'eau jusqu'au talus ; une ligne sombre, jalonnée par des brins d'herbe que le courant y a accrochés.

Il n'est tout de même pas très apparent. Shears l'a découvert parce qu'il le cherchait. Il peut passer inaperçu, si aucun Japonais ne vient à passer par là... Mais la berge, autrefois inaccessible !... C'est maintenant une plage continue en dessous du talus, qui se prolonge... jusqu'au pont, probablement (d'ici, on ne voit pas le pont), et qui, sous le regard enragé de Shears, semble inviter les promeneurs. Pourtant, dans l'attente du train, les Japonais doivent avoir des occupations qui les empêchent de flâner au bord de l'eau. Shears s'essuie le front.

Jamais l'action ne se modèle exactement sur le plan. Toujours, à la dernière minute, un incident banal, trivial, grotesque parfois, vient bouleverser le programme le mieux préparé. Number one se reproche comme une coupable négligence de ne pas avoir prévu la baisse de la rivière... Et il a fallu que ce soit cette nuit-là, pas une nuit plus tard, ni deux nuits plus tôt !

Cette plage découverte, sans une touffe d'herbe, nue, nue comme la vérité, arrache les yeux. La rivière Kwaï a dû baisser considérablement. D'un pied ? De deux pieds ? Peut-être davantage ?... Bon Dieu !

Shears a une soudaine faiblesse. Il s'agrippe à un arbre pour cacher au Thaï le tremblement de ses membres. C'est la deuxième fois de sa vie qu'il éprouve un pareil bouleversement. La première, c'était pour avoir senti couler sur ses doigts le sang d'un adversaire. Son cœur s'arrête réellement, véritablement, de battre, et tout son corps sécrète une sueur glacée.

« De deux pieds ? Peut-être davantage ?... Dieu tout-puissant ! Et les charges ! Les charges de plastic sur les piliers du pont ! »

5

Joyce, lorsque Shears lui eut serré la main en silence et l'eut laissé seul à son poste, était resté un long moment étourdi. La certitude de ne plus devoir compter que sur ses propres forces lui montait au cerveau comme les fumées de l'alcool. Son corps était insensible à la fatigue de la nuit passée et à la glace de ses vêtements imbibés d'eau. Il n'avait encore jamais éprouvé cette impression de puissance et de domination que donne l'isolement absolu, sur une cime ou dans les ténèbres.

Quand il reprit conscience, il fut obligé de se raisonner pour se décider à accomplir, avant l'aurore proche, quelques actes nécessaires, afin de ne pas être à la merci d'une défaillance. Si cette idée ne lui était pas venue à l'esprit, il serait demeuré ainsi, sans bouger, adossé à un arbre, la main sur le manipulateur, les yeux tournés vers le pont, dont le tablier noir se détachait sur un coin de ciel étoilé au-dessus de la masse opaque des basses broussailles, à travers le feuillage moins touffu des grands arbres. C'était la position qu'il avait prise d'instinct après le départ de Shears.

Il se leva, ôta ses vêtements, les tordit et frictionna son corps transi. Il remit son short et sa chemise qui, même humides, le protégeaient contre l'air froid de l'aube. Il mangea autant qu'il put du riz que Shears lui avait laissé et but une longue rasade de whisky. Il jugea qu'il était trop tard pour sortir de sa cachette et aller chercher de l'eau. Il utilisa une partie de l'alcool pour laver les plaies qui constellaient ses membres. Il se rassit au pied de l'arbre et attendit. Rien ne se passa au cours de cette journée. Il le prévoyait.

Le train ne devait arriver que le lendemain ; mais, sur place, il lui semblait qu'il pouvait diriger les événements.

A plusieurs reprises, il vit des Japonais sur le pont. Ils paraissaient sans méfiance et aucun ne regarda de son côté. Comme dans son rêve, il s'était fixé sur le tablier un point facile à repérer, un croisillon de la balustrade, aligné avec lui et une branche morte. Cela correspondait à la moitié de la longueur totale, c'est-à-dire juste au début du passage fatal. Quand la locomotive arriverait là, quelques pieds avant plutôt, il pèserait de tout son poids sur la poignée du manipulateur. Il s'était exercé plus de vingt fois, après avoir détaché le fil, à faire ce geste simple, à le rendre instinctif, suivant en esprit la locomotive imaginée. L'appareil fonctionnait bien. Il l'avait soigneusement nettoyé et essuyé, veillant à en effacer la moindre souillure. Ses réflexes aussi étaient parfaits.

La journée passa rapidement. La nuit venue, il descendit le talus, but de longues gorgées d'eau boueuse, remplit sa gourde, puis retourna dans sa cachette. Il se permit de somnoler, sans changer de position, assis contre l'arbre. Si, par extraordinaire, l'horaire du train était modifié, il l'entendrait venir, il en était certain. Durant les séjours dans la jungle, on s'habitue très vite à conserver dans l'inconscience la vigilance des bêtes.

Il dormit par petits sommes, coupés par de longues périodes de veille. Pendant les uns et les autres, des lambeaux de l'aventure présente alternaient curieusement avec les souvenirs de ce passé qu'il avait évoqué avec Shears, avant de s'embarquer sur la rivière.

Il était dans le bureau d'études poussiéreux, où quelques-unes des plus importantes années de son existence s'étaient écoulées en d'interminables heures mélancoliques, devant la feuille à dessin, éclairée par une lampe à projecteur, sur laquelle il s'était penché pendant des journées éternelles. La poutrelle, cette pièce de métal qu'il n'avait jamais contemplée dans sa réalité, étalait sur le papier les représentations symboliques à deux dimensions qui avaient accaparé sa jeunesse. Le plan, le profil, l'élévation et les multiples coupes naissaient sous ses yeux, avec tous les détails des nervures dont la disposition experte avait permis l'économie d'une livre et demie d'acier, après deux années de tâtonnements obscurs.

Sur ces images, contre ces nervures, venaient se fixer maintenant de petits rectangles bruns, semblables à ceux que Warden avait tracés, accolés aux vingt-quatre piliers, sur le schéma à grande échelle du pont. Le titre, dont la composition lui avait coûté de pénibles crampes, à chacune des innombrables épreuves, le titre à la ronde se dilatait, puis se brouillait sous son regard. Il cherchait vainement à suivre les lettres. Elles s'éparpillaient sur toute la feuille, jusqu'à ce que, se regroupant enfin, comme parfois lors de la présentation d'un film sur une toile de cinéma, elles fissent un mot nouveau. C'était le mot DESTRUCTION, en grosses lettres noires dont l'encre brillante reflétait les feux du projecteur, qui, effaçant tout autre symbole, s'inscrivait sur l'écran de son hallucination.

Il n'était pas véritablement obsédé par cette vision. Il pouvait la chasser à volonté. Il lui suffisait d'ouvrir les yeux. Le coin de nuit où s'inscrivait en sombre le pont de la rivière Kwaï chassait les spectres poussiéreux du passé et le rappelait à la réalité ; sa réalité. Sa vie ne serait plus la même après cet événement. Il savourait déjà le philtre du succès en percevant sa propre métamorphose.

Au petit jour, à peu près au même instant que Shears, il éprouva, lui aussi, un malaise, provoqué par un changement dans les émanations sensibles de la rivière Kwaï. L'altération avait été si progressive qu'il n'en avait pas été impressionné au cours de son engourdissement. De son gîte, il ne voyait que le tablier du pont. La rivière lui était cachée, mais il était certain de ne pas se tromper. Cette conviction l'oppressa bientôt au point qu'il lui parut nécessaire de ne pas rester inactif. Il rampa dans les buissons en direction de l'eau, parvint au dernier voile de feuillage et regarda. Il comprit la cause de son trouble en même temps qu'il découvrait le fil électrique sur la plage de galets.

Suivant les mêmes étapes que celui de Shears, son esprit s'éleva graduellement jusqu'à la contemplation d'un irréparable désastre. Il ressentit la même dislocation de son être physique à la pensée des charges de plastic. De sa nouvelle position, il pouvait voir les piliers. Il n'avait qu'à lever les yeux. Il se contraignit à faire ce geste.

Il lui fallut une assez longue observation pour apprécier le degré de risque que comportait le mouvement baroque de la rivière Kwaï. Même après un examen attentif, il ne put le mesurer exactement, l'espoir alternant avec l'angoisse, suivant le jeu des mille rides que le courant créait autour du pont. Au premier coup d'œil, un flux d'optimisme voluptueux détendit ses nerfs convulsés par l'horreur de sa première pensée. La rivière n'avait pas tellement baissé. Les charges étaient encore sous l'eau.

...Du moins cela paraissait ainsi, de sa place, très peu élevée. Mais d'en haut ? Du pont ?... Et même d'ici ? En s'appliquant mieux, il apercevait maintenant une assez grosse vague, comme celle créée à fleur d'eau par une épave fixe, autour des piliers qu'il connaissait bien, ceux auxquels il avait laissé incrustés des lambeaux de sa chair. Il n'avait pas le droit de s'illusionner. La vague, autour de ces piliers particuliers, était plus importante que pour les autres... Et contre l'un d'eux, il lui semblait bien distinguer par moments un coin de matière brune qui tranchait sur le bois plus clair. Cela émergeait parfois comme le dos d'un poisson et, l'instant d'après, il n'y avait plus que des remous. Les charges devaient être au ras de la surface liquide. Une sentinelle vigilante pouvait certainement repérer celles des rangées extérieures, en se penchant un peu au-dessus de la balustrade.

Et peut-être la rivière baissait-elle encore ? Peut-être, dans un moment, les charges seraient-elles entièrement exposées à tous les regards, encore dégouttantes d'eau, étincelantes sous la lumière brutale du ciel de Thaïlande ! La grotesque absurdité de ce tableau le glaça. Quelle heure était-il ? Dans combien de temps ?... Le soleil commençait seulement à éclairer la vallée. Le train n'était pas attendu avant dix heures. Leur patience, leur travail, leurs peines, leurs souffrances, tout était soudainement rendu dérisoire et presque ridicule par la fantaisie inhumaine du ruissellement sur la haute montagne. Le succès du grand coup, pour lequel il avait sacrifié en une fois toutes les réserves de vitalité et de puissance dédaignées, économisées pendant des années de contrainte, était remis en jeu, pesé de nouveau dans une balance insensible aux aspirations de son âme. Son destin devait se jouer pendant les minutes qui le séparaient de l'arrivée du train ; se jouer en dehors de lui, sur un plan supérieur, peut-être en une conscience, mais une conscience étrangère, impitoyable et dédaigneuse de l'élan qui l'avait emporté, dominant de si haut les affaires humaines qu'elle ne pouvait être fléchie par aucune volonté, aucune prière, aucun désespoir.

Cette certitude que la découverte ou la non-découverte des explosifs était maintenant indépendante de ses efforts lui rendit paradoxalement un peu de son calme. Il s'interdit d'y songer et même de faire des souhaits. Il n'avait pas le droit de gaspiller une seule parcelle de son énergie pour des événements qui se passaient dans un univers transcendant. Il devait les oublier pour concentrer toutes ses ressources sur les éléments qui étaient encore dans les limites de son intervention. Sur ceux-là, et sur aucun autre, il lui fallait appliquer son esprit. L'action était encore possible et il lui fallait prévoir sa forme éventuelle. Il réfléchissait toujours à sa conduite future. Shears l'avait remarqué.

Si les masses de plastic étaient décelées, le train serait arrêté avant le pont. Il appuierait alors sur la poignée du manipulateur, avant d'être lui-même découvert. Les dommages seraient réparables. Ce serait un demi-échec, mais il n'y pouvait rien.

Différente était sa situation relativement au fil électrique. Celui-ci ne pouvait être aperçu que par un être humain descendu sur la plage, à quelques pas de lui. Alors, il lui resterait encore une possibilité d'action personnelle. Peut-être ne se trouverait-il en cet instant personne sur le pont ou sur la rive d'en face pour le voir ? Et le talus dissimulait la plage de galets aux Japonais du camp. L'homme hésiterait probablement avant de donner l'alarme. Alors, lui, Joyce, devrait agir, agir très vite. Pour cela, il ne fallait perdre de vue ni la plage ni le pont.

Il réfléchit encore, retourna vers sa précédente cachette et ramena ses appareils à ce nouveau poste, derrière un mince écran de végétation, où il pouvait observer à la fois le pont et l'espace nu que barrait le fil. Une idée lui traversa l'esprit. Il ôta son short et sa chemise. Il resta en slip. C'était à peu près l'uniforme de travail des prisonniers. S'il était aperçu de loin, il pourrait être pris pour l'un d'eux. Il installa soigneusement le manipulateur et s'agenouilla. Il sortit son poignard de l'étui. Il posa sur l'herbe, à côté de lui, cet accessoire important de son équipement, jamais oublié dans les expéditions de la « Plastic & Destructions Co. Ltd », et attendit.

Le temps coulait à une allure désespérément lente, freiné, amorti comme le flot décru de la rivière Kwaï, mesuré pour lui en secondes éternelles par le murmure assourdi des molécules d'eau, grignotant imperceptiblement la périlleuse durée future, accumulant dans le passé des instants de sécurité inappréciables, mais infinitésimaux et tragiquement hors de proportion avec son désir. La lumière des tropiques envahissait la vallée humide, faisant miroiter le sable noir, imprégné d'eau, des terres fraîchement découvertes. Le soleil, après avoir découpé des croisillons dans la superstructure du pont, un moment cachée par le tablier, s'élevait maintenant au-dessus de cette barre, projetant juste devant lui l'ombre gigantesque de l'ouvrage des hommes. Elle traçait sur la plage de galets une ligne droite parallèle au fil, se déformait dans l'eau, devenait mouvante en une multitude d'ondulations, puis se soudait de l'autre côté de la rivière avec la masse montagneuse. La chaleur durcissait les crevasses de ses mains déchirées, rendait atrocement cuisantes les plaies de son corps, sur lesquelles s'acharnaient des légions multicolores de fourmis. Mais la souffrance physique ne le détournait pas de ses pensées et formait seulement un accompagnement douloureux à l'obsession qui, depuis un moment, torturait son cerveau.

Une nouvelle angoisse l'avait saisi, comme il se forçait de préciser la forme que prendrait nécessairement l'action, si dans l'heure qu'il allait vivre la ligne de son destin croisait un certain événement... Un soldat japonais, tenté par la plage de galets, se promènerait nonchalamment au bord de l'eau. Il éprouverait une surprise en apercevant le fil. Il s'arrêterait. Il se baisserait pour le saisir et resterait un moment immobile. C'est alors qu'il devait, lui, Joyce, intervenir. Il lui était indispensable de se représenter à l'avance son propre geste. Il réfléchissait trop, avait dit Shears !

L'évocation de l'acte suffisait à nouer ses nerfs et paralyser chacun de ses muscles. Il ne devait pas se dérober. Il avait l'intuition que cet accomplissement était obligatoire ; qu'il avait été préparé depuis longtemps ; qu'il était la conclusion naturelle d'aventures convergeant inéluctablement vers cet ultime examen de ses possibilités. C'était l'épreuve redoutée entre toutes, répugnante, qu'il pouvait jeter dans un des plateaux de la balance, seule assez lourde de sacrifice et d'horreur pour tordre le fléau vers la victoire en l'arrachant à la pesanteur gluante de la fatalité.

Il tendit toutes les cellules de son cerveau vers cette réalisation finale, repassant fiévreusement l'enseignement reçu, essayant de se donner corps et âme à la dynamique de l'exécution, sans pouvoir chasser l'hallucination des conséquences immédiates.

Il se rappela la question inquiète, autrefois posée par son chef : « Le moment venu, de sang-froid, « pourriez-vous » vous servir de cet instrument ? » Il avait été troublé dans son instinct et sa bonne foi. Il n'avait pas pu, alors, donner de réponse catégorique. Au moment de l'embarquement sur la rivière, il avait été affirmatif ; maintenant, il n'était sûr de rien. Il regarda l'arme posée sur l'herbe, à côté de lui.

C'était un poignard à la lame longue et effilée, au manche assez court, juste suffisant pour permettre une prise convenable, métallique, et formant un seul bloc, lourd, avec la lame. Des théoriciens de la Force 316 en avaient modifié plusieurs fois la forme et le profil. L'enseignement donné avait été précis. Il ne s'agissait pas seulement de crisper le poing et de taper en aveugle ; cela était trop facile ; cela était à la portée de tout le monde. Toute destruction demande une technique. Ses instructeurs lui avaient appris deux façons de l'utiliser. Pour la défense, contre un adversaire qui se rue, il était prescrit de le tenir en avant de soi, la pointe légèrement relevée, le tranchant vers le haut, et de frapper toujours en remontant, comme pour éventrer une bête. Ce geste même n'était pas au-dessus de ses forces. Il l'eût fait presque instinctivement. Mais ici, le cas était différent. Aucun ennemi ne se jetterait sur lui. Il n'aurait pas à se défendre. Il devrait employer la deuxième méthode pour l'événement qu'il sentait approcher. Elle ne demandait que peu de force, mais de l'adresse et un épouvantable sang-froid. C'était la méthode recommandée aux élèves pour éliminer, la nuit, une sentinelle, sans qu'elle eût le temps ni la possibilité de donner l'alarme. Il fallait la frapper par-derrière ; non pas dans le dos (cela aussi eût été trop aisé !). Il fallait lui trancher la gorge.

Le poignard devait être tenu dans la main renversée, les ongles en dessous, le pouce allongé sur la naissance de la lame, pour obtenir une plus grande précision ; celle-ci, horizontale et perpendiculaire au corps de la victime. Le coup devait être porté de droite à gauche, fermement mais sans violence excessive qui l'eût fait dévier, et dirigé vers un certain point, à quelques centimètres en dessous de l'oreille. Ce point devait être visé et atteint, pas un autre, pour que l'homme ne pût crier. Tel était le schéma de l'opération. Elle comportait aussi d'autres mouvements, accessoires mais importants, à effectuer dans l'instant suivant immédiatement la pénétration. Mais les recommandations faites à ce sujet, avec une pointe d'humour, par les instructeurs de Calcutta, Joyce n'osait même plus se les répéter à voix basse.

Il ne parvenait pas à chasser la vision des conséquences immédiates. Alors, il se contraignit au contraire à en contempler l'image, la créer et la détailler avec son relief et son abominable couleur. Il se força à en analyser les aspects les plus affreux, espérant follement s'en rassasier et parvenir au détachement qu'inspire l'habitude. Il vécut la scène dix fois, vingt fois, réussissant peu à peu à construire, non plus un fantôme, non plus une vague représentation intérieure, mais, sur la plage, devant lui, un être humain, un soldat japonais en uniforme, dans toute sa réalité et sa consistance, avec son étrange casquette, l'oreille qui dépassait, et, un peu plus bas, la petite surface de chair brune, qu'il visait en élevant sans bruit son bras demi-tendu. Il s'obligeait à sentir, à mesurer la résistance offerte, à observer le jaillissement du sang et le spasme, pendant que le poignard, dans l'axe de son poing crispé, s'acharnait sur les opérations accessoires et que son bras gauche, brusquement rabattu, étreignait le cou de sa victime. Il se vautra pendant un temps infini dans l'horreur la plus profonde qu'il pût concevoir. Il fit de tels efforts pour entraîner son corps à n'être plus qu'une mécanique obéissante et insensible qu'il ressentit une fatigue accablante dans tous ses muscles.

Il n'était pas encore sûr de lui. Il s'aperçut avec épouvante que sa méthode de préparation était inefficace. La hantise d'une défaillance le torturait aussi implacablement que la contemplation de son devoir. Il avait à choisir entre deux atrocités : celle-ci, ignominieuse, diffusant en une éternité de honte et de remords la même somme d'horreur que la seconde concentrait dans les quelques secondes de l'abominable action, mais passive, n'exigeant qu'une lâcheté immobile, et qui le fascinait cruellement par la perverse séduction de la facilité. Il comprit enfin qu'il ne pourrait jamais accomplir de sang-froid, en pleine possession de sa conscience, le geste qu'il s'obstinait à se représenter. Il devait au contraire à tout prix le chasser de son esprit, trouver un dérivatif, excitant ou stupéfiant, qui l'entraînât dans une autre sphère. Il avait besoin d'une aide autre que le sentiment glacé de cet effrayant devoir.

Une aide extérieure... ? Il promena autour de lui des yeux implorants. Il était seul, nu, sur une terre étrangère, tapi sous un buisson comme une bête de la jungle, environné d'ennemis de toute sorte. Sa seule arme était ce poignard monstrueux qui brûlait la paume de sa main. Il chercha vainement un appui dans quelque élément du décor qui avait enflammé son imagination. Tout était maintenant hostile dans la vallée de la rivière Kwaï. L'ombre du pont s'éloignait de minute en minute. L'ouvrage n'était plus qu'une structure inerte et sans valeur. Il ne pouvait espérer aucun secours. Il n'avait plus d'alcool, même plus de riz. Il eût éprouvé un soulagement en avalant n'importe quelle nourriture.

L'aide ne pouvait pas venir de l'extérieur. Il était bien livré à ses seules puissances. Il l'avait voulu. Il s'en était réjoui. Il en avait ressenti de l'orgueil et de l'ivresse. Elles lui avaient paru invincibles. Elles ne pouvaient pas se désintégrer d'un coup en le laissant sans ressort, comme une mécanique au moteur saboté ! Il ferma les yeux au monde environnant et reporta son regard en lui-même. S'il existait une possibilité de salut, elle était là, et non sur la terre ou dans les cieux. Dans la misère de sa présente condition, la seule lueur d'espoir qu'il pût deviner était la scintillation hypnotisante des images internes, que provoque l'intoxication des idées. L'imagination était son refuge. Shears s'en était inquiété. Warden, prudent, n'avait pas tranché si c'était une qualité ou un défaut.

Combattre les maléfices de l'obsession par le contrepoison de l'obsession volontaire ! Dérouler le film où s'étaient inscrits les symboles représentatifs de son capital spirituel ; scruter dans une fureur inquisitrice tous les spectres de son univers mental ; fouiller passionnément parmi ces témoins immatériels de son existence, jusqu'à ce qu'il découvrît une figure assez absorbante pour emplir sans laisser d'interstice tout le domaine de sa conscience ! Il les passa en revue fébrilement. La haine du Japonais et le sentiment du devoir étaient des excitants dérisoires, qu'aucun tableau assez clair n'exprimait. Il songea à ses chefs, à ses amis, qui avaient mis en lui toute leur confiance et qui attendaient sur l'autre rive. Cela non plus n'était pas assez réel. C'était tout juste assez bon pour le pousser au sacrifice de sa propre vie. La griserie du succès même était maintenant impuissante. Ou alors, il devait se représenter la victoire sous une forme plus sensible que celle de cette auréole à demi éteinte, dont le rayonnement pâli ne trouvait plus aucun élément matériel où s'accrocher.

Une image traversa brusquement son esprit. Elle avait brillé d'une lumière nette pendant la durée d'un éclair. Avant même de l'avoir reconnue, il eut l'intuition qu'elle était assez significative pour incarner un espoir. Il lutta pour la retrouver. Elle brilla de nouveau. C'était l'hallucination de la nuit passée ; la feuille à dessin sous la lampe à projecteur, les innombrables représentations de la poutrelle, contre lesquelles venaient s'appliquer des rectangles bruns et que dominait un titre à la ronde, composant interminablement en grosses lettres luisantes le mot : DESTRUCTION.

Elle ne s'éteignait plus. A partir du moment où, appelée par son instinct, elle prit victorieusement possession de son esprit, il sentit qu'elle seule était assez consistante, assez complète, assez puissante pour lui faire transcender les répugnances et les tremblements de sa misérable carcasse. Elle était enivrante comme l'alcool et apaisante comme l'opium. Il se laissa posséder par elle et prit garde de ne pas la laisser échapper.

Parvenu à cet état d'hypnose volontaire, il aperçut sans surprise des soldats japonais sur le pont de la rivière Kwaï.

6

Shears aperçoit les soldats japonais et vit dans de nouvelles transes.

Pour lui aussi, la durée s'écoule à un rythme implacablement ralenti. Après le désarroi causé par l'évocation des charges, il s'est ressaisi. Il a laissé les partisans à leur poste et a remonté un peu la pente. Il s'est arrêté en un point d'où il a une vue d'ensemble sur le pont et la rivière Kwaï. Il a découvert et examiné à la jumelle les petites vagues autour des piliers. Il a cru voir un coin de matière brune émerger et disparaître suivant le jeu des remous. Par réflexe, par besoin, par devoir, il a passionnément cherché par quelle intervention personnelle il pourrait conjurer ce coup du sort. « Il reste toujours quelque chose à faire, une action à tenter », disent les autorités de la Force 316. Pour la première fois, depuis qu'il pratique ce métier, Shears n'a rien trouvé et s'est maudit de son impuissance.

Les jeux sont faits pour lui. Pas plus que Warden, qui de là-haut a sans doute également constaté cette perfidie de la rivière Kwaï, il n'a la possibilité de riposter. Joyce, peut-être ? Mais s'est-il seulement aperçu du changement ? Et qui peut savoir s'il aura la volonté et les réflexes que nécessitent les situations tragiques ? Shears, qui a autrefois mesuré la taille des obstacles à surmonter dans des cas de ce genre, s'est amèrement reproché de ne pas avoir pris sa place.

Deux éternelles heures ont passé. Du point où il s'est élevé, il distingue les baraquements du camp. Il a vu un va-et-vient de soldats japonais en uniforme de parade. Toute une compagnie est là, à une centaine de mètres de la rivière, attendant le train, pour rendre les honneurs aux autorités qui inaugurent la ligne. Peut-être les préparatifs de cette cérémonie détourneront-ils l'attention ? Shears l'a espéré. Mais une patrouille japonaise venant du poste de garde se dirige vers le pont.

Les hommes, précédés par un sergent, s'engagent sur le tablier, en deux files de chaque côté de la voie. Ils marchent lentement, d'une allure assez nonchalante, le fusil négligemment posé sur l'épaule. Leur mission est de jeter un dernier coup d'œil avant le passage du train. De temps en temps, l'un d'eux s'arrête et se penche au-dessus de la balustrade. C'est visiblement par acquit de conscience, pour suivre les instructions reçues, qu'ils se livrent à ce manège. Shears se persuade qu'ils n'y mettent aucune conviction, et c'est probablement vrai. Aucun accident ne peut arriver au pont de la rivière Kwaï, qu'ils ont vu construire sous leurs yeux dans cette vallée perdue. « Ils regardent sans voir », se répète-t-il, en suivant leur avance. Chacun de leurs pas résonne dans sa tête. Il s'efforce à ne pas les quitter des yeux et à épier les moindres gestes de leur progression, tandis que dans son cœur s'ébauche inconsciemment une vague prière adressée à un Dieu, un démon, ou quelque autre puissance mystérieuse, s'il en existe. Il évalue machinalement leur vitesse et la fraction de pont parcourue à chaque seconde. Ils ont dépassé le milieu. Le sergent s'accoude à la balustrade et parle au premier homme, en montrant du doigt la rivière. Shears se mord la main pour ne pas crier. Le sergent rit. Il commente probablement la baisse de niveau. Ils repartent. Shears a deviné juste : ils regardent, mais ne voient pas. Il lui semble qu'en les accompagnant ainsi des yeux, il exerce une influence sur leurs perceptions. Un phénomène de suggestion à distance. Le dernier homme a disparu. Ils n'ont rien remarqué...

Ils reviennent. Ils arpentent le pont en sens inverse, à la même allure désinvolte. L'un d'eux penche toute la partie supérieure de son corps au-dessus de la section dangereuse, puis reprend sa place dans la patrouille.

Ils sont passés. Shears s'essuie le visage. Ils s'éloignent. « Ils n'ont rien vu. » Il répète machinalement ces mots à voix basse pour mieux se convaincre du miracle. Il les accompagne jalousement et ne les lâche que lorsqu'ils ont rejoint la compagnie. Avant de se laisser aller à une nouvelle espérance, il est traversé par un bizarre sentiment d'orgueil.

« A leur place, murmure-t-il, je n'aurais pas été aussi négligent. N'importe quel soldat anglais eût décelé le sabotage... Enfin ! Le train ne peut plus être loin. »

Comme pour répondre à cette dernière pensée, des ordres sont donnés par des voix rauques sur la rive ennemie. Il y a un remue-ménage parmi les hommes. Shears regarde au loin. A l'horizon, du côté de la plaine, un petit nuage de fumée noire dévoile le premier convoi japonais traversant le pays de Thaïlande, le premier train chargé de troupes, de munitions et de grands généraux nippons, qui va franchir le pont de la rivière Kwaï.

Le cœur de Shears s'amollit. Des larmes de reconnaissance envers la puissance mystérieuse lui coulent des yeux.

« Plus rien ne peut nous barrer la route, maintenant, dit-il encore à voix basse. L'imprévu a épuisé ses derniers tours. Le train sera là dans vingt minutes. »

Il maîtrise son agitation et redescend au bas de la montagne pour prendre le commandement du groupe protecteur. Pendant qu'il marche courbé en deux dans les buissons, attentif à ne pas déceler sa présence, il ne voit pas sur la rive d'en face un officier de belle prestance, en uniforme de colonel anglais, qui s'approche du pont.

Au moment même où Number one regagne son poste, l'esprit encore troublé par cette cascade d'émotions, tous ses sens déjà absorbés par la perception prématurée d'un fracas éblouissant, avec son cortège de flammes et de ruines qui matérialise le succès, le colonel Nicholson s'engage à son tour sur le pont de la rivière Kwaï.

En paix avec sa conscience, avec l'Univers et avec son Dieu, les yeux plus clairs que le ciel des tropiques après un orage, goûtant par tous les pores de sa peau rouge la satisfaction du repos bien gagné que s'accorde le bon artisan après un travail difficile, fier d'avoir surmonté les obstacles à force de courage et de persévérance, orgueilleux de l'œuvre accomplie par lui-même et par ses soldats dans ce coin de Thaïlande qui lui semble maintenant presque annexé, le cœur léger à la pensée d'avoir été digne de ses ancêtres et d'avoir ajouté un épisode peu commun aux légendes occidentales des bâtisseurs d'empires, fermement convaincu que personne n'aurait pu faire beaucoup mieux que lui, retranché dans sa certitude de la supériorité dans tous les domaines des hommes de sa race, heureux d'en avoir fait en six mois une éclatante démonstration, gonflé de cette joie qui paie toutes les peines du chef lorsque le résultat triomphant se dresse à portée de la main, savourant à petites gorgées le vin de la victoire, pénétré de la qualité de l'ouvrage, désireux de mesurer une dernière fois, seul, avant l'apothéose, toutes les perfections accumulées par le labeur et l'intelligence, et aussi de passer une ultime inspection, le colonel Nicholson s'avançait à pas majestueux sur le pont de la rivière Kwaï.

La plupart des prisonniers et tous les officiers étaient partis deux jours auparavant, à pied, vers un point de rassemblement d'où ils seraient expédiés en Malaisie, dans les îles ou au Japon, pour y accomplir d'autres travaux. Le railway était terminé. La fête, que la Gracieuse Majesté Impériale de Tokyo avait autorisée et imposée dans tous les groupes de Birmanie et de Thaïlande, en avait marqué l'achèvement.

Elle avait été célébrée avec un faste particulier au camp de la rivière Kwaï. Le colonel Nicholson y avait tenu. Sur toute la ligne, elle avait été précédée par les habituels discours des officiers supérieurs japonais, généraux, colonels, montés sur des tréteaux, bottés de noir, gantés de gris, agitant les bras et la tête, déformant bizarrement les mots du monde occidental devant des légions d'hommes blancs, éclopés, malades, couverts d'ulcères et hallucinés par un séjour de plusieurs mois en enfer.

Saïto avait prononcé quelques paroles, exaltant naturellement la sphère sud-asiatique et condescendant à ajouter des remerciements pour la loyauté dont avaient fait preuve les prisonniers. Clipton, dont la sérénité avait passé par de rudes épreuves pendant cette dernière période, où il avait vu des mourants se traîner sur le chantier pour terminer le pont, se sentait prêt à pleurer de rage. Il avait dû subir ensuite un petit discours du colonel Nicholson, dans lequel celui-ci rendait hommage à ses soldats, louant leur abnégation et leur courage. Le colonel avait conclu en disant que leurs souffrances n'avaient pas été endurées en vain et qu'il était fier d'avoir commandé de tels hommes. Leur tenue et leur dignité dans le malheur serviraient d'exemple à toute la nation.

Après cela, il y avait eu la fête. Le colonel s'y était intéressé et y avait pris une part active. Il savait qu'il n'y avait rien de plus terrible pour ses hommes que l'oisiveté et leur imposa un luxe de divertissements dont la préparation les tint en haleine pendant plusieurs jours. Il y eut non seulement plusieurs concerts, mais une comédie jouée par des soldats déguisés et même un ballet de danseurs travestis qui lui arracha un rire franc.

« Vous voyez, Clipton, avait-il dit. Vous m'avez critiqué parfois, mais j'ai maintenu ; j'ai maintenu le moral ; j'ai maintenu l'essentiel. Les hommes ont tenu le coup. »

Et c'était vrai. L'esprit, au camp de la rivière Kwaï, avait été conservé intact. Clipton fut obligé de le reconnaître, après un simple coup d'œil aux hommes qui les entouraient. Il était évident qu'ils prenaient un plaisir enfantin et innocent à ces réjouissances et la sincérité de leurs hourras ne laissait aucun doute sur l'excellence de leur moral.

Le lendemain, les prisonniers s'étaient mis en route. Seuls, les plus gros malades et les éclopés étaient demeurés. Ils devaient être évacués sur Bangkok par le prochain train venant de Birmanie. Les officiers étaient partis avec leurs hommes. Reeves et Hughes, à leur grand regret, avaient été obligés de suivre le convoi et n'avaient pas été admis à voir le passage du premier train sur l'ouvrage qui leur avait coûté tant de peine. Le colonel Nicholson avait pourtant obtenu l'autorisation de rester pour accompagner les malades. En raison des services rendus, Saïto n'avait pas pu lui refuser cette faveur, qu'il avait sollicitée avec sa dignité habituelle.

Il marchait à grandes enjambées énergiques, martelant victorieusement le tablier. Il avait vaincu. Le pont était achevé, sans luxe, mais avec suffisamment de « fini » pour faire éclater les vertus des peuples d'Occident à la face du ciel de Thaïlande. C'était bien là sa place en ce moment, celle du chef qui passe la dernière revue avant le défilé triomphal. Il ne pouvait pas être ailleurs. Sa propre présence le consolait un peu du départ de ses fidèles collaborateurs et des hommes qui auraient mérité eux aussi d'être à l'honneur. Heureusement, il était là. Le pont était solide, il le savait. Il ne présentait pas de point faible. Il répondrait à ce qu'on attendait de lui. Mais rien ne peut remplacer le coup d'œil du chef responsable ; cela aussi, il en était certain. On ne peut jamais tout prévoir. Une vie d'expériences lui avait enseigné, à lui aussi, qu'un accident peut toujours surgir au dernier moment ; une paille se révéler. Le meilleur des subalternes ne vaut rien pour prendre une décision rapide, dans ce cas. Il ne tenait aucun compte, bien entendu, du rapport fait par la patrouille japonaise que Saïto avait envoyée ce matin. Il voulait voir par lui-même. Il interrogeait du regard, à mesure qu'il passait, la solidité de chaque poutre, l'intégrité de chaque assemblage.

Après avoir dépassé le milieu du pont, il se pencha au-dessus de la balustrade, comme il le faisait tous les cinq ou six mètres. Il fixa un pilier et s'immobilisa, surpris.

L'œil du maître avait aperçu du premier coup le bourrelet d'eau prononcé, causé à la surface par une charge. En examinant plus attentivement, le colonel Nicholson décela vaguement une masse brune, contre le bois. Il hésita un moment, reprit sa marche et s'arrêta quelques mètres plus loin, au-dessus d'un autre pilier. Il se pencha de nouveau.

« Bizarre », murmura-t-il.

Il hésita encore, traversa la voie, et regarda de l'autre côté. Un autre corps brun lui apparut, à peine recouvert d'un pouce d'eau. Cela lui causa un malaise indéfinissable, comme la perception d'une tache souillant son ouvrage. Il se décida à continuer sa marche, alla jusqu'au bout du tablier, fit demi-tour, revint sur ses pas, comme avait fait la patrouille, marqua un nouveau temps d'arrêt et resta longtemps songeur, en contemplation, secouant la tête. Enfin, il haussa les épaules et retourna vers la rive droite. Il se parlait à lui-même.

« Cela n'était pas là, il y a deux jours, marmottait-il. Il est vrai que la rivière était plus haute... Un tas d'ordures, probablement, dont les débris se seront accrochés aux piliers. Pourtant... »

Un embryon de soupçon traversa son cerveau, mais la vérité était trop extraordinaire pour qu'il pût la voir clairement. Cependant, il avait perdu sa belle sérénité. Sa matinée était gâchée. Il fit encore une fois demi-tour pour revoir cette anomalie, ne put trouver aucune explication et regagna la terre, toujours agité.

« Ce n'est pas possible, murmura-t-il, reconsidérant le vague soupçon qui l'avait effleuré... A moins qu'une de ces bandes de Chinois bolchevistes... »

Le sabotage était indissolublement associé dans son esprit avec le pirate ennemi.

« Ce n'est pas possible ici », répéta-t-il, sans parvenir à retrouver sa belle humeur.

Le train était maintenant visible, encore très loin, peinant le long de la voie. Le colonel calcula qu'il ne serait pas là avant dix minutes. Saïto, qui faisait les cent pas entre le pont et la compagnie, le regardait venir, avec l'embarras qui lui était habituel en sa présence. Le colonel Nicholson prit une décision brusque en arrivant près du Japonais.

« Colonel Saïto, dit-il avec autorité. Il y a là quelque chose de pas clair. Il vaut mieux aller voir de près avant le passage du train. »

Sans attendre la réponse, il dégringola rapidement le talus. Son intention était de prendre le petit bateau indigène amarré sous le pont et d'aller faire le tour des piliers. En arrivant sur la plage, il en parcourut instinctivement toute la longueur de son regard exercé et découvrit la ligne du fil électrique sur les galets brillants. Le colonel Nicholson fronça le sourcil et se dirigea vers le cordon.

7

Ce fut au moment où il descendait le talus, avec la souplesse que lui avaient conservée la pratique quotidienne d'un exercice physique modéré et la contemplation paisible des vérités traditionnelles, qu'il entra dans le champ de vision de Shears. Le colonel japonais le suivait de près. Shears comprit seulement alors que l'adversité n'avait pas encore abattu toutes ses cartes. Joyce l'avait vu depuis longtemps. Joyce, dans l'état d'hypnose où il avait réussi à se hausser, avait observé son manège sur le pont, sans ressentir d'émotion nouvelle. Il saisit son poignard dès qu'il aperçut sur la plage, derrière lui, la silhouette de Saïto.

Shears vit approcher le colonel Nicholson qui semblait tirer derrière lui l'officier japonais. Devant l'incohérence de la situation, il se sentit saisi par une sorte d'hystérie et se mit à parler tout seul :

« Et c'est l'autre qui le conduit ! C'est l'Anglais qui l'amène là. Il suffirait de lui expliquer, de lui dire un mot, un seul... »

Le bruit de la locomotive poussive s'entendait faiblement. Tous les Japonais devaient être à leur poste, prêts à rendre les honneurs. Les deux hommes sur la plage étaient invisibles du camp. Number one eut un geste furieux en comprenant dans l'instant la situation exacte et en sentant très précisément dans ses réflexes encore bons l'action indispensable, celle qu'une telle circonstance ordonnait impérativement aux hommes qui s'étaient embrigadés sous la bannière de la « Plastic & Destructions Co. Ltd ». Il saisit, lui aussi, son poignard. Il l'arracha de sa ceinture et le tint devant lui à la manière réglementaire, la main renversée, les ongles en dessous, le pouce sur la naissance de la lame, non pour l'utiliser, mais dans une tentative insensée pour suggestionner Joyce, suivant le même instinct qui l'avait poussé un peu plus tôt à accompagner du regard les mouvements de la patrouille.

Le colonel Nicholson s'était arrêté devant le fil. Saïto s'approchait en se dandinant sur ses jambes courtes. Toutes les émotions de la matinée étaient dérisoires en comparaison de celle que connut Shears en cette seconde. Il se mit à s'exclamer à haute voix, tout en agitant le poignard devant lui à la hauteur de sa tête :

« Il ne pourra pas ! Il ne pourra pas ! Il y a des choses que l'on ne peut pas exiger d'un garçon de son âge qui a eu une éducation normale et qui a passé sa jeunesse dans un bureau. J'ai été fou de le laisser faire. C'était à moi de prendre sa place. Il ne pourra pas. »

Saïto avait rejoint le colonel Nicholson, qui s'était baissé et avait pris le fil en main. Le cœur de Shears martelait sa poitrine, accompagnant la démence des lamentations désespérées qui grondaient en lui et s'échappaient en petits bouts de phrases rageuses.

« Il ne pourra pas ! Trois minutes encore ; trois minutes et le train est là ! Il ne pourra pas ! »

Un partisan thaï, couché près de son arme, lui jetait des regards effrayés. La jungle, heureusement, étouffait le son de sa voix. Il était ramassé sur lui-même, crispant son poing sur le poignard immobile devant ses yeux.

« Il ne pourra pas ! Dieu puissant, rendez-le insensible ; rendez-le enragé pendant dix secondes. »

Au moment où il prononçait une prière insensée, il perçut un mouvement dans le feuillage, sous l'arbre roux, et les broussailles s'entr'ouvrirent. Son corps se raidit et sa respiration s'arrêta. Joyce, courbé en deux, descendait silencieusement le talus, son poignard à la main. Le regard de Shears se posa sur lui et ne le quitta plus.

Saïto, dont le cerveau travaillait lentement, s'était accroupi au bord de l'eau, le dos à la forêt, dans la position familière à tous les Orientaux et qu'il reprenait instinctivement lorsque quelque circonstance particulière l'empêchait de se surveiller. Il avait saisi à son tour le cordon. Shears entendit une phrase prononcée en anglais.

« Ceci est réellement inquiétant, colonel Saïto. »

Puis il y eut un court silence. Le Japonais écartait entre ses doigts les différents brins. Joyce était arrivé sans être vu derrière les deux hommes.

« Mais, bon Dieu, hurla soudain le colonel Nicholson, le pont est miné, colonel Saïto ! Ce sont de damnés explosifs que j'ai vus contre les piliers Et ces fils... »

Il s'était retourné vers la jungle pendant que Saïto réfléchissait à la gravité de ces paroles. Le regard de Shears devint plus intense. En même temps que son poing frappait de droite à gauche, il vit un reflet de soleil sur la rive d'en face. Aussitôt, il reconnut le changement qu'il attendait dans l'attitude de l'homme accroupi.

Il avait pu. Il avait réussi. Aucun muscle de son corps tendu n'avait faibli jusqu'à ce que l'acier se fût enfoncé, presque sans résistance. Il avait exécuté sans tressaillir les gestes accessoires. Et à cet instant même, aussi bien pour obéir aux instructions reçues que parce qu'il sentait la nécessité impérieuse de se cramponner à un corps matériel, il avait rabattu son bras gauche crispé sur le cou de l'ennemi égorgé. Saïto, dans un spasme, avait d'abord détendu ses jambes, se redressant à demi. Joyce l'avait serré de toutes ses forces contre son propre corps, autant pour l'étouffer que pour vaincre le frémissement naissant de ses membres.

Le Japonais s'était ensuite affaissé. Il n'avait pas poussé un cri.

A peine un râle, que Shears devina, parce qu'il avait l'oreille aux aguets. Joyce resta plusieurs secondes paralysé, sous l'adversaire qui était retombé sur lui et l'inondait de son sang. Il avait eu la force de remporter cette nouvelle victoire. Il n'était pas sûr maintenant de pouvoir rassembler assez d'énergie pour se dégager. Il se secoua enfin. D'un sursaut, il rejeta le corps inerte, qui roula à moitié dans l'eau, et regarda autour de lui.

Les deux rives étaient désertes. Il avait triomphé, mais l'orgueil ne dissipait ni son dégoût ni son horreur. Il se redressa péniblement sur les mains et les genoux. Il ne restait plus que quelques mouvements simples à accomplir. D'abord, dissiper l'équivoque. Deux mots devaient suffire. Le colonel Nicholson était resté immobile, pétrifié par la soudaineté de la scène.

« Officier ; officier anglais, sir, murmura Joyce. Le pont va sauter. Éloignez-vous. »

Il ne reconnaissait plus le son de sa voix. L'effort de remuer les lèvres lui causait une peine infinie. Et l'autre qui ne paraissait pas entendre !

« Officier anglais, sir, répéta-t-il désespérément. Force 316, de Calcutta. Commandos. Ordre de faire sauter le pont. »

Le colonel Nicholson donna enfin signe de vie. Un éclair étrange passa dans ses yeux. Il parla d'une voix sourde.

« Faire sauter le pont ?

— Éloignez-vous, sir ; le train arrive. Ils vous croiront complice. »

Le colonel restait toujours planté devant lui.

Ce n'était plus l'heure de parlementer. Il fallait encore agir. Le halètement de la locomotive s'entendait distinctement. Joyce s'aperçut que ses jambes refusaient de le porter. Il remonta le talus à quatre pattes, vers son poste.

« Faire sauter le pont ! » répéta le colonel Nicholson.

Il n'avait pas fait un mouvement. Il avait suivi d'un œil inexpressif la pénible progression de Joyce, comme s'il cherchait à pénétrer le sens de ses paroles. Brusquement, il bougea et marcha sur ses traces. Il écarta rageusement le rideau de feuillage, qui venait de se refermer sur lui, et découvrit la cachette, avec le manipulateur sur lequel il avait déjà posé la main.

« Faire sauter le pont ! s'exclama encore le colonel.

— Officier anglais, sir, balbutia Joyce presque plaintivement... Officier anglais de Calcutta... Les ordres... »

Il n'acheva pas sa phrase. Le colonel Nicholson s'était jeté sur lui en poussant un rugissement.

« *Help !*[1] »

1. Au secours.

8

« Deux hommes perdus. Quelques dégâts, mais pont intact grâce à héroïsme colonel britannique. »

Tel était le rapport succinct que Warden, seul rescapé du trio, expédia à Calcutta à son retour au cantonnement.

A la lecture de ce message, le colonel Green pensa que bien des points restaient obscurs dans cette affaire, et demanda des explications. Warden répondit qu'il n'avait rien à ajouter. Son chef décida alors qu'il avait fait un assez long séjour dans la jungle de Thaïlande et qu'on ne pouvait pas laisser un homme seul, à ce poste dangereux, dans une région que les Japonais allaient probablement fouiller. La Force 316 avait reçu, à cette époque, des moyens puissants. Une autre équipe fut parachutée dans un secteur éloigné, pour garder le contact avec les Thaïs, et Warden fut rappelé au centre. Un sous-marin vint le chercher en un point désert du golfe du Bengale, où il réussit à se rendre après deux semaines de marche aventureuse. Trois jours après son embarquement, il était à Calcutta et se présentait devant le colonel Green.

Il lui exposa d'abord brièvement la préparation du coup, puis arriva à l'exécution. Du haut de la montagne, il avait suivi toute la scène, et aucune nuance ne lui avait échappé. Il parla d'abord sur le ton froid et posé qui lui était propre ; mais à mesure qu'il avançait dans son récit, il changea d'attitude. Depuis un mois qu'il vivait, seul de son espèce, au milieu des partisans thaïs, un tumulte de sentiments inexprimés grondait en lui. Les épisodes sans cesse renaissants du drame fermentaient dans son cerveau, en même temps qu'avec son amour de la logique il s'épuisait instinctivement à leur chercher une explication rationnelle et à les ramener à un petit nombre de principes universels.

Le fruit de ces délibérations délirantes vit enfin le jour dans le bureau de la Force 316. Il lui était impossible de s'en tenir à un sec rapport militaire. Il lui était devenu indispensable de libérer le torrent de ses stupeurs, de ses angoisses, de ses doutes, de sa rage et aussi d'exposer sans contrainte les raisons profondes de l'absurde dénouement, telles qu'il les avait pénétrées. Son devoir lui imposait aussi de faire un compte rendu objectif des événements. Il s'y efforçait et y réussissait par moments, puis s'abandonnait de nouveau au flot de sa passion déchaînée. Le résultat était une étrange combinaison d'imprécations parfois incohérentes, mêlées aux éléments d'un véhément plaidoyer, d'où émergeaient çà et là les paradoxes d'une extravagante philosophie et occasionnellement un « fait ».

Le colonel Green écouta avec patience et curiosité ce morceau de fantastique éloquence, où il ne reconnaissait guère le calme ni la méthode légendaire du professeur Warden. C'étaient surtout les faits qui l'intéressaient, lui. Cependant, il n'interrompit que rarement son subordonné. Il avait l'expérience de ces retours de mission où les exécutants avaient donné le meilleur d'eux-mêmes pour aboutir à un misérable échec dont ils n'étaient pas responsables. Il faisait, dans ces cas-là, une part assez large au *human element*, fermait les yeux sur les divagations et ne paraissait pas se soucier d'un ton parfois irrespectueux.

« ... Vous me direz que l'enfant s'est conduit comme un imbécile, sir ? Un imbécile, certainement, mais personne dans sa situation n'eût été plus malin. Je l'ai observé. Je ne l'ai pas quitté une seconde. J'ai deviné ce qu'il disait à ce colonel. Il a fait ce que j'aurais fait à sa place. Je l'ai vu se traîner. Le train approchait. Moi-même, je n'ai pas compris lorsque l'autre s'est jeté sur lui. Cela ne m'a saisi que peu à peu, lorsque j'ai réfléchi... Et Shears prétendait qu'il réfléchissait trop ! Seigneur, pas assez, au contraire ! Il lui aurait fallu plus de perspicacité, plus de discernement. Alors, il se serait aperçu que ce n'est pas suffisant, dans notre métier, de couper une gorge au hasard ! Il faut encore trancher la bonne ! C'est bien ce que vous pensez, n'est-ce pas, sir ?

« Une intelligence supérieure, voilà ce qu'il fallait. Flairer le véritable ennemi dangereux ; comprendre que cette vénérable ganache ne pouvait pas laisser détruire son œuvre. C'était son succès, sa victoire à lui. Il vivait depuis six mois dans un rêve. Un esprit extraordinairement subtil aurait pu le deviner à la façon dont il arpentait le tablier. Je le tenais au bout de ma jumelle, sir... Si seulement cela avait été un fusil !... Il avait le sourire béat des vainqueurs, je me rappelle... Admirable type d'homme énergique, sir, comme on dit à la Force 316 ! Jamais abattu par le malheur ; toujours un dernier sursaut ! Il a appelé les Japonais à son secours !

« Cette vieille bête aux yeux clairs avait probablement rêvé toute sa vie de faire une construction durable. A défaut d'une ville ou d'une cathédrale, il a bondi sur le pont ! Et vous auriez voulu qu'il le laissât démolir !... Ces vieux colons de notre vieille armée, sir ! Je suis sûr qu'il avait lu tout notre Kipling national dans son extrême jeunesse et je parie que des phrases entières dansaient dans sa cervelle branlante, pendant que l'ouvrage sortait de l'eau. « *Yours is the earth and everything that's in it, and which is more, you'll be a man, my son !* » Je l'entends d'ici.

« Il avait le sentiment du devoir et le respect du travail bien exécuté... l'amour de l'action aussi... comme vous, comme nous, sir !... Stupide mystique de l'action, en laquelle communient nos petites dactylos et nos grands capitaines !... Je ne sais plus très bien où je vais quand je pense à cela. J'y pense depuis un mois, sir. Peut-être ce monstrueux imbécile était-il réellement respectable ?

Peut-être avait-il véritablement un idéal valable ?... aussi sacré que le nôtre ?... le même que le nôtre ? Peut-être ses phantasmes abracadabrants prenaient-ils leur source dans le monde même où sont forgés les aiguillons qui nous harcèlent ?... Ce mystérieux éther où bouillonnent les passions qui poussent aux actes, sir ! Peut-être, là, le « résultat » n'y a-t-il pas la moindre signification, et la qualité intrinsèque de l'effort compte-t-elle seule ? Ou bien, comme je le crois, ce royaume du délire est-il un enfer affligé d'une matrice diabolique infectant les sentiments qui en sortent de tous les maléfices venimeux qui éclateront dans ce résultat obligatoirement exécrable ?... Je vous dis que j'ai réfléchi à cela depuis un mois, sir. Nous, par exemple, nous venons dans ce pays pour apprendre aux Asiatiques comment on utilise le plastic pour pulvériser des trains et faire sauter des ponts. Eh bien...

— Racontez-moi la fin de l'affaire, interrompit la voix posée du colonel Green. Rien n'existe en dehors de l'action.

— Rien n'existe en dehors de l'action, sir... Le regard de Joyce quand il est sorti de sa cachette !... Et il n'a pas faibli. Il a porté le coup suivant les règles, je suis témoin. Il fallait tout juste un peu plus de jugement... L'autre s'est jeté sur lui avec une telle furie qu'ils ont roulé tous deux le long du talus, vers la rivière. Ils ne se sont arrêtés qu'au bord de l'eau. A l'œil nu, ils paraissaient immobiles. J'ai vu les détails à la jumelle... L'un au-dessus de l'autre. C'était le corps en uniforme qui écrasait le corps nu, maculé de sang, pesant de tout son poids pendant que deux mains furieuses serraient la gorge... Je le voyais très nettement. Il était étendu les bras en croix, à côté du cadavre dans lequel le poignard était resté planté. A ce moment, il a compris sa méprise. Sir, j'en suis sûr. Il s'est aperçu, il s'est aperçu, je le sais, qu'il s'était trompé de colonel !

« Je l'ai vu, Sa main était tout près du manche de l'arme. Elle l'a étreint. Il s'est raidi. Je devinais le jeu des muscles. J'ai cru un moment qu'il allait se décider. C'était trop tard. Il n'avait plus de forces. Il avait donné tout ce qu'il avait en lui. Il n'a pas pu... Ou bien, il n'a pas voulu. L'ennemi qui lui serrait le cou l'hypnotisait. Il a lâché le poignard et s'est laissé aller. Une détente complète, sir. Vous connaissez cela, quand on s'abandonne ? Il s'est résigné à la défaite. Il a remué les lèvres et prononcé un mot. Personne ne saura si c'était un blasphème ou une prière... ou bien l'expression désenchantée et polie d'un désespoir mélancolique ! Ce n'était pas un révolté, sir, du moins extérieurement. Il était toujours respectueux avec ses supérieurs. Seigneur ! C'est tout juste si Shears et moi avions pu obtenir qu'il ne se mît pas au garde-à-vous chaque fois qu'il nous parlait ! Je parie qu'il lui aura donné du « sir » avant de fermer les yeux, sir !... Tout reposait sur lui. C'était fini. »

« Plusieurs événements se sont passés au même instant, plusieurs « faits » comme vous dites, sir. Ils se sont brouillés dans mon esprit, mais je les ai reconstitués. Le train était proche. Le grondement de la locomotive croissait de seconde en seconde... pas assez pourtant pour couvrir les rugissements de cet enragé qui appelait au secours de toute sa belle voix habituée au commandement !... J'étais là, impuissant, sir... Je n'aurais pas fait mieux que lui ; moi, non... personne... peut-être Shears ?... Shears ! C'est alors que j'ai entendu de nouveaux cris. La voix de Shears, justement. Elle résonnait dans toute la vallée. Une voix de fou furieux, sir. Je n'ai pu distinguer qu'un mot : « Frappe. » Lui aussi avait compris, et plus vite que moi. Mais cela ne servait plus à rien.

« Quelques instants après, j'ai vu un homme dans l'eau. Il se dirigeait vers la rive ennemie. C'était lui. C'était Shears. Lui aussi était partisan de l'action à tout prix ! Un acte insensé. Il était devenu fou, comme moi, après cette matinée. Il n'avait aucune chance... J'ai failli me précipiter, moi aussi, et il me fallait plus de deux heures pour descendre de mon perchoir !

« Il n'avait pas la moindre chance. Il nageait comme un forcené, mais il lui a fallu plusieurs minutes pour traverser. Et pendant ce temps-là, sir, le train passait sur le pont, sur le magnifique pont de la rivière Kwaï, construit par nos frères ! Au même moment... au même moment, je me rappelle, un groupe de soldats japonais, attirés par les beuglements, dégringolaient le talus.

« Ce sont eux qui ont accueilli Shears à sa sortie de l'eau. Il en a descendu deux. Deux coups de poignard, sir, je n'ai pas perdu un seul détail. Il ne voulait pas être pris vivant ; mais il a reçu un coup de crosse sur la tête. Il est tombé. Joyce ne bougeait plus. Le colonel se relevait. Les soldats avaient coupé les fils. Il n'y avait plus rien à tenter, sir.

— Il reste toujours quelque chose à tenter, fit la voix du colonel Green.

— Il reste toujours quelque chose à tenter, sir... Alors, il y a eu une explosion. Le train, que personne n'avait songé à arrêter, a sauté sur le piège préparé par moi après le pont, juste en dessous de mon observatoire. Une chance encore ! Je n'y pensais plus. La locomotive a déraillé, entraînant deux ou trois wagons dans la rivière. Quelques hommes noyés. Pas mal de matériel perdu, mais des dégâts réparables en quelques jours, voilà le résultat... Cela a créé pourtant un peu d'émotion sur la rive d'en face.

— Un assez joli spectacle, tout de même, je pense, remarqua, consolateur, le colonel Green.

— Un joli spectacle pour ceux qui aiment vraiment cela, sir... Aussi, je me suis demandé si je ne pouvais pas y ajouter encore quelque attrait. Moi aussi, j'ai appliqué nos doctrines, sir. Je me suis véritablement interrogé en cet instant pour savoir s'il restait quelque chose à essayer dans le sens de l'action.

— Il reste toujours quelque chose à essayer dans le sens de l'action, répéta la voix lointaine du colonel Green.

— Il reste toujours quelque chose à essayer... Cela doit être vrai, puisque tout le monde le dit. C'était la devise de Shears. Je me la suis rappelée. »

Warden resta un moment silencieux, oppressé par ce dernier souvenir, puis reprit d'une voix plus basse :

« J'ai réfléchi, moi aussi, sir. J'ai réfléchi aussi profondément qu'il était possible de le faire, pendant que le groupe de soldats devenait plus compact autour de Joyce et de Shears, celui-ci certainement vivant, l'autre, peut-être encore, malgré l'étreinte de cette misérable canaille.

« Je n'ai découvert qu'une possibilité d'action, sir. Mes deux partisans étaient toujours à leur poste, aux mortiers. Ils pouvaient aussi bien tirer sur le cercle des Japonais que sur le pont, et c'était au moins aussi indiqué. J'ai désigné cette cible. J'ai attendu encore un peu. J'ai vu les soldats relever les prisonniers et se préparer à les emmener. Tous deux étaient vivants. Ce qui pouvait arriver de pire. Le colonel Nicholson suivait par-derrière, la tête penchée, comme s'il méditait profondément... Les méditations de ce colonel, sir !... Je me suis décidé tout d'un coup, pendant qu'il était encore temps.

« J'ai donné l'ordre de tirer. Les Thaïs ont compris tout de suite. Nous les avions bien entraînés, sir. Cela a fait un beau feu d'artifice. Encore un magnifique spectacle, vu de l'observatoire ! Un chapelet de projectiles ! J'ai pris moi-même un mortier. Je suis un excellent pointeur.

— Efficace ? interrompit la voix du colonel Green.

— Efficace, sir. Les premiers obus sont tombés au milieu du groupe. Une chance ! Tous deux ont été déchiquetés. Je m'en suis assuré en regardant à la jumelle. Croyez-le, croyez-le bien, sir, moi non plus, je ne voulais pas laisser ce travail inachevé !... Tous les trois, je devrais dire. Le colonel aussi. Il n'en est rien resté. Trois coups au but. Un succès !

« Ensuite ?... Ensuite, sir, j'ai fait lancer toute ma provision d'obus. Il y en avait pas mal... Nos grenades aussi. Le poste était si bien choisi ! Un arrosage général, sir. J'étais un peu surexcité, je l'avoue. Cela est tombé un peu partout, sur le reste de la compagnie qui accourait du camp, sur le train déraillé, d'où jaillissait un concert de hurlements, sur le pont également. Les deux Thaïs étaient aussi passionnés que moi... Les Japs ont riposté. Bientôt la fumée s'est étendue, est montée jusqu'à nous, masquant peu à peu le pont et la vallée de la rivière Kwaï. Nous étions isolés dans un brouillard gris et puant. Il n'y avait plus de munitions, plus rien à jeter. Nous nous sommes enfuis.

« Depuis, j'ai aussi réfléchi à cette initiative, sir. Je suis encore persuadé que je ne pouvais rien faire de mieux, que j'ai suivi l'unique ligne de conduite possible, que c'était la seule action vraiment raisonnable...

— La seule raisonnable », admit le colonel Green.

Hollywood en guerre

par Claude Aziza

En 1898, la guerre éclate entre l'Espagne et les États-Unis. L'enjeu ? Cuba, que l'Amérique prétend délivrer du joug espagnol. Quelques faits d'armes héroïques marquent une campagne brève — quelques mois — où s'illustre le fameux régiment de cavalerie des « Rough Riders » à la tête duquel charge un futur président des États-Unis, Théodore (« Teddy ») Roosevelt. Or, on chercherait en vain les images qu'auraient rapportées du front quelques intrépides cameramen d'un art encore naissant, certes, mais déjà vigoureux : le cinéma. Rien qui ressemble, de près ou de loin, aux quelque six mille photographies prises par Mathew Brady sur tous les champs de bataille de la guerre de Sécession, un tiers de siècle plus tôt. Seul un Anglais, James Stuart Blackton [1], cofondateur de la Vitagraph et pionnier du cinéma américain, tourna, dans les studios de sa compagnie, à New York, un film de quelques minutes, *Tearing Down the Spanish Flag* [2] où l'on voyait un soldat américain remplacer le drapeau espagnol qu'il venait d'arracher par celui de son pays. Le film passa pour un épisode authentique de la guerre. On peut y voir, sans trop d'exagération, l'ancêtre de la scène célèbre, historique celle-là, puis magnifiée par le cinéma, d'*Iwo Jima* (*Sands of Iwo Jima*, Allan Dwan, 1949)...

Alors que, dans bien des pays d'Europe, les événements sociopolitiques commençaient à être l'objet de reportages ou de reconstitutions, le cinéma américain restait paralysé par des problèmes techniques — remplacement de l'encombrant kinétoscope de Thomas Edison par du matériel moderne — et psychologiques : la foule se pressait aux *nickelodeons* [3] et se satisfaisait des images mobiles qu'on lui montrait. Au moment où, à Paris, Georges Méliès, avec sa *Cendrillon* (1899), laissait déjà entrevoir pour le cinéma une carrière éblouissante.

La guerre, en cette fin de siècle, ne fait pas recette, du moins au cinéma. La guerre des Boers (1899-1902), la révolte des Boxers (1900), le conflit russo-japonais (1904-1905), s'ils donnent naissance à quelques images ou à quelques saynètes de fiction, ne l'inspirent guère. Il faudra attendre les années 1910 pour que les images d'un conflit — déjà lointain — apparaissent sur les écrans américains : la

---

1. Pour alléger le texte, le prénom des metteurs en scène n'est cité en entier qu'à la première occurrence.

2. Sauf erreur de notre part, les films dont les titres sont donnés en anglais n'ont pas été distribués en France ou... l'ont été sous leur titre original.

3. C'étaient des salles qui, pour un *nickel* (une pièce de dix *cents*) offraient de brèves séances.

guerre de Sécession[1]. Au point même que, entre 1911 et 1915, le sujet deviendra l'un des plus souvent traités au cinéma. Masse énorme, souvent anonyme, de films regroupés autour de quelques thèmes centraux : la lâcheté rachetée par un acte de bravoure, la mission qu'il faut accomplir à tout prix, les familles déchirées, les activités d'espionnage en faveur de l'un ou de l'autre camp. Mais c'est avec la sortie, en 1915, de *Naissance d'une nation* (*Birth of a Nation*), que le thème sera illustré avec une incomparable ampleur par David Wark Griffith, un metteur en scène qui a déjà, entre 1908 et 1914, réalisé neuf films sur le conflit. Le premier grand film de guerre venait de naître dans une Amérique qui se demandait justement s'il fallait intervenir sur les champs de bataille européens. Et c'est sans doute à ce moment-là que quelques-uns comprirent quel formidable pouvoir avait l'image filmique. Le film avait déjà été illustration, démonstration, il pouvait devenir incitation. Cecil B. DeMille en fit le premier la preuve. Partisan de l'intervention américaine, il tourne, dans la même année 1917, un film « médiéval », *Jeanne d'Arc* (*Joan the Woman*), et un film « engagé », *La Petite Américaine* (*The Little American*). C'était, à la fois, par le biais de l'Histoire, rappeler les racines européennes du pays — les « méchants » Anglais s'effaçant derrière les Allemands —, et, par le biais de la fiction — les malheurs d'une jeune Américaine tombée aux mains des Allemands —, montrer que le bon droit était du côté des Alliés. En cette même année 1917, l'Amérique entrait en guerre et le cinéma n'allait plus jamais quitter le front.

Mobilisation (1938-1941)

Vingt ans plus tard, même contexte politique, mais en plus tragique, même répugnance américaine — soutenue, il est vrai, par de puissants lobbies politiques et financiers — à s'engager dans le conflit qui s'annonçait dès la guerre d'Espagne et s'ouvrait en 1939.

Certes la guerre civile espagnole avait eu bien des échos dans le monde du cinéma américain. Ne vit-on pas Errol Flynn aller faire un tour dans les rangs républicains et revenir tout auréolé de gloire pour tourner *Les Aventures de Robin des Bois* (*The Adventures of Robin Hood*, 1938) de Michael Curtiz ? Pourtant peu de films illustrèrent la guerre, à l'exception, peut-être, d'une comédie, *Arise My Love* (Mitchell Leisen, 1940) et, surtout, d'un drame aux couleurs d'Épinal, *Blocus* (*Blockade*, William Dieterle, 1938) où Henry Fonda campait un improbable paysan espagnol.

La montée du nazisme, en revanche, fut suivie avec inquiétude et fièvre sur les écrans américains, comme ailleurs. Certes le pays, se

1. Voir notre postface à l'édition de *Nord et Sud* (John Jakes, 1987, trad. fr. 1993), dans la collection Omnibus : « La guerre de Sécession dans le cinéma américain ».

souvenant encore de l'indifférence européenne lors de la crise de 1929, refusait de s'engager vraiment, et les pouvoirs publics voyaient d'un mauvais œil la mobilisation d'Hollywood. Mais rien n'y fit. Déjà le héros de *Correspondant 17* (*Foreign Correspondent*, Alfred Hitchcock, 1940), personnifié par l'acteur Joël McCrea, attirait l'attention du monde à la radio sur « la peste noire », la fin du film ayant été modifiée pour rester dans l'actualité. Déjà Archi Mayo, dans *Four Sons*, décrivait la Tchécoslovaquie occupée, et John Ford, dans *Les Hommes de la mer* (*The Long Voyage Home*, 1940), montrait de courageux marins convoyant des armes pour l'Angleterre. Mais, en cette année 1940, c'est surtout dans le registre du lyrisme et dans celui de la dérision que le cinéma tente de mobiliser les cœurs et les âmes. Charlie Chaplin, dans *Le Dictateur* (*The Great Dictator*), ridiculise Hitler, annonçant déjà le *To Be or Not to Be* d'Ernst Lubitsch (1942). Frank Borzage, lui, montre, dans *The Mortal Storm*, comment le nazisme détruit les foyers et brise les libertés. L'impact de tels films a, semble-t-il, ému les hommes politiques au point qu'à l'automne 1941 le Congrès se proposait de nommer une commission d'enquête contre les milieux du cinéma, accusés de propagande belliciste... Un peu tard, au regard de l'Histoire : le 7 décembre 1941, la flotte américaine est bombardée à Pearl Harbor et, le lendemain, les États-Unis entrent en guerre. Dès lors les différents épisodes du conflit vont être scandés par une production cinématographique extraordinairement dense et variée.

Action ! (1941-1945)

On va assister alors à un phénomène unique dans les annales du cinéma : un conflit illustré à la fois par des images réelles et par des images de fiction, le moindre des paradoxes n'étant pas de voir des cinéastes professionnels chargés des premières et d'authentiques combattants participer aux secondes. Au point même que, parfois, la réalité paraîtra si insupportable aux autorités qu'il faudra la censurer, et la fiction si réaliste qu'elle servira de film d'instruction aux jeunes recrues ! En veut-on quelques exemples ?

John Ford, dès 1942, avait obtenu l'Oscar du court métrage pour *La Bataille de Midway* (*The Battle of Midway*) qu'il avait filmée en prenant tous les risques (il y perdra un œil). Son *Pearl Harbor*, incisif et critique, provoque un tollé dans l'état-major, au point qu'il doit être amputé de plus d'une heure : il passe de 85 minutes à 20 minutes. *La Bataille de San Pietro* (*The Battle of San Pietro*, 1945) de John Huston est mutilée tandis que, la même année, son *Let There Be Light*, enquête sur les chocs nerveux provoqués par la guerre, est tout simplement interdit. Au point qu'une projection privée organisée par le metteur en scène verra la police militaire saisir les bobines et qu'il faudra attendre 1980 pour que le public puisse voir le film au Museum of Art de Los Angeles...

Les autorités préférèrent confier les tournages à des cinéastes plus académiques comme William Wyler (*The Memphis Belle ; The Battle of the Marianas*, tous deux de 1944) et surtout Frank Capra : *Pourquoi nous combattons* (*Why We Fight*), série de 7 films réalisée entre 1942 et 1945 [1].

De l'autre côté, le raid aérien américain sur Tokyo, quelques mois après Pearl Harbor, et qui avait eu un tel effet sur l'opinion publique, fut retracé au cinéma par Mervyn LeRoy dans *Trente Secondes sur Tokyo* (*Thirty Seconds Over Tokyo*, 1944). Le film avait été supervisé techniquement par ceux-là mêmes qui avaient préparé l'opération. Le même épisode fit l'objet d'un film de Delmer Daves, *Destination Tokyo* (1943), où un sous-marin et son équipage étaient envoyés en mission pour aider les aviateurs. Le cinéaste y décrivit si bien l'angoisse de la plongée et les troubles provoqués par une longue claustration que les militaires l'utilisèrent comme film d'instruction pour les jeunes sous-mariniers !

Cas limites montrant à quel point il devenait — déjà ! — difficile de faire le tri entre le réel et le reconstitué et qui engendrèrent toute une série de films marqués au coin du réalisme. Ils visaient à fortifier le moral des recrues à qui l'on montrait — pour l'aviation, par exemple, si souvent à l'épreuve dans le Pacifique, après la déroute de la marine — combien le pays attachait du prix à leur formation. M. Leisen décrivait avec force détails, dans *I Wanted Wings* (1941), l'entraînement des pilotes, M. Curtiz, dans *Dive Bomber* (1941), le souci qu'on avait de leur condition physique, et Lloyd Bacon, dans *Wings for the Eagle* (1942), le rythme trépidant des usines d'armement. Dans un registre plus ludique, F. Borzage et D. Daves prenaient soin des permissionnaires, le premier dans *Le Cabaret des étoiles* (*Stage Door Canteen*, 1943), le second dans *Hollywood Canteen* (1944). Ces films prennent place dans l'effort de Hollywood pour mobiliser ses fantaisistes et ses comiques, afin de maintenir le moral des troupes à un bon niveau.

C'est ainsi que, avec un bonheur parfois inégal, Laurel et Hardy (*Quel pétard ! / Great Guns*, Sol M. Wurtzel, 1941 ; *Les Chefs d'îlot / Air Raid Wardens*, Edward Sedgwick, 1943), Abbott et Costello (*Deux Nigauds soldats / Buck Privates*, Arthur Lubin, 1941), Bob Hope (*Engagé involontaire / Caught in the Draft*, David Butler, 1941), tous s'engagèrent. Tout comme Bette Davis et son numéro de chant dans *Remerciez votre bonne étoile* (*Thank Your Lucky Stars*, D. Butler, 1943), Alan Ladd se pastichant lui-même dans *Au pays du rythme* (*Star Spangled Rhythm*, George Marshall, 1942), James Cagney en acteur de music-hall dans *La Glorieuse*

1. Sur ce point, on consultera *Les Grands Films de guerre*, éd. Casterman, 1990, p. 60.

Parade (*Yankee Doodle Dandy*, M. Curtiz, 1942) et le futur président des États-Unis, Ronald Reagan, dans un succès de Broadway, immédiatement adapté à l'écran par le même metteur en scène, *This Is the Army* (1943).

Mais, au-delà des flonflons et des démonstrations rassurantes, les nouvelles du Pacifique devenaient de plus en plus inquiétantes en cette année 1942 qui vit le général Wainwright capituler avec 10 000 soldats devant les Japonais à Corregidor le 6 mai. Le cinéma se devait alors d'illustrer les phases sanglantes du conflit américano-japonais.

Devant la proximité géographique du péril, alors que l'Allemand restait une entité lointaine, qu'il fallait souvent ne pas confondre avec le nazi, le Japonais, lui, devenait l'incarnation du diable, de la sauvagerie et de la barbarie. Immédiate réaction à Corregidor, *La Sentinelle du Pacifique* (*Wake Island*), réalisé par John Farrow en 1942, avec un corps de Marines, et *Bataan*, par Tay Garnett, une année plus tard, illustrent, chacun à leur manière, le sacrifice de quelques-uns pour sauver ce qui peut encore l'être et permettre au général MacArthur de prononcer son fameux : « Je reviendrai. »

Effectivement il reviendra, et 1943 verra la guerre du Pacifique basculer en faveur des Américains. Ce tournant est symbolisé par le *Guadalcanal* (*Guadalcanal Diary*, 1943) de Lewis Seiler, tandis que Henry Hathaway (*Le Porte-Avions X / Wing and a Prayer*, 1944) et Howard Hawks (*Air Force*, 1943) glorifiaient, l'un l'aéronavale, l'autre l'équipage d'une forteresse volante, et que Claudette Colbert et Paulette Godard incarnaient les courageuses infirmières des *Anges de miséricorde* (*So Proudly We Hail*, 1943) de Mark Sandrich.

Face à ces vaillants héros et à ces touchantes héroïnes, un ennemi diabolique et diabolisé, comme dans le caractéristique *Prisonnier de Satan* (*The Purple Heart*, 1944) de Lewis Milestone qui raconte l'enfer des pilotes prisonniers des Japonais à la suite du fameux raid sur Tokyo. Cette simplification, inévitable en temps de guerre, sera portée à son comble dans les « séries B » qui pullulèrent, à mi-chemin de la bande dessinée et du film de propagande. Dans *Face au soleil levant* (*Behind the Rising Sun*, 1943), Edward Dmytryk remontait à l'invasion de la Chine par le Japon en 1930, et dans *Le Défilé de la mort* (*China*, 1943), J. Farrow faisait d'Alan Ladd, avant la lettre, un superhéros.

Mais le public aime les héros, surtout en temps de guerre, qu'ils se nomment Robert Taylor *(Bataan)*, Spencer Tracy (*Trente Secondes sur Tokyo*), Alan Ladd, Henry Fonda (*Aventure en Libye / The Immortal Sergent*, John Stahl, 1943), Humphrey Bogart (*Casablanca*, M. Curtiz, 1942) mais surtout Randolph Scott qui troqua le stetson et le colt pour le casque et la mitraillette dans toute une série de films des années 1942-1943. Sa gloire ne fut éclipsée que par celle de John Wayne qui ne quitta pratiquement jamais les champs de bataille du Pacifique, durant toute la guerre, du moins sur les écrans (contrairement à la plupart des acteurs de l'époque il ne fit pas la guerre). Il fut, tour à tour, aviateur (*Les Tigres volants / Flying Tigers*, David Miller, 1942), marine (*Alerte aux marines / The Fighting Seabees*, Edward Ludwig, 1944), combattant de l'ombre (*Retour aux Philippines / Back to Bataan*, E. Dmytryk, 1945), marin sacrifié (*Les Sacrifiés / They Were Expendable*, J. Ford, 1945). On le reverra encore, vingt ans plus tard, ayant pris du galon, dans *Première Victoire* (*In Harm's Way*, 1965) d'Otto Preminger.

Tandis que l'évolution des combats vers le Proche-Orient, puis l'Afrique du Nord, va produire au cinéma un exotisme qui rappelle souvent la passion de Hollywood pour les fastes orientaux — comme en témoignent, entre mille exemples, *Les Cinq Secrets du désert* (*Five Graves to Cairo*, 1943) de Billy Wilder, avec un flamboyant Erich von Stroheim dans le rôle de Rommel, ou *Sahara* (1943) de Zoltan Corda, tourné après Tobrouk —, certains films sont là pour rappeler la dure condition de la vie de soldat comme *Les Forçats de la gloire* (*The Story of G.I. Joe*, 1945) où William Wellmann décrit les horreurs de la guerre en Europe, devant Monte Cassino.

Car le cinéma américain, s'il s'est centré pendant ces années 1941-1945 sur le Pacifique, n'en a pas pour autant négligé complètement l'Europe. Celle des victimes d'abord, les réfugiés politiques allemands (*So Ends Our Night*, John Cromwell, 1941), la Russie envahie (*L'Étoile du Nord / The North Star*, Lewis Milestone, 1943). Celle des résistants aussi, norvégiens (*Le commando frappe à l'aube / The Commandos Strike at Dawn*, J. Farrow, 1942) ou russes (*Days of Glory*, Jacques Tourneur, 1944). Celle des combattants volontaires enfin, ces *Chevaliers du ciel* (*Captains of the Clouds*, M. Curtiz, 1942) incarnés par James Cagney, Tyrone Power (*A Yank in the RAF*, Henry King, 1941), Robert Stack (*L'Escadrille des aigles / Eagle Squadron*, A. Lubin, 1942) ou Ronald Reagan (*Escadrille internationale / International Squadron*, Lothar Mendes, 1941). Sans oublier ces innocents civils qu'incarne avec courage et dignité la célébrissime *Madame Miniver (Mrs. Miniver)* de W. Wyler, en 1942.

Civils anglais, bien sûr, tandis qu'une bande de joyeux aviateurs conduits par Errol Flynn déverse des tonnes de bombes sur Berlin, devant la caméra de Raoul Walsh, dans *Sabotage à Berlin* (*Desperate Journey*, 1942)...

Mais les lois de la guerre sont les mêmes au cinéma que dans la réalité : la victoire est au bout d'actes héroïques, de sacrifices et d'actions d'éclat. Le moral des troupes est à ce prix. Il faudra que la guerre finisse et que le pays sorte de l'état de choc pour que les choses prennent des couleurs plus variées, allant du technicolor le plus flamboyant au noir le plus sombre.

Glorification (1945-1970)

La paix est revenue, mais la guerre ne quitte plus les écrans ; bien plus, elle reste le sujet le plus souvent traité dans les deux décennies qui suivent. L'heure n'est plus à la mobilisation, à l'édification, à l'information. Il s'agit désormais de montrer, de témoigner, de glorifier parfois.

Le retour du G.I. C'est là un thème vieux comme le monde qu'Homère avait déjà traité dans son *Odyssée* et qu'on retrouve dans d'autres genres cinématographiques. Le western, par exemple, abonde en vétérans de la guerre de Sécession, anciens combattants meurtris dans leur chair et dans leur âme et qui ne reconnaissent plus le monde qu'ils ont quitté quelques années auparavant. Certains ramèneront de la défaite une telle haine de l'humanité qu'ils s'en iront tuer de l'Indien, tel Ethan Edwards, le héros ambigu de *La Prisonnière du désert* (*The Searchers*, J. Ford, 1956). D'autres, au contraire, comme le rebelle du *Jugement des flèches* (*Run of the Arrow*, Samuel Fuller, 1957), tenteront une impossible reconversion, loin de la « civilisation », chez ces mêmes Indiens. On trouvera rarement des situations aussi paroxystiques dans le cinéma de l'après-guerre : le conflit était trop proche pour qu'une telle distance soit psychologiquement et politiquement possible. Pourtant, à l'heure du bilan, l'amertume, la rancœur, l'agressivité, voire la nostalgie seront au rendez-vous. Certes, on est encore loin des traumatismes engendrés par la guerre du Vietnam et qui seront, parfois complaisamment, exposés sur les écrans. Pourtant, le cinéma s'est penché, avec force, sur la difficile réinsertion des combattants. Le film emblématique demeure le superbe *Les Plus Belles Années de notre vie* (*The Best Years of Our Lives*, W. Wyler, 1946), récompensé par une moisson d'Oscars. Trois Américains moyens, un soldat, un aviateur et un marin, retrouvent leur petit monde. Le G.I. redevient le banquier quinquagénaire qu'il était. L'aviateur, qui a bénéficié dans l'armée d'une brusque promotion, reprend une épouse coquette et un travail médiocre. Le marin, lui, amputé des deux mains, ne peut plus croire à l'amour de sa fiancée, qu'il tient pour de la pitié. Tous se rendront compte à quel point la guerre les a changés. Auprès des *Plus Belles Années*... les autres films paraîtront fades. Injustement. Les trois anciens combattants de *Till the End of Time* (E. Dmytryk, 1946) ne manquent pas d'intérêt ; le couple de *Verdict de l'amour* (*Perfect Strangers*, Alexandre Korda, 1945) retrouve le bonheur par des voies détournées, l'armée les ayant changés, l'un et l'autre, dans le bon sens. Seul, ou presque, à parler de l'ennemi vaincu, Josef von Sternberg, dans le méconnu *Fièvre sur Anatahan* (*The Saga of Anatahan*, 1953), montrait des Japonais perdus sur un îlot et qui ne pouvaient croire à la fin d'une guerre qu'on leur avait promise victorieuse.

Parallèlement à ces chroniques de la paix retrouvée, d'autres films revinrent sur la vie des combattants. Suivant une progression qui alla du réalisme le plus dépouillé, dans les années 50, à l'épique le plus débridé, à mesure que le conflit s'estompait derrière les brumes de la gloire, voire de l'hagiographie.

On revit sur les écrans les combattants de la guerre du Pacifique. Ici, un groupe de saboteurs, mené par Errol Flynn, tente de traverser la jungle birmane pour rejoindre un avion sauveur, dans l'admirable *Aventures en Birmanie* (*Objective, Burma !*, 1945) de R. Walsh. Si admirable que le cinéaste en reprendra la trame, mais transposée dans la Floride infestée de Séminoles, quelques années plus tard, en 1951, dans *Les Aventures du capitaine Wyatt* (*Distant Drums).* Le même Walsh, en 1955, reviendra, sur un mode moins flamboyant, sur la vie des Marines, dans *Le Cri de la Victoire* (*Battle Cry*, 1955), en attendant son chef-d'œuvre, *Les Nus et les Morts* (*The Naked and the Dead*, 1958), sur lequel nous reviendrons. Les combats autour de ces atolls paradisiaques devenus des enfers sanglants furent encore magnifiés dans l'inoubliable *Iwo Jima* d'A. Dwan (1949), avec un John Wayne égal à lui-même et voué à une fin tragique. Le film, entrecoupé de documents d'actualité, donne une impression de vérité qu'auront aussi, grâce à d'autres images d'actualité, *Horizons en flammes* (*Task Force*, D. Daves, 1949), où Gary Cooper entraînait les pilotes de l'aéronavale, *Opération dans le Pacifique (Operation Pacific)* (George Waggner, 1950), aux mesures de John Wayne ou, plus tardif, *Tarawa, tête de pont (Tarawa Beachhead)* (Paul Wendkos, 1958) au scénario plus ambitieux : un officier, accusé de meurtre, devient, après sa mort, un héros de guerre. Dans un registre plus intimiste, le tête-à-tête d'un Marine et d'une religieuse tentant d'échapper aux Japonais faisait l'originalité de *Dieu seul le sait (Heaven Knows, Mr. Allison)* (J. Huston, 1957).

Ces films qu'on juge, souvent un peu vite, trop manichéens illustrèrent, en marge des combats, d'autres conflits. La peur (*Ouragan sur le Caine / The Caine Mutiny*, E. Dmytryk, 1954), le racisme (*Je suis un nègre / Home of the Brave*, M. Robson, 1949), l'ostracisme (*Tout ou rien / Go for Broke*, Robert Pirosh, 1951, qui montre le sort réservé aux Américains d'origine japonaise), la simple horreur de la guerre (*Attaque / Attack*, Robert Aldrich, 1956).

Ce parti pris de décrire le quotidien dans ses aspects les plus réels, on le voit à l'œuvre dans deux films emblématiques de la période. L'un, *Tant qu'il y aura des hommes* (*From Here to Eternity*, Fred Zinnemann, 1953), raconte la vie de tous les jours d'une garnison de Pearl Harbor. On y retrouve toute une série de portraits qui vont du cabochard au sergent jugulaire-jugulaire, en passant par la brute et par l'officier borné. Ce quotidien sans gloire où la mesquinerie, la sottise et la violence font bon ménage, est transcendé par l'attaque japonaise qui rend aux choses leur véritable dimension : un soldat n'est pas là pour faire gagner l'équipe de boxe de son régiment ou pour consoler, dans une folle étreinte sur la plage, l'épouse frustrée de son supérieur. Il est là pour combattre, jusqu'au sacrifice de sa vie, s'il le faut. Beau film, grave, bien servi par ses interprètes, Burt Lancaster, Montgomery Clift, Frank Sinatra. Dans sa froide horreur,

Les Nus et les Morts est très différent. Adaptant, tout comme Zinnemann l'avait fait pour le roman de James Jones, un best-seller du déjà scandaleux Norman Mailer, Walsh, négligeant l'antimilitarisme du romancier, préféra montrer l'homme au combat, la boue, le sang, la jungle, la sueur et, au bout, la mort. La mort qui attend tous les soldats, depuis l'officier idéaliste jusqu'au sergent de carrière, soucieux avant tout de la vie de ses hommes.

Ce fut peut-être là, en cette année 1958, le dernier grand film de la guerre du Pacifique. Le temps était venu déjà de la superproduction, du technicolor flamboyant, du cinémascope.

Une année auparavant, en 1957, *Le Pont de la rivière Kwaï* (*The Bridge on the River Kwai*, David Lean), s'il conservait encore quelque chose de l'horreur et — surtout — de l'absurdité de la guerre, à travers le comportement de prisonniers anglais dans un camp japonais, avait déjà, par sa fameuse musique et par l'ampleur de la mise en scène, transcendé le conflit. On oublia, derrière le côté cocardier et sifflotant, que, très subtilement, le metteur en scène montrait qu'au-delà de l'hostilité patriotique du temps de guerre, il y avait comme une complicité secrète entre deux officiers de carrière, le Japonais et l'Anglais. Renoir n'avait pas dit autre chose, en 1937, dans *La Grande Illusion* !

Les années 60 amenèrent actions héroïques, exploits incroyables sur tous les écrans. On ne compta plus les attaques de commandos contre des forteresses inexpugnables (notamment dans *Quand les aigles attaquent / Where Eagles Dare*, Brian G. Hutton, 1969). Là où le cinéma de l'après-guerre avait fait sobre, montrant, par exemple, la dure progression des Américains en Italie (*Le Commando de la mort / A Walk in the Sun*, L. Milestone, 1945) ou dans les Ardennes (*Bastogne / Battleground*, W. Wellman, 1949), on donna dans le flamboyant raccoleur, comme dans le surestimé *Bal des maudits* (*The Young Lions*, 1958) d'E. Dmytryk, tiré, lui aussi, d'un best-seller d'Irwin Shaw. Les sobres biographies des héros de la guerre, comme Rommel (*Le Renard du désert / The Desert Fox*, H. Hathaway, 1951), cédèrent la place à des portraits hauts en couleur, tel le *Patton* de Franklin Shaffner, 1970, ou le *Mac Arthur* de Joseph Sargent (1977), moins flamboyant mais plus documenté. Les exploits quotidiens et obscurs des hommes de la mer (*Torpilles sous l'Atlantique / The Enemy Below*, Dick Powell, 1957) devinrent gestes épiques. Tous les écrans bruissèrent d'héroïques évasions : un train entier (*L'Express du colonel Von Ryan / Von Ryan's Express*, M. Robson, 1965), voire tout un camp (*La Grande Evasion / The Great Escape*, John Sturges, 1963). Le film symbole de ces années-là pourrait être ces *Canons de Navarone* (*The Guns of Navarone*, Jack Lee Thompson, 1961), tiré d'un roman d'Allistair MacLean, et qui annonçait, malgré quelques œuvres encore réalistes, les grandes machines dont les *Douze Salopards* (*The Dirty Dozen*, R. Aldrich, 1967), suivis de *La Brigade du diable* (*The Devil's Brigade*, Andrew

V. McLaglen, 1968), sont les représentants les plus significatifs (au point que le premier donna naissance à une série télévisée...). Des films d'auteurs, comme le méconnu *Le Sable était rouge* (*Beach Red*, 1957) de Cornel Wilde sur la réalité des combats, ou l'étrange *Château en enfer* (*Castle Keep*, 1969) de Sydney Pollack, qui faisait entrer le fantastique dans l'univers de la guerre, n'eurent que peu de retentissement.

Il est vrai qu'une autre tendance venait, dans les années 70, d'envahir les écrans : la reconstitution minutieuse d'un grand moment de la guerre. Cela avait commencé par le surfait *Le Jour le plus long* (*The Longest Day*, 1962), dont on ne sait à qui il faut attribuer la paternité, au producteur Darryl F. Zanuck ou aux quatre metteurs en scène qui l'entourèrent. Cela continua avec des œuvres intéressantes, parfois didactiques, souvent ambitieuses. Depuis *Première Victoire* (1965) d'O. Preminger jusqu'à *Un pont trop loin* (*A Bridge Too Far*, 1976) de Richard Attenborough, en passant par *Tora, Tora, Tora* (Richard Fleischer, 1970), coréalisé — ce qui en fait le prix — avec les Japonais, et par *La Bataille de Midway* (*Midway*, 1976) de Jack Smight, tous montraient, avec force détails, les dessous de la guerre. Aucun n'atteignait la sobriété du *Grand Secret* (*Above and Beyond*, Melvin Frank et Norman Panama, 1952) sur le pilote qui bombarda Hiroshima, et, surtout, des *Maraudeurs attaquent* (*Merrill's Marauders*, S. Fuller, 1962) qui retraçait la vie quotidienne des hommes de Merrill, chargés de mener la vie dure aux Japonais maîtres du terrain.

Contestation (1970-1980)

Certes le cinéma n'a pas attendu les années 70 pour dénoncer, parfois avec véhémence, qui, l'incapacité des officiers, comme dans *Attaque* ou *Les Nus et les Morts*, qui, la vanité du point d'honneur, comme dans *Le Pont de la rivière Kwaï*, qui, la réalité quotidienne des camps de prisonniers, comme dans *Stalag 17* (B. Wilder, 1953) ou, mieux encore, dans *Un caïd* (*King rat*, Bryan Forbes, 1965). Dès le début des années 60, des films comme *Les Vainqueurs* (*The Victors*, 1963) de Carl Foreman suivaient des soldats américains, en Europe, de la Sicile à l'Allemagne, et montraient que, même pendant la guerre, la justice suivait son triste cours et fusillait les déserteurs. Et que les rivalités amoureuses n'en cessaient pas pour autant, entre Russes et Américains, au milieu des ruines de Berlin. Mais il fallut attendre les années 70 pour voir dénoncer avec véhémence, comme l'a si bien fait *Un pont trop loin* [1], la criminelle insouciance du haut commandement allié. Ou montrer, avec courage et romantisme, que

1. Pour plus de détails on renverra à notre article paru sur le film, dans *Le Monde* (Supplément radio-télévision, 23-24 août 1987).

les Allemands, eux aussi, avaient souffert, comme dans *Le Temps d'aimer et le temps de mourir* (*A Time to Live and a Time to Die*, 1958) de Douglas Sirk.

Mais la contestation est venue à pas feutrés, surtout par le biais de la dérision et donc de la comédie. On pouvait désormais exorciser par le rire, tout en les critiquant, les horreurs de la guerre. Ici, un joyeux drille réussissait à tourner le règlement d'un hôpital militaire (*Le Bal des cinglés / Operation Mad Ball*, Richard Quine, 1957) ; là, c'était tout l'équipage d'un sous-marin qui se voyait envahi par de charmantes auxiliaires dont la présence se révélait fort utile et dont les sous-vêtements servaient à réparer quelque avarie inattendue (*Opération jupons / Operation Petticoat*, Blake Edwards, 1959). Peu à peu, les années aidant, le propos se fait plus virulent. Dans *Les Jeux de l'amour et de la guerre* (*The Americanization of Emily*, Arthur Hiller, 1964), un officier que les combats n'excitent pas beaucoup devient malgré lui un héros du débarquement en Normandie. Le Britannique Richard Lester montrait dans *Comment j'ai gagné la guerre* (*How I Won the War*, 1967) que la mémoire pouvait enjoliver une réalité beaucoup moins glorieuse. On vit des soldats indisciplinés prendre du galon pour les besoins d'une périlleuse évasion (*Évasion sur commande / The Secret War of Harry Frigg*, Jack Smight, 1968). Mais le comble de l'insolence a sans doute été atteint dans trois films de la même année 1970. Alors que les « héros » de *De l'or pour les braves* (*Kelly's Heroes*, B. G. Hutton) ne songeaient, Clint Eastwood en tête, qu'à mettre la main sur un trésor de guerre allemand, portés par un environnement plus soucieux de trafics que de gloire militaire, les aviateurs de *Catch 22* (Mike Nichols) se faisaient passer pour fous pour ne pas être envoyés en mission au-dessus de la Méditerranée. Mais c'est surtout Jerry Lewis, trente ans après *Le Dictateur*, qui, dans *Ya, ya, mon général* (*Which Way to the Front ?*), faisait une satire désopilante de la guerre, en prenant, il est vrai, d'abord les nazis pour cible.

Pourtant, il n'est pas sûr que public — américain ou européen — ait apprécié à sa juste valeur ce ton satirique et volontiers contestataire, alors que, toujours en 1970 — une année décidément faste —, triomphait le *M.A.S.H.* de Robert Altman (au point, là aussi, de donner naissance à une série télévisée), film antimilitariste qui se passe pendant la moins spectaculaire guerre de Corée. Une dizaine d'années plus tard, en 1979, le seul film peut-être où la Seconde Guerre mondiale était traitée sur le mode burlesque et comme une farce n'avait aucun succès. Pourtant *1941* avait beaucoup d'atouts dans son jeu : un budget de superproduction, un scénario astucieux, surtout un maître d'œuvre tout auréolé d'une gloire neuve, Steven Spielberg. La panique de la Californie, en cette fin d'année 1941, devant une menace d'attaque japonaise, concrétisée par l'arrivée d'un sous-marin ennemi, chargé, en fait, de détruire Hollywood, ne plut pas aux anciens combattants et à tous ceux pour qui la guerre était une chose trop sérieuse pour être laissée entre les mains des cinéastes iconoclastes. Pourtant quels superbes tableaux, depuis le pastiche initial des *Dents de la mer* ! Et quelle série de portraits de ganaches galonnées gâteuses — le général pleurant à la projection de *Dumbo* — d'aviateurs fous ou d'obsédés sexuels !

Dans un registre moins grinçant mais tout aussi noir, un an plus tard, en 1980, un ancien combattant couvert de gloire et qui avait jusque-là surtout illustré la guerre de Corée, Samuel Fuller, donnait au film de guerre son chef-d'œuvre d'humanité et de virulence. Dans *Au-delà de la gloire* (*The Big Red One)*, récit quasi autobiographique, étaient minutieusement retracées les campagnes d'une division d'infanterie depuis l'Afrique du Nord jusqu'en Allemagne, en passant par la Sicile et la France. Œuvre forte, marquée sans cesse par l'émotion, parfois à la limite de l'insoutenable, le film de Fuller mêlait le quotidien de la guerre à des moments de pur drame comme l'entrée des soldats dans un camp de concentration. Avec Spielberg, la guerre était devenue une farce baroque, avec Fuller elle reprenait ses véritables couleurs, celles d'un enfer où l'homme n'était plus qu'un loup pour l'homme. Il avait fallu presque un demi-siècle, après les flonflons de la victoire, pour revenir à l'ascétisme du temps du conflit et s'apercevoir qu'en fin de compte, la guerre n'était ni fraîche ni joyeuse. Même au cinéma.

Nous renvoyons le lecteur qui voudrait plus de détails sur le sujet à l'excellente étude de Edward F. Dolan Jr, *Hollywood s'en va-t-en guerre*, 1985 (trad. fr., éd. Atlas, 1986), à laquelle nous devons beaucoup.

Trois films de légende

TANT QU'IL Y AURA DES HOMMES
de Fred Zinneman
États-Unis, 1953
118 minutes, noir et blanc

Avec :

Burt Lancaster	sergent Warden
Montgomery Clift	Prewitt
Deborah Kerr	Karen Holmes
Donna Reed	Lorene
Frank Sinatra	Maggio
Philip Ober	capitaine Holmes
Mickey Shaughnessy	sergent Leva
Ernest Borgnine	sergent Fatso
Harry Bellaver	Mazzioli
Jack Warden	Buckley

Scénario : Daniel Taradash, d'après le roman de James Jones

Photo : Burnett Guffey

Montage : William A. Lyon

Musique : Morris Stoloff, George Dunning

Producteur : Buddy Adler

Oscars du meilleur film, du meilleur réalisateur, du meilleur second rôle masculin (Sinatra), du meilleur second rôle féminin (Donna Reed), de la meilleure photo.

LES NUS ET LES MORTS
de Raoul Walsh
États-Unis, 1958
135 minutes, couleurs

Avec :

Aldo Ray	sergent Croft
Cliff Robertson	lieutenant Hearn
Raymond Massey	général Cummings
Lily St Cyr	Lily
Barbara Nichols	Mildred

Scénario : Raoul Walsh, Dennis et Terry Sanders d'après le roman de Norman Mailer

Photo : Joseph LaShelle

Musique : Bernard Herrmann

Montage : Arthur P. Schmidt

LE PONT DE LA RIVIÈRE KWAÏ
de David Lean
Grande-Bretagne, 1957
161 minutes, couleurs

Avec :

William Holden .... Shears
Jack Hawkins .... major Warden
Alec Guinness .... colonel Nicholson
Sessue Hayakawa .... colonel Saïto
James Donald .... docteur Clipton
Geoffrey Home .... lieutenant Joyce

Scénario : Carl Foreman, Michael Wilson, Pierre Boulle

Photo : Jack Hildyard

Musique : Malcolm Arnold

Montage : Peter Taylor

Producteur : Sam Spiegel (Columbia)

Oscars du meilleur film, du meilleur réalisateur, du meilleur acteur (Alec Guinness), de la meilleure photo, du meilleur compositeur, du meilleur scénario.

Repères chronologiques

Malgré leur déclaration de neutralité émise dès le 5 septembre 1939, les Etats-Unis ne cessent de venir en aide à l'Angleterre, restée seule en guerre à partir de 1940. Livraison de matériel, cession de navires de guerre, aide massive à l'URSS, à partir d'août 1941, tout est prêt pour que le pays prenne part au conflit... à l'exception de l'opinion publique qui ne suit pas ses dirigeants sur ce point. Il faudra le choc de l'attaque-surprise japonaise sur Pearl Harbor pour faire basculer le pays dans une logique guerrière. Le 8 décembre 1941, le lendemain de l'attaque, le Japon déclare la guerre aux Etats-Unis et à la Grande-Bretagne, suivi, le 11 du même mois, par l'Allemagne et l'Italie. Désormais le théâtre des opérations s'étend hors d'Europe, du Proche-Orient à l'Extrême-Orient. On se contentera ici d'indiquer les principales étapes du conflit autour du Pacifique, sans s'interdire toutefois de déborder parfois cette aire géographique.

LE JAPON VICTORIEUX

1941

7 décembre Débarquement japonais en Malaisie et à Bornéo.
10 décembre Débarquement japonais aux Philippines.
25 décembre Prise de Hong Kong.

1942

7 janvier Prise de Manille.
15 février Prise de Singapour.
3 mars Capitulation de Java.
18 avril Raid aérien américain sur Tokyo qui est bombardé.
4 mai La Birmanie est complètement conquise par les Japonais. Le 16 du même mois, après la bataille de la mer de Corail (7-9), la résistance américaine prend fin aux Philippines.

LA RECONQUÊTE ANGLO-AMÉRICAINE

1942

1er août Après la bataille de Midway (4 juin), les Américains reprennent l'offensive et prennent pied à Guadalcanal.
8 novembre Après l'offensive de Montgomery en Egypte (23 octobre), les Alliés débarquent en Afrique du Nord.

1943

Février Les Japonais évacuent Guadalcanal.
16 octobre Tandis que les dernières forces de l'Axe capitulent en Tunisie, les Américains reconquièrent la Nouvelle-Guinée, en commençant par occuper Lae.
Décembre Après les conférences du Caire (22-26 nov.) et de Téhéran (28 nov.-2 déc.) entre les Alliés, l'issue de la guerre semble ne faire aucun doute. L'Italie a demandé l'armistice (15 août) et les proclamations d'indépendance, par les Japonais, de la Birmanie (1er août) et des Philippines (14 oct.) n'ont aucune portée réelle.

LA VICTOIRE DES ALLIÉS

1944

31 janvier Débarquement américain aux îles Marshall.
15 mai Reprise de Wake.
27 mai Prise de Biak.
14 juin Débarquement à Saïpan.
21 juillet Occupation de Guam.
22-25 octobre Bataille navale des Philippines.
13 novembre Destruction du navire américain *Tirpitz* (des centaines de morts).
15 décembre Débarquement à Mindoro.

1945

23 janvier Après le débarquement américain à Luçon (le 9), la route de la Birmanie est réouverte.
19 février-16 mars Dures batailles à Iwo-Jima.
1er mars Après la prise de Manille (25 février), les Japonais capitulent à Corregidor.
1er avril-22 juin Après de durs combats, la flotte japonaise est définitivement détruite à Okinawa (6-7 avril) qui est reconquise.
23 juin Après les prises de Bataan (14 avril), de Bougainville

(23 mai) et de Bassoin (par les Anglais, 24 mai), les Américains achèvent de reconquérir Mindanao.
14 juillet Pour la première fois, la flotte bombarde l'archipel japonais.
6 août Une bombe atomique est lâchée sur Hiroshima.
2 septembre Après l'entrée en guerre de l'URSS contre le Japon (8 août) et une première offre japonaise de capitulation (12 août), le Japon capitule définitivement le 2 septembre. Sur le front européen, les hostilités ont cessé depuis le mois de mai.

Omnibus
(Extraits du catalogue)

Classiques — Grands romans

ALPHONSE BOUDARD
Chroniques de mauvaise compagnie
La métamorphose des cloportes • La cerise • L'hôpital • Cinoche.

MIKHAIL CHOLOKHOV
Prix Nobel de littérature
Le Don paisible

A. J. CRONIN
Romans
Sous le regard des étoiles • Le chapelier et son château • La citadelle • Les clefs du royaume.

GEORGES DARIEN
Œuvres
Le voleur • Bas les cœurs • Biribi • La belle France • L'épaulette • Les Pharisiens • Gottlieb Krumm.

MAURICE DRUON
Les grandes familles
Les grandes familles • La chute des corps • Rendez-vous aux enfers • La volupté d'être.

MAURICE DRUON
Les Rois maudits
Tome 1
Le roi de fer • La reine étranglée • Les poisons de la Couronne • La loi des mâles.
Tome 2
La louve de France • Le lys et le lion • Quand un roi perd la France.

GEORGES FEYDEAU
Théâtre
Tailleur pour dames • Chat en poche • Monsieur chasse ! • Un fil à la patte • L'hôtel du Libre Echange • Le dindon • La dame de chez Maxim • La puce à l'oreille • Occupe-toi d'Amélie • Feu la mère de Madame • On purge bébé ! • Mais n' te promène donc pas toute nue.

SACHA GUITRY
Roman
Les Mémoires d'un tricheur.
Théâtre
Nono • Le veilleur de nuit • La prise de Berg-op-Zoom • La pèlerine écossaise • Deux couverts • La jalousie • Faisons un rêve • Jean de La Fontaine • Un soir quand on est seul • L'Illusionniste • Deburau • Le mari, la femme et l'amant • Mon père avait raison • Je t'aime • Le comédien • Désiré • Le Nouveau Testament • Quadrille.

SACHA GUITRY
Cinquante ans d'occupations
Jusqu'à nouvel ordre • Pensées • Mon portrait • Toutes réflexions faites • Elles et toi • Les femmes et l'amour • L'esprit • Si j'ai bonne mémoire • La maladie • Mes médecins • Le petit carnet rouge • Ceux de chez nous • Quatre ans d'occupations • Soixante jours de prison • De Jeanne d'Arc à Philippe Pétain • Des merveilles • Et puis voici des vers...

SACHA GUITRY
Cinéma
Bonne chance • Ils étaient neuf célibataires • Donne-moi tes yeux • Le trésor de Cantenac • Adhémar ou le jouet de la fatalité • La Poison • La vie d'un honnête homme • Assassins et voleurs • Les trois font la paire • Les perles de la Couronne • Remontons les Champs-Elysées • Le destin fabuleux de Désirée Clary • Le Diable boiteux • Si Versailles m'était conté... • Et Versailles vous est conté... • Napoléon • Si Paris nous était conté... • Franklin et Beaumarchais.

MAZO DE LA ROCHE
Les Jalna
Tome 1
La naissance de Jalna • Matins à Jalna • Mary Wakefield • Jeunesse de Renny.
Tome 2
L'héritage des Whiteoak • Les frères Whiteoak • Jalna • Les Whiteoak de Jalna.
Tomc 3
Finch Whiteoak • Le maître de Jalna • La moisson de Jalna • Le destin de Wakefield.
Tome 4
Retour à Jalna • La fille de Renny • Les sortilèges de Jalna • Le centenaire de Jalna.

PIERRE LOTI
Romans
Aziyadé • Le mariage de Loti • Le roman d'un spahi • Mon frère Yves • Pêcheur d'Islande • Madame Chrysanthème • Ramuntcho • Les désenchantées.

W. SOMERSET MAUGHAM
Les nouvelles complètes
Les trois grosses dames d'Antibes • Madame la Colonelle • Mr. Ashenden, agent secret • Les quatre Hollandais.

GEORGES SAND
Romans 1830
Indiana • Valentine • Lélia • Le secrétaire intime • Leone Leoni • Jacques • Mauprat • Un hiver à Majorque.

GEORGES SAND
Vies d'artistes
La marquise • Les maîtres mosaïstes • La dernière Aldini • Pauline • Horace • Teverino • Lucrezia Floriani • Le château des Désertes • Les maîtres sonneurs.

HENRI TROYAT
Les semailles et les moissons
Les semailles et les moissons • Amélie • La grive • Tendre et violente Elisabeth • La rencontre.

HENRI TROYAT
Romans d'hier
Faux jour • Le vivier • Grandeur nature • La clef de voûte • L'araigne • Le jugement de Dieu • Le mort saisit le vif • Le signe du Taureau • La tête sur les épaules.

Histoire — Aventure

LES GRANDS ROMANS DE 14-18
Henri Barbusse, Le feu • **Roland Dorgelès**, Les croix de bois • **Joseph Kessel**, L'équipage • **Ernst Jünger**, Orages d'acier • **Arnold Zweig**, Éducation héroïque devant Verdun • **Jérôme et Jean Tharaud**, La randonnée de Samba Diouf.

LES GRANDS ROMANS DE LA GUERRE DU PACIFIQUE
James Jones, Tant qu'il y aura des hommes • **Norman Mailer**, Les nus et les morts • **Pierre Boulle**, Le pont de la rivière Kwai.

JEAN M. AUEL
Les enfants de la terre
Le clan de l'ours des cavernes • La vallée des chevaux • Les chasseurs de mammouths.

GUY BRETON
Histoires d'amour de l'Histoire de France
Tome 1
Les amours qui ont fait la France • Les grandes dames de la Renaissance • La cour du Vert-Galant • Les favorites de Louis XIV • Le siècle du libertinage.
Tome 2
Quand l'amour était sans-culotte • Napoléon et les femmes • L'amour sous l'Empire • La Restauration galante • Du Second Empire à la IIIe République.

JAMES CLAVELL
Hong Kong
Taï-Pan • La Noble Maison.

J. FENIMORE COOPER
Le roman de Bas-de-Cuir
Le tueur de daims • Le dernier des Mohicans • Le lac Ontario • Les pionniers • La prairie.

ALEXANDRA DAVID-NEEL
Grand Tibet et Vaste Chine
Au pays des brigands gentilshommes • Voyage d'une Parisienne à Lhassa • Sous des nuées d'orage • A l'ouest barbare de la vaste Chine • Le vieux Tibet face à la Chine nouvelle.

PAUL FEVAL Père et Fils
Le Bossu — le roman de Lagardère
La jeunesse du Bossu • Le Bossu • Les chevauchées de Lagardère • Mariquita • Cocardasse et Passepoil.

ROBERT GAILLARD
Marie des Isles
Marie des Isles • Marie Galante.

JOHN JAKES
Nord et Sud
Nord et Sud • Guerre et passion • Le ciel et l'enfer.

JEAN LARTEGUY
Récits de guerre
Les mercenaires • Les centurions • Les prétoriens • Le mal jaune • Les tambours de bronze.

JEAN LARTEGUY
Le mal d'Indochine
Enquête sur un crucifié • L'adieu à Saigon • Les naufragés du soleil : 1. Le gaur de la rivière Noire • 2. Le cheval de feu • 3. Le baron céleste.

BARONNE ORCZY
Le Mouron Rouge
Le Mouron Rouge • Le serment • Les nouveaux exploits du Mouron Rouge • La capture du Mouron Rouge • La vengeance de Percy • Les métamorphoses du Mouron Rouge • Le rire du Mouron Rouge • Le triomphe du Mouron Rouge • Le Mouron Rouge conduit le bal.

MELOS
Xavier de Montépin, La porteuse de pain • **Georges Ohnet**, Le maître de forges • **Jules Mary**, La charmeuse d'enfants.

MAYNE REID
L'Ouest retrouvé
Le corps-franc des rifles • Les chasseurs de chevelures • Les Robinsons de terre ferme • Le chef blanc • Océola, le roi des Séminoles.

CECIL SAINT-LAURENT
Caroline Chérie
Caroline Chérie • Le fils de Caroline Chérie • Les caprices de Caroline.

F. G. SLAUGHTER
Les caravelles de l'aventure
De galère en palais • L'or des conquistadors • Chirurgien et corsaire • Pour l'amour de la reine • Pèlerins du paradis.

Humour

P. G. WODEHOUSE
Jeeves
L'inimitable Jeeves • Allez-y, Jeeves • Merci, Jeeves • Ça va, Jeeves • Bonjour, Jeeves • Jeeves, au secours • Jeeves dans la coulisse • Pas de pitié pour les neveux.

Policiers

PETER CHEYNEY
Récits de l'ombre
Duel dans l'ombre • Héros de l'ombre • Les étoiles se cachent • Sinistres rendez-vous • On ne s'embête pas • Ombres dans la rue • Sombre interlude.

PETER CHEYNEY
Cigarettes, whisky et petites pépées
Rendez-vous avec Callaghan • Les courbes du destin • Aucune importance • Navrée de vous avoir dérangé • Elles ne disent jamais quand ! • L'impossible héritage • Les femmes ne sont pas des anges • Salut Caution ! Comment va Callaghan ?

ERLE STANLEY GARDNER A.A. FAIR
Objection, Votre Honneur
L'épouse mal éveillée • Le cadavre cavaleur • Le troisième trou • Doublé de dupes • Le repos rêvé • Au petit poil • La peau de l'appeau.

ERLE STANLEY GARDNER
Perry Mason
Cœurs à vendre • La prudente pin-up • Jeu de jambes • L'hôtesse hésitante • Gare au gorille • La nymphe négligente • La vamp aux yeux verts.

ALFRED HITCHCOCK présente
97 histoires extraordinaires
Histoires à claquer des dents • Histoires qui riment avec crime • Histoires à donner le frisson • Histoires à lire avec précaution • Histoires drôlement inquiétantes • Histoires percutantes.

WILLIAM IRISH
Noir, c'est noir
La mariée était en noir • Lady Fantôme • L'ange noir • Rendez-vous en noir • Concerto pour l'étrangleur • Six nuits de tonnerre *(nouvelles)* • Si la mort pouvait parler *(nouvelles)* • Les roses mortes *(nouvelles)*.

ED McBAIN
Chroniques du 87e District
Faites-moi confiance • Victime au choix • Crédit illimité • Souffler n'est pas tuer • Soupe aux poulets • Pas d'avenir pour le futur • Rançon sur un thème mineur • La main dans le sac • A la bonne heure.

ED McBAIN
Nouvelles chroniques du 87e District
Le dément à lunettes • Mourir pour mourir • Lightning • Huit chevaux noirs • Poison • Quatre petits monstres

ELLERY QUEEN
Sept énigmes
Le mystère du soulier blanc • Le mystérieux Monsieur X • Le mystère de l'allumette • L'arche de Noé • Le village de verre • Le cas de l'inspecteur Queen • Et le huitième jour...

ELLERY QUEEN
Quinze enquêtes
Deux morts dans un cercueil • Le mystère des trois croix • Les aventures d'Ellery Queen *(nouvelles)* • Le quatre de cœur • Griffes de velours • Lettres sans réponse • Sherlock Holmes contre Jack l'Eventreur • Face à face.

PATRICK QUENTIN
Puzzles
Puzzle pour fous • Puzzle pour acteurs • Puzzle pour marionnettes • Puzzle à Reno • Puzzle pour démons • Puzzle au Mexique • Puzzle de mort • C'est ma faute.

MICKEY SPILLANE
Mon nom est Mike Hammer
J'aurai ta peau • Pas de temps à perdre • Dans un fauteuil • Nettoyage par le vide • Fallait pas commencer • Baroud Solo • In the baba.

GERARD DE VILLIERS
Son Altesse Sérénissime le prince Malko 1965-1967
S.A.S. à Istanbul • S.A.S. contre C.I.A. • Opération Apocalypse • Samba pour S.A.S. • Rendez-vous à San Francisco • Dossier Kennedy • S.A.S. broie du noir.

Régions

JEAN ANGLADE
Gens d'Auvergne
Une pomme oubliée • Le tilleul du soir • Le tour du doigt • Les ventres jaunes • La bonne rosée • Les permissions de mai • Les Bons Dieux.

JEAN-PIERRE CHABROL
Gens de Cévenne : les rebelles
Les rebelles • La gueuse • L'embellie • Le crève-Cévenne.

ERCKMANN-CHATRIAN
Gens d'Alsace et de Lorraine
L'Ami Fritz • Histoire d'un paysan • Madame Thérèse • Histoire d'un conscrit de 1813 • Le blocus • Waterloo.

MAXENCE VAN DER MEERSCH
Gens du Nord
La maison dans la dune • Quand les sirènes se taisent • Invasion 14 • L'empreinte du dieu • La fille pauvre.

GENS DE BRETAGNE
Anatole Le Braz, Le sang de la sirène ; Les noces noires de Guernahem • **Paul Féval**, La fée des grèves • **Pierre Loti**, Pêcheur d'Islande • **Roger Vercel**, Remorques • **Henri Pollès**, Sophie de Tréguier • **Pierre Jakez Hélias**, L'herbe d'Or.

YVAN AUDOUARD
Ma provence
La pastorale des santons de Provence • Les contes de ma Provence • Les nouveaux contes de ma Provence • Les cigales d'avant la nuit • Lettres de mon pigeonnier • L'heure d'été • Les lions d'Arles • Cocagne • Le dernier des Camarguais • Sarah des sables • La clémence d'Auguste.

Science-fiction

ISAAC ASIMOV
Le grand livre des robots
I. Prélude à Trantor
Nous les robots • Les cavernes d'acier • Face aux feux du soleil.

ISAAC ASIMOV
Le grand livre des robots
II. La gloire de Trantor
Les robots de l'aube • Les robots et l'Empire • Les courants de l'espace • Poussières d'étoiles • Cailloux dans le ciel.

PHILIP K. DICK
Substance Rêve
Le maître du Haut Château • Glissement de temps sur Mars • Docteur Bloodmoney • Les joueurs de Titan • Simulacres • En attendant l'année dernière.

PHILIP K. DICK
Dédales sans fin
Les clans de la lune Alphane • Brèche dans l'espace • Le dieu venu du Centaure • Le zappeur de mondes • La vérité avant-dernière • Mensonges & Cie • A rebrousse-temps.

PHILIP K. DICK
Aurore sur un jardin de palmes
Les machines à illusions • Blade Runner • Le bal des schizos • Ubik • Le guérisseur de cathédrales • Au bout du labyrinthe • Message de Frolix-8 • Coulez mes larmes, dit le policier.

A. E. VAN VOGT
Les portes de l'éternité
Le cycle du non-A.
Le monde du non-A. • Les joueurs du non-A. • La fin du non-A.
Le cycle des marchands d'armes
Les armureries d'Isher • Les fabricants d'armes.

LES MONDES PERDUS
Rudyard Kipling, L'homme qui voulut être roi • **H. Rider Haggard**, Le peuple du brouillard • **Jules Verne**, Le village aérien • **H.G. Wells**, Le pays des aveugles ; Dans l'abîme • **J.H. Rosny aîné**, L'étonnant voyage de Hareton Ironcastle • **Abraham Merritt**, Les habitants du mirage • **James Hilton**, Les horizons perdus.

LES SAVANTS FOUS
Mary Shelley, Frankenstein • **Théophile Gautier**, Avatar • **H.L. Rivière**, La possédée • **Villiers de L'Isle-Adam**, Claire Lenoir • **R.L. Stevenson**, Le cas étrange du Dr Jekyll et de M. Hyde • **Jules Verne**, Le château des Carpathes • **Arthur Machen**, Le Grand Dieu Pan • **H.G. Wells**, L'île du Dr Moreau • **Mikhail Boulgakov**, Les œufs fatidiques • Et 17 nouvelles.

Villes de rêve

CARTHAGE
Le rêve en flammes
Gustave Flaubert, Salammbô • **Léon Cahum**, Les mercenaires • **Arthur Conan Doyle**, La dernière galère • **Jean Bertheroy**, Les vierges de Syracuse • **Frank G. Slaughter**, Le sang du dragon • **Fawzi Mellah**, Elissa, la reine vagabonde...

POMPEI
Le rêve sous les ruines
E. G. Bulwer-Lytton, Les derniers jours de Pompéi • **Théophile Gautier**, Arria Marcella • **Wilhelm Jensen**, Gradiva • **Jean Bertheroy**, La danseuse de Pompéi • **Richard Llewellyn**, Les derniers jours d'Herculanum.

Références

ERIC LEGUEBE
Cinéguide
16 500 films de A à Z
Suivis d'un index des titres originaux et de la filmographie abrégée de près de 300 réalisateurs et acteurs.

Tout Simenon

Tome 1 La fenêtre des Rouet • La fuite de Monsieur Monde • Trois chambres à Manhattan • Au bout du rouleau • La pipe de Maigret • Maigret se fâche • Maigret à New York • Lettre à mon juge • Le destin des Malou.

Tome 2 Maigret et l'inspecteur Malgracieux • Le témoignage de l'enfant de chœur • Le client le plus obstiné du monde • On ne tue pas les pauvres types • Le passager clandestin • La Jument Perdue • Maigret et son mort • Pedigree.

Tome 3 Les vacances de Maigret • La neige était sale • Le fond de la bouteille • La première enquête de Maigret • Les fantômes du chapelier • Mon ami Maigret • Les quatre jours du pauvre homme • Maigret chez le coroner.

Tome 4 Un nouveau dans la ville • Maigret et la vieille dame • L'amie de Madame Maigret • L'enterrement de Monsieur Bouvet • Maigret et les petits cochons sans queue • Les volets verts • Tante Jeanne • Les Mémoires de Maigret.

Tome 5 Le temps d'Anaïs • Un Noël de Maigret • Sept petites croix dans un carnet • Le petit restaurant des Ternes • Maigret au Picratt's • Maigret en meublé • Une vie comme neuve • Maigret et la Grande Perche • Marie qui louche • Maigret, Lognon et les gangsters.

<u>**Tome 6**</u> La mort de Belle • Le revolver de Maigret • Les frères Rico • Maigret et l'homme du banc • Antoine et Julie • Maigret a peur • L'escalier de fer • Feux rouges.

<u>**Tome 7**</u> Maigret se trompe • Crime impuni • Maigret à l'école • Maigret et la jeune morte • L'horloger d'Everton • Maigret chez le ministre • Les témoins • Le Grand Bob.

<u>**Tome 8**</u> Maigret et le corps sans tête • La boule noire • Maigret tend un piège • Les complices • En cas de malheur • Un échec de Maigret • Le petit homme d'Arkhangelsk • Maigret s'amuse.

<u>**Tome 9**</u> Le fils • Le nègre • Maigret voyage • Strip-tease • Les scrupules de Maigret • Le président • Le passage de la ligne • Dimanche.

<u>**Tome 10**</u> Maigret et les témoins récalcitrants • Une confidence de Maigret • La vieille • Le veuf • Maigret aux assises • L'ours en peluche • Maigret et les vieillards • Betty.

<u>**Tome 11**</u> Le train • Maigret et le voleur paresseux • La porte • Les autres • Maigret et les braves gens • Maigret et le client du samedi • Maigret et le clochard • Les anneaux de Bicêtre.

<u>**Tome 12**</u> La colère de Maigret • La rue aux trois poussins • La chambre bleue • L'homme au petit chien • Maigret et le fantôme • Maigret se défend • Le petit saint • Le train de Venise.

<u>**Tome 13**</u> La patience de Maigret • Le confessionnal • La mort d'Auguste • Maigret et l'affaire Nahour • Le chat • Le voleur de Maigret • Le déménagement • Maigret à Vichy.

<u>**Tome 14**</u> La prison • Maigret hésite • La main • L'ami d'enfance de Maigret • Il y a encore des noisetiers • Novembre • Maigret et le tueur • Maigret et le marchand de vin.

<u>**Tome 15**</u> Le riche homme • La folle de Maigret • La disparition d'Odile • Maigret et l'homme tout seul • La cage de verre • Maigret et l'indicateur • Les innocents • Maigret et Monsieur Charles.

<u>**Tome 16**</u> Monsieur Gallet, décédé • Le pendu de Saint-Pholien • Le charretier de La Providence • Le chien jaune • Pietr le Letton • La nuit du carrefour • Un crime en Hollande • Au Rendez-Vous des Terre-Neuvas • La tête d'un homme • Le Relais d'Alsace.

Tome 17 La danseuse du Gai-Moulin • La guinguette à deux sous • L'ombre chinoise • L'affaire Saint-Fiacre • Chez les Flamands • Le fou de Bergerac • Le port des brumes • Le passager du Polarlys • Liberty Bar • Les 13 coupables.

Tome 18 les 13 énigmes • La folle d'Itteville • Les 13 mystères • Les fiançailles de Monsieur Hire • Le coup de lune • La maison du canal • L'écluse n° 1 • L'Ane Rouge • Les gens d'en face • Le haut mal • L'homme de Londres • Maigret • Nouvelles introuvables 1931-1934.

Tome 19 Le locataire • Les suicidés • Les Pitard • Les clients d'Avrenos • Quartier nègre • L'évadé • Long cours • Les demoiselles de Concarneau • 45° à l'ombre.

Tome 20 Le testament Donadieu • L'assassin • Le blanc à lunettes • Faubourg • Ceux de la soif • Chemin sans issue • Les sept minutes • Les rescapés du Télémaque • La mauvaise étoile.

Tome 21 Les trois crimes de mes amis • le suspect • Les sœurs Lacroix • Touriste de bananes • Monsieur La Souris • La Marie du port • L'homme qui regardait passer les trains • Le Cheval Blanc • Le Coup-de-Vague • Chez Krull.

Tome 22 Le bourgmestre de Furnes • Malempin • Les inconnus dans la maison • Cour d'assises • Bergelon • L'outlaw • Il pleut, bergère... • Le voyageur de la Toussaint • La maison des sept jeunes filles • Nouvelles introuvables 1936-1941.

Tome 23 Oncle Charles s'est enfermé • La veuve Couderc • Cécile est morte • Les caves du Majestic • La maison du juge • Le fils Cardinaud • La vérité sur Bébé Donge • Le Petit Docteur.

Tome 24 Les dossiers de l'Agence O • Signé Picpus • L'inspecteur Cadavre • Félicie est là • Nouvelles exotiques • Les mystères du Grand-Saint-Georges • Le rapport du gendarme • Les nouvelles enquêtes de Maigret (1).

Tome 25 Les nouvelles enquêtes de Maigret (2) • L'improbable Monsieur Owen • Ceux du Grand Café • Menaces de mort • L'aîné des Ferchaux • Les noces de Poitiers • Le cercle des Mahé • Le clan des Ostendais • Le bilan Malétras • Le bateau d'Emile.

Tome 26 **Mémoires 1** Je me souviens... • Quand j'étais vieux • Lettre à ma mère • *Mes dictées* : Un homme comme un autre • Des traces de pas • Les petits hommes • Vent du nord, vent du sud • Un banc au soleil • De la cave au grenier • A l'abri de notre arbre • Tant que je suis vivant • Vacances obligatoires • La main dans la main • Au-delà de ma porte-fenêtre • Je suis resté un enfant de chœur.

Tome 27 **Mémoires 2** *Mes dictées* : A quoi bon jurer ? • Point-virgule • Le prix d'un homme • On dit que j'ai soixante-quinze ans • Quand vient le froid • Les libertés qu'il nous reste • La femme endormie • Jour et nuit • Destinées • **Mémoires intimes**, suivis du Livre de Marie-Jo.

Cet ouvrage a été composé
par Nord Compo, Villeneuve-d'Ascq, Nord
et achevé d'imprimer
par Maury-Eurolivres S.A.
45300 Manchecourt
pour Omnibus
12, avenue d'Italie – 75013 Paris